DER U-BOOT KRIEG

CLAY BLAIR

DER U-BOOT KRIEG

1942 – 1945

DIE GEJAGTEN

BECHTERMÜNZ

Titel der Originalausgabe
Hitler's U-Boat War. The Hunted 1942–1945
Erschienen bei Random House, New York

Genehmigte Lizenzausgabe für
Verlagsgruppe Weltbild GmbH, Augsburg

Übersetzung aus dem Amerikanischen:
Helmut Dierlamm, Norbert Juraschitz, Ulrich Mihr
Umschlaggestaltung: Gestaltungsbüro Lehmacher, Friedberg (Bay.)
Umschlagmotiv: AKG, Berlin
Gesamtherstellung: Clausen & Bosse, Leck
Printed in Germany
ISBN 3-8289-0512-9

2004 2003 2002 2001
Die letzte Jahreszahl gibt
die aktuelle Lizenzausgabe an.

Einmal mehr für Joan, meine Frau,
beste Freundin und treue und geduldige Mitarbeiterin.

INHALT

VIER

FÜNF

SECHS

SIEBEN

ACHT

NEUN

NACHWORT *1006*

ANHANG

VERZEICHNIS DER KARTEN

Färöer
Norwegisch
Becken
Shetland-Inseln
ATLANTISCHER
OZEAN
Orkney-Inseln
Scapa Flow
Hebriden
The Minches
Loch Ewe
Cromarty Firth
Moray Firth
Firth of Forth
Glasgow
Nordkanal
Firth of Clyde
Nords
Londonderry
NORD-
IRLAND
Hartlepool
Barrow-
in-Furness
Irische See
Galway
Bay
Liverpool
IRLAND
Sankt-Georgs-Kanal
GROSS-
BRITANNIEN
Low
Harwich
Milford
Haven
London
Bristol Channel
Folkestone
Dover
Calais
Portsmouth
Land's End
Portland
Scilly-Inseln
Plymouth
Der Kanal
Dieppe
FRANK

Die Britischen Inseln und Norddeutschland
0
100
200
300
400
Seemeilen
Bottnischer Meerbusen
NORWEGEN
Oslo
Horten
Christiansand
Stockholm
Skagerrak
Kattegat
SCHWEDEN
Ostsee
Kopenhagen
DÄNEMARK
Gdingen
Danzig
Kiel
Helgoland
Nord-Ostsee-kanal
Brunsbüttel
Hamburg
Wilhelmshaven
Bremen
Berlin
POLEN
DEUTSCHLAND
LUX.
TSCHECHO-SLOWAKEI

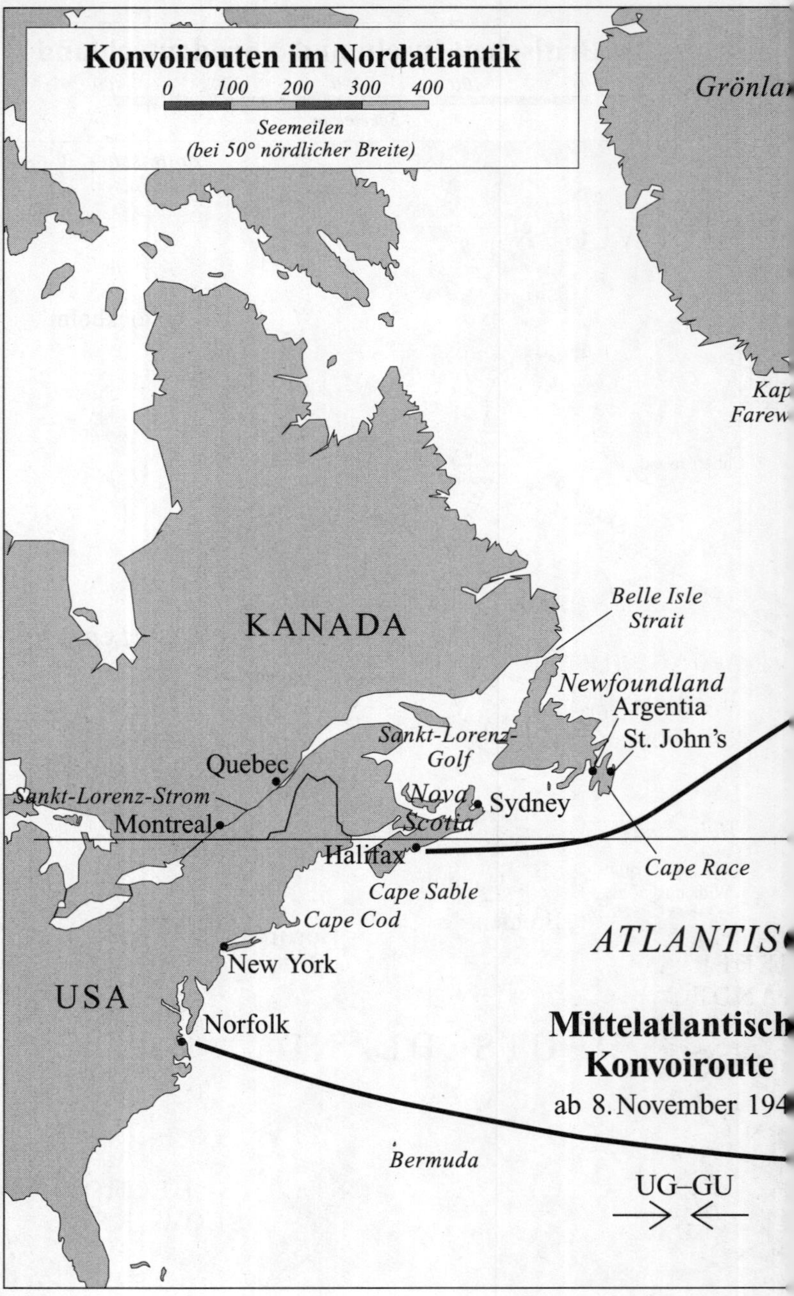
Konvoirouten im Nordatlantik
0 100 200 300 400
Seemeilen
(bei 50° nördlicher Breite)
Grönla
Kap
Farew
KANADA
Belle Isle
Strait
Newfoundland
Argentia
St. John's
Sankt-Lorenz-
Golf
Quebec
Sankt-Lorenz-Strom
Montreal
Nova
Scotia
Sydney
Halifax
Cape Race
Cape Sable
Cape Cod
ATLANTIS
New York
USA
Norfolk
Mittelatlantisch
Konvoiroute
ab 8. November 194
Bermuda
UG–GU

Nach Murmansk, Kola-Halbinsel
Dänemarkstraße
ISLAND
Seydisfjördur
Hvalfjord
Reykjavik
Färöer
Pendelverkehr
Shetland-Inseln
Orkney-Inseln
Nord-see
Rockall-bank
Loch Ewe
Firth of Clyde
Londonderry
Liverpool
London
Nordatlantische Konvoiroute
ab 4. Februar 1942
HX-SC–ON-ONS
Brest
Golf von Biskaya
50° N
OZEAN
Azoren
Fayal
San Miguel
Lissabon
Gibraltar
Tanger
Casablanca
Madeira
Kanaren

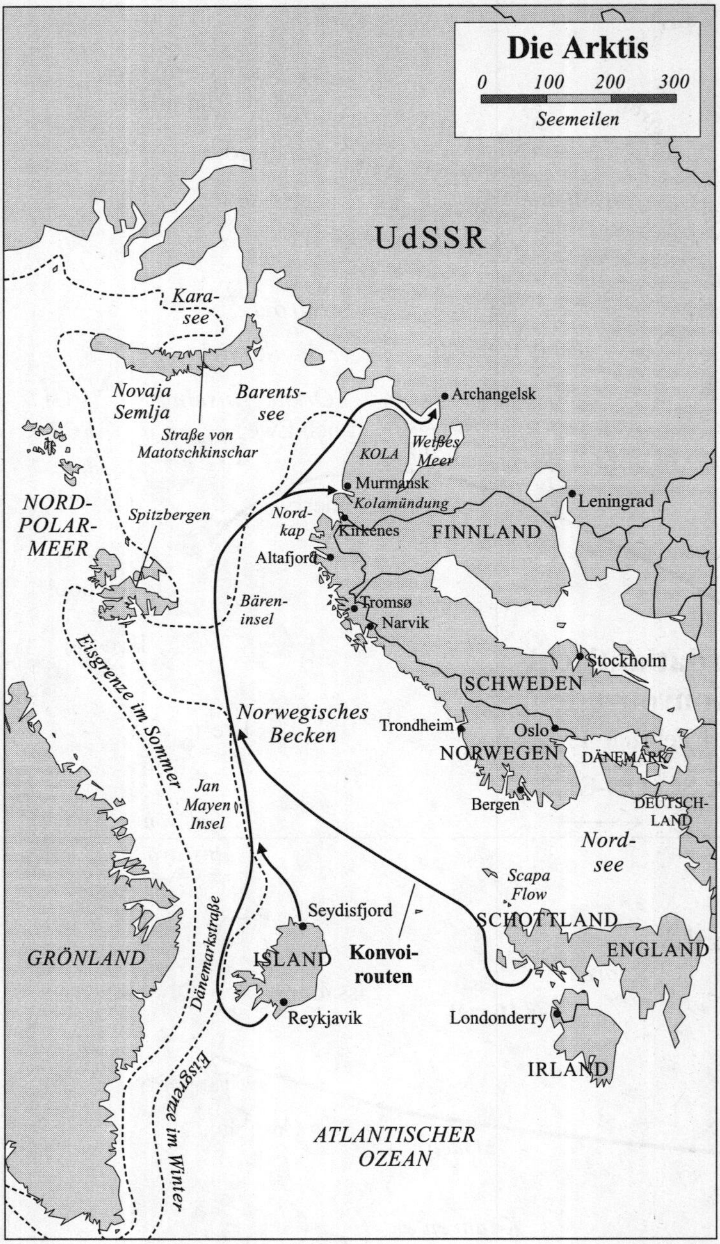
Die Arktis
0 100 200 300
Seemeilen
UdSSR
Kara-
see
Novaja
Semlja
Barents-
see
Straße von
Matotschkinschar
Archangelsk
KOLA
Weißes
Meer
Murmansk
Kolamündung
Leningrad
NORD-
POLAR-
MEER
Spitzbergen
Nord-
kap
Kirkenes
FINNLAND
Altafjord
Bären-
insel
Tromsø
Narvik
Stockholm
SCHWEDEN
Eisgrenze im Sommer
Norwegisches
Becken
Trondheim
Oslo
NORWEGEN
DÄNEMARK
Jan
Mayen
Insel
Bergen
DEUTSCH-
LAND
Nord-
see
Scapa
Flow
Seydisfjord
SCHOTTLAND
ENGLAND
GRÖNLAND
ISLAND
Konvoi-
routen
Dänemarkstraße
Reykjavik
Londonderry
IRLAND
Eisgrenze im Winter
ATLANTISCHER
OZEAN

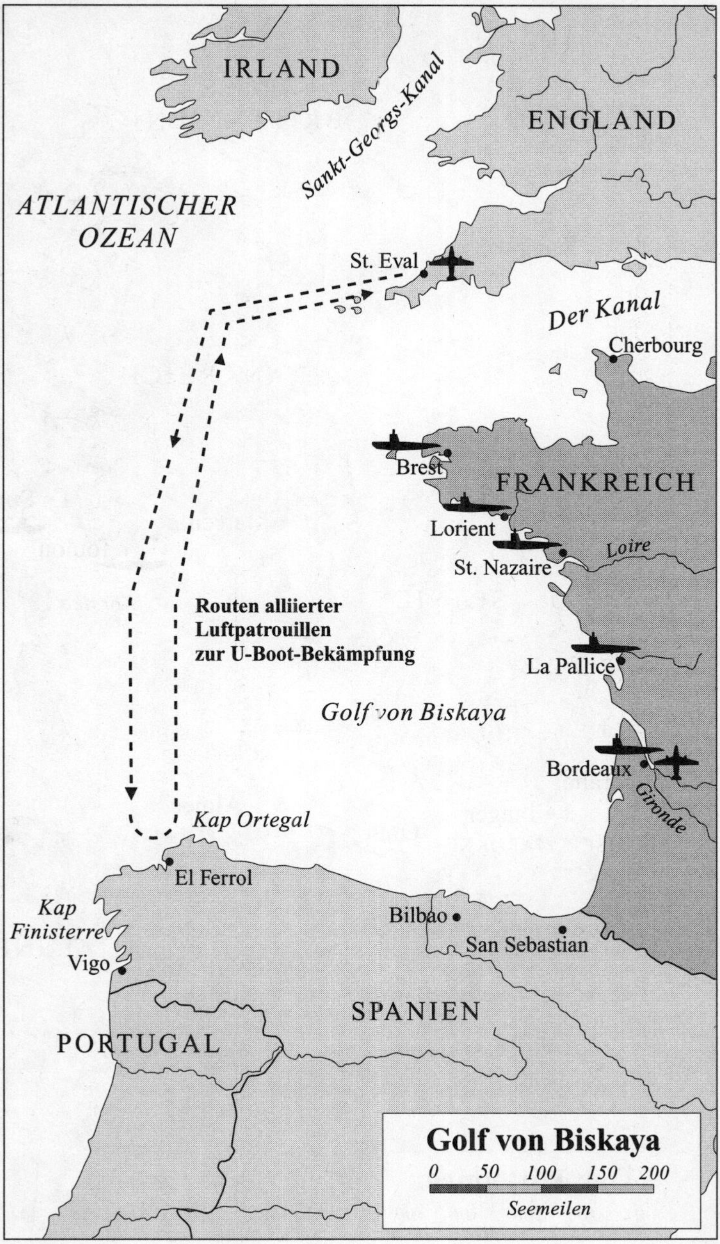

IRLAND
Sankt-Georgs-Kanal
ENGLAND
ATLANTISCHER
OZEAN
St. Eval
Der Kanal
Cherbourg
Brest
FRANKREICH
Lorient
Loire
St. Nazaire
Routen alliierter
Luftpatrouillen
zur U-Boot-Bekämpfung
La Pallice
Golf von Biskaya
Bordeaux
Gironde
Kap Ortegal
El Ferrol
Kap
Finisterre
Bilbao
San Sebastian
Vigo
SPANIEN
PORTUGAL
Golf von Biskaya
0
50
100
150
200
Seemeilen

IRLAND
GROSS-
BRITANNIEN
DÄNEMA
DEUTSCH
FRANKREICH
La Spezia
Marseille
Toulon
Korsika
Rom
Sardinie
IT
S
PORTUGAL
SPANIEN
Gibraltar
Tanger
SPANISCH-MAROKKO
Oran
Algier
Tunis
MAROKKO
TUNESIE
ALGERIEN
Tr
Das Mittelmeer
0 100 200 300 400
Seemeilen

POLEN
SOWJETUNION
ECHOSLOWAKEI
UNGARN
RUMÄNIEN
UGOSLAWIEN
BULGARIEN
ALBANIEN
pel
TÜRKEI
GRIECHEN-
LAND
Athen
Salamis
Zypern
SYRIEN
Kreta
Beirut
alta
Haifa
Mittelmeer
PALÄSTINA
Port Said
Tobruk
Alexandria
Bengasi
El Alamein
ÄGYPTEN
LIBYEN

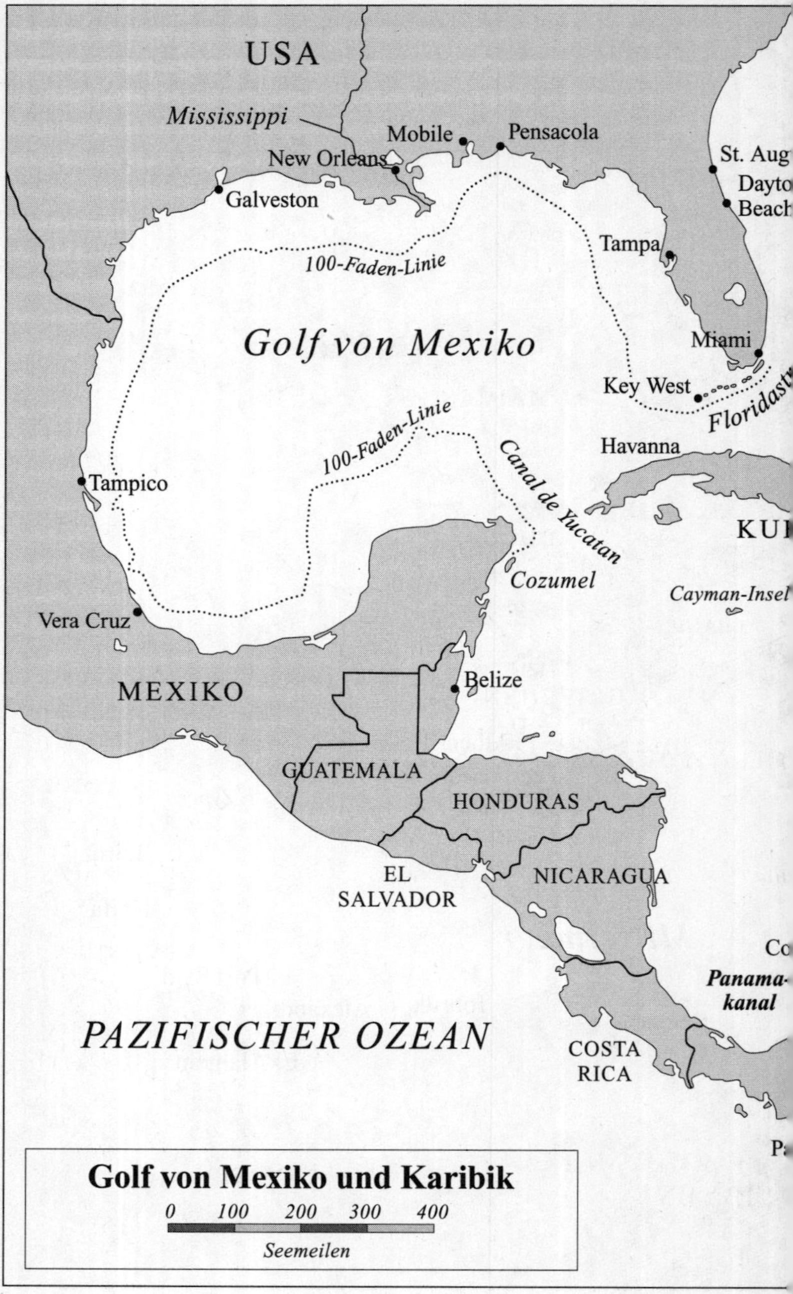

USA
Mississippi
Mobile
Pensacola
New Orleans
Galveston
St. Aug
Dayto
Beach
Tampa
100-Faden-Linie
Golf von Mexiko
Miami
Key West
Floridast
100-Faden-Linie
Canal de Yucatan
Havanna
Tampico
KU
Cozumel
Cayman-Insel
Vera Cruz
Belize
MEXIKO
GUATEMALA
HONDURAS
EL
SALVADOR
NICARAGUA
Co
Panama-
kanal
PAZIFISCHER OZEAN
COSTA
RICA
Pa
Golf von Mexiko und Karibik
0
100
200
300
400
Seemeilen

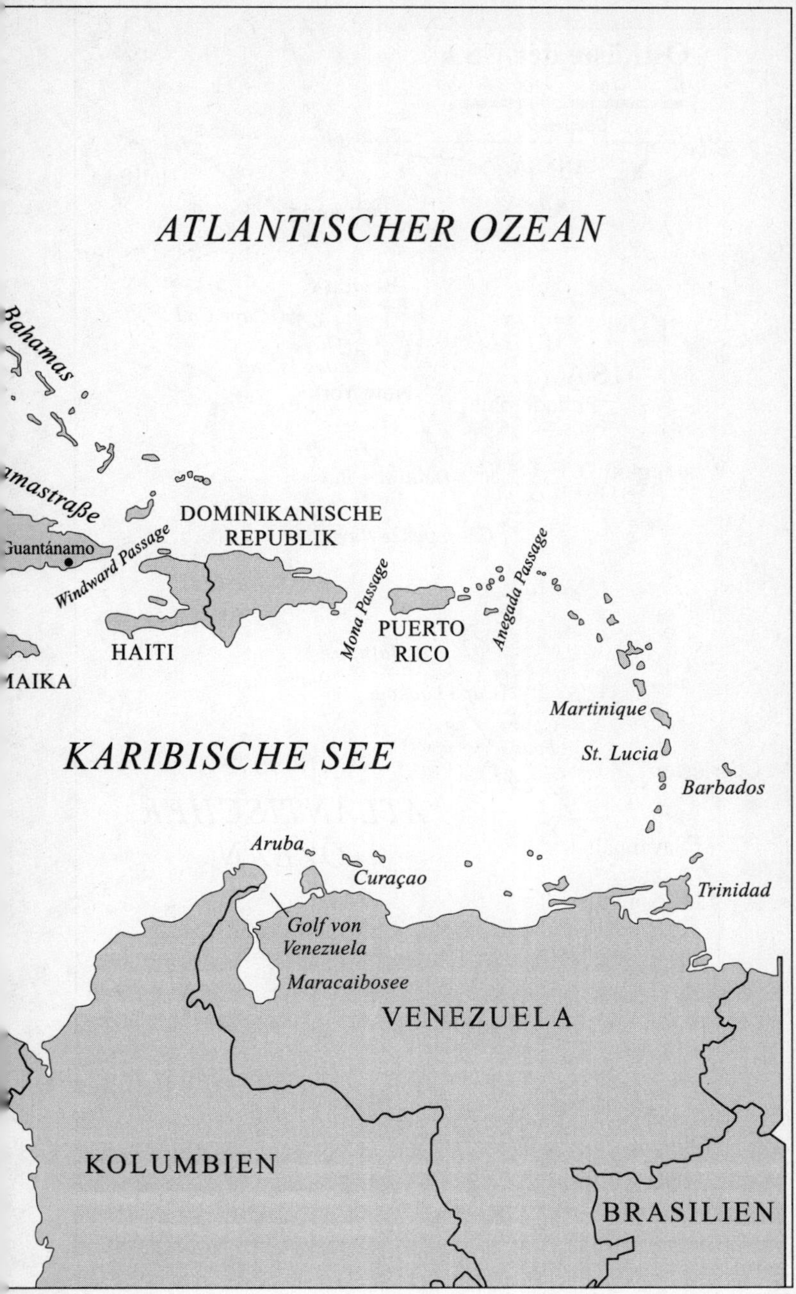
ATLANTISCHER OZEAN
Bahamas
amastraße
Guantánamo
Windward Passage
DOMINIKANISCHE
REPUBLIK
Mona Passage
PUERTO
RICO
Anegada Passage
HAITI
AIKA
Martinique
KARIBISCHE SEE
St. Lucia
Barbados
Aruba
Curaçao
Trinidad
Golf von
Venezuela
Maracaibosee
VENEZUELA
KOLUMBIEN
BRASILIEN

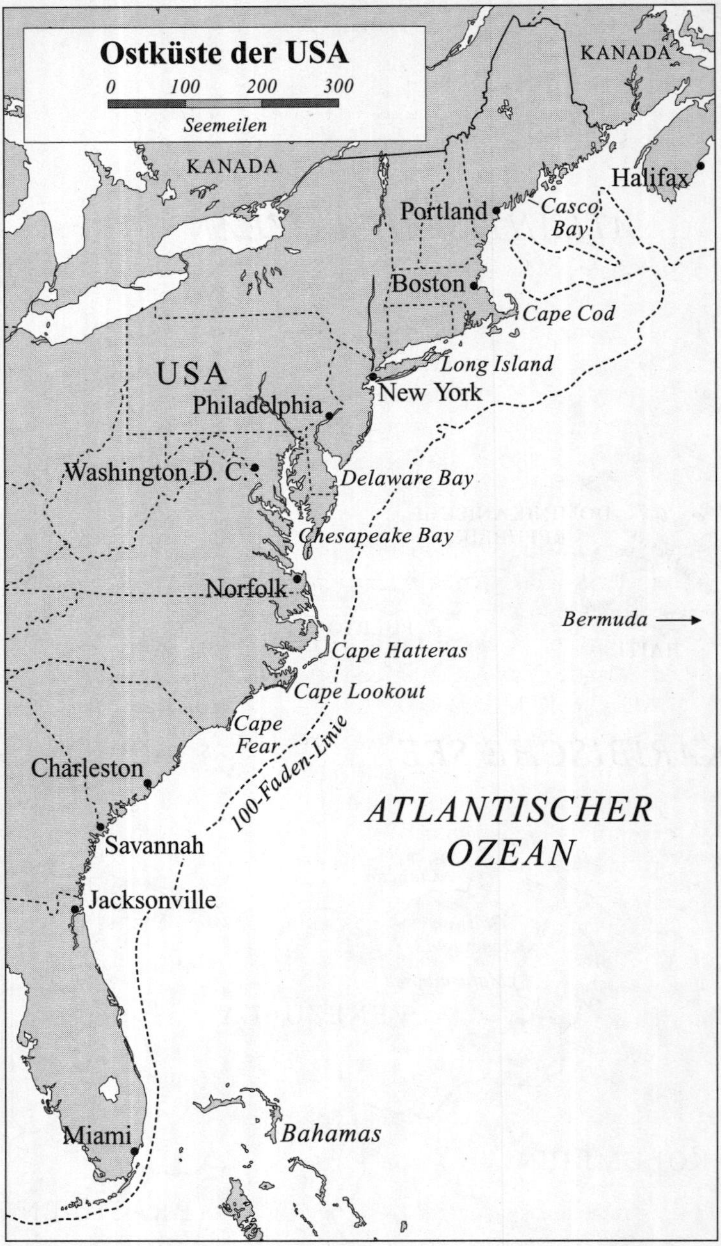
Ostküste der USA
0 100 200 300
Seemeilen
KANADA
KANADA
Halifax
Portland
Casco Bay
Boston
Cape Cod
Long Island
USA
New York
Philadelphia
Washington D. C.
Delaware Bay
Chesapeake Bay
Norfolk
Bermuda
Cape Hatteras
Cape Lookout
Cape Fear
100-Faden-Linie
Charleston
ATLANTISCHER OZEAN
Savannah
Jacksonville
Miami
Bahamas

VERZEICHNIS DER TAFELN

Querschnittzeichnungen der U-Boot-Typen VIIC und IXC finden sich auf den Seiten 24 und 25

Der mittelgroße Typ VII C

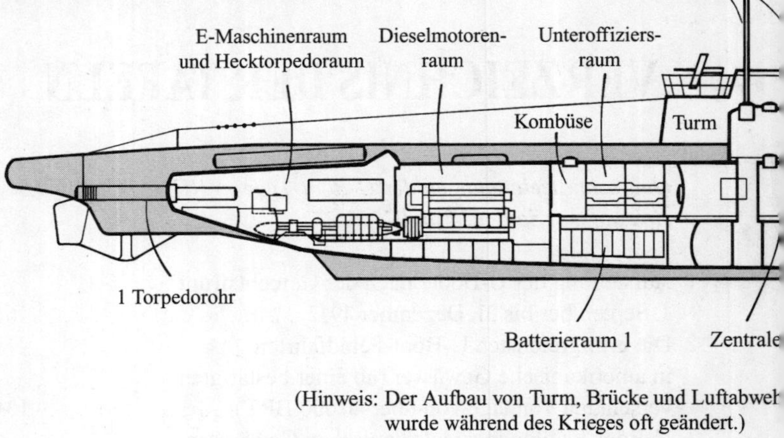

Der große Typ IX C

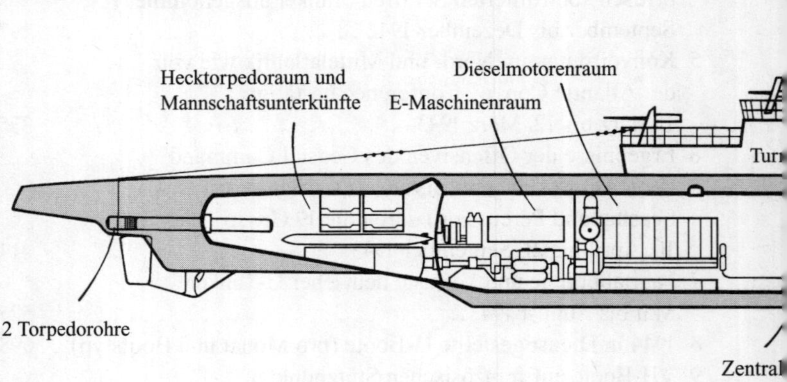

Die Standardtypen deutscher U-Boote im II. Weltkrieg

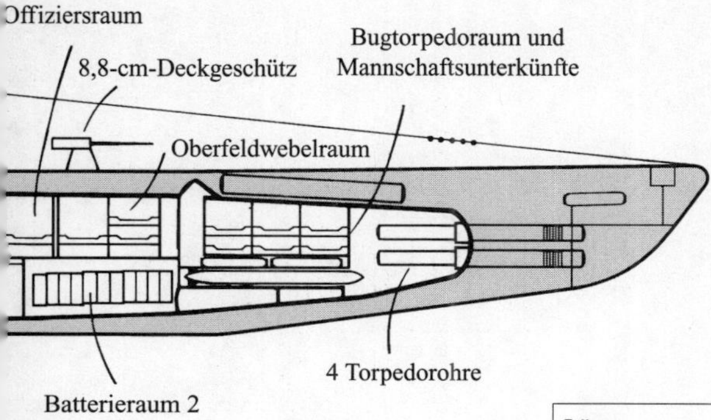

Länge	67,1	Meter
Treibstoff	113	Tonnen
Geschwindigkeit	17	Knoten
Aktionsradius bei 12 Knoten	12000	Kilometer
Torpedos	12	

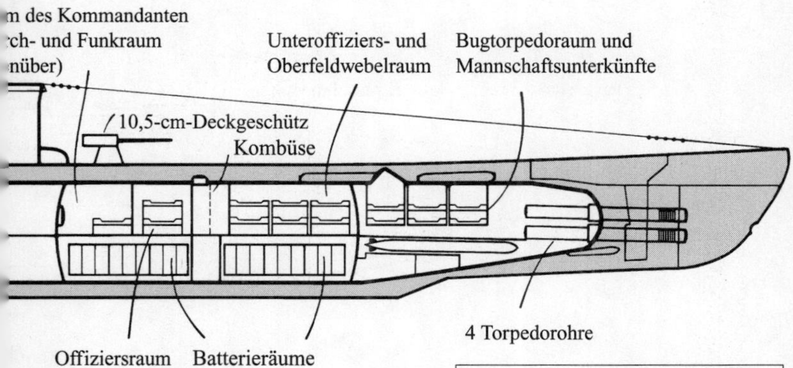

Länge	76,76	Meter
Treibstoff	208	Tonnen
Geschwindigkeit	18,3	Knoten
Aktionsradius bei 12 Knoten	20000	Kilometer
Torpedos	14	

VORWORT

Im ersten Band, *Die Jäger,* habe ich ausführlich die ersten drei Jahre des deutschen U-Boot-Krieges geschildert, analysiert und beurteilt: vom September 1939 bis zum August 1942. Der vorliegende Band, *Die Gejagten,* enthält die Fortsetzung des U-Boot-Krieges: vom September 1942 bis zur Kapitulation der Deutschen im Mai 1945.

Der erste Band war wie der U-Boot-Krieg auch in zwei aufeinanderfolgende Bücher unterteilt: den U-Boot-Krieg gegen das Britische Empire (1939–1941) und den U-Boot-Krieg gegen die Vereinigten Staaten (Dezember 1941 – August 1942). Der zweite Band schildert in einem Buch den U-Boot-Krieg gegen Seestreitkräfte der Vereinigten Staaten und des britischen Commonwealth, einschließlich der Streitkräfte Kanadas.

Adolf Hitlers Drittes Reich war auf einen regelrechten Seekrieg gegen die Alliierten paradoxerweise nicht vorbereitet. Deshalb mußte die deutsche Kriegsmarine zum zweitenmal im 20. Jahrhundert notgedrungen auf die billigen, im Serienbau hergestellten Unterseeboote zurückgreifen, die größtenteils mit Freiwilligen bemannt wurden, wenn sie einen Seekrieg führen wollte. Dieser wird häufig und im übrigen etwas irreführend die »Schlacht im Atlantik« genannt. Die führenden Köpfe planten und führten einen *guerre de course* oder einen Krieg gegen die britisch kontrollierte Handelsschiffahrt. Mit seiner Hilfe sollten die Britischen Inseln hermetisch abgeriegelt werden, so daß die ausgehungerte britische Regierung gezwungen sein würde, die Waffen niederzulegen und aus dem Krieg auszuscheiden.

Der Befehlshaber der U-Boote, Karl Dönitz, bezeichnete diese deutsche Seekriegsstrategie als »Tonnagekrieg«. Das Ziel war die Vernichtung britisch kontrollierter Handelsschiffe, wo immer U-Boote sie bei einem möglichst geringen eigenen Risiko aufspüren konnten. Es spielte keine Rolle, ob die Schiffe groß, mittel oder klein waren, ob sie beladen oder leer fuhren, ob sie nahe an den Kriegsschauplätzen waren oder weit entfernt. Im Idealfall sollten so viele Handelsschiffe (Tonnage) versenkt werden, daß die Briten sie nicht schnell genug durch neue Schiffe ersetzen konnten. Auf diese Weise sollte die zur Verfügung stehende Tonnage so weit gesenkt werden, daß die Britischen Inseln nicht mehr ausreichend versorgt werden konnten.

Wie in Band eins geschildert, scheiterte dieser »Tonnagekrieg« gegen die britisch kontrollierte Handelsflotte in der Zeit von 1939 bis 1941 aus mehreren Gründen. Es standen nicht genügend U-Boote zur Verfügung, um das angestrebte Ziel zu erreichen, und die an der Front eingesetzten Boote hatten so viele Kinderkrankheiten, daß sie sich für die Aufgabe nicht eigneten. Sie versenkten 1125 Schiffe mit rund 5,3 Millionen Tonnen, aber das britische Commonwealth glich diese Verluste durch den Bau und den Erwerb neuer Schiffe aus. Die Schiffe kamen aus den Vereinigten Staaten und aus deutsch besetzten Ländern wie Norwegen, Frankreich, Belgien, den Niederlanden und Griechenland, und nicht zuletzt verstärkten Kaperungen von Schiffen der Achsenmächte die Flotten. Ende 1941 hatte sich die britisch kontrollierte Handelsflotte, einschließlich der Tanker, gegenüber dem Stand von 1939 um rund drei Millionen BRT vergrößert.

Nachdem die Vereinigten Staaten vom Dezember 1941 an sich offiziell im Krieg mit den Achsenmächten befanden, betrachtete Dönitz die britische Handelsflotte und die amerikanische als Einheit und setzte den Tonnagekrieg wie zuvor fort. Da er die Gelegenheit zu einem schweren Schlag bei geringem Risiko witterte, warf er rund acht Monate lang die Hauptstreitmacht der U-Boot-Waffe in amerikanische Gewässer, vom Dezember 1941 bis zum August 1942. Bei dieser Offensive wurden rund 600 alliierte Schiffe mit rund drei Millionen BRT zerstört, aber in der gleichen Zeit produzierten die amerikanischen Werften mit Hilfe von Zehntausenden Frauen serienweise »Liberty-Schiffe«, Tanker und andere Schiffstypen in einer erstaunlichen Stückzahl, die nicht nur die Verluste an alliierten Handelsschiffen ausglichen, sondern die Größe der vereinten alliierten Flotte in schwindelerregende Höhen trieben.

Wie im Ersten Weltkrieg erkannten die Strategen der britischen Admiralität und die ranghohen Flottenchefs der Royal Navy erst spät die von den U-Booten ausgehende Gefahr und benötigten einige Zeit, bis sie sich ernsthaft mit ihr auseinandersetzten. Sie meinten, durch die Einführung des Geleitverkehrs, durch die Bewaffnung von Handelsschiffen mit mindestens 4-Zoll-Kanonen und durch den Einsatz der geheimen Asdic-Geräte (Sonar), die in der Zwischenkriegszeit entwickelt worden waren, könne jede Streitmacht aus U-Booten, die von den Deutschen ins Feld geführt wurde, ausgeschaltet und rasch besiegt werden. Dieser Hochmut kam vor dem Fall. Es stellte sich heraus, daß die bedrängte Royal Navy, die mit einer wahren Fülle von Aufgaben überlastet war, nicht annähernd genügend hochseetüchtige Geleitfahrzeuge hatte, um die Geleitzüge ausreichend zu sichern. Außerdem brachten die zu klein geratenen Geleitzerstörer der Hunt-Klasse, die eigens zu diesem Zweck entwickelt worden waren und eilig in Produktion gingen, nicht das gewünschte Ergebnis und konnten nicht auf der lebenswichtigen Nordatlantikroute zwischen Amerika und den Britischen Inseln eingesetzt werden.

Die Briten wurden zu Lande, zu Wasser und in der Luft hart bedrängt und entschlossen sich zur Mobilisierung ihres intellektuellen Potentials. Um der Luftwaffe entgegenzutreten, perfektionierten britische Wissenschaftler ein Radarwarngerät, dann verkleinerten sie dieses Radargerät, so daß es in Flugzeugen montiert werden konnte. Diese geniale und kriegsentscheidende Technik gaben sie an Kanada und die Vereinigten Staaten weiter. Gleichzeitig schlugen andere britische Forscher Kapital aus der technischen Hilfe von den besiegten Polen und brachen in die deutsche Schlüsselmaschine Enigma für das Militär ein. Wieder andere britische Wissenschaftler und Ingenieure entwickelten ein erstaunlich genaues Netz landgestützter Kurzwellenpeilgeräte (Huff Duff) und verkleinerten dieses Gerät dann so weit, daß es auf Schiffe montiert werden konnte. Die Radartechnik, die Entzifferung deutscher Funksprüche und in einem kleineren Ausmaß die Huff Duffs[1] und andere wissenschaftliche Durchbrüche ermöglichten es der Royal Navy und der Royal Air Force, »Rudelangriffe« durch die im Atlantik stationierten U-Boote auf Geleitzüge im Jahr 1941 weitgehend zu vereiteln, indem sie die Geleitzüge einfach um die bekannten U-Boot-Positionen herumführten.

Ebenfalls 1941 beteiligten sich die Vereinigten Staaten zunehmend – und rechtswidrig – an der »Schlacht im Atlantik«. Die Vereinigten Staaten hatten den Briten bereits 60 Kriegsschiffe für den Geleitschutz (50 alte Zerstörer und zehn Coast Guard Cutter) leihweise überlassen, besetzten die Halbinsel Avalon von Newfoundland und errichteten einen Marinestützpunkt in Argentia. Danach besetzten sie Grönland und Island und errichteten wichtige Marine- und Luftstützpunkte auf Island. Sie begannen mit dem Bau eines Marinestützpunktes in Londonderry, Nordirland, und stellten etwa 50 weitere Zerstörer ab, die schnelle Geleitzüge auf der Nordatlantikroute zwischen Kanada und Island und zurück sichern sollten. Nach der Verabschiedung des Lend-Lease Act (Leih-Pacht-Gesetz) durfte Amerika für Großbritannien und Kanada Kriegsschiffe (Geleitträger, Geleitzerstörer, Fregatten und andere Typen) und Handelsschiffe der Liberty-Klasse bauen und durfte die Kriegsschiffe dieser Staaten in amerikanischen Schiffswerften reparieren. Nach einer Lockerung des Neutrality Acts war es amerikanischen Handelsschiffen erlaubt, das Kriegsgebiet in Europa zu betreten und im Rahmen des Lend-Lease Act Kriegsmaterialien und Öl an die Briten zu liefern.

Als die Vereinigten Staaten dann im Dezember 1941 offiziell in den Krieg eintraten, hielten sich Präsident Roosevelt und seine militärischen Stabschefs an frühere geheime Absprachen und bekräftigten die politische Linie, als erstes Deutschland und Italien zu schlagen – und danach Japan. Trotz der Verluste bei dem Angriff der Japaner auf Pearl Harbor

[1] Näheres zu den Huff-Duff-Geräten siehe Anhang 8.

und andere Gebiete im Pazifik und im Fernen Osten verfügten die Vereinigten Staaten noch über genügend Seestreitkräfte im Atlantik, um die U-Boote zu bekämpfen und zu gewährleisten, daß die lebenswichtige Nordatlantikfrachtroute zu den Britischen Inseln und die Frachtroute im Nordmeer nach Nordrußland weiter offen blieb. Außerdem schafften sie es, Zehntausende Soldaten nach Island, Nordirland und zu den Britischen Inseln zu befördern. Weil die Vereinigten Staaten zuvor der kanadischen und der britischen Marine 60 Kriegsschiffe überlassen hatten, verfügten sie aber in den ersten vier Monaten des Jahres 1942 nicht über genügend Geleitschiffe, um einen Geleitverkehr in den Gewässern der Ostküste, des Golfs von Mexiko und der Karibik einzuführen. In dieser Periode erlitten die Alliierten durch die deutschen U-Boote schwere Verluste an Handelsschiffen und Besatzungen.

Am Ende des Monats August 1942, mit dem Band eins der Darstellung in *Die Jäger* endet, hatten die U-Boote in drei Jahren Seekrieg in allen Gewässern knapp 2000 alliierte Schiffe aller Größen und Typen mit rund 9,3 Millionen BRT versenkt. Gewiß sind diese Zahlen sehr beeindruckend – unbestreitbar ein bemerkenswertes Kapitel in der Geschichte des Seekrieges –, doch sie reichten bei weitem nicht aus. Die Produktion neuer Handelsschiffe allein in amerikanischen Werften hatte einen Stand von rund sechs Millionen BRT jährlich erreicht und stieg rasant weiter an. In dem Commonwealth wurde eine weitere Million BRT neuer Schiffe hergestellt, und eine große Zahl Schiffe, die wegen Schäden abgezogen worden waren, wurde repariert.

Darüber hinaus verfügten die Alliierten im August 1942 in einem umgekehrten Tonnagekrieg über so viele Vorteile im See- und Luftkrieg, daß sie nicht nur die Geleitzüge verteidigen konnten, sondern die U-Boote schneller versenkten, als die deutschen Werften sie ersetzen oder nennenswerte Zahlen deutlich verbesserter Modelle fertigen konnten. Zu diesen Vorteilen zählten die ständig steigende Zahl an Flugzeugen zur U-Boot-Abwehr (ASW) und die kampferprobten Überwassereskorten der Konvois (Zerstörer, Geleitzerstörer, Korvetten, Katapultschiffe und in absehbarer Zeit die Handelsflugzeugträger und Geleitträger). Dazu zählten aber auch die Zentimeter-Radargeräte (Ultrakurzwellen), die land- und bordgestützten Huff Duffs, der nach vorne auswerfende Mörser Hedgehog zur U-Boot-Abwehr, die verbesserten, konventionellen see- und luftgestützten Wasserbomben mit Torpex-Sprengköpfen und eine große Zahl Experten auf beiden Seiten des Atlantiks, die an einem neuerlichen Einbruch in den Enigma-Schlüssel der deutschen Kriegsmarine arbeiteten.

Dennoch versenkte die deutsche U-Boot-Waffe in den letzten Kriegsjahren, vom September 1942 bis zum Mai 1945, rund 1000 weitere alliierte Schiffe mit etwa 5,7 Millionen BRT. Der größte Teil dieser Versenkungen (700 Schiffe mit rund vier Millionen BRT) wurde in den neun Monaten von September 1942 bis Juni 1943 erzielt, ein Ergebnis, das vergleichbar ist mit dem geschilderten achtmonatigen Beutezug in amerikanischen Gewässern vom Januar bis August 1942. Mit diesen neuen Versenkungen erhöhte sich die Gesamtausbeute des deutschen Tonnagekrieges auf etwa 3000 Schiffe aller Typen mit etwa 14 Millionen BRT.[1]

Auf den folgenden Seiten erwarten den Leser weitere packende Schilderungen heftiger Kämpfe zwischen den Geleitzügen und den »Wolfsrudeln« – es gab nur wenige geruhsame Tage im Nordatlantik. Außerdem wird berichtet, wie die alliierten Marinestäbe zu der Erkenntnis gelangten, daß die elektronischen Ortungssysteme in Verbindung mit Flugzeugen die wirksamste Waffe bei der Bekämpfung der U-Boote waren, wie diese Marinekommandos endlich das geeignete Flugzeug für diese Aufgabe entwickelten, aber auch, wie die Deutschen verzweifelt versuchten, völlig neue U-Boote zu bauen, um den technischen Vorsprung der Alliierten auszugleichen – und wie sie scheiterten.

Wie der Name besagt, ist ein »Tonnagekrieg« schon seinem Wesen nach ein Seekrieg, der mit der Analyse zahlreicher Statistiken verbunden ist. Nur wenige Historiker und Leser begrüßen die Heranziehung von statistischen Angaben, und dieser Aspekt des U-Boot-Krieges ist, zum Teil gerade deshalb, kraß vernachlässigt worden. Dies hatte wiederum zur Folge, daß die Wahrnehmung der Ergebnisse des U-Boot-Krieges stark verzerrt wurde. Auch wenn ich versucht habe, so wenige Statistiken wie möglich aufzunehmen, ist diese Darstellung der erste Versuch, mit statistischen Analysen nachzuweisen, daß die deutsche U-Boot-Waffe entgegen der gültigen Lehrmeinung – und Mythen – nie auch nur annähernd davorstand, die Schlacht im Atlantik zu gewinnen, Großbritannien in die Knie zu zwingen und in diesem Fall ein völlig anderes Kriegsende in Europa herbeizuführen.

Ich hatte mir nicht im vorhinein zum Ziel gesetzt, diese revolutionäre Schlußfolgerung zu belegen. Das ergab sich im Laufe meiner Forschungsarbeit. Ich war anfangs verblüfft und skeptisch, sogar ungläubig. Erst nach Jahren der Forschung, Analyse und des Schreibens war ich endlich von diesen Erkenntnissen völlig überzeugt und bereit, sie den Marinehistorikern und der gesamten Öffentlichkeit zu präsentieren.

Clay Blair
Washington, D.C., London, Hamburg
und Washington Island, Wisconsin,
1987 – 1998

---

[1] Siehe Band 2, Anhang 15, und Band 1, Anhang 18, nach Tarrant (1989).

BUCH DREI

DER U-BOOT-KRIEG GEGEN DAS BRITISCHE COMMONWEALTH UND DIE VEREINIGTEN STAATEN

September 1942 bis Mai 1945

EINS

Überblick

Am 3. September 1942, dem Beginn des vierten Kriegsjahres, waren die Stäbe der Alliierten und der Achsenmächte in erster Linie mit folgenden Militäroperationen beschäftigt:

• **Stalingrad und der Kaukasus.** Da der Vorstoß nach Süden immer noch Vorrang vor allen anderen Operationen hatte, waren die massierten Verbände der Wehrmacht und der Luftwaffe im Süden der Sowjetunion den ganzen Sommer über weiter vorgestoßen. Weil die Schlacht um Stalingrad einen hohen Symbolwert hatte, forderte Hitler entschieden die Eroberung der Stadt. Zu diesem Zweck zog er Kräfte aus dem Gebiet des Kaukasus ab, wodurch der deutsche Vorstoß auf die sowjetischen Ölfelder ins Stocken geriet.

Als Hitlers Absichten deutlich wurden, beeilten sich Stalin und seine Generäle, Stalingrad zu verstärken; dort bauten sie die Kulisse auf für eine der blutigsten Schlachten des Krieges. Anfang September rückten die deutschen Streitkräfte auf die Stadt vor. In dieser Phase sah Stalins militärischer Oberbefehlshaber Georgij Schukow die Möglichkeit für einen Gegenangriff und erhielt von Stalin die Erlaubnis, diesen Gegenschlag Anfang November zu führen.

• **Alliierte Hilfe für die Sowjetunion.** Präsident Roosevelt bezweifelte, daß die sowjetischen Truppen den Deutschen lange standhalten würden, und forderte deshalb hartnäckig, daß Washington und London die Sowjets mit allen zur Verfügung stehenden Mitteln unterstützen sollten. Zu den vereinbarten Maßnahmen zählten in erster Linie: die Wiederaufnahme der PQ-Geleitzüge nach Murmansk im September, eine Verlegung amerikanischer Jagdflugzeuge und Bomber in den Süden der Sowjetunion sowie eine Steigerung der Frachtkapazitäten der Hafenanlagen im Persischen Golf und der Eisenbahnlinie durch den Iran in die Sowjetunion sowie der Transport von Lend-Lease-Gütern auf sowjetischen Schiffen von amerikanischen Pazifikhäfen nach Wladiwostok.

• **Nordafrika.** Ende August unternahm Erwin Rommel einen Versuch, die britischen Linien bei Alam Halfa zu durchbrechen und tiefer nach Ägypten vorzustoßen, doch er scheiterte. Entmutigt und krank bat er um seine Ablösung. Am 22. September trat Georg Stumme, ein Experte für den Panzerkrieg aus dem deutschen Rußlandfeldzug, an Rommels Stelle. Rommel begab sich in ein Krankenhaus in Deutschland. Unterdessen bereiteten die neuen britischen Befehlshaber Harold Alexander und Bernard Montgomery die britische 8. Armee, die durch amerikanische Panzer und Flugzeuge verstärkt worden war, auf einen Vorstoß von Ägypten aus nach Westen vor. Mit dieser Operation sollten die Streitkräfte der Achse, vor allem das schrumpfende und erschöpfte deutsche Afrikakorps, zerschlagen werden.

- **Torch.** Planmäßig liefen die Vorbereitungen für Torch, die Invasion der Alliierten in Französisch Nordwestafrika, weiter. Torch hatte Sledgehammer, die erste geplante Invasion in Frankreich, als eine »zweite Front« im Jahr 1942 abgelöst. Unter der Führung von Dwight D. Eisenhower sollten die alliierten Truppen an drei Stellen landen: an der Atlantikküste Marokkos und im Mittelmeer bei Algier und Oran.

Torch war aus mehreren Gründen ein riskantes Unternehmen:

1. Wenn der geheime Plan durchsickerte, waren die Deutschen imstande, fünfzig bis hundert U-Boote westlich von Gibraltar zu stationieren, um die alliierten Invasionsstreitkräfte abzuwehren.
2. Die Deutschen konnten Vichy-Frankreich und Spanien besetzen, Gibraltar einnehmen und die neutralisierte französische Flotte in Toulon in ihre Gewalt bringen. Die alliierten Streitkräfte im westlichen Mittelmeer hätten dann in der Falle gesessen.
3. Die bislang wenig aktive italienische Überwasserflotte konnte die alliierten Schiffe im Mittelmeer gemeinsam mit der italienischen und der deutschen Luftwaffe und mit italienischen U-Booten heftig angreifen.
4. Die französischen Truppen in Marokko und Algerien konnten heftige Gegenwehr gegen eine Landung der Alliierten leisten, wie vor kurzem in Madagaskar, statt die Alliierten entgegen deren Hoffnungen freundlich willkommen zu heißen.
5. In der rauhen See an der offenen Atlantikküste Marokkos konnten durchaus alle Versuche scheitern, eine amphibische Landung durchzuführen und das Land zu besetzen.

Teils wegen der Knappheit an Handelsschiffen und Kriegsschiffen für den Geleitschutz änderte sich der Tag X für die Operation Torch. Zunächst wurde er auf den 7. Oktober angesetzt, dann auf den 8. November verschoben. In einer Nachricht vom 4. September informierte Roosevelt Churchill, daß die US Navy für Torch den Hauptteil der Kampfkraft der Atlantikflotte stellen werde. Nämlich:

3 Schlachtschiffe (ein modernes)
1 Flottenträger *(Ranger)*
2 Geleitträger (später auf 4 erhöht)
5 Kreuzer (2 schwere)
40 Zerstörer
6 Minensucher

Die amerikanischen Truppen, die in Marokko landeten, sollten von sechs neuen U-Booten unterstützt werden, die bereits zuvor ihre Positionen eingenommen hatten. Sie sollten Wettermeldungen und Peilzeichen senden und später das nicht fertiggestellte, aber bereits bewaffnete französische Schlachtschiff *Richelieu* in Dakar im Senegal blockieren. Diese sechs großen U-Boote waren die ersten Unterseeboote mit amerikanischer Besatzung, die in europäischen Gewässern im Gefecht eingesetzt wurden.[1]

• **Guadalcanal.** Die Bemühungen der Japaner, die amerikanischen Streitkräfte von Guadalcanal zu vertreiben, wurden im Herbst 1942 verstärkt. Zusätzlich zu den schweren Verlusten der amerikanischen Navy im August und September, über die in Band eins berichtet wird, verloren die Amerikaner in mehreren Seeschlachten bei den Salomon-Inseln im Oktober und November weitere Kriegsschiffe. Unter anderem wurden der Flugzeugträger *Hornet* und die drei modernen Zerstörer *Duncan, Meredith* und *Porter* versenkt, der Träger *Enterprise,* das neue Schlachtschiff *South Dakota,* der Leichte Kreuzer *Boise* und die modernen Zerstörer *Farenholt* und *Smith* wurden schwer beschädigt. Das Schlachtschiff *South Dakota* und der moderne Zerstörer *Mahan* kollidierten, wobei die *Mahan* schwer beschädigt wurde.

• **Geleitzüge im Atlantik.** Unter anderem weil zahlreiche Kriegsschiffe dem Geleitzug PQ 18 nach Murmansk und der Operation Torch zugeteilt worden waren, änderten die Alliierten das nordatlantische Geleitzugsystem erheblich. Als wichtigste Maßnahme wurde anstelle der kanadischen Seehäfen New York als Hauptsammelpunkt für die Halifax- und Sydney-Geleitzüge bestimmt. Diese Veränderung, die am 17. September in Kraft trat, ermöglichte es den Alliierten, den größten Teil der Geleitzüge Boston–Halifax (BX) und Halifax–Boston (XB) abzusetzen, die Zahl der lokalen kanadischen Geleitschiffe zu reduzieren und den schweren Schiffsverkehr im Cape Cod Canal drastisch zurückzufahren. Die Möglichkeit, daß

[1] Die ersten Boote waren *Barb, Blackfish, Gunnel, Gurnard, Herring* und *Shad* unter der Bezeichnung Submarine Squadron 50. Nach der Operation Torch wurden die Boote und der Tender *Beaver* in Roseneath, Schottland, stationiert und führten Patrouillen zur U-Boot-Abwehr durch.

der Kanal wegen eines Unfalls erneut für längere Zeit geschlossen werden könnte, hatte den Befehlshabern ständig Sorgen bereitet.

Gleichzeitig billigten die Alliierten die endgültigen Pläne für eine zweite große Konvoiroute über den Atlantik. Ursprünglich gedacht als unmittelbare Unterstützung für Torch und andere Operationen im Mittelmeer, lag diese Route in den südlicheren Breitengraden des Mittelatlantik. Schnelle und langsame Geleitzüge von Amerika zur Unterstützung von Torch wurden United States–Gibraltar (UGF und UGS) genannt. Die entgegengesetzten schnellen und langsamen Geleitzüge für die zurückkehrenden Schiffe wurden Gibraltar–United States (GUF und GUS) genannt. Zusätzlich zu Überwasserschiffen sollten diese Geleitzüge von den Luftstützpunkten an der amerikanischen Ostküste, auf den Bermudas, in Marokko und in Gibraltar eine massive Luftsicherung erhalten.

Schon nach sehr kurzer Zeit sollte diese rein amerikanische Konvoiroute im Mittelatlantik zu einer wichtigen Verbindungslinie vom Arsenal der Demokratie zum Kriegsschauplatz im Mittelmeer werden. Auch wenn die Route in Darstellungen des U-Boot-Krieges kaum erwähnt wird, überquerten auf ihr von der Einführung im Spätherbst 1942 bis zur deutschen Kapitulation im Mai 1945 rund 12300 alliierte Schiffe in rund 300 Konvois den Atlantik nach Osten oder Westen.

Diese Geleitzüge wurden anfangs von amerikanischen Zerstörern eskortiert, später von amerikanischen Zerstörern und Geleitzerstörern, unterstützt von amerikanischen U-Jagdgruppen mit Geleitträgern. Die Geleitschiffe – in der Regel acht für jeden Konvoi – füllten ihren Treibstoffvorrat auf See an Tankern auf. Die Deutschen konnten wegen der großen Entfernungen, der Knappheit an U-Booten vom Typ VII und U-Tankern und der Entscheidung, den Hauptteil der Streitmacht auf die Nordatlantikroute zu konzentrieren, nicht gleichzeitig die Mittelatlantikroute mit U-Booten bekämpfen. Sie konnten allenfalls gelegentliche Angriffe am Ostende der Route zwischen den Azoren und Gibraltar vortragen, doch in diesem Gebiet wimmelte es schon bald von Luft- und Überwassereskorten der Alliierten, die mit Radar ausgestattet waren und in Gibraltar und Marokko (später auf den Azoren) stationiert waren. Damit waren U-Boot-Operationen in diesem Gebiet ebenso gefährlich wie Operationen im Gebiet zwischen Island und den Britischen Inseln. Die Geleitzüge im Mittelatlantik verloren deshalb während der 28 Monate langen Kampfeinsätze auch nur rund 25 Handelsschiffe (0,002 Prozent) – ein weiterer bemerkenswerter und bislang wenig beachteter Sieg der US Navy.[1]

Da die Operation Sledgehammer wegen der erforderlichen Maßnahmen für Torch 1942 endgültig abgesagt und Roundup, die nächste geplante

[1] Siehe Tafel 12.

Invasion in Frankreich, im Jahr 1943 immer wahrscheinlicher wurde, änderte Washington das Schiffsbauprogramm grundlegend. Insbesondere wurden Landungsschiffe in ihrer Priorität zurückgestuft, und die lange Zeit aufgeschobenen Programme für Geleitzerstörer und Geleitträger erhielten jetzt Priorität. Am 24. Oktober setzte Präsident Roosevelt Churchill davon in Kenntnis, daß es den amerikanischen Werften aufgrund dieser und anderer Änderungen möglich sein werde, im Jahr 1943 siebzig Geleitzerstörer mehr als geplant zu bauen (insgesamt 336) und zusätzlich Handelsschiffe mit einem Leergewicht von insgesamt zwei Millionen Tonnen (von rund 18 Millionen Tonnen auf nunmehr rund 20 Millionen).

Diese Nachricht überschnitt sich zeitlich mit einem Brief Churchills an Roosevelt, der am 4. November vom britischen Produktionsminister Oliver Lyttelton persönlich übergeben wurde. Neben anderen »wichtigen Punkten« hob Churchill den britischen Bedarf an zusätzlichen Handelsschiffen aus der amerikanischen Produktion im Jahr 1943 hervor (eine Million Tonnen Leergewicht an Tankern und 2,5 Millionen Tonnen Leergewicht an Frachtschiffen), damit ein Minimum von 27 Millionen Tonnen an Importen gewährleistet werden könne.

Ebenso wichtig sei es, beschwor Churchill Roosevelt, Geleitschiffe mit großer Reichweite für die Nordatlantikroute zu stellen. »*Geleitschiffe* benötigen wir«, hebt Churchill selbst kursiv hervor, »noch dringender als Handelsschiffe. Wir wollen beides, aber ich stimme ganz mit denen überein, die sagen: ›Ein Schiff, das 1943 nicht versenkt wird, ist soviel wert wie zwei, die 1944 gebaut werden.‹« Er drängte darauf, so viele Geleitfahrzeuge, »wie die Produktionskapazität gestattet«, zu bauen und eine Verteilung von einem britischen Geleitschiff auf 1,37 amerikanische Geleitschiffe anzustreben.

Um seinem Anliegen Nachdruck zu verleihen, übertreibt Churchill weiterhin die »U-Boot-Gefahr«. Das sei, schreibt er, »unsere schlimmste Bedrohung«. Mit düsteren Worten fährt er fort:

> *Die Vorstellung ist entsetzlich für mich, daß wir gemeinsam Geld ausgeben, um einen Verlust von 700 000 Tonnen monatlich auszugleichen. Zugegeben, ganz so schlimm sind wir noch nicht dran. Aber der Anblick all dieser herrlichen Schiffe, die gebaut, vollbepackt mit kostbaren Lebensmitteln und Munition auf See geschickt und dann versenkt werden – drei oder vier täglich –, läßt mir Tag und Nacht keine Ruhe. Dieser Angriff lähmt nicht nur unsere Kriegsanstrengungen und bedroht unser Leben, sondern er setzt auch der Macht, mit der die Vereinigten Staaten in diesen Kampf eintreten werden, nach Belieben Grenzen. Die Meere, die Eure Schutzschilde waren, laufen Gefahr, Eure Käfige zu werden.*

Im kommenden Jahr wird es weit mehr U-Boote geben, und sie werden eine viel größere Reichweite haben. Keine Ozeanüberquerung wird noch sicher sein. Alle Brennpunkte werden belagert werden und eine Luftsicherung mit Langstrekkenflugzeugen benötigen.

Die Sichtweise der Deutschen

Ungefähr zu Beginn des vierten Kriegsjahres traf sich der Oberbefehlshaber der Kriegsmarine, Großadmiral Erich Raeder, am 26. August und am 28. September 1942 mit Hitler, um über die Seekriegführung zu sprechen. Der Befehlshaber der U-Boote, Admiral Karl Dönitz, nahm an dem zweiten Treffen teil und erstattete Hitler persönlich über den U-Boot-Krieg Bericht.

Hitler eröffnete des zweite Treffen mit einem Lob für die U-Boot-Waffe wegen ihrer großartigen Leistungen. Ein Stenograph bemerkte, Hitler habe die vor kurzem veröffentlichten Zahlen über den amerikanischen Schiffbau[1] als Propaganda abgetan, und fügte hinzu:

Anschließend bringt er [der Führer] seine große Anerkennung für die Leistungen der U-Boote zum Ausdruck und seine Überzeugung, daß die monatlichen Versenkungsziffern auch zukünftig so hoch liegen würden, daß der Gegner sie durch Neubau nicht erreichen würde. Er führt seine Gedanken über die Steigerung des Neubaues beim Gegner näher aus und bemerkt, daß er eine solche Ausweitung der Leistungen der Werften des Feindes, wie sie propagandistisch dargestellt wird, nicht für möglich halte. Wenn es dem Gegner auch möglich sein würde, verhältnismäßig schnell Schiffskörper vom Stapel zu lassen, so würde es doch an Maschinen, Hilfsmaschinen, weiteren Ausrüstungsstücken und vor allem auch an Menschen zur Bemannung dieser Schiffe fehlen.

Dönitz erklärte gleich zu Beginn seiner Ausführungen gegenüber Hitler, daß »der Kampf [der U-Boote] unter der amerikanischen Küste nicht mehr lohnend genug gewesen sei«. Die amerikanischen Maßnahmen zur U-Boot-Abwehr – insbesondere die Luftpatrouillen – und die Aus-

[1] Eine öffentliche Vorhersage des Stellvertretenden Leiters der US Maritime Commission Howard L. Vickery, daß allein die amerikanischen Werften in den Jahren 1942 und 1943 über 2500 Schiffe mit 27,4 Millionen Tonnen Leergewicht bauen würden. Diese Vorhersage war sehr genau: 1942 und 1943 bauten amerikanische Werften 2709 Schiffe mit 27,21 Millionen Tonnen Leergewicht oder 18,435 Millionen Bruttoregistertonnen.

dehnung eines Geleitzugsystems seien die Hauptgründe dafür. Mit Ausnahme einiger »weicher Stellen« (z.B. der St.-Lorenz-Golf, der Atlantik östlich und südöstlich von Trinidad) sollten die U-Boote folglich wieder in den Nordatlantik und an die Westküste Afrikas in die Nähe von Freetown und nach Süden nach Kapstadt verlegt werden.

Dönitz hob die großen Schwierigkeiten hervor, die seine Boote hatten, wenn sie Geleitzüge auf der Nordatlantikroute angriffen. Immer mehr mit Radar ausgerüstete Langstreckenflugzeuge der Alliierten (B-24 Liberator, B-17 Flying Fortress, PBY Catalinas, Sunderlands), die auf den Britischen Inseln, auf Island und Newfoundland stationiert wären, seien imstande, die Geleitzüge auf fast der gesamten Strecke über den Nordatlantik aus der Luft zu sichern.[1] Wegen der Anwesenheit dieser Flugzeuge konnten die U-Boote kaum noch an der Oberfläche bleiben und Fühlung zu einem Geleitzug halten, um weitere Boote zusammenzuziehen. Sie konnten auch nicht überholen und in eine bessere oder zweite Schußposition vor dem Geleitzug kommen. Mit Fern- und Nahradar ausgerüstete Geleitschiffe erschwerten es den U-Booten, überhaupt in Schußentfernung an die Geleitzüge heranzukommen.[2]

Als Folge der verstärkten und verbesserten ASW-Maßnahmen der Alliierten, der Unerfahrenheit der U-Boot-Besatzungen, des schlechten Wetters und anderer Faktoren werde die Tonnage, die jedes Boot in den Geleitzugschlachten im Nordatlantik versenkte, aller Wahrscheinlichkeit nach zurückgehen. Um diesen Rückgang zu stoppen – genaugenommen um zu den einstigen Höhen der Versenkungsziffern je Boot zurückzukehren –, forderte Dönitz für die U-Boot-Waffe dringend Verstärkung:

- Einen leistungsstarken Bomber mit sehr großer Reichweite wie der Prototyp Heinkel 177 (He-177), der Geleitzüge auskundschaften und deutsche U-Boote vor einer sich nähernden Gefahr aus der Luft warnen sollte. Nach dem Eintreffen feindlicher Flugzeuge sollten die Bomber diese Gefahr von den U-Booten ablenken.
- Ein völlig neuartiges Unterseeboot für Angriffe mit einer sehr hohen Unterwassergeschwindigkeit, damit es unter Wasser zu einem Geleitzug aufschließen und die Geleitschiffe während des Angriffs und der Rückzugsphase ausmanövrieren konnte. Ferner sollte es so lange die Fühlung zu einem Geleitzug halten können, bis weitere Boote des Rudels herangeeilt waren.

Auf diese beiden umfassenden Vorschläge reagierte Hitler ganz unterschiedlich. Zum einen vermied er irgendwelche Zusagen zu einem

---

[1] Siehe Anhang 10.

[2] Dönitz wußte immer noch nicht, daß gewöhnlich wenigstens ein Schiff in jedem Geleitzug über ein Huff Duff verfügte, und er wußte auch nichts von der zunehmenden Bedeutung der Huff Duffs an Bord der Schiffe und an Land bei der Verteidigung der Geleitzüge. Siehe Anhang 8.

neuen Flugzeug wie der He-177 als Unterstützung für die U-Boote. Gewiß räumte er die dringende Notwendigkeit ein, das beste verfügbare Flugzeug zu diesem Zweck einzusetzen, doch die deutsche Flugzeugindustrie war mit Aufträgen bereits überlastet und konnte keine Massenproduktion eines schweren Bombers übernehmen. Andererseits sprach sich Hitler energisch für den Bau neuer U-Boote mit einer hohen Unterwassergeschwindigkeit aus. Ein solches U-Boot, ereiferte sich Hitler, würde »einen umstürzenden Erfolg bedeuten, weil im selben Augenblick der gesamte Apparat an feindlichen Sicherungsfahrzeugen seine Wirkung verloren hätte und das Bauprogramm der verhältnismäßig langsamen Korvetten seiner Wirkung beraubt wäre«.

Der Gedanke, ein deutsches Unterseeboot mit einer hohen Unterwassergeschwindigkeit zu bauen, war nicht neu. Anfang der dreißiger Jahre hatte der brillante deutsche Ingenieur Hellmuth Walter dem Berliner Marinekommando ein kleines Versuchsmodell vorgeführt, das theoretisch für kurze Zeit unter Wasser 30 Knoten erreichen sollte. Es sollte mit Dieselmotoren für die Überwasserfahrt und mit einer Turbine für die Unterwasserfahrt ausgerüstet werden. Diese Turbine wurde von einer Lösung aus Wasserstoffperoxid (H_2O_2) und Wasser angetrieben. Um den Widerstand unter Wasser möglichst klein zu halten, sollte die Hülle glatt und fischförmig sein.

Obwohl sich die Deutschen auf konventionelle diesel-elektrische Antriebsmaschinen für die neuen Generationen des Typs VII und des Typs IX geeinigt hatten, wies das Oberkommando der Kriegsmarine (OKM)[1] Walter nicht die Tür. Im Jahr 1939 schloß Berlin mit ihm einen Vertrag über den Bau eines Testbootes mit 73 Tonnen und einer Länge von 22 Metern, genannt *V80.* Das Boot wurde unter strengster Geheimhaltung auf einem abgeriegelten Gelände der Krupp Germania Werft in Kiel gebaut und ähnelte sehr stark einem riesigen Fisch. Von vorn betrachtet, bildete es im Querschnitt die Zahl Acht. Der obere Teil der Acht bildete den Lebens-, Arbeits- und Gefechtsraum; die untere Hälfte wurde für die Aufbewahrung des flüchtigen Treibstoffs aus Wasserstoffperoxid benötigt. Bei Versuchen vor Hela in der Danziger Bucht im Jahr 1940 erreichte das geschmeidige Boot *V80* eine sensationelle Unterwassergeschwindigkeit von 28,1 Knoten.

Dank der großartigen Erfolge der Boote vom Typ VII und IX in den Jahren 1940 und 1941 und wegen der anhaltenden technischen Bedenken gegenüber den »Walter-Booten«, trieb das OKM dieses Programm nicht energisch voran. Als Walter jedoch im Januar 1942 verbesserte Pläne für ein großes und ein kleines mit Wasserstoffperoxid angetriebenes Unterseeboot vorlegte, nahm Dönitz sie begeistert auf und drängte das

[1] Das Hauptquartier der Seekriegsleitung in Berlin.

OKM, Walter rückhaltlos zu unterstützen. Im Zuge der verstärkten ASW-Einsätze des RAF Coastal Command in dem Golf von Biskaya brachte Dönitz am 24. Juni 1942 seine Bitte erneut vor. Prompt schloß das OKM mit Walter Verträge über den Bau von fünf Prototypen mit Wasserstoffperoxidantrieb: ein 51 Meter langes »Atlantikboot« mit 600 Tonnen *(U791)* und vier kleine Küstenboote *(U792* bis *U795).* Auf dem Papier erreichten sie alle unter Wasser über 25 Knoten.

Obwohl Walter seit zehn Jahren an den Wasserstoffperoxid-U-Booten arbeitete und ein Versuchsmodell *(V80)* bereits gebaut und erfolgreich getestet worden war, kam bis September 1942 kein einziges der fünf in Auftrag gegebenen Boote über das Planungsstadium hinaus. Enorme technische Probleme mußten noch gelöst werden, nicht zuletzt der Bau mehrerer Anlagen, in denen große Mengen des Treibstoffs aus Wasserstoffperoxid hergestellt werden konnten. Dennoch beschlossen Raeder und Dönitz, von Hitler begeistert unterstützt, bei dem Treffen am 28. September, 24 kleine Boote zu bestellen *(U1405* bis *U1416* und *U1081* bis *U1092).* Sie hofften, »in etwa zwei Monaten über den Serienbau des größeren Typs« entscheiden zu können. »Jedenfalls«, stellte Raeder fest, »solle so schnell wie möglich an die serienmäßige Herstellung dieser Boote herangegangen werden, unter entsprechender Umstellung des bisherigen U-Boot-Bauprogrammes.«

Diese wenig beachteten Entscheidungen im Frühherbst des Jahres 1942 zählen zu den wichtigsten des U-Boot-Krieges. Raeder und Dönitz waren nämlich, wie sich daran ablesen läßt, zu dem Schluß gekommen, daß die Boote vom Typ VII und IX aufgrund der alliierten Technologie zur Ortung der U-Boote sowie der Luft- und Seeüberlegenheit unzulängliche und überholte Waffensysteme geworden waren. Um den U-Boot-Krieg erfolgreich weiterzuführen, war eine ganz neue Generation von U-Booten nötig, die geradezu einen Quantensprung in der Technik darstellte. Das Walter-Boot war die vielversprechendste Alternative. Daher das riskante Spiel mit den visionären Ideen des Professors zu dieser Zeit.

Selbstverständlich konnte nicht über Nacht eine Flotte aus Walter-Booten gebaut werden. Es dauerte wenigstens ein Jahr, bis die vier kleinen Prototypen gebaut, getestet und die Mängel behoben waren. Die Erkenntnisse, die aus dem Bau dieser vier Boote sowie der 24 weiteren in Auftrag gegebenen Boote (die aber zumeist nicht gebaut wurden) gewonnen wurden, sollten unmittelbar an zwei großen »Atlantikprototypen« angewandt werden *(U796* und *U797),* die parallel zu den kleineren Booten gebaut werden sollten. Auf diese Weise, so meinte man, würden die zu erwartenden Verzögerungen in der Forschung und Entwicklung vermieden, und die Atlantikboote konnten schnell in die Serienproduktion gehen.

Bis zur Vollendung großer und kleiner Walter-Boote in nennenswerten Stückzahlen sollten die deutschen Werften weiterhin Boote vom Typ VII und IX bauen. Mit einigen Verbesserungen sollten diese Boote den U-Boot-Krieg im Rahmen ihrer Möglichkeiten weiterführen, bis sie durch die ASW-Maßnahmen der Alliierten vollends aufgespürt oder geschlagen worden waren. Auch wenn erwartet wurde, daß die Versenkungsziffern dieser Boote allmählich abnehmen und die Verluste steigen würden, so diente die fortwährende Präsenz der U-Boote in vielen Regionen der Welt neben der Versenkung alliierter Schiffe anderen wichtigen Kriegszielen: Die Fortsetzung der zeitraubenden Geleitzüge durch die Alliierten wurde gesichert, beträchtliche Verbände der militärischen Streitmacht der Alliierten waren für die U-Boot-Abwehr gebunden, schließlich wurde eine neue Generation deutscher U-Boot-Fahrer ausgebildet und im Kampf erprobt, die später die Walter-Boote bemannen sollten.

Die Codeknacker

Im September 1942 hatten die Deutschen noch die Nase vorn in dem ständigen Auf und Ab bei der Entzifferung der Codes. Am 1. Februar 1942 hatten sie eine vierte Walze in die Enigma-Maschinen eingefügt, die im Fernmeldenetz der Atlantik-U-Boote eingesetzt wurden. Die Codeknacker der Alliierten waren damit wiederum »blind« geworden. Die Deutschen nannten den neuen Schlüssel *Triton,* die Briten *Shark.* Da die Kryptanalytiker in Bletchley Park keine entsprechende »Vier-Walzen-Bomba«[1] und auch keine »physischen Beutestücke« (wie die Kurzsignalbücher für die Wetter- und Gefechtsmeldungen oder die Schlüsseleinstellungen der Enigma) hatten, machten sie wenig bis gar keine Fortschritte bei ihren Versuchen, den Schlüssel der Vier-Walzen-Enigma zu knacken. Auf der anderen Seite las der wachsende Personalstab der deutschen Entzifferer, des xB-Dienstes, ständig den alliierten Schlüssel Naval Cypher No. 3, der gemeinsam von den Amerikanern, den Kanadiern und den Briten bei Konvoi-Operationen im Nordatlantik benutzt wurde. Bis September 1942 erstellte der B-Dienst täglich ein so genaues Bild der alliierten Geleitzugfahrten und der benutzten Routen wie noch nie, und die Informationen waren nun trotz der unvermeidlichen Verzögerungen so aktuell, daß Dönitz sie taktisch verwerten konnte.

---

[1] Eine »Bomba« war eine raffinierte, elektromechanische Maschine der Alliierten, die erstmals von den Polen in den Jahren vor dem Krieg entwickelt worden war und bei der Entschlüsselung der deutschen Enigma-Schlüssel eingesetzt wurde. (Siehe Foto im Bildteil.)

Die US Navy hatte unterdessen die Nase gestrichen voll von den Briten, die weiterhin die Geheimnisse der Technik ihrer Bomba für sich behielten und den Amerikanern das längst versprochene Modell immer noch nicht geliefert hatten, damit diese in den Enigma-Schlüssel der deutschen Kriegsmarine einbrechen konnten. Als Grund für die Verzögerung wird gewöhnlich die britische Befürchtung angeführt, daß die Amerikaner die Tatsache, daß Enigma geknackt wurde, nicht geheimhalten würden. Das hätte zur Folge haben können, daß die Deutschen zu einem völlig neuen und schwerer zu entziffernden Codierungssystem greifen würden und damit den Briten den Schlüssel Red der Luftwaffe und andere Schlüssel entzogen, die sie bereits ständig mitlasen. Zweifellos spielte die traditionelle Verschwiegenheit der Briten bei der Verbreitung von technischen Hilfsmitteln zur Entzifferung bei der Verzögerung eine Rolle.

Die britischen Befürchtungen, sämtliche Gewinne aus den Einbrüchen in die Enigma zu verlieren, waren völlig verständlich, außerdem wurden sie durch eine erstaunliche neue Herausforderung im Äther geschürt. Britische Empfangsstationen fingen einen verstärkten deutschen Funkverkehr auf einer neuartigen Fernschreib-Schlüsselmaschine ab, die nicht auf dem Morsealphabet (sondern auf dem Fünferalphabet von Baudot) beruhte. Die Deutschen nannten dieses raffinierte Verschlüsselungssystem Geheimschreiber; die Briten nannten es Fish oder Sturgeon. Einige befürchteten, es werde teilweise die Enigma-Schlüssel ablösen. Die Briten hatten eine Maschine gebaut, um Fish zu knacken, die schon so kompliziert aussah, daß sie »Robinson« getauft wurde, nach Heath Robinson, dem britischen Ebenbild des amerikanischen Karikaturisten Rube Goldberg, der phantastische Maschinen zeichnete, die groteske Aufgaben übernehmen sollten. Außerdem hatten sie die weit wichtigere Arbeit an einer riesigen neuen Fish-Bomba begonnen, die treffend Colossus genannt wurde und 2400 Vakuumröhren enthielt![1]

Im Sommer 1942 willigten die Briten ein, daß zwei Offiziere der US Navy, Reservist Joseph J. Eachus und Robert Bellville Ely III., Hut 8 zugeteilt wurden, der Abteilung für die Schlüssel der Kriegsmarine in Bletchley Park. In einer Schilderung des Bomba-Projekts der US Navy schreibt der Chefingenieur Howard T. Engstrom[2], Ely und Eachus seien im Juli 1942 nach England geschickt worden,

[1] Die Geschichte des Schlüssels Fish und der Colossus würden den Rahmen dieses Buches sprengen. Siehe die Einträge in der Bibliographie unter »Colossus«.

[2] Informationen zum Lebenslauf und beruflichen Werdegang Engstroms finden sich in Band 1, S. 296 f., 650.

um in erster Linie die [allgemeinen] britischen kryptanalytischen Forschungsmethoden zu studieren, allerdings mit der zusätzlichen Anweisung, so viele Einzelheiten wie möglich zum britischen »E-« [Enigma] Problem herauszufinden. Unter dem Einfluß der Anwesenheit dieser beiden Offiziere gingen beachtlich genaue Informationen zur britischen Bomba und zu den Schaltplänen ein.[1]

Somit waren die Briten viel entgegenkommender als im Februar 1941, als die amerikanischen Marineoffiziere Prescott H. Currier und Robert H. Weeks Bletchley Park aufgesucht hatten.[2] Engstrom berichtet weiter:

Im Laufe der Monate wurde aus den eingehenden Berichten von unseren Repräsentanten in England [Eachus und Gaschk] immer deutlicher, daß die Briten nicht imstande sein würden, uns zum versprochenen Termin eine Maschine [Bomba] zu liefern.[3] *Außerdem wurde deutlich, daß die Briten erhebliche Probleme hatten, eine funktionstüchtige Hochgeschwindigkeitsmaschine zu bauen. Deshalb kamen wir nach unablässigen Konferenzen zu dem Schluß, daß die amerikanischen Methoden und Entwürfe so erfolgversprechend seien, daß der Start eines Bomba-Programms gerechtfertigt erschien.*

Nach Rücksprache mit seinen Vorgesetzten traf sich Joseph Wenger, der Chef der Entzifferungsabteilung OP20 G bei der US Navy, »Anfang September« mit Edward G. G. Hastings, dem Vertreter von Bletchley

1 Siehe dazu die unveröffentlichten Dokumente in NARA, RG 457, NSA History Collection Box 705, insbesondere Nr. 1736, vom 24. 4. 1944, »Memorandum for the Director of Naval Communications, History of the Bombe Project«, von Joseph N. Wenger, Engstrom und Ralph I. Meader (im folgenden Engstrom-Memorandum), und Kapitel 11 von George E. Howes *United States Cryptographic History, NSA* (1980). In einem 1998 aufgezeichneten Interview mit dem Autor stellte Eachus klar: Er und Ely flogen nach England, blieben etwa drei Wochen in Bletchley Park und flogen dann mit den Kopien für eine Enigma zurück in die Staaten. Auf die ausdrückliche Bitte Gordon Welchmans hin schickte die US Navy Eachus praktisch sofort mit dem Flugzeug wieder nach Bletchley Park, wo er und der Mitarbeiter der US Navy Milton Gaschk ungefähr ein Jahr lang als halbständige Beobachter blieben und über verschiedene britische Projekte im GC&CS Bericht erstatteten.

2 Siehe Band 1, S. 292–297.

3 Am 13. Mai 1942 hatte der Stellvertretende Direktor von Bletchley Park, Edward Travis, den Amerikanern schriftlich zugesagt, »bis August oder September« eine Bomba und »einen Ingenieur zur Einweisung in die Instandhaltung und Bedienung der Maschine« zu schicken.

Park in der britischen Delegation British Joint Staff Mission in Washington. Wenger erklärte Hastings, daß die US Navy nunmehr auf eigene Faust an dem Bau einer vierwalzigen »Hochgeschwindigkeitsbomba« arbeiten würde, um die Vier-Walzen-Enigma der Marine zu entziffern, weil die Briten »keinerlei Anzeichen zeigten, daß sie imstande seien, ihre Versprechen zu halten«. Hastings entgegnete, die Briten hätten sehr wohl ihre Versprechen gehalten, doch sein Protest stieß auf taube Ohren. Am 3. September 1942 schlug Wenger offiziell dem Leiter der Abteilung für den Seefunk Joseph R. Redman[1] vor, daß die US Navy mit dem Bau einer Bomba fortfahren solle. Redman stimmte sofort zu, genau wie der Assistant Chief of Naval Operations Frederick J. Horne, der am 4. September einen offiziellen Befehl unterzeichnete.

Vom technischen Standpunkt aus erhöhte sich die Zeit, die für eine Entzifferung nötig war, durch das Hinzufügen einer vierten Walze in die Enigma der Kriegsmarine »um den Faktor 26«. Um die Einstellungen des Tagesschlüssels herauszufinden, »waren entweder 26mal so viele [dreiwalzige] Bombas nötig oder eine Bomba, die 26mal so schnell arbeitete«. Auf der Grundlage seiner theoretischen Arbeiten in den Jahren 1941 und 1942 war Engstrom zu dem Schluß gekommen, daß die Amerikaner eine »Hochgeschwindigkeitslösung für das Problem« anstreben sollten, wie er an Wenger schrieb.

In dem Vorschlag der Abteilung OP20 G wurde nicht genau festgelegt, wie viele Bombas gebaut werden sollten. Die Amerikaner meinten zunächst, daß die ideale Zahl 336 sei. In seinem Memorandum an Wenger erklärt Engstrom weshalb:

> *Nach dem ursprünglichen Konzept hatte es den Anschein, daß 336 Einheiten wünschenswert seien, weil es 336 mögliche Walzenstellungen gab. Bei der Ausarbeitung vorläufiger Vorstellungen von der Größe und der erforderlichen Leistungskraft für die Apparatur hatten wir die britische Drei-Walzen-Bomba im Sinn. Die britischen Drei-Walzen-Bombas haben in jedem physischen Bestandteil der Anlage drei Ebenen. Folglich waren nach dem Konzept der 336 Bombas 112 unabhängige Bestandteile erforderlich.*
>
> *Die anfängliche Entscheidung, 336 Einheiten zu bauen, war von der Auffassung diktiert, daß wir damit rechnen mußten, alle 336 Walzenstellungen zu erproben. Als wir uns eingehender mit dem Problem befaßten, wurde deutlich, daß es auf analytischem Weg möglich war, zahlreiche Walzenstellungen auszuschließen und somit die Anforderungen an die Bomba zu reduzieren. Die*

[1] Redman hatte Leigh Noyes im März 1942 als Leiter der Abteilung für Seefunk abgelöst.

Möglichkeit, die Zahl der Einheiten zu reduzieren, wurde ernsthaft geprüft, weil damals das Rohmaterial sehr knapp war… Unterdessen kam es zu verschiedenen Änderungen im deutschen Funkverkehr, die das Auffinden von Übersetzungshilfen betrafen, außerdem erhielten wir Hinweise, daß die Verwendung der vierten Walze geändert worden sein könnte. Diese Veränderungen machten es unmöglich, eine endgültige Entscheidung zu treffen, wie viele Maschinen erforderlich waren, bevor weitere Vorkehrungen für die Unterbringung der Anlage getroffen werden mußten.[1]

Für den Bau der Bombas wählten die Amerikaner das Unternehmen National Cash Register (NCR) Company in Dayton, Ohio, aus. Der Absolvent des Dartmouth College (1919), Erfinder und Reservist der Navy, Ralph I. Meader, der damals im Schiffahrtsamt tätig war, ging als Stellvertreter der Navy zu NCR in Dayton. Am 11. November 1942 begann die Navy bei NCR mit dem Bau des US Naval Computing Machine Laboratory (Laboratorium für Rechenmaschinen), »das dem Vertragspartner beim Bau dieser Bombas und bei der Ausbildung des Personals für die Wartung und die Bedienung behilflich sein sollte«. Meader wurde diensthabender Offizier dieser Einrichtung, zu der schon bald Hunderte Wehrpflichtige und freiwillige Marinehelferinnen, sogenannte Waves (Women's Appointed Volunteer Emergency Service), zählten, die tatsächlich die Bombas bauten.

Die National Cash Register Company, die als erste eine »Registrierkasse« erfunden hatte, nach der sie auch benannt war, besaß die bekannteste Fabrikanlage in Dayton und war fast völlig in die Kriegsproduktion eingebunden. Neben der Registrierkasse hatten die Daytoner eine Vielzahl mechanischer und elektromechanischer Apparate erfunden und genutzt: das Flugzeug (die Gebrüder Wright), den Anlasser für Automotoren, Fahrräder, Kühlschränke und Radiogeräte.

Die Navy wählte NCR aber auch deshalb aus, weil dort ein bemerkenswert erfindungsreicher 35jähriger Elektroingenieur namens Joseph R. Desch arbeitete. Der Absolvent der University of Dayton (1928) Desch stammte aus einer der vielen, großen deutschen Familien der Stadt. In den schlimmsten Jahren der Weltwirtschaftskrise von 1930 bis 1938 hatte Desch für drei namhafte Daytoner Firmen als praktischer Erfinder und Entwickler gearbeitet: General Motors Radio, Telecom Laboratories

---

[1] Der offizielle britische Historiker des Nachrichtenwesens F. H. Hinsley schildert die amerikanische Entscheidung über die Zahl der in Betracht gezogenen amerikanischen Bombas und die Gründe dafür nur sehr ungenau. Siehe sein *British Intelligence in the Second World War,* Bd. 2, S. 57.

und Frigidaire. Als Colonel Edward Deeds, der weitsichtige Präsident von NCR, ein elektrisches Forschungslaboratorium einrichtete, ging Desch zu ihm, um mit den verschiedensten ausgefallenen, neuen elektronischen Geräten zu experimentieren. Seine brillanten Beiträge auf diesem Feld trugen ihm zahlreiche Ehrungen ein und brachten ihn in Kontakt mit anderen führenden amerikanischen Erfindern und Wissenschaftlern wie Vannevar Bush am MIT, der zum Leiter der militärischen Forschungsprojekte Amerikas im Zweiten Weltkrieg aufgestiegen war.

Dayton war der ideale Platz für den Bau der Bombas, doch er war ungeeignet für den Betrieb. Er lag zu weit von Washington und den »Benutzern« der Ergebnisse der Bomba entfernt. Da Wenger und Engstrom dieses Problem vorhersahen, trafen sie bereits Vorkehrungen, alle Bombas nach Washington zu überführen. Für ihre Unterbringung hatte Wenger eine ehemalige Mädchenschule erworben, das Mount Vernon Seminary an der Nebraska Avenue Nr. 3801 im Herzen der Wohngegend um den Ward Circle im Nordwesten Washingtons. Die Arbeit an einem schnell erbauten zweistöckigen Gebäude für die Bombas und an den Quartieren für die Hunderte Marinehelferinnen (Waves), die die Maschinen bedienen und instand halten sollten, war in vollem Gange, ganz ähnlich wie britische »Wrens«[1] die Bombas in Bletchley Park bedienten. Die neue Einrichtung der Navy lag nur 15 Autominuten von den Diensträumen des Navy Department entfernt, die in der Stadtmitte an der Constitution Avenue lagen.

Vermutlich zufällig nahmen die Briten um dieselbe Zeit einige tiefgreifende Veränderungen im Nachrichtendienst der Navy und in Bletchley Park vor:

- Winston Churchill wies den First Sea Lord Dudley Pound an, den Leiter der Nachrichtenabteilung der Marine John H. Godfrey abzusetzen.[2] Nach der Beförderung zum Vizeadmiral verließ Godfrey am 24. September England mit einem Flugboot, um einen zuvor geplanten Besuch in Washington und Ottawa zu machen. Er wurde von Commodore Edward G. Rushbrooke (später Rear Admiral) abgelöst.
- In Bletchley Park löste der stellvertretende Direktor Edward Travis den Direktor Alastair Denniston als führenden Kopf dieser wachsenden Einrichtung ab. Die Ära einer seltsam anmutenden Exzentrizität war vorüber, schreibt der Historiker der Kryptanalyse David Kahn. Travis war ein »Mann, der auf den Tisch haut« und sich als Codeknacker hochgearbeitet hatte. Zugleich war er ein »Manager, der es [Bletchley Park] in die moderne Ära der kryptanalytischen Massen-

---

1 Kosename für die Mitglieder des Women's Royal Naval Service (WRNS), der 1949 offiziell in die Royal Navy eingegliedert wurde.

2 Siehe Beesly, *Very Special Admiral* (1980).

produktion führen konnte«. Denniston blieb stellvertretender Direktor des zivilen Bereichs, einer viel kleineren Einheit.

- Alan Turing, der brillante, exzentrische britische Mathematiker und gemeinsam mit Gordon Welchman Erfinder der ersten britischen Bomba, erwies sich – keineswegs überraschend – als ein schlechter Verwalter. Im September wurde er als Leiter der Codeknacker des Marinefunkverkehrs in Hut 8 in Bletchley Park abgelöst und zur gegebenen Zeit von dem Mathematiker (und Schachmeister) Hugh Alexander ersetzt. Turing arbeitete noch kurze Zeit an Fish und den Entzifferungsmaschinen für Fernschreiber Robinson und Colossus und fuhr dann auf dem riesigen Truppentransporter *Queen Elizabeth* in die Vereinigten Staaten. Am 13. November 1942 traf er in New York ein und blieb viereinhalb Monate lang in den Staaten.

In Washington schlossen am 2. Oktober Captain Carl Holden der Royal Navy und Captain Joseph Wenger der US Navy ein schriftliches Abkommen, in dem ein vollständiger und offener Austausch der Informationen und der Technologie im Zusammenhang mit der Vier-Walzen-Enigma der U-Boote und den italienischen und japanischen Marinecodes vereinbart wurde. Eine kurze Zusammenfassung dieses Abkommens in Howes Geschichte des NSA wurde von Zensoren gestrichen. Es war aber vermutlich ein Dokument, das letztlich den Weg freimachte für einen wirklich vollständigen Austausch der Informationen über U-Boote.

Die Bedeutung dieses anglo-amerikanischen Marineabkommens kann schwerlich überschätzt werden. Der Historiker Bradley F. Smith schreibt:[1]

> *Es brach mit der althergebrachten Tradition der Vorsicht und des Mißtrauens, das selbst eng verbündete Staaten gemahnte, ihre geheimsten Geheimnisse nicht offenzulegen, weil die Waffenbrüder von heute schon morgen gefährliche Gegner sein konnten.*

Schon in Kürze sollte die US Army im Rahmen der Operation Torch, der anglo-amerikanischen Invasion in Französisch Nordwestafrika, die auf den 8. November angesetzt war, auf den Feind treffen. Dennoch weigerten sich die Briten, einen ähnlichen Austausch mit den Amerikanern zu den Enigma-Schlüsseln des deutschen Heeres und der Luftwaffe zu vereinbaren, weil sie fürchteten, die Amerikaner könnten das Mitlesen des deutschen Funkverkehrs nicht geheimhalten. Folglich schloß die US Army, schreibt Howe, am 30. September einen Vertrag mit Bell Tele-

[1] *The Ultra-Magic Deals* (1992).

phone Laboratories über die Produktion von 144 Bombas für einen einseitigen Angriff auf die (Drei-Walzen-) Enigma des deutschen Heeres und der Luftwaffe. Diese Bombas wurden unter dem Namen »Rapid Analytical Machines« (RAM) bekannt und benutzten anstelle von Walzen »Umschaltrelais« (Stufenschalter), ähnlich den Nachbauten der japanischen »Purple«-Maschinen durch die US-Army. Nach etwas mehr als einem Monat präsentierte Bell Labs bereits ein funktionsfähiges Versuchsmodell, schreibt Howe. Er ging davon aus, bis April 1943 den Auftrag zur Hälfte erfüllen zu können (72 Maschinen).

Der Stabschef der Army, George C. Marshall, stimmte den Briten zu, daß zumindest zum gegenwärtigen Zeitpunkt kein zwingender Grund bestehe, weshalb die Briten ihre Ergebnisse zu den Schlüsseln des deutschen Heeres und der Luftwaffe dem Hauptquartier der US Army in Washington zukommen lassen sollten. Angesichts der Gefahr einer undichten Stelle bei der Übertragung oder in Washington selbst vereinbarte Marshall mit den Briten, eine handverlesene und sorgfältig überprüfte Gruppe von Experten der Army nach England zu schicken. Diese Experten sollten in Bletchley Park in die Erkenntnisse aus Ultra eingewiesen werden und dann kleine Special Liaison Units (SLUs, Verbindungseinheiten) leiten, die dem Hauptquartier der US Army im Mittelmeerraum und in Europa angegliedert werden sollten. Sie dienten als Übermittler von Informationen aus Ultra, welche die Briten über das deutsche Heer und die Luftwaffe gewonnen hatten.

Diese Vereinbarungen zwischen der britischen und der amerikanischen Navy im Oktober 1942 hatten zumindest eine enge Zusammenarbeit der beiden Nationen im Funkverkehr auf See zur Folge. Wie ein Herz und eine Seele arbeiteten OP20 G der US Navy und Bletchley Park gemeinsam daran, in den Funkverkehr des Schlüsselbereichs Triton der Kriegsmarine einzudringen. Die Kryptanalytiker der US Army in Washington konzentrierten sich darauf, die japanischen Militärcodes zu knacken. Die Briten sollten den amerikanischen Streitkräften in Europa künftig Informationen aus Ultra über das deutsche Heer, die Luftwaffe und andere Schlüsselbereiche der Enigma liefern, die für die Führung eines Land- und Luftkrieges nötig waren.

Alan Turings Biograph Andrew Hodges schreibt, Turing sei im Herbst 1942 in die Vereinigten Staaten gereist, um den amerikanischen Wissenschaftlern und Ingenieuren von Bell Laboratories (in New York City) bei der Entwicklung einer absolut sicheren, hochklassigen Telefonverbindung zwischen London und Washington behilflich zu sein, der Technologie, die später für Laien unter der Bezeichnung »scrambler« (Zerhacker) bekannt wurde. Das mag richtig sein, doch zu dieser Reise gibt es noch etliche ungeklärte Fragen. Turing verbrachte den größten

Teil der ersten beiden Monate seines Besuches in Washington gemeinsam mit Howard Engstrom und anderen Codeknackern der US Navy, die soeben an der Verbesserung der Pläne für die Bombas arbeiteten, die bei NCR in Dayton gebaut wurden und den Marineschlüssel der Enigma knacken sollten. Erst im Januar 1943 meldete er sich bei Bell Labs zur Arbeit, schreibt Hodges. Anfangs wurde ihm der Zugang zu den streng geheimen Projekten verwehrt, aber nach einem Protest auf höchster Ebene wurde er zugelassen. Danach hatte er freien Zugang zu allen Projekten von Bell Labs, selbstverständlich auch zu dem wichtigsten, der RAM (oder Bomba), von der die US Army 144 Stück in Auftrag gegeben hatte.

Turing spielte nicht mehr die unbeaufsichtigte und tonangebende Rolle in Bletchley Park, wo inzwischen Tausende streng voneinander isolierter Arbeiter tätig waren, die sich streng an die Produktionsvorgaben von Ultra hielten. Bei seiner Reise nach Amerika profitierten die Army und die Navy, die beide eine Anlage von rund 250 verschiedenen Bombas bauen wollten, erheblich von Turings Wissen und Intelligenz.

In seiner Darstellung des Bomba-Projekts der US Navy schreibt Engstrom, daß Alan Turing im Dezember 1942 OP20 G und die Anlage zum Bau der Bomba bei NCR in Dayton aufsuchte. Danach schrieb Turing einen Bericht, in dem er einige Punkte an der amerikanischen Vorgehensweise zur Lösung des Problems kritisierte, auch wenn er einräumte, daß *»bei Null angefangen* mit der Entwicklung einer Bomba diese Methode wohl ebensogut ist wie unsere eigene«. Engstrom zitiert in seiner Darstellung einige Kritikpunkte aus der Denkschrift Turings und bemerkt: »Diese Zitate und andere Kommentare in dem Bericht weisen darauf hin, wie sehr sich unser Entwurf von den britischen Ideen und Erfahrungen unterschied.«

Gordon Welchman, der Miterfinder der ersten britischen Bomba schreibt in seinen Memoiren[1], daß der neue Chef in Bletchley Park Edward Travis auch ihn aus seiner gewohnten Umgebung verdrängt habe. Nach der Beendigung seiner Arbeit in Hut 6 wurde Welchman Stellvertretender Direktor für die Automatisierung an der Government Code & Cipher School (GC&CS). Wie Alan Turing reiste auch er am 17. Februar 1943 an Bord des Truppentransporters *Queen Mary* zu einem längeren Aufenthalt in die Staaten. Er schreibt, er habe sich in den New Yorker Diensträumen des ranghöchsten britischen Spionagechefs in Amerika eingerichtet, bei William Stephenson (dem Helden des Films *A Man Called Intrepid;* deutsch: *Der Furchtlose*). Montag bis Freitag hielt er sich in Washington auf, an den Wochenenden in New York, »wo die Dechiffriermaschinen gebaut wurden«. In Washington arbeitete er mit den militärischen Kryptologen wie Frank B. Rowlett von der Army und Howard Engstrom

---

[1] *The Hut Six Story* (1982).

von der Navy zusammen. Wie Turing brachte auch er vermutlich nützliche Anregungen in das RAM-Programm der Army und in das Bomba-Projekt der Navy mit ein.[1]

Das Nordmeer: Geleitzüge PQ 18 und QP 14

Die Deutschen wußten nichts von der Entscheidung der Alliierten, die Geleitzüge nach Nordrußland in den Monaten Juli und August 1942 einzustellen. Sie unternahmen viele vergebliche U-Boot-Fahrten und Flugzeugstarts auf der Suche nach dem Geleitzug PQ 18 nach Murmansk und seinem Gegenstück QP 14 von Murmansk zurück. Aus Dokumenten, die in einem bei Vardö in Norwegen abgestürzten britischen Flugzeug vom Typ Hampden geborgen wurden, und aus der Entzifferung einiger Funkmeldungen der russischen Luftwaffe, erfuhren die Deutschen am 5. September endlich von der Verzögerung und dem neu angesetzten Auslauftermin.

Am 2. September lief schließlich der Geleitzug PQ 18 aus Schottland aus. Er umfaßte 44 schwer beladene Frachtschiffe, von denen einige festgebundene Fesselballons zum Schutz vor tieffliegenden Flugzeugen schleppten und andere das Torpedoabwehrnetz der Admiralität auslegten.[2] Der Konvoi wurde von einer starken Eskorte und zahlreichen Hilfsschiffen gesichert: 52 britischen Fahrzeugen, darunter:

1 Geleitträger *Avenger*
2 Hilfskreuzer zur Luftabwehr
1 Leichter Kreuzer *Scylla*
25 Zerstörer
4 Korvetten

[1] Nach dem Krieg emigrierte Welchman in die Vereinigten Staaten und wurde amerikanischer Staatsbürger. Er trat in das private Unternehmen Engineering Research Associates (ERA) ein, das unter anderen von Howard Engstrom und Ralph Meader gegründet worden war und für die Navy Dechiffriermaschinen baute und für die Privatindustrie erste Computer mit einer Zentraleinheit. Weil Welchman in seinem Buch einige technische Details schildert, wie Enigma während des Krieges geknackt wurde, waren London und Washington aufgebracht. Washington machte seine Sicherheitsfreigabe rückgängig und nahm ihm damit die Möglichkeit, seinem Beruf nachzugehen. Die amerikanische Regierung drohte, ihn nach amerikanischem Recht für die Weitergabe britischer Geheimnisse zu belangen! Der britische Autor »Nigel West« (*The Sigint Secrets,* 1988) schreibt, daß die Anspannung, die jene »Belästigung« durch die Regierung mit sich brachte, eine bestehende Herzschwäche verschlimmert und zu seinem vorzeitigen Tod im Oktober 1985 geführt habe.

[2] Ein kräftiges Stahlnetz, das Torpedos abfangen oder ablenken sollte.

5 Minensuchboote
9 U-Boote
9 ASW-Trawler
2 Tanker
1 Bergungsschiff

Weitere 25 britische Kriegsschiffe und Hilfsfahrzeuge sicherten den Konvoi aus der Distanz oder führten im Zusammenhang mit der Fahrt von PQ 18 Sonderaufträge aus. Dazu zählten zwei Schlachtschiffe und fünf Kreuzer mit der entsprechenden Sicherung durch Zerstörer und zwei Tanker. Nach Churchills Schätzung erforderte PQ 18 insgesamt »77 Geleitschiffe« (wie er Roosevelt mitteilte), eine schwere Belastung für die Royal Navy, der am 8. November mit der Aktion Torch eine weitere schwere Aufgabe bevorstand.

Der Geleitträger *Avenger* wurde nicht zum Schutz des Konvois vor Torpedoflugzeugen und Sturzkampfbombern aufgenommen, wie viele vermuteten, sondern um Fühlungshalter der Luftwaffe oder U-Boote zu zerstören oder zu vertreiben. Zu diesem Zweck hatte er ein Dutzend alter Sea Hurricanes an Bord (und ein weiteres halbes Dutzend im Laderaum) und drei alte mit Radar ausgerüstete Doppeldecker vom Typ Swordfish. Kein einziges dieser Flugzeuge eignete sich für die Aufgabe. Die Sea Hurricanes waren zu leicht bewaffnet. Aufgrund der langsamen Marschgeschwindigkeit der *Avenger* im Konvoi konnte die Swordfish nicht abheben, wenn sie Wasserbomben geladen hatte. Sie konnten lediglich aufklären, Leuchtbomben abwerfen und versuchen, Zerstörer zu den U-Booten zu leiten.

Der in Gegenrichtung fahrende Geleitzug QP 14 wurde in dem nordrussischen Hafen Archangelsk zusammengestellt, der von den in Norwegen stationierten Flugzeugen der Luftwaffe weiter entfernt war als Murmansk und der von Juli bis September eisfrei ist. Der Konvoi aus 15 Frachtschiffen erhielt Befehl, am 13. September auszulaufen. Er wurde von zwölf weiteren britischen Kriegsschiffen geschützt: zwei Zerstörern, vier Korvetten, drei Minensuchbooten und drei ASW-Trawlern.

Konteradmiral Otto Klüber, der neue Admiral im Nordmeer, wollte alle verfügbaren deutschen Seestreitkräfte gegen PQ 18 und QP 14 in den Kampf schicken. Die U-Boote sollten dieses Mal beide Geleitzüge angreifen. Der Schwere Kreuzer *Admiral Scheer,* der Schwere Kreuzer *Admiral Hipper* und der Leichte Kreuzer *Köln* sowie fünf Zerstörer sollten QP 14 angreifen.[1] Als die *Admiral Scheer* von Narvik nach Altenfjord wechselte, machte das britische U-Boot *Tigris* sie aus und

[1] Wegen eines defekten Hauptlagers konnte das Schlachtschiff *Tirpitz* nicht teilnehmen.

griff sie an, aber alle vier Torpedos gingen fehl. Die *Scheer* bekam jedoch schwere Probleme mit dem Antrieb und mußte die Fahrt abbrechen. Als Hitler später Admiral Raeder nochmals ermahnte, große Schiffe nicht unnötigen Gefahren auszusetzen, sagte das OKM den Einsatz von Überwasserschiffen ganz ab. Die Angriffe auf PQ 18 und QP 14 wurden somit allein von U-Booten und Flugzeugen vorgetragen.

Deutsche Aufklärungsflugzeuge machten PQ 18 am 6. und 8. September aus und hielten Fühlung. Klüber schickte daraufhin 15 in Norwegen stationierte U-Boote in den Kampf. Ursprünglich sollten elf einsatzbereite (oder demnächst einsatzbereite) Boote PQ 18 und vier Boote in der östlichen Region (oder dort in Kürze eintreffende Boote) QP 14 angreifen. Auf Befehl des OKM verlegte Dönitz aber vorübergehend sieben neue Boote vom Typ VII, die von Kiel aus zum Atlantik ausliefen, auf Positionen in der Nähe von Island, um QP 14 und seine schwere Eskorte am Ende ihrer Fahrt abzufangen. Das Boot *U606* lief aber Bergen an, weil der Kommandant erkrankt war.[1]

U606 mitgerechnet, standen Klüber 22 einsatzbereite oder so gut wie einsatzbereite U-Boote zur Verfügung. Sieben von ihnen liefen mit äußerster Kraft, um PQ 18 abzufangen. Da Klüber den Geleitträger *Avenger* zum Hauptziel erklärt hatte, wurde die Gruppe Trägertod genannt. Rolf-Heinrich Hopmann in *U405* nahm am 13. September als erster Fühlung zu dem Träger auf. Seine Peilzeichen führten Reinhard von Hymmen in *U408* und Hans-Joachim Horrer in *U589* heran. Alle drei Kommandanten meldeten, sie hätten Frachter mit 7000 BRT getroffen und versenkt, Horrer meldete noch zwei Treffer an der *Avenger*. Nach dem Krieg wurde Hymmen die Versenkung des amerikanischen Frachters *Oliver Ellsworth* mit 7191 BRT und Horrer die Versenkung des sowjetischen Frachters *Stalingrad* mit 3559 BRT zugeschrieben, allerdings traf kein einziges Boot die *Avenger*.

Die Sea Hurricanes der *Avenger* konzentrierten sich darauf, das deutsche Flugzeug, das die Fühlung hielt, abzuschießen, konnten es aber nicht einholen. Von den Fühlungshaltern herangeführt, griff die Luftwaffe am selben Nachmittag mit Torpedoflugzeugen He-111 und Sturzbombern Ju-88 PQ 18 an »wie ein gewaltiger Schwarm Heuschrecken in einem Alptraum«, berichtet ein Augenzeuge. Trotz des schweren Flak-Feuers von dem Konvoi und den Geleitschiffen, den vertäuten Fesselballons und einigen Störungen durch die Sea Hurricanes versenkten die deutschen Flugzeuge acht Schiffe mit 43256 BRT.

---

[1] Der Kommandant von *U606,* Hans Klatt, wurde vorübergehend von Dietrich von der Esch von *U586* abgelöst, das gerade überholt wurde. Esch nahm zehn Mann von seiner Besatzung auf *U606* mit und tauschte sie gegen die entsprechende Zahl der unerfahrenen Besatzung dieses Bootes aus. Am Ende dieser kurzen Feindfahrt wurde Hans Döhler zum Kommandanten von *U606* ernannt und fuhr mit ihm weiter, um zur Atlantikflotte zu stoßen.

Am nächsten Tag, dem 14. September, gelang es Karl Brandenburg in *U457* an den Geleitschiffen vorbeizukommen. Er meldete die Versenkung eines Tankers und eines Frachters mit 10 000 BRT und zwei Treffer an einem »Zerstörer«, aber nach dem Krieg wurde ihm lediglich die Torpedierung eines Schiffes zugeschrieben: des britischen Tankers *Atheltemplar* mit 8992 BRT. Sie wurde so schwer beschädigt, daß sie von den Geleitschiffen versenkt werden mußte. Einen Tag später meldete Brandenburg, er habe einen weiteren »Zerstörer« mit einem Fächer aus drei Torpedos verfehlt.

Die schwere Eskorte für PQ 18 griff unzählige Male die U-Boote an. Die Zerstörer jagten sie allein oder gemeinsam mit den britischen Swordfish auf der *Avenger* und versenkten drei Boote.

- Am 12. September erspähte eine Swordfish ein U-Boot 11 000 Meter südlich des Geleitzuges. Es handelte sich um *U88* unter Heino Bohmann. Der Zerstörer *Onslow* scherte aus, um nachzusehen. In einiger Entfernung sah er den Ausstoß von »Rauch«, dann einen Kommandoturm. Das Boot tauchte, aber die *Onslow* ortete es deutlich im Sonar und warf über 36 Wasserbomben. Von *U88* wurde seither nie wieder etwas gehört. Zum Beweis für die Versenkung barg die *Onslow* Bruchstücke der hölzernen Deckreling, grünes Gemüse, Kisten und eine Socke.
- Am 14. September meldete eine weitere Swordfish der *Avenger,* daß ein U-Boot 7000 Meter vor dem Konvoi getaucht sei. Das war *U589* unter dem Kommando von Hans-Joachim Horrer. Der Zerstörer *Faulkner* wurde ausgeschickt und bekam guten Sonarkontakt. Die *Faulknor* warf fünf Wasserbomben. Der Sonargast hörte ein »lautes Geräusch«, dann wurde das Signal schwächer und erstarb. Kein handfester Beweis wurde entdeckt, doch die Versenkung wurde aus abgefangenen Enigma-Funkmeldungen ersichtlich. Auch vier deutsche Flieger, die Horrer aufgefischt hatte, starben bei der Versenkung.[1]
- Am 16. September hatte der Zerstörer *Impulsive* aus der engen Eskorte einen guten Sonarkontakt in einer Entfernung von knapp 800 Metern. Vor ihm lag getaucht *U457* unter Karl Brandenburg. Die *Impulsive* griff sofort an und warf fünf Wasserbomben. Später entdeckte sie einen Ölfleck und »verschiedene Wrackteile«, Holzstücke, einige Papierstreifen und einen schwarzen Lederhandschuh. Die Versenkung wurde ebenfalls aus abgefangenen Funkmeldungen ersichtlich. Es gab keine Überlebenden.

---

[1] Der offizielle britische Marinehistoriker Roskill schreibt im Gegensatz zum Bewertungsausschuß der Admiralität und vermutlich irrtümlich, daß die *Faulknor U88* versenkt habe und die *Onslow U589.* Andere britische Marinehistoriker haben Roskills Angaben übernommen, ohne allerdings die Unstimmigkeiten zu bemerken oder zu versuchen, sie zu klären.

Die in Gegenrichtung fahrenden Geleitzüge PQ 18 und QP 14 fuhren am 15. und 16. September in der Barentssee aneinander vorbei. In der Nähe befanden sich zwölf U-Boote, die einem der beiden Konvois folgten. Klüber wies fünf Boote an, bei PQ 18 zu bleiben, und sieben, QP 14 anzugreifen. Reinhardt Reche in *U255* meldete zwei fehlgeschlagene Angriffe auf die *Avenger.* Otto Köhler in *U377* meldete einen vermeintlichen Treffer an einem Frachter. Rolf-Heinrich Hopmann in *U405* meldete einen vermeintlichen Treffer an einem Flottenzerstörer. Heinz-Ehlert Clausen in *U403* meldete schwere Schäden durch einen Wasserbombenangriff eines britischen Geleitschiffes, zwei gescheiterte Angriffe auf sein Boot von verwirrten deutschen Piloten und einen mißlungenen Angriff eines U-Bootes, vermutlich des britischen *P-614.* Reinhard von Hymmen in *U408* meldete einen gescheiterten Angriff eines britischen U-Bootes.

Am 17. September stießen vier sowjetische Zerstörer zu PQ 18, um den Konvoi nach Archangelsk zu geleiten, das noch eisfrei war und nur unter großen Schwierigkeiten von deutschen Flugzeugen angegriffen werden konnte. In einem letzten Angriff versenkten deutsche Flugzeuge ein weiteres Schiff, die *Kentucky* mit 5400 BRT, und beschädigten den Frachter *Troubador* mit 6500 BRT schwer; er wurde an Land geschleppt, um die Ladung zu retten. Verluste der Alliierten bei PQ 18: dreizehn Schiffe mit 76 000 Tonnen, von denen nur drei mit 21 000 Tonnen von U-Booten versenkt worden waren, die übrigen zehn gingen auf das Konto der Luftwaffe.[1]

Die sieben U-Boote, die QP 14 verfolgten, hatten ebenfalls Erfolg. In zwei unabhängigen Angriffen versenkte der führende Schütze der in Norwegen stationierten Boote, Siegfried Strelow in *U435,* ein Geleitschiff, den britischen Minensucher *Leda* mit 835 Tonnen, und drei Frachter mit 15 832 BRT (zwei britische und einen amerikanischen). Für diese außerordentliche Heldentat inmitten zahlreicher Geleitschiffe und für vorherige Meldungen wurde Strelow das Ritterkreuz verliehen[2] – als erstem in Norwegen stationierten Kommandanten. Heinz Bielfeld in *U703* traf den Zerstörer *Somali* der Tribal-Klasse. Die *Somali* wurde von ihrem Schwesterschiff *Ashanti* in Schlepptau genommen, kenterte aber bei einem Unwetter. Die 45 Mann der Bergungsmannschaft kamen ums Leben. Reinhardt Reche in *U255* versenkte den amerikanischen Frachter *Silver Sword* mit 4937 BRT. Dietrich von der Esch in dem frisch eingetroffenen Boot *U606* traf eine britische Catalina mit seiner Flak und

---

1 Die Luftwaffe flog rund 300 Torpedo- und Bombeneinsätze gegen PQ 18. Die Deutschen verloren 41 Flugzeuge, die meisten durch Flak.

2 Das Ritterkreuz zum Eisernen Kreuz war eine hochbegehrte Auszeichnung im deutschen Militär. Zur Zeit der Verleihung hatte Strelow sieben bestätigte Schiffe mit 34 914 Tonnen versenkt.

zwang sie zur Wasserung. Reinhard von Hymmen in *U408* meldete Treffer an einem Flottenzerstörer und einem Frachter, doch sie wurden nicht bestätigt. Alfred Hoschatt in *U378* meldete den Abschuß von vier Torpedos auf die *Avenger* und vier auf einen Zerstörer, aber alle gingen fehl.[1] Versenkungen in QP 14 durch U-Boote: zwei Geleitschiffe, *Leda* und *Somali,* und vier Handelsschiffe mit 20 769 BRT.

Die 16 Arktis-U-Boote, die gegen PQ 18 und QP 14 operierten, versenkten neun Schiffe mit 43 216 Tonnen, darunter die Geleitschiffe *Leda* und *Somali.*[2] Demgegenüber gingen bei dem Angriff auf PQ 18 drei U-Boote mit der gesamten Besatzung und den geretteten Fliegern verloren. Der Admiral Nordmeer, Otto Klüber, kommentierte zutreffend gegenüber dem OKM, daß der Verlust von drei U-Booten für drei versenkte Frachter in PQ 18 »ein zu hoher Preis« gewesen sei. Darüber hinaus erlitten vier Boote schwere Gefechtsschäden: Heinrich Timms *U251,* Reinhardt Reches *U255,* Heinz-Ehlert Clausens *U403* und Rolf-Heinrich Hopmanns *U405.*

Wegen der Verlegung britischer Kriegsschiffe für die Vorbereitung und Durchführung von Torch wurden die Geleitzüge nach Murmansk wiederum abgesetzt, dieses Mal bis Mitte Dezember. Auf Präsident Roosevelts Anregung versuchten einige schnelle Frachter die Überfahrt allein. Dreizehn Schiffe liefen aus, aber nur fünf kamen an. Drei brachen die Fahrt ab, zwei wurden von U-Booten ohne fremde Unterstützung versenkt, zwei von deutschen Flugzeugen und U-Booten gemeinsam, und ein von einem Flugzeug getroffenes Schiff erlitt bei Spitzbergen Schiffbruch. Bei Einbruch der beinahe 24stündigen Polarnacht im November fuhr der Geleitzug QP 15, bestehend aus 28 leeren Schiffen von PQ 18 und früheren Geleitzügen von Nordrußland, nach Island. Zwei U-Boote, *U601* unter Peter-Ottmar Grau und das frisch eingetroffene *U625* unter Hans Benker, versenkten jeweils einen Frachter aus QP 15 mit zusammen 9800 BRT.

Während der Jagd auf die Murmansk-Geleitzüge patrouillierte *U408* unter Reinhard von Hymmen dicht vor der Nordküste Islands. Am 5. November überraschte eine Catalina der US Navy Patrol Squadron VP 84, geflogen von Robert C. Millard, *U408* an der Oberfläche und versenkte es. Die Besatzung der Catalina meldete sieben Deutsche im Wasser inmitten einer »Unmenge von Holzsplittern, Öl und Wrackteilen«, aber kein einziger Deutscher überlebte.

---

[1] Als Hoschatt in den Hafen zurückkehrte, wurde Hans-Jürgen Zetzsche, der mit seinem Boot *U591* einige Felsen geschrammt hatte, vorübergehend das Kommando von *U378* übertragen. Erich Mäder löste kurz danach Zetzsche als ständiger Kommandant ab. Zetzsches Boot *U591* mußte zwei Monate in der Werft in Bergen liegen, um den Schaden zu reparieren. Ein Untersuchungsausschuß der Kriegsmarine verurteilte Zetzsche und seinen Steuermann zu vier Tagen Lagerarrest.

[2] Die Luftwaffe versenkte zehn Handelsschiffe, alle aus PQ 18. Siehe Tafel 13.

Der Verlust von 43 wertvollen Schiffen[1] in den Konvois PQ 17 (24 Schiffe) und PQ 18/QP 14 (19 Schiffe) in rund 80 Tagen traf die Alliierten wie ein physischer und psychologischer Schock, und das zu Recht. Die Zeitungsmeldungen und Berichte in den Wochenschauen, die Propaganda der Alliierten und der Achsenmächte in jenem Sommer und Herbst sowie das Gerede unter den Matrosen der Handelsmarine und die späteren Kriegsfilme vermittelten den Eindruck, daß die »Murmansk-Route« bei weitem die gefährlichste Konvoiroute sei. Wie Dönitz jedoch wiederholt nach Berlin meldete, war das Nordmeer das am wenigsten ergiebige Jagdgebiet für U-Boote. Nur sehr wenige Boote versenkten noch Schiffe in diesem Raum. Nach dem Sommer 1942 konnte auch die Luftwaffe gegen die Schiffahrt der Alliierten im Nordmeer nichts mehr ausrichten.

Die Nordatlantikroute im Visier

Karl Dönitz wußte sehr wohl, daß sich der U-Boot-Krieg mit den veralteten Booten vom Typ VII im Nordatlantik sehr schwierig gestalten würde und daß die deutschen Verluste mit Sicherheit sehr hoch werden würden, doch er war immer noch überzeugt, daß jenes unwirtliche Seegebiet der entscheidende Schauplatz des Seekrieges sei. Falls es seiner U-Boot-Flotte im Atlantik gelingen sollte, die lebenswichtige Konvoiroute der Alliierten im Nordatlantik zu unterbrechen, dann war es vielleicht möglich, die Britischen Inseln zu isolieren und auszuhungern. Damit würde den Alliierten zugleich das Sprungbrett für eine amphibische Landung im besetzten Frankreich genommen. Deshalb befahl Dönitz trotz aller in der Vergangenheit gescheiterten Versuche, daß mit allen erdenklichen Anstrengungen versucht werden sollte, diese Seeverbindung zu kappen.

Zum erstenmal seit Beginn des Krieges verfügten die Atlantikflottillen nach Ansicht der Deutschen über genügend U-Boote, um diese schwierige Aufgabe zu bewältigen. Die Freigabe der sich in der Ostsee tummelnden U-Boote im Sommer 1942 hatte erstmals eine deutliche Steigerung der Stärke der atlantischen U-Boot-Flotte zur Folge. Am 3. September – dem Beginn des vierten Jahres eines unausgesetzten U-Boot-Krieges – verfügte Dönitz über 126 Kampfboote[2] an der Atlantikfront: 77 Boote vom Typ VII, 47 vom Typ IX, das Fern-U-Boot *U179* vom Typ IXD2 und *UA*.

---

1 Achtzehn Schiffe allein von Flugzeugen versenkt, sechzehn von U-Booten allein und neun von Flugzeugen und U-Booten gemeinsam.

2 Darunter rund ein Dutzend Boote, an denen Gefechtsschäden repariert wurden. Zur Gefechtsformation siehe Anhang 1.

Dönitz rechnete im September und Oktober 1942 mit weiteren großen Verstärkungen der atlantischen U-Boot-Flotte, aber dazu sollte es nicht kommen. Wiederum wurde der Nachschub neuer Boote durch Unfälle und andere Verzögerungen in der Ostsee[1] sowie durch weitere Verlegungen gedrosselt. Um die Verluste in der Nordmeerflotte auszugleichen und die Jagd auf die PQ-/QP-Konvois zu verstärken, schickte das OKM acht neue Boote vom Typ VII auf Dauer oder vorübergehend nach Nordnorwegen.[2] Außerdem wurden drei Boote über eine langwierige Route durch die Dänemarkstraße zur Atlantikflottille überführt. Das neue Boot *U253* unter Adolf Friedrichs, 28 Jahre alt, lief nordwestlich von Island auf eine Mine und sank mit der gesamten Besatzung. Außerdem ordnete das OKM an, daß sechs weitere VII-Boote im Oktober ins Mittelmeer geschickt werden sollten, um die dezimierten Flottillen wieder zu verstärken. Durch diese Verlegungen wurden 17 VII-Boote vom Atlantik abgezogen, zehn auf Dauer und sieben vorübergehend. Im September und Oktober wuchs die atlantische U-Boot-Flotte wegen dieser Verlegungen und Verluste im Gefecht somit nur um 26 Kampfboote auf 152 Boote am 1. November: 100 Boote vom Typ VII und 52 vom Typ IX.

Obwohl die atlantische U-Boot-Flotte nur quälend langsam wuchs, war Dönitz imstande, im September und Oktober die noch nie dagewesene Zahl von 109 Feindfahrten durch Kampfboote zu unternehmen. Die überwiegende Mehrzahl dieser Boote (73) nahm Kurs auf den Nordatlantik, um Jagd auf Geleitzüge zu machen, die zu den Britischen Inseln fuhren oder sie verließen. Die übrigen Feindfahrten von Kampfbooten (36) wurden gleichmäßig auf die amerikanischen Gewässer und die Gewässer vor der west- und südafrikanischen Küste aufgeteilt.[3]

---

[1] Das VII-Boot *U626* unter dem Kommando von Hans-Botho Bade rammte *U222* vom gleichen Typ unter Rolf von Jessen und versenkte es. Lediglich Jessen und zwei weitere Männer überlebten den Unfall. Jessen wechselte auf ein anderes neues VII-Boot. *U446* vom Typ VII unter dem Kommando von Hellmut-Bert Richard lief in der Nähe von Danzig auf eine Mine und sank unter hohen Verlusten von Menschenleben. Ein Frachter rammte *U450* vom Typ VII unter Kurt Böhme. *U523* vom Typ IXC unter Werner Pietzsch rammte die *Scharnhorst.* Wegen der Reparaturarbeiten an *U626, U450* und *U523* verzögerte sich deren Auslaufen an die Front um mehrere Monate. *U446* wurde geborgen, blieb aber als Schulboot in der Ostsee.

[2] Die Boote *U212, U354, U606* und *U663* wurden auf Dauer dorthin verlegt; *U262, U611* und *U625* vorübergehend, *U625* blieb aber im Nordmeer. Am 24. 9., zwei Tage nach dem Auslaufen von *U262* unter Heinz Franke, 26 Jahre alt, aus Bergen, warfen zwei Hudsons der britischen Squadron 48 acht Wasserbomben in der Nähe des Bootes ab. Die beiden Maschinen wurden von E. Tammes und R. Horney geflogen. Wegen des entstandenen Schadens mußte Franke nach Bergen abdrehen. Am 3. 10. lief er erneut aus.

[3] Siehe Anhang 2, 4 und 5.

TAFEL 1

AUFSTELLUNG DER U-BOOTE NACH DER GEFECHTSFRONT[1]

1. September bis 31. Dezember 1942

		Atlantik	Mittelmeer	Arktis	Gesamt
1.9.	VII	77	15	23	115
	IX	47			47
		124	15	23	162
1.10.	VII	98	15	24	137
	IX	47			47
		145	15	24	184
1.11.	VII	101	18	23	142
	IX	49			49
		150	18	23	191
1.12.	VII	100	20	21	141
	IX	48			48
		148	20	21	189
31.12.	VII	106	23	19	148
	IX	51			51
		157	23	19	199
Nettogewinn	VII	+29	+8	(–) 4	+33
oder -verlust	IX	+4			+4
		+33	+8	(–) 4	+37

[1] Darin enthalten sind neue, dem Kampfgebiet zugeteilte Kampfboote, Verlegungen zwischen den U-Flotten im Atlantik, Nordmeer und Mittelmeer sowie Boote in Reparatur, abgerechnet sind Gefechtsverluste, abgezogene und internierte Boote. Bei den IX-Booten sind die Fern-U-Boote nicht mitgezählt. Quelle: Berechnungen des Autors.

In einigen Darstellungen der »Schlacht im Atlantik« springen die Autoren von einer Geleitzugschlacht zur nächsten und lassen alle fehlgeschlagenen Abfangversuche und Angriffe einfach aus. Bei dieser selektiven Darstellung entsteht natürlich der völlig falsche Eindruck, daß die U-Boote im Nordatlantik im September und Oktober 1942 ein wahres Gemetzel unter den alliierten Schiffen angerichtet hätten. Trotz der hilfreichen Informationen über die alliierten Geleitzüge, die aus dem deutschen Einbruch in den britischen Schlüssel Naval Cypher No. 3 stammten und die der xB-Dienst Dönitz lieferte, waren die U-Boote aus verschiedenen Gründen nicht imstande, in diesen zwei Monaten mehr als 6 von 36 Geleitzügen mit nennenswertem Erfolg anzugreifen, und sie konnten nur 57 von rund 1700 Handelsschiffen (3 Prozent) aus diesen Geleitzügen versenken, von denen 39 (2 Prozent) ostwärts fuhren.[1] Gewiß war dies ein weiterer harter Schlag für die Alliierten, aber alles

[1] Zu den Verlusten in den Nordatlantikkonvois von September 1942 bis April 1943 siehe Anhang 3.

andere als ein Massaker. Aus der Sicht der Deutschen mußte der neuerliche Angriff auf die Geleitzüge der Nordatlantikroute in dieser Zeitspanne eindeutig als Fehlschlag beurteilt werden.

Die Geleitzüge mit Frachtern auf der Nordatlantikroute wurden in dieser Zeit von alliierten Kriegsschiffen und Flugzeugen stark gesichert.

Die Kriegsschiffe waren auf drei Befehlsstellen aufgeteilt: die kanadische Western Local Escort Force (WLEF), die alliierte Mid-Ocean Escort Force (MOEF) und die britische Eastern Local Escort Force (ELEF). Die kanadische WLEF schützte die Geleitzüge in kanadischen Gewässern bis zum westlichen Treffpunkt im Atlantik (Western Ocean Meeting Point oder WESTOMP). Kriegsschiffe der alliierten MOEF, die von St. John's auf Newfoundland nach Osten ausliefen, übernahmen am WESTOMP und sicherten die ostwärts fahrenden Geleitzüge bis zum östlichen Treffpunkt im Atlantik (EASTOMP), wo die britische ELEF übernahm. In der Gegenrichtung eskortierten Kriegsschiffe der britischen ELEF die Geleitzüge auf der Fahrt nach Westen bis zum EASTOMP, wo die Kriegsschiffe der MOEF die Aufgabe übernahmen, die von Londonderry in Nordirland aus nach Westen in See stachen.

Die Kriegsschiffe der alliierten MOEF hatten bei dem Geleitzugsystem die schwerste Verantwortung zu tragen. Sie waren in elf enge Escort Groups unterteilt: sechs britische (B-1 bis B-4, B-6 und B-7)[1], vier kanadische (C-1 bis C-4) und eine amerikanische (A-3). Unter idealen Voraussetzungen umfaßten die britischen und die kanadischen Gruppen etwa sieben Schiffe: zwei oder drei Zerstörer und vier oder fünf Korvetten. Die amerikanische Gruppe umfaßte in der Regel einen oder zwei große Coast Guard Cutter der Treasury-Klasse *(Bibb, Campbell, Duane, Ingham* oder *Spencer),* eine Mischung aus britischen und kanadischen Korvetten und gelegentlich einem britischen oder kanadischen Zerstörer.

Die Escort Groups der MOEF fuhren in einem Zyklus von 33 Tagen, der gemeinhin »Newfie to 'Derry« genannt wurde. Auf dem Weg nach Osten von St. John's aus überquerten sie den Atlantik bis Londonderry in neuneinhalb Tagen. Sie blieben in Londonderry acht Tage, um die Schiffe zu überholen und der Crew eine Ruhepause zu gönnen. Auf dem Weg nach Westen von Londonderry aus überquerten sie den Atlantik wiederum in neuneinhalb Tagen bis St. John's, wo sie sechs Tage vor Anker gingen; danach begann derselbe Zyklus wieder.

Die meisten britischen und amerikanischen Geleitschiffe waren mit einem verbesserten Sonar, einem drehbaren Radargerät mit 10 Zentimeter Wellenlänge (Typ 271) und einem Planned Position Indicator (PPI) ausgestattet, einem Ortungsgerät, das Überwasserschiffe und U-Boote

[1] Die britische Gruppe B-5 und die kanadische C-5 taten vorübergehend in der Karibik Dienst.

in ihrer Position zum Geleitschiff zeigte. Die kanadischen Geleitschiffe verfügten über das ältere Sonar und Radargeräte mit 1,5 Meter Wellenlänge (Typ SW-1-C, die kanadische Entsprechung des Typs 286). Mindestens ein Schiff, in der Regel aber zwei Schiffe in jedem Geleitzug waren mit einem Kurzwellenpeilgerät (Huff Duff) ausgerüstet, das es den Geleitschiffen ermöglichte, die Peilzeichen der Fühlung haltenden U-Boote einzupeilen und diese anzugreifen. Sämtliche Geleitschiffe hatten Wasserbomben mit den stärkeren Torpex-Sprengladungen an Bord, die auf eine Zündung bis in 180 Metern Tiefe eingestellt werden konnten. Viele britische Geleitschiffe waren mit einem Hedgehog ausgestattet, dem nach vorne feuernden Mörser mit 24 Wabos mit Aufschlagzünder. Landgestützte Simulatoren für Angriffe auf U-Boote und raffinierte, an Bord der Schiffe montierte Angriffsplotter, die vom Radar und Sonar mit den entsprechenden Daten gefüttert wurden, waren damals bereits »in Serienproduktion«.

Die Western Local Escort Force (WLEF), die ausschließlich von der Royal Canadian Navy besetzt und befehligt wurde, bestand aus 46 Kriegsschiffen – 18 kanadischen und britischen Zerstörern und 28 Korvetten. Diese waren acht kanadischen Escort Groups zugeteilt, mit meist vier Schiffen je Eskorte, die übrigen waren bei der Schulung, Reparatur oder Wartung. Etliche Zerstörer stammten aus der alten (Erster Weltkrieg) »V«- und »W«-Klasse der Royal Navy, die sich für den Einsatz in den kalten, rauhen Atlantikgewässern im Winter nicht eigneten, weil sie nicht stabil genug waren. Die unvermeidliche Eisbildung an Deck hätte sie ernstlich gefährdet. Die Admiralität hoffte deshalb, diese Zerstörer der V- und W-Klasse durch die wintertauglichen, ehemals amerikanischen Glattdeck-Zerstörer (der Town-Klasse) zu ersetzen, die das Commonwealth im Jahr 1940 im Rahmen des »Destroyer-Naval Bases Deals« erworben hatte.

Bei einer kanadisch-amerikanischen »Geleitzugkonferenz« in Ottawa im Sommer 1942 hatten ranghohe Marineoffiziere die Lage der Geleitschiffe sehr ausführlich erörtert. Sie waren sich einig, daß die Nordatlantikkonvois wegen der schlechten Witterungsbedingungen nach dem Beginn des Winterwetters um den 1. November gezwungen sein würden, langsamer zu fahren. Die Zeit der Geleitschiffe auf See würde sich dadurch verlängern. Um die längere Fahrtzeit auszugleichen, und weil an den Geleitschiffen voraussichtlich Sturm- und Eisschäden repariert werden mußten, schätzten die Konferenzteilnehmer, daß für die MOEF wenigstens eine weitere Eskorte nötig sei und daß die Gruppen in der WLEF von vier Schiffen auf sechs aufgestockt werden sollten. Folglich errechneten die Geleitzugexperten der Alliierten, daß ihnen im kommenden Winter 47 Kriegsschiffe, 9 Zerstörer und 38 Korvetten fehlen würden, von denen 26 Fahrzeuge (sechs Zerstörer und zwanzig

Korvetten) der WLEF und die übrigen der MOEF zugeteilt werden sollten.

Unterdessen wurde der Plan, alle transatlantischen Konvois ab Mitte September von New York auslaufen zu lassen, erneut bestätigt. Als ersten Schritt in diese Richtung schlossen die Kanadier nach dem Auslaufen von SC 94 den Hafen Sydney auf Nova Scotia. Vom 4. August an liefen die folgenden Slow Convoys (SC 95 bis 101) mit insgesamt 318 Schiffen von Halifax aus. Die zeitraubende und mühsame Konvoiroute Halifax–Sydney entfiel dadurch. Am 19. September lief mit SC 102 der erste Geleitzug dieser Art von New York aus. Bereits am 17. September war der schnelle Geleitzug HX 208 als erster seiner Art ausgelaufen.[1]

Die Sicherung der Nordatlantikkonvois war erheblich verstärkt worden – weit mehr, als die Deutschen erkannten. Im September und Oktober 1942 waren rund 700 ASW-Flugzeuge an der Front im Raum des Nordatlantik zugeteilt worden (Nordamerika, Grönland, Island und die Britischen Inseln)[2]. Die hier nicht näher aufgeführten Reserven mitgerechnet, zählten dazu fast 300 Flugzeuge mit einer großen oder sehr großen Reichweite:

138 Catalinas oder Cansos (eine kanadische Version der Catalina)
48 Sunderlands
42 B-24 Liberators
36 B-17 Flying Fortresses
12 Halifaxes

Diese ASW-Flugzeuge und andere wurden so schnell wie möglich mit den neuesten Waffen und der neuesten elektronischen Ausrüstung ausgestattet. Die Standardwaffe, die luftgestützte Wasserbombe vom Typ Mark XIII mit einem Torpex-Sprengkopf, war erneuert, verstärkt und mit einer auf seichtes Wasser eingestellten Zündpistole versehen worden, die in einer Tiefe von 7,5 Metern zündete. Damit hatte das Flugzeug bessere Chancen, ein schnelltauchendes U-Boot anzugreifen. Einige Flugzeuge waren mit dem leistungsstärkeren und wirksameren 10-cm-ASV-Radargerät (H2S) vom Typ Mark III ausgestattet worden, welches

[1] Der offizielle kanadische Marinehistoriker schrieb, daß in den Konvois HX 1 bis HX 207 von Halifax 8501 Schiffe gefahren seien und in SC 1 bis SC 94 3652 Schiffe. In den Geleitzügen SC 95 bis SC 101 (von Halifax aus) fuhren 318 Schiffe. Alles in allem liefen in der dreijährigen Tätigkeit 12471 Fahrzeuge nach Osten aus. Siehe Band 1, Tafel 10 (S. 502) und Tafel 13 (S. 809).

[2] Eine ausführliche Liste der alliierten ASW-Einheiten im Nordatlantik findet sich in Anhang 10.

das Meter-ASV-Gerät vom Typ Mark II ablöste. Der in Amerika entwickelte selbstgesteuerte Fido-Torpedo, mit dem Tarnnamen »Mine vom Typ Mark XXIV«, wurde mit höchster Priorität produziert, genau wie die Sonobojen mit Hydrophonen, die zur Ortung von U-Boot-Geräuschen und ihren Positionen ins Wasser geworfen werden konnten.[1]

Nach Verlassen der stark überwachten Gewässer vor der Ostküste der Vereinigten Staaten kamen die ostwärts fahrenden Geleitzüge unter den Schutz der Royal Canadian Air Force (RCAF). Diese Organisation war wie die Royal Canadian Navy ein vergleichsweise unerfahrenes und armes Stiefkind. An der Front waren neun ASW-Squadrons der RCAF auf Nova Scotia und Newfoundland stationiert. Sie umfaßten rund 100 einsatzfähige Flugzeuge: 48 Catalina-Cansos, 12 Digbys (eine kanadische Version der amerikanischen B-18) und 48 Hudsons. Die RCAF wurde von 24 amerikanisch besetzten Flugzeugen verstärkt: 12 B-18 aus USAAF Squadron 20 in Gander und 12 Catalinas aus Squadron VP 84 der US Navy in Argentia.[2]

Die 60 Cansos und Catalinas in Nova Scotia und Newfoundland konnten die Geleitzüge 900 bis 1100 Kilometer weit aus der Luft sichern. Das hing neben zahlreichen anderen Faktoren vom Wetter ab. Mit Mühe konnten die B-18 und die Digbys den Konvois rund 700 Kilometer folgen und die Hudsons etwa 540 Kilometer. Auch wenn immer noch Lücken klafften, war die alliierte Luftsicherung im Nordwestatlantik eine ständig wachsende Kraft, mit der die Deutschen rechnen mußten.

Im September 1942 war die sogenannte »Schlacht im St.-Lorenz« noch im Gange. Mehrere U-Boote waren in die vergleichsweise beengten Gewässer des St.-Lorenz-Golfes vorgestoßen und hatten zahlreiche Schiffe versenkt.[3] Diese Feindfahrten bis in die »heimischen« Gewässer der Meeresanrainerstaaten hatten in Ottawa helle Panik und politische Unruhen ausgelöst. Als Folge schloß der kanadische Premierminister W. L. Mackenzie King den Golf auf unbestimmte Zeit für die Hochseeschiffahrt und verlegte eine beträchtliche Zahl der Flugzeuge von der Front wieder zurück, weil sie ASW-Patrouillen über dem Golf fliegen sollten. Die Zahl der Flugzeuge, die für die Luftsicherung der Geleitzüge zur Verfügung stand, verringerte sich dadurch. Während dieser »Krise« unterstützten B-25-Bomber der United States Army Air Force (USAAF) von einem Stützpunkt in Westover, Massachusetts, die RCAF; sie starteten in Yarmouth auf Nova Scotia.

---

1 Siehe Band 1, S. 558–561.

2 Die Catalinas vom Typ PBY-5 A der US Navy und die kanadischen Canso »A«-Flugboote, die auf Newfoundland und Nova Scotia operierten, waren mit einziehbaren Rädern ausgestattet und konnten deshalb in den eisigen Wintermonaten vom Land aus starten.

3 Siehe Band 1, S. 795 f.

Von den kanadischen Gewässern aus durchquerten die meisten ostwärts fahrenden Geleitzüge die ausgedehnten und seichten Gewässer der Grand Banks. In diesem Gebiet, in dem der warme Golfstrom auf den kalten Labradorstrom trifft, herrscht ständig Nebel und häufig wimmelt es von Eisbergen. Es sind gefährliche Gewässer für Handels- und Kriegsschiffe, aber auch für die Luftsicherung der RCAF. Flugzeuge, die in diesem nebligen Gebiet operierten, waren mit einer weiteren Gefahr konfrontiert: den vorherrschenden Westwinden auf dem Rückflug, die den Treibstoffverbrauch erhöhten und die Reichweite der Geleitflüge beschränkten.

Auf den folgenden 1800 Kilometern (oder vier oder fünf Tagen) der Überfahrt hatten die Geleitzüge im Herbst 1942 keine Luftsicherung. Dieses Gebiet wurde die »Luftlücke«, das »Grönlandloch« oder das »Schwarze Loch« genannt. Zum Glück für die Alliierten war es schwierig, in diesem Raum mit »Wolfsrudeln« aus U-Booten zu operieren. Etliche Historiker und Autoren haben diese Tatsache jedoch einfach übergangen und die U-Boot-Erfolge in dieser Lücke ebenso übertrieben wie bei der Murmansk-Route.

Östlich des Luftlochs kamen die Geleitzüge unter den Schutz der alliierten Flugzeuge, die auf Island stationiert waren. Das war ebenfalls eine beachtliche Streitmacht, die aus rund 50 mit Radar ausgerüsteten Kampfflugzeugen mit erfahrenen Besatzungen bestand: 24 Catalinas in Squadron VP73 der US Navy[1] und der britischen Squadron 330, 20 Hudsons in der britischen Squadron 269 und 6 B-24-Liberator-Bomber in der britischen Squadron 120. Die Catalinas konnten bis etwa 1100 Kilometer Geleitschutz gewähren, die Hudsons bis rund 700 Kilometer und die B-24 zwischen 1400 und 1800 Kilometer. Während die auf Island stationierten Flugzeuge zuvor versucht hatten, alle transatlantischen Geleitzüge zu sichern, schützten sie im Herbst 1942 nur die vergleichsweise wenigen Geleitzüge, die von U-Booten angegriffen worden waren oder auf die ein Angriff erwartet wurde.

Von Island ostwärts bis zu den Britischen Inseln wurden die auf Island stationierten Maschinen von Flugzeugen des RAF Coastal Command verstärkt und auf dem letzten Teilstück ganz abgelöst. Sie waren auf rund zehn Squadrons aufgeteilt, die auf den Hebriden, den Färöer-Inseln, im

[1] Am 29. Oktober wurde Squadron VP 73 für die Operation Torch über Ballykelly, in Nordirland, nach Marokko verlegt. Die Squadron VP 84 (Catalinas) der US Navy in Argentia ersetzte VP 73 aus Island und die mit PV-3 Venturas neu ausgestattete Squadron VP 82 löste VP 84 in Argentia ab. Die Ventura war als eine verbesserte Version der Hudson gedacht (Spitzengeschwindigkeit von 510 km/h gegenüber 400 km/h; Zuladung von sechs Wasserbomben gegenüber vier), doch das Flugzeug litt im Jahr 1942 unter technischen Mängeln und erwies sich deshalb als untauglich für den ASW-Einsatz.

Nordwesten Schottlands und in Nordirland stationiert waren. Diese Einheiten umfaßten mehr als hundert Frontflugzeuge: 24 B-17 (die Squadrons 206 und 220), 24 Sunderlands (die Squadrons 201 und 228), 12 Catalinas (Squadron 210), 28 Whitleys (die Squadrons 58 und 612), 20 Hudsons (Squadron 48), 6 Wellingtons (Squadron 179) und 3 B-24 (Squadron 120).

Weitere zehn ASW-Squadrons des RAF Coastal Command waren in Süd- und Südwestengland stationiert. Zu ihnen zählten rund 150 Frontflugzeuge: 12 B-24-Liberator-Bomber (Squadron 224), 12 Halifaxes (Squadron 502), 24 Sunderlands (die australischen Squadrons 10 und 461), 42 Wellingtons (die Squadrons 172, 304 und 311), 20 Hudsons (Squadron 500) und 40 Whitleys (die Squadrons 51 und 77). Die Schulungseinheit 10 des RAF Bomber Command stellte weitere acht Wellingtons für die U-Boot-Abwehr zur Verfügung.

In der Literatur über die »Schlacht im Atlantik« werden unzählige Seiten der Schilderung der elenden und gefahrvollen Aufgabe auf den Überwassergeleitfahrzeugen gewidmet, vor allem dem Leben an Bord der Korvetten. Ein Bild vom Leben an Bord eines Langstreckenflugzeuges ist jedoch kaum zu finden. Die Einsätze der B-24, B-17, Catalinas und Sunderlands waren in der Regel überlang: Sie dauerten zwölf bis sechzehn Stunden oder noch länger. Um die Leistungsfähigkeit des ASV-Radars voll auszunutzen, flogen die Maschinen gewöhnlich tief (in einer Höhe von 600 bis 1200 Metern), wo sie ständig von Turbulenzen gebeutelt wurden. Funk- oder radargesteuerte Höhenmesser waren damals noch nicht Standard; die meisten Piloten waren auf die Höhenmesser jener alten Technik angewiesen, die vor allem bei sehr niedrigen Angriffshöhen nicht immer genau waren. Die Sicht war oft schlecht oder miserabel. Ab und zu stürzten solche Flugzeuge direkt ins Meer.

Damals waren die ASW-Luftpatrouillen vergleichsweise sicher vor feindlichen Angriffen und für einige Flieger deshalb durchaus reizvoll. Die überwiegende Mehrzahl der Mitglieder im Coastal Command und ihre Flugzeugbesatzungen hielt die Einsätze für schrecklich langweilig; sie galten als körperlich und geistig zermürbend. Die meisten Besatzungen flogen Tausende von Stunden über der grauen See auf der Suche nach einem U-Boot oder hielten zufällig eines unter Wasser, ohne jemals auch nur das Sehrohr eines Bootes zu erspähen.

Ein echter Angriff auf ein U-Boot war ein seltenes Ereignis, und er scheiterte in der Regel. In den drei Jahren der U-Boot-Abwehr auf der Nordatlantikroute – bis zum 3. September 1942 – hatten Flugzeuge des Coastal Command gerade ein U-Boot mit der Hilfe eines Überwasserschiffs gekapert (!)[1] (das VIIC-Boot *U570*), aber nur eines hatten sie ohne Hilfe von Überwasserfahrzeugen versenkt (!). Diese sogenannte

---

1 Siehe Band 1, S. 410 f.

»Milchkuh«, der U-Tanker *U464* vom Typ XIV, war von einer auf Island stationierten Catalinabesatzung der Squadron VP 73 der US Navy gezwungen worden, sich selbst zu versenken.[1] In nordatlantischen Gewässern hatten Catalinas der Squadron VP 74 und Hudsons der Squadron VP 82 der US Navy drei weitere Boote versenkt: *U158, U656* und *U503.*

In Anbetracht der gewaltigen Anstrengungen der Luftsicherung auf der Nordatlantikroute war die bestätigte Versenkung oder Kaperung von fünf U-Booten in diesen Gewässern (vier von Kräften der US Navy) in drei Kriegsjahren ein armseliges Ergebnis. Aufgrund der Strategie der Alliierten hatte jedoch die »sichere und planmäßige« Ankunft der Geleitzüge Vorrang vor der Versenkung von U-Booten. Wo immer es möglich war, wichen die Konvois bekannten U-Boot-Positionen aus und verringerten damit die Wahrscheinlichkeit, daß die ASW-Kräfte auf U-Boote stießen. Dennoch hatten die alliierten Flugzeuge unzählige U-Boote unter Wasser gedrückt, die Fühlung zu Nordatlantikkonvois hielten oder sie gerade angriffen. Außerdem hatten sie eine ansehnliche Zahl beschädigt. Das waren bemerkenswerte Leistungen der Fliegerbesatzungen zum Schutz (oder zur Verteidigung), die nur selten Schlagzeilen machten oder anerkannt wurden.

Die ruhmreichen Tage für die alliierten Flieger im Atlantikraum, die in der U-Boot-Abwehr Dienst taten, waren offenkundig noch nicht angebrochen. Sie standen aber unmittelbar bevor. Als es schließlich soweit war, feierten die Flugzeuge erstaunliche Erfolge.

Deutsche Erfolge und Mißerfolge

Die 73 U-Boote, die im September und Oktober gegen die Nordatlantikroute eingesetzt wurden, waren Gruppen oder »Wolfsrudeln« zugeteilt worden. In der Regel operierten mehrere Gruppen gleichzeitig und durchkämmten den Raum entlang des »Great Circle« der Konvoirouten ost- oder westwärts. Dönitz und sein Stab beaufsichtigten ihre Operationen sehr genau und gaben ständig per Funk Befehle. Wie im Jahr 1941 veränderte sich die Zusammensetzung der Gruppen beinahe täglich, weil Boote wegen Gefechtsschäden ausfielen oder weil ihnen der Treibstoff oder die Torpedos ausgingen und sie zu einem U-Tanker oder nach Frankreich abdrehten. Neue Boote aus Frankreich oder

---

[1] Flugzeuge des Coastal Command hatten ferner im Golf von Biskaya drei U-Boote *(U502, U578, U571)* ohne Unterstützung durch Überwasserschiffe versenkt, und Flugzeuge der Royal Navy zwei Boote *(U64* und *U451).* Flugzeuge der US Army und Navy hatten sechs weitere Boote in amerikanischen Gewässern versenkt, drei davon in Zusammenarbeit mit Überwasserschiffen: *U94, U153, U166, U576, U654* und *U701.*

Deutschland traten an ihre Stelle. Von Woche zu Woche bildeten sich völlig neue Gruppen, und alte Gruppen wurden aufgelöst oder umbenannt. Deshalb machten die Deutschen gar nicht erst den Versuch, die Gruppen namentlich zu propagieren, und die U-Boote im Einsatz identifizierten sich nicht längerfristig mit der Gruppe.

Die Nordatlantikboote wurden im September und Oktober von fünf U-Tankern unterstützt. Dazu zählten zwei »Milchkühe« vom Typ XIV, Wolf Stieblers *U461* und Leo Wolfbauers *U463,* sowie drei große Minenleger vom Typ XB, die vorübergehend als Tanker Dienst taten: *U116,* unter dem neuen Kommandanten Wilhelm Grimme, 35 Jahre alt, das am 22. September auslief und spurlos verschwand. Das U-Boot wurde vermutlich von einem noch nicht identifizierten Flugzeug der Alliierten versenkt. Das neue Boot *U117* unter Hans-Werner Neumann, 36 Jahre alt, legte vor der Nordwestküste Islands ein Minenfeld, allerdings ohne Erfolg. Zusätzlich war das neue Boot *U118* unter Werner Czygan, 37 Jahre alt, ausgelaufen.

Alle im September und Oktober auslaufenden Boote waren mit dem Funkmeßbeobachtungsgerät von Metox (FuMB) für Wellenlängen im Meterbereich ausgestattet. Das primitive, aber bemerkenswert erfolgreiche Metox (»Biskaya-Kreuz«) verringerte die Zahl der Verluste, Schäden und Verzögerungen bei der Durchquerung des Golfs von Biskaya so deutlich, daß die Briten am 1. Oktober die intensive Luftoffensive zur U-Boot-Abwehr im Golf wieder absetzten. Doch das Gerät von Metox war nicht imstande, die 10-Zentimeter-Radarwellen der Geräte zu orten, die in die britischen Überwassergeleitfahrzeuge und in die Langstreckenflugzeuge im Nordatlantik eingebaut waren. Obwohl die Zahl der mit Radar ausgerüsteten Flugzeuge nicht sehr groß war, konnten sie die U-Boote überraschen, zahlreiche Rudelangriffe stören und eine steigende Zahl von U-Booten versenken oder beschädigen.

In den ersten Tagen des Septembers 1942 operierten bereits drei Gruppen gegen die Nordatlantikkonvois: Loß, Vorwärts und Pfeil. Aufgrund der Informationen des xB-Dienstes sichtete *U584* unter Joachim Deecke, eines der zwölf Boote der Gruppe Vorwärts, am 9. September etwa 900 Kilometer westlich von Irland den Geleitzug ON 127. Der Konvoi bestand aus 32 Handelsschiffen und wurde von der kanadischen Escort Group C-4 geschützt: zwei Zerstörer (die moderne *Ottawa* und der ehemals amerikanische Glattdeck-Zerstörer *St. Croix*), drei kanadische Korvetten und eine britische Korvette. Die kanadischen Fahrzeuge waren mit dem veralteten 1,5-Meter-Radar vom Typ SW-1-C ausgestattet, aber alle Geräte waren außer Betrieb. Lediglich die britische Korvette *Celandine* verfügte über ein 10-cm-Radargerät. Kein einziges Schiff hatte ein Huff Duff.

Aufgrund von Deeckes Informationen gingen mehrere Boote am 10. September vor dem Konvoi in Position, tauchten und legten sich bei klarem Wetter auf die Lauer zu einem Unterwasserangriff. Sieben Boote machten bei den ersten Tagangriffen und bei nächtlichen Überwasserangriffen Torpedos los. Als erster Schütze beschädigte der erfahrene Hans-Jürgen Hellriegel in dem berühmten, aber allmählich altersschwachen Boot *U96* zwei im Ballast fahrende Tanker und einen Frachter. Als nächster beschädigte Hans Stock, 27 Jahre alt, im neuen Boot *U659* den britischen Tanker *Empire Oil* mit 8029 BRT, der später von Deecke in *U584* versenkt wurde. Deecke versenkte außerdem einen Frachter. Dann kam die Reihe an den erfahrenen Otto von Bülow in *U404,* der ebenfalls einen Tanker im Ballast beschädigte. Richard Becker, 31 Jahre alt, in dem neuen Boot *U218* vom Typ VIID (Minenleger) beschädigte noch einen im Ballast fahrenden Tanker. Rolf Struckmeier in dem neuen Boot *U608* und Adolf Oelrich, 26 Jahre alt, in dem neuen *U92* verfehlten beide ihre Ziele.

Fünf der sechs Geleitfahrzeuge griffen ihrerseits an und warfen Wasserbomben. Ein Geleitfahrzeug traf Hans Stock in *U659.* Er meldete ein »lautes Klopfgeräusch« im Tankraum oder an der Schraubenwelle, das ihn zwang, nach Frankreich abzudrehen. Die Korvette *Sherbrooke* wurde ausersehen, zurückzubleiben und die von Hellriegel in *U96* beschädigten Schiffe mit der Deckkanone zu versenken: den belgischen Frachter *Elisabeth van Belgie* mit 4200 BRT und den britischen Tanker *Sveve* mit 6313 BRT. Die Briten im Kommando Western Approaches kritisierten sarkastisch die Kanadier, weil diese, wie sie es nannten, »geholfen hätten, unsere Tonnage zu verringern, indem sie die Eskorte schwächten und die Arbeit des Feindes erledigten«. Die übrigen drei beschädigten Tanker schlichen in einen Hafen und wurden gerettet.

Bei der zweiten Angriffswelle in den folgenden 48 Stunden machten fünf Boote Torpedos los. Von Bülow in *U404* meldete die Versenkung von drei Frachtern mit 17000 BRT mit einem vollen Bugfächer, aber lediglich die Beschädigung eines im Ballast fahrenden Frachters mit 9272 BRT wurde durch Analysen nach dem Krieg bestätigt. Karl Hause in dem neuen Boot *U211* schoß vier Torpedos auf vier Schiffe und beschädigte zwei davon, ein britisches Walfangmutterschiff mit 13797 BRT und einen britischen Frachter mit 6800 BRT, die beide danach von Struckmeier in *U608* versenkt wurden. Josef Röther in dem neuen Boot *U380* schoß vier Torpedos auf drei Ziele und hörte drei Detonationen, doch die Treffer konnten nicht bestätigt werden. Friedrich Mumm in *U594* verschoß ebenfalls ohne Erfolg vier Torpedos. Oelrich in *U92* schoß vier Torpedos auf einen »Zerstörer« und meldete dessen Versenkung, doch auch dieser Erfolg wurde nie bestätigt.

Wiederum führten die Geleitfahrzeuge heftige Gegenangriffe. Ein Geleitschiff spürte Beckers großen und plumpen VIID-Minenleger *U218* auf und griff mit Wasserbomben an. Der entstandene Schaden war so schwer, daß Becker ausscheren mußte und dann nach Frankreich zurückkehrte. In dem Getümmel fiel bei *U380* unter Röther ein Dieselmotor aus, und weil er ihn nicht reparieren konnte, war er ebenfalls zum Abbruch der Fahrt gezwungen. Ein Geleitschiff feuerte auf Heinz Walkerling, 27 Jahre alt, in dem neuen Boot *U91,* und richtete »leichten« Schaden an, doch Walkerling blieb weiter an dem Geleitzug dran. Ein anderes Geleitschiff vereitelte einen dritten Angriff von Struckmeier in *U608.* Bei Hellriegel in *U96* fiel ein Dieselmotor aus, als er einen portugiesischen Segeltrawler mit 415 Tonnen jagte. Er meldete deshalb, er sei vorübergehend außer Gefecht gesetzt.

Mit einem bemerkenswerten Einsatz nahmen zwei kanadische Cansos von Botwood, Newfoundland, am 13. September knapp 1100 Kilometer von ihrem Stützpunkt entfernt Fühlung zu ON 127 auf. Sie drückten die U-Boote unter Wasser und vertrieben sie vorübergehend. Unter dem Schutz der Dunkelheit setzten jedoch zwei Boote die Angriffe fort. Oelrich in *U92* schoß drei Torpedos und meldete Treffer an drei Frachtern, aber diese Treffer konnten nicht bestätigt werden. Zwei Torpedos schoß Walkerling in *U91* und versenkte den kanadischen Zerstörer *Ottawa;* 114 Mann der Besatzung starben. Kurz danach stießen zwei weitere Zerstörer aus Halifax, der ehemals amerikanische Glattdeck-Zerstörer *Annapolis* und die alte britische *Witch,* zu der Escort Group hinzu und vereitelten, unterstützt von dem Nebel auf den Grand Banks, weitere Angriffe.

Nach den Kurzmeldungen der Boote aus der Gruppe Vorwärts hatte Dönitz allen Grund, zufrieden zu sein. Er meinte, zwölf der dreizehn Boote der Gruppe – davon acht auf ihrer Jungfernfahrt – hätten ON 127 erfolgreich angegriffen, 19 Schiffe mit rund 118 000 Tonnen versenkt, darunter zwei Zerstörer und eine Korvette, und wenigstens sechs weitere Schiffe beschädigt. Kein einziges U-Boot war verlorengegangen. Er war der Meinung, daß nur *U659* gezwungen gewesen sei, die Fahrt wegen Gefechtsschäden abzubrechen. Die Kommandanten verdienten sich »besondere Anerkennung« für ihre Effizienz und Zähigkeit, notierte Dönitz. Das einzig Bedauernswerte an diesem Gefecht war die Tatsache, daß die Torpedos mit Aufschlagpistolen einen »so geringen Effekt« gehabt hatten. Würden die Techniker jemals die neu entwickelte Magnetpistole zum Gefechtseinsatz freigeben? fragte sich Dönitz.

Die bestätigte Trefferquote bei Geleitzug ON 127 war erheblich niedriger als die Meldungen: der Zerstörer *Ottawa* und sieben Handelsschiffe mit rund 51 500 Tonnen wurden versenkt und vier Tanker mit rund 27 000 Tonnen beschädigt. Nicht eines, sondern zwei Boote, *U659* und *U218,* brachen die Fahrt mit Gefechtsschäden ab. Außerdem schlich *U608* ebenfalls vorzeitig heimwärts.

Ein Boot aus der Gruppe Pfeil, der neue VIID-Minenleger *U216* unter dem Kommando von Karl-Otto Schultz, 27 Jahre alt, entdeckte am 13. September einen schnellen, ostwärts fahrenden Geleitzug. HX 206 bestand aus 46 schwerbeladenen Handelsschiffen, die von der gut ausgerüsteten und kampferprobten britischen Escort Group B-1 gesichert wurden: zwei Zerstörern *(Hurricane* und *Watchman)* und vier Korvetten. Schultz versuchte, Fühlung zu halten, aber die Geleitfahrzeuge peilten mit Hilfe von Kurzwellenpeilgeräten seine Signale an und drückten ihn unter Wasser. Dennoch wies Dönitz die übrigen Boote der Gruppe Pfeil an, zu dem Geleitzug aufzuschließen. Das neue Boot *U440* der Gruppe unter Hans Geissler, 25 Jahre alt, war vor nicht einmal zwei Wochen aus Kiel ausgelaufen und versuchte anzugreifen, aber ein Geleitfahrzeug vertrieb auch *U440* und zwang es unter Wasser. Geisslers Boot nahm dabei so großen Schaden, daß er nach Frankreich abdrehen mußte. In Anbetracht der Tatsache, daß der Geleitzug die Luftsicherung aus Island erreichte, ehe die Gruppe Pfeil sich richtig gesammelt hatte, brach Dönitz den Angriff ab. Die Briten lobten die Effizienz des Huff Duff bei diesen Kampfhandlungen.

Ein anderes Boot der Gruppe Pfeil, das neue *U221* unter Hans Trojer, 26 Jahre alt, spürte am 15. September einen Geleitzug auf, der in Gegenrichtung fuhr. Das war ON 129, gesichert von der kanadischen Escort Group C-2: zwei britischen Zerstörern, vier kanadischen Korvetten und einer britischen Korvette. Dönitz wies die anderen Boote der Gruppe Pfeil an, Trojer anzusteuern, aber schlechtes Wetter kam auf und verhinderte einen Rudelangriff. Bis auf ein Schiff entkam der Geleitzug: Den norwegischen Frachter *Olaf Fostenes* mit 2994 BRT versenkte der 34jährige Josef Röther in dem neuen Boot *U380*. Bei dem Eilmarsch zur Gruppe Pfeil, um sich dem Angriff anzuschließen, wurde das neue Boot *U261* unter Hans Lange, 27 Jahre alt, am 15. September von einer Whitley unter Pilot B. F. Snell der RAF Squadron 58 in der Nähe der Rosemary Bank überrascht und versenkt. Das Boot war nur eine Woche zuvor aus Kiel ausgelaufen; es gab keine Überlebenden von *U261*.

Aufgrund von Informationen des xB-Dienstes fing *U599* aus der Gruppe Loß, unter Wolfgang Breithaupt, 29 Jahre alt, am 18. September einen weiteren ostwärts fahrenden Konvoi ab. Es handelte sich um SC 100, einen Konvoi aus 24 schwer beladenen Handelsschiffen, der durch Paul R. Heinemans amerikanische Escort Group A-3 gesichert wurde: die großen Coast Guard Cutter der Treasury-Klasse *Campbell* und *Spencer* und fünf Korvetten sowie zwei kanadische Korvetten, die auf dem Weg zu den Britischen Inseln für ihren Einsatz bei Torch waren.[1]

---

[1] Die Kanadier stellten 17 Korvetten für Torch.

Um diese Zeit verlegte die britische Admiralität versuchsweise eine U-Jagdgruppe mit dem Namen Support Group 20 in den Nordatlantik. Ursprünglich gehörte ihr ein Geleitträger an, doch dieser war zu den Einheiten für Torch beordert worden. Nun umfaßte die Gruppe zehn Kriegsschiffe (vier Zerstörer, vier Fregatten der River-Klasse und zwei Sloops). Sie legte Ende September gemeinsam mit dem Geleitzug ONS 132 von den Britischen Inseln ab. Zu diesem Konvoi gehörte der Tanker *Laurelwood,* der die Gruppe auf See mit Treibstoff versorgen sollte. Da die Versuchsgruppe keinem Geleitzug ausdrücklich zugewiesen war, sollte sie entlang der Konvoirouten patrouillieren, bei Abruf heraneilen und die U-Boote angreifen, die möglicherweise ONS 132 oder die einlaufenden SC 100 und 102 erfaßten.

Breithaupt in *U599* hielt die Fühlung und sendete Peilzeichen, um die anderen Boote der Gruppe Loß an den ostwärts fahrenden SC 100 heranzuführen. Als nächstes traf das neue Boot *U755* unter Walter Göing, 28 Jahre alt, ein, der kurz zuvor ein amerikanisches Kriegsschiff versenkt hatte.[1] Darauf folgten Klaus Köpke, 27 Jahre alt, mit dem neuen Boot *U259* und Hans-Peter Hinsch in dem Veteran *U569.* Bei dem Versuch, unter Wasser anzugreifen, stieß Köpke mit einem Handelsschiff zusammen und mußte den Angriff abbrechen und auftauchen. Später erschien ein »Zerstörer« aus dem Nebel, zwang Köpke und Hinsch zu tauchen und deckte dann beide Boote mit Wasserbomben ein. Da Hinschs Treibstoff zur Neige ging, marschierte er mit *U569* in Richtung Frankreich; Köpke blieb mit *U259* beim Rudel.

Da Dönitz auf einen weiteren großen Sieg in der Geleitzugschlacht hoffte, befahl er den Booten der Gruppe Pfeil, zu der Gruppe Loß zu stoßen und mit etwa 21 U-Booten gemeinsam anzugreifen. Unterdessen bekamen die Boote der Gruppe Loß, die immer noch Fühlung zu dem Geleitzug hielten, Feuer frei. Paul-Karl Loeser, 27 Jahre alt, in dem neuen Boot *U373* und Günter Jahn, 32 Jahre alt, in dem neuen Boot *U596* schossen beinahe gleichzeitig. Loeser meinte, er habe eine Korvette (die kanadische *Rosthern*) getroffen, aber der Schuß ging fehl. Jahn traf und versenkte einen britischen Frachter mit 5676 BRT.

Ein schwerer Sturm, den die U-Boot-Kommandanten als einen »Orkan« bezeichneten, wirbelte die Schiffe und U-Boote durcheinander und vereitelte die Verschmelzung der Gruppen Loß und Pfeil. Hartnäckig hielten Breithaupt in *U599,* Jahn in *U596,* Göing in *U755* und der 26jährige Ralph Kapitzky in dem neuen Boot *U615* die Fühlung und versuchten, die Geleitfahrzeuge auszumanövrieren oder ihren Absich-

[1] Den Kutter *Muskeget* der Küstenwache mit 1800 Tonnen, der von einer Position südlich von Grönland aus Wettermeldungen sandte. Alle 121 Mann an Bord kamen ums Leben.

ten zuvorzukommen und zu schießen. Kapitzky mußte einen Angriff auf zwei »Zerstörer« unterlassen, meldete er, weil »die See zu hoch« gewesen sei. In Wahrheit war die See so rauh, daß der Konvoi beidrehen und vor dem Sturm ablaufen mußte. Dönitz wußte nicht, daß einige Boote immer noch Fühlung hielten, und sagte wegen des Orkans alle Operationen vorzeitig ab.

Am dritten Tag des Sturms spürte ein Boot der Gruppe Pfeil SC 100 abermals auf: *U617* unter Albrecht Brandi, 28 Jahre alt, war auf der Jungfernfahrt. Brandi schoß auf drei Schiffe und versenkte sie: den britischen Tanker *Athelsultan* mit 8882 BRT, den britischen Frachter *Tennessee* mit 2342 BRT und einen Nachzügler, den belgischen Frachter *Roumanie* mit 3563 BRT. Brandi meldete seine Erfolge und die Position des Geleitzugs, aber das U-Boot-Hauptquartier erhielt seine Meldung nicht. Deshalb liefen keine Boote zu seiner Unterstützung heran.

Ein Boot der Gruppe Loß und ein Boot der Gruppe Pfeil nahmen bei aufklarendem Himmel am folgenden Tag, dem 24. September, Fühlung zum Geleitzug auf: das kampferprobte Boot *U432* unter dem Ritterkreuzträger Heinz-Otto Schultze aus der Gruppe Loß und das neue Boot *U258* unter Wilhelm von Mässenhausen, 27 Jahre alt, aus der Gruppe Pfeil. Schultze versenkte einen amerikanischen Frachter mit 5868 BRT. Mässenhausen schoß einen vollen Bugfächer auf einander überlappende Schiffe und meldete die Beschädigung von zwei Frachtern, aber die Treffer konnten nicht bestätigt werden.

Am folgenden Tag sicherten Flugzeuge des Coastal Command SC 100 ausreichend aus der Luft, zwangen die U-Boote unter Wasser und hielten andere auf Distanz. Als Dönitz dies hörte, verzichtete er auf die ursprüngliche Absicht, die Operationen wiederaufzunehmen. Er gab dem Sturm, dem schlechten Funkempfang und den aggressiven Geleitfahrzeugen die Schuld an dem Scheitern des gemeinsamen Angriffs durch die Gruppen Loß und Pfeil. Die bestätigten Verluste in SC 100: fünf Schiffe mit 26 300 BRT – drei von den fünf hatte ein U-Boot der insgesamt 21 versenkt, die auf den Geleitzug angesetzt worden waren, Brandi in *U617*.

Da die britische Support Group 20 ebenfalls in den Orkan geraten war, konnte sie ihren Auftrag als U-Jagdgruppe nicht ausführen. Nach dem Aufklaren blieb die Gruppe kurze Zeit zur Unterstützung von SC 100 und 102 (dem ersten, der von New York ausgelaufen war), aber vergeblich, weil die U-Boote diesen Konvoi nicht aufspürten. Anfang Oktober kehrte die U-Jagdgruppe zu den Britischen Inseln zurück, um sich auf ihren Einsatz bei Torch vorzubereiten. Auch wenn sie keinen Feindkontakt hatte, machte die Gruppe wertvolle Erfahrungen im Einsatz, die zum Nutzen künftiger U-Jagdgruppen weitergegeben wurden.

Weiter im Westen hatten unterdessen am 20. September die sieben verbliebenen Boote der Gruppe Vorwärts an Wolf Stieblers U-Tanker

U461 nachgetankt und bildeten einen Vorpostenstreifen, um einen vom xB-Dienst angekündigten, ostwärts fahrenden Geleitzug abzufangen. Nachdem der Sturm an ihnen vorübergezogen war, entdeckte das neue Boot *U380* unter Josef Röther (der einen einsamen norwegischen Frachter mit 2994 BRT von ON 129 versenkt, dann aber den Geleitzug wegen des schlechten Wetters verloren hatte) einen, wie er meldete, ostwärts fahrenden Konvoi aus großen »Truppentransportern«. Wegen des »großen Wertes« dieser angeblichen Truppentransporter wurden alle verbliebenen Boote der Gruppen Pfeil und Vorwärts sowie die Boote der neugebildeten Gruppe Blitz angewiesen, Kurs auf Röthers Position zu nehmen.

Röther hatte keinen Geleitzug aus großen »Truppentransportern« entdeckt, sondern eine Formation mittelgroßer Fahrzeuge, deren Silhouette den großen Ozeandampfern mit zwei Schornsteinen ähnelte. In Wirklichkeit waren es amerikanische Dampfschiffe von den Großen Seen, die an die Briten verkauft und nun in einem schnellen Sonderkonvoi vom St.-Lorenz-Strom unterwegs nach England waren, genannt River to Britain oder RB 1. Ein Dutzend oder mehr Boote antworteten auf Röthers Fühlungsmeldung, die allesamt begierig nach einer Formation aus Ozeandampfern mit 15000 bis 20000 Tonnen voller Soldaten suchten.

Bis zum 23. September hatten zehn Boote zum Geleitzug RB 1 Fühlung aufgenommen. Bei zwei Booten, Hellriegels *U96* und Röthers *U380,* fiel ein Dieselmotor aus, so daß keine Chance bestand, zu einem Angriff vor den Konvoi zu gelangen. Sechs andere Boote versuchten, in Schußposition zu kommen, aber nur zweien gelang es: Karl Hause, 26 Jahre alt, in dem neuen Boot *U211* und dem Ritterkreuzträger Ernst Mengersen in *U607.* Keiner der beiden Kommandanten meldete einen Treffer. Mengersen berichtete, er sei bei den Manövern zur Vorbereitung eines Angriffs unter Wasser von einem Zerstörer gerammt, aber nur leicht beschädigt worden. Durch Zufall stieß Hause in *U211* auf den allein fahrenden, amerikanischen Tanker *Esso Williamsburg* mit 11200 BRT und versenkte ihn.

Zwölf Boote hielten Fühlung zu dem Geleitzug RB 1. Am 25. und 26. September griff die Hälfte von ihnen an. Karl-Otto Schultz in dem neuen VIID-Minenleger *U216* meldete die Versenkung eines Ozeandampfers mit 19000 BRT. Sein Opfer wurde später als der Große-Seen-Dampfer *Boston* mit 4989 BRT identifiziert. Hellriegel in *U96* meldete, seine Torpedos hätten einen Ozeandampfer mit 17700 BRT »in die Luft gesprengt«. Später stellte sich heraus, daß sein Opfer der Seen-Dampfer *New York* mit 4989 BRT gewesen war. Kurt Makowski, 27 Jahre alt, in dem neuen Boot *U618* meldete die Versenkung eines Fahrzeuges mit 11660 BRT, das sich als der Seen-Dampfer *Yorktown* mit 1547 Tonnen entpuppte. Heinz Walkerling in *U91* meldete einen Treffer an einem Dampfer, der aber nicht bestätigt wurde. Kurt Sturm, 36 Jahre alt, in dem neuen Boot *U410* meldete vier Fehlschüsse. Georg Wallas, 37 Jahre alt, in dem neuen Boot *U356* meldete drei Fehlschüsse. Otto von Bülow in *U404* meldete, sein Angriff sei fehlgeschlagen. Sechs Boote, die vor dem Geleitzug bei Tageslicht auf Lauer lagen, warteten vergeblich, weil der Konvoi plötzlich zur Seite zackte.

Bülow in *U404* blieb dem Konvoi hartnäckig auf den Fersen. Am nächsten Tag nahm er wieder Fühlung auf und griff an. Er schoß drei Torpedos auf einen Zerstörer, die alte britische *Veteran* mit 1120 Tonnen. Zwei Torpedos trafen die *Veteran,* der dritte einen Frachter. Der Zerstörer explodierte und sank unter hohen Verlusten. Der Treffer an dem Frachter konnte nicht bestätigt werden.[1]

Kurz danach kehrte von Bülow nach Frankreich zurück. Er hatte auf seiner Feindfahrt die Versenkung dreier Frachter und eines Tankers mit 23 000 BRT, des Zerstörers *Veteran* und wahrscheinliche Treffer an zwei weiteren Frachtern gemeldet. Anhand von Dokumenten wurde nach dem Krieg die Versenkung der *Veteran* bestätigt, aber keine weitere Versenkung, dazu zwei Treffer an leerfahrenden Tankern mit 16 700 BRT. Aufgrund früherer Meldungen und dieser überhöhten Meldungen hatte sich von Bülow das Ritterkreuz verdient.[2] Im Herbst 1942 war er der einzige Kommandant im Nordatlantik, der sich diese hohe Auszeichnung verdiente.

Dönitz war überzeugt, daß der Angriff auf RB 1 ein Erfolg gewesen sei: drei große »Ozeandampfer« mit rund 50 000 Tonnen und die *Veteran* galten als versenkt. Als die Flugzeuge von Island aus auf dem Schauplatz eintrafen, nahm er irrtümlich an, daß sie bei der Rettung Hunderter Soldaten behilflich sein mußten, die in den Dampfern untergebracht gewesen seien, und sagte weitere Operationen ab. Der Tagebuchführer des OKM – und der Berliner Rundfunk – prahlten, der Verlust von »drei großen Ozeandampfern« sei ein »schwerer Schlag für den Feind« gewesen. In Wahrheit hatten die U-Boote zwei alte Seedampfer, einen Frachter und die *Veteran* versenkt, mit insgesamt nur 12 600 Tonnen.

Ein Boot der Gruppe Pfeil, *U617* unter Albrecht Brandi, stieß am 26. September bei schlechtem Wetter auf einen weiteren Geleitzug. Es handelte sich um ON 131, gesichert von der kanadischen Escort Group C-3 mit den Zerstörern *Saguenay* und *Skeena* und fünf Korvetten. Brandis Fühlungsmeldung lockte 17 andere Boote der Gruppen Vorwärts und Blitz an, die eilig in eine neue Gruppe umorganisiert wurden: die Gruppe Tiger.

---

[1] Drei Zerstörer der Support Group 20 eilten zur Unterstützung von RB 1 heran, hatten aber keinen Erfolg.

[2] Zum Zeitpunkt der Verleihung betrug seine bestätigte Versenkungsziffer zwölf versenkte Schiffe, darunter die *Veteran,* mit insgesamt 61 700 Tonnen und die Torpedierung der beiden Tanker.

Noch während die Boote sich sammelten, erhielt Brandi die Erlaubnis zum Angriff. Er meldete, drei Torpedos hätten zwei Frachter versenkt und einen dritten beschädigt, aber keine einzige Versenkung und kein Treffer konnten anhand von Unterlagen nach dem Krieg bestätigt werden. Eines der mit Radar ausgerüsteten Geleitfahrzeuge vertrieb Brandi und verhinderte einen zweiten Angriff. Danach fegte wieder ein schwerer Sturm über das Gebiet hinweg und vereitelte weitere Operationen der Gruppe Tiger. Der alte Kämpe Werner Schulte in *U582* versenkte einen norwegischen Frachter mit 3000 BRT, der den Kontakt zu diesem Geleitzug verloren hatte. Kurt Makowski in dem neuen Boot *U619* spürte ein weiteres versprengtes Schiff auf und versenkte es, einen amerikanischen Frachter mit 7200 BRT. Georg Wallas mit *U356* stieß ebenfalls auf einen Nachzügler des Geleitzuges und stoppte ihn, aber er schoß vorbei. Das Schiff dampfte in dem schlechten Wetter davon und entkam. Ein anderes Boot dieser Gruppe, *U595* unter dem Kommando von Jürgen Quaet-Faslem, wurde von einem Brand in einem Batteriekabel außer Gefecht gesetzt und mußte nach Frankreich abdrehen. Wegen des Sturmes wurden alle Operationen gegen ON 131 abgesagt.

Alles in allem schickten die Alliierten im September 19 Geleitzüge nach Osten oder Westen über die Nordatlantikroute mit insgesamt rund 580 Handelsschiffen.[1] Die massierten U-Boote trugen im September nur gegen drei Geleitzüge effektive Angriffe vor: gegen die ostwärts fahrenden SC 100 und RB 1 und gegen den westwärts fahrenden ON 127. Aus diesen Konvois versenkten die Boote 19 Handelsschiffe (3 Prozent) und zwei Zerstörer (die kanadische *Ottawa* und die britische *Veteran*) mit rund 89 000 Tonnen. Neun der versenkten Handelsschiffe (1,5 Prozent) waren auf dem Weg nach Osten zu den Britischen Inseln.

Die deutschen Verluste im Nordatlantik im Monat September waren beträchtlich. Fünf neue Boote gingen verloren: *U165* vom Typ IX und *U253, U261, U705* und *U756* vom Typ VII. Vier VII-Boote brachen mit Gefechtsschäden die Fahrt ab: *U218, U440, U595* und *U659*. Darüber hinaus mußte eins der beiden erfolgreichsten Boote, das alternde Boot *U96* (vier versenkte Schiffe mit 16 000 Tonnen), zur Generalüberholung in die Werft.

Schwere U-Boot-Verluste

Im Oktober 1942 fuhren die *Queen Mary,* die *Queen Elizabeth* und die *Acquitania* nonstop auf der Nordatlantikroute und brachten amerikanische Soldaten auf die Britischen Inseln. Mit sage und schreibe 15 000

[1] HX 205 bis 208, SC 98 bis 102, ON und ONS 126 bis 134. HX 208 lief am 17. September als erster seiner Art von New York aus. Siehe Anhang 3.

Soldaten an Bord wurden diese schnellen Passagierschiffe von der amerikanischen Küste durch amerikanische Zerstörer geschützt. Sie überquerten mit hoher Geschwindigkeit im Zickzackkurs den Atlantik. Wenn sie sich den Britischen Inseln näherten, empfing sie eine Eskorte aus britischen Kriegsschiffen und geleitete sie sicher durch den Nordkanal zum Firth of Clyde.

Am Abend des 1. Oktober traf die *Queen Mary* unter Kapitän C. G. Illingworth mit rund 5000 amerikanischen Soldaten an Bord etwa 110 Kilometer nordwestlich von Bloody Foreland ihre britische Eskorte. Zu den Kriegsschiffen zählte der leichte Flakkreuzer *Curaçao* unter dem Kommando von John Boutwood. Zufällig stieß an jenem Abend das neue VII-Boot *U407* unter dem 25jährigen Ernst-Ulrich Brüller auf die *Queen Mary* mit ihren 81235 BRT. Brüller war am 15. August von Kiel aus in den Nordatlantik ausgelaufen und hatte nun auf dem Weg nach Brest eine kapitale Beute im Visier.

Augenscheinlich hatten der Ausguck oder die Radarwache auf der *Curaçao* oder auf der *Queen Mary U407* entdeckt und Alarm geschlagen. Der Kreuzer wendete, um die Schußlinie von *U407* zu blockieren, und kreuzte den Zickzackkurs der *Queen Mary*. Der scharfe Bug des großen Ozeandampfers traf die *Curaçao* mit einer Geschwindigkeit von rund 26 Knoten mittschiffs und schnitt sie glatt in zwei Hälften. Die beiden Teile trieben auseinander und sanken innerhalb von fünf Minuten. Da Kapitän Illingworth die *Queen Mary* nicht aufs Spiel setzen konnte, um die Überlebenden der *Curaçao* zu retten, ertranken 338 Mann. Brüller kam das Verdienst zu, indirekt den Verlust der *Curaçao* verursacht zu haben, doch die Briten hielten das Mißgeschick bis nach dem Krieg geheim.

Auf Hitlers Befehl wurden sechs Boote vom Typ VII aus den Atlantikflottillen angewiesen, während der Neumondphase im Oktober die Straße von Gibraltar zu durchqueren und für unbestimmte Zeit die U-Boote im Mittelmeer unter dem Oberbefehl Leo Kreischs zu verstärken. Aus Verwaltungsgründen organisierte Dönitz die Boote in der Gruppe Tümmler. Nach dem Passieren der Straße von Gibraltar sollten sie im westlichen Mittelmeer patrouillieren, bevor sie Kurs auf die Stützpunkte auf La Spezia, Pola oder Salamis nahmen.

Die Gruppe Tümmler lief vom 1. Oktober bis zum 4. Oktober von französischen Stützpunkten aus. Unterwegs meldeten zwei Boote Probleme mit dem Funkgerät und sahen von einer Durchfahrt ab: *U89* unter Dietrich Lohmann und *U438* unter Rudolf Franzius. In der Folge reparierten beide Kommandanten ihre Funkgeräte und stießen zu Gruppen, die auf der Nordatlantikroute operierten. Vier Boote durchquerten erfolgreich die Straße von Gibraltar in den Nächten des 10. und 11. Oktober: Kurt Diggins in *U458,* Gerd Kelbling in *U593,* Herbert-Viktor

Schütze in *U605* und Götz Baur in *U660*. Schütze in *U605* meldete, ein britisches U-Boot habe auf ihn geschossen, als er ins Mittelmeer einfuhr, habe ihn aber verfehlt. Mit diesen vier zusätzlichen Booten wuchsen die deutschen U-Boot-Flottillen im Mittelmeer auf 19 Boote an.

Der »Verlust« von vier Booten für Atlantikflottillen an Mittelmeerflottillen wurde teilweise durch die Rückkehr von zwei Booten ausgeglichen, die vor kurzem an die Befehlsstelle in Norwegen oder Nordmeer ausgeliehen worden waren, um die PQ/QP-Geleitzüge anzugreifen oder mögliche Invasoren Norwegens abzuwehren. Es handelte sich um *U606* unter Hans Döhler, 24 Jahre alt, der dritte Kommandant in ebenso vielen Monaten, und *U436* unter dem Kommando von Günther Seibicke. Beide Boote marschierten direkt von Norwegen aus zu Gruppen, die auf der Nordatlantikroute operierten.

Das neue Boot *U610* unter Walter von Freyberg-Eisenberg-Allmendingen, 26 Jahre alt, aus der Gruppe Luchs spürte am 2. Oktober einen ostwärts fahrenden Geleitzug auf. Das war der schnelle Konvoi HX 209, gesichert von der britischen Escort Group B-4. Andere Boote der Gruppe Luchs liefen die Peilzeichen von *U610* an, doch das Wetter wurde wieder schlecht und ein Solarwind störte den gesamten Funkverkehr erheblich. Dennoch gelangte ein Dutzend Boote in die Nähe der alliierten Schiffe, und einige kamen in Schußposition. Odo Loewe von dem beschädigten Boot *U256,* der den erkrankten regulären Kommandanten Hans Gilardone in *U254* abgelöst hatte, meldete, er habe den ausgebrannten Hulk des verlassenen amerikanischen Tankers *Robert H. Colley* versenkt, aber kein anderes Boot konnte einen weiteren Erfolg melden.

Nach den Meldungen der U-Boot-Kommandanten lag dies unter anderem daran, daß ein Schwarm »Seeflugzeuge« über HX 209 gekreist sei und Angriffe verhindert habe. Das waren vermutlich auf Island stationierte Catalinas, die an der Grenze ihrer Reichweite operierten. Die Luftsicherung versenkte zwei U-Boote unter Verlust der gesamten Besatzung: Werner Schultes *U582* und Kurt Makowskis neues Boot *U619.*[1] Eine Catalina der Squadron VP 73 der US Navy versenkte *U582.*[2] Eine Hudson der britischen Squadron 269, geflogen von J. Markham, ver-

[1] Damals schrieb die Admiralität einer Hudson der britischen Squadron 269 die Versenkung von *U582* zu und dem britischen Zerstörer *Viscount* die Versenkung von *U619.* Nach einer Überprüfung durch Franks (1995) nach dem Krieg gebührte jedoch das Verdienst für beide Versenkungen den Flugzeugen, wie hier geschildert.

[2] Die Identität der Catalina und ihres Piloten läßt sich schwer ermitteln. Bemerkenswerterweise griffen vier verschiedene Catalinas (Nr. 8, 9, 10 und 12) der Squadron VP 73 am 5. und 6. Oktober in diesem Raum U-Boote an. Die Piloten waren C. F. Swanson, M. Luke, W. Mercer und W. B. Huey jr.

senkte *U619*. Ein weiteres britisches Flugzeug beschädigte Heinz Rahes neues Boot *U257* mit Wasserbomben so schwer, daß er gezwungen war, nach Frankreich abzudrehen. Die Reparatur der Gefechtsschäden dauerte mehrere Wochen.

In den folgenden Tagen lenkte Dönitz aufgrund des guten Informationsflusses durch den xB-Dienst die Gruppen Leopard, Wotan und Panther so, daß sie westwärts fahrende Geleitzüge abfingen. Mehrere Boote nahmen zu einem oder mehreren Geleitzügen Fühlung auf, aber wegen der schweren Stürme, der schlechten Funkverbindungen, Fehlidentifizierungen, falschen Positionsmeldungen und anderen Faktoren war die Ausbeute dürftig.

Am 12. Oktober meldete des neue Boot *U620* unter Heinz Stein, 29 Jahre alt, aus der Gruppe Leopard einen westwärts fahrenden Geleitzug in rauher See. Das war ONS 136, der von der britischen Escort Group B-3 gesichert wurde und in dem Sturm zerstreut worden war. Auf Steins Peilzeichen hin liefen das neue Boot *U382* unter Herbert Juli, 26 Jahre alt, und *U597* unter Eberhard Bopst heran und nahmen zu verstreuten Teilen des Konvois Fühlung auf. Juli in *U382* schoß einen Dreierfächer auf einen »Glattdeck-Zerstörer«. Er meldete, das Schiff sei gesunken, aber kein Treffer an einem Zerstörer konnte bestätigt werden. Bopst in *U597* schoß vier Torpedos auf einen Frachter mit 7000 BRT und meldete mehrere Treffer, aber auch diese konnten nicht bestätigt werden.

Vier verschiedene U-Boote schnappten sich jeweils einen zurückgebliebenen Frachter des Geleitzuges ONS 136: Ralph Kapitzky in dem neuen Boot *U615* erwischte einen Frachter aus Panama mit 4221 BRT und nahm den Kapitän und den Ersten Ingenieur gefangen; Horst Schünemann, 28 Jahre alt, auf dem neuen Boot *U621* erwischte einen Briten mit 6113 BRT; Horst Kessler in *U704* auf seiner zweiten Feindfahrt versenkte einen Briten mit 4200 BRT; und Alexander von Zitzewitz, 26 Jahre alt, versenkte mit dem neuen Boot *U706* ebenfalls einen Briten mit 4200 BRT.

Doch nun griffen die Geleitfahrzeuge und die Langstreckenflugzeuge des Coastal Command von Island die Boote der Gruppe Leopard an. Die Flugzeuge konnten weitere Erfolge feiern:

- Am 12. Oktober erspähte eine B-24, geflogen von Terence M. Bulloch, dem Kommandeur der britischen Squadron 120, um die Mittagszeit Bopst in *U597* an der Oberfläche. Im direkten Sturzflug warf Bulloch in kurzer Folge sechs auf geringe Tiefe eingestellte Wasserbomben auf *U597*. Bulloch meldete, das U-Boot sei buchstäblich in die Luft geflogen, »ein großer ovaler Brocken aus Stahl« sei in den Himmel gehoben worden, der beinahe seine hintere Kanzel für Bordkanonen getroffen hätte. Es gab keine deutschen Überlebenden.
- Ein anderes, nicht identifiziertes Flugzeug überraschte Herbert Juli in *U382* und warf Wasserbomben auf ihn, worauf drei der vier Bugtorpedo-

rohre ausfielen. Als Juli diesen Schaden meldete, wurde ihm befohlen, die Kampfzone zu verlassen und den einlaufenden Blockadebrecher *Tannenfels* aufzuspüren und zu geleiten. Als *U382* Ende Oktober Frankreich erreichte, mußte es für über drei Monate in die Werft.

Geleitschiffe des Konvois ONS 136 griffen Heinz Stein in *U620* und Klaus Rudloff in *U609* an. Sie belegten Stein sechs Stunden lang mit Wasserbomben, doch das Boot überstand den Angriff. Die Gefechtsschäden an *U609* zwangen Rudloff, der soeben erst aus Frankreich eingetroffen war, die Fahrt abzubrechen.

Am selben Tag, dem 12. Oktober, stieß das neue Boot *U258* der Gruppe Wotan unter Wilhelm von Mässenhausen auf einen erwarteten ostwärts fahrenden Geleitzug. Es handelte sich um SC 104 mit 48 Schiffen, der am 3. Oktober aus New York ausgelaufen war. Er wurde von der britischen Escort Group B-6 gesichert mit den bewährten britischen Zerstörern *Fame* und *Viscount* und vier Korvetten, die mit norwegischen Besatzungen bemannt waren. Die britischen Zerstörer waren mit 10-cm-Radargeräten vom Typ 271 ausgestattet, mindestens zwei Schiffe hatten ein Huff Duff.

Mässenhausen hielt Fühlung zu SC 104 und führte die Gruppe Wotan heran. Als nächste trafen die neuen Boote *U221* und *U356* ein, unter dem Kommando von Hans Trojer und Georg Wallas. Die Zerstörer und Korvetten vertrieben Mässenhausen und Wallas, doch Trojer fand mit *U221* eine Lücke und machte fünf Torpedos los. Er meldete die Versenkung von vier Frachtern mit 20000 BRT, ein weiterer sei in Brand geschossen, doch lediglich drei Versenkungen mit 11354 BRT konnten für diesen ersten Angriff bestätigt werden.

Fünf Boote der Gruppe Wotan gingen am 14. Oktober in Position, um einen zweiten Angriff gegen SC 104 vorzutragen. Der Anführer des Rudels war Trojer mit *U221,* der die Versenkung von vier weiteren Schiffen mit 27547 Tonnen meldete, darunter das britische Walfangmutterschiff *Southern Empress*. Lediglich zwei Versenkungen wurden bestätigt: ein amerikanischer Frachter mit 5929 BRT und die *Southern Empress* mit 12398 BRT mit dem Panzerlandungsboot LCT 2006 an Bord.[1] Der Ritterkreuzträger Ernst Mengersen in *U607* versenkte einen griechischen Frachter mit 4800 BRT, aber ein Geleitfahrzeug ging zum Gegenangriff über und beschädigte sein Boot so stark, daß er nach Frankreich abdrehen mußte. Erich von Lilienfeldt, 26 Jahre alt, in dem neuen Boot *U661* versenkte einen griechischen Frachter mit 3672 BRT.

---

[1] Trojers Meldungen in den beiden Angriffen auf SC 104 beliefen sich auf acht versenkte Schiffe mit 43547 BRT. Seine bestätigte Versenkungsziffer betrug fünf versenkte Schiffe mit 29681 BRT, im Herbst 1942 die höchste Versenkungsziffer eines U-Bootes auf der Nordatlantikroute.

Ein anderer neuer Kommandant, Kurt Baberg, 25 Jahre alt, mit *U618,* meldete zwei Versenkungen mit 11 000 BRT plus die Torpedierung eines dritten Schiffes, aber lediglich die Versenkung eines britischen Frachters mit 5791 BRT konnte bestätigt werden. Schließlich meldete der neue Kommandant Kurt Sturm in *U410* die Versenkung eines Frachters mit 4212 BRT, der zuvor von einem anderen Boot beschädigt worden war.

Im Gegenzug versenkten beide britischen Zerstörer der Escort Group jeweils ein Boot vom Typ VIIC.

- Die *Viscount* unter dem Kommando von John Waterman ortete in den frühen Morgenstunden des 15. Oktobers mit Radar das neue Boot *U661* in einer Entfernung von 5500 Metern. Waterman beschleunigte sofort auf 26 Knoten und ging auf Rammkurs. Er verfehlte das Boot bei dem ersten Versuch, doch »aus unerfindlichen Gründen«, wie er meldete, wendete das U-Boot und schnitt den Kurs der *Viscount* unmittelbar vor dem Bug. Dieses Mal traf der Zerstörer *U661* mit einem heftigen Stoß hinter dem Kommandoturm und schob sich auf sein Oberdeck. Als die beiden Schiffe wieder voneinander loskamen, schrieb Waterman, sei dem U-Boot »das Rückgrat gebrochen« gewesen. »Die *Viscount* eröffnete das Feuer und erzielte zahlreiche Treffer mit den Maschinenwaffen.« Vierzehn Minuten nach dem ersten Sichtkontakt warf Waterman eine »schwere Ladung« auf *U661.* Das von diesen Wasserbomben zerstörte Boot richtete sich auf und sank mit dem Heck voraus. Es gab keine Überlebenden. Die von dem Zusammenstoß schwer beschädigte *Viscount* drosselte die Geschwindigkeit auf sieben Knoten und kehrte in die Formation zurück.
- Am Nachmittag des nächsten Tages, dem 16. Oktober, suchte der Zerstörer *Fame* unter R. Heathcote das Gebiet vor dem Geleitzug ab und bekam deutlichen Sonarkontakt in einer Entfernung von 1800 Metern. Es handelte sich um das neue U-Boot *U353* unter dem Kommando des 26jährigen Wolfgang Römer, das vor 25 Tagen aus Kiel ausgelaufen war. Römer hielt sich in einer Tiefe von knapp 20 Metern – nicht tief genug, um unter dem Konvoi durchzufahren, und zu tief, um sein Sehrohr zu benutzen. Ehe er sich's versah, war die *Fame* über *U353* und warf zehn Wasserbomben, die auf Tiefen zwischen 16,5 und 42 Metern eingestellt waren. Nach diesen Explosionen war *U353* praktisch ein Wrack. Römer befahl, aufzutauchen und das Boot zu versenken.

Als die *Fame* zu einem Angriff mit dem Hedgehog heranlief, tauchte *U353* plötzlich an der Oberfläche auf. Römer und seine Männer kletterten aus dem Turmluk an Deck. Heathcote und seine Männer feuerten aus allen Rohren und beschleunigten auf 18 Knoten, um das Boot zu rammen. Die *Fame* versetzte *U353* einen leichten Stoß und streifte an der Steuerbordseite entlang, wobei ihre eigene Bordwand »einen langen Riß« abbekam. Als *U353* achtern abdrehte, belegte die *Fame* sie mit fünf weiteren Wasserbomben, die auf eine Tiefe von 15 Metern eingestellt waren. Unterdessen eröffneten im ganzen Konvoi die Geschützbedienungen aller bewaffneten Schiffe das Feuer auf das U-Boot.

Mitten in diesem Tumult sprangen Römer und seine Besatzung von Bord. Heathcote schickte ein Enterkommando aus, um *U353* auf Nachrichtendokumente hin zu durchsuchen, doch die Gruppe unter P. M. Jones konnte nur fünf Minuten in dem sinkenden Boot bleiben und fand nichts von Bedeutung. Die *Fame* und die mit Norwegern besetzte Korvette *Acanthus* nahmen Römer und 37 andere Überlebende auf. Sechs Deutsche kamen bei der Versenkung ums Leben. Da die *Fame* bei dem Zusammenstoß so schwer beschädigt worden war, daß sie keinen Geleitschutz mehr bieten konnte, schlich sie allein zu den Britischen Inseln zurück.

Britische Verhörspezialisten fanden heraus, daß Römer zuvor das Schulschiff *U56,* einen Einbaum, befehligt hatte. Nach Werner Pfeifer von *U581* und Otto Harms von *U464* war Römer der dritte Kommandant von *U56,* der gefangengenommen wurde – in gewisser Weise auch ein Rekord. Die Ermittler schrieben, daß Römer sich bitter über den Mangel an erfahrenen Seeleuten für die Besatzungen der U-Boote beklagt habe. Sein Ingenieur sei der einzige Offizier mit Erfahrung auf Unterseebooten gewesen, und diese Erfahrung habe er auf einem Schulboot erworben. Rund 80 Prozent der Mannschaft von *U353* seien grüne Rekruten mit völlig unzulänglicher Ausbildung gewesen, berichteten die Briten ihren Verbündeten.

Nach der Beschädigung der *Viscount* und dem Ausfall der *Fame* blieben nur die vier mit Norwegern bemannten Korvetten zum Schutz von SC 104. Als »Senior Officer Escort« (SOE) übernahm nun der ranghöchste Norweger C. A. Monsen auf der Korvette *Potentilla.* Am späten Abend des 16. Oktober ortete er ein Objekt im Radar in einer Entfernung von 2500 Metern und wendete, ohne zu zögern, um das Boot zu rammen. Das U-Boot änderte den Kurs und lief mit äußerster Kraft direkt auf die *Potentilla* zu. Monsen fürchtete, daß seine Korvette bei einem Frontalzusammenstoß mit einem U-Boot bei einer Geschwindigkeit von insgesamt 30 Knoten schwer beschädigt werden würde, und drehte ab. Während das U-Boot nah an seiner Steuerbordseite vorbeifuhr, warf er fünf Wasserbomben, die auf Tiefen von 15 bis 42 Metern eingestellt waren. Als das U-Boot tauchte, lief Monsen eilig zu dem Strudel und warf weitere 13 Wasserbomben.

Dieses U-Boot läßt sich nicht mit Sicherheit identifizieren. Sehr wahrscheinlich handelte es sich um *U254,* das vorübergehend Odo Loewe anstelle des erkrankten Hans Gilardone befehligte. Nach der Fühlungnahme mit SC 104 meldete Loewe, daß Geleitfahrzeuge ihn dreimal zum Tauchen gezwungen hätten und daß er von Wasserbomben schwer beschädigt worden sei und die Fahrt zum zweitenmal bei der zweiten Feindfahrt abbrechen müsse.

Auf dem Rückmarsch schloß sich Loewe einem anderen im Kampf beschädigten Boot an, *U609* unter Klaus Rudloff, der Loewe bei der Durchquerung des Golfs von Biskaya mit dem Funkmeßbeobachtungsgerät Metox sicherte. Bei der Ankunft in Frankreich übergab Loewe *U254* wieder an Gilardone. In der Zwischenzeit war sein eigenes, im Gefecht beschädigtes Boot *U256* für nicht diensttauglich erklärt worden. Deshalb kehrte Loewe nach Deutschland zurück, um ein neues VII-Boot in Dienst zu stellen. Das war *U954,* dem Dönitz' jüngster Sohn, der 21jährige Peter, als Zweiter Wachoffizier zugeteilt worden war.

Acht in Island stationierte Catalinas und B-24 Liberators schwärmten am 16. und 17. Oktober aus, um SC 104 aus der Luft zu sichern. Als Dönitz diese flächendeckende Luftsicherung gemeldet wurde, sagte er weitere Operationen ab und setzte die Boote wieder auf die Spur der auslaufenden Geleitzüge Outbound North (ON) an.

Bei der Analyse der Angriffe und Versenkungsmeldungen zu SC 104 geriet Dönitz in einen Zwiespalt. Er lobte Trojer in *U221* für die gute Verfolgung bei schlechter Witterung und für die Versenkung von (wie er meinte) acht Schiffen mit 45 000 Tonnen. Die vermutete Versenkungsziffer lag damit bei elf Schiffen aus einem, wie irrtümlich angenommen wurde, Geleitzug mit nur neunzehn Schiffen. Gleichzeitig nahm er einmal mehr Unannehmlichkeiten in Kauf, weil er verbittert notierte, die Geleitzugschlachten seien sehr viel schwieriger geworden. Deshalb sei es »immens wichtig« – sogar »entscheidend« –, daß so schnell wie möglich neue deutsche Waffen wie ein Suchradar und verbesserte Funkmeßbeobachtungsgeräte (FuMB), schwerere Flugabwehrgeschütze und zuverlässigere Torpedopistolen entwickelt würden. Da Dönitz von dem Verlust von *U353* bei dieser Aktion und von der schweren Beschädigung an *U254* noch nichts wußte, trug er das versenkte Boot *U661* und das beschädigte *U607* als deutsche Verluste ein. Die bestätigten Verluste der Alliierten aus SC 104 betrugen 8 von 48 Schiffen mit rund 44 000 Tonnen. Als bestätigte deutsche Verluste waren *U353* und *U661* als versenkt sowie *U254* und *U607* als beschädigt zu verzeichnen.

In den nächsten Tagen nahmen mehrere U-Boote erneut Fühlung zu westwärts fahrenden Geleitzügen auf. Aus verschiedenen Gründen, auch wegen des schlechten Wetters, war Dönitz nicht imstande, einen effizienten Rudelangriff gegen einen der Konvois zu organisieren. Sechs Boote aus verschiedenen Gruppen erwischten jedoch insgesamt sieben Schiffe mit fast 60 000 BRT. Der alte Kämpe Günther Heydemann in *U575* errang den größten Erfolg und versenkte den britischen Truppentransporter *Abosso* mit 11 330 Tonnen, der alliierte Militärs sowie eine Reihe holländischer U-Boot-Fahrer an Bord hatte. Walter von Freyberg-

Eisenberg-Allmendingen in dem neuen Boot *U610* und Kurt Baberg in dem neuen Boot *U618* versenkten jeweils einen amerikanischen Frachter, Nachzügler von ON 137.

Die U-Boote spürten auch ONS 138 auf. Der Geleitzug bestand aus 48 Handelsschiffen, die von der britischen Escort Group B-2 unter dem Kommando Donald MacIntyres gesichert wurde. Diese Spitzeneskorte umfaßte drei britische Zerstörer *(Hesperus, Whitehall* und *Vanessa)* und drei britische Korvetten. Jedes Kriegsschiff verfügte über ein 10-cm-Radargerät vom Typ 271, die *Hesperus* und das Bergungsschiff *Accrington* hatten ein Huff Duff.

Der Geleitzug war am 11. Oktober aus Liverpool ausgelaufen und gleich danach in einen Sturm geraten. Eine Woche später hatte MacIntyre endlich seine Schiffe in einer ordnungsgemäßen Formation organisiert. Drei Tage später, am 21. Oktober – dem Tag der Schlacht von Trafalgar – klarte das Wetter auf. Die Geleitfahrzeuge tankten bei einem Tanker im Konvoi nach, eine Technik, die die Briten erst seit kurzem beherrschten. Am Abend des 23. Oktober empfingen britische landgestützte Kurzwellenpeilgeräte das inzwischen vertraute Signal einer Fühlungsmeldung durch ein U-Boot (»Beta Beta«, gemeinhin »B-bar« genannt). MacIntyre machte sich auf einen Rudelangriff gefaßt.

Die Zerstörer *Hesperus* und *Vanessa* liefen die Peilung des Huff Duff entlang, fanden aber nichts. In den folgenden Tagen hätten alle drei Zerstörer, schreibt MacIntyre[1], auf lokale Kontakte im Huff Duff reagiert und seien die Peilung entlanggelaufen. Auf diese Weise und durch die grundlegende Änderung des Kurses durch den Konvoi sei eine umfassende Ansammlung von U-Booten verhindert worden. Das Nachtanken unterwegs und die Verlegung auf eine »südlichere« Konvoiroute (nach New York) hätten ebenfalls dazu beigetragen. Als Folge griff kein einziges U-Boot ein Schiffe in ONS 138 an.

Um dieselbe Zeit spürte das neue Boot *U443* der Gruppe Puma unter Konstantin von Puttkamer, 25 Jahre alt, den Geleitzug ON 139 auf. Hier handelte es sich um eine ungerade »schnelle« Formation, das Gegenstück zu den schnellen Halifax-Geleitzügen; deshalb war es schwieriger, U-Boote zu einem vereinten Angriff heranzuführen.

In Anbetracht dieser Tatsache hatte Dönitz vor kurzem die Direktiven für Geleitzugangriffe in einem wesentlichen Punkt geändert: Wenn die Geschwindigkeit des Geleitzuges bei elf Knoten oder darüber lag, dann hatte das U-Boot, das als erstes Fühlung aufgenommen hatte, die Erlaubnis zum Angriff, nachdem es eine Fühlungsmeldung abgeschickt hatte. Puttkamer meldete die Fühlungnahme und griff an. Er versenkte zwei große britische Schiffe: einen Frachter mit 8379 BRTund den Tanker

[1] *U-boat Killer* (1956).

Donax mit 9807 BRT. Die Geleitfahrzeuge griffen prompt mit Wasserbomben an und hielten *U443* unter Wasser, bis der Geleitzug entkommen war. In den folgenden Tagen nahmen noch sechs Boote der Gruppe Puma Fühlung auf, aber keines hatte Erfolg.

Im selben Zeitraum brachten landgestützte Flugzeuge, die dem Coastal Command zugeteilt waren, den U-Boot-Atlantikflottillen weitere schwere Verluste bei: Vier Boote wurden versenkt und zwei schwer beschädigt. Zwei Versenkungen wurden der Squadron 224 mit Stützpunkt in Südengland zugeschrieben, die vor kurzem mit zwölf B-24-Liberator Bombern ausgestattet worden war.[1]

- Am 20. Oktober versenkte eine B-24 Liberator der Squadron 224, geflogen von D. M. Sleep, westlich des Golfs von Biskaya den neuen VIID-Minenleger *U216* unter Karl-Otto Schultz.[2] Es gab keine Überlebenden. Die Trümmer des explodierenden U-Bootes beschädigten das Flugzeug schwer. Bei dem Versuch einer Notlandung stürzte es an einem Stützpunkt ab.
- Am 22. Oktober versenkte eine mit Leigh Light ausgerüstete Wellington aus der Squadron 179, geflogen von A. D. S. Martin, das neue VII-Boot *U412* unter Walter Jahrmärker, 25 Jahre alt. Das Boot war sechs Tage zuvor aus Kiel ausgelaufen und hatte soeben nordöstlich der Färöer-Inseln den Atlantik erreicht. Es gab keine Überlebenden.
- Am 24. Oktober versenkte eine andere B-24 aus Squadron 224, geflogen von B. P. Liddington, westlich des Golfs von Biskaya das neue VII-Boot *U599* unter Wolfgang Breithaupt. Es gab keine Überlebenden.
- Am selben Tag beschädigte ein nicht identifiziertes landgestütztes Flugzeug das neue Boot *U620* unter Heinz Stein schwer, der gerade ON 139 verfolgte. Das Boot brach die Fahrt ab und zog sich auf Befehl von Dönitz aus dem Nordatlantik in den ruhigen Golf von Cádiz zurück.
- Am 27. Oktober versenkte eine vor kurzem zugeteilte B-17 Flying Fortress der Squadron 206, geflogen von R. L. Cowey, südlich von Island, das neue Boot *U627* unter Robert Kindelbacher, 27 Jahre alt, kurz nachdem es den Atlantik erreicht hatte. Es gab keine Überlebenden.
- Am 1. November traf eine neu auf Island eingetroffene Catalina der Squadron VP 84 der US Navy, geflogen von R. C. Child, das neue Boot *U664* unter Adolf Graef, 26 Jahre alt, mit Wasserbomben, von denen vier nahe bei dem Boot explodierten und es schwer be-

---

[1] Damit erhöhte sich die Zahl der B-24 von der RAF, die den ASW-Squadrons des Coastal Command zugeteilt waren, auf 21.

[2] Nach *U213* und *U215* war *U216* nun der dritte schwerfällige VIID-Minenleger, der innerhalb von vier Monaten versenkt wurde.

schädigten. Graef erst vor 13 Tage zuvor aus Kiel ausgelaufen und nun gezwungen, seine beiden Hecktorpedos zu opfern und nach Frankreich abzudrehen.

Das U-Boot *U436* unter Günther Seibicke, das vor kurzem vom Nordmeer zur Gruppe Puma im Nordatlantik verlegt worden war, stieß am 26. Oktober auf einen schnellen Geleitzug in Richtung Osten. HX 212 wurde gesichert von der amerikanischen Escort Group A-3 unter Paul Heineman, die aus dem großen Coast Guard Cutter *Campbell*, dem Glattdeck-Zerstörer *Badger* und sechs Korvetten (fünf kanadische und eine britische) bestand. Drei kanadische Korvetten waren unterwegs zu den Britischen Inseln und sollten zu den Kräften für Torch stoßen. Eine von diesen, die *Summerside,* hatte ein 10-cm-Radargerät vom Typ 271, doch die meisten anderen Geleitschiffe hatten keine elektronischen Ortungshilfen.

Seibicke in *U436* beschattete den Konvoi und führte andere Boote der Gruppe Puma heran. In der Nacht vom 27. auf den 28. Oktober griffen drei Boote an. Als erster schoß Seibicke einen Fächer von fünf Torpedos. Er meldete die Versenkung eines Frachters mit 5000 BRT und eines Tankers mit 10 000 BRT sowie die Beschädigung von drei Frachtern mit 18 000 BRT. Tatsächlich versenkte er den britischen Tanker *Sourabaya* mit 10 107 BRT und beschädigte zwei weitere Tanker, die norwegische *Frontenac* mit 7350 BRT, die den Hafen erreichte, und die amerikanische *Gurney E. Newlin* mit 8225 BRT. Horst Schneemann, 28 Jahre alt, in dem neuen Boot *U621* schoß zwei Torpedos auf zwei Frachter und meldete zwei Treffer, aber seine Treffer konnten nicht bestätigt werden. Hans Döhler, der neue Kommandant von *U606,* das für eine Feindfahrt in das Nordmeer verlegt worden war, versenkte die beschädigte *Gurney E. Newlin* und beschädigte das große norwegische Walfangmutterschiff *Kosmos II* mit 16 866 BRT.

Bei einem zweiten Angriff in der nächsten Nacht hatten drei Kommandanten Erfolg. Ungeachtet seiner fünf Fehlschüsse versenkte Ulrich von Soden-Fraunhofen, 29 Jahre alt, in dem neuen Boot *U624* die beschädigte *Kosmos II,* sowie den amerikanischen Tanker *Pan New York* mit 7701 BRT. Günther Seibicke in *U436* versenkte einen britischen Frachter mit 4998 BRT, der zurückgefallen war, um der *Kosmos II* zu helfen. Hans-Karl Kosbadt, 24 Jahre alt, versenkte in dem neuen Boot *U224* einen kanadischen Frachter mit 4000 BRT.

Am Morgen des 29. Oktober befand sich HX 212 bereits so nahe bei Island, daß ihm B-24-VLR-Langstreckenbomber (very long range, VLR) zu Hilfe kommen konnten. Als Dönitz dies hörte, sagte er weitere Operationen ab. Er trug ein, zehn der zwölf Boote der Gruppe Puma hätten Feindkontakt gehabt, neun Schiffe mit 68 500 BRT versenkt und drei weitere beschädigt. Die bestätigte Trefferquote lag bei sechs versenkten Schiffen (darunter vier Tankern) mit 52000 BRT und einem beschädigten Tanker.[1]

Drei neue IXC-Boote liefen direkt von der Ostsee zum St.-Lorenz-Golf aus, bevor das kalte Wetter die gesamte Schiffahrt im Golf zum Erliegen brachte. Der Kommandant Klaus Bargsten in *U521* hatte zuvor *U563* vom Typ VII befehligt, das im Dezember 1941 schwer beschädigt wurde, als Bargsten versuchte, durch die Straße von Gibraltar ins Mittelmeer zu gelangen. Er ging am 3. Oktober von Kiel aus in See. Die anderen beiden Kommandanten, Volkmar Schwartzkopff, 28 Jahre alt, in *U520* und Herbert Schneider, 27 Jahre alt, in *U522,* führten ihr erstes Kommando auf hochseetüchtigen U-Booten. Sie liefen am 3. beziehungsweise 8. Oktober aus.

In der Nähe von Kap Race vor Newfoundland sichtete Schneider in *U522* Rauch am Horizont. Er hatte SC 107 gesichtet, dem 42 von New York ausgelaufene und 22 von Sydney und Halifax ausgelaufene Schiffe angehörten. Der Geleitzug wurde von der kanadischen Escort Group C-4, die bei Bedarf einsprang, gesichert, bestehend aus dem modernen kanadischen Zerstörer *Restigouche* unter dem Befehl von Desmond W. Piers und fünf Korvetten – vier kanadischen und einer britischen.[2] Die kanadische Korvette *Regina* brach die Fahrt wegen Problemen mit den Maschinen ab. Eine andere, die *Moosejaw* lief aus, um ihre Stelle einzunehmen. Die *Restigouche* verfügte über ein altes 1,5-Meter-Radargerät vom Typ 286, die britische Korvette *Celandine* hatte den neueren Typ mit einer 10-cm-Wellenlänge, aber das Gerät fiel aus. Die *Restigouche* und das Bergungsschiff *Stockport* hatten ein Huff Duff.

Als Dönitz die Fühlungsmeldung von Schneider in *U522* erhielt, wies er die vierzehn Boote der Gruppe Veilchen an, dessen Peilzeichen anzusteuern. Alliierte landgestützte Kurzwellenpeilstationen und die Huff-Duff-Geräte im Geleitzug fingen den intensiven deutschen Funkverkehr ab. Deshalb verstärkten die kanadischen Führungsstellen die ASW-Patrouillen zur See und in der Luft. Der kanadische Glattdeck-Zerstörer *Columbia* (von der Local Escort Force) spürte *U522* am Ende des Konvois auf und versuchte einen Angriff. Schneider tauchte sofort und vertrieb ihn mit zwei Torpedos, die aber fehlgingen. Der britische Zerstörer *Walker* (ebenfalls von der Local Escort Force) verlängerte seinen Aufenthalt beim Geleitzug für einige Zeit.

---

[1] Seit dem Angriff auf HX 133 vor sechs Monaten, vom 24. bis zum 29. Juni 1941, war das der schwerste Schaden, der an einem Halifax-Geleitzug durch U-Boot-Angriffe angerichtet wurde.

[2] Zwei regulär zur Escort Group C-4 gehörige Kriegsschiffe, der ehemals amerikanische Glattdeck-Zerstörer *St. Croix* und die Korvette *Sherbrooke,* lagen für Reparaturarbeiten im Dock.

Die Flugzeuge der kanadischen Luftwaffe, die SC 107 unterstützten, errangen zwei bemerkenswerte Erfolge, die damals weitgehend unbeachtet blieben:

- Am 30. Oktober suchte E. L. Robinson, der Pilot einer der beiden Hudsons aus Squadron 145, die den Konvoi unterstützten, den Raum vor dem Konvoi ab und sichtete in dreieinhalb Kilometern Entfernung ein U-Boot an der Oberfläche. Es handelte sich um *U658* vom Typ VII aus der Gruppe Veilchen. Der Kommandant Hans Senkel machte seine zweite Feindfahrt. Robinson griff an und warf vier 120-Kilogramm-Wasserbomben vom Typ Mark VIII, die auf 7,50 Meter Tiefe eingestellt waren. Diese detonierten links und rechts von *U658* und sprengten das Boot in tausend Stücke. Es gab keine Überlebenden.
- Acht Stunden später machte eine Digby von Squadron 10, die sich nach der Luftsicherung für Geleitzug ONS 140 wieder auf dem Rückflug befand, ebenfalls ein U-Boot an der Oberfläche aus. Das war *U520,* eins der neuen IXC-Boote unter Volkmar Schwartzkopff, der herbeieilte, um sich der Gruppe Veilchen anzuschließen. Der Pilot D. F. Raymes griff aus einer Höhe von 960 Metern an und warf vier 200 Kilogramm schwere Wasserbomben vom Typ Mark VII mit Anatolsprengköpfen auf *U520.* Von dem Boot wurde nie wieder etwas gehört.
- Am folgenden Tag, dem 31. Oktober, entdeckte eine der vier Hudsons von Squadron 145, die SC 107 unterstützten, Klaus Bargsten in *U521.* Sie griffen an, aber das Boot entkam mit geringen Schäden.

Das neue Boot *U381* aus der Gruppe Veilchen unter Wilhelm-Heinrich von Pückler und Limpurg, 29 Jahre alt, nahm am 1. November bei sich verschlechterndem Wetter Fühlung zum Geleitzug auf und beschattete ihn. Im Laufe des Nachmittags und Abends liefen die Boote der Gruppe Veilchen sowie die beiden verbliebenen IXC-Boote *U521* und *U522* an den Konvoi heran. In der Nacht vom 1. auf den 2. November griffen die beiden IXC-Boote und vier VII-Boote aus der Gruppe Veilchen an. Der Beschatter, *U381,* schoß einen Fächer auf die *Restigouche,* verfehlte sie aber.

Der erfahrene Siegfried von Forstner in *U402,* das auf seiner letzten Feindfahrt vor Kap Hatteras im Gefecht schwer beschädigt worden war, kam in Schußposition. In drei unabhängigen nächtlichen Überwasserangriffen innerhalb von sechs Stunden meldete Forstner die Versenkung von sechs Frachtern mit 40 000 BRT und Torpedotreffer an einem weiteren mit 7000 BRT. Seine eindrucksvolle bestätigte Trefferquote betrug vier versenkte Frachter mit 15 828 BRT und zur Hälfte das Verdienst für den britischen Frachter *Empire Sunrise* mit 7459 BRT, der drei Stunden später vom erfahrenen Horst Uphoff in *U84* versenkt wurde.

Die fünf Korvetten eilten von hier nach dort, feuerten mit den Geschützen auf mehrere U-Boote und warfen Wasserbomben. Leuchtkugeln und brennende Schiffe erhellten die See. Die beiden großen

Boote griffen als nächste an. Schneider in *U522* versenkte zwei Frachter, einen Briten mit 5801 BRT und einen Griechen mit 5655 BRT, und er beschädigte einen weiteren Briten mit 5496 BRT. Klaus Bargsten in *U521* meldete einen Treffer an einer Korvette und die Versenkung eines gestoppten Frachters. In Wahrheit verfehlte er die *Moosejaw* und traf den britischen Frachter *Hartington,* der später von Herbert Schneider in *U522* und Rudolf Franzius in *U438* versenkt wurde, so daß die Anrechnung gedrittelt werden mußte.

Beide Seiten forderten im Laufe des 2. November Verstärkung für die Geleitzugschlacht an. Die Alliierten schickten vier Kriegsschiffe zu SC 107: den britischen Zerstörer *Vanessa,* der den Geleitzug HX 213 achtern von SC 107 sicherte, sowie die amerikanischen Glattdeck-Zerstörer *Leary* und *Schenck* und den Coast Guard Cutter *Ingham* von der Treasury-Klasse aus Island. Dönitz befahl seinerseits der neugebildeten Gruppe Natter mit einem Dutzend U-Booten, sich Veilchen anzuschließen.

In der zweiten und dritten Nacht der Schlacht, vom 2. auf den 3. und vom 3. auf den 4. November griffen sieben U-Boote SC 107 an. Der erfahrene Dietrich Lohmann in *U89* versenkte zwei britische Frachter, die *Jeypore* mit 5318 BRT, die als Flaggschiff des Kommodores diente, und die *Daleby* mit 4640 BRT. Ernst Vogelsang, ein weiterer erfahrener Kämpe, versenkte mit *U132* zwei Schiffe, den holländischen Tanker *Hobbema* mit 5507 BRT und einen britischen Frachter mit 6379 BRT. Außerdem beschädigte er den britischen Frachter *Hatimura* mit 6690 BRT. Kurz danach traf Hans-Joachim Hesse, 36 Jahre alt, in dem neuen Boot *U442* ebenfalls die *Hatimura,* die mit einem gewaltigen Knall explodierte. Später wurde herausgefunden, daß diese Explosion vermutlich auch Vogelsangs *U132* zerstörte.[1] Herbert Schneider in *U522* vom Typ IXC meldete die Versenkung von zwei weiteren Frachtern mit 6200 BRT, womit sich seine gemeldete Beute bei dieser Feindfahrt auf neun versenkte Schiffe mit 51665 Tonnen erhöhte, aber dieses Mal wurde lediglich ein griechischer Frachter mit 3189 BRT bestätigt. Klaus Bargsten in *U521* vom Typ IXC meldete die Versenkung eines Tankers und eines Frachters mit 11115 BRT, aber nur der amerikanische Tanker *Hahira* mit 6855 BRT konnte bestätigt werden.

Das Bergungsschiff *Stockport* fischte 350 Überlebende von den versenkten Schiffen aus dem Wasser. Als sie meldete, sie habe keinen Platz mehr, liefen die Hochseeschlepper *Uncas* und *Pessacus* der US Navy eilig aus und nahmen 240 weitere Überlebende auf. Spät am Abend des

---

1 Das Verdienst für die Versenkung wurde ursprünglich dem Führer der Squadron 120 Terence Bulloch in einer britischen B-24 zugesprochen, die auf Island stationiert war, doch bei einer Untersuchung nach dem Krieg kam Captain John M. Waters zu dem Schluß, daß die Explosion der *Hatimura* vermutlich der wahre Grund war (Waters, *Bloody Winter*).

4. November scherten die beiden Schlepper der Navy und der amerikanische Öltanker *Gauger,* eskortiert von zwei Korvetten, aus dem Geleitzug aus und brachten rund 600 Überlebende nach Island. Noch später legten acht der verbliebenen Handelsschiffe, eskortiert von den Zerstörern *Leary* und *Schenck* und dem Kutter *Ingham,* ebenfalls in Island an.

Am Morgen des 5. November trafen B-24 und Catalinas aus Island ein und sicherten SC 107 aus der Luft. Als Dönitz dies erfuhr, sagte er Operationen für die sieben Boote der Gruppe Veilchen ab und schickte die 13 Boote der Gruppe Natter zu einem anderen Geleitzug Outbound North. Er war sehr zufrieden mit dem Zerstörungswerk an SC 107. Aufgrund der Kurzmeldungen trug er ein, daß die U-Boote 23 Handelsschiffe mit 136 115 BRT versenkt und einen Zerstörer, eine Korvette und vier weitere Frachter beschädigt hätten. Die bestätigte Trefferquote – beim vierterfolgreichsten Geleitzugkampf des Krieges – betrug 15 bestätigte versenkte Schiffe mit 83 000 BRT. Drei Boote waren verlorengegangen: *U132* und *U658* vom Typ VII und *U520* vom Typ IXC. Lohmann in *U89* war von Terence Bulloch schwer mit Wasserbomben belegt worden und außer Gefecht. Er mußte nach Frankreich zurückkehren.

An der Kommandostelle für die Western Approaches war es zur Gewohnheit geworden, die Leistungen kanadischer Eskorten herabzusetzen, um nicht zu sagen, die der Kanadier generell. Der Bericht von SC 107 nach dem Einsatz zog die üblichen negativen Folgen nach sich. Überdies fällte ein Inspektor des Coastal Command, der sich damals in Newfoundland aufhielt, zum Abschluß seines Besuches ein vernichtendes Urteil über die Operationen der kanadischen Luftwaffe zur U-Boot-Abwehr.

Kein einziger dieser Berichte berücksichtigt in angemessener Weise die zunehmenden Schwierigkeiten der kanadischen Streitkräfte oder die Mängel ihrer Bewaffnung. Die kanadischen Escort Groups behalfen sich immer noch mit einigen nicht verbesserten Korvetten und mußten mit unerfahrenen Besatzungen und antiquierten Radar- und Sonargeräten auskommen. Die Kräfte im Atlantik hatten einen schweren Aderlaß zu verkraften gehabt, weil sie die 17 kampferprobtesten und am besten ausgerüsteten kanadischen Korvetten für Torch zur Verfügung stellen mußten. Was die Luftsicherung angeht, so hatten nur zwei kanadische Squadrons (5 und 116) Cansos oder Catalinas, von denen eine erst vor kurzem in Newfoundland in Dienst gestellt worden war. Die anderen Squadrons behalfen sich mit Digbys und Hudsons mit einer kürzeren Reichweite.[1]

[1] Squadron 145 bereitete sich auf die Umrüstung von Hudsons auf Cansos vor, doch das brauchte noch einige Zeit. Die neue Squadron 162 war für Cansos vorgesehen.

Bewertung

Im Monat Oktober fuhren 16 Geleitzüge der Alliierten mit rund 725 Handelsschiffen ost- und westwärts über den Atlantik.[1] Die große Ansammlung von U-Booten im Nordatlantik trug nur gegen drei Geleitzüge wirklich nennenswerte Angriffe vor, allesamt auf dem Weg nach Osten zu den Britischen Inseln: SC 104, SC 107 und HX 212. Aus diesen drei Geleitzügen versenkten die U-Boote 29 Handelsschiffe mit rund 179000 BRT, allesamt beladen mit Lebensmitteln und Kriegsmaterial. Von den 725 Handelsschiffen in allen 16 Geleitzügen versenkten die U-Boote 38 Schiffe (5 Prozent).

Die deutschen U-Boot-Verluste im Oktober waren ungewöhnlich hoch, tatsächlich war es die bislang weitaus höchste Verlustrate. Allein zwölf Boote gingen auf der Nordatlantikroute verloren: der Minenleger *U116* vom Typ XB, der kurzzeitig als Tanker fungieren sollte; *U520* vom Typ IXC und zehn VIIC-Boote.[2] Bemerkenswerterweise wurden neun, vielleicht sogar zehn Boote von alliierten Flugzeugen ohne Mithilfe von Überwasserschiffen versenkt. Außerdem mußten im Monat Oktober acht VII-Boote ihre Fahrt abbrechen.[3]

In ihrem Eifer, das »Gemetzel« unter den Handelsschiffen auf der Nordatlantikroute zu beschreiben, erwähnen Historiker nur selten oder gar nicht die 20 U-Boot-Ausfälle (Versenkungen und abgebrochene Fahrten zusammen) im Monat Oktober. Zweifellos ließen diese Ausfälle im U-Boot-Hauptquartier die Alarmglocken schrillen und warfen äußerst beunruhigende Fragen auf. Mehr als 500 Männer der U-Boot-Besatzungen auf den zwölf verlorenen Booten waren umgekommen oder in Gefangenschaft geraten, ganz zu schweigen von weiteren U-Boot-Verlusten in anderen Räumen im Oktober.

Nimmt man die Monate September und Oktober 1942 zusammen, so zeigt sich, daß zahlreiche U-Boot-Gruppen auf der Nordatlantikroute Angriffe gegen 6 von 35 Geleitzügen[4] führten, die in diesen Monaten den Atlantik überquerten. Aus diesen Geleitzügen mit rund 1700 Handelsschiffen versenkten die U-Boote 57 Frachtschiffe (3 Prozent) sowie die Zerstörer *Ottawa* und *Veteran* mit 343535 Tonnen. Im Gegenzug gingen in diesen

---

[1] HX 209 bis 212; SC 103 bis 107; ON und ONS 135 bis 141. Siehe Anhang 3.

[2] *U216, U353, U412, U582, U597, U599, U619, U627, U658, U661. U132* vom Typ VIIC, das am 5. November beim Einsatz gegen SC 107 verlorenging, würde den Verlust auf elf VIIC-Boote erhöhen.

[3] *U89, U254, U257, U382, U440, U595, U607, U609, U620, U664.* Das in den Golf von Cádiz verlegte Boot *U620* befand sich bereits seit 60 Tagen auf Feindfahrt und hätte ohnehin heimkehren müssen.

[4] Darunter der Sonderkonvoi RB 1.

beiden Monaten 16 U-Boote und rund 720 Männer der deutschen U-Boot-Besatzungen verloren (oder wurden gefangengenommen), darunter *U116,* der wertvolle Minenleger vom Typ XB, der provisorisch als Tanker Dienst tat. Damit ergab sich eine nicht hinzunehmende Quote von rund 3,5 versenkten Handelsschiffen für jedes verlorengegangene U-Boot. Darüber hinaus mußten in diesen beiden Monaten zwölf U-Boote auf der Nordatlantikroute ihre Fahrt abbrechen. Die Zahl der Ausfälle (Versenkungen und Abbrüche) erhöhte sich damit auf 28.

Im selben Zeitraum steigerten allein die amerikanischen Werften die Produktion neuer Handelsschiffe auf erstaunliche Höhen. Die Tonnage der neuen Schiffe betrug das Vierfache der Tonnage aller in diesen sechs Geleitzügen verlorenen Schiffe:

Monat	Neue Schiffe	BRT
September	94	691 000
Oktober	84	599 000
Gesamt:	178	1 290 000[1]

Eine genauere Betrachtung der Geleitzugoperationen mit 73 Kampfbooten, die im September und Oktober ausgelaufen waren, in allen Räumen des Nordatlantik liefert ebenfalls interessante Erkenntnisse. 43 Feindfahrten (59 Prozent) wurden von neuen Booten oder neuen Kommandanten durchgeführt. Die insgesamt 58 versenkten Handelsschiffe entsprachen einem Durchschnitt von 0,78 Schiffen pro Boot und Feindfahrt. Das war ein deutlicher Rückgang gegenüber dem Durchschnitt von 0,92 Schiffen pro Boot und Feindfahrt, den die im Juli und August in den Nordatlantik ausmarschierten Boote erzielt hatten.[2] 40 Angriffsboote, oder über die Hälfte der 73 eingesetzten Boote (55 Prozent), versenkten kein einziges Schiff, ein Anstieg der nichtproduktiven Boote, der sehr verhängnisvoll für die Deutschen war.[3]

---

1 Entspricht 1 886 000 Tonnen Netto-Leergewicht.

2 Siehe Tabelle in Band 1, S. 772.

3 Siehe Anhang 2. 20 von 33 U-Booten, die im September ausgelaufen waren, und 20 von 40, die im Oktober ausliefen.

	Feindfahrten	Fahrten mit neuen Booten und/oder Kommandanten	Versenkte Schiffe	Pro Boot	Verlorene Boote	Keine Schiffe versenkt
September	33	22 (67%)	21,5	0,65	5	20 (60%)
Oktober	40	21 (53%)[1]	36,5	0,91	13[2]	20 (50%)
Gesamt:	73	43 (59%)	58	0,78	18	40 (55%)

Diese Zahlen belegen, daß die Alliierten, selbst ohne die Vier-Walzen-Enigma der Kriegsmarine im Schlüsselbereich Triton zu lesen, im Herbst 1942 im U-Boot-Krieg im Nordatlantik zunehmend die Oberhand gewannen. Da die U-Boote weder über Suchradar noch über zuverlässige Magnetpistolen für die Torpedos verfügten, die Zahl der U-Tanker nicht ausreichte, die Kommandanten von den Huff-Duff-Geräten auf den Schiffen nichts wußten und von alliierten Flugzeugen mit Radar angegriffen wurden, führten die Kommandanten der U-Boote vom Typ VII und Typ IX die Geleitzugschlachten unter erheblich erschwerten Bedingungen weiter. In Wirklichkeit war es trotz der allmählich steigenden Stärke der U-Boot-Flottillen im Atlantik völlig ausgeschlossen, daß diese veralteten VII- und IX-Boote eine bedeutende oder gar kriegsentscheidende Gefahr für die alliierte Schiffahrt auf der Nordatlantikroute gewesen wären. Die vielgepriesene Taktik der »Wolfsrudel« war in vielerlei Hinsicht gescheitert.

Dennoch bestand Dönitz darauf, die Geleitzugkämpfe im Nordatlantik fortzuführen. Abgesehen von den Verlusten der alliierten Schiffahrt und den sich bietenden Möglichkeiten für die Propaganda wurde durch die Anwesenheit der U-Boote die Schreckensherrschaft auf See fortgesetzt, und die Alliierten waren gezwungen, weiterhin Geleitzüge zusammenzustellen, wodurch sich die Importe verringerten und einige Militäroperationen verzögert wurden. Dönitz' Plan mußte jedoch fallengelassen werden. Am 8. November, als Berlin von den Landungen in Nordwestafrika im Rahmen der Operation Torch erfuhr, befahl Hitler, daß jedes verfügbare U-Boot der Atlantikflottillen eingesetzt werden sollte, um die alliierten Invasoren abzuwehren.

Der U-Boot-Feldzug auf der Nordatlantikroute wurde abermals abrupt gestoppt, diesmal nach nur vier Monaten. Mit der Absetzung dieses Feldzuges verschaffte Hitler den Alliierten eine weitere »Atempause« im Nordatlantik, der jetzt weitgehend frei von U-Booten war. In dieser Atempause brachten Hunderte und Aberhunderte vollbeladener Schiffe in HX- und SC-Geleitzügen gewaltige Mengen von Öl, Lebensmitteln und Waren zu den Britischen Inseln.

---

[1] Darunter vier ältere Angriffsboote, die von neuen Kommandanten befehligt wurden.

[2] Ohne den provisorischen U-Tanker *U116*.

Feindfahrten nach Amerika

Dönitz wollte den alliierten Schiffsverkehr im St.-Lorenz-Golf und im Raum östlich von Trinidad angreifen, um ASW-Kräfte in diesen Seegebieten zu binden und die Alliierten zur Fortsetzung des Geleitverkehrs zu zwingen. Dazu setzte er 18 U-Boote im September und Oktober in amerikanischen Gewässern ein, 13 vom Typ IX und 5 vom Typ VII.

Vier IX-Boote liefen vom 19. bis zum 26. September mit Kurs auf kanadische Gewässer zur Feindfahrt aus. *U518* erhielt zusätzlich die Aufgabe, einen Agenten der deutschen Abwehr an der Küste von Neubraunschweig an Land zu setzen.

Hans-Joachim Schwantke in dem alternden IX-Boot *U43* und Hermann Rasch in *U106* vom Typ IXB trafen als erste in kanadischen Gewässern ein. Beide meldeten eine starke Luftsicherung. Rasch verglich sie mit der Gefahr aus der Luft im Golf von Biskaya. Das erst vor kurzem eingebaute Metox warnte vor Flugzeugen, die ein ASV-Radar mit 1,5-Meter-Wellenlänge benutzten. Rasch mußte mit *U106* aber so oft tauchen und auftauchen, daß er sich »wie ein Delphin« vorkam, und schlug deshalb vor, daß das Metox, sofern das möglich war, dahingehend verbessert werden solle, daß es auch die Entfernung des georteten Flugzeugs angab.

Schwantke und Rasch patrouillierten beide wagemutig den St.-Lorenz-Strom aufwärts – Schwantke sogar weiter als irgendein U-Boot-Kommandant zuvor –, aber wegen der aufmerksamen Luftpatrouillen und der merklich verbesserten Zusammenarbeit zwischen ASW-Kräften in der Luft und auf dem Wasser wurden alle Angriffe auf Geleitzüge und einzelne Schiffe vereitelt. Außerdem schlossen die kanadischen Führungsstellen ausgerechnet um diese Zeit den Strom für die Hochseeschiffahrt. Bei diesen anstrengenden, nervenaufreibenden Operationen versenkte Schwantke kein einziges Schiff und Rasch nur eines: das Erzschiff *Waterton* mit 2140 BRT, das von der bewaffneten Jacht *Vison* und einer Canso der RCAF gesichert wurde. Nach dem Angriff empfing die *Vison* eine gute Ortung von *U106* im Sonar und warf zwölf gutplazierte Wasserbomben, die Rasch zwangen, sich acht Stunden lang regungslos in einer Tiefe von 182 Metern auf Grund zu legen. Nachdem Schwantke sich aus dem St.-Lorenz-Golf zurückgezogen hatte, riet er Dönitz, keine weiteren Boote in dieses Gebiet zu schicken, weil die kanadischen ASW-Maßnahmen inzwischen sehr effizient seien. Rasch stimmte dem zu, aber Dönitz beurteilte die Lage anders.

Weder Schwantke noch Rasch verbuchten einen weiteren Erfolg, weil sie ständig von Flugzeugen belästigt wurden. Auf dem Rückmarsch sollten sich die Boote zum Nachtanken mit dem U-Tanker *U460* unter Ebe Schnoor treffen. Ein heftiger Sturm verzögerte das Nachtanken aber um sechs Tage. Während dieser Zeit ging den beiden – und einigen anderen U-Booten – buchstäblich der Treibstoff aus, und sie trieben hilflos im Atlantik. Am 29. November konnte endlich nachgetankt werden, und die meisten Boote kehrten nach Frankreich zurück, aber Rasch wurde mit *U106* vorübergehend umgeleitet und sollte bei der Abwehr der Geleitzüge für die Invasion Torch mithelfen. Für seine bisherigen Erfolge und für seine Zähigkeit und Angriffslust im St.-Lorenz-Strom verlieh Dönitz Rasch das Ritterkreuz.[1]

Auf dem Rückmarsch stieß Schwantke mit *U43* am 17. November auf den ostwärts fahrenden Geleitzug SC 109, dessen kanadische Eskorte durch den Ausfall des modernen Zerstörers *Saguenay* geschwächt war. Die *Saguenay* war bei einem Zusammenstoß mit einem Handelsschiff schwer beschädigt worden. Eine Canso der RCAF vertrieb *U43,* doch Schwantke nahm am nächsten Tag wiederum Fühlung auf und schoß aus allen fünf Rohren. Er meldete, er habe zwei Frachter mit 10 000 BRT versenkt und den amerikanischen Tanker *Brilliant* mit 9131 BRT beschädigt. Die Versenkungen konnten nicht bestätigt werden, aber die *Brilliant* war tatsächlich getroffen worden und sank später im Schlepptau.

Auf dem Weg von Deutschland nach Kanada wurden das neue Boot *U183* vom Typ IXC/40 unter Heinrich Schäfer, 35 Jahre alt, und *U518* vom Typ IXC unter Friedrich-Wilhelm Wissmann, 25 Jahre alt, vorübergehend einer Gruppe auf der Nordatlantikroute zugeteilt. Während sie auf einen Einsatz warteten, wurde Schäfer zweimal von einem Flugzeug bombardiert, aber der Schaden war gering. Nachdem die beiden Boote von der Gruppe entlassen worden waren, stießen sie nach Norden zur Mündung der Belle-Isle-Straße vor, um nochmals Dönitz' dezidierte, aber falsche Überzeugung zu überprüfen, daß die SC- und die HX-Konvois durch diese Straße den St.-Lorenz-Golf verlassen würden. In Wahrheit liefen sie aber von New York aus. Zehn Tage lang lagen sie vor dem nördlichen Ausgang auf Lauer, natürlich vergeblich. Nur Wissmann schoß vier Torpedos auf einen einsamen »Zerstörer«, doch alle verfehlten ihr Ziel.

Nachdem die beiden Boote zehn Tage lang in diesem Gebiet patrouilliert hatten, entließ Dönitz sie und schickte sie durch die Cabotstraße in den St.-Lorenz-Golf. Auf seinem langsamen Marsch nach Süden entlang der Ostküste Newfoundlands bis nach St. John's wagte sich Wissmann tollkühn in die Conception Bay hinein, wo er den kanadischen Frachter *Rose Castle* mit 7803 BRT und einen britischen Erzfrachter mit 5633 BRT in der Reede von Wabana versenkte. Schäfer

---

[1] Zum Zeitpunkt der Verleihung betrug Raschs bestätigte Versenkungsziffer, alle mit *U106,* elf Schiffe mit 73413 Tonnen sowie Treffer an dem Tanker *Salinas* und einem amerikanischen Frachter mit insgesamt 12885 Tonnen.

schoß zwei Torpedos auf einen Tanker und einen Zerstörer. Er hörte zwei Detonationen und meldete den Tanker als versenkt, doch das konnte nach dem Krieg nicht bestätigt werden.

Wissmann lief am 2. November durch die Cabotstraße in den Golf ein, auf dem Weg nach Newbrunswick, um dort den Agenten an Land zu setzen. Ein mit Radar ausgerüstetes kanadisches ASW-Flugzeug überraschte *U518* in der Straße und warf vier auf geringe Tiefe eingestellte Wasserbomben, aber Wissmann befahl Alarmtauchen und ging auf Tiefe. Dieses Manöver und plötzlich aufkommender Nebel verhinderten einen zweiten Angriff aus der Luft.

Um ASW-Flugzeugen zu entgehen, fuhr Wissmann die meiste Zeit unter Wasser westwärts und näherte sich langsam der Baie des Chaleurs. In den Morgenstunden des 9. November legte er vorsichtig den Bug von *U518* auf einer Sandbank auf Grund und setzte den Agenten Werner Alfred Waldmar von Janowski mit einem Schlauchboot an einem verlassenen Strand an Land. Nachdem das Schlauchboot zurückgekehrt war, setzte Wissmann von der Sandbank zurück und lief in derselben Nacht ins offene Wasser des Golfs hinaus. Er meldete Dönitz, sein Sonderauftrag sei ohne Zwischenfälle ausgeführt worden.[1] Da Wissmann im Golf keine Angriffsziele entdeckte, verließ er am 17. November das Seegebiet.

Am selben Tag entdeckte Schäfer in *U183* den westwärts fahrenden Geleitzug ONS 142 bei den Grand Banks. Während er sich auf einen Angriff vorbereitete, erspähte ein Flugzeug der RCAF, das den Konvoi sicherte, *U183* und warf sechs Wasserbomben, die in der Nähe des Bootes detonierten. Schäfer überlebte den Angriff, aber er schaffte es nicht mehr, den Geleitzug einzuholen. Außerdem meldete er technische Defekte, die einen unmittelbaren Geleitzugangriff unmöglich machten.

Vier Tage später, am 21. November, entdeckte Wissmann in *U518* einen anderen einlaufenden Konvoi und griff an. ON 145 hatte wegen eines Mißverständnisses zwischen kanadischen und amerikanischen ASW-Kräften keine Luftsicherung. Wissmann versenkte den britischen Frachter *Empire Sailor* mit 6140 BRT und beschädigte zwei Tanker mit 15440 BRT, die im Ballast fuhren. Doch auch sein Boot wurde schwer beschädigt.

---

[1] Nachdem Janowski zivile Kleider angelegt hatte, schlug er sich mit zwei schweren Koffern nach New Carlisle durch und stieg einige Stunden später in einem Hotel ab, um ein Bad zu nehmen und sich ein paar Stunden auszuruhen. Dann meldete er sich ab, zahlte in veralteten kanadischen Scheinen und bestieg einen Nahverkehrszug, die erste Etappe seiner Reise nach Montreal. Ein mißtrauischer Hotelangestellter meldete dies aber der Polizei, die Janowski beim ersten Halt des Zuges nach nur 14 Kilometern verhaftete. Einige Quellen geben an, die Kanadier hätten Janowski »umgedreht« und ihn mitsamt seiner Funkausrüstung benutzt, um Fehlinformationen nach Berlin zu senden.

Auf dem Rückmarsch versenkten beide Kommandanten Schiffe: Schäfer in *U183* erwischte den britischen Frachter *Empire Dabchink* mit 6089 BRT aus dem Konvoi ONS 146; Wissmann erwischte mit *U518* den allein fahrenden Tanker *Caddo* mit 10 172 BRT und nahm den Kapitän und den Obersteuermann gefangen. Schäfer in *U183* wurde genau wie Rasch in *U106* vorübergehend verlegt, um bei der Abwehr der Konvois für die Invasion Torch mitzuhelfen.

Der Vorstoß von vier Booten in kanadische Gewässer muß folglich als ein Fehlschlag bezeichnet werden. *U106* versenkte als einziges Boot ein Schiff innerhalb des St.-Lorenz-Golfs, und dieses Schiff, die *Waterton,* hatte lediglich 2140 BRT. Zwei Boote, *U43* und *U183* versenkten jeweils ein Schiff außerhalb des Golfes. Abgesehen von der Landung des Abwehragenten versenkte Wissmann in *U518* vier Schiffe mit 29 748 Tonnen und beschädigte zwei Tanker – alle außerhalb des Golfes.

Noch ehe Dönitz von der schlechten Ausbeute der September-Boote hörte, befahl er drei neuen IXC-Booten, die im Oktober ausliefen *(U520, U521, U522),* im St.-Lorenz-Golf zu patrouillieren. Wie berichtet, wurden alle drei Boote auf ihrem Weg nach Kanada in Geleitzugschlachten im Nordatlantik hineingezogen, kein einziges erreichte Kanada, und *U520* wurde versenkt. Später wurden wegen der Vereisung, der Schließung des St.-Lorenz-Stroms für die Hochseeschiffahrt und des Beginns eines weiteren bitterkalten Winters Vorstöße von U-Booten in diesen Raum undurchführbar.

Sieben U-Boote liefen im September in den Raum um Trinidad aus: vier vom Typ VII und drei vom Typ IX. Diese vier VII-Boote sollten im Jahr 1942 als letzte Boote dieses Typs reine Torpedofahrten in amerikanische Gewässer unternehmen.

U203 unter Rolf Mützelburg, der das Eichenlaub zu seinem Ritterkreuz trug, lief als erstes VII-Boot aus. Nach der Durchquerung des Golfs von Biskaya wies ihn das Hauptquartier in Kernével an, einige Geleitzüge zu jagen, aber wegen des schlechten Wetters führten die Jagden zu nichts. Nach der Entlassung fuhr Mützelburg weiter zu seinem Treffen mit Ebe Schnoors Tanker *U460.*

Am 11. September, 14 Tage nach dem Auslaufen aus Frankreich, drehte Mützelburg bei und lud die Mannschaft zum Baden ein. Bei einem Kopfsprung über Bord rutschte er aus, schlug mit dem Kopf gegen einen Satteltank und verletzte sich schwer. Der Erste Wachoffizier des Bootes, Hans Seidel, 24 Jahre alt, übernahm vorübergehend das Kommando über das Boot und entschied, mit Höchstgeschwindigkeit Schnoors Tanker *U460* anzusteuern, der einen Arzt an Bord hatte. Doch Mützelburg starb wenige Stunden später. Dönitz befahl Seidel in *U203,* nach Frankreich zurückzukehren. Als das Boot nach diesem tragischen Unfall am 18. September wieder in Lorient einlief, verließ Seidel es, um ein neues Boot vom Typ VII in Deutschland unter seinem Kommando in Dienst zu stellen. Sein Vorgänger als Erster Wachoffizier, Hermann Kottmann, der nach Deutschland gereist war, um ein neues Boot zu befehligen, wurde nun zurückgerufen und übernahm *U203* als Kommandant.

Die drei anderen VII-Boote folgten *U203* innerhalb von einer Woche. Im Golf von Biskaya wurde *U202* von einem Flugzeug des Coastal Command bombardiert. Obwohl zwei Torpedos beschädigt wurden, setzte das Boot seine Feindfahrt fort. Am 17. September tankten alle drei Boote mitten im Atlantik an Schnoors *U460* nach.

Diese drei Boote patrouillierten östlich und südöstlich von Trinidad. Der erfahrene Johannes Liebe in *U332* versenkte als erster ein Schiff: den britischen Frachter *Registan* mit 6008 BRT. Am selben Tag, dem 29. September, schoß Günther Poser, 26 Jahre alt, der neue Kommandant von *U202,* auf einen großen Tanker, verfehlte ihn aber. Er wurde seinerseits von einem Flugzeug auf ASW-Patrouille bombardiert. Die Druckwellen der Wasserbomben schalteten einen Preßluftkompressor aus, wodurch die Tauchfähigkeit von *U202* eingeschränkt wurde. Poser mußte sich deshalb weit östlich von Trinidad halten. Am 1. Oktober versenkten Günther Rosenberg, 25 Jahre alt, der neue Kommandant von *U201,* und Poser in *U202* zwei kleine Frachter, die in einer Formation fuhren: die amerikanische *Alcoa Transport* mit 2084 BRT und die holländische *Achilles* mit 1815 BRT. Bei dem Versuch, ein zweites Mal anzugreifen, wurde Rosenberg schwer mit Wasserbomben belegt und vertrieben. Am 7. und 8. Oktober operierten Rosenberg und Poser immer noch gemeinsam und versenkten mit je zwei Treffern das amerikanische Liberty-Schiff *John Carter Rose* mit 7191 BRT. Am nächsten Tag verfehlte Rosenberg den großen holländischen Frachter *Flensburg* mit 6421 BRT, versenkte ihn dann aber nach einer wilden Jagd mit Torpedo und Deckkanone. Mit der Meldung eines doppelten Fehlschusses auf einen einsamen Frachter setzte Poser Kernével in Kenntnis, daß er alle Torpedos verschossen habe und den Rückmarsch antrete. Rosenberg folgte etwa einen Tag später.

Nun blieb nur noch ein Boot in amerikanischen Gewässern: Liebes *U332.* Ein Flugzeug auf ASW-Patouille demolierte sein Angriffssehrohr, aber Liebe griff weiter an und versenkte am 19. Oktober einen zweiten Frachter, die britische *Rothley* mit 4996 BRT. Nachdem ihm ein zweites Nachtanken auf der Heimfahrt zugesichert worden war, blieb Liebe bis zum 1. November in Gewässern vor Trinidad, versenkte aber keine Schiffe mehr. Die Ausbeute aller drei VII-Boote bei diesem Vorstoß in Gewässer vor Trinidad: sechs Schiffe mit 28475 BRT.

Liebe überquerte den Atlantik in den Raum vor Freetown, wo er an dem U-Tanker *U462* nachtankte, der die U-Boote im Südatlantik versorgte. Wegen der Verlegung von U-Booten im Zuge der Invasion Torch im November und wegen seines großen Vorrats an Treibstoff und Torpedos wurde Liebes Feindfahrt um einen vollen Monat verlängert – eine schwere Belastung für die Crew.

Mitte bis Ende September liefen drei kampferprobte IX-Boote von Frankreich in Gebiete um Trinidad aus. Unterwegs versenkte Hans-Ludwig Witt in *U129,* der auf seiner vorigen Feindfahrt nach Amerika elf Schiffe versenkt hatte, den norwegischen Frachter *Trafalgar* mit 5542 BRT.

Ritterkreuzträger Georg Lassen in *U160* traf als erster im Operationsgebiet ein und spürte prompt den von Trinidad durch die Tobago-Passage auslaufenden Geleitzug TRIN 19 auf. Nach dem Absetzen einer Kurzmeldung, die von dem ebenfalls eintreffenden Günther Müller-Stöckheim in *U67* gehört wurde, legte sich Lassen getaucht auf die Lauer und griff an. Er konnte lediglich einen britischen Frachter mit 730 BRT versenken und einen amerikanischen Frachter mit 6197 BRT beschädigen, bevor die Geleitfahrzeuge ihn mit dem Sonar aufgespürt hatten und ihn in dem seichten Gewässer mit Wasserbomben belegten. Müller-Stöckheim traf zu spät ein, um ihm zu Hilfe zu kommen.

Alle drei Boote vom Typ IX patrouillierten Ende Oktober im Atlantik östlich und südöstlich von Trinidad. Witt in *U129* versenkte zwei amerikanische Frachter mit 12371 BRT. Müller-Stöckheim in *U67* traf das norwegische Schiff *Primero* mit 4414 BRT mit zwei Torpedos. Da er sah, daß es nicht sank, tauchte er und näherte sich seinem Opfer in Sehrohrtiefe, um es näher in Augenschein zu nehmen. Gerade als sich das U-Boot zum Auftauchen bereitmachte, um mit dem Deckgeschütz anzugreifen, drehte die *Primero* auf den Kurs von *U67* und fuhr krachend in den Kommandoturm, wobei beide Sehrohre beschädigt wurden. Müller-Stöckheim tauchte vollends auf und versenkte die *Primero* mit zwei weiteren Torpedos. Dann lief er ab, um den Schaden zu reparieren und die beiden an Deck verstauten Torpedos nach unten zu bringen. Bei dieser Operation kam ein Besatzungsmitglied ums Leben, weil der überhöhte Luftdruck in einem Deckbehälter die Klappe gegen seine Brust schmetterte.

Witt in *U129* und Lassen in *U160* liefen in die Karibik ein, Witt durch die Mona-Passage, Lassen durch die Tobago-Passage. In der Absicht, die Ölraffinerien und Tanklager auf Aruba und Curaçao zu beschießen, wollte Witt weit nach Westen kreuzen, doch dieser Plan wurde verworfen, als Lassen in *U160* einen westwärts fahrenden Geleitzug meldete: TAG 18 unterwegs von Trinidad über Aruba nach Guantánamo Bay.

Lassen schätzte, daß der Konvoi aus rund 20 Frachtern und Tankern bestand. Am 3. November griff er routiniert und mit kühlem Kopf an. Er meldete die Versenkung von fünf Schiffen mit 31500 BRT; vier mit 25855 BRT wurden bestätigt. Witt in *U129* eilte heran und griff den

Konvoi am 5. November an. Er meinte, er habe innerhalb von zehn Minuten fünf Schiffe (drei Tanker und zwei Frachter) mit 31 000 BRT versenkt, aber nur zwei Tanker mit 14 622 BRT wurden bestätigt. Dönitz erkannte die überhöhten Meldungen an und verlieh Witt das Ritterkreuz.[1]

Lassen lief mit *U160* wieder in den Atlantik östlich von Trinidad und operierte in den folgenden Tagen immer wieder zusammen mit Müller-Stöckheim in *U67.* Lassen versenkte noch drei Frachter mit 18 280 BRT. Damit erhöhte sich seine bestätigte Beute auf beeindruckende acht Schiffe mit 44 865 Tonnen. Müller-Stöckheim versenkte drei Schiffe mit 15 770 BRT und beschädigte zwei weitere mit 11 718 BRT. Mit diesen Erfolgen erhöhte sich Müller-Stöckheims bestätigte Versenkungsziffer bei dieser Feindfahrt auf vier Fahrzeuge mit 20 500 BRT, was zusammen mit den vorigen Meldungen und überhöhten Meldungen für die Verleihung des Ritterkreuzes ausreichte.[2]

Sechs der sieben im Oktober auslaufenden Boote erreichten amerikanische Gewässer. Vier IX-Boote patrouillierten im Raum um Trinidad. Zwei IX-Boote machten sich nach Brasilien auf. *U511* wurde aber zurückgerufen und dem Angriff auf die Torch-Verbände zugeteilt; *U174* setzte seine Fahrt wie geplant fort. Ein einziges VII-Boot, *U608,* wurde angewiesen, in den Zufahrten zum Hafen von New York ein Minenfeld zu legen.

Als erstes IX-Boot lief *U505* vom Typ IXC nach Trinidad aus, unter dem Befehl des jungen, neuen Kommandanten Peter Zschech, der auf dem berühmten Boot *U124* Erster Wachoffizier gewesen war. Der am 1. Oktober 1918 geborene Zschech war erst 23 Jahre alt, als er am 15. September das Kommando über *U505* übernahm, und feierte drei Tage vor dem Ausmarsch seinen 24. Geburtstag. Am 7. November versenkte er 110 Kilometer östlich von Trinidad einen britischen Frachter mit 7173 BRT. Diese Versenkung lockte massive Luftsicherung an die Stelle. Dennoch griff Zschech am 9. November noch einen Frachter an. Er schoß vier Torpedos, aber alle gingen fehl.

Während *U505* am Nachmittag des 10. November an der Oberfläche kreuzte, flog ein zweimotoriges Flugzeug aus der Sonne heran und griff an, ehe das Boot tauchen konnte. Das Flugzeug warf auf geringe Tiefe eingestellte Wasserbomben, die das Boot übel zurichteten, das Tiefenruder außer Gefecht setzten und zwei Deutsche schwer verwundeten, den Zweiten Wachoffizier und ein Besatzungsmitglied. Hans Joachim

---

[1] Zum Zeitpunkt der Verleihung betrug seine bestätigte Versenkungsziffer 16 Schiffe mit 74 184 Tonnen.

[2] Zum Zeitpunkt der Verleihung betrug seine bestätigte Versenkungsziffer 13 Schiffe mit 71 704 Tonnen, und dazu kamen Treffer an fünf Schiffen mit rund 30 000 Tonnen.

Decker, ebenfalls ein Besatzungsmitglied, schreibt:

> *Es sah aus, als wäre eine Planierraupe über das Deck gefahren – verbogene Stahlträger, verbeulte Metallplatten, gebrochene und verbogene Rohre. Teile des Oberdecks waren verschwunden. Die 37-mm-Flak war über Bord gegangen. Und am Heck des Bootes lief ein immer breiter werdender Strom einer dicken, schwarzen Substanz aus. Die Bomben hatten unsere vier Treibstofftanks geknackt. Das gab eine hübsche Spur... Unten entdeckten wir, daß das hintere Schott zum Maschinenraum verzogen war; das Wasser war aus den Kühlleitungen mit Frischwasser ausgetreten, die von einer riesigen Beule über dem Backborddiesel eingedrückt worden waren.*

Kein anderes U-Boot habe jemals so schwere Schäden überstanden, schreibt Decker. Mit einem Dieselmotor lief *U505* ostwärts, um weiteren auf Trinidad stationierten Flugzeugen auszuweichen. Die Crew arbeitete fieberhaft daran, die schlimmsten Schäden zu reparieren, um das Boot wieder tauchfähig zu machen. 13 lange Tage später, am 22. November, traf *U505* auf den U-Tanker *U462*. Zschech ließ den verwundeten Zweiten Wachoffizier in der Obhut des Arztes auf *U462*, das nach Frankreich heimkehrte. Dann nahm er selbst Treibstoff und ein Metox auf und schlich nach Frankreich zurück, wo er am 12. Dezember eintraf. *U505* wurde in den folgenden sieben Monaten repariert und umgebaut.

Die anderen drei IX-Boote, die im Oktober nach Trinidad ausgelaufen waren, brauchten dringend Erfolgsmeldungen. Auf einer früheren Feindfahrt von 81 Tagen in die Karibik unter Walther Kölle hatte *U154* lediglich einen Trawler mit 65 Tonnen versenkt. Der neue Kommandant, Heinrich Schuch, kam von *U105*, das im Juni im Golf von Biskaya von einer Sunderland des Coastal Command schwer beschädigt worden war. Kurt-Eduard Engelmann in *U163* war bei einer früheren Feindfahrt in die Karibik gezwungen gewesen, die Fahrt abzubrechen, und hatte kein einziges Schiff versenkt. Georg Staats in *U508* hingegen hatte im August nur zwei kubanische Küstenschiffe mit zusammen 2710 BRT versenkt.

Die drei Boote trafen Anfang November im Raum Trinidad ein. Östlich der Inseln über dem Winde versenkte Engelmann in *U163* das erste Schiff, einen britischen Frachter mit 5185 BRT. In der Nähe versenkte am 8. und 9. November Heinrich Schuch in *U154* zwei britische Frachter mit 12 517 BRT.

Zwei Boote schlüpften durch die Mona-Passage in die Karibik: Staats in *U508* und Engelmann in *U163*. Westlich von Trinidad versenkte Staats zwei Frachter mit 12 424 BRT, einen amerikanischen und einen britischen. Am 12. November spürte Engelmann einen Geleitzug Trinidad–Aruba–Guantánamo Bay auf, TAG 20, und griff an. Er meldete die Versenkung eines Frachters mit 5000 BRT und eines Flottenzerstörers sowie die Torpedierung eines Frachters mit 6000 BRT; in Wahrheit beschädigte er aber nur ein Geleitfahrzeug schwer. Es handelte sich um das große Kanonenboot *Erie* der US Navy (98,4 Meter, 2000 Tonnen), den Prototyp der Coast Guard Cutter aus der Treasury-Klasse. Mit vier 6-Zoll-Kanonen war die *Erie* furchterregend bestückt. Die ausgebrochenen Brände auf dem Schiff erfaßten das Munitionsdepot, sieben Menschen kamen ums Leben und elf wurden verletzt. Die Besatzung war gezwungen, das Schiff aufzugeben. Mehrere Tage später gingen Spezialisten der Feuerwehr an Bord der *Erie,* ein Schlepper schleppte sie in den Hafen von Curaçao, wo sie kenterte und am 5. Dezember sank.

Nach diesen Angriffen kam der Schiffsverkehr in der Karibik vorübergehend zum Erliegen, doch nun wurden die Luftpatrouillen verstärkt. Folglich zogen sich Engelmann, dessen Metox ausgefallen war, und Staats wieder in die ergiebigen Jagdgebiete im Atlantik östlich und südöstlich von Trinidad zurück. Dort versenkte Engelmann zwei Frachter mit 9826 BRT, womit sich seine bestätigte Beute bei dieser Feindfahrt auf vier Schiffe mit 17011 BRT erhöhte, und er erzielte einen Treffer an einem amerikanischen Tanker mit 7100 BRT. Schuch blieb in dem Raum östlich der Inseln über dem Winde und versenkte noch einen britischen Frachter mit 5226 BRT; damit erhöhte sich seine bestätigte Ausbeute auf drei Schiffe mit 17936 BRT. Mit einem beeindruckenden seemännischen und soldatischen Geschick versenkte Staats vom 17. November bis zum 8. Dezember allein mit Torpedos sieben weitere Frachter mit 37841 BRT im Atlantik zwischen Trinidad und Britisch Guayana. Mit diesen Erfolgen erhöhte sich Staats' bestätigte Trefferquote bei dieser Feindfahrt auf beeindruckende neun Schiffe mit 50265 BRT, die viertbeste Feindfahrt eines U-Boots in amerikanischen Gewässern.[1]

Ulrich Thilo in *U174,* der zuvor eine glücklose Fahrt in den Nordatlantik gemacht hatte, brachte den U-Boot-Krieg in brasilianische Gewässer. In drei Tagen, vom 31. Oktober bis zum 2. November, versenkte er drei Frachter mit 20336 BRT. Doch es verging ein langer, harter Monat, bis er sein nächstes Schiff versenkte, einen norwegischen Frachter mit 4977 BRT. Nach dem Auftanken an *U461* im Mittelatlantik kehrte Thilo in brasilianische Gewässer zurück und versenkte am 15. Dezember den amerikanischen Frachter *Alcoa Rambler* mit 5500 BRT. Mit diesem Erfolg erhöhte sich seine Versenkungsziffer bei dieser Feindfahrt auf fünf Schiffe mit 30813 BRT.

---

[1] Siehe Tafel 2, S. 92.

TAFEL 2

DIE ERFOLGREICHSTEN U-BOOT-FEINDFAHRTEN IN AMERIKANISCHE GEWÄSSER

(ab einer bestätigten versenkten Tonnage von über 40 000 BRT)*

U-Boot	Typ	Kommandant	Versenkte Schiffe	Tonnen
U158	IXC	Erwin Rostin	13	65 108
U68	IXC	Karl-Friedrich Merten	7	50 898
U159	IXC	Helmut Witte	10	50 354
U508	IXC	Georg Staats	9	50 265
U66	IXC	Friedrich Markworth	9	48 896
U162	IXC	Jürgen Wattenberg	9	47 181
U123	IXB	Reinhard Hardegen	7	46 744
U507	IXC	Harro Schacht	9	44 055
U66	IXC	Richard Zapp	6	43 946
U155	IXC	Adolf-Cornelius Piening	10	43 892
U103	IXB	Werner Winter	9	42 169
U515	IXC	Werner Henke	8	42 114
U124	IXB	Johann Hendrick Mohr	7	42 048
U129	IXC	Hans Ludwig Witt	11	41 571
U172	IXC	Carl Emmermann	10	40 745
Gesamt:			134	699 986

* Quelle: Rohwer, *Axis Submarine Successes of World War Two* (1998), erw. und verb. Neuauflage von: *U-Boot-Erfolge der Achsenmächte* (1968).

Auf die Versenkung der *Alcoa Rambler* folgte ein Gegenangriff der Alliierten. Möglicherweise zwei Catalinas der auf Natal stationierten Squadron VP 83 der US Navy fanden *U174*. Pilot Wall erspähte das U-Boot als erster an der Oberfläche. Er griff mit Wasserbomben an und zwang das Boot zum Alarmtauchen. Nicht weit von dieser Stelle griff eine weitere Catalina der Squadron VP 83, geflogen von Bertram J. Prueher, ein aufgetauchtes U-Boot an, vermutlich *U174*. Prueher meldete »Hinweise auf erhebliche Schäden«, beanspruchte aber keine Versenkung für sich. Thilo in *U174* meldete an das U-Boot-Hauptquartier, daß er nach der Versenkung mit »einer Reihe Wasserbomben« belegt worden sei und daß er sich wegen Treibstoffmangels auf dem Rückmarsch befinde. Ungefähr zwei Wochen nach diesem Vorfall wurde Prueher zum Kommandeur der Squadron VP 83 befördert. Wie noch geschildert werden wird, kam er im selben Jahr bei einem wagemutigen Angriff auf ein U-Boot ums Leben.

Zur Durchführung der immer wieder verschobenen – und gefahrvollen – Aufgabe, den Hafen von New York zu verminen, wählte Dönitz Rolf Struckmeier mit *U608* vom Typ VII aus, der eine vielversprechende erste Feindfahrt in den Nordatlantik gegen den Geleitzug ON 127 absolviert hatte. Struckmeier nahm zehn TMA-Minen[1] an Bord, dazu so viele Torpedos, wie er aufnehmen konnte, und lief am 20. Oktober aus. Er legte am 10. November das Minenfeld in der Nähe des Feuerschiffs *Ambrose* in den Zufahrten von New York, doch es wurde entdeckt und geräumt, ohne daß ein einziges Schiff versenkt wurde. Struckmeier trieb sich noch eine Weile vor New York herum und versenkte einen alleine fahrenden britischen Frachter mit 5600 BRT. Struckmeiers Rückmarsch wurde zu einem Alptraum. Ihm war ein Nachtanken an Ebe Schnoors *U460* zugesagt worden, aber auch er geriet in den heftigen Sturm, der die Nachtankoperationen um sechs Tage verzögerte. Infolgedessen ging Struckmeier am 27. November der Diesel aus, und er trieb hilflos im Atlantik. Klaus Bargsten in *U521* vom Typ IXC reagierte auf seine Hilferufe, fand *U608* und gab ihm genügend Treibstoff, um den Tanker *U460* zu erreichen. Nach dem Auftanken erreichte Struckmeier ohne weitere Zwischenfälle Frankreich.

Im Gegensatz zur Feindfahrt vom VII-Boot *U608,* die wenig einbrachte, waren die Feindfahrten der IX-Boote nach Trinidad und Lateinamerika lohnend. Insgesamt versenkten die fünf IX-Boote, die im Oktober in diesen Raum ausgelaufen waren, 22 Schiffe mit 123 200 Tonnen, ein Durchschnitt von 4,4 Schiffen mit 24 600 Tonnen pro Boot und Feindfahrt.

Die Ergebnisse der 18 Feindfahrten nach Amerika im September und Oktober zusammengenommen (einschließlich der Abbrüche) betrugen 53 versenkte Schiffe mit 302 400 Tonnen. Die 73 Kampfboote (einschließlich Abbrüche), die in diesen beiden Monaten zur Nordatlantikroute ausgelaufen waren, versenkten 57 Schiffe, also nur 4 Schiffe mehr. In Anbetracht der Tatsache, daß keine Seite die Versenkungen nach dem geographischen Raum unterteilte, trugen Versenkungen in der Karibik und im Südwestatlantik – vor allem die im November – dazu bei, daß der falsche Eindruck entstand, die U-Boote würden auf der Nordatlantikroute ein »Massaker« veranstalten.

Nach einer Analyse der Meldungen aus amerikanischen Gewässern, laut der kein einziges U-Boot verlorengegangen war, hatte Dönitz natürlich die Absicht, den Kampf in diesen Gebieten fortzusetzen – allerdings nur mit Booten mit einer großen Reichweite: dem Typ IX und dem Minenleger VIID. Wie noch gezeigt werden wird, fuhren im November trotz Torch elf U-Boote nach Amerika. Drei IX-Boote gingen jedoch verloren, und nur ein Boot machte eine nennenswerte Beute. Ab November 1942 wurde der U-Boot-Krieg in amerikanischen Gewässern dann drastisch reduziert.

---

[1] Die TMA war eine Ankertaumine, die über ein Torpedorohr in Tiefen von bis zu 265 Metern gelegt werden konnte. Wegen des Gewichts und der Größe des Ankers und der Kette hatte sie eine Sprengladung von lediglich 215 Kilogramm.

Die Laconia-Affäre

Aufgrund der sehr guten Rückmeldungen der 21 Boote, die im Frühsommer 1942 in den Südatlantik gelaufen waren, und weil mittlerweile mehr U-Tanker zur Verfügung standen, faßte Dönitz den Beschluß, Feindfahrten in diesen Raum auch im Spätsommer und Herbst fortzusetzen. Die meisten U-Boote, die für südliche Gewässer bestimmt waren, waren auf drei Gruppen aufgeteilt:

- **Iltis.** Diese Gruppe umfaßte *U107* vom Typ IXB und fünf VII-Boote, die zuvor die Gruppe Blücher gebildet hatten. Die Gruppe Iltis sollte nach Süden marschieren und ein Gebiet von den Azoren bis nach Freetown nach den Geleitzügen aus Sierra Leone durchkämmen. Zwei VII-Boote der ehemaligen Gruppe Blücher, *U406* unter Horst Dieterichs und der Minenleger *U214* (Typ VIID) unter Günther Reeder, machten bald kehrt nach Frankreich. Die anderen vier Boote setzten ihre Fahrt nach Freetown fort, stießen aber nicht auf Geleitzüge.
- **Eisbär.** Diese Gruppe aus vier kampferprobten IXC-Booten, die vom U-Tanker *U459* unterstützt wurde, sollte einen Überraschungsangriff gegen Kapstadt in Südafrika führen und, wenn es möglich und ratsam erschien, weiter nach Osten bis in den Indischen Ozean vorstoßen. Auf dem Weg nach Süden schloß sich am 27. August ein Boot der Gruppe Eisbär, Werner Hartensteins *U156,* dem Angriff der Gruppe Blücher auf den Geleitzug SL 119 an und versenkte den britischen Frachter *Clan Macwirter* mit 5941 BRT, einen Nachzügler. Südlich des Äquators torpedierte Karl-Friedrich Merten in *U68* den britischen Dampfer *Trevilley* mit 5296 BRT, nahm den Kapitän und den Leitenden Ingenieur gefangen und schickte die *Trevilley* mit 100 Schuß seiner Deckkanone auf Grund.
- **Die Fern-U-Boot-Gruppe.** Diese Gruppe bildete keine offizielle Gruppe, da sie ohne eigenen Namen auslief. Sie bestand aus vier großen, neuen U-Booten vom Typ IXD2 unter dem Befehl der beiden alten ehemaligen Flottillenchefs Hans Ibbeken in *U178* und Ernst Sobe in *U179* sowie der beiden jüngeren Ritterkreuzträger Robert Gysae in *U177*[1] und Wolfgang Lüth in *U181.* Die Gruppe sollte mehr oder weniger um dieselbe Zeit das Kap der Guten Hoffnung umrunden und gegen die alliierte Schiffahrt im Indischen Ozean operieren, die noch nicht im Geleitverkehr organisiert war. Auf dem Weg von Deutschland in den Atlantik ging Gysae bei schwerem Seegang ein Mann über Bord. Außerdem wurde *U177* von einem Flugzeug des

[1] Gysae war bei einem Luftangriff der Alliierten auf Bremen verwundet worden und kehrte auf Krücken aus dem Hospital zu *U177* zurück. Folglich wählte die Crew eine Krücke als Emblem auf dem Kommandoturm.

Coastal Command angegriffen, doch dessen Bomben detonierten weit von ihrem Ziel entfernt. Vor dem Eintritt in den Atlantik wurde auch Lüth in *U181* von einem Flugzeug des Coastal Command angegriffen. Es warf eine »nahe« Bombe und rief mehrere Überwasserkriegsschiffe herbei, die in einer zehn Stunden währenden Suche *U181* mit dreißig Wasserbomben belegten.

Zusätzlich zu den genannten Booten befahl Dönitz, daß weitere fünf kampferprobte Boote (vier vom Typ IXC und eines vom Typ VII) auf eigene Faust nach Freetown oder noch weiter nach Süden entlang der afrikanischen Küste bis zum Golf von Guinea patrouillieren sollten. Somit marschierten Ende August und im September 17 Kampfboote nach Freetown oder noch weiter nach Süden.[1] Diese Boote wurden von drei U-Tankern und zwei ehemaligen holländischen U-Booten unterstützt, die zu Torpedoversorgungsbooten umgebaut worden waren. Drei italienische U-Boote, *Barbarigo, Archimede* und *Cappellini,* patrouillierten zu dieser Zeit ebenfalls in Gewässern des Südatlantiks.

Am Morgen des 12. September machte Werner Hartenstein in *U156,* einem Typ IXC aus der Gruppe Eisbär auf dem Weg nach Kapstadt, das zweite Feindschiff auf seiner Fahrt aus. Es handelte sich um den 19695 BRT großen britischen Passagierdampfer der Cunard White Star Reederei *Laconia,* der als Truppentransporter in Dienst gestellt war. Die *Laconia* war von Kapstadt aus nach Norden zu den Britischen Inseln unterwegs und fuhr rund 1600 Kilometer südlich von Freetown allein. An Bord befanden sich rund 2700 Personen, darunter 1800 italienische Kriegsgefangene, 268 britische Militärs, 103 freie Polen, welche die Italiener bewachten, und rund 80 Frauen und Kinder.

Hartenstein blieb verdeckt hinter dem Horizont und verfolgte die *Laconia* bis zum Anbruch der Dunkelheit. Dann lief er bei Vollmond zu einem Überwasserangriff heran. Er schoß zwei Bugtorpedos ab. Einer traf im Bug, der andere mittschiffs. Die *Laconia* stoppte sofort. Die Besatzung ließ Rettungsboote zu Wasser und warf Rettungsflöße über Bord. Der Funker setzte eine U-Boot-Warnung ab (SSS), nannte Namen und Position des Schiffes und fügte hinzu, daß die *Laconia* torpediert worden sei. Kein alliierter Funker nahm diese Warnung oder den Notruf auf, auch eine zweite Funkmeldung, welche die *Laconia* vier Minuten später absetzte, blieb von den Alliierten ungehört. Hartenstein hingegen hörte die Meldung, und sie ließ sein Herz zweifellos höher schlagen. Die

---

[1] Vier vom Typ VII, neun vom Typ IX und vier »Fern-U-Boote« vom Typ IXD2. Fünf der siebzehn Boote wurden von Ritterkreuzträgern befehligt. Neben Gysae und Lüth in den Fern-U-Booten handelte es sich um Karl-Friedrich Merten und Ernst Bauer in den beiden IXC-Booten *U68* bzw. *U126* sowie Peter Cremer in *U333* vom Typ VII.

bestätigten Meldungen aus seinen vorigen beiden Feindfahrten in die Karibik, die versenkte *Clan Macwirter* aus SL 119 und die 20 000 Tonnen der *Laconia* zusammengerechnet, kam er mit seinen Versenkungen auf 100 000 Tonnen und qualifizierte sich damit für das Ritterkreuz.

Die *Laconia* hatte genügend Rettungsboote und -flöße an Bord, um alle 2700 Personen an Bord aufzunehmen, auch die Kriegsgefangenen. Wegen der starken Schlagseite des Schiffes konnten viele Boote und Flöße aber nicht zu Wasser gelassen werden. Andere wurden schlecht abgesetzt und kenterten oder liefen voll. Auf den Bootdecks herrschte ein völliges Chaos. Viele Rettungsboote wurden halbvoll oder mit noch weniger Personen zu Wasser gelassen und ruderten sofort weg. Der Kapitän der *Laconia,* Rudolph Sharp, blieb bis zum Ende tapfer und gefaßt. Er beschloß, mit seinem Schiff unterzugehen. Eineinhalb Stunden nach den Torpedotreffern versank die *Laconia* in den Fluten. Der Lärm der explodierenden Kessel lockte unzählige Haie an, und sie richteten ein Gemetzel unter den Überlebenden an, die mit Schwimmwesten ins Meer gesprungen waren.

Hartenstein umkreiste das Schiff im Dunkeln in sicherer Entfernung und beobachtete, wie die Rettungsboote zu Wasser gelassen wurden. Da hörte er Männer auf Italienisch rufen: *»Aiuto! Aiuto!«* (»Hilfe! Hilfe!«) Er fischte einige Italiener aus dem Wasser und erfuhr zu seiner Bestürzung, daß sie Überlebende einer Schiffsladung von Kriegsgefangenen aus Nordafrika waren. Sie sagten Hartenstein, beide Torpedos seien in den Zellen der Kriegsgefangenen im Laderaum des Schiffes eingeschlagen und hätten Hunderte getötet. Die Polen, die mit der Bewachung der Kriegsgefangenen beauftragt waren, hätten sich geweigert, die Türen der Zellen zu öffnen, und folglich seien Hunderte von Italienern, welche die Torpedotreffer überlebt hätten, mit dem Schiff untergegangen. Einige Hundert oder mehr seien aus einer Zelle ausgebrochen und hätten sich bis auf Deck hinaufgekämpft, dort sei ihnen aber mit vorgehaltenem Gewehr und Bajonett der Einstieg in die Rettungsboote verwehrt worden.

Nach dem Kriegsrecht, an das sich die Achsenmächte ebenso hielten wie die Alliierten, hatte Hartenstein keinen Rechtsbruch begangen. Die *Laconia* war bewaffnet (zwei 4,7-Zoll-Schiffsgeschütze, sechs 3-Zoll-Flak und vieles mehr), fuhr einen Zickzackkurs und war verdunkelt, also ein legitimes Angriffsziel für ein U-Boot. In Anbetracht der Tatsache, daß in den Weisungen für den U-Boot-Krieg von der Rettung oder Gefangennahme der Überlebenden von versenkten Schiffen (mit Ausnahme des Kapitäns oder Leitenden Ingenieurs) abgeraten wurde oder sie sogar untersagt waren, stand es Hartenstein frei, seine Fahrt nach Kapstadt fortzusetzen und alle Überlebenden, auch die Italiener, ihrem Schicksal zu überlassen. Das tat er aber nicht. Womöglich war er besorgt, daß die versehentliche Tötung und das Ertrinken so vieler italienischer Soldaten zu ernsten Spannungen zwischen den Achsenmächten führen werde, vielleicht ließ er sich auch von humanitären Gesichtspunkten leiten. Fest steht, daß er eine Rettungsaktion startete. Innerhalb von zwei Stunden fischte er neunzig Italiener aus dem Wasser; viele waren durch Bajonettstiche oder durch Bisse von Haien verwundet worden.

Hunderte von Italienern trieben noch im Wasser; die, die keine Schwimmwesten hatten, klammerten sich an Schiffstrümmer. Hartenstein erkannte rasch, daß er sie nicht alle an Bord nehmen konnte. Ebensowenig konnte er sie einfach zurücklassen. Sie benötigten dringend mehr U-Boote. Deshalb meldete er Dönitz die Lage: Die *Laconia* habe »unglücklicherweise 1500 italienische Kriegsgefangene« an Bord gehabt. Er bat um Instruktionen. Dönitz billigte Hartensteins Rettungsaktion und schickte unverzüglich sieben weitere U-Boote mit hoher Fahrt zur Unglücksstelle: die übrigen vier Boote der Gruppe Eisbär, darunter auch den Tanker *U459,* dazu Erich Würdemanns *U506,* das sich im Golf von Guinea aufhielt, und Harro Schachts *U507* auf dem Rückmarsch von einem Vorstoß nach Brasilien sowie das italienische U-Boot *Cappellini* unter Marco Revedin. Dönitz informierte daraufhin Berlin über die Lage, über die ergriffenen Maßnahmen und einen eilends ausgetüftelten Plan, die Überlebenden im Hafen Bingerville an der zu Vichy-Frankreich gehörenden Elfenbeinküste abzusetzen, rund 1100 Kilometer nordöstlich.

Berlin hatte andere Pläne. Hitler versicherte, sie würden wegen des Verlustes italienischer Kameraden gedemütigt werden, und meinte, Hartenstein hätte die Sache einfach verschweigen, klammheimlich »wegtauchen« und vom Schauplatz verschwinden sollen. Er bestand darauf, daß der Überraschungsangriff auf Kapstadt durch die Gruppe Eisbär auf keinen Fall gefährdet werden dürfe, der den militärischen Nachschub für die Briten in Ägypten und für die Sowjets über den Persischen Golf lahmlegen sollte. Daraufhin befahl Admiral Raeder Dönitz, alle Eisbär-Boote von der Rettungsaktion freizumachen, auch Hartensteins *U156,* und sie gemäß dem ursprünglichen Plan nach Kapstadt zu schicken. Würdemanns Boot *U506,* Schachts *U507* und Revedins *Cappellini* sollten Hartensteins italienische Überlebende an Bord nehmen und weitere Italiener aus dem Wasser fischen, sofern dies möglich war, ohne die Boote zu gefährden. Britische oder andere alliierte Überlebende sollten nicht gerettet werden. Statt die Überlebenden in Bingerville an Land zu setzen, sollte Raeder Vichy-Frankreich darum bitten, von Dakar oder der Elfenbeinküste aus Kriegsschiffe auszuschicken, welche die U-Boote auf See treffen und die Überlebenden übernehmen sollten.

In der Zwischenzeit fischte Hartenstein rund vierhundert Überlebende aus dem Wasser. Er nahm 193, darunter 172 Italiener und 21 britische Männer und Frauen, an Bord von *U156* und verteilte die übrigen auf die Rettungsboote. Auf Nachfragen von Dönitz schilderte er die Versenkung und die Lage ausführlich und schlug »eine diplomatische

Neutralisierung« (also einen befristeten Waffenstillstand) in dem Raum vor, damit eine sichere Rettung sowohl der Überlebenden der Achse wie der Alliierten möglich werde. Dönitz leitete diesen ungewöhnlichen Vorschlag nach Berlin weiter, aber Admiral Raeder und das OKM lehnten ihn ab, teils weil Hitler in seinem Zorn befohlen hatte, daß kein Wort von der Versenkung der *Laconia* und der vorgeschlagenen Rettung durch die Achse an die Alliierten verlauten dürfe, teils auch weil es Raeder selbst für unklug hielt, sich auf einen »Handel« mit den nicht vertrauenswürdigen Alliierten einzulassen.

Niemand setzte Hartenstein davon in Kenntnis, daß die von ihm vorgeschlagene »Neutralisierung« abgelehnt worden war. Jedenfalls wartete er keine ausdrückliche Bestätigung ab. Auf eigene Verantwortung setzte er am Morgen des 13. September dreimal folgende Nachricht unverschlüsselt auf Englisch ab:

> *If any ship will assist the shipwrecked* Laconia *crew I will not attack her, providing I am not being attacked by ship or air force. I picked up 193 men. 4° 52' south. 11° 26' west. German Submarine.*

Die Briten in Freetown empfingen diese Nachricht, doch sie meinten, es handle sich um eine Kriegslist, schenkten ihr keinen Glauben und weigerten sich, in Aktion zu treten. Unterdessen wartete Hartenstein auf Antwort und kreuzte an der Unglücksstelle hin und her, rettete weitere Überlebende und teilte sie neu auf. Um das Gedränge auf *U156* etwas zu verringern, verlegte er 31 Engländer und Italiener auf Rettungsboote, behielt aber vier britische Frauen an Bord. Damit kein Rettungsboot voll Wasser lief, verteilte er etwa 100 Überlebende aus überladenen Rettungsbooten auf weniger dicht bepackte. Später am selben Tag widerrief Dönitz seinen Befehl an die vier eintreffenden U-Boote der Gruppe Eisbär, bei der Rettung zu helfen, und wies Hartenstein ausdrücklich an, alle Überlebenden an das erste U-Boot zu übergeben, das am Schauplatz eintraf – voraussichtlich Würdemanns *U506*. Dann sollte er nach Süden fahren, um sich wieder der Gruppe Eisbär für den Angriff auf Kapstadt anzuschließen. Auf Berlins Bitte hin lief der Kreuzer *Gloire* des Vichy-Regimes mit 7600 Tonnen aus Dakar aus, und zwei Sloops, die schnelle *Annamite* mit 650 Tonnen und die langsamere *Dumont d'Urville* mit 1969 Tonnen, liefen von Conakry, Französisch-Guinea, und Cotonou, Dahomey, aus.

Im Laufe des 14. September spielte Hartenstein weiter die Rolle des Hirten. Er trug in sein Logbuch ein, daß zusätzlich zu den 162 Überlebenden an Bord von *U156* das Boot von »grob geschätzt 22 großen, vollgefüllten Rettungsbooten und einer großen Anzahl kleiner Flöße« umgeben sei. Er ließ vollgeschlagene Boote auspumpen, verteilte

Wasser und Lebensmittel an Briten und Italiener gleichermaßen und verlegte die Überlebenden in andere Boote, um die Beladung gleichmäßig zu verteilen. Er fing Befehle von Dönitz an die vier Boote der Gruppe Eisbär ab, in denen ihnen befohlen wurde, die Rettungsoperationen abzusagen, kehrtzumachen und wieder nach Kapstadt zu fahren. Ferner eine Botschaft an Witte in *U159,* in der er vorgewarnt wurde, daß er sich darauf einstellen solle, Hartenstein für die Operationen mit der Gruppe Eisbär zu entlasten, und schließlich detaillierte Anweisungen an Hartenstein und an Würdemann in *U506* und Schacht in *U507,* wie die Rettung fortzusetzen und das Treffen mit den Schiffen des Vichy-Regimes vonstatten gehen solle. Dönitz ermahnte alle drei deutschen Rettungs-U-Boote: »Alle Boote, auch Hartenstein, nur so viele Leute ins Boot hineinnehmen, daß Boot getaucht voll verwendungsbereit.«

Am folgenden Tag, dem 15. September, trafen Würdemann und Schacht an der Unglücksstelle ein. In der Zwischenzeit hatte Dönitz an Stelle von Hartenstein Witte mit *U159* in die Gruppe Eisbär aufgenommen und Hartenstein befohlen, die Rettungsoperation fortzusetzen, bis die Schiffe des Vichy-Regimes eingetroffen seien. Gemäß Dönitz' Befehl, die U-Boote nicht zu überfüllen, übergab Hartenstein 132 Italiener an Würdemanns *U506* und behielt 131 Personen an Bord, darunter fünf Frauen. Außerdem nahm Würdemann vier Rettungsboote in Schlepptau. Er notierte: »Rund 250 Personen.« Schacht nahm 149 Italiener, zwei englische Offiziere und zwei Frauen an Bord. Außerdem nahm er ebenfalls vier Rettungsboote in Schlepptau, in denen »sechsundachtzig Engländer und neun Polen« saßen.

Nach diesen Rettungsmaßnahmen gaben Würdemann und Schacht Dönitz einen kurzen Lagebericht. Bei der Meldung, daß er vier Rettungsboote mit 250 Leuten im Schlepptau habe, verschwieg Würdemann, daß in den Booten Briten und Polen saßen. Dönitz nahm an, daß es sich hier um einen Teil der italienischen Überlebenden handelte. Schacht hingegen sagte in seiner Meldung ausdrücklich, daß in den 4 Booten, die er in Schlepp genommen habe, 95 Briten und Polen saßen. Als Dönitz diese Nachricht erhielt, befahl er Schacht, die Taue zu kappen. Würdemann bekam diesen Befehl nicht.

Die Amerikaner hatten erst vor kurzem auf der britischen Insel Ascension, 400 Kilometer südwestlich von der Versenkungsstelle der *Laconia,* einen Luftstützpunkt eingerichtet, von dem Berlin und bis auf wenige Stabsmitglieder auch alle Alliierten jedoch nichts wußten. In erster Linie sollte er als Zwischenstopp zum Nachtanken für Kampf- und Transportflugzeuge dienen, die über die Brasilien-Südatlantik-Route nach Afrika flogen. Der untergeordnete Zweck war eine begrenzte Luftsicherung und Schutz für die alliierte Schiffahrt in diesem abgelegenen

Gebiet des Südatlantiks. Für diese Aufgabe – und zur Selbstverteidigung gegen Angriffe der Achse aus der Luft oder vom Meer aus – war vor kurzem eine Squadron aus 23 Flugzeugen der Air Force (18 Jagdflugzeuge vom Typ P-39 und 5 mittelschwere B-25-Bomber) zum ständigen Dienst hier eingetroffen. Die Squadron hatte zwar die neuesten Wasser- und Fliegerbomben zur U-Boot-Abwehr erhalten, aber kein einziger Pilot war in der Bekämpfung von U-Booten ausgebildet worden.

Am Morgen des 15. September erspähten fünf Flugzeuge auf dem Weg von Ascension nach Accra in Britisch Ghana zwei U-Boote an der Oberfläche. Als eins der beiden Flugzeuge tiefer ging, um sich die Boote genauer anzusehen, schoß ein Boot mit der Flak auf das Flugzeug, oder zumindest behaupteten das die Amerikaner später. Das Flugzeug wich aus und flog weiter nach Accra. Ein anderes Flugzeug in größerer Höhe meldete per Funk Ascension die Sichtung der U-Boote und das kurze Aufeinandertreffen. Schon zehn Minuten nach dieser Meldung hatte Ascension zwei B-25 mit dem Befehl losgeschickt, die U-Boote zu suchen und zu vernichten, aber sie konnten die U-Boote nicht finden. Aus den Unterlagen geht nicht hervor, um welche U-Boote es sich handelte.

Noch am selben Tag, dem 15. September, informierten britische Führungsstellen in Freetown erstmals Ascension von der Versenkung der *Laconia* und über einen Plan, das britische Handelsschiff *Empire Haven* an den Ort umzuleiten, um die Überlebenden zu retten. Die lückenhafte oder schlecht verfaßte Nachricht vermittelte den Eindruck, die *Laconia* sei erst am selben Tag versenkt worden. Sie erwähnte weder die fortlaufenden Rettungsoperationen von Hartenstein noch seinen Vorschlag einer diplomatischen »Neutralisierung« im Rettungsgebiet noch die Tatsache, daß Schiffe des Vichy-Regimes bereits unterwegs zu der Unglücksstelle waren. Kernpunkt der Nachricht war eine Bitte an Ascension, die Rettungsbemühungen der *Empire Haven* aus der Luft zu sichern. Ascension entgegnete, die Versenkungsstelle (wie in der Meldung angegeben) sei so weit entfernt, daß die B-25-Mittelstreckenbomber keine wirkliche Hilfe bieten konnten, aber ein durchfliegender B-24-Liberator-Bomber werde am nächsten Tag mit der Aufgabe betraut werden.

Am nächsten Morgen, dem 16. September, meldete Hartenstein an Dönitz, er habe 132 Überlebende an Würdemann übergeben und versuche, die Rettungsboote zusammenzuhalten, die über ein weites Gebiet verstreut umhertrieben. Auf Befehl von Dönitz sollte er bis zum Eintreffen der französischen Schiffe an Ort und Stelle bleiben. Ohne Hartensteins Wissen hatte Würdemann weitere zwölf italienische Überlebende aus dem Wasser gefischt, insgesamt hatte er jetzt 142 an Bord. Er hatte auch neun Frauen und Kinder an Bord und behielt die vier Rettungsboote im Schlepptau. Schacht hatte 23 Italiener und einen britischen Offizier von

U507 auf die Rettungsboote verlegt, um an Bord Platz zu schaffen für 13 Frauen und 16 Kinder. Damit erhöhte sich die Zahl der Überlebenden auf *U507* auf immerhin 161 Personen (129 Italiener, 16 Kinder, 15 Frauen, ein britischer Offizier). Um *U507* schwammen sieben Rettungsboote mit rund 330 Menschen, darunter etwa 35 Italiener.

Am selben Morgen – dem 16. September – hob die B-24 Liberator auf der Durchreise von Ascension ab, vollgeladen mit Wasserbomben und Bomben. Sie wurde von James B. Harden geflogen. Zweieinhalb Stunden später, um 9.30 Uhr, sichtete Harden *U156*. Zu diesem Zeitpunkt hatte Hartenstein 115 Überlebende an Bord (55 Italiener, 55 Briten und 5 Britinnen), schleppte vier vollbesetzte Rettungsboote und war gerade dabei, noch eins in Schlepp zu nehmen. Als Hartenstein das Flugzeug erblickte, zeigte er eine selbstgemachte zwei mal zwei Meter große Flagge mit einem Roten Kreuz auf der Brücke und versuchte vergeblich, mit Harden über Leuchtzeichen Kontakt aufzunehmen. Harden ging auf sichere Distanz, schilderte Ascension die Lage und bat um Instruktionen. Der Kommandeur der Squadron, Robert C. Richardson III.[1], der weder von Hartensteins Vorschlag, einen befristeten Waffenstillstand während der Rettung einzuhalten, noch von der ganzen Rettungsaktion durch *U506, U507* und die *Cappellini* wußte, entgegnete: *»Sink sub.«* (»U-Boot versenken.«)

Harden kehrte zu *U156* zurück und griff nach einem bogenförmigen Anflug an. Später berichtete er offiziell, die »Rettungsboote hätten sich von dem U-Boot entfernt«, und er habe beim ersten Anflug drei Wasserbomben geworfen. Zwei seien weit entfernt niedergegangen, aber eine sei »drei Meter vom Heck« eingeschlagen. Hartenstein hingegen erklärte in seinem offiziellen Bericht, zu der Zeit, als die B-24 zurückgekehrt sei, seien die vier Rettungsboote noch im Schlepptau gewesen. Als er gesehen habe, daß der Bombenschacht geöffnet war, habe er befohlen, die Schleppleine zu kappen, damit er rasch tauchen könne. Eine der drei Bomben sei mitten zwischen die Rettungsboote gefallen, schreibt Hartenstein, ein Boot sei gekentert und die Überlebenden ins Wasser gefallen. Harden meldete, er habe *U156* noch viermal angeflogen. Bei den ersten drei Anflügen hätten die Wasser- oder Fliegerbomben nicht gezündet. Beim vierten und letzten Anflug warf Harden zwei Bomben, die sehr eng fielen. »Das U-Boot rollte zur Seite und wurde zuletzt mit dem Bauch nach oben gesehen«, sagte Harden und beanspruchte eine Versenkung für sich. »Crew hat U-Boot aufgegeben und sich in die umliegenden Rettungsboote begeben.«

---

[1] Der in West Point ausgebildete Sohn des Generals, der sämtliche Kräfte der Army im zentralen Pazifik unter Admiral Nimitz leitete.

Während Hardens drei vergeblichen Anflügen war Hartenstein zu der Überzeugung gelangt, daß der Bombenschacht des Flugzeugs »leer« sei. Deshalb blieb er an der Oberfläche. Beim letzten Anflug, berichtet Hartenstein, sei eine der beiden Bomben »direkt unter der Zentrale« detoniert. Als die Deutschen unter Deck schwere Wassereinbrüche und Chlorgas meldeten, befahl Hartenstein allen Überlebenden (Briten wie Italienern), von Bord zu gehen, und wies seine Besatzung an, Schwimmwesten anzulegen und sich auf die Aufgabe des U-Bootes vorzubereiten. Er setzte dreimal auf vier verschiedenen Frequenzen ein U-Boot-Notsignal ab.

Zum Glück für die Deutschen waren die ersten Schadensmeldungen übertrieben. Der Wassereinbruch wurde schnell gestoppt; kein gefährliches Chlorgas entwickelte sich. Beide Sehrohre waren beschädigt, aber nicht schwer; sieben Batteriezellen waren ausgelaufen. Hartenstein lief ab und tauchte. Er war wütend über die amerikanischen Flieger, weil sie die Rot-Kreuz-Flagge nicht beachtet und die Rettungsboote bombardiert hatten. Später meldete er den Angriff Dönitz und schloß: »Breche Hilfe ab, alle [Überlebende] von Bord, absetze nach Westen. Repariere.«[1]

Als Dönitz von dem Angriff auf *U156* erfuhr, kochte er ebenfalls vor Wut. Einige seiner ebenso erbosten Stabsmitarbeiter drängten ihn, die Rettungsaktion abzubrechen. In seinen Memoiren schreibt Dönitz, da er die Sache nun einmal in die Hand genommen habe, könne er sie nicht einfach abbrechen. Er habe alle Diskussionen mit den Worten beendet: »Ich kann die Leute jetzt nicht ins Wasser setzen, ich mache weiter.« Er befahl Hartenstein, »an der Bergungstätigkeit nicht länger teilzunehmen«. Er wies Würdemann und Schacht an, sich nicht auf eine Rot-Kreuz-Flagge zu verlassen und alle Überlebenden mit Ausnahme der Italiener in die Rettungsboote zu verlegen, damit die U-Boote »jederzeit alarmtauchklar« und unter Wasser voll einsatzfähig seien.

Revedin auf der *Cappellini* traf noch am selben Tag am Schauplatz ein, war aber unzulänglich darüber informiert, was sich inzwischen ereignet hatte. Er erblickte Hunderte von »Punkten« im Wasser, die sich als von Haien angefressene Leichname entpuppten. Später entdeckte er zwei Rettungsboote unter Segel. Das eine enthielt 50 britische Männer, das andere 41 britische Männer und 43 britische Frauen und Kinder. Revedin bot an, alle Überlebenden in beiden Booten an Bord zu nehmen,

[1] Diese und andere Einzelheiten über den Vorfall, die damals von Hartenstein aufgezeichnet worden waren, sind einer englischen Übersetzung des Kriegstagebuchs von *U156* entnommen, die bei dem Prozeß gegen Dönitz in Nürnberg vorlag und als Anhang den veröffentlichten Prozeßakten des Kriegsverbrechertribunals von Heinz Eck et al. beigefügt ist. (Siehe Maurer Maurer und Lawrence J. Paszek, »Die U.S. Army Air Force und der ›Laconia‹-Fall«, in: Marine-Rundschau 61 (1964) S. 185–200 sowie Bibliographie unter Stichwort Cameron.)

aber sie lehnten alle ab. Revedin verteilte Lebensmittel, Wasser und Zigaretten an die Schiffbrüchigen und nannte ihnen den Kurs zur afrikanischen Küste in 1100 Kilometern Entfernung.

Am späten Nachmittag entdeckte Revedin weitere halb gesunkene Rettungsboote. Sie waren besetzt mit Italienern, Briten und Menschen anderer Nationalitäten. Er nahm 49 entkräftete Italiener auf und brachte sie unter Deck. Dann brachte er »eine Menge« Briten und Polen an Bord, die auf Deck blieben, während Revedin versuchte, die Rettungsschiffe des Vichy-Regimes zu finden. Die italienischen Kriegsgefangenen sagten Revedin, sie seien von den Briten barbarisch behandelt worden, und schätzungsweise 1400 von ihnen seien mit dem Schiff untergegangen, weil die Türen der Zellen nicht geöffnet worden waren.[1]

Am nächsten Tag, dem 17. September, meldete sich Ascension erneut in kriegerischer Absicht. Die fünf B-25 der dort stationierten Squadron und Hardens B-24 Liberator auf der Durchreise flogen vom Morgen bis Abend ASW-Patrouillen. Der Kommandeur Richardson in einer B-25 entdeckte eine Gruppe von Rettungsbooten der *Laconia* und gab dem britischen Rettungsschiff *Empire Haven* deren Position durch. Harden in der B-24 sichtete Würdemann in *U506,* der immer noch 142 Italiener und neun Frauen und Kinder an Bord hatte, und griff an. Würdemann tauchte ein wenig verspätet, sein Kommandoturm ragte noch aus dem Wasser, als Harden über ihn hinwegflog. Zum Glück für die Deutschen (und die 151 Überlebenden der *Laconia*) versagten Hardens Wasserbomben abermals oder lösten sich nicht. Bei einem zweiten Anflug warf Harden zwei 230-Kilogramm-Bomben und zwei 160-Kilogramm-Wasserbomben, aber inzwischen war Würdemann auf Tiefe gegangen und die auf seichte Tiefe eingestellten Bomben richteten keinen ernsten Schaden an.[2] Als in As-

[1] Das Schicksal der italienischen Kriegsgefangenen und die genaue Zahl der in ihren Haftzellen Ertrunkenen ist nie ermittelt worden. Die Versicherung, daß hier gefühllos eine Unmenschlichkeit begangen wurde, ist der ausgezeichneten, aber unvollständigen Darstellung der Katastrophe *The Laconia Affair* (1963) durch den französischen Autor Léonce Peillard entnommen. Mehrmals erklärt Peillard in seiner Darstellung (oder zitiert andere mit der Erklärung), daß die polnischen Wächter sich geweigert hätten, die Zellen zu öffnen. An anderer Stelle schreibt er, Hunderte vor Angst schier wahnsinnige Italiener seien entkommen, indem sie sich gemeinsam gegen die Schlösser geworfen und sie aufgebrochen hätten. Peillard beschreibt, wie ein Offizier der *Laconia* eine Gruppe italienischer Kriegsgefangener aus dem Laderaum auf das Bootdeck führte. Unter Berufung auf italienische Aussagen trugen Hartenstein und Schacht übereinstimmend ins Kriegstagebuch ein – und informierten Dönitz über Funk –, daß die Briten die Kriegsgefangenen schwer mißhandelt hätten.

[2] Harden und seine Besatzung wurden für die »Zerstörung« eines U-Bootes *(U156)* und die »wahrscheinliche Zerstörung« eines zweiten *(U506)* mit der Air Medal ausgezeichnet.

cension eine weitere unvollständige oder unklare Nachricht von den Briten in Freetown einging, in der ihnen mitgeteilt wurde, daß drei Schiffe des Vichy-Regimes aus Dakar unterwegs seien, nahmen die Amerikaner auf Ascension irrtümlich an, diese Franzosen hätten die Absicht, die Insel zu erobern. Deshalb rüstete sich die gesamte Garnison, um die Invasoren abzuwehren.

Noch am selben Tag, dem 17. September, trafen die drei französischen Schiffe an der Versenkungsstelle der *Laconia* ein und nahmen sofort die Überlebenden auf, die fünf Tage entweder in Rettungsbooten, im Wasser oder in U-Booten zugebracht hatten. Die *Gloire* rettete 52 Briten aus einem Rettungsboot und wies Würdemann und Schacht an, ihre über dreihundert Überlebenden an Bord der Sloop *Annamite* zu setzen, während die *Gloire* selbst nach weiteren suchen wollte. Am selben Nachmittag und in der Nacht vom 17. auf den 18. September entdeckte die *Gloire* noch 684 Überlebende in Rettungsbooten oder auf Flößen oder an Bretter geklammert. Am 18. September traf sich die *Gloire* nochmals mit der *Annamite,* um ihre über 300 Überlebenden an Bord zu nehmen. Damit betrug die Zahl der Überlebenden an Bord der *Gloire* 1041: 597 Briten (darunter 48 Frauen und Kinder), 373 Italiener, 70 Polen und ein Grieche. Die *Gloire* nahm dann über Dakar Kurs nach Casablanca auf und überließ es den beiden Sloops, weitere Überlebende zu retten.

Revedin auf der *Cappellini* nahm am 19. September mit der Sloop *Dumont d'Urville* Kontakt auf. Er übergab 42 Italiener an die Sloop, behielt aber gemäß seinen Befehlen zwei britische Offiziere als Kriegsgefangene und sechs italienische Überlebende an Bord, um diese zu bewachen, und fuhr direkt nach Bordeaux. Noch am selben Tag übergab die *Dumont* die 42 italienischen Kriegsgefangenen an die *Annamite,* die sie nach Dakar brachte. Die *Dumont* suchte bis zum 21. September vergeblich die Unglücksstelle ab und kehrte dann nach Cotonou in Dahomey zurück. Zwei Rettungsboote der *Laconia* mit 20 Überlebenden erreichten später die afrikanische Küste. Grob geschätzt kamen rund 1600 von rund 2700 Personen an Bord der *Laconia* bei der Katastrophe ums Leben, darunter über 1000 italienische Kriegsgefangene.[1]

---

[1] Alle von der *Gloire* geretteten Überlebenden wurden in Casablanca interniert. Die Torch-Truppen befreiten die britischen und die polnischen Überlebenden, aber über das Schicksal der Italiener ist nichts bekannt. Wenn sie nicht bereits repatriiert waren, wurden sie von den Torch-Truppen abermals gefangengenommen. Aus Dankbarkeit für die französische Unterstützung bei der Rettung boten die Achsenmächte an, die entsprechende Zahl gefangener Franzosen freizulassen, die von den Besatzungen der französischen Schiffe namentlich genannt wurden. Am 10. Juni 1944 übergaben die Deutschen 385 Franzosen, die von den Besatzungsmitgliedern der *Gloire* genannt worden waren. Eine entsprechende Übergabe aufgrund der Listen, welche die Männer der *Annamite* und der *Dumont* vorgelegt hatten, blieb aber aus.

Nach der Übergabe der Überlebenden an die *Annamite* meldeten *U506* und *U507* dies Dönitz. Schacht schickte mehrere langatmige Botschaften, in denen er Andeutungen der Italiener über die Mißhandlung der Kriegsgefangenen durch die Briten und andere Informationen ohne taktische Bedeutung weitergab. Einmal schilderte Schacht die Hilfe, die er britischen und polnischen Überlebenden gewährt hatte. Diese Nachricht brachte ihm einen scharfen Tadel von Dönitz ein:

> *Handlungsweise [...] war falsch. Boot war abgeteilt, um italienische Bundesgenossen zu retten, nicht zur Rettung von Engländern und Polen.*

Nach Abschluß der Rettungsaktionen am 17. September war Dönitz sehr aufgebracht. Er meinte, Hartenstein habe wenig Urteilsfähigkeit an den Tag gelegt, als er davon ausging, es bestehe ein »stillschweigender Waffenstillstand«. Den Alliierten konnte man nicht trauen. Alle drei an der Rettung beteiligten Kommandanten hatten ihre U-Boote unnötig in Gefahr gebracht, weil sie zu viele Überlebende an Bord genommen hatten und Rettungsboote mit Schleppleinen festgebunden hatten, wodurch ein Alarmtauchen verhindert wurde. Als Folge wären *U156* und *U506* beinahe durch Luftangriffe verlorengegangen. Alle drei Kommandanten handelten gleichermaßen falsch, indem sie übergroßes Mitleid und humanitäre Gefühle gegenüber Briten und Polen an den Tag legten. Schacht beging einen Fehler, als er unnötig weitschweifige Berichte absandte, die leicht eingepeilt werden konnten.

Dönitz hatte schon vor langer Zeit seine Kommandanten ermahnt (in den ständigen Befehlen 154 und 173), daß sie ihre U-Boote durch den Versuch, Überlebende zu retten, keinesfalls in Gefahr bringen dürften. Sie sollten ihre natürlichen humanitären Gefühle unterdrücken und ebenso hartherzig handeln wie der Feind. Nach diesem Vorfall hatte Dönitz den Eindruck, es sei notwendig, diese Punkte nochmals zu unterstreichen, und gab deshalb noch am selben Abend – dem 17. September – eine noch schärfer formulierte Wiederholung früherer Ermahnungen aus:

1. Jegliche Rettungsversuche von Angehörigen versenkter Schiffe, also auch Auffischen von Schwimmenden und Anbordgabe auf Rettungsboote, Aufrichten gekenterter Rettungsboote, Abgabe von Nahrungsmitteln und Wasser haben zu unterbleiben, Rettung widerspricht den primitivsten Forderungen der Kriegführung nach Vernichtung feindlicher Schiffe und Besatzungen.

2. Befehle über Mitbringung von Kapitänen und Chefingenieuren bleiben bestehen.
3. Schiffbrüchige nur retten, falls Aussage für Boot von Wichtigkeit.
4. Hart sein. Daran denken, daß der Feind bei seinen Bombenangriffen auf deutsche Städte auf Frauen und Kinder keine Rücksicht nimmt.

Diese Ermahnung sollte als der »*Laconia*-Befehl« große Berühmtheit erlangen. Der britische Ankläger in dem Prozeß gegen Dönitz in Nürnberg legte ihn als zentrales Beweisstück in einer ganzen Liste von »Beweisen« für die Anklage vor, daß Dönitz zu einer unmenschlichen Seekriegführung aufgerufen habe, mit der gegen das U-Boot-Protokoll verstoßen worden sei. Der Ankläger führte aus, diese Ermahnung sei ein kaum verhüllter Befehl an die U-Boot-Kommandanten gewesen, die Überlebenden von Handelsschiffen »gezielt zu vernichten«, wie Hitler selbst bei einer früheren Gelegenheit 1942 vorgeschlagen hatte. Doch dieses »Beweisstück« erwies sich als ein Schuß, der nach hinten losging.

Die Vorlegung dieser Ermahnung in Nürnberg bot Dönitz' Verteidigern die Gelegenheit, ausführlich zu schildern, wie die deutschen U-Boot-Fahrer unter sehr hohem persönlichen Risiko in einem noch nie dagewesenen Ausmaß humanitär gehandelt hatten, während die alliierten Kräfte bei demselben Anlaß gefühllos oder noch schlimmer zu Werke gegangen waren. Kühl und beherrscht wies Dönitz in seiner Rede nach, daß sich die Notwendigkeit, den »*Laconia*-Befehl« auszugeben, erst im Licht der Ereignisse um die Versenkung der *Laconia* ergeben hätte, und wehrte überzeugend den Vorwurf ab, mit dem Befehl seien die Kommandanten aufgefordert worden, Überlebende zu ermorden.

Hartenstein reparierte die Schäden an *U156* und nahm seine Patrouille im Raum vor Freetown wieder auf. Zu seiner Freude erhielt er die Nachricht, ihm sei das Ritterkreuz verliehen worden.[1] Am 19. September versenkte er mit Torpedo und Deckkanone das dritte Schiff auf seiner Feindfahrt, den allein fahrenden britischen Frachter *Quebec City* mit 4745 BRT. Im Monat Oktober hatte Hartenstein dann keinen Erfolg mehr. Nach seiner Rückkehr nach Frankreich kritisierte Dönitz seine Rolle bei der *Laconia*-Affäre – vor allem die Annahme, er könne einen »stillschweigenden Waffenstillstand« herbeiführen –, lobte ihn aber ansonsten für eine »gut durchgeführte« Feindfahrt.

---

[1] Zum Zeitpunkt der Verleihung betrug Hartensteins bestätigte Versenkungsziffer 17 Schiffe mit 88 198 Tonnen, einschließlich der *Laconia*.

Würdemann in *U506,* der vor seiner Beteiligung an der Rettung der *Laconia*-Überlebenden vier Schiffe vor Freetown und im Golf von Guinea versenkt hatte, erhielt von Hartenstein etwas Treibstoff und nahm seine Patrouille vor Freetown wieder auf. Wie Hartenstein versenkte er vor dem Rückmarsch nach Frankreich nur noch ein Schiff; damit erhöhte sich seine Ausbeute bei dieser Feindfahrt auf fünf Schiffe mit 28023 Tonnen. Schacht in *U507* kehrte nach der Rettungsaktion direkt nach Frankreich zurück, ohne weitere Schiffe zu versenken. Die bestätigten Meldungen von *U156, U506* und *U507* beliefen sich auf insgesamt 13 Schiffe mit 76500 Tonnen.

Weitere Feindfahrten in den Südatlantik

Die vier Boote der aufgelösten Gruppe Iltis, die den Raum von den Azoren bis Freetown auf der Suche nach Sierra-Leone-Geleitzügen nach Süden durchkämmten, trafen Anfang Oktober in südlichen Gewässern ein. Kein einziges Boot hatte ein lohnendes Ziel ausgemacht. Ritterkreuzträger Peter Cremer in *U333* schreibt in seinen Memoiren, er habe einen gefährlichen Ausfall des Ausblaseventils gehabt, der später auf »Sabotage« durch französische Arbeiter zurückgeführt wurde.

Aufgrund der Sichtung von U-Booten, den Versenkungsmeldungen und Huff-Duff-Meldungen sowie anderen Hinweisen hatte Rodger Winn im Submarine Tracking Room der Admiralität vor der verstärkten Aufstellung von U-Booten im Südatlantik gewarnt. Am 5. Oktober schätzte er mit geradezu beängstigender Genauigkeit, daß sich etwa vierzehn deutsche und vier italienische U-Boote in dem Raum vor Freetown, vor der Insel Ascension und weiter südlich aufhielten. Die deutschen Unterlagen zeigen, daß vierzehn Kampfboote,[1] drei oder vier italienische Boote, dazu der U-Tanker *U459* und das Torpedoversorgungsboot *UD5* im Raum vor Freetown und weiter im Süden unterwegs waren.

Die Admiralität gab Winns Schätzung nach Freetown, Kapstadt und an andere alliierte Stützpunkte an der West- und Ostküste Afrikas weiter, gemeinsam mit seiner »Ahnung«, daß eine Gruppe U-Boote möglicherweise die Schiffahrt vor Kapstadt und in der stark befahrenen, 1100 Kilo-

---

[1] Vier IX-Boote aus der Gruppe Eisbär, die sich auf den Angriff auf Kapstadt vorbereiteten, zwei der vier IXD2-Boote, die in den Indischen Ozean fuhren, fünf IX-Boote und drei VII-Boote, die unabhängig voneinander patrouillierten.

meter breiten Straße von Moçambique angreifen werde, welche die Insel Madagaskar vom afrikanischen Festland trennt. Freetown und Kapstadt verstärkten die Luftpatrouillen zur U-Boot-Abwehr, aber wegen der Operation Torch hatten sie nur wenig Überwasserschiffe aller Kategorien zur Verfügung. In der Tat waren kaum genügend Kriegsschiffe vorhanden, um eine ausreichende Eskorte für den Geleitzug SL 125 zusammenzustellen, den letzten Konvoi, der nach Norden zu den Britischen Inseln fuhr, bevor Französisch-Nordwestafrika von den Alliierten erobert wurde.

Das ranghöchste Geleitfahrzeug für SL 125 war die Schwerarbeit leistende Korvette *Petunia* unter dem Kommando von J. M. Rayner. Am Abend des 5. Oktober lief die *Petunia* in Freetown ein, um ihre Aufgabe anzutreten. Dort machte das italienische U-Boot *Barbarigo* unter Enzo Grossi die Korvette aus. Grossi hatte bereits im vergangenen Mai die Versenkung eines amerikanischen Schlachtschiffes vor Brasilien gemeldet. Ob wissentlich oder unwissentlich, Grossi identifizierte die *Petunia* ebenfalls als ein amerikanisches »Schlachtschiff« und schoß mindestens fünf Torpedos auf sie. Da auf der *Petunia* sowohl das Zentimeter-Radargerät vom Typ 271 als auch das Sonar vorübergehend ausgefallen waren, blieb sie nichtsahnend auf ihrem Kurs, bis die Brückenwache die Blasenbahn der Torpedos erspähte. Die *Petunia* drehte sich parallel zur Laufbahn der Torpedos, vermied dadurch einen Treffer und warf eine Wasserbombe, um vor einem zweiten Angriff abzuschrecken. Grossi hörte diese Detonation und meldete die Versenkung seines zweiten amerikanischen Schlachtschiffes. Rom nahm seine Meldung begeistert auf und verkündete, Grossi sei das deutsche Ritterkreuz sowie eine vergleichbare italienische Auszeichnung verliehen worden.[1]

Am selben Abend wurde eine weitere in Freetown stationierte Korvette ausgeschickt, um »schätzungsweise sieben« U-Boote zu versenken oder zu verjagen, die vor der Küste vermutet wurden. Es handelte sich um die britische *Crocus* unter dem Kommando von J. F. Holm, einem ehemaligen Offizier der Handelsmarine Neuseelands. In den frühen Morgenstunden empfing die *Crocus* auf ihrem Zentimeter-Radargerät vom Typ 271 eine schwache Ortung in einer Entfernung von 2500 Metern. In der Meinung, es handle sich um ein

---

[1] Das Verdienst für die Versenkung zweier Schlachtschiffe wurde Grossi nach dem Krieg wieder abgesprochen. Seine bestätigte Versenkungsziffer während des Krieges betrug zwei versenkte Schiffe mit 10309 Tonnen und ein beschädigtes Schiff mit 5000 Tonnen. Eins der versenkten Schiffe war die neutrale, spanische *Navemar,* die 1120 jüdische Flüchtlinge von Frankreich nach New York gebracht hatte und leer nach Spanien zurückkehrte.

deutsches U-Boot, ging Holm, ohne zu zögern, auf volle Kraft und drehte auf Rammkurs.

Das U-Boot war *U333* unter dem Kommando des Ritterkreuzträgers Peter Cremer, der bis auf kurze Distanz an Freetown herangefahren war, um den Hafen zu erkunden. Cremers unaufmerksame Brückenwache erblickte die *Crocus* zu spät, um noch zu tauchen. Die einzige Chance für eine Flucht bestand darin, die Korvette in der Dunkelheit auszumanövrieren oder abzuhängen oder sie an der Oberfläche abzuschießen. Aus vollen Rohren feuernd lief die *Crocus* mit Höchstgeschwindigkeit heran. Cremer versuchte, auf hart Steuerbord zu drehen. Durch das Geschützfeuer, schreibt Cremer, wurde die gesamte Brückenwache von *U333* getötet, verwundet oder außer Gefecht gesetzt. Die *Crocus* krachte hinter dem Kommandoturm in *U333* und zertrümmerte den Aufbau. Das U-Boot blieb einen Moment lang am Bug hängen, kam dann frei und schrammte kreischend an der Backbordseite der *Crocus* entlang. Dabei riß es auf der Höhe der Wasserlinie ein großes Leck in die Korvette.

Das heftige Geschützfeuer von der *Crocus* durchlöcherte den Kommandoturm von *U333*. Es tötete den Ersten Wachoffizier und zwei Seeleute, warf den Bootsmannsmaat über Bord und verwundete Cremer schwer. Blutüberströmt blieb Cremer allein auf der Brücke, wendete das Boot mit Höchstgeschwindigkeit, um dem Geschützfeuer und einem zweiten Rammstoß auszuweichen. Der Versuch mißlang. Die *Crocus* krachte zum zweitenmal mit voller Fahrt in *U333*. Dieses Mal fuhr das U-Boot kreischend die Steuerbordseite entlang. Als es wieder frei kam, warf Holm Wasserbomben.

Cremer konnte sich kaum noch auf den Beinen halten und befahl zu tauchen. Das zerschlagene und wie ein Sieb durchlöcherte Boot, in das von allen Seiten Wasser einbrach, lief in einer Tiefe von 20 Metern auf Grund. Daraufhin warf Holm einen wahren Hagel von Wasserbomben. Zahlreiche fielen sehr nahe und nahmen das Boot so schwer mit, daß Cremer der Besatzung befahl, sich zur Aufgabe des Schiffes bereitzumachen. Er tauchte mit *U333* auf, um es zu versenken, aber die *Crocus* hatte ihn für einen Moment aus den Augen verloren. Cremer schlich sich in der Dunkelheit davon und entkam.

Cremer hatte acht Verwundungen durch Granatsplitter. Die schlimmste und schmerzhafteste Wunde war ein fingerlanger Splitter in seinem Brustkorb, der jeden Atemzug zur Qual machte. Der Splitter mußte entfernt werden. Nachdem sich Cremer mit zwei Tassen Rum selbst betäubt hatte, entfernte sein Leitender Ingenieur den Splitter »mit einer großen Zange aus der Werkzeugkiste«.

Der nächste deutsche Arzt befand sich an Bord des Tankers *U459,* dessen Position rund 1600 Kilometer südlich lag. Er versorgte die Boote für den Vorstoß nach Kapstadt. Nachdem Cremer auf seine Koje verbannt worden war, übernahm der ranghöchste überlebende Offizier, der Zweite Wachoffizier Wilhelm Pohl, der selbst einen Schuß in den Hals abbekommen hatte, das Kommando über *U333* und lief mit hoher Fahrt zu *U459*. Unterwegs bestattete Pohl den Ersten Wachoffizier und die beiden Seeleute. Als Cremer bei *U459* eintraf, stellte der Arzt fest, daß sein Blutdruck gefährlich niedrig war, sein Puls unregelmäßig und kaum fühlbar, und daß er viel Blut verloren hatte. Er konnte jedoch Cremers Leben und das des verwundeten Zweiten Wachoffiziers Pohl retten.

Der Kommandant von *U459,* Georg von Wilamowitz-Möllendorf, übergab das Kommando von *U333* einem seiner Offiziere, dem Kommandantenschüler Lorenz Kasch, 28 Jahre alt, der sofort Kurs auf Frankreich nahm. Ein britisches U-Boot, das erst vor einem Tag ausgelaufen war, schoß am 21. Oktober im Golf von Biskaya vier Torpedos auf *U333,* aber die Wache konnte ihnen ausweichen. Lange nach dem Krieg fand Cremer (zumindest zu seiner Befriedigung) heraus, daß das britische U-Boot, das ihn angegriffen hatte, das gekaperte Boot *U570* gewesen war.[1] Mit dem neuen Namen HMS *Graph* und unter dem Kommando von Peter B. Marriot war es zu seiner ersten Feindfahrt im Dienst der Royal Navy ausgelaufen.

Nach der Ankunft in Frankreich wurden Cremer und Pohl ins Krankenhaus eingewiesen. *U333* wurde zwei Monate lang repariert und lief unter einem neuen Kommandanten wieder aus. Nach der Entlassung aus dem Krankenhaus wurde Cremer zum Zweiten Stabsoffizier bei Dönitz ernannt. Kasch kehrte nach Deutschland zurück und übernahm dort das Kommando über ein neues IX-Boot.

Die anderen Boote, die im Oktober vor Freetown patrouillierten, hatten wenig Jagdglück. Im Monat Oktober versenkten sie lediglich fünf Schiffe, die allesamt zwischen Freetown und/oder Kapstadt und Trinidad allein fuhren. Harald Gelhaus in *U107* erwischte den beeindruckenden britischen Frachter *Andalucia Star* mit 14 943 BRT. Guido Saccardo in der *Archimede* erwischte den britischen Passagierdampfer und Truppentransporter *Oronsay* mit 20 043 Tonnen, der sich auf der Heimfahrt von Suez befand. Zum Glück für die Alliierten war der Verlust an Menschenleben gering. Ulrich Folkers in *U125* versenkte den britischen Frachter *Glendene* mit 4412 BRT. Seine Besatzung wurde von dem britischen Frachter *Agapenor* mit 7392 BRT gerettet, den Joachim Berger in

---

[1] Siehe Rohwer, *Allied Submarine Attacks of World War Two,* London/Annapolis 1997, S. 62.

U87 aber einen Tag später versenkte. Die tüchtige Korvette *Petunia* rettete die beiden Besatzungen und brachte sie nach Freetown. Bruno Mahn in dem vormals holländischen Torpedoversorgungsboot *UD5,* das Mahn für gefechtsuntauglich erklärte, erwischte den britischen Frachter *Primrose Hill* mit 7628 BRT auf Heimatkurs. Heinrich Müller-Edzards in *U590* versenkte kein Schiff. Alle diese Boote kehrten im November nach Frankreich zurück.

Von den zahlreichen U-Booten in diesem Raum unbeobachtet, lief der Geleitzug SL 125 aus Freetown aus. Er bestand aus 42 Schiffen, von denen viele Soldaten zu den Britischen Inseln zurückbrachten. Sein Geleitschutz war skandalös unzureichend: eine Sloop, vier Korvetten und ein ASW-Trawler. Unterwegs scherten die Sloop und der Trawler wegen anderer Aufgaben aus der Formation aus, damit blieben nur die vier Korvetten unter dem Kommando von Rayner auf der tapferen *Petunia.*

Der xB-Dienst fing wertvolle taktische Informationen über SL 125 ab und entzifferte sie. Dönitz stellte am 23. Oktober die neue Gruppe Streitaxt westlich der Kanarischen Inseln auf, um den Geleitzug abzufangen. Die Gruppe bestand aus zehn Booten (drei vom Typ IX und sieben vom Typ VII), die vor kurzem aus Frankreich ausgelaufen waren.

Vier der sieben VII-Boote hatten bereits Gefechtserfahrung. *U203* wurde seit kurzem von seinem ehemaligen Ersten Wachoffizier Hermann Kottmann, 26 Jahre alt, befehligt, der nach Deutschland zurückgekehrt war und ein neues Boot unter seinem Kommando in Dienst stellen sollte. Nach dem Unfalltod des Kommandanten von *U203,* Rolf Mützelburg, war er aber zurückgerufen worden, um das Boot zu übernehmen. Kottmann, Sohn eines Wehrmachtsoffiziers, diente im Jahr 1939 auf der *Admiral Graf Spee,* als sie vor Uruguay versenkt wurde, entkam aber aus dem Internierungslager und kehrte über Wladiwostok und mit der transsibirischen Eisenbahn nach Deutschland zurück. Ein anderes Boot der Gruppe Streitaxt, *U572,* wurde von Heinz Hirsacker befehligt, einem erfahrenen Kommandanten in der U-Boot-Flotte. Da er jedoch in einem ganzen Jahr Gefechtseinsatz nur drei Schiffe mit 14800 Tonnen versenkt hatte, war er bei Dönitz in Ungnade gefallen.

Kottmann spürte als erster SL 125 auf. Am 25. Oktober meldete er seine Position und griff einen Tanker an, aber die vier Korvetten vertrieben ihn. Bei ihrem Wasserbombenangriff wurden die Dieselmotoren von *U203* beschädigt, Kottmann war deshalb gezwungen, zur Reparatur abzulaufen. Auf die Meldung des ebenfalls erfahrenen Kommandanten Rudolf Schendel in *U134* hin griff der neue Kommandant des IXC-Bootes *U509,* Werner Witte, 27 Jahre alt, den britischen Tanker *Anglo Maersk* mit 7705 BRT an und beschädigte ihn. Hans Stock in *U659* vom Typ VII versuchte, den Konvoi anzugreifen, aber zwei Korvetten vertrieben ihn und griffen ihn mit Wasserbomben an.

Bis zum Abend des 27. Oktober waren neun der zehn Boote um SL 125 zusammengezogen worden, aber kein einziges hatte bislang ein Schiff versenkt. In dieser Nacht war jedoch das Kriegsglück bei hellem Mondlicht auf seiten der U-Boote. Horst Höltring in *U604* vom Typ VII versenkte den beschädigten Tanker *Anglo Maersk,* und Witte versenkte zwei britische Frachter, die *Pacific Star* mit 7951 BRT und die *Stentor* mit 6148 BRT. Die Korvette *Woodruff* rettete 202 Personen der 246 Besatzungsmitglieder und Passagiere auf der *Stentor,* während die *Petunia* und die beiden anderen Korvetten mit Hilfe des 10-cm-Radargeräts vom Typ 271 den Vorteil des Mondlichts ausglichen und weitere Versenkungen verhinderten.

Mehrere Boote versuchten am 28. Oktober bei Tage Unterwasserangriffe, aber kein einziges hatte Erfolg. Nach Einbruch der Dunkelheit schlüpften Kottmann und Witte an den Korvetten vorbei und griffen erneut an. Witte meldete die Versenkung von vier weiteren Schiffen (insgesamt sechs mit 42 500 BRT), doch aus den Unterlagen wurde bei seinem Angriff lediglich die Versenkung des britischen Frachters *Nagpore* mit 5283 BRT und vermutlich ein Treffer an dem britischen Frachter *Hopecastle* mit 5178 BRT bestätigt. Kottmann meldete die Versenkung der *Nagpore,* aber vermutlich hat er die *Hopecastle* getroffen und versenkt.

Das schlechte Wetter behinderte die Operationen in der Nacht vom 29. auf den 30. Oktober; dennoch kamen vier Boote an den vier Korvetten vorbei und griffen an. Witte meldete, er habe zwei weitere Schiffe mit 18 000 BRT versenkt (damit erhöhte sich seine gemeldete Versenkungsziffer bei diesem Zug auf acht Schiffe mit 60 500 BRT), doch anhand der Unterlagen wird in dieser Nacht lediglich die Versenkung des britischen Frachters *Brittany* mit 4772 BRT und eine Beschädigung des britischen Frachters *Corinaldo* mit 7131 BRT bestätigt. Hans-Ferdinand Massmann in *U409* meldete die Versenkung eines Frachters mit 8000 BRT, aber sein Opfer war in Wirklichkeit der britische Tanker *Bullmouth* mit 7519 BRT, den er nur beschädigte. Hans Stock lief mit *U659* heran und gab zwei Fangschüsse auf die *Corinaldo* und zwei auf die *Bullmouth* ab, aber nur letztere sank. Kottmann schickte die *Corinaldo* schließlich mit der Kanone auf Grund.

Das Wetter besserte sich am 30. Oktober deutlich, und in der folgenden Nacht griffen fünf Boote den Geleitzug an. Höltring in *U604* meldete drei versenkte Schiffe mit 20 000 BRT, aber nur zwei wurden bestätigt: die *President Doumer* mit 11 898 BRT und die *Baron Vernon* mit 3642 BRT. Massmann in *U409* und Karl Neitzel in *U510* meldeten beide die Versenkung von Frachtern mit 6000 BRT. Massmanns Meldung stellte sich als die *Silverwillow* mit 6373 BRT heraus, Neitzels Opfer hingegen, der norwegische Frachter *Alaska* mit 5681 BRT, war nur beschädigt und erreichte den Hafen. Stock meldete ein Schiff als versenkt und eins als beschädigt, aber nur ein Schaden an dem britischen Frachter *Tasmania* mit 6405 BRT wurde bestätigt. Gustav-Adolf Janssen in *U103* schickte die *Tasmania* auf Grund und meldete eine weitere Versenkung mit 9000 BRT, doch diese wurde nicht bestätigt.

Das Coastal Command der RAF bot am Morgen des 1. November mit landgestützten Langstreckenflugzeugen hinreichend Luftsicherung für SL 125. Da Dönitz der schwere Schaden, den die ASW-Flugzeuge beim Angriff auf SL 119 Ende August an den U-Booten angerichtet hatten[1], noch lebhaft in Erinnerung war, sagte er prompt weitere Operationen ab, allerdings mit einer gewissen Befriedigung. Er errechnete, daß sieben der zehn U-Boote in der Gruppe Streitaxt den Konvoi angegriffen und achtzehn Schiffe mit 133131 BRT versenkt hatten. Kein einziges Boot war verlorengegangen. Nur Stocks *U659* war im Gefecht so schwer beschädigt worden, daß es gezwungen war, die Fahrt abzubrechen. Die bestätigte Trefferquote betrug zwölf versenkte Schiffe mit 85686 BRT und ein beschädigtes Schiff mit 5681 BRT. Der britische Marinehistoriker schreibt, der Verlust an Menschenleben in diesem Konvoi sei »erheblich« gewesen, nennt aber keine konkreten Zahlen.

Die lange, kräftezehrende Jagd hatte die Gruppe Streitaxt in ein Gebiet westlich von Gibraltar geführt. Von hier aus kehrten drei weitere VII-Boote *(U203, U409, U604),* denen der Treibstoff ausging, gemeinsam mit Stock in dem beschädigten Boot *U659* nach Frankreich zurück. Hirsacker in *U572* wurde angewiesen, vor Lissabon zu patrouillieren. *U620,* das bei einer Geleitzugschlacht an der Nordatlantikroute beschädigt worden war, stieß zu ihm. *U134* und *U510* erhielten Befehl, kehrtzumachen und nach Freetown zu laufen. Unterwegs sollten sie an dem Tanker *U462* auftanken. *U103* und das frisch ausgelaufene Boot *U440* sollten an Werner Wittes *U509* vom Typ IXC auf Heimatkurs nachtanken, das fast keine Torpedos mehr hatte, und dann nach Freetown weiterfahren.

Um den 1. November lief ein Teil der Einsatzkräfte und Geleitzüge von den Britischen Inseln für die Operation Torch in Gibraltar ein. Deutsche Flugzeuge und U-Boote machten einen Teil dieser Kräfte aus, aber Berlin erkannte zu spät die Vorzeichen einer alliierten Landung. Als die Deutschen endlich begriffen, was im Busch war, änderten sie die Befehle für fast alle Boote der Gruppe Streitaxt. Infolgedessen fuhr nur ein Boot im Oktober, das zuvor erwähnte kampferprobte Boot *U134,* weiter nach Freetown. Unter Rudolf Schendel stieß *U134* zu vier anderen bewährten Booten (drei vom Typ IX und eines vom Typ VII), die bereits im September zu verlängerten Feindfahrten nach Freetown ausgelaufen waren.

---

[1] Siehe Band 1, S. 779 f.

Auch diese Boote, die wenig später von Liebes *U332* vom Typ VII aus den Gewässern um Trinidad verstärkt wurden, hatten wenig Jagdglück. Achilles in *U161* kreuzte die meiste Zeit vor den Häfen im Golf von Guinea und versenkte zwei Frachter mit 11287 BRT. Außerdem beschädigte er den britischen Leichten Kreuzer *Phoebe* mit 5450 Tonnen und einen britischen Frachter mit 5161 BRT. Im gleichen Raum versenkte Ritterkreuzträger Ernst Bauer in *U126* drei Frachter mit 14536 BRT. Weit westlich von Freetown versenkte Ulrich Heyse in *U128* drei Frachter mit 15571 BRT und nahm drei ranghohe Marineoffiziere gefangen, die er an den U-Tanker übergab. Klaus Popp, 25 Jahre alt, der Erich Topp als Kommandant von *U552* abgelöst hatte, versenkte den britischen ASW-Trawler *Alouette* mit 520 Tonnen und einen britischen Frachter mit 3157 BRT. Schendel in *U134* versenkte einen Frachter mit 4827 BRT. Liebe versenkte mit *U332* kein Schiff. Bilanz: elf Schiffe mit rund 50000 Tonnen versenkt, plus Torpedotreffer an weiteren Schiffen.[1]

Liebe und Popp gingen wenig später auf Kurs nach Frankreich. Liebe kam am 6. Dezember an und beendete eine Feindfahrt von 93 Tagen, eine neue Rekorddauer für ein VII-Boot. Doch dieser Rekord hatte nur neun Tage Bestand. Popp in *U552* vom Typ VII traf am 15. Dezember ein und beendete eine Feindfahrt von 97 Tagen! Liebe wechselte zu anderen Aufgaben; Popp blieb Kommandant von *U552,* aber in der U-Boot-Flotte kursierte der Witz: »Popp war kein Topp.«

Anfang Dezember, notierte Dönitz, knackte der xB-Dienst einen weiteren Code der Briten und entdeckte »neue Routen« für die alliierte Schiffahrt im Südatlantik. Zur Vorbereitung eines Angriffs auf diese Routen erteilte Dönitz allen Booten in unmittelbarer Nähe dieses Raumes die Anweisung, an Wolf Stieblers Tanker *U461* nachzutanken und von dem vormals holländischen Torpedoversorgungsboot *UD3* unter Hermann Rigele, 51 Jahre alt, Nachschub aufzunehmen. Bemerkenswerterweise trafen sich am 9. Dezember zehn U-Boote[2] in dem bezeichneten Quadrat ER50. Sieben Kampfboote, darunter die letzten vier »Freetown-Boote«, liefen in brasilianische Gewässer weiter, um sich die Erkenntnisse des xB-Dienstes zunutze zu machen. Achilles in *U161* versenkte den britischen Frachter *Ripley* mit 4997 BRT, aber die anderen »Freetown-Boote« hatten kein Glück.[3] Nach

[1] Der italienische Kommandant Gianfranco Gazzana-Priaroggia in der *Da Vinci* versenkte vier Frachter mit 26000 BRT.

[2] Neben den beiden Versorgungsbooten waren dies: Bauer in *U126,* Heyse in *U128,* Schendel in *U134,* Achilles in *U161,* zwei Boote, die in brasilianischen Gewässern patrouillierten: Thilos *U174* und Dierksens *U176,* und zwei Boote der Gruppe Eisbär auf dem Rückmarsch, Helmut Wittes *U159* und Emmermanns *U172.*

[3] Drei andere Kampfboote, die nach dem Auftanken in brasilianische Gewässer liefen, versenkten fünf weitere Schiffe.

der Rückkehr nach Frankreich erhielten Heyse und Achilles das Ritterkreuz.[1] Heyse verließ *U128* und wechselte in das Ausbildungskommando. Bauer in *U126* und Schendel in *U134,* die Popps Rekorddauer für ein VII-Boot von 97 Tagen einstellten, übernahmen ebenfalls andere Aufgaben.

Der Angriff auf Kapstadt, Südafrika

Am 1. Oktober befanden sich neun große Kampfboote auf dem Weg nach Kapstadt in Südafrika oder näherten sich bereits der Stadt. Das waren die vier Boote der Gruppe Eisbär, die nach ihrem abgesagten Einsatz bei der *Laconia* an dem Tanker *U459* nachgetankt hatten, die vier »Fern-U-Boote« vom Typ IXD2 für sehr lange Reichweiten und der neue italienische »U-Kreuzer« *Ammiraglio Cagni* mit 1700 Tonnen auf seiner Jungfernfahrt in den Atlantik. Karl-Friedrich Mertens *U68* aus der Gruppe Eisbär war unterwegs auf zwei große Frachter mit 12200 BRT gestoßen und hatte sie mit Torpedo und Deckgeschütz versenkt. Alle anderen hatten noch ihre volle Bewaffnung an Bord, rund 225 Torpedos[2] und reichlich Geschützmunition. Rechnete man zehn Prozent für Fehlschüsse und Versager ab und veranschlagte je Opfer zwei Torpedos, dann wurde angenommen, daß die neun Boote genügend Torpedos an Bord hätten, um 100 alliierte Schiffe mit rund einer halben Million Tonnen zu versenken.

Südafrika war für die Abwehr eines U-Boot-Angriffs ebenso schlecht vorbereitet wie die Vereinigten Staaten Anfang 1942. Den Befehlsstellen der Britischen Marine in Kapstadt unterstanden vier Zerstörer und mehrere Korvetten – einige leihweise von der britischen Eastern Fleet, die in Mombasa stationiert war –, aber das reichte bei weitem nicht aus, um einen Geleitverkehr zwischen dem Kap und Freetown oder zwischen dem Kap und Suez und dazwischenliegenden Punkten einzuführen. Darüber hinaus standen nur wenige Flugzeuge für ASW-Patrouillen zur Verfügung.

---

[1] Zum Zeitpunkt der Verleihung betrug Heyses bestätigte Versenkungsziffer zwölf versenkte Schiffe mit 83639 Tonnen. Achilles' bestätigte Versenkungsziffer betrug elf Schiffe mit 58518 Tonnen, dazu Torpedotreffer an sieben Schiffen mit 44427 Tonnen, darunter der Leichte Kreuzer *Phoebe,* der in einer amerikanischen Werft repariert wurde und somit monatelang außer Gefecht war.

[2] Die vier Boote vom Typ IXC liefen jedes mit 22 Torpedos aus, die vier Boote vom Typ IXD2 mit 24 Torpedos. Die *Cagni,* die acht Bug- und sechs Heckrohre hatte, führte die erstaunliche Gesamtzahl von 42 in Italien hergestellten 45-cm-Torpedos auf dieser Feindfahrt mit sich.

Wegen der Verpflichtungen im Zuge der Operation Torch hatten die Briten Schwierigkeiten, die südafrikanischen ASW-Kräfte zu verstärken. Zur gegebenen Zeit schickten London und Washington dreißig britische ASW-Trawler, zwölf von den Western Approaches und die achtzehn immer noch in amerikanischen Gewässern stationierten. Darüber hinaus wies London die Eastern Fleet und die RAF an, zehn Kriegsschiffe (sechs Zerstörer, vier Korvetten) beziehungsweise Catalinas der Coastal Command Squadron 209 nach Kapstadt und Durban zu schicken. Doch die Ankunft dieser Kräfte ließ noch auf sich warten: Die achtzehn ASW-Trawler aus den Vereinigten Staaten meldeten sich erst Ende des Jahres zum Dienst.

Rodger Winn im Submarine Tracking Room der Admiralität überwachte die acht heranlaufenden deutschen U-Boote und die *Cagni* mit »hellseherischer Genauigkeit«, wie ein offizieller britischer Marinehistoriker schreibt. Als Reaktion auf seine Vorhersagen befahl die Admiralität, die Schiffahrt um Kapstadt solle drastisch reduziert werden. Zu diesem Zweck erklärte sie die Stadt Durban an der ostafrikanischen Küste anstelle von Kapstadt zum letzten Anlaufhafen für Schiffe, die vom Suezkanal, dem Persischen Golf und von Indien aus heimwärts fuhren. Während der Operation Torch sollten die Schiffe nach dem Auslaufen aus Durban Kapstadt weit im Süden umfahren, den Atlantik nordwestwärts nach Brasilien überqueren, dann in die Gewässer vor Trinidad und vor der Küste der Vereinigten Staaten einlaufen und von dort aus in Geleitzügen zu den Britischen Inseln gelangen.

Der endgültige Angriffsplan, der vom OKM, Dönitz und den Kommandanten ausgearbeitet wurde, sah folgendermaßen aus: Vom 5. Oktober an oder am 5. Oktober sollten Karl-Friedrich Merten in *U68* und Carl Emmermann in *U172* die Reede von Kapstadt in der Tafel Bay auskundschaften. Dabei mußten sie auf die offensiven Minen, die von dem deutschen Hilfsschiff *Doggerbank* – die von dem Hilfskreuzer *Atlantis* im Januar 1941 aufgebrachte britische *Speybank* – früher im selben Jahr gelegt worden waren, sowie auf die defensiven Minenfelder achtgeben, welche die Briten gelegt hatten. Die Deutschen hatten von diesen über die von Emmermann aus dem Frachter *Santa Rita* erbeuteten Papiere auf seiner früheren Feindfahrt in die Karibik erfahren. Dreißig Minuten nach Mitternacht sollten sie am 8. Oktober – bei Neumond – in die Tafel Bay einlaufen und gemeinsam die schätzungsweise »fünfzig Schiffe« angreifen, die in der Reede vor Anker lagen. Noch während des Überraschungsangriffes sollten Helmut Witte in *U159,* Fritz Poske in *U504* und Ernst Sobe in dem Fern-U-Boot *U179,* der den anderen Fern-U-Booten weit voraus war, sich außerhalb des Hafens auf die Lauer legen und die Schiffe abfangen, die aus dem Gemetzel ins offene Wasser flohen.

Planmäßig näherten sich Merten und Emmermann in der Nacht des 5. Oktober der Tafel Bay. Sie fuhren über Wasser, damit sie nicht entdeckten Defensivminen ausweichen konnten. Um den Verlust an Menschenleben so gering wie möglich zu halten, falls *U172* auf eine Mine auflaufen sollte, schickte Emmermann so viele Besatzungsmitglieder wie möglich in Schwimmwesten an Deck. Was die beiden Kommandanten in der Reede entdeckten, war allerdings enttäuschend. Der Ankerplatz der Tafel Bay war »leer«, meldete Emmermann. Damit nicht genug, führte Merten weiter aus, der Ankerplatz war mit Scheinwerfern hell erleuchtet und mit landgestütztem Radar gesichert, so daß es dem Boot nicht möglich war, über Wasser anzugreifen. Unter diesen Umständen bezweifelte er, ob ein Überraschungsangriff überhaupt möglich sein würde.

Beide Kommandanten baten um Entlassung aus dem Plan und um freie Hand für Aktionen. In seiner Antwort forderte Dönitz die beiden Kommandanten auf, noch einen Versuch zu unternehmen, für den Fall, daß der »leere« Ankerplatz ein dummer Zufall ungünstiger Fahrpläne sei. Falls der Ankerplatz auch beim zweiten Versuch leer sein sollte, würden sie von dem Plan entbunden und hätten am 8. Oktober ab 0.00 Uhr freie Hand für ihre Aktionen.

Emmermann behauptete später, bei ihm sei von diesen Anweisungen nur eine bruchstückhafte Version eingegangen, und er habe infolgedessen, wie er schreibt, fortan aufgrund der Annahme gehandelt, er habe ab 16.00 Uhr am 7. Oktober freie Hand. Folglich startete er den Angriff 19 Stunden zu früh und versenkte mit zwei Torpedos den auslaufenden amerikanischen Frachter *Chickasaw City* mit 6196 BRT. Drei Stunden später versenkte er mit zwei Torpedos einen einlaufenden Frachter, die *Firethorn* mit 4700 BRT. Gleich ob Dönitz nur den Schein wahren wollte oder bestimmte Hintergedanken hatte, er tadelte später Emmermann für diesen voreiligen Angriff: »Die Tatsache, daß der Kommandant vorzeitig losschlug, hätte leicht die gesamte Operation verderben können und ist aus Befehlsgründen zu verurteilen.«

Die übrigen vier Boote warteten ungeduldig auf das Startsignal um Mitternacht. Helmut Witte in *U159* griff ebenfalls fünf Minuten zu früh an und versenkte mit einem einzigen Torpedo den britischen Frachter *Boringia* mit 5821 BRT. Weder die *Boringia* noch die beiden von Emmermann mit *U172* vorzeitig versenkten Schiffe setzten Notsignale ab. Folglich war Kapstadt zur Stunde Null um Mitternacht am 8. Oktober hell erleuchtet »wie in Friedenszeiten« und wußte noch nichts davon, daß ein U-Boot-Angriff im Gange war.

Die U-Boote setzten ihren Angriff bis in die frühen Morgenstunden des 8. Oktober fort. Emmermann versenkte mit einem einzigen Torpedo sein drittes Schiff, die griechische *Pantelis* mit 3845 BRT. Nicht weit davon entfernt versenkte Merten in *U68* zwei Schiffe rasch hintereinander, wobei er sieben Torpedos verschoß: die griechische *Koumoundouros* mit 3598 BRT und die holländische *Gaasterkerk* mit 8679 BRT. Diese beiden Schiffe hatten genügend Zeit, ein Notsignal abzusetzen, und alarmierten Kapstadt, doch die Behörden ahnten nicht, daß die U-Boote bereits sechs Schiffe versenkt hatten.

Am 8. Oktober setzte Kapstadt bei Tagesanbruch seine schwachen ASW-Kräfte ein. Die britischen Zerstörer *Active, Arrow* und *Foxhound,* der australische Zerstörer *Nizam* und die britische Korvette *Rockrose* liefen zur Verfolgung aus, verbrachten aber die meiste Zeit des Tages mit der Bergung von Überlebenden der sechs versenkten Schiffe. Alle verfügbaren Militärflugzeuge, auch die einer Flugschule, starteten, um bei der Rettungsaktion zu helfen.

Im Laufe des Tages versenkten die U-Boote ein weiteres Schiff. Witte entdeckte den britischen Frachter *Clan Mactavish* (7631 BRT), der unklugerweise gestoppt im Wasser lag und Überlebende der *Boringia* aufnahm, die Witte am selben Tag versenkt hatte. Er schickte die *Clan Mactavish* mit zwei Torpedos auf Grund. Flugzeuge auf ASW-Patrouille führten einen weiteren Frachter, die *Matheran,* zur Versenkungsstelle. Sie rettete die Besatzungen beider Schiffe.

Am selben Tag torpedierte Ernst Sobe in dem Fern-U-Boot *U179,* das sich in der Nähe von *U68* und *U172* aufhielt, nach Einbruch der Dunkelheit den britischen Frachter *City of Athens* mit 6558 BRT. Etwas später am selben Abend erreichte der britische Zerstörer *Active* die Stelle und rettete 99 Personen. Während der Rettungsaktion meldete der Radargast einen Kontakt in 2250 Meter Entfernung. Das war Sobe in *U179,* der in der Nähe der Versenkungsstelle geblieben war, weil er ganz offensichtlich hoffte, einen weiteren Frachter bei einer Rettungsaktion zu versenken. Als der Sonargast der *Active* ebenfalls einen Kontakt meldete, ging der Kommandant M. W. Tomkinson auf volle Fahrt und lief die Peilung an.

Schon bald machte der Ausguck der *Active* ein »großes« U-Boot an der Oberfläche aus, das anscheinend gestoppt lag. Als Tomkinson bis auf 700 Meter herangelaufen war, schaltete er den Scheinwerfer ein und eröffnete mit der Geschützbatterie das Feuer. Sehr wahrscheinlich hatten die Ausgucke von *U179* die *Active* bereits erblickt, ehe sie das Feuer eröffnete, und Sobe tauchte unverzüglich, aber sein großes, schwerfälliges und langsam tauchendes Fern-U-Boot war für einen mit Radar ausgerüsteten Flottenzerstörer eine leichte Beute. Das Meer hatte sich kaum über dem Kommandoturm von *U179* wieder geschlossen, da lief die *Active* mit 25 Knoten über den Strudel hinweg und warf »nach Augenmaß« zehn Wasserbomben, die auf 15 bis 30 Meter Tiefe eingestellt waren. Die Detonationen hätten *U179* wieder aus dem Wasser gesprengt, trug

Tomkinson ein. Das Boot sank sofort Bug voraus; ein herber Verlust an Waffen und Männern für die Deutschen.[1]

Ganz in der Nähe hörten Merten in *U68* und Emmermann in *U172* den Angriff der *Active* auf *U179.* Emmermann trug in sein Kriegstagebuch ein, er habe das Sinkgeräusch von *U179* »ganz deutlich« vernommen. Ungefähr um dieselbe Zeit spürte die Korvette *Rockrose* Emmermann auf und jagte ihn hartnäckig. Sie warf zwölf Wasserbomben, die Emmermann als »so nahe« bezeichnete, daß sie »unangenehm« gewesen seien. Die Explosionen hätten ein Bugtorpedorohr leicht beschädigt, seien aber sonst wirkungslos gewesen, fuhr er fort.

Unterdessen versenkte Merten zwei Schiffe. Das erste war der vollgeladene amerikanische Tanker *Swiftsure* mit 8207 BRT. Ein Torpedo verwandelte ihn in ein flammendes Inferno, von dem »rabenschwarze Rauchwolken« Hunderte von Metern in den Himmel gestiegen seien. Dennoch sank sie nicht sofort. Die Briten versuchten noch, sie in den Hafen zu schleppen, aber ohne Erfolg. Das zweite Schiff war der britische Frachter *Sarthe* mit 5271 BRT, den Merten mit zwei Torpedos versenkte.

Mertens Massaker setzte sich nach Mitternacht bis in die frühen Morgenstunden des 9. Oktober fort, als er zwei weitere Schiffe angriff: den mit einem Torpedo versenkten amerikanischen Frachter *Examelia* mit 4981 BRT und den mit zwei Torpedos versenkten Frachter *Belgian Fighter* mit 5403 BRT. Beim zweiten Angriff verlor Merten bei einem routinemäßigen Tauchen die Kontrolle über *U68* und stürzte in einem beängstigend steilen Winkel bis in eine Tiefe von 197 Metern, ehe er durch die ergriffenen Notmaßnahmen die Kontrolle wiedergewann. Dieser um ein Haar tödliche Unfall dämpfte die Freude über die bemerkenswerten Erfolge des Bootes am Kap ein wenig. Das Boot hatte immerhin sechs bestätigte Schiffe mit 36139 BRT innerhalb von 24 Stunden versenkt. Seine Gesamtzahl bei dieser Feindfahrt erhöhte sich damit auf acht Schiffe mit 48296 BRT.

An jenem Nachmittag, dem 9. Oktober, versenkte Helmut Witte mit *U159* im selben Gebiet ein weiteres Schiff mit einem einzigen Torpedo. Es war der amerikanische Frachter *Coloradan* mit 6557 BRT. Mit diesem Sieg stiegen die Versenkungen vor dem Kap durch Merten, Emmermann, Witte und Sobe in etwa 48 Stunden auf dreizehn Schiffe mit 77447 BRT, weit mehr als die U-Boot-Erfolge vor der amerikanischen Küste in einem vergleichbaren Zeitraum. Die Propagandisten in Berlin priesen

[1] Da Dönitz seit dem 18. September nichts von Sobe gehört hatte und nicht wußte, daß er das Kap erreicht hatte, trug er in sein Kriegstagebuch ein, es gebe keinen Hinweis über den Verbleib von *U179.* Einige Stabsmitarbeiter gingen irrtümlich davon aus, daß *U179* von alliierten Flugzeugen in der Nähe der Insel Ascension versenkt worden sei.

die Kommandanten für diese außerordentliche Leistung in so weit entfernten Gewässern. Sie gaben die Versenkungsbilanz zurückhaltend mit zwölf Schiffen und 74000 BRT an.

Am nächsten Tag, dem 10. Oktober, hatten die Behörden in Kapstadt dann den größten Teil der Schiffahrt in südafrikanischen Gewässern umgeleitet oder eingefroren. Doch die Deutschen konnten zwei weitere eindrucksvolle Siege verbuchen. Emmermann in *U172* operierte an diesem Morgen bei schlechtem, regnerischem Wetter und schwerer See in der Nähe des Kaps und machte den Dampfer *Orcades* mit 23456 BRT aus, der mit 1300 alliierten Soldaten und Kriegsgefangenen allein zu den Britischen Inseln fuhr. Nach einer kurzen Jagd traf Emmermann die *Orcades* mit drei Bugtorpedos. Die Besatzung verließ das Schiff, aber mit der Hilfe von 52 Freiwilligen, die wieder an Bord gingen, versuchte der Kapitän, in die Tafel Bay zu gelangen. Emmermann jagte die *Orcades* weiter, lud die Bugrohre nach und schickte sie mit drei weiteren Treffern aus kurzer Entfernung auf Grund. Am selben Morgen versenkte das Fern-U-Boot *U178* unter Hans Ibbeken auf Südkurs einen weiteren britischen Passagierdampfer auf Heimatkurs, die *Duchess of Atholl* mit 20119 BRT, die nördlich der Insel Ascension allein fuhr. Zum Glück für die Alliierten erlitten sie bei der Versenkung dieser beiden Truppentransporter nur geringe Verluste an Menschenleben: 40 Personen auf der *Orcades.*[1]

Das fünfzehnte und letzte Schiff, das den Booten der Gruppe Eisbär und dem Fern-U-Boot *U179* vor Kapstadt zum Opfer fiel, war der britische Frachter *Empire Nomad* mit 7167 BRT. Helmut Witte in *U159* versenkte ihn mit vier Torpedos. Zusammen mit den Erfolgen bei seiner hervorragenden ersten Feindfahrt in die Karibik qualifizierte sich Witte mit den Versenkungen vor Kapstadt für das Ritterkreuz.[2] Einen Tag nach der Verleihung des Ritterkreuzes über Funk, am 23. Oktober, erbat Witte ein Treffen mit Ibbekens eintreffendem Fern-U-Boot *U178,* der einen Arzt an Bord hatte, dem er ein krankes Besatzungsmitglied übergeben wollte.

In der Ansicht, der Schiffsverkehr um Südafrika sei weit nach Süden umgeleitet worden, stieß ein Boot nach dem anderen aus der Gruppe

[1] Innerhalb eines Monats versenkten U-Boote der Achsenmächte im Südatlantik vier große britische Passagierdampfer mit rund 84000 Tonnen, die als Truppentransporter Dienst taten: *Laconia, Oronsay, Orcades* und *Duchess of Atholl.* Mit der britischen *Abosso* mit 11330 Tonnen, die von *U575* im Nordatlantik versenkt wurde, betrug der Verlust an britischen Truppentransportern am 1. November 1942 fünf Schiffe. Diese Verluste stehen in einem krassen, aber selten erwähnten Gegensatz zu der beinahe vollkommenen Sicherheit der Truppentransporter, die von amerikanischen Kriegsschiffen gesichert wurden.

[2] Zum Zeitpunkt der Verleihung betrug seine bestätigte Versenkungsziffer 14 Schiffe mit 77530 Tonnen.

Eisbär in diesen Raum vor. Das führte sie in die berüchtigten »Roaring Forties« (d. h. die vierziger Grade südlicher Breite), wo sie eine Woche lang von orkanartigen Stürmen und turmhohen Wellen hin- und hergeworfen wurden. Dennoch versenkte Witte am 29. Oktober in diesen unwirtlichen Gewässern mit fünf Torpedos zwei britische Frachter: die *Ross* mit 4978 BRT und die *Laplace* mit 7327 BRT.

Fritz Poske in *U504* hatte am Kap einen schlechten Start, aber sein Glück wendete sich, als er die Roaring Forties erreichte. Dort versenkte er am 17. Oktober den britischen Frachter *Empire Chaucer* mit 5970 BRT. Da er freie Hand hatte, beschloß er, Nordkurs auf Durban an der südöstlichen Küste Afrikas zu nehmen, wohin seines Wissens auch die Fern-U-Boote unterwegs waren. Unterwegs griff er vor East London am 23. und 26. Oktober zwei Schiffe an. Seine Torpedos versenkten den britischen Frachter *City of Johannesburg* mit 5669 BRT und spalteten das amerikanische Liberty-Schiff *Anne Hutchinson* mit 7176 BRT in zwei Hälften. Das Heck sank später, aber ein Schlepper und ein Minensuchboot schleppten den Bug nach Port Elizabeth. Das Schiff war jedoch ein voller Verlust.

In einer Entfernung von etwa 450 Kilometern östlich der Küste übertraf Poske die Fern-U-Boote in den Gewässern vor Durban noch. Am 31. Oktober versenkte er zwei britische Frachter: die *Empire Guidon* mit 7041 BRT und die *Reynolds* mit 5113 BRT. Mit nur zwei verbliebenen Torpedos machte er kehrt und ging auf Heimatkurs. Bei der Umrundung des Kaps am 3. November verbrauchte er seine letzten Torpedos für die Versenkung des brasilianischen Frachters *Porto Alegre* mit 5187 BRT. Mit diesen Erfolgen deckte sich Poskes Ausbeute in 18 Tagen mit der Trefferquote Mertens in *U68:* sechs Schiffe mit 36 162 BRT. Rechnete man diese Versenkungen seinen Meldungen auf zwei früheren Feindfahrten hinzu, dann qualifizierte sich Poske für das Ritterkreuz,[1] das ihm am 6. November über Funk verliehen wurde.

Die vier Bootsbesatzungen der Gruppe Eisbär verließen das Gebiet um Kapstadt höchst zufrieden. Merten und Poske fuhren über den Atlantik direkt nach Frankreich. Witte und Emmermann fuhren zu einem Treffen mit dem Tanker *U461* und dem Torpedoversorgungsboot *UD3.*

Mitten im Südatlantik auf Heimatkurs stieß Merten am 6. November auf den britischen Frachter *City of Cairo* mit 8034 BRT, der 125 Passagiere an Bord hatte, auch Frauen und Kinder, und versenkte ihn. Mit dieser Versenkung stieg seine Trefferquote bei dieser Feindfahrt auf neun Schiffe mit 56 330 BRT. Er qualifizierte sich damit für das Eichenlaub zum Ritterkreuz, das ihm von Hitler über Funk verliehen wurde.[2] Nach

---

[1] Zum Zeitpunkt der Verleihung betrug seine bestätigte Versenkungsziffer 16 Schiffe mit 82 135 Tonnen.

[2] Zum Zeitpunkt der Verleihung betrug seine bestätigte Versenkungsziffer 27 Schiffe mit 170 175 Tonnen. Nach der Tonnage nahm er unter allen Kommandanten Platz sieben ein.

der Ankunft in Frankreich verließen Merten und Poske ihre U-Boote und kehrten nicht mehr an die Front zurück. Merten wurde die 24. Flottille im Ausbildungsverband unterstellt.

Witte in *U159* und Emmermann in *U172,* die im Wettstreit um die höchste Tonnage Kopf an Kopf lagen, stießen nach Nordwesten zu dem Treffen mit dem U-Tanker vor und durchkämmten dabei mutmaßliche Schiffsrouten der Alliierten zwischen Kapstadt und Trinidad. Unterwegs stieß Witte auf zwei allein fahrende amerikanische Schiffe und versenkte sie. Das erste war die *La Salle* mit 5462 BRT, die Munition geladen hatte. Der Torpedo sprengte ihre Ladung mit einer ungeheuren Explosion in die Luft, die noch in Kapstadt in über 500 Kilometer Entfernung zu hören war und das Schiff »atomisierte«. Die Trümmer gingen auf *U159* nieder und verwundeten Witte und drei Besatzungsmitglieder leicht. Das zweite war der edle, aber alte (1887) Sechsmaster *Star of Scotland* (ehemals *Kenilworth*), ein Segelschiff mit 2290 Tonnen, das mit einer Ladung Geschütze nach Brasilien unterwegs war. Emmermann versenkte vier Frachter: die britischen *Aldington Court, Llandilo* und *Benlomond*[1] mit 4891, 4966 beziehungsweise 6630 BRT sowie die amerikanische *Alaskan* mit 5364 BRT. Mit diesen Versenkungen stieg Emmermanns Ausbeute auf acht Schiffe mit 60 048 BRT, und er qualifizierte sich für das Ritterkreuz.[2]

Wie bereits erwähnt, trafen Witte und Emmermann am 9. Dezember mit dem Tanker *U461* und dem Torpedoversorgungsboot *UD3* sowie acht weiteren U-Booten zusammen. Neben dem Treibstoff nahm Witte auch acht Preßlufttorpedos auf und schloß sich sechs anderen IX-Booten zu einem gemeinsamen Angriff auf die alliierte Schiffahrt in brasilianischen Gewässern an. Innerhalb von drei Tagen, vom 13. bis zum 16. Dezember, versenkte er drei Frachter mit 18 600 BRT, zwei britische und – peinlicherweise – einen neutralen argentinischen, die *Star of Suez* mit 5000 BRT. Damit erhöhte sich Wittes Versenkungsziffer bei dieser Feindfahrt auf beeindruckende elf Schiffe mit 63 700 BRT.

---

[1] Die *Benlomond* war auf dem Weg von Kapstadt nach Holländisch-Guinea (Surinam). Von zwei Torpedos getroffen, sank sie sofort mehr als 1300 Kilometer östlich der Mündung des Amazonas. Es gab einen Überlebenden, Poon Lim, einen chinesischen Steward der Messe. Nach einem Rekord von 133 Tagen auf einem Floß wurde er von einem brasilianischen Fischkutter in der Nähe von Belem, Brasilien, gerettet.

[2] Zum Zeitpunkt der Verleihung betrug seine bestätigte Versenkungsziffer 18 Schiffe mit 100 793 Tonnen. Zu bemerken ist, daß mit dieser Auszeichnung vier der fünf Kommandanten der Angriffsboote, die ursprünglich der Gruppe Eisbär zugeteilt waren, einschließlich Hartenstein in *U156,* ein Ritterkreuz erhielten und der fünfte, Merten, das Eichenlaub zum Ritterkreuz.

Mit nur noch zwei Torpedos ging Emmermann in *U172* auf Heimatkurs und stieß am 11. Dezember genau in dem vom xB-Dienst angekündigten Quadrat auf einen Geleitzug von Kapstadt nach Trinidad. Emmermann griff an und schoß je einen Torpedo auf zwei Schiffe. Er meldete, beide Torpedos hätten getroffen und, nach dem Geräusch zu urteilen, seien beide Schiffe vermutlich gesunken. Eine Versenkung mit etwa 8000 BRT wurde ihm zugesprochen. Seine Ausbeute betrug jetzt neun Schiffe mit 68 000 BRT, damit hatte er seinen Rivalen Helmut Witte in *U159* geschlagen. Die letzte Versenkung konnte aber nach dem Krieg nicht bestätigt werden, also war am Ende doch Witte auf Platz eins.

Der Angriff durch die Gruppe Eisbär auf Südafrika zählt zu den erfolgreichsten U-Boot-Operationen des ganzen Krieges. Die vier IX-Boote versenkten 23 Schiffe mit 155 335 BRT vor Kapstadt und Durban. Darüber hinaus versenkten drei der vier Boote auf dem Hin- oder Rückweg 11 Schiffe mit 60 829 BRT, die Versenkungsziffer stieg damit auf 34 Schiffe mit 216 164 BRT. Das ergab einen Durchschnitt von 8,5 Schiffen mit 54 041 BRT pro Boot und Feindfahrt,[1] eine erheblich höhere Erfolgsquote als in den besten Monaten des U-Boot-Angriffs auf die Vereinigten Staaten.

Die anderen drei Fern-U-Boote vom Typ IXD2 trafen Ende Oktober vor dem Kap der Guten Hoffnung ein. Die *Cagni* blieb eine Weile im Golf von Guinea, wo sie am 3. November ein Schiff versenkte, und kam später an. Die Fern-U-Boote stießen auf verstärkte ASW-Maßnahmen, doch die Deutschen ließen sich davon nicht sonderlich stören.

An der Spitze der Gruppe umrundete Hans Ibbeken in *U178,* der unterwegs den Truppentransporter *Duchess of Atholl* mit 20 119 Tonnen versenkt hatte, das Kap und wandte sich nordwärts nach Durban. In den ersten beiden Tagen in diesen Gewässern jagte er vergeblich einen Tanker, verfehlte einen Frachter mit zwei Torpedos und entkam mit knapper Not einem Luftangriff. Am 1. November griff er jedoch »ein großes Passagierschiff« an, das er »ganz sicher« als die *Laurentic* mit 18 700 Tonnen identifizierte, »ein hübsches Geschenk nach so einer langen Zeit«. Seine ersten beiden Torpedos gingen fehl. Die nächsten beiden trafen und versenkten, wie sich herausstellte, einen Truppentransporter, der nur halb so groß war wie die *Laurentic,* die britische *Mendoza* mit 8233 BRT. Rund 150 der 400 Personen an Bord kamen ums Leben oder blieben vermißt.[2]

---

[1] Die Feindfahrten währten im Durchschnitt 122 Tage oder etwa vier Monate. Witte in *U159* und Emmermann in *U172* waren 135 beziehungsweise 131 Tage auf See. Alle Boote tankten zweimal nach, beim Aus- und beim Rückmarsch.

[2] Damit erhöhte sich der Verlust an britischen Truppentransportern bei diesem Beutezug auf sechs.

Bei einer früheren Gelegenheit im Krieg hatte Dönitz Ibbeken einmal versprochen, er werde als erster deutscher U-Boot-Kommandant die Insel Madagaskar umrunden. Das tat er denn auch und versenkte auf dem Weg nach Madagaskar zwei Frachter: die norwegische *Hai Hing* mit 2561 BRT und die britische *Trekieve* mit 5244 BRT. Da er Probleme mit den Maschinen hatte, brachte die Umrundung Madagaskars selbst nichts ein.

Das zweite und das dritte Fern-U-Boot vom Typ IXD2 erreichten fast gleichzeitig den Raum vor Kapstadt. Ritterkreuzträger Robert Gysae in *U177* fand als erster ein Ziel. Am 2. November jagte er den griechischen Frachter *Aegeus* mit 4538 BRT, der eine Ladung Munition an Bord hatte. Gysae schoß vier Torpedos, zwei gingen fehl, aber zwei trafen. Das Schiff löste sich buchstäblich in einer gewaltigen Explosion auf. Ein Hagel aus Trümmern ging auf *U177* nieder, der einen Ausguck verwundete. Am nächsten Tag griff Ritterkreuzträger Wolfgang Lüth in *U181* den amerikanischen Erztransporter *East Indian* mit 8159 BRT an. Genau wie bei Gysae gingen zwei Torpedos fehl, aber zwei trafen, und das Schiff ging unter. 34 Mann der 50köpfigen Besatzung blieben vermißt.

Die beiden Boote jagten etwa zehn Tage lang vor dem Kap. Gysae griff nur ein weiteres Schiff an, den britischen Tanker *Cerion* mit 2588 BRT, der im Ballast fuhr. Nach einer frustrierenden tagelangen Verfolgung schoß er fünf Torpedos auf ihn, aber alle gingen fehl. Dann tauchte er auf, um das Schiff mit dem Deckgeschütz zu versenken, doch die *Cerion* erwiderte das Feuer. Am Ende sah sich Gysae gezwungen, sie ziehen zu lassen. Lüth in *U181* versenkte noch drei Frachter (zwei amerikanische, einen norwegischen) mit 13828 BRT, genügend, wie Dönitz bestimmte, daß Lüth für das Eichenlaub zum Ritterkreuz qualifiziert sei. Die Auszeichnung erhielt Lüth am 13. November durch eine persönliche Nachricht von Hitler.[1]

Gysae und Lüth kreuzten nach Norden in Richtung Durban, wo Ibbeken in *U178* seine enttäuschende Reise vor den Küsten Madagaskars beendete. In der Zeit vom 13. bis zum 15. November griff Ibbeken zwei britische Frachter vor Durban an: die *Louise Moller* mit 3764 BRT und die *Adviser* mit 6300 BRT. Die erstere versenkte er, aber die zweite wurde geborgen und nach Durban geschleppt. Als Reaktion darauf griffen ASW-Flugzeuge zweimal *U178* an, drückten Ibbeken unter Wasser und vereitelten einen Angriff auf weitere Schiffe. »Drei Fliegerbomben«, trug Ibbeken in sein Kriegstagebuch ein, »sehr nahe, [aber]

---

[1] Zum Zeitpunkt der Verleihung betrug Lüths bestätigte Versenkungsziffer auf den Einbäumen *U9* und *U138,* auf *U43* und *U181* vom Typ IX 29 Schiffe mit 147256 Tonnen, darunter das französische U-Boot *Doris.*

kein Schaden«. Immer noch von Maschinen- und anderen technischen Problemen geplagt, lief Ibbeken ein gutes Stück von der Küste ab und ließ umfassende Reparaturarbeiten durchführen. Dann ging er auf Heimatkurs. Bei der Umrundung des Kaps verfehlte er zwar ein Schiff, versenkte dafür aber das amerikanische Liberty-Schiff *Jeremiah Wadsworth* mit 7176 BRT. Damit erhöhte er seine bestätigte Versenkungsziffer auf sechs Schiffe mit 47097 BRT. Bei der Ankunft in Frankreich am 9. Januar beendete Ibbeken eine Feindfahrt von 124 Tagen; danach verließ er *U178* und übernahm eine andere Aufgabe.

Am 15. November, dem Tag, als Ibbeken den Raum vor Durban verließ, überraschte der britische Zerstörer *Inconstant,* der von einem ASW-Flugzeug alarmiert worden war, Lüth in *U181.* Lüth tauchte sofort tief, um zu entkommen, doch der Kommandant der *Inconstant,* W. S. Clouston, jagte das Boot hartnäckig neun Stunden lang und warf dreißig Wasserbomben. Spät am Nachmittag trafen zwei Korvetten ein, die *Jasmine* und die *Nigella,* um die *Inconstant* abzulösen. Die *Jasmine* empfing eine Ortung im Sonar und warf fünf weitere Wasserbomben, aufgrund der Wirbel bei den Detonationen verlor sie jedoch *U181.* Schließlich entkam Lüth in der Dunkelheit und reparierte die beträchtlichen Schäden. Er war mit knapper Not entkommen. Wenn die beiden Korvetten *U181* ebenso hartnäckig verfolgt hätten wie die *Inconstant* und Flugzeuge am folgenden Tag noch hinzugestoßen wären, dann hätten sie *U181* ohne weiteres zum Auftauchen zwingen und anschließend versenken können.

Nach Abschluß der Reparaturen kreuzte Lüth etwa 450 Kilometer nach Norden bis zu dem malerischen neutralen Hafen Lourenço Marques, der in der Delagoabucht in Portugiesisch-Ostafrika (heute Moçambique) liegt. In den folgenden zwei Wochen, vom 19. November bis zum 2. Dezember, patrouillierte Lüth in der Nähe dieses Hafens und versenkte mit der Kanone und mit Torpedos acht Schiffe mit 36394 BRT, vier davon in erster Linie mit dem Deckgeschütz, wobei er seinen ganzen Vorrat von 355 Granaten für die 10,5-cm-Kanone aufbrauchte. In einer vor kurzem erschienenen Biographie Lüths[1] wird dieser verschwenderische Umgang mit Granaten als »gefühllos«, »böswillig und unprofessionell« bezeichnet, weil durch das Geschützfeuer viele Seeleute unnötig ums Leben kamen und Lüth bei dieser Aktion *U181* leichtsinnig einem Angriff aussetzte.

---

[1] Von dem Amerikaner Jordan Vause, *U-boat Ace* (1990).

Zwei Torpedos sparte sich Lüth noch zur Selbstverteidigung auf und kehrte am 18. Januar nach Frankreich zurück. Er beendete eine Fahrt von 129 Tagen, bei der er ohne Nachtanken 38464 Kilometer zurückgelegt hatte. Seine bestätigte Ausbeute bei der Feindfahrt betrug zwölf Schiffe mit 58381 Tonnen. Das waren doppelt so viele Schiffe, wie Ibbeken in *U178* versenkt hatte, aber 5350 Tonnen weniger, als Witte in *U159* und 1700 Tonnen weniger als Merten in *U68* und Emmermann in *U172* versenkt hatten. Also versenkte ein großes, teures Fern-U-Boot in den Händen eines erfahrenen Kommandanten, der das Eichenlaub zum Ritterkreuz trug, im selben Raum nicht wesentlich mehr Tonnage als eins der drei IXC-Boote.

Vom 19. November an patrouillierte Gysae in *U177* ebenfalls im Raum vor Lourenço Marques, meist allerdings in einiger Entfernung von Lüth. In einem Zeitraum von 26 Tagen verschoß er alle seine Torpedos und versenkte sieben Schiffe (darunter einen Tanker) mit 44833 BRT. Eines seiner Opfer war ein ungesicherter britischer Truppentransporter: die bewaffnete *Nova Scotia* mit 6796 BRT auf Heimatkurs, der siebte Truppentransporter, der innerhalb von zwei Monaten von allein operierenden U-Booten der Achsenmächte versenkt worden war.[1] Neben ihrer Crew hatte die *Nova Scotia* 899 Passagiere an Bord: 765 zivile italienische Gefangene und 134 südafrikanische Soldaten. Als Gysae erfuhr, daß er genau wie Hartenstein in *U156* ein Schiff mit Hunderten von italienischen Verbündeten versenkt hatte, bat er Dönitz über Funk um Instruktionen: »Hilfskreuzer *Nova Scotia* mit über 1000 italienischen zivilen Gefangenen ex Massaua [Äthiopien] versenkt. Zwei Überlebende an Bord genommen. Noch etwa 400 auf Booten oder Flößen. Abgelaufen wegen Luft[sicherung].« In seiner Antwort setzte Dönitz praktisch den »*Laconia*-Befehl« um: »Operation fortsetzen. Kriegführung hat Vorrang. Keine Rettungsversuche.«

Dönitz informierte die Portugiesen, die Fahrzeuge aus Lourenço Marques schickten. Eine portugiesische Sloop rettete 192 Überlebende (darunter 43 Südafrikaner) in Booten oder auf Flößen, umgeben von gefräßigen Haien. Zusammen mit der Besatzung kamen etwa 750 Menschen ums Leben. 120 Leichname wurden an die Strände von Durban gespült. Die Haie verzehrten einen Großteil der übrigen 630 Toten. Auf Gysaes Bitte schwor die Besatzung von *U177* einen Eid, nie über die Katastrophe zu sprechen.

---

[1] Die Truppentransporter, die Truppen für die Operation Torch transportierten oder im Mittelmeer versenkt wurden, nicht mitgerechnet, dafür einschließlich der *Oronsay,* die von der *Archimede* in der Nähe von Freetown versenkt wurde. Diese beklagenswerten Verluste an Truppentransportern werden von den offiziellen britischen Marinehistorikern und anderen britischen Autoren nicht in vollem Ausmaß geschildert. Nähere Einzelheiten siehe Tafel 4.

Gysae führte *U177* am 22. Januar nach Frankreich zurück und beendete eine Feindfahrt von 128 Tagen. Seine bestätigte Trefferquote betrug acht Schiffe mit 49371 Tonnen. Genau wie Lüth blieb er bei seinem Boot und bereitete eine weitere Feindfahrt in den Indischen Ozean vor. Dönitz verlieh seinem Ingenieur Gerhard Bielig das Ritterkreuz und stellte fest, daß er bereits 454 Tage auf Feindfahrt in drei U-Booten hinter sich und »seine Boote dreimal gerettet« habe.

Der große italienische U-Kreuzer *Cagni* trug praktisch nichts zu diesem Angriff auf Südafrika bei. Am 29. November versenkte er ein Schiff vor Kapstadt, die griechische *Argo* mit 1995 BRT. Da die *Cagni* in der Nähe von Kapstadt auf verstärkte ASW-Maßnahmen stieß, machte sie rasch kehrt und ging auf Heimatkurs. Am 10. Januar tankte sie in der Nähe des Äquators an dem Tanker *U459* nach und fuhr weiter nach Bordeaux.

Vier deutsche Fern-U-Boote hatten vor Kapstadt und Durban operiert. Alles in allem hatten sie 27 bestätigte Schiffe mit 161407 BRT versenkt, ein Durchschnitt von 6,75 Schiffen mit 40350 BRT pro Boot und Feindfahrt. Berücksichtigt man, daß ein Boot, Sobes *U179,* bereits nach der Versenkung eines Schiffes verlorenging, ist dies ein außergewöhnlich guter Durchschnitt. Der einzige Erfolg des italienischen U-Kreuzers *Cagni* erhöhte die Gesamtzahl für alle U-Kreuzer der Achse auf 28 Schiffe mit 163400 BRT.

Rechnet man die Erfolge der vier IX-Boote der Gruppe Eisbär zu diesen hinzu, dann ergibt sich eine in der Tat beeindruckende Zahl: 62 Schiffe mit 379566 BRT, darunter sechs britische Truppentransporter. Das war ein Durchschnitt von 7,8 versenkten Schiffen mit 47446 BRT pro Boot und Feindfahrt und übertraf die besten Ergebnisse der IX-Boote in amerikanischen Gewässern.

Insgesamt patrouillierten in der zweiten Hälfte des Jahres 1942 rund 50 U-Boote zu den Azoren, den Kanarischen Inseln, nach Freetown, in weiter südlich gelegene afrikanische Gewässer und nach Kapstadt und Durban. Diese versenkten etwa 150 Schiffe mit rund 900000 Tonnen, wobei nur drei U-Boote[1] mit der gesamten Besatzung verlorengingen. Das ergab eine »Erfolgsquote« von rund 50 versenkten Schiffen für jedes verlorene U-Boot, eine außerordentliche Leistung der Deutschen, aber auch ein selten erwähntes und peinliches Versagen der ASW-Kräfte des Commonwealth in diesen Gewässern.

Genau wie die Versenkungen in amerikanischen Gewässern machten diese deutschen Erfolge in südafrikanischen Gewässern im Oktober und November 1942 einen beträchtlichen Anteil der gesamten alliierten

[1] *U136* vom Typ VIIC, der Minenleger *U213* vom Typ VIID und das Fern-U-Boot *U179* vom Typ IXD2.

TAFEL 3

U-BOOT-ERFOLGE IN SÜDAFRIKANISCHEN GEWÄSSERN[1]

Oktober bis November 1942

U-Boot	Typ	Kommandant	Versenkte Schiffe	BRT
U68	IXC	Karl-Friedrich Merten	9	56230
U156	IXC	Werner Hartenstein	3	30381[2]
U159	IXC	Helmut Witte	11	63730
U172	IXC	Carl Emmermann	8	60048[3]
U177	IXD2	Robert Gysae	8	49371[4]
U178	IXD2	Hans Ibbeken	6	47097[5]
U179	IXD2	Ernst Sobe	1	6558[6]
U181	IXD2	Wolfgang Lüth	12	58381[7]
U504	IXC	Friedrich Poske	6	36156
Cagni	Italienisch	Carlo Liannazza	1	1995[8]
Gesamt:	9 Feindfahrten (*U156* nicht gerechnet)		65	409947

[1] Quellen: Turner et al., *War in the Southern Oceans;* Rohwer, *U-Boot-Erfolge der Achsenmächte;* Rohwer und Hümmelchen, *Chronology*. Die Zahlen beinhalten auch Versenkungen auf dem Hin- und Rückweg nach und von Südafrika.

[2] Mitsamt dem britischen Truppentransporter *Laconia* am 12. September, nach dessen Versenkung *U156* seine Fahrt nach Südafrika abbrach.

[3] Mitsamt dem britischen Truppentransporter *Orcades* mit 23456 BRT am 10. Oktober.

[4] Mitsamt dem britischen Truppentransporter *Nova Scotia* am 28. November.

[5] Mitsamt dem britischen Truppentransporter *Duchess of Atholl* mit 20119 BRT am 10. Oktober und dem britischen Truppentransporter *Mendoza* mit 8233 BRT am 1. November.

[6] U-Boot wurde am 8. Oktober 1942 von ASW-Kräften vor Kapstadt versenkt.

[7] Bis auf ein Schiff mit 4328 BRT alle im November.

[8] Das italienische Boot *Archimede* versenkte am 9. Oktober den britischen Truppentransporter *Oronsay* mit 20043 BRT vor Freetown.

Schiffsverluste durch U-Boote in diesen Monaten aus. Da die alliierten Verluste, wie erwähnt, nicht nach geographischen Regionen aufgeschlüsselt wurden, verstärkten diese Zahlen ebenfalls tendenziell den falschen Eindruck, die U-Boote würden auf der Nordatlantikroute ein »Massaker« veranstalten.

Das Mittelmeer: ein unbezahlbarer Fang

Am Abend des 23. Oktober um 22.00 Uhr begann die 8. britische Armee unter dem Befehl von Bernard Law Montgomery einen massiven Angriff auf die Truppen der Achse bei El Alamein. Als Hitler dies am nächsten Tag erfuhr, rief er Erwin Rommel im Krankenhaus an und fragte, ob er wieder so gesund sei, daß er nach Nordafrika zurückkehren und das Kommando über das Afrikakorps übernehmen könne. Rommel traf am Tag darauf, am 25. Oktober, ein und sah, daß die Kräfte der Achse unter der Wucht von Montgomerys Angriff zusammenbrachen. Dieser profitierte erheblich vom Mitlesen der Schlüssel der Luftwaffe und einigen vorübergehenden Einbrüchen in die Schlüssel der Wehrmacht. Rommel schlug einen strategischen Rückzug nach Westen bis Benghazi vor, aber Hitler hatte Bedenken und befahl Rommel unsinnigerweise, um jeden Preis die Stellung zu halten.

Zu dieser Zeit zählten zu den U-Boot-Flottillen des Mittelmeers unter dem Führer der U-Boote Mittelmeer, Konteradmiral Leo Kreisch, 19 VIIC-Boote. Darunter waren vier Neuankömmlinge aus dem Atlantik *(U458, U593, U605, U660)*, die in den Nachtstunden des 10. und 11. Oktober durch die Straße von Gibraltar geschlüpft waren. *U605* unter Herbert-Viktor Schütze, 25 Jahre alt, schwebte bei der Fahrt in höchster Gefahr. Das getauchte britische U-Boot *Clyde* hatte auf *U605* zwei Torpedos geschossen, es aber verfehlt. Schütze war daraufhin ebenfalls getaucht, und anschließend spielten die beiden U-Boote drei Stunden lang miteinander Katz und Maus. Schütze schoß einen vollen Bugfächer – vier Torpedos – auf das feindliche U-Boot, verfehlte aber ebenfalls sein Ziel. Am 14. und 15. Oktober trafen diese vier U-Boote im italienischen Marinestützpunkt La Spezia ein, wo Kreisch den Männern beibrachte, wie in den gefährlichen Gewässern des Mittelmeers Krieg geführt wurde.

Die U-Boot-Flottillen im Mittelmeer steckten in ihrer bislang schlimmsten Krise. Abgesehen von einigen kleinen Segelschiffen hatten die U-Boote im ganzen September und Oktober nur ein einziges Schiff versenkt: einen palästinensischen Frachter mit 558 BRT und drei ägyptische und palästinensische Segler mit 255 BRT.

Als Montgomery am 23. und 24. Oktober angriff, befanden sich sieben U-Boote auf See. Vier patrouillierten im westlichen Teil vor der Küste Algeriens und Tunesiens und drei im östlichen Teil vor Ägypten und Palästina. Es war geplant, dieses Aufstellungsschema beizubehalten für den Fall, daß die Alliierten eine amphibische Landung in Nordafrika im Rücken (oder westlich) von Rommel oder noch weiter im Westen in Algerien oder Oran oder auf der Insel Sardinien versuchen sollten. Drei U-Boote erhielten den Auftrag *(U458, U565, U660)*, von La Spezia aus in den Ostteil des Mittelmeeres zu fahren und die drei Boote in diesem Raum abzulösen *(U77, U205, U559)*.

Am 25. Oktober mischte sich Hitler persönlich ein und änderte die Aufstellung der U-Boote im Mittelmeer. Aufgrund von deutschen Meldungen des Nachrichtendienstes, der britische Flugzeugträger *Furious* und andere Kriegsschiffe würden bei Gibraltar zusammengezogen, möglicherweise um auf Sardinien zu landen oder Jagdflugzeuge auf Malta abzusetzen, befahl der Führer, daß »alle verfügbaren« U-Boote unverzüglich in den Westen des Mittelmeeres verlegt werden sollten. Leo Kreisch schickte deshalb die drei vor kurzem in das östliche Mittelmeer ausgelaufenen Boote nun in den Westen.

Die Briten hatten eine weitere Verstärkung Maltas durch Jagdflugzeuge geplant. Am 27. Oktober nahm die *Furious* in Gibraltar die Flugzeuge an Bord. Am nächsten Tag lief die Einsatzgruppe aus, zu der die Kreuzer *Charybdis* und *Penelope* und sechs Zerstörer zählten. In der Zwischenzeit hatten die Befehlsstellen der Achsenmächte vierzehn U-Boote in dem schmalen westlichen Endstück des Mittelmeers aufgestellt: sieben deutsche U-Boote[1] und eine von diesen unabhängige Streitmacht aus sieben italienischen U-Booten, welche die Straße zwischen Kap Antonio, Spanien, und der Insel Ibiza blockierten, für den Fall, daß die Briten sich entschieden hätten, zunächst die Balearen im Norden zu umfahren und erst dann nach Osten zu drehen.

Am späten Abend des 28. Oktober sichteten zwei U-Boote die Task Force und meldeten die Position: Ritterkreuzträger Friedrich (Fritz) Guggenberger in *U81,* der ein Jahr zuvor den britischen Träger *Ark Royal* versenkt hatte, und der neu eingetroffene Schütze in *U605.* In der Nähe schoß um dieselbe Zeit Wilhelm Franken, ein anderer erfahrener Kommandant im Mittelmeer, in *U565* vier Torpedos auf die *Furious,* aber er meldete, sie seien alle Blindgänger gewesen. In Anbetracht der Tatsache, daß Guggenberger die Geschwindigkeit der Task Force mit 21 Knoten angegeben hatte, trug Leo Kreisch in sein Kriegstagebuch ein: »Eine Verfolgung durch die U-Boote ist aussichtslos.«

Nach dem neuen deutschen Plan sollte die *Furious* deshalb bei ihrer Rückfahrt nach Gibraltar versenkt werden. Kreisch stellte die sieben U-Boote an günstigen Wartepunkten neu auf, während Flugzeuge der Achsenmächte das Mittelmeer auskundschafteten und die Task Force entdeckten. Mehrere U-Boote sichteten die Formation. *U431* unter Wilhelm Dommes, dem nächsten Veteranen im Mittelmeer, schoß vier Torpedos auf die *Furious,* aber alle gingen fehl. Da die Task Force immer noch etwa zwanzig Knoten schnell lief, kehrte sie ohne Verluste nach Gibraltar zurück.

---

[1] Die kampferprobten Boote *U73, U81, U431, U565* und drei der vier Neuankömmlinge, *U458, U605* und *U660.*

Leo Kreisch schrieb in sein Kriegstagebuch:

Die Operation ist somit abgeschlossen. Sie war erfolglos gewesen… Von den sieben verfügbaren Booten hatten fünf verschiedene Boote insgesamt sechs Zusammenstöße mit dem Feind. Zwei Boote schossen je einen Fächer aus vier Torpedos, keine Treffer wurden erzielt. Einen schwer gesicherten Flugzeugträger anzugreifen ist nicht nur eine Frage der Gelegenheit, sondern auch des Glücks…

Wegen Hitlers persönlicher Einmischung blieb nur ein U-Boot im östlichen Mittelmeer: *U559* unter dem Kommando des 28jährigen Hans Heidtmann. In der letzten Hälfte des Jahres 1940 hatte er drei Einbäume[1] zur Ausbildung befehligt, am 27. Februar 1941 hatte er dann *U559* in Dienst gestellt. Im Juni 1941 hatte Heidtmann sich bei der 1. U-Flottille in Brest gemeldet und während des Angriffs auf den Geleitzug OG 71 im August einen britischen Frachter mit 1600 BRT versenkt.[2] Einen Monat später zählte *U559* zu den Booten, die als erste in das Mittelmeer vorstießen. Bei seinem einjährigen Einsatz in diesen gefährlichen Gewässern hatte Heidtmann vier bestätigte Schiffe versenkt: die australische Sloop *Parramatta* mit 1100 Tonnen, zwei Frachter und den norwegischen Tanker *Athene* mit 4700 BRT.

Heidtmann kannte die Gewässer im östlichen Mittelmeer sehr gut. Er hatte vom 15. August bis zum 21. September eine öde Feindfahrt von 38 Tagen durchgeführt und war dann nach Messina zurückgekehrt. Nach nur acht Tagen im Hafen zum Nachtanken und zur Erholung für die Crew lief er am 29. September wieder ins östliche Mittelmeer aus.

---

1 »Einbäume« waren sehr kleine deutsche U-Boote (42,7 m lang, 300 Tonnen), die für Operationen in der Nordsee und bei der Ausbildung gedacht waren. Sechs Einbäume vom Typ IIB *(U9, U18, U19, U20, U23, U24)* wurden zerlegt und auf Kähnen nach Galatz in Rumänien transportiert. Dort wurden sie wieder zusammengebaut und als 30. U-Flottille eingesetzt, die von Constanta aus operierte. Nach Rohwer *(Erfolge)* versenkte die kleine Flottille neun bestätigte sowjetische Frachter mit 29374 BRT und mehrere Hilfsschiffe und Fischereifahrzeuge. Aus dem Schwarzen Meer kehrte kein Einbaum zurück.

2 Siehe Band 1, S. 405.

Der ranghöchste deutsche Befehlshaber des Marinekommandos Mittelmeer, Eberhard Weichold, schreibt dazu:

> *Das Zurücklassen von U559 im östlichen Mittelmeer, nachdem die übrigen dort operierenden Boote zurückgerufen worden waren, geschah absichtlich. Das Boot war seit August mit einer Pause von wenigen Tagen [in Messina] gegen den Feind im Einsatz gewesen; da es überholt werden mußte, kam sein Einsatz für Operationen im westlichen Mittelmeer nicht in Frage. Doch das Boot konnte im östlichen Mittelmeer noch einige Tage von Nutzen sein, bis es alle seine Ressourcen aufgebraucht hatte.*

Heidtmann hatte Befehl, die Schiffahrt im östlichen Mittelmeer (in der Levante) »überall« anzugreifen. Wie andere Boote vor ihm konzentrierte er seine Bemühungen auf die kurze Konvoiroute von Port Said, dem Endhafen des Suezkanals im Mittelmeer, zu dem britischen Marinestützpunkt Haifa in Palästina. In den frühen Morgenstunden des 30. Oktober, als *U559* etwa 130 Kilometer nordöstlich von Port Said lag, entdeckte eine mit Radar ausgerüstete Sunderland auf ASW-Patrouille *U559* und meldete einen Kontakt, »möglicherweise ein U-Boot«. Der britische Zerstörer *Hero,* der etwa 35 Kilometer von der gemeldeten Position entfernt war, lief heran und suchte mit dem Sonar den Raum ab, fand aber nichts. Weitere britische Flugzeuge trafen ein, um der *Hero* beizustehen, fanden aber das U-Boot ebenfalls nicht.

Beim Eintreffen der ersten Meldung der Sunderland lief der Kommandeur der Destroyer Squadron 12, Eric B. K. Stevens auf der *Pakenham,* mit drei anderen Zerstörern aus Port Said aus: *Petard, Dulverton* und *Hurworth.* Sechs Stunden später, gegen 12.30 Uhr, trafen die vier Zerstörer an der gemeldeten Position ein. Genau in diesem Augenblick erspähte eine britische Wellesley in knapp zwölf Kilometern Entfernung ein Sehrohr und die »deutlich sichtbaren« Umrisse eines getauchten U-Bootes. Der Pilot griff aus geringer Höhe an und warf drei Wasserbomben mit dem Sprengstoff Torpex. Dann feuerte er Leuchtkugeln ab, um die Zerstörer zu alarmieren. Stevens nahm die *Hero* in seine Formation auf und eilte mit 31 Knoten in Richtung des kreisenden Flugzeugs. Als sie die Geschwindigkeit für die Suche mit dem Sonar drosselten, meldete die *Dulverton* alsbald die Ortung eines U-Bootes.

Die folgende U-Boot-Jagd ähnelte stark der langwierigen dreizehnstündigen Jagd (und Versenkung) von *U372* durch vier Zerstörer und Flugzeuge Anfang August an fast derselben Stelle.[1] Die fünf Zerstörer und Flugzeuge, die *U559* jagten, hielten fast zehn Stunden lang hart-

[1] Siehe Band 1, S. 756.

näckig die Ortung. Abwechselnd warf die *Dulverton* bei sechs Angriffen 56 Wasserbomben, die *Pakenham* und die *Petard* warfen bei vier Angriffen 32 beziehungsweise 30 Wasserbomben, die *Hero* warf bei drei Angriffen 17 Wasserbomben und die *Hurworth* bei zweien 15 Wasserbomben. Insgesamt: 19 unabhängige Angriffe, bei denen 150 auf Tiefen zwischen 45 und 180 Meter eingestellte Wasserbomben geworfen wurden.[1]

Bei seiner zweiten Atlantikfahrt war Heidtmann schon einmal aufgespürt und von einem hartnäckigen Team britischer Zerstörer stundenlang gejagt worden. Er überstand den Angriff, indem er mit *U559* auf eine Tiefe von 177 Metern ging und mucksmäuschenstill lag. Diese Taktik wandte er wiederum an, konnte aber die fünf Zerstörer nicht loswerden. Nach einer beinahe zehnstündigen Verfolgung wurde die Luft im Boot schlecht. Außerdem hatten die letzten fünf der 150 Wasserbomben – von der *Petard* geworfen – beträchtliche Schäden angerichtet, Wasser war eingebrochen. Deshalb tauchte Heidtmann gegen 22.40 Uhr auf und hoffte, in der Dunkelheit zu entkommen.

In dem Augenblick, als *U559* die Wasseroberfläche durchstieß, erfaßte die *Hurworth* das Boot mit dem Radar und beleuchtete es mit einem großen Scheinwerfer. Da *U559* so nahe war, daß der 4-Zoll-Geschützturm nicht tief genug gerichtet werden konnte, eröffneten die *Hurworth* und die *Petard* mit den 20- und 40-mm-Kanonen das Feuer. Das Feuer der *Petard,* ein, wie es offiziell hieß, »mörderisches Sperrfeuer«, bestrich die Brücke von *U559.* Mehrere Deutsche kamen dabei vermutlich ums Leben, möglicherweise auch Heidtmann (die Quellen geben keine genaue Auskunft), und andere wurden verwundet. Da die Deutschen keine Fluchtmöglichkeit hatten, öffneten sie die Flutventile und sprangen ins Wasser. In ihrer Eile, das Schiff zu verlassen, versäumten sie es, das gesamte Enigma-Material vorschriftsmäßig über Bord zu werfen.

Der Kommandant der *Petard* Mark Thornton nutzte seine Chance, *U559* auszuweiden und vielleicht sogar zu kapern. Er dirigierte sein Schiff an Steuerbord von *U559,* der Bug der *Petard* wies zum Heck des U-Boots. Während sich die *Petard* langsam der Längsseite des U-Boots näherte, sprangen einige Besatzungsmitglieder, darunter Lieutenant Spens-Black, die Vollmatrosen K. Lacroix und G. W. MacFarlane und der Kantinenassistent Thomas Brown, an Deck von *U559* und versuchten, eine Schleppleine festzumachen. Die erste Leine löste sich wieder, die zweite ebenfalls, aber schließlich befestigten sie eine dicke Trosse aus Manilahanf am Heck von *U559,* die hielt.

---

[1] Die Besatzung der *Petard* erreichte mit einigen Bomben eines Teppichs aus zehn Wabos eine Tiefe von 180 Metern, indem sie die Löcher der hydrostatischen Zündung mit Seife verstopften.

Unterdessen hatte Thornton ein Enterkommando abkommandiert und zwei Kutter ausgesetzt. Wegen eines Mißverständnisses lief ein Boot ab, um deutsche Überlebende aus dem Wasser zu fischen. 14 Deutsche sammelten sie ein. Der Führer des Enterkommandos, die Nummer zwei der *Petard,* Francis Anthony Blair Fasson, übergab den anderen Kutter an G. Gordon Connell, streifte dann die Kleider ab, sprang über Bord und schwamm zu *U559.* Der Matrose Colin Grazier legte ebenfalls seine Kleider ab und sprang ins Wasser, um Fasson zu helfen.

Fasson, Grazier und der Kantinenassistent Brown stiegen in die Zentrale von *U559.* Es war dunkel, erinnerte sich Brown, aber Fasson hatte eine Taschenlampe und eine Maschinenpistole. Fasson ging ohne Zögern nach vorn zu Heidtmanns Koje und zum Funkraum und brach die Tür mit dem Kolben der MPi auf. An der Rückseite der Tür hingen etliche Schlüssel, und mit diesen konnte Brown eine Schublade öffnen. Fasson nahm einige »vertrauliche Bücher« aus der Schublade und übergab sie Brown. Dieser brachte sie an Deck und richtete eine Leine her, um weitere Dokumente hochzuziehen. Dann ging er zu Fasson zurück. Dieser übergab ihm noch einen Stapel Dokumente, die Brown am Fuß des Turms ablegte. Er ging nochmals zu Heidtmanns Koje und dem Funkraum zurück, wo Fasson noch mehr vertrauliche Bücher entdeckt hatte. Brown brachte diese ebenfalls zum Ausstiegsluk, kletterte dann an Deck und übergab die Dokumente Spens-Black, Lacroix und MacFarlane. Sie reichten die Dokumente an die Männer im Kutter weiter.

Als Brown wieder in die Zentrale zurückkehrte, sah er, daß Fasson versuchte, einen nicht identifizierten »Apparat« von einem Schott loszureißen. Fasson untersuchte ihn interessiert, aber er konnte die Kabel nicht durchschneiden, die in den Apparat führten. »Also gaben wir es auf«, erinnerte sich Brown. Fasson reichte dann Brown noch einen Stapel vertraulicher Bücher. Bei diesem dritten Aufstieg an Deck übergab Brown die Dokumente direkt an die Männer im Kutter. Unterdessen zogen Spens-Black, Lacroix und MacFarlane eine »Schachtel« hoch, die Fasson an der von Brown hergerichteten Leine festgebunden hatte. Fasson rief ihnen zweimal zu, sehr vorsichtig zu sein, weil das »Instrument« »sehr empfindlich« und »wichtig« sei. Möglicherweise handelte es sich um eine Enigma.

Plötzlich begann *U559* aber, mit dem Heck voraus rasch zu sinken. Thornton befahl volle Kraft voraus für die Motoren der *Petard,* damit die Schleppleine gestrafft und das Heck des U-Boots über Wasser gehalten wurde. Als er aber sah, daß er Gefahr lief, mit dem Kutter zu kollidieren und damit alle Dokumente zu verlieren, korrigierte er den Befehl und kappte die Schleppleine. Spens-Black, Brown und andere an Deck des U-Bootes und im Kutter riefen: »Runter vom Schiff! Runter vom

Schiff!« Brown erinnerte sich, daß er Fasson und Grazier am Fuß der Leiter zur Brücke sah und zweimal rief: »Ihr kommt jetzt besser herauf!« Sie »hatten eben begonnen, hochzusteigen«, sagte Brown, als »das U-Boot begann, sehr schnell zu sinken«. Die beiden Männer kämpften vergeblich gegen die Wassermassen an, die durch das Luk strömten. Auch das »Instrument« ging verloren. »Ich mußte es zurücklassen«, erinnerte sich MacFarlane, »weil das Wasser bereits über die Brücke anstieg.« Als *U559* sich steil aufstellte und Heck voraus sank, schwammen er und Brown und die anderen zu dem Kutter.[1]

Die britischen Zerstörer retteten 41 der 48 Deutschen von *U559*. Heidtmann war nicht unter den Überlebenden. Ein Überlebender starb an seinen Wunden, damit blieben 40. Die *Petard* brachte einige dieser Deutschen sowie alle aus *U559* geborgenen Dokumente sofort zum Nachrichtenzentrum der Marine im östlichen Mittelmeer, das sich aus Alexandria zurückgezogen und in Haifa neu eingerichtet hatte.

Unter den nachrichtendienstlichen Unterlagen, die aus *U559* geborgen wurden, befanden sich zwei für die britischen Codeknacker unschätzbar wertvolle Dokumente:

- Eine aktuelle Ausgabe des Kurzsignalheftes für Wettermeldungen.
- Eine aktuelle Ausgabe des Kurzsignalheftes für die Meldung feindlicher Schiffe, Gefechtsergebnisse und anderer taktischer Informationen.

Für die Seeleute der *Petard* und des U-Bootes hatte die Angelegenheit ein Nachspiel. Sechs Wochen später, am 15. Dezember, entdeckte die *Petard* gemeinsam mit dem griechischen Zerstörer *Vasilissa Olga* das italienische U-Boot *Uarsciek* und griff es an. Gemäß den Vorschriften der Admiralität zwang die *Petard* bei dieser Aktion das U-Boot zum Auftauchen und verwundete erbarmungslos zahlreiche Italiener bei dem Versuch, diese unter Deck zu halten und an der Selbstversenkung des Bootes zu hindern. Zum zweitenmal setzte die *Petard* ein Enterkommando an Bord eines feindlichen Kriegsschiffes und erbeutete einen beeindruckenden Stapel »vertraulicher Bücher« aller Art. Wiederum wäre es ihr beinahe gelungen, das gekaperte Fahrzeug in den Hafen zu schleppen.

Trotz dieses zweiten herausragenden Erfolgs kam William Finbar Prendergast, der Arzt an Bord des Schiffes, nach einer veröffentlichten

---

[1] Für ihre Tapferkeit wurde Fasson und Grazier postum das Georgskreuz verliehen, der Kantinenassistent Tommy Brown erhielt den Georgsorden. Als sich herausstellte, daß Brown erst 16 Jahre alt war und sich ein Jahr älter ausgegeben hatte, damit er in die Royal Navy aufgenommen wurde, wurde er sofort entlassen. Im Jahr 1944 kam Brown ums Leben, als er versuchte, seine jüngere Schwester zu retten, die in einem brennenden Gebäude eingeschlossen war.

Geschichte der *Petard* zu dem Schluß, daß der Kommandant Mark Thornton sich zuviel zugemutet habe und »medizinische Behandlung und Ruhe« benötige. Thornton wurde eilig suspendiert und verließ sein Kommando ohne das übliche Zeremoniell bei einer Verabschiedung.[1] Dagegen wurde dem Kommandant von *U559,* Heidtmann, der grob nachlässig gehandelt hatte, weil er nicht dafür gesorgt hatte, daß die Enigma-Dokumente vernichtet wurden, am 14. April 1943 aus nie geklärten Gründen das Ritterkreuz verliehen.[2]

Als das Kurzsignalheft für die Wetterberichte nach Bletchley Park kam, hatten die britischen Kryptanalytiker, die Wettermeldungen entziffern konnten, nun die Möglichkeit, Übersetzungshilfen zu finden, mit denen sie die nach der Vier-Walzen-Enigma verschlüsselten Wettermeldungen entziffern konnten. Bis zum 13. Dezember mühten sie sich jedoch vergebens. An diesem Tag entdeckten die Codeknacker zu ihrem Erstaunen, daß den Deutschen ein großes Versäumnis bei der Funksicherheit unterlaufen war. Bei Wettermeldungen stellten die U-Boote die vierte Walze auf »neutral« und benutzten die Vier-Walzen-Enigma wie eine dreiwalzige. Da sich aus dieser Erkenntnis drei der vier Tagesschlüssel für die Enigma ergaben, war es nicht schwierig, mit den Bombas 26 weitere Möglichkeiten durchzuspielen, um die vierte Walzeneinstellung zu erhalten.

Mit diesem Einbruch in die Vier-Walzen-Enigma im Schlüsselbereich Triton war Bletchley Park imstande, sofort acht Tage des Funkverkehrs im November und die ersten Tage des Dezember mit geringer Verzögerung zu lesen. Da der First Sea Lord Pound immer noch fürchtete, die Amerikaner würden das Geheimnis durchsickern lassen, setzte er Admiral Ernest J. King mit herablassenden Worten von den Fortschritten in Kenntnis:

---

[1] Siehe *Fighting Destroyer* (1976) von einem Offizier der *Petard,* G. Gordon Connell. In einem unverblümten Nachwort schreibt Rear Admiral G. C. Leslie, R. N., daß nur »wenige« Zerstörerkommandanten in der Royal Navy den Krieg »ohne einen Zusammenbruch« überstanden hätten und daß die Anspannung während Thorntons Kommando auf der *Petard* »so groß wurde, daß sie nicht mehr auszuhalten war«. Später wurde Thornton jedoch das Kommando über einen anderen Zerstörer übertragen.

[2] Zum Zeitpunkt der Verleihung betrug seine bestätigte Versenkungsziffer fünf versenkte Schiffe mit 14542 Tonnen, einschließlich der australischen Sloop *Parramatta.*

Als Ergebnis monatelanger angestrengtester Bemühungen wird der U-Boot-Funkverkehr von einigen Tagen in unmittelbarer Zukunft lesbar sein, und das kann in naher Zukunft bessere Ergebnisse nach sich ziehen.

Ich bin sicher, Sie werden sich über die nötige Sorgfalt bei der Nutzanwendung dieser Informationen voll im klaren sein, um zu verhindern, daß irgendein Verdacht aufkommt, woher diese Informationen stammen könnten. Nach unseren Erfahrungen ist dies besonders schwierig, wenn Handlungen von Behörden außerhalb der Admiralität erforderlich sind, die über die Route bestimmen müssen. Es wäre eine Tragödie, wenn wir ein Problem noch einmal von vorn angehen müßten, das dann zweifellos schwieriger zu lösen wäre.

Der Fund in *U559* kam somit in seiner Bedeutung dem Fund in *U110* im Mai 1941 gleich, der ebenfalls eine Quelle für Eselsbrücken bot. Das Kurzsignalheft für Wettermeldungen blieb bis zum März 1943 im Einsatz. Bis zu der Zeit, als es auslief, hatten die Briten bereits eine Methode ausgearbeitet, mit deren Hilfe sie Übersetzungshilfen aus dem anderen (taktischen) Kurzsignalheft erhielten, das bis zum Ende des Krieges eingesetzt wurde. Dennoch sollte es noch sechs Monate oder länger dauern, bis die britischen Codeknacker den Schlüsselbereich Triton vollständig beherrschten. Bis dahin war es häufig ein nervenaufreibendes Ratespiel aufs Geratewohl.

Bletchley Park schickte sofort die ersten entzifferten Meldungen per Fernschreiber an das Operational Intelligence Center der Admiralität. Der Leiter des Submarine Tracking Room, Rodger Winn, nahm an dem feierlichen Ereignis nicht teil. Der immer schon anfällige Winn hatte vorübergehend einen Nervenzusammenbruch erlitten. Sein Assistent Patrick Beesly trug die ersten bestätigten U-Boot-Positionen ein, die erstaunlicherweise nicht wesentlich von Winns Schätzungen abwichen, schreibt Beesly.

ZWEI

Torch

Die gewaltige Armada der Alliierten für die Operation Torch näherte sich Ende Oktober und Anfang November Gibraltar und Marokko. Die Achsenmächte hatten nur durch vage Andeutungen erfahren, was hier vor sich ging.

Zufällig stießen deutsche Kräfte auf zwei britische Einheiten. Am 31. Oktober meldeten Kampfflugzeuge des Typs Focke-Wulf FW-200 Condor eine alliierte Task Force auf dem Weg nach Süden, die »aus zwei Trägern und zwei Kreuzern« bestand, 520 Kilometer westlich von Portugal. Am 2. November meldete Hans-Jürgen Auffermann in *U514* auf dem Rückmarsch von Trinidad nach Frankreich »sieben große Truppentransporter« in etwa demselben Seeraum.

Nach Eingang der Condor-Meldung befahl Dönitz fünf Booten der aufgelösten Gruppe Streitaxt, die den Geleitzug SL 125 angegriffen hatte, die »Trägergruppe« abzufangen. Die Condor hielten jedoch nicht die Fühlung, folglich konnte kein einziges Boot die »Trägergruppe« finden. Wie berichtet, kehrte Massmann in *U409* wegen Treibstoffmangels nach Frankreich zurück, die übrigen vier Boote der Gruppe Streitaxt wurden weiter nach Freetown geschickt.

Nach der Meldung der sieben Truppentransporter vom 2. November durch Auffermann in *U514* schickte Dönitz fünf Boote in das Gebiet, um diese Schiffe abzufangen. Alle versuchten, dem Befehl nachzukommen, aber Auffermann verlor die Fühlung. Ritterkreuzträger Ernst Kals in *U130,* Hans Geissler in *U440* und Heinz Stein in *U620* meldeten vorübergehend technische Defekte oder Gefechtsschäden, und Heinz Hirsacker in *U572* operierte erneut nicht aggressiv genug. Geissler in *U440* stieß auf einen ostwärts laufenden Geleitzug, der möglicherweise der von Auffermann gemeldete Konvoi war. Später sei er wegen Schwierigkeiten mit den Dieselmaschinen nicht imstande gewesen, anzugreifen oder die Fühlung zu halten, meldete er.

Aufgrund dieser beiden Sichtungen und aufgrund von Berichten deutscher und italienischer Spione über eine wachsende Ansammlung von Kriegsschiffen und über eine bunte Palette von Kaufleuten in Gibraltar gelangte Berlin zu der Überzeugung, daß die Alliierten eine große amphibische Landungsoperation im Mittelmeer vorbereiteten. Da

Hitler glaubte, daß die Alliierten sich Vichy-Frankreich nicht zum Feind machen und zu einem engeren Zusammengehen mit der Achse drängen wollten, schloß die Seekriegsleitung alliierte Landungen in Französisch-Nordwestafrika (Marokko, Algerien, Tunesien) aus. Zunächst meinte Berlin, Positionen im Rücken von Rommel, vielleicht bei Tripolis oder Bengasi in Libyen, gemeinsam mit einer nochmaligen Verstärkung Maltas, seien aller Wahrscheinlichkeit nach die Ziele der Alliierten.

Am 4. November – vier Tage vor dem Tag X für die Operation Torch – bat Berlin Dönitz, unverzüglich sieben Boote vom Typ VII der Atlantikflottillen zur Verstärkung der U-Boote im Mittelmeer abzustellen. Folglich bildete Dönitz eilig aus sechs bereits auf See befindlichen Booten und Jürgen Quaet-Faslems *U595,* das am selben Tag aus Frankreich auslief, die Gruppe Delphin. Wegen Maschinenproblemen konnten zwei U-Boote, *U440* und *U662,* den Auftrag nicht ausführen und wurden von Klaus Köpke in *U259* und Josef Röther in *U380* ersetzt, die beide am 5. November aus Frankreich ausliefen. Die ersten fünf Boote der Gruppe Delphin[1] schlüpften in der Nacht vom 8. auf den 9. November bei Neumond durch die Straße von Gibraltar; die später ausgelaufenen *U259* und *U380* folgten in der Nacht vom 10. auf den 11. November. Mit diesen Verstärkungen wurde die Anzahl der U-Boote der deutschen Mittelmeerflottillen auf 25 erhöht.

Auf Dönitz' hartnäckiges Drängen hin wurden einige Mittelmeerboote so schnell wie möglich mit zwei ausgefallenen Neuerungen der Torpedoingenieure bestückt:

- Einer neuen und verbesserten Magnetpistole mit der Bezeichnung MZ-Pi39H, die aber gemeinhin nur Pi2 genannt wurde. Die ersten 50 dieser Pistolen aus der Produktion in Deutschland wurden zu den U-Boot-Stützpunkten in La Spezia und Pola geschickt. Bis die neuen Pistolen in größerer Zahl zur Verfügung standen, waren die Kommandanten gehalten, diese Torpedos nur auf wichtige Ziele wie Schlachtschiffe und Träger loszumachen.
- Einem neuen Steuermechanismus, der so eingestellt werden konnte, daß der gewöhnliche Preßluft-(G7a) oder Elektro-(G7e)torpedo eine Schleife (nach links oder rechts, kurz oder lang) durch einen Konvoi oder eine Task Force der Marine lief. Das Gerät mit der Bezeichnung Federapparat wurde meist einfach FAT genannt. Die 24 FAT-Preßlufttorpedos (G7a), die in Kiel einsatzbereit waren, wurden nach La Spezia und Pola geschickt.

Für den Einsatz eines FAT-Torpedos war eine geringfügige Abänderung des Torpedorohrs erforderlich, aus dem er abgeschossen werden

[1] Ernst-Ulrich Brüllers *U407,* Quaet-Faslems *U595,* Günter Jahns *U596,* Albrecht Brandis *U617* und Walter Göings *U755.*

sollte. Da lediglich 24 FATs zur Verfügung standen, wurde beschlossen, diese auf nur vier U-Boote zu verteilen, allesamt kampferprobt im Mittelmeer: *U83, U375, U453* und *U562*. Um das Auslaufen dieser Boote zu beschleunigen, wurde außerdem beschlossen, zunächst nur zwei Bugrohre in jedem Boot zu ändern. Sie sollten mit sechs FAT-Torpedos im Bugraum auslaufen, dazu zwei G7e-Elektrotorpedos mit der Pi2-Magnetpistole im Heckraum. Da der FAT-Preßlufttorpedo wie ein gewöhnlicher Preßlufttorpedo eine gut sichtbare Blasenbahn hinterließ, sollte er bei Tage nur in Ausnahmefällen eingesetzt werden, damit der FAT so lange wie möglich vor den Alliierten geheimgehalten werden konnte. Bei den ersten Feindfahrten sollten die Boote die Bugrohre für Operationen bei Tage mit einem FAT- und drei Elektrotorpedos mit Pi2-Pistolen laden und mit zwei FAT- und zwei Elektrotorpedos für nächtliche Operationen.

Die Seekriegsleitung setzte auf die U-Boote der Achsenmächte im Mittelmeer große Hoffnungen. Dabei waren U-Boote praktisch nutzlos, wenn es darum ging, massiv gesicherte Invasionskräfte zu stoppen, die jederzeit mit einem U-Boot-Angriff rechneten. In Anbetracht der Tatsache, daß die Seestreitkräfte für Torch dreizehn Flugzeugträger (fünf Flottenträger, acht leichte Geleit- oder halbe Geleitträger) umfaßten und zahllose Kriegsschiffe mit 10-cm-Radargeräten vom britischen Typ 271 oder vom amerikanischen Typ SG sowie mit Huff Duff ausgestattet waren, würde die Aufgabe noch schwieriger werden als etwa vor zweieinhalb Jahren in Norwegen und sich womöglich als undurchführbar erweisen.

In der Zeit vor Torch hatten die Alliierten eine geheime Abmachung mit einem gegen die Achsenmächte eingestellten französischen Kriegshelden geschlossen: General Henri Giraud. Er sollte am Tag X Algier betreten, das Kommando über die französische Kolonialregierung und die Streitkräfte in Nordafrika übernehmen und diesen Franzosen befehlen, die Waffen niederzulegen und ihre Befreiung durch die Alliierten zu begrüßen. Bei dieser Abmachung begingen die Alliierten jedoch drei Fehler: Sie überschätzten Girauds Ansehen und Autorität bei den Franzosen in der Kolonie, und sie unterschätzten gleichzeitig die Loyalität vieler gegenüber dem Vichy-Regime. Sie versäumten es, die französische Marine in ihren Plan mit einzubeziehen. Entschlossen, die Zeit und den Ort der Landungen geheimzuhalten, vertrauten sie sich nur ganz wenigen ranghohen französischen Militärbefehlshabern vor Ort an. Die Folge war ein fraglos gemischter Empfang für die Alliierten am 8. November 1942, dem Tag X von Torch.

Die Royal Navy brachte amerikanische und britische Landungstruppen nach Algier und Oran. Für diese Aufgabe stellte sie drei

Einsatzverbände auf: eine Main Covering Force, eine Sicherung aus großen Schiffen, um einen möglichen Angriff der Marine Italiens oder Vichy-Frankreichs abzuwehren; eine Eastern Task Force, die Algier besetzen sollte, und eine Center Task Force, die Oran besetzen sollte. Nach den Angaben des offiziellen Historikers der Admiralität setzten die Briten für diese Operationen 229 Schiffe ein. Dazu zählten die Schlachtschiffe *Nelson, Rodney* und *Duke of York;* der Schlachtkreuzer *Renown;* die modernen Flugzeugträger *Formidable* und *Victorious* und die alten Träger *Argus* und *Furious;* die neuen (in Amerika gebauten) Geleitträger *Avenger, Biter, Dasher* und *Archer* (letzterer diente nur als Flugzeugtransporter) sowie 217 andere Fahrzeuge aller Schiffstypen.

Zufällig hielt sich Admiral Jean François Darlan, der designierte Nachfolger von Marschall Pétain in der Vichy-Regierung, in Algier auf und verband eine geschäftliche Reise mit einem Besuch bei seinem Sohn, der mit Poliomyelitis im Krankenhaus lag. Als die militärischen und politischen Führer der Alliierten erkannten, daß General Giraud bei den Franzosen in Nordafrika wenig zu sagen hatte, wandten sie sich rasch an Darlan. Nach einem politischen Intrigenspiel wechselte Darlan auf die Seite der Alliierten, die ihn zum Hochkommissar von Französisch-Nordwestafrika ernannten. Viele in Amerika und Großbritannien kritisierten offen Eisenhower, weil er einen »Handel« mit dem »verhaßten Nazi-Kollaborateur« Darlan geschlossen hatte, doch die Ermahnungen des Admirals an die französischen Kolonialherren in den folgenden Tagen, die Waffen niederzulegen, retteten zweifellos zahlreiche Menschenleben der Alliierten in Algerien und Marokko. Darlan vermochte jedoch nicht, Vichy-Tunesien zur Übergabe zu bewegen oder, wie Churchill sehnsüchtig hoffte, die neutralisierten Elemente der französischen Flotte in Toulon und andere Kriegsschiffe in Dakar.[1]

Bemerkenswerterweise erlitt die alliierte Armada mit Bestimmungsziel Algier oder Oran unterwegs nur einen schweren Verlust. Am 7. November um 6.50 Uhr wurde der amerikanische Truppentransporter *Thomas Stone* mit 1450 amerikanischen Soldaten für Stoßtrupps an Bord achtern von einem Torpedo getroffen, der das Ruder und die Schrauben ausschaltete. In zeitgenössischen Darstellungen wurde der Treffer einem deutschen U-Boot zugeschrieben, doch das ließ sich nach dem Krieg in den deutschen Quellen nicht bestätigen. Ebensowenig konnten italienische Marinehistoriker den Treffer einem italienischen U-Boot zuschreiben. Möglicherweise wurde der Torpedo von einem Flugzeug

[1] Eisenhowers Marineadjutant Harry C. Butcher bemerkt in seinem Tagebuch, *My Three Years with Eisenhower* (1946; deutsch: *Drei Jahre mit Eisenhower,* 1946), Churchill habe gesagt: »Küssen Sie Darlan meinetwegen den Hintern, wenn es sein muß, aber sichern Sie sich die französische Marine.«

abgeworfen oder von einem U-Boot eines anderen Staates geschossen (ein französisches oder spanisches?), das auf See verlorenging, ehe es eine Meldung absetzen konnte, oder den Angriff aus anderen Gründen verheimlichte. Oder der Schaden war durch eine Mine, die sich losgerissen hatte, verursacht worden.

Der Geleitzug fuhr weiter, aber die britischen Zerstörer *Wishart* und *Velox,* die Korvette *Spey* und ein Schlepper blieben in der Nähe des beschädigten Fahrzeugs. Rund 800 Soldaten von der *Thomas Stone* machten sich in 24 Landungsbooten unter dem Geleitschutz der *Spey* tapfer auf den Weg nach Algerien. Ein Landungsboot nach dem anderen brach auseinander oder sank auf der 270 Kilometer langen Seereise, aber die *Spey* nahm alle 800 Soldaten an Bord und brachte sie mit eineinhalb Tagen Verspätung nach Algier. Die Zerstörer und der Schlepper brachten später die *Thomas Stone* nach Algier. Dort setzte sie die übrigen Soldaten an Land, lief aber nicht mehr aus.

Bei der alliierten Landung östlich und westlich von Algier in den frühen Morgenstunden des 8. November waren die beiden britischen Zerstörer *Broke* und *Malcolm* dazu ausersehen, die Hafensperre zu durchbrechen und Kommandotrupps an Land zu setzen, die sofort das Hafenviertel einnehmen und Schiffsversenkungen verhindern sollten. Diese Operation war die reinste Katastrophe. Beide Zerstörer erlitten schwere Schäden und Verluste durch das Geschützfeuer der französischen Küstenbatterien und mußten sich aufs Meer zurückziehen. Die *Broke* sank später, der einzige schwere Verlust der Navy bei der Landung in Algier. Danach liefen die beiden einzigen im Hafen von Algier verbliebenen französischen Kriegsschiffe, die U-Boote *Caïman* und *Marsouin,* tollkühn aus, um die Invasoren abzuwehren. Britische Flugzeuge und Überwasserschiffe machten die U-Boote aus und vertrieben sie mit ihren Angriffen. Beide entkamen später nach Toulon, die *Caïman* allerdings schwer beschädigt.

In Anbetracht der Tatsache, daß ein französischer General, der den Alliierten freundlich gesinnt war, die Verteidiger Algiers befehligte, stießen die Hauptlandungen östlich und westlich der Stadt auf nahezu keinen Widerstand. Die Franzosen kapitulierten bei Sonnenuntergang des ersten Tages. Nach dem Plan sollten diese alliierten Streitkräfte nach Osten vorstoßen und Tunesien einnehmen, bevor die Achsenmächte es verstärken konnten, doch die Alliierten vermasselten diesen wichtigen Teil des Operationsplans. Mit bemerkenswerter Geschwindigkeit beförderten die Achsenmächte schwere Panzer- und Infanterieeinheiten aus Italien und Sizilien nach Tunesien, entzogen dem Vichy-Regime die Kontrolle über das Staatsgebiet und stellten Kampfgruppen entlang der Westgrenze auf. Monatelang stoppten diese den Vormarsch der Alliierten und hielten damit einen Fluchtweg für das zurückweichende Afrikakorps offen.[1]

Die alliierte Landung bei Oran war schwieriger als die bei Algier. Der Befehlshaber vor Ort war für die Vichy-Regierung, und der Hafen war gerammelt voll mit Kriegsschiffen Vichy-Frankreichs, die sich weigerten, zu den Alliierten überzulaufen. Genau wie in Algier waren zwei alliierte Fahrzeuge beauftragt worden, die Hafensperre zu durchbrechen und Kommandotruppen an Land zu setzen, die das Hafenviertel besetzen und Schiffsversenkungen verhindern sollten. Für diese Aufgabe waren die ehemals amerikanischen, 75 Meter langen Coast Guard Cutter *Pontchartrain* und *Sebago* ausersehen worden, die von der Royal Navy auf die Namen *Hartland* und *Walney* umgetauft worden waren. Französische Küstenbatterien und Schiffsgeschütze schossen aber die beiden Fahrzeuge in Stücke, Hunderte alliierte Soldaten und Seeleute kamen ums Leben.

Acht französische Kriegsschiffe im Hafen von Oran liefen aus, um die Invasoren abzuwehren: der Großzerstörer *Epervier,* die Zerstörer *Tramontane, Tornade* und *Typhon,* die Sloop *Surprise* und die U-Boote *Argonaute, Actéon* und *Fresnel.* Die britischen Kriegsschiffe und Flugzeuge empfingen diese Kriegsschiffe trotzig mit einem mörderischen Artilleriefeuer. Vier der fünf Überwasserschiffe mußten abdrehen oder wurden zum Stranden gezwungen. Der britische Zerstörer *Brilliant* versenkte die *Surprise.* Die kampferprobten britischen Zerstörer *Wescott* und *Achates* versenkten die U-Boote *Argonaute* beziehungsweise *Actéon.* Die feindselige Besatzung des Zerstörers *Typhon* sprengte ihr eigenes Schiff im Hafen in die Luft. Die Franzosen versenkten auch fünf weitere U-Boote, die im Trokkendock lagen oder außer Dienst gestellt waren. Nur das U-Boot *Fresnel* entkam nach Toulon.

Der dritte Teil der Operation Torch war die amerikanische Invasion Marokkos. Zu diesem Zweck stellte der Oberbefehlshaber der US Navy, Admiral Ernest J. King, die Western Task Force unter dem Kommando Henry Kent Hewitts auf, die direkt von den Vereinigten Staaten auslief.

---

[1] Als eine Task Force der Royal Navy an den Tagen vom 11.–14. November die Front bei Bougie, knapp 200 Kilometer weiter im Osten, umgehen wollte, versenkten Flugzeuge der Achsenmächte drei große Truppentransporter, ein Frachtschiff und zwei Kriegsschiffe und beschädigten den neuen Monitor *Roberts* mit 8000 Tonnen schwer, der mit zwei 15-Zoll-Kanonen (38,1 cm), acht 4-Zoll-Kanonen (10,2 cm) und vielen kleineren Waffen bestückt war.

Diese Armada umfaßte drei Schlachtschiffe (die neue *Massachusetts* und die betagten *New York* und *Texas*), den Flugzeugträger *Ranger,* vier neue, schlecht geschulte Geleitträger (*Suwanee, Sangamon, Santee* und *Chenango,* letztere diente lediglich als Flugzeugtransporter)[1], und 69 Fahrzeuge der verschiedensten Schiffstypen, einschließlich 38 amerikanische Zerstörer. Hewitt hatte den Auftrag, rund 35 000 Soldaten der Army unter dem Befehl von General George S. Patton an drei Stellen an Land zu setzen: bei Fedala und Mehdia-Port Lyautey, 26 beziehungsweise 120 Kilometer nördlich von Casablanca, und bei Safi, 230 Kilometer südlich von Casablanca.

Der größte und stärkste Verband der amerikanischen amphibischen Einheiten steuerte Fedala an, um Casablanca zu umzingeln und einzunehmen. Das neue Schlachtschiff *Massachusetts* (auf seiner Testfahrt), der bewährte Flottenträger *Ranger,* der neue Geleitträger *Suwanee* und zahlreiche Kreuzer und Zerstörer boten offensive und defensive Unterstützung für zwölf große Truppentransporter und drei Frachtschiffe. Zu den sehr feindseligen französischen Kräften im Hafen von Casablanca zählten das Schlachtschiff *Jean Bart,* das nicht vollendet war, aber einen einsatzbereiten Geschützturm mit vier 38,1-cm-Kanonen hatte, sowie der Leichte Kreuzer *Primauguet,* zwei Großzerstörer, fünfzehn konventionelle Zerstörer und Sloops und elf U-Boote.

Am Tag X kam es zu einer heftigen Seeschlacht vor Casablanca. Die *Jean Bart* und die Küstenbatterien eröffneten das Feuer auf die *Massachusetts* und andere als Sicherung operierende Schiffe. Bemerkenswerterweise traf die *Massachusetts* bei der Erwiderung des Feuers innerhalb von sechzehn Minuten fünfmal die *Jean Bart* und schaltete den einzigen einsatzbereiten Geschützturm aus. Danach liefen acht französische Überwasserschiffe heldenmutig aus, um die Invasoren abzuwehren: der Kreuzer *Primauguet,* die Großzerstörer *Milan* und *Albatros* sowie fünf konventionelle Zerstörer. Amerikanische Schiffe und Flugzeuge versenkten auf See die Zerstörer *Boulonnais, Brestois* und *Fougueux* und zwangen die *Primauguet, Milan, Albatros* und *Frondeur,* sich auf Ankerplätze nahe der Küste zurückzuziehen oder sich außerhalb von Casablanca auf Strand zu setzen. In der Folge zerstörten amerikanische Flugzeuge auch diese vier Schiffe. Nur der Zerstörer *Alcyon* kehrte unbeschädigt nach Casablanca zurück.

Den elf U-Booten in Casablanca erging es nicht besser. Durch das amerikanische Geschützfeuer zu Beginn der Operation wurden drei

---

[1] Diese vier Flugzeugträger der US Navy waren eilig aus großen Tankern umgebaut worden. Sie waren länger als Geleitträger (rund 165 Meter gegenüber 150 Metern) und führten mehr Flugzeuge mit sich (32 gegenüber 15 bis 25). Sie verfügten über zwei Aufzüge zum Hangardeck und zwei Katapulte.

Boote im Hafen versenkt *(Amphitrite, Psyché, Oréade)*. Die übrigen acht liefen aus, um die Invasoren abzuwehren. Die *Amazone* schoß wenigstens fünf Torpedos auf den Kreuzer *Brooklyn,* aber der wich allen aus. Die *Tonnant* schoß auf den Träger *Ranger,* verfehlte ihn aber. Die *Méduse* und die *Antiope* griffen Transporter bei Fedala an, verfehlten aber ebenfalls ihre Ziele. Vier der acht U-Boote gingen verloren. Drei Flugzeuge von dem Geleitträger *Suwanee* versenkten die *Sidi-Ferruch* und waren damit die ersten alliierten, trägergestützten Flugzeuge, die ohne Hilfe eines Überwasserschiffs ein U-Boot versenkten. Zwei Catalinas der US Navy, die in Casablanca eintrafen, entdeckten die *Conquérant* an der Oberfläche und versenkten sie mit drei auf seichte Tiefe eingestellten 150-Kilo-Wasserbomben vom Typ Mark XVII. Unter dem Feuer eines britischen Flugzeugs versenkte sich die *Tonnant* selbst. Die *Sibylle* verschwand spurlos. Die U-Boote *Amazone, Antiope* und *Méduse* liefen ab und schlossen sich den französischen Seestreitkräften in Dakar an; die *Orphée* kehrte ohne ernste Schäden nach Casablanca zurück und schloß sich später den alliierten Streitkräften an.

Weiter im Norden bei Mehdia-Port Lyautey wurde den amerikanischen Streitkräften ein ebenso heißer Empfang bereitet. Das Schlachtschiff *Texas,* die neuen Geleitträger *Sangamon* und *Chenango* (der Flugzeugtransporter) und andere Fahrzeuge sicherten die sechs Truppentransporter und zwei Frachtschiffe offensiv und defensiv. In einer bemerkenswert kühnen und originellen Operation erwarb sich der Glattdeck-Zerstörer *Dallas* hohe Auszeichnungen für einen Vorstoß flußaufwärts, um bei einem Flughafen Soldaten an Land zu setzen. Bei dieser Landung waren keine französischen Seestreitkräfte zugegen, die den Amerikanern Widerstand hätten leisten können, aber die französischen Küstenbatterien und Bodentruppen lieferten ihnen einen erbitterten Kampf, bis sie Admiral Darlans Ermahnungen, die Waffen niederzulegen, erhalten und verifiziert hatten. Durch die Einnahme von Mehdia-Port Lyautey brachten die Alliierten den einzigen Flugplatz in Marokko mit asphaltierten Landebahnen in ihre Gewalt.

Im Süden bei Safi, dem strategisch unwichtigsten amerikanischen Angriffsziel, »klappte alles wie am Schnürchen«, schreibt der amerikanische Marinehistoriker Samuel Eliot Morison. Das Schlachtschiff *New York,* der Kreuzer *Philadelphia* und der jüngste neue Geleitträger *Santee* sicherten fünf Truppentransporter und ein Frachtschiff offensiv und defensiv. Wie in Algier und Oran sollten zwei mit Kommandotruppen vollgepackte Schiffe, die Glattdeck-Zerstörer *Bernadou* und *Cole,* in den Hafen eindringen, die Soldaten sollten das gesamte Hafenviertel besetzen und Versenkungen verhindern. Beide Schiffe schlüpften unentdeckt durch die Zufahrt und führten ihre schwierige Mission ohne Verluste durch. Das U-Boot *Méduse* der Vichy-Regierung, das in südlicher Richtung unterwegs nach Dakar war, scherte aus und griff die alliierten Kräfte an, aber ein Flugzeug der *Philadelphia* trieb das U-Boot an den Strand. Wegen der Unerfahrenheit der Piloten, wegen eines unzuverlässigen Katapults und wegen der ungünstigen Winde für den Start und die Landung von Flugzeugen verlor die *Santee* 21 von 31 Flugzeugen durch Unfälle, der schwerste Rückschlag der Alliierten bei Safi.

Die sechs amerikanischen Flotten-U-Boote, die der Operation Torch zugeteilt waren, leisteten kaum Nennenswertes. Zwei U-Boote, die *Gurnard* und *Gunnel,* hatten neu entwickelte Diesel, die sich als sehr anfällig erwiesen. Die *Gurnard* mußte den Einsatz wegen Problemen mit dem Antrieb abbrechen. Die *Gunnel* unter John S. McCain jr., dem Sohn eines Admirals, führte den ersten Teil ihrer Mission vor Fedala aus. Später am selben Tag fuhren die *Gunnel,* die *Blackfish* und die *Herring* plangemäß nach Süden und stellten einen Vorpostenstreifen auf, um das Schlachtschiff *Richelieu* oder andere Kriegsschiffe der Vichy-Regierung abzufangen, die möglicherweise von Dakar aus nach Norden fuhren. Ein Flugzeug der US Army Air Forces hielt die *Gunnel* irrtümlich für ein U-Boot der Achse oder der Vichy-Regierung und bombardierte sie. Neben anderen Schäden fielen dabei alle vier unzuverlässigen Dieselmaschinen aus. Erfindungsreich lud McCain notdürftig mit Hilfe eines kleinen, zuverlässigen Hilfsmotors die Batterien auf und brachte die *Gunnel* unter gutem Zureden mit einer Geschwindigkeit von drei Knoten den ganzen Weg nach Falmouth in England. Die *Herring* unter Raymond W. Johnson versenkte als einziges von fünf amerikanischen U-Booten ein Schiff: den Vichy-Frachter *Ville du Havre* mit 5083 BRT.[1]

Alles in allem waren die fünf Landungen der Alliierten am 8. November im Rahmen der Operation Torch zwar dilettantisch ausgeführt, aber enorm erfolgreich. Die alliierten Schiffsverluste durch die Franzosen oder die Achsenmächte am Tag X waren gering: die britischen Zerstörer *Broke,* die ehemaligen Coast Guard Cutter *Hartland* und *Walney,* die in Algier oder Oran gezielt zerstört oder versenkt wurden, und der amerikanische Truppentransporter *Leedstown,* der von Flugzeugen der Achsenmächte vor Algier schwer bombardiert worden war, nachdem er seine Soldaten an Land gesetzt hatte. Dann wurde die *Leedstown* von dem U-Boot *U331* unter Hans-Dietrich von Tiesenhausen versenkt. Bei Casablanca, Mehdia-Port Lyautey und Safi ging

---

[1] Dakar fiel den Alliierten am 23. November kampflos in die Hände. In der Folge fuhren das nicht vollendete Schlachtschiff *Richelieu* und ein halbes Dutzend französische Kreuzer und andere Schiffe in die Vereinigten Staaten, wo sie überholt und modernisiert wurden.

kein einziges alliiertes Schiff verloren. Abgesehen von den verlorenen Kommandoeinheiten beim Angriff auf die Häfen von Algier und Oran waren auch die alliierten Verluste an Menschenleben gering.

Die Deutschen hatten lange Zeit vorher bereits für den Notfall den Plan Attila zur Besetzung der Zone des Vichy-Regimes – oder der freien Zone – im Süden Frankreichs ausgearbeitet. Da Hitler befürchtete, daß die französische Flotte in Toulon Darlan Folge leisten und zu den Alliierten überlaufen werde, befahl er am 11. November, den Plan Attila auszuführen. Deutsche Truppen überrannten rasch Vichy-Frankreich; italienische Landungstruppen, die seit langem eine Invasion Maltas probten, nahmen die Insel Korsika ein.

Die französischen Befehlshaber der Marine gerieten in Streit darüber, was sie tun sollten. Der Nachfolger Darlans als Marineminister, Paul Auphan, wollte, daß die Flotte in Toulon auslief und zu den Alliierten überwechselte. Jean de Laborde, der Befehlshaber der Mittelmeerflotte und ein eingefleischter Britenhasser, wollte, daß die Flotte auslief und die Alliierten angriff. Damit die Vichy-Regierung nicht die ganze Flotte versenken ließ, näherten sich die Deutschen Toulon mit Olivenzweigen und machten kurz vor der Stadt halt, um mit den Verantwortlichen zu verhandeln. Dennoch befahl Laborde, als die Deutschen sich anschickten, Toulon zu besetzen, am 27. November, die Flotte zu versenken.[1]

Während der dreißigmonatigen Besatzungszeit hatten der Chef der französischen Codeknacker, Gustave Bertrand, und die geflohenen polnischen Entzifferer, denen er Zuflucht gewährt hatte, weiterhin heimlich von einem Schloß in der Nähe von Avignon aus bestimmte Bereiche der Enigma entziffert. Als Hitler den Befehl zu Plan Attila gab, flohen alle Mitarbeiter in Richtung Spanien oder Gibraltar, weil sie nach Großbritannien übersetzen wollten. Die Gestapo faßte unter anderen Bertrand, den Chefingenieur Antoni Palluth und den Polen Guido Langer. Obwohl alle Gefaßten mit brutalen Methoden verhört wurden, gab kein einziger das Geheimnis preis, daß der Enigma-Schlüssel gebrochen worden war.

---

[1] Damals gingen 77 Kriegsschiffe unter: das alte Schlachtschiff *Provence,* 2 moderne Schlachtschiffe, *Dunkerque* und *Strasbourg,* 7 Kreuzer, 32 Zerstörer, 16 U-Boote, darunter die *Caïman* und *Fresnel,* die kurz zuvor aus Afrika entkommen waren, ein Flugzeugtender sowie 18 Sloops und kleinere Fahrzeuge. Vier andere U-Boote liefen von Toulon aus: *Glorieux, Iris, Marsouin* und *Casablanca.* Die *Iris* erreichte Spanien, wo sie für den Rest des Krieges interniert wurde. Die anderen drei erreichten Algier. Vgl. Kowark, Hannsjörg, *Hitler & La Flotte Française,* Nantes 1997; deutsch: *Das Ende der französischen Flotte im Zweiten Weltkrieg. Toulon 1940–1944,* Hamburg 1998.

U-Boote der Achsenmächte im Mittelmeer gegen Torch

Der Führer der U-Boote Mittelmeer, Konteradmiral Leo Kreisch, hörte am 5. November zum erstenmal davon, daß die Alliierten eine unmittelbar bevorstehende große Operation im Mittelmeer planten. An diesem Abend, trug er in sein Kriegstagebuch ein, meldete ein italienischer Agent, eine große Ansammlung von Schiffen sei von Gibraltar aus um 20.00 Uhr in östlicher Richtung ausgelaufen. Dazu zählten:

3 Flugzeugträger
1 Schlachtschiff
7 Leichte Kreuzer
1 Monitor
17 Zerstörer
11 Kanonenboote
1 Passagierschiff
40 Frachter
15 Tanker

Später am selben Abend meldete derselbe oder ein anderer italienischer Agent, daß 60 oder mehr verdunkelte Schiffe, darunter 2 Flugzeugträger und 2 Schlachtschiffe, Tarifa in Spanien in östlicher Richtung zur Straße von Gibraltar passiert hätten.

Kreisch und andere ranghohe Deutsche hatten natürlich keine Ahnung, was das zu bedeuten hatte. Es könnte ein weiterer Geleitzug sein, der Jagdflugzeuge nach Malta bringen sollte, wie die *Furious* am 28./29. Oktober. Oder es könnte eine große amphibische Landung im Rücken (oder westlich) von Rommels Afrikakorps ankündigen. Der Chef des deutschen Marinekommandos Mittelmeer, Vizeadmiral Eberhard Weichold, und Kreisch neigten stark zur letzteren Variante. Da sie glaubten, daß die französischen Kolonialherren eine alliierte Landung in Algier und Oran energisch abwehren würden und da die Gewässer vor der nordafrikanischen Küste in den meisten Gegenden gefährlich tief waren, kamen sie zu dem Schluß, daß eine alliierte Landung höchstwahrscheinlich im Golfe de Bougie versucht würde, rund 180 Kilometer östlich von Algier.

In Berlin gingen dieselben Agentenmeldungen ein. Adolf Hitler ermahnte die Mittelmeerflottillen:

> *Von Vernichtung englischen Verbandes abhängt Existenz Afrika-Armee. Erwarte rücksichtslosen, sieghaften Einsatz.*

Am 7. November hatte Leo Kreisch 9 Boote seiner verbliebenen Flottille aus 18 U-Booten in Wartestellung in den engen Hals des westlichen Mittelmeers gebracht. Von diesen neun bildeten vier Boote *(U81, U565, U593, U605)* eine »erste Welle« der Verteidigung, drei *(U77, U205, U660)* eine »zweite Welle« und zwei *(U73* und *U458)* gaben diesen Wellen Rückendeckung. Drei weitere Boote *(U331, U431, U561)* liefen so schnell wie möglich nach Westen.[1]

Am Nachmittag und Abend des Vortags von Tag X, dem 7. November, nahmen fünf U-Boote Fühlung zu schnell fahrenden britischen amphibischen Kräften auf: Als erstes das kampferprobte Boot *U77* unter Otto Hartmann, doch er meldete, die feindlichen Kräfte hätten ihn mit Bomben und Geschützfeuer unter Wasser gedrückt und er habe einige Männer verloren. Ein anderes bewährtes Boot, *U73,* unter dem neuen Kommandanten Horst Deckert, versuchte mehrere große Passagierdampfer bzw. Truppentransporter anzugreifen, doch die Geleitschiffe griffen das Boot mit Wasserbomben an und vertrieben es. Ein anderes bewährtes Boot, *U205,* unter dem neuen Kommandanten Friedrich Bürgel schoß die ersten Torpedos ab. Bürgel machte eine volle Bugsalve auf einen Truppentransporter mit 18000 Tonnen los, doch die Torpedos gingen fehl oder versagten. Das vierte bewährte Boot, *U81,* unter Ritterkreuzträger Friedrich Guggenberger versuchte, die beiden Flugzeugträger *Furious* und *Argus* anzugreifen, doch die Geleitschiffe vereitelten sein Vorhaben und vertrieben ihn. Der Neuankömmling *U458* unter Kurt Diggins schoß einen Zweier-Fächer auf einen Leichten Kreuzer. Er meldete einen Treffer, doch der ließ sich nicht bestätigen. Flugzeuge bombardierten das Boot zweimal, und Geleitschiffe drückten es mit Geschützfeuer unter Wasser.

In den frühen Morgenstunden des Tages X, am 8. November, kündigte der Londoner Sender BBC an, daß die Alliierten in wenigen Stunden in Nordafrika landen würden. Da Leo Kreisch sich von britischen Täuschungsmanövern auf See in die Irre führen ließ und immer noch meinte, der Golfe de Bougie sei höchstwahrscheinlich der Ort der Landung, schickte er acht U-Boote mit höchster Fahrt zu der Bucht. Das waren die Veteranen *U73, U77, U81* und *U205,* der Neuankömmling *U660* unter Kurt Götz Baur, außerdem die drei bewährten Boote *U331, U431* und *U561,* die frisch aus La Spezia ausgelaufen waren. Wegen dieser Verlegung nach Osten blieben nur vier Boote im Raum vor Algier: das

---

[1] Sechs kamferprobte Boote, die gewartet, überholt oder repariert wurden, konnten nicht auslaufen: *U83* und *U97* in Salamis, *U371* und *U375* in Pola, *U453* und *U562* in La Spezia. Dennoch waren bis zum 1. 12. 1942 fünf dieser sechs Boote auf See im Kampfeinsatz, nur das schwer beschädigte Boot *U97* nicht.

bewährte Boot *U565* und die drei Neuankömmlinge *U458, U593* und *U605.*

Um die Mittagszeit am Tag X erkannten die Deutschen, daß sie sich schwer geirrt hatten. Der Nachrichtendienst meldete, offensichtlich habe eine amphibische Landung in Algier stattgefunden, die zweifellos von schweren Seestreitkräften unterstützt wurde, und daß östlich von Algier bei Bougie keine feindlichen Streitkräfte lägen, wohin Kreisch die Hauptmasse seiner bewährten Boote geschickt hatte. Da dieser immer noch meinte, der Golfe de Bougie werde eines der Hauptziele sein, wollte er die Boote nicht wenden lassen und zurück nach Algier schicken. Der ranghöchste deutsche Marineoffizier in Rom, Eberhard Weichold, überstimmte Kreisch jedoch und befahl ihm, auf der Stelle umzukehren.

Das war leichter gesagt als getan. Um der Aufspürung durch den Feind und Angriffen zu entgehen, fuhren die U-Boote, die bei Tage zum Golfe de Bougie unterwegs waren, die meiste Zeit getaucht. Einige empfingen die neuen Befehle nicht. Als erster traf Hartmann in *U77* im Golfe de Bougie ein und meldete: »Keine feindlichen Kräfte.« Kreisch kam sich zweifellos ein wenig dämlich vor, als er am Abend des Tages X an alle Boote funkte:

> *Landungen starker feindlicher Verbände an vielen Punkten, vor allem bei Oran und Algier. Algier offensichtlich in feindlichen Händen, stärkerer Widerstand in Oran. Zahllose Transporter im [Gebiet vor Algier], gesichert von Flugzeugträgern und Schlachtschiffen. Geht ran! Mit vollem Einsatz! Wagt alles!*[1]

Zufällig hatte Berlin am 4. November sieben U-Boote (die Gruppe Delphin) ins Mittelmeer beordert. In einer ersten Reaktion auf Torch wies Berlin Dönitz an, eine weitere Gruppe VII-Boote ins Mittelmeer zu schicken, aber dieser äußerte Bedenken. Die Alliierten würden so gut wie sicher die Durchfahrt der sieben Boote der Gruppe Delphin durch die Straße von Gibraltar vom 8. bis zum 11. November entdecken. Wegen des Überraschungsmoments hätten die Delphin-Boote eine reelle Chance, sicher durchzukommen, aber die Alliierten würden danach scharf auf andere U-Boote achten. Außerdem herrsche am 15./16. November, wenn eine zweite Welle die Straße erreichen werde, ein ungünstiges Mondlicht für eine Durchfahrt. Und am Ende, argumentierte Dönitz, seien die drei von Italien geleiteten U-Boot-Stützpunkte (La

---

[1] Kreisch fügte noch hinzu, daß die U-Boote nicht wie üblich den Flugzeugträgern und Schlachtschiffen oberste Priorität einräumen sollten, sondern den Landungsbooten und Handelsschiffen.

Spezia, Pola und Salamis) nicht in der Lage, die bereits im Mittelmeer befindlichen U-Boote effizient zu versorgen, geschweige denn eine erheblich größere Zahl von Booten. Angesichts dieser Einwände stimmte die Seekriegsleitung fürs erste zu, daß keine weiteren U-Boote ins Mittelmeer fahren sollten.

Die sieben Boote der Gruppe Delphin begannen die Durchquerung der Straße von Gibraltar in der Nacht des Tages X, am 8./9. November. Um britische ASW-Verbände abzuschütteln, hatten die Kommandanten Befehl, mit der Meldung der unbeschadeten Durchfahrt (»Ja«) zu warten, bis sie die weiten, offenen Gewässer östlich von Algier erreicht hatten. Weichold und Kreisch beschlossen jedoch, die Delphin-Boote gegen die alliierten Landungskräfte bei Oran einzusetzen. Folglich wurden die Kommandanten angewiesen, »Ja« zu melden, sobald sie den ersten Grad westlicher Länge erreicht hatten. Jürgen Quaet-Faslem in *U595* meldete sich am 9. November kurz nach Mitternacht von dort aus, doch von den übrigen sechs Verstärkungen aus dem Atlantik war nichts zu hören.

Kreisch lenkte weiter seine U-Boote. Da die Aufklärungsflugzeuge der Achse nicht imstande gewesen waren, den genauen Ort der alliierten Landungsstellen und anderer Seestreitkräfte anzugeben, beauftragte er das Dutzend Boote zwischen Algier und dem Golfe de Bougie in den Frühstunden des 9. November damit, nach den feindlichen Einsatzkräften zu suchen. Mit diesem Befehl schickte er einige Boote westlich von Algier und einige östlich von Algier entlang der Küste auf die Suche – beides nutzlose Aufträge.

Am 9. November um die Mittagszeit verbesserte sich Kreisch wiederum selbst und gab neue Befehle aus. Um diese Zeit hatte ein zweites Boot der Gruppe Delphin, *U617* unter Albrecht Brandi, vor Oran die Ankunft im Mittelmeer gemeldet, aber keine weiteren. Daraufhin beschloß Kreisch, sechs der vor Algier stehenden Boote nach Oran zu schicken. Er bildete aus allen Booten zwei namentlich bezeichnete Gruppen:

Hai vor Algier (6 Boote)		Delphin vor Oran (8 Boote)	
U77	*U561*	*U73*	*U593*
U205	*U660*	*U81*	*U595* (neu)
U331		*U458*	*U605*
U431		*U565*	*U617* (neu)

Gegen Abend des 9. November schossen zwei U-Boote auf Angriffsziele. Frisch aus La Spezia eingetroffen, versenkte Ritterkreuzträger Hans-Dietrich von Tiesenhausen, der ein Jahr zuvor das Schlachtschiff *Barham* versenkt hatte, in dem bewährten U-Boot *U331* den amerikanischen Frachter *Leedstown* mit 9135 Tonnen, der geankert hatte und von Luftangriffen bereits beschädigt war. Das große Schiff ging auf Grund, doch der größte Teil seiner Ladung und Ausrüstung wurde gerettet. Der vor kurzem eingetroffene Herbert-Viktor Schütze in *U605* schoß auf ein »Geleitschiff« und meldete eine Versenkung, doch sie konnte nicht bestätigt werden.

Diese Schüsse verursachten einen Streit. Nach der Schilderung eines Maates von Götz Baurs kürzlich eingetroffenem Boot *U660* schoß Schützes *U605* in dem Moment seine vier Torpedos auf einen Zerstörer ab, der die *Furious* sicherte, als *U660* getaucht versuchte, in Schußposition auf den Träger *Furious* zu kommen. Die Torpedos seien unmittelbar über dem Turm von *U660* vorbeigelaufen. Nach Einbruch der Dunkelheit tauchte Baur auf und beschimpfte Schütze über Funk: »Schafskopf!« Leo Kreisch mischte sich von Italien aus ein und tadelte Baur, weil er die Funkstille wegen »dummer Bemerkungen« gebrochen hatte. Der Maat von *U660* erinnert sich auch, daß Baur noch später am Abend meldete, er habe einen Zerstörer mit vier Torpedos verfehlt und sei daraufhin scharf von Kreisch gerügt worden, weil er so »unbedeutende« Ziele angreife, wo doch so viele Schlachtschiffe und Flugzeugträger an Ort und Stelle seien.

Auf der Suche nahe entlang der Küste zwischen Algier und Oran stieß das bewährte Boot *U81* unter Ritterkreuzträger Fritz Guggenberger in den frühen Morgenstunden des 10. November auf einen kleinen Geleitzug und griff an. Er versenkte den britischen Frachter *Garlinge* mit 2012 BRT und dachte, er habe auch ein Geleitfahrzeug getroffen. Die *Garlinge* wurde als erstes Handelsschiff aus der alliierten Invasionsstreitmacht von einem U-Boot versenkt, eins der wenigen. Der vermutete Treffer an einem Geleitfahrzeug konnte nicht bestätigt werden.

Zwei Stunden später stieß ein anderes bewährtes Boot, *U431* unter Wilhelm Dommes, das frisch aus La Spezia eingetroffen war, auf einen Geleitzug auf offener See. Er schoß eine volle Bugsalve auf, wie er meinte, einen britischen Kreuzer mit 7200 Tonnen. Die Torpedos trafen genau, und das Ziel – tatsächlich der moderne (1941) britische Zerstörer *Martin* mit 2000 BRT– versank rasch in den Wellen. Die *Martin* war das einzige alliierte Kriegsschiff, das in den ersten Tagen der Invasion von einem U-Boot im Mittelmeer versenkt wurde. Ein technischer Defekt zwang Dommes, nach Norden abzulaufen.

Noch später am Tag schossen vier andere U-Boote auf britische Kriegsschiffe, aber alle Torpedos versagten oder gingen fehl.

- Das vor kurzem eingetroffene Boot *U458* unter Kurt Diggins schoß einen Dreier-Fächer auf einen nicht identifizierten »großen Zerstörer«.
- Das bewährte Boot *U561* unter Heinz Schomburg schoß einen Vierer-Fächer auf den alten Träger *Argus.*
- Das bewährte Boot *U77* unter Otto Hartmann schoß einen Vierer-Fächer auf den Flugzeugträger *Furious.*
- Das bewährte Boot *U73* unter Horst Deckert schoß einen Vierer-Fächer auf das schnell fahrende Schlachtschiff *Rodney* aus einer Entfernung von 5000 Metern. Sein Mißerfolg zog einen Tadel von Kreisch nach sich, weil er aus so großer Entfernung geschossen hatte.

Am dritten Tag nach Tag X, dem 11. November, hatte Kreisch 17 U-Boote im Raum vor Algier und Oran stehen. Der neue taktische Plan der Deutschen lautete: 1. Blockade Algiers mit der Gruppe Hai (fünf Boote), 2. Blockade Orans mit der Gruppe Delphin (fünf Boote), 3. Aufstellen einer mobilen »Angriffsgruppe« Wal (sieben Boote) im engen Hals des westlichen Mittelmeers zwischen Oran und Cartagena in Spanien (in der Nähe des Nullmeridians). Nach nochmaligem Nachdenken sagte Kreisch die Blockade Algiers durch die Gruppe Hai ab und schickte sie auf See, wo sie wie Wal als Angriffsgruppe operieren sollte.

Noch am selben Tag, dem 11. November, griffen sechs deutsche U-Boote die alliierte Schiffahrt an. Deckert in *U73,* Bürgel in *U205* und Walter Göing in dem neu eingetroffenen Delphin-Boot *U755* verfehlten allesamt ihre Ziele oder wurden verjagt. Drei andere neu eingetroffene Delphin-Boote erzielten jedoch bemerkenswerte Erfolge:

- *U407* unter Ernst-Ulrich Brüller versenkte das britische, zum Truppentransporter umfunktionierte Passagierschiff *Viceroy of India* mit 19627 BRT. Brüller traf die *Viceroy* mit einem Vierer-Fächer, weil sie aber langsam sank, schickte er sie mit einem Fangschuß auf Grund. Zum Glück für die Alliierten war der Verlust an Menschenleben gering.
- *U380* unter Josef Röther versenkte den holländischen Truppentransporter *Nieuw Zeeland* mit 11069 BRT.
- *U595* unter Jürgen Quaet-Faslem versenkte den britischen Frachter *Browning* mit 5332 BRT. Im Gegenzug belegten die Briten dann *U595* 16 Stunden lang mit Wasserbomben.

Die britischen Verbände verstärkten ihre ASW-Maßnahmen. Bis zum 12. November waren sechs Boote wegen schwerer Gefechtsschäden oder wegen technischer Defekte gezwungen, den Einsatz abzubrechen.[1]

---

[1] Ein Versuch der Deutschen, einen vorübergehenden, vorgelagerten U-Boot-Stützpunkt in Cagliari an der Südküste Sardiniens einzurichten, scheiterte. Am 11. November versenkte das britische Unterseeboot *Turbulent* das deutsche U-Boot-Mutterschiff *Bengasi* vor Kap Ferrato, nordöstlich von Sardinien. Dabei gingen 40 G7e-Elektrotorpedos, Nachschub an Lebensmitteln für ein U-Boot für ein ganzes Jahr, Brennstoff und Schmieröl verloren.

Betroffen waren drei bewährte Boote (Fritz Guggenberger in *U81,* Heinz Schomburg in *U561* und Wilhelm Franken in *U565*), zwei vor kurzem eingetroffene Boote (Kurt Diggins in *U458,* Gerd Kelbling in *U593*) und das frisch eingetroffene Delphin-Boot *U596* unter Günter Jahn.

Am 13. November, fünf Tage nach Tag X, verkleinerte sich die gegen die Torch-Verbände eingesetzte U-Boot-Flottille durch einen weiteren Abbruch. Wilhelm Dommes in dem bewährten Boot *U431,* der den britischen Zerstörer *Martin* versenkt hatte, wegen technischer Defekte aber nach Norden von der Küste ablaufen mußte, stieß auf einen feindlichen Geleitzug und griff an. Er meinte, er habe einen großen britischen Zerstörer der Tribal-Klasse versenkt. In Wahrheit war es der neue holländische Zerstörer *Isaac Sweers* mit 1624 Tonnen. Bei demselben Angriff meldete Dommes, er habe einen Tanker getroffen und in Brand geschossen, aber dieser Treffer konnte nicht bestätigt werden. Eine Hudson der britischen Squadron 500, geflogen von dem Neuseeländer Mike A. Ensor, griff *U431* mit vier Wasserbomben, einer ASW-Bombe und Maschinengewehrfeuer an. Dommes meldete Verluste und schwere Schäden sowie den Ausfall technischer Geräte. Er drehte ab nach Messina, von dort nach Pola, wo er das Ritterkreuz erhielt.[1]

Am 13. November stieß Fritz Guggenberger auf dem Rückmarsch mit dem bewährten Boot *U81* auf einen Geleitzug. Er meldete Torpedotreffer an zwei Schiffen mit 11000 Tonnen. Eines davon, das britische Schiff *Maron* mit 6487 BRT, sank, der andere Treffer ließ sich nicht bestätigen. Das war Guggenbergers zweiter Erfolg gegen Handelsschiffe, die an der Operation Torch beteiligt waren, eine Gesamtausbeute von 8499 BRT. Für diese Leistung verlieh ihm Hitler das Eichenlaub zum Ritterkreuz. In La Spezia wurde Guggenberger von *U81* entlassen und kehrte nach Deutschland zurück, um das neue Fern-U-Boot *U847* in Dienst zu stellen.[2]

---

[1] Zum Zeitpunkt der Verleihung betrug seine bestätigte Versenkungsziffer lediglich fünf Schiffe mit 13000 Tonnen. Die Tatsache, daß er als einziges deutsches U-Boot Kriegsschiffe bei der Operation Torch versenkte – die Zerstörer *Martin* und *Isaac Sweers* –, spielte bei der Verleihung zweifellos eine große Rolle.

[2] Zum Zeitpunkt der Verleihung betrug seine bestätigte Versenkungsziffer, ausschließlich auf *U81,* fünf Schiffe mit rund 40000 Tonnen, darunter natürlich der britische Flugzeugträger *Ark Royal,* dazu noch fünf Segelschiffe. Sein neues U-Boot sollte *U847* vom Typ IXD2 sein, das erste einer besonderen Reihe von sechs Fern-U-Booten *(U847* bis *U852),* die nur von Ritterkreuzträgern befehligt werden sollten, unter anderen von Wilhelm Rollmann und Heinz-Otto Schultze. Wenige Tage nach der In-Dienst-Stellung von *U847* wurde Guggenberger jedoch zum BdU-Stab nach Frankreich kommandiert. Im Mai übernahm er das Kommando eines IXC-Bootes, dessen Kommandant entlassen worden war.

In den ersten Tagen der Operation Torch vernichteten die alliierten Kräfte fünf deutsche U-Boote:

- In den frühen Morgenstunden des 12. November griff Götz Baur in *U660* getaucht einen Geleitzug vor Oran an und schoß eine volle Bugsalve auf vier Schiffe. Die britischen Zerstörer *Wescott, Verity* und *Wivern* sowie die Korvetten *Starwort* und *Lotus* deckten *U660* mit Wabos ein. Baur stieß Bolde[1] aus und ging auf Tiefe – auf 197 Meter, wie ein Besatzungsmitglied angab –, doch die *Starwort* und die *Lotus* hielten hartnäckig den Sonarkontakt. Sie warfen Wasserbomben, die schwere Schäden anrichteten und Wassereinbrüche verursachten. Nach vier Stunden gestand Baur die Niederlage ein, tauchte auf und versenkte das U-Boot. Die Briten fischten Baur und 45 Mann aus dem Wasser. Zwei Deutsche kamen bei der Versenkung durch britisches Gewehrfeuer ums Leben. Die Überlebenden kritisierten den Führer der U-Boote Mittelmeer, Leo Kreisch, heftig wegen seiner mangelnden Führungsqualitäten und wegen seiner Unfähigkeit.
- Am folgenden Nachmittag, dem 14. November, sichtete eine von dem Neuseeländer John W. Barling geflogene Hudson der britischen Squadron 233 ein U-Boot nördlich von Oran. Barling griff das vor kurzem eingetroffene Boot *U605* unter Herbert-Viktor Schütze an und versenkte es. Es gab keine Überlebenden. Die Admiralität schrieb die Versenkung anfangs den Korvetten *Lotus* und *Poppy* zu, nach einer sorgfältigeren Untersuchung nach dem Krieg sprach sie das Verdienst jedoch Barlings Hudson zu.
- Am selben Tag und im selben Raum entdeckte ein in Algerien stationierter Schwarm britischer Hudsons das kürzlich eingetroffene Delphin-Boot *U595* unter Jürgen Quaet-Faslem. Zwei Hudsons der Squadron 608, geflogen von G. Williams und C. A. Livingstone, griffen *U595* an und warfen acht Wasserbomben, die das Boot schwer beschädigten und tauchuntauglich machten. Später am selben Tag entdeckten fünf Hudsons der Squadron 500 *U595* an der Oberfläche, »eine leichte Beute«, wie ein Pilot später schrieb. Angeführt von Wing Commander Denis Spotswood (später Air Marshal der RAF), griffen sie trotz schweren Flakfeuers an. Die Deutschen trafen vier Hudsons, auch Spotswoods, und *U595* überstand erstaunlicherweise alle Angriffe.

In dem Glauben, er könne mit Hilfe der Vichy-Franzosen an der Küste entkommen, warf Quaet-Faslem seine Enigma und alle Geheimdokumente über Bord und lief mit voller Fahrt den Strand bei Kap

[1] Ein unter Wasser treibender Blasenerzeuger, der die feindlichen Sonarbediener irreführen sollte.

Tenes an. Er beabsichtigte, den größten Teil der Besatzung an Land zu setzen, dann in tiefes Wasser abzulaufen und das Boot zu versenken. Doch der Plan ging schief. Versehentlich lief er mit *U595* bei Kap Khamis – 130 Kilometer nordöstlich von Oran – hart auf Grund auf und saß fest. Der Kommandant und die Besatzung schickten sich an, das Boot mit Sprengladungen zu zerstören, und schwammen dann – bis auf einen Rekruten, der von dem britischen Zerstörer *Wivern* gefangengenommen wurde – an die Küste und nahmen zu einem Offizier Vichy-Frankreichs Kontakt auf. Da die Deutschen ihn für einen Verbündeten hielten, übergaben sie ihre Waffen. Der Franzose sammelte unterwegs Verstärkung und führte die 44 Deutschen in das Dorf Picard. Dort traf er Vorkehrungen, daß sie für eine Nacht verpflegt und untergebracht wurden. Von britischen Luft- und Seestreitkräften alarmiert, traf gegen Mitternacht eine Panzereinheit der US Army ein und nahm Quaet-Faslem und seine 43 Mann gefangen, der bislang erste Fall, bei dem eine U-Boot-Besatzung alliierten Bodentruppen in die Hände fiel. Gegen Ende des Monats waren die Überlebenden von *U595* in den Vereinigten Staaten und wurden verhört.

• Am nächsten Tag, dem 15. November, entdeckte Mike Ensor, der Pilot einer Hudson aus Squadron 500, der *U458* schwer beschädigt hatte, das frisch eingetroffene Delphin-Boot *U259* unter Klaus Köpke an der Oberfläche. Ensor griff mit vier Wasserbomben an, eine fiel direkt auf das Oberdeck und löste eine heftige zweite Detonation aus, die das Deckgeschütz und den gesamten Turm in den Himmel schleuderte. Das Boot sank schnell, und es gab keine Überlebenden. Die umherfliegenden Trümmer beschädigten aber die tieffliegende Hudson, Ensor und seine drei Besatzungsmitglieder waren gezwungen, rund 35 Kilometer nördlich von Algier mit dem Fallschirm abzuspringen. Ensor und ein Mann überlebten den gefahrvollen Sieg und wurden von britischen Überwasserschiffen gerettet. Die anderen beiden kamen ums Leben.

• Zwei Tage später, am 17. November, griff im selben Raum Squadron Leader Ian C. Patterson in einer weiteren Hudson der Squadron 500 das bewährte Boot *U331* unter Ritterkreuzträger Hans-Dietrich von Tiesenhausen an, der 1941 das britische Schlachtschiff *Barham* versenkt hatte. Drei Wasserbomben und eine ASW-Bombe zerstörten das Boot und sprengten das Torpedoladeluk im Bugraum auf, der daraufhin voll Wasser lief. Zwei weitere Hudsons der Squadron 500, geflogen von Andrew W. Barwood und einem Sergeant Young, eilten Patterson zur Seite und griffen im Tiefflug mit Wasserbomben und Maschinengewehrfeuer an. Einige Deutsche, die an Deck gekommen waren, wurden getötet oder verwundet. Von Tiesenhausen hißte eine weiße Flagge.[1] Die Piloten bejubelten diese zweite Kapitulation (nach *U570*) eines U-Boots vor britischen Flugzeugen.

Die Freude war jedoch von kurzer Dauer. Ein Martlet-Jäger der Royal Navy erschien plötzlich am Kampfplatz und griff das Boot im Tiefflug an. Mehrere Deutsche wurden getötet, von Tiesenhausen, sein Zweiter Wachoffizier Irwin A. K. Hartwig und andere wurden verwundet. Zum Entsetzen Pattersons in der Hudson tauchte ein Albacore-Torpedobomber der Royal Navy Squadron 820 auf dem Flugzeugträger *Formidable* aus dem Nichts auf und versenkte *U331* mit einem Torpedo. Viele Deutsche, die noch unter Deck waren, kamen ums Leben.

Der britische Zerstörer *Wilton,* der zu der Kaperung aus Algier herangelaufen war, und ein britisches Walrus-Flugboot fischten Tiesenhausen und 16 andere Deutsche aus dem Wasser, von denen einer später bei einem Fluchtversuch in Gibraltar getötet wurde. Gewiß ärgerten sich die Hudson-Piloten der Squadron 500 über die verdorbene »Kaperung« eines U-Bootes (wie sie meinten), aber sie waren zu Recht erfreut, als sie erfuhren, daß die Briten den deutschen »Helden« in Gewahrsam genommen hatten, der die *Barham* versenkt hatte.[2]

Als die Seekriegsleitung von den ersten vier U-Boot-Verlusten im Mittelmeer erfuhr, wies sie Dönitz an, diese durch VII-Boote aus der Atlantikflotte zu ersetzen. Dönitz äußerte die üblichen Bedenken – die hohen Risiken angesichts geringer Erfolge, die überfüllten Stützpunkte –, doch aufgrund der gefährdeten Lage des Afrikakorps kam er der Anweisung so schnell wie möglich nach. Die vier VII-Boote liefen Ende November und Anfang Dezember ins Mittelmeer aus. Sie sollten in der Neumondphase vom 4. bis zum 9. Dezember durch die Straße von Gibraltar schlüpfen. Nur drei von den vieren schafften es: Willy-Roderich Körner in *U301,* Konstantin von Puttkamer in *U443* und Philipp Schüler in *U602.*[3] Mit diesen Ver-

---

[1] Die weiße Flagge wurde vermutlich gehißt, weil Tiesenhausen die Tötung und Verwundung deutscher Besatzungsmitglieder verhindern und zur Rettung der Überlebenden auffordern wollte. Zweifellos hätte der loyale, furchtlose und findige Tiesenhausen bei der Ankunft eines Überwasserschiffes das Boot versenkt.

[2] Die alliierten Kräfte versenkten außerdem in den ersten beiden Novemberwochen drei italienische Unterseeboote im Mittelmeer: die *Antonio Sciesa* durch Flugzeuge der US Army Air Forces, die *Granito* durch das britische Unterseeboot *Saracen* (das früher *U335* in der Nähe der Shetlands versenkt hatte), und die *Emo* durch den britischen ASW-Trawler *Lord Nuffield.*

[3] Das andere Boot *U258* brach die Fahrt wegen »Krankheit« des Kommandanten Wilhelm von Mässenhausen ab, der bei der Rückkehr nach Frankreich das Boot vorübergehend verließ. Es wurde durch *U257* unter Heinz Rahe abgelöst, der ebenfalls die Fahrt abbrach, weil sein Leitender Ingenieur »erkrankt« war und weil er ein Leck hatte.

stärkungen umfaßten die U-Boot-Flottillen im Mittelmeer Ende des Jahres 1942 dreiundzwanzig Boote, von denen wenigstens vier *(U73, U97, U458* und *U561)* in der Werft lagen, weil schwere Gefechtsschäden repariert werden mußten.

Alles in allem war der Widerstand der U-Boote gegen die Operation Torch kläglich. Es zeigte sich einmal mehr, daß die damaligen Unterseeboote kein geeignetes Waffensystem für den Einsatz gegen einen wachsamen, schnellen und schwer gesicherten Flottenverband waren, der eine Landung versuchte. Bei der Operation Torch vergrößerten Weichold und Kreisch die bestehenden Schwierigkeiten noch, indem sie versuchten, die U-Boot-Verteidigung über Funk von verschiedenen, fast 1800 Kilometer entfernten Hauptquartieren aus zu steuern. Sie scheuchten die U-Boote *nolens volens* vor und zurück, änderten alle paar Stunden ihre Befehle oder die Bootsgruppen, oder zumindest hatte es diesen Anschein. In Anbetracht dieser Tatsache ist es verwunderlich, daß die Alliierten nur fünf U-Boote versenkten.

Um nochmals zusammenzufassen: Die U-Boote im Mittelmeer versenkten im Monat November acht Schiffe (darunter zwei Zerstörer) mit 57200 Tonnen. Außerdem beschädigten sie zwei Schiffe, die britische Sloop *Stork* und den britischen Frachter *Lalande* mit 7453 BRT. Abgesehen von den Zerstörern war der britische Truppentransporter *Viceroy of India* ein großer Fang.[1]

Von den zahlreichen alliierten Flugzeugen und Überwasserstreitkräften belästigt, konnten die U-Boot-Kommandanten meist nur einen kurzen Blick auf ihre Ziele und die Ergebnisse ihrer Torpedoangriffe erhaschen. Zweifellos wurden häufig die Detonationen von Wasserbomben als Torpedotreffer gemeldet. Aus diesen und anderen Gründen kam es zu zahlreichen überhöhten Meldungen. Spitzenreiter bei den überhöhten Meldungen war Albrecht Brandi in dem neu eingetroffenen Boot *U617* der Gruppe Delphin. Er meldete Treffer an einem Schlachtschiff, einem Kreuzer, einem Zerstörer und einem Frachter mit 5500 BRT, doch kein einziger wurde in Untersuchungen nach dem Krieg bestätigt.

Die U-Boote im Mittelmeer erzielten im Dezember noch einige bemerkenswerte Erfolge. Die höchsten Ehren verdienten sich dabei zwei

[1] 22 italienische U-Boote wurden gegen Torch-Verbände eingesetzt. Sie versenkten vier Schiffe in oder in der Nähe des Golfe de Bougie: den Truppentransporter *Narkunda* mit 16600 Tonnen, den Truppentransporter *Awatea* mit 13482 Tonnen, das Flakschiff *Tynwald* mit 2400 Tonnen und das Minensuchboot *Algerine* mit 850 Tonnen. Die *Awatea* und die *Tynwald* seien zuvor von der deutschen Luftwaffe beschädigt worden, schreibt Jürgen Rohwer, und von den Italienern lediglich »auf Grund geschickt« worden.

kampferprobte Boote: *U565* unter Wilhelm Franken und *U562* unter Horst Hamm. Franken versenkte den britischen Zerstörer *Partridge* mit 1540 Tonnen und beschädigte den britischen Truppentransporter *Cameronia* mit 16297 Tonnen. Letzterer fuhr in dem Geleitzug KMF 5 und wurde von der Luftwaffe vollends versenkt. Hamm in *U562* versenkte den Truppentransporter *Strathallan* mit 23722 Tonnen, den neuesten Pazifik- und Orientdampfer aus der Vorkriegszeit, der ebenfalls in dem Geleitzug KMF 5 fuhr. An Bord der *Strathallan* befanden sich 5000 Soldaten, doch das Schiff sank langsam. Der Verlust an Menschenleben war »gering«, wie der offizielle Historiker der Admiralität schreibt. Auch zwei neu eingetroffene Boote hatten Erfolg: *U602* unter dem Kommando des 31jährigen Philipp Schüler torpedierte den britischen Zerstörer *Porcupine* mit 1540 Tonnen, der zwar Gibraltar erreichte, aber verschrottet wurde; *U443* unter Konstantin von Puttkamer versenkte den britischen Zerstörer *Blean* der Hunt-Klasse mit 1087 Tonnen.[1]

Die üblichen überhöhten Meldungen hielten an, insbesondere die von Albrecht Brandi in *U617*. Er meldete die Versenkung von vier Schiffen, darunter ein Zerstörer mit 1500 Tonnen, und Treffer an zwei Frachtern mit 7000 BRT. Bestätigt wurde nur ein versenktes Schiff, der britische Flottenschlepper *St. Issey* mit 810 Tonnen. Jürgen Könenkamp in *U375* meldete die Versenkung eines Kreuzers der London-Klasse mit 10000 Tonnen, aber nur ein Treffer an dem Minenkreuzer *Manxman* mit 2650 Tonnen wurde bestätigt. Puttkamer meldete die Versenkung eines Frachters mit 6000 BRT, der sich als die britische *Edencrag* mit 1592 BRT entpuppte.

---

[1] Im ganzen Jahr 1942 versenkten die Mittelmeer-U-Boote zwölf Kriegsschiffe, darunter elf britische: den Flugzeugträger *Eagle*, zwei Leichte Kreuzer *Naiad* und *Hermione*, fünf Zerstörer *(Gurkha, Jaguar, Martin, Partridge, Porcupine)* und drei Zerstörer der Hunt-Klasse *(Blean, Grove, Heythrop)*. Das zwölfte Kriegsschiff war der holländische Zerstörer *Isaac Sweers*.

Amerikanische B24-ASW-Squadrons im Einsatz für Torch

Im September 1942 setzten die US Army Air Forces, verärgert über die ihr auferlegten Beschränkungen, ganz offen und offiziell den Oberbefehlshaber der Navy, Admiral King, davon in Kenntnis, daß die Aufteilung der ASW-Flugzeuge auf die Sea Frontiers (lokalen Befehlsstellen für die Küstenregionen) nicht die ideale Vorgehensweise bei der Bekämpfung der U-Boote sei.[1] Deshalb hatten die USAAF die Absicht, die Flugzeuge des First Bomber Command, die bei der U-Boot-Abwehr eingesetzt wurden, in einer einzigen autonomen Einheit neu zu organisieren, die als First Antisubmarine Army Air Command (Erstes U-Boot-Abwehrkommando) bezeichnet wurde. Das Kommando sollte von Washington aus befehligt werden, damit es unverzüglich in alle Gegenden verlegt werden konnte, in denen feindliche U-Boote verstärkt operierten. In Übereinstimmung mit dem früheren Abkommen zwischen Army und Navy hieß es in dem Papier hinterhältig, daß die ASW-Flugzeuge »natürlich der operativen Kontrolle der jeweils betroffenen Sea Frontier unterstellt werden«.

King beschloß, die offenkundige Implikation zu übergehen – daß nämlich die Einrichtung dieses Kommandos der erste Schritt der Army Air Forces bei dem Versuch war, sich wieder die Kontrolle über alle landgestützten Flugzeuge im ASW-Einsatz zu verschaffen. Er erhob keine Einwände gegen die Schaffung eines zentralisierten Kommandos, betonte aber, daß er die mehr oder weniger ständige Zuteilung der gegen U-Boote eingesetzten Flugzeuge zu den einzelnen Sea Frontiers immer noch für »die vorzuziehende Methode« halte. Jedenfalls werde *er,* schrieb King, weiterhin über alle Sea Frontiers hinweg die operative Kontrolle über die Flugzeuge der Army Air Forces behalten.

Henry H. (Hap) Arnold, der Stabschef der US Army Air Forces (USAAF), gründete offiziell am 15. Oktober 1942 die Einheit zur U-Boot-Abwehr der Army Air Forces. Befehligt wurde sie von Westside T. Larson, ihre Kader stammten aus dem First Bomber Command. Von jeder weiteren Verantwortung für die strategische Bombardierung befreit, bestand ihre einzige Aufgabe darin, feindliche U-Boote anzugreifen, »wo immer sie unsere Kriegsanstrengungen stören«. Die wichtigsten Kampfflugzeuge waren der Langstreckenbomber B-24-Liberator und der

---

[1] »Die Erfahrung mit dem First Bomber Command in seinen Einsätzen gegen U-Boote seit März belegt, daß eine effektive Verwendung von Flugzeugen gegen Unterseeboote eine rasche Kommunikation erfordert, eine Mobilität und *die Befreiung von den Beschränkungen, die einem Kommandosystem auf der Grundlage der Gebietsverantwortung innewohnen.«* (Hervorhebung eingefügt.)

Mittelstreckenbomber B-25-Mitchell, beide ausgestattet mit 10-cm-Radargeräten und Wasserbomben für seichte Tiefen. Die Einheit begann den Kampf in ihrem neuen Status an der Ostküste der Vereinigten Staaten und im Golf von Mexiko mit den Wings (Geschwadern) 25 und 26. Die Operationszentren wurden dabei mit denen der Navy in New York beziehungsweise in Miami zusammengelegt. Ganz offenkundig ohne Wissen von Admiral King einigten sich Kriegsminister Henry L. Stimson und der Generalstabschef der Army, George C. Marshall, auf eine wichtige Bestimmung in den Vorschriften, in der es hieß, »daß ihre Elemente zum Dienst in außerkontinentale Gebiete abkommandiert« werden konnten. Das bedeutete, ihre Einheiten konnten zur Bekämpfung von U-Booten nach Übersee geschickt werden.

Als Folge dieses Vorstoßes seitens der Army Air Forces wurden *zwei* voneinander unabhängige und verschiedene ASW-Luftkommandos geschaffen, die eine wurde über die Sea Frontiers von der Navy befehligt, die andere von den Army Air Forces. Die erste sicherte vor allen Dingen die Geleitzüge, die zweite patrouillierte in erster Linie offensiv und sicherte nur in zweiter Linie die Geleitzüge. Der offizielle Historiker der Air Force schreibt, dieses Abkommen sei so unbestimmt gewesen, daß es

> *das Wesen und das Ausmaß der operativen Kontrolle, die von der Navy ausgeübt werden sollte, offenließ. Außerdem sprach es auch das Problem der Verdoppelung, der parallelen Entwicklung zweier landgestützter Luftstreitkräfte für dieselbe Aufgabe nicht an. Folglich blieb in diesem unbestimmten Bereich viel Raum für ständige Streitfälle und Verwirrungen, vor allem in Anbetracht der Tatsache, daß weiterhin unterschiedliche Meinungen bestanden, wie landgestützte Langstreckenflugzeuge am effektivsten bei der U-Boot-Abwehr eingesetzt werden sollten.*

Zur Zeit der Operation Torch umfaßte das Antisubmarine Command 18 Squadrons mit rund 200 Flugzeugen im Einsatz, die allesamt in den Vereinigten Staaten, in der Karibik oder in Newfoundland stationiert waren. In den elf Monaten seit Beginn der ASW-Patrouillen hatten diese Flugzeuge mit Sicherheit drei U-Boote ohne fremde Hilfe versenkt *(U512, U654, U701)* und ein U-Boot *(U153)* gemeinsam mit dem Zerstörer *Lansdowne* der US Navy. Außerdem hatten sie *U505* stark beschädigt und gezwungen, die Feindfahrt in der Karibik abzubrechen.

Als Rückendeckung für Torch wies Marshall Stabschef Arnold an, die Verlegung zweier ASW-Squadrons nach Marokko vorzubereiten, die mit Langstreckenbombern vom Typ B-24 Liberator ausgestattet waren. Diese großen landgestützten Flugzeuge sollten U-Jagdaufträge fliegen und die rein amerikanischen Geleitzüge UGS und GUS in den Gewässern im Dreieck Azoren, Madeira, Gibraltar aus der Luft sichern.

Diese wenig bekannte Aufstellung von ASW-Einheiten ist vor kurzem von dem Historiker Max Schoenfeld geschildert worden.[1] In ihrer Anfangsphase waren sie nicht gerade ein Musterbeispiel an Perfektion.

Alles wurde in fliegender Hast erledigt. Die Flugzeugbesatzungen nahmen die B-24-Bomber direkt am Fließband in Empfang. Dann flogen sie mit ihnen zum Wright-Patterson Field in Dayton, Ohio, wo der ASV-Radar mit 10-cm-Wellenlänge (SCR-517C) und andere Geräte eingebaut wurden. Dann flogen sie weiter nach Langley Field in Virginia (in der Nähe von Norfolk) und bereiteten sich dort auf die Verlegung nach Übersee vor. Insgesamt waren es 21 B-24-Bomber, neun in der ASW-Squadron 1, die von Jack Roberts befehligt wurde, und zwölf in der ASW-Squadron 2, die von Wilkie A. Rambo befehligt wurde.

Westside Larson wies Roberts und Rambo an, über die »Nordroute« nach Nordafrika zu fliegen: Newfoundland – Island – England – Marokko. Die neuen Flugzeuge von Roberts' ASW-Squadron 1 flogen zuerst und sammelten sich auf dem Flugplatz in Gander, Newfoundland, von dort starteten die ersten drei Flugzeuge am 6. November. Trotz des scheußlichen Wetters und anderer Hindernisse erreichten alle drei sicher einen britischen Landeplatz auf den Hebriden und flogen dann zu einem anderen britischen Flugplatz in Südwestengland weiter, nach St. Eval.

In der Zwischenzeit hatte Premierminister Winston Churchill Präsident Roosevelt überredet, die Verlegung dieser beiden amerikanischen Squadrons nach Marokko zu verschieben, damit sie vorübergehend die ASW-Maßnahmen des Coastal Command mit den 21 mit Radar ausgerüsteten B-24-Bombern verstärkten. Gleichzeitig sollten die fünf britischen ASW-Squadrons in Gibraltar und in Nordafrika[2] und die mit Catalinas bestückten Squadrons der US Navy, die in Marokko eintreffen würden, den amerikanischen UGS und GUS-Konvois Luftsicherung bieten.

Der Stützpunkt bei St. Eval war überfüllt. Squadron 502 des Coastal Command, die hier stationiert war, rüstete soeben von Whitleys auf viermotorige Halifax-Bomber um. Die 10. operative Trainingseinheit des Bomber Command, die ebenfalls hier stationiert war, flog die Whitleys bei ASW-Einsätzen, bevor sich die Besatzungen für den Fronteinsatz der Bombereinheiten qualifiziert hatten. Darüber hinaus waren Spitfires der britischen Photo Squadron 543 sowie verschiedene andere Flugzeuge auf St. Eval stationiert.

---

[1] *Stalking the U-boat* (1994).

[2] Drei Squadrons mit Hudsons (48, 233, 500), eine Squadron mit Catalinas und Sunderlands (202) und eine Squadron (179) mit Wellingtons, die mit Leigh Light ausgerüstet waren.

Da die Verlegung der beiden amerikanischen ASW-Squadrons nach St. Eval in aller Eile arrangiert worden war, gab es dort kein Bodenpersonal und keine Hallen für die Amerikaner. Die amerikanischen Besatzungen mußten außerhalb des Stützpunktes einquartiert werden – eine unbefriedigende Lösung. Sie aßen in der britischen Messe, die sie als »unglaublich schlecht« schilderten. Es gab zuviel Kohl in allen Variationen: Weißkohl, Rosenkohl, Blumenkohl. Die in England stationierte amerikanische 8. Air Force mußte den ASW-Squadrons Mechaniker und anderes Bodenpersonal bis zum Eintreffen ihrer eigenen Leute zur Verfügung stellen.

Trotz alledem flog am 16. November – neun Tage nach der Ankunft in St. Eval – der Pilot Isaac J. Haviland der Army Air Forces den ersten amerikanischen ASW-Einsatz über dem Golf von Biskaya.

Der Abflug der übrigen sechs B-24 aus ASW-Squadron 1 war wegen des schlechten Wetters immer wieder verschoben worden, doch am 23. November flogen sie endlich von Newfoundland ab. Diese sechs Bomber hatten mit schweren Turbulenzen und Vereisungen zu kämpfen. Nur zwei Bomber schafften die Überquerung des Atlantiks. Drei mußten umkehren, einer verschwand spurlos. Die beiden Piloten, die Europa erreichten, trafen am 27. November in St. Eval ein, die amerikanische ASW-Einheit aus B-24-Bombern umfaßte damit fünf Flugzeuge. Die anderen drei B-24-Bomber der Squadron folgten den Catalinas aus Squadron VP 92 der US Navy und nahmen die längere »Südroute«, die aber durch deutlich freundlichere Gefilde führte: Florida – Trinidad – Brasilien – Ascension – Accra – Marokko – England. Eine Maschine wurde in Marokko aufgehalten, weil sie einen Ersatzreifen benötigte. Sie traf erst am 5. Januar 1943 in St. Eval ein, zwei Monate nach dem ersten Start einer B-24 von Langley Field. In Anbetracht der Odyssee von ASW-Squadron 1 verließ das Dutzend B-24-Bomber von Rambos ASW-Squadron 2 Langley gleich auf der Südroute: vom 10. bis zum 24. Dezember. Nach einem Stopp in Trinidad ging ein Flugzeug verloren, doch die übrigen elf erreichten im Januar 1943 St. Eval. Das Bodenpersonal überquerte auf der *Queen Elizabeth* den Atlantik von New York zum Firth of Clyde und traf am 12. Januar ein. ASW-Squadron 2 flog am 16. Januar 1943 ihren ersten ASW-Einsatz.[1]

---

[1] Aus diesen B-24-Bombern für den ASW-Einsatz war die Standardausrüstung ausgebaut worden, die für einen Bombeneinsatz am Tage aus großer Höhe nötig war: Panzerung, selbstschließende Treibstofftanks, Turbolader für die Triebwerke, Maschinengewehrtürme und vieles mehr. Dafür waren sie mit nach vorn schießenden 20-mm-Bordkanonen ausgestattet. Ein Teil des Bombenschachts war abgeändert worden, damit zusätzlich Treibstoff an Bord genommen werden konnte. Die Reichweite vergrößerte sich dadurch erheblich, dafür konnten sie nur sechzehn Wasserbomben laden.

Auf Jack Roberts' Vorschlag hin wurden am 15. Januar die beiden ASW-Squadrons der USAAF in St. Eval unter seinem Kommando zusammengefaßt. Diese Einheit wurde als 1. Antisubmarine Group (Provisional) bezeichnet, eine abkommandierte Einheit des 25th Antisubmarine Wing des Army Air Forces Antisubmarine Command.[1] Alfred J. Hanlon jr. löste Roberts als Kommandeur von Squadron 1 ab; Isaac Haviland löste Rambo als Kommandeur von Squadron 2 ab. Rambo wurde zum technischen und Versorgungsoffizier von Roberts ernannt.

Mit dem stoßweisen Eintreffen dieser beiden amerikanischen Squadrons stieg die Zahl der B-24-Bomber in ASW-Squadrons des Coastal Command im Januar 1943 auf fast 50: 24 in den britischen Squadrons 120 und 224 und am Ende 24 in den USAAF Squadrons 1 und 2. Darüber hinaus verfügte das Coastal Command zu dieser Zeit über 24 B-17 Flying Fortresses in den britischen Squadrons 206 und 220 und über 24 Halifax-Bomber in den britischen Squadrons 405 (leihweise vom Bomber Command) und 502. Alles in allem: 96 viermotorige Schwere Bomber. Diese landgestützten Bomber für lange und sehr lange Reichweiten erhöhten merklich die offensiven und defensiven Einsatzmöglichkeiten des Coastal Command.

Deutsche U-Boote für den Angriff auf Torch-Verbände

Zur Zeit der Landungen im Rahmen der Operation Torch befanden sich 96 deutsche U-Boote der Atlantikflottillen auf See, darunter drei U-Tanker. 51 Boote operierten nördlich des Golfs von Biskaya, 45 südlich davon. 40 Boote im Norden befanden sich im Kampfgebiet auf der Nordatlantikroute oder waren auf dem Marsch dorthin oder zurück, vier befanden sich in kanadischen Gewässern, ein Boot legte ein Minenfeld vor dem Hafen von New York, zwei waren ins Mittelmeer abkommandiert und vier aus Deutschland ausgelaufen. Von den Booten im Süden waren fünf ins Mittelmeer abkommandiert. Die übrigen 40 befanden sich in Kampfgebieten vor der Iberischen Küste, den Azoren, Westafrika, Trinidad und Südamerika oder waren auf dem Weg dorthin oder zurück.

Zusätzlich zu den sieben Booten, die bereits ins Mittelmeer unterwegs waren, schickte Dönitz auf die dringenden Forderungen Berlins hin eilig weitere 25 Boote der Atlantikflottillen in die Gewässer unmittelbar westlich der Straße von Gibraltar und westlich von Marokko. Damit erhöhte sich die Zahl der Atlantik-U-Boote, die zum Angriff auf Torch-

---

[1] Die zusammengefaßte Einheit wurde am 1. März 1943 umbenannt in USAAF 2037th Wing (Provisional) und endlich am 21. Juni 1943 in 480th Group.

Verbände abkommandiert wurden, auf 32 oder etwa ein Drittel aller Boote dieser Flottillen, die sich am 8. November auf See befanden.

Von den 25 Booten, die eilig in den Raum vor Gibraltar und Marokko liefen, waren 13 Boote kurz zuvor mit Kurs auf die Nordatlantikroute ausgelaufen, 9 waren in Gebiete südlich des Golfs von Biskaya ausgelaufen und 3 waren am 7. November direkt von französischen Stützpunkten ausgelaufen. Sechs Boote machten ihre Jungfernfahrt, drei kampferprobte Boote aus Frankreich hatten neue Kommandanten.

Da weitere 13 der verbliebenen 41 Boote auf der Nordatlantikroute wenig Treibstoff oder Torpedos übrig hatten und bis zum 20. November nach Frankreich zurückkehren mußten, kam der U-Boot-Krieg im Nordatlantik durch den Abzug von Booten für den Angriff auf Torch-Verbände fast zum Erliegen. Die vier neuen Boote, die noch von Deutschland aus ausliefen, nicht mitgerechnet, blieben Dönitz nur zehn Boote (zwei vom Typ IX und acht vom Typ VII) für die Fortsetzung des Geleitzugkampfes im Nordatlantik, also für den Feldzug, den er selbst als »entscheidend« bezeichnet hatte. Drei VII-Boote *(U454, U606, U624)* mußten zunächst bei *U117* nachtanken, einem XB-Minenleger, der vorübergehend als Tanker Dienst tat und auf dem Rückmarsch war. Am 9. November scherte ein anderes VII-Boot, *U704* unter Horst Kessler, aus und jagte den riesigen Passagierdampfer *Queen Elizabeth,* der mit hoher Fahrt nach Westen fuhr. Kessler kam nahe genug, um auf den Dampfer vier Torpedos zu schießen,[1] aber kurze Zeit später meldete er, er sei gezwungen, die Fahrt abzubrechen, weil ein Besatzungsmitglied schwer erkrankt sei. Nach dem Ausfall von *U704* am 11. November wurde der U-Boot-Krieg auf der Nordatlantikroute mit nur noch neun U-Booten fortgeführt, von denen drei wegen Nachtankens vorübergehend außer Gefecht waren. Über diese drastisch dezimierten Einheiten wird später ausführlich berichtet.

Die ersten neun Boote der Atlantikflottillen, die den Raum vor der Straße von Gibraltar und Marokko erreichten, wurden in der Gruppe Schlagetot zusammengefaßt. Sieben Boote waren vom Typ IX und eigneten sich schlecht für den Angriff auf schnelle, schwer bewachte Invasionsgeleitzüge der Alliierten oder für den Einsatz in diesen Gewässern, die selbst 35 bis 60 Kilometer vor der Küste noch sehr flach

---

[1] Kessler meldete einen Treffer an der *Queen Elizabeth,* erwähnte aber nicht, daß es sich um den Passagierdampfer handelte und nicht um das gleichnamige Schlachtschiff. Damit richtete er im U-Boot-Hauptquartier einige Verwirrung an. Der Treffer konnte nicht bestätigt werden. Unter den Passagieren befand sich der rangälteste Codeknacker und Erbauer der britischen Bomba, Alan Turing, der, wie erwähnt, zu einem offiziellen Besuch in die Vereinigten Staaten unterwegs war.

sind. Drei IX-Boote waren erst vor kurzem aus der Gruppe Streitaxt entlassen worden, die den Geleitzug SL 125 in der Nähe der Azoren angegriffen hatte. Die übrigen vier waren vor kurzem aus Frankreich ausgelaufen und von ihren Missionen in entfernte Gewässer umgeleitet worden. Die beiden VII-Boote *U572* und *U752,* beides kampferprobte Boote, waren ebenfalls vor kurzem aus der Gruppe Streitaxt entlassen worden.

Als erstes Boot der Gruppe Schlagetot erreichte *U572* unter Heinz Hirsacker marokkanische Gewässer. Er stieß auf intensive ASW-Patrouillen von Überwasserschiffen und Flugzeugen. Dennoch hätte er mehrere Gelegenheiten gehabt, die alliierten Schiffe anzugreifen, schreckte aber nach den Angaben seiner Offiziere und Mannschaften feige zurück. Mit seinem Versagen an der Straße von Gibraltar im Januar 1942 hatte Hirsacker das Afrikakorps nun zum zweitenmal im Stich gelassen. Als Folge ordnete Dönitz bei der Rückkehr des Bootes nach Frankreich am 22. November an, daß Hirsacker verhaftet und wegen Feigheit vor dem Feind vor Gericht gestellt wurde. Er wurde für schuldig befunden und zum Tode verurteilt. Reinhard Hardegen, der gefeierte Kommandant von *U123,* der wegen seiner Feindfahrten in der Operation Paukenschlag berühmt geworden war, erinnert sich noch, daß enge Freunde Hirsackers ihm eine Pistole in die Zelle schmuggelten, damit ihm die Schande der Hinrichtung durch die Nazis erspart bleibe. Hirsacker beging am 24. April 1943 Selbstmord.

Das andere VII-Boot war *U752* unter Karl-Ernst Schroeter, der erfolgreich im Nordmeer, in amerikanischen Gewässern und im Raum vor Freetown patrouilliert hatte. Noch ehe er einen Angriff vortragen konnte, wurde er von alliierten ASW-Kräften gejagt und erlitt schwere Schäden. Schroeter erhielt die Vollmacht, für Reparaturarbeiten in sicherere Gewässer abzulaufen, und fuhr nach Westen. Nach einer notdürftigen Reparatur des Bootes erfaßte er einen sehr schnellen Geleitzug und jagte ihn, aber er verlor ihn, bevor er andere Boote herangeführt oder selbst angegriffen hatte. Da Schroeter immer noch Öl verlor, wurde ihm abermals gestattet, für Reparaturarbeiten in »abgelegene« Gebiete abzulaufen. Er war aber nicht imstande, das Leck zu schließen, und brach die Fahrt ab. Am 3. Dezember kehrte er nach Frankreich zurück, ohne den Torch-Verbänden geschadet zu haben.

Nach dem Ausfall der beiden VII-Boote aus der Gruppe Schlagetot blieben für den Einsatz gegen Torch-Verbände die sieben ungeeigneten IX-Boote. Von dem Angriff der Gruppe Streitaxt auf den Konvoi SL 125 kamen die drei Boote *U103, U509* und *U510.* Unter dem neuen Kommandanten Gustav-Adolf Janssen hatte das alternde IXB-Boot *U103* ein Schiff versenkt und hatte nur noch wenig Treibstoff. Unter dem neuen Kommandanten Werner Witte hatte das IXC-Boot *U509* vier Schiffe versenkt und drei beschädigt, es hatte aber immer noch viel Treibstoff und acht Torpedos. Das IXC-Boot *U510* unter Karl Neitzel hatte ein Schiff beschädigt und noch viel Treibstoff sowie fast eine volle Ladung Torpedos. Zu diesen drei stieß in der Nähe der Azoren das frisch ausgelaufene, alte IXB-Boot *U108* unter dem neuen Kommandanten Ralf-Reimar Wolfram, 30 Jahre alt, der gehofft hatte, sich der Gruppe Streitaxt beim Angriff auf SL 125 anschließen zu können, aber zu spät gekommen war.

Vor Beginn der Operation Torch hatte Dönitz geplant, daß *U509* einen Großteil seines überschüssigen Treibstoffs an *U103* und *U108* abgeben und heimkehren sollte. Dann sollten die aufgetankten Boote *U103* und *U108* gemeinsam mit *U510* den Raum im Süden bis vor Freetown durchkämmen und nach weiteren Sierra-Leone-Geleitzügen suchen. Nach Plan tankte *U509* die Boote *U103* und *U108* auf, als Dönitz aber von den Landungen erfuhr, schickte er diese drei Boote und *U510* in marokkanische Gewässer.

Werner Witte in *U509* lief am 11. November wagemutig in den Raum vor Mehdia-Port Lyautey und kreuzte dabei in Gewässern, die weniger als 60 Meter tief waren. In den folgenden drei Tagen, berichtete er, sei er von ganzen Schwärmen von Überwasserschiffen und Flugzeugen gejagt und mit Wasser- und Fliegerbomben angegriffen worden. Bei einem Feindkontakt hörte Witte – und alle anderen an Bord von *U509* –, wie sie meinten, das Kabel einer Mine, das die ganze Hülle entlangschürfte, und dann eine fürchterliche Detonation unter dem Heck. Bei diesem oder einem anderen Feindkontakt rissen Wasserbomben ein Leck in einen Treibstofftank und zwangen Witte, nach Westen abzulaufen. Dann brach er die Fahrt ab und kehrte am 26. November nach Frankreich zurück, wo er für seine Angriffe auf SL 125 gelobt wurde. Er hatte ebenfalls keine Gelegenheit, die Torch-Verbände anzugreifen.

Bis zum 13. November waren zwei Squadrons mit amphibischen Catalinas der US Navy in Marokko eingetroffen, denen 22 Flugboote angehörten:[1] Squadron VP 73 (von Island) wurde in Port Lyautey stationiert, VP 92 (aus den Staaten) in Casablanca. Am 14. November sollte der Navy-Pilot A. S. Allbritton der Squadron VP 73 als erster ein U-Boot angreifen. Der Ausgang des Kampfes ist noch heute ungewiß.

Karl Neitzel in *U510* patrouillierte ebenfalls vor Mehdia-Port Lyautey. Am 15. November sichtete er einen schnellen Geleitzug aus Transportern, gesichert von »einem Schlachtschiff, einem Flugzeugträger und

---

[1] Vom 1. November 1942 an wurden die Patrol Wings der US Navy, die in der Regel ein Hauptquartier und drei Squadrons umfaßten, umbenannt in Fleet Air Wings oder Fairwings. Fairwing 15 in Marokko wurde von George A. Seitz befehligt.

zehn Zerstörern«. Neitzel jagte unter Wasser das Schlachtschiff tapfer, aber vergebens. In seiner Verzweiflung schoß er dann drei Torpedos aus »extremer« Entfernung auf das Schiff, sein einziger Angriff auf Torch-Verbände in marokkanischen Gewässern. Alle Torpedos gingen fehl. Später bombardierte ein Flugzeug *U510* und verursachte »ein großesÖlleck«. Neitzel mußte ein gutes Stück nach Westen ablaufen und versuchen, das Leck zu reparieren. Er richtete ebenfalls keinerlei Schaden bei den Torch-Verbänden an.

Nachdem die neuen Kommandanten Janssen in *U103* und Wolfram in *U108* bei Witte in *U509* Treibstoff aufgenommen hatten, näherten sie sich Marokko. Janssen erkundete Safi, Wolfram Casablanca. Kein Kommandant sichtete irgend etwas anderes als zahlreiche Zerstörer und Flugzeuge auf ASW-Patrouille. Am 11. November entdeckte ein Zerstörer Wolfram in *U108* und jagte das Boot energisch. Einige Wasserbomben gingen in der Nähe nieder. Die Explosionen beschädigten seine »Tauchvorrichtung«, er war gezwungen, für Reparaturarbeiten nach Westen abzulaufen. Als er am 16. November meldete, daß der Schaden »nur zum Teil repariert« werden konnte, wurde ihm befohlen, die Fahrt abzubrechen. Am 26. November traf er in Frankreich ein, ohne irgend etwas für die Abwehr der Landungen erreicht zu haben.

Von den übrigen drei Booten, die eilig von Aufträgen in fernen Gewässern zur Gruppe Schlagetot umdirigiert worden waren, versagte auch das IXC-Boot *U511* unter Friedrich Steinhoff. Der ältere, ehemalige Offizier der Handelsmarine hatte zuvor eine enttäuschende Feindfahrt in die Karibik gemacht. Am 8. November hatte Steinhoff an dem U-Tanker *U462* nachgetankt und befand sich westlich von Freetown auf dem Weg nach Brasilien. Nach dem Befehl, kehrtzumachen und so schnell wie möglich Marokko anzulaufen, erreichte er am 15. November Agadir im Süden Marokkos. Dort wurde er plötzlich »krank«, *U511* mußte nach Frankreich abdrehen, ohne einen einzigen Schuß abgegeben zu haben. Steinhoff verließ das Boot und wurde Stabsoffizier in einer Frontflottille, später kehrte er nach Deutschland zurück, um ein Fern-U-Boot in Dienst zu stellen, das zu einem Transporter umgebaut wurde.

Nur die beiden verbliebenen IX-Boote der Gruppe Schlagetot trugen erfolgreiche Angriffe gegen die alliierten Kräfte in marokkanischen Gewässern vor, von diesen ging jedoch eines verloren.

Unter Heinz-Ehler Beucke hatte *U173* bereits eine unbefriedigende Feindfahrt in die Karibik gemacht. Am 1. November lief es unter dem neuen Kommandanten Hans-Adolph Schweichel, 27 Jahre alt, wieder von Frankreich aus. Am Abend des 11. November schlüpfte Schweichel geschickt – und tollkühn – durch den ASW-Schild, der 15 in Fedala vor Anker liegende Transporter und Frachtschiffe sicherte. Die Transporter hatten ihre gesamten Soldaten bereits an Land gesetzt, aber andere

Schiffe luden immer noch eifrig Nachschub und Ausrüstungsgegenstände aus. Schweichel schoß zunächst auf den Transporter *Joseph Hewes* der US Navy mit 9359 BRT. Der Torpedo traf im Laderaum Nr. 2, und das Schiff sank Bug voraus und nahm den Kapitän Robert McL. Smith und mehrere Besatzungsmitglieder sowie »über 93 Prozent« der Ladung mit auf Grund.

Schweichel wandte sich als nächstes dem Tanker *Winooski* der US Navy mit 10600 BRT und dem Zerstörer *Hambleton* zu, der in der Nähe vor Anker lag, weil er auf die Freigabe zum Nachtanken wartete. Zum Glück für die Alliierten traf der Torpedo die *Winooski* in einen Tank, aus dem das Öl bereits herausgepumpt worden war und der statt dessen als Ballast mit Meerwasser gefüllt war. Obwohl das Loch 7,5 Quadratmeter groß war, konnte die Crew es notdürftig flicken. Bis zum nächsten Morgen konnte die *Winooski* ihre Arbeit wieder aufnehmen. Der auf die *Hambleton* losgemachte Torpedo traf im vorderen Maschinenraum, rund 20 Mann wurden getötet oder tödlich verwundet. Bemerkenswerterweise hielt sich die *Hambleton* über Wasser, der zuverlässige Hochseeschlepper *Cherokee* konnte sie nach Casablanca schleppen. Dort trennten Pioniere der Navy, sogenannte SeaBees, kurzerhand zwölf Meter des beschädigten Rumpfes heraus und fügten die verbliebenen Hälften wieder zusammen. Monate später fuhr die *Hambleton,* begleitet von einem anderen Schlepper, nach Boston, wo sie rechtzeitig so weit hergerichtet wurde, daß sie an der Operation Overlord teilnehmen konnte.

Von den zahllosen amerikanischen Zerstörern mit Radar in oder vor Fedala ortete an diesem Abend nur die neue *Bristol U173.* Der Kommandant der *Bristol* meinte aber, bei dem Kontakt könne es sich auch um ein freundliches Landungsboot handeln, zögerte und schaltete den Scheinwerfer ein, um das Objekt zu identifizieren. Dieses Zögern gab Schweichel genügend Zeit, mit *U173* zu tauchen und dem verspäteten Geschützfeuer der *Bristol* zu entgehen. Obwohl das Wasser sehr flach war und die *Bristol* zwei Serien Wasserbomben warf, konnte sich Schweichel unbeschädigt davonschleichen.

Am selben Abend, dem 11. November, näherte sich der Ritterkreuzträger Ernst Kals in *U130,* der am 29. Oktober aus Frankreich ausgelaufen war, Fedala. Statt durch die Sicherung aus Zerstörern mit Radar von der Seeseite aus durchzuschlüpfen, beschloß Kals, getaucht in 18 Meter tiefem Wasser an der Küste entlangzufahren, gerade so viel, daß sein Turm unter Wasser war. Immer wieder den Grund streifend, erreichte Kals unbemerkt den Ankerplatz und schoß getaucht bei Tageslicht am 12. November tollkühn fünf Torpedos, vier aus den Bugrohren und einen aus einem Heckrohr. Seine Torpedos trafen und versenkten drei große amerikanische Transporter: die *Edward Rutledge* mit 9360 BRT, die *Tasker H. Bliss* mit 12568 BRT und die *Hugh L. Scott* mit 12479 BRT.

Alle drei Schiffe (34 407 BRT) sanken. Rund 115 Mann von den 1607 Besatzungsmitgliedern und anderen Personen an Bord der Schiffe blieben vermißt. Die *Rutledge* verlor außerdem »97 Prozent« ihres Nachschubs und der Ausrüstung, die *Bliss* und die *Scott* je »rund 65 Prozent«. Unentdeckt schlich sich Kals unter Wasser davon, indem er sich immer dicht an der Küste hielt.

Angesichts des Verlustes von vier kostbaren Transportern bei Fedala verlegten die Alliierten das Entladen zum größten Teil nach Casablanca. Am 13. November liefen fünf große Schiffe aus Fedala in Casablanca ein. Zwei Tage später machten sich die übrigen sechs großen Schiffe aus Fedala und fünf aus Mehdia-Port Lyautey nach Casablanca auf. Früh am Morgen fing Schweichel in *U173* das amerikanische Schiff *Electra* mit 8113 Tonnen vor Casablanca ab und torpedierte es. Obwohl das Schiff ein großes Leck hatte, konnte es in der Nähe von Casablanca stranden und wurde später geborgen und wieder in Dienst gestellt.

Am nächsten Tag, dem 16. November, patrouillierten die drei amerikanischen Zerstörer *Quick, Swanson* und *Woolsey* vor Casablanca. Gegen Mittag meldete die *Woolsey* einen deutlichen Sonarkontakt nahe an Backbord und warf sofort nach Augenmaß zwei Wasserbomben. Ihr Angriffsziel war *U173*. In zwei sorgfältiger vorgetragenen Angriffen warf die *Woolsey* weitere acht Wasserbomben, nach denen Öl und Luftblasen aus der Tiefe aufstiegen. Danach mußte sie die Patrouille abbrechen, um in Casablanca nachzutanken, und überließ ihre Beute *Swanson* und *Quick*. Beide Zerstörer waren bei diesem »Kontakt« äußerst skeptisch. Dennoch warf die *Swanson* zwei Serien Wabos an der Stelle, wo die Blasen aufstiegen, und die *Quick* rollte eine einzige besondere Wasserbombe ab, die so eingestellt war, daß sie auf dem Grund explodierte. Falls *U173* nicht bereits tödlich getroffen war, dann haben diese Angriffe das Boot zerstört. Es gab keine Überlebenden.

Die zweite Welle aus 16 U-Booten der Atlantikflottillen sammelte sich in den gefährlich beengten und flachen Gewässern unmittelbar westlich der Straße von Gibraltar. Sie sollten eine »Mauer« bilden und den gesamten alliierten Schiffsverkehr durch die Straße blockieren. Dies war ein undurchführbarer Auftrag. In der Erwartung eines heftigen U-Boot-Angriffs hatten die Alliierten den Raum mit genügend Überwasserschiffen und Flugzeugen bestückt, die über Radar verfügten. Ein U-Boot-Kommandant meldete, die ASW-Maßnahmen seien so intensiv, daß er gezwungen sei, 20 Stunden täglich unter Wasser zu bleiben. Er könne das Boot nicht ausreichend lüften und die Batterien nicht aufladen.

Zu diesen sechzehn Booten zählten drei, die am 7. November direkt aus Frankreich ausgelaufen waren: zwei vom Typ IX und eines vom Typ VII. Alle drei hatten Feindberührung mit alliierten Kräften.

Als erster nahm Werner Henke im IXC-Boot *U515* Feindkontakt auf. Henke hatte eine herausragende Jungfernfahrt in die Karibik gemacht. Am Abend des 12. November machte er etwa 330 Kilometer westlich der Straße von Gibraltar zwei große britische Kreuzer aus, wie er meinte, eskortiert von drei Flottenzerstörern. In Wirklichkeit handelte es sich um einen britischen Kreuzer, die *Vindictive,* und den großen britischen Zerstörertender *Hecla* (10850 BRT), die von zwei Zerstörern eskortiert wurden. Der Zerstörer *Venomous,* der ein 10-cm-Radargerät vom Typ 271 hatte, ortete *U515* in einer Entfernung von gut 3600 Metern, informierte aber aus unerklärlichen Gründen die anderen Schiffe nicht.

Nach einer anstrengenden fünfstündigen Jagd mit voller Fahrt kam Henke in eine gute Schußposition. Er schoß eine volle Bugsalve auf den »Kreuzer der Birmingham-Klasse«, aber zwei der vier Torpedos kamen vom Kurs ab. Der Kreuzer *Vindictive* entdeckte die Bahn dieser oder der anderen beiden Torpedos und zackte, um ihnen auszuweichen. Er hätte Zeit gehabt, den Zerstörertender zu warnen, unterließ dies aber aus unerklärlichen Gründen. Infolgedessen krachten zwei Torpedos in die *Hecla,* versenkten sie aber nicht. Die *Vindictive* lief aus dem Gebiet ab, die Zerstörer *Venomous* und *Marne* begannen die U-Boot-Jagd, aber die *Marne* brach schon bald wieder ab, um der *Hecla* zu helfen. Henke lief wieder heran und schoß noch zwei Torpedos auf die *Hecla.* Einer traf sie mit einer gewaltigen Explosion, der andere traf die *Marne* und sprengte das Heck ab. Die *Hecla* sank, aber die *Marne* blieb über Wasser. Von den 847 Mann Besatzung der *Hecla* kamen 279 ums Leben.

Der Zerstörer *Venomous* gab seine U-Boot-Jagd auf und nahm die *Marne* in Schlepptau, mit dem Heck voraus. Henke hielt die *Marne* fälschlicherweise für den »Kreuzer«, den er zu versenken versucht hatte, und lief zu einem weiteren Angriff heran. Als die *Venomous* einen Radarkontakt meldete, eröffneten beide Zerstörer mit ihren Geschützen das Feuer auf *U515.* Dann kappte die *Venomous* das Tau, trieb *U515* unter Wasser und warf fünf Wasserbomben. Die Admiralität kam später zu dem Schluß, daß der Angriff der *Venomous* zweifellos die *Marne* gerettet habe. Da wegen der Wasserbomben das Sonar der *Venomous* ausgefallen war, brach sie ihre Jagd wiederum ab und machte sich daran, die Überlebenden der *Hecla* zu retten. Unterdessen fuhr Henke noch einen Angriff und schoß zwei Torpedos auf die *Venomous.* Diese wich aus und ging auf volle Fahrt, um *U515* zu rammen. Henke tauchte, um dem Zerstörer auszuweichen, der wiederum zehn Wabos warf. Danach schlich sich Henke in tieferes Wasser davon. Da die *Venomous* nur noch wenig Treibstoff hatte, übernahm eine Korvette in diesem Raum, die

Jonquil, die Eskorte der *Marne.* Die *Venomous* fuhr mit 568 Überlebenden der *Hecla* weiter nach Casablanca, die *Marne* wurde später nach Gibraltar geschleppt.

Als nächstes Boot der zweiten Welle hatte das neue VII-Boot *U413* unter Gustav Poel Feindkontakt. Poel war immer noch auf seiner Jungfernfahrt aus Kiel. Auf dem Weg nach Süden stieß er am 14. November auf den nordwärts fahrenden Konvoi MK 1. Ihm gehörten britische Truppentransporter an, die aus dem Mittelmeer zu den Britischen Inseln zurückkehrten, dazu die neuen Geleitträger *Biter* und *Dasher.* Bei seinem ersten Angriff als Kommandant versenkte Poel den wertvollen Truppentransporter *Warwick Castle* mit 20 107 BRT.

In den frühen Morgenstunden des 14. November stießen mehrere Boote der zweiten Welle rund 150 Kilometer westlich der Straße von Gibraltar auf einen weiteren britischen Geleitzug auf dem Heimweg: Mediterranean-United Kingdom Fast 1 (MKF 1). Ihm gehörten acht große, schnelle Transporter und Frachtschiffe an, eskortiert von fünf britischen Zerstörern, darunter die alte (1918), aber modernisierte *Wrestler.* Der neue Geleitträger *Avenger* und der alte Träger *Argus,* die beide nach England heimkehrten, hatten sich dem Konvoi angeschlossen.

Der Zerstörer *Wrestler* ortete ein aufgetauchtes U-Boot im Radar, neun Kilometer voraus. Die *Wrestler* beschleunigte und ging auf Rammkurs, brach den Versuch aber in einer Entfernung von 650 Metern ab. Das U-Boot tauchte in knapp 100 Metern Entfernung. Die *Wrestler* warf »nach Augenmaß« 14 Wasserbomben in den Strudel und blieb wegen der Jagd auf das U-Boot zurück, als der Geleitzug in letzter Minute notgedrungen abdrehte. Die offizielle Einschätzung der Admiralität lautete: »U-Boot vermutlich versenkt.« In der Tat hatte die *Wrestler U98* unter dem neuen Kommandanten Kurt Eichmann, 25 Jahre alt, versenkt. Er war am 22. Oktober aus Frankreich ausgelaufen. Es gab keine Überlebenden.[1]

Das verspätete Abdrehen des Geleitzuges nach Steuerbord kam einem anderen U-Boot entgegen. Das IXC-Boot *U155* unter Ritterkreuzträger Adolf-Cornelius Piening war am 7. November aus Frankreich ausgelaufen. Nachdem er Fühlung aufgenommen hatte, schoß er eine volle Bugsalve in die dichte Formation. Seine Torpedos versenkten den Geleitträger *Avenger* mit 13 785 Tonnen und den britischen Truppentransporter *Ettrick* mit 11 279 BRT, außerdem beschädigten sie das Frachtschiff

[1] Die Admiralität schrieb ursprünglich die Versenkung von *U98* einer Hudson zu. Diese Einschätzung hatte viel Verwirrung zur Folge und führte damals zu weiteren Fehlurteilen und falschen Zuschreibungen. Um weitere Verwirrungen zu vermeiden, werden die Irrtümer der Admiralität hier nicht näher ausgeführt.

Almaak der US Navy mit 6736 BRT. Der Verlust an Menschenleben auf dem Geleitträger *Avenger* war entsetzlich. Nur zwölf Mann der Besatzung wurden gerettet. Die Briten hielten die Meldung über diesen Verlust zurück.[1]

In der Nähe befand sich das VIIC-Boot *U411* unter dem neuen Kommandanten Johann Spindlegger, 27 Jahre alt, das am 7. November aus Frankreich ausgelaufen war. Eine Hudson der in Gibraltar stationierten Squadron 500, geflogen von einem anderen Ensor der Einheit, John B. Ensor, machte *U411* in rund neun Kilometern Entfernung an der Oberfläche aus. Aus einer Höhe von 15 Metern warf John Ensor vier Wasserbomben auf das Boot, das schnell tauchte. Seither hat man von dem Boot nichts mehr gehört. Da der Ausgang dieses Angriffs damals nicht bekannt war, schrieb die Admiralität fälschlich anderen die Versenkung von *U411* zu, vor einigen Jahren hat sie aber das Verdienst Ensor und seiner Besatzung zugesprochen.

Lediglich zwei andere Boote der zweiten Welle – beides VII-Boote – hatten noch Erfolg. Am 16. November versenkte Adolf Oelrich in *U92,* der eine glücklose Feindfahrt im Nordatlantik gemacht hatte, den britischen Frachter *Clan Mactaggart* mit 7622 BRT. Am 20. November versenkte Kurt Nölke, 28 Jahre alt, der immer noch auf seiner Jungfernfahrt aus Kiel war, in *U263* zwei schwer beladene Frachter aus dem Geleitzug KR-S 3 auf dem Weg nach Gibraltar: die norwegische *Prins Harald* mit 7244 BRT und die britische *Grangepark* mit 5132 BRT.

Während der gesamten Zeit, in der diese U-Boote unmittelbar westlich von Gibraltar aufgestellt waren, blieben die alliierten ASW-Maßnahmen – insbesondere die Luftpatrouillen – sehr intensiv. Neben dem

---

[1] Die übrigen sieben Geleit- und Leichten Träger überstanden Torch, konnten jedoch nicht sofort für die Geleitzugsicherung im Atlantik eingesetzt werden, wie ursprünglich geplant. Die Admiralität war mit der Tankanlage für die Flugzeuge auf den in Amerika gebauten Geleitträgern nicht zufrieden, ganz zu schweigen von der unbefriedigenden Leistung des Hauptantriebs. Deshalb liefen die *Archer, Biter* und *Dasher* nach dem Eintreffen an den Britischen Inseln Schiffswerften an, wo sie erheblich umgebaut oder »anglisiert« werden sollten. Dennoch explodierte die Steuerung der Tankanlage auf der *Dasher* und versenkte den Träger am 27. März 1943 im Firth of Clyde. Die verbliebenen Träger *Archer* und *Biter* begannen schließlich den Dienst in der Geleitsicherung im April 1943. Drei der vier amerikanischen »Halb-Geleitträger«, die *Sangamon, Suwanee* und *Chenango* (die in einem Sturm auf der Heimfahrt schwer beschädigt wurde), wurden nach Torch in die Vereinigten Staaten und von dort in den Pazifik verlegt. Der vierte, *Santee,* blieb für ASW-Einsätze bei der Atlantikflotte, aber auch sie mußte zunächst überholt und modernisiert werden. Die Flugzeugbesatzungen mußten ausgebildet werden. Das ganze dauerte rund sechs Monate.

Verlust der beiden VII-Boote *U98* und *U411* erlitten fünf Boote so schwere Schäden, daß sie ihre Fahrt abbrechen mußten.

- Am 15. November griffen alliierte Überwasserschiffe und Flugzeuge gemeinsam den VIID-Minenleger *U218* unter dem Kommando von Richard Becker an, der versuchte, einen britischen Zerstörer zu versenken. Der angerichtete Schaden war so groß, daß Becker nach einer erfolglosen Feindfahrt von 27 Tagen nach Frankreich abdrehen mußte.
- Am 17. November erlitt das bewährte VII-Boot *U566* unter Gerhard Remus, das im August bereits schwer beschädigt worden war, erneut schwere Schäden. Dieses Mal wurde ihm eine Hudson der britischen Squadron 233, geflogen von Sergeant Eric Harold Smith, zum Verhängnis. Nach dem Luftangriff hatte *U566* ein nicht reparierbaresÖlleck, das Remus zwang, nach Frankreich abzudrehen. Wegen der Reparaturarbeiten blieb das Boot über zwei Monate außer Gefecht.
- Am 18. November traf eine Hudson der britischen Squadron 608, geflogen von J. B. R. Petrie, das neue VII-Boot *U613* unter dem Kommando von Helmut Köppe, 33 Jahre alt, das noch auf seiner Jungfernfahrt von Kiel aus war. Die Explosion beschädigte das Boot schwer. Dönitz befahl vier in der Nähe liegenden U-Booten, *U613* zu helfen, darunter war auch das IXC-Boot *U509,* das ebenfalls die Fahrt abbrach. Da sie nicht imstande waren, den Schaden zu reparieren, mußte Köppe mit *U509* als Eskorte ebenfalls nach Frankreich abdrehen. Wegen Reparaturarbeiten war das Boot 44 Tage außer Gefecht.
- Am 19. November entdeckte eine Hudson der britischen Squadron 608, geflogen von A. F. Wilcox, das neue VII-Boot *U413* unter Gustav Poel, der einen anderen Konvoi jagte. Poel befahl Alarmtauchen, aber Wilcox warf vier Wasserbomben in den Strudel. Diese beschädigten Poels Sehrohre und zwangen ihn, nach Frankreich abzudrehen, wo er für die Versenkung des britischen Truppentransporters *Warwick Castle* gelobt wurde.
- Am folgenden Tag, dem 20. November, meldete das neue VII-Boot *U263* unter Kurt Nölke, er sei bei einem versuchten Angriff auf zwei Frachter von Geleitschiffen mit Wabos belegt worden. In einer lang anhaltenden Jagd warfen sie 119 Wasserbomben. Der Schaden war so schwer, daß Nölke gezwungen war, nach Frankreich abzudrehen.

Vier Tage später, am 24. November, griff eine Hudson der Squadron 233, geflogen von Sergeant Eric Smith, der eine Woche zuvor *U566* beschädigt hatte, das rückmarschierende Boot *U263* mit vier Wasserbomben an. Diese Explosionen richteten so großen neuen Schaden an, daß Nölke nicht mehr tauchen konnte. Als Folge schlug Dönitz vor, das Boot solle El Ferrol in Spanien anlaufen und dort interniert werden. Als Nölke aber von dem abbrechenden IXC-Boot *U511* unterstützt wurde und Luftsicherung von Ju-88-Bombern erhielt, fuhr er an El Ferrol vorüber nach La Pallice, wo er am 29. November eintraf. Dieses übel zugerichtete Boot wurde 13 Monate lang repariert und umgebaut.

Fünf weitere Boote wurden beschädigt, setzten aber ihre Feindfahrt fort:

- Am 19. November traf ein anderes Flugzeug *U91* unter Heinz Walkerling, der auf seiner ersten Feindfahrt den Zerstörer *Ottawa* versenkt hatte. Er meldete den Angriff und fügte hinzu, daß nur noch ein Torpedo gefechtsklar sei. Dennoch befahl ihm Dönitz, nach Westen abzulaufen, den Schaden zu reparieren und als Späher die Fahrt fortzusetzen.
- Am 21. November wurde das neue IXC-Boot *U519* unter Günter Eppen, 30 Jahre alt, das noch auf seiner Jungfernfahrt von Deutschland aus war, bei einem Geleitzugkampf von ASW-Kräften beschädigt. Eppen lief eilig nach Westen ab und reparierte den Schaden.
- Noch am selben Tag erlitt das von Reinhard Suhren berühmt gemachte VII-Boot *U564,* das jetzt aber dem neuen Kommandanten Hans Fiedler, 28 Jahre alt, unterstand, ebenfalls in einem Geleitzugkampf Schäden. Auch Fiedler lief nach Westen ab, um den Schaden zu reparieren.
- Vom 22. bis zum 25. November wurde das VII-Boot *U92* unter Adolf Oelrich, der die *Clan Mactaggart* versenkt hatte, einmal von Überwasserschiffen und zweimal von Catalinas angegriffen. Auch er reparierte den Schaden.
- Am 24. November wurde das neue IXC-Boot *U185* unter August Maus, das noch auf Jungfernfahrt von Kiel aus war, von einem nicht identifizierten Flugzeug schwer beschädigt. Maus lief nach Südwesten ab und traf sich mit dem XB-Minenleger *U118,* der für die vor der Straße von Gibraltar und Marokko operierenden Boote vorübergehend als U-Tanker eingesetzt wurde. Mit Hilfe von *U118* unter dem Kommando von Werner Czygan reparierte Maus das U-Boot.

Die 25 U-Boote der Atlantikflottillen, die in den ersten beiden Wochen der Operation Torch eilig Gebiete westlich der Straße von Gibraltar und westlich von Marokko angelaufen haben, behinderten diese Operation in einem sehr geringen Ausmaß. Sie versenkten elf Schiffe mit 119000 Tonnen und beschädigten fünf Schiffe mit 29000 Tonnen. Der Ritterkreuzträger Ernst Kals im IXB-Boot *U130,* der am Ankerplatz von Fedala drei große amerikanische Transporter mit 34407 Tonnen versenkte, erzielte die höchste Tonnage. Nach seiner Rückkehr nach Frankreich wurde er zum Chef der 2. U-Flottille befördert. Der Ritterkreuzträger

Adolf-Cornelius Piening im IXC-Boot *U155,* der den britischen Geleitträger *Avenger* (13785 Tonnen) und einen großen britischen Transporter (11279 BRT) versenkte, nahm nach der Tonnage Platz zwei ein, aber die Versenkung der *Avenger* wurde vor den Deutschen geheimgehalten.

Im Gegenzug für elf versenkte und fünf beschädigte alliierte Schiffe hatte Dönitz drei Atlantik-U-Boote mit den gesamten Besatzungen verloren *(U98, U173, U411).* Das ergab eine vernichtende »Erfolgsquote« von 3,6 versenkten Schiffen für jedes verlorene U-Boot. Zehn weitere Atlantikboote mußten ihre Fahrt abbrechen, acht wegen Gefechtsschäden[1] und zwei, weil ihre Kommandanten ernste Probleme hatten *(U511, U572).* Fünf andere Boote erlitten Gefechtsschäden, konnten aber die Schäden reparieren und die Feindfahrten fortsetzen.[2]

Für Dönitz und seinen Stab waren die Verluste und Ausfälle der U-Boote infolge der Operation Torch vernichtend und erinnerten schaurig an die schweren U-Boot-Verluste im selben Zeitraum ein Jahr zuvor in diesem Gebiet.[3] Rechnete man die fünf *innerhalb* des Mittelmeers verlorengegangenen Boote zu denen außerhalb hinzu, ergab sich ein bitterer Verlust von insgesamt acht Booten.

Noch vor Abschluß einer gründlichen Untersuchung trug Dönitz am 18. November sein Mißfallen und seine Bestürzung in sein Kriegstagebuch ein, das in den höchsten Kreisen in Berlin die Runde machte. Der Eintrag ähnelte dem Inhalt und dem Ton nach seinen früher geäußerten Einwänden gegen den Einsatz von VII- und IX-Booten so nahe vor der Straße von Gibraltar, wo die Luftstreitmacht der Alliierten so stark war. Da ihnen nun Nordwestafrika für Stützpunkte zur Verfügung stand, nahm die Stärke der Luftstreitmacht mit Sicherheit noch zu. Die Boote hatten mit ihren Operationen gegen Torch wenig erreicht, und die Aussichten für die Zukunft waren alles andere als rosig.

Wenn Dönitz, wie von Berlin hartnäckig gefordert wurde, 20 U-Boote westlich von Gibraltar im Atlantik hätte halten wollen, dann hätte er außerdem 30 Boote der Atlantikflottillen allein für diese Aufgabe abkommandieren müssen, um die Fahrtzeit in den Raum und zurück auszugleichen. Wenn darüber hinaus die U-Boot-Flottillen im Mittelmeer einen Stand von 24 VII-Booten halten wollten, wie Berlin ebenfalls hartnäckig forderte, dann hätte Dönitz weitere sechs oder acht U-Boote dorthin verlegen und die Atlantikflottillen weiter schwächen müssen. Dabei konnten diese, wie er meinte, viel größere Erfolge auf der »entscheidenden« Nordatlantikroute erzielen.

---

[1] *U108, U218, U263, U413, U509, U566, U613, U752.*

[2] *U91, U92, U185, U519, U564.*

[3] Siehe Band 1, S. 468–477.

Daran bestand kein Zweifel: Kaum war der U-Boot-Feldzug auf der Nordatlantikroute wiederaufgenommen worden, da wurde er durch die vollständige Verlegung von U-Booten zum Einsatz gegen Torch-Verbände im November bereits wieder ausgehöhlt. In Wahrheit veralteten jedoch die VII- und IX-Boote längst, und ihnen fehlte die unerläßliche elektronische Ausrüstung, mit der sie wo auch immer einen wirksamen U-Boot-Krieg hätten führen können, während die Alliierten bereits die einfachsten Verteidigungsmittel eingeführt hatten. Wenn der umfassende U-Boot-Krieg mit Gruppen (oder »Wolfsrudeln«) auf der Nordatlantikroute wiederaufgenommen worden wäre, dann hätten die deutschen U-Boot-Fahrer möglicherweise mit einem geringeren Risiko eine höhere alliierte Tonnage versenkt, aber längst nicht genug, um den Lauf des Krieges merklich zu beeinflussen. Die Deutschen hatten den Krieg auf See bereits verloren, aber es widersprach Dönitz' Charakter, die Niederlage einzugestehen oder einzuräumen, daß es hinter dem Horizont keine Hoffnung mehr auf einen Sieg gebe.

Berlin war noch nicht bereit, die Zufahrten zur Straße von Gibraltar aufzugeben. Deshalb patrouillierte ein Dutzend Boote den ganzen Monat Dezember über weiterhin in diesem Raum. Um die Verluste und Gefechtsschäden möglichst klein zu halten, wurde Dönitz die Vollmacht erteilt, die Boote nach Westen zu verlegen, außerhalb der Reichweite von Hudson- und Wellington-Bombern. Dönitz bezeichnete die verbliebenen Boote als Gruppe Westwall. Sie erreichte wenig.

Werner Henke in *U515* machte den größten Fang. In der Nacht vom 7. auf den 8. Dezember stieß er auf den britischen Truppentransporter *Ceramic* mit 18713 Tonnen, einen 1913 vom Stapel gelassenen Ozeandampfer. Die *Ceramic* mit ihrem Bestimmungshafen Kapstadt und darüber hinaus war gemeinsam mit dem Geleitzug ON 149 am 23. November aus Liverpool ausgelaufen, scherte mit sechs anderen Schiffen mitten im Atlantik aus und lief nach Süden. An Bord befanden sich 656 Menschen, darunter 92 Frauen und Kinder. Nach einer achtstündigen Jagd schloß Henke auf und schoß fünf Torpedos, mit denen er die *Ceramic* auf Grund schickte. Die Überlebenden saßen in Rettungsbooten und -flößen, aber ein heftiger und lang anhaltender Sturm kam auf. Henke nahm einen britischen Soldaten namens Eric Munday gefangen; die übrigen 655 Menschen kamen ums Leben.[1] Zusammen mit den vorherigen Meldungen und überhöhten Meldungen verdiente sich Henke das Ritter-

[1] Rechnet man die 279 Personen, die bei der Versenkung des Zerstörertenders *Hecla* umkamen, und die Toten bei dem Treffer an der *Marne* hinzu, dann hatte Henke allein bei dieser Feindfahrt den Tod von fast 1000 Menschen auf dem Gewissen.

kreuz, die einzige Auszeichnung dieser Art für einen Kommandanten der Atlantikflottillen im Einsatz gegen Torch.[1]

Drei andere IX-Boote aus der Gruppe Westwall stießen auf die anderen Schiffe mit Kurs nach Süden, die aus ON 149 ausgeschert waren.

- Ritterkreuzträger Adolf-Cornelius Piening in dem IXC-Boot *U155* versenkte das holländische Schiff *Serooskerk* mit 8456 BRT. Damit erhöhte sich Pienings Beute auf beeindruckende drei Schiffe mit 33520 Tonnen, aber er und Dönitz wußten nicht, daß er den Geleitträger *Avenger* mit 13785 Tonnen versenkt hatte.
- Der neue Kommandant des IXB-Bootes *U103,* Gustav-Adolph Janssen, der in marokkanischen Gewässern kein Glück gehabt hatte, versenkte den britischen Frachter *Henry Stanley* mit 5025 BRT und beschädigte einen weiteren, die *Hororata* mit 13945 BRT.[2] Janssen nahm den Kapitän der *Henry Stanley,* Richard Stones, gefangen, die übrigen 71 Menschen auf dem Schiff kamen ums Leben.
- August Maus in dem neuen IXC/40-Boot *U185* versenkte den britischen Frachter *Peter Maersk* mit 5476 BRT.

Mit diesen zusätzlichen Erfolgen erhöhte sich die Ausbeute der ursprünglich 25 Atlantik-Boote, die gegen Torch-Verbände eingesetzt worden waren, auf 15 Schiffe mit 156700 Tonnen, plus sechs beschädigte Schiffe mit rund 43000 Tonnen.

In einem Nachspiel zu diesen Operationen schickte Dönitz eine Gruppe aus zwei VII-Booten in marokkanische Gewässer, die einen besonderen Geleitzug angreifen sollte. Nach Meldungen bestand er aus 30 bis 40 Schiffen. Es handelte sich um das bewährte Boot *U432* unter Ritterkreuzträger Heinz-Otto Schultze und um *U618* unter Kurt Baberg, einem vielversprechenden Kommandanten, der bei seiner Jungfernfahrt im Atlantik zwei Frachter versenkt hatte. Die im Dezember eintreffenden Boote stießen auf massive ASW-Maßnahmen. Infolgedessen versenkte Baberg kein einziges Schiff, Schultze versenkte einen französischen Trawler mit 210 Tonnen. Nach seiner Rückkehr nach Frankreich verließ Schultze *U432* und fuhr nach Deutschland, wo er ein neues Fern-U-Boot vom Typ IXD2 in Dienst stellen sollte.

Alle Kräfte zusammengerechnet, die innerhalb und außerhalb des Mittelmeers operierten, setzten die Deutschen rund 50 U-Boote gegen Torch-Verbände ein. Die Italiener steuerten weitere 22 Boote bei, also

---

[1] Zum Zeitpunkt der Verleihung betrug seine bestätigte Versenkungsziffer zehn Schiffe mit 71677 Tonnen.

[2] Da Dönitz glaubte, die *Hororata* sei die Insel Flores von den Azoren angelaufen, um den Schaden zu reparieren, wies er Walter Schug im VIIB-Boot *U86* an, heimlich die Ankertaukette zu durchtrennen und sie zu versenken, sobald sie in internationalen Gewässern angekommen war. Schug konnte die *Hororata* jedoch nicht finden, also wurde der Plan fallengelassen.

waren es insgesamt 72 U-Boote der Achsenmächte. Bis zum 15. Dezember hatten alle deutschen U-Boote 24 Schiffe mit 218000 Tonnen versenkt und acht Schiffe mit 51600 Tonnen beschädigt. Vier verschiedene italienische U-Boote und Flugzeuge der Achse versenkten im Mittelmeer vier Schiffe mit 33300 Tonnen, und das U-Boot *Mocenigo* beschädigte den britischen Leichten Kreuzer *Argonaut* mit 5450 Tonnen.[1]

Damit die Gruppe Westwall ständig zwölf Boote umfaßte, mußte Dönitz die Streitmacht im Nordatlantik weiter schwächen. Er teilte der Gruppe die vor kurzem ausgelaufenen VII-Boote *U563, U615* und *U706* zu sowie vorübergehend zwei von langen Feindfahrten nach Kanada zurückkehrende IX-Boote, Hermann Rasch in *U106* und Heinrich Schäfer in *U183.* Da fünf der ursprünglichen Boote, darunter *U91* und das neu zugeteilte Boot *U183,* wenig Treibstoff hatten, mußte Dönitz mit *U463* einen weiteren U-Tanker in den Raum verlegen, der den provisorischen Tanker *U118* (XB-Minenleger) ablöste. Bei diesen Operationen wurde das VII-Boot *U91* erneut von einem alliierten Flugzeug getroffen und so »schwer beschädigt«, daß es »nicht tauchen konnte«. Piening in *U155* lief zu seiner Rettung herbei, übergab Ersatzteile und so viel Treibstoff, daß *U91* Frankreich erreichen konnte. Am 23. Dezember gestand das OKM endlich ein, daß die Gruppe Westwall nicht genügend Erfolgsmeldungen verzeichnete und gestattete Dönitz, sie aufzulösen.

Mit sichtlicher Erleichterung trug Dönitz ein, daß durch dieses Zugeständnis des OKM die Atlantikflottillen der U-Boote von »einer sehr undankbaren Aufgabe« erlöst worden seien. Er schickte zwei der vor kurzem ausgelaufenen VII-Boote, *U563* und *U706,* zu Gruppen auf der Nordatlantikroute. Alle anderen Boote kehrten ohne weitere Verluste nach Frankreich zurück.

Die ranghöchsten amerikanischen Strategen waren mit dem Verlauf der Operation Torch niemals ganz zufrieden. Das Versäumnis der britisch geführten Truppen in Algier, sofort nach Osten vorzustoßen und Tunesien einzunehmen, hatte einen langwierigen und mühsamen Kampf um dieses strategisch wichtige Gebiet zur Folge. Die Vernichtung des Afrikakorps verzögerte sich dadurch erheblich. Auf das hartnäckige Drängen von Premierminister Churchill hin setzten die Alliierten ihre Operationen im Mittelmeer mit der Invasion Siziliens und Süditaliens weiter fort, obwohl die ungeduldigen Amerikaner meinten, dies alles sei nebensächlich und würde nur von der Hauptaufgabe ablenken, nämlich

---

[1] Außerdem versenkten in der Nacht vom 11. auf den 12. Dezember italienische Froschmänner aus dem U-Boot *Ambra* mit selbsthaftenden Sprengladungen mit Zeitzünder im Hafen von Algier einen Frachter mit 1500 BRT und beschädigten drei weitere mit 18800 BRT.

Deutschland in die Knie zu zwingen, und von der zweiten Aufgabe, Japan in die Knie zu zwingen.

In Dönitz' Augen wurde der U-Boot-Waffe durch die ständige Verlegung von zehn Booten ins Mittelmeer im Herbst 1942, als die alliierten ASW-Kräfte noch nicht haushoch überlegen waren, die Möglichkeit genommen, den lebenswichtigen Geleitzügen im Nordatlantik unter geringem Risiko einen entscheidenden Schlag zu versetzen. Insgesamt hatte Berlin bis zum Ende des Jahres 1942 60 VII-Boote ins Mittelmeer entsandt. 42 davon schafften es durch die Straße von Gibraltar, kein einziges kehrte jemals in den Atlantik zurück.[1]

Rückkehr der U-Boote zur Nordatlantikroute

Wegen der Verlegung von U-Booten der Atlantikflotte nach Marokko und vor die Straße von Gibraltar blieben am 10. November 1942 nur neun Boote im Nordatlantik (zwei vom Typ IX, sieben vom Typ VII). Drei VII-Boote tankten auf dem Rückmarsch an dem XB-Minenleger *U117* nach, der vorübergehend als Tanker Dienst tat. Da diese Kampfkraft für einen Angriff auf einen Konvoi im Grunde nicht ausreichte, hatten die Boote freie Hand, nach allein fahrenden Schiffen Ausschau zu halten und sie zu versenken, aber kein Boot fand ein Schiff.

Durch verschiedene Maßnahmen vergrößerte sich nach und nach die kleine Zahl an Booten. Als erstes lief der U-Tanker *U460* unter Ebe Schnoor mit voller Kraft aus Frankreich aus, um die bereits im Operationsgebiet stehenden Boote, die noch reichlich Torpedos hatten, nachzutanken. Zum zweiten wurden vier neue, aus Kiel auslaufende Boote (eines vom Typ IX, drei vom Typ VII) zu den übrigen hinzugezogen. Schließlich wurden drei VII-Boote *(U262, U611, U663),* die vorübergehend zur Verteidigung Norwegens gestoppt worden waren, von dieser Aufgabe befreit und in den Nordatlantik verlegt. Bis zum 15. November war die Streitmacht im Nordatlantik, einschließlich der Boote, die nachtankten oder auf das Nachtanken warteten, auf 16 U-Boote angewachsen (3 XI-, 13 VII-Boote). Damit konnte eine Gruppe gebildet werden: die Kreuzotter.

An diesem Tag erfaßte Klaus Bargsten in dem IXC-Boot *U521,* der immer noch auf seiner Jungfernfahrt von Kiel aus war, einen Geleitzug. Es handelte sich um den vergleichsweise kleinen Konvoi ONS 144, der aus 33 Schiffen bestand und von der britischen Escort Group B-6 ohne die beiden Zerstörer *Fame* und *Viscount* gesichert wurde. Beide waren beschädigt worden, als sie bei ihrer vorherigen Fahrt nach Osten mit SC

---

[1] Siehe Band 1, Anhang 6, und Band 2, Anhang 7.

104 U-Boote gerammt hatten. Ohne diese war der Geleitschutz sehr schwach: fünf Korvetten, die britische *Vervain* und vier norwegische. Die offiziell britische Gruppe wurde von dem Norweger C. A. Monsen in der *Potentilla* befehligt. Alle Schiffe hatten ein 10-cm-Radargerät vom Typ 271, das Bergungsschiff des Konvois *Perth* verfügte über ein Huff Duff.

Bargsten in *U521* meldete den Geleitzug und beschattete ihn. Weil sein Peilzeichen aber nicht richtig empfangen wurde, konnten die anderen Boote es nicht ansteuern. Nach Eingang der Schießerlaubnis schoß Bargsten eine volle Salve aus sechs Torpedos, aber alle gingen fehl.

Bargsten blieb dem Konvoi 24 Stunden auf den Fersen, reparierte den Defekt an seinem Peilsender und führte einige Boote heran. Am 17. November griffen nach Einbruch der Dunkelheit drei Boote an – alle drei auf Jungfernfahrt. Als erstes griff *U262* unter Heinz Franke, 26 Jahre alt, an, eins der VII-Boote, die von Norwegen verlegt worden waren. Er schoß drei Torpedos, aber alle gingen fehl. Als zweiter griff Hartwig Looks an, 26 Jahre alt, in *U264,* einem neuen VII-Boot aus Kiel. Er versenkte einen griechischen Frachter mit 6696 BRT. Als dritter meldete Günther Dangschat, 27 Jahre alt, in dem neuen IXC/40-Boot *U184* aus Kiel die Versenkung von zwei, vielleicht sogar drei Schiffen, in Wirklichkeit versenkte er lediglich einen Frachter mit 3192 BRT.

In den folgenden sechs Stunden kam es zu einem heftigen Seegefecht. Mit Hilfe des Radargeräts vom Typ 271 hielten die fünf Korvetten, vor allem die Norweger auf der *Potentilla, Rose* und *Montbretia,* die sich formierenden U-Boote auf Distanz oder drückten sie unter Wasser und griffen mit Wabos an. Möglicherweise wurde bei einem dieser Angriffe das nicht kampferprobte IXC/40-Boot *U184* erwischt und versenkt, unter Verlust der gesamten Besatzung. Das Boot war seit zehn Tagen auf seiner Jungfernfahrt.[1] Mehrere andere U-Boote meldeten wiederholte und schwere Wasserbombenangriffe.

In den Morgenstunden des 18. November schossen zehn Boote auf den Geleitzug. Ulrich von Soden-Fraunhofen, 29 Jahre alt, im neuen VII-Boot *U624* versenkte den britischen Tanker *President Sergent* mit 5344 BRT und den amerikanischen Frachter *Parismina* mit 4732 BRT und beschädigte den amerikanischen Frachter *Yaka* mit 5432 BRT. Herbert Schneider, 27 Jahre alt, im neuen IXC-Boot *U522* schickte die *Yaka* mit

[1] Am 20. November wurde der Korvette *Potentilla* die Versenkung zugeschrieben, aber bei einer Untersuchung nach dem Krieg kam die Admiralität zu dem Schluß, daß diese Einschätzung »fragwürdig« sei. Während der chaotischen Ereignisse in der Nacht vom 17. zum 18. November hätte genausogut jede andere Korvette das U-Boot versenkt haben können. Die Norweger sahen – und meldeten – Öl und Wrackteile, aber keine Korvette hatte Zeit, die Trümmer einzusammeln, um die Versenkung zu belegen.

einem Fangschuß auf Grund. Heinz Franke in *U262* traf und versenkte die norwegische Korvette *Montbretia,* die in voller Fahrt sank. Von der Crew wurden 29 Mann gerettet, aber der Kommandant und 46 weitere Besatzungsmitglieder blieben vermißt. Außerdem schossen Klaus Bargsten in *U521,* Hans-Karl Kosbadt, 24 Jahre alt, in dem neuen VII-Boot *U224,* Hartwig Looks in dem neuen VII-Boot *U264,* Horst Kremser, 25 Jahre alt, in dem neuen VII-Boot *U383,* Burkhard Hackländer in dem kampferprobten VII-Boot *U454* und Alfred Manhardt von Mannstein in *U753,* einem anderen kampferprobten VII-Boot, aber ihre Torpedos gingen alle fehl.

Die vier verbliebenen Korvetten, eine britische und drei norwegische, sicherten den Geleitzug sehr eng und griffen die U-Boote mit bewundernswerter Tapferkeit, Hartnäckigkeit und Professionalität an, wobei sie den Vorteil des Radargeräts und des hellen Mondlichts nutzten. Am 19. November schickten alliierte Kommandostellen zwei Zerstörer als Verstärkung für die Eskorte, die britische *Firedrake* und den amerikanischen Glattdeck-Zerstörer *Badger,* aber um diese Zeit waren die U-Boote bereits abgelaufen. Am 20. November übernahm eine kanadische Local Escort Gruppe ONS 144 und geleitete den Konvoi weiter nach New York.

Aufgrund der Kurzmeldungen der Boote war Dönitz sehr zufrieden mit dem Angriff auf ONS 144. Sie meldeten, sie hätten 18 Schiffe mit 82800 Tonnen versenkt (darunter zwei Zerstörer und eine Korvette) und außerdem sechs Schiffe beschädigt. Die bestätigte Versenkungsziffer lag bei knapp einem Drittel dieser Meldungen: fünf Schiffe (darunter ein Tanker) mit 25396 BRT versenkt, dazu die Korvette *Montbretia.* Die alliierten Kommandostellen gratulierten dem norwegischen Escort Commander Monsen »herzlich« für seinen »großartigen« Kampfesmut, der ein schreckliches Desaster verhindert hatte. Nach diesem Einsatz traten die neun Boote, die am 10. November die gesamte Streitmacht im Nordatlantik gebildet hatten, und das neu dazugestoßene Boot *U264* den Rückmarsch nach Frankreich an. Sechs dieser neun Boote sowie mehrere Boote, die von Feindfahrten nach Amerika heimkehrten, sollten in einem Marinequadrat etwa 900 Kilometer nordwestlich der Azoren an Schnoors Tanker *U460* nachtanken. Wie erwähnt, fegte ein schwerer, lang anhaltender Sturm über das Gebiet hinweg, der nach Dönitz' Tagebuch sechs Tage lang ein Nachtanken verhinderte. Einige Boote hatten am Ende keinen Tropfen Diesel mehr und trieben hilflos in den Wogen. Sie waren nicht einmal imstande, die Batterien aufzuladen, damit sie Strom fürs Licht und die Küche hatten. Besonders ärgerlich sei jedoch, fügte Dönitz hinzu, daß der B-Dienst Informationen erhalten habe, ein großer Geleitzug sei auf dem Weg nach Westen in der Nähe auseinandergefallen. Wenn die Boote früher hätten nachtanken können als geplant, dann hätten sie diese ungesicherten Ziele angreifen können.

Dönitz wußte von dem Verlust des Bootes *U184* noch nichts und bildete die kleine Gruppe Drachen aus (wie er meinte) den drei Booten, die von Norwegen verlegt worden waren, und zwei neuen aus Kiel. Er stellte sie auf einer südöstlich von Grönland verlaufenden Linie auf und befahl ihnen, nach einem ostwärts fahrenden Slow Convoy Ausschau zu halten. Aber die Gruppe Drachen fand weder diesen noch irgendeinen anderen Geleitzug. Das kurz zuvor von Norwegen verlegte Boot *U262* unter Heinz Franke, das die Korvette *Montbretia* in Konvoi ONS 144 versenkt hatte, schickte mit seinen letzten Torpedos das allein fahrende britische Liberty-Schiff *Ocean Crusade* mit 7178 BRT auf Grund und trat den Rückmarsch an. Bei der Gruppe Drachen blieben damit noch vier Boote. Das ebenfalls kurz zuvor von Norwegen verlegte Boot *U663* unter Heinrich Schmid versenkte den britischen Frachter *Barberrys* mit 5170 BRT. Als Dönitz erfuhr, daß die Gruppe Drachen nur noch vier Boote umfaßte, löste er sie auf und teilte die Boote neuen Gruppen zu, die sich im Nordatlantik bildeten.

Wegen der Verlegungen zur Abwehr von Torch waren die U-Boot-Gruppen, die auf der Nordatlantikroute operierten, drastisch reduziert worden und trugen seit dem 5. November nur gegen einen von 15 Geleitzügen[1] wirksame Angriffe vor: gegen ONS 144. In diesen Konvois überquerten während des Monats rund 700 Handelsschiffe den Atlantik von Ost nach West und umgekehrt. Die U-Boote versenkten aus ONS 144 fünf Schiffe mit 25396 BRT (dazu die Korvette *Montbretia* mit 923 Tonnen). Außerdem versenkten U-Boote je ein Schiff aus drei anderen im November fahrenden Geleitzügen (SC 109, ON 143 und 145) sowie fünf allein fahrende Schiffe, also insgesamt acht andere Schiffe mit 57500 BRT.[2] Damit erhöhte sich die Ausbeute im November an dieser wichtigen Lebenslinie auf 29 Schiffe mit rund 166660 Tonnen.[3] 16 dieser versenkten Schiffe waren beladen und in Geleitzügen nach Osten unterwegs. Im November gingen auf der Nordatlantikroute zwei U-Boote mit der gesamten Besatzung verloren: das VII-Boot *U132* und das IX-Boot *U184*.

Beide Seiten erklärten den November 1942 zum Höhepunkt der U-Boot-Erfolge der Achsenmächte. Während des Krieges meldete Dönitz,

---

[1] HX 213 bis 216, SC 108 bis 110, ON und ONS 142 bis 149.

[2] Das Schiff in SC 109, der amerikanische Tanker *Brilliant* mit 9131 BRT war nur beschädigt. Er sank aber am 25. 1. 1943 im Schlepptau und wird deshalb als Verlust im November gezählt.

[3] Darunter, wie erwähnt, 15 Schiffe mit 82800 Tonnen aus SC 107, der Ende Oktober auslief. Die Schiffe wurden im November versenkt.

alle U-Boote der Achse in allen Gewässern hätten alliierte Schiffe mit rund 900000 Tonnen versenkt. In der Untersuchung der Admiralität nach dem Krieg werden die Verluste an Handelsschiffen an die U-Boote der Achse auf 119 Schiffe mit 729160 BRT beziffert.[1] Wie gezeigt, wurden 29 Schiffe auf der Nordatlantikroute versenkt und 90 Schiffe in anderen Gewässern.

In einigen Schilderungen der Schlacht im Atlantik wird angedeutet, daß Churchill und Pound den Befehlshaber der Western Approaches, Percy Noble, wegen der schweren Schiffsverluste im November entlassen hätten. Er wurde am 17. November von Max Kennedy Horton abgelöst, der fast drei Jahre lang die britische U-Boot-Waffe befehligt hatte. Noble wurde seinerseits zum Chef der Delegation der britischen Admiralität in Washington ernannt, ein Amt von größter Bedeutung, das viel Fingerspitzengefühl erforderte.

In seiner Geschichte der Royal Navy im Zweiten Weltkrieg[2] schreibt Corelli Barnett, dem »eleganten, höflichen und bezaubernden« Admiral Noble habe

> *bezüglich seines eigenen Kommandos oder der möglichen Laufbahn in der Marine oder Politik jegliche Aggressivität gefehlt. Horton hätte nicht gegensätzlicher sein können. Selbst ein ehemaliger U-Boot-Fahrer..., konnte er es durchaus mit Dönitz aufnehmen, was das Verständnis für die U-Boot-Operationen – und die psychische Verfassung der U-Boot-Besatzungen – aus erster Hand anging. Er stand Dönitz auch in seinem unbändigen Siegeswillen nicht nach, konnte sich aber mit dessen Verstand nicht ganz messen. Horton führte sein Kommando streng, sein Mißfallen äußerte sich auf eine Art und Weise, daß zarter besaitete Untergebene Nervenzusammenbrüche erlitten. Lediglich die Tapfersten wagten es, an ihn heranzutreten, wenn er einmal bei seinem regelmäßigen Golfspiel verloren hatte. Die Besatzung eines jeden Schiffes im Western Approaches Command bekam den harten Griff und die hohen Anforderungen eines so strengen Vorgesetzten zu spüren...*

---

[1] In seiner Analyse beziffert Jürgen Rohwer den Verlust an die U-Boote der Achse auf 131 alliierte Schiffe mit 817385 Tonnen, von denen 120 Schiffe mit 737675 Tonnen den deutschen U-Booten zugeschrieben wurden. In den Tabellen in Tarrant (1989), auf die sich diese Darstellung stützt, wird die Versenkungsziffer der U-Boote der Achse mit 126 Schiffen mit 802160 Tonnen angegeben.

[2] *Engage the Enemy More Closely* (1991).

TAFEL 4

VERLUSTE AN TRUPPENTRANSPORTERN UND ANDEREN GROSSEN, BRITISCH KONTROLLIERTEN SCHIFFEN (TANKER AUSGENOMMEN)

September bis Dezember 1942[1]

Im November 1942 versenkten U-Boote der Achse mehr alliierte Tonnage als in irgendeinem anderen Kriegsmonat: 802 160 Tonnen. Diese Zahl wurde zum Teil durch die Versenkung einer ungewöhnlich großen Zahl an großen britischen Schiffen ermöglicht, von denen die meisten allein oder in Geleitzügen für die Operation Torch unterwegs waren, die alliierte Invasion in Nordwestafrika. Die Aufzählung unten enthält britische Schiffe mit rund 10 000 Tonnen oder mehr, die im Herbst 1942 verlorengingen, dazu die beiden Truppentransporter *Mendoza* und *Nova Scotia,* die im Indischen Ozean versenkt wurden. Von U-Booten der Achse wurden 21 der genannten Schiffe versenkt, allein von Flugzeugen im Mittelmeer vier *(Cathay, Karanja, Narkunda, Scythia).* U-Boote und Flugzeuge zerstörten im Mittelmeer gemeinsam zwei Schiffe *(Awatea, Cameronia).* Beachten Sie, daß die Achsenmächte allein im November 200 000 BRT an großen Schiffen versenkten (allerdings kein einziges auf der Nordatlantikroute). (»T« steht für Truppentransporter.)

Datum	Schiff	Tonnage (BRT)	Raum	Flugzeug oder U-Boot
September:				
9	*Tuscan Star*	11 449	Südatlantik	*U109*
12	*Laconia* (T)	19 695	Südatlantik	*U156*
Gesamt:	2	31 144		
Oktober:				
6	*Andalucia Star*	14 943	Freetown	*U107*
9	*Oronsay* (T)	20 043	Freetown	*Archimede*
10	*Duchess of Atholl* (T)	20 119	Südatlantik	*U178*
10	*Orcades* (T)	23 456	Kapstadt	*U172*
23	*Empire Star*	12 656	Nordatlantik	*U615*
29	*Abosso* (T)	11 330	Nordatlantik	*U575*
Gesamt:	6	102 547		
November:				
1	*Mendoza* (T)	8 233	Indischer Ozean	*U178*
2	*Zaandam*	10 909	Brasilien	*U174*
11	*Viceroy of India* (T)	19 627	Mittelmeer	*U407*
11	*Nieuw Zeeland* (T)	11 069	Mittelmeer	*U380*
11	*Awatea* (T)	13 482	Mittelmeer	*Argo*/Flugz.
11	*Cathay* (T)	15 225	Mittelmeer	Flugzeug
12	*Hecla*	10 850	Westlich von Gibraltar	*U515*
12	*Karanja* (T)	9 890	Mittelmeer	Flugzeug
14	*Narkunda* (T)	16 632	Mittelmeer	Flugzeug
14	*Warwick Castle* (T)	20 107	Westlich von Gibraltar	*U413*
15	*Ettrick* (T)	11 279	Westlich von Gibraltar	*U155*
15	*Avenger* (T)	13 785	Westlich von Gibraltar	*U155*
23	*Tilawa*	10 006	Indischer Ozean	*I-29* (IJN)
23	*Scythia* (T)[2]	19 761	Mittelmeer	Flugzeug
28	*Nova Scotia* (T)	6 796	Indischer Ozean	*U177*
30	*Landaff Castle*	10 799	Indischer Ozean	*U177*
Gesamt:	16	208 450		
Dezember:				
6	*Ceramic* (T)	18 713	Nordatlantik	*U515*
21	*Strathallan* (T)	23 722	Mittelmeer	*U562*
23	*Cameronia* (T)[3]	16 297	Mittelmeer	*U565*/Flugz.
Gesamt:	3	58 732		
Insgesamt:	27 Schiffe	400 873		

[1] Quelle: Rohwer, *Axis Submarine Successes of World War Two* (1998); Admiralty, *British Vessels Lost at Sea, 1939–45; The War at Sea, 1939–1945.* Achtung: Diese Tabelle enthält keine Tanker. Zu den weltweiten Tankerverlusten der Alliierten in diesem Zeitraum (34 Fahrzeuge) siehe Band 1, Anhang 17.

[2] Offiziell als schwer beschädigt geführt.

[3] Offiziell als schwer beschädigt geführt.

Es erscheint mir alles andere als fair, Percy Noble und die Leistungen seines Stabs von rund 1000 Mitarbeitern in Derby House, Liverpool, herabzusetzen, um Max Horton zu glorifizieren. Wie gezeigt wurde, hatten Noble und sein Stab bis zu Hortons Ankunft erhebliche Fortschritte bei der Bekämpfung der U-Boote auf der Nordatlantikroute erzielt, in Nobles wichtigstem Zuständigkeitsbereich. Derby House hatte diesen Beinahe-Sieg errungen, obwohl ein akuter Mangel an geeigneten Luft- und Überwassereskorten herrschte und es an der nötigen Zeit fehlte, diese angemessen auszubilden, obwohl ferner Seestreitkräfte zur Operation Torch abgezogen wurden, die Entzifferung des Marineschlüssels im Bereich Triton *(Shark)* verlorengegangen war, amerikanische Zerstörer im Atlantik von Frachtgeleitzügen zu Truppentransporten abgezogen wurden, trotz der Unerfahrenheit der Kanadier und einem Dutzend anderer Handicaps. Von Noble stammten die grundlegenden strategischen Gedanken, U-Jagdgruppen (Support Groups) einzurichten, die bedrohten Geleitzügen zu Hilfe eilen und mehr U-Boote versenken sollten, und viermotorige Langstreckenbomber (B-17, B-24, Halifax) bei der U-Boot-Abwehr einzusetzen. Er hatte das Ausbildungszentrum für die Escort Groups (HMS Western Isles) unter G. O. Stephenson in Tobermory auf der Insel Mull und die taktische Schulung im Geleitschutz (die sogenannte »Anti-U-boat School«) im obersten Stockwerk des Derby House unter Gilbert H. Roberts eingerichtet. Noble hatte auch das denkbar beste Arbeitsverhältnis in einem gemeinsamen Standort mit den Befehlshabern der Groups 15 und 19 des Coastal Command, die erstere unter J. M. Robb, den Leonard H. Slatter ablöste, letztere untere Geoffrey Bromet.

Um dieselbe Zeit, am 4. November, berief Churchill ein neues hochrangiges Gremium ein: den Anti-U-Boot-Ausschuß. Als ein Ableger des Kriegskabinetts löste es den zum Scheitern verurteilten Ausschuß zur Schlacht im Atlantik ab. Dieser Ausschuß sollte in erster Linie den führenden Köpfen und Politikern in der britischen und der kanadischen Regierung die Bedeutung der Aufgabe vor Augen führen, für die Nordatlantikgeleitzüge im Raum des »Luftlochs« vor Grönland eine Luftsicherung mit sehr weit reichenden Flugzeugen einzurichten. Max Horton wurde eingeladen, in diesem Ausschuß mitzuwirken, und bekam damit die Möglichkeit, seine Meinung auf höchster Ebene zu äußern.[1] Im Laufe seiner Tätigkeit befaßte sich der Ausschuß eingehend mit allen Problemen, die in allen Gewässern durch die U-Boote aufgetreten waren.

---

[1] Churchill lud auch die beiden ranghöchsten amerikanischen Berater Präsident Roosevelts in London, Averell Harriman und Admiral Stark, ein, den Sitzungen des Ausschusses beizuwohnen.

Folglich befaßte sich der dynamische und schillernde Max Horton zu einem Zeitpunkt mit der U-Boot-Abwehr, als die meisten Schwächen bereits zutage getreten und die Lösungen bereits eindeutig bekannt waren.

Dönitz begann so schnell wie möglich mit dem Neuaufbau der U-Boot-Streitmacht auf der Nordatlantikroute. In den drei Wochen vom 10. November bis zum 1. Dezember trafen 28 neue Kampfboote aus Deutschland, Norwegen und Frankreich im Operationsgebiet ein. Ein Boot *(U184)* war verlorengegangen, und zwei Boote *(U262, U264)* hatten keine Torpedos mehr und kehrten heim. Die verbliebenen 25 Boote wurden zwei neuen Gruppen zugeteilt, Draufgänger und Panzer, und sollten den Grundstock für eine dritte bilden.

Alle Operationen wurden durch scheußliches Wetter behindert: »Der schlimmste Atlantikwinter seit Menschengedenken«, schrieb der Offizier der Coast Guard, John M. Waters jr. In seinen Kriegserinnerungen von 1987 heißt es:[1]

> *In diesem schrecklichen Winter sollte das Wetter Rekorde brechen, die seit 50 Jahren Bestand hatten, und an 116 von 140 Tagen tobten orkanartige Stürme oder noch schlimmere auf dem nördlichen Ozean. Viele Jahre und Dutzende Stürme später verwiesen die alten Seeleute noch auf die Stürme dieses Winters, wenn sie die größte Gewalt des Wetters auf See beschreiben wollten.*

Trotz der Stürme wurde die Aufstellung von U-Booten an der Nordatlantikroute – und in anderen Räumen – mit bemerkenswerter Geschwindigkeit fortgesetzt. Insgesamt liefen im Dezember 50 neue Kampfboote in den Nordatlantik aus: 36 aus Frankreich (5 vom Typ IX, 31 vom Typ VII), 13 neue Boote aus Deutschland (3 vom Typ IX, 10 vom Typ VII) und ein VII-Boot von Norwegen *(U591)*.[2] Sechs VII-Boote wurden zu der besonderen Gruppe Delphin zusammengefaßt und liefen im Dezember von Frankreich zu einem Überraschungsangriff in brasilia-

---

1 *Bloody Winter* (1987); *Blutiger Winter. Höhepunkt und Ende der grossen Geleitzugschlachten im Atlantik 1942/43* (1970).

2 Zwei neue VII-Boote, *U302* unter Herbert Sickel und *U629* unter Hans-Hellmut Bugs, wurden direkt dem Marinekommando Nordmeer in Norwegen zugeteilt, um Hitlers Minimalforderungen zu erfüllen. *U272* unter Horst Hepp stieß in der Ostsee mit *U634* unter Hans-Günther Brosin zusammen. Beide Boote sanken, aber *U634* wurde später geborgen. Von den 108 Mann der Besatzungen wurden 79 gerettet, darunter Hepp und Brosin, 29 kamen ums Leben.

nischen Gewässern aus, aber der Auftrag wurde abgesagt. Die Boote blieben im Nordatlantik. Ganz gegen Dönitz' Wunsch bestand das OKM darauf, daß vier U-Boote (zwei vom Typ IX, zwei vom Typ VII) den in den Fernen Osten auslaufenden Blockadebrecher *Germania* durch den Golf von Biskaya bis in sichere Gewässer eskortierten. Der provisorische Tanker vom Typ XB (Minenleger) *U117* und die »Milchkuh« vom Typ XIV, *U463* unter Leo Wolfbauer, liefen zur Unterstützung aller Operationen im Nordatlantik aus.

Da in der Arktis wieder die lange Polarnacht angebrochen war – und damit die ständig niedrige Versenkungsziffer in diesem Raum einherging –, nahm Dönitz sein altes Werben für eine Reduzierung der dort aufgestellten U-Boote wieder auf. Am 9. Dezember willigte das OKM endlich – immer noch zögernd – ein, vorübergehend 11 der 23 Boote im Nordmeer an Dönitz abzutreten, vorausgesetzt, er stellte sie ausschließlich im Nordatlantik auf, so daß sie in einem dringenden Notfall rasch wieder in den Raum zurückkehren konnten. Sechs von den zwölf im Nordmeer verbliebenen Booten sollten jederzeit einsatzbereit sein – gegen Murmansk-Geleitzüge oder eine alliierte Invasion in Norwegen.[1]

Das neue VII-Boot *U603,* das Ende November aus Deutschland in den Nordatlantik ausgelaufen war, meldete ein ernstes Problem: Der Kommandant Hans-Joachim Bertelsmann, 26 Jahre alt, war krank geworden und konnte die Feindfahrt nicht fortsetzen. Am 4. Dezember stieß das Boot auf dem Weg nach Frankreich aber auf einen südwärts fahrenden Konvoi, der nach Gibraltar unterwegs war. Bertelsmann meldete den Geleitzug und beschattete ihn, aber Geleitfahrzeuge vertrieben ihn und drückten ihn unter Wasser. Sie belegten das Boot zwei Stunden lang mit Wasserbomben.

Die Peilzeichen von *U603* führten vier andere Boote heran. Philipp Schüler in *U602,* das ins Mittelmeer fahren sollte, nahm Fühlung auf, aber die Geleitfahrzeuge drückten auch ihn unter Wasser und trugen einen, wie er es nannte, »längeren« Wasserbombenangriff vor. Dennoch tauchte er auf, jagte den Konvoi, nahm wieder Fühlung auf und führte zwei weitere Boote heran. Das ausmarschierende IXC-Boot *U175* unter Heinrich Bruns war aber gezwungen, mit »löchrigen Abgasrohren« eilig abzulaufen. Als das vierte Boot eine schwere Luft- und Überwassersicherung meldete, sagte Dönitz am 6. Dezember die Operationen ab

[1] Die elf Boote, die vorübergehend Dönitz überlassen wurden, mußten zunächst überholt und für den Einsatz im Atlantik umgebaut werden. Deshalb zog sich die Verlegung in die Länge: vier Boote wurden im Januar 1943 verlegt, eines im März, zwei im April, etc.

und befahl dem kranken Bertelsmann in *U603,* mit voller Fahrt Frankreich anzulaufen.

Am nächsten Tag, dem 7. Dezember, nahm das neue IXC-Boot *U524* der Gruppe Panzer unter Walter von Steinaecker, 25 Jahre alt, rund 550 Kilometer südlich von Grönland Fühlung zu einem nach Osten fahrenden Geleitzug auf. Die Deutschen meinten, das sei ein Slow Convoy, in Wahrheit war es aber der schnelle Konvoi HX 217, der am 27. November aus New York ausgelaufen war. Der Geleitzug umfaßte ursprünglich 33 schwerbeladene Schiffe und wurde von der britischen Escort Group B-6 gesichert, die aus dem Zerstörer *Fame,* dem polnischen Zerstörer *Burza,* vier Korvetten (drei norwegischen, einer britischen) und dem mit Huff Duff ausgerüsteten Bergungsschiff *Perth* bestand. Am 3. und 4. Dezember war der Geleitzug in einen heulenden Sturm geraten und hatte sich mit versprengten Schiffen aus SC 111 vermischt. Bis zum 7. Dezember waren 8 der 33 Handelsschiffe St. John's in Newfoundland angelaufen, um dem Sturm zu entfliehen; es blieben also nur noch 25 Schiffe im Geleitzug.

Steinaecker in *U524* führte in dieser Nacht sechs weitere Boote der Gruppe Panzer heran. Das Wetter war miserabel: starke Winde, schwerer Regen und Schnee. Nachdem die anderen Boote Fühlung aufgenommen hatten, griff Steinaecker mehrmals an und schoß neun Torpedos auf mehrere Schiffe, auch auf die *Fame.* Die meisten Torpedos gingen fehl, aber einige trafen den britischen Tanker *Empire Spencer* mit 8114 BRT, der in Flammen aufging und sank. Das Bergungsschiff *Perth* nahm bis auf ein Besatzungsmitglied alle an Bord. Hans Gilardone in *U254* schoß einen Torpedo, aber er ging fehl.

In dieser Nacht verteidigten die sechs Geleitschiffe, die alle mit 10-cm-Radargeräten vom Typ 271 ausgerüstet waren, den Geleitzug HX 217 bravourös. Die drei norwegischen Korvetten *Rose, Potentilla* und *Eglantine* wollten den Verlust ihres Schwesterschiffs *Montbretia* auf der Fahrt nach Westen nach New York mit dem Geleitzug ONS 144 rächen und operierten erneut vorbildlich und wild entschlossen. Während die *Rose* ein U-Boot mit dem Hauptgeschütz jagte, tauchte ein zweites U-Boot keine 140 Meter von ihr entfernt auf. Ohne auch nur einen Moment zu zögern, wandte sich die *Rose* dem neuen Ziel zu und drückte beide Boote unter Wasser. Diese Nacht überstanden jedoch alle sieben U-Boote.

Aus den Fühlungsmeldungen schloß Dönitz ganz richtig, daß es sich um einen schnellen Geleitzug handelte. Dennoch schickte er in der Nacht des 7. Dezember die Gruppe Draufgänger, die einen erwarteten Geleitzug Outbound North nicht gefunden hatte, und vier andere neu eingetroffene Boote als Verstärkung zur Gruppe Panzer. Dönitz trug später in sein Tagebuch ein, er habe 22 U-Boote auf die Fährte von HX 217 angesetzt. Atmosphärische Störungen behinderten jedoch den

Funkverkehr, und die Boote meldeten zahlreiche widersprüchliche Positionen, so daß er keinen wirkungsvollen Massenangriff organisieren konnte.

Einen Tag später, am 8. Dezember, trafen drei B-24-Liberator aus der britischen Squadron 120 auf Island, in fast 1500 Kilometern Entfernung, über dem Geleitzug ein. Durch einen sehr sparsamen Umgang mit dem Treibstoff war ein Flugzeug imstande, sieben Stunden lang in der Nähe des Geleitzuges zu bleiben. Mit Hilfe des 10-cm-ASV-Radars orteten die B-24 die Ansammlung von U-Booten und griffen mehrmals an. Wegen dieser Belästigung konnten die Fühlung haltenden U-Boote nicht in eine bessere Schußposition vor dem Geleitzug kommen, und der Versuch einiger Boote, sich von der Flanke her zu nähern, wurde ebenfalls vereitelt.

Nach Einbruch der Dunkelheit kam es bei den Deutschen erstmals zu einem tragischen Unfall im U-Boot-Krieg im Atlantik. *U221* aus der Gruppe Draufgänger unter Hans Trojer rammte *U254* aus der Gruppe Panzer unter Hans Gilardone. Schwer getroffen und leckgeschlagen, sank *U254* sofort und nahm Gilardone und den größten Teil der Crew mit sich. Trojer konnte vier Überlebende retten, aber wegen des erlittenen Schadens konnte *U221* nicht mehr tauchen und mußte nach Frankreich abdrehen. Erst Ende Februar lief das Boot wieder aus. Da Monsen in der norwegischen Korvette *Potentilla* an der Stelle »Trümmer und Leichenteile« vorfand, vermutete er, eine B-24 müsse zuvor ein U-Boot versenkt haben. Die Admiralität wußte nichts von dem Zusammenstoß und schrieb deshalb Squadron 120 eine Versenkung zu, berichtigte den Irrtum aber in einer Untersuchung nach dem Krieg. In einer Stellungnahme zu diesem Unglück sprach Dönitz Trojer von jeglicher Schuld frei: »Hierüber angestellte Überlegungen ergaben, daß es zweckmäßig ist, im allgemeinen nicht mehr als 13 bis 15 Boote an einem Geleitzug zu haben.«

Dank der geschickten und mutigen Vorgehensweise der sechs Geleitschiffe in der Nacht des 8. auf den 9. Dezember konnten nur zwei U-Boote in eine Schußposition gegen HX 217 gelangen. Das erste war das neue VII-Boot *U758* unter Helmut Manseck, 25 Jahre alt. Er schoß eine volle Salve von fünf Torpedos auf zwei verschiedene Schiffe, aber alle gingen fehl. Der nächste war einer der wenigen Ritterkreuzträger, die noch an der Front aktiv waren, Karl Thurmann in *U553,* der die ersten FATs – auf einen Schleifenlauf einstellbare Torpedos – an Bord hatte, die an die Atlantik-U-Boote ausgegeben worden waren. Er traf das britische Munitionsschiff *Charles L. D.* mit 5273 BRT und sprengte es in die Luft. Von der Besatzung wurden nur zwölf Mann gerettet. Ob Thurmann sie mit einem FAT oder mit einem gewöhnlichen Torpedo traf, ist unklar. Später war Thurmann gezwungen, die Fahrt abzubrechen, weil sich ein versuchsweise angebrachter Wasserabweiser, der an der Bugseite des Turmes angebracht worden war, als völlige Fehlkonstruktion erwies. Wenn das U-Boot über Wasser lief, war die abgewiesene Gischt auf weite Entfernungen hin sichtbar und verriet dem Feind die Position des Bootes. Wenn das Boot getaucht fuhr, dann wurde es durch den Abweiser destabilisiert.[1]

Wegen des schlechten Wetters am 9. Dezember war das Coastal Command gezwungen, alle Lufteskorten für die Nordatlantikgeleitzüge abzusagen. Dieser Ausfall verschaffte den knapp 20 Booten, die gegen HX 217 operierten, nicht nur eine Atempause, sondern auch die Gelegenheit, sich an der Oberfläche in bessere Schußpositionen zu bringen. Aber alle Versuche waren vergebens. Mit Hilfe der Radarkontakte und der Peilungen im Huff Duff wehrten die sechs Geleitschiffe die U-Boote ab. Bemerkenswerterweise kam in dieser Nacht kein einziges Boot zum Schuß.

Am 10. Dezember klarte das Wetter auf, und das Coastal Command schickte ausreichend Flugzeuge in den Himmel, die vorübergehend oder ständig auf Island stationiert waren. Unter den Flugzeugen waren B-24-Bomber aus Squadron 120, B-17 Flying Fortresses aus den Squadrons 206 und 220, Sunderlands aus den Squadrons 201 und 423, Catalinas aus Squadron VP 84 der US Navy, die erst vor kurzem von Argentia eingetroffen waren, und sechs Hudsons aus Squadron 269. Eine von Terence M. Bulloch geflogene B-24 traf ein neues Typ-VII-Boot mit Wasserbomben. Es handelte sich um *U611* unter Nikolaus von Jacobs, 29 Jahre alt, das vor kurzem vom Nordmeer in den Atlantik verlegt worden war. Das U-Boot sank unter Verlust der gesamten Besatzung.

Angesichts der gesättigten Luftsicherung sagte Dönitz die Operationen gegen HX 217 ab. Es war eine enttäuschende Geleitzugschlacht, trug er ein. Er meinte, die 22 beteiligten U-Boote hätten lediglich 6 Schiffe mit 36 600 BRT versenkt, dazu Treffer an einem Zerstörer und 3 anderen Handelsschiffen erzielt. Über die bestätigte Versenkungsziffer wäre er vermutlich entsetzt gewesen: zwei versenkte Schiffe mit 13467 BRT. Das Kommando der Western Approaches war begeistert: Die von den norwegisch besetzten Geleitschiffen vorgetragene Verteidigung zählte zu den besten des Krieges.

Die vier U-Boote (zwei vom Typ IX, zwei vom Typ VII), die widerwillig auf das Drängen des OKM hin für die Eskorte des Blockadebrechers *Germania* abkommandiert worden waren, liefen am 8. und 9. Dezember

---

[1] Der Abweiser war inzwischen eine standardmäßige Änderung bei den in Produktion befindlichen Booten. Nach dem Eingang von Thurmanns Meldung strich Dönitz die Änderung und befahl, alle Abweiser dieser Art zu entfernen.

aus Frankreich aus. Am 12. Dezember murrte Dönitz in seinem Tagebuch einmal mehr, daß die Abkommandierung von U-Booten zu Geleitaufgaben dieser Art die Höhe der versenkten alliierten Schiffstonnage beträchtlich verringere. Das OKM antwortete verärgert, die 8000 Tonnen Gummi, welche die *Germania* aus dem Fernen Osten importieren könne, seien für die Kriegsbemühungen weit wichtiger als die Höhe der Tonnage, die diese vier U-Boote möglicherweise versenkt hätten.

Nachdem die *Germania* ausgelaufen war und die U-Boot-Eskorte Positionen in ihrer Nähe eingenommen hatte, lief sie am 15. Dezember versehentlich einem britischen Geleitzug in die Arme, der nach Gibraltar fuhr oder von dort kam. Zwei Geleitschiffe, auch die Sloop *Egret,* stellten die *Germania,* die sich prompt selbst versenkte. Ihre U-Boot-Eskorte – und andere U-Boote in der Nähe – suchten mehrere Tage lang nach Überlebenden der *Germania,* fanden aber keine. Danach fuhren die beiden VII-Boote der Eskorte, *U563* unter Götz von Hartmann und *U706* unter Alexander von Zitzewitz weiter, um sich Gruppen auf der Nordatlantikroute anzuschließen. Hartmann in *U563* lief plötzlich in den Militärkonvoi MKS 3-Y hinein, der von Gibraltar zu den Britischen Inseln unterwegs war. Hartmann versenkte den britischen Frachter *Bretwalda* mit 4906 BRT, aber mehrere neue Pi2-Magnetpistolen versagten (wie Dönitz vermutete) und »Zerstörer« vereitelten einen zweiten Angriff. Die beiden IX-Boote der Eskorte, das bewährte Boot *U125* unter Ulrich von Folkers und *U514* unter Hans-Jürgen Auffermann, machten sich zu amerikanischen Gewässern auf, wurden aber schon bald zurückgerufen, um auf der Konvoiroute im Mittelatlantik zu operieren.

Weiter gräßliches Wetter im Norden

In der zweiten Dezemberwoche organisierte Dönitz die U-Boote auf der Nordatlantikroute in zwei Gruppen neu: Ungestüm und Raufbold. Außerdem legte er einen Grundstock aus drei Booten für eine dritte Gruppe: Büffel. Diese Gruppen gingen auf Positionen, die quer zu den mutmaßlichen Konvoirouten südlich von Grönland und Island lagen. Alle Boote erhielten vom xB-Dienst reichlich Informationen über bestimmte Geleitzüge nach Osten und Westen.

Bei schlechtem Wetter erfaßten am 13. Dezember die drei Boote der Gruppe Büffel einen ostwärts fahrenden Geleitzug. Die Deutschen meinten, es handle sich um den schnellen Konvoi HX 218. Alle drei VII-Boote nahmen Fühlung auf: Paul-Karl Loeser im bewährten Boot *U373,* Heinz-Konrad Fenn, 24 Jahre alt, im neuen Boot *U445* und Heinrich Schmid in *U663.* Aggressiv operierende Geleitschiffe vertrieben die Boote oder drückten sie unter Wasser und belegten sie mit Wabos.

Schmid in *U663* erlitt »beträchtlichen Schaden« und war gezwungen, nach Frankreich abzudrehen. Das Boot lief erst im März wieder aus.

Obwohl die drei Boote die Fühlung zum Geleitzug verloren hatten, befahl Dönitz, daß von der Gruppe Ungestüm die Boote, die noch genug Treibstoff hatten, die Gruppe Büffel anlaufen sollten. Loesers *U373* und Fenns *U445* wiederum sollten sich der Gruppe Ungestüm anschließen. Die drei Boote mit wenig Treibstoff *U610, U611* (in Wahrheit verloren) und *U623* wurden zur Gruppe Raufbold verlegt, die weiter östlich und näher an der geplanten Position der U-Tanker lag. Nach diesen Umgruppierungen hatte die Gruppe Ungestüm elf und die Gruppe Raufbold dreizehn Boote. Dönitz schickte auch das neue VII-Boot *U626* unter dem 33jährigen ehemaligen Kapitän der Handelsmarine Hans-Botho Bade zur Gruppe Ungestüm auf die Jagd nach dem gemeldeten Konvoi.

Um diese Zeit waren drei amerikanische Kriegsschiffe bei schlechtem Wetter von Island ausgelaufen und eskortierten zwölf Handelsschiffe, die sich dem Geleitzug ONS 152 nach Westen anschließen sollten. Die Kriegsschiffe waren die Glattdeck-Zerstörer *Babbitt* und *Leary* und der Coast Guard Cutter *Ingham* der Treasury-Klasse unter George E. McCabe. Wegen des schlechten Wetters und wegen der schlechten Navigation und Kommunikation fanden sich die beiden Formationen nicht. Deshalb schickten die Alliierten am 15. Dezember eine mit Radar ausgerüstete Catalina aus, um die Zusammenführung zu erleichtern.

An der Spitze der Formation aus Island empfing die *Ingham* in etwa 3000 Metern Entfernung voraus einen deutlichen Sonarkontakt. Das war Hans-Botho Bade in *U626,* der eine Woche zuvor aus Bergen ausgelaufen war, um sich der Jagd der Gruppe Ungestüm nach dem ostwärts fahrenden Konvoi anzuschließen. McCabe in der Ingham gab nicht viel auf diesen Sonarkontakt, lief aber pflichtgemäß die Peilung an und rollte eine einzige, 330 Kilogramm schwere Wasserbombe vom Typ Mark VII über das Heck ab. Die nahe Explosion war so gewaltig, daß das China-Porzellan in der Offiziersmesse der *Ingham* klapperte. Da McCabe ganz damit beschäftigt war, den Kontakt zu der Catalina und zu ONS 152 aufzunehmen, fuhr er weiter und ahnte nicht, daß diese mechanisch abgerollte Wasserbombe Bades *U626* mit der gesamten Besatzung versenkt hatte – mit Sicherheit der beste Schuß der Alliierten im ganzen Krieg.

Mit Hilfe der Catalina fand McCabe ONS 152, der von der kanadischen Escort Group C-3 gesichert wurde, und übergab die zwölf Handelsschiffe aus Island. Da dieser Geleitzug nicht von U-Booten angegriffen wurde, wurden die *Ingham,* die *Babbitt* und die *Leary* zu dem ostwärts fahrenden SC 112 abkommandiert, der von der kanadischen Gruppe C-4 gesichert wurde und beschattende U-Boote gemeldet hatte. In seinen Memoiren *Bloody Winter* schreibt der Offizier der Coast

Guard, John Waters, die *Ingham* habe am 17. Dezember – nicht am 15. Dezember – *U626* geortet und mit einer massierten Serie großer und kleiner Wasserbomben versenkt. Der Bewertungsausschuß der Admiralität zweifelte diese Versenkung an und stufte sie lediglich als »möglich« ein, aber in den Untersuchungen nach dem Krieg schrieb sie der *Ingham* die Versenkung von *U626* durch eine einzige Wasserbombe am 15. Dezember zu.[1]

Trotz des gräßlichen Wetters fingen die elf Boote der Gruppe Ungestüm den ostwärts fahrenden Konvoi (HX 218) ab, den der Grundstock der Gruppe Büffel erfaßt hatte, und verfolgten ihn. Horst Höltring in dem VII-Boot *U604* aus der Gruppe Ungestüm hatte zuvor das allein zu den Britischen Inseln zurückkehrende amerikanische Schiff *Coamo* mit 7057 BRT versenkt und heftete sich bei schwerer See der Formation auf die Fersen. Die Geleitschiffe vertrieben ihn jedoch, ehe er die anderen Boote heranführen konnte. In den Stürmen suchte Loeser mit *U373* aus der Gruppe Büffel nach den Schiffen und meldete am 16. Dezember, er habe den Geleitzug wiedergefunden. Er führte drei Boote heran: Fenn in *U445,* auch ehemals in der Gruppe Büffel, und zwei Boote der Gruppe Ungestüm, Ralph Kapitzky in dem VII-Boot *U615* und Walter von Steinaecker im neuen Typ IXC-Boot *U524.*

Nach einer sorgfältigen Prüfung der Meldungen der Boote kam Dönitz zu dem Schluß, daß Loeser nicht den ostwärts fahrenden Konvoi entdeckt habe, sondern einen auslaufenden Konvoi Outbound North, der in die Gegenrichtung fuhr. Das Wetter war jedoch so schlecht, daß er der Gruppe Ungestüm befahl, die Jagd vorübergehend abzubrechen, beizudrehen und das Ende des Sturms abzuwarten. Nachdem sich der Sturm gelegt hatte, fand Hans-Jürgen Zetzsche in dem VII-Boot *U591,* ebenfalls ein Boot aus dem Nordmeer, den britischen Frachter *Montreal City* mit 3066 BRT und versenkte den Nachzügler aus ONS 152. Das blieb der einzige Erfolg der Dutzend Boote aus der totgeborenen Gruppe Büffel und der Gruppe Ungestüm bei diesen Operationen.

---

[1] Waters stützte sich offenkundig auf die Ansicht der Coast Guard, daß eine Versenkung am 15. Dezember unwahrscheinlich sei. Im Gegensatz dazu haben aber offizielle Historiker, die sich mit der Geschichte der Coast Guard befassen, die Auffassung der Admiralität übernommen. *U626* war das letzte von 18 U-Booten, die von amerikanischen Streitkräften in ihrem ersten Kriegsjahr 1942 versenkt wurden, eines davon, *U94,* wurde gemeinsam von Flugzeugen der US Navy und der kanadischen Korvette *Oakville* versenkt. Ohne fremde Hilfe waren Flugzeuge der US Navy für sieben Versenkungen verantwortlich, die amerikanischen Zerstörer für eine, Flugzeuge der Army Air Forces für drei. Flugzeuge der Army Air Forces und Zerstörer der Navy teilten sich eine Versenkung, Flugzeuge der Navy und ein Handelsschiff ebenfalls. Die übrigen vier wurden von Kräften der Coast Guard (drei Kutter, ein Flugzeug) versenkt.

Bei der Gruppe Raufbold änderte sich geringfügig die Zusammensetzung. Das leicht von feindlichen Bomben oder Wasserbomben beschädigte neue Boot *U465* unter Heinz Wolf, 28 Jahre alt, mußte nach Frankreich abdrehen; es blieben nur noch zehn Boote in der Gruppe. Durch die Verlegung der VII-Boote *U610* und *U623* aus der Gruppe Ungestüm erhöhte sich die Zahl jedoch wieder auf zwölf Boote. Da Dönitz von dem Verlust von *U611* noch nichts wußte, meinte er, die Gruppe umfasse dreizehn Boote.

In dem schrecklichen Wetter am 15 Dezember erfaßte das VII-Boot *U621* der Gruppe Raufbold, das von dem neuen Kommandanten Max Kruschka, 23 Jahre alt, befehligt wurde, einen anderen Geleitzug. Es handelte sich um ON 153 aus 38 Handelsschiffen, der von der britischen Escort Group B-7 mit sieben Kriegsschiffen gesichert wurde: dem Zerstörer *Firedrake* und dem ehemaligen amerikanischen Glattdeck-Zerstörer *Chesterfield* und fünf Korvetten. Kruschka in *U621* führte fünf andere Boote heran. Trotz der Sturmwinde und der turmhohen Wellen kamen vier Boote zum Angriff:

- Karl Hause in *U211* traf ein Geleitschiff, den britischen Zerstörer *Firedrake* mit 1350 Tonnen, der in zwei Teile zerbrach.
- Walter von Freyberg-Eisenberg-Allmendingen in *U610* versenkte den norwegischen Tanker *Bello* mit 6125 BRT und beschädigte den britischen Tanker *Regent Lion* mit 9551 BRT.
- Adolph Graef in *U664* versenkte den belgischen Frachter *Emile Francqui* mit 5859 BRT.
- Günther Ruppelt, der 23jährige neue Kommandant von *U356,* meldete die Versenkung eines Tankers mit drei Treffern, aber das konnte nicht bestätigt werden.

Überprüfte Erfolge aus dem Geleitzug ON 153: zwei Handelsschiffe (darunter ein Tanker) mit 11984 BRT sowie die *Firedrake* mit 1350 Tonnen versenkt, dazu ein Tanker mit 9600 BRT beschädigt.

Der Bug der *Firedrake* sank innerhalb von einer halben Stunde und nahm den Escort Commander und unzählige Männer mit sich, doch das Heck blieb dreieinhalb Stunden über Wasser. Die 35 Mann im Heckteil warfen Wasserbomben und Torpedos über Bord, um den Rumpf leichter zu machen, und bereiteten zum Verlassen des Schiffes Rettungsflöße vor. Auf ein Notsignal hin lief die Korvette *Sunflower* unter Zuhilfenahme des Radars zum Heckteil heran, doch der Kommandant beschloß, mit der Bergung bis zum Sonnenaufgang zu warten. Das Heckteil begann aber schon bald zu sinken; zwischen turmhohen Wellen und in tiefer Finsternis rettete die *Sunflower* 25 der 35 Männer auf dem Heck.

Obwohl dieser historische Sturm mit Wellen von »12 bis 15 Metern Höhe«, wie die Korvette *Pink* meldete, den ganzen 16. Dezember ohne Nachlassen tobte, hielt Klaus Rudloff in *U609* die Fühlung zu dem Geleitzug und sendete Peilzeichen. Diese halfen fünf anderen Booten, die Fühlung aufrechtzuhalten, aber alle meldeten »schwere« Luftsicherung durch Catalinas und B-24-Liberators. Rudloff schoß sechs Torpedos auf mehrere Schiffe, aber er schrieb, alle seien »trotz fehlerloser Schußdaten« vorbeigelaufen. Kein anderes Boot kam zum Schuß. Obwohl keine Chance bestand, die Gruppe Raufbold für einen gemeinsamen Angriff zu reorganisieren, setzte Dönitz die Jagd fort. Er hoffte, daß der Sturm den Geleitzug zersprengt hätte und die Boote vielleicht Alleinfahrer aufspüren und versenken könnten. Kruschka in *U621* fand den britischen Tanker *Otina* mit 6217 BRT aus diesem Konvoi, ON 153, sowie ein allein fahrendes griechisches Schiff mit 4500 BRT. Mit einer massiven Verstärkung durch Kriegsschiffe, die aus kanadischen Häfen ausgelaufen waren (die amerikanischen Glattdeck-Zerstörer *Cole* und *Dallas,* der kanadische und ehemals amerikanische Glattdeck-Zerstörer *Annapolis,* drei kanadische Korvetten und ein Minensuchboot), formierte sich der Konvoi ON 153 neu und lief ohne weitere Verluste westwärts nach New York.

Nach dieser harten, frustrierenden und weitgehend vergeblichen Jagd wurden drei Kommandanten von VII-Booten der Gruppe Raufbold zu einem Sonderauftrag des OKM abkommandiert, obwohl Dönitz sein Möglichstes getan hatte, um das zu verhindern. Hans-Ferdinand Massmann in dem neu hinzugestoßenen Boot *U409* aus Frankreich, Kurt Sturm in *U410* und Max Kruschka in *U621* sollten den Blockadebrecher *Rhakotis* auf dem letzten Abschnitt seiner Fahrt aus dem Fernen Osten nach Frankreich geleiten. Sturm und Kruschka folgten dem Befehl, wenn auch zähneknirschend, aber Massmann in *U409* scherte aus unerklärlichen Gründen zu einer vergeblichen Jagd auf einen gemeldeten Konvoi aus. Als Folge mußte Dönitz einem anderen VII-Boot den Befehl zum Eskortieren erteilen: *U659* unter Hans Stock, das vor kurzem aus Frankreich ausgelaufen war. Massmann, trug Dönitz wütend ein, »wird sich für sein eigenmächtiges Verhalten bei der Rückkehr verantworten müssen«.

Zu dieser Zeit hatten die britischen Codeknacker und Rodger Winn in dem Submarine Tracking Room so viele Informationen über die Blokkadebrecher, die aus dem Fernen Osten zurückkehrten, zusammengetragen, daß sie ihre Kurse und Positionen mit hinreichender Genauigkeit vorhersagen konnten. Die Briten stellten den britischen Kreuzer *Scylla* entlang der Route der *Rhakotis* auf, dann schickte das Coastal Command am 1. Januar eine Sunderland der australischen Squadron 10 aus, um den Blockadebrecher zu suchen. Von der Sunderland geleitet, fing die *Scylla* planmäßig die *Rhakotis* ab. Die deutsche Besatzung versenkte das Schiff und stieg in die Rettungsboote. Die Eskorte, *U410, U621* und *U659,* kreuzte gleich hinter dem Horizont und nahm von dem Geschehen überhaupt nichts wahr. Als die Deutschen erfuhren, daß die Briten die *Rhakotis* »versenkt« hätten, suchten die U-Boot-Besatzungen der Eskorte schamerfüllt sowie andere Boote, die Dönitz an den Schauplatz schickte, tagelang nach Überlebenden. Kurt Sturm in *U410* entdeckte zwei Rettungsboote mit 80 Mann, nahm sie an Bord und kehrte nach Frankreich zurück. Zwei weitere Rettungsboote erreichten Spanien, wo die Deutschen »interniert«, wenig später aber repatriiert wurden.

Einige Tage vor Weihnachten waren drei Gruppen gegen Geleitzüge auf der Nordatlantikroute aufgestellt: die alte Gruppe Ungestüm (neun Boote), die neue Spitz (acht Boote) und ein Grundstock für Falke, die ursprünglich aus drei neuen Booten aus Deutschland und drei kampferprobten aus Frankreich bestehen sollte. Die Gruppen Ungestüm und Spitz wurden so aufgestellt, daß sie den Geleitzug ONS 154 abfangen mußten. Sobald die Gruppe Falke vollständig war, sollte sie den schnellen Konvoi ON 155 abfangen.

Bei den drei neuen Booten aus Deutschland, die der Gruppe Falke zugeteilt waren, handelte es sich um zwei VII-Boote, *U357* und *U384,* und das IXC/40-Boot *U525,* die alle um die gleiche Zeit aus Kiel ausgelaufen waren. Bei der Annäherung an das bezeichnete Operationsgebiet in der Nähe der Rockall Bank sichtete der 28jährige Kommandant von *U357,* Adolf Kellner, am zweiten Weihnachtsfeiertag unerwartet einen nach Osten fahrenden Geleitzug und meldete ihn irrtümlich als »schwach verteidigt«. Das war HX 219, der von der ausgezeichneten britischen Escort Group B-2 unter Donald MacIntyre gesichert wurde. MacIntyre hatte zuvor bereits Otto Kretschmer von *U99* gefangengenommen und Joachim Schepke in *U100* versenkt. Da die Schiffe des Konvois längst in Reichweite der Hudsons des Coastal Command waren, bereiteten sie sich darauf vor, zu ihren Bestimmungshäfen auseinanderzulaufen.

MacIntyre in dem Zerstörer *Hesperus* empfing Kellners Fühlungsmeldung Beta-Beta oder »B-bar« in seinem Huff Duff. Er schätzte, das Boot befinde sich rund 25 Kilometer achtern von dem Geleitzug. MacIntyre informierte den Convoy Commodore über diese Gefahr, überließ die Handelsschiffe dann der Obhut von sechs Korvetten und befahl dem Zerstörer *Vanessa* unter C. E. Sheen, der *Hesperus* nachzufahren. Daraufhin liefen die beiden Kriegsschiffe mit Höchstgeschwindigkeit die Peilung im Huff Duff mit eingeschalteten 10-cm-Radargeräten vom Typ 271 an.

Über die Meldung dieses einlaufenden Geleitzuges von *U357* war Dönitz nicht gerade erfreut. Der Geleitzug war zu nahe bei den Britischen Inseln, um einen Rudelangriff vorzutragen. Dafür waren weder genügend Zeit noch genügend Platz auf dem Meer. Die einzigen

U-Boote in Reichweite waren die anderen beiden, die mit Kellner aus Deutschland ausgelaufen waren, *U384* und *U525*. Auch wenn Dönitz wenig Chancen auf einen Erfolg sah und die Risiken sehr hoch waren, befahl er diesen Grünschnäbeln, den Geleitzug anzugreifen. Trotz schwerwiegender technischer Defekte zögerte Kellner in *U357* nicht, diesem Befehl nachzukommen, aber weder *U384* noch *U525* fanden den Konvoi.

Nach dem Anlaufen der Peilung im Huff Duff entdeckten die *Hesperus* und die *Vanessa U357* an der Oberfläche und drückten das Boot unter Wasser. Kellner schoß tollkühn einen Torpedo auf die *Vanessa*, verfehlte sie aber. MacIntyre machte das Sehrohr von *U357* aus, lief es an und warf eine Serie Wasserbomben, um Kellner zu quälen, einzuschüchtern und sein Ziel zu vereiteln. Danach trugen die *Hesperus* und die *Vanessa* eine gut organisierte, lange Jagd vor, die am Ende *U357* nach Einbruch der Dunkelheit an die Oberfläche zwang. Als das Boot auf dem Radarschirm erfaßt wurde, rammte MacIntyre mit der *Hesperus U357,* schnitt es in zwei Teile und beschädigte den Kiel seines eigenen Schiffes schwer. Die Briten fanden lediglich acht deutsche Überlebende, Kellner und etwa 35 andere Deutsche kamen ums Leben. Nach notdürftigen Reparaturen brachte MacIntyre die *Hesperus* mit eigener Kraft nach Liverpool, wo sie jubelnd empfangen wurde. Doch das Schiff mußte drei Monate lang repariert und überholt werden. Britische Nachrichtenbeamte verhörten die Überlebenden von *U357* und meldeten, nur vier Besatzungsmitglieder hätten zuvor eine Feindfahrt gemacht, alle anderen seien direkt aus der U-Boot-Schule gekommen.

Am 26. Dezember, am selben Tag, als MacIntyre *U357* versenkte, sichtete Adolph Graef in dem VII-Boot *U664* von der Gruppe Spitz rund 1100 Kilometer westlich von Brest den Konvoi ONS 154. Er hatte »drei Tage Verspätung«, trug Dönitz ein, vermutlich wegen des stürmischen Wetters. Der Geleitzug umfaßte 44 Handelsschiffe, das Rettungsschiff *Toward* und das kleine, französisch besetzte Katapultschiff *Fidelity* (vormals *Le Rhin*), das über zwei Schwimmerflugzeuge verfügte. Als Eskorte diente die kanadische Gruppe C-1 unter dem Befehl des neuen Kommandanten auf dem Zerstörer *St. Laurent,* Guy S. Windeyer. Gewöhnlich fuhr auch der ehemals amerikanische Glattdeck-Zerstörer *Burwell* mit C-1, aber der mußte nach der elften Fahrtstunde die Fahrt wegen technischer Probleme abbrechen und kein Zerstörer wurde als Ersatz gestellt. Die *St. Laurent* und die fünf kanadischen Korvetten der Gruppe waren vor kurzem mit 10-cm-Radargeräten vom Typ 271 ausgestattet worden, doch die Bediener waren noch unerfahren. Die *St. Laurent,* die *Toward* und die *Fidelity* hatten ein Huff Duff, aber nicht alle Geräte waren korrekt geeicht.

Dönitz befahl den Gruppen Spitz und Ungestüm, insgesamt rund zwanzig Booten, den Geleitzug anzugreifen. Graef in *U664* hielt hartnäckig die Fühlung und führte drei VII-Boote heran: *U356, U441* und *U662*. In den frühen Morgenstunden des 27. Dezember begann Günther Ruppelt in *U356* den Angriff. Er zielte gut, hatte die Überraschung auf seiner Seite und versenkte drei britische Frachter mit 13649 BRT und beschädigte außerdem einen holländischen Frachter mit 7051 BRT, den Klaus Hartmann in *U441* später am selben Tag versenkte. Windeyer auf der *St. Laurent* und einige Korvetten gingen zum Gegenangriff über, eine von ihnen versenkte unwissentlich Günther Ruppelt in *U356* mit der gesamten Besatzung. Als die Versenkung nach dem Krieg in deutschen Dokumenten entdeckt wurde, schrieb die Admiralität die Versenkung den Kanadiern zu: dem Zerstörer *St. Laurent* und den drei Korvetten *Battleford, Chilliwack* und *Napanee.*[1]

Die Admiralität hatte für den Geleitzug eine südwestliche Route in der Nähe der Azoren vorgesehen, um die Stürme im Nordatlantik zu umgehen. Diese Route war so lang, daß die Korvetten sie nicht ohne Nachtanken bewältigten. Deshalb gehörte dem Konvoi ein britischer Tanker an, die *Scottish Heather* mit 7087 BRT. Am 27. Dezember lag die Korvette *Chilliwack* längsseits zum Nachtanken – für die Kanadier das erste Mal –, als Wolfgang Leimkühler in dem neuen VII-Boot *U225* die *Scottish Heather* torpedierte. Der Tanker war nur leicht beschädigt, aber er mußte zu den Britischen Inseln zurückkehren. Gemäß einem Plan für diesen Notfall traf Windeyer die nötigen Vorkehrungen, damit einige Korvetten für kurze Zeit ausscheren und auf den Azoren nachtanken konnten.

Die U-Boote verloren für etwa 24 Stunden die Spur des Geleitzugs ONS 154, aber am Morgen des 28. Dezember erfaßte Hubertus Purkhold in *U260* ihn wiederum und hielt bei dichtem Nebel geschickt die Fühlung. Seine Peilzeichen führten neun andere Boote heran, sechs aus der Gruppe Spitz und drei aus der Gruppe Ungestüm. Noch am selben Abend nahmen drei weitere Boote der Gruppe Ungestüm Fühlung auf, also verfolgten nunmehr dreizehn U-Boote den Geleitzug. In einer Notmaßnahme verlegte die Admiralität die britischen Zerstörer *Milne* und *Meteor* von einem Geleitzug der Operation Torch zu ONS 154, um die schwache und immer kleiner werdende Eskorte zu verstärken. Aber diese Schiffe konnten erst am 29. Dezember eintreffen.

---

[1] Im Jahr 1942 versenkten kanadische Streitkräfte neun U-Boote – darunter *U94* – gemeinsam mit der US Navy. Kanadische Überwasserschiffe versenkten sechs Boote, Flugzeuge ohne fremde Hilfe drei.

In der Nacht vom 28. zum 29. Dezember griffen die U-Boote aus allen Richtungen an und überforderten die Geleitschiffe völlig. Es folgte ein regelrechtes Gemetzel:

- In zwei unabhängigen Angriffen versenkte Leimkühler in *U225* den britischen Frachter *Melmore Head* mit 5273 BRT, außerdem torpedierte und stoppte er drei weitere Schiffe: den britischen Frachter *Ville de Rouen* mit 5598 BRT, den belgischen Tanker *President Francqui* mit 4919 BRT und den britischen Frachter *Empire Shackleton* mit 7068 BRT.
- Wolfgang Hermann in *U662* versenkte die torpedierte *Ville de Rouen.*
- Hans Hunger in *U336* versenkte die torpedierte *President Francqui.*
- Horst von Schroeter, der neue 23jährige Kommandant des berühmten IXB-Bootes *U123,*[1] traf die *Empire Shackleton* ebenfalls, versenkt wurde sie endlich von dem Ritterkreuzträger Siegfried Strelow in dem kampferprobten Boot *U435,* das ebenfalls vor kurzem vom Nordmeer in den Nordatlantik verlegt worden war.
- Horst Dieterichs in dem kampferprobten Boot *U406,* der einige FAT-Torpedos mit Schleifenlauf an Bord hatte, torpedierte und stoppte drei britische Frachter: die *Baron Cochrane* mit 3385 BRT, die *Zarian* mit 4871 BRT und die *Lynton Grange* mit 5029 BRT.
- Schroeter in *U123* versenkte die torpedierte *Baron Cochrane.*
- Hans-Jürgen Zetzsche in *U591* versenkte die torpedierte *Zarian* und torpedierte den norwegischen Frachter *Norse King* mit 5701 BRT.
- Heinz Hasenschar, 26 Jahre alt, in dem neuen Boot *U628* versenkte die torpedierte *Lynton Grange.*
- Der zähe Beschatter Hubertus Purkhold in *U260* versenkte den britischen Frachter *Empire Wagtail* mit 4893 BRT.
- Strelow in *U435* versenkte die torpedierte *Norse King.*
- Hermann Kottmann, der 27jährige neue Kommandant des bewährten Bootes *U203,* schoß auf einen »Ozeandampfer« mit 9000 Tonnen, verfehlte ihn aber.
- Strelow und Hasenschar verfehlten den Zerstörer *St. Laurent* und eine Korvette, die gestoppt hatten, um Überlebende aufzunehmen.
- Ralph Kapitzky in *U615* schoß fünf Torpedos auf das Katapultschiff *Fidelity,* das er als ein »Q-Schiff« identifizierte, aber alle gingen fehl oder verfingen sich in dem Torpedoabwehrnetz der *Fidelity.*

[1] Reinhard Hardegen hatte das Boot bei seinen beiden Feindfahrten während der Operation Paukenschlag vor die Vereinigten Staaten geführt. Nach einer sechsmonatigen Reparatur von Gefechtsschäden war *U123* am 5. Dezember aus Deutschland ausgelaufen. Der neue Kommandant Horst von Schroeter war zuvor Hardegens Erster Wachoffizier.

• Hans-Martin Scheibe, der 24jährige neue Kommandant von *U455,* schoß eine volle Bugsalve auf sich gegenseitig verdeckende Schiffe, aber alle gingen fehl.

Verluste bei diesem Massenangriff: neun Schiffe mit 46200 BRT. Außerdem stürzte ein Schwimmerflugzeug des Katapultschiffes *Fidelity* beim Start ab. Der Zerstörer *St. Laurent* rettete die zweiköpfige Besatzung.

Am 29. Dezember drehten die U-Boote nach Sonnenaufgang ab, um den Geleitschiffen auszuweichen und ihre Erfolgsmeldungen an Dönitz zu übermitteln. Im Laufe des Vormittags trafen die modernen britischen Zerstörer *Milne* und *Meteor* ein und verstärkten die Eskorte auf nunmehr drei Zerstörer und fünf Korvetten. Die *Milne* und die *Meteor* vertrieben beschattende U-Boote und vereitelten mit den anderen Geleitschiffen einen dritten Angriff in der Nacht vom 29. zum 30. Dezember. Allerdings hatten beide Zerstörer nur wenig Treibstoff und mußten deshalb mit den Korvetten *Battleford* und *Shediac* zu den Azoren ausscheren. Bei dem Konvoi blieben nur noch der Zerstörer *St. Laurent* und drei Korvetten als Schutz vor U-Booten. Am selben Tag versenkte Strelow in *U435* etwas später das Katapultschiff *Fidelity* mit 2456 Tonnen unter Verlust der ganzen freifranzösischen Besatzung, insgesamt 334 Mann. Da Windeyer in dieser Nacht einen weiteren heftigen Angriff erwartete, erteilte er den Schiffen *Calgary* und *Adrastus* die Erlaubnis, unabhängig zu fahren. Beide hatten eine große Zahl Passagiere an Bord, blieben aber in der Formation.

Bei dieser langen, harten Jagd hatten auch die U-Boote viel Treibstoff verbraucht. Eins nach dem anderen war gezwungen, auszuscheren und nach Frankreich abzudrehen. In der Nacht vom 30. zum 31. Dezember hatten nur fünf Boote genügend Treibstoff, um die Jagd fortzusetzen; kein einziges hatte den Geleitzug in Sicht. Dönitz wußte nicht, daß nur noch vier Geleitschiffe zum Schutz des Konvois übriggeblieben waren – alle mit einer sehr knappen Treibstoffreserve –, und brach weitere Operationen ab. Noch am selben Tag wurde der bewährte Zerstörer *Fame,* das Flaggschiff der britischen Escort Group B-6, von dem Geleitzug ON 155 abkommandiert, um die Eskorte von ONS 154 zu verstärken. Der erfahrene Kommandant R. Heathcote übernahm das Kommando über die Eskorte von dem Kanadier Guy Windeyer auf der *St. Laurent,* der vor Anspannung und Erschöpfung zusammenbrach und bei der Ankunft in Kanada auf einen anderen Posten versetzt wurde.

Alles in allem verlor ONS 154 vierzehn Schiffe mit etwa 69738 Tonnen (plus zwei 10 Tonnen schwere LCV-Landungsfahrzeuge) und 486 Mann kamen ums Leben – eine der sechs schlimmsten Katastrophen auf der Nordatlantikroute während des Krieges. Obwohl die Admiralität den Geleitzug ohne einen kampferprobten britischen Zerstörer hatte auslaufen lassen, ihn außerhalb der Reichweite der Luftsicherung durch äußerst gefährdete Gebiete geführt und keine ausreichende Möglichkeit zum Nachtanken auf See zur Verfügung gestellt hatte, gaben die Briten den Kanadiern die ganze Schuld an der Katastrophe. Sie hatten angeblich die U-Boote nicht aggressiv und wirkungsvoll abgewehrt. Der Verlust der 334 Mann auf dem kleinen freifranzösischen Katapultschiff *Fidelity* wurde zweifellos ebenfalls den Kanadiern angelastet. Wenn damals bekannt gewesen wäre, daß die Kanadier *U356* versenkt hatten, dann wären die Kritiker möglicherweise verstummt.

Nach den Ermittlungen wegen der Katastrophe sah sich die Admiralität zu einer drastischen Maßnahme veranlaßt: drei der vier kanadischen Escort Groups im Atlantik sollten abgezogen und an der britischen »Escort School« in Tobermory intensiv geschult werden. Bis die Admiralität sie für tauglich zum Kampfeinsatz befunden hatte, sollten sie durch britische Escort Groups ersetzt werden, die von etwa fünf britischen U-Jagdgruppen (Support Groups) verstärkt werden sollten. Diese sollten aus Kriegsschiffen zusammengestellt werden, die von der Operation Torch entlassen wurden, darunter zu gegebener Zeit die Geleitträger. Die Kanadier begrüßten die Gelegenheit zu einer intensiven Schulung der Gruppen, erneuerten aber auch die alte Forderung nach modernen, mit Radar ausgerüsteten Langstreckenflugzeugen und nach weiteren modernen Zerstörern, letztere möglichst ausgerüstet mit den neuesten und besten Radar-, Sonar- und Huff-Duff-Geräten. Sie forderten ebenfalls ein größeres Mitspracherecht bei dem Kommando und bei der Routenführung der Transatlantikkonvois und bei der Zuteilung der Escort Groups.

Abgesehen von dem Erfolg gegen den Konvoi ONS 154 war der Monat Dezember 1942 ein weiterer schwieriger und enttäuschender Monat für die U-Boote auf der Nordatlantikroute. 16 alliierte Geleitzüge mit rund 650 Handelsschiffen überquerten nach Osten und Westen den Atlantik.[1] Den U-Booten gelang es nur, gegen drei Geleitzüge nennenswerte Angriffe vorzutragen: HX 217, ON 153 und ONS 154. In diesen Geleitzugschlachten wurden 20 Schiffe mit rund 102 400 BRT versenkt, 14 mit rund 70 000 BRT allein aus ONS 154. Darüber hinaus versenkten die U-Boote auf der Nordatlantikroute im Dezember sieben Schiffe mit rund 48 400 BRT aus anderen Geleitzügen oder Alleinfahrer.[2] Gesamtergebnis: 27 Schiffe mit rund 150 800 BRT.

---

1 HX 217 bis 220, SC 111 bis 114, ON und ONS 150 bis 157.

2 Darunter auch der britische Truppentransporter *Ceramic* mit 18 700 BRT!

Bewertung

Wegen der Ungenauigkeit der meisten historischen Darstellungen über die Schlachten auf der Nordatlantikroute im Herbst 1942 ist eine statistische Auswertung der Monate November und Dezember angebracht.

Wegen der Verlegungen zur Operation Torch und der Einführung schneller und langsamer Torch-Konvois (UGS, UGF und GUS, GUF) und wegen der vorübergehenden Einstellung der Murmansk-Geleitzüge ging der alliierte Schiffsverkehr auf der Nordatlantikroute im November und Dezember 1942 leicht zurück. Insgesamt überquerten 1218 Schiffe in 31 ost- und westwärts fahrenden Geleitzügen den Atlantik. In acht schnellen Halifax-Geleitzügen (HX 213 bis 220) liefen 320 Schiffe von New York aus, in sieben Slow Convoys (SC 108 bis 114) 307 Schiffe. Die U-Boote versenkten lediglich drei – ich wiederhole: drei – dieser 627 beladenen Schiffe, die in diesen beiden Monaten in Geleitzügen nach Osten ausliefen, ein wenig beachtetes, aber absolut katastrophales Versagen der Deutschen im Seekrieg. In denselben beiden Monaten liefen 591 Schiffe in 16 langsamen und schnellen Geleitzügen Outbound North (ON bzw. ONS 142 bis 157) von den Britischen Inseln nach Nordamerika aus. Die U-Boote versenkten 31 dieser leeren, nach Westen fahrenden Schiffe und trieben die Zahlen im »Tonnagekrieg« zu Propagandazwecken in beeindruckende Höhe, aber diese verlorengegangenen, westwärts fahrenden Schiffe führten keine Importe zu den Britischen Inseln. Verluste insgesamt in ost- und westwärts fahrenden Geleitzügen: 34 Schiffe.[1]

In diesem Durcheinander aus verwirrenden, statistischen Zahlen, das Winston Churchill so sehr beklagte, verliert man leicht den Blick für die menschliche Seite des Geleitzugkampfes. Sage und schreibe Hunderte von Handelsseeleuten, Matrosen, Geschützbedienern und Passagieren starben bei diesen Versenkungen oder in Rettungsbooten oder -flößen oder im eisigen Wasser einen schrecklichen Tod. An dieser Stelle müssen insbesondere die 655 Toten erwähnt werden, die bei der Versenkung des Truppentransporters *Ceramic* durch Werner Henke in *U515* ums Leben gekommen waren, nachdem er aus dem Geleitzug ON 149 ausgeschert war. Viele Tote und natürlich viele Überlebende vollbrachten zahllose Heldentaten, die hier ebenfalls nicht vergessen werden dürfen.

Auf der anderen Seite zählte die Zahl der bestätigten U-Boot-Versenkungen durch alliierte ASW-Verbände auf der Nordatlantikroute im November und Dezember 1942 zu den niedrigsten des ganzen Krieges: fünf VII-Boote. Luft- und Überwasserstreitkräfte der US Navy ver-

[1] Siehe Anhang 3. In diesen beiden Monaten glichen allein die Werften in den USA diese Verluste um mehr als das Fünffache aus: 214 Schiffe mit 1,3 Millionen BRT.

senkten drei davon *(U408, U611, U626),* britische Luft- und Überwasserstreitkräfte eines *(U357)* und Überwasserstreitkräfte der Canadian Navy ebenfalls eines *(U356)*. Drei andere U-Boote kehrten ebenfalls nie zurück: das VII-Boot *U132* (vermutlich der Explosion eines Opfers zum Opfer gefallen), das VII-Boot *U254* (versehentlich von *U221* gerammt und versenkt) und das IX-Boot *U184* (möglicherweise versenkt von einer norwegisch bemannten Korvette).[1] Nur 8 von den 400 Deutschen auf diesen acht Booten überlebten und gerieten in Gefangenschaft, alle von *U357.*

Wie in den vorigen Monaten lohnt sich ein Blick auf die Ergebnisse, die von allen im November und Dezember in den Nordatlantik ausgelaufenen U-Booten erzielt worden sind. Die Zahl der neuen Boote und/oder neuen Kommandanten fiel deutlich von durchschnittlich 63 Prozent auf nunmehr 43 Prozent, aber die durchschnittliche Versenkungsziffer pro Boot und Feindfahrt ging weiter zurück auf 0,69 Schiffe. Von den ausgelaufenen 84 Booten versenkten 43 (51 Prozent) kein einziges Schiff. Damit setzte sich die für die Deutschen so verhängnisvolle Erfolglosigkeit fort. Im Einzelnen:

	Feindfahrten[2]	Fahrten mit neuen Booten und/oder Kommandanten	Versenkte Schiffe	Pro Boot	Verlorene Boote	Keine Schiffe versenkt
November	34	16 (47%)[3]	21⅓	0,63	5	18 (53%)
Dezember	50	20 (40%)[4]	37⅔	0,75	8[5]	25 (50%)
Gesamt	84	36 (43%)	59	0,69	13 (15%)	43 (51%)

Diese Zahlen unterstreichen nochmals die These, daß die Alliierten, selbst ohne die Vier-Walzen-Enigma im Schlüsselbereich Triton zu lesen, im Nordatlantik zunehmend die Oberhand gewannen. Man beachte vor allem die 43 Feindfahrten ohne Versenkungen. Mühevoll 84 U-Boote und Besatzungen für eine Feindfahrt auszurüsten, von denen dann rund die Hälfte kein einziges Schiff versenkte, war ein zunehmend sinnloses und kostspieliges Unterfangen. Das scheußliche Winterwetter hatte zwar die alliierten Lufteinsätze in dieser Zeit stark behindert und damit die Zahl der von Flugzeugen versenkten U-Boote erheblich verringert, doch das Winterwetter behinderte auch die U-Boot-Operationen.

---

1 Britische Flugzeuge versenkten außerdem drei Boote im Golf von Biskaya oder in den Zufahrten zur Straße von Gibraltar: die VII-Boote *U98, U411* und das IX-Boot *U517.*

2 Siehe Anhang 2.

3 Darunter vier kampferprobte Boote mit neuen Kommandanten.

4 Darunter sechs kampferprobte Boote mit neuen Kommandanten.

5 Darunter *U96,* das in das Trainingskommando verlegt wurde.

Feindfahrten nach Amerika

Der Einsatz gegen die Operation Torch und die Geleitzugschlachten auf der Nordatlantikroute nahmen die große Mehrzahl der U-Boote in der Atlantikflotte in Anspruch. Dennoch blieb Dönitz bei der Überzeugung, daß Feindfahrten in die Gewässer von Trinidad und Brasilien den Nachschub an Erdöl und anderen Kriegsmaterialien in den Mittelmeerraum über Gibraltar und den Indischen Ozean deutlich verringern könnten. Deshalb schickte er im November elf Boote in diese Gewässer: sechs IXC-Boote, drei alternde IXB-Boote und zwei VIID-Minenleger, die eine erhöhte Reichweite hatten. Drei der elf Boote kamen allerdings nicht weit.

• Am zweiten Tag nach dem Auslaufen aus Frankreich hatte ein technischer Defekt bei dem IXC-Boot *U66* unter Friedrich Markworth schwere Wassereinbrüche zur Folge, wenn das Boot tauchte. Salzwasser drang in den Batterieraum, es bildete sich Chlorgas. Unter diesen Umständen machte Markworth kehrt und lief nachts an der Oberfläche mit Höchstgeschwindigkeit nach Frankreich zurück. Eine mit Radar ausgerüstete Wellington des Coastal Command mit Leigh Light, geflogen von D. E. Dixon, machte das Boot aus und warf vier Wasserbomben. Da Markworth nicht tauchen konnte, fuhr er einen wilden Zickzackkurs, um den Bombenwerfer zu verwirren. Diese Taktik hatte Erfolg, und das Boot erreichte ohne weitere Schäden den Hafen. *U66* wurde zur Überholung – und zum Umbau – vorgesehen und lief erst zwei Monate später wieder aus.

• Bei der Durchquerung der Biskaya meldete Paul Hartwig in dem IXC-Boot *U517,* der eine bemerkenswerte erste Feindfahrt in den St.-Lorenz-Golf gemacht hatte, den Ausfall der Dieselmotoren. Bei den Reparaturarbeiten entdeckten die Mechaniker Schmutz in der Treibstoffzufuhr und hielten das für das Werk von Saboteuren. Hartwig war versucht, die Fahrt abzubrechen, blieb aber auf Kurs.

Am fünften Tag seiner Fahrt, dem 21. November, gelangte Hartwig zu der Überzeugung, er befinde sich jetzt außerhalb der Gefahr durch Patrouillen des Coastal Command über dem Golf von Biskaya und beschloß, mit ausgerichtetem Metox an der Oberfläche zu bleiben. Das Gerät meldete die Radarwellen eines Flugzeugs, Hartwig befahl Alarmtauchen, aber es war zu spät. Auf einer routinemäßigen ASW-Patrouille hatte ein Torpedobomber vom Typ Albacore der Squadron 817 *U517* entdeckt. Die Albacore war auf dem Flugzeugträger *Victorious* stationiert, der zu den Britischen Inseln zurückkehrte. Das Flugzeug griff das Boot von achtern an und warf drei auf geringe Tiefe eingestellte Wasserbomben. Sie sprengten die Brücke und Teile des Turms ab und rissen die Dieselmotoren aus der Halterung. Ohne

Hoffnung, das Boot noch zu retten, tauchte Hartwig auf, informierte Dönitz über die Katastrophe und versenkte das Boot. Dönitz befahl dem auslaufenden Boot *U211* und anderen Booten in der Nähe, den Schiffbrüchigen zu helfen, aber sie konnten nichts tun. Gedeckt von den Flugzeugen der *Victorious,* fischten zwei Zerstörer der Task Force Hartwig und 49 Mann seiner Besatzung aus dem Wasser und brachten sie nach England.

• Auf dem Weg nach Trinidad hatte auch das IXC-Boot *U513* unter Rolf Rüggeberg Schwierigkeiten mit der Treibstoff- und Schmierölversorgung. Von seiner ersten Feindfahrt zum St.-Lorenz-Strom war er mit einem beschädigten Kommandoturm heimgeschlichen. Jetzt meldete Rüggeberg, die Filter und Einspritzpumpen seien verstopft. Ein Treffen mit Karl-Friedrich Merten in *U68* wurde vereinbart, der von Kapstadt heimkehrte. Von ihm sollte Rüggeberg Ersatzteile erhalten, auch drei Treibstoff-Einspritzpumpen. Daraufhin sollte er beide Dieselmotoren gründlich überholen und reinigen und dann 24 Stunden lang ständig volle Kraft fahren.

Rüggeberg erhielt die Pumpen von Merten und reinigte die Diesel, aber es half alles nichts, er mußte die Fahrt abbrechen. Der Rückmarsch war der reinste Alptraum. Mit Hilfe einiger Ersatzteile an Bord und einiger Teile von einer Maschine konnten zwei Mechaniker die andere Maschine notdürftig in Gang halten. Als Maschine eins dann ausfiel, tauchte Rüggeberg und lief mit den Elektromotoren, während die Mechaniker mit Teilen von Maschine eins die zweite Maschine wieder herrichteten und startklar machten. Auf diese Weise erreichte das Boot am 18. Dezember endlich Lorient, nach 28 bangen – und erfolglosen – Tagen auf See. Bei der Suche nach der Ursache für die Panne wurde entdeckt, daß die Innenseite der Treibstofftanks entweder mit einer Aluminiumfarbe von minderer Qualität gestrichen worden war oder daß sie nicht lange genug getrocknet hatte. Die Farbe war abgeblättert und verstopfte die Ölleitungen, Filter und Pumpen. Das Boot lief erst Ende Februar wieder aus.

Auch ein anderer Kommandant, der nach Amerika unterwegs war, hatte ernste Probleme mit der Treibstoffversorgung. Es handelte sich um den jungen Ritterkreuzträger Johann Mohr in dem IXB-Boot *U124,* das nach einer fünfmonatigen Überholung und Reparatur wieder in den Kampf ging. In einer Geschichte des Bootes *U124*[1] versichert Elizabeth B. Gasaway, daß die Treibstoffversorgung des Bootes in Lorient mit einer Chemikalie »sabotiert« worden sei, welche die Treibstoffpumpen rosten lasse und die Ventile des Einspritzers verstopfe. Das ist durchaus

---

1 *Grey Wolf, Grey Sea* (1979).

denkbar, genausogut ist aber auch möglich, daß genau wie bei *U513* die Aluminiumfarbe in den Treibstofftanks von *U124* abgeblättert ist.

Wie zuvor *U513* wies Dönitz auch Mohr an, seine Motoren gründlich zu reinigen und dann 24 Stunden lang mit voller Kraft zu fahren. Nach dieser Prozedur meldete Mohr, der Backborddiesel sei jetzt in Ordnung, er müsse aber bei dem Steuerborddiesel eine Treibstoffpumpe und zwei Ventile auswechseln. Da er die Fahrt nicht abbrechen wollte, bat er um ein Treffen mit dem großen XB-Minenleger *U118,* der für die Boote der Gruppe Westwall vorübergehend als Tanker fungierte. Dort wollte Mohr eine neue Treibstoffpumpe, Ventile und frischen, sauberen Treibstoff aufnehmen. Danach lief Mohr mit dem »sabotierten« Treibstoff und sparte sich das »saubere« von *U118* für den Kampfeinsatz auf. Trotz dieser Maßnahmen, schreibt Gasaway, habe der eine oder der andere Dieselmotor fast täglich repariert werden müssen, eine unbeschreibliche Tortur für die Mechaniker, die in tropischer Hitze und Feuchtigkeit arbeiten mußten.

In dieser Gruppe von Booten gab es noch andere Schwierigkeiten. Heinrich Bleichrodt in dem unsicheren alten IXB-Boot *U109,* der das Eichenlaub zum Ritterkreuz trug, brach unter der Anspannung der seit 18 Monaten ununterbrochenen Feindfahrten zusammen. Westlich des Golfs von Biskaya erfaßte er einen britischen Marineverband und griff ihn wagemutig an. Er wurde aber von »Zerstörern« vertrieben, die das Boot schwer mit Wasserbomben belegten. Als Bleichrodt sich am 26. Dezember Trinidad näherte, griff er einen allein fahrenden Frachter mit sechs Torpedos an, die aber alle fehlgingen. Der Frachter warf seinerseits »eine oder drei« Wasserbomben, weshalb Bleichrodt zu dem Schluß kam, sein Ziel sei vermutlich eine U-Boot-Falle, von der man besser die Finger lasse.

Dieselbe Meldung enthielt einen erschreckenden Nachsatz. Bleichrodt bat um die Erlaubnis, »wegen seiner eigenen nervlichen Verfassung« die Feindfahrt abzubrechen, wie Dönitz eintrug. Damit Bleichrodt die Schande und das Ende seiner beruflichen Laufbahn – und vielleicht auch eine Hinrichtung – erspart blieb, lehnte Dönitz die Bitte ab und riet *U109* an, »ganz gleich, was geschehe, auf jeden Fall Operationen durchzuführen«. Vier Tage später, am 30. Dezember, meldete *U109* jedoch, Bleichrodt sei nicht länger imstande, diesen Befehlen nachzukommen. Dönitz antwortete, *U109* müsse auf Feindfahrt bleiben, »und wenn es nötig sei, dem Ersten Wachoffizier das Kommando zu übertragen«. Augenscheinlich übernahm der Erste Wachoffizier wirklich vorübergehend das Kommando und brach trotz der Befehle die Feindfahrt ab. Um Unterstützung bei der Bootsführung und der Brückenwache zu erhalten, traf sich *U109* mit Ritterkreuzträger Günther Krech in *U558* und nahm einen Obersteuermann an Bord. Nach der

Ankunft in Frankreich wurde Bleichrodt in ein Krankenhaus eingeliefert und erholte sich wieder. Später wurde er zum Trainingskommando verlegt und zum Chef der 22. Flottille ernannt.[1]

Wegen dieser Mißgeschicke wurden nur sieben statt elf Feindfahrten in amerikanische Gewässer von Booten durchgeführt, die im November ausgelaufen waren, darunter Mohrs *U124* mit den defekten Dieselmotoren. Außerdem gingen zwei von den sieben Booten kurz nach dem Erreichen des Operationsgebietes verloren, es blieben also noch fünf.

Auf dem Weg nach Brasilien traten bei dem IXC-Boot *U164* unter Otto Fechner, der im Spätsommer eine enttäuschende Feindfahrt in die Karibik gemacht hatte, zwischen einem Batterieraum und einem Ballasttank zwei kleine Löcher im Druckkörper auf. Bei dem Versuch, die Lecks abzudichten, ging Fechner im Windschatten der abgelegenen – und öden – Insel St. Paul's Rocks im Südatlantik vor Anker. Obwohl keine befriedigende Lösung gefunden wurde, fuhr Fechner weiter in Richtung brasilianische Gewässer. Nach dem Eintreffen in dem Gebiet am 27. Dezember bat er um Erlaubnis, die Fahrt abzubrechen. Die Bitte wurde abgelehnt, ihm wurde aber gestattet, von den Schiffahrtslinien entlang der Küste abzulaufen und in »abgelegenen Gebieten« zu patrouillieren. Während Fechner diesen Anweisungen nachkam, sichtete er die neutrale, schwedische *Brageland* mit 2608 BRT, die mit einer Ladung Kaffee und Wolle auf dem Weg nach New York war. Er stoppte und versenkte sie.

Zu dieser Zeit hatte die US Navy die Luftpatrouillen in der Karibik und in Lateinamerika bereits erheblich verstärkt. Das Geschwader Fleet Air Wing (Fairwing) 11 war seit einiger Zeit bereits in San Juan auf Puerto Rico stationiert und sicherte die Geleitzüge in der Karibik, in den Gewässern Trinidads und im Süden bis hin nach Brasilien.[2] Am 16. Februar 1943 gründete die Navy in Norfolk Fairwing 16. Im April 1943 wurde diese Fairwing nach Natal in Brasilien verlegt und übernahm von Fairwing 11 die Zuständigkeit für lateinamerikanische Gewässer.[3] Die Briten standen ihnen in diesem Gebiet bei, indem sie RAF Squadron 53 des Coastal Command (mit Hudsons ausgestattet) nach Trinidad verlegte.

---

[1] Bleichrodt kehrte nicht mehr in den Kampf zurück. Nach der Zahl der versenkten Schiffe und Tonnage (28 mit 162491 Tonnen) nahm er Platz zehn ein unter den U-Boot-Kommandanten des Krieges.

[2] Anfang 1943 gehörten Fairwing 11 die Patrol Squadrons VP 32, VP 34, VP 53, VP 74, VP 81, VP 83, VP 94 und sechs Squadrons der Reihe VP 200–VP 212 an.

[3] Fairwing 16 nahm vier Patrol Squadrons von Fairwing 11 auf: VP 74, VP 83, VP 94 und VP 203. Beide Wings waren mit Catalinas, Mariners und Venturas ausgestattet. Die beiden letzten Flugzeugtypen waren sehr störanfällig.

Am 6. Januar entdeckte eine Catalina der Patrol Squadron VP 83, die im voraus bereits in Natal stationiert worden war, knapp 120 Kilometer vor der brasilianischen Küste *U164* an der Oberfläche. Der Pilot William R. Ford griff sofort an und ging bis auf die Höhe der Wellenkämme herunter. Die unaufmerksame Brückenwache auf *U164* gab zu spät Alarm. Ford warf vier auf geringe Tiefe eingestellte Wasserbomben vom Typ Mark XVII. Drei trafen sehr nahe und sprengten *U164* offenkundig in zwei Teile, die sofort sanken. Zwei Seeleute, die während des Angriffs im Wasser badeten, überlebten und klammerten sich an die Torpedobehälter, die abgesprengt worden waren. Ford warf ein aufblasbares Gummiboot ab, sieben Tage später wurden die zwei Männer in einem Fischerdorf an Land gespült. Dort nahmen die brasilianischen Behörden sie in Gewahrsam und übergaben sie der Abteilung der US Navy in Natal.

Harro Schacht in dem IXC-Boot *U507,* der als einer der ersten in den Golf von Mexiko und in brasilianische Gewässer vorgestoßen war, hatte sich an der Rettung der Überlebenden der *Laconia* beteiligt und anschließend im selben Raum wie Fechner vor Brasilien patrouilliert. In den zwei Wochen vom 27. Dezember bis zum 8. Januar versenkte Schacht drei allein fahrende britische Frachter mit 14230 BRT und nahm die Kapitäne von zwei Schiffen gefangen. Mit diesen Versenkungen und vergangenen Meldungen und überhöhten Meldungen qualifizierte sich Schacht für das Ritterkreuz, das ihm am 9. Januar über Funk verliehen wurde.[1] Am 13. Januar meldete Schacht beinahe auf derselben Position, auf der eine Woche zuvor *U164* versenkt worden war, er habe einen südwärts fahrenden Geleitzug gesichtet. Es war der erste Konvoi auf der neu eingeführten Route von Trinidad nach Bahia (Salvador) in Brasilien. Abgesehen von der Überwassereskorte durch kanadische Korvetten und amerikanische Patrouillenboote (PCs) wurde der Konvoi von Catalinas der Patrol Squadron VP 83 gesichert. Eine Catalina, geflogen von L. Ludwig, erspähte *U507* beim Tauchen, warf vier Bomben und versenkte das U-Boot mit der gesamten Besatzung sowie den beiden britischen Kriegsgefangenen. Es sank etwa 35 Kilometer nördlich von *U164.* Schacht hatte nur vier Tage lang das Ansehen eines Ritterkreuzträgers genießen können.

Von den verbliebenen fünf Booten fuhr das IXC-Boot *U176* in brasilianische Gewässer, die anderen vier hingegen patrouillierten in der Nähe von Trinidad, um den Schiffsverkehr, der von hier ins Mittelmeer oder nach Brasilien auslief, zum Erliegen zu bringen.

---

[1] Zum Zeitpunkt seiner Verleihung betrug seine bestätigte Versenkungsziffer 19 Schiffe mit 77144 Tonnen.

Auf dem Weg in den Südatlantik vor Brasilien stieß Reiner Dierksen in *U176,* der eine beeindruckende Feindfahrt in den Nordatlantik gemacht hatte, am 25. November auf den holländischen Frachter *Polydorus* mit 5922 BRT. Die *Polydorus* war am 8. November mit dem Konvoi ON 145 von den Britischen Inseln ausgelaufen, eine Woche später waren sie und 15 andere Schiffe aus dem Geleitzug ausgeschert und fuhren unabhängig nach Freetown und in andere Gebiete.

Dierksen hatte auf seiner Jungfernfahrt fünfeinhalb Schiffe versenkt und beherrschte sein Metier. Aber die *Polydorus* erwies sich als eins der hartnäckigsten Opfer des ganzen U-Boot-Krieges. Bei seinem ersten Angriff aus getauchter Position am Nachmittag des 25. November schoß Dierksen vier Torpedos. Einer detonierte zu früh, die anderen gingen fehl. Nach Einbruch der Dunkelheit tauchte Dierksen auf und griff die *Polydorus* mit seiner 10,5-cm-Deckkanone und den Deckwaffen an. Der Kapitän der *Polydorus,* H. Brouwer, wich aus und erwiderte mit seiner nur geringfügig schwächeren 4-Zoll-Kanone das Feuer. Er legte eine Rauchwolke zwischen sich und das U-Boot und flüchtete in einem plötzlichen Regenschauer.

Dierksen setzte die Jagd die ganze Nacht über fort. In der Dämmerung griff er zum zweitenmal getaucht an und schoß zwei Torpedos, aber die aufmerksame Brückenwache sah die Torpedos und wich ihnen aus. Kurze Zeit später tauchte *U176* bei hellem Tageslicht auf und eröffnete wiederum das Feuer mit seiner Deckkanone. Die *Polydorus* erwiderte das Feuer und zwang Dierksen, sich aus der Reichweite des Geschützes zu verziehen. Dierksen behielt den Mastkorb der *Polydorus* in Sicht und verfolgte sie den ganzen Tag. Nach Einbruch der Dunkelheit setzte er sich dann langsam vor sie. In den frühen Stunden des 27. November – nach einer fast 48stündigen Jagd – kam Dierksen in eine gute Schußposition und schoß unbemerkt noch zwei Torpedos (Nummer sieben und acht) auf dieses Schiff. Beide trafen. Die *Polydorus* sank langsam, so daß 80 Überlebende der 81köpfigen Besatzung Zeit hatten, die drei Rettungsboote zu bemannen und mit Proviant auszustatten. Nach einem Tag in den Booten rettete ein spanisches Schiff die Männer und setzte sie auf den Kanarischen Inseln an Land.

Dierksen fuhr weiter nach Westen in brasilianische Gewässer. Am 13. und 16. Dezember versenkte er noch zwei Schiffe. Das erste enterte und versenkte er. Es handelte sich um die neutrale, schwedische *Scania* mit nur 1629 BRT, die Konterbande an Bord hatte, wie er behauptete. Das zweite Schiff war der britische Frachter *Observer* mit 5881 BRT, den Dierksen in der Nähe von Natal versenkte. Bei dem zweiten Angriff meldete er, eine »B-24« (falls dies zutrifft, ein Flugzeug der USAAF) habe *U176* erspäht und bombardiert und dabei schweren Schaden angerichtet. Dierksen war gezwungen, weit ins offene Meer abzulaufen, um das Boot zu reparieren. Erst am 9. Januar meldete Dierksen, *U176* sei wieder »voll einsatzklar«. Danach trat er einen langen Rückmarsch an: Er überquerte langsam den Südatlantik nach Freetown, fuhr dann nordwärts zu einer Position westlich der Kanarischen Inseln, wo *U176* den XB-Minenleger *U118* traf und Treibstoff sowie Metox-Geräte übernahm, die Dierksen an zwei andere einlaufende Boote weitergeben sollte. Am 18. Februar traf *U176* in Frankreich ein und beendete eine Feindfahrt von 102 Tagen, in der das Boot drei Schiffe mit 13412 BRT versenkt hatte, also im Durchschnitt alle 34 Tage ein Schiff.

Das alte IXB-Boot *U105,* das im Juni von einem britischen Flugzeug schwer beschädigt worden war, lief Ende November unter dem neuen Kommandanten Jürgen Nissen, 26 Jahre alt, aus. Bei der Annäherung an die Westindischen Inseln versenkte er den britischen Frachter *Orfor* mit 6578 BRT. Nachdem Bleichrodt in *U109* die Fahrt abgebrochen hatte, löste Nissen ihn in einem Raum nördlich von Trinidad ab. Da er Tag und Nacht von Luftpatrouillen belästigt wurde, versenkte er in diesem Raum nur das britische Segelschiff *C. S. Flight* mit 67 Tonnen. Er enterte und versenkte das Schiff in der Nähe der Insel St. Lucia.[1]

Drei andere Boote patrouillierten zu dieser Zeit in der Nähe von Trinidad. Das waren Mohr in *U124,* das durch die Störungen der Dieselmotoren behindert war, und die zwei VIID-Minenleger *U214* und *U217.* Kurt Reichenbach-Klinke in *U217,* der die schwedische neutrale *Etna* mit 2619 BRT enterte und versenkte, hatte Befehl, in die Karibik vorzustoßen und vor Aruba und Curaçao zu patrouillieren. Nach der Meldung der Versenkung eines Frachters mit 6000 BRT und mehrerer Treffer an einem anderen großen Frachter in der Nähe von Trinidad meldete er jedoch, sein Metox sei ausgefallen, und bat um die Entbindung von der Einfahrt in die Karibik. Für ihn wurde das andere VIID-Boot *U214* unter Günther Reeder, der einen polnischen Frachter mit 4426 BRT versenkt hatte, in den Raum vor Aruba und Curaçao verlegt, *U217* patrouillierte statt dessen in dem weniger gefährlichen Raum vor Britisch-Guyana.

---

[1] In einem Versuch, offenkundig die britischen Schiffsbesatzungen einzuschüchtern, prahlte am 11. März 1943 ein deutscher Propagandist im Radio mit Nissens Angriff auf die *C. S. Flight.* Er sagte, Nissen habe das Schiff mit einem Hagel aus Leuchtspurgeschossen angegriffen und Handgranaten in die Segel und die Takelage geworfen und die farbige Besatzung gezwungen, ins Meer zu springen. Bei dem Prozeß gegen Dönitz legten die Ankläger eine kurze Zusammenfassung der Rundfunksendung als ein weiteres Beispiel für die Greueltaten vor, die von den U-Booten angeblich begangen worden waren. Die Briten verfolgten den Vorfall aber nicht weiter, vermutlich weil sie keine Zeugen auftrieben, die das Gesagte in der Rundfunksendung bekräftigt hätten.

Reeder in *U214* lief in die Karibik ein, aber unmittelbar danach fiel sein Kreiselkompaß aus. Er vereinbarte ein Treffen mit Nissen in *U105,* der Ersatzteile für den Kompaß an Bord hatte. Danach kehrte Reeder nach Aruba und Curaçao zurück, seit vielen Monaten das erste U-Boot, das in diesen Gewässern patrouillierte. Vor Curaçao versuchte er am 8. Januar bei Tageslicht einen getauchten Angriff auf einen Geleitzug aus acht Tankern, aber ein Schiff sah einen »Torpedo spritzen« (wie Reeder meldete) und vereitelte den Angriff. Insgesamt patrouillierte Reeder 19 anstrengende Tage in der Karibik, aber er hatte nur Pech. Er versenkte nur den polnischen Frachter mit 4426 BRT und trat den Rückmarsch an.

Reichenbach-Klinke in *U217* patrouillierte den ganzen Monat Januar vor der Küste von Britisch-Guyana, ohne auch nur ein Schiff zu Gesicht zu bekommen. Er meldete, Catalinas würden »systematisch« bis zu 370 Kilometer vor der Küste patrouillieren.[1] Bei seinem Rückmarsch nach Frankreich machte Reichenbach-Klinke einen britischen Frachter mit 7957 BRT aus, versenkte ihn mit Torpedo und Kanone und nahm einen Offizier gefangen. Weil der Tanker *U462* verfrüht den Rückmarsch angetreten hatte, wurde das vor kurzem ausgelaufene IXC-Boot *U504* angewiesen, *U217* nachzutanken. Die Operation mußte zweimal wegen rauher See verschoben werden. Reichenbach-Klinke traf nach 92 Tagen auf See in Frankreich ein – für ein VIID-Boot beinahe Rekord – und hatte zwei Schiffe mit 10576 BRT versenkt.

Nissen in *U105* patrouillierte einen ganzen Monat lang vor Trinidad, vom 15. Dezember bis zum 15. Januar, ohne ein Schiff zu versenken, das Segelschiff nicht mitgerechnet. Beim Rückmarsch nach Frankreich versenkte er den verlassenen Hulk des Tankers *British Vigilance* mit 8100 BRT, der zuvor von *U514* beschädigt worden war. Drei Tage später, am 27. Januar, versenkte er den allein fahrenden amerikanischen Frachter *Cape Decision* mit 5100 BRT, der mit Kriegsmaterial schwer beladen war. Wie *U217* tankte auch Nissen mit *U105* an dem IXC-Boot *U504* nach. Auf dieser 84tägigen Feindfahrt versenkte Nissen drei bestätigte Schiffe mit rund 11900 BRT, dazu den Hulk der *British Vigilance* mit 8093 BRT.

Am 16. Dezember erfaßte Johann Mohr in *U124,* der immer wieder von Problemen mit den Maschinen geplagt wurde, bei der Annäherung an Trinidad einen nordwärts fahrenden Geleitzug. Er zählte sechs große Tanker, gesichert von fünf »Zerstörern«. Ohne lange zu zögern, griff

[1] Die auf Natal stationierte Patrol Squadron VP 83 aus Fairwing 11 war Anfang Januar 1943 durch zwei weitere Patrol Squadrons aus Fairwing 11 verstärkt worden, Squadron 74 und 94. Auch Flugzeuge der US Army Air Force patrouillierten in diesem Raum.

Mohr an und schoß eine Salve auf ein Geleitfahrzeug und auf zwei Tanker. Er meldete, zwei Torpedos hätten das Geleitschiff verfehlt, aber zwei hätten einen Tanker mit 8000 BRT getroffen und ein Torpedo einen Tanker mit 6000 BRT. Ein Tanker sei nach fünf Minuten, der andere nach fünfzehn Minuten gesunken, meldete Mohr, aber in alliierten Unterlagen konnte keine einzige Versenkung bestätigt werden. Mohr lud seine Torpedorohre nach und versuchte einen zweiten Angriff, der aber von alliierten Flugzeugen vereitelt wurde.

In den folgenden zwölf Tagen patrouillierte Mohr vor Trinidad und Tobago. Er verbrachte einen großen Teil der Zeit mit der Pflege seiner störanfälligen Dieselmotoren. Einmal kontaminierte eine kleine Menge Salzwasser aus dem Destillator einige Batteriezellen, und es bildete sich Chlorgas. Zwölf Stunden dauerte es, bis der Defekt behoben und das Boot wieder durchlüftet war. Der Ausfall der Maschinen, meldete Mohr, habe wirkungsvolle Angriffe gegen zwei andere kleine Geleitzüge vereitelt. Eine Catalina-Luftpatrouille vertrieb ihn von einem anderen Geleitzug. In diesen zermürbenden Tagen versenkte er in einer mondhellen Nacht nur einen britischen Frachter mit 4692 BRT mit einem einzigen, getaucht geschossenen Torpedo.

Mohrs Kriegsglück wendete sich jedoch am 9. Januar schlagartig. In dieser Nacht erfaßte er den südwärts fahrenden Geleitzug Trinidad-Bahia 1 (TB 1). Wegen der stockenden Motoren verfolgte Mohr den Geleitzug sehr eng und zählte neun Schiffe und vier Geleitfahrzeuge. Er tauchte zu einem Unterwasserangriff bei Tage. In zwei kühnen, gut vorgetragenen Anläufen versenkte er vier amerikanische Schiffe mit 23567 BRT: den Tanker *Broad Arrow* mit 7718 BRT und drei Frachtschiffe. Mit diesen und den vergangenen Versenkungen und überhöhten Meldungen qualifizierte sich Mohr für das Eichenlaub zum Ritterkreuz, das ihm später von Hitler in seinem Hauptquartier in der Ukraine verliehen wurde.[1]

Doch der Rest der Feindfahrt war voller frustrierender Erlebnisse. Am 10. Januar jagte Mohr mit nur einem Motor einen allein fahrenden Frachter. Als er endlich auf Schußweite herangekommen war, ging der Torpedo fehl. Eine Catalina vereitelte offenbar einen zweiten Angriff. Eine Woche später, am 16. Januar, schoß er einen einzelnen Torpedo auf einen Tanker. Glücklicherweise ging er fehl: Das Schiff entpuppte sich als neutral. Nach dieser Jagd warnte der Leitende Ingenieur Mohr, daß die Dieselmotoren möglicherweise endgültig und irreparabel ausfallen könnten, falls das Boot nicht sofort den Rückmarsch antrete. Auf dem Heimweg tankte Mohr nach *U105* und *U217* an dem IXC-Boot *U504*

[1] Zum Zeitpunkt der Verleihung betrug seine bestätigte Versenkungsziffer 27 Schiffe mit 125520 Tonnen.

nach. Auf dieser anstrengenden Feindfahrt von 81 Tagen meldete Mohr die Versenkung von acht Schiffen (drei Tanker, fünf Frachter) mit 46000 BRT. Seine bestätigte Versenkungsziffer betrug fünf Schiffe mit 28259 BRT – die weitaus beste von den acht Booten, die amerikanische Gewässer erreicht hatten. Obwohl Mohr auch einen sicheren Posten an der Küste hätte haben können, beschloß er, das Kommando über *U124* zu behalten.

Abgesehen von Mohrs Feindfahrt erzielten die elf Boote, die im November in amerikanische Gewässer geschickt worden waren, enttäuschende Ergebnisse. Drei Boote kamen nicht einmal über den Golf von Biskaya hinaus, und Bleichrodt in *U109* brach die Feindfahrt ab, ohne ein Schiff zu versenken. Die sieben übrigen Boote, die amerikanische Gewässer erreichten, einschließlich Mohrs beschädigtes *U124,* versenkten 19 Schiffe mit rund 92400 BRT, darunter den verlassenen Hulk der *British Vigilance* mit 8093 BRT. Insgesamt versenkten die elf Boote im Durchschnitt nur 1,7 Schiffe mit 8400 BRT pro Boot und Feindfahrt. Drei IX-Boote kehrten nicht zurück: *U164, U507* und *U517.*

Aus den Meldungen dieser und anderer Boote wurde deutlich, daß in den Jagdgebieten östlich und südöstlich von Trinidad und in den Gewässern vor Britisch-, Holländisch- und Französisch-Guyana keine leichte Beute mehr zu machen war. Die Alliierten hatten ihr Geleitzugsystem bis in diese Gebiete ausgedehnt, Catalinas und andere Flugzeuge sicherten den größten Teil der Routen aus der Luft. Aber für die Deutschen war es dringend erforderlich, diesen Schiffsverkehr zu unterbinden. Die meisten beladenen Tanker und Frachter, die sich in Trinidad in Geleitzügen formierten, waren für das Mittelmeer bestimmt, entweder direkt über den Atlantik oder südöstlich über Kapstadt. Jedes einzelne alliierte Schiff, das versenkt wurde, half unmittelbar dem zurückweichenden Afrikakorps in Nordafrika.

Im Mittelatlantik

Im Jahr 1942 sanken die britischen Ölvorräte (zusammen mit den Reserven) von 7 Millionen Tonnen auf 5,2 Millionen Tonnen. Das hatte verschiedene Gründe:

- Die Erdölprodukte für alle britischen Streitkräfte, die an der Operation Torch beteiligt waren, wurden direkt den Reserven auf den Britischen Inseln entnommen. Da die Alliierten es versäumt hatten, sofort auch Tunesien zu besetzen, zog sich der Feldzug in die Länge und die Reserven wurden außerplanmäßig weiter angezapft.
- Durch die Einführung eines umfassenden Geleitzugsystems in amerikanischen Gewässern um die Mitte des Jahres, in dem alle alli-

ierten Tanker mitfahren mußten, wurde der Erdölnachschub zu den Britischen Inseln über die Halifax-Geleitzüge aus New York erheblich gedrosselt.

- Der Verlust von 185 alliierten Tankern an die U-Boote der Achse vom 1. Januar bis zum 1. September 1942[1] war gewiß kein entscheidender Schlag, doch er hat zur Reduktion der britischen Ölreserven beigetragen.[2]
- Das scheußliche Wetter im Herbst und Winter im Nordatlantik hatte schwere Schäden an zahlreichen Handelsschiffen zur Folge, vor allem an Tankern. Am Ende des Jahres 1942 befand sich nach den Angaben des britischen Historikers, der sich im Auftrag der Regierung mit dem Erdölnachschub befaßt hat, beinahe ein Viertel der britisch kontrollierten Tankerflotte (1,7 Millionen von 7,6 Millionen Tonnen Leergewicht) in der Reparatur, wartete auf eine Reparatur oder war aus anderen Gründen außer Dienst gestellt (einige Schiffe natürlich auch durch Torpedotreffer).

Die Auszehrung der britischen Ölreserven im Jahr 1942 brachte in London die Alarmglocken zum Schrillen. Die Schlachtpläne für das Jahr 1943 wurden von einem soliden Stand der Ölreserven abhängig gemacht. Churchill schlug Roosevelt am 17. Dezember eine Reihe einschneidender Maßnahmen vor, um den Rückgang zu stoppen und die Vorräte wieder aufzustocken:

- Besondere Erdölgeleitzüge sollten alle drei Wochen direkt von der Karibik aus zu den Britischen Inseln (oder ins Vereinigte Königreich) fahren, genannt CU und auf dem Rückweg UC. Die 18 jährlich einlaufenden Geleitzüge sollten rund 1,2 Millionen Tonnen Erdölprodukte im Jahr 1943 liefern. Das genügte, um die Reserven zu erhalten. Damit für diese besonderen Geleitzüge auch Eskorten zur Verfügung standen, wollte die britische Royal Navy mit acht engen Escort Groups alle Geleitaufgaben auf der Nordatlantikroute übernehmen, drei kanadische Gruppen und eine amerikanische Gruppe (A-3) wurden folglich für andere Geleitaufgaben frei.
- Besondere Tankergeleitzüge sollten zur Unterstützung der Operation Torch direkt von der Karibik aus mehrere von den Alliierten kontrollierte Häfen anlaufen. Mit Hilfe dieser Konvois (Oil-Torch oder OT und auf dem Rückweg TO) wäre es den Briten möglich, die Entnahme von Erdöl aus den britischen Vorräten wesentlich zu reduzieren und damit deren Aufstockung zu erreichen. Diese ausschließlich aus schnellen Tankern (sogenannte »Greyhounds« mit wenigstens

[1] Siehe Band 1, Anhang 17.

[2] Vom 1. September bis zum 31. Dezember 1942 verloren die Alliierten 33 Tanker an U-Boote der Achse, 19 in Nordatlantikkonvois.

14,5 Knoten) bestehenden Konvois sollten von einer besonderen Abteilung moderner amerikanischer Zerstörer aus der Atlantikflotte gesichert werden.

- Ferner sollten die Vorräte durch ungesichert (!) von der Karibik zu den Britischen Inseln fahrende Greyhounds aufgestockt werden.

Diese Vorschläge warfen in Washington ernste Fragen auf, an allererster Stelle folgende: Weshalb mußten die britischen Ölreserven auf einem Stand von sieben Millionen Tonnen gehalten werden? Selbst bei dem Stand vom Dezember 1942, also bei 5,2 Millionen Tonnen, reichte der britische Vorrat an Flugbenzin mit der Oktanzahl 100 für über sechs Monate, und ähnlich stand es mit dem Vorrat an Heizöl. Kein amerikanisches oder pazifisches Kriegsgebiet hatte Flugbenzin für mehr als zehn Wochen, und der Nordosten der Vereinigten Staaten hatte einen Heizölvorrat für nur vier Wochen. Wenn die Vereinigten Staaten Churchills Vorschlag hätten nachkommen wollen, dann hätten sie die Ausbildung der Militärpiloten deutlich einschränken müssen. Als Folge davon wären sinnlos Flugzeuge vom Fließband gelaufen, für die keine Besatzungen verfügbar gewesen wären.

Roosevelt entgegnete taktvoll, er werde weiterhin den Briten in jeder erdenklichen Weise behilflich sein, so gut er könne, aber … Er sei gegen eine Ausdehnung der Nordatlantikkonvois von acht auf zehn Tage, gegen die Verlegung von Escort Groups, die in diesem Raum bereits Dienst taten, gegen das ungesicherte Auslaufen schneller Tanker und gegen das Einlaufen von Tankern in Häfen im Mittelmeer, die häufig von der deutschen Luftwaffe bombardiert wurden. Mit Hilfe neuer, bereits ergriffener Maßnahmen würden die Briten monatlich 1,25 Millionen Tonnen Erdölprodukte oder jährlich 15 Millionen Tonnen aus Amerika erhalten. Dazu zählte beispielsweise die Einführung besonderer Tankergeleitzüge direkt von der Karibik in den »Erdölpool« in New York, durch die sich die Zahl der gesicherten Tankerfahrten in schnellen Halifax-Geleitzügen erhöhen werde. Roosevelts Ölzar, Harold Ickes, meinte, das reiche aus, um den Abbau der britischen Vorräte nicht nur zu stoppen, sondern sie möglicherweise sogar aufzustocken.

Die Debatten um den Rückgang der britischen Importe, auch Erdöl, setzten sich mit zunehmender Schärfe bis ins Jahr 1943 fort. In der Zwischenzeit wies das britische Kriegskabinett, das über die vermeintliche Ölknappheit besorgter war denn je zuvor, die Admiralität an, wenigstens drei von britischen Eskorten gesicherte Tankerkonvois direkt von Trinidad oder von der Karibik ins Mittelmeer zu schicken. Das waren TM 1, ein langsamer Konvoi mit Korvetten in der Eskorte, der am 28. Dezember 1942 von Trinidad auslief, und TM (Fast) 1 und TM (Fast) 2. Beide liefen Mitte Januar aus, eskortiert von britischen Zerstörern.

Wegen der länger als geplant dauernden Operation Torch organisierte Washington am Ende doch OT-Geleitzüge (Oil-Torch) direkt von der Karibik nach Nordwestafrika. Der erste, OT 1, der aus Greyhounds bestand und von amerikanischen Zerstörern eskortiert wurde, lief am 2. Februar von Aruba nach Dakar aus. Der zweite, OT 2, lief am 20. Februar von Aruba nach Gibraltar und Casablanca aus, aber nicht zu alliierten Häfen innerhalb des Mittelmeers. Da die amerikanischen Zerstörer im Geleitschutz repariert oder überholt werden mußten, liefen die Geleitzüge etwas verspätet nur alle zwei Monate aus. In jedem Geleitzug wurden durchschnittlich rund 200 000 Tonnen Erdölerzeugnisse geliefert.

Die Amerikaner gaben schließlich auch in einem anderen Punkt nach und führten Erdölkonvois direkt von der Karibik ins Vereinigte Königreich. Der erste Geleitzug, CU 1 aus 9 Greyhounds, lief unter dem Geleitschutz von amerikanischen Zerstörern am 20. März von Curaçao aus und kam 13 Tage später in britischen Häfen an. Der zweite, ähnlich zusammengestellte Konvoi, CU 2, lief 63 Tage nach dem ersten aus, am 22. Mai. Diese beiden Konvois lieferten 130 000 Tonnen Erdöl und füllten die britischen Vorräte wieder auf.[1]

Die Boote vom Typ IX und vom Typ VIID (Minenleger), die in amerikanischen Gewässern patrouillierten, verfügten über die nötige Reichweite für diese Aufgabe, aber sie eigneten sich eigentlich nicht für den Angriff auf Geleitzüge noch waren sie zu schnellem Alarmtauchen fähig, um einem Angriff aus der Luft zu entkommen. Deshalb beschloß Dönitz, zusätzlich zu zwei IX-Booten eine besondere Einsatzgruppe aus sechs VII-Booten in die Gewässer vor Natal in Brasilien zu entsenden. Diese sollten die neu eingeführten Geleitzugrouten angreifen. Unter dem häufig gebrauchten Decknamen Delphin lief die Gruppe in der Woche vom 17. bis zum 22. Dezember aus. Die Einsatzgruppe sollte von der »Milchkuh« *U463* unter Leo Wolfbauer unterstützt werden, der bereits zuvor ausgelaufen war.

Im Dezember liefen die beiden IX-Boote *U125* und *U514* in amerikanische Gewässer aus, die, wie erwähnt, zunächst den auslaufenden Blockadebrecher *Germania* durch den Golf von Biskaya in sicherere Gewässer geleiten sollten. Nachdem die *Germania* am 15. Dezember versenkt und die Suche nach Überlebenden abgebrochen worden war, wurden die beiden Boote zum Angriff auf einen südwärts fahrenden Geleitzug angesetzt, den das auslaufende VII-Boot *U441* am 18. Dezember westlich des Golfs von Biskaya entdeckt hatte. Weil aber alle Bemühungen scheiterten, eine U-Boot-Gruppe zusammenzuziehen, die stark genug war, den Konvoi anzugreifen, wurde *U125* und *U514* am

[1] Siehe Tafel 5.

21. Dezember befohlen, ihre Fahrt in den Raum Trinidad fortzusetzen. Ulrich Folkers in *U125* meldete jedoch ernste Schwierigkeiten mit dem Dieselantrieb und benötigte die entsprechenden Ersatzteile. Er wurde deshalb zu einem Treffen mit dem U-Tanker *U461,* dann mit Helmut Witte in dem IXC-Boot *U159* umgeleitet. Witte kehrte von seiner denkwürdigen Feindfahrt nach Kapstadt zurück. Wegen dieser Verzögerungen, um Ersatzteile an Bord zu nehmen, lag *U125* etwa 450 Kilometer hinter *U514* zurück.

In der Zwischenzeit machte der B-Dienst Dönitz auf einen UGS-Geleitzug von Amerika nach Gibraltar aufmerksam, der auf einer unüblichen Route *südlich* der Azoren fahren sollte. Auf diese Meldung hin stoppte Dönitz die nach Brasilien beorderte Gruppe Delphin und stellte die sechs VII-Boote entlang eines Vorpostenstreifens südwestlich der Azoren neu auf. Nachdem sie eine volle Woche lang den Konvoi vergeblich gesucht hatten, sagte Dönitz am 2. Januar die Verlegung ab und befahl den Delphin-Booten, an dem Tanker *U463* der Gruppe nachzutanken und dann die Fahrt nach Brasilien fortzusetzen.

Einen Tag später, am 3. Januar, traf *U514* auf dem Weg nach Trinidad unter Hans-Jürgen Auffermann zufällig einen Geleitzug aus neun beladenen, großen und schnellen Tankern, die auf dem Weg von Trinidad zum Mittelmeer waren. Das war TM 1, der erste britische Erdölkonvoi, der von der britischen Escort Group B-5 unter Richard C. Boyle nur schwach eskortiert war: von dem Zerstörer *Havelock* und den drei britischen Korvetten *Pimpernel, Godetia* und *Saxifrage.* Die Tanker waren zwar schnell, aber weil die Korvetten mit ihrem Treibstoff sparsam umgehen mußten, verringerte sich die Geschwindigkeit des Geleitzugs auf etwa acht Knoten. Damit war er auch stärker gefährdet durch U-Boote.

Nach dem Eingang von Auffermanns Meldung wies ihn Dönitz an, »fehlerlos« die Fühlung zu halten, ermächtigte ihn aber auch zum Angriff. Folkers in *U125* (450 Kilometer östlich von der Position) und die Gruppe Delphin (1600 Kilometer östlich) sollten mit hoher Fahrt den Konvoi anlaufen. Dönitz meinte, Folkers werde imstande sein, Auffermann zu helfen, hatte aber »wenig Hoffnung«, wie er eintrug, daß die Gruppe Delphin rechtzeitig kommen werde. Dennoch mußte wegen der »dringenden Notwendigkeit«, die Erdöllieferungen an die Torch-Verbände zu unterbinden, jede Anstrengung unternommen werden.

Auffermann griff an und traf den Tanker *British Vigilance* mit 8093 BRT. Dieser explodierte in einem Feuerball, sank aber nicht.[1] Auffer-

[1] Wie erwähnt, entdeckte Nissen in *U105* auf dem Rückmarsch von Trinidad später den Hulk und versenkte ihn. Zu Konvoi TM 1 siehe: Patrick Beesly, »Special Intelligence und die Konvoisteuerung«, in: *Marine-Rundschau* 74 (1977) S. 169–182.

mann gab irrtümlich an, sein Opfer sei das Walfangmutterschiff *Kosmos II* mit 17000 BRT gewesen, das als Tanker Dienst tat. Wegen der Schwäche der Escort Group und wegen Ausfällen bei den Radar- und Huff-Duff-Geräten waren die vier britischen Kriegsschiffe nicht imstande, wirkungsvoll gegen den einsamen Beschatter *U514* vorzugehen. Zum Leidwesen der Deutschen fielen Auffermanns Funkgerät und Dieselmotoren teilweise aus. Deshalb waren die meisten Fühlungsmeldungen unlesbar, und er konnte maximal 13 Knoten laufen. Dennoch hielt er die Fühlung. Da Auffermanns Funkgerät ausfiel, konnte Folkers in *U125,* dessen Dieselmotoren immer noch nicht störungsfrei liefen, Auffermann und den Konvoi nicht finden. Bei dem Geleitzugkampf spielte er keine Rolle.

Um diese Zeit befanden sich etliche Boote, einlaufende und auslaufende, in der näheren Umgebung. Einige auslaufende Boote gehörten der Gruppe Seehund an, die unterwegs nach Kapstadt und in den Indischen Ozean war.[1] Zur selben Zeit, als Auffermann den Geleitzug TM 1 meldete, entdeckte das neue Fern-U-Boot *U182* unter dem Ritterkreuzträger Nikolaus Clausen, der lose zur Gruppe Seehund gehörte, einen nach Westen fahrenden Geleitzug. Da Clausens Geleitzug lediglich 650 Kilometer vom Mittelpunkt des Vorpostenstreifens der Gruppe Delphin entfernt war, sagte Dönitz den Befehl ab, den Geleitzug von *U514* (TM 1) anzugreifen, und befahl der Gruppe, den Geleitzug von *U182* anzugreifen.

Clausen war auf den Geleitzug GUF 3 (Gibraltar-United States Fast) gestoßen, der am 29. Dezember aus Casablanca auslief. Er setzte sich aus 24 Handelsschiffen zusammen und wurde von amerikanischen Kriegsschiffen stark gesichert: von dem Schlachtschiff *New York,* dem Leichten Kreuzer *Philadelphia* und neun Zerstörern. Der neue Zerstörer *Earle* unter Hamilton W. Howe, der als Kommandant der *Roper U85* vor Kap Hatteras versenkt hatte, ortete *U182* auf dem Radar, lief die Peilung an und eröffnete das Feuer im Licht des Scheinwerfers. Gemeinsam mit einem anderen neuen Zerstörer, der *Parker,* jagte die *Earle* zehn Stunden lang *U182,* wie Howe im Logbuch notierte.

Als Folge dieser langen, anhaltenden Jagd verlor Clausen die Fühlung zu dem Geleitzug GUF 3. Dennoch fanden vier Boote der Gruppe Delphin aufgrund seiner Meldungen und zutreffender Vermutungen den Geleitzug und meldeten Fühlung. Bevor sie aber zum Angriff kamen, vertrieben die Zerstörer *Earle, Parker* und andere die U-Boote und drückten sie unter Wasser. Nach Eingang der Meldungen dieser Boote –

[1] Ursprünglich setzte sich die Gruppe Seehund aus fünf erprobten IXC/40-Booten und dem neuen IXD2-Fern-U-Boot *U182* zusammen. Die IXC/40-Boote sollten von dem U-Tanker *U459* versorgt werden.

Günther Heydemann in *U575* meldete beispielsweise einen »sehr schweren« Wasserbombenangriff – beschloß Dönitz, die Operationen der Gruppe Delphin gegen diesen schwer eskortierten Geleitzug abzusagen und die Gruppe wieder auf den schwach eskortierten Geleitzug (TM 1) von *U514* anzusetzen, obwohl dieser wenigstens vier Tagesmärsche entfernt lag und möglicherweise nie gefunden werden konnte.

Es war eine gewagte Entscheidung, aber sie zahlte sich aus. Der Escort Commander Boyle ignorierte stur eine Empfehlung aus London, auf eine Route nördlich der Azoren umzuschwenken, und blieb bei dem ursprünglichen Einsatzplan. Folglich lief der Geleitzug TM 1 am Nachmittag des 8. Januar mitten in den Vorpostenstreifen der Gruppe Delphin. Wilhelm-Heinrich von Pückler und Limpurg in *U381* erfaßte, meldete und verfolgte den Konvoi. Nach Eingang seiner Meldung liefen die fünf anderen Delphin-Boote heran. Außerdem wies Dönitz vier andere Boote in dem Raum an, sich der Jagd anzuschließen: zwei IXC-Boote der Gruppe Seehund auf dem Ausmarsch *(U511* und *U522)* und zwei Boote auf dem Rückmarsch von überlangen Patrouillen im Südatlantik *(U128* und *U134)*. Später befahl Dönitz auch Wolfgang Lüth in dem IXD2-Fern-U-Boot *U181* auf dem Rückmarsch aus dem Indischen Ozean, sich anzuschließen. Durch diese Befehle waren nunmehr 13 Kampfboote (fünf IX-, sieben VII-Boote und ein Fern-U-Boot) auf die Fährte der acht verbliebenen Tanker von TM 1 angesetzt. Drei IX-Boote *(U125, U128* und *U514)* hatten jedoch keinerlei Aussicht, den Konvoi einzuholen und in den Kampf einzugreifen.

In der Nacht vom 8. zum 9. Januar 1943 und in den folgenden 24 Stunden nahmen die U-Boote Fühlung auf und griffen an. Von Paris aus ermahnte Dönitz sie: »Die Vernichtung der Tanker ist für den Kampf um Afrika von größter Wichtigkeit. Seid hart im Einsatz! Helft euren Kameraden in Tunis.«

Alle zehn Boote schossen auf Ziele.

- Günther Seibicke in dem VII-Boot *U436,* ein Veteran aus dem Nordmeer, versenkte mit Torpedo und Kanone zwei britische Tanker: die *Albert L. Ellsworth* mit 8309 BRT und die *Oltenia II* mit 6394 BRT.
- Herbert Schneider in dem IXC-Boot *U522* versenkte ebenfalls zwei Tanker: die panamaische *Norvik* mit 10 034 BRT und die norwegische *Minister Wedel* mit 6833 BRT. Er beschädigte außerdem den Tanker *British Dominion* mit 6983 BRT.
- Heinz Stein in dem VII-Boot *U620* versenkte die *British Dominion.*
- Hans-Joachim Hesse in dem VII-Boot *U442* versenkte den britischen Tanker *Empire Lytton* mit 9807 BRT.
- Fritz Schneewind, der neue Kommandant des IXC-Bootes *U511,*

versenkte den britischen Frachter *William Wilberforce* mit 5004 BRT, der nicht zum Geleitzug gehörte, wie sich herausstellte, sondern nur ein unglücklicher Alleinfahrer war, der zufällig dort aufkreuzte.

Die anderen fünf Boote mit Fühlung zum Geleitzug schossen ebenfalls, verfehlten aber ihre Ziele, Günther Heydemann sogar mit einer Bugsalve aus vier FAT-Torpedos. Nur zwei der ursprünglich neun Tanker des Konvois erreichten Gibraltar: die norwegischen Tanker *Vanja* und *Cliona.*

Die U-Boote erlitten keine Verluste und hatten mit Ausnahme von Rudolf Schendel in *U134* nur leichte Gefechtsschäden oder technische Defekte. Schendel hingegen meldete »schwere Schäden« von einem Wasserbombenangriff und setzte seinen Rückmarsch fort. Wolfgang Lüth in *U181,* Günther Seibicke in *U436,* Helmut Möhlmann in *U571* und Heinz Stein in *U620* meldeten Wabo-Angriffe, aber nur geringfügige Schäden. Lüth setzte ebenfalls seinen Rückmarsch fort. Von Pückler und Limpurg in *U381,* Hesse in *U442* und Heydemann in *U575* meldeten behebbare Defekte an den Dieselmotoren. Die sechs VII-Boote der Gruppe Delphin tankten am 14. Januar an dem Tanker *U463* nach. Heydemann in *U575,* der alle zwölf innenliegenden Torpedos im Kampf aufgebraucht hatte, traf Bleichrodts *U109,* das die Fahrt abbrach, und übernahm fünf Torpedos von dem Boot. Die beiden Torpedos aus den Behältern an Deck brachte er ebenfalls nach unten.

Es bereitete Dönitz und dem OKM einige Schwierigkeiten, den an Konvoi TM 1 angerichteten Schaden abzuschätzen. Alles in allem meldeten die U-Boote Treffer an 25 Schiffen, von denen angeblich 15 gesunken waren. Obwohl verschiedene U-Boote ganz offenkundig die Torpedierung und Versenkung derselben Schiffe gemeldet hatten, ließen Dönitz und das OKM die überhöhten Meldungen stehen.[1] In einer persönlichen Botschaft beglückwünschte Admiral Raeder Dönitz und die Kommandanten der Gruppe Delphin und der anderen Boote für den »ausgezeichneten gemeinsamen Erfolg«. Die deutschen Propagandisten prahlten, die U-Boote hätten 15 Schiffe mit 142000 BRT versenkt. Die bestätigte Versenkungsziffer betrug sieben von neun Tankern aus dem Konvoi mit 56453 BRT. Rechnet man den unseligen Frachter, der zufällig in der Nähe war, hinzu, sind es acht Schiffe mit 61457 BRT.[2]

---

[1] Heydemann in *U575* meldete, mit seinen zwölf ursprünglich innenliegenden Torpedos habe er sechs Schiffe mit 41000 BRT versenkt. Kein einziges wurde bestätigt.

[2] Am 16. Januar wurde Herbert Schneider in *U522,* der aus TM 1 zwei Tanker mit 16867 BRT versenkte und einen weiteren torpediert hatte, das Ritterkreuz verliehen. Zum Zeitpunkt der Verleihung betrug seine bestätigte Versenkungsziffer sechs Schiffe mit rund 37000 BRT, dazu Torpedotreffer an zwei weiteren.

Wegen der Jagd auf TM 1 änderte sich die Aufstellung vieler im Dezember ausgelaufener U-Boote grundlegend. Kein einziges Boot mit Ziel Amerika gelangte dorthin. Der Vorstoß der Gruppe Delphin nach Brasilien wurde abgesagt, ebenso die Feindfahrten von *U125* und *U514* zu den Westindischen Inseln. Da *U511* und *U522* bereits viele Torpedos verschossen und eine Menge Treibstoff verbraucht hatten, mußten sie aus der Gruppe Seehund gestrichen werden, die unterwegs nach Kapstadt und in den Indischen Ozean war.[1] Die Gruppe Delphin wurde um die an dem Kampf beteiligten IX-Boote *(U125, U511, U514* und *U522)* und um fünf im Januar auslaufende VII-Boote vergrößert. Sie blieb in dem Raum in der Nähe der Azoren, um ein- und auslaufende Torch-Geleitzüge abzufangen, und ersetzte praktisch die aufgelöste Gruppe Westwall.

In den ersten Tagen des Januar 1943 beherrschten die alliierten Codeknacker noch nicht die Vier-Walzen-Enigma im Schlüsselbereich Triton. Deshalb konnte der Submarine Tracking Room den Befehlshabern der Torch-Geleitzüge keine große Hilfe bieten. Vom 9. Januar an begannen die Codeknacker jedoch, den Schlüsselbereich Triton zu lesen, gelegentlich mit einer kleinen Verzögerung. Die Alliierten waren somit in der Lage, die meisten UG- und GU-Konvois für die Operation Torch um die Gruppe Delphin herumzuführen.

Das war beispielsweise bei dem Geleitzug UGS 4 von den Vereinigten Staaten nach Gibraltar der Fall. Da die alliierten Befehlsstellen die Position der Gruppe Delphin südlich der Azoren genau kannten, lenkten sie den Konvoi auf eine Route nördlich der Azoren um. Drei amerikanische Nachzügler des Geleitzugs empfingen die Nachricht aber nicht oder beschlossen, sie zu ignorieren, und fuhren südlich der Azoren direkt in den Vorpostenstreifen der Gruppe Delphin. Hesse in *U442* und Auffermann in *U514* versenkten die beiden Liberty-Schiffe *Julia Ward Howe* (7176 BRT) und *Charles C. Pinckney* (7177 BRT). Heydemann in *U575* versenkte den Frachter *City of Flint* mit 4963 BRT. Mit diesen Erfolgen erhöhte sich die Versenkungsziffer der vergrößerten Gruppe Delphin auf zehn Schiffe mit 80900 BRT.[2]

Die entsetzlich hohen Verluste des Erdölkonvois TM 1 waren eine schmachvolle Niederlage für die Briten und trugen natürlich keinesfalls

---

[1] Das IXC-Boot *U160,* das Anfang Januar auslief, ersetzte *U522* in der Gruppe Seehund, *U511* wurde hingegen nicht ersetzt. Die Gruppe Seehund wurde somit auf fünf Boote verkleinert: *U160,* die IXC-Boote *U506, U509* und *U516* sowie Clausens IXD2-Fern-U-Boot *U182.* Sie alle wurden von dem Tanker *U459* versorgt.

[2] Wenn man die Versenkung der *British Vigilance* aus TM 1 mit 8093 BRT Auffermann in *U514* zurechnet und nicht Nissen in *U105,* dann versenkte die vergrößerte Gruppe Delphin elf Schiffe mit 89000 BRT.

dazu bei, den Rückgang der britischen Ölreserven zu stoppen oder gar die Vorräte wieder aufzustocken. Zwei schnelle und schwer gesicherte Erdölkonvois TMF 1 und TMF 2 folgten jedoch unmittelbar und erreichten Gibraltar Ende Januar ohne Verluste. Damit besserte sich die Lage erheblich. Danach lieferte London nur noch ein kleines Rinnsal an Benzin aus seinen Reserven auf den Britischen Inseln an die Torch-Verbände, das meiste davon in Kanistern, die dringend in der Wüste benötigt wurden.

Die strategische Bomberoffensive der Alliierten

In den drei Jahren Krieg waren Premierminister Churchill und eine Mehrheit des britischen Kriegskabinetts zu der unumstößlichen Überzeugung gelangt, daß die Alliierten die Fähigkeit und den Willen der Deutschen zum Kampf durch eine massive, unablässige Bomberoffensive gegen deutsche Rüstungsfabriken und gegen die Zivilbevölkerung untergraben könnten. Der Chef der RAF, Charles Portal, und der Chef des Bomber Command, Arthur Harris, verfochten dieses strategische Konzept mit unvermindertem Eifer. Sie hoben hervor, daß dies eine vergleichsweise billige Variante sei, die außerdem die deutsche Luftwaffe über Deutschland aufreiben und Einheiten der Luftwaffe von der Front in der Sowjetunion fernhalten würde. Möglicherweise ließe sich dadurch ein direkter, blutiger Zusammenstoß zwischen alliierten Bodentruppen und der deutschen Wehrmacht auf dem Kontinent, wie im Ersten Weltkrieg geschehen, vermeiden. Natürlich sollten die britischen Bomber auf diese Weise Rache nehmen für die Angriffe der Luftwaffe auf britische Städte. Amerikanische Strategen der Luftwaffe und andere Militärexperten vertraten ähnliche Ansichten.

Ranghohe britische und amerikanische Militärexperten der Luftwaffe waren sich zwar einig über die strategische Notwendigkeit einer gemeinsamen Bomberoffensive, aber ihre Meinungen über die richtige Taktik gingen weit auseinander. Das britische Bomber Command hatte beschlossen, nächtliche »Flächenbombardements« auf deutsche Städte durchzuführen, weil es über keine Langstreckenjagdflugzeuge zum Schutz der Schweren Bomber verfügte und keine Präzisionszielgeräte für den Abwurf von Bomben aus großen Höhen besaß. Die Piloten waren in der Dunkelheit nicht imstande, die Position der militärischen Einrichtungen und Rüstungsfabriken auszumachen. Wegen der unzureichenden technischen Ausrüstung fiel diesen Angriffen somit in erster Linie die Zivilbevölkerung zum Opfer. Im Gegensatz dazu setzten die Amerikaner schwerbewaffnete, robuste Schwere Bomber (B-17 Flying Fortresses, B-24 Liberator) ein, die mit den wundersamen (streng geheimen) Bombenzielgeräten vom Typ Norden ausgestattet waren, und sie wollten die deutschen Städte bei Tage angreifen. Sie bombardierten sichtbare Rüstungsfabriken und Militäreinrichtungen aus großen Höhen und verschonten, soweit das möglich war, die Zivilbevölkerung.

In den ersten Kriegsjahren (1939–1941) erlitt das Bomber Command hohe Verluste und erreichte wenig, abgesehen davon, daß es sich für die deutschen Angriffe rächte. Im Jahr 1942 hatte es sich jedoch so weit vergrößert, daß es die schrecklichen »Thousand Plane Raids«[1] (Luftangriffe mit tausend Flugzeugen) durchführen konnte. Wie hypnotisiert von der Propaganda und anderen Vorteilen, die diese Luftangriffe versprachen, gab Premierminister Churchill im Sommer 1942 seine Zustimmung zu einer gewaltigen Vergrößerung des Bomber Commands (von 32 auf 50 Squadrons) bis zum 1. Januar 1943. Die neuen Staffeln aus Schweren Bombern sollten aus stark verbesserten britischen Flugzeugen (Lancaster und Halifax) und aus in Amerika gebauten B-17- und B-24-Bombern bestehen.[2] Aufklärungsflugzeuge, sogenannte Pathfinder, die von einem elektronischen »Leitstrahl«-Navigationssystem (Gee) zu ihrem Ziel gelenkt wurden und mit einem den Boden kartographisch erfassenden 10-cm-Radargerät (H2S) ausgestattet waren, sollten für eine größere Treffergenauigkeit – und Zerstörung – durch die künftigen Formationen aus Schweren Bombern sorgen.

Die Amerikaner richteten im Juni 1942 die 8. Air Force auf den Britischen Inseln ein, wo sie ihren Beitrag zur Bomberoffensive leisten sollte. Der Befehlshaber war Carl Spaatz, der direkt Dwight Eisenhower unterstand, dem neu ernannten Oberbefehlshaber aller amerikanischen

---

[1] Der erste »Thousand Plane Raid« der RAF traf die Stadt Köln in der Nacht des 30. Mai 1942. Die Bomber töteten 474 Menschen, zerstörten 3300 Häuser und machten 45000 Menschen obdachlos. Zwei weitere »Thousand Plane Raids« folgten: auf Essen am 1. Juni (956 Flugzeuge) und auf Bremen am 25. Juni (904 Flugzeuge). Bei einer Analyse der Ergebnisse wurden der zweite und der dritte Luftangriff als Fehlschläge gewertet. Das war ein Grund dafür, daß das Bomber Command im Jahr 1942 keine weiteren »Thousand Plane Raids« durchführte.

[2] Die Produktion von Schweren Bombern in Großbritannien und den Vereinigten Staaten war immer noch vergleichsweise klein. Beispielsweise stellten britische Fabriken im Monat Juli 1942 nur 179 solche Flugzeuge her, 50 weniger als geplant. Im ganzen Jahr 1942 produzierten die Vereinigten Staaten 2576 Schwere Bomber, ein Durchschnitt von 214 im Monat, das entsprach etwa 6 Prozent der gesamten Flugzeugproduktion von 42000 Maschinen. Gemäß dem Abkommen zwischen der Army und der Navy vom März 1942 lieferten die Army Air Forces von August 1942 an zähneknirschend B-24-Bomber an die Navy. Bis zum Ende des Jahres 1942 hatte die Navy 52 B-24 erhalten, aber Admiral King hatte sie alle in den Pazifik verlegt. Im Jahr 1943 produzierten die Amerikaner 9393 Schwere Bomber, im Durchschnitt 783 pro Monat, das entsprach rund 14 Prozent der 67000 ausgelieferten Flugzeuge.

Streitkräfte der Army und der Army Air Force auf dem Kriegsschauplatz Europa. Eisenhower teilte zwar nicht die Ansicht der Luftkriegsapostel, daß die Bomberoffensive allein Deutschland in die Knie zwingen könne. Er meinte aber, sie könne entscheidend zum Sieg der Alliierten beitragen, und unterstützte sie deshalb energisch.

Die 8. Air Force begann ihren Kampfeinsatz am 4. Juli 1942, dem amerikanischen Unabhängigkeitstag. Sechs amerikanische Besatzungen flogen in Amerika gebaute RAF-Bomber vom Typ Boston und beteiligten sich an einem Luftangriff des Bomber Command auf vier deutsche Flugplätze in den Niederlanden. (Zwei amerikanisch besetzte Maschinen gingen verloren.) Am 17. August führte die 8. Air Force ihre erste unabhängige Operation durch: einen Luftangriff mit B-17-Bombern auf die Rangierbahnhöfe in Rouen, Frankreich. Bis zum September trug Spaatz immer größere Luftangriffe gegen deutsche Ziele in Frankreich, Belgien und den Niederlanden (aber nicht in Deutschland) vor und setzte bei jedem Luftangriff 30 bis 50 B-17-Bomber ein. Eisenhower lobte diese frühen Operationen und stimmte mit Spaatz darin überein, daß die amerikanische Taktik, Bombardements aus großer Höhe bei Tageslicht mit Hilfe des Bombenzielgeräts Norden durchzuführen, den nächtlichen »Flächenbombardements« auf deutsche Städte des Bomber Command nicht nur gleichwertig, sondern überlegen sei. Britische Luftkriegexperten hielten an der entgegengesetzten Ansicht fest und drängten die Amerikaner zu Nachtangriffen.

Die gemeinsame anglo-amerikanische Bomberoffensive hatte eben erst begonnen, da wurde sie wegen der Operation Torch wieder abgesetzt. Die Briten und die Amerikaner verlegten eine große Zahl Schwerer Bomber von den Britischen Inseln ins Mittelmeer. Die Amerikaner stockten damit die neugebildete 12. Air Force auf. Außerdem wies Dwight Eisenhower den Befehlshaber der 8. Air Force, Carl Spaatz, an, den größten Teil der verbliebenen Bombenlast seiner Einheit auf die U-Boot-Bunker in Westfrankreich abzuwerfen.

»Ich möchte Sie davon in Kenntnis setzen«, schrieb Eisenhower ausdrücklich an Spaatz, »daß ich die Niederlage der U-Boote für eine Grundvoraussetzung des Sieges halte.« Eisenhower erkannte zwar die Notwendigkeit an, Deutschland zu bombardieren – und Jäger der Luftwaffe von der russischen Front abzuziehen und aufzureiben –, aber keine dieser Aufgaben, betonte er, dürfe »vor den Anstrengungen, die deutschen U-Boote zu bezwingen, Vorrang erhalten«.

Die amerikanischen Experten der Luftwaffe waren nicht gerade erfreut über Eisenhowers Direktive, aber sie räumten genau wie die britischen Experten die Notwendigkeit ein, die Torch-Geleitzüge zu schützen und die Schiffsverluste durch die U-Boote in allen Gewässern so gering wie möglich zu halten. Bei einem Treffen am 14. Oktober kamen Portal, Spaatz, Harris und andere ranghohe alliierte Experten der Luftwaffe überein, daß die U-Boote der Achse »momentan die allerwichtigsten Angriffsziele« seien. Das Bomber Command sollte bei seinen nächtlichen Bombenangriffen in erster Linie deutsche Städte mit Werften für den U-Bootbau angreifen.[1] Gemäß den Befehlen Eisenhowers sollte sich die 8. Air Force auf die U-Boot-Bunker in Lorient, St. Nazaire, La Pallice und Brest konzentrieren.

Wegen der Verlegung Schwerer Bomber zur 12. Air Force, um Torch zu unterstützen, fiel es Spaatz schwer, »Massenangriffe« gegen die U-Boot-Bunker zu fliegen. Dennoch verließ am 21. Oktober eine Formation aus 90 Schweren Bombern (von denen 17 Ablenkungsangriffe durchführten) ihre Stützpunkte auf den Britischen Inseln mit einer Bombenlast von rund 231 Tonnen. Nur 15 der 90 Bomber griffen jedoch tatsächlich Lorient an, weil unerwartet starke, routinierte und mit Radar ausgerüstete Jäger der Luftwaffe sowie schwere Flugabwehrgeschütze der Formation einen heißen Empfang bereiteten. Die Flugzeugbesatzungen meldeten, sie hätten 30 Tonnen Bomben auf das Ziel abgeworfen. Aufgrund von Aufklärungsfotos und Meldungen der Luftaufklärung kam der Stab zu dem Schluß, daß nur die Hälfte der abgeworfenen Bomben (15 Tonnen) das Ziel wirklich getroffen hatte. Keine Bombe durchschlug die dicken (3,5 bis 4,2 Meter), verstärkten Betondecken der U-Boot-Bunker. Wie erwähnt, wurde jedoch das IXB-Boot *U124* unter Ritterkreuzträger Johann Mohr im Hafen überrascht, als er den Ankerplatz wechselte. Das Boot wurde beschädigt, und das Auslaufen zur Feindfahrt verzögerte sich. Drei amerikanische Bomber wurden abgeschossen.

Im Oktober führte die 8. Air Force nur diesen einen Luftangriff durch, aber während der ersten Torch-Operationen zwischen dem 7. und dem 23. November griff sie die U-Boot-Bunker noch siebenmal an. Dieser Angriff im November umfaßte 411 Einsätze, von denen 55 Einsätze Ablenkungsmanöver waren. Bei 234 Einsätzen wurden tatsächlich die Ziele (Lorient, St. Nazaire, La Pallice, Brest) angegriffen und 575 Tonnen Bomben abgeworfen. Die Luftaufklärung schätzte, daß etwa 60 Tonnen die Ziele auch trafen, aber keine Bombe richtete an einem Bunker oder U-Boot nennenswerten Schaden an. Die Amerikaner verloren bei den sieben Luftangriffen im November zwölf Schwere Bomber.

---

[1] Das Bomber Command hatte bereits Rostock, Lübeck, Emden, Bremen, Hamburg und Wilhelmshaven bombardiert. Wie sich nach dem Krieg herausstellte, hatte kein einziges der Hunderte von Flugzeugen, die an diesen Luftangriffen beteiligt gewesen waren, eine U-Boot-Werft oder ein U-Boot getroffen.

Anfang Dezember kommandierte Eisenhower Spaatz nach Algerien ab, wo er vorübergehend die Lufteinsätze der Torch-Verbände leiten sollte. Spaatz' Stellvertreter, Ira C. Eaker (kurze Zeit später zum Kommandeur der 8. Air Force befördert), übernahm die Verantwortung für die Fortsetzung der Luftangriffe auf die U-Boot-Bunker. Wegen des Mangels an einsatzfähigen Flugzeugen, wegen des schlechten Wetters und anderer Faktoren mußte sich Eaker jedoch auf einen Luftangriff im Monat Dezember beschränken. 77 Flugzeuge mit rund 146 Tonnen Bomben flogen das Ziel an, zum viertenmal Lorient. Von den 77 Flugzeugen griffen 40 tatsächlich Lorient an und warfen rund 80 Tonnen Bomben ab, doch die Luftaufklärung schätzte, daß lediglich neun Tonnen das Ziel trafen. Die Stadt Lorient wurde dem Erdboden gleichgemacht, aber keine einzige Bombe beschädigte Bunker oder U-Boote in nennenswerter Weise. Drei Bomber gingen verloren.[1]

Der First Sea Lord, Dudley Pound, dankte pflichtgemäß und gnädig Eaker und seinen Besatzungen für die November-Offensive gegen die Bunker, aber alle Beteiligten mutmaßten (zu Recht), daß die Angriffe ein Fehlschlag gewesen waren und daß sie die U-Boot-Waffe allenfalls leicht gestört hatten. Die Admiralität kam zu dem Schluß, daß die Luftangriffe nur dann wirklich wirkungsvoll sein konnten, wenn die 8. Air Force sie in unregelmäßigen Abständen zweimal täglich durchführen und dabei jedesmal wenigstens 50 Schwere Bomber einsetzen würde. Angesichts des gräßlichen Winterwetters, das etliche Starts verhinderte und die Ziele verschleierte, hatte es jedoch keinen Sinn, Tagesangriffe gegen ein so kleines Ziel mit der Hoffnung auf den geringsten Erfolg zu fliegen. Dennoch ordneten die alliierten Kommandostellen an, daß die Luftangriffe auf die U-Boot-Bunker für unbestimmte Zeit mit der größtmöglichen Intensität fortgesetzt werden sollten und daß vom Januar 1943 an das Bomber Command der RAF die 8. Air Force beim Angriff auf solche Ziele unterstützen sollte.

In welchem Ausmaß die strategische Bomberoffensive zur Niederlage des Dritten Reiches beigetragen hat, war immer schon umstritten und wird vermutlich auch nie geklärt werden. Unbestreitbar ist jedoch der Umstand, daß die »U-Boot-Gefahr« im Jahr 1942 hätte drastisch reduziert werden können, wenn das Kriegskabinett vom Sommer 1942 an mehr viermotorige, mit Radar ausgerüstete, landgestützte Lang-

[1] Das Bomber Command konnte im Oktober nur drei Luftangriffe auf deutsche Städte mit U-Boot-Werften organisieren und im November und Dezember keinen einzigen, teils wegen des schlechten Wetters. Alliierte Nachrichtendienste bezeichneten diese Luftangriffe als »klein und belanglos«. In einer Denkschrift vom 4. Januar 1943 grollte Churchill, daß »die Amerikaner es noch nicht einmal geschafft hätten, eine einzige Bombe über Deutschland abzuwerfen«.

streckenflugzeuge dem Coastal Command zugeteilt hätte. In Anbetracht des Verlustes von alliierten Schiffen an die U-Boote im Jahr 1942 war die Unterlassung dieses Schrittes (auf den Admiral King mehrmals gedrängt hatte) ein weiterer schmerzlicher Fehler Churchills und anderer Regierungsmitglieder in London. Sie hatten sich von den verführerischen Doktrinen der Luftkriegfanatiker blenden lassen, die einen billigen und leichten Sieg über Deutschland allein durch die Luftstreitkräfte versprochen hatten.

Hitler entläßt Raeder und befördert Dönitz

Als die Seeoperationen für die Torch-Verbände zurückgingen und in der Arktis die Polarnacht einsetzte, die deutsche Flugzeuge und U-Boote behinderte, nahmen die Alliierten im Dezember 1942 die Geleitzüge nach Murmansk wieder auf. In Anbetracht der Tatsache, daß die Marinepiloten die Nachtlandung auf einem Flugzeugträger noch nicht richtig beherrschten und die Deutschen den größten Teil der Flugzeuge von Norwegen nach Rußland oder ins Mittelmeer verlegt hatten, wurde kein Geleitträger der Royal Navy in den Geleitschutz aufgenommen.

Zu diesem Zeitpunkt hatte sich der Dienstplan für große deutsche Schiffe in norwegischen Gewässern ein wenig geändert. Das Schlachtschiff *Tirpitz,* der Schwere Kreuzer *Admiral Hipper* und die Leichten Kreuzer *Köln* und *Nürnberg* waren an Ort und Stelle, doch der Schwere Kreuzer *Admiral Scheer* war für Reparaturarbeiten in die Ostsee zurückgekehrt und von seinem Schwesterschiff *Lützow* (ehemals *Deutschland*) ersetzt worden. Die *Lützow* sollte bis Anfang Januar in norwegischen Gewässern bleiben, dann sollte sie gemeinsam mit dem Schlachtschiff *Scharnhorst* und dem Schweren Kreuzer *Prinz Eugen* (beide noch in der Ostsee) einen Ausfall in den Atlantik machen, vorausgesetzt Hitler billigte den Plan. Die *Hipper* und die *Köln* waren für mögliche Angriffe auf Murmansk-Geleitzüge in Altafjord stationiert.

Die britischen Codeknacker lasen den Schlüssel Red der Luftwaffe und die Drei-Walzen-Enigma, die im Marineschlüsselbereich in Norwegen immer noch verwendet wurde, und lieferten gute Informationen über die meisten Bewegungen der großen Schiffe und über die Entscheidung der Deutschen, vorübergehend U-Boote von der Nordmeerflotte zur Atlantikflotte zu verlegen. Die Codeknacker meldeten, die *Hipper* und die *Köln* seien in Altafjord und die *Lützow* sei am 12. Dezember in Narvik eingetroffen.

Die britische Admiralität, die für die Murmansk-Geleitzüge zuständig war, beschloß, den Geleitzug im Dezember (PQ 19) in zwei Teilen mit je etwa fünfzehn Schiffen auf den Weg zu schicken. Der erste Teil wurde nach einem neuen Abkürzungsverfahren JW 51-A bezeichnet und setzte sich aus 15 Schiffen und einem Tanker für die Geleitfahrzeuge zusammen. Sie liefen am 15. Dezember von Loch Ewe in Schottland aus[1] und wurden von sieben Flottenzerstörern und vier kleineren Fahrzeugen sowie den Kreuzern *Sheffield* und *Jamaica* und zwei Zerstörern als Sicherung für die Kreuzer eskortiert. Ein Verband der Home Fleet mit dem Schlachtschiff *King George V.,* dem Schweren Kreuzer *Berwick* und drei weiteren Zerstörern sicherte den Geleitzug aus der Distanz. Vier britische U-Boote gingen vor Altafjord in Stellung, um die Bewegungen der *Hipper* und der *Köln* zu verfolgen.

Otto Klüber, der befehlshabende deutsche Admiral im Nordmeer, verfügte nur über drei U-Boote und hatte keine Flugzeuge auf Patrouille geschickt. Klüber entdeckte JW 51-A nicht. Unter dem Schutz der Polarnacht erreichte der Geleitzug am ersten Weihnachtstag ohne Feindberührung die Kolamündung, den Wasserweg nach Murmansk. Fünf Frachtschiffe fuhren weiter bis nach Molotowsk, in der Nähe des vereisten Archangelsk. Zwei Tage später legte der Geleitzug in Gegenrichtung, nach der neuen Bezeichnung RA 51, von der Halbinsel Kola ab. Ihn sicherten die Zerstörer *Sheffield* und *Jamaica* und zwei weitere Zerstörer. Da bei JW 51-A und bei RA 51 ohnehin schon sieben Zerstörer mitfuhren, wurden die beiden Zerstörer, die als Sicherung für die Kreuzer fungierten, abkommandiert und liefen unabhängig weiter nach Island.

Der zweite Teil des Murmansk-Geleitzuges, JW 51-B, lief am 22. Dezember von Loch Ewe aus. Der Geleitzug aus vierzehn Handelsschiffen wurde von sechs Flottenzerstörern und fünf kleineren Fahrzeugen eskortiert – zwei Korvetten, einem Minensuchboot *(Bramble)* und zwei ASW-Trawlern. Das Schlachtschiff *Anson,* der Schwere Kreuzer *Cumberland* und die zugehörigen Zerstörer als Deckung sicherten den Konvoi aus der Ferne. Am fünften Tag auf See, dem 27. Dezember, geriet dieser Geleitzug in einen schweren Sturm. In der Dunkelheit, bei der schweren See und dem heulenden arktischen Wind verloren fünf Handelsschiffe und zwei Geleitfahrzeuge die Hauptformation. Später fanden drei Schiffe den Konvoi wieder, ein Schiff fuhr unabhängig zur Kola-Mündung weiter, gesichert von dem Zerstörer *Oribi.* Das fünfte Schiff wurde von einem ASW-Trawler gesichert und versuchte, zu dem Konvoi aufzuschließen.

[1] Loch Ewe war ein geeigneterer und bequemerer Auslaufhafen für die Murmansk-Geleitzüge als Island, vor allem in den Wintermonaten. Schiffe von den Vereinigten Staaten, die nach Murmansk fahren sollten, überquerten den Atlantik in schnellen Halifax-Geleitzügen, die von New York ausliefen.

Eines der vier im Nordmeer stationierten U-Boote erfaßte den Geleitzug JW 51-B: das vor kurzem eingetroffene Boot *U354* unter Karl-Heinz Herbschleb. Nach Eingang von Herbschlebs Meldung wies Admiral Raeder Otto Klüber an, den Geleitzug mit dem Schweren Kreuzer *Lützow,* der am 19. Dezember von Narvik nach Altafjord verlegt worden war, dem Schweren Kreuzer *Admiral Hipper* und sechs Zerstörern anzugreifen. Unter absoluter Funkstille lief dieser Verband am 30. Dezember aus Altafjord aus, von den britischen Codeknackern und den fünf britischen U-Booten vor dem Fjord unbemerkt. Der Verband stand unter dem Befehl von Oskar Kummetz, jenem Offizier, den Dönitz wegen der Behebung zahlreicher Fehler an den deutschen Torpedos im Jahr 1940 sehr gelobt hatte. Wie alle Kommandanten großer Schiffe in arktischen Gewässern vor ihm hatte auch Kummetz Befehl von der Seekriegsleitung, Feindberührung mit einem gleich starken oder gar überlegenen Feind zu vermeiden, weil Hitler das Ansehen der Deutschen durch den Verlust eines weiteren großen Schiffes nicht aufs Spiel setzen wollte.

Da Kummetz nicht wußte, daß die *Sheffield* und die *Jamaica* in der Nähe waren, hatte er einen ungewöhnlichen – und umstrittenen – Einsatzplan entworfen, nach dem er seine Streitkräfte aufteilte. Die *Hipper* und drei Zerstörer sollten den Geleitzug in den zweieinhalb Stunden schwachen Zwielichts vor Mittag von der Backbordseite her angreifen. Kummetz meinte, die *Hipper* und ihre drei Zerstörer würden dadurch die Flottenzerstörer der engen Eskorte auf sich lenken, der Geleitzug hingegen werde abdrehen oder nach Süden schwenken, direkt in die Arme der wartenden *Lützow* und ihrer drei Zerstörer.

Diese deutschen und britischen Kräfte prallten im Zwielicht des arktischen Winters am 31. Dezember in einem wilden Gewühl aufeinander. Wie geplant, zogen die *Hipper* und ihre drei Zerstörer die Geleitfahrzeuge des Konvois auf sich. Die *Hipper* traf drei Zerstörer *(Onslow, Obedient* und die alte *Achates)* und das Minensuchboot *Bramble.* Die *Achates* sank. Der deutsche Zerstörer *Friedrich Eckoldt* aus dieser Gruppe versenkte die beschädigte *Bramble.* Da die Kreuzer *Sheffield* und *Jamaica* bei dem nach Westen fahrenden Konvoi RA 51 das Geschützfeuer hörten, liefen sie mutig mit voller Kraft heran, um die schwerer bewaffnete *Hipper* (20,3 cm gegen 15,2 cm) und ihre drei Zerstörer anzugreifen. Die britischen Kreuzer versenkten den Zerstörer *Eckoldt* und beschädigten die *Hipper* schwer. Die *Lützow* (sechs 28-cm-Geschütze, acht 15-cm-Geschütze und sechs 10,5-cm-Geschütze) hingegen hielt sich an den Befehl Hitlers, kein großes Schiff zu gefährden, und fürchtete einen feindlichen Torpedoangriff im Dunkeln, der erhebliche Schäden anrichten konnte und den geplanten Ausfall in den Atlantik mit der *Scharnhorst* und der *Prinz Eugen* vereitelt hätte. Aus diesen Gründen feuerten die *Lützow* und ihre Zerstörer nur ein paar

Salven auf den Konvoi und beschädigten den Zerstörer *Obdurate* und das Handelsschiff *Calobre* leicht. Danach verpaßte sie eine glänzende Gelegenheit, nicht nur den gesamten Geleitzug zu zerstören, sondern auch die *Sheffield* und die *Jamaica* zu versenken und vielleicht sogar die verbliebenen fünf britischen Zerstörer und kleineren Geleitschiffe. Statt dessen floh sie schmählich mit der *Hipper* und den fünf verbliebenen deutschen Zerstörern nach Altafjord. Herbschleb griff mit *U354* zweimal den Geleitzug an, aber beide Angriffe schlugen fehl. Kein anderes U-Boot versuchte einen Angriff.

Die Handelsschiffe beider Geleitzüge, JW 51-B und RA 51, erreichten weitgehend unbeschädigt ihre Bestimmungshäfen. In der Schlacht vom 31. Dezember verloren die Briten einen alten Zerstörer *(Achates)* und ein Minensuchboot *(Bramble)*. Die *Hipper* beschädigte den Zerstörer *Onslow* schwer. Die Deutschen verloren einen Zerstörer *(Friedrich Eckoldt)* und erlitten schwere Schäden an der *Admiral Hipper*. Deshalb mußte die *Hipper* (mit der *Köln*) zu Reparaturarbeiten nach Deutschland zurückkehren. Sie verließ die Ostsee danach nicht mehr.

Aus einer stark irreführenden Meldung Herbschlebs in *U354* (»Sehe nur noch rot«) gewann Berlin den Eindruck, die Deutschen hätten einen großen Sieg errungen. Bei der Vorbereitung einer prahlerischen Neujahrsansprache hörte Hitler eine Rundfunksendung aus London, in der es hieß, die alliierten Geleitfahrzeuge hätten einen entschlossenen Angriff durch große deutsche Überwasserfahrzeuge abgewehrt und der Geleitzug habe Murmansk erreicht, ohne ein einziges Handelsschiff zu verlieren.

Hitler war wie vor den Kopf gestoßen. Von Kummetz fehlte jede Meldung, weil er mit der *Hipper* noch Funkstille einhielt und über eine Landverbindung Berlin Bericht erstattete, die sich als unzuverlässig herausstellte. »In der durchaus unberechtigten Vermutung, absichtlich nicht unterrichtet zu werden«, schreibt Admiral Raeder in seinen Memoiren,

> *geriet er [Hitler] in eine hochgradige Erregung, die keine Grenzen kannte, forderte die Außerdienststellung der großen Schiffe und ließ sich auch auf die Erklärungen meines ständigen Vertreters im Führerhauptquartier, Vizeadmiral Krancke, nicht ein. Es dauerte noch längere Zeit, bis es in der Seekriegsleitung überhaupt möglich war, eine Übersicht über die Ereignisse zu bekommen und sich daraus ein Urteil zu bilden. Hitler hatte sogleich in der ersten Aufwallung seine Ansichten über die Nutzlosigkeit der großen Schiffe im Kriegstagebuch zu Protokoll gebracht, um sich in dieser Frage genau festzulegen. Ich erhielt*

telephonisch Befehl, sofort ins Hauptquartier zu kommen, bat aber darum, erst noch die nötigen einwandfreien Unterlagen beschaffen zu können.

Raeder traf sich am Abend des 6. Januar in der Wolfsschanze mit Hitler und seinem vertrauten militärischen Ratgeber Wilhelm Keitel. Er schildert selbst die außergewöhnliche Szenerie:

Hitler hielt mir in Gegenwart von Feldmarschall Keitel einen etwa einstündigen wohlüberlegten Vortrag.[1] *Nachdem er sich anfangs über die schlechte Unterrichtung beklagt hatte, griff er in geradezu gehässiger und völlig unsachlicher Weise die Marine an. Er begann mit ihrer Gründung, schilderte die unbedeutende Rolle, die sie seit 1864 gespielt hätte, und ließ mit Ausnahme der U-Boote nichts Gutes an der gesamten Geschichte der deutschen Flotte. Die von ihm angeführten Begründungen ließen Einflüsse von Göring erkennen. Die großen Schiffe, denen immer das persönliche Interesse Hitlers gehört hatte und auf die er besonders stolz gewesen war, wären zu nichts nutze. Sie benötigten dauernden Schutz durch die Luftwaffe und durch kleinere Fahrzeuge. Bei einem etwaigen Angriff auf Norwegen würde die Luftwaffe von sehr viel größerem Wert sein, wenn sie eine Invasionsflotte angreifen würde, als wenn sie unsere Flotte schützen müßte. Die großen Schiffe hätten keine Aufgabe mehr und müßten infolgedessen nach Abgabe ihrer Geschütze außer Dienst gestellt werden. Die Geschütze würden an Land dringend gebraucht. Er kritisierte sogar die Versenkung der deutschen Flotte in Scapa Flow [im Jahr 1919] und griff den Geist in der Marine an, über den er sich bisher immer lobend ausgesprochen hatte. Es war zu merken, daß das Ganze eine Herabsetzung der von mir geführten Marine und eine Verletzung meiner Person bezweckte. Ich hielt es für unter meiner Würde, die durchweg unsachlichen Darstellungen im einzelnen zu widerlegen. Unter starker Selbstbeherrschung wartete ich die Beendigung seiner Ausführungen ab. Zuletzt forderte er mich auf, eine Denkschrift einzureichen, in der ich meine abweichende Ansicht über die Rolle der schweren Schiffe nochmals erläutern könne. Nachdem Hitler geendet hatte, bat ich, ihn allein sprechen zu können, worauf Feldmarschall Keitel und die beiden anwesenden Stenographen den Raum verließen.*

---

[1] Der offizielle Tagebuchführer schreibt, es seien »eineinhalb Stunden« gewesen.

Während Hitlers Vortrag habe Raeder gefühlt, schreibt er, »daß der Augenblick gekommen war, in dem ich mich von Hitler trennen mußte«. Unter vier Augen bat Raeder dann »als erstes«, ihn von der Stellung des Oberbefehlshabers der Kriegsmarine zu entheben, da Hitler »mir mit seinen Ausführungen seine Unzufriedenheit über meine Kommandoführung und ihre Erfolge bekanntgegeben habe; ohne sein Vertrauen könne ich meinen Dienst nicht weiter versehen«. Hitler »versuchte einzulenken« und »bat« Raeder, doch auf dem Posten zu bleiben. Raeder lehnte aber ab. Sie einigten sich schließlich, daß Raeder am 30. Januar 1943 zurücktreten solle, dem zehnten Jahrestag seines Dienstes unter Hitler. Auf die Bitte, zwei Nachfolger, die er für sehr geeignet halte, vorzuschlagen, nannte Raeder den 57jährigen Generaladmiral Rolf Carls, damals der Marinegruppenbefehlshaber Nord, und den 51jährigen Karl Dönitz. Hitler entschied sich für Dönitz.

Da Hitler hartnäckig forderte, die großen Schiffe außer Dienst zu stellen und zu verschrotten, stellte das OKM einen langfristig angelegten Zeitplan für das Jahr 1943 auf:

Admiral Hipper und *Köln,* 1. März
Schleswig-Holstein, 1. April
Schlesien, 1. Mai
Scharnhorst, 1. Juli
Tirpitz, Herbst

Admiral Raeder verkündete seine Versetzung und die Ernennung von Dönitz zu seinem Nachfolger in drei Rundfunksendungen am 30. und 31. Januar und am 1. Februar. Um den Eindruck zu vermeiden, daß er kurzerhand entlassen worden war (wie so viele Generäle der Wehrmacht an der Ostfront), sagte er, er habe selbst wegen seiner angegriffenen Gesundheit um die Versetzung gebeten, er werde aber in der weniger aufreibenden Stellung als Admiralinspekteur der Kriegsmarine weiter Dienst tun. Nach einem kurzen Überblick über seine Rolle bei dem Aufbau der Kriegsmarine unter »unserem geliebten Führer« schloß Raeder mit den Worten:

So wie mein ganzes Leben der Kriegsmarine gewidmet war, werde ich ihr in Zukunft auch weiter dienen und mit ganzem Herzen Anteil nehmen an ihrem schweren Kampf. Ich weiß, daß sie diesen Kampf unter ihrem neuen Oberbefehlshaber mit demselben unerschütterlichen Siegeswillen und mit der gleichen Treue führen wird wie bisher. Ich weiß, daß jeder Mann sein Letztes einsetzen wird, um im Glauben an Gott und im Vertrauen auf unseren Führer den Sieg zu erringen für unser Volk und Reich. Es lebe der Führer!

Auf Raeders öffentliche Rundfunkansprache folgte eine Botschaft von Dönitz:

Mit dem heutigen Tag übernehme ich auf Befehl des Führers den Oberbefehl über die Kriegsmarine. Der U-Bootwaffe, die ich bisher führen durfte, Dank für ihre in jeder Stunde bewährte todesmutige Kampfbereitschaft und für ihre Treue. Ich werde die Führung des U-Bootskrieges auch weiterhin selbst behalten.

Im gleichen harten, soldatischen Geist will ich die Kriegsmarine führen. Von jedem Einzelnen erwarte ich bedingungslosen Gehorsam, höchsten Mut und Hingabe bis zum letzten Atemzug. Darin liegt unsere Ehre.

Geschart um unseren Führer werden wir unsere Waffen nicht aus der Hand legen, bis Sieg und Frieden errungen sind. Heil unserem Führer![1]

Dönitz trat seine neue Stellung unverzüglich an. Er zog von Paris nach Berlin um, in ein imposantes Herrenhaus im Vorort Dahlem, rund 25 Kilometer von seinem Geburtsort Grünau entfernt. Er richtete das U-Boot-Hauptquartier in einem Gebäude in Charlottenburg ein,[2] keine sieben Kilometer von seinem Haus entfernt, und ernannte Admiral Hans-Georg von Friedeburg zum kommandierenden Admiral der U-Boote. Die wichtigsten Stabsmitarbeiter wurden in dem nahegelegenen Hotel am Steinplatz untergebracht. Das blieben weiterhin der 42jährige Eberhard Godt, der inzwischen zum Konteradmiral befördert worden war, und Dönitz' Schwiegersohn Günter Heßler, Erster Stabsoffizier und Godts rechte Hand. Bei Operationen standen ihnen Adalbert Schnee und Peter Cremer sowie der Fernmeldeexperte Hans Meckel und der Ingenieur Gerd Suhren, der ältere Bruder von Reinhard Suhren, zur Seite. Der 37jährige Hans-Rudolf Rösing wurde auf den höheren Posten des FdU West der acht in Frankreich stationierten Kampfflottillen befördert.

Peter Cremer schreibt in seinen Memoiren:

---

[1] Diese Nachricht wurde mehrfach wiederholt, nicht nur in verschiedenen Enigma-Schlüsselbereichen der Kriegsmarine, sondern auch in niedriger eingestuften Schlüsseln wie dem Schlüsselbereich Werft für alle Schiffswerften. Die alliierten Codeknacker erhielten auf diese Weise weitere Übersetzungshilfen.

[2] Dönitz schrieb, er habe den größten Teil seiner Zeit als Oberbefehlshaber der Kriegsmarine in dem »etwas isolierten« Hauptquartier in Koralle zugebracht, gut 30 Kilometer nördlich von Berlin Mitte, zwischen Bernau und Eberswalde.

> *Jeden Morgen verließ der neue Oberbefehlshaber der Marine seinen Schreibtisch und schaute kurz in unserem HQ am Steinplatz vorbei… Jetzt verfolgte ich vom grünen Tisch aus die Bewegungen der U-Boote. Ihre Positionen wurden durch Fähnchen markiert und auf großen Lagekarten, den Ozeanen aus Papier, abgesteckt. Ein Blick genügte, und man war im Bilde, meistens… Es gab keine festen Dienststunden. Man löste sich zwar ab, doch oftmals dauerten die einzelnen Unternehmungen [gegen Geleitzüge] tagelang an… Nachts wurden wir immer häufiger von einzelnen britischen »Mosquitos« bei der Arbeit gestört. Später waren es ganze Bomberpulks, die einflogen und uns in den Luftschutzkeller zwangen, wo es in der Erinnerung einiger Zeugen dann »von Ritterkreuzen wimmelte«.*

Die Alliierten gingen nach dem Wechsel im Kommando von Raeder zu Dönitz und nach dem kriegerischen Ton von Dönitz' Rundfunkansprache davon aus, daß die Deutschen nun einen reinen U-Boot-Krieg führen würden unter Ausschluß der Operationen großer Schiffe. Zunächst war diese Vermutung richtig. Dönitz kam eilig Hitlers Befehl nach, alle großen Schiffe zu verschrotten. Im Gegenzug stimmte der Führer begeistert einer weiteren erheblichen Steigerung der U-Boot-Produktion zu und versprach Unterstützung durch die Luftwaffe im Atlantik. Nach längerem Nachdenken gelangte Dönitz jedoch zu der Überzeugung, daß eine in Norwegen stationierte Einsatzflotte aus der *Tirpitz,* der *Scharnhorst* und der *Lützow* wirksame Überfälle gegen die Geleitzüge im Nordmeer – möglicherweise auch im Nordatlantik – vortragen könne, sofern den Kommandanten mehr Freiheit eingeräumt würde und sie mehr riskieren dürften. Auf diese Weise würden sie außerdem einen vergleichbaren oder stärkeren Verband alliierter großer Schiffe binden, die sonst an anderen Orten eingesetzt werden könnten. Bei einem der ersten Treffen mit Hitler – nachweislich ein sehr stürmisches – überzeugte Dönitz den Führer von seinen geänderten Ansichten. Also wurde die *Scharnhorst,* wie ursprünglich geplant, aus der Ostsee nach Norwegen verlegt. Sie, die *Tirpitz* und die *Lützow* entgingen somit Hitlers Axt, aber kein anderes großes Schiff verließ jemals wieder die Ostsee. Einige wurden verschrottet (wie der nicht fertiggestellte Flugzeugträger *Graf Zeppelin*), aber andere blieben als Schulschiffe im Dienst.

Dönitz hatte in seiner Rundfunkansprache an die Kriegsmarine versprochen, daß er »die Führung des U-Bootkrieges weiterhin selbst behalten« werde. Doch dieses Versprechen ließ sich kaum einhalten. Mit der Beförderung auf Raeders Posten übernahm er eine Unmenge neuer und zeitraubender Aufgaben. Dazu zählte nicht zuletzt der Aufbau engerer persönlicher Beziehungen zu Hitler, zu dem Reichsminister für Rüstung und Kriegsproduktion, Albert Speer, und anderen NS-Größen. Der Einfluß des Chefs der Luftwaffe, Hermann Göring, mußte neutralisiert oder verringert werden, damit die Kriegsmarine einen größeren Anteil der schwindenden deutschen Ressourcen für die Kriegführung erhielt.

DREI

Die Konferenz von Casablanca

Im Januar 1943 erlitt die Achse vier Niederlagen, die einen entscheidenden, aber kaum wahrgenommenen Wendepunkt des Krieges darstellten. Von dieser Zeit an bestand nicht die geringste Aussicht, daß die Achsenmächte die Oberhand behalten könnten. Kriegsentscheidend waren:

• **Stalingrad.** Dort hielten die Deutschen die Stellung inmitten von Ruinen, die einst eine großartige Stadt gewesen waren. Bei eisiger Kälte schloß der massierte sowjetische Gegenangriff die deutschen Truppen schließlich ein und zwang sie zur Kapitulation. Für die Sowjets war dies der erste klare Sieg im Zweiten Weltkrieg. Die Schlacht um Stalingrad forderte auf seiten der Deutschen über 250 000 Opfer (Tote, Verletzte und Vermißte). Diese katastrophale und demütigende Niederlage führte auch dazu, daß sich die deutschen Einheiten aus dem Kaukasus zurückziehen mußten, obwohl sie die wertvollen Ölfelder von Maikop am Kaspischen Meer erreicht hatten. Damit waren die Deutschen gezwungen, eines der Hauptziele dieses verhängnisvollen Feldzugs aufzugeben.

• **Nordafrika.** In dieser Region zogen sich die Truppen der Achse unter Führung Erwin Rommels vor Bernard Montgomerys britischer 8. Armee vollständig zurück und gaben den strategisch wichtigen libyschen Seehafen Tripolis auf. Bei den auf der libysch-tunesischen Grenze liegenden Befestigungsanlagen aus der Vorkriegszeit, bekannt als Mareth-Stellung, kamen Rommels Einheiten schließlich zum Stehen. Der Verlust des zu Italien gehörenden Libyen war ein weiterer demütigender Rückschlag für den »Pakt aus Stahl«. Dadurch war jede Möglichkeit eines erneuten Gegenschlags der Achse über libysches Territorium ausgeschlossen, ein Gegenschlag, mit dem die Achsenmächte Ägypten, den Suez-Kanal oder die Ölvorkommen in der Region des Persischen Golfs hätten bedrohen können. Die in Tunesien neu eingetroffenen deutschen Truppen hielten Eisenhowers glanzlose Torch-Einheiten auf Distanz und verstärkten die Mareth-Stellung, doch der Schraubstock der Alliierten wurde unerbittlich zugedreht. Es schien eine Frage von wenigen Wochen zu sein, bis alle

Truppen der Achse aus Nordafrika evakuiert oder vernichtet sein würden.

• **Der Südwestpazifik.** In Guadalcanal und in Papua-Neuguinea wurden japanische Verbände von alliierten Truppen vernichtend geschlagen. Die Alliierten eliminierten damit vollständig die Bedrohung, die die Achsenmächte für Australien und für die alliierten Nachschubwege zu diesem Kontinent dargestellt hatten. Der unerwartete und dennoch heldenhafte sechsmonatige Kampf um Guadalcanal endete mit einem Sieg der Alliierten im Pazifik und kam in seiner strategischen Bedeutung der Schlacht um Midway gleich. Die Japaner verloren nahezu 30 000 Mann und die Alliierten circa 7000, einschließlich der Verluste bei der Navy und der Air Force.[1]

• **Nachrichtendienstliche Informationen im Fernmeldebereich.** Mit Hilfe erbeuteten Materials, einer Zunahme bei der Zahl der Bombas und anderer mechanischer Geräte sowie hervorragender mathematischer und intellektueller Lösungen brachen die alliierten Codeknacker in Bletchley Park und in Washington immer tiefer in die Schlüssel der Achsenmächte bei Militär, Diplomatie und der Handelsmarine ein. Es gab weiterhin Rückschläge, doch sie wurden seltener und auch schneller überwunden. Die Menge an präzisen Informationen, die die Alliierten ab 1943 über die Truppen des Gegners und dessen Absichten sammelten, war in der Geschichte beispiellos. Diese Informationen wurden in zunehmendem Maße wichtige Grundlagen für die militärischen Entscheidungen der Alliierten.

Nicht weniger bedeutsam war es, daß alliierte Kryptanalytiker durch die Entzifferungen des Triton-Schlüssels den Verdacht schöpften, daß der xB-Dienst den alliierten Naval Cipher No. 3 der Atlantikkonvois entzifferte, was tatsächlich der Fall war. Die gewonnenen Anhaltspunkte veranlaßten die Verantwortlichen, eine Untersuchung durchzuführen, die diesen Verdacht erhärten sollte. Die Alliierten sorgten für eine umfassende Modifizierung ihrer Marine-Codes, was dazu

---

[1] In den zahlreichen Seeschlachten, die im Zusammenhang mit dem Kampf um Guadalcanal standen, erlitten die Amerikaner sehr schwere Verluste an Kriegsschiffen: 2 Flottenflugzeugträger *(Wasp, Hornet),* 5 Schwere Kreuzer *(Astoria, Chicago, Quincy, Northampton, Vincennes)*, 2 Leichte Kreuzer *(Atlanta, Juneau),* 15 Zerstörer, 3 Transport-Zerstörer und ein Truppenschiff. Die Australier verloren den Schweren Kreuzer *Canberra*. Viele weitere alliierte Kriegsschiffe wurden beschädigt, einige davon schwer. Die Japaner verloren einen Leichten Flugzeugträger *(Ryujo),* zwei Schlachtschiffe *(Hiei, Kirishima),* drei Schwere Kreuzer *(Kako, Furutaka, Kingugasa),* einen Leichten Kreuzer *(Yura),* elf Zerstörer, sechs U-Boote und zwölf Truppentransporter. Die Verluste an Kriegsschiffen im Vergleich: Alliierte 29, Japan 36.

führte, daß die deutschen Codeknacker beim xB-Dienst für den Rest des Krieges weitgehend blind blieben.

Ende des Jahres hielten Präsident Roosevelt und Premierminister Churchill eine weitere persönliche Strategiekonferenz für erforderlich. Unter dem Codenamen Symbol fand das vierte Treffen dieser Art vom 14. bis 24. Januar in Casablanca, Marokko, statt. Wegen der entscheidenden Schlacht um Stalingrad nahm Joseph Stalin nicht daran teil. Das Freie Frankreich wurde durch General Henri Giraud repräsentiert. Giraud war der Nachfolger von Admiral Darlan, der am Heiligabend in Algier ermordet worden war. Präsident Roosevelt flog auf der »südlichen« Route über Brasilien und Dakar nach Marokko. Churchill flog westlich von Frankreich weit in den Atlantik hinein, um deutschen Flugzeugen auszuweichen, schlug dann einen Haken und nahm Kurs auf Afrika.

Die Briten trafen mit klar formulierten Zielen und gut vorbereiteten Unterlagen in Marokko ein. Sie drängten auf folgende Vorgehensweise:

- Die alliierten Streitkräfte in Nordafrika sollten erheblich verstärkt werden, um eine frühe, entscheidende Niederlage der Achse in Tunesien herbeizuführen.
- Im Mittelmeerbecken sollten verstärkt militärische Operationen durchgeführt werden. Geplant war, Italien aus dem Krieg zu drängen und die Konvoirouten von Gibraltar zum Suez-Kanal wieder zu sichern. Diese Operationen sollten auch die für 1943 vorgesehenen Invasionen auf Sizilien und in Italien umfassen.
- Die Ausschaltung der U-Boote im Atlantik sollte durch umfangreiche Anstrengungen erreicht werden. Dies sollte auch durch einen alleinigen alliierten Befehlshaber aller ASW-Einheiten gewährleistet werden.
- Eine massive, gemeinsame Bomberoffensive gegen Deutschland. Die Amerikaner sollten die Bombenangriffe tagsüber fliegen, die Briten nachts.
- Die Verschiebung des Unternehmens Overlord, die Invasion in der Normandie, auf Mai 1944.
- Größtmögliche Unterstützung der sowjetischen Truppen mit Kriegsmaterial, das auf dem Schiffsweg über Murmansk, den Persischen Golf und Wladiwostok in die UdSSR gelangen sollte, vorausgesetzt, daß die Schiffsverluste nicht zu hoch würden.

Die Amerikaner kamen mit undurchsichtigen oder widersprüchlichen Zielen und waren schlecht vorbereitet. Sie drängten auf folgende Vorgehensweise:

- Eine drastische Reduzierung der Mittelmeeroperationen nach der Niederlage der Achse in Tunesien. Keine Invasion in Sizilien und Italien.

- Die Ausschaltung der U-Boote im Atlantik sollte durch umfangreiche Anstrengungen erreicht werden. Die Amerikaner wollten jedoch keinen alleinigen Befehlshaber der ASW-Streitkräfte.
- Eine massive, kombinierte Bomberoffensive gegen Deutschland.
- Operation Overlord sollte 1943 so früh wie möglich erfolgen.
- Eine Verstärkung der Operationen im Pazifik gegen die Japaner. Dies sollte mit einer Steigerung an Soldaten und Material um 100 Prozent durchgeführt werden (d.h. eine Erhöhung der alliierten Kriegsanstrengungen von ungefähr 15 Prozent auf etwa 30 Prozent).

Es folgten ausgedehnte und bisweilen hitzige Debatten. Gegen den Ratschlag seiner Militärs nahm Roosevelt Partei für Churchill und billigte weitere Operationen der Alliierten im Mittelmeerraum. Die Konferenzteilnehmer einigten sich schließlich auf folgende Punkte:

- Nach der Niederlage der Achsenmächte in Tunesien sollten die Alliierten unverzüglich eine Invasion auf Sizilien durchführen (Operation Husky). Dieses Unternehmen sollte voraussichtlich Anfang Juli bei Neumond stattfinden, was den Einsatz von Fallschirmjägern begünstigen würde. Vorschläge für eine Invasion Italiens wurden zurückgestellt.
- Da sich die Eroberung Tunesiens verzögert und man entschieden hatte, auf Sizilien – und möglicherweise in Italien – einzumarschieren, wurde das Unternehmen Overlord auf Mai 1944 verschoben. George Marshall, Dwight Eisenhower und andere amerikanische Armeestrategen betrachteten diese Verzögerung zugunsten der Mittelmeeroperationen als einen großen Fehler.
- Die Alliierten sollten eine umfassende Offensive gegen die U-Boote durchführen. Admiral King wollte noch immer nicht hinnehmen, daß amerikanische Schiffe einem »ausländischen« Kommando (d.h. dem des Commonwealth) unterstellt wurden. Er lehnte es kategorisch ab, daß ein alliierter Befehlshaber für die vereinigte Streitmacht der ASW-Einheiten ernannt wurde.
- Gleichzeitig mit der Kampagne gegen die U-Boote sollte das Bomber Command und die 8. Air Force eine gemeinsame Bomberoffensive (Sickle) gegen Deutschland beginnen.
- Die Militärstreitkräfte der Sowjetunion sollten mit Kriegsmaterial versorgt werden, jedoch nicht, wenn andere Operationen dadurch auf »unzumutbare Weise belastet« würden. Zudem sollten für die Dauer der Mitternachtssonne in der Arktis und während der Invasion Siziliens Schiffslieferungen eingeschränkt werden.
- Die Operationen gegen Japan sollten in fünffacher Hinsicht intensiviert werden: Im Südwestpazifik sollte ein zweigeteilter Angriff auf die Festung von Rabaul von Neuguinea und von den Salomon-Inseln aus erfolgen. Ein Inselspringen über den Zentralpazifik hinweg sollte

in Tarawa auf den Gilbertinseln beginnen. Alliierte Truppen sollten von Indien aus Burma zurückerobern. Kriegsmaterial sollte an die chinesischen Nationalisten geliefert werden, die auf dem asiatischen Festland die japanische Armee bekämpften. Und die amerikanische U-Boot-Streitmacht im Pazifik sollte jede nur erdenkliche Unterstützung erhalten.

- Die Alliierten legten die »bedingungslose Kapitulation« der Achsenmächte als definitives Kriegsziel fest.

Während der gesamten Casablanca-Konferenz blieb die akute Knappheit an alliiertem Schiffsraum der »ausschlaggebende Faktor« bei den meisten Entscheidungen. Die Verluste an alliierten Handelsschiffen 1942 durch alle möglichen Ursachen waren erschreckend: 1664 Schiffe mit 7,8 Millionen BRT. Davon versenkten U-Boote der Achsenmächte etwa 1160 Schiffe mit 6,25 Millionen BRT – mehr als die Hälfte dieser Schiffe in nordamerikanischen Gewässern. Sämtliche alliierten Schiffswerften arbeiteten unablässig, um die Verluste auszugleichen. Im Jahr 1942 bauten amerikanische Werften die erstaunliche Zahl von 760 Schiffen mit ungefähr 5,4 Millionen BRT. Die Werften des britischen Commonwealth hatten etwa 1,1 Millionen BRT produziert, was die Gesamttonnage von allen alliierten Werften auf 6,5 Millionen BRT erhöhte. Damit wurden die Verluste durch U-Boote der Achse mehr als ausgeglichen. Die Nettoverluste an alliiertem Schiffsraum betrugen somit 1942 ungefähr 1,3 Millionen BRT.[1]

Die Konvois und die 1942 erlittenen Schiffsverluste durch U-Boote sowie der abgezweigte Schiffsraum für offensive Operationen (Torch, Guadalcanal, Papua-Neuguinea) hatten jene Importe stark reduziert, die auf den Britischen Inseln zur Unterstützung der Menschen und der Kriegsmaterial produzierenden Industrien gedacht waren. Britische Importe gingen von ausreichenden 50 Millionen Tonnen vor dem Krieg

---

[1] Die Verluste alliierter und neutraler Handelsschiffe sind Zahlen der Admiralität, die einer Erläuterung bedürfen. Personen wie der Verwaltungsbeamte für Kriegsschiffahrt, Admiral Emory S. (Jerry) Land, die die amerikanische Schiffsproduktion rühmten, verwendeten ständig die größeren Tonnagezahlen des »Leergewichts« statt der kleineren »Brutto«-Tonnage. Daher kommt es, daß Land am 5. Januar 1943 verkündete, die Vereinigten Staaten hätten 1942 746 Schiffe (später korrigiert auf 760 Schiffe) mit 8 Millionen Tonnen gebaut. Der Lapsus einiger alliierter Beamter und einiger Historiker der Schlacht im Atlantik, eine Trennlinie zwischen »Leergewicht« und Bruttotonnage zu ziehen, führte während und nach dem Krieg zu einem beträchtlichen Durcheinander. (Die Bruttotonnage erzielt man, indem das Fassungsvermögen der Innenräume eines Schiffes berechnet wird. Dabei beträgt 1 reg ton = 100 cubic feet = 2,8316847 m^3. Die Tonnagezahl des »Leergewichts« ist das Gewicht [in Tonnen von 2,240 Pfund] der Ladung, die ein Schiff transportieren kann, einschließlich Treibstoff, Vorräte und Wasser.)

im Jahre 1940 auf 42 Millionen Tonnen zurück, 1941 auf 31 Millionen und 1942 auf nur noch 23 Millionen Tonnen. Roosevelt antwortete auf Churchills nachdrücklich formulierte Bitte, für britische Importe zusätzliche Schiffe einzusetzen, am 30. November 1942, er habe angeordnet, die Zielvorgabe im US-Schiffsbau zu steigern, und zwar von etwa 16 Millionen Tonnen (Leergewicht) auf ungefähr 18,8 Millionen Tonnen (Leergewicht). Und könnte genügend Stahl beschafft werden, könne er möglicherweise 20 Millionen Tonnen (Leergewicht) in Auftrag geben.[1] Er versicherte Churchill, die Vereinigten Staaten würden via Lend-Lease den Briten ausreichend Schiffe aus der gesteigerten US-Produktion zur Verfügung stellen, damit die Importe auf die Britischen Inseln 1943 keinesfalls unter 27 Millionen Tonnen fielen.

Aufgrund einer Panne im Fernmeldewesen, einer unpräzisen Ausdrucksweise und vage formulierter Bedingungen hatten die nach Casablanca gereisten amerikanischen Militärführer Roosevelts Garantie für zusätzlichen Schiffsraum, mit dem die britischen Importe 1943 auf 27 Millionen Tonnen erhöht werden sollten, mißverstanden. Die Amerikaner glaubten nicht nur, die für diesen Zweck vorgesehene Steigerung bei den Lend-Lease-Schiffen sollte sehr viel geringer ausfallen, sondern sie gingen vielmehr auch davon aus, daß die Briten für militärische Operationen zusätzliche Schiffe zur Verfügung stellen sollten. Da in Casablanca keine Schiffahrtsexperten anwesend waren, wurden Schiffszuteilungen von den Konferenzteilnehmern im Detail nicht erörtert, und somit blieb das Mißverständnis mehrere Wochen lang unbemerkt. Als der Irrtum schließlich erkannt wurde, führte dies zu einer vorübergehenden Verschlechterung der anglo-amerikanischen Beziehungen, und die Überarbeitung einiger in Casablanca beschlossener Vereinbarungen wurde erforderlich.

Von den vielen in Casablanca gefaßten Beschlüssen war für die Konferenzteilnehmer der Schutz der Schiffahrt und die Vernichtung der deutschen U-Boot-Waffe von herausragender Bedeutung. Diesem Vorhaben wurde bei alliierten Belangen ausdrücklich und offiziell allerhöchste Priorität eingeräumt.

Von den zahlreichen anstehenden Maßnahmen sollten folgende alsbald getroffen werden:

- Amerikanische und britische Einheiten mit schweren Bombern sollten die Angriffe auf die U-Boot-Stützpunkte an der französischen Atlantikküste in großem Maße intensivieren.
- Amerikanische und britische Verbände mit schweren Bombern sollten deutsche Städte bombardieren, in denen es U-Boot-Werften

[1] Amerikanische Werften sollten 1943 die Zahl von 1949 Schiffen mit 19,2 Millionen Tonnen Leergewicht bzw. 13 Millionen BRT produzieren.

oder Fabriken für die Herstellung wichtiger U-Boot-Komponenten wie Dieselmotoren oder Batterien gab.

• Das Coastal Command sollte die U-Jagd-Operationen im Golf von Biskaya wiederaufnehmen und U-Boote abfangen, die zu den französischen Basen unterwegs waren oder von dort kamen. Die mit 10-cm-Radargeräten ausgerüsteten und im südwestenglischen St. Eval stationierten B-24 Liberator-Bomber (U.S. Army Air Force Squadrons 1 und 2) sollten bei der Ausweitung der U-Jagd-Missionen gemeinsam mit dem Coastal Command operieren.

• Der Mangel an Überwasser-Eskorten machte es mit Beginn des Jahres 1943 erforderlich, daß nach Osten gehende Konvois mit Frachtschiffen auf der nordatlantischen Route in New York auslaufen mußten, und zwar in zehntägigem statt achttägigem Abstand und hauptsächlich durch britische und kanadische Kriegsschiffe geschützt. Nach wie vor sollte allerdings eine amerikanische Escort Group (A-3) darunter sein. Die Briten und Kanadier sollten die Verteidigung der Konvois verstärken und zu diesem Zweck mindestens fünf offensive Gruppen bzw. U-Jagdgruppen bereitstellen (Support Groups). Bestehend aus ungefähr sechs bis acht Schiffen (Zerstörer, Sloops, ehemalige amerikanische Coast Guard Cutter, Fregatten und, wenn verfügbar, Geleitträger), sollten die U-Jagdgruppen auf den Konvoirouten patrouillieren, den von U-Booten bedrohten Geleitzügen zu Hilfe eilen und dabei möglichst viele Boote vernichten, statt sie, wie in den zurückliegenden Jahren, lediglich zu vertreiben.

• Für nordatlantische Konvois, die bekanntermaßen durch U-Boot-Angriffe direkt bedroht waren, sollten in größtmöglichem Umfang Lufteskorten abgestellt werden. Die älteren B-24-Typen der Coastal Command Squadron 120 sollten durch den Einbau zusätzlicher Treibstofftanks in den Bombenschächten und durch andere Maßnahmen in Flugzeuge mit sehr großer Reichweite (VLR) umgewandelt werden. Über große Distanzen sollten gleichzeitig die Flying Fortresses vom Typ B-17, die Halifax-Bomber sowie die weniger wirkungsvollen und schlechter geschützten Catalina- und Sunderland-Flugboote mit kürzerer Reichweite den Hauptanteil bei der Luftdeckung übernehmen und dabei soweit wie möglich in Richtung der grönländischen »Luftlücke« operieren.

• Die zur Unterstützung der Torch-Operationen neu gebildeten mittelatlantischen Geleitzüge von den Vereinigten Staaten nach Gibraltar und zurück (UG und GU, schnelle und langsame Konvois) sollten ausschließlich von amerikanischen Kriegsschiffen eskortiert werden. Dieser Geleitschutz setzte sich hauptsächlich aus Kreuzern, Coast Guard Cuttern der Treasury-Klasse und einer großen Zahl an Zerstörern zusammen. Da innerhalb der UGF-Konvois jedoch viele

Truppentransporter fuhren, umfaßte das Geleit auch die alten Schlachtschiffe *Arkansas, New York* und *Texas* sowie den Träger *Ranger*. Später kamen Geleitträger hinzu, die die offensiven »Hunter-Killer«-U-Jagdgruppen bildeten.[1]

• Die Alliierten richteten in der mittelatlantischen Region zudem zwei weitere, von amerikanischen Zerstörern gesicherte Konvoirouten ein. Auf diesen fuhren ausnahmslos »Öl«-Konvois, die aus jeweils sieben großen und schnellen, mit einer Geschwindigkeit von 14,5 Knoten fahrenden Tankern bestanden. Der erste davon, OT (»Öl für Torch«), fuhr aus der Karibik direkt nach Gibraltar und in den Mittelmeerraum und kehrte, im Ballast fahrend, als TO-Konvoi in die Karibik zurück. Der zweite mit Namen CU (»Öl von Curaçao für das Vereinigte Königreich«) fuhr auf direktem Weg aus der Karibik zu den Britischen Inseln und kehrte, ebenfalls im Ballast, als UC-Konvoi in die Karibik zurück. Das mittelatlantische Geleitzugsystem entwickelte sich, was in Darstellungen über die Schlacht im Atlantik kaum je Beachtung gefunden hat, zu einem riesigen Unterfangen, das eine große Anzahl amerikanischer Kriegsschiffe und Flugzeuge für den Geleitschutz erfordern sollte.[2]

• Auf die Entscheidung höchster britischer Regierungsstellen hin sollten dem Coastal Command H2S 10-cm-Radargeräte für Flugzeuge zugeteilt werden, die ursprünglich für das Bomber Command bestimmt waren.[3] Es gab allerdings Befürchtungen, die Deutschen würden aus einem abgestürzten britischen Bomber ein H2S-Gerät bergen und schnell ein Radar-Erfassungsgerät (FuMB) für U-Boote entwickeln, bevor das Coastal Command das neue Radar nutzen konnte. Deshalb forderte John Slessor, der neue Chef des Coastal Command[4], das Bomber Command solle mindestens einige Monate

---

[1] UGF 1 (38 Schiffe, 56 Eskortschiffe) war der Torch-Angriffskonvoi, gesichert durch die Task Force 34. UGF 2 (24 Schiffe, 10 Eskortschiffe) lief am 13. November 1942 in den Vereinigten Staaten aus und traf am 18. November in Casablanca ein. Der Geleitzug wurde gesichert von der Task Force 38. Die Konvois UGS und UGS 2 (83 Schiffe einschließlich der Eskorten) liefen am 13. und 25. November unter der Sicherung durch die Task Forces 37 und 39 aus. Danach liefen ungefähr alle 25 Tage UGF- und UGS-Konvois aus.

[2] Siehe Anhang 15 und Tafel 5.

[3] Zur Zeit der Konferenz von Casablanca im Januar 1943 waren nur 24 Flugzeuge des Bomber Command mit H2S-Radargeräten ausgerüstet: zwölf Stirling-Maschinen von Squadron 7 und zwölf Halifax von Squadron 38. Im Kampfeinsatz wurde das H2S-Radar erstmals in der Nacht vom 30. auf den 31. Januar über Deutschland von sechs Pfadfinder-Flugzeugen (vier Stirling- und zwei Halifax-Maschinen) eingesetzt, die Hamburg in schlechtem Wetter fanden und mit Brandbomben für die Hauptbomberverbände markierten.

[4] Er ersetzte Joubert offiziell am 5. Februar 1943.

lang ohne das H2S-Gerät über Deutschland und über von Deutschen besetztem Territorium fliegen. Diese Forderung wurde abgelehnt. Aus einer in der Nähe von Rotterdam abgeschossenen Stirling bargen die Deutschen in der Nacht vom 1. auf den 2. Februar schließlich ein H2S-Gerät. Zu diesem Zeitpunkt war der Apparatetyp erst das zweite Mal bei Kampfhandlungen eingesetzt worden.

- Dem Bau von Geleitzerstörern (Destroyer Escorts, DE) in amerikanischen Werften, der 1942 zugunsten von Landungsfahrzeugen und Handelsschiffen zurückgefahren worden war, sollte wieder Vorrang eingeräumt werden. Jedoch wurden aus dem genannten Grund in der ersten Hälfte des Jahres 1943 nur 55 Geleitzerstörer in Dienst gestellt. Von diesen wurden 21 auf direktem Weg in den Pazifik entsandt, damit dort Flottenzerstörer von Aufgaben des Geleitschutzes entbunden werden konnten. Von den übrigen 34 sollten 7 an die Royal Navy und 5 an amerikanische Marineschulen gehen; damit blieben für den Geleitschutz im Atlantik nur 22.[1]

Von Januar bis April 1943 flogen schwere Bomberverbände der Alliierten 20 einzelne Luftangriffe auf die französischen U-Boot-Stützpunkte, das Bomber Command flog 13 Angriffe und die 8. Air Force 7.[2] Die verbündeten Luftstreitkräfte flogen 3124 Einsätze. Darunter waren einige heftige Angriffe des Bomber Command: in der Nacht vom 7. auf den 8. Februar flogen 302 Flugzeuge nach Lorient, in der Nacht vom 13. auf den 14. Februar 437 Flugzeuge nach St. Nazaire, in der Nacht vom 16. auf den 17. Februar 363 Flugzeuge nach Lorient und in der Nacht vom 28. Februar auf den 1. März 413 Flugzeuge nach St. Nazaire. Diese und andere Luftangriffe zerstörten die außerhalb gelegenen und baulich wenig geschützten Einrichtungen der Stützpunkte und machten die Städte St. Nazaire und Lorient dem Erdboden gleich. Die Bomben richteten aber an den U-Boot-Bunkern oder an den außerhalb der Bunker liegenden U-Booten keinen Schaden an. Bei den leichteren Luftangriffen auf Brest passierte ähnliches. Auch dort wurden die Bunkeranlagen nicht in Mitleidenschaft gezogen.

Die Piloten fürchteten und haßten diese Einsätze. Die Verluste an Flugzeugen und Männern waren weiterhin hoch. Das Scheitern der Alliierten, die Bunker – selbst mit 900-Kilogramm-Bomben – wirkungsvoll zu beschädigen, war demütigend und demoralisierend. Die Propagandisten in Berlin machten die Angriffe lächerlich und priesen die Unzerstörbarkeit der Bunker und die Standhaftigkeit der U-Boot-Fahrer. In Wirklichkeit leisteten die alliierten Flieger aber einen wich-

---

[1] Siehe Anhang 14.

[2] Siehe Anhang 13.

tigen Beitrag im Kampf gegen die U-Boote, was zur damaligen und in späterer Zeit, selbst von Luftwaffenhistorikern, nicht erkannt wurde. Die Luftangriffe verzögerten oder stoppten den Bau *weiterer* U-Boot-Bunker. Diese aber wurden dringend benötigt, um die wachsenden Atlantikflottillen der U-Boot-Waffe unterzubringen.

Im ersten Vierteljahr 1943 trug das Bomber Command weiterhin die Hauptlast der alliierten Luftangriffe auf die U-Boot-Bunker und die Werften in Deutschland. Bei neuen einzelnen Angriffen mit 1443 Einsätzen trafen Bomber der Royal Air Force Wilhelmshaven viermal, Hamburg dreimal und Bremen sowie Emden je einmal. Auch diese Angriffe verfehlten ihr Ziel: U-Boot-Produktionsanlagen oder U-Boote wurden nicht getroffen.

Wegen des langen Wartens auf eintreffende Flugzeuge und wegen der Verlegung von Bombern zur 12. Air Force, die die Operation Torch unterstützen sollten, vergrößerte sich die 8. Air Force nur langsam. Am 27. Januar flog diese Einheit ihre erste Mission gegen Deutschland, einen Scheinangriff mit 53 Flugzeugen auf Wilhelmshaven. Im Februar und März führte der Verband vier weitere Angriffe gegen Deutschland durch, nochmals zwei Angriffe auf Wilhelmshaven und je einen auf Bremen und Emden. Erst am 18. März war es der Einheit möglich, einen Luftangriff mit bis zu 100 Maschinen durchzuführen, die Unterstützung durch Jagdflugzeuge blieb dabei unzureichend. Die Luftangriffe auf Ziele in Deutschland, bei denen ebenfalls keine U-Boot-Werften oder U-Boote beschädigt werden konnten, seien »größtenteils als Test« gedacht gewesen, wie offizielle Historiker der amerikanischen Air Force schrieben. Aus diesem Grund kam die gemeinsame Bomberoffensive (Sickle) gegen andere deutsche Ziele als U-Boot-Werften nur stockend voran.

Mythen versus Tatsachen

Viele Jahre nach dem Ende des Zweiten Weltkriegs beschrieben Marinehistoriker und populärwissenschaftliche Autoren die Schlacht im Atlantik im Zeitraum Januar bis April 1943 auf melodramatische Art und Weise. Erzählt wurde dabei, daß die Deutschen, die die U-Boot-Waffe schließlich auf »400« oder »über 400 in Dienst gestellte« Boote aufgestockt hatten, im März um Haaresbreite die lebenswichtige nordatlantische Konvoiroute unterbrochen hätten. Den lange geführten Seekrieg hätten die Deutschen dadurch »gewonnen«. Und in der Folge davon seien alle alliierten Operationen in diesem Sektor der Welt gefährdet worden. Im Mai 1943 sei dann der U-Boot-Krieg unerwartet und auf nahezu unerklärliche Weise zusammengebrochen.

Der Standpunkt, der diesen Zeitraum der Schlacht im Atlantik betrifft, wurde offensichtlich erstmals im maßgeblichen und geheimen »Monthly Anti-Submarine Report« vom Dezember 1943 zu Papier gebracht. Im Rückblick auf das Jahr 1943 schrieb der Verfasser:

> *Bis zum 20. März 1943 existierte eine reale Gefahr, daß der Gegner sein Ziel erreichen könnte, nämlich die Schiffahrtslinien zu unterbrechen, die Großbritannien mit dem nordamerikanischen Kontinent verbinden. Nach diesem Zeitpunkt schien der Gegner schwächer zu werden. […]*

Zwei Absätze weiter malte der Autor ein ganz und gar apokalyptisches Bild:

> *Die Bedeutung des Zeitraums bis zum 20. März lag darin, daß anscheinend die Möglichkeit bestand, daß wir die Konvois als wirkungsvolles Verteidigungsprinzip gegen die Rudelangriffe des Gegners nicht fortführen könnten. […]*

Im 1947 erschienenen Band 1 von Samuel Eliot Morisons halboffizieller, 15bändiger Geschichte der amerikanischen Marineoperationen im Zweiten Weltkrieg zitierte Morison diese Quelle der Admiralität und schrieb:

> *Nie zuvor war der Gegner so nahe daran, die Verbindungen zwischen der Neuen und der Alten Welt zu unterbrechen, wie in den ersten 20 Tagen des März 1943.*

Im 1957 publizierten Band 2 der vierbändigen Geschichte der Royal-Navy-Operationen im Zweiten Weltkrieg von Stephen W. Roskill zitierte der Verfasser direkt und umfassend die gleiche Quelle der Admiralität. Roskill schrieb zehn Jahre später, in diesem Zeitraum habe »die Krise aller Krisen« stattgefunden:

> *Der Sachverhalt, daß wir Anfang des Frühjahrs 1943 einer Niederlage nur sehr knapp entronnen sind, gibt dem Standpunkt des Verfassers einiges Gewicht. […] Auf diesen Monat [März] [kann man nicht] ohne das Gefühl des Schreckens angesichts der erlittenen Verluste zurückblicken. […] Welche anderen Möglichkeiten konnte sich die Admiralität zunutze machen, wenn das Konvoisystem sich als unbrauchbar erweisen sollte? Sie hatte keine Ahnung; doch bei der Admiralität mußte man gespürt ha-*

ben, auch wenn das niemand zugegeben hat, daß eine Niederlage drohte.

Wissenschaftliche Forschungen in späteren Jahren zeigten, daß diese angeblich düstere Entwicklung der Ereignisse falsch eingeschätzt worden war. Gelegentlich tauchen jedoch solche Ansichten immer noch auf, selbst in den seriösesten Arbeiten. So schrieb beispielsweise der kanadische Marinehistoriker David Syrett über diesen Zeitraum:[1]

Die strategische Lage der Alliierten im Nordatlantik war trostlos, und bei den Versenkungen und den U-Boot-Angriffen auf die transatlantischen Konvois war kein Ende abzusehen. [...] Der März 1943 kennzeichnete jenen Punkt, an dem die deutschen U-Boote einer Unterbrechung der maritimen Verbindungen zwischen Nordamerika und Großbritannien am nächsten kamen. [...] [Der Mangel an Schiffen war so groß, daß] die Alliierten es für nahezu unmöglich hielten, die nötigen Schiffe bereitzustellen, um damit wichtige Programme für die Zivilbevölkerung aufrechtzuerhalten, etwa Importe von Lebensmitteln und Rohstoffen nach Großbritannien, während zugleich jene Schiffe zur Verfügung gestellt werden mußten, die für die Unterstützung militärischer Operationen erforderlich waren.

Damit dieser Sachverhalt aus einer Perspektive betrachtet werden kann, die der Realität eher entspricht, ist es angemessen, eine Reihe relevanter Fakten umfassend und klar ins rechte Licht zu rücken.

Dies betrifft zunächst die Stärke der U-Boot-Waffe.

Korrekt ist, daß am 1. Januar 1943, den verläßlichsten deutschen Quellen zufolge, »400 U-Boote in Dienst gestellt« waren. Zugleich verlangt diese Zahl eine genaue Analyse. Von ungefähr zwölf Spezialbooten abgesehen (U-Tanker vom Typ XIV, die sogenannten »Milchkühe«, Minenleger vom Typ XB und U-Boot-Kreuzer vom Typ IXD2), ging man davon aus, daß nur etwa die Hälfte der »400« Boote einen »operativen« Status besaßen. Der übrige Teil befand sich in der Erprobungsphase und wurde neu ausgerüstet, saß im Eis der Ostsee fest oder wurde den U-Boot-Schulen zugeteilt. Wenn wir die wiederholte Behauptung von Dönitz akzeptieren, die im Nordmeer und Mittelmeer eingesetzten operativen Boote hätten falsche Positionen bezogen und seien praktisch nutzlos gewesen, es sei denn als »existente Bedrohung« für den Gegner, dann waren die einzigen, für die Alliierten eine aus-

---

[1] In: *The Defeat of the German U-Boats* (1994).

drückliche Gefahr darstellenden U-Boote jene der Atlantik-Streitmacht, die in fünf Stützpunkten in Frankreich stationiert waren.

Im Januar 1943 war der Verband der Atlantik-Boote noch von bescheidener Größe. Berücksichtigt man neue Boote und die Verluste, dann erhöhte sich die Zahl der Kampfboote seit dem Spätsommer 1942 um lediglich 33. Diese Zunahme entwickelte sich wie folgt:

	1. 9. 42[1]	1. 10. 42	1. 11. 42	1. 12. 42	1. 1. 43
Typ VII	77	98	101	100	106
Typ IX	47	47	49	48	51
Gesamt:	124	145	150	148	157

Ebensowenig gab es in den ersten vier Monaten des Jahres 1943 einen dramatischen Anstieg bei den Kampfbooten der Atlantik-Streitmacht. Im einzelnen:

	1. 1. 43	1. 2. 43	1. 3. 43	1. 4. 43	1. 5. 43
Typ VII	106	114	125	123	134
Typ IX	51	53	54	54	52
Gesamt:	157	167	179	177	186[2]

---

[1] Siehe Tafel 1.

[2] In der Ostsee gab es weiterhin Pannen und Rückschläge, was den Anmarsch neuer U-Boote in den Atlantik verzögerte. Die schlimmste Panne ereignete sich auf dem U-Tanker *U490,* der unter dem Befehl des 38jährigen Wilhelm Gerlach stand. Das Boot sank in der Erprobungsphase vor Gotenhafen. Bergung und Reparaturen dauerten acht Monate. Für die unter starkem Druck stehende kleine atlantische Tanker-Flotte war dies ein schwerer Schlag. *U231,* ein Boot vom Typ VII unter dem Kommando des 35jährigen Wolfgang Wenzel, scheiterte bei den taktischen Übungen und mußte die Prüfung wiederholen. Während einer anderen taktischen Übung kollidierte ihr Schwesterboot, *U232* unter dem 28jährigen Ernst Ziehm, mit *U649,* das dem 23jährigen Raimund Tiesler unterstand. *U649* sank und nahm 34 Mann der 45köpfigen Besatzung mit in die Tiefe. Tiesler wurde gerettet und übernahm ein anderes Boot vom Typ VII. Das neue Boot *U416* vom Typ VII, das unter dem Kommando des 27jährigen Christian Reich stand, lief auf eine von britischen Flugzeugen abgeworfene Mine und sank. Das Boot wurde geborgen, dann jedoch einer Ausbildungseinheit zugewiesen. Auch Reich übernahm ein anderes Boot vom Typ VII. Auch das neue *U421* vom Typ VII unter dem 23jährigen Hans Kolbus lief auf eine britische Mine und wurde schwer beschädigt. Auf dem vom 25jährigen Hans-Harald Speidel befehligten *U643* traten eine Reihe katastrophaler technischer Probleme auf, einschließlich einer Batterieexplosion, was die Einsatzbereitschaft des Bootes um mehr als sechs Monate verzögerte. Und das bei einer taktischen Übung von dem Typ-IXC-40-Boot *U168* (unter dem Kommando von Helmut Pich) gerammte *U643* lief erst nach monatelangen Reparaturen aus.

In den zur Debatte stehenden vier Monaten vom Januar bis April 1943 setzten die Deutschen die überwältigende Mehrzahl der zur Atlantik-Streitmacht gehörenden Kampfboote des Typs VII und IX sowie die Minenleger des Typs XB auf der nordatlantischen Konvoiroute ein. Im einzelnen waren dies:

	Januar	Februar	März	April
Nordatlantik	42	52[1]	40	72[2]
Mittelatlantik	14[3]	12	7[4]	12
Südatlantik	1	1	3	–
amerikanische Gewässer	4	3	4	6[5]
Gesamt:	61	71	54	90

Als nächstes sind die alliierten Verluste zu berücksichtigen.

In denselben vier Monaten stachen auf alliierter Seite 59 Frachterkonvois in See, die aus etwa 2400 Handelsschiffen bestanden und die nordatlantische Route in östlicher und westlicher Richtung befuhren.[6] Davon verließ über die Hälfte, ungefähr 1320 Schiffe, New York mit östlichem Kurs in Halifax- und Slow-Konvois (HX und SC). Der andere Teil, 1081 Schiffe, verließ die Britischen Inseln mit Kurs auf amerikanische Gewässer in Outbound North und Outbound North (Slow) Konvois (ON und ONS).

Von diesen 2401 Schiffen versenkten die U-Boote 111: 73 auf dem Weg zu den Britischen Inseln und 38 auf der Rückreise nach Nordamerika. Das entsprach etwa fünf Prozent aller Schiffe, die in dieser Region in Geleitzügen den Atlantik überquerten. Somit erreichten in diesen vier Monaten 95 Prozent der in diesen 59 Konvois fahrenden Schiffe ihren Zielort.

---

1 Darunter *U119* vom Typ XB, das vor Island ein wirkungsloses Minenfeld legte.

2 Darunter *U217* und *U218* vom Typ VIID, die vor der englischen Küste wirkungslose Minenfelder legten, sowie *U303, U410, U414* und *U616,* die ins Mittelmeer verlegt wurden.

3 Darunter *U118* vom Typ XB, das vor der Straße von Gibraltar ein wirkungsvolles Minenfeld legte, und *U224,* das ins Mittelmeer einfuhr.

4 Darunter *U455* vom Typ VII und *U117* vom Typ XB, die am 10. 4. und 11. 4. vor Casablanca Minenfelder legten. Diese Minenfelder führten zur Versenkung eines französischen Frachters mit 3777 Tonnen und zur Beschädigung von zwei anderen Schiffen der Liberty-Klasse.

5 Darunter *U119* vom Typ XB, das vor Halifax ein Minenfeld legte. Dieses führte zur Versenkung eines Frachters mit 2937 Tonnen und zur Beschädigung eines anderen mit 7176 Tonnen.

6 Siehe Anhang 3.

In den ersten zwanzig Märztagen erzielten die auf der Nordatlantikroute operierenden U-Boote ungewöhnliche Erfolge gegen vier Geleitzüge mit Ostkurs: HX 228 und 229 sowie SC 121 und 122. Sie versenkten dabei 39 von den rund 200 Handelsschiffen (20 Prozent) dieser Konvois sowie den britischen Zerstörer *Harvester*. Vor allem dieser harte Schlag erschütterte die Admiralität. Die Tatsache, daß im März in diesem Gebiet elf andere Konvois unbehelligt durchkamen und nur ein anderer Konvoi ein Schiff an die U-Boote verlor, wird in den apokalyptischen Szenarien kaum jemals erwähnt.

Der Verlust von 39 Handelsschiffen aus diesen vier ostwärts laufenden Geleitzügen kann keineswegs leichtfertig abgetan werden. Es ist keine umfassende Berechnung der Verluste an Menschenleben, Nahrungsmitteln, Waffen und Rohstoffen erstellt worden, doch ganz offensichtlich waren es schwerwiegende Verluste. Sie waren jedoch nicht schwerwiegend genug, um die laut Roskill »Krise aller Krisen« auszulösen. Im Gegensatz zu seinen Behauptungen und denen anderer Historiker schrieb im Zweiten Weltkrieg der offizielle Historiker der britischen Handelsschiffahrt, C. B. A. Behrens,[1] daß die Vorräte – obgleich sie im ganzen ersten Vierteljahr geschrumpft waren – zu steigen begannen und daß »das Importprogramm des Vereinigten Königreichs in der ersten Jahreshälfte von 1943 keineswegs katastrophal in Mitleidenschaft gezogen« wurde.

Die alliierten Schiffsverluste in den ersten vier Monaten des Jahres 1943 waren von außerordentlicher Bedeutung. Dennoch ist damit noch nicht alles erklärt. In anderen Regionen operierende U-Boote (im Mittelatlantik, Nordmeer und Mittelmeer, vor Westafrika, im Indischen Ozean und in amerikanischen Gewässern) erzielten ebenfalls einige Erfolge. Die Admiralität berechnete alle Verluste an Handelsschiffen durch U-Boote der Achse, wie nachfolgend beschrieben:[2]

1943	Schiffsverluste	BRT
Januar	37	203 128
Februar	63	359 328
März	108	627 377
April	56	327 943
Gesamt:	264	1 517 776

Da die Situation bei den alliierten Handelsschiffen für den Zeitraum vom Januar bis April ins rechte Licht gerückt werden soll, ist es ebenfalls

1 *Merchant Shipping and the Demands of War* (1955).

2 Bei diesem Beispiel deckt sich Jürgen Rohwers Berechnung der Verluste für die Schiffahrt der Alliierten weitgehend mit jener der Admiralität.

hilfreich, die Produktionsleistung der amerikanischen Werften bei neuen Schiffen zu berücksichtigen. Im Winter 1942/43 war die Produktionsrate allein in amerikanischen Werften unglaublich hoch – sie übertraf die Verluste durch sämtliche U-Boote der Achsenmächte um mehr als das Doppelte:

1943	Schiffsneubauten	BRT
Januar	106	647 000
Februar	132	792 000
März	149	1 005 000
April	159	1 076 000
Gesamt:	546	3 520 000

Aus deutscher Sicht gab es sicherlich keine Anzeichen dafür, daß die U-Boote in diesem viermonatigen Zeitraum im Nordatlantik die Verbindung zwischen Nordamerika und den Britischen Inseln sowie Westafrika auch nur zeitweise unterbrechen konnten. Ganz im Gegenteil: Von den sehr guten Resultaten im März abgesehen, die hauptsächlich von im Februar ausgelaufenen Booten erzielt worden waren, nahmen in dieser Zeit die Erfolge der U-Boote gegen nordatlantische Geleitzüge beständig ab. Die Zahl an ergebnislosen Feindfahrten von Kampfbooten – dieser für die Deutschen so verhängnisvolle Trend – nahm weiter zu. Die Zahlen im Detail:

	Feindfahrten	neuer Kommandant	versenkte Schiffe	pro Boot	Bootsverluste	keine Versenkungen
Januar	56	14 (25%)[1]	41,5	0,74	12	32 (57%)
Februar	67	31 (46%)[2]	61	0,91	8	36 (54%)
März	47	14 (30%)[3]	26	0,55	15[4]	27 (57%)
April	86	22 (25%)[5]	19	0,22	31[6]	66 (76%)
Gesamt:	56	81 (32%)	147,5	0,58	66 (26%)	61 (63%)

Wie in den Jahren 1941 und 1942 war die Admiralität wegen der alliierten Schiffsverluste sehr besorgt. Sie sprach nach wie vor von einer möglichen Krise bei den Importen zu den Britischen Inseln, welche die Briten zwingen würde, ihre Vorräte auf ein gefährliches Niveau zu reduzieren. Wie in den beiden vorangegangenen Jahren reagierte Präsident Roosevelt 1943 prompt und großzügig auf die Notrufe aus London. Er

1 Darunter ein kampferprobtes Boot mit einem neuen Kommandanten.
2 Darunter acht kampferprobte Boote mit neuen Kommandanten.
3 Darunter vier kampferprobte Boote mit neuen Kommandanten.
4 Darunter *U71* und *U704*, die dem Ausbildungsverband überstellt wurden.
5 Darunter zwei kampferprobte Boote mit neuen Kommandanten.
6 Darunter *U108*, das dem Ausbildungsverband überstellt wurde.

wies Admiral Emory S. (Jerry) Land von der War Shipping Administration an, Großbritannien auf Grundlage des Lend-Lease Act über eine Laufzeit von zehn Monaten monatlich 15 neue Frachtschiffe zu übergeben. Insgesamt waren dies 150 Schiffe mit ungefähr 1 Million BRT, deren Mannschaften aus den geschätzten 10000 britischen Seeleuten bestehen sollten, die ihre Schiffe verloren hatten. Darüber hinaus informierte Roosevelt Churchill, er habe Land vorgeschlagen, die Transferierung von Schiffen bei gleicher Laufzeit »auf zwanzig« pro Monat zu erhöhen bzw. auf 200 Schiffe mit nahezu 1,5 Millionen BRT.[1]

Diese Analyse verdeutlicht, daß die im Atlantik stehenden U-Boote in den ersten 20 Märztagen gegen vier ostwärts laufende Geleitzüge auf der nordatlantischen Route große Erfolge erzielten. Wie dargelegt wurde, können die Verluste in diesen Konvois nicht als folgenlos abgetan werden – sie waren tatsächlich verheerend. Doch im Gesamtzusammenhang rechtfertigten sie nicht die retrospektiven Schlußfolgerungen der Admiralität, man habe den Eindruck, die U-Boote seien nie zuvor so nahe an ihr Ziel herangekommen, die atlantischen Verbindungswege zu unterbrechen, und daß Konvois möglicherweise kein wirkungsvolles Abwehrmittel gegen U-Boote mehr seien.

Das maßgebliche zeitgenössische Dokument, der geheime »Monthly Anti-Submarine Report« der Briten vom März 1943, drückte es so aus: »Berücksichtigt man, wie sich die Angriffe schwerpunktmäßig entwickelt haben, dann kamen die Konvois zum größten Teil bemerkenswert gut durch.«

Weitere Mißerfolge der U-Boote auf der Nordatlantikroute

Im Januar 1943 setzte die deutsche U-Boot-Führung[2] 56 Boote gegen die alliierten Konvoirouten im Nord- und Mittelatlantik in Marsch. Diese Streitmacht bestand aus 46 Booten des Typs VII[3] und, auch wenn diese für Angriffe auf Geleitzüge nicht geeignet waren, aus 9 Booten des Typs IX sowie dem Minenleger *U118* vom Typ XB. Einem der Boote vom Typ

---

[1] Von diesen als SAM-Schiffe bezeichneten Fahrzeugen wurden faktisch 182 an die Briten übergeben.

[2] Ab Februar 1943 war Admiral von Friedeburg kommandierender Admiral der U-Boote und wie bisher verantwortlich für Bereitstellung und Ausbildung. Die operative Führung unterstand aber Konteradmiral Eberhard Godt; bei der U-Boot-Führung war auch sein erster Stabsoffizier Günter Heßler tätig sowie Adalbert Schnee, Peter Cremer und einige andere.

[3] Darunter vier aus dem Nordmeer kommende Boote: *U376, U377, U403* und *U456*.

VII (unter dem Kommando von Wolfgang Sporn) wurde eine Sondermission übertragen, doch das Unternehmen wurde abgeblasen, und fünf Tage später kehrte das Boot nach Frankreich zurück. Sporn übernahm daraufhin andere Aufgaben, was unter anderem dazu führte, daß das Boot erst Ende Februar wieder auslief.

Ein anderer, in späteren Jahren entstandener Mythos besagte, daß die U-Boot-Kommandanten von 1943 bis Kriegsende verhältnismäßig jung waren, 21 oder 22 Jahre alt, und daher für die Führung eines Bootes zu unreif und unerfahren. Diesen Mythos förderten hauptsächlich die Autoren Michael Salewski und Lothar-Günther Buchheim. Buchheim schrieb – ein Nachklang auf eine Äußerung von Dönitz –, in den späteren Kriegsjahren seien die meisten U-Boot-Fahrer halbe Kinder gewesen. Zahllose wissenschaftliche und statistische Studien haben diese Behauptungen gründlich widerlegt.[1] Wie in der Spalte mit Geburtsdaten in Anhang 1 dieses Bandes gesehen werden kann, waren die Kommandanten der ungefähr 200 neuen, sich 1943 an der Front einfindenden Boote durchschnittlich etwa 28 Jahre alt. Die überwältigende Mehrheit (148) war im Durchschnitt 26 Jahre alt.[2] Und ein Kommandant (des XB-Minenlegers *U219*) war gar 52 (!) Jahre alt, zwei weitere waren in den Vierzigern, 42 Kommandanten in den Dreißigern. Nur sechs Kommandanten waren 23 und einer 22 Jahre alt.

Wie berichtet, war es notwendig, die vielen Boote des Typs VII aufzutanken, um außerhalb der Reichweite der meisten alliierten Flugzeuge eine geordnete U-Boot-Kriegführung gegen die nordatlantischen Geleitzüge zu ermöglichen. Dieses Erfordernis stellte die Deutschen vor eine Reihe von Problemen. Sie hatten nicht genügend U-Tanker, um die große Anzahl der aufgestellten Boote des Typs VII ausreichend zu versorgen. Im Winter, wenn der Himmel tagelang bedeckt war, war die Versorgung mit Treibstoff riskant, da Navigation und Positionsfest-

---

1 Siehe besonders Rolf Güth (mit einer Dokumentation von Jochen Brennecke) in der Zeitschrift *Schiff und Zeit* Nr. 28 (1988), und Dr. Timothy P. Mulligan, »German U-boat Crews in World War II: Sociology of an Elite«, in: *Journal of Military History* (April 1992), wie in Nachdrucken korrigiert wurde. Von unschätzbarem Wert für eine Untersuchung dieser Kontroverse ist eine Auflistung aller U-Boot-Kommandanten mit ihrem Geburtsdatum, die von Rainer Busch und Hans-Joachim Röll in *Der U-Boot-Krieg: 1939–1945, Die deutschen U-Boot-Kommandanten* (1996) zusammengestellt und veröffentlicht wurde. Die Liste basiert auf Daten, die von Horst Bredow und seinen Mitarbeitern vom U-Boot-Archiv Cuxhaven-Altenbruch zur Verfügung gestellt wurden.

2

Geburtsjahr:	1914	1915	1916	1917	1918	1919
Zahl der Kommandanten:	17	18	26	33	28	26

stellung der Boote sowie das Übersetzen von Tankschläuchen bei stürmischem Wetter und schwerer See schwierig waren.

Im Januar 1943 befanden sich fünf U-Tanker vom Typ XIV, auch »Milchkühe« genannt, auf Positionen im Atlantik. Als provisorischer U-Tanker fungierte zusätzlich der Minenleger *U117* vom Typ XB. *U463,* ein Boot des Typs XIV, und *U117* waren bereits auf See und unterstützten im Nordatlantik die Boote des Typs VII. Sie wurden am Monatsende zurückerwartet. Das XIV-Boot *U459* war gerade zu einer Sondermission ausgelaufen, bei der es die Gruppe Seehund auf dem zweiten Beutezug deutscher U-Boote nach Kapstadt unterstützen sollte. Das im November ausgelaufene *U461* vom selben Typ stand kurz vor der Ankunft im Heimathafen. Es wurde am 3. Januar in St. Nazaire zurückerwartet, um neu ausgerüstet zu werden. Die Mannschaften sollten in Urlaub gehen. Zwei andere Boote des Typs XIV, *U460* und *U462,* sollten im Januar auslaufen. Bei *U462* traten aber Maschinenprobleme auf, und das Boot mußte repariert werden. Und *U460* konnte erst am letzten Januartag auslaufen. Daher erging von der U-Boot-Führung die Anweisung, *U118,* ein Minenleger vom Typ XB, sollte nach dem Legen des Minenfeldes als provisorischer Tanker im Mittelatlantik fungieren.

Alle der nordatlantischen Route zugeteilten U-Boote fuhren in schreckliche Winterstürme hinein. Die Strapazen für die U-Boot-Fahrer waren entsetzlich: gigantische Wellen, heulende Winde und im Inneren der Stahlröhren Temperaturen nahe dem Gefrierpunkt. Dennoch blieb der Kampfgeist auf den Booten, mit Ausnahme einiger weniger, ungebrochen. Die U-Boot-Führung erinnerte die Besatzungen ständig daran, daß jedes versenkte Schiff ihren Kameraden an der Ostfront und anderswo helfe. Vom Einsatz der U-Boot-Fahrer hänge es letztlich ab, den Krieg für Führer und Vaterland zu gewinnen.

Viele im Januar auslaufende Boote hatten neue Waffen an Bord:

- FAT preßluftgetriebene Torpedos (G7a) mit Schleifenlauf.
- Elektro-Torpedos (G7e) mit der neuen Pi-2 Magnetpistole.
- »Akustische« Torpedos. Dieser Torpedo befand sich seit langem in der Entwicklung und wurde nur wenigen U-Booten für einen Test unter Kampfbedingungen zugeteilt. Der »akustische« Torpedo T-4 mit Namen Falke war ein modifizierter elektrischer Torpedo (G7e). Seine Konstruktion ermöglichte es, daß er in einer engen Kreisbahn lief, sobald er in unmittelbarer Nähe das Geräusch der Schiffsschraube eines Handelsschiffes »registrierte«. Damit erhöhten sich die Chancen, mit einem schlecht gezielten Torpedo das Ziel zu treffen. Mit einer Geschwindigkeit von etwa 20 Knoten und einem ungefähren Aktionsradius von 6500 Metern hielt

man den T-4 Falke für ein wirkungsvolles Mittel gegen Schiffe, die mit bis zu zwölf Knoten fuhren.[1]

- Eine erhöhte Anzahl von Flugabwehrkanonen, darunter die 2-cm-Zwillinge auf Lafetten auf der vorderen und hinteren Brücke und einen 2-cm-Vierling auf dem hinteren Teil des Decks, direkt achtern vom Kommandoturm. Um die Gewichtszunahme auf Deck und den Widerstand unter Wasser auszugleichen, wurden die meisten der nunmehr selten eingesetzten 8,8-cm-Deckgeschütze auf den Booten des Typs VII abgebaut.
- Verbesserte passive Sonarausrüstung (bzw. Hydrophone). Als »Phalanx«-Sonar bekannt, bestanden seine »Ohren« aus vielen Sensoren, die bei den Booten am Bug backbords und steuerbords angebracht waren. Bei guten Wetterbedingungen auf See konnte dieses Sonar das Schraubengeräusch von Schiffen in Geleitzügen feststellen, die sich 18 bis 35 Kilometer entfernt befanden. In nebligem Wetter auf den Grand Banks und um Grönland und Island, wenn die Sichtweite häufig nur wenige Meter betrug, besaßen die Deutschen mit dem Phalanx-Sonar ein Mittel, mit Konvois Fühlung zu halten und Eskorten auszuweichen.

Auch die Alliierten machten sich vielversprechende Veränderungen zunutze, was in Deutschland nicht bekannt war bzw. bis zu dem damaligen Zeitpunkt nicht bestätigt wurde:

- Immer mehr Schiffe und Flugzeuge wurden mit 10-cm-Radargeräten ausgerüstet, die das Metox-Gerät FuMB *nicht erfassen* konnte.
- Eine stetig wachsende Anzahl von Geleitschiffen und Rettungsschiffen für Geleitzüge wurde mit Huff Duff ausgerüstet. Dieses hielten die Geleitzug-Kommandanten für ebenso wirksam wie Radar, wenn nicht sogar wirkungsvoller, um damit U-Boote zu orten, die Fühlung hielten oder sich sammelten.
- Häufigere Einbrüche in die mit vier Walzen ausgestattete Enigma, wodurch sich ausreichend Informationen ergaben, mit deren Hilfe die Alliierten die Geleitzüge auf Ausweichkurse schicken konnten.
- Ein gänzlich neue Waffe für Flugzeuge: eine Rakete mit festem Treibstoff. Diese Raketen besaßen einen Durchmesser von drei Zoll und wogen 30 Kilogramm. Sie trugen einen 12,5 Kilogramm schweren, panzerbrechenden Sprengkopf aus festem Stahl und flogen knapp unter Schallgeschwindigkeit. Mit Halterungen an der Unterseite von Flugzeugtragflächen befestigt, konnten sie einzeln oder in

---

[1] In der Entwicklung befand sich eine ausgereiftere Version: T-5 mit Namen Zaunkönig, welcher direkt auf das Schraubengeräusch eines Zielobjekts »zusteuern« und die Schraube treffen sollte.

Salven abgefeuert werden. Um optimale Ergebnisse zu erreichen, zielte man so, daß die Raketen in einer Entfernung von etwa 18 Metern kurz vor dem Ziel auftrafen und in einem Winkel von etwa 13 Grad ins Wasser eintauchten. Durch die ungewöhnliche Form des Sprengkopfes lief die Rakete in maximal 2,5 Metern Tiefe, stieg dann nach oben und sprengte unterhalb der Wasserlinie eines aufgetauchten U-Boots ein Loch in den Druckkörper. Die Raketen konnten natürlich auch »trocken« abgeschossen werden, direkt auf das »entblößte« Oberdeck des U-Boots, doch diese Methode betrachtete man als weniger wirkungsvoll, da es schwieriger war, den Aufbau *und* den Druckkörper zu durchschlagen.

Die Verlegungen und die Abkommandierung der U-Boote auf neue Positionen, der langwierige Kampf mit Geleitzug ONS 154 im Dezember und das fürchterliche Winterwetter führten dazu, daß am 1. Januar 1943 im Nordatlantik nicht genügend U-Boote patrouillierten, um zwei vollständige Angriffsgruppen (»Wolfsrudel«) von jeweils 13 bis 15 Booten zu bilden. Mit der bevorstehenden Ankunft der ersten Januarboote wies die U-Boot-Führung fünf Boote an, vom XB-Minenleger *U117* Dieselöl zu übernehmen, dann nordöstlich von Newfoundland eine neue Gruppe (Jaguar) zusammenzustellen und ostwärts laufende Konvois (Halifax oder Slow) abzufangen. Die Führung wies 14 Boote an, südöstlich von Grönland eine vollständige Gruppe (Falke) zu bilden und Outbound North und Outbound North (Slow) Geleitzüge abzufangen.

Das Vorhaben, die Gruppe Jaguar aus Januarbooten zu bilden, erwies sich als problematisch. Die Wetterverhältnisse waren so schlecht, daß *U117* nur eines der fünf Boote, *U662* unter Wolfgang Hermann, mit Treibstoff versorgen konnte. Hermann wiederum mußte wegen eines Notfalls das unter dem Kommando von Adolf Graef stehende Boot *U664* betanken, damit dieses den Rückmarsch nach Frankreich antreten konnte. Angesichts der schwindenden Dieselölreserven von *U117* wies die U-Boot-Führung Hans Geissler mit *U440* an, die geplante Versorgung abzubrechen und zurückzukehren.

Da die Versorgung mit Dieselöl nicht möglich war, fiel die Jaguar-Gruppe auseinander. Von den fünf Booten konnten nur Horst von Schroeter mit *U123* vom Typ IXB, der ausreichend Treibstoff hatte, und Hermanns aufgetanktes *U662* die Operationen im Rahmen der Gruppe Jaguar weiterführen. Im weiteren Verlauf schlossen sich der Gruppe sechs neue aus Frankreich und Deutschland kommende Boote an. Darunter befand sich *U96,* jenes Boot, das in Buchheims Roman (und dem Film) *Das Boot* unter dem Kommando von Lehmann-Willenbrock beschrieben wird. *U96* stand jetzt unter dem Befehl von Hans-Jürgen

Hellriegel und war auf Heimatkurs, da es zum Ausbildungsverband abkommandiert worden war. Dieses und sieben weitere Boote der Gruppe Jaguar lauerten tagelang vor Newfoundland, ohne ein Anzeichen eines Konvois zu sehen oder zu hören.

Außerhalb der Reichweite der meisten auf Island stationierten Flugzeuge bildete die Gruppe Falke eine südöstlich von Grönland verlaufende Linie. Unter den 14 Booten der Gruppe, die nach westwärts laufenden Konvois suchten, befand sich das kampferprobte *U404* vom Typ VII unter Ritterkreuzträger Otto von Bülow.

Auf einem der sich sammelnden Boote der Gruppe Falke ereignete sich ein Unglück. Auf dem neuen Boot vom Typ IXC/40, *U167* unter dem Kommando des 32jährigen Kurt Neubert, beschädigte schwerer Seegang die Brücke und schleuderte den Steuermannsmaat über Bord. Neubert selbst wurde so schwer verletzt, daß er die Fahrt abbrechen mußte. Am 16. Januar traf *U167* nach einer 27tägigen Patrouille in Frankreich ein. Für die noch katastrophalere nächste Feindfahrt des Bootes ernannte die U-Boot-Führung einen neuen Kommandanten.

Am 9. Januar meldete der 26jährige Hans Karpf, Kommandant von *U632* (ein neues Boot vom Typ VII), einen Geleitzug. Die U-Boot-Führung glaubte zunächst, es mit dem ON-Konvoi zu tun zu haben, den die Falke-Gruppe abfangen sollte. In der Folge kamen fünf andere, in Reichweite befindliche Boote der Gruppe Falke mit Hilfe von Karpfs Signalen heran. Der Geleitzug war, wie sich herausstellte, kein ON-Konvoi, da dieser dem Aufklärungsstreifen ausgewichen war. In einem Zeitraum von 24 Stunden meldeten vier Boote der Gruppe Falke, einschließlich Karpfs *U632,* die Versenkung von drei einzeln fahrenden Frachtern mit 22000 BRT und die Torpedierung eines Tankers von 15000 BRT. Jüngste Recherchen haben jedoch ergeben, daß diesen Angriffen wahrscheinlich nur die amerikanische *Louise Lykus* (6155 BRT) durch *U384* und die britische *Ocean Vagabound* (7174 BRT) durch *U186* zum Opfer fielen. Der lange Zeit *U632* zugeschriebene Tanker *C. I. Barkdull* (6773 BRT) ist wahrscheinlich weit südlich der Position von U632 einem Seeunfall zum Opfer gefallen. In der ersten Januarhälfte waren diese beiden Schiffe die einzigen gegnerischen Fahrzeuge, die auf der Nordatlantik-Route von U-Booten versenkt wurden.

Am 15. Januar stieß eine B-17 Flying Fortress von der British Squadron 206 auf ein aufgetauchtes U-Boot. Der Bomber eskortierte den Konvoi ONS 160. Das U-Boot war das neue Falke-Boot *U632* unter Hans Karpf. Der Pilot der B-17, Leslie G. Clark, griff aus einer Höhe von 73 Metern an und warf sieben flach eingestellte Wasserbomben ab. Drei wurden zu spät abgeworfen, doch vier fielen nahe bei *U632* und beschädigten das Boot. Clark beanspruchte eine U-Boot-Versenkung für sich, die man nach fast drei ergebnislosen Monaten für den ersten Erfolg des Coastal Command im Nordatlantik hielt.[1]

Die Tage verstrichen, während Falke vergeblich nach den ausweichenden, westwärts laufenden Konvois suchte. Godt schrieb im Kriegstagebuch der U-Boot-Führung enttäuscht, U-Boote seien völlig ungeeignet, Geleitzüge zu *finden.* Damit dieses Ziel erreicht werden könne, sei eine sehr große Anzahl von U-Booten erforderlich, die dann wiederum mit sinn- und zwecklosem Warten beschäftigt seien. Für das Erfassen von Geleitzügen würden dringend Suchflugzeuge mit großer Reichweite benötigt. Wenn wir Flugzeuge hätten, schrieb Godt, und gab damit Dönitz' Meinung wieder, würde der Krieg ganz anders verlaufen.

Weil der Falke-Gruppe bei der Suche nach westwärts laufenden Konvois kein Glück beschieden war, verlängerte die U-Boot-Führung die Einsatzdauer von Falke. Alle Boote, die den Rückmarsch antreten mußten, wurden durch andere Boote ersetzt, und eine neue Gruppe namens Habicht wurde aufgestellt, die rasch auf neun Boote anwuchs. Die größte Stärke erreichte der Falke-Habicht-Verband mit 27 Booten, die auf einem rund 900 Kilometer langen Streifen patrouillierten.

Am 17. Januar erfaßte eines der Boote der Gruppe Habicht schließlich einen großen, schnellen Konvoi. Dies war *U268,* ein neues Boot vom Typ VII unter dem 26jährigen Ernst Heydemann, der 17 Tage zuvor in Kiel ausgelaufen war. Der Geleitzug war der nach Osten laufende Konvoi HX 222. Er wurde von der kanadischen Group C-1 begleitet, die zeitweilig aus zwei britischen Zerstörern (die ehemals amerikanischen Glattdeck-Zerstörer *Chesterfield* und die *Vansittart*), einem ehemaligen amerikanisch-kanadischen Glattdeck-Zerstörer *(St. Croix)* und fünf kanadischen Korvetten bestand. Das große Handikap der Deutschen war es, daß der Konvoi sich lediglich 330 Kilometer südwestlich von Island befand, wo ihn Flugzeuge wie die Hudsons oder andere Maschinen mit mittlerer Reichweite problemlos erreichen konnten. Die U-Boot-Führung erteilte Heydemann die Genehmigung zum Angriff, nicht jedoch den anderen Booten der Gruppen Falke und Habicht. Heydemann suchte sich das größte sichtbare Ziel aus, das Walfabrikschiff *Vestfold* mit 14547 BRT, welches mit Öl und Kriegsmaterial aller Art beladen war, darunter drei 150 BRT schwere Panzerlandungsboote (LCT). In der riesigen, das Fabrikschiff zerstörenden Explosion gingen alle drei LCTs unter. Heyde-

[1] Die Admiralität rechnete Clark die Versenkung des neuen *U337* an, das sich auf dem Weg zur Jaguar-Gruppe befunden hatte. In einer überarbeiteten Ausgabe seines Buches *Search, Find and Kill* (1995) schrieb Franks, daß diese »Versenkung« tatsächlich der fehlgeschlagene Angriff auf *U632* war und daß *U337,* unter dem Kommando von Kurt Ruwiedel, aufgrund unbekannter Ursachen verlorengegangen war.

mann hatte also ein Trefferergebnis von »vier Schiffen« mit ungefähr 15000 BRT.

Bei der U-Boot-Führung war man verärgert. Die 27 Boote der Gruppen Falke und Habicht hatten keine Anzeichen des erwarteten ONS-Konvois gefunden. Am 19. Januar wurde auf vielen Booten der Treibstoff knapp. Die Führung teilte daher die Boote (hinzu kamen etwa zehn Neuankömmlinge) in zwei Gruppen ein: Haudegen und Landsknecht. Die Boote mit ausreichend Treibstoff schlossen sich Haudegen an und patrouillierten auf einem Streifen vor der südöstlichen Spitze Grönlands, Kap Farewell. Die Boote mit wenig Treibstoff schlossen sich Landsknecht auf einem ähnlich verlaufenden Streifen weiter südöstlich an, doch noch immer abseits von den Regionen, in denen das Coastal Command patrouillierte. Rechnet man die Gruppe Jaguar (zwölf Boote) hinzu, die nordöstlich von Newfoundland noch auf Position war, dann waren zu diesem Zeitpunkt auf der nordatlantischen Route drei Gruppen positioniert.

Am 16. Januar stachen in Frankreich vier Boote in See und schlossen sich der Landsknecht-Gruppe an. Eines davon war *U553* vom Typ VII unter Ritterkreuzträger Karl Thurmann. Das Boot hatte seit dem 17. September ganze vier Monate im Hafen gelegen. Am 20. Januar traf Thurmann auf Heinz Wolf mit *U465,* einem VII-Boot, und übergab ihm ein nautisches Jahrbuch. Dies war das letzte Mal, daß jemand etwas von Thurmann und *U553* sah oder hörte. Der Ort und der Grund seines Verlustes wurden nie festgestellt oder zumindest offengelegt. Möglicherweise wurde *U553* Opfer einer noch zu ermittelnden Luftpatrouille des Coastal Command.[1]

Sechs am 12. Januar in Kiel ausgelaufene neue Boote (eines vom Typ IX, fünf vom Typ VII) erhielten die Anweisung, sich der Gruppe Haudegen südöstlich von Grönland anzuschließen. Beim Anmarsch erfaßte der 27jährige Rolf Manke mit *U358* vom Typ VII einen kleinen Konvoi, UR 59, der sich auf der Fahrt von den Britischen Inseln nach Island befand (»United Kingdom to Reykjavik«). Manke hielt in schlechtem Wetter die Fühlung und schoß dann. Er meldete einen Frachter mit 3500 BRT, doch aus den Auflistungen der Nachkriegszeit geht hervor, daß es sich um einen Schweden mit 1456 BRT gehandelt hatte. Dieser Frachter war im Januar erst das sechste von allen nordatlantischen U-Booten versenkte Schiff. Keines der anderen Boote fand den Geleitzug. Nahe der Küste verlor ihn Manke bei regnerischem Wetter und gab die Jagd auf.

Im Gebiet östlich von Newfoundland und südöstlich von Grönland waren am 22. Januar die erneut gebildete Gruppe Jaguar und die neue

---

[1] Thurmann wurde die Versenkung von 15 bestätigten Schiffen mit 85500 Tonnen zugeschrieben.

Gruppe Haudegen in Stellung gegangen. Das Wetter, die Sichtverhältnisse und die Funkverbindungen waren miserabel. Ein Boot der Gruppe Jaguar vom Typ VII, *U96* unter Hans-Jürgen Hellriegel, das nach Deutschland zurückkehren sollte, meldete zahlreiche Probleme mit den Maschinen. Daraufhin gab die U-Boot-Führung *U96* für die Rückreise frei und veranlaßte die Übernahme des Bootes in den Ausbildungsdienst. Die anderen Boote suchten derweil gewissenhaft mit Ausguck und Sonar nach Osten laufende Konvois.

Zur Verwirrung trug bei, daß ein Boot der Gruppe Haudegen, *U69* mit Ulrich Gräf, und *U96* mit Hellriegel, das seine Fahrt abgebrochen hatte, am 22. Januar Kontakte mit Geleitzügen meldeten. Auch wenn die Funkverbindungen nach wie vor schlecht waren, kam die U-Boot-Führung zu dem korrekten Schluß, dies seien zwei nach Osten laufende Geleitzüge, die in einem Abstand von 550 Kilometern nahezu parallel liefen. Diese Geleitzüge waren auf der südlichsten Route SC 117, geschützt von der britischen Escort Group B-3, und auf der nördlichsten Route HX 223, gesichert von der amerikanischen Escort Group A-3.

In den nächsten vier Tagen versuchte die U-Boot-Führung, die Gruppen Jaguar und Haudegen mit größter Präzision auf geeignete Positionen für einen Angriff auf beide Geleitzüge heranzuführen. Wegen der schlechten Funkverbindungen, des schlechten Wetters und der Unerfahrenheit der U-Boot-Besatzungen scheiterten diese Bemühungen. Beide Gruppen versenkten vier Schiffe aus diesen Geleitzügen.

- Gustav Poel erwischte mit *U413* vom Typ VII (Jaguar) einen griechischen Nachzügler von SC 117 mit 3556 BRT.
- Ulrich von Soden-Fraunhofen mit *U624* vom Typ VII (Haudegen) versenkte einen 5112 BRT großen britischen Frachter aus demselben Geleitzug.
- Rolf Manke versenkte mit *U358* (Haudegen) einen norwegischen Tanker aus dem Geleitzug HX 223.
- Die Boote der Gruppe Haudegen, *U607* unter dem Kommando von Ritterkreuzträger Ernst Mengersen und *U594* unter Friedrich Mumm, beide vom Typ VII, schlossen sich zusammen und versenkten den Bug des norwegischen Tankers *Kollbjörg* mit 8259 BRT, der in schwerem Wetter in zwei Teile zerbrochen war.

Die enttäuschende Operation gegen SC 117 und HX 223 war ein weiterer Rückschlag für die U-Boot-Führung. Die Gruppen auf der nordatlantischen Route wurden, nachdem die Jagd am 27. Januar abgeblasen worden war, umgruppiert oder aufgelöst. Die Boote der Gruppe Jaguar wurden zurückgezogen, um Treibstoff zu übernehmen oder um den Rückmarsch nach Frankreich anzutreten. Östlich von Newfoundland wurde Jaguar durch eine neue Gruppe (Pfeil) ersetzt. Die Gruppe Haudegen, aufgestockt auf 21 Boote, verblieb auf dem südöstlich von

Grönland verlaufenden Aufklärungsstreifen. Aufgelöst wurde die weiter östlich stehende Gruppe Landsknecht, die kein einziges Schiff versenkt hatte. Die Boote mit ausreichend Treibstoff schlossen sich der Gruppe Pfeil an. Diejenigen mit wenig Treibstoff kehrten nach Frankreich zurück.

Zwei kampferprobten, von der Landsknecht-Gruppe zurückkehrenden Booten vom Typ VII mit ausreichend Treibstoff wurde eine sehr riskante Sondermission übertragen. In der Dunkelheit einer Neumondnacht sollten sie in den flachen Gewässern nahe Lands End und den Scilly-Inseln einen Überraschungsangriff auf den Schiffsverkehr durchführen.

Dieser Einsatz verlief ergebnislos. Gejagt von Wellington-Bombern des Coastal Command, die mit Leigh-Light-Scheinwerfern und 10-cm-Radargeräten vom Typ ASV III ausgerüstet waren, lief von Bülow mit *U404* auf Grund, wobei die Bugtiefenruder beschädigt wurden. Er mußte nach Frankreich zurückkehren und beendete damit eine 49tägige, erfolglose Feindfahrt. Kurt Nölke mit *U584* erhielt die Erlaubnis, die Fahrt wegen einer lauten Schraubenwelle abzubrechen. Das Vorhaben, *U404* durch Hardo Rodler von Roithbergs einlaufendes *U71* zu ersetzen, wurde fallengelassen.

In den letzten Januartagen machte der xB-Dienst die U-Boot-Führung auf einen von den Britischen Inseln nach Gibraltar fahrenden Sonderkonvoi aufmerksam. Admiral Dönitz und der U-Boot-Führung widerstrebte es noch immer, die stark geschützten, nach Gibraltar fahrenden Geleitzüge anzugreifen. Wegen der bedrängten Lage der Achsenmächte in Tunesien mußte man diesem Konvoi dennoch Beachtung schenken. Die U-Boot-Führung organisierte folglich am äußersten westlichen Rand der Biskaya eilends die Gruppe Hartherz.

Hartherz bestand aus zwölf U-Booten (neun des Typs VII und drei des Typs IX), wovon neun Boote erstmals in Frankreich ausgelaufen und drei nach Frankreich unterwegs waren. Darunter befanden sich zwei Boote des Typs VII: Nölke mit *U584,* der seine Feindfahrt abgebrochen hatte, und Rodler von Roithberg mit *U71.* Eines der auslaufenden Boote, Heinrich Müller-Edzards' *U590,* wurde umgeleitet und sollte einem anderen, von einem Flugzeug beschädigten Boot helfen, mußte die Fahrt dann aber wegen korrodierter Dieselpumpen abbrechen. Rodler von Roithberg erfaßte und schoß auf eine einzelne Korvette, verfehlte aber das Ziel. Heinrich Schäfers *U183,* ein Boot des Typs IXC/40, erfaßte mit Hydrophonen Schraubengeräusche. Die Meldungen von *U71* und *U183* hielt man für Anzeichen eines Geleitzugs, doch in Wirklichkeit wurden die Briten durch entzifferte Funksprüche der Marine-Enigma auf die Hartherz-Gruppe aufmerksam, und sie leiteten den Konvoi um das Rudel herum. Außerdem versenkte am 10. Februar eine der Überwassereinheiten der Eskorte eines der U-Boote, *U519* vom Typ IXC unter dem Kommando von Günter Eppen.[1]

Auch die Gruppe Hartherz war erfolglos. Als die U-Boot-Führung schließlich erkannte, daß man den Gibraltar-Konvoi verpaßt hatte, löste sie die Gruppe auf: ein sinnloser zehntägiger Einsatz von zwölf Booten, vom Verlust eines IXC-Bootes ganz zu schweigen. Fünf der auslaufenden VII-Boote schlossen sich anderen Gruppen auf der nordatlantischen Route an. *U107* und *U183,* Boote des Typs IX, wandten sich nach Süden, das erstere, um sich den westlich von Gibraltar gegen Torch eingesetzten Gruppen anzuschließen. Das letztere nahm Kurs auf amerikanische Gewässer. Die drei Boote des Typs VII mit knappem Treibstoffvorrat setzten ihre Fahrt in die Heimat fort.

Wegen der Entscheidung, den zeitlichen Abstand für auslaufende Schiffe von acht auf zehn Tage »auszuweiten«, befuhren im Januar 1943 nur 13 Konvois mit ungefähr 520 Handelsschiffen den stürmischen Atlantik auf der nordatlantischen Route nach Osten oder Westen. In diesem Monat entzifferten die alliierten Codeknacker die Marine-Enigma im Schlüsselbereich Triton nur unvollständig. Die Ergebnisse ermöglichten den Alliierten dennoch, die meisten Konvois um die U-Boot-Gruppen herumzuführen. Die in diesem Gebiet bei fürchterlichem Wetter patrouillierende große Streitmacht von U-Booten kam nur mit drei transatlantischen Geleitzügen in flüchtigen Kontakt (HX 222 und 223 sowie SC 117) und versenkten nur vier Schiffe mit 31 865 BRT sowie den Bug des Wracks der *Kollbjörg*. Für die U-Boot-Waffe war dieser Monat der unergiebigste des ganzen Krieges.[2] Wegen der fehlenden Feindkontakte waren im Januar die U-Boot-Verluste auf der nordatlantischen Route gering: Ruwiedels neues Boot *U337* und Thurmanns betagtes Boot *U553* gingen beide aus unbekannten Gründen verloren.

---

[1] Die Admiralität rechnete die Versenkung von *U519* ursprünglich einer B-24 der neu eingetroffenen amerikanischen Army Air Forces Antisubmarine Squadron 2 mit dem Piloten William L. Sanford zu. Bei einer Überprüfung nach dem Krieg kamen Historiker der Admiralität zu dem Schluß, die britischen Konvoieskorten, die *Eva* und der Schwere Kreuzer *Cornwall*, hätten *U519* versenkt. Später erklärten sie jedoch, *U519* sei aus unbekannten Gründen verlorengegangen.

[2] Extrem schwere See brachte im Konvoi ONS 160 das Flaggschiff des Kommodore, die *Ville de Tamatave,* zum Kentern. Es sank mit der gesamten Besatzung.

Erfolge der U-Boote auf der nordatlantischen Route

Im Februar 1943 setzte die U-Boot-Führung die Rekordzahl von 67 Kampfbooten gegen alliierte Geleitzüge im Nord- und Mittelatlantik in Marsch. Diese bestanden aus 54 Booten des Typs VII,[1] 12 weiteren, für die schweren Geleitzugschlachten ungeeigneten IX-Booten und einem XB-Minenleger *(U119).* Wie im Januar waren die Hälfte davon neue Boote oder standen unter dem Befehl neuer Kommandanten.

Die in der ersten Februarhälfte ausgelaufenen Boote mußten es mit der neuen und intensivierten Offensive Gondola der Alliierten im Golf von Biskaya aufnehmen. Allerdings konnten alliierte Flugzeuge nur eines der 67 auslaufenden Kampfboote bekämpfen. *U211* unter dem Kommando von Karl Hause wurde von einer B-24 der Army Air Forces Antisubmarine Squadron 1 mit dem Piloten Wayne S. Johnson angegriffen. Er warf sechs Wasserbomben in direkter Nähe des U-Boots. Die Explosionen beschädigten *U211* schwer, und Hause war gezwungen, nach Brest zurückzukehren.

Es waren nicht annähernd genug U-Tanker vorhanden, um die große Zahl von Booten des Typs VII auf See zu versorgen. Von den fünf »Milchkühen« hielt sich *U459,* ein Tanker des Typs XIV, im Südatlantik auf, wo das Boot den Beutezug Seehund vor Kapstadt unterstützte. *U463* war dagegen eben erst nach Frankreich zurückgekehrt. *U460* lief am letzten Januartag in Richtung Nordatlantik aus, die beiden anderen, *U461* und *U462,* deren Auslaufen sich durch Reparaturen verzögert hatte, liefen am 13. bzw. 19. Februar aus. Aus diesem Grund wies die U-Boot-Führung *U119* an, im Nordatlantik nach dem Legen des Minenfeldes als provisorischer Tanker für die Boote des Typs VII zu dienen.

Im Februar gelangen den Alliierten weitere Einbrüche in den Schlüsselbereich Triton. Damit der Strom an Informationen über die U-Boote, die aus den aufgefangenen Funksprüchen ermittelt wurden, verarbeitet werden konnte, richtete Admiral King einen an den Submarine Tracking Room der US Navy angrenzenden »Secret Room« ein. Ein Lieutenant der Reserve, John E. Parsons, war für den stets verschlossenen Raum verantwortlich. Nur Parsons, sein Mitarbeiter John V. Boland, ein weiterer Reservist, zwei Verwaltungsunteroffiziere und der wichtigste U-Boot-Spürhund der Marine, Kenneth Knowles, besaßen Schlüssel für den Raum.[2]

---

[1] Darunter zwei Boote aus dem Nordmeer: *U405* und *U591.*

[2] Siehe dazu Kenneth Knowles, »Ultra and the Battle of the Atlantic: The American View«, in: *Changing Interpretations of Naval History,* New York 1980, S. 444–449.

An drei Wänden befanden sich riesige Karten vom Nord- und Südatlantik, dem Indischen Ozean und der Karibik. Auf die Karten waren Zeichen gesteckt, die das Datum und die letzte bekannte Position jedes U-Boots markierten. Verschiedenfarbige Schildchen wurden dafür benutzt, den U-Boot-Typ zu kennzeichnen (VII, IX, Minenleger des Typs XB usw.). An jeder Wand war auch eine »Hafen-Tafel« zu finden, die die Lage aller U-Boot-Frontbasen zeigte. Auf den Tafeln wurden mit Symbolen die U-Boote in diesen Häfen dargestellt sowie das jeweilige Datum ihrer Ankunft. Durch die Informationen anhand dieser Karten und Tafeln konnte Knowles auf ähnlichen Meereskarten im Submarine Tracking Room die tägliche *geschätzte* Position von auf See befindlichen U-Booten ermitteln (gegenüber der letzten *bekannten* Position), ohne dabei die Quelle seiner Informationen preiszugeben.

Zunächst bestand die schwierige Aufgabe für Parsons und Boland darin, die genaue Anzahl der neu auslaufenden U-Boote und ihre Kommandanten festzustellen. Dieser Prozeß begann stets, wenn ein U-Boot das Kurzsignal für eine »Passiermeldung« funkte. Dies war der Hinweis, daß es den Golf von Biskaya oder den Seeraum zwischen Island und den Färöern sicher durchquert und die großen Weiten des Atlantiks erreicht hatte. Diese Signale waren weder mit dem Namen des Kommandanten noch mit der tatsächlichen Nummer des U-Boots gezeichnet, sondern von einem sogenannten Bigramm (einer Gruppe von zwei Buchstaben). Später konnte es passieren, daß die U-Boot-Führung einen Fehler beging und auf ein mit einer Nummer gezeichnetes U-Boot-Signal mit einem Funksignal antwortete, welches namentlich an den Kommandanten gerichtet war, oder umgekehrt, das U-Boot konnte auf eine Meldung des Kommandanten mit einer Nummer antworten. Mit Hilfe eines Karteikatalogs im Archiv des Secret Room konnte durch die bereits gesammelten Informationen meist festgestellt werden, welcher Kommandant ein bestimmtes U-Boot führte und um welchen Bootstyp es sich handelte. Daher konnten die meisten Boote und Kommandanten stets innerhalb von nur drei Wochen identifiziert werden.

Um direkte Hinweise auf einzelne U-Boote im geheimen Funkverkehr zwischen London und Washington (den die Deutschen vielleicht entziffern könnten) zu vermeiden, wurde jedes U-Boot in den alliierten Aufzeichnungen immer mit einem Bigramm bzw. mit Doppelbuchstaben bezeichnet. Der erste Buchstabe dieser Kennung kennzeichnete den Typ, der zweite Buchstabe das spezifische Boot innerhalb der jeweiligen Typenreihe. Jeder zweite Buchstabe des Alphabets diente bei den Buchstaben-Codes dazu, Boote des Typs

VII zu kennzeichnen (A, C, E, G, I usw.), die Buchstaben dazwischen bezeichneten den Typ IX (B, D, F, H, J, L). Das M war für Minenleger reserviert, das S für Fern-U-Boote, das W für Frachtboote und das Z für U-Tanker und Torpedo-Versorgungsboote.[1] Als sich aus allen vorhandenen Quellen immer mehr Informationen ansammelten, wiesen die Alliierten den Doppelbuchstaben, wo möglich, den Namen eines Kommandanten zu. Folglich konnten die Doppelbuchstaben GD beispielsweise *U598* vom Typ VII mit dem Kommandanten Gottfried Holtorf bezeichnen.

Die nächste wichtige Herausforderung lag darin, den Kurs eines jeden U-Boots zu bestimmen: War es in den Nordatlantik zu den »Wolfsrudeln« unterwegs? In den Südatlantik? Oder nahm es Kurs auf amerikanische Gewässer? Dies war keine leichte Aufgabe, da die Deutschen damals ihr System der Marinequadrate (AK, AL usw.) mit Farben und Zusätzen verschleierten. Die U-Boot-Führung konnte daher ein bestimmtes Boot des Typs VII, EB, anweisen, sich im Marinequadrat AL 22 (im Nordatlantik südlich von Island) einer zu bildenden Gruppe anzuschließen. Sie benutzte dazu die Angabe »Blau 72«; die hinzuaddierte Zahl in diesem Beispiel ist 50. Durch das Vergleichen der Unterlagen über Kurzsignale anderer identifizierter U-Boote, wie etwa Geleitzugkontakte, Meldungen über Versenkungen, Beschädigungen, Wetterverhältnisse sowie alsbald mit Huff-Duff-Peilungen und weiteren Informationen konnten die Alliierten feststellen, daß »Blau 72« das Marinequadrat AL 22 bezeichnete. Doch dies war eine ermüdende Arbeit, die Kryptanalytiker mit sehr viel Intuition und unendlicher Geduld erforderte.

Zur selben Zeit, in der Parsons und Knowles diese Rätsel lösten, machten dies auch Rodger Winn und seine Mitarbeiter im Submarine Tracking Room der Admiralität. Nahezu täglich tauschten Knowles und Winn Nachrichten aus. (Die Vermutung »Wir glauben, GD in Blau 72 ist Holtorf mit *U598*« konnte zu einer Antwort wie »Einverstanden.« oder »Wir sind anderer Meinung. Wir weisen Holtorf als GR in Lorient nach.« führen.) Ungefähr einmal in der Woche tauschten Knowles und Winn vorläufige Listen aller auf See befindlichen U-Boote aus, der Kommandanten, der Doppelbuchstaben für die Bootstypen sowie Listen über den Stand an Treibstoff, Torpedos, Positionen und Gruppenzuteilungen.

Dann führten sie hinsichtlich des gesamten atlantischen Seegebiets eine genaue Überprüfung aller Listen durch, bis sie zu einer völligen Übereinstimmung kamen. Alle diese Daten wurden unverzüglich, zu-

[1] Beispielsweise repräsentierten die Buchstabenkombinationen AA, AB, AC, AD und CA, CB, CD bestimmte Boote des Typs VII, BA, BB, BC, BD und DA, DB, DC bestimmte Boote des Typs IX. Bei MA könnte es sich um das Boot *U116* vom Typ XB (Minenleger) handeln, bei MB um *U117* usw.

sammen mit allen anderen Informationen, den Karteikarten über die U-Boote hinzugefügt.[1]

George Howe, der amerikanische Historiker auf dem Gebiet der Kryptologie, schrieb, die Alliierten hätten vom 5. Februar bis 28. Februar 1943 den U-Boot-Funkverkehr kontinuierlich mitgelesen, durchschnittlich lagen sie mit den Entzifferungen um einen Tag zurück. Diese nachrichtendienstlichen Informationen standen so frühzeitig zur Verfügung, daß sie taktisch genutzt werden konnten, um U-Boot-Gruppen auszuweichen und um alliierte Flugzeuge zu einem Rendezvous zwischen einem oder mehreren Booten oder mit einem U-Tanker zu schicken und einen Angriff durchzuführen.

Die U-Boote profitierten jedoch ebenfalls von zahllosen Informationen des xB-Dienstes über nordatlantische Geleitzüge. Am ersten Februartag entdeckte das eben aus dem Nordmeer abkommandierte *U456,* ein kampferprobtes Boot des Typs VII unter Max-Martin Teichert, im Mittelatlantik einen schnellen und großen Konvoi. HX 224 bestand aus 58 Handelsschiffen und 7 Kriegsschiffen der kanadischen Group C-4: dem ehemals amerikanischen, britischen Glattdeck-Zerstörer *Churchill,* dem kanadischen Zerstörer *Restigouche* und fünf kanadischen und britischen Korvetten.

Teichert hielt Fühlung und brachte mehrere in der Nähe stehende Boote heran. Dann griff er an und versenkte ein amerikanisches Schiff der Liberty-Klasse mit 7177 BRT und den britischen Tanker *Inverilen* mit 9456 BRT. Ein anderes Boot, das neue *U632* unter Hans Karpf, dessen Treibstoff knapp wurde und der nach Frankreich unterwegs war, erfaßte und versenkte einen Nachzügler des Geleitzugs, den britischen Tanker *Cordelia* mit 8190 BRT. Mit der irrtümlich Karpf zugesprochenen Versenkung der *C. I. Barkdull* wäre dies auf seiner ersten Feindfahrt die zweite Tanker-Versenkung gewesen.

Alle sechs Boote kamen mit HX 224 in Kontakt. Die U-Boot-Führung wies vier Boote mit ausreichend Treibstoff an, Fühlung zu halten. Eines davon war *U265*, ein neues Boot vom Typ VII. *U265* stand unter dem Kommando des 25jährigen Leonhard Auffhammer und war vor zwei Wochen in Kiel ausgelaufen. Eine B-17 Flying Fortress der britischen

[1] Siehe unveröffentlichte NARA-Dokumente in der Record Group 457. Hierbei handelt es sich um Zehntausende von Aktenseiten des »Secret Room«; ein riesiger Speicher an Informationen in englischer Sprache, der die Jahre 1943, 1944 und 1945 derart umfassend dokumentiert, daß man allein mit dieser Grundlage schon fast eine Geschichte des U-Boot-Kriegs schreiben könnte. Die Akten enthalten auch englische Übersetzungen aller Nachrichten zwischen der U-Boot-Führung und den auf See befindlichen U-Booten (und umgekehrt).

Squadron 220 mit dem Piloten K. Ramsden, die zur Sicherung von HX 224 gestartet war, entdeckte *U265* am 3. Februar und warf sieben Wasserbomben ab. Das Boot sank mit der gesamten Besatzung etwa 930 Kilometer westlich von Schottland.

Karpf von *U632* rettete den Chefmaschinisten des britischen Tankers *Cordelia*. Deutschen Darstellungen zufolge gab dieser preis, ein weiterer großer Konvoi folge direkt im Kielwasser von HX 224, und Karpf funkte diese Information an die U-Boot-Führung. Sie bestätigte die Einschätzung, daß die Alliierten auf dem gleichen Weg einen Slow Convoy entsenden könnten, in der Annahme, alle U-Boote würden HX 224 nach Osten verfolgen, und das Seegebiet dahinter sei dann wahrscheinlich sicher. Auf Karpfs Meldung hin verlegte die U-Boot-Führung die neu gebildete Gruppe Pfeil in das Kielwasser von HX 224. Pfeil bestand aus 13 Booten: Drei befanden sich bereits in dem Gebiet, sechs kamen von der aufgelösten Gruppe Landsknecht, und vier waren kürzlich in Frankreich ausgelaufen.

Während die U-Boote die neuen Positionen einnahmen, meldete ein Boot, das am äußersten nördlichen Ende der erneut gebildeten Gruppe Haudegen stand, ebenfalls einen nach Osten laufenden Konvoi. Die Meldung kam von *U223*, das vor drei Wochen in Kiel ausgelaufen war und unter dem Kommando des 26jährigen Karl-Jürgen Wächter stand. Zunächst glaubte die U-Boot-Führung, dieser Kontakt sei der erwartete Slow Convoy. Sie befahl der ganzen nördlich stehenden Hälfte der Gruppe Haudegen (neun Boote), auf diese Meldung zu operieren. Doch Wächters zweite Meldung gab Anlaß zu der zutreffenden Vermutung, daß der lediglich aus fünf Schiffen bestehende Geleitzug wahrscheinlich ein Konvoi auf dem Weg zu einem Stützpunkt der Alliierten auf Grönland war. Die U-Boot-Führung übernahm diese Einschätzung und verringerte die Verstärkung für *U223* auf vier Boote (drei vom Typ VII und eines vom Typ IX), die alle von Kiel zu ihrer Jungfernfahrt ausgelaufen waren.

Wächter hatte tatsächlich einen auf dem Weg von Newfoundland nach Grönland befindlichen »regionalen« Konvoi erfaßt. Er bestand aus einem Truppentransporter der US-Army mit 5649 Tonnen, der *Dorchester*, die 904 Mann beförderte (130 Mann Besatzung, 751 Militärangehörige und 23 bewaffnete Marinesoldaten) sowie 1000 Tonnen Fracht. Weiterhin fuhren in diesem Geleitzug zwei kleinere norwegische Frachter, die *Lutz* und die *Biscaya*. Diese drei Handelsschiffe wurden von drei eisverkrusteten Coast Guard Cuttern eskortiert, der 73 Meter langen *Tampa* und den 50 Meter langen *Comanche* und *Escanaba*. Bei einem nächtlichen Überwasserangriff auf diese Formation verschoß Wächter einzeln alle fünf Torpedos in den fünf Rohren. Drei Torpedos gingen fehl, aber zwei trafen die *Dorchester*, die unerklärlicherweise keine Notsignale funkte. Die anderen fünf Schiffe setzten in der Dunkelheit ihre Fahrt fort.

Auf der *Dorchester* brach eine Massenpanik aus, als die 904 Mann ihr Schiff in dem eiskalten Wasser aufgaben. Nur zwei der vierzehn Rettungsboote wurden voll genutzt. Als die Geleitschiffe verspätet erkannten, daß die *Dorchester* fehlte, entschied Joseph Greenspun, Kommandant des Führungsschiffes *Tampa,* mit den beiden norwegischen Frachtern nach Grönland weiterzufahren. Er schickte die *Comanche* und die *Escanaba* zurück. Sie sollten U-Boote jagen und die Überlebenden der *Dorchester* retten. Nach einer vergeblichen U-Boot-Jagd sprangen Seeleute heldenhaft in die Fluten, zogen einzelne Überlebende aus dem Wasser und nahmen Flöße und Boote ins Schlepptau. Von den 904 Menschen auf der *Dorchester* konnten sie jedoch nur 229 retten. Bei dieser Katastrophe starben 675 Mann, davon 404 Angehörige des US-Militärs. Die Versenkung dieses Truppentransporters stellte jedoch eine Ausnahme dar, denn Truppentransporter wurden in der Regel hervorragend gesichert.

Am gleichen Tag, dem 4. Februar, verteilte die U-Boot-Führung die zwanzig Boote der Gruppe Haudegen neu. Die dem *Dorchester*-Konvoi hinterhergeschickten fünf Boote, die sich alle auf der Jungfernfahrt befanden, wurden mit dem Namen Nordsturm neu benannt. Sie verblieben auf einer möglichen Schiffahrtsroute in der Mitte zwischen Newfoundland und Grönland. Fünf Boote mit erfahrenen Besatzungen, die vom 7. bis 9. Januar in Frankreich ausgelaufen waren, wurden zur Gruppe Pfeil abkommandiert, um den erwarteten Slow Convoy anzugreifen. Die übrigen zehn Boote (davon vier auf Jungfernfahrt) bezogen entlang der Küste Newfoundlands unmittelbar bei St. John Position.

Alarmiert durch Enigma-Entzifferungen, erfaßten alliierte (bis jetzt nicht identifizierte) Flugzeuge zwei dieser zehn Boote. Sie bombardierten Heinz-Ehlert Clausens eben aus dem Nordmeer abkommandiertes *U403* und das neue *U414* unter dem Kommando von Walter Huth. *U414* wurde so schwer beschädigt, daß Huth nach Frankreich zurückkehren mußte. Das Boot war bis April außer Gefecht gesetzt.

Der erwartete Geleitzug im Kielwasser von HX 224 war SC 118. Er lief am 24. Januar mit 44 Schiffen in New York aus. Von Newfoundland aus schlossen sich 19 Schiffe an, womit sich die Zahl der Schiffe auf 63 erhöhte. Der Geleitzug wurde von der hervorragenden britischen Escort Group B-2 geschützt, die gewöhnlich Donald MacIntyre auf der *Hesperus* unterstand. Dieses Schiff, das auf einer früheren Fahrt *U357* gerammt und versenkt hatte, wurde jedoch in London repariert. Vorübergehend hatte F. B. Proudfoot den Posten des Group Commanders inne, er war der neue Kommandant des britischen Zerstörers *Vanessa.* Dieser Verband war relativ stark. Er umfaßte die *Vanessa* und drei weitere britische Zerstörer, die *Vimy,* die *Witch* und den ehemaligen US-Glattdeck-Zerstörer *Beverley,* weiterhin den großen Coast Guard Cutter *Bibb* (Treasury-Klasse) und vier Korvetten, eine britische und drei französische. Alle neun Eskorten waren mit Radar ausgestattet; die *Vanessa,* die *Bibb* und das unermüdlich im Einsatz befindliche Rettungsschiff *Toward* zusätzlich mit Huff Duff.

Unbemerkt fuhr der Geleitzug in den frühen Stunden des 4. Februar durch den Aufklärungsstreifen der Pfeil-Gruppe. Dann schoß ein Seemann auf dem norwegischen Frachter *Annik* unvorsichtigerweise eine helle Leuchtkugel ab. Eines der Boote der Gruppe Pfeil sichtete die Leuchtkugel. Es war Ralph Münnichs vor drei Wochen von Kiel ausgelaufenes neues Boot *U187* vom Typ IXC/40. Er arbeitete sich von vorn an den Geleitzug heran und funkte eine Fühlungsmeldung für das Dutzend weiterer Boote der Gruppe Pfeil. Die unter dem Kommando von Roy L. Raney stehende *Bibb* und die *Toward* peilten Münnichs Kurzsignale ein.

Proudfoot wies zwei der britischen Zerstörer an, die Position des mit Huff Duff georteten U-Boots anzulaufen. Dies waren der Glattdeck-Zerstörer *Beverley* (ehemals USS *Branch*) und die *Vimy* unter dem Kommando von Richard Stannard, der zu einem früheren Zeitpunkt die höchste britische Auszeichnung, das Victoria Cross, erhalten hatte. Die beiden Zerstörer lösten sich mit hoher Fahrt aus dem Verband. Die *Beverley* sichtete *U187* in einer Entfernung von etwa 4500 Metern, doch wegen der schweren See konnte sie mit den Geschützen nicht feuern. Münnich sah die Zerstörer schließlich, tauchte und ging auf Tiefe.

Die *Vimy* ortete *U187* mit ihrem Sonar und führte zusammen mit der *Beverley* einen gezielten Angriff mit Hedgehog-Salvenwerfern und Wasserbomben durch. Münnich ließ einen Bold ausstoßen und versuchte, sich mit Hilfe der E-Motoren per Schleichfahrt abzusetzen, doch die Zerstörer blieben ihm auf den Fersen. Der Hedgehog der *Vimy* verursachte keinen Schaden, doch einige der 30 Wasserbomben rissen den Druckkörper des Bootes in der Mitte und achtern auf. Dadurch wurde die Zentrale mit Dieselöl und die Räume achtern mit Salzwasser überflutet. Wegen des viel zu hohen Gewichts im Heckbereich stellte sich das Boot in einem bedrohlichen 45-Grad-Winkel steil auf. Die Jagd dauerte schon zweieinhalb Stunden, als Münnich erkannte, daß *U187* verloren war. Er befahl der Besatzung, aufzutauchen und das Boot dann zu fluten. Der Großteil der Mannschaft schlußfolgerte, daß ein Entkommen nicht mehr möglich sei, und man schüttelte einander in trauriger Abschiedsstimmung die Hände. Doch die U-Boot-Männer hatten auch weiterhin

Glück. Mit dem letzten Rest an Preßluft erreichte Münnich genügend Auftrieb, und das Boot kam an die Wasseroberfläche.

Die *Beverley* und die *Vimy* eröffneten mit den Geschützen und Flugabwehrkanonen sofort das Feuer. Der Beschuß tötete neun Deutsche, darunter Münnich und wahrscheinlich seinen Leitenden Ingenieur. *U187* richtete sich auf und sank mit dem Bug voran, während der Rest der Besatzung im Wasser trieb. Die *Beverley* und die *Vimy* retteten 45 Mann, darunter drei Offiziere. Danach schlossen sich die Schiffe dem Konvoi wieder an.

Auf Münnichs Fühlungsmeldung hin verstärkte die U-Boot-Führung die dreizehn Boote der Gruppe Pfeil mit sieben weiteren Booten: fünf von der Haudegen-Gruppe und zwei Boote, die HX 224 gejagt hatten. Am späten Nachmittag des 4. Februar meldeten vier Boote der Gruppe Pfeil einen Kontakt. Drei Boote, auch *U402* unter Siegfried von Forstner, unterstanden erfahrenen Kommandanten. Das vierte, *U267* unter dem 27jährigen Otto Tinschert, war ein vor drei Wochen in Kiel ausgelaufenes neues Boot. Alle U-Boote meldeten, die starken und aggressiven Geleitschiffe und das schlechte Wetter (Schnee, Hagel, Sturm, schwere See) erschwerten es, Fühlung zu halten. In der Nacht vom 4. auf den 5. Februar war es keinem Boot möglich, einen Angriff auf den Geleitzug durchzuführen.

In den nächsten 24 Stunden bekam Klaus Rudloff mit *U609* Kontakt und hielt hartnäckig Fühlung. In diesem Zeitraum griffen drei Boote den Konvoi an. Heinz Franke, mit *U262* auf seiner zweiten Feindfahrt, gab an, er habe einen Tanker von 12 000 BRT mit drei Treffern versenkt, doch die Versenkung wurde nie bestätigt. Bei einem zweiten Angriff gab Franke die Versenkung eines weiteren Tankers mit 9000 BRT an und mögliche Treffer auf einem dritten Tanker. Aller Wahrscheinlichkeit nach versenkte er lediglich den 2864 BRT großen polnischen Frachter *Zagloba*. Gustav Poel mit *U413,* ebenfalls auf der zweiten Feindfahrt, schickte einen Nachzügler in die Tiefe, den amerikanischen Frachter *West Portal* mit 5376 BRT. Rolf von Jessen mit dem neuen *U266* versenkte einen weiteren Nachzügler, den 4077 BRT großen Griechen *Polyktor,* und nahm den Kapitän und den Chefingenieur gefangen.

Am Abend des 5. Februar erreichte SC 118 eine Position ungefähr 1300 Kilometer von Island entfernt. Auf einem Geleitschiff, dem britischen Zerstörer *Witch,* war der Treibstoff knapp geworden. Das Schiff verließ den Geleitzug. Allerdings schlossen sich dem Konvoi in dieser Nacht drei von Island kommende Geleitschiffe an: Der große Coast Guard Cutter der Treasury-Klasse *Ingham* (mit einem schadhaften Sonar) und die beiden amerikanischen Glattdeck-Zerstörer *Babbitt* und *Schenck.* Dies erhöhte die Zahl der Geleitfahrzeuge auf elf Kriegsschiffe: fünf Zerstörer, zwei Coast Guard Cutter der Treasury-Klasse und vier Korvetten. Rudloff mit *U609* hielt durch und funkte Kontaktmeldungen, für die er hohes Lob erhielt. Dennoch kamen in dieser Nacht keine U-Boote durch die Abschirmung, was gereizte Ermahnungen der U-Boot-Führung nach sich zog mit dem Tenor: »Ran an den Feind! Geht rücksichtslos vor, damit die Ostfront entlastet wird!«

Am Morgen des 6. Februar sorgten Flugzeuge mit großem Aktionsradius von Island bzw. Nordirland aus für die Sicherung aus der Luft. In enger Zusammenarbeit mit den elf Geleitschiffen trieben die Flugzeuge die U-Boote auseinander und zwangen sie unter Wasser. Fünf Boote des Typs VII meldeten Gefechtsschäden durch Zerstörer und Flugzeuge und kehrten nach Frankreich zurück: Franke mit *U262,* welcher ohnehin keine Torpedos mehr hatte; Otto Tinschert mit *U267;* Rudolf Franzius mit *U438;* Heinz Wolf mit *U465* und Karl-Ernst Schroeter in *U752.* Desmond J. Isted und Donald C. Fleming-Williams, die Piloten zweier B-24 der britischen Squadron 120, führten an diesem Nachmittag präzise Angriffe auf U-Boote durch, vermutlich auf Wolfs *U465,* doch das Boot überstand die Attacke.

In Reaktion auf die Ermahnungen aus Berlin riskierten am 7. Februar ein halbes Dutzend Boote den Angriff auf SC 118 – mit katastrophalen Folgen für zwei Boote des Typs VII. Die freifranzösische Korvette *Lobelia* unter Pierre de Morsier ortete Rudloffs *U609* mit Radar, trieb das Boot mit Geschützfeuer unter Wasser und versenkte es mit Wasserbomben. Eine B-17 Flying Fortress der britischen Squadron 220 mit dem Piloten G. Roberson versenkte Ulrich von Soden-Fraunhofens *U624* mit sieben Wasserbomben. Beide U-Boote sanken mit der gesamten Besatzung.

In dieser Nacht wichen zwei Boote dem Geleitschutz aus und näherten sich dem Konvoi: Siegfried von Forstners kampferprobtes *U402* und Wolfgang Sträters neues *U614.* In einem mustergültigen vierstündigen Angriff versenkte Forstner fünf bestätigte Schiffe mit 27 821 BRT und beschädigte den norwegischen Frachter *Daghild* mit 9272 BRT. Zur gleichen Zeit versenkte Sträter mit *U614* einen britischen Frachter mit 5730 BRT und erzielte später einen Treffer auf der *Daghild,* die noch immer nicht sinken wollte.[1] In dem von Forstner verursachten Durcheinander rammte das Handelsschiff *Huntington* den griechischen Frachter *Adamas,* wodurch dieser manövrierunfähig wurde und aus der zugewiesenen Kolonne ausscherte. Bei einem Versuch, die *Adamas* mit den Geschützen zu versenken, machte sich die *Lobelia* selbst manövrierunfähig, und die *Vimy* mußte sie zu den Britischen Inseln schleppen.

Zwei von Forstners Schiffsversenkungen hatten schwere Verluste an Menschen zur Folge. Das erste Schiff war das tapfer geführte Ret-

---

[1] Eine der Korvetten versuchte, die *Daghild* durch Geschützbeschuß zu versenken, allerdings erfolglos. Schließlich versenkte Rolf Struckmeier mit *U608* den Hulk mit einem Torpedo.

tungsschiff *Toward* mit 1571 Tonnen. Von den 74 Besatzungsmitgliedern wurden 58 getötet oder starben in dem eisigen Wasser. Das zweite Schiff war das als Truppentransporter dienende amerikanische Schiff *Henry R. Mallory* mit 6063 Tonnen. Das Schiff ging langsam unter, dennoch war die Aufgabe des Schiffes von der üblichen Panik an Bord gekennzeichnet. In der Folge kamen 228 der 495 Mann um. Wagemutig die U-Boot-Gefahr ignorierend, leitete Roy Raney mit dem Coast Guard Cutter *Bibb* die Rettung der 267 Überlebenden der *Mallory* ein.

Als der britische Escort Commander auf der *Vanessa,* F. B. Proudfoot, feststellte, daß die *Bibb* zurückgeblieben war, um Überlebende zu retten, befahl er Raney wiederholt, damit aufzuhören und sich dem Geleitzug sofort wieder anzuschließen. Raney mißachtete diese Befehle und ließ Beiboote zu Wasser, entschlossen, möglichst viele amerikanische Soldaten und Seeleute zu retten. Unter der Führung des Deckoffiziers Henry C. Keene jr. fischten Raneys Männer in den folgenden Stunden 202 Mann der 267 Überlebenden der *Mallory* aus dem Wasser. Auch »Rikkey«, der Hund des Kochs, wurde von einem Floß gerettet. Anschließend rettete Raney 33 Überlebende des Griechen *Kalliopi* (4965 BRT, von Forstners *U402* versenkt); insgesamt konnte er 235 Menschen bergen, von denen später drei starben.[1]

Überrascht und verärgert, daß so wenige der 20 U-Boote Kontakte meldeten, ermahnte die U-Boot-Führung die Kommandanten, aggressiver anzugreifen. Sie funkte auch Glückwünsche an von Forstner von *U402* und Franke von *U262* für ihre aggressiven Angriffe sowie für hartnäckiges Fühlunghalten an Klaus Rudloffs verlorengegangenes *U609*. Ungeachtet der starken Luft- und Überwassereskorten kam von Forstner nochmals heran und versenkte einen weiteren Frachter, einen Griechen mit 4965 BRT. Diese Versenkung erhöhte von Forstners Treffer bei SC 118 auf sieben Schiffe mit 41718 BRT, was ihm persönliche Glückwünsche von Dönitz und ein Ritterkreuz einbrachte, eines der ganz wenigen, die im Winter 1942/1943 an Kommandanten im Nordatlantik verliehen wurden.[2]

---

[1] Als diese Rettungsgeschichte in der Öffentlichkeit bekannt wurde, ging sie, noch zu Kriegszeiten, durch die gesamte Presse. Im Mittelpunkt standen dabei Raney (der später zum Vice Admiral aufstieg), Keene – und der Hund »Rikkey«. Siehe den Webster-Artikel »Someone Get That Damned Dog!«

[2] Von Forstners bestätigte Jagdbeute von SC 118 betrug sechs Schiffe mit 32446 Tonnen und ein Landungsfahrzeug der Infanterie (LCI) von der *Daghild*. Seine bestätigte und auf *U402* erzielte Trefferquote zur Zeit der Verleihung betrug 13 versenkte Schiffe mit 63409 Tonnen sowie die schwere Beschädigung zweier Tanker mit 16731 Tonnen, die aufgegeben und von anderen U-Booten versenkt wurden.

Das Coastal Command konnte für SC 118 ausreichende Luftsicherung bereitstellen, und die U-Boot-Führung mußte die Operationen am 9. Februar abbrechen. Die Deutschen gaben die Versenkung von 14 Handelsschiffen mit 109 000 BRT an. Die wirkliche Trefferquote lag bei elf Schiffen mit 59 765 BRT (über die Hälfte davon durch Forstner) sowie dem infolge des Gefechts durch eine Kollision verlorengegangenen griechischen Frachter *Adamas*. Die alliierten Einheiten schalteten drei U-Boote aus: *U187, U609* und *U624*.

Britische Flugzeuge versenkten von dieser Gruppe um ein Haar drei weitere U-Boote. Am 8. Februar griff Bryan W. Turnbull, der neuseeländische Pilot einer B-24 der britischen Squadron 120, Heinz Schütts *U135* an. Am darauffolgenden Tag erwischte eine B-17 Flying Fortress der britischen Squadron 206 mit dem Piloten R. C. Patrick Wolfgang Sträters *U614*. Und am 10. Februar griff eine B-24 der amerikanischen Squadron 2 mit dem Piloten William L. Sanford Karl-Ernst Schroeters *U752* an, welches seine Fahrt abgebrochen hatte.[1] Schütt von *U135* reparierte den Schaden und setzte die Operationen fort, doch Sträter von *U614* meldete »schwere« Schäden und mußte Kurs auf Frankreich nehmen. Schroeter von *U752* setzte den Rückmarsch in die Heimat fort.

Der Umstand, daß die SC 118 zugedachten 20 U-Boote keine größeren Erfolge vermelden konnten, führte in Berlin zu Enttäuschung, Unzufriedenheit und Besorgnis. Im Kriegstagebuch erklärt Godt, daß nur kampferprobte Boote Erfolge gegen einen so stark gesicherten Geleitzug erzielen könnten. In zunehmendem Maße traf diese Beobachtung auf alle stark gesicherten alliierten Konvois zu. Nur selten kamen nicht kampferprobte Boote an den Geleitschiffen vorbei und zum Schuß.

Am 5. Februar, zu spät, um SC 118 mit Ausweichmanövern gegen die U-Boote zu helfen, gelang den alliierten Kryptanalytikern erneut ein Einbruch in den Schlüssel »Triton«, und sie lasen ihn, wie berichtet, bis zum letzten Tag des Monats kontinuierlich mit. Die auf diese Weise beschafften Informationen ermöglichten den Alliierten, die vielen Schiffe und Escorts der ostwärts laufenden Geleitzüge HX 225 und 226 sowie SC 119 und 120 ohne jegliche Verluste um die U-Boot-Aufklärungsstreifen herumzuleiten.

Am 9. Februar bildete sich die auf neun Boote reduzierte Gruppe Haudegen erneut und patrouillierte vor Newfoundland, wo starker Nebel herrschte. Die fünf für die Bildung der Gruppe Nordsturm abgezogenen Boote, die nordöstlich von Newfoundland operierten, wurden zu Haudegen zurückgeführt, außer Ernst Heydemanns neuem Boot *U268,* das wegen Treibstoffmangels nach Frankreich zurückkehren mußte. G. D. Lundon,

---

[1] Laut Franks in *Search, Find and Kill* (1995) ging man zunächst irrtümlich davon aus, Sanford habe *U519* versenkt.

Pilot einer mit Leigh Light ausgerüsteten Wellington der britischen Squadron 172, erwischte das Boot auf dem Weg nach Brest. Das Flugzeug richtete *U268* mit vier genau gezielten Wasserbomben übel zu. In einer Reaktion auf Heydemanns letzten verzweifelten Hilferuf schickte die U-Boot-Führung Flugzeuge und Patrouillenboote hinaus, doch diese konnten keine Spur von *U268* finden. Das Boot war mit der gesamten Besatzung gesunken. Die Neubildung von Haudegen vergrößerte die Gruppe auf 13 Boote. Außer den ASW-Schiffen vor Ort sichtete in den nächsten sieben Tagen nur ein Boot ein Angriffsziel. Dies war *U607* vom Typ VII, das unter dem Kommando des Ritterkreuzträgers Ernst Mengersen stand. Er stieß am 15. Februar auf einen allein fahrenden amerikanischen Tanker. Die schnelle 11355 BRT große *Atlantic Sun* (der Sun Oil Company) kam von Island und wollte sich dem Konvoi ONS 165 anschließen, doch das Schiff hatte noch nicht aufgeschlossen. Etwa um die Mittagszeit griff Mengersen unter Wasser an und brachte das Schiff mit drei Torpedos zur Explosion. Als der Tanker auseinanderbrach, schlugen sich die 66 Mann der Besatzung, darunter eine 19 Mann starke bewaffnete Wachtruppe der Marine, um die Rettungsboote und Flöße. Mengersen nahm einen 23jährigen Seemann, William Golobich, gefangen, doch die anderen 65 Mann kamen um.

Golobich erzählte Mengersen fälschlicherweise, der Tanker sei ein Nachzügler eines »schnellen Konvois«, wahrscheinlich des ostwärts laufenden Geleitzugs HX 225, auf den die Gruppe Haudegen wartete. Die Nachricht, der Konvoi sei offenbar entkommen und die Erkenntnis, daß viele Boote nur noch wenig Treibstoff hatten, brachte die U-Boot-Führung dazu, die glücklose Gruppe Haudegen aufzulösen. Acht der dreizehn Boote gingen auf Kurs nach Frankreich; fünf mit ausreichend Treibstoff blieben vor Newfoundland und bildeten eine neue Gruppe namens Taifun.

Auf der Heimfahrt entdeckte am 17. Februar eines der ehemaligen Boote der Gruppe Haudegen, Ulrich Gräfs *U69,* den ONS 165. Gräf setzte ein Kurzsignal ab, mit dem er die Fühlung meldete, und setzte für andere auf Heimatkurs befindliche Boote der Gruppe Haudegen Peilsignale ab. Die Signale brachten Günther Rosenbergs *U201* heran. Kriegsschiffe der von R. Heathcote befehligten britischen Escort Group B-6 orteten die sich sammelnden U-Boote mit Huff Duff und Radar. Heathcotes kampferprobte Zerstörer *Fame* und *Viscount* liefen die Peilungen an und warfen Wasserbomben ab. Die *Fame* versenkte *U69,* das unter Ritterkreuzträger Jost Metzler für die außergewöhnliche Reise nach Freetown und Takorodi 1941 bekannt geworden war.[1] Die *Viscount* versenkte *U201,* das unter Adalbert Schnee berühmt geworden war. Schnee hatte sich auf diesem Boot das Eichenlaub zum Ritterkreuz erworben. Auf beiden Booten gab es keine Überlebenden.

---

[1] Siehe Band 1, S. 356 ff.

In schlechtem Wetter erhielten mehrere andere Boote Fühlung mit ONS 165. Drei davon waren Boote auf Heimatkurs mit knappem Treibstoffvorrat: *U266* unter Rolf von Jessen; *U403* unter Heinz-Ehlert Clausen und *U607* unter Ritterkreuzträger Ernst Mengersen. Weder Jessen noch Mengersen bekamen eine Chance zum Angriff, doch Clausen versenkte einen Griechen mit 5961 BRT. Der 35jährige Hans-Joachim Drewitz versenkte mit dem neuen Boot *U525* vom Typ IXC/40, mit dem er der neugebildeten Taifun-Gruppe zugeteilt war, einen britischen Frachter mit 3454 BRT. Auf Heimatkurs in der Biskaya wurde das Boot von einer mit Leigh Light ausgestatteten Wellington der britischen Squadron 172 entdeckt. Der Pilot J. W. Tweddle bombardierte und beschädigte das U-Boot schwer. Drewitz schleppte sich nach Lorient, eskortiert von zwei Ju-88 und mehreren kleinen Schiffen. Das Boot konnte erst im April wieder auslaufen.

Mitte Februar hatte die U-Boot-Führung auf der Nordatlantikroute zwischen Grönland und Island drei neue Gruppen in Stellung gebracht: Ritter, Knappen und Neptun, die insgesamt aus 32 Booten bestanden.

Alliierte Entzifferungsexperten kannten die Positionen dieser neuen Gruppen. Möglicherweise als Folge davon verlor die Gruppe Ritter am 15. Februar zwei von elf Booten. Eines davon war das neue *U529* unter Georg-Werner Fraatz, jenem Kommandanten, der bei dem historischen Gefecht mit dem US-Zerstörer *Greer* am 4. September 1941 in der Dänemarkstraße das Kommando über *U652* führte. Nach diesem Vorfall hatte Fraatz im Mittelmeer zwei britische Zerstörer (die *Heythrop* und die *Jaguar*) versenkt, bevor alliierte Flugzeuge *U652* so übel zurichteten, daß es von *U81* versenkt werden mußte. *U81* rettete Fraatz und seine Mannschaft, von der viele bei ihm blieben und auf *U529* Dienst taten. *U225* vom Typ VII, das dem Kommando von Wolfgang Leimkühler unterstand, ging an diesem Tag als zweites Boot verloren. Es war in Frankreich ausgelaufen und hatte sich mit der Ritter-Gruppe auf seiner zweiten Feindfahrt befunden. Von beiden Booten gab es keine Überlebenden.[1]

---

[1] Wem diese Versenkungen zugerechnet werden können, bleibt ungewiß. Anfangs rechnete die Admiralität das Verdienst der Versenkung von Fraatz' *U529* einer in Island stationierten B-24 der Squadron 120 zu. In einer Untersuchung nach dem Krieg nahm die Admiralität dies zurück und stellte Vermutungen darüber an, der Verlust sei wahrscheinlich auf einen »Unfall« zurückzuführen. Dem Kriegstagebuch der U-Boot-Führung zufolge befand sich *U529* an oder in der Nähe der Stelle, wo das Flugzeug für diesen Tag eine Versenkung angab. Die Versenkung von *U225* (das sich in der Nähe von *U529* befand) wurde während des Krieges mit Sicherheit falsch zugeordnet. Eine Revision nach dem Krieg führte dazu, daß die Admiralität die Versenkung von *U225* einer B-24 der Squadron 120 mit dem Piloten Reginald T. F. Turner zuschrieb, der SC 119 eskortierte.

Am 18. Februar meldete eine Focke-Wulf FW-200 Condor weit östlich von diesen drei Gruppen einen nach Westen laufenden Konvoi. Damit der Geleitzug abgefangen werden konnte, nahm die U-Boot-Führung fünf der zehn Boote der Gruppe Knappen und stellte die neue Gruppe Burggraf zusammen. Die übrigen fünf Boote der Knappen-Gruppe wurden daraufhin zur Gruppe Ritter verlegt, womit sich deren Aufklärungsstreifen nach Südosten verlängerte. Drei in Frankreich neu ausgelaufene U-Boote schlossen sich der Gruppe Burggraf an und erhöhten ihre Stärke auf acht Boote.

Eines der Boote der Gruppe Knappen, *U604* unter Horst Höltring, meldete am Morgen des 20. Februar einen westwärts laufenden Konvoi. Dieser Geleitzug war der aus 60 Handelsschiffen bestehende Konvoi ON 166. Der Konvoi wurde von der amerikanischen, dem Veteranen Paul Heineman unterstehenden Escort Group A-3 gesichert. Seine Gruppe bestand aus sieben Kriegsschiffen: zwei Coast Guard Cutters der Treasury-Klasse, der *Campbell* und der *Spencer,* beide mit 10-cm-Radar und Huff Duff ausgestattet; vier kanadischen Korvetten und einer britischen Korvette, die alle mit 10-cm-Radar ausgerüstet waren. Das Rettungsschiff, die *Stockport,* besaß Huff Duff.

Die Gruppen Knappen und Ritter bestanden insgesamt aus 14 Booten. Bis auf eines, *U377* unter Otto Köhler, der sich viel zu weit im Osten befand, befahl die U-Boot-Führung allen anderen Booten, sich an den Geleitzug heranzuarbeiten. Weiterhin wies die Führung sechs Boote der neufundländischen Gruppe Taifun an, auf nordöstlichen Kurs zu gehen und sich an dem Angriff zu beteiligen. Diese Boote waren von dem U-Tanker *U460,* einer »Milchkuh« vom Typ XIV, versorgt worden. Die Befehle sollten 19 Boote in die Schlacht um den Geleitzug ON 166 führen: eine der größten U-Boot-Operationen des Krieges stand bevor.

In der Nacht des 20. auf den 21. Februar hielt Höltring mit *U604* Fühlung und die Boote sammelten sich. In den frühen Stunden des 21. Februar konnten zwei Boote des Typs VII der Gruppe Ritter und eines, ebenfalls vom Typ VII, der Gruppe Knappen durch die Abschirmung des Geleitschutzes gelangen und angreifen: Eberhard Hüttemanns *U332* und Hans Joachim Bertelsmanns U603 sowie Adolf Oelrichs *U92*. Hüttemann und Bertelsmann gaben beide die Versenkung von Frachtern mit 6000 BRT an, doch, wie sich herausstellte, hatten sie das gleiche Schiff getroffen, den norwegischen Tanker *Stigstad* (5964 BRT). Hüttemann von *U332* meldete später, eine Korvette habe ihn 13 Stunden lang gejagt. Oelrich beschädigte bei seinem Angriff den britischen Frachter *Empire Trader* mit 9990 BRT. Der Commander der Eskorte, Paul Heineman, gab der kanadischen Korvette *Dauphin* die Anweisung, dieses große und wertvolle Schiff zu den Azoren zu begleiten. Im weiteren Verlauf widerrief die Admiralität diese Befehle und wies die *Dauphin* an, die *Empire Trader* mit ihren Geschützen zu versenken und sich dem bedrängten Geleitzug so bald wie möglich wieder anzuschließen.

Am Nachmittag des 21. Februar entdeckte Desmond J. Isted, der Pilot einer B-24 Liberator der britischen Squadron 120, an der Meeresoberfläche das VII-Boot *U623* unter Hermann Schröder, das sich auf der zweiten Feindfahrt im Atlantik befand. Isted stieß aus einer Wolke herab und warf sechs auf geringe Tiefen eingestellte Wasserbomben zielgenau zu beiden Seiten des Boots. Von *U623* hörte man nie wieder etwas.[1] Drei weitere Boote des Typs VII meldeten, sie seien von Flugzeugen unter Wasser gezwungen worden: die Knappen-Boote *U91* unter Heinz Walkerling und *U604* unter Horst Höltring sowie ein VII-Boot der Gruppe Ritter, *U454,* ein ehemaliges Nordmeer-Boot unter dem Kommando von Burkhard Hackländer. Walkerling von *U91* berichtete später, ein Regen von Fliegerbomben und Wasserbomben der Überwassereskorten hätten das Boot so stark beschädigt, daß er sich für Reparaturen vorübergehend zurückziehen mußte. Anschließend nahm er die Jagd wieder auf, doch mit diesem Konvoi bekam er keine Fühlung mehr.

Angesichts der großen Zahl von U-Booten, die beim Geleitzug ON 166 zusammenliefen, und wegen der zeitweiligen Abwesenheit der Korvette *Dauphin* befahl das Western Approaches Command, daß der ehemals französische, jetzt mit Polen bemannte und von Franciszek Pitulko befehligte Zerstörer *Burza* von der Group B-3, der den sich nähernden Konvoi ONS 167 eskortierte, vorausfahren und die amerikanische Escort Group verstärken sollte. Bis dieses Schiff eintraf und die *Dauphin* wieder mit von der Partie war, hatte Heineman mit lediglich sechs Geleitschiffen alle Hände voll zu tun. Trotzdem ging Heineman in dieser Nacht davon aus, daß der Geleitschutz die Treffer ausgeglichen habe. Der Coast Guard Cutter *Spencer* (Treasury-Klasse), dessen Kommandant den passenden Namen Harold Sloop Berdine trug, jagte und versenkte, so nahm man an, ein später in offiziellen Darstellungen als *U225* identifiziertes U-Boot unter Wolfgang Leimkühler.[2]

Drei U-Boote wichen der Abschirmung des Geleitschutzes aus und griffen den Konvoi in der Nacht des 22. Februar an. Die beiden ersten waren Oelrichs Knappen-Boot *U92* und Alfred Manhardt von Mannsteins Ritter-Boot *U753*. Oelrich meldete die Versenkung von zwei Frachtern mit 11 000 BRT und mögliche Treffer an einem dritten Schiff.

---

[1] Zunächst ging die Admiralität bei dem Verlust von *U623* von »unbekannten Gründen« aus, ebenso war der Zeitpunkt nicht bekannt. Sehr viel später, mit Hilfe von nach dem Krieg durchgeführten Analysen, kam man zu dem Schluß, daß die Versenkung Isted zuzuschreiben sei.

[2] Wie berichtet, widerrief die Admiralität das der *Spencer* zugeschriebene Verdienst an der Versenkung von *U225* und rechnete sie dem Piloten Turner an, der eine B-24 der britischen Squadron 120 flog.

In Wirklichkeit traf er mit zwei FAT-Torpedos nur den großen norwegischen Frachter *N.T. Nielsen Alonso* mit 9348 BRT. Auch Manhardt von Mannstein von *U753* traf die *Alonso* und ließ ein schwimmendes Wrack zurück. Der große Coast Guard Cutter *Campbell* übernahm die 50köpfige Besatzung der *Alonso,* dann versenkte der Zerstörer *Burza* den Hulk mit Geschützfeuer. Unterdessen entdeckte die *Campbell U753* und belegte das Boot mit Wasserbomben, so daß von Mannstein sich aus der Schlacht zurückziehen mußte. Auf die Nachricht über die Schäden (beide Periskope und eine Dieselmaschine funktionierten nicht mehr) wies die U-Boot-Führung von Mannstein an, auf Heimatkurs zu gehen und, falls es machbar sei, sich einer Gruppe anzuschließen, die den herannahenden Konvoi ONS 167 angreifen sollte.

Das dritte Boot, das in dieser Nacht angreifen sollte, war das erste Boot des Typs VII von der Taifun-Gruppe, *U606* unter dem Kommando des 25jährigen Hans Döhler. Er versenkte den amerikanischen Frachter *Chattanooga City* mit 5687 BRT und beschädigte den US-Frachter *Expositor* mit 4959 BRT sowie den britischen Frachter *Empire Redshank* mit 6615 BRT. Die kanadische Korvette *Trillium* schickte die *Redshank* mit ihren Geschützen auf den Meeresgrund, scheiterte damit jedoch bei dem Hulk der *Expositor*. Das zweite Boot der Gruppe Taifun, *U303* unter dem 27jährigen Karl-Franz Heine, versenkte die *Expositor* mit einem Fangschuß.

Drei Geleitschiffe starteten einen Gegenangriff und nahmen Döhler mit *U606* ins Visier: die kanadische Korvette *Chilliwack,* der polnische Zerstörer *Burza* und der US-Coast Guard Cutter *Campbell.* Das Hauptgewicht des ersten Angriffs lag auf den Schultern Franciszek Pitulkos von der *Burza,* der den Sonarkontakt hartnäckig hielt und über 40 Wasserbomben warf. Diese Wabos trieben *U606* in die furchterregende Tiefe von 240 Metern. Sie verursachten außen und innen am Boot solche Schäden, daß der Leitende Ingenieur von *U606* Döhler zum Auftauchen aufforderte.

Als *U606* an die Oberfläche kam, erfaßte es die *Campbell* auf dem Radar in einer Entfernung von 4200 Metern. Der Kommandant, James A. Hirschfield, der versehentlich von seinen eigenen Kanonieren verletzt worden war, steuerte auf die angepeilte Position zu und ließ aus allen Rohren feuern. Als er zwei auf geringe Tiefe eingestellte Wasserbomben werfen ließ, rammte er *U606* versehentlich. Das U-Boot schleifte seitlich an der *Campbell* entlang und riß ein viereinhalb Meter großes Loch in die Bordwand, wodurch der Maschinenraum geflutet wurde. Als sich die beiden Fahrzeuge trennten, erfaßte die *Campbell U606* mit ihrem Suchscheinwerfer und beharkte das Boot mit allen Waffen. Durch den Wassereinbruch auf der *Campbell* fielen die Maschinen aus, und das Schiff trieb wie *U606* hilflos in der Strömung.

Auf *U606* entstand ein Durcheinander. Der Beschuß von der *Campbell* verwandelte das Boot in ein Wrack und tötete einen Großteil der

Deutschen, die an Deck geklettert waren, darunter auch Döhler. Viele Überlebende sprangen über Bord, um dem Beschuß zu entkommen, trieben ab und ertranken. Ein Beiboot der *Campbell* setzte zu dem sinkenden U-Boot über, um Überlebende aufzunehmen, doch nur fünf Mann der Besatzung gelangten in das Beiboot. Im weiteren Verlauf dieser Nacht fand die *Burza U606,* das Deck unter Wasser, aber noch immer schwimmfähig, mit acht Deutschen an Bord. Diese Besatzungsmitglieder öffneten dann die letzten Ventile, um die Selbstversenkung von *U606* einzuleiten. Dann sprangen sie ins Wasser und schwammen zur *Burza* hinüber. Ein Überlebender schaffte es nicht. Von *U606* wurden also nur zwölf Deutsche gerettet.[1]

Es war unmöglich, die *Campbell* aus eigener Kraft wieder fahrtüchtig zu machen. Sie mußte versenkt oder nach Newfoundland geschleppt werden. Hirschfield übergab die 50 Überlebenden des Frachters *N.T. Nielsen Alonso,* die fünf deutschen Kriegsgefangenen und 112 Mann der Besatzung der *Campbell* an die *Burza.* Pitulko von der *Burza* erbot sich, obwohl er wenig Treibstoff hatte, die *Campbell* nach Newfoundland zu schleppen. Hirschfield widerstrebte es, den zahlreichen U-Booten vor Ort mit den beiden Schiffen ein leichtes Ziel zu bieten. Er lehnte das Angebot ab. Die *Burza,* auf der sich Überlebende drängten, verließ nun den Geleitzug mit Kurs auf St. John's und traf dort mit sehr wenig Treibstoff ein. Die Korvette *Dauphin* kam heran, um der *Campbell* bis zum Eintreffen des Schleppers *Tenacity* beizustehen. Dieser sollte das Schiff, gesichert von einer weiteren Korvette, nach St. John's schleppen. Für seine Besonnenheit und Tapferkeit und dafür, daß er trotz der Beschädigungen an seinem Schiff nicht davon abließ, *U606* zu versenken, wurde Hirschfield ein Navy Cross verliehen. Der Konvoi ON 166 setzte seinen Weg nach Westen fort. Binnen kurzem mußte die britische Korvette *Dianthus,* die kaum noch Treibstoff hatte, die Fahrt abbrechen und Kurs auf St. John's nehmen. Sie heizte ihre Kessel nur noch mit Geschütz- und Mineralöl und Farbverdünner. Für den Geleitschutz blieben, nachdem die *Dianthus* den Konvoi verlassen hatte, nur noch der Cutter *Spencer* und vier Korvetten übrig, die nun mit 16 hartnäckig Fühlung haltenden U-Booten fertigwerden mußten.

In der Nacht vom 23. auf den 24. Februar durchbrachen immerhin zwölf Boote den schwachen Geleitschutz, kamen heran und schossen Torpedos. Horst Höltring von *U604* versenkte das 1583 Tonnen große Rettungsschiff *Stockport.* Jetzt konnten die Geleitschiffe die U-Boote nicht mehr mit Huff Duff orten, und dies war einer der Gründe, weshalb die U-Boote in dieser Nacht sechs Schiffe versenkten:

---

[1] Die Schäden, die aufgrund der unbeabsichtigten Rammung von *U606* an der *Campbell* auftraten, machten jede Hoffnung zunichte, ein Prisenkommando überzusetzen.

• Heinz Hasenschars *U628* von der Ritter-Gruppe, ein Boot vom Typ VII, traf und beschädigte zwei im Ballast fahrende Tanker, die *Winkler* mit 6907 BRT und die *Glittore* mit 6409 BRT.
• Karl-Jürgen Wächter von der Taifun-Gruppe, der sich mit *U223* vom Typ VII auf der Jungfernfahrt befand, gab der *Winkler* den Rest.
• Hans-Joachim Bertelsmanns *U603* von der Ritter-Gruppe schickte die *Glittre* auf den Meeresgrund.
• Das Taifun-Boot *U186* unter dem Kommando des 30jährigen Siegfried Hesemann, ein Boot des Typs IXC/40 auf der Jungfernfahrt, versenkte den amerikanischen Frachter *Hastings* mit 5401 BRT und den britischen Frachter *Eulima* mit 6207 BRT.
• Günter Gretschels Taifun-Boot *U707* vom Typ VII, ebenfalls auf der Jungfernfahrt, versenkte die *Jonathan Sturges,* ein amerikanisches Schiff der Liberty-Klasse mit 7176 BRT.

Am 24. Februar erreichte ON 166 eine Position, die in der äußeren Reichweite von auf Newfoundland stationierten ASW-Flugzeugen lag. Vier Cansos (Catalinas) stiegen auf und sorgten für Sicherung aus der Luft. Eine der Maschinen mit dem Piloten F. C. Colborne bombardierte und beschädigte Horst Höltrings Knappen-Boot *U604* schwer. Eine andere Canso mit dem Piloten D. G. Baldwin bombardierte Max Kruschkas Ritter-Boot *U621* vom Typ VII. Höltring von *U604* mußte nach Frankreich zurückkehren. Kruschka von *U621* zog sich zurück, reparierte die Schäden und setzte die Feindfahrt fort.

In den folgenden 48 Stunden verschlechterte sich das Wetter und weitere sieben Boote konnten den schwachen Geleitschutz umgehen und kamen zum Schuß. Das Ritter-Boot *U628* unter Heinz Hasenschar und das Knappen-Boot *U600* vom Typ VII unter Bernard Zurmühlen trafen beide dasselbe Schiff, den 4391 BRT großen norwegischen Frachter *Ingria,* der sofort sank. Später versenkte Hasenschar das britische Handelsschiff *Manchester Merchant* mit 7264 BRT. Der erfahrene Kommandant Gerhard Feiler erzielte mit dem Ritter-Boot *U653* vom Typ VII einen Treffer auf den holländischen Frachter *Madoera* mit 9382 BRT. Das Schiff wurde aufgegeben, sank jedoch nicht und wurde in einen Hafen geschleppt.[2] Oelrich mit dem Knappen-Boot *U92*, Zurmühlen mit *U600* und Kruschka mit

[2] Einige Tage später, inmitten heulender Sturmwinde, entdeckte Manhardt von Mannstein mit *U753* ein überfülltes Rettungsboot der *Madoera*. Er befahl sechs Weißen, auf *U753* zu kommen, ließ aber »eine Reihe« von dunkelhäutigen Laskaren in dem Boot zurück. Britische Propagandisten brandmarkten Manhardt von Mannstein, nachdem sie von dem Zwischenfall erfahren hatten, als einen »Mann, der Abscheuliches« getan habe. Hans-Jürgen Zetzsche von *U591* fand ein anderes Rettungsboot und nahm den ersten Maat der *Madoera* gefangen und überließ die restlichen Überlebenden ihrem Schicksal, doch er wurde nicht an den Pranger gestellt.

U621 verfehlten bei den zweiten Angriffen alle ihre Ziele. *U92* brach die Feindfahrt ab und kehrte nach Frankreich zurück.

Als die Boote in undurchdringlichem Nebel vor Newfoundland die 100-Faden-Linie (etwa 180 Meter) überquerten, brach die U-Boot-Führung die Operationen gegen ON 166 ab. Stolz verzeichnete Admiral Godt die gemeldeten Ergebnisse: 19 Boote hatten den Geleitzug in sechs zermürbenden Tagen über eine Distanz von über 2000 Kilometern westwärts gejagt. 13 der 19 Boote hatten »erfolgreich« geschossen und 23 Schiffe mit 132171 BRT versenkt und 7 weitere beschädigt. Nur ein U-Boot, *U606,* sei verlorengegangen.

Die bestätigten Zahlen sind weniger eindrucksvoll, doch die Versenkungen waren eine der schlimmsten Katastrophen, die sich bei den schnellen Konvois während des Kriegs ereigneten: 14 Handelsschiffe (von 60) mit 78700 BRT wurden von 11 Booten versenkt; 2 Tanker *(N.T. Nielsen Alonso, Madoera)* wurden beschädigt sowie ein Geleitschiff manövrierunfähig gemacht (der Coast Guard Cutter *Campbell* lag bis zum 19. Mai auf der Werft). Werden die beiden Ritter-Boote *U225* und *U529* mitgezählt, die am 15. Februar versenkt wurden, während sie in dem Aufklärungsstreifen den Konvoi erwarteten, sowie *U606* und *U623,* dann betrugen die Verluste nicht lediglich ein Boot, sondern vier U-Boote, drei vom Typ VII, eines vom Typ IX. Nur 12 der ungefähr 200 Mann dieser Boote überlebten; diese Überlebenden kamen alle in Kriegsgefangenschaft.

Mit Gefechtsschäden und mit knappen Treibstoffvorräten nahmen acht der übriggebliebenen Boote nach dem Ende der langen Schlacht Kurs auf Frankreich. Manhardt von Mannstein von *U753,* der angewiesen worden war, Reparaturen auszuführen und ONS 167 anzugreifen, konnte den Befehlen wegen Gefechtsschäden nicht nachkommen. Sein Boot und Höltrings *U604* waren am schwersten beschädigt worden. Beide erreichten Frankreich, doch Manhardt von Mannstein lief erst im Mai wieder aus und Höltring gar erst Ende Juni. Die anderen Boote wurden schnell repariert und liefen alle im April wieder aus.

Der dicht hinter dem schnellen Geleitzug ON 166 folgende Konvoi ONS 167 bestand aus 25 Schiffen. Er wurde schwach von der britischen Escort Group B-3 unter dem Kommando von A. A. Tait gesichert, welche aus zwei britischen Zerstörern *(Harvester* und *Escapade),* zwei polnischen Zerstörern *(Garland* und *Burza),* drei freifranzösischen Korvetten und einer britischen Korvette bestand. Die *Burza* war, wie berichtet, zur Verstärkung des voranfahrenden Konvois ON 166 abkommandiert worden.

Am Morgen des 21. Februar erfaßte Adolf Graef mit dem kampferprobten Boot *U664* vom Typ VII ONS 167. *U664* gehörte zu den fünf neu eingetroffenen Booten, die sich der Gruppe Burggraf anschließen sollten. Graef konnte gut Fühlung halten und brachte Helmut Manseck mit *U758* heran. Manseck meldete den Kontakt, woraufhin Graef angriff und zwei Schiffe versenkte, den amerikanischen Frachter *Rosario* mit 4659 BRT und den panamaischen Tanker *H. H. Rogers* mit 8807 BRT.

Die U-Boot-Führung wollte diesen Kontakt ausnutzen und löste die im Entstehen begriffene Burggraf-Gruppe auf. Sie bildete eine neue Gruppe mit Namen Sturmbock. Diese sollte aus den neu eingetroffenen fünf Booten vom Typ VII der Gruppe Burggraf bestehen, aus zwei in der Schlacht um ON 166 beschädigten Booten und drei auf Heimatkurs befindlichen Booten der aufgelösten Gruppe Haudegen. Es war geplant, daß Sturmbock die Fühlung halten und an dem Konvoi »herumnagen« sollte, während sich dieser auf dem Weg nach Westen befand. Dann sollten alle von der Jagd auf ON 166 zurückkehrenden Boote mit ausreichend Treibstoff und Torpedos Position beziehen und ONS 167 angreifen.

Die Kryptanalytiker der Alliierten erfuhren durch Enigma-Entzifferungen von diesem Plan, und die Admiralität leitete eine Ausweichbewegung ein. Während die Geleitschiffe Graef mit *U664* und Manseck mit *U758* unter Wasser hielten, vollzog der Konvoi eine extreme Kursänderung und folgte dann einer südlicheren Route, als dies bei ON 166 der Fall gewesen war. Die Gruppe Sturmbock verlor den Geleitzug infolge dieser Manöver und bekam keine Fühlung mehr. Die Boote setzten die Jagd westwärts nach Newfoundland fort, bis die U-Boot-Führung erkannte, daß sie überlistet worden war. Die Verfolgung wurde daraufhin aufgegeben. Die fünf umgeleiteten Boote der Gruppe Sturmbock auf Heimatkurs wurden von ihrer Aufgabe entbunden. Darunter befanden sich Ritterkreuzträger Ernst Mengersen in *U607,* einem Boot der aufgelösten Gruppe Haudegen. Nach der Ankunft in Frankreich verließ Mengersen das Boot und wurde Chef der 20. Ausbildungs-Flottille.[1]

Die vom 15. bis 20. Februar zwischen Grönland und Island zusammengestellte Gruppe Neptun bestand aus elf U-Booten, einschließlich dreier aus dem Nordmeer abkommandierter Boote. Geplagt von furchtbaren Winterstürmen, patrouillierte die Gruppe Neptun zwölf schreckliche Tage lang, ohne Schiffe zu sichten. Am 27. Februar schließlich stieß das neue *U759* vom Typ VII, das unter dem Kommando des 28jährigen Rudolf Friedrich stand, auf den aus 62 Schiffen bestehenden Geleitzug HX 227. Er war durch die britische Escort Group B-6 unter R. Heathcote

---

[1] Mengersens bestätigtes Treffergebnis auf dem Einbaum *U18* und den Typ-VII-Booten *U101* und *U607* betrug 16 Schiffe mit 84961 Tonnen.

nur schwach gesichert: Lediglich zwei alte Zerstörer, die *Fame* und die *Viscount,* und vier Korvetten standen für die Sicherung zur Verfügung. Man hatte den Konvoi auf eine weit nördlichere Route verlegt, um den U-Booten auszuweichen, die weiter südlich die nach Westen fahrenden Geleitzüge ON 166 und ONS 167 verfolgten.

Wegen der heftigen, in dieser Region tobenden Stürme hatte Friedrich Schwierigkeiten, den Kontakt nach Berlin zu melden. Als die Nachricht endlich eintraf (weitergegeben durch *U405*), befahl die U-Boot-Führung der Neptun-Gruppe – außer dem neuen, allerdings verspäteten *U638* vom Typ VII, welches dem 28jährigen Hinrich-Oskar Bernbeck unterstand –, auf die Funksignale von *U759* zu operieren. Zu diesem Zeitpunkt hatte Heathcote *U759* jedoch mittels Huff Duff geortet und unter Wasser gedrückt. Der Fühlungshalter verlor auf diese Weise den Kontakt mit dem Konvoi.

Die Neptun-Gruppe mußte riesigen Wellen und heulenden Sturmwinden trotzen, so daß es nicht möglich war, einen geordneten Angriff durchzuführen. Nur vier Boote bekamen Fühlung mit dem Geleitzug oder seinen Nachzüglern. Rolf-Heinrich Hopmann mit dem aus dem Polarmeer verlegten *U405* entdeckte eine Gruppe von fünf Nachzüglern und versenkte einen davon, das britische Liberty-Schiff *Wade Hampton* mit 7176 BRT. Mit ihr gingen zwei für die sowjetische Nordflotte bestimmte Motortorpedoboote unter, die die *Wade Hampton* auf ihrem Deck transportierte. Rudolf Friedrich von *U759* stellte den Kontakt mit dem Konvoi wieder her und schoß auf einen weiteren Nachzügler, das amerikanische Liberty-Schiff *Meriwether Lewis* mit 7176 BRT, doch der Torpedo ging fehl, und Friedrich konnte die Jagd wegen eines Schadens an den Dieselmaschinen nicht weiter fortsetzen. Ein anderes neues, aus Kiel eingetroffenes Boot war *U634* unter dem 22jährigen Eberhard Dahlhaus, dem jüngsten Kommandanten eines U-Boots im Atlantik.[1] Zwei Boote der Neptun-Gruppe vom Typ VII, Heinz Schütts *U135* und ein weiteres aus dem Nordmeer abkommandiertes Boot, Friedrich-Karl Marks' *U376,* mußten nach Frankreich umkehren, *U135* wegen knappen Treibstoffs und *U376* wegen Gefechtsschäden. *U135* war erst Anfang Juni wieder einsatzfähig, und Schütt übernahm andere Aufgaben.

Die erneut gebildete Gruppe Neptun verblieb in dem Gebiet direkt südlich von Grönland. Zwei der Boote des Typs VII, Marks' *U376,* das seine Fahrt abgebrochen hatte, und *U608* unter Rolf Struckmeier, erfaßten den aus 52 Schiffen bestehenden schnellen Geleitzug ON 168. Dieser war ebenfalls nach Norden umgeleitet worden, um den U-Booten auszuweichen, die ON 166 und ONS 167 angriffen. Zwei Zerstörer von der

---

[1] Dahlhaus, Angehöriger der Crew von 1938, hatte 18 Monate lang als Wachoffizier auf Manhardt von Mannsteins *U753,* einem Boot des Typs VII, gedient.

Richard C. Boyle unterstehenden britischen Escort Group B-5, die *Havelock* und die *Volunteer,* orteten die Boote mit Huff Duff und drückten sie unter Wasser. Keines der anderen U-Boote konnte ON 168 finden, doch am 7. März erfaßte das neue VII-Boot *U638*, das unter dem Kommando Hinrich-Oskar Bernbecks stand, einen im Ballast fahrenden Nachzügler, den britischen Tanker *Empire Light* mit 6537 BRT. Er schoß auf das Schiff und meldete, seine Torpedos hätten das Ziel verfehlt. In Wirklichkeit aber traf er das Schiff; es wurde von der Besatzung aufgegeben. Das Wrack wurde am 12. März von *U468* unter Schamong versenkt.

Im Februar überquerten den Atlantik zwölf Geleitzüge mit etwa 550 Schiffen auf der nordatlantischen Route zwischen amerikanischen Gewässern und den Britischen Inseln. Mehrere Faktoren hatten zum Rückgang des Konvoiverkehrs geführt: die größer werdenden zeitlichen Abstände bei den Terminen für das Auslaufen von ostwärts fahrenden Konvois (alle zehn statt alle acht Tage), der kurze Monat (28 Tage), sehr schlechte Wetterverhältnisse, die Abstellung einiger Geleitschiffe für die Fast und Slow Torch-Geleitzüge (UG-GU) und für mehrere Konvois in die Sowjetunion (JW-RA), die weitere Umleitung von Handelsschiffen über Island nach Nordrußland, der Abzug dreier kanadischer MOEF-Gruppen (C-1, C-2, C-4) zu Ausbildungszwecken in Tobermory und zur Erprobung auf der Gibraltar-Route.

Der Sachverhalt, daß beide Seiten im Februar die verschlüsselten Funksprüche der jeweils anderen Seite relativ gut entzifferten, führte zu einer spannenden Schachpartie der Seestreitkräfte auf der Nordatlantikroute. Die Konvois änderten ihren Kurs, um den Aufklärungsstreifen der U-Boote auszuweichen. Die Aufklärungsstreifen wurden auf andere Positionen verlegt, um die Geleitzüge auf den neuen Routen abzufangen. Jede Seite reagierte kontinuierlich auf die entzifferten Informationen des Gegners.

Bei diesem gefährlichen Spiel hatten die U-Boote ungefähr die Hälfte der alliierten Geleitzüge gefunden und wahrhaft vernichtende Angriffe auf zwei davon oder auf deren Nachzügler geführt: den ostwärts fahrenden SC 118 (mit der britischen Eskorte B-2) und den schnell westwärts fahrenden ON 166 (mit der amerikanischen Eskorte A-3). Die U-Boote versenkten aus diesen Konvois 24 bestätigte Handelsschiffe sowie 8 andere Schiffe aus 5 weiteren nordatlantischen Geleitzügen und 3 Einzelfahrer (darunter einen Tanker). Gesamtresultat: 35 Versenkungen (9 Tanker). Ungefähr ein Drittel der verlorengegangenen Schiffe (zwölf Fahrzeuge) fuhren mit Ostkurs, beladen mit Kriegsmaterial und Nahrungsmitteln, die übrigen waren im Ballast fahrende Schiffe mit Westkurs.[1]

---

[1] Die drei Verluste im Februar aus dem Konvoi HX 224 sind bei den Zahlen für Januar berücksichtigt. Siehe Anhang 3.

Die deutschen Verluste im Februar auf der nordatlantischen Route waren erschreckend: zwölf Boote (neun des Typs VII, drei des Typs IX). Sechs Boote waren wahrscheinlich von Flugzeugen versenkt worden und sechs von Überwassergeleitschiffen. In diesem Seegebiet von »entscheidender« Bedeutung lag die »Erfolgsquote« in jenem Monat bei einem verlorengegangenen U-Boot für drei versenkte Handelsschiffe, eine für die Deutschen verheerende Entwicklung. Von den ungefähr 600 Deutschen, die auf den zwölf untergegangenen U-Booten gedient hatten, überlebten nur jene zwölf Mann von *U606,* die in Kriegsgefangenschaft kamen.

Wenn die Zahlen bezüglich der nordatlantischen Route für die Monate Januar und Februar zusammengefaßt werden, ergeben sich keine Anhaltspunkte dafür, daß die Deutschen im Begriff waren, diese entscheidende Lebensader zu durchtrennen. Insgesamt fuhren in diesen beiden Monaten 25 Geleitzüge mit rund 1100 Handelsschiffen nach Osten und nach Westen. Die U-Boote versenkten aus diesen Geleitzügen 40 Schiffe oder Nachzügler, die Hälfte davon mit Ostkurs, sowie 7 Einzelfahrer, insgesamt also 47 Schiffe. Im Gegenzug kehrten 14 auf Feindfahrt in diesem Gebiet befindliche U-Boote nicht zurück, eine »Erfolgsquote« von einem verlorengegangenen U-Boot für 3,3 versenkte Handelsschiffe.[1]

Mißerfolge der U-Boote auf den neuen mittelatlantischen Konvoirouten

Abgesehen von den ersten Konvois für die Operation Torch liefen bis zum 1. Januar 1943 zwischen den Vereinigten Staaten und Gibraltar (UGS, UGF) und umgekehrt (GUF) sieben schnelle und langsame Geleitzüge hin und zurück. Diese Konvois bestanden aus 152 Handelsschiffen (einschließlich Truppentransportern) und 61 Geleitschiffen. Wie bei den zu Anfang verkehrenden Torch-Konvois gab es keine Verluste.

Im Jahr 1943 überquerten auf der mittelatlantischen Route in östlicher und westlicher Richtung 106 Konvois den Atlantik, die aus 3657 Handelsschiffen und 878 Geleitschiffen bestanden. Darunter befanden sich 27 langsame und 9 schnelle UG-Geleitzüge, 28 langsame und 8 schnelle GU-Geleitzüge, 24 Torch-Tankerkonvois (TM, OT und TO) und 10 Tankerkonvois zwischen der Karibik und Großbritannien (CU, UC). Nach Osten und Westen fuhren innerhalb der Torch-Konvois 153 Tanker;

---

1 Siehe Anhang 2 und Anhang 3.

zwischen der Karibik und den Britischen Inseln erreichten weitere 192 Tanker in den CU-UC-Geleitzügen ihre Bestimmungshäfen.

Die Verluste bei den mittelatlantischen Konvois, die die Alliierten 1943 durch die Achsenmächte erlitten, waren also verschwindend gering. Durch U-Boote der Achse und Luftangriffe wurden im Atlantik und im Mittelmeer zusammengenommen 19 Handelsschiffe versenkt, 7 davon Anfang Januar aus dem unglücklichen britischen Tankerkonvoi TM 1. Danach versenkte die Achse bis Jahresende aus mittelatlantischen Geleitzügen nur zwölf weitere Frachter.[1]

Im Januar und Februar 1943 fiel die im Atlantik stehende, überwältigend starke U-Boot-Flotte über die nordatlantische Route her. Die U-Boot-Führung konnte die neue mittelatlantische Konvoiroute jedoch nicht ignorieren.

In den drei Monaten von Januar bis März entsandte die U-Boot-Führung 36 neue U-Boote in den Seeraum zwischen Gibraltar und den Azoren. Dieser Verband bestand aus 21 Booten des Typs IX,[2] die für die harten Einsätze gegen Geleitzüge ungeeignet waren, 13 Booten des Typs VII und 2 XB-Minenlegern, *U117* und *U118*. Diesen 36 Booten schlossen sich 2 des Typs IXC an, *U511* und *U522,* die am letzten Dezembertag 1942 für den Beutezug vor Kapstadt (Gruppe Seehund) ausgelaufen waren und dann umgeleitet wurden, um den Tanker-Konvoi TM 1 anzugreifen. Danach wurden die Boote im Seegebiet vor Gibraltar und den Azoren in Bereitschaft gehalten.

Allerdings stand nur ein U-Tanker vom Typ XIV, *U461,* für die Unterstützung der U-Boote im Seegebiet vor Gibraltar und den Azoren zur Verfügung. Dieses Boot stach am 13. Februar in See. Damit war für die 38 in diesem Raum operierenden Boote jedoch keine ausreichende Versorgung mit Treibstoff gewährleistet. Die U-Boot-Führung leitete daher *U117* und *U118,* Minenleger vom Typ XB, um. Sie sollten als provisorische Tanker fungieren, nachdem sie ihre eigentlichen Missionen beendet hatten. Zusätzlich gab die U-Boot-Führung die Weisung aus, alle in dieser Region auf Heimatkurs befindlichen Kampfboote mit überschüssigem Treibstoff sollten davon soviel wie möglich an die in der Kampfzone verbleibenden Boote abgeben.

Das erste Dutzend dieser Kampfboote löste die Boote der ursprünglichen Gruppe Delphin ab. Diese U-Boote wurden, zusammen mit den beiden IXC-Booten, *U511* und *U522,* und jenen Booten, die im Januar und Februar folgen sollten, abwechselnd zu einer zweiten Gruppe

---

[1] Weiterhin gingen neun Geleitschiffe verloren, alle im letzten Jahresdrittel von 1943 durch U-Boote im Mittelmeer.

[2] Drei davon, *U105, U123* und *U515,* nahmen Kurs auf Westafrika, wurden aber vorübergehend in das Gebiet von Gibraltar und der Azoren umgeleitet.

Delphin sowie zwei weiteren Gruppen, Rochen und Robbe, zusammengefaßt.

Sieben der neu ausgelaufenen Boote mußten zunächst Sondermissionen durchführen:

- *U66* vom Typ IXC unter Friedrich Markworth sollte am 20. Januar einen »französischen Saboteur«, Jean Marie Lallart, an der Küste von Spanisch-Sahara nahe Mauritania-Rio de Oro absetzen. Zwei Mann der Besatzung brachten Lallart mit dem Beiboot von *U66* an Land, doch das Boot kenterte in der Brandung, und die beiden konnten nicht mehr zum U-Boot zurückkehren. Später nahmen Angehörige der französischen Streitkräfte die beiden Besatzungsmitglieder von *U66* im marokkanischen Port Etienne fest und übergaben sie den Briten. Über Lallarts Schicksal ist bis heute nichts bekannt.
- Auf einem Schiffahrtsweg der Alliierten legte der 38jährige Werner Czygan mit *U118,* einem Minenleger vom Typ XB, in der Nacht des 1. Februar ein Minenfeld. Czygan plazierte in zermürbender mehrstündiger Arbeit 66 SMA-Minen. Das Minenfeld erwies sich als eines der wirksamsten des Krieges. Durch die Minen sanken drei britische Frachter mit 14064 BRT und die kanadische Korvette *Weyburn.* Sie beschädigten zudem einen norwegischen Tanker mit 9937 BRT und (peinlicherweise) einen neutralen spanischen Frachter mit 2009 BRT. Bei dem Versuch, der sinkenden *Weyburn* aus nächster Nähe zu Hilfe zu kommen, wurde der britische Zerstörer *Wivern* entweder von einer weiteren Mine beschädigt oder (was wahrscheinlicher ist) von mehreren Wasserbomben der *Weyburn.* Diese explodierten, als das Schiff mit dem Heck voran unterging. Nach dieser Operation fungierte *U118* als behelfsmäßiger U-Tanker und versorgte neun Boote mit Treibstoff.
- Das langgediente *U455* vom Typ VII unter dem neuen Kommandanten Hans-Martin Scheibe legte am 10. April ein Minenfeld auf den Schiffahrtswegen der Alliierten nahe dem marokkanischen Fedala (Casablanca). Durch die zwölf TMB-Minen ging ein französischer Frachter mit 3777 BRT unter sowie wahrscheinlich ein Schlepper mit 323 BRT.
- Auch der Minenleger *U117* unter Hans-Werner Neumann erhielt die Anweisung, bei Fedala Minen zu legen. Bei der Annäherung an den Hafen wurde Neumann von alliierten ASW-Patrouillen geortet und gejagt. Trotzdem legte *U117* in der Nacht des 11. April 66 SMA-Minen. Diese Minen beschädigten zwei Schiffe der Liberty-Klasse, ein amerikanisches und ein britisches mit insgesamt 14269 BRT. Nach Abschluß der Aktion diente *U117* ebenfalls als provisorischer U-Tanker und versorgte neun Boote mit Treibstoff.
- Kurt-Eduard Engelmanns *U163,* einem Boot des Typs IXC, fiel die

Aufgabe zu, den auf Heimatkurs befindlichen Blockadebrecher *Regensburg* zu treffen und Anweisungen zu übergeben. Am 13. März, beim Verlassen des Golfs von Biskaya, reagierte Engelmann auf eine Konvoisichtung der Luftwaffe – OS 44 – und versuchte, an den Geleitzug heranzukommen und anzugreifen. Eines der sieben Geleitschiffe ortete *U163* mit dem Radar und versenkte das Boot mit Wasserbomben.[1] Es gab keine Überlebenden. Als die U-Boot-Führung den Verlust von *U163* feststellte, leitete sie *U161* unter Albrecht Achilles um, welches auf dem Weg in amerikanische Gewässer war, damit das vorgesehene Treffen stattfinden konnte.

- Die U-Boot-Führung beauftragte drei Boote des Typs VII, eine U-Boot-Eskorte für den aus dem Fernen Osten nach Frankreich heimwärts fahrenden Blockadebrecher *Hohenfriedberg* zu stellen. Dies waren die einlaufenden Boote *U264* unter Hartwig Looks und *U258* unter Leopold Koch, der den ins Lazarett eingelieferten eigentlichen Kommandanten Wilhelm von Mässenhausen vorübergehend ersetzte, sowie *U437* unter dem 27jährigen neuen Kommandanten Hermann Lamby.

Die von alliierten Codeknackern entzifferten Anweisungen an die U-Boote ermöglichten es, daß der britische Schwere Kreuzer *Sussex* etwa 1300 Kilometer von Lissabon entfernt in Richtung Westnordwest auf die Deutschen wartete. Da man sich an bestimmte Vorgehensweisen hielt, mit denen die geheimen Entzifferungen geschützt werden sollten, »entdeckte« am Morgen des 26. Februar eine amerikanische B-24 die *Hohenfriedberg*. Die Alarmmeldung des Bombers »brachte« dann scheinbar die *Sussex* »heran«, die die Deutschen zu einer Selbstversenkung zwang. Beherzt griff Looks mit *U264* die *Sussex* mit einem vollen Torpedofächer an, doch alle Torpedos gingen fehl. Looks rettete die gesamte Besatzung der *Hohenfriedberg,* nachdem die *Sussex* abgedreht hatte, und brachte die Männer nach Frankreich.

Eines der ursprünglich für ein Zusammentreffen mit der *Hohenfriedberg* vorgesehenen Boote absolvierte eine problematische Feindfahrt. Hermann Lamby, der neue Kommandant von *U437,* entdeckte einen schlimmen Riß am Flansch der Auspuffleitung der Dieselmaschinen, wodurch das Boot nicht mehr tief tauchen konnte. Damit war es *U437* unmöglich, dem Gegner durch Tauchen zu entkommen. Die U-Boot-Führung befahl Lamby daher am 13. April, er solle sich nach Süden nahe der Azoren in ein weniger gefährliches Gebiet zurückziehen, wo er hin-

[1] In vielen Publikationen wird die Versenkung von *U163* dem amerikanischen U-Boot *Herring* zugeschrieben, doch nach einer neueren akribischen Beurteilung des Vorfalls rechneten Historiker der Admiralität das Verdienst der kanadischen Korvette *Prescott* zu.

sichtlich UG-GU-Konvois als Vorposten dienen konnte. Eine Woche darauf traf *U409* vom Typ VII auf Lamby mit *U437* und übergab ihm einige Ersatzteile, doch Lamby brach die Fahrt ab und kehrte am 5. März nach Frankreich um. Er beendete eine völlig erfolglose, 31tägige Feindfahrt.

Nordöstlich der Kanarischen Inseln entdeckte der Minenleger *U218* vom Typ VIID unter Richard Becker am 7. Februar einen Konvoi. Die U-Boot-Führung befahl fünf neuen Booten der Gruppe Delphin und der neuen Gruppe Rochen den Angriff. Mit *U218* bekamen neun Boote Fühlung mit dem Geleitzug, was schwere Luftangriffe zur Folge hatte. Nur drei Boote kamen in eine günstige Angriffsposition. Zwei verfehlten ihre Ziele, doch das dritte, Klaus Bargstens *U521* vom Typ IXC, meldete die Versenkung eines Tankers und einer Korvette mit 10 000 Tonnen sowie die Beschädigung eines Frachters mit 8000 BRT. Nachkriegsaufzeichnungen bestätigten lediglich den britischen ASW-Trawler *Brecon* mit 750 Tonnen.

Am 10. Februar meldete Ralf-Reimar Wolfram von *U108,* einem Boot des Typs IXB, nördlich der Kanarischen Inseln einen Konvoi. Die U-Boot-Führung beeilte sich, *U108* mit sieben weiteren Booten der Rochen-Gruppe zu verstärken. Eine in Gibraltar stationierte Catalina der britischen Squadron 202 reagierte auf den U-Boot-Alarm. Der Pilot, William Ogle-Skan, drückte *U108* unter Wasser und bombardierte das Boot in, wie Wolfram berichtete, »großer Tiefe«. Die Bomben machten die vier Bugtorpedorohre von *U108* unbrauchbar, so daß das Boot keine Torpedoangriffe mehr durchführen konnte. Für einige Tage dümpelte *U108* in der Region und übergab anderen Booten Treibstoff. Dann brach Wolfram die Unternehmung ab und kehrte nach Frankreich zurück, das zweite Mal bei nur zwei Feindfahrten. In Frankreich erklärte man das Boot für nicht mehr einsatzfähig, und *U108* machte sich bereit, nach Deutschland auszulaufen und dort Aufgaben bei den Ausbildungseinheiten zu übernehmen. Kein anderes Boot erfaßte den von Wolfram gemeldeten Konvoi. Wegen der »starken« alliierten Luftpatrouillen führte die U-Boot-Führung gegen Geleitzüge nördlich und nordöstlich der Kanarischen Inseln vorübergehend keine Operationen mehr durch.

Zwei Tage später, am 12. Februar, meldete ein in Frankreich ausgelaufenes Boot des Typs VII, das sich der Gruppe Rochen anschließen sollte, nahe Kap Finisterre einen Konvoi mit Südkurs. Dies war *U569* unter Peter Hinsch, ein kampferprobtes Boot, das seit dem August 1941 im Atlantik eingesetzt wurde, bei Operationen über eine Zeitspanne von 18 Monaten hinweg jedoch erst drei Schiffe mit 8800 BRT versenkt hatte. Als Kommandant hatte der 32jährige Hans Johannsen, vor dem Krieg Offizier der Handelsmarine, Hinsch ersetzt, weil dieser für den

Posten eines U-Boot-Kommandanten als »zu vorsichtig« eingeschätzt wurde. Und der 21jährige Fritz Otto Paschen hatte als Erster Wachoffizier bislang erst eine Feindfahrt absolviert.

Die U-Boot-Führung erwartete eine Luftsicherung der Alliierten. Dennoch befahl sie den sechs neuen Booten der Gruppe Delphin und dem in amerikanische Gewässer marschierenden *U185* vom Typ IXC/40, *U569* anzusteuern und den Konvoi anzugreifen. Der nicht weit entfernt stehende August Maus in *U185* bekam Fühlung und meldete, der Geleitzug bestehe aus »fünf großen Truppentransportern«, stark gesichert durch Überwassereinheiten und Flugzeuge. Mutig näherte sich Maus bei Tag für einen Unterwasserangriff. Doch als er das Kommando zum Losmachen der Torpedos gab, verließ, aufgrund eines Fehlers des Ersten Wachoffiziers oder wegen eines mechanischen Defekts, kein einziger Torpedo die Rohre. Johannsen von *U569* wurde, während er eine Angriffsposition anlief, von den wachsamen Geleitschiffen geortet und vertrieben. Das seit sechs Wochen in dem Seegebiet stehende *U511,* ein Boot vom Typ IXC unter dem neuen Kommandanten Fritz Schneewind, bekam Fühlung mit dem Konvoi, wurde aber ebenfalls von den Geleitschiffen vertrieben, die das Boot mit Wasserbomben beschädigten. Wegen des sehr starken Geleitschutzes blies die U-Boot-Führung weitere Operationen gegen diesen Konvoi ab.

Hitlers berühmte »Intuition« brachte ihn zu der Überzeugung, die Alliierten wollten demnächst Portugal besetzen. Um diese drohende Invasion zurückzuschlagen, wies Hitler Dönitz an, eilends eine U-Boot-Gruppe auf Blockadepositionen genau westlich von Lissabon zu verlegen. Dönitz bezweifelte, daß die Alliierten solche Pläne hatten, doch er führte den Befehl aus. In die betreffende Region entsandte er die ursprünglichen sechs Boote des Typs VII von der Gruppe Delphin sowie drei zu dieser Gruppe abkommandierte Boote des Typs IXC *(U125, U511, U522),* obwohl alle Typ-VII-Boote und *U125* nur noch wenig Treibstoff hatten.

Die Entzifferungsexperten der Alliierten stellten fest, daß die neue Aufstellung der Delphin-Gruppe in einem Gebiet lag, das von den in Gibraltar stationierten britischen ASW-Flugzeugen leicht erreicht werden konnte. Vom 12. Februar an wimmelte es am Himmel von britischen Flugzeugen des Coastal Command. Zwei der mit Radar ausgerüsteten Maschinen entdeckten ein lebhaftes Treiben:

- Am 12. Februar stieß eine Hudson der Squadron 48 mit dem Piloten Geoffrey Richard Mayhew auf *U442,* ein Boot vom Typ VIIC unter dem Kommando von Hans-Joachim Hesse. Mayhew griff an, warf vier Wasserbomben ab und belegte das Boot mit Maschinengewehrfeuer. *U442* sank mit der gesamten Besatzung.
- In den frühen Abendstunden des 14. Februar entdeckte eine Ca-

talina der Squadron 202 ein U-Boot. Harry R. Sheardown, der kanadische Pilot der Catalina, sicherte den südwärts laufenden Konvoi KMS 9. Er griff das Boot mit fünf Wasserbomben an. Das U-Boot war *U381* vom Typ VIIC unter Wilhelm-Heinrich von Pückler und Limpurg, ausgelaufen am 19. Dezember in Frankreich. Die Beschädigungen durch diese Attacke und Treibstoffmangel zwangen von Pückler und Limpurg, nach Frankreich zurückzukehren. Er traf dort am 19. Februar ein und beendete damit eine erfolglose 62tägige Feindfahrt.

Etwas später an diesem Abend bekam Sheardown nochmals eine Radarortung. Er schaltete seine Landescheinwerfer ein und griff mit den restlichen zwei Wasserbomben ein weiteres U-Boot an. Dies war *U620* vom Typ VIIC unter Heinz Stein, das am 19. Dezember in Frankreich ausgelaufen war. Die Wasserbomben versenkten *U620* mit der gesamten Besatzung. Sheardown kehrte nach Gibraltar zurück, nachdem er 22 Stunden in der Luft gewesen war – für eine Catalina zweifellos ein Rekord.

Mit wenig Treibstoff kehrten die vier restlichen Boote des Typs VIIC und *U125* vom Typ IXC nach Frankreich zurück.[1] *U511* und *U522* vom Typ IXC, die von der Gruppe Seehund abkommandiert worden waren, um den Angriff der Gruppe Delphin auf TM 1 zu verstärken, blieben im Seegebiet Portugal-Gibraltar-Azoren, um dort andere, sich neu formierende Gruppen zu unterstützen.

Seit sechs Wochen befand sich Herbert Schneiders *U522* in der Region der Azoren und um Madeira auf Feindfahrt, und der Treibstoff war bedrohlich knapp geworden. Als die U-Boot-Führung davon erfuhr, leitete sie eine Versorgung durch den neu ausgelaufenen XIV-Tanker *U461* in die Wege. Östlich der Azoren bekam *U522* am 17. Februar, unterwegs zu dem Treffen mit *U461*, Fühlung mit einem schnellen Konvoi. Schneider meldete »fünf große Schiffe« mit drei Geleitschiffen, die zwölf Knoten Fahrt machten. Er hielt Fühlung und meldete sich kontinuierlich, doch wegen der hohen Geschwindigkeit der Jagdbeute konnte die U-Boot-Führung weder die Gruppe Rochen noch die Gruppe

---

[1] Vor dem erneuten Auslaufen wurde Günther Seibicke von *U436*, der aus dem Konvoi TM 1 zwei Tanker versenkt hatte, am 27. März das Ritterkreuz verliehen. Zu diesem Zeitpunkt betrug seine bestätigte Versenkungsquote fünf Schiffe mit 33 091 BRT und die Beschädigung zweier weiterer Schiffe im Nordatlantik. Am gleichen Tag erhielt auch Ulrich Folkers von *U125* ein Ritterkreuz. Folkers hatte auf seiner Feindfahrt weder ein Schiff versenkt noch zur Jagd auf TM 1 oder anderer Torch-Geleitzüge beigetragen. Zur Zeit der Auszeichnung belief sich sein bestätigtes Trefferergebnis auf 16 Schiffe mit 78 136 BRT.

Robbe heranbringen, und Schneider mußte infolge akuten Treibstoffmangels die Jagd schließlich aufgeben.

Ein großer, von den Vereinigten Staaten einlaufender Torch-Konvoi solle, so meldete der B-Dienst, ungefähr am 17. Februar die Azoren passieren. Bei der U-Boot-Führung wurden nun ausgeklügelte Pläne ersonnen, um den Geleitzug abzufangen. Sie stellte zwei Gruppen auf, die aus neu eingetroffenen Booten und den Überbleibseln der Gruppe Delphin bestanden. Von den Booten der Gruppe Delphin hatten einige bei *U118,* einem XB-Minenleger, aufgetankt. Die Gruppen erhielten die Namen Rochen (zehn Boote) und Robbe (acht Boote). Nach der Bildung von Aufklärungsstreifen sollten die Boote getaucht auf Position »liegen« und so eine Sichtung durch Flugzeuge vermeiden. Sie sollten den Konvoi dann angreifen, wenn sie dessen Schraubengeräusche mit Hydrophonen orteten.

Durch Einbrüche in die Marine-Enigma waren den Alliierten diese U-Boot-Formationen bekannt, und die verantwortlichen Stellen leiteten diesen großen, nach Afrika fahrenden Geleitzug um die Gruppen Rochen und Robbe herum. Am 19. Februar erkannte die U-Boot-Führung, daß ihr die Beute entwischt war, und beide Aufklärungsstreifen wurden aufgelöst. Sie betonte besonders, Torch-Konvois *müßten gestoppt werden.* Das Fazit der U-Boot-Führung lautete: Im Seegebiet der Azoren konnten die Gruppen wegen der Weite des Atlantiks dieses Ziel nicht sonderlich effizient verfolgen; deshalb sollten die U-Boot-Gruppen künftig »viel näher« an der Straße von Gibraltar operieren.

Die Gruppe Robbe sollte den Marsch nach Osten anführen. Nach der Versorgung durch *U461* sollte die Gruppe Rochen folgen. Unterwegs zu dieser neuen und gefährlichen Aufgabe begegnete einem der Boote der Gruppe Robbe, *U107* vom Typ IXB unter Harald Gelhaus, das allein fahrende britische Schiff *Roxborough Castle* mit 7801 BRT, welches Gelhaus versenkte. Anders als der ASW-Trawler, den sich Bargsten mit *U521* geschnappt hatte, war es im Februar das erste Schiff, das einem der in diesen Gewässern stehenden 18 U-Boote zum Opfer fiel.

Herbert Schneider von *U522* erhielt nach der Versorgung durch *U461* Befehle, einen Konvoi abzufangen, der erwartungsgemäß nahe der Küste Marokkos fahren sollte. Auf dem Weg zu seiner Sondermission stieß Schneider am 22. Februar zufällig auf einen großen britischen, nach Süden fahrenden Konvoi. Dies war der schnelle (9,5 Knoten) Öl-Konvoi UC 1, welcher aus 32 Schiffen bestand, davon 17 im Ballast fahrende Tanker. UC 1 war auf dem Weg von den Britischen Inseln nach Curaçao. Der Konvoi wurde von der britischen Escort Group 42 unter dem Kommando von L. F. Durnford-Slater wirkungsvoll gesichert. Die Eskorte bestand aus sechs Kriegsschiffen: der neuen Fregatte *Ness* mit 1400 Tonnen, der Sloop *Folkstone,* dem vormals amerikanischen Coast Guard

Cutter *Totland* und drei Korvetten. Der starke Geleitschutz wurde von einer amerikanischen U-Jagdgruppe (Support Group), bestehend aus vier neuen, aus dem Jahr 1940 stammenden Flottenzerstörern unterstützt. Alle zehn Geleitschiffe waren mit 10-cm-Radargeräten ausgerüstet, einige der Kriegsschiffe auch mit Huff Duff.

Auf die Meldung von Schneiders *U522* hin befahl die U-Boot-Führung sieben Booten der Gruppe Rochen, die Versorgungsaktion abzubrechen und ohne Rücksicht auf den Treibstoffverbrauch *U522* mit voller Fahrt anzulaufen. *U202* vom Typ VII, ein Boot der Rochen-Gruppe, das den Auftankvorgang bereits abgeschlossen hatte, und drei Boote der Gruppe Robbe, die nahe genug standen, um den Geleitzug abzufangen, erhielten ebenfalls Befehl, sich an der Jagd zu beteiligen. Dennoch empfing eines dieser Boote der Gruppe Robbe, Gelhaus' *U107* vom Typ IXB, die Nachricht nicht rechtzeitig und konnte dadurch an der Operation nicht teilnehmen. Somit verfolgten elf Kampfboote (sechs des Typs VII, fünf des Typs IX) dieses sehr vielversprechende, aber massiv gesicherte Ziel. Dicht hinter den U-Booten folgte *U461,* ein XIV-Tanker, um die Boote bei Bedarf aufzutanken. Die U-Boot-Führung ermahnte die U-Boote, dem Feind keine Ruhe zu gönnen und nicht lockerzulassen.

Schneider von *U522* verlor die Fühlung mit Konvoi UC 1, fand ihn jedoch am 23. Februar bei Sonnenaufgang wieder. Da kein anderes Boot einen Kontakt gemeldet hatte, griff Schneider an und versenkte den im Ballast fahrenden britischen Tanker *Athelprincess* mit 8852 BRT. Am gleichen Tag bekamen mittags vier weitere Boote Fühlung, darunter Ritterkreuzträger Günther Krech mit *U558* vom Typ VII. Inzwischen hatte Schneider sich vor den Konvoi gesetzt und war getaucht, um einen Angriff mit dem Periskop durchzuführen. Er wurde von den Geleitschiffen geortet, die entschlossen angriffen und *U522* versenkten. Es gab keine Überlebenden. Die Admiralität rechnete das alleinige Verdienst an der Versenkung dem ehemaligen amerikanischen Coast Guard Cutter *Totland* an (vormals *Cayuga*).

Am Nachmittag bekamen fünf andere U-Boote Fühlung mit dem Konvoi, womit sich die Zahl der Angreifer auf neun erhöhte. Ein anderes, dem Geleitzug nachsetzendes Boot, Richard Beckers *U218,* ein VIID-Minenleger, meldete Verzögerungen aufgrund von Defekten an Maschinen und Steueranlage. Becker setzte die Fahrt dennoch mutig fort. In dieser Nacht versuchten sieben der neun Boote, die Fühlung mit dem Konvoi hatten, anzugreifen.

- Günter Poser von *U202,* ein Boot des Typs VII, versenkte den amerikanischen Tanker *Esso Baton Rouge* mit 7989 BRT und beschädigte die britischen Tanker *Empire Norseman* (9811 BRT) und *British Fortitude* (8482 BRT).

• Ritterkreuzträger Günther Krech versenkte mit *U558* den beschädigten Tanker *Empire Norseman,* verfehlte aber »drei Zerstörer«.

• Bei zwei Angriffen schoß Herbert Juli von *U382,* einem VII-Boot, einen »akustischen« FAT und zwei elektrische Torpedos ab. Er meldete die Versenkung zweier Tanker mit je 8000 BRT, doch in Wirklichkeit beschädigte er nur den holländischen Tanker *Murena* mit 8252 BRT, der sicher den Hafen erreichte.

• Hans Johannsen schoß mit *U569* vom Typ VII drei Torpedos ab und meldete ebenso viele Treffer auf Schiffe, allerdings konnte keiner davon bestätigt werden.

• Die Angriffe von Hans-Joachim Schwantke in dem betagten IX-Boot *U43* und von Klaus Bargsten mit *U521* vom Typ IXC sowie die Attacke des 27jährigen neuen Kommandanten Wilhelm Luis auf *U504* vom Typ IXC wurden durch aggressive Geleitschiffe vereitelt.

In den nächsten beiden Tagen blieben die U-Boote dem Geleitzug hartnäckig auf den Fersen. Mehrere Boote versuchten, den starken Verteidigungsring zu durchdringen und anzugreifen, aber nur zwei Boote schossen Torpedos ab: Günter Poser von *U202* meldete vier Fehlschüsse, und Friedrich Markworth von *U66* einen Treffer auf einen »Zerstörer« und mögliche Treffer auf zwei weitere Schiffe, doch kein Treffer wurde bestätigt. Becker holte mit dem Minenleger *U218* endlich auf, doch die Steueranlage fiel abermals aus, und er mußte nach Frankreich abdrehen. Julis *U382* und Johannsens *U569* erlitten schwere Schäden durch Wasserbomben. Diese drei Boote waren erst Mitte April wieder einsatzbereit.

Die Propagandisten in Berlin meldeten einen überwältigenden Sieg, den die U-Boote über UC 1 errungen hätten: Ein »Zerstörer« und acht Tanker seien versenkt worden. Tatsächlich wurden nur drei im Ballast fahrende Tanker mit 26652 BRT versenkt, und zwei ebenfalls im Ballast fahrende Tanker wurden beschädigt, wobei diese beiden im Geleitzug verblieben und einen Hafen erreichten. Ein U-Boot, *U522* vom Typ IXC, ging mit der gesamten Besatzung verloren. Durnford-Slater, der Commander der britischen Escort Group 42, bewertete die Leistung der vier amerikanischen Zerstörer und zollte den Amerikanern ein seltenes Kompliment: »Nie zuvor ist eine Escort Group besser unterstützt worden.«

Die britischen Geleitzüge TM 1 und UC 1 waren 1943 die beiden einzigen Tanker-Konvois, die Schiffe an die Deutschen verloren. Auf der mittelatlantischen Route waren von 345 nach Osten bzw. Westen fahrenden Schiffen 10 versenkt und 2 beschädigt worden. Bald übernahmen die Amerikaner die Verantwortung für den Geleitschutz aller gesonderten Tanker-Konvois. Von Jahresmitte 1943 an fuhren die CU-UC-

Konvois an der Ostküste der Vereinigten Staaten und auf der nordatlantischen Route. Sieben solcher aus 133 Tankern bestehenden Geleitzüge überquerten, ohne durch die Achsenmächte Verluste zu erleiden, den Atlantik in östlicher und westlicher Richtung.[1]

Auf *U87,* einem der Gruppe Rochen zugeteilten Boot des kampferfahrenen Kommandanten Joachim Berger, entdeckte man ein Leck in der Schmierölversorgung, das nicht abgedichtet werden konnte. Berger mußte auf einen Angriff auf den Konvoi verzichten. Nach einem kurzen Zwischenstopp bei dem Tanker *U461* setzte er die Fahrt nach Frankreich fort. Am 4. März, als sich *U87* etwa 370 Kilometer westlich von Portugal befand, meldete die Luftwaffe einen Geleitzug (KMS 10), der von Großbritannien ins Mittelmeer unterwegs war.

Berger entdeckte diesen langsamen Konvoi. Er wurde von der kanadischen Escort Group C-1 gesichert, die gerade zwei Wochen intensiven Trainings in der ASW-Ausbildungseinheit der Royal Navy in Tobermory absolviert hatte. Die Escort Group C-1 bestand aus dem kanadischen Glattdeck-Zerstörer *St. Croix* und vier kanadischen Korvetten, darunter die *Shediac.* Als Support Group operierten drei kanadische Korvetten und drei kanadische Minensucher auf dem Weg ins Mittelmeer. Alle Schiffe waren mit 10-cm-Radargeräten neu ausgerüstet worden. Berger von *U87* besaß noch die volle Anzahl Torpedos und versuchte kühn, den Konvoi im Alleingang anzugreifen. Doch die Eskorte ortete ihn und führte mit Geschick und Ausdauer einen Gegenangriff durch, der *U87* mit der gesamten Besatzung versenkte. Die Admiralität schrieb die Versenkung den kanadischen Schiffen *St. Croix* und *Shediac* zu.

Mehrere Boote der Gruppe Robbe nahmen die Jagd auf den Geleitzug KMS 10 auf. Drei von ihnen erfaßten ihn: Harald Gelhaus' *U107,* das kampferprobte *U410* unter dem 24jährigen neuen Kommandanten Horst-Arno Fenski und Heinz-Konrad Fenns *U445.* Die Geleitschiffe wehrten Gelhaus und Fenn ab, doch Fenski durchbrach die Sicherung und torpedierte zwei britische Frachter mit je 7100 BRT. Einer sank; der andere aber, die mit einem Netzabwehrsystem ausgestattete *Fort Paskoyac,* überstand den Angriff. Die kanadischen Geleitschiffe griffen Fenski an, und er mußte nach Westen abdrehen und die Schäden reparieren.

---

[1] Siehe Anhang 15.

Auf der Grundlage von nachrichtendienstlichen Informationen des B-Dienstes bildete die U-Boot-Führung am 1. März eine neue Gruppe mit der Bezeichnung Tümmler. Mit dieser Gruppe sollte ein Konvoi ungefähr 1100 Kilometer südwestlich der Azoren abgefangen werden. Tümmler bestand aus sieben Booten (fünf des Typs IX, zwei des Typs VII). Diese warteten drei Tage lang auf einem Aufklärungsstreifen, sichteten jedoch nichts. Es ist sehr wahrscheinlich, daß alliierte Codeknacker die an die Gruppe gefunkten Befehle zur Bildung von Tümmler entzifferten und die für Geleitzüge verantwortlichen Stellen die Schiffe umleiteten und damit den Booten auswichen.

Am 3. März gab die U-Boot-Führung die Suche nach diesem Konvoi auf und verlegte die Gruppe Tümmler, mit Ausnahme des Ritterkreuzträgers Hermann Rasch von *U106,* in das Seegebiet zwischen den Kanarischen Inseln und dem afrikanischen Kontinent. Auf dem Weg in dieses neue Einsatzgebiet stieß Hans-Joachim Schwantke mit *U43* auf einen Einzelfahrer, den er für einen britischen Frachter hielt. In Wirklichkeit handelte es sich um den deutschen, 5200 Tonnen großen, als Minenleger verwendeten Blokkadebrecher *Doggerbank* (vormals die britische *Speybank*), der sich nach einer 13monatigen Fahrt in die Gewässer Asiens und Japans auf der Heimreise nach Frankreich befand. Beladen mit 7000 Tonnen Kautschuk und anderen wertvollen Rohstoffen, war die *Doggerbank* unerklärlicherweise dem für Angriffe gesperrten Abschnitt des »Weges Anton« auf ihrer Heimfahrt weit voraus. Schwantke traf die *Doggerbank* mit drei Torpedos: das Schiff flog in die Luft und sank in etwa drei Minuten. Als die U-Boot-Führung von diesem schrecklichen Fehler erfuhr, wurde die Versenkung aus dem Logbuch von *U43* getilgt.

Ein Überlebender der *Doggerbank,* der 24jährige Fritz Kürt, kletterte in ein im Wasser treibendes Skiff. Dann rettete er den Hund »Leo« und 14 Überlebende, darunter Paul Schneidewind, den Kommandanten der *Doggerbank.* Die Überlebenden setzten ein Segel, um die Passatwinde auszunützen, und gingen auf Westkurs in Richtung Karibik. Elf Tage später kenterte das Skiff in einer Sturmbö, und acht der vierzehn Männer und der Hund ertranken. Bald darauf baten vier der sieben Überlebenden den Kommandanten, sie zu erschießen, weil sie vor Durst wahnsinnig geworden waren. Widerwillig, so erzählte Kürt später, fügte sich Schneidewind diesen Bitten. Er ließ Kürt und einen anderen Überlebenden am Leben und erschoß dann sich selbst. Am 20. März starb auch dieser Mann. Kürt jedoch wurde am 29. März bewußtlos und »halbtot« von dem auf der Fahrt nach Aruba befindlichen spanischen Frachter *Campoamor* entdeckt. Nach der Ankunft auf Aruba wurde Kürt, der sich mittlerweile von den

Strapazen erholt hatte, an Offiziere des Nachrichtendienstes der amerikanischen Marine übergeben. Diese nahmen ihn zu ausgiebigen Verhören mit in die Vereinigten Staaten.[1]

Die Gruppe Tümmler bezog neue Positionen, während die U-Boot-Führung die restlichen Boote der Gruppe Robbe, die vor der Mündung der Straße von Gibraltar bei schweren Luftangriffen patrouillierten, entließ. Als sich die U-Boote nach Westen in ungefährlichere Gewässer zurückzogen, meldete die Luftwaffe einen Geleitzug. OS 44 bestand aus 46 Schiffen und 8 Geleitschiffen und war auf dem Weg von den Britischen Inseln nach Sierra Leone. Harald Gelhaus mit *U107*, Horst-Arno Fenski mit *U410* und Heinz-Konrad Fenn mit *U445* eilten zu der gemeldeten Position. Gelhaus erreichte sie als erster und griff an. Er verschoß alle sechs Torpedos in seinen Rohren auf verschiedene Ziele.

Mit dem ersten, gut gezielten Fächer versenkte Gelhaus vier Frachter mit 17376 BRT. Gejagt von Überwasser- und Lufteskorten konnten weder Fenski mit *U410* noch Fenn mit *U445* zum Angriff herankommen. Gelhaus verfolgte den Konvoi und unternahm am nächsten Tag einen zweiten Angriff, doch Flugzeuge vertrieben ihn. In Anerkennung für frühere Erfolge und Versenkungen sowie für die auf dieser Feindfahrt versenkten fünf Schiffe mit 25000 BRT wurde Gelhaus das Ritterkreuz verliehen.[2]

Ein Sondereinsatz vor New York

Wegen mangelnder Erfolge und aufgrund der starken Luftpatrouillen im Gebiet von Gibraltar und Marokko kam die U-Boot-Führung zu dem Schluß, daß gegen mittelatlantische Geleitzüge bessere Resultate erzielt werden könnten, wenn man sie nach dem Auslaufen vor New York angreifen würde. Eine Sondereinheit mit sechs Booten des Typs IX wurde gebildet und mit dieser Operation betraut. Unter diesen U-Booten

[1] Kürt sagte aus, er sei am 30. November 1942 im Hafen von Yokohama an Bord der *Doggerbank* gewesen, als die deutsche *Uckermark,* gleichzeitig Tanker und Versorgungsschiff, explodierte und dabei den deutschen Handelsstörer *Thor* und das deutsche Versorgungsschiff *Leuthen* versenkte sowie mehrere Schiffe der Achse beschädigte. Kürt brachte die Namen der deutschen Schiffe, die bei der Explosion und dem Feuer zerstört worden waren, durcheinander, doch seine Informationen halfen dem alliierten Nachrichtendienst, sich über diese Katastrophe Klarheit zu verschaffen. Sie halfen auch dabei herauszubekommen, welche Schiffe wahrscheinlich übriggeblieben waren, da diese zu Störaktionen im Fernen Osten und im Indischen Ozean oder zu einem Blockadebruch nach Frankreich eingesetzt werden konnten.

[2] Zur Zeit der Auszeichnung betrug sein Trefferergebnis 16 bestätigte Schiffe mit 86500 Tonnen.

war das ehemalige Tümmler-Boot *U106* unter Hermann Rasch, der nahe Madeira als erster von dem Tanker *U461* Treibstoff übernehmen sollte.

Eines der U-Boote kam nicht weit: *U508* unter Georg Staats, ein IXC-Boot, wurde fünf Tage nach dem Auslaufen in Frankreich von einer B-24 der britischen Squadron 224 an der Wasseroberfläche entdeckt. Peter J. Cundy, der Pilot der B-24, bombardierte das Boot am 26. Februar, was schwere Schäden zur Folge hatte. Staats konnte nicht mehr tauchen und drehte mit voller Fahrt nach Westen ab, um auf diese Weise aus der Reichweite der in der Biskaya patrouillierenden Coastal Command-Flugzeuge zu kommen. Auf seine Notrufe hin beauftragte die U-Boot-Führung zwei Boote, ihm zu helfen: Das IXC-Boot *U172* unter Ritterkreuzträger Carl Emmermann, das sich der Sondereinheit für New York anschließen sollte, sowie *U590* vom Typ VII, das Heinrich Müller-Edzards unterstand und mit einem Arzt an Bord zur nordatlantischen Route unterwegs war.[1]

Emmermann erreichte *U508* als erster und hielt sich mehrere Tage lang bei dem Boot auf. Er sorgte in dieser Zeit für Hilfe, bis Müller-Edzards mit *U590* und dem Arzt eintraf. Da die Feindfahrt abgebrochen werden mußte, übergab Staats Emmermann und Müller-Edzards den Großteil seines Treibstoffs und schleppte sich dann durch den Golf von Biskaya nach Frankreich zurück. Die Gefechtsschäden führten dazu, daß *U508* nahezu drei Monate lang nicht einsatzfähig war. Emmermann setzte seine Fahrt nach New York mit *U172* fort. Er unterbrach die Fahrt im Mittelatlantik und versenkte dort zwei einzelne Frachter mit insgesamt 11 090 BRT.

Ein weiteres U-Boot, welches der Sondereinheit für New York zugeteilt wurde, war das berühmte *U130* mit dem 25jährigen neuen Kommandanten Siegfried Keller, dem ehemaligen Wachoffizier auf Bleichrodts *U109*. Fünf Tage nach dem Auslaufen in Frankreich, am 4. März, meldete die Luftwaffe einen Geleitzug auf dem Weg von Gibraltar zu den Britischen Inseln. Keller erfaßte den Konvoi (XK 2 aus 20 Schiffen, gesichert von vier britischen Korvetten und einem ASW-Trawler der Escort Group 38) am darauffolgenden Tag und griff ihn geschickt und besonnen mit vier Bug- und zwei Hecktorpedos an. Bemerkenswerterweise wurden durch diesen einzelnen Fächer vier britische Frachter mit insgesamt 16400 BRT versenkt. Nach seiner Meldung, ein zweiter Angriff sei von der Eskorte abgewehrt worden, erhielt er von der U-Boot-Führung die Anweisung, die Operation abzubrechen, die Fahrt fortzusetzen und sich der Gruppe für New York anzuschließen.

---

[1] Normalerweise hatten Boote des Typs VII keine Ärzte an Bord. *U590* sollte den Arzt vielleicht zu einem U-Tanker *(U460* oder *U462)* auf der nordatlantischen Route bringen.

Sieben Boote marschierten über den Mittelatlantik nach Westen. Mehrere Tage später lieferte der xB-Dienst genaue Informationen über einen großen, nach Afrika fahrenden Konvoi, United States-Gibraltar Slow 6 (UGS 6), der am 4. März in New York ausgelaufen war. Anfangs hatte dieser Geleitzug aus 45 schwerbeladenen Schiffen bestanden, doch eine Kollision hatte ihn auf 43 Schiffe reduziert. Ein norwegischer Einzelfahrer war in der Dunkelheit in den Konvoi hineingeraten und hatte einen Frachter gerammt. Der Norweger war gesunken; das manövrierunfähige Schiff mußte aus dem Konvoi herausfallen. Ein anderes Handelsschiff blieb ebenfalls zurück und hielt sich bei dem beschädigten Schiff auf.

Wie alle zwischen den Vereinigten Staaten und Afrika sowie in der Gegenrichtung verkehrenden Konvois war UGS 6 stark gesichert. Die Eskorte unter dem Befehl von Charles Wellborn jr. (später zum Vice Admiral aufgestiegen) setzte sich aus sieben modernen, aus den Jahren 1935 bis 1942 stammenden Flottenzerstörern zusammen, von denen einer seine Erprobungsphase eben erst abgeschlossen hatte. Alle Zerstörer waren mit den modernsten 10-cm-Radargeräten ausgerüstet. Keines der Schiffe hatte Huff Duff an Bord, doch das für den Bereich des Atlantischen Ozeans zuständige alliierte Huff-Duff-Netzwerk an den Küsten war verbessert worden und lieferte den Alliierten verhältnismäßig schnell präzise Informationen über die Positionen jener U-Boote, die Funksprüche sendeten.

Auf die Meldung des B-Dienstes hin wies die U-Boot-Führung die Sondereinheit für New York an, fünf Boote sollten die Gruppe Unverzagt bilden, den Kurs ändern und UGS 6 abfangen. Der ungeduldige neue Kommandant Siegfried Keller von *U130* – noch immer aufgeregt wegen seiner vier Versenkungen aus dem Konvoi XK 2 – erfaßte am Abend des 12. März UGS 6. Die U-Boot-Führung wies Keller mit einem grundsätzlichen Befehl an, Fühlung zu halten und erst anzugreifen, wenn die anderen Boote heran waren. An der Küste liegende Huff-Duff-Stationen warnten Wellborn vor *U130* und wiesen darauf hin, daß das Boot wahrscheinlich andere Boote heranführen könnte.

Ungefähr zur gleichen Zeit hatte der nach der *Hobby* modernste Zerstörer *Champlin* eine Radarortung auf eine Entfernung von etwa 4000 Metern. Der Kommandant der *Champlin,* Charles L. Melson (später ein Vier-Sterne-Admiral und von 1958 bis 1960 Superintendent der US Naval Academy), befahl »flank speed«, eine Geschwindigkeitsstufe zwischen halber und voller Fahrt. Die *Champlin* steuerte die eingepeilte Position an und eröffnete auf eine Distanz von etwa 2000 Metern das Feuer aus den vorderen 5-Zoll-Geschützen. Keller tauchte mit *U130* zu spät, und zwei Wasserbomben erwischten das Boot, bevor es auf Tiefe gehen konnte. Melson, zeitweise von dem Konvoi losgelöst, jagte das U-Boot mit der *Champlin* vier Stunden lang und führte in dieser Zeit vier präzise Wasserbombenangriffe durch. *U130* verschwand spurlos.[1]

Ritterkreuzträger Carl Emmermann von *U172,* der bereits zwei Einzelfahrer versenkt hatte, mußte sich wegen eines anderen Zerstörers zurückfallen lassen. Etwa 90 Kilometer hinter der Formation erfaßte er einen Nachzügler, den amerikanischen Frachter *Keystone* mit 5565 BRT. Diese leichte Beute versenkte Emmermann mit Torpedos, nahm dann Fahrt auf, um in eine bessere Schußposition vor dem Konvoi zu gelangen. In der Zwischenzeit meldeten fünf andere Boote des Typs IX einen Kontakt mit dem Geleitzug: Ritterkreuzträger Hermann Rasch mit *U106,* Kurt Sturm, der den verletzten Neubert als Kommandant von *U167* ersetzt hatte, Rolf Rüggeberg von *U513* (der wegen eines Maschinenschadens erneut aufgehalten wurde), Ritterkreuzträger Werner Henke mit *U515* (der nach Freetown unterwegs war und zuvor einen allein fahrenden britischen Frachter mit 8300 BRT versenkt hatte) und Walter von Steinaecker mit *U524.* Aggressive Zerstörer, die das Seegebiet bis in einer Entfernung von etwa 18000 Metern vor und hinter dem Konvoi und an dessen Flanken durchkämmten, »beschädigten« *U515,* wie Henke meldete. Doch Henke war kein Kommandant, der schnell aufgab.

Die U-Boot-Führung glaubte an die Gelegenheit zu einem großen Gegenschlag, der den Truppen der Achsenmächte in Tunesien helfen sollte, und organisierte eine zweite Gruppe, Wohlgemut genannt, die nun die Gruppe Unverzagt unterstützen sollte. Auf den Karten der U-Boot-Führung in Berlin waren die beiden Gruppen ordentlich in fünf beziehungsweise sechs Boote aufgeteilt. Am 14. März war die U-Boot-Aufstellung jedoch bei Sonnenuntergang völlig durcheinandergeraten. Bei dem Versuch, in der Dunkelheit anzugreifen, wurden die Boote wiederholt geortet und von den Zerstörern vertrieben. Ritterkreuzträger Helmut Witte mit *U159* und Walter von Steinaecker mit *U524* schafften es, sich für Unterwasserangriffe vor den Geleitzug zu setzen, doch beide Angriffe wurden vereitelt, weil der Konvoi plötzlich mit einem Zickzack-Kurs abdrehte. Steinaecker schoß mit wenig Hoffnung auf Erfolg. Er hatte Glück und versenkte den französischen Frachter *Wyoming* mit 8062 BRT. Der modernste der Zerstörer, die *Hobby,* vertrieb die U-Boote, während Melson von der *Champlin* die gesamte Besatzung der *Wyoming* mit 127 Mann rettete.

---

[1] Unter Kals und Keller wurden mit *U130* 25 bestätigte Schiffe mit 167350 Tonnen versenkt, womit das Boot von allen U-Booten im Krieg an zwölfter Stelle lag.

Die U-Boot-Führung versuchte, die Chancen eines entscheidenden Erfolgs gegen UGS 6 zu erhöhen. Am 16. März befahl sie den weiter entfernt stehenden Booten der Gruppe Tümmler, die über ausreichend Treibstoff verfügten, sich der Jagd anzuschließen. Damit stieg die Zahl der an der Operation beteiligten Boote auf 17, das verlorengegangene *U130* nicht mitgerechnet. Am selben Tag erreichten Emmermann mit *U172* und von Steinaecker mit *U524* Positionen, von denen sie unter Wasser aus angreifen konnten. Beide hatten Metox-Geräte eingesetzt, um jenen Geleitschiffen zu entkommen, die über Radar verfügten. Von Steinaeckers Angriff mißlang, und er konnte keine Versenkungen melden. Emmermann schoß sechs Torpedos ab (vier vom Bug, zwei von achtern) und meldete die Versenkung zweier Frachter mit 18000 BRT sowie zwei weitere mögliche Versenkungen mit 12000 BRT. Tatsächlich traf Emmermann nur ein Schiff, das amerikanische Liberty-Schiff *Benjamin Harrison* mit 7191 BRT, das aufgegeben und von einem der Zerstörer versenkt wurde.

Am 17. März hatte der Geleitzug eine Position ungefähr 1300 Kilometer westlich der Straße von Gibraltar erreicht. Im weiteren Lauf des Tages trafen einige in Gibraltar und Marokko aufgestiegene Sunderlands und Catalinas auf den Konvoi und drückten die U-Boote unter Wasser. Dennoch griffen nach Einbruch der Dunkelheit Kurt Sturm mit *U167* vom Typ IXC und Ritterkreuzträger Günther Krech mit *U558* vom Typ VII an. Sturm meldete, er habe das amerikanische Liberty-Schiff *Molly Pitcher* mit 7200 BRT versenkt; er hatte es jedoch nur beschädigt. Klaus Bargsten kam mit *U521* heran und schickte den aufgegebenen Hulk mit einem Fangschuß auf den Meeresgrund. Krech meldete mögliche Treffer, die aber nicht bestätigt werden konnten. Angesichts der umfassenden Luftsicherung und der erschöpften U-Boot-Besatzungen brach die U-Boot-Führung in den frühen Morgenstunden des 19. März weitere Operationen gegen UGS 6 ab.

Stolz verwies die U-Boot-Führung auf ihre Unterstützung für die Einheiten der Achse in Tunesien und meldete dem OKM, die deutschen U-Boot-Fahrer hätten acht Schiffe mit 56565 BRT versenkt und fünf weitere Schiffe aus dem Konvoi UGS 6 getroffen oder beschädigt. Weniger als die Hälfte der angeblich versenkten Schiffe wurden bestätigt: vier Schiffe mit insgesamt 28000 BRT. Weitere Schiffe wurden nicht beschädigt. Die anderen 39 Schiffe des Geleitzugs – und alle 7 Zerstörer – erreichten sicher die afrikanischen Häfen.

Acht der an der Schlacht um UGS 6 beteiligten Boote gingen auf Kurs nach Frankreich. Ihnen schloß sich *U109* vom Typ IXB an. Das Boot unterstand einem neuen Kommandanten, Hans Joachim Schramm, der zuvor als Erster Wachoffizier auf *U109* gefahren war. Der gerade erst in dem Seegebiet eingetroffene 26jährige Schramm mußte seine Fahrt wegen eines Maschinenschadens abbrechen. Den überschüssigen Treibstoff übergab er an *U43, U202* und *U558,* die auf Heimatkurs gingen. Ritterkreuzträger Hermann Rasch von *U106,* welcher auf dieser Feindfahrt keine Schiffe versenkt hatte, gab nicht benötigten Treibstoff an Helmut Witte von *U159* und Werner Henke von *U515* ab. Rasch verließ *U106* nach dem Eintreffen in Frankreich und übernahm andere Aufgaben. Drei der U-Boote auf Heimatkurs *(U103, U504* und *U521)* erhielten von der U-Boot-Führung die Anweisung, einen nach Gibraltar fahrenden Konvoi abzufangen, doch keines der Boote fand ihn. Klaus Bargsten von dem IXC-Boot *U521,* der eine sehr aggressive Feindfahrt absolviert und mutig drei verschiedene Geleitzüge angegriffen hatte, wurde nach seinem Eintreffen in Frankreich das Ritterkreuz verliehen.[1] Aufgrund des Rückmarsches dieser U-Boote blieben acht Boote des Typs IX in dem Gebiet von Gibraltar und Marokko zurück, darunter das neu eingetroffene *U105* vom Typ IXB, das dem Kommando von Jürgen Nissen unterstand.

Nach Beendigung des Unternehmens Gondola (die Luftoffensive in der Biskaya vom 6. bis 15. Februar) verließen die beiden amerikanischen B-24 Squadrons 1 und 2 St. Eval und flogen, wie ursprünglich geplant, nach Port Lyautey in Marokko. Der schließlich als 480. Group bezeichnete gesamte Verband hatte im Golf von Biskaya 218 U-Jagd-Missionen geflogen, was zusammen nahezu 2000 Flugstunden ausmachte. Von den anfangs 19 Flugzeugen, die St. Eval zuletzt erreicht hatten, waren fünf bei Operationen verlorengegangen: Eine Maschine wurde von einer deutschen Ju-88 abgeschossen, zwei kehrten aus ungeklärten Gründen nicht zurück, und zwei stürzten ab. 65 Mann der Flugzeugbesatzungen kamen ums Leben. Die Flugzeuge der Einheit hatten acht verschiedene Angriffe auf U-Boote geflogen. Ihnen wurde die schwere Beschädigung von *U211* vom Typ VII zugeschrieben und die Versenkung von *U519,* was jedoch, wie berichtet, zurückgenommen wurde.

Von Port Lyautey aus begann die 480. Group unter dem Kommando von Jack Roberts am 19. März mit ihren Operationen. Beteiligt waren über 1000 Mann und 16 Flugzeuge, wobei acht Maschinen nicht vollständig ausgerüstet waren.

In Übereinstimmung mit einer kürzlich getroffenen Vereinbarung zwischen der US-Army und der US-Navy wurde die Einheit vom Befehlshaber der durch die Marine neu eingerichteten Moroccan Sea Frontier geleitet. Diesem unterstand auch die Fleet Air Wing (Fairwing)

---

1 Zur Zeit der Auszeichnung belief sich seine bestätigte Trefferquote auf *U563* und *U521* auf sechs Schiffe mit 23613 Tonnen, einschließlich des beschädigten Hulks der *Molly Pitcher*.

15 mit zwei aus Catalinas bestehenden Squadrons, VP 73 und VP 92. Als Unterstützung für die Torch-Konvois sollten die B-24 künftig »defensive« Missionen übernehmen anstelle der von den Piloten bevorzugten »offensiven« U-Jagd-Missionen.

Am 22. März flog William L. Sanford, Pilot einer B-24 »Tidewater Tillie« der Squadron 2 (dem man zuvor fälschlicherweise die Versenkung von *U519* zugeschrieben hatte) nordwestlich der Kanarischen Inseln in niedriger Flughöhe einen Angriff auf ein aufgetauchtes U-Boot. Dieses Boot war *U524* vom Typ IXC unter Walter von Steinaecker, der sich auf dem Weg in ein neues Aufklärungsgebiet befand. Sanfords Besatzung warf nahe des Boots vier 325-Kilogramm-Wasserbomben des Typs Mark XXXVII ab. Diese großen Wabos vernichteten *U524*. Die Flieger sahen »neun« deutsche Überlebende »auf einem Floß«, aber diese kamen, wie auch die übrige Mannschaft von *U524,* ums Leben.

Bei der U-Boot-Führung wurde der Plan für eine vor New York aktive Sondereinheit fallengelassen. Statt dessen ließ sie die sieben übrigen Boote auf einem ausgedehnten, bogenförmigen Aufklärungsstreifen, der westlich bis südöstlich der Kanarischen Inseln verlief, Stellung beziehen, in der Hoffnung, einen weiteren UGS-Konvoi zu erwischen. Dieser Aufklärungsstreifen erwies sich als wirkungslos, denn keines der U-Boote konnte einen UGS-Konvoi abfangen.

Auf Informationen des B-Dienstes hin verlegte die U-Boot-Führung nun alle Boote dieses Streifens sowie zeitweilig auch das nach Freetown fahrende *U123* unter Horst von Schroeter in das schmale Seegebiet zwischen den Kanarischen Inseln und der afrikanischen Küste. Unter dem Gruppennamen Seeräuber erfaßten diese acht Boote am 28. März den Geleitzug RS 3. Dieser Konvoi war mit Südkurs von Rabat nach Sierra Leone unterwegs und wurde durch landgestützte Luftpatrouillen gesichert. Wegen der starken Sicherung durch Flugzeuge konnten nur drei der acht Boote erfolgreiche Angriffe durchführen.

- Ritterkreuzträger Helmut Witte von *U159* versenkte einen britischen Frachter mit 5449 BRT.
- Kurt Sturm von *U167* versenkte einen britischen Frachter mit 7659 BRT.
- Ritterkreuzträger Carl Emmermann von *U172* versenkte einen britischen Frachter mit 5319 BRT, was sein Gesamtergebnis auf dieser Feindfahrt auf die beeindruckende Zahl von fünf bestätigten Schiffsversenkungen mit ungefähr 29 165 BRT erhöhte.

Alliierte Flugzeuge beschädigten in dieser kurzen Schlacht drei U-Boote, die alle von Ritterkreuzträgern befehligt wurden: Günther Müller-Stöckheims *U67*, Wittes *U159* und Emmermanns *U172*. Schwer durch abgeworfene Wasserbomben beschädigt, sank *U67* auf 228 Meter Tiefe, doch die Besatzung bekam das Boot wieder unter Kontrolle. Als das Boot später wieder auftauchte, stellte man fest, daß die sechs Torpedobehälter an Deck und große Teile des U-Boot-Überbaus weggerissen worden waren. Bei einer ähnlichen Beinahe-Katastrophe sank Witte mit *U159* auf eine Tiefe von 210 Metern, bevor er das Boot wieder unter Kontrolle brachte. Emmermann von *U172* stand *U67* hilfreich zur Seite, bis man zu dem Schluß kam, das Boot könne die Fahrt zurück nach Frankreich schaffen. Ehe *U67* das Gebiet verließ, übergab Müller-Stöckheim seinen überschüssigen Treibstoff an Henke von *U515*. Henke fuhr dann nach Dakar im Süden anstelle von Wittes schwer beschädigtem *U159*. Witte begab sich mit seinem Boot in eine »ruhige« Region bei den Azoren.

Zu diesem Zeitpunkt war aus Fairwing 15, die in Craw Field beim marokkanischen Port Lyautey stationiert war, eine ernstzunehmende und häufig eingesetzte Einheit der US-Marine geworden: 24 Catalinas der Squadrons VP 73 und 92 und 24 B-24 der ASW-Squadrons 1 und 2 der Army Air Forces. Am 7. April erhielt eine B-24 der Squadron 1 mit dem Piloten Walter E. Thorne eine Radarortung von Emmermanns aufgetauchtem, 55 Kilometer entfernten *U172*. Thorne griff an, doch zu seinem Erstaunen blieb Emmermann an der Wasseroberfläche, fuhr einen Zickzack-Kurs und schoß mit der schnellfeuernden 3,7-Zentimeter-Kanone und anderen Flugabwehrwaffen zurück. Als Thorne Unterstützung anforderte, antwortete eine weitere B-24 der Squadron 1 mit dem Piloten H. C. Easterling. Beide Flugzeuge kamen heran und warfen insgesamt zwölf Wasserbomben ab, doch keine davon fiel nahe genug, um gegen *U172* etwas auszurichten.[1]

In den Gewässern zwischen den Kanarischen Inseln und dem afrikanischen Kontinent verblieben zwei Boote, Kurt Sturm mit *U167* und Rolf Rüggeberg mit *U513*. Am 5. April beschädigten die Piloten Donald D. Lipman und William E. Willets *U167* mit zwei Hudsons der britischen Squadron 233 so schwer, daß sich Sturm in die Nähe von Gran Canaria zurückziehen und das Boot dort in 22 Metern Wassertiefe versenken mußte.[2] Ungefähr 50 Mann von *U167* gingen an Land. Nach langwierigen diplomatischen Verhandlungen mit den spanischen Behörden auf den Kanarischen Inseln und in Madrid wurde die Besatzung freigelassen und konnte heimkehren.

Die Mannschaft schiffte sich in der Nacht vom 13. auf den 14. April in Las Palmas auf einem Schlepper ein, der die Deutschen zu einem Treffen

---

[1] Mit der Absicht, die alliierte Luftsicherung für Geleitzüge weiter nach Süden auszudehnen, schuf die US-Marine im südlichen Marokko bei Agadir einen Stützpunkt für Flugboote. Am 17. April wurden sechs Catalinas der Squadron VP 73 nach Agadir verlegt.

[2] Im Januar 1952 holten Bergungsschiffe *U167* wieder an die Oberfläche, schleppten es nach Las Palmas und wrackten das Boot dort ab.

mit Hans-Martin Scheibe von *U455* auf die See hinausbrachte – der erste Schritt eines schwierigen und mehrfach verschobenen Vorhabens. Scheibe hatte, wie berichtet, mit dem Boot vom Typ VII vor Fedala ein Minenfeld gelegt und nahm nun die Besatzung von *U167* an Bord. Später traf er auf Ritterkreuzträger Helmut Witte mit dem beschädigten *U159* und den aus Brasilien zurückkehrenden Friedrich-Wilhelm Wissmann von *U518*. Witte und Wissmann, die von dem neu eingetroffenen XB-Minenleger *U117* versorgt wurden, teilten zusammen mit Scheibe die 50 Überlebenden von *U167* auf die drei Boote auf und gingen dann auf Kurs nach Frankreich. Sturm und einige Männer der Besatzung von *U167* übernahmen nach ihrer Ankunft in Deutschland ein neues Boot des Typs IX.

Auch andere im Mittelatlantik stehende Boote traten den Rückmarsch nach Frankreich an. Unterwegs wurde Rolf Rüggeberg mit *U513,* der keine Schiffe versenkt hatte, umgeleitet, um den auf der Heimfahrt befindlichen Blockadebrecher *Irene* (ehemals *Silvaplana*) zu eskortieren. Diese Aufgabe sollte auch Müller-Stöckheim von *U67* übernehmen, bis die U-Boot-Führung von den starken Schäden an seinem Boot erfuhr. Zwei in Frankreich auslaufende Boote des Typs IXC, *U174* und *U176,* sollten die *Irene* ebenfalls treffen und dem Schiff Anweisungen für die Durchquerung der Biskaya übergeben. Keines der aus dem Süden kommenden Boote konnte die *Irene* auf dem Rückmarsch finden, weil der britische Minenkreuzer *Adventure* sie abgefangen hatte.

Am 14. April näherte sich Rüggeberg mit *U513* Lorient. Er traf auf das deutsche Geleit und auf das neue *U526* vom Typ IXC/40 unter dem Kommando des 27jährigen Hans Möglich. Möglich war in Deutschland zur ersten Feindfahrt von *U526* ausgelaufen und befand sich nun auf dem Weg nach Lorient. Als höherrangiger Kommandant war Rüggeberg berechtigt, der Eskorte des Minenräumers direkt zu folgen. Doch Möglich kümmerte sich nicht um die Vorschriften und setzte sich vor Rüggeberg. Knapp 2000 Meter vor dem Heimathafen scherte der Minenräumer aus und Möglich steuerte auf das Dock zu, wo der Chef der 10. Frontflottille, Günter Kuhnke, zusammen mit einer Ehrengarde, einer Musikkapelle und anderen Personen wartete.

Plötzlich ein Aufruhr: *U526* lief auf eine frisch gelegte britische Mine und explodierte. Von der Besatzung starben 42 Mann, darunter auch Möglich; zwölf Mann, davon neun Verwundete, wurden gerettet. Die beiden Hälften von *U526* wurden wegen der Maschinen und anderer wertvoller Teile geborgen. Rüggeberg und die Mannschaft von *U513* blieben durch einen Verstoß gegen die Vorschriften verschont und legten inmitten der hektischen Rettungsaktionen sicher an. Rüggeberg, der lediglich zweieinhalb erfolglose Feindfahrten absolviert hatte, verließ das Boot und wurde Chef der 13. Frontflottille in Norwegen.

Wegen der starken alliierten Überwasser- und Lufteskorten und aufgrund der Informationen durch Enigma-Entzifferungen, die es vielen Konvois ermöglichten, den U-Boot-Aufklärungsstreifen auszuweichen, erwiesen sich die U-Boot-Feindfahrten im ersten Vierteljahr 1943 vor Gibraltar und bei den Azoren als sehr gefährlich und nicht sonderlich ergiebig. Einschließlich der zehn U-Boote, die im Dezember[1] in dieses Gebiet einliefen bzw. dorthin verlegt wurden, und weiterer 36 Boote im Januar, Februar und März absolvierten diese Frontboote insgesamt 46 Feindfahrten. Sie versenkten insgesamt 40 Schiffe mit 252 000 BRT, was durchschnittlich weniger als ein versenktes Schiff pro U-Boot und Feindfahrt bedeutete. Von den 46 Kampfbooten versenkten 20 (47 Prozent) keine Schiffe. Neun Boote (sechs des Typs IX, drei des Typs VII) gingen verloren. Der Großteil der Besatzung, die vor den Kanarischen Inseln *U167* selbst versenkten, wurde gerettet. Doch die ungefähr 400 Mann der anderen acht Boote kamen ums Leben. Wegen der erlittenen Gefechtsschäden mußten sieben weitere Boote ihre Fahrt abbrechen.

Insgesamt konnten diese Boote nur auf sechs der zahlreichen Torch-Konvois, die in diesem Gebiet vom Januar bis zum April 1943 verkehrten, wirksame Angriffe durchführen.[2] Im März, als zehn große nach Osten bzw. nach Westen fahrende UG- und GU-Geleitzüge die Region durchquerten, hatten die U-Boote lediglich aus dem Konvoi UGS sechs Schiffe versenken können. Die Admiralität brachte diese Verluste zwar einigermaßen aus der Fassung, doch die Deutschen hatten nicht die geringste Chance, die Schiffahrtswege der amerikanischen UG-GU-, OT-TO- und CU-UC-Geleitzüge im Mittelatlantik zu unterbrechen.

Drei Boote, die sich an diesen erfolglosen Angriffen beteiligt und noch genügend Treibstoff hatten, setzten ihren Weg nach Süden fort, um vor Freetown und dem Golf von Guinea längere Feindfahrten durchzuführen. Sie lösten Heinrich Bruns von *U175* vom Typ IXC ab, der nur ein Schiff versenkt und einen heftigen Wasserbombenangriff gerade noch überstanden hatte. Die Ablösung bestand aus Jürgen Nissen mit *U105* vom Typ IXB und Horst von Schroeter mit *U123* vom Typ IXB sowie Ritterkreuzträger Werner Henke mit *U515* vom Typ IXC. Ihnen schloß sich das neu ausgelaufene *U126* an, das von dem 26jährigen neuen Kommandanten Siegfried Kietz befehligt wurde. Nissen und Kietz versenkten je ein Schiff. Kietz beschädigte

---

1 Die sechs Boote des Typs VII der Delphin-Gruppe mit Kurs auf Brasilien, zwei Boote des Typs IX mit Kurs auf amerikanische Gewässer sowie zwei Boote des Typs IX der Seehund-Gruppe mit Kurs auf Kapstadt.

2 TM 1, UC 1, XK 2, KMS 10, UGS 6, RS 3.

darüber hinaus den amerikanischen Tanker *Standella* mit 6197 BRT, der zuvor in der Karibik durch *U598* schon einen Treffer erhalten hatte. Von Schroeter versenkte mit *U123* fünf Schiffe mit 28 179 BRT, dazu das britische U-Boot *P615* mit 683 Tonnen.[1] Auf dem Weg zu der für New York vorgesehenen und dann aufgelösten Sondereinheit hatte von Schroeter den zunächst nicht als spanisch erkannten Frachter *Castillo Monte Allegre* versenkt. U515 unter Werner Henke hatte einen britischen Frachter mit 8300 BRT versenkt und einen weiteren mit 2400 BRT, während er sich auf Südkurs vor Dakar befand. Diese Versenkungen mitgerechnet, absolvierte Werner Henke mit *U515* eine der erfolgreichsten Feindfahrten des Jahres 1943: zehn versenkte und bestätigte Schiffe mit 58 456 BRT.

Henke führte einen der bemerkenswertesten Angriffe des ganzen Kriegs auf einen Geleitzug durch. Mit 14 Frachtern befand sich der Konvoi TS 37 auf dem Weg von Takoradi, Ghana, nach Freetown, Sierra Leone. Der schwache Geleitschutz für TS 37 setzte sich aus vier Geleitschiffen zusammen: einer Korvette und drei ASW-Trawlern. Henke hatte zunächst eine Catalina mit einer einläufigen 2-cm-Flak abgewehrt. Er erfaßte den Geleitzug dann in der mondlosen Nacht des 30. April, etwa 170 Kilometer südlich von Freetown. Er griff den Konvoi direkt von hinten an und schoß einen Fächer von sechs elektrischen Torpedos mit der neuen Magnetpistole Pi-2 auf sechs verschiedene Schiffe ab. Er meldete, alle sechs Torpedos hätten getroffen, doch tatsächlich gingen die beiden Hecktorpedos fehl. Bei einem zweiten Angriff gegen Sonnenaufgang am 1. Mai schoß er drei weitere Elektro-Torpedos mit der Pi-2 Magnetpistole auf drei verschiedene Schiffe. Diese hätten ebensogut getroffen, berichtete Henke. Diesmal hatte er sich nicht getäuscht.

Henke meldete neun aus dem Geleitzug versenkte Schiffe mit 62 000 BRT, doch die bestätigte Zahl belief sich auf sieben versenkte Schiffe mit 43 255 BRT. Im Lauf der folgenden Woche kam ein weiteres Schiff mit 4544 BRT hinzu und brachte Henke das von Hitler verliehene Eichenlaub zum Ritterkreuz ein.[2] Auf dem Rückmarsch übernahm er von einem U-Tanker des Typs XIV Treibstoff und kehrte am 24. Juni nach Frank-

[1] Das ursprünglich auf den Namen *Uluc Ali Reis* getaufte Boot war eines von vier U-Booten, die 1940 in Großbritannien für die Türkei gebaut wurden. Zwei Boote gingen an die Türkei (eine Geste, mit der die Türkei umworben werden sollte, an der Seite der Alliierten in den Krieg einzutreten), die Briten behielten jedoch die anderen beiden Boote, die die neuen Namen *P614* und *P615* erhielten.

[2] Zur Zeit der Auszeichnung betrug sein bestätigtes Trefferergebnis 20 Schiffe mit 130 133 Tonnen.

reich zurück. Henke beendete damit eine anstrengende, aber überaus erfolgreiche Feindfahrt von 124 Tagen.

Auf der Rückfahrt von den ausgedehnten Feindfahrten in der Region von Freetown gingen zwei Boote verloren. Am 2. Juni wurde Jürgen Nissen mit dem IXB-Boot *U105* in der Nähe von Dakar von einer Maschine der freifranzösischen Squadron 141 entdeckt und versenkt. Es gab keine Überlebenden. Durch Flugzeuge vor Freetown schwer beschädigt, wurde Siegfried Kietz mit *U126* in der Nacht vom 2. auf den 3. Juli im Golf von Biskaya von einem Flugzeug geortet und versenkt. Dies war eine mit Leigh Light ausgestattete Wellington der britischen Squadron 172. Am Steuerknüppel saß der Rhodesier Alex Coumbis, der zuvor *U556* versenkt hatte. Auch auf *U126* gab es keine Überlebenden.

Der mit dem Eichenlaub zum Ritterkreuz ausgezeichnete Johann Mohr lief mit *U124* am 27. März in Frankreich aus. Er sollte mit dem Boot vom Typ IXB Kurs auf die Region Gibraltar-Marokko nehmen. Am 2. April, in der siebten Nacht nach dem Auslaufen, stieß Mohr westlich von Kap Finisterre auf einen großen Konvoi, OS 45, der auf dem Weg von den Britischen Inseln nach Sierra Leone war. Korrekt nach Vorschrift meldete Mohr den Konvoi und hielt Fühlung, um andere Boote heranzuführen. Da sich in der unmittelbaren Umgebung keine Boote befanden, genehmigte die U-Boot-Führung Mohr den Angriff, jedoch nur einen. Er sollte auch wegen der starken alliierten Luftpatrouillen, die sich von Gibraltar und Marokko aus bis weit in den Westen von Portugal erstreckten, nicht länger Fühlung halten. Mohr machte sich die Dunkelheit zunutze, griff an der Oberfläche an und versenkte zwei britische Frachter mit ingesamt 9500 BRT.

Unmittelbar nach diesen Versenkungen ortete die von Rodney Thomson befehligte Sloop *Black Swan U124* mit ihrem 10-cm-Radargerät. Thomson lief die eingepeilte Position an, die beiden vorderen 4-Zoll-Doppellafetten feuerbereit. Aus weniger als 30 Metern Entfernung – zu nahe, um die Geschütze zu senken – sah ein Ausguck den Kommandoturm von *U124* unter Wasser verschwinden. Thomson fuhr über den Wasserwirbel hinweg und ließ auf Sicht eine Salve flach eingestellter Torpex-Wasserbomben werfen. Daraufhin befahl er Patrick Smythe von der Korvette *Stonecrop*, einem weiteren Geleitschiff, aus dem Konvoi auszuscheren und das U-Boot zu versenken. Smythe bekam eine Ortung von *U124* auf dem Sonar und ließ eine Serie Wasserbomben werfen, doch bedingt durch den Lärm der Explosionen verlor er den Kontakt. Von *U124* hörte man nie wieder etwas. Die Admiralität rechnete die Versenkung der *Black*

Swan und der *Stonecrop* zu, ein schmerzlicher Verlust für Dönitz und andere Offiziere der U-Boot-Waffe.[1]

Die spärlichen Erfolge, die hohen Risiken und der »Mangel an U-Booten« für die Geleitzugschlachten auf den nordatlantischen Routen (wie es die U-Boot-Führung ausdrückte) veranlaßten Dönitz am 6. April zu einem Befehl, nach dem *alle* Boote des Typs IX, bislang für den Kriegseinsatz in schwerer See gegen stark gesicherte Konvois als weniger geeignet erachtet, die auf der nordatlantischen Route operierenden U-Boote verstärken sollten. Die U-Boot-Feindfahrten vor Gibraltar und bei den Azoren, die bei überaus großen Gefahren und Verlusten so geringe Versenkungszahlen erbracht hatten, wurden vorübergehend eingestellt.

Erfolglose U-Boot-Operationen im Mittelmeer

Östlich von Gibraltar konzentrierte sich die Schlagkraft des Mittelmeerverbands der U-Boot-Waffe unter Leo Kreisch fast ausschließlich auf den Torch-Schiffsverkehr im Gebiet von Oran und Tripolis. Die Verluste und Neuzugänge des letzten Vierteljahrs 1942 eingerechnet, stand Kreisch eine U-Boot-Streitmacht von 23 Booten zur Verfügung,[2] von denen einige wegen Gefechtsschäden repariert wurden. Anstelle der beiden Boote, deren Versuch, im Dezember die Straße von Gibraltar zu durchqueren, gescheitert war, entsandte die U-Boot-Führung im Januar 1943 ein weiteres Boot. Dies war *U224* unter Hans-Karl Kosbadt, der am 12. Januar ins Mittelmeer einfuhr und die Schlagkraft des Verbandes zeitweilig auf 24 Boote erhöhte.

Die im Mittelmeer 1943 durchgeführten U-Boot-Feindfahrten erwiesen sich als gefährlicher denn je. Die Alliierten richteten, als sie in Tunesien die Truppen der Achse in die Zange nahmen, entlang der nordafrikanischen Küste eine Reihe von Flugplätzen ein, die sich von Oran bis nach Alexandria erstreckten. Einige dieser Flugplätze wurden von ASW-Flugzeugen genutzt, welche die Konvois in diesen Gewässern schützen sollten. Andere, auf Malta stationierte ASW-Maschinen sorgten für zusätzlichen Geleitschutz. Diese neu eingetroffenen Flug-

---

[1] Nach *U48, U99* und *U123* war *U124* das vierterfolgreichste U-Boot des Krieges. Unter dem Kommando von Georg-Wilhelm Schulz und Mohr wurden durch das Boot 48 bestätigte Schiffe mit 224000 Tonnen versenkt, einschließlich zweier Kriegsschiffe: der britische Kreuzer *Dunedin* und die französische Korvette *Mimose*. Mohr wurde die Versenkung von 29 bestätigten Schiffen mit 135000 Tonnen zugerechnet, darunter beide Kriegsschiffe. Er stand damit unter allen Kommandanten des Zweiten Weltkriegs an 19. Stelle.

[2] Siehe Anhang 7.

zeuge und die wachsende Zahl von Geleitschiffen und neu aufgestellter, in nordafrikanischen Häfen stationierter U-Jagdgruppen mit Zerstörern wurden zu einem solch ernstzunehmenden Faktor, daß U-Boot-Angriffe immer wieder scheiterten und, mehr als je zuvor, verheerende Vergeltungsmaßnahmen nach sich zogen.

Das OKM gab für die Mittelmeerboote eine neue Vorgehensweise für den Einsatz von Torpedos bekannt. Wegen des Meeresleuchtens im Mittelmeer sollte der preßluftgetriebene, nur bei Nacht einsetzbare Torpedo (mit Schleifenlauf; G7a, FAT)[1] nicht mehr eingesetzt werden. Die Luftblasen waren gut sichtbar und verrieten die Position des U-Boots. Geplant war, daß die Mittelmeer- und Nordmeer-Boote ab April 1943 mit einem neuen elektrischen Torpedo (mit Schleifenlauf; G7e, FAT) ausgerüstet werden sollten, bei dem im Kielwasser keine Luftblasen auftraten, so daß er bei Tag und Nacht eingesetzt werden konnte. Bei den Atlantik-Booten sollte dies ab Juni geschehen. Das FAT-Produktionsziel lag bei monatlich hundert Torpedos beider Typen, doch infolge unvorhergesehener »Montageschwierigkeiten« sah man sich mit beträchtlichen Verzögerungen konfrontiert. Als eine ausreichende Zahl von elektrischen FAT-Torpedos zur Verfügung stand, sollten die Mittelmeer-Boote vier von diesen Torpedos in den Bugraum übernehmen und zwei in den Heckraum sowie im Bugraum sechs T-4 (Falke) Torpedos, die ihr Ziel selbständig ansteuerten.

Wegen der erhöhten Gefahr im Mittelmeer pochte Leo Kreisch, der Führer der U-Boote Mittelmeer, nicht so sehr auf Nachweise für erzielte Erfolge und war bei Auszeichnungen für Kommandanten großzügiger. Ein bemerkenswerter Fall war der von Albrecht Brandi mit *U617,* eines der Boote, die als Reaktion auf das Unternehmen Torch im November 1942 eingetroffen waren.

Bei seiner im November absolvierten ersten Feindfahrt im Mittelmeer meldete Brandi, er habe einen Frachter mit 5500 BRT versenkt und einen weiteren mit gleicher Tonnage beschädigt. Weiter gab er an, er habe drei bedeutende Kriegsschiffe getroffen und beschädigt: ein Schlachtschiff mit 33 950 Tonnen, einen Leichten Kreuzer mit 6496 Tonnen und einen Zerstörer mit 1500 Tonnen. Keine dieser Meldungen konnte offiziell bestätigt werden.

Auf der zweiten Feindfahrt meldete Brandi, er habe acht Schiffe mit 25 600 Tonnen versenkt, einschließlich eines Flottenzerstörers, und zwei Frachter mit 14 000 Tonnen beschädigt. Drei der Versenkungen mit 6996 Tonnen wurden bestätigt: ein griechischer Frachter mit 4324 BRT, der

[1] Es gab zwei Typen von FAT-Torpedos: FAT 1 mit einem langen und kurzen Schleifenlauf und FAT 2 mit einem langen Schleifenlauf mit anschließender Kreisbewegung.

britische Hochseeschlepper *St. Issey* und ein norwegischer Frachter mit 1862 BRT. Die Treffermeldungen, die Beschädigungen zur Folge gehabt haben sollten, wurden offiziell nicht überprüft. Am 21. Januar wurde Brandi das Ritterkreuz verliehen.[1]

Bei der dritten Feindfahrt meldete Brandi, er habe drei Schiffe mit 12450 Tonnen versenkt, einschließlich eines Leichten Kreuzers mit 5450 Tonnen. Alle drei Versenkungen wurden bestätigt, jedoch war die Tonnage nur halb so hoch (7264 Tonnen). Diese Versenkungen schlossen auch die *Welshman* ein, einen britischen Minenleger mit 2650 Tonnen und zwei norwegische Frachter mittlerer Größe mit zusammen 4614 BRT.

Im April, ebenfalls auf der dritten Feindfahrt, meldete Brandi, er habe einen Kreuzer der »Uganda-Klasse« mit 8000 Tonnen versenkt und zwei Zerstörer beschädigt. Weiterhin habe er ein 23500 Tonnen großes, als Truppentransporter dienendes Passagierschiff der »Orcades-Klasse« beschädigt. Diese Angaben konnten nicht bestätigt werden. Am 11. April wurde Brandi mit dem Eichenlaub zum Ritterkreuz ausgezeichnet.[2]

Neben Brandi mit *U617* versenkten im Januar 1943 drei kampferprobte Mittelmeer-U-Boote drei Hochseeschiffe mit 13600 BRT. Darunter befand sich der von Waldemar Mehl mit *U371* versenkte ASW-Trawler *Jura* (545 BRT). Zudem beschädigte Mehl den 7159 BRT großen britischen Frachter *Ville de Strasbourg*. Horst Deckert mit *U73* versenkte das 7176 BRT große amerikanische Liberty-Schiff *Arthur Middleton*. Und Egon Reiner von Schlippenbach versenkte mit *U453* den belgischen Frachter *Jean Jadot* mit 5859 BRT. Außerdem versenkte das kampferprobte Boot *U431* unter dem neuen, 25jährigen Kommandanten Dietrich Schöneboom vier Segelschiffe mit insgesamt 265 BRT. Die bedeutendste Versenkung durch die Achse gelang in diesem Monat Vittorio Patrelli-Campagnano mit der *Platino,* der die britische Korvette *Samphire* versenkte.

Im Februar versenkten die U-Boote im Mittelmeer vier Hochseeschiffe mit 16211 BRT. Otto Hartmann versenkte mit *U77* zwei große

[1] Zur Zeit der Verleihung hatte Brandi die Versenkung von 15 Schiffen mit 58700 Tonnen gemeldet, einschließlich eines Zerstörers. Hinzu kamen nach seinen Angaben sechs beschädigte Schiffe mit 61500 Tonnen. Die bestätigte Quote belief sich auf sieben versenkte Frachter (aber keinen Zerstörer) mit insgesamt 22100 Tonnen.

[2] Zur Zeit der Verleihung beliefen sich Brandis Meldungen auf neunzehn Schiffe mit etwa 80000 Tonnen, darunter zwei Kreuzer und ein Flottenzerstörer sowie neun beschädigte Schiffe mit 88500 Tonnen, einschließlich eines Schlachtschiffs, eines großen Truppentransporters, eines Kreuzers und dreier Zerstörer. Seine bestätigte Quote betrug zehn versenkte Schiffe mit 29339 Tonnen, darunter ein Kriegsschiff, die *Welshman,* ein Minenleger mit 2650 Tonnen.

britische Frachter mit insgesamt 13 742 BRT. Waldemar Mehl von *U371* holte sich einen 2100 BRT großen britischen Frachter und beschädigte ein amerikanisches Liberty-Schiff. Günter Jahn von *U596* versenkte ein britisches Landungsfahrzeug (LCI) mit 380 Tonnen. Wilhelm Franken auf dem kampferprobten Boot *U565* teilte sich mit der Luftwaffe das Verdienst an der Vernichtung des amerikanischen Liberty-Schiffes *Nathanael Greene* mit 7176 BRT. Er beschädigte zudem den 10 389 BRT großen britischen Tanker *Seminole*. Und das berühmte *U81*, das dem neuen, 23jährigen Kommandanten Johann-Otto Krieg unterstand, versenkte drei Segelschiffe mit insgesamt 352 BRT. Der Italiener Pasquale Beltrami, Kommandant der *Acciaio,* versenkte den britischen ASW-Trawler *Tervani* mit 409 Tonnen.

Im März 1943 erreichten die Mittelmeer-U-Boote einen Höchststand bei den Tonnagezahlen. Sechs Kommandanten versenkten neun Hochseeschiffe. Günter Jahn von *U596* erzielte bei den Tonnagezahlen das beste Ergebnis. Er versenkte den norwegischen Tanker *Hallanger* mit 9551 BRT und den britischen Frachter *Fort à la Corhe* mit 7133 BRT aus dem Konvoi ET 16. Zudem beschädigte er zwei weitere große britische Schiffe, die *Fort Norman* und die *Empire Standard* mit insgesamt 14 180 BRT aus dem Konvoi KMS 10. Später wurde Jahn das Ritterkreuz verliehen, und er wurde zum Chef der 29. U-Flottille (Mittelmeer) ernannt.[1] Den zweiten Rang nahm Gerd Kelbling von *U593* mit drei britischen Frachtern von insgesamt 9723 BRT ein. Otto Hartmann von *U77* erwischte den 5222 BRT großen britischen Frachter *Hadleigh* und beschädigte ein anderes Schiff von ähnlicher Größe. Josef Röther von *U380* (der zuvor den holländischen Truppentransporter *Nieuw Zeeland* versenkt hatte) schickte das 7178 BRT große britische Liberty-Schiff *Ocean Seaman* auf den Meeresgrund. Dietrich Schöneboom von *U431* versenkte den britischen Frachter *City of Perth* mit 6415 BRT. Walter Göing von *U755* holte sich einen französischen ASW-Fischdampfer mit 1100 BRT. Außerdem versenkte Johann-Otto Krieg mit *U81* zwei Segelschiffe und ein kleines Schiff mit insgesamt 454 BRT.[2]

Damit versenkten die Mittelmeer-Boote im März 1943 zwölf Schiffe mit 46 800 BRT. Da die Positionen der verlorenen Handelsschiffe nicht genannt wurden, trug dieser Verlust an Tonnage zu dem allgemeinen Eindruck bei, die U-Boote seien im März 1943 nahe daran gewesen, die Lebensader zwischen dem amerikanischen Kontinent und den Britischen Inseln zu durchtrennen.

---

1 Zum Zeitpunkt der Auszeichnung belief sich seine im Atlantik und im Mittelmeer erzielte Trefferquote auf vier Schiffe mit 27 326 Tonnen. Hinzu kamen noch die beschädigten Schiffe.

2 Am 19. März wurde dem im Mittelmeer eingesetzten Kommandanten von *U453,* Baron Egon-Reiner von Schlippenbach, ein Ritterkreuz verliehen.

In den Monaten April und Mai 1943 bereiteten die Alliierten der Achse in Tunesien eine vernichtende Niederlage. Dadurch erlangten sie die Kontrolle über ganz Nordafrika. In dieser Zeit erreichten die Mittelmeer-Boote nur wenig. Die besten Resultate erzielte Wilhelm Franken von *U565,* der den 5594 BRT großen amerikanischen Frachter *Michigan* und das 4392 BRT große freifranzösische Schiff *Sidi-Bel-Abbés* versenkte, welches als Truppentransporter für die senegalesische Infanterie eingesetzt wurde. Bei dem Untergang des Truppentransporters starben 567 Mann. Diese Erfolge brachten Franken das Ritterkreuz ein.[1] Walther Huth erzielte mit *U414* Treffer auf zwei britischen Frachtern, der *Empire Eve* mit 5979 BRT und der *Fort Anne* mit 7134 BRT. Die *Empire Eve* ging unter, die *Fort Anne* konnte einen Hafen erreichen. Mehl von *U371,* Kelbling von *U593* und Göing von *U755* versenkten jeweils einen kleinen Frachter.

Fazit dieser fünf Monate von Januar bis Juni 1943: Die etwas über 20 im Mittelmeer stationierten U-Boote versenkten 30 alliierte Schiffe und 9 Segelschiffe. Unter den Schiffen waren zwei britische Kriegsschiffe (der Minenleger *Welshman* und *LCI 162*) und ein ASW-Trawler *(Jura).* Italienische U-Boote versenkten ein weiteres britisches Kriegsschiff (die Korvette *Samphire*) und den ASW-Trawler *Tervani.* Diese mageren Resultate halfen den in Nordafrika belagerten Truppen der Achsenmächte nicht wirklich, und die Boote hätten, worauf Dönitz weiterhin beharrte, auf der »entscheidenden« nordatlantischen Route weitaus mehr bewirken können. Dennoch bestand Hitler darauf, die Mittelmeer-Flottille müsse auf einer Stärke von 20 und mehr Booten gehalten werden.

Wie in den zurückliegenden Monaten waren auch in der Zeit vom 1. Januar bis 1. Juni 1943 bei den Mittelmeer-Booten hohe Verluste zu beklagen: 11 U-Boote und ungefähr 500 Männer. Viele von ihnen gehörten zu den erfahrensten U-Boot-Besatzungen der Kriegsmarine.[2]

---

[1] Zur Zeit der Auszeichnung betrug seine bestätigte Trefferquote vier Schiffe mit 12887 Tonnen, einschließlich des britischen Zerstörers *Partridge,* die gemeinsame Versenkung eines amerikanischen Liberty-Schiffes mit der Luftwaffe sowie die Beschädigung zweier weiterer großer Schiffe mit 26686 Tonnen, von denen eines der Truppentransporter *Cameronia* war.

[2] In der gleichen Zeitspanne versenkten die Alliierten im Mittelmehr acht italienische U-Boote (die *Narvalo, Santorre Santarosa, Tritone, Avorio, Malachite, Asteria, Mocenigo, Gorgo*). Die kanadischen Korvetten *Port Arthur* und *Regina* versenkten, ebenso wie der neue amerikanische Zerstörer *Nields* und das holländische U-Boot *Dolfyn,* je ein Boot. Bei einem Luftangriff der Army Air Forces auf Sardinien wurde ein Boot zerstört. Ein anderes, die *Delfino,* ging vor Sizilien bei einer Kollision verloren.

• Am 13. Januar stellte die *Ville de Québec,* eine der den Torch-Konvois zugeteilten 16 kanadischen Korvetten, einen klaren Sonarkontakt her. Die Korvette befand sich zu dieser Zeit ungefähr 170 Kilometer östlich von Oran und sicherte die 16 Schiffe des Geleitzugs TE 13, die mit östlichem Kurs von Gibraltar zu nordafrikanischen Häfen unterwegs waren. Der Kommandant der *Ville de Québec,* A. R. E. Coleman, verständigte die anderen vier kanadischen Korvetten des Geleitschutzes und ließ einen Wasserbombenteppich werfen.
Sein Ziel war *U224* unter dem Kommando von Hans-Karl Kosbadt, der erst kürzlich, am 9. Januar, ins Mittelmeer eingefahren war und nun einen Tanker im Fadenkreuz seines Periskops hatte. Die Explosion schleuderte *U224* mit dem Bug voran an die Wasseroberfläche. Coleman wendete und wollte zum Rammen ansetzen. Er eröffnete das Feuer mit den Kanonen und Maschinengewehren. Das Schiff krachte vor dem Kommandoturm in das U-Boot. *U224* war innerhalb von vier Minuten verschwunden. Coleman meldete, es sei eine »ungeheure Unterwasserexplosion« gefolgt und inmitten einer »großen Ölfläche« seien »Kleidungsstücke, Isoliermaterial und Holzteile« an die Oberfläche gekommen. Vom ersten Kontakt bis zur Versenkung waren nur zehn Minuten verstrichen. Eine andere kanadische Korvette, die *Port Arthur,* rettete den einzigen Überlebenden, den Ersten Wachoffizier Wolf Dietrich Danckworth.
• Am 20. Januar befand sich *U301* unter Willy-Roderich Körner von La Spezia aus auf dem Anmarsch zur zweiten Feindfahrt im Mittelmeer. Körner hatte Befehle, einen von Gibraltar kommenden und nach Osten laufenden Konvoi abzufangen, und mußte deshalb mit voller Fahrt über Wasser fahren. Am darauffolgenden Morgen sichtete das britische U-Boot *Sahib* unter J. H. Bromage, das sich auf der Rückfahrt von einer Patrouillenfahrt zu seinem Begleitschiff in Algier befand, *U301* in seinem Periskop. Als *U301* auf 3,6 Kilometer heran war, schoß Bromage einen vollen Bugfächer. Ein oder zwei Torpedos trafen, *U301* explodierte und sank sofort. Die *Sahib* rettete den Ausguck des Bootes, den 19jährigen Maat Wilhelm Rahn, der durch die Wucht der Explosion ins Wasser geschleudert worden war.[1]
• Bei der Annäherung an einen kleinen Küstengeleitzug, etwa 180 Kilometer westlich von Tobruk, wurde *U205* unter Friedrich Bürgel am 17. Februar durch Sonar von dem britischen Zerstörer *Paladin* geortet. Der Zerstörer lief die geortete Position an und warf hinterein-

[1] Am 6. Februar versenkte eine Maschine der Luftwaffe die kanadische Korvette *Louisburg,* eines von 15 (!) solcher Schiffe, die den von Gibraltar nach Boné laufenden Konvoi KMS 8 eskortierten. Der britische Zerstörer *Lookout* rettete 40 Mann, 38 kamen um.

ander fünf auf etwa 30 Meter Tiefe eingestellte Wasserbomben. Einige von diesen explodierten nahe von *U205*. Das U-Boot wurde so stark beschädigt, daß Bürgel auftauchte und das Boot fluten ließ.

Als das U-Boot plötzlich in Sicht kam, schlugen die *Paladin* und ein anderes Geleitschiff, der Zerstörer *Jervis,* und ein Flugzeug der südafrikanischen Luftwaffe zu. Diese bis heute nicht identifizierte Maschine führte einen gut gezielten Angriff mit Bordwaffen und Wasserbomben durch, der einige der Deutschen auf dem Deck zum Sprung ins Wasser zwang. Das heftige Geschützfeuer der *Paladin,* durch das versehentlich vier eigene Männer getötet und vier weitere schwer verwundet wurden, trieb die übrigen Deutschen ins Meer. Das aufgegebene *U205* blieb an der Wasseroberfläche und drehte sich bei laufenden E-Motoren mit ungefähr neun Knoten im Kreis. Dem Kommandanten der *Paladin* gelang es nicht, sein Schiff längsseits zu bringen. Er ließ ein Beiboot mit einer zweiköpfigen Kapermannschaft, Sidney Constable und Kenneth J. Toy, zu Wasser. Während diese an Bord von *U205* gingen, fischten die *Paladin* und die *Jervis* 42 Deutsche aus dem Wasser, darunter auch Bürgel.

U205 schien langsam zu sinken. Dennoch betrat Constable das Boot und stieg nach unten. In seinem offiziellen Bericht schrieb der Kommandant der *Paladin:*

> *Beim Hinabsteigen fand [Mr. Constable] das Boot in nahezu völliger Dunkelheit vor. Lose Gerätschaften lagen in beträchtlichem Durcheinander herum. [...] Er ging dann weiter und versuchte den Raum des Kommandanten zu finden. Diesen fand er auf der Backbordseite. Er hatte Befehle, nach [geheimen] Unterlagen zu suchen. Diese fanden sich in einem kleinen Schrank nahe dem Deck. Der Schrank war geschlossen, aber nicht abgesperrt. Die Unterlagen wurden zusammen mit dem hervorragenden Fernglas des Kommandanten und einem kleinen Funkgerät zum Kommandoturm hinaufgereicht. In der Zentrale wurde ein kleiner, halb offen stehender, halb abgeschlossener Schrank vorgefunden. Dieser war voller Bücher, die der Reihe nach hinaufgereicht wurden. In einem Schreibtisch fanden sich einige Unterlagen und Notizbücher. [...] Insgesamt wurde eine sehr große Zahl an Büchern entdeckt.*[1]

---

[1] Eine vollständige Beschreibung dieser Bücher oder des »kleinen Funkgeräts« wurde nicht publiziert. Ralph Erskine, ein Historiker auf dem Gebiet der Enigma, erklärte, das Doppelbuchstabenverzeichnis Strom sei entdeckt worden, »jedoch keine weiteren Funde von Bedeutung«. Für eine Beschreibung, wie diese Tabellen verwendet wurden, siehe seinen Artikel »Naval Enigma: The Missing Link...«.

Die Briten meinten, es bestehe eine geringe Chance, daß *U205* »aufgebracht« werden könne. Folglich wurde die britische Korvette *Gloxinia* von einem in der Nähe passierenden kleinen Konvoi abgezogen. Sie erhielt den Befehl, als Schlepper zu fungieren. Auf der *Gloxinia* schaffte man es schließlich nach mühsamer Arbeit, eine 8,9 Zentimeter starke Stahltrosse an dem noch immer langsam im Kreis fahrenden *U205* zu befestigen. Dann nahm die *Gloxinia* direkt Kurs auf die Küste bei der Bucht von Ras el Hilab, 180 Kilometer westlich von Tobruk. Ungefähr drei Stunden später fuhr das Schiff mit dem U-Boot im Schlepptau in die Bucht ein, aber zu diesem Zeitpunkt war *U205* nahezu vollgeschlagen. Als die *Gloxinia* Fahrt zurücknahm, sank das U-Boot mit dem Heck voran in dem 29 Meter tiefen Wasser.[1]

• Im gleichen Gebiet sichtete eine Wellington der britischen Squadron 38 zwei Tage später, am 19. Februar, mit *U562* ein anderes Mittelmeer-Boot. Am Steuer des Flugzeugs saß I. B. Butler, der für die Luftsicherung des kleinen britischen Konvois XT 3 verantwortlich war. Der Kommandant des kampferprobten U-Boots war Horst Hamm. Butlers Angriff war erfolglos, er warf aber zwei schwimmfähige Rauchbomben ab. Ein Geleitschiff, der Zerstörer *Isis,* scherte aus dem Geleitzug aus. Die *Isis* konnte keinen Sonarkontakt herstellen, sie warf aber trotzdem eine Wasserbombe. Das Führungsschiff, der Zerstörer *Derwent,* schloß sich der *Isis* an, bekam jedoch auch keine Sonarortung. Die *Derwent* rief noch einen weiteren Zerstörer der Escort Group herbei, die *Hursley,* damit diese mit der *Isis* eine ausgedehnte Jagd durchführen konnte. Die *Derwent* kehrte daraufhin zum Konvoi zurück.

Nach einer einstündigen Suche stellte die *Hursley* einen Sonarkontakt her und griff mit einer einzelnen Wasserbombensalve an. Im Anschluß daran kam die *Isis* heran und führte vier aufeinanderfolgende Angriffe durch. Dann steuerte die *Hursley* heran und warf die sechste Salve Wasserbomben, doch bevor diese explodierten, tauchte *U562* in 30 Metern Entfernung für einen Augenblick an der Oberfläche auf. In diesem kurzen Moment sahen die Briten, daß der Kommandoturm »stark eingeknickt« war. Zweifellos wurde das Boot noch mehr beschädigt, als es erneut und direkt in den sechsten Wabo-Angriff tauchte. Die *Hursley* führte zwei weitere Angriffe durch und die *Isis* einen, bevor der Sonarkontakt verlorenging.

---

[1] Die Admiralität hat sich nicht dazu geäußert, ob es Versuche gab, *U205* wieder flottzumachen, oder ob dies nicht der Fall war. Ebenfalls gab es keine Verlautbarungen darüber, ob das Wrack nach weiterem wertvollen Material durchsucht wurde, etwa nach FAT-Torpedos und akustischen Torpedos sowie nach jenen Torpedos mit der neuen Pi-2 Magnetpistole.

Im ganzen haben die *Isis* und die *Hursley* neun einzelne Wasserbombenangriffe durchgeführt und 59 Wabos abgefeuert. Sie waren überzeugt, das U-Boot versenkt zu haben, doch die Marine-Behörden forderten sie auf, in dem Gebiet zu bleiben und nach Anhaltspunkten Ausschau zu halten. Die Korvette *Hyacinth* und zwei andere Schiffe der Royal Navy schlossen sich der Jagd an, doch keines der Schiffe fand Anzeichen für eine Versenkung. Später rechnete die Admiralität Butlers Wellington und der *Isis* und der *Hursley* die Versenkung von *U562* an diesem Ort und zu diesem Zeitpunkt an. Es gab keine Überlebenden.

- Am Morgen des 23. Februar meldete ein alliiertes Flugzeug ein vor dem Hafen Algiers über Wasser fahrendes U-Boot. Dies war das neu eingetroffene *U443* unter Konstantin von Puttkamer. Die Briten wiesen eine U-Jagdgruppe mit vier Zerstörern an, die Jagd durchzuführen: die *Bicester,* die *Lamerton,* die *Wheatland* und die *Wilton.*

Die *Bicester* entdeckte *U443* mit Sonar und griff sofort an. Sie warf zehn von 30 bis 69 Meter Wassertiefe eingestellte Wasserbomben. Danach fuhr sie langsam zum Ausgangspunkt des Angriffs zurück und sichtete einige »Wrackteile«. Bevor sie diese bergen konnte, stellte die *Wheatland* ebenfalls einen Sonarkontakt her und griff mit zehn auf die gleichen Wassertiefen eingestellten Wasserbomben an. Die *Lamerton* folgte mit fünf auf 30 Meter eingestellten Wasserbomben. Die *Bicester* feuerte noch zusätzlich eine zweite Salve mit zehn Wabos ab. Damit erhöhte sich die Zahl der Wasserbomben auf 35.

Die *Bicester* machte kehrt und stoppte in dem Gebiet, wo man die Wrackteile gesichtet hatte. Ihre Besatzung fischte zwei Kastendeckel, eine große Schranktür (66 × 117 cm), weitere Holzteile und »vermutlich Leichenteile« aus dem Wasser. Da durch Entzifferungen der Marine-Enigma bekannt war, daß an diesem Tag ein U-Boot verlorengegangen war, wurde der *Bicester* ein »großes« Verdienst für die Versenkung angerechnet, wobei der *Wheatland* und der *Lamerton* »ein Anteil« daran zugestanden wurde.

- Bei einem Patrouillenflug sichtete eine Hudson der Squadron 500 am 4. März etwa 150 Kilometer nordöstlich von Oran ein U-Boot. Dies war das betagte *U83* unter Ulrich Wörishoffer. Der Pilot G. Jackimow flog seinen Angriff mit drei 50-Kilogramm-Wasserbomben in das Flak-Feuer von *U83* hinein, doch die Wabos richteten keinen Schaden an. Bei der zweiten Attacke, die er mit feuernden Bordwaffen durchführte, warf Jackimow in einer Höhe von zehn Metern über dem Wellenkamm drei flach eingestellte Wasserbomben ab. Diese explodierten nahe bei *U83*. Die Flugzeugbesatzung berichtete, das U-Boot habe auf ebenem Kiel zu sinken begonnen und im Wasser trieben etwa 15 Deutsche. Sie sahen zudem »mindestens 25 Leichen«, die in »großen Luftblasen und Öl« an die Wasseroberfläche kamen.

Jackimow warf für die Überlebenden zwei Schlauchboote ab, doch diese schienen nach dem Aufschlag zu »sinken«. *U83* und die Überlebenden, wenn es denn welche gab, verschwanden spurlos. Auf der Grundlage von Enigma-Entzifferungen bestätigte die Admiralität diese außergewöhnliche Versenkung.

- Am Morgen des 28. März entdeckte J. B. Harrop mit seiner Hudson von der Squadron 48 vor der spanischen Ostküste ein U-Boot. Dies war das alte *U77* unter Otto Hartmann, das sich auf Heimatkurs befand. Hartmann hatte vor Oran eine erfolgreiche Feindfahrt absolviert. Er hatte einen britischen Frachter mit 5200 BRT versenkt und einen weiteren mit ähnlicher Größe beschädigt. Die Hudson griff aus den Wolken heraus an und warf in den Strudel des tauchenden *U77* vier auf geringe Tiefe eingestellte Wasserbomben. Wegen knappen Treibstoffs konnte die Hudson den Angriff nicht fortsetzen.

Etwas später erfaßte Edgar F. Castell mit einer Hudson der Squadron 233 *U77* ungefähr 55 Kilometer nordöstlich des ersten Angriffs über Wasser. Als die Maschine zum Angriff in den Sturzflug ging, wurde sie von *U77,* das nicht tauchte, mit starkem Flak-Feuer empfangen. Die Hudson entgegnete das Feuer mit MG-Beschuß (3000 Schuß) und trotzte dem Flak-Feuer mit zwei Bombenangriffen. Zunächst warf Castell eine einzelne 50-Kilogramm-Bombe ab, dann vier Wasserbomben. Auch diese Maschine mußte die Aktion wegen Treibstoffmangels abbrechen.

Diese Angriffe beschädigten *U77* so schwer, daß Hartmann den äußersten Notfall erklären mußte. Der Führer der U-Boote im Mittelmeer, Leo Kreisch, wies Hartmann an, Alicante in Spanien anzulaufen. Dort solle er für die Reparatur des Bootes sein Recht im Rahmen internationaler Gesetze in Anspruch nehmen. Über die U-Boot-Führung in Berlin bat Kreisch die spanischen Behörden unterdessen, ein Schiff zu entsenden, das mit *U77* vor dem Hafen zusammentreffen und es, wenn nötig, in Schlepptau nehmen sollte. Zur gleichen Zeit wies Kreisch Josef Röther auf *U380* an, ein Zusammentreffen mit *U77* zu arrangieren und 40 Mann der Besatzung zu übernehmen. Der Rest sollte das Boot bei dem Abschleppmanöver nach Alicante bedienen.

Am nächsten Tag, dem 29. März, entdeckte eine weitere Hudson der Squadron 48 *U77* in den Gewässern zwischen Calo de San Antonia und der Insel Ibiza. *U77* sichtete die Hudson und eröffnete das Flak-Feuer, bis vermutlich die Munition verbraucht war. Dann tauchte das Boot. Noch bevor das Sehrohr ganz unter Wasser verschwunden war, warf die Hudson vier auf geringe Tiefe eingestellte Wasserbomben in den Strudel des tauchenden Bootes. Dieser Angriff zerstörte das schwer beschädigte *U77.* Neun überlebende Deutsche trieben nahe dem spanischen Denia an Land. Sie wurden schließlich nach Deutschland zurückgeschickt. Der Rest der Besatzung, darunter Hartmann, starben bei der Versenkung.

- Am 23. April entdeckte R. Obee mit einer Hudson der Squadron 500 ein U-Boot, das vor Oran patrouillierte. Obee flog seinen Angriff aus einer Höhe von 60 Metern in das Flak-Feuer hinein. Er warf vier auf geringe Wassertiefe eingestellte Wasserbomben ab, die nahe bei dem Boot einschlugen. Das Cockpit erhielt einige Flak-Treffer, die Obee töteten. Zwei andere Piloten, Alfred S. Kempster und A. F. Blackwell übernahmen und brachten das übel zugerichtete Flugzeug zu der Basis in Tafaraouri nahe Oran zurück. Dort stieg die ganze Besatzung mit dem Fallschirm aus, und die Hudson stürzte mit Obees Leiche an Bord ab. Ursprünglich schrieb die Admiralität dieser Hudson die Versenkung von *U602* unter Philipp Schüler zu, erklärte aber später, *U602* sei aus ungeklärten Gründen verlorengegangen.

Diese acht Verluste reduzierten die Mittelmeer-Boote allmählich auf 16 U-Boote. Auf drängende Bitten von hohen deutschen und italienischen Stellen im Mittelmeerraum gab die U-Boot-Führung in Berlin erneut die Anweisung, Atlantik-Boote sollten die U-Boot-Waffe im Mittelmeer verstärken. Die U-Boote sollten die in Tunesien durch die Alliierten in Bedrängnis geratenen Truppen der Achse unterstützen. Fünf Boote machten sich auf den Weg, doch nur vier kamen durch: Karl-Franz Heines *U303* und Walther Huths *U414* fuhren am 9. April ins Mittelmeer ein; Horst-Arno Fenskis *U410* und Siegfried Koitschkas *U616* in der Nacht vom 6. auf den 7. Mai.

Am Abend des 7. Mai, bei einer Patrouille westlich von Gibraltar, sichteten zwei Hudsons der in Gibraltar stationierten Squadron 233 ein U-Boot an der Wasseroberfläche. Das Boot war *U447* unter Friedrich-Wilhelm Bothe, der Vorbereitungen traf, die Meerenge bei Nacht zu durchfahren. Die Flugzeuge mit den Piloten J. V. Holland und J. W. McQueen griffen an, warfen jeweils vier auf geringe Wassertiefe eingestellte Wasserbomben ab und belegten das Boot mit Bordwaffenbeschuß. *U447* verschwand spurlos.

Zwei der Boote, die am 9. April ins Mittelmeer einfuhren, gingen verloren:

- Bei einer Patrouillenfahrt am 21. Mai vor Toulon griff das britische U-Boot *Sickle* unter J. R. Drummond (der Sohn eines Vice Admirals) Heines *U303* an und versenkte es. Erstaunlicherweise überlebten Heine, sein Erster Wachoffizier Erwin Coupette und neun weitere Deutsche und wurden von einem Minenräumer der Achsenmächte gerettet.[1]
- Am 25. Mai stellte die britische Korvette *Vetch*, die vor Oran den westwärts laufenden Konvoi GTX 1 eskortierte, einen Sonarkontakt

---

[1] Heine kehrte nach Frankreich zurück und übernahm das Kommando über ein neues Boot vom Typ VII.

her. Das geortete Boot war *U414* unter dem 24jährigen Walther Huth. Huth hatte im Mittelmeer sechs Monate lang als Erster Wachoffizier auf Horst Hamms *U562* gedient, bevor er das Kommando über ein Boot erhielt. Fünf Tage zuvor hatte Huth einen britischen Frachter mit 6000 BRT versenkt und einen weiteren britischen Frachter mit 7100 BRT beschädigt.

Huth hatte die *Vetch* nicht bemerkt, die sich bereits auf ungefähr 30 Meter genähert hatte. Er hatte das Sehrohr ausgefahren, um in den Geleitzug zu schießen. Der Kommandant der *Vetch,* H. J. Beauly, traute seinen Augen nicht und ließ aus kürzester Entfernung eilig eine Salve von fünf Wasserbomben werfen, die auf Wassertiefen von 15 bis 42 Meter eingestellt waren. Als die erste Wabo explodierte, war Huths Periskop noch immer sichtbar. Sehr wahrscheinlich explodierten die Wabos zu beiden Seiten von *U414* und zerstörten das Boot. Sicherheitshalber ließ Beauly auf Sicht weitere vier Wasserbomben abfeuern. Bis auf riesige Luft- und Ölblasen und eine Explosion tief unter der Wasseroberfläche ergaben sich für die *Vetch* keine Anhaltspunkte, die die Versenkung bestätigten. Später jedoch wurde bekannt, daß die *Vetch* *U414* versenkt hatte, wofür dem Schiff das alleinige Verdienst angerechnet wurde. Es gab keine Überlebenden.

Ein anderes Boot, das im November ins Mittelmeer marschiert war und Torch-Konvois angreifen sollte, wurde ebenfalls Ende Mai versenkt: Walter Göings *U755*. Am Morgen des 28. Mai wurde das Boot von G. A. K. Ogilvie mit einer Hudson der nahe Algier stationierten britischen Squadron 608 entdeckt. *U755* hielt sich zu diesem Zeitpunkt in den Gewässern zwischen der spanischen Küste und der Insel Mallorca auf. An Bord dieser Hudson befanden sich die neuentwickelten Luft-Boden-Raketen.

Göing entschied sich, nicht zu tauchen, sondern zu kämpfen. Ogilvie kam im Tiefflug heran und feuerte zwei Raketen ab. Eine Rakete zündete nicht, die andere aber funktionierte und traf den U-Boot-Druckkörper genau in der Mitte unter der Wasserlinie. Ogilvie kreiste um das beschädigte Boot, näherte sich für einen zweiten Angriff und feuerte eine Salve mit vier Raketen ab. Erstaunlicherweise trafen drei der vier Raketen den Druckkörper unter Wasser.

Als Göing erkannte, daß diese Treffer *U755* bedrohlich durchlöchert hatten, gab er Befehl, das Boot aufzugeben. Die Besatzung eilte an Deck, worauf die Hudson das U-Boot und die Männer mit MG-Beschuß belegte (7000 Schuß). Neun Minuten nach der ersten Sichtung stellte sich *U755* steil auf und versank mit dem Heck voran. Der spanische Zerstörer *Churruca* rettete neun verwundete Deutsche, die schließlich nach Deutschland zurückgeschickt wurden. Die anderen Männer von *U755,* darunter Göing, kamen bei der Versenkung ums Leben.

Nach diesen drei Verlusten im Mai standen im Mittelmeer am 1. Juni nur noch 17 U-Boote; dies schloß mehrere Boote ein, die wegen Gefechtsschäden repariert wurden. Ein weiteres U-Boot vom Typ VII, *U409* unter Hans-Ferdinand Massmann, fuhr am 5. Juni ins Mittelmeer und erhöhte damit die Zahl der Boote auf 18. Im Sommer 1943 fuhr kein weiteres Boot mehr ins Mittelmeer ein.

Im Gegenzug für die dreißig bestätigten Schiffe mit ungefähr 110 000 BRT und neun Segelschiffe, die in den fünf Monaten vom 1. Januar bis zum 1. Juni 1943 versenkt wurden, verlor die U-Boot-Streitmacht im Mittelmeer elf Boote, darunter auch *U477,* das sich auf die Fahrt durch die Straße von Gibraltar vorbereitete. Dies war eine verheerende »Quote« von 2,5 versenkten Schiffen gegen jedes verlorene U-Boot. Von den Besatzungen dieser Boote starben ungefähr 500 Mann.[1]

Die Versenkungen bedeuteten für den dichten Schiffsverkehr der Alliierten im Mittelmeer kaum mehr als Nadelstiche. Sie hatten auch keinen Einfluß auf die erbitterten Landschlachten in Tunesien. Am 13. Mai zogen die Alliierten die Schlinge endgültig zu. Nur Erwin Rommel und sein zuvor ausgeflogener Stab entkamen. Jürgen von Arnim, Rommels Nachfolger, und der italienische Oberbefehlshaber Giovanni Messe kapitulierten mit ihren 275 000 Soldaten. Dies war ein alliierter Sieg, vergleichbar mit Stalingrad, und damit eine weitere schwere Demütigung für Hitler und ein beispielloses Desaster für seinen ehemaligen Verbündeten Benito Mussolini.

Dieser Landsieg brachte für die Lage auf See gewaltige Vorteile. Erstmals seit 1941 konnten alliierte Geleitzüge, die sich nahe der nordafrikanischen Küste hielten und permanent von landgestützten Flugzeugen gesichert wurden, das Mittelmeer von Gibraltar bis zum Suez-Kanal verhältnismäßig sicher befahren. Handelsschiffe mit Kurs auf Ägypten, die Levante (Palästina, Libanon, Syrien) und Indien mußten nicht länger den langen Weg über Kapstadt nehmen. Dies ersparte jedem Schiff eine Strecke von 16 700 Kilometern und ungefähr 45 Tage Reisezeit, was Churchill hervorzuheben pflegte, wenn er die Auswirkungen des Siegs in Nordafrika vor Vertretern der Royal Navy erläuterte. Darüber hinaus wurden durch die Verringerung des Schiffsverkehrs über Freetown, Kapstadt und Durban Geleitschiffe frei, die anderweitig eingesetzt werden konnten.

---

[1] Zwölf Boote mit jeweils 47 Mann Besatzung, abzüglich 65 Mann: 45 Besatzungsmitglieder von *U205, U224* und *U301* wurden gefangengenommen, 20 von Einheiten der Achsenmächte oder des neutralen Spanien gerettet und nach Deutschland zurückgebracht.

Der Großteil der verbliebenen 18 Mittelmeer-Boote lag in La Spezia und sollte von dort aus Feindfahrten gegen Torch-Konvois im westlichen Mittelmeerraum unternehmen. Weder das OKM noch Leo Kreisch waren mit den Zuständen in La Spezia jemals zufrieden. Der Hafen war mit italienischen Schiffen und U-Booten überfüllt, die Einrichtungen waren überlastet, und die Italiener hatten die Deutschen keineswegs mit offenen Armen empfangen. Der einzige wirkliche Vorteil dieses Stützpunkts lag in seiner Nähe zu Deutschland.

Nach der Niederlage in Tunesien erwartete die Führung in Berlin völlig zu Recht, daß der italienische König Viktor Emanuel III. und der Faschistische Großrat Mussolini aus dem Amt jagen oder ermorden könnten und daß Italien vielleicht zu den Alliierten überlaufen oder kapitulieren würde. Berlin wies Kreisch daher an, zum 1. August den Stützpunkt der 29. Flottille von La Spezia zu der großen französischen Marinebasis in Toulon zu verlegen. Zu diesem Zeitpunkt sollte Ritterkreuzträger Günter Jahn, der hervorragende Kommandant des kampferprobten *U596,* Ritterkreuzträger Fritz Frauenheim als Chef der 29. U-Flottille ablösen.

Schwindende Erfolge in amerikanischen Gewässern

Die Entscheidung, eine große Anzahl von Booten des Typs IX für die Geleitzugschlachten im Nord- und Mittelatlantik abzuziehen, verringerte die Zahl dieser U-Boote, die für Feindfahrten in amerikanischen Gewässern eingesetzt werden konnten. In den ersten Monaten des Jahres 1943 entsandte die U-Boot-Führung nur dreizehn Boote des Typs IX an die Küsten Amerikas: vier im Januar, drei im Februar, vier im März und zwei Anfang April. Sie trafen auf zahlreiche und gut organisierte ASW-Einheiten und Geleitzüge. Die Erfolge waren spärlich, und vier der Boote gingen verloren.

Das erste im Januar auslaufende Boot war *U518* unter Friedrich-Wilhelm Wissmann. Es war Wissmanns zweite Feindfahrt. Seine Jungfernfahrt in kanadischen Gewässern war hervorragend verlaufen: Ein Agent war erfolgreich an Land abgesetzt worden, vier Schiffe mit 30 000 BRT waren versenkt, zwei Tanker mit etwa 15 000 BRT beschädigt worden.

Bevor er seinen Weg nach Brasilien fortsetzte, hatte er einen Abstecher zu den westlich von Gibraltar patrouillierenden U-Boot-Gruppen gemacht. Zu dieser Zeit fuhren in den brasilianischen Gewässern nur wenige Handelsschiffe allein. Die meisten Schiffe wurden den zwischen Trinidad und Bahia (Salvador) verkehrenden Konvois mit Namen TB bzw. BT zugeteilt. Einen Zwischenstopp legte man dann in Recife ein.

Fahrzeuge der brasilianischen Marine stellten von Recife nach Bahia und in der Gegenrichtung Geleitschutz bereit. Den Schiffahrtsweg zwischen Recife und Trinidad sicherte die Fleet Air Wing 16 der US-Navy. Diese bestand aus drei Patrouillen-Squadrons, VP 74, VP 83 und VP 94, bei denen Catalinas sowie die unbeliebten und weniger sicheren Mariners flogen.

Deshalb fand Wissmann in diesen Gewässern nahezu keine Einzelfahrer. Am 18. Februar versenkte er endlich den allein fahrenden, 6075 BRT großen Brasilianer *Brasiloide*. Weitere zehn Tage verstrichen, ohne daß ein Schiff gesichtet wurde. Doch am 1. März entdeckte er, wovon ein U-Boot-Fahrer nur träumen konnte: Den von Bahia (Salvador) über Recife mit Kurs auf Trinidad nach Norden fahrenden Konvoi BT 6. Er bestand aus 29 Handelsschiffen, die durch drei brasilianische Kriegsschiffe schwach gesichert waren.

Wissmann verfolgte den Geleitzug und plante seinen Angriff mit größter Sorgfalt. Er wählte als erste Ziele mehrere amerikanische Liberty-Schiffe und näherte sich dem Konvoi nachts über Wasser. Bei wiederholten Angriffen in dieser Nacht schoß Wissmann 14 elektrische Torpedos mit der Magnetpistole Pi-2 ab. Das Resultat war für die Deutschen ein Fiasko. Wissmann versenkte ein amerikanisches Liberty-Schiff, die *Fitz-John Porter* mit 7176 BRT, doch seien, wie er meldete, mindestens acht Torpedos zu tief gelaufen. Mehrere andere seien schlicht fehlgegangen. Damit war eine exzellente Chance zur Dezimierung eines Geleitzugs vertan.

Karl Neitzel von *U510,* der fünf Tage nach Wissmann mit Kurs auf Brasilien ausgelaufen war, fing dessen Geleitzug-Meldung auf. Er steuerte sein Boot zu einer Position, an der er Konvoi BT 6 vielleicht weiter nördlich vor der Küste Französisch-Guyanas abfangen konnte. Neitzel, der bei zwei vorangegangenen Feindfahrten nur zwei bestätigte Schiffe versenkt hatte, stand unter Druck: Er mußte Resultate vorweisen. In der Nacht des 9. März erfaßte er den Konvoi und wie Wissmann warf auch er einen ehrfurchtsvollen Blick auf diesen Geleitzug.

Neitzel meldete der U-Boot-Führung den Konvoi, die ihm den Angriff sofort genehmigte. Nach einigen temperamentvollen Überwasserschüssen meldete Neitzel, er habe sechs Schiffe mit 70 000 BRT versenkt, ein Schiff mit 5000 BRT sei im Sinken begriffen, und er habe sogar noch ein weiteres Schiff mit 6000 BRT torpediert (eine Tonnage von 81 000 BRT versenkt oder beschädigt). Diese Meldung elektrisierte die U-Boot-Führung und zog großes Lob nach sich. Neitzel wurde am 27. März das Ritterkreuz verliehen. Doch seine Meldungen waren viel zu hoch: Sein bestätigtes Treffergebnis betrug drei versenkte Schiffe mit 18 240 BRT, zwei amerikanische Liberty-Schiffe mit 7177 und 7191 BRT, die *James K. Polk* und die *Thomas Ruffin,* und ein britischer Frachter mit

3872 BRT. Zusätzlich erzielte er noch Treffer auf fünf anderen Liberty-Schiffen mit 36 000 BRT, aber alle diese Schiffe erreichten einen Hafen.[1]

Wissmann und Neitzel setzten die Fahrt in brasilianischen Gewässern fort, doch Neitzel mußte wegen einer Ölleckage schon bald die Heimfahrt antreten. Nach der Ankunft in Frankreich verließ er das Boot und wurde Chef der 25. Ausbildungsflottille. Wissmann versenkte in den Gewässern vor Brasilien zwei weitere Schiffe, einen Holländer mit 7700 BRT und einen Schweden mit 1700 BRT. Er kehrte daraufhin über die Kanarischen Inseln nach Frankreich zurück. Auf den Kanaren übernahm er, wie berichtet, einen Teil der Besatzung des selbstversenkten *U167* und tankte bei dem Minenleger *U117* vom Typ XB nach.

Die anderen beiden Boote, die im Januar mit Kurs auf amerikanische Gewässer ausliefen, waren *U156* unter Ritterkreuzträger Werner Hartenstein (der die *Laconia* versenkt und die berühmte Rettungsaktion veranlaßt hatte) und *U183* unter Heinrich Schäfer, der seine zweite Feindfahrt absolvierte. Hartenstein wurde nach Trinidad geschickt, Schäfer sollte über die Windward Passage in die Karibik einfahren.

Als Hartenstein mit *U156* Trinidad erreichte, war die Insel wie Island ein Zentrum der U-Boot-Abwehr. In diesem Gebiet patrouillierten nahezu ununterbrochen mit 10-cm-Radargeräten ausgerüstete Flugzeuge der Army und der Navy. Die Maschinen sicherten die Konvois, die von unterschiedlichen Stellen aus bei der Insel zusammenliefen und sie in Richtung Guantánamo, Kuba und anderen Orten verließen. Hartenstein, von diesen Flugzeugen gejagt, informierte die U-Boot-Führung, die Alliierten würden ein »neues Radar« einsetzen, welches das Metox-Gerät nicht registrieren könne. Dies war eine wichtige Nachricht, die Hartenstein damit erklärte, daß er das Ziel »präziser« Nachtangriffe gewesen sei, wobei die Flugzeuge *keine* Suchscheinwerfer benutzten.

Die U-Boot-Führung benachrichtigte Hartenstein von dem näher kommenden Konvoi BT 6, der von Wissmann und Neitzel angegriffen worden war. Hartenstein setzte seine Fahrt entsprechend in ein Gebiet südöstlich von Trinidad fort und versuchte, den Geleitzug dort abzufangen. Ohne Zweifel hatten Huff-Duff-Stationen die Funksprüche Hartensteins aufgefangen und seine Position ermittelt. Ungefähr 500 Kilometer östlich von Barbados entdeckte am 8. März eine auf Trinidad stationierte Catalina der Navy Squadron VP 53 (der Fleet Air Wing 11) *U156* mit ASV-Radar. Die Catalina verfolgte das Boot unauffällig, stieß aus den Wolken heraus, ging auf 30 Meter hinunter und erwischte ein völlig ahnungsloses *U156*. Der Pilot, J. E. Dryden, warf vier Torpex-

---

[1] Zur Zeit der Auszeichnung belief sich Neitzels Trefferquote auf fünf versenkte Schiffe mit etwa 28 400 Tonnen und sieben beschädigte Schiffe mit 42 000 Tonnen.

Wasserbomben mit 170 Kilogramm ab. Sie fielen zu beiden Seiten des Kommandoturms und brachen das Boot in drei Teile, die alle schnell sanken. Die Piloten zählten neun Überlebende, die sich an Wrackteile klammerten. Sie warfen ein Floß und Notrationen ab, doch trotz einer ausgedehnten Suche in den folgenden Tagen wurde kein Überlebender von *U156* gefunden.

Die drei im Februar ausgelaufenen Boote vom Typ IX schlossen sich Schäfer von *U183* an. Sie wollten in die Karibik und den Golf von Mexiko einfahren und dort ohne feste Planung einen mit vier Booten vorgesehenen »Überraschungsangriff« durchführen. Bei diesen Booten handelte es sich um das berühmte *U68* unter dem neuen 25jährigen Kommandanten Albert Lauzemis, das kampferprobte *U155* unter Ritterkreuzträger Adolf-Cornelius Piening und *U185* unter August Maus, der seine zweite Feindfahrt absolvierte.

Die vier Boote erreichten die ihnen zugeteilten Gebiete in der ersten Märzwoche. Am 10. März griff Maus mit *U185* in der Windward Passage den von Key West südwärts nach Guantánamo laufenden Geleitzug KG 123 an. Er versenkte zwei amerikanische Schiffe, den Tanker *Virginia Sinclair* mit 6151 BRT und das Liberty-Schiff *James Sprunt* mit 7177 BRT. Von einem in der Nähe nordwärts nach Key West fahrenden Konvoi wurden Geleitfahrzeuge abgestellt, die durch ihre hartnäckige Abwehr einen zweiten Angriff verhinderten und Maus massiv mit Wasserbomben belegten, so daß er sich zurückziehen mußte. Am 11. März meldete Schäfer im Canal de Yucatán die Versenkung eines Frachters mit 7000 BRT. In Wirklichkeit hatte er jedoch das honduranische Bananenschiff *Olancho* mit 2493 BRT torpediert. Südlich der Windward Passage entdeckte Lauzemis mit *U68* am 13. März einen Guantánamo-Aruba-Trinidad-Konvoi, GAT 49, und versenkte aus diesem Geleitzug zwei Schiffe, einen holländischen Frachter mit 2700 BRT und den amerikanischen Tanker *Cities Service Missouri* mit 7506 BRT. Piening, der mit *U155* über die Floridastraße in den Golf von Mexiko einfuhr, fand keine Ziele.

Mehr als diese Versenkungen erreichte keines der Boote, deren Positionen mit Huff Duff und Radar geortet und ausfindig gemacht wurden. Lauzemis von *U68* schoß auf einen schnellen Frachter, verfehlte das Ziel aber. Daraufhin mußte er sich in den Atlantik zurückziehen, weil sein Metox-Gerät nicht mehr funktionierte. Er versenkte keine weiteren Schiffe mehr und kehrte nach Frankreich zurück, nachdem er bei dem Minenleger *U117* nachgetankt hatte.

Den regen Flugzeug- und Blimp-Patrouillen trotzend, versenkte Ritterkreuzträger Piening am 1. und 3. April mit *U155* einen norwegischen Frachter mit 1000 BRT und schoß den 6882 BRT großen und mit Benzin beladenen US-Tanker *Gulfstate* in Stücke. Piening, der im Golf von Mexiko keine Ziele gefunden hatte, wurde am 29. April auf dem Rückmarsch nach Frankreich im Golf von Biskaya von einem unidentifizierten Flugzeug bombardiert. Er blieb jedoch an der Wasseroberfläche, wehrte die Maschine mit der Flak ab und erreichte Lorient.

Auch Maus auf *U185* wurde von Flugzeugen und Blimps gestört und bombardiert. Dennoch versenkte er in der Windward Passage ein weiteres amerikanisches Liberty-Schiff, die 7176 BRT große *John Sevier*. Er hatte damit sein Trefferergebnis auf drei Schiffe mit 20500 BRT erhöht und kehrte daraufhin nach Frankreich zurück.

Schäfer von *U183* versenkte bis auf den Honduraner mit 2493 BRT kein weiteres Schiff.

Letztlich hatten dieser mit vier Booten geplante »Überraschungsangriff« und die sich anschließenden Aktionen insgesamt acht Schiffe mit 41200 BRT erbracht, ein enttäuschendes Resultat von durchschnittlich zwei Schiffen je Boot und Feindfahrt.

Die im Golf von Mexiko, in der Karibik und in südamerikanischen Gewässern operierenden Boote des Typs IX versenkten im März 1943 elf Schiffe mit 60800 BRT. Vor der brasilianischen Küste versenkte das italienische U-Boot *Barbarigo* unter Roberto Rigoli zwei weitere Frachter mit 12131 BRT. Die Gesamtzahl an Versenkungen, 13 Schiffe mit 72900 BRT, trug ebenfalls zu der verbreiteten Befürchtung bei, die U-Boote wären im März 1943 nahe daran gewesen, die Lebensader zwischen dem amerikanischen Kontinent und den Britischen Inseln zu durchtrennen.

Im März und Anfang April befanden sich sechs Boote des Typs IX auf dem Anmarsch in amerikanische Gewässer. *U129* unter Ritterkreuzträger Hans Witt sollte in die Karibik marschieren und dort vor Panama patrouillieren, doch wegen sehr hoher Batterietemperaturen mußte er dieses Vorhaben aufgeben. Er schloß sich drei anderen Booten an, *U161, U174* und *U176,* die den Schiffsverkehr in kanadischen Gewässern und vor der Küste der Vereinigten Staaten angreifen sollten. In diesen Gebieten waren seit sechs Monaten keine Feindfahrten unternommen worden. Die beiden anderen Boote des Typs IX, *U128* und *U154,* sollten ihre Patrouillen vor Brasilien durchführen.

Witt wurde angewiesen, nach der abgebrochenen Panama-Operation vor den Bermudas und vor Kap Hatteras aufzuklären. Auf dem Weg zu den Bermudas entdeckte und versenkte er das beeindruckende britische Schiff *Melbourne Star* mit 12806 BRT. Vor den Bermudas fand er keine Ziele und wurde durch die starken ASW-Patrouillen von Überwasser- und Luftfahrzeugen gestört. Vor Kap Hatteras entdeckte Witt nur spärlichen Schiffsverkehr und wandte sich daher nach Süden, wo er am 24. April den 6507 BRT großen US-Frachter *Santa Catalina* versenkte.

Am 26. April verfehlte er jedoch mit drei Torpedos ein sehr großes amerikanisches U-Boot, das er irrtümlich der »Narwhal-Klasse« zuordnete. Vor der Küste von Nord-Carolina versenkte er den panamaischen Frachter *Panam* mit 7277 BRT. Daraufhin kehrte er nach Frankreich zurück. Seine Ausbeute von drei Schiffen und 26590 BRT war damit die erfolgreichste Feindfahrt eines Bootes in der ersten Jahreshälfte 1943 in amerikanischen Gewässern.

Die Boote von Ritterkreuzträger Albrecht Achilles, *U161,* und von Wolfgang Grandefeld, dem 26jährigen neuen Kommandanten von *U174,* sollten als nächste auslaufen. Beide sollten Sondermissionen durchführen. Achilles ersetzte mit *U161* das verlorengegangene *U163* und hatte Anweisungen, mit dem einlaufenden Blockadebrecher *Regensburg* zusammenzutreffen und dem Schiff geheime Befehle zu übermitteln. Grandefeld von *U174* wurde angewiesen, zum gleichen Zweck den einlaufenden Blockadebrecher *Karin* (ehemals *Kota Nopan*) zu treffen. Was die Deutschen nicht wußten: Am 10. März hatten der amerikanische Kreuzer *Savannah* und der Zerstörer *Eberle* die *Karin* im Mittelatlantik abgefangen und die Versenkung des Schiffes erzwungen.

Die Versuche von Achilles und Grandefeld, diese Sondermissionen auszuführen, erwiesen sich als problematisch. Am 23. März fand Achilles die *Regensburg*. Er händigte die Unterlagen aus und gab mündlich Anweisungen weiter. Achilles hatte sodann Befehl, mit dem einlaufenden italienischen Blockadebrecher *Pietro Orseolo* zusammenzutreffen. Er sollte auch diesem Schiff Instruktionen übergeben. Die Aufgabe führte er am 27. März durch, wandte sich dann nach Westen, um im Gebiet zwischen Nova Scotia und New York zu patrouillieren. Die *Pietro Orseolo* wurde später von dem Torpedo des amerikanischen U-Boots *Shad* getroffen, schaffte es aber im Geleit von vier Zerstörern der 8. Zerstörer-Flottille am 1. April nach Bordeaux. Grandefeld von *U174* konnte die versenkte *Karin* nicht finden und erhielt die Anweisung, mit einem anderen einlaufenden Blockadebrecher, der *Irene (*ehemals *Silvaplana)* zusammenzutreffen. Am 6. April traf Grandefeld die *Irene* und führte seinen Auftrag aus.

Die Briten waren der *Regensburg* dicht auf den Fersen. Ihnen halfen dabei die vielen Enigma-Entzifferungen, die den Kurs des Schiffes, die Sicherungsmaßnahmen durch U-Boote und die Rettungsaufgaben betrafen. Die *Regensburg* sollte die Dänemarkstraße durchqueren, dann nach Norwegen weiterfahren und von dort aus in die Ostsee. In Berlin erhielt die U-Boot-Führung die Anweisung, drei neue Atlantik-Boote auf dem vorgesehenen Weg aufzustellen: *U191* vom Typ IXC/40 unter dem 27jährigen Helmut Fiehn und die beiden Boote *U469* und *U635* vom Typ VII, die dem 25jährigen Emil Claussen bzw. dem 26jährigen Heinz Eckelmann unterstanden. Am 25. März versenkte eine in Irland stationierte B-17 der britischen Squadron 206 mit dem Piloten Willis Roxburg das Boot *U469* mit Wasserbomben. Am 30. März fing eine britische Sondereinheit, darunter der Leichte Kreuzer *Glasgow,* die *Regensburg* ab und versenkte den Blockadebrecher. Bei diesen Verlusten der Deutschen gab es keine Überlebenden.

Die Briten standen auch kurz davor, den nächsten Blockadebrecher, die *Irene,* aufzuspüren. Wegen des peinlichen Verlusts der *Regensburg* erließ Dönitz, als er von dem Rendezvous von *U174* mit der *Irene* erfuhr, an die U-Boot-Führung einen »persönlichen Befehl«. Zur besonderen Sicherung der *Irene* bei ihrer Fahrt über den Golf von Biskaya sollten sofort vier Boote auslaufen (zwei des Typs IX und zwei des Typs VII). Die U-Boot-Führung wählte vier Boote aus, die für Feindfahrten in amerikanische Gewässer eingeteilt worden waren. Die beiden Boote des Typs IX, *U128* und *U176,* liefen am 6. April in Lorient aus, die beiden Boote des Typs VII, *U262* und *U376,* am selben Tag in La Pallice. Im weiteren Verlauf befahl Dönitz diesen Booten, die *Irene* nach Vigo in Spanien zu eskortieren, wo das Schiff zeitweilig Schutz finden sollte.

Inzwischen beeilten sich die Briten, Flugzeuge und eine aus leichten Schiffen bestehende Task Force der Marine zum Schauplatz des Geschehens zu führen. Am 10. April stieß der auf dem Weg vom Mittelmeer zu den Britischen Inseln befindliche Minenleger *Adventure* auf die *Irene* und eröffnete das Feuer, was die Deutschen zwang, das Schiff selbst zu versenken und in die Rettungsboote zu steigen. Die Briten nahmen die Besatzung der *Irene* gefangen und ließen die leeren Boote zurück.

Als Dönitz von dem neuesten Fiasko der Kriegsmarine erfuhr, gab er die Anweisung, deutsche Flugzeuge und die vier für die *Irene* ausgelaufenen U-Boote sollten gründlich nach deutschen Überlebenden suchen. Unterdessen rief er einen von vier auslaufenden Blockadebrechern zurück, die mit Italienern bemannte und von vier deutschen Zerstörern eskortierte *Himalaya,* die am 29. März in Bordeaux ausgelaufen war. Die anderen drei Schiffe setzten ihren Weg in den Fernen Osten fort. Eines von ihnen, die *Portland,* wurde jedoch am 13. April abgefangen und von dem freifranzösischen Kreuzer *Georges Leygues* versenkt.[1]

---

[1] In den ersten drei Monaten des Jahres 1943 fuhren zehn Blockadebrecher der Achse aus dem Fernen Osten nach Europa. Vier wurden aus unterschiedlichen Gründen nach Japan zurückgerufen, doch sechs setzten ihren Weg fort. Von diesen gingen fünf verloren: die *Hohenfriedberg* (von der *Sussex* versenkt), die *Doggerbank* (von *U43* versenkt), die *Karin* (von der *Savannah* versenkt), die *Regensburg* (von der *Glasgow* versenkt) und die *Irene* (von der *Adventure* versenkt). Trotz Beschädigungen erreichte das sechste Schiff, die *Pietro Orseolo,* Bordeaux am 1. April. In derselben Zeitspanne fuhren vier Blockadebrecher von Europa in den Fernen Osten. Die *Himalaya* mußte die Fahrt abbrechen; die *Portland* ging verloren (durch die *Georges Leygues*); die *Orsono* und die *Alsterufer* erreichten Japan am 4. und 19. Juni. Insgesamt erreichten von vierzehn ausgelaufenen Schiffen nur drei ihren Zielhafen.

Deutsche Flugzeuge fanden acht Rettungsboote der *Irene,* aber keine Anzeichen von Leben. Die vier U-Boote suchten bis zum 12. April, doch auch sie fanden keine Wrackteile oder Überlebenden. Daraufhin befahl die U-Boot-Führung den beiden Booten des Typs IX, *U128* und *U176,* und den beiden Booten des Typs VII, *U262* und *U376,* die Fahrt in amerikanische Gewässer fortzusetzen. Eines der Typ-VII-Boote antwortete allerdings nicht mehr: das zuvor im Polarmeer eingesetzte *U376* unter Friedrich Marks. Die Admiralität schrieb ursprünglich einer mit Leigh Light ausgerüsteten Wellington der britischen Squadron 172, geflogen von G. H. Whiteley, die Versenkung von *U376* zu. Später gab sie aber an, das Boot sei aus ungeklärten Gründen verlorengegangen.

Achilles absolvierte mit *U161* eine ergebnislose Feindfahrt in amerikanischen Gewässern. In kanadischen Gewässern wurde Achilles ohne Unterlaß von starken ASW-Kräften über Wasser und aus der Luft gejagt und mußte immer wieder tauchen. Am 26. April schließlich erfaßte er südöstlich von Nova Scotia einen schnellen Konvoi. Er setzte eine Kontaktmeldung ab und hielt Fühlung, eine Dieselmaschine versagte aber den Dienst, und er verlor den Kontakt. Am 19. Mai entdeckte er das 255 BRT große kanadische Segelschiff *Angelus*. Achilles versenkte das Schiff mit dem Deckgeschütz, nachdem es die Besatzung aufgegeben hatte. Er trat dann den Rückmarsch nach Frankreich an und beendete damit eine für ihn erstmals erfolglose Feindfahrt. Infolge der starken ASW-Maßnahmen, erklärte Achilles, seien U-Boot-Feindfahrten vor den Küsten Kanadas und der Vereinigten Staaten »aussichtslos«.[1]

Etwa zehn Tage später folgte Grandefeld mit *U174* praktisch im Kielwasser von *U161*. Er patrouillierte südöstlich von Nova Scotia und entdeckte am 17. April eine, wie er annahm, Unterabteilung eines Halifax-Konvois. Er habe Fühlung gehalten und versucht anzugreifen, meldete er, doch das schlechte Wetter und die Geleitfahrzeuge hätten dies vereitelt. Neun Tage später, am 26. April, fing er vermutlich die Geleitzugmeldung von Achilles auf *U161* auf. Grandefeld befand sich in einer günstigen Position, in der er den Konvoi südöstlich von Nova Scotia abfangen konnte. Am nächsten Tag jedoch, dem 27. April, entdeckte eine Ventura der Navy Squadron VP 125, die in Newfoundland zur Konvoi-Sicherung neu stationiert worden war, das aufgetaucht fahrende *U174*. Der Pilot Thomas Kinaszczuk leitete einen Angriff ein,

[1] Siehe Anhang 11. Am 1. April 1943 waren in Newfoundland und Nova Scotia acht an vorderster Front eingesetzte ASW-Squadrons mit amerikanischen und kanadischen Flugzeugen stationiert. Diese bestanden aus über hundert Maschinen des Typs B-24 Liberator und Cansos Catalina sowie aus zwei weiteren US-Navy Squadrons mit PV-1 Venturas und fünf RCAF Squadrons mit Hudsons und Digbys.

doch Grandefeld blieb an der Wasseroberfläche und schoß mit allen Waffen an Deck auf die Ventura. Kinaszczuk trotzte dem Flak-Feuer, das in die Tragflächen und den Flugzeugrumpf einschlug, kam über dem Bootsdeck heran und warf vier flach eingestellte Wasserbomben ab. Drei explodierten nahe des Bootes und schleuderten den Bug von *U174* nach oben. Das U-Boot sank steil über das Heck. Es gab keine Überlebenden. Kinaszczuk wurde mit dem Navy Cross ausgezeichnet.

Reiner Dierksen von *U176* erhielt Befehle, im Golf von Mexiko zu patrouillieren. Zuvor war er abkommandiert worden, um dem (mittlerweile allerdings versenkten) Blockadebrecher *Irene* Geleit zu geben. Am 20. April traf er im Mittelatlantik mit Piening zusammen, der mit *U155* auf dem Rückmarsch war. Von ihm wollte er sich über die Bedingungen im Golf informieren.

Der erste Wachoffizier auf den ersten beiden Feindfahrten von *U155,* Alfred Eick, der das Boot verlassen und Neitzel als Kommandant auf *U510* ersetzt hatte, war besorgt, daß Dierksen zu halsstarrig und unvorsichtig war und deshalb schon bald scheitern könnte. Eicks Vorahnung erwies sich als richtig. In der Nacht des 13. Mai versenkte Dierksen zwei kleine Tanker im Alten Bahamakanal vor der Nordküste Kubas, den Amerikaner *Nickeliner* mit 2249 BRT und den Kubaner *Mambu* mit 1983 BRT. Die Versenkungen veranlaßten die Carribean Sea Frontier, eine energische U-Boot-Jagd durchzuführen. Am Morgen des 15. Mai sichtete ein amerikanisches OS2U Kingfisher Schwimmerflugzeug der Navy Scouting Squadron VS 62 *U176* im Alten Bahamakanal, ungefähr 180 Kilometer östlich von Havanna. Der Aufklärer sah, wie sich ein kleiner Geleitzug näherte, und warf an der Stelle, wo *U176* getaucht war, eine Rauchbombe ab. Dann führte er eines der drei Geleitschiffe zum Schauplatz des Geschehens. Es handelte sich um den kubanischen U-Boot-Jäger (Sub Chaser) SC 13, der zu einem Dutzend vormals amerikanischer Coast Guard Cutter gehörte. Diese Schiffe mit einer Länge von 33 Metern waren an Kuba übergeben worden.

SC 13 meldete einen sehr guten Sonarkontakt in einer Entfernung von etwa 450 Metern, lief die geortete Position an und warf drei auf 30, 45 und 60 Meter eingestellte Wasserbomben. Nach der dritten Explosion vernahm die Besatzung von SC 13 eine »laute« weitere Explosion. Als sich der Lärm legte und die aufgewühlte See ruhiger wurde, stellte SC 13 erneut einen Sonarkontakt her und warf zwei weitere auf 60 und 75 Meter eingestellte Wasserbomben. Diese Explosionen brachten »braunes« und »schlammiges« Wasser und kleine Ölflecke aus der Tiefe empor. Das Geleitboot suchte noch eine Weile und schloß sich dann nach nur einer Stunde wieder dem Konvoi an. Verärgert über die mangelnde Hartnäckigkeit des kubanischen Geleitfahrzeuges, empfahlen die amerikanischen Marinebehörden, den Kommandanten zu rügen. Die Versenkung wurde dem Schiff nicht angerechnet, und doch hatte bemerkenswerterweise der 33 Meter lange kubanische Cutter *U176* mit nur fünf Wasserbomben versenkt.

Hätte *U176* den Angriff überstanden, so wäre das Boot vielleicht einem besonderen amerikanischen Truppenkonvoi begegnet, dem in New York mit Kurs auf den Pazifik ausgelaufenen BT 203. Es war seit über einem Jahr der erste Truppenkonvoi, der von einem Atlantikhafen in Richtung Pazifik auslief. Der Geleitzug bestand aus vier großen Passagierschiffen, die von vier US-Zerstörern (der *Buck, Nicholson, Swanson* und *Wilkes*) gesichert wurden. Er traf, von U-Booten unbehelligt, in Panama ein, von wo aus er die Fahrt in den Pazifik fortsetzte.

Die beiden nach Brasilien fahrenden Boote des Typs IX waren kampferprobt und standen beide unter dem Befehl neuer Kommandanten: *U128* unter dem 26jährigen Hermann Steinert und *U154* unter dem 25jährigen Oskar-Heinz Kusch.

Steinert von *U128,* der ebenfalls für das Geleit der *Irene* abkommandiert worden war, fand als erster ein Ziel. Am 8. Mai begegnete er einem Einzelfahrer und griff ihn nachts mit drei Fächern von je zwei Torpedos an. Zum Verdruß von Steinert gingen alle sechs Torpedos fehl und das Schiff entkam. Aus den Oberdeckbehältern lud die Besatzung nach diesen rätselhaften Fehlschüssen vier (von acht) Torpedos ins Boot nach.

Eine Woche später, am 16. Mai, entdeckte ein Mariner-Flugboot der Navy Squadron VP 74 *U128* und griff an. Die Mariner hatte zur Unterstützung des Geleitschutzes von TB 13, der von Trinidad südwärts nach Bahia (Salvador) unterwegs war, vor Bahia patrouilliert. Steinert befahl Alarmtauchen, die Wasserbomben fielen weit abseits und verursachten keine Schäden. In dieser Nacht flog eine Catalina hinaus, die das Boot erneut aufspüren und unter Wasser halten sollte, doch die Maschine hatte kein Radar an Bord und konnte *U128* nicht finden. Steinert ließ die Batterien aufladen und fuhr in dieser Nacht über Wasser in Richtung Recife nach Norden. Kurz vor Sonnenaufgang tauchte das Boot und ortete den Konvoi prompt in etwa 18 Kilometern Entfernung. Mit dem Horchgerät stellte Steinert Kurs und Geschwindigkeit des Konvois fest. Dann tauchte er auf, um in eine bessere Schußposition zu gelangen.

An diesem Morgen, dem 17. Mai, wurden zwei andere, mit 10-cm-Radargeräten ausgerüstete Mariners der Squadron VP 74 beauftragt, den Konvoi zu sichern. Beide Flugzeuge orteten *U128* mit Radar, das erste auf eine Distanz von 34 Kilometern, das zweite in einer Entfernung von 52 Kilometern. Die sich am nächsten befindliche Mariner, geflogen von Howland S. Davis, griff als erste an und warf aus einer Höhe von 18

Metern sechs flach eingestellte Wasserbomben. Steinert sah das Flugzeug kommen und versuchte, das Alarmtauchen einzuleiten, doch das hydraulische System fiel aus und die Ventile der Tauchzellen mußten von Hand geöffnet werden, was nur langsam ging. Während das U-Boot noch zu tauchen versuchte, explodierten die Wasserbomben um *U128* herum. Die zweite, von Harold C. Carey geflogene Mariner war nun zur Stelle und warf aus einer Höhe von 30 Metern weitere sechs auf geringe Wassertiefe eingestellte Wabos ab. Die zwölf Wasserbomben verwandelten *U128* in ein Wrack. Die Flugzeugbesatzungen gaben noch 4000 Schuß aus ihren Maschinengewehren im Kaliber .50 ab.

Auf die Bitte der Piloten hin, die Unterstützung anforderten, eilten die zwei großen US-Zerstörer *Moffett* (1936) und *Jouett* (1939) mit halber Fahrt herbei. Beide Zerstörer eröffneten das Feuer aus 5-Zoll-Geschützen und feuerten 247 Schuß ab, was überaus ungewöhnlich war. Dieser Beschuß und bzw. oder die von der U-Boot-Besatzung eingeleitete Flutung des Bootes versenkte *U128*. Die *Moffett* fischte 51 Mann der 54köpfigen Besatzung aus dem Wasser, darunter auch Steinert. Vier der Überlebenden, einschließlich des Leitenden Ingenieurs, starben an Bord der *Moffett*. Die übrigen 47 Kriegsgefangenen wurden den Marinebehörden in Recife übergeben. Steinert, sein Erster Wachoffizier, Siegfried Sterzing, und elf andere U-Boot-Fahrer wurden zu Verhören sofort in die Vereinigten Staaten geflogen. Die Kriegsgefangenen fragten sich, warum man weder auf der *Moffett* noch auf der *Jouett* Anstalten gemacht hatte, an Bord von *U128* zu gelangen und dort nach nachrichtendienstlichem Material zu suchen. Der Grund dafür war, daß es auf beiden Zerstörern keine ausgebildeten Leute für Einsätze auf sinkenden U-Booten gab.

Oskar-Heinz Kusch, der neue Kommandant von *U154,* blieb in diesen entfernten Gewässern nun als einziger übrig und führte dort eine aggressive Feindfahrt durch. Ende Mai fing er den von Bahia nordwärts nach Trinidad laufenden Konvoi BT 14 ab und griff nachts über Wasser an. Er meldete die Versenkung dreier Frachter mit 21500 BRT sowie möglicherweise eines weiteren mit 6000 BRT und die Beschädigung des Tankers *Motocarline* mit 8917 BRT durch einen nicht detonierten Torpedo. Seine bestätigte Trefferquote belief sich auf einen versenkten amerikanischen Tanker mit 8166 BRT, die *John Worthington,* und zwei beschädigte amerikanische Schiffe (einen Tanker und einen Frachter) mit 15800 BRT.

Kusch meldete, sein Metox-Gerät falle »fortwährend« aus, worauf ihn die U-Boot-Führung anwies, sich mit Heimatkurs langsam aus den amerikanischen Gewässern zurückzuziehen. Zugleich gab die U-Boot-Führung Siegfried Kietz, dessen *U126* am 15. Juni vor Freetown durch einen Luftangriff schwer beschädigt wurde, den Befehl, mit Kusch von

U154 zusammenzutreffen und den Rückmarsch nach Frankreich gemeinsam anzutreten. Diese beiden kampferprobten Boote mit ihren unerfahrenen Kommandanten trafen am 29. Juni nahe der Azoren aufeinander, wo Kusch mit zwei Torpedos einen schnellen Frachter verfehlte.

Eine mit Leigh Light ausgestattete Wellington der britischen Squadron 172 ortete in den frühen Morgenstunden des 3. Juli *U126* oder *U154* mit Radar im Golf von Biskaya. Der Pilot, der Rhodesier Alex Coumbis, griff von achtern kommend ein U-Boot an, das sich als Kietz' *U126* herausstellte. *U126* verschwand spurlos. Kusch beobachtete den Angriff aus unmittelbarer Nähe. Er vermutete irrtümlicherweise, *U126* sei in die sichere Tiefe abgetaucht, und meldete, der Angriff habe »keinen Erfolg« gehabt. *U154* setzte seine Fahrt nach Lorient fort und traf dort drei Tage später unbeschadet ein.

Der Chef der 3. U-Flottille, Ritterkreuzträger Ernst Kals, schrieb, Kusch, der 18 Monate als Erster Wachoffizier unter Ritterkreuzträger Werner Winter und Gustav-Adolf Janssen gedient hatte, habe eine gute erste Feindfahrt absolviert und sei für den Posten eines U-Boot-Kommandanten ausreichend qualifiziert. Allerdings war Kuschs Erster Wachoffizier, der Reservist Ulrich Abel, ein Jurist und fanatischer Nazi, anderer Meinung, was für Kusch böse Folgen haben sollte.

Die von Januar bis Anfang April in amerikanische Gewässer ausgelaufenen 13 Boote des Typs IX versenkten 22 bestätigte Schiffe mit 121 200 BRT. Dies bedeutete einen Durchschnitt von rund 1,7 versenkten Schiffen mit 9300 BRT pro Boot und Feindfahrt – ein drastischer Rückgang im Vergleich zum selben Zeitraum des Vorjahres, als sich die Boote des Typs IX ungehindert in amerikanischen Gewässern bewegen konnten. Vier der dreizehn Boote gingen verloren: Ritterkreuzträger Werner Hartensteins *U156,* Wolfgang Grandefelds *U174,* Reiner Dierksens *U176* und Hermann Steinerts *U128*. Da grobe Fehlschätzungen, wie jene von Neitzels *U510,* die gravierende Verschlechterung bei den Versenkungszahlen verschleierten, plante die U-Boot-Führung, die Feindfahrten in amerikanischen Gewässern – trotz der hohen Verluste – fortzusetzen und möglicherweise sogar zu intensivieren.

Vom Februar bis April 1943 entsandten die Italiener fünf große, in Bordeaux liegende U-Boote auf Patrouillenfahrten in brasilianische Gewässer. Wie berichtet, war überhaupt nur eines dieser Boote erfolgreich, die *Barbarigo* unter Roberto Rigoli. Sie versenkte drei bestätigte Frachter mit 15 600 BRT: einen Spanier, einen Brasilianer und den 8591 BRT großen Amerikaner *Stag Hound*.

Eines der italienischen Boote ging verloren: die *Archimede* unter Guido Saccardo. Am 15. April sichtete eine Catalina der im brasilianischen Natal stationierten US-Navy Squadron VP 83 die aufgetaucht fahrende *Archimede*. Der Pilot, T. E. Robertson, trotzte dem Flak-Feuer der *Archimede* und griff mit Fliegerbomben und Wasserbomben an. Das Boot tauchte dann, kam wieder an die Wasseroberfläche und bewegte sich unkontrolliert im Kreis. Am Ort des Geschehens traf eine zweite Catalina der Squadron VP 83 mit dem Piloten G. Bradford jr. ein und griff aus 15 Metern Höhe mit vier Wasserbomben an. Danach beschossen beide Flugzeuge die *Archimede* so lange, bis das Boot sank und 19 Überlebende im Wasser zurückblieben. Die Catalinas warfen beide je ein Rettungsfloß ab und flogen dann davon. Ein Floß trieb 29 Tage später in der Amazonasmündung an Land. In ihm lag ein einzelner Überlebender, Steuermann Giuseppe Lococo, den die brasilianischen Behörden später an die Amerikaner in Belem übergaben. Alle anderen Italiener kamen um.

In diesem Zeitraum organisierte die U-Boot-Führung eine Sondermission nach Kanada. Überwacht wurde die Mission vom zweiten Stabsoffizier, Ritterkreuzträger Peter Cremer. Cremer erholte sich gerade von den schweren Verletzungen, die er sich auf *U333* zugezogen hatte.

Die meisten Kriegsgefangenen von U-Booten, die in die Hände von Briten und Commonwealth-Einheiten fielen, wurden schließlich in kanadische Lager gebracht. Einige hielten durch verschlüsselte Mitteilungen in Briefen an ihre Familien weiterhin Kontakt mit Admiral Dönitz und der U-Boot-Führung. Die alliierten Offiziere des Nachrichtendienstes wußten von diesen »geheimen« Mitteilungen und entzifferten den simplen Code (Irland) kontinuierlich. Sie überwachten die Nachrichten und achteten darauf, daß nichts davon bemerkt wurde, denn die Informationen, die sie sich auf diese Weise verschafften, hatten zum Teil militärische Bedeutung. Kopien der entzifferten Briefe wurden zwischen Washington, London und Ottawa ausgetauscht. Einige Briefe wurden zurückgehalten, doch die meisten ließ man durch die Kanäle des Roten Kreuzes nach Deutschland gelangen.

Über eine lange Zeitspanne hin planten mehrere deutsche Kriegsgefangene, die auf U-Booten gefahren waren, eine ausgeklügelte Flucht. Die U-Boot-Männer, die in Camp 70 nahe der im kanadischen New Brunswick gelegenen Stadt Fredericton inhaftiert waren, hatten vor, auszubrechen und sich dann bis zur 177 Kilometer entfernten Ostküste durchzuschlagen. Von dort aus wollten sie mit einem gekaperten kleinen Boot über die Northumberland-Straße (28 Kilometer) zur wenig bevölkerten Prinz-Edward-Insel im St.-Lorenz-Golf übersetzen, wo sie ein U-Boot aufnehmen könnte.[1]

---

[1] Dazu ausführlich Hadley, Michael L., *U-Boote gegen Kanada,* Herford 1990, S. 182–208.

Durch verschlüsselte Botschaften in der Antwortpost der Familien gab Dönitz zu verstehen, daß er das Vorhaben mit dem Decknamen Elster befürworte. In der ersten Maiwoche 1943 werde, so versprach er in der chiffrierten Post, ein U-Boot vor dem North Point der Prinz-Edward-Insel auftauchen. Zu diesem Zeitpunkt, so nahm man an, sei das Eis im St.-Lorenz-Golf geschmolzen. Unklar ist, ob alliierte Behörden durch dechiffrierte Briefe der Kriegsgefangenen von dem Plan wußten. Die Alliierten erfuhren von dem Fluchtversuch schließlich auf unbekannte Weise, und er scheiterte. Soweit bekannt ist, erreichte kein einziger Kriegsgefangener die Prinz-Edward-Insel.

Bei der U-Boot-Führung wählte Peter Cremer für die Durchführung von Elster zwei Boote des Typs VII aus: ein Führungsboot, *U376,* und ein Boot zur Unterstützung, *U262*. Wie berichtet, wurden beide Boote für die Eskorte der *Irene* abkommandiert und, wie ebenfalls schon beschrieben, ging *U376* aus unbekannten Gründen verloren, während das Boot nach Überlebenden der *Irene* suchte. Die Verantwortung für die Mission ging daher auf *U262* über, das unter dem Kommando von Heinz Franke stand. Am 15. April stieß Franke auf den Konvoi HX 233 und hielt Fühlung, doch die Geleitschiffe vertrieben ihn und hielten sein Boot mit Geschützfeuer und Wasserbomben unter Wasser. Als andere Boote auf Frankes Meldung reagierten, begann eine heftige Schlacht, auf die weiter unten eingegangen wird. Die U-Boot-Führung befahl Franke dennoch, nicht länger Fühlung zu halten, die Fahrt zur Prinz-Edward-Insel fortzusetzen und die »Sondermission« Elster gemäß den Geheimbefehlen, die er vor dem Auslaufen erhalten hatte, durchzuführen.

Am 25. April erreichte Franke bei schönem Wetter die Cabotstraße.[1] Er fuhr weiter nach Norden in den St.-Lorenz-Golf hinein, wo sich die Verhältnisse für den Anmarsch des Bootes wegen Eis zunehmend verschlechterten. Einmal war *U262* unter einer dicken Eisschicht gefangen, und Franke mußte das Eis durchbrechen, indem er die Tanks gleichzeitig anblasen ließ. Der nach oben wirkende Druck des Bootes brach das Eis und *U262* »tauchte auf«. Dabei wurden drei Bugrohre von *U262,* das Deckgeschütz und andere Gerätschaften an Deck beschädigt. Plangemäß ging Franke am 2. Mai vor dem North Point der Prinz-Edward-Insel auf Position und wartete auf ein Signal der geflohenen Kriegsgefangenen. Fünf Tage lang hielt er sich dort auf und trat am 6. Mai schließlich den Rückmarsch an. Im Logbuch vermerkte er, der Fehl-

[1] Achilles von *U161* und Grandefeld von *U174* standen am 26. April nicht weit entfernt von Nova Scotia. Vielleicht sollten sie zur gleichen Zeit *U262* unterstützen. Am 26. April konnte diese Unterstützung jedoch nicht mehr gewährt werden, da Achilles, wie berichtet, einen Geleitzug erfaßte, und *U174,* vermutlich in der Verfolgung dieses Konvois, am 27. April versenkt wurde.

schlag des Unternehmens Elster sei »eine Schande«, allerdings sei dies nicht auf einen Fehler von *U262* zurückzuführen.

Franke zog sich durch die Cabotstraße aus dem Golf zurück. Dann funkte er an die U-Boot-Führung seine Position und wieviel Treibstoff er noch hatte. Er berichtete darüber, daß Elster ein Mißerfolg gewesen sei und daß drei seiner Bugrohre wegen Beschädigungen durch Eis nicht mehr einsatzfähig seien. Die U-Boot-Führung antwortete ihm, er solle nach Frankreich zurückkehren und unterwegs an dem XIV-Tanker *U459* Treibstoff übernehmen. Alliierte Entzifferungsexperten zerbrachen sich den Kopf über die von Franke häufig erwähnte, aber nicht näher erläuterte »Sondermission«. Erst als sich Franke auf der Heimreise befand, kamen sie dahinter und vermerkten: »Er war, wie angenommen wird, an der beabsichtigten Flucht von deutschen Kriegsgefangenen aus Kanada beteiligt und könnte sich im Golf von Maine oder sogar im St.-Lorenz-Golf aufgehalten haben.«

Das Unternehmen Elster war ein Fehlschlag, doch der berühmteste U-Boot-Kriegsgefangene, Otto Kretschmer – inhaftiert in Camp 30 in Bowmanville, Ontario (64 Meilen östlich von Toronto) –, hatte einen ähnlichen Fluchtplan ausgearbeitet, von dem die Alliierten im voraus erfuhren. Dieser ebenfalls von Dönitz und der U-Boot-Führung unterstützte Fluchtversuch sollte im Spätsommer unternommen werden.

Der zweite Beutezug in den Indischen Ozean

Im Januar 1943 wurde die Gruppe Seehund neu gebildet. Danach gingen die Boote auf die lange Fahrt nach Kapstadt und in den Indischen Ozean. Der Tanker *U459* vom Typ XIV begleitete die U-Boote in den Südatlantik, wo er die vier Boote des Typs IX versorgte[1] und dann am 8. März nach Frankreich zurückkehrte. Die fünf Boote der Gruppe Seehund wurden zwar als Gruppe bezeichnet, sollten aber, wie bei der zuvor gebildeten Gruppe Eisbär, unabhängig voneinander operieren.

Im Südatlantik versenkte als erstes Boot der Seehund-Gruppe *U160* ein Schiff. Für *U160* unter Ritterkreuzträger Georg Lassen war es keine leichte Versenkung. Beim ersten Angriff am 7. Februar schoß Lassen zwei Torpedos, einer ging fehl, der andere traf. Die Geschützbedienung der 7191 BRT großen amerikanischen *Roger B. Taney,* eines Schiffes der Liberty-Klasse, feuerte zurück und zwang Lassen zum Tauchen. Bei der zweiten Attacke schoß er erneut zwei Torpedos. Wieder ging einer fehl und der andere traf. Dieser zweite Treffer gab der *Taney* den Rest. Der

[1] *U459* versorgte auch das italienische U-Boot *Cagni* und das in amerikanische Gewässer marschierende *U161.*

Großteil der Schiffsbesatzung starb bei der Versenkung oder danach, einige jedoch wurden einen Monat später aus ihren Rettungsbooten geholt.

Lassen setzte die Fahrt in ein Seegebiet südöstlich von Kapstadt fort. In der Nacht des 2. März entdeckte er den schlecht organisierten und kaum gesicherten Konvoi DN 21, der sich mit Nordkurs auf dem Weg von Durban nach Norden zum Suez-Kanal befand. Der Geleitzug bestand aus zehn oder elf großen und schwerbeladenen Handelsschiffen und vier Geleitschiffen, der britischen Korvette *Nigella* und drei ASW-Trawlern.

Von einer dunklen, mondlosen Nacht und gutem Wetter begünstigt, führte Lassen am 3. März nach Mitternacht seinen Angriff durch. Insgesamt verschoß er acht Torpedos, zunächst einen Vierer- und einen Zweier-Fächer, dann zwei nachgeladene Torpedos. Er meldete, er habe sechs Schiffe mit 37000 BRT sowie möglicherweise ein weiteres mit 5000 BRT versenkt, also im ganzen sieben Schiffe mit 42000 BRT. Ein wirkungsvoller Schlag, der den Truppen der Achse in Tunesien unmittelbar zugute kommen sollte. In Wirklichkeit versenkte er vier Schiffe (den Amerikaner *Harvey W. Scott* und die Briten *Nipura, Empire Mahseer* und *Marietta*) mit insgesamt 25852 BRT. Er beschädigte zwei weitere Schiffe (den holländischen Tanker *Tibia* und den britischen Frachter *Sheaf Crown*) mit 15224 BRT – zusammen also Treffer auf sechs Schiffen mit ungefähr 41076 BRT.

Lassens Kurzbericht elektrisierte die U-Boot-Führung. Dieser auf eigene Faust durchgeführte Angriff war, was Dönitz und die U-Boot-Führung schätzten – doch Ereignisse dieser Art waren viel zu selten. Dönitz veranlaßte sofort, daß Lassen das Eichenlaub zu seinem Ritterkreuz verliehen bekam. Am 7. März wurde die Auszeichnung – und die üblichen Glückwünsche Hitlers – an Lassen übermittelt.[1]

Lassen blieb in der darauffolgenden Woche vor Durban. In den vier Tagen vom 8. bis zum 11. März versenkte er das 7176 BRT große amerikanische Liberty-Schiff *James B. Stephens* und den britischen Frachter *Aelybryn* mit 4986 BRT. Lassen, der nun sieben bestätigte Schiffe mit 45200 BRT versenkt und zwei beschädigt hatte, informierte die U-Boot-Führung, er habe nur mehr drei Torpedos und mache sich auf den Rückmarsch. Unterwegs stieß er nahe Freetown auf einen schnellen Einzelfahrer. Er schoß mit zwei von seinen drei Torpedos auf den Frachter, die jedoch fehlgingen. Am 10. Mai traf er nach 125 Tagen auf See wieder in Frankreich ein. Die U-Boot-Führung rechnete ihm zehn

---

[1] Zum Zeitpunkt der Auszeichnung betrug Lassens bestätigte Trefferquote 24 versenkte Schiffe mit 143920 Tonnen sowie die Beschädigung von 5 weiteren Schiffen.

versenkte Schiffe mit 66 800 BRT an und bezeichnete seine Feindfahrt als »brillant durchgeführt«. Die bestätigte Jagdbeute auf dieser Feindfahrt belief sich auf sechs versenkte Schiffe mit 38 014 BRT und die Beschädigung von zwei anderen Schiffen. Er verließ das Boot und übernahm eine Aufgabe bei den Ausbildungseinheiten.[1]

Östlich von Kapstadt versenkte Würdemann am 7. März mit *U506* vom Typ IXC den britischen Frachter *Sabor*. Er benötigte für den 5212 BRT großen Frachter fünf Torpedos. Als er getaucht auf das sinkende Schiff zuhielt und einen Blick darauf werfen wollte, stieß er mit einem »unidentifizierten Objekt« zusammen. Die Kollision beschädigte ein Sehrohr und verbog eine Schraube. Würdemann mußte sich für die nötigen Reparaturen weit nach Süden zurückziehen. Zu dem Zeitpunkt, da er mit diesen Arbeiten beschäftigt war, fuhr am 9. März der 4768 BRT große norwegische Frachter *Tabor* vorbei, und Würdemann versenkte ihn mit drei Torpedos und Geschützfeuer. Wurde dieses Schiff zu seinen Versenkungen – und überschätzten Meldungen – bei vorherigen Feindfahrten in den Golf von Mexiko und in die Karibik hinzugerechnet, dann qualifizierte sich Würdemann für das Ritterkreuz. Die Auszeichnung wurde ihm am 14. März per Funk übermittelt.[2]

Würdemann fuhr wieder in das Gebiet östlich von Kapstadt, nachdem die Reparaturen abgeschlossen waren. Da den Alliierten seine Anwesenheit durch Enigma-Entzifferungen und DF-Einpeilungen bekannt war, leiteten sie Konvois um. Am 19. März benachrichtigte er die U-Boot-Führung, das Seegebiet sei nicht sehr vielversprechend, er trete den Rückmarsch an. Er tankte nahe der Azoren bei dem XB-Minenleger *U117* nach und erreichte Frankreich am 8. Mai. Er beendete damit eine 146tägige Feindfahrt. Die U-Boot-Führung schrieb Würdemann die Versenkung von zwei Schiffen mit etwa 10 000 BRT zu. Er habe sich, so charakterisierte ihn die U-Boot-Führung, als »Kommandant bewährt«, doch die Feindfahrt sei »ein wenig enttäuschend« verlaufen.

---

[1] Mit der Versenkung von 26 bestätigten Schiffen mit 156 000 Tonnen nahm Lassen unter den U-Boot-Kommandanten des Weltkriegs den zwölften Rang ein.

[2] Zur Zeit der Verleihung betrug sein Trefferergebnis 16 versenkte Schiffe mit 86 911 Tonnen.

Am 11. Februar versenkte Werner Witte mit *U509* vom Typ IXC vor Kapstadt sein erstes Schiff. Witte, der sich auf seiner dritten Feindfahrt befand, traf die 4937 BRT große britische *Queen Anne* mit einem einzelnen Torpedo aus 365 Metern Entfernung. Der britische ASW-Trawler *St. Zeno*[1] führte mit Geschützfeuer und sieben Wasserbomben einen Gegenangriff durch, doch Witte entkam ohne Schäden an seinem Boot. Bis 13. März blieb er in dem Gebiet vor Kapstadt und schoß Torpedos auf mehrere Schiffe, hatte aber keinen Erfolg mehr. Auf einen Vorschlag der U-Boot-Führung hin kehrte er zur nordwestlich von Kapstadt gelegenen Saldanha Bay um.

Nahe der Saldanha Bay patrouillierte Witte zwei Wochen lang, ohne ein Schiff zu versenken. Da die Lebensmittel knapp wurden, trat er am 28. März die Heimreise an und hielt sich dabei nahe der afrikanischen Westküste. Am 2. April erfaßte er südlich der Walvis Bay einen kleinen Geleitzug. Er näherte sich den Schiffen unter Wasser und schoß mit Hilfe von Sonar vier Torpedos aus sehr großer Distanz. Zwei der vier Torpedos trafen den britischen Frachter *City of Baroda* mit 7129 BRT. Der Frachter schaffte es bis in die südwestafrikanische Lüderitz Bay und strandete dort – ein Totalverlust. Nach der Versorgung bei dem Minenleger *U117* erreichte *U509* Frankreich am 11. Mai und beendete damit eine enttäuschende 140tägige Feindfahrt. Witte wurden zwei Schiffe mit etwa 12000 BRT angerechnet.

Das andere Boot vom Typ IXC, *U516* unter Gerhard Wiebe, der seine zweite Feindfahrt absolvierte, versenkte vom 11. bis zum 27. Februar südlich und südöstlich von Kapstadt drei Schiffe. Dies waren die britischen bzw. amerikanischen Frachter *Helmsprey* (4764 BRT) und *Deer Lodge* (6187 BRT) sowie der wertvolle holländische U-Boot-Tender *Colombia* mit 10782 Tonnen. Dieses von der Korvette *Genista* eskortierte und in East London überholte Schiff sank in 13 Minuten und nahm mehrere holländische U-Boot-Besatzungen mit in die Tiefe. Der nachlässige Gegenangriff der *Genista* fügte *U516* keinen Schaden zu.

Am 5. März berichtete Wiebe, er habe versehentlich Wrackteile gerammt und ziehe sich aus dem Süden zurück, um Reparaturen durchzuführen und um eine Ölspur zu beseitigen. Dann, fünf Tage darauf, meldete *U516,* man ziehe sich zurück, weil Wiebe derart schwere »Magenschmerzen« habe, daß man die Fahrt abbrechen müsse. Zeitweilig unter dem Kommando des Ersten Wachoffiziers marschierte *U516,* wie *U509,* nahe der westafrikanischen Küste nach Norden. Am

---

[1] Die ASW-Einheiten in südafrikanischen Gewässern waren auf 30 ASW-Trawler verstärkt, 18 davon wurden von ihren Aufgaben an der US-Ostküste entbunden.

20. März versenkte das Boot den panamaischen Frachter *Nortun* mit 3663 BRT. Im weiteren Verlauf der Fahrt entdeckten die für die Technik zuständigen Besatzungsmitglieder »starke Korrosion« an einer Stelle des Druckkörpers, die einem Batterieraum gegenüberlag. Da der Wasserdruck beim Tieftauchen den Druckkörper beschädigen und die Batterieräume mit Salzwasser überfluten könnte, wobei sich tödliches Chlorgas bilden könnte, marschierte das Boot so schnell wie möglich in Richtung Heimat. *U516* traf am 3. Mai in Frankreich ein und beendete damit eine 132tägige Feindfahrt. Wiebe hatte zwar auf seiner ersten Feindfahrt in die Karibik sechs Schiffe und auf der eben beendeten zweiten Fahrt vier Schiffe mit 25 396 BRT versenkt, doch die Krankheit und andere Umstände führten dazu, daß er zu anderen Aufgaben abkommandiert wurde.

Das neue Fern-U-Boot *U182* vom Typ IXD2, der Seehund-Gruppe lose zugeordnet, stand unter dem Kommando des alten Hasen Nikolaus Clausen. Clausen hatte auf *U37* vom Typ VII und auf *U129* vom Typ IX 18 bestätigte Schiffe versenkt und sich ein Ritterkreuz verdient. Er lief mit *U182* am 9. Dezember in Norwegen aus und beabsichtigte, eine Feindfahrt nach Madagaskar durchzuführen. Dort wollte er den Schiffsverkehr angreifen, der die britische 8. Army in Nordafrika unmittelbar versorgte. Im Seeraum westlich von Freetown versenkte er mit dem Südkurs laufenden *U182* das britische Liberty-Schiff *Ocean Courage* mit 7173 BRT. Bei der Umrundung des Kaps der Guten Hoffnung am 17. Februar versenkte er zudem den 4836 BRT großen britischen Frachter *Llanashe*.

Clausen steuerte in der Straße von Moçambique nach Durban und Lourenço Marques und patrouillierte vor der Westküste Madagaskars. Doch die Ergebnisse waren sehr enttäuschend. Im ganzen März versenkte Clausen nur ein einziges Schiff, das amerikanische Liberty-Schiff *Richard D. Spaight* mit 7177 BRT. Auf dem Rückmarsch erwischte er zwei weitere Frachter: den Briten *Aloe* mit 5047 BRT und den Griechen *Adelfotis* mit 5838 BRT. Er nahm die Kapitäne beider Schiffe gefangen. Diese Versenkungen erhöhten Clausens Trefferquote bei dieser Feindfahrt auf fünf Schiffe mit 30 071 BRT.

In der Nacht vom 16. auf den 17. Mai, dem 160. Reisetag von *U182*, hatte Clausen eine Position ungefähr 460 Kilometer westlich der Insel Madeira erreicht. Offensichtlich stieß er rein zufällig auf eine Unterabteilung des auf dem Weg von den Vereinigten Staaten nach Gibraltar befindlichen Geleitzugs UGS 8. Die aus dem Jahr 1942 stammenden neuen US-Zerstörer *Laub* und *MacKenzie* eskortierten 14 LST (Panzerlandungsschiffe). Die *MacKenzie* ortete *U182* mit Radar in einer Entfernung von 6600 Metern. Auf der *MacKenzie* reagierte man umgehend und wirkungsvoll, benachrichtigte die *Laub* und lief die geortete Position mit hoher Geschwindigkeit an. Aus unbekannten Gründen eröffnete der Zerstörer jedoch nicht das Feuer aus den Hauptgeschützen, wie es die Vorschriften bei solchen Operationen vorsahen. In einer Entfernung von 2500 Metern verschwand die Ortung von den Radarschirmen, was darauf hindeutete, daß das Zielobjekt getaucht war. Die *MacKenzie* erhielt bald schon einen klaren Sonarkontakt und führte mehrere Angriffe durch, in deren Verlauf sie 15 Wasserbomben warf.

Die *Laub,* die keine Radar- oder Sonarortung hatte, schloß sich der Jagd nur zögernd an. Doch 54 Minuten nach dem Wasserbombenangriff der *MacKenzie* hörte und spürte man auf den Schiffen »starke Explosionen«. Die Zerstörer hielten sich fast drei Stunden in dem Gebiet auf und suchten vergeblich nach Anzeichen eines versenkten U-Boots oder einer Erklärung für die Explosionen. Auf dem führenden Schiff, der *Laub,* ließ man die Suche bei Sonnenaufgang ungeduldig abbrechen. Beide Zerstörer schlossen sich dem Geleitzug wieder an und fuhren weiter nach Casablanca.

Die alliierten Behörden waren verärgert, als die Meldungen zu diesen Vorfällen eintrafen. »Zwei sehr schlecht durchgeführte Angriffe«, schrieb ein Sachverständiger. Die *MacKenzie* hätte aus einer Distanz von 3600 Metern mit den Hauptgeschützen das Feuer eröffnen sollen. Und die *Laub* hätte schneller reagieren und sich der Jagd anschließen sollen. Zudem hätten die Zerstörer für mindestens zwölf Stunden am Ort des Geschehens bleiben und das U-Boot mit allen Mitteln jagen sollen. Dieser Vorfall, schrieb ein anderer Sachverständiger, bringe »unweigerlich die Notwendigkeit einer besseren [ASW-]Ausbildung auf den Tisch«. Das Fazit des hochrangigsten Sachverständigen lautete: »Kein Anhaltspunkt für eine Versenkung.«

In nach dem Krieg durchgeführten Analysen kamen alliierte Marinestellen jedoch zu dem Schluß, daß die *MacKenzie U182* mit den beiden alliierten Kriegsgefangenen an Bord tatsächlich versenkt hatte. Wie die *MacKenzie U182* versenkt hat, ist nicht bekannt. Es gibt auch keine zufriedenstellende Erklärung der beiden »starken Explosionen«, die nahezu eine Stunde nach dem Angriff der *MacKenzie* registriert worden waren. Möglicherweise hatten die Wasserbomben einige Oberdeckbehälter mit Torpedos beschädigt, und diese implodierten später in großer Tiefe, wodurch das Boot ein Leck erhielt, mit Wasser vollief und sank. Oder Clausen hatte vielleicht versucht, zwei Torpedos auf die *MacKenzie* zu schießen, die sich aufgrund einer Fehlfunktion kreisförmig zurückbewegten, *U182* trafen und versenkten. Was auch immer passierte – von *U182* hörte man nie mehr wieder etwas.[1]

[1] Clausen wurde die Versenkung von 23 bestätigten Schiffen mit schätzungsweise 75000 Tonnen auf *U37, U129* und *U182* zugeschrieben. Zehn der Schiffe verdrängten weniger als 2000 Tonnen. Wären sie so groß gewesen, wie er gemeldet hatte, wäre er auf einem der vorderen Ränge gelandet.

Insgesamt wurde das Unternehmen Seehund, die zweite Feindfahrt in den Indischen Ozean, als bescheidener Erfolg eingestuft. Fünf Boote hatten zwanzig bestätigte Schiffe mit ungefähr 123 000 BRT versenkt, was etwa der Hälfte der Versenkungen durch die Gruppe Eisbär, die Vorgängerin der Gruppe Seehund, entsprach. Lassen von *U160* versenkte sieben Schiffe, Clausen mit dem Fern-U-Boot *U182* vom Typ IXD2 fünf, der kränkelnde Wiebe von *U516* vier und Würdemann von *U506* und Witte von *U509* jeweils zwei. Durchschnittlich ergab das rund vier Schiffe pro Boot und Feindfahrt. Die Feindfahrten dieser Boote vom Typ IX dauerten aber im Durchschnitt beinahe viereinhalb Monate.[1]

Wie bei den in amerikanischen Gewässern patrouillierenden Booten machten jenen der Gruppe Seehund verstärkte ASW-Maßnahmen, das Konvoi-System und Enigma-Entzifferungen einen Strich durch die Rechnung. Die aus der Dechiffrierung gewonnenen Informationen ermöglichten den Marinebehörden in der Region von Kapstadt und Durban, den Schiffsverkehr zu stoppen oder um die bekannten U-Boot-Positionen herumzuleiten. Dennoch gingen im Südatlantik keine U-Boote verloren; *U182* ging im Mittelatlantik im gefährlichen Seegebiet von Madeira und den Azoren unter.

Insgesamt hatten diese Boote des Typs IX im März zwölf Schiffe mit 71 000 BRT versenkt. Ein im März vor Indien operierendes japanisches U-Boot, *I-27,* versenkte die *Fort Mumford,* ein britisches Schiff mit 7132 BRT. Damit erhöhten sich im März die alliierten Verluste in diesem Seegebiet auf 13 Schiffe mit 78 000 BRT, was zu dem falschen Eindruck beitrug, die U-Boote hätten die Lebensader zwischen dem amerikanischen Kontinent und den Britischen Inseln beinahe durchtrennt.

Zu diesem Zeitpunkt organisierte die U-Boot-Führung eine Sondermission im Indischen Ozean. Auf See sollte ein Zusammentreffen mit einem japanischen U-Boot arrangiert werden, bei dem Mannschaften und Fracht, darunter Waffen, ausgetauscht werden sollten.

---

[1] Das große italienische U-Boot *Da Vinci,* ausgerüstet mit acht 21-Zoll-Torpedorohren und zwei 4,1-Zoll-Deckgeschützen, fuhr am 20. Februar unabhängig von den deutschen Booten nach Kapstadt. Die unter dem Kommando von Gianfranco Gazzana-Priaroggia stehende *Da Vinci* versenkte sechs Schiffe mit 58 973 Tonnen, darunter den 21 517 Tonnen großen britischen Truppentransporter *Empress of Canada,* was Gazzana-Priaroggia hohe italienische Auszeichnungen und ein deutsches Ritterkreuz einbrachte. Am 23. Mai fuhr die *Da Vinci* in den Golf von Biskaya ein und wurde von dem britischen Zerstörer *Active* und der britischen Fregatte *Ness* versenkt. Es gab keine Überlebenden. Die *Da Vinci* war außer den deutschen U-Booten das einzige U-Boot, das im Zweiten Weltkrieg mehr als 100 000 BRT versenkte: 15 Schiffe mit 117 233 BRT.

Die Deutschen wählten für diese Mission ein Fern-U-Boot aus, das neue *U180* vom Typ IXD1 unter dem Kommando des 38jährigen Werner Musenberg. Das Boot selbst war eine Fehlkonstruktion. Angetrieben von sechs wassergekühlten Mercedes-Benz-Dieselmotoren mit 1500 PS, die auf den bei Schnellbooten eingesetzten Maschinen beruhten, fuhr das 1600 Tonnen große *U180* mit einer Höchstgeschwindigkeit von 20,8 Knoten. Es war damit das schnellste dieselgetriebene U-Boot, das die Deutschen im Zweiten Weltkrieg bauten. Doch die Maschinen waren für U-Boote nicht geeignet. Sie würden, so drückte es Musenberg aus, wie ein altes mit Kohle befeuertes Trampschiff qualmen. Zudem erzeugten die Maschinen im Innenraum des Bootes eine nahezu unerträgliche Hitze, insbesondere in tropischen Gewässern. Wie die anderen Fern-U-Boote war *U180* mit vier Bug- und zwei Heck-Torpedorohren versehen. Das Boot konnte 27 Torpedos tragen (davon zwölf in Oberdeckbehältern) und hatte vor dem Turm ein 10,5-Zentimeter-Deckgeschütz. An Bord waren 63 Mann, darunter ein Arzt.

Am Vorabend des Auslaufens in Kiel nahm Musenberg eine prominente Persönlichkeit aus Indien und dessen Mitarbeiter an Bord, die er beide an das japanische Boot übergeben sollte: den nationalistisch orientierten politischen Aktivisten Subhas Chandra Bose, Sohn eines in England zum Ritter geschlagenen indischen Wissenschaftlers und Parteivorsitzenden des Indischen Nationalkongresses, und dessen Mitarbeiter Abid Hasan. Damit war Bose auch ein Protegé von dem damals in Indien »internierten« Mahatma Gandhi. Die Briten hatten Bose 1940 wegen seiner mit der Achse sympathisierenden (das heißt anti-britischen) Ansichten eingesperrt. Er war jedoch entkommen und nach Deutschland geflohen. Sein Ehrgeiz war es, eine »Befreiungsarmee« zu gründen und anzuführen. Diese sollte aus indischen Soldaten bestehen, die in Südostasien von Japanern gefangengenommen worden waren. Tokio betrachtete diesen aberwitzigen Plan zweifellos mit Skepsis. Dennoch glaubten einige Japaner, Bose könne nützlich sein, um in Indien eine antibritische Stimmung zu schüren, und sie arrangierten eine Übernahme für ihn und seinen Mitarbeiter Abid Hasan mit Hilfe von *U180*. Die beiden sollten nach Singapur oder Japan gebracht werden.

Alliierte Kryptanalytiker, die die diplomatischen Schlüssel der Japaner dechiffrierten, fingen eine japanische Mitteilung von Berlin nach Tokio auf, in der von der Abreise Boses mit einem U-Boot am 9. Februar berichtet wurde. Diese und andere Informationen aus dem diplomatischen Funkverkehr wurden an Kenneth Knowles und Rodger Winn in den amerikanischen und britischen Submarine Tracking Rooms weitergegeben. Sie konnten das auslaufende U-Boot als »U-Musenberg« identifizieren und verfolgten seinen Kurs durch den Indischen Ozean und zu dem Treffpunkt mit dem japanischen U-Boot.

Das japanische U-Boot war *I-29* unter dem Kommando von Juichi Izu. Wie das Boot *I-30* (Deckname »Kirschblüte«), das im August 1942 kurz in Lorient Station gemacht hatte,[1] war *I-29* ein 108 Meter langer U-Kreuzer mit einer Verdrängung von 2500 Tonnen. Direkt vor dem Kommandoturm war in einem Hangar ein Schwimmerflugzeug untergebracht sowie ein Katapult eingebaut. Das Boot war mit sechs Torpedorohren ausgestattet, hinzu kamen elf Torpedos zum Nachladen im Bugraum und hinter dem Kommandoturm ein 5,5-Zoll-Geschütz. *I-29* war ein kampferprobtes Boot, das mehrere Feindfahrten hinter sich gebracht und sechs alliierte Schiffe mit 39632 BRT versenkt hatte.

Musenberg fuhr mit *U180* in den Atlantik ein und ging auf Südkurs nach Kapstadt. Da die sechs Maschinen große Mengen Treibstoff verbrauchten, war es nötig, *U180* durch einen U-Tanker zu versorgen. Folglich traf Musenberg am 3. März im Mittelatlantik mit XIV-Versorger *U462* zusammen. Die alliierten Kryptanalytiker stellten fest, daß Musenberg am 20. März nahe des Äquators einen italienischen U-Kreuzer treffen (wahrscheinlich die *Da Vinci*) und nicht näher erläuterte medizinische Hilfe leisten sollte. Musenberg konnte die Italiener jedoch nicht finden, und das Treffen wurde abgeblasen. Nach der Umrundung des Kaps der Guten Hoffnung marschierte *U180* weiter in südöstliche Richtung. Am 18. April erfaßte und versenkte Musenberg einen Einzelfahrer, den britischen Tanker *Corbis* mit 8132 BRT. Zwei Tage darauf durchbrach *U180* bei einem Unterwasserangriff auf einen weiteren Einzelfahrer die Wasseroberfläche, und das Opfer entkam.

Wie geplant, traf *U180* am 23. April an einem Punkt ungefähr 835 Kilometer südöstlich von Madagaskar auf *I-29*. Musenberg berichtete, das Wetter an diesem Tag sei für den Austausch von Menschen und Material zu schlecht gewesen. Daher fuhren beide Boote mehrere Tage

---

[1] Das riesige *I-30* unter Shinobu Endo verließ Japan am 4. April 1942, patrouillierte im Indischen Ozean, versorgte sich bei einem bewaffneten Handelsstörer und erreichte dann am 5. August Lorient, wo das Boot mit Fahnen und Trompeten von Admiral Raeder und anderen hohen Marineoffizieren empfangen wurde. In Erfüllung eines zuvor von Berlin geäußerten Wunsches lieferten die Japaner 1500 Kilogramm Glimmererde und 660 Kilogramm Schellack. Das Boot verließ Lorient am 22. August mit einer wertvollen Fracht deutschen Marinegeräts: Torpedovorhalterechner, fünf G7a- und drei G7e-Torpedos, 240 Schuß des Bold-Sonardeflektors, ein Suchradar, ein Metox-Gerät, eine ganze Reihe von Hydrophonen, 50 Engima-Maschinen und anderes Gerät. Am Morgen des 13. Oktober erreichte *I-30* Singapur und lief nach nur sechseinhalb Stunden mit Kurs auf Japan wieder aus. Von Singapur kommend lief das Boot auf eine defensive japanische Mine und sank mit dem Verlust von 14 der 110 Mann Besatzung. Später bargen die Japaner einen Teil der Ausrüstung der Deutschen aus dem Wrack.

lang gemeinsam, bis die See sich beruhigt hatte. Die Übergabe fand schließlich am 27. April statt.

Abgesehen von den beiden Passagieren Bose und Hasan, übergaben die Deutschen Fracht an *I-29*. Darunter ein Torpedorohr, das ein Geschützrohr (nicht spezifizierten Typs) und Munition enthielt, Behälter mit Dokumenten und Konstruktionszeichnungen für Waffen, Flugzeuge und U-Boote. Drei Behälter enthielten 432 Bolde zur Täuschung der alliierten Sonare.

Im Gegenzug übergab *I-29* zwei Männer an *U180* und eine erstaunlich große Frachtladung. Die übernommenen Personen waren der U-Boot-Kommandant Tetsusiro Emi und der U-Boot-Konstrukteur Hideo Tomonaga. Die Fracht bestand aus drei 21-Zoll-Flugzeugtorpedos (Modell Nr. 2), mehreren Kisten mit Chinin, 1,3 Tonnen japanischer Waffen und Konstruktionszeichnungen, über einer halben Tonne Briefe, Dokumente und Zeichnungen aus der deutschen Botschaft in Tokio und zwei Tonnen Goldbarren, die sich in 146 großen Kisten befanden. Insgesamt besaß die an *U180* übergebene Fracht ein Gewicht von elf Tonnen, und in dem U-Boot mußte jeder Winkel vollgestopft werden. Mit der Fracht seien, wie Musenberg verdrossen vermerkte, Schaben, Käfer und alle Arten »sehr kleiner Milben« an Bord gekommen.

Musenberg hatte Anweisung, nur Einzelfahrer anzugreifen. Er näherte sich nahe East London der südafrikanischen Küste. Dort flogen zwei britische Flugzeuge *U180* an. Das erste war eine unbewaffnete, zweimotorige Avro Anson, die sich auf einem Trainingsflug befand und von den starken Abgaswolken der Maschinen auf *U180* angezogen wurde. Musenberg wehrte die Anson mit seiner Flak ab. Das zweite war ein zweimotoriger Handley Page Hampden-Bomber, beladen für den Kampfeinsatz. Der Bomber griff *U180* an, wie Musenberg vermerkte, doch die Deutschen schossen die Maschine ab! Musenberg wurde durch Abgaswolken und ein defektes Maschinenkühlsystem behindert. Er gab die Feindfahrt gegen Schiffe auf und trat den Rückmarsch an. Am 3. Juni entdeckte und versenkte er den zweiten Einzelfahrer, den Griechen *Boris* mit 5200 BRT. Musenberg versorgte sich am 19. Juni westlich der Kanarischen Inseln ein zweites Mal (bei *U530,* einem Boot des Typs IXC/40, das als provisorischer U-Tanker diente) und erreichte am 3. Juli Bordeaux.

Das Rendezvous zwischen *U180* und *I-29* im Indischen Ozean war das erste Zusammentreffen dieser Art von U-Booten der Achsenmächte und ist deshalb beachtenswert. *I-29* lieferte Bose und seinen Mitarbeiter in Singapur ab und kehrte nach Japan zurück. Bose konnte natürlich keine Armee von Nationalisten organisieren. Den Japanern war er eher eine Last als von Nutzen. 1945 kam er bei einem Flugzeugabsturz ums Leben. *U180* vom Typ IXD1 wurde nach dieser Feindfahrt für den Kampfeinsatz als ungeeignet erklärt und am 30. September 1943 außer Dienst gestellt, um in einen U-Boot-Frachter umgebaut zu werden, der von zwei erprobten 1400 PS starken Dieselmaschinen angetrieben wurde. Das Boot sollte dann 252 Tonnen Fracht transportieren können. Musenberg übernahm andere Aufgaben. Nach dem Krieg kursierten Gerüchte, *U180* sei in der Nähe von Bordeaux mit den zwei Tonnen Gold an Bord gesunken. Doch die Goldladung erreichte sicher die japanische Botschaft in Berlin. Das Gold war für die Aufwendungen der Japaner in Deutschland und an anderen Orten in Europa vorgesehen.

VIER

Gezeitenwechsel

Als Großadmiral Karl Dönitz Anfang 1943 Oberbefehlshaber der Kriegsmarine wurde, war Adolf Hitler völlig auf den titanischen Kampf um die Sowjetunion fixiert. In diesem Kampf verschob sich langsam das Kriegsglück zugunsten der Roten Armee. Nach dem Sieg bei Stalingrad eröffneten sowjetische Boden- und Luftstreitkräfte eine massive Winteroffensive auf einer 800 Kilometer langen Front zwischen Orel und Rostow. Am 8. Februar eroberten sie Kursk zurück, am 16. Februar Charkow und Rostow. Die Deutschen reagierten am 20. Februar mit einem massiven Gegenangriff. Sie nahmen am 15. März Charkow wieder ein und planten, der Roten Armee bei Kursk, wo diese eine verwundbar scheinende Frontausbuchtung hielt, eine entscheidende Niederlage beizubringen. Die Massierung der Kräfte und des Materials für diese riesige Offensive (Zitadelle) nahm jedoch Wochen in Anspruch, unter anderem, weil sich die unbefestigten Straßen durch früh einsetzendes Tauwetter in Sümpfe verwandelten.

Die bevorstehende Schlacht um Kursk war Hitlers letztes großes Vabanquespiel. Wenn die Deutschen diese Schlacht gewannen, dann hielt er es für möglich, die Rote Armee durch eine Folge von Hammerschlägen zu vernichten. Eine Niederlage der Deutschen würde dagegen katastrophale Folgen haben: Die verachtete Rote Armee würde erneut triumphieren, die Wehrmacht nur noch ein Trümmerhaufen sein und Hitler wäre gedemütigt und vielleicht sogar von Sturz oder Ermordung bedroht.

Bei der Vorbereitung der Schlacht übersahen Hitler und seine Generäle die in aller Stille, aber sehr real gewachsene Kampfkraft der Roten Armee, die etwa sechs Millionen Männer und Frauen zählte. Sowjetische Zivilisten arbeiteten wie besessen in drei Schichten in den Rüstungsfabriken, die nach Osten hinter den Ural verlegt worden waren, und produzierten in erstaunlichen Stückzahlen schwere T-34-Panzer, selbstfahrende und gezogene Artilleriegeschütze, Jagdflugzeuge und Jagdbomber, Gewehre, Munition und andere Rüstungsgüter. (Die sowjetische Panzerproduktion betrug auf ihrem Höhepunkt 4000 Stück pro Monat.) Stalin wußte genau, wie wichtig es war, Kursk und die Frontausbuchtung zu halten, und er zog Hunderttausende von Rotarmisten dort zusammen, die er mit ungeheuren Mengen des neuen Kriegsmaterials ausrüstete.

Die alliierten Seestreitkräfte waren damals in Nordafrika und an anderen Punkten rund um den Erdball sehr stark engagiert und deshalb nicht willens oder nicht in der Lage, die Versorgung der Roten Armee mit Kriegsmaterial via Murmansk aufrechtzuerhalten. Aus diesem Grund fuhren im Januar und Februar 1943 nur zwei Geleitzüge nach Murmansk.

Die in Norwegen stationierte, schrumpfende deutsche U-Boot-Streitmacht im Nordmeer hatte mit Rudolf Peters am 18. Januar 1943 einen neuen Führer erhalten. Wie sein Vorgänger Hubert Schmundt hatte auch Peters sein Hauptquartier auf der Yacht *Grille* in Narvik. An dem Tag, als Peters seinen neuen Posten übernahm, bestand die U-Boot-Streitmacht im Nordmeer aus 20 Booten, von denen zwei zur Neuausrüstung oder Überholung in Deutschland waren *(U586, U601)* und eines *(U209)* gerade in den Atlantik transferiert wurde. Zwei weitere in Norwegen stationierte Boote *(U376, U377)* sollten noch vor Ende Januar in den Atlantik überstellt werden, so daß die Nordmeerstreitmacht am 1. Februar real nur noch aus 17 Booten bestand.

Ab Januar stachen folgende Nordmeerkonvois in See:

- Der aus 14 Handelsschiffen bestehende Geleitzug JW 52, der am 17. Januar in Loch Ewe auslief. Ein Handelsschiff brach die Fahrt ab, aber die anderen trafen sicher in sowjetischen Häfen ein. Die Sicherungsschiffe wehrten schwache deutsche Luft- und U-Boot-Angriffe ab. Der zurückkehrende Geleitzug RA 52 stach am 26. Januar in See. Er wurde von der geschwächten U-Boot-Streitmacht Nordmeer gefunden und angegriffen. Die von Hans Benker in *U625* geschossenen Torpedos gingen fehl oder versagten, aber Reinhard Reche in *U255,* der zuvor bereits zwei kleine russische Frachter mit 3463 BRT versenkt hatte, traf und versenkte das 7460 BRT große amerikanische Liberty-Schiff *Greylock.* Die anderen zehn Schiffe erreichten Loch Ewe unbeschadet.
- Der aus 28 Handelsschiffen bestehende Geleitzug JW 53, der am 15. Februar in Loch Ewe auslief. Zu der sehr starken Sicherung gehörten der Geleitträger *Dasher* und der Kreuzer *Sheffield.* Zu Beginn der Reise geriet der Geleitzug in einen orkanartigen arktischen Sturm. Dabei wurden die *Dasher,* die *Sheffield* und sechs Handelsschiffe schwer beschädigt und zum Abbruch der Fahrt gezwungen.[1] Nach dem Sturm gelang es dem Schlachtschiff *King George V* von

[1] Die *Dasher* ankerte, als sie wieder repariert war, im Firth of Clyde. Dort flog sie am 27. März in die Luft. 378 Besatzungsmitglieder kamen uns Leben. Die britische Admiralität führte den Unfall auf ein fehlerhaftes Flugbenzinsystem zurück und bestand auf dem Umbau der in den USA gebauten Geleitträger, um die Wahrscheinlichkeit weiterer Unfälle zu minimieren, was eine weitere Kontroverse zwischen der amerikanischen und der britischen Marine auslöste.

der Fernsicherung des Geleitzugs, die Handels- und Sicherungsschiffe unter Einsatz seines Radargeräts wieder zu sammeln. Sie wehrten planlose deutsche Luft- und U-Boot-Angriffe ab und erreichten ohne Verluste durch deutsche Kräfte sowjetische Häfen.

• Der zurückkehrende Geleitzug RA 53 bestand aus 30 Handelsschiffen und lief am 1. März aus. Auch er wurde von deutschen Flugzeugen und U-Booten ausgemacht und angegriffen. Reche in *U255* versenkte das 7191 BRT große Liberty-Schiff *Richard Bland* und traf die *Executive* mit 4976 BRT.[1] Auch dieser Geleitzug wurde durch einen schweren arktischen Sturm zerstreut, wobei die amerikanische *J. L. M. Curry* in zwei Teile brach. Dietrich von der Esch in *U586* versenkte etwa 550 Kilometer nördlich von Island einen Nachzügler, den amerikanischen Frachter *Puerto Rican* mit 6076 BRT. Einer der 62 Männer auf dem Schiff überlebte auf einem Floß und wurde von einem britischen Geleitschiff gerettet. Er verlor jedoch beide Beine, und sieben Finger mußten ihm größtenteils amputiert werden. Einschließlich der manövrierunfähigen amerikanischen *John H. Latrobe,* die geschleppt werden mußte, erreichten 26 der 30 Handelsschiffe des Geleitzugs RA 53 britische Häfen.

Da im Nordmeer im März bereits einige Stunden Tageslicht herrschten und da die Operation Torch und die bevorstehende Invasion auf Sizilien (Operation Husky) sowie die Aufstellung von Support Groups für den Nordatlantik unvorhergesehene Anforderungen an ihre Seestreitkräfte stellten, wollten die Briten keine weiteren Geleitzüge nach Murmansk schicken. Als die Admiralität Anfang März aus entzifferten Enigma-Meldungen erfuhr, daß das Großschlachtschiff *Tirpitz,* der Schlachtkreuzer *Scharnhorst* und der Schwere Kreuzer *Lützow* nach Narvik und dann in den Altafjord vorgerückt waren, um (wie von Dönitz geplant) Murmansk-Geleitzüge anzugreifen, informierte Churchill Stalin, daß auf die Murmansk-Geleitzüge verzichtet werden müsse. Der alliierte militärische Nachschub für die Sowjetunion sollte vorläufig über die längere Route durch den Persischen Golf und das Japanische Meer nach Wladiwostok transportiert werden.

Admiral Dönitz traf im Februar und März 1943 insgesamt viermal mit Hitler zusammen. Jedesmal sprachen sie detailliert über den U-Boot-Krieg. Im Februar erklärte Dönitz, warum die Operationen auf der ent-

---

[1] Für diese und zuvor getätigte oder gemeldete Versenkungen erhielt Reche als zweiter Kommandant der Nordmeer-U-Boote nach Siegfried Strelow das Ritterkreuz. Zum Zeitpunkt der Verleihung hatte Reche zehn bestätigte Versenkungen mit 53519 Tonnen erzielt.

scheidenden Nordatlantikroute *nicht* erfolgreich gewesen waren. Hier die wichtigsten Gründe:

- Die Alliierten schienen die Stellung der U-Boot-Gruppen zu kennen und leiteten die Geleitzüge um sie herum. Zunächst hatten Dönitz und die U-Boot-Führung erneut den Verdacht gehegt, daß die Alliierten den Marine-Enigma-Code geknackt hätten, und von Vizeadmiral Erhard Maertens, dem Chef der Amtsgruppe Marinenachrichtendienst (MND), eine weitere Untersuchung verlangt. Maertens aber hatte Dönitz erneut versichert, daß Enigma nicht geknackt worden sei, und Dönitz – und die U-Boot-Führung – schlossen daraus, daß die Alliierten eine neue Art von Langstreckenradar oder ein elektronisches Ortungsgerät auf ihren Patrouillenflugzeugen haben mußten, das die U-Boot-Gruppen ortete. Diese Vermutung teilte Dönitz Hitler mit.

Dönitz wußte also noch immer nichts von den beiden wichtigsten Mitteln, mit denen die Alliierten im Zweiten Weltkrieg U-Boote orteten: dem Einbruch in die Vier-Walzen-Enigma und dem küsten- und schiffsgestützten Kurzwellenpeiler Huff Duff.

- Obwohl Dönitz dies schon lange hartnäckig forderte, wurden die U-Boote im Atlantik von der Luftwaffe noch immer nicht ausreichend unterstützt. Die Atlantik-Boote brauchten dringend Maschinen mit sehr großer Reichweite, die ausweichende Geleitzüge orten und die radarbestückten alliierten Flugzeuge mit großer und sehr großer Reichweite abschießen konnten, die offensichtlich die U-Boot-Gruppen orteten. Außerdem mußten zur Bekämpfung der Flugzeuge des Coastal Command, die im Golf von Biskaya intensive ASW-Patrouillen durchführten, in Westfrankreich dringend viele Flugzeuge wie die Ju-88 stationiert werden.

Hitler bezweifelte, daß die Flugzeuge mit sehr großer Reichweite noch rechtzeitig produziert werden konnten, um der U-Boot-Streitmacht von Nutzen zu sein, versprach jedoch zu klären, ob drei große Flugboote von Blohm & Voss[1] für die Ortung von Geleitzügen zur Verfügung stünden. Außerdem versprach er, trotz des dringenden Bedarfs an der Ostfront dafür zu sorgen, daß mehr Ju-88-Maschinen in Westfrankreich stationiert würden, und tat dies auch.

- Es gab immer noch nicht genügend U-Boote. Dönitz versicherte, daß die alliierten Geleitzüge nur zu finden und zu versenken seien, wenn die U-Boot-Produktion für die zweite Hälfte des Jahres 1943 auf 27 Kampfboote (VII- und IX-Boote) im Monat gesteigert werde und 1944 und

[1] Es wurde erwogen, die in der Vorkriegszeit als Passagierflugzeuge konzipierten Flugboote bei U-Booten aufzutanken und sie für Luftangriffe in den USA einzusetzen.

1945 auf diesem Niveau bleibe. Innerhalb von 30 Monaten hätte damit die furchterregende Zahl von 810 U-Booten gebaut werden müssen. Man hätte 40 000 U-Boot-Fahrer gebraucht, um die Boote zu bemannen und sie mit einer angemessenen Zahl von neuen, Schleifen laufenden, eigengelenkten Federapparattorpedos (FAT) zu bewaffnen.

Hitler war mit diesem größenwahnsinnigen Plan sofort einverstanden und versicherte Dönitz wieder einmal, daß genügend Stahl und andere knappe Metalle (etwa Kupfer) zur Verfügung gestellt würden, um die erhöhten Zielvorgaben zu erreichen. Er versprach außerdem einen weiteren Erlaß gegen die gedankenlose Einziehung von Schiffsbauern zum Heer, damit der Arbeitskräftemangel in den U-Boot-Werften und Zulieferbetrieben (27 000 Mann) behoben und der zusätzliche Arbeitskräftebedarf für die Produktionssteigerung (14 000 Mann) gedeckt werden konnte. Albert Speer, der Dönitz bewunderte, versprach, alles nur Erdenkliche zu tun, um die neuen Produktionsziele zu erfüllen.

Angesichts der Unterbrechung der Murmansk-Geleitzüge sowie der Vereisung der Ostsee und der arktischen Dunkelheit stimmte Hitler Dönitz' Vorschlag zu, die sechs VII-Boote aus dem Nordmeer, die zwischen Dezember 1942 und Februar 1943 in den Atlantik transferiert worden waren, vorerst nicht zu ersetzen.[1] Er war damit einverstanden, daß sich die Ersatzboote erst im April melden würden, wenn das Eis in der Ostsee geschmolzen war und im Nordmeer wieder länger Tageslicht herrschte. Dies hatte zur Folge, daß am 1. März 1943 nur noch vier Nordmeer-Boote auf Feindfahrt waren.

Bei den vier Treffen besprachen Dönitz und Hitler auch mehrere Probleme bezüglich der U-Boote in der italienischen und der japanischen Kriegsmarine.

Erstens schlug Dönitz wegen der schweren Verluste unter den deutschen Überwasser-Blockadebrechern vor, die zehn großen italienischen U-Boote, die (mit geringem Erfolg) im Atlantik operierten, als Transport-U-Boote einzusetzen. Sie sollten sich im westlichen Teil des Indischen Ozeans mit Überwasser-Blockadebrechern treffen und Gummi, Zinn, Wolfram, Chinin und dergleichen sicherer über den Mittelatlantik nach Bordeaux bringen, als das mit Überwasserschiffen möglich gewesen wäre.

[1] Siehe Anhang 6.

Aus unbekannten Gründen widersprach Hitler zunächst diesem Vorschlag. Aber nachdem Dönitz nach Rom geflogen war und die Zustimmung von Benito Mussolini und dem Oberbefehlshaber der italienischen Kriegsmarine Arturo Riccardi[1] eingeholt hatte, stimmte Hitler ebenfalls zu. Die Italiener waren damit einverstanden, neun der zehn in Bordeaux stationierten italienischen U-Boote entsprechend umzubauen. Nur der einzige verbliebene italienische U-Kreuzer[2] *Cagni* mit 1700 Tonnen blieb ausgenommen. Als Gegenleistung erklärte sich Dönitz bereit, den Italienern zehn VII-Boote zu geben und die italienischen Besatzungen in der Ostsee zu schulen.[3]

Dönitz meinte, die italienischen Transportboote könnten mit der Zeit durch eine Flotte deutscher Transport-U-Boote ersetzt werden, die auf der gesamten Route zwischen Frankreich und dem Fernen Osten operieren sollten. Weil Hitler früher schon im Rahmen eines Plans, Island als deutschen Luftwaffenstützpunkt für Angriffe auf Geleitzüge zu erobern – und zu halten, den Bau einer Flotte von U-Booten verlangt hatte, war bereits ein Entwurf für ein deutsches Transport-U-Boot vorhanden. Das geplante Boot vom Typ XX sollte eine Länge von 76 Metern, eine Verdrängung von 2708 Tonnen und bei einer Geschwindigkeit von 12,5 Knoten einen Aktionsradius von 24000 Kilometern haben. Das Boot sollte bis zu 800 Tonnen Fracht transportieren können. Am 15. März stimmte Hitler dem Bau von 30 solchen Booten zu *(U1601* bis *U1615* und *U1701* bis *U1715).* Die ersten sollten im August 1944 geliefert werden, und danach sollten monatlich drei Stück dazukommen, was die genehmigte U-Boot-Produktion auf monatlich dreißig Boote erhöht hätte.[4] In der Zwischenzeit sollten vier VII-Boote (*U1059* bis *U1062,* mit der geplanten Typenbezeichnung VIIF), die durch Einbau eines zehn Meter langen Lagerraums zu Torpedoversorgern umgebaut worden waren, in

---

[1] Riccardi hatte am 11. Dezember 1940 Domenico Cavagnari ersetzt und behielt seinen Posten bis zur Kapitulation Italiens. Sein zungenbrecherischer offizieller Titel lautete: *Capo di Stato Maggiore della Marina e Sottosegretario di Stato alla Marina.*

[2] Vier italienische »U-Kreuzer« mit 1700 Tonnen wurden gebaut und nach italienischen Admiralen benannt: *Cagni, Caracciolo, Millo* und *Saint Bon.* Sie waren mit acht Bug- und sechs Hecktorpedorohren bewaffnet und führten in der Regel 36 45-Zentimeter-Torpedos mit. Alle außer der *Cagni* wurden zwischen 1941 und 1943 auf Transportfahrten zwischen Italien und Afrika von alliierten Kräften versenkt.

[3] Die zehn für Italien vorgesehenen VII-Boote waren *U428* bis *U430, U746* bis *U750* und *U1161* bis *U1162.* Sie sollten alle im Sommer 1943 in Dienst gestellt werden und die Namen *S1* bis *S10* erhalten. Wegen des italienischen Zusammenbruchs wurde keines je nach Italien transferiert; alle wurden deutsche Schulboote.

[4] Der Typ XX wurde nie gebaut.

wenigen Monaten auf der Frachtroute in den Fernen Osten eingesetzt werden.

Den neun als Transport-U-Boote vorgesehenen italienischen Booten[1] war das Schicksal nicht gerade hold. Wie berichtet, versenkten zwei Catalinas der Squadron VP 83 der US-Navy am 15. April 650 Kilometer östlich von Natal die *Archimede,* und die *Da Vinci* wurde bei ihrer Unternehmung nach Kapstadt und in den Indischen Ozean am 23. Mai auf dem Rückweg von alliierten Kräften versenkt. Die *Cappellini* lief am 11. Mai unter dem Kommandanten Walter Auconi aus und erreichte als erstes Transport-U-Boot den Fernen Osten. Sie hatte 150 Tonnen »kostbares« deutsches Kriegsmaterial, Dokumente und dergleichen für die Japaner an Bord. *Tazzoli, Giuliani, Torelli* und *Barbarigo* liefen zwischen dem 16. Mai und dem 15. Juni aus. Die Alliierten versenkten die *Tazzoli* und die *Barbarigo,* aber die *Giuliani* und die *Torelli* erreichten mit deutscher Fracht für die Japaner den Fernen Osten.

Nachdem das Problem mit den italienischen U-Booten gelöst war, gestand Hitler, daß die japanische kaiserliche Marine durch den Chef der japanischen Delegation in Berlin, Admiral Naokuni Nomura, um zwei deutsche U-Boote gebeten hatte. Die Japaner wollten sie offensichtlich nachbauen und massenhaft herstellen, um sie gegen die amerikanischen Seestreitkräfte im Pazifik einzusetzen. Dönitz war gegen das Geschenk, weil er meinte, daß die Japaner die in Deutschland entworfenen U-Boote nicht mehr rechtzeitig in großer Zahl bauen könnten, um den Kriegsverlauf noch zu beeinflussen. Hitler bestand jedoch darauf, den Japanern mindestens ein Boot zu übergeben, als freundschaftliche Geste und als Gegenleistung für die gewaltigen Mengen von Zinn, Gummi und anderen Rohstoffen, mit denen die Japaner die deutschen Blockadebrecher großzügig versorgt hatten.

Das U-Boot, das unter dem Namen »Marco Polo I.« nach Japan transferiert werden sollte, war das IXC-Boot *U511* unter dem Kommandanten Fritz Schneewind. Es lief am 10. Mai mit Fracht und sechs Passagieren aus, zu denen auch Admiral Nomura gehörte, tankte bei dem U-Tanker *U460* vom Typ XIV auf und erreichte am 17. Juli die malaysische Insel Penang. Dort verließ Nomura das Boot und flog nach Japan. Schneewind nahm einen japanischen Offizier als Lotsen und Dolmetscher an Bord und traf am 16. September in Japan[2] ein. Danach kehrte er mit seiner Besatzung per Überwasserschiff nach Penang zurück, wo die Deutschen gerade einen U-Boot-Stützpunkt für italienische Transport-U-Boote und deutsche Kampf- und Transport-U-Boote errichteten.

---

[1] *Archimede, Da Vinci, Tazzoli, Giuliani, Cappellini, Torelli, Barbarigo, Bagnolini* und *Finzi.*

[2] Die Japaner tauften das Boot in *RO-500* um.

Die Konferenz über die Geleitzüge im Atlantik: 1.–12. März 1943

Aus einer Reihe von teils genannten, teils ungenannten Motiven versammelten sich die Alliierten in Washington zu einer historischen Konferenz, die als »Atlantic Convoy Conference« in die Geschichte einging. Einige ihrer Motive waren:

- Die Briten wollten erneut das Thema einer einheitlichen Kommandostruktur für die U-Boot-Bekämpfung im gesamten Atlantik zur Sprache bringen, an deren Spitze Max Horton, der Oberbefehlshaber des Western Approaches Command in Liverpool, stehen sollte. Die Briten wollten von den amerikanischen Seestreitkräften eine Bestätigung von Roosevelts Versprechen, daß die USA 1943 mindestens 27 Millionen Tonnen an Gütern nach Großbritannien exportieren würden, daß sie den Briten nach dem Lend-Lease Act monatlich 15 bis 20 neue Handelsschiffe für jeweils zehn Monate überlassen würden (150 bis 200 Schiffe) und daß sie die durch die Operation Torch geschrumpften britischen Ölvorräte wieder aufstocken würden. Um die Wichtigkeit und Dringlichkeit dieser Anliegen zu betonen, entsandte Churchill seinen Außenminister Anthony Eden, der direkt mit Roosevelt konferieren sollte.
- Die Kanadier waren von London wie Washington lange Zeit herablassend behandelt worden, obwohl sie bei der Geleitsicherung auf der Nordatlantikroute etwa die Hälfte der großen Last getragen hatten. Sie strebten nun die Auflösung von Task Force 24 an, die in Argentia auf Newfoundland als die US-amerikanische Kommandostruktur für die Konvoisicherung im Atlantik fungierte, und wollten, daß statt dessen ein rein kanadisches »Northwest Atlantic Command« geschaffen würde. Außerdem wollten sie die Rückkehr der drei kanadischen Escort Groups der MOEF (C-1, C-2 und C-4) erreichen, die man zur Schulung in britische Gewässer abgezogen hatte, und sie wollten die 13 noch verbliebenen kanadischen Korvetten zurückhaben, die sie für die Operation Torch abgegeben hatten.[1]

---

[1] Nach zwei Wochen intensiver Schulung bei Tobermory waren die drei kanadischen Escort Groups in der MOEF unter Gefechtsbedingungen weiter geschult worden. Sie hatten sich den britischen Escort Groups 37, 38, 39 und 40 angeschlossen, die die Torch-Konvois KMF, KMS, MKF und MKS zwischen den Britischen Inseln und dem Mittelmeer sicherten. Die für Torch abgestellten ursprünglich 16 kanadischen Korvetten bildeten die drei kanadischen Escort Groups CEG 25, 26 und 27 und schlossen sich ebenfalls den zum Schutz der Torch-Konvois eingesetzten britischen Escort Groups an. Streitkräfte der Achsenmächte versenkten 2 der 16 kanadischen Korvetten, die *Louisburg* und die *Weyburn.* Eine weitere, die *Lunenburg,* blieb zur Überholung und Aufrüstung bis zum August in Großbritannien.

• Die US-Amerikaner, die für den Geleitschutz der schnellen und langsamen UG- und GU-Geleitzüge über den Atlantik sowie für die CU- und UC- und die OT- und TO-Tankergeleitzüge und für das riesige »Interlocking Convoy System« (ineinandergreifendes Geleitzugsystem) in der westlichen Hemisphäre die alleinige Verantwortung trugen, wollten ihre Pflichten bei der Geleitsicherung auf der Nordatlantikroute gerne abgeben, wenn sie den Eindruck gewinnen sollten, daß Kanadier und Briten die Aufgabe bewältigen könnten.
• London, Washington und Ottawa waren sich darin einig, daß mehr Maschinen des Typs B-24 Liberator mit sehr großer Reichweite (VLR) gebraucht würden, um die Geleitzüge im Atlantik zu schützen und U-Boote zu vernichten, aber sie waren immer noch uneins, wie diese Flugzeuge zwischen den Aufgabenbereichen der strategischen Luftangriffe und der U-Boot-Bekämpfung und zwischen den verschiedenen Waffengattungen in den Streitkräften der drei Staaten verteilt werden sollten. Da alle Beteiligten einen immer größeren Anteil dieser Flugzeuge haben wollten, war es notwendig, eine systematische Aufteilung nach Ländern, Luftstreitkräften und Kriegsschauplätzen zu vereinbaren.
• Nach jahrelanger Entwicklungs-, Bau- und Erprobungszeit waren die amerikanischen und britischen U-Jagdeinheiten mit je einem Geleitträger (Support Groups) und die Geleitzerstörer (oder Fregatten) endlich bereit für den ASW-Dienst im Atlantik. Wie die B-24-Bomber mußten auch diese U-Boot-Bekämpfungsmittel zur Verwendung in spezifischen Operationsgebieten und auf den Konvoirouten im Atlantik auf die drei Länder verteilt werden.

Während der gesamten Konvoikonferenz litten die Anwesenden unter zwei unheilvollen Vermutungen ihrer Nachrichtendienste, die sich beide als völlig falsch erweisen sollten. Sie fürchteten, daß sich die deutsche U-Boot-Streitmacht 1943 dramatisch vergrößern könnte und daß die alliierten Codeknacker die Vier-Walzen-Enigma-Schlüsselmaschine erneut mindestens für einige Monate nicht mehr entziffern könnten.

Was die erste Annahme betraf, prophezeiten ranghohe Nachrichtenoffiziere der Alliierten am 1. März 1943, daß die Deutschen bis zum 31. Dezember 1943 eine Streitmacht von 613 U-Booten in Dienst gestellt haben würden. Diese Zahl ergab sich aus der Annahme, daß die Deutschen 1943 320 neue U-Boote (im Durchschnitt monatlich 26,6) in Dienst stellen und die Alliierten im selben Jahr 124 U-Boote (monatlich 10,3) versenken würden. Wenn der angenommene Nettozuwachs von 196 U-Booten (320 neue minus 124 versenkte Boote) zu dem angenommenen Bestand von 417 am 1. Januar 1943 in Dienst gestellten Booten addiert wurde, ergab dies 613 Boote.

Dank eines unerwartet starken Anstiegs bei den U-Boot-Versenkungen der Alliierten im Jahr 1943 sollten sich diese Zahlen als stark überhöht erweisen. Nach den Unterlagen der U-Boot-Führung verfügte die U-Boot-Streitmacht am 31. Dezember 1943 nicht über 613, sondern nur über 436 in Dienst gestellte Boote, ein Zuwachs von nur 19 Booten im Jahr 1943. Unter den in Dienst gestellten Booten waren 87 Schulboote und 181 Boote, die in der Ostsee erprobt oder für Forschungs- und Entwicklungszwecke eingesetzt wurden; nur 168 Boote waren im aktiven Frontdienst. Die letztgenannte Zahl umfaßte 32 VII-Boote im Mittelmeer und im Nordmeer, 130 VII- und IX-Boote im Atlantik und 6 Einbäume im Schwarzen Meer.

Die U-Boot-Streitmacht im Atlantik erlebte im Sommer 1943 keinen Zuwachs, sondern schrumpfte sogar. Hier ihre ungefähre Stärke:

	1.5.	1.6.	1.7.	1.8.	1.9.
VII-Boote	134	119	112	98	93
IX-Boote	52	46	45	33	30
Gesamt:	186[1]	165	157	131	123[2]

Die zweite pessimistische Annahme, daß man den Vier-Walzen-Enigma-Schlüssel nicht mehr entziffern könnte, wurde von britischen Codeknackern gemacht. Sie hatten durch entzifferte Enigma-Funksprüche erfahren, daß die Deutschen am 10. März ein neues Wetterkurzsignalheft einführen würden, welches das im Oktober aus *U559* geborgene ersetzen würde. Da der Wetterkurzschlüssel für die britischen Bomba-Programmierer beim Finden von »cribs« oder »Übersetzungshilfen« eine zentrale Rolle spielte, fürchtete man in Bletchley Park »fatale Konsequenzen«, wie es in einer offiziellen Geschichte der britischen Nachrichtendienste heißt.

Während der Konvoikonferenz schickte John H. Edelsten, Assistant Chief of Staff for Trade bei der britischen Admiralität, folgende Notiz an den First Sea Lord Pound: »Das Vorhergesehene ist eingetroffen. DNI [Director of Naval Intelligence] berichtete am 8. März, daß der Tracking Room für einen beträchtlichen Zeitraum, ja vielleicht sogar monatelang, ›blind‹ sein wird, was die Bewegungen der U-Boote betrifft.« Pound gab die schlechte Nachricht mit folgenden Worten an den Vice Chief of Naval Staff, Henry R. Moore, weiter, der auf der Konvoikonferenz in

---

1 Nicht mitgerechnet XB-Minenleger, XIV-U-Tanker und IXD1- und IXD2-Fern-U-Boote, aber einschließlich aller VII- und IX-Boote, die zur Reparatur von Gefechtsschäden, zur Modifikation oder zur Neuausrüstung in Frankreich lagen, und zwar gleichgültig, wie lange dies dauerte.

2 Man beachte, daß die Atlantikflotte in dem entscheidenden Jahr vom 1. September 1942 bis zum 1. September 1943 von 124 U-Booten zu 123 U-Booten schrumpfte. Vergleiche Tafel 1.

Washington weilte: »Die besondere Nachrichtenbeschaffung über die U-Boote hat einen schweren Rückschlag erlitten. Nach dem 10. März werden wir vermutlich nur noch zwei bis drei Doppeltage pro Monat bekommen [den Code brechen], und diese werden nicht aktuell sein.« Pound fügte dem ein hoffnungsvolles Postskriptum hinzu: »Nach zwei bis drei Monaten sollte sich die Lage beträchtlich verbessern.«

Tatsächlich verloren die Alliierten den Schlüsselbereich Triton, jedoch nur etwa zehn Tage lang. Die britischen Codeknacker in Bletchley Park verrichteten eine der nachrichtendienstlichen Großtaten des Krieges. Sie arbeiteten mit 60 hintereinandergeschalteten Drei-Walzen-Bombas und brachen am 19. März wieder in den Schlüsselbereich Triton ein. Wie es in der offiziellen Geschichte der alliierten Nachrichtendienste heißt, konnten die Briten den Funkverkehr im Bereich Triton in den 112 Tagen vom 10. März bis zum 30. Juni 1943 90 Tage lang lesen, also in 80 Prozent der Zeit. Zu den ranghöchsten Teilnehmern der Geleitzugkonferenz gehörten Admiral King (ihr Vorsitzender); Kings Stabschef Richard S. Edwards; der britische Admiral Percy Noble, der damals ranghöchste in Washington dienende britische Marineoffizier, der bis kurz zuvor Oberbefehlshaber der Western Approaches gewesen war; der zuvor erwähnte Stellvertretende Chef des britischen Admiralstabs, Henry R. Moore; der Director der Trade Division der Admiralität, Captain Brian B. Schofield; und der ranghöchste kanadische Offizier in Washington, Konteradmiral V. G. Brodeur.

King eröffnete die Konferenz mit einer kurzen Brgrüßungsrede, dann überließ er Edwards den Vorsitz. In seiner Ansprache sagte King, das Geleitzugsystem halte er noch immer nicht nur für den besten, sondern den *einzigen* Weg, die alliierten Schiffe zu schützen. »Ein gerettetes Schiff ist zwei neugebaute wert«, betonte er. Deshalb müsse die »sichere und pünktliche Ankunft der Geleitzüge« auch weiterhin das leitende strategische Prinzip bleiben und U-Jagd-Operationen seien nur von nachgeordneter Bedeutung. Außerdem äußerte sich King sehr besorgt über die zunehmende Überlastung des New Yorker Hafens. Vom September 1942, als man Abfahrt und Ankunft der Nordatlantik-Geleitzüge nach New York verlegt hatte, bis zum 1. Februar 1943 hatten sich in dem Hafen 123 Zusammenstöße hochseetüchtiger Wasserfahrzeuge (mit 246 beteiligten Schiffen) ereignet. Vor allem, betonte King, sei die *Arkansas,* als sie dort vor Anker lag, zweimal beinahe gerammt worden.[1]

---

[1] Im Februar 1943 kam es zu 31 weiteren Kollisionen von 62 Schiffen, darunter die US-amerikanischen Flottenzerstörer *Cowie* und *Tillman*. In den frühen Nachtstunden des 1. April liefen bei schwerem Nebel die Geleitzüge HX 232 und UGS 7 aus und gerieten während des dreistündigen Manövers durcheinander. Es kam zu sechs Kollisionen; 14 weitere Schiffe stachen nicht in See oder brachen die Fahrt ab, so daß HX 232 um 16 Schiffe und UGS 7 um 10 Schiffe vermindert wurde, ein ernster Rückschlag.

Die Konferenzteilnehmer trafen eine Reihe wichtiger Entscheidungen, die von den drei Regierungen sofort ratifiziert wurden. Hier die wichtigsten:

Die Nordatlantikroute

Briten und Kanadier sollten die volle – und alleinige – Verantwortung für die Sicherung der Frachtkonvois auf der Nordatlantikroute übernehmen. Das amerikanische Kommando Task Force 24 in Argentia würde abziehen, und dasselbe galt auch für die letzte amerikanische Escort Group A-3 und das auf Island stationierte amerikanische »Shuttle«[1]. Schiffe, die nach Island fuhren oder von dort kamen, würden zwischen den Britischen Inseln und dem amerikanischen Kontinent mit Nordatlantik-Geleitzügen fahren und sich zwischen den Britischen Inseln und Island den bereits bestehenden UR- und RU-Geleitzügen (United Kingdom nach Reykjavik und umgekehrt) anschließen, die von Kriegsschiffen unter britischem Befehl eskortiert wurden.

Die Halifax (HX), Slow (SC) und Outbound North (ON/ONS) Konvois auf der Nordatlantikroute sollten insgesamt weiterfahren wie zuvor, jedoch mit einer Reihe von Modifikationen. Wie Admiral King wegen der Überlastung New Yorks vorgeschlagen hatte, sollten die SC- und die ONS-Konvois ab dem 31. März in Halifax auf Nova Scotia auslaufen und dorthin zurückkehren.[2] Wie zuvor würden Schiffe aus Halifax, eskortiert von kanadischen Kriegsschiffen und von kanadischen und US-amerikanischen Flugzeugen, in den bereits bestehenden HB- und BX-Geleitzügen (Halifax–Boston und umgekehrt) fahren. Schiffe, die in Boston aufbrachen oder Boston anliefen, sollten mit dem Interlocking Convoy System der USA fahren.

Die Mid-Ocean Escort Force (MOEF) sollte von der britischen Admiralität geführt werden und aus 14 Escort Groups mit je 6 Schiffen (insgesamt 84 Kriegsschiffen) bestehen, 7 Escort Groups würden die Kanadier und 7 die Briten stellen. Um den Bedürfnissen der Kanadier zu entsprechen, sollten die 3 kanadischen Escort Groups der MOEF, die zur Schulung in britische Gewässer verlegt worden waren und die 14 verbliebenen Korvetten aus den bei der Operation Torch eingesetzten kanadischen Escort Groups an Kanada zurückgegeben werden.

---

1 Das isländische »Shuttle« bestand aus acht amerikanischen Kriegsschiffen: vier Zerstörern, drei Coast Guard Cutters und einem Minensuchboot. Die Coast Guard Cutters sollten sich auch weiterhin an der Grönlandpatrouille beteiligen und Versorgungsschiffe von Kanada zu amerikanischen Stützpunkten auf Grönland eskortieren.

2 In der Zeit vom 19. 9. 1942 bis zum 2. 3. 1943 liefen 20 Slow Convoys mit insgesamt 1184 Handelsschiffen in New York aus.

Nach dem Rückzug der amerikanischen Task Force 24 sollten die Kanadier die operative Führung auf dem westlichen Teil der Nordatlantikroute und bei den XB- und BX-Geleitzügen übernehmen. Das Gebiet des geplanten Canadian Northwest Atlantic Command sollte alle Gewässer westlich des 47. Grads westlicher Länge und nach Süden bis zum 42. Grad nördlicher Breite (Boston) umfassen. Eine kanadische Western Escort Force mit elf (statt bisher acht) Escort Groups sollte die Geleitzüge in diesem Gebiet sichern. Als Schiffe für diesen Geleitdienst sollten die Kanadier nicht nur bei Torch eingesetzte und weitere Korvetten erhalten, sondern auch die in kanadische Gewässer ausgeliehenen elf britischen Zerstörer behalten.[1]

Die Slow Convoys sollten, beginnend mit dem Geleitzug SC 125 am 31. März, alle acht Tage in Halifax auslaufen. Die HB- und BX-Geleitzüge sollten etwa ab dem 23. März – nach der Ankunft von ONS 171 in Halifax – alle vier Tage von Halifax nach Boston fahren. Nach ONS 171 sollte die Numerierung der Geleitzüge nach Halifax wieder bei 1 beginnen, um sie von den in New York ein- und auslaufenden (schnellen) Outbound North (ON) Konvois zu unterscheiden.

Um der dringlichen britischen Forderung nach der von Präsident Roosevelt versprochenen Erhöhung der amerikanischen Exporte zu entsprechen, wurde die Häufigkeit der schnellen HX-Geleitzüge von New York zu den Britischen Inseln und der zurückkehrenden ON-Geleitzüge erhöht, und sie wurden vergrößert, so daß sie in der Regel aus 60 Handelsschiffen und – bei der Fahrt nach Osten – zusätzlich aus Panzerlandungsschiffen (Landing Ship Tank, abgekürzt LST) bestanden. Admiral King widersetzte sich energisch einem britischen Vorschlag, die Geleitzüge auf dieser Route auf 80 Schiffe zu vergrößern. Dies seien mehr Handelsschiffe, als von einer Escort Group (sechs Schiffen) wirkungsvoll gesichert werden könnten. Und er warnte davor, daß die inneren und äußeren Auswirkungen von »schweren amerikanischen Schiffsverlusten in übergroßen und unzureichend gesicherten Geleitzügen« erheblich und sehr unangenehm sein würden.

---

[1] Die alte *Witherington* und zehn alte, ehemals amerikanische Zerstörer der Town-Klasse. Die Zerstörer waren in »relativ schlechtem Zustand«. Zwei wurden einer langwierigen Generalüberholung unterzogen, vier wurden wieder neu ausgerüstet, sollten jedoch zwischen dem 2. und 22. 3. wieder zur Verfügung stehen; bei einem war die Neuausrüstung ab dem 10. 3. geplant; nur vier waren im Einsatz, doch einer davon (die *Leamington*) war aufgrund seiner sehr niedrigen Dauerbelastungsgrenze für Einsätze auf hoher See nicht geeignet. Neben den oben erwähnten Schiffen verfügten die Kanadier noch über sieben ehemals amerikanische Zerstörer der Town-Klasse, die sie direkt von der US Navy erhalten hatten (Siehe Anhang 9 und 10, Bd. 1). Task Force 24 wurde Royal Ingersoll, dem Befehlshaber der amerikanischen Atlantic Fleet, unterstellt.

Die Erhöhung der Geleitzugfrequenz auf der schnellen HX-ON-Route sollte wie folgt realisiert werden. Nach dem Geleitzug HX 230 am 18. März sollten die beiden folgenden Geleitzüge jeweils sieben Tage später auslaufen. Der Geleitzug HX 233 sollte dann fünf Tage nach HX 232 fahren. Die Geleitzüge HX 234 bis HX 236 sollten im Abstand von sechs Tagen auslaufen. Der Geleitzug HX 237 würde am 30. April in See stechen, und alle folgenden HX-Geleitzüge würden dann im Abstand von fünf Tagen fahren. Außerdem sollte im März der zusätzliche Geleitzug HX 229A auslaufen. Beginnend mit ON 173 sollten auch die westwärts fahrenden schnellen Geleitzüge nach einem ähnlichen Schema auslaufen, bis nach ON-178 am 12. April ein Abstand von fünf Tagen erreicht war.

Die Briten sollten die alleinige Verantwortung behalten für die Konvoirouten zwischen den Britischen Inseln und dem Mittelmeer (KM und MK), nach Sierra Leone und anderen westafrikanischen Häfen (Outbound South oder OS und zurückkehrend SL) und für die Winston Special (WS) genannten Militärkonvois. Um den Einsatz der britischen Escort Groups auf diesen Routen zu optimieren, wollte die Admiralität die KMS- und OS-Konvois in einem Zyklus von 20 Tagen kombinieren und die KMF- und WS-Konvois in einem Zyklus von 30 Tagen. Um die lokale Stationierung von Eskorten in Gibraltar noch ökonomischer zu gestalten, wurden größte Anstrengungen unternommen, die Abfahrt der UGF- und KMF- sowie der UGS- und KMS-Konvois zu synchronisieren. Wenn genügend Eskortschiffe verfügbar sein sollten, wollten die Briten auch wieder mittelgroße und kleine Schiffe mit geringem Tiefgang in Outbound Gibraltar (OG) und Homebound Gibraltar (HG) Konvois fahren lassen.

Auch für die JW-RA-Konvoirouten von und nach Nordrußland (Murmansk, Archangelsk) sollten die Briten die alleinige Zuständigkeit behalten. Die dort fahrenden Geleitzüge bestanden größtenteils aus amerikanischen Frachtschiffen, wie etwa Liberty-Schiffen, wurden jedoch nicht von amerikanischen Kriegsschiffen gesichert. Die Geleitzüge bestanden aus maximal 30 Frachtschiffen und sollten im Abstand von 42 Tagen fahren.

Briten und Kanadier sollten fünf Support Groups zur Verstärkung bedrohter Geleitzüge auf der Nordatlantikroute stellen. Sie sollten jeweils aus drei bis fünf Zerstörern, Sloops oder Fregatten bestehen und, sobald die britischen Geleitträger *Archer, Avenger, Biter* und *Tracker* zur Verfügung standen, sollten vier davon einen Träger erhalten. Die erste amerikanische Support Group, die gefechtsbereit werden würde, bestand aus dem Geleitträger *Bogue* und fünf Zerstörern und sollte den Briten und Kanadiern für die Nordatlantikroute ausgeliehen werden. Britische Merchant Aircraft Carriers (sogenannte MAC-Schiffe oder Handelsflugzeugträger mit drei oder vier Swordfish-Flugzeugen, aber ohne Katapult)[1], sollten ab Mai, wenn das Wetter für Flugzeugeinsätze günstiger sein würde, alle langsameren Geleitzüge (SC und ONS) begleiten.

Die Mittelatlantikrouten

Die Amerikaner sollten die alleinige Zuständigkeit für die Sicherung der Geleitzüge auf den drei Routen im Mittelatlantik, UG und GU, OT und TO sowie CU und UC bekommen. Da die Geleitzüge auf diesen Routen in viel größeren Abständen fuhren als die auf der Nordatlantikroute, wurden für ihre Sicherung weniger Escort Groups benötigt. Diese bestanden aus den fünf im Atlantik stationierten Coast Guard Cutters der Treasury-Klasse, neuen und alten Zerstörern und, wenn verfügbar, auch aus Geleitzerstörern.

Bei den UG- und GU-Geleitzügen zwischen New York und Gibraltar gab es wie bei den Geleitzügen auf der Nordatlantikroute schnelle (mit 15 Knoten) und langsame. Die schnellen (UGF und GUF) bestanden neben Handelsschiffen auch aus Truppentransportern und fuhren alle 25 Tage. Die langsamen Geleitzüge (UGS und GUS) sollten ab Mai nicht mehr alle 25 Tage, sondern alle 15 Tage fahren.

Die schnellen OT- und TO-Tankergeleitzüge (mit 14,5 Knoten) verkehrten alle 28 Tage zwischen Aruba in der Karibik und Gibraltar. Wenn die Tanker im Ballast in die Karibik zurückgefahren waren, nahmen sie wieder Öl auf, fuhren ohne Eskorte nach New York und deponierten ihre Ladung im »New York Pool«. Dann kehrten sie in die Karibik zurück, nahmen dort eine neue Ladung auf und fuhren damit nach Gibraltar. Langsamere Tanker transportierten dann das Öl aus dem New York Pool auf der Nordatlantikroute zu den Britischen Inseln. In der Zwischenzeit wurden die transatlantischen Escort Groups der USA (je sechs Zerstörer) zur Überholung und Ausrüstung der Schiffe und zur Schulung der Besatzungen in die amerikanische Marinebasis Guantánamo auf Kuba verlegt.

Die schnellen CU- und UC-Geleitzüge (mit 14,5 Knoten) lieferten direkt aus der Karibik Öl an die Britischen Inseln und fuhren alle 54 Tage. Ihre Rundreise umfaßte eine 15tägige Fahrt zu den Britischen Inseln, einen 6tägigen Aufenthalt dort, eine 15tägige Rückfahrt in die Karibik und einen 18tägigen Aufenthalt dort. Während des Aufenthalts auf der amerikanischen Seite des Atlantiks sollten die Tanker ebenfalls uneskortiert nach New York fahren und eine Schiffsladung Öl für den New York Pool liefern, während die transatlantischen Escort Groups in Guantánamo wieder neu ausgerüstet wurden.

---

[1] MAC-Schiffe waren gewöhnliche Handelsschiffe, deren Aufbauten oberhalb des Oberdecks abgebaut und durch ein improvisiertes Flugdeck ersetzt worden waren.

TAFEL 5

KONVOIROUTEN IM NORD- UND MITTELATLANTIK WIE VON DER ATLANTIC CONVOY CONFERENCE BESTÄTIGT

1. März bis 12. März 1943

- HX-, SC-, ON- und ONS-Geleitzüge von New York und Halifax zu den Britischen Inseln und zurück. Maximal 60 Schiffe pro Geleitzug. Gesichert von 14 britischen und kanadischen Escort Groups der MOEF und 5 Support Groups plus einer amerikanischen Support Group mit dem Geleitträger *Bogue*. Die Kanadier waren auf ihrer Seite des Ozeans ab 47 Grad westlicher Länge für die Geleitsicherung verantwortlich. Wegen der Überlastung des New Yorker Hafens liefen die Slow Convoys ab dem 17. Juni in Halifax auf Nova Scotia aus.
- HB-BX-Geleitzüge zwischen Halifax und Boston. Kanadische Sicherung.
- UGF-, UGS-, GUF- und GUS-Geleitzüge von New York und Norfolk nach Gibraltar und zurück. (Ab Juni 1943 wurde auf die UGF-Geleitzüge für ein Jahr verzichtet, bis zum 1. 7. 1944.) Um den New Yorker Hafen weiter zu entlasten, liefen die UGS-Geleitzüge ab November 1943 in Norfolk aus. Zur amerikanischen Sicherung gehörten die fünf verbliebenen amerikanischen Coast Guard Cutters, Zerstörer (später auch Geleitzerstörer) und fünf (später sechs) Geleitträger.
- Interlocking Convoy System. US-Ostküste, Golf von Mexiko, Karibisches Meer und Südwestatlantik. US-amerikanische und brasilianische Sicherung.
- Schnelle CU- und UC-Tankergeleitzüge (14,5 Knoten) von der Karibik zu den Britischen Inseln und zurück. Ab November 1943 fuhren die CU ab New York, und 1944 wurden sie häufig mit UT-Truppengeleitzügen (ebenfalls 14,5 Knoten) kombiniert, die von New York zu den Britischen Inseln oder nach Frankreich fuhren. Amerikanische Sicherung.
- OT- und TO-Tankergeleitzüge von der Karibik nach Gibraltar und zurück sowie zum New York Pool und zurück. Amerikanische Sicherung.
- KMF-, KMS-, MFK- und MKS-Geleitzüge zwischen den Britischen Inseln und dem Mittelmeer. KMF-Geleitzüge sollten mit WS-Militärgeleitzügen kombiniert werden. Britische Sicherung.
- Langsame OS- und SL-Geleitzüge von und nach den Britischen Inseln und Sierra Leone oder anderen westafrikanischen Häfen und darüber hinaus. OS- sollten mit KMS-Geleitzügen kombiniert werden. Britische Sicherung.
- UR- und RU-Geleitzüge von den Britischen Inseln nach Island und zurück. Britische Sicherung.
- JW- und RA-Geleitzüge von den Britischen Inseln oder Island nach Nordrußland und zurück. Britische Sicherung.

Die Sicherung der Geleitzugrouten im Mittelatlantik sollte durch fünf U-Jagdeinheiten (Support Groups) verstärkt werden. Sie sollten jeweils aus vier bis fünf Zerstörern und einem der amerikanischen Geleitträger *Block Island, Card, Core, Croatan* und *Santee* bestehen, sobald diese gefechtsbereit sein würden. Wenn später weitere Geleitträger verfügbar wurden, sollte die für die Nordatlantikroute an Briten und Kanadier ausgeliehene Support Group mit dem Geleitträger *Bogue* an die amerikanischen Mittelatlantikrouten zurückverlegt werden.

Die Konvoikonferenz faßte diese Beschlüsse in den ersten Märztagen, als die Schiffsverluste der Nordatlantikkonvois schwerer waren als üblich. Die Verluste wurden mit angemessener Besorgnis registriert, doch es ist bemerkenswert, daß es keine Äußerungen gab, die auch nur entfernt Befürchtungen der britischen Admiralität entsprochen hätten, wo man meinte, daß die Alliierten vor der »Krise aller Krisen« stünden und sich Geleitzüge wegen der U-Boot-Angriffe vielleicht bald schon als ungeeignetes Mittel zum Schutz der Handelsschiffahrt erweisen würden.

ASW-Flugzeuge mit großer und sehr großer Reichweite

Bei Beginn der Konvoikonferenz am 1. März verfügten die Alliierten über eine mächtige und wachsende Streitmacht von ASW-Flugzeugen mit großer und sehr großer Reichweite im Nordatlantik. Sie war sehr viel eindrucksvoller, als es in den meisten Darstellungen der Schlacht im Atlantik zum Ausdruck kommt.[1]

In der ersten Hälfte des Jahres 1943 operierten keine U-Boote in den Gewässern der Eastern Sea Frontier.[2] Die von Admiral Adolphus Andrews kompetent geführte Front erstreckte sich auf die gesamte Ostküste der Vereinigten Staaten, von Maine bis Florida. Die gesamte Handelsschiffahrt in diesem Gebiet fuhr in Geleitzügen, bewacht von Escort Groups, die aus einer Flotte von etwa 200 Kriegsschiffen zusammengestellt wurden.

Da es an der Ostküste keine U-Boote mehr gab und die Geleitzüge küstennah fuhren, bestand kaum Bedarf an Langstreckenflugzeugen zur U-Boot-Bekämpfung. Trotzdem ließ Andrews ständige Patrouillen fliegen, um die unbedrohten Geleitzüge zu schützen. Wie er am 25. Februar 1943 berichtete, hatte er damals die operative Führung über 328 Flugzeuge, von denen 192 zu Navy und Coast Guard und 136 zu den Army Air Forces gehörten. Unter den Maschinen von Navy und Coast Guard waren zehn Catalinas von Patrol Squadron VP 31 (stationiert in Rhode Island, North Carolina und Florida), sechs PBM-3C Mariners (in Norfolk) und achtzehn Blimps. Der Rest waren einmotorige Kurzstrecken-Schwimmerflugzeuge wie die OS2U Kingfisher der Navy. Die Flugzeuge der Army Air Forces umfaßten 25 B-18-Maschinen (der Squadrons 4, 7 und 12), 12 B-17 Flying Fortresses (der Squadron 20), 38 Mitchells mit großer Reichweite (der Squadrons 3, 5, 6, 13 und 14) und 44 B-34 Lexingtons, der Heeresversion der Ventura-Maschinen der Navy (Squadrons 7, 11, 15 und 16).

---

[1] Siehe Anhang 11.

[2] Siehe Anhang 5.

In den kanadischen Gewässern nördlich der Eastern Sea Frontier, wo noch U-Boote operierten, wurde die wachsende Royal Canadian Air Force (RCAF) genau wie die Royal Canadian Navy (RCN) langsam, aber sicher immer effektiver.

Die RCAF stationierte neun ASW-Squadrons an der Front. Vier (5, 116, 117 und 162) waren mit Catalinas/Cansos ausgerüstet, eine (10) mit Digbys (USAAF B-18) und vier (11, 113, 119 und 145) mit Hudsons. Außerdem flogen zahlreiche Anson-Maschinen des Training Command Übungseinsätze über dem St.-Lorenz-Golf, was die Luftüberwachung zusätzlich verbesserte.

Die Vereinigten Staaten stellten nach wie vor eine beträchtliche Menge ASW-Flugzeuge für die kanadische Küste zur Verfügung. Ein Grund war, daß der Dienst dort wie ein weiterführender Lehrgang in U-Boot-Bekämpfung wirkte. Die Flugzeuge der US Army und Navy konnten Erfahrungen unter realen Bedingungen sammeln, ohne Vergeltung von Maschinen der Achse fürchten zu müssen.

Die amerikanischen Einheiten wurden auch weiterhin in einem rotierenden System disloziert. Wie berichtet, wurde die Catalina Patrol Squadron VP 84 der US Navy im Herbst 1944 nach Island verlegt. Die Catalina Patrol Squadrons VP 82 und VP 93 kehrten in die Vereinigten Staaten zurück und wurden mit einem anderen Flugzeug ausgestattet, der Lockheed Ventura, über die unten genauer berichtet wird. Diese abziehenden Squadrons wurden teilweise ersetzt durch sechs Catalinas der Squadrons VP 31 und VP 52 aus den Vereinigten Staaten. Wie noch berichtet wird, kehrte die in Gander in Newfoundland stationierte ASW-Squadron der Army Air Forces mit ihren B-17-Maschinen in die Vereinigten Staaten zurück und wurde durch andere Luftwaffeneinheiten der Army und der Navy ersetzt.

Im Uhrzeigersinn rund um den Nordatlantik war der nächste überlebenswichtige Stützpunkt der Alliierten Island mit seinen Stützpunkten für ASW-Flugzeuge. Bis März 1943 hatte die RAF Terence Bullochs gesamte Squadron 120 mit ihren 12 bis 15 B-24 Liberators dort stationiert. Diese abgespeckten Maschinen mit sehr großer Reichweite wurden zur Verstärkung bedrohter Geleitzüge in dem »Grönland-Luftloch« eingesetzt. Das Dutzend Catalinas der Patrol Squadron VP 84 sicherte bedrohte Geleitzüge östlich des »Luftlochs«, genau wie die mit norwegischen Besatzungen fliegenden Catalinas von Squadron 330 der RAF.

Östlich von Island stationierte das Coastal Command der RAF 96 Maschinen mit großer und sehr großer Reichweite auf Stützpunkten in Schottland und Nordirland. Es waren ausschließlich viermotorige Maschinen: ein Dutzend B-24 Liberators mit sehr großer Reichweite (Squadron 86); zwei Dutzend B-17 Flying Fortresses (Squadrons 206 und 220) und 60 Sunderlands (der britischen Squadrons 201, 228 und 246 und der kanadischen Squadrons 422 und 423). Diese Flugzeuge sicherten Geleitzüge im Nordwesten, Westen und Südwesten der Britischen Inseln.

In Südengland stationierte das Coastal Command der RAF etwa 72 weitere viermotorige Maschinen, die hauptsächlich Patrouillen in der Biskaya oder nach Süden Richtung Portugal flogen. Sie umfaßten ein Dutzend B-24 Liberators (Squadron 224); zwei Dutzend Halifax-Maschinen (der Squadrons 58 und 502); drei Dutzend Sunderlands (der britischen Squadron 119 und der Squadrons 10 und 461 der Australian Air Force). Wie berichtet, wurden die 24 B-24 Liberators von Group 480 der US Army Air Forces (ASW-Squadrons 1 und 2) im März 1943 von Südwestengland nach Marokko verlegt (sonst wären in Südengland insgesamt 96 viermotorige Flugzeuge stationiert gewesen).

Ebenfalls in Südengland befanden sich drei Squadrons mit zweimotorigen Wellingtons, insgesamt 36 Maschinen dieses Arbeitstiers der U-Boot-Bekämpfung. Viele dieser Flugzeuge waren mit einem Leigh Light ausgerüstet worden, dem machtvollen Suchscheinwerfer, der auf den letzten anderthalb Kilometern Tiefflug beim Angriff auf ein U-Boot benutzt wurde. Bei einer der Squadrons (RAF 304) hatten die Flugzeuge polnische, bei einer anderen (RAF 311) tschechische und bei der dritten britische Besatzungen.

Schließlich waren in Gibraltar und Port Lyautey in Marokko 72 weitere Langstreckenflugzeuge stationiert: 24 B-24 von Group 480 der US Army Air Forces (ASW-Squadrons 1 und 2), 36 Catalinas (der britischen Squadron 202 in Gibraltar und der Squadrons VP 73 und VP 92 der US Navy in Port Lyautey) und 12 Wellingtons (der britischen Squadron 179) in Gibraltar. Diese Flugzeuge sicherten die UG- und GU-Geleitzüge auf der Ostseite des Atlantiks und die Geleitzüge, die in westafrikanischen Häfen ein- oder ausliefen.

Die furchterregende alliierte ASW-Streitmacht im Nordatlantik umfaßte insgesamt 57 Squadrons mit 684 Flugzeugen, die an der Front stationierten Hudsons und Whitleys und andere weniger leistungsfähige Flugzeuge nicht mitgerechnet. Trotzdem gab es noch viele Probleme. Die Flugzeuge wurden von vier verschiedenen Stellen kommandiert: dem Coastal Command der RAF, der Royal Canadian Air Force, der US Navy und den US Army Air Forces. Die Koordination und Zusammenarbeit zwischen diesen Stellen ließ sehr zu wünschen übrig. Die US Navy und die US Army Air Forces waren sich noch immer uneins bezüglich Doktrin und Kommandostruktur und widersetzten sich eifrig jeder Art von Zusammenschluß unter Führung der Navy ähnlich dem Coastal Command der RAF. Briten und Amerikaner verweigerten den Kanadiern auch weiterhin einen fairen Anteil an den modernen ASW-Flugzeugen und an den ASV-Radargeräten und anderer Elektronik.

Bei weitem der effektivste U-Boot-Jäger war die B-24 Liberator. Bis März hatten die Alliierten fünf Squadrons mit über 60 dieser todbringenden Maschinen stationiert:

RAF	120	in Island
RAF	86	in Nordirland
RAF	224	in Südengland
USAAF	1	in Marokko
USAAF	2	in Marokko

Elf weitere alliierte Squadrons mit mindestens 132 B-24 Liberators befanden sich in der Ausrüstungs- oder Erprobungsphase für den ASW-Dienst im Atlantik. Fünf gehörten zur US Navy (die Bombing Squadrons VB 103, VB 105, VB 110, VB 111 und VB 112); vier gehörten zu den US Army Air Forces (4, 6, 19, 22); eine war britisch (59) und eine kanadisch (10).

Die Teilnehmer der Konvoikonferenz wollten die elf in der Ausrüstungs- oder Erprobungsphase befindlichen B-24-Squadrons natürlich so schnell wie möglich ins Gefecht schicken. Vor allem hielten sie es für dringend erforderlich, das »Grönland-Luftloch« zu schließen. Doch die B-24 war ein kompliziertes Flugzeug und mußte für die U-Boot-Bekämpfung erheblich modifiziert werden. Aus diesem Grunde konnten die elf Squadrons mit B-24-Maschinen, die im Jahr 1943 zur U-Boot-Bekämpfung im Nordatlantik eingesetzt werden sollten, nur langsam stationiert werden:

RAF	59	in Nordirland, Mai 43
USAAF	4	in Südengland, Juli 43
USAAF	19	in Südengland, Juli 43
RCAF	10	in Newfoundland, Juli 43[1]
USN	VB 103	in Südengland, August 43
USN	VB 105	in Südengland, September 43
USN	VB 110	in Südengland, September 43
USAAF	6	in Südengland, September 43
USAAF	22	in Südengland, September 43
USN	VB 111	in Marokko, November 43
USN	VB 112	in Marokko, November 43

Nach der Stationierung all dieser Squadrons leisteten 200 B-24-Maschinen ASW-Dienst im Nordatlantik, davon 132 (66 Prozent) mit Besatzungen der US Army oder US Navy.

---

[1] Von den ihr 1943 zugeteilten B-24 übergab die RAF der RCAF in den Monaten April, Mai und Juni je fünf Stück.

Die US Navy hatte beabsichtigt, ihre ASW-Squadrons im Nordatlantik durch zwei neue Flugzeugtypen beträchtlich zu verstärken. Der eine Typ war jedoch eine technische Fehlentwicklung und der andere wurde wie die B-24 allzu langsam in Dienst gestellt. Die neuen Typen waren:

- Das zweimotorige PBM-3 Mariner Knickflügel-Flugboot, in Herstellung bei Glenn L. Martin Company. Das Flugzeug war als eine Art verbesserte Catalina konzipiert. Auf dem Papier hatte es viel stärkere Motoren (2100 PS statt 1200 PS), die doppelte Treibstoffkapazität (13200 Liter statt 6455 Liter), den doppelten Aktionsradius (2220 statt 1110 Kilometer) und mehr als die dreifache Nutzlast (6570 Kilogramm statt 1800 Kilogramm).

Bis Januar 1943 hatte Martin erst 64 PBM-3 an die US Navy geliefert. Sie waren wie folgt verteilt worden: zwölf an Patrol Squadron VP 32 in der Karibik, jeweils sechs an die neu aufgestellten Squadrons VP 201 bis VP 208 und vier an Forschungs- und Entwicklungseinrichtungen.

Doch die PBM-3 wurde von zahllosen Mängeln geplagt: sehr unzuverlässige Motoren, schlechte aerodynamische Eigenschaften, unzuverlässiges Bombenabwurfsystem und unzureichende Ersatzteilversorgung, um nur die wichtigsten zu nennen. Wütend empfahlen die für Flugzeuge zuständigen Stellen der Atlantic Fleet (am 8. April 1943), den Vertrag mit Martin zu kündigen und die Squadrons, die mit den neuen Flugzeugen ausgerüstet waren oder auf sie warteten, wieder mit PBY-5A (amphibischen) Catalinas auszurüsten. Admiral King verwarf diesen Vorschlag und befahl den Marineführungsstellen, die PBM-3 drastisch modifizieren zu lassen, damit sie die beabsichtigten ASW-Dienste leisten könnte. Die Führungsstellen brachten entsprechende Anweisungen heraus, bei dem Flugzeug »den überladenen Zustand zu mindern«. Panzerung, überflüssige Geschütze, Munition, Sauerstoffgeräte, Bombenzielgerät und Matratzen, usw. Das (abgespeckte) Modell PBM-3S wurde am 1. Juni 1943 geliefert, das zweite am 27. Juli.

Wie ein offizieller Historiker der amerikanischen Marinefliegerei schreibt, »ließ auch die abgespeckte Maschine als effizientes ASW-Flugzeug viel zu wünschen übrig«. Deshalb gaben die zuständigen Stellen Martin noch einen Vertrag für ein weiteres Modell, die PBM-3D. Das erste dieser Flugzeuge wurde am 3. Dezember 1943 geliefert. Doch wie der Historiker fortfährt, »machte auch dieses Modell beträchtliche Schwierigkeiten«.

Die Versorgung der Flugzeuge mit Ersatzteilen war so schlecht, daß sie nirgends stationiert werden konnten, wo auch nur die geringste Gefahr einer Begegnung mit feindlichen Flugzeugen bestand. Aus diesem Grund wurden die neu mit Mariners ausgerüsteten Squadrons fast alle im Golf von Mexiko, in der Karibik und in lateinamerikanischen Gewässern stationiert.[1]

---

[1] Martin produzierte in Erfüllung der im Krieg erteilten Aufträge 1312 Mariners.

• Die PV-1 Ventura, ein zweimotoriger, landgestützter Mittelstreckenbomber, wurde von Lockheed produziert. Dieses Flugzeug, eine beträchtlich verbesserte Version der Lockheed PBO Hudson, wie die Navy-Version des B-34-Mittelstreckenbombers der US Army Air Forces hieß, hatte einen Aktionsradius von etwa 900 Kilometern. Die Maschine war ursprünglich für den Einsatz im Pazifik konzipiert, wo mit starkem Widerstand durch japanische Jäger zu rechnen war, sie wurde jedoch auch über den Gewässern Nord-, Mittel- und Südamerikas sowie Westafrikas als ASW-Flugzeug eingesetzt. Eine große Enttäuschung – und ein großes Problem – war es für die Navy, daß die PV-1 Ventura, der erste der Navy offiziell zugeteilte landgestützte Bomber, extrem langsam geliefert wurde. Die Army Air Forces erhielten (wie auch bei den B-34) die erste Priorität bei der Auslieferung der Flugzeuge; die Navy kam erst an zweiter Stelle. Bis Januar 1943 hatte die Navy kaum 50 Venturas bekommen. Wie berichtet, wurden damit die in Newfoundland stationierten Catalina Patrol Squadrons VP 82 und VP 93 neu ausgerüstet und erhielten die neue Bezeichnung Bomber Squadrons VB 125 und VB 126. Als allmählich weitere Venturas an die Front kamen, wurden sie den Bomber Squadrons VB 127 und VB 128 und so weiter zugeteilt.[1]

Die Nordatlantikroute: März 1943

Im Monat März 1943 ließ die U-Boot-Führung 47 Boote gegen die alliierten Konvoirouten im Nord- und Mittelatlantik operieren: 35 VII-Boote[2], 11 alte und neue IX-Boote, die für harte Geleitzugschlachten nicht geeignet waren, und den XB-Minenleger *U117.* 13 Boote waren neu oder hatten neue Kommandanten. Wie die 67 im Februar eingesetzten Boote erreichten auch alle März-Boote ihre Operationsgebiete, und zwar trotz der verstärkten Luftoffensive des Coastal Command in der Biskaya, die in der Operation Enclose I vom 20. bis zum 28. März kulminierte. Sie hatten den Auftrag, Gruppen zu verstärken, die hauptsächlich aus Februar-Booten bestanden, und etwa die Hälfte von ihnen sollte an den ungewöhnlich erfolgreichen deutschen Angriffen gegen Geleitzüge im März beteiligt sein.

---

[1] Die Squadrons VB 125 und VB 126 (früher VP 82 und VP 93) trafen am 1. März 1943 in Kanada ein und kehrten gemäß dem Rotationssystem am 18. Juni 1943 in die USA zurück. Squadron VB 127 löste am 6. September 1943 die Catalina Squadron VP 92 in Marokko ab; VB 128 löste am 5. September 1943 die Catalina Squadron VP 84 auf Island ab.

[2] Einschließlich *U592* aus dem Nordmeer.

Eines der auslaufenden VII-Boote, das noch immer von Werner Schwaff geführte *U333,* entging nur knapp einer Katastrophe. Zwei Tage nach dem Auslaufen in La Pallice wurde das Boot in der Nacht des 5. März von einer nicht identifizierten Wellington der Squadron 172 angegriffen. Die mit einem einem Leigh Light und seit kurzem auch einem 10-cm-Radargerät (ASV III) ausgerüstete Maschine schien aus dem Nichts zu kommen. Schwaffs Metox-Gerät hatte nicht reagiert, aber seine Flak war bemannt, und die Schützen waren außerordentlich wachsam. Sie trafen mit ihren Brandgeschossen einen Treibstofftank in einer Tragfläche der Wellington, und dieser ging in Flammen auf. Die Wellington setzte ihren Angriff fort, warf vier Wasserbomben und stürzte dann brennend ins Meer. Zwei der Bomben trafen das Boot. Die eine prallte auf und ging über Bord, ohne weiteren Schaden anzurichten, die andere schlug im Heck ein und blieb stecken, detonierte aber nicht – die Deutschen hatten unglaubliches Glück.

Schwaffs Bericht und weitere Berichte über versagende Metox-Geräte, die etwa zur gleichen Zeit von Werner Hartenstein in *U156* bei Trinidad und von Günter Reeder in *U214* in der Karibik abgesetzt wurden, weckten bei der U-Boot-Führung am 5. März den (richtigen) Verdacht, daß die Alliierten ein neues luftgestütztes Radargerät besaßen, das von ihren Metox-Geräten nicht registriert wurde. Die Berichte bestätigten Vermutungen, die sich nach der Bergung des H2S-10-cm-Radargeräts aus einer am 2. Februar bei Rotterdam abgestürzten britischen Stirling aufgedrängt hatten. Außerdem redete um diese Zeit ein britischer Flieger in Gefangenschaft den Deutschen ein, daß das Metox-Gerät selbst gefährlich sei, weil es ein starkes Funksignal aussende, das die Alliierten »ansteuern« könnten.

Das Versagen des Metox-FuMB beim feindlichen 10-cm-Radar führte auf deutscher Seite zu einem dringlichen Forschungsprojekt zur Entwicklung eines neuen Detektors und zur Montage von plumpen experimentellen Meter-Radargeräten auf einzelnen U-Booten. Bis diese elektronischen Geräte jedoch technisch ausgereift und in größerer Zahl vorhanden waren, blieb Dönitz und der U-Boot-Führung nichts anderes übrig, als die Flak der U-Boote aufzurüsten und ihren Kommandanten dringend zu raten (d.h. zu befehlen), bei einem Luftangriff nicht zu tauchen, sondern die feindlichen Flugzeuge durch Beschuß abzuwehren, insbesondere in der Biskaya, wo die mit Leigh Lights bestückten Wellingtons patrouillierten.

Bis März war die Flak auf allen Booten verbessert worden. Die Geschütze wurden achtern des Kommandoturms auf zwei separaten, offenen, halbkreisförmigen Plattformen montiert, einer höheren und weiter hinten einer niedrigeren, die man »Wintergarten« nannte. Sie waren oben mit Einzel- oder Zwillings-Schnellfeuergeschützen mit einem Kaliber von 2 Zentimetern und unten mit einem 2-cm-Vierling ausgerüstet. Diese 2-cm-Geschütze hatten häufig Ladehemmung und obendrein nur geringe Durchschlagskraft. Geplant war es, zwei verbesserte 2-cm-Zwillings-Geschütze auf der oberen Plattform und eine stärkere 3,7-cm-Flak im Wintergarten zu montieren. Bis dieses Ziel erreicht werden konnte, waren diverse Kombinationen von Flugabwehrgeschützen die Regel, aber vorerst hatte kein Boot eine Flak mit einem Kaliber von über 2 Zentimetern.

Wenn sie im Alarmzustand und wachsam waren, hatten die meisten U-Boote eine gute Chance gegen die schwach gepanzerten, langsamen und etwas schwerfälligen Catalina- und Sunderland-Flugboote und die alten und langsamen Wellingtons und Whitleys. Anders verhielt es sich bei den viel schnelleren und besser gepanzerten B-17-, B-24- und Halifax-Maschinen. Im Kampf mit diesen Maschinen waren die U-Boote sehr verwundbar. Sie hatten keine Panzerung zum Schutz des relativ dünnen Druckkörpers; die Flugabwehrgeschütze waren zwar durch Schilde gegen Splitter geschützt, ihre Bedienung war aber unzureichend geschützt. Das Heranschaffen der Munition dauerte außerdem zu lange, wenn es überhaupt möglich war. Wenn zwei Flugzeuge das U-Boot zugleich aus verschiedenen Richtungen angriffen, hatten die deutschen Schützen große Probleme, mit beiden fertigzuwerden. Zudem war es wegen des Kommandoturms fast unmöglich, mit der Flak nach vorne zu feuern, und der Kommandant mußte mit dem Boot manövrieren, um den Schützen freies Schußfeld zu bieten.

Weitere Schwierigkeiten für die U-Boote standen unmittelbar bevor. In Großbritannien gebaute Flugzeugraketen und in den USA gebaute, aus der Luft abgeworfene akustisch zielsuchende Fido-Torpedos wurden gerade an eine Reihe von Einheiten der alliierten ASW-Luftwaffe verteilt. Der Fido wurde zu Recht als eine sehr vielversprechende Waffe betrachtet, insbesondere bei Operationen mit Geleitträgern. Das taktische Konzept für einen Fido-Einsatz sah vor, daß ein oder mehrere schnelle Jäger des Typs Grumman F4F Wildcat (oder Martlets in der Royal Navy) das aufgetauchte U-Boot mit ihren sechs auf den Tragflächen montierten .50er-Maschinengewehren angriffen und die deutsche Flak samt Bedienung ausschalteten. Dadurch wurde das U-Boot zum Tauchen gezwungen, und ein in der Nähe wartender Torpedobomber des Typs Grumman TBF Avenger warf einen Fido auf den Wasserwirbel ab.

Wie schon in früheren Monaten standen auch im März nicht annähernd genug »Milchkühe« des Typs XIV zur Verfügung, um die große Zahl der eingesetzten U-Boote zu versorgen. Von den sechs Tankern dieses Typs kehrten *U459* und *U460* in der ersten Märzwoche nach Frankreich zurück und konnten nach langwierigen Instandsetzungsarbeiten erst Ende April wieder auslaufen. *U461* und *U462* waren auf See und tankten Februar-Boote auf, bis sie am 11. und 22. März zur Wiederausrüstung nach Frankreich zurückkehrten. Die anderen beiden XIV-Boote *U463* und das neue *U487* liefen am 4. und 27. März aus.[1]

Folglich stach nur ein XIV-Tanker rechtzeitig in See, um die zahlreichen VII-Boote zu versorgen. Es war daher notwendig, auch den XB-Minenleger *U117* als provisorischen Tanker einzusetzen, nachdem das Boot sein Minenfeld gelegt hatte.

Wie die im Februar ausgelaufenen Boote profitierten auch die März-Boote von ausgesprochen verläßlichen Informationen des B-Dienstes. Umgekehrt waren die alliierten Codeknacker, wie berichtet, in den ersten zehn Märztagen nicht in der Lage, den vierwalzigen Enigmaschlüssel der deutschen U-Boote kontinuierlich zu entziffern, und konnten ihn vom 10. bis zum 19. März überhaupt nicht mehr lesen. Die im März auslaufenden Boote hatten ebenfalls unter furchtbarem Winterwetter zu leiden.

Gestützt auf Informationen des xB-Dienstes dislozierte die U-Boot-Führung im Süden und Südosten von Grönland 23 Boote in den drei Gruppen Wildfang, Burggraf und Neuland, um einen nach Osten fahrenden langsamen Geleitzug abzufangen. Es war der am 24. Februar in New York ausgelaufene SC 121 mit 80 Handelsschiffen plus LSTs. 21 dieser Schiffe blieben in Halifax und warteten auf die Abfahrt des nächsten Slow Convoy. SC 121 bestand also schließlich aus 59 Handelsschiffen und den LSTs. Und er war zu schwach gesichert, nämlich nur von der amerikanischen Escort Group A-3 unter Paul Heineman mit dem Coast Guard Cutter der Treasury-Klasse *Spencer,* dem alten Glattdeck-Zerstörer *Greer* und drei Korvetten, zwei kanadischen *(Rosthern* und *Trillium)* und einer britischen *(Dianthus).*

Die Alliierten kannten aus Enigma-Funksprüchen die Aufstellung der U-Boot-Gruppen und steuerten den Geleitzug geschickt zwischen den Gruppen Wildfang und Burggraf hindurch. Trotzdem fand das erst kürzlich aus dem Nordmeer transferierte *U405* unter Rolf-Heinrich Hopmann, eines von vier Booten, das die Gruppe Wildfang in einer Auffangstellung unterstützte, am 6. März den Geleitzug. Nach Hopmanns Meldung stellte die U-Boot-Führung die 23 Boote aus den drei Gruppen und die 4 Boote in der Auffangstellung in zwei Kampfgruppen neu auf: Westmark (17 Boote, einschließlich der 4 Auffang-Boote) und Ostmark (10 Boote). An einer anderen Stelle der Nordatlantikroute bildeten 14 weitere Boote (6 der Gruppe Wildfang, 6 die bei *U462* nach-

---

[1] Es war das erste einer geplanten neuen Serie von vierzehn U-Tankern, *U487* bis *U500,* von denen nur vier, *U487, U488, U489* und *U490,* fertiggestellt wurden und den Atlantik erreichten.

getankt hatten und 2 von der Gruppe Burggraf) eine neue Gruppe mit der Bezeichnung Raubgraf. 13 weitere bauten ein gutes Stück weiter im Osten die Gruppe Neuland wieder auf, die durch die Bildung der Gruppe Ostmark dezimiert worden war.

In den Gruppen Westmark und Ostmark, die SC 121 angreifen sollten, befand sich ein hoher Prozentsatz »grüner« Kommandanten. 18 der 27 Boote (66 Prozent) kamen aus Deutschland und waren auf der Jungfernfahrt, zehn in der Gruppe Westmark und acht bei Ostmark. Außerdem waren zwei kampferprobte Boote mit neuen Kommandanten bei der Gruppe Westmark und eines bei der Gruppe Ostmark. 12 der 17 Westmark-Boote (70 Prozent) und 9 der 10 Ostmark-Boote (90 Prozent) waren also neu oder hatten neue Kommandanten. Nur 6 der 27 Kommandanten hatten zuvor eine oder mehrere Feindfahrten gemacht.

Die U-Boot-Führung befahl den 17 Booten der Gruppe Westmark, die Position von *U405* anzulaufen, den Geleitzug sofort anzugreifen und hart an der Formation zu bleiben. Die zehn Boote der Gruppe Ostmark sollten östlich des Eröffnungsangriffs warten, bis der Geleitzug auf sie zukam. Die Boote der Gruppe Westmark versuchten, den Befehl auszuführen, doch das fürchterliche Wetter (Sturm mit Schnee-, Graupel- und Hagelschauern) und die schlechten Funkverbindungen verhinderten einen koordinierten Angriff.

Im Lauf der Nacht fanden 6 der 17 Boote von Westmark den Geleitzug oder Teile davon. Der 29jährige »grüne« Kommandant Paul Siegmann in dem neuen *U230* meldete zwei versenkte Frachter mit je 5000 BRT, schickte jedoch in Wirklichkeit nur den britischen Frachter *Egyptian* mit 2868 BRT auf den Grund. Der vom Nordmeer transferierte Veteran Hans-Jürgen Zetzsche in *U591* versenkte den 6116 BRT großen britischen Frachter *Empire Impala,* der humaner-, aber unklugerweise angehalten hatte, um Überlebende der *Egyptian* zu retten. Zwei neue VII-Boote, *U448* mit dem 23jährigen Kommandanten Helmut Dauter und das kampferprobte *U659* unter dem 27jährigen Hans Stock, waren gezwungen, die Jagd wegen Maschinenschäden abzubrechen und den frisch ausgelaufenen Tanker *U463* unter Leo Wolfbauer anzulaufen. Beide Boote versenkten auf dieser Feindfahrt kein Schiff.

Das Wetter verschlechterte sich immer weiter, und der Sturm schwoll fast auf Orkanstärke an. Trotzdem gelang es 6 der in der Gruppe Westmark verbliebenen 15 Boote (vier neuen und zwei kampferprobten), zum Kern von SC 121 Fühlung zu halten, der inzwischen durch den Sturm desorganisiert war. Im Lauf der folgenden 48 Stunden – bis zum 9. März – legte sich der Sturm. In diesem Zeitraum versenkten die Boote der Gruppe Westmark sechs weitere Schiffe.

- Hans-Ferdinand Massmann in *U409* versenkte den amerikanischen Frachter *Malantic* mit 3837 BRT und den britischen Tanker *Rosewood* mit 5989 BRT.
- Hans-Jürgen Zetzsche in *U591* versenkte die jugoslawische 5879 BRT große *Vojvoda Putnik,* die wegen eines schweren Sturmschadens von ihrer Besatzung aufgegeben worden war.
- Rolf-Heinrich Hopmann in *U405,* der den Geleitzug ursprünglich ausgemacht hatte, versenkte das Flaggschiff des Convoy Commodore, die norwegische *Bonneville* mit 4665 BRT, und das längsseits des Schiffes fahrende Panzerlandungsboot LCT 2341 (143 Tonnen).
- Herbert Uhlig in dem neuen IXC/40-Boot *U527* versenkte den 5242 BRT großen britischen Frachter *Fort Lamy,* der das LCT 2480 an Bord hatte.
- Entweder das neue IXC/40-Boot *U526* unter Hans Möglich oder das kampferprobte VII-Boot *U423* unter dem neuen 26jährigen Kommandanten Hermann Eckhardt versenkte den britischen Frachter *Guido* mit 3921 BRT.

Damit belief sich die Gesamtausbeute aus SC 121 für die 17 Boote auf 8 versenkte Schiffe mit 38500 BRT und 2 LCTs mit je 143 Tonnen. Ein neues VII-Boot, das von dem 28jährigen Karl-Otto Weber geführte *U709,* mußte wegen Ausfalls seines Funkgeräts die Fahrt abbrechen.

Der Geleitzug setzte seine Fahrt bei besserem Wetter in östlicher Richtung fort, geradewegs in den Streifen der neun Ostmark-Boote hinein. Am 8. und 9. März erwischten vier Boote aus dieser Gruppe nochmals vier Schiffe mit etwa 19000 BRT und beschädigten ein weiteres.

- Max Wintermeyer in dem neuen IXC/40-Boot *U190* versenkte den britischen Frachter *Empire Lakeland* mit 7015 BRT.
- Robert Schetelig in dem neuen VII-Boot *U229* versenkte den britischen Frachter *Nailsea Court* mit 4946 BRT (und beschädigte den 3670 BRT großen britischen Frachter *Coulmore*).
- Kurt Lange in dem neuen VII-Boot *U530* versenkte den schwedischen Frachter *Milos* mit 3058 BRT.
- Herbert Brünning in *U642* versenkte den britischen Frachter *Leadgate* mit 2125 BRT.

Inzwischen hatten die Alliierten Flugzeuge und weitere Eskortfahrzeuge aus Island zur Verstärkung von SC 121 entsandt. Die Flugzeuge trafen am Morgen des 9. März ein. Noch am selben Tag erreichten auch die beiden Coast Guard Cutter der Treasury-Klasse, *Bibb* und *Ingham,* der amerikanische Glattdeck-Zerstörer *Babbitt* und die beiden britischen Korvetten *Champion* und *Mallow* den Geleitzug und verstärkten die Überwassersicherung auf zehn Kriegsschiffe. Diese Maßnahme und die starke Luftsicherung zwangen die U-Boot-Führung, die Operation abzubrechen.

Ein U-Boot ging am 10. März verloren. Das von dem 26jährigen Bernhard Müller geführte neue VII-Boot *U633* war am 20. Februar zusammen mit sieben weiteren neuen Booten in Kiel ausgelaufen. Es war mit den anderen der ersten Gruppe Neuland zugeteilt worden und dann der Gruppe Ostmark. Während des Krieges schrieb die Admiralität einer B-17 Flying Fortress der Squadron 220 die Versenkung zu. Bei einer Überprüfung nach dem Krieg kam sie jedoch zu dem Schluß, daß das britische Handelsschiff *Scorton* unter T. Glover das Boot gerammt hat. *U633* sank mit der gesamten Besatzung. Damit zählte die Gruppe Ostmark nur noch neun Boote.

Basierend auf den Kurzberichten der U-Boote, gab die U-Boot-Führung an das OKM eine vorsichtige Schätzung der Erfolge weiter: Versenkung von 13 Schiffen mit 73000 Tonnen und Treffer mit möglicher Versenkung bei 3 weiteren Schiffen mit 19500 Tonnen. Bestätigt wurde die Versenkung von 12 der 59 Schiffe des Geleitzugs mit insgesamt 55661 BRT (und die Versenkung der beiden LCTs mit je 143 Tonnen) und die Beschädigung eines Schiffes mit 3670 BRT. Da die U-Boot-Führung noch nicht wußte, daß das neue VII-Boot *U633* auf dem Anmarsch zur Gruppe Ostmark versenkt worden war, meldete sie keine Verluste. Elf weitere Boote waren von der Luftsicherung und den Eskortschiffen mit Flieger- und Wasserbomben angegriffen worden, doch keines hatte nennenswerte Schäden erlitten.

Die amerikanische Escort Group A3 wurde auf den Britischen Inseln höflich, aber scharf kritisiert. Sie hatte bei zwei aufeinanderfolgenden Atlantiküberquerungen eine Art zweifelhaften Rekord aufgestellt: Sie hatte auf dem Weg in die Vereinigten Staaten (vom 21. bis zum 25. Februar) 14 Schiffe mit 80000 Tonnen aus dem Geleitzug ON 166 verloren und auf der Rückreise (vom 7. bis zum 10. März) 12 Schiffe mit etwa 56000 Tonnen aus SC 121 verloren, also insgesamt 26 Schiffe mit etwa 144000 Tonnen. Die Amerikaner wußten nicht, daß sie zwischen 26 U-Booten Spießruten gelaufen waren, und führten die Verluste von SC 121 einerseits darauf zurück, daß der Geleitzug über zu wenige Sicherungsschiffe verfügt hatte, und andererseits darauf, daß der Aufenthalt der Sicherungsschiffe in Argentia und St. John's nicht ausgereicht hatte, um defekte Sonar- Radar-, Funk- und Huff-Duff-Geräte zu reparieren und den Besatzungen die dringend benötigte Ruhe zu gönnen.

Auf SC 121 folgte der schnelle Geleitzug HX 228. Er lief am 27. Februar mit 80 Schiffen in New York aus, aber 20 blieben in Halifax. Der restliche Geleitzug mit 60 Handelsschiffen plus LCTs wurde von der britischen Escort Group B-3 unter dem fähigen und erfahrenen Escort Commander A. A. Tait auf dem Zerstörer *Harvester* gesichert. Neben der *Harvester* waren der britische Zerstörer *Escapade,* die beiden Zerstörer

Burza und *Garland* mit polnischer Besatzung sowie zwei britische und drei freifranzösische Korvetten zur Nahsicherung eingesetzt, insgesamt also neun Kriegsschiffe, vier Zerstörer und fünf Korvetten.

Unterstützt wurde der Geleitzug von der ersten jemals eingesetzten amerikanischen Support Group, die über einen Geleitträger verfügte. Der Geleitträger *Bogue* mit 9393 Tonnen hatte 21 Flugzeuge von Squadron VC9 an Bord, neun Wildcat-Jäger und zwölf Avenger-Torpedobomber. Er wurde von den beiden Glattdeck-Zerstörern *Belknap* und *George E. Badger* gesichert, die zu Seeflugzeugtendern umgebaut und in Argentia auf Newfoundland stationiert waren. Dieser Verband lief am 5. März in Argentia aus. Weil auf der Nordatlantikroute entsetzliches Wetter herrschte, weil die Zerstörer einen geringen Aktionsradius hatten und auf hoher See nicht nachtanken konnten, weil die Flugzeuge nur schwer zu starten und zu bergen waren und weil bei den Avengers der Mechanismus für den Bomben- und Wasserbombenabwurf nicht funktionierte, nahm er jedoch bereits am 10. März wieder Kurs auf Argentia. Auf dem Rückmarsch rettete die Support Group sechs verzweifelte Überlebende des Handelsschiffes *Jonathan Sturges* aus dem Geleitzug ON 166, das am 24. Februar von Günter Gretschel in *U707* versenkt worden war.[1]

HX 228 fuhr ziemlich weit nördlich von SC 121, um den U-Booten auszuweichen, die dem Slow Convoy auf den Fersen waren. Die Ausweichroute führte den Geleitzug jedoch direkt in den Vorpostenstreifen der neu aufgebauten Gruppe Neuland. Diese bestand am 10. März aus 13 Booten, von denen 12 zuvor eine oder mehrere Feindfahrten gemacht hatten. Darunter auch *U221* unter Hans Trojer, das auf dem Anmarsch bereits die 3015 BRT große *Jamaica* versenkt hatte.

Als erstes Boot der Gruppe sichtete Hans Hunger in *U336* den Geleitzug, nur wenige Stunden, nachdem die Support Group mit der *Bogue* abgelaufen war. Hunger war auf seiner zweiten Feindfahrt gerade eine Woche unterwegs. Nach seiner Meldung am 10. März befahl die U-Boot-Führung fünf weiteren Booten – dem frisch ausgelaufenen *U333* und vier auf dem Rückmarsch befindlichen –, sich der Gruppe Neuland anzuschließen. Ihre Stärke erhöhte sich damit auf 18 Boote, von denen nur 2 (*U359* unter Heinz Förster und *U448* unter Helmut Dauter) neue Boote auf ihrer ersten Feindfahrt waren. In der Nacht vom 10. auf den 11. März führte Hunger neun Boote heran. Hans Trojer mit *U221* eröffnete den Angriff im Schneetreiben. Er torpedierte und zerstörte zwei mit Munition beladene Schiffe, die 5412 BRT große britische *Tucurinca* und

---

[1] Erstaunlicherweise fand Hans Hunger mit *U336* über einen Monat später, am 5. April, sechs weitere Überlebende der *Jonathan Sturges,* nahm sie an Bord und brachte sie nach Frankreich. Dieser humanitäre Akt wurde anscheinend übersehen und deshalb nicht in Dönitz' Prozeß erörtert.

die 6565 BRT große amerikanische *Andrea F. Luckenbach,* und beschädigte das 7197 BRT große amerikanische Liberty-Schiff *Lawton B. Edwards.* Trojer schrieb in sein Kriegstagebuch, die *Tucurinca* habe sich in einem riesigen Feuerwerk völlig aufgelöst und »Eisenplatten« seien »wie Papier durch die Gegend« geflogen. Einige Trümmer trafen Trojers Angriffssehrohr und verbogen es, so daß es sich nicht mehr ganz einfahren ließ. Danach seien Sicherungsschiffe zum Gegenangriff übergegangen und hätten acht Wasserbomben geworfen. Sie hätten ein ernstes Leck im Turmluk verursacht, durch das eine »Menge Wasser« ins Boot geströmt sei. Arg mitgenommen durch die Explosion der *Tucurinca,* die Wasserbomben und den Wassereinbruch, brach Trojer die Jagd ab und nahm Reparaturen vor.

In den frühen Morgenstunden des 11. März kamen weitere Boote zum Schuß.

- Albert Langfeld griff mit dem VII-Boot *U444* am elften Tag seiner zweiten Feindfahrt das 7197 BRT große amerikanische Liberty-Schiff *William M. Gorgas* an, verfehlte es aber.
- Friedrich Deetz in dem VII-Boot *U757* traf das Liberty-Schiff zuerst und gab ihm zwei Stunden später den Gnadenschuß; an Bord befand sich LCT 2398 und sank mit dem Schiff.
- *U86* unter Walter Schug traf den norwegischen Munitionsfrachter *Brant County* mit 5001 BRT. Die Explosion war so gewaltig, daß das in der Nähe stehende *U757* stark beschädigt und einige Männer auf der Brücke verletzt wurden. Deetz nahm mit Heinrich Müller-Edzards in *U590* Kontakt auf, der noch immer einen Arzt an Bord hatte, und ging danach schleunigst auf Kurs nach Frankreich. Bei der Durchquerung des Golfs von Biskaya tat er sich mit Heinz Förster in dem VII-Boot *U359* zusammen, der bei dem XB-Minenleger *U119* nachgetankt hatte. Mit ihrer Flak schlugen sie am 16. März gemeinsam den Angriff einer nicht identifizierten B-24 Liberator zurück. Nach der Rückkehr war *U757* für vier Monate außer Gefecht.
- Heinrich Müller-Edzards in *U590* torpedierte den 5464 BRT großen britischen Frachter *Jamaica Producer,* der aber eingebracht wurde.
- Horst Dieterichs in *U406* meldete zwei Detonationen mit FAT, aber ein Treffer ließ sich nicht feststellen.

Die Sicherungsschiffe von Taits Escort Group hatten eine nervenaufreibende Nacht, als sie den Radar-, Huff-Duff- und Sonarkontakten nachjagten. Kurz vor Tagesanbruch sichtete Tait mit dem Zerstörer *Harvester* ein aufgetauchtes U-Boot. Es war Albert Langfeld mit dem VII-Boot *U444.* Tait befahl seinen Kanonieren, das Feuer zu eröffnen, ging auf äußerste Kraft voraus, rammte das Boot und glitt über dessen Achterdeck. Irgendwie reichte der Aufprall nicht aus, um das Boot so zu beschädigen, daß es sofort sank, und es verfing sich in einer Antriebswelle des Zerstörers. Als sich die beiden Fahrzeuge wieder trennten, waren die Wellen und Schrauben der *Harvester* so schwer beschädigt, daß sie nur noch mit einer Maschine dahinschleichen konnte, eine gefährliche Lage, wenn 18 U-Boote auf das Seegebiet zulaufen. Tait war vollauf damit beschäftigt, sein eigenes Schiff zu retten; trotzdem nahm er einen der 45 Deutschen von *U444* und später 50 amerikanische Überlebende der *William M. Gorgas* an Bord.

Eines der zur Verstärkung der Gruppe Neufundland umgeleiteten Boote war das VII-Boot *U432,* ein altes Boot mit einem neuen Kommandanten, dem 26jährigen Hermann Eckhardt, der zuvor im Schwarzen Meer dem Kommandanten des in Italien gebauten rumänischen 600-Tonnen-U-Boots *Delfinul* als Assistent zugeteilt war. Kampferprobte Besatzungsmitglieder wie der Erste Wachoffizier Josef Bröhl, der dem früheren Kommandanten des Bootes, Heinz-Otto Schultze, geholfen hatte, das Ritterkreuz zu erringen, meinten, Eckhardt sei zu überheblich und nicht ausreichend geschult für den Kampf auf der Nordatlantikroute. Doch Eckhardt fand die hilflos auf dem Wasser liegende *Harvester* und machte in einem Sehrohrangriff aus 600 und 500 Metern zwei konventionelle Elektro-Torpedos los. Beide trafen, und die *Harvester* sank unter Verlust von 149 Mann einschließlich Taits.

Einige Zeit zuvor hatte Tait die von Jean Levasseur geführte freifranzösische Korvette *Aconit* herbeigerufen, um die *Harvester* abzuschirmen. Die *Aconit* kam zu spät, um den Zerstörer zu retten, fand jedoch eine See vor, in der es von Überlebenden der *Harvester* und der *William M. Gorgas* wimmelte, die sich wie auch der Deutsche von *U444* an Flöße und Wrackteile klammerten. Bei ihrer Ankunft machte die *Aconit* auch das noch immer schwimmende, von der *Harvester* gerammte *U444* aus. Levasseur überließ die Überlebenden vorübergehend sich selbst und nahm mit voller Kraft Kurs auf das Boot. Er rammte es so hart, daß es in zwei Teile zerbrach und sofort sank. Dann fischte er drei Deutsche heraus, so daß die Escort Group B-3 insgesamt vier Besatzungsmitglieder (alles Mannschaftsdienstgrade) von *U444* gerettet hatte.

Auf dem Rückweg zu dem Ort, wo die *Harvester* versenkt worden war, bekam die *Aconit* unerwartet einen guten Sonarkontakt. Sie hatte *U432* auf Sehrohrtiefe erwischt, das Boot, das die *Harvester* versenkt hatte. Eckhardt hatte mit den Offizieren eine Flasche Champagner auf die Versenkung getrunken, und danach hatten Offiziere und Besatzung zu Mittag gegessen oder sich schlafen gelegt. Als die ersten zwei Salven (zehn Wasserbomben) der *Aconit* einschlugen, war das Boot blind und taub. Der Horcher wusch die Sektgläser ab, und der Erste Wachoffizier hatte sich hingelegt. Die Explosionen in unmittelbarer Nähe des Bootes verursachten schwere Schäden, und das Boot sank auf die Rekordtiefe von 300 Metern.

Dies jagte Eckhardts Besatzung einen solchen Schrecken ein, daß er im hellen Tageslicht auftauchte und versuchte, dem Angreifer davonzulaufen. Als *U432* die Wasseroberfläche durchbrach, war die *Aconit* nur 800 Meter entfernt. Die Franzosen sichteten das U-Boot und eröffneten sofort das Feuer mit dem 10,2-cm-Geschütz und anderen Waffen. Das schwere Geschützfeuer tötete vermutlich Eckhardt und viele andere Deutsche auf dem Deck des Bootes. Die *Aconit* fuhr langsam an *U432* heran und wollte direkt über den Bug des Bootes ein Enterkommando übersetzen. Doch die schwere See warf die Korvette gegen das Boot. Es sank unmittelbar nach dem versehentlichen Rammstoß und riß die Häfte der 46köpfigen Besatzung mit in die Tiefe. Die *Aconit* rettete 20 Deutsche einschließlich des Ersten Wachoffiziers Bröhl. Dann kehrte sie zu den Überlebenden der *Harvester* und der *Gorgas* zurück und nahm sie alle an Bord. Insgesamt waren 24 Deutsche gerettet worden – 4 von *U444* und 20 von *U432*.

Am 12. März war HX 228 den alliierten Luftwaffenstützpunkten so nahe gekommen, daß weitere U-Boot-Operationen zu riskant waren. Die U-Boot-Führung meldete sechs versenkte Schiffe mit beinahe 50 000 BRT (einschließlich eines Tankers) nach Berlin sowie Treffer bei zwei weiteren Schiffen, die vermutlich gesunken waren, und vermutete Treffer bei vier weiteren Schiffen. Bestätigt wurde lediglich die Versenkung von vier Handelsschiffen mit 24 175 BRT (aber keines Tankers) und der *Harvester*. Die U-Boote hatten zwei weitere Handelsschiffe getroffen, die jedoch einen Hafen erreichten. Die Deutschen vermuteten, daß *U444* in der Schlacht verlorengegangen war, doch von der Versenkung von *U432* erfuhren sie erst später.

Tatsächlich war die Schlacht mit HX 228 eine demütigende Niederlage für die U-Boote. Die 18 Boote der Gruppe Neuland hatten bei ordentlichem Wetter nur 4 von 60 Handelsschiffen und die *Harvester* versenkt. Dabei waren zwei Boote verlorengegangen, ein ruinöser »Wechselkurs« von zwei gesunkenen Handelsschiffen für ein verlorenes Boot. Auch diesmal waren die radarbestückten Flugzeuge, die über dem Geleitzug schwärmten, der entscheidende Faktor für die Niederlage gewesen, obwohl kein Flugzeug ein U-Boot versenkt oder auch nur beschädigt hatte.

Mehrere VII-Boote der Gruppe Neuland tankten bei dem XB-Minenleger *U119* nach und gingen dann auf Heimatkurs. Hans Stock in dem VII-Boot *U659* erhielt den Befehl, Weber in *U709*, dessen Funkgerät noch immer nicht funktionierte, zu treffen und nach Frankreich zu eskortieren. Beide Boote fuhren befehlsgemäß mit voller Kraft, und beide erreichten Brest – *U709* am 18. und *U659* am 20. März.

Bis zum 15. März 1943, als die Konvoikonferenz in Washington tagte, gelang es den Dutzenden von U-Booten auf der Nordatlantikroute nur, zwei ostwärts fahrende Geleitzüge mit je 60 Schiffen anzugreifen, SC

121 und HX 228. Das Ergebnis war aufschlußreich: Von den 120 Schiffen (plus LSTs) versenkten die U-Boote 12 aus SC 121 und 4 plus die *Harvester* aus HX 228. 104 nach Osten fahrende Handelsschiffe aus diesen Geleitzügen (86 Prozent) erreichten ihre Bestimmungshäfen.

Wie berichtet, hatten die deutschen Codeknacker des xB-Dienstes im März eine beispiellose Datenflut über fast alle Atlantikkonvois ermittelt. Dabei hatten sie auch die genaue Zusammensetzung, die Auslauftermine und Routen von Geleitzügen und Nachzüglern aus den Auslaufmeldungen des Hafenkapitäns von New York entziffert. Wie ebenfalls berichtet, konnten die alliierten Codeknacker wegen der Herausgabe eines neuen Wetterkurzsignalhefts den Vier-Walzen-Schlüssel Triton der deutschen Marine vom 10. bis zum 19. März nicht mehr entziffern. Dieser zeitweilige Verlust der Marine-Enigma und die beispiellose Zahl von U-Booten, die auf der Nordatlantikroute operierten, erschwerten es den Alliierten, den U-Boot-Gruppen auszuweichen.

Der Verlust von 16 beladenen Handelsschiffen auf der »entscheidenden« Nordatlantikroute war ein harter Schlag, aber er war kaum eine Rechtfertigung für die unheilvollen Befürchtungen, die man bei der Admiralität bezüglich des Geleitzugsystems hegte. Zudem lief zum Ausgleich der britischen Importverluste im März der zusätzliche Geleitzug HX 229A[1] aus, und ab April sollten sowohl die HX- als auch die ON-Konvois mit jeweils 60 Handelsschiffen alle fünf Tage auslaufen. Wie berichtet, waren jedoch auch die alliierten Verluste an Handelsschiffen im Mittelatlantik, im Pazifik, im Mittelmeer und anderswo außergewöhnlich hoch, was die Besorgnis in der Admiralität steigerte. Und darüberhinaus ereignete sich in den folgenden Tagen auf der Nordatlantikroute eine wirkliche Katastrophe.

Die größten Geleitzugschlachten des Krieges

Die Gruppe Raubgraf wurde gebildet, um die ON- und ONS-Konvois abzufangen, die den amerikanischen Kontinent ansteuerten. Sie bestand aus 13 von den Gruppen Wildfang und Burggraf abgestellten Booten und der ursprünglichen Gruppe Neuland, und sie bildete einen Aufklärungsstreifen in dem »Luftloch«, das sich von Grönland nach Süden erstreckte.

Die für Raubgraf erhoffte Beute waren die Geleitzüge ONS 169 mit 37 Handelsschiffen und ON 170 mit 52 Handelsschiffen. Der erste Geleitzug, ONS 169, wurde von der britischen Escort Group B-4 unter dem Kommando von E. C. L. Day auf dem Zerstörer *Highlander* geschützt.

[1] Siehe Anhang 3.

Die Escort Group bestand aus sieben Kriegsschiffen: drei Zerstörern und vier Korvetten. Doch der Zerstörer *Vimy* mußte den Einsatz abbrechen und zur Reparatur nach Island fahren. Der zweite Geleitzug, ON 170, wurde von der britischen Escort Group B-2 gesichert und hatte kurzfristig einen neuen Commander, da Donald MacIntyres Zerstörer *Hesperus* repariert werden mußte, nachdem er *U357* gerammt hatte. Die Gruppe bestand also tatsächlich nur aus sechs Kriegsschiffen: zwei Zerstörern, der neuen Sloop *Whimbrel* mit 1300 Tonnen (dem Führerboot) und drei britischen Korvetten.

Damit der Geleitzug ONS 169 nicht in die Schlacht der Gruppe Neuland mit HX 228 hineingeriet, wählte die Admiralität eine weiter nördlich gelegene Route. Vor Grönland geriet der Geleitzug jedoch in einen gewaltigen Sturm, der die Schiffe weit über das Meer zerstreute und viele beschädigte. Bei diesem Wetter war es für die U-Boote unmöglich, eine koordinierte Jagd durchzuführen, und die Gruppe Raubgraf konnte den Geleitzug nicht finden, der den Streifen im Westen umging.[1] Drei der VII-Boote sichteten und versenkten jedoch jeweils einen Nachzügler.

- Der 26jährige Klemens Schamong in dem neuen *U468* erwischte den aufgegebenen 6537 BRT großen Tanker *Empire Light* aus dem Geleitzug ON 168, der zuvor schon von Hinrich-Oskar Bernbeck in dem neuen VII-Boot *U638* beschädigt worden war.
- Max Kruschka in *U621* versenkte auf seiner dritten Feindfahrt den 3355 BRT großen Frachter *Baron Kinnard* von ONS 169.
- Gerhard Feiler versenkte auf seiner zweiten Feindfahrt mit *U653* das 7176 BRT große amerikanische Liberty-Schiff *Thomas Hooker* aus demselben Geleitzug.

Wegen des Sturms kam ONS 169 nur nach und nach vor Cape Cod an. Die Escort Group, die Zerstörer *Highlander* und *Beverley* und die kanadische Korvette *Sherbrooke* liefen am 11. März in St. John's auf Newfoundland an. Die *Highlander* und die *Beverley* hatten so schwere Sturmschäden erlitten, daß sie für eilige Reparaturen ins Trockendock mußten. Deshalb verließen sie St. John's verspätet, um den ostwärts fahrenden Geleitzug HX 229 zu eskortieren.

Der schnelle Geleitzug ON 170 folgte unmittelbar im Kielwasser von 169. Zwei seiner Handelsschiffe brachen die Fahrt ab, und eines, die *Empire Puma,* blieb zurück, so daß noch 48 Schiffe in der Formation fuhren. Auch dieser Geleitzug fuhr auf einer nördlichen Route und geriet in schwere Stürme, die bei einigen Schiffen die Masten brachen und bei anderen die Deckaufbauten zertrümmerten. Da er mit Huff Duff Versenkungsmeldungen und andere Funksprüche von Booten der Gruppe

---

1 Siehe dazu Rohwer, *Geleitzugschlachten im März 1943,* Stuttgart 1975, mit Karten über die Bewegungen der Geleitzüge.

Raubgraf aufgefangen hatte, steuerte Commander MacIntyre mit der Escort Group raffinierte Ausweichkurse, um die Gruppe zu umfahren. Trotzdem sichteten fünf Boote der Gruppe den Geleitzug. Daraufhin befahlen die Alliierten sieben Kriegsschiffen (drei Zerstörern, zwei Korvetten und zwei Minensuchern), sofort in St. John's auszulaufen und dirigierten auch den Zerstörer *Upshur,* der nach Island fuhr und bereits in der Nähe war, zu dem bedrohten Geleitzug. Als es am 14. März zeitweilig aufklarte, begannen auch Langstreckenflugzeuge aus Newfoundland (Cansos und B-17-Maschinen) über dem Geleitzug zu patrouillieren.

Der Escort Commander auf der Sloop *Whimbrel* hatte nur sechs Kriegsschiffe zur Verfügung, als die U-Boote den Geleitzug fanden, aber er setzte sie geschickt ein. Er befahl der Korvette *Heather,* sich ein Stück von dem Geleitzug zu entfernen und zur Ablenkung der U-Boote Snowflakes (Leuchtgranaten) abzufeuern. Unterdessen änderte er den Kurs des Konvois und fuhr genau nach Süden. Die Korvette *Gentian* erhielt die Anweisung, den »grünen« Kommandanten Klemens Schamong anzugreifen, der den Geleitzug mit *U468* beschattete und Positionsmeldungen durchgab. Die *Gentian* hielt das U-Boot für mehrere Stunden unter Wasser und führte drei Wasserbombenangriffe durch. Falsche Positionsmeldungen von Bernhard Zurmühlen in *U600* und Schamong in *U486* vermittelten der U-Boot-Führung den Eindruck, daß der genau nach Süden fahrende Geleitzug nach Südwesten fuhr. Deshalb jagte die Gruppe Raubgraf in die falsche Richtung, und ON 170 erreichte schließlich den Zuständigkeitsbereich der lokalen kanadischen Escort Group, ohne ein einziges Schiff durch die U-Boote verloren zu haben.

Nach dieser Operation meldeten zwei VII-Boote der Gruppe »Maschinenschaden« und nahmen Kurs auf Frankreich. Die Kommandanten waren Dietrich Lohmann in *U89* und Gerhard Feiler in *U653,* die beide zuvor im Operationsgebiet nachgetankt hatten. Lohmann erreichte am 28. März nach einer 64tägigen erfolglosen Feindfahrt seinen Heimathafen. Feiler jedoch, der bereits das wegen Seeschäden aufgegebene Liberty-Schiff *Thomas Hooker* aus dem Geleitzug ONS 169 versenkt hatte, war an der Entdeckung eines Geleitzuges beteiligt, um den die größte Geleitzugschlacht des gesamten Seekriegs im Atlantik entbrannte.

Der nach Osten fahrende SC 122 bestand aus 50 Handelsschiffen und war mit einer lokalen kanadischen Eskorte am 5. März in New York ausgelaufen. Am zweiten Tag auf hoher See geriet er in einen Sturm. Drei Schiffe fuhren zurück nach New York und sechs nach Halifax in Nova Scotia. Drei Schiffe, darunter auch die *Clarissa Radcliffe,* wurden zu Nachzüglern erklärt.

Am 9. März stieß ein Zubringerkonvoi aus Halifax mit 14 Schiffen (einschließlich des Rettungsschiffs *Zamalek*) zu dem Geleitzug. Ohne die Schiffe, die die Fahrt abgebrochen hatten, und mit den Neuankömmlingen zählte der Geleitzug schließlich 50 beladene Handelsschiffe, davon 5, die nach Island, und 45 (plus zwei LSTs), die zu den Britischen Inseln fahren sollten.

Die von Richard C. Boyle geführte britische Escort Group B-5, die zuvor ON 168 über den Atlantik gebracht hatte, erhielt den Auftrag, SC 122 zu sichern. Sie stach am 11. März in St. John's in See und traf einen Tag später bei dem Geleitzug ein. Die Escort Group bestand aus neun Kriegsschiffen: dem britischen Zerstörer *Havelock* und dem amerikanischen Glattdeck-Zerstörer *Upshur,* der neuen britischen Fregatte *Swale* mit 1500 Tonnen, fünf Korvetten (davon zweien mit belgischer Besatzung) und dem ASW-Trawler *Campobello.* Die *Upshur* sollte sich auf halber Strecke von dem Geleitzug trennen und die fünf nach Island fahrenden Schiffe eskortieren.

Am 12. März peilte der alliierte Nachrichtendienst eine Meldung ein, mit der das Raubgraf-Boot *U621* unter Max Kruschka die Versenkung der *Baron Kinnard* (3355 BRT) meldete, eines Nachzüglers von ONS 169. In der Folge lenkten die Alliierten SC 122 auf einen südlicheren Kurs, um der Gruppe Raubgraf auszuweichen. Das Manöver funktionierte. Kein Boot der Gruppe Raubgraf fand den Geleitzug. Doch auf der neuen Route von SC 122 lagen zwei große Gruppen in einem neu aufgestellten Nord-Süd-Streifen auf der Lauer: Stürmer mit 18 Booten und südlich davon Dränger mit elf Booten. Wegen des »Black out« bei Triton zwischen dem 10. und 19. März waren die Alliierten über Größe und Aufstellung der Gruppen Stürmer und Dränger nicht voll informiert und deshalb nicht in der Lage, SC 122 auf einen sicheren Kurs umzulenken.

Drei Tage nach dem Auslaufen von SC 122 verließ am 8. März der schnelle Geleitzug HX 229 New York. Er bestand aus 40 Handelsschiffen und einer lokalen Escort Group mit 5 Schiffen. 2 Handelsschiffe brachen die Fahrt ab, und von den verbliebenen 38 Schiffen wurde das amerikanische Liberty-Schiff *Hugh Williamson* zum Nachzügler, gelangte jedoch schließlich allein nach Nordirland.

Von St. John's kommend, übernahmen am 13. März einige Kriegsschiffe der von E. C. L. Day geführten Escort Group B-4, die zuvor ONS 169 über den Atlantik geleitet hatte, die Nahsicherung des Geleitzugs HX 229. Es fehlten jedoch Day mit seinem Führerboot, dem Zerstörer *Highlander,* und die kanadische Korvette *Sherbrooke,* die beide noch im Trockendock lagen. Bis zur Ankunft dieser beiden Schiffe wurde B-4 vorübergehend von Gordon J. Luther auf dem von Escort Group B-5 ausgeliehenen britischen Zerstörer *Volunteer* geführt. Außerdem bestand die Escort Group aus dem britischen, ehemals amerikanischen Glattdeck-Zerstörer *Beverley* und aus zwei britischen Korvetten. Zwei weitere britische Zerstörer, die *Witherington* und der ehemals amerikanische Glattdecker *Mansfield,* fuhren wegen ihres geringen Aktionsradius nur einen Teil der Strecke mit. Die Sicherung dieses wertvollen Geleitzugs war also erbärmlich: nur vier Zerstörer (zwei davon mit befristeten Aufgaben) und zwei Korvetten.

Am Tag nach dem Auslaufen von HX 229 stach in New York als »zweiter Teil« der Geleitzug HX 229A in See. Er bestand aus 28 Schiffen, von denen 4 nach Halifax fuhren, und hatte eine lokale kanadische Eskorte. Ein Zubringerkonvoi von 16 Schiffen stieß aus Halifax zu dem Sondergeleitzug, darunter auch die *Lady Rodney,* die jedoch nur bis St. John's in Newfoundland mitfuhr. Am Ende bestand der Geleitzug HX 229A also aus 39 Handelsschiffen. Gesichert wurde er von der kleinen Escort Group 40 unter John S. Dallison, die normalerweise KM und MK Torch Konvois schützte, aber eigens nach St. John's gefahren war, um HX 229A zu den Britischen Inseln zu eskortieren. Die Escort Group bestand aus sechs Kriegsschiffen, die alle kleiner waren als Flottenzerstörer: zwei neuen Fregatten der River-Klasse *(Moyola* und *Waveney)* mit 1370 Tonnen, zwei alten 78 Meter langen Sloops und den beiden 75 Meter langen, ehemals amerikanischen Coast Guard Cutters *Lulworth* und *Landguard.*

SC 122, der erste dieser drei nach Osten fahrenden Geleitzüge, schlich mit einer Geschwindigkeit von sieben Knoten dahin. Am 15. März geriet er in einen schweren Sturm, der die beiden kleinsten Schiffe des Geleitzuges übel zurichtete. Der 755 BRT große isländische Frachter *Selfoss,* der in Halifax dazugestoßen war, verließ den Geleitzug und erreichte Island wohlbehalten auf einer direkteren Route. Dagegen hatte der in Kanada gebaute ASW-Trawler *Campobello* mit 550 Tonnen ein nicht zu reparierendes Leck in einem Kohlenbunker erlitten. Escort Commander Boyle schickte die belgisch bemannte Korvette *Godetia* zurück, um die Besatzung der *Campobello* an Bord zu nehmen und den Trawler zu versenken. Als die gesamte Crew übergesetzt war, versenkte die Korvette das Schiff mit einer einzigen Wasserbombe.

Die Codeknacker vom xB-Dienst hatten die Funksprüche abgefangen und entziffert, mit denen SC 122 und HX 229 südlich an der Gruppe Raubgraf vorbeigeleitet werden sollten. Deshalb befahl die U-Boot-Führung der Gruppe Raubgraf, die frustrierende und erfolglose Jagd auf ON 170 abzubrechen und die nach Osten fahrenden Konvois abzufangen.

Das nach Süden rasende Raubgraf-Boot *U91,* dessen Kommandant Heinz Walkerling sich auf seiner dritten Feindfahrt befand, hörte am 15. März ein breites Geräuschband, wahrscheinlich einen Geleitzug. Die U-Boot-Führung nahm fälschlicherweise an, daß es sich um SC 122 handle, doch es war HX 229, der den Konvoi SC 122 überholte. Die U-Boot-Führung befahl drei kampferprobten Booten der Gruppe Raubgraf,

U84 mit Horst Uphoff, *U664* mit Adolf Graef und *U758* mit Helmut Manseck, auf *U91* zuzulaufen und den Geleitzug anzugreifen.

Auf der Suche nach einem U-Tanker stieß Gerhard Feiler auf seinem Rückmarsch mit *U653* auf den anderen ostwärts fahrenden Geleitzug, der ebenfalls für SC 122 gehalten wurde. Nach Feilers Positionsmeldung befand sich der Geleitzug etwas östlich der von *U91* gemeldeten Position, was natürlich ganz logisch erschien. In Reaktion auf Feilers Meldung befahl die U-Boot-Führung den neun verbliebenen Booten der Gruppe Raubgraf und zwei zusätzlichen Booten, die gerade vom U-Tanker kamen, auf Feilers *U653* zuzulaufen. Außerdem erhielten 11 Boote der Gruppe Stürmer und 6 der Gruppe Dränger sowie 11 weitere, also insgesamt 39 Boote, den Befehl, schnell nach Westen zu laufen und die Gruppe Raubgraf zu unterstützen. Das Wetter war fürchterlich, eine stürmische See mit riesigen Wellen.

U91 und *U653* hatten nicht den Konvoi SC 122 gefunden, sondern den schnellen, überholenden Geleitzug HX 229, der sich noch etwa 180 Kilometer hinter oder südwestlich von SC 122 befand und etwa derselben Route folgte. Am 16. und 17. März griffen acht U-Boote den fälschlich für SC 122 gehaltenen Geleitzug an (fünf der Gruppe Raubgraf, zwei der Gruppe Stürmer und *U288,* das den Geleitzug auf dem Rückmarsch passierte). Sie erzielten folgende Ergebnisse:

- Hans-Joachim Bertelsmann in *U603,* der schon eineinhalb Schiffe aus ON 166 versenkt hatte, verschoß drei FATs und einen Elektro-Torpedo und versenkte die 5214 BRT große norwegische *Elin K.*
- Helmut Manseck in *U758* versenkte den 6813 BRT großen Holländer *Zaanland* und beschädigte das 7176 BRT große amerikanische Liberty-Schiff *James Oglethorpe.*
- Siegfried Strelow, der sich mit *U435* im Nordmeer ein Ritterkreuz verdient hatte, schoß zwei FAT-Zweierfächer und beschädigte das amerikanische Liberty-Schiff *William Eustis* (7196 BRT).
- Bernhard Zurmühlen in *U600* versenkte das als Tanker eingesetzte, 12156 BRT große Walfangschiff *Southern Princess* und beschädigte den 8714 BRT großen britischen Frachter *Nariva* und den 6125 BRT großen amerikanischen Frachter *Irenée Du Pont.*
- Heinz Walkerling in *U91* versenkte den 6366 BRT großen amerikanischen Frachter *Harry Luckenbach* und danach die zwei beschädigten und aufgegebenen Schiffe *Oglethorpe* und *Nariva.* Er sah die beschädigten *Eustis* und *Irenée Du Pont* sinken.
- Hans-Achim von Rosenberg-Gruszczynski in *U384* versenkte das 7252 BRT große britische Liberty-Schiff *Coracero.*
- Jürgen Krüger in *U631* versenkte den 5158 BRT großen holländischen Frachter *Terkoelei.*

Gemeldet wurden zwölf versenkte Schiffe mit 77500 BRT und sechs beschädigte Schiffe. Bestätigt wurde für diesen Zeitpunkt die Versenkung von zehn Schiffen mit 72170 BRT durch sieben verschiedene U-Boote.

Es fuhr kein Rettungsschiff mit HX 229, was sich als schreckliches Versäumnis herausstellte. Eine Folge war, daß nur zwei der Sicherungsschiffe ständig bei dem Geleitzug blieben; die anderen taten ihr Bestes, um Überlebende der zehn gesunkenen Schiffe an Bord zu nehmen, wie amerikanische Beobachter in London später berichteten. Diese humanitären Hilfsaktionen schufen natürlich eine zusätzliche Gefahr für den Geleitzug.

Nach den geschilderten Angriffen brachen alle zwölf U-Boote, aus denen Raubgraf zu diesem Zeitpunkt bestand, den Angriff ab, sechs wegen Treibstoffmangels und sechs mit Gefechtsschäden oder technischen Problemen. Durch Wasserbombenangriffe waren bei Manseck in *U758* ein Hecktorpedorohr und ein Luftkompressor ausgefallen. Graef meldete, daß seine Backbordwelle wegen abgenutzter Lager in einem seiner beiden elektrischen Antriebsmotoren laut klopfe. Ralph Kapitzky in *U615* hatte einen leichten Oberdeckschaden und ein Sehrohr war verklemmt. Bertelsmann in *U603* meldete, sein Heck-Torpedobehälter sei über Bord gespült worden und ein Diesel arbeite nicht mehr. Zurmühlen in *U600* bat um die Erlaubnis, nach Frankreich zurückzukehren, weil seine beiden Diesel eine Generalüberholung brauchten und sich in Batterieraum 2 Chlorgas gebildet hatte. Ritterkreuzträger Strelow in *U435* wollte ebenfalls wegen Schäden an den Dieselmaschinen und am Elektroantrieb nach Frankreich zurückkehren und bat dringend um eine Generalüberholung seiner Diesel und Batterieräume.

Fünf dieser Boote trafen zwischen dem 25. und dem 30. März in Frankreich ein. Nur Kapitzky reparierte seinen Schaden selbst und setzte die Feindfahrt fort. Feiler in *U653* erreichte Frankreich am 31. März nach einer Feindfahrt von 63 Tagen.

Die zu der Geleitzugschlacht dirigierten U-Boote der Gruppen Stürmer und Dränger fuhren mit großer Fahrt nach Westen. In der Nacht vom 16. auf den 17. März stieß ein VII-Boot der Gruppe Stürmer, das neue *U338* unter Manfred Kinzel, zehn Tage vor dem 28. Geburtstag des Kommandanten unerwartet auf den echten SC 122 und die Überreste seiner Nahsicherung. Der wachsame und flexible Kinzel war in Kiel ausgelaufen und befand sich in der dritten Woche seiner ersten Feindfahrt. Er schlüpfte an der schwachen Sicherung (von sieben Kriegsschiffen) vorbei und schoß eine volle Salve in den Geleitzug. Mit diesen fünf Torpedos versenkte er die beiden britischen Frachter *Kingsbury* und *King Gruffydd* mit zusammen 9970 BRT und den 7886 BRT großen Holländer *Alderamin* und torpedierte den 7134 BRT großen britischen Frachter *Fort Cedar Lake*. Das Rettungsschiff des Geleitzugs, *Zamalek,* blieb, abgeschirmt von der britischen Korvette *Saxifrage,* zurück und nahm Überlebende auf.

Kinzels Gefechtsbericht löste bei der U-Boot-Führung Verwirrung aus. Die von ihm gemeldete Position war über 180 Kilometer von dem Geleitzug entfernt, den die U-Boot-Führung für den (allein fahrenden) SC 122 hielt. In den folgenden Stunden führten die Meldungen weiterer Boote zu der korrekten Vermutung, daß es sich tatsächlich um zwei nach Osten fahrende Geleitzüge handelte, die nur etwa 180 bis 230 Kilometer voneinander entfernt waren. Die U-Boot-Führung nahm fälschlicherweise an, daß Kinzel den schnellen Geleitzug HX 229 angegriffen hätte und die Raubgraf-Boote SC 122. In Wirklichkeit war es umgekehrt.

Richard Boyle, der Escort Commander von SC 122, meldete Kinzels Angriff und bat um sofortige Verstärkung durch Überwasserschiffe aus Island und um Luftsicherung ab dem ersten Tageslicht. Die Alliierten schickten den Coast Guard Cutter der Treasury-Klasse *Ingham* und den amerikanischen Glattdeck-Zerstörer *Babbitt* zu SC 122. Als die alliierten Befehlsstellen erkannten, daß auch HX 229 schweren Angriffen ausgesetzt war, leiteten sie die *Babbitt* um und entsandten zusätzlich den ebenfalls in Island auslaufenden britischen Zerstörer *Vimy* zur Unterstützung dieses Geleitzugs. In der Zwischenzeit raste E. C. L. Day, der Commander von Escort Group B-4, mit dem Zerstörer *Highlander* und der Korvette *Sherbrooke* (die beide zu lang im Trockendock gelegen hatten) nach Osten, um die bedrohlich schwache Sicherung von HX 229 zu verstärken. Alle fünf zur Verstärkung heranlaufenden Schiffe gerieten jedoch in einen Orkan (mit einer Windgeschwindigkeit von 70 Knoten, wie die *Ingham* berichtete), der ihre Fahrt beträchtlich verlangsamte.

Der Geleitzug HX 229 war mit fünf Sicherungsschiffen der MOEF ausgelaufen – vier britischen Zerstörern und zwei britischen Korvetten. Die beiden Zerstörer *Witherington* und *Mansfield* waren aufgrund ihrer kurzen Reichweite nach Newfoundland zurückgekehrt und sollten durch die britischen Zerstörer *Highlander* und *Vimy* ersetzt werden. Als der amerikanische Zerstörer *Babbitt* aus Island und zwei weitere Korvetten aus Newfoundland eintrafen, bestand die Eskorte aus neun Kriegsschiffen: fünf Zerstörern und vier Korvetten. Doch die meisten Sicherungsschiffe nahmen noch immer Überlebende auf.

In den frühen Morgenstunden des 17. März baute das Coastal Command erstmals einen Luftschirm über den beiden Geleitzügen auf, der sich als sehr effizient erweisen sollte. B-24-Maschinen mit sehr großer Reichweite der britischen Squadrons 120 (in Island) und 86 (in Nordirland) deckten SC 122 am Morgen und am Nachmittag, und B-24-Maschinen mit sehr großer Reichweite (aus Island) sicherten am späten Abend den Geleitzug HX 229. Die Flugzeuge sichteten zahlreiche U-Boote und griffen fünf mit Wasserbomben an. Sie versenkten zwar kein

Boot, störten sie jedoch und erschwerten es ihnen, Fühlung zu halten oder den Fühlunghalter anzulaufen, was ihre Massierung für die Schlacht verhinderte.

Trotz der zusätzlichen Überwassereskorten und der schweren Luftsicherung ab dem 17. März kamen noch 3 weitere U-Boote gegen die verbliebenen 28 Schiffe von HX 229 zum Schuß.

- Hans Trojer in *U221,* der auf seiner ersten Feindfahrt im Oktober fünf Schiffe mit etwa 30 000 Tonnen versenkt und auf seiner zweiten *U254* gerammt und versenkt hatte, versenkte zwei große Schiffe: das amerikanische Liberty-Schiff *Walter O. Gresham* mit 7191 BRT und das schnelle britische Kühlschiff *Canadian Star* (8293 BRT). Es war sonst immer allein gefahren, hatte sich aber dem Geleitzug anschließen müssen, weil seine Vier-Zoll-Kanone defekt war. 30 von seinen 80 Passagieren und Besatzungsmitgliedern kamen bei der Versenkung um. Für diese beiden Erfolge und frühere Versenkungen und Versenkungsmeldungen auf dieser Feindfahrt erhielt Trojer am 24. März per Funk das Ritterkreuz.[1]
- Der 27jährige Herbert Uhlig in dem neuen IXC/40-Boot *U527* der Gruppe Stürmer erzielte zwei Treffer bei dem amerikanischen Frachter *Mathew Luckenbach* (5848 BRT, nicht zu verwechseln mit der verlorenen *Harry Luckenbach,* ebenfalls aus HX 229). Die *Mathew Lukkenbach* war ein sogenannter »Romper«[2] oder Ausreißer, ein Schiff, das dem Geleitzug nach dem Angriff der ersten Welle der U-Boote vorausgefahren war. Der Coast Guard Cutter *Ingham* und der amerikanische Zerstörer *Upshur,* die mit dem Schutz von SC 122 betraut waren, fuhren an das verlassene Schiff heran und retteten die gesamte Besatzung aus den Rettungsbooten. Nach Einbruch der Dunkelheit kehrte Uhlig zurück, um seinem Opfer den Fangschuß zu geben, aber der 25jährige Werner Pietzsch in *U523,* einem anderen neuen IXC-Boot der Gruppe Stürmer, kam ihm zuvor und versenkte den verlassenen Hulk mit einem einzigen Torpedo.

Am 18. März befanden sich die beiden Geleitzüge etwa 450 bis 550 Kilometer westlich von Island. Das Coastal Command entsandte vier B-24-Maschinen der Squadron 120 mit sehr großer Reichweite, um HX

---

[1] Zum Zeitpunkt der Auszeichnung belief sich Trojers bestätigtes Ergebnis auf zehn Schiffe mit 60 157 Tonnen, die er alle auf der Nordatlantikroute versenkt hatte, sowie auf ein beschädigtes Liberty-Schiff. Seine Erfolgsbilanz war fast die gleiche wie die von Siegfried Forstner in *U402,* der sich in jenem schwierigen Winter durch die Versenkung von zehneinhalb Schiffen mit 57 000 Tonnen das Ritterkreuz verdiente.

[2] Ein »Romper« war im Gegensatz zu einem »Straggler« oder Nachzügler ein Schiff, das unerlaubter- und unklugerweise den ihm zugewiesenen Geleitzug verließ und allein vorausfuhr.

229 zu empfangen, doch aufgrund eines Fehlers in der Positionsbestimmung konnten die Flugzeuge den Konvoi nicht finden. Eine B-24 erspähte jedoch ein U-Boot und griff es an, versenkte es aber nicht. Fünf B-24 der Squadron 129 sicherten SC 122 zehn Stunden lang aus der Luft. Sie flogen vier Angriffe, versenkten aber kein U-Boot.

Am folgenden Tag baute das Coastal Command den größten Luftschirm auf, der je zum Schutz eines Atlantikkonvois eingesetzt worden war. Er bestand aus elf Feindflügen von B-24 der Squadrons 120 und 86 und B-17-Langstreckenflugzeugen der Squadrons 206 und 220 sowie aus fünf Feindflügen von Sunderlands. Diese Flugzeuge flogen sechs Angriffe auf U-Boote, erzielten jedoch keine Versenkung.

Die starke Luft- und Überwassersicherung vereitelte weitere U-Boot-Angriffe auf HX 229. Insgesamt zehn U-Boote hatten 13 bestätigte Versenkungen mit 93502 Tonnen erzielt, was diese Schlacht (nach PQ 17) bezüglich der von deutschen U-Booten versenkten Tonnage (aber nur nach diesem Kriterium) zur zweitgrößten des Krieges machte. Obendrein kostete der Erfolg nur ein einziges U-Boot. Das von Rosenberg-Gruszczynski geführte neue VII-Boot *U384* wurde unter Verlust der gesamten Besatzung durch eine von Leslie G. Clark geflogene B-17 Flying Fortress der Squadron 206 versenkt, die zwei Monate zuvor bereits *U632* beschädigt hatte.

Nachdem Kinzel in der Nacht vom 16. auf den 17. März den Geleitzug SC 122 gefunden und drei Handelsschiffe versenkt und eines beschädigt hatte, befahl die U-Boot-Führung anderen Booten der Gruppen Stürmer und Dränger, so schnell wie möglich und ohne Rücksicht auf den Treibstoffverbrauch auf Kinzels *U338* zuzulaufen. Für die Boote, die bereits gefährlich knapp an Treibstoff waren, sollte entweder ein U-Tanker nach Norden in die Nähe der Schlacht geschickt werden, oder eines der frisch ausgelaufenen U-Boote sollte seinen Treibstoff mit ihnen teilen.

Die beiden Boote der Gruppe Stürmer, das neue VII-Boot *U665* unter dem 32jährigen Hans-Jürgen Haupt und das neue VII-Boot *U338* unter dem 26jährigen Rudolf Bahr, trafen zuerst bei dem Geleitzug ein. Haupt versenkte das 7134 BRT große britische Liberty-Schiff *Fort Cedar Lake,* das Kinzel zuvor beschädigt hatte. Bahr versenkte zwei britische Schiffe, das 8789 BRT große Kühlschiff *Port Auckland* und die mit Eisenspänen beladene *Zouave* mit 4256 BRT. Kinzel in *U338* versenkte sein viertes Schiff aus dem Geleitzug, den 4076 BRT großen panamaischen Frachter *Granville*. Diese Angriffe erhöhten die Verluste von SC 122 auf sieben Schiffe mit 42106 BRT, versenkt von drei U-Booten.

In der Nacht vom 17. auf den 18. März geriet SC 122 mit den 13 ihn verfolgenden U-Booten in einen Sturm, der nahezu Orkanstärke erreichte. Nach Tagesanbruch erschienen die B-24-Flugzeuge über dem

Geleitzug und versuchten, die U-Boote abzudrängen und unter Wasser zu drücken. Die U-Boot-Führung wollte den langsamen Geleitzug regelrecht massakrieren und befahl den U-Booten, die Flugzeuge zu ignorieren. Sie sollten um jeden Preis Fühlung halten und sich vor den Geleitzug setzen, um bei Nacht in gute Schußpositionen zu kommen. In ihrem Bestreben, den Kampfeswillen der U-Boot-Besatzungen zu stärken, scheute die U-Boot-Führung nicht einmal vor der Bloßstellung eines U-Boot-Kommandanten zurück. In einem scharfen Funkspruch, den alle anderen Boote mithören konnten, erhielt der Veteran Walter Schug in dem Dränger-Boot *U86* die Rüge, daß er tatenlos 220 Kilometer hinter dem Geleitzug stehe, könne nur als absolut verfehlte Handlungsweise betrachtet werden. Er solle sofort mit äußerster Fahrt die Verfolgung aufnehmen.

Am 18. März wurde die Sicherung von SC 122 durch den Coast Guard Cutter der Treasury-Klasse *Ingham* verstärkt, und auch die Korvette *Godetia* kehrte nach der Rettung Überlebender wieder zu dem Geleitzug zurück. Damit bestand die Sicherung des Konvois aus neun Kriegsschiffen: der *Ingham,* zwei Zerstörern (der britischen *Havelock* und der amerikanischen *Upshur*), der Fregatte *Swale* und fünf Korvetten. Diese Luft- und Überwassersicherung machte nun Jagd auf die Boote der Gruppen Stürmer und Dränger. Kinzel in *U338* und Haupt in *U665* meldeten schwere Schäden durch Wasserbomben und brachen die Fahrt ab. Haupt wurde auf dem Rückmarsch durch den Golf von Biskaya in der Nacht des 22. März durch eine von J. A. Marsden geflogene Whitley der Operational Training Unit 10 des Bomber Command geortet und mit sechs Wasserbomben unter Verlust der gesamten Besatzung versenkt.[1] Helmut von Tippelskirch, der 25jährige neue Kommandant des VII-Bootes *U439,* berichtete, er sei acht Stunden gejagt und mit Wasserbomben belegt worden. Max Wintermeyer in dem neuen IXC/40-Boot *U190* meldete eine neunstündige Jagd mit Was- serbomben. Hans Möglich in dem neuen IXC/40-Boot *U526* und Herbert Uhlig in dem neuen IXC/40-Boot *U527* brachen die Verfolgung des Geleitzugs wegen Problemen mit den Dieselmaschinen ab. Auch vier VII-Boote meldeten Schäden an ihren Dieseln.

Das von der U-Boot-Führung ersehnte Massaker an SC 122 fand nicht statt. Beim zweiten Angriff kamen zwar sechs Boote in Schußposition, aber nur drei erzielten Treffer:

- Herbert Engel in dem neuen VII-Boot *U666* beschädigte die 5234 BRT große griechische *Carras* schwer. Im Gegenzug belegte eine von William Knowles geflogene B-17 der Squadron 220, die im sel-

[1] Damals wurde die Versenkung einer mit einem Leigh Light ausgerüsteten Wellington zugesprochen, doch bei einer Neubewertung nach dem Krieg sprach die Admiralität sie der Whitley zu.

ben Monat bereits *U633* versenkt hatte, Engel mit vier Wasserbomben. Sie waren gut gezielt und beschädigten das U-Boot so stark, daß es nach Frankreich zurückkehren mußte.

• Werner Schwaff in dem kampferprobten *U333* versenkte den verlassenen Hulk der *Carras*.

• Der mit dem VII-Boot *U663* frisch aus Frankreich eingetroffene Heinrich Schmid versenkte vermutlich den 5754 BRT großen britischen Frachter *Clarissa Radcliffe,* der schon Tage zuvor als Nachzügler zurückgefallen war.

Die bestätigten Versenkungen aus SC 122 beliefen sich damit auf neun Schiffe mit 53094 BRT, erzielt durch sechs U-Boote.

Mit oder ohne Absicht betrachteten die Deutschen SC 122 und HX 229 als einen einzigen Geleitzug. Das Propagandaministerium in Berlin prahlte, die 38 bis 40 beteiligten U-Boote hätten 32 feindliche Handelsschiffe mit 186000 Tonnen versenkt. Und auch die U-Boot-Führung war intern voll des Lobes. Sie sprach in Dankbarkeit und Anerkennung vom größten je erzielten Erfolg gegen einen Geleitzug. Nach einer außerordentlich erfolgreichen und energischen Verfolgung hätten die U-Boote trotz starker Überwasser- und Luftsicherung mit ihren Tages- und Nachtangriffen glänzende Erfolge erzielt.

Wenn man von einem einzigen Geleitzug ausgeht, war die Geleitzugschlacht tatsächlich der »bis dahin größte Erfolg« der Atlantik-U-Boote, wie Dönitz in seinen Memoiren behauptet. Die bestätigten Versenkungen aus beiden Geleitzügen waren jedoch wesentlich niedriger, als von den Deutschen behauptet: 22 Schiffe mit 53000 Tonnen aus SC 122 und 13 Schiffe mit 93500 Tonnen aus HX 229. Auf jeden Fall belief sich, wenn man von 40 beteiligten U-Booten ausgeht, der Durchschnitt der bestätigten Versenkungen auf eineinhalb Schiffe pro Boot – *individuell* betrachtet also kein größerer Erfolg als bei anderen Feindfahrten.

Die beiden unglücklichen Geleitzüge waren in den letzten Tagen der Konvoikonferenz ausgelaufen, zu einer Zeit, als das Geleitzugsystem im Atlantik stark verändert wurde, als die Geleitzüge trotz des kritischen Mangels an Eskortschiffen auf 60 Schiffe (plus LSTs) vergrößert wurden und als die Alliierten den Schlüsselbereich Triton der Deutschen zeitweilig nicht entziffern konnten. Beide britischen Escort Groups (B-4 und B-5) waren zu schwach, und der Geleitzug HX 229 hätte ein Rettungsschiff haben müssen. Außerdem machte das Western Approaches Command den Fehler, beide Geleitzüge auf derselben Route hintereinander fahren zu lassen, und zwar so dicht, daß sie wie ein einzelner Konvoi erschienen, ein sehr wertvolles Ziel, für das sich jedes Risiko lohnte. Glücklicherweise konnten die Alliierten ein veritables Gemetzel gerade noch verhindern, indem sie von Island aus Überwasserschiffe entsandten und eine Luftsicherung aus B-24-Maschinen mit sehr großer

Reichweite und aus B-17-Maschinen und Sunderlands mit großer Reichweite aufbauten. Diese Flugzeuge flogen insgesamt 54 Einsätze, drängten die U-Boote ab oder drückten sie unter Wasser und versenkten *U384*.[1]

Auf dem Rückmarsch nach diesen Geleitzugschlachten stieß Max Kruschka in dem VII-Boot *U621* etwa 750 Kilometer westlich von Lorient zufällig auf einen Geleitzug, den nach Süden ins Mittelmeer fahrenden KMS 11. Nach seiner Meldung dirigierte die U-Boot-Führung alle verfügbaren U-Boote und Condor-Maschinen auf die von *U621* gemeldete Position und befahl ihnen, die beladenen Schiffe des Geleitzugs zu verfolgen und anzugreifen.

Kruschka hielt hartnäckig Fühlung mit der reichen Beute. Drei andere VII-Boote, die auf dem Rückmarsch befindlichen *U332* und *U634* und das auslaufende *U632,* versuchten, ihn zu erreichen, wurden jedoch durch feindliche Flugzeuge abgewehrt. Hans Karpf in *U632* berichtete, er sei mehrmals unter Wasser gedrückt worden, setzte jedoch seine erst kürzlich begonnene Feindfahrt fort. Eberhard Hüttemann in *U332* meldete Fühlung mit dem Geleitzug, aber große Treibstoffknappheit und keinen Erfolg. Vier auf dem Rückmarsch befindliche IX-Boote und zwei weitere auf dem Rückmarsch befindliche VII-Boote waren nicht in der Lage oder nicht willens, den Geleitzug zu finden, und er dampfte unbeschadet weiter.

Zwei Nächte später, am 21. März, erwischte eine mit einem Leigh Light ausgerüstete Wellington der Squadron 172 Hüttemann mit *U332* in der Biskaya bei Mondlicht auf der Wasseroberfläche. Ihr Pilot I. D. Prebble warf sechs Wasserbomben und beschädigte das Boot schwer. Hüttemann stellte sich tot, bis die Wellington das Gebiet verließ, dann forderte er bei der U-Boot-Führung dringend Unterstützung an.

Im Morgengrauen entsandte die U-Boot-Führung vier Ju-88 als Eskorte für das tauchunfähige *U332*. Britische Beaufighter stiegen ebenfalls auf. Sie schossen zwei der vier deutschen Maschinen ab und vertrieben die beiden anderen.[2] Inzwischen war es Hüttemann jedoch gelungen, *U332* so zu reparieren, daß das Boot in geringer Tiefe tauchen konnte. Und es erreichte Frankreich am 24. März – zumindest damals noch ein glückliches Boot.

Während der harten Schlacht auf der Nordatlantikroute befand sich der »zweite Teil« des Konvois HX 229 – mit der Bezeichnung 229A – auf

---

[1] Nach britischen Berechnungen sichteten die britischen Flugzeuge in 54 Einsätzen 32 U-Boote und führten 21 Angriffe durch.

[2] Wie die U-Boot-Führung vermerkte, waren die Beaufighter der Ju-88/6C überlegen. Die deutschen Flugzeuge waren zu langsam und zu schwach bewaffnet, und ihre wassergekühlten Motoren waren verwundbar für feindlichen Beschuß.

einer Route weit nördlich der U-Boote. Wie geplant fuhren vier Schiffe nach Halifax und eines nach St. John's, während ein Zubringerkonvoi mit 16 Schiffen aus Halifax zu dem Geleitzug HX 229 stieß. Eines dieser Schiffe, die *Lady Rodney,* fuhr nur bis St. John's. Nachdem der Geleitzug diesen Hafen passiert hatte, bestand er aus 38 Schiffen. 4 davon brachen die Fahrt ab (2 fuhren nach Halifax, 2 nach St. John's), so daß noch 34 Schiffe übrig waren. Zwei weitere Handelsschiffe, die amerikanische *Lone Star* und die britische *Belgian Airman,* erlitten Eisschäden und wurden »abgehängt«. Damit verblieben noch 32 Schiffe im Konvoi.

Hoch im Norden lief das als Tanker eingesetzte britische Walfangschiff *Svend Foyn* am 19. März auf einen Eisberg. Die Sloop *Hastings* von der schwachen Escort Group 40 blieb zurück, um das Schiff zu schützen, während seine Mannschaft den Schaden zu reparieren versuchte. Inzwischen hatte die *Bibb,* ein Coast Guard Cutter der Treasury-Klasse, der in Island ausgelaufen war, die Geleitsicherung zeitweilig verstärkt.

Während die Anstrengungen zur Rettung des wertvollen Walfangschiffs fortgesetzt wurden, trafen unter Führung der 72 Meter langen *Medoc* vier Fahrzeuge der amerikanischen Coast Guard aus Grönland ein und lösten die *Hastings* ab. Der Kapitän der *Svend Foyn* war sicher, sein Schiff retten zu können, aber dann zog ein Sturm durch das Gebiet, und es sank plötzlich. Von den 195 Männern an Bord wurden 152 gerettet (128 von der *Medoc*); 43 kamen ums Leben.

Als die *Bibb* nach Island abgelaufen war, bestand HX 229A noch aus 30 Handelsschiffen und der Eskorte. Alle Schiffe trafen an ihren Bestimmungsorten auf den Britischen Inseln ein. Ein Schiff war nach der Kollision mit einem Eisberg gesunken, und sechs hatten wegen Eisschäden, technischen Problemen oder anderer Schwierigkeiten den Geleitzug verlassen und Nova Scotia oder Newfoundland angelaufen, doch keines war einem U-Boot zum Opfer gefallen.

Der xB-Dienst versorgte die U-Boot-Führung auch weiterhin rechtzeitig mit Informationen über die Geleitzüge auf der Nordatlantikroute. Als die Alliierten ONS 171 in ONS 1 umbenannten und mit der Zählung der Geleitzüge von vorne begannen, entzifferte der xB-Dienst sofort die Änderung und meldete der U-Boot-Führung die voraussichtliche Position und Route des Konvois. Gleichzeitig meldete er auch die Routen von HX 230 und SC 123, die aus je 60 Handelsschiffen bestanden. Wie berichtet, waren alliierte Codeknacker bis zum 20. März wieder in »Triton« eingebrochen. Dies bedeutete, daß sie den Funkverkehr der U-Boote nur zehn Tage lang nicht entziffern konnten, ein Zeitraum, in dem die U-Boote 22 Schiffe aus SC 122 und HX 229 versenkt hatten. Der erneute Einbruch in den Schlüsselbereich erbrachte die Informationen über die U-Boote mit etwa zweitägiger Verzögerung. Da jedoch die Gruppen der U-Boote mehrere Tage im voraus formiert und in bestimmte Gebiete beordert wurden, war die Entzifferung aktuell genug, um von höchstem taktischem Wert zu sein.

Am 20. März bildete die U-Boot-Führung die zwei großen neuen Gruppen Seeteufel und Seewolf. Die aus sechzehn Booten (zwölf VII- und vier IXC/40-Booten) bestehende Gruppe Seeteufel wurde aufgestellt, um ONS 1 abzufangen. Sie bestand aus drei Booten der Gruppe Stürmer, einem der Gruppe Dränger, einem kampferprobten, aus dem Nordmeer transferierten Boot, vier neuen Booten aus Deutschland (zwei IXC/40- und zwei VII-Booten) und aus sieben gerade in Frankreich ausgelaufenen Booten, die alle bereits mindestens eine Feindfahrt gemacht hatten. Die 19 Boote (17 VII- und 2 IXC/40-Boote) der Gruppe Seewolf waren auf die ostwärts fahrenden Geleitzüge SC 123 und/oder HX 230 angesetzt. Diese Gruppe bestand aus einem Boot von der Gruppe Westmark, zwei nachgetankten Booten der Gruppe Raubgraf, acht Booten der Gruppe Stürmer, sieben der Gruppe Dränger und einem kampferprobten Boot, das frisch in Frankreich ausgelaufen war.

Insgesamt zählten die beiden Gruppen 35 U-Boote. Etwa ein Drittel (zwölf) kamen aus Deutschland und waren auf der Jungfernfahrt. Unter diesen befanden sich sechs schwerfällige, für Geleitzugschlachten im Nordatlantik ungeeignete IXC/40-Boote, die trotzdem eingesetzt wurden, um den Mangel an VII-Booten auszugleichen und, wenn nötig, als zusätzliche U-Tanker zu fungieren.

Der Geleitzug ONS 1 stach am 17. März auf den Britischen Inseln in See. Am folgenden Tag stieß die britische Escort Group B-6 mit dem Commander R. Heathcote auf dem Zerstörer *Fame* hinzu. Auch diese Escort Group war relativ schwach: die *Fame* und als zweiter Zerstörer die *Viscount* sowie vier Korvetten, von denen eine mit norwegischer Besatzung fuhr.

Zwei der VII-Boote von Seeteufel sichteten »Zerstörer« von ONS 1, das neue *U306* unter dem 28jährigen Claus von Trotha und das kampferprobte *U572* unter Heinz Kummetat. Die U-Boot-Führung befahl vier weiteren Booten der Gruppe Seeteufel, *U306,* und zweien, *U572* anzusteuern. Die anderen Boote der Gruppe blieben an Ort und Stelle.

Zwei der acht Boote, die nach den von *U306* und *U572* gesichteten Schiffen suchten, meldeten feindliche Kräfte. Das kampferprobte VII-Boot *U564* unter Hans Fiedler sichtete Leuchtgranaten und Geschützfeuer. Es lief mit voller Fahrt auf die vermuteten Schiffe zu, verlor sie jedoch und konnte den Kontakt nicht wiederherstellen. Carl Borm in dem VII-Boot *U592,* einem kampferprobten, aus dem Nordmeer transferierten Boot, glaubte, einen großen, von zwei Sicherungsschiffen begleiteten Frachter auszumachen, verlor die Schiffe jedoch in einem Schneesturm wieder. Helmut Pich in dem neuen IXC/40-Boot *U168* fand Borms drei »Schiffe«, meldete jedoch, daß es sich um Eisberge handelte, die eine verblüffende Ähnlichkeit mit Schiffen hatten.

Die U-Boot-Führung kam zu dem richtigen Schluß, daß ONS 1 an der Gruppe Seeteufel vorbeigeschlüpft war, und stellte die gesamte Gruppe und die Gruppe Seewolf neu auf, um die beiden nächsten nach Osten fahrenden Geleitzüge, SC 123 und HX 230, abzufangen. Durch die Neuaufstellung ergab sich ein 1100 Kilometer (!) langer Streifen, der sich von der Südspitze Grönlands nach Südosten erstreckte.

U564 mit dem Kommandanten Hans Fiedler, eines der nördlichsten Seeteufel-Boote, meldete einen Geleitzug etwa 270 Kilometer südöstlich von Grönland. Die U-Boot-Führung meinte, es könnte sich um ONS 2 handeln, aber in Wirklichkeit war es der in die entgegengesetzte Richtung fahrende SC 123 mit der britischen Escort Group B-2, die vorübergehend vom Escort Commander auf der Sloop *Whimbrel* geführt wurde. Die Eskorte bestand aus sieben Kriegsschiffen: zwei Zerstörern, der *Whimbrel* und vier Korvetten. Außerdem war die amerikanische Support Group 6 mit dem Geleitträger *Bogue* und den beiden Glattdeck-Zerstörern *Belknap* und *George E. Badger* am 20. März in Argentia zur Verstärkung des Geleitzugs in See gestochen und holte ihn am folgenden Tag ein.

Zwei weitere Boote der Gruppe Seeteufel näherten sich Fiedlers Position: das neue *U415,* geführt von dem 26jährigen Kurt Neide, und das kampferprobte *U663* unter Heinrich Schmid. Fiedler und Schmid sichteten und meldeten, daß der Geleitträger *Bogue* im Zentrum des Geleitzugs mitfuhr. Die U-Boot-Führung reagierte mit dem Hinweis, daß die Versenkung des Trägers für den Fortgang der Geleitzugoperationen von besonderer Wichtigkeit sei, die U-Boote jedoch trotz Verfolgung dieses Ziels auch andere Chancen nutzen sollten.

Die von Giles E. Short geführte *Bogue* trug auch bei ihrer zweiten Feindfahrt kaum zur Verteidigung ihres Geleitzugs bei. Ein Grund war das schlechte Wetter. Wie schon auf ihrer ersten Fahrt war der Einsatz ihrer Flugzeuge durch stürmische Winde und hohe Wellen diesmal auf nur vier Tage beschränkt. Obendrein brach der Geleitträger ausgerechnet am 26. März, dem Tag, als die U-Boote ihn sichteten, den Einsatz ab und kehrte, abgeschirmt von seinen beiden Zerstörern, nach Argentia zurück. Wegen eines Sturmschadens und weil ein Katapult nicht richtig funktionierte, fuhr er danach weiter zum Navy Yard in Boston, wo er mehrere Wochen lang repariert wurde. Im Widerspruch zu manchen Berichten hatte die *Bogue* bis dahin noch nichts zur Schließung des »Grönland-Luftlochs« beigetragen.

Am folgenden Tag, dem 27. März, überholte HX 230 den Konvoi SC 123. Der schnelle Geleitzug wurde von der britischen Escort Group B-1 unter E. C. Bayldon auf dem Zerstörer *Hurricane* gesichert. Die Eskorte bestand aus acht Kriegsschiffen: aus der *Hurricane* und zwei weiteren

Zerstörern, einer Fregatte und vier Korvetten. Bayldon hatte mit der Unterstützung der *Bogue* und ihrer Zerstörer gerechnet, doch nachdem sie den Einsatz abgebrochen hatte, mußte er ohne deren Hilfe auskommen.

Das nördlichste Boot der Gruppe Seewolf, das neue VII-Boot *U305* unter Rudolf Bahr, fand HX 230. Es beschattete den Geleitzug für ein paar Stunden, verlor ihn jedoch in dem schlechten Wetter wieder. Trotzdem befahl die U-Boot-Führung allen sechzehn Booten der Gruppe Seeteufel und den zehn nördlichsten Booten der Gruppe Seewolf, HX 230 zu suchen und anzugreifen. Jeweils ein Boot aus jeder Gruppe konnte dem Befehl nicht folgen, da es bei einem U-Tanker nachtanken mußte, doch die anderen 24 Boote liefen auf *U305* zu. Vier Boote *(U523, U591, U610* und *U631)* bekamen Fühlung mit dem Geleitzug, wurden jedoch von den Sicherungsschiffen nach Huff-Duff-, Sonar- oder Radarkontakt vertrieben. Sechs weiteren Booten (drei IXC/40- und drei VII-Booten) wurde der Treibstoff knapp; sie brachen die Jagd ab, um einen U-Tanker zu suchen.

Die restlichen 20 auf HX 230 angesetzten Boote gerieten am 28. März in einen schweren Sturm, der fast Orkanstärke erreichte. Zudem tauchten an diesem Tag auch noch Langstreckenflugzeuge aus Island auf und zwangen die Boote zu tauchen. Der Geleitzug wurde durch den Sturm zerstreut, weshalb die Meldungen an die U-Boot-Führung fragmentarisch und wenig hilfreich waren. *U591* sichtete sieben Frachter und fünf »Zerstörer«, wurde jedoch von Flugzeugen unter Wasser gedrückt. *U632* sichtete einen Tanker mit »Luftsicherung«, verlor ihn jedoch fast sofort wieder. *U618* sichtete einen von einem »Zerstörer« eskortierten Frachter, kam jedoch nicht in Schußposition, bevor das Schiff wieder außer Reichweite war.

Am 29. März blies der Sturm mit Orkanstärke aus Südwest. Die U-Boot-Führung appellierte an die Boote, sich mit dem Wind im Rücken für einen letzten Angriff vor den Geleitzug zu setzen, bevor dieser in Reichweite der Hudson-Maschinen aus Island kam. Der Befehl war nicht durchführbar. Hubertus Purkhold in dem kampferprobten *U260* schrieb in sein Kriegstagebuch:

> *Verfolgung abgebrochen. Bei dem Versuch, mit äußerster Kraft und Großer Fahrt vor der See zu laufen, zweimal mit dem Boot untergeschnitten. Durch Hartruder, Anblasen und Fahrtverminderung kommt das Boot gut aus der See heraus. Auf der Brücke gibt es kein Halten, Kommandant und Wache sind nach einer halben Stunde halb ertrunken. Durch Turmluk, Sprachrohr und Dieselzuluftmast innerhalb kürzester Zeit fünf Tonnen Wasser ins Boot.*

Die Jagd entwickelte sich zu einem absoluten Fiasko. Nur wenige Boote konnten den Geleitzug überhaupt einholen. Nur das kampferprobte, von Walter von Freyberg-Eisenberg-Allmendingen geführte *U610* der

Gruppe Seeteufel versenkte das 7176 BRT große amerikanische Liberty-Schiff *William Pierce Frye.* Kein anderes der 34 Boote der Gruppen Seeteufel und Seewolf versenkte ein Schiff. Allerdings gingen auch keine U-Boote aus diesen Gruppen verloren.

Wie berichtet, versenkte am 25. März eine B-17 der britischen Squadron 206 das VII-Boot *U469,* als es auf den später ebenfalls verlorenen Blokkadebrecher *Regensburg* wartete, um ihn zu eskortieren. Zwei Tage später erwischte dieselbe B-17 mit einer anderen Besatzung unter A. C. I. Samuel das ebenfalls erst zehn Tage zuvor in Kiel ausgelaufene IXC/40-Boot *U169* unter dem 25jährigen Hermann Bauer. Mit einem der zweifellos kuriosesten Schlachtrufe des Zweiten Weltkriegs meldete Samuel, das U-Boot sei »abgesoffen wie eine offene Konservendose«.

Die an einem tristen Ort namens Sullom Voe auf den Färöer-Inseln stationierte, mit Catalinas ausgerüstete Squadron 190 des britischen Coastal Command war gut plaziert, um U-Boote zu versenken, die von Deutschland auf dem Weg zur Atlantik-Streitmacht waren oder zu den in Norwegen stationierten Nordmeer-Flottillen gehörten, deren Boote häufig in diesem Seegebiet operierten. Am 26. März fand eine von J. Fish geflogene Catalina der Squadron 190 ein neues Nordmeer-Boot vom Typ VII, das über Wasser von Bergen kam und nicht die nötige Wachsamkeit walten ließ. Es war *U339* unter dem 25jährigen Georg-Wilhelm Basse. Fish warf sechs Wasserbomben, die das Boot so schwer beschädigten, daß es die Fahrt abbrechen mußte und nur mit Mühe und Not Drontheim erreichte. Von dort kehrte es in die Ostsee zurück, wo es für immer blieb, da es wegen des schweren Schadens nur noch als Schulboot eingesetzt werden konnte. Basse erhielt die Aufgabe, ein anderes für die Nordmeer-Flottille bestimmtes VII-Boot in Dienst zu stellen.

Der letzte Geleitzug, der im März 1943 im Nordatlantik gefunden und angegriffen wurde, war SL 126, der erste Geleitzug aus Sierra Leone seit Oktober des vergangenen Jahres. Er wurde von drei Fregatten und zwei Sloops nur schwach gesichert. Eine Focke-Wulf Condor fand den Geleitzug am 27. März westnordwestlich von Kap Finisterre. Die U-Boot-Führung befahl fünf in Frankreich ausgelaufenen Booten, den Konvoi abzufangen.

Zwei der fünf Boote bekamen Fühlung mit dem Geleitzug und jagten ihn vier Tage lang, das kampferprobte *U404* mit Ritterkreuzträger Otto von Bülow und das kampferprobte *U662* mit dem neuen 27jährigen Kommandanten Heinz-Eberhard Müller. Unter Einsatz eines Radargeräts führte die Fregatte *Rother* sechs separate Angriffe mit 75 Wasserbomben durch. Trotzdem versenkte Müller mit *U662* am 29. März mit einer bemerkenswerten Salve von fünf Torpedos den 6159 BRT großen britischen Frachter *Empire Whale,* demolierte den (in der Folge von den Sicherungsschiffen versenkten) 6852 BRT großen britischen Frachter *Umaria* und beschädigte das 7194 BRT große Liberty-Schiff *Ocean*

Viceroy und noch einen weiteren britischen Frachter. Von Bülow versenkte mit *U404* am selben und am folgenden Tag zwei britische Frachter: die 8791 BRT große *Nagara* und die 7031 BRT große *Empire Bowman.* Insgesamt wurden also vier Schiffe mit 28833 BRT versenkt und ein weiteres mit 7174 BRT beschädigt.

Die U-Boot-Führung war natürlich erfreut über dieses Ergebnis und vermerkte mit Genugtuung die hervorragende Zusammenarbeit zwischen der Luftwaffe und den U-Booten. Sie hoffte, daß dieser kühne Angriff die Alliierten veranlassen würde, die Gibraltar- und Sierra-Leone-Geleitzüge weiter im Westen fahren zu lassen, außerhalb der Reichweite der meisten alliierten ASW-Flugzeuge und in einem Seegebiet, wo die U-Boote mehr Raum zum Manövrieren hatten.

Trotz des ungünstigen Wetters auf der Nordatlantikroute erzielten die Atlantik-Boote im März einen bemerkenswerten Rekord an Versenkungen: 84 Handelsschiffe mit insgesamt 505000 BRT und der britische Zerstörer *Harvester.* Insgesamt hatten die U-Boote der Achse rund um den Erdball im März 110 Handelsschiffe mit 635600 BRT versenkt, das dritthöchste Monatsergebnis des gesamten Krieges nach Juni und November 1942. 28 versenkte Schiffe (25 Prozent) mit 190000 BRT (30 Prozent) waren Fahrzeuge der Vereinigten Staaten, der Rest war britisch oder unter britischer Kontrolle.

Hier eine Liste aller Versenkungen durch U-Boote der Achse im März nach Operationsgebieten:

	Schiffe	Tonnen
Nordmeer	3	18245
Atlantik	84	504575
Mittelmeer	12	46823
Indischer Ozean	11	65966
Gesamt:	110	635609[1]

[1] Zahlen wie von Professor Rohwer eruiert. Das Berliner Propagandaministerium behauptete, die Kräfte der Achse hätten im März eine Million BRT Schiffsraum versenkt, womit für den ganzen bisherigen Krieg ein behaupteter Stand von 18 Millionen BRT erreicht war. Ein Untersuchungsausschuß des Senats unter Vorsitz von Harry S. Truman schien die abwegigen Behauptungen der deutschen Propaganda unklugerweise zu bestätigen, weil er berechnete, die Kräfte der Achse hätten 1942 durchschnittlich eine Million BRT pro Monat oder 12 Millionen BRT allein in diesem Jahr versenkt.

Die zahlreichen Gründe für die starke Zunahme der Versenkungen auf der Nordatlantikroute im März sind der Wiederholung wert:

- Der präzise und rechtzeitige Informationsfluß über die alliierten Geleitzüge seitens der Codeknacker des xB-Dienstes, während umgekehrt die alliierten Codeknacker den »Triton«-Schlüssel zeitweise nicht mehr entziffern konnten.
- Die allmähliche Vergrößerung der U-Boot-Streitmacht im Atlantik, die am 1. April 1943 mit 171 Booten einen Spitzenwert erreichte, der es der U-Boot-Führung erlaubte, mehrere Vorpostenstreifen von bis zu 1000 Kilometern Länge aufzustellen.
- Die Konzentration der U-Boot-Gruppen in dem alliierten »Luftloch« südwestlich von Grönland. Dieses konnte im März nur von einer Handvoll B-24 Liberators mit sehr großer Reichweite der auf Island stationierten Coastal Command Squadron 120 erreicht und effektiv gesichert werden.
- Die Anwesenheit zweier XIV-Tanker *(U461* und *U463)* nahe der Nordatlantikroute, die es einigen VII-Booten erlaubte, länger im Operationsgebiet zu bleiben und Geleitzüge mit Höchstgeschwindigkeit zu jagen.
- Die effektivere Kommunikation und Kooperation zwischen den Condor-Maschinen der deutschen Luftwaffe und den U-Booten im Ostatlantik.
- Das hartnäckige Bestreben fast aller U-Boot-Besatzungen, die deutschen Rückschläge in der Sowjetunion und in Nordafrika durch Erfolge gegen die Alliierten auszugleichen und die intensiven Luftangriffe schwerer alliierter Bomber auf die Zivilbevölkerung in den großen deutschen Städten (Operation Sickle) zu rächen.
- Möglicherweise eine höhere Anzahl von Treffern mit den Schleifen laufenden Flächenabsuchtorpedos (FAT) und ein höherer Prozentsatz tödlicher Treffer mit den Pi2-Magnetpistolen im Kopf der Elektro-Torpedos.
- Die zu häufige Ausdünnung der Nahsicherung der Geleitzüge und die beschränkten Einsatzmöglichkeiten der Flugzeuge auf dem Geleitträger *Bogue* wegen schlechten Wetters und/oder technischer Defekte.

Trotz des offensichtlich schrecklichen Höhepunkts der U-Boot-Erfolge auf der Nordatlantikroute im März 1943 waren die U-Boote nie auch nur nahe daran, diese Lebensader der Britischen Inseln zu durchschneiden. Auch die Versenkungszahlen sollen hier noch einmal rekapituliert werden: Im März fuhren 16 Geleitzüge mit insgesamt etwa 900 Schiffen zuzüglich der Sicherungsschiffe auf der Nordatlantikroute nach Osten oder Westen. Die vielen Dutzende von U-Booten waren nur in der Lage, entscheidende Angriffe auf vier der acht nach Osten fahrenden Konvois durchzuführen, auf HX 228 und 229 und auf die SCs 121 und

122. Durch diese Angriffe wurden 39 von etwa 450 Schiffen in den acht nach Osten fahrenden Geleitzügen versenkt.[1] Der Verlust von achteinhalb Prozent aller im März nach Osten fahrenden beladenen Handelsschiffe stellt schwerlich eine »Krise aller Krisen« dar. 91,5 Prozent aller Handelsschiffe, die im März auf der Nordatlantikroute nach Osten fuhren, erreichten ihre Bestimmungsorte. Die Fracht in den 30 Handelsschiffen des »zusätzlichen«, nach Osten fahrenden Geleitzugs HX 229A, der von den U-Booten nicht angegriffen wurde, glich die in den vier anderen nach Osten fahrenden Geleitzügen bei U-Boot-Angriffen verlorene Fracht fast aus.

Neun zur Nordatlantikroute entsandte U-Boote gingen verloren, sieben VII-Boote und zwei IX-Boote. Fünf Boote wurden von britischen Flugzeugen versenkt, vier der Flugzeuge waren in den USA gebaute B-17-Maschinen der Squadrons 206 und 220 und die fünfte eine Whitley von OTU 10. Vier Boote fielen britischen und kanadischen Überwasserschiffen und der freifranzösischen Korvette *Aconit* zum Opfer. Die neun verlorenen Boote waren mit etwa 400 U-Boot-Fahrern bemannt gewesen, von denen 24 (von *U432* und *U444*) gerettet wurden. Die anderen Deutschen kamen ums Leben. Die U-Boote versenkten am 11. März ein Sicherungsschiff, den britischen Zerstörer *Harvester* – der erste Verlust eines Sicherungsschiffes auf der Nordatlantikroute seit dem des britischen Zerstörers *Firedrake* in dem Geleitzug ONS 153 am 16. Dezember 1942.

Weltweit versenkten die alliierten Kräfte im März 14 U-Boote, 9 VII-Boote und 5 IX-Boote mit insgesamt 650 Mann Besatzung, von denen nur die bereits erwähnten 24 U-Boot-Fahrer in Gefangenschaft kamen. Zum ersten Mal im Zweiten Weltkrieg versenkten Flugzeuge innerhalb eines Monats mehr U-Boote als die Überwasserschiffe: Das Verhältnis betrug neun zu fünf, ein Omen für die Zukunft.

Weitere deutsche Mißerfolge im Nordatlantik

Im April konnte die U-Boot-Führung dank der Ankunft von 21 neuen Booten aus Deutschland und von zwei aus dem Nordmeer transferierten Booten die beispiellose Zahl von 87 Kampfbooten gegen die alliierten Geleitzüge im Nord- und Mittelatlantik ausschicken. Diese gewaltige U-Boot-Streitmacht setzte sich aus 72 VII- und 15 IX-Booten zusammen. Zwei der VII-Boote, *U217* und *U218,* waren Minenleger des Modells D

[1] Ein Schiff des im Februar ausgelaufenen, nach Osten fahrenden Geleitzugs HX 227 ging durch U-Boote verloren. Keiner der acht nach Westen fahrenden Geleitzüge mit 450 Schiffen verlor ein Schiff durch die U-Boote. Ein Schiff des im Februar ausgelaufenen Geleitzugs ONS 168 und zwei Schiffe des ebenfalls im Februar ausgelaufenen ON 169 fielen den U-Booten zum Opfer. Siehe Anhang 3.

und sollten in englischen Gewässern Minenfelder legen, und das IX-Boot *U108* befand sich auf dem Weg nach Deutschland, wo es stillgelegt werden sollte.

Fünf VII-Boote sollten in Frankreich in See stechen, um die U-Boot-Streitmacht im Mittelmeer zu verstärken. Die von Karl-Franz Heine und Walter Huth geführten Boote *U303* und *U414* passierten die Straße von Gibraltar in der Nacht des 9. April. Horst-Arno Fenski mit *U410* und Siegfried Koitschka mit *U616* kamen in den Nächten des 6. und 7. Mai durch die Meerenge. Das fünfte und letzte Boot, *U447* mit Friedrich-Wilhelm Bothe, schaffte es nicht. In der Nacht des 7. Mai fanden zwei von J. V. Holland und J. W. McQueen geflogene Hudsons der auf Gibraltar stationierten britischen Squadron 233 das Boot auf dem Anmarsch westlich der Straße und versenkten es mit Wasserbomben. Es gab keine Überlebenden.

Vier »Milchkühe«, U-Tanker des Typs XIV, unterstützten den Schwarm der Kampfboote im Nordatlantik: *U462* mit Bruno Vowe, ausgelaufen am 1. April; das neue *U487* mit Helmut Metz, das am 27. März in Kiel ausgelaufen war und den Atlantik Anfang April erreichte, und die beiden später im April auslaufenden Boote *U461* unter Ulf Stiebler (am 20.) und *U459* unter Georg von Wilamowitz-Möllendorf (am 21. April). Zusätzlich sollte der XB-Minenleger *U119,* der am 25. April auslief, um ein Minenfeld vor dem Hafen von Halifax zu legen, auf der Hinfahrt einige VII-Boote im Nordatlantik nachtanken. Und der XB-Minenleger *U117,* der am 31. März ausgelaufen war, sollte etwa zehn IX-Boote im Bereich der Azoren nachtanken, nachdem er ein Minenfeld vor Casablanca gelegt hatte.

Die meisten in Kiel auslaufenden neuen VII-Boote wurden von Offizieren geführt, die 25 oder 26 Jahre alt waren und schon Atlantikerfahrung hatten. Die Kommandanten von drei VII-Booten waren allerdings jünger. Gerhard Lange in *U418* war 22 Jahre alt und teilte sich mit Eberhard Dahlhaus in *U634* die zweifelhafte Ehre, jüngster Kommandant in der Atlantik-Streitmacht zu sein. (Lange, der zwei Monate älter war als Dahlhaus, überlebte seine erste Feindfahrt nicht.) Claus-Peter Carlsen in *U732* war 23 Jahre alt und Werner Techand in *U731* 24 Jahre alt.

Dönitz und die U-Boot-Führung erwarteten, daß die Aufstellung einer derart furchterregenden U-Boot-Streitmacht im Nordatlantik den Strom von Gütern zu den Britischen Inseln und den an der Operation Torch beteiligten Kräften entscheidend stören und vielleicht sogar ganz unterbrechen würde. Nichts dergleichen geschah. Im Gegenteil, die U-Boote scheiterten dramatisch und erlitten eine schlimme Niederlage. Zunächst einmal erreichten 10 der 86 U-Boote nicht einmal die Geleitzugsrouten.

TAFEL 6
ERGEBNISSE DER OFFENSIVEN DES COASTAL COMMAND DER RAF IM GOLF VON BISKAYA (DERANGE, MUSKETRY, SEASLUG UND PERCUSSION) DURCH DIE 19 GROUP
10. April bis 21. September 1943[1]

Versenkte U-Boote			**Beschädigte U-Boote**		
April 1943		(Derange, 13. 4.–6. 6.)			
10. 4.	*U376*	VIIC	10. 4.	*U465*	VIIC
29. 4.	*U332*	VIIC	26. 4.	*U566*	VIIC
			29. 4.	*U437*	VIIC
Mai 1943		(Derange, bis 6. 6.)			
2. 5.	*U465*	VIIC	1. 5.	*U415*	VIIC
7. 5.	*U663*	VIIC	6. 5.	*U214*	VIID (Minenleger)
11. 5.	*U528*	IXC/40	9. 5.	*U405*	VIIC
15. 5.	*U266*	VIIC	15. 5.	*U591*	VIIC
16. 5.	*U463*	XIV (Tanker)	24. 5.	*U523*	IXC
31. 5.	*U563*	VIIC	24. 5.	*U441*	VII (Flak)
31. 5.	*U440*	VIIC	29. 5.	*U552*	VIIC
			31. 5.	*U261*	VIIC
Juni 1943		(Derange, bis 6. 6.; Musketry und Seaslug, 14. 6. bis 21. 8.)			
1. 6.	*U418*	VIIC	14. 6.	*U155*	IXC
14. 6.	*U564*	VIIC	14. 6.	*U68*	IXC
24. 6.	*U119*	IXB (SG-2)[2]	17. 6.	*U338*	VIIC
24. 6.	*U449*	VIIC (SG-2)	21. 6.	*U462*	XIV (Tanker)
			27. 6.	*U518*	IXC
Juli 1943		(Musketry und Seaslug bis 21. 8.)			
3. 7.	*U126*	IXC	2. 7.	*U462*	XIV (Tanker)
3. 7.	*U628*	VIIC	3. 7.	*U267*	VIIC
5. 7.	*U535*	IXC/40	7. 7.	*U386*	VIIC
8. 7.	*U514*	ISC	12. 7.	*U441*	VII (Flak)
13. 7.	*U607*	VIIC			
20. 7.	*U558*	VIIC			
24. 7.	*U459*	XIV (Tanker)			
28. 7.	*U404*	VIIC			
29. 7.	*U614*	VIIC			
30. 7.	*U461*	XIV (Tanker)			
30. 7.	*U462*	XIV (Tanker)			
30. 7.	*U504*	IXC (SG-2)			
August 1943		(Musketry und Seaslug bis 21. 8.)			
1. 8.	*U383*	VIIC	2. 8.	*U218*	VIID (Minenleger)
1. 8.	*U454*	VIIC			
2. 8.	*U706*	VIIC			
2. 8.	*U106*	IXB			
September 1943		Percussion 21. 8.–21. 9.			
7. 9.	*U669*	VIIC			
Gesamt:		30 versenkt	19 beschädigt		

[1] Quellen: KTB-BdU; Franks, *Search, Find and Kill* (1995); Milner, *The U-Boat Hunters* (1994), Niestlé (1998) und andere.

[2] Johnny Walkers Support Group 2 (fünf Sloops) war der Offensive im Golf von Biskaya zugeteilt, kooperierte mit den Flugzeugen der 19 Group und versenkte wie angegeben drei U-Boote. Walkers Support Group wurde von John S. Dallisons Support Group 40 abgelöst. Ebenfalls beteiligt war die neugebildete »kanadische« Support Group 5. Sie bestand aus fünf verbesserten kanadischen Korvetten, einer britischen Korvette und den zwei britischen Fregatten *Nene* und *Tweed*. Diese »kanadische« Support Group wurde von dem Briten J. D. Birch auf der *Nene* geführt. Die von G. N. Brewer auf der Sloop *Egret* geführte britische

Support Group 1 wurde von den beiden kanadischen bzw. britischen Zerstörern *Athabaskan* und *Grenville* unterstützt und löste Dallisons Support Group 40 ab. Vor Kap Finisterre (im Bereich von Percussion) griffen am 23. und am 28. August mit Hs 293 Gleitbomben ausgerüstete Schwärme von Do-217-Maschinen der deutschen Luftwaffe, unterstützt von Ju-88-Maschinen, die verschiedenen Schiffe der letztgenannten Support Groups an. Die meisten Bomben verfehlten die wilde Ausweichmanöver fahrenden Kriegsschiffe, doch am 28. August wurde Brewers Führerboot, die Sloop *Egret,* getroffen und sank. 200 Mann von ihrer 225köpfigen Besatzung kamen ums Leben. Eine weitere Bombe traf und beschädigte den großen Zerstörer der Tribal-Klasse *Athabaskan.* Er wurde zwei Monate lang repariert.

Aufgrund der verstärkten Luftoffensive des Coastal Command einschließlich derjenigen im Golf von Biskaya[1] wurden fünf im April in den Nordatlantik entsandte Boote kurz nach dem Auslaufen oder auf dem Anmarsch von britischen Flugzeugen versenkt, noch bevor sie ihre Gruppe erreichten.

- Das von dem 28jährigen Heinz Wolf geführte VII-Boot *U465* lief am 7. April in Lorient zu seiner dritten Feindfahrt aus, um zu einer Gruppe auf der Nordatlantikroute zu stoßen. Am 10. April griff eine von Frank Squire geflogene Catalina der britischen Squadron 210 das Boot in der Biskaya mit Wasserbomben an und zwang es, die Fahrt abzubrechen. Nach Reparaturen in Lorient lief Wolf am 29. April erneut aus. Am 2. Mai versenkte eine von E. C. Smith geflogene Sunderland der australischen Squadron 10 das Boot mit Maschinengewehrfeuer und zehn auf geringe Tiefe eingestellten Wasserbomben. Smiths Besatzung sah »etwa fünfzehn« Deutsche im Wasser treiben, aber alle kamen um.
- Das neue VII-Boot *U710* unter dem 26jährigen Dietrich von Carlowitz verließ Kiel am 15. April. Zehn Tage später, als das Boot zwischen den Färöer-Inseln und Island in den Atlantik einfuhr, wurde es von einer B-17 der britischen Squadron 206 mit dem Piloten Robert L. Cowey (der im Oktober bereits *U627* versenkt hatte) über Wasser gesichtet. Cowey griff trotz Flakbeschuß an und warf sechs Wasserbomben mit geringer Tiefeneinstellung. Das Boot sank, und Cowey meldete 25 in der Nähe der Trümmer im Wasser treibende Deutsche, aber keiner wurde gerettet.
- Das von dem 25jährigen Jürgen Kunze geführte neue VII-Boot *U227* verließ Kiel am 24. April. Bei der Einfahrt in den Atlantik zwischen den Färöer-Inseln und Island am 30. April erwischte eine von dem 22jährigen J. S. Freeth geflogene Hampden der australischen Squadron 455 das Boot an der Oberfläche und versenkte es mit acht auf geringe Tiefe eingestellten Wasserbomben. Die Besatzung des Flugzeugs meldete 30 Deutsche zwischen den Trümmern, aber keiner überlebte. Freeth wurde drei Wochen später, einen Tag nach seinem 23. Geburtstag, bei einen Flugunfall getötet.
- Das von dem 23jährigen Eberhard Hüttemann auf seiner zweiten

[1] Enclose II vom 6. bis zum 13. April und danach Derange. Siehe Tafel 6.

Feindfahrt geführte neue VII-Boot *U332* lief am 26. April in Frankreich zu einem Operationsgebiet im Mittelatlantik aus. Am Morgen des 29. April wurde das Boot am südwestlichen Rand des Golfs von Biskaya durch eine von A. Russel Laughland geflogene B-24 der britischen Squadron 224 über Wasser gesichtet. Das Langstrekkenflugzeug flog zwei Angriffe und warf zwölf Wasserbomben mit geringer Tiefeneinstellung ab. Sie trafen gut, und das Boot sank. Die Flugzeugbesatzung sah »Holz und Segeltuch« in einem riesigen Ölfleck treiben. Es gab keine Überlebenden.[1]

• Das von seinem früheren Ersten Wachoffizier, dem 26jährigen Hans Joachim Schramm, geführte, kampferprobte IX-Boot *U109* lief am 28. April in St. Nazaire zu einer Feindfahrt im Nordatlantik aus. Sieben Tage später, am 4. Mai, fand eine B-24 der britischen Squadron 86 mit sehr großer Reichweite das Boot an der Oberfläche, als es sich noch auf dem Weg ins Zielgebiet befand. Der Pilot J. C. Green überraschte Schramms Brückenwache und warf vier Wasserbomben mit geringer Tiefeneinstellung aus 25 Metern Höhe. Die Wasserbomben explodierten in unmittelbarer Nähe des Bootes und sprengten es förmlich in die Luft. Als sich das Wasser beruhigte, sah die Flugzeugbesatzung zahlreiche Trümmer, darunter 24 hölzerne Planken von etwa 2,5 Metern Länge (vom U-Boot-Deck) und mehrere auf dem Wasser treibende »Zylinder«, vermutlich Oberdeckbehälter für Torpedos. Es gab keine Überlebenden. Der Beurteilungsausschuß der Admiralität lobte Green für »einen gut ausgeführten Anflug und einen perfekten Angriff«.[2]

Vier Boote mußten vorzeitig nach Frankreich zurückkehren. Drei wurden vom Feind beschädigt oder bekamen technische Probleme. Das vierte geleitete eines der beschädigten Boote zum Stützpunkt.

• Das kampferprobte VII-Boot *U604* unter Horst Höltring lief am 22. April in Frankreich aus. Am zweiten Tag der Fahrt versagten die Diesel; das Boot kehrte bis zum 26. April nach Frankreich zurück. Höltring hegte den Verdacht auf Sabotage, aber es wurde kein Täter gefunden. Bei einer Inspektion des Bootes vor Beginn der Reparaturen fanden Arbeiter mehrere tote Ratten in einem Trinkwassertank, was die Theorie untermauerte, daß das Boot sabotiert worden war. Die Reparatur der Diesel war langwierig, und *U604* lief erst Ende Juli wieder aus.

• Das oft beschädigte, kampferprobte VII-Boot *U566* unter Hans Horn-

---

[1] Die Admiralität hatte die Versenkung ursprünglich einer Sunderland der RAAF Squadron 461 zugesprochen.

[2] Die Admiralität hatte die Versenkung von *U109* zunächst allerdings einer Sunderland der australischen Squadron 10 angerechnet; der Fehler wurde erst nach dem Krieg korrigiert.

kohl lief am 22. April in Brest zu seiner zweiten Feindfahrt aus. Fünf Tage später, am 26. April, sichtete eine mit Leigh Light bestückte Wellington mit dem rhodesischen Piloten Alex Coumbis das Boot und beschädigte es mit sechs Wasserbomben. Das tauchunfähige Boot wurde von Ju-88-Maschinen und Überwasserfahrzeugen zurück nach Brest eskortiert und konnte erst im Juni wieder auslaufen.

• Das von Hermann Lamby geführte, kampferprobte VII-Boot *U437* lief am 26. April in St. Nazaire zu seiner zweiten Feindfahrt in den Mittelatlantik aus. Seine erste Feindfahrt hatte Lamby wegen eines gebrochenen Flanschs am Auspuffrohr eines Diesels abbrechen müssen. Nun wurde er am fünften Tag nach dem Auslaufen am westlichen Rand des Golf von Biskaya von einer mit Leigh Light bestückten Wellington der Squadron 172 erwischt. Die von Peter H. Stembridge geflogene Maschine warf Wasserbomben, die links und rechts des Bootes einschlugen. Lamby funkte SOS und forderte dringend Hilfe an.

Die U-Boot-Führung befahl allen in der Nähe befindlichen U-Booten, ohne Rücksicht auf den Treibstoffverbrauch auf den Hilferuf zu reagieren. Zusätzlich schickte die Luftwaffe zwei Staffeln Ju-88-Maschinen los. *U445* unter Heinz-Konrad Fenn fand *U437* und brachte es bis 30. April zurück nach St. Nazaire. Das schwer beschädigte Boot konnte erst Ende September wieder auslaufen. Weil in seinem Boot Diphterie ausgebrochen war, und auch aus anderen Gründen konnte auch Fenn erst im Juli wieder in See stechen.

Drei im April auslaufende Boote hatten Sonderaufträge durchzuführen, bevor sie wie die anderen Einsätze mit Torpedos fuhren.

• Der XB-Minenleger *U119* unter dem neuen 27jährigen Kommandanten Horst-Tessen von Kameke lief am 25. April in Frankreich zu seiner zweiten Feindfahrt aus. Auf dem Anmarsch durch die Biskaya griffen zwei nicht identifizierte Flugzeuge das Boot an und töteten einen Portepeeunteroffizier, doch Kameke fuhr weiter in Richtung Amerika. Er tankte im Nordatlantik sechs VII-Boote nach und legte anschließend 66 SMA-Minen (Ankertau-Minen) vor Halifax auf Nova Scotia. Den von ihm gelegten Feldern fiel vermutlich der 2937 BRT große panamaische Frachter *Halma* zum Opfer, und sie beschädigten vermutlich das amerikanische Liberty-Schiff *John A. Poor* (7176 BRT). Danach fuhr Kameke weiter in den Mittelatlantik, wo er bei Bedarf weitere VII-Boote auftanken oder mit seinen beiden geladenen Hecktorpedorohren und neun Reservetorpedos alliierte Schiffe angreifen sollte.

• Der von Kurt Reichenbach-Klinke geführte VIID-Minenleger *U217* lief am 19. April in Frankreich aus. Er sollte vor Land's End, der Südspitze Englands, ein Feld von 15 SMA-Ankertau-Minen legen. Am 6. Mai zog sich Reichenbach-Klinke jedoch wegen schweren feindlichen Widerstands aus diesem Einsatzgebiet zurück und legte die 15 Minen in anderen Gebieten des St. George's Channel. Den Minen fiel jedoch kein Schiff zum Opfer. Später übernahm *U217* Kalipatronen für die Tauchretter und Ferngläser von einem heimkehrenden Boot und nahm Kurs auf kanadische Gewässer, um vor Nova Scotia zu patrouillieren. Es wurde jedoch von der U-Boot-Führung in den Mittelatlantik umgeleitet.

- Der VIID-Minenleger *U218* unter Richard Becker lief am 20. April in Frankreich aus, um im Nordkanal ein Feld von 15 SMA-Minen zu legen. Becker legte die Ankertau-Minen am 4. Mai, aber dem Feld fiel kein Schiff zum Opfer. Danach fuhr *U218* nach Westen, übergab ein krankes Besatzungsmitglied an den XIV-U-Tanker *U459* und schloß sich einer der gegen Geleitzüge operierenden Gruppen an.

Die U-Boot-Führung befahl 15 Booten (4 IX- und 11 VII-Booten), die im Februar oder März ausgelaufen waren, die neue Gruppe Löwenherz zu bilden. Wie berichtet, war jedoch eines dieser Boote, das IXC/40-Boot *U169,* Ende März von einer B-17 der britischen Squadron 206 versenkt worden. Die Gruppe Löwenherz bestand also, ohne daß die U-Boot-Führung dies wußte, nur noch aus 14 Booten. Sie hatte den Auftrag, nach Osten fahrende SC- oder HX-Konvois abzufangen.

Das neue IXC/40-Boot unter dem 39jährigen Kurt Lange sichtete am 4. April den Geleitzug HX 231.[1] Er bestand aus 61 Schiffen (darunter 22 beladene Tanker) und war von der britischen Escort Group B-7 unter Peter W. Gretton schwach gesichert. Die Eskorte bestand aus dem Zerstörer *Vidette,* der neuen Fregatte *Tay* und vier Korvetten.

Während Lange den Geleitzug beschattete und seine Zusammensetzung, seinen Kurs und seine Geschwindigkeit meldete, befahl die U-Boot-Führung den anderen Booten der Gruppe Löwenherz und (soweit es ihr Treibstoffvorrat erlaubte) neun weiteren Booten, den Geleitzug anzugreifen, so auch dem neuen VII-Boot *U229,* das als Wettermelder in der Nähe von Grönland stand, und dem neu eingetroffenen IXC/40-Boot *U532*. Drei der neun zusätzlichen Boote bekamen keine Fühlung. Also bestand die verstärkte Gruppe Löwenherz nun aus 17 Booten.

Als die Alliierten erfuhren, daß HX 231 von den U-Booten entdeckt worden war, entsandten sie die britische Support Group 4, die gerade in Island auftankte, und die in Island und Nordirland stationierte Squadron 120 des Coastal Command zur Verstärkung von Grettons schwacher Escort Group. Die aus vier Zerstörern der Home Fleet *(Icarus, Inglefield, Eclipse* und *Fury)* neu gebildete Support Group 4 brauchte lange zum

---

[1] Zu HX 231 siehe Sir Peter Gretton, *Crisis Convoy. The Story of HX 231,* London 1974.

Auslaufen und geriet in schlechtes Wetter, so daß sie den Geleitzug erst nach drei Tagen erreichte.

In der ersten Nacht griffen mehrere Boote an. Das neue VII-Boot *U630* unter dem 28jährigen Werner Winkler meldete zwei versenkte Schiffe, doch nur die Versenkung des 9365 BRT großen britischen Frachters *Waroonga,* der erst 36 Stunden mit dem Geleitzug gefahren war, wurde bestätigt. Ein anderes neues VII-Boot, das von dem 27jährigen Heinz Eckelmann geführte (vom Geleitdienst an der *Regensburg* befreite) *U635,* meldete ebenfalls zwei versenkte Schiffe, doch nur die Versenkung des 5529 BRT großen Frachters *Shillong* wurde bestätigt. *U229* unter Robert Schetelig versenkte die schwedische *Vaalaren*, einen 3406 BRT großen Nachzügler.

Die Mehrheit der U-Boote wurden von den Sicherungsschiffen des Geleitzugs geortet und abgedrängt. Trotzdem kamen drei weitere Boote zum Schuß. Das von Alexander von Zitzewitz geführte, kampferprobte VII-Boot *U706* versenkte den 7124 BRT großen Tanker *British Ardour.* Ein weiteres kampferprobtes Boot, *U563* unter Götz von Hartmann, torpedierte den 9005 BRT großen amerikanischen Tanker *Sunoil,* der wegen Maschinenproblemen zurückgefallen war. Kurt Lange mit *U530,* der den Geleitzug gefunden hatte, gab dem Tanker mit drei Torpedos den Rest. Das VII-Boot *U632* unter Hans Karpf versenkte den ebenfalls hinter dem Konvoi zurückgebliebenen 7065 BRT großen Holländer *Blitar.*

Britische Flugzeuge aus Island und Nordirland trafen am Nachmittag des 5. April zur Unterstützung des Geleitzugs HX 231 ein. Innerhalb der folgenden 48 Stunden drückten sie die U-Boote unter Wasser oder vertrieben sie. Und sie versenkten zwei VII-Boote:

- Am 5. April erwischte eine in Island stationierte und von Gordon R. Hatherly geflogene B-24 mit sehr großer Reichweite von der britischen Squadron 120 das neue *U635*. Das von Heinz Eckelmann geführte Boot war drei Wochen zuvor in Kiel ausgelaufen. Hatherly warf sechs auf geringe Tiefe eingestellte Wasserbomben, und das Boot sank unter Verlust der gesamten Besatzung.[1]
- Am 6. April erwischte eine von Cyril W. Burcher geflogene B-24 mit sehr großer Reichweite von der britischen Squadron 86 das von Hans Karpf geführte, auf seiner zweiten Feindfahrt befindliche *U632*. Burcher flog zwei Angriffe und warf sechs Wasserbomben mit geringer Tiefeneinstellung. Es gab keine Überlebenden.

Grettons Escort Group B-7 war nun endlich durch die vier Zerstörer der britischen Support Group 4 aus Island und die Flugzeuge des Coastal

[1] Die Admiralität schrieb die Versenkung von *U635* fälschlich der Fregatte *Tay* aus Grettons Escort Group zu, die ebenfalls ein U-Boot angegriffen hatte. Erst lange nach dem Krieg wurde die Versenkung Hatherlys B-24 gutgeschrieben.

Command verstärkt und vereitelte alle weiteren U-Boot-Angriffe auf HX 231. Deshalb brach die U-Boot-Führung die Operation am Abend des 7. April mit großem Bedauern ab. Sie tadelte die Kommandanten der Gruppe Löwenherz, weil sie zu viele unwichtige Funksprüche abgesetzt und statt des eigentlichen Geleitzugs zu viele Nachzügler gejagt hätten, und sie schrieb den 17 bei dem Geleitzug oder in seiner Nähe operierenden U-Booten die Versenkung von acht Schiffen mit 58000 BRT und eines »Zerstörers« sowie Treffer bei drei weiteren Schiffen zu. Das bestätigte Ergebnis belief sich auf sechs versenkte Handelsschiffe (darunter zwei Tanker) mit insgesamt 41000 BRT; Kriegsschiffe wurden nicht versenkt. Die anderen 55 Schiffe des Geleitzugs (darunter 20 Tanker) erreichten ihre Bestimmungsorte.[1]

Der Angriff auf HX 231 kam die Deutschen teuer zu stehen. Nicht nur waren die VII-Boote *U632* und *U635* mit der gesamten Besatzung verlorengegangen, sondern es waren auch noch weitere fünf Boote schwer beschädigt worden. Eines der fünf, das früher von dem in Ungnade gefallenen Heinz Hirsacker geführte *U572,* war von einem »Zerstörer« angegriffen und gerammt worden. Sein neuer Kommandant, der 24jährige Heinz Kummetat, machte mit dem Boot die zweite Feindfahrt und hatte vermutlich die Ehre des Bootes wiederherstellen wollen. Doch er hatte auf beiden Feindfahrten kein einziges Schiff versenkt und mußte die zweite nun abbrechen.

Auch drei weitere Boote kehrten vorzeitig zurück: *U563, U564* und *U594*. Das letztgenannte, von Hans Fiedler geführte Boot, wurde durch eine von John K. Moffatt geflogene B-24 der britischen Squadron 120 getroffen, schaffte es jedoch bis zum 13. April zurück nach Frankreich.

Zehn der am Angriff auf HX 231 beteiligten Boote erhielten von der U-Boot-Führung den Auftrag, die neue Gruppe Lerche zu bilden. Am 11. April fand eines der zehn, das von Joachim Deecke geführte *U584,* den nächsten ostwärts fahrenden Geleitzug. HX 232 bestand aus 47 Handelsschiffen und wurde von der britischen Escort Group B-3 gesichert. Ihr Commander war M. J. Evans, der Nachfolger von A. A. Tait, der am 11. März bei der Verteidigung von HX 228 getötet worden war, als ein U-Boot sein Führerboot, den Zerstörer *Harvester,* versenkt hatte. Die Escort Group bestand aus sieben Kriegsschiffen: drei Zerstörern (den britischen *Escapade* und *Witherington* und der polnischen *Garland*) sowie aus zwei britischen und zwei freifranzösischen Korvetten. Die

---

[1] Es war zweifellos Zufall, daß Dönitz ausgerechnet am 7. April, bei Beendigung dieser Geleitzugschlacht, von Hitler das Eichenlaub zum Ritterkreuz erhielt.

Escort Group wurde von der britischen Support Group 4 (vier Zerstörern der Home Fleet) unterstützt.

Deecke hielt mit *U584* mustergültig Fühlung und brachte drei weitere Lerche-Boote heran. Helmut Pich in dem neuen IXC/40-Boot *U168* griff zuerst an und schoß zwei Fächer mit vier und zwei Torpedos. Er hörte zwei Explosionen und glaubte, er habe zwei Schiffe versenkt, aber die Versenkungen wurden nicht bestätigt. Götz von Hartmann, der mit dem VII-Boot *U563* vorzeitig auf dem Rückweg war, nachdem er in der Schlacht mit HX 231 einen Luftangriff überstanden hatte (und zwei Mann über Bord gegangen waren), griff als zweiter an. Er meldete drei versenkte Schiffe mit 26000 BRT und die Beschädigung eines vierten. Tatsächlich versenkte er zwei Frachter mit 9800 BRT und beschädigte den 7261 BRT großen britischen Frachter *Fresno City,* dem Alexander von Zitzewitz in *U706* später den Fangschuß gab. Hartmann hatte auf drei Feindfahrten nur zwei Schiffe versenkt (und die *Sunoil* beschädigt) und wurde, als er nach Frankreich zurückgekehrt war, von *U563* auf ein anderes Boot versetzt.

Für Ralph Kapitzky in *U615* war der 10. April der 52. Tag einer Feindfahrt, auf der er drei verschiedenen Gruppen zugeteilt gewesen war, aber kein einziges Schiff versenkt hatte. Auf dem Anmarsch zu seiner vierten Gruppe sichtete Kapitzky einen Nachzügler von HX 232, das 7177 BRT große amerikanische Liberty-Schiff *Edward B. Dudley.* Er schoß einen vollen Bugfächer auf das Schiff, aber offensichtlich traf nur ein Torpedo, und dieser war ein Blindgänger. Das Liberty-Schiff drehte ab und ging auf äußerste Fahrt, und Kapitzky begann eine langwierige Verfolgungsjagd. Schließlich holte er das Schiff ein, ging auf Kernschußweite und machte erneut Torpedos los. Sie trafen, und das mit Munition beladene Schiff flog mit einer gewaltigen Explosion in die Luft. Einige Trümmer landeten auf der Brücke von *U615* und verwundeten Kapitzky schwer. Der Kommandant genas in einem Pariser Krankenhaus, und das Boot war fast zwei Monate außer Gefecht.

Eines der Lerche-Boote, das neue IXC/40-Boot *U191* unter dem 27jährigen Helmut Fiehn, meldete, daß es am 13. April mehrere Angriffe einer Sunderland mit seinen beiden 2-cm-Flugabwehrkanonen des Typs MG-C/38 abgewehrt hatte. Die U-Boot-Führung funkte die Nachricht sofort an alle U-Boote, um sie zu ähnlichen Aktionen zu ermutigen.[1]

In Reaktion auf Informationen des xB-Dienstes bildete die U-Boot-Führung die Gruppe Adler, eine weitere neue Gruppe, um den Geleitzug

---

[1] Anfang April waren ähnliche Meldungen über Flugabwehrerfolge auch von drei anderen IX-Booten eingegangen, von *U172* mit Emmermann, *U168* mit Helmut Pich und dem IXC-Boot *U510* mit Karl Neitzel.

SC 125 abzufangen, den ersten Slow Convoy, der wegen der Überlastung des New Yorker Hafens in Halifax in See stach. Die Gruppe Adler bestand aus 16 Booten, alle kampferprobt und in Frankreich ausgelaufen, darunter auch *U404* unter Ritterkreuzträger Otto von Bülow. Durch entzifferte Enigma-Meldungen gewarnt, leiteten die Alliierten SC 125 südlich an der Gruppe vorbei, und seine Schiffe erreichten ohne Störung durch die U-Boote ihre Bestimmungsorte.

Geleitet von weiteren Informationen des xB-Dienstes stellte die U-Boot-Führung die Gruppe Adler neu auf, um einen nach Osten fahrenden HX-Konvoi abzufangen. Auch dieses Ziel wurde nicht erreicht, weil Bülow durch einen glücklichen Zufall den in die andere Richtung fahrenden Geleitzug ON 176 entdeckte. Dieser bestand aus 46 Handelsschiffen und war von der britischen Escort Group B-4 gesichert. Die von E. C. L. Day geführte Einheit bestand aus den Zerstörern *Highlander* und *Vimy,* dem ehemals amerikanischen Glattdeck-Zerstörer *Beverley* und fünf Korvetten. Die U-Boot-Führung befahl den drei nördlichsten Booten der Gruppe Adler, Bülow anzulaufen und den Geleitzug anzugreifen. Die restlichen sechs Boote der Gruppe Adler und das von Kurt Neide geführte neue *U415* erhielten den Befehl, den Kern der neuen Gruppe Meise zu bilden.

Mehrere Boote der Gruppe Adler griffen ON 176 an, aber nur wenige hatten spärliche Erfolge:

- Siegfried Lüdden in dem neuen IXC/40-Boot *U188* meldete die Versenkung von drei Frachtern mit insgesamt 18000 BRT und einen Treffer bei einem vierten Schiff. Tatsächlich versenkte er nur den mit Norwegern bemannten britischen Glattdeck-Zerstörer *Beverley,* dessen Sonargerät zuvor bei einem Zusammenstoß mit dem Frachter *Cairnvalona* schwer beschädigt worden war. Die *Beverley* konnte nichts mehr »hören« und lief nur noch 15 Knoten. Von der 152köpfigen Besatzung des Zerstörers wurden vier Mann gerettet, die anderen kamen um.
- Bülow schoß eine volle Bugsalve (zwei E-Torpedos und zwei FATs) und meldete zwei Schiffe mit 14000 BRT als versenkt und eines mit 10000 BRT als beschädigt. Tatsächlich jedoch versenkte er nur den im Ballast fahrenden 1914 BRT großen britischen Frachter *Lancastrain Prince.*
- Helmut Köppe in *U613* meldete ebenfalls eine Versenkung aus dem Konvoi, doch sie konnte nicht bestätigt werden.

Der mit äußerster Fahrt nach Norden rasende Helmut Möhlmann in dem zur Gruppe Adler gehörenden *U571* stieß auf einen Geleitzug, aber nicht wie geplant auf ON 176, sondern auf ONS 2 mit demselben Kurs. Der langsame Geleitzug bestand aus 37 Handelsschiffen und wurde von der kanadischen Escort Group C-1 unter A. H. Dobson gesichert. Horst Uphoff in dem VII-Boot *U84* der Gruppe Adler griff gemeinsam mit

Möhlmann an. Möhlmann machte vier Torpedos los und meldete zwei Versenkungen mit 13500 BRT und die Beschädigung eines weiteren Schiffes. Außer der möglichen Beschädigung des 3835 BRT großen norwegischen Frachters *Ingerfire,* den *U613* am 12. April versenkte, wurde aber kein Schaden bestätigt. Trotzdem erhielt Möhlmann das Ritterkreuz.[1] Uphoff auf *U84* meldete eine Versenkung und die Beschädigung eines weiteren Schiffes, aber beide Meldungen wurden nicht bestätigt.

Die U-Boot-Führung wußte nicht, daß die von den Booten der Gruppe Adler angegriffenen Schiffe zu zwei verschiedenen Geleitzügen gehörten, und berichtete nach Berlin, die Boote hätten neun Schiffe mit 56500 BRT versenkt und vier weitere beschädigt. Tatsächlich waren von der Gruppe Adler nur drei Schiffe mit etwa 7000 Tonnen versenkt worden, eines von Bülow in *U404,* eines von Möhlmann in *U571* und Köppe in *U613* sowie der Zerstörer *Beverley* von Lüdden in *U188.*

Wie berichtet, fuhr das von Heinz Franke geführte *U262* in geheimer Mission zum St.-Lorenz-Golf, um entflohene deutsche Kriegsgefangene aufzunehmen. Dabei stieß es am 15. April zufällig auf einen Geleitzug. Es hielt eine Weile Fühlung und führte sieben andere U-Boote heran, dann setzte es seine Fahrt in kanadische Gewässer fort. Der Geleitzug HX 233 bestand aus 57 Handelsschiffen und wurde von der Escort Group A-3 gesichert.[2] Es war die letzte noch auf der Nordatlantikroute eingesetzte amerikanische Escort Group, und sie befand sich auf ihrem letzten Einsatz. Die von Paul Heineman geführte Escort Group bestand aus acht Kriegsschiffen: den beiden großen Coast Guard Cutters der Treasury-Klasse *Duane* und *Spencer,* dem kanadischen Zerstörer *Skeena* und drei britischen und zwei kanadischen Korvetten.

U628 unter Heinz Hasenschar war auf seiner dritten Feindfahrt und eröffnete am Morgen des 17. April den Angriff auf den Geleitzug. Hasenschar schoß Torpedos auf zwei Schiffe und meldete zwei Treffer, eine Versenkung und eine schwere Beschädigung. Tatsächlich traf er nur die 7134 BRT große britische *Fort Rampart.* Sie fiel hinter den Geleitzug zurück und wurde von einer Korvette gedeckt, die ihre Mannschaft an Bord nahm. Sowohl Hasenschar als auch der auf seiner zweiten Feind-

---

[1] Zum Zeitpunkt der Verleihung hatte Möhlmann *U571* fast zwei Jahre lang auf Feindfahrten geführt. Sein bestätigtes Ergebnis belief sich auf sechs versenkte Schiffe (darunter ein Tanker) mit 36346 BRT, zwei irreparabel beschädigte Schiffe (darunter ein Tanker) mit 13658 BRT, acht zerstörte Schiffe mit etwa 51000 BRT und die Beschädigung eines weiteren Tankers. Nach der Ankunft in Frankreich verließ er das Boot und übernahm andere Aufgaben. Später wurde er Chef der 14. Schulflottille.

[2] Zu HX 233 siehe W. A. Haskell, *Shadows on the Horizon. The Battle of Convoy HX.233,* London 1998.

fahrt befindliche Rolf Borchers in *U226* gaben Fangschüsse auf die *Rampart* ab. Beide trafen, und das Schiff sank sofort.

Ungefähr zur gleichen Zeit operierte der von Harold Sloop Berdine geführte, kampferprobte Coast Guard Cutter *Spencer* relativ weit von dem Geleitzug entfernt und folgte einem Sonarkontakt. Als er von der Versenkung erfuhr, stieß er wieder zu dem Geleitzug und bekam schon bald einen Sonarkontakt etwa 5000 Meter voraus. Er ging auf äußerste Fahrt und warf zwei Serien von je elf Wasserbomben.

Die Wasserbomben explodierten dicht bei dem IXC-Boot *U175* unter dem Kommando des vielversprechenden Heinrich Bruns, der auf zwei früheren Feindfahrten zehn Schiffe mit 40 600 BRT versenkt hatte. Er war gerade im Begriff gewesen, einen riskanten Tages-Unterwasserangriff durchzuführen. Die Detonationen zerstörten das Innere seines Bootes und beschädigten den Druckkörper. Das Boot hatte Wassereinbrüche in Bug und Heck, geriet außer Kontrolle und sank immer tiefer. Da Bruns bewußtlos schien, übernahm der Leitende Ingenieur das Kommando und ließ in einer Tiefe von 300 Metern alle Tauchzellen ausblasen, um das Sinken in letzter Minute aufzuhalten und die Besatzung zu retten.

Die *Spencer* und ihr Schwesterschiff, die von H. B. Bradbury geführte *Duane,* hielten Sonarkontakt mit *U175* und rechneten mit einem schnellen Auftauchen des Bootes. Als es die Wasseroberfläche durchbrach, eröffneten beide Schiffe auf kurze Entfernung mit ihren Geschützen das Feuer, und dasselbe tat auch eine Reihe von Handelsschiffen am Ende des Geleitzugs. Eine Granate von einem der Handelsschiffe traf die *Spencer* und verwundete acht Mann, einen davon tödlich. Das Feuer der *Spencer* zerstörte den Turm und die Brücke des U-Boots und tötete den Kommandanten und mehrere andere Deutsche. Berdine wendete die *Spencer,* um das U-Boot zu rammen, doch der Escort Commander Paul Heineman untersagte die Aktion, vielleicht weil er sich an den schweren Schaden erinnerte, den die *Campbell,* ein Schwesterschiff der *Spencer,* beim Rammen von *U606* erlitten hatte. Er befahl der *Spencer,* beizudrehen und eine Entermannschaft überzusetzen. Das von Ross P. Bullard geführte Team gelangte in den Kommandoturm, doch *U175* sank schnell mit dem Heck voraus, und die Männer hatten keine Gelegenheit mehr, nach Dokumenten oder Erinnerungsstücken zu suchen.

In der Zwischenzeit waren die überlebenden Deutschen in die See gesprungen, wo sie sich, wie Berdine berichtete, »ausgesprochen hysterisch aufführten«. Die *Spencer* nahm 19 und die *Duane* 24 Deutsche an Bord, insgesamt also 41 Mann der 44köpfigen Besatzung. Ein Fotograf auf der *Spencer* schoß zahlreiche Fotos von den verwirrten und angsterfüllten Deutschen, darunter das berühmte Bild von einem der Überlebenden, der im Wasser mit erhobenen Armen um Rettung fleht.[1]

Andere Sicherungsschiffe fanden andere U-Boote und griffen sie an. Leopold Koch in *U382* wurde 16 Stunden lang gejagt und mit Wasserbomben belegt. Er erlitt so schwere Schäden, daß er nach seiner ersten nun auch seine zweite Feindfahrt abbrechen und nach Frankreich zurückkehren mußte. Rolf Borchers in *U226* und Hartwig Looks in *U264* meldeten ebenfalls schwere Schäden durch Wasserbomben, doch beide Boote konnten die Reparaturen mit Bordmitteln ausführen und ihre Feindfahrt fortsetzen.

Als die Alliierten erfuhren, daß sich sieben oder acht kampferprobte U-Boote um den Geleitzug HX 233 versammelt hatten, entsandten sie die neue britische Support Group 3 unter J. W. McCoy zur Unterstützung. McCoy führte die vier Zerstörer *Offa, Oribi, Penn* und *Panther,* die erst kürzlich von der Home Fleet abgeordnet worden waren. Mit diesen machtvollen Schiffen war die Sicherung von HX 233 auf zwölf Kriegsschiffe angewachsen, darunter sieben, die mindestens Zerstörergröße hatten, und fünf Korvetten. Alle Schiffe waren mit neuen Radargeräten ausgerüstet und mehrere hatten Huff Duff.

Diese zwölf Kriegsschiffe und ab dem 18. April auch noch Flugzeuge mit sehr großer Reichweite machten einen Angriff auf HX 233 zum Selbstmordunternehmen. Die U-Boot-Führung brach die Operationen ab und schickte die verbliebenen U-Boote zu der Gruppe Specht, die sich gerade formierte. Der Geleitzug HX 233 setzte seine Reise zu den Britischen Inseln fort. Er hatte mit der *Fort Rampart* nur eines von 51 Schiffen verloren – ein angemessener Abgang für Paul Heineman und seine Escort Group A-3, die als letzte amerikanische Escort Group noch auf der altgedienten Nordatlantikroute operiert hatte.

Die sieben Boote der Gruppe Adler, die den Kern der neuen Gruppe Meise gebildet hatten, wurden bald durch die zehn Boote der Gruppe Adler ergänzt, die ON 176 und ONS 2 angegriffen hatten. Wie es im Kriegstagebuch der U-Boot-Führung heißt, hatten italienische Codeknacker Position und Kurs von SC 126 gemeldet und hinzugefügt, daß der Geleitzug einen Tag Verspätung hatte.[2] SC 126 bestand aus 38 Handelsschiffen und wurde von der britischen Escort Group 5 (den Zerstörern *Havelock* und *Volunteer,* der Fregatte *Swale* und fünf Korvetten) unter dem Kommando von Richard Boyle gesichert.

---

[1] Siehe das Foto in Bd. 1, gegenüber von S. 657.

[2] Ferner heißt es dort, daß die ungewöhnliche italienische Meldung am 13. April vom B-Dienst bestätigt worden sei.

Die Gruppe Meise wurde von der U-Boot-Führung auf SC 126 angesetzt. Am 14. April entdeckten jedoch alliierte Flugzeuge die beiden Ritterkreuzträger der Gruppe, Bülow in *U404* und Möhlmann in *U571,* und die U-Boot-Führung sah sich gezwungen, die Gruppe nach Nordosten zu verlegen, wo sie den ausweichenden Geleitzug vermutete. Sechs weitere Boote stießen zu der Gruppe, so daß sie nun aus 23 U-Booten bestand. Versorgt werden sollte sie durch den neuen XIV-Tanker *U487,* der am 27. März als Ablösung von *U462* in Kiel ausgelaufen war.

Bei den Manövern zur Umgruppierung der Gruppe Meise rammte das neu dazugestoßene VII-Boot *U631* unter Jürgen Krüger, das am 6. März in Frankreich zu seiner zweiten Feindfahrt ausgelaufen war, das kampferprobte VII-Boot *U71,* nach dem IX-Boot *U43* das zweitälteste U-Boot in der Atlantik-Streitmacht. Bei dem Zusammenstoß wurde niemand ernsthaft verletzt, aber *U71* wurde schwer beschädigt. Als die U-Boot-Führung von dem Unfall erfuhr, beschloß sie, *U71* zusammen mit dem IXB-Boot *U108* und dem VII-Boot *U704* von der Front abzuziehen[1] und für die Ausbildung einzusetzen. *U71* brach sofort die Fahrt ab und fuhr über Norwegen, wo Notreparaturen vorgenommen wurden, nach Deutschland. Bei seiner Ankunft erhielten einige Besatzungsmitglieder und der Kommandant Hardo Rodler von Roithberg den Auftrag, ein neues VIIC-Boot in Dienst zu stellen. *U631,* das die Kollision verursacht hatte, führte auf See Reparaturen durch und blieb im Einsatz.

Es wurde bald deutlich, daß SC 126 der Gruppe Meise entronnen war, weil er sich nach Süden und nicht, wie von den Deutschen erwartet, nach Norden gewandt hatte. Aber durch die Verlegung nach Norden lag die Gruppe nun auf der Route von drei anderen Geleitzügen: HX 234, ON 178 und ONS 4.

Eines der neu zu der Gruppe gestoßenen Boote, das von Claus von Trotha geführte *U306,* fand am 21. April HX 234. Der Geleitzug bestand aus 43 Handelsschiffen und war von der britischen Escort Group B-4 unter E. C. L. Day mit den beiden Zerstörern *Highlander* und *Vimy* und fünf Korvetten gesichert. Die U-Boot-Führung befahl allen U-Booten der Gruppe Meise, wenn irgend möglich, den Geleitzug anzulaufen. Trotha führte sechs Boote heran – zwei IX-Boote und vier neu zur Gruppe gestoßene VII-Boote. Die IX-Boote waren das von Ralf-Reimar Wolfram geführte *U108,* das sich schon auf den Rückzug zur Schulflottille vorbereitete, und das neue IXC/40-Boot *U189* unter dem 27jährigen Helmut Kurrer. Fünf weitere VIIC-Boote legten sich in Auffangpositionen östlich

[1] In den drei vorangegangenen Feindfahrten im Atlantik hatte Horst Kessler mit *U704* nur eine bestätigte Versenkung erzielt, einen britischen Frachter mit 4200 BRT. Es ist nicht klar, warum das Boot so früh ausgemustert wurde. Als er Anfang April in der Ostsee eintraf, erhielt Kessler den Auftrag, ein neues VII-Boot in Dienst zu stellen.

der Gruppe um Trotha auf die Lauer. Darunter waren zwei kampferprobte, erst kürzlich aus dem Nordmeer überstellte VII-Boote: das von Heinrich Brodda geführte *U209* und *U378* unter Erich Mäder. Die anderen drei waren neue Boote aus Deutschland. Auf einem dieser Boote, dem von Odo Loewe geführten *U954,* diente Dönitz' jüngerer Sohn, der 21jährige Peter, als Zweiter Wachoffizier.

Loewe war ein erfahrener Kommandant. Er hatte *U256* in Dienst gestellt und auf einer Feindfahrt im Atlantik geführt, an deren Ende das Boot von britischen Flugzeugen schwer beschädigt und in Lorient außer Dienst gestellt worden war. Danach führte er als Ersatz für den kranken Hans Gilardone *U254* auf einer Feindfahrt im Atlantik und versenkte zwei Schiffe mit 17749 BRT. Anschließend kehrte er nach Deutschland zurück und stellte *U954* in Dienst. Warum Peter Dönitz gerade diesem Boot zugeteilt wurde, ist nicht bekannt.

Die Alliierten stellten durch Einpeilung mit Huff Duff die Massierung der U-Boote für den Angriff auf HX 234 fest und statteten den Geleitzug sofort mit einer Luftsicherung durch Flugzeuge mit sehr großer Reichweite aus. Aus diesem Grund konnten die U-Boote nur wenig ausrichten. Trotha in *U306* versenkte zwei große Frachter, die 10218 BRT große britische *Amerika* und torpedierte den 5313 BRT großen britischen Frachter *Silvermaple. U108* unter Ralf-Reimar Wolfram versenkte das 7176 BRT große amerikanische Liberty-Schiff *Robert Gray.* Loewe, der mit dem neuen *U945* auf einer Auffangposition stand, meldete einen Treffer auf einem großen Frachter, der aber nach dem Krieg nicht bestätigt wurde. Walter von Freyberg in dem neu dazugestoßenen Boot *U610* glaubte, mit FATs ein Schiff getroffen zu haben, doch der Treffer wurde nicht bestätigt.

Trotha erwies sich auch weiterhin als perfekter Fühlunghalter. Seine Meldungen hielten mehrere Tage lang ein Dutzend Boote am Geleitzug, aber die intensive alliierte Luftsicherung, die Nahsicherung durch Days kampferprobte Escort Group B-4 und die unterstützende Support Group 4 vereitelten alle U-Boot-Angriffe.

Die Flugzeuge erzielten Treffer auf zwei U-Booten:

- Eine von John K. Moffatt geflogene, in Island stationierte B-24 der Squadron 120 mit sehr großer Reichweite, die früher schon das VII-Boot *U594* beschädigt hatte, fand und versenkte das neue IXC/40-Boot *U189* unter dem 27jährigen Helmut Kurrer, nur drei Wochen, nachdem es in Kiel ausgelaufen war. Moffat meldete »etwa 50« Deutsche im Wasser, doch es gab keine Überlebenden.
- Am 22. April beschädigte ein anderes Flugzeug das frisch aufgetankte, kampferprobte *U134* unter dem neuen 26jährigen Kommandanten Hans-Günther Brosin so schwer, daß es vorzeitig nach Frankreich zurückkehren mußte. Es erreichte am 2. Mai nach einer harten,

aber erfolglosen 52tägigen Feindfahrt den Hafen. Nach Beendigung der Reparaturen lief es einen Monat später wieder aus.

Eine weitere große Geleitzugschlacht

Das von Alexander von Zitzewitz geführte kampferprobte VII-Boot *U706* der Gruppe Meise, das auf seiner Feindfahrt sowohl aus HX 231 als auch aus HX 232 ein Schiff versenkt hatte, fand am 21. April den Geleitzug ON 178. Er bestand aus 58 Handelsschiffen und wurde von der britischen Escort Group B-1 unter E. C. Bayldon auf dem Zerstörer *Hurricane* gesichert. Zu der Escort Group gehörten außerdem der ehemals amerikanische Glattdeck-Zerstörer *Rockingham,* die Fregatte *Kale* und fünf Korvetten.

Fast zur selben Stunde wie Zitzewitz meldete auch Kurt Neide in dem neuen VII-Boot *U415* den Konvoi. Zitzewitz verlor den Geleitzug in dem schlechten Wetter wieder, aber Neide behielt Fühlung und griff an. Er versenkte die beiden britischen Frachter *Ashantian* mit 4917 BRT und torpedierte die *Wanstead* mit 5486 BRT, die fünf Stunden später von *U413* unter Gustav Poel versenkt wurde. Auch der 27jährige Helmut Fiehn in dem neuen IXC/40-Boot *U191* kam heran und versenkte den 3025 BRT großen Norweger *Scebeli.*

Neide war seit dem 7. März auf See. Er brach die Operation ab und nahm Kurs auf Frankreich. Am 26. April nahm er bei dem XIV-Tanker *U487* ein wenig Treibstoff auf und fuhr dann weiter nach Osten in den Golf von Biskaya. In den ersten Stunden des 1. Mai bekam eine von Peter W. Phillips geflogene, mit Leigh Light ausgerüstete Wellington der Squadron 172 das Boot auf den Schirm des 10-cm-Radars. Phillips schaltete den Scheinwerfer ein, griff das Boot trotz Flakbeschuß an, warf sechs Wasserbomben und zwang das Boot zum Tauchen. Die Flak hatte den linken Reifen der Wellington zerschossen, und das Flugzeug machte bei der Rückkehr zum Stützpunkt eine Bruchlandung, aber niemand wurde verletzt.

Später am selben Morgen erwischte eine Sunderland der australischen Squadron 461 unter E. C. Smith, die zuvor schon *U465* versenkt hatte, Neides *U415* an der Wasseroberfläche. Als Smith zum Angriff heranflog, tauchte das Boot. Smith warf eine Salve von Wasserbomben in den Wirbel, aber sie verursachten anscheinend keinen Schaden.

Doch am selben Tag sichtete noch ein weiteres Flugzeug *U415* an der Oberfläche. Die Whitley der britischen Squadron 612 wurde von Norman Earnshaw geflogen und war an der erneuten britischen Luftoffensive Derange im Golf von Biskaya beteiligt. Earnshaw ging mit seiner langsamen, plumpen Maschine trotz heftigen Flak-Feuers von *U415* in einen Angriffsgleitflug und zwang das Boot zum Alarmtauchen.

Der Pilot warf sechs Wasserbomben in den Wirbel, aber sie fielen etwas weit ab vom Ziel. In einem zweiten, ruhigeren Anflug warf Earnshaw seine beiden letzten Wasserbomben, die, wie Neide meldete, schweren Schaden verursachten. Trotzdem blieb *U415* tauchfähig und schaffte es bis zum 5. Mai nach Brest.
Ein anderes Boot der Gruppe Meise, das kampferprobte VII-Boot *U438,* meldete einen weiteren, etwa 150 Kilometer hinter ON 178 nach Westen fahrenden Geleitzug. Das Boot hatte einen neuen, aber erfahrenen Kommandanten. Heinrich Heinsohn hatte früher das Mittelmeerboot *U573* geführt und war mit dem durch einen Flugzeugangriff beschädigten Boot nach Spanien geflüchtet. Dort war er mit seiner Besatzung kurzfristig »interniert« und dann »repatriiert« worden.

Etwa zur selben Zeit wie Heinsohn meldete auch *U613* unter Helmut Köppe, ein weiteres VIIC-Boot der Gruppe Meise, den Konvoi. Es war der Geleitzug ONS 4 mit 32 Handelsschiffen, gesichert von der britischen Escort Group B-2. Sie wurde von Donald MacIntyre auf dem reparierten Zerstörer *Hesperus* geführt und bestand außerdem aus dem Zerstörer *Whitehall,* fünf Korvetten und einem ASW-Trawler. Verstärkt war die Eskorte durch die britische Support Group 5 unter E. M. C. Abel-Smith. Sie bestand aus dem auf der Jungfernfahrt befindlichen »anglifizierten« Geleitträger *Biter* und einem Schirm von vier Zerstörern. Insgesamt wurde der Geleitzug also von dreizehn Kriegsschiffen geschützt: der *Biter,* sechs Zerstörern, fünf Korvetten und einem ASW-Trawler. Der Geleitträger war am 21. April in Island ausgelaufen und hatte neun Swordfish-Doppeldecker und zwei in den USA gebaute Martlets, die britische Version der F4F Wildcat, an Bord.

Um auf ONS 4 einen besser geplanten und konzentrierteren Angriff durchführen zu können, blies die U-Boot-Führung den Angriff auf ON 178 ab. Das neue VII-Boot *U732* unter dem 23 Jahre jungen Claus-Peter Carlsen war das nächste Boot, das den bevorzugten langsamen Geleitzug ausmachte. Carlsen meldete, er habe einen Angriff versucht, sei jedoch von einem »Doppeldecker« vertrieben worden. Der »Doppeldecker« war eine Swordfish von dem Geleitträger *Biter,* eine von elf Maschinen der ASW-Squadron 811. Später griff ein Sicherungsschiff Carlsen mit Wasserbomben an, beschädigte sein Sehrohr und zwang ihn zur vorzeitigen Rückkehr nach Frankreich. Er versenkte keine Schiffe, aber seine Meldung brachte vier weitere Boote der Gruppe Meise an den Geleitzug heran, drei IX-Boote (das nach Deutschland fahrende *U108,* das kampferprobte *U514* und das neu eingetroffene *U191*) und das VII-Boot *U404* unter dem Ritterkreuzträger Otto von Bülow. Fiehn führte mit *U191* einen Tages-Unterwasserangriff durch und machte vier Torpedos los, aber alle gingen fehl. Wolfram in *U108* war einem ziemlich langen Wasserbombenangriff ausgesetzt, konnte aber die Fühlung halten.

Donald MacIntyre auf der *Hesperus* peilte am 23. April mit Huff Duff eine Meldung von Fiehn in dem neuen IXC/40-Boot *U191* ein. Er signalisierte der Korvette *Clematis,* ihm zu folgen, und lief mit äußerster Fahrt auf die Peilung zu. Fiehn sah die auf ihn zurasende *Hesperus* zu spät und tauchte. Wie MacIntyre später sagte, waren die »Sonarbedingungen perfekt« und er bekam einen soliden Kontakt. Doch die »grüne« und nicht ausreichend geschulte Bedienung des neu auf der *Hesperus* installierten Hedgehogwerfers hatte die Sicherheitsstifte noch nicht gezogen, und als MacIntyre dem Hedgehog zu feuern befahl, »passierte nichts«. Während die Sicherheitsstifte entfernt wurden, führten die *Hesperus* und die *Clematis* Wasserbombenangriffe durch. Bei seinem zweiten Wasserbombenangriff verschoß MacIntyre außerdem aus einem Torpedorohr eine furchterregende experimentelle 900-Kilogramm-Wasserbombe und dann – ganz zum Schluß – eine Salve von 24 Mörser-Geschossen aus dem Hedgehog. Der Mann an seinem Sonargerät meldete zwei eindeutige Hedgehogexplosionen, was darauf hindeutete, daß das U-Boot getroffen war. Von *U191* wurde nie wieder etwas gehört, und die Admiralität rechnete seine Versenkung der *Hesperus* an.

Zur selben Zeit hatte sich etwa 370 Kilometer östlich von ONS 4 die Gruppe Specht formiert, um den in die entgegengesetzte Richtung fahrenden SC 127 anzugreifen. Sie bestand aus achtzehn Booten, den zehn südlichsten der Gruppe Meise (darunter sechs, die aufgetankt hatten) und aus acht der frisch ausgelaufenen Boote, die den amerikanisch gesicherten Geleitzug HX 233 angegriffen hatten. Unter ihnen befand sich auch das IXC-Boot *U125* mit dem Ritterkreuzträger Ulrich Folkers, das an der Operation Paukenschlag teilgenommen hatte. Die U-Boot-Führung befahl der Gruppe Specht, mit Ausnahme dreier Boote, die nachtanken mußten, mit voller Fahrt nach Norden zu rasen und sich an dem Angriff auf ONS 4 zu beteiligen. Falls die Gruppe den Geleitzug nicht fand, sollte sie in den nördlicheren Gewässern bleiben und einen Aufklärungsstreifen bilden, der von Grönland aus nach Südosten verlief.

Otto von Bülow in *U404* hielt hartnäckig Fühlung an ONS 4. Am 24. April sichtete er die *Biter* und ihren Schirm von vier Zerstörern. Aufgrund seiner Meldung liefen drei weitere Boote heran (zwei IX-Boote und ein VII-Boot). In der Nacht, als eines der anderen Boote Fühlung bekommen hatte, schlüpfte Bülow wagemutig durch die Zerstörersicherung und schoß aus allen fünf Torpedorohren auf die *Biter* (zwei FATs, zwei Elektro-Torpedos und ein Elektro-Torpedo mit einer Pi2-Magnetpistole). Während Bülow sich über Wasser zurückzog, hörte er vier Detonationen und sah zwei Flammenzungen von der *Biter* aufsteigen. Er dachte, er habe auf den amerikanischen Flottenträger *Ranger* geschossen und nahm an, daß er gesunken sei. Die U-Boot-Führung und Dönitz reagierten sofort. Am folgenden Tag verlieh Hitler Otto von

Bülow das Eichenlaub zum Ritterkreuz, das er dem Kommandanten später persönlich überreichte.[1] Nach der Verleihung verließ Bülow *U404* und wurde Chef der 23. Schulflottille.

Am 25. April (Ostersonntag) peilte die *Hesperus* mit Huff Duff ein anderes in der Nähe befindliches U-Boot ein. Es war das unter Rolf Mützelburg berühmt gewordene *U203,* das nun von Hermann Kottmann befehligt wurde. Das Boot bereitete gerade einen Angriff auf die *Biter* vor. MacIntyre informierte die *Biter,* und sie entsandte eine Swordfish zu der eingepeilten Position. Das Flugzeug sichtete das tauchende U-Boot und warf aus einer Höhe von 15 Metern zwei Wasserbomben mit geringer Tiefeneinstellung in den Wirbel. Danach blieb die Swordfish über der Stelle, bis der Zerstörer *Pathfinder* vom Schirm der *Biter* eintraf. Bei dem hastigen Tauchmanöver hatte eines der Dieselauspuffventile von *U203* nicht richtig geschlossen und leckte. Kottmann zögerte deshalb, tiefer als 60 Meter zu gehen.

Die *Pathfinder* hielt Sonarkontakt und führte mehrere Wasserbombenangriffe mit über 40 Bomben durch. Die dicht beim Boot liegenden Explosionen verstärkten den Wassereinbruch im Heck des Bootes so sehr, daß Kottmann es verloren gab. Er blies alle Tauchzellen an und durchbrach in der Nähe der *Pathfinder* die Wasseroberfläche. Sein Leitender Ingenieur blieb unten und öffnete die Flutventile zur Versenkung des Bootes; er tauchte nie wieder auf. Wie die Briten meldeten, starben außer ihm noch neun weitere Deutsche an Schock, an Unterkühlung oder weil sie ihre Tauchretter nicht richtig angelegt hatten. Die *Pathfinder* rettete Kottmann und 38 Besatzungsmitglieder. Die *Biter* – nicht die *Bogue* – war also der erste Geleitträger, der an der bestätigten Versenkung eines U-Boots beteiligt war.

Ausweichkurse, gute Arbeit der Sicherungsschiffe, die Luftsicherung durch die Maschinen der *Biter* und VLR-Flugzeuge aus Island und Newfoundland verhinderten jeden weiteren U-Boot-Angriff auf ONS 4. Nachdem sich der Geleitzug durch ein gefährliches Feld von Eisbergen laviert hatte, wurde er durch die Support Group 1 unter Godfrey N. Brewer weiter verstärkt. Sie bestand aus fünf Kriegsschiffen: den drei Fregatten *Wear, Jed* und *Spey,* der Sloop *Pelican* und dem ehemals amerikanischen Coast Guard Cutter *Sennen.* Sämtliche Handelsschiffe des Geleitzugs erreichten ihren Bestimmungsort. MacIntyres Escort Group B-2 und die Support Group 5 mit der *Biter* gingen in Kanada vor Anker und bereiteten sich auf die Rückreise zu den Britischen Inseln vor.

[1] Zum Zeitpunkt der Verleihung belief sich Bülows bestätigte Bilanz auf 15 Schiffe mit 77482 Tonnen, einschließlich des britischen Zerstörers *Veteran.* Die Treffer auf der *Biter* konnten nicht bestätigt werden, es waren vermutlich Frühzünder.

Die Deutschen waren enttäuscht und deprimiert über die drei geschilderten Geleitzugoperationen. Die über 40 U-Boote der Gruppen Meise und Specht hatten nur drei Schiffe mit 13400 BRT aus ON 178, nur zwei Schiffe mit 17400 BRT aus HX 234 und kein einziges Schiff aus ONS 4 versenkt. Insgesamt hatten die beiden großen Gruppen nur vier Schiffe mit 28729 BRT versenkt und eines beschädigt. Dem stand der Verlust von drei U-Booten gegenüber (den neuen IX-Booten *U189* und *U191* und dem VII-Boot *U203*). Dies bedeutete eine ruinöse »Quote« von 1,33 versenkten Handelsschiffen pro verlorenem U-Boot.

Am 25. April hatte die U-Boot-Führung die Gruppe Meise aufgelöst. Damit operierten nur noch drei Gruppen auf der Nordatlantikroute: die beiden neuen Gruppen Amsel und Star und die umgruppierte Gruppe Specht. Der Aufklärungsstreifen der Gruppe Amsel bestand aus 13 Booten; er begann an einem Punkt nordöstlich von Newfoundland und erstreckte sich nach Südosten. Die 19 Boote der Gruppe Specht verlängerten den Streifen der Gruppe Amsel weiter nach Südosten, so daß sich ein gemeinsamer Streifen von 32 Booten auf einer Länge von mehr als 900 Kilometern bildete. Er sollte nach Osten fahrende HX- oder SC-Konvois abfangen. Die Gruppe Star bestand aus 16 Booten und bildete einen Aufklärungsstreifen östlich der Gruppen Amsel und Specht. Ihre Boote sollten die in der Gegenrichtung fahrenden ON- und ONS-Konvois abfangen. In Übereinstimmung mit der neuen Linie der U-Boot-Führung gehörten zu den Gruppen auch zehn der für Geleitzugschlachten ungeeigneten IX-Boote.

Um diese Zeit befanden sich zwei große und wichtige Geleitzüge auf dem Weg zu den Britischen Inseln: SC 127 (57 Handelsschiffe) und HX 235 (36 schnelle Handelsschiffe). Der erste Geleitzug wurde von der kanadischen Escort Group C-1 gesichert. Sie bestand aus sechs Kriegsschiffen: zwei kanadischen Zerstörern, einer britischen Fregatte und drei kanadischen Korvetten. Der zweite Geleitzug, HX 235, wurde von der kanadischen Escort Group C-4 geschützt, die aus fünf Kriegsschiffen bestand: dem britischen Zerstörer *Churchill* und dem kanadischen Zerstörer *Restigouche* und drei Korvetten. Die amerikanische Support Group 6 – der Geleitträger *Bogue* und vier Zerstörer – verstärkte die Nahsicherung von HX 235, so daß der Geleitzug insgesamt von zehn Kriegsschiffen gesichert wurde, der *Bogue,* sechs Zerstörern und drei Korvetten.

Aufgrund der vollständigen und aktuellen Entzifferung des Schlüsselbereichs Triton waren die Alliierten in der Lage, SC 127 und HX 235 durch den langen Aufklärungsstreifen der Gruppen Amsel und Specht hindurchzubringen. Die mit einundzwanzig Flugzeugen (darunter sechs Wildcats und zwölf Avengers) bestückte *Bogue* unter Giles E. Short fuhr auf einer Position *im Inneren* des Geleitzugs. Sie nutzte das zunehmend bessere Wetter und startete täglich Flugzeuge, die vor und neben dem Geleitzug nach U-Booten suchten. Eine Avenger fand ein U-Boot und griff es mit vier Wasserbomben an, aber keine Versenkung wurde gemeldet oder angerechnet. HX 235 und SC 127 überquerten ohne Verluste den Atlantik. Die *Bogue* und ihr Zerstörerschirm wurden in den ASW-Schulen der Royal Navy in Liverpool und Nordirland ausgebildet, und der Geleitträger wurde mit Huff Duff ausgerüstet.

Die von den alliierten Codeknackern ausgetrickste U-Boot-Führung verlegte den Aufklärungsstreifen der Gruppen Amsel und Specht am 29. April nach Südwesten. Die Gruppe Amsel wurde durch die Ankunft zweier kampferprobter VII-Boote auf 17 Boote verstärkt. 2 der 19 Specht-Boote fielen aus (das kampferprobte IX-Boot *U108* fuhr zur Außerdienststellung nach Deutschland, und das kampferprobte VII-Boot *U706* mußte nachtanken). Die 34 Boote im Aufklärungsstreifen der beiden Gruppen suchten nach ostwärts fahrenden Geleitzügen, fanden jedoch keinen.

Eines der VII-Boote der Gruppe Star, das neue *U650* unter dem 26jährigen Ernst von Witzendorff, meldete am 28. April einen nach Westen fahrenden Geleitzug etwa 450 Kilometer südwestlich von Island. Es war ONS 5 mit 43 Handelsschiffen, gesichert von der britischen Escort Group B-7 mit Commander Peter Gretton auf dem frisch aufgerüsteten Zerstörer *Duncan.* Die Escort Group bestand aus sieben Kriegsschiffen: der *Duncan* und dem zweiten Zerstörer *Vidette,* der Fregatte *Tay* und vier Korvetten. Die Eskorte wurde von den beiden Tankern *British Lady* und *Argon* unterstützt. Die *British Lady* war gut ausgerüstet, um die Sicherungsschiffe aufzutanken, doch die Ausrüstung der *Argon* war unzureichend. Die beiden ASW-Trawler *Northern Spray* und *Northern Gem* begleiteten den Geleitzug als Rettungsfahrzeuge.

Ab dem 26. April konnten die Alliierten den Schlüsselbereich Triton nicht mehr entziffern. Sie waren etwa eine Woche »blind« und konnten sich der exakten Aufstellung der U-Boot-Gruppen mit jedem Tag weniger sicher sein. Der Verlust dieser Nachrichtenquelle hatte starken Einfluß auf das Schicksal des Geleitzugs ONS 5.

Das Wetter war so schlecht, daß die Sicherungsfahrzeuge nicht nachtanken konnten. Dieses Handicap führte zu der Entscheidung, auf dem kürzesten Weg nach Kanada zu fahren. Inzwischen hielt der »grüne« Kommandant von Witzendorff in *U650* die Fühlung mit dem Geleitzug. Und er sandte auf Befehl der U-Boot-Führung Peilsignale, um die anderen 14 Boote der Gruppe Star heranzuführen. Als erste erreichten zwei VII-Boote den Konvoi, das aus dem Nordmeer überstellte *U378* unter Erich Mäder und das neue *U386* unter dem 25jährigen Hans-Albrecht Kandler. Auf dem Anmarsch ab Kiel hatte Kandler den 1997 BRT großen britischen

Frachter *Rosenborg* versenkt, einen Nachzügler des von Island zu den Britischen Inseln fahrenden Geleitzugs RU 71.

Das Wetter blieb entsetzlich und behinderte sowohl die Operationen der alliierten Luft- und Überwassersicherung als auch die der U-Boote. Als noch einige weitere U-Boote herangekommen waren, versuchte Witzendorff in *U650* einen Angriff, wurde jedoch von Peter Gretton und dem Zerstörer *Duncan* vertrieben. Witzendorff reagierte, indem er drei Torpedos auf die *Duncan* losmachte, die jedoch alle fehlgingen. Otto-Heinrich Junker in dem neuen IXC/40-Boot *U532* schoß einen Fächer mit vier und einen mit zwei Torpedos. Er meldete Treffer bei zwei Schiffen, doch sie wurden nicht bestätigt. Offensichtlich waren alle sechs Torpedos fehlgegangen oder hatten versagt. Wilhelm von Mässenhausen in dem kampferprobten VII-Boot *U258,* der zuvor mit den Gruppen Amsel und Meise patrouilliert hatte, schoß einen vollen Bugfächer in den Konvoi und meldete drei Treffer bei zwei Frachtern. Tatsächlich traf nur ein Torpedo und zerstörte den alten amerikanischen Kerosin-Tanker *McKeesport* (6198 BRT), er wurde später von der Fregatte *Tay* versenkt.

Die gut ausgebildeten und aggressiven Sicherungsschiffe und die alliierten Flugzeuge, die den Geleitzug trotz des schlechten Wetters gelegentlich erreichten, griffen drei neue Boote an und beschädigten sie so schwer, daß sie Kurs auf Frankreich nehmen mußten: *U386* mit Kandler, das IXC/40-Boot *U528* mit Georg von Rabenau und das IXC/40-Boot *U532* mit Junker, das zwölf Stunden lang gejagt und mit Wasserbomben belegt wurde.

Kandler und Junker schafften es schließlich nach Frankreich, Rabenau hingegen nicht. Eine von W. A. Shevlin geflogene Catalina der auf Island stationierten Squadron VP 84 der US Navy hatte Rabenaus *U528* mit einer Salve von vier Wasserbomben getroffen, die beiderseits der Bootes explodiert waren und es zum Abbruch seiner Feindfahrt gezwungen hatten. Als das beschädigte Boot am 11. Mai den westlichen Rand des Golf von Biskaya erreichte, erwischte eine von James B. Stark geflogene Halifax der Squadron 58 aus der Luftsicherung des Geleitzuges OS 47 das Boot an der Wasseroberfläche. Stark griff an, bevor Rabenau tief genug tauchen konnte, und warf fünf auf geringe Tiefe eingestellte Torpex-Wasserbomben.

Im Glauben, er habe das Boot versenkt, warf Stark an der Stelle ein Rauchzeichen ab und verständigte H. V. King auf der Sloop *Scarborough,* den Commander von Escort Group 39, die den Geleitzug sicherte. King entsandte sofort die *Fleetwood,* eine andere Sloop der Escort Group, zum Ort der Versenkung. Sie sollte nach Überlebenden oder Trümmern suchen, um sicherzugehen, daß das Boot wirklich versenkt war und keine Bedrohung mehr für den Geleitzug darstellte.

Als die von W. B. Piggot geführte *Fleetwood* bei dem Rauchzeichen eintraf, bekam sie einen Sonarkontakt. Piggot fuhr acht Angriffe auf das geortete Ziel und warf etwa 60 Wasserbomben. Die Detonationen beschädigten *U528* noch weiter und drückten es auf eine Tiefe von 210 Metern. Als Rabenau die Schäden untersuchte, kam er zu dem Schluß, daß das Boot nicht mehr getaucht bleiben konnte. Er gab den Befehl zum Auftauchen und wollte sich über Wasser absetzen.

Inzwischen waren der *Fleetwood* die Wasserbomben ausgegangen, und die Korvette *Mignonette* aus ihrer Escort Group war zur Verstärkung herangelaufen. *U528* tauchte ganz in der Nähe der zwei Schiffe auf. Beide sichteten es sofort und nahmen es aus allen Rohren unter Feuer. Durch den Beschuß waren die Deutschen auf dem Deck des U-Boots gezwungen, über Bord zu springen. Rabenau befahl, das Boot zu verlassen und zu versenken. 45 Deutsche überlebten. Die *Fleetwood* fischte Rabenau und 38 weitere Deutsche aus dem Wasser, die *Mignonette* sechs. Die Admiralität rechnete die Versenkung zu gleichen Teilen der Halifax-Maschine und der *Fleetwood* an.

In denkbar schlechtem Wetter und bei zehn Meter hohen Wellen suchte die auf 13 Boote zusammengeschmolzene Gruppe Star im Westen nach ONS 5. Am 30. April sichtete Wilhelm-Heinrich Graf von Pückler und Limpurg in dem kampferprobten *U381* den Geleitzug, verlor ihn jedoch nach einer Stunde wieder. Tatsächlich hatte der Sturm den Konvoi über ein großes Gebiet zerstreut. Trotz des schlechten Wetters und kleiner Eisberge gelang es der übermäßig Treibstoff fressenden *Duncan* mit dem Escort Commander Gretton und dem zweiten Zerstörer *Vidette,* bei der *British Lady* nachzutanken. Um bei der Neuformierung und Sicherung des Geleitzugs zu helfen, erhielt die von J. W. McCoy geführte Support Group 3 mit fünf Zerstörern der Home Fleet den Befehl, Grettons Escort Group zu verstärken. Als erster von McCoys Zerstörern traf am 30. April die *Oribi* aus Island ein.

Das Wetter blieb schlecht. Die anderen vier Zerstörer der Support Group, *Offa, Impulsive, Penn* und *Panther,* kamen von Newfoundland. Sie stießen wenig später zum Kern des Geleitzugs (mit 32 Schiffen). Damit war die Eskorte auf zwölf Kriegsschiffe angewachsen: sieben Zerstörer, eine Fregatte und vier Korvetten. Diese Sicherung war so stark, daß Gretton, dessen Zerstörer wegen eines Lecks schon wieder knapp an Treibstoff war, auf Newfoundland nachtanken konnte. Er übergab R. E. Sherwood auf der Fregatte *Tay* das Kommando über Escort Group B-7. Drei Zerstörer der Support Group mußten ebenfalls nachtanken: die *Impulsive* in Island und die *Penn* und die *Panther* in St. John's. Damit bestand die Eskorte nur noch aus acht Kriegsschiffen: den drei Zerstörern *Vidette, Offa* und *Oribi,* der Fregatte *Tay* und den vier Korvetten.

Max Horton im Western Approaches Command schickte als weitere Verstärkung aus St. John's auf Newfoundland auch noch die britische Support Group 1 unter Godfrey N. Brewer. Sie bestand aus der Sloop *Pelican,* drei Fregatten und dem ehemaligen Coast Guard Cutter *Sennen.* Wegen des schlechten Wetters, der schlechten Sicht und starker Funkstörungen brach die U-Boot-Führung am 1. Mai die Verfolgung von ONS 5 durch die Gruppe Star ab.

Bis zu diesem Punkt hatte sich die Jagd für die Gruppe kaum gelohnt. Nur Mässenhausen hatte mit *U258* einen alten, im Ballast fahrenden Kerosin-Tanker mit 6200 BRT versenkt. Im Gegenzug hatten britische Kriegsschiffe und Flugzeuge Rabenaus *U528* versenkt und zwei weitere Boote der Gruppe, Kandlers *U386* und Junkers *U532,* schwer beschädigt.

Gestützt auf Informationen des B-Dienstes suchte die U-Boot-Führung die beiden großen, ostwärts fahrenden Geleitzüge SC 128 und HX 236, die von britischen Escort Groups gesichert wurden. Zu diesem Zweck wurden zwei sehr große Gruppen gebildet und zwischen Newfoundland und Grönland aufgestellt.

- Die Gruppe Fink mit 29 Booten, von denen elf (38 Prozent) aus Deutschland kamen und auf der Jungfernfahrt waren. Fink wurde aus 16 Booten der aufgelösten Gruppe Specht formiert (drei neuen VII-Booten; einem neuen IX-Boot; zwei kampferprobten VII-Booten, *U438* und *U662,* mit neuen Kommandanten; zwei kampferprobten IX-Booten und acht kampferprobten VII-Booten). Dazu kamen zwölf Boote der aufgelösten Gruppe Star (drei neue IX-Boote, vier neue VII-Boote und fünf kampferprobte VII-Boote). Außerdem stieß noch das neue IXC/40-Boot *U531* von der aufgelösten Gruppe Meise dazu. Insgesamt bestand die Gruppe also aus sieben IX-Booten (fünf neu) und zweiundzwanzig VII-Booten (sieben neu). Einer der Kommandanten, Ulrich Folkers in dem kampferprobten IXC-Boot *U125,* war Ritterkreuzträger.
- Die Gruppe Amsel bestand aus 24 in Frankreich ausgelaufenen Booten (5 IX-Booten und 19 VII-Booten), die allesamt kampferprobt waren. Um die Alliierten zu verwirren, war die Gruppe versuchsweise in vier Einheiten mit je sechs Booten unterteilt. Zu ihr gehörten die beiden Ritterkreuzträger Siegfried von Forstner in dem VII-Boot *U402* der Untergruppe Amsel 1 und Harald Gelhaus in dem IXB-Boot *U107* bei Amsel 2.

Fink-Amsel war während des ganzen Kriegs die größte Ansammlung von U-Booten in einem Operationsgebiet. Zusammen bestanden beide Gruppen aus 53 U-Booten: 12 IX-Booten (5 neu) und 41 VII-Booten (7 neu).

Aus teilweise entzifferten Enigma-Funksprüchen wußten die Alliierten, daß gegen ONS 5 sehr viele U-Boote aufgestellt worden waren, und schickten, wenn das Wetter es erlaubte, kanadische und amerikanische Flugzeuge auf Erkundungsflüge. Am 4. Mai hatten sie Erfolg: Eine Canso (Catalina) der kanadischen Squadron 5 erwischte das von Werner Winkler befehligte neue VII-Boot *U630* der Gruppe Fink über Wasser. Der Pilot B. H. Moffit ging im Sturzflug fast auf Wellenhöhe und warf vier Torpex-Wasserbomben mit geringer Tiefeneinstellung. Eine ging fehl, aber drei schlugen beidseitig des Bootes ein. Bei einem zweiten Angriffsflug sah die Besatzung des Flugzeugs einen großen Ölfleck und »frischgebrochene« Holzstücke auf dem Wasser und meldete zu Recht eine Versenkung.

Noch am selben Tag überraschte eine andere Canso der Squadron 5 ein weiteres U-Boot über Wasser, vermutlich *U438* unter Heinrich Heinsohn. Der Pilot John W. C. Langmuir griff das Boot dreimal knapp über Wellenhöhe an, doch das Boot blieb aufgetaucht und wehrte sich mit der Flak. Der Bugschütze der Canso behauptete, er habe drei Deutsche auf der Brücke getötet oder verwundet, doch die Wasserbomben fielen zu weit von dem Boot, um größeren Schaden anzurichten, und *U438* entkam zumindest diesmal.

Die wertvollen, umgeleiteten SC 128 und HX 236 schlüpften zwischen den 52 noch verbliebenen U-Booten der Gruppen Fink und Amsel hindurch, ein böser Rückschlag für die Deutschen. Doch am Nachmittag des 4. Mai fuhr der durch Stürme desorganisierte Geleitzug ONS 5 versehentlich mitten in die Masse von U-Booten hinein. Zu diesem Zeitpunkt bestand der Hauptteil des Geleitzugs aus etwa 30 Handelsschiffen. Er war von sieben Kriegsschiffen eskortiert, den drei Zerstörern *Oribi, Offa* und *Vidette,* die alle nur noch wenig Treibstoff hatten, der Fregatte *Tay* und drei Korvetten. Eine weitere Korvette, die *Pink,* lag weit zurück und sicherte einen Minigeleitzug von sechs Schiffen; sechs weitere Schiffe waren Nachzügler.

Innerhalb von zwei Stunden meldeten drei Boote der Gruppe Fink Fühlung mit dem Geleitzug: Rolf Manke in *U358,* Paul-Friedrich Otto in *U270* und Heinz Hasenschar in *U628*. Daraufhin befahl die U-Boot-Führung 40 U-Booten, den Geleitzug anzugreifen: allen 28 Booten der Gruppe Fink und den 12 Booten von Amsel 1 und Amsel 2. Er (Dönitz) sei sicher, daß die Boote mit allen Mitteln kämpfen würden, hieß es im Angriffsbefehl. Man solle den Feind nicht überschätzen, sondern vernichten.

In den folgenden 48 Stunden tobte eine erbitterte Seeschlacht in den nebligen Gewässern voller Eisberge. Die U-Boote hatten bemerkenswerten Erfolg und erzielten zwölf bestätigte Versenkungen (zwei amerikanische und zehn britische oder unter britischer Kontrolle fahrende Schiffe) mit etwa 55 800 BRT. Das zweitbeste Ergebnis erzielte das VII-

Boot *U264* der Gruppe Fink unter Hartwig Looks. Es versenkte zwei Schiffe mit insgesamt 10147 BRT. Heinz Hasenschar in *U628* hatte ein Schiff mit 5081 BRT beschädigt, das er später selbst versenkte. Rolf Manke in *U358* traf und versenkte mit seinem VII-Boot außerdem ein 2900 BRT großes Schiff und torpedierte ein weiteres mit 5212 BRT, das später von der Korvette *Loosestrife* versenkt werden mußte. Das beste Ergebnis erzielte *U266* unter Ralf von Jessen. Dieses VII-Boot der Gruppe Amsel versenkte drei Schiffe mit insgesamt 12012 BRT. Vier weitere Boote versenkten je ein Schiff.

Während der Schlacht lief Godfrey Brewers britische Support Group 1 (die Sloop *Pelican,* die Fregatten *Wear, Spey* und *Jed* und der frühere Coast Guard Cutter *Sennen*) in St. John's aus, und die Zerstörer *Oribi* und *Offa* von J. W. McCoys britischer Support Group 3 nahmen wegen Treibstoffmangels Kurs auf St. John's. In der Zeit vom 5. bis 6. Mai versenkten die alliierten Kräfte sechs weitere U-Boote, drei VII- und drei IX-Boote:

- Das von Heinrich Brodda geführte VII-Boot *U630* der Gruppe Fink war ein vom Nordmeer transferiertes Boot auf seiner ersten Feindfahrt im Atlantik. Es wurde vermutlich unter Verlust der gesamten Besatzung von der in Newfoundland stationierten kanadischen Canso unter B. H. Moffit beschädigt und ging dann durch Tauchunfall unter.[1]
- Das IXC/40-Boot *U192* der Gruppe Fink, ein neues, von dem 27jährigen Werner Happe geführtes Boot, war erst 23 Tage zuvor in Kiel ausgelaufen. Es wurde von der *Loosestrife,* einer von Harold A. Stonehouse geführten Korvette der Escort Group B-7, versenkt. Es gab keine Überlebenden.
- Das von Oskar Staudinger geführte VII-Boot *U638* der Gruppe Amsel 1. Es befand sich auf seiner zweiten Feindfahrt und hatte einen 5500 BRT großen Frachter aus dem Geleitzug versenkt, wurde jedoch im Gegenangriff durch die von dem Kanadier J. Plomer geführte Korvette *Sunflower* der Escort Group B-7 versenkt. Es gab keine Überlebenden.
- Das kampferprobte IXC-Boot *U125* der Gruppe Fink unter dem Paukenschläger und Ritterkreuzträger Ulrich Folkers, das vermutlich den 4737 BRT großen britischen Frachter *Lorient* versenkt hatte. Es wurde durch den von J. C. A. Ingram geführten Zerstörer *Oribi* gerammt und mit Hilfe der von H. G. Chesterman geführten Korvette *Snowflake* versenkt. Es gab keine Überlebenden.
- Das neue IXC/40-Boot *U531* der Gruppe Fink unter dem 26jährigen Herbert Neckel, das erst 23 Tage zuvor in Kiel ausgelaufen war. Auf

---

[1] In einer Überprüfung aus dem Jahr 1991 sprach die Admiralität dem britischen Zerstörer *Vidette* unter Raymond Hart, aus der Gruppe B-7, die Versenkung von *U630* zu.

dem Weg von Kiel zur Gruppe Fink war Neckel nahe Island von einem nicht identifizierten Flugzeug angegriffen worden. Es hatte vier Wasserbomben geworfen und einigen Schaden verursacht. *U531* wurde durch den von R. Hart geführten Zerstörer *Vidette* versenkt, seine zweite Versenkung in ebenso vielen Tagen. Es gab keine Überlebenden.

- Das VII-Boot *U438* der Gruppe Fink, ein kampferprobtes Boot unter dem neuen Kommandanten Heinrich Heinsohn. Es war, wie berichtet, vermutlich schon zuvor von einer Canso der kanadischen Squadron 5 beschädigt worden und wurde nun von der Sloop *Pelican* unter Godfrey Brewer, dem Commander der britischen Support Group 1, versenkt. Es gab keine Überlebenden.

Zusätzlich zu den sechs vom 5. bis 6. Mai versenkten U-Booten beschädigten die Sicherungsschiffe etwa ein Dutzend weiterer Boote. Viele waren gezwungen, einen U-Tanker anzulaufen, und vier oder fünf mußten vorzeitig nach Frankreich zurückkehren. Zu den letzteren gehörte auch das von Helmut Hennig geführte neue IXC/40-Boot *U533* aus der Gruppe Fink. Es wurde gerammt. Ein weiteres war das VII-Boot *U270* unter Paul-Friedrich Otto. Es hatte nachgetankt und war einer Reihe verschiedener Gruppen zugeteilt gewesen, als es nach 43 Seetagen am 15. Mai Frankreich erreichte.

Noch ein weiteres Boot der Gruppe Amsel ging auf der Heimfahrt verloren, das VII-Boot *U266* unter Ralf von Jessen, der bei dem Angriff auf ONS 5 das beste Ergebnis erzielt hatte. Am 15. Mai entdeckte eine von Wilfred E. Oulton geflogene Halifax der britischen Squadron 58 das Boot bei einer ASW-Patrouille über dem Golf von Biskaya. Die Maschine kam aus der Sonne und versenkte das Boot mit vier Wasserbomben.

Die U-Boot-Führung fand nie genau heraus, welchen Geleitzug die Gruppen Amsel und Fink angegriffen hatten, und sie erkannte nicht, daß es derselbe Geleitzug war, den zuvor bereits die aufgelöste Gruppe Star gefunden und gejagt hatte. Sie identifizierte den Geleitzug fälschlich als ON 180 und behauptete, die U-Boote hätten daraus 16 Schiffe mit 90 500 BRT versenkt und außerdem Treffer bei einer Korvette und drei weiteren Frachtern erzielt. Sechs U-Boote waren verlorengegangen, eine bedrückend hohe Zahl angesichts der kurzen Dauer der Operationen. Die hohen Verluste führte die U-Boot-Führung auf das feindliche Radar zurück, mit dem die Überwassereskorten aufgetauchte U-Boote bei Nacht und im Nebel der Grand Banks hatten orten können, und auf die Flugzeuge der Luftsicherung, die völlig überraschend aus den tiefhängenden Wolken hatten angreifen können.

Kurz zusammengefaßt, lautete die wirkliche Geschichte wie folgt: Die Gruppe Star fand ONS 5 am 27. April während eines Enigma-Blackouts. Am 27. und 28. April versenkte ein kampferprobtes VII-Boot dieser Gruppe, *U258* unter Wilhelm von Mässenhausen den 6198 BRT großen amerikanischen Kerosin-Tanker *McKeesport* aus dem Geleitzug. Im Gegenangriff beschädigten alliierte Flugzeuge und Peter Grettons Escort Group B-7 das VII-Boot *U386* und die neuen IXC/40-Boote *U528* und *U532*. Auf der Heimfahrt nach Frankreich wurde das angeschlagene *U528* in einer koordinierten Aktion von britischen Flugzeugen und Kriegsschiffen versenkt.

Nachdem die Gruppen Fink und Amsel zu einer gemeinsamen Formation von 53 U-Booten zusammengeschlossen worden waren, um ostwärts fahrende Geleitzüge abzufangen, fuhr der Geleitzug ONS 5 versehentlich mitten in die massierten U-Boote hinein. Am 5. und 6. Mai erzielten acht dieser Boote zwölf weitere bestätigte Versenkungen mit etwa 56 000 BRT, so daß aus ONS 5 insgesamt dreizehn Schiffe mit etwa 62 000 BRT versenkt worden waren. Die zeitweise von R. E. Sherwood auf der Fregatte *Tay* geführte, zusammengeschmolzene Escort Group B-7 wurde durch zwei britische Support Groups und kanadische und amerikanische Flugzeuge aus Newfoundland verstärkt. Diese Kräfte versenkten vom 4. bis 6. Mai sechs weitere U-Boote. Wenn man die Boote *U710* und *U528* aus der Gruppe Star und *U266* aus der Gruppe Amsel mitrechnet, beliefen sich die deutschen Verluste bei allen Operationen gegen ONS 5 auf ruinöse neun Boote (vier IX-Boote und fünf VII-Boote) und etwa 450 U-Boot-Fahrer einschließlich des Ritterkreuzträgers Ulrich Folkers, die bei den Angriffen getötet oder im eisigen Wasser zurückgelassen wurden. Die Alliierten machten keine Anstalten, die Deutschen aus diesen im Westatlantik versenkten Booten zu retten.

Die damals bekannte Versenkung von sechs U-Booten und die schwere Beschädigung von vier bis fünf weiteren in einer einzigen Geleitzugschlacht wurde auf den Britischen Inseln als klassischer Seesieg gefeiert, und die ihn errungen hatten, wurden von Winston Churchill, Max Horton und anderen ranghohen Persönlichkeiten sehr gelobt. In den Nachkriegsjahren schrieben britische und deutsche Historiker, Schriftsteller und Marinesoldaten (wie etwa Peter Gretton, der Kommandant von Escort Group B-7) sehr viel über die Schlacht. Dabei wurde sie mit einer Reihe von Adjektiven wie »härteste« und »entscheidende« versehen und von manchen Autoren »als wichtiger Wendepunkt« in der Schlacht im Atlantik bezeichnet. In Wirklichkeit hat es diesen »entscheidenden Wendepunkt« natürlich nie gegeben, sondern nur die allmählich sich beschleunigende Niederlage der Deutschen.

Auf deutscher Seite war man alarmiert und bedrückt, als das volle Ausmaß der Verluste bekannt wurde. Die U-Boot-Führung bezeichnete das alliierte Radar als den schlimmsten Feind. Es behinderte nicht nur die Angriffe der U-Boote, sondern ermöglichte es auch den Geleitzügen, den Aufklärungsstreifen der U-Boote auszuweichen. Insbesondere die luftgestützten Radargeräte waren eine Bedrohung. Sie befähigten die landgestützten ASW-Flugzeuge, die ostwärts und westwärts fahrende Geleitzüge fast den ganzen Weg eskortieren konnten, die Handelsschiffe zu finden und engen Kontakt mit ihnen zu halten. Und sie ermöglichten es, Fühlung haltende Boote abzudrängen oder unter Wasser zu drücken und andere Boote daran zu hindern, sich vor den Konvoi zu setzen und so in eine günstige Schußposition zu gelangen. Noch schlimmer für die Deutschen war jedoch, daß die Alliierten Anstalten machten, allen Geleitzügen auf der Nordatlantikroute Support Groups mit einem Geleitträger mitzugeben.

Zur Ermutigung der Kommandanten und Besatzungen funkte Dönitz folgenden Befehl an alle U-Boote: »Ich erwarte von Euch, daß Ihr weiterhin entschlossen den Kampf mit dem Gegner aufnehmt, seinen Listen und technischen Neuerungen Eure Findigkeit, Euer Können und den harten Willen entgegensetzt, dennoch mit ihm fertigzuwerden.« Es sei bewiesen, fuhr Dönitz fort, daß der Gegner »überall schwache Stellen hat« und seine Mittel häufig längst nicht so wirksam seien, wie es zunächst erscheine. »Ich glaube«, schloß Dönitz, »Euch für diesen Euren harten Kampf bald bessere Waffen geben zu können.«

Der Verlust von vier IX-Booten in dieser Schlacht und von elf weiteren im März und April – also von insgesamt fünfzehn Booten dieses Typs – untermauerte die schon lange gehegte Ansicht, daß die plumpen, langsam tauchenden IX-Boote für harte Geleitzugschlachten im Nordatlantik nicht geeignet waren. Deshalb hob die U-Boot-Führung nach Genehmigung durch Dönitz den erst kurz zuvor erteilten Befehl wieder auf, daß *alle* IX-Boote auf der Nordatlantikroute zu patrouillieren hätten. Die neuen, von Deutschland nach Frankreich fahrenden IX-Boote sollten ihre Jungfernfahrten im Nordatlantik absolvieren, doch die bereits in Frankreich stationierten Boote sollten nur noch nach Süden oder Südwesten nach Freetown, zu den Westindischen Inseln und nach Brasilien fahren.

Eine Analyse der Verluste an IX-Booten im Nordatlantik führte die deutschen Ingenieure damals zu der vorsichtigen Vermutung, daß durch die stärkeren und in größeren Tiefen detonierenden Wasserbomben der Alliierten sowohl bei den VII- als auch bei den IX-Booten die Oberdeckbehälter mit Reservetorpedos zerbrachen und fluteten, was die Boote destabilisierte und die Verluste verursachte. Das OKM brachte deshalb neue Vorschriften für die Oberdeckbehälter heraus. Die VII-Boote an den Kampffronten hatten ausnahmslos alle Oberdeckbehälter zu entfernen. Neue, noch im Bau befindliche Boote sollten mit wesentlich stärkeren Stahlbehältern ausgerüstet werden. Die IXB- und IXC-Boote sollten ebenfalls alle Behälter entfernen. Mit einer Sondergenehmigung konnten IX-Boote, die südwärts nach Westafrika oder Lateinamerika fuhren, sechs statt der üblichen acht Behälter installieren.

Die neuen XB-Minenleger sollten wie zuvor sechs Behälter erhalten, aber kein XB durfte sie ohne Sondergenehmigung verwenden. Die IXD2-Fern-U-Boote, die in ferne Gewässer wie etwa den Indischen Ozean fuhren, durften auch weiterhin alle zwölf mit G7a-Lufttorpedos gefüllten Oberdeckbehälter führen.

Die Alliierten hatten im April[1] auf der Nordatlantikroute 18 Geleitzüge mit etwa 900 Handelsschiffen in ost-westlicher und west-östlicher Richtung fahren lassen. Dank der Arbeit des xB-Dienstes konnten die U-Boot-Gruppen eine große Zahl dieser Geleitzüge abfangen. Doch die Verteidigung der Geleitzüge auf dieser Route war durch die neu hinzugekommenen Support Groups mit Zerstörern und Geleitträgern und durch Flugzeuge mit sehr großer Reichweite so furchterregend effektiv geworden, daß die Massen von U-Booten auf der Nordatlantikroute nur 31 Schiffe (einschließlich des britischen Zerstörers *Beverley*) aus sieben der abgefangenen Geleitzüge versenken konnten. Darunter vor allem sechs Schiffe aus HX 231 und dreizehn aus ONS 5. Aus HX 232 wurden vier Schiffe versenkt, und die restlichen vier Konvois verloren jeweils nur ein bis drei Schiffe.

Weltweit hatten die U-Boote der Achse im April[2] insgesamt 56 Handelsschiffe mit rund 328000 BRT Schiffsraum versenkt. Dies war nur etwa die Hälfte der im März versenkten Handelsschiffe, ein katastrophaler Rückschlag für die Deutschen, der jedoch aufgrund der überhöhten Versenkungsmeldungen der U-Boot-Kommandanten erst allmählich deutlich wurde. Den im April weltweit versenkten 56 Schiffen der Alliierten standen auf deutscher Seite insgesamt 15 verlorene U-Boote gegenüber (7 IX- und 8 VII-Boote), erneut eine ruinöse »Quote« von 3,7 versenkten Schiffen pro verlorenem U-Boot. Wie im März war die Schiffsproduktion der Alliierten auch im April gewaltig: 159 Schiffe mit etwa einer Million BRT oder fast dreimal so viele Schiffe und Schiffsraum, wie in jenem Monat durch U-Boote verlorengingen.

Die Gruppe Drossel, ein sinnloser Opfergang

In der dritten Aprilwoche begannen die britische 1. und 8. Armee mit der endgültigen Einkesselung der entmutigten und geschlagenen Landstreitkräfte der Achse in Tunesien – dem lange hinausgeschobenen Schlußpunkt der Operation Torch. Die Deutschen und Italiener hatten

[1] HX 231 bis 235; SC 125 bis 128; ON 176 bis 181 und ONS 3 bis 5. Siehe Anhang 3.

[2] Nach den Zahlen der britischen Admiralität. Professor Rohwer gelangte bei seinen Berechnungen für April zu einem sehr ähnlichen Ergebnis von 55 Schiffen mit 312612 BRT.

nicht die geringste Chance zu entrinnen. Die von Berlin und Rom unternommenen Anstrengungen zur Evakuierung von Hunderttausenden geschlagener Soldaten waren unzulänglich.

Vielleicht aus politischen oder psychologischen Gründen befahl Dönitz einer speziellen Gruppe von einem Dutzend VII-Booten, Geleitzüge anzugreifen, die die alliierten Truppen in Nordafrika unterstützten. Es war keine gute Idee, eine weitere Kampfgruppe in die gefährlichen Gewässer um Gibraltar und die Azoren zu entsenden, aber Dönitz meinte anscheinend, er habe keine andere Wahl. Die Kriegsmarine mußte einfach eine letzte Geste der Unterstützung für das Afrikakorps machen.

Das Dutzend VII-Boote der Gruppe Drossel lief zwischen dem 24. und dem 27. April in französischen Stützpunkten aus. Unter ihnen war das kampferprobte *U436* unter Günther Seibicke, der erst kurz zuvor das Ritterkreuz erhalten hatte. Wie berichtet, gelangten drei Boote der Gruppe nicht über den Golf von Biskaya hinaus. Alliierte Flugzeuge versenkten *U332* unter Verlust der gesamten Besatzung und beschädigten *U437* schwer, das danach von *U445* zurück nach Frankreich eskortiert wurde.

Die restlichen neun Boote sollten eng mit den in Bordeaux stationierten Condor-Maschinen zusammenarbeiten. Am 3. Mai meldeten die Flugzeuge zwei nach Süden fahrende Geleitzüge. Der eine bestand aus siebenundzwanzig Panzerlandungsschiffen und drei Sicherungsschiffen und der andere aus elf Frachtern und sechs Sicherungsschiffen.

Die kampferprobten Drossel-Boote *U89* unter Dietrich Lohmann und *U456* unter Max-Martin Teichert fanden den Geleitzug mit den Landungsfahrzeugen. Die LSTs waren für die geplante Invasion in Sizilien (Operation Husky) auf dem Weg ins Mittelmeer. Sie waren wegen ihres geringen Tiefgangs schlechte Ziele für einen Torpedoangriff, doch Lohmann schoß trotzdem drei Torpedos in die Formation. Keiner traf. Da kein Boot den vielversprechenderen Geleitzug mit den elf Frachtern gefunden hatte und weil zu seiner Unterstützung starke Luftsicherung aus Gibraltar erwartet wurde, verbot die U-Boot-Führung, weiter nach diesem Geleitzug zu suchen.

In jener Nacht, vom 3. auf den 4. Mai, fanden zwei weitere U-Boote den Geleitzug mit den LSTs: Hans Stock in dem kampferprobten *U659,* dessen Order, ins Mittelmeer zu fahren, kurzfristig geändert worden war, und Helmut von Tippelskirch in dem kampferprobten *U439*. Tippelskirch war durch einen plötzlichen Feuerstoß von einem Sicherungsschiff einen Moment lang abgelenkt und rammte mit seinem Boot *U659*. Durch den Zusammenstoß wurde der Bugraum von *U439* geflutet, und es begann zu sinken. Tippelskirch morste Stock SOS mit dem Signalscheinwerfer, aber auch dessen *U659* war schwer beschädigt und sank. Eines der vier Sicherungsfahrzeuge des Geleitzugs, das britische Patrouillenboot *MGB 670* unter dem Kommando von R. R. W. Ashby, rettete drei Überlebende von *U659* und neun von *U439*. Beide U-Boot-Kommandanten kamen ums Leben. Wie einer der Überlebenden von *U439* berichtete, war der Erste Wachoffizier auf seinem Boot so beschämt über den Zusammenstoß gewesen (oder hatte so große Angst vor einem Kriegsgericht der Nazis), daß er sich geweigert hatte, einen Tauchretter anzulegen. Er hatte sich fest an eine Verstrebung der Brücke geklammert und sich von dem Boot in die Tiefe reißen lassen.

Nach diesem Unglück bestand die Gruppe Drossel nur noch aus sieben Booten. Das reichte nicht mehr aus, um einen großen Geleitzug anzugreifen, doch die U-Boot-Führung ließ die Boote trotzdem westlich von Kap Finisterre stehen, um den Kräften der Achse in Tunesien die größtmögliche Hilfe zu bieten. Am Abend des 5. Mai ereilte die Gruppe noch ein weiteres Mißgeschick. Die kampferprobten Boote *U406* unter Horst Dieterichs und *U600* unter Bernhard Zurmühlen kollidierten ebenfalls. Niemand wurde ernsthaft verletzt, aber beide Boote hatten schwere Schäden und mußten vorzeitig nach Frankreich zurückkehren, und die glücklose Gruppe war auf einen kläglichen Rest von fünf Booten geschrumpft.

Der xB-Dienst meldete, daß der große Konvoi SL 128 mit nördlichem Kurs genau auf die Gruppe Drossel zulaufe. Condor-Maschinen aus Bordeaux bestätigten die Meldung; sie hatten 48 Handelsschiffe mit 3 Geleitfahrzeugen gesichtet. Am 6. Mai fand der 23jährige Wolf Jeschonnek den Geleitzug mit dem kampferprobten VII-Boot *U607*, das er gerade erst von dem Ritterkreuzträger Ernst Mengersen übernommen hatte. Seine Funksignale brachten die vier anderen Boote der Gruppe Drossel heran, darunter auch das VII-Boot *U436* mit dem Ritterkreuzträger Günther Seibicke. Zwei Boote kamen zum Schuß. Lohmann traf und versenkte mit dem VII-Boot *U89* den 3803 BRT großen griechischen Frachter *Laconikos* durch einen Torpedo mit Magnetpistole. Jeschonnek feuerte einen vollen Bugfächer in den Geleitzug. Er meldete einen Treffer mit einem FAT, doch dieser wurde nicht bestätigt.

Drei Boote der Gruppe Drossel waren Gegenangriffen durch Sicherungsschiffe und landgestützte Flugzeuge ausgesetzt. *U456* unter Max-Martin Teichert wurde durch Wasser- oder Fliegerbomben ernsthaft beschädigt, meldete aber nach Reparaturen, daß es die Feindfahrt fortsetzen könne. Paul Siegmann in *U230* beschattete den Geleitzug gekonnt den gesamten folgenden Tag. Dabei war er nach Aussage seines Ersten Wachoffiziers Herbert Werner geradezu unglaublichen Luftangriffen ausgesetzt.[1] Wegen der zahlenmäßigen Schwäche der Gruppe Drossel brach die U-Boot-Führung die Operationen gegen den Geleitzug SL 128 am 7. Mai ab und schickte die verbliebenen fünf Boote nach Nordwesten, wo sie sich Gruppen auf der Nordatlantikroute anschließen sollten. Wie

[1] In dessen Buch *Die eisernen Särge.*

unten berichtet, überstanden nur zwei der fünf Boote ihre Feindfahrt und kehrten nach Frankreich zurück. Das Ergebnis in Kürze: Zehn von zwölf Booten der Gruppe Drossel wurden versenkt oder waren zum Abbruch der Feindfahrt gezwungen. Nur das VII-Boot *U89* unter Lohmann versenkte den griechischen Frachter *Laconikos* aus einem Geleitzug der Alliierten.

Der dritte Vorstoß mit Fern-U-Booten in den Indischen Ozean

Dönitz wies die U-Boot-Führung an, im März und April einen großen Vorstoß mit Fern-U-Booten in den Indischen Ozean zu unternehmen.[1] Sieben dieser Langstreckenboote (drei alte und vier neue) sollten an dem Vorstoß teilnehmen: das mit Maschinenproblemen behaftete Schwesterschiff von *U180,* das IXD1-Boot *U195* und sechs IXD2-Boote. Alle Boote hatten erfahrene, vorsichtige Kommandanten, darunter fünf Ritterkreuzträger. Dönitz meinte, daß die Boote, wenn sie sich bei einem ihrer Opfer oder einem Handelsstörer oder Tanker der Achse mit Nahrungsmitteln, Wasser und Treibstoff versorgten, lange Zeit im Indischen Ozean bleiben und mit geringem Risiko allein fahrende oder schwach gesicherte alliierte Schiffe angreifen könnten.

Als erstes der sieben Fern-U-Boote, die diesen außerordentlichen Vorstoß unternahmen, lief das neue IXD2-Boot *U198* aus. Es wurde von dem 40jährigen Werner Hartmann (Crew-Jahr 1922) geführt, der sich 1939 und 1940 mit *U37* Ruhm und das Ritterkreuz erworben hatte. Nach dem Verlassen von *U37* hatte Hartmann verschiedene Schreibtischposten in Frankreich und Deutschland innegehabt, und er war froh, nun als Kommandant eines der hochgelobten Fern-U-Boote wieder in See zu stechen.

Die alliierten Codeknacker meldeten rechtzeitig Einzelheiten über den Vorstoß der sieben Boote, und die britische Admiralität verständigte die entsprechenden Befehlsstellen. Am 4. Mai heißt es dazu im Kriegstagebuch des britischen South Atlantic Command:

Wegen Bedrohung durch die U-Boote vollständiges Geleitzugsystem rund um südafrikanische Küste wieder eingeführt. Alle Alleinfahrten mit Ausnahme schneller Schiffe aufgehoben. Alle

---

[1] Hitlers Geschenk an Tojo, das IXC-Boot *U511* (»Marco Polo I«), lief am 10. Mai getrennt von diesen Booten nach Japan aus. Sein Kommandant Fritz Schneewind versenkte das 7194 BRT große amerikanische Liberty-Schiff *Sebastiano Cermeno.* Zu den Beutezügen im Indischen Ozean siehe L. C. F. Turner, H. R. Gordon-Cumming und J. E. Betzler, *War in the Southern Oceans 1939–1945,* Kapstadt 1961, S. 219–237.

Fahrzeuge bei Annäherung an Kapstadt umgeleitet, damit sie Küstengebiet früh erreichen.

Hartmann umrundete mit *U198* das Kap der Guten Hoffnung und operierte im Südteil der Straße von Mosambik. Dort fand er am 17. Mai einen nach Süden fahrenden Geleitzug (LMD 17), der von Lourenço Marques nach Durban unterwegs war. Er bestand aus sechs großen Frachtern und war von zwei ASW-Trawlern und einem Flugzeug nur sehr schwach gesichert. Hartmann verfolgte und versenkte den 4392 BRT großen britischen Frachter *Northmoor,* seine erste Versenkung nach fast drei Jahren.[1] Wie er in seinem Kriegstagebuch berichtet, belegten die ASW-Trawler sein Boot danach mit etwa 50 Wasserbomben und das Flugzeug warf fünf. Keine richtete nennenswerten Schaden an, aber der Geleitzug entkam.

Am folgenden Tag fand und jagte Hartmann etwa 50 Kilometer westlich von Durban zwei gemeinsam fahrende Frachter. Er kam in eine günstige Schußposition, doch ein Flugzeug sichtete ihn und vereitelte den Angriff. Danach jagte die Maschine Hartmann in Kooperation mit kleinen Überwasserfahrzeugen den ganzen Tag und weit in die Nacht hinein. Hartmann wehrte sich offensiv. Er verfehlte ein U-Jagdboot mit zwei Torpedos, wehrte aber mit seinen Flugabwehrkanonen den Angriff einer Catalina der britischen Squadron 262 ab und zwang sie, mit nur einem Motor zu ihrem Stützpunkt zurückzukehren.

Nach einer frustrierenden und unfruchtbaren Woche fand Hartmann noch einen weiteren Geleitzug in der Nähe von Durban. Er war von Kriegsschiffen und Flugzeugen stark gesichert. Hartmann versuchte anzugreifen, aber die Sicherungsfahrzeuge vertrieben ihn, und er mußte auf Beute verzichten. Danach beschloß er, das Gebiet um Durban wegen der schweren Luftsicherung zu verlassen. Er fuhr etwa 750 Kilometer weiter in den Indischen Ozean, wo er am 29. Mai den allein fahrenden britischen Frachter *Hopetarn* mit 5231 BRT versenkte und dessen Zweiten Maat gefangennahm. Zwei Tage später fand Hartmann in derselben Region noch einen weiteren kleinen, aber stark gesicherten Konvoi. Er versuchte anzugreifen, doch eine Korvette erfaßte ihn mit dem Sonar und zwang ihn, sehr tief zu tauchen. Als er wieder auftauchte, entdeckte er, daß die Wasserbomben einen seiner Torpedo-Oberdeckbehälter zertrümmert hatten.

Hartmann kehrte in das Gebiet um Durban zurück und hatte dort mehr Jagdglück. Am 5. Juni versenkte er den 2304 BRT großen britischen Frachter *Dumra* und nahm den Schiffsingenieur gefangen. Am folgenden Tag versenkte er das 7176 BRT große amerikanische Liberty-Schiff

---

[1] Seit dem 12. April 1940 mit *U37.*

William King und nahm den Kapitän gefangen. Nach diesen beiden Versenkungen belief sich Hartmanns Bilanz in den 90 Tagen, seit er in Kiel ausgelaufen war, auf vier Schiffe mit 19 103 BRT, ein bescheidenes Ergebnis für den hohen Einsatz an Zeit, Männern und Ressourcen.

Irgendwann um den 1. Juni herum hatte die U-Boot-Führung beschlossen, daß die Fern-U-Boote, die alle sehr viele Torpedos an Bord hatten, ihre Feindfahrt verlängern sollten. Deshalb sollten die Boote im Indischen Ozean von dem deutschen Tanker *Charlotte Schliemann* versorgt werden. Das Treffen sollte am 22. Juni in einem abgelegenen Seegebiet etwa 3300 Kilometer genau östlich von Durban und 1100 Kilometer genau südlich der Insel Mauritius stattfinden.

Das zweite der neuen Fern-U-Boote, das Kiel verließ, war *U196*. Es wurde von dem 36jährigen Eitel-Friedrich Kentrat geführt, der sich mit *U74* im Nordatlantik das Ritterkreuz verdient und danach das Boot ins Mittelmeer gebracht hatte. Er war fast genau ein Jahr nicht mehr zur See gefahren, und seit seiner letzten bestätigten Versenkung waren 16 Monate vergangen.[1]

Kentrat umrundete die Britischen Inseln und fuhr mitten im Atlantik nach Süden. Er passierte das Kap der Guten Hoffnung und schwenkte dann nach Norden in das Gebiet bei Durban. Am 11. Mai versenkte er mit zwei Torpedos den 4962 BRT großen britischen Frachter *Nailsea Meadow*. Zwei lange, deprimierende Wochen später fand er im selben Gebiet endlich einen Geleitzug und griff ihn mit zwei Elektro-Torpedos mit Pi2-Magnetpistolen an. Ein Torpedo wurde wie vorgesehen ausgestoßen, doch der andere blieb mit laufendem Motor und drehender Schraube im Rohr stecken. Die Besatzung fürchtete, der Torpedo werde das eigene Boot in die Luft jagen. Um diesem Schicksal zu entgehen, ging Kentrat mit dem Bug steil nach unten und der Torpedo glitt aus dem Rohr. Der planlose Gegenangriff eines Sicherungsschiffes mit vier Wasserbomben wurde während dieser Krise von den Männern kaum registriert.

U196 patrouillierte noch eine weitere Woche, bis etwa zum 1. Juni, in den Gewässern um Durban. Dann ging Kentrat auf östlichen Kurs, um sich bei der *Charlotte Schliemann* zu versorgen. Seit er am 13. März in Kiel ausgelaufen war, hatte er erst ein Schiff versenkt.

Als drittes der neuen Fern-U-Boote lief das IXD1-Boot *U195* unter dem 34jährigen Heinz Buchholz in Kiel aus. Buchholz hatte mit dem Einbaum *U15* eine erfolgreiche Minenoperation durchgeführt, seither jedoch nur noch hohe Posten an der Küste bekleidet – zuletzt als Chef der 1. U-Flottille in Brest. Wie sein Schwesterschiff *U180* wurde auch *U195* von sechs kraftvollen, aber Treibstoff fressenden Hochleistungsmotoren von Mercedes-Benz angetrieben, die in tropischen Gewässern im Boot eine fast unerträgliche Hitze erzeugten.

---

[1] Am 7. November 1941.

Buchholz nahm fast denselben Kurs durch den Atlantik wie Hartmann und Kentrat. Westlich der Kanaren fand und versenkte er am 12. April das allein fahrende amerikanische Liberty-Schiff *James W. Denver* mit 7200 BRT. Nachdem er am 7. Mai den Äquator überquert hatte, sichtete er die *Samuel Jordan Kirkwood* (7191 BRT), ein ebenfalls allein fahrendes amerikanisches Liberty-Schiff gleicher Größe, und versenkte sie ebenfalls. Fünf Tage später stieß er vor Kapstadt auf einen weiteren amerikanischen Alleinfahrer, die 6797 BRT große *Cape Neddick*. Er traf und beschädigte sie, aber Harry Stark, der Kapitän des Schiffes, nahm *U195* mit seinen Geschützen unter Feuer und versuchte es zu rammen. Aufgeschreckt durch diese ungewöhnlich erbitterte Gegenwehr tauchte Buchholz, um dem Beschuß zu entgehen, und machte einen weiteren Torpedo auf die *Neddick* los, der jedoch fehlging. Stark lief mit voller Kraft ab, entkam und brachte seine Ladung von Panzern, Lokomotiven und Flugbenzin am Ende wohlbehalten zu den britischen Truppen in Ägypten.

Nach diesem Mißerfolg patrouillierte Buchholz vor Kapstadt, fand jedoch keine weiteren Ziele mehr. Am 30. Mai meldete er, durchaus erwartungsgemäß, schwere Maschinenprobleme und bat um Erlaubnis, die Feindfahrt abzubrechen. Die U-Boot-Führung stimmte zu, und er kehrte am 23. Juli nach Bordeaux zurück. Wie erwähnt, erhielten die fehlkonstruierten IXD1-Boote *U180* und *U195* je zwei konventionelle Diesel mit 1400 PS und wurden zu Transport-U-Booten umgebaut. Musenberg blieb Kommandant von *U180,* aber Buchholz verließ *U195* und übernahm ein IXD2-Fern-U-Boot.

Als viertes und letztes der neuen Fern-U-Boote lief *U197* in Kiel aus. Sein Kommandant war der 32jährige Robert Bartels. Er hatte 16 Monate lang das VII-Boot *U561* geführt, zunächst im Atlantik und dann im Mittelmeer, wo er ein erfolgreiches Minenfeld bei Port Said in der Zufahrt des Suezkanals gelegt hatte. An seinem 48. Tag nach dem Auslaufen in Kiel fand Bartels mitten im Südatlantik den allein fahrenden 4763 BRT großen niederländischen Tanker *Benakat* und versenkte ihn. Als Bartels das Kap der Guten Hoffnung umrundete, war es schon an der Zeit, den Versorgungstreffpunkt mit der *Charlotte Schliemann* anzusteuern. Fünf Tage vor dem Rendezvous wurde das Boot von einem Flugzeug angegriffen. Ein Besatzungsmitglied wurde getötet, aber das Boot überstand den Angriff und tankte am 22. Juni nach. In 81 Seetagen hatte Bartels wie Kentrat nur ein einziges Schiff versenkt.

Von den drei kampferprobten Fern-U-Booten, die in Bordeaux ausliefen, fuhr als erstes das IXD2-Boot *U181* unter Wolfgang Lüth, der bereits das Eichenlaub zum Ritterkreuz erhalten hatte. An seinem 20. Seetag, dem 11. April, sichtete Lüth das allein fahrende 5983 BRT große britische Kühlschiff *Empire Whimbrel* etwa 750 Kilometer südlich von Freetown.

Er schoß vier Torpedos auf das Schiff und zwei trafen. Als die Crew den sinkenden Hulk verlassen hatte, befahl Lüth, dem Schiff mit den Deckgeschützen den Rest zu geben. Dabei explodierte eine Granate im Lauf der 3,7-cm-Kanone hinter dem Kommandoturm und verwundete drei Mann schwer. Einer starb noch am selben Tag und wurde auf See bestattet. Die anderen beiden übergab Lüth am folgenden Tag dem heimkehrenden *U516* der Gruppe Seehund unter Gerhard Wiebe. Die *Empire Whimbrel* versenkte Lüth schließlich mit 20 Schuß aus seinem 10,5-cm-Deckgeschütz.

Nach Lüths Versenkungsmeldung erwirkte Dönitz bei Hitler, daß der erfolgreiche Kommandant die Schwerter zu Eichenlaub und Ritterkreuz erhielt. Lüth war das 29. Mitglied in den gesamten deutschen Streitkräften und der vierte U-Boot-Mann (nach Kretschmer, Topp und Suhren), dem diese hohe Auszeichnung zuteil wurde. *U181* erhielt die Nachricht durch einen verschlüsselten Funkspruch, und die Besatzung feierte mit Bier und Kognak.[1]

Lüth umrundete das Kap der Guten Hoffnung, fuhr nach Norden und patrouillierte im Südteil der Straße von Mosambik vor dem portugiesischen Hafen Lourenço Marques, wo er auf seiner ersten Fahrt in den Indischen Ozean Erfolg gehabt hatte. Dicht unter der Küste verfingen sich seine Schrauben in einem stählernen Fischernetz und blokkierten. Mehrere quälende Stunden lang hielten sich Lüth und seine Männer praktisch schon für verloren, doch dann gelang es einem Besatzungmitglied in einem plumpen Taucheranzug, die Stahldrähte des Netzes mit einem elektrischen Schweißbrenner zu durchtrennen. Während er damit beschäftigt war, fing und tötete die Mannschaft einen großen Hai, der dem Taucher hätte gefährlich werden können.

Lüth patrouillierte den ganzen Monat vom 11. Mai bis zum 11. Juni zwischen Durban und Lourenço Marques in der Straße von Mosambik. In dieser Zeit versenkte er drei weitere Alleinfahrer: den 5232 BRT großen britischen Frachter *Tinhow,* den 1633 BRT großen schwedischen Neutralen *Sicilia* (von dem er annahm, er habe Konterbande geladen) und den kleinen, mit Munition beladenen, südafrikanischen Küstenfahrer *Harrier* mit 193 BRT. Die *Tinhow* versenkte er mit zwei Torpedos und die *Harrier* (die praktisch verdampfte) mit einem. Das schwedische Schiff stoppte er mit zehn Schuß aus seinem 10,5-cm-Deckgeschütz und versenkte es, nachdem die Besatzung von Bord gegangen war, mit einem Torpedo aus Kernschußweite.

In diesem Zeitraum, am 18. Mai, informierte die U-Boot-Führung Lüth, daß seine Frau einen Sohn geboren hatte. Das Rendezvous mit der

---

[1] Zum Zeitpunkt der Auszeichnung beliefen sich Lüths bestätigte Versenkungen auf 38 Schiffe mit 189633 Tonnen, und er lag nach Schiffen und Tonnage auf dem zweiten Platz hinter Kretschmer.

Charlotte Schliemann fand planmäßig am 22. Juni statt. Bis zu diesem Zeitpunkt hatte Lüth in 90 Seetagen vier Schiffe mit 13 000 BRT versenkt, gleich viele wie Hartmann, aber etwa 6000 BRT weniger. Auch dies war ein schlechter Ertrag im Verhältnis zum Aufwand.

Als nächstes kampferprobtes Fern-U-Boot lief das IXD2-Boot *U177* unter dem 32jährigen Ritterkreuzträger Robert Gysae in Bordeaux aus. Wie Lüth fuhr auch Gysae bereits zum zweiten Mal mit einem Fern-U-Boot nach Kapstadt und zum Indischen Ozean.

Auf dieser Feindfahrt war Gysae mit einem neuen, bei Tage einsetzbaren Suchgerät ausgerüstet, einem primitiven Ein-Mann-Hubschrauber mit drei Rotoren und ohne Eigenantrieb, der Bachstelze genannt wurde. Der Helikopter wurde zusammengelegt in Oberdeckbehältern verstaut und konnte von drei gutgeübten Männern in zehn Minuten zusammengebaut und in fünf Minuten wieder zusammengelegt und verstaut werden. Er war durch ein 300 Meter langes Stahlseil und eine luftgetriebene Winde mit dem U-Boot verbunden. Wenn das Boot den Helikopter mit einer Geschwindigkeit von etwa 15 Knoten hinter sich herzog, konnten ihn seine wirbelnden Rotoren etwa 150 Meter in die Luft heben. Der mit einem Fernglas, einem Telefon im Helm und einem Fallschirm ausgerüstete Pilot konnte nach Erreichen der maximalen Flughöhe ein Gebiet mit einem Radius von etwa 45 Kilometern absuchen. Der Hubschrauber war sehr schwierig zu starten, zu bedienen und zu bergen, und er konnte natürlich nur in Gebieten benutzt werden, wo plötzliche Flugzeugangriffe unwahrscheinlich waren, denn in diesem Fall waren der Pilot und seine Maschine verloren.

Vor dem Kap der Guten Hoffnung stieß Gysaes *U177* auf den von Kapstadt nach Durban fahrenden Geleitzug CD 20. Er bestand aus sechzehn Handelsschiffen und war schwach gesichert von sieben Kriegsschiffen zweifelhafter Kampffähigkeit: dem südafrikanischen Kanonenboot *Vereeniging,* zwei indischen Minensuchern ohne Sonargeräte, drei britischen ASW-Trawlern und einem britischen Schlepper als Rettungsschiff. Gysae schoß zahlreiche Torpedos auf die Masse von Handelsschiffen und versenkte zwei: den 6679 BRT großen amerikanischen Frachter *Agwinonte* und den 7886 BRT großen norwegischen Tanker *Storaas.* Am 1. Juni gratulierte Dönitz seinem Kommandanten per Funk und teilte ihm mit, daß Hitler ihm das Eichenlaub zum Ritterkreuz verliehen hatte.[1]

Auf Vorschlag der U-Boot-Führung fuhr Gysae zurück nach Saldanha an der südlichen Westküste Afrikas. In der folgenden Woche fand er einen Geleitzug und nahm im Nebel die Verfolgung auf. Am 6. Juni riß der Nebel plötzlich auf und Gysae lag deutlich sichtbar »mitten im«

---

[1] Am Tag der Auszeichnung beliefen sich Gysaes bestätigte Versenkungen mit dem VII-Boot *U98* und mit *U177* auf 20 Schiffe mit etwa 116 000 Tonnen.

Geleitzug. Alle Schiffe, die ein Geschütz einsetzen konnten, ohne befreundete Schiffe zu gefährden, eröffneten das Feuer, und auch eine Catalina erschien plötzlich über dem Boot und warf drei Wasserbomben. Gysae entkam nur mit knapper Not. Danach traf er Buchholz, der sich mit seinem IXD1-Boot *U195* auf dem Rückmarsch befand. Er übergab ihm ein krankes Besatzungsmitglied und nahm dann Kurs auf den Treffpunkt mit der *Charlotte Schliemann*, den er einen Tag später als geplant, am 23. Juni, erreichte. Er hatte in 83 Seetagen zwei Schiffe mit 14565 BRT versenkt und lag damit der Tonnage nach auf dem zweiten Platz hinter Hartmann. Auch dieses Ergebnis reichte kaum aus, um den Aufwand an Zeit, Männern und Ressourcen zu rechtfertigen. Auch der Hubschrauber hatte trotz häufiger Starts bis dahin noch keinen Nutzen gebracht.

Als drittes und letztes kampferprobtes Fern-U-Boot dieses Vorstoßes lief das IXD2-Boot *U178* in Frankreich aus. Das Boot machte seine zweite Feindfahrt in den Indischen Ozean, hatte aber einen neuen Kommandanten. Der 36jährige Wilhelm Dommes hatte mit dem VII-Boot *U431* zuvor im Atlantik und im Mittelmeer operiert, wo er sich das Ritterkreuz verdient hatte.

Er erreichte das Gebiet vor Kapstadt Anfang Mai. Wenig später entstand an dem Boot ein so schweres Ölleck, daß er sich weit aufs Meer zurückziehen mußte, um Reparaturen vorzunehmen. Auf dem Rückweg zur Küste fand Dommes am 24. Mai einen kleinen Geleitzug. Er nahm die Verfolgung auf, wurde jedoch von einer Catalina mit niederländischer Besatzung gesichtet und mit Wasserbomben angegriffen. Dommes wehrte sich mit der Flak, tauchte aber, als noch eine zweite Catalina auftauchte, und verlor den Konvoi.

In den letzten Maitagen hörte Dommes, wie Gysae den von Kapstadt nach Durban fahrenden Geleitzug meldete. Da er nicht weit entfernt war, ging er auf einen Abfangkurs und fand den Konvoi in Küstennähe, etwa 100 Kilometer südlich von Durban. Am 1. Juni griff er den Geleitzug trotz Luft- und Überwassersicherung an und traf den 6586 BRT großen niederländischen Frachter *Salabangka*. Der Schlepper des Geleitzugs nahm das beschädigte Schiff ins Schlepptau, aber es kam ein Sturm auf, in dem es zerbrach und sank.

Danach patrouillierte *U178* noch einige Tage in der Straße von Mosambik, dann ging es für das Treffen mit der *Charlotte Schliemann* auf östlichen Kurs. Es tankte am 22. Juni nach, dem 78. Tag seiner Feindfahrt. Wie Kentrat in *U196* und Bartels in *U197* hatte auch Dommes auf seiner Fahrt nur ein einziges Schiff versenkt.

Zu diesem Zeitpunkt des Vorstoßes waren die Ergebnisse der sieben Boote mager. 15 versenkte Schiffe mit 77400 BRT, das war ein Gesamtdurchschnitt von zwei Schiffen mit insgesamt 11000 BRT pro Boot in etwa drei Monaten auf See. *U195* hatte die Fahrt abgebrochen, die sechs anderen setzten ihre Feindfahrten noch weiter fort.

Während der Versorgung bei der *Charlotte Schliemann* kam es zu einem regen Erfahrungsaustausch zwischen den Kommandanten der Fern-U-Boote. Alle füllten ihre Treibstoff-, Schmieröl- und Wassertanks wieder auf, waren jedoch enttäuscht über das »japanische« Essen, das ihnen der deutsche Tanker zu bieten hatte. Außerdem bekam keines der U-Boote wirklich ausreichend Lebensmittel, wie Lüth in seinem Kriegstagebuch vermerkte.

Die U-Boot-Führung gab für die sechs Fern-U-Boote neue Befehle aus. Sie sollten im Indischen Ozean bleiben und in einer Reihe von Gebieten gleichzeitig Überraschungsangriffe auf den alliierten Schiffsverkehr unternehmen. Lüth in *U181,* der seine drei Kriegsgefangenen auf der *Charlotte Schliemann* zurückgelassen hatte, sollte zu der Insel Mauritius fahren. Hartmann sollte mit *U198* Lourenço Marques ansteuern. Kentrat in *U196* sollte die Straße von Mosambik von Norden nach Süden absuchen, und Dommes in *U178* sollte dasselbe von Süden nach Norden tun. Gysae wurde mit *U177* in ein Seegebiet südlich von Madagaskar entsandt. Und Bartels mit *U197* bekam ein küstennahes Gebiet zwischen Lourenço Marques und Durban zugewiesen.

Der frischgebackene Eichenlaubträger Gysae patrouillierte mit *U177* relativ weit südlich von Madagaskar, da der Einsatz des Helikopters dort sicherer war. In der Zeit vom 5. bis 7. Juli unternahm er Angriffe auf drei allein fahrende Frachter. Den ersten verfehlte er mit zwei Torpedos, und das Schiff entkam. Beim zweiten Angriff versenkte er mit drei Torpedos den 7129 BRT großen Kanadier *Jasper Park,* und beim dritten Angriff in geringerer Entfernung von Madagaskar versenkte er das 7176 BRT große amerikanische Liberty-Schiff *Alice F. Palmer* mit zwei Torpedos und 99 Schuß aus seiner 10,5-cm-Kanone.

Danach operierte er wieder in respektvoller Entfernung südlich und südöstlich von Madagaskar, sichtete aber auch mit dem häufig eingesetzten Helikopter tagelang kein Schiff. Erst am 29. Juli machte er den 4952 BRT großen britischen Frachter *Cornish City* aus und versenkte ihn. Am selben Tag hätte er beinahe auch noch ein amerikanisches Liberty-Schiff zur Strecke gebracht. Durch die lange, aber vergebliche Jagd auf dieses Schiff kam das Boot bis auf 100 Kilometer an die Südspitze Madagaskars heran. Dort sichtete der Helikopterpilot am 5. August sein erstes Opfer, den 4195 BRT großen Griechen *Efthalia Mari,* und Gysae versenkte das Schiff. Am folgenden Tag sichtete der Helikopterpilot einen weiteren Alleinfahrer, doch im Maschinenraum von *U177* brach ein Feuer aus, und bis es gelöscht war, entkam das Schiff. Gysae hatte auf seiner Feindfahrt sechs Schiffe versenkt und nahm Kurs auf Frankreich.

Der Rückmarsch dauerte 58 Tage, die gesamte Feindfahrt 184 Tage. Bei der Ankunft in Bordeaux am 1. Oktober verließ Gysae das Boot und übernahm das Kommando über die 25. Schulflottille in der Ostsee.[1] Heinz Buchholz, der ehemalige Kommandant von *U195,* das zu einem Transportboot umgewandelt wurde, wurde Gysaes Nachfolger auf *U177,* doch es vergingen zweieinhalb Monate, bis er am 1. Januar 1944 wieder auslief.

Dommes umrundete Madagaskar im Süden und kreuzte dann in der Straße von Moçambique langsam nach Norden. Am 4. Juli versenkte er nördlich von Lourenço Marques zwei Frachter: den 2669 BRT großen Norweger *Breiviken* und den 4774 BRT großen Griechen *Michael Livanos.* Dann jagte er einen weiteren Frachter, auf den er sechs Torpedos verschoß, die allesamt fehlgingen. Er meldete die Gefechte der U-Boot-Kriegsführung und fügte hinzu, daß er krank sei, aber seine Feindfahrt fortsetzen werde.

Dommes war zu der Überzeugung gelangt, daß das Gebiet nördlich von Lourenço Marques ein gutes Jagdrevier sei, und blieb mehr oder weniger an Ort und Stelle. Seine Intuition erwies sich als richtig. In der Woche vom 11. bis zum 16. Juli torpedierte und versenkte er drei weitere große Frachter: die 4771 BRT große griechische *Mary Livanos,* das 7197 BRT große amerikanische Liberty-Schiff *Robert Bacon* und die 6692 BRT große britische *City of Canton.*

Nachdem Dommes in *U178* all seine Torpedos verschossen hatte, erhielt er neue Befehle. Er traf am 12. August südöstlich von Madagaskar das nach Osten fahrende italienische Transport-U-Boot *Torelli* und übergab ihm etwas Treibstoff. Inzwischen hatte die U-Boot-Führung angefragt, ob Dommes und sein Boot imstande seien, zur Neuausrüstung die malaysische Insel Penang anzulaufen und danach den Rückmarsch durch den Indischen Ozean als vollwertige Feindfahrt durchzuführen. Dommes hatte mit Ja geantwortet. Nach dem Auftanken der *Torelli* fuhr *U178* nach Penang, die *Torelli* hingegen nach Sabang und Singapur. Als sie am 29. bzw. 26. August an ihrem Ziel eintrafen, hatte Dommes eine Feindfahrt von 155 Tagen absolviert und sechs Schiffe mit 32689 BRT versenkt.

Während Dommes noch unterwegs war, beschlossen Dönitz und das OKM, auf Penang einen U-Boot-Stützpunkt für die großen deutschen Fern-U-Boote und die deutschen und italienischen Transport-U-Boote einzurichten. Dommes, der *U178* auf Penang wegen seiner Krankheit verließ, wurde mit dieser Aufgabe betraut. Sein erster Wachoffizier, Hans Spahr, der bei Priens legendärem Vorstoß nach Scapa Flow 1939 Obersteuermann in *U47* gewesen war, wurde der neue Kommandant von

[1] Das bestätigte Gesamtergebnis Gysaes mit dem VII-Boot *U98* und mit *U177* belief sich auf 24 Versenkungen und eine Tonnage von etwa 140000 BRT. Damit lag er unter allen Kommandanten des Krieges auf dem 17. Platz.

U178. Spahr brach am 27. November 1943 nach Frankreich auf und traf 178 Tage später, am 24. Mai 1944, dort ein. Das Boot lief nie wieder aus.

Werner Hartmann in *U198* patrouillierte ebenfalls nördlich von Lourenço Marques. Am 4. Juli hätte er fast den Fehler begangen, einen portugiesischen Neutralen zu versenken. Erst als er zum Angriff anlief, veranlaßte ihn eine Eingebung, nicht zu schießen. Mehrere Tage später, am 6. und 7. Juli, versenkte er zwei Frachter, den 4476 BRT großen Griechen *Hydraios* und die 4742 BRT große britische *Leana.* Hartmann torpedierte das erste Schiff und griff das zweite mit seinem 10,5-cm-Deckgeschütz an. Nachdem er 147 Schuß abgegeben hatte, gab er dem zerschossenen Schiff mit einem Torpedo den Rest und nahm den Kapitän gefangen. Danach wurde *U198* fast täglich und manchmal sogar mehrmals am Tag von bei Durban stationierten Flugzeugen gestört. Trotzdem versenkte Hartmann am 1. August noch den 8457 BRT großen Holländer *Mangkalibat,* bevor er auf Heimatkurs ging.

Er erreichte Frankreich am 25. September, nach einer »Reise« von 201 Tagen. Die Bilanz dieser Feindfahrt belief sich auf sieben bestätigte Versenkungen mit insgesamt 36778 BRT. Im gesamten Krieg hatte er mit *U37* und *U198* einschließlich eines Trawlers 26 Schiffe mit 115778 Tonnen versenkt. Dies reichte für das Eichenlaub nicht aus, aber Dönitz hatte eine andere Belohnung für Hartmann: Er löste mit Wirkung vom 1. Januar 1944 Leo Kreisch als Führer der U-Boote im Mittelmeer ab.

Lüth rekrutierte auf der *Charlotte Schliemann* einen Seemann der Handelsmarine als Ersatz für die drei Mann, die er zu Beginn seiner Feindfahrt verloren hatte. Dann fuhr er nach Norden Richtung Mauritius. Am 1. Juli beobachtete er den dortigen Hafen Port Louis und sah drei Frachter, aber alle waren außer Reichweite. In den folgenden zwei Tagen versenkte er den 2798 BRT großen britischen Frachter *Hoihow,* überstand einen Luftangriff, verschwendete zwei Torpedos auf kleine Küstenfahrer und jagte einen Kreuzer nach Osten Richtung Madagaskar. Durch die vergebliche Jagd gelangte das Boot nach Tamatave an der Ostküste Madagaskars, wo es am 15. und 16. Juli die beiden britischen Alleinfahrer *Empire Lake* mit 2852 BRT und *Fort Franklin* mit 7135 BRT versenkte.

Als die U-Boot-Führung erkannte, daß Lüth an der Ostküste Madagaskars operierte, befahl sie ihm, nach Mauritius zurückzukehren. Lüth gehorchte und fuhr langsam nach Osten. Unweit von Mauritius versenkte er am 4., 7. und 11. August drei weitere britische Alleinfahrer: die 4558 BRT große *Dalfram,* die 4419 BRT große *Umvuma* und das Kühlschiff *Clan Macarthur* mit 10528 BRT.

Nach diesen Erfolgen empfahl Dönitz Lüth bei Hitler für Deutschlands höchste Auszeichnung: das Eichenlaub mit Schwertern und Brillanten zum Ritterkreuz. Hitler stimmte zu, und mit Wirkung vom 9. August war

Lüth der siebte Mann im Dritten Reich und der erste in der Kriegsmarine, der diese Auszeichnung erhielt. Als Dönitz die Nachricht durchgab, platzten Offiziere und Crew von *U181* fast vor Stolz und feierten mit Bier und Kognak. Danach befahl die U-Boot-Führung Lüth, sich an einem Ort mehrere hundert Kilometer südöstlich von Madagaskar mit Bartels in *U197* zu treffen und für den Rückmarsch neue Schlüssel für seine Enigma-Maschine zu übernehmen.

In Bartels' *U197* war die Moral bis zum 15. August auf einen Tiefpunkt gesunken. In den 51 Tagen seit der Versorgung bei der *Charlotte Schliemann* war Bartels mit dem 9583 BRT großen Schweden *Pegasus* nur eine bestätigte Versenkung gelungen. Am 30. Juni hatte er einen Geleitzug gefunden, verfolgt und angegriffen und das 7181 BRT große amerikanische Liberty-Schiff *William Ellery* beschädigt, das später nach Durban geschleppt wurde. Ein Flugzeug hatte einen zweiten Angriff vereitelt. Als Bartels bei der U-Boot-Führung klagte, er sei nicht nur bombardiert worden, sondern bei zwei Torpedos habe auch die Pistole versagt, hatte die U-Boot-Führung nur geantwortet, er sollte seine Wut am Feind auslassen.

Lüth erreichte den vereinbarten Treffpunkt am 17. August, aber von Bartels war weit und breit nichts zu sehen. Nach Einbruch der Dunkelheit hörte Lüth, wie Bartels die Versenkung der 6921 BRT großen britischen *Empire Stanley* meldete (die dritte Versenkung auf seiner Feindfahrt). Dies hatte ihn aufgehalten, und da er sich in einiger Entfernung von Lüth befand, vereinbarten die beiden Kommandanten einen neuen, für beide Boote günstigen Treffpunkt.

Dort trafen sie sich in den Morgenstunden des 19. August, und Bartels übergab Lüth die neuen Enigma-Schlüssel und noch einen zweiten Satz, den Lüth an Kentrat in *U196* weitergeben sollte. Lüth erzählte Bartels, er habe im Gebiet des zuvor vereinbarten Treffpunkts vier ungesicherte Frachter gesehen und auf einen vergeblich seinen letzten Torpedo verschossen. Bartels antwortete, er werde in der Gegend bleiben und versuchen, diese und/oder andere Schiffe zu versenken. Da Lüth sehr knapp an Treibstoff war, konnte er Bartels keinen weiteren Tag bei der Suche nach Schiffen helfen. Er verabschiedete sich und lief mit südwestlichem Kurs ab, um sich mit Kentrat zu treffen.

Die Alliierten hatten den Funkverkehr zwischen den beiden Booten größtenteils eingepeilt und ein ungefähres Bild von der Lage des Treffpunkts bekommen und von dem Gebiet, in dem Bartels bleiben wollte. Am 20. August stiegen von einem Stützpunkt bei Durban mehrere Catalinas zweier britischer Squadrons auf, um das eingepeilte Gebiet abzusuchen. Am Nachmittag jenes Tages fand eine von O. Barnett geflogene Catalina der RAF Squadron 259 Bartels' Boot, als es nichts Böses ahnend an der Wasseroberfläche dahinfuhr, und griff an. Barnett bestrich das Fern-U-Boot mit Maschinengewehrfeuer und warf sechs Wasserbomben mit geringer Tiefeneinstellung aus einer Höhe von 15 Metern. Das Boot erwiderte das Feuer mit seiner Flak und tauchte dann. Barnett warf in der Nähe des Wirbels ein schwimmendes Rauchzeichen ab, forderte Verstärkung an und kreiste fast eine Stunde lang über dem Rauch.

Plötzlich tauchte das Boot auf, bemannte seine Flak und funkte, es werde von Flugzeugen angegriffen und sei tauchunfähig. Etwa zu diesem Zeitpunkt traf eine Catalina der britischen Squadron 265 ein und griff an. Wie Barnett nahm auch der neu eingetroffene Pilot C. E. Robin das U-Boot unter Maschinengewehrfeuer und warf sechs auf geringe Tiefe eingestellte Wasserbomben aus einer Höhe von 22 Metern. *U197* flog regelrecht in die Luft. Die beiden Catalinas kreisten über dem immer größer werdenden Ölfleck, dann kehrten sie auf ihren Stützpunkt zurück und meldeten eine Versenkung. Die Meldung war richtig. Bartels' Boot war mit seiner gesamten Besatzung verlorengegangen, das zweite Fern-U-Boot nach Sobes *U179,* das in südafrikanischen Gewässern unterging.

Inzwischen hatte sich Lüth in *U181* noch am selben Tag, wie geplant, auch mit Kentrat in *U196* getroffen und ihm seinen Satz Enigma-Schlüssel übergeben. Obwohl Kentrat nach dem Treffen mit der *Charlotte Schliemann* nur ein Schiff, die 7323 BRT große britische *City of Oran,* versenkt hatte, bot er Lüth großzügig fünf Torpedos und Nahrungsmittel an, damit dieser seine Feindfahrt verlängern konnte. Doch Lüth lehnte mit der Begründung ab, daß sein Treibstoff kaum noch bis Frankreich reiche. Noch während die Boote nebeneinander lagen, fingen sie Bartels' Notrufe auf und entwarfen schnell einen Rettungsplan, wobei sie sich durch Sichtzeichen verständigten. Als die U-Boot-Führung den offiziellen Befehl für die Rettungsaktion herausbrachte, schlug sie vor, die drei U-Boote sollten sehr dicht beieinander über Wasser nach Hause fahren, weil sie mit besetzter Flak auf dieser Weise jeden Luftangriff abwehren könnten.

Der von Lüth und Kentrat für die Suchaktion ausgearbeitete Plan beruhte auf der Annahme, daß Bartels noch lebte und in der Nacht mit südlichem Kurs auf sie zulaufen würde. Sie vereinbarten, daß Kentrat mit *U196* an Ort und Stelle warten und Lüth mit *U181* mit nördlichem Kurs zum Schauplatz des Angriffs laufen sollte. Vielleicht zu Lüths und Kentrats Glück war das Wetter am 21. August so schlecht, daß keine Flugzeuge starten konnten. Nach vergeblicher Suche vom 21. bis zum 24. August gingen die beiden Boote auf Kurs Südwest und traten den Rückmarsch nach Frankreich an.

Beide Boote kehrten zurück. Lüth lief am 14. Oktober, einen Tag vor seinem 30. Geburtstag, nach einer Feindfahrt von 203 Tagen in Bordeaux ein. Er hatte zehn bestätigte Versenkungen erzielt und 45 331 BRT Schiffsraum versenkt. Nach einer Rekordreise von 225 Tagen (die in Kiel begonnen hatte) kehrte auch Kentrat am 23. Oktober nach Bordeaux zurück. Er hatte zwei bestätigte Versenkungen mit 12 285 BRT zu verbuchen. Lüth erhielt am 25. Oktober in Hitlers Hauptquartier die Schwerter und Brillanten und wurde danach Chef der 22. Schulflottille in der Ostsee. Wenig später veröffentlichte er zusammen mit dem Ritterkreuzträger Claus Korth ein Buch. Kentrat blieb, trotz seiner glanzlosen Feindfahrt, Kommandant von *U196*. Doch er lief erst im März 1944 wieder aus.

Das Gesamtergebnis dieses außerordentlichen Vorstoßes in den Indischen Ozean war enttäuschend. Sieben Fern-U-Boote waren ausgelaufen. Eines *(U197)* war versenkt worden und eines *(U195)* hatte die Fahrt abgebrochen. Wenn man die Seetage dieser beiden Boote und die von ihnen versenkten Schiffe mitrechnet, waren bei dem Vorstoß in 1237 Seetagen 36 Schiffe mit einer Tonnage von rund 200 000 BRT versenkt worden. Dank Lüth, Hartmann, Gysae und Dommes betrug der Gesamtdurchschnitt fünf versenkte Schiffe mit rund 28 500 BRT pro Boot und Feindfahrt. Die drei Fern-U-Boote *U195, U196* und *U197* versenkten jedoch nur sieben Schiffe. Keineswegs zufällig löste dieser Beutezug dennoch tiefe Bestürzung in diesen Gewässern aus und hatte eine Unterbrechung des alliierten Schiffsverkehrs zur Folge. Um zusätzlichen Schutz zu bieten, wurden Kriegsschiffe in das Gebiet verlegt.

FÜNF

Trident

Am Vorabend des alliierten Sieges in Nordafrika verließen Premierminister Churchill und eine große Gruppe ranghöchster Berater England heimlich auf dem Passagierdampfer *Queen Mary*, um mit Präsident Roosevelt und dessen ranghöchsten Beratern die nächsten Schritte zu erörtern. Das Schiff traf ohne Zwischenfälle am 11. Mai in New York ein,[1] die britische Delegation reiste mit einem Sonderzug nach Washington weiter. Auf Roosevelts Drängen hin quartierte sich Churchill wiederum im Weißen Haus ein.

Diese anglo-amerikanische Konferenz mit dem Decknamen Trident dauerte 14 Tage, vom 12. bis zum 25. Mai. Im Gegensatz zur Konferenz in Casablanca im Januar (Deckname Symbol) kamen die ranghöchsten amerikanischen und britischen Militärexperten diesmal gut voran und stimmten über die nächsten Maßnahmen auf den meisten Kriegsschauplätzen besser überein. Folgende wichtige Entscheidungen wurden getroffen:

- Der Krieg gegen die U-Boote sollte »mit allen verfügbaren Mitteln« fortgeführt werden. Als eine Maßnahme sollten die Briten auf diplomatischem Weg verstärkt Druck auf Portugal ausüben, damit es seine Einwilligung erteilte, daß Flugzeuge und Schiffe von den Azoren aus operierten. Von dort aus konnten sie wirksamer U-Boote jagen und besser alliierte Geleitzüge von den Vereinigten Staaten nach Gibraltar und zurück sichern.[2] In einer weiteren Maßnahme sollte John Slessors Coastal Command in den Sommermonaten eine Reihe intensiver U-Jagdoperationen (Musketry, Seaslug, Percussion) im Golf von Biskaya durchführen, während die amerikanische 8. Air

---

[1] An Bord befanden sich außerdem 5000 deutsche Kriegsgefangene, darunter einige U-Boot-Fahrer, auf dem Weg ins Kriegsgefangenenlager in Nordamerika. Sie waren unter Bewachung in den unteren Decks untergebracht.

[2] Diese heikle Aufgabe wurde schließlich im Oktober 1943 durch die weit hergeholte »Anerkennung« eines alten anglo-portugiesischen Vertrages vollbracht. Amerikanische Verstärkungen zogen bald darauf unter britischer Flagge auf den Azoren ein. Im Jahr 1944 gestatteten die Portugiesen den Amerikanern den Bau von Luft- und Marinestützpunkten auf der Insel Terceira.

Force verstärkt bei Tage Bombenangriffe auf die U-Boot-Werften in Deutschland fliegen sollte.

- Wie geplant, sollte die Operation Husky, die massierte alliierte Invasion Siziliens, in der Nacht vom 9. zum 10. Juli stattfinden.
- Nach der Eroberung Siziliens wollten die Alliierten in einem begrenzten Ausmaß die Operationen im Mittelmeerraum fortsetzen. Ihre Streitkräfte sollten weiterhin eng aufeinander abgestimmt operieren und, wenn möglich, sollte Italien aus dem Bündnis der Achsenmächte herausgelöst werden. Churchill setzte sich energisch und leidenschaftlich für eine Invasion in Italien ein, aber weil Roosevelt und die anderen Amerikaner gegen diesen Plan waren, wurde dieses Projekt zurückgestellt. Nach Sizilien bestand ferner die Option, gleichzeitig die Inseln Sardinien (Italien) und Korsika (Vichy-Frankreich) zu besetzen. Die Amerikaner wollten aber keine weiteren Landoperationen im Mittelmeerraum durchführen und trugen statt dessen einen Plan vor, nach dem Italien allein durch Luftangriffe aus dem Krieg gedrängt werden sollte. Aber auch dieser Plan wurde zurückgestellt.
- Overlord, die gewaltige alliierte Invasion des besetzten Frankreich, sollte in etwa einem Jahr stattfinden, um den 1. Mai 1944. Alle anderen Militäroperationen sollten hinter diesem Unternehmen zurückstehen. In einem Vorspiel sollte die gemeinsame strategische Bomberoffensive gegen die deutsche Kriegsindustrie und die Zivilbevölkerung (Sickle-Pointblank) wie geplant fortgesetzt werden und zeitgleich mit der Invasion ihren Höhepunkt erreichen.
- Amerikanische Streitkräfte im Südwest- und Zentralpazifik und im Raum Alaska sollten die Gegenangriffe gegen die japanischen Truppen verstärken. Das Hauptziel im Südwestpazifik war immer noch die Einnahme der Festung Rabaul. Die Hauptaufgabe im Zentralpazifik war die Einnahme der Gilbert-Inseln (vor allem Tarawas). Im Raum Alaska sollten die Japaner von zwei Inseln der Alëuten (Attu und Kiska) vertrieben werden.
- Die Sowjetunion und China sollten nach Kräften unterstützt werden. Die Sowjetunion sollte Deutschland massiv vom Osten aus unter Druck setzen, während die Alliierten vom Westen aus gegen Deutschland operierten. China sollte ein Sprungbrett für eine massierte Bomberoffensive gegen die japanischen Inseln bilden. Eine Invasions Birmas, die dieses Vorhaben erleichtert hätte, wurde jedoch zurückgestellt.

Churchill verließ Washington am 25. Mai mit einer Boeing Clipper. Auf Präsident Roosevelts Bitte hin begleitete George Marshall den Premierminister nach Nordafrika zu einer Konferenz mit Eisenhower, Montgomery und anderen hohen Militärs. Marshall war immer noch grundsätzlich gegen ein solches »Hickhack an der Peripherie« im Mittelmeerraum. Er war entschlossen, alles in seiner Macht Stehende zu tun, um Operationen in diesem Raum zu begrenzen, vor allem eine Invasion der Apenninenhalbinsel. Churchill war nicht weniger entschlossen, eine Invasion Italiens durchzuführen, und hoffte, Marshalls Haltung während der Reise zu verändern.

Auf der Trident-Konferenz eröffnete Admiral King am 18. Mai den Teilnehmern, daß er einen wichtigen Schritt bei der Bekämpfung der U-Boote unternommen habe. Er hatte in seinem Hauptquartier eine neue zentrale Kommandostelle geschaffen – genannt die Tenth Fleet (10. Flotte) –, welche die Vollmacht hatte, alle verfügbaren Informationen über U-Boot-Operationen zu koordinieren und die amerikanischen Gegenmaßnahmen zu lenken, also die Ausweichmanöver der Geleitzüge oder die U-Jagd-Operationen. Für die Aufgaben der Verwaltung (Ausbildung, Reparatur, Besatzung und so weiter) sollten die amerikanischen Seestreitkräfte im Atlantik, in der Karibik und im Golf von Mexiko weiterhin dem Befehl von Royal Ingersolls Atlantikflotte, den verschiedenen Sea Frontiers und/oder besonderen Marinekommandos unterstehen, doch der Befehlshaber der Tenth Fleet hatte die Vollmacht, jederzeit jeder beliebigen Einheit eine Aktion zu befehlen, die er für nötig hielt, indem er einfach die untergebenen Kommandanten und die betroffenen Streitkräfte in Kenntnis setzte.

Die britischen Delegierten und die amerikanischen Befehlshaber der Army und der Army Air Forces waren über diese Neuigkeit hoch erfreut. Wie die zahlreichen, gegenüber King kritisch eingestellten Historiker hervorheben, hatte es den Anschein, als habe dieser kurzsichtige Admiral, der auf den Pazifikkrieg fixiert war, endlich die tödliche Gefahr, die von den U-Booten ausging, erkannt und etwas dagegen unternommen. In Wahrheit wäre die Einrichtung einer Tenth Fleet oder einer ähnlichen Organisation vor dem Frühjahr 1943 praktisch nutzlos gewesen, weil es an den nötigen, vielbeschworenen »Mitteln« fehlte (landgestützte Flugzeuge, Geleitträger und geeignete Trägerflugzeuge und Waffen, Zerstörer, Geleitzerstörer), um ihre Aufgaben zu erfüllen.

Die Organisation der Tenth Fleet diente einem anderen Ziel. Bei ihr gingen direkt sämtliche Informationen aus der Funkaufklärung ein, die so sorgfältig gegen jedes Durchsickern abgesichert werden mußten. Die ranghöchsten Mitarbeiter in Washington, die über eine sichere Fernschreiberleitung mit London verbunden waren, verarbeiteten den täglichen Strom an Marinefunksprüchen, empfahlen Ausweichkurse für die Geleitzüge und lenkten andere streng geheime ASW-Operationen, ohne daß sie untergebenen Offizieren die Gründe für die Operationen darlegen mußten.

Auf dem Papier befehligte King selbst die Tenth Fleet. In Wirklichkeit wurde sie von Kings stellvertretendem Stabschef, dem 48jährigen Francis S. (»Frog«) Low, geleitet, einem klugen, findigen und hartgesottenen Absolventen der Marineakademie, Jahrgang 1915. Low hatte im Ersten Weltkrieg und zwischen den Kriegen auf U-Booten gedient.

Als King 1941 zum Befehlshaber der Atlantikflotte ernannt wurde und die Vereinigten Staaten als neutraler Staat einen Patrouillendienst (die sogenannte Neutrality Patrol) übernahmen, wählte er Low als seinen leitenden Offizier aus. Als King zum Oberbefehlshaber der Navy befördert wurde, nahm er Low in derselben Funktion mit in das Marineministerium. Während seiner Tätigkeit in Washington entwickelte Low den Plan für den Doolittle-Luftangriff auf Tokio und setzte sich energisch dafür ein. Danach befehligte er den Kreuzer *Wichita* bei der Operation Torch. Bei seiner Rückkehr ins Marineministerium im Jahr 1943, wo er die Tenth Fleet führen und sich mit Dönitz und der deutschen U-Boot-Führung messen sollte, wurde Low zum Rear Admiral befördert.

Die Tenth Fleet hatte einen großen Schwachpunkt: Das ASW-Kommando der Army Air Forces, das auf 27 Squadrons angewachsen war und bis zum Jahresende noch erheblich erweitert werden sollte, unterstand nicht unmittelbar und auch nicht voll der Kontrolle durch die Tenth Fleet. Der lästige – und enorm kostspielige – interne Machtkampf zwischen der Army und der Navy um die Kontrolle über die landgestützten ASW-Flugzeuge dauerte immer noch an. In den anhaltenden und langwierigen Gesprächen zu diesem Thema im Mai und Juni 1943 überzeugten der Marineminister Knox und King aber endlich Stimson, Marshall und Arnold, daß für sämtliche Maßnahmen zur U-Boot-Abwehr, also auch für die landgestützten Flugzeuge, ausschließlich die Navy zuständig sein sollte.

Admiral King sprach auf der Trident-Konferenz eine weitere heikle Frage an. Wie berichtet, hatte er im Dezember 1942 sechs Flotten-U-Boote der amerikanischen Submarine Squadron 50 nach Schottland geschickt, um die Zahl der britischen ASW-Patrouillen durch Unterseeboote zu erhöhen. Zwei dieser Boote mit störungsanfälligen Dieselmaschinen kehrten in die Staaten zurück und wurden im April 1943 durch die beiden U-Boote *Haddo* und *Hake* ersetzt, die ebenfalls störungsanfällige Maschinen hatten. Bis zum Mai 1943 hatte nur ein Flotten-U-Boot von acht bei 24 Feindfahrten ein bestätigtes Schiff und ein Vorpostenboot versenkt und drei Schiffe beschädigt.[1] King war der Ansicht, daß die Boote ungeeignet für ASW-Einsätze oder andere Aufgaben in den arktischen Gewässern Europas seien, und hatte deshalb am 20. April vorgeschlagen, daß sie heimlich bei besonderen U-Jagd-

---

[1] Wie erwähnt, versenkte die *Herring* den Vichy-Frachter *Ville du Havre* mit 5083 BRT während der Operation Torch und die *Blackfish* das Vorpostenboot *V408*. Die *Barb* beschädigte den spanischen Tanker *Campomares* (6376 BRT), die *Shad* den deutschen Frachter *Nordfels* (1214 BRT) und den einlaufenden Blockadebrecher *Pietro Orseolo* (6344 BRT) am 1. April und traf den Zerstörer *Z23* mit einem Blindgänger. Siehe dazu Rohwer, *Allied Submarine Attacks* (1997), S. 63 f.

operationen gegen U-Tanker eingesetzt werden sollten. Die entzifferten Enigma-Funksprüche sollten dabei gezielt genutzt werden.

Auf Anregung des O. I. C. hatte der First Sea Lord Pound – und zweifellos auch Churchill – gegen diesen taktischen Einsatz der Informationen aus Enigma Einspruch erhoben, weil er fürchtete, die Deutschen würden dadurch erkennen, daß die Alliierten in die Enigma der Kriegsmarine eingebrochen waren. »Wir sollten nicht aufs Spiel setzen, was für uns so wertvoll ist«, telegraphierte Pound. Falls wir »zum gegenwärtigen Zeitpunkt Enigma verlieren würden«, führte Pound in einem späteren Telegramm weiter aus, »dann hätte das mit Sicherheit einen Anstieg unserer Schiffsverluste um 50 bis 100 Prozent zur Folge«.

King blieb bei seinem Vorschlag und schickte ein weiteres Telegramm an Pound:

> *Ich bin zwar ebenso besorgt um die Sicherheit der Zebra-Informationen [Enigma] wie Sie, bin aber der Ansicht, daß wir sie nicht voll nutzen. Daß ein U-Boot nachgetankt werden kann, ist die Grundvoraussetzung für U-Boot-Operationen mit hoher Geschwindigkeit und über lange Strecken hinweg. Wenn wir dem Feind die Tanker nehmen, dann würde dies mit einem Schlag die Wirksamkeit und die Reichweite der gesamten U-Boot-Flotte verringern. Mit einer sorgfältigen Vorbereitung erscheint es mir sehr wahrscheinlich, daß ihre Vernichtung erreicht werden kann, ohne Spuren zu hinterlassen. Unstreitig besteht ein gewisses Risiko der Kompromittierung, doch wir alle würden es noch lange Zeit bedauern, wenn die Sicherheit von Zebra in einer unbedeutenderen Angelegenheit gefährdet würde…*

Als Pound diesem Einsatzplan erneut widersprach, schlug King bei der Trident-Konferenz vor, daß die großen amerikanischen U-Boote, die für andere Missionen in europäischen Gewässern ungeeignet waren, die Submarine Squadron 50, in die Staaten zurückkehren und die verbliebenen sechs Boote danach an den Kriegsschauplatz im Pazifik verlegt werden sollten. Diesem Vorschlag stimmten die Briten zu. Norman S. Ives, der arbeitslos gewordene Kommandeur der Squadron, nahm einen Posten beim Stab in London an und wurde bei der Operation Overlord im deutschen Sperrfeuer in der Normandie getötet.

Die Historiker der Schlacht im Atlantik haben die Submarine Squadron 50 nur nebenbei erwähnt oder sogar völlig ignoriert. Und doch hat sie ironischerweise und unwissentlich um diese Zeit einen großen Beitrag zum Sieg der Alliierten geleistet, der erst vor kurzem durch freigegebene amerikanische Enigma-Dokumente ans Licht gekommen ist.

1943 vermuteten die alliierten Codeknacker bereits seit Monaten, daß die deutschen Funkentzifferer den gemeinsamen anglo-amerikanischen Schlüssel Naval Cypher Number 3 mitlasen. Angesichts dieser Möglichkeit durchsuchten britische und amerikanische Sondereinheiten alte und aktuelle entzifferte Funksprüche auf entsprechende Hinweise. Sie entdeckten ein halbes Dutzend möglicher Belege, aber die meisten Fälle waren zweifelhaft und nicht so überzeugend, daß eine Veränderung der Schlüssel in die Wege geleitet werden mußte – immerhin ein aufwendiges und kompliziertes Unterfangen.

Während dieser Suche beging die deutsche U-Boot-Führung am 25., 27. und 31. Mai drei erschreckende Verstöße gegen die Funksicherheit.[1] Der xB-Dienst hatte die alliierten Warnungen in dem Schlüssel Naval Cypher Number 3 an alle alliierten Geleitzüge abgefangen und entziffert. Die Deutschen wußten, daß drei U-Boote der Submarine Squadron 50, *Haddo, Hake* und *Herring,* bei ihrer Rückkehr in die Staaten auf bestimmten Positionen entlang der Nordatlantikroute operieren würden. Die U-Boot-Führung war der Ansicht, daß die deutschen U-Boote in diesem Raum ebenfalls vor diesen amerikanischen U-Booten gewarnt werden sollten, und gab die Information der Alliierten weiter. Dabei nannte die deutsche Führung nahezu exakt die Seequadrate (Breiten- und Längengrade), in denen sich die drei U-Boote aufhielten oder aufhalten sollten, ohne irgendeine zusätzliche Maßnahme, um die Information mit Hilfe interner Codes oder anderer Mittel zu verschlüsseln.

Diese entzifferten Funksprüche waren der unwiderlegbare Beweis, daß der xB-Dienst, wie befürchtet, den Marineschlüssel Naval Cypher Number 3 las. Die Entdeckung erforderte zusätzlichen Einsatz und Eifer, weil die Amerikaner meinten, die Besatzungen auf den drei U-Booten seien unmittelbar gefährdet. Folglich wiesen die alliierten Fernmeldebehörden alle Marinekommandos und Schiffe am 10. Juni an, auf den alliierten Marineschlüssel Naval Cypher Number 5 zu wechseln. Dieser Wechsel war ein vernichtender Rückschlag für den xB-Dienst. Nachdem die deutschen Funkentzifferer monatelang den alliierten Schlüssel für die Geleitzüge so rasch auswerten konnten, daß die Informationen taktisch genutzt werden konnten, wurden die Codeknacker im Juni 1943 plötzlich wieder blind und taub. In der Zukunft gelang es ihnen, sporadisch in einige alliierte Konvoischlüssel einzubrechen, aber die glorreichen Tage der deutschen Codeknacker waren zum großen Teil dank der scheinbar nutzlosen Feindfahrten der *Haddo, Hake* und *Herring* vorbei.

---

[1] Siehe die U-Boot-Kriegführung im Kriegstagebuch (KTB) an diesen Tagen sowie die Dokumente im National Archives NARA in RG 457; SRMN 35, S. 45; SRMN 37, S. 58–137; SRH 208, S. 70–93.

Technische Neuerungen und vorläufige Verbesserungen

Gegen Ende 1943 sahen die Deutschen der Niederlage im Seekrieg im Atlantik ins Auge. Die U-Boot-Waffe war am Ende besiegt worden von den alliierten Zentimeter-Radargeräten, den land- und bordgestützten Huff Duffs, den landgestützten Flugzeugen, den kampferprobten Escort und Support Groups, der Entzifferung der Enigma und den ausgezeichneten operativen nachrichtendienstlichen Mannschaften in London und Washington. Kein einziges neu produziertes U-Boot konnte noch mit der geringsten Hoffnung auf Erfolg in die Schlacht im Nordatlantik eingreifen. Die Angriffe auf alliierte Geleitzüge waren fast schon selbstmörderische Unternehmen geworden, und es sollte für die Deutschen noch schlimmer kommen.

Die Niederlage der U-Boot-Waffe war keine Überraschung. Dönitz und die U-Boot-Führung hatten sie schon seit einem Jahr oder noch länger vorausgesehen. Die verstärkte Luftstreitmacht der Alliierten sei ein wichtiger Grund, doch »das Ausschlaggebende«, erklärte Dönitz Hitler, »ist, daß die Flugzeuge durch ein neues Ortungsgerät [der Alliierten], das anscheinend auch von Überwasserfahrzeugen angewandt wird, in der Lage sind, die U-Boote zu orten«. Diese Erklärung entsprach natürlich nur zum Teil der Wahrheit und veranschaulicht, wie weit Deutschland technisch zurückgeblieben war, vor allem in der Kriegsmarine.

Hitler und Dönitz waren sich vollkommen einig, daß der U-Boot-Krieg fortgesetzt werden mußte. »Es kommt gar nicht in Frage, daß im U-Boot-Krieg etwa nachzulassen sei«, sagte Hitler nach der Mitschrift eines Stenographen. »Der Atlantik ist mein westliches Vorfeld, und wenn ich dort auch in der Defensive kämpfen muß, so ist das besser, als wenn ich mich erst an den Küsten Europas verteidige. Das, was der U-Boot-Krieg, auch wenn er nicht mehr zu großen Erfolgen kommt, bindet, ist so außerordentlich groß, daß ich mir das Freiwerden dieser Mittel des Gegners nicht erlauben kann.«

Ein regelrechter Quantensprung in der U-Boot-Technik wurde dringend benötigt. Aus diesem Grund hatten Raeder und Dönitz die Pläne des erfinderischen Ingenieurs Hellmuth Walter gefördert und unterstützt. Dieser hatte ein »echtes« Hochgeschwindigkeits-Unterseeboot entworfen, das getaucht von Motoren angetrieben wurde, die ihren Sauerstoff aus Wasserstoffperoxyd erhielten (mit dem Decknamen »Ingolin«).[1] Wie erwähnt, hatte Hitler bereits im Herbst 1942 den Bau von zwei hochseetüchtigen Walter-Prototypen *(U796* und *U797)* und 24 Küstenbooten oder »Einbäumen« *(U1405* bis *U1416, U1081* bis *U1092)*

[1] Zum Teil ein Insider-Witz: Walters jüngster Sohn wurde Ingol genannt.

bewilligt. In Auftrag gegeben wurden die ersten Boote Anfang 1943, allerdings wurde kein einziges Boot fertiggestellt.

Dieses radikal neue U-Boot-Programm, das unter strenger Geheimhaltung durchgeführt wurde, war auf zahlreiche Hemmnisse gestoßen. Eines war ironischerweise der überwältigende Erfolg der konventionellen VII- und IX-Boote in amerikanischen Gewässern in der ersten Hälfte des Jahres 1942. Dieser berauschende Erfolg, dem, so wurde es zumindest erhofft, noch weitere folgen sollten, ließ den Bau der Walter-Boote weniger dringlich erscheinen. Eine weitere Schwierigkeit waren die zunehmenden technischen Probleme. An erster Stelle ist der akute Mangel an Wasserstoffperoxyd zu nennen, das auch für das Bauprogramm der ballistischen Raketen V-2 benötigt wurde – ein Projekt mit ebenso hoher Priorität. Inzwischen war deutlich geworden, daß eine Flotte hochseetüchtiger Walter-Boote mehrere großangelegte Produktionsanlagen für Wasserstoffperoxyd benötigen würde, für die viel zuwenig Ressourcen vorhanden waren. Ein weiterer Grund war die verstärkte alliierte Bomberoffensive gegen die U-Boot-Werften.

Es stellte sich ferner heraus, daß der Wasserstoffperoxydantrieb auch einen taktischen Nachteil hatte. Im Gegensatz zu konventionellen Ladebatterien, die für den getauchten Einsatz wiederaufgeladen werden konnten (und das immer wieder), war Wasserstoffperoxyd eine nicht erneuerbare Energiequelle. Wenn es einmal verbrannt war, dann war es weg. Da in einem Walter-Boot nicht genügend Raum vorhanden war für eine große wiederaufladbare Batterie *und* für den Wasserstoffperoxydtankraum (und dieser Tankraum war natürlich ebenfalls begrenzt), war die Reichweite eines solchen Bootes unter Wasser eingeschränkt. Folglich war der Aktionsradius sehr begrenzt, solange keine Möglichkeit geschaffen wurde, den exotischen Treibstoff auf See nachzufüllen (U-Tanker mit Wasserstoffperoxyd?).

Aus diesen und anderen Gründen hatte sich bis zum Mai 1943 herausgestellt, daß weder die mit Wasserstoffperoxyd betriebenen, hochseetüchtigen Walter-Boote noch die Küstenboote in so großer Zahl gebaut werden konnten, daß sie einen nennenswerten Einfluß auf den Ausgang des Krieges haben könnten. Der Marinebaudirektor Oelfken wartete jedoch mit einer neuen Idee auf, die vielversprechend schien. Die großen inneren Wasserstoffperoxydtanks in der unteren Hälfte des Druckkörpers in Form einer Acht bei den großen und kleinen Walter-Booten konnten dazu verwendet werden, zusätzliche Ladebatterien unterzubringen, die ungefähr die dreifache Leistung bringen konnten wie die Batterien in einem Boot vom Typ VII, IX oder II (Einbaum). Tests im Windkanal und Berechnungen ergaben, daß diese Boote mit einer stromlinienförmigen Hülle und ohne die Deckkanonen mit den Batterien getaucht für kurze Zeit die erstaunliche Geschwindigkeit von

18 Knoten erreichten. Diese Steigerung der Batterieleistung würde die U-Boote in die Lage versetzen, getaucht mit Höchstgeschwindigkeit Konvois zu überholen und anzugreifen. Danach könnten sie mit der gleichen Höchstgeschwindigkeit mehrere Stunden lang ablaufen und dabei die meisten Sicherungsschiffe der Überwassereskorten abhängen.

Dank der langjährigen Forschungsarbeit, die bereits in die Bootsform der Wasserstoffperoxyd-Boote mit Hochgeschwindigkeit unter Wasser investiert worden war, fiel es vergleichsweise leicht, schnell eine grundlegend neue U-Boot-Form zu konstruieren, in der Batterien anstelle des Wasserstoffperoxydtankraums eingebaut waren. Somit konnte schon nach wenigen Wochen die Serienproduktion beginnen, die ersten Boote sollten bereits bis Sommer 1944 fertiggestellt werden.

Nachdem Hitler den Entwurf gebilligt hatte, bestellte Dönitz rund 700 solche U-Boote: 450 hochseetüchtige Typen mit 1600 Tonnen (die auf den Plänen für die von Walter entwickelten »Atlantikboote« *U796* und *U797* vom Typ XVIII beruhten) mit der Typbezeichnung XXI und rund 250 kleine Küstenboote mit 250 Tonnen (die auf den von Walter entwickelten Küstenbooten vom Typ XVIIA und dem Entwurf Typ XXIIB beruhten) mit der Typbezeichnung XXIII. (Von dem Typ XXIIB wurden zwei Boote, *U1153* und *U1154,* am 10. Juli 1943 in Auftrag gegeben, aber zugunsten des Typs XXIII am 6. November 1943 aufgegeben.) Wegen der hohen Batterieleistung nannten die Deutschen diese neuen U-Boot-Typen »Elektro-Boote«, um sie von den konventionellen »Diesel-Booten« oder den »Walter-Booten« mit Wasserstoffperoxyd-Antrieb zu unterscheiden.

Ungeachtet aller Probleme wurde die Arbeit an den Wasserstoffperoxydbooten von Walter bis zum Kriegsende fortgesetzt. Abgesehen von dem Versuchsmodell *V80* wurden sieben Walter-Boote im Krieg in den Dienst gestellt, allesamt Einbäume mit rund 300 Tonnen, die vier Torpedos mit sich führten (zwei in den Bugrohren und zwei zum Nachladen) und getaucht eine Reichweite von 180–270 Kilometer hatten.[1]

Zahlreiche Historiker und Ingenieure haben diese Entwicklung sehr gelobt, einige mutmaßten gar, daß die Wasserstoffperoxydboote entscheidenden Einfluß auf den Ausgang des Krieges hätten haben können, wenn sie früher perfektioniert und gebaut worden wären. Das ist Unsinn. Die Wasserstoffperoxydboote waren unglaublich komplex und gefährlich. Außerdem war Deutschland auf keinen Fall in der Lage, den exotischen Treibstoff in ausreichender Menge herzustellen. Aus diesen und anderen Gründen lehnten es die Vereinigten Staaten, Großbritannien und andere Staaten nach dem Krieg ab, an dieser U-Boot-Technik weiterzuforschen.

---

[1] Die Wa201- und Wk202-Boote *U792, U793, U794, U795* und die XVIIB-Boote *U1405, U1406* und *U1407.*

Falls die Elektro-Boote jedoch die Erwartungen erfüllen sollten, dann waren sie durchaus imstande, die »neue Generation« U-Boote zu liefern, die erforderlich gewesen wäre, um die Geleitzugsicherung aus der Luft und über Wasser auszumanövrieren. Sie konnten aber frühestens in einem Jahr in ausreichenden Stückzahlen fertiggestellt werden. In der Zwischenzeit war eine erhebliche Verbesserung der VII- und IX-Boote erforderlich, um ihre Überlebenschancen zu erhöhen.

Von Professor Walter stammte eine weitere Verbesserung: der Schnorchel (englisch: snorkel). Es handelte sich um einen Mast mit zwei Rohren, der ähnlich wie ein Sehrohr bei Unterwasserfahrt durch die Wasseroberfläche geschoben und wieder umgelegt werden konnte. Durch das eine Rohr wurde Luft angesaugt, damit die Dieselmotoren auch bei Unterwasserfahrt betrieben werden konnten; durch das andere wurden die Abgase der Dieselmotoren ausgestoßen. Mit Hilfe des ursprünglich als Verteidigung gegen die feindlichen Flugzeuge entwickelten Schnorchels konnten die U-Boote unter Wasser bei einer Geschwindigkeit von fünf bis sechs Knoten mit den Dieselmotoren die Batterien aufladen. Sie boten dann für die Radarortung nur ein sehr kleines Ziel.

Der Schnorchel war kein neuartiger Gedanke. In den vergangenen 50 Jahren hatten zahlreiche U-Boot-Bauer Schnorchelmaste in ihre Entwürfe aufgenommen. Die Holländer hatten in den dreißiger Jahren mehrere U-Boote mit Schnorchel gebaut, von denen einige den Deutschen in die Hände gefallen waren. Die Fachleute waren jedoch der Ansicht, daß Schnorchel nur in vergleichsweise ruhigen Gewässern eingesetzt werden können, keinesfalls aber im rauhen Nordatlantik, wo die Schnorchel fortwährend von den großen Wellen überspült werden würden. In diesem Fall würden die Dieselmotoren eine große Menge der Luft innerhalb des Bootes, womöglich gar aus den Lungen der Besatzung, ansaugen und/oder Abgase mit Kohlenmonoxyd würden in das Bootsinnere gelangen und die Besatzung vergiften. Abgesehen von diesen Horrorszenarien machten schnorchelnde U-Boote, die unter Wasser mit den Dieselmotoren liefen, einen gewaltigen Lärm, der leicht von den feindlichen Hydrophonen und anderen passiven Sonargeräten geortet werden konnte, während gleichzeitig die Horchgeräte des U-Bootes »taub« wurden. Ein schnorchelndes U-Boot kämpfte außerdem mit dem gesamten Druckkörper gegen den Wasserwiderstand an und verbrauchte deshalb fast doppelt soviel Treibstoff wie ein an der Oberfläche laufendes U-Boot.

Walter griff einige Elemente des holländischen Modells auf. Sein Schnorchel bildete einen technischen Fortschritt, der viele Schwächen und Nachteile früherer Versionen behob. An beiden Enden des Mastes befanden sich schnell ansprechende Schwimmerventile, die verhindern sollten, daß Wasser angesaugt oder das Rohr geflutet wurde und daß sich ein Rückstau der Abgase bildete. Selbst wenn die Luftzufuhr eine volle Minute lang überspült und geschlossen war, wäre die Tatsache, daß Luft aus dem Bootsinneren angesaugt wurde, lediglich unangenehm, aber noch unschädlich für die Besatzung, wie Walter vorführte. Demzufolge ordneten im Juni 1943 Dönitz und die Seekriegsleitung an, daß versuchsweise die Schuleinbäume *U57* (Erich Topps ehemaliges Boot, das nach einem Rammstoß gesunken war und danach wieder geborgen wurde) und *U58* sowie die VIIC-Boote *U235* und *U236,* die bei einem alliierten Luftangriff auf Kiel am 14. Mai versenkt und anschließend geborgen worden waren, mit Schnorcheln ausgerüstet werden sollten.

Die Versuche waren alles andere als ermutigend. Der Schnorchel war auf den beiden VII-Booten unmittelbar vor der Brücke an Steuerbord angebracht worden, die Abgase und die Gischt vor den ausgefahrenen Sehrohren verringerten die Sicht unter Wasser. Jedesmal wenn der Schnorchel untertauchte, war die Saugleistung innerhalb des Bootes viel größer und schneller als angekündigt. Deshalb war es notwendig, daß ein Mechaniker beim Schnorcheln ständig das Barometer im Auge behielt. Sobald der Druck innerhalb des Bootes unter den normalen Stand von 1020 Millibar auf 850 Millibar fiel, mußte er einen Diesel abstellen. Falls der Druck um weitere 100 Millibar auf 750 abfiel, dann stellte er den zweiten Diesel ab und wechselte auf die Elektromotoren. Außerdem drangen, trotz aller Bemühungen, dies zu verhindern, Dieselabgase in das Boot ein. Sie bereiteten den Besatzungen Kopfschmerzen und trübten den Blick oder verursachten schlimmere Beschwerden.

Der von einigen Historikern und Ingenieuren als weitere große technische Leistung gepriesene Schnorchel war schlichtweg eine erbärmliche Notlösung, welche die deutschen U-Boot-Fahrer von Herzen haßten. Sie widersetzten sich dem Einbau in ihre Boote und benutzten den Schnorchel *keineswegs ständig,* wie es häufig dargestellt wurde, sondern nur sehr sparsam (in der Regel rund vier Stunden täglich), um die Batterien aufzuladen, weil das Boot einen so hohen Treibstoffverbrauch hatte, wenn es unter Wasser mit den Dieselmotoren lief. In seinen Memoiren *Die eisernen Särge* schildert Herbert Werner in seiner drastischen Art, was geschah, wenn die Schwimmerkugel in dem Zuluftrohr feststeckte und sich im Boot ein Vakuum bildete:

Mit hervortretenden Augen rangen die Männer nach Sauerstoff. Der L. I. ließ das Boot auf größere Tiefe durchsacken, in der Hoffnung, den Schwimmer lösen zu können. Vergeblich. Der gewaltige Unterdruck im Boot, der Mangel an Sauerstoff ließ unsere Kräfte schnell erlahmen. Der L. I., wild gestikulierend, gab seinen Leuten Zeichen, den Schnorchelmast niederzulegen. Diese Maßnahme mochte den Schwimmer lösen. Mit letzter Kraft er-

hoben sich die Leute, drehten, der Ohnmacht nahe, an den Handrädern, betätigten die Winde, legten den Mast an Oberdeck und richteten ihn wieder auf.[1] *Qualvolle Minuten verstrichen. Alles röchelte, rang nach Luft. Dann hoben die E-Maschinen das Boot wieder auf Schnorcheltiefe. Das Seewasser im Luftmast lief gurgelnd in die Bilge – und endlich löste sich der Schwimmer mit einem dumpfen Schlag, und frische Seeluft rauschte wie ein Wirbelwind ins Boot. Die Trommelfelle knackten und rissen beim plötzlichen Druckausgleich. Die Männer gingen in die Knie, fielen auf die Flurplatten und wälzten sich vor Schmerzen.*

Wegen der Klagen der Besatzungen und wegen technischer Engpässe bauten die Deutschen den Schnorchel viel langsamer ein, als es meist dargestellt wird. Das OKM bestellte die ersten 20 Schnorchel für Boote im Einsatz im August 1943 und noch einmal 140 Ende September. Erste Priorität hatten die Boote, die bereits an der Front waren, zweite die Neubauten. Die Elektro-Boote sollten ebenfalls mit Schnorcheln ausgerüstet werden.

Dönitz schlug vor, bis zum Eintreffen der Elektro-Boote und der Schnorchel-Boote den U-Boot-Krieg in geringerem Umfang mit verbesserten VII- und IX-Booten fortzusetzen, die einige Neuerungen in der Taktik erproben sollten. Folgende Verbesserungen und Neuerungen kamen zur Anwendung:

• Ein neues Funkmeßbeobachtungsgerät (FuMB), genannt Wanze, das von der deutschen Firma Hagenuk hergestellt wurde, sollte das Metox ablösen. Die Deutschen zweifelten immer noch daran, daß die Alliierten ein luftgestütztes Zentimeter-Radargerät entwickelt hatten, und waren überzeugt, die Alliierten würden die elektromagnetische Strahlung des Metox »anlaufen«. Deshalb gaben die Deutschen das angeblich nichtstrahlende Gerät Wanze in Produktion, das Wellen mit einer Länge von 80 Zentimetern suchte. Doch dieses FuMB war natürlich nutzlos gegen die 10-cm-ASV-Radargeräte, die inzwischen im Coastal Command und in den amerikanischen Kommandos zur Standardausrüstung zählten. Die U-Boot-Führung ordnete an, daß die U-Boote bis zum Eintreffen des FuMBs Wanze nachts oder bei Nebel nur auf einem Elektromotor an der Oberfläche operieren sollten, damit die Brückenwache den Anflug eines feindlichen Flugzeuges »hörte«.

• Der neue akustische oder »eigengelenkte« Torpedo T-5, genannt Zaunkönig, zur Abwehr der Geleitfahrzeuge. Die »Wunderwaffe« sollte den unbefriedigenden Vorläufer T-4, genannt Falke, ablösen.

[1] In der Regel wurde der Schnorchel mühelos hydraulisch aufgerichtet und wieder in eine Vertiefung am Oberdeck umgeklappt. In diesem Fall muß die Hydraulik ausgefallen sein.

Da der Zaunkönig imstande war, Schiffe mit einer Geschwindigkeit von bis zu 15 Knoten anzusteuern, meinten die Deutschen, die U-Boote seien damit den meisten Geleitfahrzeugen zumindest ebenbürtig.

- Eine höhere Zahl der Torpedos G7a FAT I mit Schleifenlauf wurde durch den Umbau von G7a-Torpedos ermöglicht, die zuvor in den Behältern an Deck untergebracht waren. Diese Behälter waren abgeschafft worden. Der FAT I sollte ausschließlich bei Nacht abgeschossen werden und war nur mit einer Aufschlagpistole (AZ) ausgerüstet.
- Der neue FAT II war ein G7e-Elektrotorpedo, der getaucht geschossen werden konnte. Er war so konstruiert, daß er nicht nur Schleifen, sondern auch einen Kreis laufen konnte. Er sollte gegen Geleitfahrzeuge eingesetzt werden, bis sämtliche Kinderkrankheiten des Zaunkönigs behoben waren und er voll operativ eingesetzt werden konnte.[1]
- Eine verbesserte Version der Pi2-Pistole für die Elektro-Torpedos G7e, die wahlweise auf Aufschlag- (AZ) oder Magnetzündung (MZ) eingestellt werden konnte.
- Eine verstärkte Flak-Bewaffnung, insbesondere eine neu entwikkelte 2-cm-Vierlingsflak (hinter der Brücke auf einer eigenen Plattform), mit deren Hilfe die U-Boote alliierte Luftangriffe abwehren sollten. Bis zur Indienststellung der neuen U-Boot-Generation sollten die Brücken aller U-Boote der Atlantikflotte mit einer 2-cm-Vierlingsflak, zwei einläufigen oder zweiläufigen 2-cm-Flak und vier versenkbaren 13,2-mm-Maschinengewehren ausgerüstet werden. Der Nachteil, daß die plumpe Vierlingsflak mit Schutzschild die Boote beim Tauchen und bei der Unterwasserfahrt leicht destabilisierte und verlangsamte, mußte in Kauf genommen werden.
- Ein verbesserter Suchradar (»Funkmeßgerät«) für die U-Boote, unter anderem eine Anlage, die aus dem ein wenig primitiven Gerät Hohentwiel der Luftwaffe entwickelt worden war.
- Eine Boje für die Fühlungnahme an einem Geleitzug. Mit diesem Gerät war es dem Beschatter möglich, den Weg des Konvois für die anderen Boote, die sich zu einem Angriff sammelten, auch getaucht zu markieren. Nach dem Ausstoß schoß die Boje in regelmäßigen Abständen rote, grüne oder gelbe Leuchtkugeln oder eine Kombination dieser Farben, die den anderen Booten bestimmte, zuvor vereinbarte Informationen übermittelten.

---

[1] Der elektrische FAT II sollte im Mittelmeer und im Nordmeer zuerst eingesetzt werden, wo der FAT I (Preßluft) nicht eingesetzt werden konnte, weil das Wasser im Mittelmeer stark phosphoreszierte und im Nordmeer die Tage zu lang waren. Wenn alles plangemäß lief, sollten im Mai FAT-II-Torpedos an die Atlantik-U-Boot-Flotte ausgegeben werden. Die Produktionszahlen waren aber bescheiden: anfangs 100 Torpedos monatlich, ab August 1943 stiegen sie leicht an.

• Radartäuschungsgeräte mit dem Namen Aphrodite und Thetis. Die mit Metallreflektoren ausgerüsteten Geräte sollten (wie die Stanniolstreifen der Alliierten) das feindliche Radar bei Nacht stören, so daß auf den Monitoren der Reflektor für das U-Boot gehalten wurde, während das Boot Zeit für die Flucht gewann. Aphrodite wurde an einem Ballon befestigt und schwebte knapp über dem Wasser. Thetis wurde im Ballast an der Wasseroberfläche »vertäut«.

In der Zukunft sollten die deutschen Elektroingenieure ein »Störgerät« für sämtliche Radarfrequenzen entwickeln, das so klein war, daß es in ein VII-Boot paßte. Einige Techniker bei IG Farben waren überzeugt, daß ein die Radarstrahlen absorbierendes Material und/oder andere poröse Materialien (Schwämme), die soeben erforscht wurden, die U-Boote für Radargeräte unsichtbar machen würden, ein Forschungsprojekt mit der Bezeichnung »das schwarze U-Boot«.

Die Deutschen hatten auch ein teuflisches Waffensystem mit der Bezeichnung »Flak-Falle« oder »Flak-U-Boot« entwickelt. Das alte VII-Boot *U441* war das erste Flak-Boot. Es wurde mit zwei 2-cm-Vierlingskanonen mit Schild auf Plattformen vor und hinter dem Turm ausgerüstet, mit einer 3,7-cm-Schnellfeuerkanone auf einer zweiten, niedrigeren Plattform hinter dem Turm und zusätzlich Maschinengewehrnestern auf der Brücke. Die Flak-Boote hatten die Aufgabe, U-Boote durch den Golf von Biskaya und U-Tanker in fernere Gewässer zu geleiten, außerdem sollten sie ahnungslose alliierte Flugzeuge zu einem Angriff verleiten. Sieben weitere VII-Boote wurden auch so umgebaut, aber in diesem Sommer liefen nur *U441* im Mai und Juli und *U621* im August als Flak-Boote aus.[1]

Die wichtigste Weisung der taktischen Neuerungen trat am 1. Mai in Kraft: Alle U-Boote, die bereits über versenkbare einläufige oder zweiläufige 2-cm-Kanonen auf der Brücke verfügten, sollten bei einem Angriff durch ein feindliches Flugzeug an der Wasseroberfläche bleiben und »den Kampf aufnehmen«. Unterdessen hatte die Kriegsmarine die Produktion der 2-cm-Vierlingsflaks und einer neuen 3,7-cm-Schnellfeuerflak der Firma Skoda für U-Boote angekurbelt, letztere wurde von Hitler bevorzugt.

Gleichzeitig wies Dönitz am 5. Mai die U-Boot-Führung wegen schwerer Verluste an, alle IX-Boote von den Gruppen für Geleitzugoperationen im Nordatlantik abzuziehen. Ältere IX-Boote in Frankreich sollten nur in entfernten Gewässern patrouillieren, wo die ASW-Maßnahmen vermeintlich weniger intensiv waren. Neue IX-Boote, die von Deutschland aus zur Atlantikflotte ausliefen, sollten mit äußerster Vorsicht operieren, bis sie den Nordatlantikraum verlassen hatten, und nur dann feindliche Schiffe angreifen, wenn die Voraussetzungen ideal waren.

---

[1] Die anderen: *U211, U256, U263, U271, U650* und *U953*. Vier weitere liefen im Oktober 1943 aus. *U263* und *U650* liefen nie als Flak-Boote aus.

U-Boot-Verluste und abgebrochene Feindfahrten

Die U-Boot-Führung schickte im Mai 46 Kampfboote gegen alliierte Geleitzüge im Nord- und Mittelatlantik aus: 40 VII-Boote,[1] 4 IX-Boote, den VIID-Minenleger *U214* und den XB-Minenleger *U118.*[2] Diese Boote schlossen sich den im April ausgelaufenen Booten an, die noch nicht zurückgekehrt waren, oder sie versuchten es zumindest. 18 der 46 im Mai ausgelaufenen Boote (40 Prozent) kehrten nicht zurück.

Die Flotte der U-Tanker war noch nicht groß genug, um so viele VII-Boote zu versorgen. Von den sieben damals in Dienst gestellten Tankern vom Typ XIV unterstützte einer *(U460)* einen Vorstoß in den fernen Südatlantik, zwei andere *(U459, U461)* waren auf See und unterstützten die im April ausgelaufenen Boote. Der Tanker *U487* befand sich auf dem Rückmarsch vom Nordatlantik, und *U462* lag zu Reparaturarbeiten im Hafen. Deshalb konnten im Mai nur zwei XIV-Boote auslaufen: *U463,* das Frankreich am 8. Mai verließ, und der neue Tanker *U488* unter dem Kommando von Erwin Bartke, 34 Jahre alt, der am 18. Mai aus Kiel auslief. Da alliierte Flugzeuge aber *U463* versenkten, mußte die U-Boot-Führung drei der vier IX-Boote *(U170, U530, U535)* und den XB-Minenleger *U118,* die im Mai ausliefen, umleiten und als behelfsmäßige Tanker einsetzen.

Viele Historiker des U-Boot-Krieges schreiben, daß bereits im Sommer 1943 die meisten U-Boote von sehr jungen und unerfahrenen Offizieren befehligt worden seien. Fraglos rührt diese Ansicht zum Teil von der unbedachten und übertriebenen Äußerung Dönitz' her, die der deutsche Marinehistoriker Michael Salewski zitiert. Darin heißt es, in

---

[1] Darunter *U636,* das seine Jungfernfahrt in den Atlantik machte, auf eigenen Wunsch hin aber ins Nordmeer verlegt wurde, sowie die zwei Boote *U409* und *U594,* die ins Mittelmeer ausliefen. *U409* erreichte das Mittelmeer, *U594* unter Kommandant Friedrich Mumm wurde hingegen am 4. Juni von einer Hudson der britischen Squadron 48, geflogen von H. C. Bailey, versenkt.

[2] Darunter befanden sich drei Verlegungen vom Nordmeer, *U467, U646* und *U657,* und eine Verlegung *ins* Nordmeer, *U636.* Die üblichen Rückschläge und Verzögerungen in der Ostsee setzten sich fort. Bei einem Luftangriff der 8. Air Force (126 Bomber) auf Kiel am 14. Mai wurden die VII-Boote *U235, U236* und *U237* im Dock versenkt und außerdem die VII-Boote *U244* und *U1051,* die zwei VIIF-Versorgungsboote *U1061* und *U1062* und der XB-Minenleger *U234* beschädigt. Bei einem anderen Luftangriff der 8. Air Force (97 Bomber) auf Vegesack in Bremen am 18. Mai wurden *U287* und *U295* schwer beschädigt. Das VII-Boot *U450,* das im Herbst 1942 in einem Kieler Dock gerammt worden war, wurde auf der Testfahrt in der Nähe von Danzig ein zweites Mal gerammt. Das IXC/40-Boot *U528* stieß bei taktischen Manövern zweimal mit anderen Booten zusammen. Da der ursprüngliche Kommandant von *U528* und der Kommandant des VII-Bootes *U671* in mehreren Fällen nachlässig gehandelt hatten, wurden sie abgesetzt.

den späteren Kriegsjahren seien die deutschen U-Boot-Fahrer »kaum mehr als Kinder« gewesen. Neuere Untersuchungen der Altersstruktur haben diese Behauptung jedoch widerlegt.[1] Die deutschen U-Boot-Fahrer waren im Jahr 1943 nicht jünger als in früheren Kriegsjahren. Es gab nur sehr wenige Kommandanten, die jünger waren als 25 Jahre.

Die im Mai in den Nordatlantik ausgelaufenen Boote waren mit drei verschiedenen Torpedotypen bewaffnet: Die VII-Boote, die keine Torpedobehälter an Deck mehr hatten, verfügten über zwölf Torpedos unter Deck: sechs elektrische (G7e) Torpedos T-3 Falke (»eigengelenkte«) und vier Preßlufttorpedos FAT I (G7a »mit Schleifenlauf«) im Bugraum für nächtliche Überwasserangriffe und zwei elektrische FAT II (G7e »mit Schleifen- und Kreislauf«) im Heckraum für getauchte Angriffe bei Tage. Bei den IX-Booten waren ebenfalls die Behälter an Deck abgebaut worden; sie hatten vierzehn Torpedos unter Deck: sechs elektrische T-3 und vier Preßlufttorpedos FAT I im Bugraum sowie zwei FAT I und zwei elektrische FAT II im Heckraum.[2]

Die Wartung dieser Vielzahl von Torpedotypen an Bord und der Abschuß waren eine Wissenschaft für sich geworden. Die Mehrzahl der mitgeführten Torpedos waren batteriebetriebene Elektro-Torpedos. Diese waren ohnehin vergleichsweise langsam, und wenn die Batterien nicht regelmäßig geladen wurden, wurde die Einstellung des Vorhaltewinkels zum Glücksspiel. Da die Vorpostenstreifen ausgedehnt werden mußten, damit Konvois gesichtet wurden, schossen immer weniger Boote überhaupt noch Torpedos ab. Folglich blieb der vollgepackte Bugraum ein ungastlicher Aufenthaltsraum. Jedesmal wenn Boote in einer Gruppe den Abschuß eines FAT I oder eines FAT II vorbereiteten, mußten sie 15 Minuten im voraus eine »FAT-Warnung« an die anderen Boote bei dem Geleitzug abgeben, damit diese ablaufen oder auf eine Tiefe von wenigstens 50 Metern gehen konnten. Eine, zwei oder noch mehr gleichzeitig abgegebene »FAT-Warnungen« konnten ohne weiteres einen Gruppenangriff durcheinanderbringen oder vereiteln.

Alle im Mai ausgelaufenen Boote mußten sich gegen die verstärkte U-Jagdoperation »Derange« des Coastal Command im Golf von Biskaya zur Wehr setzen. Die von Air Marshal John Slessor und Geoffrey Bromet, dem Chef der in Südengland stationierten Group 19 des Coastal Command, geplante starke Luftoffensive wurde vom 13. April bis zum 6. Juni

---

[1] Siehe Kapitel 3, Fußnote 30.

[2] IX-Boote, die in ruhigere Gewässer im Mittelatlantik oder in abgelegenere Gebiete ausliefen, führten zwanzig Torpedos mit sich, sechs G7a-Torpedos in Behältern an Deck. Die vierzehn Torpedos unter Deck umfaßten sechs T-3 und vier konventionelle G7e-Torpedos im Bugraum sowie zwei FAT II und zwei konventionelle G7e im Heckraum.

durchgeführt. Gewiß vermißten die britischen Befehlshaber der Luftwaffe schmerzlich die B-24-Bomber der US Army Air Forces in den ASW-Squadrons 1 und 2 (nach Marokko verlegt), doch ihre Ausstattung war auch ohne diese Flugzeuge erheblich verbessert worden:

- Eine neue Version der mit Leigh Light ausgestatteten Wellington-Bomber, die stärkere Hercules-Motoren hatten und Propeller, deren Blätter sich in Segelflugstellung bringen ließen. Das Flugzeug konnte dadurch im Notfall auch mit einem Motor fliegen. Diese Flugzeuge waren außerdem mit der wichtigen aktuellen Version des 10-cm-Radargeräts ASV III mit einem PPI-Monitor ausgestattet.

Zwei Squadrons des Coastal Command, der jeweils rund 15 Flugzeuge angehörten, erhielten diese neuen Wellingtons: die britische Squadron 172 und die kanadische Squadron 407. Die Hauptaufgabe der mit Leigh Light ausgestatteten Wellingtons war, den Golf von Biskaya nachts ständig zu überfliegen, so daß möglichst viele U-Boote getaucht fahren und bei Tageslicht zum Aufladen der Batterie auftauchen mußten. Mit Hilfe dieser Taktik gelang es Slessor und Bromet, die Effektivität der Luftpatrouillen bei Tage durch die Whitleys, Sunderlands, Catalinas und anderen Flugzeuge zu steigern, deren Maschinen kein raffiniertes Radargerät hatten und deren Besatzungen weitgehend auf die Sichtung bei Tageslicht angewiesen waren. Wenn ein U-Boot in der Nacht von einer Wellington versenkt wurde, dann war dies natürlich durchaus erwünscht.

- Ferner hatten zwei Squadrons des Coastal Command jeweils rund 15 viermotorige Halifax-Bomber, die ebenfalls mit dem 10-cm-Radargerät ASV III mit einem PPI-Monitor ausgerüstet waren. Das waren die britische Squadron 58 (erst kurz zuvor von den älteren Modellen der Wellington aufgerüstet) und die britische Squadron 502 (zuvor Whitleys).
- Eine Squadron des Coastal Command mit rund 15 B-24-Bombern, die auch mit dem 10-cm-Radargerät ASV III mit PPI-Monitor ausgerüstet waren. Das war die britische Squadron 224, die in Beaulieu in der Nähe von St. Eval in Südwestengland stationiert war. Bislang waren die B-24-Bomber defensiv als Geleitzugsicherung weit draußen im Atlantik eingesetzt worden. Die Besatzungen begrüßten den Wechsel zu einer vorwiegend offensiven Aufgabe.

Insgesamt verfügten Slessor und Bromet für die Operation Derange also über fünf Squadrons mit 70 bis 75 modernen zwei- und viermotorigen Flugzeugen, die mit 10-cm-Radargeräten ausgestattet waren. Außerdem standen in der Group 19 noch drei Squadrons mit Sunderlands (RAF 228, die australischen 10 und 461), eine Squadron mit britischen Catalinas (210) und zwei Squadrons britischer Whitleys (612 und OTU 10) zur Verfügung. Diese Flugzeuge waren mit den verbesserten Torpex-Wasserbomben, Fidos, ASW-Bomben und Raketen unterschiedlich ausgerüstet.

Elf im Mai ausgelaufene U-Boote wurden entweder versenkt oder mußten kurz nach dem Auslaufen die Fahrt abbrechen und erreichten das Einsatzgebiet nicht. Fünf wurden versenkt:

- Das VII-Boot *U663* unter Heinrich Schmid, 27 Jahre alt, das am 5. Mai zu seiner dritten Feindfahrt aus Frankreich auslief. Zwei Tage später machte Geoffrey Rossiter aus der australischen Squadron 10, der eine viermotorige Sunderland für eine Patrouille der Operation Derange flog, *U663* an der Oberfläche aus und belegte das U-Boot mit sechs 120-Kilogramm-Wasserbomben. Von dem Boot wurde nie wieder etwas gehört.[1]
- Der Tanker *U463* vom Typ XIV unter Leo Wolfbauer, 47 Jahre alt, der am 8. Mai zu seiner fünften Feindfahrt von Frankreich auslief. Eine Woche später, am 15. Mai, sichtete eine Halifax der britischen Squadron 58, geflogen von Anthony J. W. Birch, *U463* am Westrand der Biskaya. Birch griff mit sechs 120-Kilogramm-Wasserbomben an und versenkte *U463*. Es gab keine Überlebenden. Wegen des Verlustes des wertvollen U-Tankers, zu dem noch die Beschädigung des neuen XIV-Tankers *U490* bei einem Unfall während der Erprobung in der Ostsee hinzukam, und wegen weiterer Verluste und Mißgeschicke kam es im Monat Mai, wie auch im Juni und Juli, zu akuten Engpässen bei der Versorgung der U-Boote.
- Das neue VII-Boot *U308* unter Karl Mühlenpfort, 38 Jahre alt, das am 29. Mai von Kiel auslief. Sieben Tage später umrundete *U308* die Färöer-Inseln und lief in den Atlantik ein, da entdeckte das große, neue britische Unterseeboot *Truculent* unter Robert L. Alexander das Boot an der Oberfläche. Vermutlich hatten die Briten über einen entzifferten Enigma-Funkspruch oder andere nachrichtendienstliche Kanäle von dem Boot erfahren. Alexander tauchte und schoß einen Fächer von sechs Torpedos, von denen einige *U308* in die Luft sprengten. Als die *Truculent* auftauchte, um einen Beweis für die Versenkung zu bergen, entdeckten die Männer »eine große Lache Treibstoff«, nach den Worten des britischen Autors Geoffrey P. Jones,[2] und »eine beträchtliche Menge Wrackteile, zersplitterte Holzteile, Ölzeug für die Wache, Seestiefel, Papier und Brotlaibe«. Es gab keine Überlebenden.
- Das bewährte VII-Boot *U563,* das einige Zeit zuvor ein Jahr lang in Deutschland wegen Gefechtsschäden repariert worden war. Bei einer Atlantikfahrt war das Boot von Götz von Hartmann, 29 Jahre alt, befehligt worden und lief jetzt unter dem neuen Kommandanten Gustav Borchardt, 26 Jahre alt, zu seiner zweiten Feindfahrt aus. Zwei Tage später, am 31. Mai, erblickte der Chef der Squadron 58, Wilfred

---

[1] Die Admiralität schrieb die Versenkung einer Halifax der britischen Squadron 58 zu, Axel Niestlé (1998) spricht sie aber Rossiter zu.

[2] *Submarines Versus U-boats* (1986).

E. Oulton, in einer Halifax *U563* an der Oberfläche und griff in zwei Anflügen mit Maschinengewehren und neun Wasserbomben an.

U563 schien tödlich verwundet, wollte aber nicht sinken. Außerdem erwiderte Borchardt das Feuer mit den Flugabwehrgeschützen, als Oulton das Boot im Tiefflug mehrmals unter Beschuß nahm. Eine zweite Halifax der gleichen Squadron, geflogen von Eric L. Hartley, traf ein und griff zweimal auf fast dieselbe Weise an. Sie warf neun Wasserbomben, aber sie fielen weit entfernt. *U563* weigerte sich immer noch zu sinken. Am Ende wurde das Boot von zwei Sunderlands auf den Meeresgrund geschickt, die eine wurde von William M. French aus der britischen Squadron 228 und die andere von Maxwell S. Mainprize aus der australischen Squadron 10 geflogen. Die alliierten Flieger meldeten »dreißig oder vierzig Deutsche aus *U563* im Meer – vermutlich Überlebende –, doch eine Suche am folgenden Tag durch Flugzeuge vom Typ Ju 88, die Rettungsflöße mit sich führten, war erfolglos.

Auf Borchardts Hilferuf hin suchte das einlaufende Boot *U621* unter Max Kruschka, 24 Jahre alt, das nur wenig Treibstoff hatte, kurz nach Überlebenden von *U563*. Es fand keine, wurde aber von einer B-24 aus der britischen Squadron 224, geflogen von dem Amerikaner Robert V. Sweeny, angegriffen. Dieser warf in zwei Anflügen zwölf Wasserbomben und beschädigte *U621* schwer. Das Boot erreichte aber am 3. Juni Frankreich und beendete eine Feindfahrt von 43 Tagen. In Anbetracht der Schwere des Schadens wurde *U621* zum Umbau zu einem »Flak-Boot« ausgewählt.

- Das kampferprobte, aber glücklose VII-Boot *U440* unter dem neuen Kommandanten Werner Schwaff, 28 Jahre alt, von dem der Ritterkreuzträger Peter Cremer sein Boot *U333* wieder zurückgefordert hatte. Schwaff lief mit *U440* am 26. Mai aus Frankreich aus. Fünf Tage später sichtete eine Sunderland der britischen Squadron 201, geflogen von Douglas M. Gall, am Westrand der Biskaya *U440* an der Oberfläche. Gall griff trotz schweren Flak-Feuers von *U440* an und gabelte das Boot mit vier gut gezielten Wasserbomben in der Nähe des Hecks ein. Die Detonation muß ein riesiges Loch in das Heck von *U440* gerissen haben, denn der Bug richtete sich senkrecht auf, und das Boot sank achteraus. Es gab keine Überlebenden.

Die vier geschilderten U-Boot-Verluste, die britischen Flugzeugen zugeschrieben werden, waren eine direkte Folge der massierten Offensive Derange des Coastal Command im Golf von Biskaya. Damals meinten die Briten, der britische Halifax-Pilot Wilfred Oulton, der Chef der Squadron 58, sei allein für drei der vier Versenkungen verantwortlich gewesen: für den XIV-Tanker *U463* und für die VII-Boote *U563* und *U663*. Für diese Leistung verlieh die Admiralität Oulton das DFC (Distinguished Flying Cross) und den DSO (Distinguished Service Order), aber bei einer Neubewertung nach dem Krieg wurden die Oulton zugeschriebenen Versenkungen aus der auslaufenden Gruppe auf das Boot *U563* reduziert.[1]

Sechs im Mai ausgelaufene Boote waren schon kurz nach dem Verlassen des Hafens gezwungen, die Fahrt abzubrechen – allesamt von britischen Flugzeugen. Folgende Boote brachen ihre Feindfahrt ab:

- Der VIID-Minenleger *U214* unter Günther Reeder, 27 Jahre alt. Er sollte vor Dakar ein Minenfeld mit 15 SMA-Minen (Ankertau-Minen) legen. Als er am 6. Mai den Golf von Biskaya durchquerte, traf eine Whitley der Squadron OTU 10 des Bomber Command auf einem Patrouillenflug der Operation Derange, geflogen von S. J. Barnett, das Boot von beiden Seiten mit Wasserbomben und verwundete außerdem Reeder mit seinem schweren Maschinengewehrfeuer. *U214* mußte kehrtmachen. Unter dem neuen Kommandanten Rupprecht Stock, ebenfalls 27 Jahre alt, lief es am 19. Mai wieder aus und legte am 6. Juni das Minenfeld vor Dakar. Die Minen beschädigten den amerikanischen Frachter *Santa Maria* mit 6507 BRT, der repariert wurde und später in den Dienst zurückkehrte.
- Das VII-Boot *U405,* ein ehemaliges Nordmeer-Boot unter Rolf-Heinrich Hopmann, 37 Jahre alt. Zwei Tage nach dem Auslaufen aus Frankreich, am 9. Mai, traf ein nicht identifiziertes alliiertes Flugzeug *U405*. Hopmann behob einen Teil des Schadens, aber er konnte ein großesÖlleck nicht schließen. Am 12. Mai brach er die Fahrt ab und traf am 21. Mai in Frankreich ein. Das Boot lief erst im Oktober wieder aus.
- Ein anderes ehemaliges Nordmeer-Boot, *U591* unter Hans-Jürgen Zetzsche, 27 Jahre alt. Vier Tage nach dem Auslaufen von Frankreich traf eine Whitley der Squadron OTU 10, geflogen von G. W. Brookes, das VII-Boot *U591* und verwundete Zetzsche und einen Matrosen. Da Zetzsche nicht imstande war, die Fahrt fortzusetzen, brach er ab und traf am 16. Mai in Frankreich ein. Während seines Krankenhausaufenthaltes verlor er das Kommando über *U591,* das im Juni wieder auslief. Zetzsche kehrte nicht an die Front zurück.
- Das Flak-Boot *U441* vom Typ VII. Unter dem neuen Kommandanten Götz von Hartmann, 29 Jahre alt, von *U563,* der (zur Verwirrung) Klaus Hartmann, 30 Jahre alt, abgelöst hatte, lief das Boot am 22. Mai von Frankreich in den Golf von Biskaya aus. Es hatte 67 Mann an Bord, darunter einen Arzt, zwei Ingenieure, die ein Radartäuschungsgerät testen sollten, und eine Mannschaft gut ausgebildeter Schützen.

[1] Die Zuschreibung dieser Versenkungen ist Franks, *Search, Find and Kill* (1995) entnommen, einer revidierten Auflage des Buches von 1990. Damals versenkte Oulton noch ein einlaufendes VII-Boot, wie weiter unten geschildert wird.

Diese sollten die beiden 2-cm-Vierlingsflaks und die 3,7-cm-Kanone bemannen.

Am 24. Mai, drei Tage nach dem Auslaufen, sichtete eine Sunderland der britischen Squadron 228, geflogen von H. J. Debden, *U441* und griff mit einer Serie Wasserbomben an. *U441* war zwar durch den Verlust einer Vierlingsflak geschwächt, die wegen einer schlechten Schweißnaht an der Plattform ausfiel, traf aber dennoch die Sunderland und schoß sie ab. Die gesamte Besatzung der Sunderland kam ums Leben. Das U-Boot war von den Wasserbomben am Bug schwer beschädigt worden und mußte nach Frankreich zurückkehren. Am 26. Mai traf *U441* nach einer Feindfahrt von nur fünf Tagen in Brest ein. Dieser unglückliche Beginn der ersten »Flakfalle« schreckte die Deutschen augenscheinlich nicht ab, denn der Umbau der übrigen sieben Flak-Boote wurde planmäßig fortgesetzt.

- Das IXC-Boot *U523* unter Werner Pietzsch, 26 Jahre alt, mit Kurs auf Amerika. Es lief ebenfalls am 22. Mai von Frankreich aus und war nicht weit von *U441* entfernt, als das Boot am 24. Mai getroffen wurde. Eine Whitley der Squadron OTU 10, geflogen von S. C. Chatton, griff *U523* an und beschädigte es so schwer, daß Pietzsch ebenfalls die Fahrt abbrechen mußte. Er traf am 26. Mai in Lorient ein. Das Boot lief erst im August wieder aus.
- Das neue VII-Boot *U450* unter Kurt Böhme, 26 Jahre alt, das am 25. Mai von Kiel auslief. Zwei Wochen später, am 6. Juni, griff eine B-17 der britischen Squadron 220, geflogen von H. Warren, *U450* in dem Raum zwischen Island und den Färöer-Inseln an. Durch das Maschinengewehrfeuer und Wasserbomben wurden vier Mann, darunter Böhme, schwer, drei andere leicht verwundet, und das Boot war nur noch ein Wrack.

Auf den Notruf von *U450* hin gestattete die U-Boot-Führung Böhme, das Boot wenn nötig aufzugeben, und befahl vier neuen VII-Booten aus Kiel und dem VII-Boot *U592,* das mit einem Arzt von Frankreich ausgelaufen war, ihm beizustehen. Drei der vier neuen VII-Boote aus Kiel erreichten *U450* am 9. Juni und halfen den Verwundeten und bei den Reparaturarbeiten. Als *U450* allem Anschein nach den Hafen erreichen konnte, entließ die U-Boot-Führung alle Boote außer dem einlaufenden *U645* unter Otto Ferro, der *U450* zu dem Treffen mit dem Arzt auf *U592* am 13. Juni begleitete. Der Arzt schwamm zu *U450* hinüber und behandelte die Verwundeten, danach lief *U592* wieder ab. Von dort geleitete *U645* unter Otto Ferro *U450* nach Brest, wo sie am 22. Juni eintrafen. Böhme behielt das Kommando über *U450,* aber das Boot lief erst Mitte Oktober wieder aus.

Die zwölf Verluste oder Abbrüche der im Mai auslaufenden Boote waren nur ein Teil der Verluste der Atlantikflottillen. Zahlreiche andere einlaufende Boote wurden im Mai versenkt oder schwer beschädigt, wie bereits geschildert wurde oder noch geschildert wird.

Durch den großen Erfolg der Operation Derange erhielt John Slessor das notwendige Druckmittel, mit dem er Washington drängen konnte, deutlich mehr Flugzeuge für Offensiven im Golf von Biskaya zur Verfügung zu stellen, insbesondere für einen in den Sommermonaten vorgesehenen, noch massiveren Angriff unter dem Decknamen Musketry, dem die Operationen Seaslug und Percussion folgen sollten. Um sein Anliegen vorzubringen, flog Slessor nach Washington und sprach mit Präsident Roosevelt, mit dem Kriegsminister, dem Marineminister und mit den Vereinten Stabschefs – den Generalen Marshall, Arnold und Admiral King.

Slessor traf während des Höhepunktes in der langwierigen und überaus ärgerlichen Auseinandersetzung zwischen der Army und der Navy um die Kontrolle über die landgestützten ASW-Flugzeuge in Washington ein. Diese Teilstreitkräfte arbeiteten am Ende ein logisches, längst überfälliges – ja historisches – Abkommen aus, nach dem die Army praktisch weltweit aus der U-Boot-Abwehr ausschied und diese Aufgabe ausschließlich der Navy überließ. Als Teil des Abkommens willigten die Army Air Forces ein, der Navy ihre bereits ausgebildeten Squadrons aus B-24-Bombern zu übergeben, vorausgesetzt, King bewilligte den Army Air Forces die gleiche Zahl an B-24-Bombern aus der kärglichen Zuweisung der Navy für das Jahr 1943.[1] Als King zustimmte, wurde ein Zeitplan für das Tauschgeschäft aufgestellt, das bis zum 1. September 1943 abgeschlossen sein sollte.

Die operative Kontrolle über die ASW-Squadrons der Army Air Forces und der Navy lag bei der Tenth Fleet. Wenn Slessor also mehr amerikanische B-24-Bomber für seine Offensiven Musketry, Seaslug und Percussion im Sommer erhalten wollte, dann mußte er sie dem gefürchteten und angeblich anglophoben Admiral King abschwatzen.

Nach Slessors Darstellung war King nicht sehr kooperativ. Er bot an, Squadron VB 128 (die von Hudsons auf Venturas aufgerüstet worden war) und Squadron VB 63 (Catalinas mit MAD-Geräten)[2] vorübergehend nach Island zu verlegen, so daß Slessor britische Flugzeuge zur Verstärkung der Offensive im Golf von Biskaya von Island nach Südengland verlegen konnte. Slessor war mit diesem Angebot aber nicht zufrieden, weil er eigentlich für seine Sommeroffensiven B-24-Bomber mit einer sehr großen Reichweite (VLR) und mit 10-cm-Radargeräten haben wollte. Dennoch überließ King diese beiden Squadrons der US Navy dem Coastal Command und schickte für die Offensive in der

---

[1] Die Lieferungen von B-24-Bombern an die US Navy begannen im August 1942. In diesem Jahr erhielt die Navy 52 neue B-24, im Jahr 1943 erhielt sie 308 und im Jahr 1944 604 neue B-24-Bomber.

[2] Siehe Band 1, S. 560 f. MAD steht für Magnetic Airborne Detector. Von einem tieffliegenden Flugzeug aus konnte das Gerät magnetische Anomalien aufspüren, die auf ein getauchtes U-Boot zurückzuführen waren.

Biskaya die Venturas nach Island und die Catalinas (ohne Räder, also nicht amphibisch) nach Wales. Die Catalinas trafen in der letzten Juliwoche ein, die Venturas im August.

Doch das war längst nicht alles. King hatte ja schon seit fast zwei Jahren die Briten gedrängt, eine massive Offensive in der Biskaya zu starten, und billigte die Operationen Musketry, Seaslug und Percussion voll und ganz. Um diese Offensive zu unterstützen, willigte er in Wahrheit ein, fünf Squadrons B-24-Bomber mit einer sehr großen Reichweite, die mit 10-cm-Radargeräten mit einem PPI-Monitor ausgerüstet waren, vorübergehend zu dem Coastal Command zu verlegen. Diese Einheiten bestanden aus rund 75 Flugzeugen:

- Die ASW-Squadrons 4 und 19 der Army Air Forces, die in Gander, Newfoundland, stationiert waren. Alle 24 B-24-Bomber mit sehr großer Reichweite dieser Squadrons erreichten sicher St. Eval, dreizehn Flugzeuge am 30. Juni und elf am 7. Juli. Diese von Howard Moore befehligten Squadrons waren noch nicht in die Tenth Fleet integriert und wurden als 479. Group bezeichnet. Die Gruppe flog vom 13. Juli an Einsätze über dem Golf von Biskaya. Später wurde sie zu einem neuen RAF-Landeplatz bei Dunkeswell in dem benachbarten Devonshire verlegt.
- Zwei weitere ASW-Squadrons der Army Air Forces, die Nummern 6 und 22. Diese 24 B-24-Bomber mit sehr großer Reichweite trafen im August in Dunkeswell ein. Die Squadron 6 wurde jedoch kurze Zeit später ohne die Flugzeuge zu einer anderen Befehlsstelle abkommandiert.
- Die beiden B-24-Squadrons VB 103 und VB 105 der US Navy, welche die modernsten Einheiten der Fleet Air Wing 7 waren. Nach Slessors Angaben löste Squadron VB 103 die Squadron 6 der Army Air Forces in Dunkeswell ab. Somit erreichten fünf neue amerikanische B-24-ASW-Squadrons (rund 75 VLR-Flugzeuge) England vom 7. Juli bis zum 1. September, als das Antisubmarine Command der Army Air Forces aufgelöst wurde.[1]

Am 1. September verfügte John Slessor im Coastal Command in zehn Squadrons über rund 150 in Amerika gebaute B-24-Bomber mit sehr großer Reichweite: fünf britische Einheiten (53, 59, 86, 120, 224) und fünf amerikanische Einheiten (USAAF 4, 19, 22 und USN VB 103 und VB 105). In den folgenden beiden Monaten traf darüber hinaus die US Navy Squadron VB 110 mit B-24-Bombern in Südwestengland ein und stieß zu Fleet Air Wing 7 hinzu.[2] Daraufhin wurden die drei ehemaligen

---

[1] Die Army Air Forces übergaben der US Navy 217 ASW-Flugzeuge: 77 B-24, 140 B-17, B-18 und B-25.

[2] Ein Pilot in VB 110 war Joseph P. Kennedy jr., der älteste Sohn des ehemaligen Botschafters Joseph P. Kennedy und Bruder des späteren Präsidenten der Vereinigten Staaten, John F. Kennedy.

Squadrons der Army Air Forces (4, 19, 22), die Group 479 bildeten, der in Großbritannien stationierten amerikanischen 8. Air Force zugeteilt. Gleichzeitig verlegte die Tenth Fleet die mit MAD ausgerüstete Catalina-Squadron VP 63 von Wales nach Marokko, weil sie in den Zufahrten zur Straße von Gibraltar das MAD-Gerät bei ASW-Patrouillen erproben sollte.

Slessor schrieb undankbar, daß die meisten amerikanischen ASW-Squadrons wegen Admiral Kings schleppenden Maßnahmen so spät eintrafen, daß sie bei der Operation Derange oder bei Musketry, Seaslug oder Percussion keine echte Hilfe gewesen sein sollen. »In Wirklichkeit machte es zu der Zeit, als es soweit war, keinen großen Unterschied, weil wir imstande waren, die U-Boote selbst zu besiegen«, schrieb er.[1] Bei seiner Kritik an den Amerikanern, insbesondere an Admiral King, vergaß Slessor das berühmte Versprechen Churchills in Washington: »Gebt uns die nötigen Mittel, und wir machen die Arbeit.« Und er vergaß, daß 200 Flugzeuge in den zehn B-24-Squadrons, den zwei Catalina-Squadrons, der Ventura-Squadron des Coastal Command sowie die verbliebenen drei ursprünglich britischen Geleitträger *(Archer, Biter, Tracker)* in der Tat Mittel aus dem Arsenal der Demokratie waren.

»Adam« und »Eve«

Das Eilprogramm der US Navy für den Bau von 100 sogenannten »High Speed Bombas«, um in die Vier-Walzen-Enigma einzubrechen, machte bei der National Cash Register Company in Dayton, Ohio, gewaltige Fortschritte. Das gesteckte Ziel läßt vor Ehrfurcht erschauern: der Bau des kompliziertesten und schnellsten elektromechanischen Geräts, das je konstruiert wurde, praktisch am Fließband. Es überrascht deshalb nicht, daß es unter den vier führenden Köpfen dieses Programms – Joe Wenger und Howard Engstrom in Washington und Ralph Meader und Joe Desch in Dayton – ständig Reibereien über die Methode, die Gestaltung und die Produktionstechnik gab. Außerdem führte die Abteilung OP20G, schreibt Engstrom,[2] einen unablässigen Kampf um die Priorität für Rohstoffe, »der stets durch den Umstand behindert wurde, daß der Zweck

[1] Im Gegensatz dazu schreiben offizielle Historiker der USAAF, daß die amerikanischen Squadrons 4 und 19 der Group 479 vom 13. Juli bis zum 2. August bei der Biskaya-Offensive »eine äußerst aktive Rolle« gespielt hätten. Die Amerikaner sichteten zwölf U-Boote, griffen acht an und versenkten eines, *U404,* allein und *U558* und *U706* gemeinsam mit Flugzeugen der RAF und der RCAF. Fünf B-24-Bomber gingen verloren, einer durch U-Boot-Flakfeuer. 37 Flieger kamen ums Leben.

[2] In dem bereits zitierten NSA-Dokument NR 1736, Box 705, RG 457, »Bombe History«, das von Wenger, Engstrom und Meader unterzeichnet ist.

dieser Maschinen vor den verschiedenen Behörden geheimgehalten werden mußte, die für die Zuteilung von Rohstoffen zuständig waren«.

Bis zum Ende des Jahres 1997 hatte die staatliche Sicherheitsbehörde NSA noch nicht genügend Dokumente für die Öffentlichkeit freigegeben, um dieses heldenhafte Ringen ausführlich zu schildern. Dem amerikanischen Historiker Colin B. Burke, der in den Jahren 1994/95 als Forscher bei der NSA tätig war, wurde jedoch privat der Zugang zu noch nicht freigegebenem Material gestattet, und er veröffentlichte daraufhin seine Version des Ringens.[1] Nach Burkes Darstellung gebührt dem Genie des Elektroingenieurs Joe Desch von NCR ein Großteil des Verdienstes und weniger dem Genie des Mathematikers Howard Engstrom, dem Leiter der Forschungsabteilung von OP20G. Diese These läßt sich ohne Zugang zu den entsprechenden Dokumenten nicht auf ihre Richtigkeit und Ausgewogenheit hin überprüfen; für das vorliegende Werk mag sie jedoch genügen.

Burke versichert, daß die amerikanische Bomba zu Beginn des Jahres 1943 »erschreckend hinter dem Zeitplan« zurücklag und daß ein »echter Beitrag« der Amerikaner zur Entzifferung der Enigma noch auf sich warten ließ. Es gab noch keinen Prototyp für eine Bomba, und es bestanden ernste Zweifel über die »Brauchbarkeit« einiger Bestandteile. Das erscheint mir insgesamt als ein überaus hartes Urteil, denn das am 11. November 1942 gegründete Naval Computing Machine Laboratory (NCML) bei NCR war schließlich noch keine zwei Monate alt. Außerdem mußten sich die vier Männer, die das Programm leiteten, erst über das endgültige Aussehen der Bomba einigen.

Ein wenig peinlich für das amerikanische Bomba-Projekt war der Umstand, daß die britischen Codeknacker in Bletchley Park, wie berichtet, im Dezember 1942 mit Hilfe von Drei-Walzen-Bombas endlich in den Schlüsselbereich Triton eingebrochen waren, nachdem sie das aus dem im Mittelmeer gesunkenen *U559* geborgene Schlüsselmaterial ausgewertet hatten. Die britischen Drei-Walzen-Bombas arbeiteten jedoch mit einem nervenaufreibenden Schneckentempo und waren nicht so weit ausgereift, daß sie die mutmaßliche Erhöhung der Kombinationsmöglichkeiten an der Enigma der Kriegsmarine bewältigt hätten.

Bis zum März 1943, erklärt Burke, hatte NCR zwei »anfällige« Prototypen namens »Adam« und »Eve« fertiggestellt. Diese Maschinen hätten jedoch noch voller Kinderkrankheiten gesteckt: »Die Gruppe bei

---

[1] Mit dem irreführenden Titel *Information and Secrecy* (1994). Die unveröffentlichten Dokumente werden unter der allgemeinen Rubrik »NSA RAM File« zitiert. RAM ist ein Kürzel für Rapid Analytical Machines. Selbstverständlich stützt Burke sich auch auf zahllose NSA-Dokumente, die als NARA (RG 457) freigegeben worden sind, sowie auf eine beeindruckende Liste anderer Dokumente und veröffentlichter Beiträge.

NCR konnte nicht einmal den Versuch wagen, die beiden Bomba-Prototypen länger als wenige unzureichende Minuten in Gang zu setzen.« Selbst nach etlichen Verbesserungen hätten sich Adam und Eve noch »geweigert, länger als einige Stunden zu laufen, ohne daß sie Öl spuckten oder daß es zu nicht behebbaren Kurzschlüssen kam«. Letzteres Problem wurde verursacht, wenn sich die grundlegenden Bestandteile der Bomba, die Hochgeschwindigkeits-Kommutatoren (große Walzen), überhitzten und verformten. Ende Mai, meint Burke, »hatte es den Anschein, als sei das amerikanische Bomba-Projekt noch eine zu große Herausforderung, selbst für den talentierten Joe Desch«.

In seiner Darstellung des Bomba-Projekts schreibt Howard Engstrom im Gegensatz dazu:

> *Die ersten beiden Versuchsmodelle der amerikanischen Vier-Walzen-Bombas [Adam und Eve] wurden im Mai 1943 in dem US Naval Computing Machine Laboratory in Betrieb genommen und waren von Anfang an ein Erfolg. Zwischen Washington und Dayton wurden sichere Fernmeldeverbindungen eingerichtet, und die Maschinen wurden dort bedient, damit sie von den zuständigen Wartungs- und Entwicklungsingenieuren beobachtet werden konnten. [Unterdessen] starteten bereits Anfang Juni Produktionsmodelle.*

Die großen Hochgeschwindigkeitskommutatoren hätten in der Tat einiges Kopfzerbrechen bereitet, fährt Engstrom fort. Er und Joe Desch hätten sich über die geeignete Methode, dieses ernste Problem zu lösen, gestritten. Desch vertrat energisch die Auffassung, erheblich verbesserte Anordnungen von Walzen, die kleiner waren als die in Adam und Eve, würden das Problem lösen. Engstrom errechnete jedoch, daß durch die Verwendung kleiner Walzen die Zahl der einzusetzenden Walzen auf 40 000 verdoppelt würde, und außerdem würde »die Wartung und die neue Verdrahtung der Walzen extrem schwierig«, falls die Deutschen hier etwas ändern sollten. »Damit die Maschinen einen praktischen Nutzen hatten, war es zwingend erforderlich, daß wir eine einzige Walze für alle vier Positionen in der Maschine benutzten«, schreibt Engstrom. Auch wenn die von Engstrom vorgeschlagene Lösung noch erprobt werden mußte, war er zuversichtlich, daß sie bald ausgereift sein würde. Damit »das gesamte Projekt nicht länger aufgehalten« werde, ordnete er an, mit dem Bau der Bombas auch »gegen den Rat der Ingenieure« fortzufahren.

Aus diesen Diskussionen ging ein elektromechanisches Wunderwerk hervor, die »Bomba Modell 530«. Diese Bombas waren riesig: 2,40 m lang, 2,10 m hoch und 60 cm tief. Jede einzelne wog 2250 Kilogramm. Jede enthielt Tausende und Abertausende von Teilen mit einer hohen

Widerstandsfähigkeit, unter anderen 1500 Vakuum-Röhren, die nach einem »sehr modernen Schaltplan« hintereinandergeschaltet waren, wie es bei Burke heißt. Jede Röhre entwickelte eine enorme Hitze, so daß leistungsstarke Klimaanlagen notwendig waren, um den Aufenthalt in den Räumen erträglich zu machen. Jede Maschine kostete 45 000 Dollar.

Durchaus zu Recht schwärmte Burke, daß jede Bomba

16 vierwalzige Enigma-Nachbauten [also Klone] und die von Welchman entwickelte diagonale Schalttafel enthielt [also die leistungsfähige Schalttafel, die für die ursprüngliche britische Turing-Bomba entwickelt worden war]. Alle Schaltkreise mußten hintereinander geschaltet sein und die Hunderttausende von möglichen Kombinationen der Walzenpositionen mit Hilfe der Text-Eselsbrücken auf Widersprüche hin überprüfen. Ihre 64 doppelten Kommutatoren für die Enigma-Walzen enthielten jeder 104 Kontakte, die ganz genau ausgerichtet sein mußten, wenn sie die Sensoren aus Kupfer und Silber berührten. Eine so genaue Ausrichtung und Synchronisation ließ sich nur schwer erreichen, vor allem bei der schnellen Walze, die sich mit annähernd 2000 Umdrehungen pro Minute drehte.

Das ist nur ein grober Einblick in das Innere von Modell 530. Bemerkenswerterweise enthielt es auch einige »eindeutig unterschiedliche« digitale elektronische Elemente, die von Joe Desch und seinen Mitarbeitern entwickelt worden waren. Noch einmal Burke:

Die 64 doppelten Kommutatoren in den Bombas konnten auf mechanischem Weg mit einer sehr hohen Geschwindigkeit angetrieben werden, aber die Motoren, Wellen und elektromechanischen Zähler waren nicht imstande, ihre Stellung zu erkennen… [Desch] entwickelte ein digitales elektronisches Erkennungs- und Kontrollsystem, das die Ingenieure der Navy in Erstaunen versetzte. Sein System aus 1500 Röhren leistete mehr, als nur die Stellung eines Treffers aufzuzeichnen: Es kontrollierte den Vorgang. Es war imstande, die Walzenpositionen zu erkennen, dies den Motoren und den Kupplungen zu signalisieren, dann den Arbeitsvorgang der Maschine wieder umzukehren, bis es alle Walzen in die Stellung bei dem Treffer gebracht hatte. Damals wurden die Walzenpositionen [automatisch] ausgedruckt, und der Bediener konnte der Maschine befehlen, ihre Suche nach Übereinstimmungen wiederaufzunehmen.

Im Mai und Juni 1943 meldeten sich die Navy-Bediensteten in Dayton, die die Bombas bedienen und warten sollten. Dazu zählte ein starkes

Kontingent freiwilliger Marinehelferinnen, sogenannter *Waves,* die in drei Schichten rund um die Uhr die Maschinen mit Texten füttern und bedienen sollten. Die neuen Männer und Frauen waren erstaunt über die Leistungsfähigkeit und die Schnelligkeit der Bomba. Wurde ihr ein »crib« (ein bekannter oder vermuteter Begriff im Klartext) eingegeben, dann konnte eine Bomba in der Sekunde 20280 »Versuche« durchführen. Sie benötigte lediglich 50 Sekunden für den vollständigen »Durchlauf« einer Drei-Walzen-Bomba und 20 Minuten für einen »langen« Vier-Walzen-Durchlauf.

Da die Gebäude für die Unterbringung der Bombas an der Nebraska Avenue in Washington[1] noch nicht fertiggestellt waren und die Mechanik der Bombas fast unablässig geändert und verbessert wurde, nutzten die Codeknacker sie anfangs operativ bei NCR in Dayton. Der Mathematiker Joseph Eachus, ein Protegé Engstroms, der eine sehr arbeitsreiche Zeit in Bletchley Park mitgemacht hatte, meldete sich dort und half bei der Einrichtung eines vorübergehenden Zentrums für die Analyse der Nachrichten. Washington schickte Dayton die abgefangenen Enigma-Funksprüche über eine sichere Fernschreiberverbindung; Dayton antwortete mit den entzifferten Funksprüchen, die unverzüglich an »Frog« Low und Kenneth Knowles im Stab der Tenth Fleet weitergeleitet wurden.

Die Briten hatten unterdessen zwei verschiedene Modelle einer Vier-Walzen-Bomba fertiggestellt. Sie waren langsamer als die amerikanische Bomba und benötigten für einen vollen »Durchlauf« 30 Minuten gegenüber 20 Minuten. Und sie waren weniger zuverlässig.[2] Die Briten bauten 69 Vier-Walzen-Bombas. Die ersten vereinzelten Erkenntnisse aus den Vier-Walzen-Bombas bei NCR in Dayton im Mai 1943 bestätigten den seit langem gehegten Verdacht, daß die Deutschen den alliierten Funkschlüssel der Geleitzüge lasen. Wie erwähnt, änderten die Alliierten im Juni 1943 den Schlüssel eilig, so daß die deutschen Funkentzifferer blind und taub wurden. Später im Sommer führten die Alliierten einen neuen Code für die Geleitzüge ein, in den die Deutschen nicht einbrechen konnten.

Operationen im Nordatlantik im Mai: Teil I

Der alliierte Geleitverkehr auf der Nordatlantikroute betrug im Mai 1943 durchschnittlich circa fünfzehn Geleitzüge, acht nach Osten und sieben

---

[1] Wohlwollend als Communications Supplementary Activities Washington (CSAW, gesprochen »See-Saw«) bekannt, und später die Sicherheitsbehörde der Navy.

[2] Der offizielle britische Historiker des Nachrichtendienstes schreibt, daß »die ersten britischen Vier-Walzen-Bombas wegen des Mangels an Rohmaterialien von guter Qualität nur eingeschränkt brauchbar waren«. Siehe Hinsley, Bd. 2 (1981) S. 752 Anm.

nach Westen. In diesen fünfzehn Geleitzügen fuhren rund 700 Schiffe mit. Im Mai operierten drei U-Jagdgruppen mit Geleitträgern (die britischen *Archer* und *Biter,* die amerikanische *Bogue*) im Nordatlantik. U-Boote versenkten nur sechs der fast 700 Schiffe in den fünfzehn Geleitzügen.[1]

Wie erwähnt, griffen in den Anfangstagen des Monats Mai die beiden deutschen Gruppen Amsel und Fink mit rund 40 Booten den Konvoi ONS 5 in den Gewässern zwischen Grönland und Newfoundland an. Vor allem wegen des dichten Nebels, der für die mit Radar ausgerüsteten Luft- und Überwassereskorten von Vorteil war, sagte die U-Boot-Führung die Operation ab und löste Amsel und Fink auf. Einige Boote marschierten in der Folge nach Frankreich, andere liefen einen U-Tanker an.

Die U-Boot-Führung organisierte die verbleibenden 29 Boote, darunter einige beschädigte, in zwei neuen Gruppen, die nach deutschen Flüssen benannt waren: die Gruppe Elbe mit 17 Booten und die Gruppe Rhein mit 12 Booten. Aufgrund von Informationen des xB-Dienstes verlegte die U-Boot-Führung die Gruppen nach Südosten, um zwei ostwärts fahrende Geleitzüge abzufangen, HX 237 und SC 129. Beschädigte Boote oder Boote mit wenig Treibstoff sollten lediglich als Fühlunghalter fungieren. Um die Schlagkraft der Gruppen zu erhöhen, wies die Führung die verbliebenen fünf Boote der unglücklichen Gruppe Drossel an, mit höchster Fahrt nach Westen zu laufen. Wie erwähnt, hatte die Gruppe Drossel westlich des Kaps Finisterre patrouilliert, wo zweimal Boote kollidiert waren.

Der xB-Dienst lieferte sehr genaue und aktuelle Informationen über die Route und die Positionen dieser beiden Geleitzüge. Aufgrund dieser Informationen erfaßte das VII-Boot *U359* der Gruppe Rhein unter Heinz Förster, 33 Jahre alt, der seine zweite Feindfahrt machte, am 9. Mai HX 237. Der Geleitzug bestand aus 46 Schiffen, die von der kanadischen Escort Group C-2 unter E. H. Chavasse gesichert wurde und der anfangs nur fünf Kriegsschiffe angehörten: der ehemals amerikanische, jetzt britische Glattdeck-Zerstörer *Broadway,* die neue britische Fregatte *Lagan* und drei Korvetten, zwei kanadische und eine britische. Zu gegebener Zeit stieß eine weitere kanadische Korvette hinzu. Als die Befehlsstelle Western Approaches aus Försters Fühlungsmeldung schloß, daß HX 237 in Gefahr sei, befahl sie der britischen Support Group 5, dem Geleitträger *Biter* und seiner Sicherung, den Geleitzug zu verstärken.

Anfangs befahl die U-Boot-Führung allen drei Gruppen, Rhein, Elbe und Drossel, HX 237 anzugreifen, aber wenig später änderte sie den Befehl. Die zwölf Boote der Gruppe Rhein und die sieben der Gruppe Drossel (verstärkt durch zwei kurz zuvor ausgelaufene VII-Boote, *U221*

[1] Siehe Anhang 3.

und *U753*) sollten HX 237 angreifen. Die Gruppe Elbe sollte SC 129 jagen und angreifen. Sie war durch den Abmarsch von *U266* auf 16 Boote reduziert, aber von 11 anderen Booten auf 27 aufgestockt worden (darunter 7 IX-Boote). Unter Kommandant Ralf von Jessen, 26 Jahre alt, auf seiner zweiten Feindfahrt, tankte *U266* an dem U-Tanker *U461* am 12. Mai nach. Zwei Tage später versenkte eine von Wilfred Oulton geflogene Halifax der britischen Squadron 58 das Boot mit Wasserbomben. Es gab keine Überlebenden.[1]

Die Geleitschiffe von HX 237 vertrieben Heinz Förster in *U359* und drückten ihn unter Wasser, so daß er die Fühlung verlor. Aber am folgenden Tag, dem 10. Mai, sichtete ein anderes Boot der Gruppe Rhein den Geleitzug wieder, das kampferprobte Boot *U454* aus dem Nordmeer unter Burkhard Hackländer, 28 Jahre alt. Der Konvoi wurde inzwischen von Swordfish-Doppeldeckern der *Biter* gesichert. Eine Swordfish drückte Hackländer unter Wasser, aber seine Fühlungsmeldung führte mehrere andere Boote heran.

Trotz der Luftsicherung von der *Biter* griffen vier Boote HX 237 an: Zwei weitere Nordmeerveteranen, Max-Martin Teichert, 28 Jahre alt, in *U456* (von der Gruppe Drossel) und möglicherweise Heinz-Ehlert Clausen, 33 Jahre alt, in *U403* (aus der Gruppe Rhein) teilten sich die Versenkung des britischen War-Emergency-Schiffs *Fort Concord* mit 7138 BRT. Um in einer guten Schußposition zu bleiben, lieferte Clausen in *U403* einer Swordfish ein Feuergefecht. Der frischgebackene Ritterkreuzträger Hans Trojer, 27 Jahre alt, in dem kürzlich ausgelaufenen VII-Boot *U221* (aus der Gruppe Drossel) versenkte den norwegischen Tanker *Sandanger* mit 9432 BRT, der ein wenig zurückgefallen war. Der neue Kommandant Rudolf Baltz, nur 23 Jahre alt, auf dem frisch ausgelaufenen, kampferprobten Boot *U603* (ebenfalls Drossel) versenkte einen anderen Nachzügler, die norwegische *Brand* mit 4819 BRT.

Im Gegenzug versenkten die Geleitschiffe von HX 237 drei kampferprobte U-Boote, allesamt aus der Unglücksgruppe Drossel.

- Das VII-Boot *U89* unter Dietrich Lohmann, 33 Jahre alt. Das Boot war seit einem ganzen Jahr bei der Atlantikflotte und wurde von britischen Kriegsschiffen versenkt: von dem Glattdeck-Zerstörer *Broadway* und der Fregatte *Lagan,* die eine Swordfish von der *Biter* zur Position des U-Bootes geführt hatte.
- Das VII-Boot *U456* unter Max-Martin Teichert. Das Boot war seit eineinhalb Jahren im Nordmeer oder an der Atlantikfront. Es wurde von einer B-24 der britischen Squadron 86, geflogen von John Wright, beschädigt, die einen eigengelenkten Fido-Torpedo abwarf.

---

[1] Damals schrieb die Admiralität irrtümlich einer B-24 die Versenkung zu. Nach *U563* war das Oultons zweite Versenkung im Mai.

Teichert tauchte auf, erbat über Funk von in der Nähe befindlichen Booten Hilfe und hielt die B-24 mit seinen Flugabwehrgeschützen auf Distanz. So überstand *U456* die Nacht. Am Morgen des 13. Mai hielt aber der britische Zerstörer *Opportune* unter J. Lee-Barber auf *U456* zu. Teichert tauchte, und seither wurde nie wieder etwas von dem Boot gehört. Es gab keine Überlebenden. Das VII-Boot *U448* unter Helmut Dauter, 23 Jahre alt, fand zwei Leichname von Männern aus *U456* und bestattete sie auf See. Teichert wurde postum ein Ritterkreuz verliehen.[1]

• Das frisch ausgelaufene Boot *U753* unter Alfred Manhardt von Mannstein, 35 Jahre alt. Das Boot war seit eineinhalb Jahren bei der Atlantikflotte. Eine von John Musgrave geflogene Sunderland der kanadischen Squadron 423 griff *U753* trotz schweren Beschusses durch die 2-cm-Flak mit Wasserbomben an. Die kanadische Korvette *Drumheller* und die britische Fregatte *Lagan* erledigten *U753* mit Wasserbomben. Von dem Boot wurde nie wieder etwas gehört.[2]

Helmut Dauter in dem VII-Boot *U448* der Gruppe Elbe stieß am 16. Mai zu einem Dutzend anderer Boote in der Nähe des Tankers *U459*. Er tankte am folgenden Tag nach, konnte aber ein beschädigtes Funkgerät nicht reparieren und mußte die Fahrt abbrechen. Am 26. Mai erreichte er Frankreich und beendete eine Feindfahrt von 40 Tagen. Wie bei der überwältigenden Mehrheit der im April 1943 ausgelaufenen Boote verlief auch diese Fahrt erfolglos.[3]

Mehrere Boote der Gruppe Drossel hielten weiter Fühlung zu HX 237. Darunter war auch Paul Siegmann in *U230*. In dem Buch *Die eisernen Särge* behauptet sein Erster Wachoffizier Herbert Werner, er habe persönlich eine Swordfish abgeschossen. Der Doppeldecker sei nicht weit von *U230* abgestürzt, seine scharfen Wasserbomben seien explodiert und hätten das Flugzeugwrack und seine Besatzung atomisiert. Die nicht scharf gemachten Wasserbomben seien achtern gegen ihre Steuerbordseite geprallt, fährt Werner fort, aber sie hätten den schrecklichen Schauplatz unbeschädigt verlassen.

Wegen des Verlustes dieser verwundbaren Swordfish und weil andere Doppeldecker bei dem Kampf um HX 237 beinahe den Flugabwehrgeschützen der U-Boote zum Opfer gefallen waren, änderten die Briten die Taktik der Swordfish im Einsatz. Wann immer möglich, sollten sie

---

1 Seine Versenkungsziffer im Nordmeer und im Atlantik betrug fünf bestätigte Schiffe (zwei Tanker) mit rund 54000 BRT, den britischen Kreuzer *Edinburgh* mit 11500 Tonnen irreparabel beschädigt, Torpedotreffer an dem War-Emergency-Schiff *Fort Concord,* das möglicherweise von *U403* den Fangschuß erhielt.

2 Schilderung nach Franks (1995). Ursprünglich gab die Admiralität als Ursache für den Verlust von *U753* »unbekannt« an.

3 Siehe Anhang 2.

paarweise patrouillieren. Eine einzelne Swordfish sollte nie allein ein U-Boot angreifen, sondern es beschatten, bis Luft- und/oder Überwasserverstärkung eintraf.

Unterdessen jagte die Gruppe Elbe rund 350 Kilometer südlich SC 129. Der Konvoi aus 26 Schiffen wurde von Donald MacIntyres britischer Escort Group B-2 gesichert, die sieben Kriegsschiffe umfaßte: die zwei Zerstörer *Hesperus* und *Whitehall* und fünf Korvetten. Für den Fall, daß der Konvoi angegriffen wurde, hatte MacIntyre Vollmacht, die Support Group der *Biter* um Beistand zu bitten.

Sechs Boote der Gruppe Elbe, auch das neue, aber beschädigte IXC/40-Boot *U533,* hatten bis zum 11. Mai die Gruppe wegen Treibstoffmangels oder aus anderen Gründen verlassen. Damit blieben bei der Gruppe Elbe noch 21 Boote (darunter sechs IX-Boote), welche die U-Boot-Führung in zwei Abteilungen gliederte. Am selben Tag erfaßte das kampferprobte Boot *U504* unter dem neuen Kommandanten Wilhelm Luis, 27 Jahre alt, SC 129. Seine Meldung führte ein gutes Dutzend Boote heran, die eifrig über Funk miteinander plauderten. Da der starke U-Boot-Funkverkehr und entzifferte Funksprüche andeuteten, daß SC 129 in Gefahr war, und da HX 237 den Schutz der landgestützten Flugzeuge des Coastal Command erreicht hatte und den Gruppen Rhein und Drossel davonlief, befahl das Kommando Western Approaches der *Biter* und ihrer Sicherung, zur Verstärkung von SC 129 so schnell wie möglich 350 Kilometer nach Süden zu eilen.

In den neun Monaten, in denen MacIntyre die Escort Group B-2 befehligte, hatte er noch kein einziges Schiff aus einem Geleitzug verloren. Deshalb fühlte er sich persönlich getroffen und war wütend, als das kampferprobte Boot *U402* der Gruppe Elbe unter dem Kommando des Ritterkreuzträgers Siegfried von Forstner, 32 Jahre alt, unter Wasser an seinen Geleitschiffen vorbeischlüpfte und bei hellichtem Tage zwei Frachter bei einem Sehrohrangriff versenkte: die britische *Antigone* mit 4545 BRT und die norwegische *Grado* mit 3082 BRT. Die Korvette *Gentian* erhielt jedoch einen guten Sonarkontakt von *U402* und belegte das Boot mit Wasserbomben. Der entstandene Schaden war so groß, daß Forstner wie so viele andere Boote die Fahrt abbrechen mußte. *U402* lief erst im September wieder aus.

Später am selben Tag ortete MacIntyre auf der *Hesperus* mit dem Radar ein unbewegliches Objekt neun Kilometer vor dem Konvoi. Das war das VII-Boot *U223* der Gruppe Elbe unter Karl-Jürgen Wächter, 27 Jahre alt, auf seiner zweiten Feindfahrt. MacIntyre ging auf höchste Fahrt und sichtete schon bald einen Kielwasserstrudel. Wächter hatte zu spät Alarmtauchen befohlen. MacIntyre raste über den Strudel hinweg und warf eine Serie Wasserbomben, dazu eine experimentelle 900-Kilogramm-Wasserbombe aus einem Torpedorohr. Die Geschosse explodierten nahe bei *U223* und richteten außen und innen schwere Schäden an. Wasser brach ein, das Boot geriet außer Kontrolle und sackte auf 210 Meter ab. Als der Ingenieur meldete, daß ein Elektromotor Feuer gefangen hatte, beschloß Wächter, aufzutauchen und zu fliehen.

MacIntyre hörte, wie Wächter die Ballasttanks anblies, und war in voller Gefechtsbereitschaft, als *U223* an die Oberfläche kam. Er schoß auf das Boot mit seiner 4,7-Zoll-Deckkanone und allen anderen Geschützen, in deren Reichweite es sich befand. Zu MacIntyres Verblüffung griff Wächter seinerseits an. Die Deutschen schossen fünf Torpedos, die aber alle fehlgingen, und versuchten dann, den Zerstörer zu rammen. MacIntyre wich aus, machte kehrt und rammte *U223* »leicht«. Er schob es mit dem Bug auf die Seite, bis es praktisch gekentert im Wasser lag. Da er meinte, *U223* sei dem Untergang geweiht, lief er eilig ab, um zu dem Geleitzug aufzuschließen, der bereits über 50 Kilometer weiter östlich war.

Wächter jedoch gab sich keineswegs geschlagen. Auf seinen dringenden Hilferuf hin antwortete das VII-Boot *U359* unter Heinz Förster. Durch großes Glück – einige sprachen von einem Wunder – fand Förster einen der beiden Männer von *U223,* die über Bord gefallen oder gesprungen waren, als die *Hesperus* das Boot in Schräglage drückte. Als *U359* endlich *U223* fand, übergab Förster den U-Boot-Fahrer und löste damit eine kleine Sensation aus. Förster brach dann die Fahrt ab und geleitete das übel zugerichtete Boot *U223* nach Frankreich. *U223* lief erst im September wieder aus.

Die *Hesperus* hatte kaum wieder zum Geleitzug aufgeschlossen, da peilte sie mit dem Huff Duff ein weiteres Boot ein, das etwa 18 Kilometer voraus in Lauerstellung lag. Das IXC/40-Boot *U186* unter Siegfried Hesemann, 30 Jahre alt, war auf seiner zweiten Feindfahrt. MacIntyre lief mit voller Fahrt die Peilung an. Hesemann in *U186* sah die *Hesperus* zu spät und tauchte. Die *Hesperus* hatte einen deutlichen Sonarkontakt und warf mehrere Serien Wasserbomben, die nahe bei dem Boot niedergingen und *U186* mit der gesamten Besatzung versenkten. Nachdem MacIntyre gehört hatte, daß das Boot implodierte und auseinanderbrach, fischte er einige Trümmer aus Holz aus dem Wasser, die aufgestiegen waren. Er schrieb, seine Männer hätten »ein gräßliches Stück Fleisch« gefunden, das sich an ein Stück Holz geklammert habe. Die Versenkung von *U186* wurde der *Hesperus* allein zugeschrieben.

In den folgenden 24 Stunden eilten die Zerstörer *Hesperus* – mit wenigen Wabos – und *Whitehall* und die fünf Korvetten nahe bei SC 129 hierhin und dorthin und vertrieben das Rudel U-Boote. Bei dieser aggressiven Sicherung gelang es keinem Boot der Gruppe Elbe, in Schußposition zu kommen. Als die *Biter* und ihre Sicherung am 13. Mai bei dem Konvoi eintrafen, ließ MacIntyre Escort Group B-2 nachtanken und füllte seinen Vorrat an Wasserbomben bei einem Tanker im Geleitzug auf, der ihm eigens zu diesem Zweck zugeteilt worden war. Die Swordfish von der *Biter* verstärkten noch die Sicherung und flogen unablässig Patrouillen um den Geleitzug, so daß die U-Boot-Führung weitere Operationen absagen mußte. Diese massiven U-Boot-Angriffe auf die Konvois HX 237 und SC 129 mit insgesamt 72 Handelsschiffen brachten den Deutschen wenig ein. Vier Boote der Gruppen Rhein und Drossel versenkten drei bestätigte Schiffe mit 21389 BRT aus HX 237. Forstners *U402* aus der Gruppe Elbe versenkte zwei Schiffe mit 7627 BRT aus SC 129. Gesamtausbeute aller drei Gruppen: fünf versenkte Schiffe mit 29 016 BRT bestätigt. Im Gegenzug versenkten die beiden Nahsicherungen der Konvois B-2 und C-2, die Swordfish der *Biter* und Langstreckenflugzeuge fünf U-Boote und beschädigten mehrere schwer.[1]

Die meisten Boote aus den Gruppen Rhein, Elbe und Drossel kehrten nach Frankreich zurück. Sie hatten keinen Grund zum Feiern; auch die Propagandisten konnten sich nicht mit Erfolgen brüsten. Die meisten Kommandanten und Besatzungen waren froh, daß sie dem Tod entronnen waren, vor allem die Männer der Gruppe Drossel. Von den ursprünglich zwölf Booten und den beiden späteren Verstärkungen *(U221* und *U753)* waren sieben versenkt worden, drei hatten ihre Fahrt vorzeitig abgebrochen. Nur vier der vierzehn Boote *(U221, U230, U436, U607)* machten eine volle Feindfahrt.

Und die Unglücksnachrichten von der Gruppe Drossel nahmen kein Ende. Auf dem Rückmarsch stieß Ritterkreuzträger Günter Seibicke, 31 Jahre alt, in *U436,* der keine Schiffe versenkt hatte, auf einen großen Geleitzug (60 Schiffe), der nach Gibraltar unterwegs war. Im Kriegstagebuch der U-Boot-Führung deutet nichts darauf hin, daß er den Geleitzug meldete, aber er lief unter Wasser sehr nahe heran, augenscheinlich um ihn allein anzugreifen. Zwei britische Geleitschiffe, die Fregatte *Test* und die Korvette *Hyderabad,* spürten *U436* auf und griffen es mit wohlgezielten Wasserbomben an. Das Boot wurde zerstört, es gab keine Überlebenden. Von den vierzehn Booten der Gruppe Drossel wurden folglich acht Boote versenkt.

Operationen im Nordatlantik im Mai: Teil II

Wegen der verschiedenen U-Boot-Operationen Ende April und Anfang Mai war unmittelbar südlich von Grönland keine Gruppe zurückgeblieben, die ankommende Geleitzüge Outbound North und Outbound North (Slow) hätte abfangen können. Am 6. Mai begann die U-Boot-

---

[1] Versenkt wurden *U89, U186, U456, U753* sowie *U266* von der Gruppe Elbe, das, wie erwähnt, zum Nachtanken ausgeschert war. Es gab keine Überlebenden in diesen Booten. *U223* und *U402* zählten zu den am schwersten beschädigten Booten.

Führung jedoch, die Lücke mit einer neuen Gruppe zu schließen. Die Gruppe sollte 25 Boote umfassen, etwa zur Hälfte alte oder kampferprobte Boote aus Frankreich und zur anderen Hälfte neue Boote aus Deutschland. Ursprünglich sollten der Gruppe drei Typ-IX-Boote angehören, darunter zwei alte Boote *(U66* und *U109)* und das dritte *(U190),* das seine zweite Feindfahrt machte. Wie erwähnt, war *U109* jedoch am 7. Mai versenkt worden. *U66* und *U190* wurden kurze Zeit später entlassen und fuhren in amerikanische Gewässer weiter. Sie wurden durch Typ-VII-Boote ersetzt. Zu den neuen Typ-VII-Booten zählte *U954,* auf dem Dönitz' Sohn Peter, 24 Jahre alt, Wachoffizier war.

Als sich die vermeintlich 25 Boote im Operationsgebiet sammelten, teilte die Führung die Gruppe in kleinere Einsatzgruppen auf, wie zuvor bei der Gruppe Amsel. Somit entstanden fünf Untergruppen, die nach deutschen Flüssen benannt waren: Isar (fünf neue Typ-VII-Boote), Lech (das verlorene Boot *U109* und drei Typ-VII-Boote, alles Veteranen), Inn (vier Typ-VII-Boote, darunter zwei Veteranen), Iller (sechs neue Typ-VII-Boote) und Naab (sechs Typ-VII-Boote, ein neues und fünf Veteranen, darunter der VIID-Minenleger *U218*).

Das neue Typ-VII-Boot *U640* unter Karl-Heinz Nagel, 26 Jahre alt, sichtete am 13. Mai auf dem Anmarsch aus Deutschland zu der Gruppe Iller einen westwärts fahrenden Geleitzug. ONS 7 bestand aus 40 Handelsschiffen und wurde von der britischen Escort Group B-5 gesichert. Der von Richard C. Boyle befehligte Verband umfaßte acht Kriegsschiffe: die Fregatten *Swale* und *Nene,* die Sloop *Wren* und fünf Korvetten. In Anbetracht der Tatsache, daß sich in unmittelbarer Nähe keine U-Boote befanden, erlaubte die Führung einen Angriff. Gleichzeitig wies sie die fünf anderen auslaufenden Boote der immer noch im Entstehen begriffenen Gruppe Iller an, Nagel so schnell wie möglich bei seinem Angriff zu unterstützen. Sie faßte außerdem die vier Gruppen westlich von Iller zusammen und dirigierte diese auf vielversprechende Positionen um, von denen aus sie den Konvoi abfangen sollten. Das waren die Gruppen Isar und Inn (neun Boote), die in Donau 1 umbenannt wurden, und die Gruppen Lech und Naab (neun Boote), die in Donau 2 umbenannt wurden.

Nagel in *U640* griff den Geleitzug nach Einbruch der Dunkelheit an und schoß vier Torpedos auf zwei Schiffe. Er nahm an, sie seien beide gesunken, aber in Wirklichkeit konnte kein Treffer bestätigt werden. Flugzeuge aus Island bombardierten das Boot und zwangen es zum Alarmtauchen. Es verlor die Fühlung zu dem Konvoi. Das neue Typ-VII-Boot *U657* der Gruppe Iller unter Heinrich Göllnitz, 33 Jahre alt, unterstützte *U640* bei der Jagd; die übrigen vier Boote schlossen sich am nördlichen Ende dem Streifen von Donau 1 und Donau 2 an, der sich südöstlich von Grönland erstreckte.

Eine von P. A. Bodinet geflogene Catalina der in Island stationierten Squadron VP 84 der US Navy zerstörte am 14. Mai Nagels Boot *U640* mit einem zielsuchenden Fido-Torpedo, vermutlich der erste Erfolg mit dieser neuen Waffe. Drei Tage später sichtete Göllnitz in *U657*, einem ehemaligen Nordmeer-Boot, den Geleitzug und versenkte den britischen Frachter *Aymeric* mit 5196 BRT. Boyles Nahsicherung griff ihrerseits mit 20 Wasserbomben und zwei Salven des Hedgehog an, die Fregatte *Swale* versenkte *U657.* Von beiden Booten gab es keine Überlebenden.[1]

Zwei weitere Typ-VII-Boote aus Norwegen und Deutschland, die sich den Booten auf der Jagd nach diesem Geleitzug anschließen sollten, wurden von Hudsons der britischen Squadron 269 aus Island versenkt. Das erste war *U646* unter Heinrich Wulff, 34 Jahre alt, der eine Fahrt im Nordmeer gemacht hatte, bevor sein Boot zum Atlantik verlegt wurde. Der Pilot Francis H. W. James zerstörte *U646* am 17. Mai mit vier Torpex-Wasserbomben. Als zweites Boot erwischte es am 19. Mai das neue Boot *U273* unter Hermann Rossmann, 24 Jahre alt, das nur zwölf Tage zuvor aus Kiel ausgelaufen war. Der Pilot J. N. P. Bell versenkte das U-Boot ebenfalls mit vier Torpex-Wasserbomben. Von beiden Booten gab es keine Überlebenden.

Drei Zerstörer von J. W. McCoys Support Group 3 trafen am 18. Mai von St. John's aus ein und verstärkten Boyles Escort Group B-5. Diese Geleitschiffe und Flugzeuge geleiteten ONS 7 von Nova Scotia und von Newfoundland aus sicher, ohne weitere Schäden durch U-Boote, bis zum Treffpunkt mit der kanadischen Local Escort Group. Mit Hilfe entzifferter Funksprüche der Kriegsmarine und unter Einsatz der Huff-Duff-Geräte war es dem Konvoi möglich gewesen, den Gruppen Iller, Donau 1 und Donau 2 auszuweichen.

Rechnet man die frühe Versenkung des IXB-Bootes *U109* aus der Gruppe Lech mit, dann kostete die Jagd und die Versenkung eines Handelsschiffes aus ONS 7 die Deutschen zu diesem Zeitpunkt fünf U-Boote: *U109, U273, U640, U646* und *U657.* Von den fast 250 Mann auf diesen Booten überlebte kein einziger.

Als nächstes fuhren die Geleitzüge HX 238 und SC 130 nach Osten. Anhand der guten Informationen des xB-Dienstes stellte die U-Boot-Führung einen neuen Vorpostenstreifen auf, der südöstlich von Grönland verlief und aus 22 Booten bestand (von Nord nach Süd): Gruppe Iller (vier neue Boote), Gruppe Donau 1 (sieben Boote, fünf neue) und Gruppe Donau 2 (elf Boote, drei neue). Eine vierte Gruppe, genannt Oder (acht Veteranen), sollte Iller und den beiden Donau-Gruppen Rückendeckung geben.

Aufgrund der entzifferten Funksprüche und der Huff-Duff-Peilungen lenkten die alliierten Führungsstellen HX 238 südlich an dem Vor-

[1] Damals schrieb die Admiralität irrtümlich die Versenkung von *U640* der *Swale* zu, einer anderen amerikanischen Catalina aus VP 84 hingegen die Versenkung von *U657.* In mehreren Untersuchungen nach dem Krieg wurden die Versenkungen wie beschrieben aufgeteilt. Siehe Franks (1995), Milford (1997) und Niestlé (1998).

postenstreifen vorbei. Gesichert von der kanadischen Escort Group C-3 (der Zerstörer *Skeena,* der ehemals amerikanische Glattdeck-Zerstörer *Burnham* und fünf Korvetten) erreichte HX 238 mit 45 Handelsschiffen unentdeckt von den Deutschen die Britischen Inseln. Der andere Geleitzug, SC 130 mit 39 Handelsschiffen, der von Peter Grettons britischer Escort Group B-7 (neun Kriegsschiffe) gesichert wurde, hatte weniger Glück.

Das neue Typ-VII-Boot *U304* der Gruppe Donau 1 unter Heinz Koch, 28 Jahre alt, sichtete SC 130 am 18. Mai bei Vollmond und schlug Alarm. Die U-Boot-Führung befahl den 21 verbliebenen Booten der Gruppen Iller, Donau 1 und 2, mit äußerster Kraft zu *U304* zu stoßen. Zu diesem Zeitpunkt hatten zwei Handelsschiffe des Geleitzuges die Fahrt abgebrochen, eines davon wurde von dem ASW-Trawler *Northern Spray* zurück in den Hafen geleitet. Also blieben 37 Handelsschiffe, die von Grettons Escort Group B-7 mit nur noch acht Kriegsschiffen gesichert wurden: den beiden Zerstörern *Duncan* und *Vidette,* der Fregatte *Tay* und fünf Korvetten. Wie zuvor bereits abgesprochen, sollte am folgenden Tag Godfrey Brewers britische Support Group 1 (die drei Fregatten *Jed, Wear, Spey* und der ehemalige Coast Guard Cutter *Sennen*) von Newfoundland aus dazustoßen; die Überwassereskorte vergrößerte sich damit auf beeindruckende zwölf Kriegsschiffe: zwei Zerstörer, vier Fregatten, ein Cutter und fünf Korvetten. Das Rettungsschiff *Zamalek,* die *Sennen* und zwei andere Kriegsschiffe hatten Huff Duff. Die meisten Kriegsschiffe hatten ein 10-cm-Radargerät vom Typ 271.

Der Geleitzug und die alliierten Führungsstellen an der Küste peilten die Fühlunghaltersignale der U-Boote und das Geplauder über Funk ein und erkannten rasch, daß SC 130 in Gefahr war. In der Nacht des 18./19. Mai vertrieben Gretton auf der *Duncan* und andere Geleitschiffe U-Boote oder zwangen sie zum Tauchen, wodurch sie die Fühlung verloren, aber andere Boote traten an ihre Stelle. In dieser Nacht versuchte jedoch keines der sich sammelnden Boote einen Angriff.

In den frühen Morgenstunden des 19. Mai traf der erste von fünf B-24-Bombern der auf Island stationierten britischen Squadron 120 ein und sicherte aus der Luft. Der Pilot W. Stoves sah, wie ein U-Boot schnell tauchte. Er ging tiefer und warf zwei zielsuchende Fido-Torpedos und drei 120-Kilogramm-Wasserbomben in den Strudel. Die Flieger sahen zwei »kleine Erhebungen« im Wasser, aber keine Trümmer, die eine Versenkung bestätigt hätten.[1]

---

[1] Zunächst meinten die Alliierten, Stoves habe bei diesem Angriff *U954* versenkt, unter Odo Loewe, 28 Jahre alt, unter dem Peter Dönitz Dienst tat. Es gab keine Überlebenden. In den Nachkriegsjahren schrieb die Admiralität die Versenkung jedoch den beiden britischen Kriegsschiffen der Support Group 1 Brewers zu: der Fregatte *Jed* (R. C. Freaker) und dem ehemals amerikanischen Coast Guard Cutter *Sennen* (F. H. Thornton).

Im Laufe des Tages sicherten mehrere B-24 den Geleitzug fast unablässig aus der Luft. Stoves' B-24 und andere griffen mehrfach U-Boote mit Wasserbomben und Fidos an, drückten sie unter Wasser und markierten die Stelle mit Rauchbojen. Der Zerstörer *Vidette,* die Fregatte *Tay* und die Korvette *Pink* eilten unabhängig voneinander zu den Rauchzeichen und jagten U-Boote. Die Korvette *Sunflower* arbeitete lose mit einer B-24 zusammen und wollte ein U-Boot unter Wasser drücken, aber weder die Korvette noch die B-24 hatten Glück. Peter Gretton schrieb später, er sei der Meinung, daß die Flugzeuge und Schiffe bei einer besseren Kommunikation untereinander weitere Boote hätten versenken können.

Einige U-Boote aus der Gruppe Donau in der Nähe des Konvois versuchten bei Tageslicht Unterwasserangriffe. Adolf Oelrich, 27 Jahre alt, in *U92,* der auf seiner vierten Feindfahrt war, meldete später, er habe einen Frachter mit 6500 BRT versenkt und einen weiteren torpediert, aber weder die Versenkung noch der Treffer wurden bestätigt. Die Annäherung von *U413* unter Gustav Poel, 25 Jahre alt, der auf seiner dritten Feindfahrt war, wurde vereitelt, als der Konvoi plötzlich den Kurs änderte, wie er meldete. Drei Boote – das neue *U645* unter Otto Ferro, 32 Jahre alt, das neue *U952* unter Oskar Curio, 25 Jahre alt, und *U707* unter Günter Gretschel, 28 Jahre alt, auf seiner zweiten Feindfahrt – meldeten, sie seien ständig von Flugzeugen und Zerstörern abgedrängt worden und deshalb nicht zum Angriff gekommen.

Die Korvette *Snowflake* sichtete ein Sehrohr in knapp 50 Metern Entfernung. Der australische Kommandant Harold T. Chesterman informierte Gretton auf der *Duncan* und leitete gleichzeitig einen Wasserbombenangriff ein. Das Angriffsziel war vermutlich *U381* auf seiner dritten Feindfahrt unter dem Kommando von Wilhelm-Heinrich von Pückler und Limpurg, 30 Jahre alt. Gretton auf der *Duncan* eilte herbei, empfing einen deutlichen Sonarkontakt und warf eine Serie aus zehn Wabos, auf die drei Salven mit dem Hedgehog folgten. Die erste Salve fiel weit, aber die zweite und die dritte können erhebliche Schäden an *U381* angerichtet haben. Es gab keine Überlebenden. Die Admiralität teilte das Verdienst für die Versenkung unter Chesterman auf der *Snowflake* und Gretton auf der *Duncan* auf; in einer Überprüfung nach dem Krieg erklärte sie jedoch, *U381* sei aus unbekannten Gründen verlorengegangen.

Später am Tag schlossen die vier Kriegsschiffe von Brewers Support Group 1 aus St. John's von achtern zum Konvoi auf. Sobald Gretton Fühlung zu dieser Gruppe hatte, entließ er, wie geplant, die kanadische Korvette *Kitchener,* damit sie zu der Eskorte des in der Nähe passierenden Konvois ON 184 stoßen konnte. Die drei Fregatten der Support Group *Jed, Wear* und *Spey* und der Cutter *Sennen* sichteten allesamt U-Boote, jagten sie und belegten sie mit Wasserbomben. Die Boote verfolgten SC 130 oder versuchten, sich vorzusetzen, um in eine bessere Schußposition zu gelangen. Die *Jed* und die *Sennen* arbeiteten bei einem heftigen Wabo-Angriff zusammen und entdeckten danach einen Ölfleck und Trümmer an der Oberfläche (zersplittertes Holz, zum Teil weiß gestrichen, einen neun Kilogramm schweren Klumpen aus Talg oder Fett, ein Stück blaues Papier oder Stoff). Sie meldeten eine Versenkung, welche die Admiralität auch anerkannte.[1]

Nach dem Aufschließen der Support Group 1 erhöhte sich die Sicherung von SC 130 auf elf Kriegsschiffe plus die B-24-Bomber. Am späten Abend des 19. Mai griff die Fregatte *Tay* unter R. E. Sherwood das neue Boot *U952* unter Oskar Curio heftig an. Das Boot wurde bei zwei Feindfahrten nun zum zweitenmal schwer beschädigt, aber es überstand den Angriff und traf im Kriechgang am 31. Mai in Frankreich ein. Es lief erst im September wieder aus. In dieser Nacht kam kein anderes Boot in die Nähe des Konvois.

Bei Tagesanbruch des 20. Mai kehrten die B-24 zurück. Eine in Island stationierte und von J. R. E. Proctor geflogene B-24 der Squadron 120 tauchte plötzlich aus den tiefhängenden Wolken auf und erwischte das kampferprobte Boot *U258* unter Wilhelm von Mässenhausen, 28 Jahre alt, an der Oberfläche. Mässenhausen tauchte zu spät. Proctor bestrich das Boot mit Maschinengewehrfeuer und warf vier auf geringe Tiefe eingestellte Wasserbomben, die *U258* zerstörten. Es gab keine Überlebenden.

Proctor in seiner B-24 und andere B-24 aus Island und Nordirland jagten den ganzen Vormittag über U-Boote. Wann immer es möglich gewesen sei, hätten auch Geleitfahrzeuge eingegriffen, aber die Kommunikation zwischen Schiffen und Flugzeugen sei immer noch schlecht gewesen, schreibt Gretton. Wegen der schweren Luft- und Überwassersicherung brach die U-Boot-Führung um die Mittagszeit die Operationen gegen SC 130 ab. Die Führung meinte, die Gruppe Donau, die den Kampf mit 22 Booten eröffnet hatte, habe lediglich einen Frachter versenkt, in Wahrheit hatten die Deutschen überhaupt kein Schiff versenkt.

Die Admiralität erkannte vier oder fünf U-Boot-Versenkungen an, aber in den offiziellen Dokumenten wurden lediglich drei versenkte U-Boote, die den Konvoi angegriffen hatten, bestätigt: Mässenhausens *U258,* Limpurgs *U381* und Odo Loewes *U954.* Wie erwähnt, überlebte von diesen Booten kein einziger. Der Verlust von Peter Dönitz auf *U954* traf die Familie Dönitz und auch die U-Boot-Führung schwer.

Zur gleichen Zeit, als die Gruppe Donau ihren kostspieligen und ergebnislosen Angriff gegen SC 130 führte, lieferte der xB-Dienst Infor-

---

[1] Die Admiralität war der Meinung, es handle sich um *U209,* das in Wahrheit schon am 5. Mai von einem Flugzeug bei dem Kampf um ONS 5 versenkt worden war. In einer Untersuchung nach dem Krieg sprach die Admiralität der *Jed* und der *Sennen* nicht die anerkannte Versenkung ab, sondern änderte *U209* zu einem »unbekannten« Boot um. Es handelte sich um *U954.*

mationen über zwei schnelle Geleitzüge: den ostwärts fahrenden HX 239 und in der Gegenrichtung ON 184.

Die U-Boot-Führung hatte in der Zwischenzeit eine neue Gruppe auf einer Linie südöstlich von Grönland aufgestellt, die Gruppe Mosel mit 23 Booten. Zu ihr zählten die acht Boote der Gruppe Oder, die dem Vorpostenstreifen Iller-Donau Rückendeckung gegeben hatten, und fünfzehn andere Boote, die, von U-Tankern, aus Frankreich oder aus Deutschland kommend, im Kampfgebiet eintrafen. Der Gruppe Mosel gehörten zwei Ritterkreuzträger an: der 27jährige Hans Trojer in *U221* und der erfahrene Kämpe Günther Krech, 28 Jahre alt, in *U558*.

Noch während die Gruppe Mosel sich sammelte, wurden drei der zugeteilten Boote von alliierten Flugzeugen oder Kriegsschiffen angegriffen. Das erste war der bewährte VIID-Minenleger *U218* unter Richard Becker, 32 Jahre alt. Obwohl *U218* von Überwasserschiffen schwer beschädigt wurde, befahl die Führung Becker, bei der Gruppe Mosel zu bleiben, bis der nächste Geleitzug passierte. Als zweites traf eine von F. J. Gosling geflogene Catalina der auf den Färöer-Inseln stationierten britischen Squadron 190 das Boot *U229* unter Robert Schetelig, 24 Jahre alt. Die Bomben eines anderen (noch nicht identifizierten) Flugzeugs verursachten einen Wassereinbruch in den Kommandoturm von *U231*. Das von Wolfgang Wenzel, 33 Jahre alt, befehligte Boot war nur zehn Tage zuvor aus Kiel ausgelaufen. Beim Alarmtauchen blieb ein Mann an Deck und ertrank. *U229* und *U231* waren so schwer beschädigt, daß sie nach Frankreich abdrehen mußten. Schetelig in *U229* übergab einen Teil seiner Treibstoffreserve an das beschädigte Boot *U377* unter Otto Köhler auf dem Rückmarsch und an den U-Tanker *U461*. Wenzel erreichte am 30. Mai Frankreich, obwohl *U231* von einem weiteren (nicht identifizierten) Flugzeug beschädigt wurde. Schetelig und Köhler liefen am 7. Juni ein. Nach den Abbrüchen von *U229* und *U231* blieben noch 21 Boote in der Gruppe Mosel.

Der Konvoi ON 184 mit 39 Handelsschiffen wurde von der kanadischen Escort Group C-1 gesichert, die sechs Kriegsschiffe umfaßte: die zwei kanadischen Zerstörer *St. Laurent* und *St. Croix* – der ehemals amerikanische Glattdeck-Zerstörer, die britische Fregatte *Itchen* und drei kanadische Korvetten. Der Konvoi und die Nahsicherung wurden von der amerikanischen Support Group 6 unterstützt: dem Geleitträger *Bogue* und seinem Schutz aus Zerstörern, die frisch von einem Crash-Kurs an der britischen ASW-Schule kamen. Die *Bogue* war seit neuestem mit Huff Duff ausgerüstet und hatte ihre komplette Sollstärke von 21 Flugzeugen an Bord: neun Jäger vom Typ Wildcat und zwölf Torpedobomber vom Typ Avenger. Die großen, robusten Avenger konnten vier Wasserbomben mit 120 Kilogramm oder zwei Wabos und einen Fido an Bord nehmen.

In den Frühstunden des 22. Mai startete die *Bogue* routinemäßig eine mit Radar ausgerüstete Avenger, geflogen von Roger C. Kuhn. Etwa 100 Kilometer von der *Bogue* entfernt, sichtete Kuhn ein U-Boot an der Oberfläche. Es handelte sich um das Typ-VII-Boot *U468* der Gruppe Mosel unter Klemens Schamong, 26 Jahre alt, der seine zweite Feindfahrt machte. Nach den Unterlagen der amerikanischen Navy verpatzte Kuhn den Angriff auf *U468* und gab der *Bogue* eine falsche Positionsmeldung durch, so daß ein Flugzeug zur Ablösung und Überwasserschiffe nichts fanden. Im Gegensatz dazu meldete Schamong der Führung, er sei am Morgen und am Nachmittag von einem Flugzeug angegriffen und danach von Überwassereskorten stundenlang verfolgt und mit Wabos belegt worden. Der angerichtete Schaden war so schwer, daß er nach Frankreich abdrehen mußte, wo er am 29. Mai eintraf. In der Gruppe Mosel blieben damit noch 20 Boote.

Etwas später am selben Morgen entdeckte eine andere Avenger von der *Bogue,* geflogen von Stewart E. Doty, ebenfalls ein U-Boot an der Oberfläche. Das Typ-VII-Boot *U305* der Gruppe Mosel unter Rudolf Bahr, 27 Jahre alt, war ebenfalls auf seiner zweiten Feindfahrt. Doty warf vier Wasserbomben nahe bei *U305,* die erheblichen Schaden anrichteten. Bahr tauchte, um die Schäden zu reparieren, und kam gegen Mittag wieder an die Oberfläche. Über ihm wartete jedoch bereits eine andere Avenger, geflogen von Robert L. Stearns. Dieser griff ohne Zögern an und warf vier Wasserbomben. Bahr tauchte sofort wieder und entkam dem Flugzeug und später noch zwei Kriegsschiffen, aber *U305* war so schwer beschädigt, daß Bahr ebenfalls gezwungen war, nach Frankreich abzudrehen. Am 1. Juni traf er ein. Nach diesem Abbruch blieben in der Gruppe Mosel noch 19 Boote.

Am Nachmittag desselben Tages, des 22. Mai, sichtete eine weitere Avenger der *Bogue,* geflogen von William F. Chamberlain, ein U-Boot. Es war das Typ-VII-Boot *U569* unter Hans Johannsen, 32 Jahre alt, der ebenfalls seine zweite Feindfahrt machte. Chamberlain griff an, warf vier Wasserbomben in einer »idealen« Gabel links und rechts des Bootes, die großen Schaden anrichteten. Eine von Howard S. Roberts geflogene Avenger zur Ablösung wartete über Johannsen, als er wieder auftauchte. Roberts warf vier weitere Wasserbomben in einer guten Gabel und bestrich die Brücke mit Maschinengewehrfeuer, damit die Deutschen ihre Flak nicht einsetzen konnten.

Johannsen hatte gar nicht die Absicht, den Kampf aufzunehmen. Nach amerikanischen Dokumenten befahl er seiner Besatzung, zum Zeichen der Kapitulation eine weiße Flagge am Sehrohrmast zu setzen. In einem Kugelhagel befestigten die Männer in aller Eile zunächst ein Taschentuch am Sehrohr, doch als sie erkannten, daß das Taschentuch zu klein war und nicht bemerkt wurde, ersetzten sie es durch ein weißes

Laken. Roberts stellte daraufhin das Feuer ein und führte den kanadischen Zerstörer *St. Laurent* unter G. H. Stephen an den Schauplatz. Beim Heranlaufen des Zerstörers befahl Johannsen der Besatzung, *U569* zu versenken und über Bord zu springen. Die *St. Laurent* fischte Johannsen und 24 Mann der 46köpfigen Besatzung aus dem Wasser. Ein verwundeter Überlebender wurde in ein kanadisches Krankenhaus geschickt, die übrigen 24 Mann kamen zur Vernehmung nach Washington.

Wie bei den meisten alliierten Kriegsschiffen war früher auch der *Bogue* (und ihren Flugzeugen) vorschnell die Versenkung von U-Booten zuerkannt worden. *U569* war die erste bestätigte Versenkung durch die *Bogue* und die erste durch einen alliierten Geleitträger ohne Mitwirkung von Überwasserfahrzeugen. Dem Avenger-Pilot Chamberlain, der *U569* zuerst erblickt hatte, wurde der Orden Silver Star verliehen, dem zweiten Avenger-Piloten, Roberts, das DFC.

Richard Becker in dem beschädigten VIID-Minenleger *U218* wich Angriffen durch die Flugzeuge der *Bogue* aus, kam aber auch nicht ungeschoren davon. Eines oder mehrere Überwasserschiffe kamen plötzlich aus einem Regensturm, stürzten sich auf *U218* und warfen Serien von Wasserbomben. Becker, dessen Boot erneut beschädigt war, sichtete und meldete den »erwarteten« Geleitzug und drehte dann nach Frankreich ab. Am 2. Juni traf er ein und beendete eine glücklose Fahrt von 44 Tagen. Nach diesem Abbruch hatte die Gruppe Mosel nur noch 18 Boote.

Der schnelle Konvoi ON 184 passierte am 21. und 22. Mai eng den schnellen ostwärts fahrenden Konvoi HX 239. Letzterer umfaßte 42 Handelsschiffe, die von der britischen Escort Group B-3 unter M. J. Evans gesichert wurden. Die Gruppe hatte acht Kriegsschiffe: die zwei Zerstörer *Keppel* und *Escapade,* die Fregatte *Towy* und fünf Korvetten, drei davon waren mit freifranzösischen Besatzungen bemannt. Die Kriegsschiffe wurden von der britischen Support Group 4 unterstützt, von dem Geleitträger *Archer* und seiner Sicherung aus vier Zerstörern.[1]

Augenscheinlich wußte die U-Boot-Führung nicht, daß diese beiden in entgegengesetzten Richtungen fahrenden Geleitzüge, die jeweils von einer Gruppe mit Geleitträger gesichert wurden, so nah aneinander vorüberfahren würden. Zunächst stifteten die Fühlungsmeldungen mehrerer U-Boote Verwirrung. Als die Führung schließlich die tatsächliche Lage erkannt hatte, beschloß sie, sich mit der ganzen verfügbaren Streitkraft gegen den ostwärts fahrenden HX 239 zu wenden, der mit Kriegsmaterial beladen war. Die Führung teilte diesem Angriff 27 U-Boote zu: die neun südlichsten Boote der Gruppe Mosel und die 18

[1] Die Gruppe mit der *Archer* war Mitte Mai nach Newfoundland gefahren und hatte wechselweise ONS 6 mit 31 Handelsschiffen und den schnellen ON 182 mit 56 Handelsschiffen eskortiert, ohne ein einziges Schiff zu verlieren.

verbliebenen Boote der Donau-Gruppen, welche die vergebliche und kostspielige Jagd auf SC 130 abbrachen.

Dönitz ermahnte die Mosel-Boote mit einer eindringlichen persönlichen Botschaft:

Bei den letzten beiden Atlantikgeleitzügen haben wir nichts erreicht... Wenn jetzt irgend jemand der Ansicht ist, daß deshalb eine Bekämpfung der Geleitzüge nicht mehr möglich ist, dann ist er ein Schwächling und kein echter U-Boot-Kommandant. Die Schlacht im Atlantik wird härter, aber sie ist der entscheidende Faktor bei der Kriegführung.

Haltet euch eure hohe Verantwortung vor Augen und vergeßt nicht, daß ihr euch für eure Handlungen verantworten müßt. Gebt euer Bestes bei diesem Geleitzug. Wir müssen ihn zerschmettern!

Wenn die Umstände es gestatten, taucht nicht vor Flugzeugen in Sicht. Schießt und vertreibt sie. Wann immer es möglich ist, flieht über Wasser vor den Zerstörern. Seid hart! Geht ran und greift an. Ich glaube an euch.[1]

Das kampferprobte VII-Boot *U752* unter dem bewährten Kämpen Karl-Ernst Schroeter, 30 Jahre alt, war auf seiner achten Feindfahrt und nahm am 23. Mai die Fühlung zu HX 239 auf. Seine Meldung wurde vom Zerstörer *Keppel* eingepeilt, dem Führerboot der britischen Escort Group B-3. Der Geleitträger *Archer* startete zwei Swordfish-Doppeldecker, welche die Peilung anfliegen sollten. Das Flugzeug entdeckte *U752* (oder ein anderes U-Boot) an der Oberfläche, aber sein Wasserbombenangriff scheiterte offenkundig. Die *Archer* startete dann eine zweite Swordfish, die mit acht Raketen mit Sprengköpfen von 12 Kilogramm bewaffnet war.[2] Der Pilot Harry Horrocks war erstaunt, *U752* noch an der Oberfläche anzutreffen, stieß aus einer tiefhängenden Wolke hinab und feuerte in kurzer Folge paarweise acht Raketen ab. Die ersten drei gingen knapp vorbei, aber das vierte Paar traf und durchschlug den Druckkörper von *U752* vor dem Kommandoturm auf der Höhe des Funkraums und der Koje des Kommandanten.

Die beiden Treffer beschädigten *U752* außen und innen schwer und verursachten große Wassereinbrüche. Schroeter war deshalb gezwungen, das Alarmtauchmanöver abzubrechen, und sich an der Oberfläche mit der Flak zur Wehr zu setzen. Gerade als er und seine Kanoniere auf die Brücke kamen, griff eine Martlet von der *Archer* mit Maschinengewehren an. Eine Kugel traf Schroeter in den Kopf und tötete ihn auf der Stelle. In diesem

---

[1] Das Zitat wurde rückübersetzt.

[2] Ursprünglich als Panzerabwehrwaffe entwickelt, aber eilig zu einer ASW-Waffe ausgebaut.

Feuer kamen mehrere andere Besatzungsmitglieder ums Leben. Daraufhin übernahm der Leitende Ingenieur das Kommando und befahl der Mannschaft, das Boot zu verlassen und zu versenken. Als das Boot Bug voraus sank, weigerte sich der Erste Wachoffizier, die Brücke zu verlassen. Zu Ehren des Bootes rief er dreimal »Hoch!« und versank mit ihm.

Das Flugzeug führte den Zerstörer *Escapade* der Escort Group B-3 an den Schauplatz. Er fischte 13 Mann der 46köpfigen Besatzung von *U752* aus dem Wasser. Später am selben Tag rettete *U91* unter Heinz Hungershausen, 26 Jahre alt, vier deutsche Überlebende und brachte sie am Ende nach Frankreich zurück. *U752* wurde als erstes U-Boot von einem Flugzeug eines britischen Geleitträgers ohne Hilfe von Überwasserschiffen oder landgestützten Flugzeugen versenkt und fiel als erstes Boot Raketen zum Opfer.

Die Erfolgsmeldungen der Dutzende U-Boote, die in den zwei Wochen vom 9. bis zum 23. Mai auf der Nordatlantikroute eingesetzt worden waren, waren geradezu lächerlich. Anhand der Informationen des xB-Dienstes hatten sie sechs von sieben ost- und westwärts fahrenden Geleitzügen mit insgesamt 277 Handelsschiffen erfaßt, lediglich HX 238 war ihnen entwischt. Aus den sechs erfaßten Geleitzügen versenkten die U-Boote nur sechs Schiffe mit rund 35000 BRT.

Im Gegenzug versenkten alliierte Streitkräfte 15 U-Boote in diesen Geleitzugkämpfen: sieben durch landgestützte Flugzeuge ohne Mitwirkung von Überwasserschiffen, fünf durch Überwasserschiffe, zwei durch Flugzeuge von Geleitträgern und eines durch ein landgestütztes Flugzeug gemeinsam mit einem Überwasserschiff. Ebenso wichtig war die Tatsache, daß alliierte Streitkräfte acht weitere U-Boote so schwer beschädigten, daß sie die Fahrt abbrechen mußten; eines wurde von einem unbeschädigten Boot *(U359)* begleitet, das als neunter Abbruch gewertet werden muß. Der katastrophale Gesamtverlust in diesen zwei Wochen im Nordatlantik: 24 U-Boote.

Rechnet man die fünf Verluste und die sechs Abbrüche der im Mai ausgelaufenen Boote zu den Verlusten auf der Nordatlantikroute hinzu, betrugen die »Verluste« der Deutschen vom 1. bis zum 23. Mai 20 versenkte Boote und 15 Abbrüche, insgesamt 35 oder rund 20 Prozent der 180 Boote in den Atlantikflottillen. Von den annähernd 750 deutschen U-Boot-Fahrern, die auf den verlorenen Booten Dienst taten, wurden lediglich 38 gerettet; in Kriegsgefangenschaft kamen 25 Männer von *U569* und 13 von *U752*. Rund 700 Mann, darunter 14 Kommandanten und Dönitz' Sohn Peter, kamen auf See ums Leben.

Abzug aus dem Nordatlantik

Dönitz und die U-Boot-Führung waren schockiert und zutiefst betrübt über die katastrophalen U-Boot-Verluste und Abbrüche auf der Nordatlantikroute. Die Verluste, Abbrüche und verpaßten Gelegenheiten, vor allem gegen SC 130 durch die Donau-Gruppen und gegen HX 239 durch die Gruppe Mosel, bedrückten die Beteiligten sehr. Die Führung schätzte, daß bis zum 23. Mai 31 U-Boote (mit rund 1500 Mann) allein im Mai verlorengegangen waren.[1] Das waren mehr als doppelt so viele U-Boot-Verluste wie im zweitschlimmsten Kriegsmonat.

Angesichts der schweren Verluste gelangten Dönitz und die U-Boot-Führung zu der Überzeugung, daß der U-Boot-Feldzug gegen die Nordatlantikroute nicht fortgesetzt werden könne, solange die geplanten Verbesserungen der Typ-VII-Boote (schwere Fla-Bewaffnung, zielsuchende Torpedos vom Typ T-5 zur Abwehr der Geleitschiffe, das Funkmeßbeobachtungsgerät Wanze und so weiter) nicht abgeschlossen waren. In der Zwischenzeit sollten die U-Boote, auch die Typ-VII-Boote, in Gebieten patrouillieren, in denen eine weniger starke alliierte Luftsicherung vermutet wurde: in der Karibik, in den Räumen östlich von Trinidad und Brasilien und westlich der Küste Afrikas von Dakar bis Freetown und weiter südlich.

Am 24. Mai verkündete Dönitz in einer Botschaft seinen Entschluß und ermahnte die Kommandanten, unter allen Umständen ein Sinken der Moral unter der Besatzung zu verhindern. Sie sollten betonen, der Rückzug von der Nordatlantikroute sei nur eine vorübergehende Defensivmaßnahme und am Ende würden die Deutschen den Seekrieg gewinnen. Er schloß mit »Heil Hitler«.

Zu den abmarschierenden Typ-VII-Booten zählte auch das neue Boot *U418* unter Gerhard Lange, 22 Jahre alt. Er war am 24. April aus Kiel ausgelaufen und hatte sich den Gruppen Isar und Donau 1 angeschlossen. Wie die meisten Boote dieser Gruppen hatte er keinen Erfolg verbuchen können. Auf dem Rückmarsch von *U418* überflog am 1. Juni eine Beaufighter der britischen Squadron 236, geflogen von Mark C. Bateman und W. G. Easterbrook, mit einem Sonderauftrag den Golf von Biskaya. Ihr »Beobachter« war der ASW-Experte der Admiralität, Francis J. Brookes, der bei der Squadron zu Besuch war. Er machte *U418* mit seinem Fernglas in 18 Kilometern Entfernung aus. Bateman griff an

---

[1] Die tatsächlichen Zahlen bis zu diesem Zeitpunkt waren 33 verlorene Boote mit rund 1600 Mann: ein U-Tanker, *U463* vom Typ XIV, neun IX-Boote und 23 VII-Boote. Die Verluste im ganzen Monat Mai beliefen sich auf die Rekordzahl von 40 Booten (häufig irrtümlich mit 41 Booten angegeben). Dazu zählten die drei Ritterkreuzträger Ulrich Folkers in *U125,* Günther Seibicke in *U436* und Max-Martin Teichert in *U456.* Wie erwähnt, wurde letzterem postum die Auszeichnung verliehen. Siehe Anhang 2.

und feuerte vier 12-Kilogramm-Raketen. Diese trafen und zerstörten *U418* unter Verlust der gesamten Besatzung.[1] Zwei Tage später fiel ein Schwarm JU-88-Kampfflugzeuge über eine andere Beaufighter her, die von Michael Shannon und I. S. Walters geflogen wurde. Ihr Beobachter war wieder Francis Brookes von der Admiralität. Die Deutschen zerschossen die Beaufighter und verwundeten Brookes tödlich. Shannon brachte die Maschine mit Mühe nach Hause und machte eine Notlandung auf seinem Stützpunkt in Cornwall.

Um den Abzug der U-Boote vor den Alliierten geheimzuhalten, befahl Dönitz 13 Typ-VII-Booten (fünf aus der aufgelösten Gruppe Mosel), so lange wie möglich im Nordatlantik zu bleiben und eine Reihe Scheinfunksprüche zu senden, mit denen die Operationen mehrerer Gruppen vorgetäuscht werden sollten. Die Alliierten erfuhren über einen zeitweiligen Einbruch in die Enigma der Kriegsmarine von diesem Täuschungsmanöver und versenkten drei der abkommandierten U-Boote:

- Am 25. Mai versenkte eine Catalina der auf Island stationierten Squadron VP 84 der US Navy, geflogen von Robert C. Millard, *U467,* das auf dem Weg vom Nordmeer zum Atlantik war. Es war der 28. Geburtstag des U-Boot-Kommandanten Heinz Kummer. Es gab keine Überlebenden.
- Am 28. Mai versenkte eine B-24 der auf Island stationierten britischen Squadron 120, geflogen von D. C. Fleming-Williams, das neue Boot *U304* unter Heinz Koch, 28 Jahre alt. Es gab keine Überlebenden.
- Am 2. Juni war Johnny Walkers Support Group 2[2] unterwegs zur Verstärkung von Konvoi HX 241 und stieß auf das bewährte Boot *U202* unter Günter Poser, 26 Jahre alt. Ein Jahr zuvor hatte dieser Kommandant vier deutsche Agenten auf Long Island an Land gesetzt. Nach einer Jagd von 15 Stunden und dem Abwurf von 250 Wasserbomben zwang Walkers Gruppe *U202* zum Auftauchen und versenkte das Boot dann mit 27 Salven aus den 4-Zoll-Geschützen. Die vier Sloops *Kite, Starling, Wild Goose* und *Woodpecker* beteiligten sich an diesem Angriff, aber das Verdienst für die Versenkung ging allein an Walkers Führerboot, die *Starling.* Die Briten retteten Poser und 29 andere Deutsche, die meisten waren verwundet.

Auch das Mosel-Boot *U552* war zu dem Täuschungsmanöver abkommandiert worden, Erich Topps berühmtes Boot, das nun von Klaus Popp befehligt wurde. Am 4. April war es von Brest in den Nordatlantik ausgelaufen, hatte aber wie die meisten U-Boote keinen Erfolg gehabt. Am 27. Mai entdeckte eine B-24 der britischen Squadron 59, geflogen

---

1 Die Raketen waren immer noch streng geheim, deshalb mußte er melden, er habe »Wasserbomben« bei dem Angriff verwendet. Siehe Franks, *Search, Find and Kill* (1995).

2 Nicht zu verwechseln mit MacIntyres Escort Group 2.

von dem Australier H. A. L. (Tim) Moran, *U552* auf dem Rückmarsch. Moran warf acht Wasserbomben mit Sprengladungen. Das U-Boot überstand den Angriff, war aber schwer beschädigt. Popp meldete dies der U-Boot-Führung. Das Boot konnte nur bis zu einer Tiefe von 30 Metern tauchen, alle Deckgeschütze waren zerstört. Die Führung leitete Kurt Lange in dem auslaufenden Boot *U455* um, damit er »Treibstoff und Material« an *U552* übergeben konnte. Dann sollte er seine Fahrt fortsetzen. Das Treffen fand am 7. Juni statt, und mit dieser Hilfe war Popp imstande, am 13. Juni nach St. Nazaire zu schleichen. Das U-Boot lief erst Anfang Oktober wieder aus.

Auch das Typ-VII-Boot *U650* unter Ernst von Witzendorff zählte zu den Täuschungsbooten auf dem Rückmarsch. Am 23. Juni entdeckte eine B-24 der britischen Squadron 86, geflogen von John Wright, der zuvor schon das Typ-VII-Boot *U456* beschädigt hatte, Witzendorff und griff an. Wright warf eine 270 Kilogramm schwere Bombe, die detonierte, aber Wright entdeckte keinen handfesten Hinweis auf eine Versenkung. In Wahrheit war *U650* schwer beschädigt worden und kroch mit einer Eskorte der Luftwaffe nach St. Nazaire. Das Boot lief erst im Januar 1944 wieder zu einer Feindfahrt aus.

Das bewährte Boot *U575* unter Günther Heydemann, 26 Jahre alt, das seine achte Feindfahrt beendete, kehrte ebenfalls von dem Täuschungsmanöver zurück. Das Boot war Ende April aus Frankreich ausgelaufen und hatte sich den Gruppen Amsel und Elbe bei den Angriffen gegen die Geleitzüge ONS 5 und SC 129 angeschlossen. Weder in dem ersten noch in dem zweiten Geleitzugkampf hatte *U575* gut Fühlung gehalten oder auch nur einen Torpedo losgemacht. Nach der Ankunft in Frankreich am 11. Juni verließ Heydemann das Boot und wechselte zu einer anderen Aufgabe. Am 3. Juli verlieh Dönitz ihm das Ritterkreuz.[1]

Alle anderen Täuschungsboote kehrten kurze Zeit später nach Frankreich zurück und wurden durch neue Boote aus Deutschland auf ihrer Jungfernfahrt oder durch Verlegungen aus dem Nordmeer ersetzt. Die Führung untersagte es den grünen, aber einsatzfreudigen Kommandanten, vor der nächsten Neumondphase Anfang Juli irgendwelche Schiffe anzugreifen. Alle Boote wurden besonders ermahnt, alliierte Luftangriffe abzuwehren und bei der Überwasserfahrt nachts mit den Elektromotoren zu fahren anstelle der Dieselmotoren, damit die Brükkenwache Flugzeuge im Anflug früher hören konnte.

Obwohl die Gewässer im Raum Gibraltar-Azoren wegen der steigenden Zahl britischer und amerikanischer B-24-Bomber und Catalinas, die in

---

[1] Zum Zeitpunkt seiner Verleihung waren ihm 85676 versenkte Tonnen zuerkannt worden. Seine bestätigte Versenkungsziffer betrug sechs versenkte Schiffe mit 35875 Tonnen, darunter der britische Truppentransporter *Abosso* und zwei Segelschiffe mit 240 Tonnen, und drei torpedierte Tanker mit rund 30000 BRT.

Gibraltar oder Port Lyautey, Marokko, stationiert waren, sehr gefährlich geworden waren, war es aus politischen Gründen offenbar nötig, daß Dönitz sein Möglichstes tat, um den Rückschlag der Achse in Nordafrika wettzumachen und eine erwartete alliierte Invasion in Sardinien, Sizilien oder Italien zu verhindern oder zumindest zu stören. Deshalb wies Dönitz am 24. Mai, demselben Tag, als er den U-Booten den Abmarsch von der Nordatlantikroute befohlen hatte, die U-Boot-Führung an, bis zum 31. Mai eine neue Gruppe zu bilden, die UG- und GU-Geleitzüge angreifen sollte. Genauer, trug die Führung in ihr Tagebuch ein, sollte die Gruppe Trutz den Konvoi UGS 9 angreifen, auf den sie vermutlich vom xB-Dienst aufmerksam gemacht worden war.

Diese neue Gruppe Trutz setzte sich ursprünglich aus 16 Typ-VII-Booten zusammen, acht aus der aufgelösten Gruppe Mosel und acht frisch aus Deutschland oder Frankreich ausgelaufene Boote. Der Gruppe gehörten drei Ritterkreuzträger an: Hans Trojer in *U221,* Siegfried Strelow in *U453* und Günther Krech in *U558.* Anscheinend ohne Wissen der Deutschen kommandierten die Alliierten die amerikanische Support Group 6 (den Geleitträger *Bogue* und vier Glattdeck-Zerstörer) zur Verstärkung der Eskorte von UGS 9 ab. Die Taktik war geändert worden, dem Kommandanten der *Bogue,* Giles E. Short, war es zum erstenmal gestattet, unabhängig von der Nahsicherung des Geleitzuges zu operieren: Er durfte sich abseits halten und in der Nähe liegende Einpeilungen mit dem Huff Duff anlaufen.

Auf dem Marsch nach Süden, um zu dem Vorpostenstreifen der Gruppe Trutz zu stoßen, sichtete der Ritterkreuzträger Günther Krech in *U558* am 25. Mai zufällig den ostwärts fahrenden SC 131. Er umfaßte 31 Handelsschiffe, die von der britischen Escort Group 6 unter R. Heathcote in dem Zerstörer *Viscount* und von J. W. McCoys Support Group 3 gesichert wurden. In Anbetracht der Tatsache, daß »alle verfügbaren« U-Boote auf unterschiedlichen Routen unterwegs zur Gruppe Trutz waren, trug die Führung ein, konnte kein Boot Krech beim Angriff auf diese Ziele beistehen. Er wurde deshalb ermächtigt, allein anzugreifen, allerdings nur, wenn keine alliierten Flugzeuge am Himmel erschienen.

Andere U-Boote hörten diese Funksprüche. Vier Typ-VII-Boote auf dem Rückmarsch und das neue Typ-VII-Boot *U951* der Gruppe Trutz unter Kurt Pressel, 32 Jahre alt, versuchten, sich dem Angriff anzuschließen, hatten aber keinen Erfolg. Als Krech sich tollkühn zu einem getauchten Angriff bei Tage näherte, wurde *U558* von mehreren Geleitschiffen geortet und massiv mit Wabos belegt. Später am Tag versuchte Krech einen zweiten Unterwasserangriff, wurde aber wieder entdeckt und von Flugzeugen und Überwassereskorten angegriffen. Krech entkam, aber er mußte ablaufen, um die Schäden zu reparieren, und verlor die Fühlung zu SC 131. Der Geleitzug setzte seine Fahrt zu den Britischen Inseln ohne weitere Bedrohung durch U-Boote fort.

Zu dieser Zeit konnten die alliierten Codeknacker die Enigma der Kriegsmarine nicht effektiv entziffern, aber die Einpeilungen von Funksprüchen der U-Boote vermittelten Giles Short eine gute Vorstellung von dem Operationsgebiet der Gruppe Trutz. Er manövrierte die *Bogue* und ihre Sicherung in diesen Seeraum, so daß er nicht nur UGS 9 sichern konnte, sondern auch zwei andere Geleitzüge, die unweit östlich und westlich passieren mußten: UGS 7A und Flight 10, eine besondere Formation aus 19 ostwärts fahrenden britischen Landungsbooten. Am 4. Juni sichteten die Flugzeuge der *Bogue* drei Typ-VII-Boote der Gruppe Trutz an der Oberfläche und griffen sie an, allesamt ehemalige Boote der Gruppe Mosel auf ihrer zweiten Feindfahrt: Erwin Christophersen, 28 Jahre alt, in *U228;* Rudolf Baltz in *U603* und Horst Rendtel, 26 Jahre alt, in *U641.* Baltz und Rendtel setzten sich mit der Flak wirkungsvoll zur Wehr. Alle drei Boote entkamen mit leichten Schäden.

Einen Tag später, am 5. Juni, entdeckten zwei Flugzeuge der *Bogue* bei einem Patrouillenflug noch ein Boot der Gruppe Trutz an der Oberfläche. Es war der schwerfällige VIID-Minenleger *U217* unter Kurt Reichenbach-Klinke, 26 Jahre alt. Der Pilot Richard S. Rogers ging mit seiner Wildcat herunter und bestrich das Boot im Tiefflug mit dem Maschinengewehr. Sechs Deutsche wurden ins Meer geschleudert. Der Avenger-Pilot Alexander C. McAuslan warf nach zwei weiteren Angriffen mit dem Maschinengewehr aus einer Höhe von 30 Metern vier Wasserbomben auf *U217.* Das U-Boot sank unter Verlust der gesamten Besatzung.[1]

Die U-Boot-Führung war überhaupt nicht erfreut über die Aktionen der Gruppe Trutz, der einzigen verbliebenen U-Boot-Gruppe im Atlantik. Angesichts der Trägerflugzeuge in der Nähe der Konvois und des Treibstoffmangels befahl die Führung der Gruppe, die Operationen abzubrechen und nach Norden zu fahren, um an dem neuen U-Tanker vom Typ XIV, der »Milchkuh« *U488* unter Erwin Bartke, 34 Jahre alt, nachzutanken. *U92* sollte danach über die Azoren den Rückmarsch antreten, die Gruppe sollte hingegen, verstärkt durch das neue IXC/40-Boot *U193* unter Hans Pauckstadt, 36 Jahre alt, auf die Route der Geleitzüge United States – Gibraltar zurückkehren und nach anderen UG- und/oder heimwärts fahrenden GU-Konvois Ausschau halten.

[1] *U217* war bereits der vierte von sechs VIID-Minenlegern *(U213* bis *U218),* der verlorenging. Während sie darauf warteten, daß die SMA-Ankertauminen zum Gefechtseinsatz freigegeben wurden, führten alle sechs Torpedopatrouillen aus. Sie versenkten insgesamt vier Schiffe mit 22800 BRT mit dem Torpedo und ein Segelschiff mit 75 Tonnen mit der Deckkanone.

Unterdessen lief auf Dönitz' Befehl eine Reihe von Typ-VII- und IX-Booten in die Karibik, nach Südamerika und in den Raum vor Freetown, auf die später näher eingegangen wird. Mit ihnen lief der große Minenleger vom Typ XB *U118* unter Werner Czygan, 38 Jahre alt, aus, der provisorisch als U-Tanker Dienst tat. *U118* wurde zum Nachtanken von rund neun Booten abkommandiert.

Zu den VII-Booten, die an *U118* nachtanken sollten, zählte auch *U758,* das von Helmut Manseck, 28 Jahre alt, befehligt wurde und bei der zweiten Feindfahrt nach Trinidad marschieren sollte. *U758* wurde als erstes U-Boot mit einer 2-cm-Vierlingsflak, die auf einer Plattform hinter der Brücke montiert war, in einen Kampf verwickelt. Als Manseck sich am 8. Juni dem Treffen mit *U118* näherte, stieß er auf den Geleitzug UGS 9, den die Gruppe Trutz nicht erfaßt hatte.

Manseck wußte allerdings nicht, daß die Support Group mit der *Bogue* noch in der Nähe war. Zwei Avengers der *Bogue* entdeckten *U758* an der Oberfläche, nachdem sie eine Huff-Duff-Peilung angeflogen hatten. Das erste Flugzeug, geflogen von Letson S. Balliett, warf vier nahe Wasserbomben. Das zweite, geflogen von W. S. Fowler, warf drei. Die sieben Detonationen richteten *U758* übel zu und verwundeten elf Mann, vier davon schwer. Manseck erprobte die neue Taktik des »Zurückschießens«, blieb an der Oberfläche und feuerte aus allen Rohren. Er rühmte die Vierlingsflak und behauptete später, acht Flugzeuge der *Bogue* hätten ihn angegriffen. Er habe eins abgeschossen und vier beschädigt – in Wirklichkeit griffen ihn nur vier Flugzeuge an, und nur eines wurde beschädigt.

Mit großem seemännischem Können und mit einer Portion Glück entkam Manseck und meldete in dieser Nacht der U-Boot-Führung seine verzweifelte Lage. Da die Führung glaubte, *U758* könne sogar sinken, befahl sie zwei in der Nähe liegenden Booten, mit höchster Fahrt Mansecks Position anzulaufen: dem fast leergepumpten U-Tanker *U460* vom Typ XIV unter Ebe Schnoor und Werner Czygans provisorischem Tanker *U118.* Beide Tanker erreichten am nächsten Tag *U758.* Der Arzt auf *U118* versorgte Mansecks Verwundete und verlegte einige Männer zur weiteren Behandlung auf *U118.* Schnoor in *U460* gab einige Tonnen überschüssigen Treibstoffs an Czygan in *U118* und geleitete dann *U758* nach Frankreich zurück, wo die beiden Boote am 25. Juni eintrafen. *U758* wurde bis zum September repariert und weiter umgebaut. Um das Vertrauen in die neue Vierlingsflak zu steigern, gab die U-Boot-Führung die übertriebenen Meldungen Mansecks an alle Boote weiter.

Die Alliierten peilten zahlreiche verschlüsselte Funksprüche zur Rettung von *U758* und mit den Anweisungen zum Nachtanken für *U118* ein. Short auf der *Bogue* kam wegen der zahlreichen Huff-Duff-Peilungen zu dem Schluß, eine zweite Gruppe formiere sich soeben. Am 12. Juni stießen Flugzeuge der *Bogue* in den Raum vor und entdeckten

U118. Etwa acht Flugzeuge griffen *U118* an, warfen 14 nahe Wasserbomben und feuerten über 5000 Schuß aus ihren Maschinengewehren. Bei diesem massierten Luftangriff wurde *U118* zerstört. Als der Glattdeck-Zerstörer *Osmond Ingram* aus der Sicherung der *Bogue* an dem Schauplatz eintraf, entdeckte er 21 Deutsche im Wasser, vier davon tot. Die Zerstörerbesatzung fischte die 17 Überlebenden – alles Mannschaftsränge – aus dem Wasser, einer erlag aber später seinen Wunden. 38 andere Besatzungsmitglieder und/oder die aufgenommenen Verwundeten aus *U758* kamen bei dem Angriff ums Leben. Nach diesem Verlust blieb nur der neue XIV-Tanker *U488* auf See, um die Boote zu versorgen, die in den fernen Südatlantik und in die Karibik unterwegs waren.[1] Der *Bogue* ging allmählich der Treibstoff aus, außerdem hatte sie wieder Schwierigkeiten mit dem Katapult. Sie und ihre Sicherung kehrten deshalb am 14. Juni nach Norfolk zurück, als B-24-Bomber der Group 480 der USAAF von Marokko aus eintrafen, um den Konvoi zu sichern.

Während die 15 Boote der Gruppe Trutz an *U488* nachtankten, arbeitete die U-Boot-Führung einen Plan für einen Angriff auf den nächsten langsamen Konvoi United States–Gibraltar, UGS 10, aus. Nach diesem Plan sollte die Gruppe weit nach Westen verlegt werden, um den Geleitzug mitten im Ozean abzufangen (rund 1500 Kilometer östlich der Bermudas). Alliierte Codeknacker entzifferten diese Befehle oder peilten die Gruppe ein und lenkten UGS 10 (70 Handelsschiffe, neun Geleitschiffe als Nahsicherung und eine Support Group um den Geleitträger *Santee*) weiter nach Süden, als ursprünglich beabsichtigt gewesen war. Außerdem wiesen sie den Konvoi an, ständig Flugzeuge der *Santee* Patrouillen fliegen zu lassen. Auf diese Weise tricksten die Alliierten die Gruppe Trutz abermals aus.

Zufällig stieß ein anderes U-Boot auf dem Weg nach Trinidad, das bewährte Typ-VII-Boot *U572* unter Heinz Kummetat, 24 Jahre alt, am 22. Juni auf UGS 10. Kummetat meldete die Fühlungnahme und bat um Erlaubnis zum Angriff. Die Führung rechnete nach, ob die Gruppe Trutz sich außerhalb der Reichweite der alliierten landgestützten Flugzeuge von Marokko befand, und gewährte dann die Bitte von *U572.* Kummetat schlüpfte tollkühn getaucht an den amerikanischen Flugzeugen der *Santee* und neun unaufmerksamen Kriegsschiffen der Nahsicherung vorbei (sieben Zerstörer, zwei Minensuchboote) und versenkte den

---

[1] In seinem Buch über die deutschen Kriegsgefangenen des Zweiten Weltkrieges in amerikanischen Lagern *The Faustball Tunnel* (1978) schreibt John H. Moore, daß einer der 16 Überlebenden von *U118,* der Matrose Werner Dreschler (auch bekannt als »Limmer«), ein Spitzel wurde. Als die anderen deutschen Kriegsgefangenen das entdeckten, ermordeten sie ihn am 13. März 1944 in einem Lager in Papago Park in Arizona. Die amerikanischen Führungsstellen stellten sieben Kriegsgefangene vor Gericht, befanden sie für schuldig und hängten sie am 25. August 1945, schreibt Moore.

freifranzösischen Tanker *Lot* mit 4220 BRT. Zu spät wachte die Eskorte auf und griff *U572* an, aber Kummetat entkam und setzte seine Fahrt nach Trinidad fort.

Die U-Boot-Führung wies danach die Gruppe Trutz an, kehrtzumachen und mit sparsamer Fahrt nach Osten zu fahren. Die Gruppe wurde von dem bewährten Typ-VII-Boot *U135* unter dem neuen Kommandanten Otto Luther, 24 Jahre alt, auf 16 Boote verstärkt. Von dieser neuen Formation und ihren Befehlen wußten die alliierten Dienststellen aus entzifferten Funksprüchen und Peilungen mit dem Huff Duff und lenkten zwei westwärts fahrende Geleitzüge um die Gruppe herum. Es handelte sich dabei um GUS 8, der von einer neuen amerikanischen Support Group um den Geleitträger *Card* gesichert wurde (der zuvor als Flugzeugtransporter nach Marokko gefahren war), und um GUS 9, der zunächst von der zurückkehrenden Gruppe um die *Santee* gesichert wurde und dann von einer weiteren neuen Support Group um den Geleitträger *Core,* die mit dem Konvoi UGS 11 nach Osten gefahren war.[1]

Die mehrmals genarrte und enttäuschte Führung löste die Gruppe Trutz Ende Juni auf. *U666* unter Herbert Engel, 31 Jahre alt, ging der Treibstoff aus, und das Boot kehrte nach Frankreich zurück. Damit blieben noch 15 Boote auf See. Die Führung befahl den beiden bewährten VII-Booten *U221* und *U558,* die von den Ritterkreuzträgern Hans Trojer und Günther Krech befehligt wurden, in den sehr gefährlichen Gewässern in der Nähe der Straße von Gibraltar, und den beiden zuletzt zur Gruppe gestoßenen Booten, *U135* und *U193* (ein IXC/40-Boot), beide unter unerfahrenen Kommandanten, westlich von Marokko zu patrouillieren. Die übrigen elf Boote der Gruppe Trutz, darunter auch der Ritterkreuzträger Siegfried Strelow in dem bewährten Boot *U435,* wurden in drei kleine Untergruppen aufgeteilt (Geier 1, 2 und 3). Ihnen wurde befohlen, sich langsam in den Raum westlich von Lissabon vorzuarbeiten. Die Führung war der Ansicht, daß die meisten ehemaligen Trutz-Boote so nahe operierten, daß sie sich gegenseitig zu Hilfe eilen konnten, falls ein Boot einen Geleitzug sichten sollte.

Fünf dieser ehemaligen Trutz-Boote wurden prompt versenkt, vier von alliierten landgestützten ASW-Bombern:

- Das neue VIIC-Boot *U951* unter Kurt Pressel, 32 Jahre alt, der seine erste Feindfahrt machte. Eine B-24 der in Marokko stationierten ASW-Squadron 1 der US Army Air Forces, geflogen von Walter S. McDonell, sichtete das Boot am 7. Juli. Von dem Flak-Feuer unbeeindruckt, griff McDonell an und warf sieben Wasserbomben, die *U951*

[1] Um den Andrang im Hafen von New York abzuschwächen, liefen von UGS 11 an die langsamen Torch-Geleitzüge bis zum 27. Juli alle fünfzehn Tage aus, dann alle zehn Tage.

mitsamt der gesamten Besatzung von 46 Mann versenkten. Die Flak-Geschosse schlugen in das Cockpit der B-24 ein und verwundeten vier Flieger, die jedoch alle überlebten.[1]

- Das neue VIIC-Boot *U232* unter Ernst Ziehm, 28 Jahre alt, ebenfalls auf seiner ersten Feindfahrt. Eine B-24 der in Marokko stationierten ASW-Squadron 2 der US Army Air Forces, geflogen von James H. Darden, sichtete das Boot am 8. Juli. In drei Anflügen trotz schweren Flak-Feuers warf Darden sechs Wasserbomben, die *U232* mit der ganzen 46köpfigen Besatzung versenkten. Die Flak-Geschosse beschädigten die B-24 schwer und verwundeten einen Bordschützen leicht.
- Das bewährte VIIC-Boot *U435* unter Ritterkreuzträger Siegfried Strelow. Eine mit Leigh Light ausgerüstete Wellington der auf Gibraltar stationierten britischen Squadron 179, geflogen von E. J. Fisher, versenkte das Boot am 9. Juli mit vier Wasserbomben. Es gab keine Überlebenden.
- Das bewährte VIIC-Boot *U135* unter dem neuen Kommandanten Otto Luther. In der engen Straße zwischen den Kanarischen Inseln und Marokko sichtete Luther den Konvoi OS 51. Am 15. Juli griff er an und beschädigte den britischen Frachter *Twickenham* mit 4762 BRT. Die Geleitschiffe griffen ihrerseits an und zwangen die Besatzung, das Boot zu versenken. Die Admiralität sprach die Versenkung der bewährten britischen Sloop *Rochester* und den britischen Korvetten *Balsam* und *Mignonette* zu. Die Briten retteten Luther und 40 andere Deutsche.
- Das bewährte VIIC-Boot *U558* unter dem Ritterkreuzträger Günther Krech. Eine von Charles F. Gallmeier geflogene B-24 der ASW-Squadron 19 der USAAF aus der vor kurzem in Südwestengland eingetroffenen Group 479 richtete das Boot am 20. Juli mit einer Serie von sieben Torpex-Wasserbomben übel zu. Das Flak-Feuer traf einen innenliegenden Motor und zwang Gallmeier abzudrehen. Zufällig war auch eine britische Halifax der Squadron 58, geflogen von Geoffrey R. Sawtell, am Schauplatz. Obwohl die Deutschen sich anschickten, das Boot zu versenken und aufzugeben, griff Sawtell *U558* mit acht Wasserbomben an und richtete unter den Deutschen an Deck und im Wasser mit Maschinengewehren und Wasserbomben ein Gemetzel an. Fünf der 46 Deutschen, darunter der an der Wirbelsäule und am Oberschenkel schwer verwundete Krech, retteten sich auf ein Floß und berichteten später von dem Angriff. Am 24. Juli wurden sie von dem ka-

[1] In Port Lyautey, Marokko, wurden im Kriegstagebuch der Fairwing 15 der US Navy (zu der die B-24-Bomber der USAAF und die Catalinas der Navy zählten) vom 5. bis zum 15. Juli sechzehn Angriffe auf U-Boote verzeichnet: sieben Angriffe von USAAF Squadron 1, sechs von USAAF Squadron 2, zwei von USN Squadron VP 92 und einer von USN Squadron VP 73. Diese Flugzeuge versenkten zwei Boote, *U506* und *U951*. Eine B-24 ging »auf See verloren«, Ursache unbekannt.

nadischen Zerstörer *Athabaskan* gerettet. Alle anderen kamen ums Leben.

Sechs andere Boote der Gruppen Geier (ehemals Trutz) wurden in Kampfhandlungen verwickelt:

- Am 5. Juli griff ein nicht identifiziertes Flugzeug das VIIC-Boot *U608* unter dem erfahrenen Rolf Struckmeier an. Er meldete der Führung, er sei »weggetaucht« und habe keine Schäden oder Verwundete. Auf dem Rückmarsch sichtete er am 14. Juli in der Biskaya ein feindliches U-Boot, wurde aber nicht angegriffen. Am 18. Juli erreichte *U608* St. Nazaire und beendete eine erfolglose Fahrt von 65 Tagen. Das Boot lief erst im Oktober wieder aus.
- Am 6. Juli traf ein nicht identifiziertes alliiertes Flugzeug das neue IXC/40-Boot *U193* unter dem alten Kämpen Hans Pauckstadt, 36 Jahre alt, der vor dem Krieg einen Einbaum und zwei Typ-VII-Boote befehligt hatte. Neben anderen Schäden wurden zwei Männer verwundet und das Metox-Gerät zerstört. Pauckstadt schloß sich dem gescheiterten IXD1-Fern-U-Boot *U195* an, das von Kapstadt zurückkehrte und dessen Metox in Betrieb war. Er erreichte am 23. Juli Bordeaux und lief ebenfalls erst im Oktober wieder aus.
- Am 8. Juli sichtete eine Catalina der britischen Squadron 202, geflogen von G. Powell, das VIIC-Boot *U603* unter Rudolf Baltz, der an dem XB-Minenleger *U119* nachgetankt hatte und immer noch seine erste Fahrt als Kommandant machte. Pilot Powell griff mit Maschinengewehrfeuer aus allen Rohren an und warf Wasserbomben, die das Boot beschädigten. Nach Baltz' Meldung (gebombt von einer »Sunderland«, notierte die Führung) stellte die U-Boot-Führung es den Kommandanten der Gruppen Geier frei, den Rückmarsch anzutreten, falls ihrer Einschätzung nach die alliierte Luftsicherung zu stark sei. *U603* erreichte Brest am 16. Juli und beendete eine Feindfahrt von 73 Tagen, auf der Baltz ein Schiff versenkte, die holländische *Brand* mit 4819 BRT. Er lief im September wieder aus.
- Am 9. Juli griff ein nicht identifiziertes alliiertes Flugzeug das neue VIIC-Boot *U953* an, befehligt von Karl-Heinz Marbach, der am 5. Juli seinen 24. Geburtstag gefeiert hatte. Er wehrte das Flugzeug mit der Flak ab, aber ein Mann wurde getötet und zwei wurden verwundet. Nach der Ankunft in La Pallice wurde das Boot zu einem »Flak-Boot« umgebaut und lief erst im Oktober wieder aus.
- Am selben Tag, dem 9. Juli, versuchte ein nicht identifiziertes Flugzeug, *U228* unter Erwin Christophersen anzugreifen. Er meldete »keinen Schaden«, trat aber am 12. Juli ebenfalls den Rückmarsch an. Am 19. Juli traf er in Lorient ein und beendete eine Feindfahrt von 77 Tagen. Er lief erst Ende Oktober wieder aus.
- Am 10. Juli traf ein nicht identifiziertes Flugzeug *U336* unter Hans

Hunger. Die U-Boot-Führung trug ein, es habe sich um eine »Sunderland« gehandelt, die nur »leichten Schaden« angerichtet habe. Hunger lief im September wieder aus.

Damit endet die bewegte Geschichte der Gruppe Trutz/Geier, der letzten und einzigen Gruppe, die im Sommer 1943 im Atlantik operierte. Insgesamt waren 18 Boote der Gruppe zugeteilt worden. Die einzigen Erfolge waren der versenkte Frachter *Brand* von *U603* und der Treffer auf dem Frachter *Twickenham* von *U135*. Sechs Boote mit rund 250 Mann gingen verloren, hinzu kamen 46 Kriegsgefangene. Wegen der Zuteilung der vier Support Groups mit Geleitträgern *(Bogue, Card, Core, Santee)* zu den UG- und GU-Geleitzügen auf der Mittelatlantikroute, wegen der erweiterten Sicherung der Route an beiden Enden durch die ständig steigende Zahl an landgestützten ASW-Flugzeugen und wegen der schier unbegrenzten Ausweichmöglichkeiten für die Geleitzüge ordnete Dönitz an, daß keine Gruppen gegen Geleitzüge im Raum Gibraltar-Azoren operieren sollten, solange die Boote nicht durch die neuen Offensiv- und Defensivwaffen verbessert worden wären.

Feindfahrten im Mai nach Amerika

Neun IX-Boote liefen im Mai in amerikanische Gewässer aus, darunter auch das neue IXD2-Fern-U-Boot *U199*.[1] Wie erwähnt, traf ein Flugzeug das IXC-Boot *U523* in der Biskaya und zwang es zum Abbruch der Fahrt. Fünf der acht Boote, die amerikanische Gewässer erreichten, wurden von Ritterkreuzträgern befehligt: Friedrich Guggenberger, 28 Jahre alt, in *U513*, der den Flugzeugträger *Ark Royal* im Mittelmeer versenkt hatte, trug das Eichenlaub zum Ritterkreuz. Fünf Boote sollten die Gewässer entlang der Ostküste der Vereinigten Staaten, den Golf von Mexiko und die Karibik ansteuern, die drei anderen sollten vor Brasilien patrouillieren.

Drei der zuerst ausgelaufenen Boote liefen den Raum vor Kap Hatteras an: Friedrich Markworth, 28 Jahre alt, in *U66;* Max Wintermeyer, 29 Jahre alt, in dem IXC/40-Boot *U190* und Ritterkreuzträger Klaus Bargsten, 35 Jahre alt, in dem IXC-Boot *U521*, der zuvor als Kommandant von *U563* den britischen Zerstörer *Cossack* versenkt hatte. Wintermeyer in *U190* traf als erster ein und wurde gebührend empfangen. Am 28. Mai erspähte eine mit Radar ausgerüstete B-24 der US Army Air Forces, geflogen von J. M. Vivian, *U190* und bombardierte es. Die Bomben richteten schwere Schäden an, die zwar wieder repariert wurden, aber Wintermeyer patrouillierte danach sehr vorsichtig und versenkte auf einer Fahrt von 111 Tagen kein einziges Schiff.

---

[1] Zu diesen neun zählt auch *U66*, das Frankreich am 29. April verließ.

Als nächster erschien Ritterkreuzträger Klaus Bargsten in dem IXC/40-Boot *U521* vor Kap Hatteras. Am 30. Mai sichtete er ein Flugzeug und zwei »Zerstörer«, wurde aber von ihnen nicht entdeckt. Drei Tage später, am 2. Juni, kreuzte Bargsten weiter nördlich auf einer Position etwa 160 Kilometer östlich von Chincoteague-Bay, Virginia. An diesem Tag empfing kurz nach Mittag das 52 Meter lange amerikanische Patrouillenboot *PC-565*[1] unter dem Anwalt Walter T. Flynn einen guten Sonarkontakt von *U521* und griff sofort mit fünf auf geringe Tiefe eingestellten Wasserbomben an. Das Boot geleitete einen großen Konvoi aus New York nach Guantánamo Bay (NG 365). Die Wasserbomben detonierten nahe bei dem unaufmerksamen U-Boot, das in einer Tiefe von etwa 30 Metern kreuzte. Bargsten sprang aus seiner Koje und rannte in die Zentrale, um den Schaden zu begutachten. Nach seiner Einschätzung war er so schwer, daß er anblasen ließ. Als das U-Boot die Oberfläche durchbrach, eilte Bargsten allein auf die Brücke und sah ganz in der Nähe die *PC-565* und ein anderes Geleitschiff, die Korvette *Brisk* (die ehemalige *Flax* der Royal Canadian Navy, die als US Navy Gunboat 89 bezeichnet wurde).

Flynn wendete tollkühn die kleine *PC-565,* um das Boot zu rammen, und befahl seinen beiden Hauptgeschützen, das Feuer zu eröffnen. Beide fielen aber aus. Nummer 1 versagte, und der Bedienung von Nummer 2 wurde von den Abgasen der Maschinen die Sicht genommen. Die 2-cm-Kanone an Steuerbord gab jedoch 55 Schuß ab und hatte etliche Treffer am Kommandoturm von *U521.* Die Korvette *Brisk* feuerte mit ihrer 4-Zoll-Kanone eine wilde Salve, mußte aber das Feuer einstellen, als das Patrouillenboot ihre Schußlinie kreuzte.

Bargsten war umzingelt und gab Befehl, das Boot zu versenken und zu verlassen. Aus unerklärlichen Gründen sank *U521* plötzlich unter seinen Füßen weg und ließ ihn allein im Wasser zurück. Er wußte nicht, ob das Boot noch unbeschädigt war. Auch Flynn in der *PC-565* wußte das nicht. Er warf noch eine Wasserbombe auf gut Glück und nahm dann Bargsten, frische Holzsplitter und »ein großes Stück menschliches Fleisch« auf, Anzeichen, die seiner Ansicht nach die Versenkung bestätigten. Die Eastern Sea Frontier war sich weniger sicher und schickte das Minensuchboot *Chickadee* an die Stelle (bei über 2100 Meter tiefem Wasser), um noch einmal zu suchen. Sie fand aber nichts außer einem Ölfleck. Von *U521* wurde nie wieder etwas gehört.

Markworth in dem alten IXC-Boot *U66* hatte mehr Glück. Er warf auf den feindseligen Raum vor Kap Hatteras nur einen raschen Blick und lief dann weiter nach Süden in Richtung Savannah, wobei er sich weit vor der Küste hielt. Am 10. Juni traf er den beladenen amerikanischen Tanker

[1] Am 25. Mai 1942 in Dienst gestellt. Die PC-565 zählte zu den 17 Fahrzeugen dieser Art, die im Mai/Juni 1943 in der Eastern Sea Frontier im Geleitdienst eingesetzt wurden. Siehe Aufnahme im Bildteil.

Esso Gettysburg mit 10173 BRT mit zwei Torpedos; das Schiff ging in Flammen auf und sank. Erst nach fast 24 Stunden entdeckte eine B-25 der Army Air Forces im Geleitdienst Überlebende in einem jämmerlichen Zustand, die wenig später gerettet wurden. Etwa drei Wochen später, am 2. Juli, griff Markworth etwa 70 Kilometer von der Stelle seines ersten Erfolges mit Torpedos und mit seiner Deckkanone einen weiteren großen amerikanischen Tanker an, die leere *Bloody Marsh* mit 10195 BRT. Die *Bloody Marsh* erwiderte das Feuer, aber *U66* trug den Sieg davon, und der Tanker sank. Einige Tage später wurde *U66* bei einem Unterwasserangriff auf einen Frachter gerammt, erlitt aber nur leichten Schaden. Nach dem Eingang von Markworths Meldung verlieh Dönitz ihm das Ritterkreuz.[1]

Auf dem Rückmarsch traf Markworth am 22. Juli auf einen dritten großen amerikanischen Tanker, auf die im Ballast fahrende *Cherry Valley* mit 10172 BRT. Bei seinem ersten Angriff behauptete Markworth, er habe zwei Torpedotreffer gesehen. Bei einem zweiten Angriff habe er mit drei Torpedos sein Ziel verfehlt und dann die *Cherry Valley* mit seiner 10,5-cm-Kanone angegriffen. Die Kanoniere des Tankers, die sogenannte Armed Guard, vertrieben jedoch *U66* und retteten das Schiff, das repariert und wieder in Dienst gestellt wurde. Der frisch dekorierte Markworth nahm den Rückmarsch auf der »südlichen Route« wieder auf, wo er einen U-Tanker treffen sollte, stieß dabei aber auf Schwierigkeiten, auf die später eingegangen wird. Als nächste Boote liefen der Ritterkreuzträger Günther Müller-Stöckheim, 29 Jahre alt, in dem IXC-Boot *U67* und Herbert Uhlig, 27 Jahre alt, in dem IXC/40-Boot *U527* amerikanische Gewässer an. Beim Verlassen des Golfs von Biskaya stieß Uhlig am 13. Mai auf einen großen, vom Sturm beschädigten Frachter im Schlepptau von zwei Schleppern. Uhlig griff den Frachter getaucht an, scheiterte aber. Durch den Angriff wurde eine Korvette auf *U527* aufmerksam, griff das Boot mit 15 Wasserbomben an und vertrieb es.

Die U-Boot-Führung wies diese beiden Typ-IX-Boote an, in der Karibik zu patrouillieren. *U67* sollte über den alten Bahama-Kanal und die Windward Passage einen Raum in der Nähe von Jamaika anlaufen. *U527* sollte durch die Straße von Florida in den Golf von Mexiko bis zum Kanal von Yucatán fahren. Am 27. Mai meldete Müller-Stöckheim auf *U67,* sein Metox sei irreparabel ausgefallen. Die Führung hielt *U67* deshalb zwischen den Bermudas und Puerto Rico auf offener See, bis das Boot von einem anderen U-Boot ein Metox übernehmen konnte. Während Müller-Stöckheim in diesem abgelegenen Gebiet die Zeit totschlug, stieß er am 8.

---

[1] Zum Zeitpunkt seiner Verleihung, am 8. Juli, betrug seine bestätigte Versenkungsziffer 13 versenkte Schiffe mit rund 74000 Tonnen, dazu zwei Motorboote mit 32 Tonnen, die seinem Minenfeld bei Port Castries, St. Lucia, zum Opfer gefallen waren.

und am 24. Juni jeweils auf einen großen, schnellen Frachter. Der erste Frachter lief Müller-Stöckheim davon, aber auf den zweiten schoß er sechs Torpedos. Ein Torpedo detonierte nur 100 Meter vom U-Boot entfernt, die anderen fünf gingen fehl. Müller-Stöckheim tauchte dann auf, um den Frachter mit der Kanone zu jagen, aber die Kanoniere des Frachters wehrten den Angriff ab. Ende Juni erhielt er planmäßig ein Metox von einem Boot auf dem Ausmarsch (von dem VIIC-Boot *U572*), aber er lief nie in die Karibik ein, wie es ursprünglich geplant war. Auf dem Rückmarsch bekam auch *U67* große Schwierigkeiten, wie wir noch sehen werden.

Auf der Fahrt nach Westen, auf der Höhe der Bermudas, stieß Herbert Uhlig in *U527* auf einen großen, schnellen Frachter. Er schoß zwei Torpedos auf ihn, die fehlgingen. Dann fuhr er weiter über die Floridastraße durch den Golf von Mexiko zum Kanal von Yucatán. Er meldete starke ASW-Patrouillen durch Flugzeuge und Überwasserschiffe, die seinen Ausguck behinderten. Er griff einen allein fahrenden Frachter mit vier Torpedos an, aber sie gingen fehl. Um den 1. Juli trat er den Rückmarsch über die Floridastraße und die Bermudas an. In der Nähe der Inseln wurde er von mehreren Flugzeugen angegriffen, darunter auch von einem landgestützten Flugzeug, das aus der Wolkendecke auftauchte. Er überstand diese Angriffe und setzte den Marsch nach Osten zu einem Treffen mit einem U-Tanker fort. Auch *U527* standen noch ernste Probleme bevor, wie wir sehen werden.

Dieser Vorstoß in Gewässer der Vereinigten Staaten und in die Karibik war der bislang erfolgloseste des Krieges. Von den fünf Typ-IX-Booten, die sich daran beteiligten, schadete nur Markworths *U66* der alliierten Schiffahrt: zwei Tanker mit rund 20400 BRT versenkt und ein dritter Tanker beschädigt. *U521* war mit allen Mann außer Bargsten verlorengegangen. Der Vorstoß war folglich nur insofern nützlich, als er den Eindruck vermittelte, die U-Boot-Gefahr bestehe immer noch und sei weit verbreitet. Auf diese Weise wurde immerhin eine große Zahl an ASW-Einheiten in Gewässern der Vereinigten Staaten gebunden, und der Transport von Kriegsmaterial zu den Britischen Inseln wurde durch die Aufstellung der Geleitzüge geringfügig gedrosselt. Die drei U-Boote, die in brasilianische Gewässer fahren sollten, wurden allesamt von Ritterkreuzträgern befehligt: Carl Emmermann in dem IXC-Boot *U172,* Friedrich Guggenberger, der neue Kommandant des IXC-Boots *U513,* und Hans-Werner Kraus, 27 Jahre alt, in dem neuen IXD2-Fern-U-Boot *U199.*

Diesen Booten standen schwierige und mühselige Fahrten bevor. Guggenberger in *U513* und Emmermann in *U172* tankten unterwegs nach, Guggenberger von Ebe Schnoors XIV-Tanker *U460.*[1] Wegen des Verlustes

[1] Emmermann sollte planmäßig an dem XB-Minenleger *U118* unter Werner Czygan nachtanken, aber Flugzeuge von dem Geleitträger *Bogue* hatten den Tanker am 12. Juni versenkt.

von *U118* und von *U463* in der Biskaya sah sich die U-Boot-Führung genötigt, einige demnächst auslaufende IXC/40-Boote als behelfsmäßige U-Tanker einzusetzen. Kurt Lange in *U530*, der sich über die Umwandlung in ein Versorgungsboot ärgerte, tankte also am 19. Juni Emmermanns *U172* nach. Aus diesem Grund erreichte Emmermann erst einige Zeit nach den anderen Booten Brasilien. Auf dem Weg nach Brasilien führte der harte und anspruchsvolle Kommandant Guggenberger so viele Übungen mit der Besatzung durch, daß sie den Eindruck hatte, sie sei noch in der Erprobungsphase in der Ostsee. Am letzten Tag des Monats Mai erhielt Guggenberger seine erste Gelegenheit, die Besatzung bei einem Angriff zu erproben. Er erfaßte einen großen (10 000 – 12 000 BRT) Frachter, der mit etwa 16 Knoten allein fuhr. Guggenberger jagte ihn einige Stunden an der Oberfläche, konnte ihn aber nicht überholen oder so nahe herankommen, daß ein Angriff Aussicht auf Erfolg gehabt hätte. Am Ende schoß er verzweifelt drei Torpedos aus sehr großer Entfernung. Alle gingen fehl, damit blieben ihm noch 18 Torpedos, zwölf unter Deck (einer davon schadhaft) und nur sechs Lufttorpedos in Behältern an Deck, wie es nach der neuen taktischen Richtlinie vorgesehen war.

Eine neue Fleet Air Wing der US Navy (Fairwing 16) unter Rossmore D. Lyon wurde soeben nach Brasilien verlegt. Sie richtete ihr Hauptquartier in Recife ein, gleich neben dem von Admiral Jonas C. A. Ingram, dem Commander in Chief der Fourth Fleet, also aller Seestreitkräfte der US Navy im Südwestatlantik. Anfangs umfaßte Fairwing 16 folgende Squadrons:

VP 74	Mariners in Bahia[1]
VP 94	Catalinas in Natal[2]
VB 107	B-24 in Natal (ehemals VP 83)[3]
VB 127	Venturas in Natal
VB 129	Venturas in Recife[4]

1 Mariners vom Typ PBM-3. Hier handelte es sich um die anfälligen Modelle, die, wie erwähnt, zunächst »zerlegt« werden mußten und dann als PBM-3S wieder zusammengebaut wurden. Bis zum Ende des Jahres 1943 operierten zwei weitere Squadrons mit Mariners vom Typ PBM-3, Squadrons 203 und 211, von Bahia beziehungsweise Rio de Janeiro aus über brasilianischen Gewässern.

2 Trafen am 21. Januar 1943 in Natal ein.

3 Squadron VP 83, eine amphibische Catalina-Squadron, traf am 1. April 1942 in Natal ein und löste Squadron VP 52 ab. Im Mai 1943 kehrte VP 83 nach Norfolk zurück, wo sie auf B-24-Bomber umgerüstet wurde und den Namen VB 107 erhielt. Unter dieser Bezeichnung kehrte sie nach Natal zurück und nahm am 5. Juli die Operationen wieder auf. Die B-24-Bomber (USN PB4Y) konnten von Natal bis zur Insel Ascension 2200 Kilometer nach Osten fliegen und natürlich wieder zurück.

4 Darüber hinaus wurden noch drei Ventura-Squadrons, 130, 143 und 145, nach Fortaleza, Recife beziehungsweise Natal abkommandiert.

Guggenberger erreichte als erster brasilianische Gewässer und fand alsbald Angriffsziele. Am 21. Juni versenkte er ein neutrales, schwedisches Schiff mit 1700 BRT, das angeblich Konterbande an Bord hatte. Am 25. Juni schoß er drei Torpedos auf den amerikanischen Tanker *Eagle* mit 6003 BRT. Ein Torpedo traf, aber die *Eagle* entkam und kroch nach Rio de Janeiro. Sie wurde repariert und wieder in Dienst gestellt. Guggenberger lud vier Lufttorpedos nach unten und verstaute den schadhaften Elektrotorpedo an Deck. Damit hatte er zwölf Torpedos unter Deck und zwei funktionstüchtige Lufttorpedos an Deck.

Kraus traf mit dem Fern-U-Boot *U199* als nächster in brasilianischen Gewässern ein. Falls diese Gewässer sich als unergiebig erweisen sollten, so hatte er die Vollmacht, den Raum zu verlassen, den Südatlantik zu überqueren und vor Kapstadt zu patrouillieren. Am 27. Juni griff er das amerikanische 7176 BRT große Liberty-Schiff *Charles Willson Peale* mit drei Torpedos an. Wenigstens ein Torpedo traf, aber die *Peale* blieb über Wasser, und die Geschützbedienung griff ihrerseits *U199* an. Kraus erwiderte das Feuer mit der neuen 3,7-cm-Flak und der 10,5-cm-Kanone auf dem Vorderdeck, erreichte aber wenig. Als die feindlichen Geschosse näher fielen, tauchte Kraus sein großes, plumpes Boot und lief ab. Die beschädigte *Peale* nahm eilig Kurs auf Rio. Später kehrte auch sie in den Dienst zurück.

In der letzten Juniwoche erreichte Emmermann in *U172* brasilianische Gewässer. Mit dem gewohnten Können spürten er und seine Besatzung den britischen Frachter *Vernon City* mit 4748 BRT auf und versenkten ihn. Als die Meldung von der Versenkung einging, verlieh Dönitz Emmermann das Eichenlaub zum Ritterkreuz[1] und stellte ihn damit den Auszeichnungen nach auf dieselbe Stufe wie Guggenberger in *U513*. Wie es Brauch war, überreichte Hitler die Auszeichnung Emmermann später persönlich. Der Kriegsberichterstatter Helmut Brendt, der auf dieser Fahrt Emmermann begleitete, nahm an der improvisierten Feier an Bord des Bootes teil.

Guggenberger verbuchte den nächsten Treffer. Am Abend des 30. Juni sichtete er einen großen Frachter und jagte ihn, aber dieser entkam in einem Regensturm. Bei der hartnäckigen Suche auf dem vermuteten Kurs des Feindes stieß Guggenberger schließlich auf ein Schiff, aber es war nicht der große Frachter. Vielmehr handelte es sich um den brasilianischen Küstendampfer *Tutóla* mit 1125 BRT mit einer Ladung Kaffee. Guggenberger versenkte ihn mit einem Torpedo. Zwei Tage später traf er einen Konvoi aus sechs Schiffen, der von einem einzigen Flugzeug gesichert wurde. Mit

[1] Zum Zeitpunkt der Verleihung waren ihm 169102 versenkte Tonnen Schiffsraum zuerkannt worden. Seine bestätigte Versenkungsziffer betrug 24 versenkte Schiffe mit 134706 Tonnen, von einem kleinen Segelschiff mit 35 Tonnen bis hin zum Truppentransporter *Orcades* mit 23400 Tonnen.

einer gewagten, die Batterien erschöpfenden Jagd mit voller Fahrt unter Wasser in nur 30 Meter Tiefe kam Guggenberger so nahe, daß er getaucht schießen konnte. Er schoß fünf Torpedos auf mehrere Ziele in der Formation, versenkte aber nur das amerikanische Liberty-Schiff *Elihu B. Washburne* mit 7176 BRT.

In der Nähe wurde Kraus in dem IXD2-Fern-U-Boot *U199* in ein Gefecht verwickelt. Zwei brasilianische Flugzeuge fanden ihn und nagelten ihn in seichtem Wasser an der Küste fest. Später am Nachmittag griff eine Mariner der US Navy Squadron VP 74, geflogen von Harold C. Carey, *U199* an. Kraus hielt tapfer stand und setzte sich mit heftigem Flak-Feuer zur Wehr. Die Mariner wurde unter dem Verlust der gesamten Besatzung abgeschossen. Am folgenden Tag, dem 4. Juli, versenkte Kraus mit der Deckkanone ein Segelschiff, das nicht identifiziert wurde.

Nach der Verleihung des Eichenlaubs hätte sich Emmermann in *U172* auf seinen Lorbeeren ausruhen können, aber das hätte seinem Charakter nicht entsprochen. Er griff weiter aggressiv an und versenkte noch drei Schiffe: am 12. Juli den amerikanischen Frachter *African Star* mit 6507 BRT, am 15. Juli den britischen Frachter *Harmonic* mit 4558 BRT und am 24. Juli das britische War-Emergency-Schiff *Fort Chilcotin* mit 7133 BRT. Mit einer Beute von vier Schiffen mit rund 23 000 BRT trat Emmermann den Rückmarsch an. Wie wir noch sehen werden, machte er ebenfalls eine harte Zeit durch, bis er Frankreich erreichte.

Guggenberger kümmerte sich geringschätzig nicht um die ASW-Maßnahmen in brasilianischen Gewässern und jagte mit *U513* weiterhin tollkühn an der Oberfläche. Am 16. Juli torpedierte und versenkte er das amerikanische Liberty-Schiff *Richard Caswell* mit 7177 BRT, das rund 700 Kilometer südlich von Rio de Janeiro allein fuhr. Der kleine (1800 Tonnen) Flugzeugtender *Barnegat* der amerikanischen Navy, der die Mariners der in Florianópolis stationierten Squadron VP 74 unterstützte, rettete die Überlebenden. Nach dieser dritten Versenkung merkten die Mariners endlich, daß sie den Raum sorgfältiger überwachen mußten.

Drei Tage später entdeckte eine von Roy S. Whitcomb geflogene Mariner dieser Squadron Guggenbergers *U513* an der Oberfläche, nicht weit von der Versenkungsstelle der *Caswell.* Guggenberger sah das Flugzeug, tat es aber verächtlich als »alte Kiste« ab, und meinte, sie werde vermutlich von Brasilianern geflogen. Er ließ nur seine einläufigen 3,7- und 2-cm-Flugabwehrgeschütze gefechtsbereit machen. Nach einigen Salven klemmte die 2-cm-Kanone, aber Guggenberger blieb ruhig und zuversichtlich, als Whitcomb mutig auf das Boot zuhielt und vier Torpex-Wasserbomben warf. Zwei Wabos detonierten sehr nahe und richteten *U513* übel zu, es sank sofort.

Die Explosionen schleuderten einige Deutsche ins Meer, auch Guggenberger. Whitcomb sah sie, flog tief über sie hinweg und warf zwei

Flöße und Schwimmwesten ab. Dann informierte er den Tender *Barnegat,* der sich nach einer unvermeidlichen Verzögerung auf die Suche machte. Als der Tender bei Dämmerung an der Stelle eintraf, fand die Besatzung nur ein Floß mit Guggenberger und sechs einfachen Soldaten. 46 Deutsche kamen ums Leben. Nach einer langwierigen Vernehmung wurde Guggenberger in dem Kriegsgefangenenlager Papago Park interniert, in einem Indianerreservat in Arizona.[1]

Kraus in dem Fern-U-Boot *U199* patrouillierte nördlich davon in der Nähe von Rio de Janeiro und versenkte am 24. Juli sein erstes größeres Schiff: den britischen Frachter *Henzada* mit 4161 BRT. Die ersten drei Torpedos gingen fehl, aber einer von zwei Hecktorpedos traf und spaltete das Schiff in zwei Hälften; es sank innerhalb von 20 Minuten. Eine Woche später jagte Kraus gut 100 Kilometer vor Rio ein allein fahrendes Schiff bis zum Morgengrauen des 31. Juli. Auf den Alarm hin fand die von William F. Smith geflogene Mariner der Squadron VP 74 *U199* an der Oberfläche. Smith flog mutig in das Feuer der 2- und 3,7-cm-Flak hinein. Er warf beim ersten Anflug sechs Wasserbomben und zwei weitere bei einem zweiten Anflug. Die Explosionen beschädigten *U199* schwer, aber Kraus hielt die Flak besetzt und lief nach Westen in seichteres Wasser, wo er sich auf Grund legen und die Schäden reparieren wollte.

Smith blieb seinem Opfer hartnäckig auf den Fersen, bestrich *U199* mit den Maschinengewehren und funkte um Hilfe. Zwei brasilianische Flugzeuge antworteten prompt, eine Hudson und eine Catalina. Die Hudson warf zwei Wasserbomben, die weit entfernt fielen. Während die Hudson das U-Boot im Tiefflug mit den MGs angriff, versenkte die Catalina, geflogen von Alberto M. Torres, *U199* mit vier Torpex-Wasserbomben. Zwölf Mann der 61köpfigen Besatzung von *U199,* darunter Kraus, der Erste und der Zweite Wachoffizier, ein Offiziersanwärter und ein Steuermann, überlebten und wurden von dem Tender *Barnegat* gerettet und kamen in ein Kriegsgefangenenlager.

Dieser Beutezug in brasilianische Gewässer mit drei Booten erbrachte neun versenkte Handelsschiffe mit rund 44000 BRT sowie zwei beschädigte Schiffe. Das war ein weit besseres Ergebnis als der zeitgleiche Vorstoß in Gewässer der Vereinigten Staaten mit fünf Booten, der lediglich zwei versenkte Schiffe mit rund 20000 BRT und ein beschädigtes Schiff erbracht hatte. Doch der Preis war erschreckend hoch: zwei von drei Booten versenkt, darunter ein kostbares Fern-U-Boot.

Das Gesamtergebnis der neun Typ-IX-Boote, die im Mai amerikanische Gewässer erreichten, lautete elf versenkte Schiffe mit 64000 BRT

---

[1] Guggenbergers bestätigte Versenkungsziffer auf *U81* und *U513* betrug neun Schiffe mit rund 57500 Tonnen, darunter der Flottenträger *Ark Royal* und vier Segelschiffe.

und im Gegenzug drei verlorengegangene U-Boote *(U199, U513, U521).* Sie wurden alle von Ritterkreuzträgern (Kraus, Guggenberger und Bargsten) befehligt, die allesamt überlebten. Das war eine nicht hinzunehmende Wechselquote von 3,6 Schiffen je versenktes U-Boot und ein miserabler Durchschnitt von 1,4 versenkten Schiffen pro Boot und Feindfahrt.

Der Rückmarsch der erhalten gebliebenen Typ-IX-Boote fiel mit der Entscheidung der Amerikaner zusammen, den Support Groups mit Geleitträgern bei den UG- und GU-Konvois mehr Handlungsfreiheit einzuräumen. Die Alliierten »verloren« den Schlüssel der Kriegsmarine zwar gerade um diese Zeit (vom 1. bis 21. Juli) wegen einer Veränderung an der Schlüsselmaschine (eine neue »Griechenwalze«, Gamma, und eine Umkehrwalze C), aber Huff-Duff-Peilstationen an Land und auf den Schiffen arbeiteten mit äußerster Präzision. Deshalb konnten die vier Träger *(Bogue, Card, Core, Santee),* die auf der »Südroute« patrouillierten, die Funksprüche der ein- und auslaufenden U-Boote nutzen, die ein Treffen zur Aufnahme von Treibstoff vereinbaren wollten.

Flugzeuge von dem Geleitträger *Core,* der als Unterstützung des westwärts fahrenden Geleitzugs GUS 9 seinen ersten Kampfeinsatz fuhr, sichteten am 16. Juli den Ritterkreuzträger Müller-Stöckheim in dem einlaufenden Boot *U67.* Der Pilot Robert P. Williams griff mit seiner Avenger an. Die unaufmerksamen Männer der Brückenwache auf *U67,* darunter der junge Erste Wachoffizier Walter Otto, besetzten die Flak nicht rechtzeitig. Williams war deshalb imstande, in einem Lehrbuchangriff vier Torpex-Wasserbomben zu werfen. Die Explosionen schleuderten die vier Matrosen auf Wache ins Meer und zerstörten *U67.*[1] Später am selben Tag fischte der Glattdeck-Zerstörer *McCormick* aus der Sicherung der *Core* drei glückliche Überlebende aus dem Wasser: Otto und zwei einfache Soldaten. Pilot Williams wurde mit dem Navy Cross ausgezeichnet.

Die Versenkung von *U67* auf dem Rückmarsch erhöhte die Verluste der Gruppe aus acht Typ-IX-Booten, die im Mai amerikanische Gewässer erreichten, auf vier Boote (50 Prozent). Die vier erhalten gebliebenen Boote waren *U66* unter Markworth, *U190* unter Wintermeyer (der kein Schiff versenkt hatte), *U172* unter Emmermann und *U527* unter Uhlig. Sie alle mußten jedoch auch noch den land- und trägergestützten Flugzeugen entkommen, wenn sie Frankreich erreichen wollten.

Somit waren U-Boot-Fahrten in amerikanische Gewässer keineswegs sicherer als Patrouillen auf der Nordatlantikroute. Das lag teilweise an

[1] Da Müller-Stöckheim auf dieser Fahrt kein Schiff versenkt hatte, betrug seine bestätigte Versenkungsziffer in den zwei Jahren, in denen er *U67* befehligt hatte, dreizehn versenkte Schiffe (sechs Tanker) mit rund 72000 Tonnen, dazu Treffer an drei Tankern.

den Schwierigkeiten beim Nachtanken im südlichen Raum und teilweise an der Verlegung der Fairwing 16 nach Recife. Doch entweder erkannte die U-Boot-Führung dies nicht, oder sie ignorierte es bewußt. Im Juni wurden nämlich wiederum 22 Boote zur Küste Amerikas geschickt.

»Die bittere Notwendigkeit weiterzukämpfen«

In den Monaten April und Mai 1943 versenkten alliierte Streitkräfte 58 U-Boote in den Kampfgebieten: 53 im Atlantik, vier im Mittelmeer und eins im Nordmeer. Die 53 verlorenen Boote im Atlantik entsprachen fast einem Drittel der Atlantikflottillen: 35 Typ-VII-Boote, 17 Typ-IX-Boote und ein U-Tanker vom Typ XIV, *U463*.[1]

Im gesamten Offizierskorps der U-Boot-Waffe wurde über die Frage debattiert, ob der »Tonnagekrieg« gegen die alliierte Schiffahrt fortgesetzt werden sollte. Zwei der am höchsten ausgezeichneten Kommandanten, Reinhard Suhren und Erich Topp, sprachen sich wegen der zu erwartenden immensen Verluste und wegen der dürftigen Erfolgsaussichten gegen eine Fortsetzung aus, wie Topp später in seinen Memoiren schildert. Auf der anderen Seite plädierten die beiden noch höher dekorierten Kommandanten Albrecht Brandi und Wolfgang Lüth dafür, den Feldzug mit der größtmöglichen Intensität fortzusetzen.

Selbst Dönitz war hin und her gerissen. Er schreibt in seinen Memoiren:

> *Ich stand im Juni 1943 vor der schwersten Entscheidung des ganzen Krieges. Es ging um die Frage, ob ich die U-Boote aus allen Seegebieten zurückrufen und den U-Bootkrieg einstellen oder sie trotz der Unterlegenheit in einer den Verhältnissen angepaßten Form weiterkämpfen lassen sollte.*

Dönitz sah ganz richtig voraus, daß, »wenn wir weiterfuhren, die U-Boot-Verluste nunmehr eine erschreckende Höhe erreichen würden« und daß die Kommandanten und Besatzungen »selbstlos und opferbereit« diesen Einsatz auf sich nehmen müßten. Das heißt, daß jeder Einsatz ein Himmelfahrtskommando war. Dennoch schreibt Dönitz nach einer Besprechung mit dem Führer der U-Boote West, Hans-Rudolf Rösing, und den Chefs der 3., 6., 7., 9. und 10. U-Flottillen,[2] er sei zu dem Schluß gekommen, daß sie »vor der bitteren Notwendigkeit standen,

---

[1] Darüber hinaus wurden drei Boote zu dem Ausbildungsverband verlegt: das IXB-Boot *U108* und die VIIC-Boote *U71* und *U704*.

[2] Damals Richard Zapp, Wilhelm Schulz, Herbert Sohler, Heinrich Lehmann-Willenbrock und Günter Kuhnke.

weiterkämpfen zu müssen«. Eine Fortsetzung des U-Boot-Krieges bedeute jedoch:

- Hitlers hartnäckiger Forderung nachzukommen, den U-Boot-Krieg mit der größtmöglichen Intensität fortzusetzen.
- Die Begeisterung und die Kampfmoral der U-Boot-Waffe zu erhalten und eine hemmende Pause zu vermeiden, nach der eine Wiederaufnahme erschwert würde.
- Die Alliierten zu zwingen, in allen Gewässern den Geleitverkehr fortzusetzen, und damit die Verlegung von Männern und Nachschubgütern an die verschiedenen Fronten um ein Viertel bis ein Drittel zu verringern.
- Die von Dönitz geschätzten 1300 Flugzeuge und 3300 Schiffe zu binden, die der U-Boot-Abwehr zugeteilt waren und die sonst andere Einsätze gegen die Achse übernehmen konnten.
- Unter Gefechtsbedingungen die neue Generation U-Boot-Fahrer auszubilden, die benötigt wurde, um die neuen »Elektro-Boote« vom Typ XXI und XXIII zu bemannen.
- Es den Deutschen zu ermöglichen, mehr über die neue ASW-Technologie der Alliierten herauszufinden, so daß für die »Elektro-Boote« Gegenmaßnahmen und neue Taktiken entwickelt werden konnten.

Bislang hatte Dönitz, »der Löwe«, unter den Männern der U-Boot-Waffe fast schon den Nimbus eines Allwissenden genossen. Alle deutschen U-Boot-Fahrer hatten auf seine Fähigkeiten und sein Urteilsvermögen vertraut und ihn regelrecht angebetet. Seinen Befehl, den Kampf mit so offenkundig unterlegenen Waffen fortzusetzen, betrachteten jedoch einige verbitterte Männer als den kaltblütigen Entschluß, seine loyalen Männer in den sicheren Tod zu schicken. Einige meinten, nach seiner Beförderung zum Großadmiral und zum Oberbefehlshaber der Kriegsmarine sei Dönitz zu eng mit Hitler und seinem engeren Kreis in Berlin in Berührung gekommen. Viele hielten den Plan, rechtzeitig eine neue Flotte kriegsentscheidender »Elektro-Boote« und »Schnorchel-Boote« zu bauen und die Alliierten damit zu schlagen, in Anbetracht der katastrophalen Fehlschläge auf den Schlachtfeldern in der Sowjetunion und in Nordafrika für reinen Selbstbetrug.

Die U-Boot-Führung organisierte im Juni immerhin noch 48 Feindfahrten von Kampfbooten. Dazu zählten 35 Typ-VII-, 12 Typ-IX-Boote und das neue IXD2-Fern-U-Boot *U200.* Wie in den vorhergehenden Monaten reichte die Zahl der U-Tanker nicht aus, um so viele Typ-VII-Boote zu versorgen. Im Juni liefen lediglich zwei U-Tanker vom Typ XIV (»Milchkühe«) aus: *U462* und *U487.* Wie wir noch sehen werden, traf ein Flugzeug *U462* in der Biskaya und zwang das Boot zum Abbruch. Es wurde jedoch repariert und lief in den letzten Junitagen erneut aus. Trägerflugzeuge versenkten *U487* und verursachten damit einen weiteren Engpaß beim Nachtanken der U-Boote.

Die Tatsache, daß 33 dieser 48 Kampfboote in ferne Gewässer geschickt wurden, zeigt, daß die Deutschen immer noch meinten, die ASW-Maßnahmen der Alliierten seien hier weniger intensiv. Von den 15 Booten im Nord- und Mittelatlantik waren sechs Boote auf ihrer Jungfernfahrt aus Deutschland und neun Boote aus Frankreich, die Täuschungsmanöver durchführen sollten.

	Nord- und Mittelatlantik	Südatlantik	amerikanische Gewässer	Gesamt
VII-Boote	10	8	17	35
IX-Boote	5	3[1]	5	13
Gesamt:	15[2]	11	22	48

Die sieben Boote aus Deutschland und das vom Nordmeer verlegte Boot, die sich den Atlantikflottillen anschließen sollten, erlitten katastrophale Verluste. Sechs wurden versenkt, eins wurde so schwer beschädigt, daß es nach Frankreich abdrehen mußte, und das letzte, ein IXC/40-Boot, mußte zum Nachtanken eingesetzt werden. Es handelte sich um folgende Boote:

- Das neue VIIC-Boot *U417* unter Wolfgang Schreiner, 26 Jahre alt. Am 11. Juni wurde es nach nur neun Tagen seit dem Auslaufen aus Kiel von einer B-17 der britischen Squadron 206 in dem Raum zwischen Island und den Färöer-Inseln versenkt. Das von R. B. Thompson geflogene Flugzeug warf vier auf geringe Tiefe eingestellte Torpex-Wasserbomben. Bevor *U417* sank, traf das U-Boot die B-17 mit der Flak und beschädigte das Flugzeug so schwer, daß es notwassern mußte.

Eine amerikanische Catalina der auf Island stationierten Squadron VP 84 sichtete die britischen Flieger in einem Schlauchboot und versuchte, sie zu retten. Dabei stürzte die Catalina jedoch ins Wasser, und die Amerikaner mußten selbst in ihr Rettungsfloß klettern. Am 14. Juni rettete eine Catalina der auf den Färöer-Inseln stationierten britischen Squadron 190, geflogen von J. A. Holmes, die britische Flugzeugbe-

[1] Einschließlich des IXC/40-Boots *U188* und des IXD2-Fern-U-Boots *U200,* die der Gruppe Monsun zugeteilt wurden.

[2] Darunter das vom Nordmeer verlegte Boot *U334,* zwei neue IXC/40-Boote und vier neue Typ-VII-Boote aus Kiel. Viele andere neue Typ-VII- und -IX-Boote wurden für Nachbesserungen in der Ostsee behalten, einige andere wurden zurückgehalten, damit sich der Andrang an den überfüllten französischen Stützpunkten verringerte, wo die Bunker schon jetzt nicht mehr die verfügbaren Boote aufnehmen konnten.

satzung, aber das amerikanische Floß wurde erst am 16. Juni gefunden. Zu diesem Zeitpunkt war nur noch ein Besatzungsmitglied am Leben. Nach der Rettung berichtete die britische Besatzung der B-17, sie habe »20 bis 30« Deutsche an der Stelle, wo *U417* unterging, im Wasser gesehen, »einige seien ölverschmiert gewesen, einige hätten dem Flugzeug mit den Fäusten gedroht, die Mehrzahl sei jedoch mit dem Bauch nach unten gelegen«. Es gab keine Überlebenden von *U417.*

- Das bewährte VIIC-Boot *U334* aus dem Nordmeer unter dem neuen Kommandanten Heinz Ehrich, 23 Jahre alt. Es wurde am 14. Juni, zehn Tage nach dem Auslaufen aus Norwegen, von der Fregatte *Jed* und von der Sloop *Pelican,* die den Konvoi ONS 10 sicherten, südwestlich von Island versenkt. Die beiden Geleitschiffe warfen in sechs Anläufen 40 Wasserbomben und feuerten zwei Salven mit dem Hedgehog. *U334* tauchte während der Angriffe zweimal auf, wurde aber mit der gesamten Besatzung versenkt. Der Bewertungsausschuß der Admiralität schrieb, die »entsetzliche Ansammlung von Trümmern und frischen menschlichen Überresten, Öl und Luftblasen, [die] an die Oberfläche aufstieg«, sei ein hinreichender Beweis für die Versenkung.
- Das neue VIIC-Boot *U388* unter Peter Sues, 23 Jahre alt. Es wurde am 20. Juni, nur 13 Tage nach dem Auslaufen aus Kiel, von einer auf Island stationierten Catalina der Squadron VP 84 der US Navy versenkt, die von E. W. Wood geflogen wurde und den Konvoi ON 189 sicherte. Wood drückte *U388* mit Wasserbomben und Maschinengewehrfeuer unter Wasser und warf dann einen zielsuchenden Fido in den Strudel. Wood meldete, daß gemeinsam mit Öl und Luftblasen Trümmer an der Oberfläche aufgetaucht seien und daß das Heck des U-Boots beträchtlich aufgerissen und ein »3 bis 4,5 Meter« langer Abschnitt des Heckraums zu sehen gewesen sei. Es gab keine Überlebenden. Die Admiralität verlieh Wood das britische DFC, die US Navy zeichnete ihn mit einer Air Medal aus.
- Das neue IXD2-Boot *U200,* ein Fern-U-Boot mit einem Sonderauftrag unter Heinrich Schonder, 32 Jahre alt, der sich als Kommandant von *U77* im Mittelmeer das Ritterkreuz verdient hatte. Nachdem *U200* ein kleines Kontingent von »Küstentruppen«[1] der Division Brandenburg an Bord genommen hatte, lief das Boot am 12. Juni aus Kiel aus. Als es 13 Tage später den Atlantik erreichte, versenkte eine B-24 der auf Island stationierten britischen Squadron 120, geflogen von dem Australier A. W. Fraser, das Fern-U-Boot mit der gesamten Besatzung.

---

[1] Diese Truppen sollten nach Südafrika gelangen und einen verrückten Plan ausführen: Sie sollten die Buren gegen die Briten aufwiegeln.

TAFEL 7

FAHRTABBRÜCHE UND VERLUSTE DEUTSCHER U-TANKER

Mai bis August 1943

Viele Historiker der Schlacht im Atlantik schreiben, daß die Alliierten aufgrund der Entzifferung von Funksprüchen die Flotte der U-Tanker im Sommer 1943 ausgelöscht und damit die Operationen der VII-Boote stark gehemmt hätten. Das ist eine Legende. Die Alliierten haben tatsächlich in diesem Sommer die U-Tanker-Flotte praktisch ausgelöscht und neun von zwölf Booten an der Front (einschließlich der XB-Minenleger) versenkt.[1] Nach einer erst vor kurzem freigegebenen amerikanischen Untersuchung nach dem Krieg wurden jedoch nur zwei der neun U-Tanker mit Hilfe entzifferter Funksprüche versenkt. Die meisten Boote wurden von Flugzeugen des Commonwealth und der USA im Zuge der massiven U-Boot-Bekämpfung im Golf von Biskaya (Derange/Musketry/Seaslug) oder von amerikanischen Geleitträgern versenkt oder zum Abbruch gezwungen. Zum großen Teil war dies auf den törichten persönlichen Befehl von Karl Dönitz an alle U-Boote zurückzuführen, daß sie an der Oberfläche bleiben sollten, wenn sie von einem Flugzeug angegriffen wurden, und sich dem Kampf stellen sollten.

U-Boot	Typ	Ausmarsch	Versenkt/Abbruch	Enigma-Unterstützung[2]	Truppeneinheit
U463	XIV	8. 5.	Versenkt am 15. 5.	Keine	RAF-Flugzeug
U118	XB	25. 5.	Versenkt am 12. 6.	Sehr gute	Flugzeug der *Bogue*
U462	XIV	19. 6.	1. Abbruch	Keine	RAF-Flugzeug
U119	XB	25. 4.	Versenkt am 24. 6.	Keine	Britische Kriegsschiffe
U462	XIV	28. 6.	2. Abbruch	Keine	RAF-Flugzeug
U487	XIV	15. 6.	Versenkt am 13. 7.	Keine	Flugzeug der *Core*
U461	XIV	22. 7.	1. Abbruch	Keine	RAF-Flugzeug
U459	XIV	22. 7.	Versenkt am 24. 7.	Keine	RAF-Flugzeug
U461	XIV	27. 7.	Versenkt am 30. 7.	Keine	RCAF-Flugzeug
U462	XIV	27. 7.	Versenkt am 30. 7.	Keine	RAF-Flugzeug
U489	XIV	22. 7.	Versenkt am 4. 8.	Keine	RCAF-Flugzeug
U117	XB	22. 7.	Versenkt am 7. 8.	Gute	Flugzeug der *Card*

Gesamt: 9 XIV- oder XB-Tanker versenkt[3] (6 von Kräften des Commmonwealth, 3 von Flugzeugen der Geleitträger)

[1] Es blieben der XB-Minenleger *U220* und die XIV-Tanker *U460* und *U488*.

[2] Dem Archivbestand SRH 368, RG 457, NARA entnommen. Diese Studie von 1952 widerspricht offenkundig Aussagen in den älteren Archivbeständen SRH 008 und SRH 009, nach denen die Funkaufklärung bei der Vernichtung von 8 der 16 Tanker vom Mai 1943 bis zum Juli 1944 eine Rolle gespielt hatte.

[3] Darüber hinaus sank der XIV-Tanker *U490* am 15. 7. 1943 bei einem Unfall während der Erprobung in der Ostsee. Das Boot wurde geborgen und repariert und gelangte im Mai 1944 zu seiner Atlantikflottille. Am 11. 6. 1944 wurde es jedoch von Schiffen und von Flugzeugen der amerikanischen U-Jagdgruppe um den Geleitträger *Croatan* versenkt.

• Das neue VIIC-Boot *U449* unter Hermann Otto, 29 Jahre alt. Am 14. Juni fügte eine von Samuel E. Esler geflogene B-24 der britischen Squadron 120 dem Boot »leichte Schäden« zu, die B-24 sicherte ONS 10. Als Otto meldete, daß er dringend einen Arzt benötige, um seine

Verwundeten zu versorgen, befahl die U-Boot-Führung dem bewährten VIIC-Boot *U592* unter Carl Borm, 32 Jahre alt, das, wie erwähnt, Ende Mai mit einem Arzt von Frankreich ausgelaufen war, mit höchster Fahrt die Position von *U449* anzulaufen. Für den Fall, daß dieses Treffen scheiterte, wies die Führung Otto in *U449* an, mit höchster Fahrt Frankreich anzulaufen und sich zwei anderen Booten auf dem Rückmarsch anzuschließen. Darunter war der XB-Minenleger *U119* unter Horst-Tessen von Kameke, 27 Jahre alt, der vor Halifax Minen gelegt und ebenfalls einen Arzt an Bord hatte. *U119* hatte soeben dem neuen Tanker *U488* unter Erwin Bartke das ganze Dieselöl, das es entbehren konnte, übergeben. Otto in *U449* fand *U119,* bevor *U592* ihn fand, und erhielt die erforderliche medizinische Versorgung von *U119.* Der Minenleger und *U449* traten dann gemeinsam die Durchquerung der Biskaya an.

Als Teil des massierten ASW-Feldzugs in der Biskaya hatte die Admiralität Johnny Walkers Support Group 2 angewiesen, in Zusammenarbeit mit Flugzeugen des Coastal Command am Westrand des Golfes zu patrouillieren. Früh am Morgen des 24. Juni empfing Walker in der Sloop *Starling* einen guten Sonarkontakt von *U119,* gleichzeitig empfingen andere Schiffe der Gruppe einen guten Sonarkontakt von *U449.* Walker griff sofort *U119* an und warf zehn Wasserbomben, die das U-Boot »urplötzlich« an die Oberfläche brachten.

Alle Kriegsschiffe, in deren Reichweite das Boot lag, eröffneten das Feuer. Nachdem aber eine eigene Granate den Bug der *Starling* getroffen hatte, befahl Walker den anderen Schiffen, das Feuer einzustellen, während er das Boot rammte. Er krachte mit einem gewaltigen Schlag in Kamekes *U119,* schob sich über das Vorderdeck und brachte das Boot zum Kentern. Bei dem Aufprall wurde der Bug der *Starling* um 30 Grad verbogen, die Sonarhaube abgerissen und der vordere Munitionsraum geflutet. Um ganz sicherzugehen, warfen die *Starling* und die Sloop *Woodpecker* je eine Serie Wasserbomben. Als Nachweis für die Versenkung las das Walboot der *Starling* »Spindtüren und andere auf deutsch beschriftete Trümmer, eine kaputte Kaffeedose und einige Walnüsse« auf. Es gab keine Überlebenden von *U119.*

Danach taten sich die vier Sloops der Gruppe, *Kite, Wild Goose, Woodpecker* und *Wren,* gegen Otto in *U449* zusammen. Walker gab seine Befehle an D. E. G. (Dickie) Wemyss auf der *Wild Goose* weiter und führte diese vier Kriegsschiffe bei ihren mehrmaligen Angriffen. Sie jagten *U449* sechs Stunden lang mit Wasserbomben, bis endlich Trümmer und Öl aufstiegen und die Versenkung belegten. Auch von *U449* gab es keine Überlebenden.

Nach der bestätigten Versenkung von zwei U-Booten an einem Tag folgte Walkers Gruppe der beschädigten *Starling* nach Plymouth, wo sie ein ganzer Stapel Glückwunschschreiben von First Sea Lord Pound, von

Max Horton von den Western Approaches und anderen erwartete, die gesamte Befehlskette hinunter. Walker, der unumstrittene König der U-Boot-Jäger, kritisierte jedoch heftig, daß die Flugzeuge des Coastal Command nicht mit seinen Schiffen zusammengearbeitet hätten.

- Das neue VIIC-Boot *U420* unter Hans-Jürgen Reese, 25 Jahre alt. Am 3. Juli entdeckte eine neue, auf Newfoundland stationierte B-24 der kanadischen Squadron 10 bei der Sicherung von SC 135[1] *U420* an der Oberfläche. In drei Tiefflugangriffen warf der Pilot R. R. Stevenson seine ganze Last von zehn Wasserbomben nahe bei *U420* ab. Durch das Maschinengewehrfeuer und die Wasserbomben wurden bei diesen Angriffen zwei Deutsche getötet und ein dritter schwer verwundet. Das Boot war übel zugerichtet, aber Reese tauchte und entkam. Nach Eingang seines SOS-Rufs schickte die U-Boot-Führung drei Typ-VII-Boote, die Ende Mai in den Nordatlantik ausgelaufen waren, *U420* zu Hilfe: *U271* unter Kurt Barleben, 34 Jahre alt, *U669* unter Kurt Köhl, 31 Jahre alt, und *U592* unter Carl Borm, der einen Arzt an Bord hatte. Ein britisches U-Boot schoß zwar sechs Torpedos auf *U592,* aber alle gingen fehl, und die vier Boote erreichten vom 14. bis zum 16. Juli Frankreich.
- Das neue IXC/40-Boot *U194* unter Hermann Hesse, 34 Jahre alt. Das Boot war abkommandiert worden, im Atlantik Wetterballone abzusetzen, bevor es in der Nähe der Azoren gegen Schiffe operieren sollte. Am 24. Juni machte eine kampferprobte, auf Island stationierte Catalina der US Navy Squadron VP 84 *U194* an der Oberfläche aus. Der Pilot J. W. Beach griff sofort trotz des Flak-Feuers an, aber seine Wasserbomben lösten sich nicht. Bei einem zweiten Anflug löste die Besatzung zwei Wasserbomben von Hand. Die eine fiel weit, die andere nahe. *U194* wurde mit der gesamten Besatzung versenkt.

Das war der vierte Angriff auf ein U-Boot, an dem Beach in verschiedenen Funktionen teilgenommen hatte. Die Navy verlieh ihm und seinem Co-Piloten E. T. Allen die Air Medal. Der Co-Pilot war in der Regel ein erster Pilot und war in diesem Fall auch an vier Angriffen auf U-Boote beteiligt gewesen. Die Admiralität zeichnete beide Männer mit dem DFC aus.

- Das neue IXC/40-Boot *U536* unter Rolf Schauenburg, 30 Jahre alt. Wegen des Verlustes (oder Abbruches) von U-Tankern sah sich die U-Boot-Führung genötigt, *U536* als Hilfs-Versorger abzustellen, dazu noch zwei andere neue IXC/40-Boote, die Ende Mai aus Kiel aus-

[1] SC 135 wurde »massiv gesichert« von der RCAF. Zu dem Geleit zählten die Support Group um die *Biter* und das erste britische MAC-Schiff, die 8200 BRT große *Empire MacAlpine* mit vier Swordfish, die mit dem Konvoi ONS 9 nach Kanada übergefahren war.

gelaufen waren: *U170* unter Günther Pfeffer, 28 Jahre alt, und *U535* unter Helmut Ellmenreich, 29 Jahre alt.

Die Kommandanten dieser drei neuen IXC/40-Boote wurden angewiesen, ihre Feindfahrt abzubrechen und den gesamten überschüssigen Treibstoff an Erwin Bartkes neuen XIV-Tanker *U488* abzugeben. Mit diesem zusätzlichen Treibstoff konnte Bartke zehn weitere Typ-VII-Boote in der Nähe der Azoren nachtanken.

Nach der Abgabe des Treibstoffs an *U488* traten die drei neuen IXC/40-Boote gemeinsam den Rückmarsch nach Frankreich an. Als sie mit bemannter Flak die Biskaya durchquerten, entdeckte am 5. Juli eine B-24 der britischen Squadron 53 auf Musketry-/Seaslug-Patrouille, geflogen von dem Neuseeländer W. Anderson, die drei Boote und griff sie an. Beim ersten Anflug des Flugzeugs errichteten die Boote mit ihrem Sperrfeuer eine wahre Feuerwand, liefen einen wilden Zickzack-Kurs und blieben unbeschädigt. Bei einem zweiten Angriff angesichts noch schwereren Flak-Feuers lösten sich die Wasserbomben nicht, aber das Flugzeug bestrich Schauenburgs *U536* mit dem Maschinengewehr. Beim dritten Anflug tauchten alle drei Boote, Anderson warf acht auf geringe Tiefe eingestellte Torpex-Wasserbomben auf Ellmenreichs *U535,* das mit der gesamten Besatzung sank. Anderson brachte seine schwer beschädigte B-24 mit Mühe zurück zum Stützpunkt.

Teilweise erlitten auch die im Juni von Frankreich in die Biskaya ausgelaufenen Boote als Folge der neuen Befehle, an der Oberfläche zu bleiben und feindliche Flugzeuge mit der Flak zu bekämpfen, schwere Verluste und Gefechtsschäden. Einige andere wurden von technischen Problemen behindert. Die auslaufenden Boote bildeten außerdem kleine Gruppen, soweit es möglich war, um die Feuerkraft der Flak zu verstärken. Vier frisch ausgelaufene Boote, die zu der Gruppe Trutz stießen, wurden versenkt, darunter, wie erwähnt, das bewährte VIIC-Boot *U135,* und acht Boote waren gezwungen, die Fahrt abzubrechen. Neben *U135* handelte es sich um folgende elf Boote:

- Die »Milchkuh« vom Typ XIV, *U462* unter Bruno Vowe, 38 Jahre alt, die am 19. Juni von Bordeaux auslief. Drei Tage nach dem Auslaufen griffen vier zweimotorige Mosquitos der britischen Squadron 151 und 456 auf einer Patrouille zur Abwehr von Ju-88-Kampfflugzeugen den U-Tanker an, töteten einen Flak-Schützen und verwundeten vier. Vowe war gezwungen, die Fahrt abzubrechen, und kehrte am 23. Juni nach Bordeaux zurück. Der leichte Schaden am Aufbau von *U462* war schnell repariert, und am 28. Juni lief Vowe bereits wieder aus. Fast genau wie beim ersten Auslaufen wurde *U462* wiederum von einem Flugzeug beschädigt, so daß der Tanker am 6. Juli nach Bordeaux zurückkehren mußte. Diesmal war es eine B-24 der britischen Squadron 224, geflogen von E. J. J. Spiller. Der U-Tanker lief erst Ende Juli wieder aus, eine weitere schwere Behinderung der U-Boot-Operationen, welche die U-Boot-Führung zwang, noch mehr Typ-IX-Boote als Tanker einzusetzen.

• Das bewährte VIIC-Boot *U564,* das Reinhard Suhren berühmt gemacht hatte. Am 9. Juni lief es von Bordeaux zu seiner dritten Feindfahrt unter dem 28jährigen Hans Fiedler aus, der immer noch kein Schiff versenkt hatte. Nach der neuen taktischen Richtlinie schloß sich Fiedler für die Durchfahrt der Biskaya mit vier anderen Booten zusammen. Am Abend des 13. Juni entdeckte eine Sunderland der britischen Squadron 228, geflogen von Leonard Bertrand Lee, die Gruppe und griff *U564* mit Wasserbomben an. Die Gruppe feuerte aus allen Rohren und schoß das Flugzeug ab, die gesamte Besatzung kam ums Leben. Aber *U564* wurde schwer beschädigt. Die Führung befahl dem IXC/40-Boot *U185* der Gruppe unter August Maus, 28 Jahre alt, *U564* in einen Hafen an der Nordküste Spaniens zu geleiten, wo Reparaturarbeiten durchgeführt werden konnten.

Am nächsten Morgen, dem 14. Juni, sichtete eine von neun Whitleys der Squadron OTU 10 auf Patrouillenflug die beiden U-Boote. Der Pilot und der Co-Pilot, die Australier Arthur J. Benson und Robert L. Rennick, hielten Fühlung und forderten über Funk Verstärkung an, aber vergeblich. Nach zwei langen Stunden griff Benson die beiden Boote an, warf seine Wasserbomben vor allem auf das beschädigte Boot *U564* und versenkte es. Maus auf *U185* hatte die Whitley jedoch durchsiebt, so daß sie notwassern mußte. Maus rettete Fiedler und 17 andere Deutsche von *U564;* 28 Besatzungsmitglieder kamen ums Leben. Maus übergab die Überlebenden an den deutschen Zerstörer *Z-24* und setzte dann seine Fahrt in amerikanische Gewässer fort. Fiedler kehrte nach Deutschland zurück, um ein neues Typ-VII-Boot in Dienst zu stellen. Der französische Fisch-Trawler *Jazz Band* rettete die fünf alliierten Flieger der Whitley und brachte sie nach Frankreich, wo sie als Kriegsgefangene interniert wurden.

• Das alte IXC-Boot *U68* unter Albert Lauzemis, 25 Jahre alt, das am 12. Juni mit den anderen IXC-Booten *U155* und *U159* auslief. Am 14. Juni entdeckte eine Staffel mit vier Mosquitos des Coastal Command die U-Boote, drei aus der polnischen Squadron 307 und eine aus der britischen Squadron 410. Das Feuer einer Mosquito, geflogen von Stanislaw Szablowski, tötete einen Mann und verwundete vier andere auf *U68:* Lauzemis, den Zweiten Wachoffizier, den Steuermann und einen Matrosen. Lauzemis war am Kiefer getroffen worden und konnte die Fahrt nicht fortsetzen. Er drehte nach Lorient ab und kam ins Krankenhaus, behielt aber das Kommando über *U68.*

• Das IXC-Boot *U155* unter Ritterkreuzträger Adolf-Cornelius Piening, 32 Jahre alt, das am 12. Juni gemeinsam mit *U68* von Lorient auslief. *U155* wurde ebenfalls von Szablowskis Feuer erfaßt, fünf Mann wurden schwer verwundet. Piening brach die Fahrt ab und kehrte gemeinsam mit *U68* nach Lorient zurück. Nach Abschluß der Reparaturarbeiten und nach der Ergänzung seiner Besatzung lief Piening am 30. Juni wieder in Richtung amerikanische Gewässer aus. Wegen des akuten Mangels an U-Tankern befahl die U-Boot-Führung *U155* jedoch, die Fahrt nach Amerika abzubrechen und mehrere andere Boote nachzutanken.[1]

• Das VIIC-Boot *U338* unter Manfred Kinzel, 28 Jahre alt, das am 15. Juni zu seiner zweiten Feindfahrt von Bordeaux auslief. Nach dem Auslaufen aus Kiel hatte Kinzel zunächst eine Halifax abgeschossen und einen Überlebenden gefangengenommen. Am 17. Juni griff diesmal eine B-17 der britischen Squadron 206, geflogen von Leslie G. Clark, auf einer Patrouille der Operation Musketry *U338* mit sieben Wasserbomben an. Bei dem Angriff kam ein Mann ums Leben, und drei wurden verwundet, das Boot wurde schwer beschädigt. Kinzel brach die Fahrt ab und erreichte am 22. Juni St. Nazaire. Er lief erst Ende August wieder aus. Zuvor hatten Pilot Les Clark und fünf Mann dieser Besatzung *U384* versenkt und irrtümlich die Versenkung von *U337* zugesprochen bekommen.

• Das bewährte IXC-Boot *U518* unter Friedrich-Wilhelm Wissmann, 27 Jahre alt, das am 24. Juni mit Kurs auf Amerika von Lorient auslief. Am 27. Juni traf eine von dem Neuseeländer Brian E. H. Layne geflogene Sunderland der britischen Squadron 201 auf einer Patrouille der Operation Seaslug das Boot und beschädigte es »schwer«. Wissmann mußte abbrechen. Er machte kehrt nach Frankreich, aber am 30. Juni beschädigte eine Sunderland der australischen Squadron 10, geflogen von H. W. Skinner, *U518* noch einmal. Am 2. Juli erreichte das Boot endlich Bordeaux, gemeinsam mit Werner Musenberg in dem störanfälligen IXD1-Fern-U-Boot *U180* (das, wie berichtet, einige japanische Offiziere und eine Ladung Gold an Bord hatte) und Kurt Lange in dem IXC/40-Boot *U530,* einem Hilfs-Versorger. Nach den Reparaturarbeiten lief Wissmann mit *U518* im August wieder aus.

• Das VIIC-Boot *U270* unter Paul-Friedrich Otto, 26 Jahre alt, das mit vier anderen frisch auslaufenden Typ-VII-Booten am 26. Juni zu einem Einsatz vor der Iberischen Halbinsel aus St. Nazaire auslief. Wegen »Schäden an der Öldruckleitung« mußte das Boot die Fahrt

[1] Weil die Mosquitos nicht ausreichend gepanzert waren, hatten sie eigentlich den Befehl, keine U-Boote anzugreifen. Ein anderer polnischer Pilot griff ebenfalls U-Boote an, aber seine Bordwaffen blockierten. Von der Flak übel zugerichtet, schaukelte Szablowski sein Flugzeug die 900 Kilometer zu seinem Stützpunkt zurück und machte eine Notlandung. Er überlebte, kam aber 1944 im Einsatz ums Leben.

abbrechen. Nach nur sieben Tagen kehrte es am 2. Juli nach St. Nazaire zurück und lief erst im September wieder aus.

- Das VIIC-Boot *U386,* das am 29. Juni von St. Nazaire auslief. Es wurde von dem neuen Kommandanten Fritz Albrecht, 23 Jahre alt, befehligt, der ein Jahr lang auf dem IX-Boot *U43* Dienst getan hatte. Aus Gründen, die im Kriegstagebuch der U-Boot-Führung nicht genannt werden, brach Albrecht die Fahrt ab und kehrte am 8. Juli nach einer Fahrt von nur zehn Tagen nach Lorient zurück.
- Das alte, mehrmals geflickte IXC-Boot *U505,* das immer noch von dem 24jährigen Peter Zschech befehligt wurde. Das Boot war nach Gefechtsschäden sechs Monate lang repariert und umgebaut worden. Am 30. Juni lief es aus Lorient aus, aber die Besatzung merkte bald, daß es noch nicht gefechtsklar war, und kehrte nach Lorient zurück.

Insgesamt führten von den 48 U-Booten, die im Juni von Deutschland, Norwegen und Frankreich ausliefen, 19 Boote ihren Auftrag nicht aus. Zusammen mit *U135* (von der Gruppe Trutz) wurden neun versenkt, acht brachen die Fahrt ab, und zwei Boote übernahmen provisorisch das Nachtanken *(U155,* das nach dem Abbruch wieder auslief, und *U536).* Viel zu viele Boote wurden in Folge des Befehls ausgeschaltet, den Golf von Biskaya in Gruppen zu durchqueren und an der Oberfläche zu bleiben und bei einem Angriff durch feindliche Flugzeuge das Feuer zu erwidern.

Feindfahrten im Juni in ferne Gewässer

Von den im Juni auslaufenden Booten schickte die U-Boot-Führung 31 Boote in amerikanische Gewässer oder in den Raum vor Freetown, wo die ASW-Maßnahmen der Alliierten vermeintlich weniger gefährlich waren. 23 Boote nahmen Kurs auf Amerika. Wie erwähnt, kamen drei davon nicht weit: Piening in dem IXC-Boot *U155,* der die Fahrt abbrach, wieder auslief und zu einem Hilfs-Versorger umfunktioniert wurde, Wissmann in dem IXC-Boot *U518,* der wegen Gefechtsschäden abbrechen mußte, und Zschech in *U505,* der am zweiten Tag wegen technischer Mängel die Fahrt abbrach. Aufgrund dieser Ausfälle blieben für den Beutezug in amerikanische Gewässer noch 20 Boote: 17 Typ-VII- und 3 Typ-IX-Boote. 13 Boote patrouillierten in der Karibik oder in den Zufahrten, sieben liefen brasilianische Gewässer an.

Alle 17 Typ-VII-Boote, die amerikanische Gewässer anliefen, tankten beim Anmarsch an den U-Tankern *U487* und *U488* vom Typ XIV oder an dem Hilfs-Versorger *U530* vom Typ IXC/40 nach. In dem Einsatzplan war vorgesehen, daß diese VII-Boote auf dem Rückmarsch ein zweites Mal nachtankten. Dennoch hatte Dönitz ausdrücklich befohlen, daß alle Boote »verpflichtet« seien, den Treibstoff für das Operationsgebiet zu sparen. Folglich liefen die VII-Boote beim Ausmarsch mit einem Dieselmotor, bei einer Geschwindigkeit von nur etwa sechs Knoten – eine ermüdende, langsame Fahrt in der schier unerträglichen Juni- und Juli-Hitze der südlichen Gewässer.

Auch wenn die Entzifferungen der Funksprüche gelegentlich ins Stocken gerieten und im Juni und Juli fast versiegten, waren die Submarine Tracking Rooms in London, Washington und Ottawa anhand von allen verfügbaren Informationen imstande, rechtzeitig vor diesem großen U-Boot-Angriff in amerikanischen Gewässern zu warnen. Deshalb galt für die alliierten Peilstationen und ASW-Streitkräfte, für die Luftstaffeln vor allem in der Karibik und in südamerikanischen Gewässern die höchste Alarmstufe. In der Folge waren sie imstande, die Hälfte der 20 U-Boote zu versenken, ein schreckliches Massaker.

Zu den 13 Booten mit Kurs auf die Karibik oder die Zufahrten zählten das IXC-Boot *U159* unter dem neuen Kommandanten Heinz Beckmann, der unterwegs seinen 30. Geburtstag feierte, und zwölf Typ-VII-Boote.

Alle US-amerikanischen ASW-Flugzeuge, die in der Karibik patrouillierten, wurden dem Befehl von Fleet Air Wing (Fairwing) 11 unterstellt. Sie wurde von Adrian O. Rule befehligt. Ihr Hauptquartier war in San Juan auf Puerto Rico, gleich in der Nachbarschaft von Admiral John H. Hoover, dem Befehlshaber der Caribbean Sea Frontier. Flugzeuge der Fairwing 11 patrouillierten auch von Trinidad aus südwärts bis auf die Höhe des Amazonas, wo die Flugzeuge der neu eingerichteten Fairwing 16 mit dem Hauptquartier in Recife übernahmen.[1]

Beckmann in *U159* sollte vor dem Panama-Kanal patrouillieren, aber er kam dort nie an. Er lief über die Anegada Passage in die Karibik ein. Am 28. Juli überraschte eine von D. C. Pinholster geflogene Mariner der Navy Squadron VP 32 *U159* südöstlich von Haiti an der Oberfläche. Pinholster warf, dicht über den Wellenkämmen fliegend, seine auf geringe Tiefe eingestellten Wasserbomben und versenkte *U159* mit der gesamten Besatzung. Die U-Boot-Führung erhielt keinen Hinweis auf diesen Verlust, den die Navy fälschlich einer von Robert C. Mayo geflogenen Mariner der Squadron VP 32 zuschrieb.

Sieben Typ-VII-Boote patrouillierten »innerhalb« der Karibik.

Das VIIC-Boot *U759* unter Rudolf Friedrich, der unterwegs seinen 29. Geburtstag gefeiert hatte, lief am 29. Juni durch die Mona Passage in

[1] Etwa 25 ASW-Squadrons der Army Air Forces und der Navy mit B-18- und B-25-Bombern, Catalinas, Mariners, Hudsons, Venturas und ähnlichen Flugzeugen waren in der Karibik und entlang der »Bauxit-Route« nach Brasilien stationiert. In seinem Buch *The U-boat War in the Caribbean* (1994) nennt Gaylord T. M. Kelshall zahlreiche Details über die Einsatzpläne der Flugzeuge und ihre Operationen.

die Karibik ein. Von einer Position südlich der Windward Passage aus patrouillierte er entlang der Geleitzugroute Key West-Trinidad. Am 30. Juni versenkte er unklugerweise ein Segelschiff mit der Deckkanone, aber zum Glück für *U759* konnte sein Opfer die alliierten Streitkräfte nicht alarmieren. Am 5. Juli versenkte Friedrich den amerikanischen Frachter *Maltran* mit 3513 BRT aus einem kleinen Konvoi. Zwei Tage später sichtete er den Geleitzug TAG 70[1] (acht Frachter, sechs Geleitschiffe), aus dem er den holländischen Frachter *Peolau Roebiah* mit 9271 BRT versenkte. Der amerikanische Glattdeck-Zerstörer *Tattnall* griff *U759* an, aber Friedrich wich aus und schlich sich davon. Ein Aufklärungsflugzeug der Navy entdeckte ihn am 8. Juli wieder, warf Wasserbomben und rief Überwasserschiffe herbei. Nach einem siebenstündigen Katz-und-Maus-Spiel entwischte Friedrich aber auch diesen Kriegsschiffen.

Friedrich meldete diese lange Jagd am 10. Juli der Führung und fügte hinzu: »keine Verluste«. Das war die letzte Meldung von *U759*. Nach einer neuen Prüfung durch Axel Niestlé entdeckte in den frühen Morgenstunden des 26. Juli eine von Robert C. Mayo geflogene Mariner der Navy Squadron VP 32, die den Konvoi TAG 74 sicherte, *U759* an der Oberfläche. Mayos Wasserbomben schickten *U759* mit Mann und Maus auf den Grund. Friedrich war einer von nur zwei Typ-VII-Kommandanten, die innerhalb der Karibik Schiffe versenkten. Mit seiner Ausbeute von zwei Schiffen mit 12800 BRT und einem Segelschiff war er der Spitzenreiter.

Das VIIC-Boot *U359* unter dem 34jährigen Heinz Förster, der mit *U466* ein Flugzeug in der Biskaya abgewehrt und es möglicherweise abgeschossen hatte, patrouillierte innerhalb der Karibik südlich von der Insel Hispaniola. Am 26. Juli entdeckte eine von Ralph W. Rawson geflogene Mariner der Navy Squadron VP 32 *U359* und griff das Boot trotz heftigen Flak-Feuers mit vier Wasserbomben an.

Nach der Rückkehr nach Puerto Rico erkannte die Dienststelle Rawson lediglich eine »mutmaßliche Beschädigung« eines U-Boots zu. In Wirklichkeit überstand *U359* aber diesen Angriff nicht. Innerhalb von nur zwei Wochen war es das dritte Boot, das die wenig geeigneten PBM-3 Mariners der Navy Squadron VP 32 versenkten. Diesen Rekord überbot keine andere landgestützte ASW-Squadron im Krieg, was einzig dem Mut der Flugzeugbesatzungen zu verdanken war.

Am Vorabend vor dem Auslaufen aus Frankreich nahm *U615* unter Ralph Kapitzky eine geheime Ladung an Bord und erhielt besondere Befehle. Kapitzky feierte unterwegs seinen 27. Geburtstag. Bei der geheimen Ladung handelte es sich angeblich um ein neues Gerät zur Erfassung von Schiffen, ein Nachtfernrohr, das nur Kapitzky aus der verschlossenen Schachtel herausnehmen durfte. Da er sich durch sein

---

[1] TAG-Geleitzüge: Trinidad, Aruba, Guantánamo Bay.

ausgezeichnetes Fühlunghalten an Konvois einen Namen gemacht hatte, wurde ihm nunmehr befohlen, südlich der Windward Passage in Stellung zu gehen und mit Hilfe des geheimen Fernrohrs für andere Boote die dort vermuteten Geleitzüge zu erfassen und zu beschatten. Er sollte Schiffe nur angreifen, wenn die »Umstände uneingeschränkt günstig waren«.

Kapitzky lief am 12. Juni von La Rochelle aus und durchquerte die Biskaya mit zwei anderen Booten. Alliierte Flugzeuge griffen die Gruppe am 14. Juni an. Ein Flugzeug traf Kapitzkys *U615* und tötete einen seiner Schützen der 2-cm-Flak. Im Gegenzug beanspruchte er, er habe ein Flugzeug abgeschossen, aber dieser Abschuß wurde auch von Bernhard Zurmühlen in dem auslaufenden *U600* beansprucht. Kapitzky tankte (ebenso wie sechs andere nach Amerika fahrende Typ-VII-Boote) am 28. Juni an Erwin Bartkes neuem U-Tanker *U488* vom Typ XIV nach.

Kapitzky lief nördlich der Insel Gouadeloupe in die Karibik ein und patrouillierte viele Tage und Nächte lang gemäß seinen geheimen Befehlen, jedoch völlig vergeblich. Am Ende wurde er nach Südwesten zu den Inseln Curaçao und Aruba geschickt. Am 12. Juli erfaßte er einen »Tanker«, jagte ihn, verlor ihn aber wieder. Zweieinhalb Wochen später, am 28. Juli, versenkte er mit zwei Torpedos den holländischen Tanker *Rosalia* mit 3177 BRT, der von der Maracaibo-See kam. Die Versenkung – und die Einpeilung von Kapitzkys Meldung an die Führung – setzte eine der härtesten U-Boot-Jagden des Krieges in Gang.

Eine auf Aruba stationierte B-18 der Army Air Force, die von T. L. Merrill geflogen wurde, entdeckte *U615* am 29. Juli als erste und griff das U-Boot an. In der folgenden Woche schlossen sich Flugzeuge der Army und der Navy, der ASW-Blimp K-68, die auf Curaçao, Trinidad und anderen Inseln stationiert waren, sowie U-Jagd-Boote (SC) und Patrouillenboote (PC) der Jagd auf *U615* an, während Kapitzky sich in Richtung Atlantik vorkämpfte. Er wehrte mit seiner Flak ganze Schwärme von Flugzeugen ab. Eine von A. R. Matuski geflogene PBM-3 Mariner der US Navy Squadron VP 205 schoß er ab. Alle elf Flieger kamen dabei ums Leben. Seine Flak tötete den Piloten einer weiteren Mariner aus Navy Squadron VP 204, John W. Dresbach, und verwundete vier weitere Besatzungsmitglieder. Der Copilot Oren R. Christian brachte das durchlöcherte Flugzeug mit Müh und Not zurück zum Stützpunkt. Bei der Verfolgung von *U615* ging dem Blimp K-68, gelenkt von Wallace A. Wydeen, der Treibstoff aus, er mußte abdrehen. Da Wydeen nicht imstande war, Trinidad zu erreichen, landete er auf der verlassenen Insel Blanquilla. Am nächsten Tag rissen heftige Winde K-68 aus der behelfsmäßigen Verankerung und zerstörten den Blimp, doch die Besatzung überlebte.[1]

Mindestens ein Dutzend Mal griffen Flugzeuge der Army und der Navy mit Wasserbomben, Bomben und Maschinengewehren an und verwandelten *U615* in ein Wrack. Kapitzky, der eine schwere Verwundung mit Schockzustand hatte, blieb nur noch Zeit zur Kommandoübergabe und einem bewegenden Abschied von der Besatzung. Wegen der Aussichtslosigkeit eines weiteren Kampfes aufgrund fehlender Munition und Preßluft wurde *U615* am 7. August beim Herannahen des neuen amerikanischen Zerstörers *Walker* aufgegeben und von der Besatzung versenkt. *Walker,* der zur Erprobung in der Nähe von Trinidad war, rettete 43 Deutsche. Die amerikanischen Dienststellen sprachen den Venturas und Mariners aus den Navy Squadrons 130, 204, 205 und der Army Squadron 10 die Versenkung zu. Die Navy-Piloten Crockett, Christian und Dresbach verdienten sich das DFC, der Letztgenannte postum.

Seltsamerweise schickte die U-Boot-Führung das älteste Typ-VII-Boot mit der kürzesten Reichweite in das entlegenste Gebiet der Karibik. Es handelte sich um das VIIB-Boot *U84*. Horst Uphoff, 26 Jahre alt, hatte es im April 1941 im Alter von 24 Jahren in Dienst gestellt und seither ununterbrochen befehligt. In zwei Kriegsjahren hatte Uphoff sechs Schiffe mit rund 30 000 Tonnen versenkt, zwei davon genau ein Jahr zuvor in der Floridastraße.

Uphoff lief am 10. Juli über die Windward Passage gemeinsam mit Claus-Peter Carlsen, 23 Jahre alt, in die Karibik ein. Carlsen machte seine zweite Feindfahrt auf *U732*. Uphoff folgte einem Kurs entlang der Südküste Kubas nach Westen bis zum Kanal von Yucatán. Am 16. Juli meldete er Treffer an einem 6000 BRT großen Frachter, den er »brennend zurückgelassen« habe, aber der Treffer ist durch Unterlagen der Alliierten nicht bestätigt worden. Etwa zehn Tage später meldete er auf dem Rückmarsch durch die Floridastraße einen einzelnen und einen doppelten Fehlschuß auf ein Schiff mit 7000 BRT, und am 28. Juli meldete er eine vergebliche Jagd auf einen Tanker, weil ein Dieselmotor ausgefallen war. Da Uphoff der Treibstoff allmählich ausging, war er froh, als er von der U-Boot-Führung Befehl erhielt, nach Frankreich zurückzukehren. Wie wir noch sehen werden, kam er dort nie an.

Carlsen in *U732* patrouillierte zunächst in dem Raum unmittelbar südlich der Windward Passage und östlich von Jamaika. Am 12. Juli griffen zwei Aufklärungsflugzeuge der Navy vom Typ OS2U Kingfisher

---

[1] Wydeen ging am Abend des 30. Oktober 1943 verloren, als er den anderen Blimp, K-94, flog. Das Flugzeug ging aus unerklärlichen Gründen plötzlich in Flammen auf und versank in der Nähe von San Juan, Puerto Rico, im Meer. Es wurden keine Überlebenden gefunden.

Carlsen an, doch das Boot wurde nur leicht beschädigt. Zwei Wochen später, am 28. Juli, sichtete Carlsen vor Kap Maisi, der Ostspitze von Kuba, drei Werkstattschiffe der Marine, die von drei Zerstörern eskortiert wurden. Die Zerstörer verhinderten jedoch mit ihren Wabos einen Angriff.

Durch die Windward Passage lief Carlsen wieder nach Norden und kreuzte auf gut Glück im Alten Bahamakanal. Am 1. August stieß er auf ein erstklassiges Angriffsziel: den Geleitzug von New York nach Guantánamo Bay NG 376 mit 27 Handelsschiffen und 5 Geleitschiffen. Carlsen griff in der Nacht des 1. August mutig diese Formation allein an. Er meldete einen versenkten Frachter mit 7000 BRT, einen weiteren Treffer und meinte, zwei weitere Treffer gehört zu haben. Ein Geleitschiff, das Kanonenboot 89 der Navy *(Brisk),* vereitelte weitere Angriffe. Die Versenkung und die Treffer konnten in den Unterlagen der Alliierten nicht bestätigt werden. Nach einer langwierigen Heimreise erreichte *U732* Frankreich in den letzten Augusttagen.

Am 8. Juli wurde das zweitälteste VIIC-Boot, *U134* unter Hans-Günther Brosin, 26 Jahre alt, beim Anmarsch in Richtung Karibik von einem auf Bermuda stationierten Flugzeug der Navy Squadron VP 201 südöstlich der Insel entdeckt. Das von John T. Hitchcock geflogene Flugzeug feuerte im Tiefflug mit dem Maschinengewehr und warf »sechs bis acht« Wasserbomben, aber *U134* überstand den Angriff, wie Brosin meldete. Auf seiner zweiten Feindfahrt jagte Brosin in der Floridastraße auf der Höhe von Havanna. Während dieses Einsatzes ortete am 18. Juli der Blimp K-74 der Navy gegen Mitternacht *U134* mit dem Radar. Der Blimp wurde von Nelson G. Grills befehligt und patrouillierte in der Nähe zweier großer Schiffe. Nach den Einsatzvorschriften der Navy durfte ein Blimp nicht alleine ein U-Boot angreifen; nur zwei Wochen zuvor hatte Grills Vorgesetzter seine Blimp-Piloten aber ermahnt, »aggressiver« gegen U-Boote vorzugehen, um seine Überzeugung zu belegen, daß Blimps keineswegs nur für den Einsatz bei der Eskorte, für Aufklärung oder Rettung taugten.

Folglich hielt Grills mit einer Geschwindigkeit von 47 Knoten direkt auf *U134* zu, um das Boot mit Wasserbomben anzugreifen. Der zweifellos überraschte Brosin bemannte seine Flak und schickte ein Sperrfeuer gegen das riesige Ziel. Die Kugeln durchlöcherten die Lufthülle und setzten die Gondel in Brand, aber Grills kam näher. Bevor der Blimp in die See stürzte, zog Grills den Auslöser der Wasserbomben. Der lange nicht betätigte Auslöser versagte jedoch, es fielen keine Wasserbomben. *U134* tauchte und entkam. Der Glattdeck-Zerstörer *Dahlgren* und der U-Jäger *SC-657* retteten zehn

Überlebende des Blimps. Ein Mann der elfköpfigen Besatzung kam ums Leben.[1]

Die amerikanischen Dienststellen in Florida schlossen die Straßen für die Schiffahrt und leiteten mit allen verfügbaren Einsatzkräften eine Jagd auf *U134* ein. In der folgenden Nacht, am 19. Juli, entdeckte eine von John C. Lawrence geflogene Ventura das U-Boot und warf drei Wasserbomben, die den vorderen Batterieraum von *U134* stark beschädigten. Brosin setzte die U-Boot-Führung von seinem Sieg über den Blimp – ein weiteres »erstmaliges« Ereignis für ein U-Boot – und von seinem schweren Schaden nach dem Angriff der Ventura in Kenntnis. Die Führung befahl *U134,* sich aus der Straße zurückzuziehen, 1800 Kilometer nach Osten abzulaufen und Reparaturen durchzuführen. Brosin lief die abgelegene Gegend mit einer knappen Treibstoffreserve an, doch dann erhielt er Befehl, wegen akuter Schwierigkeiten beim Nachtanken sofort nach Frankreich zurückzukehren. Auch er kam nie an.

Beim Auslaufen durch den Golf von Biskaya drückte eine nicht identifizierte Wellington mit Leigh Light *U634* unter Wasser. Das U-Boot wurde von Eberhard Dahlhaus, 23 Jahre alt, befehligt, der auf einem anderen Boot bereits mehrere Fahrten in amerikanische Gewässer gemacht hatte. Ursprünglich sollte er vor Aruba und Curaçao patrouillieren, aber nach dem Nachtanken wurde das Boot umgeleitet und sollte Geleitzüge zwischen den Bermuda-Inseln und der Insel Hispaniola jagen. Diese Jagd brachte keine Versenkungen, und wegen des großen Umweges mußte der Befehl, vor Aruba und Curaçao zu patrouillieren, aufgehoben werden. Ende Juli lief Dahlhaus über die Windward Passage in die Karibik ein und patrouillierte unmittelbar südlich von Hispaniola und Puerto Rico. Er löste praktisch *U615* ab, das, wie berichtet, nach Aruba und Curaçao weiterfuhr – seiner Vernichtung entgegen. Dahlhaus war eben erst in seinem Einsatzgebiet eingetroffen, da erhielt er Befehl, nach Frankreich zurückzukehren. Somit hatte er keine Gelegenheit, in der Karibik auf Schiffe zu schießen. Nach dem Nachtanken auf dem Rückmarsch stieß *U634* in der Biskaya ein Unglück zu.

Neben dem IXC-Boot *U159* wurden somit drei der sieben Typ-VII-Boote *(U359, U615, U759),* die in die Karibik einliefen, dort versenkt. Wie wir noch sehen werden, wurden drei weitere Boote der Gruppe *(U84, U134, U634)* auf dem Rückmarsch versenkt. Von diesen VII-Booten kehrte nur *U732* nach Frankreich zurück.

---

[1] Es handelte sich um den 28jährigen Bombenschützen Isadore Stessel aus Brooklyn, New York, der von einem Hai getötet wurde. Das postum verliehene Purple Heart ging bei der Postzustellung verloren. Durch eine Geschichte im *Miami Herald* im Jahr 1997 wurden jedoch Verwandte auf die Angelegenheit aufmerksam. Ihnen überreichte die Navy am 17. Mai 1997 die Medaille und andere Auszeichnungen.

Fünf der zwölf für den Karibik-Feldzug abkommandierten Typ-VII-Boote wurden »außerhalb« aufgestellt und sollten in dem Raum östlich von Trinidad und nach Süden bis Französisch-Guyana an der »Bauxit-Route« patrouillieren.

Wie erwähnt, versenkte eins der fünf Boote, *U572* unter dem 24jährigen Heinz Kummetat, den französischen Tanker *Lot* mit 4220 BRT aus dem Konvoi UGS 10 auf dem Anmarsch in diesen Raum. Nach dem Nachtanken lief Kummetat weiter in Richtung Amerika, traf am 29. Juni Müller-Stöckheim in dem IXC-Boot *U67,* der auf dem Rückmarsch war, und übergab ihm ein Metox. Kummetat patrouillierte dann in einem Gebiet östlich von Barbados und Trinidad. Am 14. und 15. Juli versenkte er mit der Kanone zwei britische Segelschiffe südöstlich von Trinidad: die *Harvard* mit 114 Tonnen und die *Gilbert B. Walters* mit 176 Tonnen. Kummetat kehrte in ein Gebiet weit östlich von Trinidad zurück und suchte dort vergeblich nach Schiffen. Er meldete der U-Boot-Führung am 31. Juli »schwere Luftsicherung« und daß *U572* östlich von Trinidad ein Flugzeug abgewehrt habe.

Ungefähr um dieselbe Zeit kamen zwei andere »außerhalb« aufgestellte Boote, die ebenfalls von Trinidad nach Französisch-Guyana patrouillierten, mit alliierten Flugzeugen in Feindkontakt: *U406* unter Horst Dieterichs, 31 Jahre alt, und das alte Boot *U653* unter Gerhard Feiler, 33 Jahre alt. Beide verbrauchten bei diesen Auseinandersetzungen einen großen Teil ihrer Munition. Dieterichs erbat deshalb ein Treffen mit Kummetat in *U572* weiter im Norden, um Munition und Waffenfett zu übernehmen.

Die Alliierten erfuhren über nachrichtendienstliche Quellen von diesem Plan. Am 3. August erschien eine von Clifford C. Cox geflogene PBM-3 Mariner der US Navy Squadron VP 205 an dem Treffpunkt und griff ein U-Boot an, zweifellos Kummetat in *U572.* Offensichtlich versenkte Cox *U572,* und Kummetat schoß die Mariner ab, weil von beiden nie wieder etwas gehört wurde. Dieterichs in *U406* meldete der Führung am 5. August, daß *U572* nicht eingetroffen sei. Als *U572* auf wiederholte Aufforderungen nicht antwortete, ging die Führung ganz richtig davon aus, daß das Boot verlorengegangen war. Wegen des Absturzes der Mariner bleibt der Verlust ein wenig mysteriös, und die letzten Stunden von *U572* werden im Dunkel der Geschichte bleiben. Auf gewisse Weise erscheint es passend, daß das U-Boot, auf dem Heinz Hirsacker sich so schändlich benommen – und sein eigenes Todesurteil herbeigeführt – hatte, ohne einen abschließenden Bericht verschwand. Cox wurde postum das DFC verliehen.

Dieterichs patrouillierte mit *U406* noch zwei Wochen lang vergeblich östlich von Trinidad. Dann trat er einen langwierigen Rückmarsch nach Frankreich an, auf dem er keine Ziele sah, die einen Torpedo wert gewesen wären. Am 23. August entdeckte ein nicht identifiziertes Flugzeug *U406* und griff das Boot an. Zwei Mann kamen ums Leben, drei wurden verwundet, aber das Boot wurde nur leicht beschädigt. Am 15. September erreichte es St. Nazaire und lief erst im Januar 1944 wieder aus.

Eine B-24 der Navy und eine B-18 der Army Air Forces entdeckten *U466* unter Gerhard Thäter, 26 Jahre alt, am 23. Juli und griffen das Boot an. Einen Tag später griff eine B-24 der Army Air Forces *U466* mit Maschinengewehr und vier Torpex-Wasserbomben an. Bei diesem Angriff wurden der Erste Wachoffizier und ein Ausguck »schwer« verwundet, und Thäter, der Zweite Wachoffizier und der Steuermann wurden »leicht« verwundet; außerdem wurde das Boot schwer beschädigt. Nach dem Eingang von Thäters Meldung befahl ihm die U-Boot-Führung, so schnell wie möglich nach Frankreich zurückzukehren und Tag und Nacht die Position zu melden, damit die Führung ein Treffen mit einem anderen U-Boot, das einen Arzt an Bord hatte, arrangieren konnte. Thäter erreichte Frankreich am 16. August ohne fremde Hilfe und beendete eine erfolglose und frustrierende Fahrt von 49 Tagen. *U466* lief erst Ende Oktober wieder aus.

Kurt Neide in *U415* patrouillierte in einem Raum östlich von Martinique und südlich von Trinidad. Auch er machte wegen der tropischen Hitze und der ASW-Flugzeuge eine frustrierende Zeit durch. Er entdeckte zwei Geleitzüge vor Trinidad. Der erste, am 24. Juli erfaßte Konvoi wurde von Überwasserschiffen sowie ständig von »landgestützten viermotorigen« Flugzeugen (offenkundig B-24-Bomber) stark gesichert. Trotz dieser Eskorte griff Neide den Konvoi an, aber sein Angriff schlug fehl und zog eine langwierige ASW-Jagd nach sich. Bei dem Versuch, am 2. August den zweiten Konvoi anzugreifen, griff eine »Korvette« ihrerseits mit einer Serie Wasserbomben an, die Neide vertrieb. Neide versenkte kein einziges Schiff.

Wie die meisten anderen Typ-VII-Boote in amerikanischen Gewässern hatte Neide nur noch gefährlich wenig Treibstoff und mußte unbedingt auf dem Rückmarsch nachtanken. Die Führung wies ihn an, an dem Hilfs-Versorger, dem XB-Minenleger *U117,* nachzutanken. Als sich herausstellte, daß dieser am 7. August versenkt worden war, sagte die Führung Neide, er solle an dem Hilfs-Versorger *U525,* einem IXC/40-Boot, nachtanken. Neide wartete fünf Tage lang an dem vereinbarten Treffpunkt, bis er erfuhr oder selbst erkannte, daß auch *U525* versenkt worden war. Am 14. August teilte die Führung Neide zum Nachtanken dem Hilfs-Versorger *U847,* einem IXD2-Fern-U-Boot, zu. Um den 24. August tankte er endlich nach und erreichte mit *U415* nach einer nervenaufreibenden Heimreise von 37 Tagen am 8. September Frankreich.

Feiler befehligte *U653* seit vollen zwei Jahren. In der ganzen Zeit hatte er auf zahlreichen Feindfahrten nur vier bestätigte Schiffe mit rund 12000 BRT versenkt. Da er wie viele andere Besatzungsmitglieder an

»Tropenfieber« litt, fand er keine Angriffsziele. Östlich von Trinidad habe eine B-24 *U653* angegriffen, meldete Feiler. Er erwiderte das Feuer, traf das Flugzeug und entkam. Feiler sollte genau wie Neide an dem Hilfs-Versorger *U117* nachtanken, und als dieser verloren war, an dem Hilfs-Versorger *U525*. Nachdem dieses Boot ebenfalls versenkt worden war, sollte Feiler wie auch Neide an dem IXD2-Fern-U-Boot *U847* nachtanken. Nach vollen zwei Wochen in dem Gebiet der Nachtankoperationen erhielt Feiler endlich so viel Öl, daß er am 11. September Frankreich erreichen konnte. Nach der Ankunft übernahm Feiler andere Aufgaben.

Diese fünf Typ-VII-Boote, die »außerhalb« der Karibik patrouillierten, hatten so gut wie nichts erreicht: zwei Segelschiffe mit rund 300 Tonnen versenkt und vermutlich eine Mariner von Kummetat in *U572* abgeschossen. Flugzeuge aus Fairwing 11 jagten ohne Unterlaß alle fünf Boote in ihren Einsatzgebieten, versenkten *U572* und zwangen *U466,* seine Fahrt früh abzubrechen. Die anderen drei Boote *(U406, U415, U653)* versenkten ebenfalls keine Schiffe, doch wie *U466* überlebten sie immerhin.

Alles in allem patrouillierten ein Typ-IX- und zwölf Typ-VII-Boote der Juni-Gruppe »innerhalb« und »außerhalb« der Karibik. Fünf wurden in ihren Einsatzgebieten versenkt. Drei wurden auf dem Rückmarsch versenkt. Im Gegenzug für den katastrophalen Verlust von acht Booten versenkten diese dreizehn Boote in den fernen Gewässern zwei Schiffe mit 12800 BRT und drei Segelschiffe sowie ein Schiff mit 4200 BRT aus dem Konvoi UGS 10.

U-Boot-Fahrten zum Äquator und darüber hinaus

Den nächsten Beutezug in brasilianische Gewässer unternahmen zwei IXC/40-Boote und fünf Typ-VII-Boote, die im Juni ausliefen. Ein Typ-IX-Boot und zwei Typ-VII-Boote wurden von neuen Kommandanten befehligt. Die VII-Boote tankten an U-Tanker *U487* vom Typ XIV nach. Befehlsgemäß fuhren alle Boote mit einem Diesel nach Brasilien, um Treibstoff für das Einsatzgebiet zu sparen. Die Hitze und Feuchtigkeit in Äquatornähe machten den Besatzungen das Leben an Bord schier unerträglich.

U185 vom Typ IXC/40 und *U510* vom Typ IXC liefen Anfang des Monats aus und nahmen ohne Nachtanken direkt Kurs auf Südamerika. In einem Zeitraum von rund 24 Stunden fanden beide Boote Konvois und versenkten Schiffe.

U185 unter dem 28jährigen August Maus überquerte den Äquator und lief etwa 450 Kilometer weiter nach Süden in einen Raum zwischen Fortaleza und Natal. Am 7. Juli stieß Maus auf den Geleitzug BT 18 auf dem Weg von Bahia nach Trinidad. Der Konvoi bestand aus 20 Handelsschiffen und war mit drei Kanonenbooten und einem Patrouillenboot schwach gesichert. In einem geradezu klassischen Angriff traf Maus vier amerikanische Handelsschiffe: den Tanker *William Boyce Thompson* mit 7061 BRT, den Tanker *S. B. Hunt* mit 6840 BRT und die beiden Liberty-Schiffe mit 7176 BRT *James Robertson* und *Thomas Sinnickson.* Drei Schiffe sanken oder mußten versenkt werden. Der Tanker *S. B. Hunt* kroch in einen Hafen, wurde später repariert und wieder in Dienst gestellt.

Maus stieß dann weiter nach Süden in ein Gebiet südlich von Recife vor. Am Abend des 12. Juli entdeckte eine mit Radar ausgerüstete Catalina *U185* an der Oberfläche und griff mit eingeschalteten Landescheinwerfern an. Die Flak-Schützen erwiderten das Feuer, und Maus beanspruchte den Abschuß eines Flugzeugs für sich. Nach amerikanischen Unterlagen kehrte das beschädigte Flugzeug jedoch zu seinem Stützpunkt zurück.

Das IXC-Boot *U510* wurde von dem neuen Kommandanten Alfred Eick, 27 Jahre alt, befehligt. Eick hatte als Erster Wachoffizier des IXC-Bootes *U176,* das bei einer späteren Feindfahrt am 15. Mai in der Floridastraße versenkt worden war, bereits eine Fahrt in amerikanische Gewässer gemacht. Eick meinte, der Kommandant Reiner Dierksen sei einfach »zu aggressiv« gewesen, und er wollte nicht so aggressiv vorgehen und überleben.

Auf dem Weg nach Nordbrasilien stieß Eick am 8. Juli in der Nähe der Teufelsinsel auf den südwärts fahrenden Konvoi TJ 1 vor Französisch-Guyana. Der Konvoi war unterwegs von Trinidad nach Rio de Janeiro, bestand aus 20 Handelsschiffen und wurde von dem modernen (1937) amerikanischen Zerstörer *Somers,* vier Patrouillenbooten und einem brasilianischen U-Jäger gesichert. Regen und Wolken verdeckten den Mond, und Eick machte unter günstigen Bedingungen zwei nächtliche Überwasserangriffe. Beim ersten schoß er drei Torpedos und beanspruchte Treffer an einem Tanker und an zwei Frachtern. Beim zweiten Angriff meldete er Treffer an zwei Frachtern. In den alliierten Unterlagen wurden zwei Versenkungen (der norwegische Tanker *B. P. Newton* mit 10 324 BRT und der amerikanische Frachter *Eldena* mit 6900 BRT) und ein Treffer an dem 3702 BRT großen Frachter *Everaga* bestätigt, der nach Trinidad geschleppt wurde. Zwei Tage später versenkte Eick weiter ab von der Küste die 1641 BRT große schwedische *Scandinavia* mit Sprengladungen. Er stoppte sie, ging an Bord und entschied, sie führe Konterbande mit sich. Auf dem Heimmarsch sollte Eick mit *U510* an einem Hilfs-Versorger nachtanken, doch der war bereits versenkt. Also fuhr Eick weiter nach Frankreich und beendete am 29. August eine Fahrt von 88 Tagen.

Die Angriffe auf zwei große Geleitzüge vor der südamerikanischen Küste, den nach Norden fahrenden BT 18 und den nach Süden fahrenden TJ 1 innerhalb von 24 Stunden lösten große Bestürzung im alliierten Hauptquartier der U-Boot-Abwehr für dieses Seegebiet aus. Der Befehlshaber der Fourth Fleet, Admiral Jonas Ingram, meinte, er müsse auf einen massiven U-Boot-Überfall reagieren, und verstärkte die Luft- und die Überwassereskorten der Geleitzüge in diesen Gewässern. Außerdem erhöhte er die Zahl der U-Jagd-Patrouillen durch Flugzeuge.

Infolgedessen machten die danach kommenden fünf Typ-VII-Boote auf Beutezug vor Brasilien eine schreckliche Zeit durch. Zusätzlich zu der schier unerträglichen Hitze und der ständigen Belastung durch knappen Treibstoff wurden die VII-Boote fast unablässig von Flugzeugen verfolgt. Ein Kommandant schilderte kurz und bündig die intensiven U-Jagd-Operationen der Führung: »Luft wie in der Biskaya, Tag und Nacht.«

Lediglich ein VII-Boot versenkte ein Schiff: das bewährte Boot *U590* mit dem neuen Kommandanten Werner Krüer, 28 Jahre alt. In einem gewagten Angriff in der Nähe der Amazonasmündung erwischte Krüer am 4. Juli den brasilianischen Frachter *Pelotaslóide* mit 5228 BRT, der von zwei brasilianischen U-Jägern gesichert wurde. Als Krüer die Versenkung meldete, löste dies prompt eine massive U-Boot-Jagd durch Catalinas der in Amapá stationierten US Navy Squadron VP 94 aus, einem Landeplatz gleich nördlich der Amazonasmündung.

Eine Catalina fand *U590* am 9. Juli und griff an. Krüers Flak-Schützen erwiderten das Feuer und trafen das Cockpit des Flugzeugs. Sie töteten den Piloten Frank F. Hare und verwundeten den Funker. Der Co-Pilot J. P. Phelps versuchte einen zweiten Angriff, wurde aber abgewehrt und drehte nach Belém ab. Auf diesen Alarm hin griff eine weitere Catalina der Squadron VP 94, geflogen von Stanley E. Auslander, *U590* an und versenkte das U-Boot mit einer Serie von sechs Wasserbomben. Es gab keine Überlebenden. Die Navy zeichnete die Piloten Hare und Auslander mit dem DFC aus, Hare postum.

Innerhalb von etwa zehn Tagen versenkten alliierte Luftpatrouillen drei weitere Typ-VII-Boote vor Brasilien und beschädigten das letzte so schwer, daß es die Fahrt abbrechen mußte.

- Am 19. Juli entdeckte eine B-24 von Squadron 35 der Army Air Forces, die auf Zandery Field in Holländisch-Guyana (Surinam) stationiert war, das VIIC-Boot *U662* unter Heinz-Eberhard Müller, 27 Jahre alt. Das Flugzeug griff an, warf vier Wasserbomben, aber sie fielen weit, und Müllers Schützen an der 2-cm-Flak wehrten einen zweiten Angriff ab. Sie zwangen das beschädigte Flugzeug, abzudrehen und zum Stützpunkt zurückzukehren. Am selben Tag griff etwas später eine in Französisch-Guyana stationierte B-18 der USAAF *U662* an, aber diese fünf Wasserbomben fielen ebenfalls weit. Müller meldete, er habe das Flugzeug abgeschossen, aber er hatte sich geirrt: Der Pilot brachte die Maschine noch nach Hause. Am 20. Juli griff eine Catalina der Navy Squadron VP 94 *U662* an, aber auch sie konnte das Boot nicht versenken. Der Pilot kreiste außerhalb der Reichweite der Flak und forderte Verstärkung an. Diese scheiterte ebenfalls. Am 21. Juli traf jedoch eine Catalina aus Squadron VP 94, geflogen von R. H. Howland, *U662* mit dem Maschinengewehr und mit Wasserbomben. Howlands Kugeln töteten die gesamte Brückenwache, und die Wasserbomben versenkten das Boot.

Müller eilte selbst zur Brücke, um die Flak zu übernehmen. Sekunden später detonierten die Wasserbomben. Die Wucht der Detonationen verwundete Müller schwer und schleuderte ihn mit vier anderen über Bord, von denen einer bald starb. Das U-Boot brach vermutlich auseinander und nahm die gesamte übrige Besatzung mit in die Tiefe. Müller und die drei anderen Überlebenden kletterten in eines der beiden Rettungsflöße, welche die Catalina abgeworfen hatte, und zogen das andere Floß über ihre Köpfe. Von Haien umkreist, trieben die vier Männer 16 Tage lang umher, bis sie von einer B-24 und der ehemaligen Luxusjacht *Siren* gefunden wurden. Das Fahrzeug der Navy eskortierte den Konvoi TJ 4. Ein Deutscher starb an Bord der *Siren,* nur Müller und zwei andere überlebten.[1]

Auf Müllers dringende Bitte um Ergänzung seines Munitionsvorrats hin schickte ihn die U-Boot-Führung, die von dem Verlust von *U662* noch nichts wußte, zu dem IXC-Boot *U516,* einem Hilfs-Versorger im Mittelatlantik. Am 31. Juli meldete *U516,* von *U662* komme kein Lebenszeichen. Die Führung ging daraufhin davon aus, daß das Boot verloren war.

- Vor Natal entdeckte am 22. Juli Pilot Renfro Turner jr. in einer B-24 der Navy Squadron VB 107 *U598* unter Gottfried Holtorf, 31 Jahre alt. Turner griff an und warf sechs Wasserbomben. Sein Alarm führte weitere B-24-Bomber aus Squadron VB 107 von Natal heran. Eine von John T. Burton geflogene B-24 griff das U-Boot an, aber wegen eines »persönlichen Irrtums« fielen keine Wasserbomben. Danach griff Turner zum zweitenmal an und warf seine drei verbliebenen Wasserbomben. Diese »gabelten anscheinend den Kommandoturm ein«, während das U-Boot tauchte.

Turner kehrte nach Natal zurück, aber Burton und die andere B-24 kreisten in dem Gebiet und hielten das U-Boot unter Wasser. Am 23. Juli startete kurz nach Mitternacht eine von Charles A. Baldwin geflogene B-24 von Natal. Bei Dämmerung sichtete Baldwin *U598* und griff an. Er beschädigte das U-Boot so schwer, daß es nicht mehr tauchen konnte. Etwa zwei Stunden später griffen zwei weitere B-24 aus Squadron VB 107, geflogen von Goree E. Waugh und William R. Ford (der zuvor bereits *U164* versenkt hatte), gemeinsam in sehr geringer Höhe an. Bei seinem Anflug stürzte Waugh ins Meer – möglicherweise wurde er

[1] Müller erholte sich zwar von seinen Verwundungen war aber noch lange kampfunfähig. Der Kriegsversehrte wurde im März 1944 repatriiert. Nach einem weiteren Krankenhausaufenthalt wurde er als »Verbindungsoffizier für deutsche Kriegsgefangene« in den Stab der U-Boot-Führung aufgenommen.

Opfer der Druckwellen seiner eigenen Wasserbomben. Alle zwölf Besatzungsmitglieder kamen ums Leben. Waugh und sein Co-Pilot Robert S. Swan wurden postum mit dem DFC ausgezeichnet, die übrigen zehn Männer mit Air Medals. Ford in der zweiten B-24 traf *U598* mit einer Serie von Torpex-Wasserbomben und versenkte das U-Boot.

Die überlebenden Deutschen retteten sich auf zwei Rettungsflöße, in jedes kletterten sechs oder sieben Mann. Ein Floß kenterte, aber zwei Männer überlebten, der Erste Wachoffizier Heinrich Luschin, 23 Jahre alt, und ein Portepeeunteroffizier aus dem Maschinenraum. Nach etwa 13 Stunden im Wasser sah ein anderes Flugzeug die Überlebenden und warf noch ein aufblasbares Floß ab. Kurz danach rettete der Schlepper der Navy *Seneca,* der nach Überlebenden suchte, die beiden Deutschen. Das andere Floß trieb ab und verschwand spurlos. Pilot Ford wurde das DFC verliehen.

• Als *U598* am 23. Juli versenkt wurde, befand sich das kampferprobte Boot *U591* ganz in der Nähe. Dieses wurde von dem neuen Kommandanten Reimar Ziesmer, 25 Jahre alt, befehligt, der Hans-Jürgen Zetzsche abgelöst hatte. Auf der Fahrt zuvor war Zetzsche verwundet worden. Ziesmer stand zur Verfügung, seit sein neues Typ-VII-Boot *U236* am 14. Mai in der Werft in Kiel bei einem alliierten Luftangriff zerstört worden war. Die B-24-Bomber der Squadron VB 107, die *U598* versenkten, griffen auch Ziesmer in *U591* an, er tauchte aber jedesmal, statt mit der Flak das Feuer zu erwidern, und entkam.

Eine Woche später, am 30. Juli, befand sich Ziesmer weiter südlich vor Recife. Dort entdeckte Pilot Walter C. Young, der eine Ventura der frisch eingetroffenen Navy Squadron VB 127 flog, das U-Boot und griff an. Bei einem direkten Anflug überraschte Young das unaufmerksam bewachte Boot und warf sechs Torpex-Wasserbomben. Ziesmer befahl zu spät, die Flak zu bemannen. Die Wasserbomben rissen an mehreren Stellen Löcher in *U591,* und das Boot sank sehr schnell. Ziesmer und 27 andere Deutsche kamen noch aus dem Boot und kletterten in Rettungsflöße, die Young für sie abgeworfen hatte. Ein Geleitschiff des Konvois TJ 2 auf dem Weg von Trinidad nach Rio de Janeiro, den Young sicherte, rettete die 28 Deutschen. Neben Ziesmer zählten zu den Überlebenden zwei Offiziere, ein Steuermann und der Arzt Günther Feigs.

• Am selben Tag sicherte eine Ventura aus der ebenfalls frisch eingetroffenen Squadron VB 129 der Navy ebenfalls den Geleitzug TJ 2. Der Pilot Thomas D. Davies entdeckte das kampferprobte, aber unaufmerksam bewachte Boot *U604* unter Horst Höltring, 30 Jahre alt, rund 180 Kilometer östlich von Maceió. Davies griff mit Maschinengewehren an und warf vier Wasserbomben, die sehr nahe fielen. Das Maschinengewehrfeuer verwundete den Ersten Wachoffizier und einen Ausguck tödlich. Höltring wurde in die linke Schulter und in die Brust getroffen. Die Wasserbomben richteten *U604* so übel zu, daß keine Aussicht bestand, es nach Frankreich zurückzubringen. Pilot Davies kehrte zum Stützpunkt zurück und meldete eine Versenkung. Das entsprach auch beinahe der Wahrheit, aber tatsächlich gelang es der Besatzung von *U604,* sich getaucht davonzuschleichen und später einen verzweifelten SOS-Ruf abzusetzen.

Um diese Zeit standen nur noch August Maus in dem IXC/40-Boot *U185* und Carl Emmermann in dem IXC-Boot *U172* in brasilianischen Gewässern. *U604* sollte bis zum 3. August so weit wie möglich nach Osten ablaufen. Die U-Boot-Führung wies Maus und Emmermann an, dem Boot zu folgen, die Besatzung aufzunehmen und das Boot zu versenken. Auf dem Weg zu dem Treffen stieß Maus am 1. August auf denselben Geleitzug TJ 2 und versenkte den stattlichen brasilianischen Frachter *Bagé* mit 8235 BRT.

Die alliierten Nachrichtendienste entzifferten den Funkverkehr zu dem Treffen mit *U604* und peilten ihn ein. Sie erkannten, daß das U-Boot gar nicht versenkt worden war. Deshalb starteten die amerikanischen ASW-Einheiten eine gnadenlose Jagd. Am 3. August entdeckte Bertram J. Prueher, der Kommandeur der Squadron VB 107, *U604,* gab Alarm und griff das Boot mit Wasserbomben an, aber das U-Boot rettete sich wiederum in die Tiefe. Während eine andere B-24 der Squadron über der Stelle kreiste und *U604* unter Wasser hielt, tankte Prueher nach, ergänzte die Bewaffnung des Flugzeuges, kehrte zurück und fand in der Nähe August Maus in *U185.* Prueher flog in das Flak-Feuer hinein und griff Maus mit vier Wasserbomben und Maschinengewehren an. Ein Mann auf *U185* wurde schwer verwundet, doch Maus entkam. Prueher kehrte zum Stützpunkt zurück; neben einem ausgefallenen Motor hatte das Flugzeug noch andere Schäden erlitten. Die beiden modernen Zerstörer *Moffett* (1936) und *Jouett* (1939) liefen eilig aus, um *U604* endlich zu vernichten. Die *Moffett* unter Gilbert H. Richards jr. bekam einen Sonarkontakt und warf zwei Serien Wasserbomben, aber Höltring trickste Richards und eine mit ihm zusammenarbeitende B-24 der Navy mit dem Radartäuschungsgerät Aphrodite aus und entwischte abermals.

Die Führung arrangierte für *U604, U172* und *U185* am 11. August weiter östlich noch ein Treffen. Auf dem Weg dorthin versenkte Maus in *U185* das britische War-Emergency-Schiff *Fort Halkett* mit 7133 BRT. Mit diesem Sieg erhöhte sich seine Ausbeute bei der Feindfahrt auf beeindruckende fünf bestätigte Schiffe mit 36 781 BRT, plus einen Treffer an dem amerikanischen Tanker *S. B. Hunt.*

Plangemäß trafen sich das beschädigte Boot *U604, U172* und *U185* am Morgen des 11. August rund 1600 Kilometer östlich von Natal. Maus kam mit *U185* als erster dort an und übernahm den gesamten Treibstoff, die Munition und die Vorräte von dem todgeweihten *U604.* Da er die Hälfte der Besatzung von *U604* übergeben sollte, sobald Emmermann eintraf, nahm er auch Matratzen für ihn an Bord. Als die letzten Vorbereitungen für die Versenkung von *U604* getroffen wurden, tauchte plötzlich aus der Wolkendecke ein viermotoriger landgestützter Bomber auf.

Es handelte sich um eine B-24 der in Natal stationierten Squadron VB 107, geflogen von dem Kommandeur Bertram Prueher, der *U604* bereits am 3. August angegriffen hatte. Unter Ausnutzung der entzifferten Funksprüche und/oder der Einpeilung, aus denen das neuerliche Treffen ersichtlich geworden war, war Prueher fast bis an die Grenze der Reichweite seiner B-24 für einen effektiven Kampfeinsatz geflogen. Er griff die drei U-Boote in zwei Anflügen an und warf vier Wasserbomben, die alle weit fielen. Emmermann in *U172* tauchte; Maus blieb mit *U185* an der Oberfläche und erwiderte das Feuer. Einige Geschosse trafen Pruehers B-24. Sie stürzte ins Meer, alle zehn Flieger kamen ums Leben.

Der Verlust von Prueher und seiner Besatzung war ein harter Schlag für Squadron VB 107. In den folgenden drei Wochen ließ der zweite in der Befehlskette, Renfro Turner jr., intensiv nach Überlebenden suchen und schickte jeden Tag drei bis sechs B-24-Bomber aus. Später verlieh Rossmore Lyon, der Chef der Fleet Air Wing 16, allen zehn Besatzungsmitgliedern (vier Offizieren und sechs Rekruten) postum ein DFC – eine bemerkenswerte Geste der Anerkennung für diesen wagemutigen, aber tödlichen Einsatz.[1]

Nach dem Angriff durch die B-24 versenkten Höltring und die überlebenden Besatzungsmitglieder von *U604* ihr geschundenes Boot und wechselten wie geplant auf *U185* über. Fünf Tage später, am 16. August, trafen sich *U172* und *U185,* und Emmermann übernahm nach dem ursprünglichen Plan etwa die Hälfte der Besatzung (23 Mann) von *U604.* Höltring und die andere Hälfte der Besatzung blieben auf *U185.* Auf die Frage, weshalb Emmermann zuvor bei dem Angriff der B-24 weggetaucht und so plötzlich verschwunden sei, entgegnete dieser, das Flugzeug habe *U172* mit dem Maschinengewehr bestrichen, einen Mann getötet und einen zweiten verwundet. Außerdem seien seine Flugabwehrgeschütze ausgefallen gewesen und er habe das Feuer nicht erwidern können und wegtauchen müssen. Emmermann und Maus setzten ihren Rückmarsch auf der Suche nach einem U-Tanker fort.

Insgesamt trug der Beutezug in amerikanische Gewässer durch zwanzig im Juni ausgelaufene Boote dreizehn bestätigte Versenkungen mit rund 81 000 BRT ein, dazu drei Segelschiffe. Klarer Spitzenreiter war Maus in *U185,* der in brasilianischen Gewässern patrouilliert hatte und dem über ein Drittel der Schiffe (fünf) mit fast der Hälfte der Tonnage (36 800 BRT) zugesprochen wurden. Von den ausgelaufenen zwanzig

---

[1] Damals wurde Pruehers Angriff auf *U604* als eine »definitive Versenkung« bewertet.

Booten versenkten vierzehn kein einziges Schiff – ein katastrophaler Fehlschlag. Außerdem wurden zehn Boote (50 Prozent) in amerikanischen Gewässern versenkt. Die meisten der zehn verbliebenen Boote erhielten auf dem Rückmarsch nur unter großen Schwierigkeiten genügend Treibstoff, um nach Hause zu gelangen; darüber hinaus wurden vier weitere versenkt, bevor sie Frankreich erreichten. Der Beutezug mit zwanzig Booten in amerikanische Gewässer endete folglich mit dem erschreckenden Verlust von vierzehn U-Booten, und nur dreizehn alliierte Schiffe waren versenkt worden.

Um dieselbe Zeit schickte die U-Boot-Führung elf Juni-Boote in den Raum vor Freetown und noch weiter in den Indischen Ozean. Neun Boote patrouillierten vor Freetown. Zwei wurden in den Indischen Ozean geschickt: das neue IXD2-Fern-U-Boot *U200,* das, wie erwähnt, zwei Wochen nach dem Auslaufen aus Kiel versenkt wurde, als es den Atlantik erreichte, und das IXC/40-Boot *U188,* das sich einem neuerlichen Raubzug nach Kapstadt und in den Indischen Ozean anschließen sollte, aus der Gruppe Monsun.

Unter den Booten, die im Raum vor Freetown patrouillierten, waren das IXC-Boot *U508* und acht Typ-VII-Boote. Der Kommandant Georg Staats, 27 Jahre alt, hatte im Mai 1942 als erster eine Feindfahrt in den Golf von Mexiko gemacht; unter seinem Kommando lief *U508* über Freetown hinaus in den Golf von Guinea, zwischen Accra in Ghana und Lagos in Nigeria. Staats versenkte am 7. Juli zwei Schiffe: die französische *De la Salle* mit 6900 BRT und die britische *Manchester Citizen* mit 5343 BRT. Mit diesen Versenkungen verdiente er sich ein Ritterkreuz.[1] Am 18. Juli versenkte er in diesem Raum noch ein großes Schiff: die britische *Incomati* mit 7369 BRT. Nach dem Nachtanken an dem Fern-U-Boot *U847* vom Typ IXD2, das als Hilfs-Versorger fungierte, kehrte Staats am 14. September nach Frankreich zurück.

Zu den acht Typ-VII-Booten zählten *U306* von Claus von Trotha, 29 Jahre alt, und *U333* von Ritterkreuzträger Peter Cremer, 32 Jahre alt, der nach einem kurzen Aufenthalt im Stab, wo er sich von seiner Verwundung erholte, auf sein altes Kommando zurückgekehrt war.

Trotha war eigentlich befohlen worden, mit *U306* in amerikanischen Gewässern zu patrouillieren, doch er hatte bei der Entschlüsselung des Funkspruchs, in dem sein Operationsgebiet bezeichnet wurde, einen Fehler begangen. Deshalb stand er am 16. Juli ohne Wissen der U-Boot-Führung in den Gewässern vor Dakar, wo er *meinte,* daß er sein sollte. An diesem Tag traf er auf einen nach Süden fahrenden Geleitzug und

---

[1] Zum Zeitpunkt der Verleihung betrug seine bestätigte Versenkungsziffer 13 Schiffe mit 66700 Tonnen.

jagte ihn zwei Tage lang in Richtung Freetown. In einer ganzen Serie von Einzelangriffen trotz »schwerer« landgestützter Luftsicherung meldete er, er habe vier Schiffe mit 27000 BRT sicher und ein weiteres mit 5000 BRT vermutlich versenkt. Anhand der alliierten Unterlagen stellte sich heraus, daß ein britisches Frachtschiff, die 5882 BRT große *Kaipara,* beschädigt wurde, aber keine einzige Versenkung wurde bestätigt.

Peter Cremer in dem VIIC-Boot *U333* unternahm eine klägliche Feindfahrt. Er litt unter der Hitze und hatte sich von seiner Verwundung noch nicht vollständig erholt. Als er sich freiwillig wieder zum Dienst meldete, habe er sich zuviel zugemutet, heißt es in seinen Memoiren. Er sei längst noch nicht so fit gewesen, wie er sich habe einreden wollen, und habe häufig, wenn er sein Schapp verlassen mußte, um auf die Brücke zu steigen, kaum die Kraft gehabt, sich allein anzuziehen.

Abgesehen davon hatte das im Gefecht bereits einmal übel zugerichtete Boot *U333* zahlreiche technische Probleme. Am schwerwiegendsten war der Ausfall beider Luftkompressoren, des Hauptkompressors von Junkers und seiner Reserve. Um dieselbe Zeit hatte auch Kurt Baberg, 26 Jahre alt, in dem VIIC-Boot *U618* ebenfalls mit dem Kompressor Probleme. Zuvor hatte er vor Freetown den britischen Frachter *Empire Kohinoor* mit 5225 BRT versenkt. Auf Vorschlag der Führung hin liefen beide Boote von der Küste ab und trafen sich, um diverse Ersatzteile auszutauschen. Nach diesem Tausch und dem Ausschlachten der jeweiligen Boote hatten Cremer und Baberg genügend Teile, um zumindest einen Hauptluftkompressor wiederherzustellen und die Fahrt vor Freetown fortzusetzen. Cremers Kompressor war aber schlampig zusammengeflickt und deshalb eine ständige Fehlerquelle, die erst behoben wurde, als er weitere Ersatzteile und Geräte von dem neuen Kommandanten Gustav Lüssow, 25 Jahre alt, in dem alten Boot *U571* und von Bernhard Zurmühlen, 34 Jahre alt, in *U600* erhielt.

Möglicherweise von Staats' Erfolgen in dem IXC-Boot *U508* ermuntert, konzentrierte die U-Boot-Führung die acht Typ-VII-Boote im Golf von Guinea, um alliierte Konvois abzufangen. Kein einziges Boot hatte Glück. Rolf Manke, 27 Jahre alt, in *U358* meldete, sein Metox sei ausgefallen, und bat um die Entlassung aus der Gruppe, um allein zu jagen. Doch die Führung befahl ihm, an Ort und Stelle zu bleiben und sich von Flugzeugen fernzuhalten. Cremer in *U333* meldete am 25. Juli einen Geleitzug vor Freetown, aber ein »Zerstörer« vereitelte seinen Annäherungsversuch. Die Boote *U257* unter Heinz Rahe, 27 Jahre alt, und *U382* unter Leopold Koch, 25 Jahre alt, erreichten nichts.

Alle neun Boote traten bald den Rückmarsch an und erhielten allesamt nur mit großen Schwierigkeiten so viel Treibstoff, daß sie Frankreich erreichen konnten. Die U-Boot-Führung wies sechs der neun Boote an, an dem Hilfs-Versorger *U117* nachzutanken, und nachdem dieser versenkt worden war, an dem Ersatz *U525,* einem IXC/40-Boot. Nachdem dieses Boot ebenfalls versenkt worden war, tankten sechs Boote an einem anderen Hilfs-Versorger nach, an dem alten IXC-Boot *U129,* und drei Boote *(U257, U358, U508)* tankten an dem IXD2- Fern-U-Boot *U847* nach.

Auf dem Rückmarsch traf Cremer, nach seinen Worten, ein »seltsames« Unterseeboot. Es entpuppte sich als der große (2600 Tonnen) japanische U-Kreuzer *I8* (Deckname »Flieder«), der mit Wolfram und anderen knappen Gütern aus dem Fernen Osten eintraf. Die *I8* lief am 31. August in Brest ein und führte 50 zusätzliche U-Boot-Fahrer mit sich, die für ein weiteres Geschenk Hitlers an Tojo ausgebildet werden sollten, für das neue Typ-IXC/40-Boot *U1224* (»Marco Polo II«).[1]

Insgesamt versenkten die neun Boote, die im Juni nach Freetown und in den Golf von Guinea geschickt worden waren, vier Schiffe mit rund 26300 BRT und beschädigten ein Schiff mit 5900 BRT, also wiederum ein enttäuschendes Ergebnis. Staats versenkte mit *U508* die meisten Schiffe: drei mit rund 21000 BRT. Für diese Phase des Krieges war bemerkenswert, daß kein U-Boot verlorenging. Ob dieser Umstand auf die Unfähigkeit der ASW-Kräfte in diesem Raum oder auf die übergroße Vorsicht der Kommandanten zurückzuführen ist (oder auf beides), bleibt unklar. Nach der Ankunft in Frankreich verließ Koch *U382* und übernahm eine andere Aufgabe. In den letzten Kriegstagen kam er in Deutschland ums Leben.

Zusammengenommen erreichten 29 im Juni ausgelaufene Boote tatsächlich ihre Einsatzgebiete in den fernen Gewässern Amerikas und Westafrikas: 4 Typ-IX-Boote und 25 Typ-VII-Boote. Diese U-Boote versenkten 17 Handelsschiffe mit 107300 BRT und drei Segelschiffe gegenüber dem desaströsen Verlust von 15 U-Booten, darunter das neue Fern-U-Boot *U200* vom Typ IXD2. Die drei erfahrenen Kommandanten von Typ-IX-Booten, Maus in *U185,* Staats in *U508* und Eick in *U510,* versenkten zwei Drittel der Gesamtzahl: 11 Schiffe mit rund 77000 BRT. 20 von 29 Booten versenkten kein einziges Schiff; Trotha in *U306* beschädigte nur ein Schiff. Wie beabsichtigt, banden diese 29 U-Boote jedoch eine sehr große Zahl alliierter Streitkräfte in einem gewaltigen Teil des Atlantiks, und sie gewährleisteten, daß die Alliierten ihr Geleitzugsystem beibehalten mußten. Außerdem sammelten die 14 überlebenden Besatzungen Kampferfahrung, und die fünf überfüllten U-Boot-Stützpunkte in Frankreich wurden entlastet.

---

[1] *I8* lief am 6. Oktober aus Brest aus und kam am 5. Dezember in Penang an. Unter dem neuen Namen *RO501* lief *U1224* am 30. März 1944 mit einer japanischen Besatzung aus Kiel aus. Am 13. Mai wurde das U-Boot auf der Höhe der Kapverdischen Inseln von dem neuen, amerikanischen Geleitzerstörer *Francis M. Robinson* zerstört, einem Fahrzeug aus der Sicherung für den Geleitträger *Bogue.*

SECHS

Husky

Der alliierte Plan für die Operation Husky, die Invasion Siziliens, wurde in letzter Minute in einigen Punkten geändert. Der neue Einsatzplan sah wie folgt aus: Unmittelbar nach einem massiven Bombardement Italiens sollten amerikanische und britische Luftlandetruppen die Besetzung Siziliens in den frühen Morgenstunden des 10. Juli bei Neumond einleiten. Kurz vor Tagesanbruch sollte die britische 8. Armee (115000 Mann) unter Bernard Montgomery an der Südostküste der Insel in der Nähe von Syrakus landen. Gleichzeitig sollte die amerikanische 7. Armee (66000 Mann) unter George Patton in der Nähe von Gela und Scoglitti an der Südküste landen. Die britische und die amerikanische Flotte sollten die nötigen Landungsfahrzeuge und die Sicherung für diese amphibischen Angriffe stellen. In Anbetracht der Tatsache, daß von der italienischen Flotte immer noch eine gewisse Gefahr ausging,[1] sollten die Briten starke Sicherungsverbände einsetzen. Dazu zählten

---

[1] Nach den Angaben des offiziellen britischen Historikers: sechs Schlachtschiffe, sieben Kreuzer, 32 Zerstörer, 48 U-Boote und einiges mehr. Der italienische Marinehistoriker Marc Antonio Bragadin schreibt, daß von den sechs Schlachtschiffen die alte *Cesare* zu einem »Kasernenschiff« umgewandelt worden sei, die *Vittorio Veneto* wegen Gefechtsschäden zur Reparatur im Trockendock gelegen habe und die alten, kleineren *Doria* und *Duilio* zur Modernisierung in der Werft gelegen hätten. Folglich waren nur die erstrangigen Schlachtschiffe *Littorio* und *Roma* gefechtsklar. Zehn Schwere und Leichte Kreuzer seien noch übrig geblieben, aber nur fünf Leichte Kreuzer hätten für Flottenoperationen zur Verfügung gestanden. 20 Zerstörer seien zwar noch »flott« gewesen, aber nur acht bis zehn hätten für Flottenoperationen zur Verfügung gestanden. Von rund 40 italienischen U-Booten im Mittelmeer hätten lediglich ein 1000 Tonnen großes und elf mittlere, 600 Tonnen große Boote für die Verteidigung Siziliens eingesetzt werden können, versichert Bragadin.

sechs Schlachtschiffe, zwei Flottenträger, sechs Kreuzer, achtzehn Zerstörer[1] und insgesamt 2590 alliierte Fahrzeuge.

Im Gegensatz zur Operation Torch, der überraschenden alliierten Invasion in Französisch-Nordwestafrika, erwarteten die Oberkommandos der Achsenmächte eine Invasion Siziliens. Im Juni war der ranghöchste deutsche Befehlshaber im Mittelmeer, Albert Kesselring, von Hitler ermächtigt worden, zwei Panzerdivisionen (rund 30 000 Mann) nach Sizilien zu entsenden, um Alfredo Guzzonis gefährdete italienische Truppen zu verstärken. Außerdem hatte Hitler die Luftwaffe angewiesen, die deutsche 1. Fallschirm-Division (in Südfrankreich stationiert) für einen möglichen Einsatz in Sizilien in Bereitschaft zu versetzen. Berlin hielt diese deutschen Kräfte und die unterstützenden Truppen plus die italienischen für ausreichend, um die Insel zu verteidigen, wenn sie sich die stark zerklüftete Landschaft zunutze machten.

Die alliierten Luftlandeoperationen endeten zwar in einem erbärmlichen Fiasko, doch die britische 8. Armee und die amerikanische 7. Armee überwältigten mit ihren amphibischen Angriffen die nachlässigen und entmutigten italienischen Truppen. Die alliierten Streitkräfte gingen folglich nahezu planmäßig an Land. Deutsche Panzergruppen gingen zum Gegenangriff über, aber die Alliierten hielten stand. Trotz des notorischen und närrischen Befehls Hitlers, keinen Meter Boden preiszugeben, zogen sich die Deutschen allmählich in eine Defensivstellung an der Nordostspitze der Insel in der Nähe von Messina zurück. In Übereinstimmung mit einem Plan von Großadmiral Dönitz, den er kurz zuvor bei einem Besuch in Rom entworfen hatte, bereitete unterdessen der ranghöchste Offizier der Kriegsmarine in Italien, Friedrich Ruge (der spätere Historiker), heimlich die Evakuierung aller deutschen Streitkräfte von Sizilien vor und umging damit Hitlers Befehl. Ruge wollte einen effektiven Fährdienst einsetzen, den der Experte der Kriegsmarine für Landungsfahrzeuge, Gustav von Liebenstein, dort eingerichtet hatte.

Die alliierte Landung in Sizilien fiel mit Hitlers letztem großangelegten Versuch zusammen, die Rote Armee in der Ukraine zu schlagen

---

[1] Die Schlachtschiffe *Howe, King George V, Nelson, Rodney, Valiant* und *Warspite;* die Träger *Indomitable* und *Formidable.* Da einige dieser Kriegsschiffe aus der Home Fleet kamen und die *Tirpitz* immer noch in Norwegen stand, schickte Admiral King sieben Kriegsschiffe für Juni und Juli 1943 nach Scapa Flow: zwei neue Schlachtschiffe (*Alabama* und *South Dakota* von 1942) und fünf neue Zerstörer (*Ellyson, Emmons, Fitch, Macomb* und *Rodman* von 1941/42). Im August lösten der alte Träger *Ranger* und die Schweren Kreuzer *Augusta* und *Tuscaloosa* die amerikanischen Schlachtschiffe in der Home Fleet ab, und das neue amerikanische Schlachtschiff *Iowa* ging bis Ende Oktober in Argentia, Newfoundland, vor Anker, um aus der Ferne die Home Fleet zu verstärken.

(Operation Zitadelle). Die Deutschen begannen am 5. Juli diese gewaltige Offensive gegen einen, wie sie meinten, verwundbaren sowjetischen Frontbogen bei Kursk. In einer der Entscheidungsschlachten des Zweiten Weltkrieges hielt die Rote Armee stand, warf die Deutschen zurück und brachte ihnen katastrophale Verluste bei. Sowjetische Kräfte überrollten dann die ins Wanken geratenen Deutschen und nahmen Orel und Charkow wieder ein. Hitler gab den Generälen der Wehrmacht die Schuld an dem Debakel, statt eigene Fehler einzuräumen, und stoppte alle offensiven Operationen in diesem Raum. Er wies die deutschen Streitkräfte ausdrücklich an, in die Defensive zu gehen. Eine Eroberung der Sowjetunion durch die Deutschen war längst in weite Ferne gerückt. Von nun an wurde die deutsche »Ostfront« zu einem gigantischen sowjetischen Jagdrevier, in dem das Dritte Reich einen Großteil seiner personellen Ressourcen und seines Kriegsmaterials verlor.

Außerdem fielen die Kämpfe in Sizilien mit einem massiven Luftangriff auf Hamburg zusammen (Operation Gomorrah). In der Nacht des 24. Juli, in der des 27. und des 29. Juli sowie in der Nacht des 2. August griff das Bomber Command der RAF mit rund 3000 Feindflügen Hamburg an. Insgesamt belegten etwa 2600 schwere Bomber der RAF die Stadt mit rund 8300 Tonnen Bomben. Die amerikanische 8. Air Force griff am 25. und 26. Juli Hamburg bei Tage mit rund 250 B-17-Bombern an, von denen etwa 150 weitere 300 Tonnen Bomben abwarfen.

Ziel dieser massiven Luftangriffe war die Störung der U-Boot-Produktion in Hamburg. Die Bomben richteten an den Werften nur geringe Schäden an,[1] verursachten aber einen tödlichen Feuersturm. Bei den Luftangriffen kamen etwa 45 000 Zivilisten ums Leben, etwa 37 000 wurden verletzt, von 450 000 Wohneinheiten wurden 253 400 zerstört, und 900 000 Menschen wurden obdachlos. Die Luftangriffe brachten die zahllosen deutschen U-Boot-Fahrer in Rage, die aus Hamburg kamen oder dort Verwandte, eine Geliebte oder Freunde hatten. Viele von ihnen kamen ums Leben, wurden verletzt oder obdachlos.

Als die Alliierten in Sizilien landeten, zählte die deutsche U-Boot-Flottille im Mittelmeer 17 VII-Boote, darunter *U409,* unter Hans-Fer-

---

[1] Die im Bau befindlichen VIIC-Boote *U996, U1011* und *U1012* wurden so schwer beschädigt, daß sie nicht mehr reparierbar waren. Zwei kleine (300 Tonnen) Walter-Boote vom Typ XVIIIA, *U792* und *U793,* mit Wasserstoffperoxydantrieb wurden beschädigt – ein weiterer Rückschlag für dieses nutzlose Bauprogramm. Schätzungen zufolge kam es wegen der Verlegung von Werftarbeitern bei der Werft Blohm & Voss zu einem Produktionsausfall von 25 bis 30 VIIC-Booten. Da dieser U-Boot-Typ bereits überholt war und mit dem Bau von »Elektro-Booten« begonnen wurde, waren die praktischen Auswirkungen dieser Luftangriffe auf die U-Boot-Waffe unbedeutend.

dinand Massmann, 25 Jahre alt, der am 8. Juni durch die Straße von Gibraltar geschlüpft war. Die Flottille war damals im Begriff, den Hauptstützpunkt für Operationen von La Spezia nach Toulon zu verlegen, doch eine Reihe von Booten befand sich auf Feindfahrt.

Sieben U-Boote im Mittelmeer meldeten im Juni während der Vorbereitung der alliierten Operation Husky Erfolge.

- Das kampferprobte Boot *U97* unter Hans-Georg Trox, 27 Jahre alt, patrouillierte im östlichen Mittelmeer in der Nähe von Haifa und versenkte zwei Schiffe: den britischen Tanker *Athelmonarch* mit 8995 BRT und den holländischen Frachter *Palima* mit 1179 BRT. Trox konnte sich nicht lange über seinen Erfolg freuen.

Britische Kräfte im östlichen Mittelmeer liefen an der Versenkungsstelle zusammen, um *U97* zu jagen. Am Nachmittag des 16. Juli erblickte eine von David T. Barnard geflogene Hudson der australischen Squadron 459 das Boot an der Oberfläche und gabelte es aus sehr geringer Höhe mit vier Wasserbomben ein. Die Detonation eines Flak-Geschosses, ein Volltreffer, richtete die Hudson übel zu, beschädigte beide Tragflächen, den Rumpf (über hundert Löcher) und das Leitwerk. Barnard machte Aufnahmen von dem sinkenden U-Boot und brachte die Maschine noch zum Stützpunkt zurück. Britische Schiffe retteten 21 Deutsche; Trox und etwa 20 andere kamen ums Leben.

- Das berühmte Boot *U81* unter Johann-Otto Krieg, 24 Jahre alt, patrouillierte ebenfalls im östlichen Mittelmeer und versenkte am 26. Juni zwei bestätigte Schiffe: den griechischen Frachter *Michalios* mit 3742 BRT und zwei syrische Segelboote. Krieg meldete, er habe ein weiteres Segelboot versenkt.
- Im westlichen Mittelmeer versenkte das kampferprobte Boot *U73* unter Horst Deckert am 21. Juni vor Oran das britische Frachtschiff *Brinkburn* mit 1598 BRT. Eine Woche später torpedierte Deckert den 8299 BRT großen Tanker *Abbeydale* der Royal Navy.
- Am 22. Juni versenkte *U593* unter Gerd Kelbling ebenfalls vor Oran zwei Panzerlandungsschiffe (LST) mit 1625 Tonnen (das britische *LST 333* und das amerikanische *LST 387*). Am 5. Juli erwischte er im selben Raum den britischen Frachter *Devis* mit 6054 BRT. Zusammen mit vorherigen Meldungen und Anerkennungen verdiente sich Kelbling das Ritterkreuz.[1]
- Am letzten Junitag torpedierte das bewährte Boot *U453* unter Ritterkreuzträger Egon-Reiner von Schlippenbach den 6894 BRT großen britischen Frachter *Oligarch* westlich von Tobruk. Im selben Raum versenkte Schlippenbach eine Woche später, am 6. Juli, den britischen

[1] Zum Zeitpunkt der Verleihung betrug seine bestätigte Versenkungsziffer neun Schiffe mit rund 33 000 Tonnen und Treffer an mehreren anderen Schiffen.

Frachter *Shahjeban* mit 5454 BRT aus dem Konvoi MWS 36, der auf dem Weg von Alexandria nach Gibraltar war.

Die bestätigten Erfolge im Juni betrugen: sieben Schiffe (darunter ein Tanker) mit 27000 BRT versenkt, zwei Segelboote (möglicherweise drei) versenkt und ein großer Tanker und ein großer Frachter mit insgesamt 15200 BRT torpediert. Albrecht Brandi in *U617* meldete die Versenkung eines weiteren Zerstörers, aber auch diese dritte gemeldete Zerstörerversenkung konnte nicht bestätigt werden. Alliierte Kräfte versenkten im Juni nur *U97.*

Abgesehen von den eben aufgezählten Versenkungen hatten zwei weitere U-Boote im Juli unmittelbar vor der Invasion in Sizilien Erfolg, als Hunderte alliierter Schiffe sich zu Landungskonvois und Verbänden zur Rückendeckung und Sicherung formierten. Vor der nordafrikanischen Küste zwischen Oran und Algier erwischte Jürgen Könenkamp, 29 Jahre alt, in dem bewährten Boot *U375* zwei britische Frachter aus dem Konvoi KMS 18 B: die *St. Essylt* mit 5634 BRT und die *City of Venice* mit 8762 BRT. Am Tag X der Operation Husky, dem 10. Juli, torpedierte Waldemar Mehl, 28 Jahre alt, in dem bewährten Boot *U371* zwei amerikanische Schiffe vor Algier: das 7176 BRT große Liberty-Schiff *Matthew Maury* und den 6561 BRT großen Tanker *Gulfprince* aus dem Konvoi ET 22 A.

Während der schweren Kämpfe an Land griffen mehrere U-Boote alliierte Seestreitkräfte in der Nähe von Sizilien an. Vor der Südostküste torpedierte am 21./22. Juli Johann-Otto Krieg in *U81* den britischen Frachter *Empire Moon* mit 7472 BRT. Nicht weit davon entfernt torpedierte am folgenden Tag Ernst-Ulrich Brüller, 25 Jahre alt, in *U407* den 8800 Tonnen großen britischen Kreuzer *Newfoundland,* das Führungsschiff eines sichernden Verbandes. Am 7. August versenkte Waldemar Mehl in *U371* vor der Küste Tunesiens den britischen Frachter *Contractor* mit 6004 BRT. Am 23. August torpedierte Josef Röther, 35 Jahre alt, in *U380* das amerikanische Liberty-Schiff *Pierre Soulé* mit 7191 BRT. Am 26. August versenkte Horst-Arno Fenski, 24 Jahre alt, in *U410* vor der Südwestküste Sardiniens zwei amerikanische Liberty-Schiffe mit insgesamt 14436 BRT: die *John Bell* und die *Richard Henderson.* Etliche deutsche Meldungen über Treffer an alliierten Kriegs- und Handelsschiffen konnten nicht bestätigt werden.

Somit versenkten die U-Boote im Mittelmeer während der Kämpfe um Sizilien im Juli und August sieben alliierte Schiffe mit rund 45000 BRT und torpedierten fünf Schiffe mit 37900 BRT, darunter bemerkenswerterweise den britischen Kreuzer *Newfoundland.*

In demselben Zeitraum versenkten alliierte Streitkräfte vier U-Boote und verkleinerten damit die Mittelmeerflottille auf dreizehn Boote.

- Am Morgen des 12. Juli kehrte der britische Zerstörer *Inconstant* von einem Geleitdienst für den Truppenkonvoi MKF 19 nach Algerien zurück. Er ortete Massmann in *U409,* den Neuankömmling im Mittelmeer, mit dem Sonar und griff an. In einem Zeitraum von zweieinhalb Stunden warf die *Inconstant* 46 Wasserbomben, wobei die letzte Serie auf rund 210 Meter Tiefe eingestellt war. Diese Wabos knackten offensichtlich den Druckkörper von *U409* und verursachten schwere Wassereinbrüche.

Um das Absinken des Bootes zu stoppen, ließ Massmann alle Tauchzellen anblasen. *U409* schoß fast senkrecht nach oben und geriet völlig außer Kontrolle. Als das U-Boot an die Oberfläche trat, pendelte es sich wieder ein, sank aber sofort danach. Bevor es unterging, traf die *Inconstant* das Deck des Bootes mit Granaten ihres 4,7-Zoll-Hauptgeschützes. Vierzehn Deutsche wurden getötet und sechs schwer verwundet, als sie versuchten, das Boot zu verlassen. Die *Inconstant* nahm Massmann und 38 weitere Deutsche an Bord, darunter zwei Offiziere und einen Seekadetten.

- In derselben Nacht stieß das britische Motortorpedoboot 81 in der engen Straße von Messina, die Sizilien und die »Stiefelspitze« Italiens voneinander trennt, auf ein U-Boot. Es handelte sich um das bewährte Boot *U561* auf dem Ausmarsch unter dem neuen Kommandanten Fritz Henning, 26 Jahre alt. Das britische Fahrzeug griff das unaufmerksam bewachte Boot *U561* aus nächster Entfernung mit Torpedos an und versenkte es. Henning und vier andere Besatzungsmitglieder wurden von Kleinfahrzeugen der Achse gerettet. Später wurde Henning Kommandant eines anderen bewährten Mittelmeerbootes. Er löste den 26 Jahre alten Ritterkreuzträger Wilhelm Franken auf *U565* ab, der zu Aufgaben beim Ausbildungsverband nach Deutschland zurückkehrte und später bei einem »unglücklichen Unfall« ums Leben kam.
- Am 30. Juli versenkte das von Robert D. Lowther geführte amerikanische Patrouillenboot *PC-624* das bewährte Boot *U375* unter Jürgen Könenkamp vor der Insel Pantelleria zwischen Tunesien und Sizilien. Es gab keine Überlebenden.
- Am Abend des 22. August entdeckten der britische Zerstörer *Easton* und der griechische Zerstörer *Pindos* (die ehemalige *Bolebroke*), während sie den Konvoi MKF 22 eskortierten, *U458* unter Kurt Diggins, 29 Jahre alt, in der Nähe der Insel Pantelleria. Die Kriegsschiffe zwangen *U458* mit 30 Wasserbomben an die Oberfläche und erzielten mit ihren Geschützen etliche Treffer. Zuletzt rammte die *Easton* das Boot. Zwölf Deutsche kamen bei dieser Aktion ums Leben; die Kriegsschiffe fischten 39 Überlebende der Besatzung von *U458* aus dem Wasser, darunter auch Diggins.

Als einige Verluste bekannt wurden, wies das OKM am 24. Juli die U-Boot-Führung an, drei weitere »erfahrene« VII-Boote aus den Atlantikflottillen ins Mittelmeer zu entsenden. Alle drei Boote liefen Ende Juli aus, aber kein einziges erreichte sein Ziel.

- *U614* unter Wolfgang Sträter, 27 Jahre alt, stach am 25. Juli von St.

Nazaire aus in See. Am fünften Tag der Fahrt entdeckte eine von Rowland G. Musson geflogene Wellington der britischen Squadron 172 das U-Boot noch in der Biskaya und warf sechs Torpex-Wasserbomben. Gemäß der ausgegebenen Richtlinie blieb Sträter an der Oberfläche, um mit der neuen 2-cm-Vierlingsflak und anderen Flugabwehrgeschützen den Kampf aufzunehmen, aber die Wasserbomben sprengten das Boot in Stücke. Die Besatzung der Wellington sah Überlebende im Wasser: »Einige trugen Schwimmwesten und gelbe Käppchen.« Alle winkten oder schüttelten trotzig die Fäuste, aber kein Deutscher überlebte. Ungefähr einen Monat später kam Musson beim Absturz mit einer anderen Wellington ums Leben.

- *U454* und *U706* liefen am 29. Juli gemeinsam von La Pallice aus. Für das Boot *U706* unter Alexander von Zitzewitz, das von einer Reihe technischer Defekte geplagt wurde, war es die vierte Feindfahrt.

Am 30. Juli trafen sich Zitzewitz in *U706* und *U454* unter Burkhard Hackländer für die Durchquerung der Biskaya mit zwei Booten aus Brest. Am 1. August erblickte eine Sunderland der australischen Squadron 10, geflogen von Kenneth G. Fry, auf Patrouille für die Operation Musketry, die vier U-Boote an der Oberfläche. Fry gab Alarm und griff Hackländers bewährtes Boot *U454* an. Er flog in das schwere Flak-Feuer hinein und warf sechs Wasserbomben. Diese Geschosse zerstörten *U454,* aber die Flak hatte die Sunderland so schwer getroffen, daß sie Feuer fing und abstürzte. Fry und fünf andere australische Besatzungsmitglieder kamen ums Leben, sechs überlebten und wurden von der Sloop *Wren* aus Johnny Walkers Support Group 2 gerettet. Eine andere Sloop dieser Gruppe, die *Kite,* rettete Hackländer, seinen Zweiten Wachoffizier Gerhard Braun und zwölf Soldaten.

Am Morgen des 2. August ortete eine Hampden aus der kanadischen Squadron 415, geflogen von Charles G. Ruttan, Zitzewitz in *U706* mit dem Radar und griff mit sechs Wasserbomben trotz schweren Flak-Feuers an – das Ergebnis blieb ungeklärt. Auf den Alarm hin flog eine von Joseph L. Hamilton geflogene B-24 der ASW-Squadron 4 der Army Air Forces mutig in das Flak-Feuer und gabelte das Boot mit zwölf (!) Wasserbomben aus einer Höhe von 15 Metern eng ein. Die Wabos zerstörten *U706,* Sekunden später war es verschwunden. Hamilton meldete, »wenigstens 15 Mann« seien im Wasser geschwommen. Er warf ein Schlauchboot ab, aber nur der Zweite Wachoffizier und drei einfache Soldaten überlebten. Eine Catalina der britischen Squadron 210 führte die Fregatte *Waveney* aus der britischen Support Group 40 an den Schauplatz, die die vier Deutschen rettete.

Nach dem Verlust aller drei U-Boote, die ins Mittelmeer abkommandiert waren, blieben unter dem Kommando der Mittelmeerflottille weiterhin dreizehn Boote. Der größte Teil von ihnen war in Toulon stationiert.

Der italienische Marinehistoriker Marc Antonio Bragadin schreibt, daß die Italiener eine alliierte Landung in Sizilien ganz richtig vorausgeahnt hätten. Wegen des Mangels an einsatzfähigen Kriegsschiffen, der alliierten Lufthoheit und der knappen Treibstoffvorräte seien die Überwasserschiffe aber nicht imstande gewesen, die gewaltige alliierte Armada anzugreifen. Vier italienische Kreuzer seien paarweise ausgelaufen, um bei Palermo Störangriffe gegen alliierte Kräfte zu führen, aber als die beiden Paare von alliierten Streitkräften entdeckt worden seien, habe man sie zurückgerufen.

Weiter schreibt Bragadin, etwa ein Dutzend italienische U-Boote sei gegen die alliierte Seestreitmacht ausgelaufen. Sieben Boote meldeten Versenkungen oder Torpedierungen von alliierten Kriegsschiffen, aber nur eine einzige Meldung wurde bestätigt: Am 16. Juli torpedierte Aldo Turcio mit der *Dandolo* den britischen Leichten Kreuzer *Cleopatra* mit 5450 Tonnen. Alliierte Luft- und Seestreitkräfte versenkten fünf der zwölf Boote.[1] Darüber hinaus kaperte am 12. Juli das britische Minensuchboot *Seaham* unter Robert E. Brett das mittlere U-Boot *Bronzo* unter A. Gherardi. Neun Besatzungsmitglieder, darunter Gherardi, kamen bei der Aktion ums Leben, die 36 Überlebenden wurden Kriegsgefangene. Die *Seaham* schleppte die *Bronzo* in den Hafen.[2]

Im Verlauf der Kämpfe auf Sizilien wurde die faschistische Regierung von Benito Mussolini am 25. Juli gestürzt. Als Nachfolger Mussolinis ernannte König Viktor Emanuel III. den 72jährigen Pietro Badoglio, der unverzüglich Geheimverhandlungen mit den Alliierten über eine Kapitulation Italiens aufnahm. Da Hitler diesen Verrat ahnte, erteilte er den deutschen Truppen den Befehl, sich bereitzuhalten, Italien mit Waffengewalt zu besetzen und zu halten, sowie der deutschen Kriegsmarine, die italienischen Seestreitkräfte zu kapern. Beides waren sehr aufwendige Unternehmen.

Feindfahrten im Juli nach Amerika

Wegen der Verlegung von fünf neuen VII-Booten in das Nordmeer,[3] damit diese Flottille während der weißen Nächte im Sommer über we-

---

[1] Die *Flutto* mit 930 Tonnen und die mittleren Boote *Nereide, Acciaio, Ascianghi* und *Argento* mit knapp 700 Tonnen. Außerdem versenkten alliierte Kräfte drei große italienische U-Boote, die von Taranto in sichere Stützpunkte verlegt werden sollten: den Minenleger *Pietro Micca* mit 1545 Tonnen und zwei neue Frachtboote, *Romolo* und *Remo* mit 2155 Tonnen.

[2] Die italienische Flotte verlor somit während der Operation Husky neun U-Boote.

[3] *U277, U307, U387, U713, U737.*

nigstens 20 Boote verfügte, und wegen der üblichen Mißgeschicke in der Ostsee[1] stach im Juli nur ein einziges neues VII-Boot von Deutschland aus in Richtung Nordatlantik in See: *U647.* Angriffe auf Geleitzüge waren dem Boot untersagt, es sollte einen Funkverkehr und Operationen einer Gruppe vortäuschen.

Im Juli entsandte die U-Boot-Führung 48 U-Boote, einschließlich der U-Tanker und anderer Typen. Die Mehrheit nahm Kurs auf entlegene Gewässer, wo die ASW-Maßnahmen vermeintlich nicht so effektiv waren. Hier eine Tabelle mit den Aufstellungen im Juli:

	Nord- und Mittelatlantik	Südatlantik/ Indischer Ozean	Amerika	Gesamt
VII-Boote	9	7	10	26
IX-Boote	4	9	2	15
IXD2-Boote	0	2	0	2
XB-Boote	0	0	1	1
XIV-Boote	4	0	0	4
Gesamt:	17[2]	18[3]	13	48

Die U-Tanker-Flotte reichte immer noch nicht aus, vor allem weil die vielen Boote, die ferne Gewässer anlaufen sollten, ein- oder zweimal nachtanken mußten. Von den acht »Milchkühen« vom Typ XIV waren den Atlantikflottillen noch sechs geblieben. Am 1. Juli lag davon die Hälfte, *U459, U460* und *U461,* in französischen Häfen. *U460* war erst

[1] Das neue VIIC-Boot *U670* unter Guido Hyronimus, 24 Jahre alt, wurde bei taktischen Übungen von dem Zielschiff *Bolkoburg* gerammt und versenkt. 22 Mann, darunter auch Hyronimus, wurden gerettet, 21 kamen ums Leben. Das alte Schulboot *U34* vom Typ VII unter Eduard Aust, 22 Jahre alt, wurde von dem Tender *Lech* gerammt und versenkt. Vier Mann kamen dabei ums Leben. Das neue VIIC-Boot *U977* unter Hans Leilich, 25 Jahre alt, wurde bei einem Zusammenstoß außer Gefecht gesetzt und in das Trainingskommando abgezogen. Das neue VIIC-Boot *U474,* das bei einem Luftangriff auf Kiel beschädigt worden war, mußte verschrottet werden. Das IXD2-Fern-U-Boot *U859* unter Johann Jebsen, 27 Jahre alt (von dem VIIC-Boot *U565,* das zuvor im Mittelmeer verlorengegangen war), wurde bei einem Luftangriff auf Bremen schwer beschädigt und lief verspätet aus. Das VIIC-Boot *U736* und das IXC-Boot *U845* verspäteten sich aus verschiedenen Gründen ebenfalls.

[2] Von den 17 Booten, die in den Nord- und Mittelatlantik ausliefen, waren vier Boote »Milchkühe« vom Typ XIV, drei sollten ins Mittelmeer wechseln, das Boot *U441* war eine Flak-Falle in der Biskaya, ein VII-Boot sollte vor Marokko Minen legen. Vier andere Boote, die in den Nordatlantik laufen sollten, mußten als behelfsmäßige Tanker Dienst tun. Von den 17 Booten wurden 13 (76 Prozent) im Zuge der RAF-Offensive Musketry in der Biskaya überrascht und versenkt.

[3] Darunter zehn Boote der Gruppe Monsun, die in den Indischen Ozean laufen sollte.

kurz zuvor zurückgekehrt und lief erst Ende August wieder aus. Zwei andere Tanker, *U462* (Abbruch) und *U488* (leergetankt), befanden sich auf dem Rückmarsch zu französischen Stützpunkten. *U462* konnte eventuell bis Ende Juli repariert werden und wieder auslaufen, aber *U488* war erst Anfang September wieder einsatzfähig. Ein weiterer neuer XIV-Tanker, *U489,* sollte planmäßig Ende Juli von Kiel auslaufen, aber er konnte den Atlantik nicht vor Anfang August erreichen. Folglich stand im Monat Juli 1943 nur der U-Tanker *U487* vom Typ XIV zur Verfügung, der am 15. Juni von Frankreich ausgelaufen war.

Alle U-Boote, die von Frankreich ausliefen, wurden von Patrouillenflugzeugen der Operation Musketry/Seaslug in der intensivsten Phase der britischen ASW-Maßnahmen im Golf von Biskaya angegriffen. Gemäß der neuen taktischen Richtlinie liefen alle Boote mit der neuen Flak-Bewaffnung aus. Sie sollten alle in Gruppen von drei bis fünf Booten die Biskaya durchqueren, an der Oberfläche bleiben und den Kampf mit den feindlichen Flugzeugen aufnehmen. Wann immer es möglich war, sollten ein- und auslaufende U-Boote in der Biskaya von Ju-88-Kampfflugzeugen und anderen Flugzeugen der Luftwaffe eskortiert werden. Zahlreiche Boote sollten versuchen, sich auf dem sogenannten »Piening-Weg«[1] entlang der zerklüfteten Küste vor dem Radar zu verbergen, und sich eng an der französischen und der »neutralen« spanischen Küste halten – ein eindeutiger Verstoß gegen das Völkerrecht.

Im Juli nahmen dreizehn Boote von Frankreich aus Kurs auf Amerika. Weil es kaum noch allein fahrende Schiffe gab und weil der Angriff auf die amerikanischen Konvois riskant war, sollten sieben dieser dreizehn Boote Minenfelder legen. Das war gewiß eine nicht so befriedigende, im Sommer 1943 dafür aber auch nicht so gefährliche Aufgabe. Die anderen sechs Boote, die sich nicht zum Minenlegen eigneten, sollten Torpedofeindfahrten entlang der vermeintlich sichereren »Bauxit-Route« zwischen Trinidad und Brasilien durchführen.

Alle Boote, die Amerika ansteuerten, machten eine schwere Zeit durch. Schon beim Anmarsch gingen sechs verloren, und drei brachen die Fahrt ab:

• *U628* unter Heinz Hasenschar, 26 Jahre alt, und *U648* unter Peter-Arthur Stahl, 29 Jahre alt, liefen am 1. Juli gemeinsam aus Brest aus. Am Nachmittag des 3. Juli sichtete eine von Peter J. Cundy geflogene B-24 der britischen Squadron 224 *U628* in der Biskaya an der Oberfläche. Dieses Flugzeug führte eine Ladung aus experimentellen, 16 Kilogramm schweren ASW-Aufschlagbomben mit sich (die in einer Serie aus 18 Bomben abgeworfen werden sollten) und infolgedessen

[1] Diesen Weg entlang der spanischen Küste hatte Piening als erster entdeckt, daher der Name »Piening-Weg«.

zusätzlich nur noch vier Wasserbomben. Beim ersten Anflug in das schwere Flak-Feuer warf Cundy die Serie Aufschlagbomben und eine Wasserbombe. Die Aufschlagbomben fielen weit vom Boot, die Wasserbombe »prallte vom Kommandoturm ab«.

Obwohl sein Flugzeug von der Flak durchlöchert war und seine Benzintanks gefährlich leckten, unternahm Cundy einen zweiten Anflug und warf die verbliebenen drei Wasserbomben. Diese fielen nahe und detonierten gleichzeitig. *U628* wurde von einer »gigantischen Wassersäule« verschlungen. Es war zerstört und sank schnell. Cundys Besatzung meldete dreizehn Deutsche im Wasser und »mehrere Körper«, aber nur ein Schwimmer trug eine Schwimmweste. Es gab keine Überlebenden.

Stahl in *U648* war offenkundig nicht imstande, den Überlebenden von *U628* beizustehen, und lief weiter mit Kurs auf einen Versorger und Amerika. Wegen des Mangels an U-Tankern wurde er jedoch zu einem Hilfs-Versorger umfunktioniert und erreichte nie amerikanische Gewässer.

- Das IXC-Boot *U505* unter Peter Zschech, 24 Jahre alt, das Ende Juni die Fahrt abgebrochen hatte, lief am 3. Juli gemeinsam mit fünf anderen Booten aus Lorient aus. Am sechsten Tag auf See, dem 8. Juli, überraschten drei britische Zerstörer einer U-Jagdgruppe *U505* vor dem Kap Finisterre und griffen an. Die nah liegenden Wasserbomben rissen ein Leck in einen außenliegenden Treibstofftank. Immer der Ölspur folgend, jagten die Kriegsschiffe *U505* 36 Stunden lang mit Wasserbomben – eine entsetzliche Tortur für die Deutschen. Nachdem das Boot endlich die Verfolger abgeschüttelt hatte, kehrte es am 13. Juli abermals zu aufwendigen Reparaturarbeiten nach Lorient zurück.
- Das VII-Boot *U607* unter dem jungen Kommandanten Wolf Jeschonnek lief am 10. Juli von St. Nazaire aus und sollte im Hafen von Kingston auf Jamaika acht große TMC-Minen legen. Für die Durchquerung der Biskaya schloß sich Jeschonnek mit zwei anderen auslaufenden VII-Booten zusammen: mit *U613* unter Helmut Köppe, 34 Jahre alt, der acht TMC-Minen vor Jacksonville, Florida, legen sollte, und mit *U455* unter Hans-Martin Scheibe.

An Jeschonneks 24. Geburtstag, dem 13. Juli, den er mit einer Flasche Champagner feierte, sichtete eine von Arthur R. D. Clutterbuck geflogene Halifax aus der britischen Squadron 58 auf Musketry-Patrouille drei Boote und gab Alarm. Eine von Reader D. Hanbury geflogene Sunderland der britischen Squadron 228 schloß sich der Halifax beim Angriff auf *U607* an. Im Vertrauen auf seine neuen 2-cm-Vierlings- und 2-cm-Zwillingsflak rauchte Jeschonnek lässig eine Zigarette zu Ende und befahl seinen Flak-Schützen, die Sunderland abzuwehren. Nach den Angaben eines Besatzungsmitglieds von *U607* sind Scheibe in *U455* und Köppe in *U613* dann entgegen der taktischen Marschroute getaucht und haben *U607* im Kampf allein gelassen. Das U-Boot wehrte sich auch tapfer, bis die 2-cm-Flugabwehrgeschütze blockierten und es völlig wehrlos war. Die Sunderland tötete die Männer an der Vierlingsflak und warf dann eine Reihe von sieben auf geringe Tiefe eingestellten Wasserbomben.

Die Wucht der Detonationen – möglicherweise waren auch einige TMC-Minen detoniert – schleuderte sieben Mann ins Meer: Jeschonnek, seinen Ersten Wachoffizier Egon Horsmann, 21 Jahre alt, den 22jährigen Zweiten Wachoffizier, einen 19jährigen Seekadetten und drei Soldaten. Hanbury in der Sunderland warf ein Rettungsfloß für sie ab und blieb dann mit der Halifax über ihnen, um ein Überwasserschiff an die Versenkungsstelle zu führen. Später entdeckte die Sloop *Wren* aus Johnny Walkers Support Group 2 das Floß und rettete die sieben Männer.

Köppe in *U613* überlebte nur elf Tage länger. Am 23. Juli ortete der Glattdeck-Zerstörer *George E. Badger* unter Thomas H. Byrd *U613* mit dem Sonar. Die *George E. Badger* gehörte der Sicherung des Geleitträgers *Bogue* an und eskortierte lose den Konvoi UGS 12. In drei gut vorgetragenen Anläufen traf Byrd *U613* mit Wasserbomben und zerstörte das Boot, möglicherweise indem die TMC-Minen gezündet wurden. Holztrümmer, Matratzen, Kleidungsstücke, verstümmelte Leichen und eine deutsche Übersetzung von Poes *Mord in der Rue Morgue* kamen an die Oberfläche, aber keine lebenden Deutschen.

- Der große XB-Minenleger *U117* unter Hans-Werner Neumann, 36 Jahre alt, lief am 22. Juli von Bordeaux aus und sollte vor dem Hafen von New York 66 SMA-Ankertauminen legen. Fünf Tage später befahl die U-Boot-Führung *U117,* das entlang der »Südroute« fuhr, einen kleinen Umweg zu machen und das IXC-Boot *U66* unter Friedrich Markworth auf dem Rückmarsch von Amerika mit Treibstoff zu versorgen.

Der Geleitträger *Card* unterstützte den Konvoi UGS 13 und war durch einen »gut« entzifferten Funkspruch über das Treffen informiert. Ein Team aus einer Wildcat und einer Avenger startete und fand am 3. August *U66* an der Oberfläche. Während die von Arne S. Paulson geflogene Wildcat das Boot im Tiefflug mit dem Maschinengewehr bestrich und es unter Wasser drückte, flog Richard L. Cormier mit seiner Avenger von achtern an, aber seine Wasserbomben und sein Fido-Torpedo lösten sich nicht. In einem zweiten Anflug konnte Cormier endlich seine zwei Wabos und einen Fido werfen, aber *U66* entkam, wenn auch schwer beschädigt.

Der Beschuß durch die Wildcat hatte etliche Männer auf *U66* getroffen: Die Kugeln töteten den Zweiten Wachoffizier und einen Soldaten und verwundeten einen weiteren Soldaten tödlich. Sie trafen Markworth in der Bauchgegend, seinen Ersten Wachoffizier, den 21jährigen Klaus Herbig in die Knie, einen Seekadetten in die Brust und einen Soldaten in die Ferse. Vier weitere wurden ebenfalls leicht verwundet. Die Überlebenden baten die U-Boot-Führung sofort über Funk um Hilfe und meinten, es sei unwahrscheinich, daß *U66* Frankreich erreichen werde. Sie schlugen einen Nothalt in El Ferrol, Spanien, vor. Als Antwort befahl die U-Boot-Führung *U66,* weiter nach Neumanns auslaufendem Boot *U117* zu suchen.

Die beiden U-Boote trafen sich in den frühen Morgenstunden des 7. August. Neumann schickte seinen Arzt und seinen Ersten Wachoffizier Paul Frerks, 35 Jahre alt, zu *U66* hinüber, der vorübergehend für den schwer verwundeten Markworth das Kommando übernehmen sollte. Während der Arzt Markworth und die anderen Verwundeten behandelte, begann *U117* bei Anbruch der Dämmerung, Treibstoff in die Tanks von *U66* zu pumpen. Minuten später erschien eine Avenger von der *Card,* geflogen von Asbury H. Sallenger, an dem Schauplatz und griff an. Beide Boote eröffneten mit den Flugabwehrgeschützen das Feuer, aber Sallenger und seine Besatzung ließen sich nicht einschüchtern. Sie warfen zwei Wasserbomben nahe bei *U117* und stiegen auf eine Höhe außerhalb der Reichweite der Flak. Die Boote trennten sich schleunigst, *U66* tauchte. *U117* versuchte entweder zu tauchen, konnte es aber nicht, oder blieb absichtlich an der Oberfläche, um den Kampf aufzunehmen. Der Pilot Sallenger griff *U66* mit einem Fido an, aber dieser ging fehl. *U66* entkam somit innerhalb einer Woche zum zweitenmal massiven Luftangriffen.

Sallenger kreiste außerhalb der Reichweite der Flak von *U117* und forderte über Funk von der *Card* Unterstützung an. Zwanzig Minuten später trafen zwei Wildcats und zwei Avengers am Schauplatz ein. Die Wildcat-Piloten Norman D. Hodson und Ernest E. Jackson bestrichen *U117* »gnadenlos« im Tiefflug mit ihren Maschinengewehren. Dann griffen die Avenger-Piloten Charles R. Stapler und R. H. Forney mit Wasserbomben und Fidos an. Diese zerstörten *U117* unter Verlust der gesamten Besatzung, möglicherweise zündeten sie auch die Minen. Wegen seines heldenmütigen Angriffs allein gegen zwei U-Boote wurde Sallenger das Navy Cross verliehen, die anderen Piloten bekamen Silver Stars.

Die Führung wußte nichts von dem Verlust von *U117* und wies den Kommandanten Hans-Werner Neumann an, die Minen nicht zu legen und sich als Hilfstanker westlich der Kanarischen Inseln bereit zu halten. Wie geschildert, sollte eine Reihe Boote auf dem Rückmarsch von Amerika oder Freetown an *U117* nachtanken, was nicht gelang.

• Die VII-Boote *U262* und *U760* unter Heinz Franke und Otto-Ulrich Blum liefen am 24. Juli aus La Pallice aus. Wegen des Tankermangels befahl die Führung dem VII-Boot *U664* unter Adolf Graef, das am 21. Juli von Brest mit Kurs auf Amerika ausgelaufen war, *U262* und *U760* nachzutanken und dann nach Frankreich zurückzukehren. Gleich am ersten Tag auf See meldete Franke in *U262,* daß ein alliiertes Flugzeug das Boot getroffen und beschädigt habe, daß er aber den Schaden reparieren und die Fahrt fortsetzen könne.

Diese drei U-Boote tauschten munter Funksprüche untereinander aus, die von den Alliierten eingepeilt wurden, und trafen sich am 6. August in der Nähe der ebenso gesprächigen Boote *U66* und *U117*. Befehlsgemäß übergab *U664* nicht ohne gewisse Schwierigkeiten in einer vierstündigen Aktion Dieselöl an *U262* (mit Hilfe eines Wasserschlauchs!). Am Morgen des 7. August hörte Graef in der Ferne Explosionen – und meldete sie unklugerweise. Er vermutete ganz richtig, daß *U66* und *U117* angegriffen worden waren. Angesichts der vielen Trägerflugzeuge in der Nähe verschob er sein Treffen mit Blum in *U760* um rund 24 Stunden auf den Morgen des 8. August. Als sie sich dann trafen, reichten Graefs Männer den Wasserschlauch Blum in *U760,* während *U262* nicht weit davon wartete.

In dieser Situation stieß ein Team aus einer Wildcat und einer Avenger von der *Card* aus den Wolken herab und griff alle drei Boote an. John F. Sprague in der Wildcat ging tiefer und bestrich die Boote mit den Maschinengewehren. Alle drei Kommandanten blieben an der Oberfläche und besetzten die neuen Vierlings- und Zwillingsflak und andere Flugabwehrgeschütze. Von dem starken Flakfeuer wurde die Wildcat durchlöchert und stürzte ins Meer, Sprague kam dabei ums Leben. Seine Kugeln hatten jedoch den Zweiten Wachoffizier von *U664,* Heinz Böhme, und den Steuermann Helmut Jendeleit getötet, der an Deck gerannt war, um den Schlauch einzuholen. Außerdem waren drei andere verwundet worden. Die von Asbury Sallenger geflogene Avenger, der einen Tag zuvor *U117* mitversenkt hatte, trotzte der Flak und wollte zwei Wasserbomben abwerfen, aber das Feuer der U-Boote durchlöcherte auch sein Flugzeug (der Funker wurde getötet) und zwang ihn zu wassern. Später traf die *Card* am Schauplatz ein, und der Glattdeck-Zerstörer *Barry* aus ihrer Sicherung rettete Sallenger und seinen Bordschützen.

Es herrschte einige Verwirrung darüber, wer in dem dramatischen Schußwechsel was getan hatte. Franke in *U262* meldete, er habe eines der zwei Flugzeuge abgeschossen. Diese oder andere Flugzeuge hatten aber sein Boot so schwer beschädigt, daß Franke seine Feindfahrt nach Amerika abbrechen und nach Frankreich abdrehen mußte. Die U-Boot-Führung wies ihn deshalb an, den soeben übernommenen Treibstoff an Graef in *U664* und an Blum in *U760* zu übergeben, die anschließend ihre Feindfahrten nach Amerika fortsetzen sollten.

Am selben Abend, dem 8. August, lief Graefs *U664* an der Oberfläche, um die Batterien aufzuladen. Da entdeckte die Brückenwache ein sehr großes Schiff in der Dunkelheit. Graef erklärte, das sei ein Tanker, der Erste Wachoffizier Herbert Stahn, 34 Jahre alt, hingegen hielt es für einen Geleitträger. Stahn hatte recht: Es war die *Card* mit ihrer Sicherung, die unerklärlicherweise skandalös unaufmerksam war. In einem gescheiterten nächtlichen Überwasserangriff schoß Graef einen FAT-Zweierfächer aus den Bugrohren I und III. Der Torpedo in Rohr I ging fehl, der

Torpedo in Rohr III versagte und mußte ausgestoßen werden. Graef wendete und schoß einen langsamen eigengelenkten T-4-Torpedo vom Typ Falke aus dem Heckrohr, aber der ging ebenfalls fehl. Reichlich spät entdeckte ein Glattdeck-Zerstörer aus der Sicherung der *Card U664* auf dem Radar, aber Graef tauchte tief und entging dem planlosen Wasserbombenangriff.

Am 9. August tauchte Graef um die Mittagszeit auf, um das Boot zu lüften und die Batterien zu laden. Zu dieser Zeit entdeckte eine Luftpatrouille der *Card* das U-Boot. Ihr gehörten eine von Norman D. Hodson geflogene Wildcat und zwei von Gerald G. Hogan und R. H. Forney geflogene Avengers an. Beim ersten Angriff bestrich Hodson in der Wildcat das U-Boot mit den Maschinengewehren, und Hogan warf eine 230-Kilogramm-Bombe und Forney zwei Wasserbomben. Graef hatte die Absicht gehabt, den Kampf aufzunehmen, weil aber nur eine seiner 2-cm-Flaks gefechtsklar war, tauchte er. Ein Besatzungsmitglied gab später an, der unerfahrene Erste Wachoffizier Stahn habe die Luke zu langsam verriegelt, weshalb die starken Explosionen *U664* in Sehrohrtiefe erwischt und wieder an die Oberfläche geschleudert hätten.

Auf *U664* herrschte vollständige Verwirrung. Einige unerfahrene Besatzungsmitglieder deuteten die Rückkehr an die Oberfläche falsch als Signal, das Boot aufzugeben, und eilten an Deck. Das schwere Feuer der Flugzeuge tötete fünf Männer. Neun andere sprangen ins Wasser, als Graef Befehl gab, wiederum zu tauchen. Die neun blieben im Meer zurück. Das stark angeschlagene Boot *U664* tauchte ein zweites Mal, aber der Schaden war so schwer, daß Graef sofort wieder auftauchen und das Boot aufgeben mußte. Mit Trinkwasser, Vorräten und etlichen Schwimmwesten sprang die überlebende Besatzung über Bord. Etwa sieben Stunden später fischte der Glattdeck-Zerstörer *Borie* aus der Sicherung der *Card* Graef und 43 andere Deutsche aus dem Wasser und brachte sie nach Casablanca.

Franke in dem Boot *U262,* das die Fahrt abbrach, wußte nicht, daß *U664* verloren war, und lief weiter den vereinbarten Treffpunkt an, wo er an *U664* sowie an Blum in *U760* seinen überschüssigen Treibstoff für ihre Feindfahrten nach Amerika abgeben wollte. Am 12. August überraschte eine nicht identifizierte B-24 Blum an der Oberfläche. Blum wehrte das Flugzeug mit der neuen Vierlingsflak und anderen Flugabwehrgeschützen ab, aber zuvor hatte es drei Wasserbomben nahe dem Bug seines Bootes abgeworfen. Aufgrund der Schäden nach diesen Explosionen mußte auch Blum seine Feindfahrt nach Amerika abbrechen und nach Frankreich zurückkehren. Die U-Boot-Führung wies deshalb Blum an, seinen überschüssigen Treibstoff an Horst Uphoff in dem VIIB-Boot *U84* zu übergeben, das von einer ergebnislosen Feindfahrt in den Golf von Mexiko und zum Kanal von Yucatán zurückkehrte.

Wie so viele andere Boote hätte auch *U84* planmäßig an Neumanns verlorenem XB-Minenleger *U117* nachtanken sollen.

Die beiden schwer beschädigten Boote *U262* und *U760* liefen weiter zu ihren Treffen mit *U664* beziehungsweise mit dem einlaufenden Boot *U84*, um überschüssigen Treibstoff abzugeben. Franke in *U262* meldete am 20. August, er habe zehn Tage lang an dem Treffpunkt auf Graef in *U664* gewartet und Graef sei vermutlich versenkt worden. Die Führung pflichtete ihm bei und wies Franke an, kehrtzumachen und sich dicht unter der Küste Portugals und Spaniens zu halten. Für den unwahrscheinlichen Fall, daß Graef nicht verloren war, wies die Führung ihn an, seine Feindfahrt nach Amerika abzubrechen und den gleichen Heimweg zu nehmen, und, falls ein Treffen zustande kam, gemeinsam mit Franke in *U262* zurückzukehren.

Blum in *U760* meldete ebenfalls, daß Uphoff in dem einlaufenden Boot *U84* nicht an dem Treffpunkt erschienen sei, dafür jedoch einige alliierte »Zerstörer«. Diese hätten ihn mit Wasserbomben tüchtig in die Mangel genommen und das Boot noch stärker beschädigt. Da Blum meinte, er werde nicht bis Frankreich kommen, bat er um die Erlaubnis, *U760* nach Spanien zu bringen, um dort Verwundete versorgen zu lassen und Reparaturen auszuführen. Die Führung ging nur widerwillig auf seine Bitte ein, gestattete aber einen Zwischenhalt von einem Tag.

Am 6. September entdeckte kurz nach Mitternacht eine mit Leigh Light ausgerüstete Wellington der britischen Squadron 179, geflogen von dem Kanadier Donald F. McRae, *U760* auf dem Radar. McRae griff aus einer Höhe von 30 Metern an und gabelte das Boot mit sechs Wasserbomben ein. Obwohl *U760* übel zugerichtet war, rettete sich Blum am 8. September nach Vigo in Spanien. Da er nicht imstande war, sein Boot zu reparieren, wurden er und seine Besatzung interniert, aber schon kurze Zeit später erreichten alle Mann Deutschland. Auf dem Rückflug zum Stützpunkt fielen bei der Wellington beide Motoren aus, McRae mußte notlanden. Das Flugzeug wurde schwer beschädigt, aber die gesamte Besatzung überlebte.

Mit viel Glück und seemännischem Können brachte Franke *U262* am 2. September zurück nach La Pallice. Nach dem Verlust von *U664* und der Internierung von *U760* blieb von diesen drei VII-Booten, die nach Amerika fahren sollten, als einziges *U262* übrig. Uphoff in dem Boot *U84* auf dem Rückmarsch von Amerika, der sich mit den dreien treffen sollte, war ebenfalls verlorengegangen, wie später geschildert wird.

- Der VIID-Minenleger *U218* unter Richard Becker lief am 29. Juli aus Brest aus und sollte vor Trinidad Minen legen. Am 1. August griff eine von dem Kanadier James W. Hermiston geflogene Wellington der britischen Squadron 547 *U218* an. Sie feuerte im Tiefflug mit den Maschinengewehren und warf Wasserbomben, die aber nicht trafen. Bei dem Beschuß wurden jedoch sechs Mann verwundet, Becker war gezwungen, nach Brest abzudrehen, wo er am 6. August eintraf.

Die drei (von dreizehn) im Juli nach Amerika ausgelaufenen Boote, die tatsächlich ankamen, legten dort Minenfelder. Alle drei überstanden die Fahrt:

- Die VII-Boote *U230* und *U566* unter Paul Siegmann und Hans Hornkohl, die am 5. Juli ausliefen, legten Minenfelder vor Norfolk in der Zufahrt zur Chesapeake Bay und zum Kanal Hampton Roads. Siegmann legte in der Nacht des 26. Juli acht schwere TMC-Minen, Hornkohl legte zwölf TMB-Minen am Abend des 30. Juli. Weder das erste noch das zweite Feld hatte irgendwelche Versenkungen zur Folge.

Nach dem Legen des Minenfeldes versenkte Hornkohl in *U566* am 5. August ein amerikanisches, 2265 Tonnen großes Kriegsschiff, das Kanonenboot *57* mit dem Torpedo. Das 1931 in den Krupp-Werken in Kiel erbaute Schiff war ursprünglich eine luxuriöse Jacht, genannt *Alva,* im Besitz von W. K. Vanderbilt, der sie 1941 der Navy übergab. Von der Navy wurde das Schiff auf USS *Plymouth* umgetauft. Als Hornkohl sie 160 Kilometer vor der Küste von New Jersey versenkte, eskortierte sie einen Geleitzug von New York nach Guantánamo Bay. Der Kommandant Ormsby H. Mitchel jr. verlor bei der Versenkung ein Bein, der Offizier Rubin Keltch und der Portepeeunteroffizier Franklin A. McGinty kamen ums Leben. Den dreien wurde für ihren Heldenmut das Navy Cross verliehen. Der 49 Meter lange Coast Guard Cutter *Calypso* rettete mit der Unterstützung eines in Amerika gebauten, britischen Schleppers[1] 92 Mann der 183köpfigen Besatzung der *Plymouth.*

Dieser Erfolg eines U-Boots hatte eine gründlich verpatzte Jagd durch neu ausgebildete ASW-Kräfte zur Folge, die von der neugebildeten Tenth Fleet befehligt wurden. Bei dieser Jagd schoß Hornkohl in *U566* eine Ventura der Navy ab, die im Meer notlandete. Eine andere Ventura der Einheit verschwand spurlos. Sowohl *U230* als auch *U566* kehrten nach Frankreich zurück, erhielten aber beide nur unter großen Schwierigkeiten genügend Treibstoff, um ihre Fahrt zu beenden.

- Das kampferprobte IXB-Boot *U107* unter dem neuen Kommandanten Volker von Simmermacher, 24 Jahre alt, der seit November 1941 als Wachoffizier auf dem Boot Dienst getan hatte. Am 28. Juli lief er gemeinsam mit einem anderen Boot von Lorient aus. Am ersten Tag auf See sei er von Flugzeugen angegriffen worden, meldete Simmermacher später, aber die Deutschen wehrten sie ab. *U107* setzte die Fahrt nach Amerika mit nur einem Diesel fort, um Treibstoff zu sparen.

Einen vollen Monat nach dem Auslaufen legte *U107* am 28. August erfolgreich zwölf TMB-Minen vor Charleston in South Carolina. Das

---

[1] Er wurde von einem britischen Admiral im Ruhestand befehligt, dem ehrenwerten Sir H. Meade-Fetherstonhaugh, der als Lieutenant wieder in Dienst gestellt wurde, weil er helfen sollte, Schiffe, die in Amerika für die Royal Navy gebaut worden waren, nach England zu überführen.

Minenfeld hatte keine Versenkungen zur Folge, aber Simmermacher griff vermutlich zwei amerikanische Schiffe in der Nähe von Savannah mit Torpedos an: das Liberty-Schiff *Albert Gallatin* und den Tanker *Rapidan* der Navy. Beide Male richteten die Torpedos keinerlei Schaden an. Simmermacher gab an, wegen der intensiven ASW-Maßnahmen, die *U566* ausgelöst hatte, sei er nicht imstande gewesen, vor dem 11. September eine Meldung über das Legen der Minen zu machen. Zu diesem Zeitpunkt hatte die U-Boot-Führung das Boot bereits verloren geglaubt. Doch es erreichte am 3. Oktober Frankreich und beendete eine ergebnislose Feindfahrt von 68 Tagen.

Weitere deutsche Verluste

Abgesehen von den Booten, die im Juli ins Mittelmeer, in amerikanische Gewässer und in den Indischen Ozean entsandt wurden, liefen 22 weitere Boote mit unterschiedlichen Aufträgen von Deutschland und Frankreich in den Atlantik aus. ASW-Streitkräfte, die im Zuge der Operationen Musketry und Seaslug jagten, ließen diesen Booten keine Ruhe und versenkten etwa die Hälfte davon, darunter weitere U-Tanker vom Typ XIV. Der Verlust dieser Milchkühe war ein katastrophaler Schlag, nach dem die Feindfahrten von VII-Booten in entlegene Gewässer fast völlig eingestellt wurden. In der Folge wurden sechs Kampfboote zu Notversorgungsoperationen umgeleitet, damit die in fernen Gewässern operierenden Boote wieder heimkehren konnten.

- Das bewährte VII-Boot *U267* unter Otto Tinschert, 28 Jahre alt, stach am 4. Juli von St. Nazaire aus in See. Am 7. Juli wurde *U267* vor dem Kap Finisterre von einer Catalina der britischen Squadron 210, geflogen von dem heldenmutigen John A. Cruickshank (der 1944 das Victoria Cross erhielt), entdeckt, als es unaufmerksam bewacht an der Oberfläche fuhr. Cruickshank griff an, bestrich das Boot mit den Maschinengewehren und warf Wasserbomben. Entgegen seinen Befehlen schoß Tinschert nicht zurück, sondern tauchte. Später tauchte er auf, meldete schwere Schäden und forderte Hilfe an. Weil an diesem Tag keine U-Boote in der Nähe waren, ermächtigte die Führung Tinschert, falls nötig, den Hafen El Ferrol in Spanien anzulaufen.

Die alliierten Nachrichtendienste lieferten nützliche Informationen über die Notlage von *U267*. Flugzeuge und Überwasserfahrzeuge liefen am Kap Finisterre und vor El Ferrol zusammen, aber Tinschert reparierte die Schäden und entkam den Verfolgern. Er erreichte St. Nazaire am 13. Juli nach einer nervenaufreibenden Fahrt von zehn Tagen. Tinschert war erkrankt und verließ das Boot. *U267* lief im Oktober unter einem anderen Kommandanten zu einer Feindfahrt aus, Tinschert übernahm im November wieder das Kommando.

• Das kampferprobte VII-Boot *U373* unter Paul-Karl Loeser, 28 Jahre alt, stach am 7. Juli von La Pallice aus in See. Er sollte zwölf TMB-Minen vor der Mündung des Flusses Sebou legen, der zu Port Lyautey in Marokko führte. Während Loeser am 24. Juli auf der Höhe von Madeira an der Oberfläche fuhr, griffen eine Wildcat und eine Avenger des Trägers *Santee* an. Sie bestrichen das Boot mit den Maschinengewehren, drückten es unter Wasser und warfen einen Fido. Bei dem Beschuß wurden zwei Mann getötet, mehrere verwundet und so schwerer Schaden angerichtet, daß Loeser die Fahrt abbrechen und Hilfe anfordern mußte. Der Glattdeck-Zerstörer *Bainbridge* und etliche Flugzeuge der *Santee* leiteten eine intensive Jagd auf *U373* ein, aber Loeser entschlüpfte ihnen.

Damit *U373* die Ausfälle in der Besatzung ersetzen und die Verwundeten versorgen konnte, arrangierte die U-Boot-Führung ein Treffen mit dem IXC/40-Boot *U190* für den 5. August. Dieses im Mai unter Max Wintermeyer ausgelaufene Boot kehrte aus amerikanischen Gewässern zurück. Das Treffen kam jedoch nicht zustande, und beide Boote kehrten unabhängig voneinander nach Frankreich zurück. Als *U373* am 16. August La Pallice erreichte, verließ Loeser das Boot und übernahm eine andere Aufgabe. *U373* lief erst im Oktober wieder aus.

• Das Flak-Boot *U441* vom Typ VII unter Götz von Hartmann, 29 Jahre alt, lief am 8. Juli von Brest aus. Am Nachmittag des 12. Juli entdeckte ein Schwarm aus drei Beaufighters der britischen Squadron 248 bei einer Patrouille in der Biskaya *U441* und griff das Boot mit den Maschinengewehren und Bordkanonen an. Bei diesem massiven Beschuß, den die Piloten C. R. B. Schofield, P. A. S. Payne und G. C. Newman durch eine wahre Wand aus Flak-Geschossen ins Ziel brachten, wurden zehn Deutsche getötet und dreizehn weitere verwundet, darunter Hartmann und alle seine Offiziere. Der Arzt des Bootes, »ein begeisterter und tüchtiger Amateursegler«, übernahm das Kommando über *U441,* ließ die Verwundeten unter Deck bringen, tauchte und brachte das Boot am 13. Juli zurück nach Brest. Zur Verwirrung wurde der verwundete Kommandant Götz von Hartmann wieder von dem ehemaligen Kommandanten des Bootes, Klaus Hartmann, abgelöst. Obwohl die Erfahrungen mit *U441* gezeigt hatten, daß das Flak-Boot ein sehr schlechtes Konzept war, lief die Ausrüstung von sieben weiteren VII-Booten mit Flak weiter. Im August stach das nächste Boot, *U621,* in See.

• Der bewährte U-Tanker *U459* vom Typ XIV unter Georg von Wilamowitz-Möllendorf, 49 Jahre alt, lief am 22. Juli gemeinsam mit dem Schwesterschiff *U461* und einem anderen Boot von Bordeaux aus. Bereits am ersten Tag wurde an *U461* ein großes Leck entdeckt, der Tanker brach die Fahrt ab. Das Schwesterschiff *U459* und das andere U-Boot setzten getrennt die Fahrt aufs offene Meer fort. Drei Tage nach dem Auslaufen entdeckte am 24. Juli eine Wellington der britischen Squadron 172, geflogen von W. H. T. Jennings, *U459* spät am Abend und griff aus tiefhängenden Wolken an. Wilamowitz-Möllendorf blieb an der Oberfläche, bemannte seine neue 2-cm-Vierlings- und 2-cm-Zwillingsflak und eröffnete das Feuer. Jennings flog tollkühn in dieses sehr dichte Sperrfeuer und stürzte in die Steuerbordseite von *U459*. Er beschädigte die Vierlingsflak und andere Geschütze und tötete oder verwundete sechs Mann der Besatzung von *U459*.

In dem folgenden Chaos befreiten sich die Deutschen von den Trümmern des Rumpfes der Wellington und schoben ihn ins Meer. Dabei entdeckten sie drei nicht detonierte Wasserbomben, zwei auf der Brücke und eine auf dem Achterdeck. Da Wilamowitz-Möllendorf nicht wußte, daß die Wasserbomben mit Zündern für geringe Wassertiefe ausgerüstet waren, ging er auf volle Kraft und befahl seinen Männern, die Bomben über Bord zu rollen. Eine oder mehrere detonierten sofort unter dem Heck von *U459* und richteten erhebliche Schäden an.

Ein zweites Flugzeug erschien über dem Schauplatz, eine von J. Whyte geflogene Wellington der britischen Squadron 547. Als er *U459* erblickte, das außer Kontrolle langsam mit abgesacktem Heck im Kreis fuhr, warf er acht Wasserbomben in einer nahen Gabel aus geringster Höhe. Diese Detonationen machten alle Hoffnungen der Besatzung von *U459* zunichte, vielleicht doch noch zu entkommen. Bei einem zweiten Anflug warf Whyte weitere Wasserbomben und bestrich das Deck mit den Maschinengewehren. Dabei tötete und verwundete er etliche Deutsche und zerstörte einige Schlauchboote.

Nach diesem Angriff befahl Wilamowitz-Möllendorf seinen Männern, das Schiff zu verlassen und zu versenken. Als die Schlauchboote wegruderten, grüßte er seine Männer, ging dann unter Deck und öffnete die Ventile. Unter den Augen Whytes und seiner Besatzung sank *U459* rasch achteraus. Diese zweite Wellington und andere Flugzeuge führten den von Polen bemannten Zerstörer *Orkan* an den Schauplatz. Sieben bis acht Stunden nach dem ersten Angriff einer Wellington fischten die Polen 41 Deutsche und den britischen Flieger A. A. Turner aus dem Wasser. Er war aus der abgestürzten Wellington herausgeschleudert worden und in sein eigenes Schlauchboot geklettert. Der Bewertungsausschuß der Admiralität sprach das Verdienst für die Versenkung der ersten Wellington zu und empfahl Jennings in Anbetracht seiner »großen Tapferkeit« postum für ein Victoria Cross. Der Verlust des wertvollen U-Tankers war ein weiterer schwerer Schlag für die U-Tankerflotte im Atlantik.

- Der neue U-Tanker *U489* vom Typ XIV unter Adalbert Schmandt, 33 Jahre alt, lief am 22. Juli gemeinsam mit dem neuen VII-Boot *U647* unter Willi Hertin, 29 Jahre alt, aus Kiel aus. Am 29. Juli wies die U-Boot-Führung Schmandt und Hertin vor Norwegen an, nach einer deutschen Fliegerbesatzung zu suchen, die nach einem Luftkampf mit einer Beaufighter der kanadischen Squadron 404 gewassert war. Schmandt entdeckte die drei Deutschen, fischte sie aus dem Wasser und nahm wieder Kurs auf den Atlantik, immer noch gemeinsam mit *U647*.

Am 3. August sichtete eine von E. L. J. Brame geflogene Hudson der britischen Squadron 269 den Tanker *U489* auf einer Position südlich von Island und flog trotz der 2-cm-Vierlingsflak und anderer Flak auf dem U-Boot zwei Angriffe mit 50-Kilogramm-ASW-Bomben. Die erste Bombe verfehlte ihr Ziel, aber die zweite fiel nahe. Als zwei weitere Flugzeuge erschienen (eine B-17 und eine Catalina), tauchte Schmandt tief (197 Meter) und entkam. Der eine Bombentreffer hatte jedoch das Eindringen von Salzwasser in den achteren Batterieraum verursacht, es bestand die Gefahr, daß sich Chlorgas bildete. Schmandt tauchte auf und teilte der U-Boot-Führung dieses Mißgeschick über Funk mit und erbat Befehle. Damit zog er »mehrere Zerstörer« auf sich, die ihn wieder unter Wasser drückten. Schmandts Männer konnten das Leck abdichten, aber die Kriegsschiffe jagten *U489* hartnäckig und warfen eine Vielzahl Wabos. Keine einzige fiel nahe, aber die Zerstörer hielten *U489* so lange unter Wasser, bis die Batterien leer waren und das Boot am folgenden Morgen auftauchen mußte.

Als *U489* am 4. August an die Oberfläche kam, sichtete eine von A. A. Bishop geflogene kanadische Sunderland 423 das U-Boot wenig später und informierte die Zerstörer und andere Kräfte. Der Pilot Bishop, Sohn eines Fliegerasses aus dem Ersten Weltkrieg, griff *U489* vom Heck aus an und flog direkt in das Feuer der Vierlingsflak, die das Flugzeug in Brand schoß. Bishop warf sechs gut gezielte, auf geringe Tiefe eingestellte Wasserbomben und machte dann eine Notwasserung. Sechs Mann der elfköpfigen Besatzung überlebten, auch Bishop.

Als die *Castleton* (die ehemalie *USS Aaron Warr*), die *Orwell* und ein dritter britischer Zerstörer am Schauplatz erschienen, wies Schmandt seine Besatzung an, das U-Boot zu verlassen und zu versenken. Während es sank, kam es zu einer unerklärlichen, aber »fürchterlichen« Explosion im Heckraum, bei der der Leitende Ingenieur tödlich verwundet wurde. Etwa zwanzig Minuten später fischte die *Castleton* Schmandt und die übrigen 53 Besatzungsmitglieder aus dem Wasser, auch den Leitenden Ingenieur, der aber an Bord der *Castleton* starb, sowie die drei deutschen Flieger, die von *U489* gerettet worden waren. Die *Castleton* nahm dann auch Bishop und fünf Mann seiner Besatzung auf, die keine 100 Meter entfernt im Wasser trieben. Obwohl an der Versenkung von *U489* zahlreiche Flugzeuge und Schiffe beteiligt gewesen waren, sprach der Bewertungsausschuß der Admiralität das Verdienst allein Bishop und seiner kanadischen Besatzung zu. Bishop erhielt ein DFC für die Versenkung dieses wertvollen deutschen U-Tankers.

Das neue VII-Boot *U647* unter Willi Hertin, das gemeinsam mit *U489* aus Kiel ausgelaufen war, hatte Befehl, vor Grönland einen Funkverkehr vorzutäuschen, und sollte sich melden, sobald es eine bestimmte Position südlich von Island passiert hatte. Hertin muß in der Nähe gewesen sein, als *U489* sank, aber er meldete sich damals und auch später nicht mehr. Folglich bleibt der Verlust von *U647* mysteriös. Möglicherweise wurde Hertin von einem alliierten Flugzeug oder Überwasserschiff, das zur selben Zeit *U489* angriff, versenkt, oder er lief auf eine britische Mine in der Straße zwischen Island und den Färöer-Inseln. Am 11. August vermerkte die U-Boot-Führung, daß weder *U647* noch der Tanker *U489* antworteten, und nahm deshalb an, beide seien verloren.

• Das kampferprobte VII-Boot *U404* unter dem neuen Kommandanten Adolf Schönberg, 24 Jahre alt, lief am 24. Juli mit *U614* von St. Nazaire aus. *U614* war eins der drei ins Mittelmeer abkommandierten Boote, die versenkt wurden.

U404 war unter Otto von Bülow zu Ruhm und Ehren gelangt, der mit dem Eichenlaub zum Ritterkreuz ausgezeichnet wurde. Er hatte sich bereits darauf eingestellt, das Boot bei dieser Feindfahrt zu übernehmen, aber am Tag vor dem planmäßigen Auslaufen erhielt er von Viktor Schütze den Befehl, sofort *U404* zu verlassen und das Kommando der neugeschaffenen 23. Schulflottille in der Ostsee zu übernehmen. Seine bewährte Besatzung zu verlassen fiel ihm schwer, erinnerte sich Bülow später, wie sich aber herausstellte, rettete ihm diese Versetzung in letzter Minute das Leben. Der neue Kommandant, Schönberg, hatte zuvor ein Jahr lang auf *U404* als Erster Wachoffizier gedient, bevor er das Kommando über einen »Schuleinbaum« übernahm.

Am Spätnachmittag des 28. Juli, am fünften Tag auf See, entdeckten zwei B-24-Bomber der USAAF Squadron 4, geflogen von dem Kommandeur der Einheit, Stephen D. McElroy, und Arthur J. Hammer, *U404* und griffen es trotz schweren Flak-Feuers an. McElroy warf acht Wasserbomben ab, aber diese beschädigten das U-Boot nur. Im Gegenzug traf *U404* einen Motor McElroys und zwang ihn abzudrehen. Auf McElroys Alarm hin griff Hammer zweimal an. Er feuerte mit dem Maschinengewehr und warf zwölf Wasserbomben. Da sein Flugzeug stark durchlöchert war, mußte auch er abdrehen und zu einem Stützpunkt in Südwestengland zurückkehren.

Noch während Hammers Angriff erschien die von Robert V. Sweeny geflogene B-24 der britischen Squadron 224 auf dem Schauplatz. Sweeny griff »direkt« an und warf sieben gut gezielte Wasserbomben aus der Höhe der Wellenkämme. Diese zerstörten *U404* unter Verlust der gesamten Besatzung. Sweeny meldete, er habe »etwa zehn Körper« im Wasser treiben sehen, aber er konnte nicht länger bleiben, weil ein Motor Feuer gefangen hatte und seine B-24 ebenfalls von der Flak durchlöchert worden war. Er machte in Südwestengland eine Notlandung, und die gesamte Besatzung überlebte. Die Admiralität sprach Sweeny die Versenkung von *U404* zu, für die ihm und einem Besatzungsmitglied das DFC verliehen wurde.

- Das VII-Boot *U383* unter Horst Kremser, 25 Jahre alt, lief am 29. Juli von Brest aus. Am 1. August entdeckte eine von Stanley White geflogene Sunderland der britischen Squadron 228 das Boot und griff es an. Beim ersten Anflug durchlöcherten die deutschen Schützen die Sunderland und beschädigten die Tragfläche an Steuerbord schwer. Bei einem zweiten Anflug warf White sieben Wasserbomben ab, die das U-Boot versenkten. Er meldete, er habe Deutsche ins Wasser springen sehen, mußte aber wegen der Schäden an seiner Maschine abdrehen. Kremser hatte noch Zeit, einen Notruf an die U-Boot-Führung abzusetzen. Er meldete, das Boot sei »tauchunklar« und »außer Kontrolle«. Auf seine Meldung hin suchten deutsche Flugzeuge, drei Torpedoboote und drei U-Boote am folgenden Tag erfolglos nach Überlebenden von *U383*.
- Am 27. und 28. Juli liefen sieben Boote von Lorient und Bordeaux aus: ein VII-, vier IX- und zwei XIV-Boote, die Tanker *U461* und *U462*. Bei einem routinemäßigen Tieftauchtest entdeckte man bei dem VII-Boot *U231* unter dem 33jährigen Wolfgang Wenzel undichte Stellen, weshalb er die Fahrt abbrach. Beim Einlaufen in La Pallice löste das U-Boot eine britische Mine aus, die zwei Meter von der Hülle entfernt detonierte, meldete Wenzel. Er erreichte La Pallice, aber wegen der Reparaturarbeiten lag *U231* bis Ende September im Hafen fest.

Die übrigen sechs Boote liefen weiter in den Golf von Biskaya, stießen dort aber auf intensive alliierte U-Jagdpatrouillen von Flugzeugen und Überwasserschiffen. Am 30. Juli, einem denkwürdigen Tag, versenkten britische Flugzeuge gleich drei der sechs U-Boote, darunter die beiden wertvollen U-Tanker. Die Operationen der Atlantikflottillen wurden damit weiter eingeschränkt.

Die Aktion begann am Morgen, als eine von W. Irving geflogene B-24 der britischen Squadron 53 die drei Boote entdeckte und Alarm gab. Das führte sechs weitere Flugzeuge heran: eine Sunderland der britischen Squadron 228, eine Catalina der britischen Squadron 210, eine B-24 der USAAF ASW-Squadron 19, zwei Halifax der britischen Squadron 502 und eine Sunderland der australischen Squadron 461. Die Flugzeuge führten auch die fünf Sloops aus Johnny Walkers Support Group 2 heran.

Aus Respekt vor der Flak-Bewaffnung auf den U-Booten kreisten die Bomber außerhalb deren Reichweite und entwarfen einen Angriffsplan. Eine Halifax der britischen Squadron 502 flog den ersten Angriff und warf mit Hilfe eines besonderen Bombenzielgerätes drei neue 270-Kilogramm-ASW-Bomben aus einer Höhe von 480 Metern ab. Eine zweite Halifax der Squadron 502 folgte mit drei unabhängigen Anflügen und warf jedesmal aus einer Höhe von 900 Metern eine 270-Kilogramm-Bombe ab. Eine Bombe traf Bruno Vowes Tanker *U462.* Er wurde langsamer und lag dann bewegungslos im Wasser.

Drei oder vier Flugzeuge griffen Vowes manövrierunfähigen Tanker und Wolf-Harro Stieblers unbeschädigten Tanker *U461* an. An der Spitze der Gruppe war die von W. Irving geflogene B-24 der Squadron 53. Als nächste folgte eine B-24 der USAAF ASW-Squadron 19, geflogen von A. L. Leal, und schließlich eine langsamere Sunderland der australischen Squadron 461, geflogen von Dudley Marrows. Pilot Irving warf acht Wasserbomben nahe *U462.* Pilot Leal richtete keinen Schaden an, weil seine von der Flak beschädigte Vorrichtung zum Lösen der Bomben nicht funktionierte. Das Verdienst für die Versenkung des wertvollen U-Tankers *U462* ging an eine Halifax der britischen Squadron 502, geflogen von dem Holländer A. van Rossum, der später das DFC erhielt. Ein deutscher Schütze auf *U462* wurde getötet. Vowe und 63 andere Überlebende versenkten das Boot und kletterten in Schlauchboote.

Marrows in der Sunderland drehte ab und griff den anderen XIV-Tanker an, Stieblers *U461.* Beim Anflug tötete das Maschinengewehrfeuer die beiden Ladeschützen der 2-cm-Vierlingsflak und verwundete zwei Offiziere schwer. Infolgedessen war das Abwehrfeuer von *U461* nicht mehr so dicht, und Marrows konnte aus einer Höhe von 15 Metern sieben auf geringe Tiefe eingestellte Wasserbomben abwerfen. Vier Geschosse fielen nahe an Back- und Steuerbord von *U461* und rissen das Boot in Stücke. Stiebler und 14 andere Überlebende seiner 60köpfigen Besatzung kletterten in Schlauchboote. Bei der Versenkung kamen 45 Deutsche ums Leben. Die Admiralität sprach Marrows das alleinige Verdienst für die Versenkung von *U461* zu.

Zur selben Zeit trafen die fünf Sloops von Johnny Walker am Schauplatz ein. Alle fünf Kriegsschiffe eröffneten mit ihren Hauptgeschützen das Feuer gegen den sinkenden Tanker *U462* und gegen Wilhelm Luis in dem IXC-Boot *U504.* In einem verzweifelten Fluchtversuch tauchte Luis. Walker empfing in der Sloop *Kite* eine gute Ortung im Sonar und führte den ersten Angriff mit Wasserbomben. Die *Wren* folgte nach. Die *Kite* griff daraufhin zum zweitenmal an, gefolgt von der *Woodpecker,* die unter Walkers Anweisungen 32 Wasserbomben warf. Zuletzt folgte ein ähnlicher Angriff der *Woodcock* und der *Wild Goose.* Nach diesen Angriffen stiegen eine deutsche »Uniformjacke, die Lunge eines Menschen und ein geräucherter Schinken« an die Oberfläche, die letzten Überreste von *U504,* das mit der gesamten Besatzung zerstört wurde. Die Admiralität schrieb allen fünf Sloops das Verdienst für die Versenkung zu, die sich auch die Versenkung von *U462* geteilt hatten.

Anschließend führte Walker seine Sloops zurück zu der Versenkungsstelle der U-Tanker *U461* und *U462.* Die Sloops retteten 79

Deutsche aus den Wellen. Später nahmen die Sloops die Besatzung einer Focke-Wulf Condor auf, die am Vortag von einer britischen Beaufighter abgeschossen worden war.

Zusammen mit dem Verlust von drei anderen »Milchkühen«, den XIV-Tankern *U459, U487* und *U489,* verringerte sich durch diese beiden U-Tanker-Verluste – und durch den Unfall des neuen Tankers *U490* in der Ostsee – die operative Tankerflotte auf zwei XIV-Boote: *U460* und *U488.* Als erste Folge mußte die U-Boot-Führung die drei übrigen Boote, *U106, U129* und *U525* vom Typ IX, der kurz zuvor ausgelaufenen Gruppe zu Hilfs-Versorgern umfunktionieren. Zwei Boote kamen ebenfalls nicht weit:

- Das kampferprobte IXB-Boot *U106* unter dem neuen Kommandanten Wolf-Dietrich Damerow, 24 Jahre alt, der fast zwei Jahre lang als Wachoffizier auf dem Boot Dienst getan hatte. Er lief gemeinsam mit dem Schwesterschiff *U107* von Lorient aus, das, wie erwähnt, in amerikanischen Gewässern ein Minenfeld legte.

Am 1. August, dem fünften Tag auf See, meldete Damerow, er habe einen Luftangriff abgewehrt, aber dasselbe oder ein anderes Flugzeug halte Fühlung zum Boot und rufe zweifellos andere Flugzeuge herbei. Der Beschatter war die von dem britischen Offizier J. C. Archer geflogene Wellington der neuen kanadischen Squadron 407, der sechs Wasserbomben geworfen und Alarm gegeben hatte.

Am 2. August reagierten zwei Sunderlands auf die Meldung: eine aus der britischen Squadron 228, geflogen von Reader D. Hanbury, und eine aus der australischen Squadron 461, geflogen von Irwin A. F. Clarke. Beide Flugzeuge griffen mit den Maschinengewehren an und warfen sechs Wasserbomben, die *U106* außer Gefecht setzten. Auf Damerows Notruf hin entsandte die Führung vier Ju-88-Kampfflugzeuge und drei Torpedoboote. Die Flugzeuge kamen zu spät, aber die Torpedoboote retteten Damerow, sein Kriegstagebuch und 35 andere Deutsche. Damerow überlebte den Krieg jedoch nicht.

- Das IXC/40-Boot *U525* unter dem alten Kämpen Hans-Joachim Drewitz, 35 Jahre alt. Die Führung wies Drewitz an, VII-Boote nachzutanken, die aus amerikanischen Gewässern oder von Freetown zurückkehrten. Diesen Auftrag konnte er aber nicht ausführen. Am 11. August entdeckte ein Team aus einer Wildcat und einer Avenger des Geleitträgers *Card U525* an der Oberfläche. Jack H. Stewart in der Wildcat griff im Tiefflug mit Maschinengewehren an und drückte das Boot unter Wasser. Die von Charles G. Hewitt geflogene Avenger warf Wasserbomben und einen Fido, die das U-Boot unter Verlust der gesamten Besatzung versenkten. Wie erwähnt, meldete am 17. August Gerhard Feiler in *U653,* der von einer fruchtlosen Feindfahrt vor Französisch-Guyana zurückkehrte, er warte seit sechs Tagen vergeblich an dem Treffpunkt auf Drewitz. Die Führung nahm deshalb korrekt an, daß *U525* verloren war.

Das andere U-Boot, *U129* vom Typ IXC unter Harpe, führte seinen neuen Auftrag aus. Er versorgte vier VII-Boote, die von Freetown zurückkehrten: Ritterkreuzträger Peter Cremer in *U333,* der bereits ohne Treibstoff vor Anker trieb, Gustav Lüssow in *U571,* Bernhard Zurmühlen in *U600* und Kurt Baberg in *U618.* Am 20. August meldete Harpe, er habe diese Boote nachgetankt und könne keinen Treibstoff mehr entbehren. Die Führung befahl ihm darauf, nach Frankreich zurückzukehren. Am 5. September kam er nach einer Fahrt von 41 Tagen unbeschädigt in Lorient an.

Der Verlust der U-Tanker hatte außerdem die Verlegung eines Fern-U-Boots vom Typ IXD2 aus der Gruppe Monsun zur Folge, dem neuerlichen Beutezug im Indischen Ozean. Das war *U847* unter Ritterkreuzträger Herbert Kuppisch, der am 6. Juli von Kiel ausgelaufen war, in der Dänemarkstraße mit einer Eisscholle zusammenstieß und nach Norwegen abdrehte. Dort traf er am 20. Juli ein und lief nach den Reparaturen am 29. Juli wieder aus. Die U-Boot-Führung kommandierte ihn dann jedoch als Hilfs-Versorger für die Boote ab, die aus amerikanischen Gewässern und von Westafrika zurückkehrten.

Kuppisch traf Mitte August am Versorgungsort ein. Als erste Aufgabe mußte er einige Boote auf dem Rückmarsch von Amerika nachtanken, die planmäßig an dem XB-Minenleger *U117* hätten nachtanken sollen, jenem Hilfs-Versorger, der am 7. August versenkt worden war.

Als erstes einlaufendes Boot fand das übel zugerichtete Boot *U66* Kuppisch. Es wurde vorübergehend von Paul Frerks von *U117* geführt, der den schwer verwundeten Friedrich Markworth abgelöst hatte. Das Treffen fand am 16. August statt. Im Austausch für einen Wasserdestillierapparat und Schmieröl gab Kuppisch an *U66* Lebensmittel und genügend Treibstoff ab, damit das Boot Frankreich erreichen konnte. Als *U66* am 1. September in Lorient eintraf, verließ Markworth das Boot, kam ins Krankenhaus und übernahm anschließend eine andere Aufgabe. Georg Olschewski, dem Leitenden Ingenieur von *U66,* wurde später für die Rettung des U-Bootes das Ritterkreuz verliehen. Frerks kehrte als Kommandant des neuen VII-Bootes *U975* zum Ausbildungsverband zurück, das der U-Boot-Schule zugeteilt worden war.

Am 24. August steuerten wenigstens drei einlaufende U-Boote Kuppisch in *U847* an: Carl Emmermann in dem IXC-Boot *U172,* dem das Eichenlaub zum Ritterkreuz verliehen worden war, August Maus in dem IXC/40-Boot *U185* und Horst Uphoff in dem VIIB-Boot *U84.* Wie berichtet, kehrten Emmermann und Maus von brasilianischen Gewässern zurück und führten jeder die Hälfte von Höltrings Besatzung aus dem VIIC-Boot *U604* mit sich, das versenkt worden war. Uphoff hingegen kehrte von einer ergebnislosen Feindfahrt in den Golf von Mexiko zurück.

Emmermann in *U172* nahm als erster Kontakt zu Kuppisch auf. Er tauchte auf und lief nahe heran; die Brückenwache hatte er doppelt besetzt und zudem alle Flugabwehrgeschütze bemannt. Er war verärgert, als er Kuppisch und seine Besatzung nachlässig und indisponiert antraf. Er verlangte, daß Kuppisch seine Flak bemannte und das Nachtanken beschleunigte. Kuppisch sei ein Vertreter jener Zeiten, als die Flugzeuge noch keine große Bedrohung dargestellt hätten, sagte Emmermann später. Kuppisch war immerhin fast zwei volle Jahre lang nicht mehr auf See gewesen. In genau zwei Stunden tankte Emmermann nach und legte wieder ab.

Später am selben Vormittag hielten Flugzeuge des Geleitträgers *Core,* der lose den Konvoi UGS 15 sicherte, Ausschau nach U-Booten, als Maus in *U185* zum Nachtanken *U847* anlaufen wollte. Eine Wildcat und eine Avenger, geflogen von Martin G. O'Neill und Robert P. Williams, entdeckten *U185* und griffen an. O'Neill tauchte mit der Wildcat aus der Wolkendecke auf und bestrich die Brücke. Er verwundete die gesamte Brückenwache, den Zweiten Wachoffizier tödlich. Williams folgte als nächster und warf zwei gutgezielte Wasserbomben ab. Die Explosionen zerstörten das U-Boot und fluteten es beinahe sofort, Chlorgas bildete sich.

Im Bugraum des U-Bootes kam es zu einer tragischen Szene. Der verwundete Kommandant des versenkten VII-Bootes *U604,* der 30jährige Horst Höltring, sprang aus seiner Koje und rannte mit der Pistole in der Hand in den Bugtorpedoraum, wo zwei schwerverwundete Männer seiner Besatzung lagen. Als der Raum sich mit Chlorgas füllte, flehten die beiden Besatzungsmitglieder Höltring an, sie zu erschießen. Er tat ihnen den Gefallen und tötete sich danach selbst mit einem Kopfschuß, berichteten Überlebende.

Nachdem *U185* von zwei weiteren Flugzeugen der *Core* getroffen worden war, befahl Maus seinen Männern, das Boot zu verlassen und zu versenken. Der Glattdeck-Zerstörer *Barker* aus der Sicherung der *Core* traf wenig später an der Stelle ein und fischte 36 Deutsche aus dem Wasser, darunter Maus und seinen Ersten Wachoffizier Hans Otto Rieve, 22 Jahre alt. Neun Mann waren Überlebende von Höltrings *U604.* Zwei Deutsche von *U185* starben auf der *Barker,* weil sie Chlorgas eingeatmet hatten: der Ingenieur Herbert Ackermann und der Schiffsarzt Georg Rammler.

Auf dem Rückweg nach Frankreich brach auf *U172* eine Ruhrepidemie aus, und Emmermann war froh, daß er als Ersatz für seine eigenen Kranken 23 Mann von *U604* an Bord hatte. Nach der Ankunft am 7. September – nach Beendigung einer kläglichen Fahrt von 102 Tagen – erhielt er das Eichenlaub von Hitler persönlich überreicht und kehrte dann als Chef der 6. Flottille in St. Nazaire nach Frankreich zurück.[1] Als Dönitz die anstrengende und herausragende Feindfahrt von Maus prüfte und von den Männern aus *U604* die Geschichte ihrer Rettung durch Maus erfuhr, verlieh er ihm das Ritterkreuz.[2]

Später wurde Maus in ein Kriegsgefangenenlager in Papago Park, Arizona, verlegt. Um den 1. September 1944 schloß er sich mit vier anderen U-Boot-Kommandanten einem Ausbruchsversuch an: Fritz Guggenberger (von *U513*), der das Eichenlaub zum Ritterkreuz trug, Ritterkreuzträger Hans-Werner Kraus (von *U199*), Jürgen Quaet-Faslem (von *U595*) und Jürgen Wattenberg (von *U162*). Wie der amerikanische Schriftsteller John H. Moore berichtet, gruben die fünf Kommandanten und zwei Dutzend andere U-Boot-Männer einen 53 Meter langen Fluchttunnel, stellenweise sogar durch Fels. Am 23. Dezember, zwei Tage nach Vollendung des Tunnels, flohen zwölf Offiziere und dreizehn Soldaten. Maus blieb zurück, weil er erkrankt war. Alle 25 Männer wurden rasch gefangen – als letzter Jürgen Wattenberg am 28. Januar 1945 in Phoenix.

Uphoff in dem VIIB-Boot *U84* war befohlen worden, an dem unglücklichen Minenleger *U117* nachzutanken, dann an *U262* oder *U760* und schließlich an *U847.* An diesem verhängnisvollen 24. August nahm er nicht Kontakt zu Kuppisch in *U847* auf. Noch am selben Tag entdeckte eine von William A. Felter geflogene Avenger der *Core U84* knapp 20 Kilometer von der Stelle entfernt, an der *U185* versenkt worden war, an der Oberfläche. Als Uphoff Felter zum Angriff tiefergehen sah, tauchte er unklugerweise selbst. Felter erkannte, daß er hier eine ausgezeichnete Gelegenheit für den Einsatz eines zielsuchenden Fido-Torpedos hatte, und warf einen Fido in den Strudel von *U84.* Das Boot verschwand spurlos. Niestlé zweifelt jedoch diese Versenkung an und zählt *U84* zu den Booten, deren Verlustursache unbekannt ist.

Auch das VII-Boot *U134* auf dem Rückmarsch von Amerika unter Hans-Günther Brosin, der in der Floridastraße einen Blimp abgeschossen hatte, wurde vernichtend getroffen. Am 21. August griff ein Wildcat-Avenger-Team des Geleitträgers *Croatan,* der den Konvoi UGS 14 sicherte, *U134* an, aber Brosin entkam. Drei Nächte später, am 24. August, entdeckte eine mit Leigh Light ausgerüstete Wellington der britischen Squadron 179 das Boot und griff trotz schweren Flak-Feuers an. Der kanadische Pilot Donald F. McRae warf sechs Wasserbomben, die *U134* zerstörten, aber er konnte keinen stichhaltigen Nachweis für eine Versenkung vorweisen.

---

[1] Mit einer Ausbeute von 27 bestätigten versenkten Schiffen mit 152904 Tonnen nahm Emmermann unter allen U-Boot-Kommandanten des Krieges den 14. Rang ein.

[2] Zum Zeitpunkt der Verleihung betrug die bestätigte Versenkungsziffer neun versenkte Schiffe mit rund 63000 Tonnen.

Am Morgen des 27. August tankte Kuppisch mit dem Fern-U-Boot *U847* vom Typ IXD2 sechs weitere Boote auf dem Rückmarsch nach: Paul Siegmanns VII-Boot *U230,* das von einem Minenunternehmen vor Norfolk zurückkehrte, Kurt Neides VII-Boot *U415,* das von einer ergebnislosen Fahrt in den Raum Trinidad zurückkehrte, Eberhard Dahlhaus' VII-Boot *U634,* das von einer erfolglosen Fahrt in die Karibik zurückkehrte, Gerhard Feilers VII-Boot *U653,* der ebenfalls von einer glücklosen Fahrt in die Karibik zurückkehrte, Heinz Rahes VII-Boot *U257,* das von einer erfolglosen Fahrt in den Raum Freetown zurückkehrte, und das IXC-Boot *U508* des neuen Ritterkreuzträgers Georg Staats, das von Freetown und aus dem Golf von Guinea zurückkehrte. Wie Emmermann in *U172* war auch Herbert Werner, der Erste Wachoffizier auf *U230,* der Ansicht, daß Kuppisch nicht ausreichend darauf vorbereitet sei, feindliche Flugzeuge abzuwehren.

Einige Tage zuvor hatte der Geleitträger *Card* den Geleitträger *Core* abgelöst, an dessen Antriebsturbine starke Vibrationen aufgetreten waren. Später am 27. August entdeckten zwei Wildcats, geflogen von Jack H. Stewart und Frederick M. Rountree, und eine Avenger der *Card* Kuppisch in *U847.* Die beiden Wildcats griffen das U-Boot im Tiefflug mit den Maschinengewehren an und zwangen es zu tauchen. Pilot Ralph W. Long in der Avenger warf einen Fido knapp vor den Strudel. *U847* war der sechste Verlust eines Fern-U-Boots, der fünfte in dem Zeitraum vom 16. Mai bis zum 27. August 1943.[1]

Von den sechs Booten, die am 27. August bei Kuppisch nachtankten, kam eines nicht bis nach Hause. Das VII-Boot *U634* unter Eberhard Dahlhaus entdeckte am 30. August, als es gemeinsam mit *U230* unter Siegmann nach Norden fuhr, den Konvoi SL 135 und lief heran, um in Schußposition zu kommen. Zwei britische Geleitschiffe des Konvois, die Sloop *Stork* (G. W. E. Casteus) und die Korvette *Stonecrop* (J. Patrick Smythe), versenkten *U634* unter Verlust der gesamten Besatzung.

Zu den Mythen, die über die Schlacht im Atlantik verbreitet worden sind, zählt die Behauptung, daß die Alliierten im Sommer 1943 eine konzertierte Aktion gegen die deutsche U-Tankerflotte gestartet und diese vernichtet hätten, als sie endlich in den Schlüsselbereich Triton eingebrochen waren. Dadurch seien die Operationen der VII-Boote stark behindert worden. Wie geschildert, versetzten die Alliierten in der Tat der U-Tankerflotte im Sommer 1943 einen schweren Schlag und versenkten neun von zwölf Versorgern im Einsatz (darunter drei XB-Mi-

1 *U179, U182, U197, U199, U200, U847.* Zwei andere fehlkonstruierte Fern-U-Boot-Modelle vom Typ IXD1, *U180* und *U195,* wurden zu Frachttransportern umgebaut.

nenleger), aber die Entzifferung von Funksprüchen, die mit den Versorgungsoperationen zu tun hatten, leistete bei diesen Gefechten offenbar nur sehr geringe Dienste.

Nach einer streng geheimen Studie nach dem Krieg[1] spielten nur bei zwei von neun Versenkungen entzifferte Funksprüche eine Rolle. In beiden Fällen handelte es sich um XB-Minenleger, die als Hilfs-Versorger Dienst taten. »Sehr gute« Enigma-Entzifferungen ermöglichten es den Flugzeugen des amerikanischen Geleitträgers *Bogue,* am 25. Mai *U118* zu versenken. »Gute« Enigma-Entzifferungen ermöglichten es den Flugzeugen des amerikanischen Geleitträgers *Card,* am 7. August *U117* zu versenken. Bei den Versenkungen der übrigen sieben U-Tanker, dem XB-Minenleger *U119* und den sechs Milchkühen vom Typ XIV, spielten entzifferte Funksprüche keine Rolle.[2]

Sechs der sieben Versenkungen von U-Tankern, die ohne Hilfe von entzifferten Funksprüchen erzielt wurden, gingen auf das Konto der Flugzeuge und Überwasserkräfte des Commonwealth, die sich an der Offensive in der Biskaya beteiligten. Dem amerikanischen Geleitträger *Core* fällt die siebte Versenkung zu: *U487.* Zahlreiche Verluste von U-Tankern waren eine Folge der falschen deutschen Entscheidung, die U-Boote in Gruppen an der Oberfläche auslaufen zu lassen und die feindlichen Flugzeuge mit der Flak zu bekämpfen.

Feindfahrten nach Westafrika

Acht Boote liefen im Juli nach Westafrika aus. Sie alle bekamen die Wucht der alliierten ASW-Offensive in der Biskaya (Musketry und Seaslug) zu spüren. Die Hälfte der Boote erreichte Westafrika gar nicht: Eines brach ab, drei wurden versenkt. Wegen der Probleme bei der Versorgung operierten die anderen vier Boote (ausschließlich vom Typ VII) bei ihren Feindfahrten weniger aggressiv.

- Das VII-Boot *U709* unter Karl-Otto Weber, 28 Jahre alt, lief am 5. Juli von Brest aus. Es war Webers dritte Feindfahrt. Am achten Tag auf See, dem 12. Juli, sammelte sich überschüssiger Wasserstoff im vorderen Batterieraum und explodierte. Zwei Männer kamen ums Leben, ein dritter wurde schwer verletzt. Weber brach die Fahrt ab und schlich zurück nach Brest, wo er am 20. Juli ankam. Das Boot lief erst im Oktober wieder aus.
- Das VII-Boot *U468* unter Klemens Schamong, 26 Jahre alt, lief am 7. Juli von La Pallice aus. Von einer Catalina alarmiert, entdeckte eine von Lloyd Allan Trigg geflogene B-24 der britischen Squadron 200

[1] Siehe Tafel 7.

[2] *U459, U461, U462, U463, U487, U489.*

U468 am 11. August und griff an. Schamong antwortete mit einem schweren Sperrfeuer seiner neuen 2-cm-Vierlingsflak und anderen Waffen. Die Flak schoß die B-24 in Brand, aber Trigg setzte den Anflug fort und warf etwa sechs auf geringe Tiefe eingestellte Torpex-Wasserbomben in einer annähernd idealen Gabel.

Die Explosionen rissen tödliche Lecks in *U468,* verursachten den Austritt von Chlorgas und lösten unter Deck eine Panik aus, aber Schamong und sechs andere Deutsche ließen ein Floß zu Wasser und überlebten. Die B-24 stürzte brennend ab, es gab keine Überlebenden. Zwei Tage später erblickte eine Sunderland die sieben Deutschen in dem Floß, warf noch ein Floß ab und führte die britische Korvette *Clarkia* zu den Überlebenden. Aufgrund der lobenden Zeugenaussage Schamongs und seines Ersten Wachoffiziers verlieh die Admiralität dem Piloten Trigg postum das Victoria Cross. Damit erhielt erstmals ein britischer ASW-Pilot eine so hohe Auszeichnung.

• Das ehrwürdige IX-Boot *U43* – das älteste Atlantik-Boot – unter Hans-Joachim Schwantke, 24 Jahre alt, lief am 13. Juli aus Lorient aus. Es hatte den Auftrag, im Golf von Guinea zwölf TMB-Minen vor Lagos, Nigeria, zu legen. Das Boot passierte den Golf von Biskaya. Schwantke meldete, er habe dort vermutlich ein Flugzeug abgeschossen, kam aber nicht viel weiter. Am 30. Juli entdeckten eine Wildcat und eine Avenger von dem Träger *Santee,* der lose den Konvoi GUS 10 sicherte, *U43* an der Oberfläche. Das Boot machte sich gerade bereit, etwas Treibstoff an das VII-Boot *U403* unter dem neuen Kommandanten Karl-Franz Heine, 27 Jahre alt, abzugeben, der ebenfalls nach Westafrika fahren sollte.

Die Flugzeuge griffen die zwei U-Boote an. Als erste feuerte die von Edward Van Vranken geflogene Wildcat im Tiefflug. Unmittelbar danach folgte R. F. Richmond in der Avenger. Befehlswidrig tauchten beide U-Boote. Richmond warf zwei auf seichte Tiefe eingestellte Wasserbomben nahe bei *U403* und einen Fido nahe *U43*. *U403* entkam, aber der Fido erfüllte offenkundig seinen Zweck und zerstörte *U43*.

Zweieinhalb Wochen später, am 17. August, patrouillierte *U403* auf der Suche nach dem Geleitzug SL 135 unmittelbar vor Dakar im Senegal. Eine Wellington der freifranzösischen Squadron 697 aus Dakar griff das U-Boot mit Maschinengewehren und Wasserbomben an. Im September nahm die U-Boot-Führung ganz richtig an, daß das Boot verloren sei, weil es sich nicht mehr gemeldet hatte. Es gab keine Überlebenden.

Vier im Juli ausgelaufene VII-Boote erreichten den Raum vor Freetown, hatten aber wenig Erfolg. Nur ein Boot versenkte ein Schiff: Friedrich Deetz, 26 Jahre alt, torpedierte mit *U757* am 7. August westlich von Freetown den norwegischen Frachter *Fernhill* mit 4116 BRT und machte einen Gefangenen. Am 11. August meldete Heinz-Konrad Fenn in *U445,* der am 20. Juli seinen 25. Geburtstag gefeiert hatte, daß der Arzt an Bord schwer erkrankt sei. Die U-Boot-Führung wies Fenn an, sich mit Walter Schug, 32 Jahre alt, in dem alten VIIB-Boot *U86* zu treffen, der ebenfalls einen Arzt an Bord hatte. Fenn meldete jedoch noch vor dem Treffen der beiden Boote, daß der Arzt auf *U445* gestorben war.

Beim Rückmarsch nach Frankreich hatten alle vier Boote Schwierigkeiten, soviel Treibstoff zu erhalten, daß sie die Fahrt beenden konnten, aber alle gelangten nach Hause. *U340* unter Hans-Joachim Klaus, 25 Jahre alt, hielt sich dicht an der Küste Portugals und rettete fünf deutsche Flieger, wurde aber selbst von einem alliierten Flugzeug getroffen und hatte »mehrere« Verluste. Klaus erreichte jedoch am 2. September Frankreich und beendete eine Fahrt von 59 Tagen. Die anderen drei VII-Boote kehrten zwischen dem 4. und 15. September nach Frankreich zurück und beendeten Fahrten von 60 bis 65 Tagen.

Nimmt man die zehn großen U-Boote, die für den Beutezug im Indischen Ozean abkommandiert waren, die Gruppe Monsun, aus, so erzielten die 38 im Juli ausgelaufenen U-Boote fast keine Erfolge. Die Kampfboote dieser Gruppe versenkten zwei Schiffe: ein Geleitfahrzeug, die amerikanische Jacht *Plymouth* mit 2265 Tonnen in amerikanischen Gewässern, und den norwegischen Frachter *Fernhill* mit 4116 BRT vor Freetown. Im Gegenzug wurden von den Alliierten 21 im Juli ausgelaufene U-Boote versenkt, darunter drei auf dem Weg ins Mittelmeer.[1]

Die in Frankreich stationierten Flugzeuge der Luftwaffe erzielten im Juli größere Erfolge gegen die alliierte Schiffahrt als die U-Boote. Den bemerkenswertesten Sieg errang am 11. Juli ein Geschwader von viermotorigen He-177-Bombern, die mit der neuartigen ferngelenkten Bombe Hs 293 bewaffnet waren. Sie griffen 550 Kilometer westlich von Portugal einen britischen Truppenkonvoi an. Diese »Fernlenkwaffen« versenkten das 20 021 Tonnen große Passagierschiff *Duchess of York* und das 16 792 Tonnen große Passagierschiff *California* und beschädigten das Passagierschiff *Port Fairy* mit 8337 Tonnen, das sich nach Casablanca rettete. Wegen der hervorragenden seemännischen Leistung der drei Geleitschiffe (der kanadische Zerstörer *Iroquois,* der britische Zerstörer *Douglas* und die britische Fregatte *Moyola*) kamen bei diesem wenig bekannten Desaster mit britischen Truppentransportern nur 57 Mann ums Leben. Auf der Rückkehr nach England mit 628 alliierten

---

[1] Im Monat Juli produzierten alliierte Schiffswerften rund 200 neue Fahrzeuge mit rund 1,3 Millionen BRT. Amerikanische Werften fertigten 165 Schiffe mit 1,13 Millionen BRT, britische und kanadische Werften 36 Schiffe mit 183 000 BRT. (Die Zahlen für das Commonwealth stützen sich auf die Gesamtproduktion von 2,2 Millionen BRT im Jahr 1943, die durch zwölf geteilt wurde, wobei eine durchschnittliche Verdrängung von rund 5000 BRT angenommen wurde.)

Überlebenden rettete die *Iroquois* drei Überlebende von *U506,* das am 12. Juli versenkt worden war.

Gruppe Monsun

Die ehrgeizigste U-Boot-Operation der Atlantikflottillen im Juli 1943 war ein neuerlicher Beutezug im Indischen Ozean mit dem Decknamen Monsun, so benannt, weil die Boote gegen Ende des Monsunregens im Sommer den Indischen Ozean erreichen sollten. Nach dem ursprünglichen Plan gehörten dem Beutezug elf Boote an, darunter zwei Fern-U-Boote vom Typ IXD2 auf ihrer Jungfernfahrt von Kiel aus, sechs IXC/40-Boote und drei IXC-Boote. Wie geschildert, versenkten alliierte Kräfte das Fern-U-Boot *U200* in der Straße zwischen Island und den Färöer-Inseln, das in Südafrika den »Küstentrupp der Brandenburger« an Land setzen sollte, um Unruhe zu stiften. Das andere Fern-U-Boot, *U847,* lief am 6. Juli von Kiel aus, stieß in der Dänemarkstraße mit einem Eisberg zusammen und drehte nach Norwegen ab. Es lief später wieder aus, wurde zu einem Hilfs-Versorger umfunktioniert und ging verloren.

Weil an dem Beutezug in so entfernten Gewässern neun IX-Boote beteiligt waren, war für die Gruppe Monsun ein komplizierter Versorgungsplan ausgearbeitet worden. Als erstes sollten die IXC/40- und die IXC-Boote auf dem Ausmarsch an dem U-Tanker *U462* vom Typ XIV nachtanken, der am 19. Juni in Frankreich auslief. Das zweite Mal sollten alle Boote, auch die zwei Fern-U-Boote, am 8. September an dem deutschen Tanker *Brake* im Indischen Ozean nachtanken und dann ihre Operationsgebiete anlaufen. Auf dem Rückmarsch sollten die Boote wiederum im Indischen Ozean an der *Brake* nachtanken und auf dem letzten Abschnitt in der Nähe der Azoren an einem anderen U-Tanker vom Typ XIV dann noch einmal.

Wie berichtet, mußte der U-Tanker *U462* unter Bruno Vowe im Juni zweimal wegen Gefechtsschäden abbrechen und konnte deshalb die Boote der Gruppe Monsun nicht versorgen. Statt dessen wurde diese lebenswichtige Aufgabe dem U-Tanker *U487* vom Typ XIV unter Helmut Metz aufgetragen, der am 15. Juni zu seiner zweiten Feindfahrt von Frankreich auslief.

Alle IX-Boote der Gruppe Monsun stachen in der ersten Juliwoche von Frankreich aus in See. Alle waren mit der neuen schweren Flak-Bewaffnung ausgestattet, und alle blieben in Gruppen an der Oberfläche. Drei der neun Boote gingen kurz nach dem Auslaufen verloren:

- Das IXC-Boot *U514* unter Hans-Jürgen Auffermann, 28 Jahre alt, das am 3. Juli von Lorient auslief. Am sechsten Tag auf See, dem 8. Juli, sichtete eine von dem bekannten U-Boot-Killer Terence Bulloch geflogene B-24, der vorübergehend zu der britischen Squadron

224 abkommandiert war, *U514* mitten in einer Flotte spanischer Fischerboote in der Nähe des Kap Finisterre an der Oberfläche. Bulloch feuerte drei Salven Raketen ab. Entgegen der taktischen Richtlinie tauchte Auffermann, woraufhin Bulloch einen zielsuchenden Fido-Torpedo abwarf, der scheinbar fehlging. Bulloch sah das aufgewühlte Wasser und meinte, das U-Boot tauche möglicherweise wieder auf. Er warf ein Paar auf geringe Tiefe eingestellte Torpex-Wasserbomben. Diese trafen möglicherweise den fehlgegangenen Fido oder das U-Boot oder auch beide. Jedenfalls wurde von *U514* nie wieder etwas gehört.

- Das IXC-Boot *U506* unter Ritterkreuzträger Erich Würdemann, 29 Jahre alt, das am 6. Juli von Lorient auslief. Am 12. Juli entdeckte eine von Ernest Salm geflogene B-24 der USAAF ASW-Squadron 1 aus Port Lyautey *U506* rund 550 Kilometer westlich des Kap Finisterre auf dem Radar. Es war Salms erster Flug als Kommandant. Er tauchte aus einer tiefen Wolkendecke auf, warf sieben Wasserbomben und zerstörte das U-Boot. Würdemann und 48 andere Deutsche kamen bei der Versenkung ums Leben. Britische Zerstörer retteten am 15. Juli sechs Deutsche auf einem Floß.
- Das IXC-Boot *U509* unter Werner Witte, 28 Jahre alt, das am 3. Juli von Lorient auslief. Nach zwölf Tagen auf See, am 15. Juli, entdeckten eine Wildcat und eine Avenger des Trägers *Santee* das U-Boot auf der Höhe der Insel Madeira. Der Pilot Jack D. Anderson in der Wildcat griff im Tiefflug mit den Maschinengewehren an, und als *U509* tauchte, warf Pilot Claude N. Barton in der Avenger einen Fido. Der Fido erfüllte offenkundig seinen Zweck. Von *U509* wurde nie wieder etwas gehört.

Der U-Tanker *U487* unter Helmut Metz, der zur Versorgung der Monsun-Boote abgestellt worden war, versorgte zunächst sieben VII-Boote, die im Juni in amerikanische Gewässer ausgelaufen waren,[1] sowie das abbrechende Fern-U-Boot *U195* vom Typ IXD1 auf dem Rückmarsch von Kapstadt. Am 12. Juli befahl die U-Boot-Führung Metz, 360 Kilometer nach Südosten zu fahren, um das VII-Boot *U648* auf dem Marsch in amerikanische Gewässer und das IXC/40-Boot *U527* auf dem Rückmarsch von amerikanischen Gewässern zu versorgen. Anschließend sollte Metz am 23. Juli die sechs verbliebenen IXC/40-Boote der auslaufenden Gruppe Monsun rund 630 Kilometer weiter südlich versorgen und dann heimkehren.

Metz war nicht imstande, diese Befehle auszuführen. Am 13. Juli entdeckten zwei Flugzeuge des Geleitträgers *Core,* eine von Earl H. Steiger geflogene Wildcat und eine von Robert P. Williams geflogene Avenger, *U487* an der Oberfläche. Einige Männer der Besatzung nahmen an Deck ein Sonnenbad, andere spielten mit einem Ballen Baum-

---

[1] *U359, U406, U466, U591, U598, U604, U662.*

wolle, den sie im Wasser gefunden hatten. Steiger griff im Tiefflug mit den Maschinengewehren an. Williams folgte und warf vier Torpex-Wasserbomben, die nahe fielen.

Auf ihren Hilferuf hin entsandte die *Core* sechs weitere Flugzeuge, zwei Wildcats und vier Avengers. Bis zu ihrem Eintreffen hatte Metz auf *U487* seine 2-cm-Vierlingsflak und andere Flugabwehrgeschütze bemannt. Seine Schützen hatten Steiger in seiner Wildcat abgeschossen und getötet. Die anderen sechs Flugzeuge griffen *U487* unablässig im Tiefflug an und warfen Wasserbomben, bis der Tanker schließlich jäh mit Bug voraus sank. Der Glattdeck-Zerstörer *Barker* aus der Sicherung der *Core* fischte drei Offiziere und 30 Mann aus dem Wasser, Metz hingegen wurde von den Wildcats getötet. 26 weitere Deutsche kamen bei der Versenkung ums Leben. Williams, Steiger und einem dritten Wildcat-Piloten, Charles W. Brewer, wurde die Versenkung zugesprochen.

Wegen der Bedeutung der Aufgaben, mit denen Metz' Tanker *U487* betraut worden war, befahl die Führung dem IXC-Boot *U160* unter dem neuen Kommandanten Gerd von Pommer-Esche, 25 Jahre alt, das am 28. Juni von Bordeaux auslief, *U487* zu unterstützen. Folglich war er schon unterwegs zu dem Treffen mit *U487,* als der Tanker versenkt wurde.

U160 befand sich noch ein gutes Stück nördlich der Position von *U487,* als am Morgen des 14. Juli eine Wildcat und eine Avenger der *Santee* das Boot entdeckten. H. Brinkley Bass in der Wildcat ging tiefer und griff mit den Maschinengewehren an. John H. Ballentine in der Avenger folgte hinter ihm mit Wasserbomben und einem Fido. Im Gegensatz zu dem neuen ständigen Befehl tauchte Pommer-Esche und bot ein ideales Ziel für den Fido. Ballentine löste den Fido aus; vermutlich hat er *U160* getroffen, weil von dem Boot nie wieder etwas gehört wurde. Dieser Verlust verschärfte die ohnehin schon höchst brenzlige Lage bei den Versorgern.

In der Zwischenzeit waren acht Boote an dem Versorgungsort eingetroffen und warteten auf *U487* und die Verstärkung *U160.* Einige Boote waren bereits seit einigen Tagen an der Stelle. Als wenigstens ein Boot die U-Boot-Führung über das Ausbleiben von *U487* und *U160* informierte, forderte diese *U487* auf, sich zu melden. Da die Führung aber keine Antwort von *U487* erhielt, nahm sie an, der Tanker sei verloren (aber nicht *U160*), und entwarf einen neuen Versorgungsplan, der die wichtige Gruppe Monsun begünstigen sollte. Die (verlorengegangene) Verstärkung *U160* sollte vier Monsun-Boote versorgen *(U516, U532, U533* und das verlorene *U509).* Das IXC-Boot *U155* mit Kurs auf amerikanische Gewässer sollte die anderen drei Monsun-Boote *(U168, U183, U188)* versorgen und dann heimkehren. Das VII-Boot *U648* auf dem Weg nach Amerika sollte seinen Auftrag absagen, das IXC/40-Boot *U527* auf dem Rückmarsch von Amerika versorgen und dann gemeinsam mit *U155* heimkehren.

Die drei Monsun-Boote, die an der verlorenen Verstärkung *U160* nachtanken sollten, meldeten am 19. und 20. Juli das Boot als vermißt. Die Führung nahm ganz richtig an, *U160* sei verloren, und beauftragte am 26. Juli *U516* von den ihrer Meinung nach vier Monsun-Booten, die anderen drei zu versorgen: das verlorene *U509, U532* und *U533. U516* hatte nicht behebbare technische Probleme gemeldet. Danach sollte es, wie berichtet, weiter nach Süden fahren und dem nach Amerika fahrenden Boot *U662* Munition und ein Metox übergeben. *U516* versorgte *U532* und *U533,* fand aber *U662* natürlich nicht, weil das Boot am 21. Juli versenkt worden war. Am 23. August kehrte *U516* nach Frankreich zurück.

Befehlsgemäß traf sich der Hilfstanker *U155* unter Ritterkreuzträger Adolf-Cornelius Piening, der von einer Feindfahrt nach Amerika umgeleitet worden war, am 23. Juli mit den anderen drei Monsun-Booten *(U168, U183, U188)* und versorgte sie mit Treibstoff. Einen Tag später nahm Piening Kontakt zu Trotha in *U306* auf dem Rückmarsch von Freetown auf und übergab Treibstoff. Die beiden kehrten am 11. August gemeinsam nach Lorient zurück.

Wie befohlen, traf das auslaufende VII-Boot *U648* unter Peter-Arthur Stahl sich mit *U527* unter Herbert Uhlig auf dem Rückmarsch von Amerika und übergab ihm am 20. Juli Treibstoff. Die Führung wies die beiden Boote an, gemeinsam Kurs auf Frankreich zu nehmen.

Anhand von entzifferten Funksprüchen und Kurzwellenpeilungen waren Flugzeuge des Geleitträgers *Bogue,* der den nach Osten fahrenden Geleitzug UGS 12 sicherte, auf das Treffen aufmerksam gemacht worden und entdeckten *U527* und *U648* am Morgen des 23. Juli Seite an Seite. Der Avenger-Pilot Robert L. Stearns griff die beiden Boote an. Entgegen der taktischen Richtlinie tauchte Stahl sofort mit *U648,* ging auf Tiefe und entkam. Am 10. August kehrte er nach St. Nazaire zurück. Uhlig blieb mit *U527* an der Oberfläche, hielt mit voller Kraft auf ein Nebelfeld zu und feuerte mit den 2-cm-Flak auf das Flugzeug. Stearns warf vier auf geringe Tiefe eingestellte Torpex-Wasserbomben, die das Boot eingabelten und das Heck des Druckkörpers aufrissen. Das Boot sank sofort und ließ Uhlig und ein Dutzend andere Deutsche im Wasser zurück. Später fischte der Glattdeck-Zerstörer *Clemson* aus der Sicherung der *Bogue* 13 Deutsche aus dem Wasser. Stearns, der bereits an der Versenkung des XB-Minenlegers *U118* beteiligt gewesen war, wurde für diese Versenkung mit dem Navy Cross ausgezeichnet.

Das neue, der Gruppe Monsun zugeteilte Fern-U-Boot *U847,* das wegen eines Schadens in der Dänemarkstraße wieder nach Norwegen abgedreht war, lag hinter den verbliebenen Booten zu weit zurück, um mit ihnen zu patrouillieren. Es wurde, wie erwähnt, zum Versorger umfunktioniert und ging verloren. Die Gruppe Monsun mit ihren ursprünglich elf Booten hatte sich folglich auf fünf IXC/40-Boote verkleinert, die das Glück gehabt hatten, unbeschadet die Biskaya zu durchqueren und von den Hilfs-Versorgern *U155* und *U516* Treibstoff zu erhalten.

Diese fünf Boote umrundeten das Kap der Guten Hoffnung. Am 8. September, dem Tag der italienischen Kapitulation, trafen sie sich mit dem deutschen Tanker *Brake*. Für den Fall, daß die Italiener das Treffen den Alliierten verraten sollten, hatte die Führung vorsorglich alle deutschen Seestreitkräfte angewiesen, diesen Raum sofort wieder zu verlassen und einen neuen Treffpunkt mehrere hundert Kilometer südlich anzulaufen. Am 12. September versorgte die *Brake* die fünf Monsun-Boote, und die U-Boot-Führung wies ihnen Patrouillengebiete zu.

Um diese Zeit hatten die amerikanischen Codeknacker die Enigma der Kriegsmarine durch den Einsatz der neuen Vier-Walzen-Bombas, durch das Aufstellen mathematischer Theorien und durch eine gehörige Portion Intuition bereits voll im Griff. Infolgedessen waren die Alliierten imstande, den fünf Monsun-Booten ständig auf der Spur zu bleiben und ihnen auszuweichen, so daß die Verluste an Handelsschiffen sehr gering gehalten wurden. Folgende Ergebnisse wurden erzielt:

- Helmut Pich, 29 Jahre alt, in *U168* war in den Golf von Cambay (in der Nähe von Bombay, Indien) entsandt worden und versenkte den britischen Frachter *Haiching* mit 2183 BRT mit Torpedo und sechs Frachtsegelschiffe mit der Deckkanone. Am Abend des 4. November bombardierte eine noch nicht identifizierte Catalina *U168* und vereitelte einen Angriff auf einen Konvoi.
- Der 36jährige Heinrich Schäfer patrouillierte mit *U183* vor Mombasa, Kenia, und versenkte kein einziges Schiff. Etwas beschönigend meldete er, er habe vom 19. bis zum 24. Oktober acht Elektro-Torpedos auf Ziele geschossen, aber alle seien fehlgegangen oder hätten versagt.
- Im Golf von Oman versenkte Siegfried Lüdden, 27 Jahre alt, in *U188* das amerikanische Liberty-Schiff *Cornelia P. Spencer* mit 7176 BRT und torpedierte den norwegischen Tanker *Britannia* mit 9977 BRT.
- Nicht weit von der Südspitze Indiens versenkte Otto-Heinrich Junker, 38 Jahre alt, in *U532* mit Torpedos und der Deckkanone vier Frachter (zwei britische, einen norwegischen und einen indischen) mit rund 24500 BRT und torpedierte einen weiteren britischen mit 5845 BRT.
- Helmut Hennig, 29 Jahre alt, in *U533* war in den Golf von Aden entsandt worden und versenkte kein Schiff. Am 16. Oktober zerstörte ein zweimotoriger Bisley-Bomber der britischen Squadron 244, geflogen von L. Chapman, *U533* im Golf von Oman. Von der 53köpfigen Besatzung überlebte nur ein Mann: der Matrose Günther Schmidt, der nach 28 Stunden an die Küste gespült wurde! Araber fanden ihn und übergaben ihn einer britischen Patrouille aus Squadron 244.

Die vier verbliebenen IXC/40-Boote der Gruppe Monsun liefen den neuen deutsch-japanischen Stützpunkt auf der malaysischen Insel Penang an. Alles in allem hatten sie nur sechs Schiffe (und sechs Segelboote) mit rund 33800 BRT versenkt, ein weiterer demütigender Fehlschlag für die U-Boote und ein weiterer Sieg für die alliierten Codeknacker. In Penang wurde Heinrich Schäfer in *U183,* der kein Schiff versenkt hatte, durch Fritz Schneewind, 26 Jahre alt, ersetzt, der zuvor das IXC-Boot *U511* (»Marco Polo I«) den Japanern überbracht hatte. Lediglich zwei Boote *(U188, U532)* sollten in europäische Gewässer zurückkehren. Die anderen beiden *(U168, U183)* wurden später von alliierten Kräften im Fernen Osten versenkt.

Pause für die U-Boote im August

Teilweise als Folge der intensiven Luftoffensive des Coastal Command in der Biskaya hatten die Verluste an U-Booten in allen Gewässern bis zum 1. August geradezu katastrophale Ausmaße angenommen. Zur Erinnerung hier nochmals die monatlichen Versenkungen der Alliierten:

April	15	(2 in der Biskaya)
Mai	40	(7 in der Biskaya)
Juni	17	(4 in der Biskaya[1])
Juli	37	(12 in der Biskaya[2])
Gesamt:	109[3]	(25 in der Biskaya)

Die U-Boot-Führung hatte die Absicht, im August weiterhin rasch hintereinander Feindfahrten in ferne Gewässer zu organisieren. Wegen des Verlustes von vier U-Tankern vom Typ XIV Ende Juli *(U459, U461, U462, U487)* und eines weiteren am 4. August *(U489)* sowie des Hilfs-Versorgers *U117* vom Typ XB am 7. August mußten die Deutschen jedoch ihre Pläne und ihre Taktik vollständig umstellen. Als erste Notmaßnahme rief die Führung die vier Boote, die am 1. August von Frankreich ausgelaufen waren, wieder zurück.[4] Vom 1. August bis zum 16. August lief von Frankreich nur das U-Boot *U161* in ferne Gewässer aus, das einen dringenden Spezialauftrag ausführen mußte. In den folgenden Tagen des Monats stachen acht weitere Boote mit Kurs auf ferne Gewässer in See.

---

1 Zwei, *U119* und *U449,* von Support Group 2. Siehe Tafel 6.

2 *U504* von Support Group 2. Siehe Tafel 6.

3 Bei rund 50 Mann pro Boot betrugen die Verluste an Menschenleben etwa 5450 Mann. Aus alliierten Unterlagen geht hervor, daß 733 von diesen gerettet wurden und in Kriegsgefangenschaft gerieten.

4 *U68, U437, U448, U505.*

In einem zweiten Schritt gab die Führung drei wichtige Anweisungen, zwei als taktische Richtlinie und eine technische:

- Vom 2. August an sollten die U-Boote die Biskaya nicht mehr in Gruppen durchqueren, an der Oberfläche bleiben und den Kampf mit den feindlichen Flugzeugen aufnehmen. Ein- wie auslaufende Boote sollten einzeln fahren, unter Wasser bleiben und nur nachts zum Aufladen der Batterien auftauchen. Von dieser Regel war lediglich das neue Flak-Boot *U621* ausgenommen, das am 22. August in See stach und natürlich in der Biskaya absichtlich über Wasser bleiben und nichtsahnende alliierte Flugzeuge anlocken sollte.
- Vom 12. August an sollten alle frisch von Deutschland auslaufenden Boote auf dem Weg zur Atlantikflottille an U-Boot-Stützpunkten in Norwegen haltmachen und ihre Treibstofftanks bis oben hin füllen. Mit dieser Maßnahme sollten die schweren Tankerverluste kompensiert werden. Auf den ersten Blick scheint das eine simple Operation, doch das war es keineswegs. Die Deutschen mußten mit Tankern kostbares Dieselöl von deutschen Raffinerien nach Norwegen schaffen, eine Luft- und Überwassersicherung in und um Norwegen organisieren und vor Luftangriffen schützen, während die Boote in norwegischen Häfen lagen. Außerdem wurde Norwegen immer mehr zu dem Ort, an dem die U-Boote ihre letzten Trainingseinheiten, Tests der Maschinen und der elektronischen Ausrüstung absolvierten, die bislang in der Ostsee gemacht worden waren. Wegen dieser Praxis waren die norwegischen Stützpunkte überfüllt, und es kam beim Auslaufen zu Verzögerungen.

Von den neun U-Booten, die zwischen dem 12. und dem 31. August von Kiel aus nach Norwegen ausliefen, konnte kein einziges im August seine Fahrt fortsetzen. Sechs lagen fast einen Monat lang in Norwegen fest. Ein Boot konnte nach nur zwei Wochen wieder in See stechen, aber die durchschnittliche Liegezeit der neun Boote betrug 26,4 Tage. Gewiß verzögerte die U-Boot-Führung das Auslaufen einiger Boote aus taktischen Gründen, aber die meisten fielen einfach dem bürokratischen Aufwand für dieses neue Verfahren zum Opfer, einige wurden während der Liegezeit sogar beschädigt. Die Liegezeiten verzögerten natürlich die Verstärkung der Atlantikflottillen erheblich, die in den Sommermonaten so sehr hatten Federn lassen müssen.

- Vom 15. August an sollte kein Boot mehr einen Radardetektor (oder FuMB) der Firma Metox verwenden. Nach zahllosen Versuchsreihen waren die Deutschen zu der Überzeugung gelangt, daß das Metox eine Strahlung abgab – wenn auch nur eine sehr schwache –, welche die alliierten Flugzeuge möglicherweise einpeilen konnten. Alle auslaufenden Boote sollten mit dem neuen Radardetektor W.Anz g ausgerüstet werden, genannt Wanze, den die deutsche Firma Hagenuk entwickelt hatte.

Die Ersetzung des Metox durch das Gerät Wanze war jedoch ein schwerwiegender Fehler. Er veranschaulicht den traurigen Zustand der deutschen Wissenschaft und Technik unter Hitler. Im Gegensatz zu dem Metox gab die Wanze angeblich keine elektronischen Strahlen ab, von denen die Deutschen glaubten, die Alliierten könnten diese auf dem Radar orten. Doch die Wanze strahlte in Wirklichkeit genau dieselben (schwachen) Emissionen aus wie das Gerät Metox. Noch wichtiger war, daß die Wanze genau wie das Metox nur Wellen im breiten Meterband erfaßte, keine Wellen im Zentimeterbereich. Die deutschen Wissenschaftler glaubten immer noch nicht, daß ein miniaturisiertes Radargerät mit einer Zentimeter-Wellenlänge technisch machbar war![1]

Die Rückständigkeit der deutschen Wissenschaftler und Techniker beweist auch ein Treffen zwischen Dönitz und Hitler vom 19. August 1943. Nach den Aufzeichnungen des Stenographen teilte Dönitz dem Führer mit, die Ausstrahlungen des Metox könnten rückblickend »all das Unheimliche und Ungeklärte erklären, z. B. das Umgehen der Aufstellung, die Verluste im freien Seeraum.« Hitler hörte »den Ausführungen außerordentlich interessiert zu«, wie der Stenograph notierte, und entgegnete, er glaube, »daß diese Lösung [die Metox-Ausstrahlungen] die Erklärung für sehr viele rätselhafte Dinge ist, z.B. die doch immer wieder erfolgte Feststellung der genauen Anzahl der U-Boote eines Streifens durch den Gegner.« Hitler schwärmte, daß »wir [die Deutschen] mit dieser Erkenntnis einen großen Schritt weitergekommen sind«.

Während der Pause im August bereitete die U-Boot-Führung, von Großadmiral Dönitz angespornt, die Wiederaufnahme des U-Boot-Krieges auf der Nordatlantikroute vor, der seit dem 24. Mai ruhte. Die Rückkehr an diesen entscheidenden Kriegsschauplatz Mitte September sollte mit einem dramatischen Schlag erfolgen, der ein Höchstmaß an Schrecken verbreiten sollte. Eine ganze Gruppe, Leuthen, die aus 21 von dem U-Tanker *U460* unterstützten Booten bestand, sollte heimlich auslaufen, sich sammeln und gleichzeitig einen Geleitzug angreifen. Nach einer grundlegenden Änderung der Taktik sollten die Boote nun zuerst die Geleitfahrzeuge und danach die Handelsschiffe angreifen und versenken.

Um dieses neue taktische Muster mit dem größtmöglichen Erfolg umzusetzen, erhielten die 21 Boote der Gruppe Leuthen (ausschließlich VII-Boote) die beste technische Ausstattung, die die Deutschen zu bieten hatten. In dem Paket technischer Neuerungen waren enthalten:

- Der neue, etwas schnellere, akustisch zielsuchende und bat-

---

[1] Ebensowenig glaubten sie, daß die Schlüsselmaschine M geknackt werden könne, noch daß Kurzwellenpeilgeräte (Huff Duff) wirkungsvolle Ortungsmittel für U-Boote seien.

teriebetriebene T-5-Torpedo Zaunkönig, den die Alliierten GNAT nannten, ein Kürzel für German Naval Acoustic Torpedo. Die U-Boot-Kommandanten sollten T-5-Torpedos auf die alliierten Geleitschiffe schießen und diese aus dem Weg räumen. Falls dann noch T-5-Torpedos übrig waren, konnten sie neben den gewöhnlichen G7a Preßluft- und G7e Elektro-Torpedos und schleifen- oder kreislaufenden Federapparat-Torpedos (FAT) mit oder ohne Magnetpistolen auch gegen Handelsschiffe eingesetzt werden.

- Das neue Funkmeßbeobachtungsgerät Wanze als Ersatz für das Metox.
- Das Radartäuschungsgerät Aphrodite.
- Die Geräusch erzeugenden Bolde als Mittel, den Sonargast irrezuführen.
- Die 2-cm-Vierlings- und 2-cm-Zwillingsflak auf dem Wintergarten zur Verteidigung gegen alliierte Flugzeuge, die auf verbesserten Brückenplattformen montiert waren.
- Empfindlichere passive Horchgeräte, mit denen die Fähigkeit der Boote, einen Konvoi getaucht zu »horchen«, gesteigert werden sollte.

In ihrer endgültigen Zusammensetzung bestand die Gruppe Leuthen aus achtzehn bewährten VII-Booten aus Frankreich und drei neuen VII-Booten aus Deutschland. Neun VII-Boote und Ebe Schnoors Tanker *U460* liefen vom 23. bis zum 31. August von Frankreich aus, die übrigen neun vom 1. bis zum 9. September. Die drei neuen VII-Boote aus Deutschland, die gemäß dem neuen Verfahren in Norwegen (fast einen Monat lang) angelegt hatten, liefen vom 5. bis zum 9. September von Bergen und Drontheim aus. Die Operationen der Gruppe Leuthen im September werden später geschildert.

Abgesehen von dem neuen Flak-Boot *U621,* das im Golf von Biskaya blieb, und den Booten der Gruppe Leuthen liefen im August neun Boote von Frankreich aus, alle mit Kurs auf ferne Gewässer.

Einige Boote nutzten den »Piening-Weg« und hielten sich bis zum Kap Finisterre eng entlang der Küste Frankreichs und Nordspaniens, um die Biskaya ohne Luftangriffe zu durchqueren. Aus entzifferten Funksprüchen hatte die Admiralität von dieser Route erfahren und stellte zwei Support Groups in der Nähe des Kaps auf: Support Group 40 unter John S. Dallison (die Fregatte *Exe* und fünf Sloops und Korvetten, die von dem britischen Kreuzer *Bermuda* gesichert wurden) und die neu geschaffene kanadische Support Group 5 unter dem Briten J. D. Birch (die britischen Fregatten *Nene* und *Tweed,* fünf verbesserte kanadische Korvetten und eine britische Korvette).

Die Deutschen beantworteten diese kecke Ansammlung von Überwasserschiffen mit dem Einsatz besonderer Kampfkräfte der Luftwaffe. Am 25. August griff ein Schwarm von 14 Dornier Do-217-Flugzeugen

Dallisons Support Group 40 an. Sie waren mit den ferngelenkten Gleitbomben HS293 ausgerüstet und wurden von sieben Ju-88-Kampfflugzeugen gesichert. Alle Bomben gingen fehl, aber vier knappe Fehlabwürfe beschädigten die britische Sloop *Landguard* schwer (früher ein amerikanischer Coast Guard Cutter).

Die britische Support Group 1 unter G. N. Brewer (die Sloop *Egret,* die Fregatten *Jed* und *Rother,* unterstützt von den Zerstörern *Athabaskan* und *Grenville*) löste Dallisons Support Group 40 ab. Am 28. August griff ein Schwarm aus 18 Do-217, ausgerüstet mit den Gleitbomben und gesichert von Ju-88-Kampfflugzeugen, Brewers Support Group 1 an. Die meisten Bomben verfehlten die wild zackenden Schiffe, aber eine traf und sprengte die Sloop *Egret,* Brewers Führungsschiff, in die Luft. 200 Mann der 225köpfigen Besatzung kamen ums Leben. Eine andere Bombe beschädigte den Zerstörer *Athabaskan* der Tribal-Klasse, der nach rund zwei Monaten Reparatur wieder bei der Royal Canadian Navy in Dienst gestellt wurde.

• Das IXC-Boot *U161* unter Ritterkreuzträger Albrecht Achilles lief am 8. August von Lorient nach Brasilien aus. Wie erwähnt, traf Achilles in der Nähe der Azoren am 20. August den japanischen U-Kreuzer *I8* (Deckname »Flieder«) mit Kurs auf Frankreich. Er übergab einen deutschen Lotsen an den Kreuzer, ein neues FuMB Wanze, Funker und Anweisungen zur Route, damit er in der Biskaya mit Ju-88-Kampfflugzeugen und deutschen Zerstörern zusammentraf.[1] Am 6. September traf sich Achilles dann in der Mitte des Südatlantiks mit Werner Hartmann in dem Fern-U-Boot *U198* auf dem Rückmarsch, übergab Hartmann eine Wanze, erhielt Treibstoff und nahm wieder Kurs auf Brasilien.

Nach dem Eintreffen in seinem Operationsgebiet versenkte Achilles in der Woche vom 20. zum 26. September zwei Frachter. Das erste Opfer war die britische *St. Usk* mit 5472 BRT, das zweite die brasilianische *Itapagé* mit 4998 BRT. Am 27. September, einen Tag nach der Versenkung des zweiten Schiffes, entdeckte eine von Harry B. Patterson geflogene Mariner der US Navy Squadron VP 74 das U-Boot und griff mit Maschinengewehren und Wasserbomben an. Es wurde nie wieder etwas von *U161* gehört.

• Zwei Boote waren bereits am 1. August ausgelaufen, aber nach Frankreich zurückgekehrt, und liefen am 16. August nochmals gemeinsam in Richtung amerikanische Gewässer aus. Es handelte sich um das berühmte alte Paukenschlag-Boot *U123* vom Typ IXB und das

---

[1] *I8* erreichte am 8. September Lorient. Der U-Kreuzer hatte 50 zusätzliche japanische U-Boot-Fahrer an Bord, die ein weiteres Geschenk Hitlers an Tojo, das IXC/40-Boot *U1224* »Marco Polo II«, überführen sollten. *I8* lief um den 1. Oktober aus und erreichte im Dezember den Fernen Osten. Siehe dazu den Aufsatz von Shinji Uchino, Jürgen Rohwer, »Die erfolgreiche Fahrt des japanischen U-Bootes ›I-8‹«, in: *Marine-Rundschau* 81 (1984), S. 224–227.

IXC-Boot *U523* unter Horst von Schroeter beziehungsweise Werner Pietzsch.

Am siebten Tag auf See, am 22. August, überraschte eine mit Leigh Light ausgerüstete Wellington der britischen Squadron 179 *U523* im Morgengrauen und bombardierte das Boot. Pietzsch tauchte und entkam, aber die Meldung der Wellington hatte Überwasserschiffe alarmiert, die in der Nähe passierten, unter anderen die britische Nahsicherung eines Konvois von den Britischen Inseln nach Gibraltar. Pietzsch ahnte nichts von den feindlichen Überwasserschiffen in der Nähe und fuhr in der Nacht des 24. August an der Oberfläche.

Die Zerstörer *Wanderer* und die Korvette *Wallflower* der Konvoi-Eskorte orteten *U523* auf dem Radar und überraschten das Boot. Erschrocken tauchte Pietzsch, um ihnen zu entkommen, aber die von Reginald F. (Bob) Whinney geführte *Wanderer* erfaßte das Boot sofort mit dem Sonar und leitete einen hartnäckigen Wasserbombenangriff ein, dem sich wenig später die *Wallflower* anschloß. Pietzsch ging so tief (über 260 Meter, versicherten Besatzungsmitglieder), daß der Druckkörper knarrte und die innere Holzvertäfelung unter dem gewaltigen Wasserdruck absplitterte. Schließlich gab Pietzsch auf und tauchte auf, um das Boot zu versenken. Von beiden Kriegsschiffen wurde er sofort unter Beschuß genommen. Deren Kugeln töteten etwa ein Dutzend Deutsche, bevor sie von dem sinkenden Boot springen konnten. Die Zerstörer *Wanderer* und *Hurricane,* die Korvette *Wallflower* und das Bergungsschiff *Zamalek* des Konvois fischten 37 Deutsche aus dem Wasser, auch Pietzsch.

In der Nähe des Kap Finisterre entdeckten alliierte Überwasserschiffe auch Schroeter in *U123* und griffen mit Wasserbomben an, aber er entkam. Die U-Boot-Führung wies das Boot an, im Raum Trinidad zu patrouillieren, änderte aber später die Befehle dahingehend, daß er auch die »Bauxit-Route« weiter südlich ansteuern könne, falls er dorthin fahren wolle. Schroeter tat das und entdeckte am 21. September vor Französisch-Guyana einen Geleitzug aus Tankern und Liberty-Schiffen, der von Geleitschiffen und aus der Luft stark gesichert wurde. Er meldete zwei sichere Treffer und drei mögliche, aber sie konnten in alliierten Unterlagen nicht bestätigt werden.

Wegen des Mangels an Versorgern befahl ihm die Führung am 11. Oktober, den Rückmarsch anzutreten. Als sich das Boot am 7. November bereits St. Nazaire näherte, griff eine Mosquito, die in der britischen Squadron 248 mitflog (verlegt von Squadron 618), *U123* an. Die von dem Kanadier A. J. L. Bonnett geflogene Mosquito war mit einer mächtigen neuen 5,7-cm-Bordkanone ausgerüstet, genannt »Tsetse«. Beim ersten Anflug feuerte Bonnett acht Salven mit der 5,7-cm-Kanone, die *U123* im Bereich der Brücke trafen. Beim zweiten Anflug klemmte die »Tsetse« aber, und Bonnett konnte nur mit Maschinengewehren feuern. Als Schroeter den Angriff meldete, gab er an, der Kommandoturm habe ein Loch, das jeden Tauchversuch ausschloß, und forderte Luftunterstützung an. Er erreichte St. Nazaire noch am selben Tag und beendete eine harte, aber fruchtlose Feindfahrt von 84 Tagen.

• Das IXC-Boot *U518* unter Friedrich-Wilhelm Wissmann lief am 18. August von Bordeaux aus. Wissmann patrouillierte durch den Alten Bahama-Kanal zu den Gewässern vor Florida. Dann lief er in den Golf von Mexiko ein und patrouillierte nach Westen bis zum Kanal von Yucatán. Er versenkte ebenfalls kein Schiff. Am 11. Oktober wurde auch er von der U-Boot-Führung zurückgerufen. Am 1. Dezember erreichte *U518* endlich Frankreich nach einer erfolglosen Feindfahrt von 106 Tagen. Nach der Rückkehr verließ Wissmann das Boot und übernahm eine andere Aufgabe.

• Der kampferprobte VIID-Minenleger *U214* unter Rupprecht Stock lief am 22. August aus. Er sollte vor Colón in Panama Minen legen. Auf dem Ausmarsch traf Stock am 14. September Werner Hartmann in dem Fern-U-Boot *U198*. Er übergab einen Techniker an *U198,* erhielt etwas Treibstoff und fuhr dann weiter nach Panama, wo er am 10. Oktober die Minen legte. Keine einzige versenkte ein Schiff.

Danach patrouillierte Stock in der Karibik, hatte aber kein Glück. Die Führung wies ihn an, alle eventuell verbliebenen Minen beim Verlassen der Karibik zu legen. Als Stock den Raum verlassen hatte, meldete er, er habe am 21. Oktober einen 7000 BRT großen Frachter mit Torpedos versenkt, aber die Versenkung wurde nie bestätigt. Auf dem Rückmarsch sollte er an einem der beiden verbliebenen U-Tanker vom Typ XIV, an *U488,* nachtanken. Als ein amerikanischer Geleitträger aber dieses Treffen zunichte machte, erhielt er Befehl, an dem Hilfs-Versorger *U193,* einem IXC/40-Boot, nachzutanken. Das geschah am 7. November, und Stock erreichte am 30. November endlich Frankreich.

• Das IXC/40-Boot *U170* unter Günther Pfeffer lief am 29. August von Lorient aus. Aus ungeklärten Gründen mußte sich Pfeffer am 6. September in der Biskaya mit dem neuen Flak-Boot *U621* treffen und ein FuMB vom Typ Wanze übernehmen. Ungefähr eine Woche später, am 14. September, tankte Pfeffer an dem XIV-Tanker *U460* nach. Die Führung schickte dann *U170* nach Brasilien, um gemeinsam mit Achilles in *U161* zu operieren. Doch dieses Boot ging wenig später verloren.

Pfeffer erreichte in der ersten Oktoberwoche brasilianische Gewässer. Nur eine Woche später, am 11. Oktober, warnte ihn die U-Boot-Führung, wegen des Mangels an Versorgern sei es fraglich, ob er auf dem Rückmarsch nachtanken könne. Dennoch blieb Pfeffer vor Rio de Janeiro, wo er am 23. Oktober den brasilianischen Frachter *Campos* mit 4663 BRT versenkte.

Am 5. November befahl die Führung Pfeffer, der sich immer noch in dem Raum aufhielt, mit Höchstgeschwindigkeit dem neuen Fern-

U-Boot *U848* auf dem Ausmarsch zu Hilfe zu eilen. Das Boot vom Typ IXD2 sah sich im Mittelatlantik etwa 1800 Kilometer nordöstlich von *U170* einem massierten Luftangriff ausgesetzt. Die Deutschen wußten nicht, daß *U848* bei diesem Angriff versenkt worden war. Pfeffer lief mit *U170* die Stelle so schnell wie möglich an, um nach Überlebenden zu suchen. Er durchkämmte das Versenkungsgebiet bis zum 12. November, fand aber kein Anzeichen von *U848* oder irgendwelche Überlebenden. Dann trat er mit einem knappen Treibstoffvorrat die Heimreise an. Am 30. November traf er den XB-Minenleger *U219,* der als Hilfs-Versorger Dienst tat, tankte nach und erreichte am 23. Dezember Frankreich. Pfeffer beendete eine weitgehend erfolglose Feindfahrt von 117 Tagen.

• Das VII-Boot *U669* unter Kurt Köhl, 30 Jahre alt, lief am 29. August von St. Nazaire aus. Die Führung erteilte Köhl einen Sonderauftrag mit dem Decknamen Kiebitz. Seine Aufgabe war es, den Kriegshelden Otto Kretschmer und andere U-Boot-Kriegsgefangene[1] aufzunehmen, die einen Tunnel aus dem kanadischen Lager Camp 30 bei Bowmanville am Ontariosee, 40 Kilometer östlich von Toronto, graben und sich dann mit verschiedenen Verkehrsmitteln nach Neubraunschweig im St.-Lorenz-Golf durchschlagen wollten.

Am Abend des 7. September ortete eine mit Leigh Light ausgerüstete Wellington der kanadischen Squadron 407, geflogen von E. M. O'Donnell, ein U-Boot mit dem Radar, das für *U669* gehalten wurde, und griff es mit fünf Wasserbomben an. Diese zerstörten vermeintlich *U669* mit der gesamten Besatzung; laut Axel Niestlé ist die Verlustursache jedoch unbekannt. Sechs Monate später kamen O'Donnell und die meisten Männer seiner Besatzung in einer anderen Wellington ums Leben.

• Das IXC/40-Boot *U536* unter Rolf Schauenburg, 30 Jahre alt, lief am 29. August von Lorient aus. Weil die U-Boot-Führung richtig annahm, daß Köhl mit *U669* verlorengegangen war, beauftragte sie *U536* mit der Operation Kiebitz. Nach dem Erreichen des St.-Lorenz-Golfes lag Schauenburg ab dem 24. September vor der vereinbarten Stelle, Pointe de Maisonette, und wartete auf die Kriegsgefangenen. Von Kretschmer und seinen Gefährten war jedoch nichts zu sehen.

Die alliierten Behörden hatten durch die Entzifferung der einfachen Codes in der Post der Kriegsgefangenen von der geplanten Flucht erfahren. Außerdem hatten sie verschiedene Hilfsmittel (Landkarten und ähnliches) abgefangen, die den Möchtegern-Flüchtlingen in Geschenkpaketen versteckt zugeschickt wurden. Um dieselbe Zeit entkam der Kriegsgefangene Wolfgang Heyda, der ehemalige Kommandant von

[1] Hans Ey und Horst Elfe, die ehemaligen Kommandanten von *U433* und *U93,* Kretschmers Ersten Wachoffizier auf *U99,* Hans-Joachim von Knebel-Döberitz, und andere. Siehe dazu Hadley (1985; dt. Ausgabe 1990).

U434, unabhängig »über den Stacheldraht« und schlug sich nach Neubraunschweig durch, wurde dort aber von kanadischen Behörden gefaßt. Ein ausgefeilter Plan der Alliierten, *U536* im St.-Lorenz-Golf zu kapern, mißglückte.

Nachdem Schauenburg sein Möglichstes getan hatte, um seinen Sonderauftrag auszuführen, patrouillierte er mit *U536* vor Halifax. Dort meldete er die Versenkung eines amerikanischen oder britischen Liberty-Schiffes, die aber nicht bestätigt werden konnte. Auf dem Rückmarsch wies die U-Boot-Führung Schauenburg an, zu anderen U-Booten zu stoßen, die einen großen, nordwärts fahrenden Konvoi, SL 139 kombiniert mit MKS 30, angriffen. Der Geleitzug war vom Mittelmeer und von Gibraltar zu den Britischen Inseln unterwegs (66 Handelsschiffe, massiv eskortiert von 19 Überwassergeleitfahrzeugen und landgestützten Flugzeugen).

Die britische Fregatte *Nene* und die kanadischen Korvetten *Calgary* und *Snowberry* aus der Nahsicherung entdeckten *U536* am 20. November, zwangen das U-Boot an die Oberfläche und versenkten es mit ihrem gemeinsamen Geschützfeuer. Von der 55köpfigen Besatzung von *U536* kamen 38 Mann ums Leben. Ironischerweise wurden Schauenburg und 16 andere deutsche Überlebende später auch in ein Kriegsgefangenenlager in Kanada verlegt.

• Der Kommandant des IXC-Bootes *U515,* Werner Henke, 35 Jahre alt, trug inzwischen das Eichenlaub zum Ritterkreuz, das ihm am 4. Juli von Hitler in der Wolfsschanze in Ostpreußen verliehen worden war. Er lief am 29. August von Lorient aus und sollte im Raum Freetown patrouillieren, wo er im vergangenen April und Mai so großen Erfolg gehabt hatte. Der amerikanische Archivar und Historiker Timothy Mulligan berichtet in seiner Biographie Henkes,[1] dieser habe während seiner Erholung in Innsbruck, Tirol, Schwierigkeiten mit der Gestapo gehabt. Anlaß war eine Kleinigkeit, aber die Gestapo hatte aus einer Mücke einen Elefanten gemacht. Folglich stach Henke unter schlechten Vorzeichen in See.

U515 war mit sämtlichen Neuerungen ausgestattet worden: vier schnelle, akustisch zielsuchende T-5-Torpedos Zaunkönig, 2-cm-Zwillings- und Vierlingsflak auf einem veränderten Brückenaufbau, die Wanze und die Aphrodite. Das Boot verfügte ferner über eine neue Flugabwehrkanone: die 3,7-cm-Schnellfeuerkanone, die Hitler bevorzugt hatte. Sie war anstelle der üblichen 10,5-cm-Deckkanone vor der Brücke auf dem Deck montiert. Darüber hinaus führte Henke sechs zusätzliche G7 a-Torpedos in Behältern an Deck mit sich.

Die U-Boot-Führung wies Henke am 4. September an, seine Treibstofftanks an dem XIV-Tanker *U460* aufzufüllen. Beim Anlaufen des

---

[1] *Lone Wulf* (1993).

Treffpunktes stieß Henke am folgenden Tag auf einen großen Geleitzug. Es handelte sich um OS 54 kombiniert mit KMS 25: 54 Handelsschiffe und etwa 15 Überwassereskorten sowie schwere Luftsicherung. Henke hielt den Tag über die Fühlung und lief in der Nacht von achtern an den Konvoi heran, um bei dem schwachen Licht eines Sichelmondes über Wasser anzugreifen.

Als Henke bis auf 900 Meter heran war, machten die Ausgucke auf dem Handelsschiff *Gascony* das U-Boot aus. Das Fahrzeug gab Alarm und eröffnete mit der 4-Zoll-Kanone das Feuer, so daß Henke tauchen mußte. Die neue britische Fregatte *Tavy* der Nahsicherung ortete das Boot mit dem Sonar und leitete einen gut gezielten Wasserbombenangriff ein, der Henke bis auf eine Tiefe von 245 Meter (!) trieb. Die Explosionen rissen eine Hecktauchzelle auf, zerstörten die meisten Batteriezellen und zerschmetterten alle sechs Torpedobehälter an Deck. Henke brachte *U515* wieder an die Oberfläche, entschlüpfte den Geleitfahrzeugen und brach die Fahrt ab. Am 12. September erreichte er Lorient.

Henkes kleine Auseinandersetzung mit der Gestapo hatte inzwischen so große Kreise gezogen, daß sich Dönitz und Admiral Hans-Georg von Friedeburg persönlich für ihn einsetzen mußten. In einem Entschuldigungsschreiben vom 19. Oktober an den Reichsführer SS Heinrich Himmler wies Friedeburg darauf hin, daß Kommandanten wie Henke wegen der großen Anspannung des U-Boot-Krieges eher dazu neigten, etwas Dampf abzulassen, als andere deutsche Offiziere. Dennoch sprachen er und Dönitz eine strenge Rüge aus, und Henke sah sein Fehlverhalten ein und bedauerte es.[1] Nach Mulligans Darstellung nahm Himmler die Entschuldigung an und schloß die Akte.

Die neun Feindfahrten, welche die U-Boot-Führung im August in ferne Gewässer organisierte, brachten nur die Versenkung von drei alliierten Handelsschiffen mit rund 17 700 BRT ein. Im Gegenzug gingen vier Boote verloren: drei IX-Boote *(U161, U523, U536)* und ein VII-Boot *(U669).* Henkes IX-Boot *U515* wäre um ein Haar auch verlorengegangen.

Quadrant, Baytown und Avalanche

Nach der Invasion Siziliens und der folgenden harten Kämpfe mit den Deutschen auf der zerklüfteten Mittelmeerinsel stellte sich erneut die Frage, welche Anstrengungen die Alliierten im Mittelmeer unternehmen sollten. Wenn sich die militärischen Führer auch bereits auf die

[1] Bei einer Skireise nach Tirol zwischen zwei Feindfahrten hatte sich Henke für eine einheimische Innsbrucker Familie eingesetzt, die von der Gestapo hart bedrängt wurde.

nächsten Schritte geeinigt hatten, auf eine rasche Invasion Kalabriens (Operation Baytown), der »Stiefelspitze« Italiens, gemeinsam mit einer Landung am »Stiefel« selbst, in Salerno (Operation Avalanche), so waren die langfristigen Pläne für das Mittelmeer immer noch nicht fertig. Die Briten hatten erneut eine große Offensive in Italien vorgeschlagen, um zumindest Rom zu befreien, sowie eine Invasion der Balkanhalbinsel, die Churchill, »den weichen Unterleib« des Dritten Reiches nannte. Der amerikanische Kriegsminister Stimson, George Marshall, Hap Arnold und Admiral King sprachen sich entschieden gegen den britischen Plan aus und drängten statt dessen darauf, sämtliche alliierten Anstrengungen jetzt auf Overlord zu richten, die Invasion des besetzten Frankreichs.

Nach der Rückkehr von einem Besuch auf den Britischen Inseln bat Stimson Roosevelt, seine Unterstützung der Operation Overlord nochmals mit deutlichen Worten zu bekräftigen. In erster Linie solle der Präsident darauf bestehen, daß ein Amerikaner anstelle eines Briten den Oberbefehl führe. Stimson schrieb:

> *Zur Zeit besteht kein vernünftiger Grund, darauf zu hoffen, daß wir unter einem britischen Oberbefehlshaber den Ärmelkanal überqueren und unseren deutschen Feind bezwingen können. Sein Premierminister und sein Empire General Staff sprechen sich offen gegen einen solchen Vorschlag [Overlord] aus. Die Schatten von Passchendaele und Dünkirchen prägen noch zu sehr die Vorstellungskraft dieser Führer der Regierung. Obwohl sie ein Lippenbekenntnis zu dieser Operation abgegeben haben, sind sie nicht mit ganzer Seele dafür, und größere Unabhängigkeit, Zuversicht und Energie, als wir sie von einem britischen Oberbefehlshaber vernünftigerweise erwarten können, werden nötig sein, um die natürlichen Schwierigkeiten einer solchen Operation zu überwinden, wenn sie mit dieser Haltung in seiner Regierung durchgeführt wird.*[1]

Auf Vorschlag des britischen Premiers trafen sich Churchill und Präsident Roosevelt und ihre jeweiligen militärischen Berater noch einmal, dieses Mal in Quebec. Churchill überquerte mit seiner Delegation den Atlantik wiederum auf dem riesigen Passagierschiff *Queen Mary*[2] und traf am 9. August in Halifax, Nova Scotia, ein. Von dort aus fuhr Churchill mit der Bahn zu einem Treffen mit Roosevelt in seinem Haus

---

1 Aus Matloff, *Strategic Planning* (1959).

2 Eskortiert von dem britischen Träger *Illustrious,* dem amerikanischen Träger *Ranger,* drei Schweren Kreuzern, Zerstörern und landgestützten Flugzeugen.

in Hyde Park, New York, vom 12. bis 14. August und reiste am 15. August nach Quebec weiter. Roosevelt traf am 17. August mit der Bahn in Quebec ein, nur wenige Stunden, nachdem die letzten Kräfte der Achse Sizilien geräumt hatten.

Die Teilnehmer an dieser Konferenz – unter dem Decknamen Quadrant – bekräftigten die bisherigen strategischen Entscheidungen und trafen einige neue. Mit Blick auf Europa wurde in erster Linie beschlossen:

- Sämtliche Teilnehmer, britische ebenso wie amerikanische, bekräftigten nochmals, daß die Invasion des besetzten Frankreichs über den Ärmelkanal, Overlord, das Hauptziel für das Jahr 1944 sei und die Vorbereitungen deshalb vorangetrieben werden müßten und daß die Invasion um den 1. Mai 1944 durchgeführt werden solle. Ein Amerikaner, vermutlich der Stabschef der US Army, George C. Marshall, sollte zum Oberbefehlshaber der Invasionstruppen ernannt werden. Die Amerikaner waren jedoch immer noch nicht überzeugt, daß die Briten voll hinter der Operation Overlord standen.
- Die kurz zuvor gestartete gemeinsame strategische Bomber-Offensive gegen Deutschland (Sickle/Pointblank) sollte ebenfalls oberste Priorität erhalten. Die Briten sprachen sich beharrlich für eine strategische Bombardierung Deutschlands aus.
- Einsatzpläne für alliierte Invasionen Sardiniens, Korsikas oder des Balkans wurden zurückgestellt. Statt dessen wurde ein Plan für eine alliierte Invasion Südfrankreichs zwischen Toulon und Marseille zunehmend befürwortet (Anvil, später umbenannt in Dragoon), die zeitlich mit Overlord zusammenfallen sollte.
- Auf das Drängen Churchills und der britischen Delegation setzte sich Roosevelt über die Einwände amerikanischer wissenschaftlicher und militärischer Berater hinweg und schloß ein außergewöhnliches offizielles Abkommen, aufgrund dessen die Briten in alle Geheimnisse der Atombombe eingeweiht wurden.

Während der Quadrant-Konferenz erlitt der First Sea Lord, Admiral of the Fleet Dudley Pound, einen schweren Schlaganfall, von dem er geschwächt und teilweise gelähmt wurde. Als er und Churchill am 1. September zu weiteren Gesprächen im Weißen Haus mit der Bahn in Washington eintrafen, setzte er Churchill in Kenntnis, daß er nicht imstande sei, seinen Dienst weiter zu versehen, und trat von seinem Posten zurück. Bis zur Ernennung des Oberbefehlshabers der Mittelmeerflotte, Admiral Andrew Cunningham, zum Nachfolger Pounds übernahm Edward Syfret den Posten.

Churchill blieb noch zwei Wochen in den Vereinigten Staaten und in Kanada. Am 14. September traf er mit der Bahn in Halifax ein und reiste auf dem Schlachtkreuzer *Renown* nach England. Es war ein sehr langer Aufenthalt gewesen: vom 4. August bis zum 20. September. Churchill war 48 Tage nicht in London gewesen. Dudley Pound kehrte mit Churchills Delegation auf der *Renown* nach London zurück. In London erlitt er zwei weitere schwere Schlaganfälle und starb am 21. Oktober, dem Tag der Schlacht von Trafalgar.

Unterdessen liefen die Invasionen Italiens auf vollen Touren. Am 2. September überquerte Bernard Montgomerys 8. Armee die schmale Straße von Messina und landete, ohne auf Widerstand zu stoßen, in Kalabrien (Operation Baytown). Es hieß, die britischen Bodentruppen seien damit einen Tag vor dem vierten Jahrestag der britischen Kriegserklärung an Deutschland »auf das europäische Festland zurückgekehrt«. Wie insgeheim vereinbart, kapitulierte Italien am 8. September, einen Tag vor der anglo-amerikanischen Invasion bei Salerno (Avalanche). Nach diesen Operationen und wegen Hitlers Entschlossenheit, Italien um jeden Preis zu halten, wurden alliierte Kräfte in einen schwierigen und blutigen Feldzug in den Bergen Italiens verwickelt, und die meisten ranghohen amerikanischen Experten hatten Zweifel, ob sich der Aufwand lohnte.

Genau wie bei der französischen Flotte legte Churchill großen Wert darauf, die italienische Flotte in seine Gewalt zu bekommen und diese Schiffe gegen die deutsche Kriegsmarine einzusetzen. In Übereinstimmung mit den geheimen Absprachen verpflichteten sich die Italiener gegenüber den Deutschen dem Schein nach, »bis zur letzten Patrone zu kämpfen« oder sich selbst zu versenken. Am 9. September liefen die erstklassigen Schlachtschiffe *Roma, Vittorio Veneto* und *Littorio* (umbenannt in *Italia*) gemeinsam mit sechs Leichten Kreuzern und acht Zerstörern von Genua und La Spezia aus, um in Malta zu kapitulieren. Unterwegs versenkten Flugzeuge der Luftwaffe mit Hilfe ferngelenkter Fallbomben vom Typ Fritz X die *Roma* unter hohen Verlusten an Menschenleben und beschädigten die *Littorio* leicht. Alle anderen italienischen Schiffe erreichten Malta und wurden von den lange belagerten Bewohnern der Insel mit Jubel empfangen. Zu gegebener Zeit erreichten auch das alte, modernisierte Schlachtschiff *Cesare* und die kleinen, alten, aber verbesserten Schlachtschiffe *Doria* und *Duilio* Malta.[1] Der Jubel wurde am Nachmittag des 16. September jedoch beträchtlich gedämpft, als Flugzeuge der Luftwaffe das britische Schlachtschiff *Warspite* mit einer FX-1400-Fernlenkbombe trafen.

---

1 Die beiden mittleren italienischen U-Boote *Velella* und *Topazio* wurden am 7. beziehungsweise am 12. September von britischen Kräften im Mittelmeer versenkt. Der große U-Kreuzer *Cagni* auf Feindfahrt im Indischen Ozean lief am 21. September Durban, Südafrika, an, um sich zu ergeben. Von dort lief die *Cagni* weiter ins Mittelmeer, wo sie ein Schulschiff für alliierte ASW-Kräfte wurde.

Die italienische Kapitulation hatte peinliche Komplikationen in den Marinekommandos der Achsenmächte zur Folge. In der Ostsee beschlagnahmten die Deutschen kurzerhand zehn VII-Boote, die Italien im Austausch für den Umbau großer italienischer U-Boote zu Transportern übergeben worden waren. Die Deutschen internierten die italienischen Besatzungen, die damals an diesen Booten geschult wurden, und beschlagnahmten außerdem die fünf verbliebenen Transport-U-Boote und ihre Besatzungen: die *Finzi* und *Bagnolini* in Bordeaux, die *Torelli, Cappellini* und *Giuliani* im Fernen Osten. Die Kriegsmarine stellte sie unter der Bezeichnung *U-IT21* bis *U-IT25* in ihren Dienst, aber kein einziges U-Boot beendete unter deutschem Kommando eine erfolgreiche Fahrt. Drei wurden später versenkt oder zerstört. Die beiden übrigen, *Cappellini (U-IT24)* und *Torelli (U-IT25),* fielen im Fernen Osten in japanische Hände und wurden in *I503* beziehungsweise *I504* umbenannt.

Das schnelle Vordringen der Alliierten in Sizilien und Italien gefährdete die restlichen 13 deutschen U-Boote im Mittelmeer. Operationen im Mittelmeer, in dem es von alliierten Schiffen und Flugzeugen nur so wimmelte, waren immer schon gefährlich gewesen, aber jetzt wurden sie nahezu unmöglich. Außerdem wurden die deutschen U-Boot-Fahrer von gelegentlichen alliierten Luftangriffen auf das Hauptquartier der Flottille in Toulon geplagt. Dennoch bestand Hitler darauf, daß diese deutsche U-Flottille verstärkt wurde. Am 17. September befahl die U-Boot-Führung deshalb sieben VII-Booten, so schnell wie möglich durch die Straße von Gibraltar zu schlüpfen.

Vier VII-Boote machten den Anfang. *U223* unter Karl-Jürgen Wächter, 27 Jahre alt, das schon drei Tage vor dem neuen Befehl von Frankreich aus in See gestochen war, gelangte in der Nacht des 26. September bei Neumond trotz heftiger Luftangriffe ins Mittelmeer. Mit Radar ausgerüstete ASW-Kräfte wehrten die drei anderen Boote ab: *U264, U455* und *U667.* Nachdem die drei Boote ihre Versuche, durch die Straße zu kommen, abgebrochen hatten, liefen *U455* und *U264* zur Nordatlantikroute, *U667* hingegen drehte wegen Gefechtsschäden nach Frankreich ab.

Der Rückmarsch von *U667* unter Heinrich Schroeteler, 27 Jahre alt, verdient es, ausführlich geschildert zu werden. In der Nacht des 24. September entdeckten zwei mit Leigh Light ausgerüstete Wellingtons der auf Gibraltar stationierten britischen Squadron 179 das U-Boot und griffen an. Die beiden Piloten A. Chiltern und D. J. McMahon warfen jeweils sechs Wasserbomben. Am folgenden Tag griff eine von S. H. Nicholson geflogene Wellington aus derselben Squadron das beschädigte Boot an und warf nochmals sechs Wasserbomben. Danach erschienen eine Hudson der britischen Squadron 233, geflogen von A. G. Frandson, und eine Hudson der britischen Squadron 48 am Schauplatz.

Jede Hudson feuerte acht Raketen in Zweier- und Vierersalven auf das U-Boot ab.

Irgendwie gelang es Schroeteler, diesen fünf (oder gar sechs) Flugzeugen zu entkommen. Am 29. September meldete er, daß er acht unabhängige Luftangriffe überstanden habe, wegen schwerer Schäden jedoch die Fahrt abbrechen müsse. Er fügte – bezeichnenderweise – hinzu, daß sein FuMB Wanze ihn nicht vor eingeschalteten Radargeräten in irgendeinem dieser Flugzeuge gewarnt habe. Am 11. Oktober erreichte er Frankreich.

Zu diesem Zeitpunkt waren die Deutschen endlich zu der Überzeugung gelangt, daß die Alliierten miniaturisierte Zentimeter-Radargeräte für Flugzeuge entwickelt hatten. Deshalb seien die neuen Funkmeßbeobachtungsgeräte vom Typ Wanze nutzlos, notierte die U-Boot-Führung mit größtem Bedauern. Die Schwierigkeiten der Boote, die versucht hätten, die Straße von Gibraltar zu passieren, würden dies eindeutig beweisen. Glücklicherweise hätten deutsche Ingenieure aber bereits ein Funkmeßbeobachtungsgerät für Zentimeter-Wellenlängen, genannt Naxos, entwickelt. Dieses solle in Kürze auf allen U-Booten anstelle der Wanze eingebaut werden. Bis dahin solle kein weiteres Boot den Versuch wagen, die Straße von Gibraltar zu passieren.

Während der alliierten Invasionen in Kalabrien (Baytown) und bei Salerno (Avalanche) Anfang September brachte die U-Boot-Flotte im Mittelmeer den alliierten Seestreitkräften keine entscheidenden Verluste bei. Der für seine übertriebenen Meldungen bekannte Albrecht Brandi in *U617,* der das Eichenlaub zum Ritterkreuz trug, versenkte am 6. September tatsächlich ein britisches Kriegsschiff, das in den alliierten Unterlagen bestätigt wurde. Es handelte sich um den britischen Zerstörer *Puckeridge* der Hunt-Klasse mit 1050 Tonnen, der 75 Kilometer östlich von Gibraltar sank. Brandi meldete am 11. September die Versenkung eines zweiten »Zerstörers« in diesem Raum, aber diese wurde nie bestätigt. Vor den Schlachtfeldern von Salerno und Neapel versenkte Ritterkreuzträger Gerd Kelbling in *U593* zwei amerikanische Fahrzeuge: am 21. September das Liberty-Schiff *William W. Gerhard* mit 7176 BRT und am 25. September das 815 Tonnen große Minensuchboot *Skill* der Navy. Vor der algerischen Küste, in der Nähe von Bône, versenkte Horst-Arno Fenski in *U410* zwei weitere Liberty-Schiffe mit 7133 bzw. 7176 BRT, die britische *Fort Howe* und die norwegische *Christian Michelsen,* sowie den britischen Tanker *Empire Commerce* mit 3722 BRT. Für diese und andere Erfolge und Meldungen wurde Fenski das Ritterkreuz verliehen.[1]

---

[1] Zum Zeitpunkt der Verleihung betrug seine bestätigte Versenkungsziffer sechs Schiffe mit 39 650 BRT und ein Liberty-Schiff mit 7200 BRT beschädigt.

In späteren Operationen gegen alliierte Kräfte, die an der Invasion in Italien beteiligt waren, erzielten fünf Boote im Oktober weitere Erfolge:

- Waldemar Mehl in *U371* versenkte drei bestätigte Schiffe: das amerikanische Liberty-Schiff *James R. Lowell* mit 7176 BRT, das britische Minensuchboot *Hythe* mit 656 Tonnen und – bemerkenswerterweise – den neuen (1941) amerikanischen Flottenzerstörer *Bristol* mit 1630 Tonnen, der in der Nähe der algerischen Küste einen Konvoi sicherte und in nur zehn Minuten sank. Die amerikanischen Zerstörer *Trippe* und *Wainwright* retteten 52 Mann der *Bristol,* aber 241 andere kamen ums Leben – eine schreckliche Tragödie für die Amerikaner.
- Ebenso bemerkenswert versenkte Siegfried Koitschka in *U616* vor Neapel den neuen (1940) amerikanischen Zerstörer *Buck* mit 1570 Tonnen, der zwei Monate zuvor das italienische U-Boot *Argento* versenkt hatte. Der amerikanische Zerstörer *Gleaves* und ein britisches Landungsboot retteten 97 Mann der Besatzung, aber rund 150 Mann kamen ums Leben – eine weitere Tragödie für die Amerikaner.
- Der neue Kommandant von *U596,* Victor-Wilhelm Nonn, 26 Jahre alt, versenkte einen norwegischen Tanker mit 5500 BRT in der Nähe von Tobruk.
- Karl-Jürgen Wächter in dem neu eingetroffenen Boot *U223* versenkte einen 4970 BRT großen britischen Frachter vor der algerischen Küste aus dem Konvoi MKS 27.
- Dietrich Schöneboom, 25 Jahre alt, in *U431* meldete die Versenkung von drei Frachtern mit 26000 BRT, die mutmaßliche Versenkung eines weiteren Frachters mit 10000 BRT und einen Treffer an einem Frachter mit 12000 BRT. Obwohl kein einziger gemeldeter Treffer bestätigt werden konnte, erhielt Schöneboom für diese und andere vermeintliche Treffer ein Ritterkreuz.[1]

Im Verlauf dieser Operationen ging ein U-Boot im Mittelmeer verloren. Am Abend des 10. September entdeckte eine mit Leigh Light ausgerüstete Wellington der britischen Squadron 179 den hochdekorierten Albrecht Brandi in *U617* rund 180 Kilometer östlich von Gibraltar in der Nähe der Küste von Spanisch-Marokko. Der kanadische Pilot D. B. Hodgkinson griff trotz »schweren« Flakfeuers an und warf sechs Wasserbomben, die *U617* manövrierunfähig machten. Drei Stunden später traf in den Morgenstunden des 11. September eine andere Wellington derselben Squadron, geflogen von W. H. Brunini, ein und warf trotz »intensiven« Flak-Beschusses sechs weitere Wasserbomben. Bei diesen Angriffen wurde *U617* so schwer beschädigt, daß Brandi nicht mehr tauchen konnte. Um der sicheren Gefangennahme zu ent-

[1] Zum Zeitpunkt der Verleihung betrug seine bestätigte Versenkungsziffer ein Frachter mit 6415 BRT und vier Segelschiffe versenkt.

gehen, steuerte er das U-Boot in seichtes Wasser an der Küste und gab es auf. Als er und seine Besatzung den Strand erreichten, nahmen spanische Soldaten die Deutschen in Gewahrsam. Sie wurden jedoch bald freigelassen und kehrten über Spanien nach Toulon zurück. Dort wurde Brandi das Kommando über *U380* übertragen. Mit dieser »Flucht« hatte er seinen Ruhm noch gemehrt.

Nach Tagesanbruch sichteten Schwärme aus Hudsons und Swordfish der britischen Squadrons 48, 233, 833 und 886 (alle in Gibraltar stationiert) den verlassenen Hulk von *U617* und griffen mit Bomben und Raketen an. Drei Kriegsschiffe (die britische Korvette *Hyacinth,* der britische Trawler *Haarlem,* das australische Minensuchboot *Woollongong*) trafen danach ein und schossen *U617* in Stücke. Pilot Hodgkinson, der *U617* als erster entdeckt und manövrierunfähig gemacht hatte, wurde mit dem DFC ausgezeichnet.

»Cain«, »Abel« und andere Geschwister

Bei der National Cash Register Company in Dayton stellte das Naval Computing Machine Laboratory (NCML) zwei weitere Prototypen für Modell 530 der Vier-Walzen-Bomba fertig, genannt »Cain« und »Abel«. Diese enthielten bereits Verbesserungen, die sich aus den ersten beiden Prototypen »Adam« und »Eve« ergeben hatten. Das erste »offizielle« (oder Serien-)Modell 530 wurde am 4. Juli fertiggestellt und am 23. Juli erstmals im Labor getestet. Nach der Schilderung des Historikers Colin B. Burke wurden bis Ende Juli 1943 fünfzehn Modelle 530 fertiggestellt: »Aber kein einziges funktionierte!«

Nach Burkes Darstellung waren die »Schlüsselwalzen aus Bakelit« das größte technische Problem. Wie bei den vorigen Modellen verzogen sich die Walzen, wenn sie mit den erforderlichen hohen Geschwindigkeiten rotierten, und trafen deshalb die elektrischen Kontakte nicht mehr genau. Nach Burke befürchteten der Chefelektroingenieur bei NCR, Joe Desch, und der Leiter des Navy-Laboratoriums, Ralph Meader, und andere noch am 26. Juli, »daß die amerikanische Bomba möglicherweise nie betriebsbereit sein würde«. Diese Männer seien nahe daran gewesen zu erklären, daß ein Jahr voller hektischer Arbeit verschwendet worden sei und daß »das amerikanische Bomba-Projekt fast schon aufgegeben werden müsse«.

Ob Burkes Version der Ereignisse der Realität gerecht wird und sie genau und hinreichend vollständig wiedergibt, läßt sich erst beurteilen, wenn die National Security Agency die Dokumente in der »RAM File« (Akte zur Rapid Analytical Machine) freigibt, zu denen die Behörde ausschließlich Burke für sein Buch Zugang gewährt hat. Wie erwähnt, hielt es Burke in seinem verständlichen Eifer, das Genie von Joe Desch zu würdigen, augenscheinlich für zweckdienlich, Desch und Howard Engstrom als Gegenspieler in technischen Dingen darzustellen. In der Regel endet das mit einem Sieg Deschs und mit einer Niederlage Engstroms.

Wie dem auch sei, Burke schreibt, daß Desch das Projekt gerettet habe. »Desch sagte voraus, daß eine sorgfältige Befestigung, Handhabung und Verbesserung das Problem lösen würde … Wiederum verließ man sich auf sein Urteil. Die Walzen wurden überarbeitet und die Produktion wieder aufgenommen, mit der Hoffnung, seine Veränderungen in letzter Minute würden die Probleme dauerhaft lösen.« Augenscheinlich hatte seine Lösung Erfolg. »Deschs Bombas erwiesen sich als sehr, sehr zuverlässig«, schließt Burke. »Nach den ersten Probeläufen konnten sie täglich rund um die Uhr in Betrieb sein.«

Nach der bereits zitierten Version Engstroms, »Bombe History«, produzierte die NCR im Sommer 1943 wöchentlich etwa vier Bombas. Anfang August wies das OP20 G Dayton an, die Überführung von Bombas nach Washington vorzubereiten, sobald das neue zweigeschossige Gebäude an der Nebraska Avenue soweit fertiggestellt war, daß sie dort aufgestellt werden konnten. Auf schwer bewachten Eisenbahnwaggons wurden am 1. September vier Bombas von Dayton nach Washington transportiert. 73 Männer und Frauen aus Dayton meldeten sich in dem Gebäude an der Nebraska Avenue, um diese Maschinen zu bedienen und zu warten: 13 Offiziere (darunter drei Waves, Marinehelferinnen) und 60 Wehrpflichtige (15 Waves). Diese Einheit wurde mit OP20 G4 E bezeichnet und wuchs rasch auf Hunderte von Personen an.

Bis Ende Sptember 1943 waren 17 Bombas vom Modell 530 an der Nebraska Avenue in Betrieb. Elf weitere Maschinen waren bereits eingetroffen, aber »noch nicht eingestellt«. Bis zum 15. Oktober liefen aber 39 Bombas und bis zum 1. November 44 Bombas. Bis zum Januar 1944 waren 84 Bombas in Betrieb.

Am Ende seiner Version der Geschichte schreibt Engstrom im April 1944 großzügig:

Von einer untergeordneten Stellung bei dem [U-Boot-Enigma-]Problem aus erlangten wir allmählich durch eine hervorragende Arbeit eine dominierende Stellung bei dem U-Boot-Problem. Der Anteil der Briten am Erfolg unserer Arbeit sollte jedoch nicht geschmälert werden. Es ist zwar durchaus möglich, daß wir auch unabhängig zum Erfolg gelangt wären, aber sie lieferten uns Bausteine, wie die Verdrahtung der Walzen, die für eine frühe Lösung des Problems absolut unerläßlich waren.

Aufgrund deren umfassender Behandlung des gesamten Enigma-Bereiches und ihrer daraus resultierenden starken Position bei dem Einsatz von Eselsbrücken sowie aufgrund ihrer Fähigkeit, deutsche kryptographische Geräte und Unterlagen in Besitz zu bekommen, war es überaus ratsam, uns um eine Aufrechterhaltung der gegenwärtigen Zusammenarbeit in dieser Frage zu bemühen, obwohl sie es in mancher Hinsicht versäumten, ihre Zusagen einzuhalten.

Die beteiligten Amerikaner gelobten, niemals die Geheimnisse des Einbruchs in Enigma zu enthüllen. Die Briten gelobten dies ebenfalls, aber ab 1974[1] ließen sie das Geheimnis so rasch durchsickern, daß sowohl London als auch Washington am Ende gezwungen waren, offizielle Dokumente zu deklassifizieren und freizugeben. In der wahren Flut an britischen Büchern über den Einbruch in Enigma wird jedoch fast nie die Tatsache erwähnt, daß die Briten nicht imstande waren, in den Schlüsselbereich Triton mit der vierwalzigen Enigma einzubrechen, und daß vom Herbst 1943 an die Amerikaner die Arbeit übernahmen. Und wenn sie erwähnt wird, dann geschieht das so nebenbei, als habe diese Maßnahme überhaupt keine Rolle gespielt.

Etliche Historiker und Autoren haben den amerikanischen Beitrag zum Einbruch in die Vier-Walzen-Enigma der U-Boote auch deshalb übergangen, weil die Auffassung weit verbreitet ist, daß die U-Boot-Flotte im Sommer 1943 bereits vollständig besiegt war und deshalb den Informationen aus den Entzifferungen durch die Amerikaner eine geringe Bedeutung zukam. Das ist natürlich kompletter Unsinn. Wie erwähnt, hatten die Alliierten im März 1943 einen Nettoanstieg der U-Boot-Flotte auf 613 Boote bis zum Ende des Jahres veranschlagt. Außerdem wußten sie aus den entzifferten Funksprüchen von den geplanten oder bevorstehenden Verbesserungen der alten Boote (Schnorchel, Radardetektoren im Zentimeter-Wellenbereich, stärkere Flak-Bewaffnungen, akustisch zielsuchende T-5-Torpedos und so weiter). Ferner wußten sie von dem laufenden Sofortprogramm für den Bau der »Elektro-Boote« vom Typ XXI und XXIII mit einer hohen Unterwassergeschwindigkeit und den noch schnelleren Walter-Booten mit Wasserstoffperoxydantrieb. Deshalb war damals und bis zum Kriegsende auch die kleinste Information zu den deutschen U-Booten von entscheidender Bedeutung für diejenigen, die mit der Abwehr der U-Boot-Gefahr betraut waren.

---

[1] Siehe Winterbotham, *The Ultra Secret* (1974; deutscher Titel: *Aktion Ultra. Deutschlands Code-Maschine half den Alliierten siegen,* Frankfurt, Berlin, Wien 1976) sowie Beesly, *Very Special Intelligence,* (1977; deutscher Titel: *Very Special Intelligence, Geheimdienstkrieg der britischen Admiralität 1939–1945,* Berlin 1978).

Die Alliierten mußten auch ständig mit der Möglichkeit rechnen, daß die Deutschen die Komplexität der Marine-Enigma steigerten oder gar ein völlig neues kryptographisches System anwendeten. Deshalb wurde die Forschungsarbeit in Howard Engstroms Abteilung OP20 G bis zum Kriegsende unablässig fortgesetzt. Er und seine Männer brachten eine beträchtliche Zahl an ausgefallenen neuen Geräten hervor, mit denen die Alliierten den Deutschen stets einen Schritt voraus waren. Andere Projekte erwiesen sich als wichtige Beiträge zum Beginn des Computerzeitalters.

Auf der anderen Seite des Atlantiks hatten die deutschen Funkentzifferer des xB-Dienstes mit großen Schwierigkeiten zu kämpfen. Als die Alliierten am 10. Juni von dem kompromittierten Schlüssel Naval Cypher Number 3 auf Naval Cypher Number 5 wechselten, versiegte der breite Strom an detaillierten Informationen über die alliierten Geleitzugrouten.

Dem xB-Dienst gelang es jedoch, mit anderen Mitteln die Spur der Geleitzüge auf der Nordatlantikroute aufzufinden. Dazu zählten unter anderem gelegentliche Einbrüche in einen unteren britischen Marineschlüssel und in den alliierten Schlüssel für Handelsschiffe, in dem die »Nachzügler-Routen«[1] übermittelt wurden, die Funkverkehrsanalyse und in manchen Fällen auch die Funkpeilung. Anfang September meldete der xB-Dienst stolz der Seekriegsleitung, daß er von den 49 beladenen Geleitzügen auf der Nordatlantikroute, die zwischen dem 25. Mai und dem 3. September von Amerika zu den Britischen Inseln ausgelaufen seien, mit Hilfe der Funkaufklärung mit Ausnahme von fünf über alle Geleitzüge Informationen beschafft habe.

Diese Informationen, vereint mit den Erfahrungen aus der Vergangenheit und einer Prise Intuition, ermöglichten es dem xB-Dienst, im September und Oktober 1943 die Konvoizyklen auf der Nordatlantikroute überwiegend herauszubekommen. Die beteiligten Deutschen wußten, daß diese Informationen aus einem untergeordneten Schlüssel (wie Dönitz es nannte) stammten, und sie waren sich darüber im klaren, daß diese Quelle vermutlich irgendwann versiegen würde. Die Funkentzifferer des xB-Dienstes versicherten Dönitz und Godt jedoch, daß sie bis Mitte Oktober in Naval Cypher Number 5 einbrechen würden und damit die deutsche Überlegenheit bei der Funkentzifferung wiederherstellen und den U-Booten wieder genaue Informationen über Geleitzüge liefern würden. Wir werden aber sehen, daß es nicht so weit kam. Die Deutschen brachen nie in Naval Cypher Number 5 ein.

---

[1] Wie der Name andeutet, handelt es sich um Routen, die Fahrzeuge nehmen sollten, die hinter einen Konvoi zurückfielen, dem sie zugeordnet waren. Nachfolgende Geleitzüge folgten gewöhnlich denselben Routen und nahmen die Nachzügler in ihre Formation auf.

Unterdessen ging in Berlin eine weitere Botschaft ein, daß die Alliierten die Marine-Enigma lasen. Diese stammte von der Organisation der Kriegsmarine in der Schweiz. In der Botschaft heißt es völlig zutreffend: »Seit einigen Monaten sind die deutschen Marineschlüssel, in denen Befehle an U-Boote im Einsatz übermittelt werden, erfolgreich geknackt. Alle Befehle werden laufend gelesen.« Als Quelle wird ein »schweizerischer Amerikaner in einer wichtigen Stellung als Sekretär im US Navy Department« genannt.[1]

Diese Meldung zog eine weitere dringende Überprüfung der Sicherheit der Enigma-Funkschlüssel nach sich. Der Chef des Marinenachrichtendienstes Erhard Maertens überwachte die Untersuchung persönlich. In Anbetracht der Tatsache, daß seit dem Abzug der U-Boote am 24. Mai keine Geleitzugkämpfe im Nordatlantik stattgefunden hatten, konzentrierten sich seine Männer auf die U-Boot-Versorgungstreffen. Sie stellten fest, daß zwischen dem 6. Juni und dem 1. August 21 Versorgungstreffen stattgefunden hatten und daß acht (etwa ein Drittel) Treffen von feindlichen Flugzeugen gestört worden waren. Maertens wertete diese Unterbrechungen kurzerhand als Glückstreffer durch landgestützte oder trägergestützte Flugzeuge, die zufällig in der Nähe vorüberflogen.

Das damalige große Vertrauen in die Schlüsselsicherheit der Enigma gründete sich unter anderem auf die Einführung eines streng geheimen Verfahrens, das vermeintlich jede Möglichkeit, den Schlüssel zu knakken, von vornherein ausschloß. Es handelte sich um eine Permutation aufgrund eines Stichworts, nach der die inneren und äußeren Schlüsseleinstellungen der Enigma vollständig verändert wurden. Eine Permutation der Schlüssel nach dem Stichwort-Verfahren erfolgte beinahe alle 14 Tage: am 20. Juni, am 6. Juli und am 23. Juli.[2]

---

[1] Das Dokument wird mit freundlicher Genehmigung von Dr. Timothy P. Mulligan, NARA, zitiert. Gefunden in Box 1279, »U-boat Logs« (U-Boot-Logbücher), NSA History Collection, RG 457. Andere NSA-Dokumente, die sich auf diesen Agentenbericht beziehen, finden sich in Box 192 und Box 1276.

[2] Im Grunde war das Stichwort ein zusätzliches Schlüsselverfahren. Der Enigma-Historiker Ralph Erskine hat das Verfahren am Beispiel einer Drei-Walzen-Enigma veranschaulicht. Der Fernmeldeoffizier in der Führung funkte an die U-Boote ein einziges Wort, beispielsweise »baden«. Die einfache numerische Ersetzung der Buchstaben in »baden« lautet 2 (für b), 1, 4, 5 und 14. Jede Zahl mußte nun zu den Tagesschlüsseln hinzuaddiert werden. Wenn beispielsweise die Walzen II, V und IV für den Tag vorgesehen waren, dann mußte der U-Boot-Offizier das »b« (die Zahl 2) in »baden« hinzufügen und die Walzen IV (II plus 2), VII und VI auswählen. Die numerischen Entsprechungen der anderen Buchstaben in »baden« wurden zu den täglichen Ring- und Steckereinstellungen hinzuaddiert. Siehe dazu den Beitrag von Erskine »Ultra and Some U.S. Navy Carrier Operations«.

Die Einzelheiten des Stichwort-Verfahrens wurden von dem deutschen engeren Kreis sorgsam gehütet. In einem deutschen Dokument heißt es:

In der Funkstation der U-Boot-Führung wird die Änderung des Stichworts stets von ein und demselben Offizier durchgeführt. Außer ihm kennt niemand den Schlüssel zu dem Stichwort-Verfahren. Das Stichwort, dem eine Zahl folgt, wird [den U-Booten] über Funk mitgeteilt. Der Schlüssel zu dem Stichwort-Verfahren wird niemals schriftlich an Bord [des U-Bootes] festgehalten, aber der zuständige Offizier macht sich eine unscheinbare Notiz und muß die Einzelheiten des Verfahrens im Kopf behalten. An Bord [des U-Bootes] erhält der Funkraum [nur] die Ergebnisse der Berechnung nach dem Stichwort und stellt die [Schlüssel-]Maschine entsprechend ein. Die Verwendung des Stichwort-Verfahrens schließt die Möglichkeit eines feindlichen Lesens unseres Funkverkehrs mit kryptographischen Mitteln aus.

Eine weitere Untersuchung durch den Nachrichtendienst ergab, daß die U-Boot-Führung vom 3. bis zum 8. August, als das Stichwort vom 23. Juli noch in Kraft war, zehn weitere Versorgungstreffen arrangiert hatte. Alliierte Flugzeuge störten neun dieser Treffen und allierte Überwasserschiffe das zehnte. Das, erklärte Maertens, deute mit Sicherheit darauf hin, daß die Alliierten schon vorher Kenntnis über diese Stichwort-Periode gewonnen hätten, möglicherweise durch die Erbeutung einer Enigma. Dagegen sprach jedoch die Tatsache, daß mehrere U-Boote auf dem Rückmarsch die Route entlang der Nordküste Spaniens wählten und nicht behelligt wurden. Jedenfalls wurde das Stichwort am 11. August geändert, einen Tag nach Eingang der Botschaft aus der Schweiz. Außerdem wurde ab dem 16. August das Stichwort wöchentlich geändert und eine andere Methode angewandt.

Abschließend schreibt Maertens:

Der Chef des Marinenachrichtendienstes bleibt bei der Auffassung, die er im Frühjahr dieses Jahres geäußert hat, als Grund für den Verdacht vorlag, die Schlüssel seien kompromittiert oder verraten worden. Das heißt: Der Chef des Marinenachrichtendienstes hält ein ständiges Lesen unseres Funkverkehrs durch den Feind für ausgeschlossen.[1]

---

[1] Die Identität des »schweizerischen Amerikaners« im amerikanischen Marineministerium ist nie geklärt worden.

National Archives 242HB20583

Adolf Hitler wußte wenig über Seekriegführung und besuchte nur selten ein Kriegsschiff, weil er schnell seekrank wurde.

National Archives 208PU-52D-3

Albert Speer, der Reichsminister für Rüstung und Kriegsproduktion, und Großadmiral Karl Dönitz, der Oberbefehlshaber der Kriegsmarine.

Angus MacLean Thuermer

Hellmuth Walter, der führende deutsche U-Boot-Bauer vor und während des Krieges.

National Archives 306NT1342

Admiral Hans-Georg von Friedeburg, ab Februar 1943 kommandierender Admiral der U-Boote, der Karl Dönitz im April 1945 als Oberbefehlshaber der Kriegsmarine ablöste. Auf dem Bild unterzeichnet er die Kapitulationsurkunde in Berlin.

U-boot-Archiv Horst Bredow, Cuxhaven, Germany

Konteradmiral Eberhard Godt, seit Februar 1943 Chef der Operationsabteilung U-Boote in der Seekriegsleitung (2/Skl BdU op), nachdem Dönitz zum Oberbefehlshaber befördert wurde.

U-boot-Archiv Horst Bredow, Cuxhaven, Germany

Dönitz' Schwiegersohn, Fregattenkapitän Günter Heßler, U-Boot-As und wichtigster Taktiker in der U-Boot-Führung, war seit Oktober 1941 1. Admiralstabsoffizier beim BdU.

National Archives 80G164070

Die Großen Drei in Teheran: Generalissimus Josef Stalin, Präsident Franklin D. Roosevelt und Premierminister Winston S. Churchill.

National Archives RG 38MCN-122-1

Admiral Andrew B. Cunningham, First Sea Lord, trat nach Admiral Dudley Pounds Tod im Jahre 1943 dessen Nachfolge an.

Imperial War Museum A18476

Admiral Max Horton, Commander in Chief Western Approaches, leitete von Liverpool aus den britischen Abschnitt des Geleitzugsystems im Atlantik.

National Archives 306NT202B1

Air Marshal John Slessor, 1943 Commander in Chief des RAF Coastal Command, als die alliierte Luftstreitmacht die U-Boot-Flotte dezimierte.

National Archives 80G473448

Admiral Ernest J. King, Commander in Chief der US Navy nach Pearl Harbor.

National Archives 80G302311

Admiral Francis S. (»Frog«) Low, Kings oberster Stellvertreter, zuständig für die U-Boot-Bekämpfung.

National Archives 80G705034

Admiral Jonas H. Ingram, Commander in Chief der US Atlantic Fleet, der Nachfolger von Royal E. Ingersoll.

National Defence H.Q., Ottawa

Admiral George C. Jones, ab Januar 1944 Befehlshaber der Royal Canadian Navy, Nachfolger von Percy W. Nelles.

National Defence H. Q., Ottawa NF894

Admiral L. W. Murray, Commander des Northwest Atlantic Command der Royal Canadian Navy.

National Archives 357G Fldr. 336, No. 1640

Admiral Emory S. Land, Vorsitzender der US Maritime Commission, der den Bau von über 5000 Schiffen während des Zweiten Weltkriegs leitete. Hier mit Modellen der verschiedenen Schiffstypen, darunter auch das berühmte »Liberty-Schiff«.

National Archives 80G179267

Von 1943 an waren mit Radar ausgerüstete Flugzeuge auf offensiven oder defensiven Patrouillenflügen die Hauptbedrohung für die U-Boote. Hier greift ein alliiertes Flugzeug das große Fern-U-Boot *U848* vom Typ IXD2 an. Man beachte die unbemannte Flak-Bewaffnung auf der Brücke des Bootes.

National Archives 242GAP102M8

Johann Hendrick Mohr, Kommandant des IXB-Bootes *U124*.

National Archives 242GAP101B20

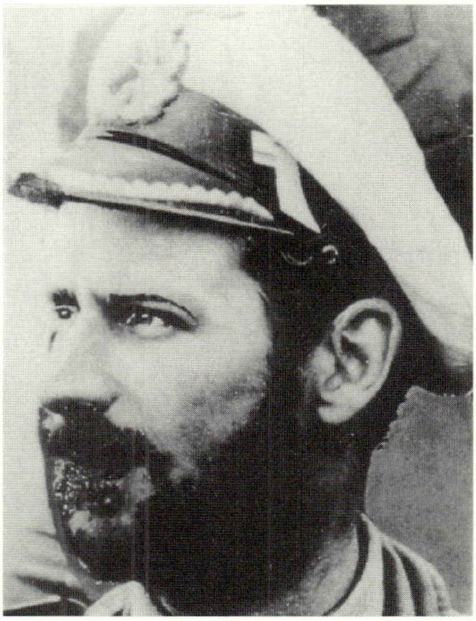

Otto von Bülow, Kommandant des VIIC-Bootes *U404*.

National Archives 242GAP103V35

Richard Zapp, Kommandant des IXC-Bootes *U66*.

National Archives 242GAP102M11

Rolf Mützelburg, Kommandant des VIIC-Bootes *U203*. Er sollte eines der bekanntesten U-Boot-Asse werden, er ertrank jedoch, bevor ihm diese Ehre zuteil werden konnte.

Carl Emmermann

Carl Emmermann, Kommandant des IXC-Bootes *U172*.

National Archives 242GAP101A4

Der junge Otto Ites, Kommandant des VIIC-Bootes *U94*. Er analysierte Mängel der deutschen Torpedos und war später in der Bundesmarine Konteradmiral.

T. R. Mulligan

Alfred Eick

Werner Henke, Kommandant des IXC-Bootes *U515*. Nach seiner Gefangennahme beging er in Fort Hunt, Virginia, dem geheimen amerikanischen Zentrum zur Vernehmung von Kriegsgefangenen, Selbstmord.

Alfred Eick, Kommandant des IXC-Bootes *U510*, der eine erfolgreiche Feindfahrt in den Fernen Osten unternahm.

National Archives 306NY1342

Heinrich Bleichrodt (rechts), Kommandant von *U48* vom Typ VIIC, *U67* vom Typ IXC und *U109* vom Typ IXB. Auf seiner letzten Feindfahrt erbat – später forderte – er die Enthebung von seinem Kommando.

Imperial War Museum A21988

Frederic J. (Johnny) Walker, Commander der berühmten U-Jagdgruppe Support Group 2 der Royal Navy, die aus Sloops bestand und rund 20 U-Boote versenkte.

Imperial War Museum A15601

Donald MacIntyre, Commander der Escort Group 5 der Royal Navy, die aus Geleitzerstörern bestand und ebenfalls eine beeindruckende Zahl von U-Booten versenkte.

Imperial War Museum A12427

Peter Gretton, Commander der Escort Group 7, die im Mai 1943 in zahlreichen heftigen Kämpfen an den Grand Banks den Geleitzug ON 5 verteidigte. Grettons *Duncan* mußte allerdings vor der Schlacht vom 4.–6. Mai wegen Treibstoffmangels abdrehen. Die übrigen Escorts versenkten sechs U-Boote.

Imperial War Museum CH4017A

Terence M. Bulloch (sitzend, Mitte), Commander der Squadron 120 des RAF Coastal Command, hier mit seiner Flugzeugbesatzung. Bei der ASW-Taktik der B-24-Liberator leistete er Pionierarbeit.

Imperial War Museum CH14506

Wilfried E. Oulton, ebenfalls ein herausragender U-Boot-Jäger der RAF.

National Archives of Canada PA151743

James D. Prentice entwickelte und schulte die ASW-Taktik in der Royal Canadian Navy.

National Archives RG 457, NSA Box 1431

Edward W. Travis löste 1942 Alastair Denniston als Leiter der Government Code and Cipher School (GS&CS) in Bletchley Park ab, welche die Funkschlüsselsysteme der Achsenmächte entzifferte.

National Archives RG 457, NSA Box 1431

Captain Joseph N. Wenger löste 1942 Laurence F. Safford als Leiter der Abteilung für Funkentzifferung der US Navy, OP20 G, ab.

Elliott & Fry, National Portrait Gallery 47918

Der brillante britische Mathematiker Alan Turning entwickelte mit dem ebenso brillanten britischen Mathematiker Gordon Welchmann eine Maschine (Bomba) zur Entzifferung der deutschen Enigma.

U.S. Navy via Kristina Engstrom

Der Leiter der Forschungs- und Entwicklungsabteilung von OP20 G, Captain Howard T. Engstrom, spielte eine Schlüsselrolle bei der Entwicklung und Produktion der amerikanischen Vier-Walzen-Bomba, mit deren Hilfe der Einbruch in die Vier-Walzen-Enigma der deutschen Kriegsmarine ab Mitte 1943 enorm beschleunigt wurde. Hier nimmt er von Marineminister James V. Forrestal die Distinguished Service Medal für außerordentliche Verdienste entgegen.

National Archives RG 457, NSA Box 584

Marinehelferinnen (WAVES) der US Navy, die Bedienerinnen der Bombas, sitzen hier für eine Aufnahme des Arbeitsplatzes an Schreibtischen neben den Bombas, die in einer ehemaligen Mädchenschule in Washington, D. C., untergebracht waren. Die Maschinen waren rund um die Uhr besetzt.

Smithsonian 90-3650

Eine Marinehelferin vor dem Arbeitspferd Modell 1530 der Vier-Walzen-Bomba. Unter strengster Geheimhaltung bauten die Ingenieure und Techniker in der National Cash Register Company in Dayton, Ohio, während des Krieges rund 120 solcher Bombas. Von Oktober 1943 an waren die Codeknacker der US Navy allein zuständig für das Entziffern der U-Boot-Schlüssel mit Hilfe dieser Maschinen. Ihre Ergebnisse wurden per Fernschreiber an Bletchley Park und den Submarine Tracking Room in London übermittelt

U.S. Navy/Knowles Family

Commander Kenneth A. Knowles leitete den Submarine Tracking Room der US Navy in Washington und verließ sich weitgehend auf die Funkentzifferung.

National Archives RG457, NSA Box 1431

Captain Rodger Winn leitete den Submarine Tracking Room der Royal Navy in London mit Unterstützung durch die Funkentzifferung.

Im Ersten Weltkrieg versenkten alliierte Flugzeuge nur ein einziges bestätigtes U-Boot. Im Zweiten Weltkrieg waren land- und seegestützte alliierte Flugzeuge an der Versenkung oder Zerstörung von 324 U-Booten beteiligt - die effektivsten U-Boot-Jäger. Einige alliierte ASW-Flugzeuge sind in Band 1 abgebildet, hier weitere wichtige Flugzeugtypen.

National Archives 80G25435

Das unumstritten effektivste Flugzeug zur U-Boot-Bekämpfung im Zweiten Weltkrieg war der in Amerika gebaute Bomber Consolidated B-24-Liberator, hier mit britischen Hoheitszeichen.

National Archives 80G464013

Die in Amerika gebaute Boeing B-17 Flying Fortress war ebenfalls ein effektives ASW-Flugzeug.

National Archives 80G25025

Auch die in Großbritannien gebaute Handley Page Halifax war sehr effektiv.

National Archives 80G16447

Das in Amerika gebaute Flugboot Martin Mariner war als Ergänzung oder Ersatz für die Catalinas und Sunderlands gedacht. Wegen erheblicher Mängel spielte das Flugboot jedoch bei der U-Boot-Bekämpfung eine unbedeutende Rolle

National Archives 80G25005

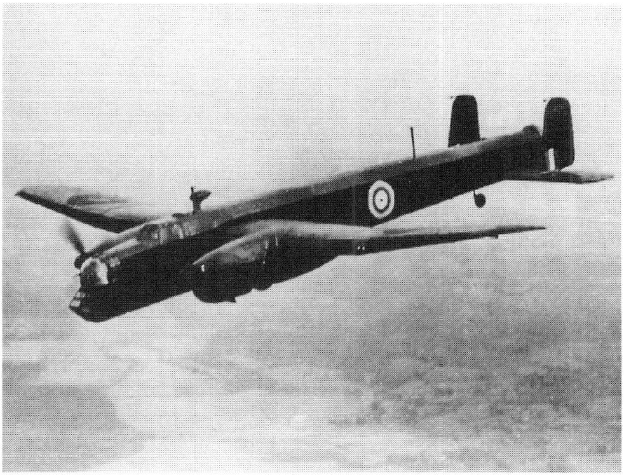

Die in Großbritannien gebaute Armstrong-Whitworth Whitley wurde in den ersten Kriegsjahren stark bei ASW-Patrouillen eingesetzt, später jedoch nur noch als Schulflugzeug.

National Archives 80G25087

Die in Großbritannien gebaute Vickers-Armstrong Wellington für Mittelstrecken erwies sich, ausgerüstet mit Radar und einem leistungsstarken Suchscheinwerfer, als ein äußerst effektives Arbeitspferd bei der U-Boot-Bekämpfung, vor allem bei Nachtflügen über dem Golf von Biskaya.

National Archives 80G254119

Ein anderes ASW-Arbeitspferd war die in Amerika entwickelte Lockheed Hudson, eng verwandt mit der Lockheed PV Ventura der US Navy und der B-34 der USAAF.

National Archives 80G360922

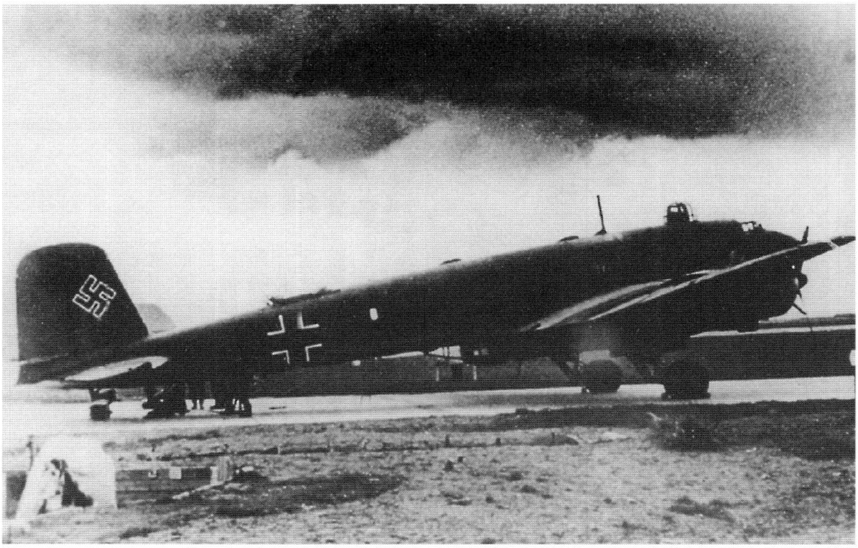

Das deutsche Langstreckenflugzeug Focke-Wulf Condor 200, die Militärversion eines zivilen Passagierflugzeugs, sollte für die U-Boote Konvois aufspüren und die alliierten Flugzeuge, die den Konvoi sicherten, angreifen. Das Flugzeug und die Besatzungen eigneten sich jedoch nicht für diese Aufgaben und hatten wenig Erfolg beim Fühlunghalten. Erfolgreicher waren sie 1941 bei direkten Angriffen gegen Schiffe.

National Archives RG18-WP-194884

Mittelstreckenflugzeuge vom Typ Junkers 88 (Ju-88) wurden nach Westfrankreich verlegt, um die alliierten Luftangriffe auf U-Boote in der Biskaya abzuwehren. Die Flugzeuge eigneten sich gut für diese Aufgabe, hatten aber ständig Nachschubprobleme.

National Archives 80G25079

Das RAF Coastal Command setzte über der Biskaya zwei verschiedene Typen von Abfangjägern ein, um die Fock-Wulf Condors und die Ju-88 abzuwehren. Der erste war die britische Maschine Bristol Beaufighter.

National Archives 80G25068

Der zweite war die DeHavilland Mosquito, von denen einige in der Nase mit einer 57-mm-Kanone ausgerüstet waren. Sie konnten deshalb U-Boote außerhalb der Reichweite der deutschen 20- und 37-mm-Flak angreifen.

National Archives 80G74764

Von 1943 an wurden alliierte Geleitträger wie die hier gezeigte *Santee* bei den Geleitzügen oder in der Nähe stationiert, um sie zusätzlich gegen U-Boote zu sichern. Die Träger wurden ihrerseits von einigen zusätzlichen Zerstörern, Fregatten oder Geleitzerstörern gesichert.

National Archives 80G469849

Trägerflugzeuge griffen U-Boote in Gruppen an. Der Pilot dieses Jägers vom Typ Grumman F4 F Wildcat (britisch Martlet) griff als erster an und bestrich das U-Boot mit den Maschinengewehren, um die exponierten deutschen Flakschützen auf der Brücke auszuschalten.

National Archives 80G13079

Den zweiten Angriff flog dann die Besatzung dieser Grumman TBF Avenger. Ursprünglich als Torpedobomber zur Bekämpfung von Kriegsschiffen gedacht, wurde die mit Wasserbomben oder mit eigengelenkten Fido-Torpedos bestückte Avenger eine robuste und äußerst effektive ASW-Waffe.

Sämtliche Überwassergeleitschiffe und Kriegsschiffe der U-Jagdgruppen legten im Verlauf des Krieges von 1942 bis 1945 an Größe und Feuerkraft zu. Neben den drei in Band 1 gezeigten Kriegsschiffen zur U-Boot-Abwehr wurden folgende Kriegsschiffe in großen Stückzahlen von den alliierten Werften gebaut.

National Archives 80G472212

Der 33 Meter lange U-Jäger (Submarine Chaser) *SC 642* der US Navy. Amerikanische Werften bauten diese kleinen Kriegsschiffe zu Hunderten. Sie eigneten sich als Schulschiffe oder als Geleitschiffe in vergleichsweise ruhigen Gewässern wie dem Golf von Mexiko und außerhalb der Reichweite feindlicher Flugzeuge.

National Archives 80G78408

Das 52 Meter lange Patrouillenboot (Patrol Craft) *PC 565* der US Navy. Von diesen kleinen Kriegsschiffen bauten amerikanische Werften 417. Sie eigneten sich ebenfalls als Schulschiffe und als Geleitschiffe in relativ ruhigen Gewässern außerhalb der Reichweite feindlicher Flugzeuge.

National Archives RG8066993

Der 92 Meter lange Geleitzerstörer *Levy* der US Navy. Amerikanische Werften bauten 573 Kriegsschiffe dieser oder ähnlicher Klassen. Sie waren nicht sehr schnell, eigneten sich aber bei einmaligem Nachtanken auf See ideal für den Hochsee-Geleitschutz.

National Archives 80G450373

Die 91 Meter lange, von Briten entwickelte Fregatte USS *Natchez* der River-Klasse. Die Fregatte glich dem Geleitzerstörer an Größe, Ausstattung und Bewaffnung. Amerikanische Werften bauten 98 Fregatten und übergaben 21 an die Royal Navy. Die *Natchez* (PF2) wurde in einer kanadischen Werft gebaut und der US Navy geliehen.

National Archives 80G450253

Der 94 Meter lange Flottenzerstörer *Harding*. Dieser schnelle und schwer bewaffnete Zerstörertyp war der effektivste Schiffstyp für den Geleitschutz auf hoher See und eignete sich für Operationen in Gebieten innerhalb der Reichweite feindlicher Flugzeuge.

National Archives 80G84360

Das schwer beladene Liberty-Schiff *Mark Twain* auf dem Weg in die Lücke in einer Konvoikolonne. Die amerikanischen Werften bauten während des Zweiten Weltkriegs 2700 Liberty-Schiffe, weit mehr, als die U-Boote im gleichen Zeitraum versenken konnten.

National Archives 357G6990

Die Oregon Shipbuilding Corporation in Portland, Oregon, eine der vielen Werften, die während des Krieges Liberty-Schiffe bauten.

UPI/Corbis-Bettmann

Neun Liberty-Schiffe in einer Reihe in der California Shipbuilding Corporation in Los Angeles vermitteln einen Eindruck von der gewaltigen Leistung dieser Werft während des Krieges.

National Archives 26G2556

Die alliierten Überwasserschiffe und Flugzeuge jagten gnadenlos die U-Boote auf See. Hier zerstören am 16. April 1944 die drei amerikanischen Geleitzerstörer *Gandy, Joyce* und *Peterson,* bemannt mit Crews der Coast Guard, das IXC/40-Boot *U550*. Die Schiffe retteten zwölf deutsche Überlebende.

National Archives 80G79388

Flugzeuge aus der amerikanischen U-Jagdgruppe um den Geleitträger *Card* griffen das VIIC-Boot *U664* am 9. August 1943 an und versenkten es. Die Gruppe um die *Card* rettete 44 deutsche Überlebende.

National Archives 80G324787

Eine amerikanische U-Jagdgruppe um den Geleitträger *Guadalcanal* kaperte das IXC-Boot *U505* am 4. Juni 1944. Das heimlich zu den Bermuda-Inseln geschleppte Boot lieferte den Alliierten nachrichtendienstliches Material von großem Wert. Das voll intakte Boot wurde in den Nachkriegsjahren ein wertvolles Ausstellungsstück in dem Chicago Museum of Sience and Industry.

AP/Wide World Photos

Im Jahr 1996 hoben Bergungsmannschaften das IXC/40-Boot *U534*, das von Flugzeugen der RAF in den letzten Kriegstagen vor Dänemark versenkt worden war. Das Boot wurde auf einem Schleppkahn nach Liverpool gebracht, repariert und ist seither in dem nahegelegenen Birkenhead ausgestellt.

National Archives 306-NT-3587

In den letzten Kriegsmonaten stellten die Deutschen zwei Typen von Elektrobooten in Dienst, einen kleinen und einen großen, die kurzfristig eine hohe Geschwindigkeit unter Wasser erreichen konnten. Hier ist *U2361* von dem kleinen Typ XXIII zu sehen, das nach dem Krieg zur Verschrottung nach England gebracht wurde. Diese winzigen U-Boote, die nur mit zwei Torpedos bewaffnet waren und sich nicht für Einsätze im offenen Meer eigneten, waren fast nutzlos.

National Archives 80G705573

Der größere Typ XXI der Elektroboote konnte keinen Einfluß auf den Ausgang des Krieges nehmen, weil er zu spät entwickelt wurde. Bombenangriffe von alliierten Flugzeugen zerstörten viele im Bau befindliche Boote in den Werften, wie hier. Kein einziges nahm je an einem Seegefecht teil.

National Archives 80G705562

Der US Navy wurden mehrere Elektroboote vom Typ XXI zu Forschungszwecken zugeteilt. Das hier gezeigte *U2513* hatte für kurze Zeit eines der führenden deutschen U-Boot-Asse befehligt: Erich Topp. Wie im Vorwort von Band 1 geschildert, ging der Autor an Bord von *U2513* und inspizierte das Boot, das neben seinem eigenen Unterseeboot USS *Guardfish* an dem U-Boot-Stützpunkt in New London, Connecticut, festgemacht hatte.

National Archives 208PU52P1

National Archives 238NT727

Großadmiral Karl Dönitz auf deutschen Propagandafotos (links) und bei dem Kriegsverbrecherprozeß in Nürnberg. Er führte einen harten und gnadenlosen, aber sauberen Seekrieg. Von den ranghohen Nationalsozialisten, die in Nürnberg verurteilt wurden, erhielt Dönitz die niedrigste Strafe: zehn Jahre im Gefängnis Spandau.

National Archives, 242HP3438

Eine große Zahl toter oder gefangengenommener deutscher U-Boot-Fahrer wurde während des Krieges auf amerikanischem Boden beigesetzt. Dies ist das Grab eines führenden U-Boot-Asses: Werner Henke, Kommandant des IXC-Bootes *U515*, das am 9. April 1944 versenkt wurde. Henke beging in dem geheimen Zentrum zum Verhör der Kriegsgefangenen in Fort Hunt, Virginia, Selbstmord und wurde in Fort Mead, Maryland, beigesetzt, heute der Sitz der National Security Agency. Heimliche Bewunderer schmücken Henkes Grab oft mit Blumen oder mit einer deutschen Flagge.

Rückkehr in den Nordatlantik: Gruppe Leuthen

Im September 1943, dem Beginn des fünften Kriegsjahres, steckten die U-Boot-Flottillen im Atlantik in großen Nöten. Der ASW-Feldzug in der Biskaya im Sommer durch das Coastal Command und durch unterstützende Seestreitkräfte hatte unter den Kampfbooten und den U-Tankern immense Verluste gefordert. Hitler hatte die Kampfkraft der Atlantikflottillen weiter geschwächt, als er anordnete, acht neue VII-Boote im Juli und August ins Nordmeer zu überführen und sieben VII-Boote aus den Atlantikflottillen ins Mittelmeer zu verlegen. Außerdem waren acht Atlantik-Boote vom Typ VII zu Flak-Booten umgebaut worden. Wegen der Umbauten, Unfälle und Verluste in der Ostsee[1] verzögerte sich das Eintreffen neuer Kampfboote.

Berücksichtigt man die Neuankömmlinge und Verluste sowie die Überführungen zum und vom Nordmeer und ins Mittelmeer, so blieb die Stärke der Atlantikflottillen bescheiden und stagnierte de facto:

	1. 9.	1. 10.	1. 11.	1. 12.	31. 12. 1943
Typ VII	93	99	89	90	90
Typ IX	30	34	33	32	34
Gesamt:	123[2]	133	122	122	124

Aufgrund der Entscheidung von Großadmiral Dönitz, den U-Boot-Feldzug auf der Nordatlantikroute im Herbst wiederzueröffnen, entsandte die U-Boot-Führung die große Mehrzahl der Boote in diesen Raum:

---

[1] Das VII-Boot *U988* unter Erich Dobberstein rammte und versenkte das VII-Boot *U983* unter Hans-Heinrich Reimers. Fünf Mann der Besatzung von *U983* kamen ums Leben. Das VII-Boot *U346* unter Arno Leisten wurde bei einem Unfall versenkt, alle 37 Mann kamen ums Leben. Die VII-Boote *U476* unter Otto Niethmann und *U718* unter Helmut Wieduwilt stießen zusammen. *U718* sank unter Verlust der gesamten Besatzung. Das VII-Boot *U745* unter Wilhelm von Trotha rammte und versenkte das VII-Boot *U768* unter Johann Buttjer, aber alle Männer überlebten. Bei einem Angriff alliierter Flugzeuge auf eine Kieler Schiffswerft am 13. Dezember wurde das VII-Boot *U345* unter Ulrich Knackfuß zerstört. Wegen Unfällen oder Kommandantenwechsels verzögerte sich das Auslaufen der Boote *U712* und *U761* vom Typ VII, *U1059* vom Typ VIIF (Transport), *U845* vom Typ IXC/40 und *U233* vom Typ XB-Minenleger.

[2] Die XB-Minenleger, XIV-U-Tanker oder IXD1- und IXD2-Fern-U-Boote nicht mitgerechnet, aber einschließlich der acht Flak-Boote vom Typ VII und sämtlicher Kampfboote in Frankreich, die nach Gefechtsschäden repariert oder umgebaut wurden.

	September	Oktober	November	Dezember	Gesamt
Nordatlantik	33	28	20	20	101
Mittelatlantik	0	20	9	8	37
Südatlantik	3	2	5	1	11
Amerika	5	7	1	0	13
Gesamt	41	57	35	29	162

Die im Nordatlantik eingesetzten U-Boote sahen sich einer ständig steigenden Zahl mit Radar ausgerüsteter land- und trägergestützter Flugzeuge gegenüber sowie erfahrenen Escort und Support Groups, die aus Zerstörern, Sloops, Fregatten und Korvetten zusammengesetzt waren.

Wegen der Pause im U-Boot-Krieg im August, der Erschöpfung der alliierten Besatzungen und der Verschleißerscheinungen an den Flugzeugausrüstungen ließ die Intensität der ASW-Offensive in der Biskaya nach, die von John Slessors Coastal Command geflogen wurde. Etwa vom 1. September an übernahm die frisch eingetroffene Fleet Air Wing 7[1] der US Navy zunehmend die Luftpatrouillen über der Biskaya unter der Führung des RAF Coastal Command. Im Oktober flog die Wing nach Angaben ihres Historikers bereits die Hälfte aller Tageseinsätze der Alliierten. Diese starke, aber selten erwähnte landgestützte Fliegereinheit der US Navy leistete im Herbst 1943 über der Biskaya treue Dienste bei der U-Boot-Abwehr. Im September flog die ganze Wing 1888 Stunden ASW-Patrouillen, im Oktober 2109 Stunden und im November 2521 Stunden. In dieser Zeit verlor die Wing neun B-24-Bomber im Gefecht[2] oder bei Unfällen oder aus unbekannten Gründen. Auf diesen langen, harten Patrouillenflügen über der Biskaya erblickten die Amerikaner selten ein U-Boot und griffen vermutlich nur zwei oder drei an. Das Verdienst für eine Versenkung teilten sie sich mit Flugzeugen der RAF.

Die nachlassende Intensität der landgestützten Luftoffensive in der Biskaya war zum Teil auf die verstärkte trägergestützte Luftstreitmacht

---

[1] Wie erwähnt, setzte sich die Fairwing 7 ursprünglich aus vier Squadrons auf dem europäischen Kriegsschauplatz zusammen: VP 63 (12 in Wales stationierte Catalinas) und VB 103, VB 105 und VB 110 (36 in St. Eval in Südwestengland stationierte B-24-Bomber). Ohne Leigh Light waren die B-24 noch nicht für Nachtpatrouillen ausgerüstet. Wenn sie einmal bei Nacht flogen, dann mußten sie Leuchtgeschosse einsetzen – eine unbefriedigende Notlösung. Am 1. Oktober traf eine vierte Squadron zur Schulung in St. Eval ein, wurde aber einen Monat später zu Fairwing 15 in Port Lyautey, Marokko, verlegt.

[2] Am 4. September beschädigten sechs Ju-88-Kampfflugzeuge – eine ständige Plage – eine von J. H. Alexander geflogene B-24 aus Squadron VB 103 und zwangen sie zum Wassern. Nach 36 Stunden in einem Rettungsfloß wurden alle zehn Flieger von einem Schiff gerettet, das sie nach Spanien brachte. Dort wurden sie für kurze Zeit interniert, aber wenig später repatriiert.

der Alliierten zurückzuführen. Bis zum Herbst 1943 entstand hier eine machtvolle ASW-Streitmacht. Die Royal Navy hatte 23 (!) in Amerika gebaute Geleitträger in Dienst gestellt. Von den ersten fünf der *Archer*-Klasse war die *Avenger* von einem U-Boot versenkt worden, die *Dasher* war im Firth of Clyde explodiert, und die *Archer,* deren Antrieb unablässig ausfiel, war vom Gefechtseinsatz zurückgezogen worden und diente jetzt als Kasernen- und Depotschiff. Damit blieben die *Biter* und die *Tracker,* deren Fertigstellung sich immer wieder verzögerte, aus dieser Klasse für den Geleitdienst auf der Nordatlantikroute. Von der größeren Bogue-Klasse waren zehn Träger auf den Britischen Inseln eingetroffen. Nach Umbauten fuhr die *Battler* weiter in den Indischen Ozean, die *Attacker, Stalker* und *Hunter* wurden den KM- und MK-Konvoirouten zugeteilt, und die *Fencer* wurde für die britische Besetzung der Azoren in Bereitschaft gehalten (Operation Alacrity). Fünf weitere Träger der Bogue-Klasse, die im April oder Juni 1943 in Dienst gestellt worden waren,[1] lagen zum Umbau in britischen Werften. Acht Träger der Long-Island-Klasse (bei den Briten Ruler-Klasse) waren noch in der Erprobungsphase in amerikanischen Gewässern.[2]

Die U-Boot-Führung stellte bekanntlich für die Wiederaufnahme des Kampfes im Nordatlantik die Gruppe Leuthen auf, die aus 21 verbesserten VII-Booten bestand. Vom 23. August an bis zum 9. September stachen 18 erfahrene Boote von Frankreich aus und drei neue Boote von den Liegeplätzen in Norwegen aus in See. Die Gruppe sollte von Ebe Schnoors »Milchkuh« *U460* versorgt werden, einem der beiden verbliebenen U-Tanker vom Typ XIV.

Um mit den alliierten Flugzeugen fertig zu werden, die in früheren Geleitzugschlachten ein Zusammenziehen und einen gemeinsamen Angriff durch U-Boot-Gruppen vereitelt hatten, sollten die Boote der Gruppe Leuthen einer neuen taktischen Richtlinie folgen. Genau wie die Boote, die im Juni und Juli die Biskaya durchquerten, sollten auch die Leuthen-Boote an der Oberfläche bleiben und den Kampf aufnehmen, wenn sie von feindlichen Flugzeugen entdeckt wurden. Das neue FuMB Wanze, das nur Wellenlängen auf dem Meterband erfaßte und angeblich keine anpeilbare Strahlung abgab (wie das Metox), sollte die U-Boote rechtzeitig vor der Annäherung feindlicher Flugzeuge warnen, so daß sie die Flak gefechtsklar machen konnten. Mit den frisch montierten 2-cm-Vierlings- und Zwillingsflak verfügten die U-Boote vermeintlich über

---

1 *Chaser, Pursuer, Searcher, Striker, Ravager.*

2 Wie erwähnt, verfügte die US Navy zu diesem Zeitpunkt über fünf Geleitträger der *Bogue*-Klasse im Geleitdienst auf Atlantikrouten *(Bogue, Block Island, Card, Core, Croatan)* sowie über den größeren Träger *Santee* der *Sangamon*-Klasse.

eine ausreichende Feuerkraft, um selbst die mächtigsten Flugzeuge abzuwehren, auch die B-17, B-24 und die Halifax. Ein U-Boot, das von einem feindlichen Flugzeug angegriffen wurde, sollte der Führung und den anderen U-Booten ein besonderes Kurzsignal senden (»A/A Flak Abwehr«), damit andere U-Boote heranlaufen und so die Feuerkraft der Flak erhöhen konnten.

Beim Auslaufen aus Frankreich wurden drei Boote der Gruppe Leuthen von alliierten Flugzeugen nachts in der Biskaya geortet und angegriffen: als erstes *U386* unter Fritz Albrecht, 23 Jahre alt. Am 6. September meldete er bezeichnenderweise, daß seine Wanze nicht vor mit Radar ausgerüsteten Flugzeugen gewarnt hätte, die in der Dunkelheit herangeflogen seien. Als zweiter wurde Joachim Deecke in *U584* angegriffen. Auch er meldete, daß seine Wanze ihn nicht gewarnt habe. Albrecht und Deecke gelang es jedoch, die angreifenden Flugzeuge mit der Flak abzuwehren. Ritterkreuzträger Siegfried von Forstner in *U402* schoß das Flugzeug ab, das ihn angegriffen hatte. Kein einziges dieser angreifenden Flugzeuge ist bislang identifiziert worden.

Noch auf dem Anmarsch stieß Albrecht mit *U386* auf sieben britische Flieger in einem Rettungsfloß. Er überlegte, ob er sie aufnehmen solle, tat es aber nicht, weil er auf dem Anmarsch zu einer wichtigen Mission war und weil er fürchtete, daß das Floß nur ein »Köder« sei, damit er ein leichtes Angriffsziel für Flugzeuge wurde. Nach seiner Rückkehr nach Frankreich schrieb sein Flottillenchef, Hans Witt, Albrechts Entscheidung, die Flieger im Stich zu lassen, sei »nicht richtig« gewesen, weil er diese später an ein Boot auf dem Rückmarsch hätte übergeben können. »Die Unterlagen über die feindliche U-Boot-Abwehr sind so spärlich«, setzte Witt fort, »daß jede Möglichkeit, Gefangene einzubringen, ausgenutzt werden muß.«[1]

Drei Boote brachen die Fahrt aufgrund technischer Probleme ab. Zwei Boote meldeten den Ausfall der Wanze. Das waren die VII-Boote *U666* unter Herbert Engel und *U610* unter Walter von Freyberg-Eisenberg-Allmendingen der Gruppe Leuthen. Beide Boote drehten nach Frankreich ab, stachen aber wenig später wieder in See: *U666* am 6. September und *U610* am 12. September. Als drittes Boot brach *U413* unter Gustav Poel ab, der einen Grenzwellenempfänger an Bord hatte, mit dem das 100–200-Meter-Band beobachtet und gepeilt werden konnte.

---

[1] In Nürnberg legte Dönitz in einer etwas weit hergeholten Verteidigung gegen die Anklage der Alliierten, er habe den U-Boot-Kommandanten befohlen, auf Schiffbrüchige zu schießen, diesen Kommentar von Witt zu Albrechts Bericht über seine Feindfahrt vor. Er fügte noch eine Aussage Witts hinzu, in der dieser bestätigte, daß die deutsche Richtlinie gelautet habe, Schiffbrüchige zu retten, nicht sie zu erschießen.

Zwei neue, von Norwegen aus in See stechende VII-Boote, die über die Dänemarkstraße in den Atlantik einlaufen sollten, wurden von Treibeis schwer beschädigt und mußten die Fahrt abbrechen: *U274* unter Günther Jordan, 24 Jahre alt, und *U963* unter Karl Boddenberg, 29 Jahre alt. Jordan erreichte Drontheim am 13. September. Wegen der knappen Werftkapazitäten konnte er erst am 13. Oktober wieder in See stechen. Nach diesen Unfällen verbot die U-Boot-Führung allen U-Booten, die Dänemarkstraße zu passieren. Sämtliche neuen Boote sollten zwischen Island und den Färöer-Inseln in den Atlantik einlaufen, wegen der intensiven Luftpatrouillen der Alliierten sollten sie diesen Raum jedoch getaucht passieren.

Der xB-Dienst hatte zwar die wichtigsten Konvoicodes der Alliierten verloren, aber im Sommer 1943 die Konvoizyklen mit anderen Hilfsmitteln, unter anderen den Nachzügler-Routen, ausgekundschaftet. Er lieferte der U-Boot-Führung weiterhin nützliche Informationen.

Von der Luftwaffe erhielten die U-Boote immer noch wenig bis überhaupt keine Unterstützung. Die Condor von Focke-Wulf war dem von der Propaganda aufgebauschten Image nie gerecht geworden. Die deutschen Flieger in diesen Flugzeugen waren immer noch zu schlecht ausgebildet und nicht in der Lage, einen Geleitzug zu finden. Wenn sie aber einen fanden, dann gaben sie in der Regel die Position falsch an. Sie lösten auf diese Weise etliche Jagden nach Geleitzügen aus, die von vornherein zum Scheitern verurteilt waren. Berlin schickte einige mit Radar ausgerüstete viermotorige He-177 und Ju-290 und mehrere sechsmotorige BV-222, aber das Kriegstagebuch der U-Boot-Führung vermerkte im Herbst 1943, daß diese Flugzeuge wegen elektronischer oder mechanischer Defekte am Boden bleiben mußten und somit wertlos waren.

Die U-Boot-Führung schickte die Gruppe Leuthen in das alte Jagdgebiet in der Luftlücke bei Grönland. Sie sollte als erstes unbeladene, westwärts fahrende Geleitzüge angreifen (Outbound North, Outbound North Slow). Das heißt, Geleitzüge, die sich von den Luftstützpunkten auf Island entfernten, im Gegensatz zu den ostwärts fahrenden Konvois (Halifax, Slow), die sich den Luftstützpunkten auf Island und den Britischen Inseln näherten. Nach dem Nachtanken im fernen Westatlantik an *U460* sollte die Gruppe dann auf dem Rückmarsch ostwärts fahrende Geleitzüge angreifen.

Dönitz mahnte die Gruppe über Funk: »Der Führer verfolgt jede Phase eures Kampfes. Angriff! Ran! Versenken!«

U270 unter Paul-Friedrich Otto, 26 Jahre alt, stand in der Mitte des Vorpostenstreifens Leuthen und meldete am 19. September einen westwärts fahrenden Konvoi. Die Führung reagiere etwas zurückhaltend auf seine Meldung, vermerkte Godt im Kriegstagebuch, weil das Koppeln der Geleitzüge ohne zusätzliche Daten nicht genau genug sei. Otto hatte nicht nur einen, sondern zwei westwärts fahrende Konvois gefunden: ON 202 sowie ONS 18, die sich auf Befehl der Western Approaches zusammengetan hatten. Insgesamt fuhren 68 Handelsschiffe mit. Gesichert wurden sie von sieben Kriegsschiffen der kanadischen Escort Group C-2 (den Zerstörern *Gatineau* und *Icarus,* der Fregatte *Lagan,* drei Korvetten und einem Trawler), die von P. W. Burnett von der Royal Navy befehligt wurde, und von neun Kriegsschiffen der britischen Escort Group B-3 (den Zerstörern *Escapade* und *Keppel,* der Fregatte *Towey,* fünf Korvetten und einem ASW-Trawler), die von M. B. Evans von der Royal Navy befehligt wurden, dazu fünf Kriegsschiffe der neuen kanadischen Support Group 9 (der Zerstörer *St. Croix,* die Fregatte *Itchen* und drei Korvetten), die von C. E. Bridgeman, ebenfalls von der Royal Navy, befehligt wurde. Insgesamt: 21 Geleitschiffe (fünf Zerstörer, drei Fregatten, elf Korvetten, zwei Trawler), dazu die landgestützten Flugzeuge und der erfahrene Handelsflugzeugträger *Empire MacAlpine.*[1]

Die U-Boot-Führung kam endlich zu dem Schluß, daß der von Otto in *U270* gemeldete Konvoi vermutlich der schnelle Konvoi Outbound North 202 war. Folglich wies die Führung Otto an, Peilzeichen zu senden, und erteilte ihm die Erlaubnis anzugreifen. Daraufhin schoß Otto einen akustisch gelenkten T-5-Torpedo auf ein Geleitschiff, auf die britische Fregatte *Lagan.* Er meldete lediglich einen Treffer, der die *Lagan* beschädigte – der erste bestätigte T-5-Treffer des Krieges –, aber in Wirklichkeit war die *Lagan* ein Wrack. Von ihrer Besatzung waren 21 Mann ums Leben gekommen, einer wurde vermißt. Der Schlepper *Destiny* schleppte die *Lagan,* gesichert von dem Trawler *Lancer,* in einen Hafen, aber sie wurde nicht repariert. Zu Beginn dieser Auseinandersetzung detonierte ein Hedgehog durch einen Unfall an Deck des britischen Zerstörers *Escapade.* 21 Mann kamen ums Leben, und auch die *Escapade* mußte die Fahrt abbrechen.

Während die übrigen 20 Boote der Gruppe Leuthen Ottos Position anliefen, versenkten mit Radar ausgerüstete B-24-Bomber und Überwassereskorten zwei U-Boote: *U341* unter Dietrich Epp, 26 Jahre alt, und *U338* unter Manfred Kinzel, 28 Jahre alt. Die Versenkung von Epps *U341* am 19. September wurde dem Piloten J. F. Fisher aus der auf Newfoundland stationierten kanadischen Squadron 10 zuerkannt, die kurz zuvor mit B-24-Bombern mit einer sehr großen Reichweite (VLR) ausgerüstet worden war. Fisher und zwei andere kanadische B-24-Pi-

---

[1] Handelsflugzeugträger, auch MAC-Schiffe (Merchant Aircraft Carrier) – nicht zu verwechseln mit den Katapultschiffen (CAM) – waren 8000 oder 9000 Tonnen große Getreideschiffe oder Tanker, die mit einem 130 bis 145 Meter langen Flugdeck ausgerüstet waren. Die Getreideschiffe hatten vier Swordfish an Bord, die Tanker drei. Insgesamt wurden 19 MAC-Schiffe (dreizehn Tanker, sechs Getreideschiffe) in Dienst gestellt und 217 Konvois zugeteilt. Kein einziges versenkte ein U-Boot, aber die schnell wieder einsatzfähigen Swordfish griffen auf 4177 Flügen zahllose U-Boote an, hielten sie unter Wasser oder vertrieben sie.

loten aus Squadron 10 hatten Premierminister Churchill und seine Delegation auf dem Rückweg von der Quadrant-Konferenz auf der *Renown* eskortiert und flogen nun nach Kanada zurück. Damals wurde dem Piloten John K. Moffatt von der britischen Squadron 120, der zuvor bereits *U189* versenkt hatte, die Versenkung von Kinzels *U338* am folgenden Tag mit Wasserbomben und einem Fido zugeschrieben, aber in einer Untersuchung nach dem Krieg wurde diese Anerkennung rückgängig gemacht. Die Verlustursache von *U338* ist weiterhin unbekannt. Bei beiden Booten gab es keine Überlebenden.

Zwei andere U-Boote wichen der Geleitzugsicherung aus und kamen zum Torpedoschuß. Hubertus Purkhold, 27 Jahre alt, in *U260* meldete »zwei oder drei Treffer, [aber] ohne Detonationen« – möglicherweise Blindgänger oder weitliegende Wasserbomben. Horst Hepp, 25 Jahre alt, in *U238,* der die versehentliche Versenkung seines ersten Bootes *(U272)* in der Ostsee überlebt hatte, traf zwei 7176 BRT große amerikanische Liberty-Schiffe im Ballast: die *Theodore Dwight Weld,* die sank, und die *Frederick Douglass.* Letztere unterstand probeweise dem Befehl des afro-amerikanischen Kapitäns Adrian Richardson und hatte ein Torpedonetz ausgelegt. Als ein Torpedo das Netz durchbrach oder umlief und die *Douglass* im achteren Frachtraum traf, gerieten einige Männer der Besatzung in Panik. Sie vergaßen, das Schott zum Maschinenraum zu schließen, und ließen vorzeitig Rettungsboote zu Wasser. Wenn diese Feiglinge an Bord geblieben wären, wie Kapitän Richardson, dann wäre die *Douglass* möglicherweise gerettet worden, schreibt Samuel Eliot Morison. So fiel sie aber hinter die Hauptmasse des Konvois zurück und wurde später von Otto Ferro, 32 Jahre alt, in *U645* versenkt. Ferro und Hepp teilten sich das Verdienst.

In dieser Nacht, vom 20./21. September, lief ein Dutzend U-Boote an den Konvoi heran, acht von ihnen schossen akustisch zielsuchende T-5-Torpedos auf Geleitfahrzeuge.

- Rudolf Bahr, 27 Jahre alt, in *U305* meldete die Versenkung von zwei »Zerstörern« in zwei unabhängigen Angriffen. In Wirklichkeit verfehlte er ein Geleitschiff, traf aber zweimal den kanadischen Zerstörer *St. Croix* (den ehemals amerikanischen Glattdeck-Zerstörer *McCook*), der unter Verlust von 66 Mann der 147köpfigen Besatzung sank.
- Oskar Curio, 25 Jahre alt, in *U952* traf und versenkte die britische Korvette *Polyanthus.* 14 Stunden später fischte die britische Fregatte *Itchen* 81 Überlebende der *St. Croix* und einen der *Polyanthus* aus dem eisigen Wasser.
- Sechs weitere Boote meldeten Versenkungen oder mutmaßliche Versenkungen von Zerstörern, aber keine wurde bestätigt.

Die U-Boot-Führung war sehr zufrieden mit der aggressiven Vorgehensweise gegen die Geleitschiffe – und dem scheinbaren Erfolg des akustisch gelenkten Zerstörer-Torpedos T-5 Zaunkönig – und notierte sieben »Zerstörer« und drei Frachter mit 15500 BRT versenkt und drei weitere »Zerstörer« vermutlich versenkt.[1]

Zwei Boote der Gruppe Leuthen fielen aus. Als erstes meldete *U386* unter Fritz Albrecht schwere Schäden durch Wasserbomben. Das zweite Boot war *U603* unter Rudolf Baltz, 23 Jahre alt, der als letzter von Frankreich ausgelaufen war und nicht rechtzeitig den Kampfplatz erreichte. Die Führung wies Baltz zunächst an, an dem Tanker *U460* nachzutanken und sich auf spätere Operationen vorzubereiten. Als die Meldung von Albrechts Fahrtabbruch in *U386* einging, befahl die Führung Albrecht, seinen überschüssigen Treibstoff an Baltz abzugeben. Dieses Treffen wurde aber von alliierten Flugzeugen verhindert. Deshalb tankte *U603,* wie ursprünglich geplant, an *U460* nach, die Vereinigung mit der Gruppe Leuthen verzögerte sich jedoch abermals.

Mehrere andere Boote trotzten mutig der schweren Sicherung und kamen in der Nacht vom 21. zum 22. September zum Schuß. Der neue Kommandant von *U377,* Gerhard Kluth, 25 Jahre alt, meldete Treffer an einem »Zerstörer« und an einem Frachter mit 5000 BRT, aber keine Meldung ließ sich in den Akten bestätigen. Ein noch nicht identifiziertes Flugzeug traf *U377* und verwundete Kluth an beiden Armen. Nach Eingang seiner Meldung wies die U-Boot-Führung Kluth an, die Fahrt abzubrechen und sich mit Albrechts *U386* zu treffen, der einen Arzt an Bord hatte, und dann gemeinsam nach Frankreich zurückzukehren. Paul-Friedrich Otto in *U270,* der als erster Fühlung zum Konvoi aufgenommen hatte, meldete die Versenkung eines »Zerstörers«, aber auch dieser Erfolg ließ sich nicht bestätigen. Ein Geleitfahrzeug belegte *U270* mit Wasserbomben. Der Rumpf bekam Risse, und Otto mußte ebenfalls abbrechen. Die Führung wies Otto an, sich mit *U386* und *U377* zu treffen. Kluth in *U377* traf sich mit *U386* und wurde medizinisch versorgt, aber Otto in *U270* fand kein U-Boot. Alle drei retteten sich am Ende jedoch nach Frankreich.

Während sich die beiden Konvois mit 15 U-Booten auf den Fersen nach Westen vorarbeiteten, versenkte in den Frühstunden des 22. September ein alliiertes Geleitfahrzeug ein weiteres deutsches U-Boot. Es handelte sich um *U229* unter Robert Schetelig, 24 Jahre alt. Die Versenkung wurde M. Evans, dem ranghöchsten Offizier der Geleitfahrzeuge auf dem britischen Zerstörer *Keppel,* zugeschrieben. Kaum hatte Evans *U229* gesichtet, da eröffnete er das Feuer auf das Boot und rammte es, wobei er sich krachend auf das Achterdeck des U-Bootes schob. Als

[1] Natürlich war es für die Deutschen von Vorteil, die übertriebenen Meldungen beim Ersteinsatz der T-5-Torpedos zu akzeptieren. Aus den Nachkriegsunterlagen ist ersichtlich, daß U-Boote bei diesen ersten Angriffen nur zwei Kriegsschiffe, den Zerstörer *St. Croix* und die Korvette *Polyanthus,* versenkt und aus der Fregatte *Lagan* ein Wrack gemacht hatten.

die beiden Fahrzeuge sich wieder voneinander lösten, warf Evans rasch zehn auf geringe Tiefe eingestellte Wasserbomben gegen *U229,* das Boot richtete sich auf und sank. Kein Deutscher überlebte.

Am folgenden Tag, dem 23. September, wäre um ein Haar das neue Boot *U422* unter Wolfgang Poeschel, 23 Jahre alt, verlorengegangen. Poeschel meldete, eine »Halifax« habe ihn mit Maschinengewehr und Wasserbomben angegriffen. *U422* wurde beschädigt, zwei Mann wurden schwer und einer leicht verwundet. Als Poeschel medizinische Versorgung anforderte, arrangierte die Führung ein Treffen mit dem Tanker *U460,* das am 29. September stattfand.

Als die Geleitzüge sich den Grand Banks näherten, gerieten sie in dichten Nebel, der einen Start der land- und seegestützten Flugzeuge verhinderte. Diesen Vorteil ausnutzend, passierten mehrere U-Boote die Sicherung und kamen zum Schuß.

- Horst Hepp in *U238* (das erfolgreichste Boot) meldete die Versenkung von vier Frachtern mit 19000 BRT. In Wirklichkeit versenkte er drei Frachter, zwei norwegische[1] und einen britischen, mit 15900 BRT. Seine bestätigte Trefferquote auf der ersten Feindfahrt erhöhte sich damit auf viereinhalb Frachter mit 26636 BRT – seit vielen Monaten die beste Versenkungsziffer eines Kommandanten auf der Nordatlantikroute.
- Herbert Engel in *U666* versenkte mit einem T-5-Torpedo die Fregatte *Itchen,* die 81 Überlebende der *St. Croix* und den einzigen Überlebenden der *Polyanthus* an Bord hatte. Die Explosion sprengte die *Itchen* unter einem entsetzlichen Verlust an Menschenleben in Stükke. Von diesen drei Kriegsschiffen überlebten nur drei Mann, einer von der *St. Croix* und zwei von der *Itchen.*
- Oskar Curio in *U952* meldete die Versenkung eines »Zerstörers« mit einem T-5-Torpedo und Treffer an zwei Frachtern mit 16000 BRT. In Wahrheit versenkte er den 6198 BRT großen amerikanischen Frachter *Steel Voyager* und traf auch das 7176 BRT große Liberty-Schiff *James Gordon Bennett,* aber dieser Torpedo war ein Blindgänger.
- Helmut Manseck in *U758* meldete die Versenkung eines »Zerstörers« und eines Frachters, aber keine einzige ließ sich bestätigen. Manseck wurde außerdem von Geleitschiffen massiv mit Wabos belegt und mußte zu Reparaturarbeiten ablaufen.

Wegen des dichten Nebels, des Treibstoffmangels und der Erschöpfung der Besatzungen kam es nicht zu weiteren U-Boot-Angriffen auf die beiden Geleitzüge. In einer ausführlichen Analyse dieser Ge-

---

[1] Auf einem der Schiffe, der *Oregon Express,* wurde der zweite Funkmaat Birger Lunde zum drittenmal in diesem Krieg versenkt. Die vorigen verlorenen Schiffe waren die *Taranger* (1941) und die *Blink* (1942). Nach dem Krieg wurde er amerikanischer Staatsbürger und war Kapitän mehrerer amerikanischer Handelsschiffe.

leitzugschlacht, die später von alliierten Nachrichtendiensten ausfindig gemacht wurde,[1] sprachen Großadmiral Dönitz und die U-Boot-Führung von einem durchschlagenden Erfolg für die Gruppe Leuthen. Erwartungsgemäß hätten die Kommandanten, schreiben die Deutschen in dem Bericht, mit Hilfe der akustisch gelenkten T-5-Torpedos Zaunkönig den äußeren und den inneren Ring der Überwassergeleitschiffe zerstört, indem sie zwölf und vermutlich drei weitere versenkt hätten, insgesamt fünfzehn. Wenn am zweiten und dritten Tag nicht dichter Nebel aufgekommen wäre, dann hätte der U-Boot-Angriff auf die Hauptmasse der Handelsschiffe ein Massaker zur Folge gehabt. Wie die Dinge lägen, seien neun Handelsschiffe mit 46500 BRT versenkt und zwei weitere beschädigt worden.

Dönitz schreibt am Ende dieses Berichtes, diese erste Geleitzugoperation seit Monaten habe einen vollständigen Erfolg gebracht. Die neuen Waffen hätten ihren Wert in jeder Hinsicht unter Beweis gestellt. Er fügt hinzu, allen U-Booten, die an dieser Operation als Pioniere des neu eröffneten Geleitzugkampfes teilgenommen hatten, gebühre besondere Anerkennung. Ihre Bereitschaft, sich Streßsituationen auszusetzen, und ihr kühler Kopf in der Gefahr hätten das Vertrauen aller U-Boot-Fahrer in die neuen Waffen gerechtfertigt und hätten eindeutig den Weg weiter voran und hinauf zur Krönung der Laufbahn als U-Boot-Fahrer gewiesen, der Geleitzugschlacht.

Die bestätigten Versenkungen und Schäden waren viel, viel geringer: Nicht 15 Geleitschiffe wurden versenkt, sondern lediglich 3 von 22 (die Zerstörer *St. Croix* und die Fregatte *Itchen* aus der neuen kanadischen Support Group 9[2] sowie die Korvette *Polyanthus;*) nicht 9, sondern 6 von 66 Handelsschiffen versenkt, nicht zwei, sondern eins beschädigt. Insgesamt: 10 Fahrzeuge von 90 in 2 Geleitzügen versenkt – nicht gerade der durchschlagende Erfolg, den die deutschen Propagandisten nach Dönitz' Worten bejubelten. Am bemerkenswertesten an der ganzen Operation war der Umstand, daß ein grüner Kommandant, der junge Horst Hepp, auf der Jungfernfahrt von *U238* allein viereinhalb der sechs Handelsschiffe versenkt hatte.

Bei der Erringung dieses angeblich großen Sieges, schrieben die Deutschen, hätten die eigenen Verluste in keinem Verhältnis zu den Verlusten des Gegners gestanden. Die Deutschen wußten immer noch nicht, daß *U341* bereits in der Konzentrationsphase der Gruppe Leuthen verlorengegangen war, und gingen deshalb davon aus, daß nicht drei, sondern nur zwei U-Boote vom Gegner versenkt worden seien *(U229,*

---

[1] Ins Englische übersetzt, wurde dieser vielsagende 16seitige, einzeilig getippte Bericht unter dem Titel »Convoy Operation NR 5, Zaunkönig Convoy« im operativen Archiv der Navy, Navy's Operational Archives, Box T-95, Mappe 136, gefunden.

[2] Folglich lösten die Briten diese neue Support Group auf.

U338) und daß nur zwei die Fahrt abbrechen mußten – in Wirklichkeit waren es drei *(U270, U377, U386)*. Davon ausgehend, daß 130 Mann auf jedem Geleitschiff mitversenkt wurden, errechneten die Deutschen, daß auf der Seite der Alliierten rund 2000 Mann umgekommen seien, gegenüber rund 100 Mann auf den beiden verlorenen U-Booten. Die Verlustquote liege folglich bei 20 : 1 zugunsten der Deutschen. Hinzu kämen noch, prahlten die Deutschen, die Verluste an Handelsseeleuten, die für den Gegner beinahe ebenso wertvoll seien wie die Besatzungen der Geleitfahrzeuge.

Zur Taktik und zur Ausstattung der Boote gewannen Dönitz und die U-Boot-Führung wichtige Erkenntnisse:

- Am ersten Tag sendete ein U-Boot, das in der Nähe des Konvois angegriffen wurde: »A/A Flak-Abwehr«, aber zu wenige Boote seien an der Oberfläche geblieben, um die Flugabwehr zu verstärken. Um Irrtümer und mögliche Fehleinschätzungen zu vermeiden, ordnete die Führung deshalb an, daß künftig sie selbst und nur sie die Weisung »A/A Flak-Abwehr« ausgeben werde. Von allen Booten wurde erwartet, daß sie diese Weisung rasch ausführten, damit möglichst rasch Konzentrationen am Konvoi gebildet würden.
- Das neue Funkmeßbeobachtungsgerät Wanze habe den Test im Gefechtseinsatz gut bestanden, insbesondere an nebligen Tagen. Doch aus den Erfahrungen einiger Boote der Gruppe Leuthen sowie der Boote, die im September versuchten, die Straße von Gibraltar zu passieren, ging eindeutig hervor, daß der Feind – entgegen den Vorhersagen der deutschen Elektroingenieure – Zentimeter-Radargeräte entwickelt hatte, die von Wanze nicht erfaßt wurden. Die nächste Generation Radardetektoren (oder FuMB), genannt Naxos, die vor Radarstrahlen im Zentimeter-Wellenbereich warnten, war erfolgreich im Kampf getestet worden. Alle Boote sollten so schnell wie möglich damit ausgerüstet werden. Unterdessen wurden die Kommandanten aufgefordert, das Radartäuschungsgerät Aphrodite so oft wie möglich und vor allem in großer Zahl einzusetzen. Ohne Wissen der Deutschen hatten die Alliierten ein noch leistungsstärkeres Radargerät mit einem Strahl entwickelt, der mit einer noch kürzeren Wellenlänge von drei Zentimetern arbeitete und von Naxos nicht erfaßt wurde.
- Die Bewaffnung der Boote mit 2-cm-Vierlings- und Zwillingsflak war gewiß ein großer Schritt vorwärts gewesen, aber Dönitz und die U-Boot-Führung erkannten, daß verbesserte und stärkere Flugabwehrgeschütze benötigt wurden. Deshalb hatte die Kriegsmarine als Ersatz für die 2-cm-Vierlingsflak bereits die dringliche Produktion der neuen 3,7-cm-Schnellfeuerkanone angeordnet, die eine neuartige und angeblich sehr wirksame Munition verschoß. Die Reichweite der Kanone und ihre Tödlichkeit lagen doppelt so hoch wie bei der 2-cm-

Vierlingsflak, die Chancen, angreifende Flugzeuge zu zerstören, standen weit besser. Darüber hinaus wurde mit oberster Priorität für die Kriegsmarine eine noch stärkere 3,7-cm-Zwillingsflak entwickelt.

- In Anbetracht der Tatsache, daß eine fehlerlose Navigation und Positionsmeldung für das Zusammenziehen von U-Booten zu einer erfolgreichen Geleitzugschlacht absolut unerläßlich waren, wurden »neue« Navigationshilfen im Einsatz getestet. Ein solches Mittel war der »Gyro-Sextant«, der es den U-Booten ermöglichte, die eigene Position nachts nach den Sternen zu bestimmen (wenn auch nicht ganz genau), selbst wenn der Horizont nicht zu sehen war. Unterdessen mußten sämtliche zur Verfügung stehenden Mittel für die Verbesserung der Genauigkeit einer Positionsbestimmung genutzt werden.
- Unwichtiges Gerede über Funk durch die U-Boote müsse ausgemerzt werden. Lediglich Angelegenheiten, die von taktischem Interesse waren, durften auf der Geleitzugroute übermittelt werden. Vor allen Dingen warnte die U-Boot-Führung davor, den Kampfgeist der Besatzungen durch das Erzählen von Horrorgeschichten zu schwächen.

Gewiß können einige Punkte in dieser besonderen Analyse der Gruppe Leuthen außer acht gelassen werden, weil sie lediglich der Stärkung der Kampfmoral für die bevorstehenden harten Geleitzugkämpfe dienten, aber eines wird ganz deutlich: Die Deutschen haben die Wirksamkeit des akustisch zielsuchenden T-5-Torpedos völlig falsch eingeschätzt. Er war zu langsam, zu empfindlich und steckte immer noch in den Kinderschuhen. Die *bestätigten* Ergebnisse – im Gegensatz zu den *gemeldeten* Ergebnissen – lagen nicht höher als die Ergebnisse, die bei einem Angriff auf Geleitkräfte mit gewöhnlichen Luft- oder Elektro-Torpedos mit Aufschlag- oder Magnetpistole erzielt worden wären. Außerdem hatten die Alliierten, die aus entzifferten Funksprüchen von der Entwicklung des »Zaunkönig« erfahren hatten, bereits eine Gegenwaffe entwickelt: Es handelte sich um einen einfachen, aber wirkungsvollen Geräuscherzeuger, genannt »Foxer«, der ein gutes Stück hinter dem Geleitschiff geschleppt wurde, um die akustisch zielsuchenden Torpedos auf sich zu ziehen.[1]

Weitere deutsche Fehlschläge auf der Nordatlantikroute

Zwölf Boote der Gruppe Leuthen, darunter Ritterkreuzträger Siegfried von Forstner in *U402,* dienten als Grundstock für die neue Gruppe Roßbach. Wenig später trafen fünf Boote aus Frankreich und vier neue

[1] Ein von den Kanadiern entwickeltes ähnliches Gerät wurde »CAT Gear«, ein Kürzel für Canadian Anti-Torpedo, genannt.

Boote aus heimischen Gewässern ein. Die Gruppe Roßbach hatte also 21 Boote wie die Gruppe Leuthen.

In den letzten Septembertagen stellte die U-Boot-Führung die Gruppe Roßbach so auf, daß sie den westwärts fahrenden Geleitzug ON 203 abfangen sollte. Die alliierten Codeknacker warnten vor dieser neuen Gruppe, landgestützte Flugzeuge schwärmten daraufhin aus, um die Position zu bestätigen. Als ein Flugzeug *U448* und ein frisch aus Frankreich eingetroffenes Boot in der Nähe der vorhergesagten Position erspähte, lenkten die alliierten Behörden den Konvoi im Norden an dem sich formierenden Vorpostenstreifen Roßbach vorbei. Der Konvoi entkam den Deutschen und erreichte ohne Verluste amerikanische Gewässer.

Als nächstes stellte die Führung die Gruppe Roßbach um. Sie sollte zwei andere, westwärts fahrende Konvois abfangen: ON 204 und ONS 19, die um den 1. Oktober erwartet wurden. Aus unerklärlichen Gründen wies die Führung das Boot *U631* unter Jürgen Krüger der Gruppe Roßbach an, eine Wettermeldung zu senden. Die alliierten Behörden wußten ja aus entzifferten Funksprüchen bereits von der Gruppe Roßbach, peilten die Wettermeldung von *U631* ein und nahmen dies als Deckmantel für einen Angriff auf den Vorpostenstreifen. In der Zwischenzeit passierten die beiden Konvois wie der vorherige die Gruppe Roßbach im Norden und erreichten ebenfalls ohne Verluste amerikanische Gewässer.

Die Schwärme landgestützter Flugzeuge, die den Angriff auf die Gruppe Roßbach flogen, versenkten vier VII-Boote jeweils unter Verlust der gesamten Besatzung:

- *U221* unter Ritterkreuzträger Hans Trojer, 27 Jahre alt, das am 20. September von St. Nazaire ausgelaufen war. Das Boot wurde am Spätnachmittag des 27. September von einer Halifax der britischen Squadron 58, geflogen von Eric L. Hartley, auf einem Patrouillenflug in der Biskaya versenkt. Hartley warf acht Wasserbomben, die *U221* zerstörten, aber Trojers Flak schoß die Halifax in Brand. Hartley mußte im Meer notwassern. Zwei Flieger kamen bei der Notlandung ums Leben, aber Hartley, Group Captain R. C. Mead und vier andere Besatzungsmitglieder kletterten in ein aufblasbares Schlauchboot. Elf qualvolle Tage später, am 8. Oktober, kam zufällig der britische Zerstörer *Mahratta* vorbei und rettete die sechs Flieger.
- *U336* unter Hans Hunger, 28 Jahre alt, das am 14. September von Brest ausgelaufen war. Am Morgen des 4. Oktober wurde das Boot von einer Hudson der britischen Squadron 269 aus Island versenkt. Der Pilot Gordon C. Allsop flog in das Flak-Feuer zum Angriff und feuerte acht Raketen in Zweier- und Vierersalven. Diese trafen und durchlöcherten *U336*. Allsop sah einen Augenblick lang »etwa fünfzehn« Deutsche in dem dicken Ölfilm, aber als er bei einem zweiten Anflug herankam, waren sie bereits verschwunden.

• Das neue Boot *U279* unter Otto Finke, 28 Jahre alt, das am 4. September von Kiel aus in See gestochen war. Finke setzte am 25. September einen Agenten in Island an Land und nahm dann Kurs nach Süden, um sich der Gruppe Roßbach anzuschließen. Am 4. Oktober entdeckte eine Ventura der frisch auf Island stationierten Squadron VB 128 der US Navy[1], geflogen von Charles L. Westhofen, ein U-Boot an der Oberfläche (vermutlich *U305*) und drückte es unter Wasser. Westhofen drehte ab, um das U-Boot in dem Glauben zu lassen, er sei ganz abgeflogen. Ehe er jedoch zum ersten Boot zurückkehren konnte, erblickte er ein zweites und griff in das Flak-Feuer mit Maschinengewehren und Wasserbomben an. Es handelte sich um Finkes tödlich getroffenes U-Boot *U279*. Westhofen sah, daß die U-Boot-Besatzung das Boot verließ und einige Männer in »vier oder fünf« Flöße kletterten. Es wurde nie wieder etwas von dem Boot oder der Besatzung gehört.

• Das neue Boot *U389* unter Siegfried Heilmann, 26 Jahre alt, das am 18. September von Drontheim ausgelaufen war. Am 4. Oktober entdeckte eine B-24 der auf Island stationierten britischen Squadron 120, geflogen von W. J. F. McEwen, *U389* an der Oberfläche. McEwen griff mit Wasserbomben an, und *U389* »platzte auf wie eine Erbsenschote«, erinnerte sich der Flugzeugtechniker Robert Fallon. Die Flugzeugbesatzung zählte »neun bis elf« Deutsche im Wasser. McEwen warf drei aufblasbare Schlauchboote und zwei Notrationen mit Lebensmitteln, Arzneimitteln und ähnlichen Dingen ab, doch von *U389* oder der Besatzung wurde nie wieder etwas gehört.

Vier Boote der Gruppe Roßbach wurden von ASW-Flugzeugen oder Überwasserschiffen angegriffen und drehten nach Frankreich ab:

• Eine Hudson der britischen Squadron 269, geflogen von H. M. Smith, traf *U731* unter Werner Techand, 24 Jahre alt. Er und vier andere Besatzungsmitglieder wurden bei dem Angriff verwundet.

• Ein »Zerstörer« überraschte *U666* unter Herbert Engel und belegte das Boot mit Wasserbomben, die schweren Schaden anrichteten.

• Rudolf Bahr in *U305* meldete schweren Schaden nach einem Luftangriff. Vermutlich wurde er von dem Ventura-Piloten Charles Westhofen angegriffen, der anschließend *U279* versenkte.

• Hubertus Purkhold in *U260* meldete, zwei Männer, darunter sein Leitender Ingenieur, seien schwer erkrankt.

Anfang Oktober griffen alliierte Flugzeuge drei weitere U-Boote an, aber kein einziges wurde stark beschädigt. Eins davon war das neue IXC/40-Boot *U539* unter Hans-Jürgen Lauterbach-Emden, 24 Jahre alt, das am 14. September von Bergen auslief. Entgegen den Befehlen fuhr *U539* am

---

[1] Sie löste die Squadron VP 84 aus Catalinas ab, die in die Vereinigten Staaten zurückkehrte.

21. September in der Straße zwischen Island und den Färöer-Inseln an der Oberfläche und wurde von einer Hudson der RAF angegriffen, die drei Wasserbomben abwarf, die aber alle fehlgingen. Beim zweiten Luftangriff am 4. Oktober meldete Lauterbach-Emden, daß er einen viermotorigen »Lancaster«-Bomber abgeschossen und eine »Hudson« abgewehrt habe. *U610* meldete, das Boot sei von »zwei oder mehr« Flugzeugen angegriffen worden. Das neue U-Boot *U275* unter Helmut Bork, 33 Jahre alt, meldete den erfolglosen Angriff einer Hudson.

Der U-Tanker *U460* vom Typ XIV lag 1650 Kilometer südlich der Gruppe Roßbach und hatte Befehl, mehrere Boote nachzutanken und medizinisch zu versorgen. Wie erwähnt, zählten dazu das neue, aber beschädigte VII-Boot *U422* der ehemaligen Gruppe Leuthen unter Wolfgang Poeschel und die beiden VII-Boote *U455* und *U264,* deren Versuch, die Straße von Gibraltar zu passieren, gescheitert war. Nach dem Nachtanken sollten diese drei Boote (wie auch der Tanker) nach Norden fahren, um die Gruppe Roßbach zu unterstützen.

Am Morgen des 4. Oktober erhielten der amerikanische Geleitträger *Card* und seine Sicherung, die lose den nach Gibraltar fahrenden Konvoi UGS 19 sicherten, Nachricht von dem geplanten Nachtanken an *U460.* Der Avenger-Pilot Robert L. Stearns, der für seinen Einsatz bei der Versenkung des XB-Minenlegers *U118* und von *U537* bereits mit dem Navy Cross ausgezeichnet worden war, erblickte *U460* und die drei VII-Boote, die gerade nachtankten oder in Wartestellung lagen. Nachdem Stearns von der *Card* Verstärkung angefordert hatte, griff er wagemutig die vier U-Boote an und warf eine 230-Kilogramm-Bombe. Sie fiel zwischen den Tanker *U460* und *U264* unter Hartwig Looks, der gerade nachtankte, richtete aber keinen Schaden an.

Wenig später trafen drei weitere Flugzeuge der *Card* ein, zwei Wildcats und eine Avenger. Die beiden Wildcats, geflogen von Elbert S. Heim und David O. Puckett, gingen in dem schweren Flak-Feuer tiefer und griffen die Ansammlung aus U-Booten an. Sie drückten die drei VII-Boote *(U264, U422, U455)* unter Wasser, aber Ebe Schnoor auf dem Tanker *U460* blieb an der Oberfläche und erwiderte das Feuer. Nachdem Puckett das Boot mit dem Maschinengewehr bestrichen und einige Männer verwundet hatte, tauchte Schnoor. In diesem Moment warf Stearns in der Avenger einen Fido und versenkte *U460* unter Verlust der gesamten Besatzung. Stearns, Heim und Puckett wurden für diese wichtige Versenkung mit dem Navy Cross ausgezeichnet. Der Tankerflotte im Atlantik blieb damit nur noch der Tanker *U488* vom Typ XIV.

Später am selben Tag entdeckten Flugzeuge der *Card* Looks in *U264* und Poeschel in *U422* und griffen an. Looks entkam, erlitt aber schwere Schäden und mußte nach Frankreich abdrehen. Die Wildcat-Piloten

Elbert S. Heim und David O. Puckett und der Avenger-Pilot Robert L. Stearns versenkten *U422* mit Maschinengewehrfeuer und einem Fido. Es gab keine Überlebenden.

Der Verlust des U-Tankers *U460,* der nach Norden hätte gehen sollen, um die Gruppe Roßbach unmittelbar zu versorgen, war ein weiterer schwerer Rückschlag für die U-Boote auf der Nordatlantikroute. Vier VII-Boote der Gruppe Roßbach, die nur sehr wenig Treibstoff übrig hatten, waren praktisch kampfunfähig. Deshalb wurde der verbliebene U-Tanker *U488* unter Erwin Bartke, der eine Position südlich der Azoren anlief, um U-Boote nachzutanken, die entlegene Gewässer ansteuerten oder von dort zurückkehrten, zurückgerufen und nach Norden geschickt, um die Gruppe Roßbach zu versorgen. Zwei der vier VII-Boote, Manseck in *U758* und Curio in *U952,* konnten nicht auf den Tanker warten und nahmen Kurs auf Frankreich. Die anderen beiden, Ritterkreuzträger Forstner in *U402* und Joachim Deecke in *U584,* vereinbarten ein Treffen.

Durch die Ankunft zweier VII-Boote aus Frankreich, *U91* und *U437,* war die Gruppe Roßbach wieder auf 14 Boote aufgestockt worden und wurde am 6. Oktober verlegt, um zwei ostwärts zu den Britischen Inseln fahrende Geleitzüge abzufangen: HX 259 und SC 143. Die alliierten Behörden wußten von der Gefahr durch die Gruppe Roßbach und lenkten HX 259 weit nach Süden um. SC 143 mit 39 Handelsschiffen wurde von der verstärkten kanadischen Escort Group C-2 gesichert, die aus neun Kriegsschiffen (dem Zerstörer *Icarus,* der Fregatte *Duckworth,* fünf Korvetten, einem Minensuchboot, einem ASW-Trawler) und dem Handelsflugzeugträger (MAC-Schiff) *Rapana* bestand. Außerdem wurde der Konvoi von den vier Zerstörern der britischen Support Group 10 *(Musketeer, Oribi, Orkan, Orwell)* gesichert. Als eine Art »Köder« ließ man ihn bewußt direkt auf die Gruppe Roßbach zuhalten.

Der verwundete Werner Techand in dem die Fahrt abbrechenden Boot *U731* sichtete als erster Kommandant Teile von SC 143. Seine Fühlungsmeldung – ostwärts fahrender »Zerstörer« – führte in der Nacht des 8. Oktober sieben weitere Boote heran. Zwei U-Boote versenkten Schiffe: Erich Mäder in *U378* traf den polnischen Zerstörer *Orkan,* die ehemalige *Myrmidon* mit 1910 Tonnen, unter Stanislaw Hryniewiecki aus Support Group 10 und Otto Ferro in *U645* auf dem Rückmarsch den amerikanischen Frachter *Yorkmar* mit 5600 BRT. Von den rund 200 Mann der *Orkan* überlebten nur 43 die Versenkung.

Für diese beiden Versenkungen zahlte die Gruppe Roßbach aber einen hohen Preis. Britische Swordfish von dem MAC-Schiff *Rapana* und landgestützte Flugzeuge vertrieben die U-Boote, drückten sie unter Wasser und versenkten am 8. Oktober drei.

- Eine B-24 der britischen Squadron 86, die in Nordirland stationiert war und von John Wright geflogen wurde, griff das neue VII-Boot

U419 unter Dietrich Giersberg, 25 Jahre alt, an. Wright hatte zuvor schon das VII-Boot *U456* versenkt und warf jetzt zwei auf seichte Tiefe eingestellte Wasserbomben nahe bei *U419*. Er meldete, das U-Boot habe sich aufgestellt und sei Heck voraus gesunken. Er habe »fünfzehn« Deutsche im Wasser gesehen, aber nur der Kommandant Giersberg überlebte, der ein gebrochenes Bein hatte, aber von dem Zerstörer *Orwell* aus der Support Group 10 gerettet wurde. 48 Deutsche kamen bei der Versenkung ums Leben.

• Von Pilot Wright alarmiert, fanden eine andere B-24 aus der britischen Squadron 86, geflogen von dem Australier Cyril W. Burcher, sowie eine von Dennis C. L. Webber geflogene B-24 aus der britischen Squadron 120 das neue VII-Boot *U643* unter Hans-Harald Speidel, 26 Jahre alt, und griffen an. Burcher, der bereits das VII-Boot *U632* versenkt hatte, warf vier auf geringe Tiefe eingestellte Wasserbomben, entdeckte aber keinen Hinweis auf eine Versenkung. In zwei weiteren Anflügen warf Webber acht Wasserbomben. Burcher kehrte an den Schauplatz zurück und warf noch einmal zwei Wasserbomben. Durch diese vier Wasserbombenangriffe sowie durch Maschinengewehrfeuer wurde *U643* zerstört. Die Zerstörer *Musketeer, Orwell* und *Oribi* aus Support Group 10 liefen eilig die Stelle an und nahmen den Kommandanten Speidel und 18 andere Deutsche auf, darunter einen Arzt.

Der Offizier Ian Wedderburn von der *Orwell* erinnert sich,[1] daß Kommandant Speidel behauptete, Maschinengewehrkugeln von einer B-24 hätten deutsche Überlebende im Wasser getroffen. Aus diesem Grund war Speidel »sehr verbittert«. Auf diese veröffentlichte Anklage entgegnete Webbers Copilot John Luker: »Es ist behauptet worden, daß wir auf sie [die deutschen U-Boot-Fahrer] im Wasser geschossen hätten, aber ich muß jede solche Unterstellung kategorisch zurückweisen.«[2]

• Eine von Alfred H. Russell geflogene Sunderland der kanadischen Squadron 423 entdeckte das VII-Boot *U610* unter Walter von Freyberg-Eisenberg-Allmendingen. Bei seinem ersten Anflug löste Russell vier Wasserbomben aus, aber nur drei fielen. Diese gabelten das Boot auf der Höhe des Kommandoturms eng ein, der sich nach Russells Angaben »vier bis sechs Meter hob«. Als die Gischt und die Strudel der Explosionen sich glätteten, sah Russell »fünfzehn« Deutsche mitten in Öl und Trümmern im Wasser schwimmen. Kein einziger überlebte.

---

[1] Erzählt in G. Jones, *Autumn of the U-boats* (1984).

[2] In Franks, *Search, Find and Kill* (1995).

Am selben Tag, dem 8. Oktober, trafen landgestützte Flugzeuge zwei weitere Boote:

- Das neue IXC/40-Boot *U539* unter Hans-Jürgen Lauterbach-Emden. Er meldete, eine (nicht identifizierte) B-24 habe ihn angegriffen und zwei Wasserbomben nahe geworfen, die schwere Schäden angerichtet hätten. Das war der dritte Luftangriff auf *U539* in 18 Tagen. Nach diesem Angriff war das Boot gezwungen, nach Frankreich abzudrehen. Am 20. Oktober beendete es eine gefahrvolle Fahrt von 37 Tagen.
- Das neue VII-Boot *U762* unter Wolfgang Hille, 25 Jahre alt, war elf Tage vorher, am 28. September, von Bergen aus in See gestochen und sollte zu der Gruppe Roßbach stoßen. Bei dem Flugzeug handelte es sich um eine B-24 der britischen Squadron 120, die von dem Neuseeländer Bryan W. Turnbull geflogen wurde, der zuvor *U135* beschädigt und zum Abbruch gezwungen hatte. Sein Angriff drückte *U762* unter Wasser, ein Zerstörer lief heran und setzte den Angriff fort. Alliierte Behörden bewerteten die Angriffe als Fehlschläge, aber Hille hatte zwei Verwundete an Bord, und ein Dieselmotor war beschädigt worden. Das Boot war einige Tage nicht gefechtsbereit. Die U-Boot-Führung befahl Hille, sich mit Otto Ferros *U645* auf dem Rückmarsch zu treffen und die Verwundeten zu übergeben, aber wegen des schweren Seegangs konnte Hille diesem Befehl nicht nachkommen. Er lief zu weiteren Operationen nach Westen und behandelte die Verwundeten mit Bordmitteln.

Die Gruppe Roßbach verkleinerte sich auf nur sechs einsatzklare Boote, weil etliche Boote wegen Gefechtsschäden oder mit technischen Defekten oder wegen Treibstoffmangels nach Frankreich abgedreht waren und weil vier VII-Boote den eintreffenden XIV-Tanker *U488* anliefen. Die Gruppe wurde aber wenig später von sieben Booten aus Frankreich und Norwegen und von dem VII-Boot *U455* verstärkt, das nach dem abgebrochenen Treffen mit dem verlorenen Tanker *U460* nach Norden gefahren war.

Der Operationsbefehl (Nr. 59, vom 7. Oktober 1943) für die frisch ausgelaufenen Boote enthielt einen neuen Absatz, der nach Ansicht einiger Alliierter Hitlers skrupellose Absicht bestätigte, die Besatzungen der alliierten Handelsmarine möglichst zu vernichten. Dort heißt es:

> *Rescue ships: Zu jedem Geleitzug gehört ein sogenanntes rescue ship, ein Spezialschiff mit bis zu 3000 BRT, das zur Aufnahme von Schiffbrüchigen nach U-Bootsangriffen bestimmt ist. Diese Schiffe sind meist mit Bordflugzeug und großen Motorbooten ausgerüstet, stark bestückt (Wabowerfer) und sehr wendig, so daß sie häufig vom [U-Boot-]Kommandanten als U-Bootsfallen angesprochen werden. Ihre Versenkung ist im Hinblick auf die*

erwünschte Vernichtung der Dampferbesatzungen von großem Wert.[1]

Die U-Boot-Führung stellte diese 14 Boote, genannt Gruppe Schlieffen, neu auf, so daß sie die westwärts fahrenden Konvois ON 206 und ONS 20 abfangen mußten. Im Verlauf dieser Neuorganisation bei turmhohen Wellen griffen alliierte Flugzeuge fünf weitere U-Boote an, und zwei andere Boote kollidierten.

• Die alliierten Behörden wußten aus entzifferten Funksprüchen, daß der XIV-Tanker *U488* nach Norden lief, um die neu sich bildende Gruppe Schlieffen zu versorgen, und entsandten den Geleitträger *Card* und ihre Sicherung zu dem neuen Versorgungsort. Am 12. Oktober entdeckten die beiden Avenger-Piloten Letson S. Balliett und W. S. Fowler *U488* und griffen den Tanker mit Fidos an. Sie beanspruchten eine Versenkung für sich, doch der Tanker war nur übel zugerichtet.

Am selben Tag entdeckten nicht weit davon drei Avenger der *Card,* geflogen von Stewart E. Dozy, Stewart B. Holt und Edward R. Hodgson, das VII-Boot *U731* unter Werner Techand, der wegen eines Luftangriffes vom 4. Oktober die Fahrt abbrach und nachtanken mußte. Die drei Avenger griffen mit Bomben und Bordwaffen an. Zunächst meldete Techand, er sei »schwer beschädigt« und sinke, was die Führung veranlaßte, beinahe alle Boote zur Hilfeleistung aufzufordern. Später meldete er, das Boot sei voll diensttauglich, setzte aber seine Fahrt nach Frankreich fort.

• Am folgenden Tag, dem 13. Oktober, griff W. S. Fowler in seiner Avenger mit einem zielsuchenden Torpedo das Boot *U378* unter Erich Mäder an, das knapp an Treibstoff war. Der Torpedo ging fehl oder versagte, und Mäder entkam.

Der Kommandeur der Squadron auf der *Card,* Howard M. Avery, startete, um Fowler bei seinem Angriff zu unterstützen. Beim Flug in das

---

[1] In Dönitz' Prozeß in Nürnberg legten die Ankläger diesen Absatz vor und verknüpften ihn mit dem sogenannten *Laconia*-Befehl aus dem Vorjahr, um die Anklage zu erhärten, Dönitz habe seinen U-Boot-Kommandanten befohlen, gezielt schiffbrüchige Besatzungen zu ermorden. Dönitz wies das zurück: Da die Rettungsschiffe »schwer bewaffnet« gewesen seien und »Flugzeuge« an Bord gehabt hätten und häufig als »U-Boot-Fallen« gedient hätten, seien sie legitime Ziele gewesen, und jedenfalls seien die Deutschen berechtigt gewesen, »diese [Handelsschiffs-] Besatzungen« zu versenken, weil sie keineswegs wehrlose Zivilisten gewesen seien, sondern Kombattanten in jedem Sinn des Wortes. Rettungsschiffe waren natürlich nicht schwer bewaffnet, noch führten sie Flugzeuge an Bord wie die CAM- und MAC-Schiffe. Was Dönitz aber nicht wußte: Die Rettungsschiffe waren während des Krieges und zur Zeit seines Prozesses mit Huff-Duff-Geräten ausgerüstet und an der Ortung der Fühlunghalterboote beteiligt. Allein aus diesem Grund waren sie legitime Angriffsziele. Siehe dazu Schofield, *The Rescue Ships* (1968).

bezeichnete Gebiet sichtete er *U402* unter Ritterkreuzträger Siegfried von Forstner, ein weiteres VII-Boot, das zum Nachtanken nach U-Tanker *U488* Ausschau hielt. Auf Averys Alarm hin traf eine zweite, von Barton C. Sheela geflogene Avenger ein. Die beiden Flugzeuge drückten *U402* unter Wasser, worauf Avery einen Fido abwarf, der das Boot mit der gesamten Besatzung versenkte.[1]

• Am Nachmittag desselben Tages entdeckte eine von Harry E. Fryatt geflogene Avenger der *Card U603* unter Rudolf Baltz und griff es mit einem Fido an. Die Deutschen überstanden diesen Angriff ohne Schaden und meldeten, sie hätten das Trägerflugzeug in Brand geschossen, aber in Wirklichkeit hatten sie nur eine Druckleitung schwer beschädigt. Jedenfalls stellte sich heraus, daß die Deutschen einen guten Treffer erzielt hatten, weil Fryatt nicht imstande war, sein rechtes Fahrgestell auszufahren. Er machte eine Notlandung auf der *Card,* traf eine andere, eben erst gelandete Avenger, geflogen von Roger Kuhn, und stieß diese ins Meer. Glücklicherweise konnte der Glattdeck-Zerstörer *Barry* Kuhn aufnehmen. Er war durchnäßt und durchgeschüttelt, aber nur leicht verwundet.

• Auf der Suche nach dem U-Tanker stieß das VII-Boot *U455* unter Hans-Martin Scheibe in der schweren See mit dem VII-Boot *U631* unter Jürgen Krüger, 25 Jahre alt, zusammen. *U455* nahm dabei solchen Schaden, daß Scheibe nach Frankreich abdrehen mußte. Krüger traf die größte Schuld an dem Zusammenstoß. Bei ihm waren alle vier Bugtorpedorohre so stark beschädigt, daß er sie nicht einsetzen konnte, aber die U-Boot-Führung verweigerte ihm die Erlaubnis zum Abbruch und hielt das Boot als Ausguck im Vorpostenstreifen, weil Krüger einen besonderen Grenzwellenpeiler mitsamt der Bedienungsmannschaft an Bord hatte. Wer ein gutes Gedächtnis hatte, erinnerte sich noch daran, daß Krüger im vorigen April *U71* im Atlantik gerammt und versenkt hatte. Deshalb machte der makabre Scherz die Runde, Krüger sei bei der U-Boot-Abwehr überaus effektiv.

Zehn Tage nach dem Zwischenhalt in Norwegen erfaßte das neue IXC/40-Boot *U844* unter Günther Möller, 25 Jahre alt, am 15. Oktober einen Geleitzug. Das war entweder der erwartete Konvoi ON 206 oder ONS 20 oder beide, weil diese Formationen in kurzem Abstand nach Westen fuhren. ON 206 bestand aus 65 Handelsschiffen und wurde von der britischen Escort Group B-6 unter R. A. Currie gesichert, die von der britischen Support Group B-7 unter Peter Gretton verstärkt wurde. Die

---

[1] In seinen beiden Dienstjahren in der Atlantikflotte versenkte Forstner 15 bestätigte Schiffe mit rund 63400 BRT und beschädigte drei mit 28784 BRT. Zwei der letzteren mit 16700 BRT wurden von anderen U-Booten vollends versenkt.

beiden Gruppen umfaßten insgesamt 13 Kriegsschiffe: vier Zerstörer *(Fame, Vanquisher, Duncan, Vidette),* eine Fregatte *(Deveron),* sieben Korvetten, von denen drei mit Norwegern bemannt waren, und einen Trawler. Der Konvoi ONS 20 bestand aus 52 Schiffen und wurde von der britischen Escort Group B-4 unter H. R. Paramor gesichert, die aus den ersten sechs von amerikanischen Werften für die Royal Navy gebauten Fregatten (Geleitzerstörern) und zwei Trawlern bestand. Zahl der Handelsschiffe in beiden Konvois: 117. Geleitschiffe: 21.

In dem irrigen Glauben, der akustisch gelenkte T-5-Torpedo Zaunkönig sei eine Wunderwaffe und die neue Flak-Bewaffnung absolut tödlich, war die U-Boot-Führung entschlossen, diese Geleitzüge massiert anzugreifen. In Übereinstimmung mit der neuen Richtlinie bei der Fliegerabwehr gab die Führung eine Weisung Hitlers weiter, die Boote sollten an der Oberfläche bleiben und sich den Weg zum Konvoi mit der Flak freischießen.

Die U-Boote kamen diesem Befehl nach, aber nur einem Boot gelang es, ein Schiff zu versenken: dem neuen VII-Boot *U426* unter Christian Reich, 27 Jahre alt, der seit seinem Zwischenhalt in Bergen zehn Tage auf See war. Sein Opfer war der britische Frachter *Essex Lance,* ein Nachzügler aus ONS 20 mit 6625 BRT. Nach der *Yorkmar* war dies der zweite und letzte bestätigte Frachter, der im Oktober von U-Booten auf der Nordatlantikroute versenkt wurde.

Die Schwärme aus Flugzeugen und Überwasserfahrzeugen, die den beiden Geleitzügen zugeteilt waren, versenkten am 16. und 17. Oktober sechs U-Boote – eine der schlimmsten deutschen Niederlagen im Seekrieg.

• Eine von Eric A. Bland geflogene B-24 der britischen Squadron 86 griff das neue IXC-Boot *U844* unter Günther Möller, 25 Jahre alt, an. Bland flog in das schwere Flak-Feuer und löste vier Wasserbomben aus, aber keine fiel. Die Flak von *U844* schaltete beide Backbordmotoren aus und beschädigte den Rumpf an Steuerbord.

Hartnäckig kreiste Bland auf zwei Motoren über *U844* außerhalb der Reichweite der Flak und forderte über Funk Verstärkung an. Eine B-24 der in Nordirland stationierten britischen Squadron 59, geflogen von W. J. Thomas, traf ein und belegte *U844* in zwei Anflügen mit acht Wasserbomben. Die Flak von *U844* schaltete den inneren Steuerbordmotor von Thomas aus. Zwischen Thomas' Angriffen flog Bland noch einmal wagemutig an, aber wiederum lösten sich seine Wasserbomben nicht. Außerdem wurde seine B-24 so übel zugerichtet, daß er wassern mußte. Die Korvette *Pink* aus Grettons Gruppe rettete Bland und vier andere, zwei Flieger kamen ums Leben. Die *Pink* scherte aus dem Konvoi aus und brachte die Flieger nach Halifax. Von *U844* wurde nie wieder etwas gehört, es hatte nur elf Tage im Atlantik Dienst getan. Bland wurde mit dem DSO ausgezeichnet.

- Eine andere B-24 der britischen Squadron 86, geflogen von George D. Gamble, sichtete das neue VII-Boot *U964* unter Emmo Hummerjohann, 27 Jahre alt, und griff an. Gamble flog in das dichte Flak-Feuer und warf vier Wasserbomben, drehte dann ab aus der Reichweite der Flak und forderte Überwasserschiffe an. Dieser Versuch, einen koordinierten Angriff zu organisieren, erwies sich jedoch als undurchführbar. Folglich griff Gamble *U964* ein zweites Mal an und warf drei Wasserbomben. Eine traf nahe und zerstörte das Boot. Gamble meldete 35 deutsche Überlebende im Wasser, aber die Überwasserschiffe retteten keinen einzigen. *U231* unter Wolfgang Wenzel lief heran und fand vier Überlebende, einer starb jedoch bei der Rettungsaktion.
- Eine Sunderland der kanadischen Squadron 422, geflogen von Paul T. Sargent, entdeckte zwei U-Boote an der Oberfläche. Eines davon war vermutlich das neue VII-Boot *U470* unter Günter Paul Grave, 26 Jahre alt. Sargent griff Grave trotz schweren Flak-Feuers an und warf drei Wasserbomben, die alle weit fielen. Bei einem zweiten Anflug löste Sargent drei weitere Wasserbomben aus, aber nur zwei fielen. Diese landeten in »einer perfekten Gabel« mittschiffs. Die Flak von *U470* und des anderen Bootes durchlöcherte aber die Sunderland und verwundete drei Besatzungsmitglieder tödlich. Pilot Sargent funkte SOS und bugsierte das beschädigte Flugzeug zum Konvoi ONS 20. Er nahm mit der Fregatte *Drury* aus der Escort Group B-4 Kontakt auf und wasserte in ihrer Nähe. Sargent kam bei der Notlandung ums Leben und wurde postum mit dem DFC ausgezeichnet. Zwei der sieben überlebenden Flieger erhielten ebenfalls ein DFC.

Zwei B-24-Bomber der britischen Squadron 120, geflogen von dem Kanadier Harold F. Kerrigan und Barry E. Peck, hörten die Funksprüche von einem wassernden Flugzeug, flogen heran und entdeckten *U470.* Kerrigan griff als erster an und warf vier Wasserbomben, wurde aber von der Flak getroffen. Dennoch flog er ein zweites Mal an und warf noch einmal vier Wabos, von denen eine sehr nahe am Heck von *U470* fiel. Peck trug dann einen Angriff in »einen Hagel aus Flakgeschossen« vor und warf sechs Wabos vor den Bug des Bootes. Bei einem zweiten Anflug in einen weiteren »Hagel aus Flakgeschossen« warf Peck zwei Wabos, die das U-Boot eng eingabelten und es »aus dem Wasser heraus« sprengten, schrieb Peck. Zwischen Pecks erstem und zweitem Anflug warf eine B-24 der britischen Squadron 59, geflogen von Wesley G. Loney, vier Wabos. Diese Wasserbomben und die Kerrigans und Pecks zerstörten *U470,* das Heck voraus sank.

Peck berichtete Peter Gretton auf dem Zerstörer *Duncan* von der Versenkung und meldete »fünfzehn bis zwanzig Überlebende« im Wasser. Dann führte er Gretton an den Schauplatz. Wegen der Anwesenheit anderer U-Boote lehnte Gretton es ab, eine großangelegte Bergungsaktion durchzuführen, schreibt Peck. Statt dessen kreuzte die

Duncan bei »geringer Fahrt« mit ausgelegten Greifnetzen durch die deutschen Überlebenden. Zwei Besatzungsmitglieder von *U470,* Gerhard Tacken und Heinz Knappe, bekamen ein Netz zu fassen und retteten sich selbst. 46 Deutsche kamen ums Leben. Die Briten teilten das Verdienst für die Versenkung von *U470* unter den Piloten Kerrigan, Peck und Loney auf.

- Zwei Flugzeuge, die von der Geleitsicherung zu ihren Stützpunkten auf Island zurückkehrten, entdeckten das neue IXC/40-Boot *U540* unter Lorenz Kasch, 29 Jahre alt. Pilot Eric Knowles in einer B-24 der britischen Squadron 59 griff als erster an und warf in zwei Anflügen acht Wasserbomben. Der neuseeländische Pilot Bryan Turnbull in einer B-24 der britischen Squadron 120 (der zuvor *U135* und *U762* beschädigt hatte) griff als nächster an und warf ebenfalls in zwei Anflügen acht Wabos. Turnbull erinnerte sich, daß seine beiden Serien das Boot eng eingabelten und in zwei Hälften brachen. Knowles in der anderen B-24 habe ihm zugefunkt: »Du hast ihn, gut gezielt!« Die Briten teilten das Verdienst für die Versenkung zwischen Knowles und Turnbull auf und verliehen Turnbull das DFC. Obwohl Turnbull den Überwassereskorten meldete, daß er »rund dreißig« deutsche Überlebende im Wasser sehe, wurde kein einziger gerettet. *U540* war am 4. Oktober von einem Zwischenstopp in Bergen, Norwegen, aus in See gestochen und hatte lediglich 14 Tage im Atlantik Dienst getan.
- Die von J. Plomer geführte Korvette *Sunflower* aus Grettons Escort Group B-7 griff das VII-Boot *U631* unter Jürgen Krüger an und versenkte es. Es handelte sich um das Boot, das *U455* gerammt und dabei die eigenen vier Bugtorpedorohre außer Gefecht gesetzt hatte, dem aber die Erlaubnis zum Abbruch verweigert worden war. Es gab keine Überlebenden von *U631.*
- Die neue Fregatte *Byard* aus der britischen Escort Group B-4 versenkte das neue IXC/40-Boot *U841* unter Werner Bender, 26 Jahre alt. Die *Byard* fischte 27 Überlebende von *U841* aus dem Wasser, die enthüllten, daß kurz vor dem Auslaufen aus Drontheim am 4. Oktober der beliebte Zweite Wachoffizier Ernst Huffmann (Sohn eines Generals) Selbstmord begangen hatte, nachdem die Gestapo in seinem Hotelzimmer zurückgelassene »Geheimdokumente«, darunter auch Funkschlüssel, entdeckt hatte.

Wie die neuen IXC/40-Boote *U844* und *U540,* die von Norwegen aus in See gestochen und versenkt worden waren, hatte auch *U841* keine zwei Wochen im Atlantik Dienst getan. Früher hatte die U-Boot-Führung nie IX-Boote diesen Geleitzugkämpfen im Nordatlantik zugeteilt, weil sie sich nicht dafür eigneten. Jetzt sollte mit dieser Maßnahme vermutlich eine möglichst starke Flak-Bewaffnung ins Gefecht geführt werden.

Infolge widersprüchlicher Positionsmeldungen vereitelte die Führung daran anschließende Angriffe auf die Konvois ON 206 und ONS 20.

Das kampferprobte VII-Boot *U91* unter Heinz Hungershausen meldete korrekt, der Konvoi sei auf einen südwestlichen Kurs umgeschwenkt. Das neue VII-Boot *U413* unter Gustav Poel, das auch einen besonderen Grenzwellenpeiler an Bord hatte, funkte die Falschmeldung, ONS 20 sei auf einen nordwestlichen Kurs umgeleitet worden. Die Führung entschied sich für Poels Meldung (die ja wegen der Funkmeßanlage vermeintlich zuverlässiger war) anstelle der von Hungershausen und schickte die Gruppe Schlieffen in die falsche Richtung.

Die U-Boot-Führung bezeichnete den Angriff auf diese Konvois als einen Rückschlag. In der Tat: Die U-Boote versenkten lediglich einen Frachter, den Nachzügler aus ONS 20. Auf der Gegenseite war die Versenkung von sechs U-Booten ein glorreicher Sieg für die Verteidiger. Den deutschen U-Boot-Fahrern auf See, die Geleitzüge verfolgten, wurde im Laufe dieses Kampfes klar, daß es für ein U-Boot auf der Nordatlantikroute ebenso selbstmörderisch war, an der Oberfläche zu bleiben und den Kampf mit den Flugzeugen aufzunehmen, wie in der Biskaya.

Weitere deutsche Niederlagen auf der Nordatlantikroute

In den Augen der U-Boot-Führung wogen die vermeintlichen Erfolge der Gruppe Leuthen gegen Überwassereskorten und Luftsicherung im September die katastrophalen Fehlschläge der Gruppen Roßbach und Schlieffen im Oktober auf. Folglich hatte die Führung nicht die leiseste Absicht, die Operationen auf der Nordatlantikroute zu reduzieren oder gar zu stoppen.

Der Verlust der U-Tanker, zuletzt *U460,* hemmte die Operationen in diesem Raum empfindlich, vor allem in dem fernen Westatlantik auf der Höhe der Grand Banks. Wenn die Führung den Kampf fortführen wollte, war sie gezwungen, die beiden verbliebenen XB-Minenleger als Hilfs-Versorger zu den Atlantikflottillen zu verlegen. Es handelte sich um die neuen *U219* und *U220,* befehligt von den alten Kämpen Walter Burghagen, 52 Jahre alt, der im Ersten Weltkrieg in die Kaiserliche Marine eingetreten war, beziehungsweise von Bruno Barber, 39 Jahre alt. Burghagen stach mit *U219* am 22. Oktober von Norwegen aus in See, um den XIV-Tanker *U488* zu unterstützen. Um dieselbe Zeit wurde Barber in *U220,* der am 9. Oktober vor St. John's, Newfoundland, ein Minenfeld gelegt hatte, ebenfalls befohlen, *U488* beizustehen. *U220* sollte entweder den eigenen Überschuß an Treibstoff abgeben oder den Überschuß von *U488* übernehmen, damit dieser Tanker rasch Frankreich anlaufen, volltanken und wieder auslaufen konnte.

Diese beiden Hilfs-Versorger vom Typ XB waren so wertvoll, daß die U-Boot-Führung zwei neue Flak-Boote, *U256* und *U271,* anwies, diese und den noch wertvolleren XIV-Tanker *U488* bei den Versorgungsoperationen zu sichern. Außerdem ordnete die Führung an, alle künftigen Versorgungsoperationen seien bei Nacht durchzuführen, und befahl, daß die Tanker im Falle eines Luftangriffes tauchen sollten, während die U-Boote, die auf das Nachtanken warteten, die Flugzeuge mit der Flak bekämpfen sollten.

Die Alliierten richteten ihre U-Jagd-Operationen immer noch gezielt gegen die U-Tanker und nutzten den Vorteil der entzifferten Funksprüche und der Einpeilung des Funkverkehrs. Auf der Jagd nach *U488* ließen sich Avenger- und Wildcat-Maschinen des Geleitträgers *Core* auf einen Kampf mit zwei U-Booten ein.

- Am 20. Oktober stießen die Piloten Charles W. Brewer und Robert W. Hayman auf das VII-Boot *U378* unter Erich Mäder, der den polnischen Zerstörer *Orkan* versenkt hatte. Die Piloten griffen an und versenkten *U378.* Es gab einen Überlebenden, den Steuermann Karl-Heinz Brunkhorst, aber er kam ums Leben, als das Schiff, das ihn gerettet hatte, unterging.[1]
- Am folgenden Tag, dem 21. Oktober, griffen Flugzeuge von der *Core,* unterstützt von Catalinas, das Flak-Boot *U271* unter Kurt Barleben, 34 Jahre alt, auf der Suche nach dem Tanker *U488* an, den er sichern sollte. Ein deutscher Flak-Schütze wurde getötet, andere verwundet, aber *U271* überstand den Angriff. Allerdings war das U-Boot so übel zugerichtet, daß Barleben nach Frankreich abdrehen mußte.

Als Ersatz für die gescheiterte Gruppe Schlieffen ordnete die U-Boot-Führung am 24. Oktober die Bildung einer neuen Gruppe an. In ihrer endgültigen Zusammensetzung bestand die Gruppe Siegfried aus 18 Booten. Von diesen wurden elf, also fast zwei Drittel, von unerfahrenen Kommandanten befehligt: sechs in neuen Booten aus Norwegen und fünf in kampferprobten Booten aus Frankreich. Wegen des Fehlens von U-Tankern war die Führung gezwungen, mit der Gruppe Siegfried ostwärts fahrende Konvois anzugreifen, damit die U-Boote mit knappem Treibstoffvorrat näher bei Frankreich waren. Allerdings führte dies die Boote auch näher an die effektivste landgestützte Luftsicherung heran.

Aus rechtzeitig entzifferten Funksprüchen waren die Alliierten genau über die Gruppe Siegfried informiert. Um dem Streifen auszuweichen, lenkten sie alle ostwärts fahrenden HX- und SC-Konvois – mit den wertvollen Frachtgütern – auf eine südlichere Route um. Gleichzeitig erklärten die alliierten Behörden die leeren Schiffe des Konvois ON 207 zu einem »Köderkonvoi« und schickten ihn unmittelbar auf die Gruppe Siegfried zu, damit es zu Kampfhandlungen auf See kam. ON 207 wurde

---

[1] Nach Wise, *Sole Survivors of the Sea* (1994).

deshalb massiv eskortiert. Die kanadische Escort Group C-1, der britische Geleitträger *Biter,* der innerhalb der Formation mitfuhr, und ein MAC-Schiff stellten die Nahsicherung. Die berühmte britische Support Group B-2 unter Johnny Walker, der auch der neue britische Geleitträger *Tracker* zugeteilt worden war, sowie Peter Grettons Support Group B-7 patrouillierten in unmittelbarer Nähe. Weitere Hilfe boten landgestützte Flugzeuge des Coastal Command.

Die Schlacht begann am Morgen des 23. Oktober. Eine B-24 der britischen Squadron 224 flog gerade Grettons Gruppe an, um einige Radarersatzteile abzuwerfen, als sie ein U-Boot der Gruppe Siegfried sichtete. Es handelte sich um das neue VII-Boot *U274* unter Günther Jordan, 24 Jahre alt, der zehn Tage zuvor von dem Zwischenstopp in Norwegen aus in See gestochen war. Der Pilot Edward Jacques (Billy) Wicht, ein Schweizer im Dienst der RAF, griff mit acht Raketen an, gab Alarm und warf Nebelbojen ab. Gretton auf dem Zerstörer *Duncan* lief, begleitet von seinem zweiten Zerstörer *Vidette,* eilig die Nebelbojen an, gefolgt von den langsameren Korvetten. Unterdessen drückte Wicht *U274* mit Maschinengewehrfeuer unter Wasser und warf zwei Wasserbomben.

Als die *Duncan* das U-Boot im Sonar ortete, griff sie zweimal mit dem Hedgehog an. Die *Vidette* hingegen belegte *U274* mit Wasserbomben. Diese Angriffe zerstörten das Boot unter Verlust der gesamten Besatzung. Die Versenkung wurde durch einen »entsetzlichen Beweis« bestätigt, der an die Oberfläche aufstieg, wie Gretton es nannte. Johnny Walker, der auf dieser Fahrt noch kein U-Boot versenkt hatte, gratulierte Gretton über Funk. »Wir freuten uns, daß wir einmal den führenden Experten ausgestochen hatten, der über die Kunst des ›Ping-ping‹[1] inzwischen schon wieder mehr vergessen hatte, als irgendeiner von uns jemals lernen würde«, schreibt Gretton bescheiden in seinen Memoiren. Die Briten teilten das Verdienst für die Versenkung unter Wichts B-24, der *Duncan* und der *Vidette* auf.

Drei Tage später, am 26. Oktober, sichtete eine von acht B-24-Bombern der in Gander, Newfoundland, stationierten kanadischen Squadron 10, die zur Sicherung von ON 207 ausgeschwärmt waren, das nächste Boot der Gruppe Siegfried. Es wurde angenommen, daß es sich um das VII-Boot *U420* unter Hans-Jürgen Reese, 25 Jahre alt, handelte, das Anfang Juli von einem Flugzeug derselben Squadron beschädigt worden war. Diesen zweiten Angriff auf *U420* trug der Pilot R. M. Aldwinkle vor. Beim ersten Anflug versagten fünf der abgeworfenen sechs Wasserbomben oder fielen zu weit. Beim zweiten Anflug tauchte das Boot nach einem kurzen Schußwechsel, und Aldwinkle warf einen ziel-

---

[1] Sobald ein U-Boot vom Sonar erfaßt wurde, erklang im Boot ein hoher Ton ähnlich einem »Ping«, der von den U-Boot-Fahrern verständlicherweise gefürchtet wurde.

suchenden Torpedo Fido (von den Kanadiern »Zombie« genannt), aber er ging vermutlich fehl oder detonierte nicht. In einem dritten Anflug warf Aldwinkle zwei weitere Wasserbomben, die nahe bei dem U-Boot detonierten. Die Admiralität sprach ihm die Versenkung von *U420* zu, aber Niestlé kommt zu dem Schluß, daß das U-Boot aus unbekannten Ursachen verlorenging.

Zu dieser großen Ansammlung alliierter Schiffe und Flugzeuge mitten im Atlantik stießen noch zwei amerikanische Geleitträgergruppen hinzu. Die erste war die *Block Island,* die kurz zuvor den ASW-Operationen im Atlantik zugeteilt worden war. Sie war mit weitreichenden Avenger-Maschinen mit Radar bestückt, die sich für Nachtflüge eigneten. Die Gruppe um die *Block Island* löste den Geleitträger *Core* und ihre Sicherung ab. Der zweite Geleitträger war die *Card,* die in Nordafrika ihre Vorräte ergänzt hatte. Hauptaufgabe der Gruppen um die Geleitträger war es, den Tanker *U488* und die Hilfs-Versorger *U219* und *U220* vom Typ XB zu versenken.

Die Gruppe um die *Block Island* peilte in der Nacht des 25. Oktober ein Versorgungstreffen von *U488* mit anderen Booten ein. Zwei Glattdeck-Zerstörer der Sicherung, die *Parrott* und die *Paul Jones* (beides Veteranen der Asienflotte von 1942), entdeckten *U488,* ließen den gestörten Tanker aber entkommen, weil sie den Angriff verdarben. Die Boote, die an *U488* nachtanken wollten, mußten jedoch noch einige Tage länger zittern.

Noch am selben Tag, dem 26. Oktober, entdeckte eine B-24 das VII-Boot *U91* unter Heinz Hungershausen und griff es an. Alliierte Codeknacker fingen eine Meldung über den Schußwechsel und den Wasserbombenangriff ab, entzifferten sie und vermuteten, daß es sich um eine B-24 der kanadischen Squadron 10 handelte. *U91* war aber nicht ernsthaft beschädigt worden. Das Boot war 36 Tage zuvor von Frankreich aus in See gestochen und suchte *U584,* um ihm Treibstoff abzugeben.

Zwei Tage später, am Morgen des 28. Oktober, entdeckten zwei Flugzeuge der *Block Island* den Hilfs-Versorger *U220* unter Bruno Barber und das Flak-Boot *U256* unter Wilhelm Brauel zur Sicherung. Man nahm an, daß der Avenger-Pilot Franklin M. Murray und der Wildcat-Pilot Harold L. Handshuh *U220* unter Verlust der gesamten Besatzung versenkt und *U256* so schwer beschädigt hätten, daß Brauel genau wie Barleben in dem anderen Flak-Boot nach Frankreich abdrehen mußte. Laut Niestlé trug Brauel jedoch acht Stunden später am selben Tag ein Telefongespräch unter Wasser mit Barber in sein Logbuch ein. Die Versenkung von *U220* an diesem Morgen erscheint deshalb zweifelhaft.

Am folgenden Tag, dem 29. Oktober, entdeckte Peter Grettons Support Group B-7, die von dem »Köderkonvoi« ON 207 zu dem nächsten westwärts fahrenden Konvoi ON 208 gewechselt war, ein Fühlunghalterboot. Es handelte sich um das neue VII-Boot *U282* unter Rudolf

Müller, 26 Jahre alt, der nur zehn Tage zuvor von dem Zwischenstopp in Norwegen aus zu seiner ersten Feindfahrt in See gestochen war. Die britischen Zerstörer *Duncan* und *Vidette* sowie die Korvette *Sunflower* aus Grettons Gruppe versenkten *U282* mit dem Hedgehog. »Noch entsetzlichere und zahlreichere« Beweise stiegen an die Oberfläche auf, schreibt Gretton, die eine Versenkung bestätigten. Es gab keine deutschen Überlebenden. Nach diesem Sieg – die dritte Versenkung der Gruppe in ebenso vielen Wochen – kehrte Gretton mit dem schnellen ostwärts fahrenden Konvoi HX 263 zu den Britischen Inseln zurück.[1] Die U-Boot-Führung erfuhr erst Wochen später von dem Verlust von *U282.*

Die Gruppe um die *Card* jagte nach dem Tanker *U488* oder dem Hilfs-Versorger *U219* und peilte am 30./31. Oktober mit dem Huff Duff ein Treffen ein. Es stellte sich heraus, daß das Opfer weder *U488* noch *U219* war, die sich beide in weniger gefährliche Gewässer nach Süden abgesetzt hatten, sondern das VII-Boot *U584* unter Joachim Deecke (der im Juni 1942 vier Saboteure in Florida an Land gesetzt hatte) und *U91* unter Heinz Hungershausen, der *U584* für den Rückmarsch nach Frankreich Treibstoff abgeben sollte.

Am Spätnachmittag des 31. Oktober entdeckte der Avenger-Pilot W. S. Fowler von der *Card* die beiden U-Boote. Auf seinen Alarm hin trafen wenig später zwei weitere Flugzeuge der *Card* ein, geflogen von Letson S. Balliett und Alexander C. McAuslan. Nach einem flüchtigen Abwehrfeuer mit der Flak tauchte Hungershausen mit *U91* und entkam. Allein gelassen tauchte auch Deecke in *U584,* aber zu spät. Die Avenger-Piloten Fowler und Balliett warfen Fidos ab, die *U584* unter Verlust der gesamten Besatzung zerstörten.

Der Commander der Gruppe um die *Card,* Arnold J. (»Buster«) Isbell, ging irrtümlich davon aus, daß Hungershausen in *U91* ein U-Tanker war, und war alles andere als entzückt, daß er entkommen war. Deshalb schickte er den Glattdeck-Zerstörer *Borie* aus der Sicherung unter dem Befehl des 30jährigen Charles H. Hutchins auf Verfolgungskurs. In den Frühstunden des 1. November empfing dieser eine Ortung im Radar. Es handelte sich nicht um *U91,* sondern um das kampferprobte Boot *U405* aus dem Nordmeer, das von Rolf-Heinrich Hopmann befehligt wurde, einem gereiften 37jährigen U-Boot-Kommandanten, der einem Gefecht entgegenfieberte.

Das folgende Gefecht dauerte eine Stunde und zwölf Minuten. Es zählt zu den erbittertsten Gefechten des Seekriegs im Atlantik. Als die *Borie* mit Feuer aus allen Rohren heranlief, tauchte *U405.* Wegen eines

---

[1] Gretton trug ins Logbuch ein, seine Gruppe habe in 25 Tagen auf See 12400 Kilometer hinter sich gebracht und sechsmal an verschiedenen Konvois nachgetankt. Für Plomer in der *Sunflower* war es die dritte Versenkung innerhalb von sechs Monaten.

Defekts an den Wasserbombenablaufgerüsten ließ Hutchins unabsichtlich ein wahrhaft monströses Sperrfeuer auf Hopmann niedergehen. Die Wucht dieser nahen Detonationen warf *U405* an die Oberfläche. Daraufhin versuchte die *Borie* zu rammen. Die schwere See vereitelte jedoch den Rammversuch, und die *Borie* landete vergleichsweise sanft auf dem Bug von *U405* und saß fest. In einer tödlichen V-Form verkeilt, feuerten die Besatzungen aus extrem kurzer Entfernung aufeinander. Die exponierten Deutschen erlitten sehr schwere Verluste. Durch das Reiben der Schiffe aneinander erhielt der Rumpf der *Borie* tiefe Risse, *U405* jedoch blieb unbeschädigt.

Als die beiden Schiffe sich endlich voneinander lösten, schossen beide je einen Torpedo aufeinander, die aber beide fehlgingen. Daraufhin manövrierte Hutchins Hopmann aus und kam in eine vorteilhafte Position, von der aus er mit seinen Werfern drei auf geringe Tiefe eingestellte Wasserbomben in einer guten Gabel abwerfen konnte. Diese Detonationen und zwei gute Treffer auf der Brücke von *U405* mit der 4-Zoll-Kanone der *Borie* schlugen das U-Boot tödlich leck. Rund 20 überlebende Deutsche warfen Schlauchboote ins Meer und sprangen über Bord. In einem Manöver, das stark an das Verhalten des amerikanischen Zerstörers *Roper* gegenüber den Überlebenden von *U85* erinnerte, dampfte Hutchins mitten durch die Deutschen im Wasser und lief ab, weil er meinte, die *Borie* sei von einem anderen U-Boot bedroht. Er überließ die wenigen Überlebenden ihrem Schicksal. Kein einziger überlebte.

Damit ist die Geschichte aber nicht zu Ende. Bei dem Zusammenstoß mit *U405* waren die Maschinenräume der *Borie* geflutet worden. Als Hutchins seinen Erfolg an Buster Isbell auf der *Card* meldete, fügte er hinzu: »Muß möglicherweise Schiff aufgeben.« Weil diese Nachricht jedoch verstümmelt ankam, ahnte die *Card* nicht, daß die *Borie* ernste Schwierigkeiten hatte, bis Hutchins funkte: »Beginnen zu sinken.« Sechs Stunden später befahl Hutchins seiner Besatzung, das Schiff zu verlassen. Vom Nebel behindert, kam die *Card* mit ihrer Sicherung zu langsam zur Rettung heran. Von der Besatzung der *Borie* ertranken 27 Mann. Am Ende retteten die Glattdeck-Zerstörer *Barry* und *Goff* 127 Überlebende der *Borie*. Die *Barry* und eine Avenger versenkten den verlassenen Hulk am 2. November. Hutchins, sein Leitender Ingenieur Morrison R. Brown und der Maschinist Irving R. Saum jr. wurden für dieses Gefecht und dafür, daß sie die *Borie* so lange wie möglich über Wasser gehalten hatten, mit dem Navy Cross ausgezeichnet.

Wegen der Unfähigkeit des xB-Dienstes und der Luftwaffe, im Oktober präzise Informationen über die alliierten Geleitzüge zu beschaffen, und wegen der offenkundigen Fähigkeit der Alliierten, Vorpostenstreifen aus U-Booten zu orten und zu umfahren, führten Dönitz und die U-Boot-

Führung wichtige Änderungen in der Taktik ein. Trotz der Verbesserungen der U-Boote hielten sie die üblichen Gruppen- oder »Rudel-« Operationen gegen Konvois für nicht länger durchführbar. Der U-Boot-Feldzug auf der Nordatlantikroute sollte fortgesetzt werden, aber die Boote, die ihn führten, sollten in einer Vielzahl versuchsweiser Formationen viel weiter verstreut aufgestellt werden und tagsüber die ganze Zeit unter Wasser bleiben, damit sie nicht entdeckt wurden. Wegen der Unzulänglichkeit des Radardetektors Wanze und der 2-cm-Vierlings- und Zwillingsflak wurde die taktische Richtlinie, den Kampf gegen alliierte Flugzeuge aufzunehmen, aufgehoben, bis alle Boote mit der 3,7-cm-Schnellfeuerkanone und dem neuen Detektor Naxos ausgerüstet waren, der Radarstrahlen mit einer Wellenlänge von neun Zentimetern erfaßte. Am 11. November befahl die Führung, die acht Flak-U-Boote wieder zu gewöhnlichen U-Booten umzubauen. Alle U-Boote sollten tagsüber unter Wasser bleiben und nur bei Nacht angreifen.

Als Folge waren die Boote im November und danach auf der Nordatlantikroute verstreut. Als erstes wurde die glücklose Gruppe Siegfried in drei Untergruppen (Siegfried 1 bis 3) aufgeteilt, dann in zwei große Untergruppen (Jahn und Körner), dann in fünf Untergruppen (Tirpitz 1 bis 5) und schließlich in zehn Untergruppen (Eisenhart 1 bis 10). Die alliierten Führungsstellen wußten aus entzifferten Funksprüchen von diesen Umstellungen und lenkten die Geleitzüge um die U-Boote herum oder nutzten das rauhe Winterwetter und die schlechte Sicht und fuhren mitten durch die dünn besetzten Reihen hindurch.

Die Vernichtung von U-Booten auf der Nordatlantikroute brach im Monat November auf einen Schlag ab. Am 6. November versenkte Johnny Walkers britische Support Group B-2 (fünf Sloops und der Geleitträger *Tracker*) noch zwei U-Boote:

- In den frühen Morgenstunden des Tages ortete die von W. E. R. Seagrave geführte Sloop *Kite U226* auf dem Radar, ein VII-Boot der Gruppe Tirpitz 4 aus Frankreich, das von dem neuen Kommandanten Albrecht Gänge, 24 Jahre alt, befehligt wurde. Die *Kite* feuerte Leuchtkugeln und warf Wasserbomben, die Gänge zum Tauchen zwangen. Unterdessen eilten Walker auf der Sloop *Starling* und C. Gwinner auf der Sloop *Woodcock* der *Kite* zu Hilfe. In einer hartnäckigen Jagd trafen die drei Sloops *U226* und versenkten das U-Boot. Es gab keine Überlebenden.
- Einige Stunden später entdeckte eine Swordfish der *Tracker* auf eine Peilung im Huff Duff hin das neue IXC/40-Boot *U842* aus der Gruppe Tirpitz 5. Der Kommandant Wolfgang Heller, 33 Jahre alt, fuhr entgegen den neuen besonderen Befehlen bei Tageslicht an der Oberfläche. Walker lief eilig mit der *Starling* und den Sloops *Magpie* und *Wild Goose* die Position an. Unter seinem Befehl fanden die drei Sloops rasch *U842* und versenkten es mit der gesamten Besatzung.

Die Versenkung wurde durch die Bergung »menschlicher Überreste« und Trümmer bestätigt. Die *Starling* und die von D. E. G. Wemyss geführte *Wild Goose* teilten sich die Versenkung.

Danach hatten Walkers Support Group und die *Tracker* mit orkanartigen Winterstürmen und turmhohen Wellen zu kämpfen. Bei so widrigen Witterungsbedingungen hielt Walker die *Tracker* eher für eine Last als für einen Segen. Sie konnte keine Flugzeuge starten, und Walker mußte sie ständig gegen U-Boot-Angriffe sichern. Außerdem meldete Walker am 12. November bei der Ankunft in Argentia, daß seine Sloops nicht stabil genug gebaut seien. Allesamt hatten sie schwere Sturmschäden davongetragen, die *Woodcock* sogar so schwere, daß sie in einem ostwärts fahrenden Konvoi als Nichtkombattant nach England überführt werden mußte.

Walkers ernste Befürchtungen um die *Tracker* waren nicht unbegründet. Am 8. November stieß das VII-Boot *U648* der Untergruppe Tirpitz 5 unter Peter-Arthur Stahl auf die *Tracker* und schoß aus einer Entfernung von 1800 Metern drei Torpedos auf sie. Die Torpedos gingen ebenso fehl wie ein akustisch gelenkter T-5-Torpedo Zaunkönig, den Stahl auf die *Starling* oder eine andere Sloop schoß. Die *Tracker* und ihre Sicherung entkamen hinter einer Rauchwand und im dichten Regen, aber dieses Entkommen mit knapper Not beunruhigte sie sehr.

Auf das Konto landgestützter Flugzeuge gingen im November drei weitere Boote:

- Das neue VII-Boot *U966* unter Eckehard Wolf, 25 Jahre alt, der am 5. Oktober von Drontheim auslief. Beim Rückmarsch nach Frankreich entlang der nordspanischen Küste entdeckte eine mit Leigh Light ausgerüstete Wellington der britischen Squadron 612 das Boot in den frühen Morgenstunden des 10. November. Der Pilot Ian D. Gunn griff *U966* mit sechs Wasserbomben an, die alle kurz fielen. Nach einem Schußwechsel tauchte *U966*.

Später am selben Morgen entdeckte eine von Kenneth L. Wright geflogene B-24 der Squadron VB 103 der US Navy *U966* in der Nähe von El Ferrol. Wright griff in zwei Anflügen an, warf sechs Wasserbomben und tötete einige Deutsche mit dem Maschinengewehr. Eine B-24 der US Navy Squadron VB 105, geflogen von Leonard E. Harmon, stieß zu dem Angriff hinzu. Wenig später traf noch eine von J. A. Parrish geflogene B-24 der Squadron VB 110 der US Navy ein, die trotz schwerer Flak sechs nahe liegende Wabos warf. Zuletzt griff eine von Otakar Zanta geflogene B-24 der tschechischen Squadron 311 das Boot gut fünf Kilometer vor der spanischen Küste mit Raketen an. Bei diesen Angriffen kamen acht Deutsche ums Leben, *U966* wurde zu einem Wrack. Wolf lief mit ihm vor Punta Estaca auf Grund und sprengte das Boot in die Luft. Die spanischen Behörden gestatteten neun Besatzungsmitgliedern die Repatriierung nach Deutschland, internierten aber die übrigen 33 für den Rest des Krieges.[1]

- Das kampferprobte IXC-Boot *U508* unter Ritterkreuzträger Georg Staats lief am 9. November von St. Nazaire in Richtung Nordatlantik aus. Am vierten Tag auf See, dem 12. November, trug die Führung ein, Staats habe gemeldet, er werde von einem Flugzeug angegriffen. Amerikanische Marinebehörden kamen zu dem Schluß, daß eine B-24 der amerikanischen Navy Squadron VB 103, geflogen von Ralph B. Brownell, den Angriff vorgetragen hatte. Brownell meldete Fühlung zu einem U-Boot, kehrte aber nicht zu dem neuen Stützpunkt der Fleet Air Wing 7 bei Dunkeswell in Südwestengland zurück. Es ist anzunehmen, daß *U508* Brownells B-24 bei dem Angriff unter Verlust der gesamten Besatzung abschoß, aber im Verlauf des Gefechts von den Wasserbomben des Flugzeugs versenkt wurde. Die Navy zeichnete Brownell postum mit dem Navy Cross aus, seinen Copiloten und den Navigator mit dem DFC und sieben weitere Besatzungsmitglieder mit der Air Medal.
- Das neue VII-Boot *U280* unter Walter Hungershausen war den Gruppen Tirpitz und Eisenhart zugeteilt worden. Am 16. November griff eine von dem Australier John H. Bookless geflogene B-24 der britischen Squadron 86 *U280* trotz massiven Flakbeschusses mit Wasserbomben an. Die Flak schaltete den äußeren Backbordmotor aus. Die ersten Wasserbomben fielen weit, aber bei einem zweiten Anflug fiel die Serie nahe, und der Schütze in der Nase der B-24 bestrich die deutschen Kanoniere auf der Brücke und den Plattformen. Hungershausen setzte noch eine Meldung von dem Angriff an die Führung ab, seither wurde aber nie wieder etwas von dem Boot gehört. Aller Wahrscheinlichkeit nach sank es infolge dieses Angriffs unter Verlust der gesamten Besatzung.

Alliierte Flugzeuge trafen im November auf der Nordatlantikroute drei weitere U-Boote, die aber alle die Angriffe überstanden:

- Am 5. November griff ein nicht identifiziertes Flugzeug das neue VII-Boot *U967* unter Herbert Loeder, 24 Jahre alt, an. Beim Rückmarsch wurde das Boot im Golf von Biskaya am 30. November aber-

[1] In einem Zeitraum von rund zwei Monaten hatten sich vier U-Boote, die von alliierten Flugzeugen außer Gefecht gesetzt worden waren *(U760, U617, U566* und *U966),* auf spanischem Gebiet selbst zerstört oder waren dort gestrandet. Die britische Besetzung der portugiesischen Azoren und der diplomatische Druck der Alliierten auf Madrid, wobei eine Invasion Spaniens angedeutet wurde, dämpften zweifellos den Eifer spanischer Politiker bei der Repatriierung deutscher U-Boot-Besatzungen. Folglich befahl Dönitz, daß alle beschädigten Boote, die spanisches Gebiet anliefen, vor der Küste versenkt wurden. Die Besatzung konnte dann erklären, sie sei vom Feind »versenkt« worden, und hatte damit nach internationalem Recht Anspruch auf eine Repatriierung.

mals von einem nicht identifizierten Flugzeug getroffen. *U967* lief erst am 20. Januar wieder aus.

- Am 8. November griff ein nicht identifiziertes Flugzeug das neue Boot *U714* unter Hans-Joachim Schwebcke, 25 Jahre alt, an. Das Boot meldete keine Schäden und beendete eine Feindfahrt von 51 Tagen.
- Am 15. November griff ein nicht identifiziertes Flugzeug das erfahrene Boot *U709* unter Karl-Otto Weber an. Er meldete ebenfalls keine Schäden und beendete eine Feindfahrt von 54 Tagen.

Bis Anfang Dezember hatten elf neue Boote aus Deutschland und drei vom Nordmeer[1] die Atlantikflottillen verstärkt. Die U-Boot-Führung bildete aus diesen Booten zusammen mit drei Booten aus Frankreich und zwei anderen die Gruppe Coronel, die wiederum in drei Untergruppen (Coronel 1 bis 3) unterteilt wurde. Alliierte ASW-Kräfte trafen das Boot *U269* unter Karl-Heinrich Harlfinger, 28 Jahre alt, das vom Nordmeer überführt wurde, und beschädigten es so schwer, daß Harlfinger die Fahrt abbrechen mußte. Nach diesem Abzug blieben noch 18 Boote in der Gruppe Coronel.

Die Gruppe Coronel bildete so etwas wie eine »zweite Welle« in dem wiederaufgenommenen Kampf auf der Nordatlantikroute. Gemäß Dönitz' Befehlen durfte seit dem 1. Dezember von Frankreich aus oder seit dem 10. Dezember von Deutschland aus kein Boot ohne die neue 3,7-cm-Flak und den neuen Radardetektor Naxos auslaufen.[2] Alle Boote führten T-5-Torpedos mit sich, aber wegen der schleppenden Produktion dieser Waffe wurden den Atlantik-Booten nur jeweils vier pro Feindfahrt zugeteilt.[3]

---

1 *U269, U625* und *U629,* alles kampferprobte Boote.

2 Die Standard-Flak-Bewaffnung, die einen neuen Brückenaufbau mit genügend Platz dafür erforderlich machte, umfaßte als absolutes Minimum zwei 2-cm-Zwillingsflak auf der Brücke und eine 3,7-cm-Kanone mit Schutzschild auf einer achteren Plattform. Das VII-Boot *U986* wurde versuchsweise rund um den Turm mit 30 Abschußvorrichtungen für Fliegerabwehrraketen ausgerüstet, aber die Raketenwaffe wurde als »nicht vielversprechend« eingestuft und deshalb nicht eingeführt.

3 Eine Untersuchung der T-5-Ergebnisse am 1. Dezember gelangte zu dem Schluß, daß seit 20. September von Booten im Atlantik und im Mittelmeer 71 T-5-Torpedos abgeschossen worden waren, 40 trafen (56 Prozent), 22 versagten und 9 liefen im Rohr heiß oder detonierten kurz nach dem Ausstoß aus dem Rohr (»Frühzünder«). Die angeblichen »Treffer« hatten, wie es hieß, 30 – ich wiederhole: 30 – Zerstörer, vermutlich zwei weitere Zerstörer und ein U-Boot versenkt. Die bestätigten Ergebnisse: vier Zerstörer versenkt *(Orkan, St. Croix, Bristol, Buck)* sowie ein weiterer irreparabel beschädigt *(Quail).* Eine Sloop *(Chanticleer)* wurde irreparabel beschädigt. Eine Fregatte *(Itchen)* wurde versenkt, eine zweite irreparabel beschädigt *(Lagan).* Eine Korvette *(Polyanthus)* wurde versenkt. Drei Minenboote wurden versenkt *(Skill, Hythe, Hebe).* Insgesamt: nicht 30 oder gar 32, sondern 9 Kriegsschiffe versenkt und 3 so schwer beschädigt, daß sie nicht repariert werden konnten. Herr Rohwer kam bei einem für das Bundeswehramt für Beschaffung erstellten Gutachten zu dem Ergebnis, daß die Trefferquote der T-5-Torpedos bei 14,5 Prozent lag.

Zu diesem Zeitpunkt war nur noch ein U-Tanker vom Typ XIV im Atlantik einsatzbereit: Bartkes *U488*. Ein weiterer XIV-Tanker, *U490,* war fertiggestellt worden, lag aber noch in der Ostsee, weil er bei einem Unfall dort versenkt worden war. *U488* unter Bartke war leergepumpt und lief zur Überholung und zum Weihnachtsurlaub Frankreich an. In der ersten Hälfte des Dezember stand also nur ein Hilfs-Versorger, der XB-Minenleger *U219,* zum Nachtanken der VII-Boote der Gruppe Coronel zur Verfügung und in der zweiten Monatshälfte gar keiner. Deshalb wurde die Gruppe in Gebieten nur 900 Kilometer westlich von Irland aufgestellt, also innerhalb der Reichweite der stärksten Ansammlung von ASW-Flugzeugen.

Die drei Gruppen Coronel liefen bei stürmischem Winterwetter ihre Positionen an, doch die Alliierten kannten diese Positionen aus entzifferten Funksprüchen genau und lenkten die Konvois erfolgreich an ihnen vorbei. Nach deutschen Erkenntnissen entgingen den U-Booten drei Konvois, auf die sie es eigentlich abgesehen hatten: ONS 24, ON 215 und der ostwärts fahrende HX 268. An zwei Booten der Gruppe Coronel traten ernste technische Mängel auf:

- Am 16. Dezember richtete die schwere See an dem VII-Boot *U284* unter Günther Scholz, 24 Jahre alt, so großen Schaden an, daß er die Fahrt abbrechen und über Funk Hilfe anfordern mußte. Als das aus dem Nordmeer überführte Boot *U629* unter Hans-Helmut Bugs am 21. Dezember auf den Hilferuf antwortete, brachte Scholz seine Besatzung an Bord von *U629* und versenkte das Wrack von *U284*. Beim Rückmarsch nach Frankreich stieß Bugs am 29. Dezember mit seinen rund 100 Mann an Bord auf einen »kleinen« Geleitzug und schoß einen T-5 auf einen »Zerstörer«. Er meldete, dieser sei gesunken, doch die Versenkung wurde nicht bestätigt.
- Am 17. Dezember kam es bei dem neuen VII-Boot *U761* unter Horst Geider,[1] 25 Jahre alt, im vorderen Batterieraum zu einer Explosion. Es wurde zwar niemand ernsthaft verwundet, aber der neue Leitende Ingenieur Karl Lendle erklärte die Batterie für unbrauchbar. *U761* mußte die Fahrt abbrechen und schlich am 26. Dezember wieder in den Hafen von Brest.

Nach zwei erfolglosen Wochen löste die U-Boot-Führung die drei Streifen der Gruppe Coronel auf und ersetzte sie durch drei neue Streifen mit je sechs Booten: Sylt, Amrum und Föhr. Wegen der turmhohen Wellen waren die Boote nicht imstande, ihre Flak zu bemannen. Folglich

---

[1] Geider war der Schwiegersohn eines Angehörigen der Kaiserlichen Marine, der im Ersten Weltkrieg als Bootsmann auf Dönitz' U-Boot gedient hatte. Nach einem amerikanischen Geheimdienstbericht hatte der ursprüngliche Leitende Ingenieur Fritz Ammon während der 36tägigen Liegezeit in Norwegen Geider Schimpfreden vorgeworfen. Als Folge hatte Geider ihn verhaften lassen und vor ein Kriegsgericht gestellt. Nach amerikanischen Unterlagen wurde Ammon zu drei Monaten Gefängnis verurteilt und degradiert.

wies die Führung diese Boote an, tagsüber unter Wasser zu bleiben. Da die Suchreichweite der auf diese Weise gehemmten Boote sehr begrenzt war, erfaßten sie keinen einzigen Geleitzug. Diese waren ohnehin nach Süden umgeleitet worden, um den Booten und dem gräßlichen Wetter auszuweichen.

Nachdem mit diesen drei neuen Vorpostenstreifen nichts erreicht worden war, zog die Führung die Boote am 22. Dezember noch weiter auseinander. Sie verteilte die achtzehn Boote in bislang drei Gruppen auf sechs Gruppen mit je drei Booten: Rügen 1 bis 6. Am folgenden Tag stieß das neue Boot *U471* unter Friedrich Kloevekorn, 25 Jahre alt, auf den Truppen- oder Militärkonvoi TU 5 auf dem Weg von den Britischen Inseln zu den Vereinigten Staaten. Dieser Konvoi wurde von dem Schlachtschiff *Nevada,* das den Angriff auf Pearl Harbour überstanden hatte, und anderen Kriegsschiffen massiv gesichert. Kloevekorn griff wagemutig am 23. Dezember allein an und meldete einen Treffer an einem Frachter mit 8000 BRT, in Wirklichkeit schoß er aber fehl. Eine nicht identifizierte britische B-24, die den Konvoi sicherte, sah *U471* und bombardierte es. Drei Mann wurden verwundet und »schwere Schäden« angerichtet, aber Kloevekorn konnte die Verwundeten selbst behandeln, die Schäden reparieren und die Fahrt fortsetzen.

Das neue Boot *U392* aus der Gruppe Rügen unter Henning Schümann, 24 Jahre alt, erfaßte am 2. Weihnachtstag einen Geleitzug. Es handelte sich um HX 271 (54 Schiffe, 8 Geleitschiffe), der durch die schwere See teilweise zersprengt worden war. Irrtümlich meldete Schümann eine Formation aus nur »drei oder vier Frachtern« mit einer leichten Sicherung und griff mit drei FATs an. Einer sei ausgebrochen und habe zu früh gezündet, meldete er. Einer habe einen Zerstörer »unterhalb der Brücke« getroffen und der dritte habe möglicherweise einen Frachter getroffen. Kein einziger Treffer wurde bestätigt. Die Zerstörer und andere Geleitfahrzeuge drückten *U392* unter Wasser, und der Konvoi entkam ohne Verluste.

Am vorletzten Tag des Dezembers stießen zwei Boote der Gruppe Rügen auf separate Bestandteile des Konvois ON 217 (80 Schiffe, 9 Geleitfahrzeuge), der in einem Sturm auseinandergefallen war. Gert Mannesmann, 33 Jahre alt, in dem neuen IXC/40-Boot *U545* meldete 15 Handelsschiffe. Er schoß vier FATs und meldete vier Treffer, die einen Frachter, die 7400 BRT große britische *Empire Housman,* versenkt und zwei weitere mit 12 000 BRT beschädigt hätten. Er beschädigte jedoch nur die *Empire Housman,* weitere Treffer wurden nicht bestätigt. Heinz Blischke, 24 Jahre alt, in dem neuen VII-Boot *U744* entdeckte einen allein fahrenden Nachzügler und schoß sieben Torpedos auf den Frachter, auch einen T-5, aber alle gingen fehl oder versagten. Einige Tage später stieß Blischke auf die beschädigte *Empire Housman* und versenkte sie. Er teilte sich das Verdienst mit Mannesmann, der noch Treffer an einem »Zerstörer« und einem weiteren Frachter meldete, aber diese wurden nie bestätigt. Die Alliierten unternahmen einen Versuch, die *Empire Housman* zu retten, der aber scheiterte. Sie war das einzige Handelsschiff, das im Dezember auf der Nordatlantikroute von U-Booten versenkt wurde. Weil Hitler beschlossen hatte, Ende Dezember die Angriffe der Luftwaffe auf London wiederaufzunehmen, beauftragte Dönitz zwei VII- und ein IX-Boot der Gruppe Rügen, Wettermeldungen zu senden. Wegen des großen Anstiegs an alliierten träger- und landgestützten Luftpatrouillen war dieser Sonderauftrag äußerst gefährlich. Alle drei Boote überstanden den Auftrag, aber das IXC/40-Boot *U544* wurde später versenkt, als es versuchte, zwei aus amerikanischen Gewässern zurückkehrende Boote nachzutanken, wie wir noch sehen werden.

Ende des Jahres gab Dönitz einen neuen Befehl (Nr. 34) aus, der die Art und Weise, mit der U-Boote Geleitzüge angreifen sollten, grundlegend veränderte. In Anbetracht der Tatsache, daß Angriffe auf Geleitzüge wegen der Radargeräte der alliierten Luftsicherung und der Sonare der Überwasserschiffe so schwierig geworden waren, sollten die U-Boote nach der Fühlungnahme zu einem Konvoi künftig »blind«, getaucht und ohne Benutzung des Sehrohrs, FATs und T-5-Torpedos schießen. Alle fünf (oder sechs) Rohre sollten beim Angriff leergeschossen werden. Danach sollten die U-Boote auf wenigstens 40 Meter Tiefe gehen, um die Möglichkeit auszuschließen, daß ein schleifenlaufender FAT das U-Boot traf.

Dieser Befehl beendete die »Wolfsrudel-« oder Gruppentaktik, nach der ein U-Boot, das Fühlung zu einem Konvoi genommen hatte, andere U-Boote anforderte oder heranführte. Wenn ein U-Boot blind schoß und rasch auf Tiefe ging, um schleifenlaufenden FATs auszuweichen und nachzuladen, dann verlor es aller Wahrscheinlichkeit nach sehr rasch die Fühlung zu dem Konvoi, insbesondere wenn der Konvoi wie üblich seinen Kurs massiv änderte, sobald er die Torpedos entdeckte. Unter diesen Umständen konnte ein U-Boot den Kurs und die Geschwindigkeit des Konvois nicht so zuverlässig und konsequent melden, daß die U-Boot-Führung andere Boote auf ihn ansetzen konnte. Diese operierten inzwischen weiter verstreut als jemals zuvor.

Die Wiederaufnahme von U-Boot-Operationen gegen die alliierte Schiffahrt auf der Nordatlantikroute in den vier Monaten von September bis Dezember 1943 erwies sich als vollkommen sinnlos. Auf 101 Feindfahrten, die in diesen vier Monaten in dem Raum durchgeführt wurden, verursachten die U-Boote den Verlust von nur 14 Schiffen: sechs Geleitschiffe und acht Frachter. Im Gegenzug gingen 32 U-Boote[1] –

---

[1] Darunter der XB-Minenleger *U220,* der von einer Minenunternehmung in amerikanischen Gewässern zurückkehrte und als Hilfs-Versorger Dienst tun mußte.

sowie rund 1600 Mann – verloren, und 22 andere Boote mußten die Fahrt abbrechen, die meisten wegen Gefechtsschäden und zur Rettung von Verwundeten nach Angriffen von alliierten Flugzeugen.

Alle neuen und angeblich kriegsentscheidenden Waffen – die Radardetektoren Wanze und Naxos, das Radartäuschungsgerät Aphrodite, der Überwassersuchradar (Gema und Hohentwiel) und die Funkmeßanlage, der akustisch zielsuchende T-5-Torpedo Zaunkönig, die 2-cm-Vierlings- und Zwillingsflak – erwiesen sich als unzureichend und in manchen Fällen als völlig wertlos. Mit Ausnahme von *U488* und *U490* (noch in der Ostsee) waren die U-Tanker vom Typ XIV vernichtet worden. Die Luftwaffe hatte keinen einzigen Geleitzug aufgespürt und gemeldet. Der Preis für die Fortsetzung des U-Boot-Krieges auf der Nordatlantikroute war so hoch, daß Dönitz wiederum befahl, Gruppenoperationen abzusagen und die Boote einzeln über den Raum westlich der Britischen Inseln zu verstreuen. Sie sollten weisungsgemäß »blind« und unter Wasser schießen.

Ende des Jahres 1943 einigten sich Washington, London und Ottawa erfreut auf eine vorsichtige Erklärung, die Anfang 1944 bekanntgegeben werden sollte. Die U-Boot-Gefahr wurde darin deutlich geringer bewertet:

> *Die verlorene Gesamttonnage an Handelsschiffen durch U-Boot-Aktionen im Dezember lag wiederum sehr niedrig.*[1] *Trotz einer Ausweitung des Operationsgebietes wurden in dem Monat aus verschiedenen Gründen weniger U-Boote durch Luft- und Seestreitkräfte versenkt, nicht zuletzt wegen der erhöhten Vorsicht des Feindes. Unsere Nachschublinien waren jedoch gegen U-Boot-Angriffe gut gesichert.*
>
> *Im Jahr 1943 versenkten die U-Boote nur 40 Prozent der Handelsschifftonnage, die sie im Jahr 1942 versenkt hatten. Auf der anderen Seite verdoppelte sich die 1943 von den Vereinten Nationen gebaute Handelsschifftonnage gegenüber der 1942 gelieferten Tonnage nahezu. Fast die Hälfte der 1943 verlorenen Tonnage ging in den ersten drei Monaten verloren, 27 Prozent gingen im zweiten Viertel von 1943 verloren und nur 26 Prozent in den letzten sechs Monaten.*

---

[1] Im November und Dezember 1943 überquerten in 37 Geleitzügen 1466 Schiffe den Nordatlantik, und kein einziges ging durch U-Boote verloren. Die am 30. Dezember beschädigte *Empire Housman* sank erst am 3. Januar 1944.

Vergebliche Operationen gegen Gibraltar-Geleitzüge

Das anglo-portugiesische Abkommen vom 18. August 1943 eröffnete den Briten die Möglichkeit, Landeplätze auf den Azoren-Inseln Faial und Terceira einzurichten. Am 3. Oktober verließ ein Flottenverband die Britischen Inseln, um die Operation Alacrity durchzuführen, die erste Phase der Operation. Dazu zählten der Geleitträger *Fencer,* drei Zerstörer und der Truppentransporter *Franconia,* der mit Bodentruppen der RAF vollgestopft war. Der Befehlshaber der Group 19 des Coastal Command, Geoffrey Bromet, reiste mit, um sicherzustellen, daß dieses in diplomatischer Hinsicht heikle Unternehmen planmäßig ablief.

Der Verband sichtete am 8. Oktober die Insel Terceira. Von der *Fencer* starteten Seafire-Maschinen (eine Trägerversion der Spitfire), um nach feindlichen Kräften Ausschau zu halten. Die Zerstörer suchten die nähere Umgebung nach U-Booten ab, die die Operation stören könnten. Alles ging glatt. Vor Anbruch der Dunkelheit flogen Bromet und andere RAF-Mitarbeiter in Walrus-Seeflugzeugen zur Hauptstadt der Insel, Angra do Heroísmo.

Die bis dahin reibungslos verlaufene Operation geriet aber plötzlich ins Stocken. Wegen der widrigen Witterung konnten die landgestützten Bombersquadrons, die auf den Azoren stationiert werden sollten, nicht starten. Als Notlösung befahl die Admiralität den Seafire- und Swordfish-Maschinen auf der *Fencer,* an Land zu fliegen, um die britische Präsenz auf dem Flugplatz Lagens herzustellen. Am 18. Oktober traf schließlich der erste landgestützte britische Bomber auf Lagens ein, eine B-17 Flying Fortress. Am 24. Oktober rief die *Fencer* ihre Seafire und Swordfish zurück und kehrte zu den Britischen Inseln zurück, um KM- und MK-Geleitzüge zum Mittelmeer und zurück zu sichern.

Im Laufe der folgenden zwei Wochen trafen rund 50 britische Flugzeuge auf den Azoren ein. Es handelte sich um 30 B-17-Bomber der britischen Squadron 206 und 220, die bislang auf den Hebriden stationiert waren, zehn Hudsons der britischen Squadron 233 von Gibraltar und sechs mit Leigh Light ausgerüstete Wellingtons, ein Teil der britischen Squadron 179 ebenfalls von Gibraltar. Da in den folgenden Monaten immer mehr alliierte Flugzeuge eintrafen, wurde ein weiteres Rollfeld benötigt.

Die Bedeutung dieser neuen alliierten Luftstützpunkte für die Schlacht im Atlantik kann nicht hoch genug veranschlagt werden. Für die Briten (und später die Amerikaner) wurden die Azoren im Mittelatlantik dasselbe wie Island im Nordatlantik. Die landgestützten ASW-Flugzeuge, die von den Azoren aus operierten, schlossen die »Luftlücke« im Mittelatlantik und dehnten den Luftschirm für Geleitzüge nach Osten bis Nordafrika, nach Westen bis Argentia und zu den Bermuda-Inseln aus, nach Norden bis Island und nach Süden bis zu den Kapverdischen Inseln und Dakar.

Wegen der schweren alliierten Luftsicherung für die KM-MK-Geleitzüge, die zwischen den Britischen Inseln und dem Mittelmeer pendelten, hatten die Deutschen seit Juni 1942 keine Gruppenoperationen mehr gegen sie organisiert. Nach dem Eintreffen neuer Flugzeuge der Luftwaffe (Ju-88, He-177, Ju-290, BV-222) in Frankreich und dem Verlust aller U-Tanker bis auf einen setzten Dönitz und die U-Boot-Führung die Gruppe Schill 1 auf diese Geleitzugroute an. Die Route hatte vermeintlich den Vorteil, nahe bei den französischen Stützpunkten zu liegen, wodurch der Bedarf an Versorgern geringer wurde. Außerdem konnten die U-Boote eventuell von der Sichtung der Geleitzüge durch Flugzeuge der Luftwaffe profitieren.

Damit die Gruppe nicht schon vor dem ersten Schlag entdeckt wurde, war Schill 1 absichtlich klein angelegt. Ursprünglich bestand die Gruppe aus nur acht Booten, darunter die Flak-Boote *U211, U441* und *U953*. Bereits in der Anfangsphase der Aufstellung traf ein nicht identifiziertes alliiertes Flugzeug *U441* unter Klaus Hartmann und beschädigte das Boot schwer. Hartmann konnte die nötigen Reparaturen nicht selbst durchführen und drehte nach Frankreich ab.

Die sieben verbliebenen Boote der Gruppe Schill 1 stellten sich westlich von Portugal auf, um den nordwärts fahrenden Konvoi MKS 28 abzufangen, der mit dem Konvoi SL 138 vereinigt worden war, alles in allem 60 Handelsschiffe. Die beiden Geleitzüge wurden von der britischen Escort Group 39 gesichert, die zehn Kriegsschiffe umfaßte: zwei Zerstörer *(Whitehall, Wrestler),* drei Sloops *(Hastings, Rochester, Scarborough),* eine Fregatte *(Tavy),* drei Korvetten und, zum Schutz vor deutschen Flugzeugen, der Hilfs-Flakkreuzer *Alynbank.*

Eine BV-222 der Luftwaffe sichtete diese große Formation und meldete sie am 27. Oktober, verlor sie aber in den folgenden beiden Tagen wieder. Heinz Franke in *U262* erfaßte aber den Konvoi und verfolgte ihn am 29. und 30. Oktober. Er führte andere Boote heran, auch den Ritterkreuzträger Peter Cremer in *U333.* Franke und Cremer griffen an und meldeten die Versenkung eines »Zerstörers«, aber kein Treffer konnte bestätigt werden. Außerdem meldete Franke, er habe einen Frachter mit 7000 BRT versenkt, der sich als die norwegische *Hallfried* mit 2968 BRT entpuppte – der dritte Frachter, den die U-Boote im gesamten Nordatlantik im Monat Oktober versenkten.

Während der Operationen am 31. Oktober entdeckten zwei britische Geleitschiffe, der Zerstörer *Whitehall* und die Korvette *Geranium,* ein Boot der Gruppe Schill 1 und versenkten es mit Hedgehog und Wasserbomben. Es handelte sich um *U306* unter Claus von Trotha. Die Briten bestätigten die Versenkung, indem sie »gesplitterte Holztrümmer« aus dem Wasser fischten, die im Inneren der VII-Boote verwendet wurden. Überlebende oder Leichen wurden nicht entdeckt.

Damit die Gruppe Schill 1 wieder die Stärke von acht Booten erreichte, wies die U-Boot-Führung zwei frisch aus Frankreich ausgelaufene VII-Boote an, das verlorene Boot *U306* und das Flak-Boot *U441* zu ersetzen. Der Gruppe gehörten noch die Flak-Boote *U211* und *U953* an. Sie wurde anschließend umgruppiert, um einen südwärts fahrenden KMS-Geleitzug nach Gibraltar abzufangen.

Flugzeuge der Luftwaffe hielten am 2., 3. und 4. November nach dem Konvoi Ausschau, hatten aber kein Glück. In der Nacht des 4. November empfing jedoch Ritterkreuzträger Peter Cremer in *U333* Geräusche im Horchgerät und tauchte bei dichtem Nebel auf. Plötzlich seien, schreibt er, von wechselnden Nebelschwaden verzerrt, zusammenhanglos und zu einer gigantischen Größe anwachsend, Schiffsrümpfe, Masten und Schornsteine in Sicht gekommen. Aber noch ehe er eine Fühlungsmeldung vorbereiten und absetzen konnte, tauchte ein »Zerstörer« drohend aus dem Nebel auf und hielt direkt auf *U333* zu. Cremer schoß einen T-5 nach Augenmaß auf den »Zerstörer« und ging auf 177 Meter Tiefe. Der Torpedo ging fehl oder versagte, und der Zerstörer belegte *U333* mit einem wahren Hagel von Wasserbomben.

Das U-Boot überstand den Angriff, aber Cremer blieb den ganzen Tag getaucht und setzte seine Fühlungsmeldung erst mit achtzehn Stunden Verspätung ab. Die Führung war wütend. Cremer hatte seine Fühlungsmeldung nicht nur hinausgezögert, trug der Tagebuchführer ein, sondern hatte es ferner versäumt, eine Position anzugeben! Seine Versäumnisse seien unbegreiflich, mahnte der Tagebuchführer. Wegen der Verzögerung konnten keine Operationen gegen diesen Geleitzug organisiert werden.

Flugzeuge der Luftwaffe hielten nach dem erwarteten nordwärts fahrenden Geleitzug MKS 29 Ausschau und fanden ihn am 7. November. Die U-Boot-Führung verlegte die Gruppe Schill 1, um ihn abzufangen, aber wie üblich war die von den Fliegern gemeldete Position falsch. Der Konvoi passierte in der Nacht des 8. November unentdeckt den U-Boot-Streifen. Es sei genau wie früher, beklagte der Tagebuchführer. Es gab nicht genug einsatzbereite Flugzeuge, und die Fliegerbesatzungen waren in der Navigation über Wasser unzureichend geschult.

Am 9. November hatte die Luftwaffe jedoch Glück. Flugzeuge erfaßten den nordwärts fahrenden Konvoi MKS 29 rechtzeitig, so daß die Gruppe Schill 1 auf eine vielversprechende Position verlegt werden konnte, mit Ausnahme des Flak-Bootes *U953,* das wegen Treibstoffmangels den Rückmarsch angetreten hatte. Nach Einbruch der Dunkelheit meldete Heinz Franke in *U262* »Lichter«, führte mehrere Boote heran und griff dann an. Franke und der Kommandant Gerhard Thäter in *U466* meldeten Treffer an »Zerstörern«, aber keine Meldung wurde bestätigt. Erwin Christophersen in *U228* meldete die Versenkung eines

5000 BRT großen Frachters, aber auch diese Meldung wurde nicht bestätigt. Der Konvoi entkam ohne Verluste.

Von den verbliebenen sieben Booten der Gruppe Schill 1 schalteten alliierte ASW-Kräfte zwei aus: Kurz vor Einbruch der Dämmerung entdeckte eine B-17 der frisch auf den Azoren eingetroffenen britischen Squadron 220 am 9. November *U707* unter Günter Gretschel, 29 Jahre alt. Der Pilot Roderick Patrick Drummond flog zweimal im Tiefflug in »schweres und genaues« Flak-Feuer und warf sieben auf seichte Tiefe eingestellte Wasserbomben, die das U-Boot zerstörten. Drummond meldete, seine Besatzung habe »zehn oder fünfzehn« Deutsche im Wasser inmitten von »hölzernen Trümmern« gesehen. Er warf Schlauchboote und Notrationen ab. Eine andere B-17 der britischen Squadron 220, geflogen von G. P. Robertson, fand an der Stelle nur einen Deutschen im Wasser vor. Robertson warf ihm Versorgungspakete und Funkgeräte zu, aber die Alliierten bargen von *U707* niemand. In einer nicht dokumentarisch belegten Aktion griffen Überwasserschiffe Thäter in *U466* an und richteten so schweren Schaden an, daß er im Kielwasser des Flak-Bootes *U953* nach Frankreich abdrehen mußte.

Um diese Zeit meldete der deutsche Nachrichtendienst die Anwesenheit einer großen nordwärts fahrenden Formation. Es handelte sich um den Konvoi MKS 30, vereint mit dem Konvoi SL 139, der 66 Handelsschiffe umfaßte. Dieser vereinte Geleitzug wurde massiv gesichert: 20 Kriegsschiffe (zwei Zerstörer, fünf Sloops, sieben Fregatten, sechs Korvetten) der Escort Groups 5, 7 und 40, dazu der britische bewaffnete Hilfskreuzer *Ranpura* und der kanadische Hilfs-Flakkreuzer *Prince Robert.* Darüber hinaus sicherten den Geleitzug B-24-Bomber und Wellingtons des Coastal Command aus den britischen Squadrons 53 und 179, B-17-Bomber der britischen Squadrons 206 und 220 auf den Azoren und Sunderlands der kanadischen Squadron 422 aus der Luft.

Die Deutschen waren entschlossen, einen mächtigen Schlag gegen diesen Geleitzug zu führen. Um ganz sicherzugehen, stellte die U-Boot-Führung drei Vorpostenstreifen von Nord nach Süd auf, insgesamt 30 U-Boote.

- Der südlichste Streifen, Schill 1, bestand aus sieben Booten, darunter das verbliebene Flak-Boot *U211, U333* unter Ritterkreuzträger Peter Cremer und vorübergehend das frisch in See gestochene IXC-Boot *U515* unter Werner Henke, der das Eichenlaub zum Ritterkreuz trug. Zwei andere Boote, die von Operationen auf der Nordatlantikroute zurückkehrten, *U426* und *U608,* wurden ebenfalls Schill 1 zugeteilt, kamen aber nicht rechtzeitig weit genug nach Süden.
- Der zweite Streifen etwas weiter nördlich, Schill 2, umfaßte zehn

Boote: sechs auf dem Rückmarsch von der Nordatlantikroute,[1] darunter *U608,* das IXC/40-Boot *U536,* das geflohene Kriegsgefangene vor Kanada hatte aufnehmen sollen, und drei frisch aus Frankreich in See gestochene Boote. Dem Boot *U426,* das von der Nordatlantikroute zurückkehrte, wurde freigestellt, in der Nähe von Schill 2 unabhängig zu operieren.

- Der dritte und nördlichste Streifen, Schill 3, umfaßte zwölf Boote, die von der Nordatlantikroute zurückkehrten. Zwei andere Boote von der Nordatlantikroute mit nur wenig Treibstoff, *U91* und *U552,* wurden aufgefordert, sich der Gruppe Schill 3 anzuschließen.

Auf dem Weg zu dem Streifen Schill 3 fand das neue IXC/40-Boot *U542,* das vor kurzem von Norwegen aus in See gestochen war, am 16. November eine Gruppe »Zerstörer«. Der U-Boot-Kommandant Christian-Brandt Coester, 24 Jahre alt, schoß mutig einen akustisch zielsuchenden T-5-Torpedo, der aber nicht traf. Die »Zerstörer« und eine »Hudson« griffen ihrerseits *U542* an, aber Coester schoß einen zweiten T-5. Dieser zündete zu früh, aber immerhin entkam Coester seinen Verfolgern. Als ein weiteres neues Boot, *U969* unter Max Dobbert, 33 Jahre alt, auf dem Weg zum Streifen Schill 2 in demselben Raum einen »Zerstörer« meldete, vermutete die Führung, daß diese Boote auf die Sicherung eines ostwärts fahrenden Geleitzuges gestoßen waren, vielleicht HX 265 oder SC 146. Der mutmaßliche Geleitzug befand sich für einen U-Boot-Angriff jedoch bereits zu nahe bei den Britischen Inseln.

Flugzeuge der Luftwaffe entdeckten am 16. November die vereinten Geleitzüge MKS 30 und SL 139 auf dem Weg nach Norden. Die U-Boot-Führung verlegte Schill 1 weiter nach Osten, so daß sie am 18. November gegen Mittag den Geleitzug abfangen mußten. Der zähe Kundschafter und Verfolger Heinz Franke in *U262* fand den Geleitzug. Er und die Ritterkreuzträger Cremer in *U333* und Henke in *U515* führten den Angriff an.

Cremer schreibt in seinen Memoiren, das Schicksal habe es so gewollt, daß *U333* als erstes Boot den Feind abfange. Das Ergebnis war eine wahre Katastrophe. Die britische Fregatte *Exe,* ein anderes Kriegsschiff und ein Flugzeug sichteten beinahe gleichzeitig das Sehrohr von *U333* und griffen an. Eine Serie von zehn Wasserbomben sei mit einem ohrenbetäubenden Lärm rund um das Boot detoniert, fährt Cremer fort. Die Wirkung sei entsetzlich und der entstandene Schaden sehr groß gewesen. Außerdem traf der Kiel der *Exe* das Sehrohr von *U333* und brach es ab. Die *Exe* und andere Geleitfahrzeuge belegten das U-Boot acht Stunden lang mit Wabos. Wie durch ein Wunder überstand *U333* auch die

[1] Darunter auch das VII-Boot *U343,* das am 7. November *U762* dringend benötigten Treibstoff abgegeben hatte.

dritte Kollision mit alliierten Fahrzeugen, brach die Fahrt ab und rettete sich nach Frankreich.

Henke in *U515* traf die 1350 Tonnen große britische Sloop *Chanticleer* mit einem T-5-Torpedo und sprengte das Heck ab. Die Sloop blieb jedoch über Wasser, und ein Schlepper brachte sie später zu den Azoren. Andere Luft- und Überwassereskorten, darunter vor allem die britische Sloop *Crane,* entdeckten aber rasch *U515* und richteten das Boot mit heftigen Angriffen übel zu. Der Leitende Ingenieur Georg Mahnken drängte Henke, zu den Reparaturarbeiten nach Frankreich abzudrehen. Mahnkens Stellvertreter Günther Alterburger, der auf anderen Booten zwölf Feindfahrten mitgemacht hatte, glaubte aber, die Besatzung könne das Boot auf See reparieren. Da Henke stets bereit war, »jede sich bietende Chance zu nutzen«, wie es in einem Bericht des alliierten Nachrichtendienstes heißt, lief er ein abgelegenes Gebiet bei den Kanarischen Inseln an. Die Besatzung zog ein Tarnnetz über das Boot und reparierte die umfassenden Schäden an Deck. Henke lief danach mit *U515* in Richtung Freetown.

Bei diesem Angriff ging ein weiteres Boot von Schill 1 verloren: das Flak-Boot *U211* unter Karl Hause, 27 Jahre alt. Eine mit Leigh Light ausgerüstete Wellington der britischen Squadron 179 auf den Azoren ortete *U211* zunächst mit dem Radar und sichtete es dann im Mondlicht. Der kanadische Pilot Donald F. McRae hatte bereits *U134* versenkt und *U760* zur Internierung in Spanien gezwungen. Er meinte, er habe größere Erfolgsaussichten, wenn er sein Leigh Light nicht einsetzte, und überraschte *U211* völlig. Mit einer fast idealen Gabel aus vier Wasserbomben versenkte McRae das U-Boot. Es gab keine Überlebenden.

Die Luft- und Überwassersicherung der Formation überrannte schlichtweg die U-Boote des Streifens Schill 1. Als die Führung dies erkannte, sagte sie weitere Operationen von Schill 1 ab und stellte den nächsten Streifen Schill 2 zu einem zweiten Überfall um. Zum großen Teil wegen der massiven Luftsicherung (sieben mit Leigh Light ausgerüstete Wellingtons in der Nacht vom 19./20. November, zwölf B-17 und B-24 am 20. November tagsüber) war der Streifen Schill 2 nicht imstande, sich zu sammeln und durchzubrechen. Zwei Boote schossen jedoch alliierte Flugzeuge ab. *U618* unter Kurt Baberg erwischte eine Sunderland der kanadischen Squadron 422. *U648* unter Peter-Arthur Stahl, der zuvor vergeblich auf den Geleitträger *Tracker* geschossen hatte und am 18. November von einem Flugzeug getroffen worden war, schoß eine B-24 der britischen Squadron 53 ab.

In den folgenden Tagen, vom 20. bis zum 23. November, versuchten Boote der Streifen Schill 2 und 3 immer wieder, die massive Sicherung zu durchbrechen und Handelsschiffe anzugreifen, aber kein einziges hatte Erfolg. Nur die Luftwaffe richtete unter den Handelsschiffen dieser

Formation Schaden an. Der Schaden war nur gering, aber die Art und Weise, wie er zustande kam, war neuartig und verblüffend.

Am Spätnachmittag des 21. November, als die Luftsicherung aller Wahrscheinlichkeit nach bereits zu ihren Stützpunkten zurückgeflogen war, schickte die Luftwaffe eine Spezialeinheit mit 25 viermotorigen He-177-Bombern aus, die den Geleitzug angreifen sollte. Die Heinkel-Bomber waren als Flugzeugtyp unzulänglich, führten aber jeder zwei ferngelenkte Gleitbomben Hs 293 mit sich. In einer Entfernung von rund 1400 Kilometern von ihrem Stützpunkt fanden 20 der 25 He-177 den Geleitzug und warfen (oder »flogen«) aus einer Höhe von 400 bis 600 Metern 40 Bomben auf verschiedene Schiffe ab. Elf Bomben detonierten nicht, und fast alle anderen gingen fehl, aber die Deutschen trafen zwei Handelsschiffe, die 4405 BRT große *Marsa* und die 6065 BRT große *Delius*. Erstere sank, letztere überstand den Treffer und erreichte den Hafen.

Die Kriegsmarine kam zu dem Schluß, daß dieser Sondereinsatz der Luftwaffe, der mit großem Aufwand und hohen Erwartungen vorbereitet worden war, ein Fehlschlag war. Das »geringe Kampfergebnis«, trug der Tagebuchführer ein, sei hauptsächlich »auf fehlende Übung der Besatzung« zurückzuführen. Von den fünf He-177 (mit zehn Gleitbomben), die den Konvoi nicht fanden, gingen drei verloren und zwei hatten Probleme mit den Motoren und brachen den Einsatz ab. Nach diesem Fiasko verlegte das OKM die Einheit an den Kriegsschauplatz im Mittelmeer.

Neben der fortwährenden satten Luftsicherung verstärkten die Alliierten die 19 Überwassergeleitschiffe der Formation mit der britischen Support Group 4, die, wie erwähnt, aus sechs neuen, in Amerika gebauten Fregatten bestand. Mit dieser Gruppe erhöhte sich die Zahl der Geleitfahrzeuge auf 25 Kriegsschiffe. Die Überwassereskorten versenkten drei U-Boote der Gruppe Schill.

- Am 20. November entdeckten die Fregatte *Nene* und die beiden kanadischen Korvetten *Calgary* und *Snowberry* aus der kanadischen Support Group 5 (unter Befehl eines Briten) das IXC/40-Boot *U536,* das kurz zuvor von der gescheiterten Aufnahme Kriegsgefangener in Kanada zurückgekehrt war. Die drei Kriegsschiffe griffen *U536* an und sprengten es mit Wasserbomben an die Oberfläche. Die *Nene* schickte ein Enterkommando aus, um das Boot zu kapern oder Geheimpapiere zu bergen, es sank aber, bevor etwas unternommen werden konnte. Die *Nene* und eine andere britische Fregatte, die *Tweed,* retteten den Kommandanten Rolf Schauenburg und 16 andere Deutsche.
- Am 21. November fanden die Sloop *Crane* und die Fregatte *Foley* der britischen Support Group 7 das neue IXC/40-Boot *U538* aus Schill 3 unter Hans-Egbert Gossler, 29 Jahre alt. In einem bemerkenswert gelungenen gemeinsamen Angriff zerstörten die beiden Kriegs-

schiffe *U538* mit Serien von Wasserbomben. Es gab keine Überlebenden.

- Am 23. November entdeckten drei neue Fregatten der britischen Support Group 4, *Bazely, Blackwood* und *Drury,* ein U-Boot. Es wurde angenommen, daß es sich um *U648* unter Peter-Arthur Stahl handelte. In einem ebenfalls gelungenen gemeinsamen Angriff nagelten die drei Kriegsschiffe das U-Boot fest und belegten es mit Wasserbomben. Während des Krieges erkannte die Admiralität diesen Schiffen die Versenkung von *U648* zu, aber Niestlé schreibt, die Verlustursache dieses Bootes sei unbekannt.

Damit endeten die Operationen der drei Streifen Schill. Von den fast 30 U-Booten, die gegen die beiden Geleitzüge eingesetzt worden waren, hatte nur ein Boot einen Erfolg erzielt: Henke in *U515* sprengte das Heck der britischen Sloop *Chanticleer* ab, die zwar noch in einen Hafen auf den Azoren geschleppt, aber nicht repariert wurde. Im Gegenzug hatten alliierte Kräfte sechs Boote der Gruppe Schill versenkt *(U211, U306, U536, U538, U648, U707)* unter Verlust von rund 300 Mann (17 Mann von *U536* gerieten in Gefangenschaft). Drei Boote *(U333, U441, U466)* drehten mit schweren Schäden und Verwundeten nach Frankreich ab.

Die U-Boot-Führung gruppierte am 23. November die drei Streifen Schill zu einem neuen Vorpostenstreifen um. Das war die Gruppe Weddigen, die aus 17 Booten bestehen sollte, zumindest wurde das angenommen. In Wirklichkeit hatten die Alliierten zwei von diesen Booten versenkt *(U538* und *U648),* damit blieben noch 15 Boote. Das IXC-Boot *U515* unter Werner Henke war aber abgelaufen, um Schäden zu reparieren, und setzte dann die Fahrt nach Freetown fort. Und das VIIC-Boot *U586* hatte nur wenig Treibstoff übrig und mußte einen Tag später den Rückmarsch antreten. Die Gruppe Weddigen war folglich auf 13 Boote geschrumpft, von denen auch andere Boote nur noch wenig Treibstoff hatten.

Der Gruppe Weddigen gehörte auch der mutige und unermüdliche Heinz Franke in *U262* aus der ersten Gruppe Schill an, der mit außergewöhnlichem Mut und Geschick immer wieder Geleitzüge aufgespürt und gemeldet hatte. Am Spätnachmittag des 26. November meldete die Luftwaffe einen großen Konvoi – die beiden vereinten MKS 31 und SL 140 –, und Franke ging sofort auf volle Kraft. Trotz einer scharfen Kursänderung des Konvois erfaßte die Luftwaffe ihn am 27. November wieder. Daraufhin wich Franke den Geleitschiffen mit ihren Wasserbomben aus, brachte sein Boot geschickt in Stellung und tauchte nachts mitten im Geleitzug auf wie einst Otto Kretschmer. Er schoß drei T-5-Torpedos und meldete, er habe drei 5000 BRT große Frachter versenkt, aber diese Versenkungen wurden nicht bestätigt.

Zwei andere Boote der Gruppe Weddigen liefen nahe genug heran, um auf Geleitschiffe zu schießen. Das neue VIIC-Boot *U764* unter Hans-

Kurt von Bremen, 25 Jahre alt, meldete eine Versenkung. Volker von Simmermacher in dem betagten IXB-Boot *U107* meldete einen Treffer. Kein einziger wurde jedoch bestätigt.

Das frisch eingetroffene Boot *U238* unter dem führenden U-Boot-Kommandanten des Herbstes, Horst Hepp, beobachtete zwei alliierte Flugzeuge, die, in Brand geschossen, abstürzten. Hepp rettete zwei britische Flieger und funkte einen langen (und nutzlosen) Bericht über seine Vernehmung der beiden, den die Alliierten einpeilten. Die Führung wies Hepp an, sich am 30. November mit Bremens *U764* zu treffen, das wegen Treibstoffmangels auf dem Rückmarsch war, und die Flieger an dieses Boot zu übergeben.

Die alliierten Codeknacker und die Huff-Duff-Experten lieferten genaue Informationen über dieses Treffen. Landgestützte Flugzeuge und die U-Jagdgruppe der *Bogue* machten sich auf, um das Treffen zu stören und – so hofften sie – die britischen Flieger zu retten. Am 29. November meldete Bremen, vier landgestützte Flugzeuge hätten *U764* angegriffen und Zerstörer hätten ihn 16 Stunden lang gejagt, aber er sei ihnen entwischt und habe die Fahrt nach Frankreich fortgesetzt. Am 30. November meldete Hepp, drei Flugzeuge der *Bogue* hätten *U238* getroffen, zwei Männer getötet und fünf weitere verwundet, auch Hepp selbst. Die Navy-Piloten James E. Ogle III., Carter E. Fetsch und andere trugen diesen Angriff vor, aber Hepp entkam ebenfalls und drehte nach Frankreich ab. Die beiden britischen Flieger hatte er noch an Bord.

Als Dönitz von dem ausgezeichneten Fühlunghalten durch Franke in *U262* und von seinem Angriff mitten in den Konvois MKS 31 und SL 140 erfuhr, schlug er unverzüglich Hitler vor, Franke das Ritterkreuz zu verleihen, Franke war der einzige Kommandant im Nordatlantik, der im Herbst 1943 damit ausgezeichnet wurde.[1] Dönitz schickte dann eine pointierte Botschaft an alle U-Boot-Kommandanten und Boote. Darin führt er bezeichnenderweise aus, daß der Führer auf seinen Vorschlag hin Kapitänleutnant Franke das Ritterkreuz verliehen habe. Einer der ausschlaggebenden Gründe sei die Tatsache gewesen, daß Franke wiederholt der einzige Beteiligte an einer Operation gewesen sei, der sich gegen die stärkste Luft- und Seesicherung seinen Weg zum Konvoi erzwungen habe. In der gegenwärtigen Lage seien die Aussichten auf eine Versenkung gering. Bei der Verleihung von Auszeichnungen werde Dönitz um so mehr Härte und Zähigkeit honorieren, auch wenn sie nicht von Erfolg gekrönt sein sollten.

---

[1] Zum Zeitpunkt der Verleihung waren Franke die Versenkung von drei Zerstörern und Treffer an einem weiteren sowie der Abschuß eines Flugzeugs zugesprochen worden, die bestätigte Trefferquote (alle auf *U262*) betrug vier Schiffe mit 13935 BRT, darunter die norwegisch bemannte Korvette *Montbretia.*

Alliierte Kräfte versenkten drei Boote der Gruppe Weddigen:

- Am 25. November orteten die beiden Zerstörer *Bazely* und *Blackwood* der britischen Support Group 4 das kampferprobte Boot *U600* unter Bernhard Zurmühlen, 34 Jahre alt. In einem gut vorgetragenen gemeinsamen Angriff mit Wasserbomben und Hedgehog zerstörten die Fregatten *U600*. Es gab keine Überlebenden.
- Am Abend des 26. November entdeckte eine mit Leigh Light ausgerüstete Wellington der auf den Azoren stationierten britischen Squadron 179 das neue IXC/40-Boot *U542* unter Christian-Brandt Coester. Wie noch geschildert wird, hatten der Pilot Donald M. Cornish und seine Besatzung zuvor bereits *U431* versenkt und *U566* gezwungen, sich zu versenken. Er flog in das schwere Flak-Feuer und warf sechs Wasserbomben, die *U542* zerstörten, seine dritte U-Boot-Versenkung. Es gab keine Überlebenden.
- Am Nachmittag des 29. November entdeckte eine von Bernard H. Volm jr. geflogene Avenger des Geleitträgers *Bogue* ein U-Boot, das für das VIIB-Boot *U86* – das älteste Kampfboot im Atlantik – unter dem Veteranen Walter Schug gehalten wurde. Volm gab über Funk Alarm, und drei weitere Flugzeuge der *Bogue* trafen ein. Der erfahrene Avenger-Pilot Harold S. G. Bradshaw führte den Angriff an. Dem Flugzeug der *Bogue* wurde die Versenkung zugesprochen, aber Niestlé schreibt, die Verlustursache von *U86* sei unbekannt.[1]

Genau wie die Gruppe Schill war auch die Gruppe Weddigen ein sinnloser Opfergang. Kein einziges U-Boot der Gruppe Weddigen versenkte ein alliiertes Schiff oder torpedierte auch nur ein Schiff. Mit Hilfe der rechtzeitig entzifferten Funksprüche waren die Geleitschiffe der drei südwärts fahrenden Geleitzüge, OS 59, KMS 33 und KMS 34, und zweier nordwärts fahrender Geleitzüge, SL 140 und MKS 31, der Gruppe Weddigen haushoch überlegen. Insgesamt versenkten alliierte Kräfte acht U-Boote aus den drei Streifen Schill und der Gruppe Weddigen.

Bei der Durchquerung der Biskaya auf dem Rückmarsch wurde am Abend des 13. Dezember ein weiteres Weddigen-Boot, das neue *U391* unter Gert Dültgen, von einer mit Leigh Light ausgerüsteten B-24 der britischen Squadron 53 angegriffen. Der Pilot, Squadron Leader George Crawford, flog in das schwere Flak-Feuer und warf sechs Wasserbomben, die *U391* unter Verlust der gesamten Besatzung zerstörten. Später im Krieg kehrten Crawford und der größte Teil seiner Besatzung von einem Einsatz nicht zurück.

---

[1] In seinen zwei Jahren im Atlantik hatte Schug mit *U86* acht Feindfahrten gemacht und nur zwei bestätigte Schiffe versenkt: ein 342 Tonnen schweres Segelschiff mit der Deckkanone und einen 4300 BRT großen griechischen Frachter mit dem Torpedo.

Die U-Boot-Führung löste die Gruppe Weddigen am 6. Dezember auf und ersetzte sie durch die Gruppe Borkum, die 13 Boote umfaßte. Damit die Luftwaffe den Booten größtmöglichen Beistand gewähren konnte und die von den alliierten Flugzeugen ausgehende Gefahr, die seit neuem in Gibraltar, Französisch-Marokko und auf den Azoren stationiert waren, verringert wurde, stellte die Führung die Gruppe Borkum unmittelbar westlich der Biskaya auf. Außerdem wollte sie Treibstoff sparen. Wie die Gruppen Schill und Weddigen hatte diese Gruppe den Auftrag, MKS- und KMS-Konvois abzufangen, die mit Konvois nach oder von Sierra Leone vereint waren. Die Führung mahnte die Gruppe Borkum, sich von den Blockadebrechern *Osorno* und *Alsterufer* fernzuhalten, die auf dem Rückmarsch nach Frankreich in der Nähe passieren sollten.

Aus entzifferten Funksprüchen wußten die alliierten Führungsstellen von der Gruppe Borkum und den beiden einlaufenden Blockadebrechern. Sie leiteten die vereinten nordwärts fahrenden Geleitzüge MKS 33 und SL 142 so um, daß sie die Gruppe Borkum im Westen passierten, und lenkten die südwärts fahrenden Geleitzüge KMS 37 und OS 63 auf einen Kurs östlich der U-Boote. Gleichzeitig leiteten sie eine ausgeklügelte Operation ein, um die *Osorno* und die *Alsterufer* abzufangen und zu versenken. Die Folge waren hektische Aktivitäten auf beiden Seiten, die wegen der Geheimniskrämerei um alle Aktivitäten der Alliierten, die mit entzifferten Funksprüchen zu tun hatten, später die Historiker verwirren sollten.

Die Alliierten befahlen einer U-Jagdgruppe um den Geleitträger *Card,* die Blockadebrecher abzufangen. Daraufhin liefen die *Card* und ihre Sicherung aus drei Glattdeck-Zerstörern von Casablanca aus gemeinsam mit dem Konvoi GUS 24 nach Westen, scherten dann aus und liefen nach Norden in das mutmaßliche Operationsgebiet. Während sich die U-Jagdgruppe bei stürmischem Wetter der bezeichneten Stelle näherte, sichtete ein Flugzeug der Luftwaffe den Verband und meldete ihn. Die U-Boot-Führung befahl daraufhin der Gruppe Borkum, eilig nach Südwesten zu laufen und die *Card* anzugreifen und zu versenken.

Am 24. Dezember sichtete *U305* unter Rudolf Bahr, 27 Jahre alt, die *Card* kurz nach Mitternacht. Bahr setzte eine Fühlungsmeldung ab. Diese wurde aber eingepeilt, und der Zerstörer *Schenck* vertrieb *U305* und drückte das Boot mit Geschützfeuer und Wasserbomben unter Wasser. Auf Bahrs Meldung hin lief *U415* unter Kurt Neide, 27 Jahre alt, heran, fand die *Card* und schoß drei FATs, aber alle gingen fehl. Neide meldete, er habe einen »Zerstörer« mit einem T-5 versenkt, aber dieser Treffer wurde nicht bestätigt. Gesichert von dem Zerstörer *Decatur,* zog die *Card* sich dann zurück und überließ der *Schenck* und der *Leary* den Kampf gegen die Boote der Gruppe Borkum.

Die *Schenck* unter dem Befehl von Earl W. Logsdon ortete ein U-Boot im Radar und lief es an. Das Opfer wurde für *U645* unter Otto Ferro, 32

Jahre alt, gehalten. Ferro tauchte und schoß vielleicht noch einen T-5 auf die *Schenck* ab. Als der Sonarbediener in der *Schenck* einen guten Kontakt meldete, führte Logsdon einen systematischen Wasserbombenangriff durch. *U645* wurde dabei offensichtlich so schwer beschädigt, daß Ferro auftauchte. Die *Schenck* ortete das U-Boot wiederum auf dem Radar und griff mit den Geschützen an, drückte es wieder unter Wasser und warf weitere Wasserbomben. Es wurde angenommen, diese hätten *U645* unter Verlust der gesamten Besatzung zerstört. Niestlé bezweifelt das aber und schreibt, die Verlustursache sei unbekannt.

Die *Leary* unter dem Befehl von James E. Kyes ging ebenfalls einem Radarkontakt nach. Unklugerweise schoß Kyes Leuchtkugeln, um das Angriffsziel zu erhellen, und beleuchtete dabei sein eigenes Schiff. *U275* unter Helmut Bork und *U382* unter Rudolf Zorn schossen beide T-5-Torpedos auf die *Leary* und versenkten sie. 97 Mann der Leary, darunter der Kommandant Kyes, wurden bei der Versenkung getötet oder ertranken. Die *Schenck* rettete 59 Überlebende und übergab sie später an die *Card.* Nach der *Reuben James* und der *Jacob Jones* war die *Leary* erst der dritte amerikanische Zerstörer, der von U-Booten im Nordatlantik versenkt wurde.[1]

Kurt Neide in *U415,* der die *Card* mit drei FATs verfehlt hatte, kam in der Nacht des Heiligen Abend in eine günstige Schußposition. Der britische Zerstörer *Hurricane,* der von den beiden vereinten, nach Süden fahrenden Konvois KMS 36 und OS 62 ausgeschert war, um die Gruppe um die *Card* zu verstärken, lief ihm direkt vor den Bug. Neide traf die *Hurricane* und beschädigte sie, aber sie sank nicht. Im Lauf der Nacht wurde entdeckt, daß der Schaden größer war, als ursprünglich angenommen. Nach Tagesanbruch, am Ersten Weihnachtstag, setzte die Besatzung der *Hurricane* zu der Fregatte *Glenarm* über, und britische Kräfte versenkten die *Hurricane.*

Berlin jubelte begeistert. Aufgrund der Blitzmeldungen von Bork, Neide und Zorn trug der Tagebuchführer der Seekriegsleitung ein, die U-Boote der Gruppe Borkum hätten »an einem Tag vier Zerstörer versenkt«. Das war eine Übertreibung um 100 Prozent. Die bestätigte Zahl lag bei zwei Zerstörern in zwei Tagen.

Ein Flugzeug der Luftwaffe sichtete den Blockadebrecher *Osorno* am Westrand des Golfs von Biskaya. Nach Eingang der Meldung schickten die Deutschen eine Staffel Flugzeuge, sechs Zerstörer und sechs Torpedoboote aus (Operation Bernau), um sie und den anderen Blockadebrecher *Alsterufer* nach Frankreich zu geleiten. Anhand von ent-

---

[1] Den Glattdeck-Zerstörer *Borie* nicht mitgerechnet, der *U405* rammte und versenkte und dann wegen des entstandenen Schadens bei der Kollision selbst sank. Wie geschildert, versenkten U-Boote zwei weitere amerikanische Zerstörer im Mittelmeer: die *Bristol* und die *Buck.*

zifferten Funksprüchen entsandten die Briten ihrerseits Flugzeuge und zwei Kreuzer, die *Glasgow* und die *Enterprise,* um die Blockadebrecher sowie die zwölf deutschen vorgesehenen Geleitschiffe abzufangen und zu versenken.

In einem verwirrenden Zusammenstoß von Flugzeugen und Überwasserschiffen brachten die alliierten Kräfte den deutschen eine schmachvolle Niederlage bei. Sie versenkten die *Alsterufer,* den Zerstörer *Z-27* und die Torpedoboote *T-25* und *T-26.* Vier kanadische Korvetten retteten 74 Deutsche von der *Alsterufer.* Zwei ein- und auslaufende U-Boote (Gruppe Hela) suchten nach Überlebenden des Zerstörers und der Torpedoboote. Die »Bunkerkönigin« *U505* auf dem Ausmarsch in ferne Gewässer nahm 34 Überlebende von *T-25* auf und kehrte nach Frankreich zurück. Kurt Baberg in dem einlaufenden Boot *U618* nahm 21 Überlebende des Zerstörers *Z-27* auf und setzte sie in Frankreich an Land. Die *Osorno* hätte um ein Haar Bordeaux erreicht, aber als sie die Gironde aufwärts fuhr, lief sie auf ein Wrack auf und mußte stranden.[1]

In den vier Monaten vom 1. September bis zum 31. Dezember 1943 schickte die U-Boot-Führung 37 verbesserte VII- und IX-Boote in den Gruppen Schill, Weddigen und Borkum aus, die in dem Dreieck im Mittelatlantik zwischen der Biskaya, Gibraltar und den Azoren standen. Insgesamt versenkten diese Boote ein 2968 BRT großes Handelsschiff, die norwegische *Hallfried,* zwei Zerstörer, die amerikanische *Leary* und die britische *Hurricane,* und beschädigten die britische Sloop *Chanticleer* so stark, daß sie nicht repariert werden konnte. Im Gegenzug wurden neun der 37 U-Boote versenkt, dazu zwei weitere Boote *(U648* und *U536),* die vom Nordatlantik in den Mittelatlantik verlegt worden waren: ein Gesamtverlust von elf Booten mit rund 550 Mann. Außerdem sollten, wie unten geschildert wird, drei weitere U-Boote dieser Aufstellung im Mittelatlantik im Januar 1944 verlorengehen. Sechs Boote waren gezwungen, die Fahrt wegen Gefechtsschäden abzubrechen.

Das Ergebnis dieser Operationen zeigt deutlich, daß die Gewässer zwischen Gibraltar und den Azoren nach der Einrichtung alliierter Luft- und Seestützpunkte in Französisch-Marokko und auf den Azoren und durch den Einsatz von Geleitträgern für U-Boot-Gruppen ebenso gefährlich waren wie die Gewässer zwischen Island und den Britischen Inseln.

---

[1] Unter Ausnutzung entzifferter Funksprüche versenkten in der ersten Januarwoche 1944 der alte amerikanische Leichte Kreuzer *Omaha* und die modernen Zerstörer *Somers* und *Jouett* im Südatlantik drei weitere Blockadebrecher oder zwangen sie zur Selbstversenkung: die *Rio Grande, Weserland* und *Burgenland.* Nach dem Verlust dieser sieben Schiffe – eine entsetzliche Katastrophe – versuchten keine weiteren Schiffe der Achse im Fernen Osten, die Blockade vor Frankreich zu durchbrechen.

Rechnet man die 32 U-Boote, die auf der Nordatlantikroute vom September bis Dezember 1943 verlorengingen, zu den 11 Verlusten im Mittelatlantik im selben Zeitraum hinzu, dann kommt man auf 43 U-Boote. Zwei weitere VII-Boote, die von amerikanischen Gewässern zurückkehrten *(U669* und *U760),* wurden ebenfalls im Mittelatlantik oder im Golf von Biskaya versenkt. Der katastrophale Gesamtverlust in diesem Zeitraum betrug 45 U-Boote mit ungefähr 2200 Mann.

Mittelmeer: Weitere deutsche Rückschläge

Die in Toulon stationierte, schrumpfende U-Boot-Flottille im Mittelmeer, die immer noch von Leo Kreisch befehligt wurde, verlor am Abend des 21. Oktober ein weiteres Boot. Es handelte sich um das bereits erwähnte Boot *U431* unter dem Kommandanten Dietrich Schöneboom. Der Kanadier Donald M. Cornish griff mit seiner mit Leigh Light ausgerüsteten Wellington der britischen Squadron 179 trotz heftigen Flakfeuers an und warf sechs Wasserbomben. Diese zerstörten *U431* unter Verlust der gesamten Besatzung. Weil aber kein Beweis für die Versenkung gefunden wurde, rechneten die Briten diese Versenkung nicht Cornish und seiner Besatzung zu. Statt dessen schrieb die Admiralität das Verdienst irrtümlich dem britischen U-Boot *Ultimatum* unter dem tüchtigen und hochdekorierten W. Hedley Kett zu, der zehn Tage später vor Toulon ein deutsches U-Boot angriff.[1]

Auf Hitlers Befehl hin stachen in der zweiten Oktoberhälfte fünf weitere VII-Boote von Stützpunkten am Atlantik aus in Richtung Mittelmeer in See, nachdem sie das neue Funkmeßbeobachtungsgerät (FuMB) Naxos übernommen hatten. Die Folge waren weitere Rückschläge für die Deutschen. Die beiden Boote *U450* und *U642* unter Kurt Böhme, 26 Jahre alt, und Herbert Brünning, 28 Jahre alt, schlüpften durch die Straße von Gibraltar, die drei anderen wurden von alliierten Kräften versenkt:

- In den frühen Morgenstunden des 24. Oktober entdeckte eine mit Leigh Light ausgerüstete Wellington der britischen Squadron 179, ebenfalls geflogen von dem Kanadier Donald Cornish (der nur zwei Tage zuvor *U431* im Mittelmeer versenkt hatte), Hans Hornkohl in dem schon mehrfach bombardierten Boot *U566* vor Vigo an der Nordwestküste Spaniens. Cornish flog in das schwere Flakfeuer und warf sechs Wasserbomben, die aus dem Boot ein nicht reparierbares Wrack machten. Wie Brandi mit *U617* steuerte Hornkohl das U-Boot in seichtes Wasser und versenkte es. Der spanische Trawler *Fina* ret-

[1] In einer Neubewertung nach dem Krieg wurde entdeckt, daß Kett erfolglos *U73* angegriffen hatte. Daraufhin sprach die Admiralität dem Piloten Cornish die Versenkung von *U431* zu.

tete die Deutschen und setzte sie in Vigo an Land. Sie wurden für kurze Zeit von den spanischen Behörden »interniert«, kehrten aber am 31. Oktober mit der Bahn nach Brest zurück. Später stellten Hornkohl und seine Besatzung ein neues VII-Boot in Dienst.

• Am Nachmittag des 31. Oktober ortete ein britisches Überwasserschiff auf Patrouille Claus-Peter Carlsen in *U732* an der westlichen Zufahrt zur Straße von Gibraltar. Der große ASW-Trawler *Imperialist* unter dem Befehl von A. R. F. Pelling griff mit zehn Wasserbomben an. Diese detonierten unmittelbar unter dem Kiel von *U732* und sprengten das Boot an die Oberfläche. Bevor Carlsen wieder tauchen konnte, eröffnete die *Imperialist* mit dem Hauptgeschütz das Feuer und erzielte mehrere Treffer. Als das Boot tauchte, warf die *Imperialist* 28 weitere Wasserbomben, die *U732* auf den Meeresgrund drückten. Dort lag Carlsen etwa sechs Stunden lang still und rührte sich nicht.

Nach Einbruch der Dunkelheit tauchte Carlsen auf und wollte auf den Dieselmotoren mit voller Kraft entkommen. Eine Stunde später ortete ein nicht identifiziertes britisches Flugzeug *U732* auf dem Radar und gab Alarm. Weil Carlsen nicht wieder tauchen konnte oder nicht wollte, gab er Befehl, das U-Boot zu versenken. Während die Männer über Bord sprangen, griff der von K. H. J. L. Phibbs geführte britische Zerstörer *Douglas* an und warf zehn Wabos nahe bei dem sinkenden Boot. Die *Douglas* rettete acht Deutsche, der britische Zerstörer *Witherington* weitere zehn. Ein Schiff des Roten Kreuzes fand Carlsen, damit erhöhte sich die Zahl der Überlebenden auf 19.

• Nur wenige Stunden später, am 1. November kurz nach Mitternacht, entdeckte eine mit Leigh Light ausgerüstete Wellington der britischen Squadron 179 ebenfalls in der Zufahrt zur Straße von Gibraltar Hans-Joachim Klaus in *U340*. Der Pilot Arthur H. Ellis warf sechs Wasserbomben, weil aber ein Motor ausfiel, war er gezwungen, mit der Wellington abzudrehen. Später am Tag ortete ein britisches Überwasserschiff auf Patrouille *U340* mit dem Sonar. Drei britische Kriegsschiffe, die Zerstörer *Active* und *Witherington* und die Sloop *Fleetwood,* belegten das Boot mit Wabos. Noch später beschloß Klaus, das U-Boot nahe bei der Küste zu versenken, damit die Deutschen schwimmend spanischen Boden erreichen konnten. Nach etwa vier Stunden im Wasser passierte ein spanischer Trawler und nahm sie auf. Die Deutschen feierten bereits ihre Rettung, aber sie feierten zu früh. Die Sloop *Fleetwood* lief heran und nahm alle Deutschen gefangen.

Einige Deutsche der 67 Kriegsgefangenen von *U732* und *U340* waren sehr mitteilsam. Von ihnen erhielten die Briten ausführliche Informationen über den akustisch gelenkten Zerstörer-Torpedo T-5 Zaunkönig (oder GNAT), die wirkungslose Wanze und das neue FuMB Naxos, das Radartäuschungsgerät Aphrodite und die 2-cm-Vierlings- und Zwillingsflak.

Die alliierten Bodentruppen in Italien kämpften sich Meter für Meter den zerklüfteten »Stiefel« nach Norden in Richtung Rom vor, befreiten Neapel, überquerten den Volturno und wurden schließlich an der sogenannten deutschen Gustav-Linie oberhalb des Rapido in der Nähe des Klosters Monte Cassino gestoppt. Um diese Linie zu durchbrechen und Rom zu befreien, entwarfen alliierte Strategen die Operation Shingle, eine umfassende amphibische Landung bei Anzio, das im Rücken der Gustav-Linie an der Westküste Italiens südlich von Rom liegt. Für die Durchführung dieses neuen, ehrgeizigen Vorhabens wurde im Januar 1944 eine große Zahl alliierter Seestreitkräfte (insbesondere Panzerlandungsschiffe) vorübergehend im Mittelmeer zurückgehalten. Das hatte letzten Endes eine Verzögerung der Operation Overlord zur Folge.

Die U-Boote im Mittelmeer trugen kaum dazu bei, das Vorrücken der Alliierten in Italien zu bremsen. Den schwersten Schlag führte Egon-Reiner von Schlippenbach in *U453.* Am 11. November verminte er die Seehäfen Brindisi und Bari an der Ostküste Italiens. Der britische Flottenzerstörer *Quail* (1705 Tonnen) lief auf eine dieser Minen und wurde so schwer beschädigt, daß er abgewrackt werden mußte. Eine andere Mine zerstörte das 835 Tonnen große Minensuchboot *Hebe* der Flotte. Den zweiten Seesieg im November errang Ernst-Ulrich Brüller in *U407.* Am Ende des Monats torpedierte er den britischen Kreuzer *Birmingham* mit 9100 Tonnen. Zwei weitere kampferprobte Boote, *U73* und *U81,* versenkten einen mittleren alliierten Frachter von 2900 BRT und torpedierten ein Liberty-Schiff von 7176 BRT.

Den bemerkenswertesten deutschen Seesieg erzielte im November die Luftwaffe im Mittelmeer. Die mit den Gleitbomben Hs 293 bestückte He-177-Staffel, die gegen Geleitzüge im Atlantik versagt hatte, traf vor Bougie am 26. November den britischen Truppentransporter *Rohna* mit 8602 Tonnen. Die *Rohna* war voller alliierter Soldaten und kam in dem Konvoi KMF 26 von den Britischen Inseln. Insgesamt kamen 1149 Mann ums Leben. Von diesen gehörten etwa 1000 der US Army an – der höchste Verlust an amerikanischen Soldaten auf einen Schlag im ganzen Zweiten Weltkrieg. Diese entsetzliche Katastrophe für einen britischen Truppentransporter wurde während des Krieges geheimgehalten. Ihr volles Ausmaß ist erst vor kurzem ans Licht gekommen.[1]

Trotz der dringenden Befehle und Ermahnungen von Berlin hatten im Herbst 1943 nur drei U-Boote wirklich das Mittelmeer erreicht: Wächters *U223,* Böhmes *U450* und Brünnings *U642.* Da im gleichen Zeitraum zwei weitere Boote im Mittelmeer verlorengegangen waren *(U617* und

[1] Siehe C. Jackson, *Forgotten Tragedy* (1996).

U431), hatte sich die Flottille nur um ein Boot auf 14 Boote vergrößert. Außerdem versenkten alliierte Kräfte im Dezember zwei weitere Boote im Mittelmeer.

• Am 11. Dezember traf Karl-Jürgen Wächter in *U223* vor Algier die britische Fregatte *Cuckmere,* die den Konvoi KMS 34 sicherte, mit einem akustisch zielsuchenden T-5-Torpedo und beschädigte sie so stark, daß sie nicht repariert werden konnte. Einen Tag später versenkte Ritterkreuzträger Gerd Kelbling in *U593* etwas weiter östlich bei Djidjelli den britischen Zerstörer *Tynedale* der Hunt-Klasse ebenfalls mit einem T-5. Der Verlust dieser beiden Kriegsschiffe in algerischen Gewässern veranlaßte alliierte Führungsstellen, eine U-Jagdgruppe aus fünf Überwasserschiffen einzusetzen. In den frühen Morgenstunden des 12. Dezember ortete die Gruppe *U593,* aber der Kommandant Kelbling versenkte noch einen Zerstörer der Hunt-Klasse, die *Holcombe.*

Gemeinsam mit Flugzeugen starteten die vier verbliebenen Kriegsschiffe der U-Jagdgruppe eine hartnäckige Suche nach *U593.* Am Spätnachmittag des 13. Dezember empfing schließlich der amerikanische Zerstörer *Wainwright* einen eindeutigen Sonarkontakt. Sie und die *Calpe,* ein weiterer britischer Zerstörer der Hunt-Klasse, führten einen gnadenlosen Wasserbombenangriff durch, der *U593* an die Oberfläche zwang, worauf die Kriegsschiffe sofort das Feuer eröffneten. Da Kelbling in der Falle saß, gab er das Boot auf und versenkte es. Die *Wainwright* und die *Calpe* nahmen alle 51 Mann der Besatzung von *U593* auf und brachten sie nach Nordafrika.

• Westlich dieser U-Boot-Versenkung, in der Nähe von Oran, fand Horst Deckert in *U73* am Nachmittag des 16. Dezember den Konvoi GUS 24 und traf das amerikanische Liberty-Schiff *John S. Copley* mit 7176 BRT, das sich aber in einen Hafen rettete. Im Gegenzug lief eine U-Jagdgruppe aus drei amerikanischen Zerstörern aus Mers el-Kébir aus und eilte an die Stelle. Nach einer etwa einstündigen Jagd empfing die *Woolsey* einen deutlichen Sonarkontakt und griff mit Wasserbomben an. Die nahen Detonationen ließen Risse am Druckkörper von *U73* entstehen und verursachten Wassereinbrüche, die nicht gestoppt werden konnten. Deckert tauchte auf, um sich dem Kampf zu stellen. Daraufhin eröffneten die *Woolsey* und die *Trippe* das Feuer mit den Geschützen. Sie töteten einige Deutsche und durchlöcherten das Boot. Deckert war gezwungen, es zu versenken und zu verlassen. Die *Woolsey* und der dritte Zerstörer, *Edison,* nahmen Deckert und 33 andere Deutsche auf, darunter zwei Verwundete und einen Arzt, und brachten sie nach Nordafrika, wo die Besatzung von *U593* ebenfalls vorübergehend inhaftiert worden war. Bei der Versenkung kamen 16 Deutsche ums Leben.

An den Versenkungen von *U73* und *U593* waren sowohl amerikanische als auch britische Kriegsschiffe beteiligt gewesen. Deshalb stritten sich die alliierten Bürokraten kurz über die Frage, wohin diese Kriegsgefangenen entsandt werden sollten, nach Washington oder London. Während dieser Verzögerung versteckten sich Kurt Kinkele und Armin Weighardt, die beiden Zweiten Wachoffiziere der Boote, »auf einer Toilette« in Algier, entkamen nach Spanien und erreichten am Ende Deutschland.

Nach diesen beiden Verlusten blieben noch zwölf U-Boote in der Mittelmeerflottille, von denen drei bei einem schweren Luftangriff auf Toulon am 24. November beschädigt worden waren. Am 5. Dezember gelangte das erfahrene Boot *U230* unter Paul Siegmann ins Mittelmeer und stockte die Flotte wiederum auf 13 Boote auf.
In diesem Herbst versetzte ein besonderes Ereignis die U-Boot-Flottille im Mittelmeer in Erstaunen. Der totgeglaubte erste Führer der U-Boote Mittelmeer, Ritterkreuzträger (ab dem 28. November 1941) Viktor Oehrn, tauchte wieder auf. Er wußte eine abenteuerliche Geschichte zu erzählen. Nach seiner Ablösung durch Leo Kreisch am 1. Februar 1942 hatte Oehrn verschiedene Posten im Marinestab in Italien inne, die aber allesamt uninteressant und unbedeutend waren. Am Abend des 13. Juli 1942 verirrte sich Oehrn, der als Verbindungsoffizier der Marine bei Erwin Rommels Afrikakorps Dienst tat, in der Wüste, tappte in die Stellungen der Soldaten des britischen Commonwealth, wurde angeschossen, schwer verwundet und von australischen Soldaten gefangengenommen. In einem britischen Krankenhaus in Alexandria schwebte Oehrn wochenlang zwischen Tod und Leben. Er erholte sich nie ganz von seinen Verwundungen und wurde deshalb am 3. November 1943 repatriiert, nach fast 16 Monaten in Kriegsgefangenschaft. Zwei Wochen später meldete er sich bei der U-Boot-Führung in Berlin zum Stabsdienst.

Der britische Nachrichtendienst hatte offenbar nicht gewußt, daß der ehemalige Erste Stabsoffizier von Karl Dönitz, »U-Boot-As« und ehemaliger Führer der U-Boote Mittelmeer, während der ganzen Zeit in Ägypten in britischem Gewahrsam gewesen war.

Feindfahrten in fernen Gewässern

In den vier Monaten vom 1. September bis zum 31. Dezember 1943 organisierte die U-Boot-Führung 24 Feindfahrten in ferne Gewässer: 13 in amerikanische Gewässer und 11 nach Westafrika und in den Indischen Ozean.

Im September stachen fünf Boote in Richtung Amerika in See:
- Der neue XB-Minenleger *U220* unter Bruno Barber, 39 Jahre alt,

legte am 9. Oktober mit SMA-Minen ein Minenfeld vor St. John's, Newfoundland. Etwa eine Woche später versenkten diese Minen zwei mittlere Frachter: die amerikanische *Delisle* mit 3478 BRT und die britische *Penolver* mit 3721 BRT. Bis die Minen geräumt waren, wurde der Hafen geschlossen. Das hatte die üblichen Verzögerungen und Verwirrungen bei der Schiffahrt zur Folge. Wie geschildert, diente *U220* anschließend als Hilfs-Versorger im Nordatlantik und wurde am 28. Oktober versenkt.

- Das kampferprobte IXC-Boot *U155* unter Ritterkreuzträger Adolf-Cornelius Piening patrouillierte in brasilianischen Gewässern. Auf seiner vorsichtigen Fahrt versenkte Piening einen Frachter, die norwegische *Siranger* mit 5393 BRT. Nach seiner Rückkehr nach Frankreich verließ Piening das Boot und übernahm das Kommando der 7. U-Flottille in St. Nazaire.[1]
- Der kampferprobte VIID-Minenleger *U218* unter Richard Becker legte am 27. Oktober vor Trinidad ein Minenfeld mit SMA-Minen. Dieses Minenfeld zeitigte keine Erfolge, aber am 4. November versenkte Becker südöstlich der Küste von Trinidad ein Segelschiff mit der Deckkanone. Am 8. Dezember kehrte er nach Frankreich zurück.
- Die »Bunkerkönigin« *U505* unter Peter Zschech kam am 18. September endlich von Lorient weg. Zwei Tage später, als das Boot seine Treibstofftanks auffüllen wollte, fiel einer der Dieselmotoren aus. Die Besatzung behob das Problem, aber am 23. September fiel die wichtige Haupttrimmpumpe aus, und Zschech hatte keine Ersatzteile. Er kehrte am 30. September nach Lorient zurück, zweifellos mit schamrotem Kopf.
- Das neue IXC/40-Boot *U537* unter Peter Schrewe, 29 Jahre alt, sollte eine raffiniert gebaute Wetterstation in der Martin Bay aufstellen, einer rauhen, verlassenen Bucht an der Ostküste von Labrador. Vorübergehend sendete Schrewe selbst Wettermeldungen und verlor in der schweren See seine Flak. Am 22. Oktober erreichte er dann die Martin Bay. Der Wissenschaftler Kurt Summermeyer und Schrewes Besatzung stellten die Station auf einem 50 Meter hohen Hügel knapp 400 Meter landeinwärts auf. Sie funktionierte einige Tage lang, fiel dann aber aus. Die Überreste wurden erst 1981 von kanadischen Beamten geborgen.

Die kanadischen ASW-Kräfte hatten aus entzifferten Funksprüchen von dem Sonderauftrag von *U537* erfahren und leiteten am 29. Oktober eine Jagd auf das Boot ein (Operation Salmon), die seine Besatzung an den

[1] Als Kommandant von *U155* vom August 1941 bis zum Februar 1944 versenkte Piening 26 bestätigte Schiffe mit 141521 Tonnen, darunter den britischen Geleitträger *Avenger,* den britischen Truppentransporter *Ettrick* und fünf Tanker. Unter allen U-Boot-Kommandanten nahm er Platz 16 ein.

Rand der Erschöpfung brachten. Obwohl *U537* über ein Naxos verfügte, entdeckte eine Hudson der kanadischen Squadron 11 das Boot am 31. Oktober an der Oberfläche. Der Pilot F. L. Burston griff mit acht Raketen an, von denen aber keine einzige traf. Weiter im Süden, auf der Höhe von Kap Race, entdeckte eine Canso (oder Catalina) der kanadischen Squadron 5, die den Konvoi HX 265 sicherte, am 10. November *U537* und griff trotz Flak an. Sie warf vier Wasserbomben, die weit fielen. Einen Tag später griff eine andere Canso der Squadron 5, geflogen von R. Duncan, *U537* trotz Flak-Feuers an und warf Wasserbomben, die leichten Schaden anrichteten. Der ehemalige amerikanische Glattdeck-Zerstörer *Montgomery,* ein Geleitschiff von HX 265, und weitere Cansos eilten zu der Stelle, aber *U537* entkam wiederum. Ranghohe kanadische Dienststellen kamen zu dem Schluß, daß die Operation Salmon gründlich verpatzt worden war. *U537* täuschte vorübergehend einen Funkverkehr vor und kehrte am 8. Dezember nach Frankreich zurück.

Vier Boote liefen im September und Oktober nach Westafrika oder in den Indischen Ozean aus:

- Wilhelm Rollmann, der sich 1940 auf *U34* ein Ritterkreuz verdient hatte, lief mit dem neuen Fern-U-Boot *U848* vom Typ IXD2 in Richtung Ferner Osten aus. Am 2. November versenkte er den allein fahrenden britischen Frachter *Baron Semple* mit 4600 BRT. Diese Versenkung alarmierte die Flugzeuge der US Army und der Navy auf der Insel Ascension. Dazu zählte bemerkenswerterweise ein Sonderkommando aus vier B-24-Bombern der US Navy Squadron VB 107 von Natal, Brasilien.[1] Am 5. November hielt die Besatzung einer B-24 der Navy, geflogen von Charles A. Baldwin, nach *U848* Ausschau und entdeckte es rund 550 Kilometer südwestlich von Ascension an der Oberfläche. Sie gab sofort eine Fühlungsmeldung durch. Bei zwei Anflügen in das massive Flak-Feuer warf Baldwin zwölf Wasserbomben und beschädigte das U-Boot schwer. Es blieb an der Oberfläche und verlor »eine große Menge« Treibstoff.

Baldwin kreiste außerhalb der Reichweite der Flak und führte zwei weitere B-24-Bomber der Navy heran. Diese wurden von William R. Ford, der im selben Jahr bereits *U164* versenkt hatte, und von William E. Hill geflogen. Während Baldwin das Boot im Tiefflug mit den Maschinengewehren bestrich, flog Ford zweimal in das dichte Flakfeuer. Er warf zwölf Wasserbomben, aber beide Serien fielen zu kurz, dann flog er nach Ascension zurück. Hill griff das U-Boot, ebenfalls mit Baldwins Unterstützung, im Tiefflug von achtern an, aber Rollmanns Flak-Schützen schalteten einen Motor aus und zwangen Hill, nach Ascension zurückzukehren.

---

[1] Das Kontingent war Anfang Oktober auf der Insel eingetroffen.

Baldwin kreiste immer noch über dem beschädigten U-Boot außerhalb der Reichweite der Flak. Vier Stunden nach der Sichtung von *U848* führte Baldwin wiederum Fords B-24 heran. Sie kehrte mit derselben Besatzung, aber mit dem neuen Piloten Samuel K. Taylor von Ascension zurück. Um dieselbe Zeit trafen drei B-25 der Army Air Forces von Ascension ein. Sie warfen aus einer Höhe von 450 Metern 230-Kilogramm-Bomben, aber diese Angriffe zeigten erwartungsgemäß keine Wirkung.

Taylor warf in zwei Anflügen zwölf Wasserbomben. Beim zweiten Anflug leistete Taylors Besatzung Maßarbeit. Die Wasserbomben fielen nahe, und »der Feind brach auseinander und sank«. Taylors Besatzung zählte »25 oder 30« Überlebende im Wasser und warf drei Rettungsflöße ab, aber nur ein Deutscher, der Oberbootsmann Hans Schade, wurde geborgen. Einen Monat später, am 3. Dezember, nahm der amerikanische Kreuzer *Marblehead* Schade von einem Floß auf, aber er phantasierte bereits und starb zwei Tage später in einem Krankenhaus in Recife in Brasilien.

- Das kampferprobte Boot *U68* unter Albert Lauzemis patrouillierte im Golf von Guinea und vor Freetown. Am 22. Oktober entdeckte Lauzemis einen Konvoi in dem Golf und griff an. Mit sieben Torpedos versenkte er den britischen ASW-Trawler *Orfasay* (545 BRT) und mit der Deckkanone den norwegischen Tanker *Litiopa* mit 5356 BRT. In den folgenden Wochen versenkte Lauzemis zwei weitere Schiffe mit Torpedos: den britischen Frachter *New Columbia* mit 6574 BRT und den freifranzösischen Passagierfrachter *Fort de Vaux* mit 5186 BRT. Mit diesen Erfolgen erhöhte sich seine Ausbeute bei dieser Feindfahrt von 107 Tagen auf vier Schiffe mit 17612 Tonnen.
- Das betagte IXB-Boot *U103* unter Gustav-Adolf Janssen, 28 Jahre alt, legte am 23. Oktober bei Takoradi ein Minenfeld. Danach jagte Janssen vorsichtig Schiffe im Golf von Guinea und vor Freetown. Er hatte weder mit seinen Minen noch mit Torpedos Glück. Beim Rückmarsch tankte Janssen an dem XB-Minenleger *U219* nach, der als Hilfs-Versorger fungierte, und überführte *U103* dann über Norwegen zum Ausbildungskommando in der Ostsee.
- Ritterkreuzträger Heinz-Otto Schultze lief mit dem neuen Fern-U-Boot *U849* vom Typ IXD2 am 2. Oktober von Kiel in den Fernen Osten aus. Am 25. November entdeckte eine weitere B-24 aus dem Kontingent der Navy Squadron VB 107, das auf Ascension stationiert war, *U849* an der Oberfläche. Der Pilot Marion Vance Dawkins jr. gabelte das Boot mit sechs Wasserbomben ein, die er aus einer Höhe von nur 7,5 Metern abwarf. Die Geschosse versenkten *U849,* aber ein abprallender Sprengkopf einer Wasserbombe beschädigte das Seiten- und das Höhenruder am Heck schwer. Die B-24 rettete sich nach Ascension. Dawkins meldete »rund 30« Überlebende im Wasser, denen er Rettungsflöße zugeworfen hatte, aber kein Deutscher wurde gerettet.

Im Oktober liefen sieben Boote in amerikanische Gewässer aus.

Am 2. Oktober lief das IXC-Boot *U154* unter Oskar-Heinz Kusch, 25 Jahre alt, von Frankreich aus, patrouillierte über die portugiesischen Azoren, die neuerdings von britischen ASW-Kräften besetzt waren, weiter zu nordbrasilianischen Gewässern. In der Nähe der Mündung des Amazonas entdeckte Kusch am 3. November einen Konvoi. Er meldete, er habe eine nicht identifizierte Catalina abgewehrt. Sie habe jedoch einen Angriff verhindert. Kusch lief dann nach Norden zur Küste Französisch-Guyanas, wo er am Abend des 22. November zweimal von Flugzeugen angegriffen wurde. Da Kusch nur noch wenig Treibstoff hatte und nicht nachtanken konnte, kehrte er am 20. Dezember nach Frankreich zurück.

Auf der Feindfahrt von *U154* spitzten sich die ideologischen und persönlichen Gegensätze zwischen Kusch und seinem Ersten Wachoffizier Ulrich Abel (einem sechs Jahre älteren Doktor der Rechtswissenschaft) dramatisch zu. Am Ersten Weihnachtstag legte Kusch eine Einschätzung Abels für die Kommandantenschule vor und schrieb, daß Abel sich für ein U-Boot-Kommando an der Front durchaus eigne, obwohl er ein unflexibler, strenger und einseitiger Offizier mit durchschnittlicher Begabung sei.

Dieses hübsch verbrämte, in Wahrheit jedoch vernichtende Urteil schockierte Abel offenkundig und machte ihn wütend, weil er darin als hartgesottener Nazi dargestellt wurde. Ungefähr drei Wochen später, am 12. Januar 1944, verfaßte Abel ein offizielles Dokument, in dem er Kusch der Volksverhetzung anklagte, und am 25. Januar ein anderes mit dem Vorwurf der Feigheit. Das erste Dokument hatte einen ordentlichen Prozeß zur Folge. Kusch wurde am 20. Januar verhaftet und ins Militärgefängnis in Angers (Frankreich) gebracht. Sechs Tage später trat in Kiel ein Militärgericht zusammen, das die Vorwürfe gegen Kusch prüfen sollte.

Abels Anklage der Volksverhetzung wurde von zwei weiteren Wachoffizieren auf *U154* erhärtet. Alle drei Männer sagten unter Eid aus, daß Kusch Hitler als krank, als Utopist, als größenwahnsinnig, als pathologisch ehrgeizig und mit noch Schlimmerem bezeichnet habe. Kusch habe die übliche Aufnahme von Hitler im Spind mit der Bemerkung hinausgeworfen, auf diesem Boot werde es keine Götzenanbetung mehr geben. Er habe ferner mehrmals vorausgesagt, Deutschland werde bald den Krieg verlieren, ein Grund dafür sei der Umstand, daß die U-Boote veraltet seien. Die ständigen Ermahnungen der U-Boot-Führung an die Kommandanten, unablässig weiterzukämpfen, seien nur große Worte und Sklaventreiberei. Um dem Ganzen die Krone aufzusetzen, hörte Kusch begeistert BBC und andere Nachrichtensender der Alliierten – ein schweres Verbrechen im Dritten Reich.

Das Gericht befand Kusch der Volksverhetzung und des Hörens ausländischer Rundfunksender für schuldig. Die Anklage empfahl eine Haftstrafe von zehn Jahren und sechs Monaten, aber das Gericht, dem auch der U-Boot-Kommandant Otto Westphalen angehörte, verurteilte Kusch am 29. Januar zum Tode. Später gab Westphalen an, er hätte ein Gnadengesuch mit der Bitte, sich in einer kämpfenden Einheit bewähren zu dürfen, unterstützt, aber Kusch habe ein solches Gesuch nie eingereicht. Am 12. Mai wurde Kusch in Kiel standrechtlich erschossen.

Zu keinem Zeitpunkt vor oder während des Prozesses sprach Karl Dönitz mit Kusch oder teilte wenigstens seine Ansicht zu der Angelegenheit mit. Zahlreiche Offiziere der Kriegsmarine, darunter Kuschs ehemalige Kommandanten auf *U103,* die Ritterkreuzträger Werner Winter und Gustav-Adolf Janssen, und der Ritterkreuzträger Wilhelm Franken von *U565* im Mittelmeer, setzten sich jedoch für Kusch ein. Diese und viele andere in der ganzen U-Boot-Waffe waren sehr betrübt über den Umstand, daß weder Dönitz noch Friedeburg oder Godt irgend etwas unternahmen, um ihrem Kameraden zu helfen.

In seinen Memoiren schreibt Topp sinngemäß:

> *Wie auch immer die politischen Umstände gewesen sein mögen, wäre es doch angebracht gewesen, daß Dönitz wenigstens einmal mit seinem Kommandanten gesprochen und ihm beigestanden hätte. Oder war er etwa so naiv, daß er nicht wußte, was die Leute in den U-Boot-Messen über die Partei und den Gröfaz*[1] *redeten… Wenn wir Tradition so verstehen, daß sie in Berührung steht mit erhabenen Geistesströmungen und diese fortführt, dann trifft dieses Muster zweifellos auf Oberleutnant Kusch zu, auf Großadmiral Dönitz hingegen nicht.*

In den Nachkriegsjahren bemühte sich Topp, inzwischen ein hochrangiger Admiral in der Bundesmarine, um eine Rehabilitierung von Kusch, aber er stieß auf den erbitterten Widerstand von Hans-Rudolf Rösing und Karl-Friedrich Merten und anderen. In den Jahren 1949 und 1950 klagte Kuschs Vater unter der Rechtsprechung der alliierten Besatzung, welche die Bestrafung von Personen vorsah, die wegen Kriegsverbrechen, Verbrechen gegen den Frieden oder Verbrechen gegen die Menschlichkeit schuldig gesprochen wurden, Mitglieder des Gerichts, auch Westphalen, wegen Mordes an seinem Sohn an. Die Geschworenen oder die Richter sprachen die Angeklagten in drei Prozessen frei.[2]

---

1 Ein spöttischer Ausdruck für den Führer, Kürzel für »größter Führer aller Zeiten«.

2 Der Fall Kusch wird unter deutschen U-Boot-Veteranen immer noch heftig debattiert. Die Darstellung folgt eng der Version von Heinrich Walle in dem Buch von Nicosia und Stokes (1991). Siehe auch Klenck (Luttitz).

Das IXC-Boot *U516* unter Hans-Rutger Tillessen, 30 Jahre alt, lief am 4. Oktober aus Frankreich aus und patrouillierte ebenfalls über die Azoren in die Karibik. Trotz der kräftezehrenden Hitze und starker ASW-Maßnahmen fand Tillessen vor Colón, Panama, ein gutes Jagdgebiet vor. Vom 11. November bis zum 8. Dezember, in rund vier Wochen, versenkte er vier Schiffe (darunter einen Tanker) mit etwa 14500 BRT, dazu ein Segelschiff. Auf dem Rückmarsch durch die Karibik in Richtung Trinidad fügte Tillessen seinen Erfolgen noch einen großen amerikanischen Tanker hinzu, die 10195 BRT große *McDowell,* verfehlte aber einen Zerstörer. Gesamtbeute: fünf Schiffe (zwei Tanker) mit 24700 BRT und das kolumbianische Segelschiff *Ruby* mit 39 Tonnen. Am 19. Dezember bombardierte ein nicht identifiziertes alliiertes Flugzeug *U516* und richtete beträchtlichen Schaden an. Tillessen trat daraufhin die Heimreise an und hielt nach einem Kampfboot Ausschau, das Treibstoff entbehren konnte.

Das IXC-Boot *U505,* das immer noch von dem 25jährigen Peter Zschech befehligt wurde, war in den vergangenen zehn Monaten unzählige Male zu einer Feindfahrt ausgelaufen, die es aber stets abbrechen mußte. Am 9. Oktober lief das Boot wiederum zu einer Feindfahrt in die Karibik aus, aber auch dieser Versuch endete mit einem Abbruch. Am 24. Oktober belegten nicht identifizierte alliierte Kräfte *U505* mit Wasserbomben. Während des Angriffs beging Zschech, der zweifellos unter starkem psychischem Druck stand, endlich Erfolge vorzuweisen, mit seiner Pistole Selbstmord. Der Erste Wachoffizier, Paul Meyer, 26 Jahre alt, übernahm das Kommando, bestattete Zschech auf See und brachte *U505* am 7. November nach Frankreich zurück.

Das IXC-Boot *U129* unter Richard von Harpe, 26 Jahre alt, stach am 12. Oktober zu einer Patrouille entlang der Ostküste der Vereinigten Staaten von Kap Hatteras bis nach Florida in See. Unterwegs stieß Harpe am 26. Oktober auf den riesigen und schnellen Ozeandampfer *Acquitania,* kam aber nicht dazu, einen Torpedo loszumachen. Am 12. November traf er sich mit dem XIV-Tanker *U488* und tankte gemeinsam mit den IXC/40-Booten *U193* und *U530* nach, die den Golf von Mexiko beziehungsweise Panama anliefen. *U193* hatte bereits Treibstoff an den VIID-Minenleger *U214* auf dem Rückmarsch abgegeben.

Die Tenth Fleet machte alliierte Streitkräfte, die immer noch *U488* jagten, auf das Treffen aufmerksam. Eine U-Jagdgruppe um den »Geleitträger« *Core* traf am 15. November in dem bezeichneten Raum ein. In den frühen Morgenstunden des Tages sichtete Harpe in *U129* die *Core* und schoß vier Torpedos auf sie ab, aber alle gingen fehl. Alle Schiffe der Gruppe um die *Core* verspürten eine »heftige Stoßwelle« und »etwa sechs kleinere Stöße« an ihrem Rumpf – vermutlich End- oder Kielwasserdetonierer. Harpe ging auf Tiefe, entkam den ihn jagenden Zerstörern und setzte seine Fahrt nach Kap Hatteras fort. Die anderen beiden

IX-Boote und der Tanker *U488* wurden ebenfalls nicht entdeckt. Als die U-Boot-Führung von der Anwesenheit dieser U-Jagdgruppe mit einem Träger erfuhr, befahl sie *U488,* sämtliche Versorgungsoperationen abzubrechen und sofort heimzukehren. Harpe in *U129* hatte vor Kap Hatteras kein Jagdglück. Er patrouillierte bis ans südliche Ende seines Operationsgebietes und stieß am 4. Dezember auf den Konvoi KN 280 von Key West nach Norfolk. Er meldete die Versenkung eines Frachters und eines »Zerstörers«, aber nur der Frachter wurde bestätigt, die kubanische *Libertad* mit 5441 BRT. Sonst hatte er kein Glück und trat den Rückmarsch an. Wie Tillessen in *U516* benötigte auch er Treibstoff.

Auf die dringenden Gesuche hin befahl die U-Boot-Führung dem neuen IXC/40-Boot *U544* unter Willi Mattke, 34 Jahre alt, sich mit den heimkehrenden Tillessen in *U516* und Harpe in *U129* zu treffen. Als die alliierten Codeknacker aus entzifferten Funksprüchen von diesem Treffen erfuhren, wurde eine U-Jagdgruppe um den neuen Geleitträger *Guadalcanal,* der am 5. Januar von Norfolk auslief, an die Stelle geschickt.

Die von Daniel V. Gallery befehligte *Guadalcanal* startete am 16. Januar rund 900 Kilometer westlich der Azoren drei Flugzeuge, die nach den drei U-Booten suchen sollten. Zwei Flugzeuge, geflogen von Bert J. Hudson und William M. McLane, entdeckten die drei Boote, die gerade nachtankten, und griffen unverzüglich gleichzeitig mit Raketen und Wasserbomben an. Einige dieser Geschosse trafen den Hilfs-Versorger, Mattkes *U544,* und versenkten ihn. Die Flieger sahen »zwanzig bis dreißig« Deutsche im Wasser, aber trotz einer gründlichen Suche konnten die Geleitfahrzeuge der *Guadalcanal* keinen einzigen Überlebenden finden. *U129* und *U516* tauchten und entkamen.[1] Harpe in *U129* lief weiter nach Frankreich, aber Tillessen in *U516* benötigte dringend Treibstoff, um die Fahrt fortzusetzen. Deshalb wies die Führung das auslaufende IXC/40-Boot *U539* unter Hans-Jürgen Lauterbach-Emden, 24 Jahre alt, an, sich mit *U516* zu treffen und Treibstoff abzugeben.

U539 war am 3. Januar von Frankreich aus zu einer Feindfahrt in die Karibik in See gestochen und war das erste Atlantik-Boot, das eine Feindfahrt mit einem Schnorchel durchführte.[2] Die beiden Boote kamen

---

1 Auf dieser Jungfernfahrt verlor die *Guadalcanal* fünf Flieger und 15 von 21 Flugzeugen wegen Verschleiß, Unfällen oder stürmischer Witterung. Mit ihrer Ankunft im Atlantik stieg die Zahl der amerikanischen Träger auf diesem Kriegsschauplatz, die in erster Linie für die U-Boot-Abwehr eingesetzt wurden, auf acht: *Block Island, Bogue, Card, Core, Croatan, Guadalcanal, Santee* und ein weiteres neues Schiff, die *Mission Bay.*

2 Meist wird das VII-Boot *U264* unter Hartwig Looks irrtümlich als erstes Boot genannt, das mit einem Schnorchel zu einer Feindfahrt ausgelaufen sei. Bei einer Probefahrt vor Frankreich mit mehreren Flottillenchefs und Leitenden Ingenieuren an Bord versagte der Schnorchel peinlicherweise kläglich, so daß sich das Auslaufen des Bootes bis zum 2. Februar verzögerte, einen vollen Monat nach *U539.*

am 22. Januar bis auf Rufweite aneinander heran, aber wegen des gräßlichen Wintersturmes konnten sie erst am 5. Februar zum Nachtanken längsgehen. Tillessen in *U516* nahm endlich so viel Treibstoff auf, daß er Frankreich erreichen konnte. Wegen der Verzögerung und der Treibstoffabgabe patrouillierte Lauterbach-Emden mit *U539* nach Kanada und nicht in die ferne Karibik.

Nach der Übernahme von Treibstoff an dem vielgeplagten Tanker *U488* am 12. November patrouillierte das IXC/40-Boot *U193* unter dem alten Kämpen Hans Pauckstadt, 37 Jahre alt, in den Golf von Mexiko. Am 3. Dezember versenkte er westlich der Floridastraße mit drei Torpedos sein erstes und einziges Schiff: den neuen amerikanischen Tanker *Touchet* mit 10 132 BRT, beladen mit 150 000 Barrels Heizöl. Der Tanker flog in die Luft. Von den 80 Mann Besatzung starben zehn in dem Flammenmeer, die übrigen wurden später aus Rettungsbooten geborgen.

Hans Pauckstadt patrouillierte als letzter U-Boot-Kommandant im Zweiten Weltkrieg in den Golf von Mexiko. Insgesamt versenkten U-Boote in diesem wenig beachteten Raum 56 Schiffe (24 Tanker) und beschädigten vier weitere Fahrzeuge.[1] Im Gegensatz zu Gerüchten, die während des Krieges kursierten, erhielt kein einziges U-Boot Informationen von irgendwelchen Spionen der Achse, die nahe der Küste tätig waren, noch tankte ein Boot an geheimen Versorgungsschiffen, die in Flußarmen in Louisiana oder sonstwo versteckt waren, nach, oder gingen irgendwelche Deutschen verkleidet an Land, um das Nachtleben in Mobile, New Orleans, Houston oder Galveston zu genießen.

Auf dem Rückmarsch trafen alliierte Flugzeuge *U193* vor dem Kap Finisterre. Das Boot wurde gegen die Felsen geworfen und schwer beschädigt, überstand aber den Angriff und die Kollision und rettete sich am 10. Februar nach El Ferrol in Spanien. Nach ausgiebigen, behelfsmäßigen Reparaturen setzte es am 20. Februar den Rückmarsch fort und erreichte fünf Tage später Lorient. Nachdem Kurt Lange in *U530* ebenfalls am 12. November an *U488* nachgetankt hatte, patrouillierte er in der Karibik bis nach Panama. Am zweiten Weihnachtstag traf Lange den amerikanischen Tanker *Chapultepec* mit 10 195 BRT vor Colón und beschädigte ihn. Drei Tage später, am 29. Dezember, griff er einen zweiten amerikanischen Tanker, die *Esso Buffalo,* mit drei Torpedos an, aber alle gingen fehl. Unwissentlich rammte dieser Tanker *U530,* aber Lange konnte den Schaden beheben und die Fahrt fortsetzen. Er kehrte am 22. Februar 1944 nach Frankreich zurück und beendete eine entbehrungsreiche Feindfahrt von 130 Tagen, auf der er kein einziges Schiff versenkt hatte.

Obwohl Max Wintermeyer in dem IXC/40-Boot *U190* auf dem Anmarsch nicht nachtanken konnte, lief er nordbrasilianische Gewässer an.

---

[1] Siehe Wiggins, *Torpedoes in the Gulf* (1995), S. 116 f. und Anhang 5.

Er kreuzte vorsichtig zwischen der Amazonasmündung und Fortaleza vor der Küste und meldete, er sehe keine Schiffe. Weil der Treibstoff knapp wurde und unsicher war, ob er nachtanken konnte, trat Wintermeyer am 12. Dezember den Rückmarsch an. Die Führung wies ihn an, sich mit *U172,* das mit Kurs auf Penang auslief, zu treffen und das neueste Funkmeßbeobachtungsgerät Naxos aufzunehmen. Er fand das U-Boot aber nicht und setzte die Fahrt nach Frankreich fort. *U190* traf am 15. Januar ein und beendete eine ergebnislose Feindfahrt von 91 Tagen.

Unter anderem wegen des Fehlens von U-Tankern lief im November 1943 nur ein U-Boot in Richtung amerikanische Gewässer aus, im Dezember hingegen kein einziges.

Das neue IXC/40-Boot *U543* unter Hans-Jürgen Hellriegel, der zuvor das Atlantik-Boot *U96* befehligt hatte, lief am 9. November von Kiel aus in Richtung Newfoundland aus. Unterwegs machte Hellriegel einen kleinen Umweg, um die Gruppe Coronel bei Operationen gegen Geleitzüge zu unterstützen. Am 16. Dezember wurde *U543* von der Gruppe Coronel entlassen und lief mit dem Befehl, Schiffe zu jagen und zweimal täglich Wettermeldungen abzusetzen, in Richtung Newfoundland. Am 27. Dezember meldete Hellriegel, er habe vergeblich den großen, schnellen Ozeandampfer *Acquitania* gejagt. Die kanadischen Führungsstellen erfuhren aus entzifferten Funksprüchen und Peilungen mit dem Huff Duff von der Anwesenheit des U-Bootes und leiteten 550 Kilometer östlich der Küste von Newfoundland eine großangelegte Jagd ein.

An dieser Jagd vom 23. Dezember bis zum 6. Januar beteiligte sich eine große Zahl kanadischer Streitkräfte, darunter Flugzeuge, Geleitfahrzeuge von in der Nähe passierenden Konvois und eine U-Jagdgruppe. Der Marinehistoriker W. A. B. Douglas[1] errechnete, daß die Kanadier trotz gräßlichen Flugwetters 21 Einsätze mit B-24-Bombern und sieben mit Cansos flogen. Kein einziger hatte jedoch Glück. Hellriegel schoß T-5-Torpedos auf zwei »Zerstörer«, die ihn am 30. Dezember und 3. Januar jagten, und meldete beide als versenkt. Obwohl diese »Versenkungen« nicht bestätigt wurden, erkannte die Führung sie an, und Dönitz zeichnete Hellriegel nach der Rückkehr nach Frankreich mit dem Ritterkreuz aus.[2]

Auf den 13 Feindfahrten im September, Oktober und November in amerikanische Gewässer wurden acht Handelsschiffe mit 45 700 BRT versenkt, dazu das Segelschiff *Ruby.* Auf Tillessen in *U516* entfiel etwa

---

[1] In seinem amtlichen Werk *The Creation of a National Air Force,* Bd. 2 (1986).

[2] Zum Zeitpunkt der Verleihung am 3. Februar 1944 betrug seine bestätigte Versenkungsziffer auf dem Einbaum *U140,* dem VII-Boot *U96* und *U543* fünf Schiffe mit 16 165 Tonnen, darunter das 200 Tonnen große sowjetische U-Boot *M-94* und ein portugiesischer Trawler mit 416 Tonnen, den er als ein feindliches U-Boot ausgegeben hatte (und zuerkannt bekam).

die Hälfte davon. Sieben U-Boote versenkten kein einziges Schiff. Vermutlich infolge der verbesserten Funkdisziplin in den Einsatzgebieten, wegen des neuen FuMB Naxos für Zentimeter-Wellen und wegen der erhöhten Vorsicht der Kommandanten ging kein U-Boot verloren.

Im November und Dezember liefen sechs U-Boote nach Westafrika und in den Indischen Ozean aus. Das auslaufende Boot *U505* unter dem neuen Kommandanten Harald Lange, 39 Jahre alt, rettete Überlebende des deutschen Torpedobootes *T-25* und kehrte nach Frankreich zurück. Die übrigen Boote erwartete ein unterschiedliches Los.

Alfred Eick in dem IXC-Boot *U510* stach mit Kurs auf Penang in See und tankte am 30. November an dem XB-Minenleger *U219* nach, der als Hilfs-Versorger fungierte. Nach der Umrundung des Kaps der Guten Hoffnung schoß Eick am 13. Januar vor Durban drei Torpedos auf einen Frachter, verfehlte ihn aber. Plangemäß traf er sich am 28. Januar etwa 550 Kilometer südlich der Insel Mauritius mit dem deutschen Tanker *Charlotte Schliemann* und tankte nach.

Danach patrouillierte Eick aggressiv, aber umsichtig bei einer fürchterlichen Hitze und Feuchtigkeit bis in den nördlichsten Zipfel des Arabischen Meeres zwischen Oman und Indien. Am 22. Februar erfaßte er den Konvoi PA 69 auf dem Weg vom Persischen Golf nach Aden. In zwei Angriffen habe er, wie er meldete, zwei Tanker und einen Frachter mit 25 000 BRT versenkt, einen Frachter mit 7000 BRT in Flammen zurückgelassen, der vermutlich sinken werde, und einen weiteren Frachter mit 7000 BRT torpediert. Anhand von alliierten Unterlagen zeigt sich, daß Eick den britischen Tanker *San Alvaro* mit 7385 BRT und den amerikanischen Frachter *E. G. Seubert* mit 9181 BRT versenkte und ferner den 9970 BRT großen norwegischen Tanker *Erling Brovig* torpedierte. Im Monat März meldete Eick die Versenkung von drei weiteren Frachtern (zwei norwegischen, einem amerikanischen) mit insgesamt 18 000 BRT, dazu ein Segelschiff. Anhand von Unterlagen der Alliierten wurden drei Frachter mit insgesamt 14 654 BRT bestätigt. Danach lief Eick Penang an und traf am 5. April ein. Zwei Tage später erhielt er Nachricht von Berlin, daß er mit dem Ritterkreuz ausgezeichnet worden sei.[1]

Das Fern-U-Boot *U178* vom Typ IXD2 stach am 27. November mit einer Fracht von ungefähr 153 Tonnen von Penang aus nach Frankreich in See: 30 Tonnen Kautschuk, 121 Tonnen Zinn und 2 Tonnen Wolfram. Da Ritterkreuzträger Wilhelm Dommes, der das Boot beim Ausmarsch befehligt hatte, immer noch krank war, blieb er in Penang. Der Erste Wachoffizier des Bootes, Wilhelm Spahr, 39 Jahre alt, der während der

---

[1] Zum Zeitpunkt der Verleihung betrug seine bestätigte Versenkungsziffer acht Schiffe mit rund 50 000 BRT sowie ein Segelschiff.

legendären Versenkung der *Royal Oak* 1939 in Scapa Flow Priens Steuermann gewesen war, stieg zum Kommandanten auf.

In der Nähe der Malediven versenkte Spahr das 7244 BRT große amerikanische Liberty-Schiff *José Navarro* und traf sich dann mit Eick in *U510* und dem Tanker *Charlotte Schliemann* am 28. Januar südlich von Mauritius. Er füllte seine Treibstofftanks auf, nahm noch einmal 19 Tonnen Kautschuk an Bord, erhielt von *U510* die Schlüssel für die Enigma (vom Juni) und ging anschließend auf Kurs Südwest nach Kapstadt.

Werner Henke in dem IXC-Boot *U515* hatte bei seiner vorübergehenden Abkommandierung zur Gruppe Schill, wie erwähnt, die britische Sloop *Chanticleer* getroffen, war aber seinerseits schwer beschädigt worden. Henke, der inzwischen das Eichenlaub zum Ritterkreuz trug, reparierte den Schaden und patrouillierte nach Freetown. In der Woche vom 17. bis zum 24. Dezember versenkte er drei britische Frachter mit insgesamt 20913 BRT: *Kingswood, Phemius* und *Dumana.* Zusammen mit dem allein fahrenden Frachter, den Harpe mit *U129* bei den Bahamas versenkt hatte, waren dies im Monat Dezember die einzigen deutschen Erfolge gegen Handelsschiffe im ganzen Atlantik.

Auf dem Rückmarsch riß wegen der schweren See und der Vibration der Motoren eine behelfsmäßige Schweißnaht an einem der achteren Tauchtanks von *U515* wieder auf. Henke stoppte zum zweitenmal auf dieser Feindfahrt wegen Reparaturarbeiten vor der verlassenen Küste einer abgelegenen Insel – dieses Mal bei den Kapverdischen Inseln. Später wehrte er beim Anlaufen von Lorient am 16. Januar zwei zweimotorige Mosquito-Bomber der RAF mit seinen Flakgeschützen ab. Er meldete die Versenkung von vier Schiffen mit 22000 Tonnen (einschließlich der Sloop *Chanticleer*), was ziemlich genau den bestätigten Zahlen entsprach. Henke hätte ohne weiteres einen sicheren Posten an der Küste beantragen können, aber er beschloß, das Kommando über *U515* zu behalten, weil er hoffte, noch mehr Ruhm und Auszeichnungen zu erringen.

Nach einer gründlichen Überholung und einer Verbesserung der Flak-Bewaffnung stach das IXC-Boot *U172* am 22. November unter dem neuen Kommandanten Hermann Hoffmann von Frankreich aus mit Kurs auf Penang in See. Der ehemalige Zweite und Erste Wachoffizier des U-Boots war erst 22 Jahre alt und der jüngste Offizier der Atlantikflottillen, der zum Kommandanten befördert wurde. Beim Ausmarsch entdeckte ein nicht identifizierter landgestützter Bomber des Coastal Command *U172* am Abend des 3. Dezember in der Biskaya, warf sechs Wasserbomben und bestrich das Boot mit den Maschinengewehren. Doch *U172* entkam.

Hoffmann traf sich um den 10. Dezember mit dem XB-Minenleger *U219,* der als Hilfs-Versorger Dienst tat, und füllte die Treibstofftanks von *U172* auf. Als alliierte Codeknacker im voraus zuverlässige Informationen über dieses Treffen vorlegten, verließ eine U-Jagdgruppe um den Geleitträger *Bogue* den Konvoi GUS 23 und lief eilig den Raum an. Die Flugzeuge konnten die U-Boote nicht während des Treffens erfassen, aber kurz nach Sonnenaufgang am 12. Dezember entdeckte der Avenger-Pilot Elisha C. Gaylord *U172* an der Oberfläche und drückte es unter Wasser. Er forderte über Funk Hilfe an und warf einen Fido, der augenscheinlich fehlging. Hoffmann ging auf Tiefe.

Der Kommandant der *Bogue,* Joseph B. Dunn, gab Befehl, »bis zum Umfallen zu jagen«. In den folgenden 27 Stunden jagten die Flugzeuge der *Bogue* sowie ihre Sicherung, die Glattdeck-Zerstörer *George E. Badger, Clemson, Du Pont* und *Osmond Ingram, U172* und nahmen es mit Bomben, Wasserbomben, Hedgehog und Fidos unter Beschuß. Gegen 10 Uhr morgens am 13. Dezember tauchte das übel zugerichtete Boot endlich auf und stellte sich dem Kampf. Hoffmann bemannte ein Maschinengewehr, tötete einen Amerikaner und verwundete sechs weitere auf der *Osmond Ingram.* Im Gegenzug bestrichen die *Badger,* die *Clemson,* die *Du Pont* und die *Osmond Ingram U172* mit Feuer aus allen Rohren, töteten 13 Deutsche und zwangen die Überlebenden, auch Hoffmann, ins Meer zu springen. Die Zerstörer fischten Hoffmann und 45 andere Deutsche aus dem Wasser und brachten sie nach Norfolk.

Das neue Fern-U-Boot *U850* vom Typ IXD2 lief am 18. November von Kiel nach Penang aus und wurde von dem namhaften U-Boot-Fahrer Klaus Ewerth, 36 Jahre alt, befehligt. Als Mitglied des Offiziersjahrgangs 1925 hatte Ewerth die erste Klasse der U-Boot-Schule der Kriegsmarine (1933) besucht und war auserwählt worden, 1935 das erste U-Boot, den Einbaum *U1,* in Dienst zu stellen. In der Folgezeit hatte er die VII-Boote *U35* und *U36* sowie das I-Boot *U26* befehligt, die er in den ersten Kriegsmonaten auf Feindfahrten geführt hatte. Nach einem langen Aufenthalt beim Ausbildungsverband hatte Ewerth im April 1943 *U850* in Dienst gestellt.

Am Nachmittag des 20. Dezember teilte die U-Boot-Führung Ewerth die gute Nachricht mit, daß seine Frau ihr viertes Kind zur Welt gebracht habe und daß Mutter und Kind wohlauf seien. Nur 20 Minuten später sichtete eine Avenger der *Bogue,* geflogen von Wallace A. LaFleur, *U850* an der Oberfläche. LaFleur gab Alarm und griff an. Seine Wasserbomben lösten sich beim ersten Anflug nicht und fielen beim zweiten Anflug zu kurz. Vier weitere Flugzeuge der *Bogue* trafen zur Unterstützung ein. Bei dem folgenden Schußwechsel zwangen die Flugzeuge *U850* schließlich unter Wasser, daraufhin warfen die Piloten LaFleur und Harold G. Bradshaw Fidos, die *U850* trafen und versenkten. Die Zerstörer *Badger* und *Du Pont* nahmen Holzteile, Kleidung und »verstümmelte Leichen« auf, konnten aber keine Überlebenden entdecken.

Die 23 Feindfahrten in amerikanische Gewässer, nach Westafrika und im Indischen Ozean, die in den letzten vier Monaten des Jahres 1943 durchgeführt wurden, brachten eine versenkte Tonnage von etwa 134500 BRT, dazu die Sloop *Chanticleer* und zwei Segelschiffe. Das schmälerte die Seestreitmacht der Alliierten kaum, es war aber immerhin ein so großer Schaden, daß der Geleitverkehr in diesen abgelegenen Gebieten durch die Abkommandierung zahlloser alliierter Flugzeuge und Überwasserschiffe zu ASW-Patrouillen gesichert wurde.

Die Deutschen zahlten für die Versenkung dieser 24 Handelsschiffe einen sehr hohen Preis: 4 der 23 U-Boote versenkt, das berühmte IXC-Boot *U172* und 3 neue IXD2-Fern-U-Boote, *U848, U849* und *U850.* Unter den ungefähr 160 toten U-Boot-Fahrern waren auch drei der vier Kommandanten: Klaus Ewerth und die Ritterkreuzträger Wilhelm Rollmann und Heinz-Otto Schultze.

Das Nordmeer: **Tirpitz** *außer Gefecht,* **Scharnhorst** *versenkt*

Zwischen den Landungen Baywatch und Avalanche in Italien liefen am 6. September das deutsche Schlachtschiff *Tirpitz* und das Schlachtschiff *Scharnhorst,* gesichert von zehn Zerstörern, aus dem Altafjord in Nordnorwegen aus. Der Verband ging auf Nordkurs in die Barentssee zu der Insel Spitzbergen, nahm die behelfsmäßigen britischen Stützpunkte und eine Wetterstation unter Feuer und lief eilig zurück in den Altafjord. Der offizielle britische Marinehistoriker bemerkte, daß die *Tirpitz* während ihrer 21monatigen Liegezeit im Nordmeer bei dieser kleinen Operation das einzige Mal ihr Hauptgeschütz gegen den Feind eingesetzt habe.

Die britische Home Fleet, verstärkt von dem amerikanischen Träger *Ranger,* den zwei amerikanischen Kreuzern *Augusta* und *Tuscaloosa* und fünf amerikanischen Zerstörern, lief etwas verspätet aus, um die Deutschen abzufangen, hatte aber keinen Erfolg. Die *Tirpitz* und die *Scharnhorst* sowie der Schwere Kreuzer *Lützow* blieben im Altafjord vor Anker und erfüllten die Funktion einer stehenden Flotte, die alliierte Kriegsschiffe binden und die Murmansk-Geleitzüge bedrohen sollte.

Wegen des Auslaufens der *Tirpitz* wurde die britische Admiralität nervös und rang sich dazu durch, eine kühne und riskante Operation (Source) zu bewilligen, die seit langem vorbereitet wurde: ein Überfall auf die drei deutschen Kriegsschiffe im Altafjord mit Kleinst-U-Booten.

Die Briten hatten eigens für diese Aufgabe sechs Kleinst-U-Boote bauen lassen. Die als »X-Boot« *(X-5* bis *X-10)* bezeichneten Kleinst-U-Boote waren 14,4 Meter lang und verdrängten 39 Tonnen. Jedes mit vier Freiwilligen bemannte X-Boot war mit zwei 1800 Kilogramm schweren ablösbaren Amatol-Sprengladungen bewaffnet, die am Meeresgrund unter einem vor Anker liegenden Fahrzeug detonieren sollten und durch einen Zeitzünder ausgelöst wurden. Nach langwierigen Probeläufen lösten die X-Boote die Aufgabe bei Manövern endlich planmäßig, auch wenn sie natürlich die konstruktionsbedingten Mängel aller Kleinst-U-Boote hatten.

Sechs »ausgewachsene« Mutter-U-Boote[1] liefen am 11. und 12. September von Loch Cairnbawn im Nordwesten Schottlands aus und hatten alle ein X-Boot im Schlepptau. Drei Kleinst-U-Boote *(X-5, X-6, X-7)* sollten die *Tirpitz* angreifen, zwei *(X-9, X-10)* die *Scharnhorst* und das letzte *(X-8)* die *Lützow*. Zwei Kleinst-U-Boote *(X-8, X-9)* gingen jedoch unterwegs verloren oder sanken, damit blieben noch drei Boote für die *Tirpitz* und nur eines für die *Scharnhorst*, für die *Lützow* keines.

Die Mutter-U-Boote setzten die vier Kleinst-U-Boote am Abend des 20. September etwa 270 Kilometer vom Altafjord entfernt ab. *X-5* ging verloren, und *X-10* konnte die *Scharnhorst* nicht finden, kehrte zum Mutter-Boot zurück und ging bei der Rückkehr nach Schottland verloren. Am 22. September erreichten zwei Kleinst-U-Boote, *X-6* und *X-7* unter Donald Cameron und Basil Charles Godfrey Place, die *Tirpitz* und setzten ihre Sprengladungen ab (insgesamt vier mit über 7200 Kilogramm). Diese detonierten und beschädigten alle drei Hauptturbinenanlagen des Schlachtschiffes. Diese bemerkenswerte Heldentat setzte die *Tirpitz* bis April 1944 im Altafjord völlig außer Gefecht. Beide Kleinst-U-Boote gingen bei der Operation verloren: zwei Besatzungsmitglieder von *X-6* und *X-7* kamen ums Leben, sechs gerieten in Gefangenschaft.[2]

Einen Tag später, am 23. September, lief der Schwere Kreuzer *Lützow* in die Ostsee aus. Die Briten hatten von dieser Verlegung erfahren und versuchten, die *Lützow* mit landgestützten Flugzeugen der RAF und der Flotte abzufangen, scheiterten aber. Das Schiff traf am 1. Oktober in Danzig ein und verließ die Ostsee nie wieder.

Nach der Beschädigung der *Tirpitz* und dem Abzug der *Lützow* blieben nur noch die *Scharnhorst* und ihre Sicherung in Nordnorwegen als Gefahr für die Murmansk-Geleitzüge. Deshalb kam Bruce Fraser, der Befehlshaber der Home Fleet,[3] zu dem Schluß, daß diese aus politischen Erwägungen wünschenswerten Geleitzüge vom November an in der arktischen Polarnacht wiederaufgenommen werden konnten. Churchill

---

1 *Sea Nymph, Sceptre, Stubborn, Syrtis, Thrasher* und *Truculent.*

2 Cameron und Place überlebten beide und wurden mit dem Victoria Cross ausgezeichnet.

3 Die Home Fleet war zur Unterstützung der See-Operationen im Mittelmeer und in anderen fernen Gewässern dezimiert worden und bestand damals noch aus dem alten Träger *Furious,* den neuen Schlachtschiffen *Anson* und *Duke of York,* fünf Schweren Kreuzern und kleineren Fahrzeugen. Der amerikanische Träger *Ranger,* die Schweren Kreuzer *Augusta* und *Tuscaloosa* und fünf Zerstörer blieben bis Ende November bei der Home Fleet.

setzte Stalin davon in Kenntnis, daß die Admiralität die Absicht habe, im November, Dezember, Januar und Februar jeden Monat einen Konvoi mit 40 Handelsschiffen zu entsenden, insgesamt 160 Fahrzeuge plus den Geleitschutz. Als sich Fraser jedoch, genau wie sein Vorgänger John Tovey, vehement gegen so große Geleitzüge aussprach, billigte Churchill Frasers Alternativplan, alle zwei Wochen halb so große Geleitzüge (rund 20 Schiffe) auslaufen zu lassen.

Am 1. November wurde der Geleitverkehr auf der Murmansk-Route wiederaufgenommen. An diesem Tag verließ der in der Gegenrichtung fahrende Geleitzug RA 54A (13 leere Schiffe) die Kolamündung und erreichte die Britischen Inseln ohne Verluste. Am 15. und 22. November stachen die ostwärts fahrenden Konvois JW 54A (18 beladene Schiffe) und JW 54B (14 beladene Schiffe) von Loch Ewe aus zur Kolamündung in See. Beide kamen ohne Verluste an. Ein weiterer Gegenkonvoi, RA 54B (acht leere Schiffe), verließ am 27. November die Kolamündung und gelangte ebenfalls ohne Verluste zu den Britischen Inseln.

Während der Pause der Murmansk-Geleitzüge im Sommer und bis in den Herbst 1943 hatte Dönitz die U-Boot-Flotte im Nordmeer auf etwa ein Dutzend Boote reduziert. Mit Ausnahme weniger, unbedeutender sowjetischer Schiffe und dreier Frachter mit 12355 BRT versenkten diese U-Boote vom März bis November 1943 nichts, eine enorme Verschwendung von Kriegsmaterial, die Dönitz mehrfach beklagte. Immerhin waren aber die Verluste an U-Booten im arktischen Raum ebenso unbedeutend, verglichen mit anderen Einsatzgebieten: Nur *U639* unter Walter Wichmann wurde von dem sowjetischen U-Boot *S-101* in der Karasee versenkt, während es ein Minenfeld legte.

Die Deutschen erfuhren verspätet, daß die Murmansk-Geleitzüge im November wiederaufgenommen worden waren. Dönitz und sein Stab fühlten sich wegen des X-Boot-Angriffs auf die *Tirpitz* und wegen des kläglichen Scheiterns der U-Boote im Nord- und Mittelatlantik vor aller Welt blamiert und beschlossen, einen Seesieg zu erringen, der unmittelbar den deutschen Kräften im Kampf an der Ostfront helfen sollte. Deshalb befahl Dönitz seinem Protegé Oskar Kummetz, dem Befehlshaber der Kampfgruppe um die *Scharnhorst,* der fünf Zerstörer angehörten, sich für einen Überwasserangriff auf den Murmansk-Geleitzug bereitzuhalten, der im Dezember auslaufen sollte. Gleichzeitig wies er die U-Boot-Flotte im Nordmeer an, Vorpostenstreifen aufzustellen, um diese Konvois abzufangen, zu beschatten und gemeinsam mit der *Scharnhorst* und allen verfügbaren Kräften der Luftwaffe anzugreifen.

Die britischen Codeknacker lieferten außerordentlich gute Informationen über die deutschen Pläne und Bewegungen. Als der nächste Konvoi JW 55A (19 beladene Schiffe) am 12. Dezember von Loch Ewe aus zur Kolamündung in See stach, wußte Fraser bereits ganz genau, daß die *Scharnhorst* möglicherweise auslaufen werde. Er stellte für den Konvoi eine starke Fernsicherung mit zwei Verbänden ab, die ihn bis zur Kolamündung begleiteten. Einem Verband gehörten sein Flaggschiff, das neue Schlachtschiff *Duke of York,* der Kreuzer *Jamaica* und vier Zerstörer an. Der andere wurde aus den drei Kreuzern *Norfolk, Sheffield* und *Belfast* gebildet; letzterer war Anfang des Krieges von einer Mine schwer beschädigt worden, die der Einbaum *U21* gelegt hatte. Der Geleitzug JW 55 A erreichte die Kolamündung ohne Verluste. Der Verband mit der *Duke of York* blieb zwei Tage in Rußland und kehrte am 18. Dezember wieder nach Hause zurück.

Kurz vor Weihnachten stachen zwei weitere Murmansk-Geleitzüge in See. Am 20. Dezember lief der Konvoi JW 55 B (19 beladene Schiffe) von Loch Ewe in Richtung Kolamündung aus. Am 23. Dezember verließ ein Gegenkonvoi, RA 55 A (22 leere Schiffe) die Kolamündung, in Begleitung der drei britischen Kreuzer. Um diese Zeit hatte der Vorpostenstreifen Eisenbart, der aus acht U-Booten bestand, seine Stellungen in den Gewässern zwischen der Bäreninsel und Nordnorwegen eingenommen. Die Luftwaffe stellte wenige Aufklärungsflugzeuge zur Verfügung, aber bis auf eine Handvoll Sturzkampfbomber und Torpedoflugzeuge waren alle von Norwegen zu anderen Kriegsschauplätzen abgezogen worden.

Großadmiral Dönitz sprach am 19. und 20. Dezember in der Wolfsschanze mit Hitler, unter anderem über die Lage im Nordmeer. Nach den Aufzeichnungen des Stenographen sagte Dönitz, die Alliierten hätten vermutlich die Murmansk-Geleitzüge wiederaufgenommen, und meldete dem Führer, »wenn sich Erfolgsaussichten bieten«, würden die *Scharnhorst* und fünf Zerstörer den nächsten nach Rußland fahrenden Geleitzug angreifen. Die gültige Richtlinie für den Einsatz von Großkampfschiffen blieb bestehen: Falls der Gegner mit seinen Großkampfschiffen eine Gefahr für die *Scharnhorst* darstelle, müsse sie einem Zusammentreffen ausweichen und in den Altafjord zurückkehren, damit der Gegner weder einen Propagandasieg noch einen materiellen Erfolg erzielte. Außerdem, ergänzte Dönitz, habe er fünf neue U-Boote[1] zur Verstärkung ins Nordmeer geschickt, falls die Alliierten wieder regelmäßig Murmansk-Geleitzüge fahren sollten, werde er weitere U-Boote ins Nordmeer verlegen.

Dönitz kehrte zu einem kurzen Halt nach Berlin zurück und machte sich dann nach Brest auf, wo er Weihnachten mit den U-Boot-Männern feiern wollte. Während er auf dem Weg nach Brest war, sichtete ein Flugzeug der Luftwaffe den Geleitzug JW 55B mit Kurs auf die Kolamündung. Dönitz sagte seinen Besuch in Brest ab und machte in Paris halt. Er versetzte die Kampfgruppe mit der *Scharnhorst* in Drei-Stunden-Bereitschaft und forderte die Luftwaffe auf, den Geleitzug verstärkt

[1] *U314, U425, U716, U739, U957.*

zu überwachen und nach Kräften, die aus der Ferne sicherten, Ausschau zu halten. Am ersten Weihnachtstag kehrte er nach Berlin zurück, wo er dem Befehlshaber der Kampfgruppe, Erich Bey (der vorübergehend den erkrankten Oskar Kummetz ablöste), die Erlaubnis zum Auslaufen erteilte. Wegen des schweren Seegangs, der alle Bewegungen seiner fünf Zerstörer stark behinderte, und wegen der fehlenden Unterstützung durch die Luftwaffe zögerte der Held der Schlacht von Narvik im April 1940 mit dem Auslaufen, stach dann aber am selben Abend doch in See.

Aufgrund der Informationen von britischen Codeknackern warnte die Admiralität Bruce Fraser um 2.17 Uhr am 26. Dezember: »Notfall. *Scharnhorst* vermutlich 1800, 25. Dezember ausgelaufen.« Ungefähr um dieselbe Zeit meldeten Flugzeuge der Luftwaffe und die drei nördlichsten U-Boote des Streifens Eisenbart[1] mit acht Booten in der Nähe der Bäreninsel flüchtigen Kontakt zu dem nach Osten fahrenden Konvoi JW 55B und versuchten, die Fühlung zu halten.

In dem schlechten Wetter und in der Dunkelheit der Polarnacht manövrierten sich die gegnerischen Kräfte in günstige Positionen. Mit Hilfe von entzifferten Funksprüchen von der Admiralität und dem überlegenen Radar auf seinen Schiffen bekam Bruce Fraser schnell die Oberhand. Mit seinem eigenen Verband (*Duke of York, Jamaica* und vier Zerstörern) schlug er einen Kurs ein, mit dem der *Scharnhorst* der Rückzug in den Altafjord abgeschnitten werden sollte. Gleichzeitig befahl er dem Verband aus drei Kreuzern *(Belfast, Norfolk, Sheffield)* unter dem Befehl von Robert Burnett, zu dem noch vier Zerstörer aus der Geleitsicherung des zurückkehrenden Konvois RA 55 A unter dem Befehl von R. L. Fisher dazugestoßen waren, die *Scharnhorst* von der entgegengesetzten Seite anzulaufen und anzugreifen. Von Berlin aus ermahnte Dönitz die deutschen Seestreitkräfte: »Feind will durch wichtigen Geleitzug mit Nahrung und Waffen für Russen heldenmütigen Kampf unseres Ostheeres erschweren. Wir müssen helfen.«

In den frühen Morgenstunden des zweiten Weihnachtstages entdeckte die *Belfast* die *Scharnhorst* ohne ihre fünf Zerstörer, die sich unerklärlicherweise getrennt hatten, und meldete die Position. Die vier Zerstörer von dem Konvoi RA 55 A schlossen sich der *Belfast, Norfolk* und *Sheffield* an, konnten aber nicht in eine günstige Position für einen Torpedoschuß gelangen. Der Kreuzer *Norfolk* eröffnete mit seinen acht 8-Zoll-Geschützen (20 cm) das Feuer und erzielte zwei Treffer an der *Scharnhorst,* die ihrerseits mit ihren 28-cm-Geschützen zweimal die *Norfolk* traf. Erich Bey nahm ganz richtig an, daß auch Frasers modernes

---

[1] Das kampferprobte Boot *U601* unter dem neuen Kommandanten Otto Hansen, 25 Jahre alt, das vor kurzem dazugestoßene Boot *U716* unter Hans Dunkelberg, 25 Jahre alt, und das bewährte Boot *U277* unter Robert Lübsen, 27 Jahre alt.

Schlachtschiff *Duke of York* mit ihren 14-Zoll-Kanonen (36 cm) unter den britischen Kriegsschiffen dieser Falle sei, und befahl seinen fünf versprengten Zerstörern, den Geleitzug JW 55 B anzugreifen, während er die *Scharnhorst* nach Süden wendete und mit 30 Knoten auf den Altafjord zuhielt. Er entkam den drei britischen Kreuzern und den vier Zerstörern.

Bruce Frasers Manöver, um der *Scharnhorst* den Weg abzuschneiden, klappte wie am Schnürchen. Am späten Nachmittag ortete die *Duke of York* das deutsche Schlachtschiff in einer Entfernung von 55 Kilometern auf dem Radar. Fraser lief heran, eröffnete mit den 14-Zoll-Kanonen das Feuer und erzielte zwei Treffer, nach denen die *Scharnhorst* an Fahrt verlor. Daraufhin eröffneten seine Kreuzer *Jamaica* und Burnetts überholende *Belfast* und *Sheffield* mit 6-Zoll-Kanonen das Feuer. Dann liefen Frasers vier Zerstörer *(Saumarez, Savage, Scorpion, Stord)* und Fishers vier Zerstörer von Geleitzug RA 55 A *(Matchless, Musketeer, Opportune, Virago)* an die *Scharnhorst* heran und schossen Torpedos und 4,7-Zoll-Granaten.

Erich Bey erkannte, daß die *Scharnhorst* verloren war. Er funkte an Hitler und Dönitz, er werde »bis zur letzten Granate« kämpfen. In einer Duplizität der Ereignisse wiederholte sich praktisch die Demontage der *Bismarck:* Die britischen Kriegsschiffe liefen heran und zerstörten die *Scharnhorst* mit den Geschützen und mit Torpedos. Die Zerstörer *Scorpion* und *Matchless* fischten 36 einfache Soldaten der 1943 Mann Besatzung aus dem Wasser. Alle anderen Deutschen kamen ums Leben – eine weitere schwere Niederlage und Demütigung für die Kriegsmarine, die Hitler natürlich in Rage brachte.

Der Vorpostenstreifen Eisenbart spielte bei dieser Seeschlacht im Nordmeer nur eine kleine Rolle. Kein anderes Boot entdeckte den Konvoi JW 55 B, ein U-Boot brach wegen technischer Defekte ab. Als Dönitz von dem Verlust der *Scharnhorst* erfuhr, schickte er die sieben verbliebenen Boote an den Schauplatz, um nach deutschen Überlebenden zu suchen, jedoch vergeblich. Am 28. Dezember entdeckte das frisch eingetroffene Boot *U957* unter Franz Schaar, 24 Jahre alt, zwei »schnelle Schiffe« und schoß zwei zielsuchende T-5-Torpedos auf diese, aber keiner traf. Die Zeitspanne erfolgloser Angriffe gegen die Murmansk-Geleitzüge verlängerte sich damit bis zum Januar 1944, fruchtlose und frustrierende zehn Monate für die Deutschen.

Nach dem Verlust der *Scharnhorst* blieb nur noch die U-Boot-Flottille im Nordmeer, um Murmansk-Geleitzüge abzufangen und die seit langem erwartete alliierte Invasion Norwegens abzuwehren. Obwohl Dönitz genau wußte, daß die U-Boote für beide Aufgaben praktisch wertlos waren, mußte aus politischen Erwägungen heraus die Flottille weiter verstärkt werden, wiederum auf Kosten der Atlantik-Boote. Deshalb befahl Dönitz am 27. Dezember, daß die U-Boot-Flottillen im Nordmeer und in Norwegen unverzüglich auf 24 Boote aufgestockt werden müßten, und zwar mit sämtlichen VII-Booten, die sich für Operationen im Nordmeer eigneten. Sechs neue Boote trafen im Januar im Nordmeer ein.[1]

Die U-Boote im Nordmeer und in Norwegen waren in zwei Flottillen organisiert: die 11. Flottille in Bergen unter dem Befehl von Hans Cohausz und die 13. Flottille in Drontheim unter dem Befehl von Rolf Rüggeberg. Beide Stützpunkte verfügten über U-Boot-Bunker aus Beton wie in Frankreich. Die Kapazitäten für die Überholung und die Reparatur der U-Boote waren jedoch begrenzt. Die neuen VIIF-Boote (Torpedoversorgungsboote) *U1060* und *U1062* liefen mit Material für einen kleinen U-Boot-Stützpunkt in Narvik emsig zwischen Norwegen und Deutschland hin und her. Am 22. Dezember entdeckte ein Schwarm aus neun Beaufighter-Maschinen auf Patrouillenflug vor Südwestnorwegen Karl Albrechts *U1062* und griff mit 2-cm-Kanonen und einem Torpedo an. Sie richteten erheblichen Schaden an, aber das Boot rettete sich am folgenden Tag nach Bergen. *U1062* und das Überwasserschiff zur Sicherung schossen zwei Beaufighter ab.

[1] *U278, U312, U313, U472, U965* und *U990.*

SIEBEN

Die Pläne der Alliierten: Sextant und Eureka

Über zwei Jahre strebte Präsident Roosevelt nach einem persönlichen Treffen mit Josef Stalin. Stalin erklärte sich schließlich bereit, Ende November 1943 in Teheran mit Roosevelt und Churchill zusammenzutreffen. Diese erste Konferenz der »Großen Drei« war eine der wichtigsten Konferenzen des Krieges, und die Vorbereitungen waren umfassend und kompliziert.

Chinas Regierungschef Tschiang Kai-schek versuchte, ermutigt durch Roosevelt, an der Konferenz teilzunehmen. Doch das war einfacher gesagt als getan. China befand sich formal mit Japan im Krieg, aber nicht mit Deutschland. Und die Sowjetunion befand sich formal mit Deutschland im Krieg, aber nicht mit Japan. Aus diesem und anderen Gründen lehnten es Stalin und Churchill ab, den Generalissimus bei der Konferenz miteinzubeziehen. Also traf man Vorkehrungen, daß Roosevelt und Churchill zunächst in Kairo mit Tschiang Kai-schek konferierten (Sextant). Danach war das Treffen von Roosevelt und Churchill mit Stalin in Teheran vorgesehen (Eureka).

Churchill und eine ganze Reihe von Briten, einschließlich des First Sea Lord Andrew Cunningham, gingen in Plymouth an Bord des Schlachtkreuzers *Renown*, der am 12. November, einem Freitag, auslief. Am 21. November traf die *Renown* nach einer zwölftägigen Fahrt ohne Zwischenfälle im ägyptischen Alexandria ein. Die britische Delegation reiste über Land weiter nach Kairo und erwartete dort die Ankunft der Amerikaner.

Roosevelt und seine Delegation, der auch Harry Hopkins und die Vereinten Stabschefs angehörten, schifften sich ebenfalls am 12. November auf dem neuen Schlachtschiff *Iowa* ein. Da Roosevelt dem Aberglauben der Seeleute, ein Schiff dürfe keinesfalls an einem Freitag auslaufen, Glauben schenkte, lief die *Iowa* erst sechs Minuten nach Mitternacht, am Samstag, den 13. November, in Norfolk aus. Damit jede Möglichkeit eines B-Boot-Angriffs ausgeschlossen war, fuhr die *Iowa* kontinuierlich mit einer Geschwindigkeit von 25 Knoten. Drei Zerstörer, die die Eskorte der *Iowa* bildeten, verbrauchten ihren Treibstoff unglaublich schnell, weil sie mit dem schnellen Schlachtschiff mithalten und sich gleichzeitig um den Geleitschutz kümmern mußten. Da die Navy dagegen war, auf der *Iowa* Fahrt zurückzunehmen, um die Geleitschiffe unterwegs zu versorgen, mußten drei Gruppen von Geleitschiffen (die von den Vereinigten Staaten, den Azoren und dem Mittelmeer kamen) einander ablösen.

Am zweiten Tag auf See, dem 14. November, erreichte eins der Geleitschiffe der *Iowa* beinahe das, was den B-Booten nicht gelang. Bei einer Gefechtsübung feuerte der neue Zerstörer *William D. Porter* versehentlich einen scharfen Torpedo auf die *Iowa* ab. Glücklicherweise konnte die *Iowa* ausweichen, und der Torpedo explodierte im Kielwasser, ohne Schaden anzurichten. Admiral King, dem die Angelegenheit überaus peinlich war, machte Anstalten, den Kommandanten des Zerstörers sofort seines Postens zu entheben, doch, wie sich King erinnerte, empfahl ihm Roosevelt »zu seinem größten Erstaunen«, die Sache zu »vergessen«.[1]

Am 20. November traf die *Iowa* in Mers el-Kébir ein, dem Seehafen von Oran. Dwight Eisenhower und andere Amerikaner hießen Roosevelt und seine Delegation willkommen. Danach bestieg die Abordnung vier C-54-Transportflugzeuge (darunter auch die Maschine namens »The Sacred Cow«, Roosevelts persönliches Flugzeug) und flog nach Tunis, wo Eisenhower der Prominenz besondere Unterkünfte zur Verfügung stellte und für ein Dinner und einen Ausflug zu den Ruinen von Karthago sorgte. Zu diesem Zeitpunkt waren die Admiräle King und Leahy sowie General Hap Arnold von den Vereinten Stabschefs zu dem Schluß gekommen, daß George Marshall in Washington unentbehrlich war und daß nicht Marshall, sondern Eisenhower die Operation Overlord leiten solle. Bei einem inoffiziellen (und mißglückten) Treffen mit Marshall und Eisenhower informierte King Eisenhower über seine Ansichten. Später jedoch sagte Roosevelt Eisenhower bei einem Essen, für diese Aufgabe sei seine Wahl auf Marshall gefallen.

Am 21. November bestieg Roosevelts Delegation erneut die vier Flugzeuge und setzte den Flug nach Kairo fort. Da die Briten nach wie vor für diese Stadt zuständig waren, hatte Churchill für die den Amerikanern zugedachten Quartiere gesorgt und widerwillig auch jene für die Chinesen bereitgestellt. In den nächsten fünf Tagen, vom 22. bis zum 26. November, konferierten Roosevelt, Churchill und die Vereinten Stabchefs. Gelegentlich luden sie die Chinesen ein, an den Diskussionen teilzunehmen. Am Erntedankfest, dem 25. November, wurde mit dem Meinungsaustausch pausiert. Die Briten hielten als weitere Geste der Gastfreundschaft in einer Kairoer Kathedrale einen außerplanmäßigen Gottesdienst ab.

Die Amerikaner und Briten trafen zweifellos in einer optimistischen Stimmung zusammen. Zehn Monate zuvor hatten die Delegierten auf

---

[1] Dennoch wurde später eine gerichtliche Anhörung durchgeführt. Die *William D. Porter* wurde mit einem neuen Kommandanten in den Pazifik abkommandiert. Am 10. Juni 1945 wurde sie von japanischen Kamikaze-Fliegern versenkt, die gesamte Besatzung konnte gerettet werden.

der Konferenz von Casablanca (Symbol) erklärt, die Vernichtung der B-Boote habe »oberste Priorität«, was die Verwendung der Ressourcen der Alliierten angehe. Dieses Ziel war in der Zwischenzeit erreicht worden. Im Oktober hatten die B-Boote im Nordatlantik nur noch drei Frachtschiffe versenkt und keines im November und Dezember. Das auf breiter Ebene durchgeführte alliierte Konvoisystem, noch erweitert durch die kürzliche Besetzung der Azoren durch die Alliierten,[1] wurde nun mit geringer Furcht vor dem Gegner betrieben. Davon abgesehen (und unter anderem deshalb) gingen die Alliierten überall auf der Welt gegen die Truppen der Achsenmächte in die Offensive.

• Italien war aus dem Krieg gedrängt worden. Die Deutschen hatten nach wie vor die nördliche Hälfte der italienischen Halbinsel besetzt. Doch die Amerikaner und Briten hielten die südliche Hälfte mit den wichtigen Seehäfen Tarent und Neapel. Die Alliierten hatten Pläne gebilligt, nach denen Rom aus psychologischen und politischen Gründen befreit werden sollte. Weiterhin sollte bei Foggia (an der Adriaküste) ein sehr großer Flugplatz gebaut werden, mit dessen Hilfe die Zerstörung der von den Deutschen gehaltenen Ölfelder in Rumänien (insbesondere in Ploesti) und von Städten in Mittel- und Süddeutschland fortgesetzt werden sollte.

• Die Rote Armee war auf eine mit Panzern, Artillerie und anderen Waffen ausgerüstete riesige Streitmacht von 6,5 Millionen Männern und Frauen angewachsen. Diese Armee befand sich in nahezu jedem Sektor der 3200 Kilometer langen Front in der Offensive. Stalin hatte Pläne für einen letzten großen Angriff (Bagration) vorbereitet, der mit dem Unternehmen Overlord zusammenfallen sollte. In einer folgenschweren Änderung der Strategie und der Verteilung von Hilfsmitteln hatte Hitler am 3. November erklären lassen (Führer-Befehl Nr. 51), daß eine alliierte Invasion in Frankreich oder in Norwegen unmittelbar bevorstehe und daß somit die Verteidigung des westlichen Sektors nicht länger zugunsten einer Verstärkung des östlichen Sektors vernachlässigt werden könne.

• Die schweren Bombenangriffe der Alliierten (Sickle/Pointblank) wurden noch weiter intensiviert. Als Roosevelt und Churchill am 22. November miteinander konferierten, führte das Bomber Command der RAF den bislang schwersten Angriff auf Berlin durch. Un-

---

[1] Auf den Azoren konnten Flugplätze für die Stationierung von ASW-Flugzeugen und Einrichtungen für die Versorgung von Überwassereskorten geschaffen werden. Weiterhin wurden die Azoren eine sehr wichtige Zwischenstation für Tausende von Flugzeugen, die von den Vereinigten Staaten nach den Britischen Inseln und dem Mittelmeer unterwegs waren. Diese neue mittelatlantische Route ersetzte die südatlantische Route (Puerto Rico-Brasilien-Ascension-Dakar usw.) und gewährte eine große Zeitersparnis; zudem wurden die Motoren der Flugzeuge weniger stark abgenutzt.

ter anderem wurde dabei auch das Gebäude zerstört, in dem Albert Speers Ministerium für Bewaffnung und Munition und das der Kriegsmarine untergebracht waren.[1] Am 26. November griffen alliierte Bomber Frankfurt und Bremen an. Bremen war am 29. November erneut das Ziel der Alliierten.

- Im Südwestpazifik rückten die Truppen der Alliierten in Neuguinea und auf den Salomon-Inseln der japanischen Festung Rabaul immer näher. Im November zwangen überaus wirkungsvolle Luftangriffe von träger- und landgestützten Flugzeugen die japanischen Marine- und Luftwaffenverbände, Rabaul als Stützpunkt aufzugeben und sich sehr weit, nämlich auf die Inseln Truk und Palau, zurückzuziehen. Diese beispiellose Niederlage ermöglichte es den Alliierten, an der Nordküste Neuguineas alle japanischen Basen zu erobern.
- Zur gleichen Zeit bildeten im Zentralpazifik amerikanische Marine- und Bodentruppen eine zweite Angriffslinie gegen die Japaner (Galvanic). An jenem Tag, dem 20. November, an welchem die *Iowa* mit der Delegation des Präsidenten Nordafrika erreichte, griffen diese Einheiten die Gilbert-Inseln an (Tarawa, Makin und Betio). Am 23. November waren diese dann fest in amerikanischer Hand, was ein weiterer verlustreicher, aber überwältigender Sieg im Pazifik war.

Aus unterschiedlichen Gründen wurden die Diskussionen in Kairo bald erbittert geführt. Der wichtigste Stein des Anstoßes war in den Augen der Amerikaner das Verhalten der Briten. Sie hatten von ihrem Verbündeten den Eindruck, daß sein Interesse an der Operation Overlord nachgelassen hatte. Die Briten sahen den Hauptstreitpunkt darin, daß Roosevelt hartnäckig darauf beharrte, Washington und London sollten Tschiang Kai-schek mit verstärkter Militärhilfe unterstützen, um die Japaner aus Burma und China zu vertreiben. Außerdem verlangte er, Tschiang Kai-schek solle einen größeren politischen Einfluß auf die zentrale Strategieplanung haben. Erschwert wurden die Debatten auch dadurch, daß Churchill seine Kampagne für großangelegte alliierte Operationen im Mittelmeer erneut auf den Tisch brachte, darunter eine Invasion auf dem Balkan, womit er die Strategie verfolgte, den Gegner in den »weichen Unterleib« zu treffen. Die Amerikaner glaubten, Churchills Vorschläge würden Overlord bis 1945 oder auf unbestimmte Zeit verzögern und eine Militärhilfe für Tschiang Kai-schek, mit der dieser die Pläne der Ame-

---

[1] Die hohen Marinestäbe zogen in die für den Notfall gedachten Stellen in Eberswalde um, welche die Decknamen »Tannenburg« und »Bismarck« trugen. Die Nachrichtenverbindungen war jedoch so unzulänglich, daß Dönitz das Hauptquartier der Kriegsmarine in Kiel anweisen mußte, die Führung zeitweilig zu übernehmen. Im Steinplatz richtete er ein vorübergehendes Hauptquartier der B-Boot-Führung ein.

rikaner in Fernen Osten ausführen sollte, unmöglich machen. Ihren Höhepunkt erreichten die Spannungen, als selbst der gewöhnlich gelassene und zurückhaltende George Marshall einen Wutanfall bekam und Churchill niederbrüllte.

Die Besprechungen in Kairo wurden am 27. November vertagt, obwohl eine Reihe wichtiger strategischer Fragen offengeblieben war. Tschiang Kai-schek kehrte nach China zurück; die amerikanischen und britischen Delegationen flogen nach Teheran und trafen dort für eine Woche, vom 27. November bis 2. Dezember, mit Stalin zusammen (Eureka). Danach flogen die amerikanischen und britischen Delegationen für eine weitere Runde von Strategiegesprächen wieder nach Kairo. Ein Ergebnis der Konferenz von Teheran und der beiden Treffen in Kairo war eine größere Übereinstimmung zwischen Washington und Moskau, was auf Kosten Londons ging und Churchill in eine düstere Stimmung versetzte.

Die zweite Konferenz von Kairo wurde am 7. Dezember beendet, dem zweiten Jahrestag des japanischen Angriffs auf Pearl Harbor. Durch die starke Einflußnahme von Stalin in Teheran vereinbarten die Alliierten unwiderruflich, daß

- die Operation Overlord im Mai oder Juni 1944 durchgeführt werden sollte. Roosevelt folgte dem Rat der amerikanischen Militärführer (Stimson, Knox, Leahy, King und Arnold) und änderte seine Meinung. Anstelle von Marshall ernannte er Eisenhower mit Wirkung von Januar 1944 an zum Befehlshaber von Overlord.
- Die Operationen in Italien sollten bis zur Befreiung Roms fortgeführt werden. Dennoch sollte die Verlegung von Bodentruppen und Landungsfahrzeugen aus dem Mittelmeerraum zu den Britischen Inseln für Overlord weitergehen. Auf das Beharren Churchills hin, die Linie der Deutschen am Fluß Rapido zu durchbrechen, um die Befreiung Roms zu erleichtern, sollte im Januar 1944 in einem begrenzten Rahmen eine alliierte Invasion vom Meer aus (Shingle) bei Anzio erfolgen, fast schon auf halber Höhe des italienischen »Stiefels«. Zum Teil wegen des insistierenden Stalin wurde Churchills Plan, eine Invasion auf dem Balkan und den Dodekanes-Inseln – in der Hoffnung, die Türkei zum Kriegseintritt auf alliierter Seite zu bewegen – endgültig fallengelassen. Statt dessen sollten die nach der Befreiung Roms im Mittelmeerraum verbleibenden Truppen das Unternehmen Overlord mit einer nahezu gleichzeitig durchgeführten Invasion Südfrankreichs zwischen Toulon und Nizza (Anvil, umbenannt in Dragoon) unterstützen.
- Ebenso auf die Forderung Stalins hin, der versprochen hatte, nach der Niederlage Deutschlands in den Krieg gegen Japan einzutreten, stellten die Amerikaner ihre Pläne zur militärischen Unterstützung Tschiang Kai-scheks in großem Umfang zurück. Dies führte unter anderem dazu, daß ein zögerlicher Plan (Buccaneer) für eine Invasion

der Briten auf den Andamanen-Inseln aufgeschoben wurde. Mit dieser Operation sollte die japanische Nachschublinie nach Burma unterbrochen werden, während andere alliierte Bodentruppen von Indien aus ins nördliche Burma einfallen würden (Tarzan). Darüber war Churchill sehr erleichtert, da er es nach wie vor ablehnte, Tschiang Kai-schek die geringste Unterstützung zu gewähren.

• Die Operationen im Pazifik sollten 1944 besonders intensiviert werden. Alliierte Truppen würden sich den japanischen Inseln über »zwei Straßen« annähern: einer durch Neuguinea zu den Philippinen und Formosa führenden »südlichen Route« und einer von Insel zu Insel führenden mittelpazifischen Route. Dieses »Inselspringen« sollte von den eben eroberten Gilbert-Inseln zu den Inselgruppen Marshall- (Eniwetok, Kwajalein, Majuro), Marianen- (Guam, Saipan, Tinian) und Bonin-Inseln (Iwo Jima) führen und von dort aus nach Formosa. Danach sollten die »beiden Straßen« mit einem Angriff auf die japanischen Heimatinseln zusammenlaufen. Um dieses gewaltige letzte Unternehmen zu erleichtern, würden die Army Air Forces große Luftwaffenstützpunkte auf Guam, Tinian und Iwo Jima einrichten, auf denen die neuesten großen und schweren Bomber, die Boeing B-29 Superfortress, stationiert werden konnten.

Die Roosevelt-Delegation verließ Kairo am 7. Dezember mit den vier C-54-Flugzeugen und kehrte nach Tunis zurück, wo Roosevelt Eisenhower informierte, daß er und nicht Marshall das Unternehmen Overlord leiten solle. Roosevelt besuchte dann alliierte Truppen auf Malta und Sizilien, flog anschließend nach Dakar, wo das Schlachtschiff *Iowa* mit seinem Geleitschutz wartete. Nach der Rückreise über Bahia und Brasilien erreichte Roosevelt Norfolk am 17. Dezember. Somit war er in Washington 37 Tage lang abwesend gewesen, eine Zeitspanne, die für ihn eine »erholsame Ruhepause« von der mühseligen Arbeit in der Zeit des Kriegs und für seine strapazierte, sich verschlechternde Gesundheit bedeutete. Marshall und Arnold kehrten über den Pazifik in die Staaten zurück. King flog über Accra, Brasilien, und Puerto Rico zurück.

Von einer Erkältung, die sich zu einer Lungenentzündung entwikkelte, deprimiert und geschwächt, blieb Churchill im Mittelmeerraum und bezog bei Marrakesch nahe Casablanca eine Villa, »ein Refugium, wo ich wieder zu Kräften kommen kann«. Am 14. Januar reiste er aus dem »hervorragenden Refugium« ab und flog nach Gibraltar, wo er am folgenden Tag an Bord des Schlachtschiffes *King George V* ging. Am 18. Januar traf er wieder auf den Britischen Inseln ein und war damit über zwei Monate lang nicht in London gewesen.

In diesen zwei Monaten ergaben sich zahlreiche große Veränderungen oder wurden in dieser Zeit in die Wege geleitet. Eine der wichtigen Veränderungen war, daß die Vereinigten Staaten zu dem beherrschenden Partner im alliierten Bündnis wurden. Weitere Veränderungen waren der plötzliche Aufstieg der Sowjetunion und der sich fortsetzende Abstieg Großbritanniens in Fragen der Macht und des Ansehens, eines Großbritanniens, das, wie Churchill, bis zu einem kritischen Punkt erschöpft war durch einen seit vier Jahren und vier Monaten andauernden, erbitterten Krieg.

In der Schlacht im Atlantik waren die Kanadier Verbündete, gleichwohl wurde die Royal Canadian Navy noch immer als eine unmündige Abteilung der Royal Navy angesehen. Dies führte dazu, daß die in Kairo und Teheran geäußerten Ansichten der Kanadier nicht so respektiert und gewürdigt wurden, wie sie es eigentlich verdient gehabt hätten. Zudem war in Ottawa ein großer Streit innerhalb der Marineführungsstellen im Gange.

Angesichts wichtiger Wahlen im Sommer und Herbst 1943 stellte sich bei der Regierung der Liberalen unter Premierminister William Makkenzie King allmählich ein unbehagliches Gefühl ein. King hatte erklärt, die stärkste Seite seiner Partei seien ihre »hervorragenden Leistungen« bei den Kriegsanstrengungen. »Es gibt nur eine Sache, die das beeinträchtigen könnte«, warnte er, und das sei »an einem gewissen Punkt ein Versäumnis seitens der Regierung, den Bedarf an Soldaten falsch eingeschätzt zu haben«.

In einem Punkt hatte die Mackenzie-Regierung tatsächlich schon versagt. Percy Nelles, der Chef des Marinestabs, hatte gegenüber der Admiralität nicht beharrlich genug darauf bestanden, die Kanadier mit den neuesten und besten zur Verfügung stehenden Konstruktionsplänen für Kriegsschiffe und Waffen zu versorgen. Die kanadische Navy hinkte den Briten, wie berichtet, in jedem Bereich (Radar, Sonar, Huff Duff, ASW-Waffen usw.) weit hinterher. Selbst die von Norwegern und Polen bemannten britischen Schiffe waren besser ausgerüstet. Die kanadischen Seeleute kannten diesen Sachverhalt sehr wohl, und ihr Kampfgeist hatte darunter gelitten. Es bestand durchaus die Möglichkeit, daß die Regierung Mackenzie King gestürzt werden könnte, wenn diese Versäumnisse in der Öffentlichkeit bekannt wurden.

Ob dies nun aus politischen Gründen geschah oder nicht, bereits im Herbst 1943 zirkulierten in Ottawa eine Reihe offizieller und inoffizieller Berichte über den desolaten Zustand kanadischer Kriegsschiffe verglichen mit jenen der anderen Alliierten. Daraufhin begann der Marineminister der King-Regierung, Angus L. Macdonald, vielleicht, um sich selbst zu schützen, Nelles mit Anfragen zu bombardieren. Seine Fragen bedeuteten im Klartext eigentlich: »Was sind die genauen Fakten und warum bin ich über diese Blamage nicht informiert worden?« Im Gegenzug wich Nelles aus, entschuldigte sich und schwafelte herum. Der Meinungsaustausch entwickelte sich zu einer derart langatmigen und erbitterten Kontroverse, daß Macdonald im Dezember 1943 den Schluß zog, er könne Nelles nicht länger sein Vertrauen schenken.

Ende 1943 enthoben King und Macdonald Nelles seines Amtes, das er seit 1934 innehatte (vielleicht eine zu lange Zeit für jeden Offizier). Als seinen Nachfolger beriefen sie Nelles' Stellvertreter, George C. (»Jetty«) Jones, der gegen Nelles intrigiert haben könnte. Nelles wurde nach London verbannt. Im Januar 1945 ging er, noch bevor der Krieg zu Ende war, in den Ruhestand. Jetty Jones blieb auf dem Posten des Chefs des Marinestabs bis zum Februar 1946, als er unerwartet verstarb.[1]

Die Pläne der Deutschen und die Ressourcen der Marine

Da die Alliierten auf der Casablanca-Konferenz eine Politik der »bedingungslosen Kapitulation« proklamiert hatten, glaubten die führenden Persönlichkeiten des Dritten Reichs, daß ihnen keine andere Wahl bleiben werde, als den Kampf ohne Rücksicht auf Kosten und Folgen bis zum Ende weiterzuführen. Besonders wichtig für diesen Endkampf war nach Hitlers Ansicht, eine große Anzahl von ungewöhnlichen neuen Waffen zu entwickeln. Höchste Priorität räumte er daher der Entwicklung von Flugzeugen ein, die mit Strahltriebwerken und Raketenantrieben ausgestattet waren, landgestütztem Radar und Funkmeßbeobachtungsgeräten als Mittel gegen die schweren Bomber der Alliierten, V-1-Marschflugkörpern und der ballistischen Rakete V-2. Vorangetrieben werden sollte auch die Entwicklung des kleinen B-Boot-Typs XXIII und des großen Typs XXI, beides sogenannte »Elektro-Boote«, des verbesserten Torpedos mit Schleifenlauf und zielsuchenden Torpedos, die stärkere Sprengköpfe besaßen, einer »Druckdosen«-Mine, welche durch die von Schiffen erzeugten Wasserwellen ausgelöst wurde, und der Kleinst-B-Boote, die die alliierten Invasionsstreitkräfte mit Haftminen und Torpedos angreifen sollten.

Im deutschen Oberkommando wuchsen die Spannungen, änderten sich die Loyalitäten, und es wurde Verrat geübt. Dennoch versicherte Dönitz Hitler und der deutschen Bevölkerung, daß die Kriegsmarine, ganz gleich was passieren werde, in ihrer Unterstützung für die Regierung nicht wanken werde. Bei zwei Gelegenheiten traf er im Januar 1944 mit Hitler im ostpreußischen Führerhauptquartier Wolfsschanze zusammen. Dort verständigten sich Dönitz und Hitler über eine Reihe wichtiger politischer Fragen.

- Die Deutschen nahmen an, daß die Alliierten im Frühjahr eine Invasion in Norwegen oder Frankreich durchführen würden oder, was wahrscheinlicher schien, in beiden Ländern. Sollte dieser Fall eintreten, würde die B-Boot-Waffe sofort in die Offensive gehen und dadurch die größtmögliche Kampfstärke konzentrieren, um die alliierten Operatio-

[1] Siehe Zimmerman, *The Great Naval Battle of Ottawa* (1989).

nen abzuwehren. Ein am 10. Januar ausgegebener Befehl ordnete an, die Zahl der B-Boote im Nordmeer auf insgesamt 30 zu erhöhen. Eine weitere sehr große Gruppe von B-Booten (Gruppe Mitte), eben in Deutschland ausgelaufen, sollte in Südnorwegen in Bereitschaft stehen, um eine Invasion in dieser Region oder in Dänemark abzuwehren. Die Atlantik-Boote sollten in Brest und in den Häfen am Golf von Biskaya zu einem sehr großen Verband (Gruppe Landwirt) zusammengezogen werden und dort eine Invasion Frankreichs abwehren. Auch wenn die U-Boot-Besatzungen über den Schnorchel enttäuscht waren, wollte Dönitz, daß so viele B-Boote wie möglich mit dieser Vorrichtung ausgestattet und die Mannschaften eilends geschult würden.

- Die B-Boot-Operationen gegen alliierte Geleitzüge im Atlantik sollten von französischen Stützpunkten aus fortgesetzt werden, jedoch in einem stark reduzierten Umfang, da der wahrscheinliche Zeitpunkt der Invasion näherrückte. Der Hauptzweck dieser Unternehmungen lag nicht so sehr darin, Schiffe zu versenken, sondern den Besatzungen Gefechtserfahrung zu verschaffen, neue elektronische Geräte und Flugabwehrgeschütze zu testen und in den französischen B-Boot-Bunkern Platz für die mit Schnorcheln aufgerüsteten Boote zu schaffen. Ausgestattet mit dem FuMB Naxos und der automatischen 3,7-cm-Flak, sollten die B-Boote weiterhin in verstreuten Gruppen operieren, aber dennoch im östlichen Atlantik bleiben, damit sie, falls nötig, zur Abwehr der erwarteten Invasionsstreitmacht schnell auf andere Positionen verlegt werden konnten. Zusätzlich sollten bestimmte Boote zweimal täglich für die Luftwaffe und deren Angriffe auf London Wetterberichte funken, aber auch für jene deutschen Luft- und Bodeneinheiten, welche zur Abwehr der Invasion vorgesehen waren.
- Die atlantische B-Boot-Streitmacht sollte dem Mittelmeerverband ein weiteres Dutzend Boote zur Verfügung stellen, um sicherzustellen, daß die Alliierten in diesen Gewässern auch weiterhin Geleitzüge bilden mußten. Der 41jährige Werner Hartmann (Crew von 1921), der sich 1940 auf *U37* ein Ritterkreuz erworben und bei einer 200 Tage dauernden Feindfahrt in den Indischen Ozean das Fern-B-Boot *U198* geführt hatte, wurde mit Wirkung vom Januar 1944 an als Nachfolger von Leo Kreisch zum Führer der Mittelmeer-Boote ernannt.
- In sehr bescheidenem Umfang sollten auch die Feindfahrten in entfernte Seegebiete mit den Bootstypen fortgesetzt werden, die einen großen Aktionsradius besaßen, wie IXC, IXC/40 und IXD2-Fern-B-Boote. In den als relativ sicher geltenden Gewässern westlich der Kapverdischen Inseln sollte der einzige im Atlantikverband verbliebene XIV-U-Tanker, die »Milchkuh« *U488,* zur Versorgung dieser Gruppe von IX-Booten herangezogen werden. Die die Rendezvous mit U-Tankern betreffenden neuen Vorschriften sollten peinlich genau

eingehalten werden. Der Einsatz des zehnten und letzten U-Tankers, *U490,* wurde durch den weiter oben beschriebenen Unfall in der Ostsee verzögert. Zu dieser Verzögerung trug auch bei, daß ein Schnorchel und experimentelle Apparate für das Auftanken unter Wasser eingebaut wurden. *U490* sollte nun so schnell wie möglich im Atlantik zum Einsatz kommen.

- Wegen der vielversprechenden großen und möglicherweise entscheidenden offensiven Einsatzmöglichkeiten sollte die Fertigstellung der »Elektro-Boote« des kleinen Typs XXIII und des großen Typs XXI mit höchster Priorität vorangetrieben werden. Rückschläge bei der Fertigung von Elektromotoren und Dieselmaschinen durch Arbeitermangel und alliierte Luftangriffe sollten mit Hilfe einer angestrebten höheren Produktionsquote, schnellerer Reparatur von Bombenschäden an den Fabriken sowie durch weitere Einschränkungen bei der Einberufung von Werftarbeitern zur Wehrmacht kompensiert werden. Obwohl die Schwierigkeiten bei der Verwendung ungewöhnlicher Antriebsstoffe nicht überwunden waren, sollte auch die Arbeit an den Walter-Booten mit Wasserstoffperoxid-Antrieb mit Hochdruck fortgeführt werden.
- Auf Dönitz' dringliche Bitten an die Luftwaffe, die bald zum Einsatz kommenden Elektro-Boote mit besseren Informationen über alliierte Konvoibewegungen zu versorgen, versicherte Hitler Dönitz, daß die Produktion der viermotorigen Ju-290 beschleunigt werden solle. Göring erklärte jedoch, eine Produktionssteigerung des Flugzeugtyps Ju-290 sei wegen des Vorrangs anderer Flugzeugtypen und aufgrund Materialmangels »unmöglich«. Im Januar 1944 standen nur acht Ju-290 zur Verfügung, die die Atlantik-Boote bei der Feststellung von Konvoi-Positionen unterstützen konnten, und diese Zahl nahm eher ab denn zu.
- Das Schlachtschiff *Tirpitz,* das im Altafjord repariert wurde, sollte im nördlichen Norwegen bleiben. Dort sollte das Schiff die Drohung einer »existenten Flotte« aufrechterhalten und so Schiffe der Home Fleet binden, aber auch zur Abwehr der erwarteten alliierten Invasion in Norwegen dienen. Es wurde in Betracht gezogen, zu diesem Zweck und wegen der Jagd auf Murmansk-Konvois auch den Schweren Kreuzer *Prinz Eugen* aus der Ostsee ins nördliche Norwegen zu verlegen. Schließlich blieb das Schiff doch in der Ostsee und kämpfte gegen die aus dem Osten gegen Deutschland vorrückenden sowjetischen Streitkräfte.
- Aufgrund der starken Verluste, die unter den nach und von französischen Häfen ein- und auslaufenden Blockadebrechern zu beklagen waren, sollten keine Überwassereinheiten mehr in den Fernen Osten auslaufen. Alle von Frankreich auslaufenden bzw. aus dem Fernen

Osten kommenden B-Boote sollten Frachtgüter transportieren. Darunter befanden sich auch japanische B-Boote,[1] die beiden Boote des Typs IXD1 – Fehlkonstruktionen als Fern-B-Boote – und mehrere große italienische B-Boote, die eigens für diesen Zweck umgebaut worden waren.

Einige Historiker, die über die Schlacht im Atlantik geschrieben haben, sind der Ansicht, am 1. Januar 1944 habe die B-Boot-Waffe mit ihrer Stärke von 436 oder 456 Booten einen Höchststand im Zweiten Weltkrieg erreicht.[2] Auf den ersten Blick implizieren diese Zahlen eine enorme Bedrohung für die alliierte Schiffahrt, doch dies hat mit der Wirklichkeit wenig zu tun. Auch wenn die Angehörigen der B-Boot-Waffe eine entschlossene und beispiellos tapfere Haltung zeigten, so waren Strategie, Taktik und die eingesetzten Waffen gescheitert, und zwar auf erbärmliche Weise. Die einzige Hoffnung, wieder Erfolge verbuchen zu können, lag in der Möglichkeit – wohlgemerkt, in der Möglichkeit –, so schnell, wie es eben machbar schien, ein wirkungsvolles Radar und ein Funkmeßbeobachtungsgerät zu bauen. Außerdem waren nötig: ein verbessertes Sonar; eine verläßliche automatische 3,7-cm-Flak, mit der auch in einem steilen Winkel gefeuert werden konnte; bessere, zielsuchende T-5-Torpedos sowie andere Torpedos; große und kleine »Elektro-Boote«, »Walter-Boote« und eine große Flotte an Ju-290-Maschinen der Luftwaffe.

Die enorme Übertreibung dieser angeblich Anfang 1944 bestehenden B-Boot-Bedrohung durch viele amerikanische und britische Historiker, sei dies nun beabsichtigt oder unbeabsichtigt, rührt zweifellos von dem Bild her, das die B-Boot-Führung im Kriegstagebuch gemalt hat. Am 1. Januar 1944 listet dieses Tagebuch eine Gesamtzahl von 436 »im Dienst« befindlichen B-Booten auf. Hier findet sich auch eine Aufgliederung in Typen, Verwendung und Standort.

---

1 Am 12. November fuhren die japanischen U-Kreuzer *I29* und *I34* mit Frachtladung aus dem Fernen Osten nach Frankreich. Mit Hilfe von Dechiffrierungen der gegnerischen Schlüssel versenkte das britische B-Boot *Taurus,* unter dem Kommando von Mervyn Wingfield, *I34* an dem Tag, an welchem das Boot aus Penang auslief; *I29* erreichte Bordeaux am 11. März 1944

2 Siehe zum Beispiel Tabellen in *The War at Sea*, Bd. 3, Teil 1, von Stephen W. Roskill (1960), S. 365; und: *Kurs West: Die deutschen B-Boot-Offensiven 1914–1945* von V. E. Tarrant (1993), S. 169 und S. 178.

Typ	B-Boot-Schule	Erprobung	Kriegsfront
II (Einbäume)	33	0	6[1]
VII	3	0	0
VIIB und C	48	140	120
VIIF (Versorger)	0	2	2
VIID	0	0	2
IXB und C	3	27	31
IXD2	0	8	5
XB (Minenleger)	0	1	1
XIV (Tanker)	0	1	1
XVII	0	2[2]	
Gesamt:	87	181	168

Die in der »Erprobung« befindlichen 181 Boote umfaßten einige B-Boote für Forschungs- und Entwicklungszwecke. Eine große Anzahl von Booten wurde mit neuen Flak und den dafür nötigen Umbauten der Brücke versehen. Zudem wurden Schnorchel und neue elektronische Geräte (Gema- und Hohentwiel-Suchradar mit einer einfahrbaren »Matratzen«-Antenne), neue Funkmeßbeobachtungsgeräte (Fliege für Zehn- und Mücke für Drei-Zentimeter-Wellenlänge) und andere Apparate eingebaut.[3] Am 1. Januar 1944 bestand somit die reale Bedrohung

[1] Eine Ersatz-Einheit älterer, im Schwarzen Meer eingesetzter Einbäume.

[2] Zwei »Einbäume«, *U792* und *U794*, die als Wasserstoffperoxid-Versuchstypen des Walter-Boots dienten und Mitte November 1943 in Dienst gestellt wurden.

[3] Die Unfälle in der Ostsee setzten sich fort. Die IXC-Boote *U803* und *U854* unter dem Kommando von Karl Schimpf bzw. Horst Weiher liefen beide auf Minen und sanken. Schimpf und 34 Mann überlebten, neun starben. Schimpf übernahm daraufhin das Kommando auf einem »Elektro-Boot« vom Typ XXI. Bis auf sieben Mann kamen Weiher und seine gesamte Besatzung ums Leben. Ein Schiff rammte und versenkte *U738*, ein Erich-Michael Hoffmann unterstehendes Boot vom Typ VII. Dabei kamen Hoffmann und 21 Besatzungsmitglieder ums Leben, 24 Mann überlebten. *U286* vom Typ VII, das unter dem Kommando von Willi Dietrich stand, und *U1013* vom gleichen Typ unter Gerhard Linck, kollidierten miteinander und sanken. Dietrich und 25 U-Boot-Männer von *U286* überlebten. 26 Mann der Besatzung von *U1013* wurden gerettet, doch Linck kam ums Leben. *U286* wurde später geborgen, repariert und wieder in Dienst gestellt. *U28* vom Typ VIIB, ein Schulboot unter dem Kommando von Dieter Sachse, ging bei einem Unfall im Dock von Neustadt unter. Das Boot wurde geborgen, allerdings im August aus dem Verkehr gezogen. Der Schuleinbaum *U7* unter Günther Loeschke sank bei einem Tauchunfall. Dabei starben Loeschke und alle 28 Besatzungsmitglieder. Der Schuleinbaum *U2* unter Wolfgang Schwarzkopf stieß mit einem Fischdampfer zusammen und sank. Einschließlich Schwarzkopf überlebten 18 Mann, 17 starben. *U681* vom Typ VII unter dem »nachtblinden« Helmut Bach rammte drei Schiffe und einen Wellenbrecher, bevor Bach durch einen anderen Kommandanten abgelöst wurde.

durch die B-Boot-Waffe nur aus 168 Booten im Einsatz. Die sechs Einbäume im Schwarzen Meer und die beiden im Atlantik oder in Norwegen befindlichen Torpedo-Versorgungsboote vom Typ VIIF nicht mitgerechnet, waren die restlichen 160 Frontboote wie folgt verteilt:

	Atlantik	Norwegen	Mittelmeer	Gesamt
VIIB & C (Kampfboote)	88	19	13	120
VIID (Minenleger)	2	0	0	2
IXB & C (Kampfboote)	31	0	0	31
IXD2 (Kreuzer)	5	0	0	5
XB (Minenleger)	1	0	0	1
XIV (Tanker)	1	0	0	1
Gesamt:	128	19	13	160

Viele der auf den drei Kriegsschauplätzen eingesetzten 122 VII-Boote mußten wegen Gefechtsschäden, Modifikationen oder Aufrüstungen repariert bzw. umgebaut werden. So umfaßt diese Zahl beispielsweise bei den Atlantik-Booten auch die übriggebliebenen sieben Flak-Boote des Typs VII (bzw. die künftigen Flak-Boote), die wieder in normale Kampfboote umgebaut wurden. In dieser Zahl sind ebenfalls Boote enthalten, die mit Schnorcheln ausgestattet wurden.

Wegen Hitlers Befehlen, die B-Boot-Verbände im Nordmeer, in Norwegen und im Mittelmeer zu verstärken, und aufgrund der schweren Verluste bei Kampfhandlungen schrumpfte die atlantische B-Boot-Flotte vom 1. Januar bis zum 1. Mai besonders stark. In diesem Zeitraum kamen nur 25 neue Kampfboote zum Atlantikverband hinzu (16 des Typs VII, neun des Typs IX). Demgegenüber gingen 49 Kampfboote verloren (40 des Typs VII, neun des Typs IX) und acht Boote des Typs VII wurden ins Mittelmeer abkommandiert. Der im monatlichen Abstand dargestellte Rückgang der Kampfstärke:

	1. 1. 1944	1. 2. 1944	1. 3. 1944	1. 4. 1944	1. 5. 1944
VIIB, C, D	90	78	65	60	58
IXB, C	31	34	35	34	31
Gesamt:	121[1]	112	100	94	89

Dieser Rückgang und die Entscheidung, zur Abwehr der erwarteten alliierten Invasion in Frankreich Boote zurückzurufen bzw. zurückzuhalten, führten dazu, daß die Atlantik-Boote in den drei wichtigsten Einsatzgebieten immer weniger Feindfahrten absolvierten.

---

[1] Nicht miteingerechnet sind die Versorgungsboote des Typs VIIF, die Fern-B-Boote des Typs IXD2, ein XB-Minenleger und ein XIV-U-Tanker.

	Januar	Februar	März	April	Mai
Nord- und Mittelatlantik	28	21	18[1]	9[2]	2[3]
Südatlantik und Indischer Ozean	8	11	9	5	2
amerikanische Gewässer	5	5	3	1	6
Gesamt:	41[4]	37	30	15	10

Diese Analyse macht deutlich, daß der großen Zahl von B-Booten, die am 1. Januar 1944 als »im Dienst« befindlich aufgelistet sind, kaum eine oder gar keine Bedeutung zukommt und daß die B-Boot-Gefahr für die Alliierten ein erneutes und krasses Beispiel einer »übertriebenen Bedrohung« war. Diese Übertreibung führte dazu, daß die Alliierten im Nordatlantik weiterhin eine enorm große Zahl von Marineeinheiten (Geleitträger, Zerstörer, Geleitzerstörer, Fregatten, Sloops, Korvetten, viermotorige, landgestützte Flugzeuge usw.) einsetzten, obwohl diese Einheiten an anderen Fronten mit größerer Wirkung hätten eingesetzt werden können.

Historiker lassen diese Phase des B-Boot-Kriegs gewöhnlich aus oder gehen schnell über sie hinweg. Dieser Zeitabschnitt verdient jedoch größere Aufmerksamkeit, weil dadurch das faszinierende Bild einer einst stolzen Seestreitmacht enthüllt wird, deren völlige Niederlage durch alliierte ASW-Einheiten erkämpft wurde, die nun genug Erfahrung gesammelt und eine ehrfurchtgebietende Kampfstärke erreicht hatten.

B-Boot-Unternehmungen im Nordatlantik (I)

Mitte Januar 1944 sandte Admiral Godt von der B-Boot-Führung an alle B-Boote eine Botschaft, mit der er die Moral der Truppe stärken wollte. Verzückt sprach er davon, daß deutsche B-Boote seit dem Kriegsausbruch bis zum 31. Dezember 1943 19 Millionen BRT an alliiertem Schiffsraum versenkt hätten, darunter auch 184 Kriegsschiffe. Die tatsächliche Zahl der Versenkungen durch *alle* B-Boote der Achsenmächte belief sich auf ungefähr 14 Millionen BRT und 78 Kriegsschiffe. Somit sprachen die Deutschen von einem Gesamtergebnis, das

---

1 Sieben dieser Boote wurden zu französischen Stützpunkten zurückgerufen.

2 Vier Boote wurden für Wettermeldungen eingesetzt.

3 Hier ist die Gruppe Dragoner nicht mitgerechnet.

4 Miteingeschlossen sind Fern-B-Boote, provisorische U-Tanker, Fracht-B-Boote, Minenleger-U-Boote, jedoch keine ins Mittelmeer marschierenden B-Boote.

die wirklichen Resultate um etwa 25 Prozent übertraf; die Angaben bei Kriegsschiffen waren dabei sogar um über 100 Prozent zu hoch.[1]

Die meisten der 28 im Januar in den Nord- und Mittelatlantik ausgelaufenen Kampfboote sollten sich zwei aufgestellten Gruppen (Rügen und Borkum) anschließen, die bereits Operationen durchführten. Da keine Tanker gefunden werden konnten und wegen der steigenden Gefahr einer alliierten Invasion blieben auch diese Boote im östlichen Atlantik. Das Winterwetter war schrecklich. Denys Arthur Rayner war als Kommandant des betagten britischen Zerstörers *Warwick* dem Geleitschutz zugeteilt. Er schrieb, das Wetter sei »das schlechteste des ganzen Krieges« gewesen, mit »gewaltigen Wellen«, die, seiner Meinung nach, B-Boot-Operationen »unmöglich« machten.[2]

In allen Gebieten konnten sich die Alliierten einer einzigartigen nachrichtendienstlichen See- und Luftüberlegenheit erfreuen. Die Vier-Walzen-Bombas in OP20G der US-Navy lasen die Enigma weiterhin auf einer kontinuierlichen und aktuellen Basis mit, was den Alliierten ermöglichte, B-Booten auszuweichen oder sie aufzuspüren und anzugreifen. Da die B-Boote nahe bei Luftwaffenstützpunkten auf Island, den Britischen Inseln, in Gibraltar, Marokko und auf den Azoren operierten, konnte das Coastal Command in den meisten gefährdeten Regionen mit landgestützten Flugzeugen für ausreichende Luftsicherung sorgen. Zusätzlich standen der Royal Navy schließlich genügend Geleitträger und U-Jagdgruppen zur Verfügung. Damit konnte der Geleitschutz nahezu aller ein- und auslaufenden Konvois verstärkt werden, obwohl von »Jeep«-Trägern aus erfolgende Operationen von Flugzeugen im Winter im Nordatlantik meist vom Wetter abhingen.

Bei zwei im Januar von Frankreich ausgelaufenen Booten des Typs VII traten technische Pannen oder Schäden am Bootskörper auf. Das am 11. Januar von Lorient ausgelaufene *U714* unter Hans-Joachim Schwebcke meldete einen geborstenen Abgasverteiler, der nicht repariert werden konnte. Schwebcke brach die Fahrt ab und kehrte nach Lorient zurück, konnte aber am 20. Januar nach den Reparaturarbeiten wieder auslaufen.

---

1 Die Angaben der Deutschen und die Wirklichkeit: 2 angegebene Schlachtschiffe (2 versenkt); 15 Schwere und Leichte Kreuzer (4); 5 Flugzeugträger (5); 111 Zerstörer (31); 20 Korvetten (13); 31 andere Eskortfahrzeuge (17). Zusätzlich versenkten B-Boote einen großen Coast Guard Cutter und 5 gegnerische B-Boote.

2 Die *Warwick* und drei andere Zerstörer (die *Havelock*, *Vimy* und *Volunteer*) der ausdauernden britischen Escort Group B-5 mußten die Fahrt wegen schwerer Seeschäden abbrechen, wie Rayner in seinen Kriegserinnerungen (*Escort*, 1955) schrieb. Rayner zufolge konnte der von B-5 zu schützende Konvoi nicht gebildet werden. Die ungefähr 50 Handelsschiffe des Geleitzugs wurden weit zerstreut.

TAFEL 8

1944 IN DIENST GESTELLTE U-BOOTE

(pro Monat und Bootstyp)

	VII	IX	IXD2	andere	XXI	XXIII	Gesamt
Januar	16	3	1	–	–	–	20
Februar	15	3	1	–	–	–	19
März	18	3	1	XB	–	–	23
April	15	4	2	–	–	–	21
Mai	15	3	1	–	–	–	19
Juni	9	–	–	–	1	1	11
Juli	10	–	–	–	3	3	16
August	3	1	–	–	6	4	14
September	6	–	–	–	9	6	21
Oktober	1	–	–	–	13	4	18
November	2	–	–	–	12	7	21
Dezember	2	–	–	XVIIB[1]	17	6	26
Gesamt:	112	17	6	2	61	31	229

[1] *U1405* war ein für hohe Geschwindigkeiten ausgelegtes Walter-Boot mit der Größe eines Einbaums (312 Tonnen) und einem Wasserstoffperoxid-Antrieb. Das Boot stand unter dem Kommando des 34jährigen Wilhelm Rex. Zwei andere Boote dieses Typs, *U1406* und *U1407,* wurden im Februar beziehungsweise März 1945 in Dienst gestellt. Diese »Walter-Boote« waren noch für den Fronteinsatz vorgesehen, ihre Erprobung wurde aber nicht rechtzeitig abgeschlossen.

Das von La Pallice am 19. Januar ausgelaufene frühere Flak-Boot *U263* unter Kurt Nölke meldete, daß der »äußere Treibstofftank Nr. 2, Backbordseite« beim tiefen Probetauchen leckgeschlagen sei und daß das Boot sofort Hilfe benötige. Die B-Boot-Führung beeilte sich, Minensuchboote und Flugzeuge in die Biskaya zu beordern, um dem Boot Hilfe zu leisten, doch sie konnten keine Anzeichen von *U263* oder seiner Besatzung finden. Die B-Boot-Führung schrieb den Verlust einer »technischen Panne« zu; die Alliierten vermuteten, das Boot sei auf eine Mine gelaufen.

Von den im Januar in den Nordatlantik ausgelaufenen 28 Booten führten einige U-Boote Sondereinsätze durch.

- Gemäß Hitlers Befehlen fuhren die im Dezember ausgelaufenen *U343* und *U952* vom Typ VII am 3. und 5. Januar in das Mittelmeer ein. Im Januar fuhren drei weitere Boote des Typs VII ins Mittelmeer.[1]
- Um auslaufende Konvois besser ausmachen zu können, beauftragte die B-Boot-Führung drei kampferprobte Boote des Typs VII damit, in der Nähe möglicher Häfen aufzuklären. *U260* unter Hubertus Purkhold lag vor dem isländischen Reykjavik. Das Boot erreichte aber nichts

[1] *U455* unter Hans-Martin Scheibe, *U967* unter Herbert Loeder und *U969* unter Max Dobbert.

und führte zum Abschluß der Feindfahrt noch Wetterbeobachtungen durch. Nach St. Nazaire zurückgekehrt, verließ Purkhold das Boot und übernahm andere Aufgaben. *U386* unter Fritz Albrecht und das frühere Flak-Boot *U621* unter Max Kruschka lagen im Seegebiet nahe der Zufahrt zum Nordkanal. Am Morgen des 13. Januar entdeckte eine B-24 der britischen Squadron 59 *U621*. Der Pilot, der Australier Wesley G. Loney, griff *U621* mit acht Wasserbomben und MG-Feuer an, wodurch ein Mann getötet und fünf verwundet wurden. Kruschka mußte die Fahrt abbrechen und schleppte sich bis Brest, wo er zehn Tage später, am 23. Januar, eintraf.

• Neben Purkholds *U260* beschaffte ein halbes Dutzend Boote die dringend erforderlichen Wettermeldungen.[1] Die Feindfahrten dieser sich in den Gewässern zwischen Island und Grönland aufhaltenden Boote setzte man bis Ende des Winters und im Frühjahr fort, da die zweimal täglich gefunkten Meldungen als äußerst wichtig für die zur Abwehr der Invasion in Frankreich vorgesehenen Truppen betrachtet wurden.

• *U257* unter Heinz Rahe war von St. Nazaire in die Biskaya ausgelaufen und sollte dort Radar-»Köder« des neuen Typs Thetis legen.[2] Nach Durchführung dieser Aufgabe wies die B-Boot-Führung Rahe an, den vermutlich einlaufenden Blockadebrecher *Rio Grande* zu treffen (der in Wirklichkeit jedoch verlorengegangen war) und dem Schiff aktuelle Karten zu übergeben.

Als die B-Boot-Führung am 27. Januar erkannte, daß die *Rio Grande* ausbleiben würde, beauftragte sie *U257* mit der Wetterbeobachtung. Am 24. Februar stieß Rahe mit *U257* – das Boot befand sich mittlerweile auf dem Rückmarsch – auf SC 153. Der Geleitzug wurde von der kanadischen Escort Group C-5 und den britischen Escort Groups 3 und 6 gesichert. Zwei der ungefähr 16 Geleitschiffe, die neue kanadische Fregatte *Waskesiu* und die britische Fregatte *Nene,* orteten *U257* und brachten es mit Wasserbomben an die Oberfläche. Die *Waskesiu* versenkte das Boot dann mit Geschützfeuer. Einer der 18 Überlebenden erzählte, daß Rahe, der sich mit dem Boot zum Tauchen entschlossen hatte, seinen Tauchretter für ein anderes Besatzungsmitglied in ein Schlauchboot geworfen und sich dann wahrscheinlich erschossen habe.

Ungeachtet des fürchterlichen Winterwetters hielt das RAF Coastal Command die Patrouillenflüge im Golf von Biskaya und anderen Regionen im Ostatlantik aufrecht. Diese Operationen wurden von 36 B-24 des Fairwing 17 der US-Navy geflogen, die den Bomber Squadrons 103, 105

---

[1] Unter anderem *U544, U549, U763, U846, U960.*

[2] Schwimmende, von B-Booten ausgesetzte Einrichtung: ein 4,8 Meter hohes Rundholz, das durch eine gleich lange, unter Wasser befindliche Stahlstange im Gleichgewicht gehalten wurde. Dieses Rundholz war mit Stanniolstreifen versehen, um gegnerische Ortungsflugzeuge zu täuschen.

und 110 zugeteilt waren.[1] In der ersten Januarwoche ergaben sich für die Alliierten höchst zufriedenstellende Ergebnisse, was jedoch in historischen Darstellungen dieses Zeitabschnitts selten Erwähnung findet. Über der Biskaya griffen britische Flugzeuge ein- und auslaufende Boote an.

Einige der beim Transit durch den Golf von Biskaya angegriffenen Boote waren:

- *U625* unter dem Kommando von Hans Benker; das Boot vom Typ VII war zuvor im Nordmeer aktiv gewesen. Als J. E. Edwards, der Pilot einer B-24 der britischen Squadron 224, das Boot am 2. Januar angriff, beschädigte Benker das Flugzeug und vertrieb es. Beim Angriff einer zweiten B-24 der gleichen Squadron mit dem Piloten E. Allen befand sich auf der Brücke die Naxos-Antenne, deren Kabel durch das Luk des Kommandoturms nach unten in die Zentrale lief. Benker, von Allens Maschine angegriffen, wollte tauchen, vergaß aber, das Kabel der Naxos-Antenne ins Bootsinnere zu holen. Das Kabel verklemmte sich im Turmluk und verhinderte das wasserdichte Verschließen, wodurch es einen Wassereinbruch gab. Benker brach den Tauchvorgang ab und eilte mit einem anderen Besatzungsmitglied auf die Brücke, um das Kabel zu entwirren und ins Boot zu holen. Benkers Befehl, das Tauchen abzubrechen, wurde jedoch nicht registriert. Das Boot ging auf Tiefe, während sich Benker und das andere Besatzungsmitglied auf der Brücke befanden. Die beiden Deutschen konnten nicht gerettet werden. Der Erste Wachoffizier Kurt Sureth brachte *U625* am 6. Januar nach Brest. Die B-Boot-Führung teilte allen Booten umgehend mit, daß diese Tragödie völlig unnötig gewesen sei; der starke Druck des verschlossenen Luks werde das Kabel der Naxos-Antenne einfach kappen.
- *U629* unter Hans-Helmut Bugs, ein weiteres aus dem Polarmeer abkommandiertes Boot. Dieses Boot hatte die Mannschaft von *U284* gerettet, so daß sich im Boot nun in drangvoller Enge nahezu 100 Mann aufhielten. In den frühen Morgenstunden des 4. Januar warf H. Czyzun, Pilot einer mit Leigh Light ausgestatteten Wellington der polnischen Squadron 304, sechs Wasserbomben ab und belegte das Boot mit 1200 Schuß MG-Feuer. Schwer beschädigt forderte Bugs Hilfe an. Die B-Boot-Führung leitete zwei auslaufende Boote, *U426* und *U539*, um und entsandte zur Unterstützung zwei Minensucher. Die schätzungs-

[1] Die Catalinas der US-Navy Patrol Squadron VP 63 wurden am 14. Dezember 1943 von Wales nach Marokko verlegt und lösten dort die in die Staaten zurückkehrenden Catalinas der Patrol Squadrons VP 73 und VP 92 ab. Die Catalinas der Squadron VP 63 waren mit dem Magnetic Airborne Detector (MAD) ausgestattet. Von Marokko aus bildete die VP 63 eine MAD-»Barriere« über der Straße von Gibraltar. Zwei Catalinas (MADCATS) hielten diese Barriere mit zehnstündigen Flügen pro Tag aufrecht.

weise 100 Deutschen in Bugs' Obhut hatten Glück – er erreichte Brest am 5. Januar.

Einer der für Bugs gedachten Helfer, das auslaufende *U426* unter Christian Reich, wurde am Morgen des 8. Januar von J. P. Roberts entdeckt, dem Piloten einer Sunderland der australischen Squadron 10. Bei zwei Angriffen gegen die Flak des Boots warf Roberts sechs Wasserbomben und beschoß *U426*. Dieser Beschuß zerstörte das B-Boot. Roberts meldete »ungefähr 40 Mann im Wasser« inmitten von Trümmerteilen, doch keiner überlebte.

- Das Typ-VII-Boot *U415* unter Kurt Neide, der am Heiligabend den britischen Zerstörer *Hurricane* versenkt hatte. Am Abend des 5. Januar entdeckte eine von I. J. M. Christie geflogene Halifax der britischen Squadron 58 *U415* und griff mit sechs Wasserbomben an. Neide erwiderte mit der Flak das Feuer, tauchte dann und entkam. Am nächsten Tag legte er in Brest an.
- Das berühmte und kampferprobte *U107* vom Typ IXB unter Volker von Simmermacher. In der Nacht des 5. Januar griff ein nicht bekanntes Flugzeug *U107* im Golf von Biskaya an. Simmermachers Kanoniere wehrten das Flugzeug ab, und das Boot erreichte Lorient am 8. Januar. Es lief erst im Mai wieder aus.[1]
- Das neue *U364* vom Typ VII unter dem Kommando des 24jährigen Paul Heinrich Sass. In der Nacht des 30. Januar, so nimmt man an, griff eine mit Leigh Light ausgestattete und von Leighton D. Richards geflogene Wellington der britischen Squadron 172 *U364* an und versenkte das Boot mit der gesamten Besatzung. Eine andere Vermutung geht dahin, daß die Flak des dem Untergang geweihten Bootes die Wellington abschoß. Niestlé ist jedoch der Ansicht, daß ein anderes B-Boot, *U608,* die Wellington abschoß und daß *U364* aus unbekannten Gründen verlorenging.

Abgesehen von dem versenkten *U426,* erzwangen die Flugzeuge des Coastal Command in der ersten Januarwoche bei zwei anderen auslaufenden Booten die Rückkehr nach Frankreich:

- *U445* vom Typ VII unter Heinz-Konrad Fenn. In den frühen Morgenstunden des 2. Januar warf eine Halifax der britischen Squadron 58 mit dem Piloten T. A. Griffiths fünf Wasserbomben. Fenn traf am 10. Februar wieder in St. Nazaire ein. Daraufhin übernahm er andere Aufgaben. Unter einem neuen Kommandanten lief *U445* am 1. Februar wieder aus.
- Das am 1. Januar ausgelaufene *U373* vom Typ VII unter Detlev von Lehsten. In den frühen Stunden des 3. Januar griff John B. Russell, Pilot einer mit Leigh Light ausgestatteten Wellington der britischen

---

[1] In der ersten Januarwoche wurden drei andere einlaufende B-Boote von Flugzeugen angegriffen: *U275* vom Typ VII, die neuen Boote *U421* vom Typ VII und *U541* vom Typ IXC, doch alle konnten bis zum 11. Januar französische Stützpunkte erreichen.

Squadron 612, *U373* mit Wasserbomben an. Eine B-24 der britischen Squadron 224 kam zur Unterstützung herbei. Der Pilot, der Kanadier Harold R. Facey, warf acht weitere Wasserbomben. Am 4. Januar erreichte Lehsten Brest mit dem schwer beschädigten Boot. Dort entdeckte er zwei nicht explodierte Wasserbomben, die am B-Boot-Überbau festhingen. Die vorgesetzten Offiziere befahlen, daß *U373* den Hafen sofort verlassen müsse, damit die Wasserbomben nicht in den B-Boot-Bunkern explodierten. Mutige Besatzungsmitglieder warfen die Wabos über Bord, und *U373* lief zu Reparaturen und für den Einbau eines Schnorchels erneut in den Hafen ein.[1]

Die B-Boot-Gruppe Rügen war der einzige in der ersten Januarwoche 1944 im Nordatlantik operierende Verband. Die Gruppe bestand aus 18 Booten (tatsächlich 17) und wurde in 6 Untergruppen zu je 3 Booten aufgeteilt. Am 5. Januar waren von diesen U-Booten 13 (tatsächlich 12) Boote Neuzugänge aus Deutschland und Norwegen, die unter dem Befehl unerfahrener Kommandanten standen. Darunter waren auch 3 neue Boote des Typs IX, die für Angriffe auf die stark gesicherten Konvois ungeeignet waren, allerdings als Unterstützung bei der Flugabwehr für nützlich erachtet wurden. Ein großer Teil der Boote war mit der neuen 3,7-cm-Flak ausgerüstet; alle Boote besaßen zudem das FuMB Naxos. Das VII-Boot *U972* war am 30. November in Kiel ausgelaufen und sollte ursprünglich als Wetterboot fungieren, doch seit dem letzten Funkspruch vom 15. Dezember hatte es nichts mehr von sich hören lassen. Deswegen ging man davon aus, das Boot sei verlorengegangen, wie es auch der Fall war – wahrscheinlich durch einen bislang nicht identifizierten Luftangriff.

Ein anderes in Frankreich ausgelaufenes VIIC-Boot, das in der Gruppe Rügen eingesetzt werden sollte, kam dort ebenfalls nicht an. Dies war *U757* unter Friedrich Deetz, der zusätzlich eine Naxos-Antenne für das am 25. November in Kiel ausgelaufene *U976* an Bord hatte. Am 8. Januar stieß Deetz auf die gemeinsam fahrenden und stark gesicherten Geleitzüge Outbound South 64 und KMS 38. Zwei der etwa 15 Geleitschiffe, die britische Fregatte *Bayntun* und die kanadische Korvette *Camrose,* orteten *U757* mit Sonar und versenkten das Boot mit Wasserbomben- und Hedgehog-Angriffen. Der kanadische Historiker Joseph Schull schrieb, die einzigen Anhaltspunkte für eine Versenkung seien »ein riesiger Ölfleck, einige Wrackteile und eine Uniformmütze« gewesen, dennoch war es zweifellos eine Versenkung. Durch den Verlust von *U976* mußte die Gruppe Rügen auf eine Naxos-Antenne verzichten.

---

[1] Am 5. Januar griffen alliierte Flugzeuge zwei weitere auslaufende B-Boote an: *U650* und *U666,* doch diese Boote konnten die Reparaturen auf See durchführen und die Feindfahrten fortsetzen.

Eines der VIIC-Boote stellte einen weiteren B-Boot-»Rekord« der anderen Art auf. Dies war das neue *U238,* das am 31. März 1943 durch Heinz-Günther Scholz in Dienst gestellt worden war. Dennoch lief das Boot am 13. Januar 1944 in Kiel unter einem anderen Kommandanten aus. Den Posten hatte Günter Ney übernommen, der als Erster Wachoffizier auf *U431* etwa sechs Monate im Mittelmeer gedient hatte. Ney, geboren am 7. März 1922, war im Januar 1944 21 Jahre alt und damit der jüngste B-Boot-Kommandant an der Front.

Die Luftwaffe sollte anfangs die Rügen-Gruppe durch die Suche nach Konvois unterstützen. Durch Agenten erhielt die B-Boot-Führung allerdings Informationen über den von Gibraltar nach Norden auslaufenden Geleitzug MKS 35. Daraufhin wurden alle Flugzeuge angewiesen, die im Mittelatlantik operierende Gruppe Borkum zu unterstützen, wie unten noch beschrieben wird. Damit die Rügen-Gruppe noch größere Chancen bekam, Geleitzüge zu erfassen, befahl die B-Boot-Führung der Gruppe am 7. Januar, die Boote in den Northwest Approaches, ungefähr 360 Kilometer vor den Küsten Schottlands und Irlands, in ungefähren Nord-Süd-Positionen einzeln aufzustellen. Alliierte Kryptanalytiker entzifferten diese und andere Befehle. Dadurch konnten Geleitzüge in die Southwest Approaches und dem Sankt-Georgs-Kanal in die Irische See umgeleitet werden.

Zu diesem Zeitpunkt erfaßte und versenkte ein B-Boot im Nordatlantik einen Frachter. Dies war das Wetterboot *U960* unter dem Kommando von Günther Heinrich, das am 4. Dezember in Norwegen ausgelaufen war. Sein Opfer war das 7176 BRT große amerikanische Liberty-Schiff *Sumner I. Kimball,* ein im Ballast fahrender Nachzügler vom Geleitzug ON 219. Kurz vor Einbruch der Dunkelheit schoß Heinrich in schwerer See sechs Torpedos auf die *Kimball* und meldete vier Treffer. Die *Kimball* setzte einen Notruf mit ihrer Position ab, jedoch nicht ihren Namen, dann brach das Schiff in zwei Hälften auseinander. Auf ihren SOS-Ruf hin fand der britische Zerstörer *Forester* das Heck des Wracks, aber keine Überlebenden.

Die B-Boot-Führung hatte vom B-Dienst erfahren, daß die *Kimball* in zwei Teile zerbrochen war und daß diese Schiffsteile noch immer schwimmfähig waren. Daher gab sie Heinrich den Befehl, zum Schauplatz des Geschehens zurückzukehren und die beiden Schiffsteile zu versenken. Heinrich meldete, er habe die Wracks gefunden, Fotos gemacht und dann die »größte Hälfte« mit einem Torpedo versenkt. Die andere Hälfte des Schiffes ließ er schwimmen. Von Überlebenden meldete er nichts. Da von den Alliierten niemand gefunden wurde, wurde der Verlust der *Sumner I. Kimball* zu einem mysteriösen Vorfall in der Handelsschiffahrt. Nach der britischen *Empire Housman* war sie im Februar 1944 erst der zweite von B-Booten versenkte Frachter. *U960* erreichte am 3. Februar La Pallice, wo die ineffiziente 2-cm-Flak gegen eine 3,7-cm-Flak ausgetauscht wurde.

Die Unterstützung der Luftwaffe für die Rügen-Gruppe wurde Mitte des Monats schließlich geleistet, allerdings erneut mit enttäuschenden Ergebnissen. Schlechtes Wetter hielt viele Flugzeuge am Boden. Andere hatten mit Pannen an den Motoren oder mit defektem Funk zu kämpfen. Die von diesen Maschinen durchgeführten Suchflüge, so vermerkte die B-Boot-Führung, »waren nicht gründlich«; Positionsmeldungen zu den wenigen Kontakten kamen zu spät oder waren falsch.

Im Verlauf dieses ermüdenden, katastrophalen und nutzlosen Einsatzes erfaßten und bekämpften fünf Rügen-Boote vom Typ VII, die mehr oder weniger separat operierten, zwischen dem 14. und 23. Januar alliierte Geleitschiffe und Frachter. Die kampferprobten *U271*, *U281* und *U571* unter den Kommandanten Kurt Barleben, Heinz von Davidson und Gustav Lüssow schossen alle je einen T-5-Torpedo auf einen »Zerstörer«. Das erste Boot, *U271*, ein ehemaliges Flak-Boot, schoß sehr wahrscheinlich auf die *Vidette* oder die *Versatile*, die den ostwärts laufenden Konvoi HX 275 sicherten. Das neue *U390* und *U471* unter Heinz Geissler und Friedrich Kloevekorn schossen je einen Dreier-Fächer sowie einen T-5 auf Frachtschiffe. Die Aufzeichnungen der Alliierten enthalten keinerlei Hinweise auf Treffer, die mit diesen Angriffen zu tun haben könnten.

Zu den obengenannten *U757* und *U972* kommen drei weitere Rügen-Boote hinzu, die im Januar verlorengingen, also insgesamt fünf Boote oder etwa ein Drittel dieser Gruppe.

- Am Nachmittag des 28. Januar stieß eine Sunderland der australischen Squadron 461 auf Gustav Lüssows *U571*. Das Flugzeug gehörte zum Geleitschutz der einlaufenden Konvois ON 221 und SC 151. Bei zwei Angriffen gegen schweres Flak-Feuer warf der Pilot Richard D. Lucas zwei Wasserbomben-Salven. Nach der zweiten Salve explodierte *U571* in einer »gewaltigen Explosion«, die einer der Flieger auf Film festhielt. Lucas meldete »30« Deutsche im Wasser, doch keiner überlebte. Er erhielt für diese Versenkung ein DFC verliehen.
- Am gleichen Tag entdeckte eine B-24 der US-Navy Squadron VB 103, die die gleichen Geleitzüge eskortierte, das ehemalige Flak-Boot *U271* unter Kurt Barleben. Der Pilot George A. Enloe warf sechs Wasserbomben ab, die das Boot zerstörten. Es gab keine Überlebenden.
- Am Nachmittag des 29. Januar erfaßte eine B-24 der US-Navy Squadron VB 110 mit dem Piloten H. H. Budd Hans Jaschkes *U592*. Der Copilot, der am Steuer der B-24 saß, überstürzte im Flak-Feuer den Angriff und warf dabei Wasserbomben ab, die zu kurz fielen. Daraufhin übernahm Budd das Steuer der durch die Flak beschädigten Maschine und forderte zwei weitere amerikanische B-24 sei-

ner Squadron an. Jaschke befahl Alarmtauchen und konnte mit *U592* entkommen.

Später meldete er diesen Angriff der B-Boot-Führung, die dazu vermerkte: »Durch [B-24] Liberator beim Auftauchen gebombt. Acht Bomben. Am Kiel stark beschädigt.« Der Schaden war tatsächlich so groß, daß *U592* die Feindfahrt abbrechen mußte. Zu diesem Zeitpunkt hielt sich Johnny Walkers aus drei Sloops bestehende Support Group 2 in diesem Gebiet auf. Mit Hilfe von Enigma-Entzifferungen und DF-Informationen spürte Walker am 31. Januar das auf dem Rückmarsch befindliche *U592* auf und versenkte das Boot. Die Admiralität rechnete Walkers *Starling* sowie der *Wild Goose* und der *Magpie* die Versenkung an. Es gab keine Überlebenden.

Die Rügen-Gruppe war ein weiterer sinnloser Opfergang der Deutschen. Die Boote der Gruppe versenkten kein einziges alliiertes Schiff. Sechs Boote der Gruppe – etwa ein Drittel – waren im Januar verlorengegangen. Bei den wenigen Gelegenheiten, bei denen der vielgerühmte zielsuchende T-5-Torpedo eingesetzt werden konnte, hatte er nicht funktioniert oder war fehlgegangen. Die gleichermaßen angepriesene 3,7-cm-Schnellfeuer-Flak, die den nutzlos gewordenen 2-cm-Vierling ersetzte, bewährte sich ebenfalls nicht.

Die B-Boot-Führung löste die Gruppe Rügen auf, doch bevor sie ordnungsgemäß durch eine andere ersetzt werden konnte, kamen sämtliche B-Boot-Unternehmungen im Nordatlantik beträchtlich durcheinander. Am 28. Januar meldete ein Flugzeug der Luftwaffe über dem Golf von Biskaya »200 bis 300 Landungsfahrzeuge« auf östlichem Kurs nach Bordeaux. Die Deutschen gingen zwar richtig in der Annahme, eine Invasion an diesem Ort und zu dieser Zeit sei höchst unwahrscheinlich, konnten die Meldungen aber nicht ignorieren. Zudem hatte ein mehrere Stunden später nach Frankreich einlaufendes Boot vom Typ VII, Herbert Sickels *U302,* eine mögliche Invasionsstreitmacht scheinbar »bestätigt«. Sickel meldete »25 bis 30 Rauchfahnen« und »starkes Geleit«. Die ganze Formation bewege sich mit 16 Knoten auf einem Zickzackkurs in Richtung Osten.

Die B-Boot-Führung ergriff sofort Gegenmaßnahmen. Sie leitete fünf in Frankreich auslaufende Boote vom Typ VII[1] um, die auf dem Weg zum Ort der vermuteten Invasion waren. Dann wurde allen Booten der Rügen-Gruppe (zu diesem Zeitpunkt etwa 18) befohlen, Operationen gegen Geleitzüge einzustellen und aufgetaucht mit hoher Geschwindigkeit zum Schauplatz des Geschehens zu marschieren und das ohne Rücksicht auf gegnerische Flugzeuge. Diese Maßnahmen waren bereits in die Wege geleitet, als Sickel von *U302* acht Stunden nach der Luftwaffenmeldung eine zweite Nachricht funkte, in der es hieß, die »Rauchfahnen« stammten in Wirklichkeit von »Fisch-Trawlern«. Daraufhin blies die

[1] *U91, U238, U256, U709, U963.*

B-Boot-Führung den Invasionsalarm ab und wies alle beteiligten B-Boote an, die Operationen gegen Geleitzüge wieder aufzunehmen.

B-Boot-Unternehmungen im Mittelatlantik

Zur gleichen Zeit, als die Rügen-Gruppe im Januar im Nordatlantik patrouillierte, wurde die Jagd im Mittelatlantik zwischen Gibraltar und den Azoren von einer kleineren Gruppe namens Borkum fortgesetzt. Die B-Boot-Führung ging davon aus, daß Borkum am 3. Januar aus elf Booten bestand, doch ein Boot, *U645,* war am Heiligabend versenkt worden, und zwei Boote, *U275* und das neue *U541* vom Typ IXC/40, hatten die Fahrt abgebrochen. Helmut Bork, Kommandant von *U275,* war an einer Blinddarmentzündung erkrankt. Er hatte außerdem die Versenkung zweier Zerstörer gemeldet (unbestätigt). *U541* war von einem Flugzeug beschädigt worden. Der Kommandant Kurt Petersen meldete, er habe auf seiner Feindfahrt die Rekordzahl von insgesamt »fünf Zerstörern« versenkt. Es wurde jedoch keiner bestätigt. In der Nacht des 6. Januar wurden die einlaufenden *U275* und *U541* beide von einem unbekannten Flugzeug angegriffen, sie erreichten aber französische Stützpunkte. *U275* konnte erst im Juni wieder auslaufen und wurde dann der zur Invasionsabwehr bestimmten Gruppe Landwirt zugeteilt.

Die B-Boot-Führung hatte keine Kenntnis von dem Verlust des Bootes *U645*. Sie teilte Borkum in drei Untergruppen mit je drei Booten ein. Die Aufgabe dieser Gruppe war es, den nach Norden laufenden langsamen, zwischen dem Mittelmeer und den Britischen Inseln verkehrenden Geleitzug MKS 35 abzufangen. Ju-290 sollten mit Aufklärungsflügen die Gruppe unterstützen. Die B-Boot-Führung wußte jedoch noch nicht, daß der langsame Konvoi MKS 35 zwei Tage früher als erwartet ausgelaufen war und sich auf See mit SL 144 zusammengeschlossen hatte. Darüber hinaus hatte sie keine Ahnung, daß die gesamte Formation nicht nur durch landgestützte Lufteskorten gesichert wurde, sondern auch von der am 8. Januar in Casablanca ausgelaufenen U-Jagdgruppe des Geleitträgers *Block Island*. Die Group um die *Block Island* sollte ebenfalls die südwärts laufenden Geleitzüge OS 64 und KMS 38 eskortieren.

Gemäß ständiger Befehle waren alle Borkum-Boote mit der neuen 3,7-cm-Flak ausgerüstet worden. Der bevorstehende Angriff auf den Geleitzug sollte für die neue Kanone ein Test unter Kampfbedingungen sein, denn man betrachtete sie als die perfekte Antwort auf die alliierten Flugzeuge. Die Entwicklung der 3,7-cm-Flak werde mit größter Eile vorangetrieben, wie die B-Boot-Führung der Borkum-Gruppe am 5. Januar mitteilte. Die Übernahme an Bord sei, angesichts der möglichst schnellen Ausstattung der Boote mit der Waffe, ohne die üblichen Tests durchgeführt worden. Es sei daher dringend erforderlich, so die Führung weiter, von der Front rasch Erfahrungsberichte über die neue Waffe zu erhalten, so daß das in Serienfertigung hergestellte Geschütz verbessert werden könne. Die Serienproduktion war bereits in vollem Gang.

Bei klarem Wetter und guter Sicht sollten die Boote tagsüber die Batterien aufladen und mit der 3,7-cm-Kanone alliierte Flugzeuge abwehren.

Wie die meisten im gefährlichen Seegebiet des Mittelatlantik operierenden B-Boot-Gruppen wurde die Borkum-Gruppe aufgerieben. Ihr Scheitern ist ein eindringliches Beispiel für die Erfahrung, die die Alliierten Anfang 1944 bei der B-Boot-Abwehr zu Wasser und aus der Luft besaßen.

Beim Anmarsch auf neue Positionen hatten zwei Borkum-Boote kurze Feindkontakte.

- In der Nacht des 3. Januar wehrte *U305* unter Rudolf Bahr einen Luftangriff ab. Bahr hatte auf einer früheren Feindfahrt den kanadischen Zerstörer *St. Croix* versenkt, am Heiligabend mehrere T-5 auf die Group um die *Card* und am 2. Januar einen weiteren T-5 auf einen »Zerstörer« geschossen. Am 6. Januar stieß er auf mehrere Schiffe der britischen Escort Group 6, die die Geleitzüge OS 64 und KMS 38 sicherten. Er schoß drei Torpedos auf die Kriegsschiffe. Einer oder mehrere trafen die britische Fregatte *Tweed* auf der Steuerbordseite, und das Schiff sank in zwei Minuten. Die anderen Kriegsschiffe konnten nur 44 Besatzungsmitglieder der *Tweed* retten. Bahr verlor bei diesem Gefecht einen seiner Offiziere.
- In der gleichen Nacht wurde *U270* unter Paul-Friedrich Otto von einer B-17 Flying Fortress der britischen Squadron 206 angegriffen, die auf den Azoren neu stationiert worden war. Der Pilot A. J. Pinhorn beschädigte *U270* schwer, doch Otto schoß die B-17 ab. Die Beschädigungen zwangen Otto, die Fahrt abzubrechen. *U270,* nunmehr der Landwirt-Gruppe zugeteilt, lief erst wieder im Juni aus. Durch Ottos Rückmarsch blieben der Borkum-Gruppe nur noch sieben Boote für den Angriff auf die herannahenden Geleitzüge MKS 35 und SL 144.

Die B-Boot-Führung verlegte die Aufklärungsstreifen von Borkum weiter nach Süden und zog die acht Boote (tatsächlich sieben) aufgrund von Meldungen der Ju-290 am 9. Januar auf einer einzigen Linie zusammen. Am späten Nachmittag des 11. Januar entdeckte das westlichste Boot, Rudolf Bahrs *U305,* den Geleitzug und meldete ihn. Er versuchte, Fühlung zu halten, aber ein »Zerstörer« vertrieb ihn in die Tiefe, und er verlor den Kontakt.

Auf Bahrs Meldung hin versuchten drei andere Borkum-Boote in dieser Nacht, den Konvoi anzugreifen. *U641* unter Horst Rendtel hörte Explosionen und nahm die Jagd auf, doch eine Dieselmaschine gab den Geist auf, und er mußte tauchen und Reparaturen durchführen. *U382* unter dem neuen Kommandanten Rudolf Zorn, der auf dieser Feindfahrt den amerikanischen Zerstörer *Leary* versenkt hatte, schoß einen T-5 auf einen »Zerstörer«, doch der Torpedo ging fehl. Im Gegenzug deckten die Geleitschiffe *U382* so massiv mit Wasserbomben ein, daß Zorn die Fahrt abbrechen mußte. Das frühere Flak-Boot *U953* unter Karl-Heinz Marbach schoß einen T-5 auf eine Korvette, aber auch dieser ging fehl. Beim Gegenangriff der Geleitschiffe wurde er qualvolle 13 Stunden lang mit Wasserbomben und Hedgehog-Angriffen gejagt.[1]

An diesem Tag, dem 11. Januar, entdeckten Leonard L. McFord und Willis D. Seeley mit ihren Avengers von der *Block Island* das Borkum-Boot *U758*, das unter dem Kommando von Helmut Manseck stand. Die Avengers waren mit zwei Wasserbomben und mit einer neuen und sehr wirksamen Bewaffnung ausgestattet: acht 3,5-Zoll-Raketen.

Dem schweren Flak-Feuer trotzend, griffen McFord und Seeley mit den Raketen an, dann mit Wasserbomben. Diese Treffer beschädigten *U758* schwer, und Manseck mußte die Fahrt abbrechen. Am 20. Januar erreichte er St. Nazaire, kehrte kurz darauf nach Deutschland zurück und stellte dort ein großes »Elektro-Boot« in Dienst. *U758*, für die Landwirt-Gruppe vorgesehen, lief erst im Juni wieder aus. Durch den Rückmarsch dieses B-Bootes und dem von *U382* blieben der Borkum-Gruppe nur noch fünf Boote.

Wegen der Verluste und der abgebrochenen Feindfahrten mußte die B-Boot-Führung die Borkum-Gruppe auflösen. Vier der verbliebenen fünf Boote marschierten nach Norden und schlossen sich der westlich von Irland stehenden Gruppe Rügen an. *U953* ging auf Südkurs, um vor Casablanca eine Feindfahrt durchzuführen. Das Boot kehrte am 20. Februar nach La Pallice zurück. Bemerkenswert ist, daß nur eines der vier der Gruppe Rügen zugeteilten Borkum-Boote tatsächlich das Einsatzgebiet erreichte, und daß alliierte Einheiten dieses versenkten wie auch zwei weitere. Ein viertes Boot verschwand aus ungeklärten Gründen. Im Überblick:

- Am 13. Januar entdeckten Zerstörer der Group um die *Block-Island* *U382*, ein Borkum-Boot, das die Fahrt abgebrochen hatte. Das Boot vom Typ VII stand unter dem Kommando von Rudolf Zorn, der den amerikanischen Zerstörer *Leary* versenkt hatte. Zorn entkam und erreichte St. Nazaire am 26. Januar. Daraufhin verließ er das Boot und übernahm ein anderes Kommando. *U382*, ebenfalls für die Landwirt-Gruppe vorgesehen, lief erst im Juni wieder aus.
- In der Nacht des 13. Januar entdeckte W. N. Armstrong, Pilot einer Wellington der auf den Azoren stationierten britischen Squadron 172, das von dem 33jährigen Wolfgang Wenzel geführte VII-Boot *U231*.

---

[1] Amerikanischen Geheimdienstberichten zufolge ließ sich *U953* tatsächlich auf einen Kampf mit den Geleitschiffen der gemeinsamen Konvois OS 64 und KMS 38 ein, welche sich in der Nähe aufhielten.

Bei zwei Angriffen in das Flak-Feuer hinein warf Armstrong sechs Wasserbomben, die *U231* schwer beschädigten. Allerdings konnte das Flugzeug nicht am Ort des Geschehens bleiben, weil das Flak-Feuer den Flieger B. W. Heard schwer verwundet hatte. Heard mußte später ein Bein amputiert werden.

Wenzels Boot lief achtern stark voll, und er befahl, das Boot aufzugeben. In einem amerikanischen Geheimdienstbericht heißt es: »In dieser Situation versuchte Wenzel, vermutlich in einem Anfall von Verzweiflung, Selbstmord zu begehen, indem er sich mit einer Pistole in den Mund schoß.« Erstaunlicherweise blieb diese Kugel »[...] hinten im Hals stecken, und der Großteil der Besatzung hatte den Vorfall gar nicht mitbekommen«.

Alle 50 Mann von *U231* konnten das sinkende B-Boot verlassen und bestiegen Rettungsflöße und Schlauchboote; sieben von ihnen starben jedoch kurz darauf an Unterkühlung. Ungefähr 13 Stunden später, am 14. Januar, entdeckten zwei Flugzeuge von der *Block Island* die Überlebenden. Zwei Glattdeck-Zerstörer vom Geleitschutz der *Block Island,* die *Bulmer* und die *Parrott,*[1] fischten die 43 Deutschen aus dem Wasser und übergaben sie an den Träger. Auf der *Block Island* entfernte ein Arzt die Kugel aus Wenzels Hals. Die *Block Island* traf am 3. Februar in Norfolk ein.

Diese Gefangenen waren die ersten von einem B-Boot, das mit der neuen automatischen 3,7-cm-Schnellfeuer-Flak ausgerüstet war. Die fünf Kanoniere sparten nicht mit Kritik an der neuen Waffe. Ein Kanonier meinte, sie sei für Operationen auf U-Booten »nutzlos«. Die Waffe sei zu empfindlich und zu anfällig für Ladehemmungen. Um die Kanone gefechtsbereit zu halten, war es erforderlich, aufzutauchen und jeden Tag eine halbe Stunde lang Wartungsarbeiten durchzuführen (Einfetten und Reinigen), und einmal in der Woche war eine »komplette Überholung« fällig.[2]

• Am 14. Januar meldete das ehemalige Borkum-Boot *U377* unter Gerhard Kluth der B-Boot-Führung, daß es von einem Flugzeug angegriffen worden sei, doch der Schaden sei geringfügig. Am folgenden Tag funkte Kluth, er sei auf eine U-Jagdgruppe gestoßen und habe aus Bug- und Heckrohren T-5-Torpedos geschossen. Von *U377* hörte man

[1] Etwas später, am 2. Mai 1944, rammte der Frachter *John Morton* vor Norfolk die *Parrott*. Obwohl das Schiff auf den Strand auflief, war man der Ansicht, daß sich eine Reparatur wegen zu großer Schäden nicht lohne.

[2] Dem Kriegstagebuch der B-Boot-Führung zufolge meldeten etwa zu dieser Zeit acht andere U-Boote Defekte insbesondere an der 3,7-Zentimeter-Kanone: *U382, U547, U592, U621, U641, U764, U845* und *U984*. Andere Pannen traten mit Gewißheit auf, doch sie sind im KTB nicht verzeichnet. Einige Kommandanten meldeten auch ein Versagen von 3,7-Zentimeter-Munition, offensichtlich eine »rapide Zersetzung«. In einem Fall explodierte die Granate im Rohr der Kanone.

nichts mehr. Es ist möglich, daß diese bislang nicht bekannten Kriegsschiffe *U377* versenkt haben oder daß ein eigener Torpedo sich kreisförmig zurückbewegte und das Boot zerstörte. Am 15. Januar verzeichnete die B-Boot-Führung einen bruchstückhaften Notruf: »Von Torpedo getroffen, Boot schwer beschädigt, sinkt.« Dennoch bezweifelte die B-Boot-Führung, daß diese Nachricht von *U377* oder einem anderen B-Boot stammte, da man annahm, ein Torpedotreffer würde das Boot so schnell vernichten, daß kein SOS-Funkspruch mehr abgesetzt werden könnte.

• Am 15. Januar meldete das ehemalige Borkum-Boot *U305* unter Rudolf Bahr der B-Boot-Führung, es könne sich der Gruppe Rügen nicht, wie befohlen, anschließen und kehre nach Frankreich zurück. Bahr gab keine Gründe an, doch zweifellos hatte er kaum noch Treibstoff und vielleicht auch keine Torpedos mehr. Die B-Boot-Führung hörte nichts mehr weiter von *U305* und konnte sich auf die Ursache für diesen Verlust keinen Reim machen.

In seinen Kriegserinnerungen[1] beschrieb Reginald (»Bob«) Whinney, Kommandant des alten, jedoch aufgerüsteten britischen Zerstörers *Wanderer,* die letzten Stunden von *U305*. Er schildert, daß die *Wanderer* einer aus fünf Schiffen bestehenden U-Jagdgruppe zugeteilt war. Die Hunter-Killer-Group hatte am Heiligabend im Geleit der *Card* den Kontakt zum Führungsschiff *Hurricane* verloren. Daraufhin erhielt die Gruppe den Auftrag, Blockadebrecher abzufangen. Die Führung war auf den Kommandanten der britischen Fregatte *Glenarm* übergegangen.

Am Nachmittag des 17. Januar, so Whinney weiter, erhielt die *Wanderer* einen schwachen Sonarkontakt von *U305,* und er habe sofort mit dem Hedgehog angegriffen. Wie viele Kommandanten von Zerstörern mochte er diese Werfer nicht und »mißtraute« ihnen, denn die Hedgehog-Bomben explodierten nur bei Kontakt. Die Admiralität hatte neue Befehle ausgegeben, nach denen mit geringer Fahrt zu manövrieren war (unter acht Knoten), um eine zu hohe Geräuschentwicklung zu vermeiden, welche von einem T-5 registriert werden konnte. Daher war der Hedgehog gegenüber Wasserbomben zu bevorzugen, die, wenn bei langsamer Fahrt geworfen, das Heck eines Schiffes wegreißen konnten. Vom Sonar kam die Meldung eines »möglichen« Hedgehog-Treffers. Die Fregatte *Glenarm,* Führungsschiff der Group, lief heran und erhielt zwei Sonarkontakte. Sie führte bei geringer Geschwindigkeit einen Angriff mit dem Hedgehog-Werfer durch. Bald kam man, so schildert Whinney, auf der *Glenarm* zum Schluß, die »Kontakte« seien Fische, die *Glenarm* verließ den Schauplatz des Geschehens und wies alle Schiffe der Group an, wieder nach Blockadebrechern Ausschau zu halten.

---

[1] *The U-Boat Peril* (1987).

Whinney, überzeugt, ein B-Boot in die Falle gelockt zu haben, ignorierte die Anweisungen, die Fahrt fortzusetzen, und verfolgte den Kontakt allein – eine Befehlsverweigerung, die seine Laufbahn bei der Marine hätte beenden können. In hochsteigenden Seen und bei orkanartigen Winden führte er mit langsamer Fahrt einen weiteren Hedgehog-Angriff durch, doch diesmal gab es keine Explosion. Da er den Hedgehog wegen der schweren See nicht nachladen konnte, beschleunigte Whinney auf 15 Knoten und führte einen riskanten Wasserbombenangriff durch. Vom Sonar kam nun die Meldung »reißende Geräusche« – kleine Explosionen und das ächzende Knirschen von Metall. Das Bewertungskomitee der Admiralität schätzte das B-Boot zunächst als »wahrscheinlich leicht beschädigt« ein, änderte die Bewertung jedoch später zu »Versenkung bestätigt«. Das Verdienst für die Versenkung teilte sie zwischen der *Wanderer* und der *Glenarm* auf, ein Erfolg, der Whinneys Karriere vermutlich rettete.

- Das ehemalige Borkum-Boot *U641* unter Horst Rendtel, der am 14. Januar gemeldet hatte, daß die 3,7-cm-Flak bei einem Luftangriff versagt habe, schloß sich dem südlichsten Ende der Rügen-Gruppe an, wurde aber nahezu unmittelbar danach versenkt. Am 17. Januar meldete eine Maschine der Luftwaffe, die sich auf einem Wetterflug befand, westlich des Nordkanals einen südwärts laufenden Geleitzug. Daraufhin befahl die B-Boot-Führung allen Booten der Rügen-Gruppe, mit höchster Geschwindigkeit auch bei Tag und über Wasser die Position anzulaufen und diese Formation abzufangen. Der Konvoi war OS 65, der sich mit KMS 39 zusammengeschlossen hatte. Weitere Flugzeuge der Luftwaffe konnten den Geleitzug nicht finden, im Gegensatz zu *U641,* das ihn am 19. Januar erfaßte. Die von C. N. Stewart geführte britische Korvette *Violet* stürzte sich auf *U641* und versenkte das Boot mit der gesamten Besatzung.

Von den am 3. Januar der Borkum-Gruppe zugeteilten acht Booten wurden drei *(U231, U305* und *U641)* eindeutig durch alliierte Einheiten versenkt; ein Boot *(U377)* ging aus unbekannten Gründen verloren, möglicherweise ebenfalls durch die Alliierten. Drei B-Boote *(U270, U382* und *U758)* mußten die Fahrt wegen Beschädigungen durch Luftangriffe abbrechen; alle diese Boote liefen erst im Juni wieder aus. Nur das nach Casablanca entsandte *U953* beendete seine Feindfahrt. Nach der Rückkehr wurde *U953* der Landwirt-Gruppe zugeteilt und lief erst wieder Ende Mai aus.

Im Gegenzug für die schweren Verluste hatten die Borkum-Boote eine britische Fregatte, die *Tweed,* versenkt und eine britische B-17 abgeschossen.

B-Boot-Unternehmungen im Nordatlantik (II)

Auf Hitlers Befehl hin, die B-Boote im Polarmeer auf 30 Boote aufzustocken, traf im Februar 1944 beim Atlantikverband nur ein neues Boot vom Typ VII ein: das mit einer Reihe von Luftabwehrraketen bewaffnete Versuchsboot *U986*. Bislang hatten diese Raketen die Erwartungen nicht erfüllt.

Da im Februar aufgrund eines anderen Befehls Hitlers fünf weitere Boote des Typs VII aus dem Atlantikverband in das Mittelmeer verlegt wurden und weiterhin schwere Gefechtsschäden zu beklagen waren, schrumpfte die Kampfstärke der Atlantik-Boote rasant.

Die ins Mittelmeer abkommandierten fünf Boote des Typs VII hatten schwierige Zeiten vor sich. Zwei von ihnen, *U421* und *U586,* schafften es ins Mittelmeer, zwei andere wurden versenkt, und ein Boot mußte die Fahrt wegen Gefechtsschäden abbrechen.

• Am Nachmittag des 24. Februar entdeckte eine Staffel, die an der westlichen Zufahrt der Straße von Gibraltar patrouillierte, das Horst Geider unterstehende *U761.* Unter den Flugzeugen befanden sich auch eine Ventura der US-Navy Squadron VB 127 (Pilot: Theodore M. Holmes), zwei Catalinas der US-Navy Squadron VP 63 (Piloten: T. Russell Woolley und Howard Jefferson »Jeff« Baker) und eine Catalina der britischen Squadron 202 (Pilot: John Finch).

Die beiden amerikanischen Catalinas waren mit Magnetic-Airborne-Detector-Geräten (MAD) und 24 Mark VI »Retrobombs« (Bremsraketen) ausgerüstet, die ausschließlich beim Aufschlag explodierten. Sie griffen *U761* an, ebenso wie die Ventura der US-Navy und die britische Catalina. Die britische Maschine hatte einen Treffer in einem Tank und mußte den Angriff abbrechen, die beiden amerikanischen Maschinen blieben jedoch in der Nähe. Inzwischen waren zwei auf ASW-Patrouille befindliche Zerstörer, die *Anthony* und die *Wishart,* herangekommen und warfen über 30 Wasserbomben, die *U761* übel zurichteten und an die Oberfläche brachten. Als das Boot auftauchte, durchsiebten die Zerstörer die Brücke von *U761* mit Geschützfeuer – für das Boot der Gnadenstoß. Der Leitende Ingenieur von *U761,* Karl Lendle, und sechs weitere Deutsche starben bei der Versenkung. Die *Anthony* und die *Wishart* fischten Geider und 44 Mann seiner Besatzung aus dem Wasser, von denen ein Mann in einem Krankenhaus in Gibraltar starb. Alle Piloten der amerikanischen und britischen Flugzeuge erhielten DFCs, alle amerikanischen Unteroffiziere und Mannschaftsdienstgrade Air Medals.

• In den frühen Morgenstunden des 16. März entdeckte Ralph C. Spears, Pilot einer Catalina der US-Navy Squadron VP 63, mit Hilfe von MAD *U392,* das von Henning Schümann geführt wurde. Spears warf schwimmfähige Leuchtbomben und Sonobojen[1] ab. Er funkte außerdem eine Alarmmeldung an zwei weitere »MADCATS« von Squadron 63. Dann griff er mit 24 Retrobombs an, die er gemäß geltender Vorschriften in drei Salven zu je acht Raketen abfeuerte. Zwei weitere Catalinas mit den Piloten Van A. T. Lingle und Matthias J. Vopatek trafen zur Unterstützung von Spears ein. Lingle griff mit 30 Retrobombs an, die er in Salven zu je zehn Raketen abfeuerte; Vopatek hielt sich in der Nähe auf. Alliierte Führungsstellen rechneten Spears und Lingle drei bzw. zwei Treffer an, die *U392* beschädigten. Zwei britische Kriegsschiffe, der Zerstörer *Vanoc* und die Fregatte *Affleck,* eilten heran und belegten *U392* mit Wasserbomben und dem Hedgehog und vernichteten das B-Boot. Es gab keine Überlebenden.

- In der Woche vom 19. bis zum 25. März patrouillierten bislang nicht bekannte alliierte Luft- und Überwasser-ASW-Einheiten an der westlichen Zufahrt zur Meerenge. Sie jagten und zermürbten Kurt Babergs *U618*. Nach starken Beschädigungen mußte Baberg die Fahrt abbrechen und traf am 8. April in St. Nazaire ein. Baberg war zwei Jahre lang Kommandant von *U618* gewesen und hatte drei bestätigte Frachter mit 15 788 BRT versenkt. Er verließ das Boot und übernahm andere Aufgaben.

Von den Booten, die vorübergehend für die Wetterbeobachtung eingesetzt wurden, liefen im Februar in Frankreich sechs Boote vom Typ VII zu Sondereinsätzen aus.

- Zwei Boote marschierten in isländische Gewässer, um das Auslaufen von Murmansk-Geleitzügen und anderen Marineeinheiten zu melden und Schiffe zu versenken. Dies waren *U448* unter dem 24jährigen Helmut Dauter und *U744* unter dem ebenfalls 24jährigen Heinz Blischke. Beide Boote gingen verloren.

Sechs Tage nach dem Auslaufen aus Brest, am 2. März, begegnete Blischke mit *U744* den gemeinsam mit Nordkurs fahrenden Geleitzügen MKS 40 und SL 149. Mutig griff er diese große, stark gesicherte Formation an, meldete die Versenkung eines Zerstörers und dreier kleiner (1000 BRT) »Tanker«. In Wirklichkeit wurde kein Zerstörer getroffen, und die »Tanker« stellten sich als britische Panzerlandungsschiffe (LST) mit 1600 Tonnen heraus, die für Overlord aus dem Mittelmeer nach England verlegt wurden. Alliierte Aufzeichnungen belegen, daß Blischke einen davon, *LST 362,* versenkte, die anderen beiden aber verfehlte.

Blischke brach die Mission nach Island ab und patrouillierte entlang der Hauptkonvoirouten, da er von seinen elf Torpedos im Boot bereits fünf verbraucht hatte. Zunächst schien diese Entscheidung richtig zu sein, denn am Morgen des 5. März stieß er auf den schnellen Geleitzug

[1] Alliierte Flugzeuge setzten Tausende von Sonobojen ein. Das hydrophonische Ortungssystem war schwierig in der Handhabung und zeigte selten Wirkung.

HX 280, der von einer Escort Group als Nahsicherung und zusätzlich von C-2 gesichert wurde, einer gemischten Gruppe von kanadischen und britischen Kriegsschiffen unter britischem Kommando. Diese Gruppe diente als Support Group vor dem Geleitzug. Auf einen »Zerstörer« schoß Blischke einen T-5, doch dieser ging fehl. Die Geräuschentwicklung bei diesem Angriff alarmierte die Kriegsschiffe der Group C-2.

Die C-2 Support Group bestand aus sieben Schiffen: drei Zerstörern (der betagten britischen *Icarus* und den Kanadiern *Chaudière* und *Gatineau*), einer kanadischen Fregatte *(St. Catherines)*, zwei kanadischen Korvetten (die *Chilliwack* und die *Fennel*) und einer britischen Korvette (die *Kenilworth Castle*). Alle sieben Schiffe griffen *U744* schonungslos an. In den folgenden 31 Stunden warfen die Schiffe ungefähr 350 Wasserbomben, unzählige Hedgehog-Geschosse und – zum ersten Mal im Einsatz gegen den Feind – drei Salven mit einem nach vorn abzufeuernden britischen »Squid«, einem nach vorne auswerfenden Mörser für Wasserbomben mit mehreren Rohren,[1] mit dem die neue Korvette *Kenilworth Castle* ausgerüstet war. Am Nachmittag des 6. März war Blischke schließlich zum Auftauchen gezwungen. An der Wasseroberfläche fand er sich von fünf der sieben Kriegsschiffe umgeben, die das Feuer aus allen Rohren eröffneten. In dem nun folgenden Finale starb Blischke auf der Brücke, aber 40 Mann seiner Besatzung wurden gerettet.

U744 sank nicht sofort. C. R. Coughlin und H. C. R. Davis, die Kommandanten der kanadischen Schiffe *Chilliwack* und *St. Catherines,* sahen die Möglichkeit für ein Aufbringen des Bootes und setzten Enterkommandos über. Das Kommando der *Chilliwack* traf als erstes bei *U744* ein. Der Signalgast J. R. Starr hißte eine weiße Fahne, während die Lieutenants Atherton und Hearn sowie der Feuerwerker Longbottom nach unten stürzten. Die drei Männer, so schrieb der kanadische Marinehistoriker Joseph Schull, rafften eine »wertvolle Beute an Schlüs-

[1] Ein Squid war eigentlich ein verbesserter, ausgeklügelter und sehr viel stärkerer Hedgehog-Werfer. Die Waffe spürte ihr Ziel automatisch mit Hilfe von Sonarpeilungen und der damit verbundenen Feststellung der Wassertiefe auf. Diese Daten wurden in einen Kontrollrechner für den Abschuß der Geschosse eingespeist. Dadurch mußte theoretisch die Position des Ziels nicht mehr geschätzt werden. Der Squid feuerte bis zu drei 12-Zoll-Projektile, die 180 Kilogramm wogen und mit einem 95 Kilogramm schweren Minol-Sprengkopf ausgestattet waren. Im Gegensatz zu Hedgehog-Geschossen, bei denen ein Kontakt für die Detonation erforderlich war, wurden die Squid-Projektile durch automatische Zeitzünder ausgelöst, die bis zu einer Wassertiefe von 275 Metern einsetzbar waren. Die Briten überließen den Amerikanern einen Squid, der am 6. April 1944 bei der US-Navy auf der Fregatte *Asheville* zu Versuchszwecken montiert wurde, doch die Vereinigten Staaten ließen diese Waffe für die Schlacht im Atlantik nicht mehr industriell fertigen.

selbüchern, Signalbüchern und mechanischem Gerät« zusammen.[1] Die Bemühungen, *U744* ins Schlepptau zu nehmen, scheiterten jedoch, und die *Icarus* mußte das Boot schließlich mit einem Torpedo versenken.

Das andere Boot, Helmut Dauters *U448,* patrouillierte vor der Westküste Islands. Er meldete, es gebe dort keinen Schiffsverkehr, und folgerte daraus (etwas voreilig), diese Gewässer seien augenblicklich für den Gegner nicht von Bedeutung. Am 14. April entdeckten ihn die kanadische Support Group 9 (drei Fregatten, eine aufgerüstete Korvette) und die britische Sloop *Pelican,* die sich westlich des Golfs von Biskaya auf Patrouillenfahrt befanden. Die Schiffe brachten *U448* mit Hedgehog-Geschossen und Wasserbomben an die Oberfläche und durchsiebten es dann mit Geschützfeuer. Die Kriegsschiffe retteten Dauter und 41 weitere Deutsche. Einer der zehn Deutschen, die bei der Versenkung des Bootes starben, war Martin Lange, der Arzt an Bord von *U448,* ein »älterer Mann«, der im Wasser einen tödlichen Herzschlag erlitt, wie die Briten berichteten. Die Admiralität rechnete das Verdienst an der Versenkung der kanadischen Fregatte *Swansea* (C. A. King) und der Sloop *Pelican* (John S. Dallison) zu.

- Vor den Britischen Inseln patrouillierten drei Boote des Typs VII in der Nähe der Küstengewässer, hauptsächlich, um Neuigkeiten über auslaufende Geleitzüge zu melden, aber auch, um neue ASW-Geräte der Alliierten auszukundschaften und um Schiffe zu versenken, wenn die Bedingungen günstig waren. Bei diesen Booten handelte es sich um *U333* unter Ritterkreuzträger Peter Cremer und um *U413* und *U621* unter den Kommandanten Gustav Poel bzw. Max Kruschka. Cremer sollte vor dem Nordkanal patrouillieren, Kruschka im Nordkanal bis zum North Minch und Poel in der Nähe der Scilly-Inseln.

Alliierte Entzifferungsexperten lieferten Dechiffrierungen der mit der Enigma verschlüsselten Befehle an diese drei Boote. Daraufhin wurden britische U-Jagdgruppen (Luft- und Überwassereinheiten) in Marsch gesetzt, mit dem ausdrücklichen Ziel, diese Boote zu vernichten. Am 30. Februar meldete Poel von *U413* einen Geleitzug, doch ein unbekanntes Geleitflugzeug vertrieb ihn. Denys A. Rayner auf dem Zerstörer *Warwick* lief zusammen mit einem weiteren Zerstörer, der *Scimitar,* von Plymouth aus. Von Plymouth ging es in ein Seegebiet westlich von Lands End, wo Jagd auf Poel gemacht werden sollte. Wie sich herausstellte, sichtete Poel die *Warwick* zuerst und traf sie mit einem FAT (mit Schleifenlauf), der das Heck wegriß und das Schiff mit hohen Verlusten an Menschenleben versenkte. Als Poel am 21. März nach Frankreich zurückkehrte, verlieh ihm

[1] Diese »wertvolle Beute« (vermutlich eine Enigma, die Schlüssel und bzw. oder Kurzsignalbücher) wurde nicht beschrieben.

Dönitz das Ritterkreuz.[1] In den ersten fünf Monaten von 1944 war es das zweite Ritterkreuz von insgesamt zwei solcher Auszeichnungen an B-Boot-Kommandanten der Atlantikflottillen.

Max Kruschka von *U621* brachte die meiste Zeit vor dem North Minch zu. Er meldete, er habe am 20. März bei sehr schlechter Sicht einen T-5 auf ein unidentifiziertes Objekt »mit einem Suchscheinwerfer« geschossen, und ging davon aus, der Torpedo habe getroffen und das Schiff versenkt. Dies konnte aber nicht bestätigt werden. Wegen des Zustands der Batterien, so meldete Kruschka am 30. März, sei er auf Kurs nach Frankreich gegangen. Er meldete auch, daß der automatische Lademechanismus der 3,7-cm-Flak defekt sei.

Alle diese drei Boote trafen wieder in Frankreich ein. In seinen Memoiren schilderte Ritterkreuzträger Peter Cremer, daß er am 21. März von einem Flugzeug gesichtet worden sei und daraufhin Johnny Walkers U-Jagdgruppe Support Group 2, die auf dem Weg von Liverpool nach Scapa Flow war, ihn erbarmungslos gejagt habe (siehe unten). Cremer entkam, weil er zehn Stunden lang auf einem schlammigen Meeresgrund in 40 Metern Tiefe lag und keinen Mucks getan hatte. Das Boot steckte im Schlamm fest, und Cremer glaubte, er könnte vielleicht nicht mehr loskommen. Zehn Männer versetzten das Boot vom Schiffsbug zum Heck ins Schaukeln, so daß es sich schließlich vom Grund löste. Kruschka stieß am 11. April mit *U621* auf eine U-Jagdgruppe und schoß einen T-5 auf einen »Zerstörer«, der Torpedo ging aber fehl. Dann schoß er noch einen Bold zur Sonarablenkung und entkam.
• *U214* vom Typ VIID unter dem Kommando von Rupprecht Stock legte Ende März ein Minenfeld mit SMA-Minen vor Casablanca. Vier davon wurden am 3. und 12. April durch alliierte Schiffe ausgelöst, doch keine von ihnen verursachte größeren Schaden. *U214* setzte die Fahrt dann fort. Es sollte mit dem auslaufenden *U68* zusammentreffen und neue Enigma-Schlüssel erhalten – ein weiteres katastrophales Treffen auf See, wie noch geschildert wird. Am 29. April kehrte Stock mit *U214* nach Brest zurück, wo Techniker mit dem Einbau eines Schnorchels begannen.

Auch im Februar bestand die Hauptaufgabe der auslaufenden B-Boote darin, eine locker formierte und im Ostatlantik aufgestellte Gruppe zu bilden, ungefähr 360 Kilometer vor der Westküste der Britischen Inseln. Diese Gruppe, zuvor als Rügen bezeichnet, wurde Ende Januar in die zwei Untergruppen Hinein und Stürmer aufgeteilt. Doch nur wenige Tage später, am 3. Februar, stellte die B-Boot-Führung die Untergruppen zu einer neuen, lose formierten Einzelgruppe namens Igel zusammen.

---

[1] Zur Zeit der Verleihung betrug seine bestätigte Trefferquote (ausschließlich auf *U413*) vier Schiffe mit 30 139 Tonnen, darunter auch die *Warwick*.

Wenige Stunden, nachdem Igel gebildet worden war, stieß eines der neu eingetroffenen Boote, *U764* vom Typ VII unter Hans-Kurt von Bremen, auf den Geleitzug ON 222. Dieser bestand aus 51 im Ballast fahrenden Handelsschiffen, die durch elf Geleitschiffe gesichert wurden, meist kanadische: zwei Zerstörer, drei Fregatten, fünf Korvetten und ein Handelsflugzeugträger (MAC). Von Bremen meldete den Konvoi und tauchte dann. Ein Teil des Geleitzugs passierte über ihm, doch er schoß weder zu diesem Zeitpunkt noch später Torpedos. Die früheren Flak-Boote *U441* und *U963,* beide vom Typ VII, sowie weitere vier VII-Boote versuchten, sich *U764* anzuschließen, doch den richtigen Augenblick hatte man verpaßt, und keines der sieben B-Boote konnte einen planmäßigen Angriff durchführen.[1] Ein unbekanntes Flugzeug griff *U953* an, doch es fügte dem Boot keine ernsthaften Schäden zu.

Anfang Februar traten mehrere Boote, deren Treibstoff knapp wurde, den Rückmarsch nach Frankreich an. Eines davon war *U763* unter dem 30jährigen Ernst Cordes. Es war das erste mit einem Hohentwiel-Suchradar ausgestattete B-Boot im Atlantik.[2] Da er befürchtete, alliierte Flugzeuge könnten die Radarstrahlen feststellen, machte Cordes in den beiden gefährlichsten Seegebieten, der Island-Färöer-Lücke und dem Golf von Biskaya, keinen Gebrauch von dem Gerät. Das führte unter anderem dazu, daß er, während er sich einzig auf das FuMB Naxos verließ, in der Biskaya am 4. und 5. Februar von drei verschiedenen britischen Flugzeugen angegriffen wurde.

Cordes schoß zwar zwei der Maschinen ab,[3] doch die Offiziere im Hauptquartier der Flottille waren entsetzt, weil er sich entschieden hatte, das Hohentwiel-Suchradar in diesen gefährlichen Regionen nicht einzusetzen. Gegnerische Flugzeuge seien *nicht* mit FuMB (Radarerfassung) ausgerüstet, betonte die B-Boot-Führung in einer Ermahnung an alle Boote (Cordes wurde dabei namentlich erwähnt), so daß sie die Strahlen des Hohentwiel *nicht* feststellen könnten. Somit konnte ein mit dem Hohentwiel ausgerüstetes B-Boot ein gegnerisches Flugzeug auf

---

1 Ein Funker von *U764,* Heinz F. K. Guske, übte in seinem aggressiv geschriebenen Buch *The War Diaries of U-764: Fact or Fiction?* scharfe Kritik an Bremens Versagen, einen Angriff durchzuführen. Guske wurde im Gegenzug von seinen Kameraden angeprangert, Lügengeschichten erfunden zu haben.

2 Daß die Deutschen B-Boote erst ab Januar 1944 mit einem Suchradar wie Hohentwiel ausstatten konnten, war ein weiteres Beispiel für den Rückstand, der in Hitler-Deutschland auf den Gebieten der Wissenschaft und des Ingenieurwesens herrschte, vor allem im Bereich der Elektronik. In japanischen Gewässern patrouillierende amerikanische B-Boote waren 18 Monate zuvor, im Sommer 1942, mit einem kriegsentscheidenden Suchradar ausgerüstet worden.

3 Eine B-24 der Squadron 53 mit dem Piloten D. A. Bell und eine Halifax der Squadron 502 mit dem Piloten F. T. Culling-Mannix.

eine Distanz von zehn bis zwölf Kilometern sicher mit Radar ausmachen, bevor die Maschine das B-Boot mit seinem eigenen Radar lokalisieren konnte.

Die Alliierten wußten von der Aufstellung der Igel-Gruppe durch Enigma-Entzifferungen, worauf sie eine noch nicht dagewesene Anzahl von ASW-Kriegsschiffen und ASW-Flugzeugen in das Gebiet westlich der Britischen Inseln entsandten. Neben der üblichen starken Nahsicherung für Geleitzüge teilte die Admiralität allen Geleitzügen und den U-Jagdgruppen Geleitträger zu.[1] Die Amerikaner stellten den Geleitträger *Block Island* zur Verfügung.

Eine der im Februar in diesem Gebiet operierenden britischen U-Jagdgruppen war Johnny Walkers berühmte Support Group 2, fünf Sloops und die Geleitträger *Nairana* und *Activity*. Wie berichtet, hatte diese Group am 31. Januar *U592* mit der gesamten Besatzung versenkt. Bei einer bemerkenswerten Reihe von Unternehmungen zwischen dem 6. und 19. Februar versenkte die Support Group mit Wasserbomben und Hedgehog fünf weitere B-Boote, insgesamt also sechs versenkte Boote auf einer nur 28tägigen Fahrt. Im Überblick:

- Am 6. Februar versenkten die Sloops *Woodpecker* und *Wild Goose* das neue Boot *U762,* das dem 24jährigen Walter Pietschmann unterstand. Keine Überlebenden.
- Die Sloops *Starling, Magpie* und *Kite* erwischten am 9. Februar *U238,* das Boot des 26jährigen Horst Hepp. Keine Überlebenden.
- Am 9. Februar vernichteten die Sloops *Starling* und *Wild Goose* *U734,* das vom 25jährigen Hans-Jörg Blauert geführt wurde. Keine Überlebenden.
- Am 11. Februar fiel das von dem 23jährigen Günter Lüders befehligte *U424* den Sloops *Wild Goose* und *Woodpecker* zum Opfer. Keine Überlebenden.
- Und am 19. Februar versenkten die Sloops *Starling* und *Woodpecker* *U264,* das unter dem Kommando des 26jährigen Hartwig Looks stand.

Dieses erst 15 Tage zuvor in Frankreich ausgelaufene B-Boot war das erste VIIC-Boot, das mit einem Schnorchel ausgestattet auf Feindfahrt ging. Walkers Sloops retteten Looks und 50 weitere Deutsche, von denen einige umfangreiche Informationen über die Schnorchel-Technologie preisgaben: die Bedienung, die Schwächen und die Risiken des Schnorchels.

Bei Walkers Angriff auf *U264* kam der 29jährige Wilhelm Brauel mit dem ehemaligen Flak-Boot *U256* heran und torpedierte die Sloop *Woodpecker* mit einem T-5. Nach der Rettung der Besatzung von *U264*

[1] Unter den in diesen Gewässern kreuzenden britischen Geleitträgern waren die in Großbritannien gebauten *Nairana* und *Acitivity* und die in den Staaten gebauten *Fencer, Pursuer* und *Striker*.

versuchte Walker auf der *Starling,* die *Woodpecker* im Schlepptau nach England zu bringen, doch wegen unzureichender Ausrüstung und schwerer See überließ er dies dem Royal-Navy-Schlepper *Storm King.* Am siebten Tag kenterte die *Woodpecker* und sank, doch die Bergungsmannschaft konnte gerettet werden. Die anderen vier Sloops kehrten am 25. Februar siegreich nach Liverpool zurück und nahmen dort den wohlverdienten Dank des First Lord der Admiralität, Albert Alexander, des Commanders der Western Approaches, Max Horton, und etwa zweitausend weiterer Menschen entgegen.

Am 7. Februar stieß das schwer beschädigte IXC-Boot *U516,* das sich auf dem Rückmarsch von der Karibik befand, im Mittelatlantik auf den schnellen Geleitzug HX 277. Wegen der Schäden am B-Boot wies die B-Boot-Führung den Kommandanten Hans-Rutger Tillessen an, nicht anzugreifen oder Fühlung zu halten. Zur gleichen Zeit alarmierte sie die Boote der Igel-Gruppe, den Konvoi abzufangen und dieses wertvolle Ziel am 10. Februar anzugreifen. Zu diesem Zweck bildete die B-Boot-Führung aus der Igel-Gruppe zwei Untergruppen, Igel 1 und Igel 2, wobei erstere in der Nähe der Rockallbank stand, die letztere weiter südlich. Die Luftwaffe wurde zudem angewiesen, Vorbereitungen für Aufklärungsflüge zu treffen, soweit es das Wetter zuließ.

Zufällig befanden sich die gemeinsam fahrenden Geleitzüge MKS 38 und SL 147 nicht weit entfernt von HX 277. Einige der am südlichsten stehenden Igel-Boote hielten diese Formation für das beabsichtigte Ziel und griffen es bei Vollmond an. Zu diesem Zeitpunkt hatte sich den beiden Geleitzügen Johnny Walkers Support Group 2 angeschlossen. In den folgenden Tagen, vom 6. bis zum 11. Februar, versenkte Walkers Group, wie berichtet, vier Igel-Boote *(U762, U238, U734* und *U424).*

Wieder konnte keines der Igel-Boote eine planmäßige Attacke auf den Geleitzug durchführen. Dennoch gab es für die Deutschen sozusagen gute Neuigkeiten in einem anderen Sektor. Vor Island meldete das aus dem Polarmeer kommende und drei Wochen zuvor von Bergen ausgelaufene *U985* unter dem 29jährigen Horst Kessler die Versenkung eines Frachters mit 6000 BRT. Das Opfer war in Wirklichkeit der britische Einzelfahrer *Margit,* ein mit 1735 Tonnen im Ballast fahrendes Frachtschiff, das sich vom Murmansk-Konvoi RA 56 gelöst und Kurs auf Loch Ewe genommen hatte. Dieser verhältnismäßig kleine Frachter war das einzige alliierte Handelsschiff, das U-Boote im Februar 1944 im Nordatlantik versenkten.

In dieser Zeit führte das Coastal Command über den Geleitzügen, die auf diesen Schiffahrtswegen im Ostatlantik verkehrten und durch die Igel-Boote bedroht wurden, eine durchgehende Luftsicherung durch. Einige unbekannte Flugzeuge hatten Walkers Support Group 2 bei der Versenkung von *U238* und *U762* unterstützt. Andere nicht identifizierte Flugzeuge griffen am 10. Februar *U283, U413* und *U608* an. In den folgenden zwei Tagen versenkten Flugzeuge des Coastal Command zwei Boote.

- Am 10. Februar entdeckte Max H. Painter, Pilot einer mit Leigh Light ausgerüsteten Wellington der britischen Squadron 612, in den Gewässern westlich vom North Minch ein Igel-Boot mit Hilfe des Radars. Es war ein weiteres neues IXC/40-Boot, *U545,* unter Gert Mannesmann. Painter griff im Mondlicht mit Wasserbomben an. Diese nahen Explosionen beschädigten *U545* so stark, daß Mannesmann das Boot aufgeben und versenken mußte.[1]

Auf einen SOS-Ruf von Mannesmann hin befahl die B-Boot-Führung drei Igel-Booten der nördlichen Untergruppe, Hilfe zu leisten: einem weiteren neuen Boot des Typs IXC/40, *U549,* und zwei Booten des Typs VII, *U714* und *U984. U714* unter Hans-Joachim Schwebcke traf rechtzeitig ein und rettete alle 56 Besatzungsmitglieder von *U545*. Schwebcke trat dann den Rückmarsch nach Frankreich an, wo er am 25. Februar eintraf. Daraufhin kehrte Mannesmann nach Deutschland zurück und übernahm das Kommando eines großen »Elektro-Boots«.

- Am 11. Februar stieß P. W. Heron, Pilot einer mit Leigh Light ausgerüsteten Wellington der kanadischen Squadron 407, auf ein anderes Igel-Boot, *U283* unter dem Kommando des 21jährigen Günter Ney. In der Nacht zuvor hatte Ney eine Wellington der britischen Squadron 612 abgeschossen. Bei einem blitzartigen Angriff warf Heron sechs Wasserbomben und versenkte das Boot mit der gesamten Besatzung. Er wurde mit dem DFC ausgezeichnet.

Zu diesem Zeitpunkt entging ein anderes Boot vom Typ IXC/40, *U546* unter Paul Just, nur knapp der Vernichtung. Am 16. Februar griff eine nicht identifizierte Sunderland das Boot an, tötete einen Kanonier und beschädigte die Dieselmaschinen. Just konnte jedoch, wie er meldete, die Reparaturen mit Bordmitteln durchführen und weiter Wettermeldungen funken. Am 17. April ging er in der Biskaya auf Heimatkurs, wo *U546* drei weitere Luftangriffe überstand und eine Mosquito abschoß.

Die letzte Unternehmung der Igel-Gruppe fand am 14. Februar statt. *U445* unter dem 24jährigen neuen Kommandanten Rupprecht Fischler von Treuberg schoß einen T-5 auf einen »Zerstörer«. Von Treubergs Ziel war vermutlich eine Fregatte der britischen Support Group 3. Der T-5 ging fehl, und alle Kriegsschiffe dieser Group griffen *U445* an und beschädigten es schwer, aber das Boot konnte entkommen. Dieser hef-

---

[1] *U545* war das zehnte Boot vom Typ IX, das innerhalb von vier Monaten bei Operationen im Nordatlantik verlorenging. Die anderen Boote waren *U508, U536, U538, U540, U542, U544, U841, U842* und *U844*. Bis auf *U508* waren dies alles in Deutschland ausgelaufene neue Boote, die sich auf ihrer Jungfernfahrt befanden. Bei diesen Versenkungen kamen ungefähr 500 Mann ums Leben (44 wurden gefangengenommen).

tige Angriff führte jedoch dazu, daß von Treuberg die Fahrt abbrechen und nach Frankreich umkehren mußte. Er traf am 27. Februar in St. Nazaire ein und lief erst im Juni wieder aus.

Die Gruppen im Nordatlantik hatten nahezu nichts erreicht, und gleichzeitig hatte es verheerende Verluste unter den B-Booten gegeben. Doch trotz dieser immer häufigeren Verluste setzte die B-Boot-Führung die aussichtslosen Unternehmungen fort. Als eine Maschine der Luftwaffe am 15. Februar einen großen auslaufenden Konvoi am Nordkanal meldete, berechnete die B-Boot-Führung den ungefähren Kurs des Geleitzugs und gruppierte die Igel-Boote in zwei dichtbesetzten Aufklärungsstreifen, Hai 1 und Hai 2, und zwar in einer Position, in der es wahrscheinlich schien, einen Angriff auf den Geleitzug im »alten Stil« durchzuführen. Der fragliche Konvoi war entweder ONS 29 oder der schnelle ON 224, beide von Überwasserschiffen und Flugzeugen stark gesichert.

Die B-Boot-Führung forderte die Bootsbesatzungen der auf zwei Aufklärungsstreifen gruppierten 26 B-Boote auf, ihr Äußerstes zu geben, um einen großen Sieg zu erringen. Wegen der trägergestützten Luftsicherung der Alliierten in dieser Region sollte der »Hauptschlag« in der ersten Nacht ausgeführt werden. Der Geleitzug müsse unter allen Umständen erreicht werden, so die B-Boot-Führung. Bei diesem Nachtangriff sollten die Boote trotz möglicher Naxos-Kontakte nicht tauchen, sondern mit einsatzbereiter Flak und je einem zielsuchenden T-5 in einem Heck- und einem Bugrohr an der Wasseroberfläche bleiben. Sollte die B-Boot-Führung den Befehl geben, den Angriff tagsüber fortzuführen, würden alle Boote mit Ausnahme jener, deren 3,7-cm-Flak defekt war, an der Oberfläche bleiben und natürlich zuerst (mit dem T-5) die Träger ins Visier nehmen, dann die Zerstörer des Geleitschutzes (auch mit dem T-5). Die B-Boot-Besatzungen sollten ihr »Bestes« geben, ermahnte die B-Boot-Führung eindringlich, denn die lange vorbereitete Unternehmung müsse gelingen.

Diese Operation scheiterte ebenso kläglich wie die vorangegangenen. Die versprochenen Aufklärungsflüge der Luftwaffe wurden wegen technischer Pannen an den Flugzeugen nicht durchgeführt. Der Himmel wimmelte von alliierten Trägerflugzeugen. Viel zu viele B-Boote hatten defekte 3,7-cm-Flaks. In dieser erhofften Seeschlacht versenkte Johnny Walkers U-Jagdgruppe Support Group 2 das Schnorchelboot *U264,* und *U256* im Gegenzug Walkers Sloop *Woodpecker*.

Zu diesem Zeitpunkt versenkte die von H. G. Boys-Smith geführte britische Fregatte *Spey* im gleichen Seegebiet innerhalb von 24 Stunden zwei Hai-Boote, eine Art Royal-Navy-Rekord. Die *Spey* war eine von vier Fregatten der britischen Escort Group 10 und gehörte zum Geleitzug ONS 29.

- Am Nachmittag des 18. Februar entdeckten die *Spey* und eine weitere Fregatte, die *Lossie,* das VII-Boot *U406.* Sie brachten das unter dem Kommando von Horst Dieterichs stehende Boot mit Wasserbomben an die Oberfläche. Dieterichs, der als erster auf der Brücke erschien, wurde vom Maschinengewehrfeuer der *Spey* getötet. Ein Kaperkommando der *Spey* ging an Bord von *U406* und füllte eine große Tasche mit Geheimdokumenten, doch das Boot sank, bevor die Unterlagen in Sicherheit gebracht werden konnten. Das Kaperkommando verließ das Boot in großer Hast. Die *Spey* rettete 45 Deutsche, von denen vier starben. Unter den 41 Überlebenden waren auch ein Elektronikingenieur und seine beiden Mitarbeiter.
- Am Nachmittag des 19. Februar entdeckte und attackierte die *Spey* das kampferprobte, von Fritz Albrecht geführte *U386,* das zuvor eine Sondermission vor dem Nordkanal durchgeführt hatte. Die *Spey* bombte *U386* mit Wasserbomben an die Oberfläche, lief dann heran und belegte das Boot mit Beschuß aus seinen 2-cm-Waffen, um zu verhindern, daß die Deutschen ihre Kanonen bemannten. Als die Deutschen über Bord sprangen, mußte jemand unabsichtlich die Elektromotoren des Bootes eingeschaltet haben, und *U386* begann davonzufahren. Daraufhin eröffnete die Fregatte das Feuer »mit allem, was sie hatte« und versenkte das Boot. Die *Spey* rettete Albrecht und 17 andere Deutsche. Diese enthüllten, was die Alliierten vermutet hatten: Auf *U386* und auf *U406* waren Elektronikspezialisten an Bord gewesen.

Am 19. Februar löste die B-Boot-Führung die beiden Hai-Gruppen auf und bildete eine neue Gruppe namens Preußen. Man ging davon aus, daß diese Gruppe aus 17 Booten bestand, 13 von der Hai-Gruppe und 4 von Frankreich ausgelaufene neue Boote. Allerdings war eines der Hai-Boote, das Schnorchelboot *U264,* bereits verlorengegangen, und ein anderes Boot, *U281,* befand sich auf dem Rückmarsch nach Frankreich. Damit bestand Preußen aus 15 und nicht 17 Booten. Es war die letzte gegen einen Geleitzug eingesetzte B-Boot-Gruppe bzw. das letzte »Wolfsrudel« des Krieges im Atlantik.

Im Verlauf dieser neuen Aufstellung wurde eines der Preußen-Boote versenkt. Im Atlantikverband war es eines der beiden ältesten Boote vom Typ VIIC: *U91* unter dem Kommando des 27jährigen Heinz Hungershausen. Er war der ältere Bruder von Walter Hungershausen, dem Kommandanten von *U280,* das am 16. November 1943 mit der gesamten Besatzung untergegangen war. In der Nacht des 25. Februar entdeckte die aus sechs Fregatten bestehende U-Jagdgruppe Support Group 1 *U91.* Zu diesem Zeitpunkt erhielt Hungershausen eine Naxos-Ortung, die er für ein Flugzeug hielt, und tauchte auf 60 Meter. In Wirklichkeit stammte der Naxos-Kontakt vom Radar einer der Fregatten, der *Gore,* die mit

Wasserbomben angriff. Als der vernichtende Wabo-Teppich fiel, tauchte Hungershausen noch tiefer, auf 200 Meter, aber es war zu spät. In seiner Verzweiflung tauchte er auf und wollte mit Hilfe der Dieselmaschinen ablaufen, obwohl *U91* schwer beschädigt war. Als er auftauchte, feuerten die *Gore* und zwei weitere Fregatten, die *Gould* und die *Affleck,* aus allen Rohren und zerstörten das Boot. Die Fregatten retteten Hungershausen und 15 weitere Deutsche.

Ein anderes Preußen-Boot entging knapp der Vernichtung. Aus nicht bekannten Gründen befahl die B-Boot-Führung *U212* vom Typ VII, das unter dem Kommando von Helmut Vogler stand, sich mit dem neuen *U549* vom Typ IXC/40 zu treffen, das Detlev Krankenhagen unterstand. Vogler sollte Krankenhagen eine Naxos-Antenne übergeben. Als Vogler versuchte, diese Befehle auszuführen, griff am 25. Februar und erneut am 27. Februar ein nicht identifiziertes Flugzeug an, während *U212* längsseits von *U549* lag. Dennoch überstanden beide Boote die Attacke, und *U212* erreichte am 12. März Frankreich.

Das erwartete Ziel für die Preußen-Gruppe war der Konvoi ON 225. In der Annahme, dieser Geleitzug nehme wie ON 223 und 224 einen südwestlichen Kurs, stellte die B-Boot-Führung die Preußen-Gruppe für einen Angriff am 28. Februar entsprechend auf. Das Western Approaches Command wußte durch Enigma-Entzifferungen von diesen Positionen und leitete ON 225 auf einem westlichen Kurs entlang der Route des Großkreises um und überlistete die B-Boot-Führung somit.

Am 1. März gingen drei weitere Preußen-Boote verloren – abermals ein erschreckendes Gemetzel.

- Die aus sechs Fregatten bestehende britische Support Group 1 – drei von ihnen hatten am 25. Februar *U91* versenkt – entdeckte am 29. Februar das kampferprobte *U358*. Das von Rolf Manke befehligte Boot war zwei Wochen zuvor von St. Nazaire ausgelaufen. Die Fregatte *Garlies* und jene drei Fregatten, die *U91* versenkt hatten *(Affleck, Gore,* und *Gould),* deckten *U358* hartnäckig mit Wasserbomben und dem Hedgehog ein. Es war eine unerbittliche, über 30 Stunden dauernde Jagd. Gegen Ende dieser 30 Stunden, bis dahin die längste B-Boot-Jagd des Krieges, war die Luft im Boot so schlecht geworden, daß die Männer kaum noch atmen konnten. Am 1. März schließlich, nach Einbruch der Dunkelheit, blieb Manke keine andere Wahl mehr, als aufzutauchen und zu versuchen, mit Hilfe der Dieselmotoren zu entkommen.

Zu diesem Zeitpunkt waren die *Garlies* und die *Gore* davongefahren, um andere Aufgaben zu übernehmen, und überließen es der *Affleck* und der *Gould,* die Jagd auf *U358* fortzusetzen. Um 19.30 Uhr erreichte Manke Sehrohrtiefe und ließ rasch einen Torpedo vorbereiten. Dann schoß er den T-5 auf die von D. W. Ungoed geführte Fregatte *Gould.* Als der T-5 traf und die *Gould* in Stücke riß, tauchte Manke auf und wollte entkommen. Die Fregatte *Affleck* jedoch befand sich lediglich 1,4 Kilometer entfernt. Sie stürzte sich auf *U358* und versenkte das Boot mit Wasserbomben und durch Beschuß mit der Hauptbatterie. Die *Affleck* machte sich dann daran, die Besatzung der *Gould* zu retten. Danach kehrte sie an den Ort der Versenkung von *U358* zurück, wo sie einen Überlebenden, einen Matrosen, fand. Ihm zufolge wurde Manke durch den Beschuß der Alliierten getötet, als er auf Deck eine weiße Flagge schwenkte und kapitulieren wollte.

• Der am 16. Februar von Norfolk ausgelaufene amerikanische Geleitträger *Block Island* erreichte am 29. Februar mit seinem neuen Zerstörergeleit (die *Corry* und vier Geleitzerstörer) die Region der Preußen-Gruppe. Am späten Nachmittag sichtete eine Gruppe von Avenger-Maschinen ein Sehrohr, das im Wasser eine Schaumkrone verursachte. Die Flugzeuge warfen Sonobojen ab und gaben Alarm, konnten aber nicht angreifen.

Drei Geleitzerstörer des Geleits, die *Bostwick, Bronstein* und *Thomas,* liefen die Position rasch an und orteten *U709* mit Radar. Das Boot vom Typ VII unterstand einem neuen Kommandanten, dem 26jährigen Rudolf Ites. Der Kommandant der *Bronstein*, Sheldon H. Kinney, feuerte eine Leuchtgranate ab, um die Stelle zu beleuchten, und eröffnete dann das Feuer aus den Geschützen (7,6 cm) und zwei 4-cm-Zwillingen. Damit trieb er das Boot unter Wasser. Nach dem Abfeuern zweier Hedgehog-Salven machte die *Bronstein* Platz für die *Bostwick*. Die von John H. Church jr. geführte *Bostwick* und die David M. Kellogg unterstehende *Thomas* kamen heran und warfen Wasserbomben und noch mehr Hedgehog-Granaten. Ungefähr fünf Stunden lang bombten die *Bostwick* und die *Thomas U709,* bis sie am 1. März um 3.30 Uhr das Boot mit der gesamten Besatzung versenkten. *U709* war das erste B-Boot, das von US-Geleitzerstörern im Alleingang versenkt wurde.

• Inzwischen hatte Sheldon Kinney am 1. März kurz nach Mitternacht in der Nähe ein weiteres Opfer gefunden: das VII-Boot *U603* unter dem Kommando von Hans-Joachim Bertelsmann. Kinney griff sofort an und warf einen Wasserbombenteppich und Hedgehog-Granaten. Dadurch wurde *U603* vernichtet. *U603* war das zweite von amerikanischen Geleitzerstörern versenkte B-Boot. Es gab keine Überlebenden.

Ein anderes Preußen-Boot entging der Zerstörung nur knapp. Am 2. März griff ein unbekanntes Flugzeug das ehemalige Flak-Boot *U441* unter Klaus Hartmann an. Er meldete »schwere Beschädigungen« und brach die Fahrt ab. Am 14. März traf er in Brest ein, wo das Boot mit einem Schnorchel ausgerüstet wurde und erst Ende Mai wieder auslief.

B-Boot-Unternehmungen im Nordatlantik (III)

Es bestand nicht mehr die geringste Chance, daß die B-Boote auf ihren Feindfahrten im Ostatlantik nahe der Britischen Inseln etwas bewirken konnten. Doch Dönitz bestand darauf, solche Feindfahrten im März trotz der horrenden B-Boot-Verluste fortzusetzen. Schließlich hatte Hitler proklamiert, die B-Boot-Waffe sei seine vorderste Verteidigungslinie gegen eine Invasion im Westen; und die Kriegsmarine hatte versprochen, ihn nicht im Stich zu lassen. Davon abgesehen, dienten die Patrouillen auch als Versuchsfahrten, durch die Informationen über neue Waffen gewonnen werden sollten, die für die »Elektro-Boote« vorgesehen waren: die neueste Version des zielsuchenden T-5-Torpedos, ein weiterer neuer Torpedotyp mit Schleifenlauf, LUT, die automatische 3,7-cm-Flak, die Aphrodite- und Thetis-Radarablenkung, die FuMB Fliege, Tunis und Naxos und das Gema- und Hohentwiel-Suchradar.

Am 7. März befand sich die Preußen-Gruppe noch auf See. Die B-Boot-Führung glaubte, die Gruppe bestehe aus 15 Booten, doch vier waren verlorengegangen, womit elf übrigblieben, darunter die Versuchsboote *U986* vom Typ VII (mit Flugabwehrraketen) und *U267* (mit Schnorchel). Die nahe der Britischen Inseln in Position gegangene Gruppe war auf einem von Norden nach Süden verlaufenden Aufklärungsstreifen mit großen Abständen zwischen den Booten aufgestellt. Dieser Streifen erstreckte sich von der Rockallbank bis zu den westlichen Zufahrten des Ärmelkanals, womit sich eine gewisse Ähnlichkeit zu den B-Boot-Aufstellungen bei Kriegsbeginn ergab. Wegen der vier Verluste wies dieser Streifen allerdings viele »Löcher« auf, die den Alliierten durch Enigma-Entzifferungen und andere geheimdienstliche Quellen alle bekannt waren.

Eines der Preußen-Boote versenkte ein Schiff: das Erich Harms unterstehende *U255* vom Typ VII, das aus dem Polarmeer abkommandiert worden war. Der am 26. Februar in Bergen ausgelaufene Harms entdeckte am Abend des 9. März einen großen Tanker-Konvoi, CU 16. Dieser einlaufende Geleitzug kam aus der Karibik und fuhr via New York zu den Britischen Inseln. Das starke Geleit bestand aus sechs neuen, von Besatzungen der Coast Guard bemannten Geleitzerstörern. Harms setzte eine Kontaktmeldung ab und hielt Fühlung. Dennoch ortete einer der Geleitzerstörer, die *Leopold* unter Kenneth C. Phillips, *U255* mit Radar; möglicherweise trug zur Ortung auch eine Huff-Duff-Einpeilung bei. Die *Leopold* ging auf Gefechtsstation und warf Wasserbomben. Das Schiff feuerte zudem Leuchtgranaten ab und schoß mit den 7,6-cm-Geschützen.

Harms tauchte und schoß aus nächster Nähe einen T-5 auf die *Leopold*. Nach einem nur 27 Sekunden dauernden Lauf, so meldete er, habe der T-5 sein Ziel mit einer starken Explosion getroffen. Der Treffer brach der *Leopold* buchstäblich das Rückgrat. Sie brach in zwei Teile, und das

Heck sank. Scharf gemachte Wasserbomben rollten ins Wasser und töteten einen Großteil der Besatzung. Einer der anderen Geleitzerstörer, die *Joyce* unter Robert Wilcox, traf ein, bekam eine Sonarortung von *U255* und jagte das Boot drei Stunden lang, doch Harms entkam. Die *Joyce* kehrte bei Sonnenaufgang zu dem im Wasser treibenden Bugteil der *Leopold* zurück, rettete 28 Unteroffiziere und Mannschaften und versenkte den halben Hulk mit Geschützfeuer und Wasserbomben. Insgesamt waren bei der Versenkung der *Leopold* 171 Männer der Coast Guard umgekommen.

Am nächsten Tag, dem 11. März, war Harms im Begriff, den Geleitzug zu überholen. Er meldete, daß ein unbekanntes Flugzeug *U255* angegriffen habe. Zwei Mann wurden verwundet, einer davon schwer. Auf diese Meldung hin befahl ihm die U-Boot-Führung, sich mit einem anderen Boot der Preußen-Gruppe zu treffen, das einen Arzt an Bord hatte. Dies war *U608* vom Typ VII, das unter dem Befehl des 25jährigen neuen Kommandanten Wolfgang Reisener stand. Weil dieses und ein anderes Zusammentreffen scheiterten, versorgte Harms seine Verwundeten selbst und setzte die Feindfahrt fort.

Die B-Boot-Führung wies fünf weitere Boote des Typs VII an, sich der Preußen-Gruppe anzuschließen. Die Alliierten faßten diese Verstärkung nicht eben mit Samthandschuhen an:

- Das kampferprobte *U575* war das dritte VII-Boot, das in diesem Krieg mit einem Schnorchel auf Feindfahrt ging. Es lief am 29. Februar von St. Nazaire aus. Am 9. März, nach zehn Tagen auf See, entdeckte der 23jährige Kommandant Wolfgang Boehmer, ehemaliger Erster Wachoffizier auf diesem Boot, die britische Korvette *Asphodel,* die er mit einem T-5 angriff und versenkte. Die *Asphodel* gehörte zum Geleit der beiden einlaufenden, gemeinsam fahrenden Konvois SL 150 und MKS 41. Diese Korvette war das erste alliierte Schiff, das einem Schnorchelboot zum Opfer fiel, obwohl diese technische Vorrichtung zu der Versenkung nichts beigetragen hatte.

Andere britische Escorts des Geleitschutzes für den Geleitträger *Striker,* darunter die *Baynton* und die *Clover,* jagten *U575* 18 Stunden lang unerbittlich mit Wasserbomben und Hedgehog-Geschossen, doch Boehmer entkam. Als die Luft rein war, machte er sich die Versenkung und die Jagd zunutze und erstattete, wie befohlen, kurz Meldung über die Erprobung des Schnorchels. Es sei nicht ratsam, in Sichtweite alliierter Überwassereinheiten mit Schnorchel zu fahren, so Boehmer, weil die lauten Diesel die Hydrophone des eigenen Bootes überdröhnten. Und tagsüber könne der Schnorchel, trotz aller Vorsichtsmaßnahmen, gelegentlich Abgaswolken abgeben, die von feindlichen Schiffen gesichtet werden konnten.

In den frühen Morgenstunden des 13. März stieß John P. Finnessey, Pilot einer mit Leigh Light ausgestatteten Wellington der britischen Squadron 172, auf Boehmers *U575*. Finnessey, der zum Geleitschutz des Konvois ON 227 gehörte, griff mit Wasserbomben an. Er warf außerdem schwimmfähige Leuchtbomben, gab Alarm und sendete ein Signal. Bei Sonnenaufgang erschien eine B-17 Flying Fortress der britischen Squadron 206 mit dem Piloten A. David Beaty (später ein erfolgreicher Autor) auf der Bildfläche. Beaty griff gegen starkes Flak-Feuer an und klinkte vier gutgezielte Wasserbomben aus. Der automatische Lademechanismus der 3,7-cm-Flak streikte, und es mußte von Hand nachgeladen werden. Aus diesem Grund tauchte Boehmer. Für den von oben herabsehenden Beaty hatte es den Anschein, daß das Boot mit dem Heck zuerst abtauchte und der Bug in einem steilen Winkel emporragte.

Beaty stieg höher und funkte Alarm. Er kreiste vier Stunden lang über der Stelle und sendete ein Signal. Schon bald traf eine B-17 der britischen Squadron 220 mit dem Piloten Wilfred R. Travell ein. Travell sichtete einen sehr großen Ölfleck, ging in den Sturzflug und warf zwei Wasserbomben in die Mitte des Flecks. Dann stieg er wieder höher und funkte auf Anordnung Signale für eine Zielpeilung. Diese sollten eine amerikanische, zum »Jeep«-Träger *Bogue* gehörende U-Jagdgruppe heranführen. Die *Bogue* war in Norfolk am 26. Februar mit Kurs auf dieses Seegebiet ausgelaufen.

An diesem Morgen erschien eine Avenger von der *Bogue* mit dem Piloten John F. Adams vor Ort, fand den Ölteppich und warf Sonobojen ab. Auch ein Zerstörer der Eskorte, die *Hobson,* erkundete die Region, entdeckte aber nichts. Im weiteren Verlauf des Tages erhielt einer der vier neuen Geleitzerstörer der Konvoisicherung, die *Haverfield* unter Jerry A. Matthews jr., einen klaren Sonarkontakt und griff mit Wasserbomben und Hedgehog an. Während Matthews diese Attacken durchführte, kam eine kanadische Fregatte, die von R. W. Draney geführte *Prince Rupert,* vorbei und schloß sich dem Angriff an. Eine weitere Avenger, mit Donald A. Pattie am Steuerknüppel, kreiste über der Stelle.

Der unter dem Kommando von Kenneth Loveland stehende Zerstörer *Hobson* kehrte zurück und nahm an der Jagd teil. Mit Hilfe der Anweisungen von der *Haverfield* erhielt die *Hobson* eine klare Sonarortung und warf zwei Salven Wasserbomben. Diese brachten *U575* an die Oberfläche, worauf alle drei Kriegsschiffe mit den Hauptgeschützen das Feuer eröffneten. Pattie in der Avenger griff zudem mit Raketen und Bomben an. Diese Attacken vernichteten *U575* endgültig. Die *Prince Rupert* fischte 14 Deutsche aus dem Wasser und brachte sie nach Newfoundland. Die *Hobson* sammelte 23 Überlebende ein, darunter Boehmer, und setzte sie in Casablanca ab; von dort wurden sie in die USA gebracht.

Dies war das zweite Mal, daß die Alliierten B-Boot-Fahrer von einem Schnorchelboot gefangengenommen hatten. Dadurch erfuhren sie sehr viel mehr über die technischen Details des Schnorchels und seine Funktionsweise, unter anderem auch die Tatsache, daß B-Boote entgegen der allgemeinen Überzeugung *nicht die ganze Zeit auf Schnor-*

chelfahrt gingen, sondern nur nachts für drei oder vier Stunden, um die Batterien aufzuladen. Auf der Grundlage dieser Befragungen schrieb ein amerikanischer Geheimdienstoffizier:

> *Die Reaktionen der Gefangenen auf den Schnorchel waren alle gleich: Jeder lehnte seinen Einsatz ab und hoffte, er werde wieder abgeschafft. Einige befürchteten das plötzliche Eintreten eines Vakuums im B-Boot, wenn eine Welle über das Kopfteil des Schnorchelmastes hinwegrollt. Andere beschwerten sich über Dieselabgase im Maschinenraum, die durch die unzureichende Ableitung der Auspuffgase entstanden seien. Alle fürchteten, daß sie in einer phosphoreszierenden See durch gegnerische Flugzeuge leicht ausgemacht werden könnten, und daß sie lieber getaucht fahren würden. […] Ein Funker lehnte den Schnorchel ab, weil dieser, wie er sagte, das Horchen mit den Mehrfach-Hydrophonen, besonders achtern, störe. Es sei unmöglich, Geräusche aufzufangen, wenn sie sich nicht durch größte Intensität aus einer geringen Entfernung auszeichnen würden.*

Wie das andere verlorengegangene Schnorchelboot, *U264,* hatte sich *U575* auf der ersten Feindfahrt mit Schnorchel erst zwei Wochen auf See befunden. Als die Nachricht von diesen beiden Verlusten im Atlantikverband der B-Boot-Waffe bekannt wurde, förderte dies nicht eben das Vertrauen in die plumpe und allgemein abgelehnte Vorrichtung.

• Die nächsten beiden zur Preußen-Gruppe entsandten B-Boote verließen Brest am 29. Februar.[1] Dies waren *U625* unter einem neuen Kommandanten, dem 25jährigen Siegfried Straub, und *U741* unter dem Kommando von Gerhard Palmgren. Beim Transit durch den Golf von Biskaya wurde *U741* nachts zweimal von alliierten Flugzeugen angegriffen, doch keine Attacke verursachte größere Schäden.

Am achten Tag nach dem Auslaufen in Brest meldete Straub von *U625*, einer der beiden Dieselmotoren sei defekt, ebenso wie seine Wanze und das Naxos. Die B-Boot-Führung funkte Instruktionen, wie die Reparaturen auszuführen seien, und wies das Preußen-Boot *U963* unter Karl Boddenberg an, Hilfe zu leisten. Danach setzte *U625* die Fahrt zur Preußen-Gruppe fort, die ihre Position weiter nach Westen verlegt hatte.

Eine von einer neuen Besatzung geflogene Sunderland der kanadischen Squadron 422 sichtete *U625* am Nachmittag des 10. März an der Oberfläche. Zu diesem Zeitpunkt saß der RAF-Pilot Sidney W. Butler am Steuerknüppel. Butler griff gegen sehr starkes Flak-Feuer an und warf sechs genau gezielte Wasserbomben ab. *U625* tauchte und kam fast

---

[1] 1944 war ein Schaltjahr, weshalb der Februar einen Tag mehr hat.

sofort wieder an die Oberfläche. Butler entfernte sich aus der Reichweite der Flak, kreiste für anderthalb Stunden und funkte Alarm.

Oberleutnant Straub untersuchte im Inneren von *U625* die Schäden und entschied sich, das Boot aufzugeben. Bei den Vorbereitungen hierzu setzte er einen SOS-Funkspruch an die B-Boot-Führung ab. Diese befahl daraufhin zwei in der Nähe stehenden Preußen-Booten, dem ehemaligen Flak-Boot *U256* unter Wilhelm Brauel und Palmgrens *U741,* Straub und seine Mannschaft zu retten. Straub flutete sein Boot, nachdem die Besatzung in Flöße und Schlauchboote gegangen war.

U256 und *U741* bekamen Schwierigkeiten, während sie mit großer Eile versuchten, die schiffbrüchigen Kameraden zu suchen und zu retten. Am 11. März entdeckte E. M. O'Donnell, Pilot einer mit Leigh Light ausgestatteten Wellington der kanadischen Squadron 407, die Boote und griff sie an. Das einlaufende *U256* erlitt »schwere« Schäden. Britische und kanadische Quellen erklären dazu, daß *U256* die Wellington abgeschossen habe, doch Brauel berichtete der B-Boot-Führung, das Flugzeug sei in einer Entfernung von »anderthalb Kilometern« abgestürzt, bevor das Feuer eröffnet worden sei. Palmgren von dem auslaufenden *U741* meldete ebenfalls einen Luftangriff. Als er später auftauchte, wurde er erneut angegriffen, diesmal von »vier trägergestützten Flugzeugen und drei Zerstörern«, die ihn stundenlang verfolgten, ihm jedoch nur »geringen« Schaden zufügten.[1] Die B-Boot-Führung befahl beiden Booten, die Suche fortzusetzen, doch weder Freund noch Feind fanden von der Besatzung des Bootes *U625* noch ein Lebenszeichen. *U256* erreichte Brest am 22. März; *U741* setzte seine Feindfahrt fort.

- Am 4. März war *U629* unter Hans-Helmut Bugs von Brest ausgelaufen. Am darauffolgenden Tag griff ein Flugzeug der britischen Squadron 304 das Boot an und beschädigte es, so daß Bugs umkehren mußte und am 7. März wieder in Brest eintraf. Er lief am 9. März wieder aus, doch in den frühen Morgenstunden des 12. März griff ihn trotz schweren Flak-Feuers eine mit Leigh Light ausgerüstete Wellington der britischen Squadron 612 an. Der Pilot D. Bretherton warf vier Wasserbomben. Diese beschädigten das Boot so stark, daß Bugs die Fahrt erneut abbrechen und nach Brest umkehren mußte, wo er am 15. März eintraf. Das Boot lief erst im Juni wieder aus.
- *U653* unter Hans-Albrecht Kandler lief am 2. März von Brest aus. Am 15. März, als sich *U653* der Preußen-Gruppe anschloß, ortete eine Swordfish des neuen britischen Geleitträgers *Vindex,* der sich auf seinem ersten Kampfeinsatz befand, *U653* mit Radar, und der Pilot P.

[1] Der Flugzeugträger ist bislang nicht identifiziert worden. Am 10. und 11. März waren in diesem Seegebiet oder in der Nähe ein halbes Dutzend »Jeep«-Träger aktiv, in der Tat so viele Einheiten, daß sie paarweise eingesetzt wurden!

Cumberland markierte die Stelle mit Leuchtbomben, während Kandler Alarmtauchen befahl. Auf die Meldung der Swordfish hin fuhren die Sloops von Johnny Walkers Support Group 2, die für das Geleit der *Vindex* sorgten, mit der kanadischen Escort Group 6 zum Schauplatz des Kampfes. »Dickie« Wemyss von der *Wild Goose* bekam Sonarkontakt, übergab jedoch an Walker auf der *Starling*. Zu seinem Verdruß versenkte Walker *U653* schon mit den ersten Wasserbomben, die dazu gedacht waren, das Boot nicht zu versenken, sondern es in die Tiefe zu treiben, damit die *Wild Goose* dann den Hauptangriff durchführen konnte.

In der Darstellung von Walkers Operationen im Krieg[1] erklärte der britische Autor Terence Robertson, es sei in dieser Support Group üblich gewesen, daß dem ersten Schiff, welches ein B-Boot ortete, auch erlaubt wurde, es zu versenken. Daher habe Walker an Wemyss signalisiert: »Ich bin der schamlosen Wilderei schuldig. Bedaure meine unverantwortliche Einmischung in Ihre Pläne.«

Die Admiralität teilte das Verdienst an der Versenkung von *U653* zwischen der *Wild Goose* und der *Starling* von Walkers Group sowie der *Vindex* auf. Bei den Deutschen gab es keine Überlebenden.

Von den zur Verstärkung der Preußen-Gruppe eingetroffenen Booten erfaßte *U311* vom Typ VII unter Joachim Zander am 16. März einen Geleitzug. Dies war eine weitere große, stark gesicherte Tanker-Formation, CU 17, die aus der Karibik über New York zu den Britischen Inseln unterwegs war. Zander gab Alarm und schoß einen T-5 auf einen »Zerstörer«, doch der Torpedo ging fehl. Vier Geleitschiffe hätten *U311* vier Stunden lang gejagt und gebombt, meldete Zander, doch er sei dem Geleitzug hartnäckig auf den Fersen geblieben. In den frühen Morgenstunden des folgenden Tages erhielt der amerikanische Geleitzerstörer *Daniel T. Griffin* von *U311* eine Sonarortung, doch Zander entwischte dem Geleitzerstörer und schoß zwei FAT-Torpedos mit Schleifenlauf in die Formation. Diese verwandelten den amerikanischen Tanker *Seakay* mit 10342 BRT in ein Wrack, welches von den Konvoi-Escorts versenkt wurde. Es war innerhalb von fünf Monaten das vierte von B-Booten im Nordatlantik versenkte alliierte Handelsschiff.[2]

Bei dieser Jagd auf den Geleitzug erfaßten die Geleitschiffe ein anderes neu eingetroffenes Boot der Gruppe Preußen und beschädigten es schwer. Dies war *U415* unter dem Kommando von Kurt Neide. Das Boot mußte die Fahrt zum zweiten Mal bei nur zwei Patrouillen abbrechen,

---

1 *Escort Commander* (1956).

2 Nach der *Empire Housman* (7395 BRT), der *Sumner I. Kimball* (7176 BRT) und der *Margit* (1735 BRT).

weil es durch Luftangriffe beschädigt worden war. Neide schleppte sich zurück nach Brest, wo er am 31. März eintraf. Am darauffolgenden Tag verließ Neide, der den britischen Zerstörer *Hurricane* und zwei Frachter mit insgesamt 8000 Tonnen versenkt hatte, das Boot und übernahm andere Aufgaben. Der neue Kommandant war Herbert Werner von *U230,* Autor des Bestsellers aus dem Jahr 1969 *Die eisernen Särge.*

Wegen der Entscheidung, B-Boote in Häfen zu konzentrieren, die als Ausgangspunkt für die Verteidigung Südnorwegens (Gruppe Mitte) und Frankreichs (Gruppe Landwirt) dienen sollten, vermerkte die B-Boot-Führung Mitte März, daß faktisch keine neuen Boote mehr zum Atlantikverband stießen. Aus diesem Grund konnte man nicht einmal mehr so tun, als führe man im Nordatlantik weiter Krieg gegen die Geleitzüge. Weitere Gründe dafür waren auch das Scheitern der Unterstützung durch die Luftwaffe, die verheerenden Verluste bei Gefechten im Nordatlantik und die dringend notwendige Aufrüstung der Atlantik-Boote mit zuverlässigen 3,7-cm-Flaks, Schnorcheln und Suchradar. Daher beschloß die B-Boot-Führung am 22. März, die Gruppe Preußen – die letzte im Krieg gegen Konvois eingesetzte B-Boot-Gruppe – aufzulösen. Sie rief elf zur Verstärkung dieser Gruppe vorgesehene Boote des Typs VII nach Frankreich zurück: sieben neue Boote aus Norwegen und vier aus Frankreich.

Von den vier von Frankreich ausgelaufenen und wieder zurückgerufenen Booten ging eines verloren. Dies war *U976* unter Raimund Tiesler, das am 20. März in St. Nazaire ausgelaufen war. Am sechsten Tag befand sich das aufgetauchte Boot vor dem Hafen, wo es mit seinen drei deutschen Geleitschiffen zusammentraf. Da griff eine Formation von sechs Mosquitos der britischen Squadron 248 die Gruppe von Schiffen an. Zwei dieser Mosquitos mit den Piloten Douglas J. Turner und Aubrey H. Hillard waren mit experimentellen 5,7-cm-Kanonen ausgerüstet (Deckname: »Tsetse«).[1] Turner griff *U976* viermal mit der Tsetse-Kanone an, Hillard einmal. Diese Angriffe zerstörten das B-Boot, töteten vier Mann und verletzten drei weitere schwer. Die deutschen Überwassergeleitschiffe retteten Tiesler und die anderen Überlebenden und brachten sie nach St. Nazaire. Tiesler kehrte nach Deutschland zurück und übernahm dort das Kommando über ein großes »Elektro-Boot«.

Ein anderes dieser vier Boote entging knapp der Zerstörung: das am 19. März in La Pallice ausgelaufene *U960* unter Günther Heinrich. Beim Einlaufen nach La Pallice am 27. März, gemeinsam mit einem anderen B-Boot und acht Überwassergeleitschiffen, griff eine andere Mosquito-Formation *U960* an. Unter diesen befanden sich erneut Douglas und

[1] Diese streng geheimen Flugzeuge waren von der britischen Squadron 618 inoffiziell abkommandiert worden.

Hillard mit ihren 5,7-cm-Kanonen namens »Tsetse«. Bei der Attacke wurden Heinrich und 14 seiner Männer verwundet, vier davon schwer. *U960* überstand den Angriff und schleppte sich am gleichen Tag in den Hafen von La Pallice.

Die Gruppe Preußen bestand zu dem Zeitpunkt, zu dem die B-Boot-Führung den Befehl zur Auflösung gab, aus ungefähr einem Dutzend Booten. Acht setzten ihre Feindfahrten unabhängig von anderen Booten fort und kehrten zwischen dem 27. März und dem 20. Mai nach Frankreich zurück.

Am 6. April erfaßte eines dieser Boote der Preußen-Gruppe, Herbert Sickels *U302,* einen Geleitzug. Dies war der nach Osten laufende SC 156. Sickel hatte einen in dieser Periode des atlantischen Seekriegs seltenen und bemerkenswerten Erfolg. Er setzte sich vor den Konvoi und versenkte zwei norwegische Schiffe, den Tanker *South America* mit 6200 BRT und den Frachter *Ruth I* mit 3531 BRT. Die zur Escort Group B-5 gehörende britische Fregatte *Swale,* unter dem Kommando von Richard C. Boyle, führte mit Wasserbomben und Hedgehog einen Gegenangriff durch und versenkte *U302* mit der gesamten Besatzung. Die B-Boot-Führung wußte weder von diesem im April einzigen erfolgreichen B-Boot-Angriff im Nordatlantik noch etwas vom Verlust des Bootes.

Drei andere Boote der Gruppe Preußen gingen ebenfalls verloren, alle durch alliierte Überwasserschiffe, die Wasserbomben und Hedgehog-Werfer einsetzten.

- Am 8. April entdeckten die Sloops *Crane* und *Cygnet* von der britischen Support Group 7, einer U-Jagd-Einheit, *U962* unter Ernst Liesberg und versenkten das Boot. Es gab keine Überlebenden.
- Die beiden amerikanischen Kriegsschiffe *Swift,* ein Minensucher, und *PC-619* eskortierten einen kleinen Küstenkonvoi in den Zufahrten zum Ärmelkanal. Am 17. April entdeckten und versenkten die beiden Schiffe *U986,* das unter dem Kommando von Karl-Ernst Kaiser stand. Das Boot hatte sich noch auf der Jungfernfahrt befunden und war mit Flugabwehrraketen ausgerüstet worden. Die B-Boot-Führung erhielt infolge dieses Verlustes keine umfassende Bewertung über die Einsatzfähigkeit der Raketen, deren Entwicklung ohnehin nicht weiter verfolgt wurde.
- Am 22. April vernichtete die kanadische Support Group 9 (drei Fregatten und eine aufgerüstete Korvette) *U311* unter Joachim Zander, der den Tanker *Seakay* aus dem Geleitzug CU 17 herausgeschossen hatte. Zum damaligen Zeitpunkt schrieben die Briten die Versenkung von *U311* einem Flugzeug der kanadischen Squadron 423 zu. In einer neuen Bewertung 1986 wurde dies jedoch korrigiert und

der Erfolg den kanadischen Fregatten *Swansea* und *Matane* angerechnet.[1]

Zwei andere Boote der Preußen-Gruppe entgingen knapp der Vernichtung. Vor Brest griff am 26. März ein unidentifiziertes alliiertes Flugzeug Karl Boddenbergs einlaufendes *U963* an, das gerade seinen Geleitschutz getroffen hatte. Boddenberg meldete, neun Mann seien verwundet worden, zwei davon schwer. Am folgenden Tag, dem 27. März, lief das Boot in Brest ein. Am gleichen Tag griff vor Gibraltar ein unbekanntes alliiertes Flugzeug *U255* an, das ins Mittelmeer verlegt werden sollte. Gezwungen, die Fahrt abzubrechen, erreichte Erich Harms die Zufahrt nach St. Nazaire am 11. April. Dort griffen 15 Mosquitos das B-Boot und die Eskorte an. Nun griffen im Gegenzug zehn Ju-88 die Mosquitos an und meldeten den Abschuß von fünf Maschinen; die Deutschen verloren drei Maschinen. *U255* erreichte St. Nazaire mit geringen Beschädigungen.

Das Ende des Geleitzugkriegs im Atlantik

Anfang April 1944 war es die Hauptaufgabe der B-Boot-Führung, drei B-Boot-Gruppen vorzubereiten, mit denen alliierte Invasoren abgewehrt werden sollten. Dies war der Verband im Nordmeer, in Südnorwegen (Gruppe Mitte) und im Atlantik (Gruppe Landwirt). Das Ziel war, im Polarmeer 30 einsatzbereite Boote in Stellung zu haben, weitere 30 in der Gruppe Mitte und ungefähr 50 in der Gruppe Landwirt.

Eigentlich sollten diese B-Boote eine entschieden defensive Rolle spielen. Die Erfahrung des Krieges hatte immer wieder gezeigt, daß B-Boote gegen wachsame und stark gesicherte Landungsstreitkräfte praktisch nutzlos waren.[2] Dennoch blieb der U-Boot-Waffe keine andere Wahl, als ihre Aufgabe zu erfüllen, so gut sie konnte. Sie war noch immer Hitlers »erste Verteidigungslinie« gegen eine Invasion im Westen. Mit Schnorcheln und den angeblich unfehlbaren T-5-Torpedos ausgerüstet, könnten die U-Boote die Invasoren vielleicht aufhalten und ihnen entscheidenden Schaden zufügen.

[1] In den seit dem 20. 11. 1943 verstrichenen fünf Monaten war dies die neunte B-Boot-Versenkung, bei der kanadische Einheiten eine alleinige, maßgebliche oder herausragende Rolle gespielt hatten. Die anderen acht versenkten Boote waren *U257, U283, U448, U536, U575, U625, U744* und *U845*.

[2] Beispielsweise die Schlacht um Norwegen im Frühjahr 1940, Nordafrika im Herbst 1942, Sizilien und Salerno im Sommer 1943 und Anzio Anfang 1944. Bei den Philippinen 1941/42 waren amerikanische B-Boote bei ähnlich angelegten defensiven Einsätzen gescheitert und ebenso im Sommer 1942 bei den Midway-Inseln und den Aleuten.

Im April liefen lediglich elf B-Boote in den Atlantik aus. Zwei fuhren ins Mittelmeer. Von den übrigen neun stammten sechs neue Boote aus Norwegen, die als Wetterboote fungieren würden und dann nach Frankreich fahren sollten. Von diesen sechs VII-Booten sollten fünf die Gruppe Landwirt verstärken. Drei andere Boote liefen in Frankreich aus. Sie sollten als Wetterboote eingesetzt werden, mit falschen Funksprüchen den Rückzug der B-Boote aus dem Nordatlantik verschleiern oder anderen Zwecken dienen. Diese Boote würden sich den etwa zehn ehemaligen B-Booten der Preußen-Gruppe anschließen, die sich noch auf Feindfahrt befanden, darunter die beiden Schnorchelboote *U267* und *U667* vom Typ VII.

Alle im Nordatlantik eingesetzten Boote wurden von landgestützten Flugzeugen oder von Geleitträgern aus angegriffen. Die B-Boot-Führung berichtet für den April von etwa 20 gemeldeten, voneinander unabhängigen Luftangriffen auf B-Boote. Zwei führten zu B-Boot-Versenkungen, wie unten geschildert wird. Dennoch meldeten die vier mit dem Fliege-Radar ausgerüsteten Boote gute Ergebnisse, da das Fliege-Radar auf der Zentimeter-Wellenlänge arbeitete. Dadurch verhinderten die Boote zweifellos mehrere Luftangriffe.

Andererseits trafen von Booten auf See weiterhin negative Meldungen zur automatischen 3,7-cm-Schnellfeuerflak ein. Im April hatte das OKM festgestellt, daß einige Teile der automatischen Munitionsladevorrichtung aus nicht rostfreiem Metall hergestellt worden waren – ein unglaublicher Schwachsinn. Doch bis rostfreie Ersatzteile hergestellt, getestet und ausgeliefert werden konnten, konnte man sich nicht im geringsten auf die Kanone verlassen, und sie mußte in fast allen Fällen von Hand geladen werden. Bei feindlichen Luftangriffen war dies ein untragbarer Nachteil. Davon abgesehen, meldete eine große Zahl von Booten, daß ein Teil der angeblich vortrefflichen Munition für die Kanone »rasch unbrauchbar« werde.

Aufgrund des kontinuierlichen Informationsflusses durch Enigma-Entzifferungen besaßen die Alliierten im April außerordentlich detaillierte Kenntnisse über die U-Boot-Bewegungen. Ironischerweise halfen die Deutschen den alliierten Dechiffrierern dabei unabsichtlich, weil sie mit Wirkung zum 13. April ein neues Stichwort-Verfahren einführten. Damit die kürzlich ausgelaufenen B-Boote jene bereits auf See befindlichen Boote mit den nötigen Unterlagen für die Änderung versorgen konnten, mußten mindestens ein Dutzend Rendezvous stattfinden, die mit der aktuellen Enigma-Verschlüsselung arrangiert wurden. In einem Fall scheiterte das Treffen mit einem Boot wegen des schlechten Wetters, und die B-Boot-Führung mußte die nötigen Informationen an dieses Boot im aktuellen Enigma-Schlüssel funken – für die alliierten Kryptanalytiker ein unverhoffter Glücksfall.

Die beiden im April ins Mittelmeer auslaufenden Boote waren *U731* und *U960* mit ihren Kommandanten Alexander von Keller bzw. Günther

Heinrich. Heinrich schaffte es ins Mittelmeer (siehe unten), doch von Keller, ein neuer Kommandant, hatte Pech. Am Nachmittag des 15. Mai wurde von Keller mit *U731* von zwei mit MAD ausgestatteten Catalinas der US-Navy Squadron VP 63 geortet. Die Piloten, Matthias J. Vopatek und H. L. Worrell, griffen mit Retrobombs an und riefen vorschriftsmäßig ein britisches Überwasserschiff herbei. Die Sloop *Kilmarnock,* die Korvette *Aubrietia* und der ASW-Trawler *Black Fly* reagierten auf die Funksprüche, und die von K. B. Brown geführte *Kilmarnock* bombte *U731* mit Hedgehog-Geschossen und Wasserbomben, die das Boot vernichteten. Es gab keine Überlebenden.

Abgesehen von dem Angriff von *U302* auf SC 156 und, wie berichtet, von *U621* auf einen Zerstörer, hatten drei im östlichen Nordatlantik patrouillierende B-Boote bemerkenswerte Begegnungen mit gegnerischen Geleitzügen und Schiffen:

- Das neue *U385* vom Typ VII unter dem Kommando des 23jährigen Hans-Guido Valentiner war am 5. April von Norwegen mit einem Fliege-Radar an Bord ausgelaufen. Am 13. April griff er nahe Island einen »Zerstörer« mit einem T-5 an, der aber fehlging. Zwei Tage später schoß er einen Dreier-Fächer auf ein Zielobjekt, das er als Passagierschiff der »Empress«-Klasse beschrieb, doch in Wirklichkeit war es das Riesenschiff *Queen Mary*. Er meldete »zwei Treffer« und »zwei Kesselexplosionen«, die *Queen Mary* wurde allerdings nicht getroffen. Das Schiff meldete dagegen an diesem Tag und an dieser Position eine »starke Unterwasserexplosion«, möglicherweise eine zu früh erfolgte Zündung oder eine andere Fehlfunktion des Torpedos. Am 29. April schoß Valentiner einen T-5 ab und meldete einen Treffer an einem »Zerstörer« nahe der westlichen Zufahrt des Nordkanals, aber auch dieser wurde nicht bestätigt.
- Das Schnorchelboot *U667* vom Typ VII unterstand Heinrich Schroeteler und gehörte zuvor der Gruppe Preußen an. Am 16. April stieß Schroeteler auf eine U-Jagdgruppe und schoß einen T-5 auf einen »Geleitzerstörer«. Dieser ging fehl, und die Hunter-Killer-Group jagte *U667* zwölf Stunden lang. Mit Hilfe des Schnorchels konnte Schroeteler im Verlauf der Jagd Frischluft ins Boot saugen und schließlich entkommen. Als er am 19. Mai wieder in Frankreich eintraf, ließ er sich lobend über den Schnorchel aus. Er wies aber darauf hin, daß umfangreiche Schulungen für den richtigen Umgang mit dem Schnorchel nötig seien.
- Am 24. April lief *U473* vom Typ VII unter dem Kommando von Heinz Sternberg in Lorient aus. An Bord waren einige Elektronik-Spezialisten, die Radargeräte und Funkmeßbeobachtungsgeräte testen sollten. In der Nacht des 28. April ortete eine Halifax der britischen Squadron 58 *U473* mit Radar. Die mit Leigh Light ausgerüstete Halifax warf sieben Wasserbomben ab, doch Sternberg wehrte das Flug-

zeug ab und setzte seine Fahrt fort. Am folgenden Tag, dem 29. April, attackierte eine Wellington der britischen Squadron 304 das Boot mit sechs Torpex-Wasserbomben, doch Sternberg kehrte noch immer nicht um. Am 3. Mai stieß er auf den nach Osten fahrenden Tanker-Konvoi CU 22. Mutig griff er an und torpedierte den 1400 Tonnen großen US-Geleitzerstörer *Donnell* mit einem T-5. Die Detonation riß das Heck des Schiffes weg, tötete 29 Mann und verwundete 25 weitere Besatzungsmitglieder. Zwei andere Geleitzerstörer, die *Reeves* und die *Hopping,* schleppten die *Donnell* nach Londonderry, wo sie zu einem Wohnschiff umgebaut wurde. Sternberg meldete fälschlicherweise den »Fehlschuß« eines T-5.

Von den im April zu Feindfahrten in den Nordatlantik ausgelaufenen neun Booten gingen im April und Anfang Mai fünf verloren.

- Das neue *U342* unter dem Kommando des 36jährigen Albert Hossenfelder lief am 3. April in Bergen aus und sollte auf der Fahrt nach Frankreich als Wetterboot dienen. Am Morgen des 17. April sichtete eine Canso (Catalina) der auf Island stationierten kanadischen Squadron 162 *U342* an der Wasseroberfläche. Der Pilot Thomas Charles Cooke griff aus der Sonne kommend an. Hossenfelder sah die Canso kommen und schoß schweres Flak-Feuer, doch Cooke ließ sich nicht beirren. Er warf drei genau gezielte Wasserbomben und durchsiebte den Deckaufbau mit Maschinengewehrfeuer. Einige Augenblicke später sah er eine »gewaltige« Explosion auf dem Bugteil des Überbaus, die *U342* mit der gesamten Besatzung vernichtete. Die Flieger berichteten, daß Öl und alle möglichen Wrackteile an die Wasseroberfläche gekommen seien (Holzteile, zylindrische Gegenstände), aber keine Leichen.
- Am 23. April lief *U193* vom Typ IXC/40 von Lorient aus und sollte als Wetterboot und, falls nötig, als Hilfs-Versorger dienen. Dies war jenes Boot gewesen, das gegen Ende der letzten Feindfahrt, am 10. Februar, El Ferrol wegen Reparaturen anlaufen mußte. In Lorient traf das Boot schließlich am 25. Februar ein. *U193* hatte einen neuen Kommandanten, den Juristen Ulrich Abel, der zuvor als Erster Wachoffizier auf *U154* gedient hatte. Abel hatte Oskar Kusch, seinen damaligen Kommandanten, wegen Aufwiegelung und Defätismus denunziert. Kusch wurde vor ein Kriegsgericht gestellt, zum Tode verurteilt und exekutiert.

In den frühen Morgenstunden des 28. April, dem sechsten Tag auf See, erfolgte in der Biskaya ein Luftangriff auf *U193,* wie die Admiralität glaubte. Eine mit Leigh Light ausgerüstete Wellington der britischen Squadron 612 ortete vermeintlich *U193* mit Radar. Im Tiefstflug über den Wellen warf der Pilot, der Australier C. G. (Max) Punter, ein Veteran der B-Boot-Kriege, eine Salve von Wasserbomben ab, die das Boot vernichteten. Punter meldete »ungefähr zehn kleine bläuliche Lichter im Wasser«, offenbar Leuchtkörper auf den Schwimmwesten der überlebenden Deutschen. Niestlé zweifelt diese Versenkung jedoch an und meint, *U193* sei aus unbekannten Gründen verlorengegangen.[1]

- Das IXC/40-Boot *U846* unter Berthold Hashagen lief am 29. April in Lorient zur zweiten Feindfahrt aus. Am 2. Mai griff eine Halifax der britischen Squadron 58 das Boot in der Biskaya an, doch Hashagens Kanoniere schossen die Maschine ab. Nach sechs Tagen auf See ortete am frühen Morgen des 4. Mai eine mit Leigh Light ausgerüstete Wellington der kanadischen Squadron 407 das Boot. In hellem Mondlicht griff der Pilot L. J. Bateman *U846* gegen starkes Flak-Feuer mit sechs Wasserbomben an. Vermutlich wurde das Boot mit der gesamten Besatzung versenkt.
- *U473* unter dem Kommando von Heinz Sternberg hatte am 3. Mai den amerikanischen Zerstörer *Donnell* mit einem T-5 torpediert und beschädigt. Dieser Angriff führte dazu, daß das Western Approaches Command Johnny Walkers kürzlich von der Halbinsel Kola zurückgekehrte Support Group 2 anwies, die Jagd auf *U473* zu eröffnen. In den frühen Morgenstunden des 5. Mai erhielt eines der Kriegsschiffe dieser Einheit, die Sloop *Wild Goose,* einen deutlichen Sonarkontakt und warf zehn Wasserbomben. Danach jagten dieses und die anderen vier Schiffe, die Sloops *Starling* und die von S. R. J. Woods geführte *Wren* und die Fregatten *Bentley* und *Gore,* das B-Boot unerbittlich. Bei den Angriffen an diesem Tag wurden insgesamt 345 (!) auf Tiefen von 15 bis 30 Meter eingestellte Wasserbomben geworfen. Sternberg tauchte allerdings sehr tief (200 Meter), und keine der Wabos konnte ihm etwas anhaben.

Kurz nach Mitternacht, am 6. Mai, tauchte Sternberg auf, weil er Frischluft brauchte und die Batterien laden wollte. Er beabsichtigte außerdem, mit Hilfe der Dieselmotoren zu entkommen. Die Sloops *Starling, Wild Goose* und *Wren* lagen in Wartestellung und eröffneten sofort das Feuer aus den Hauptgeschützen. Sternberg ordnete volle Fahrt an und schoß einen T-5 auf die *Wren,* der das Schiff nur um drei Meter verfehlte. Auf der Brücke befahl er, die anderen drei Bugrohre abschußfertig zu machen, doch bevor er in Schußposition kam, tötete ihn das Geschützfeuer der Alliierten. Die anderen Besatzungsmitglieder gaben das Boot auf und stellten die Sprengsätze für die Selbstversenkung ein. Die Sloops retteten 30 von 53 Deutschen. Die Gefangenen erklärten, der Aufbau auf Deck von *U473* sei mit einer ungewöhnlichen grauen Farbe gestrichen worden, die Infrarotlicht absorbieren sollte.

---

[1] Kusch wurde am 12. 5. 1944 hingerichtet; er lebte also möglicherweise länger als Abel.

- *U765* war unter dem Kommando von Werner Wendt am 3. April von Bergen ausgelaufen. Am 3. Mai, als *U473* die *Donnell* torpedierte, befand sich Wendts Wetterboot *U765* nicht weit entfernt.[1] Nach der DF-Einpeilung seiner Funksprüche befahl das Western Approaches Command der britischen Support Group 5, die festgestellte Position anzulaufen. Dort sollten der Geleitträger *Vindex* und sein Geleit von sechs Fregatten das B-Boot erbarmungslos jagen. Swordfish-Maschinen von der *Vindex* und vier Fregatten, die *Aylmer, Bikkerton, Bligh* und *Keats,* peilten die Wettermeldungen von *U765* ein, liefen die Position an und eröffneten das Gefecht.

Wendt schoß einen T-5 auf die *Bickerton* oder die *Bligh,* doch dieser ging fehl. Nach Einbruch der Dunkelheit tauchte er auf, um abzulaufen, doch eine Swordfish lokalisierte das Boot, leuchtete es mit einem Suchscheinwerfer an und zwang Wendt, erneut zu tauchen. Als er bei Sonnenaufgang am 6. Mai zum Aufladen der Batterien wieder auftauchte, stürzten sich die Fregatten und eine Swordfish auf das Boot, trieben es unter Wasser und bombten es unablässig. Wieder zum Auftauchen gezwungen, gab Wendt das Boot auf und flutete es. Die Briten retteten elf Mann der 48köpfigen Besatzung, einschließlich von Wendt und seinem Ersten Wachoffizier, dem 21jährigen Alexander Gelhaus. Die Gefangenen enthüllten, daß die Torpedorohre von *U765* wegen des im Dritten Reich herrschenden akuten Mangels an Kupfer aus Stahl gefertigt seien, der ständig roste. Sie erzählten auch, daß die Dieselmotoren dieses und aller späteren neuen Boote keinen Rückwärtsgang hatten.

- Das VII-Boot *U955* unter Hans-Heinrich Baden lief am 15. April in Bergen aus und sollte unter anderem als Wetterboot fungieren. Am 29. April fiel Badens Funkempfänger aus. Er konnte somit die neuen Befehle der B-Boot-Führung, nach denen er sich den Nordmeer-Booten anschließen sollte, nicht mehr empfangen. Bei der U-Boot-Führung war man daher erstaunt, als Baden am 5. Mai meldete, er habe im Atlantik südlich von Island eine angreifende B-24 abgeschossen. Nach Beendigung seiner Patrouille nahm er Kurs auf Frankreich und auf seine Versenkung, wie weiter unten beschrieben wird.

Zu diesem Zeitpunkt entkam ein anderes Boot knapp der Vernichtung: *U672* unter Ulf Lawaetz, ein ehemaliges Wetterboot der Preußen-Gruppe. Lawaetz erprobte im Golf von Biskaya die Thetis-Einrichtung. Kurz nach Mitternacht, am 24. April, ortete eine mit Leigh Light ausgerüstete B-24 der britischen Squadron 120 *U672* mit Radar. Der Pilot L. T. Taylor griff mit Hilfe des Scheinwerfers an und warf sechs Wasserbomben, die offensichtlich weit fielen. Schätzungsweise zwölf Stunden

[1] In einigen geschichtlichen Darstellungen wird der Treffer auf die *Donnell* fälschlicherweise *U765* zugeschrieben.

später, gegen Mittag, entdeckte eine Sunderland der kanadischen Squadron 423 das aufgetauchte Boot und griff in starkes Flak-Feuer hinein an. Der Pilot F. G. Fellows warf sechs Wasserbomben ab, die *U672* beschädigten; die Sunderland aber wurde durch den Flak-Beschuß oder ihre eigenen Wasserbomben so stark beschädigt, daß Fellows sofort umkehren mußte. Lawaetz tauchte mit *U672* und entkam. Er fuhr mit dem Aussetzen der Thetis-Radarablenkung fort und traf am 12. Mai wieder in St. Nazaire ein.

Im Mai liefen nur zwei B-Boote zu Feindfahrten in den Nordatlantik aus. Beide waren neue Typ-IX-Boote, die als Wetterboote eingesetzt werden sollten. *U534* vom Typ IXC/40 unterstand dem Kommando des 28jährigen Herbert Nollau. Das Boot verließ Bergen am 8. Mai und traf am 13. August nach 98tägiger Fahrt in Bordeaux ein. *U857,* ebenfalls vom Typ IXC/40, unter dem 25jährigen Rudolf Premauer verließ Kiel am 9. Mai und lief ebenfalls am 13. August in Bordeaux ein. Beide Boote versenkten kein alliiertes Schiff.

In den fünf Monaten vom 1. Januar bis 1. Juni 1944 organisierte die B-Boot-Führung insgesamt 78 Feindfahrten im Nord- und Mittelatlantik. Diese Boote versenkten oder beschädigten elf alliierte Schiffe, vier Handelsschiffe mit 21 854 BRT[1] und sieben kleine Kriegsschiffe.[2] Drei Versuche, ins Mittelmeer zu gelangen, mitgerechnet, verloren die Deutschen im Nord- und Mittelatlantik 37 B-Boote (47 Prozent) und 1900 Männer. Von diesen kamen 332 Mann von elf verschiedenen Booten in Gefangenschaft.[3]

Das Nordmeer

Im Januar und Februar 1944 stockte Dönitz die B-Boot-Flotte im Nordmeer gemäß Hitlers Anweisungen auf 30 hauptsächlich in Drontheim und Narvik stationierte VII-Boote auf. Diese noch immer Rudolph Peters unterstehende Streitmacht bestand aus den U-Flottillen 11 und 13.[4] In den von Zwielicht beherrschten arktischen »Tagen« des Januars

---

[1] Das den Nordatlantik durchquerende IXD2-Fern-B-Boot *U859* versenkte ein weiteres Handelsschiff mit 6300 BRT, die panamaische *Colin*.

[2] Die britischen Schiffe *Asphodel, Gould, LST 362, Warwick* und *Woodpecker* und die amerikanischen Schiffe *Donnell* und *Leopold*.

[3] *U91, U257,* das Schnorchelboot *U264, U358, U406, U448, U473,* das Schnorchelboot *U575, U744, U761* und *U765*.

[4] Diese Flottillen unterstanden dem Befehl von Hans Cohausz bzw. Rolf Rüggeberg.

1944 erzielten die in diesen Gewässern kampferprobten Boote und einige der Neuankömmlinge kleinere Erfolge, danach jedoch nicht mehr.

Die Admiralität betrachtete das Polarmeer nach der Zerstörung der *Scharnhorst* für Murmansk-Geleitzüge als verhältnismäßig sicher. Als der erste Teil des aus 20 Handelsschiffen bestehenden Januar-Konvois JW 56 A am 12. Februar aus dem schottischen Loch Ewe auslief, mußte die Home Fleet somit keinen Sicherungsverband mit Schlachtschiffen zur Verfügung stellen, was mit Erleichterung aufgenommen wurde. Dieser Geleitzug wurde von einem fürchterlichen Wintersturm überrascht, weshalb er die Fahrt unterbrechen und Akureyri auf Island anlaufen mußte. Der Geleitzug lief am 21. Februar mit elf Geleitfahrzeugen wieder aus, ließ aber fünf beschädigte Schiffe zurück. Der zweite Teil dieses Konvois, JW 56 B, bestand aus 16 Handelsschiffen und 13 Geleitfahrzeugen und lief fast zur gleichen Zeit, am 22. Januar, von Loch Ewe aus. Ein Kreuzerverband (die *Belfast*, *Kent* und *Norfolk*) der Home Fleet sorgte über größere Distanz für eine Sicherung beider Geleitzugabteilungen.

Die Deutschen stellten 15 B-Boote auf, die den ersten Teil des Konvois, JW 56 A, abfangen sollten. Doch bis auf drei Boote waren alle anderen erst kürzlich im Nordmeer eingetroffen. Diese und die älteren Boote waren mit zielsuchenden T-5-Torpedos, mit 2-cm-Zwillingen und der automatischen, aber unzuverlässigen 3,7-cm-Schnellfeuerflak bewaffnet. Alle Boote besaßen das FuMB Naxos und andere neue elektronische Geräte, darunter verbessertes passives Sonar, mit dem ein Überwasserschiff auf eine Distanz von rund 90 Kilometern geortet werden konnte. Eines der Boote, *U957,* meldete technische Probleme und bat um die Bereitstellung eines Docks (in Drontheim) nach der planmäßigen Rückkehr.

Die Admiralität hatte umfassende Kenntnis von der B-Boot-Aufstellung und schickte JW 56 A auf einen nördlichen Kurs, um den Booten auszuweichen. Dennoch erfaßte das am nördlichsten stehende Boot, *U956* unter Hans-Dieter Mohs, JW 56 A und gab Alarm. Andere Boote liefen aufgetaucht in der arktischen Dunkelheit für den Angriff am 25. und 26. Januar heran.

Bei diesem Rudelangriff schossen acht B-Boote zehn T-5 und andere Torpedotypen, etwa den FAT. Sie versenkten drei Liberty-Schiffe mit je 7200 BRT und beschädigten den britischen Zerstörer *Obdurate* (1540 Tonnen). Joachim Franze von dem neuen *U278* erwischte die 7177 BRT große amerikanische *Penelope Barker;* Klaus Becker von *U360* torpedierte die britische *Fort Bellingham* mit 7133 BRT und Franz Schaar von *U957* erledigte den Rest und hatte damit Anteil an der Versenkung der *Bellingham*. Hans Dunkelberg von dem neuen *U716* holte sich die 7200 BRT große amerikanische *Andrew G. Curtin*. Becker von *U360* traf ebenfalls die *Obdurate,* die den Angriff aber überstand und einen Hafen erreichte.

Die B-Boote konnten den Angriff auf JW 56 A nicht weiterführen, sie befanden sich aber in der Position für eine Attacke auf die zweite Abteilung des Konvois, JW 56B. Am 29. und 30. Januar schossen neun Boote zwölf T-5 und andere Torpedos auf verschiedene Schiffe. Nur ein Boot war erfolgreich: Joachim Franze von *U278,* der das Liberty-Schiff *Penelope Barker* aus dem Konvoi JW 56A versenkt hatte, schoß dem britischen Zerstörer *Hardy II* (1810 Tonnen) mit einem T-5 das Heck weg. Der britische Zerstörer *Venus* rettete die Besatzung und schickte das Wrack mit einem Torpedo auf den Meeresgrund.

Bei diesen zwei Angriffen meldeten die B-Boot-Kommandanten viele Treffer durch T-5 auf Zerstörer sowie weitere unbestätigte Versenkungen. In der noch immer bestehenden Zuversicht, daß der T-5 eine kriegsentscheidende Waffe sei, war die U-Boot-Führung sehr geneigt, die Meldungen für bare Münze zu nehmen. »Das war gute Arbeit«, funkte die B-Boot-Führung am 1. Februar an die Boote, »weiter so!« Sie verzeichnete ein Gesamtergebnis von 26 Treffern oder wahrscheinlichen Treffern: sieben Zerstörer und ein Handelsschiff. Die bestätigten Resultate: die Zerstörer *Obdurate* und *Hardy II,* davon *Hardy II* mit fatalem Ausgang, sowie drei Liberty-Schiffe aus JW 56 A versenkt.

In dem zweiten dieser beiden Gefechte ging ein B-Boot verloren. Dies war das neue *U314* unter Georg-Wilhelm Basse. Am 30. Januar vernichteten die britischen Zerstörer *Meteor* und *Whitehall* aus der Sicherung von JW 56 B das Boot mit Wasserbomben und Hedgehog-Geschossen. Auf *U314* gab es keine Überlebenden.

Die B-Boot-Angriffe auf JW 56 brachten die Admiralität aus der Fassung. Erneut stellte sich die sorgenvolle Frage nach der Sicherheit von Murmansk-Geleitzügen. Diese Sorgen verstärkten sich, als die Alliierten durch Enigma-Entzifferungen erfuhren, daß die deutschen Zerstörer in Altafjord innerhalb von zwei Stunden auf Abruf einsatzbereit sein mußten. Aus diesen und anderen Gründen verschob die Admiralität das Auslaufen des Geleitzugs RA 56, der, von der Halbinsel Kola kommend, auf Heimatkurs gehen sollte. Der Konvoi sollte erst auslaufen, wenn die Geleitschiffe von JW 56 A für die Rückfahrt bereitstanden und sich dem Konvoi anschließen konnten. Dieser aus 37 Handelsschiffen und 26 Geleitschiffen bestehende Geleitzug verließ die Halbinsel Kola am 2. Februar, wich den B-Boot-Streifen aus und erreichte am 11. Februar Loch Ewe.

Auf das Drängen von Commander-in-Chief der Home Fleet, Bruce Fraser, erklärte sich die Admiralität einverstanden, den nächsten Murmansk-Konvoi, JW 57, geschlossen auf die Reise zu schicken und für ein hervorragendes Geleit zu sorgen. JW 57 bestand aus 42 Handelsschiffen und lief am 23. Februar von Loch Ewe aus. Das starke Geleit setzte sich aus dem in Amerika gebauten britischen Geleitträger *Chaser,* dem Leichten Kreuzer *Black Price* und 17 Zerstörern zusammen.

Die Briten wußten durch Enigma-Dechiffrierungen, daß 14 B-Boote für JW 57 in Wartestellung lagen. Die Deutschen massierten ihre Boote am 24. Februar für einen Angriff. Sechs Boote griffen mit T-5-Torpedos an. Nur ein Boot konnte einen Treffer verzeichnen: Das neue *U990* unter dem Kommando von Hubert Nordheimer versenkte den britischen Zerstörer *Mahratta* mit 1920 Tonnen. Andere Geleitschiffe retteten die ungefähr 200köpfige Besatzung, die übrigen kamen bei der Versenkung oder in dem eisigen arktischen Wasser um.

Die Geleitschiffe versenkten bei diesen Kampfhandlungen zwei B-Boote.

- Am 24. Februar vernichtete der betagte, aber kampferprobte britische Zerstörer *Keppel*, der im September zuvor *U229* von der Leuthen-Gruppe versenkt hatte, das von Henri Gosejakob befehligte *U713*. Es gab keine Überlebenden.
- Am darauffolgenden Tag, dem 25. Februar, entdeckte eine den Konvoi sichernde Catalina der britischen Squadron 210 das Otto Hansen unterstehende *U601*. Der Pilot der auf den Shetland-Inseln stationierten Maschine, Frank John French, griff gegen »ungenaues Flak-Feuer« an und warf zwei Wasserbomben. Diese vernichteten das Boot. French, der zwölf Stunden lang in der Luft gewesen war, meldete »acht bis zehn« Deutsche im Wasser und flog dann zurück. Auch von diesem Boot gab es keine Überlebenden.

Der Geleitzug für den Weg zurück, RA 57, bestand aus 31 Handelsschiffen. Diese verließen die Halbinsel Kola am 2. März, gesichert von dem Geleitträger *Chaser* und weiteren Geleitschiffen. Durch Enigma-Entzifferungen wußten die Briten wiederum, daß 15 B-Boote aufgestellt worden waren, um RA 57 abzufangen. Am 4. März trafen die Gegner aufeinander. In den folgenden 48 Stunden schossen fünf B-Boote fünf T-5 und andere Torpedos. Nur ein Boot erzielte einen Treffer. Das kampferprobte *U703* unter dem Kommando von Joachim Brünner versenkte den leeren britischen Frachter *Empire Tourist* mit 7100 BRT.

Mit einer bemerkenswerten Leistung bei dieser Begegnung in der Arktis versenkten Swordfish-Doppeldecker und Wildcats der Squadron 816 von dem Geleitträger *Chaser* und Geleitfahrzeuge des Konvois in drei Tagen drei neue B-Boote.

- Am ersten Tag, dem 4. März, entdeckte eine mit Raketen bewaffnete Swordfish von der *Chaser* Wolfgang-Friedrich von Forstners *U472*. P. J. Beresford, der Pilot der Maschine, beschädigte *U472* mit Bomben und Raketen und rief Unterstützung herbei. Der von A. Pleydell-Bouverie geführte britische Zerstörer *Onslaught* zerstörte das Boot mit Geschützfeuer. Dann rettete die *Onslaught* von Forstner und 28 seiner Männer, die erzählten, daß die Flak vereist gewesen sei und daher nicht auf die Swordfish feuern konnte und daß sie einen T-5 auf die *Onslaught* abgeschossen hätten, welcher aber fehlgegangen sei.

- Am 5. März stiegen trotz schlechten Wetters und schwerer See Swordfish-Doppeldecker von der *Chaser* auf. Eine dieser Maschinen mit dem Piloten J. F. Mason entdeckte und versenkte *U366*. Das Boot unterstand Bruno Langenberg, der erst kurz zuvor im Nordmeer eingetroffen war. Es gab keine Überlebenden.
- Am 6. März vernichtete abermals eine Swordfish von der *Chaser* ein B-Boot. Der Pilot L. E. B. Bennett versenkte das Boot mit Wasserbomben und Raketen. Dies war *U973* unter dem Kommando von Klaus Paepenmöller.[1] Der britische Zerstörer *Boadicea* rettete den Maschinisten Franz Rudolf und zwei Matrosen, doch einer von diesen starb an Bord, womit zwei Gefangene zurückblieben. Sie behaupteten, die meisten der Flak-Kanoniere und die Ladeschützen hätten sich geweigert, ihre Befehle auszuführen. Falls dies der Wahrheit entspricht, dann war es ein seltener Vorfall in der hochdisziplinierten B-Boot-Waffe.

Ein anderes Boot wurde schwer beschädigt: *U737* unter dem 27jährigen Paul Brasack, der zu einem früheren Zeitpunkt alliierte Einrichtungen auf Spitzbergen angegriffen hatte. Am 6. März entdeckte eine B-24 der britischen Squadron 120 das Boot. Der kanadische Pilot Harold F. Kerrigan griff *U737* gegen starkes und zielgenaues Flak-Feuer direkt an. Kerrigan klinkte sechs Wasserbomben aus, die das B-Boot beschädigten, doch in der B-24 gab es zwei Verwundete und schwere Schäden, darunter den Ausfall zweier Motoren. Kerrigan schaffte es nach Hause, wo auf ihn die Belohnung eines Helden wartete: Er wurde mit einem DSO ausgezeichnet. Brasack mußte die Fahrt abbrechen und schleppte sich bis Hammerfest, wo er am 12. März einlief. Er beendete damit eine 14tägige Feindfahrt.

Mitte März enthüllten Enigma-Entzifferungen den Alliierten, daß das Schlachtschiff *Tirpitz,* offensichtlich repariert, im Altafjord in Nordnorwegen erprobt wurde. Andere Dechiffrierungen der Enigma deuteten darauf hin, daß die *Tirpitz* wahrscheinlich noch nicht vollständig gefechtsbereit war. Dennoch waren die Verantwortlichen in Großbritannien gezwungen, Maßnahmen zu ergreifen, die den nächsten

---

[1] Die zu den Nordmeer-Booten gehörenden *U973* und *U673* waren mit den neuen Typ-VI-Kommandotürmen ausgerüstet, die einen flachen, nach vorn gehenden Aufbau, eine Art »Podium«, besaßen. Wegen der Treibstofftanks, die zugunsten größeren Stauraums für Munition abgebaut worden waren, und der Instabilität wurde der Typ-VI-Kommandoturm für den Atlantikverband der B-Boot-Waffe als unzureichend erklärt. Im gleichen Verband besaß *U362* einen ähnlichen Kommandoturm vom Typ V.

Murmansk-Geleitzug, JW 58, gegen einen Angriff der *Tirpitz* schützen würden.

Am 27. März lief dieser aus 49 Handelsschiffen bestehende Konvoi in Loch Ewe aus. Die Escorts für JW 58 bildeten ein massives Geleit: den in Großbritannien gebauten Geleitträger *Activity* (an Bord sieben Wildcats und drei Swordfish), den in den USA gebauten Geleitträger *Tracker* (sieben Wildcats, zwölf Avengers), den britischen Leichten Kreuzer *Diadem,* den alten amerikanischen Leichten Kreuzer *Milwaukee* (Der Kreuzer befand sich auf dem Transit; er war anstelle eines Teils der ausgelieferten italienischen Flotte als Leihgabe für Stalin gedacht.), 20 Zerstörer, vier Korvetten und – mit einer radikalen Änderung seiner Aufgaben – Johnny Walkers berühmte, aus fünf Sloops bestehende Support Group 2. Insgesamt also 33 Kriegsschiffe, die ein starkes Geleit bildeten.

Zusätzlich stellte die Admiralität eine sehr große britische Task Force namens Tungsten auf, die sich der *Tirpitz* während des Transits von JW 58 annehmen sollte. Diese Sondereinheit setzte sich aus den Schlachtschiffen *Anson* und *Duke of York,* den Flottenflugzeugträgern *Furious* (mit 21 Barracuda-Torpedobombern) und *Victorious* (21 Barracudas), 4 in Amerika gebauten Geleitträgern *(Emperor, Fencer, Pursuer* und *Searcher)*, 4 Kreuzern *(Belfast, Jamaica, Royalist* und *Sheffield)* und 14 Zerstörern zusammen.

Aus Enigma-Entzifferungen war den Briten bekannt, daß die arktischen B-Boot-Flottillen trotz der kürzlichen Verluste noch 29 Boote hatten. Von diesen befanden sich 16 auf See, um JW 58 abzufangen, und 13 in Häfen, wo Schäden repariert, die Boote neu ausgerüstet oder in Werften überholt wurden. In Anbetracht vergangener Erfolge mit den Geleitträgern in diesem Seegebiet waren die Briten erfreut über die Chance, dem Nordmeerverband der B-Boot-Waffe eine schwere Niederlage beizubringen.

In der Nacht des 29. März erfolgte der erste Schlag der Konvoi-Escorts gegen die Deutschen. Johnny Walker auf der Sloop *Starling* fand das neue *U961* unter Klaus Fischer, der am 25. März in Bergen ausgelaufen war und sich den Atlantik-Booten anschließen sollte. Es ist möglich, daß Fischer Walker angreifen wollte, doch Walkers Mann am Sonar erhielt eine klare Ortung, und die stets wachsame *Starling* griff sofort an und warf zwei Wasserbomben-Salven. Diese trafen genau ins Schwarze, und *U961* wurde mit der gesamten Besatzung vernichtet. Ein »Strom« an Wrackteilen und Leichen stieg zur Wasseroberfläche auf und bestätigte erneut eine weitere Versenkung dieses herausragenden Commanders, des Kriegsschiffes und seiner Crew.

Mit Unterstützung der Luftwaffe erfaßten am 1. April zwölf B-Boote, die drei Gruppen mit je vier Booten bildeten (Blitz, Hammer und Thor), den Geleitzug JW 58. Ihnen schlossen sich fünf auslaufende Boote an, womit die Kommandanten von nun 17 Booten in den folgenden 48 Stunden 18 Angriffe, zumeist mit dem T-5, durchführten. Kein einziger

Angriff war erfolgreich. Im Gegenzug versenkten die alliierten Geleitschiffe in drei Tagen drei weitere B-Boote.

- Am 1. April griffen Wildcats und Avengers der britischen Squadron 846 ein B-Boot an, das für das kampferprobte *U355* unter Günter La Baume gehalten wurde. Die Flugzeuge kamen von dem Geleitträger *Tracker* und arbeiteten mit dem Zerstörer *Beagle* zusammen. Auch wenn diesen Kräften während des Krieges eine Versenkung zuerkannt wurde, zweifelt Niestlé dies an und erklärt, U355 sei aus unbekannten Gründen verlorengegangen.
- Am darauffolgenden Tag versenkte der Zerstörer *Keppel U360* mit Hedgehog-Geschossen. Das Boot stand unter dem Kommando von Klaus Becker, der zuvor den britischen Zerstörer *Obdurate* und das Liberty-Schiff *Fort Bellingham* beschädigt hatte. Es gab keine Überlebenden.
- Am dritten Tag, dem 3. April, wurde das neue *U288* unter Willi Meyer von einer Swordfish der Squadron 819 (von der *Activity*) und einer Gruppe von Wildcats und Avengers der Squadron 846 (von der *Tracker*) versenkt. Auch von diesem Boot gab es keine Überlebenden.

Die B-Boot-Führung bewertete die Erfolge wieder einmal sehr großzügig. Auf Grundlage von kurzen Berichten über den Kampfeinsatz des T-5 berechnete sie, daß die Nordmeer-Boote »neun Zerstörer« und »wahrscheinlich« »vier« weitere versenkt hätten, insgesamt also eine Zahl von vermutlich dreizehn versenkten Zerstörern. In Wirklichkeit hatte kein B-Boot ein Schiff des Geleitzugs JW 58 versenkt, welcher die Halbinsel Kola am 6. April erreichte. Dagegen hatten die Geleitschiffe dieses Konvois vier B-Boote *(U288, U355, U360, U961)* versenkt und sechs deutsche Flugzeuge abgeschossen.

Während JW 58 seinem Zielort zustrebte, schlug die massierte britische Task Force am 3. April gegen die im Altafjord liegende *Tirpitz* zu. Die Barracuda-Torpedobomber von der *Furious* und der *Victorious* meldeten 14 Treffer mit 230-Kilogramm- und 800-Kilogramm-Bomben. Diese Bomben richteten an den Deckaufbauten der *Tirpitz* beträchtlichen Schaden an und forderten 316 Verwundete und 122 Tote. Wegen dieses Angriffs mußte die *Tirpitz* erneut repariert werden und war weitere drei Monate außer Gefecht.

Anfang April mußte die Admiralität die Murmansk-Geleitzüge wieder einstellen, da es in arktischen Gewässern jetzt fast ununterbrochen Tag war und die nötigen Vorbereitungen für die Operation Overlord getroffen werden mußten. Am 7. und am 28. April verließen zwei stark gesicherte Konvois, RA 58 (36 Handelsschiffe) und RA 59 (45 leere Handelsschiffe), die Halbinsel Kola. Die B-Boote griffen beide Geleitzüge an und schossen eine Menge Torpedos, doch nur ein Boot erzielte einen Treffer. Dies war *U711* unter Hans-Günther Lange, der am

30. April das amerikanische, 7176 BRT große Liberty-Schiff *William S. Thayer* mit einem FAT aus dem Konvoi RA 59 herausschoß.

Die Geleitträger *Activity* und *Fencer* bildeten einen Teil des starken Geleits für RA 59, den letzten Geleitzug auf Heimatkurs. Flugzeuge der Squadron 842 von der *Fencer* versenkten am 1. und 2. Mai drei weitere neu eingetroffene Nordmeer-Boote. Diese waren das neue *U277* unter dem 27jährigen Robert Lübsen, *U674* unter dem 24jährigen Harald Muhs, und das neue *U959* unter dem 24jährigen Friedrich Weitz. Es gab keine Überlebenden.

Churchill hatte Stalin versprochen, die Briten würden ihm im Winter 1943/44 140 Schiffsladungen mit Kriegsmaterial zur Halbinsel Kola schicken. Tatsächlich schickten sie 188 Schiffe auf den Weg, womit sie ihre Zusage um 48 Schiffsladungen übertrafen. Von diesen Schiffen versenkten die B-Boote nur fünf Handelsschiffe (drei mit Fracht, zwei leere auf Heimatkurs) und zwei britische Zerstörer, die *Hardy II* und die *Mahratta,* und beschädigten den britischen Zerstörer *Obdurate*.

In den ersten fünf Monaten des Jahres 1944 befand sich der B-Boot-Verband des Nordmeers mit 30 Booten auf seinem Höchststand. Britische ASW-Einheiten versenkten 12 dieser Boote und das von Norwegen nach Frankreich fahrende *U961.*[1] Von den rund 650 Besatzungsmitgliedern dieser 13 Boote überlebten 311, die in Kriegsgefangenschaft gerieten.

Dönitz mißbilligte während des ganzen Krieges die Verlegung von B-Booten in das Polarmeer als Verschwendung von Ressourcen der Marine. Die Resultate dieser Verlegungen im Winter 1943/44 bestätigten seine Meinung eindeutig. Zu den verheerenden Verlusten unter den B-Booten müssen zudem auch der Verlust der *Scharnhorst* und die abermalige schwere Beschädigung der *Tirpitz* hinzugerechnet werden.

Das Mittelmeer

Als Ritterkreuzträger Werner Hartmann im Januar 1944 das Kommando über die im Mittelmeer stationierten B-Boote übernahm, richtete er sein Hauptquartier im französischen Château Costabelle ein, ungefähr 24 Kilometer außerhalb von Toulon. Der nach ihm in der Hierarchie zweitwichtigste Mann war Gunter Jahn (Crew 1931), Chef der 29. U-Flottille, der sich als Kommandant auf *U596* ein Ritterkreuz verdient hatte.

[1] Am 19. April versenkte das neue norwegische B-Boot *Ula* unter R. M. Sars (die in Großbritannien gebaute ehemalige *Varne*) das neue *U974* unter Heinz Wolff, der von Bergen mit Kurs auf Frankreich ausgelaufen war. Deutsche Einheiten retteten Wolff und sieben Mann seiner Besatzung.

Von Toulon aus B-Boot-Operationen durchzuführen, die schon immer gefährlich waren, gestaltete sich zunehmend schwieriger. Die Möglichkeit von alliierten Luftangriffen, die von Nordafrika, Sizilien oder dem italienischen Foggia aus geflogen werden konnten, hatte die Deutschen dazu gezwungen, Pläne für den Bau bombensicherer B-Boot-Bunker auszuarbeiten, ähnlich denen der fünf Atlantik-Stützpunkte. Da die Bauarbeiten erst kurz vor ihrem Abschluß standen, mußten die Deutschen die Mittelmeer-Boote in offenen Docks wieder instand setzen, die vor Luftangriffen nicht geschützt waren. Zudem sei die Bevölkerung Toulons den Deutschen gegenüber derart feindlich gesinnt, daß in dieser Gegend kein B-Boot-Fahrer auf Landurlaub seine Uniform trage, wie es in einem Geheimdienstbericht der Alliierten heißt. Die große Zunahme alliierter ASW-Patrouillen im Jahr 1944 durch Flugzeuge und Überwasserschiffe machte erfolgreiche Unternehmungen auf See nahezu unmöglich.

Die aus 13 Booten bestehende B-Boot-Streitmacht im Mittelmeer blieb im Januar 1944 erfolglos. Bei einem Angriff auf Pola vernichteten Bomber der Army Air Forces am 9. Januar ein Boot, *U81* unter Johann-Otto Krieg. Ein Neuankömmling, *U343* unter Wolfgang Rahn, wurde zwei Tage nach dem Durchfahren der Straße von Gibraltar beinahe versenkt.

Am späten Abend des 8. Januar ortete eine Wellington der britischen Squadron 179 *U343* bei Vollmond mit Radar. Der Pilot W. F. M. Davidson griff gegen schweres Flak-Feuer an und warf sechs Wasserbomben. Von der Flak durchsiebt, stürzte die Wellington ins Meer. Davidson wurde herausgeschleudert, der Rest der Flugzeugbesatzung kam ums Leben. Er fand ein Floß und wurde später von alliierten Einheiten gerettet.

Eine Catalina der britischen Squadron 202, angezogen von den Flak-Leuchtspuren, tauchte auf der Bildfläche auf und griff *U343* gegen starkes Flak-Feuer an. Der Pilot John Finch warf sechs Wasserbomben, doch auch seine Maschine wurde von der Flak stark beschädigt, und er mußte umkehren. Die Schäden an *U343* waren so groß, daß Rahn Toulon anlaufen mußte.

Im Januar waren drei neue Boote eingetroffen, darunter *U343;* weitere drei Boote kamen im Februar. Diese Neuzugänge erhöhten die Kampfstärke auf 19 Boote. Bei einem Luftangriff der Army Air Forces am 4. Februar auf Toulon wurden jedoch drei Boote beschädigt, Rahns *U343, U380* und *U642*.

Die Alliierten landeten am 22. Januar mit Truppen bei Anzio (Unternehmen Shingle). Daraufhin liefen alle verfügbaren B-Boote zu eigentlich aussichtslosen Missionen aus, um die Invasoren abzuwehren. Diese Boote waren mit T-5-Torpedos bestückt und hatten neue elektronische Geräte an Bord, beispielsweise das FuMB Naxos. Einige dieser Boote konnten Erfolge verbuchen:

- Im Februar versenkte das kampferprobte *U410* unter Ritterkreuzträger Horst-Arno Fenski drei alliierte Schiffe: den britischen Leichten Kreuzer *Penelope* mit 5270 Tonnen, das amerikanische *LST 348* (1625 Tonnen) und das Liberty-Schiff *Fort St. Nicolas* (7154 BRT).

- Paul Siegmann versenkte im Februar mit dem kürzlich eingetroffenen *U230* zwei britische Kriegsschiffe mit jeweils 1625 Tonnen: *LST 305* und *LST 418*.
- Max Dobbert versenkte mit dem neu eingetroffenen *U969* in der Nähe des algerischen Bône zwei amerikanische Liberty-Schiffe mit je 7176 BRT: die *George Cleeve* und die *Peter Skene Ogden*. Obwohl beide Schiffe auf den Strand auflaufen konnten, erklärte man sie zu Totalverlusten.
- Das kampferprobte *U407* unter dem neuen 24jährigen Kommandanten Hubertus Korndörfer torpedierte und beschädigte den britischen Tanker *Ensis* mit 6207 BRT.

Bemerkenswert erscheint, daß die alliierten ASW-Einheiten in den Monaten Januar und Februar keines der im Mittelmeer operierenden B-Boote versenkten. Somit blieb der B-Boot-Verband, zumindest auf dem Papier, bei einer Kampfstärke von 19 Booten. Im März trafen drei weitere Boote aus dem Atlantik ein,[1] was die Kampfstärke auf 22 Boote erhöhte.

Im März konnten drei Boote Erfolge verbuchen:

- Oskar Curio versenkte mit dem kürzlich eingetroffenen *U952* vor der Südostküste Siziliens das amerikanische Liberty-Schiff *William B. Woods* mit 7176 BRT.
- Waldemar Mehl, der dritte Kommandant auf dem kampferprobten *U371* (das erste Boot vom Typ VII im Mittelmeer), versenkte vor der Küste Nordafrikas nahe Bougie zwei Schiffe aus dem schnellen, in Neapel ausgelaufenen Konvoi SNF 17. Dies waren der amerikanische Frachter *Maiden Creek* mit 5013 BRT und der Truppentransporter *Dempo* mit 17 024 Tonnen. Die *Dempo* sank langsam, so daß nur wenige Menschen ums Leben kamen. Für diese und seine früheren Erfolge wurde Mehl das Ritterkreuz verliehen.[2]
- Peter Gerlach, der neue Kommandant des kampferprobten *U223,* versenkte einen britischen Zerstörer aus einer U-Jagdgruppe, die das Seegebiet nördlich von Sizilien absuchte. Dies war die *Laforey* mit 1935 Tonnen, die, wie weiter unten beschrieben wird, *U223* angegriffen hatte.

Im März vernichteten die Alliierten im Mittelmeer fünf B-Boote.

- Am 10. März versenkte der von R. R. Simpson geführte britische

---

[1] *U421* unter Hans Kolbus, *U466* unter Gerhard Thäter, *U471* unter Friedrich Kloevekorn.

[2] Zur Zeit der Auszeichnung beliefen sich seine bestätigten Treffer, die er alle im Mittelmeer mit *U371* erzielt hatte, auf neun versenkte Schiffe mit 41 317 Tonnen, einschließlich des amerikanischen Zerstörers *Bristol,* des britischen ASW-Trawlers *Jura* und des 700 Tonnen großen britischen Minensuchers *Hythe*. Hinzu kamen vier beschädigte Schiffe mit 28 072 BRT.

ASW-Trawler *Mull* vor Cagliari, Sardinien, das neu eingetroffene *U343* unter Wolfgang Rahn. Es gab keine Überlebenden.

• Am gleichen Tag vernichteten vier britische Zerstörer der Hunt-Klasse vor Anzio das kürzlich eingetroffene *U450* unter Kurt Böhme. Zwei der zu einer U-Jagdgruppe gehörenden Kriegsschiffe, die *Brecon* und die *Exmoor,* erhielten »zweifelhafte« Sonarortungen und griffen mit Wasserbomben an. In Wirklichkeit waren dies die Echos von *U450*. Die Wabos verursachten derart starke Beschädigungen und Wassereinbrüche, daß Böhme auftauchen mußte.

Als das Boot an die Oberfläche kam, eröffneten die *Brecon* und die *Exmoor* das Feuer aus den Geschützen. Böhme gab das Boot auf und versenkte es selbst. Die *Brecon* und ein anderer britischer Zerstörer, die *Urchin,* die sich der Jagd erst spät angeschlossen hatte, fischten alle 51 Mann der Besatzung von *U450* aus dem Wasser. Die Admiralität rechnete die Versenkung dieser U-Jagdgruppe an, der auch die *Blankney* und die *Blencathra* angehörten.

• Am folgenden Tag, dem 11. März, flogen die US Army Air Forces einen weiteren Angriff auf Toulon. Die Bomben demolierten zwei B-Boote: das Boot *U380* von Albrecht Brandi, der das Eichenlaub zum Ritterkreuz trug, und das Boot *U410* von Ritterkreuzträger Horst-Arno Fenski, der erst kurz zuvor den britischen Leichten Kreuzer *Penelope* versenkt hatte. Diese beiden prominenten Kommandanten entschieden sich, den Kampf auf See fortzusetzen. Brandi übernahm das neu eingetroffene *U967* (sein drittes Kommando); Fenski übernahm das kampferprobte *U371* von Waldemar Mehl, dem als bislang letztem Kommandanten das Ritterkreuz verliehen worden war. Mehl selbst kehrte nach Deutschland zurück.

• In den frühen Morgenstunden des 29. März ortete eine aus drei Schiffen bestehende britische U-Jagdgruppe, die die Region nördlich von Sizilien absuchte, Peter Gerlachs *U223*. Die drei Zerstörer, *Laforey, Tumult* und *Ulster,* leiteten eine etwa 20 Stunden dauernde hartnäckige Jagd ein. Tagsüber wurde die U-Jagdgruppe durch drei andere britische Zerstörer *(Blencathra, Hambleton* und *Wilton),* zwei US-Zerstörer *(Ericsson* und *Kearny)* und drei amerikanische PCs *(PC-264, PC-556, PC-558)* verstärkt. Bei dieser Jagd führten die verschiedenen alliierten Kriegsschiffe 22 separate Wasserbombenangriffe durch, doch Gerlach tauchte sehr tief (220 Meter), und das Boot überstand die Attacken.

Neben anderen Schwierigkeiten war eines der größten Probleme für Gerlach und seine Mannschaft der Sauerstoffmangel und der Batteriestrom. Gerlach tauchte in der Dunkelheit, nach etwa 25 Stunden unter Wasser, schließlich auf, führte dem Boot Frischluft zu und versuchte, mit Hilfe der Diesel abzulaufen und die Batterien aufzuladen. Vier britische Zerstörer *(Blencathra, Hambleton, Laforey* und *Tumult)* orteten *U223* und eröffneten das Feuer aus den Geschützen. Auf diese Weise in die Falle geraten, schoß Gerlach einen T-5 auf die *Laforey,* der traf und und das Schiff versenkte. Die anderen Schiffe retteten 69 Besatzungsmitglieder der *Laforey,* 189 Mann kamen ums Leben.

Gerlach kam zu dem Schluß, *U223* sei verloren. Er gab der Besatzung den Befehl, sich mit Schwimmwesten an Deck zu versammeln und das Boot aufzugeben. Ernst Scheid, der 21jährige Maschinist, der die Sprengsätze für die Selbstversenkung einstellte, war der letzte Mann, der von Bord ging. Kommandant Gerlach sagte zu Scheid, daß er, Gerlach, ohne sein Boot zu nichts nutze sei und daher beschlossen habe, mit ihm unterzugehen. Das Boot machte noch volle Fahrt, als Scheid und die anderen Deutschen über Bord sprangen. Die Zerstörer eröffneten ein vernichtendes Feuer auf *U223,* worauf sich das Boot plötzlich kreisförmig durch die im Wasser schwimmenden Männer bewegte. Die Schrauben und das Geschützfeuer töteten wahrscheinlich viele Deutsche. Die *Blencathra,* die *Hambleton* und die *Tumult* fanden nur 27 der 50 Deutschen, darunter Maschinist Scheid.

Ein hoher britischer Marineoffizier im Mittelmeer schickte den folgenden Funkspruch an alle an dieser Jagd beteiligten Schiffe:

> *Die Vernichtung von U233 an diesem Morgen war ein hervorragendes Beispiel für eine geschickt und entschlossen durchgeführte Jagd, und alle Beteiligten haben sich hervorragend bewährt. Ich bin sicher, Sie werden mit mir über den Verlust der HMS Laforey trauern, dem Führungsschiff bei diesem Angriff, einem Verlust im Augenblick des Sieges.*

Im April wurden die Mittelmeer-Boote durch ein weiteres aus dem Atlantik kommendes Boot verstärkt.[1] Dennoch gingen im April abermals zwei Boote verloren, was die Kampfstärke auf 15 B-Boote reduzierte. Einer der Verluste im April war das kurz zuvor eingetroffene *U455* unter Hans-Martin Scheibe. Einige Zeit nach dem 6. April verschwand das Boot spurlos, und sein Verlust bleibt ein Rätsel.

Ein weiterer B-Boot-Verlust im April war ein kurz zuvor eingetroffenes Boot, *U421* unter Hans Kolbus. Am 29. April flogen die Army Air Forces einen weiteren großangelegten Luftangriff auf Toulon – dieses Mal mit 480 Bombern –, der dieses an der Pier vertäute Boot zerstörte und Herbert Brünnings *U642* ein zweites Mal beschädigte.

Im April erzielten die Mittelmeer-Boote nur zwei bestätigte Erfolge. Vor Alexandria griff das kampferprobte *U407,* das seit Januar Hubertus Korndörfer unterstand, den stark gesicherten einlaufenden Geleitzug

[1] *U960* unter dem Kommando von Günter Heinrich.

UGS 37 an (60 Handelsschiffe und sechs LST-Panzerlandungsschiffe). Er torpedierte zwei amerikanische Liberty-Schiffe. Eines davon, die *Meyer London* (7210 BRT), ging unter. Das andere, die *Thomas G. Masaryk* (7176 BRT), wurde zwar nach Alexandria geschleppt, jedoch zum Totalverlust erklärt.

Unter den vielen Vorkehrungen, um die Invasion der Alliierten im besetzten Frankreich abzuwehren, war ein wenig bekanntes Projekt, mit dem »Kleinkampfmittel« geschaffen werden sollten. Entwickelt wurde das Projekt von dem deutschen Admiral Hellmuth Heye. Diese bewaffneten Einheiten umfaßten Ein-Mann-»Zwerg«-B-Boote, Zwei-Mann-»Zwerg«-B-Boote und kleine funkgelenkte Schnellboote.

Die Deutschen produzierten zwei Typen von Klein-B-Booten, *Neger*[1] und *Marder,* in Serie. Diese bestanden aus zwei übereinander montierten G7 e (elektrischen) Torpedos. Der Fahrer »ritt« auf dem oberen (»Mutter«-)Torpedo, der mit einem Cockpit und einer Kunststoffglaskuppel anstelle des Sprengkopfes ausgestattet war. Der Fahrer klinkte den unteren, scharfgemachten (»Kind«-)Torpedo in Richtung eines Ziels aus. Der *Marder* war eine geringfügig größere Version des *Neger.* Die Deutschen fertigten schätzungsweise 200 *Neger* und 300 *Marder.* Ein dritter Prototyp, *Hai,* kam nicht mehr in die Produktion.

Die Ein-Mann-Kleinst-B-Boote *Biber* und *Molch* waren sehr viel komplexer. Beide Boote trugen zwei scharfe Torpedos, und beide konnten wie ein B-Boot tauchen und über oder unter Wasser fahren. Für die Fahrt über Wasser war der *Biber* mit einem Benzin-Motor ausgestattet. Der *Molch* wurde rein elektrisch angetrieben. Die Deutschen bauten 324 *Biber* und 383 *Molche*, doch diese kleinen Fahrzeuge erwiesen sich als zu komplex in der Handhabung, und überdies waren sie keinesfalls hochseetüchtig.

Noch ausgeklügelter waren die Kleinst-B-Boote *Hecht* und *Seehund* für eine Zwei-Mann-Besatzung, die B-Boot-Kennzeichnungen trugen. Der 10,4 Meter lange und zwölf Tonnen schwere *Hecht* trug einen Torpedo oder Haftminen. Die Deutschen bauten 53 *Hechte (U2111 – U2113* und *U2251 – U2300)*, doch diese Boote wurden alle als Schulboote eingesetzt. Der etwas größere, 11,9 Meter lange und 15 Tonnen schwere *Seehund* trug zwei Torpedos oder Minen. Die Deutschen planten, 1000 *Seehunde* zu bauen, stellten jedoch bis Kriegsende nur 285 fertig *(U5501 – U5786)*.

Ein völlig unausgereiftes »Kleinkampfmittel« war das funkgesteuerte Schnellboot *Linse.* Ungefähr 4,5 Meter lang und aus Holz gebaut, waren diese Boote mit 450-Kilogramm-Sprengsätzen bestückt. Die leicht gebauten Boote wurden paarweise eingesetzt. Freiwillige steuerten zwei

---

[1] *Neger* war eine rassistische Anspielung und ein Wortspiel auf den Nachnamen des Konstrukteurs, Richard Mohr.

Boote nahe zum Ziel und sprangen dann über Bord. Ein drittes, als »Mutter« oder »Pilot« fungierendes Schnellboot fischte die Fahrer auf und steuerte die beiden führerlosen Boote per Funk weiter bis zum Ziel.

Am 21. April fand im Mittelmeer der erste Kampfeinsatz der »Kleinkampfmittel« statt. 37 »Mutter-Kind«-Torpedos vom Typ *Neger* starteten von einem Strand aus, der in der Nähe des alliierten Landekopfes um Anzio lag und von den Deutschen belagert wurde. Die *Neger* sollten die Schiffahrt vor Nettuno angreifen. 14 *Neger* liefen auf einer Sandbank auf und wurden dort zurückgelassen. Die anderen 23 führten Angriffe durch, doch keines der Klein-B-Boote hatte Erfolg. Nur 13 der 37 *Neger* kehrten zu ihrer Basis zurück. In einem Bericht der Briten über die Verhöre deutscher Kriegsgefangener über diese »Kleinkampfmittel« heißt es:

> *Die Gefangenen waren alle sehr jung; ihr Alter schwankte zwischen 17 und 22 Jahren. Keiner von ihnen war größer als etwa 1,70 Meter,*[1] *und alle waren körperlich in sehr guter Verfassung. Sie waren von normaler Intelligenz und sehr auf ihre Sicherheit bedacht. Zum Dienst in dieser neuen Waffengattung hatten sich alle freiwillig gemeldet.*

Bis zum 1. Mai führten die im Mittelmeer stationierten B-Boote nur noch einen Kampf ums nackte Überleben. Da es dringend erforderlich war, alle verfügbaren Boote des Typs VII in Norwegen und Frankreich zusammenzuziehen und dadurch die alliierten Invasoren abzuwehren, schickte die Führung in Berlin keine B-Boote mehr ins Mittelmeer. Jene B-Boote der ingesamt 15 verbliebenen des Verbands, die noch einsatzfähig waren, sahen sich immer stärkeren ASW-Maßnahmen ausgesetzt. Und aufgrund der erhöhten Zahl an alliierten ASW-Schiffen für U-Jagdgruppen war es wahrscheinlich, daß B-Boote bis zum Äußersten gejagt wurden, wie das versenkte *U223*.

Das kampferprobte Mittelmeer-Boot *U371* unter Ritterkreuzträger Horst-Arno Fenski (er führte zuvor das Kommando auf dem bei einem Luftangriff zerstörten *U410*) lief am 23. April von Toulon aus und sollte an der afrikanischen Küste nahe Algier patrouillieren. Wie Fenski stammte der Großteil der anderen 52 Besatzungsmitglieder von *U410*. Neu bei dieser Feindfahrt von *U371* war allerdings der Erste Wachoffizier Mueller. Er hatte seine Jugend in Kalifornien verbracht und die Junior High School in Los Angeles besucht.

---

[1] Wahrscheinlich wurden sie aus diesem Grund ausgewählt, damit sie in dem winzigen Cockpit mit der starren Kunststoffglaskuppel Platz hatten.

In den frühen Morgenstunden des 3. Mai lief Fenski mit *U371* über Wasser, um die Batterien aufzuladen. In der Nähe von Bougie stieß er auf einen sehr großen Geleitzug. Dies war der in die Staaten fahrende Konvoi GUS 38 (107 leere Handelsschiffe), gesichert von 14 Geleitschiffen. Fenski tauchte und schoß aus einem Heckrohr einen T-5 auf einen »Zerstörer«. Der Torpedo traf den mit Männern der Coast Guard bemannten US-Geleitzerstörer *Menges* (1200 Tonnen). Bei dem Angriff kamen 31 Mann um, 25 wurden verwundet, und das Heck des Schiffes wurde demoliert. Der britische Schlepper *Aspirant* und der freifranzösische Schlepper *Bombardier* brachten die *Menges* im Schlepptau nach Bougie. Später schleppte der amerikanische Marine-Schlepper *Carib* das Schiff nach New York.[1]

Fenski ging auf Tiefe und kroch in Richtung Küste. Andere Geleitschiffe orteten *U371* mit Sonar und belegten das Boot mit zahlreichen Wasserbomben, die Schäden und Wassereinbrüche verursachten. Das Boot war getaucht, ohne die Batterien ganz aufzuladen, so daß der Batteriestrom schnell verbraucht war. Trotz der starken Wassereinbrüche ging Fenski behutsam auf 230 Meter hinunter und lag den ganzen Tag und bis weit in die Nacht hinein geräuschlos auf dem Meeresgrund. Am frühen Morgen des 4. Mai, als das Wasser im Inneren von *U371* »knietief« stand, löste Fenski das Boot aus dem Schlamm und tauchte auf.

Sechs alliierte Kriegsschiffe hatten sich mittlerweile an der Stelle versammelt: zwei US-Geleitzerstörer, die *Joseph E. Campbell* und die *Pride* (ein weiteres mit Besatzungen der Coast Guard bemanntes Kriegsschiff), der amerikanische Minensucher *Sustain,* der britische Zerstörer *Blankney* und zwei freifranzösische Zerstörer, die *L'Alcyon* und die *Senegalais.* Diese Schiffe liefen in der Dunkelheit mit feuernden Geschützen auf das fliehende *U371* zu. In seiner Verzweiflung schoß Fenski einen T-5-Hecktorpedo. Dieser traf und beschädigte die *Senegalais* (1300 Tonnen) und tötete 49 Mann der 179köpfigen Besatzung. Das Schiff überstand jedoch den Angriff, und die *L'Alcyon* schleppte es nach Bougie.

Fenski sah, daß eine Flucht aussichtslos war, und befahl der Besatzung, sich an Deck zu sammeln und das Boot zu fluten. Der Maschinist Ferdinand Ritschel und ein Matrose gingen unter Deck, um die Ventile der Ballasttanks zu öffnen. Sie kamen nicht wieder zurück. Der amerikanische Minensucher *Sustain*, der Geleitzerstörer *Campbell* und ein anderes amerikanisches Schiff fischten 46 Überlebende, darunter Fenski, aus dem Wasser und brachten sie nach Algier. Die *Senegalais* nahm

---

[1] Bemerkenswert ist, daß es die Techniker der Marine schafften, das Heck des Geleitzerstörers *Holder,* der den Bug bei einem Angriff der Luftwaffe im Mittelmeer verloren hatte, an den Bug der *Menges* anzusetzen und so wieder ein komplettes Schiff zu bekommen. Im November 1944 wurde die *Menges* im Atlantik wieder für den Geleitschutz von Konvois eingesetzt.

drei Deutsche auf und brachte sie nach Bougie. Drei Deutsche kamen um.

GUS 38 setzte die Fahrt mit Westkurs nach Gibraltar fort. In den frühen Morgenstunden des 5. Mai schoß der prominente Kommandant Albrecht Brandi von *U967*, das er neu übernommen hatte, einen T-5 ab und traf ein weiteres Kriegsschiff, den amerikanischen Geleitzerstörer *Fechteler*. Das Schiff explodierte, brach mittschiffs in zwei Teile und war eine halbe Stunde später gesunken. Der Geleitzerstörer *Laning* und andere Schiffe retteten 186 Mann; 26 waren verwundet, 29 Mann starben.

Brandi erklärte nach seiner Rückkehr in Toulon, er habe zwei »Zerstörer« und einen 5000 BRT großen Frachter versenkt. Es wurde jedoch nur der Geleitzerstörer *Fechteler* bestätigt. Trotzdem zeichneten ihn Hitler und Dönitz mit weiteren hohen Ehren aus: Schwerter zum Ritterkreuz mit Eichenlaub. Diese Auszeichnung verschaffte Brandi einen Platz in der Elite deutscher B-Boot-Fahrer, zu der unter anderem Otto Kretschmer, Wolfgang Lüth, Reinhard Suhren und Erich Topp gehörten.

Zur Zeit der Verleihung dieser hohen Auszeichnung konnte Brandi wahrlich beeindruckende Versenkungszahlen vorweisen: 26 versenkte Schiffe mit etwa 100 000 Tonnen und 13 beschädigte Schiffe mit ebenfalls rund 100 000 Tonnen. Die gemeldeten Versenkungen umfaßten 10 bedeutende Kriegsschiffe: 2 Leichte Kreuzer und 8 Zerstörer. Da Schiffe und Tonnagezahlen von im Mittelmeer versenkten Fahrzeugen für Auszeichnungen verdoppelt wurden und versenkte Kriegsschiffe zusätzlich Punkte einbrachten, qualifizierte sich Brandi mit Leichtigkeit für die Schwerter. Dennoch blieben seine wirklichen (bzw. bestätigten) Versenkungen weiterhin überraschend niedrig: im ganzen Krieg insgesamt zwölf Schiffe mit etwa 32 000 Tonnen. Von diesem Dutzend wurden nur vier als Kriegsschiffe klassifiziert: zwei Geleitzerstörer (die britische *Puckeridge* mit 1050 Tonnen und die amerikanische *Fechteler* mit 1300 Tonnen), ein Minenleger (die britische *Welshman* mit 2650 Tonnen) und ein Hochseeschlepper (die britische *St. Issey* mit 810 Tonnen).

Neun Tage später, am 14. Mai um 4 Uhr, stieß Ritterkreuzträger Siegfried Koitschka mit dem kampferprobten *U616* vor dem zwischen Algier und Oran gelegenen Kap Tenes auf den nächsten westwärts laufenden Geleitzug, GUS 39. Er schoß T-5-Torpedos und beschädigte zwei britische im Ballast fahrende Schiffe, den Tanker *G. S. Walden* (10 627 BRT) und das Liberty-Schiff *Fort Fidler* (7127 BRT).

Vier moderne US-Kriegsschiffe scherten aus dem Konvoi aus und begannen mit der Jagd auf das B-Boot: der Zerstörer *Hilary P. Jones* und die Geleitzerstörer *Bostwick, Bronstein* und *Vance,* letzterer mit einer Mannschaft der Coast Guard bemannt. Nach einer achtstündigen Jagd bekam die *Hilary P. Jones* einen Sonarkontakt (kurz nach 12 Uhr), doch die beiden Angriffe des Zerstörers blieben erfolglos.

An diesem Nachmittag führte das britische Marinekommando die »Operation Swamp«[1] durch – die unerbittliche Jagd auf *U616*. Zu diesem Zweck blieb die *Hilary P. Jones* vor Ort. Ihr schlossen sich zwei amerikanische U-Jagdgruppen an; eine bestand aus drei Zerstörern *(Gleaves, Macomb, Nields)* und eine andere aus vier Zerstörern *(Ellyson, Emmons, Hambleton, Rodman)*. Zudem kamen zahlreiche mit Leigh Light ausgerüstete Wellington-Bomber der britischen Squadron 36 zum Einsatz.

In der Nacht des 14. Mai tauchte Koitschka gegen 23 Uhr auf, um die Batterien aufzuladen. Daraufhin griff ihn eine Wellington gegen das Abwehrfeuer seiner 2-cm-Flak an. Der Pilot J. M. Cooke trieb das Boot mit sechs Wasserbomben unter Wasser und alarmierte dann die Zerstörer. Ungefähr eine Stunde später kam das am nächsten stehende Schiff, die *Ellyson,* heran, bekam eine deutliche Sonarortung und griff *U616* mit weiteren Wasserbomben an. Die Wabos der Wellington und der *Ellyson* beschädigten einen Treibstofftank von *U616,* wodurch das B-Boot eine Ölspur hinter sich herzog, die bei Sonnenaufgang gut sichtbar war.

Koitschka ging mit *U616* auf Tiefe, während die alliierten ASW-Einheiten die Jagd fortsetzten. Am 15. Mai blieb er tagsüber mit dem Boot praktisch unbeweglich unter Wasser. Bei Einbruch der Nacht waren die Batterien fast leer, und auch die Luft im Boot war schlecht geworden. Deshalb tauchte er gegen Mitternacht auf. Zwei weitere mit Leigh Light ausgerüstete Wellington-Bomber der britischen Squadron 36 orteten *U616* mit Radar und trieben es erneut unter Wasser. Koitschka konnte jedoch später unentdeckt auftauchen und die Batterien aufladen.

Am 16. Mai ging Koitschka tagsüber wieder auf Tiefe und blieb dort reglos liegen. Dadurch verloren die alliierten Jäger den Kontakt. Gegen 21 Uhr tauchte er wieder auf und wollte erneut die Batterien aufladen. Doch eine Stunde später bekam eine andere Wellington der britischen Squadron 36 mit dem Piloten H. R. Swain einen Radarkontakt und trieb das Boot mit Wasserbomben wieder unter Wasser.

Unmittelbar nach dem Angriff der Wellington lief die Zerstörer-Gruppe (außer der *Hilary P. Jones*) diese Position mit hoher Geschwindigkeit an. Kurz nach Mitternacht am 17. Mai tauchte Koitschka nochmals auf, um die Batterien aufzuladen. Der Zerstörer *Macomb* ortete das Boot mit Radar, leuchtete es dann mit einem Suchscheinwerfer an und eröffnete mit den Hauptgeschützen das Feuer. Koitschka befahl Alarmtauchen und entkam mit heftigem Manövrieren, doch die *Macomb* und die *Gleaves* blieben ihm auf den Fersen und griffen mit Wasserbomben an. Die anderen fünf Zerstörer schlossen sich an und warfen ebenfalls Wasserbomben. Um ungefähr 8 Uhr – 76 Stunden, nachdem Koitschka die beiden britischen Frachter aus dem Geleitzug

[1] Die Bezeichnung der US-Navy war »Operation Monstrous«.

GUS 39 torpediert und beschädigt hatte – warf die *Hambleton* eine Salve von Wasserbomben, die auf eine Tiefe von 180 Metern eingestellt waren. Diese Salve brachte *U616* an die Meeresoberfläche.

Einige Zerstörer, deren Geschütze feuerbereit waren, eröffneten das Feuer. Koitschka gab das Boot auf und ließ die Flutventile öffnen. Die *Ellyson* und die *Rodman* retteten die gesamte deutsche Besatzung – sechs Offiziere und 47 Matrosen – und beendeten damit die längste und härteste B-Boot-Jagd dieses Krieges.

Wie Albrecht Brandi hatte Ritterkreuzträger Koitschka eine beeindruckende Liste von Versenkungen vorzuweisen. Den alliierten Verhörspezialisten erzählte er, er habe »ungefähr 45000 Tonnen Schiffsraum« versenkt, darunter »neun Zerstörer, zwei U-Boote und zwei Landungsschiffe«. Auch seine Angaben in den Aufzeichnungen der Deutschen waren eindrucksvoll: sechs Zerstörer, zwei Panzerlandungsschiffe (LST), zwei italienische B-Boote und sieben Frachter versenkt oder wahrscheinlich versenkt. Doch ebenso wie bei Brandi war Koitschkas bestätigte Trefferquote überraschend niedrig: ein mit Sicherheit versenkter Zerstörer (der Amerikaner *Buck*), ein »wahrscheinlich versenktes« Panzerlandungsschiff und die Beschädigung zweier britischer Frachter aus dem Geleitzug GUS 39, was unmittelbar darauf zum Verlust von *U616* führte.

Am 17. Mai liefen die sieben Zerstörer der Operation Swamp/Monstrous Mers-el-Kébir an, den Seehafen von Oran. Gegen 13 Uhr meldete der Zerstörer *Ellyson,* der die meisten der Überlebenden von *U616* an Bord hatte, drei Torpedos hätten das Schiff am Heck verfehlt. Diese wurden von dem neuesten und letzten B-Boot abgeschossen, welches in das Mittelmeer eingefahren war: *U960* unter Günter Heinrich, der die Straße von Gibraltar am 9. Mai passiert hatte. Er tauchte ungefähr 180 Meter tief und machte sich vorsichtig nach Toulon davon.

Die Alliierten leiteten sofort eine neue Swamp/Monstrous-Operation ein. Fünf amerikanische Zerstörer *(Benson, Ludlow, Madison, Niblack* und *Woolsey)* verließen Mers-el-Kébir, und Flugzeuge der britischen Squadrons 36 und 500 des Coastal Command stiegen in großer Zahl auf. Nach Einbruch der Dunkelheit tauchte Heinrich mit *U960* auf und setzte die Fahrt nach Toulon fort. Eine Wellington der Jagdgruppe mußte wegen technischer Defekte umkehren, doch eine andere Maschine der Squadron 36 stieß in den frühen Morgenstunden des 18. Mai »zufällig« auf *U960* und trieb das Boot unter Wasser.

Die alliierten Einheiten liefen an der von der Wellington gemeldeten Position zusammen, fanden von dem B-Boot aber keine Spur. Am späten Abend des gleichen Tages erhielt eine andere Wellington der britischen Squadron 36 eine Radarortung, und der Pilot, der Kanadier K. H. N. Bulmer, gab Alarm. Heinrich tauchte, doch als er drei Stunden später, am 19. Mai gegen 1.30 Uhr, wieder auftauchte, um die Batterien aufzuladen, kreisten die kanadischen Flieger mit der Wellington noch immer am Himmel. Bulmer funkte nochmals Alarm und warf diesmal für die nicht weit entfernten Zerstörer *Ludlow* und *Niblack* beleuchtete Markierungsbojen ab.

Bei einer Reihe von Angriffen, die über vier Stunden hinweg mit Bedacht und Besonnenheit durchgeführt wurden, deckten die *Ludlow* und die *Niblack U960* mit Wasserbomben ein. Diese beschädigten das Boot schwer, und Heinrich mußte auftauchen und das Boot versenken. Als er gegen 7 Uhr an die Oberfläche kam – 42 Stunden nach dem Schuß auf die *Ellyson* –, eröffneten die *Ludlow* und die *Niblack* das Feuer aus den Hauptgeschützen, und eine kanadische Ventura der britischen Squadron 500 mit dem Piloten E. A. K. Munday griff mit Wasserbomben an. Dann endlich näherte sich die *Niblack* dem aufgegebenen Hulk von *U960* und gab dem Boot mit Wasserbomben den Rest. Die *Niblack* und die *Ludlow* retteten 20 der 51 Besatzungsmitglieder von *U960,* darunter den verwundeten Heinrich und drei andere Offiziere.

Ebenfalls am 19. Mai konnten die B-Boote im Mittelmeer einen letzten Erfolg verbuchen. Vor dem »Zeh« Italiens im Ionischen Meer versenkte das kampferprobte *U453* unter Dierk Lührs aus dem regionalen Konvoi HA 43 mit einem Dreier-Fächer das 7147 BRT große Liberty-Schiff *Fort Missanabie.* Drei britische Zerstörer schlugen mit Wasserbomben und Hedgehog-Geschossen zurück: die *Liddesdale,* die *Tenacious* und die *Termagant.* Lührs tauchte auf den Meeresgrund hinab (179 Meter) und lag dort geräuschlos die ganze Nacht vom 19. bis zum 20. Mai. In der Annahme, er könne entkommen, ließ er *U453* am folgenden Tag bei Sonnenaufgang vom Grund aufsteigen und wagte die Flucht. Die britischen Kriegsschiffe lagen jedoch auf Lauer und leiteten gegen Mittag eine schonungslose Angriffswelle mit Wasserbomben ein, die ungefähr zwölf Stunden andauerte.

Diese Wabos beschädigten *U453* schwer, und Lührs mußte kurz nach Mitternacht am 21. Mai auftauchen und das Boot fluten. Als die 51 Besatzungsmitglieder über Bord sprangen, eröffneten die Zerstörer das Feuer aus den Hauptgeschützen und erzielten mehrere Treffer, bevor das B-Boot verschwand. Das Geschützfeuer tötete einen Deutschen. Die *Tenacious* und die *Termagant* fischten 15 Mann auf und brachten sie nach Tarent; die *Liddesdale* rettete die übrigen 34 Deutschen und brachte sie nach Palermo.

Die Versenkung der *Fort Missanabie* war der letzte bestätigte Erfolg der B-Boote im Mittelmeer. Vom 1. Juni an befanden sich die restlichen elf Boote wegen Reparaturen von Gefechtsschäden und dem Einbau von Schnorcheln hauptsächlich in den Docks. Keines überstand den Krieg. Luftangriffe der Army Air Forces am 5. Juli und am 6. August auf Toulon zerstörten fünf Boote *(U471, U586, U642, U952* und *U969).* Nach der am

15. August erfolgenden Invasion von Südfrankreich (Unternehmen Dragoon) wurden drei weitere B-Boote in oder vor Toulon durch Selbstversenkung vernichtet *(U230, U466* und *U967)*. Im September zerstörten Streitkräfte der Alliierten die übriggebliebenen drei Boote (*U407, U565, U596;* alle waren bei Salamis stationierte Schnorchelboote).

Insgesamt hatten während des Krieges 62 B-Boote des Typs VII auf der Fahrt ins Mittelmeer die Straße von Gibraltar passiert. Von diesen Booten überstand kein einziges den Krieg. Die Boote führten ihre Unternehmungen unter sehr gefährlichen Bedingungen durch und versenkten die bestätigte Gesamtzahl von 37 Kriegsschiffen und 137 Handelsschiffen mit ungefähr 503 000 BRT. Die bestätigten Kriegsschiffe:

1 Schlachtschiff (HMS *Barham*)
2 Flugzeugträger (HMS *Ark Royal* und *Eagle*)
4 Kreuzer (HMS *Galatea, Hermione, Naiad* und *Penelope*)
1 großer Minenleger (HMS *Welshman*)
16 Zerstörer oder Geleitzerstörer[1]
1 Fregatte (HMS *Cuckmere*)
1 Sloop (HMAS *Parramatta*)
1 Korvette (HMS *Silvia*)
3 Minensuchboote (HMS *Hebe* und *Hythe;* USS *Skill*)
5 LST (Panzerlandungsschiffe: vier britische, ein amerikanisches)
2 ASW-Trawler (HMS *Vissiliki* und *Jura*)

Feindfahrten aus dem und in den Fernen Osten

Im Zeitraum vom 1. Januar bis 1. Juni 1944 entsandte die B-Boot-Führung 16 Boote in den Fernen Osten und acht Boote *aus* dem Fernen Osten[2] nach Frankreich. Diese Boote transportierten Nachschub zu dem deutschen B-Boot-Stützpunkt in Penang und von dort wichtige Rohstoffe wie Gummi, Zinn, Wolfram, Chinin und Opium nach Frankreich. Einige führten unterwegs Feindfahrten gegen Schiffe durch, doch nur acht der 24 Boote beendeten ihre Missionen. Bei einem weiteren großen Gemetzel unter den B-Booten versenkten die alliierten ASW-Streitkräfte elf Boote und zwangen fünf, die Fahrt abzubrechen.

---

[1] Zwölf britische Schiffe: *Blean, Gurkha II, Grove, Heythrop, Holcombe, Jaguar, Laforey, Martin, Partridge, Puckeridge, Quail* und *Tyndale*. Drei amerikanische Schiffe: die *Bristol, Buck* und *Fechteler*. Ein holländisches Schiff: die *Isaac Sweers*.

[2] Darunter *U178,* das am 27. November 1943 in Penang mit Kurs auf Frankreich auslief.

Um die außerordentlich langen Fahrten dieser Boote zu ermöglichen, beorderte die B-Boot-Führung, wie beschrieben, den deutschen Tanker *Charlotte Schliemann* auf eine günstige Position im Indischen Ozean. Die Alliierten erfuhren von diesen Plänen durch Enigma-Entzifferungen. Sie schickten eine kleine britische U-Jagdgruppe, die aus dem Leichten Kreuzer *Newcastle* und dem Zerstörer *Relentless* bestand, an den Ort des Geschehens. In der Nacht vom 11. auf den 12. Februar eröffnete die *Relentless,* verstärkt durch sieben britische Catalinas von Mauritius, das Feuer auf die *Charlotte Schliemann,* worauf die Deutschen ihr Schiff aufgaben und versenkten. Die Briten fischten 41 Besatzungsmitglieder des Tankers aus dem Wasser.[1]

Der Verlust dieses Tankers unterbrach die deutschen Operationen im Indischen Ozean und sorgte für ein Durcheinander. Das erste B-Boot, das die Auswirkungen zu spüren bekam, war *U532* vom Typ IXC/40 unter dem Kommando von Otto-Heinrich Junker. Er war am 4. Januar in Penang mit Kurs auf Frankreich ausgelaufen. An Bord hatte er eine Ladung Zinn, Gummi, Wolfram, Chinin und Opium. Auf der Heimfahrt entlang der indischen Küste versenkte er das amerikanische Liberty-Schiff *Walter Camp* (7200 BRT) und den britischen Frachter *Triona* (7300 BRT). Doch um die Heimat zu erreichen, mußte er nachtanken.

Am 12. Februar tauchte Junker an der vereinbarten Position für das Rendezvous mit der *Charlotte Schliemann* auf. Vier Tage später meldete er der B-Boot-Führung, er habe keinen Tanker gefunden, jedoch zwei Catalinas gesichtet. Dies führte zu der Vermutung, der Gegner habe von dem Treffen erfahren und die *Charlotte Schliemann* sei verloren. Dennoch gab die B-Boot-Führung *U532* Anweisungen für ein am 19. Februar geplantes neues Rendezvous mit diesem Tanker. Für den Fall, daß der Tanker verlorengegangen sein sollte, befahl die B-Boot-Führung Wilhelm Spahr, der mit *U178,* einem Fern-B-Boot vom Typ IXD2, und einer Ladung Fracht ebenfalls nach Frankreich zurückkehrte, die Position des Treffens anzulaufen und an Junker Treibstoff abzugeben; danach sollte er die Fahrt nach Frankreich fortsetzen.

Am 22. Februar meldete Junker, er könne die *Charlotte Schliemann* nicht finden und gehe davon aus, daß das Schiff verloren sei. Die B-Boot-Führung war mit ihm einer Meinung und wies den Überwassertanker *Brake,* den letzten deutschen Tanker im Indischen Ozean, an, die B-Boote bei einem neuen Treffen ungefähr am 11. März mit

[1] Hier nutzten die Briten Enigma-Entzifferungen skrupellos aus, um einen taktischen Erfolg zu erzielen. Britische Historiker haben Admiral King wegen ähnlicher Vorgehensweisen scharf kritisiert. Weitere Beispiele für solche Usancen bei den Briten sind reichlich vorhanden. Siehe den britischen Feldzug gegen die Versorgungsschiffe der *Bismarck* sowie gegen die einlaufenden deutschen Blockadebrecher.

Nachschub zu versorgen. Junker von *U532* hatte etwas Treibstoff von Spahrs Boot *U178* erhalten, doch nicht genug, um Frankreich zu erreichen. Er sollte daher mit der *Brake* zusammentreffen und bei ihr nachtanken, gemeinsam mit drei anderen IXC/40-Booten *(U168, U183* und *U188).* Auch diese Boote waren, von Penang kommend, mit Zinn, Gummi, Wolfram, Chinin und Opium beladen, auf dem Weg nach Frankreich.

U168 unter dem Kommando von Helmut Pich war am 28. Januar von Penang ausgelaufen. Nach fünf Tagen auf See erkrankte der Erste Wachoffizier Hans-Georg Stenger an einer Blinddarmentzündung, und Pich mußte nach Penang umkehren. Am 7. Februar lief er wieder aus mit einer Ladung, die, wie er sich erinnerte, aus etwa 100 Tonnen Zinn, Wolfram, Chinin und Opium bestand. Auf der Feindfahrt in Richtung Heimat hatte Pich zwei Schiffe versenkt (das britische Werkstattschiff *Salviking* mit 1440 BRT und einen griechischen Frachter mit 4385 BRT) und den norwegischen Tanker *Fenris* mit 9804 BRT beschädigt.

Am 9. Januar war *U188* unter Siegfried Lüdden von Penang mit einer ähnlichen Fracht ausgelaufen. Auf dem Rückmarsch über das Arabische Meer und den Golf von Aden erzielte er, was diesen Zeitraum des Kriegs anging, erstaunliche Resultate: Er versenkte mit Torpedos sieben bestätigte britische Frachter mit 42 500 BRT, zudem mit den Flak-Kanonen und durch Rammung sieben mit Baumwolle beladene Dhaus (Segelboote).[1] Nach Lüddens Bericht sprach sich Dönitz sofort für die Verleihung eines Ritterkreuzes aus.[2]

Am 10. Februar war *U183* unter Fritz Schneewind mit der üblichen Fracht von Penang ausgelaufen. Bei seiner Fahrt über die Malediven und Ceylon (Sri Lanka) attackierte er zwei britische Schiffe. Am 29. Februar hatte er den Frachter *Palma* (5400 BRT) versenkt. Am 9. Mai torpedierte er den Tanker *British Loyalty* (6993 BRT), der vor dem Addu-Atoll (Malediven) ankerte. Das Schiff geriet in Brand und sank auf den

---

[1] In der Nähe Lüddens operierten einige japanische B-Boote bei ihren letzten Beutezügen im Indischen Ozean. Am 12. Februar versenkte Toshiaki Fukumura von *I27* den 7500 Tonnen großen britischen Truppentransporter *Khedive Ismail* aus einem schwach gesicherten Geleitzug. Dabei kamen 1000 Menschen ums Leben, darunter Marinehelferinnen und Krankenschwestern. Nach dieser Tragödie versenkten zwei der drei Geleitschiffe, die Zerstörer *Petard* und *Paladin, I27.* Die Alliierten beschuldigten die Japaner, daß japanische Kommandanten bei dieser Operation (Kazuro Ebato von *RO111,* Tatsunosuke Ariizumi von *I8,* Denshiki Nakagawa von *I37* und T. Kusaka von *I26*) zahlreiche Überlebende ermordet hätten; betroffen waren Schiffbrüchige des britischen Frachters *Daisy Moller,* des Tankers *British Chivalry,* des holländischen Frachters *Tjisalak* und des amerikanischen Liberty-Schiffes *Richard Hovey*.

[2] Zur Zeit der Auszeichnung betrug seine bestätigte Trefferquote acht Frachter mit ungefähr 51 000 BRT. Hinzu kamen der britische Zerstörer *Beverly* sowie die sieben Dhaus und die Beschädigung eines 10 000 BRT großen Tankers.

Meeresgrund. Alle Anstrengungen, das Schiff zu bergen, scheiterten, und es wurde abgewrackt.

Das erste Boot, das mit der *Brake* zusammentraf, war Lüddens *U188*. Am 12. März versorgte er sich und tankte nach. Dann machte er sich sofort wieder auf die Fahrt nach Bordeaux. Als nächstes traf Junkers *U532* ein, das einen ganzen Monat in dem Seegebiet herumgetrödelt hatte. Als letzter traf Pichs *U168* ein. Junker und Pich übernahmen Treibstoff, doch Junker erhielt kein Schmieröl, und Pich bekam weder eine volle Treibstoffladung noch genügend Schmieröl.

Der Kommandant der *Brake* sei, so erinnerte sich Pich, sehr nervös und hektisch gewesen. Noch bevor das Nachtanken beendet gewesen sei, habe er die Aktion abgebrochen und die B-Boot-Besatzung angewiesen, ihn an einer anderen Position erneut zu treffen. Pich und seine Mannschaft hätten bei der ganzen Angelegenheit ein sehr schlechtes Gefühl gehabt und seien ebenfalls »sehr nervös« gewesen.

Nicht zu unrecht. Auch über dieses Rendezvous hatten die alliierten Codeknacker klare Informationen geliefert. Die Admiralität schlug die Warnungen Churchills, Enigma-Entzifferungen keinesfalls taktisch zu nutzen, in den Wind und entsandte eine andere U-Jagdgruppe, um das Vorhaben der Deutschen zu vereiteln. Diese Hunter-Killer Group bestand aus dem Geleitträger *Battler,* dem Schweren Kreuzer *Suffolk,* dem Leichten Kreuzer *Newcastle* und den Zerstörern *Roebuck* und *Quadrant*. Ein Flugzeug von der *Battler* »sichtete« – anscheinend bei einer Routinepatrouille – die *Brake* und die drei B-Boote. Der britische Zerstörer *Roebuck* lief mit voller Fahrt heran. Die Deutschen begriffen, daß sie, nachdem sie das Flugzeug von der *Battler* gesichtet hatten, entdeckt worden waren. Sie stiegen in die Rettungsboote und versenkten ihr Schiff. Pich tauchte mit *U168* weg, rettete aber später alle 135 Besatzungsmitglieder der *Brake* (damit erhöhte sich die Personenzahl an Bord von *U168* auf 190 Mann) und kehrte dann gemeinsam mit Junker von *U532* in den Fernen Osten zurück.

Es war unbesonnen, die Enigma-Entzifferungen taktisch einzusetzen, um innerhalb eines Monats in der großen Weite des Indischen Ozeans die beiden letzten deutschen Tanker, *Charlotte Schliemann* und *Brake,* an den B-Boot-Versorgungsplätzen zu versenken. Die deutschen Kommandanten und die B-Boot-Führung waren nun einer Meinung, daß die B-Boot-Enigma systematisch entziffert worden sein mußte. In einer streng geheimen Mitteilung initiierte die B-Boot-Führung daher sofort ein vorläufiges Verfahren, um die alliierten Kryptanalytiker zu überlisten. In der Annahme, die Alliierten hätten sich auf unbekannte Weise die neuesten Schlüssel verschafft, wurden die Einstellungen am 13. März geändert. Bis neue Schlüssel verteilt werden konnten, sollte jedes auf See befindliche B-Boot die vier Walzen und andere Schlüssel so einstellen, daß diese auf die ersten Buchstaben der Vornamen und

Nachnamen sowie der Heimatadressen des Funkmaates und des Dritten Wachoffiziers paßten, Informationen, die der B-Boot-Führung durch die Mannschaftslisten der auslaufenden B-Boote bekannt waren.

In dieser streng geheimen Mitteilung wies die B-Boot-Führung alle Kommandanten an, die Nachricht, nachdem sie die Modifikationen auswendig gelernt hatten, zu vernichten, oder »unauffällig« eine persönliche Notiz anzufertigen, die nur Offizieren gezeigt werden durfte. Diese Mitteilung informierte die Kommandanten, was ebenfalls wichtig war, auch darüber, daß in Kürze umfassende Änderungen der Schlüsseleinstellungen erfolgen sollten.

Diese Neuigkeiten führten unter den alliierten Kryptanalytikern in Bletchley Park und im Washingtoner OP20 G zu größter Besorgnis. In den höchsten Stellen war man empört darüber, daß die Admiralität so leichtfertig gegen die Tanker vorgegangen war. Kleinmütig schickte die Admiralität am 16. März eine Nachricht an alle Empfänger von Enigma-Entzifferungen. Darin informierte sie diese, daß die Deutschen die B-Boot-Enigma »modifiziert« hätten und daß alle Befehlsstellen bis auf weiteres die Versorgungsplätze der B-Boote in Ruhe lassen sollten.

Lüdden setzte seine Reise mit *U188* nach Frankreich fort, benötigte jedoch Unterstützung von anderen Booten. Am 22. März traf er nahe Kapstadt auf das auslaufende Versorgungsboot *U1062* vom Typ VIIF und erhielt von diesem die neuesten Enigma-Schlüssel. Einen Monat später, am 22. April, traf er bei St. Paul Rocks im Südatlantik auf Kurt Freiwalds auslaufendes IXD2-Fern-B-Boot *U181*. Von diesem erhielt er Schmieröl. Er nahm auch einen kranken Maschinisten von *U181* an Bord. Am 26. April, 556 Kilometer weiter nördlich, traf Lüdden das auslaufende *U129* vom Typ IXC und erhielt von diesem ein FuMB Naxos. Am 30. April befahl die B-Boot-Führung Lüdden, auf volle Fahrt zu gehen und nahe der Kapverdischen Inseln einem »gestrandeten« B-Boot zu helfen, *U66* vom Typ IXC. Lüdden traf am 2. Mai das Boot und übergab etwas Treibstoff und Nahrungsmittel, doch er wurde während der Übergabe von einem trägergestützten Flugzeug angegriffen. Dann fiel sein Funkgerät aus, und er konnte die B-Boot-Führung über das Treffen zwischen *U66* und dem Trägerflugzeug nicht benachrichtigen. Langsam arbeitete er sich mit Kurs auf Bordeaux voran. Am 19. Juni traf er dort ein, zur Überraschung der B-Boot-Führung, die aufgrund der Funkstille angenommen hatte, daß *U188* versenkt worden sei.

Der Verlust der *Brake* gefährdete zwei andere B-Boote. Eines der Boote war das auf dem Rückmarsch befindliche *U183* vom Typ IXC/40. Das unter dem Kommando von Fritz Schneewind stehende Boot hatte die übliche Fracht geladen. Die Batterien auf Schneewinds Boot waren in schlechtem Zustand. Er hoffte, von der *Brake* Hilfe zu erhalten, mußte jedoch nach Penang umkehren. Das andere Boot war die ehemals italienische *Cappellini,* welche die neue Bezeichnung *UIT24* trug. Das Heinrich Pahls unterstehende *UIT24* hatte die übliche Ladung Zinn, Gummi, Wolfram, Chinin und Opium an Bord. Pahls erhielt von Junkers IXC/40-Boot *U532* Treibstoff und kehrte selbständig nach Penang zurück. Somit konnten die Alliierten mit Hilfe von Enigma-Informationen verhindern, daß vier von sechs B-Booten mit Fracht an Bord im Fernen Osten den Rückmarsch nach Frankreich antreten konnten. Zudem konnten die für die Deutschen wertvollen Überwassertanker *Charlotte Schliemann* und *Brake* versenkt werden.[1]

In Penang meldete Fritz Schneewind, der Kommandant des IXC/40-Boots *U183,* daß seine Batterien zu etwa zwei Dritteln unbrauchbar geworden seien. Da er nur mit einem Drittel Batterieleistung *U183* nicht nach Frankreich zurückbringen konnte, wies ihn die B-Boot-Führung an, eine kurze Feindfahrt nach Ceylon und den Malediven im Indischen Ozean zu unternehmen. Danach sollte er das Boot nach Japan bringen, wo die Batterien, so hoffte man, ersetzt oder repariert werden konnten.

Schneewind befolgte diese Befehle und lief am 17. Mai von Penang aus. Am 5. Juni erreichte er bei den Malediven die äußerste westliche Grenze seines Patrouillengebiets. An diesem Tag versenkte er den britischen Frachter *Helen Moller* mit 5299 BRT. Aufgrund weiterer Befehle traf Schneewind am 24. Juni mit *U843* vom Typ IXC/40 zusammen, das von Frankreich mit Kurs auf Penang ausgelaufen war. Das Boot unterstand Oskar Herwartz, der Schneewind zwei Einstellungen neuer Enigma-Schlüssel und ein Naxos-Gerät übergab. Dann sollte Schneewind mit Karl Albrecht vom VIIF-Versorgungsboot *U1062* zusammentreffen, das auf dem Weg nach Frankreich war, und ihm eine Einstellung der Engima-Schlüssel übergeben. Albrecht mußte jedoch wegen eines kaputten Luftkompressors die Fahrt abbrechen und Penang

---

[1] Am 14. Februar versenkte das britische B-Boot *Tally-Ho* unter dem ehemaligen Torpedomatrosen L. W. A. Bennington in der Malakkastraße das ehemals italienische Boot *Giuliana,* das unter der neuen Bezeichnung *UIT23* von Hans-Werner Striegler befehligt wurde. Striegler war zuvor Kommandant auf dem vormals italienischen Boot *Torelli* gewesen, das nun die Bezeichnung *UIT25* trug. Er und 13 seiner Männer wurden von japanischen Schiffen gerettet. Daraufhin übernahm er nach seiner Rückkehr erneut das Kommando von *UIT25,* das für Transportaufgaben zwischen Singapur und Japan eingesetzt wurde. Im September 1944 wurde Striegler durch den 36jährigen Alfred Meier ersetzt, der zuvor auf *U183* gedient hatte. Striegler übernahm das Kommando auf dem Fern-B-Boot *U196* vom Typ IXD2, von dem man annahm, es sei Mitte November 1944 in der Sundastraße gesunken, möglicherweise durch eine von dem britischen B-Boot *Porpoise* gelegte Mine. Striegler und die gesamte Besatzung kamen dabei ums Leben. Nach der Kapitulation Deutschlands im Mai 1945 beschlagnahmten die Japaner *UIT25* und benannten es *I504,* doch das Boot unternahm keine weiteren Fahrten.

anlaufen. Die beiden Boote sagten das Rendezvous ab und kehrten nach Penang zurück, wo Albrecht am 2. Juli eintraf und Schneewind am 7. Juli.

Im gleichen Zeitraum, vom 1. Januar bis 1. Juni 1944, liefen von Frankreich, Norwegen und Deutschland 16 B-Boote in den Fernen Osten aus. Die meisten von ihnen transportierten Nachschub für die deutsche Basis in Penang und für die von dort aus operierenden B-Boote. Neun davon waren Fern-B-Boote, zwei Torpedoversorgungsboote vom Typ VIIF, drei Boote vom Typ IXC, einschließlich des zweiten Geschenks von Hitler für Tojo: *U1224* oder »Marco Polo II« vom Typ IXC/40; ein weiteres U-Boot war ein ehemaliges italienisches Boot, das zu einem Transportboot umgebaut worden war.

Von Januar bis Mai liefen von diesen B-Booten pro Monat vier Boote in den Fernen Osten aus. Der Einsatz von *U490,* dem neuesten – und letzten – Boot vom Typ XIV, einer »Milchkuh«, hatte sich in der Ostsee lange Zeit verzögert. Jetzt schloß sich *U490* dem B-Boot-Aufmarsch mit einer Ladung Nachschub und Treibstoff an. Die alliierten ASW-Einheiten versenkten zehn dieser 16 Boote; nur sechs erreichten die Stützpunkte im Fernen Osten. Die lange Reise eines der Fern-B-Boote sollte zu der berüchtigtsten Fahrt eines B-Boots in diesem Krieg werden, ein Exempel für die singuläre und unbestreitbare Barbarei eines deutschen B-Bootes.

Von den ersten vier auslaufenden Booten verließ zunächst das kampferprobte Fern-B-Boot *U177* Bordeaux unter dem Kommando des 34jährigen Heinz Buchholz. Etwa einen Monat später, am 6. Februar, wurde das IXD2-Boot von einer B-24 der US-Navy Bombing Squadron VB 107 entdeckt und mit sechs Wasserbomben versenkt. Der Pilot der auf der Insel Ascension stationierten B-24, C. I. Pinnell, meldete »Überlebende im Wasser«. Eine andere B-24 der gleichen Navy-Squadron warf ein Rettungsfloß und Schwimmwesten ab. Ungefähr 56 Stunden später rettete der Leichte Kreuzer *Omaha* 14 Deutsche, die aussagten, Buchholz und etwa fünf andere Besatzungsmitglieder seien im Wasser durch die Detonation dreier Wasserbomben getötet worden, die Pinnell bei seinem zweiten Angriff abgeworfen habe. Auf dieser Feindfahrt hatte *U177* keine Schiffe versenkt.

Als nächstes Boot lief das Torpedoversorgungsboot *U1062* vom Typ VIIF aus. Das Boot unterstand dem 39jährigen Karl Albrecht, der Bergen am 3. Januar mit 40 Torpedos an Bord verließ. Fünf Torpedos davon führte *U1062* zur eigenen Verteidigung in den Torpedorohren mit. Albrecht sollte von der *Charlotte Schliemann* Treibstoff übernehmen, dann von der *Brake,* doch nachdem diese Tanker verlorengegangen waren, traf er, wie berichtet, am 22. März auf Lüdden und dessen nach Frankreich fahrendes Boot *U188.* Albrecht übergab Lüdden die neuen Enigma-

Schlüssel und erhielt etwas Treibstoff. Auf der Weiterfahrt nach Penang tat sich Albrecht dann am 8. April mit Junker von *U532* zusammen, der seine Fahrt abgebrochen hatte und nach Penang zurückkehrte. Von Junker erhielt er nochmals Treibstoff. Am 19. April liefen die beiden Boote gemeinsam in Penang ein.

Am 18. Januar lief in Kiel das neue IXD2-Fern-B-Boot *U852* aus. Das Boot stand unter dem Kommando des 27jährigen Heinz-Wilhelm Eck. Er führte die berüchtigtste B-Boot-Feindfahrt des Kriegs durch. Eck stand damals, als Angehöriger der Crew von 1934, im Rang eines Kapitänleutnants und hatte von Kriegsbeginn bis Mai 1942 ein Minensuchboot geführt. Danach meldete er sich freiwillig zur B-Boot-Waffe. Nach dem Abschluß der erforderlichen Offiziersausbildung absolvierte er als Wachoffizier eine Feindfahrt auf dem berühmten *U124*. Dieses Boot wurde von dem jungen Johann Mohr geführt, der sich das Ritterkreuz mit Eichenlaub erworben hatte, bevor er bei der Versenkung von *U124* ums Leben kam.

Vor dem Auslaufen in Kiel wurde Eck bei der B-Boot-Führung von Adalbert Schnee instruiert, der sich ebenfalls ein Ritterkreuz mit Eichenlaub erworben hatte. Schnee wies ihn auf die bedenkliche Tatsache hin, daß vier von fünf Fern-B-Booten dieser Typenserie – *U847, U848, U849* und *U850* – unter dem Kommando von Ritterkreuzträgern (Herbert Kuppisch, Wilhelm Rollmann, Heinz-Otto Schultze) oder einem alten Hasen wie Klaus Ewerth bei den ersten Fahrten in den Indischen Ozean versenkt worden waren.[1] Diese Boote wurden höchstwahrscheinlich im Südatlantik in der Nähe des Äquators oder der Insel Ascension versenkt, wo die Alliierten einen Luftwaffenstützpunkt eingerichtet hatten. Die dort stationierten Einheiten arbeiteten mit der alliierten Basis in Freetown und anderen Stützpunkten an der westafrikanischen Küste zusammen. Unter anderem wurden B-24-Bomber der Navy Squadron VB 107 eingesetzt. Da die Fern-B-Boote schwerfällig waren und nur langsam tauchten, sollte Eck nicht nur auf der Fahrt durch den Nordatlantik besonders aufmerksam sein, sondern auch bei der Durchquerung des Südatlantiks.

Am 13. März erreichte Eck nach einer ungewöhnlich strapaziösen Fahrt, bei der er die meiste Zeit des Tages getaucht fuhr, südatlantische Gewässer in der Nähe jener Stelle, an der Hartenstein mit *U156* die *Laconia* versenkt hatte. Am späten Abend sichtete die Brückenwache einen allein fahrenden Frachter, die 4695 BRT große *Peleus,* einen von Großbritannien gecharterten Griechen. Der Kapitän des Schiffes war

[1] Das fünfte Boot in dieser Reihe, *U851,* wurde, wie noch beschrieben wird, bald darauf vermißt.

Minas Mavris. Die *Peleus* fuhr im Ballast von Freetown nach Buenos Aires und hatte eine 35köpfige Besatzung.[1]

Eck verfolgte die *Peleus* bis zum Einbruch der Dunkelheit. Gegen 19.50 Uhr schoß er bei einem Überwasserangriff aus nächster Nähe zwei Torpedos mit Magnetpistole. Einer oder beide trafen, und die *Peleus* wurde buchstäblich in Stücke gerissen. Von Treibgut und einigen Rettungsflößen abgesehen, war von der *Peleus* nach drei Minuten nichts mehr zu sehen. Wahrscheinlich überlebte die Hälfte der Besatzung die heftige Explosion und den schnellen Untergang des Schiffes. Diese Seeleute konnten vermutlich in die Rettungsflöße klettern oder sich an Trümmerteilen festklammern. Um den Namen und die Tonnage seines Opfers festzustellen, nahm Eck vorübergehend den dritten Offizier des Schiffes, den Griechen Agis Kefalas, und den »russischen« Seemann Pierre Neumann an Bord von *U852*. Von Neumann gab Eck einen Rettungsring, auf dem der Schiffsname stand. Eck bestand nach der Rückkehr der Männer auf ihr Floß darauf, daß die Lichter aller Flöße gelöscht werden sollten. Dadurch würden die alliierten Einheiten in diesem Seegebiet keine Spur von der *Peleus* finden, bis sich *U852* in Sicherheit befand.

In dem angespannten Moment habe Eck die Nerven verloren, wie es Schnee später treffend ausdrückte. Um keinerlei Anhaltspunkte auf die Versenkung zu hinterlassen, befahl er, die großen Wrackteile – und die Rettungsflöße – zu zerstören, auch wenn dies, wie er später sagte, einige Schiffbrüchige das Leben kosten und die Schiffsbesatzung mit Sicherheit ihrer einzigen Überlebenschance berauben werde.[2] Er ließ Maschinengewehre, Maschinenpistolen und Handgranaten auf die Brücke bringen und die 2-cm-Zwillings- sowie die 3,7-cm-Flak bemannen.

Dann mußten alle Offiziere an Deck antreten. In den nächsten fünf Stunden des 14. März, von ungefähr 1 Uhr an, steuerte Eck *U852* durch die Wrackteile und die Rettungsboote. Im Schein der Signallampen feuerte er aus nächster Nähe, ohne Rücksicht auf die Überlebenden zu nehmen. Der Erste Wachoffizier Gerhard Kolditz und der 27jährige, erfahrene Leitende Ingenieur Hans Richard Lenz seien gegen das Gemetzel gewesen, Lenz habe sich besonders energisch geäußert. Und trotzdem habe er, so sagte Lenz später aus, dem Matrosen Wolfgang Schwender die Maschinenpistole aus der Hand genommen und auf die Trümmerteile geschossen, da Schwender, den viele für einen völlig

---

[1] Einschließlich von Mavris befanden sich 18 Griechen an Bord sowie acht Briten, drei Chinesen und zwei Ägypter. Je ein Mann stammte aus Aden, Chile, Polen und der Sowjetunion.

[2] Auf die später gestellte Frage, ob ihm nicht klar gewesen sei, »daß Sie durch die Versenkung der Wrackteile und Flöße auch die Überlebenden versenkten«, antwortete Eck, ihm sei klar gewesen, daß keine Chance mehr bestanden habe, das Leben der Schiffbrüchigen zu retten.

unfähigen Seemann hielten, es nicht verdient habe, einen solchen Befehl auszuführen. Der Zweite Wachoffizier, der 21jährige August Hoffmann, erklärte später, er habe sich nur widerwillig – und auf einen direkten Befehl von Eck – an dem Gemetzel beteiligt, da ihm einer der beiden Überlebenden, die er zuvor befragt hatte, leid getan habe und er nicht auf ihn schießen wollte. Eck befahl sogar seinem Bordarzt und engem Freund, dem 33jährigen Walter Weisspfenning, er solle auf die Trümmer schießen.

Die Rettungsflöße erwiesen sich als schwer zu versenken. Schließlich gebot Eck Einhalt und fuhr in der Dunkelheit davon. Auf den Hinweis, seine Besatzung sei verärgert und verstimmt, stieg Eck ins Boot hinunter und sprach über die Lautsprecheranlage zu seinen Männern. Er habe den Eindruck gehabt, erinnerte sich Eck später, daß die Stimmung an Bord »sehr gedrückt« gewesen sei. Aus diesem Grund habe er der Mannschaft, so Eck weiter, mitgeteilt, daß er die Entscheidung, die »Überreste« des Schiffes zu beseitigen, schweren Herzens getroffen habe.

Vier Besatzungsmitglieder der *Peleus,* darunter der am Arm schwer verwundete Dritte Offizier, Agis Kefalas, überlebten das Massaker. Kefalas starb allerdings später an seinen Verwundungen. Die anderen drei überlebten: der wichtigste Offizier, Antonios Liossis, und der Seemann Dimitrios Argiros, beides Griechen, sowie der britische Heizer Rocco Said. Am 20. April entdeckte und rettete sie der neutrale Portugiese *Alexander Silva,* nachdem sie 49 Tage auf dem Floß zugebracht hatten. Alle drei Männer machten gegenüber britischen Marinebehörden eine beeidigte Aussage zu den Greueltaten an der Besatzung der *Peleus*.

Da die *Peleus* in Stücke gerissen wurde, hatte die Besatzung keine Gelegenheit gehabt, einen B-Boot-Alarm oder SOS-Ruf zu funken. Alliierte Einheiten kümmerten sich daher nicht um den Verlust, sondern führten eine Jagd ausschließlich auf *U852* durch. Eck setzte seine Fahrt nach Süden fort und erreichte am 1. April das Seegebiet vor Kapstadt. An diesem Tag entdeckte und versenkte er mit dem getaucht fahrenden Boot einen weiteren Einzelfahrer, den britischen Frachter *Dahomian* mit 5300 BRT. Er tauchte jedoch nicht auf, um den Schiffsnamen und die Nationalität des Schiffes festzustellen oder um Wrackteile oder Überlebende zu beseitigen. Am 4. April, weit entfernt von diesem Gebiet, benachrichtigte er die B-Boot-Führung von den beiden Versenkungen. Die B-Boot-Führung genehmigte ihm, den Zeitpunkt, zu dem er in den Indischen Ozean einfahren wollte, selbst zu bestimmen.

Eck fuhr in den Indischen Ozean und patrouillierte mit Nordkurs in der Straße von Moçambique. Sein Kurs führte ihn zum besetzten, früher italienischen Somaliland (Somalia) und ins Arabische Meer. Am frühen Morgen des 2. Mai sichtete eine Wellington der britischen Squadron 621 (Aden Command) das aufgetaucht fahrende *U852* in der Nähe von Ras Hafun, Somaliland. Der Pilot H. Roy Mitchell griff mit vier gut gezielten und flach eingestellten Wasserbomben an. Eck befahl Alarmtauchen, doch die Explosionen beschädigten den Dieselluftmast und die Batterien und verursachten einen Wassereinbruch, so daß er wieder auftauchen mußte. In den nächsten zwölf Stunden wehrte Eck ein halbes Dutzend Wellington-Bomber der Squadrons 621 und 8 ab, was sieben Tote, darunter auch den Ersten Wachoffizier Kolditz, und 15 Verwundete forderte. Inzwischen eilte eine britische U-Jagdgruppe (der Zerstörer *Raider,* die Sloop *Falmouth* und die Fregatte *Parret*) zum Schauplatz des Geschehens.

Am Abend schleppte sich Eck in eine kleine Bucht, wo er Reparaturen durchführen wollte. Dabei setzte er das Boot im Schlamm auf Grund, ungefähr 118 Meter von der Küste entfernt. Er kam zu dem Schluß, den Angriffen auf See nicht länger standhalten zu können, und befahl, geheime Unterlagen zu vernichten und das Boot zu sprengen. Die Überlebenden von *U852* schwammen an Land und hofften, auf dem Landweg zu entkommen. Mit Hilfe des Somaliland Camel Corps nahm eine bewaffnete Landpatrouille der drei britischen Schiffe alle 59 Deutschen einschließlich Eck gefangen und brachte sie am 6. Mai nach Aden. Bei den Vernehmungen enthüllten verärgerte Matrosen des B-Boots die Greueltaten bei der Versenkung der *Peleus,* und als die alliierten Verhörspezialisten den Leitenden Ingenieur Lenz befragten, bestätigte er den Vorfall.

Nach dem Krieg beriefen die Briten am 17. Oktober 1945 in Hamburg ein Kriegsgericht ein und klagten fünf Männer von *U852* an, bei der Versenkung der *Peleus* Kriegsverbrechen begangen zu haben. Die Angeklagten waren Heinz-Wilhelm Eck, der Zweite Wachoffizier August Hoffmann, der Leitende Ingenieur Hans Richard Lenz, der »Hubschrauber«-Pilot Wolfgang Schwender und der Arzt Walter Weisspfenning. Das Gericht befand alle Angeklagten für schuldig und verurteilte Eck, Hoffmann und Weisspfenning am 8. November zum Tod, Lenz zu lebenslänglicher Haft und Schwender zu 15 Jahren Gefängnis. Am 30. November um 8.40 Uhr erschoß ein britisches Exekutionskommando an der Großborsteler Chaussee in Hamburg die drei Männer. Später verringerten die britischen Führungsstellen die Strafe von Lenz von lebenslänglich auf 21 Jahre und Schwenders Haftstrafe von 15 auf zehn Jahre. Am 21. Dezember 1951, nach siebeneinhalb Jahren Haft, wurde Schwender auf Bewährung entlassen; Lenz kam nach acht Jahren Haft am 27. Mai 1952 frei.[1]

Die Greueltaten bei der Versenkung der *Peleus* waren, wie schon dargestellt wurde, eine Abweichung von der Regel, als ein einzelnes und eindeutiges Beispiel für das kriminelle Verhalten eines B-Boot-Kom-

---

[1] Das *Peleus*-Massaker war die Basis für einen 1967 erschienenen Roman des britischen Autors Gwyn Griffin. Das Buch mit dem Titel *An Operational Necessity* wurde in den Vereinigten Staaten ein Bestseller. Die deutsche Ausgabe trug den Titel *Der letzte Zeuge*.

mandanten im Zweiten Weltkrieg. Das gesammelte Beweismaterial für die Verhandlung gegen Eck und seine Mitangeklagten wurde mit durchschlagendem Erfolg bei der Gerichtsverhandlung gegen Dönitz in Nürnberg vorgebracht. Damit wollte man Dönitz nachweisen, er habe einen verbrecherischen Krieg geführt. Zudem meldeten sich in Nürnberg zwei Offiziere der Kriegsmarine, Karl-Heinz Moehle (Chef der 5. Schulflottille) und Leutnant Peter Josef Heisig, ein enger Freund Hoffmanns und Wachoffizier auf *U877.* Beide vermittelten unter Eid den falschen Eindruck, Dönitz habe von seinen B-Boot-Kommandanten insgeheim gefordert, daß sie schiffbrüchige Besatzungen ermordeten, um damit zu verhindern, daß mit diesen andere Schiffe bemannt werden konnten. Eck und seine Mitangeklagten hätten also lediglich die unausgesprochenen – und nicht angeordneten –, aber deutlich implizierten Wünsche erfüllt.[1]

Als nächstes Boot mit Nachschub für Penang lief die große, vormals italienische *Bagnolini* aus.[2] Am 19. Januar verließ das auf die Bezeichnung *UIT22* umbenannte Boot Bordeaux unter dem Kommandanten Karl Wunderlich. Die alliierten Kryptanalytiker verfolgten das Boot in Richtung Süden. Am 12. Februar griff im mittleren Südatlantik eine B-24 der US-Navy Squadron VB 107 das Boot an. Die auf der Insel Ascension stationierte Maschine warf in drei Anflügen sechs Wasserbomben ab. Die Wabos hätten, meldete Wunderlich, einen Mann getötet, das Sehrohr und einen Treibstofftank demoliert und weitere Schäden verursacht. Er fügte hinzu, daß er Penang noch erreichen könne, ohne nachzutanken, obwohl er durch den beschädigten Tank 32 Tonnen Diesel verloren habe – ein Glück für ihn, denn am gleichen Tag vernichteten die Alliierten im Indischen Ozean die *Charlotte Schliemann.*

Wunderlich hatte an Bord seines Bootes einige zusätzliche FuMBs Naxos, Enigma-Schlüssel und anderes elektronisches Gerät. Da Wilhelm Spahrs aus dem Indischen Ozean kommendes Fern-B-Boot *U178* kein FuMB Naxos besaß, wies die B-Boot-Führung Wunderlich an, ungefähr am 11. März südlich vom Kap der Guten Hoffnung mit Spahr zusammenzutreffen. Wiederum aufgrund von Enigma-Entzifferungen legten die Alliierten für diese beiden Boote an der Position des Treff-

[1] Moehle sagte dazu aus, er habe bei der B-Boot-Führung einige B-Boot-Kommandanten mit Betonung auf diesen Sachverhalt instruiert und dabei die erwünschte (aber unausgesprochene) Vorgehensweise zum Ausdruck gebracht. Diese Zeugenaussage führte zu einer Anklage gegen ihn. Er wurde schuldig gesprochen, saß aber nur fünf Jahre im Gefängnis – vermutlich ein vorab besprochenes Entgegenkommen für seine Aussage gegen Dönitz. Siehe Madsen (1998).

[2] Das große, vormals italienische B-Boot *Finzi,* umbenannt in *UIT21,* wurde für den Einsatz als unbrauchbar erklärt und in Bordeaux außer Dienst gestellt.

punkts eine Falle mit Luft- und Seestreitkräften. Am 11. März griffen drei Catalinas der britischen Squadron 262 *UIT22* an. In mehreren aufeinanderfolgenden Wasserbombenangriffen versenkten die kanadischen Piloten Frederick J. Roddick, E. S. S. Nash und A. H. (»Oscar«) Surridge *UIT22* mit der gesamten Besatzung. Spahr von *U178* berichtete von einem großen Ölfleck am Treffpunkt und setzte die Fahrt nach Frankreich ohne FuMB Naxos fort. Der clevere Spahr wich, obwohl er ernste Probleme mit den Maschinen hatte, einer anderen Falle der Alliierten aus, als er am 4. April mit dem auslaufenden IXC/40-Boot *U843* zusammentraf. Von diesem erhielt er neue Enigma-Schlüssel. Er erreichte Bordeaux schließlich am 25. Mai und beendete damit eine beispiellos strapaziöse und gefährliche Feindfahrt von 181 Tagen. Das stark ramponierte *U178* lief nicht wieder aus.

Als nächstes B-Boot verließ das neue Torpedoversorgungsboot *U1059* vom Typ VIIF seinen Heimathafen Bergen. Das von Günter Leupold geführte Boot war mit 40 Torpedos beladen und lief am 12. Februar aus, einen Tag nach Leupolds 23. Geburtstag. Westlich der Kapverdischen Inseln sollte das Boot mit der »Milchkuh« *U488* vom Typ XIV zusammentreffen, die einem neuen Kommandanten, dem 25jährigen Bruno Studt, unterstand. Leupold sollte seine Tanks bis zum Rand füllen und dann nach Penang weiterfahren. *U488* lief zehn Tage darauf, am 22. Februar, von Brest aus, wo das Boot 73 Tage lang zur Neuausrüstung und wegen Umbauten gelegen hatte.

Zu dieser Zeit operierten im östlichen Atlantik der amerikanische Geleitträger *Block Island* und seine Geleitschiffe. Am 1. März hatte die Group, wie berichtet, die VIIC-Boote *U603* und *U709* versenkt. Am 8. März lief die Group Casablanca an, um Treibstoff zu übernehmen und die Schiffe mit allem nötigen Nachschub zu versorgen. Amerikanische Dechiffrierer lieferten Informationen über das Rendezvous des XIV-Tankers *U488* mit *U1059*. Sie bezeichneten das Treffen als die erste »Versorgungsoperation im Atlantik« seit dem vergangenen November, als sich *U488,* zu diesem Zeitpunkt die einzig verbliebene »Milchkuh« im Verband der Atlantik-Boote, noch auf See befand.

Die Group um die *Block Island* hatte lediglich vier Tage im Hafen festgemacht und war dann unter dem neuen Kommandanten Francis M. Hughes nach Casablanca ausgelaufen. Mehrere Tage später gab die Admiralität den Befehl aus, daß Angriffe auf B-Boote, die an Versorgungsplätzen Treibstoff übernahmen, verboten seien.

Die Amerikaner erhielten diese Mitteilung entweder nicht oder beschlossen, sie zu ignorieren, wahrscheinlich letzteres. Die *Block-Island*-Group dampfte so schnell wie möglich nach Westen, entschlossen, alles nur Mögliche zu tun, um die beiden wertvollen Nachschubboote, den XIV-Tanker *U488* und das Torpedoversorgungsboot *U1059,* zu versenken.

Am Nachmittag des 16. März tauchte ein nach Westafrika fahrendes B-Boot wegen einer nötigen Frischluftzufuhr auf. Ebenfalls sollte eine dringend notwendige Ausbildung für die Kanoniere durchgeführt werden. Dies war *U801* vom Typ IXC/40 unter dem Kommando des 28jährigen Hans-Joachim Brans. Das seine zweite Feindfahrt absolvierende *U801* war durch reinen Zufall im Luft-Suchkorridor der *Block-Island*-Group aufgetaucht. Eine Gruppe von Wildcat- und Avenger-Maschinen sichtete das Boot. Die Piloten Paul Sorenson und C. A. Wooddell griffen sofort an. Bei Angriffen mit MG-Feuer tötete Sorenson mit seiner Wildcat einen Deutschen und verwundete neun andere, darunter den Kommandanten Brans. Als *U801* alarmtauchte, warf Wooddell zwei gut gezielte Wasserbomben und Sonobojen ab, doch das B-Boot entkam.

Auf der *Block Island* glaubte Hughes, er sei zu früh auf die zusammentreffenden Boote *U488* und *U1059* gestoßen. Wie der Fall auch lag – er befahl, das B-Boot bis zum Äußersten zu jagen. Brans tauchte in dieser Nacht auf, um das tote Besatzungsmitglied der See zu übergeben. Gleichzeitig arrangierte er ein Treffen mit der »Milchkuh« *U488*. An Bord dieses B-Boots war ein Arzt, der ihn und seine Verwundeten behandeln konnte. Die *Block-Island*-Group peilte diesen Funkspruch ein und führte einen Nachteinsatz mit MAD-ausgerüsteten Avengers durch, mit denen *U801* aufgespürt werden sollte. Diese und andere Flugzeuge, welche bei Sonnenaufgang am 17. März eintrafen, warfen Sonobojen und Wasserbomben. Einige dieser Wabos beschädigten *U801* schwer und trieben es in eine Tiefe von 300 Metern hinab.

Die Flugzeuge der *Block Island* führten zwei Schiffe der U-Jagdgruppe heran: den kampferprobten Zerstörer *Corry* und den neuen, aber schon schlachtenerprobten Geleitzerstörer *Bronstein*. Dieser hatte am 1. März *U603* versenkt und bei der Versenkung von *U709* mitgewirkt. Die *Corry* und die *Bronstein,* die von George D. Hoffmann und Sheldon H. Kinney geführt wurden, konnten Sonarkontakte herstellen und führten acht Wasserbomben- und Hedgehog-Angriffe durch. Diese Attacken verwandelten *U801* in ein Wrack. Das Boot tauchte auf, damit die Besatzung das Boot aufgeben und versenken konnte. Sofort eröffnete die *Corry* das Feuer aus ihren vier 4-Zoll-Geschützen und einer 3-Zoll-Kanone. Die *Bronstein* feuerte aus ihren 3-Zoll-Geschützen. In einem amerikanischen Bericht des Nachrichtendienstes heißt es dazu:

> *Im Inneren des Bootes entwickelte sich eine erschreckende Szenerie des Durcheinanders und der Verwüstung. Der Befehl zur Aufgabe des Bootes erreichte den Bugraum nicht, wo die Besatzungsmitglieder nur erkannten, daß das Ende gekommen war, weil die Funker ihre geheimen Geräte zerstörten. Brans war der erste auf der Brücke, und nach ihm wurden die Verwundeten hin-*

aufgebracht. Der Obersteuermann folgte mit zwei Unteroffizieren. Die Überwasserschiffe eröffneten sofort ein sehr präzises Feuer, und als die ersten der Männer auf die Brücke kamen, sahen sie Brans' Leiche über dem Brückensteuerstand hängen. Der zu seinen Füßen liegende Obersteuermann war eine entsetzliche kopflose Gestalt.

Der Leitende Ingenieur Franz Schumann übernahm das Kommando und leitete die Selbstversenkung ein. Er beschloß, mit dem Boot unterzugehen. Zehn Deutsche starben; die *Corry* und die *Bronstein* retteten 47 Mann.

Die Amerikaner setzten ihren Weg nach Südwesten fort, als am 19. März ein anderes Team aus Wildcats und Avengers von der *Block Island* Leupolds aufgetauchten Torpedo-Versorger *U1059* entdeckte. Wie auf *U801* war man auf diesem Boot nachlässig. Die Piloten William H. Cole und Norman T. Dowty bemerkten, daß sich ungefähr 18 Besatzungsmitglieder im Wasser befunden hätten, um eine Runde zu schwimmen. Für die Amerikaner war dies die perfekte Situation. Coles Wildcat belegte das Boot mit Beschuß. Dowty warf mit der Avenger zwei präzise gezielte Wasserbomben, die *U1059* in wenigen Sekunden vernichteten. Etwa zur gleichen Zeit mußte Dowty wegen Flak-Treffern notwassern. Er und sein Funker kamen ums Leben, doch sein Heckschütze, der Ensign Mark E. Fitzgerald, schaffte es, aus dem Flugzeug herauszukommen. Acht Deutsche überlebten die Versenkung von *U1059*. Drei von ihnen, einschließlich Kommandant Leupold, schlossen sich Fitzgerald in seinem Rettungsfloß und einem weiteren Floß an. Etwa zwei Stunden später rettete der Zerstörer *Corry* von der *Block-Island*-Group Fitzgerald, Leupold und die restlichen sieben Deutschen, die alle verwundet waren.

Amerikanische Nachrichtendienst-Offiziere, die den mitteilsamen, gegen die Nazis eingestellten Leupold und einige andere Deutsche verhörten, schrieben:

Vor dem Auslaufen von U1059 von Kiel hatte Leupold ein Gespräch mit Korvettenkapitän Karl-Heinz Moehle, dem Chef der 5. B-Boot-Flottille. Im Verlauf der Befehlsausgabe für die Feindfahrt übermittelte Moehle Leupold besondere mündliche Anweisungen des den Befehl über die B-Boote führenden Admirals [Godt], daß bei Schiffsversenkungen alle Überlebenden vernichtet werden sollten. Als der Kommandant von U1059 wegen eines solchen Befehls überrascht und empört war, sagte ihm Moehle, dies sei ein ausdrücklicher Befehl vom Oberbefehlshaber [Dönitz] und Teil des totalen Kriegs, der jetzt geführt wer-

de. Vor seiner Abfahrt hatte Leupold Gelegenheit, diesen Befehl mit anderen B-Boot-Kommandanten zu erörtern. Alle diese Kommandanten erklärten ihm, Befehl hin oder her, daß sie nicht vorhätten, dieser Anweisung Folge zu leisten.[1]

Dieser Zwischenfall führte zu einem gereizten Meinungsaustausch zwischen Admiral King und dem First Sea Lord Cunningham. Um das Geheimnis des Einbruchs in die Enigma in einem größtmöglichen Ausmaß zu schützen, drängten die Briten erneut darauf, daß die Amerikaner keine B-Boote mehr angriffen, die sich zum Auftanken trafen. Die *Block Island* hatte die Besorgnis der Briten verstärkt, da das Schiff in einem Seegebiet operierte, in dem die Rendezvous der B-Boote stattfanden, und zwar *nachdem* die Deutschen die Modifikationen bei den Enigma-Schlüsseln vollzogen hatten (erster Buchstabe des Vornamens, des Nachnamens und der Heimatadresse eines bestimmten Besatzungsmitglieds usw.). Dies war ein Sachverhalt, der, bekäme die B-Boot-Führung Kenntnis davon, die Pläne für jene »umfangreichen Änderungen« bei der Enigma beschleunigen würde.

King antwortete, die Amerikaner würden sich *nicht* an die britischen Wünsche halten. Die Versenkungen durch die *Block-Island*-Group hätten die alliierten Kryptanalytiker nicht bloßgestellt. Die besagte U-Jagdgruppe habe in einem Gebiet operiert, von dem man durch Enigma-Entzifferungen erfahren hatte, *bevor* die Modifikationen ausgeführt worden waren. Darüber hinaus führten die Amerikaner in diesem Seegebiet schon seit geraumer Zeit Unternehmungen mit Geleitträger-Gruppen durch. Vielmehr könnte die *Abwesenheit* von U-Jagdgruppen an den Versorgungsplätzen das Mißtrauen der Deutschen eher fördern als deren *Anwesenheit*. Und der Argwohn der Deutschen, daß die Enigma entziffert werde, sei nicht von der *Block Island* verursacht worden, sondern sehr wahrscheinlich durch die Briten, die Konvois umgeleitet hätten, um B-Booten auszuweichen, sowie durch die Versenkung der *Charlotte Schliemann* und der *Brake*.

Im Februar lief als nächstes B-Boot mit Kurs auf den Fernen Osten *U843* aus. Das IXC/40-Boot unterstand dem Kommando des 29jährigen Oskar Herwartz und verließ Lorient am 19. Februar. Auch dieses Boot sollte an Bruno Studts XIV-Tanker *U488* nachtanken, der vier Tage später auslief. Die beiden Boote marschierten unabhängig voneinander nach Süden. Am 6. und 12. März stoppte und durchsuchte Herwartz neutrale Frachter, ließ sie dann weiterfahren und setzte seine Fahrt nach Süden fort.

[1] Aus nicht bekannten Gründen präsentierten die Alliierten Leupolds Behauptungen weder bei dem Kriegsverbrecherprozeß gegen Eck noch bei dem Prozeß gegen Dönitz.

Westlich der Kapverdischen Inseln traf er am 24. März auf *U488,* füllte die Treibstofftanks randvoll und ging dann wieder auf Südkurs.

Am 4. April traf er, wie berichtet, auf Spahr und dessen einlaufendes Fern-B-Boot *U178* und übergab ihm neue Enigma-Schlüssel. Bei der Übergabe wurde *U178* von einer auf der Insel Ascension stationierten B-24 der US-Navy Squadron VB 107 beschossen, die Maschine warf jedoch keine Bomben. Am 8. April erfaßte und versenkte Herwartz im Südatlantik den 8300 BRT großen britischen Einzelfahrer *Nebraska.* Drei Tage später griff eine weitere B-24 der US-Navy Squadron VB 107 an. Der Pilot Edward A. Krug setzte bei der Attacke beide Hecktorpedorohre des Bootes außer Gefecht. Deswegen wies die B-Boot-Führung Herwartz an, die beabsichtigten Unternehmungen vor Kapstadt abzublasen und im Indischen Ozean bei einem japanischen B-Boot nachzutanken. Herwartz kam diesen Anweisungen nach und traf am 11. Juni im Jakarta ein. Er beendete damit eine strapaziöse, 114 Tage dauernde Reise.

Im Februar lief als nächstes Boot das neue Fern-B-Boot *U851* aus. Das IXD2-Boot wurde von dem 35jährigen Hannes Weingärtner geführt, der Kiel am 26. Februar verließ. Sein Boot transportierte 1878 Flaschen mit Quecksilber und 500 B-Boot-Batterien. Weingärtner folgte den unklugen Anweisungen der B-Boot-Führung und funkte am 27. März aus dem Nordatlantik eine Wettermeldung für die Luftwaffe und für die zur Abwehr einer Invasion in Frankreich vorgesehenen Truppen. Danach hörte man nichts mehr von ihm. Angesichts seines sehr großen Treibstoffvorrats ging man zunächst davon aus, daß *U851* den Indischen Ozean erreicht habe, doch am 30. Juni, dem 126. Tag nach dem Auslaufen, erklärte die B-Boot-Führung das Boot infolge »unbekannter Gründe« als verloren. Von *U851* wurde nie eine Spur gefunden. Das Boot hatte auf seiner Feindfahrt keine Schiffe versenkt.

Das letzte im Februar auslaufende Boot war *U537* vom Typ IXC/40 unter dem Kommando von Peter Schrewe, der Lorient am 29. Februar verließ. Sechs Tage nach der Abfahrt in Frankreich, am 5. März, griff ein nicht identifiziertes alliiertes Flugzeug das Boot an. Die Schäden waren so groß, daß Schrewe die Fahrt abbrechen mußte. Am 6. März erreichte er Lorient, wo die Reparatur des Bootes 20 Tage in Anspruch nahm.

Im März fuhren vier Boote von Frankreich nach dem Fernen Osten. Als erstes Boot stach das kampferprobte Fern-B-Boot *U181* vom Typ IXD2 in See. Das Boot wurde von einem neuen Kommandanten geführt, der unter den B-Boot-Fahrern aber als eine Art Pionier galt: Der 38jährige Kurt Freiwald (Crew 1925) verließ La Pallice am 16. März. Mitten im Südatlantik versenkte Freiwald sein erstes Schiff, den britischen Einzelfahrer *Janeta* mit 5312 BRT. Im Juni und Juli erwischte *U181* bei der Patrouille im Indischen Ozean drei andere Frachter: den Holländer *Garoet* mit 7118 BRT, die Briten *Tanda* mit 7174 BRT und *King Frederick* mit 5265 BRT. Er traf am 8. August in Penang ein und beendete damit eine 146 Tage dauernde

Feindfahrt. In Frankreich lief sodann das kampferprobte Fern-B-Boot *U196* vom Typ IXD2 aus. Das Boot stand noch immer unter dem Kommando des 37jährigen Ritterkreuzträgers Eitel-Friedrich Kentrat (Crew 1928), der La Pallice am 16. März verließ. Kentrat erreichte den Indischen Ozean und versenkte dann im Arabischen Meer ein Schiff, den britischen Frachter *Shahzada* mit 5454 BRT. Am 10. August erreichte er Penang und beendete damit eine 149tägige Reise. Er verließ daraufhin das Boot und übernahm die Führung einer kleinen deutschen Marine-Einheit in Japan.

Am 25. März lief in Lorient zum zweiten Mal Peter Schrewes *U537* vom Typ IXC/40 aus. Im Atlantik tankte er am 17. April bei dem Tanker *U488* nach und fuhr dann weiter in den Indischen Ozean. Schrewe meldete die Versenkung eines Zerstörers am 8. Juli vor Ceylon, doch die Meldung konnte nicht bestätigt werden. Da alliierte Flugzeuge und B-Boote die Zufahrten nach Penang vermint hatten und vor dem Hafen ständig britische B-Boote auf Lauer lagen, richtete die B-Boot-Führung auf Java neue Stützpunkte ein. Am 2. August traf Schrewe in Jakarta ein und beendete eine 131 Tage dauernde Reise.

Das letzte im März in den Fernen Osten auslaufende Boot war Hitlers Geschenk für Tojo: *U1224* vom Typ IXC/40 (»Marco Polo II«). Das Boot stand bis zur Übergabe an die Japaner unter dem Befehl des 27jährigen Kriegsmarineoffiziers Georg Preuss und hatte danach die neue Bezeichnung *RO501* erhalten. *RO501* lief am 30. März in Kiel mit einer japanischen Besatzung aus. Anhand von Informationen der alliierten Dechiffrierer suchte westlich der Kapverdischen Inseln eine aus der *Bogue* und fünf neuen Geleitzerstörern bestehende U-Jagdgruppe nach *RO501*. In der Dämmerung des 13. Mai erhielt der Geleitzerstörer *Francis M. Robinson* eine Sonarortung. Der Kommandant John E. Johansen griff mit Wasserbomben und Hedgehog-Geschossen an. Diese vernichteten *RO501* offensichtlich. Von dem Boot und der japanischen Besatzung wurde nichts mehr gefunden.[1]

[1] Der japanische U-Kreuzer *I29* (deutscher Deckname »U-Kiefer«) lief am 17. Dezember 1943 von Japan aus und traf am 11. März 1944 mit einer Ladung Rohgummi, Wolfram und zwei Tonnen Goldbarren sowie 25 hochrangigen japanischen Verbindungsoffizieren ein. Am 16. April lief das Boot wieder nach Japan aus. An Bord hatte es die neuesten deutschen Radargeräte, Funkmeßbeobachtungsgeräte und Radar-Störvorrichtungen (Bold), zehn Enigma-Maschinen und anderes Kriegsmaterial. Für die Heimreise schifften sich zwölf Offiziere und acht Beobachter auf dem Boot ein. *I29* erreichte Penang, doch auf dem Weg nach Japan wurde es am 26. Juli nahe der Insel Luzon von dem amerikanischen B-Boot *Sawfish* versenkt. Wie noch beschrieben wird, lief in Asien ein weiterer japanischer U-Kreuzer, *I52* (deutscher Deckname »U-Tanne«, später geändert in »Föhre«), mit Kurs auf Bordeaux aus. Dieser U-Kreuzer hatte ebenfalls Fracht an Bord, darunter zwei Tonnen Gold und 14 Passagiere.

Im April marschierten vier weitere neue Fern-B-Boote in den Fernen Osten. Von diesen benötigte natürlich keines eine Versorgung mit Treibstoff. *U859* vom Typ IXD2 unter dem Kommando des 27jährigen Johann Jebsen war mit einem Schnorchel ausgerüstet und lief am 4. April in Kiel mit Kurs auf Penang aus. Bei der Passage durch den Nordatlantik stieß Jebsen am 26. April auf mehrere Nachzügler des SC 157 und versenkte, wie berichtet, den 6255 BRT großen panamaischen Frachter *Colin*. Er meldete die Versenkung der B-Boot-Führung und entkam einer Entdeckung durch die alliierten ASW-Einheiten, von denen die Region nur so wimmelte.

Jebsen umrundete das Kap der Guten Hoffnung und lief Ende Juni in den Indischen Ozean ein. Anfang Juli griff eine unbekannte britische Catalina *U859* südöstlich von Durban mit Maschinengewehrfeuer und Wasserbomben an und fügte dem Boot schwere Schäden zu. Ein Seemann wurde getötet, drei Mann wurden verwundet, der Zweite Wachoffizier schwer. Die Explosionen verursachten ein Loch in einem Treibstofftank, zertrümmerten den Mechanismus für das Ausfahren des Schnorchels und rissen zwei Dieselmotoren aus den Verankerungen. Jebsen entkam den nun beginnenden ASW-Aktionen, führte Reparaturen durch und setzte die Fahrt nach Norden fort. Er erreichte die Zufahrt zum Golf von Aden, wo er Ende August zwei Frachter versenkte: das Liberty-Schiff *John Berry* mit 7200 BRT und den Briten *Troilus* mit 7400 BRT.

Daraufhin ging Jebsen auf Kurs nach Penang, wo er am 23. September vor dem Hafen eintraf, dem 173. Tag der Feindfahrt. Das britische B-Boot *Trenchant* unter dem Kommando von Arthur R. Hezlet fing die Deutschen ab, als sie mit einem japanischen Geleitschiff in den Hafen einfahren wollten. Hezlet schoß drei Hecktorpedos auf *U859*. Einer traf das B-Boot mittschiffs und versenkte es. Die *Trenchant* rettete den 22jährigen Maschinisten Horst Klatt (der bereits die versehentliche Versenkung des VII-Bootes *U612* in der Ostsee überlebt hatte) und zehn Matrosen. Die japanischen Geleitschiffe retteten weitere acht Seeleute.[1]

Am 11. April lief von Kiel als nächstes Boot das neue *U860* vom Typ IXD2 aus. Es wurde von dem 36jährigen Paul Büchel geführt (Crew 1925). Am 9. Juni funkte er aus dem mittleren Südatlantik seine Position an die B-Boot-Führung und meldete, daß im sturmgepeitschten Nordatlantik zwei Mann über Bord gegangen waren. Die Alliierten peilten diesen Funkspruch ein, der Enigma-Informationen bestätigte. Die neu im Südatlantik eingetroffene U-Jagdgruppe um den amerikanischen

---

1 Hezlet, der später den japanischen Schweren Kreuzer *Ashigara* versenkte, war 1959–1961 Befehlshaber der britischen B-Boot-Flotte. Er publizierte ein einflußreiches Buch, *The Submarine and Sea Power*. In einem unbestätigten (und zweifelhaften) Bericht, der 1972 durch die Medien ging, hieß es, ein Bergungsunternehmen habe *U859* gefunden und aus dem Boot »30 Tonnen Quecksilber« mit einem Wert von 17,7 Millionen Dollar geborgen.

Geleitträger *Solomons* begann nun die Jagd auf *U860*. Am Morgen des 15. Juni meldete eine Avenger *U860*. Der Pilot George E. Edwards jr. griff das Boot viermal gegen starke Flak-Abwehr an, sein Funkspruch wurde in der U-Jagdgruppe jedoch erst später festgestellt. Beim vierten Angriff schossen Büchels Kanoniere die Avenger ab. Edwards und seine Besatzung wurden nicht gefunden.

Gegen Sonnenuntergang fand ein anderer Avenger-Pilot, Howard M. Avery, das aufgetauchte *U860*. Seine Kontaktmeldung brachte zwei Wildcats und eine Avenger heran. Alle vier Flugzeuge griffen *U860* dreimal mit Raketen, MG-Beschuß und Wasserbomben an. Eine Wasserbombe von einer der tief fliegenden Avengers explodierte auf dem vorderen Deck des B-Boots und schloß die Avenger in Flammen ein. Pilot William F. Chamberlain und seine Besatzung verschwanden spurlos.

Aufgrund der verheerenden Schäden sank *U860*. Sechs Stunden später fischten zwei der Geleitzerstörer der *Solomons*, die *Herzog* und die *Straub*, in der Dunkelheit Büchel, seinen Ersten Wachoffizier Otto Wilhelm Carls und 19 weitere Deutsche aus dem Wasser. Ein toter Deutscher wurde auf See bestattet. Die *Solomons* brachte die Überlebenden nach Recife in Brasilien.

Der dritte im April auslaufende Fern-B-Boot war das kampferprobte *U198* vom Typ IXD2. Das Boot unterstand dem Befehl des neuen, 23jährigen Kommandanten Burkhard Heusinger von Waldegg und lief am 20. April von La Pallice aus. Von Waldegg fiel die Aufgabe zu, am 14. Mai Lüddens einlaufendem *U188* neue Enigma-Schlüssel zu übergeben, doch das Treffen scheiterte, vermutlich weil Lüddens Funk defekt war. Sieben Tage später spürte eine alliierte U-Jagdgruppe *U198* auf und jagte das Boot, aber von Waldegg konnte unbeschädigt entkommen. Am 16. Juni versenkte von Waldegg vor Kapstadt den 3268 BRT großen südafrikanischen Frachter *Columbine*. Nach der Umrundung des Kaps der Guten Hoffnung fuhr das Boot in den Indischen Ozean. Am 6. Juli griffen zwei in Südafrika stationierte Venturas *U198* mit Wasserbomben an, wobei einige unter den Deckgrätings verstaute Gummischlauchboote losgerissen wurden. Auf Nordkurs in der Straße von Moçambique versenkte von Waldegg drei britische Frachter: die *Director* mit 5107 BRT, die *Empire City* mit 7295 BRT und die *Empire Day* mit 7242 BRT. Mehrere andere Angriffe auf alliierte Schiffe scheiterten, darunter jene auf den ehemals amerikanischen Coast Guard Cutter *Saranac,* von der Royal Navy zu *Banff* umbenannt, und auf das australische Motorschiff *Lismore*.

Am 12. August entdeckte eine Avenger von einer britischen U-Jagdgruppe *U198* und griff das Boot mit Wasserbomben an. Die Jagdgruppe war um die beiden neuen, in Amerika gebauten britischen Geleitträger *Begum* und *Shah* gruppiert worden. Eine britische Catalina nahm die Verfolgung auf und führte drei Schiffe des Geleits heran: die britischen

Fregatten *Findhorn* und *Parret* sowie die indische Sloop *Godavari*. Die *Findhorn* und die *Godavari* operierten gemeinsam, um *U198* mit Wasserbomben zu vernichten. Es gab keine Überlebenden. Unter den Toten war auch der von Waldegg gefangengenommene Kapitän der *Empire Day*.

Als letztes Fern-B-Boot lief im April das neue *U861* aus. Das IXD2-Boot unter dem 31jährigen Jürgen Oesten verließ Kiel am 20. April. Zu Beginn des Kriegs hatte sich Oesten ein Ritterkreuz erworben für sechs mit dem Einbaum *U61* versenkte Schiffe sowie für die Versenkung von zehn Schiffen und einen erzielten Treffer auf das britische Schlachtschiff *Malaya* auf dem IXB-Boot *U106*. Danach hatte er bei der B-Boot-Führung als Stabsoffizier und Chefberater für B-Boot-Unternehmungen im Nordmeer gedient.

Oestens Anmarsch in den Indischen Ozean führte über Brasilien. Vor Rio de Janeiro versenkte er am 20. Juli den Frachter und Truppentransporter *Vital de Oliveira* mit 1737 Tonnen, der ungefähr 200 Soldaten nach Europa bringen sollte. Oesten versuchte auch, das kleine einzelne Geleitschiff des Transporters mit einem T-5 zu versenken, aber es entkam. Die Brasilianer berichteten von 101 Toten bei dieser Versenkung. Vier Tage später versenkte Oesten das amerikanische Liberty-Schiff *William Gaston* mit 7177 BRT. Die US-Navy hatte das Getreide transportierende Schiff umgeleitet, um *U861* auszuweichen, sie plazierte das Schiff jedoch unabsichtlich genau in Oestens Fadenkreuz.

Auf der *William Gaston* befanden sich 67 Mann einschließlich einer 26köpfigen bewaffneten Einheit. Diese konnten sich alle in drei Rettungsbooten und einem Floß absetzen. Gegen Mittag des 24. Juli, nach einer fürchterlichen Nacht in schwerer See, sichtete eine Mariner der US-Navy Squadron VP 203 die Überlebenden. Der Pilot der Mariner, Charles Snyder, funkte Alarm. Auf Synders Funkspruch hin trafen weitere Mariners der US-Navy und Catalinas ein, konnten aber bei dem schweren Seegang nicht wassern. Sie behielten die Überlebenden im Auge, bis der im brasilianischen Florianópolis stationierte Flugzeugtender der Squadron, die *Matagorda,* am 25. Juli eintraf und alle 67 Überlebenden an Bord nahm.[1]

Am 20. August, nach der Umrundung des Kaps der Guten Hoffnung, erfaßte Oesten einen Konvoi und griff an. Dieser Geleitzug, Durban North 68, bestand aus sieben Frachtern, schwach gesichert durch drei ASW-Trawler. Oesten meldete, er habe aus dem Konvoi zwei Schiffe mit 16465 BRT versenkt. Die Verzeichnisse der Alliierten bestätigten den 7464 BRT großen britischen Frachter *Berwickshire,* an dem 8139 BRT großen britischen Tanker *Daronia* allerdings nur Beschädigungen. Oesten versenkte auf dieser Feindfahrt am 5. September ein viertes be-

---

[1] Für eine eindringliche Darstellung dieser Versenkung siehe die Memoiren des Armed-Guard-Commanders McCormick, *Two Years Behind the Mast* (1991).

stätigtes Schiff, den Griechen *Toannis Fafalios* mit 5670 BRT. Danach setzte er die Fahrt nach Penang fort, wo er am 22. September eintraf und damit eine strapaziöse Sommerreise von 156 Tagen Dauer beendete. Von den vier Fern-B-Booten, die im April in Europa nach Asien ausliefen, war *U861* das einzige, das sein Ziel erreichte.

Am 6. Mai lief *U490* in Norwegen unter dem 39jährigen Wilhelm Gerlach in den Fernen Osten aus. Das Auslaufen der »Milchkuh« vom Typ XIV hatte sich wegen des Unfalls in der Ostsee und wegen des Einbaus eines Schnorchels um sieben bis acht Monate verzögert. Neben Treibstoff transportierte der U-Tanker eine umfangreiche Fracht an Nachschub, Ersatzteilen und elektronischen Geräten. Das Boot marschierte langsam nach Süden, fuhr tagsüber unter Wasser und lud die Batterien unter Wasser mit Hilfe des Schnorchels von Zeit zu Zeit auf.

Die Amerikaner setzten am 3. Juni eine U-Jagdgruppe um den Geleitträger *Croatan* unter dem Befehl von John P. W. Vest in Marsch. Diese Group begab sich von Norfolk aus auf die Fährte von *U490*. In den frühen Morgenstunden des 11. Juni, als *U490* einen kurzen Lagebericht an die B-Boot-Führung funkte, peilte die *Croatan* den Funkspruch ein, und Vest befahl der Group, einen Kurs zum Abfangen des B-Boots festzulegen.

Kurz vor acht Uhr am 11. Juni erhielt die *Frost,* einer der fünf Geleitzerstörer der *Croatan,* eine Sonarortung. Der Commander der Geleitsicherung, Frank D. Giambattista auf der *Frost,* befahl dem Kommandanten des Schiffes, John H. McWhorter, den Angriff. Die *Frost* feuerte ihren Hedgehog ab und meldete drei Treffer. Ein anderer Geleitzerstörer, die zur Unterstützung heranlaufende *Huse* unter James H. Batcheller jr., warf neun auf große Wassertiefen eingestellte Wasserbomben.

Völlig überrumpelt tauchte Gerlach mit *U490,* das eine verstärkte Druckhülle erhalten hatte, in eine Tiefe von ungefähr 305 Metern. Da dies für die Wasserbomben der Alliierten zu tief war, war Gerlach zuversichtlich, den alliierten Schiffen zu entkommen. Doch Giambattista beschloß, dieses B-Boot nicht entkommen zu lassen, und holte einen weiteren Geleitzerstörer herbei, die *Inch* unter dem Kommando von David A. Tufts. Diese drei Schiffe blieben *U490* über 15 Stunden lang auf den Fersen und führten in dieser Zeit 25 Wasserbombenangriffe durch. Obwohl diese Serien von Wasserbomben die unerfahrene deutsche B-Boot-Besatzung und etwa ein Dutzend vom Bordarzt zu Versuchszwecken mitgenommene Meerschweinchen durchschüttelten, verursachten die Wabos keine größeren Schäden. Aus Angst, das Sonar der Alliierten könnte die quiekenden Meerschweinchen hören, befahl Gerlach dem Arzt Herbert Stubbendorff, die Tiere zu töten.

Um *U490* zu einem Auftauchen und einer Flucht in der Dunkelheit zu ermutigen, griff Giambattista um 23 Uhr zu einem taktischen Trick. Die *Inch* und die *Frost* täuschten vor, die Jagd aufzugeben, und drehten nach

Norden ab. Die *Snowden* unter A. Jackson jr., die die *Huse* abgelöst hatte, tat, als würde sie nach Süden abdrehen. Der Trick funktionierte. Am 12. Juni, ungefähr eine halbe Stunde nach Mitternacht, tauchte Gerlach mit *U490* zwischen der *Frost* und der *Snowden* auf. Daraufhin beleuchteten die drei Geleitzerstörer das B-Boot mit Leuchtgranaten und Suchscheinwerfern und belegten es mit Geschützfeuer.

Gerlach erkannte, daß er in eine Falle geraten war. Er ließ »SOS« signalisieren und fügte auf englisch hinzu: »Bitte retten Sie die Besatzung«. Dann gab er das Boot auf und ließ es fluten. Die drei Kriegsschiffe setzten den Beschuß des wertvollen *U490* fort, bis es mit dem Heck voran sank. Dann retteten die amerikanischen Schiffe alle 60 deutschen Besatzungsmitglieder. Einem amerikanischen Geheimdienstbericht zufolge unterschrieben die Deutschen als Gegenleistung für die Zusage von Group Commander Vest, sie nicht den Briten zu übergeben, eine Erklärung, in der sie sich einverstanden erklärten, »auf alle ›ehrenwerten Fragen‹ zu antworten«. Neben anderen Einzelheiten enthüllten die Gefangenen auch, daß die deutschen B-Boote in der Ostsee mit dem Auftanken unter Wasser experimentierten.

In der ersten Jahreshälfte 1944 waren aus oder nach dem Fernen Osten 24 B-Boote unterwegs. Die von diesen Booten gegen die Schiffahrt durchgeführten Operationen waren in den meisten Fällen gegenüber den Transportfahrten von sekundärer Bedeutung. Dennoch erzielten sie einige Erfolge mit Torpedoangriffen. Die acht in Penang mit Kurs auf Frankreich ausgelaufenen Boote (einschließlich *U178*) versenkten 14 Schiffe mit 77500 BRT. Lüdden von *U188* versenkte davon mehr als die Hälfte mit 42500 BRT. Die 16 von Europa nach dem Fernen Osten ausgelaufenen Boote versenkten 19 Schiffe mit 114369 BRT. Insgesamt also 33 Schiffe mit 191860 BRT.[1]

Der Preis, den die Deutschen dafür zahlen mußten, war schrecklich: Die *Charlotte Schliemann* und die *Brake* sowie elf B-Boote wurden versenkt. Darunter waren sechs Fern-B-Boote,[2] der letzte XIV-Tanker *U490,* das Torpedoversorgungsboot *U1059* vom Typ VIIF, das IXC/40-Boot *U1224/RO501,* Hitlers Geschenk für Tojo (»Marco Polo II«), und die beiden italienischen Transport-B-Boote *UIT22* und *UIT23*. Von den ungefähr 600 Mann dieser B-Boot-Besatzungen starben 423, und 177 wurden von den Alliierten gefangengenommen. Zudem mußten fünf von Penang nach Frankreich marschierende Boote ihre Fahrt abbrechen.[3]

---

[1] Bei einer Feindfahrt von Penang in den Indischen Ozean und wieder zurück nach Penang versenkte Fritz Schneewind im Mai und Juni mit *U183* ein 7200 BRT großes Schiff.

[2] *U177, U198, U851, U852, U859* und *U860.*

[3] *U168, U183, U532, UIT24* und *UIT25.*

Von den in diesem Zeitraum aus oder nach dem Fernen Osten fahrenden 24 Booten erreichten nur acht (33 Prozent) ihre Bestimmungsorte. Zwei davon, *U178* und *U188,* erreichten Frankreich mit insgesamt rund 300 Tonnen Gummi, Zinn, Wolfram, Chinin und Opium. Sechs Boote[1] erreichten ihren Bestimmungsort in Asien, zumeist beladen mit Nachschub für die deutsche B-Boot-Basis in Penang. Darunter befanden sich ungefähr 60 Torpedos, drei B-Boot-Schiffsschrauben und für die japanische Marine Blei und Quecksilber.

Die Codeknacker

Im April 1944 waren in der Einrichtung, die sich an der Nebraska Avenue in Washington D.C. befand, 96 mit vier Walzen ausgestattete Bombas pausenlos in Betrieb. Zwei Bombas waren zusammengeschaltet worden, um eine spezielle »Double Unit #800 Bomba« zu schaffen, ein Monster von einer elektronischen Maschine mit einer Länge von 4,9 Metern, einer Höhe von 2,1 Metern und einer Breite von 1,2 Metern. Die anderen 94 Bombas waren das Standardmodell 530. Hunderte von Programmierern und Angehörigen der Waves bedienten die Maschinen ununterbrochen in drei je achtstündigen Schichten. Zahlreiche Unteroffiziere und Mannschaftsdienstgrade sorgten für die Wartung der Bombas; andere Techniker richteten experimentelle Bomba-Versionen ein, die von Howard Engstroms produktiver Forschungsabteilung entwickelt wurden.[2]

Die amerikanischen Bombas produzierten pro Monat etwa 1400 Entzifferungen der Marine-Enigma, darunter den gesamten Funkverkehr zu und von der B-Boot-Führung, den Führern der B-Boote und den B-Boot-Befehlsstellen an den Kriegsschauplätzen sowie den B-Booten auf See.[3] Am 24. April schrieben Engstrom, Meader und Wenger, »die Entzifferung des deutschen Marine-Funkverkehrs ist im letzten halben Jahr sehr erfolgreich verlaufen« (November 1943 bis April 1944). Sie gingen ausführlich darauf ein, daß in diesem Zeitraum an jedem Tag »alle Einheiten« [Bombas] zunächst so eingestellt wurden, daß die Schlüssel der Marine-Enigma gefunden werden konnten. War dies geschehen, benutzte man die Bombas dazu, »um mit der Marine nicht in Verbindung stehende Forschungsaufgaben zu lösen, was auf Wunsch der Briten geschah«. Fast die Hälfte der gesamten Betriebszeit der amerikanischen Bombas (45 Prozent) wurde für die Probleme der

---

1 *U181, U196, U537, U843, U861* und *U1062*.

2 »Regular, Parallel, Slide, Cilly, Drag, Pluggable Series and Poly Grenades«, »Inverted 530s«, »Bulldozer« usw.

3 Ralph Erskine schrieb, daß es »in den 28 Monaten von Dezember 1942 bis Kriegsende nahezu 39 000 Triton-Entzifferungen gab«.

Briten aufgewandt, meist betrafen sie die Schlüsselkreise der deutschen Armee und Luftwaffe.

Die Briten, schrieb Engstrom, seien daran gescheitert, eine zuverlässige Bomba mit vier Walzen zu bauen. »Mit den Briten wurde diesbezüglich [Projekt einer Bomba mit vier Walzen] zuerst besprochen, daß die US-Navy die GC&CS [Government Codes and Cipher School] bei dem Problem mit der deutschen Marine [lediglich] *unterstützen* sollte. [...] Die Fertigung einer Bomba mit vier Walzen ist bei den Briten keineswegs zufriedenstellend verlaufen. Den neuesten Informationen zufolge sind achtzehn hergestellt worden; in ständigem Betrieb sind dabei durchschnittlich drei. [...] Folglich tragen zum gegenwärtigen Zeitpunkt die Bombas der US-Navy die Hauptlast.« Engstrom stützte seine Einschätzungen und Aussagen auf eine Nachricht von der GC&CS an OP20 G vom 20. März 1944, aus der er zitierte:

> *Die Leistung unserer Maschinen ist nach wie vor schlecht, und daran wird sich wahrscheinlich nichts ändern. Angesichts Ihrer völlig ausreichenden Kapazität bei Maschinen mit vier Walzen wird [in England] der Produktion von neuen Maschinen mit drei Walzen Vorrang eingeräumt.*[1]

Im Februar 1944 besuchte Hugh Alexander, Nachfolger von Alan Turing in Hut 8 in Bletchley Park, Washington und drängte die US-Navy, 50 weitere Bombas mit vier Walzen zu bauen. »Das war die erste Andeutung, daß die US-Marine ihre Bemühungen in dieser Richtung steigern sollte«, schrieb Engstrom. »Blickt man pessimistisch auf die Lage im Atlantik, dann können zusätzliche Maschinen für die Arbeit der Marine gerechtfertigt sein. Dennoch kann kein Zweifel daran bestehen, daß der hauptsächliche Anlaß für diese Steigerung darin liegt, [daß die Amerikaner für die Entzifferung] der [deutschen] Armee- und Luftwaffen-Schlüssel [Hilfestellung leisteten].«

Der von Alexander vorgetragene Standpunkt überzeugte die Amerikaner. Am 25. Februar erteilte Admiral King dem Handelsbeauftragten und Leiter des Bureau of Ships die Anweisung, die gewünschten 50 technisch verbesserten Bombas (Modell N-1530) anzuschaffen. »Der Einsatz dieser zusätzlichen Bombas im Zuständigkeitsbereich der

---

[1] In einer anderen Denkschrift vom 1. April 1944 schrieb Engstrom, die Briten hätten festgestellt, daß ihre »Konstruktionen ineffektiv und die Wartung schwierig« seien. »Deshalb ist der Großteil ihrer mit Hochgeschwindigkeit arbeitenden Geräte meist nicht in Betrieb. Die Briten haben sich wahrscheinlich aus diesem Grund – wie auch wegen des Umfangs des Funkverkehrs mit drei Walzen, der mit der Marine nichts zu tun hat, fast ausschließlich auf die Produktion von Maschinen mit drei Walzen verlegt und somit uns die Arbeit mit dem Hochgeschwindigkeitsproblem überlassen.«

[US-]Navy wird natürlich«, so urteilte Engstrom, »die Ausbeute an Marine-Schlüsseln um ein Drittel steigern. Ebenso erhöht sich der Zeitaufwand für Probleme, die mit der Marine nichts zu tun haben, um ein Drittel«, beispielsweise die Schlüssel des deutschen Heeres, der Luftwaffe und andere Schlüsselkreise.

Der »pessimistische Ausblick« auf die »Lage im Atlantik«, auf den sich Engstrom bezog, war auf die schon erwähnte Entdeckung im März zurückzuführen, wonach die Deutschen am Enigma-Schlüssel eine »umfassende Änderung« vornehmen und damit den Verschlüsselungsvorgang komplizierter machen wollten. Wie man bald erfuhr, sollte die geteilte Umkehrwalze Dora mit der »Griechenwalze Delta« eingebaut werden, die vom Funker neu gesteckt werden konnte. Die Deutschen hatten diesen Reflektor für »bestimmte Luftwaffenschlüsselkreise« eingeführt, was zu »einiger Besorgnis« Anlaß gegeben hatte, wie Engstrom mit beträchtlicher Untertreibung schrieb. Allerdings wurde diese Änderung nicht durchgeführt, was die Alliierten damals nicht wußten.

Um auf den Einsatz einer »steckbaren Umkehrwalze« für die Marine-Enigma reagieren zu können, betonte Engstrom, sei ein neuer Typ von Dechiffriermaschine nötig. Er und seine Mitarbeiter im Bereich Forschung und Entwicklung hätten die Möglichkeit einer »steckbaren Umkehrwalze« ein Jahr zuvor, im April 1943, vorausgesehen. Überdies habe die National Cash Register Company eine Maschine annähernd fertiggestellt, die dies bewältigen könne. Die Maschine namens »Duenna« bzw. N-1500 glich einer Bomba, war aber ein völlig »anderes Gerät«. Die im Bau befindliche Duenna war 6,1 Meter lang, 2,74 Meter hoch und 1,2 Meter breit und hatte ein Gewicht von vier Tonnen. Engstrom beharrte darauf, der Duenna eine höhere Priorität einzuräumen als den 50 neuen Bombas vom Modell N-1530, auch wenn beide Projekte gleichermaßen forciert wurden.

Im April 1944 erklärten Wenger und Engstrom ihren Standpunkt in einem weiteren Dokument:

> *Unserer Meinung nach muß man sich ernsthaft fragen, ob die Herstellung aller [50] zusätzlichen Bombas erforderlich ist. An der deutschen Enigma-Maschine werden bestimmte wichtige Veränderungen [steckbare Reflektoren] durchgeführt, die, sollten sie so wie erwartet zur Anwendung kommen, den Einsatz eines anderen, von der Forschungsgruppe OP20 G entworfenen Maschinentyps [d. h. die Duenna] erforderlich machen. Sollten diese erwarteten Veränderungen umfassend verwirklicht werden, dann ist in Frage gestellt, ob die [Standard-]Bomba künftig sinnvoll eingesetzt werden kann.*
>
> *Wir ziehen jede geeignete Maßnahme in Betracht, um für alle Fälle vorzusorgen. Damit wir auf das Problem, wenn es auf-*

taucht, gründlich vorbereitet sind, fahren wir mit der Planung und dem Bau von zehn dieser neuen Einheiten [Duennas] fort. Weiterhin fänden wir es wünschenswert, bestenfalls nur einen Teil der zusätzlichen [50 Standard-] Bombas zu bauen [wie von den Briten erbeten]. Da die Situation, was die Deutschen betrifft, augenblicklich undurchsichtig ist, erwarten wir vor der Fertigstellung der [Standard-]Bombas eine Klarstellung. Sollte es dann ratsam erscheinen, werden wir eine Verringerung der zu bauenden Stückzahlen empfehlen.

Wenger und Engstrom verfaßten dieses Memorandum etwa zweieinhalb Monate vor der Durchführung des Unternehmens Overlord, der Invasion des besetzten Frankreich. Durch den überwältigenden Erfolg von Overlord wurde dieser »pessimistische Ausblick« zur Enigma-Entzifferung im Atlantik-Sektor bedeutungslos. Einerseits brachen die Telefonleitungen zwischen der B-Boot-Führung in Berlin und den fünf B-Boot-Stützpunkten an der französischen Atlantikküste zusammen, wodurch die Deutschen gezwungen waren, Funk einzusetzen. Andererseits liefen bedeutend mehr B-Boote aus, was Marine-Funkverkehr zur Folge hatte. Diese Entwicklungen brachten einen enormen Anstieg an Funksprüchen mittels der Marine-Enigma in den Schlüsselkreisen mit sich. Und damit stieg auch die Fehlerzahl bei dem technischen Verfahren, was zu einer umfangreichen Ausbeute an »Eselsbrücken« führte, mit denen wiederum die Bombas gefüttert werden konnten. Und darüber hinaus hielt die alliierte Invasion die Deutschen davon ab, die »steckbare Umkehrwalze« einzuführen.

Admiral King erteilte daher im September 1944, nachdem die National Cash Register Company die Hälfte (25) der von den Briten gewünschten neuen N-1530-Bombas fertiggestellt hatte, dem Bureau of Ships die Anweisung, den Rest zu stornieren. Die im Krieg gebaute Anzahl von amerikanischen Bombas belief sich damit auf 121 (96 plus die 25 neuen Bombas). Die Kosten für die Maschinen betrugen nach einer Schätzung Engstroms ungefähr sechs Millionen Dollar. Im März 1945, kurz vor der Kapitulation der Deutschen, waren nur zwei der gigantischen Duennas (N-1500) fertiggestellt und in Betrieb genommen worden, und lediglich drei weitere waren noch angefordert worden.

Die US-Army mußte bei ihrem Projekt, Rapid Analytic Machines (RAM) bzw. Drei-Walzen-Bombas zu bauen, ebenso viele Rückschläge einstecken wie die Briten bei dem Vorhaben, eine Vier-Walzen-Bomba zu produzieren. Die Bell Telephone Laboratories bauten nur zehn Exemplare. Im Vergleich zu den Bombas der US-Navy waren die Maschinen der Army erschreckend langsam: 910 »Versuche« mit auf Zetteln festgehaltenen vermuteten Klartextstellen (»cribs«) pro Sekunde, verglichen mit 20280 bei der Navy. An einem normalen Tag konnte eine

Bomba der Navy somit 40000 »Versuche« kurzer Drei-Walzen-Durchläufe im Vergleich zu 1200 bei der Army durchführen.

»Die komplette Anlage bei der Army entspricht in etwa einer unserer Bombas«, schrieb Joe Wenger am 16. Februar 1945, als er die beiden Modelle miteinander verglich. »Um die Zahlen der Navy mit Bombas der Army zu erreichen, wäre eine ungeheure Anlage erforderlich. [...] Grob geschätzt verhält sich die relative Kapazität der kompletten US-Army-Anlage und jener der US-Navy in einem Faktor von 50 zugunsten der Navy.«

Feindfahrten nach Westafrika

Im Zeitraum vom 1. Januar bis zum 1. Juni 1944 gingen zehn Boote vom Typ IX auf Feindfahrt nach Freetown und dem Golf von Guinea. Sie sollten von der »Milchkuh« *U488*, einem Typ-XIV-U-Tanker, versorgt werden. Von dieser Gruppe kehrten fünf Boote und der U-Tanker nicht zurück.

Am 9. Januar lief das berühmte *U123*, mit dem Reinhard Hardegen in amerikanischen Gewässern die Operation Paukenschlag eröffnet hatte, unter dem Kommando des 24jährigen Horst von Schroeter aus. Obermaat war der 28jährige Walter Kaeding. Kaeding tat seit Mai 1940 Dienst auf *U123* und hatte an allen 13 Feindfahrten unter Moehle, Hardegen und von Schroeter teilgenommen.

Vor Freetown fand von Schroeter keine Ziele. Auf dem Rückmarsch traf er am 23. März den XIV-Tanker *U488* und übernahm Treibstoff. *U488* meldete das Rendezvous und auch, daß das Funkgerät an Bord von *U123* defekt war und nicht repariert werden konnte. *U488* gab auch die Resultate von Schroeters Feindfahrt weiter: drei Fehlschüsse auf einen Truppentransporter, einen T-5-Fehlschuß auf einen »Zerstörer«, keine Treffer und keine Versenkungen. Die B-Boot-Führung wies von Schroeter daraufhin an, am 7. April mit dem auslaufenden *U505* zusammenzutreffen und neue Schlüsselunterlagen zu übernehmen. Als das Boot am 24. April nach einer erfolglosen Feindfahrt von 107 Tagen in Lorient eintraf, stellte die B-Boot-Führung *U123* außer Dienst. Admiral Dönitz verlieh von Schroeter, Kaeding und dem Leitenden Ingenieur Reinhardt König das Ritterkreuz.[1] Von Schroeter und König gingen nach Deutschland zurück und stellten dort ein großes »Elektro-Boot« in Dienst. Der zum Offizier beförderte Kaeding führte für kurze Zeit das Kommando auf einem Schul-

[1] Zum Zeitpunkt der Auszeichnung betrug von Schroeters auf *U123* erzieltes und bestätigtes Trefferergebnis sechs Schiffe mit 28000 Tonnen, darunter das britische B-Boot *P-615,* sowie anteiliges Verdienst mit *U435* für die Versenkung des 7100 BRT großen britischen Frachters *Empire Shackleton*. Kaeding war einer von sieben Unteroffizieren der B-Boot-Waffe, die mit dem Ritterkreuz ausgezeichnet wurden.

Einbaum, dann auf einem kleinen »Elektro-Boot«, das jedoch nicht fertiggestellt wurde.

Als nächstes Boot lief das nicht weniger berühmte *U66* unter dem neuen 26jährigen Kommandanten Gerhard Seehausen aus. Beim Passieren von Kap Finisterre sichtete Seehausen einen Träger und dessen Geleit. Er wagte beherzt einen Angriff, schoß aber nur einen T-5 auf einen »Zerstörer«, welcher fehlging. Vor Freetown verfehlte er mit einem T-5 einen weiteren »Zerstörer«. Er setzte die Fahrt nach Osten in den Golf von Guinea fort, wo er am 26. Februar vor Takoradi auf einen kleinen Geleitzug stieß, STL 12, und aus diesem den britischen Frachter *Silvermaple* mit 5313 BRT versenkte. Den Kapitän und ein weiteres Mitglied der Schiffsbesatzung nahm er gefangen. Von diesem Konvoi meldete er noch ein anderes Schiff, das aber nicht bestätigt wurde. In der folgenden Woche versenkte Seehausen in der flachen Bucht von Benin zwei Einzelfahrer: den 5202 BRT großen Franzosen *St. Louis* und den 4275 BRT großen Briten *Matadian*. Im Gegenzug richteten britische Patrouillenflugzeuge *U66* mit Wasserbomben übel zu, so daß Seehausen das Boot in 122 Metern Tiefe in einen morastigen Meeresgrund setzen mußte. Er schaffte es schließlich, wieder freizukommen, indem er das Boot energisch vor und zurück schaukeln ließ.

Nach der Versenkung von, wie Seehausen glaubte, beeindruckenden fünf Schiffen mit 30688 BRT (tatsächlich vier Schiffe mit 20000 BRT) trat er mit wenig Treibstoff den Rückmarsch an. Die B-Boot-Führung wußte von Seehausens Treibstoffmangel und befahl für den 26. April ein Rendezvous mit dem U-Tanker *U488*. Alliierte Dechiffrierer entzifferten Enigma-Funksprüche über dieses Zusammentreffen, und die amerikanische Marine setzte eine U-Jagdgruppe auf diese Fährte: den Geleitträger *Croatan* und fünf Geleitzerstörer. Die Gruppe peilte nach ihrem Eintreffen am Versorgungsplatz die Funksprüche zwischen *U66* und *U488* ein, worauf die Avenger-Maschinen der *Croatan* zu ausgedehnten nächtlichen Suchflügen aufstiegen.

Diese Avengers entdeckten *U488* in den frühen Morgenstunden des 26. April, und alle Geleitzerstörer liefen für einen Angriff mit Wasserbomben und Hedgehog heran: *Barber, Frost, Huse, Inch* und *Snowden*. Dieser Angriff war tödlich. Von dem U-Tanker hörte man nie wieder etwas. Die Tenth Fleet rechnete das Verdienst an dieser wichtigen Versenkung vier von den fünf Schiffen (außer der *Inch*) zu. Damit blieb nur noch ein U-Tanker vom Typ XIV, *U490,* übrig, welcher, wie berichtet, in den Fernen Osten geschickt wurde und verlorenging.

In der Nähe hörte Seehausen den Angriff auf *U488*. Er suchte das Weite und funkte an die B-Boot-Führung: »Tanken unmöglich«. Er habe zudem Versenkungsgeräusche gehört. Nach Eingang dieser Nachricht versuchte die B-Boot-Führung wiederholt, *U488* anzufunken. Als das

Boot nicht antwortete, ging man vom Schlimmsten aus und versuchte, ein Treffen von *U66* mit dem aus Penang einlaufenden *U188* von Lüdden sowie mit dem auslaufenden *U68* zu arrangieren. Unterdessen hieß es bei der U-Boot-Führung, eine weitere Versorgung auf See sei »unmöglich« (bis zur Entwicklung des Verfahrens zum Auftanken unter Wasser). Sie wies die Boote in fernen Seegebieten an, ihre Rückreise dementsprechend zu planen.

Seehausen setzte seine Fahrt zur Position des Treffpunktes mit *U188* fort, doch die Amerikaner verfolgten ihn unerbittlich. Zwei U-Jagdgruppen – die Geleitträger *Block Island* und *Bogue* mit dem entsprechenden Geleitschutz – lösten die *Croatan*-Gruppe ab, der der Treibstoff ausging. Seehausen meldete, das Treffen sei fehlgeschlagen, und fügte hinzu, eine Versorgung sei unmöglich, da das Boot seit 26. April fortwährend eingepeilt wurde, und daß es im Mittelatlantik schlimmer sei als in der Biskaya. In der Nacht vom 5. auf den 6. Mai entdeckte eine nachts eingesetzte Avenger von der *Block Island U66*. Der Pilot Jimmie J. Sellars führte einen Geleitzerstörer heran. Dies war die *Buckley* unter dem Kommando von Brent M. Abel, einem Absolventen des Harvard College und der Harvard Law School, der an diesem Tag seinen 28. Geburtstag feierte.[1]

In einer Entfernung von 3,6 Kilometern sichtete die *Buckley* die Silhouette von *U66* gegen den Mond, worauf Vorbereitungen für den Angriff und eine Rammung getroffen wurden. Seehausen sah die *Buckley* jedoch zuerst, schoß möglicherweise einen T-5 und eröffnete aus einer Distanz von 1,9 Kilometern das Feuer mit Maschinengewehren und Flak. Abel erwiderte das Feuer mit seinen drei 3-Zoll-Geschützen, wodurch das 10,5-cm-Deckgeschütz von *U66* außer Gefecht gesetzt wurde. Der Beschuß verursachte zudem weitere Beschädigungen und tötete bzw. verletzte wahrscheinlich einige Deutsche. Dann rammte die *Buckley U66* im vorderen Teil des Rumpfes, und die beiden Fahrzeuge verkeilten sich in einer tödlichen Umarmung, was an das Gefecht zwischen *U405* und dem amerikanischen Zerstörer *Borie* erinnerte.

Seehausen befürchtete, die Männer auf der Buckley seien im Begriff, *U66* zu kapern, um dadurch Geheimmaterial zu erbeuten. Da ihn dies zwingen würde, sich mit dem Großteil der unter Deck befindlichen Besatzung selbst zu versenken, befahl er seinem Ersten Wachoffizier, dem 22jährigen Klaus Herbig, und anderen Besatzungsmitgliedern, an Bord der *Buckley* zu gehen und dort einen Ablenkungsangriff zu machen. In der entstehenden Verwirrung wollte er sich mit dem Boot von

---

[1] Über die Ereignisse an diesem Tag schrieb der Autor und Journalist E. J. Kahn jr., der mit Abel 1937 das Harvard College besucht hatte, später einen ausführlichen Artikel. Dieser erschien am 8. 2. 1988 in der Zeitschrift *The New Yorker* und wurde in gekürzter Form im *Naval History Magazin* (Sommer 1988) abgedruckt.

dem Geleitzerstörer lösen, den Rest der Besatzung von *U66* an Deck holen und das Boot versenken. »Ich sprang sofort mit acht Mann dort hinüber, wo wir uns an der Reling des Zerstörers festhalten konnten«, erinnerte sich Herbig.

Als die Deutschen am Bug der Buckley auftauchten – um abzulenken oder zu kapitulieren –, glaubten die Amerikaner, sie wollten die *Buckley* kapern. Wie in früheren Zeiten des Seekriegs entspann sich ein Kampf Mann gegen Mann. Abel schilderte den Kampf in seinem offiziellen Bericht:

> *Männer strömten aus dem B-Boot und auf das Vorderdeck der* Buckley. *Feuer aus Maschinengewehren, Maschinenpistolen und Gewehren wehrte einige ab. Zu diesem Zeitpunkt wurden unter anderem einige Kaffeebecher aus der Mannschaftsmesse als Munition verwendet, die auf der einsatzbereiten Gefechtsstation zur Hand waren. Zwei Gegner wurden von den Bechern am Kopf getroffen. Von der Geschützbedienung der 3-Zoll-Kanone Nummer 2 wurden auch leere Patronenhülsen verwendet, um die Entermannschaft abzuwehren. […] Auf der* Buckley *gab es durch den Kampf nur einen Verletzten. Ein Mann holte sich eine Prellung an der Faust, als er einen Gegner über Bord beförderte. […] Der für die vordere Munitionsmannschaft verantwortliche Bootsmannsmaat erschoß mit einer Pistole Kaliber .45 einen Mann beim Versuch, über die Reling zu klettern. Der Mann fiel rücklings über Bord. Die mittschiffs zuständige und mit Gewehren bewaffnete Reparaturmannschaft ließ an der Steuerbordseite Rettungsleinen hinab. Sie kletterte hinunter und holte vom Deck des B-Boots einige Männer. Der Feuerleitoffizier setzte von der Brücke aus eine Maschinenpistole mit hervorragender Wirkung ein.*

Die Besatzung der *Buckley* tötete oder verwundete eine nicht bekannte Zahl von Deutschen. Sie nahm fünf, darunter Herbig, gefangen. Unterdessen konnte Seehausen *U66* von der *Buckley* lösen und lief in der Dunkelheit mit Höchstgeschwindigkeit ab. Hinter sich ließ er eine Reihe von Kameraden, die ins Wasser sprangen. Ungeachtet eines breitgedrückten Bugs und anderer Kollisionsschäden auf dem Vorschiff jagte Abel mit der *Buckley* hinterher und feuerte aus allen Geschützen auf *U66*. Er holte auf und machte Anstalten, das B-Boot ein zweites Mal zu rammen. Im Durcheinander dieser nahen Begegnung wendete *U66* und rammte die *Buckley* achtern. Das Boot fegte dabei die Steuerbordschraube weg und riß Löcher in die Schiffswand. Daraufhin wurde *U66* von dem Leitenden Ingenieur Georg Olschewski selbstversenkt, dem drei Tage zuvor über Funk die Verleihung des Ritterkreuzes mitgeteilt worden war. In den folgenden drei Stunden fischte Abel noch 31 Deutsche aus dem Wasser, darunter Ritterkreuzträger Olschewski, jedoch nicht Seehausen und die beiden britischen Kriegsgefangenen. Insgesamt nahm Abel 36 Deutsche gefangen und übergab sie an die *Block Island;* 24 Deutsche kamen ums Leben.

Ende Februar und im März liefen, von *U801* abgesehen, das von der *Block-Island*-Gruppe versenkt wurde, fünf weitere Boote des Typs IX nach Freetown und dem Golf von Guinea aus. Keines dieser Boote versenkte ein Schiff. Drei Boote gingen verloren.

Am 30. März verließ das kampferprobte IXC-Boot *U515* Frankreich. Das Boot stand unter dem Befehl des höchstdekorierten Kommandanten, der im Atlantik noch im Kampfeinsatz war, dem 35jährigen Werner Henke, der das Eichenlaub zum Ritterkreuz trug. *U515* war zusätzlich zum Naxos-Detektor mit einem der ersten Hohentwiel-Suchradargeräte ausgerüstet.[1] Am gleichen Tag lief in Casablanca die *Guadalcanal*-U-Jagdgruppe aus. Die Gruppe unter dem Kommando von Daniel V. Gallery sollte westlich der Kapverdischen Inseln Jagd auf U-Tanker und deren »Kunden« machen.

Am 8. April bei Sonnenuntergang hatte Gallery das Seegebiet erreicht, und vier Avenger-Flugzeuge starteten als Nachtaufklärer. Die Maschinen flogen ihre Patrouille bei Vollmond. Einer der Piloten entdeckte das aufgetauchte *U515,* doch der von ihm gefunkte Alarm wurde bei der U-Jagdgruppe nicht empfangen. Nach der Rückkehr der Flugzeuge erfuhr Gallery von dem Kontakt. Er ließ weitere Avengers aufsteigen und befahl zwei Geleitzerstörern, der *Pope* und der *Chatelain* unter Edwin H. Headland jr. bzw. James L. Foley, einer möglichen Radarortung nachzugehen. In der Annahme eines Sonarkontakts warfen beide Schiffe Wasserbomben. Als die *Pope* meldete, daß ein Ölteppich zur Wasseroberfläche aufsteige, ließ Gallery Avengers aufsteigen und schickte zwei weitere Geleitzerstörer, die *Pillsbury* und die *Flaherty,* zum Schauplatz. Zwei Avengers sichteten *U515* tatsächlich und warfen Wasserbomben, beim zweiten Angriff trotzten sie dem Abwehrfeuer der Flak. Keiner dieser Angriffe fügte *U515* nennenswerten Schaden zu, doch Henke, der wieder tauchte, war in einem Netz gefangen, aus dem er nicht entkommen konnte.

Am 9. April nach Sonnenaufgang (der Ostersonntag) leitete Gallery eine hartnäckige Jagd ein. Als Henke erschöpft auftauchte, um die Batterien aufzuladen und um Frischluft ins Boot zu saugen, griff eine Avenger mit dem Piloten Douglas W. Brooks im Sturzflug an. Henkes automatische 3,7-cm-Schnellfeuerflak hatte im entscheidenden Moment eine Ladehemmung. Brooks warf Wasserbomben ab und zwang

[1] Die Antenne vom »Matratzen«-Typ wurde in einer Aussparung auf der Brücke aufbewahrt. Sie konnte hydraulisch ein- und ausgefahren werden.

Henke, tief zu tauchen (240 Meter). Dies geschah zu einem Zeitpunkt, als die *Guadalcanal* und ihr Geleitschutz nur noch 28 Kilometer entfernt waren. Drei dieser Kriegsschiffe, *Flaherty, Pillsbury* und *Pope,* näherten sich, ebenso wie ein weiteres Flugzeug, nun sehr schnell und begannen mit einem beharrlichen und erfolgreichen Angriff auf *U515,* der sich an diesem Ostersonntag über sieben Stunden hinzog.

Die nahe beim Boot erfolgenden Detonationen verursachten schließlich einen Wassereinbruch im Hecktorpedoraum, der nicht gestoppt werden konnte. Henke schottete diesen Teil des Bootes ab, doch das Gewicht des vollgelaufenen Heckraumes hob den Bug in einem steilen Winkel von 30 Grad. Er versuchte, die Neigung zu verringern, indem er Besatzungsmitglieder in den Bugtorpedoraum schickte, die Ballasttanks anblies und auf eine höhere Fahrtstufe ging. Alle die Maßnahmen schlugen fehl, und *U515* glitt rückwärts auf 200 Meter hinab. In dieser Tiefe geriet das Boot außer Kontrolle und schoß mit dem Heck voran in einem steilen Winkel wieder an die Meeresoberfläche.

Die *Chatelain* und die *Flaherty* eröffneten das Feuer aus allen Rohren und verhinderten, daß Seeleute an Deck des B-Bootes gelangten. Zudem schoß die *Chatelain* nochmals sieben Wasserbomben aus ihren K-Kanonen sowie die *Flaherty* einen Torpedo. Der Torpedo verfehlte *U515* und lief weiter in Richtung der sich nähernden *Pillsbury*. Erstaunlicherweise erkannte ein aufmerksamer Pilot die Gefahr und zerstörte den Torpedo mit MG-Feuer. Er und andere Wildcat- und Avenger-Piloten griffen *U515* dann mit Maschinengewehrfeuer und Raketen an. Am Nachmittag befahl Henke schließlich, das Boot aufzugeben und die Selbstversenkung durchzuführen. 16 Deutsche kamen um; die Geleitzerstörer retteten Henke und 43 weitere Angehörige der Besatzung und übergaben sie der *Guadalcanal*.

In seinen anschaulichen Memoiren schrieb Gallery, er habe Henke gedrängt, eine Erklärung zu unterschreiben, nach der er, Henke, bereitwillig wahrheitsgemäße Informationen preisgeben werde, wenn Gallery ihn und seine Mannschaft nicht den britischen Führungsstellen übergebe. Diese hatten angeblich erklärt, sie wollten Henke und seine Besatzung vor ein Kriegsgericht stellen, und zwar für die Greueltat der Versenkung des Truppentransporters bzw. Passagierschiffes *Ceramic* (am 7. Dezember 1943). In seinem Buch über den B-Boot-Krieg[1] zog der deutsche Journalist Hans Herlin, der drei von Henkes Offizieren befragt hatte, diese Aussage in Zweifel. Henkes amerikanischer Biograph Timothy P. Mulligan fand in den National Archives jedoch von Henke unterschriebene Unterlagen, deren Echtheit er bestätigen konnte, sowie ein ähnliches Dokument, das 40 Seeleute von *U515* unterzeichnet hatten.

[1] *Verdammter Atlantik: Schicksale deutscher B-Boot-Fahrer* (1982).

Die *Guadalcanal* brachte Henke und seine Männer am 26. April nach Norfolk. Nach sechs Tagen in dem Durchgangslager Camp Allen teilten die amerikanischen Führungsstellen die Deutschen in zwei Gruppen. Henke und 18 Männer gingen nach Fort Hunt. Dieses Lager war etwa 27 Kilometer südlich von Washington D.C. gelegen und eine streng geheime Zentrale der Army und Navy für Verhöre von Kriegsgefangenen.[1] Die anderen 25 Männer gingen ins nahe Maryland nach Fort George C. Meade, von wo aus sie ins Kriegsgefangenenlager in Papago, Arizona, und in andere Camps überführt wurden.

Bei den vom 4. bis zum 14. Mai stattfindenden Verhören in Fort Hunt widerrief Henke seine unterschriebene Erklärung, wahrheitsgemäße Informationen weiterzugeben, und sagte kein Wort mehr. Die Verhörspezialisten der Marine schrieben:

> *Henke erwies sich als jemand, der sehr auf seine Sicherheit bedacht ist. Er bekundete sein Interesse, die amerikanische Gefangenschaft der britischen vorzuziehen, doch dieser Umstand machte ihn nicht gesprächiger. Die Verhöroffiziere empfanden ihn als mürrisch und verbittert. Seine Arroganz war maßlos, obwohl er seiner Besatzung widerwillig ein teilweises Verdienst an seinen Erfolgen zugestand. […] Die Besatzung von U515 hegte für ihren Kommandanten gemischte Gefühle. Einige bewunderten seine Charakterstärke; andere warfen ihm seine drakonische Strenge vor. Die überlebenden Offiziere erkannten zwar seine Fähigkeiten an, bestätigten aber seine schreckliche Arroganz. An Land war Henke offenbar besonders unbeliebt, und nur wenige Personen von der 10. U-Flottille und vom Stab des Führers der B-Boote konnten ihm seinen maßlosen Ehrgeiz und Egoismus nachsehen. […]*

Die betroffenen alliierten Führungsstellen wollten verhindern, daß Henke sich vor seiner Besatzung rühmen würde, er habe den Amerikanern die Stirn geboten. Diese könnten ihn dann als heldenhaften Kriegsgefangenen ansehen. Zudem wollte man ihn für den Widerruf einer unterzeichneten Zusage bestrafen. Daher beschlossen die zuständigen Stellen, die frühere Drohung nochmals anzuwenden, Henke werde den Briten übergeben, wo er sich vor Gericht für die Versenkung des Truppentransporters *Ceramic* verantworten müsse. Es bestanden keine Absichten, Henke für diese völlig rechtmäßige und korrekte Ver-

[1] Bei Kriegsende wurde Fort Hunt abgerissen. Die Funktion dieses Lagers blieb unbekannt und streng geheim, bis Mulligan in den National Archives Aufzeichnungen darüber fand.

senkung vor Gericht zu stellen. Mulligan schreibt, Henke habe dies jedoch nicht gewußt und müsse diese angedrohte Übergabe an die Briten als »Todesurteil« angesehen haben. Er habe einen »Schauprozeß« erwartet, der »nur auf dem Schafott« enden könne.

Henke wollte sich vermutlich dieser Demütigung und Schande entziehen. Am 15. Juni stürmte er bei einem Appell plötzlich zum Sicherungszaun von Fort Hunt. Im offiziellen Bericht heißt es:

> *Um ungefähr 18.55 Uhr […] sah eine Wache, wie Henke versuchte, an der Umzäunung hochzuklettern. […] Deutlich hörbar rief sie zweimal ›Halt‹. Henke kletterte weiter, und die Wache rief ein drittes Mal ›Halt‹, gerade als der Besagte den Zaun erklettert hatte. Als Henke über den Zaun stieg, schoß die Wache. Der Gefangene wurde getroffen und hing bewegungslos auf dem Zaun. Der für die Wache zuständige Offizier begab sich, als er den Schuß hörte, unverzüglich zum Schauplatz. Er sah Henke und rief den Lagerarzt. Der verletzte Gefangene wurde sofort in einen Krankenwagen gelegt und in [ein] Militärhospital gefahren, während der Arzt Erste Hilfe leistete. Nach der Ankunft im Hospital, gegen 20.18, wurde Henke für tot erklärt. Eine gründliche Untersuchung des Vorfalls ergab, daß die Wache ordnungsgemäß gehandelt hatte und daß der Tod des Gefangenen von ihm selbst verschuldet wurde.*[1]

Das glückloseste B-Boot im Atlantikverband war *U505*. Seit Dezember 1942 hatte das Boot das Auslaufen mindestens zwölfmal abbrechen müssen, einmal aufgrund des Selbstmords von Kommandant Peter Zschech. Am 16. März lief das Boot dann schließlich aus. *U505* stand noch immer unter dem Kommando des 40jährigen Harald Lange, der Zschech ersetzt hatte und der älteste Kommandant auf einem im aktiven Einsatz befindlichen Kampfboot war. Erster Wachoffizier auf *U505* blieb der 26jährige Paul Meyer, der das Boot nach Zschechs Selbstmord zurückgebracht hatte.

Lange übergab an *U123* neue Enigma-Schlüssel und patrouillierte mit *U505* dann etwa sechs Wochen lang zwischen Freetown und dem benachbarten liberianischen Seehafen Monrovia. Die Alliierten verfolgten

---

[1] Henke hatte den Verhörspezialisten gesagt, er habe insgesamt 28 Schiffe mit 177000 Tonnen versenkt. Die B-Boot-Führung schrieb ihm die Versenkung von 26 Schiffen mit 166000 Tonnen zu. Sie erklärte am 1. August 1944, er sei bei einem Fluchtversuch erschossen worden. Seine bestätigte Trefferquote auf *U515* belief sich auf 25 versenkte Schiffe mit 142636 Tonnen, darunter die Sloop *Chanticleer*. Damit nahm er unter allen B-Boot-Kommandanten im Krieg den 15. Rang ein.

seinen Kurs, leiteten den Schiffsverkehr um, und Lange versenkte in der ganzen Zeit kein Schiff. Die Sache sei wie verhext gewesen, schrieb das Besatzungsmitglied Hans Decker, der von den Einbrüchen in die Enigma nichts wußte. Es habe alle verrückt gemacht, so Decker weiter, denn kein einziges Schiff sei aufgetaucht. Die ausgedehnten Unternehmungen in den warmen und feuchten Tropen verdrossen und ermüdeten die Besatzung und erschöpften zudem die Batterien. Am 27. Mai trat Lange mit wenig Treibstoff den Rückmarsch an. Er entschloß sich, eine Abkürzung zu nehmen und sich nahe der Kapverdischen Inseln zu halten.

Die alliierten Kryptanalytiker stellten Informationen über den ungefähren Heimatkurs von *U505* zur Verfügung. Dan Gallerys U-Jagdgruppe – der Geleitträger *Guadalcanal* und fünf Geleitzerstörer – versuchten, *U505* zu lokalisieren, was aber nicht gelang. Am 4. Juni – der Treibstoff war knapp geworden – gab Gallery Befehl, Casablanca anzulaufen.

Einer der gut ausgebildeten Geleitzerstörer, die *Chatelain,* meldete am gleichen Morgen um 11.10 Uhr einen Sonarkontakt. Der Kommandant der *Chatelain,* Dudley S. Knox, ein Rechtsanwalt und Sohn des prominenten Marinehistorikers Dudley Wright Knox, lief die angepeilte Position an. Er beurteilte den Kontakt als »B-Boot« und feuerte eine Hedgehog-Salve ab, die aber fehlging. Gallery gab sofort Anweisung, zwei Wildcats zu starten. Den beiden Geleitzerstörern *Jenks* und *Pillsbury* befahl er, die *Chatelain* zu unterstützen. Daraufhin brachte er die von den beiden Geleitzerstörern *Pope* und *Flaherty* gesicherte *Guadalcanal* aus der Reichweite der Torpedos. Dann drehte er den Flugzeugträger in den Wind und ließ ein »Jagd-Team« von Wildcats und Avengers aufsteigen.

Die beiden Wildcats mit den Piloten John W. Cadle jr. und Wolffe W. Roberts stellten die Luftsicherung für den Geleitzerstörer *Chatelain.* Als die beiden Piloten die Umrisse eines B-Boots in Sehrohrtiefe erkannten, funkte Cadle: »Schiff, das eben Hedgehog abgefeuert hat, auf Gegenkurs gehen.« Dann »markierte« er die Position des B-Boots mit MG-Feuerstößen. Gallery schrieb später, die »intelligente«, »geistesgegenwärtige« sowie »entschlossene« Vorgehensweise von Cadle und Roberts sei für die dann folgenden Ereignisse von entscheidender Bedeutung gewesen. Dies sei »auch einer der wenigen Fälle« gewesen, »bei denen genaugenommen ein Flugzeug den Angriff« auf ein B-Boot leitete. Später bestritt der Kommandant der *Chatelain,* Dudley Knox, energisch, daß dies der Fall gewesen sei. Er schrieb, nach dem mißglückten Hedgehog-Angriff habe er in einer Distanz von 91 Metern den Sonarkontakt mit *U505* wiederhergestellt und nicht mehr verloren. Die Überwachung und Zielmarkierung durch die beiden Wildcat-Maschinen sei, so beharrte Knox, »nützlich« gewesen, doch nur insofern, daß er dadurch das vorschriftsgemäße Verfahren abkürzen und auf eine Entfernung von 460 Metern einen Wasserbombenangriff beginnen konnte statt der vorgeschriebenen 920 Meter.

Knox lief die mittels Sonar eingepeilte Position an und begann um 11.21 Uhr mit dem Abfeuern von 14 auf geringe Tiefe eingestellten Wasserbomben. Zu diesem Zeitpunkt hatte Lange erkannt, daß *U505* in großer Gefahr war, und wies den Leitenden Ingenieur Joseph Hanser an, mit dem Boot auf Tiefe zu gehen. Die Wasserbomben schüttelten *U505* durch und verursachten einige Wassereinbrüche, dem Boot selbst fügten sie aber keinen ernsten Schaden zu. Dennoch sackte es, »außer Kontrolle« geraten, bis auf 230 Meter durch, wie das Besatzungsmitglied Hans Decker schilderte. Er erzählte weiter, daß Lange dann Hanser »seinen letzten klaren Befehl« zurief: »Bringen Sie uns rauf, bringen Sie uns rauf, bevor es zu spät ist!«

Nur zwölf Minuten nach dem ersten Sonarkontakt, um 11.22 Uhr, kam *U505* etwa 640 Meter von der *Chatelain* entfernt an die Oberfläche. Dudley Knox, in höchster Alarmbereitschaft, stoppte die Maschinen und eröffnete sofort das Feuer aus 7,6-cm-Geschützen; er feuerte 48 Schuß ab, von denen einige *U505* trafen. Als es den Anschein hatte, daß *U505* zur *Chatelain* wendete – und ein Ausguck schrie, ein Torpedo laufe auf das Schiff zu –, antwortete Knox seinerseits mit dem Abschuß eines einzelnen Torpedos. Doch dieser ging fehl, wie auch der Torpedo der Deutschen. Die *Jenks* und die *Pillsbury* schlossen sich dem Angriff an. Der Kommandant der *Jenks,* Julius F. Way, feuerte 32 Schuß mit der 7,6-cm-Kanone; die *Pillsbury* unter dem Kommando von George W. Casselman feuerte 21 Schuß ab. Gleichzeitig kamen zwei Wildcats heran und beschossen das Boot, wobei sie das deutsche Flak-Feuer auf sich zogen, wie die Piloten (möglicherweise falsch) meldeten. Der Beschuß mit Bordkanonen tötete einen der 51 Deutschen auf *U505* und verwundete andere, darunter den Kommandanten Lange und den Ersten Wachoffizier Meyer.

Die Piloten der Wildcats meldeten, die Deutschen würden mit erhobenen Händen auf das Deck strömen oder ins Wasser springen. Gallery hatte seine Kommandanten zuvor ermutigt, eine mögliche B-Boot-Kaperung vorzubereiten. Auf die Meldung der Wildcats funkte er an alle: »Wenn möglich, würde ich diesen Bastard gerne aufbringen.« Um 11.27 befahl er, das Feuer einzustellen.

Der Commander der Escort Division, Frederick S. Hall, der die fünf Geleitzerstörer von der *Pillsbury* aus führte, reagierte sofort. Er wies den Kommandanten der *Pillsbury,* George Casselman, an, sich dem B-Boot zu nähern und ein Boot mit einem Enterkommando zu Wasser zu lassen. Zur gleichen Zeit sollten Knox von der *Chatelain* und Way von der *Jenks* ein Boot zu Wasser lassen und Überlebende retten. Edwin H. Headland von der *Pope* sollte den Schauplatz permanent im Kreis umfahren, und zwar in einer Entfernung von 3,6 Kilometern, um jegliche B-Boote, die sich in Reichweite befinden könnten, abzuwehren oder zu versenken. Die *Flaherty* unter Means Johnson jr. blieb als Sicherung für die Flugzeuge und als Geleitschutz bei der *Guadalcanal.*

Das Kaperkommando der *Pillsbury* wurde von Albert L. David, First Lieutenant des Schiffs, geführt und bestand aus neun Mann. Als die Amerikaner an Bord von *U505* gingen, das sich mit laufenden Elektromotoren langsam nach Steuerbord bewegte, eilten David und zwei andere Männer, Funker Stanley E. Wdowiak und der Torpedomatrose Arthur W. Knispel, unter Deck in die Zentrale. Sie kümmerten sich dabei nicht um möglicherweise versteckte Sprengladungen, Sprengsätze oder bewaffnete, fanatische Deutsche. Die Zentrale war menschenleer. Die Männer sahen einen 20 Zentimeter starken Wasserstrahl, der sich aus einem offenen Seeventil ergoß (eine Methode der Selbstversenkung). Sie fanden das Ventil in der Nähe und stoppten das hereinströmende Wasser, was maßgeblich zur Aufbringung von *U505* beitrug. Es gelang ihnen jedoch nicht sofort, die Elektromotoren abzuschalten oder in der Zentrale das verklemmte Ruder freizubekommen. Auch mit Hilfe des für Notfälle vorgesehenen Handruders im Hecktorpedoraum war dies nicht möglich, da sie diesen für überflutet hielten. Außerdem befürchteten sie, das wasserdichte Luk könne mit Sprengsätzen versehen sein. Weil sie annahmen, das Boot sei im Sinken begriffen, konzentrierten sich die drei Männer darauf, geheime »Unterlagen« zu bergen (neue Enigma-Schlüssel, Kurzsignalbücher usw.) und »Schlüsselmaschinen« (Enigmas), die sie zum Deck an andere Mitglieder des Enterkommandos hochreichten. Die Beute war beträchtlich – und von unschätzbarem Wert.[1]

Da die *Guadalcanal* durch *U505* nicht länger bedroht war, steuerte Gallery mit dem Träger und seinem Geleitschiff *Flaherty* nahe an das B-Boot heran. Dann schickte er ein zehnköpfiges Enterkommando der *Guadalcanal* unter der Führung Earl Trosinos, eines erfahrenen Maschinisten, hinüber.

Etwas später folgte eine zweite Mannschaft mit 17 Mann. Eine große Welle hob Trosinos erstes Boot auf das Vorderdeck von *U505.* Das Getöse erschreckte unter Deck die drei Männer von der *Pillsbury,* die nicht wußten, daß von der *Guadalcanal* ein Enterkommando eingetroffen war.

Die drei Zerstörer waren während dieser Vorgänge beschäftigt. Auf Befehle von Hall versuchte Casselman auf der *Pillsbury,* sein Schiff an dem steuerlos herumfahrenden *U505* festzumachen. Seine Männer brachten eine Leine zu *U505* hinüber, doch die ausgebrachten Tiefenruder beschädigten die *Pillsbury,* wodurch ein Maschinenraum überflutet und das Schiff vorübergehend außer Gefecht gesetzt wurde. In der Zwi-

---

1 Für Tapferkeit und Findigkeit wurde David eine Congressional Medal of Honor verliehen, Wdowiak und Knispel ein Navy Cross.

schenzeit nahm ein weiteres Boot der *Pillsbury* sieben deutsche Überlebende gefangen. Knox von der *Chatelain* nahm 48 Überlebende gefangen, einschließlich des verwundeten Kommandanten Lange, des Maschinisten Hanser, des Kriegsberichterstatters Kurt Brey und des Schiffsarztes Karl-Friedrich Rosemeyer. Die *Jenks* nahm den verwundeten Ersten Wachoffizier Meyer gefangen. John D. Lannon, der First Lieutenant der *Jenks,* der in einem Boot zu *U505* übersetzte, kehrte mit dem von den Männern der *Pillsbury* und *Guadalcanal* erbeuteten Geheimmaterial und mit zwei weiteren deutschen Überlebenden zurück. Im weiteren Verlauf des Tages wurden alle 58 Deutschen an Bord der *Guadalcanal* gebracht.

Trosino meldete, daß *U505* sinke, wenn es nicht ins Schlepptau genommen werde. Daraufhin befahl Gallery der *Guadalcanal,* eine Leine zum Boot hinüberzubringen. Unter beträchtlichen Schwierigkeiten gelang es Trosino und den Männern der *Guadalcanal,* eine vier Zentimeter starke Stahltrosse an der geschlossenen Buglippe des B-Boots zu befestigen. Dann nahm Gallery mit der *Guadalcanal* behutsam Fahrt auf und ging mit drei Geleitzerstörern auf nördlichen Kurs nach Casablanca. Die *Pope* sollte die mitgenommene *Pillsbury* sichern, bis deren Besatzung die behelfsmäßigen Reparaturen durchgeführt hatte. Am späten Nachmittag informierten die Maschinisten Gallery, daß die Task Force ihrer Meinung nach zuwenig Treibstoff habe, um mit *U505* im Schlepptau Casablanca zu erreichen. Gallery änderte daraufhin den Kurs und lief Dakar an, den nächstgelegenen alliierten Hafen.

Als in Washington die Neuigkeit von der Aufbringung bekannt wurde, war man wie vom Donner gerührt und gleichzeitig zutiefst besorgt. Sollte die B-Boot-Führung in Berlin von der Kaperung von *U505* erfahren, würden die Deutschen mit den angekündigten »umfassenden Veränderungen«, mit denen die Sicherheit der Enigma verbessert werden sollte, zweifellos ernst machen und damit die alliierten Kryptanalytiker am Vorabend der verschobenen Operation Overlord möglicherweise blind machen. Allan Rockwell McCann, der ehemalige B-Boot-Fahrer und Kommandant des neuen Schlachtschiffes *Iowa,* der Francis »Frog« Low als Stabschef der Tenth Fleet ablösen sollte, erinnerte sich, daß Admiral King auf Gallery, der unter Umständen das Geheimnis des alliierten Einbruchs in die Enigma gefährdet hatte, derart wütend gewesen sei, daß er ihm mit dem Kriegsgericht drohte.[1]

[1] Am Tag der Kaperung, dem 4. Juni, telegrafierte der First Sea Lord Cunningham eilig an Admiral King: »Zu diesem Zeitpunkt ist wichtig zu verhindern, daß die Deutschen Verdacht schöpfen könnten, ihre Schlüssel seien kompromittiert worden. Ich bin mir sicher, Sie sind der gleichen Meinung wie ich, daß allen Beteiligten hinsichtlich der Erbeutung von *U505* absolutes Stillschweigen befohlen wird. Ich erteile entsprechende Anweisungen an den Flag Officer Commanding West Africa Forces und den Flag Officer Gibraltar Mediterranean Approaches.«

Doch auch in dieser Situation wurde der Gleichmut bewahrt. In der Annahme, in Dakar und Casablanca werde es von Spionen der Achse wimmeln, gab Washington Gallery die Anweisung, er solle, soweit möglich, auf Westkurs die recht abgelegenen britischen Bermuda-Inseln anlaufen. Um diesen Plan durchzuführen, setzte Washington in Casablanca sofort den großen (20 000 Tonnen) Flottentanker *Kennebec* in Marsch, des weiteren den See-Wasserflugzeuge tragenden Tender *Humbolt,* der mit dem erfahrenen Kommandanten Colby G. Rucker an Bord auslief, sowie den Geleitzerstörer *Durik* und den hochseetüchtigen Schlepper *Abnaki* mit 1200 Tonnen.

In der ersten Nacht, vom 4. auf den 5. Juni, brach die Schlepptrosse. Die vier amerikanischen Schiffe kreuzten die ganze Nacht um *U505* und hielten mit größter Aufmerksamkeit Ausschau nach B-Booten. Die langsam fahrende *Pope* und die zusammengeflickte *Pillsbury* konnten durch diese Verzögerung zur Hauptformation aufschließen. Nach Tagesanbruch brachten die Männer der *Guadalcanal* eine 6,6 Zentimeter starke Stahltrosse auf das B-Boot hinüber, doch das Ruder von *U505* war immer noch rechtslastig verklemmt, und das Vertäuen war weiterhin sehr schwierig. Gallery ging persönlich an Bord von *U505* und erklärte nach einer sorgfältigen Überprüfung, der Hecktorpedoraum sei trocken und er könne an dem zu diesem Raum führenden wasserdichten Luk keine Sprengladungen entdecken. Trosino und seine Männer hielten den Atem an und öffneten das Luk. Sie kamen nun an das Handruder heran und stellten das Ruder auf Fahrt voraus.

Am 7. Juni trafen die Schiffe zur Unterstützung aus Casablanca ein. Die *Kennebec* versorgte die Schiffe mit reichlich Treibstoff für die weitere Fahrt zu den Bermudas. Colby Rucker ging von Bord der *Humbolt* und übernahm das »Kommando« über *U505*. Er machte das Boot fahrtüchtig und mit tragbaren Pumpen trocken und warf loses, unötiges Gerät über Bord. Die *Abnaki* nahm das B-Boot mit der 6,6 Zentimeter starken Trosse in Schlepp. Die *Jenks* fuhr mit Höchstgeschwindigkeit voraus zu den Bermudas. An Bord hatte sie »zehn Postsäcke« voller Geheimunterlagen mit einem Gewicht von 500 Kilogramm und die »Schlüsselmaschinen des B-Boots«. Das gesamte Material traf am 12. Juni in Washington bei OP20 G ein. Inzwischen erteilten Washington und London die ersten Anweisungen, daß die Ankunft dieser Schiffe auf den Bermudas absolut geheimgehalten werden mußte. Admiral King wußte, daß Gallery nach Publicity[1] für

---

[1] In den Nachkriegsjahren wurde Gallery einer der Chefpropagandisten der US-Navy in deren bürokratischen Auseinandersetzungen mit der Army und der Air Force. Er publizierte auch zwei blumige Bücher über den Krieg im Atlantik, *Clear the Decks!* (1951) und *Twenty Million Tons Under The Sea* (1956). Er übte auch als einer der ersten offene Kritik an der Entscheidung der Alliierten, Dönitz wegen Kriegsverbrechen vor Gericht zu stellen und zu verurteilen.

seine Heldentat gierte, und ermahnte ihn, Stillschweigen zu wahren und die 3000 Seeleute und Piloten der Task Force zu absolutem Stillschweigen zu verpflichten.

Am 19. Juni trafen die *Guadalcanal* und die anderen Schiffe unter schärfsten Sicherheitsvorkehrungen auf Bermuda ein. Kenneth Knowles vom amerikanischen Submarine Tracking Room, Francis Low, der zukünftige Stabschef der Tenth Fleet, und sieben weitere hochrangige Personen flogen nach Bermuda, um das Boot dort zu inspizieren und die Gefangenen von *U505* (bezeichnet mit dem Decknamen »Nemo« bzw. alternativ *U606*) zu verhören.

Die Deutschen waren mit der Abwehr der Invasion in der Normandie beschäftigt und gingen davon aus, daß *U505* von alliierten Flugzeugen versenkt worden sei. Bei der Marine-Enigma führten sie keine großen Veränderungen durch. Von zwei besonderen, vollständigen Exemplaren für King und Ingersoll abgesehen, endete Gallerys offizieller Bericht über die Patrouille am 4. Juni, also genau einen Tag vor der Kaperung! Es ist bemerkenswert, daß die Angehörigen der alliierten U-Jagdgruppe der *Guadalcanal,* der Hilfsschiffe und auf Bermuda bis nach dem Krieg schwiegen. Das IXC-Boot *U505* war das zweite B-Boot, das nach *U570* während des Krieges in intaktem Zustand erbeutet wurde, und das erste ausländische Kriegsschiff, das die US-Marine seit 1815 aufgebracht hatte.[1]

Die Ausbeute an Geheimmaterial kam der von *U110* und *U559* gleich – oder übertraf diese sogar noch.[2]

In einem ausführlichen Memorandum vom 13. Juli listete Joseph Wenger, der Chef des OP20 G, den kryptographischen »Gewinn« aus der Kaperung von *U505* auf. Im einzelnen:

- Die Chiffrier-Schlüssel der B-Boote im Atlantik und im Indischen Ozean für den Monat Juni 1944. Mit diesen Schlüsseln konnten die Amerikaner den Funkverkehr mitlesen, sobald die Deutschen sie benutzten. Und natürlich waren hierfür keine Bombas nötig. Die Bombas, die für das Entziffern dieses Funkverkehrs eingesetzt worden wären, wurden nun zum Dechiffrieren von Schlüsseln des deutschen Heeres und der Luftwaffe benutzt, normalerweise ein Verantwortungsbereich der Briten. 4000 zusätzliche Stunden für die Mittel-

---

[1] Hauptsächlich durch die Bemühungen des aus Chicago stammenden Gallery blieb *U505* intakt. Das Boot wurde zu einem guterhaltenen und populären Ausstellungsobjekt im Chicago Museum of Science and Industry. Bis zum Jahr 1993, als ein Bergungsunternehmen *U534* aus dem Kattegat holte und zur Wiederinstandsetzung und zu Ausstellungszwecken nach Liverpool, Großbritannien, transportierte, war *U505* das einzige erhaltene Boot vom Typ IXC.

[2] Hinsichtlich der Kaperung von *U110* am 9. 5. 1941 siehe Band 1, S. 337–345; bezüglich der Erbeutung von *U559* am 30. 10. 1942 siehe diesen Band, S. 121–127.

meer-Schlüssel und 9000 zusätzliche Stunden für andere Schlüssel der Wehrmacht und der Luftwaffe. Reingewinn: 13000 Bomba-Stunden. Dieses Ergebnis ermöglichte viele neue Lösungen, »die andernfalls nicht möglich gewesen wären«.

- Den »extrem wichtigen« aktuellen Schlüssel für die Marinequadrat-Karten (für die Positionsfeststellung). Diesen benutzten die Deutschen seit zwei Jahren für die Positionsmeldung. »Dies ist das erste Mal, daß einer [dieser Schlüssel] faktisch kompromittiert wurde«, schrieb Wenger. Nun mußte nicht mehr geraten werden, sondern das OP20 G konnte »die in den B-Boot-Funksprüchen genannten Positionen präzise bestimmen«.
- Der »Kurzsignal-Tauschschlüssel«, der am 15. Juli 1944 in Kraft treten sollte. »Dieser Schlüssel«, so Wenger, »schreibt die inneren Einstellungen für die Maschine vor, die bei taktischen Kurzsignalen von B-Booten und Flugzeugen verwendet werden sollen.«
- Die »Doppelbuchstaben-Tauschtafeln«, die am 1. August 1944 in Kraft treten und jene vom Juli 1943 ersetzen sollten, die der OP20 G kryptographisch »rekonstruiert« hatte. »Diese Tafeln legen die innere Einstellung für jede Nachricht fest«, schrieb Wenger. »Auch wenn eine Nachricht für einen jeweiligen Tag gelesen werden kann, dann können alle weiteren Funksprüche nicht gelesen werden, solange diese Doppelbuchstaben-Tafeln nicht zur Verfügung stehen oder rekonstruiert sind.«
- Der aktuelle »Wetterkurzschlüssel« für B-Boote. Dieser Schlüssel ermöglichte es dem OP20 G, die Position der Wetterboote genau festzustellen. Vor der Erbeutung dieses Schlüssels hatte OP20 G diese Verschlüsselungsmethode nur »teilweise rekonstruiert«.[1]

Eine andere wertvolle Entdeckung auf *U505* war die Beschreibung und Bedienungsanweisung eines neuen elektronischen Navigationssystems der Deutschen für Schiffe namens »Elektra-Sonne«. Vom Prinzip her vergleichbar mit den elektronischen Systemen Loran oder »Gee« der RAF, projizierten weit an den Küsten verteilte deutsche Funksender einen »Fächer« oder ein »Kreuzmuster« von Funkwellen über dem Golf von Biskaya und dem Atlantischen Ozean, das eine relativ genaue »Positionsfeststellung« ermöglichen sollte.

In seinen Erinnerungen schrieb der findige RAF-Wissenschaftler R. V. Jones,[2] er habe (wahrscheinlich durch die Enigma) erfahren, daß die Deutschen, um das Elektra-Sonne-System zu verbessern, in Lugo im

---

[1] Das vollständige, streng geheime Wenger-Memorandum und andere vertrauliche NSA-Dokumente wurden freundlicherweise von Keith Gill, dem Direktor der *U505*-Ausstellung am Chicagoer Museum of Science and Industry, zur Verfügung gestellt.

[2] *The Wizard War* (1978).

nordwestlichen »neutralen« Spanien einen weiteren Sender bauten. Jones fragte beim Coastal Command an, ob dieser Sender zerstört oder zugunsten alliierter Flugzeuge verschont werden sollte. Das Coastal Command antwortete ihm tatsächlich, daß von einer Zerstörung des Senders abgesehen werden sollte. Die Briten gaben dem System den Decknamen »Consol« und »setzten es«, wie Jones schrieb, »mit großem Erfolg ein«. Es sei »erstaunlich simpel« und dem britischen System »Gee« weit überlegen gewesen. In den Nachkriegsjahren ersetzte die Elektra-Sonne das britische »Gee«-System; es fand zudem weltweite Verbreitung.

Nach Abschluß der Verhöre wurden die 58 Deutschen von *U505* in einer Einrichtung der US-Army, Camp Ruston in Louisiana, sorgfältig von anderen deutschen Kriegsgefangenen abgeschirmt. Der stellvertretende Stabschef von G-2 der Armee, Clayton Bissell, gab die Anweisung, »weder die Schutzmacht noch das Internationale Rote Kreuz über die Gefangennahme von Angehörigen dieser Gruppe maritimer Kriegsgefangener zu informieren«. Günter Heßler schrieb, die B-Boot-Führung habe von der Aufbringung erst Ende 1944 oder Anfang 1945 Kenntnis erlangt, nachdem es einem deutschen Offizier in einem kanadischen Kriegsgefangenenlager gelungen war, auf die wahrscheinliche Kaperung eines intakten und mit vollständigen Signalbüchern versehenen B-Boots hinzuweisen.

Was in Wengers Denkschrift nicht beschrieben war, ist die in den Geheimunterlagen von *U505* entdeckte Erwähnung eines anderen fernmeldetechnischen Geräts. Dabei handelte es sich um einen Hinweis (in einem Inhaltsverzeichnis der B-Boot-Nachrichtenbestimmungen) auf das »Kurzsignalverfahren Kurier«. Dies war an sich nicht sonderlich alarmierend. Die Alliierten hatten schon Ende 1943 einen Hinweis auf den Maschinensender Kurier entdeckt. Dieser neue Hinweis brachte die Kryptanalytiker zu dem Schluß, daß die Deutschen möglicherweise ein neues Kurzsignalverfahren erprobten. Alle mit der Entzifferung der Enigma befaßten Personen hielten nun scharf nach weiteren Informationen über Kurier oder das Kurierverfahren Ausschau.

Am 26. August 1944 hatten die alliierten Entzifferungs-Experten bestätigt, daß »für die deutschen B-Boot-Operationen ein vollkommen neues Fernmeldesystem« eingeführt werde. Dies war Kurier, von den Alliierten als »Squash« und später als »Turnip« bezeichnet, und das mit enorm hoher Geschwindigkeit arbeitende Übertragungsgerät Impulsgeber, welches von B-Booten auf See eingesetzt werden sollte. Der Geber konnte eine Nachricht von sieben Buchstaben mit Schnelltastung in ungefähr einer halben Sekunde senden. Für die Alliierten war es demnach nicht nur sehr schwierig, solche Funksprüche abzufangen, sondern es war auch unmöglich, sie mit Huff Duff einzupeilen. Zur Komplexität trug noch bei, daß Kurier täglich mit vier Wellenlängen auf verschiedenen Frequenzen übertragen werden konnte. Zwei davon konnten zu einem gegebenen Zeitpunkt benutzt werden.

Die alliierte »Kurier-Beobachtung« konnte nur unter großen Schwierigkeiten Übertragungen auffangen, die von B-Booten zu Versuchszwecken gesendet wurden, und nützliche Daten zusammentragen. Erst am 18. Dezember 1944 hatten britische und amerikanische Spezialisten von den »wesentlichen Bestandteilen« des Kurier-Systems erfahren. Aus Sorge, die Deutschen könnten den Japanern Kurier-Geräte für den Nachbau überlassen, erteilten die Amerikaner im Januar 1945 dem MIT und den Bell Telephone Laboratories den Auftrag, komplexe Geräte zu entwickeln, mit denen Kurier-Übertragungen abgefangen und eingepeilt werden konnten.[1] Zum Glück für die Alliierten kapitulierten die Deutschen, bevor Kurier in großem Maßstab zur Anwendung kam. Es haben sich keine Anhaltspunkte dafür ergeben, daß die Deutschen den Japanern Kurier-Technologie überlassen hätten.

Das IXC/40-Schnorchelboot *U543* lief am 28. März von Frankreich zu einer Feindfahrt in die Karibik aus. Das Boot stand unter dem Kommando von Hans-Jürgen Hellriegel, der sich auf seiner letzten und gleichzeitig auch ersten Patrouille auf diesem Boot ein Ritterkreuz erworben hatte. Am 9. April stieß Hellriegel auf einen »kleinen Konvoi«, doch die Geleitschiffe vertrieben das Boot und bombten es mit Wabos, was einen Angriff verhinderte. Zehn Tage später tankte Hellriegel bei dem XIV-Tanker *U488* nach. Die Alliierten wußten durch Enigma-Entzifferungen von diesem Treffen und schickten eine um den neuen Geleitträger *Tripoli* gebildete amerikanische U-Jagdgruppe in das Gebiet. Eine Avenger von der *Tripoli* mit dem Piloten C. B. Humphrey entdeckte und attackierte *U543*. Bei drei Angriffen gegen starkes Flak-Feuer warf Humphrey seine Wasserbomben zu spät, er feuerte aber Raketen ab, die *U543* zum Tauchen zwangen. Dann warf er einen Fido. Hellriegel ging auf Tiefe und entkam.

Zu einem späteren Zeitpunkt, als die B-Boot-Führung (richtig) vermutete, der XIV-Tanker *U488* sei verlorengegangen, erhielt Hellriegel den Befehl, die Feindfahrt in die Karibik abzubrechen. Statt dessen sollte er auf Gegenkurs in ein Seegebiet westlich der Kapverdischen Inseln marschieren und als provisorisches Versorgungsboot fungieren. Dort sollte er das aus dem Indischen Ozean einlaufende *U188* von Lüdden und das aus dem Golf von Guinea einlaufende *U66* von Seehausen versorgen. Am 14. Mai, als die B-Boot-Führung (fälschlicherweise) an-

---

[1] Bis Ende des Kriegs im Pazifik, im August 1945, hatten die Alliierten die Probleme mit Kurier nicht gelöst. Für den Fall, daß die Sowjets in den Besitz von deutscher Kurier-Technologie gelangt sein sollten, arbeitete die amerikanische Forschung und Entwicklung in den Nachkriegsjahren weiter an Abwehrgeräten, die die neue Bezeichnung »Spinach« trugen.

nahm, *U188* sei versenkt worden, und (richtigerweise), daß *U66* verlorengegangen sei, entband sie Hellriegel von den Aufgaben eines Versorgers und ließ ihm freie Hand. Er beschloß, vor Freetown und im Golf von Guinea zu patrouillieren.

Die B-Boot-Besatzung hatte bereits mehrere qualvolle Wochen in den tropischen Gewässern zugebracht, als Hellriegel auf nördlichen Kurs nach Frankreich ging. Die alliierten Kryptanalytiker berechneten seinen Heimatkurs mittels Enigma-Entzifferungen, und am 28. Juni wurde eine U-Jagdgruppe auf die Fährte gesetzt. Diese Gruppe war um den neuen Geleitträger *Wake Island* gebildet worden. Am Abend des 2. Juli ortete eine Avenger mit dem Piloten Frederick L. Moore *U543* mit Radar und griff ins Flak-Feuer hinein an. Als Hellriegel Alarmtauchen befahl, warf Moore einen Fido in den Tauchstrudel. Offensichtlich ein Treffer. *U543* blieb verschwunden.

Den anderen drei Kampfbooten, die im März und April nach Freetown und mit Kurs auf den Golf von Guinea ausgelaufen waren, erging es ebenfalls schlecht. Das kampferprobte *U155* vom Typ IXC unterstand dem neuen Kommandanten Johannes Rudolph, der unterwegs seinen 28. Geburtstag feierte. *U155* versenkte keine Schiffe, ebensowenig wie *U190,* ein IXC/40-Boot unter dem Kommando des 30jährigen Max Wintermeyer. Das IXC/40-Schnorchelboot *U547* wurde von dem neuen, 33jährigen Kommandanten Heinrich Niemeyer geführt. Das Boot versenkte zwei Frachter mit rund 8400 BRT (den Holländer *Bodegraven* und den Franzosen *Saint Basile*) sowie den 750 Tonnen großen britischen ASW-Trawler *Birdlip*. Am 20. bzw. 23. Juni kehrten Wintermeyer und Rudolph und Niemeyer am 11. August nach Frankreich zurück, wo inzwischen chaotische Verhältnisse herrschten. Der unbeliebte Wintermeyer verließ *U190* und übernahm andere Aufgaben. Als *U155* sich dem Geleit vor Lorient anschloß, wurde es von einer Mosquito der britischen Squadron 248 angegriffen. Der Pilot Leslie Cook Doughty beschoß das Boot mit seiner »Tsetse« 5,7-cm-Kanone und Maschinengewehren und warf zwei Wasserbomben ab, doch *U190* schaffte es bis in den Hafen.

Im Gegenzug für ein aufgebrachtes B-Boot und vier versenkte Boote, darunter jene von den Ritterkreuzträgern Henke *(U515)* und Hellriegel *(U543)*, versenkten die zehn vor Freetown und im Golf von Guinea patrouillierenden B-Boote im Zeitraum Januar bis Mai 1944 sieben bestätigte Schiffe mit ungefähr 29 000 BRT: Seehausen von *U66* vier und Niemeyer von *U547* drei Schiffe. Durch die amerikanischen Kryptanalytiker, die U-Jagdgruppen und das Kontingent an B-24-Bombern von Squadron VB 107 der US-Navy, die auf der Insel Ascension stationiert waren, gestalteten sich die in dieses Seegebiet unternommenen Feindfahrten für die B-Boote nicht nur unergiebig, sondern genauso gefährlich wie jene in den Northwest Approaches und im Golf von Biskaya.

Feindfahrten in amerikanischen Gewässern

Die B-Boot-Führung organisierte vom 1. Januar bis zum 1. Juni 1944 in amerikanischen Gewässern 21 Feindfahrten, darunter zwei mit dem Schnorchelboot *U539*. Die B-Boot-Führung hatte, wie berichtet, Ritterkreuzträger Hans-Jürgen Hellriegel mit dem Schnorchelboot *U543* zurückgerufen, damit dieses in der Nähe der Kapverdischen Inseln als behelfsmäßiger Tanker fungieren konnte. Danach entschied er sich zu einer Patrouille in westafrikanischen Gewässern. Auf dem Rückmarsch wurde er dann versenkt.

Ein anderes Boot dieser Gruppe wurde schon frühzeitig nach dem Auslaufen versenkt: das berühmte *U68* vom Typ IXC unter dem Kommando des 26jährigen Albert Lauzemis. Als Wachoffizier hatte Lauzemis das Boot im Februar 1941 mit in Dienst gestellt. Von der zugewiesenen Aufgabe als Kommandant zweier Schulboote abgesehen, hatte er alle Feindfahrten von Ritterkreuzträger Karl-Friedrich Merten mitgemacht und *U68* 14 Monate lang selbst geführt.

Lauzemis hatte den Auftrag, vor Panama zu patrouillieren. Zunächst sollte er aber am 9. April mit dem VIID-Minenleger *U214* zusammentreffen und neue Enigma-Schlüssel übergeben. Danach sollte er bei der »Milchkuh« *U488* nachtanken, doch am Versorgungsplatz kam er nicht an. Alliierte Kryptanalytiker entzifferten die mit der Enigma verschlüsselten Anweisungen für dieses Treffen. In den frühen Morgenstunden des 10. April, einen Tag nach der Versenkung von *U515* durch die *Guadalcanal*-U-Jagdgruppe und der Gefangennahme des führenden deutschen B-Boot-Asses Werner Henke, stieß eine Avenger in der Nähe des Geleitträgers auf *U68*. Der Pilot Eugene E. Wallace griff *U68* zweimal an, doch das Boot tauchte weg und entkam.

Auf diesen Alarm hin schlossen sich Wallace drei andere Flugzeuge von der *Guadalcanal* an. Gegen Sonnenaufgang sichtete der Squadron Commander Richard K. Gould mit seiner Wildcat das aufgetauchte *U68*. Er beschoß das Boot und zog damit Flak-Feuer auf sich. Daraufhin griffen zwei Avengers mit den Piloten Samuel G. Parsons und Helmuth E. Hoerner mit Wasserbomben, Raketen und Fidos an. Durch diese drei Angriffe wurden Flak-Kanoniere getötet oder verwundet und Lauzemis mit *U68* zum Alarmtauchen gezwungen. Avenger-Pilot Wallace hatte seine Munition verbraucht und kreiste am Himmel. Währenddessen schilderte er Dan Gallery auf der *Guadalcanal* minutiös die Ereignisse.

Kanonier Hans Kastrup hastete von der achtern liegenden 3,7-cm-Flak zum Luk des Kommandoturms. Er stolperte über einen schwer verwundeten anderen Kanonier und zog ihn mit sich. Als Kastrup das Luk erreichte, fand er es verschlossen vor. Er schrie in das Sprachrohr der Brücke, doch auch dieses war wegen des Tauchvorgangs geschlossen worden. *U68* tauchte in die Tiefe der See und ließ Kastrup und seinen verwundeten Kameraden im Wasser zurück. Er und der Verwundete überlebten die Avengerangriffe, *U68* jedoch nicht. Pilot Wallace meldete »Trümmer, Öl, Batteriesäure, Torpedoseitenplatten und mehrere Überlebende ...« Er sichtete Kastrup und dessen verwundeten Gefährten im Wasser und warf ihnen ein Rettungsfloß hinunter.

Ungefähr drei Stunden später tauchten mehrere Zerstörer auf der Bildfläche auf. Einer von ihnen, die *Chatelain,* entdeckte und rettete Kastrup auf seinem Floß, doch der Verwundete war inzwischen gestorben. Andere Zerstörer bargen Teile von drei Torpedos wie auch »Kork, Kleidung, Nahrungsmittel, einen Leinensack, ein Sofakissen, eine Lederjacke und menschliche Überreste«, durch die die Versenkung bestätigt wurde. Der einzige Überlebende, Kastrup, wurde zeitweilig zu Verhören in Fort Hunt interniert und war der letzte B-Boot-Fahrer, der Werner Henke lebend sah.

Das erste Schnorchelboot im Kampfeinsatz, das IXC/40-Boot *U539* unter dem 24jährigen Hans-Jürgen Lauterbach-Emden, lief am 3. Januar aus. Das auslaufende Boot wurde, wie berichtet, umgeleitet, um an das einlaufende *U516* vom Typ IXC Treibstoff abzugeben. Dies führte dazu, daß *U539* in der Karibik nicht sicher patrouillieren konnte. Statt dessen nahm Lauterbach-Emden mit dem verbliebenen Treibstoff Kurs auf die kalten kanadischen Gewässer. Auch zwei andere Boote, die sich beide auf der Jungfernfahrt befanden, marschierten in die eisigen kanadischen Gewässer: *U802* und *U845* vom Typ IXC/40. Die Boote unterstanden dem 26jährigen Helmut Schmoeckel und dem 36jährigen Werner Weber.

Wegen dieser drei Boote befanden sich die kanadischen ASW-Streitkräfte in voller Alarmbereitschaft. Ungeachtet des schlechten Februarwetters wurden *U539* und *U845* von Flugzeugen gejagt. Der Schnorchel bewahrte Lauterbach-Emden vor der Entdeckung, doch er war wegen seiner schwindenden Treibstoffvorräte besorgt. Am 1. März sichtete er »einen Teil von einem Konvoi«, doch seine Torpedos gingen fehl. Am 21. März kehrte er nach Frankreich zurück und beendete eine 79tägige Feindfahrt, die ihm außer der Erfahrung im Umgang mit dem Schnorchel nichts gebracht hatte.

Der frisch von Kiel ausgelaufene Werner Weber mit dem neuen Boot *U845* bewies außerordentlichen Mut. Am 1. Februar versuchte er, der britischen Korvette *Hardleigh Castle* in den inneren Hafen von St. John's zu folgen, lief jedoch auf einen Felsen bei Kap Spear und saß fest. Er bekam das Boot schließlich frei, doch der Schaden war beträchtlich: zwei geborstene Tanks, beide Ruder und zwei äußere Klappen der Bugtorpedorohre klemmten. Weber wollte das Boot aufgeben und selbstversenken, als er das Ausmaß der Schäden sah, doch der 37jährige Leitende Ingenieur Otto Strunk, der bei Priens Fahrt nach Scapa Flow auf *U47* gedient hatte, brachte ihn davon ab.

Weber führte behelfsmäßige Reparaturen durch und kehrte in seine Jagdgründe zurück. Am 9. Februar schoß er fünf Torpedos auf den 7039 BRT großen britischen Frachter *Kelmscott* ab, der auf dem Weg zum schnellen Geleitzug HX 278 war. Mindestens zwei Torpedos trafen, und Weber meldete eine Versenkung, doch dies war nicht der Fall. Andere Schiffe schleppten die *Kelmscott* nach St. John's, wo sie repariert und schließlich wieder in Dienst gestellt wurde.

Dieser Angriff führte zu einer verstärkten Aktivität von kanadischen Flugzeugen. Am 14. Februar entdeckte eine B-24 der Squadron 10 *U845*. Der Pilot A. P. V. Cheater griff das B-Boot trotz »starken« Flak-Feuers an. Er warf acht Wasserbomben und beschoß das Boot, wobei ein deutscher Kanonier getötet und zwei weitere leicht verwundet wurden. Weber tauchte und entkam. Am folgenden Tag schoß er auf den 6090 BRT großen Frachter *Pachesham,* verfehlte ihn aber.

Am 1. März verließ Weber mit nur noch wenig Treibstoff die kanadischen Gewässer, zufälligerweise nahe des Kurses, den der zurückkehrende Lauterbach-Emden mit *U539* nahm. Ungefähr zehn Tage später stieß Weber auf den SC 154. Obwohl sich *U539* in der Nähe befand, wollte die B-Boot-Führung offensichtlich nicht, daß sich Lauterbach-Emden der Jagd anschloß. Sie informierte Weber vielmehr darüber, daß er ganz allein auf weiter Flur sei, und befahl ihm, den Geleitzug nur dann anzugreifen, wenn die Bedingungen wirklich günstig seien.

SC 154 wurde von der kanadischen Group C-1 gesichert, die dem Briten J. A. Burnett auf dem Zerstörer *Forester* unterstand. Mit diesem Schiff bestand die Group aus acht kanadischen Fahrzeugen: den Zerstörern *St. Laurent* und *Assiniboine,* den Fregatten *Swansea* und *Valleyfield* und vier Korvetten. George H. Stephen auf der *St. Laurent* hatte sich zurückfallen lassen, um einem brennenden Frachter zu helfen. Dann erhielt er einen deutlichen Huff-Duff-Kontakt durch Webers Kontakt- und Fühlungsmeldung. Er und Burnett auf der *Forester,* die Fregatte *Swansea* und die Korvette *Owen Sound* unter J. M. Watson jagten *U845* nahezu sechs Stunden und erzwangen schließlich das Auftauchen des Bootes mit leeren Batterien.

Als Weber auftauchte, waren die *St. Laurent,* die *Forester* und die *Swansea* in nächster Nähe. In einem kühnen und verbissenen Angriff pumpte Stephen von der *St. Laurent* 119 Schuß seiner 4,7-Zoll-Granaten in *U845*. Dieser Beschuß und das Feuer aus den 4- und 2-cm-Kanonen dieser drei Schiffe töteten Weber, den Ersten Wachoffizier und alle anderen Männer auf der Brücke. Der Leitende Ingenieur Strunk übernahm das Kommando, gab das Boot auf und versenkte es. Die Geleitschiffe retteten 45 Überlebende der 54köpfigen Besatzung, die bei dieser einzigen Feindfahrt auf *U845* gedient hatten.

Die zusätzliche Aufgabe der Wettermeldung verzögerte das Eintreffen von Schmoeckel im neuen *U802* vom Typ IXC/40. Am 22. März griff er vor Halifax einen Geleitzug kleiner Küstenschiffe an (SH 125) und meldete die Versenkung dreier Schiffe mit 5000 BRT und die Beschädigung eines Schiffes mit 1500 BRT. Die Aufzeichnungen der Alliierten bestätigten eine Versenkung: den britischen Frachter *Watuka* mit 1621 BRT. Dieser Angriff – und Schmoeckels in dieser Nacht gefunkte Meldung an die B-Boot-Führung – löste eine weitere ASW-Jagd durch kanadische Einheiten aus, doch Schmoeckel entkam seinen Verfolgern. Am 9. April fing er den schnellen, aus 50 Handelsschiffen bestehenden Konvoi HX 286 ab. Er griff an und meldete die Versenkung eines Frachters mit 10 000 BRT und die Beschädigung eines weiteren Frachters mit der gleichen Tonnage, doch die Aufzeichnungen der Alliierten bestätigten weder Versenkungen noch Torpedotreffer auf diesen Konvoi. Am 2. Mai traf *U802* in Lorient ein und beendete damit eine Feindfahrt von 95 Tagen Dauer. Schiffbauer rüsteten das Boot mit einem Schnorchel aus, während die Besatzung in Deutschland Urlaub machte.

Im Februar liefen zwei weitere Boote in kanadische Gewässer aus. Beide wurden versenkt.

- Das neue *U550* vom Typ IXC/40 unter dem Kommando des 26jährigen Klaus Hänert sollte *U802* als Wetterboot im Mittelatlantik ablösen. Am 22. Februar griff eine Canso (Catalina) der auf Island stationierten kanadischen Squadron 162 das Boot mit MG-Feuer und vier Wasserbomben an. Der MG-Beschuß tötete einen Kanonier und verwundete einen weiteren schwer. Die nahen Detonationen der Wasserbomben rissen Löcher in einen Treibstoff-Ballast-Tank auf der Steuerbordseite und schleuderten einen Mann über Bord. Hänert nahm mit *U550* schließlich via New York Kurs auf kanadische Gewässer, nachdem er zwei Wochen lang zweimal täglich Wettermeldungen gefunkt hatte.

Am 16. April erreichte Hänert die Region östlich von New York und etwa 140 Kilometer südlich der Insel Nantucket. An diesem Tag passierte ein aus 20 Schiffen bestehender Tanker-Konvoi, der sich auf dem Weg von der Karibik über New York nach Nordirland befand, über dem getauchten *U550*. Verwegen ging Hänert auf Sehrohrtiefe und schoß einen Dreier-Fächer auf den mit 140 000 Barrels Benzin beladenen US-Tanker *Pan Pennsylvania*. Auf dem Deck der 11 017 BRT großen *Pennsylvania* waren zudem sieben Flugzeuge festgezurrt. Einige Torpedos trafen, und der Tanker ging in Flammen auf und sank.

Die Geleitzerstörer *Joyce* und *Peterson,* unter Robert Wilcox beziehungsweise S. M. Hay, beides Offiziere der Coast Guard, eilten zum Schauplatz des Geschehens und fischten Überlebende der Tankerbesatzung aus dem Wasser. Unterdessen erhielt die *Joyce* einen Sonarkontakt mit *U550,* und der Kommandant Wilcox führte einen Angriff mit elf Wasserbomben durch. Hänert setzte *U550* bei ungefähr 91 Metern auf Grund, doch einige Wasserbomben zerstörten Luft- und Treibstoffleitungen, was zu starken Wassereinbrüchen und anderen Beschädigungen führte. Hänert ging fälschlicherweise davon aus, es sei nur ein einziges Kriegsschiff hinter ihm her, und entschied sich deshalb, am hellichten Tag aufzutauchen und den Kampf aufzunehmen.

Als *U550* an die Oberfläche kam, hatte Hänert T-5-Torpedos in zwei Bugtorpedorohren abschußbereit. Zu diesem Zeitpunkt war der dritte Geleitzerstörer des Geleitzugs, die von einer Navy-Crew bemannte *Gandy,* zur Unterstützung der *Joyce* und der *Peterson* herangeeilt. Hänert war von der Anzahl der über ihm zusammenlaufenden Kriegsschiffe entsetzt, aber er versuchte trotzdem, mit den T-5-Torpedos zum Schuß zu kommen. Die Torpedoklappen klemmten jedoch, so daß er nicht schießen konnte.

Die drei Schiffe eröffneten das Feuer auf *U550* aus allen Rohren. W. A. Sessions auf der *Gandy* sah, daß er dem B-Boot am nächsten war, und befahl, das Boot zu rammen. Durch ein in letzter Sekunde durchgeführtes Steuermanöver von Hänert traf die *Gandy* das B-Boot weit achtern, was vier Verwundete und die Beschädigung des Schiffsbugs zur Folge hatte. Als die *Gandy* abdrehte, setzten alle drei Geleitschiffe den mörderischen Beschuß mit den 7,6-cm- sowie den 4-cm- und 2-cm-Kanonen fort. Überwältigt von der Übermacht gab Hänert Befehl, das Boot aufzugeben und zu versenken, um die Aufbringung durch ein Enterkommando von der *Joyce* zu verhindern. Die *Joyce* fischte zwölf deutsche Überlebende einschließlich des verwundeten Hänert aus dem Wasser. Wilcox von der *Joyce* brachte die Gefangenen nach Nordirland, wo er sie britischen Führungsstellen übergab.

• Nach Erfüllung seiner Aufgaben als Wetterboot folgte das neue IXC/40-Boot *U856* unter dem 25jährigen Friedrich Wittenberg *U550* in kanadische Gewässer. Durch die alliierten Kryptanalytiker vorgewarnt, jagten die kanadischen ASW-Streitkräfte Wittenberg, doch zunächst hatten sie kein Glück.

Die Amerikaner begannen, nachdem sie von den Dechiffrierern erfahren hatten, daß *U856* die Absicht hatte, *U550* in das Gebiet vor New York zu folgen, eine gründliche Jagd auf das Boot mit dem Geleitträger *Croatan* und dessen fünf Geleitzerstörern sowie zwei amerikanischen U-Jagdgruppen mit insgesamt sieben Zerstörern.

In den frühen Morgenstunden des 7. April ortete eine von zwei Avengers von der *Croatan,* geflogen von Wilburt A. Lyons, *U856* mit Radar, konnte jedoch auf Sicht nichts erkennen. Wittenberg machte, als die Avenger näher kam, den Fehler, mit der Flak auf das Flugzeug zu feuern. In seiner Aufregung warf Lyons einen Fido ab statt einer

Leuchtgranate, doch *U856* war für den zielsuchenden Fido zu schnell, und Wittenberg entkam in die Tiefe.

Nun führten die anderen Flugzeuge von der *Croatan* und die Armada von Zerstörern und Geleitzerstörern eine erbarmungslose B-Boot-Jagd durch. Der Zerstörer *Boyle* bekam einen Sonarkontakt mit *U856* und griff mit 13 Wasserbomben an, doch Wittenberg entkam erneut. Zehn Stunden später wurde *U856* von dem kampferprobten Zerstörer *Champlin* wiederentdeckt, der ein Jahr zuvor *U130* vom Typ IXC versenkt hatte. Mit Hilfe des von R. H. Wanless geführten Geleitzerstörers *Huse,* der mit Hedgehog-Geschossen angriff, warf die *Champlin* nun 21 Wasserbomben. Diese richteten *U856* übel zu und zwangen das Boot zum Auftauchen.

Wittenberg befahl seiner Besatzung, das Boot aufzugeben und die Selbstversenkung einzuleiten. Das Luk vom Kommandoturm war aber verklemmt, so daß es mit einer Brechstange aufgestemmt werden mußte. Während sich die Deutschen mit dem blockierten Luk abmühten, eröffneten die *Champlin* und die *Huse* das Feuer mit 12,7-cm- und 7,6-cm-Geschützen. Der Kommandant der *Champlin,* John J. Schaffer III, rammte *U856* dann kräftig am Heck. Die *Huse* wollte sich davon nicht übertreffen lassen, lief heran und wollte das Boot ebenfalls rammen, verfehlte es jedoch. Jetzt stellte sich *U856* auf und sank. Durch einen Fehlschuß aus einer 2-cm-Kanone der *Champlin* wurden vier eigene Leute verletzt, Kommandant Schaffer tödlich. Die Zerstörer *Nields* und *Ordronaux* fischten 11 bzw. 17 Deutsche aus dem Wasser. Unter diesen 28 Überlebenden von *U856* waren Wittenberg und der Erste Wachoffizier.

Am 21. März lief als nächstes Boot das neue *U548* vom Typ IXC/40 unter dem Kommando des 27jährigen Eberhard Zimmermann aus. Zunächst absolvierte *U548* eine Mission als Wetterboot und fuhr dann in kanadische Gewässer. Nahe St. John's, Newfoundland, stieß Zimmermann in der Nacht des 3. Mai auf den neuen britischen Geleitzerstörer *Hargood.* Die *Hargood* sicherte den beschädigten, aus dem Konvoi ONS 236 ausgescherten Frachter *Baltrover*. Er schoß einen T-5 auf die *Hargood,* verfehlte sein Ziel jedoch. In diesem Augenblick tauchte eine B-24 der kanadischen Squadron 10 auf der Bildfläche auf, leuchtete die *Hargood* mit ihrem Leigh Light an und feuerte zur Erkennung eine Leuchtgranate ab, die fehlging. Zimmermann, überzeugt, er sei das beabsichtigte Ziel, eröffnete das Feuer aus den Flak-Kanonen, tauchte dann zum Meeresgrund hinunter und verhielt sich vollkommen ruhig. Die B-24-Besatzung glaubte indessen, die *Hargood* habe irrtümlich auf das Flugzeug geschossen, so daß sie berechtigterweise verärgert war und sich in Sicherheit brachte. Den Alliierten blieb diese Begegnung ein Rätsel.

Am Abend des 6. Mai lag Zimmermann auf Sehrohrtiefe inmitten von Eisschollen. Die B-Boot-Führung hatte ihm in dieser Nacht mitgeteilt, daß seine Frau eine Tochter zur Welt gebracht hatte und daß Mutter und Kind wohlauf waren. Gegen Mitternacht bekam die Sehrohrwache ein Objekt vor die Augen, das der Schemen eines Schiffes zu sein schien. Zimmermann schoß einen T-5 auf eine Distanz von 1400 Metern und ging auf Tiefe.

Dieses Schiff war die kanadische Fregatte *Valleyfield* unter Kommandant D. T. English. Sie war die älteste der fünf Geleitschiffe der kanadischen Escort Group C-1. Diese Escort Group hatte sich vom Geleitzug ON 234 gelöst und fuhr in Dwarslinie nach St. John's, um sich dort neu auszurüsten und der Mannschaft eine Erholungspause zu gönnen. Wegen des verstreuten Eises auf der Wasseroberfläche fuhr keines der Schiffe einen Zickzackkurs. Ebenfalls hatte keines der Schiffe eine geräuschentwickelnde Torpedoablenkung ausgebracht (Cat Gear oder Foxers genannt). Zudem war das Radar der *Valleyfield* nicht einsatzbereit. Der Deckoffizier Ian Tate hielt bei hellem Mondlicht die Position zu den anderen Schiffen. Um 23.35 Uhr traf der T-5 die *Valleyfield* und riß das Schiff in zwei Teile. Der Bug sank in 90 Sekunden, das Heck in sechs Minuten. Drei Matrosen entschärften am Heck tapfer die Wasserbomben, obwohl dies unnötig war, da die Zünder auf große Wassertiefen eingestellt waren. Diese Männer kamen zusammen mit weiteren 123 Besatzungsmitgliedern der *Valleyfield* in dieser Nacht um.

Auf den anderen vier Schiffen – alles kanadische Korvetten – begriff man zunächst nicht, was passiert war. Als die Schiffe dann erkannten, was sich zugetragen hatte, war bereits viel Zeit verstrichen. Sie gingen dennoch auf Gegenkurs und führten eine B-Boot-Jagd durch. Zimmermann setzte *U548* bei 102 Metern auf Grund und stellte sich tot, womit er erneut die kanadischen ASW-Einheiten überlistete. Die Korvette *Giffard* unter C. Peterson rettete 38 halberfrorene und ölverschmierte Männer der *Valleyfield* (aber nicht den Kommandanten English) und brachte sie nach St. John's. Eine offizielle Untersuchung machte Escort Group C-1 dafür verantwortlich, daß sie vom befohlenen Kurs abgewichen waren. Zimmermann kehrte unterdessen mit *U548* in das chaotische Frankreich zurück, wo Techniker das Boot eilends mit einem Schnorchel ausrüsteten.

Die letzten beiden Boote, die im Frühjahr 1944 Kurs auf kanadische Gewässer nahmen, waren mit einem Schnorchel ausgerüstet: das berühmte *U107* vom Typ IXB und das neue *U1222* vom Typ IXC/40. *U107* unterstand dem neuen, 23jährigen Kommandanten Volker von Simmermacher, *U1222* dem 27jährigen Heinz Bielfeld. Am 22. Mai erfaßte Bielfeld den ostwärts laufenden schnellen Geleitzug HX 292. Er schoß zwei Torpedos auf den großen amerikanischen Tanker *Bulkoil,* verfehlte ihn aber. Am 8. Juni schoß er einen Dreier-Fächer auf einen 12 000 Tonnen großen »Truppentransporter« und auf zwei Liberty-Schiffe aus dem westwärts laufenden Konvoi UC 24, aber die Torpedos gingen fehl. Am

13. Juni griff Simmermacher in der Nähe von Kap Sable mit *U107* den 148 BRT großen amerikanischen Fischschoner *Lark* an. Nach Fehlschüssen mit zwei Torpedos durchlöcherte er das Schiff mit seinem Deckgeschütz. Die Schiffsbesatzung gab die *Lark* auf, ging später jedoch wieder an Bord und brachte das Schiff nach Boston.

Eine massierte alliierte Task Group, die aus der U-Jagdgruppe um den Geleitträger *Wake Island* und mehreren kanadischen Schiffen und zahlreichen landgestützten Flugzeugen bestand, leitete eine energische Jagd auf *U107* ein, doch Simmermacher entkam und erreichte am 22. Juli Frankreich. Bielfeld dagegen erreichte Frankreich nicht. Beim Transit am 11. Juli durch den Golf von Biskaya sichtete eine Sunderland der britischen Squadron 201 den Schnorchel von *U1222*. Der Pilot I. F. B. (Wally) Walters griff mit Wasserbomben an und versenkte das Boot mit der gesamten Besatzung. Walters wurde für diesen Erfolg mit einem zweiten DFC ausgezeichnet. Es war die erste bei Tag erfolgte Versenkung eines Schnorchelbootes.[1]

Die Rückkehr dieser sieben IX-Boote von ihren Feindfahrten in kanadischen und amerikanischen Gewässern war keineswegs mit zufriedenstellenden Ergebnissen verbunden. Nur vier hatten Glück gehabt und dabei aus deutscher Sicht nur wenig: Hänert von *U550* versenkte den amerikanischen Tanker *Pan Pennsylvania* (11 000 BRT); Schmoeckel von *U802* den kanadischen Frachter *Watuka* (1600 BRT); Zimmermann von *U548* die kanadische Fregatte *Valleyfield* (1400 Tonnen) und Weber von *U845* beschädigte den britischen Frachter *Kelmscott* (7000 BRT). Im Gegenzug wurden vier der sieben Boote versenkt: *U550, U845, U856* und *U1222*.

Neben Hänerts *U550* liefen im März zwei andere Boote des Typs IXC/40 aus. Sie marschierten im Abstand von 20 Tagen in die Gewässer an der Ostküste der Vereinigten Staaten. Dies waren zunächst das kampferprobte *U170* unter dem 29jährigen Günther Pfeffer, und nach ihm *U541* unter dem 27jährigen Kurt Petersen. Beide fuhren an der Ostküste mit Südkurs von New York nach Florida. Pfeffer schoß sechs Torpedos auf zwei verschiedene Liberty-Schiffe, konnte diesen aber keinen Schaden zufügen. Am 10. April sollte dann das neu eingetroffene *U541* dem mit Heimatkurs zurückkehrenden *U170* neue Enigma-Schlüssel übergeben. Petersen teilte der U-Boot-Führung mit, die Alliierten hätten das Rendezvous vereitelt, so daß er das Treffen abblies und *U170* die neuen Schlüssel per Funk übermittelte, was zweifellos ein Verstoß gegen die Sicherheitsbestimmungen im Funkverkehr war, von dem die alliierten

[1] Das 3-cm-Radargerät der Alliierten konnte einen ausgefahrenen Schnorchel orten. Die Deutschen wußten dies und hatten daher ein Forschungs- und Entwicklungsprogramm namens Schornsteinfeger initiiert. Der Schnorchel wurde mit Materialien überzogen, die verschiedene Radarstrahlen absorbieren sollten. Dabei wurde mit Materialien wie laminiertem Papier, Gummi und Sisal experimentiert.

Kryptanalytiker profitierten. Am 27. Mai kehrte Pfeffer mit *U170* nach Frankreich zurück und beendete eine erfolglose Feindfahrt von 109 Tagen. Er verließ das Boot und übernahm andere Aufgaben. Petersen von *U541* fand am 14. Mai vor Florida einen Geleitzug und schoß elf Torpedos auf diese Schiffsformation, doch keiner der Torpedos traf. Am 26. Mai stoppte er einen portugiesischen Neutralen, die *Serpa Pinto,* und nahm zwei amerikanische Passagiere gefangen. Am 22. Juni traf er in Frankreich ein und beendete eine erfolglose 115tägige Reise.

Im Frühjahr 1944 war die *Pan Pennsylvania* das einzige bestätigte Schiff, das von B-Booten in den Gewässern der Vereinigten Staaten versenkt wurde.

Im Zeitraum vom 1. Januar bis zum 1. Juni 1944 liefen fünf Boote in die Karibik aus.

Den Befehl über *U154* hatte der 25jährige neue Kommandant Gerth Gemeiner übernommen, der den unglücklichen Oskar-Heinz Kusch ersetzte. Das Boot verließ Frankreich am letzten Januartag, nur Stunden nachdem ein Gericht Kusch zum Tode verurteilt hatte. *U154* patrouillierte die ganze Strecke bis nach Panama. Am 13. März erfaßte Gemeiner einen Geleitzug und schoß Torpedos auf zwei Tanker, doch beide gingen fehl. Ein Geleitfahrzeug, wahrscheinlich das amerikanische Patrouillenboot *PC-469,* griff das B-Boot mit Wasserbomben an, doch *U154* entkam mit leichten Schäden. Gemeiner versenkte keine Schiffe und kehrte am 28. April nach Frankreich zurück und beendete damit eine 89tägige erfolglose Feindfahrt.

Das kampferprobte IXC-Boot *U518* wurde ebenfalls von einem neuen Kommandanten geführt, dem 22jährigen Hans-Werner Offermann. Das Boot lief am 23. Januar in Frankreich aus. Laut Befehl sollte Offermann das große einlaufende japanische B-Boot *I29* treffen (Deckname »U-Kiefer«) und einen deutschen Nautiker übergeben sowie Naxos-Geräte und einen Fachmann für deren Bedienung. Als er sich dem Treffpunkt am 12. Februar näherte, sichtete er eine Formation, die er als Tenderschiff mit See-Wasserflugzeugen und vier eskortierenden »Zerstörern« meldete. Diese Formation war tatsächlich eine U-Jagdgruppe, die um den Geleitträger *Croatan* gebildet worden war und den Auftrag hatte, das Zusammentreffen der B-Boote zu vereiteln. Offermann schoß Torpedos auf die *Croatan* und meldete drei Treffer, doch in Wirklichkeit gingen alle fehl.

Offermann nahm nach dem Rendezvous mit dem japanischen B-Boot Kurs nach Westen. Am 3. März lief er mit *U518* in die Mona Passage ein, wo er auf einen 4000 BRT großen Frachter schoß, diesen aber verfehlte. In der Nähe von Aruba versenkte er am 7. März den 3401 BRT großen panamaischen Frachter *Valera*. Am 13. März bei Colón sei er, wie er es ausdrückte, ungesehen in den Haupthafen vorgestoßen.

Dann habe er sich wieder außerhalb davon aufgehalten und Luft- und Überwasserpatrouillen hätten ihn verfolgt. Einen Monat später, am 2. April, meldete er, er habe auf dem Rückmarsch einen 7000 BRT großen Frachter versenkt, der aber nicht bestätigt wurde. Am 7. Mai kehrte Offermann nach Lorient zurück und beendete eine Feindfahrt von 106 Tagen. Die Besatzung erholte sich, und Techniker installierten derweil einen Schnorchel. Die B-Boot-Führung befragte Offermann scharf nach den Gründen, warum er nicht mehr Schiffe versenkt hatte.

Am 12. Februar lief von Brest der VIID-Minenleger *U218* unter dem Kommando des alten Hasen Richard Becker aus. Der 33jährige sollte ein Minenfeld vor Trinidad legen. Wegen der starken ASW-Maßnahmen mußte Becker die Operation vor Trinidad abbrechen. Ersatzweise legte er am 23. März Minenfelder vor Port Castries, St. Lucia, und am 1. April vor San Juan, Puerto Rico. Durch diese Minenfelder wurde kein Schiff versenkt. Am 7. Mai kehrte Becker nach Lorient zurück. Auch dies erneut eine ergebnislose Feindfahrt, diesmal von 86tägiger Dauer.

Das Schnorchelboot *U539* vom Typ IXC/40 unter Hans-Jürgen Lauterbach-Emden verließ Frankreich am 1. Mai und trat damit die zweite Feindfahrt des Jahres 1944 in amerikanische Gewässer an. Lauterbach-Emden fuhr über die Mona Passage in die Karibik ein und versenkte am 5. Juni den panamaischen Frachter *Pillory* mit 1517 BRT. Auf dem Weg nach Panama griff er am 11. Juni vor Curaçao zwei holländische Frachter mittlerer Größe mit T-5-Torpedos an. Als von diesen keiner traf, tauchte er auf und griff die 2701 BRT große *Casandra* mit dem Deckgeschütz an. Der Tanker erwiderte das Feuer und richtete auf *U539* leichte Schäden an, worauf die Aktion abgebrochen wurde. Am nächsten Tag entdeckte eine Mariner der US-Navy das Boot und griff trotz starken Flak-Feuers an, doch *U539* entkam. Am 4. Juli schoß Lauterbach-Emden vor Panama auf einen Tanker-Konvoi und meldete Treffer auf vier Schiffen mit 26000 BRT. Die Aufzeichnungen der Alliierten bestätigten leichte Schäden an einem Tanker, dem Amerikaner *Kittanning* mit 10195 BRT, der mit Hilfe eines Coast Guard Cutters am 6. Juli in Cristobal einlief.

U516 vom Typ IXC patrouillierte unter dem Kommando des 31jährigen Hans-Rutger Tillessen in der Karibik zwischen Aruba und Panama. Am 7. und 8. Juli griff Tillessen in der Nähe von Aruba zwei amerikanische Tanker an, die *Esso Harrisburg* mit 9887 BRT und die *Point Breeze* mit 4800 BRT. Den ersten versenkte er mit drei Torpedos, doch die *Point Breeze* wich vier Torpedos aus und entkam.

Alliierte Kryptanalytiker sorgten für klare Informationen über den Rückmarsch von Lauterbach-Emdens *U539* und Tillessens *U516*. Die Tenth Fleet wies die U-Jagdgruppen der *Card* und der *Guadalcanal* an, die Boote zur Strecke zu bringen. Beide Gruppen entdeckten *U539* in der Mona Passage und griffen das Boot an, doch *U539* entkam und erreichte am 17. September Norwegen. *U516* erreichte Norwegen am 1. Oktober. Bei dem Angriff auf *U539* trat auf der *Card* ein Maschinenschaden auf. Durch die Manövrierunfähigkeit war das Schiff mehrere Stunden lang stark gefährdet. Der Träger mußte die Fahrt abbrechen und Puerto Rico anlaufen.

Die fünf im Juli 1944 in der Karibik patrouillierenden Boote versenkten drei Handelsschiffe: den Frachter *Pillory* mit 1517 BRT und zwei Tanker, die *Valera* mit 3400 BRT und die *Esso Harrisburg* mit 9887 BRT. Die Boote erreichten das Hauptziel ihrer Feindfahrten, nämlich massierte Einheiten der Alliierten zu binden. Gleichzeitig erreichten alle Boote wieder den europäischen Kontinent. Dennoch entsandte die B-Boot-Führung, weil das Nachtanken auf See nicht mehr möglich war und wegen anderer Faktoren, keine Boote mehr in die Karibik.

Zwei B-Boote wurden in brasilianische Gewässer geschickt.

Am 22. März lief in Frankreich das berühmte *U129* unter dem 26jährigen Richard von Harpe aus. Unterwegs tankte er bei *U488* nach, das später versenkt wurde, und übergab dem nach Penang fahrenden Lüdden von *U188* ein Naxos-Gerät. Auch wenn die Tenth Fleet die alliierten Einheiten auf die Ankunft von *U129* und dessen Patrouillengebiet hinwies, blieb das Boot bei der gesamten Feindfahrt unentdeckt. Was die vereinzelten Einsätze der ASW-Einheiten anging, so hatte Harpe von allen 1944 in amerikanischen Gewässern patrouillierenden Booten das größte Glück. Vor der brasilianischen Küste versenkte er zwei britische Frachter: Am 6. Mai die *Anadyr* mit 5321 BRT, am 11. Mai die *Empire Heath* mit 6643 BRT. Er kehrte am 18. Juli nach Frankreich zurück und beendete damit eine strapaziöse 119tägige Feindfahrt. Das Boot wurde für den Einbau eines Schnorchels als zu alt und zu instabil eingestuft und einen Monat später in Lorient außer Dienst gestellt. Von Harpe kehrte nach Deutschland zurück und stellte dort ein Elektro-Boot vom Typ XXI in Dienst.

Am 14. Mai lief in Frankreich das IXC/40-Schnorchelboot *U549* unter dem 26jährigen Detlev Krankenhagen aus. Die amerikanischen Kryptanalytiker vermuteten, daß *U549* nach Argentinien fahren könnte, um »dort Agenten und eine geheime Funkausrüstung« abzusetzen, doch in den deutschen Aufzeichnungen sind keine Sondermissionen vermerkt, lediglich das zugeteilte Patrouillengebiet Brasilien. Aufgrund von entziffertem Enigma-Funkverkehr setzte die Tenth Fleet am 23. Mai die in Casablanca auslaufende U-Jagdgruppe um die *Block Island* auf die Fährte von *U549,* die in die Nähe der Insel Madeira führte.

Am 28. Mai kam die *Block-Island*-Group in Kontakt mit *U549,* doch das Boot tauchte und entkam. In den frühen Morgenstunden des 29. Mai erhielt eine unbewaffnete Avenger, die einen Nachtflug absolvierte, eine

»klare« Radarortung. Zwei andere Avengers stiegen auf, doch der Angriff schlug fehl, und *U549* tauchte erneut in die Sicherheit der Tiefe. Entschlossen, dieses B-Boot zur Strecke zu bringen, leitete der Commander der U-Jagdgruppe, Francis M. Hughes, am 29. Mai Suchaktionen rund um die Uhr ein. Die Suche fand ihren Höhepunkt um 17 Uhr mit dem Start von sechs Wildcats, die ungefähr drei Stunden später von sechs Avengers und einer anderen Wildcat abgelöst werden sollten.

Um 20 Uhr, eine Stunde nach Einbruch der Dunkelheit, traf Krankenhagen die 9393 Tonnen große *Block Island* mit drei Torpedos. Einer der vier Geleitzerstörer, die *Barr* unter dem Kommando von Henry H. Love, sichtete ein Periskop und griff mit 13 Wasserbomben an, die aber alle weitab niedergingen. Daraufhin schoß Krankenhagen einen T-5 auf die *Barr*. Der Torpedo traf präzise das Heck des Geleitzerstörers. Dabei wurden zwölf Mann getötet und 17 verwundet und das Schiff außer Gefecht gesetzt.

Die *Block Island,* tödlich getroffen, sank langsam. Um 21 Uhr befahl Hughes den 957 Mann auf dem Flugzeugträger, das Schiff aufzugeben. Die in der Luft befindlichen sechs Wildcats flogen in Richtung Kanarische Inseln, aber alle Maschinen mußten in der Dunkelheit notlanden und nur zwei Piloten überlebten. Die Geleitzerstörer *Ahrens* unter Morgan H. Harris und die *Robert I. Paine* unter Drayton Cochran näherten sich langsam und retteten die Überlebenden der *Block Island*. Die *Ahrens* holte 674 Mann aus dem Wasser, die *Paine* 277. Überraschenderweise kamen nur sechs Mann des Geleitträgers ums Leben.

Die *Ahrens* erhielt mitten in der Rettungsaktion einen Sonarkontakt. Da die *Ahrens* dem Kontakt nicht nachgehen konnte, gab sie dem vierten Geleitzerstörer, der *Eugene E. Elmore* unter dem Kommando von George L. Conkey, Anweisungen für einen Angriff. Conkey nahm den Sonarkontakt auf und feuerte nacheinander drei Hedgehog-Salven ab. Er meldete drei Explosionen und ein »reißendes«, lautes Geräusch. Vermutlich hörte er, wie *U549* unter Wasser zerbarst.

In der Nacht vom 29. auf den 30. Mai durchkämmten zwei der drei einsatzfähigen Geleitzerstörer den Seeraum nach B-Booten, während sich Conkey von der *Elmore* um die angeschlagene *Barr* kümmerte. Die *Elmore* half, die Toten auf See zu bestatten, und nahm 14 Verwundete und andere auf der *Barr* nicht mehr benötigte Besatzungsmitglieder an Bord. Auf der *Barr* blieben nur noch ihr Kommandant Henry Love, die Mannschaft für die Schadensüberwachung und das Bergungskommando. Die *Elmore* nahm die *Barr* dann ins Schlepptau und ging auf Kurs nach Casablanca. Der See-Wasserflugzeuge tragende US-Tender *Humbolt,* die Geleitzerstörer *Wilhoite* und der holländische Schlepper *Antic* verließen Casablanca, um die *Barr* zu übernehmen. Am 2. Juni erreichten die *Ahrens* und die *Robert I. Paine* Casablanca mit 951 Überlebenden der *Block Island,* die *Eugene E. Elmore* traf drei Tage später mit den Überlebenden und dem Rest der Besatzung von der *Barr* in Casablanca ein, ebenso wie die *Barr* (im Schlepptau).[1]

Nach den britischen Geleitträgern *Audacity* und *Avenger* war die *Block Island* der dritte alliierte Geleitträger, der im Atlantik durch B-Boote verlorenging. Bemerkenswert war, daß die *Block Island* und ihr Geleit sieben B-Boote versenkt hatten, darunter *U549,* das dem Geleitträger selbst zum Verhängnis geworden war. Zu ihren Ehren wurde der Geleitträger *Sunset Bay* umbenannt und am 30. Dezember 1944 als *Block Island* in Dienst gestellt. Dieses Schiff wurde mit einem großen Teil der Besatzung des Namensvetters bemannt und kam dann im Pazifik zum Einsatz.

Im Mai marschierten zwei Boote in amerikanische Gewässer. Am 22. Mai verließ das Schnorchelboot *U530* Lorient und nahm Kurs auf die Region um Trinidad. Das Boot vom Typ IXC/40 unterstand dem Kommando des 40jährigen Kurt Lange. Unterwegs sollte Lange mit einem einlaufenden japanischen U-Kreuzer, *I52* (Deckname zunächst »U-Tanne«, dann »U-Föhre«), zusammentreffen und ein Naxos, einen Fachmann für dessen Bedienung sowie einen deutschen Nautiker übergeben. Alliierte Dechiffrierer entzifferten japanischen und deutschen Funkverkehr und spürten beide Boote auf. Am 2. Juni lief in Casablanca die *Bogue*-U-Jagdgruppe unter dem neuen Commander Aurelius B. Vosseller aus, um dieses Rendezvous zu verhindern.

Das riesige Boot *I52* (108,5 Meter lang, 2600 Tonnen Verdrängung) war am 23. April von Singapur ausgelaufen. An Bord waren 95 Besatzungsmitglieder sowie 14 Passagiere, deren Ziel Deutschland war; weiterhin 146 Goldbarren mit einem Gewicht von zwei Tonnen, eine Ladung Zinn, Gummi, Wolfram, Chinin, Opium und Molybdän. Am 23. Juni trafen dieses Boot und *U530* ungefähr 1580 Kilometer westlich der Kapverdischen Inseln planmäßig zusammen. Lange führte eilig seine Befehle aus und fuhr in den Westatlantik nahe Trinidad und weiter südlich entlang der sogenannten »Bauxit-Route«. Er versenkte keine Schiffe und kehrte am 1. Oktober nach Norwegen zurück. Lange beendete damit eine erfolglose Feindfahrt von 133 Tagen.

Die *Bogue* peilte die Funksprüche zwischen *U530* und *I52* ein. Am Abend des 23. Juni ließ Vosseller Avengers aufsteigen, um die beiden B-Boote zur Strecke zu bringen. Die Piloten von zwei Maschinen, A. L. Hirsbrunner und Jesse D. Taylor, erhielten Radarortungen und warfen Sonobojen ab. Taylor griff an, nachdem er Schraubengeräusche aufgefangen hatte, und warf zwei Wasserbomben und einen Fido ab. Drei Minuten später vernahmen Taylor und seine Besatzung Geräusche, die

[1] Die zusammengeflickte *Barr* wurde nach Boston geschleppt und vollständig repariert. Danach kam sie im Pazifik wieder in den Kampfeinsatz.

sich anhörten, als werde eine Büchse zerquetscht oder als würden Zweige gegen etwas schlagen.

Taylor meldete an Vosseller: »Wir haben das Ding erwischt.« Vosseller ließ eine weitere Avenger aufsteigen, um das »andere« B-Boot aufzuspüren. Diese dritte Avenger, von Hirsbrunner an die wahrscheinliche Position geleitet, warf Sonobojen ab. Der Pilot William D. (»Flash«) Gordon bekam einen Kontakt und griff mit einem Fido an. Er meldete, er habe das Objekt verfehlt, aber 18 Minuten später hörte er eine »laute, grollende Explosion«, die fast eine Minute angedauert haben soll.

Vosseller glaubte, seine Flugzeuge hätten beide B-Boote versenkt, doch er hatte sich getäuscht. Einerseits ist es möglich, daß Taylors Fido *I52* vernichtenden Schaden zufügte und Gordons Fido ein Wrackteil dieses B-Boots traf. Zumindest bargen die Geleitzerstörer der *Bogue* am nächsten Tag 115 Blöcke Rohgummi, Seidenballen, eine japanische Sandale und zahlreiche Stücke roh bearbeiteten Mahagoniholzes. Die Fundstücke schienen die Anhaltspunkte für eine Versenkung von *I52* zu bestätigen. Die Versenkung wurde aber von einem entzifferten japanischen Funkspruch überschattet. Am 31. Juli teilte der japanische Marineattaché in Berlin Tokio mit, er habe am Tag zuvor, dem 30. Juli, eine Verbindung zu *I52* hergestellt. Er habe von *I52* erfahren, daß das Boot am 4. August in Lorient eintreffen werde und daß ein japanisches »Empfangskomitee« bereits aus Berlin abgereist sei. Deutsche Geleitschiffe erreichten den Treffpunkt am 1. August, und sie blieben dort bis zum 4. August, fanden jedoch keine Anzeichen von *I52*. Am 6. August funkte der Attaché an *I52*, die deutschen Geleitschiffe seien zurückgekehrt. Er fragte nach der voraussichtlichen Ankunftszeit, erhielt jedoch keine Antwort.

Der amerikanische Bergungsunternehmer Paul Tidwell und ein mit modernstem Gerät ausgerüstetes Expertenteam berichteten 1995, man habe *I52* lokalisieren können. Tidwell zufolge liegt das Boot 2230 Kilometer westlich der Kapverdischen Inseln in 5180 Meter Tiefe. Von einem gecharterten russischen Forschungsschiff aus erhielt das Team angeblich mit ferngesteuerten Sonargeräten und Kameras verhältnismäßig gute Bilder von *I52* und eines umliegenden »Trümmerfeldes«. Das Boot scheine »aufrecht zu stehen und intakt« zu sein, von einem »Torpedoloch« auf der Steuerbordseite abgesehen, wie Tidwell den Medien gegenüber sagte. Finanzielle Probleme, komplizierte rechtliche Fragen und andere Widrigkeiten verhinderten bis zum Jahr 1997 alle weiteren Klärungs- und Bergungsversuche.

Am 27. Mai lief in Kiel das neue *U233* unter dem Kommando des 36jährigen Hans Steen aus. Steen sollte mit dem XB-Minenleger 66 SMA-(Ankertau-)Minen vor Halifax (Nova Scotia) legen. Auch wenn Steens Besatzung unerfahren war, so hatte doch er als Wachoffizier 16

Monate auf dem Schwesterboot *U117* gedient und bei dem Legen von Minen in der Ostsee reichlich Erfahrung sammeln können.

Zunächst ließ Steen in Norwegen die großen Treibstofftanks bis zum Rand füllen und nahm dann Kurs auf Halifax. Da sein Boot keinen Schnorchel hatte, wurde es von alliierten Flugzeugen häufig geortet und angegriffen. Steen wehrte diese Angriffe ab, indem er jeden Tag ungefähr 20 Stunden getaucht fuhr und sehr langsam durch den Atlantik schlich. Am 40. Tag nach dem Auslaufen, dem 5. Juli, erreichte er schließlich kanadische Gewässer und stand etwa 465 Kilometer südlich von Kap Sable.

Alliierte Kryptanalytiker warnten die Tenth Fleet vor der herannahenden Bedrohung. Am 25. Juli lief in Norfolk die *Card*-U-Jagdgruppe unter dem Kommando von Rufus C. Young aus und nahm über die Bermudas Kurs auf kanadische Gewässer, um das B-Boot dort zu versenken. Am Abend jenes Tages, an dem *U233* dieses Seegebiet erreichte, ortete einer der fünf Geleitzerstörer, die *Baker* unter Norman C. Hoffman, das Boot mit Sonar. Hoffmann gab Alarm und schickte seine Männer auf die Gefechtsstationen. Die *Thomas* unter David M. Kellogg kam schnell heran, um die *Baker* zu unterstützen, während Young die *Card* und ihr Geleit, die *Bostwick, Breeman* und *Bronstein,* aus der Reichweite der Torpedos herausmanövrierte.

Hoffmann von der *Baker* führte zwei Wasserbombenangriffe durch, der erste erstaunlich präzise, der zweite ungenau. Die Wabos beschädigten das Heck von *U233,* so daß einige Räume mit Wasser vollliefen. Das Boot sackte auf 122 Meter Tiefe hinab, geriet außer Kontrolle und wurde stark hecklastig. Da Steen weder mit dem Heckraum Verbindung herstellen noch das Boot stabilisieren konnte, ließ er alle Ballasttanks anblasen und tauchte auf, um das Boot aufzugeben und zu versenken.

Als das B-Boot an die Oberfläche kam, eröffnete Hoffmann auf der *Baker* das Feuer aus allen Rohren. Der starke Beschuß enthauptete den Leitenden Ingenieur Wilhelm Bartling und verwundete zahlreiche Deutsche, die versuchten, das Boot zu verlassen, darunter den Kommandanten Steen. George A. Parkinson, der Geleit-Commander auf der *Thomas,* befahl dem Kommandanten des Schiffes, David M. Kellogg, das Boot zu rammen. Mit feuernden Geschützen krachte die *Thomas* hinter dem Kommandoturm in das B-Boot, und *U233* sank rasch mit dem Heck voran.

Die *Baker* und die *Thomas* fischten etwa die Hälfte der B-Boot-Besatzung aus dem Wasser. Die *Baker* holte zehn Deutsche heraus; die *Thomas* zwanzig. Die Geleitzerstörer übergaben die Gefangenen dann an die *Card.* Steen erlag seinen Verwundungen und wurde am folgenden Tag mit militärischen Ehren auf See bestattet. Am 7. Juli lief die U-

Jagdgruppe in Boston ein; sie hatte ihre Sondermission erfolgreich ausgeführt.[1]

Die zwischen dem 1. Januar und 1. Juni 1944 in amerikanischen Gewässern durchgeführten 19 Feindfahrten (zwei durch *U539*) erbrachten kaum mehr, als die alliierten Kräfte zu binden. Die B-Boote vernichteten neun Schiffe mit 50 000 Tonnen, einschließlich des Geleitträgers *Block Island,* der in der Nähe von Madeira durch Krankenhagen mit *U549* versenkt wurde, als das Boot auf dem Weg nach Brasilien war. Im Gegenzug kehrten sieben B-Boote nicht mehr zurück. Ungefähr 350 B-Boot-Fahrer kamen ums Leben, 87 wurden gefangengenommen.

Familientrauer

Wie sich der Leser erinnern wird, starb Peter Dönitz bei einem Kampfeinsatz im Mai 1943 als Wachoffizier auf dem neuen Boot *U954* vom Typ VIIC. Wenn der Sohn eines hochrangigen Offiziers im Krieg gefallen war und weitere Söhne dieses Offiziers Kriegsdienst leisteten, so lautete eine von Hitler erlassene Vorschrift, dann konnte dieser zweite Sohn seinen Abschied nehmen und ins Zivilleben zurückkehren.[2] Aus diesem Grund immatrikulierte sich Dönitz' älterer Sohn Klaus, ein Marineoffizier, an der Universität Tübingen. Er wollte dort studieren und Marinearzt werden. Diese Tätigkeit wurde von allen am Krieg beteiligten Nationen als nichtmilitärischer Beruf angesehen.

Klaus Dönitz blieb trotzdem in engem Kontakt mit seinen beim Militär dienenden Freunden. Am Vorabend seines 24. Geburtstags, am 13. Mai 1944, besuchte er seine Kameraden bei der 5. Schnellbootflottille im französischen Cherbourg. Er ließ sich aus reiner Abenteuerlust dazu verleiten, an einer Fahrt auf *S-141* teilzunehmen. *S-141* sollte bei Selsey an der englischen Küste eine Mission ausführen.

Die britische Fregatte *Stayner* und der freifranzösische Zerstörer *La Combattante* fingen *S-141* ab und versenkten das Schnellboot. Die Al-

---

[1] Der für *The Boston Sunday Globe* tätige Reporter Royal Ford wies in einem 1997 erschienenen Artikel darauf hin, daß der Blimp K-14 der US-Navy sich in der Nacht des 2. Juli auf einen Kampf mit *U233* eingelassen habe, und daß der Blimp als Folge davon ins Meer gestürzt sei. Auf der Grundlage eines offiziellen Untersuchungsausschusses der Marine schrieb J. Gordon Vaeth in seinem Buch *Blimps und U-boats* (1992), daß K-14 wegen eines Fehlers der Besatzung abgestürzt sei. Sieben Flieger kamen dabei ums Leben, vier überlebten. Bei den Verhören erwähnte keiner der 30 deutschen Kriegsgefangenen ein Gefecht mit einem Blimp.

[2] Siehe Padfield, *Dönitz. Des Teufels Admiral* (1984).

liierten retteten sechs Deutsche, doch Klaus Dönitz war nicht unter den Überlebenden. Seine Leiche wurde schließlich in Frankreich an Land gespült und bei Amiens begraben.

Der Verlust des zweiten Sohnes erschütterte Dönitz' Familie zweifellos: Dönitz, seine Frau Ingeborg, seine Tochter Ursula und deren Mann Günther Heßler,[1] der als Erster Stabsoffizier bei der B-Boot-Führung tätig war. Der Verlust war um so schmerzlicher, weil Klaus die Fahrt nur zum Spaß mitgemacht hatte, statt bei einem wichtigen Kampfeinsatz zu fallen.

[1] Hinsichtlich der Geschichte der Familie Dönitz siehe Band 1.

ACHT

Die deutschen Maßnahmen zur Abwehr der alliierten Invasion

Adolf Hitler und seine militärischen Berater vermuteten richtig, daß die Invasion der Alliierten in Frankreich im Mai oder Anfang Juni stattfinden würde, waren jedoch über den genauen Ort der Landung unterschiedlicher Meinung. Genarrt von geschickten Täuschungsmanövern der Alliierten, glaubten Hitler und die führenden Offiziere bei Heer und Luftwaffe, daß die Alliierten in der Sommemündung bei Abbeville, etwa 150 Kilometer nördlich von Paris, zuschlagen würden. Dönitz und andere strategische Köpfe der Kriegsmarine, darunter Vizeadmiral Friedrich Ruge, hegten dagegen die richtige Vermutung, daß die Alliierten weiter westlich, in der Seinebucht, landen würden, und zwar bei dem großen, gutgeschützten Seehafen Le Havre, der etwa 160 Kilometer von der britischen Hafenstadt Portsmouth entfernt auf der anderen Seite des Ärmelkanals liegt.

Die erwartete Invasion in Frankreich war nicht das einzige Problem, das sich Berlin stellte. Ebenfalls aufgrund alliierter Täuschungsmanöver war Hitler überzeugt, daß auch die schon lange erwartete Invasion in Norwegen (und/oder Dänemark) ungefähr oder sogar genau zum gleichen Zeitpunkt stattfinden würde, und dies vermutlich zusammen mit einer massiven sowjetischen Sommeroffensive. Obendrein hatten die alliierten Kräfte in Italien nun doch die deutschen Verteidigungslinien durchbrochen und rückten auf Rom vor. Dies bedeutete eine schwere Bedrohung für den industrialisierten Norden des besetzten Italien, dessen Betriebe den Deutschen noch immer Waffen lieferten, darunter auch einige kleine Elektroboote des Typs XXIII für Operationen im Mittelmeer, die sich in Genua und in Monfalcone im Bau befanden.

Hitler vertrat seit langem die Ansicht, daß die B-Boote im Nordmeer und im Atlantik seine erste Verteidigungslinie gegen eine alliierte Invasion im Westen darstellten, und das glaubte er auch noch im Mai 1944. Als zweite Verteidigungslinie betrachtete er vermutlich die großen Minenfelder, die die Deutschen im Ärmelkanal gelegt hatten, und die starken Küstenbefestigungen (der »Atlantikwall«) als die dritte. Die wichtigste Verteidigungslinie bestand natürlich aus den zahlreichen

Panzer- und Infanteriedivisionen, die im Hinterland der französischen Strände stationiert waren.

Aufbau und Stationierung der aus einer B-Boot-Streitmacht bestehenden »ersten Verteidigungslinie« wurden von Dönitz und fünf seiner treuesten Mitarbeiter geplant: dem Kommandierenden Admiral der B-Boote Hans-Georg von Friedeburg; dem Chef der Unterseebootsführungsabteilung Eberhard Godt; dem Ersten Admiralstabsoffizier Günter Heßler, Dönitz' Schwiegersohn; Reinhard Suhren, der als Führer der B-Boote Nordmeer Rudolf Peters ablöste; und Hans-Rudolf Rösing, der zum Führer der B-Boote West (Frankreich) ernannt wurde.

Die wichtigsten Elemente des Plans waren:

- Etwa ab dem 1. April sollten die meisten der gut 50 Typ-VII-Boote, die in vier der fünf französischen B-Boot-Stützpunkte stationiert waren (Brest, St. Nazaire, Lorient und La Pallice), keine Feindfahrten mehr unternehmen, sondern in ihren Bunkern mit Schnorcheln, Suchradar, neuen Flugabwehrgeschützen, den modernsten Torpedos und anderen neuen Errungenschaften ausgerüstet werden. Sobald Hans-Rudolf Rösing sie für gefechtsbereit erklärte, würden sie der als Anti-Invasions-Streitmacht vorgesehenen Gruppe Landwirt zugeteilt und ständig bereit sein, innerhalb von sechs Stunden auszulaufen.
- Etwa zur selben Zeit sollte Reinhard Suhren in Bergen, das ebenfalls über einen U-Boot-Bunker verfügte, und in kleineren Häfen in Südnorwegen eine zweite Anti-Invasions-Streitmacht aufbauen. Diese Gruppe Mitte sollte aus 20 frisch von den Werften an der Ostsee kommenden Typ-VII-Booten aufgebaut werden. Auch sie sollte innerhalb von sechs Stunden auslaufen und als erste Verteidigungslinie gegen eine alliierte Invasion in Norwegen oder Dänemark in der Nordsee aufgestellt werden. Geführt wurde sie von dem mit Ritterkreuz und Eichenlaub ausgezeichneten Viktor Schütze.
- Ebenfalls etwa ab dem 1. April sollten sich auch die etwa 30 Nordmeer-B-Boote, die in Gruppen auf der Murmansk-Route operierten oder gerade überholt wurden, auf den Einsatz als dritte Anti-Invasions-Streitmacht vorbereiten. Sie sollten in Drontheim, das über einen B-Boot-Bunker verfügte, in Narvik und kleineren Häfen Nordnorwegens stationiert werden und ebenfalls innerhalb von sechs Stunden einsatzbereit sein.

Die drei gegen die Invasion aufgestellten Gruppen sollten aus etwa 100 Typ-VII-Booten bestehen und konnten durch 20 bis 30 weitere Typ-VII-Boote aus der Ostsee schnell verstärkt werden.

Die Gefechtserfahrung der Jahre 1943 und 1944 bewies zweifelsfrei, daß nur mit einem Schnorchel ausgerüstete Typ-VII-Boote im Kampf gegen die Überwasserschiffe und Flugzeuge der alliierten B-Boot-Abwehr überleben konnten. Deshalb befahl Dönitz, alle Boote, die bereits einen Schnorchel hatten, der Gruppe Landwirt zuzuteilen und in

Frankreich zu stationieren und möglichst viele Boote in Deutschland, Norwegen und Frankreich mit neuen Schnorcheln auszurüsten. Wegen der intensiven alliierten Luftangriffe gegen die B-Boot-Werften in Deutschland und das französische Eisenbahnnetz wurde jedoch sowohl die Produktion der Schnorchel als auch ihr Transport durch Frankreich und Norwegen erheblich gestört.

Nicht zuletzt aufgrund dieser Bombenangriffe war nur etwa ein Drittel der etwa 100 Typ-VII-Boote in Norwegen und Frankreich mit Schnorcheln ausgerüstet und gefechtsbereit oder fast gefechtsbereit, als die Invasion am D-Day, dem 6. Juni 1944, begann. Von diesen waren sechzehn in Frankreich stationiert,[1] acht waren auf dem Weg von Norwegen nach Frankreich, fünf befanden sich in Südnorwegen und drei in Kiel. Neun Typ-VII-Boote, die in den B-Boot-Stützpunkten am Atlantik mit Schnorcheln ausgerüstet werden sollten, waren gerade auf dem Weg von Norwegen nach Frankreich. Wie sich erweisen wird, erreichte von diesen Booten keines seinen Bestimmungsort.

Einige Autoren haben die Bedrohung stark übertrieben, die die 32 gefechtsbereiten oder fast gefechtsbereiten Boote für die Alliierten darstellten. Deshalb seien die Mängel der damaligen Schnorchel-Boote hier noch einmal wiederholt:

- Die meisten Schnorchel waren technisch primitiv. Und sie waren frisch eingebaut und noch nicht ausreichend erprobt. Katastrophale Pannen beim Aufstellen und Umklappen des Schnorchels oder mit der Mechanik seines Zu- und Abluftsystems waren deshalb eher die Regel als die Ausnahme.
- Im Gegensatz zu einer weitverbreiteten Annahme waren mit einem Schnorchel ausgerüstete Boote keine »echten Unterseeboote«. Das heißt, sie blieben mit Hilfe des Schnorchels nicht dauernd unter Wasser. Die meisten Kommandanten verwendeten den Schnorchel nur etwa vier Stunden pro Tag, vor allem, um die Batterien zu laden. Den Rest der Zeit fuhren sie mit einer Geschwindigkeit von ein bis drei Knoten im Batteriebetrieb. Das durchschnittliche Schnorchel-Boot konnte deshalb nur etwa 90 Kilometer pro Tag zurücklegen. Es benötigte also fast drei Wochen, um 1000 Seemeilen zurückzulegen.
- Ein schnorchelndes Boot konnte weder seinen Funkempfänger noch seine Horchgeräte benutzen, war also taub. Feindliche Flugzeuge, die Sonobojen, und Überwasserschiffe, die Sonare einsetzten, konnten ein schnorchelndes B-Boot also »hören«, während dieses sie nicht »hören« konnte.

[1] Einschließlich *U267* und *U667,* die gerade von langen Feindfahrten im Atlantik nach St. Nazaire zurückgekehrt waren und längere Zeit überholt werden mußten.

- Ein mit dem Schnorchel fahrendes Boot konnte seine Sehrohre praktisch nicht benutzen. Beim Schnorcheln mit fünf Knoten Fahrt hatten die Sehrohre die Tendenz, gewaltig zu vibrieren, wobei sich häufig die Optik verschob und sich natürlich auch das sichtbare Kielwasser des Bootes erheblich verstärkte. Ein schnorchelndes Boot war deshalb, wenn es nicht stillag oder nur ein oder zwei Knoten Fahrt machte, nicht nur »taub«, sondern auch »blind«.
- Schnorchel stießen Dieselabgase aus, die für den Feind im Tageslicht und in der Dämmerung sichtbar waren.
- Bei Schnorchelbetrieb gelangte häufig Kohlenmonoxid in den Druckkörper, wodurch Besatzungsmitglieder erkrankten oder starben.
- Wenn der Schnorchel durch Wellen überspült wurde, saugten die Dieselmaschinen ihre Luft aus dem Inneren der Druckhülle, was bei den Männern schlimme Kopf-, Augen- und Ohrenschmerzen und andere Gesundheitsprobleme verursachte.
- Bei ausgedehnten Unternehmungen wagten die Boote nicht, den Schnorchel nur zum Lüften des Bootes aufzurichten, und sie konnten Abfälle nicht über Bord werfen. Wie Günter Heßler schrieb, war die Luft in einem Schnorchel-B-Boot ohnehin schon ziemlich schlecht, aber wenn sie noch zusätzlich durch den Geruch verdorbener Nahrungsmittel und anderen Abfalls verpestet wurde, war der Gestank so schlimm, daß die Dockarbeiter vor dem offenen Luk eines zurückgekehrten Schnorchel-Boots zurückschreckten.
- Die B-Boot-Besatzungen mißtrauten dem Schnorchel fast ausnahmslos und haßten es, wenn er eingesetzt wurde.

Da die Deutschen nur über so wenige Schnorchel-Boote verfügten und sich außerdem nicht einig waren, wo der alliierte Landungsversuch stattfinden würde, konnten sie die B-Boote nicht schon vorher aufstellen, um den Alliierten einen heißen Empfang zu bereiten. Die Boote sollten deshalb erst nach dem entsprechenden Befehl von ihren Häfen in der Biskaya aus ins Landungsgebiet fahren. Um die Reaktionszeit zu vermindern, wurden elf der vierzehn gefechtsbereiten Schnorchel-Boote der Gruppe Landwirt in Brest stationiert, weil dieser Stützpunkt dem Kanal am nächsten lag. Doch selbst auf dem kürzesten Weg (um die Île d'Ouessant herum) waren es mindestens 740 Kilometer bis zu den Stränden der Normandie, eine Strecke, für die ein Schnorchel-Boot sieben oder acht Tage brauchte! Dort aber würde es mit einer alliierten Landungsstreitmacht konfrontiert, die von starken ASW-Kräften in extremem Alarmzustand geschützt würde.

Ein weitere ernste Gefahr für die B-Boote war die extrem geringe Wassertiefe im Ärmelkanal. Traditionell wurden flache Gewässer von den B-Booten natürlich gemieden, weil man fürchtete, dort schnell und mit tödlichen Folgen entdeckt zu werden. Am Vorabend der Invasion versuchte Dönitz jedoch, seine Kommandanten vom Gegenteil zu überzeugen. Er meinte, Operationen in flachen Gewässern seien vielleicht sogar sicherer. Durch den nahen Meeresboden und die Sprungschichten und unterschiedlichen Salzgehalte des Wassers, die durch den Zufluß von Süßwasser entstünden, werde die Zuverlässigkeit der feindlichen Sonargeräte beeinträchtigt, und die vielen Schiffswracks und der metallische Schrott auf dem Grund des Kanals seien für die Männer an den Sonargeräten nur schwer von einem B-Boot zu unterscheiden. Diese Argumente wurden Dönitz von den Kommandanten nicht ohne weiteres abgenommen, aber die deutschen B-Boot-Fahrer konnten sich immerhin damit trösten, daß es im flachen Wasser leichter war, sich aus einem gesunkenen B-Boot zu retten. Und es würde im Kanal vermutlich auch einfacher sein, mit Schlauchboot oder Rettungsfloß ein von der eigenen Seite beherrschtes Ufer zu erreichen.

Wie auch immer man die Sache betrachtete, der deutsche Plan, B-Boote als erste Verteidigungslinie gegen die alliierte Landungsstreitmacht einzusetzen, war zum Scheitern verurteilt. Die Schnorchel-Boote konnten vielleicht überleben, und einige mochten vielleicht sogar kleinere Schäden anrichten. Für Boote ohne Schnorchel jedoch waren Operationen im Kanal faktisch Selbstmord.

Deutschland hatte keine Elektro-Boote, die es den Invasoren hätte entgegenwerfen können. Es überrascht nicht, daß ihre Produktion den Plänen weit hinterherhinkte. Das erste hochseetüchtige XXI-Boot, *U2501,* wurde am 27. Juni bei Blohm & Voss in Hamburg in Dienst gestellt, und das erste kleine »einbaumartige« XXIII-Boot, *U2321,* am 12. Juni bei der Hamburger Deutschen Werft. Wie es im Kriegstagebuch der Seekriegsleitung für den 30. Juli heißt, waren zu diesem Zeitpunkt vier XXI-Boote in Dienst gestellt, und man hoffte, daß es bis Ende 1944 insgesamt 144 würden. Außerdem heißt es dort, die zum 1. Oktober erwartete Lieferung von XXIII-Booten sei von 43 auf 23 Boote gekürzt worden und es werde, unter anderem wegen des Verlusts der neun in Italien im Bau befindlichen Boote, nicht möglich sein, bis Ende 1944 alle geplanten 87 XXIII-Boote fertigzustellen.

Die Verzögerungen wurden immer schlimmer. Tatsächlich wurden bis Ende 1944 nur 61 Typ-XXI- und 31 Typ-XXIII-Elektro-Boote geliefert, jedoch alle mit Mängeln und alle nicht gefechtsbereit.[1]

---

[1] Siehe Tafel 8.

Die alliierten Vorbereitungen für Overlord

Auf der anderen Seite des Kanals planten die Alliierten die letzten Details der Operation Neptun, wie die Landungsphase der Operation Overlord hieß. Die Verantwortung für den sicheren Transport der Invasionstruppen über den Ärmelkanal lastete indirekt auf dem breiten Rücken des First Sea Lord Andrew B. Cunningham, direkt aber oblag sie dem ranghöchsten Marinebefehlshaber der Alliierten unter Eisenhower, Admiral Bertram H. Ramsay von der Royal Navy, und den beiden ihm unterstellten Admiralen, dem berühmten (mit dem Victoria Cross ausgezeichneten) Briten Vizeadmiral Philip L. Vian und dem unbekannten Amerikaner Rear Admiral Alan G. Kirk, der in den ersten Tagen des Krieges unter Botschafter Joseph P. Kennedy als Marineattaché in London gedient und bei der Operation Torch einen Flottenverband kommandiert hatte.[1]

Die Planer nahmen an, daß der stärkste Widerstand gegen die Landungsoperation von den B-Booten kommen würde. Zum Glück für die Planer waren die alliierten Codeknacker in fast alle relevanten Schlüsselbereiche der deutschen Marine-Enigma eingebrochen und konnten die Zahl der B-Boote, mit denen Neptun vermutlich konfrontiert sein würde, mit bemerkenswerter Genauigkeit schätzen. Diese Schätzungen wurden in den wöchentlichen Lageberichten aus Rodger Winns Submarine Tracking Room für April und Mai 1944 geliefert. Winns Schätzung über die Typ-VII-Boote vom 15. Mai ist ein typisches Beispiel.

45 VII-Boote (der Gruppe Landwirt) in verschiedenen Biskaya-Häfen
16 VII-Boote (der Gruppe Mitte) in südnorwegischen Häfen
30 VII-Boote in nordnorwegischen Häfen und im Nordmeer

---

91 VII-Boote insgesamt

Trotzdem gab es einige unbekannte Faktoren und Fehleinschätzungen:

- Die genaue Anzahl der mit Schnorcheln ausgerüsteten Typ-VII-Boote in Frankreich und Norwegen war nicht bekannt und wurde unterschätzt.
- Die Anzahl der neuen oder verbesserten Typ-VII-Boote (mit und ohne Schnorchel), die bereit oder fast bereit waren, von der Ostsee

---

[1] Vian und Kirk hatten die Eastern Task Force beziehungsweise die Western Task Force befehligt. Die ihnen unterstellten Kommandeure waren Cyril E. Douglas-Pennanat, Geoffrey N. Oliver und A. G. Talbot von der Royal Navy und Don P. Moon und John L. Hall jr. von der US Navy gewesen.

nach Norwegen oder weiter nach Frankreich zu fahren, war nicht bekannt und wurde überschätzt.

- Die Anzahl der Typ-VII-Boote aus dem Nordmeer und Norwegen, die für den Transfer nach Frankreich vorgesehen waren, war nicht bekannt. Es war durchaus denkbar, daß die meisten in der Schätzung vom Mai in Norwegen und dem Nordmeer lokalisierten 46 VII-Boote herbeieilen und die Invasoren in den Gewässern vor den Britischen Inseln oder Frankreich angreifen würden.

Die Alliierten planten deshalb für den »schlimmsten Fall« einer B-Boot-Offensive. Sie rechneten mit einer Bedrohung durch insgesamt 120 B-Boote, von denen sich möglicherweise 90 bis zum 1. Juni im »Invasionsgebiet« befinden würden. Darunter mochten sich durchaus 50 »Walter-B-Boote« mit Kreislauf-Antrieb (und Geschwindigkeiten von 40 bis 50 Knoten!) befinden.[1] Überhaupt würden die Deutschen vielleicht, wie es der kanadische Marinehistoriker Marc Milner formulierte, in einer Art Wagnerscher »Götterdämmerung« alle verfügbaren B-Boote in die Schlacht werfen.

Der alliierte Plan zur Abwehr der B-Boot-Offensive gegen die Operation Neptun war einfach und pragmatisch. Er ging von zwei strategischen und taktischen Zielen aus. Erstens sollten die B-Boote nicht in den Ärmelkanal und nicht in den Sankt-Georgs-Kanal vordringen können, wo die alliierte Streitmacht und die Kräfte zu ihrer logistischen Unterstützung von Südengland nach Frankreich übersetzen würden, und zweitens sollte der Transfer der B-Boote von Norwegen nach Frankreich

[1] Im April und Mai 1944 wußten die Alliierten so gut wie nichts über die Bauprogramme für die Walter- oder Elektro-B-Boote. Die ersten Hinweise wurden am 1. Mai 1944 gefunden, als die Alliierten eine Botschaft dechiffrierten, die der japanische Marineattaché in Berlin nach Tokio geschickt hatte. In diesem Bericht vom Dezember 1943 fanden sich Hinweise auf das deutsche Eilprogramm zur Entwicklung von »Hochgeschwindigkeitsbooten« (gemeint waren XXI- und XXIII-Boote), doch der Autor des Fernschreibens bezeichnete die Boote fälschlich als Walter-Boote mit Kreislaufantrieb und nicht als die Elektro-Boote, um die es sich handelte. Wegen dieses Berichts und falscher Aussagen deutscher Kriegsgefangener, daß »Walter-B-Boote« per Bahn nach Frankreich gebracht und gegen die Invasionsstreitmacht eingesetzt würden, mußten die Alliierten zuerst annehmen, daß sie mit dieser zusätzlichen Gefahr konfrontiert würden. Im allerletzten Moment, am 30. Mai 1944, entzifferten die Alliierten jedoch einen weiteren japanischen Bericht aus Berlin, der am 24. April nach Tokio gegangen war. In diesem wurde die Frage der U-Boot-Typen geklärt. Nach dieser Meldung konnten die Alliierten ausschließen, daß die Walter-B-Boote bereits »praktisch verwendbar« waren, und sie wußten, daß erst zwei kleinere Typ-XXIII-Elektro-Boote in Ostseewerften vom Stapel gelaufen, aber noch lange nicht gefechtsbereit waren. Siehe dazu Boydt, *Hitler's Japanese Confident. General Oshima Hiroshi and Magic Intelligence* (1993).

vereitelt werden. In Erfüllung dieser Aufgaben sollten die dafür vorgesehenen Kräfte selbstverständlich offensiv vorgehen und so viele B-Boote wie möglich vernichten.

Wie man sich erinnern wird, hatten die Briten an der schmalsten Stelle des Kanals, zwischen Dover und Cap Gris Nez, ein dichtes Minenfeld gelegt und aufrechterhalten. Dieses starke und gut gewartete Minenfeld im flachen Wasser blockierte den östlichen Zugang zum Kanal vollständig. Jeder Versuch eines Himmelsfahrtskommandos der verbliebenen großen deutschen Überwasserschiffe[1] (und/oder B-Boote), diese massive Minensperre in der Meerenge zu durchbrechen, mußte in einer Katastrophe enden.

Die wichtigste Aufgabe der bei Neptun eingesetzten ASW-Kräfte bestand deshalb darin, die westlichen Zugänge zum Ärmelkanal und zum Sankt-Georgs-Kanal nach Möglichkeit zu sperren. In Erwartung eines gewaltigen B-Boot-Angriffs setzten die Alliierten gewaltige Mittel für diese Aufgabe ein.

Das erste Kampfmittel waren Flugzeuge.

Die Verantwortung für die lückenlose, offensive Luftüberwachung der Gebiete, in die keine B-Boote vordringen sollten, lag bei Sholto Douglas, der im Januar 1944 John Slessor als Befehlshaber des Coastal Command der RAF abgelöst hatte.

Die Hauptlast der Luftüberwachung lag bei der 19. Group unter William Brian Baker. Sie war hauptsächlich in Südengland stationiert und wurde auf 25 Squadrons verstärkt. Zu ihr gehörten vier Squadrons des Fleet Air Arm der Royal Navy und vier Squadrons mit B-24-Maschinen der Fleet Air Wing 7 der US Navy.[2] Der Rest waren Squadrons der RAF mit B-24-, B-17- und Halifax-Maschinen, Sunderlands, Wellingtons, Mosquitos und Beaufighters. Eine Squadron bestand in der Regel aus 15 Flugzeugen, von denen 12 gefechtsbereit und 3 in Reserve gehalten wurden. Baker hatte also das Kommando über etwa 375 Flugzeuge. Die meisten waren mit 10-cm-Radargeräten oder den neuen, noch besseren 3-cm-Radargeräten ausgerüstet und mit Wasserbomben oder ASW-Fliegerbomben bewaffnet. Alle verfügten über MGs vom Kaliber .50 und viele über 2-cm-Kanonen. Einige hatten auch 5,7-cm-»Tsetse«-Kanonen, und manche waren mit Raketen bestückt. Viele größere Flugzeuge hatten Sonobojen an Bord.

---

[1] Die in der Ostsee stationierten Schweren Kreuzer (ehemalige Panzerschiffe) *Lützow* und *Admiral Scheer;* die Schweren Kreuzer *Admiral Hipper* und *Prinz Eugen;* die Leichten Kreuzer *Emden, Köln, Leipzig* und *Nürnberg.*

[2] Die USN Bombing Squadrons VB 103, VB 105 und VB 110. Acht mit Suchscheinwerfern ausgerüstete B-24-Maschinen von Squadron VB 114 wurden am 18. Juni zeitweise von Port Lyautey nach Dunkeswell in Devon transferiert. Vier weitere B-24 der ebenfalls in Port Lyautey stationierten Squadron VB 111 wurden ebenfalls ins United Kingdom transferiert. Insgesamt waren 57 B-24-Maschinen der US Navy an Neptun beteiligt.

Nach Bakers Plan mußte die Luftüberwachung ein Gebiet von 52000 Quadratkilometern abdecken. Dieser Raum wurde in Rechtecke mit den Bezeichnungen A bis K und Z aufgeteilt. Die Langstreckenflugzeuge patrouillierten ein äußeres Sperrgebiet (die Rechtecke B, E und F), das von der Südküste Irlands nach Südosten bis zur geographischen Breite von St. Nazaire reichte (47 Grad 15 Minuten nördlicher Breite). Die Kurzstreckenflugzeuge überwachten zwei weitere durchgehende und zusammenhängende Sperrgebiete (C–D und G–H) östlich des äußeren Sperrgebiets. Die restlichen vier Zonen (I, J, K und Z) befanden sich direkt über dem Ärmelkanal im Invasionsgebiet.

Nach Bakers Plan sollte das Dutzend rechteckiger Zonen permanent aus der Luft überwacht werden. Die Flugzeuge sollten einzeln, in festgesetzten zeitlichen Abständen, jeweils auf denselben Flugrouten an den Seitenlinien der Rechtecke entlangfliegen. Auf diese Weise hatte Baker alle 30 Minuten ein Flugzeug über den gesamten 52000 Quadratkilometern Wasserfläche. Diese dichte Luftüberwachung würde mit hoher Wahrscheinlichkeit die meisten B-Boote daran hindern, zum Aufladen ihrer Batterien oder zur Erneuerung ihrer Atemluft aufzutauchen, weil jedes Boot, das dies doch versuchte, an der Oberfläche beschossen und bombardiert werden würde.

Wie es in der Geschichte der Fleet Air Wing 7 der US Navy heißt, hatte die Air Wing am Tag der Invasion wichtige Aufgaben zu erfüllen. Jede Squadron flog mit ihren B-24-Maschinen täglich sieben Einsätze. Bei drei Squadrons machte dies 21 Einsätze pro Tag. Einschließlich der Flüge der vorübergehend ins Operationsgebiet verlegten Squadron VB 114 waren dies insgesamt 28 Einsätze pro Tag. Um den 1. Juli kehrte die Squadron VB 114 nach Port Lyautey zurück und wurde anschließend für weitere ASW-Einsätze in das Gebiet der Azoren verlegt, um die bereits dort stationierten britischen Einheiten mit B-17- und Wellington-Maschinen zu verstärken. Am 15. Juli wurden die täglichen Einsätze von Fairwing 7 wegen der Abwesenheit von B-Booten auf 5 pro Squadron oder insgesamt 15 pro Tag reduziert.

Das zweite Kampfmittel waren Überwasserschiffe.

First Sea Lord Cunningham und Bertram Ramsay hatten zehn Sonderverbände oder Support Groups ausgesucht, die im äußeren Sperrgebiet der Luftüberwachung einen Überwassersperrgürtel bilden sollten, der sich praktisch von Irland nach Süden bis zur Île d'Ouessant erstreckte. Die für den Einsatz vorgesehenen U-Jagdgruppen bestanden aus Zerstörern und Fregatten. Sechs Support Groups wurden von der Royal Navy und vier von der Royal Canadian Navy gestellt, womit ein langgehegter Wunsch der Kanadier in Erfüllung ging, endlich offensiv und nicht nur zur (defensiven) Geleitsicherung eingesetzt zu werden. Die britischen Support Groups (Nummer 1, 2, 3, 5, 14 und 15) bestanden aus Zerstörern. Die kanadischen bestanden aus je vier Zerstörern (11 und 12) und je sechs Fregatten (6 und 9). Alle Schiffe dieser zehn Support Groups waren mit 10-cm-Suchradar, verbesserten Sonargeräten, Hedgehogs, Wasserbomben und mit Geschützen mit Kalibern von zwei bis zwölf Zentimetern ausgerüstet.

Sechs der Support Groups (1, 2, 5, 6, 9 und 15) bildeten, unterstützt von den drei britischen Geleitträgern *Emperor, Pursuer* und *Tracker,* 240 Kilometer westlich von Land's End eine von Norden nach Süden verlaufende »äußere Seesperre«. Die anderen vier Support Groups, die alle aus Zerstörern bestanden, bildeten östlich der »äußeren Seesperre« eine mittlere Seesperre. Einschließlich der Sicherungsschiffe der drei Geleitträger bestanden beide Seesperren aus insgesamt etwa 60 Kriegsschiffen der Zerstörer- oder Fregatten-Klasse. Östlich dieser Frontlinien bildeten weitere Fregatten und Zerstörer im Ärmelkanal ähnliche Nord-Süd-Sperren, um den Strom der Landungskräfte direkt vor allen Typen von deutschen Kriegsschiffen (Zerstörern, Torpedobooten, B-Booten, Klein-B-Booten usw.) zu schützen.[1]

Da die Typ-VII-Boote in Frankreich unbeweglich in ihren bombensicheren Bunkern lagen, konnten in der Zeit vor Neptun nur in norwegischen Gewässern B-Boote gejagt werden. Diese Aufgabe wurde von der 18. Group und in geringerem Ausmaß auch von der 15. Group übernommen, deren Maschinen hauptsächlich in Nordengland, Schottland und auf den Inseln unmittelbar nördlich Schottlands stationiert waren. Das Coastal Command hatte in norwegischen Gewässern zuvor keine Luftangriffe auf B-Boote durchgeführt, um die dort operierenden britischen B-Boote nicht zu gefährden. Aus diesem Grund wurden die deutschen B-Boote von der nun plötzlich einsetzenden Luftoffensive überrascht, und das Coastal Command errang einen beachtlichen, aber wenig gewürdigten Sieg. Zwischen dem 1. Mai und D-Day erzielten Flugzeuge der 15. und der 18. Group in norwegischen Gewässern Treffer auf zwölf B-Booten, von denen sieben versenkt und fünf beschädigt wurden.

Hier kurz der Verlauf der sieben Versenkungen:

- Am 16. Mai versenkte eine von C. T. Johnsen geflogene Sunderland der norwegischen Squadron 330 der 18. Group das neue VIIC-Boot *U240* unter dem 26jährigen Günter Link. Es gab keine deutschen Überlebenden. Durch die Flak des B-Boots wurden ein Flieger

[1] Vier Tage nach dem Invasionstermin, am 10. Juni, stieß der britische Geleitträger *Tracker* mit der kanadischen Fregatte *Teme* der Support Group 6 zusammen und zerstörte sie, wobei vier Mann ihrer Besatzung den Tod fanden. Die *Outremont,* eine andere kanadische Fregatte, schleppte die *Teme* 370 Kilometer weit nach Cardiff. Am folgenden Tag, dem 11. Juni, wurden die Geleitträger abgezogen, nachdem sie so gut wie nichts erreicht hatten. Sie kommen deshalb im folgenden nicht mehr vor.

getötet und zwei verwundet, und die Maschine wurde so schwer beschädigt, daß sie nur mit knapper Not zum Stützpunkt zurückkam.[1] Niestlé rechnet diese Versenkung nicht und zählt *U240* zu den aus unbekannten Gründen verlorenen Booten.

• In den frühen Morgenstunden des 18. Mai versenkte eine von B. Bastable geflogene Catalina der britischen Squadron 210, ebenfalls von der 18. Group, vor Stadtlandet das neue VIIC-Boot *U241* unter dem 23jährigen Arno Werr. Bastable sah »viele Überlebende« im Wasser, aber die gesamte Besatzung des Bootes kam um.

• Am 24. Mai beschädigte eine andere Catalina der britischen Squadron 210 mit dem südafrikanischen Piloten F. W. L. Maxwell vor Namsos das neue VIIC-Boot *U476* unter dem 24jährigen Otto Niethmann so schwer, daß es sank. Das von Hubert Nordheimer geführte VIIC-Boot *U990* lief mit voller Kraft zur Rettung der Crew von *U476* heran. Nordheimer nahm 21 Deutsche an Bord, zehn von einem Rettungsfloß und den Rest von dem zerstörten Hulk, und versenkte dann das verlassene B-Boot mit einem Torpedo. 34 Männer von *U476* kamen um.

• Am folgenden Tag, dem 25. Mai, als der Retter Nordheimer mit einer Eskorte in Drontheim einlaufen wollte, griff eine von B. A. Sisson geflogene B-24 der britischen Squadron 59 der 15. Group die Formation an. Nordheimer und seine Eskorte wehrten sich mit der Flak, aber das 3,7-cm-Geschütz von *U990* versagte, und die B-24 versenkte das Boot mit sechs Wasserbomben. Nordheimers Eskorte, das Patrouillenboot *V-5901,* rettete 52 Besatzungsmitglieder von *U476* und *U990,* darunter auch die beiden Kommandanten Niethmann und Nordheimer. Diese kehrten nach Deutschland zurück und übernahmen große Elektro-Boote.

• Am 24. Mai griff eine von dem Australier T. F. Peter Frizell geflogene Sunderland der britischen Ausbildungs-Squadron OTU-4 das neue *U675* unter dem 25jährigen Karl-Heinz Sammler an. Frizell warf fünf Wasserbomben, von denen eine das Vorderdeck des Bootes traf, abprallte und detonierte. Es gab keine Überlebenden. Frizell, ein Ausbilder, meldete auftreibende Leichen und Wrackteile (»Ölfässer und Planken«).

• Am 27. Mai versenkte eine B-24 der britischen Squadron 59 der 15. Group vor Drontheim das neue *U292* unter dem 23jährigen Werner Schmidt. Ihr Pilot war der Rechtsanwalt V. E. Camacho, der bei der Canadian Air Force diente. Die gesamte Besatzung des Bootes kam um.[2]

• In den frühen Morgenstunden des 3. Juni versenkte eine Canso (Catalina) der kanadischen Squadron 162 der 18. Group, die gerade

---

[1] Der Copilot der Sunderland, Fredrik Meyer, schrieb eine Geschichte der norwegischen Luftwaffe im Zweiten Weltkrieg.

[2] Im Nordmeer versenkte der britische Zerstörer *Milne* das von dem 28jährigen Alexander Hellwig geführte Typ-VII-Boot *U289.* Es gab keine Überlebenden.

erst nach Nordschottland verlegt worden war, trotz schwerer Flak das von dem 23jährigen Karl-Joachim Jenssen geführte neue Schnorchel-Boot *U477* mit vier Wasserbomben. Der kanadische Pilot der Canso, R. E. McBride, kreiste noch vier Stunden über der Stelle und meldete »mindestens fünf« im Wasser treibende Überlebende, die jedoch ebenfalls starben. *U477* war (nach *U575*) das zweite B-Boot mit einem Schnorchel, das von alliierten Flugzeugen versenkt wurde, und das erste, das einer landgestützten Maschine des Coastal Command zum Opfer fiel.

Auch die Beschädigung der fünf anderen Boote durch Flugzeuge der 18. Group sei hier kurz geschildert:

- Am 17. Mai beschoß eine von Harald E. Hartmann geflogene Catalina der norwegischen Squadron 333 vor Drontheim das frisch aus dem Nordmeer eingetroffene VIIC-Boot *U668* unter dem 28jährigen Wolfgang von Eickstedt. Die Deutschen erwiderten das Feuer und durchsiebten die Catalina, wobei ein Flieger getötet wurde. Das beschädigte *U668* brach die Fahrt ab und kehrte zur Reparatur noch Drontheim zurück. Hartmann brachte die Catalina zurück zum Stützpunkt und schaffte es, sicher zu landen.
- Im selben Gebiet vor Drontheim sichtete am 21. Mai eine von E. T. King geflogene Sunderland der britischen Ausbildungs-Squadron OTU 4 das neue VIIC/41-Boot *U995* unter Walter Köhntopp aus dem Nordmeer. King warf sechs Wasserbomben und nahm das Boot mit den Bordwaffen unter Feuer. Fünf Deutsche wurden verwundet. Köhntopp mußte nach Drontheim zurückkehren, um das Boot reparieren zu lassen und die Verwundeten durch neue Männer zu ersetzen.
- Am 24. Mai griff eine von R. H. Nesbitt geflogene Sunderland der kanadischen Squadron 423 das von dem 26jährigen Wolfgang Leu geführte *U921* an, als es vor Namsos nach Überlebenden des verlorenen *U476* suchte. Als die 3,7-cm-Flak des Bootes versagte, gab Leu, der auf der Brücke verwundet worden war, den Befehl zum Tauchen, schaffte es aber nicht mehr ins Boot und kam um. Sein ebenfalls verwundeter Erster Wachoffizier Rainer Lang übernahm das Kommando und brachte das Boot nach Drontheim. Einer der verwundeten Seeleute starb später. Nach Reparaturen in Norwegen kam das Boot unter einem neuen Kommandanten zur Nordmeer-Flottille.
- Am 25. Mai nahm eine nicht identifizierte Maschine *U276* unter Beschuß, als das von dem 30jährigen Rolf Borchers geführte Boot versuchte, Besatzungsmitglieder des sinkenden *U476* zu retten. Auf *U276* gab es drei Verwundete, und es wurde so schwer beschädigt, daß es zu Forschungs- und Entwicklungszwecken in die Ostsee abgezogen wurde.
- Am 26. Mai nahmen zwei von Jacob M. Jacobsen und Hans Engebrigsten geflogene Mosquitos der norwegischen Squadron 333 das

nicht mit einem Schnorchel ausgerüstete neue *U958* unter dem 27jährigen Gerhard Groth unter Feuer. Durch den Beschuß wurde ein B-Boot-Fahrer getötet und zwei wurden verwundet. Nach Reparaturen in Bergen und Kiel wurde das Boot in die östliche Ostsee verlegt.[1]

Die britischen Luftangriffe in norwegischen Gewässern störten die B-Boot-Operationen unmittelbar vor der Operation Overlord beträchtlich. Weil die Ostsee durch eine Vielzahl Minen verseucht war, die britische Flugzeuge abgeworfen hatten, war ein Großteil der deutschen B-Boot-Ausbildung und Erprobung, und insbesondere das Training mit dem Schnorchel, nach Südnorwegen verlegt worden. Bei diesen Übungen mußte man nun ständig mit britischen Luftangriffen rechnen, die besonders gefährlich waren, weil die meisten Besatzungen »grün« waren und die 3,7-cm-Flak nach wie vor nicht verläßlich und sicher funktionierte. Auch die Frontboote der Nordmeer-Flottille und der Gruppe Mitte sowie die Boote, die nach Frankreich zur Gruppe Landwirt verlegt wurden, waren durch Luftangriffe verwundbar. Außerdem hätte man mit den 350 B-Boot-Fahrern, die beim Verlust der sieben B-Boote und der Beschädigung der fünf Boote getötet wurden, mindestens acht der großen im Bau befindlichen Elektro-Boote bemannen können – ein weiterer Rückschlag für das Elektro-Boot-Programm.

Brian Bakers 19. Group, die im Mai pflichtbewußt ihr in zwölf Rechtecke aufgeteiltes Gebiet im westlichen Ärmelkanal überwachte, hatte nur geringe Erfolge. Ihre Maschinen entdeckten und jagten die fünf Schnorchel-Boote der Gruppe Dragoner, die vom 18. bis 27. Mai Testfahrten im Ärmelkanal durchführten, und sie beschädigten das nicht mit einem Schnorchel ausgerüstete neue Typ-VII-Boot *U736* schwer, das unter dem 30jährigen Kommandanten Reinhard Reff am 1. April von Norwegen ausgelaufen war und zur Verstärkung der Gruppe Landwirt Kurs auf Brest genommen hatte.

Wer das Boot in der Nacht des 24. Mai im westlichen Ärmelkanal beschädigte, ist bis heute nicht geklärt. Vielleicht wurde der Angriff von dem Kanadier Kenneth H. Davies geflogen, der in jener Nacht von seinem ersten Einsatz mit einer Leigh-Light-bestückten Wellington der britischen Squadron 612 nicht zurückkehrte. Oder der Schaden wurde durch eine von E. W. Lindsay geflogene, ebenfalls mit Leigh Light ausgerüstete B-24 der britischen Squadron 224 verursacht, die in jener Nacht bei zwei Angriffen 14 (!) Wasserbomben auf ein aufgetauchtes B-Boot warf. Wie dem auch sei, *U736* schaffte es jedenfalls in der fol-

[1] Engebrigstens Mosquito wurde am 11. Juni versehentlich von Spitfire-Maschinen der Royal Air Force abgeschossen. Engebrigsten wurde gerettet, aber sein Navigator und Copilot Odd G. Jonassen kam ums Leben.

genden Nacht mit einer Überwassereskorte nach Brest, konnte jedoch erst am 5. August wieder auslaufen.

B-Boote gegen die Operation Neptun

Der Einsatz alliierter See- und Luftstreitkräfte für die Neptun-Phase der Operation Overlord war gewaltig: 1213 Kriegsschiffe und 4126 Transport- und Landungsfahrzeuge, insgesamt also 5339 Wasserfahrzeuge. Zu den Kriegsschiffen gehörten etwa 200 Zerstörer (davon 34 amerikanische) sowie Geleitzerstörer oder Fregatten, Sloops und Korvetten. Zur Deckung und Unterstützung der Seestreitkräfte wurden 5886 alliierte Bomber und Jäger eingesetzt (darunter 3612 amerikanische).

Als die Deutschen in den frühen Morgenstunden des 6. Juni erkannt hatten, daß die Operation Neptun begonnen hatte, befahl Hans-Rudolf Rösing, der Führer der U-Boote West, der Gruppe Landwirt, in See zu stechen. 36 Typ-VII-Boote reagierten sofort: 8 Schnorchel-Boote (7 in Brest und eines in La Pallice) und 28 Boote ohne Schnorchel (9 in Brest und 19 in Lorient, St. Nazaire und La Pallice). In den folgenden Tagen liefen noch 7 weitere Schnorchel-Boote aus, so daß die Gesamtzahl der Boote, die im Juni von Frankreich aus gegen die alliierte Invasionsstreitmacht aufgestellt wurden, auf 43 mit etwa 2000 B-Boot-Fahrern bemannte Boote anwuchs (15 Schnorchel-Boote und 28 ohne Schnorchel).[1]

Dönitz war sich voll bewußt, daß die B-Boot-Operationen gegen die Invasion extrem gefährlich sein würden, und nachdem er früh erfahren hatte, daß die Landung in der Seinebucht stattfand, ermahnte er seine B-Boot-Kommandanten, alle Vorsicht in den Wind zu schlagen und noch größere Opfer zu bringen als bisher. Der Feind, erklärte Dönitz, habe mit der Invasion in Europa begonnen, und der Krieg sei damit in seine entscheidende Phase getreten. Wenn die anglo-amerikanische Landung gelinge, werde dies den Verlust großer, für die deutsche Kriegswirtschaft lebenswichtiger Gebiete bedeuten und eine unmittelbare Bedrohung der wichtigsten Industrieregionen darstellen, ohne die der Krieg nicht fortgesetzt werden könne. Der Feind sei im Moment der Landung am schwächsten. Es müsse alles getan werden, um ihn in diesem Moment zu treffen und ihm solche Verluste beizubringen, daß er nie wieder eine Landung versuchen werde. Außerdem könnten nur dann die im Osten fehlenden Truppen auch wirklich dorthin entsandt werden. Die Zukunft Deutschlands hänge jetzt mehr denn je von den Männern der B-Boot-Waffe ab. Deshalb verlange er von ihnen, sich absolut tadellos zu halten und die normalerweise berechtigten Vorsichtsmaßnahmen außer acht zu lassen. Jedes feindliche

[1] Siehe Anhang 2.

Fahrzeug, das der Landung diene, müsse rücksichtslos angegriffen werden, auch wenn dabei das eigene Boot verlorengehen könne. Jeder Mann und jede Waffe des Feindes, die vor der Landung vernichtet würden, verringerten die Aussicht des Feindes auf Erfolg.

Dönitz schloß mit der Feststellung, er wisse, daß er sich in dieser Krise auf seine in schwersten Schlachten erprobten B-Boot-Männer verlassen könne.[1]

Das Kriegsgeschehen in der Neptun-Phase bescherte den alliierten Codeknackern einen unerwarteten Durchbruch: Die amerikanischen und britischen Luftlandetruppen und andere in der Normandie gelandete Einheiten hatten den Auftrag, alle deutschen Fernmeldeverbindungen zu zerstören, die sie finden konnten, und sie leisteten hervorragende Arbeit. Der Fernmeldeoffizier in Rösings Hauptquartier in Angers informierte am 8. Juni die B-Boot-Führung in Berlin per »Notschaltung«, daß alle Überlandleitungen nach Berlin, Kiel, Wilhelmshaven, Paris, Brest, Aix und La Rochelle durch Feindeinwirkung außer Betrieb seien. Amerikanische Codeknacker schrieben in einer Bilanz der Operationen während des Unternehmens Overlord:

> *Nach dem Zusammenbruch des gesamten Telefonverkehrs per Überlandleitung wurden Notschaltungen für die Kommunikation zwischen der B-Boot-Führung und den [B-Boot]-Flottillen und anderen Befehlsstellen an der Küste … in Betrieb genommen. In der Folge verdreifachte sich der zu analysierende [Enigma]-Funkverkehr. Dadurch wurde den Alliierten ein ständiger und direkter Einblick in die innere Funktionsweise der Verwaltungs-, Nachschub- und Kommandostrukturen der B-Boot-Waffe ermöglicht. Sie konnten nun sämtliche operativen Befehle, Berichte, Kontroversen, Irrtümer und Schwierigkeiten auf allen Ebenen der Kriegsmarine mitverfolgen.*

Die 36 Boote der Gruppe Landwirt, die am D-Day ausliefen, um sich der Operation Neptun entgegenzustellen, sahen sich mit dem Unternehmen Cork (nach dem Korken einer Flasche) konfrontiert, der lückenlosen ASW-Überwachung des Luftraums durch das Coastal Command, die von Brian Bakers 19. Group mit Unterstützung der 15. Group durchgeführt wurde. Die 28 Boote ohne Schnorchel waren durch diesen extremen Lufteinsatz besonders verwundbar. Innerhalb der ersten 96 Stunden nach ihrem Auslaufen hatten britische Flugzeuge über ein Drittel dieser Boote ausgeschaltet. Fünf wurden versenkt und fünf zum Abbruch der Fahrt gezwungen.[2]

---

1 Siehe NARA, RG 457, SRMN 043.

2 Laut Franks (1995) und Niestlé (1998).

TAFEL 9

VII-BOOTE AUF FRANZÖSISCHEN STÜTZPUNKTEN

4. Juni 1944[1]

Boot	Zuletzt eingelaufen	Tage im Hafen	Wieder ausgelaufen	Schicksal
U92	10. 5	99	16. 8.	Norwegen
U212/S[2]	12. 3.	87	6. 6.	Verloren 21. 7.
U214/S	29. 4.	44	11. 6.	Verloren 26. 7.
U218/S	7. 5.	38	13. 6.	Norwegen
U228	26. 3.	73	6. 6.	Norwegen
U255	11. 4.	76	6. 6.	Außer Dienst gest.
U256	22. 3.	77	6. 6.	Norwegen
U260	27. 3.	72	6. 6.	Norwegen
U262	29. 4.	39	6. 6.	Norwegen
U267/S	20. 5. (Feindfahrt)	127	23. 9	Norwegen
U269/S	27. 5. (Dragoner)	11	6. 6.	Verloren 27. 6.
U270	17. 1.	142	6. 6.	Verloren 12. 8.
U275/S	11. 1	148	6. 6.	Norwegen
U281	5. 3.	94	6. 6.	Norwegen
U309/S	14. 2.	129	21. 6.	Norwegen
U333	20. 4.	48	6. 6.	Verloren 31. 7.
U373	26. 11.	195	7. 6.	Verloren 6. 8.
U382	26. 1.	133	6. 6.	Norwegen
U385	4. 6.	67	9. 8.	Verloren 11. 8.
U390/S	13. 2.	130	21. 6.	Verloren 7. 5.
U413	27. 3.	72	6. 6.	Verloren 20. 8.
U415	31. 3.	68	6. 6.	Verl. d. Mine 14. 7.
U437	1. 4.	67	6. 6.	Norwegen
U441/S	27. 5. (Dragoner)	11	6. 6.	Verloren 18. 6.
U445	27. 2.	101	6. 6.	Verloren 24. 8.
U608	3. 4.	65	6. 6.	Verloren 10. 8.
U618	8. 4.	110	26. 7.	Verloren 18. 8.
U621/S	19. 4.	49	6. 6.	Verloren 18. 8.
U629	15. 3.	84	6. 6.	Verloren 8. 6.
U650	2. 3.	97	6. 6.	Norwegen
U667/S	19. 5. (Feindfahrt)	65	22. 7.	Verloren 25. 8.
U672	12. 5.	56	6. 7.	Verloren 18. 7.
U714	25. 2.	103	6. 6.	Norwegen
U736	26. 5. (Feindfahrt)	72	5. 8.	Verloren 6. 8.
U740	21. 4.	47	6. 6.	Verloren 9. 6.
U741/S	3. 5.	49	20. 6.	Verloren 15. 8.
U758	20. 1.	139	6. 6.	Norwegen
U763/S	27. 3.	72	11. 6.	Norwegen
U764/S	27. 5. (Dragoner)	11	6. 6.	Norwegen
U766	16. 4.	52	6. 6	Außer Dienst gest.
U821	12. 4.	56	6. 6.	Verloren 10. 6.
U953/S	27. 5. (Dragoner)	11	6. 6.	Norwegen
U963	27. 3.	72	6. 6.	Norwegen
U970	22. 4.	46	6. 6.	Verloren 7. 6.
U981	30. 1.	129	6. 6.	Verloren 12. 8.
U984/S	27. 5. (Dragoner)	11	6. 6.	Verloren 20. 8.
U985	12. 3.	87	6. 6.	Norwegen
U989	4. 3.	95	6. 6.	Norwegen
U993	22. 4.	46	6. 6.	Norwegen
Nach dem 4. Juni eingetroffene VII-Boote				
U247/S	27. 7.	31	3. 8.	Verloren 1. 9.
U480/S	6. 7.	29	3. 8.	Norwegen
U671	5. 7.	31	8. 4.	Verloren 4. 8.
U673/S	23. 7.	54	14. 9.	Norwegen

[1] Quelle: KTB-BdU (Kriegstagebuch des Befehlshabers der U-Boote).

[2] S = Schnorchel-Boot.

Hier kurz der Verlauf der Versenkungen:

- Am 7. Juni erwischte eine von Charles Gordon Drake Lancaster geflogene Sunderland der britischen Squadron 228 das VIIC-Boot *U970* unter dem 26jährigen Hans-Heinrich Ketels im Golf von Biskaya. Deutsche Wasserflugzeuge retteten Ketels und zwölf Mann seiner Besatzung nach 33 Stunden im Wasser. 38 Besatzungsmitglieder kamen ums Leben. Ketels kehrte nach Deutschland zurück und übernahm ein Elektro-Boot des Typs XXI.[1]
- Westlich von Brest versenkte in den frühen Morgenstunden des 7. Juni eine von John W. Carmichael geflogene, mit Leigh Light ausgerüstete B-24 der britischen Squadron 53 das VIIC-Boot *U629,* ein von dem 27jährigen Hans-Helmut Bugs geführtes, aus dem Nordmeer nach Frankreich transferiertes Boot. Drei Leichen wurden geborgen, doch es gab keine Überlebenden.
- Ebenfalls westlich von Brest erwischte am 8. Juni eine von dem Kanadier Kenneth Owen Moore geflogene B-24 der britischen Squadron 224 das kampferprobte *U373* unter dem 26jährigen Detlev von Lehsten. Ein Fischerboot rettete Lehsten und 46 Besatzungsmitglieder (die behaupteten, sie hätten die B-24 abgeschossen) und setzte sie in Frankreich an Land. Zwei Besatzungsmitglieder kamen um. Lehsten kehrte nach Deutschland zurück und rüstete ein großes Elektro-Boot aus. Da die Admiralität fälschlich glaubte, Moore habe bei einem einzigen Einsatz die beiden Boote *U373* und *U629* versenkt, wurde er mit dem DSO und die Besatzung mit DFCs ausgezeichnet.
- Am 9. Juni versenkte im Rahmen der Operation Cork eine von Alfred Kenneth Sherwood geflogene B-24 der britischen Squadron 120 der 15. Group angeblich das von dem 27jährigen Günther Stark geführte neue *U740*. Niestlé führt den Verlust von *U740* jedoch auf unbekannte Ursachen zurück.
- Um die Mittagszeit am 10. Juni versenkten vier Mosquitos unter Führung von Stanley G. Nunn und eine von Alexander D. S. Dundas geflogene B-24 der britischen Squadron 206 vor der Île d'Ouessant gemeinsam *U821* unter dem 23jährigen Ulrich Knackfuß. Deutsche Barkassen retteten einige Deutsche. Doch ein weiterer, von Max Geudj geführter Schwarm von Mosquitos nahm die Barkassen unter Beschuß und versenkte sie. Andere Barkassen retteten schließlich einen

[1] Am selben Tag versenkte eine von Leslie H. Baveystock geflogene Sunderland der britischen Squadron 201 das nicht mit einem Schnorchel ausgerüstete Typ-VII-Boot *U955,* als es nach einer 54tägigen Fahrt als Wetterboot nach Lorient zurückkehrte. Der 29jährige Kommandant Hans-Heinrich Baden und seine gesamte Besatzung kamen ums Leben.

verwundeten Portepeeunteroffizier, die übrige Besatzung des B-Boots kam um.

Die Beschädigung der fünf Boote ohne Schnorchel, die zum Abbruch der Fahrt gezwungen wurden, verlief wie folgt:

- In den frühen Morgenstunden des 7. Juni traf und beschädigte eine an der Operation Cork beteiligte, von John William Carmichael geflogene B-24 der britischen Squadron 53 das von dem 30jährigen Karl Boddenberg geführte *U963*. Boddenberg kehrte keine 24 Stunden nach dem Auslaufen nach Brest zurück und legte das Boot für Notreparaturen ins Trockendock.
- Eine Stunde später beschoß und beschädigte Carmichael das kampferprobte (frühere Flak-B-Boot) *U256* unter dem 29jährigen Wilhelm Brauel. Das beschädigte Boot kehrte noch am 7. Juni nach Brest zurück. Die Deutschen stuften das Boot als nicht mehr gefechtsbereit ein und stellten es außer Dienst. Brauel erhielt das Kommando über das alte VIIC-Boot *U92,* dessen Kommandant Horst Thilo Queck nach Deutschland zurückkehrte und ein großes Elektro-Boot übernahm.
- Carmichael erhielt einen Orden und wurde zum Squadron Leader befördert. Er griff in der Nacht vom 13. auf den 14. Juni ein weiteres B-Boot an. Doch das Boot *(U270?)* schoß die B-24 ab, und ihre gesamte Besatzung kam ums Leben.
- Eine mit Leigh Light ausgerüstete Wellington und/oder eine B-24 und vielleicht noch ein weiteres Flugzeug sichteten und beschädigten in den frühen Morgenstunden des 7. Juni *U415* unter dem neuen 24jährigen Kommandanten Herbert Werner, der später das Buch *Die Eisernen Särge* schrieb. Werner meldete den Abschuß einer Wellington und eines weiteren Flugzeugs (möglicherweise einer B-24) mit der 3,7-cm-Flak.[1] Er kehrte mit mehreren verwundeten Besatzungsmitgliedern und schweren Gefechtsschäden nach Brest zurück und schrieb später zu Recht, daß seine Feindfahrt angesichts der bei der Operation Cork eingesetzten gewaltigen alliierten Luftstreitmacht ein Selbstmordkommando gewesen sei. In Brest legte er *U415* für Notreparaturen ins Trockendock und ließ im Krankenhaus eine leichte Kopfwunde versorgen.
- In den frühen Morgenstunden des 7. Juni griffen im Golf von Biskaya mehrere Flugzeuge der 19. Group Hardo Rodler von Roithberg in dem VIIC-Boot *U989* an. Das Coastal Command rechnete die Beschädigung einer von W. J. Hill geflogenen, mit Leigh Light bestückten Wellington an. Eine B-24 und ein Schwarm Mosquitos, die ebenfalls an dem Angriff beteiligt waren, konnten nicht eindeutig

[1] In der Nacht vom 6. auf den 7. Juni kam es im Kanal zu zahlreichen Gefechten zwischen B-Booten und alliierten Flugzeugen. Laut Franks meldete das Coastal Command den Verlust von drei B-24 und einer Wellington, doch es läßt sich nicht genau sagen, welche Boote welche Maschinen abschossen.

identifiziert werden. Roithberg wurde durch das Feuer der Mosquitos am Schenkel verwundet und kehrte zur Behandlung nach Brest zurück.

- In den frühen Morgenstunden des 8. Juni fand eine von J. Spurgeon geflogene Halifax das VIIC-Boot *U413* mit dem neuen 26jährigen Kommandanten Dieter Sachse. Die Halifax griff gegen schweres Flakfeuer an und wurde böse durchsiebt, warf jedoch eine Serie von vier 270-Kilogramm-Wasserbomben, die Sachses Boot so beschädigten, daß er zur Reparatur nach Brest zurückkehren mußte.

Angesichts der fünf verlorenen und fünf beschädigten Boote ohne Schnorchel verfügte die B-Boot-Führung am 10. Juni, daß keines der in Frankreich stationierten schnorchellosen Boote mehr zum Kampf gegen die alliierten Landungskräfte auslaufen sollte, es sei denn in letzter Minute zur Verteidigung des eigenen Hafens. Zur selben Zeit befahl die B-Boot-Führung Rösing, die 18 noch im Golf von Biskaya operierenden Boote auf eine feste Verteidigungslinie zurückzuziehen, die ungefähr entlang der Hundert-Faden-Kurve verlief.

Aus entzifferten Enigma-Funksprüchen wußten die Alliierten von dieser Verteidigungslinie aus Booten ohne Schnorchel und entsandten ASW-Flugzeuge, die sie angriffen und unter Wasser drückten. Die Angriffe verursachten beträchtliche Schäden, aber kein B-Boot wurde versenkt. Sie hatten folgende Ergebnisse:

- Am 10. Juni beschädigte eine von H. A. McGregor geflogene Sunderland der australischen Squadron 10 *U333* unter dem Ritterkreuzträger Peter Cremer. Cremers 3,7-cm-Flak bekam nach dem ersten Schuß eine Ladehemmung, aber die Deutschen wehrten die Sunderland mit der 2-cm-Flak ab. Doch das Boot wurde schwer beschädigt. Am folgenden Tag erzielte eine von dem Kanadier M. E. Slaughter geflogene Sunderland der britischen Squadron 228 weitere Treffer auf *U333*. Cremers Geschützbedienung schoß die Sunderland ab, und deren gesamte Besatzung kam um, doch das Boot war so schwer beschädigt, daß es nach La Pallice zurückkehren mußte. Nach der Rückkehr verließ Cremer das Boot. Er kehrte mit dessen halber Besatzung nach Deutschland zurück und übernahm das Kommando über ein großes Elektro-Boot. Rösing gratulierte seinem alten Freund Cremer zu seinem Glück, als er ihn über seine neue Aufgabe informierte.
- Am 13. Juni beschoß eine B-24 der britischen Squadron 53 *U270* unter Paul-Friedrich Otto. Die deutsche Geschützbedienung, die zuvor bereits eine B-17 der britischen Squadron 206 vom Himmel geholt hatte, schoß auch dieses Flugzeug ab. Am 13. Juni griff eine von L. Harris geflogene, mit einem Leigh Light ausgerüstete Wellington der britischen Squadron 172 das Boot an und beschädigte es so

schwer, daß es vorzeitig nach Lorient zurückkehrte. Auch Otto kehrte nach Deutschland zurück und übernahm ein großes Elektro-Boot.

Die Angriffe der Alliierten auf die schnorchellosen Boote in der Biskaya waren so intensiv, daß es für die Boote fast unmöglich war, die Batterien aufzuladen.[1] Deshalb gab die B-Boot-Führung am 13. Juni Rösing die Anweisung, die Boote der Verteidigungslinie nach Lorient, St. Nazaire und La Pallice zurückzuziehen, aber in ständiger Einsatzbereitschaft zu halten, damit sie in kürzester Zeit auslaufen konnten, um eine alliierte Invasion in der Bretagne zurückzuschlagen. Zwei der schnorchellosen Boote aus der Biskaya, *U608* und *U993,* fuhren nach Brest, wo sie zu den fünf anderen Booten stießen, die dort ausgelaufen und nach dem Abbruch ihrer Feindfahrt wieder zurückgekehrt waren. Wie die neun schnorchellosen Boote, die in Brest ausgelaufen waren, versenkten auch die nach dem 6. Juni in den Biskaya-Häfen ausgelaufenen Nicht-Schnorchler kein einziges alliiertes Schiff. In der Biskaya waren während der nervenaufreibenden und fruchtlosen Woche nach Beginn der Invasion das schnorchellose *U970* und das auf Heimatkurs befindliche Wetterboot *U955* verlorengegangen.

Der »Vernichtungsschlag«

Die Operation der 14 Schnorchel-Boote, die im Juni in Frankreich ausliefen, um die alliierten Landungskräfte zurückzuschlagen, wurde damals als der deutsche »Vernichtungsschlag« gewertet. In die Boote wurden hohe Erwartungen gesetzt, doch alle 14 hatten einen extrem harten Einsatz und erreichten fast nichts. Drei gingen verloren. Die ersten Feindfahrten der in Frankreich stationierten Schnorchel-Boote gegen die Landungskräfte der Operation Neptun verliefen wie folgt:

- Das kampferprobte *U212,* das der 27jährige Helmut Vogler zwei Jahre zuvor in Dienst gestellt hatte und seitdem führte, lief am 6. Juni in La Pallice aus. Als das Boot am folgenden Tag mit nördlichem Kurs durch die Biskaya fuhr, nahmen es die beiden erfahrenen Piloten Douglas J. Turner und A. J. L. Bonnett, ein Kanadier, mit den 5,7-cm-Kanonen ihrer Mosquitos unter Feuer. Vogler mußte beschädigt nach La Pallice zurückkehren. Zwei Tage später kamen Bonnett und sein Copilot und Navigator A. McD. McNicol bei einem Zusammenstoß in der Luft ums Leben.

[1] Acht weitere Typ-VII-Boote ohne Schnorchel in der Biskaya meldeten laut dem Kriegstagebuch der B-Boot-Führung zwischen dem 6. 6. und dem 14. 6. Luftangriffe: *U382, U437, U445, U608, U766, U981, U985* und *U993.* Zweifellos gab es auch Angriffe, die nicht gemeldet wurden.

Vogler lief am 12. Juni wieder aus, kehrte aber wegen technischer Probleme bereits am 16. Juni wieder nach La Pallice zurück. Danach befahl Berlin Rösing, vier Schnorchel-Boote mit Munition zu beladen und diese den in Cherbourg abgeschnittenen deutschen Truppen zu bringen. Auch *U212* wurde für diesen gefährlichen Auftrag ausersehen und lief mit der Munition am 22. Juni zum dritten Mal innerhalb eines Monats aus. Am folgenden Tag erfuhren die Deutschen jedoch, daß die Alliierten bereits vor den Toren Cherbourgs standen. Sie bliesen das Unternehmen ab, und *U212* kehrte abermals nach La Pallice zurück. Vogler lud die Munition wieder aus und machte sich am 28. Juni auf den Weg nach Brest, von wo aus er eine Feindfahrt in das alliierte Landungsgebiet in der Seinebucht machen sollte. Er traf am 4. Juli in Brest ein.

• Das von dem 34jährigen Helmut Bork in Dienst gestellte und seit 20 Monaten geführte *U275* lief am 6. Juni in Brest aus. Gejagt von unidentifizierten Luft- und Überwasserkräften schoß Bork einen T-5-Torpedo auf einen »Zerstörer«, der jedoch fehlging. Da er in der Kampfzone nicht lange genug schnorcheln konnte, um die Batterien aufzuladen, lief Bork nach einer schlimmen Woche in St. Peter Port auf der von den Deutschen besetzten Kanalinsel Guernsey ein. Während er dort seine Batterien auflud, verfaßte er einen kummervollen, defätistischen Bericht, in dem es hieß, daß ein schnorchelndes B-Boot mit den Sonargeräten der Alliierten leicht zu orten und die Verwendung des Schnorchels im Kanal zur Aufladung der Batterien deshalb extrem gefährlich sei. Bork lief am 14. Juni wieder aus. Eine Woche später befahl Rösing ihm und ein paar anderen Schnorchel-Booten, Cherbourg durch Angriffe auf die schweren alliierten Kriegsschiffe zu entlasten, die die belagerte Hafenstadt beschossen. Bork konnte vor Cherbourg jedoch nichts ausrichten. Er kehrte am 24. Juni nach Brest zurück und übernahm andere Aufgaben.

• Das kampferprobte *U269* unter dem neuen 29jährigen Kommandanten Georg Uhl verließ Brest am 6. Juni. Auch Uhl wurde von unidentifizierten Luft- und Überwasserkräften gejagt. Er unternahm keine Angriffe, lud am 14. Juni in St. Peter Port seine Batterien und lief am 16. wieder aus. Auch dieses Boot wurde nach Cherbourg geschickt, doch es konnte dort ebenfalls nichts ausrichten. Als es am 25. Juni zum Aufladen der Batterien erneut St. Peter Port ansteuerte, wurde es von der Fregatte *Bickerton* der britischen Support Group 5 entdeckt und mit Wasserbomben an die Oberfläche gezwungen. Uhl gab den Befehl zur Selbstversenkung. Danach geriet er nach Aussage der überlebenden Deutschen in die Schrauben der *Bickerton* und wurde von ihnen zerfetzt. Die Fregatte rettete 39 Deutsche, einschließlich zweier Männer, die im Kommandoturm eingeschlossen worden waren, sich jedoch in etwa 60 Meter Tiefe hatten befreien können und es ohne Tauchretter an die Oberfläche geschafft hatten.

- Das kampferprobte (ehemalige Flak-Boot) *U441* unter dem 31jährigen Klaus Hartmann lief am 6. Juni in Brest aus. Danach meldete es sich nicht mehr. Die B-Boot-Führung entsandte das Boot in das Landungsgebiet in der Seinebucht. Im Krieg rechnete die Admiralität seine Versenkung einer Wellington der britischen Squadron 304 an. Bei einer kürzlichen Neubewertung wurde die Versenkung jedoch einer von dem Kanadier Kenneth Owen Moore in der Nacht des 8. Juni geflogenen B-24 zugesprochen, womit seine Behauptung, er habe bei einem einzigen Einsatz zwei B-Boote versenkt, doch noch bestätigt und die Auszeichnung mit dem DSO für diese beispiellose Tat gerechtfertigt wurde.
- Das kampferprobte (ehemalige Flak-Boot) *U621* mit dem neuen 23jährigen Kommandanten Hermann Stuckmann verließ Brest am 6. Juni. Auf dem Weg zur Seinebucht schoß Stuckmann am 7. Juni einen T-5 auf einen »Zerstörer«, doch dieser ging fehl. Am 9. Juni brach er die Fahrt ab und kehrte nach Brest zurück, weil er beim Angriff eines nicht identifizierten Flugzeugs einen Bombentreffer erlitten hatte. Nach hastigen Reparaturen lief er am 12. Juni wieder aus. Er erreichte am 15. Juni das Landungsgebiet und torpedierte und versenkte mit einem T-5 das amerikanische *LST 280* mit 1490 Tonnen. Dies war die erste bestätigte Versenkung eines alliierten Schiffes durch ein B-Boot in der Neptun-Phase der Operation Overlord. Drei Tage später stieß Stuckmann auf zwei britische Schlachtschiffe einer Support Group und schoß auf sie. Alle Torpedos gingen jedoch fehl, und Stuckmann kehrte am 21. Juni nach Brest zurück.
- *U764* unter dem 25jährigen Hans-Kurt von Bremen lief am 6. Juni in Brest aus. Am 15. Juni torpedierte Bremen im Landungsgebiet die britische, 1085 Tonnen große Fregatte *Blackwood* mit einem T-5 und beschädigte sie so schwer, daß sie am folgenden Tag beim Abschleppen sank. In dem danach erfolgenden Gegenangriff verschoß Bremen all seine Torpedos – ohne einen weiteren Treffer zu erzielen. Dagegen wurde sein Boot von den britischen Kriegsschiffen schwer beschädigt. Er wollte mit gebrochenem Schnorchel St. Peter Port anlaufen, lief jedoch aufgrund eines »navigatorischen Fehlers« am 21. Juni in Brest ein.
- *U984* unter dem 23jährigen Heinz Sieder verließ Brest am 6. Juni. Sieder schoß auf dem Weg ins Landungsgebiet drei T-5 auf drei »Zerstörer«, darunter auch auf die kanadische *Saskatchewan.* Ein Torpedo detonierte zu früh, einer ging fehl, und einer detonierte am Cat Gear, einem von dem Zerstörer nachgeschleppten Geräuscherzeuger. Sieder mußte wenig später wegen eines Bombentreffers durch ein unidentifiziertes Flugzeug nach Brest zurückkehren, wo er am 9. Juni eintraf.

Am 12. Juni lief Sieder mit Kurs auf die Seinebucht wieder aus. Zwei Tage später stieß er auf eine U-Jagdgruppe und schoß zwei T-5 auf die Formation. Ein Torpedo blieb im Rohr hängen, der andere ging fehl. Auch Sieder konnte seine Batterien nicht laden und suchte am 19. Juni Zuflucht in St. Peter Port. Die alliierte Luftüberwachung war so stark, daß er die Batterien nicht einmal im Hafen vollständig aufladen konnte. Trotzdem lief er am 19. Juni wieder aus. Wieder auf dem Weg zur Seinebucht, stieß er abermals auf eine U-Jagdgruppe und machte zwei T-5 auf sie los. Einer ging fehl, aber der andere traf die 1300 Tonnen große Fregatte *Goodson* am Heck. Die britische Fregatte *Bligh* schleppte das schwer beschädigte Schiff nach Portland.

Vier Tage später, am 29. Juni, stieß Sieder auf den beladenen Geleitzug EMC 17 und schoß zwei Torpedos auf die Backbordkolonne. Einer traf und beschädigte einen 8000 BRT großen Frachter, von dem er glaubte, er habe ihn mit einem Fangschuß versenkt. Der andere Torpedo verfehlte die Backbordkolonne, traf aber in der Steuerbordkolonne einen Frachter mit 7000 BRT, der, wie Sieder meldete, langsam sank. Dann schoß er einen T-5 auf einen weiteren Frachter mit 9000 BRT und traf ihn am Heck. Ein Fangschuß auf dieses Schiff verfehlte laut Sieders Meldung sein Ziel.

Aus Unterlagen der Alliierten geht hervor, daß Sieder erfolgreicher war, als er selbst meinte, und den Landungskräften der Operation Neptun im Juni den einzig bedeutsamen Schlag versetzt hatte. Er hatte nicht nur die Fregatte *Goodson* beschädigt, sondern auch vier 7200 BRT große amerikanische Liberty-Schiffe torpediert, die zum Teil Truppen an Bord hatten. Die *Edward M. House* erreichte England und wurde repariert, aber die anderen drei, die *Henry G. Blaisdel,* die *James A. Farrell* und die *John A. Treutlen,* mußten verschrottet werden. Auf der von der amerikanischen Coast Guard bemannten *Blaisdel* kamen 76 amerikanische Soldaten ums Leben.

Bei seiner Rückkehr nach Brest am 4. Juli erhielt Sieder das Ritterkreuz – als erster von vier Kommandanten, die für ihre Angriffe auf die Landungskräfte der Operation Neptun diese Auszeichnung erhielten.

• Das von dem erfahrenen 24jährigen Karl-Heinz Marbach geführte kampferprobte (frühere Flak-Boot) *U953* verließ Brest am 6. Juni. Auf dem Weg ins Landungsgebiet schoß Marbach vier T-5 auf die vier Zerstörer der kanadischen Support Group 12, *Qu'Appelle, Restigouche, Saskatchewan* und *Skeena.* Er meldete die Versenkung von drei Zerstörern, und diese wurde von der B-Boot-Führung anerkannt, doch aus den alliierten Unterlagen geht hervor, daß die Torpedos vermutlich an Cat-Gear-Geräuscherzeugern, harmlos im Kielwasser der Schiffe, detonierten. Marbachs Boot hatte eine gravierende technische Panne, noch bevor er das Landungsgebiet erreichte, und mußte nach Brest zurückkehren, wo es am 18. Juni eintraf.

Nach hastigen Reparaturen brach Marbach mit *U953* am 24. Juni wieder in die Seinebucht auf. Es schaffte mit dem Schnorchel nur etwa 75 Kilometer pro Tag und traf am 5. Juni im Landungsgebiet ein. Dort sichtete er drei große Konvois und griff einen an. Er meldete die Versenkung von zwei Frachtern mit zusammen 11 000 BRT, doch nach den Unterlagen der Alliierten versenkte er nur den kleinen britischen Frachter *Glendinning* mit 1927 BRT.

Eine Woche später griff Marbach einen weiteren großen Geleitzug an und meldete die Versenkung eines Zerstörers und eines weiteren großen Frachters, der mit einem lauten Krachen auf dem Meeresgrund aufgeschlagen sei, doch nach den alliierten Unterlagen läßt sich keine Versenkung bestätigen. Dönitz billigte Marbach für seine zwei kurzen Feindfahrten großzügig die Versenkung von vier Zerstörern und drei Frachtern mit insgesamt 20 000 Tonnen zu, und Marbach erhielt nach seiner Rückkehr als zweiter am Kampf gegen die Landungskräfte beteiligter Kommandant das Ritterkreuz. Danach verließ er *U953* und kehrte nach Deutschland zurück, um ein großes Elektro-Boot zu übernehmen.

- *U763* unter dem 30jährigen Ernst Cordes lief am 11. Juni in La Pallice aus, mußte jedoch wegen eines gebrochenen Sehrohrs bereits am 16. Juni Brest anlaufen. Nach der Reparatur lief es erneut aus, kehrte jedoch schon am 18. Juni wegen technischer Probleme wieder nach Brest zurück.

Nach hastigen Reparaturen brach Cordes am 24. Juni zum zweiten Mal in die Seinebucht auf. Auf dem Anmarsch wurde das Boot ständig von Luft- und Überwasserkräften gejagt und mit Flieger- und Wasserbomben belegt. Cordes schoß zweimal mit T-5 auf Zerstörer, verfehlte sie jedoch.

Im alliierten Landungsgebiet fand Cordes am 5. Juli den Geleitzug ETC 26 und griff ihn an. Er schoß fünf Torpedos: drei auf die Masse der sich überlappenden Schiffe und je einen T-5 auf einen 4000 BRT großen Frachter und einen Zerstörer. Danach wurde das Boot von einer U-Jagdgruppe angegriffen und 30 Stunden lang gejagt, wobei nach Zählung der Deutschen die erstaunliche Menge von 550 Wasserbomben zum Einsatz kam.

Cordes entkam dieser überaus hartnäckigen Verfolgung, wußte danach aber seine Position nicht mehr. Als er am 7. Juli mit dem Sehrohr Land sichtete und das Boot in 15 Metern Tiefe den Grund berührte, nahm er an, er sei vor der französischen Küste. Tatsächlich war er jedoch in die entgegengesetzte Richtung, nach Norden, getrieben und lag vor der englischen Südküste, auf Spithead, der Reede von Portsmouth, unmittelbar vor der Haustür der Royal Navy! Er rührte sich zunächst nicht und entkam später, unentdeckt durch das Nab Light, nach Süden in tieferes Wasser.

Bei der Annäherung an Brest schoß Cordes am 11. Juli zwei Torpedos auf die Kriegsschiffe einer U-Jagdgruppe. Nach seiner Ankunft wurden ihm Treffer an zwei Frachtern und einem »Zerstörer« anerkannt sowie ein möglicher Treffer an einem weiteren »Zerstörer«, wobei die Versenkung eines der Frachter angenommen wurde. Nach den alliierten Unterlagen hatte das Boot nur den 1499 BRT großen norwegischen Frachter *Ringen* versenkt. Cordes übergab *U763* an einen anderen Kommandanten und kehrte in die Ostsee zurück, wo er beim Ausbildungsverband ein neues Typ-VII-Boot übernahm.

• Das erst kurz zuvor mit einem Schnorchel ausgerüstete *U390* unter Heinz Geissler lief am 21. Juni in St. Nazaire aus, um eine Ladung Munition nach Cherbourg zu bringen. Als dieser Befehl aufgehoben wurde, nahm Geissler am 24. Juni in Brest Torpedos auf und stach am 27. Juni mit dem Ziel Seinebucht wieder in See. In den frühen Morgenstunden des 5. Juli stieß er auf einen Geleitzug und schoß zwei Torpedos auf zwei Schiffe. Vermutlich wurden beide Ziele getroffen; der britische 545 BRT große ASW-Trawler *Ganilly* sank, und die 7934 BRT große amerikanische *Sea Porpoise* wurde beschädigt.

Eines der Sicherungsschiffe des Geleitzugs, die britische Fregatte *Tavy,* bekam Sonarkontakt mit *U390* und griff sofort mit Wasserbomben an. Geissler mag sich mit einem T-5 gewehrt haben, der jedoch versagte oder fehlging. Danach fuhr die *Tavy* drei Angriffe mit dem Hedgehog auf das beschädigte Boot und trieb es auf den Grund. Ein weiteres Sicherungsschiff, der alte britische Zerstörer *Wanderer* unter Reginald (»Bob«) Whinney, der zuvor schon das Typ-VII-Boot *U305* versenkt hatte und an der Versenkung des IXC-Boots *U523* beteiligt gewesen war, schloß sich der Jagd an und führte zwei Angriffe mit Hedgehog und einen mit Wasserbomben durch.

Unten im Boot herrschte völliges Chaos. Treiböl und Seewasser fluteten das Boot. Die Männer versammelten sich mit Tauchrettern in der Zentrale, um auszusteigen. Doch nur der Leitende Ingenieur Erich Tein schaffte es. Er war bewußtlos, als er die Wasseroberfläche erreichte, wurde jedoch von der *Tavy* herausgefischt und durch ihre Sanitäter wiederbelebt. Er war der einzige Überlebende der 48köpfigen Besatzung von *U390.*

• Das ebenfalls erst kurz zuvor mit einem Schnorchel ausgestattete VIIC-Boot *U309* unter Hans-Gert Mahrholz lief am 21. Juni in La Pallice aus, um Munition nach Cherbourg zu bringen. Als dieser Befehl aufgehoben wurde, lief Mahrholz am 27. Juni Brest an, lud die Munition aus und nahm Torpedos an Bord. Am 29. Juni lief er wieder Richtung Seinebucht aus.

Da sich von der ersten Welle der Schnorchel-Boote noch keines gemeldet hatte und laut britischer Propaganda im Kanal zehn B-Boote versenkt worden waren, rief Rösing am 2. Juli *U309* und andere neu ausgelaufene Schnorchel-Boote bis zur Klärung der Lage nach Brest zurück. Rösing hob den Befehl schon am folgenden Tag wieder auf. Inzwischen war Mahrholz auf eine U-Jagdgruppe von vier »Zerstörern« gestoßen und hatte zwei Torpedos auf zwei »Zerstörer« geschossen. Er meldete den einen als versenkt und den anderen als beschädigt, doch die

Versenkung konnte nicht bestätigt werden. Unter Mißachtung des Befehls, zur Seinebucht weiterzufahren, ergänzte Mahrholz am 6. Juli in Brest seinen Torpedovorrat.

• Das von Gerhard Palmgren geführte *U741* lief am 20. Juni mit einer Ladung Munition für Cherbourg in Brest aus. Als der Auftrag aufgehoben wurde, kehrte Palmgren nach Brest zurück, wo er am 27. Juni die Munition auslud und Torpedos aufnahm, um in die Seinebucht zu fahren.

Neben diesen mit Schnorcheln ausgestatteten Kampfbooten kamen auch die beiden noch verbliebenen, ebenfalls mit Schnorchel versehenen VIID-Minenleger *U214* und *U218* zum Einsatz:

• *U214* unter dem 28jährigen Rupprecht Stock lief am 11. Juni in Brest aus, um im westlichen Ärmelkanal vor Plymouth 15 SMA-Minen zu legen. Unidentifizierte alliierte Flugzeuge beschädigten das Boot und zwangen es, am 14. Juni vorzeitig nach Brest zurückzukehren. Es lief am 16. Juni wieder aus, legte das Feld am 26. Juni und kehrte am 1. Juli zurück. Das Minenfeld erbrachte keine Versenkungen.

• Das von dem 33jährigen Richard Becker geführte *U218* lief am 13. Juni in Brest aus, um im westlichen Ärmelkanal vor Falmouth 15 SMA-Minen zu legen. Unterwegs wurde das Boot 60 Stunden von alliierten Überwasserschiffen gejagt und mit Wasserbomben belegt. Es kam zu einem Rückstau im Abluftkanal des Schnorchels, und Becker und ungefähr zwei Drittel seiner Besatzung erlitten eine Kohlenmonoxidvergiftung. Becker legte die Minen am 1. Juli und kehrte am 9. Juli nach Brest zurück. Danach wurde er von Rupprecht Stock von *U214* abgelöst und kehrte nach Deutschland zurück, um ein großes Elektro-Boot zu übernehmen. Durch das Minenfeld vor Falmouth wurde am 6. Juli die 7177 BRT große britische *Empire Halberd* beschädigt.

Soviel zum deutschen »Vernichtungsschlag«. Bei ihren ersten Vorstößen hatten die 14 Schnorchel-Boote, die – einschließlich der Minenleger *U214* und *U218* – im Juni in Frankreich ausliefen, um die alliierte Invasionsstreitmacht zurückzuschlagen, nur acht Schiffe versenkt oder zerstört: drei Kriegsschiffe mit 3100 Tonnen *(LST 280,* die Fregatte *Blackwood* und den ASW-Trawler *Ganilly)* und fünf Frachter mit 25 000 Tonnen *(Blaisdel, Treutlen, Farrell, Glendinning, Ringen)*. Außerdem hatten die B-Boote ein Kriegsschiff mit 1300 Tonnen (die Fregatte *Goodson*) und zwei Frachter mit 15 000 Tonnen *(Sea Porpoise* und *Empire Halberd)* beschädigt. Diese geringen Erfolge waren mit dem Verlust von drei Schnorchel-Booten mit etwa 150 B-Boot-Fahrern (von denen 40 in Kriegsgefangenschaft kamen) bezahlt worden.

Verstärkung aus Norwegen

Elf Schnorchel-Boote hatten den ASW-Feldzug überlebt, den die Alliierten vor der Invasion in Norwegen durchgeführt hatten, und fuhren in den Atlantik, um sich im Juni der dortigen B-Boot-Streitmacht anzuschließen.

Die B-Boot-Führung funkte diesen Booten einen scharfen, in Hitlers Jargon gehaltenen Marschbefehl, in dem »rücksichtslosester Einsatz« gefordert wurde:

> *Rücksichtslosester Einsatz heißt: Jedes feindliche Fahrzeug, das der Landung dient, auch wenn es nur etwa ein halbes Hundert Soldaten oder einen Panzer an Land bringt, ist ein Ziel, das den vollen Einsatz des B-Bootes verlangt. Es ist anzugreifen, auch unter Gefahr des Verlustes des eigenen Bootes. Wenn es gilt, an die feindliche Landungsflotte heranzukommen, gibt es keine Rücksicht auf Gefährdung durch flaches Wasser oder mögliche Minensperren oder irgendwelche Bedenken. Jeder Mann und jede Waffe des Feindes, die vor der Landung vernichtet werden, verringern die Aussicht des Feindes auf Erfolg. Das Boot, das dem Feinde bei der Landung Verluste beibringt, hat seine höchste Aufgabe erfüllt und sein Dasein gerechtfertigt, auch wenn es dabei bleibt.*[1]

Alliierte Kräfte versenkten sieben dieser elf Boote, noch bevor sie ihr Zielgebiet erreichten. Nur vier norwegische Schnorchel-Boote erreichten Frankreich, und eines, *U673,* kam nur versehentlich dorthin. Hier kurz die Geschichte der sieben verlorenen Schnorchel-Boote:

• Bei der Annäherung an das westliche Ende des Ärmelkanals versenkte *U767* unter dem 37jährigen Walter Dankleff am 15. Juni die britische Fregatte *Mourne* mit 1370 Tonnen. Drei Tage später wurde das Boot von der britischen Support Group 14 entdeckt, die aus den fünf kampferprobten Zerstörern *Fame, Havelock, Hotspur, Icarus* und *Inconstant* bestand. Die *Fame* griff mit ihrem Hedgehog an und meldete »zwei oder drei Treffer in einer Tiefe von fünfundneunzig Fuß«. Im Lauf der folgenden Stunde führten *Fame, Havelock* und *Inconstant* drei gut geplante Wasserbombenangriffe durch.

Diese Angriffe zerstörten *U767,* und es sank auf den Grund. Erstaunlicherweise gelang es dem Heizer Walter Schmietenknop, durch ein Torpedorohr zu entkommen und trotz der Wasserbomben aufzutauchen. Er wurde von der *Fame* gerettet. Alle anderen Deutschen kamen ums Leben.

• *U971* unter dem 25jährigen Walter Zeplien wehrte, als es in der Nacht des 15. Juni die Färöer-Inseln passierte, den Angriff einer Sun-

[1] Siehe NARA, RG 457, SRMN 043.

derland der britischen Trainings-Squadron OTU 4 ab. Als sich Zeplien fünf Nächte später, am 20. Juni, dem westlichen Eingang des Kanals näherte, griff ihn eine von F. H. Foster geflogene, mit Leigh Light ausgerüstete Wellington der kanadischen Squadron 407 mit Wasserbomben an und beschädigte die vier Bugtorpedorohre des Bootes. Am 21. Juni erzielten zwei weitere Flugzeuge des Coastal Command erneut Treffer auf dem Boot: eine Sunderland der britischen Squadron 228 und eine Halifax der britischen Squadron 502. Obwohl Zepliens Torpedorohre nur noch teilweise funktionstüchtig waren, versuchte er, gemäß Rösings Befehl, die großen Schiffe anzugreifen, die Cherbourg beschossen, hatte aber keinen Erfolg.

Gejagt von alliierten Luft- und Überwasserkräften, brach Zeplien am 24. Juni seine Feindfahrt ab und nahm Kurs auf Brest. Eine von Jan Vella geflogene B-24 der tschechoslowakischen Squadron 311 sichtete jedoch *U971,* griff es mit Raketen und Wasserbomben an und führte den britischen Zerstörer *Eskimo* und den kanadischen Zerstörer *Haida* heran. Durch die Wasserbomben dieser zwei Kriegsschiffe wurde das Boot schwer beschädigt. Als das Wasser bereits kniehoch im Druckkörper stand, gab Zeplien eine Runde Bier aus und dankte seinen Männern für ihre Loyalität. Dann befahl er, aufzutauchen und das Boot zu versenken. Die alliierten Zerstörer retteten Zeplien und 51 Besatzungsmitglieder. Ein Deutscher kam um.

- *U988* unter dem 24jährigen Erich Dobberstein ging ebenfalls verloren, doch über den Hergang des Verlusts gibt es kaum gesicherte Informationen. Das Boot meldete am D-Day, dem 6. Juni, daß es in den Atlantik vorgestoßen sei. Zwei Tage später befahl die B-Boot-Führung dem Boot (und drei weiteren Schnorchel-Booten aus Norwegen), mit großer Fahrt das alliierte Landungsgebiet in der Seinebucht anzulaufen und, wenn möglich, über Wasser zu fahren. Am 16. Juni nahm die B-Boot-Führung an, daß das Boot den Kanal erreicht hatte, und trug dies in ihr Kriegstagebuch ein. Zwei Tage später, in der Nacht des 18. Juni, meldete *U988* einen Fliegerangriff. Die B-Boot-Führung nahm zwar an, daß das Boot das Landungsgebiet erreicht hatte, und befahl ihm später, Lorient anzulaufen, doch nach dem Fliegerangriff wurde nichts mehr von *U988* gehört.[1]
- Das VIIC/41-Boot *U1191* unter dem 24jährigen Peter Grau erreichte zwar den westlichen Eingang des Ärmelkanals, hatte aber offensichtlich

[1] Laut Niestlé wurde *U988* am 30. Juni durch eine von John W. Barling geflogene B-24 der britischen Squadron 224 und vier britische Fregatten versenkt. Wenn dies der Fall ist, trifft vermutlich auch Jürgen Rohwers Vermutung zu, daß *U988* am 27., 28. und 29. Juni die britische Korvette *Pink* (925 Tonnen) und die beiden britischen Frachter *Maid of Orleans* mit 2385 BRT und *Empire Portia* mit 7058 BRT versenkte. Siehe Franks (1995), S. 166, Rohwer, *Axis Submarine Successes,* S. 182, und Niestlé, S. 95.

keine Gelegenheit mehr, Seestreitkräfte der Alliierten anzugreifen. Im Krieg schrieb die Admiralität seine Versenkung am 25. Juni den beiden britischen Fregatten *Affleck* und *Balfour* zu, führte sie jedoch in jüngerer Zeit auf unbekannte Ursachen zurück. Es gab keine Überlebenden.

- *U678* unter dem 25jährigen Guido Hyronimus, der sein erstes Boot, *U670,* bei einem Zusammenstoß in der Ostsee verloren hatte, erreichte Ende Juni die Seinebucht. In der Nacht vom 5. auf den 6. Juni griff Hyronimus einen Geleitzug an, hatte jedoch keinen Erfolg. Im Gegenzug wurde das Boot von den kanadischen Zerstörern *Ottawa II* und *Kootenay* der Support Group 11 und von der britischen Korvette *Statice* aus der Geleitsicherung angegriffen und unter Verlust der gesamten Besatzung versenkt.
- *U243* unter dem 26jährigen Hans Märtens schoß in der Nacht vom 9. auf den 10. Juni versehentlich eine deutsche Ju-88 ab und hätte beinahe das zurückgerufene schnorchellose deutsche *U1000* torpediert. Fünf Tage später brach Märtens die Fahrt ab und lief mit einer schwer beschädigten Dieselmaschine Bergen an. Am 20. lief er wieder aus. Er sollte zunächst in den Kanal fahren, wurde jedoch von der B-Boot-Führung nach Brest umgeleitet.

Am Nachmittag des 8. Juli sichtete eine von William Boris Tilley geflogene Sunderland der australischen Squadron 10 der 19. Group *U243* etwa 170 Kilometer vor Brest an der Wasseroberfläche und griff es mit ihren Maschinengewehren und Wasserbomben an. Auch weitere Sunderlands derselben Squadron und eine von Aurelian H. Cooledge geflogene B-24 von Squadron VB 105 der US Navy beteiligten sich an dem Angriff. Beide warfen Wasserbomben. Bei diesen Angriffen wurden Märtens und die Kanoniere auf dem Deck des Bootes tödlich verwundet. Unter Deck führte der Leitende Ingenieur Wolfgang Heinze die Selbstversenkung durch und ging mit dem Boot unter. Britische Zerstörer der Support Group 14 retteten 38 Mann der 50köpfigen Besatzung.

- *U719* unter dem 26jährigen Klaus-Dietrich Steffens erhielt den Auftrag, im Eingang des Nordkanals zu patrouillieren. Am 26. Juni entdeckten britische Luft- und Überwasserkräfte das Boot und begannen eine intensive Jagd. Westlich von Blönduós auf Island versetzte der von J. H. Pennel geführte britische Zerstörer *Bulldog* dem Boot den Gnadenstoß. Es gab keine Überlebenden.

Den vier Schnorchel-Booten aus Norwegen, die Frankreich schließlich erreichten, gelang dies nicht ohne Schwierigkeiten. Hier ein kurzer Bericht:

- *U480* unter dem 24jährigen Hans-Joachim Förster trat am 10. Juni in Norwegen die Fahrt in die Seinebucht an. Die Außenhülle des Bootes war mit einem Alberich genannten Überzug versehen, der es vor der Ortung durch Sonargeräte schützen sollte. An seinem vierten Seetag, dem 13. Juni, wurde das Boot durch eine von Laurance Sherman geflogene Canso der kanadischen Squadron 162 angegriffen. Die deutschen Flakschützen durchsiebten die Canso und zwangen sie zur Notwasserung. Sherman und zwei weitere Mitglieder der achtköpfigen Crew kamen dabei ums Leben, die anderen konnten sich auf ein aufblasbares Floß retten. Vier der fünf Flieger starben auf dem Floß. Zehn Tage später, am 22. Juni, wurde der einzige Überlebende, J. E. Roberts, von einem norwegischen Walfangschiff gerettet und den Deutschen übergeben. Hans Rösing befahl Förster, seine Fahrt in die Seinebucht abzubrechen und Brest anzulaufen, wo dieser am 6. Juli eintraf. Er lief jedoch erst einen Monat später wieder aus.

• *U671* unter dem 26jährigen Wolfgang Hegewald erreichte am 25. Juni die Seinebucht. In der folgenden Woche jagten und störten feindliche Kriegsschiffe das Boot so stark, daß sie jeden Angriff auf feindliche Schiffe vereitelten, mit Ausnahme eines einzigen Fehlschusses mit einem T-5 auf einen »Zerstörer«. Als das Boot am 2. Juli in 60 Metern Tiefe auf Grund lag, wurde es durch eine Gruppe von »Zerstörern« entdeckt und mit Wasserbomben angegriffen. Hegewald konnte die Kriegsschiffe schließlich abschütteln, doch sein Boot war so stark beschädigt, daß er die Feindfahrt abbrechen mußte. Am 5. Juli traf er mit einer völlig leeren Batterie in Boulogne ein. Da es in dieser Stadt keine B-Boot-Techniker gab, schickte Rösing ein 30köpfiges Technikerteam aus St. Nazaire, um *U671* zu reparieren.

• *U247* unter dem 24jährigen Gerhard Matschulat erhielt den Auftrag, vor der Nordwestküste Schottlands, im nördlichen Eingang des North Minch, zwischen dem Butt of Lewis und Cape Wrath, zu patrouillieren. Im letzten Tageslicht des 5. Juli stieß er etwa 30 Kilometer vor Cape Wrath auf ein halbes Dutzend bewaffneter Fischtrawler. Er schoß drei Torpedos auf die 207 BRT große *Noreen Mary.* Alle waren Versager oder Fehlschüsse – ein frustrierendes Ergebnis, das Matschulat veranlaßte, aufzutauchen und den Trawler mit den Flugabwehrgeschützen zu versenken. Durch den Beschuß wurden sechs der zehn Besatzungsmitglieder des Trawlers einschließlich des Kapitäns John Flockhart getötet. Zwei weitere Männer ertranken. Ein anderer Trawler, die *Lady Madeleine,* rettete die Überlebenden William Pryde, der angeblich 48 Wunden durch Granatsplitter hatte, und James MacAlister mit 14 Wunden. Später beschuldigte MacAlister in einer eidesstattlichen Erklärung Matschulat, er habe auf ihn geschossen, als er sich am Wrack eines Rettungsboots festgehalten habe.[1]

---

[1] Das Affidavit wurde von den Briten in dem Prozeß gegen Dönitz in Nürnberg als ein weiteres Beispiel für das barbarische Verhalten der B-Boote vorgelegt. Dönitz wies den Vorwurf mit der überzeugenden Begründung zurück, daß viele Überlebende, die sich in oder nahe der Schußlinie befanden, wenn auf ihre Fahrzeuge gefeuert wurde, den falschen Eindruck hatten, daß auf sie selbst gefeuert wurde.

Matschulat setzte seine Feindfahrt im North Minch noch eine Woche fort, ohne weitere Erfolge zu erzielen. In seinem Bericht nach der Feindfahrt sagte er aus, daß *U247* weder mit dem Sehrohr noch mit den Horchgeräten irgendwelche Geleitzüge ausgemacht habe. Sein Flottillenchef billigte die Versenkung des Trawlers und lobte Matschulat für seinen Kampfgeist und Mut.

• Das von dem 29jährigen Heinz-Gerd Sauer geführte *U673* patrouillierte als Wetterboot südlich von Island, um seinen experimentellen Brückenumbau VI unter Gefechtsbedingungen zu erproben. Danach befahl ihm die B-Boot-Führung, nach Norwegen zurückzukehren, doch das Boot empfing den Funkspruch nicht und fuhr nach Frankreich. Rösing war überrascht, als das Boot am 21. Juli vor Lorient auftauchte, und befahl Sauer, St. Nazaire anzulaufen. Sauer traf am 23. Juli dort ein und übernahm danach andere Aufgaben.

Elf neue Schnorchel-Boote hatten im Mai und Anfang Juni die überraschenden Luftangriffe der Alliierten vor Norwegen überlebt und waren in den Atlantik gefahren, um die dortige B-Boot-Streitmacht zu verstärken. Sieben waren auf dem Anmarsch verlorengegangen. Etwa 350 B-Boot-Fahrer in diesen Booten kehrten nicht zurück (87 gerieten in Gefangenschaft), genug, um acht große Elektro-Boote zu bemannen. Die anderen vier Boote versenkten erwiesenermaßen zwei Schiffe: die britische Fregatte *Mourne* mit 1370 Tonnen und den Fischtrawler *Noreen Mary* mit 207 Tonnen.

Insgesamt versenkten die Alliierten zwischen dem 3. Juni und dem 8. Juli vierzehn gegen Neptun eingesetzte B-Boote, von denen drei in Frankreich ausgelaufen waren und elf Feindfahrten von Norwegen nach Frankreich machten. Zu diesen vierzehn Booten gehörten auch die vier Schnorchel-Boote *U423, U478, U715* und *U1225,* die, wie unten berichtet, in norwegischen Gewässern verlorengingen. Mit den Booten gingen 600 Besatzungsmitglieder verloren, von denen 105 in Gefangenschaft kamen.[1]

Jagd auf B-Boote vor Norwegen

Die Gruppe Mitte, deren gut 20 Typ-VII-Boote sich in Südnorwegen zum Auslaufen innerhalb von sechs Stunden bereithielten, um eine Invasion der Alliierten in diesem Raum oder in Dänemark zurückzuschlagen, waren am D-Day nicht gerade ein Beispiel für die legendäre deutsche Gründlichkeit. Vielmehr war sie eine inhomogene Behelfstruppe von aus Frankreich zurückgerufenen Booten ohne Schnorchel und anderen, zum Teil noch in der Erprobungsphase befindlichen Typ-

[1] Von *U269, U390, U715, U767* und *U971.*

VII-Booten, die aus Häfen in Südnorwegen und aus Kiel gegen die Alliierten auslief. Am 8. Juni waren erst zehn Boote der Gruppe Mitte wie vorgesehen auf See. Einschließlich der zurückgerufenen Typ-VII-Boote erhöhte sich die Zahl der ausgelaufenen Boote der Gruppe Mitte am 9. auf zwölf und hatte am 11. Juni mit sechzehn den Höhepunkt erreicht. Da die Alliierten keine Anstalten machten, Norwegen oder Dänemark zu erobern, befahl Dönitz am 24. Juni, die auf See befindlichen Boote der Gruppe auf sechs zu reduzieren und die übrigen Boote ins Nordmeer oder in die Ostsee zu transferieren, wo sie gegen die im Osten vorrückenden sowjetischen Kräfte kämpfen sollten.

Während auf den Stränden der Normandie der Bodenkrieg um die Landungsköpfe tobte, setzten die Alliierten ihren intensiven Feldzug gegen die B-Boote in norwegischen Gewässern fort. In den drei Wochen vom 11. Juni bis zum 3. Juli schalteten alliierte Kräfte weitere dreizehn B-Boote aus. Sieben sanken, und sechs mußten vorzeitig nach Norwegen zurückkehren. Eines der letzteren war so schwer beschädigt, daß es abgezogen wurde. Hier kurz die Geschichte der sieben verlorenen Boote:

- Nördlich der Shetlandinseln griff eine von Laurance Sherman geflogene Canso der kanadischen Squadron 162 der 18. Group das neue, schnorchellose VIIC-Boot *U980* unter dem 28jährigen Hermann Dahms an. Das Boot wehrte sich mit schwerem Feuer seiner Flak. Doch Sherman zog seinen Angriff durch und warf vier Wasserbomben, mit denen er das Boot versenkte. Er meldete Trümmer und »etwa 35 Männer« im Wasser. Keiner überlebte. Wie bereits berichtet, wurde Sherman, als er drei Tage später das nach Frankreich fahrende Schnorchel-Boot *U480* angriff, selbst getroffen und stürzte ins Meer, wobei er und weitere sechs Mann der achtköpfigen Besatzung umkamen.
- Eine weitere Canso der auf Island stationierten kanadischen Squadron 162, geflogen von dem Wing Commander Cecil St. George William Chapman, sichtete Sehrohr und Schnorchel des von dem 25jährigen Helmut Röttger geführten neuen *U715*. Chapman zwang das Boot mit vier Wasserbomben zum Auftauchen und tötete danach drei Besatzungsmitglieder an Deck durch Maschinengewehrfeuer. Röttger wehrte sich, indem er die Canso mit seiner 3,7-cm-Flak durchsiebte und zur Notwasserung zwang. Drei Mann der achtköpfigen Crew der Canso kamen um, die anderen fünf wurden nach acht Stunden im Wasser durch ein britisches Luftwaffen-Seenotrettungsboot gerettet. Unter den Überlebenden war auch Chapman, der sofort einen DSO erhielt. Auch J. M. McRae, der zweite Pilot, und drei weitere Crew-Mitglieder erhielten hohe Auszeichnungen.

U715 sank bei dem Gefecht. Britische Seenotrettungsboote nahmen 16 der 45 Besatzungsmitglieder an Bord, aber Röttger war nicht unter ihnen. Die deutschen Überlebenden berichteten beim Verhör, daß er

»während des Fliegerangriffs die Nerven verlor« und »sich erschoß, als das Boot sank«.

- Am 15. Juni versenkte das von T. S. Weston geführte britische B-Boot *Satyr* vor Narvik das ohne Schnorchel ins Nordmeer fahrende *U987* unter Hilmer Karl Schreyer. Der 28jährige Kommandant war unter Günther Krech auf dem höchst erfolgreichen *U558* Obersteuermann gewesen. Weston schoß bei seinem Angriff einen ganzen Bugfächer von sechs Torpedos auf das deutsche Boot. Zwei versagten und detonierten zu früh, aber zwei trafen nach Westons Einschätzung das feindliche Boot. Es gab keine Überlebenden.
- Am 17. Juni versenkte eine von Carl Fredrik Krafft geflogene Catalina der norwegischen Squadron 333 der 18. Group vor Stadtlandet das neue Schnorchel-Boot *U423* unter dem 27jährigen Klaus Hackländer. *U423* war am 9. Juni in Kiel ausgelaufen und auf dem Weg von Norwegen nach Frankreich. Es gab keine Überlebenden.
- Eine weitere Canso der kanadischen Squadron 162, mit dem Piloten David E. Hornell, fand am 24. Juni das von dem 30jährigen Ernst Sauerberg geführte neue IXC/40-Schnorchel-Boot *U1225,* das zu einer Fahrt als Wetterboot auslief. Sauerberg blieb bei Hornells Angriff aufgetaucht und nahm ihn unter schweren Flakbeschuß, durch den der Steuerbordmotor des Flugzeuges abgerissen und eine Tragfläche in Brand gesetzt wurde.

Heroisch brachte Hornell seinen Angriff trotzdem zu Ende, versenkte das Boot mit vier Wasserbomben und stürzte danach ins Meer. Hornell, sein Copilot Bernard C. Denomy und sechs weitere Besatzungsmitglieder drängten sich auf ein einziges Rettungsfloß. Zwei Crew-Mitglieder starben auf dem Floß. Schließlich fanden die von Carl Fredrik Krafft geflogene Catalina der norwegischen Squadron 333 und eine Warwick der britischen Squadron 281 die sechs Überlebenden und führten ein Seenotrettungsboot heran. Hornell starb an Bord des Bootes, aber die anderen fünf Flieger überlebten.

Die Briten verliehen Hornell postum das Victoria Cross, womit erstmals ein kanadischer Flieger und erstmals ein Soldat des Coastal Command diese hohe Auszeichnung erhielt. Der Copilot Denomy erhielt einen DSO, und auch die anderen vier Besatzungsmitglieder erhielten hohe Auszeichnungen. Die norwegischen Flieger berichteten, sie hätten »35 bis 40 Deutsche« von *U1225* im Wasser treiben sehen, aber keiner überlebte.

- Eine von Geoffrey William Tyndall Parker geflogene B-24 der britischen Squadron 86 der 18. Group versenkte am 26. Juni vor Drontheim das ohne Schnorchel fahrende *U317* der Gruppe Mitte. Es wurde von dem 35jährigen Peter Rahlf geführt, der sich auf seiner ersten Feindfahrt befand. Er kam mit der gesamten Besatzung um. Parkers Flugzeug war durch die Flak des Bootes schwer beschädigt, doch er schaffte es, auf einem in der Nähe gelegenen Stützpunkt zu landen, wo das Flugzeug verschrottet wurde.

- Am 30. Juni sichtete eine weitere Canso der kanadischen Squadron 162, mit dem Piloten R. E. McBride (der, wie berichtet, am 3. Juni *U477* versenkt hatte), das Sehrohr des von dem 25jährigen Rudolf Rademacher geführten neuen Schnorchel-Bootes *U478.* McBride kreiste über dem Gebiet, wo das Boot getaucht war, und führte eine Sunderland und zwei B-24 der britischen Squadron 86 heran, um das Boot bis zur Erschöpfung zu jagen. Die Sunderland hatte schon bei der Ankunft nur noch wenig Treibstoff gehabt und mußte bald zurückfliegen, doch als das B-Boot nach drei Stunden auftauchte, kreisten die beiden B-24 und McBrides Canso noch in seiner Nähe.

McBride versuchte trotz schweren Flakfeuers einen Wasserbombenangriff, doch die Wabos klinkten nicht aus. Daraufhin holte er eine der B-24 heran, und sie versenkte das Boot mit sechs Wasserbomben. Es gab keine Überlebenden.

Sechs Boote wurden, wie im folgenden kurz geschildert, zum Abbruch ihrer Feindfahrten gezwungen:

- Das mit einem Schnorchel ausgestattete VIIC-Boot *U290* unter dem 26jährigen Helmut Herglotz wurde am Nachmittag des 14. Juni von einer Mosquito der norwegischen Squadron 333 angegriffen. Das mit Erling U. Johansen und Lauritz Humlen bemannte Flugzeug nahm *U290* mit seiner »Tsetse«-5,7-cm-Kanone unter Beschuß und warf eine einzige Wasserbombe. Herglotz behauptete, er habe ein alliiertes Flugzeug abgeschossen, aber dies konnte nach dem Krieg nicht bestätigt werden. Er mußte mit acht Verwundeten die Fahrt abbrechen und lief Egersund an. Repariert und neu bemannt fuhr das Boot im August in die östliche Ostsee.
- Das neue VIIC-Schnorchel-Boot *U998* unter dem kampferfahrenen, glücklosen 29jährigen Hans Fiedler wurde am Nachmittag des 16. Juni von derselben norwegischen Mosquito mit Johansen und Humlen angegriffen, die bereits *U290* beschädigt hatte. Fiedler hatte von Reinhard Suhren das berühmte VII-Boot *U564* übernommen und es mit einem Fliegerschaden vor Spanien selbstversenken müssen. Nun griff ihn die Mosquito mit der 5,7-cm-Kanone und zwei Wasserbomben an. Fiedler erlitt schwere Schäden, forderte Hilfe an und brach seine Feindfahrt ab. Das schwer beschädigte Boot gelangte mit Müh und Not nach Bergen und wurde außer Dienst gestellt.[1] Fiedler ging nach Frankreich, wo er ein drittes Boot übernahm.
- Das von dem 33jährigen Herbert Meyer geführte neue Schnorchel-Boot des Typs IXC/40, *U804,* befand sich auf dem Anmarsch in ein

[1] Natürlich wurde der Mosquito dafür nach dem Krieg die Zerstörung eines B-Boots angerechnet.

Gebiet, wo es als Wetterboot fungieren sollte. Es versuchte am Abend des 16. Juni Hans Fiedler in dem beschädigten *U998* zu helfen, wurde jedoch von einer mit Jacob M. Jacobsen und Per C. Hansen bemannten Mosquito der norwegischen Squadron 333 angegriffen. Meyer schoß die Mosquito ab, doch auf seinem Boot hatte es acht Leicht- und drei Schwerverwundete gegeben, und er mußte ebenfalls vorzeitig nach Bergen zurückkehren. Ein weiteres der zunächst nach Frankreich geschickten, aber zurückgerufenen Schnorchel-Boote, *U1000* unter dem 32jährigen Willi Müller, rettete Jacobsen und Hansen und kehrte vorzeitig nach Norwegen zurück. Meyer blieb in Norwegen stationiert. Er lief mit *U804* nach Reparaturen am 19. Juni wieder aus und fuhr als Wetterboot in den Atlantik. Wenig später überführte Müller *U1000* in die östliche Ostsee.

Meyers Wettermeldungen in *U804* wurden von Nachrichtendiensten der Alliierten eingepeilt, und die amerikanische Tenth Fleet dirigierte eine auf der Heimfahrt befindliche U-Jagdgruppe mit dem Geleitträger *Wake Island* zur ermittelten Position, um das Boot zu vernichten. Am 2. August sichteten die Geleitzerstörer *Fiske* und *Douglas L. Howard* von der Jagdgruppe das aufgetauchte Boot und griffen an. Meyer tauchte und schoß drei T-5 auf seine Verfolger. Einer traf die *Fiske.* Sie zerbrach in zwei Teile und sank innerhalb von zehn Minuten. Dabei wurden 30 Mann getötet und 50 verwundet. Die *Farquhar,* ein anderer amerikanischer Geleitzerstörer der Gruppe, rettete 186 Besatzungsmitglieder der *Fiske* einschließlich der 50 Verwundeten und eilte mit ihnen nach Argentia.

Meyer setzte seinen Dienst als Wettermelder fort und kehrte nach einer Reise von 111 Tagen wohlbehalten nach Norwegen zurück.

- Das neue, mit einem Schnorchel ausgestattete VIIC-Boot *U743* unter dem 24jährigen Helmut Kandzior wurde auf dem Marsch von Kiel nach Norwegen Ziel eines Fliegerangriffs. Am 20. Juni entdeckte eine B-24 der britischen Squadron 86 der 18. Group mit dem australischen Piloten E. D. Moffit das Boot und beschädigte es durch einen Angriff mit acht Wasserbomben. Bei dem Angriff wurden ein deutscher Schütze getötet und zwei verwundet, so daß Kandzior vorzeitig Bergen anlaufen mußte. Nach der Reparatur fuhr das Boot Ende August wieder in den Atlantik. Moffit und seine Crew verschwanden am 26. Juni bei einem Einsatz mit einer anderen B-24.
- Das neue, mit einem Schnorchel versehene VIIC-Boot *U396* unter dem 25jährigen Ernst-Günther Unterhorst wurde auf dem Weg von Kiel nach Norwegen angegriffen. Am Nachmittag des 28. Juni beschoß und beschädigte eine von J. C. Campbell geflogene Catalina der britischen Squadron 210 das Boot. Wegen eines durch den Luftangriff verursachten Lecks im Schnorchel drang Kohlenmonoxid in das Boot. Es mußte am 1. Juli die Fahrt abbrechen und Bergen an-

laufen, wo es am 3. Juli mit mehreren kranken Besatzungsmitgliedern eintraf. Es lief erst im Oktober wieder aus.

- Das neue IXC/40-Schnorchel-Boot *U865* unter dem 29jährigen Dietrich Stellmacher wurde bei einer Fahrt als Wetterboot im Atlantik beschädigt. Es mußte nach Treffern durch ein nicht identifiziertes Flugzeug am 5. Juli die Fahrt abbrechen und Norwegen anlaufen. Nach Reparaturen lief es am Ende des Monats wieder aus.

Wenn man die im Juni in norwegischen Gewässern ausgeschalteten dreizehn B-Boote (sieben versenkt und sechs zum Abbruch der Feindfahrt gezwungen) zu den im Mai in diesen Gewässern ausgeschalteten zwölf Booten (sieben versenkt, fünf zum Abbruch der Feindfahrt gezwungen) hinzuzählt, erhält man die eindrucksvolle Gesamtbilanz von fünfundzwanzig versenkten und elf zur vorzeitigen Rückkehr gezwungenen Booten. Bei den Versenkungen im Juni wurden weitere 350 deutsche B-Boot-Fahrer gefangen oder getötet, so daß sich die Gesamtverluste an deutschen B-Boot-Fahrern für Mai und Juni auf etwa 700 Mann beliefen. Ein Verlust an ausgebildetem Personal, das ausgereicht hätte, um 14 große Elektro-Boote zu bemannen – ein weiterer Rückschlag für das Elektro-Boot-Programm.

Das Nordmeer

Am Tag der Invasion in der Normandie dienten 32 B-Boote in der Nordmeer-Streitmacht. 17 waren auf See und suchten vergeblich nach Murmansk-Geleitzügen, da die Alliierten diese vorübergehend eingestellt hatten. Die auf See befindlichen Boote waren auf die beiden Kampfgruppen Grimm (zehn Boote) und Trutz (sieben Boote) verteilt. Die anderen Boote lagen in nordnorwegischen Häfen von Drontheim bis Narvik in Bereitschaft oder zur Überholung.

Als Reinhard Suhren, der Führer der B-Boote Nordmeer, die Meldung von der Invasion erhielt, rief er, wie geplant, sieben Boote aus den Gruppen Grimm und Trutz zurück. Sie sollten so schnell wie möglich nach Narvik laufen, dort nachtanken und ihre Vorräte ergänzen und danach in ständiger Alarmbereitschaft bleiben. Die restlichen zehn Boote der Gruppen Grimm und Trutz blieben auf See und bildeten einen Aufklärungsstreifen, der von der Insel Jan Mayen nach Nordosten verlief, eine potentielle alliierte Invasion in Nordnorwegen vereiteln und Murmansk-Konvois angreifen sollte. Dieser Aufklärungsstreifen blieb bis zum 1. Juli (mit wechselnden B-Booten) als neugebildete Gruppe Trutz bestehen.

Als der Erfolg der Neptun-Phase von Overlord feststand, schlug Churchill Roosevelt vor, die Murmansk-Geleitzüge wiederaufzunehmen und Stalin für seine massive Sommeroffensive (Operation

Bagration) ab dem 22. Juni möglichst viel Kriegsmaterial zu liefern. Roosevelt stimmte bereitwillig zu.

Damit stellte sich erneut das Problem, daß die *Tirpitz* für die Murmansk-Geleitzüge eine Gefahr darstellte. Deshalb entwarf der neue Befehlshaber der Home Fleet, Admiral Henry Moore (der Nachfolger von Bruce Fraser), Pläne für einen erneuten Angriff auf die *Tirpitz* Mitte Juli. Zu diesem Zweck lief in Scapa Flow eine Flotte von Kriegsschiffen mit dem Schlachtschiff *Duke of York,* drei Flottenflugzeugträgern (der *Formidable,* der *Furious* und der neuen *Indefatigable*), vier Kreuzern und zwölf Zerstörern aus. Barracuda-Maschinen der Flugzeugträger versuchten am 17. Juli zweimal, die *Tirpitz* anzugreifen, aber beide Angriffsversuche scheiterten, der erste durch eine Rauchwand und der zweite durch Nebel.

Die Flottenoperationen im Juli wurden von Flugzeugen der 18. Group des Coastal Command unterstützt. Sie schalteten zehn weitere B-Boote aus; vier wurden versenkt und sechs wurden zum Abbruch ihres Einsatzes gezwungen. Aufgrund dieser weiteren Verluste löste die B-Boot-Führung den auf See befindlichen Teil der Gruppe Mitte auf und rief die betroffenen Boote in verschiedene Häfen zurück. Hier kurz das Schicksal der versenkten Boote:

- Eine von D. W. Thynne geflogene B-24 der britischen Squadron 206 versenkte am 15. Juli in der Nordsee das Boot *U319* der Gruppe Mitte unter dem 33jährigen Johannes Clemens. Es gab keine Überlebenden. Offensichtlich wurde die B-24 während des Angriffs von dem B-Boot abgeschossen. Denn am 16. Juli barg ein britisches Seenotrettungsboot in der Nähe der Versenkungsstelle die Leiche eines Crew-Mitglieds der B-24 aus einem Schlauchboot.
- Am 17. Juli griff eine von John A. Cruickshank geflogene Catalina der britischen Squadron 210 vor Narvik das von dem 26jährigen Hans Seidel geführte Nordmeer-Boot *U361* an. Die Wasserbomben der Catalina klinkten erst beim zweiten Anflug aus und versenkten das Boot. Doch die Catalina wurde bei ihrem zweiten Angriff von der Flak des Bootes durchsiebt. Der Navigator des Flugzeugs starb, und Cruickshank wurde schwer verwundet und in eine Koje gelegt. Noch drei weitere Besatzungsmitglieder wurden ernsthaft verwundet, darunter auch der Copilot Jack Garnett, der trotzdem an den Instrumenten blieb und die Maschine zusammen mit S. I. Fiddler flog, einem dritten Piloten, der sich auf seinem ersten Gefechtseinsatz befand.

Als sich das Flugzeug seinem Stützpunkt näherte, ließ sich Cruickshank ins Cockpit tragen und half bei der Landung. Er und Garnett landeten das beschädigte Flugzeug auf dem Wasser und setzten es auf den Strand. Nach der Landung erlag Cruickshank am Steuerknüppel seinen Wunden. Für seine heroische Leistung erhielt er postum das Victoria Cross, das zweite und letzte Victoria Cross, das während des Krieges an ein Mitglied des Coastal Command verliehen wurde.

• Eine von Michael George Moseley geflogene B-24 der britischen Squadron 86 versenkte das neu eingetroffene Nordmeer-Boot *U347* unter dem 32jährigen Johann de Buhr. Obwohl die B-24 von der Flak des Bootes getroffen wurde, kreiste Moseley noch 90 Minuten lang über dem Gebiet und meldete »Trümmer« und »mindestens sechs Überlebende« an der Wasseroberfläche. Keiner wurde gerettet.
• Im selben Gebiet vor Narvik versenkte am 18. Juli eine von Ronald William George Vaughan geflogene Catalina der britischen Squadron 210 das neue Nordmeer-Boot *U742* unter dem 28jährigen Heinz Schwassmann. Die Geschützbedienung des Bootes hatte die Catalina beim Anflug mit der Flak durchsiebt, zwei Crew-Mitglieder verwundet und Öl- und Benzintanks durchlöchert, so daß Vaughan den Einsatz abbrechen und einen Motor abstellen mußte. Er machte eine Notwasserung in freundlichen Gewässern und setzte die Maschine auf den Strand. Zuvor hatte er »35 bis 40« im Wasser treibende Überlebende gemeldet. Aber keiner wurde gerettet.

Wie erwähnt, wurden in den letzten zwei Juliwochen sechs B-Boote in norwegischen Gewässern durch Flugzeuge der 18. Group des Coastal Command beschädigt. Hier eine kurze Schilderung der Ereignisse:
• Eine von W. F. J. Harwood geflogene B-24 der britischen Squadron 86 beschädigte am 19. Juli vor Narvik das neu eingetroffene Nordmeer-Boot *U968* unter dem 24jährigen Otto Westphalen. Westphalen war, wie berichtet, in dem Hochverratsprozeß gegen Oskar Kusch einer der Sachverständigen der Anklage gewesen, hatte sich jedoch gegen ein Todesurteil ausgesprochen und sich für eine eingeschränkte Form der Begnadigung eingesetzt. Durch den Fliegerangriff gab es auf seinem Boot einen Toten und sechs Verwundete, und er fuhr vorzeitig nach Narvik zurück, um das Boot zu reparieren und die Männer zu ersetzen.
• Eine von R. C. Penning geflogene B-24 der britischen Squadron 59 flog am 19. Juli vor Hammerfest einen Angriff auf das von Hans Dunkelberg geführte Nordmeer-Boot *U716*. Das Boot wurde durch acht Wasserbomben schwer beschädigt und fuhr zur Reparatur nach Hammerfest.
• Am 19. Juli beschädigte eine von Bredo Thurmann-Nielsen geflogene Sunderland der norwegischen Squadron 330 vor Narvik das von Rudolf Büchler geführte Nordmeer-Boot *U387*. Es brach die Feindfahrt ab und fuhr zur Reparatur nach Drontheim.
• Am 20. Juli flog eine von Rolf Leithe geflogene Mosquito der norwegischen Squadron 333 vor Bergen einen Angriff auf das neue, mit einem Schnorchel ausgestattete IXD/2-Fern-B-Boot *U863* unter Dietrich von der Esch, der gerade mit einem Transportauftrag in den Fernen Osten ausgelaufen war. Leithe nahm das Boot mit seiner 5,7-cm-»Tsetse«-Kanone und seinen Maschinengewehren unter Beschuß und warf zwei Wasserbomben. Von der Esch mußte mit dem beschädigten

Boot zur Reparatur nach Bergen zurückkehren und konnte erst am 26. Juli wieder auslaufen, um über Brasilien in den Fernen Osten zu fahren.

• Zwei Mosquitos der norwegischen Squadron 333 fanden am 25. Juli vor Christiansand das mit einem Schnorchel ausgestattete VIIC-Boot *U244* unter dem 27jährigen Ruprecht Fischer, der zur Aufklärung und Wetterberichterstattung nach Island unterwegs war. Die Piloten Sigmund Breck und J. A. Stiff nahmen das Boot mit ihren 5,7-cm-Kanonen unter Feuer, töteten einen Deutschen und verwundeten acht weitere. Fischer lief nach Christiansand, um das Boot zu reparieren und neue Männer an Bord zu nehmen. Er lief erst am 23. August wieder aus. Der Pilot Breck wurde im Dezember 1944 getötet.

• Eine von G. G. Gates geflogene B-24 der britischen Squadron 86 beschädigte am 27. Juli vor Drontheim das mit einem Schnorchel ausgestattete neue IXC-Boot *U865* unter dem 29jährigen Dietrich Stellmacher. Das Boot antwortete mit schwerer Flak, schoß zwei Motoren der B-24 in Brand und richtete weitere Schäden an. Doch Gates konnte das Feuer löschen und erreichte seinen Stützpunkt. Stellmacher kehrte zur Reparatur nach Drontheim zurück. Anfang August lief er zweimal wieder aus, mußte jedoch jedesmal die Fahrt abbrechen. Nach seinem letzten Auslaufen am 8. September wurde er, wie unten berichtet, nach zwölf Seetagen versenkt.

Das Coastal Command hatte guten Grund, stolz zu sein. Innerhalb von 77 Tagen im Mai, Juni und Juli hatte es in norwegischen Gewässern 37 B-Boote ausgeschaltet, davon 17 versenkt und 20 zum Abbruch der Feindfahrt gezwungen. Zwei weitere Boote *(U289* und *U987)* waren von dem britischen Zerstörer *Milne* und dem B-Boot *Satyr* versenkt worden, was die Gesamtzahl der versenkten Boote auf 19 erhöhte. Diese Erfolge der Alliierten gefährdeten und störten die B-Boot-Operationen in diesem Seegebiet noch mehr und verhinderten natürlich den Transfer vieler B-Boote in den Ärmelkanal, wo sie gegen die Operation Neptun hätten eingesetzt werden sollen.

Am 15. August lief JW 59, der erste Konvoi in einer neuen Serie von Murmansk-Geleitzügen, mit 33 Schiffen in Loch Ewe aus.[1]

Weil die deutsche Luftwaffe die vielen Stunden mit Tageslicht vielleicht für Angriffe nutzen würde und weil mit Sicherheit B-Boot-Angriffe zu erwarten waren, stattete der Befehlshaber der Home Fleet, Henry Moore, den Geleitzug mit einer massiven britischen Nahsicherung aus. Sie bestand aus den Geleitträgern *Vindex* und *Striker,*

---

1 Siehe dazu Rohwer, »Geleitzugschlacht im Eismeer. Die Operationen gegen den Konvoi JW 59«, in: *Marine-Rundschau* 51 (1954), S. 183–199.

dem Kreuzer *Jamaica,* sieben Zerstörern, vier Sloops, zwei Fregatten und fünf Korvetten.[1]

Um sicherzustellen, daß die *Tirpitz* gegen diesen Geleitzug nicht auslaufen konnte, führte Moore Mitte August einen weiteren Luftschlag gegen das Schiff. Der dabei eingesetzte Verband bestand aus dem Schlachtschiff *Duke of York,* den drei Flottenflugzeugträgern *Formidable, Furious* und *Indefatigable,* dem kanadischen Geleitträger *Nabob* und dem britischen Geleitträger *Trumpeter* sowie drei Kreuzern, vierzehn Zerstörern und mehreren Fregatten. Zwei Flottentanker fuhren, eskortiert von vier Korvetten, als Unterstützung getrennt von dem Verband.

Am 22. August, als JW 59 bereits im Nordmeer war, befahl Moore den Angriff auf die *Tirpitz.* Wieder wurden die Flugzeuge jedoch von dichtem Nebel behindert, und wieder scheiterte der Angriff. Moores Kampfverband zog sich nach Westen zurück, um nachzutanken, und plante einen zweiten Angriff für den 23. oder 24. August, falls das Wetter es zuließ.

Ebenfalls am 22. August lief das kampferprobte Nordmeer-Boot *U354* unter Hans-Jürgen Sthamer in Narvik aus und stieß auf einen Teil von Moores Verband. Sthamer schoß schnell einen FAT-Fächer und einen T-5, dann tauchte er. Ein FAT traf und zerstörte den kanadischen Geleitträger *Nabob,* und der T-5 sprengte der britischen Fregatte *Bickerton* das Heck weg. Sthamer hätte für diese Erfolge sicher das Ritterkreuz erhalten, doch er sollte nicht lange genug leben, um seinen Kurzbericht abzusetzen.

Inzwischen war ein halbes Dutzend weiterer B-Boote an den Geleitzug JW 59 herangekommen. Als erster Kommandant kam Ulrich Pietsch mit *U344* zum Schuß. Er machte einen FAT-Fächer los und meldete die Versenkung eines britischen Leichten Zerstörers der Dido-Klasse mit 5500 Tonnen. Tatsächlich traf und versenkte er jedoch die Sloop *Kite,* die einst zu Walkers berühmter Support Group 2 gehört hatte. Andere britische Kriegsschiffe konnten nur sechs Mitglieder der tapferen 200köpfigen Besatzung der *Kite* retten.

Pietsch setzte die Verfolgung von JW 59 fort, wurde jedoch am 24. August durch eine von G. Bennett geflogene Swordfish der *Vindex* gesichtet und mit seiner gesamten Besatzung versenkt. Sthamer eilte mit

---

[1] Die Kriegsschiffe, die die Briten als Ersatz für den sowjetischen Anteil an der italienischen Flotte an Stalin schickten, fuhren mit sowjetischen Besatzungen zusammen mit JW 59: das kurz zuvor in den USA modernisierte britische Schlachtschiff *Royal Sovereign (Archangelsk)* und acht Zerstörer, allesamt ehemals amerikanische Glattdecker, die 1940/41 an die Royal Navy überstellt worden waren. (Siehe Band I, Anhang 9, S. 741–745.) Ein neunter, ehemals amerikanischer Glattdecker fuhr mit JW 60. Die Briten übergaben den Sowjets außerdem vier B-Boote: *Sunfish, Unbroken, Unison* und *Ursula.* Die *V-1* (ex-*Sunfish*) wurde irrtümlich durch eine B-24 der Squadron 86 am 27. Juli versenkt.

U354 nach der Zerstörung der *Nabob* und der *Bickerton* weiter nach Norden, um sich an dem Angriff auf JW 59 zu beteiligen, wurde jedoch durch vier Sicherungsschiffe des Geleitzugs gestellt und unter Verlust der gesamten Besatzung versenkt. Die Admiralität rechnete die Versenkung von *U354* dem Zerstörer *Keppel,* den Sloops *Mermaid* und *Peacock* und der Fregatte *Loch Dunvagen* an.[1]

Von mehreren Nordmeer-Booten, die den Geleitzug JW 59 angriffen, schien keines erfolgreicher zu sein als *U711* unter Hans-Günther Lange. Er meldete die Torpedierung und Beschädigung des mit dem Geleitzug fahrenden russischen Schlachtschiffs, die Versenkung eines sowjetischen Zerstörers, die Beschädigung eines sowjetischen B-Boots und die Versenkung eines britischen Zerstörers. Die B-Boot-Führung nahm Langes Meldungen für bare Münze und verlieh ihm noch auf See am 26. August das Ritterkreuz. Durch die alliierten Unterlagen wird jedoch keine der gemeldeten Versenkungen bestätigt.

Der Flottenverband des Befehlshabers der Home Fleet, Moore, unternahm am 24. und 29. August weitere Angriffe auf die *Tirpitz*. Die panzerbrechende 720-Kilogramm-Bombe einer Barracuda-Maschine durchschlug acht Decks des Schlachtschiffs, detonierte jedoch nicht. Ansonsten erlitt die *Tirpitz* keinen Schaden, und Moore zog seinen Kampfverband deprimiert nach Scapa Flow zurück. Danach erteilte London dem Bomber Command der RAF den Auftrag zur Zerstörung der *Tirpitz*. Eine Spezialeinheit von 27 schweren viermotorigen Lancaster-Bombern, von denen jeder eine der »Tallboy« genannten 5400-Kilogramm-Bombe an Bord hatte, griff die *Tirpitz* am 15. September an. Eine der superschweren Bomben traf den vorderen Teil des Schlachtschiffs, und dieser wurde geflutet, was das Ende der *Tirpitz* als einsatzbereites Kriegsschiff bedeutete. Am 19. Oktober griffen die Lancasters erneut an, richteten jedoch keinen Schaden mehr an. Bei einem letzten Angriff am 12. November erzielten die Lancaster-Maschinen jedoch zwei oder drei direkte Treffer mit Tallboy-Bomben, und das große Schiff kenterte. Dabei kamen 950 Mitglieder der Besatzung von 1630 Mann ums Leben.

Der Geleitzug JW 59 erreichte die Kola-Mündung am 28. August, ohne ein einziges Handelsschiff zu verlieren. Am selben Tag verließ der zurückfahrende Geleitzug RA 59A mit neun Handelsschiffen, bewacht von der schweren Sicherung von JW 59, die Kola-Mündung. Die Nordmeer-Boote versuchten, auch diese Formation anzugreifen, hatten jedoch alle keinen Erfolg. Am 2. September versenkte eine Swordfish der *Vindex* in Kooperation mit den kampferprobten Zerstörern *Keppel* und *Whitehall*

[1] Das Nordmeer-Boot *U362* wurde am 5. 9. 44 nordostwärts der Insel Krakowa durch Wasserbomben des sowjetischen Minensuchers *T-116* versenkt.

und den Sloops *Mermaid* und *Peacock* das neue *U394* unter Wolfgang Borger. Es gab keine Überlebenden.

Der folgende Murmansk-Geleitzug, JW 60 mit 30 Handelsschiffen, lief am 15. September von Loch Ewe aus. Zu seiner Nahsicherung gehörten die britischen Geleitträger *Striker* und *Campania.* Der Geleitzug erreichte die Kola-Mündung am 23. September ohne Verluste. Am 23. September übernahm ein Teil seiner Eskorte die Siche- rung des zurückkehrenden Konvois RA 60. Dieser Geleitzug überlief zufällig das von Wolfgang Ley geführte Nordmeer-Boot *U310.* Es meldete den Konvoi und versenkte das leere amerikanische Liberty-Schiff *Edward H. Crockett* mit 7176 BRTund das leere britische Liberty-Schiff *Samsuva* mit 7219 BRT. Fast gleichzeitig wurde angeblich das von Alfred Werner geführte *U921,* das auf Leys Kontaktmeldung reagiert hatte, von einer Swordfish der *Campania* mit seiner gesamten Besatzung versenkt. In einer kürzlichen Neubewertung führte die Admiralität den Verlust von *U921* jedoch auf unbekannte Ursachen zurück.

Das nächste Paar von Murmansk-Geleitzügen kam mit Ausnahme eines beschädigten Schiffes ohne Verluste durch. Der Geleitzug JW 61 (30 Handelsschiffe) verließ Loch Ewe am 20. Oktober, stark gesichert unter anderem durch die britischen Geleitträger *Nairana, Tracker* und *Vindex.* Die Nordmeer-B-Boote griffen den Geleitzug am 26. und 27. Oktober an und meldeten einen durch T-5 versenkten und vier durch T-5 beschädigte »Zerstörer«. Es wurden jedoch keine Treffer bestätigt, und am 28. Oktober traf der Geleitzug unversehrt in der Kola-Mündung ein. Der zurückkehrende Geleitzug RA 61 (mit 33 Handelsschiffen) lief am 2. November aus. Das von Günter Wieboldt geführte Nordmeer-Boot *U295* torpedierte und beschädigte die britische Fregatte *Mounsey* mit einem T-5. Die Fregatte kehrte zur Kola-Mündung zurück. Der Rest des Geleitzugs erreichte Loch Ewe am 9. November ohne Verluste.

Um die Nordmeer-Boote mit T-5, FAT und anderen Waffen zu versorgen, pendelten die VIIF-Torpedo-Transport-B-Boote *U1060* und *U1061* zwischen Norwegen und Deutschland hin und her. Am 19. Oktober stieß das einlaufende Nordmeer-Boot *U957* unter dem frischgebackenen Ritterkreuzträger Gerd Schaar[1] mit einem deutschen Frachter zusammen und mußte in Narvik außer Dienst gestellt werden. Da das von Herbert Brammer geführte *U1060* gerade in Narvik lag, nahm es Schaar und die Crew von *U957* an Bord, um sie nach Deutschland zurückzubringen.

Auf seiner Fahrt nach Süden wurden *U1060* und der eskortierende Minensucher am 27. Oktober von einem Schwarm Flugzeugen des neuen

[1] Für vergangene Meldungen und Erfolge und für eine Feindfahrt in die Karasee, wo er zwei kleine sowjetische Schiffe versenkt und eine sowjetische Wetterstation auf der Insel Sterligowa zerstört hatte.

britischen Flottenflugzeugträgers *Implacable* angegriffen. Der Minensucher wurde durch eine Bombe versenkt. Eine andere fiel genau durch das Turmluk von *U1060*. Sie tötete den Kommandanten Brammer und elf weitere Crew-Mitglieder und verursachte so viel Schaden, daß das Boot bei Fleina auf den Strand gesetzt werden mußte. Wie die B-Boot-Führung vermerkte, wurden von den insgesamt 144 Männern an Bord des Bootes 71 gerettet – darunter auch Schaar und 27 seiner Crew-Mitglieder –, während 61 Männer beider Besatzungen vermißt wurden.

Das Coastal Command war über die leichte Beute bei Fleina informiert und entsandte am 4. November Flugzeuge, um sie zu zerstören. Zwei von F. Pavelka und A. Sedivý geflogene B-24 der tschechoslowakischen Squadron 311 der 18. Group und zwei von W. G. Powell und H. H. C. Holderness geflogene Halifax-Maschinen der britischen Squadron 502 gaben *U1060* den Rest.

Etwa um dieselbe Zeit wurde vor Bergen auch *U1061*, das von Otto Hinrichs geführte zweite VIIF-Torpedo-Transport-B-Boot, von alliierten Flugzeugen der 18. Group außer Gefecht gesetzt. In der Nacht des 30. Oktober flogen eine von J. E. Neelin geflogene, mit Leigh Light ausgerüstete Wellington der kanadischen Squadron 407 und eine B-24 der britischen Squadron 224 unter dem Piloten W. S. Blackden Angriffe gegen *U1061*. Das Boot wurde durch Wasserbomben schwer beschädigt, schaffte es jedoch, nach Malöy zu schleichen. Laut Kriegstagebuch der B-Boot-Führung sollte versucht werden, das Boot zu reparieren, weil es besonders wertvoll war.

Im Juli von Frankreich auslaufende Boote

Die Landstreitkräfte von Overlord hatten ihren Brückenkopf im Juni ausgebaut, jedoch wegen des erbitterten Widerstands der Deutschen in der *bocage,* dem von Hecken durchzogenen Hinterland der Küste, nicht wie geplant »ausbrechen« können. Durch diesen intensiven Bodenkrieg und die unaufhörlichen alliierten Luftangriffe auf französische Bahnlinien, Straßen und Brücken wurde die logistische Verbindung zwischen Deutschland und den B-Boot-Stützpunkten an der französischen Atlantikküste schwer beeinträchtigt.

Unterdessen waren die restlichen B-Boote der in Frankreich stationierten Abwehrgruppe Landwirt nicht in der Lage, den massiven Strom von alliierten Truppen und alliiertem Kriegsmaterial über den Kanal wesentlich zu behindern. Aufgrund der Effektivität der alliierten ASW-Kräfte über Wasser und in der Luft – insbesondere der Flugzeuge des Coastal Command – waren selbst die Schnorchel-Boote des »Vernichtungsschlags« zum Scheitern verurteilt.

Die Erfahrungen im Juni hatten erneut gezeigt, daß B-Boote gegen abwehrbereite Invasionskräfte keine Chance hatten. Die Feindfahrten der B-Boote von den französischen Stützpunkten aus waren, wie der Kommandant von *U415* Herbert Werner schrieb, tatsächlich »Selbstmordkommandos« ohne Aussicht auf Erfolg, trotz aller Ermahnungen von Dönitz und Godt. Außerdem konnten die hohen Verluste an ausgebildeten B-Boot-Fahrern, die die neuen Elektro-Boote bemannen konnten, nicht mehr länger hingenommen werden.

Doch die B-Boot-Waffe konnte unter den gegebenen Umständen auch nicht einfach aufgeben. Trotz der Verluste mußten so lange wie möglich Anstrengungen gemacht werden, den Bodentruppen zu helfen. Werners Einschätzung zum Trotz gab es viele B-Boot-Kommandanten und Besatzungen, die um die Erlaubnis baten, gegen die Alliierten auszulaufen.

Die Produktion von »Kleinkampfmitteln« (bemannte Torpedoträger und Kleinst-U-Boote, mit Sprengstoff gefüllte Motorboote usw.) hatte sich stark verzögert.

Die wichtigsten dieser Fahrzeuge, die Kleinst-B-Boote *Biber* und *Molch,* waren am D-Day noch lange nicht einsatzbereit. Die Deutschen ließen jedoch in den Nächten vom 5. auf den 6., vom 7. auf den 8., vom 20. auf den 21. Juli, vom 3. auf den 4. August und vielleicht auch noch in weiteren Nächten in Villers-sur-Mer, einem Hafen an der französischen Kanalküste, Torpedoträger der Typen *Neger* und *Marder* gegen die Seestreitkräfte der Operation Overlord auslaufen. Diese Operationen führten zum Totalverlust des mit Polen bemannten alten britischen Leichten Kreuzers *Dragon,* zur Versenkung der britischen Zerstörer *Isis* und *Quorn,* der britischen Minensucher *Cato, Magic* und *Pylades,* der britischen ASW-Trawler *Gairsay* und *Colsay* und des 800 Tonnen großen britischen Hilfsschiffs *Fratton*. Die Verluste an *Negern* und *Mardern* waren sehr hoch.[1]
Der Führer der B-Boote West, Hans-Rudolf Rösing, ließ im Monat Juni elf in Frankreich stationierte B-Boote zur Bekämpfung der alliierten Landungskräfte auslaufen, zehn Schnorchel-Boote und das nicht mit einem Schnorchel ausgerüstete *U333*. Eines der Schnorchel-Boote, das VIID-Boot *U214,* sollte diesmal vor der englischen Südküste ein zweites Minenfeld legen. Auch diese Feindfahrten verliefen katastrophal: Sieben der elf B-Boote gingen verloren; zwei wurden zum Abbruch der Feindfahrt gezwungen und mußten französische Häfen im Ärmelkanal anlaufen[2]. Hier kurz die Geschichte dieser Einsätze:

- Das Schnorchel-Boot *U741* unter Gerhard Palmgren kehrte, als sein Auftrag, Munition nach Cherbourg zu bringen, aufgehoben wurde, nach Brest

---

[1] Ein genauer Bericht über die Erfolge der deutschen Sprengboote und Kleinst-B-Boote und ihre Verluste würde den Rahmen dieses Buches sprengen.

[2] *U275, U741.*

zurück. Es lief am 5. Juli wieder aus und nahm Kurs auf die Seinebucht. Einige Stunden nach dem Auslaufen wurden das Boot und seine Eskorten von drei alliierten »Zerstörern« angegriffen. Palmgren entkam durch Alarmtauchen, doch sein vorderes Sehrohr war durch Beschuß beschädigt. Trotzdem setzte er seine Fahrt in das alliierte Landungsgebiet fort und fuhr dicht an der englischen Südküste entlang, wo die ASW-Maßnahmen, wie er meldete, nicht so intensiv waren. Am 12. Juli, als das Boot in einer Tiefe von 40 Metern mit den E-Maschinen fuhr, verfing sich das Gerät eines alliierten Minensuchers in den Deckaufbauten des Bootes und riß die vorderen und die hinteren Funkantennenkabel ab, wobei sich eines in der Backbordschraube des Bootes verfing. Palmgren tauchte in der Nacht auf und entfernte das Kabel, doch als er später schnorchelte, um die Batterien aufzuladen, wurde das Boot von einem alliierten Schiff gerammt, und der Schnorchel und das Hauptsehrohr wurden schwer beschädigt.

Palmgren brach die Fahrt ab und nahm Kurs auf Le Havre, wo sein Vater bei den Minensuchern diente. Als Rösing davon erfuhr, funkte er Palmgren, daß alliierte Luftstreitkräfte die Hafenanlagen von Le Havre beschädigt hätten und die Gefahr weiterer Luftangriffe bestehe, weshalb Palmgren Brest anlaufen solle. Doch der Funkspruch erreichte Palmgren nicht mehr rechtzeitig, und er lief am 15. Juni in Le Havre ein.

• Das Schnorchel-Boot *U212* unter Helmut Vogler brach ebenfalls einen Munitionstransport nach Cherbourg ab und kehrte nach Brest zurück. Dort lief es am 5. Juli zusammen mit Palmgrens *U741* wieder aus, um in das alliierte Landungsgebiet zu fahren. Bei dem Angriff der britischen »Zerstörer« auf die beiden B-Boote und ihre Geleitschiffe entging auch *U212* der Zerstörung.[1] Danach gab es jedoch kei-

[1] Wegen dieses Angriffs so nahe am Stützpunkt ließ Rösing im Juli einige der in Brest verbliebenen, nicht mit einem Schnorchel ausgerüsteten Boote auslaufen, um die Zufahrten zu dem Stützpunkt für die ein- und auslaufenden Schnorchel-Boote zu schützen. *U92* und *U989* (Gruppe Räuber) liefen am 6. Juli als erste Boote mit diesem defensiven Auftrag aus. Sie kehrten 72 Stunden später wieder nach Brest zurück und wurden am 11. Juli durch die Boote *U415* und *U963* (Gruppe Pirat) ersetzt. Etwa ein Dutzend alliierte Kampfbomber griffen die Boote an, ohne Schaden anzurichten. Nach vergeblichen Versuchen, die Boote mittels landgestütztem Radar zu feindlichen Kriegsschiffen zu lenken, wurden sie zurückgerufen. Bei einem zweiten Auslaufen am 13. Juli lief das von Herbert Werner geführte *U415* in den frühen Morgenstunden des folgenden Tages auf eine britische Mine und wurde irreparabel beschädigt. *U963* und *U993* (Gruppe Filibuster) liefen am 17. Juli aus und kehrten innerhalb von 48 Stunden wieder zurück. *U260* und *U608* (Gruppe Marder) liefen am 22. Juli aus und am folgenden Tag in Lorient ein. Bei den neun defensiven Einsätzen war kein Kommandant auf ein Ziel gestoßen, das einen Torpedo wert gewesen wäre. In den letzten Julitagen fuhren *U618* und *U766* zu defensiven Einsätzen nach Brest, doch diese wurden abgeblasen.

ne Nachricht mehr von dem Boot. Vermutlich traf es um den 13. Juli im Landungsgebiet ein. Nach alliierter Einschätzung wurde das Boot am 21. Juli vor Beachy Head an der Südküste Englands in einer gemeinsamen Aktion der britischen Fregatten *Curzon* und *Ekins* mit Hedgehogs und Wasserbomben versenkt. Es gab keine Überlebenden.

• Das frisch mit einem Schnorchel ausgerüstete *U672* unter dem 27jährigen Ulf Lawaetz lief am 6. Juli von St. Nazaire mit Kurs auf die Seinebucht aus. Als sich das Boot eine Woche später, am 13. Juli, dem Eingang des Kanals näherte, entdeckte ein alliiertes Flugzeug das getauchte B-Boot und warf vier Wasserbomben. Sie verfehlten das Boot und verursachten keinen Schaden, doch das Flugzeug rief alliierte Überwasserkräfte herbei. Am Nachmittag sichtete Lawaetz eine feindliche Einheit von Kriegsschiffen, die er für eine U-Jagdgruppe mit vier »Zerstörern« und einem »Leichten Kreuzer« hielt. Tapfer setzte er sich mit je einem T-5 auf den »Leichten Kreuzer und einen der »Zerstörer« zur Wehr, doch beide Torpedos waren Fehlschüsse oder Versager.

Als Lawaetz dieses Gefecht und seine Position meldete, befahl ihm Rösing, vor der Isle of Wight zu operieren. Lawaetz erreichte das Gebiet am 18. Juli und legte *U672* auf den Grund. Noch am selben Nachmittag wurde das Boot von der britischen Fregatte *Balfour* entdeckt und mit dem Hedgehog angegriffen. Durch den gutgezielten Beschuß wurde das Boot beschädigt, und es kam zu Wassereinbrüchen.

Lawaetz erkannte bald, daß die Lage hoffnungslos war, und befahl in den frühen Stunden des 19. Juli, aufzutauchen und die Selbstversenkung vorzubereiten. Nachdem die Besatzung die Geheimpapiere und die Enigma-Maschine vernichtet und das Boot in mehreren Schlauchbooten verlassen hatte, leiteten Lawaetz und sein Leitender Ingenieur Georg Käseberg die Selbstversenkung ein und verließen das Boot als letzte. Zwölf Stunden nach dem Untergang von *U672* sichteten zwei britische Spitfires die Überlebenden auf dem Wasser. Daraufhin liefen in Dartmouth Seenotrettungsboote und Patrouillenboote aus und retteten die gesamte 52köpfige Besatzung.

• Das Schnorchel-Boot *U309* unter Hans-Gert Mahrholz lief in Brest am 13. Juli zum zweiten Mal Richtung Seinebucht aus. Es erreichte das alliierte Landungsgebiet und griff zwei Geleitzüge an. Beim Angriff auf den ersten, am 20. Juli, meldete es einen Treffer auf einem Frachter mit 6800 BRT. Beim Angriff auf den zweiten, am 24. Juli, meldete es die Versenkung zweier Frachter mit insgesamt 14000 BRT. In den alliierten Unterlagen ist nur die Beschädigung des 7000 BRT großen britischen Frachters *Samneva* aus dem zweiten Geleitzug verzeichnet. Mahrholz kehrte am 2. August nach Brest zurück, lief jedoch wegen der dort herrschenden chaotischen Zustände und eines Mangels an Liegeplätzen am 7. August wieder aus und nahm Kurs auf La Pallice.

- Das mit einem Schnorchel ausgerüstete (frühere Flak-Boot) *U621* unter Hermann Stuckmann, der auf seiner ersten Feindfahrt *LST 280* versenkt hatte, brach am 15. Juli in Brest zum zweiten Mal in die Seinebucht auf und erreichte das alliierte Landungsgebiet am 23. Juli. Zwei Tage später fand es einen Geleitzug und schoß zwei Torpedos. Einer detonierte zu früh, der andere ging fehl. Am folgenden Tag versagte Stuckmanns Schnorchel. Viele Besatzungsmitglieder mußten wegen Vergiftungserscheinungen in die Kojen, und das Boot wurde teilweise geflutet.

Stuckmann reparierte den Schaden auf See und griff zwei weitere Geleitzüge an. Aus dem ersten meldete er die Versenkung zweier Frachter mit insgesamt 10 000 BRT in der Nacht vom 29. auf den 30. Juli. Durch die alliierten Unterlagen wird die Versenkung des britischen Infanterielandungsschiffs (LSI) *Prince Leopold* mit 2938 Tonnen und die Beschädigung des britischen Truppentransporters *Ascanius* mit 10 048 Tonnen bestätigt. Aus dem zweiten Geleitzug meldete Stuckmann die Versenkung zweier Frachter mit 13 000 BRT und einen Fehlschuß mit einem T-5 auf einen »Zerstörer«. Diese Versenkungen sind in den alliierten Unterlagen nicht zu verifizieren.

Stuckmann verließ das Landungsgebiet am 3. August und erreichte Brest acht Tage später. Für seine Feindfahrt wurde ihm großzügig die Versenkung von fünf Frachtern mit 32 000 Tonnen angerechnet, und er erhielt das dritte Ritterkreuz, das einem gegen die Operation Neptun eingesetzten B-Boot-Kommandanten verliehen wurde. Die bestätigte Versenkungsbilanz für seine beiden Feindfahrten in das alliierte Landungsgebiet belief sich auf zwei versenkte Schiffe *(LST 280* und das LSI *Prince Leopold)* und auf ein beschädigtes Schiff (den Truppentransporter *Ascanius*).

- Das Schnorchel-Boot *U275* lief am 16. Juli unter dem neuen 23jährigen Kommandanten Helmut Wehrkamp in Brest aus, um in den Gewässern vor Plymouth zu patrouillieren. Am 22. Juli, als Wehrkamp auf Sehrohrtiefe ging, um mittels des Eddystone-Leuchtturms seine Position zu bestimmen, wurde er von einem Flugzeug gesichtet, das eine britische U-Jagdgruppe alarmierte. Die Gruppe jagte Wehrkamp sieben Stunden lang, doch er entkam.

Weil er entdeckt worden war, verließ Wehrkamp das Gebiet vor Plymouth und fuhr in die Seinebucht. Fast unmittelbar nach seiner Ankunft im Landungsgebiet wurde er von einer U-Jagdgruppe geortet und acht Stunden lang gejagt und mit Wasserbomben belegt. Dabei wurde das Boot schwer beschädigt. Von diesem Zeitpunkt an wurde Wehrkamp jedesmal, wenn er zu schnorcheln versuchte, von alliierten »Zerstörern« angegriffen und mit Wasserbomben belegt. Er konnte seine Batterien nicht mehr laden und ließ das Boot etwa 48 Stunden lang mit der Strömung treiben. Als die Batterien schließlich vollkommen leer waren, tauchte er auf und lief mit den Dieseln nach Boulogne, wo er am 1. August eintraf.

• Der mit einem Schnorchel ausgestattete VIID-Minenleger *U214* unter dem neuen 23jährigen Kommandanten Gerhard Conrad lief am 22. Juli in Brest aus, um vor der Südwestküste Englands ein Feld von 15 SMA-Minen zu legen. Vier Tage nach dem Auslaufen, am 26. Juli, wurde das Boot mit der gesamten Besatzung von der britischen Fregatte *Cooke,* geführt von L. C. Hill, versenkt.
• Das kampferprobte Schnorchel-Boot *U667,* das im März und April eine 73tägige Feindfahrt in den Atlantik gemacht hatte, lief am 22. Juli von St. Nazaire aus und nahm Kurs auf den Ärmelkanal. Es hatte einen neuen Kommandanten, den 26jährigen Karl-Heinz Lange, und sollte im Eingang des Bristol Channel patrouillieren.

Die erfahrene Besatzung des Bootes war eine große Hilfe für ihren »grünen« Kommandanten. Am 8. August fand Lange den Geleitzug EBC 66 und griff an. Seine ersten Torpedos trafen das 7176 BRT große amerikanische Liberty-Schiff *Ezra Weston.* Ein Sicherungsschiff, die kanadische Korvette *Regina,* eilte herbei, um das getroffene Schiff abzuschirmen. Der Kommandant befahl einem amerikanischen LST, die Besatzung des Schiffes zu übernehmen und es abzuschleppen. Unterdessen torpedierte Lange jedoch die *Regina,* die in Sekundenschnelle sank. Das amerikanische LST rettete etwa 30 Männer der 66köpfigen Crew der Korvette. Die beschädigte *Ezra Weston* schaffte es nicht mehr zu einem Hafen.

Eine Woche später, am 14. August, fand Lange den Geleitzug EBC 72, griff an und versenkte zwei Schiffe, die er für Tanker oder Frachter mit jeweils 4000 Tonnen hielt. Tatsächlich versenkte er zwei amerikanische Landungsfahrzeuge, *LST 921* mit 1653 Tonnen und *LCI 99* mit 246 Tonnen.

Am 16. August befahl der Chef der B-Bootführungsabteilung, Godt, *U667,* in einen der Häfen in der Biskaya zurückzukehren. Fünf Tage später meldete Lange, er sei noch 48 Stunden von La Pallice entfernt und habe einen »Zerstörer« und Handelsschiffe mit insgesamt 15 000 BRT versenkt. Danach wurde nie mehr etwas von dem Boot gehört. Alliierte und Deutsche nahmen an, daß es vor La Pallice auf eine Mine lief und mit der gesamten Besatzung sank.
• Wie berichtet, war das nicht mit einem Schnorchel versehene, alte *U333,* nachdem es am D-Day unter Ritterkreuzträger Peter Cremer seinen kurzen Vorstoß in die Biskaya unternommen hatte, beschädigt in Lorient eingelaufen, und Cremer war mit der Hälfte der Besatzung des Bootes nach Deutschland zurückgekehrt, um ein großes Elektro-Boot in Dienst zu stellen. Der aus Norwegen eingetroffene, glücklose Hans Fiedler, der *U564* und zuletzt *U998* durch Fliegerangriffe verloren hatte, übernahm nun das Boot.

U333 galt als zu alt und zu mitgenommen, um noch mit einem Schnorchel ausgestattet zu werden. Es lief am 23. Juli in Lorient wieder aus, um vor Land's End in der Nähe der Scilly-Inseln zu operieren.

Danach meldete sich das Boot nicht mehr. Cremer brachte nach dem Krieg in Erfahrung, daß *U333* schon am Tag seiner Ankunft im Operationsgebiet oder kurz darauf von der berühmten britischen Support Group 2 entdeckt, angegriffen und mit der gesamten Besatzung versenkt wurde. Es war das dritte – und letzte – Boot unter Fiedlers Kommando gewesen. Alle drei waren von alliierten Kräften zerstört worden.

Die Sloop *Starling* und die Fregatte *Loch Killin,* die mit dem neuen, nach vorne feuernden ASW-Mörser Squid ausgerüstet war, führten den Angriff durch und erhielten gemeinsam die Versenkung angerechnet. Der hochdekorierte Commander der Support Group, Johnny Walker, dessen Führerboot die *Starling* gewesen war, erlebte diesen Triumph nicht mehr. Der 48jährige war am 9. Juli in Liverpool an einem Schlaganfall gestorben, der wahrscheinlich eine Folge von Streß und Überarbeitung war.

• Das neue Schnorchel-Boot *U671* unter Wolfgang Hegewald, das seine Feindfahrt am 5. Juli schwer beschädigt abgebrochen hatte, lief am 26. Juli wieder aus, um vor der Isle of Wight zu patrouillieren. Gleich nach dem ersten Seetag verursachte ein Bruch des Schnorchels einen Wassereinbruch, und Hegewald mußte zur Reparatur wieder nach Boulogne zurückkehren. Er lief in den frühen Morgenstunden des 1. August wieder aus, doch der Schnorchel versagte erneut. Als der Leitende Ingenieur des Bootes, der 23jährige Robert Schröter, Hegewald informierte, daß der Schnorchel auf See nicht repariert werden könne und bei jeder Inbetriebnahme vier Tonnen Seewasser ins Boot dringen würden, nahm Hegewald erneut Kurs auf Boulogne.

In den späten Abendstunden des 4. August orteten zwei britische Kriegsschiffe, der Zerstörer *Wensleydale* und die Fregatte *Stayner,* die vier vor Le Havre operierende Patrouillenboote eskortierten, das getauchte *U671.* Die *Stayner* hatte das Boot zuerst mit dem Sonar erfaßt und führte fünf Wasserbomben- und drei Hedgehogangriffe durch. Hegewald wehrte sich mit zwei T-5, doch sie versagten oder gingen fehl. Nachdem ihr die *Wensleydale* zu Hilfe gekommen war, führte die *Stayner* nochmals drei Wasserbombenangriffe durch und die *Wensleydale* vier.

Durch die 15 Angriffe wurde *U671* zerstört und sank auf den Grund. 20 Mann der 52köpfigen Besatzung versammelten sich im Kommandoturm und stiegen mit Tauchrettern aus. Die Briten fischten sechs der zwanzig aus dem Wasser, doch einer starb nach der Rettung. Zu den fünf Überlebenden gehörten der Leitende Ingenieur Schröter, der 22jährige Wachoffizier Hans Schaefer und drei Mannschaftsdienstgrade, doch Hegewald war nicht unter ihnen.

• Am 26. Juli lief das von dem frischgebackenen Ritterkreuzträger Heinz Sieder geführte *U984* in Brest aus und nahm zum zweiten Mal Kurs auf die Seinebucht. Am 16. August erhielt das Boot von der B-Boot-Führung den Befehl, die Fahrt abzubrechen und einen Hafen in der Biskaya anzulaufen. Doch es meldete sich nie wieder. Alliierte Stellen rechneten seine Versenkung den drei Zerstörern *Chaudière, Kootenay* und *Ottawa II* der im Golf von Biskaya operierenden kanadischen Support Group 11 an. Es gab keine Überlebenden.

Die elf im Juli von französischen Stützpunkten[1] aus unternommenen Feindfahrten gegen die alliierten Landungskräfte erbrachten die Versenkung von vier alliierten Kriegsschiffen und einem Frachter mit insgesamt etwa 14 000 Tonnen (davon allein vier Schiffe durch Lange in *U667*) und die Beschädigung von zwei Frachtern mit 17 000 Tonnen. Im Gegenzug hatten alliierte Kräfte sechs Schnorchel-Boote und das ohne Schnorchel fahrende *U333* versenkt. Die beiden Schnorchel-Boote *U275* und *U741* wurden zum Abbruch der Feindfahrten gezwungen. Etwa 350 weitere deutsche B-Boot-Fahrer gingen verloren (51 davon kamen in Gefangenschaft) – genug, um weitere acht große Elektro-Boote zu bemannen.

Die Geleitzüge auf der Nordatlantikroute zur Unterstützung von Overlord nahmen weiter an Größe und Komplexität zu und trafen auf keinen Widerstand der B-Boote. Der größte Geleitzug des Krieges, Halifax Slow 300, verließ am 17. Juli New York. Er bestand aus 109 Handelsschiffen. Auf seiner Fahrt nach Nordosten stießen weitere 31 Schiffe aus Halifax, 24 aus Sydney und 3 aus St. John's in Newfoundland dazu, so daß er nun aus 167 Schiffen[2] bestand. Dazu kam eine kanadische Escort Group, die aus einer Fregatte und sechs Korvetten bestand. Drei der Handelsschiffe dienten zugleich als MAC-Schiffe und starteten ASW-Flugzeuge, doch diese sahen während der gesamten Überfahrt keinen Feind.

Bis zum 3. August hatten außer einem Nachzügler alle Schiffe von Halifax Slow 300 die Britischen Inseln erreicht. Insgesamt lieferten diese Schiffe eine Million Tonnen Waffen, Kriegsmaterial und Nahrungsmittel. Und zwar in Tonnen pro Kategorie:

Öl	307 874
Nahrungsmittel	254 176
Militärische Ausrüstung	251 297
Gewöhnliche Fracht	80 699
Fahrzeuge und Panzer	53 490
Eisen und Stahl	36 705
Holz	35 588
	1 019 829

[1] Nicht gerechnet die neun kurzen Unternehmungen zur Verteidigung der Häfen. Eines der dabei eingesetzten Boote, *U415,* ging verloren, doch seine Besatzung wurde gerettet.

[2] Es waren 75 amerikanische, 50 britische Schiffe, 39 Schiffe von anderen Alliierten und 3 neutrale Schiffe.

Der Ausbruch der Alliierten in Frankreich

Seit Monaten hatte eine Gruppe von oppositionellen Offizieren der Wehrmacht geplant, das NS-Regime durch die Ermordung Hitlers, Görings und Heinrich Himmlers zu stürzen. Am 20. Juli legte einer der Verschwörer, der 37jährige Claus Graf Schenk von Stauffenberg, eine Zeitbombe in Hitlers Lagebesprechungsraum in der Wolfsschanze bei Rastenburg in Ostpreußen. Die Bombe detonierte und tötete vier Männer, doch Hitler überlebte und sorgte sofort für die Verhaftung der Verschwörer.

Noch am selben Tag flog Dönitz zur Wolfsschanze, wo zufällig auch Mussolini gerade zu einer Konferenz eingetroffen war. In einer Besprechung mit Hitler und Mussolini an jenem Nachmittag bekundete Dönitz, wie später auch der pensionierte Admiral Raeder, Hitler erneut seine Loyalität. Am frühen Abend gab Dönitz folgende Proklamation an die Soldaten der Kriegsmarine heraus:

> *Der heimtückische Mordanschlag auf den Führer erfüllt einen jeden von uns mit heiligem Zorn und erbitterter Wut gegen unsere verbrecherischen Feinde und ihre gedungenen Helfershelfer. Die Vorsehung bewahrte das deutsche Volk und seine Wehrmacht vor unvorstellbarem Unglück. Wir sehen in der Errettung des Führers eine weitere Bestätigung für die Gerechtigkeit unseres Kampfes. Wir werden uns nur noch enger um den Führer scharen, wir werden nur noch härter kämpfen, bis der Sieg unser ist.*

Etwa eine Stunde später gab Dönitz folgende Weisungen zur Weiterleitung an alle Stellen der Kriegsmarine heraus:

> *a) Militärputsch durch Generalsclique (Fromm, Hoepner).*
> *b) Reichsführer SS zum Befehlshaber des Ersatzheeres ernannt.*
> *c) Alarmbereitschaft für Kriegsmarine befohlen.*
> *d) Befehle von Heeresstellen sind nicht auszuführen, Befehle nur von OBdM oder anderen militärischen Vorgesetzten der Kriegsmarine.*
> *e) Anforderungen des Reichsführers SS an die Kriegsmarine ist zu entsprechen.*
> *Es lebe der Führer.*

Noch in derselben Nacht hielt Hitler eine Radioansprache, in der er das Volk über die gescheiterte Verschwörung informierte und versprach, so Rache zu üben, wie dies bei Nationalsozialisten üblich sei. Unmittelbar nach Hitler sprach Dönitz, um seine Loyalität gegenüber Hitler möglichst zu betonen und seine frühere Botschaft an die Kriegsmarine noch einmal zu wiederholen. Wie der Historiker William L. Shirer schreibt, exekutierte das NS-Regime im Gefolge des fehlgeschlagenen Putschs wahrscheinlich etwa 5000 Menschen, und zwar überwiegend Offiziere der Wehrmacht. Zu den Opfern gehörten auch drei ranghohe Generäle in Frankreich. Erwin Rommel wurde zum Selbstmord aufgefordert, Hans Günther von Kluge beging Selbstmord, und Karl-Heinrich von Stülpnagel wurde hingerichtet. Kurz vor Kriegsende wurde auch Admiral Wilhelm Canaris, der frühere Chef der Abwehr, gehängt.

Fünf Tage nach dem gescheiterten Attentat erzielte General Omar N. Bradleys 1. Armee ihren berühmten Durchbruch (Operation Cobra) in der deutschen Front bei Saint-Lô. Mehrere Tage danach stieß General Pattons 3. Armee durch die Lücke bei Saint-Lô nach Avranches vor, was eine Bedrohung für die gesamte deutsch besetzte Bretagne bedeutete, da die früher dort stationierten Einheiten der Wehrmacht größtenteils abgezogen und in der Normandie in die Schlacht geworfen worden waren.

Nach seiner Beförderung zum Befehlshaber der 12. Heeresgruppe mit der amerikanischen 1., 3. und 9. Armee befahl Bradley General Patton, nach Westen vorzustoßen und St. Malo, Brest, Lorient und St. Nazaire einzunehmen. Die Wiederöffnung Cherbourgs als wichtigster Hafen zum Entladen des Materials der Alliierten hatte sich stark verzögert, und Bradley befürchtete, daß ein Sturm die provisorischen Hafeneinrichtungen im Landungskopf in der Normandie beschädigen könnte. Deshalb wollte er die genannten Häfen in der Bretagne einnehmen, um seine Armeen über sie direkt mit Menschen und Material aus den Vereinigten Staaten zu versorgen. Auch daß die Deutschen dadurch ihre französischen B-Boot-Stützpunkte verloren hätten, hatte Bradley natürlich bedacht, doch das war nicht sein wichtigstes Ziel gewesen.

In der Hoffnung, durch eine gigantische Umfassungsbewegung alle deutschen Kräfte, die in der Normandie westlich der Seine standen, einzukesseln und gefangenzunehmen, hob Bradley seinen ursprünglichen Befehl zur Eroberung der Häfen schon bald wieder auf und befahl Patton, mit dem Großteil seiner Kräfte schnell nach Osten vorzustoßen. Nach diesem revidierten Plan sollte nur noch das VIII. Korps (drei Divisionen) der 3. Armee unter Troy H. Middleton die Häfen in der Bretagne belagern.

Als das VIII. Korps Anfang August in die Bretagne vorstieß, zogen sich die schwachen deutschen Kräfte schnell in die Häfen zurück und bauten dort eine starke Verteidigung auf. Um die Stützpunkte der Kriegsmarine so lange wie möglich zu halten und einen ordentlichen Rückzug der B-Boote, der B-Boot-Techniker und des transportablen Teils der Einrichtungen zu gewährleisten, befahl Hitler den deutschen Soldaten, keinen Fußbreit Boden preiszugeben und bis zum letzten Mann zu kämpfen. Es gab jedoch nicht genügend Truppen, um alle fünf

B-Boot-Stützpunkte zu halten. Deshalb wurde Bordeaux am 25. August aufgegeben, nachdem die Alliierten am 15. August in Südfrankreich gelandet waren (Operation Dragoon) und drohten, diesen südlichsten B-Boot-Stützpunkt abzuschneiden. Nahezu vier Wochen später, am 19. September, wurde mit Brest auch der nördlichste Stützpunkt aufgegeben.[1]

Die Deutschen konzentrierten ihre Verteidigung auf die drei mittleren Häfen Lorient, St. Nazaire und La Pallice. Da für die Alliierten die Notwendigkeit bestand, möglichst schnell nach Osten vorzustoßen, informierte Eisenhower Bradley am 9. September, daß es nicht notwendig sei, diese drei Häfen einzunehmen. Die deutschen Garnisonen an diesen Orten sollten lediglich umgangen, isoliert und blockiert werden. Tatsächlich blieben die drei Häfen bis zum Ende des Krieges in Europa in deutscher Hand.

Der alliierte Druck auf die B-Boot-Stützpunkte im August hatte 16 B-Boot-Transfers zwischen den Stützpunkten zur Folge. Aus Brest zogen sich sechs B-Boote nach La Pallice zurück und eines, *U766,* nach Bordeaux; letzteres kam später von Bordeaux nach La Pallice. Aus Lorient wurden fünf B-Boote nach La Pallice verlegt und aus St. Nazaire zwei. Zwei Typ-VII-Boote transportierten Munition von La Pallice nach Lorient.[2]

Sieben dieser sechzehn Boote wurden bei der Verlegung von den Alliierten versenkt oder zerstört. Im folgenden kurz der Verlauf dieser Angriffe:

- Am Nachmittag des 9. August sichtete eine von R. T. F. Gates geflogene B-24 der britischen Squadron 53 der 19. Group eine Ölspur von fast zwei Kilometern Länge im Golf von Biskaya und dann ein getauchtes B-Boot am Ende der Spur. Es war das nicht mit einem Schnorchel ausgestattete *U608* unter dem 25jährigen Wolfgang Reisener, das sich auf dem Weg von Lorient nach La Pallice befand. Gates warf eine Markierung und sechs Wasserbomben. Dann alarmierte er die britische Support Group 2 mit den Sloops *Starling* und *Wren* und der mit einem Squid ausgestatteten Fregatte *Loch Killin*.

Etwa anderthalb Stunden später war die britische U-Jagdgruppe, geführt von einer Sunderland, vor Ort. Die Schiffe fanden Holzstücke, die ihrer Vermutung nach von den Deckplanken des Bootes stammten. Doch sie bekamen keinen Sonarkontakt. In der Annahme, daß das Boot beschädigt auf dem Meeresgrund lag, lief die *Starling* ab und ließ die anderen beiden Schiffe weitersuchen. Gegen 22 Uhr entdeckte die *Wren*

[1] Durch drei Luftangriffe am 5., 12. und 13. August wurde Brest von jeweils 33 Lancaster-Bombern des Bomber Command der Royal Air Force verwüstet. Sie warfen auch 26 Tallboy-Bomben mit jeweils 5400 Kilogramm Gewicht auf die B-Boot-Bunker. Neun dieser Bomben trafen die fünf Meter dicke Decke der Bunker. Sie bohrten sich etwa zwei Meter tief in den Beton, aber sie durchschlugen die Decke nicht.

[2] Siehe Anhang 2.

unter dem Kommando von S. R. J. Woods *U608* und warf eine Salve von Wasserbomben, die das Boot schwer beschädigten. Reisener tauchte in den frühen Morgenstunden des 10. August auf und versenkte das Boot. Die *Wren* rettete die gesamte 51köpfige Besatzung. Wing Commander Gates erhielt ein DFC und wurde zum Group Captain befördert.

- In den frühen Morgenstunden des 12. August lief das schnorchellose *U981* unter dem 25jährigen Günther Keller auf dem Weg von Lorient nach La Pallice auf eine britische Mine. Eine von J. Capey geflogene Halifax der britischen Squadron 502 der 19. Group sichtete das manövrierunfähige Boot und griff mit fünf 270-Kilogramm-Bomben an. Kurz darauf tauchten noch weitere britische Flugzeuge auf. Die Mine und die Bomben zerstörten *U981.* Zwölf Deutsche kamen bei der Versenkung um, aber vierzig überlebten.

Zum Glück für die Überlebenden war das von Hans-Gert Mahrholz geführte *U309,* das mit etwa 50 Mann Besatzung und 50 Passagieren von Brest nach La Pallice unterwegs war, gerade ganz in der Nähe. Mahrholz rettete die 40 Mann, darunter auch Keller, und nahm sie mit nach La Pallice. Dort wurde Mahrholz wegen nervlicher Erschöpfung als Kommandant für untauglich befunden und auf einen anderen Posten versetzt. Keller kehrte nach Deutschland zurück, um ein neues Schnorchel-Boot zu übernehmen. Lothar-Günther Buchheim, der Journalist, Fotograf und spätere Autor des Romans *Das Boot,* war auf der Fahrt von Brest nach La Pallice an Bord von *U309* und schoß dramatische Fotos[1] von den 40 Überlebenden, die in Decken gewickelt auf dem Oberdeck von *U309* kauerten.

- Sechs nicht identifizierte zweimotorige britische Flugzeuge entdeckten und beschädigten das ohne Schnorchel fahrende *U766* unter dem 32jährigen Hans-Dietrich Wilke, als sich das Boot zwischen dem 8. und dem 18. August auf dem Weg von Brest nach Bordeaux befand. Am elften Tag seiner alptraumhaften Fahrt erreichte Wilke die Mündung der Gironde, wurde jedoch wegen feindlicher Minen durch Rösing nach La Pallice umgeleitet. Als das Boot am 20. August dort eintraf, wurde es für nicht mehr gefechtsbereit erklärt und außer Dienst gestellt. Um seine Verwendung durch den Feind zu verhindern, wurde das Boot von den Deutschen am 15. September fahruntüchtig gemacht. Wilke übernahm das VII-Boot *U382,* das zur Evakuierung von La Pallice nach Norwegen

---

[1] Die Fotos sind in Buchheims unpaginiertem Sachbuch *B-Boot-Krieg* (1978) veröffentlicht. Dort werden die beiden beteiligten Boote und Besatzungen jedoch nicht identifiziert. Zweifellos war diese klägliche Episode für den Kriegsberichterstatter Buchheim ein Schock, der vielleicht zu dem unangemessen defätistischen Ton seines Romans *Das Boot* beigetragen hat. Denn sein Buch basiert auf einer Fahrt, die Buchheim 1941 mit *U96* machte, als die Moral in der B-Boot-Streitmacht am besten war.

vorgesehen war. *U766* wurde Kriegsbeute der Franzosen, auf *Laubie* umgetauft und wieder in Dienst gestellt.

- Am 12. August, kurz nach Mitternacht, entdeckte eine von Donald A. Little geflogene Sunderland der australischen Squadron 461 der 19. Group ein aufgetauchtes U-Boot vor Lorient. Es war das kampferprobte, schnorchellose *U270* auf dem Weg von Lorient nach La Pallice. Das Boot war zuvor für gefechtsunfähig erklärt worden, und sein Kommandant Paul-Friedrich Otto und die gesamte Besatzung waren nach Deutschland zurückgekehrt, um ein großes Elektro-Boot zu bemannen. *U270* war nun mit einer in Lorient zusammengewürfelten Besatzung unter dem 27jährigen Heinrich Schreiber bemannt und hatte noch etwa 30 weitere B-Boot-Fahrer an Bord, insgesamt 81 Mann. Es transportierte zwei flach auf dem Oberdeck festgebundene Schnorchel und Schnorchel-Ersatzteile unter Deck.

Als die Sunderland ihren Angriff begann, blieb Schreiber über Wasser und eröffnete das Feuer mit seinen Flugabwehrgeschützen. Trotzdem blieb der Pilot auf Kurs und warf sechs Wasserbomben, die auf beiden Seiten des Bootes einschlugen. Schreiber stellte fest, daß das Boot irreparabel beschädigt war, und befahl, es zu verlassen. Er öffnete das Torpedoladeluk im Bugraum, damit es schneller sank. Die kanadischen Zerstörer *Ottawa II* und *St. Laurent* von Support Group 11, die kühn im Golf von Biskaya operierten, retteten 71 der 81 Deutschen, einschließlich Schreibers.

- Am 14. August entdeckte und attackierte eine von Gilbert G. Potier geflogene B-24 der britischen Squadron 53 das ohne Schnorchel von Brest nach La Pallice fahrende *U618* unter dem 23jährigen Erich Faust. Zwei britische Fregatten der Support Group 3, *Duckworth* und *Essington,* liefen heran und halfen bei der Versenkung. Es gab keine Überlebenden. Die Briten verliehen dem Piloten Potier ein zweites DFC.
- Am 18. August wurde das von Ritterkreuzträger Hermann Stuckmann, einem Helden der Schlacht im Ärmelkanal, geführte Schnorchel-Boot *U621* auf dem Weg von Brest nach La Pallice von der aus vier Zerstörern[1] bestehenden kanadischen Support Group 11 entdeckt

---

[1] *Chaudière, Kootenay, Ottawa II* und *Restigouche.* Der letztgenannte Zerstörer kam von der kanadischen Support Group 12, die ebenfalls in der Biskaya operiert hatte, aber wegen Unfällen und technischer Pannen zeitweilig auf der Werft gewesen war. Die *Saskatchewan* fuhr zur Wiederausrüstung nach Kanada; *Skeena* und *Qu'Appelle* fuhren nach einem Zusammenstoß zu längeren Reparaturen nach England; und die *Assiniboine* mußte unmittelbar nach der Wiederausrüstung England anlaufen, da sie durch »die verfrühte Explosion einer Wasserbombe ernsthaft beschädigt« worden war. Einige dieser Probleme konnten darauf zurückgeführt werden, daß die kanadischen Zerstörer-Crews so sehr nach offensiven Unternehmungen dürsteten. Die *Restigouche* diente nur eine Woche lang in Support Group 11, bevor auch sie mit »Schäden« nach England fahren mußte.

und angegriffen. Die Admiralität bezweifelte, daß der Angriff zur Versenkung führte, doch in einer Neubewertung nach dem Krieg wurde die Versenkung den drei noch existierenden Zerstörern der Support Group *Chaudière, Kootenay* und *Ottawa II* angerechnet. Es gab keine Überlebenden. Stuckmann hatte sein Ritterkreuz nur acht Tage lang getragen.

• Ebenfalls am 18. August wurde das von dem 23jährigen Karl-Heinz Fritz geführte, berühmte IXB-Boot *U107* auf dem Weg von Lorient nach La Pallice durch eine Sunderland der britischen Squadron 201 der 19. Group versenkt. Ihr Pilot, Leslie H. Baveystock, hatte einen Tag nach D-Day bereits *U955* versenkt. *U107* war erst kurz zuvor mit einem Schnorchel ausgerüstet worden. Es war für die Evakuierung von Truppen nach Norwegen vorgesehen und sollte von dort nach Deutschland abgezogen und außer Dienst gestellt werden. Beim Angriff der Sunderland gab es keine Überlebenden. Baveystock erhielt für seine zweite bestätigte B-Boot-Versenkung einen DSO.

Außer Mahrholz in dem Schnorchel-Boot *U309* erreichten noch acht weitere von einem Stützpunkt zum anderen verlegte Boote ihren Bestimmungsort: *U763, U963* (von Brest nach La Pallice); *U953* (von Brest nach Bordeaux); *U260* (von Lorient nach La Pallice); *U281* und *U437* (von St. Nazaire nach La Pallice); *U445* und *U650* mit je etwa 75 Tonnen Munition (von La Pallice nach Lorient). Nach ihrer Ankunft auf den neuen Stützpunkten erhielten all diese Boote den Befehl, sich auf die Evakuierung nach Norwegen vorzubereiten.

Die Evakuierung der VII-Boote aus Frankreich

Nachdem alliierte Truppen Anfang August in die Bretagne vorgedrungen waren, befürchtete Dönitz, daß die B-Boot-Stützpunkte nicht gehalten werden konnten. Die Invasion der Alliierten in Südfrankreich am 15. August (Dragoon) verstärkte diese Befürchtung. Dönitz befahl deshalb Hans-Rudolf Rösing, dem Führer der B-Boote West, alle Boote nach Norwegen zu evakuieren, die für die (3700 Kilometer) lange, gefährliche Fahrt geeignet erschienen. Dabei sollten die Boote bestimmte wichtige Personen, soviel Treibstoff wie möglich und wertvolle Ausrüstungsgegenstände wie etwa zusätzliche Funkmeß- und Funkmeßbeobachtungsgeräte, akustisch gelenkte T-5-Torpedos und ähnliches mitnehmen.

B-Boote, denen man die Reise nicht mehr zutraute, sollten außer Dienst gestellt und zerstört werden.[1] Alle auf den B-Boot-Stützpunkten

[1] Am 6. August erhielt Rösing in Angers den Befehl aus Berlin, den Kuriersender entweder völlig zu zerstören oder für eine sichere Bergung zu sorgen. Kurier wurde damals noch immer auf See erprobt. Nachdem die alliierten Truppen die Überlandleitungen nach Berlin abgeschnitten hatten und die B-Boot-Stützpunkte nur noch funken konnten, hätte Kurier vielleicht zur Kommunikation zwischen Angers und Berlin eingesetzt werden können.

zurückgelassenen Männer, einschließlich der B-Boot-Fahrer und B-Boot-Techniker, sollten sich den Bodentruppen anschließen und sich an der Verteidigung der Häfen beteiligen.

Die Evakuierungsbefehle führten zur Reorganisation oder Auflösung der Flottillenkommandos und zu einer fieberhaften Anstrengung, alle verbliebenen Typ-VII-Boote mit Schnorcheln auszustatten und jene Boote, deren Kommandanten und Crews nicht aus dem Heimaturlaub in Deutschland zurückkehren konnten, vorübergehend mit neuen Kommandanten und Besatzungen zu versehen.

In Brest plante der Chef der 9. U-Flottille, Heinrich Lehmann-Willenbrock (der in Buchheims Buch *Das Boot* porträtierte ehemalige Kommandant von *U96*), in einem VII-Boot nach Norwegen abzuziehen. Dönitz ernannte den Chef der 1. U-Flottille in Brest, den Ritterkreuzträger Werner Winter (ehemals Kommandant von *U103*), vorübergehend zum Chef der Seeverteidigung dieses belagerten und arg mitgenommenen Stützpunktes.

In Lorient bereitete der Chef der 10. U-Flottille, Ritterkreuzträger Günter Kuhnke (früher *U28* und *U125*), ebenfalls seine Evakuierung in einem Typ-VII-Boot vor. Dönitz verschmolz die 10. mit der 2. U-Flottille in Lorient, die Ritterkreuzträger Ernst Kals (früher *U130*) kommandierte. Und Kals reorganisierte das Personal beider Flottillen, um den Stützpunkt Lorient zu verteidigen.

Dem Ritterkreuzträger und Eichenlaubträger Carl Emmermann (früher *U172*), Chef der 6. U-Flottille in St. Nazaire, befahl Dönitz, mit dem Auto nach Deutschland zurückzukehren (eine gefährliche Fahrt) und die 31. Schulflottille zu übernehmen, die die Taktik für das große XXI-Elektro-Boot entwickeln sollte. Die 6. und die 7. U-Flottille in St. Nazaire wurden unter dem Kommando des Ritterkreuzträgers Adolf-Cornelius Piening (früher *U155*) zusammengefaßt, um den Stützpunkt St. Nazaire zu verteidigen.

In La Pallice, das zur letzten französischen Zuflucht der im Einsatz befindlichen B-Boote werden sollte, blieb der Ritterkreuzträger Richard Zapp (früher *U66*) Chef der 3. U-Flottille. Er blieb jedoch nicht lange der ranghöchste Offizier vor Ort. Denn am 8. August traf Hans-Rudolf Rösing mit einem Lastwagen auf dem Stützpunkt ein, der eine spezielle Funkausrüstung geladen hatte, und schlug in La Pallice vorübergehend sein Hauptquartier als Führer der B-Boote West auf.

In Bordeaux kam der mit dem Eichenlaub zum Ritterkreuz ausgezeichnete Chef der 12. U-Flottille, Klaus Scholtz (früher *U108*), extrem unter Druck, als alliierte Truppen im Rahmen der Operation Dragoon am 15. August in Südfrankreich landeten und nur auf schwachen deutschen Widerstand trafen. Scholtz' Operationen wurden noch schwerer beeinträchtigt, als alliierte Flugzeuge die Gironde, den langen Wasserweg nach Bordeaux, massiv verminten. Wegen des schnellen Vorrückens der Alliierten und der Verminung der Gironde wurde Bordeaux als erster deutscher B-Boot-Stützpunkt in Frankreich geschlossen und von Kampfbooten und B-Boot-Personal völlig geräumt.

Während der turbulenten Ereignisse im August und September wurden 30 Typ-VII-Boote von Frankreich nach Norwegen evakuiert.[1] Dabei sah sich Dönitz, vielleicht wegen der katastrophalen Verluste an B-Booten oder wegen des Zusammenbruchs der deutschen Streitkräfte in der Normandie oder aus beiden Gründen, erneut zu einem Durchhaltebefehl veranlaßt und funkte eine Botschaft an alle an der Evakuierung beteiligten B-Boot-Kommandanten. In der erbitterten Schlacht gegen den Feind, der im Westen gegen das Reich anstürme, stünden natürlich die B-Boot-Fahrer damals wie heute an vorderster Front. Auch jetzt, nachdem der Feind an der Küste Fuß gefaßt habe und nach Osten vorrücke, sei der bedingungslose Einsatz der B-Boot-Waffe gefordert, um die Landfront zu entlasten.

Man solle nie vergessen, wieviel Kampf und Materialverbrauch notwendig sei, und insbesondere wieviel Blut vergossen werden müsse, um im Bodenkrieg eine Schiffsladung an Menschen und Material zu vernichten. Ein B-Boot könne dies mit einem einzigen Torpedo erreichen.

Er [Dönitz] wisse, welchen Mut, welche Zähigkeit und welche Ausdauer die B-Boot-Fahrer haben müßten, um die Strapazen und unaufhörlichen Angriffe auf See zu erdulden. Doch er wisse auch, daß seine B-Boot-Krieger noch immer vom alten Angriffsgeist erfüllt und nur darauf bedacht seien, den Feind zu vernichten. Sie könnten sicher sein, daß er ihren Kampf ständig verfolge und im Geiste immer bei ihnen sei.

Alle 30 B-Boote, die evakuiert wurden, hatten Schnorchel. Einige Boote führten Feindfahrten durch, andere fuhren direkt nach Norwegen. Alliierte Kräfte versenkten oder zerstörten zehn der evakuierten Boote. Drei weitere wurden kurz nach Erreichen norwegischer Gewässer außer Gefecht gesetzt, was einen Gesamtverlust von dreizehn Booten oder 43 Prozent bedeutete. Hier kurz der Hergang der Verluste:

• *U736* unter dem 30jährigen Reinhard Reff lief am 5. August von Lorient aus, um eine Feindfahrt in das alliierte Landungsgebiet in der Seinebucht zu machen. Als der Schnorchel erstmals in Betrieb genommen wurde, versagte er, und das Boot füllte sich mit Abgasen. Reff konnte wegen der Anwesenheit feindlicher ASW-Kräfte nicht auftauchen, und viele Besatzungsmitglieder wurden krank.

Am Nachmittag des folgenden Tages richtete Reff seinen Schnorchel auf, um das Boot zu lüften, und wurde sofort von der britischen Support Group 2 entdeckt. Reff machte zwei T-5 auf die Kriegsschiffe los, doch die Torpedos versagten und blieben in den Rohren hängen, bis sie vor-

[1] Die außer Dienst gestellten VII-Boote *U255* und *U766* wurden zurückgelassen und letzteres, wie erwähnt, gesprengt.

sichtig ausgestoßen wurden. Die britische Fregatte *Loch Killin* feuerte mit dem Squid-Mörser auf das B-Boot und zerstörte es. Reff ließ alle Tauchzellen anblasen, durchbrach direkt neben der *Loch Killin* die Wasseroberfläche und eröffnete das Feuer. In dem folgenden Gefecht überlebten nur 19 der 47 Besatzungsmitglieder, darunter auch Reff, sein Leitender Ingenieur Helmut Vater und sein Erster Wachoffizier Adalbert Kleinert. Sie wurden von der *Loch Killin* und der *Starling* gerettet.[1]

• *U385* unter dem 25jährigen Hans-Guido Valentiner lief am 9. August in St. Nazaire aus, um im Ärmelkanal zu patrouillieren. Auch bei diesem Boot versagte gleich beim ersten Einsatz der Schnorchel, und es füllte sich mit Abgasen, die bei Valentiner und vielen Crew-Mitgliedern schwere Vergiftungserscheinungen hervorriefen. In der Abenddämmerung des 10. August tauchte Valentiner mit dem Boot auf – nur etwa 7000 Meter entfernt von der *Starling,* dem Führerboot der britischen Support Group 2. Die *Starling* eröffnete das Feuer, und das B-Boot antwortete mit seinen Flugabwehrgeschützen. Nach etwa einer halben Stunde tauchte Valentiner und versuchte, unter Wasser zu entkommen.

Als das Boot dreieinhalb Stunden später, in den frühen Morgenstunden des 11. August, wieder auftauchte, wurde es von einer mit Leigh Light ausgerüsteten, von Ivan F. Southall geflogenen Sunderland der australischen Squadron 461 mit dem Radargerät erfaßt. Das Flugzeug griff an und warf sechs Wasserbomben, die *U385* das Ruder abrissen, ein Tiefenruder beschädigten und einen schweren Wassereinbruch durch das Hecktorpedorohr verursachten. Valentiner tauchte, mußte aber wegen Sauerstoffmangels gegen Tagesanbruch auftauchen. Die Sloop *Starling* stand noch immer in der Nähe und eröffnete, diesmal aus noch geringerer Entfernung, das Feuer, tötete den Ersten Wachoffizier und zwang Valentiner, das Boot zu verlassen und zu versenken. Die Sloop *Wren,* die bereits die Überlebenden von *U608* an Bord hatte, rettete 41 Deutsche, darunter auch Valentiner. Southall schrieb und veröffentlichte nach dem Krieg einen Bericht über die australische Squadron 461.[2]

• *U741* unter Gerhard Palmgren, das beschädigt Le Havre angelaufen hatte, lief am Morgen des 8. August wieder aus. Damit eventuelle Agenten der Alliierten glaubten, das Boot sei zu beschädigt für eine Feindfahrt, trimmte Palmgren es auf schwere Schlagseite und »schlich« noch am selben Tag nach Le Havre zurück. Dann lief er in den frühen Morgenstunden des 9. August im Schutz der Dunkelheit wieder aus, um vor der Isle of Wight zu operieren.

---

[1] Die Admiralität meinte, *U736* sei das erste mit dem Squid versenkte B-Boot gewesen. Doch das am 31. Juli von der *Loch Killin* und der *Starling* versenkte *U333* war das erste.

[2] *They Shall Not Pass Unseen* (1956).

Am Nachmittag des 15. August sichtete Palmgren den Geleitzug FTM 69. Er schoß zwei Torpedos und traf *LST 404* mit 1650 Tonnen. Doch das Panzerlandungsschiff überstand den Angriff und wurde nach Spithead geschleppt. Palmgren tauchte auf 58 Meter, doch die in der Nähe befindliche britische Korvette *Orchis,* ein Sicherungsschiff des Geleitzugs, eilte herbei und begann das Boot geschickt zu jagen. Sie bekam und hielt Sonarkontakt und führte vier Angriffe durch, zwei mit Wasserbomben und zwei mit Hedgehog.

Bei diesen Angriffen wurde *U741* zerstört und geflutet; etwa elf Mann wurden im Heck des Bootes eingeschlossen. Zwei davon, der 22jährige Maschinen-Obergefreite Leo Leuwer und ein weiterer Heizer, entkamen durch das achterne Torpedoladeluk. Nur Leuwer überlebte jedoch und wurde von der *Orchis* an Bord genommen. Die anderen 47 Crew-Mitglieder kamen alle ums Leben.

• Das von dem 27jährigen Dieter Sachse geführte *U413* lief am 2. August in Brest aus, um vor der Südküste Englands zwischen Portsmouth und Beachy Head alliierte Landungskräfte anzugreifen. Am 19. August fand Sachse den Geleitzug ETC 72 und schoß T-5-Torpedos. Er meinte, er habe zwei Frachter mit 8000 BRT versenkt, doch nur die Versenkung der 2360 BRT großen britischen *Saint Enogat* konnte bestätigt werden.

Am folgenden Morgen ortete eine britische U-Jagdgruppe mit den kampferprobten Zerstörern *Forester, Vidette* und *Wensleydale U413* mit dem Sonar. Die *Forester* griff mit ihren letzten Wasserbomben an, doch diese detonierten weitab. Danach griff die *Vidette,* die als einziges Kriegsschiff der Gruppe noch Wasserbomben und Hedgehog-Granaten besaß, mit dem Hedgehog an. Durch diesen wohlgezielten Angriff wurde *U413* geflutet und sank auf den Grund.

Der Leitende Ingenieur Karl Hütterer und andere schlossen sich im Bugtorpedoraum ein und fluteten diesen hüfthoch. Dann öffnete Hütterer, wie für den Notausstieg vorgeschrieben, das vordere Ladeluk. Er erreichte die Wasseroberfläche und wurde später von der *Wensleydale* gerettet; kein anderer Deutscher überlebte.

Nach der Bergung Hütterers und einiger ölverschmierter Holzstücke der Innenverkleidung des Bootes blies der Kommandant der *Wensleydale* den Angriff ab. Die Kommandanten der *Forester* und der *Vidette* hielten das Öl und die Holzstücke – und vielleicht sogar das Auftauchen Hütterers – für eine Kriegslist und wollten, obwohl sie keine Wasserbomben mehr hatten, in dem Gebiet bleiben, bis dem Boot die Luft ausging und es auftauchen mußte. Sie konnten sich jedoch mit ihren Einwänden nicht durchsetzen; die Support Group kehrte mit Hütterer in den Hafen zurück. Dieser verriet den Verhörexperten lediglich, daß der B-Boot-Krieg im Kanal »lausig« sei.

• *U445* unter Rupprecht Fischler von Treuberg und *U650* unter Rudolf Zorn hatten beide Munition von Lorient nach La Pallice gebracht und liefen am 22. August wieder aus, um direkt nach Norwegen zu fahren. *U650* erreichte Bergen am 22. September nach einer furchtbaren Reise von 32 Tagen, aber Fischler in *U445* schaffte es nicht. Er wurde am 24. August im Golf von Biskaya nur 185 Kilometer westlich von Lorient durch die britische Fregatte *Louis* versenkt. Es gab keine Überlebenden.

• *U247* unter Gerhard Matschulat lief am 27. August in Brest aus, um in der Nähe der Scilly-Inseln und von Land's End zu patrouillieren. Am späten Abend seines fünften Seetages, dem 31. August, wurde das Boot von den Fregatten *St. John* und *Swansea* der kanadischen Support Group 9, die sich in der Nähe von Land's End auf ASW-Patrouille befand, mit dem Sonar geortet. Und die beiden Schiffe begannen eine hartnäckige Jagd, die die ganze Nacht hindurch und bis zum Nachmittag des 1. September dauerte.

An diesem Nachmittag bekam die *St. John* einen guten Sonarkontakt und warf fünf wohlgezielte Wasserbomben – mit einem »befriedigenden« Ergebnis, das der kanadische Marinehistoriker Joseph Schull wie folgt beschreibt: »Es kam ein gewaltiger Schwall von Öl, gefolgt von einer Menge von Briefen und Fotos, einer Urkunde, die die zehnmillionste Umdrehung der Maschinen von *U247* bestätigte, Logbüchern, Hemden, Socken ... anderer Kleidung und deutschen Karten an die Oberfläche.« Es gab keine Überlebenden.

Der Verlust dieser sechs Boote kostete die Deutschen etwa weitere 300 erfahrene B-Boot-Fahrer (62 durch Gefangenschaft), genug, um sechs große Elektro-Boote zu bemannen.

Dem Bomber Command der RAF waren die Konzentration der B-Boote in Bergen und der Mangel an B-Boot-Bunkern wohlbekannt, und es unternahm in der Nacht des 4. Oktober einen Großangriff auf diesen Hafen. Die Bomber erzielten sieben direkte Treffer auf den B-Boot-Bunkern, doch keine der Bomben durchschlug deren dickes Dach. Andere Bomben zerstörten oder versenkten dagegen vier ungeschützte Typ-VII-Boote, die gerade aus Frankreich eingetroffen waren, und sie zerstörten die großen Kräne auf dem Kai. Aufgrund der Schäden konnten in Bergen danach nur noch vier B-Boote zur selben Zeit repariert werden, ein verheerender Rückschlag für künftige Operationen.

Folgende vier B-Boote wurden bei dem Luftangriff versenkt oder zerstört:

• Das alte *U92* unter dem neuen 29jährigen Kommandanten Wilhelm Brauel, das am 16. August in Brest ausgelaufen war. Brauel hatte eine Feindfahrt nach Norwegen gemacht und war die englische Südküste entlanggefahren. Dort hatte er in der Nähe der Isle of Wight einen Torpedo auf ein LST geschossen, dieses jedoch verfehlt. Er war nach einer Feindfahrt von 45 Tagen am 29. September in Norwegen angekommen. Nach dem Bombenangriff wurde *U92* als Totalverlust abgeschrieben, und Brauel kehrte mit einem Teil seiner Crew nach Deutschland zurück, um ein großes Elektro-Boot zu bemannen.

- *U228,* das mit dem 32jährigen Herbert Engel einen neuen Kommandanten bekommen hatte, nachdem sein früherer Kommandant, der 29jährige Erwin Christophersen, nach Deutschland zurückgekehrt war, um ein großes Elektro-Boot zu übernehmen. *U228* hatte St. Nazaire am 12. August verlassen und war direkt nach Norwegen gefahren, wobei es die Britischen Inseln ein gutes Stück westlich passiert hatte. Nach einer Reise von 40 Tagen war das Boot am 20. September in Bergen eingetroffen. Engel, der seinen Dienst als B-Boot-Fahrer im April 1940 als Obersteuermann in dem berühmten *U48* begonnen hatte und 16 Monate lang *U666* geführt hatte, übernahm nach der Zerstörung von *U228* kein weiteres Boot mehr.
- Das von dem 28jährigen Hermann Lamby geführte, kampferprobte *U437,* das in der Nacht des 24. August in Bordeaux ausgelaufen und direkt nach Norwegen gefahren war. Es hatte die Britischen Inseln ebenfalls in respektvoller Entfernung im Westen passiert und war direkt nach Norwegen gefahren, wo es am 22. September nach einer Reise von fast 30 Tagen eingetroffen war. Nach der Zerstörung seines Bootes in Bergen ging Lamby mit einem Teil seiner Besatzung nach Deutschland, um ein großes Elektro-Boot zu bemannen.
- *U993,* dessen alter Kommandant Kurt Hilbig nach Deutschland zurückgekehrt war. Das Boot war unter dem neuen 23jährigen Kommandanten Karl-Heinz Steinmetz am 17. August in Brest ausgelaufen. Auch Steinmetz hatte die Britischen Inseln im Westen passiert und Bergen am 18. September nach einer Reise von 33 Tagen erreicht. Dabei war ein Besatzungsmitglied an einer Krankheit gestorben, die als »Gelbsucht« diagnostiziert wurde. Nach der Zerstörung von *U993* ging Steinmetz zum Ausbildungsverband.

Drei Typ-VII-Boote wurden kurz nach ihrer Ankunft aus Frankreich in norwegischen Gewässern außer Gefecht gesetzt:

- Das bereits außer Dienst gestellte kampferprobte (frühere Flak-Boot) *U256.* Es war von dem Ritterkreuz- und Eichenlaubträger Heinrich Lehmann-Willenbrock wieder in Dienst gestellt worden und am 3. September von Brest ausgelaufen. Es hatte einen behelfsmäßig montierten Schnorchel und entkam den alliierten ASW-Kräften. Auch Willenbrock passierte die Britischen Inseln ein gutes Stück westlich und traf nach einer harten Reise von 45 Tagen in Bergen ein. Auf dem Weg hatte er absolute Funkstille gewahrt, so daß die B-Boot-Führung bereits mit der Versenkung des Bootes gerechnet hatte. Willenbrock kam zu dem Schluß, daß *U256* nicht mehr gefechtsbereit sei, und am 23. Oktober wurde es, diesmal in Norwegen, erneut außer Dienst gestellt.

- *U985* unter dem 26jährigen Heinz Wolff lief am 30. August in La Pallice aus und fuhr ebenfalls auf einer Route westlich der Britischen Inseln direkt nach Norwegen. Als es sich am 22. Oktober der norwegischen Küste näherte, lief es auf eine Mine, die einen gewaltigen Schaden, aber keine Menschenverluste verursachte. Ein deutsches Patrouillenboot schleppte *U985* am 26. Oktober nach Christiansand, wo das B-Boot für gefechtsuntauglich befunden und außer Dienst gestellt wurde. Wolff und einige Mitglieder seiner Besatzung gingen nach Deutschland, um ein großes Elektro-Boot zu bemannen.
- *U673* unter dem neuen 23jährigen Kommandanten Ernst-August Gerke lief am 14. September von St. Nazaire aus. Am 10. September verließ das außer Dienst gestellte und dann doch wieder eingesetzte und mit einem Schnorchel versehene *U382,* ebenfalls unter einem neuen Kommandanten, dem 32jährigen Hans-Dietrich Wilke[1], La Pallice. Beide Kommandanten nahmen einen Kurs direkt nach Norwegen, der relativ weit westlich an den Britischen Inseln vorbeiführte, und beide erreichten Bergen am 19. Oktober.

Wegen der Schäden durch den Luftangriff und weil zu viele B-Boote in Bergen lagen, befahl die B-Boot-Führung den beiden Booten, den B-Boot-Stützpunkt im norwegischen Stavanger anzulaufen. Bei dem Transfer am 24. Oktober rammte Wilke mit seinem Boot Gerkes *U673* und beschädigte es so schwer, daß es im Nerstrandfjord auf den Strand gesetzt werden mußte. Wilke nahm die Besatzung des beschädigten Bootes an Bord, und es wurde später von den Deutschen zerstört. In der Folge brachte Wilke *U382* in die Ostsee, wo es unter einem neuen Kommandanten gegen sowjetische Kräfte eingesetzt wurde.[2] Wilke und Gerke erhielten das Kommando über je ein großes Elektro-Boot.

Die anderen 16 Typ-VII-Boote mit Schnorchel überstanden zwar die Evakuierung von Frankreich nach Norwegen, doch diese verlief keineswegs reibungslos. Zwölf der Boote machten kurze Feindfahrten im Ärmelkanal, im Bristol Channel und im Nordkanal. Drei versenkten Schiffe. Hier kurz ihre Geschichte:

- *U480* unter Hans-Joachim Förster lief am 3. August von Brest aus, um an der englischen Südküste nahe der Isle of Wight zu patrouillieren. Försters Feindfahrt war eine der aggressivsten in jener

[1] Wilke kam von dem außer Dienst gestellten *U766* als Ersatz für Rudolf Zorn. Dieser ersetzte wiederum Ernst von Witzendorff in *U650,* der nach Deutschland zurückkehrte, um ein großes Elektro-Boot zu übernehmen. Gerke ersetzte Heinz-Gerd Sauer in *U673.*

[2] *U382* wurde im Januar 1945 in der Ostsee ebenfalls gerammt und sank.

Phase des Krieges; er griff (vielleicht ermutigt durch den Alberich-Überzug, den sein Boot zum Schutz gegen die Ortung durch feindliche Sonargeräte besaß) am 18., 21., 22., 23. und 25. August Schiffe an und versenkte oder zerstörte vier. Unter den versenkten Schiffen waren die kanadische Korvette *Alberni* mit 925 Tonnen und der 850 Tonnen große britische Minensucher *Loyalty.* Die *Alberni* sank innerhalb von wenigen Minuten unter Verlust von 59 Mann. Britische Patrouillenboote retteten 31 Überlebende. Die beiden anderen Opfer Försters waren Frachter: die 5712 BRT große britische *Orminister* und das 7134 BRT große britische War-Emergency-Schiff *Fort aYe,* das völlig zerstört auf den Strand gesetzt wurde.

Förster fuhr weiter nach Bergen, wo er bei seiner Ankunft am 4. Oktober hoch gepriesen wurde. Am 18. Oktober überreichte ihm Dönitz das Ritterkreuz, die vierte und letzte solche Auszeichnung für einen am Kampf gegen die alliierten Landungskräfte der Operation Neptun beteiligten Kommandanten.

- *U764* unter Hans-Kurt von Bremen lief am 6. August von Brest aus und fuhr in den Ärmelkanal. Am 20. August versenkte Bremen den 638 BRT großen britischen Frachter *Coral* aus dem Geleitzug ETC 72. Danach fuhr er nach Bergen, wo er am 19. September nach 45tägiger Feindfahrt eintraf.
- *U989* unter Hardo Rodler von Roithberg lief am 9. August von Brest aus und fuhr in die Seinebucht. Rodler schoß am 23. und 26. August auf Schiffe. Er versenkte den 1791 BRT großen britischen Frachter *Ashmun J. Clough* und beschädigte das 7176 BRT große amerikanische Liberty-Schiff *Louis Kossuth.* Er erreichte Norwegen am 25. September und fuhr weiter in die Ostsee.
- Der VIID-Minenleger *U218* lief am 10. August von Brest aus, um sein zweites Minenfeld seit dem D-Day zu legen. Unter seinem neuen Kommandanten Rupprecht Stock (dem früheren Kommandanten von *U214,* der Richard Becker abgelöst hatte) legte das Boot am 18. August sein Minenfeld vor Start Point bei Plymouth im westlichen Ärmelkanal. Danach nahm Stock Kurs auf Norwegen, wo er nach einer nervenaufreibenden Reise von 45 Tagen am 23. September eintraf. Das Minenfeld richtete keinen Schaden an. Stock fuhr weiter in die Ostsee.
- *U275* unter dem 23jährigen Helmut Wehrkamp, das am 1. August in Boulogne eingelaufen war, lief am 13. August wieder aus. Wegen der starken ASW-Kräfte in der Seinebucht verließ Wehrkamp laut Kriegstagebuch der B-Boot-Führung das Gebiet früh und ohne entsprechenden Befehl. Westlich von Irland schoß Wehrkamp einen T-5 auf ein Schiff, das er für einen 12000 BRT großen Ozeandampfer hielt. Er meldete eine Beschädigung und nannte als Beweis, daß das Schiff nach der Explosion eine Weile gestoppt und dann Kurs auf die

Küste genommen habe. Der Treffer wurde durch die alliierten Unterlagen nicht bestätigt. Nach einem kurzen Aufenthalt vor dem North Minch traf Wehrkamp am 18. September nach einer Feindfahrt von 37 Tagen in Bergen ein.

- *U714* unter dem 26jährigen Hans-Joachim Schwebcke lief am 27. August von La Pallice aus. Es machte eine Feindfahrt nach Norwegen und patrouillierte im Eingang des Bristol Channel, fand jedoch kein Ziel. Nach einer erschöpfenden Feindfahrt von 59 Tagen traf es schließlich in Norwegen ein. Einen Tag später fuhr es weiter in die Ostsee.
- *U309* unter dem 25jährigen Hans-Gert Mahrholz verließ La Pallice am 29. August. Mahrholz patrouillierte fünf Tage in der Nähe des Nordkanals, wurde jedoch von einem unbekannten Flugzeug bombardiert und zum Abbruch der Feindfahrt gezwungen. Er traf nach einer Reise von 42 Tagen unangekündigt in Bergen ein und fuhr danach weiter in die Ostsee.
- *U963* unter dem 30jährigen Karl Boddenberg lief ebenfalls in der Nacht des 29. August von La Pallice aus und patrouillierte in der Nähe des Nordkanals. Das Boot fand kein Ziel und fuhr nach Norwegen, wo es am 7. Oktober nach einer harten Reise von 40 Tagen eintraf. Danach fuhr es weiter in die Ostsee.
- *U763* lief mit seinem neuen 21jährigen Kommandanten Kurt Braun am 23. August von Bordeaux aus, setzte einen Kurs gut westlich der Britischen Inseln und fuhr direkt nach Norwegen, wo es am 24. September nach 33 Seetagen eintraf. In jener Nacht ortete eine mit Leigh Light ausgerüstete, von John C. T. Downey geflogene B-24 der britischen Squadron 224 der 18. Group das Boot, griff es an und beschädigte es. Nach Reparaturen in Bergen und Christiansand wurde es von Braun nach Deutschland überführt.
- *U262,* das am 18. August in La Pallice durch Bomben beschädigt worden war und vier Mann verloren hatte (drei tot, einer verwundet), lief am 23. August gemeinsam mit *U763* Richtung Norwegen aus. Noch immer unter dem Kommando des 24jährigen Helmut Wieduwilt, machte das Boot eine Feindfahrt in der Einfahrt des Bristol Channel und nördlich von Land's End, fand jedoch kein Ziel. Die B-Boot-Führung vermutete in ihrem Kriegstagebuch, daß es sich den Geleitzugrouten nicht genug genähert habe. Wieduwilt traf am 1. November in Norwegen ein. Er hatte mit 71 Tagen die längste Fahrt der Evakuierung absolviert. Wenig später brachte er das Boot in die Ostsee.
- *U758* lief, noch immer unter dem Kommando des 22jährigen Hans-Arendt Feindt, am 23. August von St. Nazaire aus. Feindt patrouillierte ebenfalls in der Mündung des Bristol Channel und nördlich von Land's End. Auch er fand kein Ziel und setzte seine Fahrt nach sieben fruchtlosen Tagen nach Norwegen fort. Er erreichte Bergen nach einer Reise von 59 Tagen und fuhr kurz darauf weiter in die Ostsee.

- *U953* unter dem neuen Kommandanten Herbert Werner, dessen altes Boot *U415* vor Brest auf eine Mine gelaufen und zerstört worden war, lief am 31. August von La Pallice aus. Werner gibt in seinem Buch *Die eisernen Särge* zu verstehen, *U953* sei das letzte Boot gewesen, das Frankreich verlassen habe. Dem war nicht so. Werner patrouillierte in der Mündung des Nordkanals, mußte jedoch nach sieben Tagen die Feindfahrt abbrechen, da er seinen Schnorchel nicht mehr umklappen konnte, auch nicht von Hand. Die Bedienung des Schnorchels sei zu einem Alptraum geworden, schreibt er in *Die eisernen Särge.* Am 11. Oktober traf er, laut Kriegstagebuch der U-Boot-Führung unangekündigt, nach einer Reise von 42 Tagen in Bergen ein und fuhr danach weiter in die Ostsee.
- *U260* verließ La Pallice am 3. September, noch immer unter dem Kommando des 24jährigen Klaus Becker. Geplagt von einem defekten Schnorchel, der Abgase in das Boot leitete und viele Männer in die Kojen zwang, nahm Becker einen Kurs weit westlich der Britischen Inseln. Er kam am 17. Oktober nach einer Reise von 45 Tagen in Bergen an. Danach fuhr er mit dem Boot in die Ostsee.
- *U281* unter dem 25jährigen Heinz von Davidson lief am 4. September, eine Nacht nach *U260,* von La Pallice aus. Davidson patrouillierte vor dem North Minch, aber nach sieben Tagen in diesem Gebiet versagten seine Horchgeräte, und er fuhr früher als geplant nach Norwegen. Am 17. Oktober erzielte ein unidentifiziertes Flugzeug Treffer auf dem Boot und verwundete drei Deutsche. Das Boot traf am 28. November nach einer Reise von 55 Tagen in Farsund in Norwegen ein.

Am 15. September wurde Brest von alliierten Truppen eingenommen, und der ranghöchste B-Boot-Mann in Brest, Flottillenchef Walter Winter, schickte einen letzten Funkspruch nach Berlin: »U-Stützpunkt 9. U-Flottille nach mehrtägigem tapferem Kampf niedergerungen. Melde U-Stützpunkt Brest ab und schalte aus. Heil unserem Führer!«

In St. Nazaire stufte Adolf-Cornelius Piening, der Kommandant des Stützpunkts, das außer Dienst gestellte *U267* wieder als einsatzfähig ein und befahl dem 33jährigen Bernhard Knieper, es wieder in Dienst zu stellen. Knieper lief am 23. September mit einem vorübergehend montierten Schnorchel aus und fuhr direkt nach Norwegen. *U267* war also das letzte deutsche B-Boot, das einen französischen Atlantikhafen verließ, nachdem die B-Boote vier Jahre und zwei Monate von den fünf Stützpunkten aus operiert hatten. Knieper erreichte Norwegen am 29. Oktober nach einer Fahrt von 37 Tagen. Danach fuhr er mit dem Boot weiter in die Ostsee.

Folglich blieben nur 17 der 30 Typ-VII-Boote, die im August und September aus Frankreich evakuiert wurden, als Kampfboote gefechtsbereit. Sie waren der traurige Rest der einstmals eindrucksvollen

B-Boot-Streitmacht im Atlantik, die in ihrer Glanzzeit alliierte Geleitzüge in Gruppen von 20 bis 40 Typ-VII-Booten angegriffen hatte.

Aufgrund der chaotischen Verhältnisse, die im Sommer 1944 auf, über und im Ärmelkanal herrschten, ist es nicht möglich, eine genaue Aufstellung der Erfolge zu geben, die die B-Boote vom D-Day bis zu ihrer Evakuierung nach Norwegen gegen die an Neptun beteiligten Schiffe erzielten. Die von Professor Jürgen Rohwer errechnete Bilanz ist zweifellos die genaueste. Seinen Berechnungen zufolge versenkten oder zerstörten die B-Boote, die damals von Frankreich nach Norwegen fuhren, vermutlich 26 alliierte Schiffe mit etwa 73000 Tonnen: 12 kleinere Kriegsschiffe mit etwa 13000 Tonnen[1] und 14 Handelsschiffe mit etwa 60000 Tonnen, darunter 6 Liberty-Schiffe.

Dönitz und das OKM spielten die Verluste an Typ-VII-Booten im Zeitraum der Invasion herunter. In Wirklichkeit waren die Verluste an VII-Booten, die zwischen dem 16. Mai und dem 1. November 1944 von französischen und norwegischen Stützpunkten aus gegen die alliierte Landungsstreitmacht eingesetzt wurden, geradezu entsetzlich: 72 Boote mit annähernd 3500 Männern.[2] Britische, kanadische, australische, norwegische, polnische und tschechoslowakische ASW-Flugzeuge und RAF-Bomber sowie britische und kanadische Überwasserschiffe hatten die B-Boote zur Strecke gebracht.

Die Luft- und Seestreitkräfte der Vereinigten Staaten suchten ebenfalls unablässig nach B-Booten, hatten aber wenig Erfolg. Die vielen B-24-Maschinen von Fleet Air Wing 7 der US Navy hatten nur einen Sieg vorzuweisen, und selbst den mußten sie sich, wie berichtet, mit zwei australischen Sunderlands teilen. Der wichtigste amerikanische Erfolg war die Versenkung von *U243* am 8. Juli in der Biskaya durch Aurelian H. Cooledge von Squadron VB 105, der dafür das britische DFC erhielt.

Mit dem Ziel, auf eine neue Art B-Boote zu vernichten, hatte Fairwing 7 inzwischen ein sehr gefährliches Geheimprojekt begonnen. Am 23. Juli, bevor die Evakuierung der B-Boote aus Frankreich begonnen hatte, bildete sie aus Squadron VB 110 die Special Air Unit One. Diese

---

[1] Die britischen Fregatten *Blackwood, Mourne* und *Goodson,* die Korvette *Pink;* die kanadischen Korvetten *Alberni* und *Regina;* die amerikanischen *LST 280* und *LST 921;* das britische LST *Prince Leopold;* den britischen Minensucher *Loyalty;* den britischen ASW-Trawler *Ganilly;* das amerikanische *LCI 99.*

[2] Darunter acht Boote, die in Frankreich oder Norwegen außer Dienst gestellt und/oder verschrottet wurden, weil sie nicht mehr gefechtstüchtig waren *(U255, U256, U276, U673, U766, U957, U985, U998),* und vier bei dem Luftangriff auf Bergen am 4. Oktober versenkte Boote *(U92, U228, U437, U993).* 11 der 72 Verluste waren Nordmeer-Boote. Nicht zu den 72 zählen 5 Boote der Gruppe Mitte, die zum Ausbildungsverband der Ostsee zurückkehrten *(U397, U677, U982, U999, U1192).*

Sondereinheit sollte B-Boot-Bunker mit funkgesteuerten, unbemannten B-24-Maschinen zerstören, die mit zwölf Tonnen Torpex-Sprengstoff vollgestopft waren. Das war mehr als die doppelte Sprengkraft der knapp sechs Tonnen schweren britischen Tallboy-Bomben, mit denen es nicht gelungen war, die B-Boot-Bunker wirksam zu beschädigen.

Der schwierigste und gefährlichste Abschnitt beim Einsatz einer funkgesteuerten B-24 war der Start auf dem Stützpunkt. Die Durchführung der notwendigen Checks vor dem Flug und das Starten der vier Motoren des Flugzeugs waren zu kompliziert, um sie per Fernsteuerung durchzuführen. Außerdem bestand die Gefahr, daß die unbemannte Maschine beim Start außer Kontrolle geraten und mit katastrophalen Folgen auf eine britische Stadt abstürzen könnte. Deshalb sollten ein oder zwei Piloten das Flugzeug starten und, wenn es in der Luft war, durch das einziehbare vordere Fahrgestell abspringen. Danach sollte eine »Muttermaschine« für den Rest des Fluges die Fernsteuerung übernehmen.

Eine ganze Reihe Piloten von VB 110, die von den end- und fruchtlosen ASW-Patrouillen gelangweilt waren, meldeten sich freiwillig für den Dienst in Special Air Unit One. Unter ihnen war auch Joseph P. Kennedy jr., der älteste Sohn des früheren Botschafters und Bruder des späteren Präsidenten. Beim Training am 12. August stiegen Kennedy und sein Copilot Wilford J. Willy mit einer B-24 auf, die bereits die scharfgemachte Torpex-Ladung an Bord hatte. Minuten nach dem Start detonierte der Sprengstoff und riß die Piloten und das Flugzeug in Stücke. Die Navy ließ sich durch das Unglück nicht abschrecken und verfolgte das Projekt weiter. Am 3. September setzte sich der Pilot Ralph D. Spalding an die Instrumente einer ähnlich beladenen B-24, startete, gewann Höhe und stieg aus. Funkspezialisten in einem B-17-»Mutterflugzeug« steuerten die B-24 zu den deutschen B-Boot-Bunkern auf der Insel Helgoland in der Nordsee, doch beim Endanflug kam die ferngesteuerte B-24 vom Kurs ab und verfehlte den Bunker.[1]

Die erzwungene Evakuierung der Typ-VII-Boote aus den französischen Stützpunkten war natürlich der schlimmste Schlag, der Dönitz und die Kriegsmarine treffen konnte. Trotzdem übten er und die Mehrheit der deutschen B-Boot-Fahrer wie ihre Vorfahren in der Kaiserlichen Marine weiterhin trotzig ihr Soldatenhandwerk aus und verloren nur wenig von

---

[1] Kennedy wurde für die Medal of Honor empfohlen, aber höhere Stellen beschränkten die Auszeichnung auf ein Navy Cross. Der Copilot Wilford Willy und Ralph Spalding erhielten ebenfalls ein Navy Cross. Nur noch ein weiterer Pilot von Fairwing 7 erhielt diese hohe Auszeichnung, James H. Alexander jr. Seine B-24 wurde über der Biskaya von sechs Ju-88 angegriffen. Die Besatzung schoß mehrere feindliche Flugzeuge ab, doch der verwundete Pilot mußte mit der von Geschossen durchsiebten Maschine notwassern. Alle zehn Flieger überlebten 36 Stunden auf ihrem Rettungsfloß. Sie wurden von Spaniern gerettet und schließlich repatriiert.

ihrem Kampfgeist. Fast bis zum letzten Mann glaubten die deutschen B-Boot-Fahrer, daß das große XXI-Elektro-Boot und das kleine XXIII-Elektro-Boot eine neue Ära des Seekriegs einleiten würden, in der die Deutschen wieder entschieden dominieren würden.

Es ist eine der Ironien in der Geschichte des Seekriegs, daß das B-Boot, das ursprünglich als Waffe zur »Küstenverteidigung« entwickelt wurde, sich in dieser Rolle als nahezu völlig wertlos erwies. Im Zweiten Weltkrieg wurde diese Tatsache 1940 vor Norwegen, 1941 und 1942 bei den Philippinen und den Midwayinseln und 1941 bis 1944 im Mittelmeer eindeutig bewiesen. B-Boote waren am effektivsten bei überraschenden Einzelangriffen auf Handelsschiffe, weil der Vorteil der Unsichtbarkeit dabei am besten zum Tragen kam.

Die Evakuierung der IX-Boote aus Frankreich

Als die Alliierten in der Normandie landeten, gehörten 37 Typ-IX-Boote zur B-Boot-Streitmacht im Atlantik, darunter neun Fern-B-Boote.[1] Abgesehen von letzteren und den sechs in Fernost operierenden konventionellen Typ-IX-Booten[2], waren die restlichen 22 Typ-IX-Boote wie folgt eingesetzt: Drei waren gerade erst als Wetterboote in den Nordatlantik ausgelaufen,[3] acht operierten in amerikanischen Gewässern oder kehrten gerade von dort zurück, fünf befanden sich in afrikanischen Gewässern oder kehrten von dort zurück, und sechs lagen zur Überholung und Modernisierung in französischen Stützpunkten.

14 der 24 Typ-IX-Boote, die sich am 6. Juni auf Feindfahrten befanden, kehrten zurück: Drei fuhren nach Norwegen *(U516, U530* und *U539)* und elf nach Frankreich. Wie berichtet, ging *U107* im Golf von Biskaya verloren, als es die Stützpunkte wechselte. Drei weitere Boote, das berühmte Paukenschlag-Boot *U123,* das IXC-Boot *U129* und das IXC/40-Boot *U188* wurden unmittelbar nach ihrer Rückkehr aus dem Fernen Osten für nicht mehr einsatzbereit befunden und in Lorient oder Bordeaux außer Dienst gestellt. Bei der Räumung wurden sie unbrauchbar gemacht.[4] Die rest-

---

[1] Die zu Transport-B-Booten umgebauten IXD1-Boote *U180* und *U195* und das IXD2-Boot *U178* in Bordeaux; die IXD2-Boote *U181, U196, U198, U859, U860* und *U861* im Fernen Osten.

[2] *U168, U183, U510, U532, U537* und *U843.*

[3] *U534, U853* und *U857.*

[4] Partisanen lockten einen Autokonvoi in einen Hinterhalt und töteten Siegfried Lüdden, den Kommandanten des IXC/40-Bootes *U188,* der nach Berlin unterwegs war, um seinen mündlichen Bericht abzugeben. Die Partisanen fanden wertvolle Papiere bei seinen Sachen, einschließlich eines Berichts von seiner Feindfahrt mit einem speziellen Abschnitt, in dem die aktuellen Anmarschwege der B-Boote nach Penang, Jakarta, Singapur usw. enthalten waren.

lichen in französischen Stützpunkten liegenden Typ-IX-Boote wurden, einschließlich der in Überholung und Modernisierung befindliche Boote, nach Norwegen evakuiert.

Sechs der dreizehn Typ-IX-Boote erhielten den Befehl, bevor sie Norwegen ansteuerten, Feindfahrten in weit entfernten Gebieten durchzuführen – zwei nach Westafrika und vier zum amerikanischen Kontinent. Hier kurz ihre Geschichte:

• Das mit einem Schnorchel ausgestattete IXC/40-Boot *U546* unter dem 28jährigen Paul Just lief am 15. Juni von Lorient aus und nahm Kurs auf den Golf von Guinea vor der westafrikanischen Küste. Bei Angriffen nicht identifizierter Flugzeuge im Golf von Biskaya verbrauchte das Boot seine Flakmunition. Es kehrte am 22. Juni nach Lorient zurück, um Munition zu bunkern, und lief am 25. wieder aus. Alliierte Codeknacker hatten bis zum 13. Juli den Funkverkehr über die Feindfahrt des Bootes entziffert, und die Tenth Fleet setzte eine U-Jagdgruppe mit einem Geleitträger auf seine Fährte. Am 20. Juli trug Just in sein Kriegstagebuch ein, er habe einen »Träger« gesichtet und ihn mit einem T-5 angegriffen, aber verfehlt. Die Geleitfahrzeuge des Trägers belegten ihn drei Stunden lang mit Wasserbomben, doch er entkam.

Weil Just für die Fahrt nach Norwegen Treibstoff sparen mußte, gab er den Plan auf, in den Golf von Guinea zu fahren, und patrouillierte etwa fünf Wochen lang von Dakar entlang der westafrikanischen Küste nach Süden. In dieser Zeit fand er einen Geleitzug und schoß drei Torpedos, doch sie gingen fehl. Als Just meldete, daß er sich auf dem Rückmarsch befinde, wurde er von der B-Boot-Führung als Wettermelder eingesetzt. Am 6. November erreichte er schließlich Norwegen, nach einer völlig erfolglosen Feindfahrt von 135 Tagen.

• Das mit einem Schnorchel ausgestattete IXC/40-Boot *U170* unter dem neuen, 30jährigen Kommandanten Hans-Gerold Hauber lief am 4. August von Lorient aus und fuhr in das Gebiet Dakar-Freetown. Dort patrouillierte es etwa einen Monat lang ohne Erfolg. Als Hauber über Funk mitteilte, daß er nun nach Norwegen fahre, entzifferten die Alliierten den Funkspruch und stellten per Funkeinpeilung die Position des Bootes fest. Die Tenth Fleet entsandte eine U-Jagdgruppe mit dem Geleitträger *Guadalcanal,* um das Boot abzufangen. Am 25. Oktober fanden Flugzeuge von der *Guadalcanal* das Boot, griffen es an und beschädigten es, aber es sank nicht. In den folgenden Tagen griff Hauber mit T-5 zwei »Zerstörer« an, vermutlich die Geleitzerstörer der *Guadalcanal,* verfehlte sie jedoch. Am 5. November meldete er, daß er wegen Wasserbombenschäden und eines defekten Schnorchels zur Reparatur abdrehe. Als er schließlich am 30. November Norwegen erreichte, hatte er eine erfolglose Feindfahrt von 119 Tagen hinter sich.

• Das mit einem Schnorchel ausgestattete IXC/40-Boot *U154* unter dem 25jährigen Gerth Gemeiner fuhr am 20. Juni erneut in amerikanische Gewässer, diesmal jedoch über die südliche Route nach Cape Hatteras. Durch entzifferte Enigmasprüche auf die Spur des Bootes gebracht, ließ die Tenth Fleet am 30. Juni den Geleitträger *Croatan* und seine Geleitzerstörer in Casablanca auslaufen, um das B-Boot in der Nähe von Madeira zu stellen. Am Morgen des 3. Juli bekamen zwei Kriegsschiffe aus diesem Verband, die beiden Geleitzerstörer *Inch* und *Frost,* Sonarkontakt und griffen an. Bei dem Gefecht versagte das Katapult der *Croatan,* und sie konnte keine Flugzeuge starten. Doch dies war nicht mehr nötig. Gemeiner schoß zwei T-5 auf die angreifenden Schiffe, doch er verfehlte sie. Dann wurde er von der *Inch* und der *Frost* mit Wasserbomben belegt und kam mit seiner gesamten Besatzung ums Leben. Nach der Versenkung trieben Holzsplitter, deutsche Uniformen und Leichenteile auf.

• Das von dem 23jährigen Hans-Werner Offermann geführte, mit einem Schnorchel ausgestattete IXC-Boot *U518* lief am 15. Juli in Lorient aus, um in der Karibik, und zwar diesmal vor der Küste Panamas, zu patrouillieren. Die Tenth Fleet war durch entzifferte Enigma-Funksprüche über die Route des Bootes informiert und befahl Sicherungsschiffen des Geleitzugs UGS 50, das Boot zu jagen. Diese bekamen am 9. August Sonarkontakt, bei dem es sich vermutlich um *U518* handelte, und griffen an. Doch das Boot entkam. Als die B-Boot-Führung Offermann mitteilte, daß er nicht nach Frankreich, sondern nach Norwegen zurückkehren solle und deshalb Treibstoff sparen müsse, beschloß dieser, vor Cape Hatteras anstatt vor Panama zu patrouillieren.

Die Alliierten entzifferten auch diesen Funkspruch und peilten das Boot ein. Die Tenth Fleet entsandte Sicherungsschiffe des von Trinidad nach Freetown fahrenden Geleitzugs TF 6, um das Boot zu jagen. Aber Offermann entkam seinen Verfolgern abermals. Nun entsandte die Tenth Fleet die U-Jagdgruppe der *Croatan* aus Norfolk, doch sie hatte auch nicht mehr Glück. Dasselbe traf auch auf zwei U-Jagdgruppen mit Geleitträgern und für ASW-Flugzeuge zu, die von den Bermudas und der Ostküste der Vereinigten Staaten kamen. Am 12. September torpedierte Offermann das 7176 BRT große amerikanische Liberty-Schiff *George Ade* vor Cape Fear. Das Bergungsfahrzeug *Escape* konnte die *George Ade* zwar zu einem Ankerplatz schleppen, doch am 13. September sank das Schiff in einem Hurrikan.[1] Offermann lief mit *U518* nach einer Feindfahrt von 100 Tagen am 22. Oktober in Norwegen ein.

• Das von dem 26jährigen Helmut Schmoeckel geführte, mit einem

[1] In dem Hurrikan sanken unter hohen Verlusten von Menschen auch vier amerikanische Kriegsschiffe: der Zerstörer *Warrington,* der kleine Hafen-Minenräumer *409* und die Coast Guard Cutter *Jackson* und *Bedloe.*

Schnorchel ausgestattete IXC/40-Boot *U802* lief am 22. Juni von Lorient aus, um in kanadischen Gewässern zu operieren. Nach etwa zehn Seetagen funktionierte der Schnorchel des Bootes nicht mehr, und Schmoeckel kehrte zur Reparatur auf den Stützpunkt zurück, wo er am 8. Juli eintraf. Er lief am 16. Juli wieder aus und wurde von der B-Boot-Führung in die Mündung des St.-Lorenz-Stroms entsandt – ein sehr gefährliches Gebiet, in dem seit 1942 kein B-Boot mehr patrouilliert hatte. Angesichts des zu erwartenden Überraschungseffekts, des starken Schiffsverkehrs in dem Mündungsgebiet und der Tarnung durch den Schnorchel ermahnte die B-Boot-Führung Schmoeckel trotzdem, entschlossen in das Gebiet hineinzufahren und große Erfolge anzustreben.

Auch die Route dieses Bootes war durch entzifferte Funksprüche bekannt, und die Tenth Fleet setzte den Geleitträger *Bogue* zu seiner Verfolgung an. In der Nacht des 19. August belegte ein mit Radar und Suchscheinwerfer ausgerüstetes Flugzeug der *Bogue* etwa 280 Kilometer südlich der Grand Banks ein »aufgetauchtes B-Boot« mit drei Wasserbomben, doch Schmoeckel entkam und schnorchelte über die Cabotstraße langsam zum St.-Lorenz-Golf. Die alliierten ASW-Kräfte im Bereich des Golfes wußten, daß sich zwei B-Boote näherten, und waren in großer Zahl im Einsatz. In der Nacht des 28. August drückte laut Kriegstagebuch der B-Boot-Führung eines der ASW-Flugzeuge *U802* unter Wasser, doch das Boot entkam noch einmal.

Schmoeckel schnorchelte in die Mündung des St.-Lorenz-Stroms hinein, eine mutige Tat angesichts der starken ASW-Maßnahmen. Er lauerte dort eine Woche unter schlechten Sonarbedingungen, fand aber kein lohnendes Ziel. Daraus zog er den Schluß, daß ein Überraschungseffekt nicht mehr gegeben war, und zog sich in sicherere Gewässer im Golf zurück. Dort schoß er am 14. September einen T-5 auf einen »Zerstörer«, den der kanadische Historiker Michael Hadley später als die kanadische Fregatte *Stettler* identifizierte. Der Torpedo ging fehl. Die *Stettler* und andere Kriegsschiffe jagten *U802,* doch es entkam. Am 12. November lief das Boot mit gebrochenem Schnorchel nach einer aufreibenden, erfolglosen Reise von 120 Tagen in Bergen ein.

- Das von dem 27jährigen Kurt Petersen geführte, mit einem Schnorchel ausgestattete IXC/40-Boot *U541* lief am 6. August, drei Wochen nach *U802,* in Lorient aus und nahm ebenfalls Kurs auf den St.-Lorenz-Strom. Unter Ausnutzung des schlechten Flugwetters und seines verbesserten Radar-Warngeräts fuhr Petersen die meiste Zeit an der Oberfläche und erreichte den Golf tatsächlich ein paar Tage vor *U802.* Am 3. September versenkte er in der Nähe der Cabotstraße den 2140 BRT großen britischen Frachter *Livingston.* Wegen dieser Versenkung wurden die ASW-Maßnahmen in der Region zweifellos erheblich verschärft, und sie dürfte auch den geringen Schiffsverkehr im St.-Lorenz-Strom veranlaßt haben, der Schmoeckel in *U802* so frustrierte.

Petersen näherte sich schnell dem Strom, fand in der Nacht vom 7. bis zum 8. September ein Ziel, tauchte auf und machte einen T-5 klar. Doch ein Sicherungsschiff, die kanadische Korvette *Norsyd,* bekam *U541* auf den Radarschirm und vereitelte den Angriff mit starkem, gutgezieltem Sperrfeuer. Petersen mußte tauchen, schoß den T-5 auf die Korvette und meldete einen Treffer an einem »Zerstörer«, doch der Torpedo ging fehl. Nachdem er dem Angreifer entkommen war, schnorchelte er mutig in den St.-Lorenz-Stom hinein, doch auch er fand kein Ziel und zog sich nach einer Woche in weniger gefährliche Gewässer zurück. Als Petersen den Golf Ende September verließ, schoß er laut Michael Hadley fünf Torpedos auf zwei Frachter, aber alle gingen fehl.

Auf dem Rückweg nach Norwegen erfuhr Petersen von der B-Boot-Führung, daß die Alliierten in der Island-Färöer-Passage eine starke ASW-Sperre errichtet hatten. Deshalb wählte er die Route über die Dänemarkstraße und fuhr nördlich um Island herum. In den kalten nördlichen Gewässern traf er auf ungewöhnlich starkes Eis, fuhr jedoch kühn darunter hindurch und tauchte nur sporadisch auf, um das Boot zu lüften und die Batterien aufzuladen. Er erreichte Norwegen am 6. November, nach einer nervenaufreibenden Reise von 93 Tagen.

Schmoeckel und Petersen waren insgesamt 213 Tage auf See gewesen und hatten nur einen kleinen Frachter, die *Livingston,* versenkt. Die Anstrengungen der Kommandanten waren durch die Codeknacker und ASW-Kräfte der Alliierten zunichte gemacht worden. Trotz dieser Erfolglosigkeit und obwohl der Schiffsverkehr im St.-Lorenz-Golf im Winter stark vermindert war, sollte die B-Boot-Führung noch viele weitere IXC-Boote in kanadische Gewässer schicken. Schon die bloße Anwesenheit der Schnorchel-Boote im Golf löste Angst und Schrecken in Ottawa aus – und war damit eine Art Propagandaerfolg für Berlin –, und sie band alliierte ASW-Kräfte und verschaffte den deutschen B-Boot-Fahrern, die zur Bemannung der neuen Elektro-Boote vorgesehen waren, Erfahrung mit dem Schnorchel.

Sieben IXC-Boote fuhren direkt von Frankreich nach Norwegen:

- Das vorübergehend von dem 29jährigen Günther Pfeffer, einem alten Hasen, geführte IXC/40-Boot *U548* wurde als erstes großes Boot evakuiert. Das Boot hatte unter dem 27jährigen Eberhard Zimmermann eine 96tägige Feindfahrt nach Kanada gemacht und war am 24. Juni nach Lorient zurückgekehrt. Während seines 49tägigen Aufenthalts in Lorient war es mit einem Schnorchel ausgestattet worden. Sein Kommandant Zimmermann und viele Besatzungsmitglieder hatten wegen der alliierten Invasion nicht aus dem Deutschlandurlaub nach Lorient zurückkehren können. Deshalb lief das Boot am 11. August unter Pfeffer und mit einer neu zusammengestellten Besatzung aus. Und es nahm 30 weitere Männer an Bord, so daß sich insgesamt 84 Mann auf dem Boot befanden.

Das Boot traf am 25. September mit nur 83 Mann in Bergen ein, weil ein Mann unterwegs über Bord gegangen war. Vier Tage später fuhr es zusammen mit anderen Booten nach Flensburg weiter, wo es der 33. U-Flottille zugeteilt wurde, einer neuen Einheit, die eigens zur Leitung der Operationen der Typ-IX-Boote geschaffen worden war, da diese in keinem norwegischen Stützpunkt wiederausgerüstet werden konnten. In Flensburg wurde *U548* wieder von seinem alten Kommandanten Eberhard Zimmermann und der alten Besatzung übernommen, und Pfeffer übernahm andere Aufgaben. Das Boot lief erst am 7. März 1945 unter einem dritten Kommandanten wieder zu einer Feindfahrt aus.

• Als nächstes Boot fuhr das kampferprobte IXC/40-Boot *U190* direkt von Lorient nach Norwegen. Auch dieses Boot hatte einen neuen Schnorchel und mit Hans-Edwin Reith einen neuen Kommandanten. Reith hatte Max Wintermeyer ersetzt, der andere Aufgaben übernommen hatte.

U190 verließ Lorient am 22. August und traf 40 Tage später, am 1. Oktober, in Norwegen ein. Danach fuhr es zusammen mit anderen Booten nach Flensburg, die ebenfalls der 33. U-Flottille zugeteilt wurden. Reith blieb Kommandant von *U190,* lief jedoch erst am 21. Februar 1945 wieder zu einer Feindfahrt aus.

• Als drittes großes Boot fuhr das kampferprobte IXC/40-Boot *U853* direkt von Lorient nach Norwegen. Das neue Boot hatte unter dem 29jährigen Helmut Sommer eine 66tägige Fahrt als Wetterboot im Nordatlantik absolviert. Seine Wettermeldungen waren eingepeilt worden, und alliierte Flugzeuge von einem MAC-Schiff und dem Geleitträger *Croatan* hatten es angegriffen. Sie hatten zwei Männer getötet und zwölf verwundet und das Boot so stark beschädigt, daß es die Fahrt hatte abbrechen müssen und am 3. Juli wieder in Lorient eingelaufen war. Danach hatte es 56 Tage im Hafen gelegen und war mit einem neuen Schnorchel ausgerüstet worden. Doch der Kommandant und einige Besatzungsmitglieder hatten nicht aus dem Heimaturlaub zurückkehren können.

Dönitz ernannte Günter Kuhnke, den langjährigen Chef der 10. U-Flottille, zum Chef der neuen 33. U-Flottille in Flensburg und autorisierte ihn, per B-Boot dorthin zu reisen. Also übernahm Kuhnke vorübergehend das Kommando über *U853* und lief am 27. August mit neun zusätzlichen Passagieren an Bord aus. Er erreichte Norwegen am 11. Oktober nach einer Reise von 46 Tagen, fuhr weiter nach Flensburg und übernahm das Kommando über die 33. U-Flottille, von deren provisorischem Chef, Ritterkreuzträger Georg Schewe. *U853* lief erst am 23. Februar 1945 unter einem dritten Kommandanten wieder zu einer Feindfahrt aus.

• Das mit einem Schnorchel ausgestattete IXC/40-Boot *U547* unter Heinrich Niemeyer verließ als erstes von drei Typ-IX-Booten Bordeaux. Das Boot war gerade erst (am 11. August) von einer Feindfahrt mit Schnorchel zurückgekehrt. Sie hatte 104 Tage gedauert, und an ihrem Ende war das Boot durch britische Minen in der Gironde schwer beschädigt worden. Danach waren weder die Arbeitskräfte noch die Zeit, noch die Ersatzteile vorhanden, um das Boot zu reparieren und auszurüsten.

Gejagt von alliierten Flugzeugen, fuhr Niemeyer am 24. August[1] in der Nacht die Gironde hinunter ins offene Meer und wich weiteren Minen aus. Die meisten Crew-Mitglieder standen mit Schwimmwesten auf dem Oberdeck des Bootes, falls das Boot erneut auf eine Mine laufen sollte. Schließlich erreichte Niemeyer das offene Meer in der Biskaya, richtete seinen Schnorchel auf und schlug einen weit westlich gelegenen, relativ sicheren Kurs nach Norwegen ein. Unterwegs versagte der Schnorchel, und viele Crew-Mitglieder und Passagiere mußten sich mit Vergiftungserscheinungen in die Kojen legen. Nach einer furchtbaren Reise von 35 Tagen traf Niemeyer am 27. September in Bergen ein. Danach fuhr er mit anderen Booten nach Flensburg, wo er der 33. U-Flottille unterstellt wurde. Doch das Boot lief kurz darauf auf eine Mine in der Ostsee und machte nie wieder eine Feindfahrt.

• Als nächstes lief in der Nacht des 25. August das IXC/40-Boot *U534* unter Herbert Nollau in Bordeaux aus. Auch dieses Boot hatte gerade erst vor kurzem seine erste Feindfahrt beendet – 89 Tage als Wetterboot im Nordatlantik – und war am 13. August in Bordeaux eingetroffen. Es hatte keine Chance zur Überholung bestanden, aber immerhin hatten Techniker einen behelfsmäßigen Schnorchel montiert, der allerdings nicht umgeklappt werden konnte.

Auch Nollau ließ seine Besatzung beim Auslaufen in Schwimmwesten an Deck bleiben. Er wich Minen aus und/oder brachte sie mit einem zeitweilig ausgesetzten Geräuscherzeuger zum Detonieren, und er mußte immer wieder tauchen, um Schwärmen feindlicher Flugzeuge zu entkommen, bis er schließlich die offene See der Biskaya erreicht hatte. Sein Schnorchel versagte, als er in Betrieb genommen wurde, und das Boot füllte sich mit Abgasen, so daß sich Nollau und viele Crew-Mitglieder mit Vergiftungserscheinungen vorübergehend hinlegen mußten.

---

[1] Etwa zu diesem Zeitpunkt liefen die mit neuen Maschinen versehenen IXD1-Transport-B-Boote *U180* und *U195* und der große IXB-Minenleger *U219* von Bordeaux aus, um die in Penang, Jakarta und anderswo stationierten B-Boote mit Nachschub zu versorgen. Das von dem 24jährigen Rolf Riesen geführte *U180* lief in der Biskaya auf eine britische Mine und sank mit der gesamten Besatzung. *U195* unter dem neuen Kommandanten Friedrich Steinfeldt und *U219* unter Walter Burghagen trafen im Dezember in Jakarta ein.

Als Nollau auftauchte, um das Boot zu lüften, wurde er von alliierten Flugzeugen angegriffen. Nollau wehrte sich mit der Flak – er meldete später ein abgeschossenes Flugzeug –, war jedoch bald zum Alarmtauchen gezwungen, wobei das Boot versehentlich etwa 25 Tonnen Seewasser aufnahm und in eine extreme Tiefe fiel, bevor Nollau und sein Leitender Ingenieur es wieder unter Kontrolle brachten.

Nur knapp dem Tod entronnen, passierte *U534* die Britischen Inseln weit im Westen, und die Besatzung lernte allmählich, den provisorischen Schnorchel zu benützen. Auf halbem Wege befahl die B-Boot-Führung *U534,* behelfsmäßig als Wetterboot zu fungieren. Das Boot erreichte Norwegen am 24. Oktober nach einer Fahrt von 61 Tagen und fuhr am folgenden Tag nach Flensburg weiter. Nollau blieb Kommandant, lief jedoch erst am 3. Mai 1945 wieder zu einer Feindfahrt aus.[1]

- Das von dem 25jährigen Rudolf Premauer geführte IXC/40-Boot *U857* lief in derselben Nacht des 25. August aus wie *U534.* Es war das letzte große Boot, das von Bordeaux nach Norwegen fuhr.

Das neue Boot hatte gerade eine 97tägige Fahrt als Wetterboot hinter sich und war am 13. August in Bordeaux eingetroffen. Es war ebenfalls mit einem unbeweglichen provisorischen Schnorchel ausgerüstet und mußte sich ebenfalls, gejagt von feindlichen Flugzeugen, vorsichtig die verminte Gironde hinuntertasten. Als das Boot endlich die offene See erreicht hatte, erhielt Premauer den Befehl, erneut als Wettermelder zu fungieren. 44 Tage nach dem Auslaufen kam das Boot in Norwegen an und lief am folgenden Tag wieder nach Flensburg aus. Premauer behielt das Kommando, doch das Boot trat erst am 8. Februar 1945 wieder eine Feindfahrt an.

- Als letztes der sieben Typ-IX-Boote fuhr das kampferprobte IXC-Boot *U155* direkt von Frankreich nach Norwegen. Das Boot hatte unter dem 28jährigen Kommandanten Johannes Rudolph eine Feindfahrt von 105 Tagen in den Golf von Guinea gemacht. Bei seiner Rückkehr war das Boot, wie berichtet, durch einen Flugzeugangriff vor Lorient beschädigt worden, bei dem zwei Besatzungsmitglieder getötet und sieben verwundet worden waren. Als klar wurde, daß Rudolph nicht aus dem Heimaturlaub nach Lorient zurückkehren konnte, erhielt Ludwig-Ferdinand von Friedeburg, der 20jährige Erste Wachoffizier

[1] Eine von J. D. Nicol geflogene B-24 der britischen Squadron 206 versenkte *U534* im Kattegat, zwei Tage nachdem es zu seiner letzten Feindfahrt ausgelaufen war. Drei Besatzungsmitglieder kamen ums Leben, aber Nollau und 48 weitere Deutsche überlebten. Am 23. August 1993 geriet das Boot in die Schlagzeilen, als es von dem niederländischen Bergungsunternehmen Smit Tak aus Rotterdam gehoben wurde, wobei einige ehemalige Besatzungsmitglieder der B-24 und des B-Boots zuschauten. Damals hieß es in den Nachrichten, Nollau habe »1976 Selbstmord begangen«. Nach Auskunft des Bergungsunternehmens soll *U534* restauriert und in Liverpool ausgestellt werden.

des IXC/40-Bootes *U548,* vorübergehend das Kommando über *U155* und lief am 9. September aus. Er war der bis dahin jüngste Offizier, der im Kriegsgebiet des Atlantiks ein hochseetüchtiges B-Boot führte.

Friedeburg traf nach einer qualvollen Reise von 39 Tagen am 17. Oktober in Norwegen ein und fuhr weiter nach Flensburg. Dort wurde das Boot wieder von Rudolph übernommen, und Friedeburg wurde Kommandant eines der kleinen XXIII-Elektro-Boote. *U155* machte keine Feindfahrten mehr. Die Evakuierung der letzten 13 Typ-IX-Boote aus den französischen Stützpunkten sollte vor allem verhindern, daß sie dem Feind in die Hände fielen. Außerdem konnten ihre Besatzungen unter Gefechtsbedingungen Erfahrungen für den Einsatz in den neuen Elektro-Booten sammeln, und einige Boote fungierten als Wettermelder. Eines diente dem Flottillenchef Günther Kuhnke als Transportmittel für die Fahrt nach Deutschland. Die sechs Schnorchel-Boote dieser Gruppe, die Feindfahrten vor Westafrika und dem amerikanischen Kontinent machten, versenkten oder zerstörten in insgesamt 581 Seetagen nur zwei Schiffe, das 7200 BRT große amerikanische Liberty-Schiff *George Ade* und den 2199 BRT großen britischen Frachter *Livingston.*

Die minimalen Erfolge dieser Typ-IX- und VII-Boote strafen die rosigen Berichte über die große Offensivkraft der Schnorchel-Boote Lügen, die von Großadmiral Dönitz und der B-Boot-Führung verbreitet wurden. Der einzige Vorteil, den der Schnorchel damals für ein B-Boot bedeutete, war die Fähigkeit, der Entdeckung – und Zerstörung – durch alliierte Flugzeuge zu entgehen. Er trug jedoch nichts dazu bei, wieder erfolgreiche Angriffe auf alliierte Schiffe zu ermöglichen.

Feindfahrten mit Schnorchel-Booten des Typs VII von Norwegen aus: 1944

Während im August 1944 die B-Boot-Stützpunkte in Frankreich geräumt wurden, stieß die Rote Armee im Rahmen ihrer Sommeroffensive (Bagration) stetig nach Westen vor, erreichte Polen und näherte sich der Weichsel und Warschau. Am 4. September ergab sich das mit Deutschland kooperierende Finnland offiziell der Sowjetunion. Die Kapitulation wurde in Berlin als Fahnenflucht betrachtet und bedeutete für Deutschland den Verlust von Marinestützpunkten, von denen aus die Deutschen das Minenfeld am Eingang des Finnischen Meerbusens gewartet und einige in diesen Gewässern operierende Typ-VII-Boote versorgt hatten. Am 13. Oktober nahmen die Sowjets Riga ein, und die Wehrmacht mußte Estland räumen und weiter südlich in Lettland und Litauen eine neue Front bilden.

Durch die Operationen der sowjetischen Streitkräfte in der östlichen Ostsee und die intensive Verminung und Bombardierung der Häfen in der westlichen Ostsee durch die Alliierten wurden die Operationen der B-Boote schwer behindert. Alle Schulboote und neuen Kampfboote in der Erprobungsphase, die in die Ostsee fuhren, waren verwundbar durch alliierte Luftangriffe und für die akustischen und sonstigen Minen der Alliierten.

Alliierte Luftangriffe auf Hamburg, Bremen und Kiel brachten weitere Verzögerungen im Bau neuer B-Boote. Die Herstellung des großen XXI- und des kleinen XXIII-Elektro-Boots hinkte dem Plan immer weiter hinterher. Sektionen des großen XXI-Elektro-Boots, der potentiell größten Bedrohung der alliierten Schiffahrt, wurden im Inneren Deutschlands gebaut und dann mit Schleppkähnen zum Zusammenbau an drei zentrale Orte befördert: nach Hamburg, Bremen und, um den alliierten Luftangriffen auszuweichen, nach Danzig. Im Sommer 1944 wurden von Juni bis August in den drei zentralen Produktionsstätten nur zehn XXI-Elektro-Boote in Dienst gestellt: vier in Hamburg *(U2501* bis *U2504);* vier in Bremen *(U3001* bis *U3004);* und zwei in Danzig *(U3501* und *U3502).* Der Vormarsch der Sowjets in der östlichen Ostsee stellte für Danzig eine besonders schwere Bedrohung dar, und dort wurden 1944 nur noch zwölf weitere XXI-Boote hergestellt.[1]

Daß Albert Speer und die deutschen Ingenieure in der Lage waren, nach etwa 14 Monaten an zahlreichen über das Land verstreuten Produktionsstätten die Serienproduktion eines neuen hochseetüchtigen Kampf-B-Boots aufzunehmen, machte auf viele alliierte Marineoffiziere großen Eindruck. Dabei wurde jedoch kaum je berücksichtigt, daß sich bei der Erprobung der XXI-Boote zahlreiche Konstruktionsmängel herausstellten. Da nicht die Zeit bestanden hatte, für die Tests einen Prototyp zu bauen, waren Mängel zu erwarten gewesen, aber mindestens zwei davon waren verheerend.

- Um Batteriestrom für Operationen zu sparen, hatten die Deutschen statt der bis dahin verwendeten Elektromotoren zum Ein- und Ausfahren der Sehrohre, zur Bedienung der Tiefenruder an Bug und Heck, des Steuerruders, der Mündungsklappen der Torpedorohre und anderer Einrichtungen ein hydraulisches System eingeführt. Da jedoch kaum Erfahrungen mit hydraulischen Systemen auf B-Booten bestanden, erwies sich die Hydraulik als viel zu kompliziert und empfindlich. Außerdem waren zu viele hydraulische Leitungen und Kolben *außerhalb* der Druckhülle plaziert, wo sie in getauchtem Zustand nicht repariert werden konnten und durch Explosionen in unmittelbarer Nähe des Bootes extrem verwundbar waren. Zudem konnten die externen hydraulischen Leitungen und Einrichtungen nicht völlig abgedichtet werden, wodurch ständig Seewasser in die Hydraulik eindrang. Dadurch wurde ihre Funk-

[1] Nach verschiedenen Produktionsplänen hätten ab August 1944 monatlich 30 bis 33 XXI-Boote hergestellt werden müssen. Mit dieser Produktionsrate hätten die Deutschen 1944 mindestens 165 XXI-Boote produziert. Doch die Kriegsmarine stellte in diesem Zeitraum nur 61 XXI-Boote in Dienst, 28 in Hamburg, 19 in Bremen und 14 in Danzig. Etwa ein Drittel der 1944 ausgelieferten 61 XXI-Boote wurde erst im Dezember 1944 in Dienst gestellt. Siehe Tafel 8.

tion beeinträchtigt, und obendrein hinterließ das Boot eine verräterische Ölspur. Obwohl Teile des hydraulischen Systems verbessert und nachträglich umgebaut wurden, konnten die schlimmsten Mängel nicht beseitigt werden.

- Zum Ausgleich für das hohe Gewicht der riesigen Batterie (mit 372 Zellen) und um mehr Raum für sie zu schaffen, rüsteten die Deutschen die XXI-Boote mit neu entwickelten, leichten Sechszylinder-Dieselmotoren aus, die laut Konstruktionsentwurf mit Hilfe eines durch die Abgase angetriebenen Kompressors je 1970 PS haben sollten. Die Kompressoren erbrachten jedoch nicht die erhoffte PS-Leistung. Und die Temperatur der Abgase lag weit über der Sicherheitstoleranz des Metalls in den Auslaßventilen der Motoren (350 Grad über dem für amerikanische B-Boote vorgeschriebenen Grenzwert). Damit die Boote sicher operieren konnten, mußten deshalb die Kompressoren ausgebaut werden, wodurch sich die Leistung pro Dieselmotor von fast 2000 auf matte 1200 PS verringerte. Durch diese notwendige Modifikation war das XXI-Boot viel zu schwach motorisiert, und die zum vollständigen Aufladen der Batterie benötigte Zeit erhöhte sich von einer auf vier Stunden. Auch die konstruktionsbedingte maximale Überwassergeschwindigkeit von 15,6 Knoten (weniger als die 16 Knoten einer Korvette) konnte nicht mehr gesteigert werden.[1]

Als sich die B-Boote in Frankreich im Juli 1944 auf die Evakuierung vorbereiteten, sprach die B-Boot-Führung von einem »neuen B-Boot-Krieg«, den die neuen Schnorchel-Boote von den norwegischen Stützpunkten aus führen sollten.

Großadmiral Dönitz oder ein führender Stabsoffizier im OKM sah offensichtlich die Notwendigkeit, diesen neuen Angriff (und vielleicht auch den geplanten Einsatz der neuen XXI- und XXIII-Boote) vor allen Soldaten der Kriegsmarine zu rechtfertigen. Daher kam aus Berlin ein langatmiges Propagandamachwerk über den B-Boot-Krieg. Es wiederholte kurz die vertrauten strategischen Argumente zur Isolierung der Britischen Inseln (untermauert von falschen und überhöhten Zahlen) und verkündete, ein neuer B-Boot-Krieg müsse das wichtigste Ziel im Kampf gegen die Westmächte sein. Deshalb müßten Kriegsmarine und Industrie mit fanatischer Anstrengung auf dieses Ziel hinarbeiten. Der neue B-Boot-Krieg müsse schon im gegenwärtigen Kriegsjahr [1944] einen entscheidenden Einfluß auf den Kriegsverlauf nehmen. In diesem Fall werde dem eisernen Willen und den eifrigen Anstrengungen der B-Boot-Fahrer der Erfolg nicht versagt bleiben. Jeder Mann in der Kriegsmarine könne daher mit Stolz behaupten, daß seine Aufgabe in diesem Krieg mindestens genauso wichtig sei wie die beste Verteidigung durch Panzer oder Grenadiere an

---

[1] Zur offiziellen Nachkriegsbewertung des XXI-Bootes durch die US Navy siehe das Vorwort zu Band I und das Nachwort zu diesem Band.

den fernen Fronten. Ja, vielleicht werde die letzte Entscheidung sogar von dem neuen B-Boot-Krieg abhängen.

Einige Autoren haben dieses propagandistische Machwerk ernst genommen und behauptet, Deutschland habe im Herbst 1944 tatsächlich eine neue und bedeutsame Phase des B-Boot-Krieges begonnen – mit Schnorchel-Booten, die ein wichtiger Schritt zu einem »echten Unterseeboot« gewesen seien, im Gegensatz zu den konventionellen, veralteten (und geschlagenen) Typ-VII- und IX-Booten, die im Grunde Überwasserschiffe mit kurzen Tauchzeiten gewesen seien. Es würde der Wahrheit mehr entsprechen, wenn man die Feindfahrten, die die neuen Schnorchel-Boote zwischen Juli und Dezember von den norwegischen Stützpunkten aus unternahmen, als eine Kombination von Propagandamanövern und Übungsfahrten mit Schnorcheln unter Gefechtsbedingungen bezeichnen würde. Denn das Schnorcheln war eine zentrale Technik, wenn die neuen XXI- und XXIII-Elektro-Boote effektiv eingesetzt werden sollten, vorausgesetzt, diese würden noch rechtzeitig oder überhaupt je gefechtsbereit werden.[1]

Da keine U-Tanker mehr zur Verfügung standen, da Norwegen von den Jagdgebieten auf den Konvoirouten weiter entfernt war und auf-

---

[1] In der Ostsee gab es auch weiterhin Verluste durch Unfälle und Feindeinwirkung. Bei alliierten Luftangriffen auf Kiel, Bremen, Danzig und andere Orte sanken die Typ-VII-Boote *U239, U777* und *U1164* und das IXD2-Fern-B-Boot *U872.* Alliierte Flugzeuge beschädigten das XXI-Elektro-Boot *U3509,* das IXD2-Fern-B-Boot *U873,* das IXC/40-Boot *U870* und die Typ-VII-Boote *U773, U901, U1014, U1109* und *U1273.* Im Finnischen Meerbusen versenkte ein sowjetischer U-Jäger das von dem 29jährigen Werner-Karl Schmidt geführte VIIC-Boot *U250;* Schmidt und fünf weitere Besatzungsmitglieder wurden gerettet. Die Sowjets hoben und bargen *U250* und erbeuteten eine Enigma-Maschine, akustisch zielsuchende T-5-Torpedos und weitere Waffen und Ausrüstung. Das neue kleine XXIII-Elektro-Boot *U2323* lief bei Kiel auf eine Mine und sank. Ein weiteres XXIII-Boot, *U2331,* sank bei der Erprobung vor Hela. Das VIIC/41-Boot *U1000* lief bei Pillau (russisch Baltisk) auf eine Mine und mußte wegen des schweren Schadens außer Dienst gestellt werden. Das IXC/40-Boot *U1234* kollidierte mit einem Schlepper und sank; dabei fanden 24 Besatzungsmitglieder den Tod. Das Boot wurde gehoben und als Schulboot wieder in Betrieb genommen. Das durch eine Torpedoexplosion schwer beschädigte IXC/40-Boot *U1196* wurde ebenfalls ein Schulboot. Das VIIC-Boot *U1054* wurde bei einem Zusammenstoß schwer beschädigt und außer Dienst gestellt. Das IXD2-Fern-B-Boot *U874* stieß mit dem IXC/40-Boot *U1235* zusammen und der XB-Minenleger *U234* mit dem VIIC/41-Boot *U1301.* Letzteres wurde ein Schulboot, die drei anderen Boote lagen monatelang zu Reparaturen im Dock. Das VIIC/41-Boot *U1018* wurde ebenfalls durch eine Kollision mit einem anderen Wasserfahrzeug am Auslaufen gehindert. Das VIIC-Schulboot *U80* ging durch einen Unfall in der Nähe von Pillau verloren. Dönitz hatte genug von dem fahrlässigen Umgang mit den Booten, der zu so vielen Zusammenstößen führte, und gab eine scharfe Warnung heraus, daß weitere Kollisionen aufgrund von Fahrlässigkeit streng bestraft werden würden.

grund der Bedrohung durch die verbesserten ASW-Maßnahmen der Alliierten war es nicht mehr möglich, mit Typ-VII-Booten Gruppenangriffe gegen Geleitzüge durchzuführen oder einzelne, mit einem Schnorchel ausgestattete Typ-IX-Boote auf lange Feindfahrten in die Karibik, den Golf von Mexiko, nach Lateinamerika, nach Freetown oder in den Golf von Guinea zu entsenden. Mit Ausnahme einiger Wetterfahrten, die man für unverzichtbar hielt, um die von Hitler geplante Ardennenoffensive gegen die im Westen gegen Deutschland vorrükkenden alliierten Streitkräfte zu unterstützen, patrouillierten die Typ-VII-Boote wie bereits 1939 und 1940 in der Nähe der Britischen Inseln und die Typ-IX-Boote in weniger weit entfernten kanadischen Gewässern.

In ihrem »neuen B-Boot-Krieg« entsandte die B-Boot-Führung in den letzten sechs Monaten von 1944 68 Typ-VII-Boote mit Schnorchel auf Feindfahrten. 18 Typ-VII-Boote brachen ihre Fahrt ab, 16 gingen verloren. Nach Monaten:

Juli[1]	August[2]	September	Oktober[3]	November[4]	Dezember[5]	Gesamt
1	15	1	14	15	22	68

Sie operierten unter erschwerten Bedingungen. Die Einrichtungen zur Ausrüstung der Boote in Norwegen mußten auch die gut 30 Nordmeer-Boote versorgen. Sie reichten nicht aus und waren oft schweren alliierten Luftangriffen ausgesetzt. Viele neue Boote aus Deutschland trafen gleichzeitig mit den aus Frankreich evakuierten älteren Booten ein, was zu einem Verkehrsstau in den Fjorden und auf den küstennahen Wasserwegen führte, die für Fahrten zwischen den Stützpunkten benutzt wurden. Außerdem mußten alle im Sommer und Frühherbst in nördlichen Gewässern operierenden Boote damit zurechtkommen, daß es nicht Nacht wurde, obwohl man in der Nacht am besten schnorcheln konnte, um das Boot zu lüften und die Batterien aufzuladen.

---

1 *U300* brach die Feindfahrt ab und lief im Oktober wieder aus. Siehe Anhang 2.

2 *U285* brach die Feindfahrt ab und lief im Dezember wieder aus. *U396* brach die Feindfahrt ab und lief im Oktober wieder aus. *U680* brach die Feindfahrt ab, lief im Oktober wieder aus, brach erneut ab und lief im November wieder aus.

3 *U246* brach die Feindfahrt ab und lief im Februar 1945 wieder aus. *U1200* brach seine Feindfahrt ab und lief noch im Oktober wieder aus.

4 *U1009* brach ab und lief im Dezember wieder aus.

5 *U244* brach ab und lief im Januar 1945 wieder aus. *U275* brach ab und lief ebenfalls im Januar wieder aus. *U278* brach ab und lief noch im selben Monat wieder aus. *U285* brach ab und lief im März 1945 wieder aus. *U312* und *U739* brachen ab und kehrten zur Nordmeer-Flottille zurück. *U905* brach ab und lief im März 1945 wieder aus.

Hier gilt es noch einmal zu betonen, daß die Boote nicht die ganze Zeit schnorchelten. Sie fuhren den größten Teil des Tages mit Batteriestrom und einer Geschwindigkeit von zwei oder drei Knoten. Einmal pro Tag schnorchelten sie mit fünf Knoten zum Aufladen der Batterien und tauchten etwa eine halbe Stunde auf, um das Boot zu lüften. Aufgrund dieser Bedingungen war es für ein Schnorchel-Boot kaum möglich, über 90 Kilometer pro Tag zurückzulegen.

Zwar bot die Verwendung des Schnorchels einen willkommenen Schutz gegen feindliche Flugzeuge, aber die in Norwegen für den »neuen B-Boot-Krieg« auslaufenden Typ-VII-Boote wurden durch das Schneckentempo schwer behindert, mit dem sich ein schnorchelndes Boot bewegen mußte. Mit dem Schnorchel brauchte ein VII-Boot für den Hin- und Rückweg von Bergen in den Ärmelkanal *jeweils* etwa 25 Tage, so daß es nur rund 10 Tage im zugewiesenen Operationsgebiet bleiben konnte. Dies war ein ganz ähnliches Problem wie das der VII-Boote, die in den ersten Tagen der Operation Paukenschlag gegen Amerika zum Einsatz gekommen waren. Mängel und katastrophale Defekte der Schnorchel machten die Fahrt ins Operationsgebiet und zurück für die Besatzungen noch unbequemer und häufig unerträglich.

Die Alliierten wußten aus entzifferten Enigma-Funksprüchen von dem drohenden »neuen B-Boot-Krieg« und unternahmen mehrere wichtige Schritte, um ihn zu vereiteln. In der Hoffnung, die B-Boote zerstören zu können, bevor sie den Atlantik erreichten, verstärkten sie ihre ASW-Patrouillen in der Luft und zu Wasser in der Shetland-Färöer- und der Island-Färöer-Passage und legten dort neue Minenfelder. Sie unternahmen schwere Luftangriffe auf die Marinestützpunkte in Drontheim, Bergen, Stavanger und Horten und griffen auch die Boote auf See in den norwegischen Trainingsgebieten an. Wie schon in den ersten Kriegsmonaten verlegten sie auch jetzt die Konvoirouten, die in den North Minch und den Nordkanal hinein- und hinausführten, immer wieder in den viel weiter von Norwegen entfernten Sankt-Georgs-Kanal und fuhren südlich um Irland herum.

Vier Schnorchel-Boote des Typs VII machten Feindfahrten in den North Minch vor Schottland. Hier kurz ihre Geschichte:

- Das von dem 24jährigen Fritz Hein geführte VIIC/41-Boot *U300* war das erste und einzige mit einem Schnorchel ausgestattete Typ-VII-Boot, das im Juli in Norwegen auslief, und sollte ursprünglich an der Ostküste Islands patrouillieren. Die B-Boot-Führung disponierte jedoch um und schickte das Boot in den North Minch. Doch es kam nie dort an. Am 4. August griff eine von W. O. Marshall geflogene, auf Island stationierte Canso der hocheffizienten kanadischen Squadron 162 *U300* mit drei Wasserbomben an. Hein hatte unter Mißachtung der Vorschriften – und des gesunden Menschenverstands –

Alarmtauchen befohlen. Die Detonationen beschädigten beide Sehrohre des Bootes und zerstörten eine Tauchzelle und einen Treibstoffbunker. Hein mußte auftauchen und die Flak bemannen. Die Männer an seinem 3,7-cm-Geschütz vertrieben die Canso, und Hein tauchte und schnorchelte davon. Doch der Schaden war so groß, daß er vorzeitig nach Bergen zurückkehren mußte, wo er am 28. August eintraf. Er lief erst Anfang Oktober wieder aus.

- Zwei weitere Boote, die in den North Minch fahren sollten, mußten ihre Feindfahrt ebenfalls abbrechen. Das von dem 24jährigen Konrad Bornhaupt geführte *U285* lief am 24. August in Norwegen aus. Es versenkte keine Schiffe, erlitt aber einen schweren Schaden durch Wasserbomben und kehrte am 18. September, nach nur 26 Seetagen, nach Bergen zurück. Das von dem 25jährigen Erich Taschenmacher geführte *U775* lief am 18. November von Norwegen aus. Es versenkte die 1300 Tonnen große britische Fregatte *Bullen,* erlitt jedoch einen Maschinenschaden und kehrte am 22. Dezember, nach einer Feindfahrt von 35 Tagen, nach Bergen zurück.
- Das vierte Boot, *U296* unter dem 30jährigen Karl-Heinz Rasch, führte zwei Feindfahrten vor dem North Minch durch, versenkte jedoch kein Schiff. Von der ersten Feindfahrt vom 16. August bis zum 29. September berichtete Rasch, daß er 34 von 45 Tagen mit Schnorchel- und Batteriebetrieb getaucht gefahren sei. Zu der zweiten Feindfahrt von 52 Tagen lief er am 4. November in Norwegen aus und kehrte am ersten Weihnachtstag zurück.

Neun Boote liefen aus, um etwa 350 Kilometer weiter südlich vor dem Nordkanal (zwischen Schottland und Irland) zu patrouillieren.

- Als erstes kam das von dem 29jährigen Hartmut von Matuschka geführte *U482,* das am 14. August ausgelaufen war, in diesem Operationsgebiet an. In nur neun Tagen, vom 30. August bis zum 8. September, erzielte Matuschka den bei weitem größten Erfolg aller Typ-VII-Boote im Jahr 1944; fünf bestätigte Versenkungen mit 32671 Tonnen. Seine Opfer (aus drei verschiedenen Geleitzügen) waren die britische, 1010 Tonnen große Korvette *Hurst Castle,* zwei große, wertvolle Tanker (die 10400 BRT große amerikanische *Jacksonville* und die 15702 BRT große britische *Empire Heritage*) sowie zwei Frachter (die 4115 BRT große norwegische *Fiordheim* und die 1346 BRT große britische *Pinto*).
- Auch auf seiner zweiten Feindfahrt zum Nordkanal, die am 18. November begann, hatte Matuschka wieder eine erfolgreiche Jagd. Am 15. Januar 1945 beschädigte er den 11400 Tonnen großen britischen Geleitträger *Thane* und den 7429 Tonnen großen norwegischen Tanker *Spinanger*. Die *Thane* wurde nach Greenrock geschleppt und während des Krieges nicht mehr repariert. In der Kriegszeit wurde angenommen, *U482* sei am folgenden Tag, dem 16. Januar, von der britischen Support Group 2 (den Sloops *Starling, Peacock, Hart* und

Amethyst und der Fregatte *Loch Craigge*) mit der gesamten Besatzung versenkt worden. Bei einer kürzlichen Neubewertung erklärte die Admiralität jedoch, der Verlust sei auf unbekannte Ursachen, möglicherweise auf eine Mine, zurückzuführen.

Die anderen acht Boote, die in dieser Phase des »neuen B-Boot-Kriegs« Kurs auf den Nordkanal nahmen, hatten kaum Erfolge zu verzeichnen.

- Zwei Boote wurden um den 9. September auf dem Weg ins Operationsgebiet von britischen Überwasserschiffen oder durch Minen versenkt: *U484* unter dem 33jährigen Wolff-Axel Schaefer und *U743* unter dem 24jährigen Helmut Kandzior, das laut Niestlé durch die britische Fregatte *Helmsdale* und die britische Korvette *Portchester Castle* versenkt wurde.
- Das von dem 25jährigen Hinrich Mangels geführte *U1200* lief am 7. Oktober aus, mußte aber schon nach einer Woche auf See mit Maschinenproblemen zurückkehren.
- Johann Reckhoff, der 33jährige Kommandant von *U398,* wurde von der B-Boot-Führung wegen mangelnder Aggressivität getadelt und seines Kommandos enthoben. Das Boot kehrte in die Ostsee zurück.
- Die Boote *U248, U1003* und *U1004* unter dem 26jährigen Bernhard Emde, dem 37jährigen Werner Strübing und dem 24jährigen Harthmuth Schimmelpfennig versenkten ebenfalls keine Schiffe. Emde übernahm das nicht mit einem Schnorchel ausgestattete *U299* der Gruppe Mitte, und Schimmelpfennig wurden andere Aufgaben übertragen; nur der Senior Strübing blieb Kommandant von *U1003.*
- Nur eines der acht Boote erzielte einen Treffer. Das von dem 35jährigen Hans-Joachim von Morstein geführte *U483* beschädigte die britische, 1300 Tonnen große Fregatte *Whitaker.* Sie mußte als Totalverlust zum Hafen geschleppt werden. Morstein aber mußte seine Feindfahrt wegen eines beschädigten Tiefenruders abbrechen.

Vier Boote liefen zu Feindfahrten vor Reykjavik in Island aus:

- *U396* unter dem 25jährigen Ernst-Günther Unterhorst, dessen erstes Boot, *U395,* in Kiel durch einen Luftangriff zerstört worden war, lief am 6. August von Drontheim aus. Eine Woche später versagte sein Schnorchel. Es kehrte nach nur elf Seetagen wieder nach Drontheim zurück und lief erst Ende Oktober wieder aus.
- Das von dem 27jährigen Ruprecht Fischer geführte *U244* wurde am 25. Juli auf der Fahrt von Kiel nach Norwegen von alliierten Flugzeugen angegriffen. Bei dem heftigen Gefecht gab es auf dem Boot einen Toten und acht Verwundete. Repariert und neu bemannt lief das Boot am 23. August von Bergen nach Island aus. Es patrouillierte vor Reykjavik, wo es am 22. September einen »Zerstörer« mit einem T-5 verfehlte, und kehrte am 10. Oktober nach einer fruchtlosen Feindfahrt von 63 Tagen nach Bergen zurück.

Am 12. Dezember lief *U244* ein zweites Mal aus, um vor Reykjavik zu patrouillieren. Doch sein Schnorchel versagte, und es mußte die Fahrt abbrechen. Es kehrte am 23. Dezember nach Bergen zurück, wo die Besatzung Weihnachten und Neujahr feierte.

• Auch das von dem 27jährigen Johannes Meermeier geführte *U979* machte zwei Feindfahrten nach Reykjavik. Am 22. September schoß Meermeier vier Torpedos auf die *Yukon,* ein 5747 BRT großes Versorgungsschiff der US Navy, das von »Korvetten und Flugzeugen« eskortiert war. Ein Torpedo ging vorbei, und zwei waren Blindgänger, doch der dritte traf die *Yukon* nahe am Heck. Sie schaffte es jedoch aus eigener Kraft in einen Hafen.

Am folgenden Tag griff Meermeier einen kleinen Geleitzug an und meldete die Versenkung eines 3000 BRT großen Frachters, die jedoch durch die alliierten Unterlagen nicht bestätigt wurde. Das britische Patrouillenboot *St. Kenan* ging mit Wasserbomben zum Gegenangriff über, rammte das Boot und verbog ein Sehrohr. Meermeier entkam seinen Verfolgern und kehrte vorzeitig nach Bergen zurück, wo er am 10. Oktober nach einer Feindfahrt von 43 Tagen eintraf, die er größtenteils für den Hin- und Rückmarsch gebraucht hatte. Auch auf seiner zweiten Feindfahrt nach Reykjavik, vom 9. November bis zum 16. Januar, erzielte er keine bestätigte Versenkung.

• Fritz Hein in *U300,* der seine erste Feindfahrt zum North Minch wegen eines Gefechtsschadens hatte abbrechen müssen, lief am 4. Oktober zu einer Feindfahrt nach Island aus. Über einen Monat später, am 4. Oktober, fing er Teile des desorganisierten Geleitzugs UR 142 ab. Dieser war auf dem Weg von den Britischen Inseln nach Island von einem Sturm zerstreut worden und nur noch zwei Stunden von Reykjavik entfernt. Praktisch in Sichtweite der Stadt versenkte Hein zwei Schiffe mit Torpedos: den 6017 BRT großen Tanker *Shirvan* und den 269 BRT großen Schlepper *Empire World,* der der *Shirvan* helfen wollte. Kurz darauf lief die *Godafoss,* mit 1542 BRT Islands größtes Fahrgast-Frachtschiff, heran, um Überlebende zu retten, und Hein versenkte sie ebenfalls. Er kehrte am 2. November nach Norwegen zurück.

Zwei Boote fuhren zum Moray Firth nordöstlich von Schottland, einem Gebiet, wo zuletzt 1941 Einbäume des Typs II patrouilliert hatten.

• Als erstes lief am 14. August das von dem 27jährigen Max Ulber geführte *U680* von Horten aus. Am 27. August, kurz nach der Ankunft im Operationsgebiet, meldete Ulber, er sei entdeckt und mit Wasserbomben belegt worden. Der Schaden sei schwer: ein zerstörter Schnorchel und zerstörte Sehrohre, Horchgeräte, Tauchzellen und Ventile. Ulber mußte die Feindfahrt abbrechen und erreichte Bergen am 8. September, glücklich, daß er nach 26 Seetagen überhaupt zurückgekehrt war.

• Das VIIC/41-Boot *U1199* unter dem 29jährigen Rolf Nollmann fuhr als zweites Boot zum Moray Firth. Nollmann lief am 14. September in Bergen aus und blieb 50 Tage lang ständig unter Wasser – vermutlich der damalige Rekord im Schnorcheln –, und er war im Gegensatz zu den meisten Kommandanten voll des Lobes über das Gerät. Der Schnorchel habe seinen Wert voll bewiesen, und die Crew sei begeistert, schrieb er in sein Kriegstagebuch. Nollmann patrouillierte 31 Tage in den Gewässern zwischen Peterhead und Aberdeen und meldete die Versenkung eines 8000 BRT großen Frachters. Sie wurde von den Deutschen anerkannt, konnte jedoch durch die alliierten Unterlagen nicht bestätigt werden. Nollmanns Feindfahrt, schrieb die B-Boot-Führung in ihr Kriegstagebuch, habe endgültig (!) bewiesen, daß B-Boote alten Typs, die mit einem Schnorchel ausgestattet seien, dicht unter der Küste operieren könnten.

In ihrem ständigen Bestreben, Vertrauen in den Schnorchel zu wecken, sorgte die U-Boot-Führung für eine weite Verbreitung von Nollmanns begeistertem Bericht. Doch sie sah sich bald gezwungen, die Empfehlung durch eine scharfe Warnung einzuschränken, die ebenfalls weit verbreitet wurde. Durch Bedienungsfehler beim Schnorcheln hätten sich Boote in mehreren Fällen mit Dieselabgasen gefüllt und Besatzungsmitglieder hätten Kohlenmonoxidvergiftungen erlitten. Wie mehrere Kommandanten berichtet hätten, würden die Vergiftungserscheinungen erst Stunden nach Lüftung des Bootes auftreten. Die allgemeine Schwächung der Besatzung sei dann so ausgeprägt, daß das Auftauchen und Öffnen des Turmluks nur unter größtem Energieaufwand möglich sei. Auch die Brückenwache könne sich in einem solchen Fall kaum noch auf den Beinen halten. Bei einem B-Boot, das sich mit Abgasen gefüllt hatte, seien diese Bedingungen erst eingetreten, nachdem es eine halbe Stunde gelüftet worden sei.

Im Herbst und frühen Winter machten sich 25 Boote auf die lange Reise von Norwegen in den Ärmelkanal, den Bristol Channel oder die Irische See, wobei sie Irland jeweils im Süden umrundeten. Zwei weitere Kommandanten erhielten das Ritterkreuz, doch neun Boote gingen verloren, eine Verlustrate von 36 Prozent. Im folgenden kurz die Geschichte der Einsätze:

- *U246* unter dem 31jährigen Ernst Raabe lief am 7. Oktober von Christiansand aus. Es wurde nach 20 Seetagen, am 26. Oktober, von einem unidentifizierten alliierten Flugzeug angegriffen und erlitt so schwere Schäden an einem Sehrohr und anderen Geräten, daß es die Fahrt abbrechen mußte. Es kehrte am 11. November nach Stavanger zurück.
- Das von dem 24jährigen Horst Voigt geführte VIIC/41-Boot *U1006* lief am 9. Oktober in Bergen aus. Sieben Tage später, am 16. Oktober, wurde es in der Nähe der Shetlandinseln von der kanadischen Support Group 6 (sechs Fregatten) entdeckt. Die Fregatte *Annan* belegte das Boot mit sechs Wasserbomben, die sehr nahe detonierten und es zum Auftauchen zwangen. Eine andere Fregatte, die *Loch Achanalt,* bekam das Boot auf den Radarschirm. Draufhin schoß die *Annan* Leuchtgranaten, nahm *U1006* mit ihren Hauptgeschützen und kleineren Waffen

unter Feuer und lief zum Rammen heran. Voigt schoß aus dem Hecktorpedorohr einen T-5 auf die Fregatte und erwiderte das Feuer mit seiner 2-cm-Flak. Der Torpedo verfehlte die *Annan,* und sie kam rasch näher, erzielte Treffer mit ihren 4-Zoll-Geschützen und warf weitere Wasserbomben, von denen eine auf dem Deck des B-Boots landete.

Umzingelt von der *Annan* und den fünf anderen Fregatten, befahl Voigt, das Boot zu verlassen und zu versenken. Die *Annan* und die anderen Kriegsschiffe retteten 44 Mann der 52köpfigen Besatzung, auch den Kommandanten und zwei weitere Offiziere. Der britische Nachrichtendienst ließ durch einen umgedrehten deutschen Agenten nach Deutschland melden, das B-Boot sei südwestlich von Irland auf ein neues Minenfeld gelaufen. In Berlin nahm man diesen Bericht jedoch nicht sonderlich ernst, weil der Agent bereits seit drei Jahren in England war und man zu Recht argwöhnte, daß er für den Feind arbeitete.

- Das von dem 26jährigen Günther Pulst geführte *U978* lief ebenfalls am 9. Oktober von Bergen aus. Pulst konnte eine Entdeckung durch die ASW-Kräfte vermeiden, die *U1006* versenkt hatten. Er erreichte den Ärmelkanal vermutlich am 3. November nach einem Anmarsch von nur 24 Tagen und fuhr weiter in das alliierte Landungsgebiet in der Seinebucht. In den fünf Tagen vom 19. bis zum 23. November griff er drei Geleitzüge an und meldete die Versenkung von drei Frachtern mit 22000 BRT. Die B-Boot-Führung erkannte alle Meldungen an, und Pulst erhielt nach seiner Rückkehr am 16. Dezember das Ritterkreuz. Durch die alliierten Unterlagen wurde nur die Versenkung des 7176 BRT großen amerikanischen Liberty-Schiffs *William D. Burnham* definitiv bestätigt.[1]
- *U1200* unter Hinrich Mangels, das zuvor eine Feindfahrt zum North Minch abgebrochen hatte, lief am 17. Oktober in Bergen aus, um wie Pulst in der Seinebucht zu operieren. Doch es erreichte sie nicht. Am 11. November bekam eine britische U-Jagdgruppe, die Support Group 30 mit vier Korvetten der Castle-Klasse, das aufgetauchte Boot südlich von Irland auf den Radarschirm. Der Support Group Commander Denys Arthur Rayner, der zuvor seinen Zerstörer *Warwick* durch ein B-Boot verloren hatte, stellte für die Jagd vier Korvetten *(Pevensey Castle, Launceston Castle, Portchester Castle* und *Kenilworth Castle)* in einer Linie nebeneinander auf. Mangels tauchte und setzte *U1200* auf Grund, doch die Korvetten zerstörten das Boot mit Wasserbomben und Squidbeschuß. Wie Rayner berichtete, sei, nachdem das Führerboot *Pevensey Castle* seinen Squid-Mörser abgefeuert habe, eine »Öldose mit einer Hamburger Adresse« aufgetrieben. Es gab keine Überlebenden. Die

[1] Zum Zeitpunkt der Verleihung belief sich sein bestätigtes Gesamtergebnis auf ein Schiff mit 7200 BRT.

B-Boot-Führung erkannte den Verlust erst, als das Boot im Dezember nicht zurückkehrte.

- Das von dem 25jährigen Diethelm Balke geführte *U991* lief einen Tag nach *U1200,* am 18. Oktober, von Bergen aus. Es erreichte um den 12. November den Ärmelkanal und hatte den Befehl, Pulst in *U978* abzulösen. Am 27. November schoß Balke vor Cherbourg drei Torpedos auf ein 14000 BRT großes Truppen- oder Versorgungsschiff und meinte, er habe es mit zwei Treffern beschädigt, doch die Meldung wurde durch die alliierten Unterlagen nicht bestätigt. Auf dem Rückmarsch meldete er für den 17. Dezember nahe der Südspitze Irlands die Torpedierung und Versenkung eines 7200 BRT großen Liberty-Schiffs aus einem ostwärts fahrenden Geleitzug, kurz bevor dieser den Hafen erreicht hatte. Auch dieser Erfolg wurde nie bestätigt. Nach 70 Seetagen kehrte er, geplagt von einem kaputten Schnorchel, an Weihnachten nach Bergen zurück. Er brachte *U991* zur Ausrüstung nach Flensburg und machte keine weitere Feindfahrt.
- Am 30. Oktober lief das von dem 29jährigen Rolf Thomsen geführte *U1202* von Christiansand aus. Am 19. November befahl die B-Boot-Führung Thomsen, in den Bristol Channel hineinzufahren und vor Milford Haven zu patrouillieren. In diesem Gebiet griff Thomsen am 10. Dezember einen Geleitzug an. Er meldete die wahrscheinliche Versenkung von vier großen Frachtern mit insgesamt 26000 BRT, doch nur die Versenkung des 7176 BRT großen amerikanischen Liberty-Schiffs *Dan Beard* wurde bestätigt. Danach stieß Thomsen mutig zu einer Erkundungsfahrt in die Irische See vor. Nachdem er am Neujahrstag (mit ernsten Maschinenproblemen) nach Bergen zurückgekehrt war, erkannte die B-Boot-Führung die von ihm gemeldeten Versenkungen an, und er erhielt das Ritterkreuz.[1]
- Das von Max Ulber geführte *U680,* das zuvor wegen Wasserbombenschäden eine Feindfahrt in den Moray Firth abgebrochen hatte, lief am 26. Oktober von Bergen aus, um im North Minch zu patrouillieren. Nach zwei Wochen auf See sah sich Ulber jedoch gezwungen, die Fahrt wegen technischer Probleme abzubrechen. Er kehrte am 8. November nach Bergen zurück. Als er am 13. November wieder auslief, erhielt er den Auftrag, im Ärmelkanal vor Cherbourg zu patrouillieren. Er erreichte das gefährliche Gebiet, versenkte jedoch keine Schiffe und kehrte am 18. Januar nach einer glücklosen Reise von 67 Tagen nach Bergen zurück. *U680* machte keine Feindfahrt mehr.
- Das von dem 24jährigen Gerhard Wysk geführte VIIC/41-Boot *U322* lief am 15. November von Horten aus, um vor Cherbourg zu patrouillieren, kam jedoch nicht bis in sein Operationsgebiet. An sei-

[1] Zum Zeitpunkt der Verleihung belief sich sein bestätigtes Gesamtergebnis auf ein Schiff mit 7200 BRT.

nem zehnten Seetag, dem 25. November, wurde es bei den Shetlandinseln in einer gemeinsamen Aktion von Flugzeugen der norwegischen Squadron 330 und der britischen Fregatte *Ascension* mit der gesamten Besatzung versenkt. Die B-Boot-Führung erkannte den Verlust erst, als das Boot nicht zurückkehrte, und nahm zunächst an, daß es vor Cherbourg oder, wenn es dort ungünstige Bedingungen vorgefunden hatte, vor Milford Haven im Bristol Channel operierte.

- Das von dem 29jährigen Horst Creutz geführte *U400* lief am 15. November von Horten aus. Creutz sollte ebenfalls vor Cherbourg oder, wenn dort ungünstige Bedingungen herrschten, vor Milford Haven patrouillieren. Es stieß am 17. Dezember auf einen zu den Britischen Inseln fahrenden Geleitzug, der von der britischen Escort Group 18 gesichert war. Als Creutz zum Angriff heranlief, bekam die Fregatte *Nyasaland* unter dem Kommando von A. E. Selby einen starken Sonarkontakt in etwa 2300 Metern Entfernung und griff mit Wasserbomben und dem Hedgehog an. Das B-Boot wurde getroffen und mit seiner ganzen Besatzung versenkt. Auch diesen Verlust erkannte die B-Boot-Führung erst, als das Boot nicht nach Norwegen zurückkehrte.
- Das von dem 26jährigen Ewald Rademacher geführte *U772,* das vom 13. August bis zum 6. Oktober eine Fahrt als Wetterboot gemacht hatte, lief am 19. November von Drontheim aus. In Rademacher, der ebenfalls vor Cherbourg und bei ausbleibendem Erfolg vor Milford Haven patrouillieren sollte, wurden große Hoffnungen gesetzt. Er wurde den Erwartungen der B-Boot-Führung gerecht und griff vor Cherbourg drei Geleitzüge an. Dabei versenkte oder zerstörte er, wie später bestätigt, vier Schiffe mit etwa 21 100 Tonnen: den mit 1500 Soldaten überfüllten britischen Truppentransporter (LSI) *Empire Javelin* mit 7177 Tonnen,[1] das 7191 BRT große amerikanische Liberty-Schiff *Black Hawk,* das als Totalverlust auf den Strand gesetzt wurde, und die beiden britischen Frachter *Dumfries* mit 5149 BRT und *Slemish* mit 1536 BRT. Zusätzlich beschädigte Rademacher noch das 7176 BRT große amerikanische Liberty-Schiff *Arthur Sewall,* das auch als Totalverlust galt.

Rademacher lebte jedoch nicht mehr lange genug, um sich über diese beträchtlichen Erfolge richtig zu freuen. Am 30. Dezember sichtete eine von C. J. W. Taylor geflogene, mit Leigh Light ausgerüstete Wellington den Schnorchel von *U772* »im Mondlicht auf der ruhigen See«, wie der angesehene offizielle kanadische Marinehistoriker W. A. B. Douglas es formulierte. Die Wellington warf sechs gut plazierte Wasserbomben und vernichtete *U772* mit der gesamten Besatzung.

- Das von dem 24jährigen Ewald Hülsenbeck geführte *U1209* lief

[1] Wegen großen seemännischen Geschicks und erfolgreicher Rettungsoperationen kamen nur sechs Soldaten von der *Empire Javelin* ums Leben.

am 24. November von Christiansand aus. Es hatte den Befehl, vor Cherbourg zu patrouillieren, traf jedoch nie dort ein.

Als Hülsenbeck am 18. Dezember die Gewässer vor Land's End erkundete, lief er bei Wolf Rock auf Grund und zerstörte sein Boot. Der erstaunte Leuchtturmwärter gab per Funk Alarm und gab einen unverschlüsselten »laufenden Kommentar« zu dem Geschehen. Die beiden kanadischen Fregatten *Montreal* und *Ribble,*[1] die anderthalb Stunden nach dem Unglück eintrafen, und einige britische Motorbarkassen retteten 44 Mann der 51köpfigen Besatzung. Unter den Überlebenden waren auch Hülsenbeck und sein Leitender Ingenieur Hans Claussen, doch der Kommandant starb noch auf der *Montreal* (an »einem Herzanfall«, wie die Briten meldeten), und Claussen starb später in einem Krankenhaus.

In der Annahme, daß die Deutschen den unverschlüsselten Alarm und den Kommentar des Leuchtturmwärters aufgefangen hatten, gab London die Nachricht von der Zerstörung des Bootes und der Gefangennahme seiner Besatzung sofort heraus. Danach wurden in Washington und andernorts starke Zweifel an der Klugheit dieses Schrittes laut, denn die Deutschen hatten den Funkverkehr des Leuchtturmwärters vielleicht nicht mitbekommen, aber die Meldung in der BBC war ihnen sicher nicht entgangen. Wenn die Deutschen wußten, daß *U1209* auf einen Felsen vor der englischen Küste gelaufen war, mußten sie annehmen, daß ein alliierter Bergungstrupp die Enigma-Unterlagen aus dem Boot holen könnte, und würden deshalb den gültigen Code ändern. Dies geschah tatsächlich, denn mit dem 21. Dezember trat eine für den Notfall vorgesehene Änderung des Enigma-Schlüssels in Kraft.

Da viele Boote nun in flachen Gewässern patrouillierten, gab die B-Boot-Führung schon alsbald eine Warnung an alle Boote bezüglich der Enigma-Sicherheit heraus: Bei B-Booten, die in flachen Gewässern verlorengingen, hieß es da, habe der Feind die Möglichkeit, nach dem geheimen Material und den Verschlüsselungsdaten zu tauchen. Es sei also sicherzustellen, daß die Verschlüsselungsdaten so aufbewahrt würden, daß das Seewasser auch tatsächlich mit den rot (auf wasserlöslichem Papier) gedruckten Daten in Berührung komme. Wenn die Enigma-Maschine nicht in Betrieb sei, müßten die Steckerverbindungen herausgezogen und die Walzen herausgenommen und ungeordnet abgelegt werden. Alles sei versteckt und an unterschiedlichen Orten aufzubewahren. Die Schlüsselbefehle dürften nur drei Offizieren bekannt sein. Und die Notizzettel zum Ermitteln der Einstellungen seien sofort

---

[1] Aus der neuen kanadischen Hunter-Killer Group 26. Diese Group und die neue kanadische Group 25 lösten de facto in britischen Gewässern die außer Dienst gestellten kanadischen Groups 12 und 11 ab. Letztere wurde aufgelöst, als ein Sturm am 25. Oktober 1944 den Zerstörer *Skeena* vor Reykjavik gegen Felsen warf. 15 Mann kamen damals ums Leben.

zu vernichten. Eine Mißachtung dieser Sicherheitsmaßnahmen könne ungeahnte Folgen für den B-Boot-Krieg haben.

- Die von dem 33jährigen Friedrich Lutz und dem 29jährigen Gerhard Meyer geführten Schwesterboote *U485* und *U486* liefen in den letzten Novembertagen in Bergen zu einer Feindfahrt in den Ärmelkanal aus. Lutz verfehlte einen »Zerstörer« und andere Ziele und kehrte nach 66 Seetagen ohne einen Erfolg nach Norwegen zurück.

Meyer dagegen machte eine ereignisreiche und erfolgreiche Feindfahrt. Auf dem Weg nach Cherbourg versenkte er am 18. Dezember aus einem Geleitzug den 6142 BRT großen britischen Frachter *Silverlaurel*. Drei Tage später schoß er im Landungsgebiet einen T-5 auf einen »Zerstörer« und meldete dessen Versenkung, aber diese wurde nicht bestätigt. Im selben Gebiet traf Meyer am Weihnachtsabend den (von den Briten gecharterten) belgischen Truppentransporter *Leopoldville* mit 11 509 BRT. Das auf dem Weg nach Cherbourg befindliche Schiff hatte 2237 Soldaten der amerikanischen 66. Infanteriedivision und eine Besatzung von 237 Mann an Bord. Der britische Zerstörer *Brilliant* nahm etwa 850 Soldaten auf, doch die belgische Besatzung der *Leopoldville* ging zu früh von Bord und überließ die restlichen Soldaten sich selbst. Als das Schiff nur neun Kilometer von Cherbourg entfernt plötzlich sank, kamen 801 Männer vor allem wegen des eisigen Wassers ums Leben (785 Soldaten und 16 Besatzungsmitglieder einschließlich des Kapitäns). Ingesamt 1673 Männer wurden gerettet. Die Versenkung war eine der größten Katastrophen des Krieges mit einem alliierten Truppentransporter und ist eine wenig bekannte, skandalöse Episode der britischen Seekriegsgeschichte.

Am zweiten Weihnachtsfeiertag schoß Meyer drei T-5 auf drei Kriegsschiffe, die er als zwei Geleitzerstörer und eine Korvette ansprach. Er meldete die Versenkung der beiden Geleitzerstörer und die Beschädigung der Korvette. Aus den Unterlagen der Alliierten geht hervor, daß Meyer an jenem Tag zwei Fregatten traf. Er versenkte die *Capel* mit 1085 Tonnen und beschädigte die gleich große *Affleck* so schwer, daß sie nur noch als Totalverlust einen Hafen erreichte.

Wenn überhaupt ein B-Boot-Kommandant in jenen Tagen ein Ritterkreuz verdient hatte, dann war es Gerhard Meyer für diese Feindfahrt. Er hatte vier Schiffe mit insgesamt 21 053 Tonnen versenkt oder zerstört: zwei Fregatten, den Truppentransporter *Leopoldville* und den Frachter *Silverlaurel*. London und Washington verordneten jedoch strengstes Stillschweigen über den Skandal um die Versenkung des Truppentransporters und brachten die Desinformation heraus, vor Cherbourg sei das »Hospitalschiff« *Amsterdam* versenkt worden. Wie beabsichtigt, reichte die Meldung aus, um die B-Boot-Führung zu verunsichern und einen Schatten auf Meyers Feindfahrt zu werfen.

- Am 2. Dezember lief das von Helmut Wehrkamp geführte *U275* von Bergen aus. Es war das erste Boot der im August aus Frankreich evakuierten Boote, das nach der Überholung erneut ins Gefecht ging. Doch es kam nicht weit. Nach neun Seetagen meldete es einen irreparablen Schaden an den Kompressoren und kehrte am 12. Dezember nach Bergen zurück.

- Das von Rudolf Zorn geführte *U650* ging als zweites evakuiertes Boot wieder ins Gefecht und lief am 9. Dezember von Bergen aus. Zorn hatte den Befehl, vor Cherbourg zu operieren, doch das Boot verschwand spurlos. Alliierte und deutsche Stellen nehmen an, daß es im Januar kurz vor der Einfahrt in den Ärmelkanal sank, doch die Ursache seines Verlusts gilt beiden Seiten als »unbekannt«.
- Das von dem 24jährigen Erwin Dohrn geführte VIIC/41-Boot *U325* lief am 11. Dezember von Christiansand aus. Es patrouillierte im Ärmelkanal vor Cherbourg, hatte jedoch keinen Erfolg und kehrte nach einer glücklosen Feindfahrt von 66 Tagen am 14. Februar nach Norwegen zurück.
- Das von dem 31jährigen Bernhard Schwarting geführte *U905* lief ebenfalls am 11. Dezember von Christiansand aus. Es hatte den Auftrag, in der Nähe der Seinebucht zu operieren, doch es kam nie dort an. Durch technische Probleme zum Abbruch der Fahrt gezwungen, kehrte es nach einer fruchtlosen Reise von 53 Tagen am 1. Februar nach Norwegen zurück. Er lief am 13. März wieder aus.
- Auch das VIIC/41-Boot *U1009* lief am 11. Dezember von Christiansand aus. Es wurde normalerweise von dem 32jährigen Claus Hilgendorf geführt, unter dem es zuvor wegen schwerer Probleme mit dem Schnorchel nach nur sechs Tagen eine Feindfahrt abgebrochen hatte. Diesmal wurde es vorübergehend von dem 23jährigen Dietrich Zehle geführt, der zuvor 16 Monate lang auf einem anderen Typ-VII-Boot gedient hatte.

Die B-Boot-Führung befahl Zehle, *U1009* zunächst als Wetterboot zu fahren, aber seine Funkantenne war defekt und seine Berichte kamen nicht an. Als Zehle das Problem am 1. Januar beschrieb, erhielt er den Befehl, durch den Nordkanal (!), dicht unter der irischen Küste bei Londonderry, in die Irische See zu fahren. Dort sollte er in den Gewässern vor dem gegenüber von Dublin gelegenen englischen Anglesey operieren und sich nach 14 Tagen wieder durch den Nordkanal zurückziehen.

Als die B-Boot-Führung jedoch am 14. Januar von einem deutschen »Spion« erfuhr, daß die Alliierten im Nordkanal neue Minenfelder gelegt hatten, wurde Zehles Auftrag, in der Irischen See zu patrouillieren, aufgehoben. Er kehrte über die längere Route durch die Island-Färöer-Passage (und nicht durch die Shetland-Färöer-Passage) zurück und traf am 8. Februar in Norwegen ein. Die B-Boot-Führung erteilte ihm einen scharfen Verweis, weil er die längere Route genommen hatte, und er erhielt andere Aufgaben.

- Das von dem 24jährigen Rudolf Meyer geführte *U1055* lief ebenfalls am 11. Dezember von Christiansand aus. Meyer erhielt den Befehl, Irland südlich zu umfahren, vor Land's End und Milford Haven zu patrouillieren und dann weiter nach Norden in die Irische See vor Anglesey zu fahren. In Befolgung dieser Befehle fand Meyer reiche Beute und meldete vier oder vielleicht auch fünf Versenkungen mit insgesamt mindestens 21 000 Tonnen. Durch die alliierten Unterlagen wurde die Versenkung von vier Schiffen mit etwa 19 400 Tonnen bestätigt, des 8181 BRT großen britischen Tankers *Maja,* des 7198 BRT großen amerikanischen Liberty-Schiffs *Jonas Lie,* des 2606 BRT großen amerikanischen Frachters *Roanoke* und des 1428 BRT großen britischen Frachters *Normandy Coast.*

Meyer sollte eigentlich durch die Irische See und den Nordkanal zurückkehren, doch auch dieser Befehl wurde wegen des Berichts über die neuen Minenfelder im Nordkanal aufgehoben. *U1055* erreichte Norwegen am 8. Februar nach einer Feindfahrt von 60 Tagen – einer der erfolgreichsten jener Zeit.

• Das von dem 24jährigen Jürgen Kuhlmann geführte VIIC/41-Boot *U1172* lief am 23. Dezember von Christiansand aus. Es sollte durch den Nordkanal in die Irische See fahren, vor Anglesey patrouillieren und auf demselben Weg wieder nach Norwegen zurückkehren. Nach dem Bericht über die Minenfelder hob die B-Boot-Führung diese Befehle auf und befahl *U1172,* südlich um Irland herum durch den Sankt-Georgs-Kanal in die Irische See zu fahren und auf demselben Weg zurückzukehren.

Kuhlmann hatte eine kurze, aber ereignisreiche Feindfahrt. Er versenkte am 21. und 23. Januar zwei kleine norwegische Frachter vor Anglesey: die 1152 BRT große *Galatea* und die 1599 BRT große *Vigsnes.* Am 27. Januar wurde *U1172* von der britischen Support Group 5 mit den in den USA gebauten britischen Geleitzerstörern *Bligh, Keats* und *Tyler* geortet und versenkt. Es gab keine Überlebenden.

• Das von Konrad Bornhaupt geführte *U285* lief am 20. Dezember von Bergen zu seiner zweiten Feindfahrt aus. Wie Kuhlmann sollte auch Bornhaupt südlich um Irland herum durch den Sankt-Georgs-Kanal in die Irische See fahren und durch den Nordkanal nach Norwegen zurückkehren. Nach dem Bericht über die neuen Minenfelder erhielt auch Bornhaupt den Befehl, auf derselben Route zurückzukehren. Er fand kein Ziel und kehrte am 31. Januar nach einer Feindfahrt von 43 Tagen nach Norwegen zurück.

• Das von Hans-Kurt von Bremen geführte *U764* lief am zweiten Weihnachtsfeiertag von Bergen aus. Es ging als drittes der aus Frankreich evakuierten Boote wieder auf Feindfahrt und erhielt den Befehl, im Ärmelkanal vor Cherbourg zu patrouillieren. Bremen hatte keinen Erfolg und kehrte nach 47 Seetagen am 10. Februar nach Norwegen zurück. Er lief erst am 1. Mai wieder aus.

• Das von dem 34jährigen Gerhard Stoelker geführte *U825* lief am

29. Dezember von Christiansand aus. Es sollte Irland im Süden umrunden und durch den Sankt-Georgs-Kanal nach Anglesey in der Irischen See fahren. Stoelkers Bilanz ist nicht klar, doch es scheint, daß er am 27. Januar im Sankt-Georgs-Kanal Treffer auf zwei heimkehrende Schiffe des Konvois HX 332 erzielte. Er torpedierte die norwegische *Solör* mit 8262 BRT, die ein Totalverlust wurde, und die amerikanische *Ruben Dario* mit 7191 BRT. Auf demselben Weg kehrte er wieder zurück und erreichte Norwegen am 18. Februar nach einer Feindfahrt von 52 Tagen. Er lief erst am 3. April wieder aus, zu spät, um noch etwas zu erreichen.

• Das von dem 25jährigen Heinrich von Holleben geführte *U1051* lief ebenfalls am 29. Dezember von Christiansand aus. Auch Holleben erhielt den Auftrag, Irland im Süden zu umrunden und durch den Sankt-Georgs-Kanal nach Anglesey in die Irische See zu fahren. Es ist möglich, daß Holleben, der am 27. Januar nahe bei Stoelkers *U825* stand, ebenfalls die *Solör,* die *Ruben Dario* oder beide traf. Diese Frage kann nicht beantwortet werden, da Kriegsschiffe von einer der sechs U-Jagdgruppen, die die Admiralität in diesem Seegebiet aufgestellt hatte, *U1051* noch am selben Tag mit der gesamten Besatzung versenkten. In einer Neubewertung nach dem Krieg rechnete die Admiralität die Versenkung den in den USA gebauten britischen Geleitzerstörern *Aylmer, Bentinck, Calder* und *Manners* an. Bei dem Gefecht traf Holleben die *Manners* mit einem T-5, doch sie erreichte einen Hafen.

• Auch das VIIC/41-Boot *U1017* lief unter dem neuen 32jährigen Kommandanten Werner Riecken am 29. Dezember von Christiansand aus. Das Boot erhielt den Auftrag, im Ärmelkanal vor Cherbourg und der Seinebucht zu patrouillieren. Auf seiner ereignisreichen Feindfahrt meldete Riecken die Versenkung von vier Frachtern mit etwa 25000 BRT und zusätzlich vielleicht einer Korvette. Durch die Unterlagen der Alliierten wird die Versenkung der 5200 BRT großen britischen *Everleigh* bestätigt. Nicht bestätigt wurde hingegen die vom xB-Dienst gemeldete Versenkung der britischen *Fort Douglas* und der amerikanischen *Sibert.* Er kehrte am 28. Februar nach einer erfolgreichen Feindfahrt von 62 Tagen nach Norwegen zurück. Burmeister in *U1018* versenkte den 5400 BRT großen Belgier *Persier.*

Drei VII-Boote, die Ende 1944 von Norwegen aus ihre ersten Feindfahrten machen sollten, kamen nicht weit. *U1276,* ein neues B-Boot vom Typ VIIC/41 unter dem 24jährigen Karl-Heinz Wendt, lief am 16. November vor Christiansand auf eine Mine und mußte die Fahrt abbrechen. In der Nacht vom 28. auf den 29. Dezember flogen etwa 200 Flugzeuge des RAF Bomber Command einen Großangriff auf Horten. Dabei wurden die von dem 32jährigen Sven Thienenmann und von dem 26jährigen Hans-Joachim Börner geführten Boote *U682* und *U735* von

Bomben getroffen. *U682* wurde schwer beschädigt und kehrte nach Hamburg zurück, wo es im März 1945 von anderen alliierten Bombern zerstört wurde. *U735* wurde versenkt, wobei viele Besatzungsmitglieder und der Kommandant Hans-Joachim Börner den Tod fanden.[1]

Um die Angriffe britischer Flugzeugträger auf die norwegischen Stützpunkte der Kriegsmarine und auf Küstengewässer abzuschrecken oder zu verhindern und, vielleicht auch, um der von Hitler ab 16. Dezember geplanten Ardennenoffensive durch die Versenkung von einem oder zwei Trägern noch mehr Wirkung zu verschaffen, befahl Dönitz der B-Boot-Führung, den britischen Flottenstützpunkt Scapa Flow zu blockieren. Acht B-Boote wurden diesem Einsatz zur »Trägerbekämpfung« zugeteilt, zwei Atlantik- und sechs Nordmeer-Boote. Das Ergebnis war ein weiteres demütigendes Fiasko für die Kriegsmarine. Hier kurz die Einsätze:

- Das Atlantik-Boot *U1020* vom Typ VIIC/41 unter dem 31jährigen Otto-Emil Eberlein lief am 24. November von Christiansand aus. Eberlein wartete etwa 25 Tage in der Nähe von Scapa Flow, fand aber kein Ziel. Am 30. Dezember befahl ihm die U-Boot-Führung, Scapa Flow zu verlassen und vor der schottischen Nordostküste im Moray Firth zu patrouillieren. Am 31. Dezember torpedierte Eberlein den britischen Zerstörer *Zephyr* mit 1700 Tonnen, doch dieser schaffte es bis in den nächsten Hafen. Danach blieb *U1020* verschwunden. Die Alliierten vermerkten als Ursache des Verlusts »unbekannt«. Die Deutschen glaubten, das Boot sei auf eine Mine gelaufen.
- Das Atlantik-Boot *U297* vom Typ VIIC/41 unter dem 24jährigen Wolfgang Aldegarmann lief am 26. November von Christiansand aus. Elf Tage später wurde es in einer gemeinsamen Aktion von Kriegsschiffen der britischen Support Group 19 und Sunderlands der britischen Squadron 201 mit der gesamten Besatzung versenkt. In einer

[1] In der Ostsee gab es weiterhin Verluste. Am 12. Dezember lief das von dem 34jährigen Friedrich-Wilhelm Sons geführte Typ-VII-Boot *U479* auf eine Mine und sank mit der gesamten Besatzung. Am selben Tag kollidierte das Typ-VII-Schulboot *U416* mit einem deutschen Minensuchboot und sank. Einige Crew-Mitglieder überlebten, nicht jedoch der 21jährige Kommandant Eberhard Rieger. Noch im selben Monat sank das von dem 24jährigen Uwe Christiansen geführte XXI-Elektro-Boot *U2508* bei einem Tauchunfall in der Erprobungsphase. Das Boot wurde schon bald geborgen, kam aber nicht mehr zum Einsatz. Christiansen erhielt das Kommando über das kleine XXIII-Elektro-Boot *U2365. U2342,* ein anderes kleines XXIII-Elektro-Boot, lief auf eine Mine und sank. Sieben Mann wurden gerettet. Bei Luftangriffen der Alliierten auf Hamburg am 31. Dezember und am 17. Januar wurde das neue, gefechtsbereite VII-Boot *U906* zerstört, und fünf fast fertiggestellte Elektro-Boote des Typs XXI wurden zerstört oder beschädigt: *U2515, U2530, U2532, U2534* und *U2537.*

vor kurzem durchgeführten Neubewertung erklärte die Admiralität jedoch, *U297* sei aus unbekannten Gründen verlorengegangen. Nicht wissend, daß das Boot verloren war, befahl die B-Boot-Führung Aldegarmann, Scapa Flow zu verlassen und in den North Minch hineinzufahren, wo er vor dem britischen Flottenstützpunkt Loch Ewe nach Flugzeugträgern Ausschau halten sollte.

- Das von dem 27jährigen Ernst Mangold geführte Nordmeer-Boot *U739* lief am 16. Dezember in Drontheim aus. Auf dem Weg nach Scapa Flow trat am Backborddieselmotor des Bootes ein irreparabler Schaden auf, und Mangold mußte vorzeitig nach Drontheim zurückkehren, wo er am 21. Dezember nach nur fünf Seetagen eintraf. Bald darauf wurde das Boot zur Überholung in die Ostsee überstellt und übernahm andere Aufgaben. *U739* kehrte generalüberholt und mit einem neuen Kommandanten zur Nordmeer-Flottille zurück.
- Das Nordmeer-Boot *U312* mit dem neuen 34jährigen Kommandanten Friedrich-Georg Herrle lief am 13. Dezember von Drontheim aus. Vor dem Hoxa Sound, der Hauptzufahrt zu dem Ankerplatz in der Bucht von Scapa Flow, wurde das Boot durch die starke Strömung auf einen Felsen getrieben und sein Ruder zerschmettert. Herrle steuerte das Boot geschickt mit den beiden Dieseln und den E-Maschinen, kehrte am 3. Januar nach Drontheim zurück und übernahm andere Aufgaben. Das Boot wurde repariert und kehrte unter einem neuen Kommandanten zur Nordmeer-Flottille zurück.
- Das Nordmeer-Boot *U737* unter dem 23jährigen Kommandanten Friedrich August Gréus, der lange auf den verlorengegangenen VIID-Minenlegern *U214* und *U217* gedient hatte, lief am 6. Dezember von Narvik aus und fuhr nach Drontheim, wo es am 10. Dezember eintraf. Doch die B-Boot-Führung verzichtete wegen Gréus' Unerfahrenheit als Kommandant auf ihren Plan, das Boot nach Scapa Flow zu schicken, und beorderte es wieder nach Narvik zurück. Als das Boot am 19. Dezember dort einlief, wurde es von einem deutschen Minensucher gerammt und sank. Gréus und der größte Teil seiner Besatzung überlebten.
- Das von dem 25jährigen Herbert Zoller geführte Nordmeer-Boot *U315* lief am ersten Weihnachtsfeiertag von Drontheim aus. Auf dem Weg nach Scapa Flow fiel Zollers Steuerborddieselmotor aus, und er mußte nach Drontheim zurückkehren, wo er am 6. Januar eintraf. Nach der Reparatur wurde das Boot zu einer Atlantikflottille versetzt.
- Das von dem 26jährigen, kampferprobten Joachim Franze geführte Nordmeer-Boot *U278* lief am 12. Dezember von Drontheim aus. Neun Tage später, am 20. Dezember, suchte es mit einem defekten Sehrohr Bergen auf. Nach der Reparatur lief es am Abend des ersten Weihnachtsfeiertags wieder aus und nahm Kurs auf Scapa Flow. Am 14. Januar bat Franze nach zwei anstrengenden und glücklosen Wo-

chen vor Scapa Flow um die Erlaubnis, die schottische Nordostküste entlang nach Süden bis zum Firth of Forth fahren zu dürfen. Die B-Boot-Führung hatte inzwischen erkannt, daß der Einsatz vor Scapa Flow ein Fehlschlag war, und stimmte zu.[1] Franze kehrte am 11. Februar nach Norwegen zurück.

• Das von dem 27jährigen Friedhelm Schweiger geführte Nordmeer-Boot *U313* lief am 23. Dezember von Drontheim aus. Nach zwei nervenaufreibenden, aber erfolglosen Wochen vor Scapa Flow genehmigte die B-Boot-Führung auch diesem Boot, weiter südlich bis zum Firth of Forth vor der schottischen Küste zu operieren. Es versenkte auch in diesen Gewässern kein Schiff und kehrte am 15. Februar nach Norwegen zurück. Es wurde überholt und kehrte zur Nordmeer-Flottille zurück.

So endete das große Unternehmen zur »Trägerbekämpfung« vor Scapa Flow. Beide an der Operation beteiligten Atlantik-Boote *(U297* und *U1020)* waren verlorengegangen. Eines der sechs von der Nordmeer-Flottille abgestellten Boote *(U737)* war bei der Rückkehr nach Narvik gerammt worden und gesunken. Drei Nordmeer-Boote *(U312, U315* und *U739)* hatten die Fahrt wegen technischer Probleme abgebrochen. Nur zwei Boote *(U278* und *U313)* hatten vollwertige Feindfahrten nach Scapa Flow und Nordostschottland durchgeführt und waren nach Norwegen zurückgekehrt. Der Schaden, den die Boote den Alliierten insgesamt zugefügt hatten, war minimal: Möglicherweise hatte Franze in *U278* die beiden Frachter *Bestik* und *Ashbury* versenkt.[2]

Neun in Norwegen auslaufende Schnorchel-Boote des Typs VII führten Spezialaufträge durch. Außer den bereits erwähnten Booten *U772* und *U1009* wurden noch fünf weitere Typ-VII-Boote für die Luftwaffe und das Heer als Wetterboote eingesetzt. Zwei von ihnen gingen verloren:

• Das von dem 38jährigen Helmut Knoke geführte *U925* lief am 24. August von Christiansand aus und verschwand spurlos. Die Deutschen glaubten, es sei am 18. September in der Island-Färöer-Passage auf eine Mine gelaufen.

• *U248* unter dem 23jährigen Kommandanten Johann-Friedrich Loos lief

---

[1] Franzes Bilanz ist unklar, doch es ist möglich, daß er den 2684 BRT großen norwegischen Frachter *Bestik* und den 3901 BRT großen britischen Frachter *Ashbury* torpedierte; letzterer war ein Totalverlust.

[2] Während des Unternehmens vor Scapa Flow wurde der deutschen Funksicherheit irreparabler Schaden zugefügt. Amerikanische Codeknacker berichteten in einem Memorandum, daß die U-Boot-Führung einem der Boote vor Nordostschottland »Instruktionen zur Entzifferung einer besonders verschlüsselten Botschaft« gefunkt habe, die zuvor an zwei andere Boote gefunkt worden sei. Diese unschätzbar wertvolle Information befähigte die Amerikaner, »diese beiden speziellen Schlüssel« zu lesen, und die Codeknacker kamen damals zu dem Schluß, »daß vermutlich auch andere bald gebrochen werden könnten«.

am 3. Dezember von Drontheim aus. Die B-Boot-Führung hatte das Boot ursprünglich in den Ärmelkanal entsandt, doch am 20. Dezember wurde dieser Befehl aufgehoben und Loos fuhr in ein Gebiet nordwestlich der Azoren, um als Wettermelder Süd für Hitlers am 16. Dezember geplante Ardennenoffensive zu dienen. Alliierte Codeknacker lieferten Informationen über den neuen Auftrag des Bootes, und von den Azoren lief die aus den Geleitzerstörern *Hayter, Hubbard, Otter* und *Varian* bestehende amerikanische Support Group 62 aus, um das Boot zur Strecke zu bringen.

Offensichtlich fand sie das Boot am 8. Januar. Der unerfahrene Loos meldete an diesem Tag, er habe auf eine »Korvette« geschossen und sei seinen Jägern danach entkommen. Die B-Boot-Führung betonte die große Wichtigkeit der Wetterberichte für die deutsche Luftwaffe, erlaubte Loos jedoch, 370 Kilometer nach Norden auszuweichen, falls die U-Jagdgruppe hartnäckig bleiben sollte. Loos konnte seine Verfolger jedoch nicht abschütteln, und *U248* wurde am 16. Januar mit der gesamten Besatzung versenkt. Als Beweis ihres Erfolgs fischten die Kriegsschiffe »Kleidung, Bücher, menschliches Fleisch und Trümmer« aus dem Wasser. Die zuständigen Stellen der Alliierten rechneten die Versenkung allen vier Geleitzerstörern an.

Zwei kampferprobte VII-Boote wurden von der B-Boot-Führung für Sonderaufträge eingesetzt: *U722* unter dem 28jährigen Hans-Heinrich Reimers und *U773* unter dem 23jährigen Hugo Baldus. Beide liefen Mitte Oktober mit einer Ladung Panzerabwehrwaffen und Munition von Norwegen aus und brachten sie der deutschen Garnison, die noch immer in St. Nazaire ausharrte. Baldus erreichte die Hafenstadt am 18. und Reimers am 20. November. Beide Boote nahmen Treibstoff, je 3,2 Tonnen wertvolle Fracht und je vier Schiffbauexperten an Bord und liefen am 7. Dezember wieder aus. Reimers kehrte am 29. Dezember und Baldus am 10. Januar nach Bergen zurück.

Die 51 Schnorchel-Boote des Typs VII, die im »neuen B-Boot-Krieg« zwischen Juli und Dezember 1944 in Norwegen zu 68 Feindfahrten ausliefen, fügten der Schiffahrt der Alliierten nur wenig Schaden zu. 18 Boote (31 Prozent) gingen verloren, davon 13 auf ihrer ersten Feindfahrt. Und 16 Boote brachen ihre Feindfahrt ab. 14 der 51 Boote versenkten oder zerstörten in den letzten sechs Monaten des Jahres 1944 20 alliierte Schiffe mit insgesamt 98600 Tonnen und in den ersten Wochen von 1945 11 Schiffe mit insgesamt 53600 Tonnen. Insgesamt wurden also auf 68 Feindfahrten 31 Schiffe, darunter 7 Kriegsschiffe, mit 152200 Tonnen versenkt.[1] 37 der 51 Boote erzielten keine bestätigte Versenkung.

---

[1] Der nur beschädigte, aber während des Krieges nicht mehr reparierte britische Geleitträger *Thane;* die britischen Fregatten *Affleck, Bullen, Capel, Manners* (beschädigt und nicht repariert) und *Whitaker;* die britische Korvette *Hurst Castle.*

In einem größeren Zusammenhang gesehen, waren die Ergebnisse der Typ-VII-Boote im »neuen B-Boot-Krieg« fast zu vernachlässigen. Allerdings brachte es die sonst unerschütterlichen Briten ziemlich aus der Fassung, daß deutsche B-Boote erneut so dicht vor ihren Küsten erschienen. Die Operationen der neuen Schnorchel-Boote führten zu Befürchtungen, die auf übertriebenen Bedrohungsszenarien beruhten und auf den übermäßig pessimistischen Vorhersagen über den möglichen Verlauf des erwarteten deutschen Feldzugs mit XXI- und XXIII-Elektro-Booten. Die wichtigste Auswirkung des Einsatzes der Schnorchel-Boote bestand darin, die nach fast fünfeinhalb Jahren Seekriegführung mürbe gewordene britische Admiralität zu terrorisieren.

Feindfahrten mit Schnorchel-Booten des Typs IX von Norwegen aus: 1944

17 Schnorchel-Boote des Typs IX fuhren zwischen Juli und Dezember 1944 von Deutschland aus über Norwegen in den Atlantik, um dem »neuen B-Boot-Krieg« zusätzliche Schlagkraft zu verleihen.[1] All diese Boote waren neu. Einige machten kurz in Norwegen halt, um Gefechts- oder Reiseschäden zu reparieren und ihre Treibstoffbunker aufzufüllen. Zurückkehrende B-Boote mußten aufgrund der knappen Einrichtungen in Norwegen zur Wiederausrüstung nach Deutschland fahren.

Da die Typ-IX-Boote trotz des Schnorchels für Operationen in britischen Küstengewässern ungeeignet waren und es keine U-Tanker mehr gab, die sie auf Feindfahrten in ferne Gewässer hätten versorgen können, entsandte die B-Boot-Führung die meisten Boote in kanadische Gewässer und mehrere in die Gebiete zwischen Gibraltar und den Azoren. Eines der letzteren fuhr als Wetterboot. Auch mehrere andere Boote setzten Wetterberichte ab, solange sie auf dem Hin- und Rückweg in kanadische Gewässer waren. Ab dem 12. September genehmigte die B-Boot-Führung die Verwendung des »Leitstrahl«-Navigationssystems

---

[1] Nicht mitgerechnet die neuen IXD2-Fern-B-Boote *U862, U863* und *U871,* die in den Fernen Osten entsandt wurden. Das von dem 34jährigen Heinrich Timm geführte *U862* lief am 3. Juli in Norwegen tatsächlich zu einer erfolgreichen Feindfahrt aus und versenkte fünf Schiffe mit insgesamt 28000 Tonnen, was seinem Kommandanten das Ritterkreuz einbrachte. Es erreichte am 9. September Penang. Dagegen wurde das von dem 35jährigen Erwin Ganzer geführte *U871* am 26. September nahe der Azoren durch eine von Arthur Francis Wallace geflogene B-17 der britischen Squadron 220 versenkt. Und das von dem 29jährigen Dietrich von der Esch geführte *U863* wurde vor Brasilien durch zwei von John T. Burton und Edward A. Krug geflogene B-24 der Squadron VB 107 der US Navy versenkt. Die Flugzeuge warfen für die »15 bis 20« Deutschen im Wasser Rettungsflöße ab, doch keiner überlebte.

Elektra-Sonne, das mit sieben landgestützten Funkstationen arbeitete, von denen eine im »neutralen« Spanien lag.

Die Feindfahrten der Typ-IX-Boote waren gefahrvoll und beschwerlich und eine große Belastung für die Besatzungen. Die Boote mußten zuerst von Kiel über Wilhelmshaven nach Norwegen fahren und dabei feindlichen Minen ausweichen und der lückenlosen alliierten Luftüberwachung entkommen. Eines der 17 Typ-IX-Boote, *U865,* hatte wegen Schäden durch Flugzeuge im Juli und August dreimal Feindfahrten abbrechen müssen. Die Einrichtungen in Norwegen reichten noch immer nicht aus, und sie waren allesamt Ziel alliierter Luftangriffe. Nach einem weiteren Bombenangriff von 51 Lancaster-Maschinen des RAF Bomber Command in der Nacht vom 28. auf den 29. Oktober auf Bergen waren die dortigen Werften »ein Totalverlust«, wie die U-Boot-Führung vermerkte. Einige Typ-IX-Boote mußten die Verwendung des Schnorchels in norwegischen Gewässern noch üben, bevor sie ihre Feindfahrten antraten. Unfälle mit dem Schnorchel oder Schnorchel-Versagen waren weiterhin häufig.

Wenn die IX-Boote nach dem Auslaufen von Norwegen den Nordatlantik erreicht hatten, fuhren sie über eine Strecke von 2800 Kilometern mit Batteriestrom und Schnorchel bis in ein Gebiet südwestlich von Island, wo sie relativ sicher vor Luftangriffen waren. Auf diesem Abschnitt der Fahrt fuhren die Kommandanten in der Regel die 20 Stunden, an denen Tageslicht herrschte, getaucht mit den E-Maschinen und schnorchelten in den vier Stunden, in denen Dunkelheit oder Zwielicht herrschte. Auf diese Weise legten sie etwa 90 bis 110 Kilometer pro Tag zurück. Aus diesem Grund dauerte allein die Fahrt in den sichereren offenen Atlantik mindestens drei Wochen. Die in kanadische Gewässer fahrenden Boote mußten erneut im Schneckentempo fahren, sobald sie sich den Grand Banks näherten. Schon der Anmarsch vom norwegischen Bergen nach Halifax in Nova Scotia konnte deshalb sechs Wochen oder länger dauern.

Als der Herbst anbrach, waren die Boote auf ihrer Fahrt nach Kanada mit dem schlechten Wetter und Stürmen im Nordatlantik konfrontiert. Bereits im Oktober war es wieder eisig kalt, und zwar nicht nur auf, sondern auch unter Deck. Die Boote fuhren durch Hagel und Schnee. In den kanadischen Gewässern vereisten die ohnehin nie ganz zuverlässigen Schnorchel und stellten die Männer vor neue Herausforderungen. Außerdem war die Funkverbindung mit der B-Boot-Führung schlecht.

Im folgenden ein kurzer Bericht über die 17 Fahrten:

- Das von dem 26jährigen Prosper Ohlsen geführte IXC/40-Boot *U855* lief am 3. Juli aus, um das neue IXC/40-Boot *U858* unter dem 26jährigen Thilo Bode als Wetterboot abzulösen. Zusätzlich zu ihrer Aufgabe als Wettermelder hatten beide Boote den Auftrag, die zwei aus der Karibik nach Norwegen zurückkehrenden IXC-Boote *U516* und *U539* mit Treibstoff zu versorgen. Die Alliierten entzifferten die

Enigma-Funksprüche, mit denen die Versorgung vereinbart wurde, und peilten die Boote ein. Sie schickten U-Jagdgruppen mit Geleitträgern los, um sie zur Strecke zu bringen, hatten jedoch kein Glück. Das Wetterboot *U858* tankte *U539* auf und nahm danach zur Wiederausrüstung Kurs auf Deutschland. Es wurde zwar am 19. September durch einen Angriff nicht identifizierter Flugzeuge beschädigt, schaffte es aber bis zum 4. Oktober nach Flensburg. Ohlsen in *U855* versorgte *U516* mit Treibstoff und nahm dann ebenfalls Kurs auf Deutschland. Doch das Boot lief am 18. September offensichtlich auf eine Mine und sank mit der gesamten Besatzung.

• Das IXC/40-Boot *U1229* unter dem 36jährigen Armin Zinke lief am 13. Juli von Kiel aus. Zinke hatte Oskar Mantel, einen 42jährigen Agenten der Abwehr, an Bord genommen, den er an der Küste der Vereinigten Staaten, vermutlich in Maine oder Massachusetts, absetzen sollte. Nach Erledigung dieser Spezialaufgabe sollte er in kanadischen Gewässern eine normale Feindfahrt durchführen. Zinke füllte seine Treibstofftanks in Norwegen auf und lief am 17. Juli wieder aus, mußte jedoch wegen einer schweren Schnorchelpanne am 20. Juli in Drontheim anlegen. Eine Woche später stach er dann wieder in See.

Am 8. August ermittelte die alliierte B-Boot-Überwachung per Funkpeilung die Position des Bootes und setzte ihm den Geleitträger *Bogue* auf die Spur. Am 20. August erwischte eine von Alex X. Brokas geflogene Avenger der *Bogue* das Boot über Wasser und griff es mit Raketen an. Sie gingen fehl, aber das Flugzeug warf zwei gut plazierte Wasserbomben. Durch die Detonationen gingen fünf Flak-Schützen des Bootes über Bord, und Zinke war zum Alarmtauchen gezwungen. Er blieb zwei Stunden unter Wasser. Doch die Detonationen hatten 35 Batteriezellen beschädigt, so daß er schließlich kaum noch Strom hatte und auftauchen mußte. An der Oberfläche wurde er von sechs Flugzeugen der *Bogue* erwartet und sofort mit Bordwaffen und Wasserbomben angegriffen – ein wildes Feuerwerk, in dem vermutlich Zinke und sein Erster Wachoffizier getötet wurden. Der Leitende Ingenieur Willy Büttner versenkte das Boot. Geleitfahrzeuge der *Bogue* retteten 41 Mann der 59köpfigen Besatzung und nahmen sie mit nach Argentia. Ein Deutscher starb noch auf See.

Der Agent Oskar Mantel trug eine Uniform der Kriegsmarine und hatte den Angriff mit drei Verwundungen überlebt. Er wurde identifiziert, und das FBI fand eine alte Akte über ihn. J. Edgar Hoover forderte die Übergabe des Agenten an das FBI, damit seine amerikanischen Kontaktpersonen identifiziert und verhaftet werden könnten. Bei der Navy fürchtete man jedoch, daß Hoover die Gefangennahme des »Spions« an die Öffentlichkeit bringen würde, und in Deutschland amerikanische Kriegsgefangene der Gestapo als Vergeltungsmaßnahme übergeben werden würden. Deshalb hielt sie den Fall geheim und behandelte Mantel wie einen normalen Kriegsgefangenen, bis er 1947 repatriiert wurde. Er wurde nie als »Spion« vor Gericht gestellt, und deshalb kam auch nie heraus, was für einen Auftrag er so spät im Krieg noch gehabt hatte.

• Die beiden IXC/40-Schwesterboote *U1221* und *U1223* unter dem 24jährigen Paul Ackermann und dem 23jährigen Albert Kneip liefen am 20. bzw. 28. August zu Feindfahrten in kanadische Gewässer aus. Als die Tenth Fleet von der alliierten Funkentzifferung auf diese Bedrohung aufmerksam gemacht wurde, wurde eine U-Jagdgruppe mit dem Geleitträger *Core* auf die Suche nach den Booten geschickt, konnte sie jedoch nicht finden.

Ackermann mit *U1221* hatte den Auftrag, vor Halifax in Nova Scotia zu patrouillieren. Seine Anfahrt zu diesem Operationsgebiet wurde von einem tragischen Ereignis überschattet. Emil-Heinz Motyl, ein unzufriedenes und widerspenstiges Besatzungsmitglied, ging am 24. September auf die Brücke und sprang von Bord. Ackermann glaubte nicht – oder wollte nicht zugeben –, daß es Selbstmord war, hatte aber auch keine andere plausible Erklärung. Die Feindfahrt von *U1221* wurde zu einem ausgesprochenen Fehlschlag. Ackermann sichtete zahlreiche Kriegsschiffe, Truppentransporter und Frachter und griff mehrere Schiffe aus größerer Entfernung an, traf jedoch kein einziges. Als er am 26. November nach einer erfolglosen Feindfahrt von 99 Tagen nach Flensburg zurückkehrte, wurde er von der B-Boot-Führung kritisiert, weil er nicht näher an seine Ziele herangelaufen war und nicht aggressiver operiert hatte.

Kneip patrouillierte mit *U1223* in der Mündung des St.-Lorenz-Stroms. Am 15. Oktober traf er vor Pointe des Monts die kanadische Fregatte *Magog* mit zwei T-5, sprengte ihr ein 20 Meter langes Stück des Hecks weg und tötete drei Mann ihrer Crew. Andere Kriegsschiffe schleppten die Fregatte nach Quebec, wo sie außer Dienst gestellt und schließlich zum Schrottwert verkauft wurde. Etwa drei Wochen später, am 11. November, torpedierte Kneip in demselben Gebiet den 7200 BRT großen kanadischen Getreidefrachter *Fort Thompson,* doch das Schiff überstand die Detonation, die es zunächst auf eine Mine zurückführte. Kneip kehrte am 14. Dezember nach einer Feindfahrt von 109 Tagen nach Flensburg zurück.

• Das IXC/40-Boot *U865* unter Dietrich Stellmacher, der im Juli und August dreimal die Feindfahrt abgebrochen hatte, lief am 8. September wieder aus. Zwölf Tage später, am 19. September, wurde das Boot von einer B-24 der britischen Squadron 206 versenkt. Die Besatzung des Flugzeugs meldete »etwa 20« Überlebende in Schlauchbooten, aber kein Deutscher wurde gerettet.

• Das von dem 39jährigen Arved von Mühlendahl geführte IXC/40-Boot *U867* lief am 12. September von Norwegen aus. Es hatte den Auftrag, eine weitere automatische Wetterstation auf Labrador zu plazieren. Doch das Boot wurde aus der Luft angegriffen und hatte außerdem schwere technische Probleme. Am achten Seetag meldete Mühlendahl eine völlig leere Batterie und zwei defekte Diesel und forderte ein Schiff an, das ihn nach Norwegen schleppen sollte.

Die B-Boot-Führung organisierte eine Rettungsaktion durch andere B-Boote, um die Besatzung des Bootes und die Wetterstation zu retten, doch sie schlug fehl. Eine von P. M. Hill geflogene B-24 der britischen Squadron 224 beschädigte das an der Rettungsaktion beteiligte IXC/40-Boot *U1228* unter dem 24jährigen Friedrich-Wilhelm Marienfeld. Das Boot mußte nach Norwegen zurückkehren; unterwegs versagte sein Schnorchel, und ein Großteil der Besatzung litt unter Vergiftungserscheinungen. Inzwischen hatte eine weitere, von H. J. Rayner geflogene B-24 der britischen Squadron 224 das hilflos im Wasser treibende *U867* gefunden und versenkt. Rayner meldete »50 Überlebende in Schlauchbooten«, aber kein Deutscher wurde gerettet.

• Das von dem 24jährigen Friedrich Altmeier geführte IXC/40-Boot *U1227* lief am 12. September von Bergen aus. Als das Boot am 30. September südlich von Island auftauchte, erhielt es von der B-Boot-Führung den Auftrag, in dem Gebiet zwischen Gibraltar und den Azoren zu patrouillieren.

Auf dem Anmarsch stieß Altmeier am 4. Oktober auf den Geleitzug ONS 33, der aus 52 Handelsschiffen und 6 Sicherungsfahrzeugen bestand. Mit einer erstaunlichen Kombination von Kühnheit und Kampfgeist begann Altmeier einen Überwasser-Nachtangriff bei Vollmond. Doch das Boot wurde erwartungsgemäß von einem Sicherungsschiff entdeckt, das Leuchtgranaten abfeuerte und es gemeinsam mit anderen Kriegsschiffen mehrere Stunden lang verfolgte. Altmeier schoß einen T-5 auf einen der »Zerstörer«, bei dem es sich in Wirklichkeit um die kanadischen Fregatte *Chebogue* mit 1370 Tonnen handelte. Der Torpedo traf und beschädigte das Schiff schwer. Die kanadische Fregatte *Ribble* und die beiden kanadischen Korvetten *Arnprior* und *Chambly* und einige britische Schiffe kamen der *Chebogue* zu Hilfe, und sie wurde ins Schlepptau genommen. Sieben Tage später, am 10. Oktober, geriet die angeschlagene Fregatte jedoch im Sankt-Georgs-Kanal bei der Swansea Bay in einen schweren Sturm. Sie lief vor Port Talbot in Wales auf Grund und wurde nicht mehr repariert.

Altmeier fuhr weiter nach Süden und führte eine ereignisreiche Feindfahrt durch. Die Tenth Fleet war durch entzifferte Enigma-Funksprüche über den Auftrag des Bootes informiert und setzte eine U-Jagdgruppe mit dem Geleitträger *Card* auf es an. Am 12. Oktober jagten zwei Geleitzerstörer der Gruppe das Boot drei Stunden mit Geschützfeuer, Wasserbomben und Hedgehogs, doch Altmeier entkam. Am 31. Oktober stieß er knapp 400 Kilometer westlich von Gibraltar auf »ein großes und ein kleines Kriegsschiff«. Er schoß einen vollen Bugfächer auf die Schiffe, doch zwei der vier Torpedos versagten und die anderen zwei gingen fehl.

Neun Tage später, am 8. November, wäre *U1227* fast verlorengegangen, als es einen weiteren Geleitzug angriff. Sicherungsschiffe entdeckten das auf Sehrohrtiefe fahrende Boot und belegten es mit Wasserbomben. Sie richteten so schweren Schaden an, daß Altmeier sich nach Westen zurückziehen mußte, um Reparaturen vorzunehmen. Drei Tage später erwischte eine weitere U-Jagdgruppe das Boot beim Schnorcheln und griff es wieder mit Wasserbomben an. Der zusätzliche Schaden zwang Altmeier, nach Norwegen zurückzukehren. In der Nähe der Rockall Bank versagte der Schnorchel des Bootes, aber die Besatzung konnte ihn reparieren, und das Boot traf am zweiten Weihnachtsfeiertag, nach einer nervenaufreibenden Feindfahrt von 106 Tagen, in Bergen ein.

• Das IXC/40-Boot *U1230* unter dem 27jährigen Hans Hilbig lief am 26. September von Kiel aus. Es sollte zwei weitere Abwehragenten namens William C. Colepaugh und Erich Gimpel an einer abgelegenen Stelle an der Südküste von Maine absetzen und dann vor Halifax in Nova Scotia Jagd auf Schiffe machen. Auf dem Weg nach Norwegen hatte das Boot unter häufigem Versagen des Schnorchels zu leiden, was bei der Besatzung Nasenbluten und andere Beschwerden verursacht hatte. Einmal hatten acht Männer im Maschinenraum das Bewußtsein verloren, und durch den Unterdruck platzten sämtliche Milchdosen in den Vorratsräumen auf, ein Unglück, das erst viel später entdeckt wurde.

Hilbig lief am 8. Oktober von Norwegen aus. 51 Tage später, am 29. November, sichtete er bei Cape Cod Land und fuhr weiter zur Frenchman's Bay im Gulf of Maine. Am späten Abend des 29. November wurden Colepaugh und Gimpel von zwei Besatzungsmitgliedern bei Hancock Point mit einem Schlauchboot an Land gerudert und stapften durch den Schnee zu einer Straße. Der Schüler einer High-School, der mit dem Auto von einer Tanzveranstaltung zurückkehrte, bemerkte die Fremden mit ihrer für das Wetter ungewöhnlich leichten Kleidung. Er erzählte am folgenden Tag seinem Vater (einem Deputy Sheriff von Hancock County) und später auch dem FBI von den Männern. Das FBI wußte aus entzifferten Enigma-Funksprüchen, daß *U1230* einen Spezialauftrag hatte, und vermutete, daß erneut Agenten eingeschleust worden waren.

Colepaugh und Gimpel entkamen jedoch der nun eingeleiteten Großfahndung und erreichten mit dem Zug New York. Sie hatten 60 000 Dollar Bargeld und 99 kleine Diamanten dabei. In New York mieteten sie ein Apartment, kauften sich neue Kleidung und trennten sich. Colepaugh, der in Neuengland geboren und aufgewachsen war, hatte wohl ein schlechtes Gewissen wegen seiner Spionagetätigkeit. Er enthüllte seinen Auftrag einem Jugendfreund und stellte sich am 26. Dezember dem FBI. Aufgrund der Hinweise Colepaughs fand und verhaftete das FBI am Abend des 30. Dezember Gimpel in New York City. Beide Agenten kamen wegen Spionage vor Gericht und wurden zum Tode verurteilt. Aber nach dem

Krieg wurden die Todesurteile von Präsident Truman in Haftstrafen umgewandelt. Bei den intensiven Verhören von Colepaugh und Gimpel gewannen die Amerikaner den Eindruck, die Deutschen hätten möglicherweise ein B-Boot entwickelt, das zum Abfeuern großer Raketen in der Lage sei, und wollten Anfang 1945 mit einer Flotte solcher Boote die Vereinigten Staaten angreifen. Die Geschichte war aufgebauscht, und bei entsprechenden Versuchen waren unüberwindliche technische Probleme aufgetaucht, doch die Amerikaner nahmen sie ernst und entwickelten für den Fall des Falles umfangreiche Pläne, um die B-Boot-Flotte zu orten und zu bekämpfen. Daß die Amerikaner aufgrund dieser Fehlinformation eine beträchtliche Anzahl Schiffe und Arbeitskräfte falsch einsetzten, war der einzige erkennbare Dienst, den Colepaugh und Gimpel dem Dritten Reich erwiesen. Nachdem Hilbig die beiden Agenten abgesetzt hatte, versenkte er den 5458 BRT großen kanadischen Dampfer *Cornwallis*. Amerikanische ASW-Kräfte einschließlich des Geleitträgers *Bogue* durchkämmten den Gulf of Maine nach dem B-Boot, doch Hilbig fuhr nach Norden in die Gewässer von Nova Scotia und entkam seinen Jägern. Er kehrte Ende Januar 1945 nach Flensburg zurück und machte keine weitere Feindfahrt mehr.

• Das von dem 25jährigen August-Wilhelm Claussen geführte IXC/40-Boot *U1226* lief am 30. September von Norwegen aus und nahm Kurs auf Kanada. Als Claussen jedoch am 22. Oktober meldete, daß die Vorrichtung zum Aufrichten seines Schnorchels defekt sei und sich dieser nur noch mit einem Flaschenzug aufrichten lasse, befahl die B-Boot-Führung dem Boot, die Fahrt nach Kanada abzubrechen und statt dessen etwa ab dem 27. Oktober in einem Gebiet einige hundert Meilen südlich von Island als provisorisches Wetterboot zu dienen. Claussen sollte seinen Schnorchel für die Heimfahrt wieder aufrichten, ihn jedoch in diesem abgelegenen Gebiet des Atlantik nicht einsetzen.

U1226 verschwand und blieb verschollen. Trotz wiederholter Mahnungen der U-Boot-Führung, daß die Wetterberichte dringend benötigt würden, kam von dem Boot keine Meldung mehr. Schließlich nahm man an, daß es südlich von Island durch einen Unfall, der vermutlich mit dem defekten Schnorchel zusammenhing, verlorengegangen war.[1]

---

[1] Im Juni 1993 behaupteten die beiden Bostoner Edward Michaud und Paul Matthias, sie hätten mit absoluter Sicherheit vier Meilen vor Cape Cod in zwölf Metern Tiefe das Wrack von *U1226* gefunden. Presseberichten zufolge behaupteten die beiden Männer, *U1226* »hätte zu einer Einheit von vier B-Booten mit einem Spionageauftrag« gehört und sei von einem in Hyannis stationierten Flugzeug durch eine einzige 20-Kilogramm-Bombe versenkt worden. Die zuständigen Behörden in den Vereinigten Staaten, in Deutschland und in Kanada bestritten die Möglichkeit eines solchen »Fundes« entschieden und versicherten, wenn die Männer überhaupt ein B-Boot gefunden hätten, was unwahrscheinlich sei, dann könne es sich keinesfalls um *U1226* handeln.

• Das IXC/40-Boot *U1228,* das im September bei dem vergeblichen Versuch, die Besatzung des verlorenen IXC-Boots *U867* zu retten, von einer britischen B-24 beschädigt worden war, lief am 12. Oktober wieder von Norwegen aus und nahm Kurs auf Kanada. Der Kommandant Friedrich-Wilhelm Marienfeld war schon in der Ostsee schwer bombardiert worden. Er hatte deshalb großen Respekt vor den alliierten Flugzeugen und war entsprechend vorsichtig.

U1228 hatte den Auftrag, in der Mündung des St.-Lorenz-Stroms zu operieren. Am 25. November stieß Marienfeld kurz nach Mitternacht auf die kampferprobte kanadische Korvette *Shawinigan* mit 900 Tonnen und traf sie mit einem T-5. Das Kriegsschiff flog in die Luft und sank mit der gesamten Besatzung von 85 Mann. Danach ignorierte Marienfeld den neuen Befehl, vor Halifax zu patrouillieren, und fuhr in die entgegengesetzte Richtung. Er verließ den Golf durch die Cabotstraße und meldete am 8. Dezember im offenen Atlantik seinen Erfolg, aber auch ein Versagen von Schnorchel und Kompaß und den Abbruch der Feindfahrt. Die B-Boot-Führung erteilte Marienfeld in einem »öffentlichen« Funkspruch einen Tadel, weil er nicht ungeachtet seiner technischen Probleme zum St.-Lorenz-Strom vorgestoßen war. Das unglückliche Boot kehrte am 4. Januar 1945 nach einer Feindfahrt von 85 Tagen nach Flensburg zurück. Marienfeld wurde jedoch seines Kommandos nicht enthoben.

• Das IXC/40-Boot *U1231* unter dem 44jährigen Hermann Lessing, dem ältesten U-Boot-Kommandanten im aktiven Dienst, lief am 15. Oktober in Norwegen aus und nahm Kurs auf kanadische Gewässer, um den B-Boot-Krieg in der Mündung des St.-Lorenz-Stroms fortzusetzen.

Wegen des Winterwetters und der Eisbildung und weil der Geleitzugverkehr zwischen Quebec City und Sydney eingestellt war, erlebte Lessing eine deprimierende Zeit. Ständig vereiste sein Schnorchel, und außerdem vesagten seine Torpedos. Im St.-Lorenz-Strom vor Matone schoß er drei auf einen Frachter und weitere auf ein Sicherungsschiff, doch waren sie allesamt Blindgänger, wie er frustriert meldete.

Am 2. Dezember erhielt er von der B-Boot-Führung die Erlaubnis, den St.-Lorenz-Golf zu verlassen und vor Halifax zu operieren. Er zog sich durch die Cabotstraße aus dem Golf zurück, ging jedoch, weil sein Leitender Ingenieur den Treibstoffvorrat des Bootes falsch berechnet und stark unterschätzt hatte, auf Heimatkurs. Als er den Irrtum bemerkte und nach Halifax zurückkehrte, hatte er sechs Tage verloren. Er patrouillierte in der Weihnachtszeit vor Halifax und jagte verschiedene Schiffe in der Eiseskälte, hatte jedoch keinen Erfolg. Am 3. Januar ging er zum zweiten Mal auf Heimatkurs und erreichte Norwegen am 30. Januar nach einer erfolglosen Feindfahrt von 108 Tagen.

• Das von dem 28jährigen Klaus Hornbostel geführte IXC-Boot *U806* lief am 30. Oktober von Norwegen aus, um vor Halifax in Nova

Scotia zu patrouillieren. Es wurde zunächst zur Wetterberichterstattung umgeleitet und erreichte am 13. Dezember das vorgesehene Operationsgebiet, nachdem es in 45 Tagen 7400 Kilometer zurückgelegt hatte.

Hornbostel tastete sich vorsichtig sehr nahe an die markierten Fahrrinnen heran, die nach Halifax hinein und wieder hinaus führten.[1] Er navigierte nach den Lichtern der Stadt, der in der Nähe befindlichen Leuchttürme und Leuchtschiffe und der Markierungsbojen der Fahrrinnen, die die Offiziere nach ihren Ehefrauen oder Geliebten benannten. In der Nacht des 21. Dezember schoß er einen Zweierfächer auf den 7219 BRT großen britischen Frachter *Samtucky*. Beide Torpedos waren Fehlschüsse, und auch ein dritter Torpedo traf nicht, aber schließlich ging ein T-5 ins Ziel. Trotz des Schadens gelang es dem Kapitän der *Samtucky* jedoch, das Schiff in der Nähe von Halifax auf den Strand zu setzen, und es wurde später repariert und wieder in Dienst gestellt.

In den folgenden 72 Stunden erlebte Hornbostel zahlreiche Gefechte. Er schoß am 22. Dezember drei Torpedos auf einen Frachter und die eskortierende Korvette, doch alle waren Fehlschüsse oder Versager. Am 24. Dezember sichtete er zwei aufeinander zulaufende Geleitzüge. Er schoß einen T-5 auf den als Sicherungsschiff eingesetzten kanadischen Minensucher *Clayoquot* mit 672 Tonnen. Der Torpedo traf, und das kleine Kriegsschiff sank innerhalb von neun Minuten. Ein weiterer, auf einen Frachter gezielter Torpedo detonierte harmlos am Cat Gear des kanadischen Minensuchers *Transcona,* der wenig später 76 Mann der 84köpfigen Besatzung der versenkten *Clayoquot* aus dem eisigen Wasser fischte. Hornbostel überstand einen massiven Gegenangriff von ASW-Kräften und fuhr getaucht nach Südosten, um Weihnachten zu feiern.

Nach dieser erlebnisreichen Zeit verließ ihn das Glück. Am 4. Januar versagte der Mechanismus, mit dem der Schnorchel bewegt wurde. Er konnte nicht mehr umgeklappt werden, und Hornbostel mußte die Feindfahrt abbrechen. Östlich der Grand Banks hatten seine Männer den Schnorchel wieder funktionstüchtig gemacht, doch inzwischen war der Treibstoff knapp, und das Boot fuhr weiter Richtung Norwegen. Die B-Boot-Führung leitete das Boot erneut um, und es erreichte Norwegen erst am 22. Februar, nach einer langwierigen Reise von 116 Tagen, von denen es etwa 93 Tage auf dem An- und Rückmarsch verbracht und als Wetterboot gedient hatte.

- Das IXC/40-Boot *U1232* unter dem 40jährigen Kurt Dobratz lief am 12. November von Norwegen aus, um vor Halifax zu operieren. Es war das letzte Boot, das noch 1944 die Gewässer um Nova Scotia erreichte.

Der frühere Luftwaffenpilot Dobratz war ein begeisterter Kommandant mit einem prächtigen Sinn für Humor. Er traf nach Weihnachten vor

[1] Siehe dazu Hadley, »B-Boote vor Halifax im Winter 1944/45«, in: *Marine-Rundschau* 79 (1982), S. 138 – 144, 202 – 208.

Halifax ein, als auch Hornbostel und Lessing mit ihren Booten noch dort operierten. Dobratz war entschlossen, alle anderen Kommandanten zu übertreffen, die im Herbst 1944 nach Kanada gefahren waren, und legte sich an einer günstigen Stelle im flachen Wasser vor Chebucto Head auf die Lauer, unmittelbar neben der Hauptfahrrinne nach Halifax.

Er konnte sich nicht über Langeweile beklagen. Am 2. und 3. Januar schoß er einen T-5 auf einen »Zerstörer« und drei andere Torpedos auf den 36287 BRT großen niederländischen Truppentransporter *Nieuw Amsterdam.* Er meldete die Versenkung des »Zerstörers«, doch sie konnte in den alliierten Unterlagen nicht bestätigt werden. Die auf die *Nieuw Amsterdam* gezielten Torpedos detonierten in deren Kielwasser, ohne Schaden anzurichten, was die B-Boot-Führung vermuten ließ, daß sie und andere wichtige alliierte Truppentransporter Geräuscherzeuger hinter sich herschleppten. Eine Vermutung, die sich nicht bestätigte.

Am 4. Januar hatte Dobratz mehr Erfolg. Plötzlich kam der Richtung Küste fahrende kanadische Geleitzug SH 194 in Sicht. Er bestand aus dem kleinen kanadischen Tanker *Nipiwan Park* (2373 BRT) und zwei kleinen Frachtern und wurde von der Korvette *Kentville* und einem Flugzeug gesichert. Dobratz verfehlte den vorausfahrenden Frachter *Perast,* traf aber die *Nipiwan Park* und den 1595 BRT großen norwegischen Frachter *Polarland.* Der Tanker zerbrach in zwei Hälften, und der Frachter sank sofort. Dobratz behauptete, er habe beide Hälften des Tankers sinken sehen, tatsächlich wurde das Heck jedoch von Schleppern gerettet und nach Halifax geschleppt. Dobratz meldete zwei versenkte Schiffe mit 13500 BRT, hatte jedoch in Wirklichkeit nur Schiffe mit einer Tonnage von 4000 BRT versenkt oder zerstört.

ASW-Kräfte der Alliierten veranstalteten eine hitzige Jagd auf *U1232,* doch Dobratz entkam und lag, wie er später sagte, zehn Tage lang auf Grund. In dieser nervenaufreibenden Zeit fuhr das 10640 BRT große Hospitalschiff *Llandovery Castle,* das von Halifax nach Neapel unterwegs war, direkt über das Boot hinweg. Dobratz ging mit dem Boot auf Sehrohrtiefe, sah sich das Schiff an und ließ es unbeschadet ziehen, nachdem er es identifiziert hatte.

Am 14. Januar schlich sich Dobratz schließlich zurück in sein Operationsgebiet vor Chebucto Head, wobei er sich mit ständig vereisendem Schnorchel und Sehrohr herumschlagen mußte. Seine Rückkehr wurde jedoch sofort durch das Auftauchen des Geleitzugs BX 141 belohnt. Dieser war von Boston nach Halifax unterwegs und bestand aus 19 Handelsschiffen und der Geleitsicherung. Dobratz fuhr kühn an die vielversprechende Formation heran und schoß Torpedos auf zwei Tanker und zwei Frachter. Er meldete die Versenkung aller vier Schiffe mit einer Gesamttonnage von 30400 BRT, traf in Wirklichkeit jedoch nur drei, nämlich die beiden britischen Tanker *British Freedom* mit 6985 BRT und

Athelviking mit 8779 Tonnen sowie das 7176 BRT große amerikanische Liberty-Schiff *Martin van Buren*. Beide Tanker sanken, und der Frachter wurde als Totalverlust auf den Strand gesetzt.

Dieser Angriff hätte beinahe auch zum Verlust von *U1232* geführt. Die kanadische Fregatte *Ettrick* von der Geleitsicherung ging zum Gegenangriff über und holte das Boot ein. Bevor Dobratz Tiefe gewinnen konnte, rammte die Fregatte die Aufbauten des Bootes. Bei dem Zusammenstoß wurde das Sehrohr flachgebogen, die Brücke beschädigt und das Antennenkabel abgerissen. Wieder starteten alliierte ASW-Kräfte eine große Jagd auf das Boot, doch Dobratz entkam erneut und nahm Kurs auf Norwegen.

Als er die offene See bei den Grand Banks erreicht hatte, erstattete er über die Gefechte und seine Schäden Bericht. Dönitz erkannte Dobratz' Versenkungsmeldungen an (drei Tanker und drei Frachter mit 43900 BRT plus einen »Zerstörer«) und freute sich, ihm am 23. Januar per Funk mitzuteilen, daß er das Ritterkreuz erhalten hatte. Tatsächlich hatte Dobratz die *Polarland,* die *British Freedom* und die *Athelviking* mit insgesamt 17400 BRT versenkt und zwei weitere Schiffe mit 9500 BRT irreparabel beschädigt. Er hatte die erfolgreichste Feindfahrt von allen IX-Booten absolviert, die in den sechs Monaten von Juli bis Dezember 1944 in Norwegen ausgelaufen waren, und bei weitem die beste der in kanadischen Gewässern operierenden IX-Boote. Am 14. Februar 1945 traf er nach einer Feindfahrt von 96 Tagen wieder in Norwegen ein.

• Das IXC/40-Boot *U870* unter dem 37jährigen Ernst Hechler lief am 12. November von Christiansand aus und nahm Kurs auf den Raum um Gibraltar und die Azoren. Es sollte für die Ardennenoffensive am 16. Dezember als Wettermelder fungieren. Um den alliierten ASW-Kräften auszuweichen, hielt sich Hechler ziemlich weit westlich der französischen und portugiesischen Küste. Als er jedoch am 17. Dezember sein Zielgebiet erreichte, waren die Wetterberichte nicht mehr so wichtig, und die B-Boot-Führung wies ihn an, sich der Straße von Gibraltar zu nähern und Schiffe anzugreifen.

Hechler war wie Dobratz ein früherer Luftwaffenpilot. Er agierte nun auf seiner ersten Feindfahrt ausgesprochen aggressiv. Am 20. Dezember griff er westlich von Lissabon einen Sondergeleitzug mit Landungsfahrzeugen an und meldete die Versenkung von einer Korvette und zwei LSTs mit insgesamt 6000 Tonnen. Alliierte Unterlagen bestätigen die Versenkung von *LST 359* mit 1625 Tonnen und einen Treffer, der den amerikanischen Geleitzerstörer *Fogg* mit 1400 Tonnen schwer beschädigte, wobei vier Besatzungsmitglieder getötet und zwei verwundet wurden. Das Heck des Zerstörers riß später ab, doch er konnte mit einer Rumpfbesatzung zu den Azoren geschleppt werden. Später wurde er nach Boston weitergeschleppt und dort repariert. Hechler wurde von einer Maschine der auf den Azoren stationierten britischen Squadron

220 angegriffen, konnte dem Flugzeug und zwei britischen U-Jagdgruppen jedoch entkommen.

Auch als er sich den westlichen Zufahrten der Straße von Gibraltar näherte, bewies er großen Mut. Am 3. Januar griff er den von Gibraltar in die Vereinigten Staaten fahrenden Geleitzug GUS 63 an und beschädigte das 7207 BRT große amerikanische Liberty-Schiff *Henry Miller,* das jedoch nach Gibraltar geschleppt werden konnte. In der Zeit vom 8. Januar bis zum 10. Januar fuhr Hechler kühne Angriffe auf drei weitere Konvois. Er meldete die Versenkung einer Korvette, eines 6000 BRT großen Tankers und eines 4000 BRT großen Frachters und die Beschädigung eines 6000 BRT großen Frachters. Nach den alliierten Unterlagen versenkte er jedoch nur das 335 Tonnen große, ehemals amerikanische Patrouillenboot *L'Enjoue,* das nun in freifranzösischen Diensten stand (und als Sicherungsschiff für den Gibraltar-Casablanca-Geleitzug GC 107 fungierte), und den 4637 BRT großen Frachter *Blackheath,* der bei Cape Spartel auf den Strand gesetzt wurde (aus dem von den Britischen Inseln ins Mittelmeer fahrenden Geleitzug KMS 76).

Die B-Boot-Führung nahm Hechlers Erfolgsmeldungen mit Begeisterung zur Kenntnis, und er erhielt am 21. Januar per Funk das Ritterkreuz.[1] Am 20. Februar kehrte er nach Norwegen zurück und fuhr zur Wiederausrüstung weiter nach Flensburg. Einen Monat später, am 30. März, wurde *U870* in Bremen durch amerikanische Bomber zerstört.

• Das von dem 28jährigen Eberhard Findeisen geführte IXC/40-Boot *U877* lief am 26. November von Christiansand aus, um *U870* als Wetterboot Süd abzulösen. Als das Boot aufgetaucht und mit einer Eskorte in See stach, wurde es von Beaufighters der britischen Squadron 489 angegriffen und mit zwei gutplazierten Wasserbomben belegt. Bei dem durch den Angriff ausgelösten Alarmtauchmanöver wurde die einziehbare »Matratzen«-Antenne des Hohentwiel-Radargeräts zerstört, was das Boot auf seiner ganzen restlichen Feindfahrt behinderte.

In den folgenden drei Wochen näherte sich das Boot mit quälend langsamer Fahrt seinem Ziel und legte pro Tag nur 110 bis 150 Kilometer zurück. Um den 22. Dezember erreichte es das Gebiet, aus dem es Wetterberichte senden sollte. Doch sein Funkgerät versagte, und es konnte nur noch Meldungen empfangen, aber keine mehr senden. Die B-Boot-Führung hielt das Boot für verloren, befreite es jedoch, für den Fall, daß es noch existierte, von der Wetterberichterstattung und gab ihm

[1] Zum Zeitpunkt der Auszeichnung belief sich seine ausschließlich mit *U870* erzielte, bestätigte Erfolgsbilanz auf drei versenkte Schiffe mit 6462 Tonnen: *LST 359,* das kleine freifranzösische Patrouillenboot *L'Enjoue* und der Frachter *Blackheath.* Außerdem hatte er zwei amerikanische Schiffe, den Geleitzerstörer *Fogg* und das Liberty-Schiff *Henry Miller,* beschädigt.

völlige Handlungsfreiheit. Als Findeisen diese Instruktionen empfing, ging er auf westlichen Kurs, um in das Gebiet vor New York zu fahren.

Zwei Tage nach Weihnachten, am 27. Dezember, erfaßten die kanadischen Korvetten *Edmundston* und *St. Thomas U877* mit dem Sonar. Die *Edmundston* steuerte die Peilung an, kam jedoch zu dem Schluß, daß es sich nicht um ein B-Boot handle. Die *St. Thomas* neigte zu derselben Ansicht, blieb jedoch hartnäckiger auf Kurs und feuerte schließlich mit ihrem Squid-Mörser. Danach fuhr sie noch einen zweiten, wohlüberlegten Angriff mit dem Squid. Einige der dabei abgefeuerten Geschosse trafen das B-Boot. Es geriet mit einem schweren Wassereinbruch außer Kontrolle und sank auf eine Tiefe von über 300 Metern. In einem letzten Versuch, das Boot zu retten, ließ Findeisen alle Tauchzellen anblasen, und das Boot schoß wie ein Pfeil aus der großen Tiefe an die Oberfläche.

Als Findeisen das Turmluk öffnete, wurden er und sein Steuermannsmaat durch den großen Überdruck im Boot auf die Brücke geschleudert und erlitten beide schwere Kopfverletzungen. Nachdem der Leitende Ingenieur das Boot versenkt hatte, wurden alle 55 Deutschen von den beiden Korvetten gerettet und nach England gebracht. Die Admiralität rechnete die Versenkung der *St. Thomas* an.

• Das von dem 27jährigen Helmut Neuerburg geführte IXC/40-Boot *U869* lief am 8. Dezember von Christiansand aus. Am Ende der dritten Seewoche, um den 29. Dezember, hätte das Boot durch die Island-Färöer-Passage den Atlantik erreichen sollen, doch die übliche Passiermeldung blieb aus. Mehrere damals abgesetzte Funksprüche an das Boot blieben unbeantwortet, was bei der B-Boot-Führung Besorgnis auslöste. Trotzdem erteilte sie dem Boot den Auftrag, weiter nach Westen zu fahren und gegen den Schiffsverkehr vor New York zu operieren. Auch dieser Befehl blieb unbeantwortet, was bei der B-Boot-Führung laut Kriegstagebuch vom 3. Januar beträchtliche Beunruhigung verursachte.

U869 war eines der mit dem Hochgeschwindigkeitssender Kurier ausgestatteten Boote und hatte das Gerät vom 26. November bis zum 1. Dezember zusammen mit sechs anderen Booten im Skagerrak getestet. Die Versuche waren technisch schwierig gewesen und nicht ganz erfolgreich verlaufen. Trotzdem hatte die B-Boot-Führung *U869,* das zunächst als drittes Wetterboot für die Ardennenoffensive hatte dienen sollen, angewiesen, nur mit Kurier zu senden. Möglicherweise funkte das Boot seine Passiermeldung per Kurier, und diese wurde von der B-Boot-Führung nicht empfangen.

Nachdem die B-Boot-Führung bis zum 6. Januar nichts von dem Boot gehört hatte, war sie fast überzeugt, daß es verloren war. An diesem Tag reagierte das Boot jedoch auf die oft wiederholte Aufforderung, seine Position zu melden, und funkte, daß es sich im Planquadrat AK 63, etwa

1100 Kilometer südwestlich von Island, befinde. Diese Meldung löste bei der B-Boot-Führung erneut Verwirrung aus. Wenn das Boot auf der üblichen Route durch die Island-Färöer-Passage gefahren wäre, hätte es sich beträchtlich weiter südwestlich befinden müssen. Die B-Boot-Führung kam zu dem Schluß, daß das Boot, wenn man eine Reisegeschwindigkeit von 90 Kilometern pro Tag zugrunde legte, durch die Dänemarkstraße in den Atlantik gefahren sein mußte, eine ungewöhnliche Route. Außerdem wurde sehr negativ vermerkt, daß das Boot keine Wetterberichte für die Ardennenoffensive geliefert hatte.

>Die B-Boot-Führung befand sich in einer Zwickmühle. Da das Boot auf der langen Anfahrt in den Atlantik viel Treibstoff verbraucht haben mußte, bezweifelte sie, daß es noch genügend Treibstoff hatte, um vor New York zu operieren. Also befahl sie dem Boot, sofort seine Treibstoffreserven zu melden, damit ein angemessenes Operationsgebiet festgelegt werden konnte. Auf diese Anfrage kam, trotz ständiger Aufforderungen, keine Antwort mehr von dem Boot. Als jede Reaktion ausblieb, befahl die B-Boot-Führung *U869* am 8. Januar, mit dem Schnorchel vor Gibraltar westlich des Planquadrats CG 9592 zu operieren, sich der Straße von Gibraltar jedoch nicht weiter zu nähern. Auch auf diesen Befehl reagierte das Boot entweder gar nicht oder durch einen konventionellen Funkspruch oder ein Kuriersignal, das von der B-Boot-Führung nicht empfangen wurde. Von da an gab es keine sichere Nachricht mehr von dem Boot.

Die B-Boot-Führung *nahm an,* daß es den neuen Befehl befolgt hatte. Am 18. Februar heißt es in ihrem Kriegstagebuch, *U869* habe mit dem Kurzsignal »beta-beta« einen Geleitzug gemeldet und vor Gibraltar ein Schiff versenkt. Fast einen Monat später, am 16. März, heißt es im Kriegstagebuch, daß *U869* möglicherweise eine weitere Beta-Beta-Meldung in dem Gebiet vor Gibraltar abgesetzt habe.

Auch die amerikanischen Codeknacker, die den Funkverkehr der Deutschen teilweise entzifferten, waren verwirrt. Kenneth Knowles vom Submarine Tracking Room schloß aus den Befehlen der B-Boot-Führung vom 29. Dezember, daß das im Tracking Room mit dem Bigramm »Oboe Item« (OI) bezeichnete *U869* Richtung New York fuhr. Der Entzifferungsdienst fing auch die Meldung des Bootes vom 6. Januar auf, daß es sich im Planquadrat AK 63 befand, verpaßte jedoch den Funkspruch der B-Boot-Führung vom 8. Januar, mit dem das Boot nach Gibraltar umdirigiert wurde. Er fing jedoch am 19. Januar einen an *U869* gerichteten Funkspruch der B-Boot-Führung auf, in dem es hieß, das Boot werde um den 1. Februar in der Nähe des Operationsgebiets von *U870* eintreffen, und Knowles wußte, daß *U870* zu einem früheren Zeitpunkt nach Gibraltar entsandt worden war.

Knowles zog daraus den Schluß, daß *U869* »vielleicht« einen »Ursula«-Funkspruch[1] »verpaßt« hatte, der es nach Gibraltar umdirigiert hätte, und sich noch immer auf dem Weg nach New York befand. Aufgrund dieser Überlegung entsandte die Tenth Fleet zwei U-Jagdgruppen mit den Geleitträgern *Core* und *Croatan,* um das Boot aufzuspüren. Beide Gruppen hatten keinen Erfolg. Auch sonst gab es keinerlei Hinweis, daß *U869* tatsächlich die Gewässer vor New York erreicht hatte.

Die Alliierten kamen schließlich zu dem Schluß, daß *U869* den Befehl, vor Gibraltar zu patrouillieren, doch empfangen und befolgt hatte, jedoch nie zurückgekehrt war. Da sie keinerlei eindeutigen Beweis für den Untergang des Bootes hatten, vermuteten sie zunächst, daß es am 26. Februar etwa 320 Kilometer östlich der Madeirainseln durch den amerikanischen Geleitzerstörer *O'Toole* versenkt worden war. Bei der Endauswertung kamen sie dann jedoch zu dem Schluß, daß das Boot bei einem Angriff auf den Geleitzug GUS 74 verlorengegangen war. Der Angriff war damals gescheitert, und fünf Sicherungsschiffe waren über das Boot hergefallen, das nun für *U869* gehalten wurde. Dabei hatte es sich um die mit Soldaten der amerikanischen Coast Guard bemannte Fregatte *Knoxville,* die beiden amerikanischen Geleitzerstörer *Fowler* und *Francis M. Robinson* und die beiden ehemals amerikanischen, nunmehr freifranzösischen Patrouillenboote *L'Indiscret* und *Le Résolu* gehandelt. Das alliierte Auswertungskomitee rechnete die »Versenkung« schließlich der *Fowler* und der *L'Indiscret* an.

Dies war der Stand bis zum 2. September 1991. An jenem Tag tauchten auf Schiffswracks spezialisierte Amateurtaucher unter Führung von William Nagle und John Chatterton nach einem Wrack in etwa 70 Metern Tiefe, das 110 Kilometer östlich von Point Pleasant in New Jersey lag. Es sah einem B-Boot sehr ähnlich. Bei zwei aufeinanderfolgenden Tauchgängen in jenem Herbst entdeckten die Taucher Geschirr, das mit dem Datum 1942 und mit Adler und Hakenkreuz versehen war, und sie brachten ein Speisemesser mit herauf, in dessen Holzgriff der Name »Horenburg« geschnitzt war. Bei der Erkundung des in 70 Metern Tiefe liegenden Bootes verlor der Sporttaucher Steve Feldman vermutlich das Bewußtsein und wurde von der Strömung abgetrieben.

In den folgenden Jahren leitete John Chatterton weitere Expeditionen zu dem U-Boot. Dabei kamen zwei weitere Taucher ums Leben, doch Chatterton und seine Leute konnten nun Wrackteile bergen, die bewiesen, daß es sich um ein auf der Deschimag-Werft in Bremen gebautes IXC-Boot handelte (was auf *U869* zutraf). Später bargen sie die Reste

---

[1] Ursula, notierte Knowles in seinem Kriegstagebuch, sei »eine neue Art von Kurzsignal« zur Zuteilung der Operationsgebiete von B-Booten, das von den alliierten Codeknackern noch nicht entziffert werden könne.

Stabschefs der USA, begleitete Roosevelt auf der *Quincy*.[1] Admiral King flog über die Bermudas nach Casablanca (wo er mit Dan Gallery zusammentraf, der *U505* aufgebracht hatte) und von dort aus nach Malta. General Marshall flog über die Azoren nach Marseille in Frankreich, wo er sich am 28. Januar mit General Eisenhower traf, dem Tag der bedeutsamen alliierten Gegenoffensive in der Ardennenschlacht. Am nächsten Tag flog Marshall weiter nach Malta. Der Befehlshaber der Army Air Forces, Hap Arnold, konnte die Reise aus Krankheitsgründen nicht antreten.

Am 29. Januar verließ Churchills Gruppe London mit drei Flugzeugen. Churchill flog mit einer luxuriösen viermotorigen Maschine, einer in den USA gebauten Douglas C-54 Skymaster (die militärische Version des Passagierflugzeugs DC-4), die ein Geschenk Hap Arnolds war.[2] Als sich die Flugzeuge Malta näherten, traten bei einer Maschine ernste Probleme auf, und das Flugzeug stürzte nahe der Insel Pantelleria ab. »Nur drei Mann der Besatzung und zwei Passagiere überlebten«, schrieb Churchill. »Dies sind die merkwürdigen Launen des Schicksals.«

Die auf Malta zusammengetroffenen amerikanischen und britischen Delegationen erörterten militärische Operationen, wobei das wichtigste und umstrittenste Thema die alliierte Boden- und Luftherrschaft war sowie Operationen auf den Kriegsschauplätzen in Europa, im Mittelmeer und im Pazifik. Die Bedrohung durch U-Boote im Atlantischen Ozean wurde dennoch nicht vernachlässigt.

Und dies aus gutem Grund. Im Januar 1945 waren die Alliierten höchst besorgt wegen einer neuerlichen U-Boot-Offensive, die vom Westen aus die Landoffensive gegen Deutschland ernsthaft bedrohen könnte. Am 6. Januar hatte Präsident Roosevelt in einer Ansprache zur Lage der Nation die Möglichkeit einer neuen U-Boot-Offensive betont. Drei Tage darauf gaben Roosevelt und Churchill ein gemeinsames Kommuniqué zum gleichen Thema heraus. Die Medien auf beiden Seiten des Atlantiks hatten alarmierende Beiträge veröffentlicht und gesendet, welche diese schrecklichen Prognosen erörterten.[3]

---

[1] Am 30. Januar feierte Roosevelt an Bord der *Quincy* seinen 63. Geburtstag. Unter den hochrangigen amerikanischen Delegierten war er der jüngste. Leahy war 69, King 66 und Marshall 64 Jahre alt.

[2] Dies war das Schwesterflugzeug von Roosevelts berühmter »Sacred Cow«, mit der Harry Hopkins nach London geflogen war. Im Pazifik stand General Douglas MacArthur eine weitere dieser Maschinen zur Verfügung, die »Bataan«.

[3] Hadley zitiert in *U-Boote gegen Kanada: Unternehmungen deutscher U-Boote in kanadischen Gewässern* (1990) Zeitungsartikel, in denen eine kommende Welle von 200 bis 300 »Nazi Subs« beschrieben wird. Diese könnten angeblich bis zu 30 Tage unter Wasser bleiben und getaucht mit einer Geschwindigkeit von zehn Knoten fahren!

TAFEL 10
ALLIIERTE BOMBERANGRIFFE AUF WERFTEN IN HAMBURG, BREMEN UND KIEL, AUF DENEN DIE MONTAGE VON ELEKTRO-BOOTEN ERFOLGTE
31. Dezember 1944 bis 14. April 1945[2]

Bei den Konferenzen auf Malta und in Jalta bestätigten die Alliierten, die durch Schnorchelboote und die Elektro-Boote vom Typ XXI und XXIII eine neue Offensive befürchteten, einen Plan für das RAF Bomber Command und die 8. US Army Air Force. Diese Verbände sollten gegen die Montagewerften für Elektro-Boote schwere Luftangriffe fliegen. Diese Operationen konnten nur langsam umgesetzt werden. Dies lag daran, daß die Flieger bevorzugt Angriffe gegen andere strategische Ziele flogen und es zudem erforderlich war, die alliierten Truppen in der Ardennenschlacht zu unterstützen. Auch das schlechte Flugwetter war einer der Gründe.

Diese Luftangriffe sollten nicht als folgenlos abgetan werden. Sie führten letztlich zur Zerstörung von U-Boot-Werften in Hamburg, Bremen und Kiel. Sie sollten auch nicht überbewertet werden. In Deutschland herrschte Chaos, und das Land stand kurz vor dem Zusammenbruch. Diese Nation konnte keinesfalls einen erneuten U-Boot-Krieg beginnen und in Gang halten. Hinzu kam, daß die Konstruktion des Typs XXI mit so starken Mängeln behaftet war, daß dieser Bootstyp bei einer neuerlichen U-Boot-Offensive des Jahres 1945 unmöglich von Bedeutung hätte sein können und es faktisch auch nicht war.

Datum	Ziel	Einheit	Flugzeuge	Bombenladung (Tonnen)
Dezember 1944				
31.	Hamburg	USAAF	72	187
Januar 1945				
17.	Hamburg	USAAF	71	174
Februar				
17.	Bremen[2]	RAF	6	12
18.	Bremen	RAF	6	12
19.	Bremen	RAF	5	10
21.	Bremen	RAF	3	6
22.	Bremen	RAF	6	12
24.	Bremen	USAAF	195	576
25.	Bremen	RAF	6	12
27.	Bremen	RAF	6	10
März				
4.	Bremen	RAF	3	6
8.	Hamburg	RAF	304	941
11.	Bremen	USAAF	403	966
11.	Hamburg	USAAF	466	1089
11.	Bremen	USAAF	403	965
11.	Kiel	USAAF	340	850
20.	Hamburg	USAAF	13	39
30.	Bremen	USAAF	433	1297
31.	Hamburg	RAF	454	2217
April				
3.	Kiel	USAAF	220	keine Angabe
8.	Hamburg	RAF	414	1046
9.	Hamburg	RAF	424	1571
9.	Kiel	RAF	359	keine Angabe
13.	Kiel	RAF	467	keine Angabe
Gesamt:	24 Luftangriffe		5079	11988

[1] Quelle: US Strategic Bombing Survey, NARA, Record Group 243, Box 47; Kriegstagebuch des BdU, 31. 12. 1944.

[2] Die Angriffe der RAF auf Bremen mit drei bis sechs Flugzeugen waren »Präzisionsangriffe« durch zweimotorige, ungepanzerte und sehr schnelle Mosquito-Bomber, die 1800-Kilogramm-Bomben trugen.

Doch sie waren auf fehlerhafte oder unvollständige alliierte »Intelligence« zurückzuführen und – ob dies nun ehrlich gemeint oder kalkuliert war – auf das klassische Beispiel einer überbewerteten Bedrohung. Wenn dieses Versagen des amerikanischen Nachrichtendienstes den Kriegsverlauf auch nicht merklich beeinflußte, was bei dem Angriff auf Pearl Harbor und der Ardennenoffensive vom 16. Dezember durchaus der Fall gewesen war, so ist es doch einer Erwähnung wert.

Einige Faktoren, die zum Versagen des Nachrichtendienstes führten, waren:

- Die Annahme, daß am 1. Januar 1945 87 Boote des großen Typs XXI ausgerüstet wurden oder sich in der Erprobungsphase befanden sowie weitere 52 im Bau. Weiterhin gingen die Alliierten davon aus, daß bis zum 1. März 50 Boote des Typs XXI in jeglicher Hinsicht einsatzbereit sein würden für die neue Offensive.

Diese Beurteilung überschätzte die Fähigkeit der Deutschen, XXI-Boote zu bauen, vorhandene Mängel zu beseitigen und die Boote zu erproben. Denn die Deutschen hatten mit den intensivierten alliierten Luftangriffen auf U-Boot-Werften und U-Boot-Stützpunkte und mit der starken Verminung von Übungsgebieten in der Ostsee zu kämpfen, ganz zu schweigen von dem allgegenwärtigen Chaos im belagerten Deutschland.[1] Darüber hinaus hatte der alliierte Nachrichtendienst offensichtlich keine Ahnung, daß der Einsatz der Boote vom Typ XXI durch Defekte der Kompressormotoren, der Hydrauliksysteme und anderer Mängel behindert wurde.

In Wirklichkeit war am 1. März kein XXI-Boot an irgendeinem Ort für die Durchführung von Operationen einsatzfähig. Nur ein Boot (!) befand sich in einem Zustand, in dem es im März die Ostsee verlassen und zur weiteren Erprobung nach Horten in Norwegen marschieren konnte. Dieses Boot war *U2511* unter Adalbert Schnee, der das Eichenlaub zum Ritterkreuz trug. Der Leitende Ingenieur war Ritterkreuzträger Gerhard Suhren.[2] Das Boot lief am 18. März von Kiel aus und traf am 23. März in Horten ein. Schnee forderte zu diesem Zeitpunkt für die Reparatur des Sehrohrs Experten an, da dieses stark vibrierte, selbst bei langsamster Fahrt. *U2511* lief am 18. April in Bergen aus, doch Defekte an den Dieselmotoren zwangen das Boot am 21. April zur Umkehr. Am 30. April lief es schließlich wieder aus – darüber an anderer Stelle mehr.

---

1 Am 12. Januar erbeuteten Army-Einheiten der Amerikaner in einer Schiffswerft in Straßburg am Oberrhein ungefähr 20 Hecksektionen von Elektro-Booten des Typs XXI. Diese Heckraumteile konnten weder nochmals nachgebaut noch ersetzt werden. Diese bislang nicht bekannte Beute beeinträchtigte die Produktion von XXI-Booten somit ebenso wie die alliierten Luftangriffe und die Eroberung der Danziger Schiffswerften durch sowjetische Truppen.

2 Der ältere Bruder von Reinhard Suhren, der das Eichenlaub zum Ritterkreuz trug und Führer der U-Boote Nord (Nordmeer) und Mitte war.

• Eine ähnliche Fehleinschätzung betraf die einsatzbereiten XXIII-Elektro-Boote in Einbaumgröße. Am 1. Januar 1945 schätzte der alliierte Nachrichtendienst, daß 43 XXIII-Boote ausgerüstet wurden oder sich in der Erprobung befanden sowie 18 Boote in Kiel und Hamburg im Bau waren. Weiterhin gingen die Alliierten davon aus, daß die Produktionsquote dieser Werften zusammengenommen zehn Boote pro Monat betrug. In Wirklichkeit wurden durchschnittlich 4,4 Boote des Typs XXIII pro Monat vom Juni bis zum Dezember 1944 in Dienst gestellt. Rechnet man davon drei Boote ab, die in der Erprobungsphase verlorengingen,[1] dann waren am 1. Januar 28 XXIII-Boote in Dienst gestellt. Bis Kriegsende wurden nur 20 weitere Boote in Dienst gestellt, insgesamt also 51 Boote.

Am 1. Mai führten vier kleine Elektro-Boote vom Typ XXIII Feindfahrten durch. Die ersten beiden, *U2322* und *U2324,* absolvierten zwei dreiwöchige Patrouillen in der Nordsee vor der Ostküste Schottlands und Englands. *U2321* und *U2329* führten im gleichen Seegebiet Feindfahrten durch. Ein fünftes Boot, *U2326,* unternahm zwei Versuche, eine Patrouille durchzuführen, mußte die Fahrt nach zehn Tagen jedoch erfolglos abbrechen. Am 1. Mai lief außerdem *U2336* aus. Insgesamt waren diese sechs XXIII-Boote 178 Tage auf See. Zusammengenommen versenkten sie fünf kleine britische Frachter mit 8542 BRT und beschädigten den britischen Geleitzerstörer *Redmill.*

Auch bei den Elektro-Booten vom Typ XXIII gab es zahlreiche Schwierigkeiten und Defekte. Der größte Nachteil waren ihre winzigen Abmessungen: Sie waren 34,7 Meter lang und hatten eine Verdrängung von 234 Tonnen. Die Boote waren sogar noch kleiner als die Einbäume des Typs II, die aus der Vorkriegszeit stammten und ebenfalls im Krieg zum Einsatz kamen. Der Typ XXIII besaß nur zwei Torpedorohre – beide vorn –, und auf dem Boot war kein Platz für nachzuladende Torpedos, verglichen mit drei Bugtorpedorohren und drei nachladbaren Torpedos beim Einbaum vom Typ II. Die Trimmung der Boote war so empfindlich, daß sie schon bei dem Abschuß eines Torpedos dazu neigten, die Wasseroberfläche zu durchbrechen. Die Teleskopschnorchel auf XXIII-Booten, die wie bei den XXI-Booten mittels eines Druckluftverfahrens aus- und eingefahren werden konnten, waren technisch unzuverlässig.

Fazit: Die Elektro-Boote vom Typ XXIII waren kaum zu gebrauchen. Der Hauptbeitrag dieser Boote zu den deutschen Kriegsanstrengungen lag darin, viele Militärs im Lager der Alliierten davon zu überzeugen, sie seien mehr oder weniger gleichwertig zu den größeren Elektro-Booten vom Typ XXI.

• Die Alliierten und sogar einige alliierte U-Boot-Experten tendierten hartnäckig dazu, den Schnorchel der Boote überzubewerten und dagegen die schwerwiegenden Einschränkungen, die sich damit für die U-

---

[1] *U2323*, *U2331* und *U2342*.

Boote ergaben, sowie die Quote der Schnorcheldefekte in dieser Zeit zu unterschätzen.

Bei den Alliierten gab es die weitverbreitete Meinung, die U-Boote führten mit Dieselmotoren eine ununterbrochene Schnorchelfahrt durch, erreichten dabei Geschwindigkeiten von sechs bis zehn Knoten und legten unter Wasser täglich eine Strecke von 280 bis 465 Kilometern zurück. Dies war jedoch nicht der Fall. Die Boote schnorchelten, wie berichtet, pro Tag nur etwa vier Stunden lang bei einer Geschwindigkeit von ungefähr fünf Knoten. Wenn sie Glück hatten, legten sie am Tag 90 oder 110 Kilometer zurück. Daher benötigte ein Schnorchelboot auf einer zehnwöchigen Feindfahrt nahezu acht Wochen, um von Norwegen aus den Ärmelkanal zu erreichen und wieder zur Heimatbasis zurückzukehren. Folglich war eine sehr viel größere Zahl von Schnorchelbooten erforderlich, damit die Seegebiete abgedeckt und Unternehmungen durchgeführt werden konnten, die zuvor in kürzeren Zeitspannen von den Booten ohne Schnorchel ausgeführt wurden. Darüber hinaus bestand ein akuter Mangel an ausgerüsteten und einsatzfähigen Schnorchelbooten der Typen VII und IX.

An erster Stelle der alliierten U-Boot-Spezialisten, die diesen harten Kampf gegen die neuen U-Boote für 1945 vorhersagten, stand der britische Admiral Max Horton, Befehlshaber des Western Approaches Command. Seine tiefe, aber unbegründete Besorgnis beeinflußte hochrangige Offiziere in der Admiralität, die für März 1945 sehr hohe Schiffsverluste prophezeiten, möglicherweise einen noch stärkeren Aderlaß als die Rekordverluste im Frühjahr 1943. Sollte dies eintreten, so warnte der First Sea Lord Andrew B. Cunningham die britischen Befehlshaber des Staff Committee, dann werde es die Operationen der Bodentruppen auf dem Kontinent negativ beeinflussen.

Diese allzu pessimistischen Ansichten verärgerten die Technokraten in der Admiralität, die für die Maßnahmen der U-Boot-Abwehr verantwortlich waren, insbesondere die beiden hochrangigen Divisionschefs N. A. Prichard und C. D. Howard-Johnston. Sie verfaßten eine heftige Attacke gegen Max Horton; hier einige Auszüge:

Auf mehreren Besprechungen gab der Oberbefehlshaber Western Approaches kürzlich Erklärungen ab, in denen er die Meinung vertritt, wir seien zum gegenwärtigen Zeitpunkt in einer materiell schlechteren Lage, was die Mittel zum Auffinden und Vernichten von U-Booten betrifft, als dies während des ganzen Krieges der Fall gewesen sei (»oder des letzten Krieges«, wie er bei einer Gelegen- heit hinzufügte).

Diese Erklärungen sind unserer Ansicht nach falsch und irreführend. Wir glauben, obwohl Ihre Lordschaft die wahre Lage der Dinge zweifellos einzuschätzen wissen, daß solche Erklä-

> *rungen zwangsläufig einen falschen Eindruck vermitteln, wenn sie in Anwesenheit anderer hoher Offiziere und Angehöriger anderer Waffengattungen gemacht werden, die möglicherweise nicht so gut informiert sind. Wir meinen, daß es unsere Pflicht ist, die wahren Fakten, wie sie uns bekannt sind, vorzulegen. [...]*

In der Zeit vom 30. Januar bis zum 2. Februar vereinbarten Roosevelt, Churchill und die beiden Militärstäbe auf Malta mehrere wichtige Maßnahmen, um mit der erwarteten U-Boot-Bedrohung fertig zu werden.

- Eine neue Direktive für ein strategisches Bombardement, in der eine erhebliche Verstärkung der Luftangriffe gefordert wurde, die mit schweren Bombern auf Produktionsstätten und Montagewerke, Schiffswerften und Wasserstraßen in Deutschland geflogen werden sollten.[1]
- Die Verdopplung der Operationen, bei denen die RAF die Erprobungsgebiete der U-Boote in der Ostsee verminen würde. Dadurch wollte man mehr U-Boot-Flottillen dazu bringen, die östliche Ostsee zugunsten der westlichen Ostsee, des Jadebusens und Norwegens aufzugeben, Regionen, die die Flugzeuge der RAF leichter erreichen konnten.
- Eine Intensivierung der Luftangriffe durch die RAF gegen U-Boot-Stützpunkte in Norwegen und gegen die deutsche Überwasserschifffahrt, die diese Basen mit Nachschub versorgte.
- Ungefähr die Hälfte der 300 britischen Zerstörer und Geleitschiffe, die für den Einsatz im Fernen Osten vorgesehen waren und dort den Krieg gegen Japan unterstützen sollten, würde in den Heimatgewässern verbleiben. Viele dieser Schiffe wurden in neuen U-Jagdgruppen aufgestellt und operierten im Kleinen Minch, im North Minch, im Nordkanal, in der Irischen See und im Ärmelkanal.
- Die Zahl der ASW-Squadrons des Coastal Command sollte erhöht werden, und zwar von 32 auf 38½ Squadrons mit ingesamt 528 Flugzeugen. Weiterhin sollten mehrere auf Island stationierte Squadrons auf Stützpunkte in Irland, Schottland und England verlegt werden. Die Flugzeuge sollten hauptsächlich gegen mutmaßliche U-Boot-Routen eingesetzt werden, die nach Norwegen und von Norwegen aus zu den Britischen Inseln und in britische Gewässer führten.
- Überwasserschiffe sollten auf den Hauptrouten der alliierten Geleitzüge (Schwerpunkt Irische See) mit 17000 defensiven Minen »tiefe« Minenfelder anlegen. Minenfelder sollten ebenfalls an den bekannten »Flachwasser-Stellen« angelegt werden, die die U-Boote, wie man vermutete, zu Navigationszwecken nutzten.

Zunächst war Admiral Dönitz durch die öffentlich bekanntgemachten Vorhersagen der Alliierten, der U-Boot-Krieg werde intensiviert wer-

---

[1] Siehe Tafel 10.

den, verwirrt. Schließlich kam er zu dem Schluß, daß diese Erklärungen Teil eines raffinierten Täuschungsmanövers seien. Er informierte Tokio daher, daß ein neuer, vom Feind angekündigter Ausbruch eines U-Boot-Krieges nicht erwartet werden solle, da man sich bereits in einem neuen U-Boot-Krieg befinde, seit [die Boote] mit dem Schnorchel ausgestattet wurden. [...] Wenn die neuen U-Boote, so fuhr Dönitz fort, die in sie gesetzten Erwartungen erfüllten, dann könne man aufgrund der monatlichen Entsendung von Booten an die Front mit einer allmählichen Steigerung der Versenkungszahlen rechnen. [...] Dönitz teilte Tokio weiter mit, daß der Feind nach wie vor Angst vor dem U-Boot-Krieg und dessen Intensivierung habe. Durch einen taktischen Bluff, d. h. durch die wiederholte Ankündigung einer neuen U-Boot-Offensive, so Dönitz, wolle der Gegner den Eindruck erwecken – selbst wenn die angekündigte Offensive nicht realisiert werden sollte –, daß er die U-Boot-Angriffe erneut erfolgreich zurückgeschlagen habe.

Die amerikanischen und britischen Delegationen waren mittlerweile auf etwa 700 Personen (!) angewachsen. Sie verließen Malta in der Nacht vom 2. auf den 3. Februar und flogen mit etwa 20 Flugzeugen nach Jalta. Präsident Roosevelt, Harry Hopkins, Averell Harriman und andere, eng mit Roosevelt zusammenarbeitende Personen flogen mit seiner C-54, der »Sacred Cow«. Churchill und seine Delegation flogen mit dem Schwesterflugzeug der C-54. Bis zum Flugplatz Saki auf der Krim betrug die Flugstrecke 2600 Kilometer, was einen siebenstündigen Flug bedeutete. Weitere acht Stunden waren die Briten und Amerikaner unterwegs, um die 75 Kilometer von Saki nach Jalta auf primitiven und gebirgigen Straßen zurückzulegen; eine ganz und gar fürchterliche Reise, die die Gesundheit und Stimmung Roosevelts, der bereits schwer krank war, weiter beeinträchtigte.[1]

Dieses zweite und letzte Treffen von Roosevelt, Churchill und Stalin dauerte vom 3. bis zum 10. Februar. Die Konferenzteilnehmer vereinbarten eine Reihe schicksalhafter militärischer und geographischer Entscheidungen, die auf den U-Boot-Krieg keinen Einfluß hatten und in dieser geschichtlichen Darstellung keine ausführliche Erörterung erfordern. Der wichtigste militärische Beschluß war Stalins Zusage, »zwei oder drei Monate nach der Kapitulation Deutschlands« in den Krieg gegen Japan einzutreten. Die wichtigste geographische Entscheidung war Stalins Einverständnis, bei den neugebildeten Vereinten Nationen in vollem Umfang teilzunehmen, die sowjetische Hegemonie über Osteuropa einschließlich Ostdeutschlands, das die Sowjets bereits überrannt hatten,[2] zu

[1] Churchill schrieb, Roosevelt sei »gebrechlich« und habe nur »einen schwachen Kontakt zum Leben«.

[2] Zum Zeitpunkt der Konferenz von Jalta standen die sowjetischen Armeen, wie berichtet, an der Oder, 80 Kilometer von Berlin entfernt.

ratifizieren sowie die Einrichtung von vier alliierten Besatzungszonen im Nachkriegsdeutschland zu planen.

Nach dem Abschluß der Konferenz reisten Roosevelt und Churchill am 11. Februar mit dem Auto nach Sewastopol, eine dreistündige Fahrt über schlechte Straßen. Beide verbrachten die Nacht auf Schiffen, die als Hauptquartiere und für das Fernmeldewesen dienten: Roosevelt auf der *Catoctin,* Churchill auf dem Passagierschiff *Franconia*. Am nächsten Tag kehrte Roosevelt auf noch schlechteren Straßen zum Flugplatz nach Saki zurück. Dort ging er an Bord der »Sacred Cow« und flog nach Ägypten. Am 14. Februar konferierte er dort kurz mit drei Königen: Faruk von Ägypten, Haile Selassie von Äthiopien und Ibn Saud von Saudi-Arabien. Churchill verließ Sewastopol am 14. Februar mit dem Auto in Richtung Saki, ging an Bord seiner eigenen C-54 und flog nach Athen. Am nächsten Tag flog er ins ägyptische Alexandria weiter, wo er auf dem Leichten Kreuzer *Aurora* Quartier nahm. Auf der *Quincy* hatte er eine letzte Unterredung mit Roosevelt. Am folgenden Tag lief die *Quincy* mit Kurs auf die Staaten aus. Nach einem nächtlichen Zwischenstopp am 18. Februar in Algier erreichte die *Quincy* am 27. Februar Norfolk. Roosevelt kehrte nach Washington zurück, wo er am 1. März im Rollstuhl eine Rede vor dem Kongreß hielt. Am 19. Februar flog Churchill nach England zurück und hielt am 27. Februar eine Rede vor dem Unterhaus, welches seine in Jalta getroffenen Entscheidungen billigte, wenngleich auch nicht einstimmig. Admiral King und General Marshall, die nicht im selben Flugzeug reisen durften, kehrten auf unterschiedlichen Wegen nach Washington zurück.

Für jeden, der Präsident Roosevelt sah – darunter alle Angehörigen des Kongresses bei der Rede vom 1. März –, war es offensichtlich, daß er schwer krank war. Am 29. März bestieg er mit Hilfe von Mitarbeitern seinen Privatzug. Mit diesem reiste er zu seinem bevorzugten Rückzugs- und Badekurort, dem »Kleinen Weißen Haus« in Warm Springs in Georgia. Am 12. April starb Roosevelt dort an einer schweren Gehirnblutung. Vize-Präsident Harry S. Truman übernahm das Amt des Präsidenten und des Oberbefehlshabers der US-Streitkräfte.

U-Boot-Feindfahrten in britischen Gewässern (1945)

Die nach Norwegen, an den Jadebusen und in die westlichen Häfen der Ostsee verlegte U-Boot-Waffe führte ihren Kampf, wie bereits im Ersten Weltkrieg, pflichtbewußt fort bis zur Kapitulation Deutschlands.

Als Oberbefehlshaber der Kriegsmarine in einem hoffnungslos zerfallenden Deutschland konnte Großadmiral Karl Dönitz dem U-Boot-Krieg nicht länger seine ungeteilte persönliche Aufmerksamkeit widmen. Für den Bau und die Einsatzbereitschaft der U-Boote war Admiral

Hans-Georg von Friedeburg verantwortlich. Bei der U-Boot-Führung definierten Konteradmiral Eberhard Godt und sein Mitarbeiter, Fregattenkapitän Günter Heßler, Dönitz' Schwiegersohn, weiterhin Strategie und Taktik der U-Boote.

Die Schnorchelboote vom Typ VII, die dazu bestimmt waren, den Seekrieg im Atlantik weiterzuführen, waren in Norwegen stationiert. Hans-Rudolf Rösing, Führer der U-Boote West, behielt nach dem Rückzug von Frankreich nach Norwegen diesen Titel. Reinhard Suhren behielt den Titel des Führers der U-Boote Nord (Norwegen, Polarmeer). Die Typ-VII-Boote wurden in drei U-Flottillen aufgeteilt: die 11. Flottille in Bergen unter der Führung von Hans Cohausz, die 13. Flottille in Drontheim unter Rolf Rüggeberg und die 14. Flottille in Narvik unter Helmut Möhlmann.

Die Lage in Norwegen erschwerte die Durchführung von Feindfahrten der Typ-VII-Boote. Anders als die Franzosen waren die Norweger, seit fast fünf Jahren faktisch »Gefangene« Deutschlands, den Deutschen nach wie vor feindlich gesinnt. Ermutigt durch die Zangenbewegung der alliierten Truppen, die Deutschland langsam einschlossen, begannen norwegische Widerstandsgruppen mit Sabotageakten gegen die deutschen Besatzer und ihre Infrastruktur. Alliierte Flugzeuge griffen wiederholt die U-Boot-Bunker und Werften in Bergen und Drontheim und die deutschen Schiffe an, die versuchten, über das Kattegat und die Küstenrouten die Truppen in Norwegen mit Nachschub zu versorgen. Diesem Krieg gegen den Schiffsverkehr schlossen sich britische U-Boote an. Erschwert wurden deutsche Seeoperationen auch durch Tausende von Minen, die die RAF vor den Marinestützpunkten und auf den Schiffahrtswegen legte.

Unter diesem ständigen Druck mußten sich die meisten Typ-VII-Boote in schützende Fjorde und primitive Häfen verkriechen. Dort war die Ausrüstung und Versorgung der Boote schwierig und gefährlich. Es mangelte an Dieselöl, Nahrungsmitteln, Torpedos, elektronischen Geräten und Fachleuten, die Reparaturen und den Einbau von Ersatzteilen durchführen konnten. Die See war durch die letzten Ausläufer des Golfstroms zwar eisfrei, doch alle an Land litten unter der bitteren Kälte und dem Schnee und Eis dieses Kriegswinters.

Die Deutschen konnten, was bemerkenswert ist, in den vier Monaten vom 1. Januar bis zum 30. April 1945 von Norwegen und Deutschland aus 145 Feindfahrten durchführen. Die Boote wurden wie folgt eingesetzt:

Gebiet	Januar	Februar	März	April	Gesamt
Nordatlantik	21	30	30	38	119[1]
Asien	3[2]	1[3]	0	2[4]	6
Amerika	0	5	8	5	18
Gesamt:	24	36	38	45	143[5]

Wie ersichtlich ist, wurde die überwiegende Zahl von Feindfahrten im Zeitraum vom 1. Januar bis zum 31. April mit Schnorchelbooten des Typs VII in den Gewässern der Britischen Inseln auf der Atlantikseite durchgeführt: 113 von 119 Patrouillen. Die übrigen sechs in der Tabelle aufgeführten Fahrten absolvierten vier verschiedene, winzige Elektro-Boote des Typs XXIII.

Die Feindfahrten von Schnorchelbooten des Typs VII – die für den sogenannten »erneuerten« U-Boot-Krieg standen –, erwiesen sich als schwierig und unwirksam. Von den 113 ausgelaufenen U-Booten gingen nahezu die Hälfte, 56 Boote mit etwa 2800 Mann, durch alliierte ASW-Streitkräfte verloren. Jene Autoren, die in einem überschwenglichen Ton schrieben, daß der Schnorchel den Deutschen im Seekrieg einen entscheidenden Vorteil verschafft habe, sollten sich diese Zahlen gründlich

---

1 Darunter auch die Hin- und Rückfahrten der IXC/40-Boote *U868* und *U878* nach Frankreich. Die Boote brachten Nachschub in die eingeschlossenen Stützpunkte Lorient und La Pallice. Auch *U516* lief zu einer ähnlichen Versorgungsaktion von Norwegen aus, erreichte Frankreich jedoch vor dem Kriegsende nicht mehr.

2 Die Boote kamen alle *aus* dem Fernen Osten.

3 Ein Boot *in* den Fernen Osten.

4 Ein Boot *in* den Fernen Osten, eines *aus* dem Fernen Osten.

5 Unfälle, Luftangriffe und andere Mißgeschicke setzten den U-Booten in der Ostsee und in dänischen und norwegischen Gewässern weiter zu. Das sowjetische Patrouillenboot *MD-124* versenkte das VII-Boot *U679* in der Ostsee. Die Typ-VII-Boote *U676* und *U745* liefen auf Minen auf und sanken im Finnischen Meerbusen. Das Typ-VII-Boot *U923* lief in der Ostsee auf eine Mine auf und sank. Das Typ-VII-Boot *U1053* kam nach dem Tieftauchtest vor Antritt der Feindfahrt nicht wieder an die Oberfläche. Beim Einlaufen nach Horten lief das neue VIIC/41-Boot *U1273* auf eine Mine auf und sank unter Verlust aller 57 Mann an Bord. Das Typ-VII-Boot *U367* lief in der Ostsee vor Hela auf eine Mine und sank. In der Annahme, *U235* wäre ein britisches U-Boot, versenkte das deutsche Torpedoboot *T-17* es mit Wasserbomben. Alliierte Flugzeuge versenkten in Kiel die VII-Boote *U236* und *U237*. Das Elektroboot *U2344* vom Typ XXIII stieß mit einem anderen Schiff zusammen und sank. Alliierte Flugzeuge zerstörten die XXIII-Boote *U2340* und *U4708* in Hamburg beziehungsweise Kiel. Das XXI-Elektroboot *U3520* lief vor Kiel auf eine Mine auf und sank. Alliierte Flugzeuge zerstörten folgende XXI-Boote: *U2509, U2514, U2515, U2516, U2523, U2530, U2532, U2537, U2542, U3003, U3007, U3508, U3512.*

durch den Kopf gehen lassen. Es war nur ein weiteres schreckliches Gemetzel unter den U-Booten.

Im Januar liefen 19 Boote vom Typ VII aus, elf davon waren neue Boote, die ihre erste Feindfahrt unternahmen. Unter diesen elf waren sieben tieftauchfähige Boote des Typs VIIC/41. Sechs davon waren neu. Die Boote versenkten zehn alliierte Schiffe mit 30 726 Tonnen. Zehn Boote (53 Prozent) gingen mit ungefähr 500 Mann Besatzung verloren; von diesen wurden 43 Männer gefangengenommen.[1] Für jedes versenkte alliierte Schiff ging ein U-Boot verloren, eine verheerende »Tauschrate«.

Einige Typ-VII-Boote patrouillierten vor dem North Minch, einige vor dem Nordkanal, und neun marschierten zum Ärmelkanal. Es soll nochmals betont werden, daß die Schnorchelfahrt von Norwegen zum Ärmelkanal eine lange, strapaziöse Fahrt war, die in jeder Richtung gewöhnlich etwa 28 Tage dauerte, womit für eine Patrouille im Ärmelkanal nur wenig Zeit blieb.

Da die U-Boote jeden Tag ungefähr 20 Stunden getaucht liefen und den Schnorchel nur für vier Stunden ausfuhren, um die Batterien aufzuladen und dem Boot Frischluft zuzuführen, gingen die Sichtungen und Versenkungen durch alliierte Flugzeuge drastisch zurück. Im Zeitraum von Januar bis April versenkten Flugzeuge im Nordatlantik lediglich neun U-Boote. Drei dieser Boote fielen Catalinas und B-24-Bombern der US-Navy Fairwing 7 zum Opfer; das Verdienst an einer vierten Versenkung teilten sich diese Einheiten mit britischen Überwasserschiffen.

Einige Feindfahrten der Typ-VII-Boote in kurzer Übersicht:

- Anfang Januar lief von Norwegen *U245* mit Kurs auf Helgoland aus, um eine Sondermission namens Brutus auszuführen. Das Boot, das im Herbst 1944 eine Fahrt als Wetterboot unternommen hatte, stand unter dem Kommando von Friedrich Schumann-Hindenberg. Die Sondermission führte ihn durch die südliche Nordsee bis zur Mündung der Themse, wo er den Schiffsverkehr angreifen sollte. Schumann-Hindenberg mußte in flachen Gewässern gegen starke Strömungen und Minen ankämpfen und versenkte tatsächlich ein Schiff: den 2628 BRT großen holländischen Tanker *Liseta*. Er kehrte nach Helgoland zurück und bereitete sich dort auf eine zweite Brutus-Feindfahrt vor.
- Am Neujahrstag lief *U1199* unter dem Kommando von Rolf Nollmann aus: seine zweite Feindfahrt. Drei Wochen später erfaßte er in der Nähe von Land's End den Küstenkonvoi TBC 43 und torpedierte das 7176 BRT große Liberty-Schiff *George Hawley*. Der Schlepper *Allegiance* schleppte den Frachter, der nur noch ein Wrack war, nach Falmouth. Zwei britische Kriegsschiffe, der Zerstörer *Icarus* und die Korvette *Mignonette,* griffen *U1199* an und versenkten es am 21. Ja-

[1] Von *U300, U1018* und *U1199*.

nuar. Ein Mann der 47köpfigen Besatzung überlebte: Obersteuermannsmaat Friedrich Claussen.

• Am 13. Januar lief das kampferprobte *U275* unter Helmut Wehrkamp aus. Er hatte mit Schnorchelproblemen zu kämpfen und lief am 10. Februar Lorient an. Nach Reparaturarbeiten lief er am 25. Februar in Frankreich wieder aus. Vor der Südküste Englands versenkte Wehrkamp am 8. März den 4934 BRT großen britischen Frachter *Lornaston*. Die Admiralität geht davon aus, daß *U275* zwei Tage darauf, am 10. März, vor Beachy Head auf eine Mine lief und mit der gesamten Besatzung sank.

• Am 20. Januar lief in Norwegen das neue *U1208* unter der Führung von Georg Hagene aus. In der Dämmerung des 27. Februar orteten drei Schiffe der berühmten britischen Support Group 2, die Fregatten *Labaun* und *Loch Fada* und die Sloop *Wild Goose, U1208* mit dem Sonar und griffen mit Wasserbomben, Hedgehog und Squids an. Von *U1208* hörte man nichts mehr. Die Admiralität teilte das Verdienst an der Versenkung unter den drei Schiffen auf.

• Am 27. Januar lief *U1276* unter Karl-Hein Wendt von Bergen aus. Am 20. Februar versenkte Wendt aus dem Konvoi HX 337 die britische Korvette *Vervain*. Anschließend wurde *U1276* von der Sloop *Amethyst* mit Wasserbomben versenkt. Es gab keine Überlebenden.

• Von Drontheim lief am 21. Januar das kampferprobte *U300* unter dem Kommando von Fritz Hein aus, der seine dritte Feindfahrt absolvierte. Da sich im Ärmelkanal bereits zu viele U-Boote aufhielten, bekam Hein die Erlaubnis, vor der Straße von Gibraltar zu patrouillieren. Am 17. Februar griff er den Geleitzug UGS 72 an und beschädigte zwei Schiffe, das amerikanische Liberty-Schiff *Michael J. Stone* mit 7176 BRT und den britischen Tanker *Regent Lion* mit 9551 BRT. Bergungsschiffe schleppten die *Regent Lion* am 19. Februar nach Tanger, wo sie zum Totalverlust erklärt wurde.

Genau westlich vor der Zufahrt zur Meerenge ortete eine hauptsächlich aus Korvetten bestehende britische U-Jagdgruppe *U300* mit Sonar und griff an. Die Wasserbomben, inbesondere die der britischen Jacht *Evadna,* beschädigten *U300* schwer und führten zur Flutung des vorderen Teils des Bootes. Hein blieb so lange wie möglich unter Wasser, wobei er Sehrohr und Sonargeräte nicht benutzen konnte, da sie durch die Wabos unbrauchbar geworden waren. Am 22. Februar mußte er schließlich auftauchen und kam zufällig inmitten eines Geleitzugs an die Oberfläche. Zwei überraschte Minensuchboote, die *Pincher* und *Recruit,* eröffneten das Feuer aus allen Rohren. Der Beschuß tötete Hein, den Zweiten Wachoffizier, den Leitenden Ingenieur und sechs weitere Deutsche. Die Überlebenden versenkten das Boot und sprangen über Bord. Die britischen Schiffe retteten 41 Mann.

• Am 21. Januar lief von Horten das neue VIIC/41-Boot *U1018* unter Walter Burmeister aus. Das Boot nahm Kurs auf den Ärmelkanal und erfaßte über einen Monat später vor dem Lizard Point den Küstenkonvoi BTC 81. Burmeister versenkte den 1317 BRT großen norwegischen Frachter *Corvus*. Die Geleitsicherung ging sofort zum Gegenangriff über und warf 150 Wasserbomben. Schließlich bekam die britische Fregatte *Loch Fada* einen deutlichen Sonarkontakt mit *U1018* auf eine Distanz von 50 Metern – etwa fünf Meter über dem Meeresgrund. Auf der *Loch Fada* feuerte man einen Squid ab, der traf und ein riesiges Loch in die Seite des U-Boots riß, wodurch augenblicklich der Bug- und der Heckraum sowie die Zentrale mit Wasser volliefen und fast die gesamte Besatzung getötet wurde. Fünf Deutsche kamen an die Wasseroberfläche, doch drei von ihnen ertranken. Die *Loch Fada* rettete einen Offizier und einen Seemann, die entsetzliche Szenen aus dem Inneren des getroffenen U-Bootes schilderten.

• Am letzten Januartag lief von Christiansand das neue *U927* unter dem Kommando von Jürgen Ebert aus. Auch dieses Boot marschierte zum Ärmelkanal. Vor Lizard Point, am Abend des 24. Februar, bekam eine mit Leigh Light ausgerüstete Warwick[1] der britischen Squadron 179 eine Radarortung vom Schnorchel dieses U-Boots. Antony G. Brownsill, der Pilot des Flugzeugs, griff aus einer Höhe von 21 Metern an und warf sechs Wasserbomben sehr zielgenau auf den Schnorchel. Von *U927* hörte man nichts mehr. Brownsill wurde später mit einem DFC ausgezeichnet.

In Norwegen liefen im Februar 29 Boote vom Typ VII aus, von denen 15 neue Boote auf die erste Feindfahrt gingen. Vier davon waren tieftauchfähige Boote des Typs VIIC/41. Diese U-Boote versenkten 16 alliierte Schiffe mit einer Tonnage von 50 000 BRT. 16 Boote (55 Prozent) gingen mit ungefähr 800 Besatzungsmitgliedern verloren, 88 Mann wurden gefangengenommen.[2] In diesem zweiten Monat des Jahres 1945 verloren die Deutschen für jedes versenkte alliierte Schiff ein U-Boot, eine nach wie vor ruinöse »Tauschrate«.

Einige im Februar durchgeführte Feindfahrten im kurzen Überblick:

• Am 6. Februar lief von Norwegen das neue *U1302* unter Wolfgang Herwartz aus. Das Schnorchelboot umrundete Irland südlich und fuhr von diesem Seeraum aus in nordöstlicher Richtung in den Sankt-Georgs-Kanal zu einem Gebiet vor Milford Haven. Dort versenkte Herwartz am 28. Februar einen kleinen Frachter, den 646 BRT großen Briten *Norfolk Coast*.[3] Im gleichen Seegebiet versenkte er drei Tage darauf, am 2. März, zwei größere einlaufende Frachter des transatlantischen Geleitzugs SC 167: den Briten *King Edgar* mit 4536 BRT

---

[1] Ein neuer Flugzeugtyp, der die Wellington ablöste.

[2] Von *U399, U681, U1003* und *U1195*.

[3] Die diesem Boot zunächst angerechnete panamaische 1926 BRT große *Soreldoc* wurde, wie jüngste Auswertungen ergaben, durch *U775* unter Erich Taschenmacher versenkt.

und den Norweger *Novasli* mit 3204 BRT. Gesamtergebnis: drei Schiffe mit 8386 BRT.

Bezogen auf die versenkten Schiffe war dies die erfolgreichste Feindfahrt des Jahres 1945. Die Besatzung von *U1302* konnte dies jedoch nicht mehr feiern. Im gleichen Seegebiet bekam die Fregatte *La Hulloise* der kanadischen U-Jagdgruppe Support Group 25, die nach Norden zur Irischen See unterwegs war, am 6. März eine Sonarortung vom Schnorchel und Periskop des U-Boots. Der Kommandant der Fregatte, John Brock, richtete einen Suchscheinwerfer auf den Schnorchel und das Sehrohr und zwang das Boot, tief zu tauchen. Brock griff *U1302* nicht an. Sein Alarm brachte aber zwei andere Fregatten der Group heran, die *Strathadam* und die *Thetford Mines*. Während die beiden anderen Fregatten den Sonarkontakt hielten, führte Howard Quinn von der *Strathadam* einen sehr präzisen Hedgehog-Angriff durch, der *U1302* vernichtete. Lebensmittel, Bücher, Kleidung, Schuhe, Photos und »zahlreiche andere kleine Gegenstände«, darunter eine Mundharmonika, kamen an die Meeresoberfläche, doch keine Überlebenden oder Leichen.

- Am 16. Februar lief von Christiansand das neue *U681* unter dem Kommando von Werner Gebauer aus. Auf dem Weg zum Ärmelkanal schoß Gebauer am 6. März einen T-5 auf einen ASW-Trawler, verfehlte diesen aber. Fünf Tage darauf, am 11. März, krachte *U681* während der Unterwasserfahrt gegen einen Felsen in der Nähe von Land's End. Das U-Boot wurde so schwer beschädigt, daß Gebauer auftauchte, um das Boot aufzugeben und die Selbstversenkung einzuleiten. Zufällig sichtete eine B-24 der US-Navy Squadron VB 103 das aufgelaufene *U681*. Der Pilot Norman R. Field griff das Boot aus einer Höhe von 30 Metern an und warf acht Wasser-bomben, die das Boot zerstörten. Die Besatzung sprang ins Wasser, einige mit Schlauchbooten. Auf Fields Alarm hin tauchten Schiffe der britischen Support Group 2 auf der Bildfläche auf, und die Fregatte *Loch Fada* rettete Gebauer und 37 weitere Deutsche. Field erhielt ein britisches und ein amerikanisches DFC.
- Am 19. Februar lief Werner Strübing mit dem VIIC/41-Boot *U1003* zu seiner zweiten Feindfahrt aus. Zu Beginn dirigierte die U-Boot-Führung das Boot zum Ärmelkanal, später aber verlegte sie das Zielgebiet zum Nordkanal und, über diesen Zufahrtsweg, möglicherweise zur Irischen See. Nach 17 Tagen auf See wurden durch einen Defekt am Schnorchel Abgase ins Boot gesaugt, wodurch einige Besatzungsmitglieder schwer erkrankten. Andere U-Boot-Männer konnten aber Reparaturen ausführen, während *U1003* in einer entlegenen Bucht an der irischen Westküste lag. Der entmutigte und pessimistische Strübing setzte die Patrouille nach Berichten einiger Besatzungsmitglieder nur widerstrebend fort.

Bei der Schnorchelfahrt vor Loch Foyle, dem Schiffahrtsweg zu dem großen alliierten Marine-Stützpunkt von Londonderry in Nordirland, rammte am 3. März einige Minuten vor Mitternacht ein unbekanntes Schiff *U1003*. Dieses Schiff war die kanadische Fregatte *New Glasgow,* die in Londonderry mit drei anderen Fregatten der kanadischen Support Group 26 ausgelaufen war. Der kanadische Marinehistoriker Joseph Schull schrieb, daß die *New Glasgow,* nachdem sie den Schnorchel von *U1003* gesichtet hatte, »mit hoher Geschwindigkeit heranlief« und das gegnerische Boot »mit einem knirschenden Krachen« traf. Die Fregatte, obgleich selbst stark beschädigt, griff mit 270-Kilogramm-Wasserbomben und dem Hedgehog-Werfer an.

Zu dieser Zeit verlangten die Befehle der Alliierten für Überwasserschiffe, jeden möglichen U-Boot-Kontakt bis zum Äußersten zu verfolgen, wie fragwürdig dieser Kontakt auch sein mochte, und alle in der Nähe befindlichen Kriegsschiffe zu einer Jagd aufzufordern. Während also die von Reader D. Hanbury geführte, beschädigte *New Glasgow* Anstalten machte, nach Londonderry umzukehren, eilten drei Fregatten der kanadischen Support Group 25 von Londonderry herbei. Zudem schlossen sich sechs Kriegsschiffe der kanadischen Escort Group C-4 den verbliebenen vier Fregatten der kanadischen Support Group 26 an. *U1003* wurde von insgesamt 14 Kriegsschiffen (darunter die *New Glasgow*) viele Stunden lang erfolglos gejagt.

Der Zusammenstoß mit der *New Glasgow* und die Wasserbomben der Fregatte beschädigten *U1003* schwer. Der Schnorchel und das Sehrohr waren geradewegs nach hinten umgeknickt worden. Die Reling der Brücke, die Radarantenne und eine der beiden 2-cm-Zwillingsflaks wurden abgerissen. Meerwasser strömte durch ein verbeultes Turmluk in den Kommandoturm und die darunterliegende Zentrale. Strübing tauchte weg und setzte das Boot für etwa 48 Stunden auf Grund, um Reparaturen auszuführen. Die Schäden waren jedoch mit Bordmitteln nicht zu beheben.

Am 23. März tauchte Strübing kurz nach Mitternacht auf. Er wollte die irische Küste anlaufen und das Boot dort auf den Strand setzen. Einige noch immer in Sichtweite befindliche kanadische Kriegsschiffe orteten *U1003* mit Radar. Strübing streckte die Waffen angesichts der sich nähernden Kriegsschiffe. Er gab das Boot um 4.30 Uhr auf und versenkte es. Bei der Versenkung kamen 15 Deutsche und Strübing selbst um. Einige Stunden später fischte die nach Londonderry einlaufende Fregatte *Thetford Mines* (Support Group 25) 33 überlebende Deutsche aus Rettungsflößen oder Schlauchbooten; zwei starben, bevor die Fregatte den Hafen erreicht hatte.

- Das kampferprobte *U260* unter Klaus Becker, eines der letzten aus Frankreich abgezogenen Boote, lief am 21. Februar von Christiansand aus. Drei Wochen später, am 12. März, während das Boot südlich von Irland in den Sankt-Georgs-Kanal hineinfuhr, lief *U260* vor Fastnet auf eine Mine. Die Schäden führten dazu, daß Becker nicht mehr tauchen konnte. Er meldete dies der U-Boot-Führung, die ihn anwies, das Boot zu versenken. Als Becker und seine Besatzung an Land gingen, wurden sie von irischen Behörden inhaftiert.

- Am 22. Februar verließ Ernst Raabe Bergen mit *U246*. Das Boot befand sich auf der zweiten Feindfahrt und schnorchelte südlich von Irland in die Irische See, wo das Boot aus ungeklärter Ursache mit der ganzen Besatzung südlich der Isle of Man verlorenging.
- Das am 15. Februar unter Herbert Zoller von Drontheim ausgelaufene *U315* griff in der Nähe des Lizard Point am 22. März den Konvoi TBC 103 an und meldete drei Schiffe getroffen, von denen aber nur die Versenkung der britischen *Empire Kingsley* mit 6996 BRT bestätigt wurde. In der Nacht des 29. März stieß *U315* auf einen neuen Geleitzug, BTC 111. Er schoß einen T-5 auf eines der hinter dem Konvoi zurückbleibenden Geleitschiffe, die kanadische Fregatte *Teme*. Der Torpedo traf und riß etwa 18 Meter des Hecks der Fregatte weg, wobei glücklicherweise nur vier Mann umkamen. Das kanadische Schwesterschiff *New Waterford* jagte das U-Boot, während Bergungsschiffe die *Teme* nach Falmouth schleppten. Dort wurde sie zum Totalverlust erklärt. *U315* entkam und erreichte am 23. April Drontheim.
- Am 24. Februar lief in Bergen das neue *U1195* unter Ernst Cordes aus. Er war jener Kommandant, der sein Typ-VII-Boot *U763* während der Operation Overlord in die britische Marine-Basis bei Spithead hatte hineintreiben lassen. Daher kannte er sich mit den schwierigen Strömungsverhältnissen und den flachen Gewässern im Ärmelkanal gut aus, und es bestand die Aussicht, daß *U1195* die Feindfahrt überstehen könnte. Cordes benötigte 27 Tage für die Fahrt zum Ärmelkanal. Im Sankt-Georgs-Kanal erfaßte er am 21. März vor Milford Haven den Küstenkonvoi TBC 102. Er schoß und traf das amerikanische Liberty-Schiff *John R. Park.*[1] Im gleichen Gebiet operierten auch *U399* unter Heinz Buhse und eventuell das erwähnte *U246. U399* traf im Konvoi BTC 103 wahrscheinlich den amerikanischen 7176 BRT großen Liberty-Frachter *James Eagan Layne,* der zwar abgeschleppt, aber nur noch abgewrackt werden konnte. Am 26. März griff *U399* den Konvoi BTC 108 an und versenkte den kleinen Frachter *Pacific* (362 BRT). Anschließend wurde das Boot durch einen Hedgehog-Angriff der Fregatte *Duckworth* von der Escort Group 3 versenkt.

Am 6. April lag Cordes vor Portsmouth auf Grund. Als er die Geräusche von Schiffsschrauben hörte, ging er auf Sehrohrtiefe. Mit dem Periskop entdeckte er den sich nähernden kleinen Küstenkonvoi VWP 16. Er schoß einige T-5 auf zwei verschiedene Schiffe und versenkte den eindrucksvollen, 11420 BRT großen britischen Frachter *Cuba*. Die *Cuba* war 1945 das bei weitem größte von einem U-Boot versenkte Schiff.

[1] Rohwer weist darauf hin (*U-Booterfolge der Achsenmächte*), daß sich *U246* und *U399* in dieser Nacht in der Nähe befanden und es schwer festzustellen ist, welches Boot das Schiff torpedierte.

Cordes setzte *U1195* bei knapp 30 Metern wieder auf Grund, doch die Geleitschiffe entdeckten das Boot problemlos, und die Wasserbomben begannen zu fallen. Der von J. R. Clarke geführte britische Zerstörer *Watchman* führte einen tödlichen Hedgehog-Angriff aus. Binnen zwei Minuten war der durchlöcherte Bugraum von *U1195* knietief mit Wasser vollgelaufen, und die Besatzung flüchtete aus dem Raum. Als Cordes aufzutauchen versuchte, stellte er fest, daß das Boot bereits zu vollgeschlagen war. Er gab Befehl, unter Wasser durch die Zentrale und den Hecktorpedoraum aus dem Boot auszusteigen. Die *Watchman* fischte 18 Deutsche (von 49) aus dem Wasser, Cordes war jedoch nicht unter den Überlebenden.

Im März 1945 verließen 27 Boote des Typs VII Norwegen und nahmen Kurs auf britische Gewässer. Zwölf davon waren neue Boote auf ihren Jungfernfahrten. Insgesamt versenkten diese U-Boote neun Schiffe mit 20 000 BRT, durchschnittlich also ein Drittel eines Schiffes pro Boot und Feindfahrt. Von den ausgelaufenen 28 Booten wurden 17 versenkt (60 Prozent); ein weiterer Verlust von 800 Mann Besatzung, von denen 54 gefangengenommen wurden.[1]

Einige März-Patrouillen im kurzen Überblick:

- Am 3. März lief von Christiansand das neue *U1024* unter Hans-Joachim Gutteck aus. Die U-Boot-Führung wies ihn an, Irland südlich zu umrunden und durch den Sankt-Georgs-Kanal hinauf zur Irischen See zu fahren. Dort sollte er sich zu einem Gebiet in der Nähe von Anglesey begeben.

Im Sankt-Georgs-Kanal führte Gutteck eine aggressive Feindfahrt durch. Am 4. April schoß er zwei Torpedos auf eine »Korvette« und meldete eine Versenkung, die aber in den Aufzeichnungen der Alliierten nicht bestätigt wurde. Einige Tage darauf stieß er vor Holyhead auf den einlaufenden transatlantischen Geleitzug HX 346 und schoß zwei Torpedos in die sehr große Formation. Ein Torpedo ging fehl, doch der andere traf das 7176 BRT große amerikanische Liberty-Schiff *James W. Nesmith*. Gutteck meldete, daß das Schiff sinke; die *Nesmith* schaffte es aber trotz starker Beschädigungen in den Hafen. Die Geleitschiffe des Konvois gingen zum Gegenangriff über, doch Gutteck entkam. Er setzte *U1024* in einer Vertiefung auf Grund und wartete, bis der Gegner die Jagd aufgab.

Am Morgen des 12. April, *U1024* befand sich noch im Gebiet von Holyhead, sichtete Gutteck eine weitere Formation großer Schiffe, die er als 12 000 BRT großes Passagierschiff und vier andere Schiffe mit 8000 bis 12 000 BRT beschrieb. Er schoß drei Torpedos auf die Formation, den Konvoi BB 80, und meldete die Versenkung des Passagierschiffes mit 12 000 BRT, eines Frachters mit 8000 BRT und eines weiteren mit 6000 BRT. Damit ergab sich für seine Feindfahrt ein Gesamtergebnis von vier

[1] Von *U1024* und *U1063*.

versenkten Schiffen: eine Korvette sowie drei Handelsschiffe mit 28 000 Tonnen sowie die Beschädigung eines Handelsschiffes mit 6000 BRT. Alliierte Aufzeichnungen bestätigten für diesen dritten Angriff nur eine Versenkung, das amerikanische LibertySchiff *Will Rogers* mit 7200 BRT. Damit hatte Gutteck in Wirklichkeit also nur ein Liberty-Schiff versenkt und eines beschädigt.

Die in der Nähe patrouillierende britische U-Jagdgruppe Support Group 8 stürzte sich auf *U1024*. An diesem Abend bombte eine der Fregatten, die *Loch Glendhu, U1024* mit einem Squid-Angriff an die Oberfläche. Zwei andere Fregatten, die *Loch Achray* und die *Loch More,* schlossen sich der Jagd an. Gutteck glaubte, das U-Boot sei verloren, und befahl, es aufzugeben und zu versenken. Die Selbstversenkung scheiterte jedoch, und Bergungskommandos von den Fregatten gingen an Bord von *U1024* und erbeuteten mit dem U-Boot wertvolle Geräte und Geheimdokumente.[1] In dem Handgemenge wurden acht Besatzungsmitglieder getötet, darunter Gutteck, der sich, so behaupteten jedenfalls die Deutschen, selbst erschossen habe. Die Briten hielten die übrigen 37 U-Boot-Männer unter Deck von *U1024*. Die Fregatte *Loch More* nahm das Boot ins Schlepptau, doch die Formation geriet in starken Nebel, und am 13. April kurz nach Mitternacht riß sich *U1024* los, lief mit Wasser voll und sank. Die Fregatten retteten die 37 deutschen Überlebenden.

• Am 4. März lief *U1202* unter Rolf Thomsen von Bergen zur zweiten Feindfahrt aus. Für seinen kühnen Einzelangriff auf einen Geleitzug am 10. Dezember im Sankt-Georgs-Kanal, den er auf seiner ersten Feindfahrt unternommen hatte, war Thomsen ein Ritterkreuz verliehen worden. Er hatte die Versenkung von vier Frachtern mit 26 000 BRT gemeldet, doch nur einer, das amerikanische Liberty-Schiff *Dan Beard* mit 7176 BRT, war bestätigt worden.

Thomsen absolvierte eine Patrouille, die die U-Boot-Führung für eine weitere spektakuläre Feindfahrt hielt. Am 21. März meldete er, daß er einen Zerstörer versenkt und zwei Treffer auf einen Geleitträger erzielt habe, von dem Sinkgeräusche zu hören gewesen sein sollen, doch weder die eine noch die andere Meldung wurde bestätigt. Zehn Tage darauf meldete er die Versenkung zweier Schiffe von der Größe der Liberty-Klasse mit zusammen 14 000 BRT. Auch diese Versenkungen konnten jedoch nicht bestätigt werden. Im gleichen Seegebiet meldete Thomsen am folgenden Tag, dem 1. April, er habe zwei Korvetten versenkt und einen weiteren Frachter mit 7000 BRT beschädigt. Auch hier konnte keine Versenkung bestätigt werden.

---

[1] Vermutlich nützliche Enigma-Dokumente und bzw. oder Kurzsignalbücher usw. Sie sind immer noch nicht näher bezeichnet worden.

Da Thomsens gemeldete Versenkungen auf zwei Feindfahrten einen Zerstörer, zwei Korvetten und sechs Frachter mit einer Tonnage von 40 000 Tonnen umfaßten, und die Beschädigung eines Geleitträgers und eines großen Frachters hinzukam, verlieh ihm Dönitz dennoch das Eichenlaub zum Ritterkreuz. Seit Werner Henke, Kommandant von *U515,* zwei Jahre zuvor mit dem Eichenlaub ausgezeichnet worden war, war dies das erste Mal, daß einem Atlantik-Kommandanten eine so große Ehre wieder zuteil wurde.[1]

Thomsen kehrte am 27. April mit *U1202* nach Norwegen zurück. Er unternahm keine weitere Feindfahrt. *U1202* wurde am 10. Mai in Bergen versenkt und später von der norwegischen Marine geborgen und auf den Namen *Kynn* umbenannt.

• Am 7. März lief von Norwegen das neue VIIC/41-Boot *U1023* unter Heinrich Schroeteler aus. Diese Fahrt war Schroetelers zweites Kommando. Zuvor war er Kommandant von *U667* gewesen, einem der ersten im Atlantik eingesetzten Schnorchelboote vom Typ VII. Er war nahezu der einzige, der den Schnorchel gelobt hatte und meinte, wer mit dem Schnorchel umzugehen wisse, lebe länger. Von Schroetelers Meldung ließ Dönitz überall in der U-Boot-Waffe verteilen, um das Vertrauen in die neue Vorrichtung zu fördern. Nach vier Feindfahrten auf *U667* hatte Schroeteler das Boot verlassen, um Adalbert Schnee als Ersten Stabsoffizier bei der U-Boot-Führung in Berlin abzulösen. Dort lernte er die Tochter des Admirals Rolf von der Marwitz kennen und heiratete sie.

Schroeteler war ein Freigeist mit künstlerischer Begabung. Die Schreibtischarbeit in Berlin schmeckte ihm nicht. Er überredete Dönitz' Schwiegersohn Günter Heßler, ihn wieder zur See zu schicken. In Norwegen erhielt er von Schnee das Kommando über *U1023* und löste den bisherigen Kommandanten ab. Schroeteler habe, nur um sich zu unterscheiden, wie Schnee später sagte, die weiße Schirmmütze des Kommandanten nicht getragen.

Schroeteler führte eine aggressive Feindfahrt durch. Am 9. April fing er auf Südkurs vor dem Nordkanal SC 171 ab und schoß drei Torpedos in die Formation. Er traf dabei beinahe die kanadische Korvette *Capilano.* Zehn Tage später stieß er vor der Südspitze Irlands auf einen anderen Geleitzug. Er schoß drei Torpedos in die Schiffsformation und meldete die Versenkung eines Frachters mit 8000 BRT, doch in den Aufzeichnungen der Alliierten wurde dies nicht bestätigt. Im selben Gebiet erfaßte er vier Tage darauf den Küstenkonvoi TBC 135 und schoß zwei Torpedos auf einen 10 000 BRT großen Frachter. Er meldete eine weitere mögliche Versenkung, doch dies war nicht der Fall. Aus alliierten Aufzeichnungen geht hervor, daß er den britischen Frachter *Riverton* (7345 BRT) traf und beschädigte; allerdings erreichte das Schiff einen Hafen.

---

[1] Zum Zeitpunkt der Verleihung belief sich Thomsens bestätigte Trefferquote auf ein Schiff mit 7176 BRT.

Nach Schroetelers angeblichen drei großen Erfolgen mit 26000 BRT bedachte ihn Dönitz per Funk mit einem Ritterkreuz, die letzte derartige Auszeichnung für einen U-Boot-Kommandanten im Krieg.

Schroeteler setzte seine Fahrt in den Ärmelkanal nahe Portlands fort und schoß am 6. Mai einen T-5 Zaunkönig auf einen »Zerstörer« oder eine »Korvette«. Der Torpedo traf und versenkte ein Schiff, das sich als der kleine norwegische Minenräumer *NYMS 382* (335 Tonnen) herausstellte. Es war das letzte in diesem Krieg von einem U-Boot versenkte Kriegsschiff der Alliierten. Als Schroeteler von der deutschen Kapitulation Nachricht bekam, lief er am 12. Mai Portland an, womit seine 49tägige Fahrt ein Ende fand.[1]

• Am 12. März lief von Christiansand das neue VIIC/41-Boot *U1063* unter Karl-Heinz Stephan aus, um zwischen Land's End und Brest an der Zufahrt zum Ärmelkanal zu patrouillieren. Mit Hilfe einer auf dem Schnorchel installierten Antenne vom Typ Elektra-Sonne versuchte Stephan, unter Wasser zu navigieren, doch das System war noch nicht ausgereift. Am 15. April, kurz vor Mitternacht, ging er in der Nähe von Land's End auf Sehrohrtiefe und wollte, den Schnorchel ausgefahren und einsatzbereit, eine Navigationspeilung auf die englische Küste vornehmen.

Die britische Support Group 17 ortete den Schnorchel von *U1063* mit Radar. Die überaus kampferprobte Fregatte *Loch Killin* führte drei Angriffe durch und warf dabei 21 Wasserbomben. Deutsche Überlebende berichteten später, daß diese Angriffe *U1063* beschädigt hätten, jedoch nicht stark genug, um Stephans in Panik getroffenen Befehl zu rechtfertigen, man solle auftauchen und das Boot aufgeben. Als das U-Boot an die Oberfläche kam, belegte die *Loch Killin* es mit Geschützfeuer, das mehrere Deutsche tötete. Andere ertranken, darunter Stephan, der Zweite Wachoffizier und ein Obermaat. Die Fregatten retteten 17 Deutsche.

• Am 13. März lief *U396* unter Hillmar Siemon ebenfalls von Norwegen aus. Die Aufgabe von *U396* bestand hauptsächlich darin, als Wetterboot zu fungieren. In zweiter Linie sollte Siemon Schiffe versenken. Es wurde angenommen, daß eine B-24 der britischen Squadron 86 mit dem Piloten J. T. Laurence das Boot auf dem Rückmarsch nahe der Orkney-Inseln angegriffen und mit der gesamten Besatzung versenkt habe. Niestlé schreibt jedoch, daß die Verlustursache unbekannt sei.

• *U905* unter Bernhard Schwarting, das im Dezember/Januar eine

[1] Schroeteler blieb bis 1948 Kriegsgefangener. Nach Deutschland zurückgekehrt, graduierte er mit *magna cum laude* als Doktor der Philosophie. Der begabte Bildhauer blieb der Dönitz-Familie in den Nachkriegsjahren eng verbunden. Auf Wunsch der Familie schuf Schroeteler Grabsteine für die Gräber von Peter und Klaus Dönitz, die im Krieg gefallen waren, und für deren Mutter Ingeborg Dönitz.

49tägige Unternehmung ohne Erfolg beendet hatte, lief ebenfalls am 13. März von Norwegen aus. Eine Woche später, am 20. März, sichtete eine B-24 der britischen Squadron 86 ein U-Boot vermutlich westlich der Orkney-Inseln. Der Pilot N. E. M. Smith griff mit zwei zielsuchenden Fido-Torpedos an. Lange Zeit glaubte man, er habe *U905* versenkt. Wie vor kurzem ermittelt wurde, ist *U905* jedoch am 27. März von dem britischen Geleitzerstörer *Conn* versenkt worden. Am 31. März funkte die U-Boot-Führung an Schwarting den Befehl, westlich des Ärmelkanals zu patrouillieren, doch *U905* antwortete nicht mehr.[1]

- Ein anderes, neu eingetroffenes VIIC/41-Boot war *U321* unter dem Kommando von Fritz Berends, das Christiansand am 17. März verließ. Etwa 280 Kilometer vor Cape Clear, der südlichsten Spitze Irlands, sichtete am 2. April eine mit Leigh Light ausgerüstete Wellington der polnischen Squadron 304 den Schnorchel und das Periskop des Bootes. Der Pilot R. Marczak griff aus einer Höhe von 36 Metern mit sechs Wasserbomben an, die *U321* vermutlich vernichteten.
- Am 23. März lief von Christiansand das neue VIIC-Boot *U1106* unter dem 33jährigen Erwin Bartke aus. Von Februar 1943 bis März 1944 hatte er den »Milchkuh«-Tanker *U488* befehligt. Am siebten Tag nach dem Auslaufen von Norwegen sichtete die Besatzung einer B-24 der britischen Squadron 224 einen Schnorchel und ein Periskop. Der Pilot M. A. Graham griff mit Wasserbomben an, die das Heck des Bootes an die Wasseroberfläche brachten. Dann warf er einen Sonobojen-Teppich ab. Die von den Bojen emittierten Geräusche klangen nach einem sinkenden U-Boot. Von *U1106* hörte man nichts mehr.
- Ein weiteres VIIC/41-Boot lief am 29. März von Bergen aus: *U326* unter dem Kommando von Peter Matthes. Fast einen Monat später befand sich das Boot genau südwestlich von Brest auf Patrouille. Dort sichtete am 25. April eine B-24 der US-Navy Squadron VB 103 einen Schnorchel und ein Sehrohr. Der Pilot Dwight D. Nott griff mit Wasserbomben an und berichtete, der Schnorchel sei aus dem Wasser geschnellt. Später sah die Flugzeugbesatzung eine Leiche im Wasser treiben. *U326* war mit der gesamten Besatzung versenkt worden.
- Am 30. März lief von Horten das neue VIIC/41-Boot *U1107* unter Fritz Parduhn aus. Westlich von Brest stieß Parduhn am 18. April auf den transatlantischen Geleitzug HX 348 und griff wagemutig an. Seine Torpedos versenkten zwei Schiffe mit wertvoller Ladung: den britischen Tanker *Empire Gold* mit 8028 BRT und das amerikanische Li-

---

[1] Franks (1995) und Niestlé (1998) zweifeln an, daß Smith *U905* versenkte. Dieser hatte zuvor *U478* versenkt und sich ein DFC erworben; die Anhaltspunkte im Fall von *U905* sind jedoch nicht überzeugend. Niestlé führt den Verlust von *U905* auf Wasserbomben zurück, die der britische Geleitzerstörer *Conn* unter T. D. Williams am 27. März vor dem North Minch geworfen hatte.

berty-Schiff *Cyrus H. McCormick* mit 7181 BRT. Hinsichtlich der bestätigten versenkten Tonnagezahl (15209 BRT) war diese Patrouille 1945 die drittbeste Feindfahrt eines Bootes vom Typ VII.

Es war ein Sieg, den die Deutschen aber nicht lange feiern konnten. Am 30. April sichtete eine Catalina der US-Navy Squadron VP 63 das Boot. Westlich von Brest machte der Pilot Frederick G. Lake die Gischt des Schnorchels von *U1107* aus. Lake führte auf den Schnorchel einen Angriff wie nach Lehrbuch durch und feuerte 24 Bremsraketen aus einer Höhe von 30 Metern ab. Trümmerteile kamen an die Oberfläche. Auf Lakes Alarm hin kam die 110 Kilometer entfernt stehende britische U-Jagdgruppe Support Group 1 heran, bekam einen Sonarkontakt auf dem Meeresgrund und entdeckte Öl.

Dies war die letzte U-Boot-Versenkung durch Fairwing 7 der US Navy. Seit dem Eintreffen in Südwestengland im Sommer 1943 hatte das Geschwader vier U-Boote versenkt und an der Versenkung zweier anderer Boote mitgewirkt.[1] Vom 1. Januar bis zum 30. April 1945 flogen die Maschinen des Geschwaders 1549 ASW-Missionen. Dazu waren 14513 Flugstunden nötig, die meisten davon über dem Meer. Diese Flugzeuge störten zweifellos viele U-Boote und zwangen sie zu Ausweichmanövern, wodurch Angriffe auf die alliierte Schiffahrt vereitelt wurden. Am 17. Mai wies Admiral King das Geschwader[2] an, in die Staaten zurückzukehren.

Im April hatten die amerikanische 12. Army Group und die britische 21. Army Group unter dem Kommando von Omar Bradley und Bernard Montgomery den Rhein überschritten. Sie befanden sich nun auf deutschem Boden und kämpften sich zu der zuvor vereinbarten Haltelinie an der Elbe vor. Die sowjetischen Armeen unter Georgij Schukow kreisten Berlin ein und kämpften in den Vororten.

Die Überreste der U-Boot-Waffe setzten den Kampf, ungeachtet dieser chaotischen Lage, fort. Im April liefen von Norwegen 28 Boote vom Typ VII aus und absolvierten Feindfahrten in britischen Gewässern, acht davon in der letzten Aprilwoche. Zwölf Boote waren neu oder kamen von der U-Boot-Schule. Vier unterstanden neuen Kommandanten. Diese Boote versenkten vier Schiffe mit 20000 BRT. Zehn der 28 Boote, bemannt mit ungefähr 500 U-Boot-Fahrern, gingen verloren. Von diesen Besatzungen wurden 46 Mann gefangengenommen (von *U1206*) und 100 Mann von den Portugiesen inhaftiert (von *U963* und *U1277*). Elf andere Typ-VII-Boote der April-Gruppe mit etwa 600 Mann Besatzung

---

[1] U-Boote, die ohne Hilfe versenkt wurden: *U271, U326, U681* und *U1107*. An der Versenkung folgender Boote mitgewirkt: *U243* und *U966*.

[2] Dies waren die Squadrons VB 103, VB 105, VB 107, VB 110, VB 112 und VP 63.

liefen befehlsgemäß nach der Kapitulation britische Marine-Stützpunkte an.

Einige Feindfahrten des Monats April in kurzer Übersicht:

- Am 5. April lief *U1055* von Norwegen unter dem Kommando von Rudolf Meyer aus, der seine zweite Feindfahrt antrat. Am 23. April meldete das Boot seine Position von der Südwestspitze Irlands aus, seither wurde aber nie wieder etwas von ihm gehört. Laut Niestlé ist die Verlustursache unbekannt.
- Am 7. April lief von Bergen *U486* unter Gerhard Meyer zu einer weiteren Feindfahrt in Richtung Ärmelkanal aus. Das Boot hatte bei der ersten Feindfahrt im Dezember den Truppentransporter *Leopoldville,* einen großen britischen Frachter, versenkt und zwei britische Geleitzerstörer (die *Capel* und die *Affleck*) versenkt bzw. beschädigt. Vier Tage nach dem Auslaufen konnte der Schnorchel aufgrund eines Defekts nicht mehr eingesetzt werden, und Meyer brach die Fahrt ab.

Zu diesem Zeitpunkt patrouillierte das große britische U-Boot *Tapir* vor Norwegen. Das neue Boot unterstand John C. Y. Roxburgh, der im Mittelmeer zuvor das U-Boot *United* geführt hatte. In den frühen Morgenstunden des 12. April spürte die *Tapir* das nach Bergen einlaufende *U486* auf, das aufgetaucht fuhr. Roxburgh schoß einen vollen Fächer aus seinen acht Bugtorpedorohren ab. Einer oder mehrere Torpedos trafen und rissen das deutsche U-Boot in Stücke. Die gesamte Besatzung kam ums Leben.

Bei seinem früheren Kommando auf der *United* hatte Roxburgh den italienischen Zerstörer *Bombardiere* und das große italienische U-Boot *Remo* versenkt sowie eine Reihe italienischer und deutscher Frachter. Der für diese Erfolge und für die Versenkung von *U486* hochdekorierte Roxburgh stieg nach dem Krieg in der Royal Navy in hohe Positionen auf und ging im Rang eines Vice Admiral in den Ruhestand.

- Am 7. April verließ das neue *U1206* Christiansand unter dem Kommando von Karl-Adolf Schlitte. Das Boot hatte die Aufgabe, *U778* vor der Küste Schottlands zwischen dem Moray Firth und dem Firth of Forth abzulösen. Er sollte sich dabei auf die Region um Peterhead konzentrieren.[1]

Schlitte navigierte mit Hilfe der Elektra-Sonne. Nach drei Tagen auf See versagte der Dieselkompressor. Das Boot erreichte am 13. April die Region vor Aberdeen. Dann gab der Steuerborddieselmotor den Geist auf. Schlitte war nun gezwungen, mit den E-Motoren zu fahren, und die Besatzung arbeitete fieberhaft, um die Dieselmotoren wieder zum

[1] Vor *U1206* waren 1945 vier Schnorchelboote des Typs VII in dieses gefährliche Seegebiet marschiert: *U309, U714, U778* und *U1274*. Von diesen U-Booten kehrte nur *U778* zurück, das die Feindfahrt nach dem Ausfall des Sonars abgebrochen hatte.

Laufen zu bringen. Unterdessen mußte er ein Schiff davonfahren lassen, das er als einen 8000 BRT großen Frachter beschrieb.

Am 14. April ereignete sich auf *U1206* eine weitere technische Panne, diesmal mit verheerenden Folgen. Das außenbord liegende Ventil der Toilette im Bugraum gab nach, und der Bugtorpedoraum lief voll Wasser. Da die Hauptpumpe für die Bilge und andere Hilfsmaschinen ebenfalls nicht funktionierten, konnte Schlitte das Ausmaß des Wassereinbruchs nicht überprüfen. Angesichts dieser Katastrophe schoß er alle Torpedos ab, zerstörte die restlichen und vernichtete alles geheime Material. Dann tauchte er auf, um das Boot aufzugeben und die Selbstversenkung einzuleiten. Drei Mann kamen um, doch kleine Schiffe retteten 36 Überlebende, und zehn andere erreichten die Küste bei Aberdeen mit Flößen. Alle 46 Deutschen wurden sofort zu den zentralen Stellen gebracht, wo die Briten Kriegsgefangene verhörten.

- Am 9. April lief *U245* von Helgoland unter Friedrich Schumann-Hindenberg zu einer zweiten gefährlichen Sondermission (Brutus) aus, die ihn zur Mündung der Themse führen sollte. Im flachen Gewässer vor Harwich stieß er am 17. April auf den Küstenkonvoi TAM 142 und versenkte zwei Frachter. Er setzte dazu neue, experimentelle Versuchstorpedos ein, die über eine weite Distanz ihr Ziel selbständig ansteuerten. Die Opfer waren der Brite *Filleigh* mit 4856 BRT und der Norweger *Karmt* mit 4991 BRT. Ein auf eine Korvette des Geleits abgeschossener T-5 ging fehl. Schumann-Hindenberg kehrte mit *U245* nach Bergen zurück, nachdem Deutschland kapituliert hatte.
- Von Drontheim lief am 14. April das VIIC/41-Boot *U1017* unter Werner Riecken aus, welcher seine zweite Feindfahrt antrat. Zwei Wochen darauf, am frühen Nachmittag des 29. April – Riecken schnorchelte gerade vor Malin Head an der Zufahrt zum Nordkanal – sichtete ein Flugzeug das »Kielwasser« des Schnorchels und Abgaswolken. Dies war eine B-24 der bekannten britischen Squadron 120 mit H. J. (»Pop«) Oliver am Steuerknüppel, einem Protegé des U-Boot-Jägerasses Bryan Turnbull. Oliver griff den gesichteten Schnorchel sofort an und warf vier Wasserbomben. Den Vorschriften entsprechend warf er dann an der Stelle, wo er den Angriff durchgeführt hatte, einen Teppich von Sonobojen ab. Diese fingen »laute und langandauernde Explosionen« auf und übermittelten diese an die B-24, was als deutlicher Beweis für eine Versenkung gelten konnte und später durch alliierte Nachrichtendienste bestätigt wurde. Es gab keine Überlebenden.
- Am 13. April lief von Christiansand das neue *U1105* unter Hans-Joachim Schwarz aus. Zwei Wochen später lauerte er dicht vor der westirischen Küste in der Nähe der Donegalbai. Dort schoß er Torpedos auf den in Amerika gebauten, britischen Geleitzerstörer *Redmill* (1300 Tonnen), der mit seinen ebenfalls in den Staaten gebauten

Schwesterschiffen *Byron* und *Fitzroy* das Typ-VII-Schnorchelboot *U722* versenkt hatte. Ein Torpedo traf das Heck der *Redmill* und verwandelte das Schiff in ein Wrack. Bergungsschiffe schleppten die *Redmill* in einen Hafen, doch sie wurde nicht mehr repariert. Die Briten gaben den Hulk schließlich an die US-Navy zurück, ebenso wie die Schwesterschiffe *Byron* und *Fitzroy*. Den Befehlen entsprechend kapitulierte Schwarz und beendete damit seine kurze Feindfahrt am 10. Mai in Loch Eriboll.

- Unter den letzten von Norwegen auslaufenden VII-Booten waren das neue *U1277* unter Ehrenreich-Peter Stever und das kampferprobte VIIC-Boot *U963* unter Rolf-Werner Wentz, der als Kommandant seine zweite Feindfahrt unternahm. Stever sollte im Ärmelkanal patrouillieren, Wentz ein Minenfeld legen. Doch beide Boote wurden vor der portugiesischen Küste durch ihre Besatzungen selbstversenkt, Wentz' Boot am 21. Mai, Stevers Boot am 3. Juni. Die portugiesischen Behörden inhaftierten beide Besatzungen und übergaben sie später den Alliierten.

Das am 2. Mai zu einer Feindfahrt im Ärmelkanal von Christiansand ausgelaufene *U977,* das dem 24jährigen neuen Kommandanten Heinz Schaeffer unterstand, sollte bald auf eine gewisse Weise berühmt (oder berüchtigt) werden und der Boulevardpresse Anlaß zu wilden Spekulationen geben. Das Boot wurde am 31. März 1943 in Kiel durch den 25jährigen Hans Leilich in Dienst gestellt und hatte noch keine Feindfahrt absolviert. Bei der Erprobung in der Ostsee rammte *U977,* geheimdienstlichen Dokumenten der Alliierten zufolge, dreimal andere Schiffe (oder wurde von diesen gerammt). Bei der letzten Kollision wurde der Druckkörper so schwer beschädigt, daß die verantwortlichen deutschen Stellen *U977* auf den Status eines Schulboots zurückstuften.

Anfang 1945 übernahm Schaeffer (Crew von 1939) in Hamburg das Kommando über das U-Boot. Dort kam das Boot in eine Werft, wo es mit einem Schnorchel ausgestattet wurde. Schaeffer hatte an vier Feindfahrten teilgenommen, darunter an einer Fahrt in den Golf von Guinea. Zu dieser Zeit war er Erster Wachoffizier auf *U445* und in Frankreich stationiert. Von Dezember 1943 bis Dezember 1944 hatte er den Schuleinbaum *U148* vom Typ IID geführt.

Schaeffer sagte später, er habe sein neues Kommando mehr als eine »Fluchtmöglichkeit« vor den Alliierten angesehen denn als ein Kampfmittel. Als Deutschland kapitulierte, stand *U977* in norwegischen Gewässern. Daraufhin entschied Schaeffer, Kurs auf Argentinien zu nehmen und in einem Land zu kapitulieren, das er für deutschfreundlich hielt. In einer offiziellen Erklärung gegenüber den Alliierten sagte er, ein Hauptgrund seiner Entscheidung, nach Argentinien zu fahren, sei die deutsche Propaganda gewesen. Demnach hätten sich amerikanische und britische

Zeitungen dafür ausgesprochen, daß alle deutschen Männer versklavt und sterilisiert werden sollten. Schaeffer erklärte weiter, daß er den Alliierten das Boot unbedingt unbeschädigt übergeben wollte und gleichzeitig für seine Besatzung alles tun wollte, was in seiner Macht stand. Er meinte, die Motoren des Bootes könnten für den Wiederaufbau Europas von Wert sein.[1]

Schaeffer berichtete, er habe, nachdem er den Entschluß zur Flucht gefaßt hatte, den verheirateten Besatzungsmitgliedern die Wahl gelassen, an Land zu gehen oder nach Argentinien zu fahren. Ungefähr ein Drittel der Besatzung – 16 Mann – entschieden sich dafür, an Land zu gehen. Am 10. Mai näherte sich Schaeffer der norwegischen Küste bei der Insel Holsenöy, setzte das Boot auf einigen Felsen unbeabsichtigt auf Grund und brachte die 16 Mann in Schlauchbooten an Land. Dann machte er das Boot wieder frei und nahm Kurs auf das etwa 13 000 Kilometer entfernte Argentinien. Alle drei Offiziere[2] und 28 Seeleute blieben an Bord. Die 16 Mann, die das Boot verlassen hatten, wurden später von den Briten gefangengenommen.

Die Reise nach Argentinien war fürchterlich. Schaeffer fuhr eine Rekordzeit von 66 Tagen unter Wasser – vom 10. Mai bis zum 14. Juli – und schnorchelte ungefähr vier Stunden pro Tag. Das Boot kroch nach Süden in eine immer größere Sommerhitze, und viele Männer, so erinnerte sich Schaeffer, hätten sich am Rande eines Nervenzusammenbruchs befunden. Bei den Kapverdischen Inseln legte er einen vierstündigen Zwischenstopp ein und ließ seine Männer eine Runde schwimmen. Dann setzte er die Fahrt an der Oberfläche mit einem Dieselmotor nach St. Paul's Rocks fort und legte pro Tag etwa 280 Kilometer zurück. Als das Boot am 23. Juli den Äquator überquerte, genehmigte Schaeffer der Mannschaft die übliche Initiationszeremonie der Äquatortaufe. Am 17. August schließlich, nach einer Fahrt von 108 Tagen und 14 180 Kilometern, lief Schaeffer in Mar del Plata ein.

Südamerikanische Zeitungen veröffentlichten schon bald Artikel, in denen es hieß, *U977* habe Adolf Hitler heimlich nach Südamerika gebracht, wo er angeblich unerkannt lebte. Diese Geschichte wurde weltweit von der Regenbogenpresse verbreitet und führte zu zahlreichen Spekulationen.

Es ist unwahrscheinlich, daß sich Hitler oder irgendein anderer hoher Nazi dafür entschieden hatte, mit *U977* zu entkommen. Angesichts der hohen Verlustquote bei den U-Booten im Frühjahr 1945 (50 Prozent und mehr) waren die Chancen für das Überleben auf einem fliehenden U-Boot sehr gering. Selbst wenn sich Hitler oder ein anderer hoher Nazi für dieses gefährliche Fluchtmittel entschieden hätte, dann hätte er aller

[1] Vermutlich zur Versorgung der ausgebombten Städte mit elektrischem Strom.

[2] Die Wachoffiziere Karl Reiser und Albert Kahn und der Leitende Ingenieur Dietrich Wiese.

Wahrscheinlichkeit nach ein größeres Schnorchelboot vom Typ IX oder ein Fern-U-Boot vom Typ IXD2 (als Schnorchelboot) gewählt als ein enges Boot vom Typ VIIC. Darüber hinaus wäre die Wahl kaum auf den jungen Schaeffer als Kommandanten für eine solch außergewöhnliche Mission gefallen. Er hatte bei keiner Feindfahrt das Kommando über ein U-Boot geführt und war seit dem Dezember 1943 nicht mehr im Atlantik im Einsatz gewesen. Zudem verfügten weder Schaeffer noch seine Besatzung über Erfahrung im Umgang mit dem Schnorchel; und *U977* war erst vor kurzem mit dieser Vorrichtung ausgerüstet worden.

Selbst wenn sich Hitler, der bekanntermaßen dazu neigte, seekrank zu werden, entschieden hätte, die Flucht in einem Boot vom Typ VII zu ergreifen und die damit verbundene fürchterliche Reise zu ertragen, dann hätte er bestimmt nicht dieses VII-Boot gewählt. Denn *U977* war in der Ostsee dreimal gerammt worden und wegen der Beschädigung des Druckkörpers auf den Status eines Schulboots zurückgestuft worden. Außerdem wiesen die Batterien, wie Schaeffer später schrieb,[1] »nur noch 70 Prozent der Kapazität auf«. Zu diesem Zeitpunkt befand sich *U977* in einer Hamburger Schiffswerft, um dort mit einem Schnorchel ausgerüstet zu werden. Er hatte neue Batterien angefordert, doch seine Bitte wurde »wegen Mangels an Material« abgelehnt. Von den 32 Mann von *U977* hat sich niemand gemeldet, um zu bestätigen, daß Hitler (oder seine Asche), Martin Bormann oder ein anderer hochrangiger Nazi mit *U977* nach Argentinien gereist sei. Der Presse und den Verlagen der 60er Jahre wäre eine authentische Geschichte dieser Art Millionen wert gewesen.

Nach der intensiven Befragung durch die Amerikaner und Briten kehrte Schaeffer 1950 nach Argentinien zurück und blieb dort.

Gegen Ende März liefen von Kiel auch einige große Elektro-Boote vom Typ XXI nach Norwegen aus. Das erste XXI-Boot, *U2511* unter Adalbert Schnee, traf am 23. März in Norwegen mit Defekten an Schnorchel und Sehrohr ein. Schnee berichtete auch, daß die maximale Sicherheitstauchtiefe von *U2511* bei 174 Metern liege, ungefähr die Hälfte des vorgesehenen Tauchlimits! Am 18. April lief Schnee von Christiansand aus, doch die Dieselmotoren liefen nicht richtig, und er mußte die Fahrt

[1] In dem Buch *U-boat 977* (1952). Unter anderem, erklärte Schaeffer, habe er sein Buch veröffentlicht, um die zahlreichen Zeitungsberichte und ein in Argentinien erschienenes Buch *(Hitler is Alive)* zu widerlegen, in denen angedeutet wird, *U977* habe Hitler nach Argentinien gebracht. Die Gerüchte setzten sich aber fort. In dem Roman *Adolf Hitler and the Secrets of the Holy Lance* (1988) behaupten Buechner und Bernhart, *U977* hätte eine Urne mit der Asche von Hitler und Eva Braun sowie andere Schätze der Nazis zu einem vorbereiteten Ort in einer Eishöhle in der Antarktis gebracht, die eine U-Boot-Crew bereits 1943 gebaut hätte.

abbrechen und am 21. April Bergen anlaufen, nachdem er einem britischen U-Boot entkommen war. Am 3. Mai führte er eine Übung durch und näherte sich dazu einem britischen Kreuzer, griff jedoch nicht an und kehrte nach Bergen zurück.

Nach Norwegen liefen auch einige andere Boote vom Typ XXI aus. Unter ihnen war *U2513* unter Erich Topp, der Eichenlaub und Schwerter zu seinem Ritterkreuz trug.[1] Ein anderes Boot war *U2506* unter Ritterkreuzträger Horst von Schroeter (von *U123*). Am 19. April griff ein bis jetzt unbekanntes britisches Flugzeug *U2506* an, von Schroeter steuerte das Boot aber nach Bergen und hielt sich zum Zeitpunkt der deutschen Kapitulation dort auf. Ein drittes Boot unterstand Fritz Kallipke, dessen vorheriges Boot vom Typ XXI, *U2516,* bei einem Luftangriff auf Kiel zerstört worden war.

Im Skagerrak und im Kattegat zerstörten oder beschädigten britische Flugzeuge eine Reihe von Booten des Typs XXI, die auf dem Weg nach Norwegen waren. Darunter war *U2502* unter Ritterkreuzträger Heinz Franke, dessen vorheriges Boot *U3509* in Bremen zurückgelassen worden war. Trotz der Beschädigungen durch Mosquito-Bomber der RAF erreichte Franke mit *U2502* Horten. Er hielt sich bis Kriegsende dort auf. Hans Hornkohl, der ehemalige Kommandant von *U3512,* das bei einem Luftangriff auf Hamburg zerstört worden war, brachte sein neues XXI-Boot *U3041* nach Horten. Elf britische Beaufighter griffen im Kattegat das von Karl Jürgen Wächter geführte *U2503* an. Raketen und Bordkanonen richteten das Boot übel zu; Wächter wurde bei dem Angriff getötet. Andere Besatzungsmitglieder übernahmen das Kommando und ließen das U-Boot auf einen Strand auflaufen, um sich zu retten. Am gleichen Tag versenkten britische Typhoon-Flugzeuge die XXI-Boote *U3030* und *U3032,* die unter dem Kommando des 24jährigen Bernhard Luttmann bzw. des 22jährigen Horst Slevogt standen.

Das Nordmeer

In den dunklen und stürmischen Wintermonaten 1944/45 schickten die Alliierten weiterhin Geleitzüge nach Murmansk. Der Führer der U-Boote Nord (Norwegen), Reinhard Suhren, unterhielt die 14. U-Flottille in Narvik unter der Führung von Helmut Möhlmann für Angriffe auf diese Konvois.

[1] Topp war zunächst Kommandant des XXI-Bootes *U3010,* das aber bei einem Luftangriff auf Bremen schwer beschädigt wurde. Sein Leitender Ingenieur auf *U3010* und *U2513* war Gerhard Bielig, der sich auf dem Fern-U-Boot *U177* vom Typ IXD2 ein Ritterkreuz erworben hatte. Wie im Vorwort zu Band 1 beschrieben, wurde *U2513,* das zu keiner Feindfahrt auslief, eine Kriegsbeute der Vereinigten Staaten.

Die von den Nordmeer-Booten erzielten Erfolge waren, worauf Dönitz seit langem hingewiesen hatte, zu gering, um diese Einsätze zu rechtfertigen. Im Jahr 1944 brachten die Alliierten 243 beladene Schiffe auf die Halbinsel Kola. Im Januar versenkten die U-Boote lediglich drei Schiffe, alle aus dem Geleitzug JW 56 A: zwei amerikanische Liberty-Schiffe, die 7177 BRT große *Penelope Barker* und die 7200 BRT große *Andrew G. Curtin,* und das britische Liberty-Schiff *Fort Bellingham* mit 7133 BRT, im Februar den Zerstörer *Milne* mit 1920 Tonnen.[1] Dennoch bestand Hitler darauf, daß der 20 Boote umfassende Nordmeer-Verband weiterhin Patrouillen durchführte.

Die Geleitzüge im kurzen Überblick:

- JW 62 (30 Schiffe) lief am 29. November 1944 in Loch Ewe aus. Zu diesem Zeitpunkt hatte Dönitz Hitler davon überzeugt, die Luftwaffe anzuweisen, ihre Kräfte auf den nordnorwegischen Stützpunkten zu verstärken. Sie sollte die U-Boote bei der Suche nach Geleitzügen unterstützen. Die deutschen Flieger fanden JW 62, doch der Konvoi entkam den Flugzeugen und U-Booten, und es waren keine Verluste zu beklagen.

Dem Geleitzug in Gegenrichtung, RA 62, erging es schlimmer. *U365* unter Diether Todenhagen schoß einen T-5 auf den britischen Zerstörer *Cassandra,* der den Bug wegriß. Bergungsschiffe schleppten die 1710 Tonnen große *Cassandra* nach Murmansk zurück. Zweimal griffen mit Torpedos ausgerüstete Ju-88 den Konvoi an, doch sie konnten keinen nennenswerten Schaden anrichten. Am 13. Dezember versenkten zwei Swordfish-Flugzeuge, geflogen von W. J. Hutchinson und M. W. Henley, von dem neuen (1944) Geleitträger *Campania*[2] Todenhagens *U365* mit der gesamten Besatzung.

- JW 63 (35 Schiffe) lief Anfang Januar in Loch Ewe aus. Flaggschiff war der Geleitträger *Vindex,* das Schwesterschiff der *Campania*. U-Boote oder gegnerische Flugzeuge griffen diesen Geleitzug nicht an, und er erreichte Murmansk ohne Verluste. Der Geleitzug in Gegenrichtung, RA 63 (30 Schiffe), lief am 11. Januar von der Kolamündung aus. Auch dieser Konvoi entging den U-Booten und den

---

[1] Die U-Boote versenkten auch vier leere, von der Halbinsel Kola zu den Britischen Inseln zurückkehrende Frachter. Diese Schiffe stammten alle aus RA-Konvois: zwei amerikanische 7176 BRT große Liberty-Schiffe, die *William S. Thayer* und die *Edward H. Crockett,* sowie zwei britische Schiffe, das Liberty-Schiff *Samsuva* (7219 BRT) und der 7062 BRT große Frachter *Empire Tourist*.

[2] Dies war einer der drei von den Briten gebauten Geleitträger, die 17 Knoten schnell waren. Die anderen beiden Träger waren die 13825 Tonnen große *Nairana* (1943) und die 13445 Tonnen große *Vindex* (1943). Jeder Geleitträger transportierte 18 Flugzeuge, gewöhnlich die in den USA gebauten TBF Avengers und die F4 F Wildcats, die die Briten Tartans bzw. Martlets nannten.

Flugzeugen der Luftwaffe und traf sicher in Loch Ewe ein. Nachdem diese Schiffe zu neuen Zielen wieder ausgelaufen waren, schlossen die Briten Loch Ewe, um Personal einzusparen. Da die Flottenträger der Home Fleet in den Fernen Osten ausgelaufen waren, um den Angriff auf Japan zu unterstützen, war nun im Firth of Clyde genügend Platz, um Murmansk-Geleitzüge zusammenzustellen, die dann von dort ausliefen.

• Am 2. Februar lief im Clyde JW 64 (26 Schiffe) aus. Als Eskorte dienten die Geleitträger *Campania* und *Nairana,* ein Kreuzer und 17 Zerstörer, Sloops und Korvetten. Die Deutschen erfaßten den Konvoi und hielten Fühlung zu JW 64, doch der Funk des Fühlunghalters versagte. Deshalb konnten 48 mit Torpedos ausgerüstete Ju-88, die den Geleitzug am 7. Februar angreifen sollten, ihre Ziele nicht finden. Eine dieser Ju-88 war der Hauptformation vorausgeflogen und hatte auf den neuen kanadischen Zerstörer *Sioux* (Indienststellung 1944) einen Torpedo abgeschossen, der jedoch fehlging. Diese Aktion alarmierte die Besatzungen aller Schiffe, und als die Ju-88 eintrafen, wurden sie von einem mörderischen Flugabwehrfeuer empfangen[1] und erreichten nichts Nennenswertes.

Die Deutschen formierten die aus acht Booten bestehende Gruppe Rasmus auf einem Aufklärungsstreifen nahe der Bäreninsel, doch der Geleitzug entging der U-Boot-Gruppe. Die Boote eilten, als die Deutschen dies begriffen hatten, nach Osten zur Halbinsel Kola, wo vier andere Boote, einschließlich *U995* unter Hans-Georg Hess, bereits warteten. Eines der Rasmus-Boote, *U992* unter Hans Falke, der am Vortag bereits den Ex-US-Minensucher *T-116* (ehemals *Arcade*) mit 625 Tonnen getroffen hatte, schoß einen T-5 auf eins der Geleitschiffe und erzielte einen Treffer auf der britischen Korvette *Denbigh Castle* (1060 Tonnen). Die britische Korvette *Bluebell* schleppte die schwer beschädigte *Denbigh Castle* zur Halbinsel Kola, doch die Briten trafen keine Anstalten, das Schiff zu reparieren. Alle anderen Schiffe erreichten sicher den Hafen.

Diese zwölf Boote verblieben vor der Kolamündung und warteten auf das Auslaufen des nach England zurückkehrenden Geleitzugs RA 64. Vier der U-Boote schlugen zwischenzeitlich bei dem regionalen sowjetischen Zubringerkonvoi BK 3 zu. Alle vier Boote meldeten Versenkungen oder Treffer auf neun Schiffe, doch nur zwei wurden bestätigt: das amerikanische Liberty-Schiff *Horace Gray* (7200 BRT), ver-

---

[1] In dieser Nacht glitt *U995* unter dem Kommando des 21jährigen Hans-Georg Hess (jüngster Kommandant der U-Boot-Waffe), der seine zweite Feindfahrt absolvierte, in den Hafen von Kirkenes, damals in sowjetischer Hand. Dort ging er in Position und schoß auf den 4287 BRT großen norwegischen Frachter *Idefjord,* der an der Pier vertäut war. Hess meldete eine Versenkung, doch in Wirklichkeit hatte er das Schiff verfehlt. Für diesen kühnen Angriff und späteren Wagemut wurde ihm das Ritterkreuz verliehen.

senkt von Ritterkreuzträger Hans-Günther Lange mit *U711,* und der 8129 BRT große norwegische Tanker *Norfjell,* versenkt von Otto Westphalen mit *U968*.

RA 64 (34 Schiffe) lief in den frühen Morgenstunden des 17. Februar aus. Im Vorfeld hatten ASW-Einheiten den Seeraum vor der Kolamündung durchkämmt und das kampferprobte *U425* unter Heinz Bentzien entdeckt, der das Boot am 21. April 1943 in Dienst gestellt hatte. Das mit einem Schnorchel und einem Hohentwiel-Radar ausgerüstete *U425* befand sich auf der achten Feindfahrt; Bentzien hatte allerdings noch kein Schiff versenkt. Die britische Sloop *Lark* und die Korvette *Alnwick Castle* setzten *U425* mit Wasserbomben, Hedgehog und Squids heftig zu. Das Boot, irreparabel beschädigt, sank auf eine Tiefe von 260 Metern. Dann ließ Bentzien die Tanks anblasen, um aufzutauchen und das Boot zu versenken. *U425* kam zwischen der Sloop und der Korvette nach oben, und die Besatzung des Bootes kletterte an Deck. Beide Schiffe eröffneten das Feuer und beschossen das Boot vom Vordersteven bis zum Heck. Als das U-Boot mit dem Heck voran versank, sprang die Besatzung ins Wasser. Mit großem Überlebenswillen überstand ein Deutscher, Herbert Lochner, trotz seiner Verwundung die Versenkung. Nach 50 Minuten im Wasser rettete ihn die *Alnwick Castle.*

Zwei U-Boot-Kommandanten mehrten ihren Ruhm noch. Otto Westphalen von *U968* verwandelte die Sloop *Lark* mit einem T-5 in ein Wrack, nur wenige Stunden nachdem das Schiff zur Versenkung von *U425* beigetragen hatte. Ein Bergungsschiff schleppte die *Lark* zur Halbinsel Kola, doch auch dieses Schiff reparierten die Briten nicht. Die *Lark* wurde später allerdings von den Sowjets übernommen, die das Schiff auf *Neptun* umtauften. Westphalen beschädigte dann das amerikanische 7176 BRT große Liberty-Schiff *Thomas Scott,* das die Sowjets zur Halbinsel Kola schleppten. Westphalen meldete auch einen Treffer an einem Zerstörer, der aber nicht bestätigt wurde. Lange versenkte mit *U711* die britische Korvette *Bluebell* mit 925 Tonnen. Bei der Versenkung der *Bluebell* kam bis auf einen Mann die gesamte Besatzung ums Leben.

Auf der Weiterfahrt zu den Britischen Inseln wurde der Geleitzug RA 64 mit dem schlimmsten Wetter konfrontiert, das je über einen Murmansk-Konvoi hereingebrochen war. Zweimal stiegen Ju-88 der Luftwaffe auf, als die heftigen Stürme nachgelassen hatten. Trotz des widrigen Wetters brachten die Geleitträger *Campania* und *Nairana* beide je zehn Wildcats in die Luft, die die Deutschen abwehren sollten. Ein deutsches Flugzeug torpedierte einen Nachzügler, das amerikanische Liberty-Schiff *Henry Bacon* (7176 BRT). Ein Zerstörer rettete 64 Mann der 86 köpfigen Crew und 35 norwegische Passagiere. Als der angeschlagene Geleitzug am 1. März den Clyde erreichte, mußten ein Dutzend Zerstörer für Reparaturen am Schiffsrumpf eingedockt werden, Schäden, die durch den schweren Seegang entstanden waren.

- Am 11. März lief im Clyde JW 65 (24 Schiffe) aus. Der Konvoi wurde von den beiden Geleitträgern *Campania* und der in Amerika gebauten, 11400 Tonnen großen *Trumpeter* der Ruler-Klasse, einem Kreuzer und 19 Sloops, Korvetten und anderen kleineren Schiffen eskortiert. Bis zum 20. März, als der Geleitzug sich der Kolamündung näherte, entging man gegnerischen Streitkräften. Elf U-Boote lagen in Wartestellung. Fünf davon griffen Schiffe des Geleitzugs an.

Otto Westphalen versenkte mit *U968* zwei Schiffe: die britische Sloop *Lapwing* (1350 Tonnen) und das amerikanische 7210 BRT große Schiff *Thomas Donaldson*. Als Dönitz Westphalens Meldung erhielt, verlieh er ihm das Ritterkreuz.[1]

Der junge Hans-Georg Hess torpedierte mit *U995,* mit dem er kurz zuvor in den Hafen von Kirkenes eingedrungen war, das amerikanische Liberty-Schiff *Horace Bushnell* mit 7176 BRT. Das Schiff lief auf einem Strand auf, und die Frachtladung wurde geborgen, aber soweit bekannt ist, wurde das Schiff nicht wieder in Dienst gestellt.[2]

Jürgen Thimme von *U716* meldete die Versenkung eines 1600 Tonnen großen Zerstörers. Diese Meldung konnte jedoch nicht bestätigt werden.

Friedhelm Schweiger von *U313* meldete mögliche Treffer auf drei Liberty-Schiffe mit zusammen 21000 BRT. Auch diese Meldungen konnten nicht bestätigt werden.

Der Geleitzug in die Gegenrichtung, RA 65 (26 Schiffe), lief am 21. März von der Halbinsel Kola aus. Noch immer lagen neun U-Boote in

---

1 Zum Zeitpunkt der Verleihung betrug sein bestätigtes Trefferergebnis zwei Sloops, die *Lark* und die *Lapwing,* ein norwegischer Tanker und zwei amerikanische Liberty-Schiffe.

2 Die *Bushnell* tauchte im Dezember 1997 in den Nachrichten auf, als der verstorbene US-Botschafter in der Schweiz, M. Larry Lawrence, mit militärischen Ehren auf dem Nationalfriedhof in Arlington bestattet wurde. Früher hatte Lawrence die falsche Behauptung aufgestellt, er sei ein Besatzungsmitglied der *Bushnell* gewesen und in Folge des Torpedotreffers »über Bord in das eisige Wasser der Arktis geschleudert« worden. Er habe zudem »schwere Kopfverletzungen erlitten, deren Heilung viele Monate dauerte«. Als bekannt wurde, daß diese Behauptungen falsch waren, ordneten die Behörden an, daß seine sterblichen Überreste und der Grabstein umgebettet werden sollten. Er wurde dann auf weniger weihevollem Grund nochmals bestattet. Nach dem Krieg teilten die Alliierten *U995* der norwegischen Marine zu, die das Boot auf den Namen *Kaura* umbenannten. Aufgrund der unermüdlichen Bemühungen ihres letzten Kommandanten Hans-Georg Hess wurde das Boot am 13. März 1972 an die Bundesmarine zurückgegeben. Beim deutschen Marineehrenmal in Laboe, einem Kieler Vorort, wurde das Boot im Freien aufgestellt. *U995* wird als »Museum« erhalten und ist das einzige existierende U-Boot vom Typ VIIC.

Wartestellung, doch der Konvoi entging ihnen. Am 1. April erreichte er den Clyde ohne Verluste.

- Am 16. April lief im Clyde JW 66 (26 Schiffe) aus, der letzte Murmansk-Konvoi in diesem Krieg. Die Eskorte bestand aus den beiden Geleitträgern *Vindex* und der in Amerika gebauten *Premier* aus der Ruler-Klasse, einem Kreuzer, 22 Zerstörern, Fregatten, Korvetten und kleineren Schiffen. Die *Vindex* beförderte zwölf Wildcats und acht Swordfish; die *Premier* zwölf Avengers. Die aus sechs U-Booten bestehende Gruppe Faust wurde westlich der Bäreninsel auf einem Aufklärungsstreifen postiert, doch JW 66 glitt unentdeckt vorbei. Als die Deutschen das bemerkten, wurde die Gruppe Faust bei der Kolamündung neu postiert. Dort hatten sich auch zehn andere U-Boote versammelt, was die Zahl auf 16 U-Boote erhöhte.

JW 66 erlitt keine Verluste und erreichte die Kolamündung am 29. April. Die U-Boote blieben draußen und warteten weiter. Während diese Boote untätig warteten, griff Hans Lehmann mit *U997* den örtlichen sowjetischen Geleitzug PK 9 an. Zwei Geleitschiffe verfehlte er, erzielte jedoch Treffer auf zwei Frachtern: dem 4287 BRT großen Norweger *Idefjord* (den Hess im Hafen von Kirkenes verfehlt hatte) und dem sowjetischen Schiff *Onega* mit 1603 BRT. Das erste Schiff überstand den Angriff, das zweite sank. Der Geleitzug in der Gegenrichtung, RA 66, lief von der Kolamündung am 29. April aus. Die auf 14 Boote reduzierte Gruppe Faust lag in Wartestellung. Ritterkreuzträger Otto Westphalen von *U968* schoß, wie er meinte, auf zwei Zerstörer. Er meldete, daß seine Torpedos getroffen hätten und beide Kriegsschiffe gesunken seien. In Wirklichkeit verfehlte er die britische Korvette *Alnwick Castle* und versenkte den britischen Geleitzerstörer *Goodall* mit 1150 Tonnen. Von der Besatzung der *Goodall* wurden nur 44 Mann gerettet.

Als nächster und letzter schoß Karl-Gabriel von Gudenus. Ihm unterstand das Schnorchelboot *U427,* das seine erste Feindfahrt machte. Er fuhr unter Wasser, als in der nebligen Dämmerung plötzlich ein Zerstörer auftauchte. Gudenus befand sich schon in höchster Alarmbereitschaft, schoß drei Torpedos und meldete die Versenkung dieses Zerstörers und eines anderen. Tatsächlich hatte er die großen kanadischen Zerstörer der Tribal-Klasse, die *Haida* und die *Iroquois,* verfehlt.

In dieser letzten Geleitzugschlacht des Krieges versenkten die britischen Einheiten vor Murmansk zwei U-Boote, beide während der Kampfhandlungen am 29. April. Der von E. W. C. Dempster geführten Fregatte *Loch Insh* wurde das Verdienst für die Versenkung von Erich Krügers *U307* angerechnet. Die *Loch Insh* rettete Krüger und 13 weitere Deutsche.[1] Die Fregatten *Anguilla* und *Loch Shin* sowie der Geleit-

[1] Das waren die letzten Deutschen, die auf See gefangengenommen wurden. Insgesamt: 5004.

zerstörer *Cotton* teilten sich das Verdienst für die Versenkung von Willi Dietrichs *U286*. Es gab keine Überlebenden.

RA 66 setzte die Fahrt zum Firth of Clyde fort und traf dort am 8. Mai ein, dem letzten Tag des Krieges, ohne weitere Verluste erlitten zu haben. Von Gudenus konnte mit *U427* nicht tauchen, weil es durch Fliegerbomben und Hunderte von Wasserbomben übel zugerichtet war. Otto Westphalen von *U968* und Klaus Andersen von dem Schnorchelboot *U481* begleiteten Gudenus zurück nach Nordnorwegen, wo sie am 3. Mai eintrafen.

Bei mehreren Feindfahrten im Polarmeer meldete Ritterkreuzträger Hans-Günther Lange von *U711* die Versenkung zweier »Zerstörer«. Einer stellte sich als die britische Korvette *Bluebell* heraus, der andere konnte nicht bestätigt werden. Für diese und andere angebliche Erfolge sprach Dönitz Lange am 29. April per Funk die Verleihung des Eichenlaubs zum Ritterkreuz aus. Fünf Tage darauf, am 4. Mai, stiegen von einer britischen Sondereinheit, darunter die Geleitträger *Queen*, *Searcher* und *Trumpeter,* 44 Avenger-Flugzeuge auf und griffen den U-Boot-Stützpunkt bei Harstad, Kilbotn, an. Sie versenkten einen U-Boot-Tender, einen Frachter und Langes *U711*.

Bis Mai 1945 fuhren vier JW-Murmansk-Geleitzüge von den Britischen Inseln zur Kolamündung. Die Konvois bestanden aus 111 beladenen Schiffen. Von diesen versenkten die U-Boote zwei amerikanische Liberty-Schiffe: die *Horace Bushnell* und die *Thomas Donaldson*.[1] Im Gegenzug versenkten die alliierten Einheiten vier U-Boote, wobei 185 Mann getötet und 15 gefangengenommen wurden (von *U425* und *U307*).

Insgesamt brachten die Alliierten von 1941 bis 1945 40 Geleitzüge (PQ, JW) mit 811 Handelsschiffen nach Nordrußland. Davon mußten 33 Schiffe die Fahrt aus verschiedenen Gründen abbrechen. 58 wurden versenkt, 720 erreichten den Bestimmungshafen. Wie Professor Rohwer detailliert dargelegt hat, versenkten die Nordmeer-Boote der U-Boot-Waffe 20 dieser ostwärts laufenden beladenen Schiffe.[2] In der Gegenrichtung verkehrten 37 alliierte Geleitzüge (QP, RA), die aus 715 Schiffen bestanden, von Nordrußland zu den Britischen Inseln oder Island. Von diesen gingen 29 Handelsschiffe verloren, 21 durch U-Boote. Insgesamt versenkten die Nordmeer-Boote 41 Handelsschiffe und 13 Kriegsschiffe aus diesen Geleitzügen.[3] Im Gegenzug gingen 43 U-Boote verloren, die

---

[1] U-Boote versenkten ein leeres amerikanisches Liberty-Schiff, die *Thomas Scott,* aus einem zurückkehrenden RA-Geleitzug.

[2] Unter der Annahme von sieben Versenkungen durch U-Boote aus PQ 17. Siehe B. B. Schofield (1964), S. 215–221 und Anhang 1; Rohwer, *U-Booterfolge der Achsenmächte*.

[3] Der schwere Kreuzer *Edinburgh,* die Zerstörer der Battle- bzw. Tribal-Klasse *Mahratta, Matabele, Somali;* der Flottenzerstörer *Hardy,* die Sloops *Kite, Lapwing, Lark;* die Geleitzerstörer *Bickerton* und *Goodall,* die Korvetten *Bluebell* und *Denbigh Castle;* der Minenräumer *Leda*.

mit 2000 U-Boot-Fahrern bemannt waren. Von diesen wurden 99 gefangengenommen. Das ergibt eine »Quote« von einem versenkten U-Boot für jedes versenkte Handelsschiff.

Wenn man die Routen im Persischen Golf nach Basra und in der Japanischen See nach Wladiwostok mitzählt, lieferten die Amerikaner und die Briten der Sowjetunion im Rahmen des Lend-Lease Act eine gewaltige Menge an Gütern. Hier einige Beispiele:

376 000	Lastwagen
131 633	Maschinenpistolen
51 500	Jeeps
35 000	Motorräder
22 206	Flugzeuge
12 755	Panzer
8 218	Flugabwehrkanonen
5 000	Panzerabwehrkanonen
473 Millionen	Geschosse
350 000	Tonnen Explosivstoffe[1]

Die Murmansk-Geleitzüge transportierten weniger als ein Viertel (22,7 Prozent) dieser riesigen Frachtmenge in die Sowjetunion. Die Gefahren des Nordmeers allerdings, der zahlenmäßig starke Gegner und kaum weniger die Naturelemente fesselten die Vorstellungskraft weit mehr, als dies bei der gefährlicheren nordatlantischen Route der Fall war. Hinzu kam, daß die Alliierten die Murmansk-Geleitzüge mehr propagierten, als es die erreichten Resultate rechtfertigen konnten. Die Schiffslieferungen über das Polarmeer wurden teils auch deshalb hervorgehoben, um Stalin zu beruhigen. In einigen Truppenteilen blieb somit der falsche Eindruck bestehen, daß die Murmansk-Geleitzüge nicht nur die gefährlichsten und verlustreichsten gewesen seien, sondern auch, daß die Lieferungen zur Kolamündung die Sowjetunion vor einer sicheren Niederlage bewahrt hätten.[2]

Die letzten Feindfahrten in amerikanischen Gewässern

1945 führten 19 Schnorchelboote des Typs IX auf Anweisung der U-Boot-Führung Feindfahrten in amerikanischen Gewässern durch: fünf

---

[1] Siehe B. B. Schofield (1964), Anhang Z, der sich auf die offiziellen amerikanischen und britischen Lend-Lease-Unterlagen gründet.

[2] Zu den Versenkungen aus den Murmansk-Geleitzügen kommen zahlreiche Erfolge gegen sowjetische Schiffe aus Zubringer- und Küstenkonvois. Vom Dezember 1944 bis März 1945 versenkten und beschädigten die U-Boote zwölf sowjetische Schiffe; siehe dazu Rohwer, *Axis Submarine Successes* (1998).

im Februar, acht im März, fünf im April und eine im Mai. Darunter befanden sich das neue *U873,* ein Fern-U-Boot vom Typ IXD2, und fünf neue IXC-Boote auf Jungfernfahrt. Vier waren kampferprobte Boote mit neuen Kommandanten. Zwölf Kommandanten hatten keine Kampferfahrung.

Diese Boote erreichten nahezu nichts. Insgesamt versenkten sie sechs Schiffe mit 22832 Tonnen: drei Frachter und drei kleine Kriegsschiffe. Neun Boote mit 500 Mann Besatzung gingen verloren, nur 33 Mann wurden gefangengenommen.[1] Acht Boote kapitulierten vor Einheiten der US-Navy oder der kanadischen Marine. Eines floh nach Argentinien.

Die Boote waren mit den schlimmsten Transitbedingungen dieses Kriegswinters konfrontiert: Stürme mit der Stärke von Hurrikanen, heftige Schneestürme, gewaltige Seen. Vor der nordamerikanischen Küste war es auch nicht besser. Der offizielle, mit den Öltransporten befaßte Historiker schrieb:

> *Der Winter 1944/45 war seit 40 Jahren der härteste im Osten der Vereinigten Staaten. Wegen der Wetterverhältnisse reduzierte sich die Ölmenge drastisch, die über Land transportiert werden konnte. Viele Verschiebebahnhöfe und Verkehrsknotenpunkte waren praktisch außer Betrieb; Tankwagen der Eisenbahn waren lahmgelegt. […] Die Auswirkungen des kalten Wetters auf den Bahn- und Straßentransport machten zusätzliche Öllieferungen entlang der Küste unvermeidbar. Auf allen wichtigen Kriegsschauplätzen mußten »Greyhounds« [große, schnelle Tanker] freigegeben werden, damit Öl in den Nordosten der Vereinigten Staaten transportiert werden konnte. Schiffslieferungen ins Mittelmeer wurden zurückgehalten, und weitere Tanker aus den CU-Tankerverbänden wurden abgezogen.*[2]

Eine Darstellung dieser ergebnislosen Feindfahrten nach Amerika ist deshalb erwähnenswert, weil viele Gegenstand einer erneuten Schlappe des alliierten Nachrichtendienstes waren. Es ging dabei um die groteske Ansicht, daß diese Boote vorhatten, New York und Washington mit V-1-Marschflugkörpern und bzw. oder ballistischen Raketen vom Typ V-2 anzugreifen.

Wie diese Schauermärchen in Umlauf gebracht wurden, ist nicht völlig rekonstruiert worden. Alles könnte mit einem Geheimbericht des OSS vom 26. Oktober 1944 aus Stockholm begonnen haben. Darin telegraphierte die Residentur des OSS, daß zuverlässige Berichte auf ein U-Boot hindeuteten, das »mit Kurs auf den New Yorker Hafen auslaufen werde und dort eine V-1« zu Propagandazwecken einsetzen solle. Der

---

[1] Von dem IXC/40-Boot *U546.*

[2] Payton-Smith (1971), S. 431.

OSS Stockholm schickte am 3. und am 6. November (»vier U-Boote werden bei der Operation gegen New York eingesetzt«) sowie am 22. Dezember ähnliche Berichte.[1]

Der amerikanische Marinehistoriker Philip K. Lundeberg schrieb kürzlich,[2] daß die deutschen Agenten, die von *U1229* und *U1230* gerettet wurden (Oscar Mantel, Erich Gimpel, William C. Colepaugh), einen von U-Booten aus erfolgenden Raketenangriff auf New York vorhersagten. Auf eine Anfrage von Bernard F. Roeder (OP20 G) schrieb Harry H. Hinsley von der Marineabteilung in Bletchley Park am 29. November 1944:

> *Wir haben natürlich von den Gerüchten gehört, auf die Sie hinweisen: daß die Deutschen nämlich ein U-Boot (oder U-Boote) einsetzen wollen, welches unbemannte Bomben auf die Ostküste der Vereinigten Staaten abschießen soll. Wir sind auch – weil das Projekt, wie Sie sagen, besondere Aufmerksamkeit verdient – in engem Kontakt mit der Admiralität um festzustellen, ob diese Gerüchte der Wahrheit entsprechen. Bis jetzt sind die Admiralität und die GC&CS froh, daß es sich bei diesen Gerüchten lediglich um Propaganda handelt, und daß sie durch keinerlei verläßliche und bedeutsame Anhaltspunkte bestätigt wurden. […]*[3]

Zwei hohe amerikanische Beamte sprachen in der Öffentlichkeit über deutsche Raketenangriffe auf New York City. Am 10. Dezember verursachte der New Yorker Bürgermeister Fiorello La Guardia nahezu eine Panik, als er die Möglichkeit eines solchen Angriffs in Betracht zog. Lundeberg schrieb, daß einen Monat darauf, am 8. Januar 1945, Admiral Jonas Ingram, der Oberbefehlshaber der Atlantik-Flotte der US-Navy, die Möglichkeit ebenfalls erwogen habe. Er erklärte jedoch, daß die US-Navy und die Army Air Forces auf diesen Fall mit einem Geheimplan umfassend vorbereitet seien (Operation Bumblebee, später Teardrop genannt), jeden deutschen U-Boot-Raketenangriff auf die Küste der Vereinigten Staaten abzuwehren.

Dann kündigte überraschenderweise Hitlers Leiter der Rüstungsproduktion, Albert Speer, im Berliner Rundfunk an, daß am 1. Februar 1945 V-1- und V-2-Raketen in New York einschlagen würden. Dies führte zu erneuter Panik in den höchsten militärischen Kreisen der Vereinigten Staaten. Die Admiralität blieb jedoch gelassen und tele-

---

1 OSS-Informationen anhand von Unterlagen der NARA, mit freundlicher Genehmigung von Paul M. Cole. Derartige Überlegungen gab es tatsächlich, siehe Rohwer, *66 Tage unter Wasser. Atom-U-Schiffe und Raketen.* Oldenburg, Hamburg 1965.

2 »Operation Teardrop Revisited«, in: Runyan und Copes (1994).

3 NSA History Collection, NARA, RG 457, Box 625.

graphierte am 16. Februar nachfolgende logische Beurteilung der Lage an Admiral King:

> A. *Aus der photographischen Aufklärung ergeben sich keine Anhaltspunkte, die die Absicht der Deutschen, solche Angriffe durchzuführen, bestätigen.*
> B. *Die ballistische Rakete V-2 könnte von U-Booten nicht gestartet werden.*
> C. *Die mit Tragflächen ausgestattete V-1-»Raketenbombe« (d. h. Marschflugkörper) könnte in dem Oberdeckbehälter eines U-Bootes vom Typ IX in einem zerlegten Zustand untergebracht werden, dann zusammengebaut und von einer Abschußvorrichtung abgefeuert werden.*
> D. *Der von einer V-1 verursachte Schaden (unter der Annahme, sie könnte ein Ziel treffen) wäre so vernachlässigbar, daß sich das vermeintliche Projekt nicht lohnt.*
> E. *Ein von U-Booten aus erfolgender Raketenangriff ist beim gegenwärtigen Stand des Krieges »höchst unwahrscheinlich«.*[1]

Trotzdem blieben die Amerikaner auf die Wahrscheinlichkeit eines durch U-Boote erfolgenden Raketenangriffs auf die US-Ostküste fixiert. Der Plan Teardrop, mit dem der Angriff vereitelt werden sollte, wurde ausgeführt. Dazu sollten massive amerikanische Luft- und Marine-Streitkräfte mobilisiert werden.

Einige der letzten Feindfahrten nach Amerika im Überblick:

• Im Zeitraum vom 6. bis zum 11. Februar liefen drei IXC/40-Boote von Norwegen aus und nahmen Kurs auf kanadische Gewässer. Dies waren das kampferprobte *U857* unter dem 25jährigen Rudolf Premauer; *U866,* ein kampferprobtes Boot unter dem 25jährigen neuen Kommandanten Peter Rogowsky; und das neue *U879* unter dem 26jährigen Erwin Manchen.

Diese Boote krochen in Schnorchelfahrt und mit E-Maschinen nach Westen. Von der U-Boot-Führung erhielten sie die Anweisung, täglich Wettermeldungen zu funken; es ist kaum nachvollziehbar, warum dies verlangt wurde. Die Funksprüche ermöglichten es dem alliierten Nachrichtendienst, die genaue tägliche Position der U-Boote festzustellen. Die Tenth Fleet befahl einer aus sechs US-Geleitzerstörern bestehenden U-Jagdgruppe, die zu diesem Zeitpunkt in Island Treibstoff

---

[1] Eine Paraphrase aus Unterlagen der NARA: RG 457, SRH 008, S. 228, und SRMN 037, S. 597. Siehe dazu den Vortrag von R. V. Jones in Rohwer, Jäckel, *Die Funkaufklärung und ihre Rolle im Zweiten Weltkrieg* (1979).

tankten, sowie zwei anderen Gruppen mit Geleitzerstörern, diese U-Boote aufzuspüren.

Am 23. Februar lief eine dieser Gruppen in New London, Connecticut, aus. Sie setzte sich aus vier Geleitzerstörern zusammen, deren Besatzung ausschließlich aus Angehörigen der Coast Guard bestand. Im Jahr zuvor hatte *U371* im Mittelmeer das Heck eines dieser Schiffe, der *Menges,* weggeschossen. Das Schiff war in die Staaten geschleppt und mit dem Heck des Schwesterschiffes *Holder* versehen worden. Nun war die *Menges* mit den Schwesterschiffen *Lowe, Mosley* und *Pride* wieder im Einsatz.

Diese Gruppe, von der Tenth Fleet alarmiert, formierte sich rund 180 Kilometer östlich von Halifax. Am 18. März bekam die *Lowe* einen deutlichen Sonarkontakt, und die vier Schiffe griffen den ganzen Tag über mit Hedgehog-Geschossen und Wasserbomben an. Diese Angriffe versenkten *U866* mit der gesamten Besatzung. Die Männer der *Menges* und der *Holder* hatten Rache genommen.

Admiral Ingram und die Tenth Fleet gruppierten im nordwestlichen Atlantik massierte ASW-Einheiten, um die beiden anderen Typ-IX-Boote, *U857* und *U879,* zur Strecke zu bringen. Darunter waren die U-Jagdgruppen, die um die beiden Geleitträger *Mission Bay* und *Croatan* gebildet waren, aber auch Gruppen, die sich aus Geleitzerstörern und Fregatten zusammensetzten.

Am 5. April, direkt vor Cape Cod, torpedierte und beschädigte *U857* den 8500 BRT großen US-Tanker *Atlantic States.* Eine aus zwei Fregatten und zwei Geleitzerstörern bestehende U-Jagdgruppe eilte zum Schauplatz des Geschehens und führte eine hartnäckige Jagd auf das U-Boot durch. Am 7. April entdeckte ein kampferprobter Geleitzerstörer der US-Navy, die *Gustafson,* ein U-Boot und belegte es den »ganzen Tag« mit Hedgehog-Geschossen. Man nahm an, diese hätten *U857* mit der gesamten Besatzung versenkt. Vor kurzem hat die Admiralität jedoch erklärt, daß die Verlustursache von *U857* unbekannt sei.

Vor Norfolk versenkte *U879* den belgischen 6959 BRT großen Frachter *Belgian Airman.* In der Nacht vom 29. auf den 30. April versuchte Manchen, einen Key-West-Norfolk-Geleitzug anzugreifen (KN 382), doch eins der Geleitschiffe, die in Kanada gebaute US-Fregatte *Natchez,* vertrieb *U879* mit Wasserbomben. Eine aus drei amerikanischen Geleitzerstörern bestehende U-Jagdgruppe *(Bostwick, Coffman* und *Thomas)* versenkte das Boot mit der gesamten Besatzung.

• Am 22. Februar lief von Christiansand das kampferprobte IXC/40-Boot *U190* unter dem Kommando von Hans-Edwin Reith zu der sechsten Feindfahrt aus. Im Zeitraum vom 12. bis zum 16. April mochte Reith vielleicht auf mehrere Schiffe geschossen haben (im Logbuch fehlen Seiten mit den Eintragungen für einige Tage, und die Aufzeichnungen sind unklar). Am 16. April versenkte er vor den Zufahrten nach

Halifax mit Sicherheit den kanadischen Minenräumer *Esquimalt* (590 Tonnen) mit einem T-5. Das Schiff sank so schnell, daß die Männer nicht einmal mehr die Rettungsboote zu Wasser lassen konnten. Die Überlebenden kletterten auf Carley-Flöße und wurden von eisigem Seewasser durchnäßt. Ein Schwesterschiff der *Esquimalt,* die *Sarnia,* kam zufällig sechs Stunden später vorbei und rettete 26 Mann der 65köpfigen Besatzung.

U190 befand sich auf dem Rückmarsch, als Deutschland kapitulierte. Reith kehrte in kanadische Gewässer zurück und verschoß alle Torpedos und warf Munition und Geheimunterlagen über Bord. Laut Anweisungen traf er am 12. Mai mit zwei kanadischen Kriegsschiffen zusammen. Dies waren die Fregatte *Victoriaville* und die Korvette *Thorlock.* Die Kanadier brachten das U-Boot auf und erhielten ein »unterzeichnetes Kapitulationsdokument«. Die Aufbringer setzten mit den Gefangenen dann die Fahrt nach Bay Bulls auf Newfoundland fort.

• Das IXC/40-Boot *U853* lief am 23. Februar von Stavanger aus. Das Boot unterstand dem 23jährigen Kommandanten Helmut von Frömsdorf. Am 26. März feierte er auf See seinen 24. Geburtstag. Vor Portland, Maine, versenkte er vermutlich am 23. April das alte, 430 Tonnen große US-Patrouillenboot *Eagle 56.* Am 5. Mai versenkte er vor Block Island den Kohlendampfer *Black Point* mit 5353 BRT, der mit einer Ladung Weichkohle auf dem Weg nach Boston war. Die Explosion riß das Heck der *Black Point* auf eine Länge von zwölf Metern weg. Bei der Detonation und im Wasser starben zwölf Mann der 46köpfigen Besatzung. Der Frachter *Kamen* rettete 34 Überlebende und funkte Alarm.

Vier nach Boston fahrende US-Kriegsschiffe, welche die Schiffe des Geleitzugs GUS 84 nach Norfolk, Philadelphia und New York eskortiert hatten, fingen die Alarmmeldung auf. Das Führungsschiff, der Zerstörer *Ericsson,* befand sich bereits im Schiffskanal von Cape Cod, doch die mit einer Crew der Coast Guard bemannte Fregatte *Moberly,* die die Führung übernahm, und die Geleitzerstörer *Amick* und *Atherton* eilten zum Schauplatz, um dort eine energische Jagd durchzuführen.

Die *Atherton* bekam einen klaren Sonarkontakt und warf 13 mit Magnetpistolen ausgestattete Wasserbomben. Eine der Wabos wird das Boot vermutlich getroffen haben. Zwischenzeitlich lief eine Armada von starken Schiffen zusammen, um *U853* einzukreisen: der Zerstörer *Ericsson,* der im Kanal kehrtmachte; die Zerstörer *Barney, Blakeley* und *Breckinridge;* die Fregatte *Newport;* zwei ehemalige Korvetten der Royal Navy, die *Action* und die *Restless*; und der Hilfszerstörer *Semmes.* Nach dem Eintreffen dieser Schiffe drehte die *Amick* ab, um die Mission auszuführen, mit der sie zuvor beauftragt worden war.

Die Jagd wurde in der Nacht des 6. Mai fortgesetzt. Die *Atherton* unter dem Kommandanten Lewis Iselin griff mit Hedgehog-Geschossen und Wasserbomben an, zugleich hielt die von Leslie B. Tollaksen geführte

Moberly den Sonarkontakt. Andere Kriegsschiffe gruppierten sich um den Schauplatz, um *U853* die Flucht in tiefes Wasser zu verwehren. In dem nur 30 Meter tiefen Wasser beschädigten die Druckwellen der Wasserbomben die Elektronik der *Atherton*. Dann führte die *Moberly* mit hoher Geschwindigkeit einen Wasserbombenangriff durch, wobei die Ruderanlage in Mitleidenschaft gezogen wurde. Diese wurde repariert, worauf die *Moberly* mit dem Hedgehog-Werfer ein zweites Mal angriff. Diese Angriffe vernichteten *U853* wahrscheinlich, da inmitten auslaufenden Öls deutsche Tauchretter, Schwimmwesten, eine Offiziersmütze und andere Ausrüstungsgegenstände an die Wasseroberfläche kamen.

Bei Sonnenaufgang trafen zur Unterstützung zwei Navy-Blimps, K-16 und K-58, aus Lakehurst in New Jersey ein. K-16 bekam einen guten MAD-Kontakt. Daraufhin nahmen die *Atherton, Ericsson* und *Moberly* die Angriffe mit Hedgehog und Wasserbomben wieder auf, vermutlich auf ein bereits zerstörtes U-Boot. Die Explosionen brachten weitere Gegenstände an die Oberfläche: einen Kartentisch, ein Rettungsfloß, Schlechtwetterausrüstung und Kork. Dann griffen die Blimps mit 7,2-Zoll-Raketen an. Danach erklärte die *Ericsson* das U-Boot für versenkt – das letzte von US-Streitkräften im Zweiten Weltkrieg versenkte U-Boot – und markierte die Stelle mit Bojen. Später an diesem Tag ging ein Taucher von dem Navy-Bergungsschiff *Penguin* zu dem in einer Tiefe von 39 Metern auf Grund liegenden U-Boot hinunter und bestätigte die Versenkung. Er berichtete von massiven Beschädigungen und von Leichen, die im Inneren des Druckkörpers verstreut umherlagen. Er identifizierte das Boot anhand einer Nummer.[1]

Im März liefen in Norwegen neun Boote des Typs IX nach Amerika aus. Darunter waren drei neue Boote und zwei ältere mit neuen Kommandanten. Am 12. April bildete die U-Boot-Führung mit sieben Booten die Gruppe Seewolf, allerdings ohne *U530* und *U548* (die älteren Boote mit neuen Kommandanten). Die Gruppe Seewolf sollte von New York aus den Schiffsverkehr in südlicher Richtung entlang der Ostküste angreifen; die beiden älteren Boote sollten die Schiffahrt in kanadischen Gewässern und vor der Nordostküste der Vereinigten Staaten angreifen. Zwei der sieben für Seewolf vorgesehenen Boote brachen die Fahrt wegen defekter Schnorchel ab, beide liefen aber nach einer Woche, in der die Reparaturen gemacht wurden, wieder aus. Sie gehörten aber trotz der Verzögerung weiterhin der Seewolf-Gruppe an.

Durch Enigma-Entzifferungen des OP20 G waren die Tenth Fleet und Admiral Ingram über diese Pläne der Deutschen perfekt informiert. Und sie waren sich nahezu sicher, daß die Boote der Gruppe Seewolf die

[1] Sporttaucher mit Atemgeräten schwimmen regelmäßig zum Hulk von *U853* hinunter.

langerwarteten Abschußrampen für die V-1 waren. Daher stellten die Tenth Fleet und Ingram starke Marine- und Luftstreitkräfte auf, um die Boote abzufangen. Im einzelnen waren dies zwei U-Jagdgruppen, die aus den Geleitträgern *Mission Bay* und *Croatan* und 20 Geleitzerstörern bestanden und sich in nördlichen Gewässern aufhielten. Hinzu kamen zwei U-Jagdgruppen, welche aus den Geleitträgern *Core* und *Bogue* und 22 Geleitzerstörern bestanden und sich in südlicheren Gewässern aufhielten.

Die U-Boot-Führung wies die sieben Seewolf-Boote an, die nordatlantischen Konvoirouten nach Westen zu durchkämmen und ohne Rücksicht jeden Kontakt zu verfolgen. Mit Schnorchelfahrt bewegten sich diese Boote langsam nach Westen und legten dabei pro Tag kaum 180 Kilometer zurück. Und sie fanden keine Angriffsziele, denn wegen des sehr schlechten Winterwetters leiteten die Alliierten die nordatlantischen Geleitzüge weit nach Süden um.

Die amerikanischen Marine-Einheiten versenkten fünf Boote der Gruppe Seewolf. Aufgrund der starken Stürme, die Luftoperationen erschwerten, und da es schwierig war, die Schnorchel von U-Booten zu sichten, wurde das Verdienst an fast allen Versenkungen den Kriegsschiffen zuerkannt.

- Am 15. April versenkten laut Unterlagen der Tenth Fleet zwei Geleitzerstörer der *Croatan*-Gruppe, die *Stanton* unter John C. Kiley und die *Frost* unter Andrew E. Ritchie das neue IXC/40-Boot *U1235,* das von dem 33jährigen Franz Barsch befehligt wurde. Es gab keine Überlebenden und keinen stichhaltigen Hinweis auf eine Versenkung.
- Am folgenden Tag versenkten laut Unterlagen der Tenth Fleet diese Kriegsschiffe das neue IXC/40-Boot *U880*. Das Boot unterstand Gerhard Schötzau, der an diesem Tag seinen 28. Geburtstag feierte. Es gab wiederum keine Überlebenden und keinen stichhaltigen Hinweis auf eine Versenkung.
- Am 22. April versenkten laut Unterlagen der Tenth Fleet zwei andere Geleitzerstörer der *Croatan*-Gruppe, die *Carter* unter F. J. T. Baker und die *Neal A. Scott* unter P. D. Holden, die in »riesigen Seen« Kurs auf Argentia genommen hatten, das IXC-Boot *U518*. Das Boot unterstand dem 23jährigen Hans-Werner Offermann. Auch hier gab es keine Überlebenden noch einen stichhaltigen Hinweis auf eine Versenkung.
- Am 23. April marschierte das kampferprobte *U546* vom Typ IXC/40 unter Paul Just in die von den U-Jagdgruppen der Geleitträger *Bogue* und *Core* gebildete Zone. Just sichtete die *Core* und griff kühn an. Eine patrouillierende Avenger von der *Bogue* sichtete *U546* jedoch, und der Pilot William W. South zwang das Boot mit Wabos unter Wasser.

Diese Sichtung setzte nun wieder eine gnadenlose Jagd in Gang. Am nächsten Morgen ortete ein Geleitzerstörer der *Core,* die *Frederick C. Davis* unter James R. Crosby, *U546* mit Sonar. Nur Augenblicke später schoß Just einen T-5 auf die *Davis,* welcher das Schiff mit einer ohrenbetäubenden Explosion traf. Die *Davis* sank schnell; von der 192köpfigen Besatzung kamen 126 Mann ums Leben, darunter der Kommandant.[1]

In der Nähe stehende Geleitzerstörer der *Core*-Gruppe eilten zur Stelle, wo die *Davis* gesunken war. Dort retteten sie Überlebende und suchten nach dem Gegner. Zehn Stunden lang suchten die Geleitzerstörer das Meer beharrlich mit Sonar ab und warfen Hedgehog-Geschosse und Wasserbomben. Schließlich traf die bekannte und kampferprobte *Flaherty* das Ziel *U546* mit Hedgehog-Wabos und brachte das Boot an die Oberfläche. Ein Jahr zuvor hatte die *Flaherty,* die Howard C. Duff unterstand, zur Versenkung von Henkes *U515* und zur Aufbringung von *U505* beigetragen. Vier oder fünf andere in der Nähe befindliche Kriegsschiffe eröffneten das Feuer mit den Geschützen, und *U546* sank rasch.[2] Fünf Kriegsschiffe retteten 33 Mann der 59köpfigen Besatzung, darunter Just.

Alliierte Stellen brachten die deutschen Überlebenden sofort nach Argentia, um an Informationen über den vermeintlichen Angriff mit V-1 und V-2 auf amerikanische Städte heranzukommen. Paul Just klagte die Amerikaner in seinen Memoiren an,[3] daß sie die Deutschen geschlagen und gequält hätten. Samuel Eliot Morison schien Justs Vorwürfe zu bestätigen und schrieb: »Sie waren eine verbitterte und aufsässige Gruppe von Nazis, die sich weigerten, etwas zu sagen, bis sie in Argentia an Land gingen und im Schiffsgefängnis des Marine Corps ein wenig ›Gastfreundschaft‹ erfahren hatten.«[4] Natürlich wußte Just nichts von einem Angriff mit V-1- oder V-2-Raketen.

• In den frühen Morgenstunden des 6. Mai stellte der nach New York zurückkehrende Geleitzerstörer *Farquhar* einen Sonarkontakt mit einem ganz in der Nähe befindlichen Objekt her. Dies war *U881* vom Typ IXC/40, ein Seewolf-Boot unter dem Kommando von Heinz

---

1 Einer der 66 Überlebenden war Lieutenant Philip K. Lundeberg, der später als Berater und Forscher für den Marinehistoriker Samuel Eliot Morison und dessen Werk *The Atlantic Battle Won* arbeitete. Diese Forschungsarbeit trug Lundeberg auch den zuvor erwähnten Doktortitel in Geschichte an der Harvard University ein. Er war Kurator der Marinesammlungen der Smithsonian Institution in Washington.

2 Die Tenth Fleet teilte das Verdienst an der Versenkung unter acht Kriegsschiffen auf: *Chatelain, Flaherty, Hubbard, Janssen, Keith, Neunzer, Pillsbury* und *Varian.*

3 *Vom Seeflieger zum Uboot-Fahrer* (1979), S. 192 ff.

4 *The Atlantic Battle Won*, Bd. 10 (1956), S. 355. Morison meinte natürlich das Schiffsgefängnis der US-Navy. Philip Lundeberg glaubt, daß die Mißhandlungen und Folter an Paul Just und seinen Besatzungsmitgliedern eine einmalige Greueltat an Kriegsgefangenen darstellte, da die Amerikaner das dringende Verlangen hatten, über die vermeintlichen V-1- und V-2-Angriffe so schnell wie möglich Informationen zu bekommen.

Frischke, das wegen Defekten am Schnorchel die Fahrt abgebrochen hatte, erst am 7. April wieder ausgelaufen und deshalb zurückgeblieben war. Lloyd R. Borst, der Wachoffizier der zur U-Jagdgruppe der *Mission Bay* gehörenden *Farquhar,* warf rasch einen Teppich von 13 Wasserbomben. Diese vernichteten *U881* mit der gesamten Besatzung. Diese Versenkung ereignete sich am gleichen Tag, an dem andere US-Kriegsschiffe *U853* vor Block Island angegriffen hatten.

Die anderen beiden Seewolf-Boote, *U805* und *U858* vom Typ IXC/40, waren erfolglos und ergaben sich auf See den Einheiten der US-Marine. Die in Argentia ausgelaufenen Geleitzerstörer *Otter* und *Varian* übernahmen den Befehl über *U805,* das dem 36jährigen Richard Bernardelli unterstand. Die ebenfalls in Argentia ausgelaufenen Geleitzerstörer *Carter* und *Muir* übernahmen *U858,* welches dem 27jährigen Thilo Bode unterstand. Diese Kriegsschiffe bzw. andere Schiffe eskortierten die Boote zur Marinewerft in Portsmouth in New Hampshire.

Die sieben der Gruppe Seewolf zugeteilten Boote versenkten nur ein Schiff, den Geleitzerstörer *Frederick C. Davis*. Im Gegenzug wurden von den sieben Booten fünf mit etwa 250 Mann Besatzung versenkt. Nur 33 Mann wurden gefangengenommen.

Im März patrouillierten die beiden älteren Boote mit neuen Kommandanten in kanadischen und in nordöstlichen amerikanischen Gewässern. Diese Boote erreichten mehr als die Gruppe Seewolf.

- Das IXC/40-Boot *U548* lief am 7. März unter dem 23jährigen Erich Krempl von Norwegen aus. Am 18. April versenkte Krempl den östlich von Norfolk ohne Eskorte fahrenden US-Tanker *Swiftscout* mit 8300 BRT. Fünf Tage darauf torpedierte und beschädigte er einen anderen Tanker, den Norweger *Katy* mit 6825 BRT, der nach Virginia in die Lynnhavenbai geschleppt wurde. Eine U-Jagdgruppe mit dem von E. H. Headland befehligten Geleitzerstörer *Buckley* nahm die Verfolgung auf. Am 19. April entdeckten die berühmte *Buckley*[1] und ein weiterer Geleitzerstörer mit einer berühmten »Ahnenreihe«, die *Reuben James*, *U548* unter Anleitung der Tenth Fleet und versenkten das Boot mit der gesamten Besatzung.
- Am 4. März lief von Christiansand das IXC/40-Boot *U530* unter dem Kommando des 24jährigen Otto Wermuth aus. Wermuth hatte als Wachoffizier an einer Reihe von Feindfahrten auf den älteren Typ-IX-Booten *U37* und *U103* teilgenommen, jedoch noch kein Kampfboot befehligt. Mit dem zwei Jahre im Atlantik eingesetzten Boot war unter Kurt Lange nichts oder kaum etwas erreicht worden. Auf dieser

[1] Die *Buckley* rammte *U66* und bekämpfte Besatzungsmitglieder dieses Bootes Mann gegen Mann.

Feindfahrt hatte der unerfahrene Kommandant auch noch eine unerfahrene Besatzung an Bord.

Wermuth hatte Befehle, in der Nähe von Halifax zu patrouillieren. Als er dort keine lohnenden Ziele fand, wies ihn die U-Boot-Führung an, die Feindfahrt weiter südlich in den Gewässern vor New York fortzuführen. Im Zeitraum vom 4. bis zum 7. Mai begegnete Wermuth den Schiffen verschiedener Geleitzüge (wahrscheinlich aus den Konvois HX 354 und bzw. oder ON 298), die im dichten Nebel weit verstreut fuhren. Auf diese Schiffe schoß er neun seiner elf Torpedos, doch alle gingen fehl oder waren defekt.

Als Wermuth von der Kapitulation Deutschlands erfuhr, beschloß er, nach Argentinien zu fliehen. Bis auf wenige Seeleute billigte die ganze Besatzung seine Entscheidung. Wermuth machte die restlichen fünf Torpedos los, ließ Munition und »geheime Unterlagen« über Bord werfen und ging auf Südkurs. Am 10. Juli erreichte das Boot Mar del Plata und ergab sich der argentinischen Marine.

Argentinische und amerikanische Nachrichtendienstoffiziere verhörten alle 54 Besatzungsmitglieder, beschlagnahmten Logbücher und inspizierten das Boot. Niemand entdeckte etwas, das eine Meldung wert gewesen wäre. Dennoch füllten sich südamerikanische Zeitungen binnen kurzem mit allerlei Unsinn, darunter die Behauptung, *U530* habe Adolf Hitler und Eva Braun (und bzw. oder Martin Bormann und andere Nazis) aus Deutschland nach Argentinien geschleust.[1]

Hätte sich Hitler dafür entschieden, mit einem U-Boot aus Deutschland zu fliehen, dann ist es unwahrscheinlich, daß er dafür das betagte IXC/40-Boot *U530* gewählt hätte, welches zudem von einem unerfahrenen Kommandanten, dem 24jährigen Otto Wermuth, befehligt wurde. Es standen viele große Boote des Typs IXC, das XB-Boot *U234* und einige neue Fern-U-Boote vom Typ IXD2 zur Verfügung, und ebenso zahlreiche kampferfahrene U-Boot-Kommandanten, die Hitler für Auszeichnungen und andere Wohltaten zu Dank verpflichtet waren. Beispielsweise Wolfgang Lüth: Lüth war damals Kommandeur der

[1] »Wilhelm Bernhart«, Ko-Autor des absurden Romans *Adolf Hitler and the Secrets of the Holy Lance* (1988), der sich selbst als Angehöriger der Besatzung von *U530* bezeichnete, erzählt davon, daß das U-Boot vor der Ankunft in Argentinien »sechs bronzene, mit Blei ausgekleidete Behälter« an Bord gehabt habe, die »ausgewählte Schätze« des Dritten Reichs enthielten. Diese Behälter seien in einer Eishöhle in der Antarktis deponiert worden. Der amerikanische Autor Ladislaus Farago (*Tenth Fleet*, *Patton* usw.) stützte diese Behauptungen und erklärte 1973, daß Bormann »in einem U-Boot« aus Deutschland geflohen sei und in Argentinien lebe. Die Farago-Behauptung findet sich in dem Buch *Hitler's Elite* (1989) von Louis Snyder, einem bekannten Professor für Geschichte am New Yorker Columbia and City College. Daß die Leiche Bormanns in Berlin anhand des Gebisses identifiziert wurde, störte diese Schreiber wenig.

Marine-Akademie in Mürwik, trug das Ritterkreuz mit Eichenlaub, Schwertern und Brillanten und hatte zuletzt das Fern-U-Boot *U181* geführt. Von *U530* hat sich kein Besatzungsmitglied gemeldet, das die Behauptungen Faragos und anderer Autoren bestätigen könnte.

Noch ein weiterer Faktor ist zu berücksichtigen. Hätten die Alliierten den Geschichten, Hitler oder Bormann seien in einem U-Boot aus Deutschland geflohen, Glauben geschenkt, dann hätten sie Dönitz und seine Untergebenen mit der schweren Anklage, Beihilfe zur Flucht von Kriegsverbrechern geleistet zu haben, beschuldigt. Doch bei den langwierigen Untersuchungen für die Verhandlung gegen Dönitz in Nürnberg und bei dem Prozeß selbst gab es keine solche Anklage.

Im April stachen neben dem erneut auslaufenden *U881* von der Seewolf-Gruppe fünf Typ-IX-Boote mit Kurs auf amerikanische Gewässer in See, die dort die Schiffahrt angreifen sollten.[1] Zwei davon waren neue Boote; eines war ein kampferprobtes Boot mit neuem Kommandanten.

- Am 1. April lief das erste Boot aus. Dies war das neue Fern-U-Boot *U873* vom Typ IXD2, ursprünglich zu einem Fracht-U-Boot umgebaut. Das Boot unterstand dem 35jährigen Friedrich Steinhoff. Zu einem früheren Zeitpunkt im Krieg hatte Steinhoff ein Jahr lang das Kommando über das IXC-Boot *U511* geführt, jenes Boot, das Hitler Tojo als Geschenk überließ (»Marco Polo«). In jenem Jahr war Steinhoff auch kurzzeitig für Forschungsaufgaben nach Peenemünde abkommandiert worden, wo deutsche Raketenwissenschaftler die V-1 und V-2 entwickelten. Dort wurde das Deck von *U511* mit Raketen zum Landbeschuß ausgerüstet, doch die Erprobung verlief nicht zufriedenstellend, und die Entwicklung wurde eingestellt.[2]

Bis heute ist nicht geklärt, ob die Alliierten eine Verbindung zwischen Steinhoffs *U511* und *U873* und seiner Arbeit mit Raketen hergestellt haben. Wenn dies der Fall war, dann hätte dies den Verdacht erhärtet, daß U-Boote mit V-1-Raketen einen Angriff gegen New York beabsichtigten. Wahrscheinlicher ist, daß die U-Boot-Führung Steinhoffs *U873* wieder in ein Kampfboot umbauen ließ und das Boot als provisorischen Versorger und Nachschub-Boot nach Amerika entsandte, wobei auch ein Arzt, Carl Wilhelm Reinke, an Bord war.

Als Deutschland kapitulierte, zogen Steinhoff und einige Offiziere die Flucht nach Südamerika in Betracht. Die Besatzung lehnte dies

---

[1] Zwei andere Boote des Typs IXC/40, *U804* und *U843*, sollten sich der Reise nach Westen anschließen, doch sie wurden am 9. April durch eine Formation von RAF-Mosquitos der Squadrons 143, 235 und 248 entdeckt und versenkt. Diese Mosquitos versenkten auch das VIIC/41-Boot *U1065*.

[2] Siehe dazu Rohwer, *66 Tage unter Wasser. Atom-U-Schiffe und Raketen*. Oldenburg, Hamburg 1965.

jedoch ab. Nachdem die T-5, sämtliche Geheimunterlagen, der Tunis-Radardetektor und der Kurier-Funksender über Bord geworfen worden waren, bereitete man sich auf dem Boot zur Kapitulation vor. Der US-Zerstörer *Vance* übernahm die Kontrolle über *U873* und eskortierte das Boot am 17. Mai nach Portsmouth. Offenbar wurden Steinhoff und seine Besatzung von Marine-Angehörigen (oder Marines) schlecht behandelt. Die Folge war eine offizielle Untersuchung der Navy. Nach der Überstellung ins Bostoner Charles-Street-Gefängnis beging Steinhoff Selbstmord: Er zerbrach das Glas seiner Armbanduhr und schnitt sich die Pulsadern auf.[1]

• Am 6. April lief als nächstes Boot das neue *U889* vom Typ IXC/40 aus, das von dem 25jährigen Friedrich Braeucker geführt wurde. Sein Boot schnorchelte über den Atlantik, sichtete jedoch keine Ziele. Als Deutschland kapitulierte, ergab er sich einer kanadischen Group, die den auslaufenden Slow Convoy 175 eskortierte: der Korvette *Dunvegan* und drei Minenräumern. Die *Dunvegan* und der Minenräumer *Rockcliffe* begleiteten *U889* in Richtung Shelburne, Nova Scotia. Zwei kanadische Fregatten, die *Buckingham* und die *Inch Arran,* übernahmen in der Nähe von der Insel Sable die Eskorte und liefen, von Journalisten in einem Flugzeug beobachtet, am 14. Mai in Shelburne ein.

• Das kampferprobte IXC/40-Boot *U1228* unter dem 25jährigen Friedrich-Wilhelm Marienfeld widerstand jeglichem Aberglauben und lief am Freitag, dem 13. April von Christiansand zu der dritten Feindfahrt aus. Marienfeld sollte vor New York operieren. Nach Kriegsende blieb er auf Westkurs, verschoß seine Torpedos und warf Geheimmaterial, den Tunis-Empfänger und den Kurier-Sender sowie andere Gegenstände über Bord. Vor den Grand Banks übernahm der amerikanische Zerstörer *Neal A. Scott* am 11. Mai die Kontrolle über *U1228* und eskortierte das Boot am 17. Mai in den Hafen der Marinewerft von Portsmouth.

• Am 27. April verließ das kampferprobte *U1231* vom Typ IXC/40 Norwegen unter dem 24jährigen neuen Kommandanten Helmut Wicke. Als Deutschland kapitulierte, ergab er sich britischen Streitkräften und lief am 14. Mai Loch Eriboll an.

• Ein Boot lief im Mai mit Kurs auf amerikanische Gewässer aus. Dies war das kampferprobte *U802* vom Typ IXC/40 unter dem 27jährigen Helmut Schmoeckel. Er verließ Bergen am 3. Mai und sollte vor New York patrouillieren. Als Deutschland kapitulierte, ergab er sich britischen Einheiten und lief am 11. Mai Loch Eriboll an.

---

[1] Entgegen Gerüchten glaubt Lundeberg nicht daran, daß das amerikanische Gefängnispersonal Steinhoff verprügelt oder mißhandelt hat. Sie hatten ihm vielleicht Ohrfeigen verabreicht, um ihn aus einer tiefen Depression zu holen.

Die letzten Feindfahrten in den Fernen Osten

1945 verkehrten zwischen Norwegen und Asien sechs U-Boote: vier *aus* dem Fernen Osten und zwei *nach* dem Fernen Osten.

Im Januar liefen in Asien drei Boote mit Kurs auf Norwegen aus. Da es keine Überwassertanker oder U-Tanker mehr gab, marschierte Friedrich Steinfeldts Fracht-U-Boot *U195* vom Typ IXD1 am 26. Januar in den Indischen Ozean, wo es als provisorischer Versorger dienen sollte. Das Boot führte diese Aufgabe aus und kehrte am 4. März nach Asien zurück. Als Deutschland kapitulierte, übernahmen die Japaner die Kontrolle über *U195* und benannten es in *I506* um.

Die Feindfahrten im kurzen Überblick:

- Am 10. Januar lief von Jakarta auf Java das IXC-Boot *U510* unter Ritterkreuzträger Alfred Eick aus. Er hatte 150 Tonnen Fracht an Bord: Wolfram, Zinn, Rohgummi, Molybdän und Koffein. Wie vereinbart, tankte er im Indischen Ozean bei Steinfeldts *U195* nach. Nach der Umrundung des Kaps der Guten Hoffnung versenkte Eick am 23. Februar den 7136 BRT großen kanadischen Frachter *Point Pleasant Park,* einen Einzelfahrer. Eick glaubte, ohne Schnorchel die Fahrt nicht zu überleben. Am 24. April lief er in St. Nazaire ein, um einen Schnorchel einbauen zu lassen. Er war noch im Hafen, als der Krieg endete.
- Von Jakarta lief am 13. Januar *U532* unter Otto-Heinrich Junker aus. Wie *U510* beförderte auch er eine Fracht von 150 Tonnen. Junker umrundete das Kap der Guten Hoffnung und versenkte im Atlantik zwei Einzelfahrer, den britischen Frachter *Baron Jedburgh* mit 3656 BRT und den amerikanischen Tanker *Oklahoma* mit 9298 BRT. Als Deutschland kapitulierte, ergab sich Junker, und britische Schiffe eskortierten das Boot am 10. Mai bis nach Loch Eriboll.
- Am 14. Januar lief von Surabaya auf Java das IXD2-Fern-U-Boot *U861* unter Ritterkreuzträger Jürgen Oesten aus. Auch dieses Boot transportierte eine 150 Tonnen schwere Fracht ähnlich der von *U510* und *U532*. Im Indischen Ozean traf Oesten diese beiden IXC/40-Boote und übergab Eick auf *U510* Treibstoff. Das U-Boot versuchte nicht, Schiffe zu versenken, und erreichte Drontheim am 18. April.
- Das letzte auslaufende U-Boot war *U183* vom Typ IXC/40. Dieses Boot unterstand Fritz Schneewind, der im Juli 1943 *U511* (»Marco Polo«) nach Asien gebracht hatte. Er hatte sich dort seit anderthalb Jahren als Kommandant von *U183* aufgehalten.

Alliierte Kryptanalytiker hatten japanischen und deutschen Funkverkehr abgefangen und sagten aufgrund von ihren Entzifferungen voraus, daß *U183* etwa am 12. April in Surabaya zu einer Feindfahrt vor Neuguinea auslaufen werde. In Wirklichkeit verließ er Surabaya am 21. April auf Heimatkurs.

Die Amerikaner hatten unterdessen das amerikanische Flotten-U-Boot *Besugo* angewiesen, vor Surabaya in Wartestellung zu gehen und *U183* zu versenken. Am 23. April entdeckte Herman E. Miller, der Kommandant der *Besugo,* das aufgetaucht fahrende *U183* und schoß aus allen sechs Bugrohren. Einer oder mehrere Torpedos trafen, und das U-Boot sank sofort. Auf der Brücke von *U183* hatten sich sieben Mann aufgehalten, darunter der Deckoffizier Kurt Wisniewski, ein Oberstabsbootsmann. Er brach sich ein Bein, das Schlüsselbein und einige Rippen und überlebte dennoch als einziger; die *Besugo* rettete ihn. 60 Deutsche starben.[1]

Von Norwegen nach Japan liefen 1945 zwei Boote aus:

Das mit einem Schnorchel ausgerüstete IXD2-Fern-U-Boot *U864* unter dem 32jährigen Reimar Wolfram. Er verließ Bergen am 5. Februar mit einer Ladung Fracht für die Japaner. Darunter befanden sich Pläne und Teile für die Messerschmitt Me-163 Komet, einen Abfangjäger mit Raketenantrieb, und den Me-262-Düsenjäger, aber auch unterschriebene Verträge, die den Japanern erlaubten, diese Flugzeuge nachzubauen; Pläne für andere Flugzeuge (Ju-1 bis Ju-6 und die »Campini«), Pläne für die »Caproni«- und »Satsuki«-U-Boot-Typen, Pläne für ein von Siemens hergestelltes Radar und 1857 Flaschen mit Quecksilber. Unter den Passagieren befanden sich eine Reihe von deutschen und japanischen Flugzeugingenieuren.

Offenbar war der Schnorchel auf *U864* defekt, und Wolfram mußte die Fahrt abbrechen und Bergen anlaufen. Eines der britischen U-Boote, die Bergen kontinuierlich überwachten, die kleine (600 Tonnen), auf der elften Feindfahrt befindliche *Venturer* unter James S. Launders, fing *U864* am 9. April ab, während beide Boote ungefähr 65 Kilometer vor Bergen unter Wasser marschierten. Launders war am 2. Februar in Lerwick ausgelaufen. Er war für die Versenkung des VII-Bootes *U771* im November 1944 vor Nordnorwegen mit einem DSO ausgezeichnet worden. Die Sonarwache der *Venturer* fing laute Geräusche auf, und kurz darauf sichtete die Wache am Periskop einen »dünnen Mast« und bald darauf zwei »Masten« oder Sehrohre. Mit unheimlichem Geschick ging Launders auf Gefechtsstation und schoß einerseits mit Hilfe des passiven Sonars und andererseits aufgrund reiner Vermutung vier Torpedos in Intervallen von 18 Sekunden aus einer Distanz von 2,7 Kilometern mit einer Tiefeneinstellung von zwölf Metern.

Einer oder mehrere Torpedos trafen und versenkten *U864* mit der gesamten Besatzung und der wertvollen Fracht. Launders inspizierte die Stelle mit dem Sehrohr und erblickte viel Öl und »Holz«, das vielleicht

---

[1] Nach *U168* und *U537* war *U183* das dritte deutsche U-Boot, das im Fernen Osten – alle vor Surabaya – von alliierten Einheiten versenkt wurde. Das holländische U-Boot *Zwaardvisch* versenkte, wie berichtet, *U168,* und das amerikanische Flotten-U-Boot *Flounder U537.*

von einem Oberdeckbehälter für Torpedos oder Fracht stammte. Er erntete großes Lob, als er nach Lerwick zurückkehrte. Launders war der einzige britische Kommandant, der im Krieg zwei deutsche U-Boote versenkte, und der einzige Kommandant überhaupt, der ein anderes U-Boot versenkte, während beide Boote getaucht fuhren.

Das zweite von Norwegen nach Asien auslaufende U-Boot war 1945 der große XB-Minenleger *U234*. Die Fertigstellung des Bootes hatte sich stark verzögert, da es während der im Mai 1943 erfolgenden Montage auf der Kieler Krupp-Germania-Werft durch einen alliierten Luftangriff schwer beschädigt worden war. Am 2. März 1944 wurde *U234* unter dem Kommando des 34jährigen Johann-Heinrich Fehler in Dienst gestellt. Nach der Versuchs- und Erprobungsphase mit dem Schnorchel ordnete die U-Boot-Führung an, das Boot zum Fracht-U-Boot umzubauen. Dabei wurden einige Minenschächte ausgebaut und andere als Stauraum genutzt. Auch weitere Segmente des Bootes und vier Oberdeckbehälter für Torpedos wurden als Frachtraum vorgesehen. Als das Boot fertiggestellt war, schätzten die deutschen Techniker das Ladevolumen von *U234* auf 250 Tonnen Fracht. Außerdem sollte das Boot ausreichend Treibstoff und Lebensmittelvorräte für eine sechs- bis neunmonatige Reise bunkern können.[1]

Alliierten Dokumenten zufolge wurde die Art und die Menge der Fracht für *U234* von dem Becker unterstehenden Marine-Sonderdienst Ausland festgelegt. Ein Offizier dieser Behörde, Korvettenkapitän Longbein, fungierte als Frachtoffizier. Der Zweite Wachoffizier auf *U234,* Karl Ernst Pfaff, war an Bord Longbeins Pendant. Auf *U234* wurden durch diese beiden Offiziere und anderes Personal folgende Fracht verladen:

74 Tonnen Blei
26 Tonnen Quecksilber
12 Tonnen Stahl
7 Tonnen optisches Glas
43 Tonnen Flugzeugpläne, Instrumente, Waffen, medizinische Güter
5 Tonnen 2-cm- und 3,7-cm-Munition
6 Tonnen Ausrüstung für die U-Boot-Stützpunkte
1 Tonne Post, Filme und Kurierpost
560 Kilogramm Uranoxyd[2]
1 zerlegter Me-262 Düsenjet mit zwei Strahltriebwerken

---

[1] Der für eine solche Reise ausreichende Treibstoffvorrat konnte auf dem Boot untergebracht werden, indem zwei Torpedorohre im Hecktorpedoraum als Treibstofftanks benutzt wurden. Um das Gewicht auszugleichen, wurde ein kleiner Raum am Bug mit Wasser geflutet.

[2] Das »Uranoxyd« war in zehn würfelförmigen Metallbehältern enthalten, die etwa 22,8 Zentimeter an jeder Seite maßen. Diese Fracht befand sich in den vorderen sechs senkrechten Minenschächten.

Auf *U234* schifften sich zwölf Passagiere ein. Elf Personen gingen in Kiel an Bord:

- Zwei japanische Offiziere: Der Luftwaffen-Oberst Genzo Shosi (ein Ingenieur für Flugzeugbau) und der Korvettenkapitän Hideo Tomonaga (ein U-Boot-Konstrukteur).
- Drei Offiziere der deutschen Luftwaffe: Oberst Fritz von Sandrath (Fliegerabwehr), Oberst Erich Menzel (Fernmeldewesen) und Oberstleutnant Kai Nieschling (ein Militärrichter).
- Vier Offiziere der Kriegsmarine: Korvettenkapitän Heinrich Hellendorn (Geschützwesen), Hauptmann Heinz Schlicke (Elektronik), Hauptmann Gerhard Falk (ein Marinekonstrukteur) und Korvettenkapitän Richard Bulla (zuständig für die Zusammenarbeit von Luftwaffe und Marine).
- Zwei Zivilisten der Firma Messerschmitt: August Bringewald (ein Ingenieur) und Franz Ruf (Kapitalbeschaffung).

Der Oberfunkmeister auf *U234,* Wolfgang Hirschfeld, schrieb,[1] daß sein Kommandant Fehler mit dem Ersten Wachoffizier unzufrieden gewesen sei. Er überredete Richard Bulla, einen Freund, der mit Fehler auf dem Hilfskreuzer *Atlantis* gedient hatte, diese Position zu übernehmen.

Am 25. März verließ Fehler Kiel und nahm Kurs auf Norwegen. Zwei Tage später traf das schwerbeladene Boot in Horten ein. Bei weiteren Schnorchel-Versuchen rammte das neue VIIC/41-Boot *U1301 U234* achtern vom Kommandoturm und riß einen Treibstofftank auf, worauf 16 Tonnen Öl ins Meer flossen. Da Fehler in Bergen keine Trokkendockarbeiten durchführen konnte, fuhr er in einen einsamen Fjord nahe Christiansand. Dort flutete er das Boot vorn (wodurch sich das Heck hob), und seine Besatzung führte die Reparaturarbeiten durch.

Schließlich ging der letzte Passagier an Bord: Ulrich Kessler, ein extravaganter Luftwaffengeneral, war Spezialist für den Einsatz von Raketen als Flugabwehr und gegen Schiffe und sollte in Tokio der neue deutsche Luftwaffen-Attaché werden. Kessler schockierte Fehler und andere mit seinen abfälligen Bemerkungen über Hitler und dessen Kumpane, insbesondere über seinen unmittelbaren Chef Hermann Göring.

Am 15. April lief *U234* von Christiansand aus. Fehler hatte Zweifel, ob er Japan erreichen werde. Dennoch schnorchelte er 16 Tage lang bis zum 1. Mai. Dann erreichte er den Atlantik, wo ihn ein Sturm zwang, zeitweilig zu tauchen. Er nahm die tagelange Unterwasserfahrt wieder auf und tauchte nachts für zwei Stunden auf, um die Batterien aufzuladen und dem Boot Frischluft zuzuführen.

Fehler befand sich im Mittelatlantik, als Deutschland kapitulierte. Er beschloß, sich den Amerikanern zu ergeben, tauchte auf und fuhr

[1] *The Story of a U-boat NCO, 1940–1946* (1996). Siehe dazu das aktuelle Werk von Scalia (1999), in dem der Verbleib des Uranoxyds geklärt wurde.

westwärts weiter. Er traf auf den US-Zerstörer *Sutton,* nachdem er den Tunis-Radardetektor, den Kurier-Sender und alles Enigma-Material und andere Geheimunterlagen über Bord geworfen hatte. Die beiden japanischen Offiziere zogen Selbstmord der Gefangenschaft vor; sie schluckten ein Dutzend Luminal-Schlaftabletten. Fehler bestattete die Leichen heimlich in mit Gewichten beschwerten Seesäcken. Die *Sutton* übernahm die Kontrolle über *U234* und eskortierte das Boot nach Portsmouth, wo es am Kai mit *U805, U873* und *U1228* festmachte.

Wie andere Gefangene von U-Booten waren die Deutschen von *U234* in Portsmouth inhaftiert. Die Navy brachte die Passagiere und einige Offiziere nach Fort Hunt, das in der Nähe von Washington, D.C., gelegen war, um sie dort eingehend zu verhören. Hirschfeld schrieb, daß der Zweite Wachoffizier Karl Pfaff nach Portsmouth zurückkehrte, um dort die Amerikaner beim Entladen der Behälter mit dem Uranoxyd anzuleiten. Wissenschaftler haben erklärt, daß dieses Uranoxyd ungefähr 3,5 Kilogramm des Isotops U235 (kein U-Boot!) ergeben hätte, etwa ein Fünftel dessen, was für den Bau einer Atombombe nötig war.

Danach »verschwand« das Uranoxyd. Bis 1998 wurde keinerlei Hinweis auf die Verwendung oder Lagerung dieses Uranoxyds entdeckt. Die plausibelste Vermutung ist die, daß es für das Manhattan-Projekt zum Diffusionswerk in Oak Ridge, Tennessee, gebracht wurde, wo es in den Nachkriegsjahren zu Atombombenmaterial verarbeitet worden sein könnte.

Im Fernen Osten hielten sich zum Zeitpunkt der Kapitulation Deutschlands vier große U-Boote auf. Dies waren drei IXD2-Fern-U-Boote und ein XB-Minenleger, der wie *U234* in ein Fracht-U-Boot umgewandelt worden war. Die Japaner bemächtigten sich dieser vier Boote und stellten sie in der Kaiserlichen Japanischen Marine in Dienst. Somit wurde das IXD1-Boot *U195* zu *I506,* die IXD2-Boote *U181* und *U862* zu *I501* und *I502* und das XB-Boot *U219* zu *I505*. Die Japaner internierten die deutschen Besatzungen, jedoch unter akzeptablen Haftbedingungen.

Berlin: Die letzten Tage

Zwei der mächtigsten Nazis, Hermann Göring und Heinrich Himmler, verrieten Hitler, als das Dritte Reich auseinanderbrach und sich selbst zerstörte. Göring, machtgierig und drogenabhängig, telegraphierte an Hitler, er wolle Hitler als Führer des Dritten Reichs ablösen. Himmler, nicht weniger machtgierig, leitete über das schwedische Konsulat in Lübeck in Person von Graf Folke Bernadotte heimlich Kapitulationsverhandlungen mit dem Westen ein. Als Hitler Görings Telegramm erhielt, enthob er ihn aller Ämter und schloß ihn aus der NSDAP aus. Außerdem befahl er, Göring wegen Hochverrats zu verhaften. Und als

Hitler von Himmlers Verrat (durch eine BBC-Rundfunksendung) erfuhr, enthob er auch ihn aller Ämter und schloß ihn aus der NSDAP aus.

Wenige hochrangige Gefolgsleute im Reich blieben gegenüber Hitler bis zum Ende loyal. Einer davon war Karl Dönitz. Es gibt mehrere mögliche Gründe für seine Standhaftigkeit.

- Er hatte Hitler einen persönlichen Treueeid geschworen. Er fühlte sich so strikt an diesen Eid gebunden, daß er ihn weder frei auslegen noch brechen konnte.
- Dönitz dachte an die Tatsache, daß Fahnenflucht in der Kaiserlichen Kriegsmarine 1918 zum Sturz des Kaisers geführt hatte, und war auf eine ritterliche Art und Weise entschlossen, die Wiederholung eines solchen Verrats zu verhindern. Dadurch wollte er die Ehre der Kriegsmarine wahren.
- Durch die Wahrung von Hitlers Vertrauen könnte er schließlich ausreichend Macht und Autorität erlangen, um mit dem Westen legal über Kapitulationsbedingungen (ohne eine »bedingungslose« Kapitulation) zu verhandeln, die Zerstörungen und Plünderungen durch sowjetische Truppen auf ein Minimum zu begrenzen und um die endgültige und vollständige Auflösung Deutschlands als einer souveränen Nation zu verhindern.
- Seine wachsende Bedeutung und Macht im deutschen Volk könnte ihn in den Nachkriegsjahren zu einem aussichtsreichen Kandidaten für die Stellung eines vorübergehenden Staatsoberhaupts machen und ihn in eine günstige Position bringen, in der er bei einer Wahl zum Präsidenten eines neugeformten, demokratischen Deutschlands eine Stimmenmehrheit erringen könnte.
- Auch wenn Dönitz kein offizielles Parteimitglied war, so diente er dennoch treu den Nationalsozialisten, und Hitler vertraute ihm am meisten.

Eines ist klar: Entgegen einigen Vermutungen knüpfte sich Dönitz' Loyalität Hitler gegenüber nicht an den Glauben, die neuen Elektro-Boote und andere Geheimwaffen könnten das Blatt in diesem Krieg wenden oder Hitler in eine günstigere Lage für Kapitulationsverhandlungen bringen. Niemand wußte besser als Dönitz, daß sich die neuen Schnorchelboote vom Typ VII und IX und die Elektro-Boote vom Typ XXI nicht mehr nennenswert auf die alliierte Schiffahrt auswirken konnten und daß die gerühmten Boote des Typs XXI mit mechanischen Mängeln behaftet waren, die nicht mehr rechtzeitig beseitigt werden konnten.

Welche Motivation Dönitz auch angetrieben haben mochte – in den letzten Monaten des Kriegs ermahnte er die Männer der Kriegsmarine unablässig, loyal für Hitler und das Dritte Reich zu kämpfen. Oft nahm seine Sprache einen drohenden Ton an. Die meisten seiner eindringlichen, über Funk übermittelten Reden wurden abgefangen und von den alliierten Kryptanalytikern entziffert, die sie weitergaben und aufbewahrten. Einige Auszüge aus dieser Quelle:[1]

- Am 31. Januar räumte Dönitz in einer Nachricht an alle Marinebefehlshaber ein, daß das Vorrücken der Roten Armee zu einer »ernsten Krise« geführt habe. Doch diese könne bewältigt werden, teilte Dönitz seinem Offizierskorps mit, wenn »jeder Deutsche von ganzem Herzen den Befehlen des Führers« gehorche und seine Pflicht bis zum Letzten tue. Alles nur Mögliche sei getan worden, um mit dieser Krise fertig zu werden. Dönitz hatte die Kriegsmarine bereits nach nicht benötigten Soldaten durchforstet, mit denen mehrere Infanterie-Divisionen gebildet werden sollten. Und er hatte schon vier Marine-Regimenter zum Kampfeinsatz an die Ostfront geschickt.

  Darüber hinaus, so Dönitz weiter, müsse sich jeder auf diese Krise vorbereiten … Alle müßten härter werden. Jammern und Klagen sei unmännlich und kurzsichtig. Mit leerem, nichtsnutzigem Gerede werde nichts erreicht. Auf Offiziere, die über zuviel Gerede, ein schier erdrückendes Wissen oder über ein ungutes Gefühl oder das Zeigen von Angst negativ von sich reden machten, könne er sich nicht verlassen. Sie würden damit nicht nur ihre Pflichterfüllung als Führungspersonen vernachlässigen, sondern auch die Widerstandskraft schwächen. Er werde sie ohne Rücksicht auf den Rang oder die Stellung entlassen und dem Heer übergeben.

- Am 1. März richtete Dönitz eine Nachricht an »alle U-Boote«. »Wir wissen«, sagte er,

> *daß die Existenz unserer Nation auf dem Spiel steht… Wir dürfen keine Zeit verlieren und müssen jede Stunde nutzen, jeden Tag. Wir Kämpfer müssen als Vorbild dienen… Es ist an der Zeit, zu handeln. Von nichts kommt nichts. Allein mit den Worten »Weiter so« oder »Wir werden die Russen wieder hinauswerfen« werden wir nichts erreichen.*
>
> *Wir müssen lernen zu improvisieren. In diesem sechsten Kriegsjahr stehen uns viele Dinge nicht mehr zur Verfügung, an die wir zuvor gewohnt waren… Jeder neuen Aufgabe wollen wir uns mit Erfindergeist und Initiative stellen, wie immer sich die Dinge auch entwickeln mögen.*
>
> *Trotzen wir all denen, die aufgeben wollen, die sich den dummen Spruch »Es hat keinen Zweck mehr« zu eigen gemacht ha-*

---

[1] Dieses Zitat und die folgenden stammen von NSA-Enigma-Entzifferungen oder wurden auszugsweise daraus zitiert. In: NARA: RG 457; SRMN-032 und SRMN-037. Sie wurden ins Deutsche rückübersetzt, weil die deutschen Originale nicht auffindbar sind.

ben. Das sind die größten Schwächlinge. Das sind diejenigen, die sich wie geduldiges Vieh an die Schlachtbank führen lassen.

Hüten wir uns davor, uns in unserer Kriegführung von Dogmen einschnüren zu lassen. Das Kriegsglück ist unendlich vielfältig und hängt, vor allem im Seekrieg, vom Zufall und vom Zusammenwirken so vieler Umstände ab, daß sich ständig neue Situationen und neue Gefechtssituationen ergeben… Eine Kriegführung, die von Dogmen eingeschnürt wird, kann nichts mehr erreichen. Viele siegreiche Schlachten sind gegen alle Regeln der Kriegskunst geführt worden.

Zeigen wir unseren Feinden, daß die Zerstörung Deutschlands sie mehr Blut, Geld und Zeit kosten wird, als sie ertragen können. Dann werden sie dieses Ziel aufgeben müssen… und wir werden den Krieg gewonnen haben. Strengen wir deshalb unsere Kräfte bis zum äußersten an, beispielsweise indem wir so viele Schiffe wie möglich von den Angelsachsen versenken, ohne jede Rücksicht auf die eigene Gefahr. Dann werden sich bei ihnen die Zweifel mehren, ob die bedingungslose Kapitulation Deutschlands durchsetzbar oder vielleicht zu kostspielig ist.

Trotzen wir jedem Deutschen, der jetzt auch nur im geringsten in seiner Treue zu dem nationalsozialistischen Staat und dem Führer wankt. Die Motive hierfür sind lediglich Angst, Feigheit und Schwäche. Wir sind die Starken und Treuen.

- Am 20. März erklärte Dönitz in einer Nachricht an »alle Offiziere«, daß eine »Kapitulation Selbstmord und den sicheren Tod bedeutet« und daß dies »die rasche oder allmähliche Vernichtung von Millionen von Deutschen« mit sich bringen werde.

Unsere Ehre gebietet uns, daß wir bis zum Ende kämpfen. Das gleiche verlangt unser Stolz, der sich dagegen wehrt, daß wir uns vor einem Volk wie den Russen erniedrigen, vor der angelsächsischen Scheinheiligkeit, Arroganz und Kulturlosigkeit. Jeder Gedanke lehnt sich gegen die Möglichkeit auf, das kultivierte deutsche Gebiet der polnischen Mißwirtschaft zu überlassen. Folglich zwingen uns die bittere Notwendigkeit, die Pflicht, die Ehre und der Stolz, wenn es sein muß, bis zum Letzten zu kämpfen.

Die Kampfmoral der Männer darf auf keinen Fall beeinträchtigt werden, sei die Gefahr auch noch so groß. Zerstampft rücksichtslos schon die ersten Anzeichen eines Verfalls… Seid eher hart und streng als zu weich… Scheut euch nicht, wenn die Umstände es erfordern, ein rasches, schreckliches Exempel an jemandem zu statuieren.

Beispielsweise wurde mir kürzlich gemeldet, daß ein Sabotageakt eines deutschen Besatzungsmitglieds eines Passagierdampfers entdeckt worden sei, der unter der Führung der Kriegsmarine zu militärischen Zwecken eingesetzt wurde. Wenn der Kapitän dieses Schiffes den Mann kurzerhand am Rahnock aufgehängt hätte, um solche Verbrechen an Bord seines Schiffes ein für allemal zu unterbinden, dann hätte ich diese Handlungsweise des Kapitäns unter allen Umständen verteidigt. Es ist also besser, sofort und drastisch zu handeln, als den Dingen ihren Lauf zu lassen …[1]

Wecken wir in unseren Soldaten den Fanatismus. Säen wir den Haß auf unsere Feinde … und erfüllen wir unsere Soldaten mit Leidenschaft, so daß sie sich dem Feind überlegen fühlen … Je fanatischer und leidenschaftlicher der Kampfeswille in einem Soldaten ist, desto stärker ist er …

Niemand soll mit alten Taten prahlen. Wer immer jetzt in dieser Schicksalsstunde unseres Volkes seine Pflicht vernachlässigt, muß rücksichtslos bestraft werden, ohne Gnade wegen seiner früheren Taten. Je höher sein Rang als Soldat ist, desto mehr muß von ihm verlangt werden. In dem gegenwärtigen Kampf auf Leben und Tod unseres Volkes kann ein Flaggoffizier als Kommandant, der in einer verantwortungsvollen Stellung seine Pflicht zum Schaden unseres Volkes nicht erfüllt, für dieses Verbrechen nur mit dem Tod bestraft werden.

Vertrauen wir vorbehaltlos der Führung Adolf Hitlers. Glaubt mir, in den beiden Jahren meiner Tätigkeit als Oberbefehlshaber habe ich stets erkannt, daß der Führer mit seinen strategischen und taktischen Ansichten immer recht gehabt hat. Unsere militärische Lage wäre heute günstiger, wenn alle operativen Führungsstellen vorbehaltlos geglaubt und unverzüglich entsprechend gehandelt hätten. Sehr oft kam die Erkenntnis, daß der Führer wieder recht gehabt hatte, erst Wochen später, aber dann war es meistens zu spät. Stärken wir deshalb unsere Soldaten durch den Glauben an unseren Führer.

Kurz: Seien wir stolz auf den Kampfgeist der Marine. Hüten wir ihn wie unseren wertvollsten Besitz. Ganz gleich, wie sich die Lage entwickeln mag, die Marine muß wie ein kriegerischer Block stehen, der sich nicht von seiner Aufgabe abhalten läßt. Er wird sich niemals einem feindlichen Joch beugen.

---

[1] Dieser Befehl, jede Gefährdung der Kampfmoral und mutmaßliche Sabotageakte ohne Gerichtsverfahren, wie ein Kriegsgericht, »rücksichtslos« kurzerhand zu »zerstampfen«, wurde bei dem Prozeß gegen Dönitz in Nürnberg nicht vorgelegt. Möglicherweise, weil er einer streng geheimen Enigma-Entzifferung entnommen ist, die nur wenigen bekannt war.

- Am 7. April wiederholte Dönitz seine Forderung nach Loyalität:

Wir Soldaten der Kriegsmarine wissen, was wir zu tun haben. Unsere militärische Pflicht, die wir erfüllen, ganz gleich, was rechts oder links von uns geschieht, zwingt uns, als ein Fels des Widerstandes mutig, hart und treu zu stehen. Jeder Halunke, der nicht so handelt, muß gehängt werden, mit einem Schild: »Hier hängt ein Verräter, der es durch seine Feigheit zuläßt, daß deutsche Frauen und Kinder sterben, statt sie wie ein Mann zu schützen …«

- Am 11. April verteidigte Dönitz in einer langatmigen Rede erneut Hitler:

Ich wende mich gegen die unverantwortlichen und kurzsichtigen Schwächlinge, die sagen: »Wenn wir keinen Nationalsozialismus hätten, dann wäre das alles nicht passiert.« Wenn wir keinen Nationalsozialismus hätten, dann hätten wir bereits den Kommunismus in Deutschland, immer noch Arbeitslosigkeit und politisches Chaos. Ohne die Wiederbewaffnung, die der Führer uns verschafft hat, wäre Deutschland von den Russen mit ihrem Expansionsdrang nach Westen zertrampelt worden …

Ich wende mich gegen die Neunmalklugen, die sagen, wir hätten den Krieg gegen Rußland im Jahr 1941 vermeiden sollen. Wenn die Führung das getan hätte, dann hätten die ungeschwächten Russen uns inzwischen längst zu einem für sie günstigen Zeitpunkt überrollt. Dann hätten dieselben Neunmalklugen gesagt: »Ja, die Führung hätte das mit einem rechtzeitigen Angriff auf Rußland verhindern müssen …«

Seit Jahren erkannte allein der Führer die volle Gefahr, die vom Bolschewismus ausging. Deshalb schaffte er unsere Uneinigkeit und die gigantische Arbeitslosigkeit ab, machte uns stark und versuchte, Europa aufzuklären. Auf der anderen Seite steht der blindwütige Churchill, der Totengräber der englischen Macht, der in den Krieg eintrat, um das Kräftegleichgewicht zu erhalten, und sich für die Freiheit der kleinen Staaten verbürgte. Was bleibt jetzt von seiner Macht und wo ist die Freiheit der kleinen Staaten? … [Sie] sind Provinzen des bolschewistischen Rußland …

Europa wird erkennen, daß Adolf Hitler in Europa der einzige Staatsmann mit Format ist. Deshalb ist das ganze negative Grübeln unfruchtbar und objektiv falsch. Weil es aus der Schwäche heraus geboren ist, kann es nichts anderes sein, denn Feigheit und Schwäche machen einen dumm und blind …

Und wieder verlangte er, daß die Flaggoffiziere und Kommandanten von Flaggschiffen der Kriegsmarine »deutlich und unmißverständlich den Pfad der soldatischen Pflicht beschreiten«:

> *Die Ehre unserer Flagge an Bord ist uns heilig. Niemand denkt daran, sein Schiff zu übergeben. Lieber in Ehren untergehen... Die Kriegsmarine wird bis zum Letzten kämpfen. Sie wird einmal von der Nachwelt danach beurteilt werden, wie ihre Haltung in der schwersten Krisis dieses Krieges gewesen ist. Dasselbe gilt auch für jeden einzelnen...*

In den letzten Stunden des Dritten Reichs verkroch sich das Monstrum Adolf Hitler in seinem Berliner Führerbunker und entwarf »einen Letzten Willen und ein Testament«, in dem er Dönitz zu seinem Nachfolger als »Reichspräsident und Oberster Befehlshaber der Wehrmacht« ernannte. Dann heiratete er seine Geliebte Eva Braun. Am Nachmittag des 30. April, Eva Braun hatte Gift genommen und lag im Sterben, nahm auch Hitler Gift und schoß sich mit einer Pistole in den Mund. Am Tag darauf ließ sein stets treuer Propagandist Joseph Goebbels seine sechs Kinder (im Alter von drei bis zwölf) durch einen Arzt mit Giftinjektionen töten. Auf seinen Befehl hin erschoß dann eine SS-Ordonnanz ihn und seine Frau Magda. Im voraus bestimmte Helfer verbrannten die Leichen von Hitler und Eva Braun und von Goebbels und seiner Frau. Auf Hitlers Befehl hin flüchtete sein »Sekretär« Martin Bormann aus dem Bunker, um Dönitz Hitlers Letzten Willen und Testament zu überbringen und in der neuen deutschen Regierung eine hohe Position anzustreben.

Alle Nazi-Größen flohen nun aus Berlin. Dönitz verlegte den Marine-Stab von Koralle nach Plön, einer an einem Binnensee gelegenen Kleinstadt zwischen Kiel und Lübeck. Der Führungsstab des ehemaligen militärischen Oberkommandos (OKW), darunter Wilhelm Keitel und Alfred Jodl, ging in die nördlich von Berlin gelegene Kleinstadt Rheinsberg, dann weiter nach Nordwesten zu einem Ort in der Nähe von Krakau, was näher bei Plön gelegen war. Als die Rote Armee diese Orte zu überrennen drohte, ging Dönitz zur Marine-Schule in Mürwik nahe Flensburg und richtete dort die neue deutsche »Regierung« auf dem großen modernen Passagierschiff *Patria* ein, das im Flensburger Hafen vertäut lag. Dort schlossen sich ihm SS-Chef Heinrich Himmler und der vormalige Außenminister Joachim von Ribbentrop (die beide vergeblich versuchten, Mitglieder in der Regierung zu werden) sowie Albert Speer vom Ministerium für Bewaffnung und Munition, die beiden OKW-Generäle Keitel und Jodl, der neue Chef der Luftwaffe, Robert Ritter von Greim, der neue Chef der Kriegsmarine,

Admiral Hans-Georg von Friedeburg, und andere Führungskräfte des Dritten Reiches an.[1]

Am 2. Mai übernahm Großadmiral Dönitz die Stellung des Staatsoberhauptes und des Befehlshabers aller deutschen Militärstreitkräfte. Seine Pläne verbreitete er am 1. Mai in einer Rundfunkansprache an das deutsche Volk und die Soldaten der Wehrmacht:

Deutsche Männer und Frauen, Soldaten der deutschen Wehrmacht!
Unser Führer Adolf Hitler ist gefallen. In tiefster Trauer und Ehrfurcht verneigt sich das deutsche Volk. Frühzeitig hatte er die furchtbare Gefahr des Bolschewismus erkannt und diesem Ringen sein Dasein geweiht. Am Ende dieses seines Kampfes und seines unbeirrbaren geraden Lebensweges steht sein Heldentod in der Hauptstadt des Deutschen Reiches. Sein Leben war ein einziger Dienst für Deutschland. Sein Einsatz im Kampf gegen die bolschewistische Sturmflut dient darüber hinaus Europa und der gesamten Kulturwelt.

Der Führer hat mich zu seinem Nachfolger als Staatsoberhaupt und als Oberster Befehlshaber der Wehrmacht bestimmt. Im Bewußtsein der Verantwortung übernehme ich die Führung des deutschen Volkes in dieser schicksalsschweren Stunde. Meine erste Aufgabe ist es, deutsche Menschen vor der Vernichtung durch den bolschewistischen Feind zu retten. Nur für dieses Ziel geht der militärische Kampf weiter. Soweit und solange die Erreichung dieses Zieles durch die Briten und Amerikaner verhindert wird, werden wir uns auch gegen sie verteidigen und weiterkämpfen müssen. Die Anglo-Amerikaner setzen dann den Krieg nicht mehr für ihre eigenen Völker, sondern allein für die Ausbreitung des Bolschewismus in Europa fort.

Was das deutsche Volk in dem Ringen dieses Krieges kämpfend vollbracht und in der Heimat ertragen hat, ist geschichtlich einmalig. In der kommenden Notzeit unseres Volkes werde ich bestrebt sein, unseren tapferen Frauen, Männern und Kindern, soweit dies in meiner Macht steht, erträgliche Lebensbedingungen zu schaffen. Zu all dem brauche ich eure Hilfe. Schenkt mir euer Vertrauen, denn euer Weg ist auch mein Weg. Haltet Ordnung und Disziplin in Stadt und Land aufrecht. Tue jeder an seiner Stelle seine Pflicht. Nur so werden wir die Lei-

[1] Es sind keine eindeutigen Anhaltspunkte ans Tageslicht gekommen, die die Gerüchte, Martin Bormann habe seine elf Stunden dauernde Flucht aus dem Berliner Führerbunker überlebt, bestätigen könnten.

> *den, die die kommende Zeit jedem einzelnen von uns bringen wird, mildern und den Zusammenbruch verhindern können. Wenn wir tun, was in unseren Kräften steht, wird auch der Herrgott nach soviel Leid und Opfern uns nicht verlassen.*

Die Soldaten forderte Dönitz in einer direkt an sie gerichteten Ansprache nochmals auf, weiter ihre Pflicht zu tun und seine Befehle vorbehaltlos auszuführen. Er ermahnte sie eindringlich, daß der Treueid, den sie dem Führer geschworen hätten, nun ihm als dem vom Führer ernannten Nachfolger gelte. Jeder Soldat, der durch seine Pflichtvernachlässigung deutschen Frauen und Kindern den Tod und die Sklaverei bringe, sei ein Feigling und Verräter.

Nach Eisenhowers Meinung rückten die britischen Streitkräfte unter Bernard Montgomery nicht schnell genug vor, um vor der Roten Armee Kiel und Lübeck zu erreichen. Montgomerys Truppen stießen an der linken (bzw. nördlichen) Flanke der riesigen Frontlinie vor, entlang der die anglo-amerikanischen Einheiten in Deutschland einmarschierten. Da man diese Städte nicht der Roten Armee überlassen und Dänemark »abschotten« wollte, teilte Eisenhower Montgomery vorübergehend die US-Eliteeinheit des XVIII. Airborne Corps (vier Divisionen) unter dem Kommando von Matthew B. Ridgway zu. Bei einer wenig bekannten Operation, die Omar Bradley als »bemerkenswert« bezeichnete und George Marshall, der keineswegs zu Superlativen neigte, als »spektakulär« beschrieb, überquerte Ridgways Corps am 1. Mai die Elbe und drang mit großer Geschwindigkeit in nordnordöstlicher Richtung nach Wismar an der Ostseeküste vor. Dort »schlossen« sie sich mit der Roten Armee »zusammen« und hinderten diese dadurch, weiter in nordwestlicher Richtung nach Lübeck und Kiel oder Dänemark und Norwegen vorzustoßen. Unterdessen hatte Montgomerys langsam vorrückendes britisches XII. Corps am 3. Mai endlich Hamburg besetzt.

In den letzten Stunden des Dritten Reichs strebte Dönitz danach, die neue deutsche Regierung zusammenzuhalten. Er versuchte auch zu erreichen, daß sich möglichst viele deutsche Einheiten den Amerikanern und Briten ergaben statt der sehr viel mehr gefürchteten Roten Armee. Um dieses Ziel zu erreichen, ernannte er den zum Generaladmiral beförderten Friedeburg zum Sondergesandten, der die Bedingungen aushandeln sollte. Am 3. Mai trafen von Friedeburg, Konteradmiral Gerhard Wagner und der Oberbefehlshaber der Heeresgruppe Nordwest, Ernst Busch, mit ihren Untergebenen in Montgomerys taktischem Hauptquartier bei Hamburg ein. Die Delegation schlug vor, daß die drei der Roten Armee gegenüberstehenden deutschen Armeen (die 3. Panzerdivision, die 12. und die 22. Armee) sich in dieser Region den angloamerikanischen Streitkräften ergeben sollten. Eisenhower, der von

Montgomery unterrichtet wurde, lehnte den Vorschlag ab und erklärte, daß jede formale deutsche Kapitulation »bedingungslos und gleichzeitig« auf allen Kriegsschauplätzen erfolgen müsse. Aus »taktischen« Gründen autorisierte Eisenhower Montgomery, die Kapitulation deutscher Streitkräfte in Dänemark, Holland, auf Helgoland und in Schleswig-Holstein und von jedem einzelnen deutschen Soldaten, der dies wolle, anzunehmen.

Diese Vereinbarung sollte am 5. Mai um 8 Uhr in Kraft treten. Dönitz befahl, da dies Teil der Bedingungen war, allen U-Boot-Kommandanten, das Feuer einzustellen und Vorbereitungen zur Kapitulation zu treffen, für die zu einem späteren Zeitpunkt noch Anweisungen erteilt würden. Für diese Krieger, die ihm nahezu alle bis zum Ende unbeirrbar treu ergeben waren, hatte er eine letzte Nachricht.

> *Meine U-Boot-Männer!*
> *Sechs Jahre U-Boot-Krieg liegen hinter uns. Ihr habt gekämpft wie die Löwen. Eine erdrückende Materialübermacht hat uns auf engstem Raum zusammengedrängt. Von der verbleibenden Basis aus ist eine Fortsetzung des Kampfes nicht mehr möglich.*
>
> *U-Boot-Männer! Ungebrochen und makellos legt ihr nach einem Heldenkampf ohnegleichen die Waffen nieder. Wir gedenken in Ehrfurcht unserer gefallenen Kameraden, die ihre Treue zu Führer und Vaterland mit dem Tod besiegelten.*
>
> *Kameraden! Bewahrt euch euren tapferen U-Boot-Geist, mit dem ihr lange Jahre hindurch tapfer und unbeirrt gekämpft habt, auch in Zukunft zum Besten unseres Vaterlandes. Es lebe Deutschland!*

Die U-Boot-Waffe hatte zuvor einen Plan ausgearbeitet, nach dem alle Boote, ähnlich dem Pyrrhus-Sieg in Scapa Flow 1919, selbstversenkt werden sollten. Einigen Quellen zufolge wurde mit dem Codewort Regenbogen die Anweisung erteilt, die Selbstversenkung einzuleiten, und zwar am 5. Mai um 1.34 Uhr deutscher Zeit von Flensburg aus per Funk, doch sie wurde von Dönitz oder einem Mitarbeiter acht Minuten später aufgehoben. Ob dies nun den Tatsachen entspricht oder nicht, es ist sicher, daß zweideutige Befehle hinsichtlich der Selbstversenkung die U-Boote erreichten. Die Folge war, daß einige Kommandanten oder deren Stellvertreter am 5. Mai eine Selbstversenkung ihrer Boote durchführten, andere jedoch nicht. Laut alliierten, im September 1945 zusammengestellten Dokumenten versenkten deutsche U-Boot-Fahrer letztlich 222 U-Boote, und 174 U-Boote kapitulierten vor den den Alliierten.[1]

---

[1] Siehe Anhang 18 und 19 für eine Auflistung der U-Boote, die selbstversenkt wurden oder kapitulierten.

Mit Entschlossenheit wollte Dönitz noch immer verhindern, daß sich Deutsche der Roten Armee ergaben. Am 5. Mai sandte er daher von Friedeburg zu Eisenhowers Hauptquartier im französischen Reims, um die Verhandlungen weiterzuführen. Eisenhower lehnte es ab, von Friedeburg zu empfangen oder an Verhandlungen mit Stellvertretern teilzunehmen. Als von Friedeburg Dönitz über Eisenhowers Unnachgiebigkeit unterrichtete, schickte Dönitz Alfred Jodl nach Reims. Jodl gehörte zu jenen, die es ebenfalls heftig ablehnten, vor der Roten Armee zu kapitulieren. Eisenhower betrachtete diese Abgesandten und ihr Ersuchen um Verhandlungen lediglich als Zeitschinderei, während die deutschen Heere zu den amerikanischen und britischen Linien flohen. Er beharrte auf seinem Standpunkt. Von Friedeburg und Jodl begriffen, daß die Lage aussichtslos war. Sie holten von Dönitz die Erlaubnis ein, eine formale und gleichzeitige Kapitulation aller deutschen Streitkräfte an allen Fronten zu unterzeichnen.

In den frühen Morgenstunden des 7. Mai trafen von Friedeburg, Jodl und andere Deutsche der Delegation mit hochrangigen Alliierten im Lagezimmer des SHAEF-Hauptquartiers zusammen, das an der École Professionelle et Technique de Garçons in Reims eingerichtet worden war. Die hochrangigen deutschen Offiziere unterzeichneten die Kapitulationsurkunde,[1] die am 8. Mai um Mitternacht in Kraft treten sollte. Danach telegraphierte Eisenhower nach Washington und London:

Die Aufgabe dieser alliierten Streitkräfte wurde am 7. Mai 1945 um 2.41 Uhr Ortszeit erfüllt.

Die Zeit der Abrechnung

In einer gemeinsamen Erklärung vom 30. Oktober 1943, die als Moskauer Deklaration bekannt wurde, verpflichteten sich die Vereinigten Staaten, Großbritannien und die Sowjetunion, alle jene Nazis zu verfolgen und anzuklagen, die verdächtigt wurden, Greueltaten und Kriegsverbrechen begangen zu haben. Auf der Potsdamer Konferenz der Großen Drei vom 16. Juli bis zum 1. August 1945 trafen sich die neuen Staatsoberhäupter und Regierungschefs Harry S. Truman und Clement R. Attlee mit Josef Stalin und bestätigten die Moskauer Deklaration.

Im Rückblick wirkt die Moskauer Deklaration zu Kriegsverbrechern richtig und angemessen, doch zur damaligen Zeit fand sie keine allgemeine Zustimmung. Viele Personen bestritten die völkerrechtliche

[1] Als die Alliierten am 23. Mai Dönitz, von Friedeburg und andere verhafteten, beging von Friedeburg Selbstmord.

Legitimation einer oder mehrerer Nationen, Regierungsmitglieder und hohe Militärs der unterlegenen Nationen wegen der Führung eines Krieges anzuklagen. (Der deutsche Kaiser wurde wegen seiner Rolle, die er bei Auslösung und Führung des Ersten Weltkrieges gespielt hatte, nicht zur Verantwortung gezogen.) Einige Personen meinten, den Repräsentanten des blutigen stalinistischen Regimes zu erlauben, über hochrangige Mitglieder des blutigen Nazi-Regimes zu Gericht zu sitzen, wäre der Gipfel der Heuchelei. Andere fragten, ob es in dem Klima der Zeit überhaupt möglich sei, den Nazis einen fairen Prozeß zu machen. Die Vorgänge könnten als lächerliches und peinliches Femegericht in die Geschichte eingehen, geleitet von Siegern, die nach Rache und Vergeltung dürsteten. Andere machten sich über die Schwierigkeiten und Kosten Gedanken, die mit dem Sammeln und der ordnungsgemäßen Vorlage hieb- und stichfester Beweise verbunden waren; Beweise gegen angeklagte Deutsche, deren Zahl in die Tausende gehen könnte.

Das Entsetzen der Öffentlichkeit angesichts der immer schrecklicheren Enthüllungen über die Greueltaten der Nazis wuchs jedoch so sehr an, daß Meinungsverschiedenheiten über rechtliche Feinheiten bald bedeutungslos geworden waren. Die Regierungen in Washington, London und Moskau ernannten Richter und Ankläger für eine Institution mit der offiziellen Bezeichnung Internationaler Militärgerichtshof. Dieses Tribunal sollte am 1. November 1945 in Nürnberg, dem symbolischen Herzen des Nazismus, zusammentreten.

Britische Marine-Führungsstellen traten dem Ansinnen, die Admirale Erich Raeder und Karl Dönitz anzuklagen und vor Gericht zu stellen, energisch entgegen. Ann und John Tusa, die Historiker der Nürnberger Prozesse, schilderten dies so:[1] »Die britische Admiralität war der Meinung, die deutsche Marine habe einen verhältnismäßig sauberen Krieg geführt [...], und die Gesetze zur Seekriegsführung seien offenkundig vage und ließen widersprüchliche Deutungen zu.« Die Tusas schrieben weiter, daß im Oktober 1945 Humphrey Waldock, ein hervorragender Rechtsexperte bei der Admiralität und später Präsident des Internationalen Haager Gerichtshofs, ein Papier verfaßte, in dem er »vor rechtlichen Problemen im Fall eines Prozesses gegen die deutsche Marine warnte«. Er zog, wie die Tusas schrieben, den Schluß, daß die Verhandlung gegen die Kriegsmarine auf »schwachen und wackligen Beinen« stehe. Höchste Stellen der Navy der Vereinigten Staaten waren der gleichen Ansicht. Bislang waren keine Anhaltspunkte bekanntgeworden, nach denen Raeder und Dönitz etwas anderes als einen sauberen Seekrieg geführt hatten – rauh und hart, aber sauber. Hinzu kam, daß die Vereinigten Staaten vom 7. Dezember 1941 an einen rauhen, harten und uneingeschränkten U-Boot-Krieg gegen Japan geführt hatten, einen See-

1 *The Nuremberg Trial* (1984).

krieg, der zuweilen gnadenloser geführt worden war als der deutsche U-Boot-Krieg. In dem Verlangen, Pearl Harbor zu rächen, schossen amerikanische U-Boot-Kommandanten ohne Warnung auf japanische Handelsschiffe und versenkten sie. Selten wurde der Versuch gemacht, Überlebenden zu helfen, und es war sogar vorgekommen, daß japanische Schiffbrüchige in den Rettungsbooten oder im Wasser ermordet wurden. Dennoch bestanden hochrangige Regierungsbeamte in Washington, London und Moskau darauf, Raeder und Dönitz vor Gericht zu stellen. Dies zu unterlassen sei weder politisch noch moralisch vertretbar. Eine solche Entscheidung werde keine Wiedergutmachung für die schweren Verluste bei den alliierten Handelsflotten und für Dönitz' Aufstieg zum Führer des Dritten Reichs darstellen. Ironischerweise nahmen die britischen Ankläger für sich in Anspruch, das Belastungsmaterial gegen Raeder und Dönitz vorzulegen. Der Chef der britischen Gruppe war David Maxwell Fyfe, ein bekannter Rechtsanwalt und Parlamentsmitglied. Auf der Suche nach belastendem Material arbeiteten er und sein Team sich durch Zehntausende von Seiten in den Unterlagen der Kriegsmarine. Diese Dokumente waren von einer Kommandoeinheit des britischen Nachrichtendienstes, die zu George Pattons Third Army gehörte, in Schloß Tambach bei Coburg erbeutet worden.[1] Der britische Marine-Nachrichtendienst stellte weiterhin Zusammenfassungen wichtiger Enigma-Funksprüche als Hintergrundinformationen zur Verfügung, beispielsweise über die Taktik und taktische Befehle für U-Boote. Abgesehen von Dönitz' zahlreichen Lobpreisungen Hitlers und des Nationalsozialismus und seines offenen Antisemitismus fanden die britischen Ankläger nur ein einziges Dokument, das als belastend aufgefaßt werden konnte. Dies war der sogenannte »*Laconia*-Befehl« vom 17. September 1942, den Dönitz nach den Folgen der Versenkung des britischen Truppentransporters *Laconia* durch Werner Hartenstein mit *U156* erlassen hatte. Wegen der Gefahren, denen sich Hartenstein, wie berichtet, ausgesetzt hatte, als er Überlebende der *Laconia* rettete, wies dieser Befehl die U-Boot-Kommandanten an, hart zu sein und insbesondere den Besatzungen torpedierter Schiffe *nicht* zu helfen. Man konnte nun die Meinung vertreten, daß der Wortlaut des *Laconia*-Befehls[2]

[1] Die Dokumente enthielten das gesamte deutsche Marine-Archiv, das bis auf das Jahr 1850 zurückging. Dieses Archiv wurde zur sicheren Verwahrung von Berlin nach Schloß Tambach gebracht und, auf Beharren von Dönitz, nicht vernichtet. Es enthält die umfangreichen und akribischen Kriegstagebücher des OKM und der U-Boot-Führung sowie alle Berichte von U-Boot-Feindfahrten.

[2] »Jegliche Rettungsversuche von Angehörigen versenkter Schiffe, also auch Auffischen von Schwimmenden und Anbordgabe auf Rettungsboote, Aufrichten gekenterter Rettungsboote, Abgabe von Nahrungsmitteln und Wasser, haben zu unterbleiben. Rettung widerspricht den primitivsten Forderungen der Kriegführung nach Vernichtung feindlicher Schiffe und Besatzungen.«

per se eine Verletzung der Bestimmungen des von Deutschland 1936 unterzeichneten U-Boot-Protokolls war.

Wegen der Zweideutigkeit des *Laconia*-Befehls benötigten die britischen Ankläger Zeugenaussagen deutscher U-Boot-Fahrer, daß der Inhalt des Befehls eine subtile Anweisung gewesen sein sollte, die Überlebenden torpedierter Schiffe zu töten. Erstaunlicherweise erhielten die Briten eine solche Aussage von einem bekannten U-Boot-Fahrer, dem Ritterkreuzträger Karl-Heinz Moehle (von *U123*), der von 1941 bis 1945 in der Ostsee die 5. Schul-Flottille kommandiert hatte. Diese Aussage kam zustande, als Moehle gegen Kriegsende verhaftet wurde und die Briten ihn bezichtigten, den *Laconia*-Befehl ausgegeben zu haben. In einer am 21. Juli 1945 geleisteten eidesstattlichen Aussage erklärte Moehle, daß er den *Laconia*-Befehl nicht ausgegeben, sondern diesen in der Tat als eine versteckte Anordnung von Dönitz betrachtet habe, Schiffbrüchige zu töten, und daß Dönitz dies zudem gegenüber neuen Kommandanten, die in die Kriegsgebiete ausliefen, angedeutet habe. Moehle erklärte sich einverstanden, dies zu bezeugen, wenn Dönitz vor Gericht gestellt werden sollte.[1]

Es fand sich auch noch ein anderer deutscher U-Boot-Fahrer, der bereit war, zu dieser Frage gegen Dönitz auszusagen. Dies war ein junger Leutnant, Peter Josef Heisig von *U877,* den die Kanadier am 27. Dezember 1944 gefangengenommen hatten. Heisig war ein enger Freund August Hoffmanns. Hoffmann hatte als Wachoffizier auf Heinz Ecks *U852* gedient und wurde durch ein britisches Gericht für das Erschießen von Überlebenden des griechischen Frachters *Peleus* zum Tode verurteilt. In einem erfolglosen Versuch, seinen Freund Hoffmann vor dem Erschießungskommando zu retten, hatte Heisig am 27. Nobember 1945 vor jenem britischen Gericht unter Eid ausgesagt. Er hatte erklärt, Dönitz habe im Oktober 1942, kurz nachdem der *Laconia*-Befehl erlassen worden war, bei einer Rede vor Heisigs Gruppe von Offiziersanwärtern den Eindruck erweckt, das Töten schiffbrüchiger Überlebender sei wünschenswert. Auch er, so Heisig, werde gegen Dönitz aussagen.

Als der Internationale Militärgerichtshof am 1. November 1945 zusammentrat, brachten die Ankläger drei Anklagepunkte gegen Dönitz und Raeder vor:

1. Vorbereitung eines Angriffskrieges
2. Führung eines Angriffskrieges
3. Kriegsverbrechen

[1] Wie erwähnt, wurde Moehle wegen Kriegsverbrechen vor Gericht gestellt und verurteilt, verbrachte aber nur fünf Jahre im Gefängnis.

Das Tribunal begann mit der formellen Verhandlung gegen Dönitz am 7. Mai 1946, ein Jahr nach der Kapitulation Deutschlands. Der Hauptverteidiger war der exzellente Marinerichter Otto Kranzbühler, der bei der Kriegsmarine als Kriegsgerichtsrat tätig gewesen war. Er war besonders gut auf den *Laconia*-Fall und die beiden feindselig gesinnten Zeugen Moehle und Heisig vorbereitet. Zudem hatte er – was am wichtigsten war – mit Hilfe von Francis Biddle, einem der beiden amerikanischen Richter, die Erlaubnis erhalten, den amerikanischen Fleet Admiral Chester Nimitz brieflich zu seiner U-Boot-Kriegführung im Pazifik gegen Japan zu befragen.

David Maxwell Fyfe, der britische Hauptankläger, legte den Fall dem Tribunal dar. Da Dönitz bei Kriegsbeginn 1939 erst im Rang eines Kapitäns zur See und Kommodore stand, gelang es Fyfe nicht, die Richter von Anklagepunkt 1, Vorbereitung eines Angriffskrieges, zu überzeugen. Am Schluß sprach das Gericht Dönitz in diesem Anklagepunkt frei. Da es in der Verantwortung von Dönitz als Marineoffizier lag, in Übereinstimmung mit Befehlen aus Berlin – von Raeder und Hitler – nach besten Kräften Krieg zu führen, konnte Fyfe ebenfalls kein überzeugendes Belastungsmaterial ins Feld führen, welches hinsichtlich Punkt 2, Führung eines Angriffskrieges, ein kriminelles Verhalten nachgewiesen hätte. In einem vagen und verwirrenden Urteil befand das Tribunal Dönitz dennoch in Punkt 2 für schuldig.

Beim dritten Anklagepunkt – Kriegsverbrechen – führte Fyfe seine aggressivsten und eindrucksvollsten Attacken gegen Dönitz. Er stellte den *Laconia*-Befehl vor und argumentierte, dies sei eine subtile Anweisung, Besatzungen torpedierter Schiffe zu töten, und rief, wie vorauszusehen war, Moehle und Heisig in den Zeugenstand, um seine Anklage zu untermauern. Weiterhin legte er den *Peleus*-Zwischenfall als ein Beispiel vor, daß diesen Anweisungen gefolgt worden sei.

Der Verteidiger Kranzbühler gründete sein Plädoyer auf drei Punkte:

- Er zeigte dem Gericht auf, daß der *Laconia*-Befehl mit seinem Verbot, Überlebenden Hilfe zu leisten, als direkte Folge der alliierten Luftangriffe auf *U156* und andere U-Boote erlassen wurde, die versuchten, Überlebende der *Laconia* zu retten. Diese Boote hatten aus humanitären Gründen gebeten, in dieser Region das Feuer vorübergehend einzustellen. Darüber hinaus legte er dar, daß ein Befehl, der die Hilfe für Schiffbrüchige verbot, in keinster Weise auch bedeute, diese Überlebenden zu erschießen. Um ein Gegenbeispiel zu bringen, legte er einen anderen Dönitz-Befehl vom 20. Mai 1943 vor. In diesem wurden U-Boot-Kommandanten angewiesen, wann immer es möglich war, die Kapitäne und Ingenieure von Schiffen gefangenzunehmen. Kranzbühler betonte, daß der zweite Befehl jede Andeutung des ersten Befehls, Überlebende zu töten, widerlege. Das heißt soviel wie, daß es unklug war, einige Schiffbrüchige zu retten und die übrigen umzubringen, da die Überlebenden die Greueltaten bezeugen konnten.

- Kranzbühler zog die Glaubwürdigkeit der Zeugen Moehle und Heisig in Frage. Er enthüllte, daß jeder der beiden Offiziere eigennützige Zwekke verfolgte: Moehle habe sich von jedem Vorwurf, den *Laconia*-Befehl ausgegeben zu haben, reinwaschen wollen; und Heisig habe seinen Freund Hoffmann vor dem Erschießungskommando retten wollen. In einem Kreuzverhör wies er nach, daß Moehle einen anderen wichtigen Dönitz-Befehl völlig mißverstanden hatte, daß keiner der beiden Offiziere je einen spezifischen und eindeutigen Befehl von Dönitz oder der U-Boot-Führung bekommen hatte, in dem es hieß, Schiffbrüchige seien zu erschießen, und daß Moehle bei den 20 Schiffsversenkungen, die er mit *U123* erzielt hatte, niemals einen Überlebenden auch nur verwundet hatte. Kranzbühler präsentierte eine eidliche Aussage, die er am 21. November 1945 von Heinz Eck erhalten hatte. Danach war Eck hingerichtet worden. In dieser Aussage erklärte Eck, daß er, Eck, keine Befehle erhalten habe, nach denen die Überlebenden der *Peleus* zu töten seien, und daß er in Wirklichkeit im Sinne seines eigenen Interesses gehandelt habe.
- Kranzbühler rief Dönitz und die Offiziere in den Zeugenstand, die die U-Boot-Operationen leiteten: Eberhardt Godt und Ritterkreuzträger Günter Heßler. Durch ihre Aussagen wollte er die Behauptung, der *Laconia*-Befehl sei eine versteckte Anweisung gewesen, Überlebende zu töten, zweifelsfrei widerlegen. Er legte ebenfalls eidesstattliche Aussagen von 67 U-Boot-Kommandanten vor (damals im britischen Kriegsgefangenenlager Camp 18), die tatsächlich erklärten, der *Laconia*-Befehl sei nicht als die subtile Andeutung angesehen worden, Schiffbrüchige zu töten. Die Unterzeichnenden erklärten in dieser Aussage, daß die deutsche Marine von ihren Führern ausgebildet worden sei, das geschriebene wie ungeschriebene Gesetz der See zu achten. Sie hätten es stets als ihre Ehre angesehen, sich an diese Gesetze zu halten und den Kampf auf See auf eine ritterliche Art zu führen.

Schließlich wurde es Kranzbühler vom Tribunal noch gestattet, die schriftliche Befragung von Fleet Admiral Chester Nimitz vorzulegen. Auf die Fragen hin hatte Nimitz erklärt, daß es, mit Ausnahme von Hospital-Schiffen und anderen Schiffen, denen individuell eine sichere Passage zugesichert wurde, unter den amerikanischen U-Booten üblich war, japanische Handelsschiffe ohne Warnung anzugreifen. Nimitz führte zudem weiter aus: »Nach allgemeinem Grundsatz retteten die U-Boote der Vereinigten Staaten feindliche Überlebende nicht…«

Das Nimitz-Dokument habe, schrieben die Tusas, auf das Tribunal einen entscheidenden Einfluß gehabt. Der amerikanische Richter Francis Biddle, der es Kranzbühler ermöglicht hatte, sich dieses Dokument zu verschaffen, erklärte durchaus zutreffend, daß »Deutschland einen sehr viel saubereren [U-Boot-]Krieg geführt« habe, als »wir das taten«. Er stimmte dafür, Dönitz zum Anklagepunkt 3 freizusprechen. Die anderen sieben Richter waren jedoch der Ansicht, Dönitz solle nicht ungestraft davonkommen, und sprachen ihn in Punkt 3 wie auch in Punkt 2 für schuldig. Dann verurteilte das Tribunal Dönitz am 1. Oktober 1946 zu zehn Jahren Haft, die geringste Strafe von allen Schuldsprüchen in Nürnberg. Dönitz saß seine Haft im Gefängnis Spandau in voller Länge ab und wurde im Oktober 1956 entlassen.[1]

Nun folgte der Prozeß gegen Raeder. Da er bereits zu Kriegsbeginn einen hohen militärischen Posten gehabt hatte, wurde er in den Anklagepunkten 1 – Vorbereitung eines Angriffskrieges – wie auch 2 und 3 für schuldig befunden, Führung eines Angriffskrieges und Kriegsverbrechen. Das Tribunal verurteilte den 70jährigen Raeder zu lebenslänglicher Haft, doch wegen gesundheitlicher Beschwerden wurde er als 80jähriger im September 1955 nach neun Jahren Haft entlassen.

>Der Schuldspruch gegen Dönitz in Nürnberg empörte eine große Zahl hochrangiger Marineoffiziere. Über 100 von ihnen schrieben an Dönitz und mißbilligten das Urteil und die Strafe. Einige amerikanische Marineoffiziere veröffentlichten ihre Ansichten. Typisch waren damals folgende Äußerungen über Dönitz:

- Der Vier-Sterne-Admiral und spätere US-Senator Thomas S. Hart schrieb:

  Ich zähle Admiral Dönitz zu den besten aller […] [deutschen Befehlshaber], ob auf Land oder zur See. Seine Führung der deutschen U-Boote war einzigartig, und diese waren unser gefährlichster Gegner. Seine Erfolge mit den U-Booten, und er leistete das meiste davon selbst, waren die herausragendsten Erfolge der Achsenmächte in diesem Krieg. Dann stieg er zum Befehlshaber aller deutschen Marinestreitkräfte auf. Es war zu spät, um wirklich noch etwas zu erreichen, doch er beging keine Fehler, und keiner hätte es besser machen können. Dann folgte er dem Führer nach, und sein Verhalten scheint mir von da an untadelig gewesen zu sein. Daher meine ich, Dönitz war der beste.

- Der Marine-Propagandist der Nachkriegszeit, Rear Admiral Daniel V. Gallery, im Krieg Commander der U-Jagdgruppe um den Geleitträger *Guadalcanal,* der Werner Henkes *U515* versenkte und *U505* unbeschädigt aufbrachte, schrieb in der Schlußbemerkung seiner 1957 publizierten Kriegserinnerungen *Twenty Million Tons Under the Sea*:

[1] Diese Synopsis des komplexen Dönitz-Prozesses beschränkt sich auf die Hauptpunkte, den *Laconia*-Befehl und den *Peleus*-Vorfall. Wie auszugsweise geschildert wurde, präsentierte die Gruppe der Ankläger im Verlauf der Verhandlung zahllose andere Beschuldigungen gegen Dönitz, doch sie verfolgte diese nicht so energisch oder nicht mit der gleichen Überzeugung.

> *Nürnberg war ein Femegericht und eine Satire auf die Justiz. Der Schuldspruch gegen Dönitz war das herausragende Beispiel einer schamlosen Heuchelei. Dönitz' Verurteilung war eine Beleidigung unserer eigenen U-Boot-Männer im Pazifik, die auf die gleiche Weise wie die Deutschen im Atlantik einen uneingeschränkten Krieg geführt hatten.*

Nach dem Prozeß haben Journalisten und Wissenschaftler beharrlich die große Zahl an Dokumenten aus dem Dritten Reich gesichtet und nach Beweisen gesucht, daß Karl Dönitz auf versteckte oder andere Weise zu einem schmutzigen Seekrieg und zu Verbrechen gegen die Menschlichkeit aufgefordert habe. Außer den von den britischen Anklägern in Nürnberg vorgebrachten Aussagen sind keine Beweise gefunden worden, welche diese Auffassung untermauern könnten. Trotz der heftigen Attacken gegen Dönitz in den letzten Jahren stützen vorhandene Beweise überwiegend den Urteilsspruch des Internationalen Militärgerichtshofs in Nürnberg und die gegen Dönitz verhängte Haftstrafe.

Dönitz empfand gegenüber Hitler und dem Dritten Reich eine tiefe Loyalität. Er führte einen harten und rauhen, wenngleich sauberen Seekrieg. Hinzu kommt, daß die Tausende alliierter Seeleute, die durch seine Operationen umkamen oder auf See verwundet wurden, keine unschuldigen Zivilisten waren wie die Zehntausende Frauen und Kinder, die von den Bombern der Alliierten in Hamburg, Dresden, Berlin, Bremen, Kiel und anderswo getötet wurden. Die alliierten Seeleute auf den Handelsschiffen waren im gleichen Maße Krieger wie die deutschen U-Boot-Fahrer.

Der U-Boot-Krieg war alles andere als eine knappe Angelegenheit, sondern ein weiteres Selbstmord-Unternehmen, das den Deutschen von Adolf Hitler aufgezwungen wurde. Nach den Angaben von Axel Niestlé gingen von den 859 U-Booten, die zu Feindfahrten ausliefen, 648 verloren (75 Prozent). Bei 429 Booten überlebte kein einziges Besatzungsmitglied. Am erschreckendsten ist jedoch, daß 215 U-Boote (33 Prozent der verlorenen) bereits auf ihrer *ersten Feindfahrt* verlorengingen, in der Regel noch ehe sich die »grünen« Besatzungen richtig eingearbeitet oder der alliierten Schiffahrt in irgendeiner Weise geschadet hatten.

Gewiß führte Karl Dönitz einen sauberen, harten Seekrieg, doch das geht an der eigentlichen Frage vorbei. Er schickte wissentlich und bereitwillig Zehntausende deutscher Seeleute in den sicheren Tod. Wenn dies auch kein Kriegsverbrechen ist, so erfordert die Tatsache, daß er Hitler bei diesem selbstmörderischen Seekrieg unterstützte, eine Neubewertung seines ungewöhnlich hohen Ansehens in der Ruhmeshalle der Kriegshelden.

NACHWORT

Auf den vorangegangenen Seiten dieses Bandes haben wir von Zeit zu Zeit die Ergebnisse der verschiedenen Abschnitte des U-Boot-Kriegs von September 1942 bis Mai 1945 bewertet. Es ist begreiflich, daß jene Bewertungen in einer Arbeit dieses Umfangs bei dem Leser nicht ständig präsent sein können. Daher erscheint es angemessen, die Hauptpunkte dieser Bewertungen zu wiederholen, um zu einem abschließenden Urteil zu kommen.

Zunächst wird es nützlich sein, nochmals auf die Phasen des Seekrieges in diesem Zeitabschnitt einzugehen.

- September 1942 bis November 1942: In diesem Zeitraum wurde das Hauptgewicht der U-Boot-Waffe von dem umfassenden Angriff in den amerikanischen Gewässern wieder auf die nordatlantische Route verlegt, auf die Lebensader zwischen Amerika und den Britischen Inseln. Diese neuerliche Offensive im Nordatlantik wurde abermals unterbrochen, diesmal durch das Unternehmen Torch, die am 8. November stattfindende alliierte Invasion in Nordwestafrika. Nahezu alle verfügbaren Atlantik-Boote wurden zu dieser Zeit aus dem Atlantik abgezogen und in die Seegebiete Gibraltar/Marokko und ins Mittelmeer verlegt, um dort die maritimen Torch-Einheiten anzugreifen.
- Dezember 1942 bis April 1943: In diesem Abschnitt wurde der Großteil der U-Boot-Waffe erneut im Nordatlantik gegen die zu den Britischen Inseln führenden Konvoirouten eingesetzt. Wegen der verheerenden Verluste wurde dieser Feldzug bereits im Mai 1943 wieder unterbrochen, um die ungeeigneten und verwundbaren Boote vom Typ VII und IX aufzurüsten.
- Mai 1943 bis August 1943: Die Alliierten führten in dieser Zeit vernichtende ASW-Operationen im Golf von Biskaya durch, ein sogenanntes Nadelöhr, das die U-Boote beim Transit zwischen ihren Stützpunkten in Westfrankreich und den im Mittelatlantik liegenden Operationsgebieten passieren mußten. Dönitz reagierte darauf mit der Anweisung an die U-Boote, dieses gefährliche Gebiet in Gruppen von drei und mehr Booten über Wasser zu durchqueren. Die Boote sollten mit einer verstärkten Flak-Bewaffnung, darunter 2-cm-Vierlinge und 3,7-cm-Schnellfeuerkanonen, die Angriffe alliierter Flugzeuge abwehren.
- September 1943 bis Dezember 1943: Nun griffen die U-Boote wieder die wichtige nordatlantische Lebensader an. Zu diesem Zeitpunkt waren die U-Boote – mit wenig Wirkung – aufgerüstet worden: Zur 2-cm- und 3,7-cm-Flakbewaffnung kamen neue Radar-Detektoren

hinzu und verbesserte, batterieangetriebene T-5-Torpedos, die ihr Ziel anhand der akustischen »Signaturen« von Geleitfahrzeugen und, in geringerem Ausmaß, von Handelsschiffen ansteuern konnten. Diese Offensive gegen die nordatlantische Route wurde bereits im Dezember 1943 wieder beendet. Grund waren die schweren U-Boot-Verluste, das schlechte Wetter und die Erfordernis, wie man begriffen hatte, U-Boote ökonomisch einzusetzen, damit man den maritimen Einheiten der Operation Overlord (die alliierte Invasion im besetzten Frankreich) mit einem Gegenangriff entgegentreten konnte.

- Januar 1944 bis zum D-Day, 6. Juni 1944: In dieser Zeit wurden die U-Boote von der Schlacht im Atlantik vollkommen zurückgezogen, weil die Deutschen sie weiter aufrüsten wollten (das war zumindest geplant).

Weiterhin sollte eine neue Generation von U-Booten, die angeblich kriegsentscheidenden »Elektro-Boote« vom Typ XXI, bemannt, in Dienst gestellt und erprobt werden.

- Juni 1944 bis September 1944: Dies waren die ersten drei Monate der alliierten Invasion in Westeuropa, in denen die U-Boote versuchten, gegen die maritimen Overlord-Einheiten zu operieren. Sie scheiterten und mußten alle fünf Atlantik-Stützpunkte in Frankreich aufgeben und nach Norwegen und Deutschland fliehen.
- September 1944 bis Mai 1945: In diesen Abschnitt fällt der sogenannte wiederaufgenommene U-Boot-Krieg, als die U-Boote, nun mit Schnorcheln ausgerüstet und in Norwegen und Deutschland stationiert, auf der nordatlantischen Route, in der Irischen See und im Ärmelkanal gegen alliierte Geleitzüge und die Handelsschiffahrt eingesetzt wurden. Die letzte Phase der Schlacht im Atlantik endete, als Dönitz Staatsoberhaupt wurde, allen U-Booten die Feuereinstellung befahl und die Kapitulation Deutschlands unterzeichnete.

Wie wir zuvor in fortlaufenden Bewertungen festgehalten haben, stand am Ende all dieser Phasen des U-Boot-Krieges das Scheitern der Deutschen. Im Gegensatz zu den allgemein anerkannten Einsichten und zu den Mythen bleibt zu bemerken:

- Die U-Boote waren niemals auch nur annähernd in der Lage, die Lebensader zu den Britischen Inseln im Nordatlantik zu durchtrennen.
- Es bestand nicht die geringste Chance, daß mit Schnorcheln ausgerüstete U-Boote oder die neuen, schnellen Elektro-Boote vom Typ XXI und XXIII, vorausgesetzt sie wären früher ins Spiel gekommen, die Schlacht im Atlantik hätten gewinnen oder auch nur wirksam gegen die alliierte Schiffahrt hätten vorgehen können.

Zahlen stützen das erste Argument. Vom September 1942 bis zum Mai 1945 überquerten amerikanischen und britischen Quellen zufolge[1] 953

---

[1] Siehe Tafeln 12 und 13 und Anhang 3, 9 und 20.

alliierte Geleitzüge den Atlantik auf der nordatlantischen Route. Diese Geleitzüge bestanden aus 43 526 Handelsschiffen. Von diesen wurden 272 Schiffe durch U-Boote versenkt. Von allen in dieser Zeit in nordatlantischen Konvois fahrenden alliierten Handelsschiffen erreichten 99,5 Prozent ihren Bestimmungshafen ohne Beschädigung.

Diese Zahlen widerlegen die allgemein anerkannte Auffassung, die U-Boote seien nahe daran gewesen, die strategisch entscheidende Lebensader zwischen Amerika und den Britischen Inseln zu durchtrennen, und sie widerlegen diese Ansicht so eindeutig, daß sie eine differenzierte und ausführliche Darstellung und eine Aufsplittung in die einzelnen Jahre rechtfertigen.

Zunächst folgt eine Auflistung *aller* transatlantischen Geleitzüge, die zwischen Amerika und den Britischen Inseln und zwischen Amerika und Gibraltar sowie in die Gegenrichtung verkehrten:

	1942[1]	1943	1944	1945[2]	Gesamt:
Konvois	72	299	380	202	953
Schiffe	3 402	12 754	18 856	8 514	43 526
Verluste[3]	89	158	18	7	272 (weniger als 1 Prozent)

Zweitens eine Auflistung der Geleitzüge, die ausschließlich auf der nordatlantischen Route verkehrten (HX, SC, ON, ONS, UT, TU, CU, UC):

	1942[4]	1943	1944	1945[5]	Gesamt:
Konvois	65	193	266	133	657
Schiffe	3 250	9 097	12 907	5 857	31 111
Verluste[6]	89	139	13	6	247 (weniger als 1 Prozent)

Drittens nur die beladenen, nach *Osten* fahrenden Geleitzüge auf der nordatlantischen Route – von Amerika zu den Britischen Inseln (HX und SC):

1 September bis einschließlich Dezember. Je Geleitzug wird der Durchschnittswert von 50 Schiffen angenommen. Quelle: Metcalf (1949); Rohwer, *Critical Convoy Battles and Successes*, British Monthly Anti Submarine Reports.

2 Januar bis einschließlich Mai.

3 Handelsschiffe im Geleitzug oder Nachzügler.

4 September bis einschließlich Dezember. Quelle: Metcalf (1949); Rohwer (1998) und British Monthly Anti Submarine Reports.

5 Januar bis einschließlich Mai.

6 Handelsschiffe im Geleitzug oder Nachzügler.

	1942[1]	1943	1944	1945[2]	Gesamt:
Konvois	33	89	69	40	231
Schiffe	1 650	4 656	4 859	2 122	13 287
Verluste[3]	39	76	5	5	125 (weniger als 1 Prozent)

Im selben Zeitraum produzierten allein die amerikanischen Schiffswerften die nachfolgend aufgeführten neuen Schiffe und die entsprechende Bruttoregistertonnage:

	1942[4]	1943	1944	1945[5]	Gesamt:
Schiffe	391	1 949	1 786	590	4 716[6]
BRT[7]	2,67	13	12,26	4,3	32,23

Die deutschen U-Boot-Verluste waren im gleichen Zeitraum schlicht verheerend:

	1942[8]	1943	1944	1945[9]	Gesamt:
Boote	46	241	254	172	713
U-Boot-Fahrer[10]	2 070	10 845	11 430	7 740	32 085[11]
Kriegsgefangene	295	1 278	1 503	280	3 356

Auch der vielgerühmte Schnorchel der Deutschen war, wie in diesem

[1] September bis einschließlich Dezember. Quelle: siehe oben.
[2] Januar bis einschließlich Mai.
[3] Handelsschiffe im Geleitzug oder Nachzügler.
[4] September bis einschließlich Dezember. Quelle: Fisher.
[5] Januar bis einschließlich Mai.
[6] 17mal soviel wie die Anzahl der Verluste (272 Schiffe) auf den nordatlantischen und mittelatlantischen Routen, bei ostwärts und westwärts verkehrenden Geleitzügen.
[7] In Millionen Tonnen.
[8] September bis einschließlich Dezember; alle Bootsklassen in allen Seegebieten. Quelle für verlorengegangene U-Boote: *German, Japanese and Italian Submarine Losses* [in] *World War II* (U.S. Navy Dept., 1946), Tarrant (1989) und Niestlé (1998); für gefangengenommene U-Boot-Fahrer: NAVOPARCH, GNR, Box T-76.
[9] Januar bis einschließlich Mai. Alle Bootsklassen in allen Seegebieten, jedoch ohne selbstversenkte und oder an die Alliierten übergebene U-Boote. Für diese Zahlen siehe Anhang 18 und 19.
[10] Pro Boot werden 45 Mann Besatzung angenommen.
[11] Neben denjenigen U-Boot-Fahrern, die gefangengenommen wurden. Einige dieser Männer wurden durch deutsche Einheiten gerettet, genaue Zahlen fehlen.

Band wiederholt gezeigt wurde, eine erbärmliche Krücke. Einige Hauptmängel nochmals zusammengefaßt:

- Es war ein Trugschluß anzunehmen, daß der Schnorchel einem U-Boot erlauben würde, bei Unterwasserfahrt wirkungsvoll zu operieren. Entgegen der allgemeinen Auffassung schnorchelten die Deutschen nicht ständig, sondern vielmehr innerhalb von 24 Stunden nur für die Dauer von etwa vier Stunden, hauptsächlich um die Batterien des Hauptantriebs aufzuladen. In den anderen 20 Stunden war der Schnorchel eingezogen und geschlossen, und das U-Boot fuhr mit dem Batteriestrom mit zwei bis drei Knoten. Da Probleme mit Vibrationen die Fahrtgeschwindigkeit beim Schnorcheln auf etwa fünf Knoten beschränkten und Gegenströmungen ein mit Batteriestrom fahrendes Boot häufig bremsten und vom Kurs abbrachten, konnte ein U-Boot pro Tag kaum mehr als 90 bis 110 Kilometer zurücklegen. Damit verbrachte ein schnorchelndes U-Boot auf seiner Feindfahrt den Großteil der Zeit mit dem Anmarsch ins Operationsgebiet und dem Rückmarsch zum Stützpunkt. Aus diesen Gründen war die eigentliche Zeit für die U-Boot-Unternehmung auf nur wenige Tage begrenzt, und während dieser Zeit war das Boot de facto unbeweglich.
- Die Schnorchel waren häufig defekt oder gerieten unter Wasser und liefen dann voll, was zu großen Unannehmlichkeiten – oder zu Krankheit und Tod – im Inneren des Druckkörpers führte und in einigen Fällen wahrscheinlich auch zum Verlust des Bootes.
- Ein Boot auf Schnorchelfahrt war gewöhnlich »taub« und »blind«, da die Dieselmaschinen einen solchen Lärm machten und die Sehrohre wegen der Vibration und anderer Probleme nicht ausgefahren werden konnten. Alliierte ASW-Einheiten konnten mit Sonar und dem bloßen Auge U-Boote durch den Lärm und die über den Schnorchel entweichenden Abgaswolken sichten. Im letzten Kriegsjahr perfektionierten die Alliierten ein wirkungsvolles Radargerät mit 3-cm-Wellenlänge, das einen Schnorchelkopf orten konnte, und das trotz aller Versuche der Deutschen, ihn mit verschiedenen, Radarstrahlen absorbierenden Materialien (Stealth) zu überziehen.

Das hochgerühmte »Elektro-Boot« vom Typ XXI war für eine hohe Unterwassergeschwindigkeit ausgelegt. Auch auf dessen Mängel, die das Boot gefechtsuntauglich machten, soll hier im Detail eingegangen werden.[1]

- **Schlechter Zusammenhalt des Druckkörpers.** Die acht Hauptteile des Rumpfs waren schlecht verarbeitet und paßten nicht richtig zusammen. Sie waren in Windeseile in 32 verschiedenen Fabriken vorgefertigt worden, wo man wenig oder keine Erfahrung mit dem U-Bootbau hatte. Daher war der Druckkörper schwach und konnte

[1] Auszüge aus dem Vorwort von Band 1, S. 26 f.

weder dem Wasserdruck in großen Tiefen noch der nahen Explosion von Wasserbomben standhalten. Die Deutschen berichteten, bei ihren Tests habe der Druckkörper schon bei einer simulierten Tiefe von 270 Metern versagt. Die Briten nannten eine Tiefe von 240 Metern, weniger als die maximale Tauchtiefe der konventionellen deutschen U-Boote. In Wirklichkeit war die maximale Tauchtiefe weit geringer.

- **Zu schwache Dieselmotoren.** Die neuen sechszylindrigen Dieselmotoren waren mit Kompressoren ausgestattet, um die erforderliche PS-Leistung zu erbringen. Doch das System war so schwach ausgelegt und so minderwertig gefertigt, daß die Kompressoren nicht eingesetzt werden konnten. Daher sank die reale Leistung um fast die Hälfte, von 2000 PS auf 1200 PS, und Typ XXI blieb weit unter der erforderlichen Leistung. Die maximale Überwassergeschwindigkeit betrug daher auch nur 15,6 Knoten, weniger als bei allen anderen während des Krieges gebauten, hochseetüchtigen U-Booten und weniger als bei den Korvetten, die zur Sicherung von Geleitzügen eingesetzt wurden. Gewiß waren die Boote in erster Linie für die Unterwasserfahrt gedacht, aber bei leergefahrenen Batterien mußten sie auftauchen. Das Laden der Batterien wiederum dauerte aufgrund der beschränkten PS-Leistung erheblich länger.
- **Untaugliches Hydrauliksystem.** Die Stromleitungen, Akkumulatoren, Zylinder und Kolben der Hydraulik für Tiefenruder, Ruder, Außenklappen der Torpedorohre und die Kalotten der Flakzwillinge auf der Brücke waren zu kompliziert und anfällig und befanden sich außerhalb des Druckkörpers. Sie waren daher dem Salzwasser, der Korrosion und den Waffen des Gegners ausgesetzt. Eine Reparatur von innen war nicht möglich.
- **Schlechte Lebensbedingungen und Hygiene für die Besatzung.** Wie bei den Typen VII und XI entsprachen die sanitären Einrichtungen und die Erholungsräume, die der Besatzung für ihre Bedürfnisse und zur Einnahme der Mahlzeiten zur Verfügung standen, nicht einmal den »Mindestanforderungen« der US-Navy. Wegen der zwischen Waschwasser und Trinkwasser bestehenden Verbindungen wurden die hygienischen Bedingungen als »unzureichend« und »gefährlich« eingestuft.

Zum Abschluß noch einige Worte über das Flugzeug als U-Boot-»Killer«.

Im Ersten Weltkrieg, als das deutsche U-Boot zu einer führenden Seekriegswaffe wurde, versenkte die damals ebenfalls noch in den Kinderschuhen steckende alliierte Luftmacht in vier Jahren Seekrieg nachweisbar nur ein U-Boot. Das Ausmaß, in dem alliierte Luftpatrouillen U-Boote störten und/oder vertrieben und unter Wasser drückten und somit Angriffe auf die Schiffahrt vereitelten, ist nicht bekannt, es kann allerdings nicht besonders groß gewesen sein.

Bei der in den 30er Jahren erfolgenden Vorbereitung der U-Boote und der Besatzungen für den Krieg hatte Karl Dönitz, ein U-Boot-Kommandant des Ersten Weltkriegs, für das Flugzeug als potentiellen tödlichen Gegner des U-Boots stets nur Spott übrig. Der Ausguck auf der Brücke eines U-Boots, so verkündete er, könne ein alliiertes Flugzeug hören und sehen, bevor dieses das U-Boot sichte. Dadurch bleibe dem Boot genügend Zeit, um sicher in die Tiefe der See wegzutauchen. Diese Einstellung beeinflußte zweifellos Dönitz' Versäumnis, für die U-Boote Mikrowellen-Suchradar und Radar-Detektor-Technologie zu verlangen, ein verhängnisvoller Fehler, für den die Deutschen einen hohen Preis bezahlten.

Zunächst hatte es den Anschein, als habe Dönitz recht gehabt. Bis in die späten Monate des Jahres 1942 versenkten die alliierten Flugzeuge ohne die Hilfe von Überwasserschiffen nur sehr wenige U-Boote. Doch mit den optimierten Zentimeter-Radargeräten, die in großen, viermotorigen Langstreckenbombern wie der B-24 Liberator, der B-17 Flying Fortress und der britischen Halifax eingebaut wurden, rückten die landgestützten Flugzeuge an die Spitzenposition der U-Boot-»Killer«. Nach Axel Niestlé versenkten sie selbständig 204 U-Boote und 30 weitere in Zusammenarbeit mit Überwasserschiffen, insgesamt 234, fast ein Drittel aller deutschen U-Boot-Verluste an der Front.

Weniger eindrucksvoll, aber dennoch bedeutsam war der Beitrag, den kleinere, auf Geleitträgern stationierte alliierte Flugzeuge leisteten. Nach Niestlé versenkten diese Maschinen ohne die Hilfe von Schiffen 39 U-Boote und weitere zwölf in Zusammenarbeit mit Überwasserschiffen. Land- und seegestützte Flugzeuge zusammengerechnet, waren alliierte Luftstreitkräfte an der Versenkung von 285 U-Booten auf See beteiligt. Alliierte Flugzeuge bombardierten und zerstörten außerdem 39 Boote bei Luftangriffen auf die Stützpunkte und Werften und als Folge der Verminung aus der Luft. Insgesamt waren die Flugzeuge folglich an 324 U-Boot-Versenkungen beteiligt.

Damit soll die enorm wirkungsvolle Arbeit der Kriegsschiffe in den Escort Groups der Geleitzüge und in den U-Jagdgruppen (Support Groups) sowie der unabhängig operierenden Kriegsschiffe keineswegs abgewertet werden. Die alliierten Eskorten versenkten 240 U-Boote und teilten sich bei der Versenkung weiterer 42 Boote das Verdienst mit land- und seegestützten Flugzeugen. Insgesamt waren alliierte Kriegsschiffe also an 282 U-Boot-Versenkungen beteiligt.

TAFEL 11

ZUSAMMENFASSUNG DER IM ZIELHAFEN EINGETROFFENEN NORDATLANTIK-KONVOIS

1942 bis 1945

(auf Grundlage von Berechnungen der USN Tenth Fleet)[1]

[Anzahl der Schiffe; Verluste in runden Klammern]

Typ	1942[2]		1943		1944		1945 (bis Mai)		Gesamt	
HX	1 899	(14)	3 010	(38)	4 169	(2)	1 776	(3)	10 854	(57)
SC	2 021	(52)	1 646	(38)	690	(2)	346	(2)	4 703	(94)
ON-ONS	3 660	(99)	4 110	(63)	4 595	(3)	2 408	(1)	14 773	(166)
RB	8	(4)	–		–		–		8	(4)
CU-UC	–		133		2 842	(4)	1 325		4 300	(4)
UT-TU	–		198		286		–		484	
Sonder-konvois	–		–		325		2		327	
Gesamt:	7 558	(169)	9 097	(139)	12 907	(11)	5 857	(6)	35 449	(325)

Zusammengefaßte Gesamtergebnisse: 1942 bis 1945 (Mai)

Anzahl der Geleitzüge:	838
Anzahl der Schiffe:	35 449
Anzahl der Verluste:	325 (0,9 Prozent)

[1] Ein Auszug aus Metcalf, unveröffentlichtes Dokument »History of Convoys and Routing«, NHC; die Angaben zu Verlusten enthalten keine Geleitschiffe.

[2] Mit Ausnahme aller RB-Konvois und eines »Sonderkonvois«.

TAFEL 12

ZUSAMMENFASSUNG DER IM ZIELHAFEN EINGETROFFENEN MITTELATLANTISCHEN GELEITZÜGE

1942 bis 1945

(auf Grundlage von Berechnungen der USN Tenth Fleet)[1]

[Anzahl der Schiffe; Verluste in runden Klammern]

Typ	1942	1943	1944	1945 (bis Mai)	Gesamt
UGS[2]	83	1728 (9)	2936 (4)	1289 (1)	6036 (14)
GUS	–	1251	2555 (1)	1277	5083 (1)
UGF	39	176	134	17	366
GUF	30	157	93	30	310
CU[3]	–	73	–	–	73
UC	–	60 (3)	–	–	60 (3)
TM/OT[4]	–	90 (7)	36	–	126 (7)
TO	–	63	31	–	94
Sonder-konvois	–	–	164	44	208
Gesamt:	152	3598 (19)	5949 (5)	2657 (1)	12356 (25)[5]

Zusammengefaßte Gesamtergebnisse: 1942 bis 1945 (Mai)

Anzahl der Geleitzüge:	296
Anzahl der Schiffe:	12356
Anzahl der Verluste:	25 (0,2 Prozent)

1 Auszug aus Metcalf, History of Convoys and Routing.

2 Fracht-Konvois: UGS = USA–Gibr., Slow. GUS = Gibr.–USA, Slow. Gemischte Geleitzüge mit Truppentransportern und Frachtern: UGF = USA–Gibr., Fast. GUF = Gibr.–USA, Fast. Eskorten waren ausschließlich von der US-Navy gestellt.

3 CU-UC-Geleitzüge waren Tanker-Konvois aus der Karibik nach Großbritannien und in Gegenrichtung. Vom November 1943 an fuhren diese über New York. Die Eskorten stellte ausschließlich die US-Navy.

4 TM 1 und TMF 2 waren zwischen Trinidad und dem Mittelmeer verkehrende britische Tanker-Konvois mit britischen Eskorten. OT-TO-Konvois waren zwischen der Karibik und dem Mittelmeer verkehrende amerikanische Geleitzüge mit Eskorten der US-Navy.

5 Einige verlorengegangene Eskorten sind hierin nicht enthalten.

TAFEL 13

ALLIIERTE GELEITZÜGE, DIE MINDESTENS SECHS SCHIFFE VERLOREN

***Januar 1942 bis Mai 1945*[1]**

Datum	Geleitzug	versenkte Schiffe	BRT
11. 2. 42	Outbound North 67	8	54 750
12. 5. 42	Outbound North (S) 92	7	36 284
4. 7. 42	PQ 17	24[2]	102 296
5. 8. 42	Slow Convoy 94	11	53 421
Sept. 42	PQ 18 – QP 14	19[3]	98 376
10. 9. 42	Outbound North 127	8[4]	51 562
12. 10. 42	Slow Convoy 104	8	43 970
26. 10. 42	Sierra Leone 125	12	80 005
27. 10. 42	Halifax 212	6	51 997
2. 11. 42	Slow Convoy 107	15	82 817
15. 11. 42	Outbound North (S) 144	6[5]	26 321
27. 12. 42	Outbound North (S) 154	14[6]	69 378
3. 1. 43	TM 1[7]	7	56 453
4. 2. 43	Slow Convoy 118	11[8]	59 765
21. 2. 43	Outbound North 166	14	78 653[9]
7. 3. 43	Slow Convoy 121	12[10]	55 651
11. 3. 43	Slow Convoy 122	9	53 094
16. 3. 43	Halifax 229	13	93 502
1. 4. 43	Halifax 231	6	41 500
29. 4. 43	Outbound North (S) 5	13	61 958
20. 9. 43	Outbound North 202	10	41 277
Gesamt:	21 Geleitzüge	233[11]	1 293 030[12]

1 Für die früheren Jahre 1939 – 1941 siehe Tafel 11, Band 1, S. 503.

2 U-Boote versenkten ohne Hilfe sieben Schiffe. Flugzeuge versenkten ohne Hilfe acht Schiffe. U-Boote und Flugzeuge teilten sich das Verdienst an der Versenkung von neun Schiffen.

3 U-Boote versenkten ohne Hilfe neun Schiffe mit 43 216 Tonnen, darunter zwei britische Geleitschiffe: den Zerstörer *Somali* und den Minenräumer *Leda*. Flugzeuge versenkten die übrigen Schiffe mit 55 160 BRT.

4 Darunter der kanadische Zerstörer *Ottawa*.

5 Darunter die Korvette *Montbretia* mit norwegischer Besatzung.

6 Hinzu kommen zwei zehn Tonnen große LCV-Landungsboote.

7 Ein britischer, aus neun Schiffen bestehender mittelatlantischer Tanker-Konvoi fuhr von Trinidad ins Mittelmeer.

8 Hinzu kommt ein britisches, 143 Tonnen großes LCT-Panzerlandungsboot.

9 Hinzu kommt die Beschädigung zweier Tanker mit 18 730 BRT.

10 Hinzu kommen zwei britische, 143 Tonnen große LCT-Panzerlandungsboote.

11 Aus nordatlantischen Geleitzügen 166 Schiffe, davon 86 einlaufende und 80 von den Britischen Inseln auslaufende Schiffe.

12 In den fast sechs Jahren Seekrieg des Zweiten Weltkriegs führten die U-Boot-»Wolfsrudel« Angriffe auf 40 Geleitzüge durch, aus denen mindestens sechs bestätigte Schiffe versenkt wurden. Die Gesamtzahl der aus diesen 40 Geleitzügen versenkten Schiffe, einschließlich jener nur durch Flugzeuge oder gemeinsam durch U-Boote und Flugzeuge versenkten Schiffe: 420 Schiffe mit 2 164 863 BRT.

ANHANG 1

HOCHSEETÜCHTIGE FRONT-U-BOOTE

Die letzten Jahre: September 1942 bis Mai 1945[1]

Boot	Typ	Kommandant	Crew-Jahr	Geburts-datum	Verloren/Abgezogen
In Frontflottillen am 1. 9. 42:					
UA	Türk.	Friedrich Schäfer	IV/1914	2/1893	15. 3. 45 Abg.
U43	IX	Hans-Joachim Schwantke	1936	8/1918	30. 7. 43
U66	IXC	Friedrich Markworth	1934	2/1915	
		Gerhard Seehausen	1937	7/1917	6. 5. 44
U67	IXC	Günther Müller-Stöckheim	1934	12/1913	16. 7. 43
U68	IXC	Karl-Friedrich Merten	1926	8/1905	
		Albert Lauzemis	1937 A	3/1918	10. 4. 44
U69	VIIC	Ulrich Gräf	1935	12/1915	17. 2. 43
U71	VIIC	Walter Flachsenberg	1928	10/1908	
		Hardo Rodler v. Roithberg	1937 A	2/1918	1. 5. 43 Abg.
U73	VIIB	Helmut Rosenbaum	1932	5/1913	
		Horst Deckert	1937 A	10/1918	16. 12. 43
U77	VIIC	Otto Hartmann	1936	4/1917	29. 3. 43
U81	VIIC	Fritz Guggenberger	1934	3/1915	
		Johann-Otto Krieg	X/1937	3/1919	9. 1. 44
U83	VIIB	Hans-Werner Kraus	1934	7/1915	
		Ulrich Wörishoffer	1936	3/1917	4. 3. 43
U84	VIIB	Horst Uphoff	1935	10/1916	7. 8. 43 ?
U86	VIIB	Walter Schug	1934	10/1910	28. 11. 43 ?
U87	VIIB	Joachim Berger	1934	6/1913	4. 3. 43
U88	VIIC	Heino Bohmann	1934	3/1914	12. 9. 42
U89	VIIC	Dietrich Lohmann	1930	10/1909	12. 5. 43
U91	VIIC	Heinz Walkerling	1935	5/1915	
		Heinz Hungershausen	1936	12/1916	26. 2. 44
U92	VIIC	Adolf Oelrich	1935	3/1916	
		Wilhelm Brauel	1937	9/1914	4. 10. 44 Abg.
U96	VIIC	Hans-Jürgen Hellriegel	1936	6/1917	5. 2. 43 Abg.
U97	VIIC	Friedrich Bürgel	1936	10/1916	

röm. Zahlen = Monate
A = Erste Crew
B = Zweite Crew
Abg. = Abgezogen
? = Ursache und Datum des Verlustes unsicher (»vermißt«)
KE = Bis Kriegsende im Fronteinsatz
KA = Keine Angabe

Boot	Typ	Kommandant	Crew-Jahr	Geburts-datum	Verloren/ Abgezogen
		Hans-Georg Trox	1936	1/1916	16. 6. 43
U98	VIIC	Wilhelm Schulze	KA	7/1909	
		Kurt Eichmann	IV/1937	10/1917	15. 11. 42
U103	IXB	Gustav-Adolf Janssen	1936	4/1915	13. 3. 44 Abg.
U105	IXB	Heinrich Schuch	1925	8/1906	
		Jürgen Nissen	1936	5/1916	2. 6. 43
U106	IXB	Hermann Rasch	1934	8/1914	
		Wolf-Dietrich Damerow	X/1937	5/1919	2. 8. 43
U107	IXB	Harald Gelhaus	1935	7/1915	
		Volker Simmermacher	1937 A	2/1919	
		Karl-Heinz Fritz	I/1941	2/1921	18. 8. 44
U108	IXB	Klaus Scholtz	1927	3/1908	
		Ralf-Reimar Wolfram	1930	3/1912	
		Matthias Brünig	X/1938	2/1920	11. 4. 44
U109	IXB	Heinrich Bleichrodt	1931	10/1909	
		Hans Joachim Schramm	1936	6/1916	4. 5. 43
U116	XB	Werner v. Schmidt	1926	4/1906	
		Wilhelm Grimme	1925	5/1907	6. 10. 42 ?
U123	IXB	Horst v. Schroeter	1937 B	6/1919	17. 6. 44 Abg.
U124	IXB	Johann Mohr	1934	6/1916	2. 4. 43
U125	IXC	Ulrich Folkers	1934	3/1915	6. 5. 43
U126	IXC	Ernst Bauer	1933	2/1914	
		Siegfried Kietz	1937 A	1/1917	3. 7. 43
U128	IXC	Ulrich Heyse	1933	9/1906	
		Hermann Steinert	1936	12/1916	17. 5. 43
U129	IXC	Hans-Ludwig Witt	1929	12/1909	
		Richard v. Harpe	X/1937	8/1917	18. 8. 44 Abg.
U130	IXC	Ernst Kals	1924	8/1905	
		Siegfried Keller	IV/1937	10/1917	12. 3. 43
U132	VIIC	Ernst Vogelsang	1931	8/1911	4. 11. 42
U134	VIIC	Rudolf Schendel	1932	1/1914	
		Hans-Günther Brosin	1936	11/1916	24. 8. 43
U135	VIIC	Friedrich-Hermann Praetorius	1935	2/1904	
		Heinz Schütt	1936	11/1915	
		Otto Luther	1937 B	9/1918	15. 7. 43
U154	IXC	Walther Kölle	1926	9/1907	
		Heinrich Schuch	1925	8/1906	
		Oskar Heinz Kusch	1937 A	4/1918	
		Gerth Gemeiner	X/1937	10/1918	3. 7. 44
U155	IXC	Adolf-Cornelius Piening	1930	9/1910	
		Johannes Rudolph	1937 B	4/1916	
		Ludwig-Ferdinand v. Friedeburg	V/1941	5/1924	
		Erwin Witte	1936	2/1911	
		Friedrich Altmeier	1938	7/1920	KE
U156	IXC	Werner Hartenstein	1928	2/1908	8. 3. 43
U159	IXC	Helmut Witte	1934	4/1915	
		Heinz Beckmann	X/1939	6/1913	28. 7. 43
U160	IXC	Georg Lassen	1935	5/1915	

Boot	Typ	Kommandant	Crew-Jahr	Geburts-datum	Verloren/Abgezogen
		Gerd v. Pommer-Esche	1937 A	1/1918	14. 7. 43
U161	IXC	Albrecht Achilles	1934	1/1914	27. 9. 43
U162	IXC	Jürgen Wattenberg	1921	12/1900	3. 9. 42
U163	IXC	Kurt-Eduard Engelmann	1923	4/1903	13. 3. 43
U164	IXC	Otto Fechner	1924	11/1905	6. 1. 43
U165	IXC	Eberhard Hoffmann	1925	5/1907	27. 9. 42 ?
U171	IXC	Günther Pfeffer	1934	10/1914	9. 10. 42
U172	IXC	Carl Emmermann	1934	3/1915	
		Hermann Hoffmann	X/1939	4/1921	13. 12. 43
U173	IXC	Heinz-Ehler Beucke	1922	1/1904	
		Hans-Adolph Schweichel	1936	5/1915	16. 11. 42
U174	IXC	Ulrich Thilo	1922	1/1903	
		Wolfgang Grandefeld	1936	2/1917	27. 4. 43
U175	IXC	Heinrich Bruns	1931	4/1912	17. 4. 43
U176	IXC	Reiner Dierksen	1933	3/1908	15. 5. 43
U179	IXD2	Ernst Sobe	1924	9/1904	8. 10. 42
U201	VIIC	Günther Rosenberg	1936	1/1917	17. 2. 43
U202	VIIC	Hans-Heinz Linder	1933	2/1913	
		Günter Poser	1936	9/1916	2. 6. 43
U203	VIIC	Rolf Mützelburg	1932	6/1913	
		Hermann Kottmann	1936	12/1915	25. 4. 43
U205	VIIC	Franz-Georg Reschke	1929	5/1908	
		Friedrich Bürgel	1936	10/1916	17. 2. 43
U209	VIIC	Heinrich Brodda	1921	5/1903	7. 5. 43 ?
U211	VIIC	Karl Hause	1935	7/1916	19. 11. 43
U214	VIID	Günther Reeder	1935	11/1915	
		Rupprecht Stock	1937 A	2/1916	
		Gerhard Conrad	XII/1939	8/1920	26. 7. 44
U216	VIID	Karl-Otto Schultz	1934	11/1901	20. 10. 42
U217	VIID	Kurt Reichenbach-Klinke	1935	2/1917	5. 6. 43
U218	VIID	Richard Becker	1934	2/1911	
		Rupprecht Stock	1937 A	2/1916	KE
U251	VIIC	Heinrich Timm	1933	4/1910	
		Franz Säck	1928	12/1909	
		Joachim Sauerbier	IX/1939	9/1919	19. 4. 45
U254	VIIC	Hans Gilardone	1932	7/1912	8. 12. 42
U255	VIIC	Reinhart Reche	1934	12/1914	
		Erich Harms	1939	1/1910	
		Helmut Heinrich	KA	10/1913	KE
U256	VIIC	Odo Loewe	1934	9/1914	
		Wilhelm Brauel	1937	9/1914	
		Heinrich Lehmann-Willenbrock	1931	12/1911	KE
U259	VIIC	Klaus Köpke	1935	1/1915	15. 11. 42
U331	VIIC	Hans-Dietrich v. Tiesenhausen	1934	2/1913	17. 11. 42
U332	VIIC	Johannes Liebe	1933	7/1913	
		Eberhard Hüttemann	X/1937	6/1919	29. 4. 43
U333	VIIC	Peter Erich Cremer	1932	3/1911	
		Lorenz Kasch	1933	8/1914	
		Werner Schwaff	1936	3/1915	

Boot	Typ	Kommandant	Crew-Jahr	Geburts-datum	Verloren/ Abgezogen
		Peter Erich Cremer	1932	3/1911	
		Hans Fiedler	1936	10/1914	31. 7. 44
U334	VIIC	Hilmar Siemon	1934	3/1915	
		Heinz Ehrich	1937 B	9/1919	14. 6. 43
U355	VIIC	Günter La Baume	1929	4/1911	1. 4. 44
U371	VIIC	Waldemar Mehl	1933	9/1914	
		Horst-Arno Fenski	X/1937	11/1918	4. 5. 44
U373	VIIC	Paul-Karl Loeser	1935	4/1915	
		Detlev v. Lehsten	1937	8/1917	8. 6. 44
U375	VIIC	Jürgen Könenkamp	1932	8/1913	30. 7. 43
U376	VIIC	Friedrich-Karl Marks	1934	6/1914	6. 4. 43 ?
U377	VIIC	Otto Köhler	1931	11/1909	
		Gerhard Kluth	1937 B	8/1918	15. 1. 44 ?
U378	VIIC	Alfred Hoschatt	1927	2/1909	
		Erich Mäder	1936	10/1918	20. 10. 43
U380	VIIC	Josef Röther	1927	10/1900	
		Albrecht Brandi	1935	6/1914	11. 3. 44
U402	VIIC	Siegfried Frhr. v. Forstner	1930	9/1910	13. 10. 43
U403	VIIC	Heinz-Ehlert Clausen	1932	7/1909	
		Karl-Franz Heine	1934	10/1915	18. 8. 43
U404	VIIC	Otto v. Bülow	1930	10/1911	
		Adolf Schönberg	1937 B	8/1918	28. 7. 43
U405	VIIC	Rolf-Heinrich Hopmann	1926	3/1906	1. 11. 43
U406	VIIC	Horst Dieterichs	1934	3/1912	18. 2. 44
U407	VIIC	Ulrich-Ernst Brüller	1936	9/1917	
		Hubertus Korndörfer	X/1939	11/1919	
		Hans Kolbus	1938	10/1919	19. 9. 44
U408	VIIC	Reinhard v. Hymmen	1933	11/1912	5. 11. 42
U409	VIIC	Hans-Ferdinand Massmann	1936	6/1917	12. 7. 43
U410	VIIC	Kurt Sturm	1925	1/1906	
		Horst-Arno Fenski	1937	11/1918	11. 3. 44
U411	VIIC	Gerhard Litterscheid	1935	6/1914	
		Johann Spindlegger	1935	7/1915	13. 11. 42
U431	VIIC	Wilhelm Dommes	1931	4/1907	
		Dietrich Schöneboom	1937	12/1917	21. 10. 43
U432	VIIC	Heinz-Otto Schultze	1934	9/1915	
		Hermann Eckhardt	1936	6/1916	11. 3. 43
U435	VIIC	Siegfried Strelow	1931	4/1911	9. 7. 43
U436	VIIC	Günther Seibicke	1932	8/1911	26. 5. 43
U437	VIIC	Werner-Karl Schulz	1928	10/1910	
		Hermann Lamby	1936	12/1915	5. 10. 44
U438	VIIC	Rudolf Franzius	1932	6/1911	
		Heinrich Heinsohn	1933	2/1910	6. 5. 43
U453	VIIC	Egon-Reiner v. Schlippenbach	1934	4/1914	
		Dierk Lührs	1938	11/1919	21. 5. 44
U454	VIIC	Burkhard Hackländer	1933	12/1914	1. 8. 43
U455	VIIC	Hans-Heinrich Giessler	1931	1/1911	
		Hans Martin Scheibe	1936	4/1918	2. 4. 44 ?
U456	VIIC	Max-Martin Teichert	1934	1/1915	12. 5. 43 ?

Boot	Typ	Kommandant	Crew-Jahr	Geburts-datum	Verloren/ Abgezogen
U457	VIIC	Karl Brandenburg	1924	7/1906	16. 9. 42
U458	VIIC	Kurt Diggens	1934	10/1913	22. 8. 43
U459	XIV	Georg v. Wilamowitz-Möllendorf	1914	11/1893	24. 7. 43
U460	XIV	Ebe Schnoor	XII/1915	6/1895	4. 10. 43
U461	XIV	Wolf-Harro Stiebler	1932	8/1907	30. 7. 43
U463	XIV	Leo Wolfbauer	1913	7/1895	16. 5. 43
U504	IXC	Fritz Poske	1923	10/1904	
		Wilhelm Luis	1935	12/1915	30. 7. 43
U505	IXC	Axel-Olaf Loewe	1928	1/1909	
		Peter Zschech	1936	10/1918	
		Harald Lange	KA	12/1903	4. 6. 44 gekapert
U506	IXC	Erich Würdemann	1933	1/1914	12. 7. 43
U507	IXC	Harro Schacht	1926	12/1907	13. 1. 43
U508	IXC	Georg Staats	1935	3/1916	12. 11. 43
U509	IXC	Karl-Heinz Wolff	1928	10/1909	
		Werner Witte	1935	1/1915	15. 7. 43
U510	IXC	Karl Neitzel	1923	1/1901	
		Alfred Eick	1937	3/1916	KE
U511	IXC	Friedrich Steinhoff	1935	7/1909	
		Fritz Schneewind	1936	4/1917	16. 9. 43 nach Japan als *Ro-500*
U512	IXC	Wolfgang Schultze	1930	10/1901	2. 10. 42
U513	IXC	Rolf Rüggeberg	1926	3/1907	
		Friedrich Guggenberger	1934	3/1915	19. 7. 43
U514	IXC	Hans-Jürgen Auffermann	1934	10/1914	8. 7. 43
U515	IXC	Werner Henke	1934	5/1908	9. 4. 44
U516	IXC	Gerhard Wiebe	1925	1/1907	
		Hans-Rutger Tillessen	1934	4/1913	
		Friedrich Petran	1938	12/1919	KE
U517	IXC	Paul Hartwig	1935	9/1915	21. 11. 42
U552	VIIC	Erich Topp	1934	7/1914	
		Klaus Popp	1935	5/1917	
		Günther Lube	IX/1939	10/1920	KE
U553	VIIC	Karl Thurmann	1928	9/1909	20. 1. 43 ?
U558	VIIC	Günther Krech	1933	9/1914	20. 7. 43
U559	VIIC	Hans Heidtmann	1934	8/1914	30. 10. 42
U561	VIIC	Heinz Schomburg	1935	9/1914	
		Fritz Henning	1937 A	4/1917	12. 7. 43
U562	VIIC	Horst Hamm	1935	3/1916	19. 2. 43
U563	VIIC	Götz v. Hartmann	1934	10/1913	
		Gustav Borchardt	1937 B	12/1916	31. 5. 43
U564	VIIC	Reinhard Suhren	1935	4/1916	
		Hans Fiedler	1936	10/1914	14. 6. 43
U565	VIIC	Wilhelm Franken	1935	9/1914	
		Fritz Henning	1937 A	4/1917	30. 9. 44
U566	VIIC	Gerhard Remus	1936	4/1917	

Boot	Typ	Kommandant	Crew-Jahr	Geburts-datum	Verloren/ Abgezogen
		Hans Hornkohl	1936	4/1917	24. 10. 43
U569	VIIC	Hans-Peter Hinsch	1934	7/1914	
		Hans Johannsen	1935	9/1910	22. 5. 43
U571	VIIC	Helmut Möhlmann	1933	6/1913	
		Gustav Lüssow	1937 A	12/1917	28. 1. 44
U572	VIIC	Heinz Hirsacker	1934	8/1914	
		Heinz Kummetat	1937 A	11/1918	3. 8. 43
U575	VIIC	Günther Heydemann	1933	1/1914	
		Wolfgang Boehmer	XII/1939	8/1920	13. 3. 44
U582	VIIC	Werner Schulte	1937 A	11/1912	5. 10. 42
U584	VIIC	Joachim Deecke	1933	6/1912	
		Kurt Nölke	1935	9/1914	
		Joachim Deecke	1933	6/1912	31. 10. 43
U586	VIIC	Dietrich v. d. Esch	1934	1/1915	
		Hans Götze	XI/1939	1/1916	5. 7. 44
U589	VIIC	Hans-Joachim Horrer	1933	2/1908	14. 9. 42
U590	VIIC	Heinrich Müller-Edzards	1932/33	3/1910	
		Werner Krüer	KA	11/1914	9. 7. 43
U591	VIIC	Hans-Jürgen Zetzsche	1934	10/1915	
		Reimar Ziesmer	1937 A	11/1917	30. 7. 43
U592	VIIC	Karl Borm	1933	8/1911	
		Hans Jaschke	IX/1939	7/1920	31. 1. 44
U593	VIIC	Gerd Kelbling	1934	6/1915	13. 12. 43
U594	VIIC	Friedrich Mumm	1936	1/1915	4. 6. 43
U595	VIIC	Jürgen Quaet-Faslem	1934	5/1913	14. 11. 42
U596	VIIC	Günter Jahn	1931	9/1910	
		Viktor-Wilhelm Nonn	1937 A	4/1917	
		Hans Kolbus	1938	10/1919	25. 9. 44
U597	VIIC	Eberhard Bopst	1933	12/1913	12. 10. 42
U598	VIIC	Gottfried Holtorf	1935	5/1912	23. 7. 43
U599	VIIC	Wolfgang Breithaupt	1932	9/1913	24. 10. 42
U600	VIIC	Bernhard Zurmühlen	1934	3/1909	25. 11. 43
U601	VIIC	Peter-Ottmar Grau	1934	5/1914	
		Otto Hansen	IV/1937	4/1918	25. 2. 44
U604	VIIC	Horst Höltring	1933	6/1913	11. 8. 43
U605	VIIC	Herbert-Viktor Schütze	1935	2/1917	14. 11. 42
U607	VIIC	Ernst Mengersen	1933	6/1912	
		Wolf Jeschonnek	1938	7/1919	13. 7. 43
U608	VIIC	Rolf Struckmeier	KA	KA	
		Wolfgang Reisener	1938	10/1918	10. 8. 44
U609	VIIC	Klaus Rudloff	1935	1/1916	7. 2. 43
U617	VIIC	Albrecht Brandi	1935	6/1914	12. 9. 43
U653	VIIC	Gerhard Feiler	1934	9/1909	
		Hans-Albrecht Kandler	1937 A	10/1917	15. 3. 44
U657	VIIC	Heinrich Göllnitz	1935	8/1909	17. 5. 43
U658	VIIC	Hans Senkel	1933	1/1910	30. 10. 42
U659	VIIC	Hans Stock	1935	8/1915	4. 5. 43
U660	VIIC	Götz Baur	1935	8/1917	12. 11. 42
U703	VIIC	Heinz Bielfeld	1934	8/1916	

Boot	Typ	Kommandant	Crew-Jahr	Geburts-datum	Verloren/ Abgezogen
		Joachim Brünner	1937 B	4/1919	16. 9. 44 ?
U704	VIIC	Horst Kessler	1934	8/1914	
		Gerhard Nolte	X/1939	1/1922	KE
U705	VIIC	Karl-Horst Horn	1935	12/1916	3. 9. 42
U752	VIIC	Karl-Ernst Schroeter	1934	12/1912	23. 5. 43
U753	VIIC	Alfred Manhardt v. Mannstein	1925	3/1908	13. 5. 43
U755	VIIC	Walter Göing	1934	8/1914	28. 5. 43
U756	VIIC	Klaus Harney	1934	3/1917	1. 9. 42
Zugänge September 1942:					
U118	XB	Werner Czygan	1925	11/1904	12. 6. 43
U177	IXD2	Robert Gysae	1931	1/1911	
		Heinz Buchholz	1929	8/1909	6. 2. 44
U178	IXD2	Hans Ibbeken	1918	9/1899	
		Wilhelm Dommes	1929	4/1907	
		Wilhelm Spahr	1921	4/1904	20. 8. 44 Abg.
U181	IXD2	Wolfgang Lüth	1933	10/1913	
		Kurt Freiwald	1925	10/1906	KE
U183	IXC/40	Heinrich Schäfer	1925	1/1907	
		Fritz Schneewind	1936	4/1910	23. 4. 45
U212	VIIC	Helmut Vogler	1935	9/1916	21. 7. 44
U221	VIIC	Hans Trojer	1936	1/1916	27. 9. 43
U253	VIIC	Adolf Friedrichs	1935	3/1914	25. 9. 42 ?
U257	VIIC	Heinz Rahe	1935	3/1916	24. 2. 44
U258	VIIC	Wilhelm v. Mässenhausen	1935	1/1915	
		Leopold Koch	1937 B	9/1918	
		Wilhelm v. Mässenhausen	1935	1/1915	20. 5. 43
U260	VIIC	Hubertus Purkhold	1935	6/1916	
		Klaus Becker	IX/1939	4/1920	12. 3. 45
U261	VIIC	Hans Lange	1935	5/1915	15. 9. 42
U262	VIIC	Heinz Franke	1936	11/1915	
		Helmut Wieduwilt	1938	11/1919	
		Karl-Heinz Laudahn	X/1939	9/1915	KE
U353	VIIC	Wolfgang Römer	1936	10/1916	16. 10. 42
U356	VIIC	Georg Wallas	1925	2/1905	
		Günther Ruppelt	1937 B	9/1919	27. 12. 42
U382	VIIC	Herbert Juli	1935	6/1916	
		Leopold Koch	1937 B	9/1918	
		Rudolf Zorn	1937 B		
		Hans-Dietrich Wilke	1932	6/1912	
		Günter Schimmel	XII/1939	8/1920	KE
U440	VIIC	Hans Geissler	1938	10/1916	
		Werner Schwaff	1936	3/1915	31. 5. 43
U441	VIIC	Klaus Hartmann	1933	12/1912	
		Götz v. Hartmann	1934	10/1913	
		Klaus Hartmann	1933	12/1912	8. 6. 44
U442	VIIC	Hans-Joachim Hesse	1925	1/1906	12. 2. 43
U518	IXC	Friedrich-Wilhelm Wissmann	1935	12/1915	
		Hans-Werner Offermann	IX/1939	7/1921	22. 4. 45
U602	VIIC	Philipp Schüler	1935	1/1911	19. 4. 43 ?

Boot	Typ	Kommandant	Crew-Jahr	Geburts-datum	Verloren/ Abgezogen
U606	VIIC	Hans Klatt	1935	6/1916	
		Dietrich v. d. Esch	1934	1/1915	
		Hans-Heinrich Döhler	1937	12/1917	22. 2. 43
U610	VIIC	Walter Frhr. v. Freyberg-Eisenberg-Allmendingen	1935	11/1915	8. 10. 43
U615	VIIC	Ralph Kapitzky	1935	6/1916	7. 8. 43
U618	VIIC	Kurt Baberg	1936	2/1917	
		Erich Faust	XII/1939	4/1921	15. 8. 44
U619	VIIC	Kurt Makowski	1936	9/1915	5. 10. 42
U620	VIIC	Heinz Stein	1937	8/1913	13. 2. 43
U621	VIIC	Horst Schünemann	1934	1/1914	
		Max Kruschka	1937 B	5/1919	
		Hermann Stuckmann	1939	1/1921	18. 8. 44
U622	VIIC	Horst-Thilo Queck	1935	1/1919	24. 7. 43
U625	VIIC	Hans Benker	1936	2/1917	
		Siegfried Straub	IX/1939	6/1918	10. 3. 44
U661	VIIC	Erich v. Lilienfeld	1935	11/1915	15. 10. 42
U662	VIIC	Wolfgang Hermann	1928	12/1908	
		Heinz-Eberhard Müller	1936	3/1916	21. 7. 43
U706	VIIC	Alexander v. Zitzewitz	1934	3/1916	2. 8. 43
U757	VIIC	Friedrich Deetz	1935	9/1916	8. 1. 44
Zugänge Oktober 1942:					
U117	XB	Hans-Werner Neumann	1925	9/1906	7. 8. 43
U185	IXC/40	August Maus	1934	2/1915	24. 8. 43
U224	VIIC	Hans Karl Kosbadt	1937	12/1917	13. 1. 43
U263	VIIC	Kurt Nölke	1935	9/1914	20. 1. 44 ?
U301	VIIC	Willy-Roderich Körner	1935	12/1914	21. 1. 43
U354	VIIC	Karl-Heinz Herbschleb	1935	10/1910	
		Hans-Jürgen Sthamer	1937 B	7/1919	24. 8. 44
U381	VIIC	Wilhelm-Heinrich Graf v. Pückler u. Limpurg	1934	3/1913	9. 5. 43 ?
U383	VIIC	Horst Kremser	1936	9/1917	1. 8. 43 ?
U412	VIIC	Walter Jahrmärker	1935	9/1917	22. 10. 42
U413	VIIC	Gustav Poel	1936	8/1917	
		Dieter Sachse	IX/1939	8/1917	20. 8. 44
U443	VIIC	Konstantin v. Puttkamer	1936	7/1917	23. 2. 43
U465	VIIC	Heinz Wolf	1934	8/1914	2. 5. 43
U519	IXC	Günter Eppen	1933	8/1912	30. 1. 43 ?
U520	IXC	Volkmar Schwartzkopff	1934	4/1914	30. 10. 42
U521	IXC	Klaus Bargsten	1935	10/1911	2. 6. 43
U522	IXC	Herbert Schneider	1934	6/1915	23. 2. 43
U611	VIIC	Nikolaus v. Jacobs	1933	1/1913	8. 12. 42
U613	VIIC	Helmut Köppe	1933	4/1909	23. 7. 43
U624	VIIC	Ulrich Graf v. Soden-Fraunhofen	1936	8/1913	7. 2. 43
U627	VIIC	Robert Kindelbacher	1935	5/1915	27. 10. 42
U663	VIIC	Heinrich Schmid	1934	5/1915	8. 5. 43 ?
U664	VIIC	Adolf Graef	1936	4/1916	9. 8. 43
Zugänge November 1942:					
U184	IXC/40	Günther Dangschat	1935	7/1915	20. 11. 42 ?

Boot	Typ	Kommandant	Crew-Jahr	Geburts-datum	Verloren/ Abgezogen
U264	VIIC	Hartwig Looks	1936	6/1917	19. 2. 44
U336	VIIC	Hans Hunger	1935	3/1915	5. 10. 43
U439	VIIC	Wolfgang Sporn	1934	9/1912	
		Helmut v. Tippelskirch	1937 A	12/1917	4. 5. 43
U445	VIIC	Heinz-Konrad Fenn	1937 A	7/1918	
		Rupprecht Fischler Graf v. Treuberg	1939	2/1920	24. 8. 44
U462	XIV	Bruno Vowe	1923	7/1904	30. 7. 43
U524	IXC	Walter Frhr. v. Steinaecker	1935	3/1917	22. 3. 43
U603	VIIC	Hans-Joachim Bertelsmann	1936	4/1916	
		Rudolf Baltz	1935	7/1920	
		Hans-Joachim Bertelsmann	1936	4/1916	1. 3. 44
U623	VIIC	Hermann Schröder	I/1937	4/1912	21. 2. 43
U628	VIIC	Heinz Hasenschar	1936	9/1916	3. 7. 43
U758	VIIC	Helmut Manseck	1934	12/1914	
		Hans-Arendt Feindt	XII/1939	10/1921	16. 3. 45
Zugänge Dezember 1942:					
U167	IXC/40	Kurt Neubert	1936	3/1910	
		Kurt Sturm	1925	1/1906	6. 4. 43
U182	IXD2	Nikolaus Clausen	1929	6/1911	16. 5. 43
U186	IXC/40	Siegfried Hesemann	1935	7/1912	12. 5. 43
U225	VIIC	Wolfgang Leimkühler	1937 A	8/1918	15. 2. 43
U226	VIIC	Rolf Borchers	1933	11/1913	
		Albrecht Gänge	1937 B	6/1919	6. 11. 43
U266	VIIC	Rolf v. Jessen	1935	2/1917	15. 5. 43
U302	VIIC	Herbert Sickel	1935	6/1914	6. 4. 44
U303	VIIC	Karl-Franz Heine	1934	10/1915	21. 5. 43
U337	VIIC	Kurt Ruwiedel	1936	9/1917	3. 1. 43 ?
U357	VIIC	Adolf Kellner	1935	4/1910	26. 12. 42
U384	VIIC	Hans-Achim v. Rosenberg-Gruszczynski	1937 A	6/1917	19. 3. 43
U444	VIIC	Albert Langfeld	1937 A	1/1918	11. 3. 43
U525	IXC/40	Hans-Joachim Drewitz	1933	11/1907	11. 8. 43
U626	VIIC	Hans-Botho Bade	X/1939	11/1909	15. 12. 42
U629	VIIC	Hans-Helmuth Bugs	1937 A	3/1917	7. 6. 44
U631	VIIC	Jürgen Krüger	1937 A	7/1918	17. 10. 43
U632	VIIC	Hans Karpf	1935	5/1916	6. 4. 43
Zugänge Januar 1943:					
U187	IXC/40	Ralph Münnich	1935	2/1916	4. 2. 43
U223	VIIC	Karl-Jürgen Wächter	1936	5/1916	
		Peter Gerlach	XI/1939	5/1922	30. 3. 44
U265	VIIC	Leonhard Auffhammer	1936	6/1917	3. 2. 43
U267	VIIC	Otto Tinschert	1935	3/1919	
		Bernhard Knieper	I/1941	3/1911	KE
U268	VIIC	Ernst Heydemann	1936	6/1916	19. 2. 43
U358	VIIC	Rolf Manke	1935	12/1915	1. 3. 44
U414	VIIC	Walther Huth	IV/1937	4/1918	25. 5. 43
U448	VIIC	Helmut Dauter	1937 B	8/1919	14. 4. 44
U466	VIIC	Gerhard Thäter	1936	11/1916	19. 8. 44

Boot	Typ	Kommandant	Crew-Jahr	Geburts-datum	Verloren/ Abgezogen
U468	VIIC	Klemens Schamong	1937 A	4/1917	11. 8. 43
U529	IXC/40	Georg-Werner Fraatz	1935	3/1917	12. 2. 43 ?
U614	VIIC	Wolfgang Sträter	1935	5/1916	29. 7. 43
U707	VIIC	Günter Gretschel	1936	10/1914	9. 11. 43
Zugänge Februar 1943:					
U119	XB	Alois Zech	1925	9/1907	
		Horst-Tessen v. Kameke	1935	2/1916	24. 6. 43
U180	IXD1	Werner Musenberg	1925	9/1904	
		Rolf Riesen	1938	12/1919	23. 8. 44 ?
U190	IXC/40	Max Wintermeyer	1934	2/1914	
		Hans-Edwin Reith	1939 A	1/1920	KE
U228	VIIC	Erwin Christophersen	1936	4/1915	
		Herbert Engel	VII/1939	6/1912	4. 10. 44
U229	VIIC	Robert Schetelig	1937 A	10/1918	22. 9. 43
U230	VIIC	Paul Siegmann	1935	5/1913	
		Heinz-Eugen Eberbach	X/1939	7/1921	21. 8. 44
U305	VIIC	Rudolf Bahr	1935	4/1916	17. 1. 44
U306	VIIC	Claus v. Trotha	1936	3/1914	31. 10. 43
U338	VIIC	Manfred Kinzel	1935	3/1915	20. 9. 43 ?
U359	VIIC	Heinz Förster	1940	6/1909	26. 7. 43
U447	VIIC	Friedrich-Wilhelm Bothe	1936	7/1917	7. 5. 43
U523	IXC	Werner Pietzsch	1935	4/1917	25. 8. 43
U526	IXC/40	Hans Möglich	1935	1/1916	14. 4. 43
U527	IXC/40	Herbert Uhlig	1935	2/1916	23. 7. 43
U530	IXC/40	Kurt Lange	1922	8/1903	
		Otto Wermuth	IX/1939	7/1920	KE (Argentinien)
U616	VIIC	Siegfried Koitschka	1937 A	8/1917	17. 5. 44
U633	VIIC	Bernhard Müller	1937 A	10/1916	10. 3. 43
U634	VIIC	Eberhard Dahlhaus	1938	7/1920	30. 8. 43
U638	VIIC	Hinrich-Oskar Bernbeck	1934	7/1914	
		Oskar Staudinger	1936	5/1917	5. 5. 43
U641	VIIC	Horst Rendtel	1936	11/1916	19. 1. 44
U642	VIIC	Herbert Brünning	1935	9/1915	5. 7. 44
U665	VIIC	Hans-Jürgen Haupt	1935	2/1911	22. 3. 43
U666	VIIC	Herbert Engel	VII/1939	6/1912	
		Ernst-August Wilberg	I/1938	9/1913	10. 2. 44 ?
U709	VIIC	Karl-Otto Weber	1936	10/1914	
		Rudolf Ites	1936	2/1918	1. 3. 44
U759	VIIC	Rudolf Friedrich	1935	6/1914	15. 7. 43
Zugänge März 1943:					
U168	IXC/40	Helmuth Pich	1934	6/1914	6. 10. 44
U169	IXC/40	Hermann Bauer	1936	8/1917	27. 3. 43
U188	IXC/40	Siegfried Lüdden	1936	5/1916	20. 8. 44 Abg.
U191	IXC/40	Helmut Fiehn	1935	2/1916	23. 4. 43
U195	IXD1	Heinz Buchholz	1929	8/1909	
		Friedrich Steinfeldt	IV/1940	12/1914	KE
U196	IXD2	Eitel-Friedrich Kentrat	1928	9/1906	
		Heinz-Werner Striegler	1937 B	6/1918	30. 11. 44 ?

Boot	Typ	Kommandant	Crew-Jahr	Geburts-datum	Verloren/ Abgezogen
U198	IXD2	Werner Hartmann	1921	12/1902	
		Burkhard Heusinger v. Waldegg	X/1938	5/1920	12. 8. 44
U269	VIIC	Karl-Heinrich Harlfinger	1936	8/1915	
		Otto Hansen	1937 A	4/1918	
		Georg Uhl	IV/1939	1/1915	25. 6. 44
U270	VIIC	Paul-Friedrich Otto	1937 A	4/1917	
		Heinrich Schreiber	1937 B	4/1917	13. 8. 44
U339	VIIC	Georg-Wilhelm Basse	1936	8/1917	9. 4. 43
		Werner Remus	X/1939	9/1919	KE
U415	VIIC	Kurt Neide	1936	7/1916	
		Herbert Werner	XII/1939	5/1920	14. 7. 44
U467	VIIC	Heinz Kummer	1936	5/1915	25. 5. 43
U469	VIIC	Emil Claussen	IV/1937	10/1917	25. 3. 43
U487	XIV	Helmut Metz	1935	9/1906	13. 7. 43
U532	IXC/40	Otto-Heinrich Junker	1924	7/1905	KE
U630	VIIC	Werner Winkler	1936	5/1917	6. 5. 43
U635	VIIC	Heinz Eckelmann	1937 A	7/1916	5. 4. 43
U639	VIIC	Walter Wichmann	1937 B	4/1919	28. 8. 43
U644	VIIC	Kurt Jensen	IV/1937	2/1918	7. 4. 43
U711	VIIC	Hans-Günther Lange	1937	9/1916	4. 5. 45
Zugänge April 1943:					
U189	IXC/40	Helmut Kurrer	1935	2/1916	23. 4. 43
U192	IXC/40	Werner Happe	1936	9/1915	6. 5. 43
U197	IXD2	Robert Bartels	1934	4/1911	20. 8. 43
U227	VIIC	Jürgen Kuntze	1936	9/1917	30. 4. 43
U231	VIIC	Wolfgang Wenzel	1934	3/1910	13. 1. 44
U304	VIIC	Heinz Koch	1939	7/1914	28. 5. 43
U340	VIIC	Hans-Joachim Klaus	1937 A	5/1918	2. 11. 43
U386	VIIC	Hans-Albrecht Kandler	1937 A	10/1917	
		Fritz Albrecht	1937 B	5/1920	19. 2. 44
U418	VIIC	Gerhard Lange	1937 B	5/1920	1. 6. 43
U528	IXC/40	Georg v. Rabenau	1936	7/1916	11. 5. 43
U531	IXC/40	Herbert Neckel	1935	8/1916	6. 5. 43
U533	IXC/40	Helmut Hennig	1936	4/1914	16. 10. 43
U636	VIIC	Hans Hildebrandt	1936	12/1911	
		Eberhard Schendel	XII/1939	6/1920	21. 4. 45
U645	VIIC	Otto Ferro	1940	1/1911	24. 12. 43
U646	VIIC	Heinrich Wulff	1940	2/1908	17. 5. 43
U648	VIIC	Peter-Arthur Stahl	1938	8/1913	22. 11. 43 ?
U650	VIIC	Ernst v. Witzendorff	1937 A	6/1916	
		Rudolf Zorn	1937 B	7/1917	9. 12. 44 ?
U710	VIIC	Dietrich v. Carlowitz	1936	7/1916	24. 4. 43
U731	VIIC	Werner Techand	1937 B	1/1919	
		Alexander v. Keller	1938	3/1919	15. 5. 44
U732	VIIC	Claus-Peter Carlsen	1937 B	10/1919	31. 10. 43
U760	VIIC	Otto-Ulrich Blum	1936	2/1917	8. 9. 43
U952	VIIC	Oskar Curio	1937 A	2/1918	5. 7. 44
U954	VIIC	Odo Loewe	1934	9/1914	19. 5. 43

Boot	Typ	Kommandant	Crew-Jahr	Geburts-datum	Verloren/ Abgezogen
Zugänge Mai 1943:					
U170	IXC/40	Günther Pfeffer	1934	10/1914	
		Hans Gerold Hauber	1933	7/1913	KE
U193	IXC/40	Hans Pauckstadt	1926	9/1906	
		Ulrich Abel	1939	3/1912	23. 4. 44 ?
U199	IXD2	Hans-Werner Kraus	1934	7/1915	31. 7. 43
U232	VIIC	Ernst Ziehm	1933	7/1914	8. 7. 43
U271	VIIC	Kurt Barleben	1935	3/1909	28. 1. 44
U273	VIIC	Hermann Rossmann	1937 B	7/1918	19. 5. 43
U308	VIIC	Karl Mühlenpfort	1940	6/1909	4. 6. 43
U341	VIIC	Dietrich Epp	1937 A	8/1917	19. 9. 43
U450	VIIC	Kurt Böhme	X/1937	1/1917	10. 3. 44
U488	XIV	Erwin Bartke	1940	4/1909	
		Bruno Studt	X/1939	4/1918	26. 4. 44
U535	IXC/40	Helmut Ellmenreich	1935	7/1913	5. 7. 43
U640	VIIC	Karl-Heinz Nagel	1937 A	1/1917	14. 5. 43
U667	VIIC	Heinrich Schroeteler	1936	12/1915	
		Karl-Heinz Lange	1937 A	2/1918	25. 8. 44 ?
U669	VIIC	Kurt Köhl	XI/1939	12/1912	29. 8. 43 ?
U951	VIIC	Kurt Pressel	1937 B	4/1911	7. 7. 43
U953	VIIC	Karl-Heinz Marbach	IV/1937	7/1919	
		Herbert Werner	XII/1939	5/1920	
		Erich Steinbrink	1938	3/1919	KE
Zugänge Juni 1943:					
U194	IXC/40	Hermann Hesse	1935	3/1909	24. 6. 43
U200	IXD2	Heinrich Schonder	1935	7/1910	24. 6. 43
U307	VIIC	Friedrich-Georg Herrle	1939	8/1910	
		Erich Krüger	X/1939	4/1918	29. 4. 45
U387	VIIC	Rudolf Büchler	1936	10/1915	9. 12. 44
U388	VIIC	Peter Sues	1938	9/1919	20. 6. 43
U417	VIIC	Wolfgang Schreiner	1937 A	4/1917	11. 6. 43
U420	VIIC	Hans-Jürgen Reese	1937 A	4/1918	20. 10. 43 ?
U449	VIIC	Hermann Otto	1934	5/1914	24. 6. 43
U536	IXC/40	Rolf Schauenburg	1934	5/1913	20. 11. 43
Zugänge Juli 1943:					
U277	VIIC	Robert Lübsen	1937 A	9/1916	1. 5. 44
U489	XIV	Adalbert Schmandt	I/1940	12/1909	4. 8. 43
U647	VIIC	Willi Hertin	1935	9/1914	28. 7. 43 ?
U713	VIIC	Henri Gosejakob	1936	12/1915	24. 2. 44
U737	VIIC	Paul Brasack	1937	5/1916	
		Friedrich-August Gréus	1939 A	4/1921	19. 12. 44
U847	IXD2	Herbert Kuppisch	1933	12/1909	27. 8. 43
Zugänge August 1943:					
U220	XB	Bruno Barber	1922	3/1904	28. 10. 43
U238	VIIC	Horst Hepp	1936	10/1917	9. 2. 44
U274	VIIC	Günther Jordan	1937	2/1919	23. 10. 43
U275	VIIC	Helmut Bork	1939	5/1910	
		Helmut Wehrkamp	XII/1939	3/1921	10. 3. 45
U309	VIIC	Hans-Gert Mahrholz	1938	10/1918	

Boot	Typ	Kommandant	Crew-Jahr	Geburts-datum	Verloren/ Abgezogen
		Herbert Loeder	X/1938	4/1919	16. 2. 45
U360	VIIC	Klaus Becker	1936	3/1918	2. 4. 44
U389	VIIC	Siegfried Heilmann	1936	6/1917	4. 10. 43
U419	VIIC	Dietrich Giersberg	1937 A	11/1917	8. 10. 43
U422	VIIC	Wolfgang Poeschel	1938	3/1920	4. 10. 43
U643	VIIC	Hans Harald Speidel	1936	5/1917	8. 10. 43
U841	IXC/40	Werner Bender	1936	10/1916	17. 10. 43
U956	VIIC	Hans-Dieter Mohs	1937 B	9/1919	KE
U960	VIIC	Günther Heinrich	1938	1/1920	19. 5. 44
U963	VIIC	Karl Boddenberg	1933	5/1914	
		Rolf-Werner Wentz	X/1939	1/1920	KE
U1061	VIIF	Otto Hinrichs	KA	11/1913	
		Walter Jäger	1943	5/1897	KE
Zugänge September 1943:					
U279	VIIC	Otto Finke	1936	9/1915	4. 10. 43
U281	VIIC	Heinz v. Davidson	1937 A	12/1918	KE
U282	VIIC	Rudolf Müller	1937 B	6/1917	29. 10. 43
U426	VIIC	Christian Reich	1936	11/1915	8. 1. 44
U470	VIIC	Günther Grave	1937 A	7/1917	16. 10. 43
U537	IXC/40	Peter Schrewe	1934	12/1913	10. 11. 44
U539	IXC/40	Hans-Jürgen Lauterbach-Emden	1937 A	5/1919	KE
U540	IXC/40	Lorenz Kasch	1933	8/1914	17. 10. 43
U714	VIIC	Hans-Joachim Schwebcke	1937 A	3/1918	14. 3. 45
U761	VIIC	Horst Geider	1937 A	9/1918	24. 2. 44
U762	VIIC	Wolfgang Hille	1936	3/1918	
		Walter Pietschmann	1937 B	7/1919	8. 2. 44
U842	IXC/40	Wolfgang Heller	1930	6/1910	6. 11. 43
U844	IXC/40	Günther Möller	1937 A	6/1918	16. 10. 43
U848	IXD2	Wilhelm Rollmann	1936	8/1907	5. 11. 43
U962	VIIC	Ernst Liesberg	1937 B	6/1918	8. 4. 44
U964	VIIC	Emmo Hummerjohann	IV/1937	4/1916	16. 10. 43
U966	VIIC	Eckehard Wolf	1937 B	3/1918	10. 11. 43
U969	VIIC	Max Dobbert	KA	4/1910	6. 8. 44
Zugänge Oktober 1943:					
U219	XB	Walter Burghagen	1911	9/1891	KE
U280	VIIC	Walter Hungershausen	1936	3/1919	16. 11. 43
U343	VIIC	Wolfgang Rahn	1938	10/1921	10. 3. 44
U391	VIIC	Gert Dültgen	1937	9/1918	13. 12. 43
U424	VIIC	Günter Lüders	1938	7/1920	11. 2. 44
U538	IXC/40	Johann-Egbert Gossler	1935	11/1914	21. 11. 43
U542	IXC/40	Christian-Brandt Coester	1937	11/1919	26. 11. 43
U764	VIIC	Hans-Kurt v. Bremen	1938	8/1918	KE
U843	IXC/40	Oskar Herwartz	1935	1/1915	9. 4. 45
U849	IXD2	Heinz-Otto Schultze	1934	9/1915	25. 11. 43
U967	VIIC	Herbert Loeder	1938	4/1919	
		Albrecht Brandi	1935	6/1914	
		Heinz-Eugen Eberbach	X/1939	7/1921	19. 8. 44
Zugänge November 1943:					
U284	VIIC	Günther Scholz	1938	2/1919	21. 12. 43

Boot	Typ	Kommandant	Crew-Jahr	Geburts-datum	Verloren/ Abgezogen
U311	VIIC	Joachim Zander	1936	4/1917	22. 4. 44
U364	VIIC	Paul-Heinrich Sass	1939	10/1919	29. 1. 44 ?
U421	VIIC	Hans Kolbus	1938	10/1919	29. 4. 44
U425	VIIC	Heinz Bentzien	1937	1/1917	17. 2. 45
U471	VIIC	Friedrich Kloevekorn	1937 A	2/1918	6. 8. 44
U541	IXC/40	Kurt Petersen	1936	9/1916	KE
U543	IXC/40	Hans-Jürgen Hellriegel	1936	6/1917	2. 7. 44
U544	IXC/40	Willy Mattke	1928	1/1909	16. 1. 44
U672	VIIC	Ulf Lawaetz	1937 B	11/1916	18. 7. 44
U734	VIIC	Hans-Jörg Blauert	VIII/1939	3/1918	9. 2. 44
U739	VIIC	Ernst Mangold	1935	11/1917	
		Fritz Kosnick	1936	3/1911	KE
U741	VIIC	Gerhard Palmgren	X/1938	11/1919	15. 8. 44
U801	IXC/40	Hans-Joachim Brans	1935	8/1915	17. 3. 44
U850	IXD2	Klaus Ewerth	1925	3/1907	20. 12. 43
U972	VIIC	Klaus-Dietrich König	1937 B	11/1915	15. 12. 43 ?
U976	VIIC	Raimund Tiesler	1937	3/1919	25. 3. 44
U981	VIIC	Walter Sitek	VIII/1939	1/1913	
		Günter Keller	XII/1939	8/1921	12. 8. 44
Zugänge Dezember 1943:					
U390	VIIC	Heinz Geissler	1938	8/1917	5. 7. 44
U392	VIIC	Henning Schümann	1937 B	4/1919	16. 3. 44
U545	IXC/40	Gert Mannesmann	KA	10/1910	11. 2. 44
U547	IXC/40	Kurt Sturm	1925	1/1906	
		Heinrich Niemeyer	1939	6/1910	31. 12. 44
U716	VIIC	Hans Dunkelberg	1937 B	8/1918	
		Jürgen Thimme	1937 A	9/1917	KE
U744	VIIC	Heinz Blischke	1938	9/1919	6. 3. 44
U763	VIIC	Ernst Cordes	1934	6/1913	
		Karl-Heinz Schröter	IX/1939	3/1921	KE
U846	IXC/40	Berthold Hashagen	1937	8/1909	4. 5. 44
U957	VIIC	Gerd Schaar	1937 B	3/1919	19. 10. 44
U965	VIIC	Klaus Ohling	1937 A	2/1918	
		Günter Unverzagt	XII/1939	5/1921	30. 3. 45
U984	VIIC	Heinz Sieder	1938	6/1920	20. 8. 44
U1060	VIIF	Herbert Brammer	1937	4/1914	27. 10. 44
Zugänge Januar 1944:					
U240	VIIC	Günther Link	1937 B	3/1918	14. 5. 44 ?
U276	VIIC	Rolf Borchers	1933	11/1913	
		Heinz Zwarg	IV/1937	11/1917	29. 9. 44
U278	VIIC	Joachim Franze	1937 A	1/1918	KE
U283	VIIC	Günter Ney	XII/1939	3/1922	11. 2. 44
U312	VIIC	Kurt-Heinz Nicolay	1937 A	10/1917	
		Friedrich-Georg Herrle	XII/1939	8/1910	
		Jürgen v. Gaza	X/1939	9/1920	KE
U313	VIIC	Friedhelm Schweiger	1937 A	3/1917	KE
U314	VIIC	Georg-Wilhelm Basse	1936	8/1917	30. 1. 44
U472	VIIC	Wolfgang-Friedrich Frhr. v. Forstner	1937 A	10/1916	4. 3. 44

Boot	Typ	Kommandant	Crew-Jahr	Geburts-datum	Verloren/ Abgezogen
U546	IXC/40	Paul Just	1936	12/1915	24. 4. 45
U549	IXC/40	Detlev Krankenhagen	1936	7/1917	29. 5. 44
U802	IXC/40	Helmut Schmoeckel	1936	12/1917	KE
U845	IXC/40	Werner Weber	1925	11/1907	10. 3. 44
U852	IXD2	Heinz Eck	1934	3/1916	3. 5. 44
U973	VIIC	Klaus Paepenmöller	1937 A	2/1918	6. 3. 44
U985	VIIC	Horst Kessler	1934	8/1914	
		Heinz Wolff	1937 A	3/1918	15. 11. 44
U989	VIIC	Hardo Rodler v. Roithberg	1937 A	2/1918	14. 2. 45
U990	VIIC	Hubert Nordheimer	1936	2/1917	25. 5. 44
U1062	VIIF	Karl Albrecht	1923	4/1904	30. 9. 44
Zugänge Februar 1944:					
U288	VIIC	Willy Meyer	1936	10/1912	3. 4. 44
U315	VIIC	Herbert Zoller	1938	5/1919	KE
U361	VIIC	Hans Seidel	1937 A	5/1918	17. 7. 44
U362	VIIC	Ludwig Franz	1937 A	1/1918	5. 9. 44
U365	VIIC	Heimar Wedemeyer	1934	9/1906	
		Diether Todenhagen	1937 B	7/1920	13. 12. 44
U366	VIIC	Bruno Langenberg	1938	11/1920	5. 3. 44
U550	IXC/40	Klaus Hänert	1936	2/1918	16. 4. 44
U674	VIIC	Harald Muhs	1938	10/1919	2. 5. 44
U851	IXD2	Hannes Weingaertner	1928	7/1908	27. 3. 44 ?
U856	IXC/40	Friedrich Wittenberg	1937 B	10/1918	7. 4. 44
U959	VIIC	Friedrich Weitz	1938	4/1920	2. 5. 44
U970	VIIC	Hans Heinrich Ketels	1937 A	3/1918	8. 6. 44
U986	VIIC	Karl-Ernst Kaiser	1938	4/1920	17. 4. 44
U1059	VIIF	Günther Leupold	1938	2/1891	19. 3. 44
Zugänge März 1944:					
U347	VIIC	Johann de Buhr	1934/40	3/1912	17. 7. 44
U473	VIIC	Heinz Sternberg	1936	2/1917	6. 5. 44
U548	IXC/40	Eberhard Zimmermann	1937	10/1916	
		Erich Krempl	IX/1939	5/1921	19. 4. 45
U673	VIIC	Heinz-Gerd Sauer	XII/1939	4/1915	
		Ernst-August Gerke	XII/1939	5/1921	24. 10. 44
U740	VIIC	Günther Stark	1936	2/1917	6. 6. 44 ?
U766	VIIC	Hans-Dietrich Wilke	1939	6/1912	KE
U821	VIIC	Ulrich Knackfuß	X/1938	6/1920	10. 6. 44
U961	VIIC	Klaus Fischer	1938	10/1919	29. 3. 44
U968	VIIC	Otto Westphalen	1938	3/1920	KE
U974	VIIC	Heinz Wolff	1937 B	3/1918	19. 4. 44
U992	VIIC	Hans Falke	1939 A	6/1920	KE
U993	VIIC	Kurt Hilbig	1938	5/1919	
		Karl-Heinz Steinmetz	XII/1939	2/1921	4. 10. 44
U1224	IXC/40	Georg Preuss	1933	12/1916	13. 5. 44 nach Japan als *RO-501*
Zugänge April 1944:					
U241	VIIC	Arno Werr	IX/1939	12/1920	18. 5. 44
U292	VIIC/41	Werner Schmidt	IX/1939	7/1920	27. 5. 44

Boot	Typ	Kommandant	Crew-Jahr	Geburts-datum	Verloren/Abgezogen
U293	VIIC/41	Leonhard Klingspor	1937 B	6/1917	KE
U342	VIIC	Albert Hossenfelder	1935	3/1908	17. 4. 44
U344	VIIC	Ulrich Pietsch	1936	12/1915	22. 8. 44
U348	VIIC	Hans-Norbert Schunck	1938	3/1920	30. 3. 45
U385	VIIC	Hans-Guido Valentiner	1937 A	1/1919	11. 8. 44
U394	VIIC	Wolfgang Borger	1936	4/1913	2. 9. 44
U668	VIIC	Wolfgang v. Eickstedt	1935	12/1915	
		Fritz Henning	IV/1937	4/1917	KE
U736	VIIC	Reinhard Reff	1937	9/1913	6. 8. 44
U742	VIIC	Heinz Schwassmann	1935	2/1916	18. 7. 44
U765	VIIC	Werner Wendt	1938	2/1916	6. 5. 44
U853	IXC/40	Helmut Sommer	1935	8/1914	
		Günter Kuhnke	1931	9/1912	
		Helmut v. Frömsdorf	IX/1939	3/1921	6. 5. 45
U859	IXD2	Johann Jebsen	1935	4/1916	23. 9. 44
U860	IXD2	Paul Büchel	1925	8/1907	15. 6. 44
U861	IXD2	Jürgen Oesten	1933	10/1913	KE
U955	VIIC	Hans-Heinrich Baden	1938	4/1915	7. 6. 44
U997	VIIC/41	Hans Lehmann	1938	9/1915	KE
U1222	IXC/40	Heinz Bielfeld	1934	8/1916	11. 7. 44
Zugänge Mai 1944:					
U233	XB	Hans Steen	1937 A	9/1907	5. 7. 44
U242	VIIC	Karl-Wilhelm Paucke	1938	10/1915	
		Heinrich Riedel	XII/1939	12/1921	5. 4. 45
U289	VIIC	Alexander Hellwig	1935	3/1916	31. 5. 44
U290	VIIC	Helmuth Herglotz	1938	3/1918	
		Heinz Baum	1940	11/1912	5. 5. 45
U476	VIIC	Otto Niethmann	1938	8/1919	25. 5. 44
U477	VIIC	Karl-Joachim Jenssen	1938	7/1920	3. 6. 44
U490	XIV	Wilhelm Gerlach	XI/1939	5/1905	12. 6. 44
U534	IXC/40	Herbert Nollau	1936	3/1916	5. 5. 45
U671	VIIC	Wolfgang Hegewald	1937 A	7/1917	4. 8. 44
U675	VIIC	Karl-Heinz Sammler	1937 B	1/1919	24. 5. 44
U719	VIIC	Klaus-Dietrich Steffens	1937 A	6/1918	26. 6. 44
U745	VIIC	Wilhelm v. Trotha	1936	8/1916	30. 1. 45 ?
U767	VIIC	Walter Dankleff	II/1935	11/1906	18. 6. 44
U857	IXC/40	Rudolf Premauer	1937 B	5/1919	?. 4. 45 ?
U921	VIIC	Alfred Werner	1938	12/1918	24. 9. 44 ?
U958	VIIC	Gerhard Groth	1937 A	8/1917	
		Friedrich Stege	X/1939	11/1920	KE
U975	VIIC	Paul Frerks	KA	6/1908	
		Hubert Jeschke	IX/1939	4/1921	
		Walter-Ernst Koch	X/1938	9/1919	
		Wilhelm Brauel	X/1937	9/1914	KE
U987	VIIC	Hilmer Karl Schreyer	1933	8/1914	15. 6. 44
U988	VIIC	Erich Dobberstein	1938	12/1919	30. 6. 44
U1191	VIIC	Peter Grau	X/1939	3/1920	12. 6. 44 ?
U1192	VIIC	Herbert Zeissler	1938	9/1920	
		Erich Jewinski	KA	3/1920	

Boot	Typ	Kommandant	Crew-Jahr	Geburts-datum	Verloren/ Abgezogen
		Karl-Heinz Meenen	KA	3/1921	KE
Zugänge Juni 1944:					
U243	VIIC	Hans Märtens	1937 A	1/1918	8. 7. 44
U247	VIIC	Gerhard Matschulat	XI/1938	5/1920	1. 9. 44
U294	VIIC/41	Heinz Schütt	1936	11/1915	KE
U317	VIIC/41	Peter Rahlf	IX/1939	3/1909	26. 6. 44
U318	VIIC/41	Josef Will	X/1939	4/1906	KE
U319	VIIC/41	Johannes Clemens	1935	5/1911	15. 7. 44
U363	VIIC	Werner Nees	1928	2/1910	KE
U370	VIIC	Karl Nielsen	1935	9/1911	KE
U396	VIIC	Ernst-Günther Unterhorst	1937 B	4/1919	
		Hillmar Siemon	1934	3/1915	11. 4. 45 ?
U397	VIIC	Fritz Kallipke	XI/1937	11/1909	
		Gerhard Groth	IV/1937	8/1917	KE
U423	VIIC	Klaus Hackländer	1937 B	7/1916	17. 6. 44
U427	VIIC	Karl-Gabriel Graf v. Gudenus	1938	10/1920	KE
U478	VIIC	Rudolf Rademacher	1937 B	2/1919	30. 6. 44
U480	VIIC	Hans-Joachim Förster	1938	2/1920	24. 2. 45
U481	VIIC	Ewald Pick	XII/1934	5/1912	
		Klaus Andersen	1937 B	10/1918	KE
U677	VIIC	Paul Weber	XI/1937	3/1913	
		Gerhard Ady	X/1940	9/1923	9. 4. 45
U678	VIIC	Guido Hyronimus	X/1937	11/1918	6. 7. 44
U679	VIIC	Friedrich Breckwoldt	XI/1939	6/1912	
		Eduard Aust	1939	8/1920	9. 1. 45
U715	VIIC	Helmut Röttger	1937 A	12/1918	13. 6. 44
U743	VIIC	Helmuth Kandzior	1938	9/1919	21. 8. 44 ?
U771	VIIC	Helmut Block	1938	4/1915	11. 11. 44
U804	IXC/40	Herbert Meyer	III/1939	11/1910	9. 4. 45
U858	IXC/40	Thilo Bode	1936	2/1918	KE
U862	IXD2	Heinrich Timm	1933	4/1910	KE
U971	VIIC	Walter Zeplien	1937 B	9/1918	24. 6. 44
U980	VIIC	Hermann Dahms	1939	3/1916	11. 6. 44
U982	VIIC	Ernst-Werner Schwirley	XII/1939	6/1919	
		Curt Hartmann	X/1939	10/1920	9. 4. 45
U994	VIIC	Wolf Ackermann	1939 A	3/1921	
		Volker Melzer	X/1939	1/1918	KE
U995	VIIC/41	Walter Köhntopp	I/1937	4/1911	
		Hans-Georg Hess	1940	5/1923	KE
U998	VIIC/41	Hans Fiedler	1936	10/1914	27. 6. 44
U999	VIIC/41	Hermann Hansen	XI/1939	5/1918	
		Wilhelm Peters	X/1937	6/1916	
		Wolfgang Heibges	IV/1940	7/1922	KE
U1001	VIIC/41	Ernst-Ulrich Blaudow	1935	11/1914	8. 4. 45
U1007	VIIC/41	Hans Hornkohl	1936	4/1917	
		Helmut Wicke	X/1939	11/1920	
		Ernst v. Witzendorff	IV/1937	6/1916	2. 5. 45
U1165	VIIC/41	Hans Homann	1938	3/1918	KE
U1225	IXC/40	Ernst Sauerberg	1934	1/1914	24. 6. 44

Boot	Typ	Kommandant	Crew-Jahr	Geburts-datum	Verloren/ Abgezogen
Zugänge Juli 1944:					
U244	VIIC	Ruprecht Fischer	1937 A	11/1916	
		Hans-Peter Mackeprang	XI/1935	12/1911	KE
U250	VIIC	Werner-Karl Schmidt	1935	4/1915	30. 7. 44
U300	VIIC/41	Fritz Hein	1938	12/1919	22. 2. 45
U310	VIIC	Wolfgang Ley	1938	6/1920	KE
U637	VIIC	Günther Zedelius	1935	5/1915	
		Fritz Fabricius	X/1937	5/1919	
		Wolfgang Riekeberg	1937 A	10/1918	KE
U855	IXC/40	Prosper Ohlsen	1936	1/1918	11. 9. 44 ?
U863	IXD2	Dietrich v. d. Esch	1934	1/1915	29. 9. 44
U865	IXC/40	Dietrich Stellmacher	IV/1939	3/1915	8. 9. 44 ?
U866	IXC/40	Walter Pommerehne	1931	4/1908	
		Peter Rogowsky	X/1938	6/1919	18. 3. 45
U1164	VIIC/41	Hans Wengel	XI/1937	5/1914	24. 7. 44
U1193	VIIC	Joachim Guse	1939 A	6/1921	KE
U1221	IXC/40	Karl Kölzer	1931	3/1912	
		Paul Ackermann	XII/1939	9/1920	3. 4. 45
U1229	IXC/40	Armin Zinke	1930	7/1908	20. 8. 44
Zugänge August 1944:					
U245	VIIC	Friedrich Schumann-Hindenberg	1932	3/1913	KE
U248	VIIC	Bernhard Emde	1937	12/1917	
		Johann-Friedrich Loos	XII/1939	4/1921	16. 1. 45
U285	VIIC	Konrad Bornhaupt	1937 B	6/1920	15. 4. 45
U286	VIIC	Willi Dietrich	1928	12/1909	29. 4. 45
U295	VIIC/41	Günter Wieboldt	1937 B	2/1919	KE
U296	VIIC/41	Karl-Heinz Rasch	I/1934	4/1914	12. 3. 45 ?
U299	VIIC/41	Helmuth Heinrich	KA	10/1913	
		Bernhard Emde	1937	12/1917	KE
U398	VIIC	Johann Reckhoff	XI/1928	1/1911	
		Wilhelm Cranz	X/1939	4/1915	17. 4. 45 ?
U475	VIIC	Otto Stoeffler	X/1939	3/1910	3. 5. 45
U479	VIIC	Friedrich-Wilhelm Sons	I/1940	8/1910	15. 11. 44 ?
U482	VIIC	Hartmut Graf v. Matuschka Frhr. v. Toppolczan u. Spaetgen	1934	12/1914	1. 12. 44 ?
U483	VIIC	Hans-Joachim v. Morstein	1928	8/1909	KE
U484	VIIC	Wolff-Axel Schaefer	1930	3/1911	9. 9. 44
U680	VIIC	Max Ulber	VII/1935	10/1916	KE
U717	VIIC	Siegfried v. Rothkirch u. Panthen	1938	10/1919	KE
U722	VIIC	Hans-Heinrich Reimers	1939/40	10/1916	27. 3. 45
U735	VIIC	Hans-Joachim Börner	X/1937	7/1918	28. 12. 44
U772	VIIC	Ewald Rademacher	1937 A	12/1917	30. 12. 44
U773	VIIC	Hugo Baldus	X/1939	4/1921	KE
U868	IXC/40	Eduard Turre	IX/1939	1/1920	KE
U871	IXD2	Erwin Ganzer	1935	12/1912	26. 9. 44
U925	VIIC	Helmuth Knoke	III/1941	8/1906	24. 8. 44 ?
U978	VIIC	Günther Pulst	X/1937	3/1918	KE
U979	VIIC	Johannes Meermeier	1937 A	11/1916	25. 5. 45

Boot	Typ	Kommandant	Crew-Jahr	Geburts-datum	Verloren/ Abgezogen
U1004	VIIC/41	Hartmuth Schimmelpfennig	1937 B	10/1919	
		Rudolf Hinz	IX/1939	2/1920	KE
U1163	VIIC/41	Ernst-Ludwig Balduhn	1938	10/1919	KE
U1223	IXC/40	Harald Bosüner	1934	10/1913	
		Albert Kneip	IX/1939	7/1921	KE
U1227	IXC/40	Friedrich Altmeier	1938	7/1920	9. 4. 45
U1228	IXC/40	Friedrich-Wilhelm Marienfeld	1939	3/1920	KE
U1230	IXC/40	Hans Hilbig	1936	7/1917	KE
Zugänge September 1944:					
U676	VIIC	Werner Sass	1937 B	1/1916	12. 2. 45 ?
U867	IXC/40	Arved v. Mühlendahl	1923	11/1904	19. 9. 44
U991	VIIC	Diethelm Balke	1937 B	9/1919	KE
U1003	VIIC/41	Werner Strübing	I/1942	5/1907	23. 3. 45
U1006	VIIC/41	Horst Voigt	1938	10/1919	16. 10. 44
U1199	VIIC	Rolf Nollmann	1936	12/1914	21. 1. 45
U1200	VIIC	Hinrich Mangels	1938	8/1919	11. 11. 44
U1202	VIIC	Rolf Thomsen	1936	5/1915	KE
U1226	IXC/40	August-Wilhelm Claussen	X/1937	3/1919	23. 10. 44 ?
Zugänge Oktober 1944:					
U246	VIIC	Ernst Raabe	1926	2/1907	?. 4. 45 ?
U806	IXC/40	Klaus Hornbostel	1934	6/1916	KE
U870	IXC/40	Ernst Hechler	1929	11/1907	30. 3. 45
U1017	VIIC/41	Werner Riecken	1934	6/1912	29. 4. 45
U1231	IXC/40	Hermann Lessing	1921	10/1900	
		Helmut Wicke	X/1939	11/1920	KE
U1232	IXC/40	Kurt Dobratz	1922	4/1904	
		Götz Roth	X/1938	12/1919	KE
Zugänge November 1944:					
U297	VIIC/41	Wolfgang Aldegarmann	1939	4/1916	26. 11. 44 ?
U322	VIIC/41	Gerhard Wysk	1938	5/1920	25. 11. 44
U400	VIIC	Horst Creutz	1935	5/1915	17. 12. 44
U485	VIIC	Friedrich Lutz	1930	8/1911	KE
U486	VIIC	Gerhard Meyer	1935	4/1915	12. 4. 45
U681	VIIC	Werner Gebauer	XII/1939	9/1922	11. 3. 45
U775	VIIC	Erich Taschenmacher	1938	11/1919	KE
U869	IXC/40	Helmut Neuerburg	1936	8/1917	17. 2. 45 ?
U877	IXC/40	Eberhard Findeisen	1936	5/1916	27. 12. 44
U1009	VIIC/41	Claus Hilgendorf	X/1939	2/1912	KE
U1053	VIIC	Helmut Lange	1937 A	8/1916	15. 2. 45
U1209	VIIC	Ewald Hülsenbeck	1938	12/1919	18. 12. 44
U1233	IXC/40	Joachim Kuhn	1931	4/1910	
		Heinrich Niemeyer	X/1939	6/1910	KE
U1276	VIIC/41	Karl-Heinz Wendt	1938	2/1920	20. 2. 45
Zugänge Dezember 1944:					
U325	VIIC/41	Erwin Dohrn	1938	3/1920	7. 4. 45 ?
U825	VIIC	Gerhard Stoelker	XI/1939	5/1910	KE
U864	IXD2	Ralf-Reimar Wolfram	1930	3/1912	9. 2. 45
U905	VIIC	Bernhard Schwarting	1936	1/1913	27. 3. 45

Boot	Typ	Kommandant	Crew-Jahr	Geburts-datum	Verloren/ Abgezogen
U907	VIIC	Servais Cabolet	KA	4/1908	KE
U1018	VIIC/41	Walter Burmeister	1937 B	2/1919	27. 2. 45
U1019	VIIC/41	Hans Rinck	VII/1941	6/1912	KE
U1020	VIIC/41	Otto-Emil Eberlein	I/1938	11/1913	31. 12. 45 ?
U1021	VIIC/41	William Holpert	1934	6/1914	14. 3. 45 ?
U1055	VIIC	Rudolf Meyer	1938	2/1920	23. 4. 45 ?
U1172	VIIC/41	Jürgen Kuhlmann	1938	3/1920	27. 1. 45 ?
U1203	VIIC	Sigurd Seeger	IX/1939	7/1920	KE
U1235	IXC/40	Franz Barsch	1930	11/1911	15. 4. 45
U1278	VIIC/41	Erich Müller-Bethke	1937 B	7/1917	17. 2. 45
Zugänge Januar 1945:					
U249	VIIC	Uwe Koch	1936	11/1911	KE
U327	VIIC/41	Hans Lemcke	1937 A	12/1918	30. 1. 45 ?
U683	VIIC	Günter Keller	XII/1939	2/1917	20. 2. 45 ?
U826	VIIC	Olaf Lübcke	1937 B	8/1919	KE
U1014	VIIC/41	Wolfgang Glaser	1937 B	2/1919	4. 2. 45
U1051	VIIC	Heinrich v. Holleben	1938	3/1919	26. 1. 45
U1058	VIIC	Hermann Bruder	XII/1939	3/1921	KE
U1195	VIIC	Ernst Cordes	1934	6/1913	6. 4. 45
U1208	VIIC	Georg Hagene	1927	7/1908	27. 2. 45
U1302	VIIC/41	Wolfgang Herwartz	1937	1/1915	7. 3. 45
U2324	XXIII	Konstantin v. Rappard	1936	6/1917	KE
Zugänge Februar 1945:					
U399	VIIC	Heinz Buhse	X/1939	11/1917	26. 3. 45
U774	VIIC	Werner Sausmikat	1937 B	10/1917	8. 4. 45
U873	IXD2	Friedrich Steinhoff	1935	7/1909	KE
U878	IXC/40	Johannes Rodig	1936	3/1917	10. 4. 45
U879	IXC/40	Erwin Manchen	1936	6/1918	30. 4. 45
U927	VIIC	Jürgen Ebert	1937 A	11/1916	24. 2. 45
U1002	VIIC/41	Hans-Werner Boos	1937	2/1913	KE
U1005	VIIC/41	Hermann Lauth	XII/1939	11/1920	KE
U1008	VIIC/41	Hans Gessner	1938	5/1919	6. 5. 45
U1022	VIIC/41	Hans-Joachim Ernst	1937 B	8/1918	KE
U1024	VIIC/41	Hans-Joachim Gutteck	1935	4/1914	13. 4. 45
U1064	VIIC/41	Hermann Schneidewind	1936	3/1907	KE
U1104	VIIC	Rüdiger Perleberg	1933	3/1913	KE
U1105	VIIC	Hans-Joachim Schwarz	1938	9/1919	KE
U1106	VIIC	Erwin Bartke	1940	4/1909	29. 3. 45
U1107	VIIC/41	Fritz Parduhn	1937 B	11/1918	30. 4. 45
U1109	VIIC/41	Friedrich van Riesen	1938	7/1911	KE
U1169	VIIC/41	Heinz Goldbeck	1936	2/1914	29. 3. 45
U1206	VIIC	Karl-Adolf Schlitt	1937 A	4/1918	14. 4. 45
U1273	VIIC/41	Helmut Knollmann	1937 A	8/1918	17. 2. 45
U1277	VIIC/41	Ehrenreich-Peter Stever	1937 B	10/1918	KE
U1279	VIIC/41	Hans Falke	1939 A	1/1920	3. 2. 45
U2322	XXIII	Fridtjof Heckel	XII/1939	10/1920	KE
Zugänge März 1945:					
U321	VIIC/41	Fritz Berends	1933	9/1906	2. 4. 45
U324	VIIC/41	Ernst Edelhoff	1936	10/1917	KE

Boot	Typ	Kommandant	Crew-Jahr	Geburts-datum	Verloren/ Abgezogen
U326	VIIC/41	Peter Matthes	1937 B	1/1918	25. 4. 45
U776	VIIC	Erich Lothar Martin	1937 A	6/1916	KE
U778	VIIC	Ralf Jürs	1937 A	5/1919	KE
U805	IXC/40	Richard Bernadelli	1932	11/1908	KE
U827	VIIC/41	Wilhelm Hunck	XI/1937	12/1914	
		Kurt Baberg	1936	2/1917	KE
U874	IXD2	Theodor Petersen	I/1934	1/1914	KE
U875	IXD2	Georg Preuss	1936	12/1916	KE
U880	IXC/40	Gerhard Schötzau	1936	4/1917	16. 4. 45
U881	IXC/40	Heinz Frischke	1936	11/1912	6. 5. 45
U889	IXC/40	Friedrich Braeucker	1937 A	7/1919	KE
U901	VIIC	Hans Schrenk	1937 A	9/1917	KE
U1023	VIIC	Wolfgang Strenger	X/1937	2/1919	
		Heinrich Schroeteler	1936	12/1915	KE
U1063	VIIC/41	Karl-Heinz Stephan	1936	9/1915	15. 4. 45
U1101	VIIC	Rudolf Dübler	XII/1939	10/1921	KE
U1171	VIIC/41	Hermann Koopmann	I/1940	2/1910	KE
U1272	VIIC/41	Hans Schatteburg	XII/1939	5/1922	KE
U1305	VIIC/41	Helmut Christiansen	1938	9/1918	KE
U2321	XXIII	Hans-Heinrich Barschkis	XII/1939	4/1920	KE
Zugänge April 1945:					
U234	XB	Johann-Heinrich Fehler	1935	9/1910	KE
U1010	VIIC/41	Günter Strauch	1934	12/1908	KE
U1057	VIIC	Günter Lüth	III/1937	3/1917	KE
U1065	VIIC/41	Johannes Panitz	VIII/1937	8/1913	9. 4. 45
U1274	VIIC/41	Hans-Hermann Fitting	1939	5/1920	16. 4. 45
U2326	XXIII	Karl Jobst	1936	4/1913	KE
U2329	XXIII	Heinrich Schlott	X/1940	7/1922	KE
U2511	XXI	Adalbert Schnee	1934	12/1913	KE
Zugänge Mai 1945:					
U320	VIIC/41	Heinz Emmrich	1941	1/1913	8. 5. 45
U328	VIIC/41	Hans-Ulrich Scholle	I/1938	9/1909	KE
U977	VIIC	Heinz Schaeffer	XII/1939	4/1921	KE (Argentinien)

Zusammenfassung 1. 9. 42 bis 1. 5. 45[2]

U-Boote im Einsatz insgesamt:	806
Verlorene U-Boote insgesamt:	662
Ab 1. 9. 42 eingesetzte U-Boote:	531
Ab 1. 9. 42 verlorene U-Boote:	568

[1] Offizielle Unterlagen geprüft und korrigiert durch den Autor, Franks (1995) und Niestlé (1998). Hinsichtlich der Daten über verlorene und vermißte Boote haben wir alle der Arbeit von Robert M. Coppock von der Foreign Documents Section, Naval Historical Branch, im britischen Verteidigungsministerium viel zu verdanken. Die Liste umfaßt nicht die hochseetüchtigen Front-U-Boote in der Ostsee.

[2] Vergleichbare Zahlen für 1. 8. 39 bis 1. 9. 42 siehe Anhang 1, Band I, S. 811.

ANHANG 2

FEINDFAHRTEN IM NORDATLANTIK
September 1942 bis April 1945

Boot	Typ	Kommandant	Auslauf-Datum	Einlauf-Datum	Schiffe versenkt	Tonnen
September 1942:						
U221	VIIC	Hans Trojer*	1.9.	22.10.	5	29681
U258	VIIC	Wilhelm v. Mässen-hausen*	1.9.	27.10.		Keine
U618	VIIC	Kurt Baberg*	1.9.	27.10.	2	10563
U440	VIIC	Hans Geissler*	1.9.	21.9.		Keine/Abbruch
U356	VIIC	Georg Wallas*	3.9.	4.11.		Keine
U615	VIIC	Ralph Kapitzky*	5.9.	30.10.	2	16877
U661	VIIC	Erich v. Lilienfeld*	5.9.	Verloren 15.10.	1	3672
U461	XIV	Wolf Stiebler	7.9.	18.10.		Keine/Versorger
U607	VIIC	Ernst Mengersen	8.9.	23.10.	1	4826/Abbruch
U261	VIIC	Hans Lange*	8.9.	Verloren 15.9.		Keine
U595	VIIC	Jürgen Quaet-Faslem	9.9.	6.10.		Keine/Abbruch
U260	VIIC	Hubertus Purkhold*	10.9.	15.11.		Keine
U619	VIIC	Kurt Makowski*	10.9.	Verloren 5.10.	2	8723
U620	VIIC	Heinz Stein*	12.9.	12.11.		Keine/Abbruch
U610	VIIC	Walter Frhr. v. Frey-berg-Eisenberg-All-mendingen*	12.9.	31.10.	2	7913
U253	VIIC	Adolf Friedrichs*	12.9.	Verloren 25.9.?		Keine
U582	VIIC	Werner Schulte	14.9.	Verloren 5.10.		Keine
U597	VIIC	Eberhard Bopst	16.9.	Verloren 12.10.		Keine
U437	VIIC	Werner-Karl Schulz	17.9.	15.11.		Keine

—
* = Erste Feindfahrt des Bootes
(K.) = Erste Feindfahrt als Kommandant
+ = Beschädigte Schiffe oder Anteile an versenkten Schiffen
M = Als Minenleger eingesetzt
HV = Als Hilfs-Versorger eingesetzt
(EA) = Boot lief erneut aus
Abbruch = Abbruch der Feindfahrt wegen Gefechtsschäden, technischer Probleme usw.
? = Datum bzw. Ursache des Verlustes/Abbruches unklar
S = Schnorchel-Boot
W = Wetterboot
GB = Großbritannien

Boot	Typ	Kommandant	Auslauf-Datum	Einlauf-Datum	Schiffe versenkt	Tonnen
U441	VIIC	Klaus Hartmann*	17. 9.	7. 11.		Keine
U442	VIIC	Hans-Joachim Hesse*	17. 9.	16. 11.	1	1 744
U118	XB	Werner Czygan*	19. 9.	16. 10.		Keine/Versorger
U382	VIIC	Herbert Juli*	19. 9.	31. 10.		Keine/Abbruch
U575	VIIC	Günther Heydemann	19. 9.	8. 11.	1	11 330
U753	VIIC	Alfred Manhardt v. Mannstein	20. 9.	9. 12.		Keine
U254	VIIC	Odo Loewe	21. 9.	22. 10.	2	17 749/Abbruch
U257	VIIC	Heinz Rahe*	21. 9.	18. 10.		Keine/Abbruch
U116	XB	Wilhelm Grimme* (K.)	22. 9.	Verloren 6. 10. ?		Keine/Versorger
U353	VIIC	Wolfgang Römer*	22. 9.	Verloren 16. 10.		Keine
U706	VIIC	Alexander Zitzewitz*	22. 9.	7. 11.	1	4 265
U262	VIIC	Heinz Franke	24. 9.	28. 9.		Keine/Abbruch
U454	VIIC	Burkhard Hackländer	26. 9.	7. 12.		Keine
U602	VIIC	Philipp Schüler*	26. 9.	6. 11.		Keine
U757	VIIC	Friedrich Deetz*	26. 9.	24. 10.		Keine
U662	VIIC	Wolfgang Hermann*	27. 9.	18. 11.		Keine
U463	XIV	Leo Wolfbauer	28. 9.	11. 11.		Keine/Versorger
U84	VIIC	Horst Uphoff	29. 9.	7. 12.	½[1]	3 750
U621	VIIC	Horst Schünemann*	29. 9.	5. 11.	1	6 113
Gesamt:	37 Feindfahrten (4 Versorger)				21½	127 206
Oktober 1942:						
U301	VIIC	Willy Roderich Körner*	1. 10.	6. 11.		Keine
U381	VIIC	Wilhelm-Heinrich Graf v. Pückler u. Limpurg*	1. 10.	21. 11.		Keine
U443	VIIC	Konstantin v. Puttkamer*	1. 10.	4. 11.	2	17 843
U458	VIIC	Kurt Diggins	1. 10.	11. 10. ins Mittelmeer		
U563	VIIC	Götz v. Hartmann* (K.)	1. 10.	6. 1.		Keine
U611	VIIC	Nikolaus v. Jacobs*	1. 10.	6. 10.		Keine
U625	VIIC	Hans Benker*	1. 10.	6. 10.		Keine
U262	VIIC	Heinz Franke*	3. 10.	6. 10.		Keine[2]
U520	IXC	Volkmar Schwartzkopff*	3. 10.	Verloren 30. 10.		Keine
U521	IXC	Klaus Bargsten*	3. 10.	8. 12.	1⅓	8 655[3]
U571	VIIC	Helmut Möhlmann	3. 10.	14. 11.		Keine

Boot	Typ	Kommandant	Auslauf-Datum	Einlauf-Datum	Schiffe versenkt	Tonnen
U593	VIIC	Gerd Kelbling	3. 10.	11. 10. ins Mittelmeer		
U660	VIIC	Götz Baur	3. 10.	11. 10. ins Mittelmeer		
U89	VIIC	Dietrich Lohmann	4. 10.	19. 11.	2	9958/Abbruch
U402	VIIC	Siegfried Frhr. v. Forstner	4. 10.	20. 11.	4½	23578
U605	VIIC	Herbert-Viktor Schütze	4. 10.	10. 10. ins Mittelmeer		
U71	VIIC	Hardo Rodler v. Roithberg	5. 10.	17. 11.		Keine
U704	VIIC	Horst Kessler	5. 10.	23. 11.	1	4212/Abbruch
U132	VIIC	Ernst Vogelsang	6. 10.	Verloren 3. 11.	2	11886
U436	VIIC	Günther Seibicke	6. 10.	12. 11.	2	15105 +
U438	VIIC	Rudolf Franzius	6. 10.	19. 11.	⅓	1800
U609	VIIC	Klaus Rudloff	6. 10.	22. 10.		Keine/Abbruch
U658	VIIC	Hans Senkel	6. 10.	Verloren 30. 10.		Keine
U522	IXC	Herbert Schneider*	8. 10.	2. 12.	4⅓	21877
U624	VIIC	Ulrich Graf v. Soden-Fraunhofen*	10. 10.	4. 12.	4	34743 +
U117	XB	Hans-Werner Neumann*	12. 10.	22. 11.		Keine/Versorger
U627	VIIC	Robert Kindelbacher*	15. 10.	Verloren 27. 10.		Keine
U224	VIIC	Hans-Karl Kosbadt*	17. 10.	9. 12.	2	9614
U383	VIIC	Horst Kremser*	17. 10.	9. 12.		Keine +
U412	VIIC	Walter Jahrmärker*	17. 10.	Verloren 22. 10.		Keine
U519	IXC	Günter Eppen*	17. 10.	29. 12.		Keine
U606	VIIC	Hans Döhler	17. 10.	5. 12.	1	8225
U440	VIIC	Hans Geissler	19. 10.	13. 11.		Keine/Abbruch
U664	VIIC	Adolf Graef*	20. 10.	10. 11.		Keine/Abbruch
U98	VIIC	Kurt Eichmann* (K.)	22. 10.	Verloren 15. 11.		Keine
U413	VIIC	Gustav Poel*	22. 10.	25. 11.	1	20107[4]/Abbruch
U613	VIIC	Helmut Köppe*	22. 10.	27. 11.	1	4252/Abbruch
U92	VIIC	Adolf Oelrich	24. 10.	28. 12.	1	7662
U108	IXB	Ralf-Reimar Wolfram* (K.)	25. 10.	26. 11.		Keine/Abbruch
U218	VIID	Richard Becker	26. 10.	21. 11.		Keine/Abbruch
U185	IXC/40	August Maus*	27. 10.	1. 1. 43	1	5476
U263	VIIC	Kurt Nölke*	27. 10.	29. 11.	2	12376/Abbruch
U564	VIIC	Hans Fiedler* (K.)	27. 10.	30. 12.		Keine
U653	VIIC	Gerhard Feiler	27. 10.	29. 12.		Keine
U566	VIIC	Gerhard Remus	28. 10.	1. 12.	1	4252/Abbruch
U130	IXC	Ernst Kals	29. 10.	30. 12.	3	34407
U465	VIIC	Heinz Wolf*	29. 10.	21. 12.		Keine/Abbruch
U86	VIIB	Walter Schug	30. 10.	7. 1. 43		Keine

Boot	Typ	Kommandant	Auslauf-Datum	Einlauf-Datum	Schiffe versenkt	Tonnen
U595	VIIC	Jürgen Quaet-Faslem	31. 10.	9. 11. ins Mittelmeer		
Gesamt:	46 Feindfahrten (1 Versorger, 5 ins Mittelmeer)				36½	256028
November 1942 (Torch):						
U91	VIIC	Heinz Walkerling	1. 11.	26. 12.		Keine
U173	IXC	Hans-Adolph Schweichel* (K.)	1. 11.	Verloren 16. 11.	1	9359 + [5]
U755	VIIC	Walter Göing	1. 11.	9. 11. ins Mittelmeer		
U407	VIIC	Ernst-Ulrich Brüller	2. 11.	8. 11. ins Mittelmeer		
U617	VIIC	Albrecht Brandi	2. 11.	8. 11. ins Mittelmeer		
U264	VIIC	Hartwig Looks*	3. 11.	4. 12.	1	6696
U445	VIIC	Heinz-Konrad Fenn*	3. 11.	3. 1. 43		Keine
U596	VIIC	Günter Jahn	4. 11.	9. 11. ins Mittelmeer		
U259	VIIC	Klaus Köpke	5. 11.	10. 11. ins Mittelmeer		
U380	VIIC	Josef Röther	5. 11.	11. 11. ins Mittelmeer		
U623	VIIC	Hermann Schröder*	5. 11.	26. 12.		Keine
U663	VIIC	Heinrich Schmid	5. 11.	31. 12.	1	5170/Abbruch
U155	IXC	Adolf-Cornelius Piening	7. 11.	30. 12.	3	33520 + [6]
U411	VIIC	Johann Spindlegger* (K.)	7. 11.	Verloren 13. 11.		Keine
U515	IXC	Werner Henke	7. 11.	6. 1. 43	2	29573 + *
U181	IXC/40	Günther Dangschat*	9. 11.	Verloren 21. 11. ?	1	3192 +
U524	IXC	Walter Frhr. v. Steinaecker*	9. 11.	3. 1. 43	1	8194 +
U118	XB	Werner Czygan	11. 11.	13. 12.		Keine/Versorger
U262	VIIC	Heinz Franke	11. 11.	9. 12.	2	8103[8]
U611	VIIC	Nikolaus v. Jacobs	11. 11.	Verloren 8. 12.		Keine
U439	VIIC	Wolfgang Sporn*	12. 11.	24. 12.		Keine
U758	VIIC	Helmut Manseck*	14. 11.	24. 12.		Keine
U211	VIIC	Karl Hause	16. 11.	29. 12.	1	1350[9]
U460	XIV	Ebe Schnoor	16. 11.	19. 12.		Keine/Versorger
U461	XIV	Wolf Stiebler	17. 11.	3. 1. 43		Keine/Versorger
U135	VIIC	Heinz Schütt* (K.)	21. 11.	25. 12.		Keine
U254	VIIC	Hans Gilardone	21. 11.	Verloren 8. 12.[10]		Keine
U600	VIIC	Bernhard Zurmühlen	22. 11.	27. 12.	1	6762
U373	VIIC	Paul-Karl Loeser	22. 11.	3. 1. 43		Keine

Boot	Typ	Kommandant	Auslauf-Datum	Einlauf-Datum	Schiffe versenkt	Tonnen
U610	VIIC	Walter Frhr. v. Freyberg-Eisenberg-Allmendingen	22. 11.	26. 12.	1	6125 +
U221	VIIC	Hans Trojer	23. 11.	23. 12.		Keine/Abbruch[11]
U455	VIIC	Hans-Martin Scheibe* (K.)	24. 11.	29. 1. 43		Keine
U553	VIIC	Karl Thurmann	24. 11.	18. 12.		Keine/Abbruch
U569	VIIC	Hans-Peter Hinsch	25. 11.	28. 12.		Keine
U603	VIIC	Hans-Joachim Bertelsmann*	25. 11.	9. 1. 43		Keine/Abbruch[12]
U615	VIIC	Ralph Kapitzky	25. 11.	9. 1. 43		Keine
U618	VIIC	Kurt Baberg	25. 11.	18. 1. 43		Keine[13]
U604	VIIC	Horst Höltring	26. 11.	31. 12.	1	7057
U336	VIIC	Hans Hunger*	28. 11.	8. 1. 43	1	4919
U628	VIIC	Heinz Hasenschar*	28. 11.	8. 1. 43	1	5029
U443	VIIC	Konstantin v. Puttkamer	29. 11.	5. 12. ins Mittelmeer		
U432	VIIC	Heinz-Otto Schultze	30. 11.	5. 1. 43	1	310
U435	VIIC	Siegfried Strelow	30. 11.	10. 1. 43	2⅓	11691[14]
U609	VIIC	Klaus Rudloff	30. 11.	23. 12.		Keine
Gesamt:	44 Feindfahrten (3 Versorger, 7 ins Mittelmeer)				21⅓	147050

Dezember 1942:

Boot	Typ	Kommandant	Auslauf-Datum	Einlauf-Datum	Schiffe versenkt	Tonnen
U591	VIIC	Hans-Jürgen Zetzsche	1. 12.	12. 1. 43	2	7937 +
U602	VIIC	Philipp Schüler	1. 12.	8. 12. ins Mittelmeer		
U258	VIIC	Wilhelm v. Mässenhausen	2. 12.	6. 12.		Abbruch/Fahrt ins Mittelmeer
U301	VIIC	Willy-Roderich Körner	3. 12.	9. 12. ins Mittelmeer		
U410	VIIC	Kurt Sturm	3. 12.	3. 1. 43		Keine/Rettungsaktion/Abbruch
U225	VIIC	Wolfgang Leimkühler*	5. 12.	8. 1. 43	1⅓	9275
U123	IXB	Horst v. Schroeter* (K.)	5. 12.	6. 2. 43	1⅓	5741 +
U356	VIIC	Günther Ruppelt* (K.)	5. 12.	Verloren 27. 12.	3	13649 +
U621	VIIC	Max Kruschka* (K.)	5. 12.	5. 1. 43	2	10691
U664	VIIC	Adolph Graef	5. 12.	13. 1. 43	1	5859
U203	VIIC	Hermann Kottmann	6. 12.	7. 1. 43		Keine
U463	XIV	Leo Wolfbauer	6. 12.	27. 1. 43		Keine/Versorger
U257	VIIC	Heinz Rahe	7. 12.	14. 12.		Abbruch/Fahrt ins Mittelmeer

Boot	Typ	Kommandant	Auslauf-Datum	Einlauf-Datum	Schiffe versenkt	Tonnen
U409	VIIC	Hans-Ferdinand Massmann	7. 12.	6. 1. 43		Keine
U626	VIIC	Hans-Botho Bade*	8. 12.	Verloren 15. 12.		Keine
U706	VIIC	Alexander v. Zitzewitz	8. 12.	13. 2. 43		Keine
U125	IXC	Ulrich Folkers	9. 12.	19. 2. 43		Keine
U514	IXC	Hans-Jürgen Auffermann	9. 12.	12. 2. 43	1	7177 +
U563	VIIC	Götz v. Hartmann	9. 12.	14. 1. 43	1	4906
U384	VIIC	Hans-Achim v. Rosenberg-Gruszczynski*	12. 12.	3. 2. 43	1	6155
U440	VIIC	Hans Geissler	12. 12.	26. 1. 43		Keine/Abbruch
U659	VIIC	Hans Stock	12. 12.	5. 1. 43		Keine
U441	VIIC	Klaus Hartmann	13. 12.	22. 1. 43	1	5822 +
U260	VIIC	Hubertus Purkhold	14. 12.	3. 2. 43	1	4893
U406	VIIC	Horst Dieterichs	14. 12.	12. 1. 43		Keine +
U357	VIIC	Adolf Kellner*	15. 12.	Verloren 26. 12.		Keine
U525	IXC/40	Hans-Joachim Drewitz*	15. 12.	3. 3. 43	1	3454
U436	VIIC	Günther Seibicke	17. 12.	19. 2. 43	2	14703
U444	VIIC	Albert Langfeld*	17. 12.	3. 2. 43		Keine
U575	VIIC	Günther Heydemann	17. 12.	18. 2. 43	1	4963 +
U381	VIIC	Wilhelm-Heinrich Graf v. Pückler u. Limpurg	19. 12.	19. 2. 43		Keine/Abbruch
U620	VIIC	Heinz Stein	19. 12.	Verloren 13. 2.	1	6983
U631	VIIC	Jürgen Krüger*	19. 12.	4. 2. 43	1	3987
U662	VIIC	Wolfgang Hermann	19. 12.	7. 2. 43	1	5083
U333	VIIC	Werner Schwaff* (K.)	20. 12.	5. 2. 43		Keine
U442	VIIC	Hans-Joachim Hesse	20. 12.	Verloren 12. 2.	2	16983 +
U404	VIIC	Otto v. Bülow	21. 12.	6. 2. 43		Keine/Abbruch
U167	IXC/40	Helmut Neubert*	21. 12.	16. 1. 43		Keine/Abbruch
U257	VIIC	Heinz Rahe (EA)	22. 12.	12. 2. 43		Keine
U266	VIIC	Rolf v. Jessen*	22. 12.	17. 2. 43	1	4077
U571	VIIC	Helmut Möhlmann	22. 12.	19. 2. 43		Keine
U71	VIIC	Hardo Rodler v. Roithburg	23. 12.	12. 2. 43		Keine
U572	VIIC	Heinz Kummetat* (K.)	23. 12.	11. 2. 43		Keine
U337	VIIC	Kurt Ruwiedel*	24. 12.	Verloren 3. 1. 43 ?		Keine
U632	VIIC	Hans Karpf*	24. 12.	14. 2. 43	2	14963
U117	XB	Hans-Werner Neumann	25. 12.	17. 2. 43		Keine/Versorger
U96	VIIC	Hans-Jürgen Hellriegel	26. 12.	5. 2. 43		Keine/Abgezogen

Boot	Typ	Kommandant	Auslauf-Datum	Einlauf-Datum	Schiffe versenkt	Tonnen
U598	VIIC	Gottfried Holtorf	26. 12.	8. 2. 43		Keine
U413	VIIC	Gustav Poel	27. 12.	17. 2. 43	2	8932
U584	VIIC	Kurt Nölke	30. 12.	21. 2. 43		Keine/Abbruch
U594	VIIC	Friedrich Mumm	30. 12.	18. 2. 43		Keine +
U226	VIIC	Rolf Borchers*	31. 12.	10. 3. 43		Keine
U303	VIIC	Karl-Franz Heine*	31. 12.	8. 3. 43	1	4959
U186	IXC/40	Siegfried Hesemann*	31. 12.	5. 3. 43	3	18782
U511	IXC	Fritz Schneewind* (K.)	31. 12.	8. 3. 43	1	5004
U522	IXC	Herbert Schneider	31. 12.	Verloren 23. 2.	3	25749 +
Gesamt:	56 Feindfahrten (2 Versorger, 2 erfolgr., 2 abgebr. Fahrten ins Mittelmeer)				37⅔	220727

Januar 1943:

Boot	Typ	Kommandant	Auslauf-Datum	Einlauf-Datum	Schiffe versenkt	Tonnen
U69	VIIC	Ulrich Gräf	2. 1.	Verloren 17. 2.		Keine
U268	VIIC	Ernst Heydemann*	2. 1.	Verloren 19. 2.	1	14547 +
U607	VIIC	Ernst Mengersen	2. 1.	9. 3.	1	11355
U201	VIIC	Günther Rosenberg	3. 1.	Verloren 17. 2.		Keine
U224	VIIC	Hans-Karl Kosbadt	3. 1.	17. 1. ins Mittelmeer		
U606	VIIC	Hans-Heinrich Döhler	4. 1.	Verloren 22. 2.	2	12302 +
U66	IXC	Friedrich Markworth	6. 1.	24. 3.	2	4425[15]
U383	VIIC	Horst Kremser	6. 1.	10. 3.		Keine
U218	VIID	Richard Becker	7. 1.	10. 3.		Keine/Abbruch
U521	IXC	Klaus Bargsten	7. 1.	26. 3.	2	7950
U414	VIIC	Walter Huth*	7. 1.	19. 2.		Keine/Abbruch
U624	VIIC	Ulrich Graf v. Soden-Fraunhofen	7. 1.	Verloren 7. 2.	1	5112
U704	VIIC	Horst Kessler	7. 1.	12. 2.		Keine
U43	IX	Hans-Joachim Schwantke	9. 1.	31. 3.	1	5154
U87	VIIB	Joachim Berger	9. 1.	Verloren 4. 3.		Keine
U403	VIIC	Heinz-Ehlert Clausen	9. 1.	2. 3.	2	13099
U438	VIIC	Rudolf Franzius	9. 1.	16. 2.		Keine/Abbruch
U558	VIIC	Günther Krech	9. 1.	29. 3.	1	9811[16]
U613	VIIC	Helmut Köppe	9. 1.	18. 2.		Keine
U614	VIIC	Wolfgang Sträter*	9. 1.	26. 2.	1½	10366/Abbruch
U752	VIIC	Karl-Ernst Schroeter	9. 1.	15. 2.		Keine/Abbruch
U258	VIIC	Leopold Koch* (K.)	10. 1.	4. 3.		Keine
U264	VIIC	Hartwig Looks	10. 1.	5. 3.		Keine/Rettungsaktion/Abbruch
U187	IXC/40	Ralph Münnich*	12. 1.	Verloren 4. 2.		Keine
U202	VIIC	Günter Poser	12. 1.	26. 3.	1	7989 +

Boot	Typ	Kommandant	Auslauf-Datum	Einlauf-Datum	Schiffe versenkt	Tonnen
U223	VIIC	Karl-Jürgen Wächter*	12. 1.	6. 3.	1	5649
U267	VIIC	Otto Tinschert*	12. 1.	18. 2.		Keine/Abbruch
U358	VIIC	Rolf Manke*	12. 1.	8. 3.	2	9677
U466	VIIC	Gerhard Thäter*	12. 1.	11. 2.		Keine
U707	VIIC	Günter Gretschel*	12. 1.	8. 3.	1	7176
U456	VIIC	Max-Martin Teichert	13. 1.	26. 2.	3	17333
U402	VIIC	Siegfried Frhr. v. Forstner	14. 1.	23. 2.	6	32446 +
U262	VIIC	Heinz Franke	16. 1.	15. 2.	1	2864 +/Abbruch
U465	VIIC	Heinz Wolf	16. 1.	18. 2.		Keine/Abbruch
U553	VIIC	Karl Thurmann	16. 1.	Verloren 20. 1. ?		Keine
U609	VIIC	Klaus Rudloff	16. 1.	Verloren 7. 2.		Keine
U454	VIIC	Burkhard Hackländer	18. 1.	8. 3.		Keine
U504	IXC	Wilhelm Luis* (K.)	19. 1.	24. 3.		Keine
U108	IXB	Ralf-Reimar Wolfram	20. 1.	24. 2.		Keine/Abbruch
U608	VIIC	Rolf Struckmeier	20. 1.	29. 3.	½	4636[17]
U265	VIIC	Leonhard Auffhammer*	21. 1.	Verloren 3. 2.		Keine
U462	XIV	Bruno Vowe	22. 1.	26. 1.		Keine/Versorger/Abbruch
U89	VIIC	Dietrich Lohmann	24. 1.	28. 3.		Keine
U135	VIIC	Heinz Schütt	24. 1.	10. 3.		Keine/Abbruch
U118	XB	Werner Czygan	25. 1.	26. 2.	4	15124 +/M[18]
U332	VIIC	Eberhard Hüttemann	28. 1.	24. 3.	½	2982[19]
U468	VIIC	Klemens Schamong*	28. 1.	27. 3.	1	6537[20]
U653	VIIC	Gerhard Feiler[21]	28. 1.	31. 3.	1	7176 +
U753	VIIC	Alfred Manhardt v. Mannstein	28. 1.	10. 3.		Keine/Abbruch +
U439	VIIC	Wolfgang Sporn	29. 1.	2. 2.	½	4675[22]/Abbruch
U107	IXB	Harald Gelhaus	30. 1.	25. 3.	5	25177
U376	VIIC	Friedrich-Karl Marks	30. 1.	13. 3.		Keine/Abbruch
U377	VIIC	Otto Köhler	30. 1.	18. 3.		Keine
U448	VIIC	Helmut Dauter*	30. 1.	25. 3.		Keine
U519	IXC	Günter Eppen	30. 1.	Verloren 30. 1. ?		Keine
U529	IXC/40	Georg-Werner Fraatz*	30. 1.	Verloren 12. 2. ?		Keine
U590	VIIC	Heinrich Müller-Edzards	31. 1.	11. 2.		Keine/Abbruch
U460	XIV	Ebe Schnoor	31. 1.	5. 3.		Keine/Versorger
Gesamt:	58 Feindfahrten (2 Versorger, 1 ins Mittelmeer)				41½	284897

Boot	Typ	Kommandant	Auslauf-Datum	Einlauf-Datum	Schiffe versenkt	Tonnen
Februar 1943:						
U621	VIIC	Max Kruschka	1. 2.	23. 3.	1	3355
U628	VIIC	Heinz Hasenschar	1. 2.	9. 3.	1½	9460[23]
U225	VIIC	Wolfgang Leimkühler	2. 2.	Verloren 15. 2.		Keine
U623	VIIC	Hermann Schröder	2. 2.	Verloren 21. 2.		Keine
U759	VIIC	Rudolf Friedrich*	2. 2.	14. 3.		Keine
U437	VIIC	Hermann Lamby* (K.)	3. 2.	5. 3.		Keine/Abbruch
U230	VIIC	Paul Siegmann*	4. 2.	31. 3.	1	2868
U359	VIIC	Heinz Förster*	4. 2.	18. 3.		Keine
U638	VIIC	Hinrich-Oskar Bernbeck*	4. 2.	31. 3.		Keine +
U92	VIIC	Adolf Oelrich	6. 2.	5. 3.	1½	14664/Abbruch
U119	XB	Alois Zech*	6. 2.	11. 4.		Keine/M[24]
U228	VIIC	Erwin Christophersen*	6. 2.	29. 3.		Keine
U566	VIIC	Hans Hornkohl* (K.)	6. 2.	25. 3.		Keine
U616	VIIC	Siegfried Koitschka*	6. 2.	26. 3.		Keine
U84	VIIB	Horst Uphoff	7. 2.	28. 3.		Keine
U103	IXB	Gustav-Adolf Janssen	7. 2.	26. 3.		Keine
U405	VIIC	Rolf-Heinrich Hopmann	7. 2.	23. 3.	3	11984 +
U445	VIIC	Heinz-Konrad Fenn	7. 2.	27. 3.		Keine
U603	VIIC	Hans-Joachim Bertelsmann	7. 2.	26. 3.	2½	14605[25]/ Abbruch
U382	VIIC	Herbert Juli	8. 2.	8. 3.		Keine +/ Abbruch
U569	VIIC	Hans Johannsen* (K.)	8. 2.	13. 3.		Keine/Abbruch
U604	VIIC	Horst Höltring	8. 2.	9. 3.	1	1683/Abbruch
U659	VIIC	Hans Stock	8. 2.	20. 3.		Keine
U410	VIIC	Horst-Arno Fenski* (K.)	9. 2.	27. 3.	1	7133 +
U523	IXC	Werner Pietzsch*	9. 2.	16. 4.	1	5848
U527	IXC/ 40	Herbert Uhlig*	9. 2.	12. 4.	2	5385 +
U91	VIIC	Heinz Walkerling[26]	11. 2.	29. 3.	5	35577
U526	IXC/ 40	Hans Möglich*	11. 2.	Verloren 14. 4.		Keine[27]
U600	VIIC	Bernhard Zurmühlen	11. 2.	26. 3.	1	12156 +/ Abbruch
U461	XIV	Wolf Stiebler	13. 2.	22. 3.		Keine/Versorger
U211	VIIC	Karl Hause	13. 2.	25. 2.		Keine/Abbruch
U709	VIIC	Karl-Otto Weber*	13. 2.	18. 3.		Keine/Abbruch
U409	VIIC	Hans-Ferdinand Massmann	14. 2.	12. 4.	2	9826

Boot	Typ	Kommandant	Auslauf-Datum	Einlauf-Datum	Schiffe versenkt	Tonnen
U432	VIIC	Hermann Eckhardt* (K.)	14. 2.	Verloren 11. 3.	1	1340[28]
U664	VIIC	Adolf Graef	14. 2.	28. 3.	2	13466/Abbruch
U758	VIIC	Helmut Manseck	14. 2.	30. 3.	1	6813+/ Abbruch
U106	IXB	Hermann Rasch	17. 2.	4. 4.		Keine
U591	VIIC	Hans-Jürgen Zetzsche	17. 2.	7. 4.	2	11995
U435	VIIC	Siegfried Strelow	18. 2.	25. 3.		Keine+/ Abbruch
U615	VIIC	Ralph Kapitzky	18. 2.	20. 4.	1	7177
U634	VIIC	Eberhard Dahlhaus*	18. 2.	23. 3.	1	7176
U462	XIV	Bruno Vowe	19. 2.	11. 3.		Keine/Versorger
U190	IXC/ 40	Max Wintermeyer*	20. 2.	30. 3.	1	7015[29]/ Abbruch
U229	VIIC	Robert Schetelig*	20. 2.	17. 4.	1	4946+
U447	VIIC	Friedrich-Wilhelm Bothe*	20. 2.	24. 3.		Keine
U513	IXC	Rolf Rüggeberg	20. 2.	14. 4.		Keine
U530	IXC/ 40	Kurt Lange*	20. 2.	22. 4.	2	12063
U633	VIIC	Bernhard Müller*	20. 2.	Verloren 10. 3.		Keine
U641	VIIC	Horst Rendtel*	20. 2.	11. 4.		Keine
U642	VIIC	Herbert Brünning*	20. 2.	8. 4.	1	2125
U665	VIIC	Hans-Jürgen Haupt*	20. 2.	Verloren 22. 3.	1	7134
U172	IXC	Carl Emmermann	21. 2.	17. 4.	5	29162
U618	VIIC	Kurt Baberg	21. 2.	7. 5.		Keine
U406	VIIC	Horst Dieterichs	22. 2.	30. 3.		Keine+
U439	VIIC	Helmut v. Tippelskirch* (K.)	22. 2.	29. 3.		Keine
U508	IXC	Georg Staats	22. 2.	15. 3.		Keine/Abbruch
U590	VIIC	Heinrich Müller-Edzards	22. 2.	12. 4.		Keine/Abbruch
U757	VIIC	Friedrich Deetz	22. 2.	18. 3.	2	12198/Abbruch
U338	VIIC	Manfred Kinzel*[30]	23. 2.	24. 3.	4	21927+[31]/ Abbruch
U86	VIIB	Walter Schug	24. 2.	16. 4.		Keine
U373	VIIC	Paul-Karl Loeser	25. 2.	13. 4.		Keine
U666	VIIC	Herbert Engel*	25. 2.	10. 4.		Keine+/ Abbruch
U306	VIIC	Claus v. Trotha*	26. 2.	9. 5.	2	17394
U167	IXC/ 40	Kurt Sturm* (K.)	27. 2.	Verloren 6. 4.	1	4621+
U221	VIIC	Hans Trojer	27. 2.	28. 3.	5	30476
U305	VIIC	Rudolf Bahr*	27. 2.	12. 4.	2	13045
U440	VIIC	Hans Geissler	27. 2.	11. 4.		Keine
U441	VIIC	Klaus Hartmann	27. 2.	11. 4.		Keine
U130	IXC	Siegfried Keller* (K.)	28. 2.	Verloren 12. 3.	4	16359

Boot	Typ	Kommandant	Auslauf-Datum	Einlauf-Datum	Schiffe versenkt	Tonnen
Gesamt:	69 Feindfahrten (2 Versorger, 1 Minenleger)				61	346312
März 1943:						
U444	VIIC	Albert Langfeld	1. 3.	Verloren 11. 3.		Keine
U333	VIIC	Werner Schwaff	2. 3.	13. 4.	1	5234[32]
U336	VIIC	Hans Hunger	2. 3.	11. 4.		Keine
U67	IXC	Günther Müller-Stöckheim	3. 3.	13. 4.		Keine/Abbruch
U109	IXB	Hans Joachim Schramm* (K.)	3. 3.	1. 4.		Keine/Abbruch
U524	IXC	Walter Frhr. v. Steinaecker	3. 3.	Verloren 22. 3.	1	8062
U159	IXC	Helmut Witte	4. 3.	25. 4.	1	5449
U188	IXC/40	Siegfried Lüdden*	4. 3.	3. 5.	1	1190[33]
U463	XIV	Leo Wolfbauer	4. 3.	17. 4.		Keine/Versorger
U134	VIIC	Hans-Günther Brosin* (K.)	6. 3.	2. 5.		Keine/Abbruch
U598	VIIC	Gottfried Holtorf	6. 3.	13. 5.		Keine
U384	VIIC	Hans-Achim v. Rosenberg-Gruszczynski	6. 3.	Verloren 19. 3.	1	7252
U631	VIIC	Jürgen Krüger	6. 3.	10. 5.	1	5158
U415	VIIC	Kurt Neide*	7. 3.	5. 5.	2	10403
U610	VIIC	Walter Frhr. v. Freyberg-Eisenberg-Allmendingen	8. 3.	12. 5.	1	7176
U168	IXC/40	Helmut Pich*	9. 3.	18. 5.		Keine
U592	VIIC	Carl Borm	9. 3.	18. 4.		Keine
U163	IXC	Kurt-Edward Engelmann	10. 3.	Verloren 13. 3.		Keine
U572	VIIC	Heinz Kummetat	10. 3.	13. 4.		Keine/Abbruch
U663	VIIC	Heinrich Schmid	10. 3.	4. 4.	1	5754
U191	IXC/40	Helmut Fiehn*	11. 3.	Verloren 23. 4.	1	3025
U564	VIIC	Hans Fiedler	11. 3.	15. 4.		Keine/Abbruch
U260	VIIC	Hubertus Purkhold	12. 3.	22. 5.		Keine
U257	VIIC	Heinz Rahe	14. 3.	7. 5.		Keine
U704	VIIC	Horst Kessler	14. 3.	10. 4.[34]		Keine/Abgezogen
U632	VIIC	Hans Karpf	15. 3.	Verloren 6. 4.	1	7065
U706	VIIC	Alexander v. Zitzewitz	15. 3.	11. 5.	2	14385
U469	VIIC	Emil Claussen*	16. 3.	Verloren 25. 3.		Keine

Boot	Typ	Kommandant	Auslauf-Datum	Einlauf-Datum	Schiffe versenkt	Tonnen
U635	VIIC	Heinz Eckelmann*	16. 3.	Verloren 5. 4.	1	5529
U169	IXC/40	Hermann Bauer*	18. 3.	Verloren 27. 3.		Keine
U630	VIIC	Werner Winkler*	18. 3.	Verloren 6. 5.	1	9365
U455	VIIC	Hans-Martin Scheibe	20. 3.	23. 4.	1	3777/M[35]
U404	VIIC	Otto v. Bülow	21. 3.	3. 5.	3	17736
U563	VIIC	Götz v. Hartmann	21. 3.	18. 4.		Keine/Abbruch
U267	VIIC	Otto Tinschert	23. 3.	21. 5.		Keine
U270	VIIC	Paul-Friedrich Otto*	23. 3.	15. 5.		Keine/Abbruch
U584	VIIC	Joachim Deecke	23. 3.	24. 5.	1	5565
U594	VIIC	Friedrich Mumm	23. 3.	14. 4.		Keine/Abbruch
U662	VIIC	Heinz-Eberhard Müller* (K.)	23. 3.	19. 5.	2	13011 +
U532	IXC/40	Otto-Heinrich Junker*	25. 3.	15. 5.		Keine/Abbruch
U571	VIIC	Helmut Möhlmann	25. 3.	1. 5.	1	3835
U613	VIIC	Helmut Köppe	25. 3.	6. 5.		Keine
U71	VIIC	Hardo Rodler v. Roithberg	27. 3.	1. 5.[36]		Keine/Abbruch/Abgezogen
U124	IXB	Johann Mohr	27. 3.	Verloren 2. 4.	2	9547
U487	XIV	Helmut Metz*	27. 3.	11. 5.		Keine/Versorger
U413	VIIC	Gustav Poel	30. 3.	13. 6.		Keine
U381	VIIC	Wilhelm-Heinrich Graf v. Pückler u. Limpurg	31. 3.	Verloren 9. 5. ?		Keine
U438	VIIC	Heinrich Heinsohn* (K.)	31. 3.	Verloren 6. 5.		Keine[37]
U117	XB	Hans-Werner Neumann	31. 3.	14. 5.		Keine +/M[38]
Gesamt:	49 Feindfahrten (2 Versorger, 2 Minenleger)				26	148518
April 1943:						
U198	IXB	Ralf-Reimar Wolfram	1. 4.	15. 5.[39]		Keine/Abgezogen
U258	VIIC	Wilhelm v. Mässenhausen	1. 4.	Verloren 20. 5.	1	6198
U303	VIIC	Karl-Franz Heine	1. 4.	9. 4. ins Mittelmeer		
U414	VIIC	Walter Huth	1. 4.	9. 4. ins Mittelmeer		
U462	XIV	Bruno Vowe	1. 4.	24. 4.		Keine/Versorger
U189	IXC/40	Helmut Kurrer*	3. 4.	Verloren 23. 4.		Keine
U203	VIIC	Hermann Kottmann	3. 4.	Verloren 25. 4.		Keine
U648	VIIC	Peter-Arthur Stahl*	3. 4.	19. 5.		Keine[40]
U552	VIIC	Klaus Popp	4. 4.	13. 6.[41]		Keine

Boot	Typ	Kommandant	Auslauf-Datum	Einlauf-Datum	Schiffe versenkt	Tonnen
U209	VIIC	Heinrich Brodda*	6. 4.	Verloren 7. 5. ?		Keine
U465	VIIC	Heinz Wolf	7. 4.	14. 4.		Keine/Abbruch
U264	VIIC	Hartwig Looks	8. 4.	1. 6.	3	15 228
U382	VIIC	Leopold Koch	8. 4.	24. 4.		Keine/Abbruch
U628	VIIC	Heinz Hasenschar	8. 4.	19. 5.	1½	8 779
U732	VIIC	Klaus-Peter Carlsen*	8. 4.	15. 5.		Keine/Abbruch
U954	VIIC	Odo Loewe*	8. 4.	Verloren 19. 5.		Keine
U175	IXC	Heinrich Bruns	10. 4.	Verloren 17. 4.		Keine
U226	VIIC	Rolf Borchers	10. 4.	17. 5.	½	3 567
U650	VIIC	Ernst v. Witzendorff*	10. 4.	28. 6.		Keine
U358	VIIC	Rolf Manke	11. 4.	16. 5.	1	2 864 +
U92	VIIC	Adolf Oelrich	12. 4.	26. 6.		Keine
U378	VIIC	Erich Mäder	12. 4.	4. 6.		Keine
U614	VIIC	Wolfgang Sträter	12. 4.	24. 5.		Keine
U707	VIIC	Günter Gretschel	12. 4.	31. 5.	1	4 635
U125	IXC	Ulrich Folkers	13. 4.	Verloren 6. 5.		Keine
U192	IXC/40	Werner Happe*	13. 4.	Verloren 6. 5.		Keine
U231	VIIC	Wolfgang Wenzel*	13. 4.	30. 5.		Keine/Abbruch
U531	IXC/40	Herbert Neckel*	13. 4.	Verloren 6. 5.		Keine
U266	VIIC	Rolf v. Jessen	14. 4.	Verloren 15. 5.	3	12 012
U223	VIIC	Karl-Jürgen Wächter	15. 4.	24. 5.		Keine/Abbruch
U377	VIIC	Otto Köhler	15. 4.	7. 6.		Keine/Abbruch
U386	VIIC	Hans-Albrecht Kandler*	15. 4.	11. 5.	1	1 997/Abbruch
U514	IXC	Hans-Jürgen Auffermann	15. 4.	22. 5.		Keine
U525	IXC/40	Hans-Joachim Drewitz	15. 4.	26. 5.		Keine
U528	IXC/40	Georg v. Rabenau*	15. 4.	Verloren 11. 5.		Keine
U533	IXC/40	Helmut Hennig*	15. 4.	24. 5.		Keine/Abbruch
U634	VIIC	Eberhard Dahlhaus	15. 4.	23. 5.		Keine
U709	VIIC	Karl-Otto Weber	15. 4.	23. 5.		Keine
U710	VIIC	Dietrich v. Carlowitz*	15. 4.	Verloren 24. 4.		Keine
U186	IXC/40	Siegfried Hesemann	17. 4.	Verloren 12. 5.		Keine
U383	VIIC	Horst Kremser	17. 4.	25. 5.		Keine
U448	VIIC	Helmut Dauter	17. 4.	26. 5.		Keine/Abbruch
U454	VIIC	Burkhard Hackländer	17. 4.	23. 5.		Keine
U466	VIIC	Gerhard Thäter	17. 4.	26. 5.		Keine
U217	VIID	Kurt Reichenbach-Klinke	19. 4.	Verloren 5. 6.		Keine/M[42]
U359	VIIC	Heinz Förster	19. 4.	20. 5.		Keine/Abbruch

Boot	Typ	Kommandant	Auslauf-Datum	Einlauf-Datum	Schiffe versenkt	Tonnen
U403	VIIC	Heinz-Ehlert Clausen	19. 4.	31. 5.	½	3 569
U468	VIIC	Klemens Schamong	19. 4.	29. 5.		Keine/Abbruch
U569	VIIC	Hans Johannsen	19. 4.	Verloren 22. 5.		Keine
U616	VIIC	Siegfried Koitschka	19. 4.	7. 5. ins Mittelmeer		
U218	VIID	Richard Becker	20. 4.	2. 6.		Keine/Abbruch/ M[43]
U402	VIIC	Siegfried Frhr. v. Forstner	20. 4.	26. 5.	2	7 627/Abbruch
U461	XIV	Wolf Stiebler	20. 4.	30. 5.		Keine/Versorger
U638	VIIC	Oskar Staudinger	20. 4.	Verloren 5. 5.	1	5 507
U504	IXC	Wilhelm Luis	21. 4.	28. 5.		Keine
U459	XIV	Georg v. Wilamowitz-Möllendorf	21. 4.	3. 6.		Keine/Versorger
U566	VIIC	Hans Hornkohl	22. 4.	26. 4.		Keine/Abbruch
U575	VIIC	Günther Heydemann	22. 4.	11. 6.		Keine
U604	VIIC	Horst Höltring	22. 4.	26. 4.		Keine/Abbruch
U621	VIIC	Max Kruschka	22. 4.	3. 6.		Keine
U752	VIIC	Karl-Ernst Schroeter	22. 4.	Verloren 23. 5.		Keine
U952	VIIC	Oskar Curio*	22. 4.	31. 5.		Keine/Abbruch
U103	IXB	Gustav-Adolf Janssen	24. 4.	26. 5.		Keine
U107	IXB	Harald Gelhaus	24. 4.	26. 5.	1	12 411
U227	VIIC	Jürgen Kuntze*	24. 4.	Verloren 30. 4.		Keine
U418	VIIC	Gerhard Lange*	24. 4.	Verloren 1. 6.		Keine
U456	VIIC	Max-Martin Teichert	24. 4.	Verloren 12. 5. ?	½	3 569
U607	VIIC	Wolf Jeschonnek*	24. 4.	2. 6.	1	5 589
U645	VIIC	Otto Ferro*	24. 4.	22. 6.		Keine
U89	VIIC	Dietrich Lohmann	25. 4.	Verloren 12. 5.	1	3 803
U230	VIIC	Paul Siegmann	25. 4.	24. 5.		Keine[44]
U406	VIIC	Horst Dieterichs	25. 4.	11. 5.		Keine/Abbruch[45]
U436	VIIC	Günther Seibicke	25. 4.	Verloren 26. 5.		Keine
U600	VIIC	Bernhard Zurmühlen	25. 4.	11. 5.		Keine/Abbruch
U659	VIIC	Hans Stock	25. 4.	Verloren 4. 5.		Keine[46]
U410	VIIC	Horst-Arno Fenski	26. 4.	6. 5. ins Mittelmeer		
U332	VIIC	Eberhard Hüttemann	26. 4.	Verloren 29. 4.		Keine
U437	VIIC	Hermann Lamby	26. 4.	30. 4.		Keine/Abbruch
U304	VIIC	Heinz Koch*	27. 4.	Verloren 28. 5.		Keine
U439	VIIC	Helmut v. Tippelskirch	27. 4.	Verloren 4. 5.		Keine
U445	VIIC	Heinz-Konrad Fenn	27. 4.	30. 4.		Keine/Rettungs-aktion/Abbruch
U447	VIIC	Friedrich-Wilhelm Bothe	27. 4.	Verloren 7. 5. bei Fahrt ins Mittelmeer		

Boot	Typ	Kommandant	Auslauf-Datum	Einlauf-Datum	Schiffe versenkt	Tonnen
U109	IXB	Hans Joachim Schramm	28. 4.	Verloren 4. 5.		Keine
U91	VIIC	Heinz Hungershausen*	29. 4.	7. 6.		Keine/Abbruch
U202	VIIC	Günter Poser	29. 4.	Verloren 11. 6.		Keine
U340	VIIC	Hans Joachim Klaus*	29. 4.	31. 5.		Keine
U465	VIIC	Heinz Wolf (EA)	29. 4.	Verloren 2. 5.		Keine
U664	VIIC	Adolf Graef	29. 4.	9. 6.		Keine
U731	VIIC	Werner Techand*	29. 4.	12. 6.		Keine
U760	VIIC	Otto-Ulrich Blum*	29. 4.	31. 5.		Keine
Gesamt:	90 Feindfahrten (3 Versorger, 2 Minenleger, 4 ins Mittelmeer)				19	97355
Mai 1943:						
U640	VIIC	Karl-Heinz Nagel*	1. 5.	Verloren 14. 5.		Keine
U405	VIIC	Rolf-Heinrich Hopmann	2. 5.	21. 5.		Keine/Abbruch
U636	VIIC	Hans Hildebrandt*	2. 5.	8. 6.		Keine (Norwegen)[47]
U221	VIIC	Hans Trojer	3. 5.	21. 7.	1	9432
U214	VIID	Günther Reeder	4. 5.	10. 5.		Keine/Abbruch[48]
U228	VIIC	Erwin Christophersen	4. 5.	19. 7.		Keine
U642	VIIC	Herbert Brünning	4. 5.	6. 7.		Keine
U657	VIIC	Heinrich Göllnitz	4. 5.	Verloren 17. 5.		Keine
U603	VIIC	Rudolf Baltz* (K.)	5. 5.	16. 7.	1	4819
U663	VIIC	Heinrich Schmid	5. 5.	Verloren 8. 5. ?		Keine
U753	VIIC	Alfred Manhardt v. Mannstein	5. 5.	Verloren 13. 5.		Keine
U666	VIIC	Herbert Engel	6. 5.	9. 7.		Keine
U232	VIIC	Ernst Ziehm*	8. 5.	Verloren 8. 7.		Keine
U273	VIIC	Hermann Rossmann*	8. 5.	Verloren 19. 5.		Keine
U336	VIIC	Hans Hunger	8. 5.	17. 7.		Keine
U463	XIV	Leo Wolfbauer	8. 5.	Verloren 16. 5.		Keine/Versorger
U558	VIIC	Günther Krech	8. 5.	Verloren 20. 7.		Keine[49]
U641	VIIC	Horst Rendtel	9. 5.	16. 7.		Keine
U193	IXC/40	Hans Pauckstadt*	11. 5.	23. 7.		Keine
U229	VIIC	Robert Schetelig	11. 5.	7. 6.		Keine/Abbruch
U305	VIIC	Rudolf Bahr	12. 5.	1. 6.		Keine/Abbruch
U591	VIIC	Hans-Jürgen Zetzsche	12. 5.	16. 5.		Keine/Abbruch
U646	VIIC	Heinrich Wulff	12. 5.	Verloren 17. 5.		Keine
U211	VIIC	Karl Hause	13. 5.	16. 7.		Keine
U951	VIIC	Kurt Pressel*	13. 5.	Verloren 7. 7.		Keine

Boot	Typ	Kommandant	Auslauf-Datum	Einlauf-Datum	Schiffe versenkt	Tonnen
U953	VIIC	Karl-Heinz Marbach*	13. 5.	22. 7.		Keine
U608	VIIC	Rolf Struckmeier	15. 5.	18. 7.		Keine
U488	XIV	Erwin Bartke*	18. 5.	9. 7.		Keine/Versorger
U214	VIID	Rupprecht Stock* (K.; EA)	19. 5.	26. 6.		Keine + /M[50]
U435	VIIC	Siegfried Strelow	20. 5.	Verloren 9. 7.		Keine
U467	VIIC	Heinz Kummer	20. 5.	Verloren 25. 5.		Keine
U667	VIIC	Heinrich Schroeteler*	20. 5.	26. 7.		Keine
U441	VIIC	Götz v. Hartmann* (K.)	22. 5.	26. 5.		Keine/Flak/ Abbruch[51]
U594	VIIC	Friedrich Mumm	23. 5.	Verloren 4. 6. bei Fahrt ins Mittelmeer		
U118	XB	Werner Czygan	25. 5.	Verloren 12. 6.		Keine/HV
U341	VIIC	Dietrich Epp*	25. 5.	10. 7.		Keine
U450	VIIC	Kurt Böhme*	25. 5.	22. 6.		Keine/Abbruch/ HV
U535	IXC/ 40	Helmut Ellmenreich*	25. 5.	Verloren 5. 7.		Keine/HV[52]
U409	VIIC	Hans-Ferdinand Massmann	26. 5.	5. 6. ins Mittelmeer		
U440	VIIC	Werner Schwaff	26. 5.	Verloren 31. 5.		Keine
U758	VIIC	Helmut Manseck	26. 5.	25. 6.		Keine/Abbruch
U170	IXC/ 40	Günther Pfeffer*	27. 5.	9. 7.		Keine/HV
U669	VIIC	Kurt Köhl*	27. 5.	14. 7.		Keine/Rettungs-aktion/Abbruch
U271	VIIC	Kurt Barleben*	29. 5.	16. 7.		Keine/Rettungs-aktion/Abbruch
U308	VIIC	Karl Mühlenpfort*	29. 5.	Verloren 4. 6.		Keine
U530	IXC/ 40	Kurt Lange	29. 5.	2. 7.		Keine/HV
U563	VIIC	Gustav Borchardt* (K.)	29. 5.	Verloren 31. 5.		Keine
U592	VIIC	Carl Borm	29. 5.	14. 7.		Keine/Rettungs-aktion/Abbruch
U455	VIIC	Hans-Martin Scheibe	30. 5.	31. 7.		Keine
Gesamt:	48 (2 Versorger, 1 Minenleger, 2 ins Mittelmeer)				2	14251
Juni 1943:						
U449	VIIC	Hermann Otto*	1. 6.	Verloren 24. 6.		Keine
U536	IXC/ 40	Rolf Schauenburg*	1. 6.	9. 7.		Keine/HV
U417	VIIC	Wolfgang Schreiner*	3. 6.	Verloren 11. 6.		Keine

Boot	Typ	Kommandant	Auslauf-Datum	Einlauf-Datum	Schiffe versenkt	Tonnen
U334	VIIC	Heinz Ehrich* (K.)	5. 6.	Verloren 14. 6.		Keine
U135	VIIC	Otto Luther* (K.)	7. 6.	Verloren 15. 7.		Keine
U388	VIIC	Peter Sues*	8. 6.	Verloren 20. 6.		Keine
U564	VIIC	Hans Fiedler	9. 6.	Verloren 14. 6.		Keine
U68	IXC	Albert Lauzemis	12. 6.	16. 6.		Keine/Abbruch
U194	IXC/40	Hermann Hesse*	12. 6.	Verloren 24. 6.		Keine
U420	VIIC	Hans-Jürgen Reese*	12. 6.	16. 7.		Keine/Abbruch
U338	VIIC	Manfred Kinzel	15. 6.	21. 6.		Keine/Abbruch
U487	XIV	Helmut Metz	15. 6.	Verloren 13. 7.		Keine/Versorger[53]
U462	XIV	Bruno Vowe	19. 6.	23. 6.		Keine/Abbruch/Versorger
U270	VIIC	Paul-Friedrich Otto	26. 6.	2. 7.		Keine/Abbruch
U160	IXC	Gerd v. Pommer-Esche* (K.)	28. 6.	Verloren 14. 7.		Keine/HV
U462	XIV	Bruno Vowe (EA)	28. 6.	6. 7.		Keine/Abbruch/Versorger
U386	VIIC	Fritz Albrecht* (K.)	29. 6.	8. 7.		Keine/Abbruch
U505	IXC	Peter Zschech	30. 6.	1. 7.		Keine/Abbruch
Gesamt:	17 Feindfahrten (2 Versorger)					Keine
Juli 1943:						
U267	VIIC	Otto Tinschert	4. 7.	13. 7.		Keine/Abbruch
U373	VIIC	Paul-Karl Loeser	7. 7.	16. 8.		Keine/M/Abbruch[54]
U441	VIIC	Götz v. Hartmann	8. 7.	13. 7.		Keine/Flak/Abbruch
U459	XIV	Georg v. Wilamowitz-Möllendorf	22. 7.	Verloren 24. 7.		Keine/Versorger
U489	XIV	Adalbert Schmandt*	22. 7.	Verloren 4. 8.		Keine/Versorger[55]
U647	VIIC	Willi Hertin*	22. 7.	Verloren 28. 7. ?		Keine
U404	VIIC	Adolf Schönberg* (K.)	24. 7.	Verloren 28. 7.		Keine
U614	VIIC	Wolfgang Sträter	25. 7.	Verloren 29. 7. bei Fahrt ins Mittelmeer		
U129	IXC	Richard v. Harpe* (K.)	27. 7.	5. 9.		Keine/HV
U461	XIV	Wolf-Harro Stiebler	27. 7.	Verloren 30. 7.		Keine/Versorger
U462	XIV	Bruno Vowe	27. 7.	Verloren 30. 7.		Keine/Versorger
U504	IXC	Wilhelm Luis	27. 7.	Verloren 30. 7.		Keine/HV
U525	IXC/40	Hans-Joachim Drewitz	27. 7.	Verloren 11. 8.		Keine/HV

Boot	Typ	Kommandant	Auslauf-Datum	Einlauf-Datum	Schiffe versenkt	Tonnen
U106	IXB	Wolf-Dietrich Damerow* (K.)	28. 7.	Verloren 2. 8.		Keine/HV
U383	VIIC	Horst Kremser	29. 7.	Verloren 1. 8. ?		Keine
U454	VIIC	Burkhard Hackländer	29. 7.	Verloren 1. 8. bei Fahrt ins Mittelmeer		
U706	VIIC	Alexander v. Zitzewitz	29. 7.	Verloren 2. 8. bei Fahrt ins Mittelmeer		
Gesamt:	17 Feindfahrten (4 Versorger, 4 Hilfs-Versorger, 3 Versuche, ins Mittelmeer zu stoßen, 1 Flakboot)					Keine
August 1943:						
U68	IXC	Albert Lauzemis	1. 8.	3. 8.		Keine/Rückruf
U437	VIIC	Hermann Lamby	1. 8.	3. 8.		Keine/Rückruf
U448	VIIC	Helmut Dauter	1. 8.	3. 8.		Keine/Rückruf
U505	IXC	Peter Zschech	1. 8.	3. 8.		Keine/Rückruf
U621	VIIC	Max Kruschka	22. 8.	28. 9.		Keine/Flak/Biskaya
Gesamt:	5 Feindfahrten					Keine
August/September 1943 (Gruppe Leuthen):						
U305	VIIC	Rudolf Bahr	23. 8.	16. 10.	1	1 190[56]/Abbruch
U645	VIIC	Otto Ferro	23. 8.	22. 10.	1½	9 175[57]
U260	VIIC	Hubertus Purkhold	25. 8.	17. 10.		Keine/Abbruch
U338	VIIC	Manfred Kinzel	25. 8.	Verloren 20. 9. ?		
U731	VIIC	Werner Techand	29. 8.	1. 11.		Keine/Abbruch
U386	VIIC	Fritz Albrecht	29. 8.	8. 10.		Keine/Abbruch
U460	XIV	Ebe Schnoor	30. 8.	Verloren 4. 10.		Keine/Versorger
U229	VIIC	Robert Schetelig	31. 8.	Verloren 22. 9.		Keine
U341	VIIC	Dietrich Epp	31. 8.	Verloren 19. 9.		Keine
U666	VIIC	Herbert Engel	31. 8.	4. 9.		Keine/Abbruch
U758	VIIC	Helmut Manseck	1. 9.	10. 10.		Keine
U584	VIIC	Joachim Deecke	2. 9.	Verloren 31. 10.		Keine
U402	VIIC	Siegfried Frhr. v. Forstner	4. 9.	Verloren 13. 10.		Keine[58]
U238	VIIC	Horst Hepp*	5. 9.	8. 10.	4½	26 636[59]
U641	VIIC	Horst Rendtel	5. 9.	?.10.		Keine
U378	VIIC	Erich Mäder	6. 9.	Verloren 20. 10.	1	1 920[60]
U666	VIIC	Herbert Engel (EA)	6. 9.	16. 10.	1	1 370[61]/Abbruch
U952	VIIC	Oskar Curio	6. 9.	17. 10.	2	7 123 + [62]

Boot	Typ	Kommandant	Auslauf-Datum	Einlauf-Datum	Schiffe versenkt	Tonnen
U270	VIIC	Paul-Friedrich Otto	7. 9.	6. 10.	1	1 370[63]/ Abbruch
U422	VIIC	Wolfgang Poeschel*	8. 9.	Verloren 4. 10.		Keine
U275	VIIC	Helmut Bork*	9. 9.	10. 10.		Keine
U603	VIIC	Rudolf Baltz	9. 9.	3. 11.		Keine
U377	VIIC	Gerhard Kluth* (K.)	9. 9.	10. 10.		Keine/Abbruch
Gesamt:	23 Feindfahrten (1 Versorger)				12	48 784
September 1943:						
U274	VIIC	Günther Jordan	1. 9.	13. 9.		Keine/Abbruch
U279	VIIC	Otto Finke*	4. 9.	Verloren 5. 10.		Keine[64]
U963	VIIC	Karl Boddenberg*	4. 9.	17. 9.		Keine/Abbruch
U488	XIV	Erwin Bartke	7. 9.	12. 12.		Keine/Versorger
U413	VIIC	Gustav Poel	8. 9.	18. 9.		Keine/Abbruch
U610	VIIC	Walter Frhr. v. Freyberg-Eisenberg-Allmendingen	12. 9.	Verloren 8. 10.		Keine
U419	VIIC	Dietrich Giersberg*	13. 9.	Verloren 8. 10.		Keine
U223	VIIC	Karl-Jürgen Wächter	14. 9.	23. 9. ins Mittelmeer		
U336	VIIC	Hans Hunger	14. 9.	Verloren 5. 10.		Keine
U448	VIIC	Helmut Dauter	14. 9.	3. 11.		Keine/Abbruch
U539	IXC/40	Hans-Jürgen Lauterbach-Emden*	14. 9.	20. 10.		Keine/Abbruch[65]
U643	VIIC	Hans-Harald Speidel*	14. 9.	Verloren 8. 10.		Keine
U389	VIIC	Siegfried Heilmann*	18. 9.	Verloren 4. 10.		Keine
U631	VIIC	Jürgen Krüger	18. 9.	Verloren 17. 10.		Keine
U667	VIIC	Heinrich Schroeteler	18. 9.	11. 10.		Abbruch bei Fahrt ins Mittelmeer
U221	VIIC	Hans Trojer	20. 9.	Verloren 27. 9.		Keine
U455	VIIC	Hans-Martin Scheibe	20. 9.	11. 11.		Abbruch bei Fahrt ins Mittelmeer[66]
U91	VIIC	Heinz Hungershausen	21. 9.	22. 11.		Keine
U264	VIIC	Hartwig Looks	22. 9.	15. 10.		Abbruch bei Fahrt ins Mittelmeer
U92	VIIC	Horst-Thilo Queck* (K.)	25. 9.	7. 10.		Keine/Abbruch
U309	VIIC	Hans-Gert Mahrholz*	25. 9.	7. 11.		Keine

Boot	Typ	Kommandant	Auslauf-Datum	Einlauf-Datum	Schiffe versenkt	Tonnen
U437	VIIC	Hermann Lamby	26. 9.	19. 11.		Keine
U231	VIIC	Wolfgang Wenzel	27. 9.	22. 11.		Keine
U470	VIIC	Günter Paul Grave*	28. 9.	Verloren 16. 10.		Keine
U762	VIIC	Wolfgang Hille*	28. 9.	15. 11.		Keine
Gesamt:	25 Feindfahrten (1 Versorger, 1 erfolgr., 3 abgebr. Fahrten ins Mittelmeer)					Keine
Oktober 1943:						
U271	VIIC	Kurt Barleben	2. 10.	3. 11.		Keine/Flak/ Abbruch
U413	VIIC	Gustav Poel	2. 10.	21. 11.		Keine
U424	VIIC	Günter Lüders*	2. 10.	15. 12.		Keine
U608	VIIC	Rolf Struckmeier	2. 10.	28. 11.		Keine
U267	VIIC	Ernst v. Witzendorff* (K.)	3. 10.	26. 11.		Keine
U552	VIIC	Klaus Popp	3. 10.	30. 11.		Keine
U256	VIIC	Wilhelm Brauel* (K.)	4. 10.	17. 11.		Keine/Flak/ Abbruch
U540	IXC/ 40	Lorenz Kasch*	4. 10.	Verloren 17. 10.		Keine
U841	IXC/ 40	Werner Bender*	4. 10.	Verloren 17. 10.		Keine
U953	VIIC	Karl-Heinz Marbach	4. 10.	17. 11.		Keine/Flak/ Abbruch
U226	VIIC	Albrecht Gänge* (K.)	5. 10.	Verloren 6. 11.		Keine
U426	VIIC	Christian Reich*	5. 10.	29. 11.	1	6625
U592	VIIC	Hans Jaschke* (K.)	5. 10.	25. 11.		Keine
U842	IXC/ 40	Wolfgang Heller*	5. 10.	Verloren 6. 11.		Keine
U963	VIIC	Karl Boddenberg	5. 10.	3. 12.		Keine
U964	VIIC	Emmo Hummerjohann*	5. 10.	Verloren 16. 10.		Keine
U966	VIIC	Eckehard Wolf*	5. 10.	Verloren 10. 11.		Keine[67]
U969	VIIC	Max Dobbert*	5. 10.	6. 12.		Keine
U281	VIIC	Heinrich v. Davidson*	6. 10.	26. 11.		Keine
U373	VIIC	Detlev v. Lehsten* (K.)	6. 10.	26. 11.		Keine
U575	VIIC	Wolfgang Boehmer* (K.)	6. 10.	28. 11.		Keine
U709	VIIC	Karl-Otto Weber	6. 10.	28. 11.		Keine
U844	IXC/ 40	Günther Möller*	6. 10.	Verloren 16. 10.		Keine
U843	IXC/ 40	Oskar Herwartz*	7. 10.	15. 12.		Keine

Boot	Typ	Kommandant	Auslauf-Datum	Einlauf-Datum	Schiffe versenkt	Tonnen
U420	VIIC	Hans-Jürgen Reese	9. 10.	Verloren 20. 10. ?		Keine
U648	VIIC	Peter-Arthur Stahl	9. 10.	Verloren 22. 11. ?		Keine[68]
U405	VIIC	Rolf-Heinrich Hopmann	10. 10.	Verloren 1. 11.		Keine[69]
U212	VIIC	Helmut Vogler	11. 10.	2. 12.		Keine
U967	VIIC	Herbert Loeder*	11. 10.	1. 12.		Keine
U280	VIIC	Walter Hungers-hausen*	12. 10.	Verloren 16. 11.		Keine
U274	VIIC	Günther Jordan	13. 10.	Verloren 23. 10.		Keine
U714	VIIC	Hans-Joachim Schwebcke*	13. 10.	2. 12.		Keine
U211	VIIC	Karl Hause	14. 10.	Verloren 19. 11.		Keine/Flak
U306	VIIC	Klaus v. Trotha	14. 10.	Verloren 31. 10.		Keine
U343	VIIC	Wolfgang Rahn*	14. 10.	26. 11.		Keine
U586	VIIC	Hans Götze* (K.)	16. 10.	3. 12.		Keine
U642	VIIC	Herbert Brünning	16. 10.	3. 11. ins Mittelmeer		
U707	VIIC	Günter Gretschel	16. 10.	Verloren 9. 11.		Keine
U732	VIIC	Claus-Peter Carlsen	16. 10.	Verloren 31. 10. bei Fahrt ins Mittelmeer		
U340	VIIC	Hans-Joachim Klaus	17. 10.	Verloren 2. 11. bei Fahrt ins Mittelmeer		
U450	VIIC	Kurt Böhme	17. 10.	1. 11. ins Mittelmeer		
U566	VIIC	Hans Hornkohl	18. 10.	Verloren 24. 10. bei Fahrt ins Mittelmeer		
U441	VIIC	Klaus Hartmann	19. 10.	7. 11.		Keine/Flak/ Abbruch
U262	VIIC	Heinz Franke	20. 10.	7. 12.		Keine
U282	VIIC	Rudolf Müller*	20. 10.	Verloren 29. 10.		Keine
U333	VIIC	Peter Cremer	20. 10.	1. 12.		Keine/Abbruch
U466	VIIC	Gerhard Thäter	20. 10.	19. 11.		Keine/Abbruch
U219	XB	Walter Burghagen*	22. 10.	1. 1. 44		Keine/HV
U228	VIIC	Erwin Christophersen	25. 10.	20. 12.		Keine
U358	VIIC	Rolf Manke	25. 10.	15. 12.		Keine
U764	VIIC	Hans-Kurt v. Bremen*	27. 10.	11. 12.		Keine/Abbruch
U391	VIIC	Gert Dültgen*	?. 10	Verloren 13. 12.		Keine
U542	IXC/ 40	Christian-Brandt Coester*	?. 10	Verloren 26. 11.		Keine
U538	IXC/ 40	Johann-Egbert Gossler*	?. 10	Verloren 21. 11.		Keine
Gesamt:	54 Feindfahrten (5 Flakboote, 2 erfolgr., 3 abgebr. Fahrten ins Mittelmeer, 1 Hilfs-Versorger)				1	6625

Boot	Typ	Kommandant	Auslauf-Datum	Einlauf-Datum	Schiffe versenkt	Tonnen
November 1943:						
U962	VIIC	Ernst Liesberg*	3. 11.	28. 12.		Keine
U269	VIIC	Karl-Heinrich Harlfinger	4. 11.	15. 12.		Keine/Abbruch
U541	IXC/40	Kurt Petersen*	4. 11.	9. 1. 44		Keine
U421	VIIC	Hans Kolbus*	6. 11.	8. 1. 44		Keine
U734	VIIC	Hans-Jörg Blauert*	6. 11.	25. 12.		Keine
U801	IXC/40	Hans-Joachim Brans*	6. 11.	8. 1.		Keine
U600	VIIC	Bernhard Zurmühlen	7. 11.	Verloren 25. 11.		Keine
U508	IXC	Georg Staats	9. 11.	Verloren 12. 11.		Keine[70]
U544	IXC/40	Willi Mattke*	9. 11.	Verloren 16. 1. 44		Keine
U86	VIIB	Walter Schug	11. 11.	Verloren 29. 11. ?		Keine
U238	VIIC	Horst Hepp	11. 11.	12. 12.		Keine/Abbruch
U618	VIIC	Kurt Baberg	11. 11.	4. 1. 44		Keine[71]
U672	VIIC	Ulf Lawaetz*	13. 11.	15. 1. 44		Keine
U625	VIIC	Hans Benker	15. 11.	6. 1. 44		Keine[72]
U107	IXB	Volker Simmermacher	16. 11.	8. 1. 44		Keine
U761	VIIC	Horst Geider*	17. 11.	26. 12.		Keine/Abbruch
U667	VIIC	Heinrich Schroeteler	18. 11.	6. 1. 44		Keine
U92	VIIC	Horst-Thilo Queck	21. 11.	18. 1. 44		Keine
U415	VIIC	Kurt Neide	21. 11.	6. 1. 44	1	1 340[73]
U653	VIIC	Hans-Albrecht Kandler* (K.)	21. 11.	13. 1. 44		Keine
U230	VIIC	Paul Siegmann	22. 11.	5. 12. ins Mittelmeer		
U629	VIIC	Hans-Helmuth Bugs	22. 11.	5. 1. 44		Keine/Abbruch[74]
U284	VIIC	Günther Scholz*	23. 11.	Verloren 21. 12.		Keine[75]
U364	VIIC	Paul-Heinrich Sass*	23. 11.	Verloren 29. 1. 44 ?		Keine[76]
U311	VIIC	Joachim Zander*	25. 11.	26. 1. 44		Keine
U741	VIIC	Gerhard Palmgren*	25. 11.	27. 1. 44		Keine
U976	VIIC	Raimund Tiesler*	25. 11.	29. 1. 44		Keine
U471	VIIC	Friedrich Kloevekorn*	27. 11.	29. 1. 44		Keine
U981	VIIC	Walter Sitek*	27. 11.	30. 1. 44		Keine
U972	VIIC	Klaus-Dietrich König*	30. 11.	Verloren 15. 12.		Keine
Gesamt:	30 Feindfahrten (1 ins Mittelmeer)				1	1 340
Dezember 1943:						
U390	VIIC	Heinz Geissler*	2. 12.	13. 2. 44		Keine

Boot	Typ	Kommandant	Auslauf-Datum	Einlauf-Datum	Schiffe versenkt	Tonnen
U645	VIIC	Otto Ferro	2. 12.	Verloren 24. 12.		Keine
U744	VIIC	Heinz Blischke*	2. 12.	15. 1. 44	½	3680
U846	IXC/40	Berthold Hashagen*	4. 12.	3. 3. 44		Keine
U960	VIIC	Günther Heinrich	4. 12.	3. 2. 44	1	7176
U302	VIIC	Herbert Sickel	6. 12.	30. 1. 44		Keine
U392	VIIC	Henning Schümann*	6. 12.	20. 1. 44		Keine
U270	VIIC	Paul-Friedrich Otto	8. 12.	17. 1. 44		Keine[77]
U275	VIIC	Helmut Bork	8. 12.	11. 1. 44		Keine[78]
U305	VIIC	Rudolf Bahr	8. 12.	Verloren 17. 1. 44	1	1370[79]
U545	IXC/40	Gert Mannesmann*	9. 12.	Verloren 11. 2. 44	½	3680[80]
U382	VIIC	Rudolf Zorn* (K.)	11. 12.	26. 1. 44	1	1090[81]
U641	VIIC	Horst Rendtel	11. 12.	Verloren 19. 1. 44		Keine
U763	VIIC	Ernst Cordes*	14. 12.	7. 2. 44		Keine[82]
U377	VIIC	Gerhard Kluth	15. 12.	Verloren 15. 1. 44 ?		Keine
U758	VIIC	Helmut Manseck	16. 12.	20. 1. 44		Keine
U952	VIIC	Oskar Curio	16. 12.	3. 1. 44 ins Mittelmeer		
U260	VIIC	Hubertus Purkhold	18. 12.	27. 2. 44		Keine
U1062	VIIF	Karl Albrecht	18. 12.	23. 12.		Keine/ Versorger[83]
U309	VIIC	Hans-Gert Mahrholz	19. 12.	14. 2. 44		Keine
U731	VIIC	Alexander v. Keller* (K.)	19. 12.	18. 2. 44		Keine
U666	VIIC	Ernst-August Wilberg* (K.)	25. 12.	Verloren 10. 2. 44 ?		Keine
U231	VIIC	Wolfgang Wenzel	26. 12.	Verloren 13. 1. 44 ?		Keine
U343	VIIC	Wolfgang Rahn	26. 12.	5. 1. 44 ins Mittelmeer		
U953	VIIC	Karl-Heinz Marbach	26. 12.	20. 2. 44		Keine/Flak
U547	IXC/40	Kurt Sturm*	28. 12.	23. 2. 44		Keine
U762	VIIC	Walter Pietschmann* (K.)	28. 12.	Verloren 8. 2. 44		Keine
U386	VIIC	Fritz Albrecht	29. 12.	Verloren 19. 2. 44		Keine
U445	VIIC	Heinz-Konrad Fenn	29. 12.	10. 1. 44		Keine/Abbruch
U757	VIIC	Friedrich Deetz	29. 12.	Verloren 8. 1. 44		Keine
U984	VIIC	Heinz Sieder*	30. 12.	24. 2. 44		Keine
Gesamt:	30 Feindfahrten (2 ins Mittelmeer)				4	16996

Boot	Typ	Kommandant	Auslauf-Datum	Einlauf-Datum	Schiffe versenkt	Tonnen
Januar 1944:						
U373	VIIC	Detlev v. Lehsten	1. 1.	4. 1.		Keine/Abbruch[84]
U650	VIIC	Ernst v. Witzendorff	1. 1.	2. 3.		Keine
U257	VIIC	Heinz Rahe	2. 1.	Verloren 24. 2.		Keine
U426	VIIC	Christian Reich	3. 1.	Verloren 8. 1.		Keine
U281	VIIC	Heinrich v. Davidson	5. 1.	5. 3.		Keine
U406	VIIC	Horst Dieterichs	5. 1.	Verloren 18. 2.		Keine
U455	VIIC	Hans-Martin Scheibe	6. 1.	22. 1. ins Mittelmeer		
U621	VIIC	Max Kruschka	6. 1.	23. 1.		Keine/Abbruch
U764	VIIC	Hans-Kurt v. Bremen	7. 1.	14. 3.		Keine
U571	VIIC	Gustav Lüssow	8. 1.	Verloren 28. 1.		Keine[85]
U592	VIIC	Hans Jaschke	10. 1.	Verloren 31. 1.		Keine
U989	VIIC	Hardo Rodler v. Roithberg*	11. 1.	4. 3.		Keine
U549	IXC/40	Detlev Krankenhagen*	11. 1.	26. 3.		Keine
U271	VIIC	Kurt Barleben	12. 1.	Verloren 28. 1.		Keine
U212	VIIC	Helmut Vogler	13. 1.	12. 3.		Keine
U283	VIIC	Günter Ney* [86]	13. 1.	Verloren 11. 2.		Keine
U263	VIIC	Kurt Nölke	19. 1.	Verloren 20. 1. ?		Keine[87]
U608	VIIC	Wolfgang Reisener* (K.)	19. 1.	3. 4.		Keine
U985	VIIC	Horst Kessler*	19. 1.	12. 3.	1	1 735
U441	VIIC	Klaus Hartmann	20. 1.	14. 3.		Keine/Abbruch
U714	VIIC	Hans-Joachim Schwebcke	20. 1.	26. 2.		Keine/Abbruch[88]
U967	VIIC	Herbert Loeder	20. 1.	12. 2. ins Mittelmeer		
U734	VIIC	Hans-Jörg Blauert	21. 1.	Verloren 9. 2.		Keine
U546	IXC/40	Paul Just*	23. 1.	23. 4.		Keine[89]
U969	VIIC	Max Dobbert	24. 1.	3. 2. ins Mittelmeer		
U91	VIIC	Heinz Hungershausen	25. 1.	Verloren 25. 2.		Keine
U256	VIIC	Wilhelm Brauel	25. 1.	22. 3.	1	1 300[90]
U709	VIIC	Rudolf Ites* (K.)	25. 1.	Verloren 1. 3.		Keine
U963	VIIC	Karl Boddenberg	26. 1.	27. 3.		Keine
U238	VIIC	Horst Hepp	27. 1.	Verloren 9. 2.		Keine
U424	VIIC	Günter Lüders	29. 1.	Verloren 11. 2.		Keine
Gesamt:	31 Feindfahrten (3 ins Mittelmeer)				2	2 035

Boot	Typ	Kommandant	Auslauf-Datum	Einlauf-Datum	Schiffe versenkt	Tonnen
Februar 1944:						
U445	VIIC	Rupprecht Fischler v. Treuberg* (K.)	1. 2.	27. 2.		Keine/Abbruch
U586	VIIC	Hans Götz	1. 2.	13. 2. ins Mittelmeer		
U437	VIIC	Hermann Lamby	2. 2.	1. 4.		Keine
U413	VIIC	Gustav Poel	3. 2.	27. 3.	1	1 100[91]
U264	VIIC	Hartwig Looks	5. 2.	Verloren 19. 2.		Keine/S
U603	VIIC	Hans-Joachim Bertelsmann	5. 2.	Verloren 1. 3.		Keine
U986	VIIC	Karl-Ernst Kaiser*	8. 2.	Verloren 17. 4.		Keine[92]
U761	VIIC	Horst Geider	12. 2.	Verloren 24. 2. bei Fahrt ins Mittelmeer		
U262	VIIC	Helmut Wieduwilt* (K.)	14. 2.	29. 4.		Keine
U333	VIIC	Peter Cremer	14. 2.	20. 4.		Keine
U358	VIIC	Rolf Manke	14. 2.	Verloren 1. 3.	1	1 600[93]
U448	VIIC	Helmut Dauter	14. 2.	Verloren 14. 4.		Keine
U962	VIIC	Ernst Liesberg	14. 2.	Verloren 8. 4.		Keine
U552	VIIC	Klaus Popp	16. 2.	22. 4.		Keine/ Abgezogen[94]
U214	VIID	Rupprecht Stock	19. 2.	29. 4.		Keine/M[95]
U421	VIIC	Hans Kolbus	19. 2.	20. 3. ins Mittelmeer		
U621	VIIC	Max Kruschka	21. 2.	19. 4.		Keine
U488	XIV	Bruno Studt	22. 2.	Verloren 26. 4.		Keine/Versorger
U618	VIIC	Kurt Baberg	23. 2.	8. 4.		Abbruch bei Fahrt ins Mittelmeer
U672	VIIC	Ulf Lawaetz	24. 2.	12. 5.		Keine
U744	VIIC	Heinz Blischke	24. 2.	Verloren 6. 3.	1	1 625 +[96]
U255	VIIC	Erich Harms* (K.)	26. 2.	11. 4.	1	1 200[97]
U267	VIIC	Otto Tinschert	26. 2.	20. 5.		Keine/S
U392	VIIC	Henning Schümann	29. 2.	Verloren 16. 3. bei Fahrt ins Mittelmeer		
U575	VIIC	Wolfgang Boehmer	29. 2.	Verloren 13. 3.	1	1 015/S
U625	VIIC	Siegfried Straub*	29. 2.	Verloren 10. 3.		Keine
U741	VIIC	Gerhard Palmgren	29. 2.	3. 5.		Keine
Gesamt:	27 Feindfahrten (1 Versorger, 2 erfolgr., 3 abgebr. Fahrten ins Mittelmeer, 1 Minenleger)				5	6 540
März 1944:						
U415	VIIC	Kurt Neide	2. 3.	31. 3.		Keine/Abbruch
U653	VIIC	Hans-Albrecht Kandler	2. 3.	Verloren 15. 3.		Keine

Boot	Typ	Kommandant	Auslauf-Datum	Einlauf-Datum	Schiffe versenkt	Tonnen
U466	VIIC	Gerhard Thäter	4. 3.	22. 3. ins Mittelmeer		
U92	VIIC	Horst-Thilo Queck	5. 3.	10. 5.		Keine
U567	VIIC	Heinrich Schroeteler	8. 3.	19. 5.		Keine/S
U311	VIIC	Joachim Zander	9. 3.	Verloren 22. 4.	1	10342
U629	VIIC	Hans-Helmut Bugs	9. 3.	15. 3.		Keine/Abbruch
U302	VIIC	Herbert Sickel	11. 3.	Verloren 6. 4.	2	9777
U970	VIIC	Hans-Heinrich Ketels*	16. 3.	22. 4.		Keine/Rückruf
U471	VIIC	Friedrich Kloevekorn	16. 3.	31. 3. ins Mittelmeer		
U228	VIIC	Erwin Christophersen	19. 3.	26. 3.		Keine/Abbruch
U763	VIIC	Ernst Cordes	19. 3.	27. 3.		Keine/Rückruf
U821	VIIC	Ulrich Knackfuss*	19. 3.	12. 4.		Keine/Rückruf
U960	VIIC	Günther Heinrich	19. 3.	27. 3.		Keine/Rückruf
U976	VIIC	Raimund Tiesler	20. 3.	Verloren 25. 3.		Keine[98]
U766	VIIC	Hans-Dietrich Wilke*	23. 3.	16. 4.		Keine/Rückruf
U961	VIIC	Klaus Fischer*	25. 3.	Verloren 29. 3.		Keine
U993	VIIC	Kurt Hilbig*	25. 3.	22. 4.		Keine/Rückruf
U473	VIIC	Heinz Sternberg*	27. 3.	18. 4.	1	1400[99]
U740	VIIC	Günther Stark*	27. 3.	21. 4.		Keine/Rückruf
Gesamt:	20 Feindfahrten (2 ins Mittelmeer, 7 Rückrufe)				4	21519
April 1944:						
U736	VIIC	Reinhard Reff*	1. 4.	26. 5.		Keine
U342	VIIC	Albert Hossenfelder	3. 4.	Verloren 17. 4.		Keine
U765	VIIC	Werner Wendt*	3. 4.	Verloren 6. 5.		Keine
U385	VIIC	Hans-Guido Valentiner*	5. 4.	4. 6.		Keine/W
U955	VIIC	Hans-Heinrich Baden*	15. 4.	Verloren 7. 6.		Keine[100]/W
U731	VIIC	Alexander Graf v. Keller* (K.)	18. 4.	Verloren 15. 5. bei Fahrt ins Mittelmeer		
U193	IXC/40	Ulrich Abel* (K.)	23. 4.	Verloren 23. 4. ?		Keine
U473	VIIC	Heinz Sternberg	24. 4.	Verloren 6. 5.		Keine
U960	VIIC	Günther Heinrich	27. 4.	9. 5. ins Mittelmeer		
U846	IXC/40	Berthold Hashagen	29. 4.	Verloren 4. 5.		Keine[101]
U853	IXC/40	Helmut Sommer*	29. 4.	3. 7.		Keine/Abbruch/W
Gesamt:	11 Feindfahrten (1 erfolgr., 1 abgebr. Fahrt ins Mittelmeer)					Keine

Boot	Typ	Kommandant	Auslauf-Datum	Einlauf-Datum	Schiffe versenkt	Tonnen
Mai 1944:						
U534	IXC/40	Herbert Nollau	8. 5.	13. 8.		Keine
U857	IXC/40	Rudolf Premauer*	9. 5.	13. 8.		Keine
Gesamt:	2 Feindfahrten					Keine
Gruppe Dragoner (Test der Schnorchel-Boote im Ärmelkanal)						
U764	VIIC	Hans-Kurt v. Bremen	18. 5.	27. 5.		Keine/S
U441	VIIC	Klaus Hartmann	20. 5.	27. 5.		Keine/S
U984	VIIC	Heinz Sieder	22. 5.	27. 5.		Keine/S
U953	VIIC	Karl-Heinz Marbach	22. 5.	27. 5.		Keine/S
U269	VIIC	Georg Uhl* (K.)	23. 5.	27. 5.		Keine/S
Gesamt:	5 Feindfahrten					Keine
Juni 1944:						
U804	IXC/40	Herbert Meyer*	12. 6.	17. 6.		Keine/Abbruch[102]/S
U858	IXC/40	Thilo Bode*	12. 6.	27. 9.		Keine/S
U743	VII	Helmut Kandzior*	15. 6.	21. 6.		Keine/Abbruch[103]/S
U1225	IXC/40	Ernst Sauerberg*	17. 6.	Verloren 24. 6.		Keine/S
U804	IXC/40	Herbert Meyer (EA)	19. 6.	7. 10.	1	1 300[104]/S
U396	VIIC	Ernst-Günther Unterhorst*	20. 6.	3. 7.		Keine/S/Abbruch
U865	IXC/40	Dietrich Stellmacher*	20. 6.	5. 7.		Keine/S/Abbruch
Gesamt:	7 Feindfahrten				1	1 300

OVERLORD

Im Nordmeer stationierte U-Boote (32 schnorchellos):

Gruppe Grimm (10):

U307	VIIC	Friedrich-Georg Herrle*
U313	VIIC	Friedhelm Schweiger*
U315	VIIC	Herbert Zoller*
U347	VIIC	Johann de Buhr*

Boot	Typ	Kommandant	Auslauf-Datum	Einlauf-Datum	Schiffe versenkt	Tonnen
U362	VIIC	Ludwig Franz*				
U387	VIIC	Rudolf Büchler*				
U668	VIIC	Wolfgang v. Eickstedt*				
U742	VIIC	Heinz Schwassmann*				
U997	VIIC/41	Hans Lehmann*				
U711	VIIC	Hans-Günther Lange*				
Gruppe Trutz (7):						
U344	VIIC	Ulrich Pietsch*				
U363	VIIC	Werner Nees*				
U394	VIIC	Wolfgang Borger*				
U425	VIIC	Heinz Bentzien*				
U737	VIIC	Paul Brasack*				
U957	VIIC	Gerd Schaar* (verschrottet)[105]				
U987	VIIC	Hilmar Karl Schreyer*				
Reserve (15):						
U965	VIIC	Klaus Ohling*				
U312	VIIC	Kurt-Heinz Nicolay*				
U361	VIIC	Hans Seidel*				
U636	VIIC	Rudolf Schendel				
U703	VIIC	Joachim Brünner				
U278	VIIC	Joachim Franze*				
U354	VIIC	Karl-Heinz Herbschleb				
U716	VIIC	Hans Dunkelberg*				
U992	VIIC	Hans Falke*				
U956	VIIC	Hans-Dieter Mohs				
U739	VIIC	Ernst Mangold				
U921	VIIC	Alfred Werner*				
U968	VIIC	Otto Westphalen*				
U995	VIIC/41	Walter Köhntopp*				
U365	VIIC	Heimar Wedemeyer*				

Aus Deutschland oder Norwegen zur Verstärkung nach Frankreich beorderte Boote (27):

Boot	Typ	Kommandant	Auslauf-Datum	Einlauf-Datum	Schiffe versenkt	Tonnen
Schnorchel-Boote (17):						
U719	VIIC	Klaus-Dietrich Steffens	22. 5.	Verloren 26. 6.		Keine
U767	VIIC	Walter Dankleff*	22. 5.	Verloren 18. 6.	1	1 370[106]
U1191	VIIC	Peter Grau*	22. 5.	Verloren 12. 6. ?		Keine
U988	VIIC	Erich Dobberstein*	23. 5.	Verloren 30. 6.	3 ?	10 368 ?[107]
U477	VIIC	Karl-Joachim Jenssen*	28. 5.	Verloren 3. 6.		Keine
U671	VIIC	Wolfgang Hegewald*	28. 5.	5. 7. Frankreich		Keine
U247	VIIC	Gerhard Matschulat*	31. 5.	27. 7. Frankreich	1	207[108]

Boot	Typ	Kommandant	Auslauf-Datum	Einlauf-Datum	Schiffe versenkt	Tonnen
U673	VIIC	Heinz Sauer*	4. 6.	23. 7. Frankreich		Keine[109]
U243	VIIC	Hans Märtens	8. 6.	11. 6. Norwegen		Keine/Abbruch
U678	VIIC	Guido Hyronimus*	8. 6.	Verloren 6. 7.		Keine
U715	VIIC	Helmut Röttger	8. 6.	Verloren 13. 6.		Keine
U971	VIIC	Walter Zeplien*	8. 6.	Verloren 24. 6.		Keine
U423	VIIC	Klaus Hackländer*	9. 6.	Verloren 17. 6.		Keine
U480	VIIC	Hans-Joachim Förster	10. 6.	6. 7. Frankreich		Keine
U998	VIIC/41	Hans Fiedler*	12. 6.	17. 6. Norwegen		Keine[110]/Abbruch
U243	VIIC	Hans Märtens (EA)	15. 6.	Verloren 8. 7.		Keine
U478	VIIC	Rudolf Rademacher*	20. 6.	Verloren 30. 6.		Keine
Gesamt:					5 ?	11 945 ?
Schnorchellose (10):						
U240	VIIC	Günter Link*	13. 5.	Verloren 14. 5. ?		Keine
U241	VIIC	Arno Werr	13. 5.	Verloren 18. 5.		Keine
U675	VIIC	Karl-Heinz Sammler	18. 5.	Verloren 24. 5.		Keine
U476	VIIC	Otto Niethmann*	20. 5.	Verloren 25. 5.		Keine
U990	VIIC	Hubert Nordheimer	22. 5.	Verloren 25. 5.		Keine
U292	VIIC/41	Werner Schmidt	24. 5.	Verloren 27. 5.		Keine
U294	VIIC/41	Heinz Schütt*	31. 5.	21. 6.		Keine/Rückruf
U290	VIIC	Helmuth Herglotz*	1. 6.	16. 6.		Keine/Rückruf
U980	VIIC	Hermann Dahms*	3. 6.	Verloren 11. 6.		Keine
U958	VIIC	Gerhard Groth	3. 6.	23. 6.		Keine/Rückruf

Von französischen Stützpunkten zur Verteidigung des besetzten Frankreich auslaufende U-Boote der Gruppe Landwirt:

Aus Brest: (25)

Schnorchel-Boote (16):[111]

U269	VIIC	Georg Uhl	6. 6.[112]	Verloren 25. 6.		Keine
U275	VIIC	Helmut Bork	6. 6.[113]	24. 6.		Keine
U441	VIIC	Klaus Hartmann	6. 6.	Verloren 8. 6.[114]		Keine[115]
U621	VIIC	Hermann Stuckmann*	6. 6.	9. 6.		Keine/Abbruch
U764	VIIC	Hans-Kurt v. Bremen	6. 6.	23. 6.	1	1 085[116]/Abbruch
U953	VIIC	Karl-Heinz Marbach	6. 6.	18. 6.		Keine/Abbruch
U984	VIIC	Heinz Sieder	6. 6.	9. 6.		Keine/Abbruch
U214	VIID	Rupprecht Stock	11. 6.	14. 6.		Keine/Abbruch

Boot	Typ	Kommandant	Auslauf-Datum	Einlauf-Datum	Schiffe versenkt	Tonnen
U621	VIIC	Hermann Stuckmann (EA)	12. 6.	21. 6.	1	1 490[117]
U984	VIIC	Heinz Sieder (EA)	12. 6.[118]	4. 7.	3	21 550 + [119]
U218	VIID	Richard Becker	13. 6.	9. 7.		Keine + [120]/M
U214	VIID	Rupprecht Stock (EA)	16. 6.	1. 7.		Keine[121]/M
U741	VIIC	Gerhard Palmgren	20. 6.	28. 6.		Keine/Munition
U953	VIIC	Karl-Heinz Marbach (EA)	24. 6.	21. 7.	1	1 927 +
U212	VIIC	Helmut Vogler (EA)	28. 6.	4. 7.		Keine/Abbruch
U309	VIIC	Hans-Gert Mahrholz (EA)	29. 6.	6. 7.		Keine +
Schnorchellose (9):						
U256	VIIC	Wilhelm Brauel	6. 6.	7. 6.		Keine/Abbruch
U413	VIIC	Dieter Sachse*	6. 6.	9. 6.		Keine/Abbruch
U415	VIIC	Herbert Werner*	6. 6.	7. 6.		Keine/ Abbruch[122]
U629	VIIC	Hans-Helmut Bugs	6. 6.	Verloren 7. 6.		Keine
U740	VIIC	Günther Stark	6. 6.	Verloren 6. 6. ?		Keine
U821	VIIC	Ulrich Knackfuß	6. 6.	Verloren 10. 6.		Keine
U963	VIIC	Karl Boddenberg	6. 6.	7. 6.		Keine/Abbruch
U989	VIIC	Hardo Rodler v. Roithberg	6. 6.	7. 6.		Keine/Abbruch
U373	VIIC	Detlev v. Lehsten	7. 6.	Verloren 8. 6.		Keine

Aus St. Nazaire, Lorient und La Pallice (28):

Schnorchel-Boote (9):						
U212	VIIC	Helmut Vogler	6. 6.[123]	8. 6.		Keine/Abbruch
U763	VIIC	Ernst Cordes (EA)	11. 6.	16. 6.[126]		Keine/Abbruch
U212	VIIC	Helmut Vogler (EA)	12. 6.	16. 6.		Keine/Abbruch
U763	VIIC	Ernst Cordes (EA)	18. 6.	19. 6.		Keine/Abbruch
U763	VIIC	Ernst Cordes (EA)	20. 6.	14. 7.[127]	1	1 499
U309	VIIC	Hans-Gert Mahrholz	21. 6.	25. 6.[124]		Keine/Munition
U390	VIIC	Heinz Geissler	21. 6.	24. 6.[125]		Keine/Munition
U212	VIIC	Helmut Vogler (EA)	22. 6.	24. 6.		Keine/Munition
U212	VIIC	Helmut Vogler (EA)	28. 6.	4. 7.[128]		Keine
Schnorchellose (19):						
U981	VIIC	Günther Keller*	6. 6.	17. 6.		Keine/Rückruf
U270	VIIC	Paul-Friedrich Otto	6. 6.	17. 6.		Keine[129]/Rückruf
U260	VIIC	Klaus Becker*	6. 6.	16. 6.		Keine/Rückruf
U382	VIIC	Rudolf Zorn	6. 6.	13. 6.		Keine/Rückruf
U714	VIIC	Hans-Joachim Schwebcke*	6. 6.	15. 6.		Keine/Rückruf
U650	VIIC	Ernst v. Witzendorff	6. 6.	15. 6.		Keine/Rückruf
U437	VIIC	Hermann Lamby	6. 6.	15. 6.		Keine/Rückruf
U766	VIIC	Hans-Dietrich Wilke	6. 6.	15. 6.		Keine/Rückruf

Boot	Typ	Kommandant	Auslauf-Datum	Einlauf-Datum	Schiffe versenkt	Tonnen
U255	VIIC	Erich Harms	6. 6.	15. 6.		Keine[130]/Rückruf
U445	VIIC	Rupprecht Fischler Graf v. Treuberg	6. 6.	15. 6.		Keine/Rückruf
U262	VIIC	Helmut Wieduwilt	6. 6.	15. 6.		Keine/Rückruf
U985	VIIC	Heinz Wolff*	6. 6.	15. 6.		Keine/Rückruf
U758	VIIC	Hans-Arendt Feindt*	6. 6.	15. 6.		Keine/Rückruf
U281	VIIC	Heinrich v. Davidson	6. 6.	15. 6.		Keine/Rückruf
U228	VIIC	Erwin Christophersen	6. 6.	15. 6.		Keine/Rückruf
U608	VIIC	Wolfgang Reisener	6. 6.	14. 6.		Keine/Rückruf
U993	VIIC	Kurt Hilbig	6. 6.	14. 6.		Keine/Rückruf
U333	VIIC	Peter Cremer	6. 6.	12. 6.		Keine/ Abbruch[131]
U970	VIIC	Hans-Heinrich Ketels	6. 6.	Verloren 8. 6.		Keine

Zur Abwehr einer alliierten Invasion in Norwegen oder Dänemark ausgelaufene Boote:

Gruppe Mitte (26):						*Schicksal*
U242	VIIC	Karl-Wilhelm Paucke*	8. 6.	26. 6.		Östliche Ostsee
U348	VIIC	Hans-Norbert Schunck*	8. 6.	26. 6.		Östliche Ostsee
U397	VIIC	Fritz Kallipke	8. 6.	2. 7.		Abgezogen/Ausbildungsverband
U677	VIIC	Paul Weber	8. 6.	6. 7.		Abgezogen/Ausbildungsverband
U975	VIIC	Hubert Jeschke*	8. 6.	2. 7.		Norwegen
U999	VIIC/41	Hermann Hansen*	8. 6.	6. 7.		Abgezogen/Ausbildungsverband
U1001	VIIC/41	Ernst-Ulrich Blaudow*	8. 6.	25. 7.		Östliche Ostsee
U276	VIIC	Rolf Borchers*	10. 6.	6. 7.	Abbruch	Zu Forschungszwecken abgez.
U745	VIIC	Wilhelm v. Trotha*	10. 6.	27. 7.		Östliche Ostsee
U982	VIIC	Ernst-Werner Schwirley*	10. 6.	6. 7.		Abgezogen/Ausbildungsverband
U1007	VIIC/41	Hans Hornkohl*	10. 6.	6. 7.		Ostsee
U1165	VIIC/41	Hans Homann*	10. 6.	9. 8.		Östliche Ostsee
U290	VIIC	Helmut Herglotz*	11. 6.	9. 8.	Abbruch	Östliche Ostsee
U294	VIIC/41	Heinz Schütt*	11. 6.	20. 6.		Norwegen
U958	VIIC	Gerhard Groth*	11. 6.	27. 7.		Östliche Ostsee
U1000	VIIC/41	Willi Müller	11. 6.	9. 8.		Östliche Ostsee

Boot	Typ	Kommandant	Auslauf-Datum	Einlauf-Datum	Schiffe versenkt	Tonnen
U1192	VIIC	Herbert Zeissler*	20. 6.	2. 7.		Abgezogen/Ausbildungsverband
U317	VIIC/41	Peter Rahlf*	20. 6.	Verloren 26. 6.		
U771	VIIC	Helmut Block*	21. 6.	15. 7.		Nordmeer
U994	VIIC	Volker Melzer*	22. 6.	19. 7.	Abbruch	Norwegen/S
U293	VIIC/41	Leonhard Klingspor*	26. 6.	?. 7.		Nordmeer
U319	VIIC/41	Johannes Clemens*	5. 7.	Verloren 15. 7.[132]		
U299	VIIC/41	Helmuth Heinrich*	5. 7.	19. 7.	Abbruch	Norwegen
U286	VIIC	Willi Dietrich*	5. 7.	19. 7.	Abbruch	Norwegen
U295	VIIC/41	Günter Wieboldt*	13. 7.	19. 7.		Nordmeer
U1163	VIIC/41	Ernst-Ludwig Balduhn*	13. 7.	19. 7.		Nordmeer
Gruppe Mitte Reserve (7):						
U370	VIIC	Karl Nielsen*	9. 6.	19. 7.		Ostsee
U479	VIIC	Friedrich-Wilhelm Sons*	9. 6.	19. 7.		Ostsee
U679	VIIC	Friedrich Breckweldt*	10. 6.	19. 7.		Ostsee
U310	VIIC	Wolfgang Ley*	12. 6.	19. 7.		Nordmeer
U318	VIIC/41	Josef Will*	12. 6.	19. 7.		Nordmeer
U427	VIIC	Karl-Gabriel v. Gudenus*	27. 6.	19. 7.		Nordmeer
U637	VIIC	Günther Zedelius*	?. 6.	19. 7.		Ostsee

Feindfahrten von französischen Stützpunkten im Juli 1944:

Boot	Typ	Kommandant	Auslauf-Datum	Einlauf-Datum	Schiffe versenkt	Tonnen
U212	VIIC	Helmut Vogler (EA)	5. 7.	Verloren 21. 7.		Keine/S
U741	VIIC	Gerhard Palmgren	5. 7.	15. 7.		Keine/S/Abbruch
U92	VIIC	Wilhelm Brauel	6. 7.	10. 7.		Keine/Hafenverteidigung
U672	VIIC	Ulf Lawaetz	6. 7.	Verloren 18. 7.		Keine/S
U989	VIIC	Hardo Rodler v. Roithberg	6. 7.	10. 7.		Keine/Hafenverteidigung
U415	VIIC	Herbert Werner	11. 7.	12. 7.		Keine/Hafenverteidigung
U963	VIIC	Karl Boddenberg	11. 7.	12. 7.		Keine/Hafenverteidigung/S
U309	VIIC	Hans-Gert Mahrholz	13. 7.	2. 8.		Keine + /S
U415	VIIC	Herbert Werner	13. 7.	Verloren 14. 7.		Keine/Hafenverteidigung[133]
U621	VIIC	Hermann Stuckmann	15. 7.	11. 8.	1	2 938 + [134]/S

Boot	Typ	Kommandant	Auslauf-Datum	Einlauf-Datum	Schiffe versenkt	Tonnen
U275	VIIC	Helmut Wehrkamp*	16. 7.	1. 8.		Keine/S/ Abbruch
U993	VIIC	Kurt Hilbig	17. 7.	19. 7.		Keine/Hafen-verteidigung/S
U963	VIIC	Werner Müller* (K.)	19. 7.	21. 8.		Keine/S
U214	VIID	Gerhard Conrad* (K.)	22. 7.	Verloren 26. 7.		Keine[135]/S
U260	VIIC	Klaus Becker	22. 7.	23. 7.		Keine/Hafen-verteidigung
U608	VIIC	Wolfgang Reisener	22. 7.	23. 7.		Keine/Hafen-verteidigung
U667	VIIC	Karl-Heinz Lange* (K.)	22. 7.	Verloren 25. 8. ?	4	10000[136]/S
U333	VIIC	Hans Fiedler* (K.)	23. 7.	Verloren 31. 7.		Keine
U671	VIIC	Wolfgang Hegewald	26. 7.	Verloren 4. 8.		Keine/S
U984	VIIC	Heinz Sieder	26. 7.	Verloren 20. 8.		Keine/S
Gesamt:	20 Feindfahrten				5	12938

Transfers zwischen französischen Stützpunkten im Juli:

U618	VIIC	Erich Faust	26. 7.	30. 7.	St. Nazaire – Brest
U766	VIIC	Hans-Dietrich Wilke	26. 7.	29. 7.	St. Nazaire – Brest

Transfers zwischen französischen Stützpunkten im August:

U260	VIIC	Klaus Becker	7. 8.	13. 8.	Lorient – La Pallice
U309	VIIC	Hans-Gert Mahrholz	7. 8.	12. 8.	Brest – La Pallice/S
U608	VIIC	Wolfgang Reisener	7. 8.	Verloren 10. 8.	Lorient – La Pallice
U981	VIIC	Günther Keller	7. 8.	Verloren 12. 8.	Lorient – La Pallice
U766	VIIC	Hans-Dietrich Wilke	8. 8.	Verloren 24. 8.	Brest – La Pallice[137]
U281	VIIC	Heinrich v. Davidson	9. 8.	14. 8.	St. Nazaire – La Pallice
U437	VIIC	Hermann Lamby	9. 8.	13. 8.	St. Nazaire – La Pallice
U763	VIIC	Ernst Cordes	9. 8.	14. 8.	Brest – La Pallice
U270	VIIC	Heinrich Schreiber*	10. 8.	Verloren 13. 8.	Lorient – La Pallice
U953	VIIC	Herbert Werner*	10. 8.	18. 8.	Brest – Bordeaux
U618	VIIC	Erich Faust	11. 8.	Verloren 15. 8.	Brest – La Pallice
U445	VIIC	Rupprecht Fischler Graf v. Treuberg	12. 8.	17. 8.	La Pallice – Lorient
U650	VIIC	Rudolf Zorn*	12. 8.	17. 8.	La Pallice – Lorient
U621	VIIC	Hermann Stuckmann	13. 8.	Verloren 18. 8.	Brest – La Pallice
U963	VIIC	Werner Müller	13. 8.	21. 8.	Brest – La Pallice
U107	IXB	Karl-Heinz Fritz*	16. 8.	Verloren 18. 8.	Lorient – La Pallice

Von Frankreich nach Norwegen evakuierte Schnorchel-Boote im August/September 1944:

U413	VIIC	Dietrich Sachs	2. 8.	Verloren 20. 8.	1	2360
U480	VIIC	Hans-Joachim Förster	3. 8.	4. 10.	4	14621[138]

Boot	Typ	Kommandant	Auslauf-Datum	Einlauf-Datum	Schiffe versenkt	Tonnen
U736	VIIC	Reinhard Reff	5. 8.	Verloren 6. 8.		Keine
U764	VIIC	Hans-Kurt v. Bremen	6. 8.	19. 9.	1	638
U741	VIIC	Gerhard Palmgren	8. 8.	Verloren 15. 8.		Keine
U989	VIIC	Hardo Rodler v. Roithberg	9. 8.	25. 9.	1	1 791 +
U385	VIIC	Hans-Guido Valentiner	9. 8.	Verloren 11. 8.		Keine
U218	VIID	Rupprecht Stock* (K.)	10. 8.	23. 9.		Keine[139]
U548	IXC/40	Günther Pfeffer* (K.)	11. 8.	28. 9.		Keine
U228	VIIC	Herbert Engel* (K.)	12. 8.	20. 9.		Keine***
U275	VIIC	Helmut Wehrkamp	13. 8.	18. 9.		Keine***
U92	VIIC	Wilhelm Brauel* (K.)	16. 8.	29. 9.		Keine***
U993	VIIC	Karl-Heinz Steinmetz* (K.)	17. 8.	18. 9.		Keine***
U190	IXC/40	Hans-Edwin Reith* (K.)	22. 8.	1. 10.		Keine
U650	VIIC	Rudolf Zorn*	22. 8.	22. 9.		Keine
U445	VIIC	Rupprecht Fischler Graf v. Treuberg	22. 8.	Verloren 24. 8.		Keine
U262	VIIC	Helmut Wieduwilt	23. 8.	1. 11.		Keine
U758	VIIC	Hans-Arendt Feindt	23. 8.	10. 10.		Keine
U763	VIIC	Kurt Braun*	23. 8.	25. 9.		Keine
U547	IXC/40	Heinrich Niemeyer	24. 8.	27. 9.		Keine
U437	VIIC	Hermann Lamby	24. 8.	22. 9.		Keine***
U534	IXC/40	Herbert Nollau	25. 8.	24. 10.		Keine
U857	IXC	Rudolf Premauer	25. 8.	7. 10.		Keine
U247	VIIC	Gerhard Matschulat	26. 8.	Verloren 1. 9.		Keine
U714	VIIC	Hans-Joachim Schwebcke	27. 8.	24. 10.		Keine
U853	IXC/40	Günter Kuhnke	27. 8.	11. 10.		Keine
U309	VIIC	Hans-Gert Mahrholz	29. 8.	9. 10.		Keine
U963	VIIC	Karl Boddenberg	29. 8.	7. 10.		Keine
U985	VIIC	Heinz Wolff	30. 8.	23. 10.		Keine***
U953	VIIC	Herbert Werner	31. 8.	11. 10.		Keine
U256	VIIC	Heinrich Lehmann-Willenbrock	3. 9.	17. 10.		Keine***
U260	VIIC	Klaus Becker	3. 9.	17. 10.		Keine
U281	VIIC	Heinrich v. Davidson	4. 9.	28. 10.		Keine
U155	IXC	Ludwig v. Friedeburg*	9. 9.	17. 10.		Keine
U382	VIIC	Hans-Dietrich Wilke*	10. 9.	19. 10.		Keine

Boot	Typ	Kommandant	Auslauf-Datum	Einlauf-Datum	Schiffe versenkt	Tonnen
U673	VIIC	Ernst-August Gerke*	14. 9.	19. 10.		Keine***
U267	VIIC	Bernhard Knieper*	23. 9.	29. 10.		Keine
Gesamt:	37 Feindfahrten				7	19410

Feindfahrten mit Schnorchel-Booten von Norwegen von Juli bis Dezember 1944:

Juli 1944:

U855	IXC/40	Prosper Ohlsen	3. 7.	Verloren 11. 9. ?		Keine/Hilfs-Versorger
U300	VIIC/41	Fritz Hein*	18. 7.	17. 8.		Keine/Abbruch
Gesamt:	2 Feindfahrten (1 Versorger)					Keine

August 1944:

U396	VIIC	Ernst-Günther Unterhorst	6. 8.	16. 8.		Keine/Abbruch
U772	VIIC	Ewald Rademacher*	13. 8.	6. 10.		Keine/W
U245	VIIC	Friedrich Schumann-Hindenberg*	14. 8.	24. 10.		Keine/W
U482	VIIC	Hartmut Graf v. Matuschka Frhr. v. Topolczan u. Spaetgen*	14. 8.	26. 9.	5	32671[140]
U484	VIIC	Wolff-Axel Schaefer*	14. 8.	Verloren 9. 9.		Keine
U680	VIIC	Max Ulber*	14. 8.	8. 9.		Keine/Abbruch
U296	VIIC/41	Karl-Heinz Rasch*	16. 8.	29. 9.		Keine
U248	VIIC	Bernhard Emde*	17. 8.	14. 10.		Keine
U743	VIIC	Helmut Kandzior	21. 8.	Verloren 21. 8. ?		Keine
U1004	VIIC/41	Hartmuth Schimmelpfennig*	22. 8.	23. 10.		Keine
U244	VIIC	Ruprecht Fischer	23. 8.	10. 10.		Keine
U285	VIIC	Konrad Bornhaupt*	24. 8.	18. 9.		Keine/Abbruch
U925	VIIC	Helmuth Knoke*	24. 8.	Verloren 24. 8. ?		Keine
U398	VIIC	Johann Reckhoff*	26. 8.	14. 10.		Keine
U979	VIIC	Johannes Meermeier*	29. 8.	10. 10.		Keine + [141]
Gesamt:	15 Feindfahrten (2 Wetterboote)				5	32671

Boot	Typ	Kommandant	Auslauf-Datum	Einlauf-Datum	Schiffe versenkt	Tonnen
September 1944:						
U1228	IXC/40	Friedrich-Wilhelm Marienfeld*	5. 9.	20. 9.		Keine/Rettungsaktion
U1227	IXC/40	Friedrich Altmeier*	12. 9.	26. 12.	1	1 370[142]
U1199	VIIC	Rolf Nollmann*	14. 9.	5. 11.		Keine
Gesamt:		3 Feindfahrten			1	1 370
Oktober 1944:						
U300	VIIC/41	Fritz Hein	4. 10.	2. 12.	3	7 819
U483	VIIC	Hans-Joachim v. Morstein*	5. 10.	21. 11.	1	1 300[143]/Abbruch
U246	VIIC	Ernst Raabe*	7. 10.	11. 11.		Keine/Abbruch
U1200	VIIC	Hinrich Mangels*	7. 10.	15. 10.		Keine/Abbruch
U978	VIIC	Günther Pulst*	9. 10.	16. 12.	1	7 176 +
U1006	VIIC/41	Horst Voigt*	9. 10.	Verloren 16. 10.		Keine
U1003	VIIC/41	Werner Strübing*	11. 10.	16. 12.		Keine
U773	VIIC	Hugo Baldus*	15. 10.	18. 11.		Keine/Versorger
U722	VIIC	Hans-Heinrich Reimers*	16. 10.	20. 11.		Keine/Versorger
U1200	VIIC	Hinrich Mangels	17. 10.	Verloren 11. 11.		Keine/W
U991	VIIC	Diethelm Balke*	18. 10.	25. 12.		Keine
U396	VIIC	Ernst-Günther Unterhorst	21. 10.	19. 12.		Keine
U680	VIIC	Max Ulber	26. 10.	08. 11.		Keine/Abbruch
U1202	VIIC	Rolf Thomsen	30. 10.	1. 1. 45	1	7 176 +
Gesamt:		14 Feindfahrten (2 Versorger)			7	28 971
November 1944:						
U296	VIIC/41	Karl-Heinz Rasch	4. 11.	25. 12.		Keine
U1053	VIIC	Helmut Lange*	7. 11.	22. 1. 45		Keine/W
U979	VIIC	Johannes Meermeier	9. 11.	16. 1. 45		Keine
U870	IXC/40	Ernst Hechler*	12. 11.	20. 2. 45	3	6 462[144]
U680	VIIC	Max Ulber	13. 11.	18. 1. 45		Keine
U322	VIIC/41	Gerhard Wysk*	15. 11.	Verloren 25. 11.		Keine
U400	VIIC	Horst Creutz*	15. 11.	Verloren 17. 12.		Keine

Boot	Typ	Kommandant	Auslauf-Datum	Einlauf-Datum	Schiffe versenkt	Tonnen
U482	VIIC	Hartmut Graf v. Matuschka Frhr. v. Topolczan u. Spaetgen*	18. 11.	Verloren 1. 12. ?	1	8 300[145]
U775	VIIC	Erich Taschenmacher*	18. 11.	22. 12.	1	1 300[146]/ Abbruch
U772	VIIC	Ewald Rademacher	19. 11.	Verloren 30. 12.	4	21 053 + [147]
U1020	VIIC/ 41	Otto-Emil Eberlein*	24. 11.	Verloren 31. 12. ?		Keine + [148]
U1209	VIIC	Ewald Hülsenbeck*	24. 11.	Verloren 18. 12.		Keine
U297	VIIC/ 41	Wolfgang Aldegarmann*	26. 11.	Verloren 26. 11. ?		Keine
U877	IXC/ 40	Eberhard Findeisen*	26. 11.	Verloren 27. 12.		Keine
U486	VIIC	Gerhard Meyer*	28. 11.	5. 1. 45	4	20 036[149]
U1009	VIIC/ 41	Claus Hilgendorf*	28. 11.	3. 12.		Keine/Abbruch
U485	VIIC	Friedrich Lutz*	29. 11.	2. 2. 45		Keine
Gesamt:	17 Feindfahrten				13	57 151
Dezember 1944:						
U275	VIIC	Helmut Wehrkamp	2. 12.	12. 12.		Keine/Abbruch
U248	VIIC	Johann-Friedrich Loos* (K.)	3. 12.	Verloren 16. 1. 45		Keine/W
U722	VIIC	Hans-Heinrich Reimers	7. 12.	29. 12.		Keine/Versorger
U773	VIIC	Hugo Baldus	7. 12.	10. 1. 45		Keine/Versorger
U650	VIIC	Rudolf Zorn	9. 12.	Verloren 9. 12. ?		Keine
U325	VIIC/ 41	Erwin Dohrn*	11. 12.	14. 2. 45		Keine
U905	VIIC	Bernhard Schwarting*	11. 12.	1. 2. 45		Keine/Abbruch
U1009	VIIC/ 41	Dietrich Zehle*	11. 12.	8. 2. 45		Keine/W
U1055	VIIC	Rudolf Meyer*	11. 12.	8. 2. 45	4	19 413 +
U278	VIIC	Joachim Franze	12. 12.	20. 12.		Keine/Abbruch
U244	VIIC	Ruprecht Fischer	12. 12.	23. 12.		Keine/Abbruch
U312	VIIC	Friedrich-Georg Herrle*	13. 12.	3. 1. 45		Keine/Abbruch
U1172	VIIC/ 41	Jürgen Kuhlmann*	13. 12.	Verloren 27. 1. 45 ?	2	2 751 + [159]
U739	VIIC	Ernst Mangold	16. 12.	21. 12.		Keine/Abbruch
U285	VIIC	Konrad Bornhaupt	20. 12.	31. 1. 45		Keine/Abbruch
U313	VIIC	Friedhelm Schweiger*	23. 12.	15. 2. 45		Keine

Boot	Typ	Kommandant	Auslauf-Datum	Einlauf-Datum	Schiffe versenkt	Tonnen
U278	VIIC	Joachim Franze	24. 12.	11. 2. 45		Keine +
U315	VIIC	Herbert Zoller*	25. 12.	6. 1. 45		Keine/Abbruch
U764	VIIC	Hans-Kurt v. Bremen	26. 12.	10. 2. 45		Keine
U825	VIIC	Gerhard Stoelker*	29. 12.	18. 2. 45	1	8300 +
U1017	VIIC/41	Werner Riecken*	29. 12.	28. 2. 45	3	17733
U1051	VIIC	Heinrich v. Holleben*	29. 12.	Verloren 26. 1. 45		Keine
Gesamt:	22 Feindfahrten				10	48197

Feindfahrten mit Schnorchel-Booten von Norwegen von Januar bis Mai 1945:

Januar 1945:

Boot	Typ	Kommandant	Auslauf-Datum	Einlauf-Datum	Schiffe versenkt	Tonnen
U245	VIIC	Friedrich Schumann-Hindenberg	?. 1.	19. 2.	1	7240 + [151]
U1199	VIIC	Rolf Nollmann	1. 1.	Verloren 21. 1.	1	7176
U907	VIIC	Servais Cabolet*	4. 1.	16. 3.		Keine/W
U480	VIIC	Hans-Joachim Förster	6. 1.	Verloren 24. 2.	1	1644
U244	VIIC	Ruprecht Fischer	9. 1.	13. 3.		Keine
U275	VIIC	Helmut Wehrkamp	13. 1.	10. 2.		Keine/Abbruch[152]
U1208	VIIC	Georg Hagene*	14. 1.	Verloren 27. 2.	1	925[153]
U963	VIIC	Rolf-Werner Wentz* (K.)	16. 1.	4. 3.		Keine
U1058	VIIC	Hermann Bruder*	16. 1.	18. 3.		Keine
U1203	VIIC	Sigurd Seeger	17. 1.	31. 3.	1	580[154]
U1014	VIIC/41	Wolfgang Glaser*	18. 1.	Verloren 4. 2.		Keine
U300	VIIC/41	Fritz Hein	21. 1.	Verloren 22. 2.	1	9551 +
U1018	VIIC/41	Walter Burmeister*	21. 1.	Verloren 27. 2.	2	16699
U868	IXC/40	Eduard Turre	22. 1.	18. 2.		Keine/Versorger[155]
U1276	VIIC/41	Karl-Heinz Wendt*	27. 1.	Verloren 20. 2.		Keine
U1004	VIIC	Rudolf Hinz*	28. 1.	21. 3.	2	2293[156]
U1104	VIIC/41	Rüdiger Perleberg*	28. 1.	22. 3.		Keine
U2324	XXIII	Hans-Heinrich Hass*	29. 1.	24. 2.		Keine
U327	VIIC/41	Hans Lemcke*	30. 1.	Verloren 30. 1. ?		Keine
U1279	VIIC/41	Hans Falke*	30. 1.	Verloren 3. 2.		Keine

Boot	Typ	Kommandant	Auslauf-Datum	Einlauf-Datum	Schiffe versenkt	Tonnen
U927	VIIC	Jürgen Ebert*	31. 1.	Verloren 24. 2.		Keine
Gesamt:	21 Feindfahrten (1 Versorger)				10	30 726
Februar 1945:						
U683	VIIC	Günter Keller*	6. 2.	Verloren 20. 2. ?		Keine
U1302	VIIC/41	Wolfgang Herwartz*	6. 2.	Verloren 7. 3.	4	10 312 +
U2322	XXIII	Fridtjof Heckel*	6. 2.	3. 3.	1	1 317 +
U483	VIIC	Hans Joachim v. Morstein	7. 2.	?. 3.		Keine/Abbruch
U309	VIIC	Herbert Loeder*	8. 2.	Verloren 16. 2.		Keine
U399	VIIC	Heinz Buhse*	8. 2.	Verloren 26. 3.	2	7 546
U775	VIIC	Erich Taschenmacher	8. 2.	19. 3.		Keine
U989	VIIC	Hardo Rodler v. Roithberg	8. 2.	Verloren 14. 2.		Keine
U1064	VIIC/41	Hermann Schneidewind*	8. 2.	10. 4.	1	1 564/W
U1019	VIIC/41	Hans Rinck*	10. 2.	10. 4.		Keine
U1278	VIIC/41	Erich Müller-Bethke*	11. 2.	Verloren 17. 2.		Keine
U878	IXC/40	Johannes Rodig*	12. 2.	20. 3.	1	672/Versorger[157]
U1022	VIIC/41	Hans-Joachim Ernst*	12. 2.	2. 4.	2	1 720
U315	VIIC	Herbert Zoller	15. 2.	25. 4.		Keine +
U965	VIIC	Günter Unverzagt*	15. 2.	26. 2.		Keine/Abbruch
U681	VIIC	Werner Gebauer*	16. 2.	Verloren 11. 3.		Keine
U773	VIIC	Hugo Baldus	19. 2.	15. 4.		Keine
U1003	VIIC/41	Werner Strübing	19. 2.	Verloren 23. 3.		Keine
U1021	VIIC/41	William Holpert*	20. 2.	Verloren 14. 3.		Keine
U1169	VIIC/41	Heinz Goldbeck*	20. 2.	Verloren 29. 3.		Keine
U260	VIIC	Klaus Becker	21. 2.	Verloren 12. 3.		Keine[158]
U722	VIIC	Hans-Heinrich Reimers	21. 2.	Verloren 27. 3.	1	2 190
U953	VIIC	Herbert Werner	21. 2.	3. 4.		Keine
U1002	VIIC/41	Richard Boos*	21. 2.	10. 4.		Keine
U1005	VIIC/41	Hermann Lauth*	21. 2.	21. 3.		Keine/Abbruch
U246	VIIC	Ernst Raabe	22. 2.	Verloren 1. 4. ?	1	1 370[159]
U1195	VIIC	Ernst Cordes*	24. 2.	Verloren 6. 4.	2	18 596

Boot	Typ	Kommandant	Auslauf-Datum	Einlauf-Datum	Schiffe versenkt	Tonnen
U275	VIIC	Helmut Wehrkamp	25. 2.	Verloren 10. 3.	1	4934[160]
U978	VIIC	Günther Pulst	25. 2.	18. 4.		Keine
U296	VIIC/41	Karl-Heinz Rasch	28. 2.	Verloren 12. 3. ?		Keine[161]
U1273	VIIC/41	Helmut Knollmann	28. 2.	Verloren 17. 2.		Keine[162]
Gesamt:	31 Feindfahrten (1 Versorger)				16	50221

März 1945:

Boot	Typ	Kommandant	Auslauf-Datum	Einlauf-Datum	Schiffe versenkt	Tonnen
U1024	VIIC/41	Hans-Joachim Gutteck*	3. 3.	Verloren 13. 4.		Keine + [163]
U242	VIIC	Heinrich Riedel*	4. 3.	Verloren 5. 4.		Keine
U714	VIIC	Hans-Joachim Schwebcke	4. 3.	Verloren 14. 3.	2	1651[164]
U1202	VIIC	Rolf Thomsen	4. 3.	27. 4.		Keine +
U778	VIIC	Ralf Jürs*	6. 3.	7. 4.		Keine/Abbruch
U965	VIIC	Günter Unverzagt	6. 3.	Verloren 30. 3.		Keine
U1023	VIIC/41	Heinrich Schroeteler	7. 3.	10. 5. GB	1	335[165]
U826	VIIC	Olaf Lübcke*	11. 3.	11. 5. GB		Keine
U1001	VIIC/41	Ernst-Ulrich Blaudow	12. 3.	Verloren 8. 4.		Keine
U1063	VIIC/41	Karl-Heinz Stephan*	12. 3.	Verloren 15. 4.		Keine
U2321	XXIII	Hans-Heinrich Barschkis*	12. 3.	13. 4.	1	1406
U396	VIIC	Hillmar Siemon*	13. 3.	Verloren 11. 4. ?		Keine/W
U905	VIIC	Bernhard Schwarting	13. 3.	Verloren 27. 3.		Keine
U774	VIIC	Werner Sausmikat*	15. 3.	Verloren 8. 4.		Keine
U321	VIIC/41	Fritz Berends*	17. 3.	Verloren 2. 4.		Keine
U868	IXC/40	Eduard Turre	19. 3.	8. 4.		Keine/Versorger[166]
U249	VIIC	Uwe Kock*	22. 3.	25. 3.		Keine/Abbruch
U325	VIIC/41	Erwin Dohrn	22. 3.	Verloren 7. 4. ?		Keine +
U218	VIID	Rupprecht Stock	23. 3.	30. 5.	1	200/M[167]
U1106	VIIC	Erwin Bartke*	23. 3.	Verloren 29. 3.		Keine
U1109	VIIC/41	Friedrich van Riesen*	23. 3.	6. 4.		Keine/Abbruch
U485	VIIC	Friedrich Lutz	24. 3.	24. 4.		Keine[168]
U776	VIIC	Lothar Martin*	24. 3.	GB		Keine
U324	VIIC/41	Ernst Edellhoff*	24. 3.	30. 3.		Keine/Abbruch
U285	VIIC	Konrad Bornhaupt	26. 3.	Verloren 15. 4.		Keine

Boot	Typ	Kommandant	Auslauf-Datum	Einlauf-Datum	Schiffe versenkt	Tonnen
U326	VIIC/41	Peter Matthes*	29. 3.	Verloren 25. 4.		Keine
U979	VIIC	Johannes Meermeier	29. 3.	?. 5.	1	348 +
U1107	VIIC/41	Fritz Parduhn*	30. 3.	Verloren 30. 4.	2	15 209
U293	VIIC/41	Leonhard Klingspor	31. 3.	?. 5.	1	878
U636	VIIC	Eberhard Schendel* (K.)	31. 3.	Verloren 21. 4.		Keine
U956	VIIC	Heinz-Dieter Mohs	31. 3.	GB		Keine
Gesamt:	31 Feindfahrten (1 Versorger)				9	20 027
April 1945:						
U739	VIIC	Fritz Kosnick* (K.)	1. 4.	4. 5.		Keine
U1009	VIIC/41	Claus Hilgendorf	1. 4.	10. 5. GB		Keine/W
U825	VIIC	Gerhard Stoelker	3. 4.	GB		Keine
U2324	XXIII	Konstantin v. Rappard*	3. 4.	25. 4.	1	1 150
U249	VIIC	Uwe Koch	4. 4.	GB		Keine
U1065	VIIC/41	Johannes Panitz*	4. 4.	Verloren 9. 4.		Keine/M[169]
U901	VIIC	Hans Schrenk*	5. 4.	15. 5.		Keine
U1055	VIIC	Rudolf Meyer	5. 4.	Verloren 23. 4. ?		Keine/M[170]
U1274	VIIC/41	Hans-Hermann Fitting*	5. 4.	Verloren 16. 4.	1	8 966
U1305	VIIC/41	Hans Christiansen*	5. 4.	10. 5. GB		Keine
U2322	XXIII	Fridtjof Heckel	5. 4.	5. 5.		Keine
U878	IXC / 40	Johannes Rodig	6. 4.	Verloren 10. 4.		Keine/ Versorger[171]
U516	IXC	Friedrich Petran* (K.)	6. 4.	GB		Keine/ Versorger[172]
U486	VIIC	Gerhard Meyer	7. 4.	Verloren 12. 4.		Keine[173]
U1206	VIIC	Karl-Adolf Schlitt*	7. 4.	Verloren 14. 4.		Keine[174]
U245	VIIC	Friedrich Schumann-Hindenberg	9. 4.	10. 5.	2	9 847[175]
U541	IXC/40	Kurt Petersen	11. 4.	14. 5. Gibraltar		Keine
U2329	XXIII	Heinz Schlott*	12. 4.	26. 4.		Keine +
U1105	VIIC/41	Hans-Joachim Schwarz*	13. 4.	10. 5. GB	1	1 300[176]
U1017	VIIC	Werner Riecken	14. 4.	Verloren 29. 4.		Keine
U244	VIIC	Hans-Peter Makkeprang* (K.)	15. 4.	GB		Keine

Boot	Typ	Kommandant	Auslauf-Datum	Einlauf-Datum	Schiffe versenkt	Tonnen
U1010	VIIC/41	Günter Strauch*	15. 4.	14. 5. GB		Keine
U1277	VIIC/41	Ehrenreich Stever*	15. 4.	Verloren 3. 6.		Keine[177]
U251	VIIC	Joachim Sauerbier* (K.)	17. 4.	Verloren 19. 4.		Keine
U398	VIIC	Wilhelm Cranz* (K.)	17. 4.	Verloren 17. 4. ?		
U1109	VIIC/41	Friedrich van Riesen	18. 4.	GB		Keine
U2326	XXIII	Karl Jobst*	19. 4.	28. 4.		Keine/Abbruch
U637	VIIC	Wolfgang Riekeberg	23. 4.	28. 4.		Keine/Abbruch[178]
U963	VIIC	Rolf-Werner Wentz	23. 4.	?. 5.		Keine/M[179]
U975	VIIC	Wilhelm Brauel*	23. 4.	28. 4.		Keine/M[180]/Rückruf
U328	VIIC/41	Hans-Ulrich Scholle*	25. 4.	GB		Keine
U485	VIIC	Friedrich Lutz	26. 4.	Gib.		Keine
U1057	VIIC	Günter Lüth*	26. 4.	9. 5.		Keine
U1165	VIIC/41	Hans Homann	26. 4.	?. 5.		Keine
U1058	VIIC	Hermann Bruder	28. 4.	GB		Keine
U2511	XXI	Adalbert Schnee*	30. 4.	6. 5.		Keine
Gesamt:	36 Feindfahrten (2 Versorger)				5	21263

Mai 1945:

Boot	Typ	Kommandant	Auslauf-Datum	Einlauf-Datum	Schiffe versenkt	Tonnen
U255	VIIC	Helmut Heinrich*	1. 5.	GB		Keine/M[181]
U764	VIIC	Hans-Kurt v. Bremen	1. 5.	GB		Keine
U2336	XXIII	Emil Klusmeier*	1. 5.	14. 5.	2	4669[182]
U977	VIIC	Heinz Schaeffer	2. 5.	17. 8. Argentinien		Keine
U2326	XXIII	Karl Jobst	3. 5.	GB		Keine
U320	VIIC/41	Heinz Emmrich*	5. 5.	Verloren 8. 5.		Keine
Gesamt:	6 Feindfahrten				2	4669

Bei Kriegsende auf dem Weg von Deutschland nach Norwegen verlorene U-Boote:

U236	VIIC	Herbert Mumm*	Verloren 5. 5.
U393	VIIC	Friedrich-Georg Herrle*	Verloren 4. 5.

Boot	Typ	Kommandant	Auslauf-Datum	Einlauf-Datum	Schiffe versenkt	Tonnen
U534	IXC/40	Herbert Nollau		Verloren 5. 5.[183]		
U579	VIIC	Hans-Dietrich Schwarzenberg*		Verloren 5. 5.		
U733	VIIC	Ulrich Hammer*		Verloren 5. 5.		
U746	VIIC	Ernst Lottner*		Verloren 5. 5.		
U1007	VIIC/41	Karl-Heinz Raabe*		Verloren 2. 5.		
U1008	VIIC/41	Hans Gessner*		Verloren 6. 5.		
U1210	VIIC	Paul Gabert*		Verloren 3. 5.		
U2338	XXIII	Hans-Friedrich Kaiser*		Verloren 4. 5.		
U2359	XXIII	Gustav Bischoff*		Verloren 2. 5.		
U2365	XXIII	Uwe Christiansen*		Verloren 5. 5.		
U2503	XXI	Karl-Jürgen Wächter*		Verloren 3. 5.		
U2521	XXI	Joachim Methner*		Verloren 4. 5.		
U2524	XXI	Ernst v. Witzendorff*		Verloren 3. 5.		
U3032	XXI	Horst Slevogt*		Verloren 3. 5.		
U3523	XXI	Willi Müller*		Verloren 5. 5.		

1 Versenkte gemeinsam mit *U402* den 7459 BRT großen britischen Frachter *Empire Sunrise*.

2 Lief von Bergen aus und nahm Kurs auf den Nordatlantik, wurde aber am 6. 10. mit *U611* und *U625* zeitweise nach Narvik umgeleitet. *U625* blieb bei der Nordmeerflottille, aber *U262* und *U611* kamen am 11. 11. wieder zu den Atlantikflottillen.

3 Versenkte gemeinsam mit *U438* und *U522* den britischen Frachter *Hartington*.

4 Versenkte am 14. November 1942 den britischen Truppentransporter *Warwick Castle* aus dem Geleitzug MKF 1 auf dem Weg nach England.

5 Beschädigte den im marokkanischen Fedhala vor Anker liegenden amerikanischen Zerstörer *Hambleton* schwer.

6 Einschließlich des britischen Geleitträgers *Avenger*.

7 Versenkte den 200 Meter langen, großen britischen Truppentransporter *Ceramic* mit 18 000 Tonnen; auf dem Schiff überlebten nur 556 Personen. Versenkte den britischen Zerstörertender *Hecla* und beschädigte den britischen Zerstörer *Marne* schwer.

8 Einschließlich der norwegischen Korvette *Montbretia*.

9 Der britische Zerstörer *Firedrake*.

10 Wurde bei einem Unfall von *U221* gerammt und versenkt.

11 Rammte und versenkte *U254* am 8. 12. 1942 und wurde selbst dabei beschädigt.

12 Bertelsmann wurde krank.

13 Schoß eine Sunderland der kanadischen Squadron 422 ab.

15 Setzte in dem mauretanischen Gebiet Rio de Oro in der Spanischen Sahara einen Agenten an Land.

16 Gab einem von *U202* beschädigten Schiff den Fangschuß.

17 Versenkte gemeinsam mit *U614* den 9272 BRT großen britischen Frachter *Daghild,* der von *U402* beschädigt worden war.

18 Legte am 1. 2. 43 ein Minenfeld am westlichen Eingang der Straße von Gibraltar, dem u. a. die kanadische Korvette *Weyburn* zum Opfer fiel.

19 Versenkte gemeinsam mit *U603* den 5964 BRT großen norwegischen Frachter *Stigstad.*

20 Gab einem zuvor von *U638* beschädigten Schiff den Fangschuß.

21 Entdeckte und meldete den schnellen Geleitzug HX 229.

22 Versenkte gemeinsam mit *U92* den 9350 BRT großen Tanker *N.T. Nielsen Alonso.*

23 Versenkte gemeinsam mit *U600* den 4391 BRT großen norwegischen Frachter *Ingria.*

24 Legte Minen vor Reykjavik, denen jedoch kein Schiff zum Opfer fiel. Diente danach als Hilfs-Versorger für zehn VII-Boote.

25 Versenkte gemeinsam mit *U332* den 5964 BRT großen norwegischen Frachter *Stigstad.*

26 Entdeckte und meldete den schnellen Geleitzug HX 229.

27 Versenkte möglicherweise den 3921 BRT großen britischen Frachter *Guido.*

28 Der britische Zerstörer *Harvester.*

29 Die U-Boot-Führung befahl *U190,* das in Kiel zu seiner Jungfernfahrt ausgelaufen war, soviel Treibstoff wie möglich an den von Wolfbauer geführten Typ-XIV-Tanker *U463* abzugeben und nach Frankreich zu fahren. Dies versetzte Wolfbauer in die Lage, noch viele weitere Typ-VII-Boote aufzutanken.

30 Entdeckte und meldete SC 122.

31 Schoß am 22. 3. eine Halifax ab und nahm ein Besatzungsmitglied gefangen.

32 Schoß eine Wellington ab.

33 Der britische Glattdeck-Zerstörer *Beverley.*

34 Zum Ausbildungsverband.

35 Legte am 10. 4. 43 ein Minenfeld vor Casablanca. Versenkte den französischen Frachter *Rouennais.*

36 Wurde am 17. 4. von *U631* gerammt und zum Ausbildungsverband abgezogen.

37 Schoß am 5. 4. ein Flugzeug ab.

38 Legte am 11. 4. 43 ein Minenfeld vor Casablanca. Beschädigte zwei Frachter. Tankte danach im Gebiet der Azoren etwa zehn Typ-IX-Boote auf.

39 Zum Ausbildungsverband.

40 Schoß am 17. 5. 43 in der Biskaya ein Flugzeug ab.

41 Beschädigte auf dem Rückmarsch in der Biskaya eine B-24 schwer.

42 Legte Minen im Sankt-Georgs-Kanal.

14 Versenkte zusammen mit *U123* und *U225* die 7068 BRT große britische *Empire Shackleton.*

43 Legte am 4. 5. ein Minenfeld im Nordkanal, das jedoch erfolglos blieb.

44 Schoß eine Swordfish der *Biter* ab.

45 Stieß am 5. 5. mit *U600* zusammen, beide Boote mußten nach Frankreich zurückkehren.

46 Stieß am 3. 5. mit *U439* zusammen; beide Boote sanken.

47 Nach einer Feindfahrt im Atlantik zur Nordmeerflottille verlegt.

48 Sollte vor Dakar Minen legen, wurde jedoch in der Biskaya von einer Whitley beschädigt und mußte die Fahrt mit verwundetem Kommandanten abbrechen.

49 Schoß vermutlich am 20. 7. eine amerikanische B-24 von Squadron 19 ab.

[50] Lief unter einem neuen Kommandanten wieder aus und legte am 6. 6. 43 ein Minenfeld vor Dakar.
[51] Das erste »Flakboot«. Schoß am 24. 5. eine Sunderland ab, mußte aber mit Gefechtsschäden die Feindfahrt abbrechen.
[52] Die als Hilfs-Versorger eingesetzten Boote *U170, U530, U535* und *U536* gaben soviel Treibstoff wie möglich an den U-Tanker *U488* oder an andere auf dem Aus- oder Rückmarsch befindliche Kampfboote ab.
[53] Schoß eine Wildcat der *Core* ab.
[54] *U373* sollte Port Lyautey verminen, wurde jedoch von einem Flugzeug beschädigt und brach die Feindfahrt ab.
[55] Schoß die Sunderland ab, von der es versenkt wurde.
[56] Der kanadische Zerstörer *St. Croix* wurde mit einem der ersten der zielsuchenden, akustischen T-5-Torpedos mit der Bezeichnung Zaunkönig (britisch Gnat = Stechmücke) versenkt, die zum Einsatz kamen.
[57] Versenkte gemeinsam mit *U238* die 7176 BRT große *Frederick Douglass.*
[58] Schoß in der Biskaya ein Flugzeug ab.
[59] Tankte in Norwegen nach und lief gemeinsam mit *U275* und *U422* wieder aus. Versenkte gemeinsam mit *U645* die *Frederick Douglass.*
[60] Der polnische Zerstörer *Orkan.*
[61] Die britische Fregatte *Itchen.*
[62] Einschließlich der britischen Korvette *Polyanthus* mit 925 Tonnen.
[63] Die britische Fregatte *Lagan.*
[64] Setzte am 25. 9. auf Island einen Agenten ab.
[65] Schoß einen britischen Lancaster-Bomber ab.
[66] Stieß später mit *U631* zusammen und brach die Feindfahrt ab.
[67] Wurde nach schwerer Beschädigung durch Flugzeuge an der spanischen Küste auf Grund gesetzt und selbstversenkt.
[68] Schoß eine B-24 von Squadron 53 ab.
[69] Vom amerikanischen Zerstörer *Borie* gerammt und versenkt, der durch den bei der Kollision entstandenen Schaden ebenfalls sank.
[70] Schoß vermutlich die B-24 der US Navy ab, von der es versenkt wurde.
[71] Rettete 21 Überlebende des deutschen Zerstörers *Z-27* und schoß eine Sunderland ab.
[72] Benker wurde am 2. 1. 44 durch einen Fliegerangriff getötet.
[73] Der britische Zerstörer *Hurricane.*
[74] Rettete die Besatzung des selbstversenkten *U284* und kehrte nach Frankreich zurück.
[75] Erlitt einen schweren Seeschaden und versenkte sich selbst.
[76] Schoß die von Leighton D. Richards geflogene Wellington ab, durch die es versenkt wurde.
[77] Schoß eine angreifende B-17 ab.
[78] Der Kommandant Bork erkrankte an einer Blinddarmentzündung.
[79] Die britische Fregatte *Tweed.*
[80] Versenkte sich selbst, nachdem es von alliierten Flugzeugen schwer beschädigt worden war. Ein Crew-Mitglied wurde getötet. Die anderen Besatzungsmitglieder wurden von *U714* gerettet.
[81] Der amerikanische Zerstörer *Leary.*
[82] Schoß im Golf von Biskaya eine britische B-24 und eine britische Halifax ab.
[83] Schoß gemeinsam mit einem eskortierenden Überwasserschiff zwei Beaufighters ab.
[84] Beschädigte in der Biskaya zwei Flugzeuge schwer.
[85] Wurde durch eine B-24 von Squadron VB 103 der US Navy versenkt.
[86] Mit 21 Jahren der bis dahin jüngste U-Boot-Kommandant bei den Atlantik-Booten.

[87] Schoß eine mit Leigh Light ausgerüstete Wellington ab.
[88] Rettete am 11. 2. die 56köpfige Besatzung des selbstversenkten *U545* und kehrte nach Frankreich zurück.
[89] Schoß eine britische Mosquito ab.
[90] Die britische Sloop *Woodpecker.*
[91] Der britische Zerstörer *Warwick.*
[92] *U986* wurde zu Forschungszwecken mit rund um den Kommandoturm plazierten Flugabwehrraketen ausgerüstet.
[93] Die britische Fregatte *Gould.*
[94] Zum Ausbildungsverband.
[95] Legte am 31. 3. 44 ein erfolgloses Minenfeld vor Casablanca.
[96] Einschließlich des britischen Panzerlandungsschiffs *LST 362.*
[97] Der amerikanische Geleitzerstörer *Leopold.* Danach erhielt das Boot den Befehl, ins Mittelmeer zu fahren, wurde jedoch von alliierten Kräften abgewehrt.
[98] Ging nach Treffern von sechs alliierten Flugzeugen verloren, wobei vier Besatzungsmitglieder getötet und drei schwer verwundet wurden. Deutsche Kräfte retteten die restliche Crew.
[99] Das »Vorpostenboot« war mit mehreren Radardetektoren und Suchradargeräten ausgerüstet. Es traf den amerikanischen Geleitzerstörer *Donnell* mit einem T-5. Dieser wurde in einen Hafen geschleppt, war jedoch ein Totalverlust.
[100] Schoß eine B-24 der britischen Squadron 120 ab.
[101] Schoß eine Halifax der britischen Squadron 58 ab, bevor es von einer kanadischen Wellington der Squadron 407 versenkt wurde.
[102] Nach Treffern durch Flugzeuge.
[103] Fuhr von Kiel aus nach Norwegen, wurde in der Nordsee von Flugzeugen beschädigt und fuhr zu langwierigen Reparaturen nach Bergen. Lief im August wieder aus.
[104] Der amerikanische Geleitzerstörer *Fiske.*
[105] Von einem deutschen Schiff gerammt und in Narvik außer Dienst gestellt.
[106] Die britische Fregatte *Mourne.*
[107] Einige Autoren vertreten die Ansicht, *U988* habe Ende Juni drei Schiffe mit 10368 Tonnen versenkt, nämlich die britische Korvette *Pink* mit 925 Tonnen und zwei britische Frachter. Laut Axel Niestlé wurde *U988* wahrscheinlich erst am 30. 6. versenkt. Nach dieser Revision könnte *U988* die Schiffe tatsächlich versenkt haben.
[108] Der Trawler *Noreen Mary.*
[109] Das Boot testete eine neue Brückenkonfiguration und machte eine Fahrt als Wetterboot im Atlantik, die wegen eines Irrtums in Frankreich endete.
[110] Das Boot wurde wegen schwerer Gefechtsschäden außer Dienst gestellt.
[111] Am D-Day, dem 6. Juni, liefen in Brest sieben Schnorchel-Boote aus. In der Literatur wird häufig die Zahl acht genannt, doch das achte Schnorchel-Boot, *U212,* lief am selben Tag in La Pallice aus.
[112] Lief in Guernsey ein.
[113] Lief in Guernsey ein.
[114] Schoß eine B-24 ab.
[115] Schoß eine B-24 ab.
[116] Beschädigte die britische Fregatte *Blackwood,* die später im Schlepptau sank.
[117] Das amerikanische Panzerlandungsschiff *LST 280.*
[118] Lief in Guernsey ein.
[119] Zerstörte die amerikanischen Liberty-Schiffe *Henry G. Blasdel, John A. Treutlen* und *James A. Farrell.* Beschädigte die britische Fregatte *Goodson* und das amerikanische Liberty-Schiff *Edward M. House.*

[120] Legte am 1. 7. ein Minenfeld vor Land's End. Eine der Minen beschädigte den 7200 BRT großen britischen Frachter *Empire Halberd.*

[121] Legte vor Plymouth ein Minenfeld, dem jedoch kein Schiff zum Opfer fiel.

[122] Werner meldete den Abschuß eines Flugzeugs, vielleicht einer B-24.

[123] Lief am 6. 6. von La Pallice aus und dann wieder am 12. 6. und am 22. 6.; lief schließlich in Brest ein.

[124] Lief in Brest ein.

[125] Lief in Brest ein.

[126] Lief in Brest ein.

[127] Lief in Brest ein.

[128] Lief in Brest ein.

[129] Schoß eine B-17 und eine B-24 ab.

[130] Wegen Gefechtsschäden und technischer Probleme am 19. 8. in St. Nazaire außer Dienst gestellt.

[131] Schoß eine britische Sunderland ab.

[132] Anscheinend schoß Clemens die angreifende B-24 ab.

[133] Lief vor Brest auf eine Mine und wurde verschrottet.

[134] Versenkte den britischen Truppentransporter (LSI) *Prince Leopold* und beschädigte möglicherweise noch weitere Schiffe.

[135] Sollte vor Land's End ein Minenfeld legen, ging jedoch zuvor verloren.

[136] Einschließlich der kanadischen Korvette *Regina* mit 925 Tonnen, des amerikanischen Panzerlandungsschiffs *LST 921* mit 1653 Tonnen und des amerikanischen Panzerlandungsboots *LCI 99* mit 246 Tonnen.

[137] Das Boot wurde wegen des schweren Gefechtsschadens in La Pallice außer Dienst gestellt.

[138] Einschließlich der kanadischen Korvette *Alberni* mit 925 Tonnen und dem britischen Minensucher *Loyalty* mit 850 Tonnen.

[139] Legte vor Plymouth ein Minenfeld.

[140] Einschließlich der britischen Korvette *Hurst Castle.*

[141] Beschädigte das Versorgungsschiff *Yukon* der US Navy.

[142] Die kanadische Fregatte *Chebogue;* sie wurde eingeschleppt, war aber ein Totalverlust.

[143] Die britische Fregatte *Whitaker;* eingeschleppt, aber Totalverlust.

[144] Einschließlich des amerikanischen Panzerlandungsschiffs *LST 359* mit 1600 Tonnen und des freifranzösischen Patrouillenboots *L'Enjoue* mit 335 Tonnen. Außerdem beschädigte Hechler den amerikanischen Geleitzerstörer *Fogg* schwer.

[145] Der britische Geleitträger *Thane,* schwer beschädigt und während des Krieges nicht mehr repariert.

[146] Die britische Fregatte *Bullen.*

[147] Einschließlich des britischen Truppentransporters (LSI) *Empire Javelin* mit 7177 Tonnen.

[148] Beschädigte den britischen Zerstörer *Zephyr* mit 1700 Tonnen.

[149] Einschließlich des britischen Truppentransporters *Leopoldville* mit 11509 Tonnen und der britischen Fregatten *Capel* und *Affleck,* letztere nur beschädigt, aber ein Totalverlust.

[150] Beschädigte die britische Fregatte *Manners.*

[151] Fuhr von Helgoland zur Themsemündung und kehrte wieder nach Helgoland zurück.

[152] Lief mit gebrochenem Schnorchel in St. Nazaire ein.

[153] Die britische Korvette *Vervain.*

[154] Der britische ASW-Trawler *Ellesmere.*

155 Transportierte Munition und anderes wichtiges Material nach St. Nazaire.

156 Einschließlich der kanadischen Korvette *Trentonian* mit 980 Tonnen.

157 Versenkte den kanadischen Minensucher *Guyeborough* und transportierte Munition und anderes wichtiges Material nach St. Nazaire.

158 Lief vor Fastnet in Südirland auf eine Mine und versenkte sich selbst. Die Besatzung ging in Irland an Land.

159 Die kanadische Fregatte *Teme.*

160 Lief nach Reparatur des Schnorchels in St. Nazaire wieder aus und setzte seine Feindfahrt fort.

161 Im Krieg wurde sein Verlust zu Unrecht einer von L. J. White geflogenen B-24 der britischen Squadron 120 angerechnet. Franks (1995) schreibt, White habe vermutlich *U1003* angegriffen und beschädigt.

162 Lief in Horten auf eine Mine und sank, bevor es zur geplanten Feindfahrt in See stechen konnte.

163 Aufgegeben und gekapert, aber im Schlepptau gesunken.

164 Einschließlich des norwegischen Minensuchers *Nordhav II* mit 425 Tonnen.

165 Der norwegische Minensucher *NYMS 382.*

166 Kehrte von St. Nazaire nach Norwegen zurück.

167 Legte ein Minenfeld im Firth of Clyde; versenkte den britischen Dampftrawler *Ethel Crawford.*

168 Tankte in La Pallice nach, um vor Gibraltar zu patrouillieren.

169 Sollte vor Dundee ein Minenfeld legen, wurde jedoch zuvor versenkt.

170 Sollte vor Cherbourg ein Minenfeld legen, wurde jedoch zuvor versenkt.

171 Ging beim Rückmarsch von St. Nazaire nach Norwegen verloren.

172 Nahm Munition und anderes Material für St. Nazaire an Bord, brach die Fahrt jedoch vorzeitig ab.

173 Von dem britischen U-Boot *Tapir* versenkt.

174 Lief vor Peterhead in Schottland auf Grund, und die Besatzung gab das Boot auf.

175 Machte eine zweite Feindfahrt von Helgoland aus, kehrte nach Bergen zurück.

176 Die britische Fregatte *Redmill,* ein Totalverlust.

177 Selbstversenkung vor der portugiesischen Küste; die Crew überlebte.

178 Drei Tage nach dem Auslaufen wurde das Boot von zwei britischen Patrouillenbooten angegriffen und sein Kommandant Riekeberg getötet. Der Leitende Ingenieur Klaus Weber kehrte mit dem Boot nach Stavanger zurück.

179 Sollte vor Portland Bill ein Minenfeld legen, doch der Befehl wurde aufgehoben. Lief später vor der portugiesischen Küste auf Grund und versenkte sich selbst; die Besatzung überlebte.

180 Sollte vor Hartlepool ein Minenfeld legen, doch der Befehl wurde aufgehoben.

181 Wurde in St. Nazaire wieder in Dienst gestellt. Legte ein Minenfeld bei Les Sables l'Olonne.

182 Versenkte vor dem Firth of Forth die beiden letzten Frachter im Zweiten Weltkrieg, die 1800 BRT

große *Sneland* und die 2900 BRT große britische *Avondale Park.*

183 Wurde 1993 in gut erhaltenem Zustand geborgen und als Museumsstück nach Liverpool verschifft.

ANHANG 3

ALLIIERTE FRACHTGELEITZÜGE AUF DER NORDATLANTIKROUTE
Während der »kritischen« Phase: September 1942 bis Mai 1943[1]

Ostwärts fahrend Geleitzug	Escort Group	Verluste	Westwärts fahrend Geleitzug	Escort Group	Verluste
September 1942 (19 Geleitzüge):					
HX 205	B-6	–	ONS 126[2]	B-3	–
HX 206	B-1	–	ON 127	C-4	8[3]
HX 207	B-3	–	ONS 128	B-2	–
HX 208[4]	B-2	–	ON 129	C-2	1
SC 98	C-3	–	ONS 130	B-4	–
SC 99	C-1	–	ON 131	C-3	2
SC 100	A-3	5	ONS 132	B-6	–
SC 101	C-4	1	ON 133	C-1	–
SC 102	C-2	–	ONS 134	B-1	–
RB 1	RN	4[5]			
Oktober 1942 (16):					
HX 209	B-4	1	ON 135	A-3	–
HX 210	C-3	–	ONS 136	B-3	4
HX 211	C-1	–	ON 137	C-4	2
HX 212	A-3	6	ONS 138	B-2	–
SC 103	B-7	–	ON 139	C-2	2
SC 104	B-6	8	ONS 140	B-4	–
SC 105	B-1	–	ON 141	C-3	–
SC 106	B-3	–			
SC 107	C-4	15[6]			

November 1942 (15):

Hinweis: Im November 1942 versenkten U-Boote der Achsenmächte in allen Gewässern 126 alliierte Schiffe mit 802 160 BRT, der beste Kriegsmonat für die U-Boote (siehe Anhang 20). Manche Historiker und Autoren wollen mit Hilfe dieser Zahlen vom November 1942 belegen oder andeuten, daß die deutschen U-Boote durch diese hohe Versenkungsziffer beinahe die »Lebenslinie« zwischen Amerika und den Britischen Inseln, die entscheidende Nordatlantikroute, abgeschnitten hätten. In Wirklichkeit stellt Jürgen Rohwer *(Successes)* fest, daß deutsche U-Boote, die im November an der Nordatlantikroute operierten, 29 Frachtschiffe mit 166 662 BRT versenkten: 15 beladene, ostwärts fahrende Schiffe aus SC 107 mit 82 817 BRT, 6 leere, westwärts fahrende Schiffe aus ONS 144 mit 26 321 BRT und jeweils ein Schiff aus SC 109, ON 143 und 145 mit insgesamt

Ostwärts fahrend			Westwärts fahrend		
Geleitzug	Escort Group	Verluste	Geleitzug	Escort Group	Verluste

19 524 BRT, sowie 5 außerhalb der Geleitzüge fahrende Frachtschiffe mit 38 000 BRT. Die übrigen 97 Schiffe mit 635 492 BRT wurden in anderen Gewässern versenkt, wie Rohwer bemerkt, beispielsweise im Indischen Ozean 30 Schiffe. Weitere Beispiele siehe Tafel 3 und Tafel 4.

HX 213	B-2	–	ONS 142	B-7	–
HX 214	B-4	–	ON 143	C-1	1
HX 215	B-1	–	ONS 144	B-6	6[7]
HX 216	B-7	–	ON 145	A-3	1
SC 108	C-2	–	ONS 146	B-3	1[8]
SC 109	C-3	1[9]	ON 147	C-4	–
SC 110	C-1	–	ONS 148	B-2	–
			ON 149	C-2	1[10]
Dezember 1942 (16):					
HX 217	B-6	2	ONS 150	B-4	–
HX 218	B-3	–	ON 151	B-1	–
HX 219	B-2	–	ONS 152	C-3	2
HX 220	B-4	–	ON 153	B-7	4[11]
SC 111	A-3	–	ONS 154	C-1[12]	14[13]
SC 112	C-4	–	ON 155	B-6	–
SC 113	C-2	–	ONS 156	A-3	1
SC 114	B-1	–	ON 157	B-3	–
Januar 1943 (13):					
HX 221	C-3	–	ONS 158	C-4	–
HX 222	C-1[14]	1[15]	ON 159	B-2	–
HX 223	A-3	2	ONS 160	C-2	–
HX 224	C-4[16]	3[17]	ON 161	B-4	–
SC 115	B-7	–	ON 162	B-1	–
SC 116	B-6	–	ONS 163	C-3	–
SC 117	B-3	2			
Februar 1943 (12):					
HX 225	C-2[18]	–	ON 164	B-7	–
HX 226	C-3	–	ONS 165	B-6	2
HX 227	B-6	2[19]	ON 166	A-3	14[20]
SC 118	B-2	10[21]	ONS 167	B-3	2
SC 119	B-1	–	ON 168	B-5	1[22]
SC 120	B-7	–	ONS 169	B-4	2

März 1943 (16):

Hinweis: Im März 1943 (dem drittbesten Kriegsmonat für die U-Boote, siehe Anhang 18, Band 1 und Anhang 20 in diesem Band) versenkten U-Boote der Achsenmächte in allen Gewässern 110 alliierte Schiffe mit 633 731 BRT. Rohwer stellt fest, daß von den 110 versenkten Schiffen auf der »Lebenslinie« im Nordatlantik 40 beladene, ostwärts fahrende Schiffe aus den Geleitzügen HX 227, 228, 229, 230 sowie SC 121 und 122 versenkt wurden, dazu drei leere, westwärts fahrende Schiffe aus ON 168 und ONS 169 und vier außerhalb von Geleitzügen fahrende Schiffe. Insgesamt auf der Nordatlantikroute im März: 47 Schiffe, der schlimmste Rückschlag der Alliierten auf dieser »Lebenslinie«. Die übrigen 63 Schiffe wurden laut Rohwer in anderen Gewässern versenkt, beispielsweise 23 Schiffe im Mittelmeer und im Indischen Ozean.

Ostwärts fahrend			Westwärts fahrend		
Geleitzug	Escort Group	Verluste	Geleitzug	Escort Group	Verluste
HX 228	B-3 *(Bogue)*	5[23]	ON 170	B-2	–
HX 229	B-4	13	ONS 171	B-1	–
HX 229 A	EG-40[24]	–	ON 172	C-3	–
HX 230	B-1	1	ON 173	B-7	–
SC 121	A-3	12[25]	ON 174	B-3	–
SC 122	B-5	9	ON 175	A-3	–
SC 123	B-2 *(Bogue)*	–	ONS 1[26]	B-6	–
SC 124	C-3	–	ONS 2	C-1	–
April 1943 (18):					
HX 231	B-7	6	ON 176	B-4	2[27]
HX 232[28]	B-3	4	ON 177	C-4	–
HX 233	A-3	1	ON 178	B-1	3
HX 234	B-4	2	ON 179	C-2	–
HX 235	C-4 *(Bogue)*[29]		ON 180	C-3	–
SC 125[30]	B-6	–	ON 181	B-3	–
SC 126	B-5	–	ONS 3	EG-40	–
SC 127	C-1	–	ONS 4	B-2 *(Biter)*[31]	–
SC 128	EG-40	–	ONS 5	B-7	13
Mai 1943 (15):					
HX 236	B-1	–	ON 182	C-5[32]	–
HX 237[33]	C-2 *(Biter)*	3	ON 183	B-4	–
HX 238	C-3	–	ON 184	C-1 *(Bogue)*	–
HX 239	B-3 *(Archer)*	–	ONS 6	B-6	–
HX 240	C-5	–	ONS 7	B-5	1
SC 129	B-2 *(Biter)*	2	ONS 8	C-4	–
SC 130	B-7 *(Archer)*[34]	–	ONS 9[35]	B-2 *(Biter)*	–
SC 131	B-6	–			

Insgesamt: 140 Geleitzüge mit ungefähr 7 000 Schiffen, nimmt man einen Durchschnitt von
50 Schiffen pro Geleitzug an. 211 Schiffe gingen durch die U-Boote verloren (drei Prozent), von denen 121 (weniger als zwei Prozent aller Schiffe) ostwärts fuhren.

[1] Die Angaben beruhen auf Jürgen Rohwers *Geleitzugschlachten im März 1943* und *Axis Submarine Successes of World War Two* (1998) sowie den britischen *Monthly Anti-Submarine Reports* und anderen Quellen. In den Verlustzahlen sind Nachzügler und Ausreißer enthalten.

[2] ON 125 lief als erster westwärts fahrender Geleitzug den Zielhafen New York an.

[3] Darunter der kanadische Zerstörer *Ottawa I.*

[4] HX 208 und SC 102 liefen als erste ostwärts fahrende Geleitzüge von New York aus. Der erste stach am 17. 9., der zweite am 19. 9. in See. Der offizielle kanadische Marinehistoriker schreibt, daß die Konvois
HX 1 bis HX 207 mit 8501 Schiffen von Halifax aus in See gestochen sind und die Konvois SC 1 bis SC 94 mit 3652 Schiffen. Die Konvois SC 95 (4. 8. 1942) bis SC 101 (318 Schiffe) liefen von Halifax aus, nicht von Sydney. Insgesamt: 12 471 Schiffe.

[5] Darunter der britische Zerstörer *Veteran.*
[6] Die Schiffe aus SC 107 wurden alle im November versenkt.
[7] Darunter die norwegische Korvette *Montbretia.*
[8] Versenkt im Dezember.
[9] Das am 18. November schwer beschädigte Schiff, der 9100 BRT große amerikanische Tanker *Brilliant,*
sank am 25. 1. 1943 im Schlepptau.
[10] Im Dezember versenkt. Zwei weitere Schiffe aus diesem Geleitzug wurden im Dezember versenkt, nachdem sie ihn verlassen hatten, um allein zu fahren.
[11] Darunter der britische Zerstörer *Firedrake.*
[12] Am 1. Januar 1943 wurde die Escort Group auf halbem Weg über den Atlantik von dem neuen (1942) Flottenzerstörer *Pringle* der US Navy verstärkt. Die *Pringle* war einer von sechs amerikanischen Zerstörern (DD 476 bis DD 481), die mit einem Katapult und einem Kran ausgestattet waren, die es ermöglichten, ein Aufklärungsflugzeug vom Typ OS2U Kingfisher zu starten und wieder an Bord zu nehmen. Die Konstruktion erwies sich jedoch als Fehlschlag; alle sechs Zerstörer wurden auf die Standardbewaffnung umgebaut.
[13] Dazu zwei 10 Tonnen große Landungsboote (LCV).
[14] Nach der Ankunft auf den Britischen Inseln wurde die Gruppe zur Schulung abgezogen.
[15] Dazu drei Panzerlandungsboote (LCT) mit je 143 Tonnen.
[16] Nach der Ankunft auf den Britischen Inseln wurde die Gruppe zur Schulung abgezogen.
[17] Sämtliche Schiffe im Februar versenkt.
[18] Nach der Ankunft auf den Britischen Inseln wurde die Gruppe zur Schulung abgezogen.
[19] Ein Schiff, das Liberty-Schiff *Meriwether Lewis,* wurde im März versenkt.
[20] Zwei weitere Tanker wurden beschädigt und nach St. John's geschleppt.
[21] Dazu ein Panzerlandungsboot mit 143 Tonnen.
[22] Im März versenkt.
[23] Darunter der britische Zerstörer *Harvester.* Die amerikanische U-Jagdgruppe um den Geleitträger *Bogue* lief anfangs mit Geleitzug HX 228 aus, aber wenige Tage später, am 14. März, kehrte sie nach Argentia zurück. Sie lief am 20. März mit SC 123 wieder aus, kehrte am 30. März aber wieder nach Argentia zurück und lief dann für Reparaturarbeiten Boston an.
[24] Eine KM-MK Escort Group, die am 3. März 1943 direkt von den Britischen Inseln nach St. John's auslief, eigens zu dem Zweck, den Sonderkonvoi HX 229 A zu sichern.
[25] Dazu ein Panzerlandungsboot mit 143 Tonnen.
[26] Nach Konvoi ONS 171 wurden die langsamen westwärts fahrenden Geleitzüge, angefangen mit ONS 1, neu durchnumeriert und liefen den Zielhafen Halifax an.
[27] Darunter der frühere amerikanische Glattdeck-Zerstörer *Beverley.*
[28] Lief am 1. April nachts bei dichtem Nebel von New York aus und vermischte sich mit Konvoi UGS 7. Es kam zu zahlreichen Zusammenstößen und Abbrüchen, weshalb sich die Zahl der Schiffe in HX 232 von 50 auf 34 verringerte.
[29] Am 23. April fuhr die *Bogue* mit fünf Zerstörern zum erstenmal die ganze Strecke über den Atlantik bis nach Belfast, wo sie mit einem Huff Duff ausgerüstet wurde. Sie kehrte im Mai mit ON 184 nach Amerika zurück.

[30] Angefangen mit SC 125 am 31. März, liefen die Slow Convoys von Halifax aus.

[31] Die britische Support Group 5, die aus dem Geleitträger *Biter* und vier Zerstörern bestand, lief am 21. 4. von Island aus und nahm Operationen mit dem westwärts fahrenden Konvoi ONS 4 auf. Folglich befanden sich die *Biter* und die *Bogue* zur selben Zeit in dem »Luftloch« bei Grönland auf See.

[32] Eine neue kanadische Gruppe der MOEF: die neuen Zerstörer *Ottawa II* und *Kootenay* und fünf Korvetten. Sie ersetzte praktisch die Gruppe A-3.

[33] Die britische Support Group 5, die aus dem Geleitträger *Biter* und drei Zerstörern bestand, nahm mit HX 237 und SC 129 auf Ostkurs die Operationen auf.

[34] Die britische Support Group 4, die aus dem Geleitträger *Archer,* drei Zerstörern und einer Sloop bestand, nahm mit HX 239 auf Ostkurs die Operationen auf.

[35] Der erste Handelsflugzeugträger (MAC-Schiff), *Empire MacAlpine* mit 8200 BRT, lief mit ONS 9 aus und führte vier Flugzeuge vom Typ Swordfish an Bord. Mit Getreide beladen, kehrte die *Empire MacAlpine* mit SC 135 nach Großbritannien zurück. Der Geleitzug lief am 27. Juni von Halifax aus.

ANHANG 4

FEINDFAHRTEN IN DEN SÜDATLANTIK UND IN DEN INDISCHEN OZEAN

September 1942 bis April 1945

Boot	Typ	Kommandant	Auslauf-Datum	Einlauf-Datum	Schiffe versenkt	Tonnen
September 1942:						
U333	VIIC	Peter Cremer	1. 9.	6. 10.		Keine/Abbruch
U460	XIV	Ebe Schnoor	2. 9.	14. 10.		Keine/Versorger
U178	IXD2	Hans Ibbeken*	8. 9.	9. 1. 43	6	47 097 +
U552	VIIC	Klaus Popp* (K.)	10. 9.	15. 12.	1	520
U181	IXD2	Wolfgang Lüth*	12. 9.	18. 1.	12	58 381
U128	IXC	Ulrich Heyse	14. 9.	7. 1.	3	15 551
U177	IXD2	Robert Gysae*	17. 9.	22. 1.	8	49 371
U126	IXC	Ernst Bauer	19. 9.	7. 1.	3	14 536
U161	IXC	Albrecht Achilles	19. 9.	9. 1.	3	16 284 +
Gesamt:	9 Feindfahrten (1 Versorger)				36	201 740
Oktober 1942:[1]						
U572	VIIC	Heinz Hirsacker[2]	12. 10.	22. 11.		Keine/Abbruch
U409	VIIC	Hans-Ferdinand Massmann	13. 10.	5. 11.	2	13 924/Abbruch
U659	VIIC	Hans Stock	13. 10.	5. 11.	1	7 519 +/ Abbruch
U510	IXC	Karl Neitzel	14. 10.	12. 12.		Keine +/ Abbruch
U604	VIIC	Horst Höltring	14. 10.	5. 11.	3	23 245/Abbruch

* = Erste Feindfahrt des Bootes
(K.) = Erste Feindfahrt des Kommandanten
\+ = Beschädigte Schiffe oder Anteile an versenkten Schiffen
M = Als Minenleger eingesetzt
HV = Als Hilfs-Versorger eingesetzt
(EA) = Boot lief erneut aus
Abbruch = Abbruch der Feindfahrt wegen Gefechtsschäden, technischer Probleme usw.
? = Datum bzw. Ursache des Verlustes/Abbruches unklar
S = Schnorchel-Boot
GS = Gruppe Seehund

Boot	Typ	Kommandant	Auslauf-Datum	Einlauf-Datum	Schiffe versenkt	Tonnen
U134	VIIC	Rudolph Schendel	15. 10.	19. 1.	1	4827
U509	IXC	Werner Witte* (K.)	15. 10.	26. 11.	4	24154 +/ Abbruch
U203	VIIC	Hermann Kottmann* (K.)	15. 10.	6. 11.	2	12414
U462	XIV	Bruno Vowe	18. 10.	7. 12.		Keine/Versorger
U103	IXB	Gustav-Adolph Janssen* (K.)	21. 10.	29. 12.	2	11431 +
U752	VIIC	Karl-Ernst Schroeter	22. 10.	3. 12.		Keine/Abbruch
Gesamt:	11 Feindfahrten (1 Versorger)				15	97514
November 1942:						
UD3	Holl.	Hermann Rigele	3. 11.	7. 1. 43	1	5041
U515	IXC	Werner Henke	9. 11.	14. 1.	3	20913 +
Gesamt:	2 Feindfahrten				4	25954
Dezember 1942:						
U175	IXC	Heinrich Bruns	1. 12.	24. 2. 43	1	7177
U182	IXD2	Nicolai Clausen*	9. 12.	Verloren 16. 5. 43	5	30071/GS[3]
U506	IXC	Erich Würdemann	14. 12.	8. 5. 43	2	9980/GS
U459	XIV	Georg v. Wilamowitz-Möllendorf	20. 12.	8. 3. 43		Keine/Versorger
U509	IXC	Werner Witte	23. 12.	11. 5. 43	2	12066/GS
U516	IXC	Gerhard Wiebe	23. 12.	3. 5. 43	4	25596/GS
Gesamt:	6 Feindfahrten (1 Versorger)				14	84890
Januar 1943:						
U160	IXC	Georg Lassen	6. 1.	10. 5.	7	45205 +/GS
Februar 1943:						
U180	IXD1	Werner Musenberg*	9. 2.	2. 7.	2	13298[4]
U515	IXC	Werner Henke	21. 2.	24. 6.	10	58456
Gesamt:	2 Feindfahrten				12	71754
März 1943:						
U198	IXD2	Werner Hartmann*	9. 3.	25. 9.	7	36778
U123	IXB	Horst v. Schroeter	13. 3.	8. 6.	5	24883

Boot	Typ	Kommandant	Auslauf-Datum	Einlauf-Datum	Schiffe versenkt	Tonnen
U196	IXD2	Eitel-Friedrich Kentrat*	13. 3.	23. 10.	2	12285
U105	IXB	Jürgen Nissen	16. 3.	Verloren 2. 6.	1	4669
U126	IXC	Siegfried Kietz*	20. 3.	Verloren 3. 7.	1	7177[5]
U195	IXD1	Heinz Buchholz*	20. 3.	23. 7.	2	14391 +
U181	IXD2	Wolfgang Lüth	23. 3.	14. 10.	10	45331
U178	IXD2	Wilhelm Dommes	28. 3.	29. 8.[6]	6	32683
Gesamt:	8 Feindfahrten				34	178197
April 1943:						
U177	IXD2	Robert Gysae	1. 4.	1. 10.	6	38017
U197	IXD2	Robert Bartels*	3. 4.	Verloren 20. 8.	3	21267 +
U460	XIV	Ebe Schnoor	24. 4.	25. 6.		Keine/Versorger
Gesamt:	3 Feindfahrten (1 Versorger)				9	59284
Mai 1943:						
U511	IXC	Fritz Schneewind* (K.)	10. 5.	17. 7.[7]	1	7194
Mai/Juni 1943:						
In den Fernen Osten verlegte italienische Fracht-U-Boote:						
Barbarigo		Umberto De Julio	?. 5.	?. 5.	Verloren/Ursache unbekannt	
Cappellini		Walter Auconi	11. 5.	8/43[8]	Ankunft in Singapur	
Giuliani		Mario Tei	?. 5.	8/43	Ankunft in Singapur	
Tazzoli		Giuseppe Gaito	?. 5.	?. 5.	Verloren/Ursache unbekannt	
Torelli		Enrico Groppallo	?. 5.	8/43	Ankunft in Singapur	
Juni 1943:						
U333	VIIC	Peter Cremer	2. 6.	31. 8.		Keine
U508	IXC	Georg Staats	7. 6.	14. 9.	3	21112
U571	VIIC	Gustav Lüssow*	8. 6.	1. 9.		Keine
U618	VIIC	Kurt Baberg	8. 6.	1. 9.	1	5225
U306	VIIC	Klaus v. Trotha	10. 6.	11. 8.		Keine +
U358	VIIC	Rolf Manke	10. 6.	1. 9.		Keine
U257	VIIC	Heinz Rahe	12. 6.	14. 9.		Keine
U600	VIIC	Bernhard Zurmühlen	12. 6.	9. 9.		Keine
U382	VIIC	Leopold Koch	19. 6.	7. 9.		Keine
Gesamt:	9 Feindfahrten				4	26337

Gruppe Monsun Juni/Juli 1943:

Boot	Typ	Kommandant	Auslauf-Datum	Einlauf-Datum	Schiffe versenkt	Tonnen
U200	IXD2	Heinrich Schonder*	12. 6.	Verloren 24. 6.		Keine[9]
U188	IXC/40	Siegfried Lüdden	30. 6.	31. 10.	1	7 176 +
U168	IXC/40	Helmut Pich	3. 7.	11. 11.	1	2 183 +
U183	IXC/40	Heinrich Schäfer	3. 7.	31. 10.		Keine
U509	IXC	Werner Witte	3. 7.	Verloren 15. 7.		Keine
U514	IXC	Hans-Jürgen Auffermann	3. 7.	Verloren 8. 7.		Keine
U532	IXC/40	Otto-Heinrich Junker	3. 7.	31. 10.	4	24 484 +
U506	IXC	Erich Würdemann	6. 7.	Verloren 12. 7.		Keine
U533	IXC/40	Helmut Hennig	6. 7.	Verloren 16. 10.		Keine
U847	IXD2	Herbert Kuppisch	6. 7.	20. 7.		Keine/Abbruch
U516	IXC	Hans-Rutger Tillessen*	8. 7.	23. 8.		Keine/HV[10]
U847	IXD2	Herbert Kuppisch (EA)	29. 7.	Verloren 27. 8.		Keine/HV[11]
Gesamt:	11 Feindfahrten (2 Versorger)				6	33 843
Juli 1943:						
U709	VIIC	Karl-Otto Weber	5. 7.	20. 7.		Keine/Abbruch
U340	VIIC	Hans-Joachim Klaus	6. 7.	2. 9.		Keine
U468	VIIC	Klemens Schamong	7. 7.	Verloren 11. 8.		Keine
U757	VIIC	Friedrich Deetz	7. 7.	4. 9.	1	4 116
U86	VIIB	Walter Schug	8. 7.	11. 9.		Keine
U445	VIIC	Heinz-Konrad Fenn	10. 7.	15. 9.		Keine
U43	IX	Hans-Joachim Schwantke	13. 7.	Verloren 30. 7.		Keine/M[12]
U403	VIIC	Karl-Franz Heine*	13. 7.	Verloren 18. 8.		Keine
Gesamt:	8 Feindfahrten				1	4 116
August 1943:						
U515	IXC	Werner Henke	29. 8.	12. 9.		Keine/Abbruch
September 1943:						
U68	IXC	Albert Lauzemis	8. 9.	23. 12.	4	17 661
U848	IXD2	Wilhelm Rollmann*	18. 9	Verloren 5. 11.	1	4 573
U103	IXB	Gustav-Adolf Janssen	23. 9	1. 1. 44		Keine/M[13]/ Abgezogen
Gesamt:	3 Feindfahrten				5	22 234
Oktober 1943:						
U849	IXD2	Heinz-Otto Schultze*	2. 10.	Verloren 25. 11.		Keine
U764	VIIC	Hans-Kurt v. Bremen*	27. 10.	11. 12.		Keine/Abbruch[14]

Boot	Typ	Kommandant	Auslauf-Datum	Einlauf-Datum	Schiffe versenkt	Tonnen
November 1943:						
U510	IXC	Alfred Eick	3. 11.	4. 5. 44	6	31 220 +
U515	IXC	Werner Henke	9. 11.	14. 1.	4	22 263[15]
U850	IXD2	Klaus Ewerth	18. 11.	Verloren 20. 12.		Keine
U172	IXC	Hermann Hoffmann*	22. 11.	Verloren 13. 12.		Keine
U178	IXD2	Wilhelm Spahr*	27. 11.	24. 5. 44	1	7 244
Gesamt:	5 Feindfahrten				11	60 727
Dezember 1943:						
U505	IXC	Harald Lange*	25. 12.	2. 1. 44		Keine/Abbruch[16]
Januar 1944:						
U177	IXD2	Heinz Buchholz*	2. 1.	Verloren 6. 2.		Keine
U1062	VIIF	Karl Albrecht*	3. 1.	19. 4.		Keine/Versorger
U532	IXC/40	Otto-Heinrich Junker	4. 1.	19. 4.	2	9 457 +/ Abbruch
U123	IXB	Horst v. Schroeter	9. 1.	24. 4.		Keine/ Abgezogen
U188	IXC/40	Siegfried Lüdden	9. 1.	19. 6.	7	42 549 +
U66	IXC	Gerhard Seehausen*	16. 1.	Verloren 6. 5.	4	19 754
U852	IXD2	Heinz-Wilhelm Eck*	18. 1.	Verloren 3. 5.	2	9 972[17]
U-IT22	Ital.	Karl Wunderlich*	21. 1.	Verloren 11. 3.		Keine/ Transporter
Gesamt:	8 Feindfahrten (1 Versorger)				15	81 732
Februar 1944:						
U168	IXC/40	Helmut Pich	7. 2.	24. 3.	2	5 825 +[18]
U-IT24	Ital.	Heinrich Pahls* (EA)	8. 2.	4. 4.		Keine/Abbruch/ Transporter
U183	IXC/40	Fritz Schneewind*	10. 2.	21. 3.	2	12 412/Abbruch
U1059	VIIF	Günter Leupold*	12. 2.	Verloren 19. 3.		Keine/Versorger
U-IT23	Ital.	Hans-Werner Striegler	13. 2.	Verloren 15. 2.		Keine/ Transporter
U843	IXC/40	Oskar Herwartz	19. 2.	11. 6.	1	8 261
U488	XIV	Bruno Studt* (K.)	22. 2.	Verloren 26. 4.		Keine/Versorger
U801	IXC/40	Hans-Joachim Brans	26. 2.	Verloren 17. 3.		Keine

Boot	Typ	Kommandant	Auslauf-Datum	Einlauf-Datum	Schiffe versenkt	Tonnen
U851	IXD2	Hannes Weingaertner*	26. 2.	Verloren 27. 3. ?		Keine/Versorger
U-IT25	Ital.	Hans-Werner Striegler	27. 2.	3. 4.		Keine/Abbruch/Transporter
U537	IXC/40	Peter Schrewe	29. 2.	6. 3.		Keine/Abbruch
Gesamt:	11 Feindfahrten (3 Versorger)				5	26498
März 1944:						
U155	IXC	Johannes Rudolph*	11. 3.	23. 6.		Keine
U181	IXD2	Kurt Freiwald*	16. 3.	8. 8.	4	24869
U190	IXC/40	Max Wintermeyer	16. 3.	20. 6.		Keine[19]
U196	IXD2	Eitel-Friedrich Kentrat*	16. 3.	10. 8.	1	5454
U505	IXC	Harald Lange	16. 3.	Gekapert 4. 6.		Keine
U537	IXC/40	Peter Schrewe (EA)	25. 3.	2. 8.		Keine
U543	IXC/40	Hans-Jürgen Hellriegel	28. 3.	Verloren 2. 7.		Keine[20]/S
U515	IXC	Werner Henke	30. 3.	Verloren 9. 4.		Keine
U1224	IXC/40	Georg Preuss*	30. 3.	Verloren 13. 5.		Keine[21]
Gesamt:	9 Feindfahrten				5	30323
April 1944:						
U859	IXD2	Johann Jebsen*	4. 4.	Verloren 23. 9.	3	20853 +
U860	IXD2	Paul Büchel*	11. 4	Verloren 15. 6.		Keine
U198	IXD2	Burkhard Heusinger v. Waldegg*	20. 4	Verloren 12. 8.	4	22912
U861	IXD2	Jürgen Oesten*	20. 4.	22. 9.	4	22048 +
U547	IXC/40	Heinrich Niemeyer* (K.)	30. 4.	11. 8.	3	9121 +/S
Gesamt:	5 Feindfahrten				14	74934
Mai 1944:						
U490	XIV	Wilhelm Gerlach*	6. 5.	Verloren 12. 6.		Keine/Versorger/S
U183	IXC/40	Fritz Schneewind	17. 5.	7. 7.	1	5259[22]
Gesamt:	2 Feindfahrten (1 Versorger)				1	5259
Juni 1944:						
U862	IXD2	Heinrich Timm*	3. 6.	9. 9.	5	28018[23]
U1062	VIIF	Karl Albrecht	19. 6.	2. 7.		Keine/Versorger/Abbruch
U546	IXC/40	Paul Just	25. 6.	6. 11.		Keine

Boot	Typ	Kommandant	Auslauf-Datum	Einlauf-Datum	Schiffe versenkt	Tonnen
Gesamt:	3 Feindfahrten (1 Versorger)				5	28018
Juli 1944:						
U1062	VIIF	Karl Albrecht	15. 7.	Verloren 30. 9.		Keine/Versorger
U863	IXD2	Dietrich v. d. Esch*	26. 7.	Verloren 29. 9.		Keine
Gesamt:	2 Feindfahrten (1 Versorger)					
August 1944:						
U170	IXC/40	Hans-Gerold Hauber* (K.)	4. 8.	30. 11.		Keine
U180	IXD1	Rolf Riesen* (K.)	20. 8.	Verloren 23. 8. ?		Keine/ Transporter
U195	IXD1	Friedrich Steinfeldt* (K.)	20. 8.	28. 12.		Keine/ Transporter[24]
U219	XB	Walter Burghagen	23. 8.	11. 12.		Keine/ Transporter[25]
U871	IXD2	Erwin Ganzer*	31. 8.	Verloren 26. 9.		Keine
Gesamt:	5 Feindfahrten					
September 1944:						
Keine						
Oktober 1944:						
U168	IXC/40	Helmut Pich	3. 10.	Verloren 6. 10.		Keine
U181	IXD2	Kurt Freiwald	19. 10.	5. 1. 45	1	10198/ Abbruch[26]
Gesamt:	2 Feindfahrten				1	10198
November 1944:						
U537	IXC/40	Peter Schrewe	9. 11.	Verloren 10. 11.		Keine
U862	IXD2	Heinrich Timm	18. 11.	15. 2. 45	2	14356
U510	IXC	Alfred Eick	26. 11.	3. 12.		Keine/Abbruch
U196	IXD2	Hans-Werner Striegler	30. 11.	Verloren 30. 11.?		Keine
Gesamt:	4 Feindfahrten				2	14356

Boot	Typ	Kommandant	Auslauf-Datum	Einlauf-Datum	Schiffe versenkt	Tonnen
Dezember 1944:						
U843	IXC/40	Oskar Herwartz	10. 12.	Verloren 9. 4. 45		Keine
Januar 1945:						
U510	IXC	Alfred Eick	10. 1.	24. 4.	1	7136
U532	IXC/40	Otto Heinrich Junker	13. 1.	GB	2	12954
U861	IXD2	Jürgen Oesten	14. 1.	18. 4.		Keine
U195	IXD1	Friedrich Steinfeldt	26. 1.	4. 3.		Keine/HV
Gesamt:	4 Feindfahrten				3	20090
Februar 1945:						
U864	IXD2	Ralf-Reimar Wolfram*	6. 2.	Verloren 9. 2.		Keine
März 1945:						
Keine						
April 1945:						
U234	XB	Johann-Heinrich Fehler*	17. 4.	16. 5. USA		Keine/Versorger
U183	IXC/40	Fritz Schneewind	21. 4.	Verloren 23. 4.		Keine
Gesamt:	2 Feindfahrten (1 Versorger)					

---

[1] Alle Boote der Gruppe Streitaxt, die den Geleitzug SL 125 angriff. Von diesen lief lediglich *U134* wie geplant weiter nach Freetown.

[2] Hirsacker wurde abgelöst, wegen Feigheit vor dem Feind angeklagt, für schuldig befunden und am 24. 4. 1943 hingerichtet.

[3] GS steht für die Gruppe Seehund, die in den Südatlantik, nach Kapstadt und in den Indischen Ozean fuhr.

[4] Überführte den politischen Aktivisten Subhas Chandra Bose, seinen Adjutanten und Frachtgut an das japanische Unterseeboot *I-29* und erhielt im Gegenzug selbst Frachtgut. Schoß später einen Bomber vom Typ Hampden ab.

[5] Traf das amerikanische Liberty-Schiff *Flora MacDonald,* das auf Strand gelegt werden mußte – ein totaler Verlust.

[6] Traf auf der Insel Penang, Malaysia, ein, um dort einen deutschen U-Boot-Stützpunkt einzurichten.

[7] Traf auf Penang ein. Unter der Bezeichnung »Marco Polo« war *U511* ein Geschenk von Hitler an Japan. Das Boot kam am 16. 9. 1943 in Japan an und wurde in *RO-500* umbenannt.

[8] Die Boote *Cappellini, Giuliani* und *Torelli* wurden am 9. September 1943, als Italien kapitulierte, von den Japanern beschlagnahmt. Sie wurden im Dezember 1943 an Deutschland abgegeben und in *U-IT23, U-IT24* und *U-IT25* umbenannt. Im Februar 1944 stachen diese drei ehemals italienischen Boote von Penang aus mit Frachtgut nach Frankreich in See, aber kein einziges kam an. Die beiden erhalten gebliebenen, *U-IT24* (ex-*Cappellini*) und *U-IT25* (ex-*Torelli*), wurden von den Japanern am 8. Mai 1945, als Deutschland kapitulierte, wiederum beschlagnahmt und in *I-503* beziehungsweise *I-504* umbenannt.

[9] Hatte Küstentruppen der Division Brandenburg an Bord, ging mit der gesamten Besatzung bei der Versenkung verloren.

[10] Tankte die Boote der Gruppe Monsun nach und kehrte nach Frankreich zurück.

[11] Wurde als Hilfs-Versorger von der Gruppe Monsun abgezogen.

[12] Sollte Lagos verminen, wurde aber versenkt, bevor der Auftrag ausgeführt wurde. Schoß möglicherweise in der Biskaya ein Flugzeug ab.

[13] Legte am 31. 10. bei Takoradi acht TMC-Minen. Nach der Rückkehr wurde das Boot in die Ostsee abgezogen.

[14] Brachte drei britische Kriegsgefangene nach Frankreich.

[15] Darunter die britische Sloop *Chanticleer,* die zwar in den Hafen geschleppt, aber nicht repariert wurde.

[16] Rettete 34 deutsche Überlebende des Torpedoboots *T-25* und brachte sie nach Frankreich zurück.

[17] Darunter der griechische Frachter *Peleus.* Eck wurde angeklagt, dessen Überlebende im Wasser unter Beschuß genommen zu haben.

[18] Rettete auf dem Weg von Penang nach Frankreich 135 Überlebende des deutschen Tankers *Brake* und kehrte nach Jakarta, Java, zurück.

[19] Wintermeyer übernahm eine andere Aufgabe, weil er unfähig war, die Besatzung zu führen.

[20] Für Aufgaben als Hilfs-Versorger Feindfahrt nach Amerika abgebrochen; danach Fahrt nach Freetown.

[21] Ein weiteres Geschenk von Hitler an Japan (»Marco Polo II«), das in *RO-501* umbenannt wurde. Das Boot lief unter dem japanischen Kommandanten, Cdr. 5, Norita, und einer japanischen Besatzung von Kiel aus, die alle bei der Versenkung ums Leben kamen.

[22] Patrouillierte von Penang aus im Indischen Ozean und kehrte nach Penang zurück.

[23] Von den Japanern beschlagnahmt und in *I-502* umbenannt.

[24] Von den Japanern beschlagnahmt und in *I-506* umbenannt.

[25] Von den Japanern beschlagnahmt und in *I-505* umbenannt.

[26] Von den Japanern beschlagnahmt und in *I-501* umbenannt.

ANHANG 5

FEINDFAHRTEN IN AMERIKANISCHEN GEWÄSSERN

September 1942 bis April 1945

Boot	Typ	Kommandant	Auslauf-Datum	Einlauf-Datum	Versenkte Schiffe	Tonnen
September 1942:						
U203	VIIC	Rolf Mützelburg	29. 8.	18. 9.		Keine/Abbruch[1]
U332	VIIC	Johannes Liebe	5. 9.	6. 12.	2	11 004
U201	VIIC	Günther Rosenberg* (K.)	6. 9.	26. 10.	3	15 696
U202	VIIC	Günter Poser* (K.)	6. 9.	25. 10.	1	1 815 +
U67	IXC	Günther Müller-Stöckheim	16. 9.	21. 12.	4	20 467 +
U183	IXC/40	Heinrich Schäfer*	19. 9.	23. 12.	1	6 089
U43	IX	Hans-Joachim Schwantke	23. 9.	9. 12.	1	9 132
U160	IXC	Georg Lassen	23. 9.	9. 12.	8	44 865 +
U518	IXC	Friedrich-Wilhelm Wissmann*	26. 9.	15. 12.	4	29 748 + [2]
U129	IXC	Hans Witt	28. 9.	6. 1. 43	5	32 613
Gesamt: 11 Feindfahrten					30	173 569
Oktober 1942:						
U505	IXC	Peter Zschech* (K.)	4. 10.	12. 12.	1	7 173/Abbruch
U174	IXC	Ulrich Thilo	8. 10.	9. 1. 43	5	30 813
U154	IXC	Heinrich Schuch* (K.)	12. 10.	7. 1. 43	3	17 936
U163	IXC	Kurt-Edward Engelmann	17. 10.	6. 1. 43	4	17 011 + [3]
U508	IXC	Georg Staats	17. 10.	6. 1. 43	9	50 265
U608	VIIC	Rolf Struckmeier	20. 10.	9. 12.	1	5 621/M[4]
U511	IXC	Friedrich Steinhoff	24. 10.	28. 11.		Keine/Abbruch[5]

* = Erste Feindfahrt des Bootes
(K.) = Erste Feindfahrt des Kommandanten
+ = Beschädigte Schiffe oder Anteile an versenkten Schiffen
M = Als Minenleger eingesetzt
Abbruch = Abbruch der Feindfahrt wegen Gefechtsschäden, technischer Probleme usw.
? = Ursache und Datum des Verlusts unsicher (»vermißt«)
S = Schnorchel-Boot
HV = Als Hilfs-Versorger eingesetzt
(EA) = Boot lief erneut aus

Boot	Typ	Kommandant	Auslauf-Datum	Einlauf-Datum	Versenkte Schiffe	Tonnen
Gesamt: 7 Feindfahrten					23	128 819
November 1942:						
U66	IXC	Friedrich Markworth	9. 11.	11. 11.		Keine/Abbruch
U176	IXC	Reiner Dierksen	9. 11.	18. 2. 43	3	12 432
U517	IXC	Paul Hartwig	17. 11.	Verloren 21. 11.		Keine
U513	IXC	Rolf Rüggeberg	21. 11.	18. 12.		Keine/Abbruch
U105	IXB	Jürgen Nissen* (K.)	23. 11.	14. 2. 43	4	19 844
U217	VIID	Kurt Reichenbach-Klinke	24. 11.	23. 2. 43	2	10 576 +
U124	IXB	Johann Mohr	25. 11.	13. 2. 43	5	28 259 +
U109	IXB	Heinrich Bleichrodt	28. 11.	23. 1. 43		Keine/Abbruch
U507	IXC	Harro Schacht	28. 11.	Verloren 13. 1. 43	3	14 230
U164	IXC	Otto Fechner	29. 11.	Verloren 6. 1. 43	1	2 608
U214	VIID	Günther Reeder	30. 11.	24. 2. 43	1	4 426
Gesamt: 11 Feindfahrten					19	92 375

Dezember 1942:
Keine (Die U-Boote auf dem Weg dorthin wurden zu Angriffen auf Geleitzüge im Mittelatlantik umgelenkt.)

Boot	Typ	Kommandant	Auslauf-Datum	Einlauf-Datum	Versenkte Schiffe	Tonnen
Januar 1943:						
U518	IXC	Friedrich-Wilhelm Wissmann	11. 1.	27. 4.	4	22 598
U156	IXC	Werner Hartenstein	16. 1.	Verloren 8. 3.		Keine
U510	IXC	Karl Neitzel	16. 1.	16. 4.	3	18 240 +
U183	IXC/40	Heinrich Schäfer	30. 1.	13. 5.	1	2 493
Gesamt: 4 Feindfahrten					8	43 331
Februar 1943:						
U68	IXC	Albert Lauzemis* (K.)	3. 2.	8. 5.	2	10 186
U155	IXC	Adolf-Cornelius Piening	8. 2.	30. 4.	2	7 973
U185	IXC/40	August Maus	8. 2.	3. 5.	3	20 504
Gesamt: 3 Feindfahrten					7	38 663
März 1943:						
U129	IXC	Hans Witt	11. 3.	29. 5.	3	26 590
U161	IXC	Albrecht Achilles	13. 3.	7. 6.	1	255[6]
U174	IXC	Wolfgang Grandefeld* (K.)	18. 3.	Verloren 27. 4.		Keine
U154	IXC	Oskar-Heinz Kusch* (K.)	20. 3.	6. 7.	1	8 166 +
Gesamt: 4 Feindfahrten					5	35 011

Boot	Typ	Kommandant	Auslauf-Datum	Einlauf-Datum	Versenkte Schiffe	Tonnen
April 1943:						
U128	IXC	Hermann Steinert* (K.)	6. 4.	Verloren 17. 5.		Keine
U176	IXC	Reiner Dierksen	6. 4.	Verloren 15. 5.	2	4 232
U262	VIIC	Heinz Franke	6. 4.	25. 5.		Keine
U376	VIIC	Friedrich-Karl Marks	6. 4.	Verloren 6. 4.		Keine[7]
U119	XB	Horst-Tessen v. Kameke* (K.)	25. 4.	Verloren 24. 6.	1	2 937 +/M[8]
U66	IXC	Friedrich Markworth	29. 4.	1. 9.	2	20 368 +
Gesamt:	6 Feindfahrten				5	27 537
Mai 1943:						
U190	IXC/40	Max Wintermeyer	1. 5.	19. 8.		Keine
U521	IXC	Klaus Bargsten	5. 5.	Verloren 2. 6.		Keine
U67	IXC	Günther Müller-Stöckheim	10. 5.	Verloren 16. 7.		Keine
U527	IXC/40	Herbert Uhlig	10. 5.	Verloren 23. 7.		Keine
U199	IXD2	Hans-Werner Kraus*	13. 5.	Verloren 31. 7.	1	4 161
U513	IXC	Friedrich Guggenberger*[9]	18. 5.	Verloren 19. 7.	4	17 151 +
U523	IXC	Werner Pietzsch	22. 5.	26. 5.		Keine/Abbruch
U172	IXC	Carl Emmermann	29. 5.	7. 9.	4	22 946
Gesamt:	8 Feindfahrten				9	44 258
Juni 1943:						
U572	VIIC	Heinz Kummetat	2. 6.	Verloren 3. 8.	3	4 510[10]
U510	IXC	Alfred Eick*	3. 6.	29. 8.	3	18 865
U759	VIIC	Rudolf Friedrich	7. 6.	Verloren 15. 7.	3	12 764
U590	VIIC	Werner Krüer*	8. 6.	Verloren 9. 7.	1	5 228
U185	IXC/40	August Maus	9. 6.	Verloren 24. 8.	5	36 781 +[11]
U84	VIIB	Horst Uphoff	10. 6.	Verloren 7. 8. ?		Keine
U134	VIIC	Hans-Günther Brosin	10. 6.	Verloren 24. 8.		Keine[12]
U653	VIIC	Gerhard Feiler	10. 6.	11. 9.		Keine
U732	VIIC	Klaus-Peter Carlsen	10. 6.	31. 8.		Keine
U155	IXC	Adolf-Cornelius Piening	12. 6.	16. 6.		Keine/Abbruch

Boot	Typ	Kommandant	Auslauf-Datum	Einlauf-Datum	Versenkte Schiffe	Tonnen
U159	IXC	Heinz Beckmann* (K.)	12. 6.	Verloren 28. 7.		Keine
U415	VIIC	Kurt Neide	12. 6.	8. 9.		Keine
U615	VIIC	Ralph Kapitzky	12. 6.	Verloren 6. 8.	1	3 177[13]
U634	VIIC	Eberhard Dahlhaus	12. 6.	Verloren 30. 8.		Keine
U518	IXC	Friedrich-Wilhelm Wissmann	24. 6.	3. 7.		Keine/Abbruch
U604	VIIC	Horst Höltring	24. 6.	Verloren 11. 8.		Keine
U406	VIIC	Horst Dieterichs	26. 6.	15. 9.		Keine
U591	VIIC	Reimar Ziesmer*	26. 6.	Verloren 30. 7.		Keine
U598	VIIC	Gottfried Holtorf	26. 6.	Verloren 23. 7.		Keine
U662	VIIC	Heinz-Eberhard Müller	26. 6.	Verloren 21. 7.		Keine
U359	VIIC	Heinz Förster	29. 6.	Verloren 26. 7.		Keine
U466	VIIC	Gerhard Thäter	29. 6.	16. 8.		Keine/Abbruch
U155	IXC	Adolf-Cornelius Piening (EA)	30. 6.	11. 8.		Keine/HV[14]
Gesamt:		22 Feindfahrten			16	81 325

Juli 1943:

U628	VIIC	Heinz Hasenschar	1. 7.	Verloren 3. 7.		Keine
U648	VIIC	Peter-Arthur Stahl	1. 7.	10. 8.		Keine/HV[15]
U505	IXC	Peter Zschech	3. 7.	13. 7.		Keine/Abbruch
U230	VIIC	Paul Siegmann	5. 7.	8. 9.		Keine/M[16]
U566	VIIC	Hans Hornkohl	5. 7.	1. 9.	1	1 500/M[17]
U607	VIIC	Wolf Jeschonnek	10. 7.	Verloren 13. 7.		Keine/M
U613	VIIC	Helmut Köppe	10. 7.	Verloren 23. 7.		Keine/M
U664	VIIC	Adolf Graef	21. 7.	Verloren 9. 8.		Keine
U117	XB	Hans-Werner Neumann	22. 7.	Verloren 7. 8.		Keine/HV
U262	VIIC	Heinz Franke	24. 7.	2. 9.		Keine/HV[18]
U760	VIIC	Otto-Ulrich Blum	24. 7.	8. 9.		Keine/HV[19]
U107	IXB	Volker v. Simmermacher*	28. 7.	3. 10.		Keine +/M
U218	VIID	Richard Becker	29. 7.	6. 8.		Keine/M/ Abbruch
Gesamt:		13 Feindfahrten			1	1 500

Boot	Typ	Kommandant	Auslauf-Datum	Einlauf-Datum	Versenkte Schiffe	Tonnen
August 1943:						
U161	IXC	Albrecht Achilles	8. 8.	Verloren 27. 9.	2	10 760[20]
U123	IXB	Horst v. Schroeter	16. 8.	7. 11.		Keine
U523	IXC	Werner Pietzsch	16. 8.	Verloren 25. 8.		Keine
U518	IXC	Friedrich-Wilhelm Wissmann	18. 8.	1. 12.		Keine
U214	VIID	Rupprecht Stock	22. 8.	30. 11.		Keine/M[21]
U170	IXC/40	Günther Pfeffer	29. 8.	23. 12.	1	4 663
U536	IXC/40	Rolf Schauenburg	29. 8.	Verloren 20. 11.		Keine
U669	VIIC	Kurt Köhl	29. 8.	Verloren 29. 8. ?		Keine[22]
Gesamt: 5 Feindfahrten					3	15 133
September 1943:						
U220	XB	Bruno Barber*	8. 9.	Verloren 28. 10.	2	7 199/M[23]
U505	IXC	Peter Zschech	18. 9.	30. 9.		Keine/Abbruch
U218	VIID	Richard Becker	19. 9.	8. 12.		Keine/M[24]
U155	IXC	Adolf Piening	21. 9.	1. 1. 44	1	5 393
U537	IXC/40	Peter Schrewe*	30. 9.	8. 12.		Keine[25]
Gesamt: 5 Feindfahrten					3	12 592
Oktober 1943:						
U154	IXC	Oskar-Heinz Kusch	2. 10.	20. 12.		Keine[26]
U516	IXC	Hans-Rutger Tillessen	4. 10.	26. 2. 44	6	24 745
U505	IXC	Peter Zschech	9. 10.	7. 11.		Keine/Abbruch[27]
U129	IXC	Richard v. Harpe	12. 10.	31. 1. 44	1	5 441
U193	IXC/40	Hans Pauckstadt	12. 10.	25. 2. 44	1	10 172
U530	IXC/40	Kurt Lange	16. 10.	22. 2. 44		Keine +
U190	IXC/40	Max Wintermeyer	17. 10.	15. 1. 44		Keine
Gesamt: 7 Feindfahrten					8	40 358
November 1943:						
U543	IXC/40	Hans-Jürgen Hellriegel*	9. 11.	24. 1. 44		Keine
Gesamt: 1 Feindfahrt						Keine
Dezember 1943:						
Keine						

Boot	Typ	Kommandant	Auslauf-Datum	Einlauf-Datum	Versenkte Schiffe	Tonnen
Januar 1944:						
U539	IXC/40	Hans-Jürgen Lauter-bach-Emden	3. 1.	21. 3.		Keine/HV[28]/S
U845	IXC/40	Werner Weber*	8. 1.	Verloren 10. 3.		Keine + /S
U518	IXC	Hans-Werner Offermann*	23. 1.	7. 5.	1	3 401
U802	IXC/40	Helmut Schmoeckel*	29. 1.	2. 5.	1	1 621
U154	IXC	Gerd Gemeiner* (K.)	31. 1.	28. 4.		Keine
Gesamt: 5 Feindfahrten (1 Versorger)					2	5 022
Februar 1944:						
U550	IXC/40	Klaus Hänert*	6. 2.	Verloren 16. 4.	1	11 017
U170	IXC/40	Günther Pfeffer	9. 2.	27. 5.		Keine
U218	VIID	Richard Becker	12. 2.	7. 5.		Keine[29]
U856	IXC/40	Friedrich Wittenberg*	24. 2.	Verloren 7. 4.		Keine
U541	IXC/40	Kurt Petersen	29. 2.	22. 6.		Keine
Gesamt: 5 Feindfahrten					1	11 017
März 1944:						
U548	IXC/40	Eberhard Zimmermann*	21. 3.	24. 6.	1	1 445[30]
U129	IXC	Richard v. Harpe	22. 3.	18. 7.	2	11 964/ Abgezogen
U68	IXC	Albert Lauzemis	27. 3.	Verloren 10. 4.		Keine
U543	IXC/40	Hans-Jürgen Hellriegel	28. 3.	Umgelenkt nach Freetown/S		
Gesamt: 4 Feindfahrten					3	13 409
April 1944:						
U1222	IXC/40	Heinz Bielfeld*	13. 4.	Verloren 11. 7.		Keine/S
Mai 1944:						
U539	IXC/40	Hans-Jürgen Lauterbach-Emden	1. 5.	17. 9.	1	1 517 + /S
U516	IXC	Hans-Rutger Tillessen	7. 5.	1. 10.	1	9 887
U107	IXB	Volker v. Simmermacher	10. 5.	22. 7.		Keine + /S
U549	IXC/40	Detlev Krankenhagen	14. 5.	Verloren 29. 5.	1	8 600 + [31]/S
U530	IXC/40	Kurt Lange	22. 5.	1. 10.		Keine[32]/S
U233	XB	Hans Steen*	27. 5.	Verloren 5. 7.		Keine/HV/M[33]
Gesamt: 6 Feindfahrten					3	20 004

Boot	Typ	Kommandant	Auslauf-Datum	Einlauf-Datum	Versenkte Schiffe	Tonnen
Juni 1944 (ab hier ausschließlich Schnorchelboote):						
U154	IXC	Gerd Gemeiner	20. 5.	Verloren 3. 7.		Keine
U802	IXC/40	Helmut Schmoeckel	22. 5.	8. 7.		Keine/Abbruch
Gesamt:	2 Feindfahrten					Keine
Juli 1944:						
U518	IXC/40	Hans-Werner Offermann	15. 7.	22. 10.	1	7 176[34]
U802	IXC/40	Helmut Schmoeckel	16. 7.	12. 11.		Keine
U1229	IXC/40	Armin Zinke*	26. 7.	Verloren 20. 8.		Keine[35]
U865	IXC/40	Dietrich Stellmacher*	27. 7.	28. 7.		Keine/Abbruch
Gesamt:	4 Feindfahrten				1	7 176
August 1944:						
U865	IXC/40	Dietrich Stellmacher (EA)	1. 8.	3. 8.		Keine/Abbruch
U541	IXC/40	Kurt Petersen	6. 8.	6. 11.	1	2 140
U865	IXC/40	Dietrich Stellmacher (EA)	10. 8.	13. 8.		Keine/Abbruch
U1221	IXC/40	Paul Ackermann*	20. 8.	26. 11.		Keine
U1223	IXC/40	Albert Kneip*	28. 8.	14. 12.	1	1 370[36]
Gesamt:	3 Feindfahrten				2	3 510
September 1944:						
U865	IXC/40	Dietrich Stellmacher (EA)	8. 9.	Verloren 18. 9. ?		Keine
U867	IXC/40	Arved v. Mühlendahl*	12. 9.	Verloren 19. 9.		Keine
U1226	IXC/40	August-Wilhelm Claussen*	30. 9.	Verloren 23. 10. ?		Keine
Gesamt:	3 Feindfahrten					Keine
Oktober 1944:						
U1230	IXC/40	Hans Hilbig*	8. 10.	28. 1. 45	1	5 458[37]
U1228	IXC/40	Friedrich-Wilhelm Marienfeld	12. 10.	28. 12.	1	950[38]
U1231	IXC/40	Hermann Lessing*	15. 10.	30. 1. 45		Keine
U806	IXC/40	Klaus Hornbostel*	30. 10.	21. 2. 45	1	672 +[39]
Gesamt:	4 Feindfahrten				3	7 080
November 1944:						
U1232	IXC/40	Kurt Dobratz*	12. 11.	14. 2. 45	5	26 900
Gesamt:	1 Feindfahrt				5	26 900

Boot	Typ	Kommandant	Auslauf-Datum	Einlauf-Datum	Versenkte Schiffe	Tonnen
Dezember 1944:						
U869	IXC/40	Helmut Neuerburg*	8. 12.	Verloren	17. 2. 45 ?	Keine
U1233	IXC/40	Hans-Joachim Kuhn*	12. 12.	16. 12.		Keine/Abbruch
U1233	IXC/40	Hans-Joachim Kuhn (EA)	20. 12.	21. 12.		Keine/Abbruch
U1233	IXC/40	Hans-Joachim Kuhn (EA)	24. 12.	28. 3. 45		Keine
Gesamt:	4 Feindfahrten					Keine

Letzte Feindfahrten in kanadische und US-amerikanische Gewässer von Januar bis Mai 1945:

Januar 1945:
Keine

Boot	Typ	Kommandant	Auslauf-Datum	Einlauf-Datum	Versenkte Schiffe	Tonnen
Februar 1945:						
U866	IXC/40	Peter Rogowsky* (K.)	6. 2.	Verloren 18. 3.		Keine
U857	IXC/40	Rudolf Premauer	8. 2.	Verloren ?. 4.		Keine +
U879	IXC/40	Erwin Manchen*	11. 2.	Verloren 30. 4.	1	6 959
U190	IXC/40	Hans-Edwin Reith	22. 2.	Kanada	1	590[40]
U853	IXC	Helmut v. Frömsdorf* (K.)	23. 2.	Verloren 6. 5.	2	5 783[41]
Gesamt:	5 Feindfahrten				4	13 332
März 1945:						
U858	IXC/40	Thilo Bode	2. 3.	10. 3.		Keine/Abbruch
U530	IXC/40	Otto Wermuth* (K.)	4. 3.	11. 7. Argentinien		Keine
U805	IXC/40	Richard Bernardelli*	4. 3.	10. 3.		Keine/Abbruch
U548	IXC/40	Erich Krempl* (K.)	7. 3.	Verloren 30. 4.	1	8 300 +
U858	IXC/40	Thilo Bode (EA)	14. 3.	USA		Keine
U880	IXC/40	Gerhard Schötzau*	14. 3.	Verloren 16. 4.		Keine
U805	IXC/40	Richard Bernardelli (EA)	17. 3.	USA		Keine
U1235	IXC/40	Franz Barsch*	20. 3.	Verloren 19. 4.		Keine
U546	IXC/40	Paul Just	22. 3.	Verloren 24. 4.	1	1 200[42]
U518	IXC	Hans-Werner Offermann	24. 3.	Verloren 22. 4.		Keine
U881	IXC/40	Heinz Frischke	26. 3.	28. 3.		Keine/Abbruch
Gesamt:	9 Feindfahrten				2	9 500

Boot	Typ	Kommandant	Auslauf-Datum	Einlauf-Datum	Versenkte Schiffe	Tonnen
April 1945:						
U873	IXD2	Friedrich Steinhoff*	1. 4.	USA		Keine
U889	IXC/40	Friedrich Braeucker*	6. 4.	Kanada		Keine
U881	IXC/40	Heinz Frischke (EA)	7. 4.	Verloren 6. 5.		Keine
U1228	IXC/40	Friedrich-Wilhelm Marienfeld	14. 4.	USA		Keine
U1231	IXC/40	Helmut Wicke* (K.)	27. 4.	GB		Keine
Gesamt: 5 Feindfahrten						Keine
Mai 1945:						
U802	IXC/40	Helmut Schmoeckel	3. 5.	GB		Keine
Gesamtverluste aus den letzten Feindfahrten in amerikanische Gewässer:					6	22 832

[1] Mützelburg kam bei einem Unfall beim Schwimmen im Meer ums Leben.

[2] Setzte am 9. 11. 1942 Agenten in Neubraunschweig, Kanada, an Land.

[3] Einschließlich der Zerstörung des amerikanischen Kanonenbootes *Erie,* dem Prototyp der amerikanischen Coast Guard Cutter aus der Treasury-Klasse.

[4] Legte am 10. 11. 1942 ohne Erfolg ein Minenfeld in der Nähe des Feuerschiffs *Ambrose* in der Zufahrt nach New York. Versenkte ein Schiff mit einem Torpedo.

[5] Zum Angriff auf Torch-Verbände zurückgerufen, aber Steinhoff wurde krank und brach die Fahrt ab.

[6] Traf sich auf dem Ausmarsch mit den einlaufenden Blockadebrechern *Regensburg* und *Pietro Orseolo* und übergab ihnen ein Metox.

[7] Wurde einem Spezialauftrag zugeteilt. Das Boot sollte Kriegsgefangene aufnehmen, die aus einem Gefangenenlager in Kanada ausbrechen wollten. Nachdem ganz richtig angenommen wurde, daß *U376* beim Ausmarsch in der Biskaya versenkt worden war, wurde der Auftrag im St.-Lorenz-Golf von der »Reserve« *U262* ausgeführt. Der Auftrag hatte keinen Erfolg.

[8] Diente beim Ausmarsch als Hilfs-Versorger für Boote auf der Nordatlantikroute, legte danach am 1. 6. 1942 Minen vor Halifax, die ein Schiff versenkten und ein weiteres beschädigten.

[9] Guggenberger, der mit der Versenkung des britischen Trägers *Ark Royal* auf *U81* im Mittelmeer berühmt geworden war, wurde ursprünglich beauftragt, ein neues U-Boot in Dienst zu stellen, wurde dann aber nach Frankreich in den Stab abkommandiert und übernahm später das Kommando von *U513.*

[10] Schoß vermutlich am 3. 8. eine Mariner der US Navy ab.

[11] Schoß am 14. 6. eine Whitley in der Biskaya ab und am 11. 8. eine B-24 der US Navy.

[12] Schoß in der Nähe von Key West, Florida, den ASW-Blimp K-74 ab.

[13] Schoß ein Patrouillenflugzeug der US Navy vom Typ Mariner ab.

[14] Wurde auf dem Weg nach Brasilien umgeleitet, um drei Boote der Gruppe Monsun zu versorgen, und kehrte anschließend nach Frankreich zurück.

[15] Versorgte *U527* und kehrte nach Frankreich zurück.

[16] *U230* und *U566* legten am 27. 7. bzw. am 30. 7. Minenfelder vor Norfolk, *U107* legte am 28. 8. ein Feld vor Charleston. Kein einziges Feld erzielte eine Versen-

kung, *U566* versenkte jedoch mit Torpedos die Jacht *Alva,* die in Kiel gebaut worden war und als Kanonenboot *Plymouth* in Dienst gestellt wurde. *U607* sollte vor Kingstown, Jamaika, ein Minenfeld legen, wurde auf dem Ausmarsch in der Biskaya versenkt. *U613* sollte ein Minenfeld vor Jacksonville, Florida, legen, ging aber unterwegs verloren. *U117* sollte vor New York ein Minenfeld legen, wurde aber als Hilfs-Versorger umgeleitet und ging verloren. *U218* sollte bei Trinidad ein Feld legen, brach aber in der Biskaya die Fahrt ab.

17 Schoß eine Ventura ab.

18 Schoß möglicherweise ein Flugzeug der *Card* ab.

19 Wurde beschädigt und bis Kriegsende in Vigo, Spanien, interniert.

20 Traf sich auf dem Ausmarsch mit dem einlaufenden japanischen Unterseeboot *I-8,* Deckname »Flieder«.

21 Legte am 10. 10. ein Minenfeld vor Panama.

22 Diesem Boot wurde der Spezialauftrag Kiebitz erteilt, deutsche Kriegsgefangene, darunter auch Otto Kreschmer, aufzunehmen, die aus einem Lager in Kanada ausbrechen wollten. Nach der Versenkung des Bootes im Golf von Biskaya wurde das Reserveboot *U536* mit der Mission beauftragt.

23 Legte am 9. 10. vor St. John's, Newfoundland, ein Minenfeld.

24 Legte am 27. 10. ein Minenfeld bei Trinidad.

25 Spezialauftrag. Stellte am 23. 10. eine automatische Wetterstation in der Martin Bay an der Küste von Labrador auf.

26 Nach dieser Feindfahrt stellte die Kriegsmarine Kusch am 26. 1. 1944 wegen Volksverhetzung vor ein Kriegsgericht. Da er für schuldig erklärt wurde, wurde er am 12. 5. 1944 erschossen.

27 Zschech beging am 24. 10. Selbstmord. Der Erste Wachoffizier Paul Meyer übernahm das Kommando und brachte das Boot nach Hause.

28 Das erste Boot, das mit einem Schnorchel zu einer Feindfahrt auslief.

29 Legte am 27. 10. ein Minenfeld vor Trinidad.

30 Die kanadische Fregatte *Valleyfield.*

31 Versenkte den amerikanischen Geleitträger *Block Island* und beschädigte den amerikanischen Geleitzerstörer *Barr.*

32 Traf sich mit dem einlaufenden japanischen Unterseeboot *I-29* mit dem Decknamen Föhre, das zuvor den Decknamen Tanne trug.

33 Sollte vor Halifax ein Minenfeld legen, wurde aber zuvor versenkt.

34 Das 7200 BRT große amerikanische Liberty-Schiff *George Ade,* das Offermann am 12. 9. beschädigte, wurde von der *Escape* zu einem Ankerplatz geschleppt. Ein Orkan versenkte die *George Ade* auf dem Ankerplatz.

35 Sollte in der Bucht von Maine den Agenten Oskar Mantel an Land setzen, wurde aber zuvor versenkt. Mantel zählte zu den 40 Überlebenden, die von amerikanischen Streitkräften gerettet wurden.

36 Die kanadische Fregatte *Magog.* Das totale Wrack wurde in den Hafen geschleppt.

37 Setzte am 29. 11. 1944 ebenfalls zwei Agenten, William C. Colepaugh und Eric Gimpel, in der
Frenchman Bay, Maine, an Land.

38 Die kanadische Korvette *Shawinigan.*

39 Das kanadische Minensuchboot *Clayoquot.*

40 Das kanadische Minensuchboot *Esquimalt.*

41 Darunter das amerikanische U-Jagdboot *Eagle 56* mit 430 Tonnen.

42 Der amerikanische Geleitzerstörer *Frederick C. Davis.*

ANHANG 6

INS NORDMEER ENTSANDTE U-BOOTE
September 1942 bis April 1945

Boot	Typ	Kommandant	Ankunft	Abgezogen/ Verloren	Ab Sept. 42 versenkt
Am 1. 9. 42 im Dienst (23 Boote):					
U88	VIIC	Heino Bohmann	4/42	12. 9. 42 Verloren	
U209	VIIC	Heinrich Brodda	2/42	2/43	
U251	VIIC	Heinrich Timm	4/42	7/43	
U255	VIIC	Reinhardt Reche	6/42	11/43	6/23 351[1]
U334	VIIC	Hillmar Siemon	3/42	5/43	
U355	VIIC	Günter La Baume	6/42	1. 4. 44 Verloren	
U376	VIIC	Friedrich-Karl Marks	3/42	2/43	
U377	VIIC	Otto Köhler	2/42	2/43	
U378	VIIC	Alfred Hoschatt	3/42		
		Erich Mäder	10/42	4/43	
U403	VIIC	Heinz-Ehlert Clausen	3/42	12/42	
U405	VIIC	Rolf-Heinrich Hopmann	3/42	12/42	
U408	VIIC	Reinhard v. Hymmen	5/42	5. 11. 42 Verloren	2½/5 246
U435	VIIC	Siegfried Strelow	2/42	11/42	4/16 667[2]
U436	VIIC	Günther Seibicke	2/42	10/42	
U456	VIIC	Max-Martin Teichert	6/42	12/42	
U457	VIIC	Karl Brandenburg	6/42	16. 9. 42 Verloren	½/4 496
U586	VIIC	Dietrich v. d. Esch	3/42	9/43	2/12 716
U589	VIIC	Hans-Joachim Horrer	2/42	14. 9. 42 Verloren	1/417[3]
U591	VIIC	Hans-Jürgen Zetzsche	3/42	12/42	
U592	VIIC	Karl Borm	2/42	2/43[4]	
U601	VIIC	Peter-Ottmar Grau	7/42		1/3 974
		Otto Hansen	11/43	25. 2. 44 Verloren	
U657	VIIC	Heinrich Göllnitz	4/42	4/43	
U703	VIIC	Heinz Bielfeld	6/42		
		Joachim Brünner	5/43	16. 9. 44 ? Verloren	4/13 637[5]
Nach dem 1. 9. 42 eingetroffene Boote:					
U212	VIIC	Helmut Vogler	9/42	10/43	
U606	VIIC	Hans Klatt	9/42		
		Dietrich v. d. Esch	9/42		
		Hans Döhler	10/42	10/42	
U622	VIIC	Horst-Thilo Queck	9/42	24. 7. 43 Verloren	
U625	VIIC	Hans Benker	9/42	10/43	5/19 610[6]

---

* = Erste Feindfahrt des Bootes

KE = Bis Kriegsende im Fronteinsatz

Boot	Typ	Kommandant	Ankunft	Abgezogen/ Verloren	Ab Sept. 42 versenkt
U354	VIIC	Karl-Heinz Herbschleb	10/42		
		Hans-Jürgen Sthamer	2/44	24. 8. 44 Verloren	2/8 479[7]
U629	VIIC	Hans-Helmut Bugs	12/42	10/43	
U302	VIIC	Herbert Sickel	12/42	10/43	1/4 000
U269	VIIC	Karl-Heinrich Harlfinger*	3/43	10/43	
U339	VIIC	Georg-Wilhelm Basse	3/43	4/43 Abgezogen[8]	
U467	VIIC	Heinz Kummer*	3/43	4/43	
U639	VIIC	Walter Wichmann*	3/43	28. 8. 43 Verloren	
U644	VIIC	Kurt Jensen*	3/43	7. 4. 43 Verloren[9]	
U711	VIIC	Hans-Günther Lange*	3/43	4. 5. 45 Verloren	3/15 601[10]
U974	VIIC	Heinz Wolff*	3/43	19. 4. 44 Verloren[11]	
U646	VIIC	Heinrich Wulff*	4/43	4/43	
U636	VIIC	Hans Hildebrandt*	4/43		2/7 727[12]
		Eberhard Schendel	2/44	2/45	
U307	VIIC	Friedrich-Georg Herrle*	6/43		
		Erich Krüger	12/44	29. 4. 45 Verloren	1/411[13]
U387	VIIC	Rudolf Büchler*	6/43	9. 12. 44 Verloren	
U277	VIIC	Robert Lübsen*	7/43	1. 5. 44 Verloren	
U713	VIIC	Henri Gosejakob*	7/43	24. 2. 44 Verloren	
U737	VIIC	Paul Brasack*	7/43		
		Friedrich August Gréus*	11/44	19. 12. 44 Verloren	
U360	VIIC	Klaus Becker*	8/43	2. 4. 44 Verloren	½/3576[14]
U956	VIIC	Heinz-Dieter Mohs	8/43	KE	2/8 366[15]
U960	VIIC	Günther Heinrich*	8/43	12/44	2/3 091
U716	VIIC	Hans Dunkelberg*	12/43		1/7 200
		Jürgen Thimme*	1/45	KE	
U957	VIIC	Gerd Schaar*	12/43	21. 10. 44 Abgezogen[16]	2½/4326[17]
U965	VIIC	Klaus Ohling*	12/43	10/44	
U278	VIIC	Joachim Franze*	1/44	KE	2/8 987[18]
U312	VIIC	Kurt Heinz Nicolay*	1/44	11/44	
		Friedrich-Georg Herrle	12/44		
		Jürgen v. Gaza	2/45	KE	
U313	VIIC	Friedhelm Schweiger*	1/44	KE	
U314	VIIC	Georg-Wilhelm Basse*	1/44	30. 1. 44 Verloren	
U366	VIIC	Bruno Langenberg*	1/44	5. 3. 44 Verloren	
U425	VIIC	Heinz Bentzien*	1/44	17. 2. 45 Verloren	
U472	VIIC	Wolfgang-Friedrich Frhr. v. Forstner*	1/44	4. 3. 44 Verloren	
U674	VIIC	Harald Muhs*	1/44	2. 5. 44 Verloren	
U739	VIIC	Ernst Mangold*	1/44	2/45	1/625[19]
		Fritz Kosnick*	3/45	KE	
U973	VIIC	Klaus Paepenmöller*	1/44	6. 3. 44 Verloren[20]	
U990	VIIC	Hubert Nordheimer*	1/44	25. 5. 44 Verloren	1/1 920[21]
U288	VIIC	Willi Meyer*	2/44	3. 4. 44 Verloren	
U315	VIIC	Herbert Zoller*	2/44	12/44	
U361	VIIC	Hans Seidel*	2/44	17. 7. 44 Verloren	
U959	VIIC	Friedrich Weitz*	2/44	2. 5. 44 Verloren	
U362	VIIC	Ludwig Franz*	3/44	5. 9. 44 Verloren[22]	

Boot	Typ	Kommandant	Ankunft	Abgezogen/ Verloren	Ab Sept. 42 versenkt
U673	VIIC	Heinz Sauer	3/44	4. 6. 44[23]	
U968	VIIC	Otto Westphalen*	3/44	KE	5/25 215[24]
U289	VIIC	Alexander Hellwig*	5/44	31. 5. 44 Verloren	
U347	VIIC	Johann de Buhr*	5/44	17. 7. 44 Verloren	
U668	VIIC	Wolfgang v. Eickstedt*	5/44		
		Fritz Henning*	4/45	KE	
U742	VIIC	Heinz Schwassmann*	5/44	18. 7. 44 Verloren	
U293	VIIC/41	Leonhard Klingspor	6/44	12/44[25]	
U344	VIIC	Ulrich Pietsch*	6/44	22. 8. 44 Verloren	1/1 350
U363	VIIC	Werner Nees*	6/44	KE	
U365	VIIC	Heimar Wedemeyer*	6/44		4/10 438[26]
		Diether Todenhagen*	11/44	13. 12. 44 Verloren	
U394	VIIC	Wolfgang Borger*	6/44	2. 9. 44 Verloren	
U921	VIIC	Alfred Werner*	6/44	24. 9. 44 ? Verloren	
U987	VIIC	Hilmer Karl Schreyer*	6/44	15. 6. 44 Verloren	
U992	VIIC	Hans Falke*	6/44	KE	2/1 685[27]
U995	VIIC/41	Walter Köhntopp*	6/44		
		Hans-Georg Hess*	9/44	KE	4/9 042[28]
U997	VIIC/41	Hans Lehmann*	6/44	KE	2/1 708[29]
U310	VIIC	Wolfgang Ley	7/44	KE	2/14 395
U771	VIIC	Helmut Block	7/44	11. 11. 44 Verloren	
U1163	VIIC/41	Ernst-Ludwig Balduhn	7/44	KE	1/433
U286	VIIC	Willi Dietrich*	8/44	29. 4. 45 Verloren	1/1 150[30]
U295	VIIC/41	Günter Wieboldt	8/44	KE[31]	
U299	VIIC/41	Helmuth Heinrich*	8/44		
		Bernhard Emde*	12/44	KE	
U318	VIIC/41	Josef Will	8/44	KE	
U1165	VIIC	Hans Homann	8/44	KE	
U427	VIIC	Karl-Gabriel Graf v. Gudenus	11/44	KE	
U294	VIIC	Heinz Schütt	3/45	KE	
U481	VIIC	Klaus Andersen	4/45	KE	

1 Darunter das sowjetische Vermessungsschiff *Akademik Shokal'skij* und dazu ein Schiff mit 4978 BRT beschädigt.

2 Darunter der britische Minensucher *Leda.*

3 Das sowjetische Hilfs-Wachschiff *SKR-23/Musson.*

4 Ein Schiff mit 3 770 BRT durch Mine beschädigt.

5 Darunter der britische Zerstörer *Somali* und der sowjetische Minensuch-Trawler *T-911/Astrakhan.*

6 Darunter der sowjetische Minensuch-Trawler *T-904/Zhdanov* und das Vermessungsschiff *Shkval.*

7 Der britische Geleitzerstörer *Bickerton,* dazu der britische Geleitträger *Nabob* und zwei Schiffe mit 6 134 BRT beschädigt.

[8] Nach einem überstandenen Luftangriff kehrte das Boot in die Ostsee zum Ausbildungsverband zurück.

[9] Das neue Typ-VII-Boot *U644,* unter dem Befehl des 24jährigen Kurt Jensen, schloß sich Mitte März der Nordmeerflottille an. Am 7. April entdeckte das britische Unterseeboot *Tuna* unter Desmond Martin, zweifellos mit Hilfe entzifferter Funksprüche, *U644* bei der ersten Feindfahrt in der Nähe der Insel Jan Mayen und versenkte das Boot. Eine Woche später spürte Martin, vermutlich ebenfalls mit Hilfe entzifferter Funksprüche, ein weiteres Nordmeerboot auf, das Typ-VII-Boot *U302* unter Herbert Sickel. Martin verfehlte das deutsche Boot aber mit acht Torpedos.

[10] Darunter die britische Korvette *Bluebell.*

[11] Am 19. April von dem norwegischen Unterseeboot *Ula* vor Bergen versenkt.

[12] Darunter das sowjetische Hilfs-Wachschiff *SKR-14/Indiga.*

[13] Das sowjetische Vermessungsschiff *Ivan Papanin.*

[14] Dazu der britische Zerstörer *Obdurate* beschädigt.

[15] Darunter der sowjetische (ehem. britische) Zerstörer *Dejatel'nyi (*ex-*Churchill).*

[16] Das Boot wurde von einem deutschen Schiff gerammt und außer Dienst gestellt. Später repariert und wieder in Dienst gestellt.

[17] Darunter das sowjetische Wachschiff *Brilliant.*

[18] Darunter der britische Zerstörer *Hardy.*

[19] Der sowjetische (ehem. US) Minensucher *T-120.*

[20] Versuchsweise mit der Brückenvariante VI ausgestattet.

[21] Der britische Zerstörer *Mahratta* und der sowjetische Minensuch-Trawler *T-896/Krasnyi Onezhanin.*

[22] Versuchsweise mit der Brückenvariante V ausgestattet.

[23] Versuchsweise mit der Brückenvariante VI ausgestattet. An diesem Tag lief das Boot mit Kurs auf Frankreich aus und traf dort am 23. Juli ein.

[24] Darunter die britischen Sloops *Lark* und *Lapwing.*

[25] Den sowjetischen Zerstörer *Razjarennyj* beschädigt.

[26] Darunter die sowjetischen (ehem. US) Minensucher *T-118* und *T-114* sowie der sowjetische U-Jäger *BO-230,* ferner den britischen Zerstörer *Cassandra* beschädigt.

[27] Der sowjetische (ehem. US) Minensucher *T-116* und die britische Korvette *Denbigh Castle.*

[28] Darunter der sowjetische U-Jäger *BO-224* und der Minensuch-Trawler *T-883/Dvina.*

[29] Darunter der sowjetische U-Jäger *BO-229,* ferner ein Schiff mit 4287 BRT beschädigt.

[30] Die britische Fregatte *Goodall.*

[31] Die britische Fregatte *Mounsey* beschädigt.

INS SCHWARZE MEER ENTSANDTE U-BOOTE
Oktober 1942 bis September 1944

Boot	Typ	Kommandant	1. Feindfahrt	Abgezogen/Verloren	Versenkt
U24	IIB	Klaus Petersen	27. 10. 42	25. 8. 44 Verloren	5/8 401[1]
		Clemens Schöler			
		Martzin Landt-Hayan			
		Dieter Lenzmann			
U9	IIB	Hans-Joachim Schmidt-Weichert	11. 11. 42	20. 6. 44 Verloren	1/56[2]
		Heinrich Klapdor			
		Klaus Petersen			
		Heinrich Klapdor			
U19	IIB	Hans-Ludwig Gaude	21. 1. 43	11. 9. 44 Selbstversenkt	3/5 108[3]
		Willy Ohlenburg			
		Hubert Verpoorten			
U18	IIB	Karl Fleige	26. 5. 43	25. 8. 44 Verloren	4/6 141[4]
		Rudolf Arendt			
		Karl Fleige			
U23	IIB	Rolf Birger Wahlen	19. 6. 43	10. 9. 44 Selbstversenkt	3/582[5]
		Rudolf Arendt			
U20	IIB	Clemens Schöler	22. 6. 43	10. 9. 44 Selbstversenkt	5/10 772[6]
		Karl Grafen			

[1] Darunter der sowjetische Minensucher *T-411 Zashchitnik* und der U-Jäger *SKA-088* sowie zwei Landungsboote.

[2] Darunter der sowjetische U-Jäger *SKA-0376,* ferner das sowjetische Wachschiff *Shtorm* beschädigt.

[3] Darunter der sowjetische Minensucher *T-410 Vrzyv.*

[4] Darunter der sowjetische Minensuch-Trawler *TSC-11/Dzhalita,* ferner der Tanker *Iosif Stalin,* 7745 BRT, und der U-Jäger *SKA-0132* beschädigt.

[5] Darunter das sowjetische Räumboot *KATSC-578/Shkval,* ferner der U-Jäger *SKA-099* und ein Schiff mit 1005 BRT und der rumänische Zerstörer *Regina Maria* und der Frachter *Ardeal,* 5605 BRT, beschädigt (am 1. 9. 44).

[6] Darunter wahrscheinlich das sowjetische U-Boot *M-36* und ein Landungsboot, ferner ein Schiff mit 1846 BRT beschädigt.

IN DIE OSTSEE ENTSANDTE U-BOOTE
Juni 1944 bis März 1945

Boot	Typ	Kommandant	Einsatzdauer
U481	VIIC	Klaus Andersen	19. 6. 44–26. 1. 45[1]
U1193	VIIC	Joachim Guse	20. 6. 44–27. 8. 44
U748	VIIC	Götz Roth	5. 7. 44–12. 7. 44
U475	VIIC	Otto Stoeffler	4. 7. 44–21. 3. 45[2]
U679	VIIC	Friedrich Breckwoldt	6. 7. 44–9. 1. 45 Verloren[3]
U479	VIIC	Friedrich-Wilhelm Sons	8. 7. 44–12. 12. 44 Verloren[4]
U370	VIIC	Karl Nielsen	9. 7. 44–10. 3. 45[5]
U242	VIIC	Karl-Wilhelm Pancke	11. 7. 44–30. 1. 45[6]
U348	VIIC	Hans-Norbert Schunck	11. 7. 44–27. 1. 45
U250	VIIC	Werner-Karl Schmidt	15. 7. 44–30. 7. 44 Verloren[7]
U1001	VIIC/41	Ernst-Ulrich Blaudow	3. 8. 44–4. 1. 45
U745	VIIC	Wilhelm v. Trotha	3. 8. 44–4. 2. 45 Verloren[8]
U717	VIIC	Siegfried v. Rothkirch und Panthen	16. 8. 44–17. 10. 44
U676	VIIC	Werner Sass	24. 8. 44–19. 2. 45 Verloren
U958	VIIC	Gerhard Groth	4. 9. 44–26. 3. 45[9]
U1165	VIIC/41	Hans Homann	7. 9. 44–22. 1. 45[10]
U637	VIIC	Wolfgang Riekeberg	13. 10. 44–13. 1. 45[11]

[1] Versenkte den sowjetischen Minensucher *T-387* und die Räumboote *KT-804* und *KT-807* sowie drei kleine Fahrzeuge und einen Leichter, beschädigte das Räumboot *KT-816.*

[2] Versenkte das sowjetische Landungsfahrzeug *SB-2* und beschädigte den U-Jäger *MO-107.*

[3] Beschädigte das sowjetische Motortorpedoboot *TK-57* und wahrscheinlich zwei U-Jäger.

[4] Beschädigte den sowjetischen U-Jäger.

[5] Versenkte den sowjetischen U-Jäger *MO-101.*

[6] Versenkte ein finnisches Schiff von 1495 BRT und zwei kleine Fahrzeuge.

[7] Versenkte den sowjetischen U-Jäger *MO-105.*

[8] Versenkte den sowjetischen Minensucher *T-76/Korall* (ex lett. *President Smetona*) und den Minensuch-Trawler *T-45/Antikajnen.*

[9] Versenkte zwei kleine finnische Fahrzeuge.

[10] Versenkte den sowjetischen U-Jäger *BMO-527* und das Räumboot *KM-321.*

[11] Versenkte den sowjetischen U-Jäger *BMO-594.*

ANHANG 7

INS MITTELMEER VERLEGTE U-BOOTE
September 1942 bis April 1944

Boot	Typ	Kommandant	Ankunft	Verloren	Versenkt ab 1. 9. 42
Am 1. 9. 42 im Dienst (15 Boote):					
U371	VIIC	Waldemar Mehl	24. 5. 42[1]		
		Horst-Arno Fenski	24. 3. 44[2]	4. 5. 44	10/42 599
U97	VIIC	Friedrich Bürgel	16. 5. 42		2/10 174
		Hans-Georg Trox	4. 2. 43	16. 6. 43	
U559	VIIC	Hans-Otto Heidtmann	26. 9. 42	30. 10. 42	
U331	VIIC	Hans-Dietrich Frhr. v. Tiesenhausen	30. 9. 41	17. 11. 42	1/9 135
U205	VIIC	Franz-Georg Reschke	11. 11. 41		
		Friedrich Bürgel	19. 10. 42	17. 2. 43	
U81	VIIC	Friedrich Guggenberger	12. 11. 41		
		Johann-Otto Krieg	23. 12. 42	9. 1. 44	13/24 166
U565	VIIC	Wilhelm Franken	18. 3. 42[3]		
		Fritz Henning	7. 10. 43	30. 9. 44	4/12 241
U431	VIIC	Wilhelm Dommes	24. 11. 41[4]		7/10 288
		Dietrich Schöneboom	6. 1. 43	21. 10. 43	
U562	VIIC	Horst Hamm	27. 11. 41[5]	19. 2. 43	1/23 722
U375	VIIC	Jürgen Könenkamp	9. 12. 41[6]	30. 7. 43	5/15 170
U453	VIIC	Egon-Reiner Frhr. v. Schlippenbach	9. 12. 41[7]		10/21 657
		Dierk Lührs	2. 12. 43	21. 5. 44	
U77	VIIC	Otto Hartmann	30. 8. 42[8]	29. 3. 43	3/18 964
U83	VIIB	Hans-Werner Kraus	18. 12. 41		
		Ulrich Wörishoffer	21. 9. 42	4. 3. 43	
U73	VIIB	Helmut Rosenbaum	14. 1. 42		
		Horst Deckert	10. 9. 42	16. 12. 43	3/8 900
U561	VIIC	Robert Bartels	15. 1. 42		
		Heinz Schomburg	5. 9. 42		
		Fritz Henning	1. 7. 43	12. 7. 43	1/39
Nach September 1942 eingetroffene Boote:					
U605	VIIC	Herbert-Viktor Schütze	10. 10. 42	14. 11. 42	
U458	VIIC	Kurt Diggins	11. 10. 42	22. 8. 43	
U593	VIIC	Gerd Kelbling	11. 10. 42[9]	13. 12. 43	13/34 079
U660	VIIC	Götz Baur	11. 10. 42	12. 11. 42	
U407	VIIC	Ernst-Ulrich Brüller	9. 11. 42[10]		
		Hubertus Korndörfer	14. 1. 44		
		Hans Kolbus	?. 9. 44	19. 9. 44	4/34 068
U617	VIIC	Albrecht Brandi	8. 11. 42[11]	12. 9. 43	7/15 310

Boot	Typ	Kommandant	Ankunft	Verloren	Versenkt ab 1. 9. 42
U595	VIIC	Jürgen Quaet-Faslem	9. 11. 42	14. 11. 42	1/5 332
U596	VIIC	Günter Jahn	9. 11. 42		
		Victor-Wilhelm Nonn	26. 6. 43		11/31 149
		Hans Kolbus	30. 4. 44	25. 9. 44	
U755	VIIC	Walter Göing	9. 11. 42	28. 5. 43	2/2 075
U259	VIIC	Klaus Köpke	11. 11. 42	15. 11. 42	
U380	VIIC	Josef Röther	11. 11. 42[12]		
		Albrecht Brandi	11. 11. 43	11. 3. 44	2/18 247
U443	VIIC	Konstantin v. Puttkamer	5. 12. 42[13]	23. 2. 43	2/2 679
U602	VIIC	Philipp Schüler	8. 12. 42[14]	23. 4. 43	1/1 540
U301	VIIC	Willy-Roderich Körner	9. 12. 42	21. 1. 43	
U224	VIIC	Hans Karl Kosbadt	9. 1. 43	13. 1. 43	
U303	VIIC	Karl-Franz Heine	9. 4. 43	21. 5. 43	
U414	VIIC	Walther Huth	9. 4. 43	25. 5. 43	1/5 979
U410	VIIC	Horst-Arno Fenski	6. 5. 43[15]	11. 3. 44	8/46 216
U616	VIIC	Siegfried Koitschka	6. 5. 43[16]	14. 5. 44	2/1 839
U409	VIIC	Hans-Ferdinand Massmann	5. 6. 43	12. 7. 43	
Nach September 1943 eingetroffene Boote:					
U223	VIIC	Karl-Jürgen Wächter	?. 9. 43[17]		3/8 205
		Peter Gerlach	17. 12. 44	30. 3. 44	
U450	VIIC	Kurt Böhme	1. 11. 43	10. 3. 44	
U642	VIIC	Herbert Brünning	3. 11. 43	5. 7. 44	
U230	VIIC	Paul Siegmann	5. 12. 43[18]		3/3 585
		Heinz-Eugen Eberbach	?. 8. 44	21. 8. 44	
U952	VIIC	Oskar Curio	3. 1. 44	5. 7. 44	1/7 176
U343	VIIC	Wolfgang Rahn	5. 1. 44	10. 3. 44	
U455	VIIC	Hans-Martin Scheibe	22. 1. 44	2. 4. 44 ?	
U969	VIIC	Max Dobbert	3. 2. 44	6. 8. 44	2/14 352
U586	VIIC	Hans Götz	13. 2. 44	5. 7. 44	
U967	VIIC	Herbert Loeder	13. 2. 44		
		Albrecht Brandi	19. 3. 44[19]		1/1 300
		Heinz-Eugen Eberbach	?. 7. 44	19. 8. 44	
U421	VIIC	Hans Kolbus	20. 3. 44	29. 4. 44	
U466	VIIC	Gerhard Thäter	22. 3. 44	19. 8. 44	
U471	VIIC	Friedrich Kloevekorn	31. 3. 44	6. 8. 44	
U960	VIIC	Günther Heinrich	30. 4. 44	19. 5. 44	

Zusammenfassung:

Boote ins Mittelmeer insgesamt:	62
Verlorene U-Boote:	62[20]
Nach dem 1. 9. 42 verlorene U-Boote:	49
Menschenverluste:	1 893 (930)[21]

[1] Versenkte am 11. 10. 1943 das britische Minensuchboot *Hythe* mit 700 Tonnen und am 13. 10. 1943 den amerikanischen Zerstörer *Bristol* mit 1600 Tonnen.

[2] Beschädigte am 4. 5. 1944 den französischen Geleitzerstörer *Sénégalais.*

[3] Versenkte am 18. 12. 1942 den britischen Zerstörer *Partridge* mit 1500 Tonnen und beschädigte am 22. 12. 1942 den britischen Truppentransporter *Cameronia* mit 16300 BRT.

[4] Versenkte am 10. 11. 1942 den britischen Zerstörer *Martin* mit 2000 Tonnen und am 13. 11. 1942 den holländischen Zerstörer *Isaac Sweers* mit 1600 Tonnen.

[5] Versenkte am 21. 12. 1942 den 23700 BRT großen britischen Truppentransporter *Strathallan* mit
5000 Soldaten an Bord. Das Schiff sank langsam unter »geringen« Verlusten an Menschenleben.

[6] Beschädigte den 2650 Tonnen schweren britischen Minenkreuzer *Manxman.*

[7] Legte am 11. 11. 1943 Minenfelder vor Brindisi und Bari an der Ostküste Italiens. Die Minen beschädigten den britischen Zerstörer *Quail* mit 1700 Tonnen so sehr, daß er nicht repariert werden konnte, und versenkten das britische Minensuchboot *Hebe* mit 800 Tonnen.

[8] Beschädigte am 12. 11. 1942 die britische Sloop *Stork* mit 1200 Tonnen.

[9] Versenkte am 22. 6. 1943 das amerikanische Panzerlandungsschiff *LST 387* und das britische *LST 333* mit je 1600 Tonnen sowie am 25. 8. 1943 das 800 Tonnen große amerikanische Minensuchboot *Skill* und am 12. 12. 1943 die beiden britischen Zerstörer *Tynedale* und *Holcombe* der Hunt-Klasse mit jeweils 1000 Tonnen.

[10] Versenkte am 12. 11. 1942 den 20000 BRT großen britischen Truppentransporter *Viceroy of India,* beschädigte am 23. 7. 1943 den britischen Kreuzer *Newfoundland* mit 8800 Tonnen und beschädigte den britischen Kreuzer *Birmingham* mit 9100 Tonnen am 28. 11. 1943.

[11] Versenkte am 1. 2. 1943 den 2650 Tonnen großen britischen Minenleger *Welshman* und am 6. 9. 1943
den britischen Zerstörer *Puckeridge* der Hunt-Klasse mit 1050 Tonnen.

[12] Versenkte am 12. 11. 1942 den 11000 BRT großen holländischen Truppentransporter *Nieuw Zeeland.*

[13] Versenkte am 11. 12. 1942 den britischen Zerstörer *Blean* der Hunt-Klasse mit 1000 Tonnen.

[14] Beschädigte am 18. 12. 1942 den britischen Zerstörer *Porcupine* mit 1500 Tonnen.

[15] Versenkte am 20. 2. 1944 vor Anzio den britischen Leichten Kreuzer *Penelope* mit 5300 Tonnen und das amerikanische Panzerlandungsschiff *LST 348.*

[16] Versenkte am 9. 10. 1943 den amerikanischen Zerstörer *Buck* mit 1600 Tonnen.

[17] Torpedierte am 11. 12. 1943 die 1300 Tonnen große britische Fregatte *Cuckmere* mit einem T-5-Torpedo. Das Schiff wurde abgewrackt. Torpedierte am 30. 3. 1944 den 1900 Tonnen großen britischen Zerstörer *Laforey,* ebenfalls abgewrackt.

[18] Versenkte am 16. 2. 1944 das britische Panzerlandungsschiff *LST 418* mit 1600 Tonnen vor Anzio, am 20. 2. 1944 das britische *LST 305* mit 1600 Tonnen und am 9. 5. 1944 ein amerikanisches Patrouillenboot (PC) mit 335 Tonnen.

[19] Versenkte am 15. 5. 1944 den amerikanischen Geleitzerstörer *Fechteler* mit 1300 Tonnen.

[20] Elf U-Boote wurden bei Luftangriffen durch Schwere Bomber der USAAF im Hafen zerstört.

[21] Die Angaben für die Verluste an Menschenleben in Band 1 auf S. 846 sind nicht korrekt. Es muß heißen: 452, von denen 220 gefangengenommen wurden.

ANHANG 8

DIE ROLLE DER KURZWELLENPEILGERÄTE
Huff Duff

Viele Experten haben bestätigt, daß die land- und bordgestützte Kurzwellenpeilung (HF/DF oder Huff Duff) dem Radar und der Funkentzifferung in seiner Bedeutung als Waffe gegen die U-Boote nicht nachstand.

Bis vor kurzem war jedoch über das Huff Duff und seine Entstehung wenig bekannt. Die Historikerin Kathleen Broome Williams hat im Jahr 1996 mit der Publikation ihres Buches *Secret Weapon: U. S. High-Frequency Direction finding in the Battle of the Atlantic* diese Lücke bravourös geschlossen. Die folgenden Ausführungen geben in aller Kürze ihre wichtigsten Erkenntnisse wieder.

In den dreißiger Jahren entwickelten die Wissenschaftler und Techniker in zahlreichen Ländern elektronische Geräte zu dem besonderen Zweck, die Übertragung von Funkmeldungen im Hochfrequenzbereich einzupeilen. Die alliierte militärische Führung war besonders interessiert an einem Gerät, das imstande war, praktisch ohne Verzögerung die neuartigen, extrem kurzen Signale der deutschen U-Boote zu orten, die in ihren Manövern und Operationen vor dem Krieg angewandt worden waren.

In mehreren Staaten, die wenig später Verbündete gegen die Achsenmächte werden sollten, entwickelten Ingenieure solche Kurzwellenpeilgeräte, wenn es auch eine gewisse Zeit dauerte.

In Großbritannien wurde die Forschung an den land- und bordgestützten Huff Duffs von Robert Watson-Watt geleitet, dem sogenannten Vater des Radars. Die erste britische Version FH 1 für den Einsatz an Bord eines Schiffes wurde am 12. März 1940 auf dem Zerstörer *Hesperus* eingebaut und noch im selben Jahr auf einigen anderen Geleitschiffen und Rettungsschiffen. Wegen Schwierigkeiten mit der Stabilität an Deck und wegen elektronischer Interferenzen war es im Frühstadium der Entwicklung nicht möglich, ein Radar- und ein Huff-Duff-Gerät auf demselben Schiff zu montieren. In Anbetracht der Tatsache, daß die britischen Kommandanten der Kriegsschiffe das Radar dem weniger zuverlässigen Huff Duff vorzogen, wurde letzteres in der Priorität hinter dem Radar eingestuft. Die Forschung und Entwicklung der Huff Duffs hinkte deshalb hinterher.

Nach einiger Zeit bauten die britischen Techniker die verbesserten Huff-Duff-Modelle FH 2 und FH 3. Im Oktober 1941 wurde das Modell

FH 3 zum erstenmal auf dem ehemals amerikanischen Coast Guard Cutter *Mendota* eingebaut, der in der Royal Navy als Sloop *Culver* Dienst tat, dazu noch ein 10-cm-Radargerät vom Typ 271. Die *Culver* fuhr als Geleitfahrzeug nach Westafrika. Auf der Rückfahrt wurde die *Culver* als Geleitschiff des Konvois SL 98 am 31. Januar 1942 von *U105* versenkt. Dieses Mißgeschick trug nicht gerade dazu bei, das Vertrauen in das Huff Duff zu steigern.[1]

Um diese Zeit waren laut Williams bereits rund 25 Geleitschiffe und Rettungsschiffe mit den britischen Huff-Duff-Geräten FH 3 ausgestattet worden. Im März 1942 wurde ein nochmals verbessertes Modell FH 4 auf dem ehemals amerikanischen Zerstörer *Twiggs* eingebaut, der in der Royal Navy unter dem Namen *Leamington* Dienst tat. Dieses Gerät erwies sich als funktionstüchtiger. Bis zum Ende des Jahres bestellte die Admiralität insgesamt 30 Geräte des Modells FH 4. Bis zum August 1942 verfügten 70 Schiffe der Royal Navy über ein Huff Duff, meist das Modell FH 3. Erst Mitte 1943 waren bordgestützte Huff-Duff-Geräte die Regel in der Royal Navy, und sie waren immer noch streng geheim.[2]

In Frankreich forschte das Laboratoire Téléphonique in Paris, eine Tochtergesellschaft von International Telephone and Telegraph (ITT), vor dem Krieg an Kurzwellenpeilgeräten. Maurice E. Deloraine war der Direktor des Labors; Henri Busignies war der führende Kopf in Sachen Huff Duff. Die Franzosen arbeiteten parallel mit den Briten daran und tauschten auch elektronische Geheimnisse aus, bis die Deutschen im Mai 1940 Frankreich überrannten.

Zu dieser Zeit hatte Busignies vier Huff-Duff-Modelle entwickelt, die dem britischen FH 3 ungefähr gleichwertig waren. Sie arbeiteten automatisch und »sofort« und waren mit einer Kathodenstrahlröhre ausgestattet, auf der wie bei einem Radargerät ein blinkender Punkt zu sehen war. Die Adcock-Antenne, die zu dem vielseitig eingesetzten Gerät gehörte, verfügte über einen »Sensor«, den der Pole W. Struszynski entwickelt hatte. Dieser Sensor unterschied zwischen dem tatsächlichen Funksignal und seinem jeweiligen Echo, ein Durchbruch von immenser Bedeutung. Die einmarschierenden Deutschen legten großen Wert darauf, daß ITT sein Pariser Labor beibehielt, aber Deloraine, Busignies und neun weitere führende Ingenieure zerstörten die Huff-Duff-Geräte und flohen mit ihren Familien, den Plänen und einigen wesentlichen Bestandteilen nach Lissabon. Diese Franzosen gingen an Bord des amerikanischen Trampschiffes *Siboney* und erreichten am 31. Dezember 1940 Hoboken, New Jersey.

Der Konzernchef von ITT, Sosthenes Behn, wies die französischen Ingenieure an, in dem New Yorker ITT-Labor zu arbeiten, und arrangierte dann ein Treffen zwischen Deloraine und Busignies und Repräsentanten der US Army und Navy. Die Amerikaner mißtrauten Behn und ITT wegen seiner Geschäftsverbindungen zu den Deutschen und lehnten es ab, ITT oder den

Franzosen eine uneingeschränkte Unbedenklichkeitsbescheinigung zu erteilen. Maxwell K. Goldstein, der Experte der US Navy für die Funkpeilung im Naval Research Laboratory, war bereits im Begriff, eine Kette von Peilstationen entlang der Atlantikküste aufzubauen, und erkannte sofort die Vorteile des Modells von Busignies. Die Navy (nicht die Army) erteilte deshalb ITT und den Franzosen eine »eingeschränkte« Unbedenklichkeitsbescheinigung und schloß mit ihnen einen Vertrag über den Bau von vier Huff-Duff-Geräten nach Busignies' Plänen für den Einsatz an Bord eines Schiffes.

Die US Navy experimentierte mit ihren eigenen bordgestützten Huff-Duff-Modellen und mit dem britischen FH 3 und übernahm nur zögernd Busignies' Huff Duff. Wie die britischen Kommandanten zogen auch die amerikanischen Kommandanten von Kriegsschiffen das Radargerät dem Huff Duff vor. Wegen dieser Vorliebe, wegen des Zweifels an der Loyalität von ITT und wegen der Weigerung, den französischen Ingenieuren eine uneingeschränkte Unbedenklichkeitsbescheinigung auszustellen, verzögerte sich die Entwicklung der Huff-Duff-Geräte in den Vereinigten Staaten um Monate. Erst im Oktober 1941 wurden die vier von Busignies gebauten Modelle getestet. Außerdem fielen die Ergebnisse der Tests nicht gerade überzeugend aus.

Im Mai 1942 übernahm die US Navy endlich das Huff Duff. Maxwell Goldstein führte auf dem neuen Zerstörer *Corry* Vergleichstests durch. Die *Corry* war sowohl mit dem britischen Modell FH 3 als auch mit Busignies' Modell ausgestattet, das DAQ genannt wurde, um es von den DAJ-Geräten in dem an der Küste stationierten System zu unterscheiden. Die Historikerin Williams schreibt, daß Goldstein dem Gerät DAQ gegenüber dem britischen FH 3 den Vorzug gab und daß Admiral King am 26. Juni 1942 befahl, daß die Hälfte aller neuen amerikanischen Zerstörer und Geleitzerstörer mit dem Gerät DAQ oder verbesserten Modellen ausgerüstet werden sollten. Insgesamt baute ITT laut Williams im Zweiten Weltkrieg rund 4000 Huff-Duff-Geräte für das amerikanische Militär. Die US Navy verlieh dem ITT-Chef Sosthenes Behn und dem Unternehmen ITT hohe Auszeichnungen. Die Amerikaner zeichneten auch Deloraine und Busignies mit Empfehlungsschreiben »für herausragende Dienste« in der Sache der Alliierten aus, stellten ihnen aber nie eine uneingeschränkte Unbedenklichkeitsbescheinigung aus!

Wegen der allgemeinen Eile, dem Radar und später der Funkentzifferung das Verdienst für den Sieg über die U-Boote zuzuerkennen, blieb das ebenso effektive, aber weniger berühmte und schwieriger zu begreifende Huff Duff im Schatten.

---

[1] Siehe Band 1, S. 558, 581 und 649.

[2] Wie üblich erhielten die Kanadier als letzte Huff-Duff-Geräte in größerer Zahl. Im Jahr 1942 wurde der Zerstörer *Restigouche* als erstes kanadisches Kriegsschiff mit einem Huff-Duff-Gerät ausgestattet. Es heißt, der Kommandant habe es sich auf einer britischen Werft »unter den Nagel gerissen«.

ANHANG 9

WICHTIGSTE FRACHTKONVOIS IM NORDATLANTIK ZU DEN BRITISCHEN INSELN

1. September 1942 bis 31. Dezember 1944

Anzahl der angekommenen Schiffe und der Verluste durch Feindeinwirkung[1]

Monat	Halifax (HX) N.S.	Sydney (SC) N.S.	Freetown, S.L.	CU/UT[2]	Gesamt
1942:					
September[3]	182	187 (6)	77	–	446 (6)
Oktober	157 (7)	189 (8)	84 (12)	–	430 (27)
November	152	148 (15)	42	–	342 (15)
Dezember	168 (2)	159	–	–	327 (2)
Gesamt:	659 (9)	683 (29)	203 (12)	–	1 545 (50)
1943:					
Januar	103 (6)[4]	151 (2)	–	–	254 (8)
Februar	186 (2)	121 (10)[5]	–	–	307 (12)
März	198 (19)	164 (21)[6]	–	–	362 (40)
April	247 (13)	150[7]	85 (4)	9	491 (17)
Mai	215 (3)	178 (2)	54 (1)	–	447 (6)
Juni	322	93	127	15	557
Juli	307	194	93	23	617
August	276	147	86	–	509
September	317	199	123	31	670
Oktober	226	77 (2)[8]	69	25	397 (2)
November	298	63	114 (2)	20	495 (2)
Dezember	263	124	128	56	571
Gesamt:	2 958 (43)	1 661 (37)	879 (7)	179 (0)[9]	5 677 (87)
1944:					
Januar	218	52	101	65	436
Februar	252	29	161	45	487
März	258	94	110	94 (2)[10]	556 (2)
April	292	40 (3)	146	80	558 (3)
Mai	411[11]	48	126	171	756
Juni	418	–[12]	103	93	614
Juli	407	–	108	143	658
August	496	–	110	117 (1)[13]	723 (1)

Monat	Halifax (HX) N.S.	Sydney (SC) N.S.	Freetown, S.L.	CU/UT[2]	Gesamt
1942:					
September[3]	182	187 (6)	77	–	446 (6)
Oktober	157 (7)	189 (8)	84 (12)	–	430 (27)
November	152	148 (15)	42	–	342 (15)
Dezember	168 (2)	159	–	–	327 (2)
Gesamt:	659 (9)	683 (29)	203 (12)	–	1 545 (50)
1943:					
Januar	103 (6)[4]	151 (2)	–	–	254 (8)
Februar	186 (2)	121 (10)[5]	–	–	307 (12)
März	198 (19)	164 (21)[6]	–	–	362 (40)
April	247 (13)	150[7]	85 (4)	9	491 (17)
Mai	215 (3)	178 (2)	54 (1)	–	447 (6)
Juni	322	93	127	15	557
Juli	307	194	93	23	617
August	276	147	86	–	509
September	317	199	123	31	670
Oktober	226	77 (2)[8]	69	25	397 (2)
November	298	63	114 (2)	20	495 (2)
Dezember	263	124	128	56	571
Gesamt:	2 958 (43)	1 661 (37)	879 (7)	179 (0)[9]	5 677 (87)
1944:					
Januar	218	52	101	65	436
Februar	252	29	161	45	487
März	258	94	110	94 (2)[10]	556 (2)
April	292	40 (3)	146	80	558 (3)
Mai	411[11]	48	126	171	756
Juni	418	–[12]	103	93	614
Juli	407	–	108	143	658
August	496	–	110	117 (1)[13]	723 (1)
September	439 (2)	–	103	134	676 (2)
Oktober	372	72	91	125	660
November	246	110	105	137[14]	598
Dezember	276	156	130	126	688
Gesamt:	4 085 (2)	601 (3)	1 394 (0)	1 330 (3)[15]	7 410 (8)
Gesamter Zeitraum:	7 702 (54)	2 945 (69)	2 476 (19)	1 509 (3)	14 632 (145)[16]

[1] Quelle: Die Zahlen für die mit den Geleitzügen eingetroffenen Schiffe sind den British Monthly Anti-Submarine Reports vom Januar 1942 bis Dezember 1944 entnommen. Die Angaben für die Schiffsverluste in diesen Berichten entsprechen ungefähr den Angaben Rohwers. Die hier in Klammern angezeigten Verluste sind Rohwers *Axis Submarine Successes of World War Two, 1939–1945* entnommen. Man beachte, daß in diesen Zahlen die verlorengegangenen allein fahrenden Schiffe nicht enthalten sind. Zu den früheren Kriegsjahren siehe Band 1, Tafel 10, S. 502 und Tafel 13, S. 809.

[2] Tankerkonvois (CU) liefen im Jahr 1943 von der Karibik und von New York mit Kurs auf das Vereinigte Königreich aus, im Jahr 1944 dann über New York. Von August 1943 an liefen von New York Truppenkonvois (UT) für die Operation Overlord aus, gelegentlich gemeinsam mit Tankerkonvois CU. Man beachte, daß Tankerkonvois aus der Karibik in das Operationsgebiet im Mittelmeer (TM, OT) in dieser Tabelle nicht enthalten sind.

[3] Ab dem 18. September 1942 stachen die HX-Geleitzüge von New York aus in See. Von September 1942
bis April 1943 liefen die SC-Geleitzüge ebenfalls von New York aus.

[4] Dazu drei 143 Tonnen große Panzerlandungsboote (LCT).

[5] Dazu ein 143 Tonnen großes Panzerlandungsboot.

[6] Dazu zwei 143 Tonnen große Panzerlandungsboote.

[7] Ab dem 17. Juni 1943 bis zum Kriegsende liefen die SC-Geleitzüge von Halifax aus.

[8] Darunter der polnische Zerstörer *Orkan* aus dem Konvoi SC 143.

[9] Vom 23. März 1943 an fuhren die Konvois CU 1, 2, 3 und 4 mit einer Geschwindigkeit von 14,5 Knoten von der Karibik aus zu den Britischen Inseln, CU 5 von New York aus, CU 6 von der Karibik aus und CU 7, 8, 9 von New York aus. Vom 21. August 1943 an liefen die Konvois UT 1 bis 6 mit 15 Knoten von New York aus. In der Gesamtzahl von 179 Schiffen sind 159 Tanker und, in UT 1 bis UT 6, 20 Truppentransporter enthalten.

[10] Den amerikanischen Geleitzerstörer *Leopold* aus CU 16 und den amerikanischen Tanker *Seakay* aus CU 17.

[11] Vom Mai bis zum September 1944 wurden die HX-Konvois von New York aus unterteilt in schnelle, mittelschnelle und langsame Geleitzüge.

[12] Vom Juni bis zum September 1944 fuhren Schiffe der SC-Konvois in den HX-Konvois mit.

[13] Der amerikanische Tanker *Jacksonville* aus CU 36.

[14] Acht weitere Tanker der CU-Konvois liefen in diesem Monat direkt Frankreich an.

[15] Die schnellen Tankerkonvois CU 10 bis CU 51 liefen etwa alle zwölf Tage von New York aus, genau wie die schnellen Truppenkonvois ab UT 7. Vom 3. Mai 1944 an verschmolzen die Konvois CU 23, 24, 24B, 28, 33, 34, 35 mit den Truppenkonvois UT 12 bis 18 und wurden vorübergehend in TCU-Konvois umbenannt. Nach Juli 1944 fuhren die Truppenkonvois wieder getrennt und liefen wieder unter der Bezeichnung UT von New York aus.

[16] Die Schiffsverluste machen 1 Prozent der Gesamtzahl aus.

ANHANG 10

ALLIIERTE FLUGZEUGE IM ASW-EINSATZ IM NORDATLANTIK[1]

Nach Flugzeugtypen und Squadrons, September bis Oktober 1942

Anfang Herbst 1942 waren etwa 700 alliierte Flugzeuge den Einheiten an der Front für die U-Boot-Abwehr (ASW) zugeteilt, die rund um den Bereich des Nordatlantiks stationiert waren, den die Konvois durchquerten. In diesen Zahlen sind die Einheiten der US Army Air Forces (USAAF) und der US Navy (USN) in Südflorida nicht enthalten, die der Gulf Sea Frontier zugeteilt waren; es fehlen außerdem die Einheiten, die den Caribbean und Panama Sea Frontiers zugeteilt waren. Ferner fehlen etwa 150 einmotorige Schwimmerflugzeuge der USN (OS2U etc.) sowie die 39 Blimps, die der Eastern Sea Frontier zugeteilt waren. Würden all diese Flugzeuge mitgerechnet, dann läge die Gesamtzahl weit über 1000.

Unter den fast 700 Flugzeugen der hier genannten Squadrons befinden sich etwa 275 Maschinen, die sich für Einsätze mit großer oder sehr großer Reichweite (VLR) eigneten:

138 Catalinas/Cansos
48 Sunderlands
42 B-24 Liberators
36 B-17 Flying Fortresses
12 Halifax-Bomber

Squadron	Teilstreitkraft	Flugzeugtyp	Stützpunkt
Ostküste der USA/Bermuda:[2]			
VP 31	USN	12 PBY-5 A Catalinas[3]	
VP 74	USN	12 PBM-1 Mariners[4]	
VP 82	USN	12 PBO-1 Hudsons[5]	
VP 92	USN	12 PBY-5 A Catalinas[6]	
VP 93	USN	12 PBY-5 A Catalinas[7]	
VP 94	USN	12 PBY-5 A Catalinas[8]	
PZ 11	USN	8 Blimps	
PZ 12	USN	8 Blimps	
PZ 14	USN	8 Blimps	
PZ 21	USN	15 Blimps[9]	
28	USAAF[10]	B-25	Westover, Massachusetts
7	USAAF	B-18	Long Island, New York
11	USAAF	B-25	Dover, Delaware
Squadron	Teilstreitkraft	Flugzeugtyp	Stützpunkt
12	USAAF	B-17	Langley, Virginia
2	USAAF	B-18	Langley, Virginia
15	USAAF	B-34[11]	Langley, Virginia

Squadron	Teilstreitkraft	Flugzeugtyp	Stützpunkt
10	USAAF	A-29	Cherry Point, North Carolina
14	USAAF	DB-7B	Jacksonville, Florida
12	USAAF	B-34	Jacksonville, Florida
Newfoundland/Nova Scotia:			
5	RCAF	12 Cansos[12]	
10	RCAF	12 Digbys[13]	
11	RCAF	12 Hudsons	
113	RCAF	12 Hudsons	
116	RCAF	12 Catalinas	
117	RCAF	12 Cansos	
119	RCAF	12 Hudsons	
145	RCAF	12 Hudsons	
162	RCAF	12 Cansos	
VP 84	USN	12 PBY-5 A Catalinas[14]	
20	USAAF	12 B-17	Gander
Island:			
330	RAF	6 Catalinas und 6 Northrops (norwegisch bemannt)	
269	RAF	20 Hudsons	
120	RAF	6 B-24 Liberators	
VP 73	USN	12 Catalinas[15]	
Hebriden:			
58	RAF	20 Whitleys (in der Umrüstung auf Halifax)	
206	RAF	12 B-17	
228	RAF	12 Sunderlands	
Nordirland:			
120	RAF	3 B-24	
201	RAF	12 Sunderlands	
220	RAF	12 B-17	
Färöer:			
210	RAF	12 Catalinas	
Nordwestschottland:			
48	RAF	20 Hudsons	
179	RAF	6 Wellingtons	
612	RAF	8 Whitleys	
Südengland:			
10	RAAF	12 Sunderlands	
51	RAF	20 Whitleys	
77	RAF	20 Whitleys	
172	RAF	10 Wellingtons	
304	RAF	16 Wellingtons (polnisch bemannt)	
311	RAF	16 Wellingtons (tschechisch bemannt)	
461	RAAF	12 Sunderlands	
500	RAF	20 Hudsons	
502	RAF	12 Halifax-Bomber	
10[16]	OTU	8 Whitleys	
Gibraltar:			
179	RAF	12 Wellingtons	
202	RAF	12 Catalinas	
233	RAF	12 Hudsons	
48	RAF	12 Hudsons	

Zur Ausrüstung in Südengland:

224	RAF	12 B-24

Aus den USA nach Marokko (Torch) abgeflogen, dann aber nach England umgeleitet:

ASW 1	USAAF	9 B-24
ASW 2	USAAF	12 B-24

[1] Quellen: Folgende Kriegstagebücher der US Navy: War Diary, USN, ESF, September–Dezember 1942, War Diary USN Fleet Air Wing 7, War Diary USN Fleet Air Wing 15; die Verwaltungsberichte der Navy USN Administrative Histories Nr. 44 und Nr. 142, der British Monthly Anti-Submarine Report vom September und Oktober 1942 sowie die Werke Craven und Cate, Band 1 und 2, Douglas, Band 2 (1986), Morison, Band 1.

[2] Die amerikanischen ASW-Lufteinheiten, die der operativen Kontrolle der Eastern Sea Frontier (ESF) unterstellt wurden, beendeten soeben ihre Ausbildung oder die Ausrüstung mit neuen Flugzeugen und wurden an Ort und Stelle gelassen oder verlegt. Im großen und ganzen befehligte die ESF im September 1942 etwa 300 einsatztaugliche ASW-Flugzeuge (186 aus der Navy, 112 aus den USAAF) und 24 Blimps. Zu den Flugzeugen der Navy zählten 24 PBY-5A Catalinas oder PBM-1 Mariners; zu den Flugzeugen der Army zählten etwa 24 B-17- und B-18-Bomber.

[3] Am 15. 10. 1942 aufgestellt, mit Stützpunkten in Rhode Island und North Carolina.

[4] In der Umrüstphase auf PBM-3C Mariners, einen neuen, aber lange verzögerten und nicht zufriedenstellenden Flugzeugtyp. Im Frühjahr 1943 wurde die Squadron nach Brasilien verlegt.

[5] Diese Hudsons waren aus einem Kontingent für die RAF umdirigiert worden. Die Squadron wurde auf Catalinas umgerüstet, dann auf PV-1 Venturas. Kehrte mit Catalinas nach Argentia zurück. Nach der Umrüstung auf Venturas wurde die Squadron ab dem 16. 11. 1942 in VB 125 umbenannt.

[6] Am 13. 11. 1942 für die Operation Torch nach Marokko verlegt.

[7] Umgerüstet auf PV-1 Venturas und umbenannt in VB 126.

[8] Stationiert in North Carolina, South Carolina und Florida.

[9] Am 1. 11. 1942 in Florida aufgestellt.

[10] Die Bezeichnung der ASW-Groups und Squadrons der Army Air Forces wechselte im Herbst 1942 so häufig, daß sie auf dieser Tabelle nicht wiedergegeben werden kann. Allgemein läßt sich sagen, die ESF hatte die operative Kontrolle über rund ein Dutzend Squadrons der USAAF Bombardement Groups 2 und 13. Die Orte, Zahlen und Typen der ASW-Einheiten, die hier genannt sind, blieben weitgehend gleich.

[11] Die B-34 war die USAAF-Version der PV-1 Ventura der Navy, eine verbesserte Hudson. Das war jedoch ein nicht zufriedenstellender Flugzeugtyp. Die USAAF stationierten auch ihre Versuchseinheit für die U-Boot-Abwehr, die ASW R & D Sea-Search Attack Development Unit (SADU), in Langley, welche die 1. Attack Group, die 2. Attack Squadron und 3. Attack Squadron umfaßte.

[12] Die kanadische Version der Catalina der USN.

[13] Die kanadische Version der B-18-Bomber der USAAF.

[14] In Argentia. Am 29. 10. 1942 nach Island verlegt. In Newfoundland und Nova Scotia durch die Catalina-Squadrons VP 82 und VP 93 abgelöst.

[15] Am 29. 10. 1942 nach Nordirland verlegt, von dort am 13. 11. für die Operation Torch nach Marokko.
In Island ersetzt durch Squadron VP 84.

[16] Die Trainingseinheit der RAF: Operational Training Unit, Bomber Command, in St. Eval.

ANHANG 11

DIE LAGE BEI DEN ALLIIERTEN ASW-FLUGZEUGEN MIT GROSSER UND SEHR GROSSER REICHWEITE IM NORDATLANTIK

Nach Typen und Squadrons im März 1943[1]

Für gewöhnlich untertreiben Historiker und Autoren der Schlacht im Atlantik beträchtlich bei den Zahlen der im Nordatlantik einsatzbereiten und fast einsatzbereiten ASW-Flugzeuge mit großer und sehr großer Reichweite. Unter der Annahme, bei einem Flugzeug mit einem Aktionsradius von mindestens 930 Kilometern handele es sich um eine Maschine mit »großer Reichweite« für den ASW-Einsatz, ist eine Zahl von 61 Squadrons mit 732 Flugzeugen eine zuverlässige Angabe. Ständig wurden Einheiten an andere Orte verlegt, befanden sich in der Schulung oder waren anderen Veränderungen unterworfen. Dennoch ist die folgende Auflistung eine sachgemäße Momentaufnahme der Lage im März 1943 nach Flugzeugtyp, Squadron und Ort der Stationierung.

Consolidated B-24 Liberator (insgesamt: 204 Flugzeuge):

Fronteinheiten (5):		
120 (VLR)	RAF	Island
86 (VLR)	RAF	Nordirland
224	RAF	Südengland
1	USAAF	GB nach Marokko 9. 3. 1943
2	USAAF	GB nach Marokko 9. 3. 1943
Verlegungen (3):		
4	USAAF	USA nach Newfoundland, nach GB 30. 6. 1943
19	USAAF	USA nach Newfoundland, nach GB 7. 7. 1943
VB 103	USN	USA nach Newfoundland, nach GB 16. 8. 1943
Ausrüstung oder Erprobung (9):		
10	RCAF	Newfoundland 4/1943 – 6/1943
53	RAF	Südengland 6/1943
59 (VLR)	RAF	Nordirland 1. 5. 1943
6	USAAF	USA nach Newfoundland, nach GB 9/1943
22	USAAF	USA nach Newfoundland, nach GB 9/1943
VB 105	USN	USA nach GB 18. 9. 1943
VB 110	USN	USA nach GB 21. 9. 1943

VB 111	USN	USA nach Marokko 1. 11. 1943
VB 112	USN	USA nach Marokko 17. 11. 1943

Boeing B-17 Flying Fortress (insgesamt: 36 Flugzeuge):

Fronteinheiten (3):

20	USAAF	Newfoundland nach USA/Ostküste
206	RAF	Schottland
220	RAF	Schottland

Handley Page Halifax (insgesamt: 24 Flugzeuge):

Fronteinheiten (2):

58	RAF	Südengland
502	RAF	Südengland

Consolidated Catalina, Canso und Martin Mariner Flugboote (insgesamt: 168 Flugzeuge):

Fronteinheiten (14):

VP 31	USN	USA/Ostküste
VP 74	USN	Bermuda (Mariners)
VP 81	USN	USA/Ostküste
VP 201	USN	USA/Ostküste (Mariners)
5	RCAF	Newfoundland
116	RCAF	Newfoundland
117	RCAF	Newfoundland
162	RCAF	Newfoundland
VP 84	USN	Island
330	RAF/Norwegen	Island
202	RAF	Gibraltar
VP 73	USN	Port Lyautey, Marokko
VP 92	USN	Port Lyautey, Marokko

Ausrüstung oder Erprobung:

VP 63	USN	USA nach Newfoundland, nach GB 23. 7. 1943

Short Sunderland Flugboote (insgesamt: 96 Flugzeuge):

Fronteinheiten (8):

246	RAF	Schottland
422	RCAF	Schottland
201	RAF	Irland
228	RAF	Irland
423	RCAF	Irland
119	RAF	Südengland
10	RAAF	Südengland
461	RAAF	Südengland

USAAF Lockheed B-34 und USN PV Ventura (der gleiche Flugzeugtyp; insgesamt: 96 Flugzeuge):

Fronteinheiten (8):

7	USAAF	USA/Ostküste
11	USAAF	USA/Ostküste
15	USAAF	USA/Ostküste
16	USAAF	USA/Ostküste
VB 125 (ehemals VP 82)	USN	Newfoundland nach USA 18. 6. 1943
VB 126 (ehemals VP 93)	USN	Newfoundland nach USA 18. 6. 1943

Erprobung:		
VB 127	USN	USA nach Marokko 6. 9. 1943[2]
VB 128	USN	USA nach Island 5. 9. 1943[3]
Vickers Armstrong Wellington (insgesamt: 60 Flugzeuge):		
Fronteinheiten (4):		
304	RAF (polnisch)	Südengland
311	RAF (tschechisch)	Südengland
172	RAF	Südengland
179	RAF	Gibraltar
Erprobung:		
407	RCAF	Südengland
North American Aviation B-25 Mitchell (insgesamt: 48 Flugzeuge):		
Fronteinheiten (4):		
3	USAAF	USA/Ostküste
5	USAAF	USA/Ostküste
13	USAAF	USA/Ostküste
14	USAAF	USA/Ostküste

Die Gesamtzahlen im Überblick:

B-24 Liberator	17 Squadrons	204
B-17 Flying Fortress	3 Squadrons	36
Halifax	2 Squadrons	24
Catalina/Canso/Mariner	14 Squadrons	168
Sunderland	8 Squadrons	96
Ventura & B-34	8 Squadrons	96
Wellington	5 Squadrons	60
B-25 Mitchell	4 Squadrons	48
Gesamt:	61 Squadrons	732 Flugzeuge

[1] Hierbei wird von einer Standardbesetzung von zwölf Flugzeugen pro Squadron ausgegangen. Nicht enthalten sind Hudsons, Whitleys, B-18-Bomber und im Golf von Mexiko, in der Karibik und in Südamerika stationierte alliierte Flugzeuge mit großer und sehr großer Reichweite.

[2] Löste die USN Catalina Patrol Squadron VP 92 ab.

[3] Löste die USN Catalina Patrol Squadron VP 84 ab.

ANHANG 12

U-BOOTE DER ATLANTIKFLOTTILLEN, DIE IHRE FAHRT ABBRACHEN

1. Januar bis 30. Juni 1943[1]

Die verheerenden Verluste von U-Booten, die in der ersten Jahreshälfte 1943 in den Nordatlantik ausliefen (86)[2], sind in diesem Band (siehe Anhang 2) und in anderen Veröffentlichungen dokumentiert worden. Seltener wird jedoch der Umstand erwähnt, daß im gleichen Zeitraum 83 weitere U-Boote ihre Fahrt abbrechen und zu den französischen Stützpunkten zurückkehren mußten. Sieben dieser Boote patrouillierten für eine Dauer von 50 Tagen oder länger, was der normalen Fahrtdauer eines VII-Bootes entsprach. Deshalb fielen die wegen des Abbruchs verlorenen Patrouillentage nicht ins Gewicht. Die Anzahl an ausgefallenen Patrouillentagen bei den übrigen 76 U-Booten, die ihre Fahrt abbrechen mußten, war jedoch ein weiterer bemerkenswerter Rückschlag für die Atlantikflottillen der U-Boot-Waffe. Sehr viele U-Boote erlitten schwere Gefechtsschäden, die langwierige Reparaturen erforderlich machten, was wiederum einen Ausfall an Patrouillentagen zur Folge hatte. Nahezu jeder hier aufgeführte Fahrtabbruch war für die Besatzungen eine nervenzerrüttende Erfahrung. In einigen Fällen wurden Besatzungsmitglieder getötet oder verwundet. Boote, die ihre Fahrt abbrachen:

Boot	Typ	Auslauf-Datum	Einlauf-Datum	Tage	Grund für Abbruch	Erneut ausgelaufen
Im Dezember 1942 ausgelaufen (5):						
U410	VIIC	3. 12.	3. 1.	32	Rettungsaktion	9. 2.
U440	VIIC	12. 12.	26. 1.	46	Treibstoffmangel	27. 2.
U167	IXC/40	21. 12.	16. 1.	27	Kommandant verwundet	27. 2.
U404	VIIC	21. 12.	6. 2.	49	Unfall	21. 3.
U584	VIIC	30. 12.	21. 2.	54	technische Panne	23. 3.
Im Januar 1943 ausgelaufen (15):						
U218	VIID	7. 1.	10. 3.	62	technische Panne	20. 4.
U414	VIIC	7. 1.	19. 2.	44	Bombe, Flugzeug	1. 4.
U438	VIIC	9. 1.	16. 2.	39	Bombe, Flugzeug und Zerstörer	31. 3.
U614	VIIC	9. 1.	26. 2.	49	Bombe, Flugzeug	12. 4.
U752	VIIC	9. 1.	15. 2.	38	Bombe, Flugzeug	22. 4.
U264	VIIC	10. 1.	5. 3.	55	Rettungsaktion	8. 4.
U267	VIIC	12. 1.	18. 2.	38	Bombe, Flugzeug und Zerstörer	23. 3.

Boot	Typ	Auslauf-Datum	Einlauf-Datum	Tage	Grund für Abbruch	Erneut ausgelaufen
U262	VIIC	16. 1.	15. 2.	31	Bombe, Flugzeug und Zerstörer	6. 4.
U465	VIIC	16. 1.	18. 2.	34	Bombe, Flugzeug	7. 4.
U108	IXB	20. 1.	24. 2.	36	Bombe, Flugzeug	12. 4.
U462	XIV	22. 1.	26. 1.	5	technische Panne	19. 2.
U135	VIIC	24. 1.	10. 3.	46	Treibstoffmangel	7. 6.
U753	VIIC	28. 1.	10. 3.	42	Wasserbombe von Coast Guard Cutter	5. 5.
U439	VIIC	29. 1.	2. 2.	5	Auftrag abgesagt	22. 2.
U376	VIIC	30. 1.	13. 3.	43	Gefechtsschaden	6. 4.
U590	VIIC	31. 1.	11. 2.	12	technische Panne	22. 2.
Im Februar 1943 ausgelaufen (16):						
U437	VIIC	3. 2.	5. 3.	31	technische Panne	26. 4.
U92	VIIC	6. 2.	5. 3.	28	unbekannt	12. 4.
U603	VIIC	7. 2.	26. 3.	48	technische Panne	5. 5.
U382	VIIC	8. 2.	8. 3.	29	Wasserbombe von Geleitfahrzeug	8. 4.
U569	VIIC	8. 2.	13. 3.	34	Wasserbombe von Geleitfahrzeug	19. 4.
U604	VIIC	8. 2.	9. 3.	30	Bombe, Flugzeug	22. 4.
U600	VIIC	11. 2.	26. 3.	44	technische Panne	25. 4.
U211	VIIC	13. 2.	25. 2.	13	Bombe, Flugzeug	13. 5.
U709	VIIC	13. 2.	18. 3.	34	Funk ausgefallen	15. 4.
U664	VIIC	14. 2.	28. 3.	43	technische Panne	29. 4.
U758	VIIC	14. 2.	30. 3.	45	Bombe, Flugzeug	26. 5.
U435	VIIC	18. 2.	25. 3.	36	technische Panne	20. 5.
U190	IXC/40	20. 2.	30. 3.	39	Versorger	1. 5.
U508	IXC	22. 2.	15. 3.	24	Bombe, Flugzeug	17. 6.
U590	VIIC	22. 2.	12. 4.	50	technische Panne	8. 6.
U757	VIIC	22. 2.	24. 3.	31	Trümmer v. Munitionsschiff	7. 7.
U338	VIIC	23. 2.	24. 3.	30	Bombe, Flugzeug	15. 6.
U666	VIIC	25. 2.	10. 4.	45	Bombe, Flugzeug	6. 5.
Im März 1943 ausgelaufen (10):						
U109	IXB	3. 3.	1. 4.	31	technische Panne	28. 4.
U67	IXC	3. 3.	13. 4.	4	Bombe, Flugzeug	10. 5.
U134	VIIC	6. 3.	2. 5.	58	Bombe, Flugzeug	10. 6.
U572	VIIC	10. 3.	13. 4.	35	gerammt von Zerstörer	2. 6.
U564	VIIC	11. 3.	15. 4.	36	Wasserbombe von Flugzeug	9. 6.
U563	VIIC	21. 3.	18. 4.	29	Bombe, Flugzeug	29. 5.
U270	VIIC	23. 3.	15. 5.	43	Wasserbombe v. Zerstörer	26. 6.
U594	VIIC	23. 3.	14. 4.	23	Bombe, Flugzeug	23. 5.
U532	IXC40	25. 3.	15. 5.	52	Wasserbombe v. Zerstörer	3. 7.
U71	VIIC	27. 3.	1. 5.	36	gerammt von *U631*, abgezogen	31. 5.
Im April 1943 ausgelaufen (20):						
U465	VIIC	7. 4.	14. 4.	8	Bombe, Flugzeug	29. 4.
U382	VIIC	8. 4.	24. 4.	17	Wasserbombe von Zerstörer	19. 6.
U732	VIIC	8. 4.	15. 5.	38	Wasserbombe von Zerstörer	10. 6.
U231	VIIC	13. 4.	30. 5.	48	Bombe, Flugzeug von der *Bogue*	27. 9.
U223	VIIC	15. 4.	24. 5.	40	Wasserbombe von Zerstörer	?. 9.
U377	VIIC	15. 4.	7. 6.	54	Wasserbombe von Geleitfahrzeug	9. 9.
U386	VIIC	15. 4.	11. 5.	27	Flugzeug/Zerstörer	29. 6.
U533	IXC/40	15. 4.	24. 5.	40	gerammt von Korvette	6. 7.

Boot	Typ	Auslauf-Datum	Einlauf-Datum	Tage	Grund für Abbruch	Erneut ausgelaufen
U448	VIIC	17. 4.	26. 5.	40	technische Panne	6. 9.
U359	VIIC	19. 4.	20. 5.	32	Geleitboot *(U223)*	29. 6.
U468	VIIC	19. 4.	29. 5.	41	Bombe, Flugzeug von der *Bogue*	7. 7.
U218	VIID	20. 4.	2. 6.	44	Wasserbombe von Zerstörer	29. 7.
U402	VIIC	20. 4.	26. 5.	37	Wasserbombe von Korvette	4. 9.
U566	VIIC	22. 4.	26. 4.	5	Bombe, Flugzeug	5. 7.
U604	VIIC	22. 4.	26. 4.	5	technische Panne	24. 6.
U952	VIIC	22. 4.	31. 5.	40	Wasserbombe von Fregatte	6. 9.
U406	VIIC	25. 4.	11. 5.	17	Kollision *(U600)*	26. 6.
U600	VIIC	25. 4.	11. 5.	17	Kollision *(U406)*	12. 6.
U437	VIIC	26. 4.	30. 4.	5	Bombe, Flugzeug	26. 9.
U445	VIIC	27. 4.	30. 4.	4	Rettungsaktion *(U437)*	10. 7.
U91	VIIC	29. 4.	7. 6.	42	Rettungsaktion *(U762)*	21. 9.
Im Mai 1943 ausgelaufen (12):						
U405	VIIC	2. 5.	21. 5.	20	Bombe, Flugzeug	10. 10.
U214	VIID	4. 5.	10. 5.	7	Bombe, Flugzeug	22. 8.
U229	VIIC	11. 5.	7. 6.	28	Bombe, Flugzeug	31. 8.
U305	VIIC	12. 5.	1. 6.	21	Bombe, Flugzeug von der *Bogue*	23. 8.
U591	VIIC	12. 5.	16. 5.	5	Kommandant verwundet	26. 6.
U441	VIIC	22. 5.	26. 5.	5	Bombe, Flugzeug	8. 7.
U450	VIIC	25. 5.	22. 6.	29	Wasserbombe von Flugzeug	17. 10.
U758	VIIC	26. 5.	25. 6.	31	Bombe, Flugzeug von der *Bogue*	1. 9.
U669	VIIC	27. 5.	14. 7.	49	Rettungsaktion *(U420)*	29. 8.
U271	VIIC	29. 5.	16. 7.	49	Rettungsaktion *(U420)*	2. 10.
U592	VIIC	29. 5.	14. 7.	47	Rettungsaktion *(U420)*	2. 10.
Im Juni 1943 ausgelaufen (2):						
U68	IXC	12. 6.	16. 6.	5	Flugzeug, Kommandant verwundet	8. 9.
U338	VIIC	15. 6.	21. 6.	7	Wasserbombe von Flugzeug	25. 8.

Gesamt: 83 Fahrtabbrüche

[1] Quelle: Kriegstagebuch des Befehlshabers der U-Boote (KTB BdU); Franks, *Search, Find and Kill* (1995), u. a.

[2] Im gleichen Zeitraum gingen 27 in andere Seegebiete ausgelaufene U-Boote verloren; dazu zählen auch zwei Unfälle in der Ostsee *(U5, U649)*, siehe Anhang 4, 5, 6, 7. Vier Boote wurden abgezogen. Das bedeutete vom 1. Januar 1943 bis 30. Juni 1943 einen Ausfall von insgesamt 117 U-Booten an der Front.

ANHANG 13

ALLIIERTE LUFTANGRIFFE MIT SCHWEREN BOMBERN AUF U-BOOT-EINRICHTUNGEN[1]

1943/1944

Im Januar 1943 begannen das RAF Bomber Command und die neu eingerichtete amerikanische 8. Air Force mit heftigen, zwei Jahre dauernden Bombardements von U-Boot-Stützpunkten in Frankreich und U-Boot-Werften in Deutschland. Wie aus den unten aufgeführten Zahlen ersichtlich ist, warfen die alliierten Bomber in den ersten drei Monaten 1943 bei etwa 5000 Kampfeinsätzen ungefähr 12000 Tonnen Bomben ab. Diese Flugzeuge machten französische Seehäfen dem Erdboden gleich und zerstörten deutsche Städte, doch gegen die U-Boot-Bunker und U-Boot-Werften erzielten sie keine nennenswerten Erfolge. Im gleichen Zeitraum legte das RAF Bomber Command zudem bei etwa 550 Einsätzen über 900 Minen vor den französischen Stützpunkten und unterstützte vor der Küste die ASW-Patrouillen des RAF Coastal Command mit etwa 600 Einsätzen. Die Minen versenkten vermutlich ein U-Boot *(U526)*, die ASW-Patrouillen des Bomber Command hatten keine Versenkungen zur Folge.

	Ziel	Luftwaffe	Anzahl der Flugzeuge	Bomben (in Tonnen)
		Alliierte Luftangriffe 1943:		
Januar:				
3.	St. Nazaire	USAAF	68	153
14./15.	Lorient	RAF	101	231
15./16.	Lorient	RAF	133	291
23.	Brest	USAAF	19	40
23.	Lorient	USAAF	35	77
23./24.	Lorient	RAF	111	293
26./27.	Lorient	RAF	137	203
26./27.	Bordeaux	RAF	3	4
27.	Wilhelmshaven	USAAF	53	118
27.	Emden	USAAF	2	4,9
28.–30.	Lorient	RAF	81	155
30.	Emden	RAF	6	9
30./31.	Hamburg	RAF	99	339

	Ziel	Luftwaffe	Anzahl der Flugzeuge	Bomben (in Tonnen)
Februar:				
3./4.	Hamburg	RAF	142	392
4	Emden	USAAF	39	84,6
4./5	Lorient	RAF	120	213
7./8	Lorient	RAF	302	769
11./12	Wilhelmshaven	RAF	140	431
13./14.	Lorient	RAF	437	1169
16.	St. Nazaire	USAAF	65	160
16./17.	Lorient	RAF	363	1003
18./19.	Wilhelmshaven	RAF	185	596
19./20.	Wilhelmshaven	RAF	311	761
21./22.	Bremen	RAF	129	424
24./25.	Wilhelmshaven	RAF	105	192
27.	Brest	USAAF	60	138
28.	Wilhelmshaven	USAAF	65	142,7
28. 2.–1. 3.	St. Nazaire	RAF	413	1129
März:				
3./4	Hamburg	RAF	344	896
6.	Lorient	USAAF	80	145,1
6.	Brest	USAAF	15	39
18.	Bremen (Vegesack)	USAAF	97	230,3
22.	Wilhelmshaven	USAAF	84	230
22./23.	St. Nazaire	RAF	284	914
28./29.	St. Nazaire	RAF	297	673
April:				
2.	St. Nazaire	RAF	50	171,6
2.	Lorient	RAF	40	118,1
4.	Kiel	RAF	519	1380,7
16.	Lorient	USAAF	59	131,2
16.	Brest	USAAF	19	46,4
20.	Stettin	RAF	326	847,1
28.	Wilhelmshaven	RAF	6	4
Mai:				
1.	St. Nazaire	USAAF	29	50,9
14.	Kiel	USAAF	126	236
15.	Emden	USAAF	59	77,2
15.	Helgoland	USAAF	76	166,1
17.	Lorient	USAAF	118	258,9
17.	Bordeaux	USAAF	34	76,3
19.	Kiel	USAAF	101	207,1
19.	Flensburg	USAAF	55	119,6
21.	Wilhelmshaven	USAAF	78	172,3
21.	Emden	USAAF	46	99,1
29.	St. Nazaire	USAAF	147	247,3
29.	La Pallice	USAAF	34	88,3
29.	Rennes	USAAF	57	118,3
Juni:				
11.	Wilhelmshaven	USAAF	168	271
11.	Cuxhaven	USAAF	30	67

	Ziel	Luftwaffe	Anzahl der Flugzeuge	Bomben (in Tonnen)
13.	Bremen	USAAF	102	226,6
13.	Kiel	USAAF	44	89
28.	St. Nazaire	USAAF	152	267,9
Juli:				
4.	La Pallice	USAAF	71	122,8
24./25.	Hamburg	RAF	740	2 296,5
24.	Drontheim	USAAF	41	72,3
25.	Hamburg	USAAF	68	139,3
25.	Kiel	USAAF	67	149,8
26.	Hamburg	USAAF	54	112,8
27./28.	Hamburg	RAF	739	2 417,1
29.	Kiel	USAAF	90	185,6
29./30.	Hamburg	RAF	726	2 382,5
August:				
2./3.	Hamburg	RAF	425	1 425,9
24.	Bordeaux	USAAF	58	126
September:				
16.	Nantes	USAAF	78	207,6
16.	La Pallice	USAAF	72	160
23.	Nantes	USAAF	107	275,3
27.	Emden	USAAF	178	451,4
Oktober:				
1./2.	Hagen	RAF	240	1 249,6
2.	Emden	USAAF	307	851,1
8.	Bremen	USAAF	274	608,5
8.	Bremen (Vegesack)	USAAF	48	127,2
8./9.	Bremen	RAF	107	298,3
9.	Gdingen	USAAF	127	275
9.	Danzig	USAAF	23	44,9
November:				
3.	Wilhelmshaven	USAAF	539	1 293
13.	Bremen	USAAF	114	233,9
26.	Bremen	USAAF	422	1 075,8
29.	Bremen	USAAF	138	366,2
Dezember:				
11.	Emden	USAAF	523	1 256,1
13.	Kiel	USAAF	349	787,3
13.	Bremen	USAAF	174	408,1
13.	Hamburg	USAAF	116	236,5
16.	Bremen	USAAF	518	1 346,4
20.	Bremen	USAAF	465	981,8
Gesamt 1943:			15 398	40 121,3

	Ziel	Luftwaffe	Anzahl der Flugzeuge	Bomben (in Tonnen)
	Alliierte Luftangriffe 1944:			
Januar:				
4.	Kiel	USAAF	445	879,4
5.	Kiel	USAAF	215	457,2
5./6.	Stettin	RAF	348	1 122,8
Februar:				
3.	Wilhelmshaven	USAAF	552	1 151,3
20.	Rostock	USAAF	76	155,7
24.	Rostock	USAAF	255	539
25./26.	Augsburg	RAF	528	1 828,3
März:				
29./30.	Kiel	RAF	28	35,5
April:				
6./7.	Hamburg	RAF	KA	KA
9.	Warnemünde	USAAF	86	178,2
11.	Stettin	USAAF	87	180,7
11.	Rostock	USAAF	173	361,5
18.	Cuxhaven	USAAF	12	20,9
23./24.	Mannheim	RAF	25	34,2
26./27.	Hamburg	RAF	KA	KA
28./29.	Hamburg	RAF	KA	KA
Mai:				
13.	Stettin	USAAF	213	409,2
13.	Stralsund	USAAF	56	90
19.	Kiel	USAAF	49	97,4
22.	Kiel	USAAF	292	562,8
Juni:				
18.	Brunsbüttel	USAAF	54	117,6
18.	Hamburg	USAAF	489	1 101,3
18.	Bremerhaven	USAAF	94	211,5
18.	Wesermünde	USAAF	40	98,2
20.	Brunsbüttel	USAAF	12	31
24.	Bremen	USAAF	49	101,8
22./23.	Hamburg	RAF	101[2]	140,4
24.	Wesermünde	USAAF	53	113,8
Juli:				
6.	Kiel	USAAF	230	588,1
18.	Kiel	USAAF	106	225,8
18.	Cuxhaven	USAAF	54	107,9
23./24.	Kiel	RAF	612	2 916,3
KA	Bremen	RAF	36	55,1
August:				
4.	Kiel	USAAF	89	225,9
4.	Schlutup	USAAF	12	27,9
6.	Kiel	USAAF	58	142,8
27.	Helgoland	USAAF	11	24,6
27.	Helgoland	USAAF	34	87,5
30.	Kiel	USAAF	284	620,7

	Ziel	Luftwaffe	Anzahl der Flugzeuge	Bomben (in Tonnen)
KA	Bordeaux (5)[3]	RAF	168	803,6
KA	La Pallice (8)	RAF	285	1214,5
KA	Lorient	RAF	28	145,7
KA	Brest (2)	RAF	25	117,9
KA	Bremen	RAF	273	1130,9
KA	Kiel	RAF	722	2854,8
KA	Stettin	RAF	822	2729,8
September:				
KA	Bremen	RAF	76	95,7
KA	Bremerhaven	RAF	208	863,9
KA	Kiel	RAF	565	1451,5
Oktober:				
6.	Hamburg	USAAF	8	21
15.	Helgoland	USAAF	23	70
30.	Helgoland	USAAF	26	80
30.	Cuxhaven	USAAF	34	81
30.	Bremen	USAAF	1	3
30.	Wesermünde	USAAF	20	48
KA	Bergen	RAF	183	791,9
KA	Bremen	RAF	246	998,8
November:				
4.	Hamburg	USAAF	181	436,25
21.	Hamburg	USAAF	345	936
KA	Drontheim	RAF	18	2,8
Dezember:				
1.	Hagen	RAF	465	1817,3
19.	Gdingen[4]	RAF	227	817
31.	Hamburg	USAAF	72	187
Gesamt 1944:			10652	31923,65
Gesamt 1943–1944:			26050	72044,95

---

[1] Quelle: *US Strategic Bombing Survey*, NARA, RG 243, Box 47.

[2] Darunter auch im April erfolgte Angriffe der RAF auf Hamburg.

[3] In Klammern ist die Zahl der separaten Luftangriffe an dem jeweiligen Tag angegeben.

[4] Alternatives Ziel; wegen der schlechten Witterung war das Hauptziel in Deutschland nicht auszumachen.

ANHANG 14

DAS BAUPROGRAMM DER US-GELEITZERSTÖRER (DE)[1]

1. Januar bis 1. Juli 1943

Das dringend erforderliche amerikanische Bauprogramm für Geleitzerstörer, die insbesondere für den Geleitschutz auf offener See gedacht waren, wurde 1942 durch Präsident Roosevelt immer wieder hinausgeschoben oder verzögert, da er den Bauprogrammen für Handelsschiffe und Landungsboote eine höhere Priorität einräumte. Die Folge war, daß die beiden ersten in den USA gebauten Geleitzerstörer erst am 20. Januar 1943 in Dienst gestellt wurden. Wie unten ersichtlich ist, wurden in der ersten Jahreshälfte 1943, von Januar bis Juni, in sechs verschiedenen Bundesstaaten 55 Geleitzerstörer bei den Schiffswerften in Auftrag gegeben. Von den ersten 55 Schiffen wurden 21 direkt in den Pazifik entsandt, fünf wurden ASW-Schulen zugeteilt und sieben gingen an die Royal Navy. Folglich blieben nur 22 der US-Geleitzerstörer im Atlantik. Von diesen wurden sechs zu schnellen Truppentransportern (APD) umgebaut. Bei Kriegsende hatten die amerikanischen Werften 565 Geleitzerstörer in sechs Schiffsklassen fertiggestellt, von denen 78 an die Royal Navy gingen und zwölf an andere Marinen. Die bevorzugte Version war ein 93,2 Meter langes und 1400 Tonnen großes Schiff, das eine Höchstgeschwindigkeit von 21 Knoten erreichte und ausreichend Treibstoff bunkern konnte, um den Atlantik nonstop zu überqueren.[2]

Name des Schiffes	Nummer	Produktion in	Indienststellung	Erster Einsatz
Baynton	1	Massachusetts	20. 1.*	Atlantik
Brennan	13	Kalifornien	20. 1.	Schule
Doherty	14	Kalifornien	6. 2.	Pazifik
Austin	15	Kalifornien	13. 2.	Pazifik
Bazely	2	Massachusetts	18. 2.*	Atlantik
Andres	45	Pennsylvania	15. 3.	Schule
Berry	3	Massachusetts	15. 3.*	Atlantik
Edgar Chase	16	Kalifornien	20. 3.	Schule
Blackwood	4	Massachusetts	27. 3.*	Atlantik
Reuben James	153	Virginia	1. 4.	Atlantik
E. C. Daly	17	Kalifornien	3. 4.	Pazifik

* = An diesem Tag an die Royal Navy übergeben.

Name des Schiffes	Nummer	Produktion in	Indienststellung	Erster Einsatz
Edsall	129	Texas	10. 4.	Schule
Evarts	5	Massachusetts	15. 4.	Atlantik
Gilmore	18	Kalifornien	17. 4.	Pazifik
Wyffels	6	Massachusetts	21. 4.	Atlantik
Sims	154	Virginia	24. 4.	Atlantik (APD)[3]
Griswold	7	Massachusetts	28. 4.	Pazifik
Jacob Jones	130	Texas	29. 4.	Atlantik
Buckley	51	Massachusetts	30. 4.	Schule
Burden R. Hastings	19	Kalifornien	1. 5.	Pazifik
Decker	47	Pennsylvania	3. 5.	Atlantik
Steele	8	Massachusetts	4. 5.	Pazifik
Carlson	9	Massachusetts	10. 5.	Pazifik
Levy	162	New Jersey	13. 5.	Pazifik
Lehardy	20	Kalifornien	15. 5.	Pazifik
Bebas	10	Massachusetts	15. 5.	Pazifik
Dobler	48	Pennsylvania	17. 5.	Atlantik
Hammann	131	Texas	17. 5.	Atlantik
Bull	52	Massachusetts	19. 5.*	Atlantik
Hopping	155	Virginia	21. 5.	Atlantik (APD)
Crouter	11	Massachusetts	25. 5.	Pazifik
McConnell	163	New Jersey	28. 5.	Pazifik
Harold C. Thomas	21	Massachusetts	31. 5.	Pazifik
Charles Lawrence	53	Massachusetts	31. 5.	Atlantik (APD)
Robert E. Perry	132	Texas	31. 5.	Atlantik
Stewart	238	Texas	31. 5.	Atlantik
Burges	12	Massachusetts	2. 6.*	Atlantik
Pillsbury	133	Texas	7. 6.	Atlantik
Reeves	156	Virginia	9. 6.	Atlantik (APD)
Daniel T. Griffen	54	Massachusetts	9. 6.	Atlantik (APD)
Donell	49	Pennsylvania	10. 6.	Pazifik
Seid	256	Massachusetts	11. 6.	Pazifik
Wileman	22	Kalifornien	11. 6.	Pazifik
Osterhaus	164	New Jersey	12. 6.	Pazifik
Sturtevant	239	Texas	16. 6.	Atlantik
Smartt	237	Massachusetts	18. 6.	Atlantik
Donaldson	55	Massachusetts	18. 6.*	Atlantik
Engstrom	50	Pennsylvania	21. 6.	Pazifik
Parks	165	New Jersey	23. 6.	Pazifik
Pope	134	Texas	25. 6.	Atlantik
Walter S. Brown	258	Massachusetts	25. 6.	Atlantik
Donnell	56	Massachusetts	26. 6.	Atlantik
Flaherty	135	Texas	26. 6.	Atlantik
Charles R. Greer	23	Kalifornien	26. 6.	Pazifik
Weber	675	Massachusetts	30. 6.	Atlantik (APD)

[1] Quelle: *Dictionary of American Naval Fighting Ships.*

[2] US-Werften produzierten ein ähnliches Geleitschiff, das auf der britischen Fregatte der River-Klasse basierte und daher als »Fregatte« bezeichnet wurde (bzw. PF). Von den 98 fertiggestellten Schiffen dieser Art wurden 77 von der US Coast Guard bemannt und 21 (PF 72 – PF 92) Ende 1943 und 1944 an die Royal Navy übergeben. Somit erhielt die Royal Navy insgesamt 99 in den USA gebaute hochseetüchtige Geleitschiffe: 78 Geleitzerstörer und 21 Fregatten.

[3] Der Begriff (APD) bezeichnet Schiffe, die zu schnellen Truppentransportern umgebaut wurden.

ANHANG 15

ÖL- UND TRUPPEN-SONDERKONVOIS FÜR »TORCH« UND DIE BRITISCHEN INSELN
1943/1944

Damit die Einheiten der Operation Torch mit Benzin, Dieselöl und anderen Erdölerzeugnissen versorgt werden konnten, richteten die Alliierten Anfang 1943 eigens zu diesem Zweck ein Tanker-Konvoi-System zwischen amerikanischen Gewässern und Nordafrika ein. Die beiden ersten dieser Konvois, die im Januar 1943 von Trinidad ausliefen, waren britische Geleitzüge: der 8,5 Knoten »langsame« und aus neun Tankern bestehende TM 1, eskortiert von einem britischen Zerstörer und drei Korvetten, sowie der 12 Knoten »schnelle« und aus fünf Tankern bestehende TMF 2, eskortiert von drei britischen Zerstörern. U-Boote erfaßten und zerschlugen TM 1, aus dem sie sieben der neun Tanker versenkten. TMF 2 wurde nicht angegriffen. Die Verlustrate bei diesen britischen Operationen belief sich auf sieben von vierzehn Tankern bzw. 50 Prozent.

Im Februar 1943 übernahm die US Navy die volle Verantwortung für die Geleitzüge, die als sehr schnelle (14,5 Knoten) OT-Konvois neu bezeichnet wurden. Am 5. 2. und am 20. 2. liefen von Aruba die Geleitzüge OT 1 (vier Tanker) und OT 2 (fünf Tanker) aus. Beide wurden von einer aus drei US-Zerstörern bestehenden Escort Group gesichert. Von Mai 1943 an nahmen diese Tanker nach der Rückkehr mit ihren Geleitschiffen in Aruba neue Ladung an Bord, fuhren auf einer »Pendelroute« nach New York, löschten die Fracht dort für einen »Öl-Pool« und kehrten dann nach Aruba zurück, um dort eine neue Ladung für die Reise über den Atlantik an Bord zu nehmen. Später wurde das Öl von dem New Yorker »Pool« aus mit Tankern, die auf der Nordatlantikroute verkehrten, zu den Britischen Inseln verschifft.

Bei den OT-Geleitzügen wurde die Zahl an Schiffen auf durchschnittlich etwa sieben Tanker erhöht. Die Konvois liefen ungefähr einmal im Monat aus. Im Jahr 1943 erreichten 76 schnelle Tanker in elf OT-Geleitzügen Gibraltar, traten dann die Rückfahrt an und absolvierten den Pendelverkehr nach New York ohne irgendwelche Verluste durch den Gegner. Im Juni 1944 stellten die Alliierten diese Konvois mit OT 15 ein. Diese schnellen Tanker verkehrten danach in den mittelatlantischen UGF-Konvois. Die vier 1944 ausgelaufenen OT-Geleitzüge umfaßten zusammen 36 Schiffe. Auch hier gab es keine Verluste. Zwischen Februar 1943 und Juni 1944 fuhren insgesamt 112 schnelle Tanker in 15 OT-Geleitzügen der US Navy nach Gibraltar und kehrten ohne Verluste wieder zurück.

Damit die Briten ihre schrumpfenden Ölvorräte auffüllen und die verstärkten strategischen Bombardements gegen Deutschland aufrechterhalten sowie das Unternehmen Overlord vorbereiten konnten, bat London darum, mehr Öl nach Großbritannien zu verschiffen. Daraufhin richteten die Alliierten im März 1943 ein eigenes hierfür gedachtes Konvoisystem ein, CU genannt. Diese Geleitzüge verkehrten zwischen Curaçao und dem Vereinigten Königreich. Diese anfangs aus zwölf schnellen (»Greyhound«) Tankern und sechs oder sieben amerikanischen Zerstörern pro Geleitzug bestehenden Sonderkonvois fuhren mit 14,5 Knoten etwa einmal im Monat nach Liverpool und kehrten dann nach Curaçao zurück. Wie die OT-Geleitzüge nahmen auch diese Tanker für die Pendelroute zum New Yorker »Öl-Pool« neue Ladung an Bord und kehrten dann nach Curaçao zurück. Dort übernahmen sie erneut Öl für eine weitere transatlantische Reise nach Liverpool.

Mitte Februar 1943 verließ der erste Geleitzug des neuen CU-UC-Systems mit Namen UC 1 die Britischen Inseln. Er bestand aus 32 nach Westen laufenden Schiffen (17 Tanker in Ballast, 15 Frachter), wurde von einem britischen Commodore befehligt und durch eine gemischte Escort Group aus neun britischen und amerikanischen Zerstörern gesichert. Am 22. und 23. Februar griffen U-Boote UC 1 westlich der Kanarischen Inseln an und versenkten drei Tanker und beschädigten zwei weitere. Nach UC 1 übernahm die US Navy die Verantwortung für CU-UC-Geleitzüge. Am 20. März verließ der aus neun Tankern bestehende Geleitzug CU 1 Curaçao mit einer Eskorte von US-Zerstörern und traf – ohne Verluste – auf den Britischen Inseln ein, ebenso wie die Konvois CU 2, 3, 4 und 6. Von CU 7 an wurde kein Pendelverkehr nach New York mehr eingeschoben. Die Geleitzüge CU 5, 7, 8 und 9 liefen unabhängig von den SC- und HX-Geleitzügen die Strecke Curaçao–New York–Liverpool auf der Nordatlantikroute. Insgesamt liefen 1943 von der Karibik und von New York neun CU-UC-Konvois mit 163 Tankern zu den Britischen Inseln aus. Dabei gingen drei Tanker verloren. 1944 fuhren 43 CU-Geleitzüge mit 2842 Schiffen die Strecke Curaçao–New York–Liverpool und zurück. In diesem Jahr gingen zwei Tanker und ein Geleitzerstörer, die *Leopold,* verloren.

Vom 21. August 1943 an führten die Alliierten wegen der Vorbereitungen für die Operation Overlord ein neues, schnelles Konvoisystem mit Truppentransportern ein, UT genannt. Diese Geleitzüge verkehrten zwischen New York und den Britischen Inseln. Bis zum 6. April 1944 beförderten elf 15 Knoten schnelle UT-Konvois, die insgesamt 271 Truppentransporter umfaßten (durchschnittlich jeweils 18 Schiffe und 10 Geleitfahrzeuge im Jahr 1943 und jeweils ungefähr 25 Schiffe und 13 Geleitfahrzeuge im Jahr 1944), 592 041 Soldaten ohne Verluste über den Atlantik.[1]

Als der D-Day für Overlord, der 6. Juni 1944, näherrückte, wurden die von New York kommenden CU- (Öl-) und die UT- (Truppen-)Konvois vorübergehend zusammengefaßt. CU 23 nahm UT 12 auf und wurde zu TCU 23, CU 24 nahm UT 13 auf und wurde zu dem zweiteiligen Geleitzug TCU 24A und TCU 24B, CU 28 nahm UT 14 auf und wurde zu TCU 28. Dies war ebenso der Fall bei CU 30 und UT 17 (TCU 30), bei CU 33 und UT 19 (TCU 33) und bei CU 35 und UT 21 (TCU 35). Nach Juli 1944 wurden diese Geleitzüge nicht mehr zusammengefaßt, und jedes Konvoisystem wurde wieder unabhängig voneinander fortgeführt.

Von April 1944 bis Mai 1945 (Kriegsende) brachten UT- und TCU-Konvois 945 261 Soldaten nach Europa.

Nachfolgend eine Zusammenstellung der Zahl beladener Schiffe und der Verluste (in runden Klammern), hierbei sind nur die Fahrten nach *Osten* berücksichtigt:

	TM/OT	CU	UT	Gesamt
1943	90 (7)[2]	163	107	360 (7)
1944	36	1 402 (2)[3]	164	1 602 (2)
Gesamt:	126 (7)	1 565 (2)	271	1 962 (9)

[1] Zusätzlich zu diesen nach Osten gehenden Truppentransporten wurden Soldaten von sehr schnellen und allein fahrenden »Riesen«-Passagierschiffen befördert wie etwa der *Queen Mary* und der *Queen Elizabeth.*

[2] Alle Verluste aus dem britischen Geleitzug TM 1.

[3] Jeweils ein Verlust aus den amerikanischen Geleitzügen CU 17 and CU 36.

ANHANG 16

DIE 20 ERFOLGREICHSTEN U-BOOT-KOMMANDANTEN

1939 bis 1945

Im Zweiten Weltkrieg versenkten deutsche U-Boot-Kommandanten rund 2900 alliierte Schiffe mit etwa 14,6 Millionen BRT.[1] 20 U-Boot-Kommandanten waren für rund 20 Prozent aller Versenkungen und etwa 23 Prozent der Tonnage verantwortlich. In der Übersicht:

Kommandant	Versenkte Schiffe	Tonnage	U-Boot(e)
Otto Kretschmer	42½	238 327	*U23, U99*
Wolfgang Lüth	47	229 000	*U9, U138, U43, U181*
Günther Prien	32⅓	211 393	*U47*
Viktor Schütze	36	187 279	*U25, U103*
Erich Topp	34	185 434	*U57, U552*
Herbert Schultze	28	183 432	*U48*
Heinrich Lehmann-Willenbrock	25	183 223	*U5, U96, U256*
Heinrich Liebe	31½	171 003	*U38*
Karl-Friedrich Merten	27	170 163	*U68*
Heinrich Bleichrodt	28	162 491	*U48, U109*
Werner Henke	25½	160 081	*U515*
Georg Lassen	26	156 082	*U160*
Joachim Schepke	37	155 882	*U3, U19, U100*
Carl Emmermann	27	152 904	*U172*
Ernst Kals	21	150 991	*U130*
Adolf Piening	26	141 521	*U155*
Robert Gysae	24	139 413	*U98, U177*
Engelbert Endrass	25	137 990	*U46, U567*
Johann Mohr	29	135 067	*U124*
Klaus Scholtz	26	130 667	*U108*
Gesamt:	597⅚	3 377 349	

[1] Quelle: Tarrant (1989); Rohwer, *Axis Submarine Successes* (1998).

ANHANG 17

DIE 20 ERFOLGREICHSTEN U-BOOTE[1]
1939 bis 1945

Boot	Kommandant(en)	Versenkte Schiffe	Tonnage
U48	Herbert Schultze	54½	320 429
	Hans-Rudolf Rösing		
	Heinrich Bleichrodt		
U103	Viktor Schütze	45	238 398
	Werner Winter		
	Gustav-Adolf Janssen		
U99	Otto Kretschmer	35½	238 327
U124	Georg-Wilhelm Schulz	48	224 053
	Johann Mohr		
U107	Günter Heßler	38	212 802
	Harald Gelhaus		
U47	Günther Prien	32⅓	211 393
U123	Karl-Heinz Moehle	41½	209 817
	Reinhard Hardegen		
	Horst v. Schroeter		
U68	Karl-Friedrich Merten	33	198 022
	Albert Lauzemis		
U66	Richard Zapp	33	197 316
	Friedrich Markworth		
	Gerhard Seehausen		
U96	Heinrich Lehmann-Willenbrock	28½	185 027
	Hans-Jürgen Hellriegel		
U38	Heinrich Liebe	32½	172 696
	Heinrich Schuch		
U130	Ernst Kals	25	167 345
	Siegfried Keller		
U552	Erich Topp	31½	163 512
	Klaus Popp		
U515	Werner Henke	25½	160 081
U160	Georg Lassen	26	156 082
U172	Carl Emmermann	27	152 904
U129	Nikolaus Clausen	29	143 792
	Hans Ludwig Witt		
	Richard v. Harpe		
U155	Adolf Piening	26	141 521
U46	Herbert Sohler	25	140 408
	Engelbert Endrass		
U181	Wolfgang Lüth	27	138 779
	Kurt Freiwald		

Boot	Kommandant(en)	Versenkte Schiffe	Tonnage
Gesamt:		663 +	3 772 704

[1] Quelle: Rohwer, *Axis Submarine Successes* (1998).

ANHANG 18

BEI KRIEGSENDE SELBSTVERSENKTE UND ABGEWRACKTE U-BOOTE (222)

Name	Typ	Ort	Name	Typ	Ort
U8	IIB	Wilhelmshaven	*U351*	VIIC	Hörup
U14	IIB	Wilhelmshaven	*U370*	VIIC	Geltinger
U17	IIB	Wilhelmshaven	*U382*	VIIC	Wilhelmshaven
U29	VII	Flensburg	*U397*	VIIC	Geltinger
U30	VII	Flensburg	*U428*	VIIC	Kiel (Kanal)
U37	IX	Wilhelmshaven	*U446*	VIIC	Kiel
U38	IX	Wesermündung	*U474*	VIIC	Kiel
U46	VIIB	Flensburg	*U475*	VIIC	Kiel
U48	VIIB	Neustadt	*U552*	VIIC	Wilhelmshaven
U52	VIIB	Neustadt	*U554*	VIIC	Wilhelmshaven
U56	IIC	Kiel	*U560*	VIIC	Kiel
U57	IIC	Kiel	*U612*	VIIC	Warnemünde
U58	IIC	Kiel	*U704*	VIIC	Bremen (Vege-
U59	IIC	Kiel			sack)
U60	IIC	Wilhelmshaven	*U708*	VIIC	Wilhelmshaven
U61	IIC	Wilhelmshaven	*U717*	VIIC	Flensburg
U62	IIC	Wilhelmshaven	*U721*	VIIC	Geltinger
U71	VIIC	Wilhelmshaven	*U747*	VIIC	Hamburg
U120	IIB	Wesermündung	*U748*	VIIC	Kiel (Kanal)
U121	IIB	Wesermündung	*U750*	VIIC	Flensburg
U137	IID	Wilhelmshaven	*U763*	VIIC	Königsberg
U139	IID	Wilhelmshaven	*U792*	XVIIA	Kiel (Kanal)
U140	IID	Wilhelmshaven	*U793*	XVIIA	Kiel (Kanal)
U141	IID	Wilhelmshaven	*U794*	XVIIA	Geltinger
U142	IID	Wilhelmshaven	*U795*	XVIIA	Kiel
U146	IID	Wilhelmshaven	*U822*	VIIC	Wesermündung
U148	IID	Wilhelmshaven	*U827*	VIIC/41	Flensburg
U151	IID	Wilhelmshaven	*U828*	VIIC	Wesermündung
U152	IID	Wilhelmshaven	*U876*	IXD2	Eckernförde
U256	VIIC	Bergen	*U903*	VIIC	Geltinger
U267	VIIC	Geltinger	*U904*	VIIC	Eckernförde
U287	VIIC	Elbemündung	*U922*	VIIC	Kiel
U290	VIIC	Flensburg	*U924*	VIIC	Kiel
U316	VIIC	Travemünde	*U929*	VIIC/41	Warnemünde
U323	VIIC/41	Nordenham	*U958*	VIIC	Kiel
U324	VIIC/41	Bergen	*U963*	VIIC	Portugal
U339	VIIC	Wilhelmshaven	*U979*	VIIC	Amrum (Insel)
U349	VIIC	Geltinger	*U999*	VIIC/41	Flensburg

Name	Typ	Ort	Name	Typ	Ort
U1016	VIIC/41	Geltinger	*U2505*	XXI	Hamburg
U1025	VIIC/41	Flensburg	*U2507*	XXI	Geltinger
U1056	VIIC	Geltinger	*U2508*	XXI	Kiel
U1101	VIIC	Geltinger	*U2510*	XXI	Travemünde
U1132	VIIC	Flensburg	*U2512*	XXI	Eckernförde
U1161	VIIC	Flensburg	*U2517*	XXI	Geltinger
U1162	VIIC	Geltinger	*U2519*	XXI	Kiel
U1168	VIIC/41	Flensburg	*U2520*	XXI	Kiel
U1170	VIIC/41	Travemünde	*U2522*	XXI	Geltinger
U1192	VIIC	Kiel	*U2525*	XXI	Geltinger
U1193	VIIC	Geltinger	*U2526*	XXI	Travemünde
U1196	VIIC	Travemünde	*U2527*	XXI	Travemünde
U1201	VIIC	Hamburg	*U2528*	XXI	Travemünde
U1204	VIIC	Geltinger	*U2531*	XXI	Travemünde
U1205	VIIC	Kiel	*U2533*	XXI	Travemünde
U1207	VIIC	Geltinger	*U2534*	XXI	Ostsee
U1223	IXC/40	Wesermünde	*U2535*	XXI	Travemünde
U1234	IXC/40	Hörup	*U2536*	XXI	Travemünde
U1275	VIIC/41	Kiel	*U2538*	XXI	Ærø (Insel)
U1277	VIIC/41	Portugal	*U2539*	XXI	Kiel
U1303	VIIC/41	Flensburg	*U2540*	XXI	Flensburg
U1304	VIIC/41	Flensburg	*U2541*	XXI	Geltinger
U1306	VIIC/41	Geltinger	*U2543*	XXI	Kiel
U1308	VIIC/41	Warnemünde	*U2544*	XXI	Århus
U1405	XVIIB	Eckernförde	*U2545*	XXI	Kiel
U1406	XVIIB	Cuxhaven	*U2546*	XXI	Kiel
U2327	XXIII	Hamburg	*U2548*	XXI	Kiel
U2330	XXIII	Kiel	*U2551*	XXI	Flensburg
U2332	XXIII	Hamburg	*U2552*	XXI	Kiel
U2333	XXIII	Geltinger	*U3001*	XXI	Wesermündung
U2339	XXIII	Geltinger	*U3002*	XXI	Travemünde
U2343	XXIII	Geltinger	*U3004*	XXI	Hamburg
U2346	XXIII	Geltinger	*U3005*	XXI	Wesermündung
U2347	XXIII	Geltinger	*U3006*	XXI	Wilhelmshaven
U2349	XXIII	Geltinger	*U3009*	XXI	Wesermündung
U2352	XXIII	Hörup	*U3010*	XXI	Travemünde
U2355	XXIII	Laboe	*U3011*	XXI	Travemünde
U2357	XXIII	Geltinger	*U3013*	XXI	Travemünde
U2358	XXIII	Geltinger	*U3014*	XXI	Neustadt
U2360	XXIII	Geltinger	*U3015*	XXI	Geltinger
U2362	XXIII	Geltinger	*U3016*	XXI	Travemünde
U2364	XXIII	Geltinger	*U3018*	XXI	Travemünde
U2366	XXIII	Geltinger	*U3019*	XXI	Travemünde
U2367	XXIII	Ostsee	*U3020*	XXI	Travemünde
U2368	XXIII	Geltinger	*U3021*	XXI	Travemünde
U2369	XXIII	Geltinger	*U3022*	XXI	Kiel
U2370	XXIII	Hamburg	*U3023*	XXI	Travemünde
U2371	XXIII	Hamburg	*U3024*	XXI	Neustadt
U2501	XXI	Hamburg	*U3025*	XXI	Travemünde
U2504	XXI	Hamburg	*U3026*	XXI	Travemünde

Name	Typ	Ort
U3027	XXI	Travemünde
U3028	XXI	Kiel
U3029	XXI	Kiel
U3030	XXI	Eckernförde
U3031	XXI	Kiel
U3033	XXI	Flensburg
U3034	XXI	Flensburg
U3037	XXI	Travemünde
U3038	XXI	Kiel
U3039	XXI	Kiel
U3040	XXI	Kiel
U3044	XXI	Geltinger
U3501	XXI	Wesermündung
U3502	XXI	Hamburg
U3503	XXI	Ostsee
U3504	XXI	Wilhelmshaven
U3506	XXI	Hamburg
U3507	XXI	Travemünde
U3509	XXI	Wesermündung
U3510	XXI	Geltinger
U3511	XXI	Travemünde
U3513	XXI	Travemünde
U3516	XXI	Travemünde
U3517	XXI	Travemünde
U3518	XXI	Kiel
U3521	XXI	Travemünde
U3522	XXI	Travemünde
U3524	XXI	Geltinger
U3525	XXI	Kiel
U3526	XXI	Geltinger
U3527	XXI	Wesermündung
U3528	XXI	Wesermündung
U3529	XXI	Geltinger
U3530	XXI	Kiel
U4701	XXIII	Hörup
U4702	XXIII	Geltinger
U4703	XXIII	Geltinger
U4704	XXIII	Hörup
U4705	XXIII	Kiel
U4707	XXIII	Geltinger
U4709	XXIII	Kiel
U4710	XXIII	Geltinger
U4711	XXIII	Kiel
U4712	XXIII	Kiel
UA	türkisch	Kiel
UB	HMS *Seal*	Kiel
UD1	holländisch	Kiel

ANHANG 19

KAPITULATION VON U-BOOTEN BEI KRIEGSENDE (174)

Name	Typ	Ort	Name	Typ	Ort
U92	VIIC	Norwegen	*U363*	VIIC	Großbritannien
U123	IXB	Frankreich	*U368*	VIIC	Wilhelmshaven
U143	IID	Helgoland	*U369*	VIIC	Norwegen
U145	IID	Helgoland	*U427*	VIIC	Großbritannien
U149	IID	Helgoland	*U437*	VIIC	Norwegen
U150	IID	Helgoland	*U481*	VIIC	Großbritannien
U155	IXC	Wilhelmshaven	*U483*	VIIC	Norwegen
U170	IXC/40	Norwegen	*U485*	VIIC	Gibraltar
U181	IXD2	Ferner Osten*	*U510*	IXC	Frankreich
U190	IXC/40	Kanada	*U516*	IXC	Großbritannien
U195	IXD1	Ferner Osten*	*U530*	IXC/40	Argentinien
U218	VIID	Norwegen	*U532*	IXC/40	Großbritannien
U219	XB	Ferner Osten*	*U539*	IXC/40	Norwegen
U234	XB	USA	*U541*	IXC/40	Gibraltar
U244	VIIC	Großbritannien	*U555*	VIIC	Hamburg
U245	VIIC	Norwegen	*U637*	VIIC	Norwegen
U249	VIIC	Großbritannien	*U668*	VIIC	Großbritannien
U255	VIIC	Großbritannien	*U680*	VIIC	Wilhelmshaven
U262	VIIC	Kiel	*U712*	VIIC	Norwegen
U278	VIIC	Großbritannien	*U716*	VIIC	Großbritannien
U281	VIIC	Großbritannien	*U720*	VIIC	Wilhelmshaven
U291	VIIC	Cuxhaven	*U739*	VIIC	Emden
U293	VIIC/41	Großbritannien	*U758*	VIIC	Kiel
U294	VIIC/41	Großbritannien	*U760*	VIIC	Großbritannien
U295	VIIC/41	Großbritannien	*U764*	VIIC	Großbritannien
U298	VIIC/41	Norwegen	*U766*	VIIC	Frankreich
U299	VIIC/41	Norwegen	*U773*	VIIC	Norwegen
U310	VIIC	Norwegen	*U775*	VIIC	Norwegen
U312	VIIC	Großbritannien	*U776*	VIIC	Großbritannien
U313	VIIC	Großbritannien	*U778*	VIIC	Norwegen
U315	VIIC	Norwegen	*U779*	VIIC	Wilhelmshaven
U318	VIIC/41	Großbritannien	*U802*	IXC/40	Großbritannien
U324	VIIC/41	Norwegen	*U805*	IXC/40	USA
U328	VIIC/41	Norwegen	*U806*	IXC/40	Århus

* = Im Fernen Osten beschlagnahmte Japan, nachdem Deutschland kapituliert hatte, diese sechs U-Boote.

Name	Typ	Ort
U825	VIIC	Großbritannien
U826	VIIC	Großbritannien
U858	IXC/40	USA
U861	IXD2	Norwegen
U862	IXD2	Ferner Osten*
U868	IXC/40	Norwegen
U873	IXD2	USA
U874	IXD2	Norwegen
U875	IXD2	Norwegen
U883	IXD2	Wilhelmshaven
U889	IXC/40	Kanada
U901	VIIC	Norwegen
U907	VIIC	Norwegen
U926	VIIC	Norwegen
U928	VIIC	Norwegen
U930	VIIC	Norwegen
U953	VIIC	Norwegen
U956	VIIC	Großbritannien
U968	VIIC	Großbritannien
U975	VIIC	Norwegen
U977	VIIC	Argentinien
U978	VIIC	Norwegen
U985	VIIC	Norwegen
U991	VIIC	Norwegen
U992	VIIC	Großbritannien
U994	VIIC	Norwegen
U995	VIIC/41	Norwegen[1]
U997	VIIC/41	Großbritannien
U1002	VIIC/41	Norwegen
U1004	VIIC/41	Norwegen
U1005	VIIC/41	Norwegen
U1009	VIIC/41	Großbritannien
U1010	VIIC/41	Großbritannien
U1019	VIIC/41	Norwegen
U1022	VIIC/41	Norwegen
U1023	VIIC/41	Großbritannien
U1052	VIIC	Norwegen
U1057	VIIC	Norwegen/ UdSSR[2]
U1058	VIIC	Großbritannien/ UdSSR
U1061	VIIF	Norwegen
U1064	VIIC/41	Norwegen/ UdSSR
U1102	VIIC	Hohwacht
U1103	VIIC	Cuxhaven
U1104	VIIC	Norwegen
U1105	VIIC	Großbritannien
U1108	VIIC/41	Norwegen
U1109	VIIC/41	Großbritannien
U1110	VIIC/41	Wilhelmshaven
U1163	VIIC/41	Norwegen
U1165	VIIC/41	Großbritannien
U1171	VIIC/41	Norwegen
U1194	VIIC	Cuxhaven
U1197	VIIC	Bremen
U1198	VIIC	Cuxhaven
U1202	VIIC	Norwegen
U1203	VIIC	Norwegen
U1228	IXC/40	USA
U1230	IXC/40	Helgoland
U1231	IXC/40	Großbritannien/ UdSSR
U1232	IXC/40	Wesermündung
U1233	IXC/40	Wilhelmshaven
U1271	VIIC/41	Norwegen
U1272	VIIC/41	Norwegen
U1301	VIIC/41	Norwegen
U1305	VIIC/41	Großbritannien/ UdSSR
U1307	VIIC/41	Norwegen
U2321	XXIII	Norwegen
U2322	XXIII	Norwegen
U2324	XXIII	Norwegen
U2325	XXIII	Norwegen
U2326	XXIII	Großbritannien
U2328	XXIII	Norwegen
U2329	XXIII	Norwegen
U2334	XXIII	Norwegen
U2335	XXIII	Norwegen
U2336	XXIII	Kiel
U2337	XXIII	Norwegen
U2341	XXIII	Cuxhaven
U2345	XXIII	Norwegen
U2348	XXIII	Norwegen
U2350	XXIII	Norwegen
U2351	XXIII	Flensburg
U2353	XXIII	Norwegen/ UdSSR
U2354	XXIII	Norwegen
U2356	XXIII	Cuxhaven
U2361	XXIII	Norwegen
U2363	XXIII	Norwegen
U2502	XXI	Norwegen
U2506	XXI	Norwegen
U2511	XXI	Norwegen
U2513	XXI	Norwegen
U2518	XXI	Norwegen
U2529	XXI	Norwegen/ UdSSR

Name	Typ	Ort
U3008	XXI	Kiel
U3017	XXI	Norwegen
U3035	XXI	Norwegen/ UdSSR
U3041	XXI	Norwegen/ UdSSR
U3514	XXI	Norwegen
U3515	XXI	Norwegen/ UdSSR[3]
U4706	XXIII	Norwegen

Name	Typ	Ort
UD2	(ehemals holländisch)	Kiel
UD3	(ehemals holländisch)	Kiel
UD4	(ehemals holländisch)	Kiel
UD5	(ehemals holländisch)	Norwegen
UIT24		Ferner Osten*
UIT25		Ferner Osten*

[1] *U995:* Das Boot wurde nach dem Krieg in der norwegischen Marine eingesetzt und später an Deutsch-
land zurückgegeben, wo es seither an der Küste beim deutschen Marine-Mahnmal von Laboe als
Museums-Boot dient.

[2] Norwegen/UdSSR oder Großbritannien/UdSSR: U-Boote unter britischer Kontrolle, die für die Übergabe als Kriegsbeute an die Sowjetunion bestimmt wurden.

ANHANG 20

VON DEUTSCHEN UND ITALIENISCHEN U-BOOTEN IM ZWEITEN WELTKRIEG VERSENKTE ALLIIERTE UND NEUTRALE SCHIFFE UND DEREN TONNAGE

1. September 1942 bis 8. Mai 1945[1]

	1942		1943		1944		1945	
Januar[2]			(44)	307 196	(11)	74 816	(14)	67 410
Februar			(67)	362 081	(14)	66 043	(18)	75 911
März			(110)	633 731	(16)	94 721	(15)	65 901
April			(50)	287 137	(9)	62 149	(12)	64 532
Mai			(45)	237 182	(4)	24 423	(4)	10 722
Juni			(17)	76 090	(12)	57 406		
Juli			(46)	237 777	(14)	61 395		
August			(20)	92 443	(17)	91 454		
September	(96)	461 794	(16)	98 852	(8)	50 790		
Oktober	(89)	583 690	(20)	91 295	(4)	1 659		
November	(126)	802 160	(9)	30 726	(5)	25 193		
Dezember	(64)	337 618	(8)	55 794	(11)	53 268		
Gesamtergebnisse:	(375)	2 185 262	(452)	2 510 304	(125)	663 308	(63)	284 476

Gesamtergebnis 1. September 1942 bis 8. Mai 1945: (1015) 5 358 874

[1] Quelle: Tarrant (1989). Die Anzahl der verlorengegangenen Schiffe in Klammern; Tonnage in BRT angegeben. Hinweis: Die Verluste umfassen Schiffe in Geleitzügen und Einzelfahrer sowie jene Schiffe, die den von U-Booten gelegten Minen zum Opfer fielen. Vergleichbare Zahlen der Admiralität über Schiffsverluste durch U-Boote der Achsenmächte umfassen keine Verluste aufgrund von Minen, die durch U-Boote gelegt wurden.

[2] Hinsichtlich der Zahlen für September 1939 bis Dezember 1941 und Januar 1942 bis August 1942, siehe Band 1, Anhang 18, S. 884.

DANKSAGUNG UND QUELLEN

Diese Darstellung ist das Ergebnis von elf Jahren kontinuierlicher Forschungsarbeit in Archiven und anhand von veröffentlichten Arbeiten. Auf deutscher Seite stützt sie sich stark auf die täglich geführten Kriegstagebücher der Seekriegsleitung in Berlin und der U-Boot-Hauptquartiere an verschiedenen Orten sowie auf die Kriegstagebücher (oder Logbücher) der einzelnen U-Boote. Auf seiten der Alliierten greift die Darstellung vor allem auf die Einsatzberichte von Geleitzügen und von Kriegsschiffen und Flugzeugen zurück, die mit U-Booten in Berührung kamen, sowie auf die Vernehmungsprotokolle gefangener deutscher und italienischer U-Boot-Besatzungsmitglieder und schließlich auf Dokumente zur Funkentzifferung in London und Washington.

Die Kriegstagebücher der verschiedenen U-Boot-Kommandos umfassen Tausende von Seiten (größtenteils ins Englische übersetzt) und sind außerordentlich detailliert. Sie enthalten die Daten von Antritt und Ende der Feindfahrten sowie die (bekannten oder mutmaßlichen) täglichen Positionen aller auf See befindlichen U-Boote; ferner Namen, Zusammensetzung und Operationen der Gruppen (»Wolfsrudel«); Meldungen über Sichtung, Jagd und Versenkungen alliierter Schiffe und über Gefechtsschäden und technische Defekte sowie eine Beurteilung der Strategie und Taktik von Karl Dönitz oder anderen. Anhand von diesen Tagebüchern und den von anderen Forschern zusammengestellten bestätigten Schiffsverlusten der Allierten durch die U-Boote, anhand einer Unmenge von vor kurzem freigegebener Informationen, die aus dem entzifferten deutschen Funkverkehr stammen, und anhand von Daten aus anderen Quellen wie den Kriegstagebüchern einzelner U-Boote und Interviews mit Kommandanten und Besatzungsmitgliedern ist es mir möglich gewesen, beinahe alle wesentlichen Ereignisse der Feindfahrten nahezu aller U-Boote zu rekonstruieren.

Diese Studie stützt sich zwar größtenteils auf Primärquellen – Kriegstagebücher, Einsatzberichte, Berichte der Einheiten –, aber natürlich habe ich auch veröffentlichte Beiträge zum U-Boot-Krieg zu Rate gezogen. Diese unterscheiden sich sehr stark nach ihrer Authentizität, Verläßlichkeit und literarischen Qualität. Zu den verdienstvollsten zählen die offiziellen und halboffiziellen Kriegsdarstellungen der Alliierten und alle Publikationen des angesehenen deutschen Professors Jürgen Rohwer, die Bücher von Eberhard Rössler, Jack Mallmann Showell und Axel Niestlé sowie die von Günter Heßler und Karl Dönitz. Von großer Bedeutung sind auch die Werke der britischen Autoren Geoffrey Patrick Jones und Norman L. R. Franks, die sehr gewissenhaft die offiziellen britischen Archive durchforstet haben und die U-Boot-Versenkungen durch britische Luft- und Seestreitkräfte im einzelnen schildern. Auch die amerikanischen Autoren Philip Lundeberg, William T. Y'Blood und Max Schoenfeld sowie die Kanadier W. A. B. Douglas, Michael L. Hadley, Marc Milner, Roger Sarty und David Syrett müssen hier wegen ihrer ebenso kompetenten wie zuverlässigen Forschungen auf diesem Gebiet erwähnt werden.

Der Direktor der beeindruckenden Stiftung Traditionsarchive Unterseeboote in Cuxhaven, Horst Bredow, war mir stets eine große Hilfe und verschaffte mir wertvolle Dokumente zum allgemeinen Hintergrund und zu Detailfragen. Dazu zählt eine Liste aller deutschen U-Boote, die im Zweiten Weltkrieg gebaut wurden (in Form einer Broschüre). Die Angaben zu jedem Boot enthalten Typ, Bauort, Datum von Stapellauf, Indienststellung und Zuteilung zur Frontflottille (oder Schulflottille oder andere), ferner die Namen der Kommandanten und Zeitraum ihres Kommandos und das endgültige Schicksal des Bootes und der Mannschaft. Ein weiteres Dokument ist eine Zusammenstellung der alliierten Kriegs- und Handelsschiffe, die jedes U-Boot versenkte, aufgeschlüsselt nach den Kommandanten der einzelnen U-Boote. Herr Bredow half mir außerdem, Interviews mit deutschen U-Boot-Veteranen zu arrangieren.

Die langwierigste und gleichzeitig anspruchsvollste Herausforderung war die Zusammenstellung einer genauen Liste der von U-Booten versenkten alliierten Schiffe sowie der von alliierten Kräften versenkten U-Boote Viele entsprechende Listen, die vor einigen Jahren publiziert wurden, auch die offiziellen Listen der Regierungen, sind nicht genau. In jüngster Zeit haben britische, deutsche und andere Forscher diese Listen überprüft und ihre Ergebnisse veröffentlicht. Diese Überprüfung wird anhand von aktuellen, neu ans Licht gekommenen Informationen ständig fortgesetzt. Bei den von U-Booten versenkten Schiffen habe ich mich natürlich auf die Ausgabe von 1983 von Professor Rohwers unverzichtbarem Werk *Axis Submarine Successes of World War Two 1939–1945* gestützt. Bedauerlicherweise lag mir eine neue Auflage (1998) nicht rechtzeitig vor, um sie zu Rate zu ziehen. Die aktuelle Auflage sei hier allen Forschern auf diesem Gebiet wärmstens empfohlen. [Professor Rohwer hat dankenswerterweise in der deutschen Ausgabe dieses Buches seine neuesten Erkenntnisse ergänzt.] Bei den von alliierten Kräften versenkten U-Booten stützen wir uns auf die erste Auflage (1998) von Axel Niestlés *German U-boat Losses During World War II,* eine sehr detaillierte, akribisch recherchierte und deshalb ebenso unverzichtbare Darstellung.

Viele andere haben uns in unserer Forschungsarbeit unterstützt, und wir sind ihnen dafür überaus dankbar. Vor allem möchten wir Marcia Carr, Joans Bruder, Charles H. (»Ham«) Rutledge und Frederic Sherman danken. Marcia, die Bibliothekarin der Washington Island Library, beschaffte uns buchstäblich Hunderte Bücher und Zeitschriften (darunter auch einige recht obskure) über das Fernleihsystem der Bibliotheken in Wisconsin. Der Computerexperte Ham Rutledge entwickelte für die Erstellung des Registers ein eigenes Programm und half Joan bei zahllosen Problemen mit dem PC weiter. Aus reiner Gefälligkeit las unser teurer Freund Fred, ein ehemaliger Zeitungsverleger, das ganze (amerikanische Original-) Manuskript für uns Korrektur, bevor ich die beiden Bände dem Verlag übergab, und machte etliche Verbesserungsvorschläge. Der Verlag dankt Professor Jürgen Rohwer dafür, daß er die komplette deutsche Übersetzung Korrektur las.

Ferner sind wir dem bekannten Enigma-Forscher Ralph Erskine, der in Nordirland lebt, zu Dank verpflichtet. Er las die Seiten in Band 2, in denen von Enigma und den Bombas der Alliierten die Rede ist, korrigierte einige Fehler und teilte uns bereitwillig sein umfassendes Wissen über die Enigma mit. An dieser Stelle muß darauf hingewiesen werden, daß ein großer Teil dieser Geschichte im Frühjahr 1996 von der nationalen Sicherheitsbehörde noch nicht freigegeben war und daß noch Tausende von Dokumenten freigegeben werden müssen, ehe die Historiker zufrieden feststellen können, daß sich die Geschichte nunmehr anhand von Primärquellen lückenlos erforschen läßt.

Schließlich danken wir den vielen Mitarbeitern bei Random House, Inc., die die Veröffentlichung dieses Werks durch ihre Arbeit ermöglicht haben. Dazu zählen insbesondere unser Lektor Robert D. Loomis, die Herstellungsleiterin Sybil Pincus sowie der Lektor Chuck Thompson.

Viele andere unterstützten unsere jahrelange Arbeit mit (aufgezeichneten) Interviews oder mit einem Briefwechsel, unter anderen: Joachim Ahme, Debbie Anderson (geborene Desch), Phillip Bochichio, Horst Bredow, Gus Britton, Colin Burke, Otto von Bülow, Robert M. Coppock, Joseph J. Eachus, Alfred Eich, Wolfgang von Eickstedt, Carl Emmermann, Kristina Engstrom, Wilhelm Grap Lucille Guttermann, Reinhard Hardegen, Hans-Georg Hess, Veronica Mackey Hulick, Walter Kaeding, Frank Kaspras, Siegfried Koitschka, Hans-Günther Lange, Georg Lassen, Robert W. Love jr., Bruce I. Meader, Hans Meckel, Allan Rockwell McCann, George P. McGinnis, Timothy P. Mulligan, Jürgen Oesten, Helmut Pich, Georg von Rabenau, Alfred Rademacher, Jürgen Rohwer, Hans-Rudolf Rösing, Heinrich Schroeteler, Friedrich Schumann-Hindenberg, Herbert Sohler, Hans-Harald Speidel, Werner Techand, Louis W. Tordello, Robert H. Weeks, Otto Westphalen.

Die Fülle von Forschungsmaterial, die bei der Vorbereitung dieser Arbeit gesammelt wurde, darunter Tausende Seiten aus Dokumenten, Mikrofilmen und Mikrofiches, ist zusammen mit meinen Unterlagen für das Buch *Silent Victory: The U.S. Submarine War Against Japan* und für andere Bücher und Beiträge im Zusammenhang mit meiner wissenschaftlichen Tätigkeit in dem American Heritage Center an der University of Wyoming in Laramie archiviert worden. Ernsthaften Forschern der Seeoperationen während des Zweiten Weltkrieges und der alliierten Erfolge bei der Entzifferung des deutschen Funkverkehrs wird diese Sammlung eine große Hilfe sein.

UNVERÖFFENTLICHTE QUELLEN
Aus dem Naval Historical Center (NHC/NARA)

Als ich mit meiner Forschungsarbeit zum *Hitler's U-boat War* (dt.: *Der U-Boot-Krieg*) begann, entdeckte ich einen reichhaltigen Bestand an Primärquellen in dem Naval Historical Center (Historisches Zentrum der Navy, NHC), das in Washington, D. C., im Navy Yard liegt. Mitte der neunziger Jahre wurde dieses Material fast vollständig in das Staatsarchiv National Archives and Records Administration (NARA) in College Park, Maryland, verlegt, einem Vorort Washingtons. Zahlreiche Dokumente sind auf Mikrofilm aufgenommen worden, und in der NARA sind Kopien des Materials erhältlich.

Bei unserer Arbeit an dem Zentrum, wie auch bei vorhergehenden Forschungsarbeiten, wurden wir fachkundig – und hilfsbereit – von Bernard Cavalcante und Kathy Lloyd aus dem Mitarbeiterstab der Operational Archives (im folgenden NAVOPARCH) unterstützt. Wir sind ihnen zu großem Dank verpflichtet. Wir möchten ferner Dr. Timothy Francis in der Abteilung für Schiffsgeschichte und den Mitarbeitern der Navy Library danken. Folgende unveröffentlichte Quellen aus dem Zentrum waren besonders hilfreich: die Geschichte des Verwaltungsapparates (Administrative Histories) der US Navy im Zweiten Weltkrieg. Es handelt sich um seltene Typoskripte in der Navy Library, NHC. Einige Geschichten sind auf Mikrofiche erhältlich. Ein gedruckter Führer steht ebenfalls zur Verfügung. Folgende Darstellungen zogen wir zu Rate:

- #44 Fleet Air Wings.
- #138 Commander in Chief, U. S. Atlantic Fleet. 2 Bde., 758 S., Anhänge.
- #139 Commander Task Force Twenty-Four. 2 Bde. 208 S., Anhänge, siehe auch die unten genannte Quelle »Task Force 24«.
- #141 Destroyers, Atlantic Fleet. 80 S., Anhänge.
- #142 Air Force Atlantic Fleet History. 208 S.
- #146 Commander South Atlantic Force. 245 S.
- #160 Commander Caribbean Sea Frontier. 44 S., Anhänge.
- #161 History of Eastern Sea Frontier. 67 S.
- #162 Commander Gulf Sea Frontier. 337 S., Anhänge. Als Autor Jack A. Reynolds genannt.
- #164 Aruba-Curaçao Command Headquarters. 57 S., Anhänge.
- #165 The Guantánamo Sector. 458 S., Anhänge.
- #166 The Trinidad Sector. 195 S., Anhänge. Als Autor Robert F. Millett und Kenneth S. Wales genannt.
- #168 Naval Operating Base, Iceland. 107 S.

Assmann, Kurt, »Headline Diary«. 228 S. Auf englisch. GNR Box T-64 und T-78. (Mikrofilmrollen T-10, T-11, T-54.)

Assmann, Kurt, und Walter Gladisch, »Aspects of the German Naval War«. Aufsatz, 29 S. Auf englisch. GNR Box T-64 und T-81.

»Blockade Running Between Japan and Germany«. 27. 8. 1945. Aufsatz, 34 S. GNR Box T-78. (Mikrofilmrolle T-23.)

Boehm, Hermann, »The War at Sea«. Aufsatz, 11 S. Auf englisch. GNR Box T-66. (Mikrofilmrolle T-47.)

Clark, William Bell, »Submarines in the Western Hemisphere 1942 and 1943«. 3 Bde. (Sammelalben mit Zeitungsartikeln zum U-Boot-Krieg.) Einziges Exemplar. Navy Library, NHC.

Daily Position Reports of Allied Warships, Merchant-Ship Convoys, and Axis Submarines. (Tägliche Positionsmeldungen der alliierten Kriegsschiffe, Handelsschiffkonvois und der U-Boote der Achsenmächte, auf großen Atlantikkarten.) Chief of Naval operations: World War II Command File.

Dönitz, Karl, »Capitulation Address« (Kapitulationsansprache). 5 S. Auf englisch. GNR Box T-66.

– »The Conduct of the War at Sea« (Die Führung des Seekriegs). 34 S., Aufsatz. Auf englisch. 15. 1. 1946. GNR Box T-66 (Mikrofilmrolle 1985).

– Dokumente über oder zu Karl Dönitz. Aus deutschen Aufzeichnungen und anderen Quellen. Darunter sein offizieller Fitneßbericht (auf deutsch), ein geheimes Verhör von Dönitz durch die US Navy vom 16. 8. 1945 und eine Kopie des Verhörs vom 28. 6. 1945 durch die USSBS (siehe Dokumente der NARA). GNR Box T-87 TR-50 (Mikrofilmrolle T-50).

– »Talk to the Officers' Corps« (Gespräch mit dem Offizierskorps, am 8. 5. 1945). Auf englisch. GNR Box T-66.

Dossiers über einige deutsche Offiziere der Kriegsmarine in der U-Boot-Waffe (Mikrofilmrolle T-51):

1. Wilhelm Canaris	7. Karl-Heinz Moehle
2. Karl Dönitz	8. Günther Prien
3. Hans-Georg von Friedeburg	9. Erich Raeder
4. Werner Hartmann	10. Joachim Schepke
5. Fritz-Julius Lemp	11. Viktor Schütze
6. Heinrich Liebe	

Freiwald, Kurt [Kommandant von *U181,*] »U-boat Activity in the Indian Ocean« (U-Boot Aktionen im Indischen Ozean). 13. 1. 1950. Aufsatz, 16 S. Auf englisch. GNR Box T-66 (Mikrofilmrollen T-27 und T-47).

Fuerbringer, Wagner, »The *U-47's* Scapa Flow Undertaking« (Das Unternehmen Scapa Flow von *U47*). 3. 4. 1948. Aufsatz, 6 S. Auf englisch. GNR Box T-66 (Mikrofilmrolle T-47).

German Arctic Operations. Zwanzig Aufsätze, die auf Daten beruhen, die von deutschen im Nordmeer eingesetzten Marineoffizieren geliefert wurden. GNR Box T-94 (Mikrofilmrolle T-48, Misc. Serien 118-A bis 118-U). Insbesondere:

118-M	U-boat War versus USSR shipping (U-Boot-Krieg gegen die sowjetische Schiffahrt), 23 S.
118-O	U-boat mine laying (Minenunternehmen von U-Booten), 6 S.
118-S	U-boat Ops, technical (U-Boot-Operationen, technisches), 13 S.

German Arctic Operations. The Arctic sea route of the German auxiliary cruiser Komet, 8/14/40 to 9/5/40. Admiralty Report (Bericht der Admiralität) vom 4. 12. 1945. GNR Box T-80.

German Midget Submarines: *Marder, Biber, Molch, Hecht, Seehund.* GNR Box T-95.

German Minesweeping and Estimated Shipping Losses to Allied Mines. Zwei Berichte des Historikerteams der USN, 1950. 43 S. GNR Box T-93.

German Naval Air 1933–1945. Historische Darstellung, gestützt auf Dokumente der deutschen Seekriegsleitung, 15. 1. 1947. 37 S. (Mikrofilmrolle T-48, Misc. Serie, Nr. 4).

German Naval Policy in Face of the Air Menace from the West (Zusammenfassung). Bericht der britischen Bomber Survey Unit, 7. 9. 1945. 85 S. GNR Box T-79.

German Submarine Type XXI. Method of production. Bericht der Admiralität vom Januar 1945. (Gestützt auf etwa 5000 Dokumente, die in den Hermann-Göring-Werken in Straßburg beschlagnahmt wurden.) 27 S. GNR Box T-79.

German Submarine Type XXI. Bericht der USN Portsmouth Naval Shipyard vom März 1946 (technische Überprüfung). Submarines/Undersea Warfare Division. Serie 3, Reihe 3, Box 9 (Mikrofilmrolle NRS 517).

German Technical Aid to Japan: A Survey by the Division of Naval Intelligence. 15. 6. 1945. GNR Box T-95.

»German U-boats from Which Prisoners Were Taken During Hostilities by British and American Forces«. 15 S. Ohne Datum (nach dem Krieg). Die Verzeichnisse enthalten U-Boot, Typ, Datum, Kommandant, die alliierte Streitkraft, die für die Zerstörung verantwortlich war, und die Zahl der gefangengenommenen Offiziere und Mannschaften je Boot. GNR Box T-76.

Godt, Eberhard, »Critical Review« (Kritische Rezension) eines Aufsatzes »Die Unterseebootswaffe im Zweiten Weltkrieg« von Karl-Heinz Moehle. 27. 11. 1950. 20 S. Auf englisch. GNR Box T-67.

– »The War at Sea«. Aufsatz, 17 S. 3. November 1945. GNR Box T-64 (Mikrofilmrolle 1985).

Handbook for U-boat Commanders (Handbuch für U-Boot-Kommandanten), Ausgabe von 1942, 117 S. Auf englisch (Mikrofilmrolle T-50, Nr. TR 41). Siehe das ähnliche Dokument von E. J. Coates, das im Abschnitt Bücher zitiert ist.

Heye, Hellmuth, »The Naval Aspects of the War« (Der Krieg aus Sicht der Marine). Aufsatz, 33 S. Auf englisch. GNR Box T-66 (Mikrofilmrolle NRS 1985).

– Operation of German Small Battle Units. (Kleinst-U-Boote.) 22. 5. 1945. 8 S. GNR Box T-100.

Holtorf, Erich, und Alfred Behr, »Defensive Measures Against Enemy Type XXI and Walter Type XXVI U-boats« (Defensivmaßnahmen gegen die feindlichen Typ-XXI- und Walter-Typ-XXVI-Boote). 14. 2. 1951. 14 S. Auf englisch. GNR Box T-68.

– »Fighting Enemy Submarines with Three-Dimensional Torpedoes« (Bekämpfung feindlicher U-Boote mit dreidimensionalen Torpedos). 33 S. Auf englisch. GNR Box T-69.

– »German Torpedo Fire-Control Systems in WW II« (Deutsche Torpedofeuerleitsysteme im 2. WK). 22. 5. 1951. Aufsatz, 17 S. Auf englisch. GNR Box T-69 (Mikrofilmrolle NRS T-47).

– »LUT Torpedo Firing Method from Depth« (Abschußmethode der LUT-Torpedos aus der Tiefe). 26. 2. 1951. Aufsatz, 18 S. Auf englisch. GNR Box T-69.

Interrogation of U-boat Survivors, 1942–1944 (Verhöre von Überlebenden deutscher U-Boote, amerikanische »post mortems« oder Nachrufe): Geschichte, Versenkung und technische Details einiger U-Boote, die von amerikanischen Kräften zerstört wurden, gestützt auf Informationen von überlebenden Kriegsgefangenen. Meist handelt es sich um ausführliche Berichte über etliche Seiten Papier. Mit Ausnahme der fünf gekennzeichneten Fälle sind diese Dokumente auch auf Mikrofilm erhältlich (NRS 1979-107 und NRS 1980-28). Eine NRS-Angabe in Klammern verweist auf zusätzliche Informationen auf anderen Mikrofilmrollen über die amerikanischen Kräfte, die das Boot versenkten:

Nr. 1	*U85* (NRA 1973-98)	Nr. 24	*U409* (nicht auf Mikrofilm)
Nr. 2	*U352* (NRS 1973-106)	Nr. 25	*U662* (nicht auf Mikrofilm)
Nr. 3	*U701* (NRS 1973-110)	Nr. 26	*U185* und *U604*
Nr. 4	*U210*	Nr. 27	*U664*
Nr. 5	*U94*	Nr. 28	*U848* und *U841*
Nr. 6	*U162*	Nr. 29	*U172* (NRS 40)
Nr. 7	*U595*	Nr. 30	*U231*
Nr. 8	*U164*	Nr. 31	*U761*
Nr. 9	*U512*	Nr. 32	*U575*
Nr. 10	*U606*	Nr. 33	*U801*
Nr. 11	*U203* (NRS 1973-105)	Nr. 34	*U177* und *U195*
Nr. 12	*U569*	Nr. 35	*U856* (NRS 1983-34)
Nr. 13	*U128* (NRS 1973-99)	Nr. 36	*U515* und *U68* (NRS 1980-64)
Nr. 14	*U521* (NRS 1973-107)	Nr. 37	*U1059*
Nr. 15	*U118*	Nr. 38	*U66* (NRS 281)
Nr. 16	*U67*	Nr. 39	*U860*
Nr. 17	*U598*	Nr. 40	*U371* und *U410* (NRS 1976-30)
Nr. 18	*U513*	Nr. 41	*U616* (NRS 1972-101)
Nr. 19	*U527*	Nr. 42	*U490*
Nr. 20	*U487* (nicht auf Mikrofilm)	Nr. 43	*U453*
Nr. 21	*U615* (nicht auf Mikrofilm)	Nr. 44	*U960*
Nr. 22	*U199*	Nr. 45	*U233*
Nr. 23	*U591* (nicht auf Mikrofilm)	Nr. 46	*U1229*

Hinweis: Grobe Zusammenfassungen und Kopien der obigen Quellen und in einigen Fällen zusätzliche Quellen sind auch in der NARA zu finden, unter Record Group 38, 80 und 165. Siehe unten.

Außerdem befinden sich im Command File weitere Dokumente zu folgenden U-Booten, die nach feindlichen Handlungen kapitulierten:

U234	*U1228*
U805	*U1230*

Dokumente zur Versenkung oder Aufgabe der folgenden U-Boote sind auf Mikrofilm zu finden:

NRS 153	*U858*	NRS 1973-102	*U175*
NRS 202 und 1974-35	*U505*	NRS 1973-103	*U176*
NRS 321	*U405*	NRS 1973-104	*U182*
NRS 328	*U550*	NRS 1973-108	*U548*
NRS 1973-100	*U157*	NRS 1979-109	*U857*
NRS 1973-109	*U576*	NRS 1977-69	*U853*
NRS 1973-101	*U166*		

Kennedy, Joseph P., jr., Unterlagen zu seiner Navy-Laufbahn und zu seinem Tod während des Krieges. (Mikrofilmrolle NRS 1974-74).

King, Ernest J., Seine Unterlagen. Serie XI, Box 13. Ordner: »Review of Marshall, Arnold and King correspondence re ASW, 1942–1943« (Überblick über die Korrespondenz zwischen Marshall, Arnold und King zur U-Boot-Abwehr).

Knowles, Kenneth A., H. Q. USN, und K. E. Donegar, H. Q. British Admiralty, »German U-boat Fleet in World War II: Final Disposition« (Letztes Schicksal der deutschen U-Boote im Zweiten Weltkrieg: versenkt, selbstversenkt etc). 1. 9. 1945. 144 S. GNR Box T-97 (Mikrofilmrolle NRS T-48, Misc. Serie Nr. 155).

Leuthen, Group. Attack on convoy ON 202 (Gruppe Leuthen. Der Angriff auf ON 202, den »Zaunkönig-Geleitzug«). September 1943. Aus dem Deutschen übersetzte Schilderung mit einem Kommentar von Dönitz. 13 S. GNR Misc. Serie, Box T-95.

Location of U. S. Naval Forces. Chief of Naval Operations: World War Two Command File. (Eine tägliche Aufzählung der Position und der Gefechtsbereitschaft aller Kriegsschiffe und Patrouillenbomber.)

Lockwood, C[harles] A., jr. (Marineattaché, London), »Translation of Operation Order of 5/20/41 captured from German tanker *Gedania*« (Übersetzung des Einsatzbefehls vom 20. 5. 1941, erbeutet von dem deutschen Tanker *Gedania*). 14 S. GNR Box T-96.

Low, Francis S., »A Personal Narrative of Association with Fleet Admiral Ernest J. King, U. S. Navy«. 49 S. 1961 (Mikrofilmrolle NRS 1975-61).

Lüth, Wolfgang, »Problems of Leadership in a Submarine« (Führungsprobleme in einem U-Boot) oder: »On Being a U-boat Captain« (Wie es ist, ein U-Boot-Kommandant zu sein). 15 S. GNR Box T-69 oder T-84. (Mikrofilmrolle NRS 1973-110).

Lüdden, Siegfried, Dokument zu den U-Boot-Operationen im Fernen Osten, das er am 6. 5. 1944 auf See verfaßte. Erbeutet von Kräften der französischen Résistance. Am 9. 11. 1944 an das ONI weitergeleitet. Auf englisch. GNR Box T-76 (Mikrofilmrolle NRS T-23).

Mejer, Otto und H. Reinecke, »Cooperation of U-boats and *Luftwaffe* in Attacks on Convoys« (Zusammenarbeit von U-Booten und Luftwaffe bei Angriffen auf Geleitzüge). 8 S. Auf englisch. GNR Box T-69. (Mikrofilmrolle NRS T-47).

Merker, Otto, Interview der USN mit ihm über den deutschen Schiffbau, mit besonderem Augenmerk für die Typ-XXI- und -XXIII-Boote. (Mikrofilmrolle NRS T-25.)

Metcalf, Martin K., siehe Tenth Fleet.

Moehle, Karl-Heinz, »Report on, with Reference to Orders Alleged to Have Been Given to the 5th U-Boat Flotilla«. Box T-77. (Eine Auslegung des *Laconia*-Befehls.)

Mommsen, Hans-Günther, Interview der USN mit ihm über Arbeitskräfte und Materialien für den deutschen Schiffbau. (Mikrofilmrolle NRS T-25.)

Peters, Rudolph (FdU, Nordmeer 1942), »Submarine War in the Arctic Ocean« (U-Boot-Krieg im Polarmeer). 55 S. Auf englisch. GNR Box T-69 und T-92 (Mikrofilmrolle NRS T-30).

»Q-Ships, Reports and Documents Concerning Operations in World War II« (Q-Schiffe, Berichte und Dokumente zu den Operationen im Zweiten Weltkrieg: *Atik, Asterion, Eagle, Big Horn, Irene Forsyte.*) World War Two Command File. Siehe dazu auch ESF War Diary, Okt. 1943, Kap. 2, etwa ab S. 190. (Mikrofilmrollen NRS 478 und NRS 1975-94). Dazu auch War Diary, ESF etc.

Raeder, Erich, Denkschrift an Admiral [Kurt] Assmann zu Hitlers Entscheidung, Barbarossa, die Invasion der UdSSR, zu starten. 10. 1. 1944. GNR Box T-80.

Rösing, Hans-Rudolf, Interview der USN mit ihm zur Logistik der U-Boote und den französischen Stützpunkten. (Mikrofilmrollen NRS T-22 und NRS T-25).

Ruge, Friedrich, et al., »The Soviet Union as Opponents at Sea« (Die Sowjetunion als Gegner auf See). Der Seekrieg zwischen Deutschland und der Sowjetunion, 1941–1945, wie er von den Deutschen empfunden und analysiert wurde. GNR Box T-70

(Mikrofilmrolle NRS T-33). Von der USNI auch in Buchform veröffentlicht, siehe Ruge.

Schill, Group. Attack on convoy MKS 28/SL 138, October 1943 (Gruppe Schill. Angriff auf Geleitzug MKS 28/SL 138, Oktober 1943). Aus dem Deutschen übersetzte Schilderung mit einem Kommentar von Dönitz. 13 S. GNR Misc. Series, Box T-95.

Schlicke, Heinz, »Electronic Research in the German Navy« (Elektronische Forschungen in der deutschen Kriegsmarine). Transkript von zehn Vorlesungen, die vor der US Navy gehalten wurden. Auf englisch. GNR Box T-73 (Mikrofilmrolle NRS T-40).

Schrader Albert E., »War Diary, Naval Attaché, Berlin 9/1/39 to 3/24/41« (Kriegstagebuch, Marineattaché in Berlin, 1. 9. 1939 bis 24. 3. 1941). (Mikrofilmrolle NRS 542).

Schuessler, Captain, »The [German] Navy's Battle Against the Treaty of Versailles, 1919–1935« (Der Kampf der Marine gegen den Vertrag von Versailles, 1919–1935). Aufsatz, 53 S. Auf englisch; zu den U-Booten siehe S. 26–34. GNR Box T-73 und T-84 (Mikrofilmrollen NRS T-34 und NRS 1985).

Schuster, Captain, und Otto Schniewind, »The War at Sea«. 76 S. GNR Box T-73. (Mikrofilmrolle NRS 1985).

Stark, Harold R., Private Papiere und Briefe von London aus an den Marineminister, Commander in Chief und andere zur U-Boot-Abwehr, 1942–1945. Rund 200 S. (Mikrofilmrolle NRS 235.)

Talbot, Melvin F. (Beobachter der USN bei den Nürnberger Prozessen), »The Case Against Grand Admiral Doenitz«. 12. 7. 1946, Typoskript, 51 S. GNR Box T-105.

Task Force 24, History of (Januar–Dezember 1941). 150 S. World War Two Command File. (Mikrofilmrolle NRS II-453). Siehe auch USN Administrative Histories.

Tenth Fleet, »Assessment Committee: ASW by ›Incident‹ Number in World War II«. (Ein chronologischer Index für Dokumente zu 9328 »Zwischenfällen« oder alliierten Angriffen auf U-Boote.) (Mikrofilmrolle NRS 167).

– »Assessment Committee: Reports on Damage to Enemy Submarines, 6/4/42–1/7/46«. (Berichte über Schäden an feindlichen U-Booten, 4. 6. 1942–7. 1. 1946.) Berichte Nr. 1 bis 72. World War Two Command File, Box 260.

– Convoy and Routing. Auszüge aus verschiedenartigen Dokumenten aus: RCAF weekly ASW intelligence summaries (Wochenberichte der RCAF über die ASW-Aufklärung), 21. 3. 1943–14. 6. 1944. Brief von Noble an King enthält Protokolle und Nachträge der 21. Sitzung des War Cabinet Anti-U-boat Committee vom 23. 6. 1943. Atlantic Convoy Conference, Februar/März 1943: Protokolle, Berichte der Ausschüsse, etc. Dokumente und Botschaften zu Konvoipolitik und -operationen 25. 7. 1942–3. 12. 1943. (Mikrofilmrolle NRS 1969-57.)

– »History of the Anti-Submarine Measures«. World War Two Command File. 67 S. plus eine 18seitige »Chronology«. (Mikrofilmrolle NRS II-457).

– »History of Convoy and Routing«. World War Two Command File. 145 S. Von Martin K. Metcalf. 1949. (Mikrofilmrolle NRS 1971-36).

U-Boat Standing Orders (Ständige Befehle für die U-Boote). 143 S. Auf englisch. GNR Box T-91 und T-92.

United States, German, Italian and Japanese Submarine Losses in World War II. Ausgabe von 1963. (Mikrofilmrolle NRS 1976-107.) Siehe auch die Naval History Division in dem Abschnitt Bücher.

United States Navy, *Anti-Submarine Bulletin.* (»Yellow Peril«, gelbe Gefahr, genannt, wegen seines gelben Einbands). Eine Monatszeitschrift, Juni 1943 bis Mai 1945, dazu ein 44 seitiges »Summary«. World War Two Command File, Box 259 und 260. »Summary« nur auf Mikrofilm (NRS 1973-4). Eine ehemals streng geheime Schilderung der Schlacht im Atlantik, die technische Details über die Bewaffnung der Alliierten und der Achsenmächte, statistische Tabellen über die Schiffsverluste u. v. m.

enthält. Genau wie der British Monthly Anti-Submarine Report eine unschätzbare Quelle. (Siehe Public Record Office).

War Diary, Eastern Sea Frontier. Dezember 1941 bis September 1943. World War Two War Diary Collection (7 Mikrofilmrollen, NRS 1971-48). Register von 12/1941 bis 12/1944 (Mikrofilmrolle NRS 1988-23).

War Diary, Fleet Air Wing 7. World War II (Mikrofilmrolle NRS 1971-102).

War Diary, Fleet Air Wing 15. World War II (Mikrofilmrolle NRS 1974-54).

War Diary and History, U.S.N. Patrol Squadron VP 83 (im Mai 1943 umbenannt in VB 107), 15. 9. 1941 – 1. 10. 1945. Vorbereitet von Boyce S. McCoy.

War Diary (Kriegstagebuch oder KTB) of the Commander in Chief, Submarines (des Führers/Befehlshabers der Unterseeboote oder FdU/BdU). Auf englisch. GNR Box T-40 bis T-44 (5 Mikrofilmrollen, KTB, Nr. 1 – 5). Bei der NARA auch auf deutsch erhältlich, siehe den Führer von Mulligan. Das KTB/BdU endet am 15. 1. 1945. Wie Mulligan auf S. 2 seines Führers bemerkt, sind Berichte über die U-Boot-Operationen vom 15. 1. 1945 bis zum 21. 4. 1945 (auf deutsch) auf den Mikrofilmrollen 3900 und 1755 – 1759, 1995 zu finden. Außerdem fehlt ein Teil vom 16. 10. 1943 bis zum 31. 10. 1943 in dem KTB/BdU. Das Original wird im Bundesarchiv-Militärarchiv in Freiburg aufbewahrt, unter der Bezeichnung RM 87/32. Der fehlende Abschnitt kann zum Teil auch durch Heranziehen der Abschnitte über die U-Boot-Kriegführung im Kriegstagebuch der Seekriegsleitung (KTB/Skl, siehe unten) ergänzt werden.

War Diary (KTB) FdU U-boats Italy/Mediterranean (Italien/Mittelmeer) 8. 12. 1943 bis 31. 12. 1943. Auf englisch. GNR Box T-45 bis T-48. Bei der NARA auch auf deutsch erhältlich, siehe den Führer von Mulligan.

War Diary (KTB) FdU U-boats Italy/Mediterranean (Italien/Mittelmeer) 15. 7. 1942 bis 31. 12. 1942 (die Zeit vor und nach Torch). Auf englisch. NARA, RG 457, NSA Historical Collection, NR 3547, Box 110.

War Diary (KTB) FdU U-boats Italy/Mediterranean (Italien/Mittelmeer) 16. 1. 1944 bis 7. 9. 1944. Rohübersetzung ins Englische. GNR Box T-60. Auf Mikrofilm in der NARA auch auf deutsch erhältlich, siehe den Führer von Mulligan.

War Diary (KTB) FdU Norway (Norwegen) 18. 1. 1943 bis 15. 10. 1944. Auf englisch. GNR Box T-49 bis T-53. Auf Mikrofilm in der NARA auch auf deutsch erhältlich, siehe den Führer von Mulligan.

War Diary (KTB) Naval Group Command, West (Marinekommando West) 1. 6. 1944 bis 30. 6. 1944 (Invasion in der Normandie). 124 S. Auf englisch. GNR Box T-82 TR-5 (Mikrofilmrolle NRS T-7).

War Diary (KTB) of the Operations Division (der Seekriegsleitung oder Skl) Part A, Naval H. Q., Berlin 1939 – 1945. Box T-1 bis T-39. Auf englisch, allerdings mit erheblichen Lücken (16 Mikrofilmrollen, TM 100 A bis 100 P). Auf Mikrofilm in der NARA auch auf deutsch erhältlich, siehe den Führer von Mulligan. Der deutsche Text liegt auch gedruckt vor: *Kriegstagebuch der Seekriegsleitung* (KTB/Skl) *1939 – 1945, Teil A.* Hrsg. von Werner Rahn und Gerhard Schreiber mit Hansjoseph Maierhöfer. Herford, Hamburg: Mittler, 68 Bde. 1988 – 1997.

– Extracts (Auszüge) 5. 11. 1942 – 12. 11. 1942 zu den U-Boot-Operationen im Mittelmeer gegen Torch, 30 S. Auf englisch (schließt eine Lücke). GNR Box T-82 TR-1.

– Extracts of Appendix (Auszüge aus dem Anhang) »Supplement to the Submarine Situation« (Ergänzung zur U-Boot-Lage): 1. 10. 1942 bis 31. 12. 1942 zu U-Boot-Operationen im Südatlantik gegen Torch vom 8. 11. 1942 bis 16. 11. 1942. Auf englisch. 5 S. GNR Box T-92.

War Diaries (KTB) von U-Booten. Auszüge auf englisch, in chronologischer Reihenfolge:

U-Boot	Datum	Bemerkung	Mikrofilm	Reihe Nr.
U28	14. 9. 1939	gegen *Vancouver City*	T-23	
U31	24. 9. 1939	gegen *Hazelside*	T-23	
U47	8. 10.–21. 10. 1939	In Scapa Flow	T-50	Ziffer TR 18
U37	27. 5. 1940	gegen *Sheaf Mead*	T-23	
U100	27. 11. 1940–1. 1. 1941	Lorient–Kiel	T-50	Ziffer TR 19
U110	9. 3.–29. 3. 1941	Kiel–Lorient	T-50	Ziffer TR 19
U142	25. 7.–31. 8. 1941	östl. Ostsee	T-48	MS Ziffer 15
U652	4. 9.–5. 9. 1941	gegen *USS Greer*	T-48	MS Ziffer 149
U106	29. 10.–31. 10. 1941	gegen *USS Salinas*	T-48	MS Ziffer 146
U552	31. 10.–1. 11. 1941	gegen *USS Reuben James*	T-48	MS Ziffer 148
U701	27. 12. 1941–1. 4. 1942	Paukenschlag	T-50	Ziffer TR 22
U132	29. 1. 1942	gegen *USCG Hamilton*	T-48	MS Ziffer 147
U355	25. 8. 1942–6. 3. 1943	Nordmeer	T-50	Ziffer TR 20
U172	5. 10.–9. 10. 1942	Kapstadt	T-48	MS Ziffer 90
U68	5. 10.–8. 10. 1942	Kapstadt	T-48	MS Ziffer 88
U380	4. 11.–14. 11. 1942	gegen Torch	T-48	MS Ziffer 89
U205	7. 11.–11. 11. 1942	gegen Torch	T-48	MS Ziffer 89
U458	8. 11.–15. 11. 1942	gegen Torch	T-48	MS Ziffer 89
U605	9. 11. 1942	gegen Torch	T-48	MS Ziffer 89
U331	9. 11. 1942	gegen Torch	T-48	MS Ziffer 89
U561	10. 11.–12. 11. 1942	gegen Torch	T-48	MS Ziffer 89
U431	10. 11.–14. 11. 1942	gegen Torch	T-48	MS Ziffer 89
U77	10. 11.–11. 11. 1942	gegen Torch	T-48	MS Ziffer 89
U73	10. 11.–14. 11. 1942	gegen Torch	T-48	MS Ziffer 89
U593	11. 11.–13. 11. 1942	gegen Torch	T-48	MS Ziffer 89
U407	11. 11. 1942	gegen Torch	T-48	MS Ziffer 89
U595	12. 11.–14. 11. 1942	gegen Torch	T-48	MS Ziffer 89
U18	16. 6.–22. 7. 1943	Schwarzes Meer	T-48	MS Ziffer 155
U505	25. 12. 1943–4. 6. 1944	2 Feindfahrten	NRS 1974-35	
U763	5. 7.–9. 7. 1944	gegen Overlord	T-48	MS Ziffer 91
U745	1. 8.–20. 10. 1944	östl. Ostsee	T-48	MS Ziffer 16
U312	24. 12.–29. 12. 1944	Versuch an Scapa Flow	T-48	MS Ziffer 91
U2326	4. 5.–12. 5. 1945	Feindfahrt	T-48	MS Ziffer 14

Darüber hinaus liegen kurze Auszüge oder Zusammenfassungen von Kriegstagebüchern der U-Boote auf englisch vor, die nicht auf Mikrofilm aufgenommen wurden:

U-Boot	Datum	Bemerkung	GNR Box
U26	16. 9. 1939	1. Feindfahrt	T-81
U30	16. 9. 1939	1. Feindfahrt	T-81
U31	16. 9. 1939	1. Feindfahrt	T-81
U34	16. 9. 1939	1. Feindfahrt	T-81
U35	16. 9. 1939	1. Feindfahrt	T-81
U28	17. 11. 1939	gegen *Sliedrecht*	T-82
U48	17. 9. 1940	gegen *City of Benares*	T-78
U147	11. 12. 1940–15. 5. 1941	Feindfahrten	T-81
U44	16. 1. 1940	gegen *Panachandros*	T-82
U106	17. 1. 1941	gegen *Zealandic*	T-78
U94	20. 1. 1941	gegen *Florian*	T-81

U-Boot	Datum	Bemerkung	GNR Box
U96	17. 4. 1941	gegen *Almeda Star*	T-82
U123	19. 5. 1941–5. 6. 1942	Feindfahrten	T-81
U69	3. 7. 1941	gegen *R. L. Holt*	T-81
U74	7. 11. 1941	gegen *Nottingham*	T-78
U213	14. 5. 1942	setzt Agenten an Land	T-78
U68	15. 6. 1942	gegen *Frimaire*	T-81
U201	6. 7. 1942	gegen *Avila Star*	T-78
U172	10. 10. 1942	gegen *Orcades*	T-78
U178	10. 10. 1942	gegen *Duchess of Atholl*	T-78
U615	23. 10. 1942	gegen *Empire Star*	T-78
U604	30. 10. 1942	gegen *President Doumer*	T-78
U752	17. 11. 1942	gegen ein Passagierschiff	T-78
U172	23. 11. 1942	gegen *Benlomond*	T-78
U515	6. 12. 1942	gegen *Ceramic*	T-78
U456	23. 2. 1943	gegen *Kyleclare*	T-81
U129	2. 4. 1943	gegen *Melbourne Star*	T-78
U129	6. 5. 1944	gegen *Anadyr*	T-82

Wehr, Oskar, Konteradmiral. Kriegsgerichtsverfahren gegen ihn und andere wegen deutscher Torpedoversager, 27. 5. 1941. Rund 250 S. Auf deutsch (Mikrofilmrolle NRS T-26).

Weichold, Eberhard, »Axis Naval Policy in the Mediterranean, 1939–1943« (Seekriegführung der Achsenmächte im Mittelmeer). 130 S. Auf englisch. GNR Box T-76.

– »German Naval Defense [1944] Against the Allied Invasion« (Deutsche Seeverteidigung gegen die alliierte Invasion). 195 S. Auf englisch. GNR Box T-74 (Mikrofilmrolle NRS T-32).

– »Survey from Naval Point of View of the Organization of the GAF for Ops over the Sea 1939–1945« (Überblick aus der Sicht der Marine über die Organisation der Luftwaffe für Operationen über See). Auf englisch. GNR Box T-75 (Mikrofilmrolle NRS T-41).

– »War at Sea in the Mediterranean« (Seekrieg im Mittelmeer). 26. 2. 1947. Aufsatz, 80 S. Auf englisch. GNR Box T-75 (Mikrofilmrolle NRS T-47).

Whitehead, Thor, »Iceland and the Struggle for the North Atlantic 1940–1941«. Magisterarbeit, University of Georgia, 1972 (Mikrofilmrolle NRS 516).

Worthington, Joseph M., »A Biography of [Commander in Chief, Atlantic Fleet] Royal E. Ingersoll, U. S. Navy«. 2 Bde. Typoskript, 1009 S. (2 Mikrofilmrollen, NRS 1971-129). Enthält Kopien zahlreicher offizieller Korrespondenz zwischen King und Ingersoll sowie zwischen King und anderen zu den Operationen der Atlantic Fleet und den Geleitzügen u. a.

Auch in der National Archives and Records Administration (NARA)

Abgesehen von den oben genannten Quellen befinden sich buchstäblich Zehntausende von Primärquellen, auf Papier oder auf Mikrofilm, die die Operationen der U-Boote im Zweiten Weltkrieg betreffen, in der National Archives and Record Administration (NARA). Dazu zählen bezeichnenderweise Mikrofilme aller deutschen Marinearchive, die im April 1945 von alliierten Bodentruppen auf Schloß Tambach (in der Nähe von Coburg) erbeutet, nach England gebracht und auf Mikrofilm aufgenommen wurden.

Die Dokumente zum U-Boot-Krieg in der NARA sind in verschiedenen als Record Groups bezeichneten Teilbeständen abgelegt. Wegen des immensen Umfangs dieser Teilbestände muß jeder Forscher rigoros selektieren und sich gezielt auf die Quellen beschränken, die schon auf den ersten Blick außerordentlich nützlich für ihn sind. Während unserer zahlreichen Besuche in der NARA leiteten uns zwei tüchtige Mitarbeiter bei unseren Nachforschungen an und halfen uns beim Kopieren von Tausenden Blättern und zahlreichen Mikrofilmrollen von Dokumenten: John E. Taylor, ein Archivar, und Dr. Timothy P. Mulligan, ein Experte für erbeutete deutsche und ähnliche Quellen.

Unter den erbeuteten deutschen Quellen in der NARA sind die Kriegstagebücher (KTB) der drei großen U-Boot-Kommandos (Atlantik, Mittelmeer, Norwegen) sowie von 889 einzelnen U-Booten besonders ergiebig. Der größte Teil dieser Quellen ist in den Jahren 1945–1947 von dem Office of Naval Intelligence der US Navy (des amerikanischen Marinenachrichtendienstes) unter der Bezeichnung Microfilm Publication T 1022 auf 147 Mikrofilmrollen aufgenommen worden. Diese Mikrofilmrollen (auf deutsch) sind einzeln gegen eine geringe Gebühr erhältlich. Dr. Mulligan hat einen unschätzbaren Führer zu diesen Mikrofilmrollen verfaßt (sowie Anweisungen, wie sie bestellt werden müssen), der bei der NARA erhältlich ist (siehe Mulligan im Abschnitt Bücher). Wie erwähnt, liegen die KTBs des U-Boot-Kommandos Atlantik (sowie die der Seekriegsleitung in Berlin) auf englisch auf Papier wie auch auf Mikrofilm vor. Die KTBs der Kommandos Norwegen und Mittelmeer liegen auf englisch auf Papier vor (nicht auf Mikrofilm).

Die KTBs der U-Boote, die ihre Fahrt überstanden und zum Stützpunkt zurückkehrten, sind von besonderem Wert. Sie enthalten tägliche Berichte über die Feindfahrt, Angriffe auf feindliche Schiffe, alliierte Gegenangriffe, außergewöhnliche Ereignisse, Treffen mit anderen U-Booten auf See und den Wortlaut offizieller Funksprüche an das Boot und von ihm. Ein detaillierter »Schußbericht« über jeden losgemachten Torpedo ist in der Regel an den Bericht über die Feindfahrt angefügt. Die letzten Fahrten vieler U-Boote, die nicht mehr zurückgekehrt sind, hat die U-Boot-Führung aufgrund von Befehlen, Funksprüchen, Versenkungsmeldungen, abgefangenen alliierten ASW-Meldungen und ähnlichen Quellen zusammengefaßt (und nach ihren Vermutungen ergänzt).

Hinweis: Einige der im folgenden genannten Record Groups in der NARA, die wir untersuchten, enthalten Kopien von freigegebenen Dokumenten der Admiralität aus der Naval Intelligence Division (dem britischen Marinenachrichtendienst, NID), die London in den Kriegsjahren an Washington weiterleitete.

Record Group 38 (Office of the Chief of Naval Operations)
Abgesehen von dem Material, das an das NHC übergeben wurde:

Chart Room Files (Akten aus dem Kartenraum).

Mehrere Boxen. Diese chronologischen Akten enthalten Kopien der gesamten operativen Korrespondenz des Commander in Chief (COMINCH oder C in C) Ernest J. King während des Krieges, eingehende wie ausgehende. Von besonderem Interesse sind natürlich die Briefe, die die U-Boot-Operationen, die Zusammensetzung und die Routen der Konvois, den Geleitschutz und andere Aspekte der Schlacht im Atlantik betreffen. Diese von Marinehistorikern selten zitierten Quellen sind von unschätzbarem Wert für Erkenntnisse über die amerikanischen, britischen und kanadischen Ansichten zum U-Boot-Krieg, über die eingeschlagenen taktischen Linien, unternommenen Schritte und Bewegungen der Kriegsschiffe.

Wir beschränkten unsere Nachforschungen in diesen Quellen auf die Zeitspanne vom 1. 1. 1942 bis etwa 1. 6. 1942, als die Operation Paukenschlag, der deutsche U-Boot-Feldzug gegen Amerika, im Gange war, und auf die Zeitspanne vom 1. 2. 1943 bis zum 1. 4. 1943, als die Atlantik-Geleitzugkonferenz zusammentrat. Jene Marinehistoriker, die Admiral King wegen seiner angeblichen Gleichgültigkeit gegenüber den deutschen Raubzügen in amerikanischen Gewässern scharf kritisiert haben, werden über die Fülle an Informationen in diesen Akten erstaunt sein, die genau das Gegenteil belegen.

OFFICE OF NAVAL INTELLIGENCE (ONI)
Naval Attaché Reports 1944–1947: Boxen 1 bis 16 und 214, 327, 469

Diese Dokumente, vor allem die der USN-Offiziere in London (COMNAVEU und COMTWELTHFLEET), enthalten viele technische und operative Informationen über U-Boote und ASW-Maßnahmen, die aus britischen Quellen stammen, unter anderem aus der Vernehmung von U-Boot-Kriegsgefangenen. Von besonderem Interesse sind folgende Bestände:

Box 3: Britische Zusammenfassungen von Informationen über U-Boote, 1944/45.

Übersetzung eines deutschen Handbuches zum taktischen Einsatz des deutschen akustisch zielsuchenden Torpedos (T-5 Zaunkönig oder GNAT), 5. 10. 1944.

Protokolle der Sitzung des »GNAT Panel« vom 17. 10. 1944.

Box 4: Radarortung des Schnorchels.

Box 5: Britische Untersuchung der Merkmale des deutschen akustisch zielsuchenden Torpedos (GNAT), 16. 1. 1945.

U-boat Flotillas and Personnel per February 1944 (U-Boot-Flottillen und Personalstand vom Februar 1944). Insgesamt 365 mit der Nummer und dem Namen des Kommandanten bezeichnete U-Boote.

Box 6: Weitere britische Untersuchung des deutschen akustisch zielsuchenden Torpedos, 17. 2. 1945.

Box 7: Sitzungsprotokolle des britischen Aircraft Anti-U-boat-Committee, 8. 2., 20. 3. und 5. 4. 1945.

Box 15: »Estimate of Russian Exploitation of German Submarine Types« (Schätzung der russischen Nutzung deutscher U-Boot-Typen, XXI, XXIII, Walter-Boote, etc.), 19. 4. 1948.

Box 16: Summary Report (Kurzer Abriß) of Type XXI and other U-boats.

Box 327: First Interrogation Report of Personnel of the German 29th U-boat Flotilla, Toulon, France (Erster Vernehmungsbericht von Mitarbeitern der deutschen 29. U-Flottille, Toulon), vom 13. 11. 1944. 12 S. Informationen und teilweise Schilderungen der Operationen von:

U230	*U421*	*U471*	*U586*	*U967*
U343	*U455*	*U562*	*U642*	*U969*
U410	*U466*	*U565*	*U952*	

Box 469: Summary of information on German U-boats (ohne Angaben über die Torpedos). Sehr gründliches 37seitiges Dokument (oder »Handbuch«), vorbereitet von E. G. N. Rushbrooke, Direktor der Naval Intelligence, Admiralität, 29. 11. 1943.

Handbook for the operations of the Type XXI U-boat. 42 S. Auf englisch, 10. 7. 1944.

Report on the capture in Toulon, France (Bericht über die Beute in Toulon, vorgefertigte Sektionen und Maschinen, die ausreichten, um zwei Boote vom Typ XXIII zusammenzubauen), 2. 2. 1945.

Subject File, 1942–1945, OP16 Z (von Algier zur britischen NID/1 PW). British Final Reports (Britische Abschlußberichte). Box 2.

Geschichte, Versenkung und technische Details von 36 U-Booten, die von britischen Kräften zerstört wurden, gestützt auf Informationen von überlebenden Kriegsgefangenen – die letzten britischen »post mortems« (Nachrufe). Folgende U-Boote sind in dieser Reihe enthalten:

U223	*U407*	*U671*	*U852*	*U1195*
U243	*U413*	*U672*	*U877*	*U1199*
U269	*U425*	*U681*	*U971*	*U1206*
U270	*U448*	*U715*	*U1003*	*U1209*
U300	*U450*	*U736*	*U1006*	
U385	*U473*	*U741*	*U1018*	
U390	*U550*	*U765*	*U1024*	
U399	*U608*	*U767*	*U1063*	

Hinweis: Kopien einiger dieser Dokumente sind in RG 80 und RG 165 zu finden (siehe den Führer von Mulligan) und im PRO (siehe unten).

Subject File, 1942–1945, OP16 Z (BAD Correspondence 1943–1944). Bericht zu dem deutschen Schlüssel »Irland« in der Post der Kriegsgefangenen, 12. 10. 1943. Box 2, 2 S.

Subject File, 1942–1945 OP16 Z (Naval Messages to PW Special, 1945). Box 13.

Notiz über den Schlüssel, der in den Briefen deutscher Kriegsgefangener während des Zweiten Weltkrieges angewandt wurde. Dazu ein Anhang mit einer Sammlung Briefe, 27. 7. 1945.

Ferner enthalten die Boxen 214, 327 und 469 Informationen über:

U300	*U575*	*U732*

Special Activities Branch, OP16Z. Interrogation Reports (Vernehmungsberichte, End- und Rohfassung).

1. Geschichte und technische Details von 46 U-Booten, die von amerikanischen Streitkräften zerstört wurden, und von einem *(U168)*, das von holländischen Streitkräften zerstört wurde, gestützt auf die Informationen von den überlebenden Kriegsgefangenen. In den meisten Fällen sind die Endfassungen Duplikate der amerikanischen »post mortems«, die bereits oben genannt wurden (unten in Klammern angegeben), in vielen Fällen enthalten jedoch die Rohfassungen zusätzliche interessante Informationen und Fotos. (Siehe auch die Record Groups 59, 80 und 165.) In diesem Bestand werden folgende zerstörte U-Boote erfaßt:

U66 (PM 38)	*U203* (PM 11)	*U515* (PM 36)	*U616* (PM 41)
U67 (PM16)	*U210* (PM 4)	*U521* (PM 14)	*U662* (PM 23)
U85 (PM 1)	*U231* (PM 30)	*U527* (PM 19)	*U664* (PM 27)
U118 (PM 15)	*U233* (PM 45)	*U546*	*U761* (PM 31)
U128 (PM 13)	*U352* (PM 2)	*U569* (PM 12)	*U801* (PM 33)
U162 (PM 6)	*U371* (PM 40)	*U575* (PM 32)	*U841* (PM 28)
U164 (PM 8)	*U409* (PM 24)	*U591* (PM 23)	*U848* (PM 28)
U168	*U453* (PM 43)	*U595* (PM 7)	*U960* (PM 44)
U172 (PM 29)	*U487* (PM 20)	*U598* (PM 17)	*U1059* (PM 37)
U177 (PM 34)	*U490* (PM 42)	*U604* (PM 26)	*U1229* (PM 46)
U185 (PM 26)	*U512* (PM 9)	*U606* (PM 10)	
U199 (PM 22)	*U513* (PM 18)	*U615* (PM 21)	

2. Geschichte und/oder technische Details von zehn U-Booten, die sich nach Einstellung der Feindseligkeiten amerikanischen (USA), kanadischen (K) oder argentinischen (A) Führungsstellen ergaben:

U190 (K)	*U805* (USA)	*U889* (K)	*U1230* (USA)
U234 (USA)	*U858* (USA)	*U977* (A)	
U530 (A)	*U873* (USA)	*U1228* (USA)	

Record Group 59 (U. S. Department of State Central Decimal Files)
Die Ziffern 862.30/7-1045 bis 8-2145 und 862.30/8-445 bis 8-2145 enthalten Informationen über zwei U-Boote, die 1945 in Argentinien kapituliert haben:

U530 *U977*

Record Group 80 (Allgemeine Quellen, Secretary of the Navy)
Box 2334. »Official German Naval Reaction to the Subordination of the German Navy to the Supreme Command of the Armed Forces«. Historischer Essay, gestützt auf Vernehmungen von Großadmiral Karl Dönitz, Generaladmiral Otto Schniewind, Vizeadmiral von der Borne und Otto Mejer. 17 S. Ohne Datum (nach dem Krieg).

Verschiedene Boxen in dieser Record Group enthalten Informationen über U-Boote. Es handelt sich um die Boxen 665, 666, 1679, 1829, 1830. Folgende U-Boote werden behandelt:

U66	*U231*	*U371*	*U523*
U118	*U223*	*U490*	
U183	*U300*	*U515*	

Record Group 165 (Generalstab des War Department)
Records of the G-2 (Nachrichten-)Division (MIS-Y). Boxen 364, 441 bis 571, 599 bis 621, 640, 645, 669, 712, 724 bis 735, 745 und 746. Aufzeichnungen und Dokumente zu U-Booten, Schiffen und Marinematerial, gestützt auf die Vernehmung oder die Belauschung von deutschen Kriegsgefangenen. (Einige dieser Berichte wiederholen oder ergänzen die zuvor genannten amerikanischen oder britischen »post mortems«.) Folgende deutsche und italienische U-Boote werden behandelt:

U66	*U223*	*U464*	*U593*	*U805*	*Archimede*
U67	*U231*	*U487*	*U595*	*U841*	*Calvi*
U68	*U233*	*U490*	*U598*	*U848*	*Cobalto*
U73	*U234*	*U512*	*U604*	*U852*	*Millo*
U94	*U331*	*U513*	*U606*	*U856*	
U118	*U335*	*U515*	*U607*	*U858*	
U128	*U352*	*U517*	*U615*	*U860*	
U162	*U353*	*U521*	*U616*	*U873*	
U164	*U357*	*U527*	*U636*	*U877*	
U172	*U371*	*U530*	*U660*	*U960*	
U177	*U379*	*U532*	*U662*	*U977*	
U185	*U407*	*U546*	*U664*	*U1059*	
U195	*U409*	*U559*	*U681*	*U1163*	
U199	*U451*	*U569*	*U701*	*U1209*	
U203	*U453*	*U575*	*U761*	*U1229*	
U210	*U461*	*U591*	*U801*	*U2326*	

Darüber hinaus enthalten folgende Boxen außerordentlich interessante Dokumente:

724: Bound Volume, tabbed (unterteilt).

Tab A: An Appreciation of the Air Effort Against Submarines (Eine Einschätzung der Bekämpfung der U-Boote aus der Luft), verfaßt von der USAAF Eighth Air Force, Januar 1943. 25 S.

Tab B: USAAF Anti-Submarine Command Monthly Summary (Monatsbericht des ASW-Kommandos), Januar 1943. 36 S. Technische und Angriffsdaten, Geschichte des Kommandos und Routenkarten der Konvois SC 104 und SC 107 u. v. m.

»Schnorchel«: Bericht darüber, durch USN OP16 Z. 15. 2. 1945. 28 S.

727: POW Interrogations 5 G-55 NA #643 von *U118,* 23. 8. 1943, 11 S. Beschreibung der Schlüsselmaschine M (Enigma) und Bedienungsanleitung, Beschreibung des Gruppenhorchgeräts für U-Boote (Typ G.H.G. mit 48 Sensoren), Beschreibung der Funkausrüstung und der Antennen eines U-Bootes.

745: Digests (Auswahlen) of U-boat [technischen] Information from German POW Sources. Digest 1 (4. 12. 1943) bis Digest 59 (25. 6. 1945). Rund 200 S.

746: Intelligence Report (Bericht des Nachrichtendienstes) vom 21. 1. 1946 zu der Frage, ob es ein Fehler war, die gesamte Waffenproduktion der Kriegsmarine im Juni 1943 Speers Ministerium zu unterstellen. Gestützt auf ein Interview mit Hans-Günter Mommsen (Leiter der Materialbeschaffung, Kriegsmarine).

Record Group 218 (U. S. Joint Chiefs of Staff, JCS)

Joint New Weapons Committee Subject File (Sachgruppe des Vereinten Ausschusses für neue Waffensysteme): Mai 1942 – 1945. Boxen 1 und 18.

Box 1: Correspondence re ASW between Dr. Vannevar Bush, director of the Office of Scientific Research and Development (or his surrogates) and the JCS (ASW-Korrespondenz zwischen Bush, dem Leiter der Forschungs- und Entwicklungsabteilung, oder seinen Stellvertretern und den JCS). 4. 1. 1943 bis 5. 3. 1943.

Box 18: Entwurf eines Manuskripts: »Trends in Submarine Warfare«. Typoskript, 42 S. Ohne Datum (um Juli 1942). Eine amerikanische Zusammenfassung der ASW-Waffen der Vergangenheit, Gegenwart und der unmittelbaren Zukunft sowie Empfehlungen für die einzuschlagenden Wege bei der Forschung und Entwicklung.

Report: »Carriers for ASW Equipment«. 14 S. 18. 7. 1942. Eine Zusammenstellung der Schiffe und Flugzeuge der USN, die sich für die U-Boot-Abwehr eignen, und der Waffen, die sie mit sich führen, dazu eine Analyse der Merkmale der U-Boote und der Operationen.

Record Group 238 (Kriegsverbrechen während des Zweiten Weltkrieges)
Dieser Teilbestand enthält die offiziellen Dokumente der Prozesse gegen die Kriegsverbrecher in Nürnberg. Wir beschränkten unsere Nachforschungen auf die beiden Boxen 25 und 75.

Box 25: »Jackson Files« (die wichtigsten offiziellen Akten des amerikanischen Chefanklägers Robert H. Jackson). Zusammenfassungen und Analysen der Verhöre: Angeklagte Dönitz bis Ribbentrop. Siehe Dönitz.

Box 75: »Defense Document Books« (Dokumente der Verteidigung): Bormann, Dönitz, Frank. Siehe Dokumente zu Dönitz, Ordner 1 und 2.

Record Group 243 (United States Strategic Bombing Survey oder USSBS)
Die Final Reports (Abschlußberichte) 92 bis 100 mit ergänzenden Dokumenten. In den Boxen 47, 49 und 50.

Box 47: Final Report 92. »German Submarine Industry«. 108 S.

Exhibit (Beweisstück) M-1, M-2 und M-3: Alliierte Luftangriffe auf U-Boot-Werften in Hamburg, Bremen und Kiel.

Box 49: Final Report 92a11. Bombing of Submarine Base Brest, France. 10 S.

Box 50: Final Report 92a17. Interviews mit deutschen U-Boot-Konstrukteuren. Siehe die Transkripte von vier solchen Interviews:

Karl Dönitz am 28. 6. 1945.

Eberhard Godt am 15. 7. 1945.

Otto Merker (Leiter des Schiffbaus) am 20. 6. 1945.

Hans-Günter Mommsen (Materialbeschaffung) am 28. 6. 1945.

Minutes of the [German] Central Planning Committee (Sitzungsprotokolle des Zentralen Planungsausschusses) vom 4. 5. 1943 (Vortrag von Dönitz zum U-Boot-Krieg und zu den Nachschublinien) und vom 21. 12. 1943 (Vortrag Speers zur Produktion von Elektromotoren) sowie kurze Auszüge von anderen Sitzungen. Auszüge von Reden Speers zu den »Elektro-Booten« vom 3. 8. 1944 und 13. 1. 1945.

Record Group 457
Diese Sammlung enthält sämtliche Dokumente, die den Einbruch der Alliierten in die deutsche Enigma der Kriegsmarine betreffen und von der National Security Agency (NSA) bis 1998 freigegeben worden sind. In den Dokumenten sind nicht nur übersetzte, entzifferte Funksprüche enthalten, sondern auch technische und historische Studien über den U-Boot-Krieg, die sich auf diese Entzifferungen, auf den täglichen Austausch von Informationen über U-Boote zwischen den Submarine Tracking Rooms der USN, RCN und RN, auf Tages- und Wochenberichte über U-Boot-Operationen und ähnliches stützen. Wir benutzten zwei voneinander unabhängige und unverzichtbare Führer zu diesen Dokumenten: einen allgemeinen Führer, der von dem Modern Military Branch der NARA herausgegeben worden ist (36 Seiten, o. D.), und einen akribisch genauen EDV-Katalog, der nach U-Boot-Themen katalogisiert und indiziert ist, vorbereitet von Irwin G. New-

man, einem Gutachter für die Freigabe von Dokumenten und Archivar für die U. S. Naval Cryptologic Veterans Association (64 Seiten, vom 11. 9. 1992).

Besonders wertvolle Dokumente aus diesem Teilbestand:

Dokument	Kurztitel
SRH 003	Influence of U. S. Cryptologic Organizations on the Digital Computer Industry, (Einfluß amerik. kryptologischer Organisationen auf die digitale Computerindustrie), Samuel S. Snyder. 38 S.
SRH 008, SRH 009, SRH 024, SRH 025	History of Communications Intelligence in the Battle of the Atlantic (Geschichte der Funkaufklärung in der Schlacht im Atlantik). 4 Bde, 720 S. (Siehe auch Mikrofilmrollen NRS 78).
SRH 019	Axis submarine blockade running (U-Boote der Achse als Blokkadebrecher), 1942–1944. 33 S.
SRH 020	Narrative Combat Intelligence Center Joint Intelligence Center Pacific Ocean Area, 8. November 1945. 20 S.
SRH 037	Reports Received by U. S. War Dept. on the Use of Ultra in European Theater, World War II (Berichte über den Einsatz von Ultra in Europa). Oktober 1945. 33 S.
SRH 149	Brief History of Communications Intelligence in the U. S. 22 S.
SRH 152	History Review of OP20 G. 13 S.
SRH 197	Organization, Liaison, and Coordination of USN Communications Intelligence, 1941–1945 (Organisation, Verbindung und Koordination der USN-Funkaufklärung). 39 S.
SRH 201	Admonitions to U-boats (Ermahnungen an U-Boote), 1943–1945. 208 S.
SRH 208, SRH 236	ASW Reports, C in C an die Admiralität und umgekehrt, 1942–1945. 495 S. und 2869 S.
SRH 232	U. S. Navy C in C Radio Intelligence Appreciation Concerning German U-boat Activity in the Far East (Einschätzung des C in C zu U-Boot-Operationen im Fernen Osten), January–April 1945. 9 S.
SRH 260	OP20 G File of Memoranda, Reports, and Messages on German Blockade-Runners (World War II), 1943–1944. 238 S. (Auszüge).
SRH 279	Communications Intelligence Organization, 1942–1946. 82 S.
SRH 305	History of Communications Intelligence in the »undeclared war«. 29 S. (Siehe den Beitrag von Safford.)
SRH 306	Exploits and Commendations of OP20 G in World War II (Leistungen und Empfehlungen des OP20 G). 151 S.
SRH 355	Naval Security Group History to World War II, von Capt. J. S. Holtwick jr., Juni 1971. 464 S.
SRH 367, SRH 368	Evaluations of the role of Communications Intelligence in the Battle of the Atlantic (Einschätzung der Rolle der Funkaufklärung in der Schlacht im Atlantik). 90 S. und 111 S.
SRH 403	Wenger Papers. 78 S.
SRMN 022	USN log of Allied attacks reported by damaged U-boats (Logbuch über alliierte Angriffe), 6. 11. 1942 bis 30. 12. 1943. 311 S.

Dokument	Kurztitel
SRMN 023	USN log of U-boat attacks on Allied shipping, as reported by U-boats (Logbuch über U-Boot-Angriffe auf alliierte Schiffe), 4. 11. 1942 bis 10. 5. 1945. 578 S.
SRMN 030	U-boat trends, 1. 9. 1942 bis 1. 5. 1945. 120 S.
SRMN 031	U-boat position estimates, 10. 6. 1942 bis 6. 11. 1942. 152 S.
SRMN 032	U-boat tracking room ops, 2. 1. 1943 bis 6. 6. 1945. 281 S.
SRMN 035	Admiralty–C in C Ultra message exchange, 25. 6. 1942 bis 17. 10. 1944. 104 S.
SRMN 036	U-boat situation estimates, 15. 6. 1942 bis 21. 5. 1945. 185 S.
SRMN 037	U-boat Intelligence summaries, 1. 1. 1943 bis 16. 5. 1945. 655 S.
SRMN 038	Functions of the »Secret Room«. 10 S.
SRMN 040	U-boat fleet at end of World War II. 52 S.
SRMN 041	Liquidation of U-boats, 1942–1945. 245 S.
SRMN 043	U-boats and Overlord. 28 S.
SRMN 046	The U-boat problem, 4. 6. 1942 bis 16. 5. 1945. 103 S.
SRMN 048	U-boat positions and status, 12/1942 bis 5/1945. 191 S.
SRMN 049	»Secret Room« assessments of attacks on U-boats (Bewertungen des »Secret Room« der Angriffe auf U-Boote), Juli 1943 bis Juli 1944. 236 S.
SRMN 051, SRMN 051 A	OP20 G memos on U-boat activities, 12/1942 bis 5/1945. 540 und 214 S.
SRMN 053	U-boats east of Cape Town, 7/1944 bis 5/1945. 75 S.
SRMN 054	Special [technische] Studies re U-boats. 866 S.
SRMN 055	Forecasts and statistics re U-boat activities (Vorhersagen und Statistiken zu den U-Boot-Operationen), 26. 1. 1944 bis 11. 7. 1944. 47 S.
SRMN 056	U-boat successes against Allied ships (Erfolge gegen alliierte Schiffe), 1/1941 bis 4/1945. 74 S.

Außerdem mag es für einige Forscher nützlich sein, die Ziffer 9010 dieser Serie bei der NARA zu Rate zu ziehen: »German Navy/U-boat Messages Translations and Summaries: 1941 to 1945« (Übersetzungen und Zusammenfassungen deutscher Marine-/U-Boot-Meldungen: 1941 bis 1945). Diese gewaltige Dokumentenreihe in 67 Boxen ist knapp neun Meter lang und enthält 49668 entzifferte Funksprüche an U-Boote, die ins Englische übersetzt und chronologisch geordnet worden sind, 2. 1. 1941–9. 7. 1945.

Im Jahr 1996 übergab die NSA an die NARA rund 1,3 Millionen weitere Dokumente, die den Einbruch in die Schlüssel der Achsenmächte im Zweiten Weltkrieg betreffen. Diese Dokumente, die ebenfalls in Record Group 457 abgelegt sind, sind in einer Liste von 4923 knapp umrissenen Themen katalogisiert. Von besonderem Interesse für dieses Buch ist der Themenpunkt NR 1736, »Bombe History«. Es handelt sich um ein ausgezeichnetes elfseitiges und einzeilig getipptes Dokument, in dem die Geschichte des Baus der amerikanischen High-Speed-Bomba für den Einbruch in die Vier-Walzen-Enigma der Kriegsmarine geschildert wird, verfaßt am 24. 4. 1944 von Howard T. Engstrom, Ralph I. Meader und Joseph N. Wenger, den drei Männern, die das Projekt leiteten (RG 457, Box 705).

Der Katalog mit den 4923 aufgezählten Themenpunkten ist bei der NARA erhältlich. Der Katalog (über 200 Seiten) kann auch über das Internet von der Homepage der NARA geladen werden.

In der Library of Congress: Manuscript Division

Die Papiere von Ernest Joseph King. 4,50 Meter, rund 10 000 Einträge.

1. General Correspondence, 1908–1957. Boxen 1–18, siehe insbesondere Box 8, 9, 12, 14.
2. Subject File, 1924–1957. Boxen 19–26, siehe vor allem die Boxen 21 (General Board) und 22 (Anti-Submarine 1942–1944 sowie Memoranda für den Secretary of the Navy).
3. Escort-of-Convoy Instructions (Überarbeitet am 17. 11. 1941). U. S. Atlantic Fleet. 11 S. (LANTFLT 9 A).

Verschiedene Papiere (auf deutsch) zu den folgenden U-Booten (Boxen 161–172; Mikrofilmrollen 78–86):

U148	*U480*	*U552*	*U858*	*U977*
U172	*U505*	*U585*	*U873*	*U1058*
U234	*U530*	*U805*	*U967*	*U1064*

In dem britischen Public Record Office

Dokumente der Royal Navy und der britischen Codeknacker aus dem Zweiten Weltkrieg werden im britischen Public Record Office (PRO) in Kew, einem Vorort von London, aufbewahrt. Zu diesen Dokumenten liegen Findbücher auf EDV-Katalogen vor. Zahlreiche Dokumente zu diesem Thema sind auf Mikrofilm aufgenommen worden.

Wir beschränkten unsere Forschungsarbeit weitgehend auf die Dokumente zu den U-Boot-Operationen, den Versenkungen und den Informationen über U-Boote, die aus den Vernehmungen deutscher Kriegsgefangener gewonnen wurden. Der größte Teil der Dokumente zu den U-Booten aus der Entzifferung deutscher Funksprüche (»Ultra«) ist in dem großen Teilbestand ADM 223 abgelegt. Die meisten einschlägigen Marinedokumente sind in den Teilbeständen ADM 1, ADM 199 und ADM 237 abgelegt. Die Protokolle der wöchentlichen Sitzungen des Battle of the Atlantic und Anti-U-boat Committee (Ausschüsse zur Schlacht im Atlantik und zur U-Boot-Abwehr) sowie wichtige Nachträge sind in ADM 205 abgelegt (siehe auch War Cabinet Reihe CAB 86). Offizielle interne Monographien und Darstellungen der Admiralität (Reihe BR) zu den U-Booten sind in ADM 186 und ADM 234 abgelegt. Folgende Dokumente aus dem PRO zogen wir für dieses Buch zu Rate:

Papiere des First Sea Lord (ADM 205)

205/11 Minutes (Sitzungsprotokolle) of the Battle of the Atlantic Committee, 18. 4. 1941 bis 26. 7. 1941.

205/21 Spezielle Studien:
Interim progress report re ASW (Zwischenbericht über den Fortschritt bei ASW-Maßnahmen) von dem Berater des First Sea Lord (C. V. Usborne), 20. 1. 1942.

Japanese naval purchases from Germany (Japanische Marineeinkäufe aus Deutschland, über den NID), 26. 2. 1942.

Visit of G. R. Bromet and George E. Creasy to the U. S. and Canada to assess ASW. Berichte vom 24. 2. 1942.

Control of shipping in the West Atlantic during U-boat campaign (Kontrolle der Schiffahrt im Westatlantik während des U-Boot-Krieges). Teil 1: Institution of Convoy System. Teil 2: Routing of British-managed shipping. 14. 6. 1942.

Criticism of Allied ASW (Kritik der alliierten ASW-Maßnahmen) durch Air Officer Commander in Chief, Coastal Command (Philip Joubert) vom September 1942 und teilweise die Reaktionen auf diese Kritik durch ASW-Berater des First Sea Lord bei einer Sitzung, 27. 2. 1942.

205/23 Minutes of the Battle of the Atlantic Committee, 2. 9. 1941 bis 30. 6. 1942.

205/27 Correspondence with Prime Minister [Churchill], 1943.

205/30 Minutes of the [War Cabinet] Anti U-boat Committee und Summary of Achievements (Zusammenfassung des Erreichten), 3. 12. 1942 bis 23. 12. 1943.

205/35 Correspondence with Prime Minister [Churchill], 1944.

205/36 Minutes of the [War Cabinet] Anti U-boat Committee 1944.

205/44 Minutes of the [War Cabinet] Anti U-boat Committee 1945.

205/59 Prisoners of War (German).

Admiralty Center for Scientific Information (ADM 213)

213/573 German submarine construction (Deutscher U-Boot-Bau): »History of Walter Submarine Projects«, mit Interviews der Kommandanten der Walter-Boote vom Typ XVIIB *U1406* (Werner Klug) und *U1407* (Horst Heitz) nach dem Krieg.

213/574 Korrespondenz zwischen Dönitz und Hellmuth Walter zu neuen U-Boot-Entwürfen und Ausrüstungen. Auf englisch.

German submarine construction: »History of the Type XXI«.

Station Records: Western Approaches (ADM 217)

Schilderungen der Geleitzugfahrten und die Versenkungen durch U-Boote. Versenkte U-Boote aufgezeichnet. Siehe unten.

Naval Intelligence Papers (ADM 223)

223/8 Spezielle Studien:

Percentage of losses imposed on German U-boats (Prozentsatz der Verluste von deutschen U-Booten), 13. 8. 1943.

Enemy appreciation of Allied ASW aircraft (Feindliche Einschätzung der alliierten ASW-Luftwaffe), 24. 8. 1943.

U-boats in the Indian Ocean, 5. 9. 1943.

Rate of expenditure of U-boats (Kosten für U-Boote), 9. 10. 1943.

223/15 Ultra. Weekly U-boat situation reports (Wöchentliche Lageberichte), 20. 12. 1941 bis 28. 6. 1943. 216 S.

223/16 Ultra. U-boat appreciations and stories of convoy battles (Einschätzungen der U-Boot-Lage und Schilderungen von Geleitzugschlachten), 12/1941 bis 11/1943. 136 S. Im einzelnen folgende Geleitzüge:

SC 118	HX 229	ON 166	HG 76	SL 138/
SC 122	HX 231	ON 167	TM 1	MKS 28
SC 143		ON 202	UC 1	OS 57/
		ONS 5		KMS 31
		ONS 18		MKS 29
				SL 139/
				MKS 30

Spezielle Studien:

Estimated number of U-boats at sea (Geschätzte Zahl der U-Boote auf See), September 1939–Februar 1943, 19. 2. 1943.

Admiralty appreciation of U-boat situation (Einschätzung der U-Boot-Lage durch die Admiralität), 1. 8. 1943.

U-boats in the Caribbean and South America, Sommer 1943, 30. 8. 1943.

Fuel consumption of U-boats (Treibstoffverbrauch), 22. 9. 1943.

U-boat campaign in Cape area and Indian Ocean, Sommer 1943, 10. 8. 1943.

223/18 Ultra. Weekly U-boat situation reports and miscellaneous Signal Intelligence (andere Arten der Funkaufklärung), 5. 7. 1943 bis 27. 12. 1943. 113 S. (Auf Mikrofilm).

223/19 Ultra. U-boat appreciations and stories of convoy battles, 9/1943 bis 3/1944. 97 S. Im einzelnen folgende Geleitzüge:

JW 56A	JW 57	ONS 29
JW 56B	RA 57	ON 224

Spezielle Studien:

U-boat operations off South Africa: März–Juli 1943, 24. 10. 1943.

Resumption of U-boat operations against convoys (Wiederaufnahme der U-Boot-Operationen gegen Geleitzüge), 20. 9. 1943.

Claims by U-boats in (Treffermeldungen von U-Booten) 1943: Eine Analyse durch die Naval Section, Bletchley Park (J. H. C. Whitehead). Bericht vom 22. 2. 1944.

Experience of U-boat skippers now on operations (Erfahrung der momentan eingesetzten U-Boot-Kommandanten). 2. 3. 1944.

U-boat campaign in the Indian Ocean: September–Dezember 1943. Bericht vom 18. 3. 1944.

U-boat War: 12. 1. 1944 bis 12. 3. 1944. Bericht vom 14. 3. 1944.

223/21 Ultra. Weekly U-boat situation reports, 16. 10. 1944 bis 21. 5. 1945.

223/42 Godt address to U-boat commanders (Godts Aufruf an die U-Boot-Kommandanten). 14. 6. 1945. 2 S.

223/88 Spezielle Studie: Admiralty Use of Special Intelligence in Battle of [the] Atlantic. 7 S. o. D. (1945?).

Admiralty Use of Special Intelligence in Naval Operations, von G[eoffrey] E. Colpoys, dem verantwortlichen Offizier, Operations Intelligence Center. 379 S.

223/96 Ultra. Weekly U-boat situation reports, 26. 10. 1942 bis 25. 1. 1943.

223/98 Ultra. Weekly U-boat situation reports, 31. 5. 1943 bis 13. 9. 1943.

223/152 *U570,* die Kaperung und technischer Überblick.

223/170 Ultra. Weekly U-boat situation reports, 20. 9. 1943 bis 13. 12. 1943.

223/171 Ultra. Weekly U-boat situation reports, 20. 12. 1943 bis 30. 3. 1944.

Spezielle Studie: The achievements of individual U-boats in 1943. Naval Section (J. H. C. Whitehead), Bletchley Park, 21. 3. 1944.

223/172 Ultra. Weekly U-boat situation reports, 20. 3. 1944 bis 9. 10. 1944 sowie die Geleitzugschlachten im April und August 1944:

JW 58 JW 59

Spezielle Studien:

Note on U-boats in the Mediterranean, 18. 4. 1944.

Experience of U-boat skippers now on operations, 8. 5. 1944.

Movement of U-boats into the English Channel (Verlegung von U-Booten in den Ärmelkanal), 19. 5. 1944.

Minutes of meeting re publicity on U-boat kills, 10. 7. 1944.

Experience of U-boat skippers now on operations, 12. 7. 1944.

U-boats sunk or lost, September 1939 to September 1944. Analyse von Rodger Winn vom 1. 10. 1944.

223/220 Broschüre: *The Battle of the Atlantic* (September 1939 – Dezember 1943), 25 S.

Angriffe auf U-Boote, Bewertungen, Vernehmungen von Kriegsgefangenen u. ä.
Abgelegt in: ADM 1, Admiralty and Secretariat Papers.
ADM 199: War History Cases and Papers.
ADM 217: Station Records, siehe oben.

Folgende U-Boote sind in Dokumenten geschildert, die in ADM 1 und ADM 199 unter der bezeichneten Nummer abgelegt sind (Angriffe, Versenkungen, Kaperungen, etc.):

U16	199/128, 199/133, 199/206	*U75*	199/1134	*U187*	199/1409, 1/14304
		U76	199/1227		
U21	1/17588, 1/16848	*U79*	199/1334	*U194*	199/1413
U23	1/16848	*U86*	199/505	*U202*	199/1491, 199/ 2020
U26	199/131	*U91*	1/17561		
U27	199/126	*U93*	199/1255	*U203*	199/1411
U31	199/121	*U94*	199/1245, 199/ 1247, 199/1254	*U205*	199/432, 1/14342
U32	199/121			*U210*	199/267
U33	199/123			*U216*	199/1253
U34	1/17590	*U95*	199/1134	*U233*	199/1491, 199/ 2023, 1/15794
U35	199/128	*U99*	199/1127		
U39	199/126	*U100*	199/1127		
U40	199/133	*U104*	199/121	*U242*	199/139
U46	199/127	*U110*	(Gekapert) 199/1123, 1/11133	*U243*	199/139
U47	199/127, 199/141, 199/1122			*U243*	199/520
				U245	199/504
U63	199/122	*U131*	199/1133	*U249*	1/17665
U70	199/1122	*U162*	199/1247	*U252*	199/1252
U71	199/1128	*U175*	199/2020, 199/ 1419	*U270*	199/522
U73	199/1259			*U279*	199/1415

U286	199/139
U307	199/139, 1/17649
U333	199/1245, 199/1254, 1/17561
U334	199/1413
U340	199/2025
U341	199/1413
U353	199/1267
U378	199/505
U379	199/1267
U383	199/1419
U385	199/522
U387	199/503
U400	199/503
U404	199/1245
U407	199/500
U409	217/7
U413	199/498
U417	199/1413
U419	199/1415
U432	1/16277
U433	199/1134, 199/1135
U434	199/1133
U443	199/432
U444	1/16277
U450	1/15796
U451	199/1133
U454	199/1420
U457	199/1251
U458	1/14532, 1/14581
U459	199/1491, 199/1419
U461	199/1419
U462	199/1491, 199/1419
U464	199/1247, 199/1251
U473	1/17556
U482	1/17668
U501	199/1129
U506	199/1491
U530	199/808
U540	199/1415
U546	1/17649
U551	199/1127
U556	199/1128
U558	199/1491
U559	199/1259, 1/14256
U568	1/12278
U570	(Gekapert) 199/1129, 1/11275, 1/11826
U581	199/1255
U607	199/1491
U608	199/139
U637	199/139
U643	199/1415, 199/2023, 1/14780
U651	199/1128
U655	199/1246, 199/1250
U660	199/719
U662	1/17561
U678	217/90
U706	199/1491, 199/1419
U715	199/519
U732	199/2025
U736	217/88
U741	199/1498
U744	199/1491, 199/2029, 217/95, 217/108
U752	199/1412
U765	1/17556
U844	199/1415
U852	199/518, 199/1458
U870	1/17561
U971	1/15791
U977	199/908
U979	199/139, 199/524
U1006	199/501
U1023	1/17340
U1024	1/17666, 1/17649
U1056	1/17274
U1209	199/503
U1232	1/17561
U1405	1/17561
U1406	1/17561
U1407	1/17561
U2008	1/17561
U2326	199/1139, 1/17661
U2336	199/139
U3008	1/17561
U3017	1/18949
U3519	1/18765
U3528	1/18765

Italienische U-Boote:

Asteria	199/432	*Durbo*	199/135
Avorio	199/432	*Glauco*	199/1132
Baracca	199/1132	*Gondar*	199/135
Berillo	199/1132	*Lafole*	199/135
Bianchi	199/1132	*Naiade*	199/135
Cobalto	199/1259	*Ondina*	199/1258
Caracciolo	199/1134	*Perla* (gekapert)	199/1258
DiBruno	199/131	*Veniero*	199/1258

Einige der genannten Dokumentenreihen enthalten auch spezielle ASW-Studien. Beispielsweise:

199/1245 The air offensive against U-boats (ORS Bericht 174 A, Luftoffensive gegen U-Boote). Juli 1941 – Dezember 1941. Datiert vom 10. 7. 1942. Italian U-boats, Intelligence Report 21. 11. 1942.

199/124 – 915 Attempt to capture U-boats – orders for operation (Einsatzbefehle zur Kaperung von U-Booten). Vom 5. 6. 1940.

199/1491 Summary of [ASW-]operations in the Bay [Biskaya]. 14. 6. 1943 bis 21. 9. 1943.

199/2032–2056 U-boat »incidents« (U-Boot-»Zwischenfälle«). Tageseinträge über die versenkten alliierten Schiffe, gesichteten, angegriffenen oder versenkten U-Boote, über gemachte Kriegsgefangene etc. (Siehe ähnliche Dokumente in der NARA, unter Tenth Fleet.)

1/17561 Postwar interviews of U-boat POW's (Interviews nach dem Krieg mit U-Boot-Kriegsgefangenen), geführt von Gilbert Howland Roberts, dem Commander der RN »Anti-U-boat School«:

Eberhardt Godt, 23. 5. 1945
Günter Heßler, 24. 5. 1945
Kurt Dobratz, 24. 5. 1945
Ernst Hechler, 24. 5. 1945
Leutnant Burkner, 24. 5. 1945
Waldemar Mehl, 25. 5. 1945
Heinz Walkerling, 27. 5. 1945
Peter Cremer, 29. 5. 1945

1/17617 Summary of [U-boat] information supplied by Eberhardt Godt on 12. 5. 1945. 49 S. Dazu Nachträge, unter denen sich eine, wie man wußte, unvollständige deutsche Liste von 635 U-Boot-Verlusten befindet.

199/135 Reports of C in C, Mediterranean Station, zu alliierten Angriffen auf U-Boote der Achse im Mittelmeer. Vom. 5. 11. 1940, 13. 3. 1941, 5. 4. 1941, 9. 8. 1941 und 22. 3. 1942.

199/139 Currents and tides in the Straits [sic] of Gibraltar (Strömungen und Gezeiten in der Straße von Gibraltar). Aufsatz von A. L. Maidens. 8 S. »Measures taken to prevent U-boats from penetrating territorial waters and entering the Mediterranean«. Report of C in C, Mediterranean Station (Bericht des Oberbefehlshabers Mittelmeer). 19 S.

Monthly Anti-Submarine Report September 1939–Dezember 1945, 6 Bde. 2284 S. (auf Mikrofilm)

Eine ehemals streng geheime Darstellung der Schlacht im Atlantik in einer Reihe monatlich erschienener Broschüren. Die von der Nachrichtenabteilung der Admiralität verfaßten Einträge enthalten detaillierte Schilderungen von Geleitzugschlachten, U-Boot-Versenkungen, Beschreibungen der Bewaffnung der Alliierten und der Achse, statistische Tabellen über die Schiffsverluste und Schäden nach Schiffstyp und der Nationalität, Informationen über den Bau neuer Schiffe nach Typen sowie Informationen aus den Vernehmungen von Kriegsgefangenen u. v. a. m. Auch wenn sich diese Monatsberichte in erster Linie auf Operationen der Marine konzentrieren, wird der Beitrag des RAF Coastal Command zur U-Boot-Abwehr keineswegs geschmälert. Die Einträge enthalten keine Hinweise auf entzifferte Funksprüche, dennoch sind sie immer noch unverzichtbar für jeden Historiker des U-Boot-Krieges. Besonders interessant sind die erzählerischen Schilderungen von U-Boot-Versenkungen und Geleitzugschlachten, die unten genannt sind.

ADM 199/2057 Bd. 1 (9/1939 bis 12/1940), 331 S.

U-Boote:

U13	*U39*	*Durbo*
U26	*U40*	*Galileo Galilei* (gekapert)
U27	*U42*	*Gondar*
U31	*U49*	*Liuzzi*
U33	*U55*	*Luigi Galvante*
U35	*U63*	

Geleitzüge:

HX 55	SC 2	OA 204
HX 66 A	SC 6	OB 202
HX 79		
HX 83		

ADM 199/2058 Bd. 2 (1/1941 bis 12/1941), 446 S.

U-Boote:

U32	*U111*	*Adua*
U70	*U138*	*Anfitrite*
U76	*U501*	*Baracca*
U95	*U566*	*Ferraris*
U99	*U570*	*Glauco*
U100	*U651*	*Naiade*
U110		

Geleitzüge:

SC 3	HX 90	SL 73	HG 53	OB 251	OS 10
SC 19	HX 121	SL 81	HG 64	OB 290	
SC 26	HX 133	SL 87	HG 75	OB 318	
SC 42		SL 89	OG 47	OB 336	
SC 57					

ADM 199/2059 Bd. 3 (1/1942 bis 12/1942), 475 S.

U-Boote:

U85	*U379*	*Cobalto*
U94	*U433*	*Emo*
U95	*U434*	*Ondina*
U131	*U464*	*Perla* (gekapert)
U162	*U568*	*Pietro Calvi*
U210	*U574*	
U335	*U581*	
U353	*U701*	
U372		

Geleitzüge:

SC 67	ON 55	SL 98	HG 76	OS 12	HX 217
SC 94	ON 59	SL 109	HG 84	OS 28	PQ 10
SC 104	ON 122	SL 118			MKF 1(Y)
SC 107	ON 138				

ADM 199/2060 Bd. 4 (1/1943 bis 12/1943), 393 S.

U-Boote:

U118	*U432*	*U523*
U135	*U439*	*U528*
U175	*U444*	*U533*
U185	*U454*	*U559*
U187	*U458*	*U604*
U202	*U468*	*U606*
U203	*U487*	*U607*
U205	*U506*	*U659*
U224	*U512*	*U660*
U331	*U513*	*U706*
U357	*U517*	*U732*
U409	*U521*	*U752*

Geleitzüge:

SC 118	HX 228	ON 144	ONS 18	KMS 10
SC 121	HX 229	ON 202	ONS 20	TM 1
SC 122	HX 263	ON 206		OS 44
SC 130		ON 207		XK 2
SC 143		ON 208		SL 126
				SL 138/MKS 28

ADM 199/2061 Bd. 5 (1/1944 bis 12/1944), 415 S.

U-Boote:

U177	*U407*	*U744*
U188	*U536*	*U761*
U223	*U539*	*U852* (Fotos)
U247	*U616*	*U960*
U340		

Geleitzüge:

SL 139/MKS 30	RA 57	JW 62
SL 140/MKS 31	JW 56 A	RA 59
	JW 56 B	RA 62
	JW 59	HXS 300

ADM 199/2062 Bd. 6 (1/1945 bis 12/1945), 224 S.

U-Boote:
U300 *U681* (Fotos) *U1024*

Geleitzüge:
HX 332 TBC 135
HX 346

Dieser Band enthält ferner eine Reihe von Aufsätzen, in denen verschiedene Aspekte des U-Boot-Krieges knapp umrissen werden. Siehe insbesondere »Radio War«, »Statistical Summary of the War on British, Allied and Neutral Merchant Shipping«, »Scientific History of Anti-Submarine Weapon Development« und »Final Assessments«. Das letzte Buch in diesem Band enthält ein 14seitiges Dokument, gestützt auf ein Interview mit Karl Dönitz von 1945, der die Phasen des U-Boot-Krieges aus seiner Sicht genau absteckt.

Britische »post mortems« (Besondere Reihe)

Im Office of History der Admiralität: Fünf voluminöse gebundene Bände:

U-Boote:

1939	1940	1941	1942	1943	1944
U27	*U13*	*U70*	*U92*	*U73*	*U91*
U35	*U26*	*U76*	*U201*	*U175*	*U257*
U39	*U31*	*U95*	*U331*	*U187*	*U264*
U40	*U32*	*U99*	*U335*	*U202*	*U358*
U42	*U33*	*U100*	*U353*	*U224*	*U386*
	U49	*U110*	*U357*	*U301*	*U406*
	U55	*U111*	*U374*	*U340*	*U472*
	U63	*U131*	*U379*	*U419*	*U744*
		U138	*U464*	*U426*	*U845*
		U433	*U517*	*U432*	*U973*
		U434	*U660*	*U439*	
		U451		*U444*	
		U501		*U454*	
		U556		*U459*	
		U570		*U461*	
		U574		*U468*	
		U651		*U489*	
				U523	
				U528	
				U536	
				U558	
				U593	
				U607	
				U659	
				U706	
				U752	

Italienische U-Boote:

Anfitrite	*Berillo*	*Durbo*	*Millo*	*Saint Bon*
Asteria	*Cobalto*	*Ferraris*	*Naiade*	*Tritone*
Avorio	*Calvi*	*Glauco*	*Ondina*	
Baracca	*Caracciolo*	*Gondar*	*Perla*	

»Heßler-Geschichte«

The U-boat War in the Atlantic: 1939–1945, von Günter Heßler, mit Alfred Hoschatt und Jürgen Rohwer. 396 S., dazu Karten.

Diese von Dönitz' Schwiegersohn für die britische Admiralität und die US Navy unmittelbar in den Nachkriegsjahren verfaßte Darstellung ist die einzige bekannte »offizielle« deutsche Geschichte des U-Boot-Krieges. Heßler wertete das geheime Kriegstagebuch des Führers/Befehlshabers der Unterseeboote aus (KTB/FdU bzw. KTB/BdU). Von nicht namentlich genannten Linguisten der Admiralität wurde die Darstellung ins Englische übersetzt und anschließend auf Mikrofilm aufgenommen. Im Jahr 1989 veröffentlichte das HMSO eine überarbeitete und verbesserte Version dieses unverzichtbaren Werkes in einem Band (siehe Abschnitt Bücher) mit einer Einführung von Andrew J. Withers, RN.

ADM 186/802 Bd. 1 (BR 305-1): August 1939 bis Dezember 1941.
ADM 234/67 Bd. 2 (BR 305-2): Januar 1942 bis Mai 1943.
ADM 234/68 Bd. 3 (BR 305-3): Juni 1943 bis Mai 1945.

BÜCHER

Abbazia, Patrick, *Mr. Roosevelt's Navy: The Private War of the U.S. Atlantic Fleet, 1939–1942.* Annapolis: Naval Institute Press, 1975.

Addington, Larry H. et al., Hg., *Selected Papers from the Citadel Conference on War and Diplomacy 1978.* Charleston S. C.: Citadel Press, 1979. Siehe dazu den Beitrag von Boyd.

Admiralty, *The Battle of the Atlantic. The Official Account of the Fight Against the U-boats, 1939–1945.* Official History. London: His Majesty's Stationery Office (HMSO), 1946.

– *British Vessels Lost at Sea 1939–45* (Kriegsschiffe, Handelsschiffe). HMSO, 1947. Nachdruck: Cambridge: Patrick Stephens, 1976.

– *The Defeat at the Enemy Attack on Shipping, 1939–45: A Study of Policy and Operations* (von F. W. Barley und D. Waters). Offizielle Darstellung. Zwei Bde. (1 A und 1 B). London: HMSO, 1957.

– *Submarines.* Bd. 3 von *Operations in Far Eastern Waters.* Offizielle Darstellung. London: HMSO, 1955. Nachdruck: *The Defeat of the Enemy Attack on Shipping, 1939–1945.* Eine redigierte Version der Naval Staff History Volumes IA (Text und Appendices) und I B (Pläne und Tabellen). Hrsg. von Eric J. Grove. Aldershot: Ashgate 1998.

Alman, Karl [Pseud. für Franz Kurowski]. Hat von 1971–1988 zahlreiche Bücher in Deutschland über den U-Boot-Krieg, die U-Boot-»Asse« oder -»Ritter« und Dönitz veröffentlicht. In einer detaillierten Analyse dieser Bücher hat sie der kanadische Historiker Michael L. Hadley (*Count Not the Dead,* 1995) treffend als »hackwork« (Stückwerk) bezeichnet. Darunter sind Hardcover- und Paperbackausgaben in der

Landser Militärreihe und von anderen Verlagen über: Albrecht Brandi (1988), Engelbert Endrass (1978), Werner Henke (1971), Hans-Günther Lange (1972), Georg Lassen (1976 und 1982), Heinrich Lehmann-Willenbrock (1978), Wolfgang Lüth (1988), Rolf Mützelburg (1971), Johann Mohr (1975), Günther Prien (1981), Joachim Schepke (1980), Helmut Witte (1977). Ein großer Teil desselben Materials wird in den folgenden Titeln wiederaufgewärmt (oder umgekehrt):
– *An alle Wölfe: Angriff!* Lichtsatz: Podzun-Pallas, 1986.
– *Angriff, ran, versenken!* Vorwort von Karl Dönitz. Rastatt/Baden: Erich Pabel, 1975.
– *Graue Wölfe in blauer See* (Über das Mittelmeer) Rastatt: Manfred Pawlak, 1985.
– *»Graue Wölfe« – Wilde See: Januar/Februar 1943.* Rastatt/Baden: Erich Pabel, 1973.
– *Die letzte Feindfahrt: Mai 1943.* Rastatt/Baden: Erich Pabel, 1973.
– *Ritter der Sieben Meere* (Geschichten von 18 U-Boot-Assen). Rastatt: Pabel AG, 1975.

Anderson, Frank J., *Submarines, Submariners, Submarining: A Checklist.* Hamden, Conn.: Shoestring Press, 1963.

Andrew, Christopher, Hg., *Codebreaking and Signals Intelligence.* London: Frank Cass and Company Limited, 1986. Siehe dazu die Beiträge von Denniston, Morris und Welchman. [Eine gebundene Ausgabe von Heft 1, Bd.1 der britischen Vierteljahreszeitschrift *Intelligence and National Security.*]
– *Her Majesty's Secret Service.* New York: Viking, 1986.

Andrew, Christopher und David Dilks, Hg., *The Missing Dimension: Governments and Intelligence Communities in the Twentieth Century.* Chicago: University of Illinois Press, 1984. Siehe die Beiträge von Rohwer und Stengers.

Andrew, Christopher und J. Noakes, Hg., *Intelligence and International Relations, 1900–1945.* Exeter: Exeter University Publications, 1987. Siehe dazu die Beiträge von Beesly, Bennett, Chapman, Hinsley, Rohwer und Thomas.

Arendt, Rudolf, *Letzter Befehl. Versenken. Deutsche U-Boote im Schwarzen Meer 1942–1944. Erinnerungen eines Kommandanten.* Hamburg: Mittler 1998.

Arnold, Henry H., *Global Mission.* New York: Harper and Brothers, 1949.

Assmann, Kurt, *Deutsche Seestrategie in zwei Weltkriegen.* Heidelberg: Vowinckel, 1957.

Auphan, Paul und Jacques Mordal [Pseud. für Hervé Cras], *The French Navy in World War II.* Übers. von A. C. J. Sabalot. Annapolis: Naval Institute Press, 1959.

Bagnasco, Erminio, *Submarines of World War Two.* Annapolis: Naval Institute Press, 1977.

Bailey, Thomas A. und Paul B. Ryan, *Hitler vs. Roosevelt: The Undeclared Naval War.* New York: The Free Press, 1979.

Barnett, Correlli, *Engage the Enemy More Closely* (Royal Navy im Zweiten Weltkrieg). New York: W. W. Norton & Co., 1991.

Bauer, Arthur O., *Funkpeilung als alliierte Waffe gegen deutsche U-Boote 1939–1945.* Rheinberg: Liebig Funk GmbH, 1997.

Bauer, Friedrich L., *Decrypted Secrets. Methods and Maxims of Cryptology.* Berlin/Heidelberg: Springer, 1997.

Bauer, Hermann, *Als Führer der U-Boote im Weltkriege, 1914–1918.* Leipzig: Koehler & Amelang, 1942.
– *Das Unterseeboot.* Berlin: E. S. Mittler & Sohn, 1931.

Baxter, James Phinney 3rd, *Scientists Against Time.* Boston: Little, Brown and Company, 1950.

Beach, Edward L., *The United States Navy: 200 Years.* New York: Henry Holt & Co., 1986.

Beaver, Paul, *U-boats in the Atlantic: A Selection of German Wartime Photographs from the Bundesarchiv, Koblenz* (Bildband). Cambridge, U.K.: Patrick Stephens Limited, 1979.

Beesly, Patrick, *Room 40: British Naval Intelligence, 1914–1918.* San Diego: Harcourt, Brace, Jovanovich, 1982.

– *Very Special Admiral: The Life of J. H. Godfrey, CB.* London: Hamish Hamilton, 1980.

– *Very Special Intelligence.* London: Hamish Hamilton, 1977. Deutsch: *Very Special Intelligence, Geheimdienstkrieg der britischen Admiralität 1939–1945.* Übers. von F. Forstmeier. Vorwort von Jürgen Rohwer. Berlin: Ullstein, 1978.

Behrens, C[atherine] B. A., *Merchant Shipping and the Demands of War.* London: HMSO, 1955.

Bekker, Cajus D. [Hans Dieter Berenbrock], *... und liebten doch das Leben. Die erregenden Abenteuer deutscher Torpedoreiter, Froschmänner und Sprengbootpiloten.* Hannover: Sponholtz, 1956; englische Ausgabe: *Defeat At Sea* or *Swastika at Sea.* New York: Ballantine, 1956.

– *The German Navy: 1939–45.* (Bildband.) Übers. von G. Stalling. New York: Dial, 1974.

– *Verdammte See. Ein Kriegstagebuch der deutschen Marine.* Stuttgart: Europäische Bildungsgemeinschaft, 1973; engl. Ausgabe: *Hitler's Naval War.* Übers. von Frank Ziegler. London: Macdonald & Janes, 1974.

– *X-Men.* Maidstone: George Mann Ltd., 1973.

Bennett, Ralph, *Ultra in the West.* New York: Charles Scribner's Sons, 1979.

– *Ultra and Mediterranean Strategy 1941–1945.* London: Hamish Hamilton 1989.

– *Behind the Battle. Intelligence in the War with Germany, 1939–1945.* London: Sinclair-Stevenson 1994.

Bertini, Marcello, *I Sommergibili in Mediterraneo. La Marina Italiana nella Seconda Guerra Mondiale.* Vol. XIII. Tome I, II, Rom: Ufficio Storico della Marina Militare, 1967, 1968.

Bird, Keith W., *Weimar, the German Naval Officer Corps and the Rise of National Socialism.* Amsterdam: B. R. Grüner, 1977.

Blair, Clay, jr., *Silent Victory: The U.S. Submarine War Against Japan.* Philadelphia: J. B. Lippincott Company, 1975.

Bloch, Gilbert, *Enigma avant Ultra.* Paris: Privatdruck, 1988. Auszüge daraus siehe Abschnitt Artikel.

Böddeker, Gunther, *Die Boote im Netz.* Bergisch Gladbach: Gustav Lübbe, 1981.

Böddeker, Gunther und Paul K. Schmidt, *Die Gefangenen; Leben und Überleben.* Frankfurt: Ullstein, 1980.

Bogolepov, V. P., *Blokada i Kontrblokada. Bor'ba na okeanskogo-morskikh soobshchinyakh vo Vtoroi Mirovoi vojna.* Moskau: Izdat Nauka, 1967.

Bonatz, Heinz, *Seekrieg im Äther. Die Leistungen der Marine-Funkaufklärung 1939–1945.* Herford: Mittler, 1981.

Botting, Douglas et al., Hg., *The U-boats. The Seafarers Series.* Alexandria, Va.: Time-Life Books, 1979. Deutsch: *Die U-Boote.* Aus der Reihe: Die Seefahrer. Amsterdam: Time-Life Bücher, 1989.

Boutilier, James A., Hg., *The RCN in Retrospect: 1910–1968.* Vancouver: University of British Columbia Press, 1982. Siehe dazu Beiträge von Beesly, Douglas und Rohwer, Lund, Milner.

Boyd, Carl, *The Extraordinary Envoy: General Hiroshi Oshima and Diplomacy in the Third Reich, 1934–1939.* Washington. D. C.: University Press of America, 1980.

– *Hitler's Japanese Confidant.* Lawrence: University of Kansas Press, 1993.

Boyd, Carl und Akihiko Yoshida, *The Japanese Submarine Force and World War II.* Annapolis: Naval Institute Press, 1995.

Bradley, Omar N. und Clay Blair, *A General's Life.* New York: Simon & Schuster, 1983.

Bragadin, Marc' Antonio, *The Italian Navy in World War II.* Übers. von Gale Hoffman. Annapolis: Naval Institute Press, 1957.

Breemer, Jan, *Soviet Submarines.* London: Jane's Information Group, 1989.

Brennecke, Hans Jochen, *Der Fall Laconia: Ein Hohes Lied der U-Boot-Waffe.* Biberach an der Riss: Koehlers, 1959.

– *Haie im Paradies: Der Deutsche U-Boot-Krieg in Asiens Gewässern 1943–1945.* Preetz/Holstein: Ernst Gerdes, 1961.

– *Jäger – Gejagte! Deutsche U-Boote 1939–1945.* Biberach: Koehlers, 1956; engl. Ausgabe: *The Hunters and the Hunted.* Übers. von R. H. Stevens. New York: W. W. Norton, 1957.

– *Unser Boot und wir im Mittelmeer: Die Feindfahrten eines deutschen Unterseebootes in Wort und Bild.* (Bildband). Berlin: Otto von Holten, 1943.

– *Die Wende im U-Boot-Krieg.* Herford: Koehlers, 1984.

Breyer, Siegfried und Gerhard Koop, *The German Navy at War.* 2 Bde. Bd. 2: *U-boats.* Übers. von Edward Force. West Chester, Pa.: Schiffer Publishing Limited, 1989. Siehe auch deutsche Kriegsmarine.

Brinkley, David, *Washington Goes to War.* New York: Alfred A. Knopf, Inc., 1988.

British and Foreign Merchant Vessels Lost or Damaged by Enemy Action During Second World War. B. R. 1337 (Restricted) (Including a Statistical Summary of the War on British, Allied and Neutral Shipping). From 3rd September, 1939, to 2nd September, 1945. London: Admiralty, Naval Staff (Trade Division), 1. Oktober 1945 (mit Korrekturen).

Brooks, Geoffrey. Siehe Hirschfeld.

Brown, Anthony Cave, *Bodyguard of Lies.* New York: Harper & Row, 1975.

– *»C«: The Secret Life of Sir Stewart Graham Menzies.* New York: Macmillan Publishing Company, 1987.

Brown, David J., *Warship Losses of World War Two.* London: Arms and Armour Press 1990.

Brustat-Naval, Fritz und Ali Cremer, *U 333.* Berlin: Ullstein 1982.

Brustat-Naval, Fritz und Teddy Suhren, *Nasses Eichenlaub.* Herford: Koehlers-Mittler, 1983.

Bryant, Arthur, *Triumph in the West.* Garden City: Doubleday & Company, Inc., 1959.

– *The Turn of the Tide.* Garden City: Doubleday & Company, Inc., 1957.

Bryant, Ben, *Submarine Commander.* London: William Kimber, 1958.

Buchheim, Lothar-Günther, *Das Boot* (Roman). Frankfurt, Wien, Zürich: Büchergilde Gutenberg, 1975; engl. Ausgabe: *The Boat.* Übers. von Denver und Helen Lindley. New York: Alfred A. Knopf, Inc., 1975.

– *Jäger im Weltmeer.* Vorwort von Karl Dönitz. Berlin: Suhrkamp, 1943.

– *U-Boot-Krieg.* Mit einem Essay von Michael Salewski. Stuttgart: Dt. Bücherbund 1977; engl. Ausgabe: *U-Boat War.* Übers. von Gudie Lawaetz. New York: Bantam Books, 1979.

– *Die U-Boot-Fahrer: Die Boote, die Besatzungen und ihr Admiral.* München: Bertelsmann, 1985.

Buderi, Robert, *The Invention That Changed the World.* (Radar.) New York: Simon & Schuster, 1996.

Buechner, Howard A. und Wilhelm Bernhart, *Adolf Hitler and the Secrets of the Holy Lance* (Roman). Metairie, La.: Thunderbird Press, Inc., 1988.

Buell, Thomas B., *Master of Seapower: A Biography of Fleet Admiral Ernest J. King.* Boston: Little, Brown and Company, 1980.

Bunker, John, *Heroes in Dungarees* (Handelsseefahrer). Annapolis: Naval Institute Press, 1995.

– *Liberty Ships: The Ugly Ducklings of World War II.* Annapolis: Naval Institute Press, 1972.

Burchard, J. E., *Q. E. D.: MIT in World War II.* New York: John Wiley, 1948.

Burke, Colin [B.], *Information and Secrecy.* Lanham, Md.: The Scarecrow Press, Inc., 1994.

Busch, Harald. *Totentanz der Meere: Todbringende Gespensterjagd.* Rastatt/Baden: Erich Pabel, 1960.

– *So war der U-Boot-Krieg.* Bielefeld: Dt. Heimatverlag 1952; engl. Ausgabe: *U-Boats at War: That's the Way It Was.* Übers. von L. P. R. Wilson. New York: Ballantine, 1955.

– *U-Boot auf Feindfahrt: Bildberichte vom Einsatz im Atlantik.* Gütersloh: Bertelsmann, 1942.

Busch, Rainer und Hans-Joachim Röll, *Der U-Bootkrieg 1939–1945.* Band I: *Die deutschen U-Bootkommandanten.* Band II: *Der U-Bootbau auf deutschen Werften.* Hamburg: Mittler, 1996, 1997. (Es sind weitere drei Bände in Vorbereitung.)

Butcher, Harry C., *My Three Years with Eisenhower.* New York: Simon and Schuster, 1946; dt. Ausgabe: *Drei Jahre mit Eisenhower.* Bern, 1946.

Bykofsky, Joseph und Harold Larson, *The U.S. Army Transportation Corps.* (Im Zweiten Weltkrieg) Teil 1, Bd. 3: *Operations Overseas.* Washington, D. C.: Office of the Chief of Military History, Dept. of the Army (im folgenden OCMH), 1957. Siehe auch Wardlow.

Calvocoressi, Peter, *Top Secret Ultra.* New York: Pantheon Books, 1980.

Cameron, John, Hg., *War Crimes Trials.* Bd. 1: *The Peleus Trial.* London: William Hodge Co., Ltd., 1948.

Campbell, Ian und Donald MacIntyre, *The Kola Run: A Record of Arctic Convoys, 1941–1945.* London: Muller, 1958.

Campbell, John, *Naval Weapons of World War II.* Annapolis: Naval Institute Press, 1985.

Cantwell, John D., *The Second World War: A Guide to Documents in the Public Record Office.* London: HMSO, 1993.

Carver, Michael, Hg., *The Warlords.* Boston: Little, Brown & Co., 1976. Siehe dazu den Beitrag von Kemp.

Chalmers, W. S., *Max Horton and the Western Approaches.* London: Hodder & Stoughton, 1954.

Chandler, Alfred D., jr. et al., Hg., *The Papers of Dwight David Eisenhower: The War Years.* 5 Bde. Baltimore: Johns Hopkins Press, 1970.

Chapman, Paul, *Submarine Torbay.* London: Robert Hale, 1986.

Charles, Roland W., *Troopships of World War II.* Washington, D. C.: Army Transportation Assn., 1947.

Cherry, Alex,*Yankee, RN.* London: Jarrolds, 1953.

Churchill, Winston S., *The Second World War.* 6 Bde. Boston: Houghton Mifflin Company, 1948–1953; dt. Ausgabe: *Der Zweite Weltkrieg.* 6 Bde. Stuttgart, Hamburg: Scherz & Goverts, 1949–1954.

Clark, Ronald, *The Man Who Broke Purple.* Boston: Little, Brown and Company, 1977.

Clausen, Henry C. und Bruce Lee, *Pearl Harbor: Final Judgement.* New York: Crown Publishers, Inc., 1992.

Cline, Ray S., *Washington Command Post: The Operations Division.* Washington, D. C.: OCMH, 1951.

Coates, E. J., Hg., *The U-boat Commander's Handbook.* 1943 ed. Übers. von U.S. Navy. Gettysburg, Pa.: Thomas Publications, 1989. (Siehe vergl. Dokument in NAVOPARCH).

Cocchia, Aldo, *Submarines Attacking.* Übers. aus dem Italienischen von Margaret Gwyer. London: William Kimber, 1956.

Cohen, Eliot A. und John Gooch, *Military Misfortunes: The Anatomy of Failure in War.* New York: The Free Press, 1990.

Collier, Richard, *The Road to Pearl Harbor: 1941.* New York: Atheneum, 1981.

Compton-Hall, Richard, *Submarine Warfare – Monsters and Midgets.* New York: Sterling Publishing Company, 1985.

– *The Underwater War, 1939–1945.* Poole-Dorset: Blanford Press, 1982.

Connell, G. Gordon, *Fighting Destroyer: The Story of HMS Petard.* London: William Kimber, 1976.

Conot, Robert E., *Justice at Nuremberg.* New York: Harper & Row, 1983.

Conway's All The World's Fighting Ships 1922–1946. London: Conway 1980.

Coy, Peter, *The Echo of a Fighting Flower. The Story of HMS. Narcissus and B3 Ocean Escort Group in WWII.* Upton on Severn: Square One Publ. 1997.

Craven, Wesley Frank und James Lea Cate, Hg., *The Army Air Forces in World War II.* 7 Bde. Bd. 1: *Plans and Early Operations.* Bd. 2: *Europe: Torch to Pointblank.* Chicago: The University of Chicago Press, 1948–1958.

Cremer, Peter mit Fritz Brustat-Naval, *U-boat Commander.* Übers. von Lawrence Wilson. Annapolis: Naval Institute Press, 1984. Siehe auch Brustat-Naval.

Cunningham, Andrew B., *A Sailor's Odyssey.* London: Hutchison, 1951.

Dalton, Curt, *Keeping the Secret: The Waves and NCR, 1943–1946.* (Die Bediener der Bombas). Dayton, Ohio: Privatdruck, 1997.

Davidson, Eugene, *The Trial of the Germans.* New York: The Macmillan Company, 1966.

Davis, George T., *A Navy Second to None.* New York: Harcourt, Brace & Co., 1940.

Davis, Vincent, *The Admiral's Lobby.* Chapel Hill: University of North Carolina Press, 1967.

Deighton, Len, *Blood, Tears and Folly.* New York: Harper Collins, 1993.

Die deutsche Kriegsmarine: 1939–1945. Hg. von Ulrich Elfrath, Siegfried Breyer und Gerhard Koop. 5 Bde. Friedberg: Podzun-Pallas, 1985–1989.

Das Deutsche Reich und der Zweite Weltkrieg, Militärgeschichtliches Forschungsamt, Hg. 6 Bde. Stuttgart: Deutsche Verlagsanstalt, 1979–1990.

De Windt-Lavandier, César, *La Segunda Guerra Mundial y los Submarinos Alamanes en el Mar Caribe.* Santo Domingo: Republica Domenica, 1997.

Dictionary of American Naval Fighting Ships. 8 Bde. Washington, D. C.: US Government Printing Office, 1959.

Dönitz, Karl, *Die Fahrten der* Breslau *im Schwarzen Meer.* Berlin: Ullstein, 1917.

– *Mein wechselvolles Leben.* Göttingen: Musterschmidt, 1968.

– *Zehn Jahre und zwanzig Tage. Erinnerungen 1935–1945.* Mit einem Nachwort von Jürgen Rohwer: *Die Schlacht im Atlantik in der Historischen Forschung 1991.* 11. Neuauflage, Bonn/Koblenz: Bernard und Graefe 1997; engl. Ausgabe: *Memoirs: Ten Years and Twenty Days.* Übers. von R. H. Stevens und David Woodward. Annapolis: Naval Institute Press, 1990.

– *40 Fragen an Karl Dönitz.* München: Bernard und Graefe, 1979.

– *Die U-Bootswaffe.* Berlin: E. S. Mittler & Sohn, 1940.

Dollinger, Hans, *The Decline and Fall of Nazi Germany and Imperial Japan.* New York: Bonanza Books, 1965.

Dorr, Manfred, *Die Ritterkreuzträger der deutschen Wehrmacht. Teil VI: U-Boote.* Osnabrück: Biblio-Verlag, 1988.

Douglas, W. A. B., *The Creation of a National Air Force.* Bd. 2. Toronto: University of Toronto Press, 1986.

– Hg., *The RCN in Transition: 1910–1985.* Vancouver: University of British Columbia Press, 1988. Siehe die Beiträge von Douglas und Rohwer, Hadley und Milner.

Drea, Edward J., *MacArthur's Ultra.* Lawrence: University Press of Kansas, 1992.

Dreyer, Admiral Sir Frederic C., *The Sea Heritage.* London: Museum Press Limited, 1955.

Drummond, John Dorman, *H. M. U-boat (U-570).* London: W. H. Allen, 1958.

Düllfer, Jost, *Weimar, Hitler und die Marine. Reichspolitik und Flottenbau 1920–1939.* Düsseldorf: Droste, 1973.

Dupuy, Trevor Nevitt, *The Naval War in the West: The Wolf Packs.* New York: Franklin Watts, 1963.

Easton, Alan H., *50 North: An Atlantic Battleground.* (Kriegserinnerungen eines kanadischen Kommandanten). London: Eyre and Spottiswoode, 1963.

Elliott, Peter, *Allied Escort Ships of World War II.* Annapolis: Naval Institute Press, 1977.

Ellis, John, *Brute Force: Allied Strategy and Tactics in the Second World War.* New York: Viking, 1990.

Enders, Gerd, *Auch kleine Igel haben Stacheln: Deutsche U-Boote im Schwarzen Meer.* Herford: Koehlers, 1984.

– *Deutsche U-Boote zum Schwarzen Meer 1942–1944.* Hamburg: Mittler, 1997.

Essex, James W., *Victory in the St. Lawrence: Canada's Unknown War* (Gegen U-Boote). Erin, Ont.: Boston Mills Press, 1984.

Fahey, James C., *The Ships and Aircraft of the U.S. Fleet.* Annapolis: Naval Institute Press, 1976.

Farago, Ladislas, *The Game of Foxes.* New York: David McKay Company, Inc., 1971.

– *The Tenth Fleet.* New York: Ivan Obolensky, Inc., 1962.

Fehrenbach, T. R., *F. D. R.'s Undeclared War, 1939 to 1941.* New York: David McKay Company, Inc., 1967.

Fischer, Gerald J., *A Statistical Summary of Shipbuilding Under the U.S. Maritime Commission During World War II.* Historical Reports of War Administration, United States Maritime Commission, No. 2, 1949.

Fisher, David E., *A Race on the Edge of Time: Radar–The Decisive Weapon of World War II.* New York: McGraw-Hill, 1987.

Fock, Harald, *Flottenchronik. Die an beiden Weltkriegen beteiligten aktiven Kriegsschiffe und ihr Verbleib.* Hamburg: Koehlers 1995.

Frank, Wolfgang, *Prien greift an.* Hamburg: Deutsche Hausbücherei, 1941, 1942.

– *Der Stier von Scapa Flow: Leben und Taten des U-Boot-Kommandanten Günther Prien.* Oldenburg: G. Stalling, 1958.

– *Die Wölfe und der Admiral: Triumph und Tragik der U-Boote.* Oldenburg: G. Stalling, 1953. Ins Englische übersetzt von R. O. B. Long und veröffentlicht als *The Sea Wolves.* New York: Rinehart, 1953.

Franks, Norman L. R., *Conflict over the Bay* (Biskaya). London: William Kimber, 1986.

– *Search, Find and Kill: Coastal Command's U-boat Successes.* Bourne End, Bucks, England: Aston Publications, 1990. Eine revidierte und verbesserte Ausgabe wurde 1995 von Grub Street (London) veröffentlicht.

Freiden, Seymour und William Richardson, Hg., *The Fatal Decisions.* New York: Berkley Publishing Corp., 1958.

Frey, John W. und H. Chandler Ide, Hg., *History of the Petroleum Administration for War, 1941–1945.* Washington, D. C.: Government Printing Office, 1946.

Freyer, Paul Herbert, *Der Tod auf allen Meeren.* Berlin: Militär-Verlag, 1971.

Friedman, Norman, *U.S. Destroyers: An Illustrated Design History.* Annapolis: Naval Institute Press, 1982.

Friedrich, Otto, *Before the Deluge.* New York: Harper & Row, 1972.

Führen, Franz, *Kapitänleutnant Schepke erzählt.* Vorwort von Karl Dönitz. Minden: Wilhelm Kohler, 1943.

Gabler, Ulrich, *U-Bootbau.* Bonn: Wehr und Wissen, 1978.

Gallagher, Thomas, *The X-Craft Raid* (Zur *Tirpitz*). New York: Harcourt Brace Jovanovich, 1971.
Gallery, Daniel V., *Clear the Decks!* New York William Morrow & Co., 1951.
– *Twenty Million Tons Under the Sea.* Chicago: H. Regnery, 1956.
Gannon, Michael, *Operation Drumbeat.* New York: Harper & Row, 1990; dt. Ausgabe: *Operation Paukenschlag.* Frankfurt, Berlin: Ullstein, 1992.
– *Black May. The Epic Story of the Allies' Defeat of the German U-boats in May 1943.* New York: Harper Collins, 1998. (Deutsche Übersetzung in Vorbereitung.)
Gansberg, Judith M., *Stalag: U.S.A.* New York: Thomas Y. Crowell Company, 1977.
Garland, Albert N. und Howard McGaw Smyth, mit Martin Blumenson, *Sicily and the Surrender of Italy.* Washington, D. C.: OCHM, 1965.
Garlínski, Józef, *The Enigma War.* New York: Charles Scribner's Sons, 1979.
Gasaway, E[lizabeth] B[lanchard], *Grey Wolf, Grey Sea. (U-124.)* New York: Ballantine Books, 1970.
Gebhard, Louis A., *Evolution of Naval Radio-Electronics and Contributions of the Naval Research Laboratory.* Washington, D. C.: Government Printing Office, 1979.
Gentile, Gary, *Track of the Gray Wolf* (Paukenschlag). New York: Avon Books, 1989.
Gibson, Richard H. und Maurice Prendergast, *The German Submarine War: 1914–1918.* New York: Richard R. Smith, Inc., 1931.
Giese, Fritz, *Die deutsche Marine: 1920–1945.* Frankfurt: Verlag für Wehrwesen – Bernard und Graefe, 1956.
Giese, Otto und James E. Wise jr., *Shooting the War* (Von U-Booten aus aufgenommen). Annapolis: Naval Institute Press, 1994.
Gilbert, Martin, *Winston S. Churchill.* 8 Bde. Bd. 6: *Finest Hour, 1939–41.* London: Book Club Assn., 1983. Bd. 8: *Road to Victory, 1942–45.* London: Heinemann, 1986.
Gleichauf, Justin F., *Unsung Sailors: The Naval Armed Guard in World War II.* Annapolis: Naval Institute Press, 1990.
Glueck, Sheldon, *The Nuremberg Trial and Aggressive War.* New York: Kraus Reprint Corp., 1966.
Goodhart, Philip, *Fifty Ships That Saved the World.* Garden City: Doubleday, 1965.
Goralski, Robert und Russell W. Freeburg, *Oil and War: How the Deadly Struggle for Fuel in World War II Meant Victory or Defeat.* New York: William Morrow and Co., 1987.
Gordon, Don E., *Electronic Warfare: Element of Strategy and Multiplier of Combat Power.* New York: Pergamon Press, 1981.
Görlitz, Walter, *Der deutsche Generalstab. Geschichte und Gestalt. 1657–1945.* Frankfurt: Verlag der Frankfurter Hefte; engl. Ausgabe: *History of the German General Staff, 1657–1945.* Übers. von Brian Battershaw. New York: Praeger, 1953.
– *Karl Dönitz: Der Großadmiral.* Göttingen: Musterschmidt, 1972.
Grant, Robert M., *U-boats Destroyed.* New York: Putnam, 1964.
Gray, Edwyn, *The Devil's Device: Robert Whitehead and the History of the Torpedo.* Annapolis: Naval Institute Press, 1975.
– *The Killing Time: The U-boat War, 1914–1918.* New York: Charles Scribner's Sons, 1972.
– *Submarine Warriors.* Novato, Cal.: Presidio Press, 1988.
– *The Underwater War: Submarines – 1914–1918.* New York: Charles Scribner's Sons, 1971.
Greenfield, Kent Roberts, Hg., *Command Decisions.* Washington, D. C.: OCMH, 1960. Siehe Beitrag von Leighton.
Gretton, Peter, *Convoy Escort Commander.* London: Cassell & Company, Ltd., 1964.
– *Crisis Convoy: The Story of HX 231.* Annapolis: Naval Institute Press, 1975.
– *Winston Churchill and the Royal Navy.* New York: Coward, McCann, 1968.

Griess, Thomas E., Hg., *The Second World War: Europe and the Mediterranean.* Wayne, N. J.: Avery Pub. Group Inc., 1989. Siehe Beitrag von Buell.

Griffin, Gwyn, *An Operational Necessity* (Fiktive Darstellung des Falls *Peleus*). New York: G. P. Putnam's Sons, 1967. Die deutsche Ausgabe trägt den Titel *Der letzte Zeuge.*

Gröner, Erich: *Die deutschen Kriegsschiffe von 1815 bis 1945.* Fortgeführt und herausgegeben von Dieter Jung und Martin Maass. 8 Bände + Registerband. Bonn/Koblenz: Bernard und Graefe, 1982–1994; engl. Ausgabe: *German Warships, 1815–1945.* 3 Bde. Bd. 2: *U-boats and Mine Warfare Vessels.* London: Conway Maritime Press Ltd., 1990, und Annapolis: Naval Institute Press, 1991.

Grossnick, Roy A. et al., *United States Naval Aviation: 1910–1995.* Washington, D. C.: Naval Historical Center, Dept. of the Navy, 1997. (Im Navy Historical Center mit zusätzlichem Material auch auf CD-ROM erhältlich.)

Gunton, Dennis, *The Penang Submarines.* (Operationen, 1942–45.) Penang, Malaysia: City Council of George Town, 1970.

Guske, Heinz, *The War Diaries of* U-764: *Fact or Fiction?* Gettysburg, Pa.: Thomas Publications, 1992.

Hackmann, Willem, *Seek and Strike: Sonar, Anti-submarine Warfare and the Royal Navy, 1914–54.* London: HMSO, 1984.

Hadley, Michael L., *Count Not the Dead* (U-boat mythology). Annapolis: Naval Institute Press, 1995.

– *U-boats Against Canada.* McGill: Queen's University Press, 1985; dt. Ausgabe: *U-Boote gegen Kanada. Unternehmungen deutscher U-Boote in kanadischen Gewässern.* Übers. von Hans und Hanne Meckel. Herford: Mittler, 1990.

Hague, Arnold, *Destroyers for Great Britain.* Annapolis: Naval Institute Press, 1988.

Hall, Hessel Duncan, *North American Supply.* History of the Second World War United Kingdom Civil Series. Hg. Sir Keith Hancock. London: HMSO, 1955.

Hall, Hessel Duncan und C. G. Wrigley, *Studies of Overseas Supply.* History of the Second World War United Kingdom Civil Series. Hg. Sir Keith Hancock. London: HMSO, 1956.

Halpern, Paul G., *A Naval History of World War I.* Annapolis: Naval Institute Press, 1994.

– *The Naval War in the Mediterranean, 1914–18.* Annapolis: Naval Institute Press, 1987.

Hancock, W. Keith, Hg., *Statistical Digest of the War.* Rpt. London: HMSO, 1975.

Hardegen, Reinhard, *»Auf Gefechtsstationen«: U-Boote im Einsatz gegen England und Amerika.* Vorwort von Karl Dönitz. Leipzig: Boreas, 1943.

Hartmann, Werner, *Feind im Fadenkreuz: U-Boot auf Jagd im Atlantik.* Vorwort von Karl Dönitz. Berlin 1942.

Hashimoto, Mochitsura, *Sunk: The Story of the Japanese Submarine Fleet, 1941–1945.* Übers. von E. H. M. Colgrave. New York: Henry Holt & Co., 1954.

Herlin, Hans, *Der letzte Mann von der »Doggerbank«.* Bergisch-Gladbach, 1992; engl. Ausgabe: *The Survivor: The True Story of the Sinking of the Doggerbank.* Übers. von John Brownjohn. London: Leo Cooper, 1994.

– *Verdammter Atlantik. Schicksale deutscher U-Boot-Fahrer.* München: Wilhelm Heyne, 1982.

Herwig, Holger H., *Politics of Frustration: The United States in German Naval Planning, 1889–1941.* Boston: Little, Brown and Company, 1976.

Herzog, Bodo, *Die deutschen U-Boote, 1906 bis 1942.* München: J. F. Lehmanns, 1959.

– *60 Jahre deutsche U-Boote, 1906–1966.* München: J. F. Lehmanns, 1968.

– *U-Boote im Einsatz* (Zweispr. Bildband, Deutsch und English). Dorheim: Polzun, 1970.

Herzog, Bodo und Günter Schomaekers, *Ritter der Tiefe: Graue Wölfe.* München: Welsermühl, 1976.

Hess, Hans Georg, *Die Männer von* U-995. Oldenburg: Stalling Maritim, 1979. Nachdr. Wumstorf-Idensen: HESS-PRESS, 1987. (Auch auf englisch.)

Hessler, Günter mit Alfred Hoschatt und Jürgen Rohwer. *The U-boat War in the Atlantic, 1939–1945.* 3 Bde. in einem. London: HMSO, 1989. (Siehe auch PRO-Dokumente und Mikrofilme.)

Hezlet, Arthur R., *Electronics and Sea Power.* New York: Stein and Day, 1975.

– *The Submarine and Sea Power.* New York: Stein and Day, 1967.

Hickam, Homer H., jr., *Torpedo Junction* (Operation Paukenschlag). Annapolis: Naval Institute Press, 1989.

Hildebrand, Hans H. und Walter Lohmann, siehe unter Lohmann.

Hillgruber, Andreas, *Hitlers Strategie. Politik und Kriegführung 1940–1941.* 2. Aufl. München: Bernard und Graefe, 1982.

– *Der Zweite Weltkrieg. Kriegsziele und Strategie der großen Mächte.* Stuttgart, Berlin: Kohlhammer, 1982.

Hinsley, F[rancis] H[arry] et al., *British Intelligence in the Second World War.* 5 Bde. Bd. 1 (1979), 2 (1981), 3,1 (1984), 3,2 (1988). (3182 S.) London: HMSO, 1979–88; gekürzte Fassung: *British Intelligence in the Second World War. Abridged Edition.* London: HMSO, 1993, 628 S.

Hinsley, F. H. und Alan Stripp, *Codebreakers. The Inside Story of Bletchley Park.* Oxford: Oxford University Press, 1993.

Hirschfeld, Wolfgang, *Feindfahrten: Das Logbuch eines U-Boot-Funkers.* Wien: Paul Neff, 1982, und Annapolis: Naval Institute Press, 1996. Letzteres, unter dem Titel *Hirschfeld: The Story of a U-boat NCO, 1940–1946,* wurde von Geoffrey Brooks, der als Mitautor gilt, übersetzt und erweitert.

– *Das Letzte Boot: Atlantik Farewell.* München: Universitas, 1989. (Als ein Kriegsgefangener, 1945–46.)

Hitchcock, Walter T., Hg., *The Intelligence Revolution: Proceedings of the 13th Military History Symposium, USAF Academy, 1988.* Washington, D. C.: 1991. Siehe dazu die Beiträge von Andrew, Hinsley, Rohwer und Weinberg.

Hodges, Andrew, *Alan Turing: The Enigma.* New York: Touchstone Books, 1983.

Hoehling, Adolph A., *The Fighting Liberty Ship* (Kriegserinnerungen). Kent, Ohio: Kent State University Press, 1990.

Högel, Georg. *Embleme, Wappen, Malings deutscher U-Boote 1939–1945.* Herford: Koehlers, 1987.

Holley, I. B., jr., *Ideas and Weapons.* Hamden, Conn.: Archon Books, 1971.

Hough, Richard, *The Longest Battle: The War at Sea, 1939–45.* New York: Morrow, 1987.

Hough, Richard und Denis Richards, *The Battle of Britain.* New York: W. W. Norton & Company, 1989.

Howarth, Stephen, Hg., *Men of War: Great Naval Leaders of World War II.* New York: St. Martin's Press, 1993. Siehe die Kurzbiographien von Bird, J. David Brown, Herzog, Kemp, Love, Padfield, van der Vat, Wilson und Winton.

Howard, Stephen und Derek Law, Hg., *The Battle of the Atlantic, 1939–1945.* 50th Anniversary International Naval Conference [in Liverpool]. Annapolis: Naval Institute Press, 1994. Siehe die Beiträge von Adams, Allard, Boog, D. K. Brown, Buxton, Goldrick, Hobbs, Kessler, Lundeberg, Lyon, Neitzel, Niestlé, Probert, Pugh, Rahn, Rhys-Jones, Rohwer, Rössler, Santoni, Sutcliffe, Thowsen, Topp, Weir und Zimmerman.

Howe, George F., *The Mediterranean Theater of Operations, Northwest Africa: Seizing the Initiative in the West.* Washington, D. C.: OCMH, 1957.

– *United States Cryptographic History.* Ft. Meade, Md.: National Security Agency, 1980.

Howeth, Linwood S., *History of Communications: Electronics in the United States Navy.* Washington, D. C.: GPO, 1963.
Howse, H. Derek, *Radar at Sea: The Royal Navy in World War 2.* London: The Macmillan Press Ltd., 1993.
Hoyt, Edwin P., *The Death of the U-boats.* New York: McGraw-Hill, 1987.
– *The Sea Wolves.* New York: Avon Books, 1987.
– *Submarines at War.* New York: Stein & Day, 1983.
– *U-Boats: A Pictorial History.* New York: McGraw-Hill, 1987.
– *U-Boats Offshore.* New York: Stein & Day, 1978.
– *The U-boat Wars.* New York: Arbor House, 1984.
Hubatsch, Walther, Hg., *Hitlers Weisungen für die Kriegführung 1939–1945.* 2., überarbeitete Aufl. Koblenz: Bernard und Graefe, 1983.
Hümmelchen, Gerhard, *Handelsstörer.* 2. Aufl. München: Lehmanns, 1967.
Hughes, Terry und John Costello, *The Battle of the Atlantic.* New York: Dial Press/James Wade, 1977.
Ickes, Harold L., *Fightn' Oil.* New York: Alfred A. Knopf, 1943.
Ingraham, Reg, *First Fleet: The Story of the U.S. Coast Guard at War.* Indianapolis: Bobbs-Merrill, 1944.
Irving, David, *The Destruction of Convoy PQ-17.* New York: Richardson & Steirman, 1987.
Jackson, Carlton, *Forgotten Tragedy: The Sinking of HMT Rohna.* Annapolis: Naval Institute Press, 1996.
Jackson, Robert H., *The Case Against the Nazi War Criminals.* New York: Alfred A. Knopf, 1946.
Jacobsen, Hans-Adolf und Jürgen Rohwer, Hg., *Entscheidungsschlachten des Zweiten Weltkrieges.* Frankfurt/Main: Bernard und Graefe, 1960; engl. Ausgabe: *Decisive Battles of World War II: The German View.* Übers. von Edward Fitzgerald. New York: G. P. Putnam's Sons, 1965. Siehe den Beitrag von Rohwer.
Jameson, William, *The Most Formidable Thing.* London: Rupert-Hart-Davis, 1965.
Jane's Fighting Ships of World War II, 1946/1947. Nachdr. New York: Military Press, 1989.
Johnson, Brian, *The Secret War.* New York: Methuen, 1978.
Johnson, Robert Erwin, *Guardians of the Sea: History of the United States Coast Guard 1915 to the Present.* Annapolis: Naval Institute Press, 1989.
Jones, Geoffrey Patrick, *Autumn of the U-boats.* London: William Kimber, 1984.
– *Defeat of the Wolf Packs.* London: William Kimber, 1986.
– *The Month of the Lost U-boats.* London: William Kimber, 1977.
– *Submarines Versus U-boats.* London: William Kimber, 1986.
Jones, R[eginald] V[ictor], *The Wizard War.* New York: Coward, McCann & Geohegan, Inc., 1978.
Just, Paul, *Vom Seeflieger zum U-Boot-Fahrer [From Naval Aviator to U-boat Skipper].* Stuttgart: Motorbuch Verlag, 1979.
Kahn, David, *The Codebreakers.* New York: Macmillan, 1967. Neuauflage: *The Codebreakers. The Comprehensive History of Secret Communication from Ancient Times to the Internet.* New York: Scribners 1996. 1181 S.
– *Hitler's Spies.* New York: Macmillan, 1978.
– *Seizing the Enigma.* Boston: Houghton Mifflin Company, 1991.
Kaplan, Philip und Jack Currie, *Wolfpack: U-boats at War, 1939–1945.* Annapolis: Naval Institute Press, 1997.
Karig, Walter mit Earl Burton und Stephen L. Freeland, *Battle Report: The Atlantic War.* New York: Farrar and Rinehart, Inc., 1946.

Keatts, Henry C. und George C. Farr, *Dive into History: U-boats.* Houston: Pisces Books/Gulf Publishing Co., 1994.

Keegan, John, *The Price of Admiralty: The Evolution of Naval Warfare.* New York: Viking, 1989.

– *The Second World War.* New York: Viking, 1989.

Kelshall, Gaylord T. M., *The U-boat War in the Caribbean.* Annapolis: Naval Institute Press, 1994.

Kemp, Paul, *U-Boats Destroyed. German Submarine Losses in the World Wars.* London: Arms and Armour Press, 1997; dt. Ausgabe: *Die deutschen und österreichischen U-Boot-Verluste in beiden Weltkriegen.* Gräfelfing: Ubres, 1998.

Kemp, Peter K., *Decision at Sea: The Convoy Escorts.* New York: Elsevier-Dutton, 1978.

– *H. M. Submarines.* London: Jenkins, 1952.

Kennedy, Paul, *The Rise and Fall of British Naval Mastery.* Malabar, Fla.: Krieger, 1982.

Kesselring, Albert, *A Soldier's Record.* New York: William Morrow & Company, 1954.

Kimball, Warren F., Hg., *Churchill and Roosevelt: The Complete Correspondence.* 3 Bde. Princeton, N. J.: Princeton University Press, 1984.

– *The Most Unsordid Act: Lend Lease, 1939–1941.* Baltimore: Johns Hopkins Press, 1969.

King, Ernest J. und Walter Muir Whitehill, *Fleet Admiral King: A Naval Record.* New York: W. W. Norton & Company, Inc., 1952.

Klenck, Walter [Horst Freiherr v. Luttitz], *Wer das Schwert nimmt: Erleben im Luft- und Seekrieg, 1940–1945.* (Fiktive Kriegserinnerungen eines Offiziers der Kriegsmarine, der seine Erfahrungen in der Luftwaffe beschreibt, und die des U-Boot-Kommandanten Oskar Kusch, Crew 1937 A, der wegen Verrats hingerichtet wurde.) München: Universitas, 1987.

Knox, Dudley W., *The Eclipse of American Sea Power.* New York: American Army and Navy Journal, Inc., 1922.

– *A History of the United States Navy.* New York: G. P. Putnam's Sons, 1935.

Kozaczuk, Wladyslaw, *Enigma.* Übers. von Christopher Kasparek. Fredrick, Md.: University Publications of America, 1984; dt. Ausgabe: *Geheimoperation Wicher. Polnische Mathematiker knacken den Deutschen Funkschlüssel.* Hg. von Jürgen Rohwer. Koblenz: Bernard und Graefe, 1989.

Krammer, Arnold, *Nazi Prisoners of War in America.* Chelsea, Mich.: Scarborough House, 1991.

Kurowski, Franz: Siehe unter Karl Alman.

Lakowski, Richard, *Deutsche U-Boote Geheim 1935–1945.* Berlin: Brandenburgisches Verlagshaus, 1991.

Land, Emory S., *Winning the War with Ships.* New York: Robert M. McBride Co., Inc., 1958.

Lane, Frederic C., *Ships for Victory.* Baltimore: Johns Hopkins Press, 1951.

Langer, William L. und S. Everett Gleason, *The Undeclared War, 1940–1941.* New York: Harper & Brothers Publishers, 1953.

Larrabee, Eric, *Commander in Chief: Franklin Delano Roosevelt, His Lieutenants, and Their War.* New York: Harper & Row, 1987.

Layton, Edwin T. mit Roger Pineau und John Costello, *»And I Was There«.* New York: William Morrow and Company, Inc., 1985.

Leahy, William D., *I Was There.* New York: McGraw-Hill, 1950.

Leighton, Richard M. und Robert W. Coakley, *Global Logistics and Strategy, 1940–1943.* Washington, D. C.: OCMH, 1955.

Lenton, H. T., *British Escort Ships.* New York: Arco Publishing Company, Inc., 1974.

– *German Submarines.* 2 Bde. (Westentaschenformat). Garden City: Doubleday & Co., Inc., 1965.

Lenton, H. T., *British and Empire Warships of the Second World War.* London: Greenhill Books, 1998. 766 S.

Leutze, James R., *Bargaining for Supremacy: Anglo-American Naval Collaboration, 1937–1941.* Chapel Hill: University of North Carolina Press, 1977.

Lewin, Ronald, *The American Magic.* New York: Farrar, Straus and Giroux, 1982.

– *Ultra Goes to War.* London: Hutchinson, 1978; dt. Ausgabe: *Entschied ULTRA den Krieg? Alliierte Funkaufklärung im 2. Weltkrieg.* Hg. von Jürgen Rohwer. Bonn/Koblenz: Wehr und Wissen, 1981.

Liddell Hart, B. H., *History of the Second World War.* New York: Paragon Books, 1979.

Loewenheim, Francis L., Harold D. Langley und Manfred Jonas, Hg., *Roosevelt and Churchill: Their Secret Wartime Correspondence.* New York: Saturday Review Press/ E. P. Dutton & Co., 1975.

Lohmann, Walter, *Kameraden auf See, zwischen Minen und Torpedos.* Berlin: o.V., 1943.

Lohmann, Walter und Hans H. Hildebrand, *Die Deutsche Kriegsmarine, 1939–1945.* 3 Bde. (Siehe Biographien deutscher Marineoffiziere). Bad Nauheim: Podzun, 1956–1964. Rarum. (Kopien im NAVOPARCH, GNR Box T-123, Navy Library, und in NARA, Foreign Records Branch).

Lott, Arnold S., *Most Dangerous Sea* (Minenkriegführung). Annapolis: Naval Institute Press, 1959.

Love, Robert William, jr., Hg., *Changing Interpretations and New Sources in Naval History: Papers from the Third USN Academy History Symposium.* New York: Garland, 1980. Siehe Beiträge von Beesly, Knowles und Rohwer.

– *The Chiefs of Naval Operations.* Annapolis: Naval Institute Press, 1980.

– *History of the U.S. Navy.* 2 Bde. Harrisburg, Pa.: Stackpole Books, 1992.

Low, Archibald M., *Mine and Countermine.* New York: Sheridan House, 1940.

– *The Submarine at War.* New York: Random House, 1942.

Lüdde-Neurath, Walter, *Regierung Dönitz.* Göttingen: Musterschmidt, 1953.

Lund, Paul und Harry Ludlam, *Night of the U-boats* (Zu den Konvois SC 7 und HX 79). London: W. Foulshamn & Co. Ltd., 1973.

Lüth, Wolfgang und Claus Korth, *Boot greift wieder an: Ritterkreuzträger erzählen.* Berlin: Erich Klinghammer, 1944.

Lynch, Thomas G., *Canada's Flowers: History of the Corvettes of Canada.* Halifax, N. S.: Nimbus Publishing Ltd., 1981.

MacIntyre, Donald, *The Naval War Against Hitler.* London: B. T. Batsford Ltd., 1971.

– *U-boat Killer.* London: Weidenfeld & Nicolson, 1956.

MacPherson, Ken und Marc Milner, *Corvettes of the Royal Canadian Navy 1939–1945.* St. Catherines': Vanwell Publ., 1993.

Madsen, Chris, *The Royal Navy and German Naval Disarmament 1942–1947.* Portland, Oreg.: Frank Cass Publishers, 1998.

Malbose, Guy, *La Bataille de l'Atlantique (1939–1945). La Victoire Logistique, clé du succès des armes.* Paris: Economica, 1995.

Manchester, William, *The Arms of Krupp.* Boston: Little, Brown and Company, 1968.

Manson, Janet M., *Diplomatic Ramifications of Unrestricted Submarine Warfare, 1939–1941.* Westport, Conn.: Greenwood Press, 1990.

March, Edgar J., *British Destroyers: A History of Development, 1892–1953.* London: Seelkey Service, 1961.

Mars, Alastair, *British Submarines at War: 1939–1945.* London: William Kimber, 1971.

Martienssen, Anthony K., Hg., *Fuehrer Conferences on Naval Affairs* (Ausführliche Notizen von Raeder und Dönitz, die sie bei den Besprechungen mit Hitler anfertigten und in die offiziellen Aufzeichnungen der Kriegsmarine aufnahmen. Erbeutet im Schloß Tambach und von amerikanischen und britischen Sprachexperten ins Englische übersetzt. Von der Admiralität mit langatmigen und übergenauen technischen

Details herausgegeben. Mit einem »background commentary« (Hintergrundkommentar) der Admiralität zur allgemeinen Kriegslage von HMSO veröffentlicht). Wiederveröff. in Brassey's *Naval Annual.* New York: The Macmillan Company, 1948.
– *Hitler and His Admirals.* New York: E. P. Dutton, 1949.
Maser, Werner, *Nürnberg. Tribunal der Sieger.* Stuttgart: Dt. Bücherbund, 1978; engl. Ausgabe: *Nuremberg: A Nation on Trial.* Übers. von Richard Barry. New York: Charles Scribner's Sons, 1979.
Mason, David, *U-boat: The Secret Menace.* London: Pan, 1972.
Massie, Robert K., *Dreadnought: Britain, Germany, and the Coming of the Great War.* New York: Random House, 1991.
Masterman, J. C., *The Double-Cross System in the War of 1939 to 1945.* New Haven: Yale University Press, 1972.
Mattesini, Francesco, *La Guerra negli Oceani (1940–1943).* Roma: Ufficio Storico della Marina Militare, 1993.
Matloff, Maurice, *Strategic Planning for Coalition Warfare 1943–1944.* Washington, D. C.: OCMH, 1959.
Matloff, Maurice und Edwin M. Snell, *Strategic Planning for Coalition Warfare 1941–1942.* Washington, D. C.: OCMH, 1953.
Mattes, Klaus, *Die Seehunde. Klein-U-Boote. Die letzte deutsche Initiative im Seekrieg 1939–1945.* Hamburg: Mittler, 1995.
Maurer, Maurer, *Air Force Combat Units of World War II.* Washington, D. C.: US Government Printing Office, 1961.
McCormick, Harold J., *Two Years Behind the Mast* (Kriegserinnerungen eines Seeoffiziers der Armed Guard). Manhattan, Kans: Sunflower University Press, 1991.
McCue, Brian, *U-boats in the Bay of Biscay.* Washington, D. C.: National Defense University Press, 1990.
McLachlan, Donald, *Room 39* (Der britische Marinenachrichtendienst im 2. Weltkrieg). New York: Atheneum, 1968.
Meigs, Montgomery C., *Slide Rules and Submarines.* Washington, D. C.: National Defense University Press, 1989.
Merten, Karl-Friedrich und Kurt Baberg, *Nein! So war das nicht* (Die Widerlegung von Buchheims *U-Boot-Krieg*). West-Deutschland: J. Reiss Verlag, 1985.
Messenger, Charles, *World War II in the Atlantic.* New York: Gallery Books, 1990.
Metzler, Jost, *Sehrohr Südwärts!* Berlin: William Limpert, 1943. Ins Englische übersetzt und publiziert als *The Laughing Cow.* London: William Kimber, 1955.
Middlebrook, Martin, *The Battle of Hamburg: Allied Bomber Forces Against a German City in 1943.* New York: Charles Scribner's Sons, 1981.
– *Convoy* (SC 122, HX 229 und HX 229 A). New York: William Morrow, 1976.
Middlebrook, Martin und Chris Everett, *The Bomber Command War Diaries. An Operational Reference Book. 1939–1945.* Harmondsworth: Viking, 1985.
Mielke, Otto, *225 Tage auf Feindfahrt* (Von *U-196*). München: Arthur Moewig, 1956.
Millett, Allan R. und Williamson Murray, Hg., *Military Effectiveness,* Bd. 2. Boston: Allen & Unwin, 1988. Siehe gleichnamigen Beitrag von Boyd.
Milner, Marc, *North Atlantic Run.* Annapolis: Naval Institute Press, 1985.
– *The U-boat Hunters* (RCN gegen deutsche U-Boote). Annapolis: Naval Institute Press, 1994.
Möller, Eberhard, *Kurs Atlantik. Die deutsche U-Boot-Entwicklung bis 1945.* Stuttgart: Motorbuch, 1995.
Monsarrat, Nicholas, *The Cruel Sea* (Roman). London: Cassell & Co., Ltd., 1951.
Montagu, Ewen, *Beyond Top Secret Ultra.* New York: Coward, McCann, Geoghegon, Inc., 1978.

Moore, Arthur R. A., *A Careless Word ... A Needless Sinking* (Liste der Verluste an amerikanischen Handelsschiffen). Kings Point, N.Y.: Merchant Marine Museum, 1983.

Moore, John Hammond, *The Faustball Tunnel* (Flucht von U-Boot-Kriegsgefangenen). New York: Random House, 1978.

Morgan, Ted, *FDR: A Biography*. New York: Simon & Schuster, 1985.

Morison, Samuel Eliot, *History of United States Naval Operations in World War II*. 15 Bde. Bd. 1: *The Battle of the Atlantic, September 1939–May 1943*. Bd. 2: *Operations in North African Waters: October 1942–June 1943*. Bd. 9: *Sicily–Salerno–Anzio, January 1943–June 1944*. Bd. 10: *The Atlantic Battle Won, May 1943–May 1945*. Bd. 15: *The Invasion of France and Germany, 1944–1945*. Nachdr. Boston: Little, Brown and Company, 1984.

Morse, Philip M., *In at the Beginnings: A Physicist's Life*. Cambridge: MIT Press, 1977.

Morton, Lewis, *Strategy and Command: The First Two Years*. Washington, D. C.: OCMH, 1962.

Mulligan, Timothy P., *Lone Wolf: The Life and Death of U-boat Ace Werner Henke*. Westport, Conn.: Praeger, 1993.

– Hg., *Records Relating to U-boat Warfare, 1939–1945* (Führer zu den Dokumenten auf Mikrofilm über die deutsche Marine, 1850–1945). Washington, D. C.: National Archives and Records Administration, 1985.

Naval History Division, *United States Submarine Losses [in] World War II. With an Appendix of Axis Submarine Losses, Fully Indexed*. Washington, D. C.: GPO, 1963. (In der NARA auch auf Mikrofilm erhältlich: NRS 1976–107).

Neave, Airey, *On Trial at Nuremberg*. Boston: Little, Brown and Company, 1978.

Neitzel, Sönke, *Der Einsatz der deutschen Luftwaffe über dem Atlantik und der Nordsee 1939–1945*. Koblenz: Bernard und Graefe, 1995.

Nicosia, Francis R. und Lawrence D. Stokes, Hg., *Germans Against Nazism: Non-Conformity, Opposition and Resistance in the Third Reich*. New York: Berg, 1991. Siehe Beitrag von Walle.

Niestlé, Axel, *German U-boat Losses During World War II*. Annapolis: Naval Institute Press, 1998. (Deutsche Ausgabe in Vorbereitung.)

Noli, Jean, *Les loups de l'Admiral [The Admiral's Wolf Pack]*. Übers. von J. F. Bernard. Garden City: Doubleday, 1974.

Nuremberg: Trial of the Major War Criminals Before the International Military Tribunal; dt. Ausgabe: *Der Prozeß gegen die Hauptkriegsverbrecher vor dem Internationalen Militärgerichtshof.* 42 Bde. Nürnberg: U.S. Government Printing Office, 1947–49. Bd. 5 (Dönitz) und Bd. 13 (Raeder).

Ott, Wolfgang, *Sharks and Little Fish* (Roman). Übers. von Ralph Manheim. New York: Ballantine Books, 1966.

Padfield, Peter, *Dönitz: The Last Führer*. London: Victor Gollancz, 1984.

– *War Beneath the Sea*. New York: John Wiley & Sons, Inc., 1995.

Page, Robert Morris, *The Origin of Radar*. New York: Doubleday, 1962.

Palencia, Mario Moya, *1942: Mexicanos al grito de guerra [1942: Mexikaner rufen nach Krieg]*. Mexiko: Miguel Angel Porrua, 1992.

Parrish, Thomas, *The Ultra Americans*. New York: Stein & Day, 1985.

Payton-Smith, D[ereck] J[oseph], *Oil: A Study of Wartime Policy and Administration*. London: HMSO, 1971.

Peillard, Léonce, *The Laconia Affair*. Übers. von Oliver Coburn. New York: G. P. Putnam's Sons, 1963.

– *La Bataille de l'Atlantique*. Paris: Laffont, 1974.

Peter, Karl. *Acht Glas, Ende der Wache: Erinnerungen eines Seeoffiziers der Crew 38*. München: Preußischer Militär-Verlag, 1988.

Phillips, Cabell, *The 1940s: Decade of Triumph and Trouble.* New York: Macmillan Publishing Co., Inc., 1975.

Pitt, Barrie et al., Hg., *The Battle of the Atlantic.* New York: Time-Life Books, 1977. Deutsch: *Die Schlacht im Atlantik.* Aus der Reihe: Der II. Weltkrieg. Amsterdam: Time-Life Bücher, 1978.

Plottke, Herbert, *Ein U-Boot-Drama: Die letzten Feindfahrten von* U-172. Rastatt: Erich Pabel, 1987.

Pogue, Forrest C., *George C. Marshall.* 4 Bde. Bd. 2: *Ordeal and Hope, 1939–1942.* Bd. 3: *Organizer of Victory, 1943–1945.* New York: Viking, 1963–1987.

– *The Supreme Command.* Washington, D. C.: OCMH, 1954.

Poolman, Kenneth. *Allied Escort Carriers of World War Two in Action.* London: Blandford Press, 1988.

– *Escort Carriers of World War II.* (Aufsatz.) London: Arms and Armor Press, 1989.

Pope, Dudley, *73 North: The Defeat of Hitler's Navy.* Annapolis: Naval Institute Press, 1958.

Porten, v. d. Edward P., *The German Navy in World War II.* New York: Thomas Y. Crowell Company, 1969.

Postan, M. M., *British War Production.* London: HMSO, 1952.

Potter, E[lmer] B[elmont] und C[hester] W. Nimitz, Hg., *Sea Power: A Naval History.* Englewood Cliffs, N. J.: Prentice-Hall, 1960; dt. Ausgabe: Potter E. B., Ch. W. Nimitz und Jürgen Rohwer: *Seemacht. Von der Antike bis zur Gegenwart.* Neuauflage Nürnberg: Pawlak, 1982. Darin neu: Die Schlacht im Atlantik. Der Kampf im Küstenvorfeld, Der Seekrieg in der Ostsee, im Nordmeer und im Schwarzen Meer.

Powers, Thomas, *Heisenberg's War: The Secret History of the German Bomb.* New York: Knopf, 1993.

Prager, Hans Georg, *Blohm and Voss* (U-Boot-Bauer). Übers. von Frederick A. Bishop. London: Brassey's Publishers, Ltd., 1977.

Preston, Antony, *Submarines.* New York: St. Martin's Press, 1982.

– *U-boats.* New York: E. P. Dutton, 1978.

Price, Alfred, *Aircraft Versus Submarines.* Annapolis: Naval Institute Press, 1974.

Prien, Günther, *Mein Weg nach Scapa Flow.* Berlin: Deutscher Verlag, 1940. Übers. ins Englische von George Vatine und veröffentlicht als *I Sank the Royal Oak.* London: Gray's Inn Press, 1954. Amerikanische Ausgabe: *U-boat Commander.* New York: Award Books, 1969.

Puttkamer, Karl Jesko von, *Die Unheimliche See.* Wien, München: Kühne, 1952.

Quine, W[illard] V[an Orman], *The Time of My Life.* Cambridge: MIT Press, 1985.

Rachlis, Eugene, *They Came to Kill* (Saboteure). New York: Random House, 1961.

Raeder, Erich, *Mein Leben.* Tübingen: Schlichtenmeyer, 1958; engl. Ausgabe: *My Life.* Übers. von Henry W. Drexel. Annapolis: United States Naval Institute Press, 1960.

Rahn, Werner, *Reichsmarine und Landesverteidigung 1919–1928.* München: Bernard und Graefe, 1976.

Range, Clemens, *Die Ritterkreuzträger der Kriegsmarine.* Stuttgart: Motorbuch, 1974.

Rayner, D[enis] A[rthur], *Escort: The Battle of the Atlantic.* London: William Kimber, 1955.

Reuter, Frank, *Funkmeß. Die Entwicklung und der Einsatz des RADAR-Verfahrens in Deutschland bis zum Ende des Zweiten Weltkrieges.* Opladen: Westdeutscher Verlag, 1971.

Riesenberg, Felix, *Sea War: The Story of the U.S. Merchant Marine in World War II.* New York: Rinehart, 1963.

Rink, Hermann, *Kurs Amerika.* Berlin: Die Wehrmacht, 1943.

Robertson, Terence, *Escort Commander* (Johnny Walker). London: Evans Brothers, Ltd., 1956.

– *The Golden Horseshoe.* London: Evans Brothers, Ltd., 1955; amerikanische Ausgabe: *Night Raider of the Atlantic.* New York: E. P. Dutton & Co. Inc., 1956; dt. Ausgabe: *Der Wolf im Atlantik: Die Kriegserlebnisse Otto Kretschmers.* Wels: Welsermühl, 1969.

Rohwer, Jürgen (Hg.) *Entscheidungsschlachten des Zweiten Weltkrieges.* Siehe Jacobsen.

Rohwer, Jürgen, *U-Boote. Eine Chronik in Bildern.* Oldenburg/Hamburg: Stalling, 1962.

– *Die Versenkung der jüdischen Flüchtlingstransporter* Struma *und* Mefkure *im Schwarzen Meer (Februar 1942 und August 1944).* Frankfurt/Main: Bernard und Graefe, 1965.

– *Die U-Boot-Erfolge der Achsenmächte 1939–1945.* München: Lehmanns, 1968. Verbesserte US-Ausgabe: *Axis Submarine Successes 1939–1945.* Annapolis: US Naval Institute, 1983. Erweiterte und verbesserte Neuauflage: *Axis Submarine Successes of World War Two. German, Italian and Japanese Submarine Successes, 1939–1945.* London: Greenhill Books und Annapolis: US Naval Institute, 1998.

– *Geleitzugschlachten im März 1943. Führungsprobleme im Höhepunkt der Schlacht im Atlantik.* Stuttgart: Motorbuch, 1977; engl. Ausgabe: *The Critical Convoy Battles of March 1943.* Übers. von Derek R. Masters und A. J. Barker. Annapolis: US Naval Institute, 1977.

– *Der Krieg zur See 1939–1945.* Gräfelfing: Urbes, 1992; engl. Ausgabe: *War at Sea 1939–1945.* London: Chatham Publ. und Annapolis: US Naval Institute, 1994.

– *Allied Submarine Attacks of World War Two. European Theatre of Operations 1939–1945.* London: Greenhill Books und Annapolis: US Naval Institute, 1997.

Rohwer, Jürgen und Eberhard Jäckel, Hg., *Die Funkaufklärung und ihre Rolle im Zweiten Weltkrieg.* Eine internationale Tagung 15.–18. November 1978. (Mit Beiträgen von Harold Deutsch, David Kahn, Hans Meckel, Patrick Beesly, Brian Schofield, Jürgen Rohwer, Norman Denning.)

– *Kriegswende Dezember 1941.* Koblenz: Bernard und Graefe, 1984. (Mit Beiträgen von Gerhard Weinberg, Jürgen Rohwer, John Cunningham, Alberto Santoni.)

Rohwer, Jürgen und Gerhard Hümmelchen, *Chronik des Seekrieges 1939–1945.* Oldenburg: Stalling, 1968. Nachdruck: Nürnberg: Pawles, 1980. Engl. Ausgabe: *Chronology of the War at Sea.* Bd. I: *1939–1942,* Bd. 2: *1943–1945.* Übers. von Derek R. Masters. London: Ian Allan, New York: Arco Publ., 1982, 1984. Neu bearbeitete und ergänzte Ausgabe: *Chronology of the War at Sea 1939–1945. The Naval History of World War Two.* London: Greenhill Books, Annapolis: US Naval Institute, 1992.

Roscoe, Theodore, *United States Submarine Operations in World War II.* Annapolis: US Naval Institute, 1949.

– *United States Destroyer Operations in World War II.* Annapolis: Naval Institute Press, 1953.

Rosenman, Samuel I., Hg., *The Public Papers and Addresses of Franklin D. Roosevelt.* 13 Bde. Bd. II: *Humanity on the Defensive.* New York: Russell and Russell, 1942.

Roskill, S[tephen] W[entworth], *A Merchant Fleet in War* (Die Geschichte von Alfred Holt & Co., 1939–1945). London: Collins, 1962.

– *Naval Policy Between the Wars.* 2 Bde. Bd. 1: *The Period of Anglo-American Antagonism, 1919–1929.* London: William Collins Sons & Co., 1968. Bd. 2: *The Period of Reluctant Rearmament, 1930–1939.* Annapolis: Naval Institute Press, 1976.

– *Royal Navy. Britische Seekriegsgeschichte 1939–1945.* Vorwort von Vizeadmiral a. D. Friedrich Ruge. Oldenburg: Stalling, 1961.

– *The Secret Capture* (Zu *U-110* u. a.). London: Collins, 1954; dt. Ausgabe: *Das Geheimnis um U110.* Übers. von Dietrich Niebuhr. Frankfurt: Bernard und Graefe, 1959.

– *The War at Sea: 1939–1945.* 3 Bde. (1, 2, 3, Teile 1 und 2.) London: HMSO, 1954–61.

Rössler, Eberhard, *The U-boat.* Übers. von Harold Erenberg, London: Arms & Armour Press, 1981.

Rössler, Eberhard: *Die Torpedos der deutschen U-Boote. Entwicklung, Herstellung und Eigenschaften der deutschen Marine-Torpedos.* Herford: Koehlers, 1984.
– *Geschichte des deutschen U-Boot-Baus.* Band 1: *Entwicklung, Bau und Eigenschaften der deutschen U-Boote von den Anfängen bis 1943.* Band 2: *Entwicklung, Bau und Eigenschaften von 1943 bis heute.* Koblenz: Bernard und Graefe, 1986/87.
– *Die deutschen U-Boote und ihre Werften. Eine Bilddokumentation über den deutschen U-Boot-Bau von 1935 bis heute.* Koblenz: Bernard und Graefe, 1990.
– *Die Sonaranlagen der deutschen U-Boote. Entwicklung, Erprobung und Einsatz akustischer Ortungs- und Täuschungseinrichtungen der Unterseeboote in Deutschland.* Herford: Koehlers, 1991.
– *Die Unterseeboote der Kaiserlichen Marine.* Koblenz: Bernard und Graefe, 1997.
Ruge, Friedrich, *Der Seekrieg 1939–1945.* Stuttgart: Koehlers 1954; engl. Ausgabe: *Sea Warfare: 1939–1945.* Übers. von M. G. Saunders. London: Cassell & Co. Ltd., 1957.
– *The Soviets as Naval Opponents, 1941–1945* Übers. von Thomas Koines. Annapolis: Naval Institute Press, 1979.
Runyan, Timothy J. und Jan M. Copes, Hg., *To Die Gallantly: The Battle of the Atlantic.* Boulder: Westview Press, 1994. Siehe die Beiträge von Allard, Barlow, J. D. Brown, King, Love, Lundeberg, Meany, Milner, Rahn, Rohwer, Sarty, Steury, Syrett, Valle.
Rusbridger, James und Eric Nave, *Betrayal at Pearl Harbor.* New York: Summit Books, 1991.
Rust, Eric C., *Naval Officers Under Hitler: The Story of Crew 34.* New York: Praeger, 1991.
Saldanha da Gama, Artur Oscar, *A Marinha do Brasil na Segunda Guerra Mundial.* Rio de Janeiro: Capemi Editora a Grafica Ltd., 1982.
Salewski, Michael, *Die deutsche Seekriegsleitung, 1939–1945.* 3 Bde. München: Bernard und Graefe, 1970–1975.
Santoni, Alberto, *Il vero traditore.* Mailand: Mursia, 1981; dt. Ausgabe: *Ultra siegt im Mittelmeer. Die entscheidende Rolle der britischen Funkaufklärung beim Kampf um den Nachschub für Nordafrika von Juni 1940 bis Mai 1943.* Übers. von Theodor Fuchs: Koblenz: Bernard und Graefe, 1985.
Savas, Theodore P., *Silent Hunters. German U-Boat Commanders of World War Two.* Campbell: Savas, 1997.
Sawyer, Leonard Arthur und W. H. Mitchell, *The Liberty Ships: The History of the »Emergency« Type Cargo Ships Constructed in the U.S. During World War II.* Newton Abbot: David & Charles (Publishers) Limited, 1970.
Schaeffer, Heinz, *U977. 66 Tage unter Wasser.* Wiesbaden: Limes-Verlag, 1950; engl. Ausgabe: *U-boat 977.* New York: W. W. Norton & Co., Inc., 1952.
Scheina, Robert L., *U.S. Coast Guard Cutters and Craft of World War II.* Annapolis: Naval Institute Press, 1982.
Schepke, Joachim, *U-Boot-Fahrer von heute: Erzählt und gezeichnet von einem U-Boot-Kommandanten.* Berlin: Deutscher Verlag, 1940.
Schmoeckel, Helmut, *Menschlichkeit im Seekrieg?* Herford: Mittler, 1987.
Schoenfeld, Max. *Stalking the U-boat.* (Durch die USAAF.) Washington, D. C.: Smithsonian Press, 1994.
Schofield, Brian B., *The Arctic Convoys.* London: Macdonald and Jane's, 1977; dt. Ausgabe: *Geleitzugschlachten in der Hölle des Nordmeeres.* Übers. von Otto von Bülow. Herford: Koehlers, 1980.
– *The Russian Convoys.* London: B. T. Batsford Ltd., 1964.
Schofield, Brian B. und L. F. Martyn, *The Rescue Ships.* Edinburgh: Blackwood, 1968.
Schofield, William G., *Eastward the Convoys* (Kriegserinnerungen eines Offiziers der Armed Guard). New York: Rand McNally & Co., 1965.
Schramm, Percy Ernst, Hg., *Kriegstagebuch des Oberkommandos der Wehrmacht (Wehr-*

machtführungsstab) 1940–1945. Bd. 1–4 [nebst Nachtr.] 1.2., Frankfurt a. M.: Bernard und Graefe, 1961–1979 (zit.: KTB/OKW).

Schull, Joseph, *Far Distant Ships* (Royal Canadian Navy im 2. Weltkrieg). Ottawa: Queen's Printer, 1952.

Schulze-Wegener, Guntram, *Die deutsche Kriegsmarine-Rüstung 1942–1945.* Hamburg, Berlin, Bonn: Mittler, 1997.

Schütze, Hans G., *Operation unter Wasser.* Herford: Koehlers, 1985.

Seek and Sink. A Symposium on the Battle of the Atlantic. 21. Oktober 1991. Bracknell: The Royal Air Force Historical Society 1992 (Referate von John Terraine, W. Oulton, W. J. R. Gardner, Edward Thomas, Alfred Price, J. Rohwer).

Seth, Ronald, *The Fiercest Battle* (Konvoi ONS 5). New York: W. W. Norton & Company, 1961.

Shirer, William L., *Berlin Diary.* New York: Alfred A. Knopf, 1941.

– *The Rise and Fall of the Third Reich.* New York: Simon & Schuster, 1960; dt. Ausgabe: *Aufstieg und Fall des Dritten Reiches.* Köln: Kiepenheuer & Witsch, 1961.

Showell, Jak P. Mallmann, *The German Navy in World War II.* London: Arms & Armour Press, 1979.

– *U-Boat Command and the Battle of the Atlantic.* London: Conway Maritime Press Ltd., 1989.

– *U-boats Under the Swastika.* London: Allen, 1973.

Shrubb, R. E. A. und A. B. Sainsbury, Hg., *The Royal Navy Day by Day.* Fondwell: Centaur, 1979.

Simpson, B. Mitchell, III., *Admiral Harold R. Stark: Architect of Victory, 1939–1945.* Columbia, S. C.: University of South Carolina Press, 1989.

Slessor, John C., *The Central Blue.* London: Cassell, 1956.

Smith, Bradley F., *The Ultra-Magic Deals.* San Francisco: Presidio, 1992.

Snyder, Louis L., *Hitler's Elite* (Nazi-Größen). New York: Hippocrene Books, 1989.

Sohler, Herbert, *U-Bootkrieg und Völkerrecht.* Frankfurt: E. S. Mittler & Sohn, 1956.

Southall, Ivan F., *They Shall Not Pass Unseen* (Geschichte der RAAF Squadron 461). Sydney: Angus & Robertson, 1956.

Spector, Ronald H., *Eagle Against the Sun.* New York: Free Press/Macmillan, 1985.

Speer, Albert, *Erinnerungen.* Berlin 1969; engl. Ausgabe: *Inside the Third Reich.* London: Weidenfeld, 1970.

– *Spandauer Tagebücher.* Frankfurt, Berlin, Wien: Propyläen, 1975; engl. Ausgabe: *Spandau: The Secret Diaries.* New York: Macmillan, 1976.

Spindler, Arno, Hg., *Der Handelskrieg mit U-Booten.* 5 Bde. Berlin, Frankfurt: E. S. Mittler und Sohn, 1932–44, 1966, und London: Cassell & Co., Ltd., 1966.

Spooner, A[nthony], *In Full Flight* (Kriegserinnerungen eines Squadron Leaders im Coastal Command). London: Macdonald, 1965.

– *Coastal Ace. The Biography of Squadron Leader Terence Malcolm Bulloch.* London: Kimber, 1986.

Stafford, Edward P., *Subchaser.* Annapolis: Naval Institute Press, 1988.

Stephen, Martin, *The Fighting Admirals: British Admirals of the Second World War.* Annapolis: Naval Institute Press, 1991.

Stern, Robert C., *Type VII U-boats.* Annapolis: Naval Institute Press, 1991.

– *U-boats in Action* (Aufsatz). Warren, Mich.: Squadron/Signal Pub. Inc., 1977.

Sternhell, Charles M. und Alan M. Thorndike, *Anti-Submarine Warfare in World War II.* Nachdr. Alexandria, Va.: Center for Naval Analyses, 1977.

Stevenson, William, *A Man Called Intrepid: The Secret War.* New York: Harcourt Brace Jovanovich, 1976.

Stimson, Henry L. und McGeorge Bundy, *On Active Service in Peace and War.* New York: Harper & Bros., 1947.

Syrett, David, *The Defeat of the German U-boats: The Battle of the Atlantic.* Columbia, S. C.: University of South Carolina Press, 1994.

Sweetman, Jack, *American Naval History. An Illustrated Chronology of the U.S. Navy and Marine-Corps, 1775–Present.* Annapolis: US Naval Institute, 1984, 2. Aufl. 1991.

Swettenham, John, *Canada's Atlantic War.* Toronto: Samuel Stevens, 1979.

Tarrant, V. E., *The Last Year of the Kriegsmarine: May '44–May '45.* London: Arms and Armor Press, 1994.

– *The U-boat Offensive: 1914–1945.* Annapolis: Naval Institute Press, 1989. Deutsch: *Kurs West. Die deutschen U-Boot-Offensiven 1914–1945.* Stuttgart: Motorbuch Verlag, 1993.

Tate, Merze, *The United States and Armaments.* Cambridge: Harvard University Press, 1948.

Taylor, Telford, *The Anatomy of the Nuremberg Trials.* New York: Knopf, 1992.

Terraine, John, *Business in Great Waters: The U-boat Wars, 1916–1945.* New York: G. P. Putnam's Sons, 1989.

Terrell, Edward, *Admiralty Brief: The Story of Inventions That Contributed to Victory in the Battle of the Atlantic.* London: George G. Harrap, 1958.

Thomas, Charles S., *The German Navy in the Nazi Era.* Annapolis: Naval Institute Press, 1990.

Thomas, Lowell, *Raiders of the Deep* (U-Boote im Ersten Weltkrieg). New York: Garden City Pub. Co., 1928.

Thompson, H. K., jr., und Henry Strutz, Hg., *Doenitz at Nuremberg: A Reappraisal.* New York: Amber Publishing Corp., 1976.

Time-Life Books Series. *The Third Reich. War on the High Seas* (1990) und *Wolf Packs* (1989). Alexandria, Va.: Time-Life Books.

Tirpitz, Alfred P. von, *Erinnerungen.* Leipzig: 1919; engl. Ausgabe: *My Memoirs.* 2 Bde. New York: Dodd, Mead, & Co., 1919.

Toland, John, *Adolf Hitler.* New York: Doubleday, 1976.

Topp, Erich, *Fackeln über dem Atlantik. Lebensbericht eines U-Boot-Kommandanten.* Herford: Mittler, 1990; engl. Ausgabe: *The Odyssey of a U-boat Commander.* Übers. von Eric C. Rust. Westport, Conn.: Praeger, 1992.

Tucker, Gilbert Norman, *The Naval Service of Canada: Its Official History.* 2 Bde. Bd. 2: *Activities on Shore During the Second World War.* Ottawa: King's Printer, 1952.

Tuleja, Thaddeus V., *Twilight of the Sea Gods* (Deutsche Marine). New York: W. W. Norton & Co., Inc., 1958.

Turner, L. C. F., H. R. Gordon-Cumming und J. E. Betzler, *War in the Southern Oceans, 1939–45.* New York: Oxford University Press, 1961.

Tusa, Ann und John Tusa, *The Nuremberg Trial.* New York: Atheneum, 1984.

Ubaldini, Ubaldini Mori, *I Sommergibili negli Oceani. Inc. La Marina Italiana nella Seconda Guerra Mondiale.* Bd. XII. Toma: Ufficio Storico della Marina Militare, 1963.

U-Boot-Verluste der Achsenmächte siehe Naval History Division.

United States Naval Chronology, World War II. Verfaßt von der Naval History Division. Washington: G. P. O., 1955.

Vaeth, J. Gordon, *Blimps and U-boats.* Annapolis: Naval Institute Press, 1992.

Vat, Dan van der, *The Atlantic Campaign.* New York: Edward Burlingame/Harper and Row, 1988.

– *The Grand Scuttle.* Annapolis: Naval Institute Press, 1986.

Vause, Jordan, *U-boat Ace: The Story of Wolfgang Lüth.* Annapolis: Naval Institute Press, 1990. Deutsch: *Der U-Boot-Kommandant Wolfgang Lüth.* Stuttgart: Motorbuch Verlag, 1999.

– *Wolf: U-boat Commanders in World War II.* Annapolis: Naval Institute Press, 1997.

Waddington, Conrad H., *O. R. in World War II: Operational Research Against the U-boat.* London: Elek Science, 1973.

Wagner, Gerhard, Hg., *Lagevorträge des Oberbefehlshabers der Kriegsmarine vor Hitler 1939–1945.* München: Lehmanns, 1972.

Wardlow, Chester, *The U.S. Army Transportation Corps* (Im 2. Weltkrieg). Teil 1, Bd. 1: *Responsibilities, Organization and Operations.* Teil 1, Bd. 2: *Movements, Training and Supply.* Washington, D. C.: OCMH, 1951, 1956. Siehe auch Bykofsky und Larson.

Warren, C. E. T. und James Benson, *Will Not We Fear* (Kaperung von HMS *Seal*). New York: William Sloane Associates, 1961.

Waters, John M., jr., *Bloody Winter* (Kriegserinnerungen eines Offiziers der Coast Guard). Annapolis: Naval Institute Press, 1987; dt. Ausgabe: *Blutiger Winter. Höhepunkt und Ende der großen Geleitzugschlachten im Atlantik 1942/43.* München: Welsermühl, 1970.

Watson, D. M. und H. E. Wright, *Radio Direction Finding.* London: Van Nostrand Reinhold Company, 1971.

Watts, Anthony John, *The U-Boat Hunters.* London: Macdonald and Jane's, 1976.

Weaver, Harry J., *Nightmare at Scapa Flow (U47* versenkt die *Royal Oak).* Oxfordshire: Cressrelles, 1980.

Weinberg, Gerhard L., *A World at Arms.* New York: Cambridge University Press, 1994; dt. Ausgabe: *Eine Welt in Waffen. Die globale Geschichte des Zweiten Weltkrieges.* Stuttgart: Deutsche Verlagsanstalt, 1995.

Weir, Gary E., *Building American Submarines, 1919–1940.* Washington, D. C.: Naval Historical Center, 1991.

– *Forged in War* (US-Unterseeboote). Washington, D. C.: Naval Historical Center, 1993.

Welchman, Gordon, *The Hut Six Story.* New York: McGraw-Hill Company, 1982.

Wemyss, D. E. G., *Walker's Groups in the Western Approaches.* Liverpool: The Liverpool Post and Daily Echo, Ltd., 1948. Nachdr. als *Relentless Pursuit.* London: William Kimber, 1955.

Werner, Herbert A., *Die eisernen Särge* (Kriegserinnerungen eines U-Boot-Kommandanten). Stuttgart, Hamburg, München: Dt. Bücherbund, 1974; engl. Ausgabe: *Iron Coffins.* New York: Holt, Rinehart and Winston, 1969.

West, Nigel [Rupert Allason], *GCHO.* London: George Weidenfeld & Nicolson, Ltd., 1986.

– *The Sigint Secrets: The Signals Intelligence War, 1900 to Today, Including the Persecution of Gordon Welchman* (Aufsatz). New York: Quill/William Morrow, 1988.

Westwood, David, *The Type VII U-boat.* Annapolis: Naval Institute Press, 1984.

Wetzel, Eckard, *U2540. Das U-Boot beim Deutschen Schiffahrtsmuseum in Bremerhaven. Der legendäre deutsche U-Boottyp XXI.* Schwedeneck: Wetzel, 1989.

Wheeler, Gerald E., *Kinkaid of the Seventh Fleet.* Washington, D. C.: Naval Historical Center, 1995.

Wheeler-Bennett, John W., *Pipe Dream of Peace.* New York: William Morrow Company, 1935.

Whinney, Bob [Reginald], *The U-boat Peril: An Antisubmarine Commander's War.* London: Blandford Press, 1987.

Whitley, M. J., *Destroyer! German Destroyers in World War II.* Annapolis: Naval Institute Press, 1983.

Wiggins, Melanie, *Torpedoes in the Gulf: Galveston and the U-boats, 1942–1943.* College Station: Texas A&M University Press, 1995.

Williams, Kathleen Broome, *Secret Weapon* (Kurzwellenpeilung im 2. Weltkrieg). Annapolis: Naval Institute Press, 1996.

Williams, Mark, *Captain Gilbert Roberts, RN, and the Anti-U-Boat School.* London: Cassell, Ltd., 1979.

Williamson, Gordon, *The Iron Cross.* Poole: Blandford Press, 1984.
Williamson, Gordon und Darko Pavlovic, *U-Boot Crews 1914–45* (Elite Series, 60; Aufsatz). London: Osprey Publishing Co., 1995.
Willmott, H. P., *The Great Crusade: A New Complete History of the Second World War.* New York: The Free Press, 1989.
Willoughby, Malcolm, F., *The U.S. Coast Guard in World War II.* Annapolis: Naval Institute Press, 1957.
Winks, Robin W., *Cloak and Gown.* (Yale alumni in World War II intelligence.) New York: William Morrow and Company, Inc., 1987.
Winterbotham, F. W., *The Ultra Secret.* New York: Dell Books, 1974.
Winton, John, *Convoy: The Defence of Sea Trade: 1890–1990.* London: Michael Joseph, 1983.
– *Ultra at Sea.* London: Leo Cooper, 1988.
Wise, James E., jr., *Sole Survivors of the Sea* (Von verlorenen Schiffen). Baltimore: The Nautical & Aviation Publishing Company of America, 1994.
Wolfe, Robert, Hg., *Captured German and Related Records: A National Archives Conference.* Athens, Ohio: Ohio University Press, 1974.
Wynn, Kenneth, *U-Boat Operations of the Second World War.* Bd. I: *U1–U510,* Bd. 2: *U511–U3530.* London: Chatham Publ., 1997/98.
Y'Blood, William T., *Hunter-Killer* (US-Geleitträger gegen U-Boote). Annapolis: Naval Institute Press, 1983.
Yergin, Daniel, *The Prize* (Geschichte des Erdöls). New York: Simon & Schuster, 1991.
Young, Edward, *One of Our Submarines* (Kriegserinnerungen eines britischen U-Boot-Offiziers). London: Hart Davis, 1952; amerikanische Ausgabe veröffentlicht als *Undersea Patrol.* New York: McGraw-Hill, 1952.
Zimmermann, David, *The Great Naval Battle of Ottawa* (Royal Canadian Navy politics in World War II). Toronto: University of Toronto Press, 1989.

ARTIKEL, ESSAYS, SKIZZEN UND FORSCHUNGSAUFSÄTZE

Verweise in dieser Liste beziehen sich stets auf den Abschnitt Bücher.

Adams, Thomas A., »The Control of British Merchant Shipping«. Siehe Howarth und Law, Hg.
Alden, Carroll Storrs, »American Submarine Operations in the War«. *United States Naval Institute Proceedings* (im folgenden *USNIP*), Juni 1920.
Alden, John D., »Dutch Submarines in World War II: The European Theater«. *Submarine Review,* April 1994.
– »Dutch Submarines in World War II: The Far East«. *Submarine Review,* April 1993.
Allard, Dean C., »Introduction: An American Assessment«. Siehe Runyan und Copes, Hg.
– »A United States Overview«. Siehe Howarth und Law, Hg.
Althoff, William F., »Airships«. *USNIP,* Januar 1988.
Ancell, Robert M., jr., »Grand Admiral Doenitz: Reflections at 80«. *USNIP,* März 1973.
Andrew, Christopher M., »Gordon Welchman, Sir Peter Marychurch and ›The Birth of Ultra‹«. *Intelligence and National Security.* Mai 1986.
– »Intelligence Collaboration Between Britain and the United States During the Second World War«. Siehe Hitchcock, Hg.
Armstrong, W. H. R., »The Sea Devils of the Caribbean«. *Journal of the Barbados Museum and Historical Society,* November 1960.

Assmann, Kurt, »The Invasion of Norway«. Übers. von Roland E. Krause. *USNIP,* April 1952.
– »Probleme des deutschen U-Bootkrieges«. In: Assmann, Kurt, *Deutsche Schicksalsjahre.* Wiesbaden: Brockhaus 1950, S. 373–412.
– »Operation Sea Lion«. Übers. von Roland E. Krause, *USNIP,* Januar 1950.
– »Stalin and Hitler«. Übers. von Roland E. Krause. »Part I: The Pact With Moscow«, *USNIP,* Juni 1949; »Part II: The Road to Stalingrad«, *USNIP,* Juli 1949.
– »Why U-boat Warfare Failed«. *Foreign Affairs,* Juli 1950.
Atha, Robert I., »Bombe! I Could Hardly Believe It«. *Cryptologia,* 1985.
Auphan, Paul, »The French Navy Enters World War II«. *USNIP,* Juni 1956.
Barker, Edward L., »German Naval Aviation«. *USNIP,* Juli 1950.
Barlow, Jeffrey G., »The Views of Stimson and Knox on Atlantic Strategy and Planning«. Siehe Runyan und Copes, Hg.
Beach, Edward L., »Culpable Negligence« (Über Torpedoversager bei der USN). *American Heritage,* Dezember 1980.
– »Down by Subs« (Operation Paukenschlag). *USNIP,* April 1991.
Beesly, Patrick, »British Naval Intelligence in Two World Wars«. Siehe Andrew und Noakes, Hg.
– »Convoy PQ 17: A Study of Intelligence and Decision-Making«. *Intelligence and National Security,* April 1990.
– »Operational Intelligence in the Battle of the Atlantic: The Role of the Royal Navy's Submarine Tracking Room«. Siehe Boutilier, Hg.
– »Special Intelligence and the Battle of the Atlantic: The British View«. Siehe Love, Hg.
– »Das Operational Intelligence Centre der britischen Admiralität«. *Marine-Rundschau* 73 (1976), S. 147–164, 368–388.
– »›Special Intelligence‹ und die Konvoisicherung«. *Marine-Rundschau* 74 (1977), S. 169–180.
Beesly, Patrick und Jürgen Rohwer, »›Special Intelligence‹ und die Vernichtung der ›Scharnhorst‹«. *Marine-Rundschau* 74 (1977), S. 556–568.
Belke, T. J., »Roll of Drums«. *USNIP,* April 1983.
Belote, James H., »The Development of German Naval Policy: 1933–1939«. PhD Dissertation, University of California, Berkeley, 1954.
Bennett, Ralph, »Army Ultra in the Mediterranean Theatre: Darkness and Light«. Siehe Andrew und Noakes, Hg.
Bernotti, Romeo, »Italian Naval Policy Under Fascism«. *USNIP,* Juli 1956.
Bird, Keith W., »Erich Raeder«. Siehe Howarth, Hg.
Bishop, Eleanor C., »The *Campbell's* Path to Glory«. *Naval History,* Frühjahr 1993.
– »›Hooligan's Navy‹: Coastal Pickets at War«. *Naval History,* Sommer 1992.
Bloch, Gilbert, »Enigma Before Ultra« (Auszüge aus seinem Buch). Übers. von C. A. Deavours. *Cryptologia,* Juli 1987; Oktober 1987; Juli 1988.
Bloomquist, Dick L., »Air-Independent Submarine Propulsion«. *Submarine Review,* Juli 1993.
Boog, Horst, »*Luftwaffe* Support of the German Navy«. Siehe Howarth und Law, Hg.
Bowling, Roland A., »Escort of Convoy: Still the Only Way«. *USNIP,* Dezember 1969.
Bowman, Richard C., »Organizational Fanaticism: A Case Study of Allied Air Operations Against the U-boat During World War Two«. *Air Power Historian,* Oktober 1963.
Boyd, Carl, »American Naval Intelligence of Japanese Submarine Operations Early in the Pacific War«. *Journal of Military History,* April 1989.
– »Japanese Military Effectiveness: The Interwar Period«. Siehe Millett und Murray, Hg.

– »The Japanese Submarine Force and the Legacy of Strategic and Operational Doctrine Developed Between the World Wars«. Siehe Addington, Hg.

– »The ›Magic‹ Betrayal of Hitler«. Aufsatz vorgelegt bei dem Citadel Symposium über Hitler und die Nationalsozialistische Ära, April 1980, The Citadel, Charleston, SC.

Bragadin, Marc' Antonio, »Mediterranean Convoys in World War II«. *USNIP,* Februar 1950.

Broad, William J., »Lost Japanese Sub with 2 Tons of Axis Gold Found on Floor of Atlantic«. *New York Times,* 18. Juli 1995.

Brown, David K., »Atlantic Escorts 1939–45«. Siehe Howarth und Law, Hg.

Brown, J. David, »The Battle of the Atlantic, 1941–1943: Peaks and Troughs«. Siehe Runyan und Copes, Hg.

– »John Godfrey«. Siehe Howarth, Hg.

Brown, Raymond J., »Won by Such as He« (Kurzbiographie von Johnny Walker, R. N.). *USNIP,* Juni 1989.

Bruce, Jack D., »Convoy Ahead!«. *USNIP,* September 1987.

Buell, Thomas B., »The Battle of the Atlantic«. Siehe Griess, Hg.

Bundy, McGeorge., »Hitler and the Bomb«. *New York Times Magazine,* 13. November 1988.

Bunker, John, »One Night of Hell« *(I8* gegen Jean Nicolet). *Naval History,* August 1995.

Burdick, Charles, »The Tambach Archive – a Research Note«. *Military Affairs,* Dezember 1972.

Burke, Colin, »Commentary: Why Was Safford Pessimistic About Breaking the German Enigma Cipher Machine in 1942«. *Cryptologia,* April 1991.

– »Marvelous Machines, a Bit Too Late«. *Intelligence and National Security,* 1998.

Buxton, Ian L., »British Warship Building and Repair«. Siehe Howarth und Law, Hg.

Cafferky, Shawn, »A Useful Lot, These Canadian Ships: The Royal Canadian Army and Operation Torch, 1942–1943«. *Northern Mariner,* Oktober 1993.

Chapman, J. W. M., »Japanese Intelligence 1919–1945. A Suitable Case for Treatment«. Siehe Andrew und Noakes, Hg.

Chicago Tribune. Special Supplement, Section 2 A, 7. Dezember 1966: »New Pearl Harbor Facts! Full Story: How U.S. Got Jap Secrets«. Siehe Beiträge von Anonymous (vermutlich Laurence F. Safford), Wayne Thomis, Walter Trohan, Admiral Husband F. Kimmel, C. C. Hiles, Harry Elmer Barnes.

Chiles, James R., »Breaking Codes Was This Couple's Lifetime Career« (Friedmans). *Smithsonian Magazine,* Juni 1987.

Christ, Charles J., »The U-boat War in the Caribbean, 1942«. *Submarine Review,* Oktober 1985.

Clark, Lloyd, »Escape« (Of U-boat personnel from a US POW camp). *Arizona Highways,* Dezember 1993.

Clarke, William F., »Government Code and Cypher School: Its Foundation and Development with Special Reference to Its Naval Side«. Teile 1, 2, 3. *Cryptologia,* Oktober 1987, Januar 1988, April 1988.

Cocchia, Aldo, »Italian Submarines and Their Bordeaux Base«. *USNIP,* Juni 1958.

Cole, Paul M., »O. S. S. Documents Predicting U-boat Attack on New York with V-1 Missiles in 1945«. Unveröffentlicht, Auszüge wurden dem Autor freundlicherweise zur Verfügung gestellt.

Colossus [Maschine: Drei Spezialstudien], »The Design of Colossus« von Thomas H. Flowers. Einführung von Howard Campaigne. »The Making of Colossus« von Allen W. M. Coombs. »The Installation and Maintenance of Colossus« von W. W. Chandler. *Annals of the History of Computing,* Bd. 5, Nr. 3, Juli 1983.

Compton-Hall, Richard, »Holland's *Holland:* An Irish Tale«. *USNIP,* Februar 1991.

Cooper, Harry, »*U2513* Remembered by Lt. Cdr. M. T. Graham«. *Polaris,* Februar 1994.
Cronenberg, Allen, »U-Boats in the Gulf: The Undersea War in 1942«. *Gulf Coast Historical Review,* Frühjahr 1990.
Davis, J. Frank, »Wolf Pack: The German Submarine War in the Atlantic 1939–1943«. *Strategy and Tactics,* 1974.
Deac, Wilford P., »America's Undeclared Naval War«. *USNIP,* Oktober 1961.
Deavours, C. A. und Louis Kruh, »The Turing Bombe: Was It Enough?«. *Cryptologia,* Oktober 1990.
Decker, Hans Joachim, »404 Days! The War Patrol Life of the German *U505*«. *USNIP,* März 1960.
Denniston, A. G., »The Government Code and Cypher School Between the Wars«. Siehe Andrew, Hg., *Codebreaking.*
Doenhoff, Richard A. von, »Nuremberg in Perspective«. *USNIP,* März 1973.
Douglas, Laurence H., »Submarine Disarmament: 1919–1939«. PhD Dissertation, Syracuse University, 1969.
Douglas, W. A. B., »Beachhead Labrador« (Deutsche automatische Wetterstation). *Military History Quarterly,* Winter 1995.
Douglas, W. A. B. und Jürgen Rohwer, »›The Most Thankless Task‹ Revisited: Convoys, Escorts, and Radio Intelligence in the Western Atlantic, 1941–43«. Siehe Boutilier, Hg.
– »Canada and the Wolf Packs, September 1943«. Siehe Douglas, Hg., *Transition.*
Douglas, W. A. B. und Franz Selinger, »Oktober 1943/Juli 1981: Eine Marine-Wetterstation auf Labrador«. *Marine-Rundschau* (79/1982), S. 256–262.
Douglas, W. A. B. und David Syrett, »Die Wende in der Schlacht im Atlantik: Die Schließung des Grönland-Luftlochs 1942–1943«. *Marine-Rundschau* (83/1986), S. 2–11, 79–83, 147–149.
Ehrmann, Howard M., »The German Naval Archives« (Tambach). Siehe Wolfe, Hg.
Erskine, Ralph, »Churchill and the Start of the Ultra-Magic Deals«. *Intelligence and Counterintelligence,* vol. 10, no. 1, 1997.
– »Commentary: Why Was Safford Pessimistic ...«. *Cryptologia,* April 1991.
– »From the Archives: U-boat HF WT Signalling«. *Cryptologia,* April 1988.
– »The German Naval Grid in World War II«. *Cryptologia*, Januar 1992.
– »Naval Enigma: An Astonishing Blunder«. *Intelligence and National Security,* Bd. 11, Nr. 3, Juli 1996.
– »Naval Enigma: The Breaking of Heimisch and Triton«. *Intelligence and National Security,* Januar 1988.
– »The Triton Cypher«. *Cryptologia*, Oktober 1987.
– »Ultra and Some U.S. Navy Carrier Operations«. *Cryptologia* 19, 1995.
– »The First Naval Enigma Decrypts of World War II«. *Cryptologia* 21, Januar 1997, S. 42–45.
– »Kriegsmarine Short Signal Systems – And How Bletchley Park Exploited Them«. *Cryptologia* 23, Januar 1999, S. 65–92.
Erskine, Ralph und Frode Weierud, »Naval Enigma: M4 and its Rotors«. *Cryptologia,* Oktober 1987.
Ewijk, Pieter L. van, »History of the Dutch Submarine Force«. *Submarine Review,* Juli 1992.
Fioravanzo, Giuseppe, »Italian Strategy in the Mediterranean 1940–43«. *USNIP,* September 1958.
Fisher, Robert C., »›We'll Get Our Own‹: Canada and the Oil Shipping Crisis of 1942«. *Northern Mariner,* April 1993.
Flaherty, Sylvester J., »Convoy Slaughter« (PQ 17). *Naval History,* März 1988.

Ford, Royal, »Off Coast of Maine, Sub Mystery Surfacing«. *Boston Sunday Globe,* 5. Januar 1997.

Frank, Winn B., »Farewell to the Troopship«. *Naval History,* Februar 1997.

Friedland, Klaus, »Raiding Merchant Shipping: U-boats on the North American Coast, 1942«. *American Neptune,* Frühjahr 1991.

Gallery, Daniel V., »… Nor Dark of Night«. *USNIP,* April 1969.

– »We Captured a German Sub«. *Saturday Evening Post,* 4. September 1945.

Garzke, William H., jr., und Robert O. Dulin jr., »Who Sank the Bismarck?«. *USNIP,* Juni 1991.

German, Japanese and Italian Submarine Losses, World War II. Washington, D. C.: Chief of Naval Operations, 1946 (Mikrofilmrollen NRS 1976 – 107).

Gibson, Charles Dana, »The Far East Odyssey of the *UIT24*«. *Naval History,* Winter 1990.

Gilbert, Nigel John, »British Submarine Operations in World War II«. *USNIP,* März 1963.

Glennon, A. N., »The Weapon That Came Too Late« (The Type XXI Boat). *USNIP,* März 1961.

Goldrick, James, »Work-Up«. Siehe Howarth und Law, Hg.

Gordon, Arthur, »The Day the *Astral* Vanished«. *USNIP,* Oktober 1965.

Gruner, William P., »The German Type XXVI Convoy Killer Submarine«. *Submarine Review,* Oktober 1993.

Güth, Rolf und Jochen Brennecke, »Hier irrte Michael Salewski« (Widerlegung des angeblich jugendlichen Alters der U-Boot-Kommandanten). *Schiff und Zeit*, Nr. 28, 1988.

Hadley, Michael L., »Inshore ASW in the Second World War: The U-boat Experience«. Siehe Douglas, Hg., *Transition.*

– »U-Boote vor Halifax im Winter 1944/45«. *Marine-Rundschau* (79/1982), S. 138 – 144, 202 – 208.

Hanley, Charles J., »Merchant Marine: The Heroic Fourth Arm of Defense«. *American Legion Magazine,* Dezember 1992.

Hartwig, Dieter, »Karl Dönitz – Versuch einer kritischen Würdigung«. *Deutsches Schiffahrtsarchiv* 12 (1989), S. 133 – 152.

Hasselwander, Gerard E., »Der US-Zerstörer ›Greer‹ und ›U652‹ am 4. September 1941«. *Marine-Rundschau* 59 (1962), S. 148 – 160.

Hazlett, Edward E., »Submarines and the London Treaty«. *USNIP,* Dezember 1936.

Heinrichs, Waldo [H., jr.], »President Franklin D. Roosevelt's Intervention in the Battle of the Atlantic, 1941«. *Diplomatic History,* Fall 1986.

Hersey, John, »*U. S. S. Borie's* Last Battle« (Versus *U405*). *Life,* 13. Dezember 1943.

Herwig, Holger H., »The Failure of German Sea Power, 1914 – 1945: Mahan, Tirpitz, and Raeder Reconsidered«. *The International History Review,* X, 1. Februar 1988, S. 68 – 105.

– »An Introduction to Military Archives in West Germany«. *Military Affairs,* Dezember 1972.

– »Prelude to *›Weltblitzkrieg‹*: Germany's Naval Policy Towards the United States of America 1939 – 1941«. *Journal of Modern History,* Dezember 1971.

Herzog, Bodo, »Otto Kretschmer«. Siehe Howarth, Hg.

Herzog, Bodo und Allison Saville, »Top Submarines in Two World Wars«. *USNIP,* September 1961.

Hinsley, F[rancis] H[arry], »British Intelligence in the Second World War«. Siehe Andrew und Noakes, Hg.

– »British Intelligence in the Second World War: An Overview«. *Cryptologia*, Januar 1990.

– »An Intelligence Revolution«. Siehe Hitchcock, Hg.

Hobbs, David, »Ship-borne Air Anti-submarine Warfare«. Siehe Howarth und Law, Hg.

Hubiner, Bert, »We Got That Sonofabitch!« (Japanese *I-52*). *Naval History,* November–Dezember 1995.

Hümmelchen, Gerhard, »Der Angriff gegen die Konvois HG.53 und SLS.64«. *Marine-Rundschau* 58 (1961), S. 18–21.

Kahn, David, »An *Enigma* Chronology«. *Cryptologia*, Juli 1993.

– »Why Weren't We Warned?« (About Pearl Harbor). *Military History Quarterly,* Herbst 1991.

Kahn, E. J., jr., »Hand to Hand« (US-Geleitzerstörer *Buckley* versus *U66*). *New Yorker,* 8. Februar 1988. Rpt. *Naval History,* Sommer 1986.

Kauffman, D. L., »German Naval Strategy in World War II«. *USNIP,* Januar 1954.

Kemp, Peter K., »Dönitz«. Siehe Carver, Hg.

– »Sir Dudley Pound«. Siehe Howarth, Hg.

Kennedy, Ludovic, »War Crimes of the Ocean«. *Telegraph Magazine,* Juni 1991, S. 16–20 und S. 55–57.

Kessler, Jean, »U-boat Bases in the Bay of Biscay«. Siehe Howarth und Law, Hg.

King, Thomas A., »The Merchant Marine Cadet Corps«. Siehe Runyan und Copes, Hg.

Knowles, Kenneth A., »Ultra and the Battle of the Atlantic: The American View«. Siehe Love, Hg.

Kraus, Herbert, »Karl Dönitz und das Ende des ›Dritten Reiches‹«. In: *Ende des Dritten Reiches – Ende des Zweiten Weltkrieges. Eine perspektivische Rückschau.* Hg. Hans-Erich Volkmann. München, Zürich: Piper, 1995, S. 1–23.

Krause, Roland E., »The German Navy Under Joint Command in World War II«. *USNIP,* September 1947.

Krug, Hans-Joachim, »Filming *Das Boot*«. *USNIP,* Juni 1996.

Kruh, Louis, »British-American Cryptanalytic Cooperation and an Unprecedented Admission by Winston Churchill«. *Cryptologia*, April 1989.

– »Why Was Safford Pessimistic About Breaking the German Enigma Cipher Machine in 1942?«. *Cryptologia*, Juli 1990.

Kurzak, Karl Heinz, »German U-boat Construction«. *USNIP,* April 1955.

Langdon, Robert M., »Live Men Do Tell Tales« (Re *Peleus*). *USNIP,* Januar 1952.

Lasky, Marvin, »Historical Review of Underwater Technology: 1939–45 with Emphasis on Undersea Warfare«. *US Navy Journal of Underwater Acoustics,* Bd. 25, 1975, S. 567–84.

– »Review of Scientific Effort for Undersea Warfare, 1939–45«. *US Navy Journal of Underwater Acoustics,* Bd. 25, 1975, S. 885–918.

Layman, R. D., »U-boat with Wings«. *USNIP,* April 1968.

Leighton, Richard M., »U.S. Merchant Shipping and the British Import Crisis«. Siehe Greenfield, Hg.

Levine, Alan J., »Was World War II a Near-run Thing?« *The Journal of Strategic Studies,* Bd. 8 [1985], Nr. 1, S. 38–63.

Love, Robert W., jr., »Ernest J. King«. Siehe Howarth, Hg.

– »The U.S. Navy and Operation *Roll of Drums,* 1942«. Siehe Runyan und Copes, Hg.

Lowenthal, Mark M., »Intrepid and the History of World War II«. *Military Affairs,* April 1977.

Lujan, Susan M., »Agnes Meyer Driscoll« (Amerikanische Codeknacker). *Cryptologia*, Januar 1991.

Lund, W. G. D., »The RCN's Quest for Autonomy in the North Atlantic, 1941–1943«. Siehe Boutilier, Hg.

Lundeberg, Philip K., »Allied Co-operation«. Siehe Howarth und Law, Hg.

– »American Anti-Submarine Operations in the Atlantic, May 1943–May 1945«. PhD

Dissertation, Harvard University, 1953. University Microfilms International #9 736 996, Ann Arbor, MI (Eine Kopie des Titels und eine nicht freigegebene Version sind im NAVOPARCH, Naval Historical Center, abgelegt).
– »Operation Teardrop Revisited«. Siehe Runyan und Copes, Hg.
Lyon, David J., »The British Order of Battle«. Siehe Howarth und Law, Hg.
MacIntyre, Donald, »Point of No Return«. *USNIP,* Februar 1964.
– »Shipborne Radar«. *USNIP,* September 1967.
– »Three Aces – Trumped!« (Tod und Gefangennahme von Kretschmer, Prien und Schepke). *USNIP,* September 1956.
Maher, Robert A. und James E. Wise jr., »Stand By for a Ram« (US-Zerstörer *Borie* gegen *U405*). *Naval History,* Sommer 1993 (Teil 1), Oktober 1993 (Teil 2).
Markowitz, Arnold, »At Last, Honors for a WW II Hero …«. *Miami Herald,* 17. Mai 1997.
Maurer, Maurer und Laurence J. Paszek, »Origin of the *Laconia* Order«. *Air University Review,* März/April 1964.
– »Die U. S. Army Air Force und der ›Laconia-Fall‹«. *Marine-Rundschau* 61 (1964), S. 185–200.
McCormick, Harold J., »Convoy Catastrophe« (PQ 17). *Sea History* 62, Sommer 1992.
McLean, Douglas M., »The Battle of Convoy BX 141«. *Northern Mariner,* Oktober 1993.
– »Confronting Technological and Tactical Change: Allied Anti-submarine Warfare in the Last Year of the Battle of the Atlantic«. *Naval War College Review,* Winter 1994.
Meany, Joseph F., jr., »Port in a Storm: The Port of New York in World War II«. Siehe Runyan und Copes, Hg.
Mellen, Greg, Hg., »Rhapsody in Purple: A New History of Pearl Harbor«. *Cryptologia,* Juli 1982 (Teil 1) und Oktober 1982 (Teil 2) (Nachdruck eines von Laurence F. Safford verfaßten Manuskripts, mit Anmerkungen von Dundas P. Tucker, Charles C. Hiles und Harry E. Barnes. Das Original befindet sich in den Papieren von Tucker im American Heritage Center, University of Wyoming).
Mellin, William F., »To Convoy or Not to Convoy«. *USNIP,* März 1980.
Merrill, John, »PMS Blackett« (Kurzbiographie). *Submarine Review,* Januar 1995.
– »Sonobuoy«. *Naval History,* Januar–Februar 1994.
Milford, Frederick J., »U.S. Navy Torpedoes«, eine Reihe aus sieben Beiträgen, die ausführlich die Geschichte der amerikanischen U-Boot-Torpedos behandeln. *Submarine Review,* April 1996, Oktober 1996, Januar 1997, April 1997, Juli 1997, Oktober 1997, Januar 1998.
– »More on Fido« (Brief über den zielsuchenden Torpedo vom Typ Mark XXIV). *Submarine Review,* April 1996.
Miller, David, »The *Peleus* War Crimes Trial«. *Naval History,* Februar 1997.
– »World War II Development of Homing Torpedoes, 1940–1946«. *Submarine Review,* April 1997.
Milner, Marc, »Inshore ASW: The Canadian Experience in Home Waters«. Siehe Douglas, Hg., *Transition.*
– »Royal Canadian Navy Participation in the Battle of the Atlantic Crisis of 1943«. Siehe Boutilier, Hg.
– »Squaring Some of the Corners: The Royal Canadian Navy and the Pattern of the Atlantic War«. Siehe Runyan und Copes, Hg.
Moeser, Vicki, »Unlocking *Enigma's* Secrets«. *Cryptologia*, Oktober 1990.
Morris, Christopher, »Ultra's Poor Relations« (Verschlüsselung von Hand). Siehe Andrew, Hg., *Codebreaking.*
Mulligan, Timothy [P.], »The German Navy Evaluates Its Cryptographic Security, Oktober 1941«. *Military Affairs,* April 1985.

– »German U-boat Crews in World War II: Sociology of an Elite«. *Journal of Military History,* April 1992.
– »Tracking *Das Boot:* Records of *U-96* in the National Archives«. *Prologue,* Winter 1982.
Neitzel, Sönke, »The Deployment of the U-boats«. Übers. von Klaus Schmider. Siehe Howarth und Law, Hg.
Niestlé Axel, »Der Fronteinsatz des Ubootes U2511. Wahrheit oder Dichtung?« *Marineforum* 73, Heft 12 (1989), S. 20–24.
– »German Technical and Electronic Development«. Siehe Howarth und Law, Hg.
Nimitz, Chester W., »Fleet Admiral Nimitz Replies to Questions in Trial of Gross Admiral Doenitz«. *USNIP,* Juli 1946.
O'Connell, Jerome A., »Radar and the U-boat«. *USNIP,* September 1963.
O'Connor, Jerome M., »Secret at Bletchley Park«. *Naval History,* Dezember 1997.
Offley, Ed, »Wartime Foes Reunite as Friends« (Über *U701*). *Norfolk Ledger-Star*, 7., 8. und 9. Juli 1982.
Oliver, Edward F., »Overdue – Presumed Lost« (Tanker S. S. *Astral*). *USNIP,* März 1961.
Pace, Eric, »Birger Lunde, Norway Seaman«. Obituary. *New York Times,* 1. Oktober 1996.
Padfield, Peter, »Karl Dönitz«. Siehe Howarth, Hg.
Pelick, Thomas J., »Fido – The First U.S. Homing Torpedo«. *Submarine Review,* Januar 1996.
– »Post WW II Torpedoes: 1945–1950«. *Submarine Review,* Juli 1996.
Picinich, R. G., jr., »Blimp Blasts Subs«. *USNIP,* Oktober 1943.
Poyer, David, »U-boat: The Story of *U85*«. *Virginia-Pilot and Ledger Star,* 18. April 1982.
Probert, Henry, »Allied Land-Based Anti-Submarine Warfare«. Siehe Howarth und Law, Hg.
Pugh, Philip, »Military Need and Civil Necessity«. Siehe Howarth und Law, Hg.
Rahn, Werner, »The Atlantic in the Strategic Perspective of Hitler and Roosevelt, 1940–1941«. Siehe Runyan und Copes, Hg.
– »Der Atlantik in der strategischen Perspektive Hitlers und Roosevelts 1941«. In: *Der Zweite Weltkrieg. Analysen, Grundzüge, Forschungsbilanz.* Hg. Wolfgang Michalka. München, Zürich: Piper, 1989, S. 667–682.
– »The Campaign: The German Perspective«. Siehe Howarth und Law, Hg.
– »Einsatzbereitschaft und Kampfkraft deutscher U-Boote 1942. Eine Dokumentation zu den materiellen Voraussetzungen und Problemen des U-Boot-Krieges nach dem Kriegseintritt der USA«. *Militärgeschichtliche Mitteilungen* 47 (1990), S. 73–132.
– »Die Entstehung neuer deutscher U-Boot-Typen im Zweiten Weltkrieg. Bau, Erprobung und erste operative Erfahrungen«. *Militärgeschichte. Neue Folge.* 3 (1993), S. 13–20.
– »Weiträumige deutsche U-Boot-Operationen 1942/43 und ihre logistische Unterstützung durch U-Tanker«. In: *Die operative Idee und ihre Grundlagen. Ausgewählte Operationen des Zweiten Weltkrieges.* Hg. Militärgeschichtliches Forschungsamt. Herford, Bonn 1989, S. 79–97.
Reedy, James R., jr., »Coast Guard Sinking of *U352*«. *World War II Magazine,* Mai 1996.
Reinecke, H. J., »German Surface Force Strategy in World War II«. *USNIP,* Februar 1957.
Rhys-Jones, Graham, »The German System: A Staff Perspective«. Siehe Howarth und Law, Hg.
Rohwer, Jürgen, »Geleitzugschlacht im Eismeer. Die Operation gegen den Konvoi JW 59 vom 20.–24. 8. 1944«. *Marine-Rundschau* 51 (1954), S. 183–199.
– Hauptkapitel VII: »Unterseeboote (B. d. U.-Bereich)«. In: Walter Lohmann und Hans

H. Hildebrand: *Die deutsche Kriegsmarine 1939–1945.* Band I: *Gliederung, Einsatz, Stellenbesetzung.* Bad Nauheim: Podzun, 1956/57, S. 70–99.
– »Der U-Boot-Krieg und sein Zusammenbruch 1943«. Siehe Jacobsen und Rohwer, Hg., *Entscheidungsschlachten,* S. 327–394.
– »La Guerra di sommergibili ed il suo fallimento 1943«. *Rivista Marittima* 44, 1961, Mai S. 37–60, Juni S. 29–66, Juli/August S. 19–48.
– »La guerre 1939–1945. Les sous-marins allemandes contre les tentatives alliés en Manche en 1944«. *Revue Maritime* No. 181, 1961, S. 1220–1233.
– »La radiotélégraphie auxiliaire du commandement dans la guerre sous-marine«. *Revue d'Histoire de la Deuxième Guerre Mondiale.* Nr. 69, Januar 1968, S. 41–66.
– »Die Funkführung der deutschen U-Boote im Zweiten Weltkrieg. Ein Beitrag zum Thema Technik und militärische Führung«. *Wehrtechnik 1,* 1969, S. 324–328, 360–364.
– »Kriegsmarine U107/ Submarine«. *Warship Profile* No. 8, London 1971. S. 169–182.
– »Deutsche U-Boote auf dem sibirischen Seeweg. Die Operationen der Gruppe ›Greif‹ im Sommer 1944«. In: *Koehlers Flottenkalender 1972.* Herford 1971. S. 34–44.
– »American Neutrality 1939–1941 and the Battle of the Atlantic«. In: *Acta No. 3.* Teheran 6–16. VII. 1976. Bucuresti: Commission Internationale d'Histoire Militaire 1978.
– »›Special Intelligence‹ und die Geleitzugsteuerung im Herbst 1941«. *Marine-Rundschau* 75 (1978), S. 711–719. (Konvoi SC. 48)
– »Die Auswirkungen der deutschen und britischen Funkaufklärung auf die Geleitzugoperationen im Nordatlantik«. In: Rohwer/Jäckel: *Die Rolle der Funkaufklärung,* S. 167–193.
– »Die alliierte Funkaufklärung und der Verlauf des Zweiten Weltkrieges«. *Vierteljahreshefte für Zeitgeschichte* 27, 1979, Heft 3, S. 326–399.
– »Ultra and the Battle of the Atlantic. The German View«. Siehe Love, Hg., S. 420–439.
– »Funkaufklärung und Intelligence im 2. Weltkrieg«. In: *Festschrift für Eberhard Kessel zum 75. Geburtstag.* München: Wilhelm Fink Verlag, 1982, S. 330–364.
– »Operacoes Navais da Alemanha no Litoral do Brasil durante la Segunda Guerra Mundial«. *Navigator* No. 18, Rio de Janeiro 1982, S. 3–38.
– »Radioinformacoes e a sua Importancia na Segunda Guerra Mundial«. *Navigator* No. 18, Rio de Janeiro 1982, S. 39–54.
– »Radio Intelligence in the Battle of the Atlantic«. In: *Clio goes spying.* Hg. Wilhelm Agrell und Bo Huldt. Malmö: Infodryk, 1983, S. 85–107.
– »Die USA und die Schlacht im Atlantik 1941«. In: Rohwer/Jäckel, Hg., *Kriegswende Dezember 1941,* S. 81–103.
– »Die britische operative Planung für das Gefecht in der Biskaya am 28. 12. 1943«. In: *Der Marine-Offizier als Führer im Gefecht.* Herford: Mittler, 1984, S. 31–60.
– »Radio Intelligence and Its Role in the Battle of the Atlantic«. Siehe Andrew und Dilks, S. 159–168. Auch in: *Militärhistorisk Tidskrift,* Stockholm 1984, S. 133–147.
– »The Operational Use of ULTRA in the Battle of the Atlantic«. Siehe Andrew und Noakes, Hg., S. 275–292.
– »Chasing a Ghost Ship in the Atlantic in August 1941«. *World War Two Investigator,* Dezember 1988, S. 35–41.
– »E technologia tes asurmates apikoivonias ton Symmachon kai to Axona ste mache tou Atlantikou: Mia sugkritike analyse«. *Nautike Epiteorisi* Athen, Bd. 129, Nr. 456, 1989, S. 197–210.
– »Renseignement et ›Rudeltaktik‹«. In: *Les Marines de Guerre. Dreadnought au Nucleaire. Actes du colloque international, Paris 23–25 Novembre 1988.* Vincennes: Service Historique de la Marine, 1989, S. 297–334.
– »Radio Intelligence in the Battle of the Atlantic«. In: *The Intelligence Revolution. A*

Historical Perspective. 13th Military History Symposium of the U.S. Air Force Academy, Colorado Springs, Oktober 1988. Washington: Office of Air Force History, 1991. S. 77–110.

– »Anti-Submarine Warfare: Operational Concepts and Missions«. In: *Undersea Dimension of Maritime Strategy.* Conference Report, Halifax: Centre for Foreign Policy Studies, Juni 1991.

– »Convoy. The View from the Other Side«. IXth Naval History Symposium Annapolis 18.–20. Oktober 1989. Annapolis: US Naval Institute, 1991. S. 202–226.

– »The Fateful Decisions: Intelligence, Command and Technical Failure«. In: *Narvik 1940. Five Nations at War in the High North.* Hrsg. von Karl Rommetveit. Oslo: Forsvarstudier 8/1991. S. 114–138.

– »A German Perspective«. In: *Seek and Sink.* Bracknell Paper No. 2. Ein Symposium über die Schlacht im Atlantik. 21. Oktober 1991. London: Royal Air Force Historical Society, 1992, S. 55–67.

– »Codes and Ciphers: Radio Communication and Intelligence«. Siehe Runyan und Copes, Hg., S. 38–54.

– »The Wireless War«. In: *The Battle of the Atlantic 1939–1945.* 50th Anniversary International Conference. Hg. St. Howarth und D. Law. London: Greenhill Books, 1994, S. 408–417.

– »Der Einfluß der ›Signal Intelligence‹ auf den Verlauf der Schlacht im Atlantik«. In: *Deutschland und der Westen. Festschrift für Klaus Schwabe.* Hg. Guido Müller. Stuttgart: F. Steiner, 1998, S. 133–142.

Rohwer, Jürgen mit H. H. Adams und Philip Lundeberg, »Der U-Bootkrieg. Die Schlacht im Atlantik 1939–1945«. Siehe Potter, Nimitz und Rohwer, Hg., *Seemacht,* S. 521–550.

Rohwer, Jürgen und W. A. B. Douglas, »Canada and the Wolf Packs, September 1943«. Siehe Douglas, Hg., *Transition.*

– »›The Most Thankless Task‹ Revisited«. Siehe Boutilier, Hg.

Rössler, Eberhard, »U-boat Development and Building«. Siehe Howarth und Law, Hg.

Rouse, Parke, jr., »Under the Cloak of Night«. *USNIP,* Juni 1982.

Rousmaniere, John, »The Romance of the Subchasers«. *Naval History,* Sommer 1992.

Ruge, Friedrich, »Dönitz: The Last *Führer*« (Kommentar zu Beitrag von Seagren). *USNIP,* Oktober 1954.

– »German Naval Strategy Across Two Wars«. *USNIP,* Februar 1955.

Safford, Laurence F., »The Undeclared War: ›History of R. I.‹ [Radio Intelligence]« 15. 11. 1943 [NARA RG457, SHR 305]. Nachdr. *Cryptologia*, Sonderbeilage, Sommer 1987.

– Siehe Beitrag von Mellen, Greg, Hg.

Salewski, Michael, »Der U-Bootkrieg: Ein Historischer Essay«. Siehe Buchheim, *U-Boot-Krieg.*

Santoni, Alberto, »The Italian Submarine Campaign«. Siehe Howarth und Law, Hg.

– »Der Einfluß von ›Ultra‹ auf den Krieg im Mittelmeer«. *Marine-Rundschau* 78 (1981), S. 503–512.

Sarty, Roger und Jürgen Rohwer, »Intelligence and the Air Force in the Battle of the Atlantic 1943–1945«. *Acta No. 13, Helsinki 31. 5.–6. 6. 1988.* Bd. II: Helsinki: Finnish Commission of Military History 1991, S. 135–161.

Sarty, Roger, »Ultra, Air Power, and the Second Battle of the St. Lawrence, 1944«. Siehe Runyan und Copes, Hg.

Saville, Allison W., »The Development of the German U-boat Arm, 1919–1935«. PhD Dissertation, University of Washington, 1963.

– »German Submarines in the Far East«. *USNIP,* August 1961.

Schaeffer, Heinz, »We Escaped in an Outlaw U-boat«. *Saturday Evening Post,* 22, November 1952 (Auszug aus seinem Buch).
Schoenfeld, Max, »Winston Churchill as War Manager: The Battle of the Atlantic Committee, 1941«. *Military Affairs,* Juli 1988.
Seagren, Leonard W., »The Last *Führer*«. *USNIP,* Mai 1954.
Selinger, Franz, »German Midget Submarines«. *USNIP,* März 1958.
Smith, Bradley F., »Admiral Godfrey's Mission to America, June/July 1941«. *Intelligence and National Security,* September 1986.
Smith, C. Alphonso, »Battle of the Caribbean«. *USNIP,* September 1954.
Sokol, A[nthony] E., »German Attacks on the Murmansk Run«. *USNIP,* Dezember 1952.
Spilman, C. H., »The German Submarine War«. *USNIP,* Juni 1947.
Stengers, Jean, »Enigma, the French, the Poles and the British, 1931–1940«. Siehe Andrew und Dilks, Hg.
Steury, Donald P., »The Character of the German Naval Offensive: October 1940–June 1941«. Siehe Runyan und Copes, Hg.
Stevens, Allan W., »Capital Johnnie Walker …« (Kurzbiographie). *World War II Magazine,* Mai 1996.
Stevenson, Gene C., »Submarine Losses in the Eastern Baltic in World War II«. *Warship International,* 1986.
Stratton, Roy O., »German Naval Support Techniques in World War II«. *USNIP,* März 1954.
– »Germany's Secret Naval Supply Service«. *USNIP,* Oktober 1953.
Sutcliffe, Paul M., »Operational Research in the Battle of the Atlantic«. Siehe Howarth und Law, Hg.
Sweetman, Jack, »Destruction of the *Tirpitz*«. *USNIP,* November 1994.
– »The U-boat Peril Overcome«. *USNIP,* Juni 1993.
Syrett, David, »The Battle for Convoy TM 1, January 1943«. *American Neptune,* Winter 1990.
– »The Battle of the Atlantic: 1943, the Year of Decision«. *American Neptune,* Winter 1985.
– »German Meteorological Intelligence from the Arctic and North Atlantic, 1940–1945«. *Mariner's Mirror,* August 1985.
– »German U-boat Attacks on Convoy SC 118: 4 February to 14 February 1943«. *American Neptune,* Winter 1984.
– »The Safe and Timely Arrival of Convoy SC 130, 15–25 May 1943«. *American Neptune,* Sommer 1990.
– »The Sinking of HMS *Firedrake* and the Battle for Convoy ON 153«. *American Neptune,* Frühjahr 1991.
– »›Situation Extremely Dangerous‹: Three Atlantic Convoys in February 1943«. Siehe Runyan und Copes, Hg.
– »Weather-Reporting U-boats in the Atlantic, 1944–45: The Hunt for *U248*«. *American Neptune,* Winter 1992.
Taylor, Blaine, »Personality: Dönitz«. *World War II Magazine,* März 1988.
Thomas, Edward, »The Evolution of the JIC [Joint Intelligence Committee] System up to and During World War II«. Siehe Andrew und Noakes, Hg.
Thorndike, Joseph J., jr., »King of the Atlantic« (Kurzbiographie). *Life,* 24. November 1941.
Thowsen, Atle, »The Norwegian Merchant Navy in Allied War Transport«. Siehe Howarth und Law, Hg.
Tollaksen, Duane Morgan, »Last Chapter for *U853*«. *USNIP,* Dezember 1960.
Topp, Erich, »Manning and Training the U-boat Fleet«. Siehe Howarth und Law, Hg.
Tordella, Louis W., »Commentary: Ultra and the Walkers«. *USNIP,* September 1989.

Tucker, Dundas P. Siehe Beitrag Mellen, Greg.

Uchino, Shinji und Jürgen Rohwer, »Die erfolgreiche Fahrt des japanischen U-Bootes ›I8‹«. *Marine-Rundschau* 81 (1984), S. 224–227.

Valle, James E., »United States Merchant Marine Casualties«. Siehe Runyan und Copes, Hg.

Vat, Dan van der, »Günther Prien«. Siehe Howarth, Hg.

Walle, Heinrich, »Individual Loyalty and Resistance in the German Military: The Case of Sub-Lieutenant Oskar Kusch«. Siehe Nicosia und Stokes, Hg.

Webster, W. Russell, »Someone Get That Damned Dog«. *Naval History,* November/Dezember 1996.

Weinberg, Gerhard L., »The European Theater: Comment«. Siehe Hitchcock, Hg.

Weir, Gary E., »A Truly Allied Undertaking: The Progeny of Britain's Empire Liberty [Ship], 1931–43«. Siehe Howarth und Law, Hg.

Welchman, Gordon, »From Polish Bomba to British Bombe: The Birth of Ultra«. Siehe Andrew, Hg., *Codebreaking.*

Whipple, A. B. C., »The Education of Willie« (Ein deutscher Saboteur). *Life,* 22. Januar 1945.

Wiedersheim, William A, III., »Factors in the Growth of the *Reichsmarine*: 1919–1939«. *USNIP,* März 1948.

– »Officer Personnel Selection in the German Navy: 1925–1945«. *USNIP,* April 1947.

Wilson, Michael, »Sir Max Horton«. Siehe Howarth, Hg.

Winton, John, »Viscount Cunningham of Hyndhope«. Siehe Howarth, Hg.

Wise, James E., jr., »U-boats off Our Coasts« (Illustrierter Essay). *USNIP,* Oktober 1965.

– »Unsinkable Archie Gibbs«. *Naval History,* April 1998.

Zimmermann, David, »Technology and Tactics«. Siehe Howarth und Law, Hg.

REGISTER

Schiffe

Hinweis: Einträge in den Anhängen und Fußnoten wurden in den drei Registern nicht erfaßt.

U-Boote

Personen